2013 2013 2013

中國奶業年鑒

中华人民共和国农业部　主管
中国奶业年鉴编辑委员会　编

2013

中国农业出版社

编辑说明

《中国奶业年鉴》是反映我国奶业发展情况的综合性年刊，也是农业部年鉴系列中的一部重要产业年鉴，2002年经农业部批准由中国奶业协会组织编纂，已经连续出版十一卷。2013卷为第十二卷本。《中国奶业年鉴》自出版发行以来，客观记述了我国奶业的发展历程，反映了奶业生产的实际情况，为行业管理部门制定规划、政策和实施决策提供了依据，为奶业生产经营者提供了技术和数据支持，为广大消费者提供了市场和信息引导，是中国奶业发展的编年史册，也是奶业行业发展的公报。

《中国奶业年鉴》实行编辑委员会领导下的编辑负责制，编辑委员会由农业部等部委和各省（自治区、直辖市）农牧、农垦厅（局）等部门的负责人，中国农业科学院、中国农业大学等院校学者专家以及乳品企业人士组成。编辑部设在中国奶业协会。

为了进一步扩展《中国奶业年鉴》的服务功能，按照年鉴的权威性、史存性、科学性和连续性的编纂原则，《中国奶业年鉴》2013卷对编纂大纲进行了修订，调整了栏目名称和顺序，增加了条目，细化了条目内容，并增加了附录。

农业部、财政部、科学技术部、工业和信息化部相关部门为本卷撰写了有关条目。行业数据主要采用国家统计局、海关总署和国家发展和改革委员会的统计数据，部分数据资料由农业部畜牧业司、全国畜牧总站、中国奶业协会和中国乳制品工业协会等单位提供。国内数据资料范围仅限于内地31个省、自治区、直辖市，不包括香港、澳门特别行政区和台湾地区。

《中国奶业年鉴》2013卷中各省、自治区、直辖市按行政区划顺序排列。

《中国奶业年鉴》2013卷所刊载资料一般截至2012年年底，部分时效性较强的资料不限于2012年。

《中国奶业年鉴》2013卷的编辑、出版和发行工作得到了各级畜牧兽医行政主管部门、各有关单位、奶业行业协会、乳品企业和奶业知名专家的大力支持和帮助，谨此表示诚挚地感谢。

中国奶业年鉴编辑委员会名单

顾　问	刘成果	中国奶业协会名誉会长
主　任	高鸿宾	中国奶业协会会长
	于康震	农业部副部长、国家首席兽医师
副主任	毕美家	农业部总经济师兼办公厅主任
	王智才	农业部畜牧业司司长
	王守聪	农业部农垦局局长
	李希荣	全国畜牧总站站长
	魏克佳	中国奶业协会常务副会长
	谷继承	中国奶业协会副会长兼秘书长

委　员（按姓氏笔画排序）

马有祥	农业部畜牧业司副司长兼草原监理中心主任
王　鹰	农业部国际合作司司长
王宗礼	农业部畜牧业司副司长
王　锋	农业部畜牧业司副巡视员兼奶业管理办公室主任
王加启	农业部奶及奶制品质量监督检验测试中心（北京）主任、研究员
方　言	国家发展和改革委员会农业经济司副司长
叶贞琴	农业部发展计划司司长
冯广军	中国农垦经济发展中心主任
冯忠武	中国兽医药品监察所所长
刘　敏	农业部农业机械试验鉴定总站站长
刘连贵	农业部草原监理中心副主任
刘增胜	中国农业出版社党委书记、社长

董卫星　安徽省畜牧兽医局局长
黄华康　福建省农业厅副厅长
黄峰岩　江西省畜牧兽医局局长
唐建俊　山东省畜牧兽医局副局长
杨文明　河南省畜牧局副局长
洪　齐　湖北省畜牧兽医局总畜牧师
袁延文　湖南省畜牧水产局局长
罗展光　广东省畜牧兽医局副局长
王　强　广西壮族自治区水产畜牧兽医局副局长
曾代勤　重庆市农业委员会副巡视员
兰明建　四川省农业厅巡视员
黄　晓　贵州省农业委员会副主任
徐祖林　云南省农业厅草山饲料处处长
蔡　斌　西藏自治区农牧厅畜牧草原水产处处长
杨黎旭　陕西省畜牧兽医局局长
万占全　甘肃省农牧厅畜牧处副处长
焦小鹿　青海省农牧厅首席兽医师
晁向阳　宁夏回族自治区农牧厅首席兽医师
王俊勋　新疆维吾尔自治区畜牧厅副厅长
苗启华　新疆生产建设兵团畜牧兽医局总畜牧师
孙伊萍　内蒙古蒙牛乳业（集团）股份有限公司总裁
冯　栟　黑龙江省完达山乳业股份有限公司奶源部部长

主　　编　高鸿宾　中国奶业协会会长

副 主 编　魏克佳　中国奶业协会常务副会长

马有祥　农业部畜牧业司副司长兼草原监理中心主任

谷继承　中国奶业协会副会长兼秘书长

王宗礼　农业部畜牧业司副司长

杨振海　农业部畜牧业司副司长

王　锋　农业部畜牧业司副巡视员兼奶业管理办公室主任

刘　琳　中国奶业协会副秘书长

杨秀文　中国奶业协会副秘书长

特约编辑　马　莹　农业部奶业管理办公室副主任

辛国昌　农业部畜牧业司监测分析处处长

王林昌　农业部农垦局农业处处长

王晓红　农业部畜牧业司饲料处处长

李维薇　农业部畜牧业司草原处处长

许增泰　科技部农村科技司农业科技处处长

陈国胜　农业部兽医局防疫处处长

邓荣臻　农业部奶业管理办公室调研员

张　富　农业部畜牧业司监测分析处

刘海良　全国畜牧总站奶业与畜产品加工处处长

田建华　全国畜牧总站行业统计处处长

刘长春　全国畜牧总站体系建设与推广处处长

孙飞舟　全国畜牧总站奶业与畜产品加工处副处长

王玉庭　农业部奶业管理办公室

郭利亚　农业部奶业管理办公室

任　康　北京市畜牧总站

孟庆江　天津市奶业发展服务中心主任

李贺峰　河北省奶业协会副秘书长

侯晋兰　山西省农业厅饲料奶站管理办公室副主任

巴特尔　内蒙古自治区农牧业厅畜牧处副处长
林广宇　辽宁省畜牧业经济管理站
迟桂凤　吉林省畜牧业管理局奶业管理处副调研员
张维银　黑龙江省奶业协会秘书长
季爱华　上海市奶业行业协会
史波良　江苏省农业委员会畜牧兽医局
杨金勇　浙江省畜牧技术服务中心
方国跃　安徽省畜牧技术推广总站
林加土　福建省农业厅畜牧业处处长
娄佑武　江西省畜牧技术推广站站长
王丰强　山东省畜牧兽医局畜牧科技处
宋洛文　河南省畜牧局奶业管理办公室副主任
王　健　湖北省畜牧兽医局草业管理处
刘海林　湖南省奶业协会秘书长
陈三有　广东省畜牧技术推广总站副站长
唐善生　广西壮族自治区畜牧总站
罗　健　重庆市农业委员会畜牧处助理调研员
朱秋云　四川省农业厅生产科教处助理调研员
廖正录　贵州省农业委员会畜牧处处长
黄艾祥　云南省奶业协会秘书长
曹仲华　西藏自治区农牧厅畜牧草原水产处
王鹏飞　陕西省畜牧兽医局
沈启云　甘肃省畜牧业产业管理局高级畜牧师
张惠萍　青海省奶业协会副秘书长
罗晓瑜　宁夏回族自治区畜牧工作站站长
齐新林　新疆维吾尔自治区奶业办公室主任
刘根俊　新疆生产建设兵团农业局畜牧处助理调研员
毛亚男　黑龙江省完达山乳业股份有限公司奶源部

2014年1月28日，中共中央总书记、国家主席、中央军委主席习近平视察内蒙古伊利实业集团股份有限公司。

2012年4月23日，时任国务院副总理回良玉同志视察内蒙古蒙牛乳业集团股份有限公司唐山事业部。

2013年6月7日，时任农业部副部长高鸿宾同志在辽宁省考察苜蓿种植基地。

2013年10月4日，中国奶业协会名誉会长刘成果同志在内蒙古自治区巴彦淖尔市考察苜蓿种植基地。

2013年6月1日，中国奶业协会在江西省南昌市召开第四届中国奶业大会。

2013年6月1日，中国奶业协会在江西省南昌市举办第十一届中国国际奶业展览会暨乳制品市场促销活动。

2013年6月7日，农业部奶业管理办公室在辽宁省锦州市召开全国振兴奶业苜蓿发展行动现场会。

2013年6月7日，全国振兴奶业苜蓿发展行动现场会苜蓿基地收割现场。

2013年4月10日，农业部奶业管理办公室在陕西省西安市召开全国生鲜乳质量安全暨奶业工作研讨会。

2012年8月28日，农业部在北京举办第五届中澳奶业对话会。

2013年10月18日，农业部农垦局在四川省成都市召开学生饮用奶计划工作衔接交流会议。

2014年1月7日，中国奶业协会在广东省珠海市召开2014年国家学生饮用奶计划推广工作会议。

目　　录

各 地 奶 业

科 学 技 术

国际交流与合作

企 业 发 展

附 录

"启动实施振兴奶业苜蓿发展行动，推进生猪和奶牛规模化养殖小区建设。"

中共中央　国务院关于加快推进农业科技创新持续增强农产品供给保障能力的若干意见

2011 年 12 月 31 日

2011 年，各地区各部门认真贯彻中央决策部署，同心协力，扎实工作，克服多种困难挑战，农业农村保持了强劲发展势头。粮食生产稳定跃上新台阶，农民增收成效喜人，水利建设明显加速，农村民生持续改善，农村社会安定祥和。农业农村形势好，有力支撑了经济平稳较快发展，有效维护了改革发展稳定大局。

做好 2012 年农业农村工作，稳定发展农业生产，确保农产品有效供给，对推动全局工作、赢得战略主动至关重要。当前，国际经济形势复杂严峻，全球气候变化影响加深，我国耕地和淡水资源短缺压力加大，农业发展面临的风险和不确定性明显上升，巩固和发展农业农村好形势的任务更加艰巨。全党要始终保持清醒认识，绝不能因为连续多年增产增收而思想麻痹，绝不能因为农村面貌有所改善而投入减弱，绝不能因为农村发展持续向好而工作松懈，必须再接再厉、迎难而上、开拓进取，努力在高起点上实现新突破、再创新佳绩。

实现农业持续稳定发展、长期确保农产品有效供给，根本出路在科技。农业科技是确保国家粮食安全的基础支撑，是突破资源环境约束的必然选择，是加快现代农业建设的决定力量，具有显著的公共性、基础性、社会性。必须紧紧抓住世界科技革命方兴未艾的历史机遇，坚持科教兴农战略，把农业科技摆上更加突出的位置，下决心突破体制机制障碍，大幅度增加农业科技投入，推动农业科技跨越发展，为农业增产、农民增收、农村繁荣注入强劲动力。

2012 年农业农村工作的总体要求是：全面贯彻党的十七大和十七届三中、四中、五中、六中全会以及中央经济工作会议精神，高举中国特色社会主义伟大旗帜，以邓小平理论和"三个代表"重要思想为指导，深入贯彻落实科学发展观，同步推进工业化、城镇化和农业现代化，围绕强科技保发展、强生产保供给、强民生保稳定，进一步加大强农惠农富农政策力度，奋力夺取农业好收成，合力促进农民较快增收，努力维护农村社会和谐稳定。

一、加大投入强度和工作力度，持续推动农业稳定发展

1. 毫不放松抓好粮食生产。保障农产品有效供给，首先要稳住粮食生产，确保不出现滑坡。要切实落实"米袋子"省长负责制，继续开展粮食稳定增产行动，千方百计稳定粮食播种面积，扩大紧缺品种生产，着力提高单产和品质。继续实施全国新增千亿斤*粮食生产能力规划，加快提升 800 个产粮大县（市、区、场）生产能力。继续实施粮食丰产科技工程、超级稻新品种选育和示范

* "斤"为非法定计量单位，1 斤＝500 克。——编者注

项目。支持优势产区加强棉花、油料、糖料生产基地建设，进一步优化布局、主攻单产、提高效益。深入推进粮棉油糖高产创建，积极扩大规模，选择基础条件好、增产潜力大的县乡大力开展整建制创建。大力支持在关键农时、重点区域开展防灾减灾技术指导和生产服务，加快推进农作物病虫害专业化统防统治，完善重大病虫疫情防控支持政策。

2. 狠抓“菜篮子”产品供给。抓好“菜篮子”，必须建好菜园子、管好菜摊子。要加快推进区域化布局、标准化生产、规模化种养，提升“菜篮子”产品整体供给保障能力和质量安全水平。大力发展设施农业，继续开展园艺作物标准园、畜禽水产示范场创建，启动农业标准化整体推进示范县建设。实施全国蔬菜产业发展规划，支持优势区域加强菜地基础设施建设。稳定发展生猪生产，扶持肉牛肉羊生产大县标准化养殖和原良种场建设，启动实施振兴奶业苜蓿发展行动，推进生猪和奶牛规模化养殖小区建设。制定和实施动物疫病防控二期规划，及时处置重大疫情。开展水产养殖生态环境修复试点，支持远洋渔船更新改造，加强渔政建设和管理。充分发挥农业产业化龙头企业在“菜篮子”产品生产和流通中的积极作用。强化食品质量安全监管综合协调，加强检验检测体系和追溯体系建设，开展质量安全风险评估。大力推广高效安全肥料、低毒低残留农药，严格规范使用食品和饲料添加剂。落实“菜篮子”市长负责制，充分发挥都市农业应急保障功能，大中城市要坚持保有一定的蔬菜等生鲜食品自给能力。

3. 加大农业投入和补贴力度。持续加大财政用于“三农”（农业、农村、农民）的支出，持续加大国家固定资产投资对农业农村的投入，持续加大农业科技投入，确保增量和比例均有提高。发挥政府在农业科技投入中的主导作用，保证财政农业科技投入增幅明显高于财政经常性收入增幅，逐步提高农业研发投入占农业增加值的比重，建立投入稳定增长的长效机制。按照增加总量、扩大范围、完善机制的要求，继续加大农业补贴强度，新增补贴向主产区、种养大户、农民专业合作社倾斜。提高对种粮农民的直接补贴水平。落实农资综合补贴动态调整机制，适时增加补贴。加大良种补贴力度。扩大农机具购置补贴规模和范围，进一步完善补贴机制和管理办法。健全主产区利益补偿机制，增加产粮（油）大县奖励资金，加大生猪调出大县奖励力度。探索完善森林、草原、水土保持等生态补偿制度。研究建立公益林补偿标准动态调整机制，进一步加大湿地保护力度。加快转变草原畜牧业发展方式，加大对牧业、牧区、牧民的支持力度，草原生态保护补助奖励政策覆盖到国家确定的牧区半牧区县（市、旗）。加大村级公益事业建设一事一议财政奖补力度，积极引导农民和社会资金投入“三农”。有效整合国家投入，提高资金使用效率。切实加强财政“三农”投入和补贴资金使用监管，坚决制止、严厉查处虚报冒领、截留挪用等违法违规行为。

4. 提升农村金融服务水平。加大农村金融政策支持力度，持续增加农村信贷投入，确保银行业金融机构涉农贷款增速高于全部贷款平均增速。完善涉农贷款税收激励政策，健全金融机构县域金融服务考核评价办法，引导县域银行业金融机构强化农村信贷服务。大力推进农村信用体系建设，完善农户信用评价机制。深化农村信用社改革，稳定县（市）农村信用社法人地位。发展多元化农村金融机构，鼓励民间资本进入农村金融服务领域，支持商业银行到中西部地区县域设立村镇银行。有序发展农村资金互助组织，引导农民专业合作社规范开展信用合作。完善符合农村银行业金融机构和业务特点的差别化监管政策，适当提高涉农贷款风险容忍度，实行适度宽松的市场准入、弹性存贷比政策。继续发展农户小额信贷业务，加大对种养大户、农民专业合作社、县域小型微型企业的信贷投放力度。加大对科技型农村企业、科技特派员下乡创业的信贷支持力度，积极探索农业科技专利质押融资业务。支持农业发展银行加大对农业科技的贷款力度。鼓励符合条件的涉农企业开展直接融资，积极发展涉农金融租赁业务。扩大农业保险险种和覆盖面，开展设施农业保费补贴试点，扩大森林保险保费补贴试点范围，扶持发展渔业互助保险，鼓励地方开展优势农产品生产保险。健全农业再保险体系，逐步建立中央财政支持下的农业大灾风险转移分散机制。

5. 稳定和完善农村土地政策。加快修改完善相关法律，落实现有土地承包关系保持稳定并长久不变的政策。按照依法自愿有偿原则，引导土地承包经营权流转，发展多种形式的适度规模经营，促进农业生产经营模式创新。加快推进农村地籍调查，2012年基本完成覆盖农村集体各类土地的所有权确权登记颁证，推进包括农户宅基地在内的农村集体建设用地使用权确权登记颁证工作，稳步扩大农村土地承包经营权登记试点，财政适当补助工作经费。加强土地承包经营权流转管理和服务，健全土地承包经营纠纷调解仲裁制度。加快修改土地管理法，完善农村集体土地征收有关条款，健全严格规范的农村土地管理制度。加快推进牧区草原承包工作。深化集体林权制度改革，稳定林地家庭承包关系，2012年基本完成明晰产权、承包到户的改革任务，完善相关配套政策。搞好国有林场、国有林区改革试点。深入推进农村综合改革，加强农村改革试验区工作。

二、依靠科技创新驱动，引领支撑现代农业建设

6. 明确农业科技创新方向。着眼长远发展，超前部署农业前沿技术和基础研究，力争在世界农业科技前沿领域占有重要位置。面向产业需求，着力突破农业重大关键技术和共性技术，切实解决科技与经济脱节问题。立足我国基本国情，遵循农业科技规律，把保障国家粮食安全作为首要任务，把提高土地产出率、资源利用率、劳动生产率作为主要目标，把增产增效并重、良种良法配套、农机农艺结合、生产生态协调作为基本要求，促进农业技术集成化、劳动过程机械化、生产经营信息化，构建适应高产、优质、高效、生态、安全农业发展要求的技术体系。

7. 突出农业科技创新重点。稳定支持农业基础性、前沿性、公益性科技研究。大力加强农业基础研究，在农业生物基因调控及分子育种、农林动植物抗逆机理、农田资源高效利用、农林生态修复、有害生物控制、生物安全和农产品安全等方面突破一批重大基础理论和方法。加快推进前沿技术研究，在农业生物技术、信息技术、新材料技术、先进制造技术、精准农业技术等方面取得一批重大自主创新成果，抢占现代农业科技制高点。着力突破农业技术瓶颈，在良种培育、节本降耗、节水灌溉、农机装备、新型肥药、疫病防控、加工贮运、循环农业、海洋农业、农村民生等方面取得一批重大实用技术成果。

8. 完善农业科技创新机制。打破部门、区域、学科界限，有效整合科技资源，建立协同创新机制，推动产学研、农科教紧密结合。按照事业单位分类改革的要求，深化农业科研院所改革，健全现代院所制度，扩大院所自主权，努力营造科研人员潜心研究的政策环境。完善农业科研立项机制，实行定向委托和自主选题相结合、稳定支持和适度竞争相结合。完善农业科研评价机制，坚持分类评价，注重解决实际问题，改变重论文轻发明、重数量轻质量、重成果轻应用的状况。大力推进现代农业产业技术体系建设，完善以产业需求为导向、以农产品为单元、以产业链为主线、以综合试验站为基点的新型农业科技资源组合模式，及时发现和解决生产中的技术难题，充分发挥技术创新、试验示范、辐射带动的积极作用。落实税收减免、企业研发费用加计扣除、高新技术优惠等政策，支持企业加强技术研发和升级，鼓励企业承担国家各类科技项目，增强自主创新能力。积极培育以企业为主导的农业产业技术创新战略联盟，发展涉农新兴产业。加快农业技术转移和成果转化，加强农业知识产权保护，稳步发展农业技术交易市场。

9. 改善农业科技创新条件。加大国家各类科技计划向农业领域倾斜支持力度，提高公益性科研机构运行经费保障水平。支持发展农业科技创新基金，积极引导和鼓励金融信贷、风险投资等社会资金参与农业科技创新创业。继续实施转基因生物新品种培育科技重大专项，加大涉农公益性行业科研专项实施力度。推进国家农业高新技术产业示范区和国家农业科技园区建设。按照统筹规划、共建共享的要求，增加涉农领域国家工程实验室、国家重点实验室、国家工程技术研究中心、科技资源共享平台的数量，支持部门开放实验室和试验示范基地建设。加强市地级涉农科研机构建设，鼓励有条件的地方纳入省级科研机构直接管理。加强国际农业科技交流与合作，加大力度引进消化吸收国外先进农业技术。加强农业气象研究和试验工作，强化人工影响天气基础设施和科技能力建设。

10. 着力抓好种业科技创新。科技兴农，良种先行。增加种业基础性、公益性研究投入，加强

种质资源收集、保护、鉴定，创新育种理论方法和技术，创制改良育种材料，加快培育一批突破性新品种。重大育种科研项目要支持育繁推一体化种子企业，加快建立以企业为主体的商业化育种新机制。优化调整种子企业布局，提高市场准入门槛，推动种子企业兼并重组，鼓励大型企业通过并购、参股等方式进入种业。建立种业发展基金，培育一批育繁推一体化大型骨干企业，支持企业与优势科研单位建立育种平台，鼓励科研院所、高等学校科研人员与企业合作共享。加大动植物良种工程实施力度，加强西北、西南、海南等优势种子繁育基地建设，鼓励种子企业与农民专业合作社联合建立相对集中稳定的种子生产基地，在粮棉油生产大县建设新品种引进示范场。对符合条件的种子生产开展保险试点，加大种子储备财政补助力度。完善品种审定、保护、退出制度，强化种子生产经营行政许可管理，严厉打击制售假冒伪劣、套牌侵权、抢购套购等违法行为。

三、提升农业技术推广能力，大力发展农业社会化服务

11. 强化基层公益性农技推广服务。充分发挥各级农技推广机构的作用，着力增强基层农技推广服务能力，推动家庭经营向采用先进科技和生产手段的方向转变。普遍健全乡镇或区域性农业技术推广、动植物疫病防控、农产品质量监管等公共服务机构，明确公益性定位，根据产业发展实际设立公共服务岗位。全面实行人员聘用制度，严格上岗条件，落实岗位责任，推行县主管部门、乡镇政府、农民三方考评办法。对扎根乡村、服务农民、艰苦奉献的农技推广人员，要切实提高待遇水平，落实工资倾斜和绩效工资政策，实现在岗人员工资收入与基层事业单位人员工资收入平均水平相衔接。进一步完善乡镇农业公共服务机构管理体制，加强对农技推广工作的管理和指导。切实改善基层农技推广工作条件，按种养规模和服务绩效安排推广工作经费。2012 年基层农业技术推广体系改革与建设示范县项目基本覆盖农业县（市、区、场）、农业技术推广机构条件建设项目覆盖全部乡镇。大幅度增加农业防灾减灾稳产增产关键技术良法补助。加快把基层农技推广机构的经营性职能分离出去，按市场化方式运作，探索公益性服务多种实现形式。改进基层农技推广服务手段，充分利用广播电视、报刊、互联网、手机等媒体和现代信息技术，为农民提供高效便捷、简明直观、双向互动的服务。加强乡镇或小流域水利、基层林业公共服务机构建设，健全农业标准化服务体系。扩大农业农村公共气象服务覆盖面，提高农业气象服务和农村气象灾害防御科技水平。

12. 引导科研教育机构积极开展农技服务。引导高等学校、科研院所成为公益性农技推广的重要力量，强化服务“三农”职责，完善激励机制，鼓励科研教学人员深入基层从事农技推广服务。支持高等学校、科研院所承担农技推广项目，把农技推广服务绩效纳入专业技术职务评聘和工作考核，推行推广教授、推广型研究员制度。鼓励高等学校、科研院所建立农业试验示范基地，推行专家大院、校市联建、院县共建等服务模式，集成、熟化、推广农业技术成果。大力实施科技特派员农村科技创业行动，鼓励创办领办科技型企业和技术合作组织。

13. 培育和支持新型农业社会化服务组织。通过政府订购、定向委托、招投标等方式，扶持农民专业合作社、供销合作社、专业技术协会、农民用水合作组织、涉农企业等社会力量广泛参与农业产前、产中、产后服务。充分发挥农民专业合作社组织农民进入市场、应用先进技术、发展现代农业的积极作用，加大支持力度，加强辅导服务，推进示范社建设行动，促进农民专业合作社规范运行。支持农民专业合作社兴办农产品加工企业或参股龙头企业。壮大农村集体经济，探索有效实现形式，增强集体组织对农户生产经营的服务能力。鼓励有条件的基层站所创办农业服务型企业，推行科工贸一体化服务的企业化试点，由政府向其购买公共服务。支持发展农村综合服务中心。全面推进农业农村信息化，着力提高农业生产经营、质量安全控制、市场流通的信息服务水平。整合利用农村党员干部现代远程教育等网络资源，搭建三网融合的信息服务快速通道。加快国家农村信息化示范省建设，重点加强面向基层的涉农信息服务站点和信息示范村建设。继续实施星火计划，推进科技富民强县行动、科普惠农兴村计划等工作。

四、加强教育科技培训，全面造就新型农业农村人才队伍

14. 振兴发展农业教育。 推进部部共建、省部共建高等农业院校，实施卓越农林教育培养计划，办好一批涉农学科专业，加强农科教合作人才培养基地建设。进一步提高涉农学科（专业）生均拨款标准。加大国家励志奖学金和助学金对高等学校涉农专业学生倾斜力度，提高涉农专业生源质量。加大高等学校对农村特别是贫困地区的定向招生力度。鼓励和引导高等学校毕业生到农村基层工作，对符合条件的，实行学费补偿和国家助学贷款代偿政策。深入推进大学生“村官”计划，因地制宜实施“三支一扶”、大学生志愿服务西部等计划。加快中等职业教育免费进程，落实职业技能培训补贴政策，鼓励涉农行业兴办职业教育，努力使每一个农村后备劳动力都掌握一门技能。

15. 加快培养农业科技人才。 国家重大人才工程要向农业领域倾斜，继续实施创新人才推进计划和农业科研杰出人才培养计划，加快培养农业科技领军人才和创新团队。进一步完善农业科研人才激励机制、自主流动机制。制定以科研质量、创新能力和成果应用为导向的评价标准。广泛开展基层农技推广人员分层分类定期培训。完善基层农技推广人员职称评定标准，注重工作业绩和推广实效，评聘职数向乡镇和生产一线倾斜。开展农业技术推广服务特岗计划试点，选拔一批大学生到乡镇担任特岗人员。积极发挥农民技术人员示范带动作用，按承担任务量给予相应补助。

16. 大力培训农村实用人才。 以提高科技素质、职业技能、经营能力为核心，大规模开展农村实用人才培训。充分发挥各部门各行业作用，加大各类农村人才培养计划实施力度，扩大培训规模，提高补助标准。加快培养村干部、农民专业合作社负责人、到村任职大学生等农村发展带头人，农民植保员、防疫员、水利员、信息员、沼气工等农村技能服务型人才，种养大户、农机大户、经纪人等农村生产经营型人才。大力培育新型职业农民，对未升学的农村高初中毕业生免费提供农业技能培训，对符合条件的农村青年务农创业和农民工返乡创业项目给予补助和贷款支持。

五、改善设施装备条件，不断夯实农业发展物质基础

17. 坚持不懈加强农田水利建设。 加快推进水源工程建设、大江大河大湖和中小河流治理、病险水库水闸除险加固、山洪地质灾害防治，加大大中型灌区续建配套与节水改造、大中型灌溉排水泵站更新改造力度，在水土资源条件具备的地方新建一批灌区，努力扩大有效灌溉面积。继续增加中央财政小型农田水利设施建设补助专项资金，实现小型农田水利重点县建设基本覆盖农业大县。加大山丘区“五小水利”工程建设、农村河道综合整治、塘堰清淤力度，发展牧区水利。大力推广高效节水灌溉新技术、新设备，扩大设备购置补贴范围和贷款贴息规模，完善节水灌溉设备税收优惠政策。创新农田水利建设管理机制，加快推进土地出让收益用于农田水利建设资金的中央和省级统筹，落实农业灌排工程运行管理费用由财政适当补助政策。发展水利科技推广、防汛抗旱、灌溉试验等方面的专业化服务组织。

18. 加强高标准农田建设。 加快永久基本农田划定工作，启动耕地保护补偿试点。制定全国高标准农田建设总体规划和相关专项规划，多渠道筹集资金，增加农业综合开发投入，开展农村土地整治重大工程和示范建设，集中力量加快推进旱涝保收高产稳产农田建设，实施东北四省区高效节水农业灌溉工程，全面提升耕地持续增产能力。占用耕地建设重大工程，要积极推行“移土培肥”经验和做法。继续搞好农地质量调查和监测工作，深入推进测土配方施肥，扩大土壤有机质提升补贴规模，继续实施旱作农业工程。加强设施农业装备与技术示范基地建设。加快推进现代农业示范区建设，支持垦区率先发展现代农业。

19. 加快农业机械化。 充分发挥农业机械集成技术、节本增效、推动规模经营的重要作用，不断拓展农机作业领域，提高农机服务水平。着力解决水稻机插和玉米、油菜、甘蔗、棉花机收等突出难题，大力发展设施农业、畜牧水产养殖等机械装备，探索农业全程机械化生产模式。积极推广精量播种、化肥深施、保护性耕作等技术。加强农机关键零部件和重点产品研发，支持农机工业技

术改造，提高产品适用性、便捷性、安全性。加大信贷支持力度，鼓励种养大户、农机大户、农机合作社购置大中型农机具。落实支持农机化发展的税费优惠政策，推动农机服务市场化和产业化。切实加强农机售后服务和农机安全监理工作。

20. 搞好生态建设。巩固退耕还林成果，在江河源头、湖库周围等国家重点生态功能区适当扩大退耕还林规模。落实天然林资源保护工程二期实施方案，统筹解决就业困难的一次性安置职工社会保险补贴问题。逐步提高防护林造林投资中央补助标准，加强"三北"、沿海、长江等防护林体系工程建设。抓紧编制京津风沙源治理二期工程规划，扩大石漠化综合治理实施范围，开展沙化土地封禁保护补助试点。构建青藏高原生态安全屏障，启动区域性重点生态工程。适当扩大林木良种和造林补贴规模，完善森林抚育补贴政策。完善林权抵押贷款管理办法，增加贷款贴息规模。探索国家级公益林赎买机制。支持发展木本粮油、林下经济、森林旅游、竹藤等林产业。鼓励企业等社会力量运用产业化方式开展防沙治沙。扩大退牧还草工程实施范围，支持草原围栏、饲草基地、牲畜棚圈建设和重度退化草原改良。加强牧区半牧区草原监理工作。继续开展渔业增殖放流。加大国家水土保持重点建设工程实施力度，加快坡耕地整治步伐，推进清洁小流域建设，强化水土流失监测预报和生产建设项目水土保持监督管理。把农村环境整治作为环保工作的重点，完善以奖促治政策，逐步推行城乡同治。推进农业清洁生产，引导农民合理使用化肥农药，加强农村沼气工程和小水电代燃料生态保护工程建设，加快农业面源污染治理和农村污水、垃圾处理，改善农村人居环境。

六、提高市场流通效率，切实保障农产品稳定均衡供给

21. 加强农产品流通设施建设。统筹规划全国农产品流通设施布局，加快完善覆盖城乡的农产品流通网络。推进全国性、区域性骨干农产品批发市场建设和改造，重点支持交易场所、电子结算、信息处理、检验检测等设施建设。把农产品批发市场、城市社区菜市场、乡镇集贸市场建设纳入土地利用总体规划和城乡建设规划，研究制定支持农产品加工流通设施建设的用地政策。鼓励有条件的地方通过投资入股、产权置换、公建配套、回购回租等方式，建设一批非营利性农产品批发、零售市场。继续推进粮棉油糖等大宗农产品仓储物流设施建设，支持拥有全国性经营网络的供销合作社和邮政物流、粮食流通、大型商贸企业等参与农产品批发市场、仓储物流体系的建设经营。加快发展鲜活农产品连锁配送物流中心，支持建立一体化冷链物流体系。继续加强农村公路建设和管护。扶持产地农产品收集、加工、包装、贮存等配套设施建设，重点对农民专业合作社建设初加工和贮藏设施予以补助。

22. 创新农产品流通方式。充分利用现代信息技术手段，发展农产品电子商务等现代交易方式。探索建立生产与消费有效衔接、灵活多样的农产品产销模式，减少流通环节，降低流通成本。大力发展订单农业，推进生产者与批发市场、农贸市场、超市、宾馆饭店、学校和企业食堂等直接对接，支持生产基地、农民专业合作社在城市社区增加直供直销网点，形成稳定的农产品供求关系。扶持供销合作社、农民专业合作社等发展联通城乡市场的双向流通网络。开展"南菜北运""西果东送"现代流通综合试点。开展农村商务信息服务，举办多形式、多层次的农产品展销活动，培育具有全国性和地方特色的农产品展会品牌。充分发挥农产品期货市场引导生产、规避风险的积极作用。免除蔬菜批发和零售环节增值税，开展农产品进项税额核定扣除试点，落实和完善鲜活农产品运输绿色通道政策，清理和降低农产品批发市场、城市社区菜市场、乡镇集贸市场和超市的收费。

23. 完善农产品市场调控。准确把握国内外农产品市场变化，采取有针对性的调控措施，确保主要农产品有效供给和市场稳定，保持价格合理水平。稳步提高小麦、稻谷最低收购价，适时启动玉米、大豆、油菜籽、棉花、食糖等临时收储，健全粮棉油糖等农产品储备制度。抓紧完善鲜活农产品市场调控办法，健全生猪市场价格调控预案，探索建立主要蔬菜品种价格稳定机制。加强国内外农产品市场监测预警，综合运用进出口、吞吐调剂等手段，稳定国内农产品市场。完善农产品进

口关税配额管理，严厉打击走私违法行为。抓紧建立全国性、区域性农产品信息共享平台，加强农业统计调查和预测分析，提高对农业生产大县的统计调查能力，推行重大信息及时披露和权威发布制度，防止各类虚假信息影响产业发展、损害农民利益。

各级党委和政府必须始终坚持把解决好“三农”问题作为重中之重，不断加强和改善对农业农村工作的领导，切实把各项政策措施落到实处，努力形成全社会关心支持“三农”的良好氛围。全面贯彻落实党的十七届六中全会精神，促进城乡文化一体化发展，增加农村文化服务总量，缩小城乡文化发展差距。加快推进社会主义新农村建设，切实保障和改善农村民生，大力发展农村公共事业，认真落实《中国农村扶贫开发纲要（2011—2020年）》。推进以党组织为核心的农村基层组织建设，完善农村基层自治机制，健全农村法制，加强和创新农村社会管理，确保农村社会和谐稳定。

切实加强农业农村工作，加快推进农业科技创新，持续增强农产品供给保障能力，使命光荣、责任重大、任务艰巨。我们要紧密团结在以胡锦涛同志为总书记的党中央周围，坚定信心，真抓实干，以优异成绩迎接党的第十八次全国代表大会胜利召开！

推进奶业转型升级　加快建设现代奶业*

高鸿宾

2013 年 6 月 1 日

同志们、朋友们：

今天，我们在这里举行第四届中国奶业大会暨第十一届中国国际奶业展览会。今年大会的主题是“加快奶源基地建设”，目的是贯彻落实今年中央一号文件和全国农业工作会议、全国畜牧兽医工作会议关于奶业发展要求，分析当前我国奶业发展面临的新形势，明确今后一个时期加快我国奶业发展的重点任务。下面，我讲几点意见。

一、准确把握当前我国奶业发展新形势

2008 年婴幼儿奶粉事件发生以来，我国奶业没有被摧毁，反而绝地重生，继续加快发展。奶牛存栏和牛奶产量稳步增长，质量安全监管不断加强，扶持政策密集出台，虽然增速放缓，但奶业正在由数量扩张型向质量效益型加速转变。可以说，这一时期是新中国成立以来生鲜乳质量安全水平最好的时期，是奶业转型升级最快的时期，是国内外奶业紧密关联的时期，也是奶业发展水平最好的时期。

（一）奶业转型升级加快，生产水平提高。2008 年以来，国家加大对奶业扶持力度，通过采取推进奶牛标准化规模养殖、良种补贴、生产性能测定、振兴奶业苜蓿发展行动等措施，推动奶牛养殖从单一品种向多品种转变，从手工挤奶向机械化挤奶转变，从主要饲喂秸秆向饲喂青贮玉米和苜蓿转变，从追求数量向质量效益转变。2012 年，全国奶牛存栏从 2008 年的 1 233 万头，增长到 1 440 万头，增长 17%；牛奶产量从 2008 年的 3 651 万吨，增长到 3 744 万吨，增长 5.3%；主产省生鲜乳平均价格从 2008 年的每千克 2.8 元增加到 3.3 元，增长了 18%。全国 100 头以上奶牛规模养殖比重达到 35%，比 2008 年提高 15.5 个百分点；机械化挤奶率达到 90%，提高 39 个百分点；奶牛单产达到 5.5 吨，提高 700 千克；全国 100 家主要乳品企业自有奶源占比 11%，增加一倍。奶牛养殖效益稳定向好，全国奶农盈利面稳定在 70%左右。

（二）奶站监管更加严格，生鲜乳质量安全水平提高。农业部全面进行奶站清理整顿，连续 5 年开展生鲜乳专项整治，不断强化奶站许可管理，坚决取缔不合格奶站，打击非法收购营运“黑窝点”，规范生鲜乳生产收购运输市场秩序。目前，全国共有 13 503 万个奶站，比 2008 年 20 393 个奶站减少 6 890 个，减幅达 34%。同时，连续 5 年实施生鲜乳质量安全监测计划，通过专项监测、飞行抽检、异地抽检等手段，坚决打击各种违法添加行为，已实现全部奶站监管和所有违禁添加物监测两个“全覆盖”。五年累计抽检生鲜乳样品 7.7 万批次，三聚氰胺检测值全部合格。今年一季度抽 1 600 多批次，抽检结果全部合格，生鲜乳质量安全水平比 2008 年以前大幅提高。

（三）奶农培训力度加大，科学养殖水平明显提高。为提高奶牛科学养殖水平，我部统筹规划，整合资源，定期组织全国畜牧总站、中国农业科学院、中国奶业协会、中国农业大学等单位，通过奶牛“金钥匙”技术示范现场会、奶农培训计划、奶牛科技入户等项目，重点培训法律法规、品种改良、饲养管理、疫病防控、质量控制等先进实用技术，深受广大奶农欢迎。2008 年以来，累计组

* 本文为时任农业部副部长、中国奶业协会会长高鸿宾于 2013 年 6 月 1 日在南昌召开的第四届中国奶业大会上的讲话。——编者注

织培训活动上千次，发放培训资料 30 多万份，培训奶农 20 多万人次。同时，组织国家奶牛产业技术体系启动“现代奶牛场高级人才研修班”，理论与实践紧密结合，突出强化牧场实习，为牧场培养了一批懂技术、会管理、善经营的专业人才。

（四）国内外市场联系紧密，国际化水平提高。2008 年以来，在“引进来”方面，我国奶牛、苜蓿和挤奶机械进口量迅速增加。每年进口优质奶牛约 8 万头，累计进口 36.7 万头，约占我国高产奶牛核心群的 45.8%。苜蓿进口数量从 0.2 万吨增加到 44.2 万吨，占国内苜蓿使用总量的 50% 左右。一些国外乳企开始在我国投资建设养殖场和加工厂，如恒天然已在河北建立了 2 个标准化奶牛养殖场。除了进口产品，国外先进的理念和管理人才也被引入国内，在我国奶业生产中广泛应用。在“走出去”方面，国内一些大型乳品企业开始进军海外，上海鹏欣集团在新西兰收购了 16 个牧场，伊利集团在新西兰新建年产 4.7 万吨婴幼儿配方奶粉项目已获双方政府批准。国内外奶业市场已开始出现“你中有我，我中有你”的态势，我国奶业国际化水平不断提升。

二、清醒认识我国奶业发展面临的机遇和挑战

随着我国经济发展和国民生活水平提高，乳制品已经成为群众不可或缺的重要食品。奶业是我国的朝阳产业，也是畜牧业中最有潜力和活力的产业，面临难得的发展机遇。

第一，有市场拉动。乳制品是国际公认的理想蛋白食品。目前，我国人均奶类消费量只有 32.4 千克，不到世界平均水平的 1/3。乳制品是温饱之后小康来临时的健康食品，它的消费量和收入水平、城镇化水平密切相关。近几年，我国城镇居民人均可支配收入和农民人均纯收入年均增长都超过 10%，研究表明，收入每增长 1%，大约带动乳品消费量增加 0.8%。随着我国城镇化加快，每年转移人口约 1 500 万人，农民进城后消费转型升级，口粮将减少 33%，肉类消费增加 51%，禽蛋增加 80%，动物蛋白增加 50%。加上我国每年净增人口约 600 万人，对乳品需求刚性增长，预计到 2020 年全国乳品消费市场将扩大近 1 倍，奶业增长潜力和空间很大。

第二，有科技支撑。目前我国奶业科技贡献率已超过 50%。在科研队伍方面，建立了一支由国家奶牛产业技术体系、大专院校、科研院所、企业等多方参与的奶业科研队伍，科技创新力量不断增强。在科研成果方面，我国在奶牛遗传与繁殖、营养与饲料、乳品安全技术等方面取得了一批关键技术成果。其中，中国农科院畜牧所完成的“优质乳生产的奶牛营养调控与规范化饲养关键技术及应用”获得国家科技进步二等奖，国家奶牛产业技术体系完成的“奶牛饲料资源高效利用与营养调控关键技术研究与应用”获得教育部科技进步一等奖。在技术装备方面，规模牧场全部实现机械挤奶，有八成以上的规模场装备了 TMR 搅拌车，六成以上投建了现代化粪污处理配套设施，奶业技术装备水平明显提高。

第三，有政策法规保障。近年来，国家相继出台了《关于促进奶业持续健康发展的意见》《奶业整顿和振兴规划纲要》《全国奶业发展规划》等一系列促进奶业发展的重要文件，奶业政策不断完善。2008 年，国务院颁布了第一部奶业专门行政法规《乳品质量安全监督管理条例》。之后，国家《关于加强食品安全工作的决定》《关于进一步加强乳品质量安全工作的通知》《生鲜乳生产收购管理办法》《生乳》国标等一批重要文件和标准相继出台，使奶业发展走上了有法可依和规范化管理的轨道。新一轮国务院机构改革，组建了国家食品药品监督管理总局，乳制品生产、加工、流通等环节将全部由一个部门管理，这对进一步加强乳制品质量安全监管具有重要作用。

但是，我们也要清醒看到，当前我国奶业正处在不进则退的爬坡阶段，面临不少困难。

第一，群众对奶粉特别是婴幼儿奶粉的消费信心有待提高。经过整顿和振兴，我国乳品质量安全水平有了明显提升。但婴幼儿奶粉事件后，又相继发生了“黄曲霉毒素 M_1”、“美素丽儿奶粉造假”等案件，加上“皮革奶”、“明胶老酸奶”、“高龄奶牛激素奶”等不实炒作，再次挫伤群众对国产乳制品的消费信心。近期，一些游客到港、澳和国外抢购奶粉，致使一些地方出台奶粉“限购令”。究其原因，一方面是因为境外购买洋品牌奶粉比国内同类产品价格低；另一方面，即便国产

奶粉比洋品牌奶粉便宜，有条件的消费者也愿意选择洋品牌，这从一个侧面反映了消费者对国产婴幼儿奶粉信心不足。2012 年，全国共进口乳制品 123.7 万吨，其中奶粉 66.9 万吨，进口奶粉数量接近国产奶粉的一半。我国奶业要持续健康发展，必须勇敢应对挑战，下大力气提振消费信心。

第二，奶牛养殖成本持续上升，比较效益下降。目前，我国生鲜乳价格已是世界第三位，而且奶牛饲养成本还在继续上升，近两年平均上涨 20%，造成养殖效益下降。养奶牛不如外出打工，一个农户饲养 5 头奶牛，年均收入 8 000 元，而打工年收入在 3.2 万元左右，是养牛的 4 倍。近期，随着牛肉价格持续走高，一些散户加快淘汰低产、病残奶牛，甚至退出养殖，个别地方奶牛存栏持续减少，如果规模养殖不能及时跟上，未来奶源供给压力将增大。

第三，优质饲草缺乏，环境约束趋紧。初步统计，我国青贮玉米种植面积约 2 100 万亩*，仍不能满足奶业发展的需要，同时，我国优质商品苜蓿产量虽有增加，2012 年达到 50 万吨，但仍存在较大缺口，主要依靠进口，2012 年共进口苜蓿 44.2 万吨，比上年增加 60.5%。青贮玉米、苜蓿等优质饲草料缺乏，已成为制约奶业发展的瓶颈。另外，奶牛粪污排放量较大，一个千头奶牛场，每天排放粪污量近 40 吨，处理不好，容易污染环境。即将颁布实施的《畜禽养殖污染防治条例》，对养殖污染防治提出了更高的要求，环境约束将进一步趋紧。

三、扎实推进现代奶业建设，全力开创奶业发展新局面

“十二五”畜牧业发展规划已为奶业发展确定了新的发展目标。要实现新突破，就必须正视机遇和挑战，克服前进中的困难，加快建设现代奶业。现代奶业就是要用现代物质装备、现代科学技术、现代产业体系、现代经营方式、现代发展理念、培养新型奶农来推进、改造和提升我国传统奶业，走出一条中国特色的奶业现代化发展之路。

从长远看，要做好五篇文章：一是优化生产布局。逐步减少“北奶南运”，既要稳定北方奶业生产，又要重视南方新兴产区发展。重点建设东北内蒙古产区、华北产区、西部、南方产区和大城市周边产区等五大奶业产区，提高资源利用效率。奶源基地建设和乳品加工布局逐步配套，奶牛养殖和乳品加工协调发展。二是调整品种结构。根据市场对乳制品和牛肉的需求情况，合理调整奶牛品种结构，因地制宜发展西门塔尔等乳肉兼用型品种，实现奶肉双增。同时，开发奶山羊、奶水牛、牦牛等奶畜资源，实现品种多元化，丰富奶源供给。三是优化乳制品产品结构。逐渐改变以奶粉和超高温灭菌奶为主的消费格局，提高巴氏杀菌奶、奶酪和酸奶的消费比重。同时，利用好国内外两个市场和资源，适当进口乳制品，弥补国内生产资源的不足，满足部分消费者对国外和高端乳制品的需求。四是创新生产经营体制。积极扶持奶牛大户、联户经营、家庭牧场等经营主体，实行农牧结合、适度规模、种养平衡、协调发展。大力扶持奶农合作社发展，提高奶农组织化程度，促进奶农增收。五是推进产业一体化发展。在原料奶定价、产加销利益共享、风险共担等方面，探索符合国情的一体化模式，实现“多赢”。支持有条件的奶农和家庭牧场向乳品加工拓展，鼓励乳品企业自建、参股、收购牧场和小区，扩大稳定可控奶源。

从近期看，今年要重点做好以下工作：

（一）加快推进标准化规模养殖，建设优质奶源基地。奶牛标准化规模养殖是奶业保供给、保安全、保生态和增效益的根本途径。去年以来，我部积极协调发改委，争取扩大对奶牛标准化规模养殖的投入，项目资金有望实现翻番。各地要切实做好奶牛标准化规模养殖和示范创建工作。加强项目建设和管理，优先扶持奶农合作社建设养殖场和小区，支持乳品企业自建、参股和收购规模养殖场和小区，提高乳品企业自有奶源比重。各地要积极争取当地财政支持，探索出台对存栏 100～300 头养殖场和小区的扶持政策。注重提升奶牛标准化规模养殖水平，特别是养殖小区要在饲喂、配种、防疫、挤奶等方面，加强统一管理，提高质量和内涵，避免“集中化散养”。加大粪污处理技

* “亩”为非法定计量单位，1 亩≈666.7 米^2。

术研发和应用，不断总结和推广经济、高效的奶牛粪污综合利用模式，促进农牧结合，种养配套，形成良性循环，减少面源污染。

（二）加快实施奶牛遗传改良计划，提高奶业生产水平。优良品种是奶业发展的重要基础，要加快推进奶牛群体遗传改良计划。一是尽快构建高产奶牛核心群，以种公牛站、高产母牛场为依托，充分利用国内外遗传资源，建立高产奶牛核心群，提高核心奶牛场的生产水平和供种能力。二是加快种公牛自主培育，加大种公牛站设施改造和先进生产设备配备力度，做好优秀种公牛的培育工作，重点推进公牛后裔测定和全基因组选择相结合的育种模式，加快遗传育种进展速度。三是继续开展奶牛良种补贴，扩大优秀种公牛冻精的使用范围，优化品种结构，因地制宜发展德系西门塔尔牛、瑞士褐牛、挪威红牛等乳肉兼用型品种。四是加强奶牛生产性能测定工作，采取项目配套、乳企配合等有效方式，扩大奶牛生产性能测定范围，规范奶样采集、样品检测等程序，加强数据分析应用，指导牧场“测奶科学养牛”。

（三）大力实施“振兴奶业苜蓿发展行动”，从源头上提高生鲜乳质量安全水平。振兴奶业苜蓿发展行动项目实施以来，成效明显，深受基层欢迎。全国已建成50万亩高产优质苜蓿生产示范基地，水浇地和旱地的亩产分别达到800千克和400千克，单产比当地平均水平高10%～30%，粗蛋白含量在18%以上，达到优质苜蓿标准，项目已为30万头高产泌乳牛提供了优质苜蓿草。再过几天，我部将在辽宁锦州召开苜蓿发展现场会，学习观摩苜蓿种植、奶牛养殖、乳品加工一体化模式，交流经验，示范带动全国苜蓿和奶业发展。今年的项目指导意见即将下发，各地要高度重视，加强组织实施，完善工作机制，切实抓好高产优质苜蓿生产基地建设。要优化项目布局，为养而种，以种促养，以养增收，项目向苜蓿生产优势区和奶牛主产区集中，促进草畜配套，避免“撒胡椒面”。要加强项目管理，严把“三关”，把好立项关，防止重复申报；把好审批关，严格“两公示”制度；把好验收关，切实保证项目建设质量。

（四）加强奶站监管和生鲜乳监测，确保生鲜乳质量安全。乳品质量安全是奶业发展的生命线。目前，乳品质量安全形势依然严峻，监管工作只能加强，不能放松。一是深入推进生鲜乳专项整治，要紧紧盯住奶站和运输车监管，持续开展重点督查、日常检查、交叉互检和不定期巡查，严厉打击非法收购运输“黑窝点”，建立行政执法与司法联动机制，使严惩重处成为常态。尽快制定和实施不合格生鲜乳报告制度和处理办法，严格处理程序和措施，维护生鲜乳生产收购秩序。二是实施生鲜乳质量安全监测计划，切实做到对所有奶站和所有公布的违禁添加物检测“两个全覆盖”，各地要制定实施本地区监测方案，形成全国多层次质量安全监测格局，坚决打击各种违法添加行为。三是妥善应对各种突发事件，加强舆情监测，完善突发事件应对预案，做到及时发现，果断处置，举一反三，努力确保不发生重大生鲜乳质量安全事件。

（五）加强技术推广培训和宣传，努力提振消费信心。随着奶牛养殖成本增加，比较效益降低问题凸现，奶农对先进适用、节本增效养殖技术的需求更加迫切。各级农牧部门、农业大学、农科院以及产业技术体系应针对配种、饲料调制、防病、挤奶等关键技术环节，组装配套实用技术，大范围开展务实管用的技术培训，将实用技术落到生产环节，切实提高奶牛生产水平。

黄金有价，信心无价。国产奶业要打消公众疑虑，需要产业链上下游相关主体坚持不懈地共同努力，尤其需要良好的舆论环境。各地要加大宣传力度，创新形式，充分利用电视、报纸等传统媒体和网络、手机等新兴媒体，组织策划宣传系列报道，重点宣传奶牛科学养殖、奶站清理整顿和标准化建设、奶源基地建设、乳品质量控制等方面取得的成效和做法。同时，要加强舆情监测和舆论引导，防止不实炒作。要普及牛奶营养知识，引导科学、健康消费，提振消费信心，共同营造奶业发展良好舆论氛围。

同志们、朋友们！

行业协会作为联结政府与行业的桥梁和纽带，是促进行业健康发展的重要力量。中国奶业协会1982年年底成立至今已有30年时间。30年来，奶协在参与奶业政策、法规、标准的制定，反映行业诉求、提供技术服务、维护行业权益、加强行业自律、开展国际交流合作等方面发挥了重要作用。行业影响力和凝聚力不断提升，得到业内同仁广泛赞誉和认可。按照惯例，协会成立三十周年应该搞一次庆典，但按照中央转变作风的要求，这次就不再单独举办庆祝活动。奶协要通过这次大会，认真研究未来发展，进一步发挥协会的作用。最近，国务院在部署机构改革和职能转变工作时要求，要重点培育和优先发展行业协会，使其真正成为提供服务、反映诉求、规范行为的主体，这也为奶协未来发展带来了新的机遇。

当前和今后一段时期，中国奶协要围绕现代奶业发展，发挥协会优势，整合行业资源，借鉴国外经验，推进奶业转型升级，全力开创协会工作新局面。一是创新思路，谋求发展。要认真领会国家对行业协会的新要求，创新思路，改进方法，积极探索，不断拓宽协会业务领域。二是加强建设，扩大影响。要进一步加强协会自身的思想建设、组织建设和制度建设，廉洁自律，提高整体素质和业务水平，特别是要加强调查研究，针对行业发展关键问题，拿出些系统而有深度的调研报告，推动产业发展，扩大协会的行业影响力。三是强化服务，促进和谐。要进一步增强服务意识，急会员之所急，想会员之所想，为会员排忧解难，把中国奶协真正打造成会员的“娘家”。四是严格自律，弘扬正气。要加强行业约束，凝聚正能量，营造和传播“勤、智、诚”的行业文化，有关单位也要关心和支持协会工作，为增强协会的服务手段和能力创造条件。

同志们、朋友们！推进奶业转型升级，加快建设现代奶业是今后一个时期我国奶业发展的重要任务，任务艰巨，使命光荣，我们要扎实工作，勇于创新，顽强拼搏，为我国奶业发展再上台阶做出新的更大的贡献。

谢谢大家！

通汇古今　开创未来*

——序《中国奶业史》

“欲知大道，必先为史。”这是因为，历史是民族的记忆，不仅可以从其发展进程中找到现在甚至以后多种现象的胚胎和萌芽，而其真正价值在通汇古今，洞观当代，开创未来。

中国是四大文明古国之一，也是历史悠久的农业大国。勤劳、勇敢、智慧的中华民族创造了辉煌的文明和灿烂的文化。其中，以家畜养殖为起源的奶业历史久远，是中国饮食文化中不可或缺的重要组成部分。中国关于奶的记载已有近二千五百年的历史，近代奶业上百年，新中国奶业也已走过 60 多年的岁月，目前中国已经步入建设现代奶业的新阶段。然而，迄今为止仍没有一部记述中国奶业发展历程的史书。因此，编撰《中国奶业史》就成为我们这代奶业人的历史责任。

在农业部有关司局和单位的鼎力支持下，经过中国奶业协会和业界同仁五年的辛勤努力，中国奶业第一部史书——《中国奶业史》即将问世，借此机会我写下几段文字，忝列为序。

历史——源远流长

人类饮奶的历史悠久，饮食畜奶是人类文明的产物。自从生物进化链条上出现哺乳动物以来，它的雌性母体就会分泌出一种“天化神造”的白色乳汁，用以哺育幼崽的成长。处于进化链条高端的人类，也是依靠这种方式繁衍生息，绵延以至无穷。在以往的悠远记忆中，人类从何时开始饮用畜奶一直是个谜。但可以想象，人类“拘兽为畜”开创畜牧业之后，自然会伴生挤奶、饮奶活动。随着近年科技考古昌明，土耳其出土的陶品碎片发现了动物奶的痕迹，以科学测定结果向世人昭示，人类的祖先至少在九千年前就已开始饮用畜奶。

长期以来，一直存在一种观点，认为欧洲人更耐乳糖。因此，认定饮奶习俗源自欧洲，包括中国在内的东亚等地区，饮奶是“西风东渐”的结果。然而，当本书结稿之后，这种观点将被订正和改写。中国古籍文献中的“饮奶记忆”证实，中华民族不仅是古代奶业文明的创造者之一，而且同时也是奶业技术的发明者之一。中国有“羊奶育孤”的远古传说，有“郯子鹿乳奉亲”的孝子故事。大约在春秋战国时期成书的《黄帝内经·素问》中就提出了“五谷为养、五果为助、五畜为益、五菜为充”的膳食配伍原则。其中“五畜为益”是指“人食畜肉，饮其汁”大有益处，这里的“汁”就是畜奶。也在此时，中国就有了“醴酪”的乳品记载。公元前，西汉的医书《十问》，已有“饮走兽泉英，可以却老复壮”的描述，甚至出现了“养羊酤酪以供伏腊之费”的“奶业专业户”。在公元 6 世纪中叶成书的《齐民要术》中，有了世界上最早最完整的传统乳品加工技术的记载。公元 10 世纪《魏书》里又有“常饮牛乳，色如处子”的记述。11 世纪中叶，发源于拉萨周边的藏族宗教节日——雪顿节，就是吃酸奶的节日（藏语“雪”就是酸奶，“顿”就是吃的意思），可见当时利用高原之宝——牦牛奶酿制酸奶的技术已普遍成熟。到了唐宋时代，宫廷御膳师们利用冰窖制作出的冷饮乳制品“酥山”就是冰激凌的雏形。元代蒙古人利用牛、马、羊和骆驼奶煮沸，去掉奶油烘晒干后，捣碎装入瓶中，骑马远征时，加水混合饮用，这实际上就是奶粉的前身。到了明代，李时珍医学巨著《本草纲目》中详记了《服乳歌》：“仙家酒，仙家酒，两个葫芦盛一斗。五行酿出真醍醐，不离人间处处有。丹田若是干涸时，咽下重楼润枯朽。清晨能饮一升余，返老还童天地久。”清朝，牛奶更是皇亲国戚享用的上品。近年复原制作的“清宫全乳宴”，其豪华丰盛的“色香味形”

* 本文为现任中国奶业协会名誉会长、农业部原副部长刘成果为《中国奶业史》作的序。——编者注

依然倾倒多少中外宾客，让许多乳品专家也叹为观止。

19世纪中期以来，随着专用奶畜品种、养殖技术和经营方法通过信息交流和人员往来等多种渠道直接或间接地引入中国，特别是城市工商业和食品科技装备的发展，逐步形成了中国近代奶产业胚芽。从那时起，人们喝到的牛奶，才真正开始从神圣的祭品、皇家的贡品、贵族的礼品、待客的上品、珍稀的药品乃至特殊人群的补品等逐步变成一种融入了当代科学技术、营养知识及商业广告等多种元素而共同打造出来的商品，变成了受社会普通消费者关注和饮用的大众食品。至此，乳制品才开始撩开它那贵族奢侈品的神秘面纱，由“旧时王谢堂前燕”，逐渐“飞入寻常百姓家”了。

现实——方兴未艾

新中国成立60多年来，特别是改革开放以来，在经济社会快速发展，人民生活水平不断提高，对乳品消费需求激增的拉动下，中国奶业发展迅速，成效显著。一是奶牛存栏由1949年的12万头发展到2011年的1 440万头，增长了119倍，年均增长8.0%。二是奶类总产量由1949年的21.7万吨，增长到2011年的3 810.7万吨，增长了174.6倍，年均增长8.7%。三是乳制品产量由1952年的624吨，增长到2011年的2 388万吨，增长了38 268.2倍，年均增长19.6%。四是乳品消费量持续上升，成为畜产品消费中增长最快的产品。奶类人均占有量由1949年的0.45千克提高到2011年的27.9千克，增长了61倍，年均增长6.9%。五是奶业相关法律法规不断完善。2007年9月27日，国务院印发《关于促进奶业持续健康发展的意见》。2008年以后，国家先后出台了奶业的第一部法规——《乳品质量安全监督管理条例》和66项新乳品安全国家标准，还发布了《奶业整顿和振兴规划纲要》等一系列政策性文件。

正确的评估是，中国奶业作为一个产业已经初步形成，但乳制品仍然存在巨大的需求潜力和广阔的发展空间。这主要是取决于奶类的营养价值和保健功能。奶类是大自然赐予人类“最接近完美的食物”，不仅富含人体所需要的蛋白质、脂肪、钙、磷等多种矿物质，维生素A和维生素B_2等多种维生素，各种氨基酸，以及诸多活性免疫因子等营养物质，而且含量丰富，比例合理，消化吸收率高，胆固醇含量较低，具有很好地促进成长发育、保健、美容、养生等功效。奶类能够哺育生命，奶类可以强壮民族。因此，西方把奶牛尊称为人类的保姆，《圣经》中把“圣地”称为流淌奶和蜜的地方。国际社会积极推动奶类消费，世界卫生组织已经把人均奶类消费水平列为衡量一个国家人民生活水平的主要指标之一。2006年6月2日中共中央总书记、国家主席胡锦涛同志就审时度势，因势利导地精辟指出：“牛奶本身就是温饱之后小康来临时的健康食品，不仅小孩要喝，老人要喝，最重要的是中小学生都要喝上牛奶，提升整个中华民族的整体素质”。之所以说这段话精辟，就是文字不多，层次清晰，重点明确。一是指出温饱之后小康来临时是奶类消费增长的新阶段；二是明确了重点消费人群；三是指出奶是健康食品，饮奶的目的是提升整个中华民族的整体素质。在这一思想指导下，卫生部组织制定并发布的《中国居民膳食指南（2007）》，对乳制品消费提出指导意见：“每天吃奶类，大豆或其制品”，同时在新版《中国居民平衡膳食宝塔》中，奶类和豆类食物合居第四层，内容是强调每天每人应吃相当于300克鲜奶的奶类及其制品。按此要求，目前中国居民人均奶类占有还不足其1/4。经教育部审定的义务教育课本《体育与健康》（一至二年级）中明确提出：“儿童处于生长发育的重要阶段，每天喝一杯牛奶能够促进身体长得又高又壮。”最近开始实施的“全国农村义务教育学生营养改善计划”，对不同地区、季节、学龄阶段的推荐食谱中都明确提出了饮奶的要求。可以预见，随着上述这些要求的逐步落实，乳制品一定会受到越来越多人群的青睐，作为奶业发展原动力的消费需求势必不断释放出来。

此外，西方盛传一个说法：上帝给人类两大恩赐：一是豆科植物，二是反刍动物。前者生产丰富的蛋白质，它的根瘤是天然氮肥发生器；后者的瘤胃是天然发酵罐，它将人类不能直接食用的植物纤维转化为动物蛋白。文学巨匠鲁迅先生的名言：“牛，吃的是草，挤出的是奶”，形象地揭示了西方上述说法蕴含的科学道理。正因为如此，奶业是世界上公认的节粮、经济、高效型的产业。奶牛是消耗粮食最少、饲料报酬最高的家畜，它能将饲料中能量的20%、蛋白质的35%转化到奶中，用同样饲料喂奶牛获得的动物蛋白质至少高出养猪的2倍。而且，种草养牛，本身就是循环农业经济体系上不可或缺的重要环节，还是有机生态农业持续发展的必要条件。

鉴于上述情况，我们可以坚定地说：目前中国奶业形势可谓是方兴未艾，作为新兴的健康产业，今后发展趋势必将是持续发展。

未来——任重道远

中国奶产业虽然已经初步形成，但尚处在成长期，远未达到成熟的程度。表现在奶牛饲养环节上，良种覆盖率低，养殖方式落后，单产水平不高；在乳品加工环节上，原料奶收购价格形成机制不健全，与奶源基地没有形成稳定合理的利益关系，乳制品质量安全事故较多，企业之间竞争很不规范；在消费环节上，消费群体培育滞后，消费信心不足与盲目消费并存；在监管环节上，标准缺位，监管不到位同时存在；包括个别媒体不负责任的舆论炒作，也往往产生误导；从全行业上看，行业自律缺乏，核心价值观没有完全树立，文化导向不自觉，社会责任缺失。这些问题和不足，是奶业在成长阶段必须经历和面对的，也是在今后转型过程中需要认真关注和重点解决的。所谓转型，就是转变奶业发展方式，即由速度型转向效益型，由数量型转向质量型，由传统型转向现代型。在此过程中，传统的弊端在减少，现代的因素在增加，最终使中国的民族奶业逐步走向成熟。刚刚胜利闭幕的中国共产党第十八次全国代表大会明确提出：到中国共产党成立一百年时全面建成小康社会，并实现国内生产总值和城乡居民人均收入比2010年翻一番；在新中国成立一百年时建成富强民主文明和谐的社会主义现代化国家。为了这两个百年宏伟目标的实现，必须全面加强现代奶业建设，具体应该做到迈上“两个”台阶，坚持“四化”道路，实现“六型”愿景。

迈上“两个”台阶：第一个台阶是到中国共产党成立一百年或再长一点时间，奶类人均占有量比2010年争取翻一番，接近2012年亚洲平均水平；第二个台阶是到新中国成立一百年时，奶类人均占有量争取再翻一番，达到目前世界平均水平。

坚持“四化”道路：就是生产方式规模化，增长方式集约化，管理方式标准化，经营方式一体化。生产方式规模化是基础，但规模化要适度。所谓适度，就是要保证三个能力：即青粗饲料的供给能力，粪污的消纳能力，疫病的防控能力。规模化的实现形式多种多样，可以是规模化的牧场，可以是股份合作社，可以是奶牛公寓、托牛所等，不管什么形式，决不能是人畜混居的集中散养，必须做到奶牛繁育、饲料饲养、疫病防控、机械挤奶、粪污处理等统一的专业化养殖。集约化是核心，其本质是技术集成，走技术密集型的路线，通过提高科技含量，提高产量，增加效益。标准化是关键，是实现集约化的抓手，只有实现标准化，各项技术和管理措施才能到位，才能达到集约化的目的。一体化的本质是产业链条各个环节，特别是乳品加工企业和奶源基地之间利益关系的一体化，这是现代奶业健康发展的重要保障机制。一体化的实现形式，无非是乳品加工企业自建奶源基地，奶牛养殖者利用股份合作方式组织起来自建加工企业，再就是加工企业和奶源基地利用规范的合同建立契约关系，严格按合同文本办事，形成紧密和谐的利益共同体。

实现“六型”愿景：即循环经济型，质量效益型，增长集约型，自主创新型，产业一体型，文化导向型。一是循环经济型。首先，农牧结合。中国奶业的发展，牧区今后仍有一定的发展空间和潜力，但更多的新增长点主要在农区。在农区发展奶业，必须坚持农牧结合的道路，做到为养而种，把粮经二元种植结构转变为粮经饲三元结构。其次，资源节约。除了利用良种良法提高饲料报酬率外，能够充分利用农作物的剩余物，如秸秆、藤叶、籽壳和糟渣等宝贵资源，转化为奶。再次，环境友好。做到人、畜分离，粪污进行无害化处理，资源化利用。同时要考虑资源的承载能力，确定合理的饲养规模。二是质量效益型。质量是生命线，效益是生产力。质量的核心是营养安全和卫生安全，其关键是提高原料奶的质量。从营养指标上，原料奶要通过科学的饲养管理提高干物质含量；从卫生指标上，要把体细胞数、细菌总数和药物残留降下来。提高效益主要通过三个途径：增产增效、节本增效和提质增效。从战略方向考虑，引进并培育优质乳肉兼用品种牛是提高综合效益和竞争力的一举多得的必然选择。三是增长集约型。要改变增长方式，把奶业的增长点转到依靠科技进步和从业人员素质提高的轨道上来，以规模化为载体，达到标准化，实现集约化。四是自主创新型。目前，中国奶业科技对外依赖度较高，必须加大自主创新力度。要通过增加科技投入，培养科技人才，以企业为主体，走产、学、研结合的路子。加大研发力度，进行技术攻关，实现原始创新、集成创新、引进消化吸收再创新，增加拥有自主知识产权的优良品种、核心技术和关键设备。五是产业一体型。要创新体制和机制，通过科学合理的方式整合协调产、加、销各个环节，扭转目前相互割裂的局面，提高整个产业的组织化程度，形成利益共同体，实现产业化经营。六是文化导向型。文化是灵魂，是基因，是软实力。建设现代奶业，必须发挥先进文化的引领作用，要自觉地打造文化链条。在奶牛饲养环节，以“养健康牛，产优质奶”为基点；在乳品加工环节，以“安全、营养、适口性强”为基点；在消费环节，以“理性消费，科学饮奶”为基点。在全行业提倡“奉献营养，服务健康”这一核心价值观，弘扬以“勤”“智”“诚”为载体所蕴含的奋斗精神、科学精神、奉献精神。所有业内及相关企业，特别是乳品加工企业，要加强企业文化这一精神家园的建设，要让企业家的血脉里流淌着道德之血液，严格自律，自觉当好企业公民，履行社会责任。

如果说迈上“两个”台阶是数量目标，而“六型”愿景则是质量要求，尽管实现这样的目标要求，任重而道远，需几代奶业人不懈奋斗，但现代奶业的梦想，从来没有像现在这样如此接近我们。只要坚定信心，坚持先进文化导向，坚持科学发展，坚持创新奶业经营体系，就一定能够在实现中华民族伟大复兴的征途上，续写现代奶业健康发展的新篇章。

保质量　惠民生　促进乳制品行业持续健康发展*

朱宏任

2013 年 9 月 14 日

同志们：

大家上午好！

很高兴应邀出席中国乳制品工业协会第十九次年会。初秋时节，气候宜人，来自国内外的专家、学者、行业管理人员和企业代表一起相聚美丽的榕城，交流行业发展现状，探讨行业发展未来，寻求合作机遇与共识，为我国乳制品行业走新型工业化道路，加快转型升级出谋献策。我代表工业和信息化部对大会的召开表示衷心的祝贺！

乳制品行业与广大人民群众的生活息息相关，是重要的民生产业。最近两年，在党中央、国务院高度重视和直接指导下，在有关部门、地方政府、行业协会和众多企业的共同参与下，我国乳制品的质量安全总体状况有了明显改善，产业素质有了持续提升。2012 年，全国乳制品总产量 2 545 万吨，比上年增长 8.1%。今年 1～7 月，乳制品产量 1 524 万吨，比上年同期增长 10.4%。乳制品行业已成为我国消费品领域发展最快的行业之一，整个行业呈现出稳中向好的发展态势。

与此同时，我们也要清醒地认识到，随着我国经济发展和民生改善，人民群众对于乳品消费数量和质量的要求也在不断增长，与此相比，我国乳制品行业发展还存在不少差距和不足，突出表现在：一是粗放型增长方式尚未根本转变，行业结构偏散、偏小、偏弱；二是企业现代化管理和基本制度建设等方面还参差不齐，一些企业管理水平偏低，质量安全基础不稳；三是部分企业诚信建设滞后，个别企业违法违规的行为还时有发生。这些问题若不及时纠正，必将严重损害人民群众利益，败坏行业声誉，影响社会消费信心。

党中央和国务院对乳制品行业的发展十分重视。今年 5 月 31 日，李克强总理专门主持国务院常务会议，研究部署进一步加强婴幼儿配方乳粉质量安全工作。会议指出，婴幼儿配方乳粉的质量安全，既是重大民生问题，也是重大的经济社会问题。要把提升婴幼儿配方乳粉质量安全水平作为突破口，把优质国产品牌树起来，把消费者的信心提起来。6 月 6 日，汪洋副总理主持召开专题会，落实国务院常务会议精神，要求工业和信息化部会同相关部门提出婴幼儿配方乳粉行业企业兼并重组方案。9 月 11 日，张高丽副总理在国务院食品安全委员会第一次全体会议强调，乳制品行业要提升产业整体素质，完善扶优汰劣的产业政策，实施大企业带动战略，大力培育龙头企业、品牌企业，提高产业集中度，加快兼并重组步伐，确保乳品质量安全。

这是党中央对促进乳制品行业发展做出的重大部署和明确要求，我们一定要认真领会，抓好贯彻落实。今后一个时期，全行业要继续坚持把“保质量、惠民生、促发展”作为核心任务，以推动行业的长远、健康、有序和可持续发展为目标，在以下六个方面抓好乳制品行业的工作。

第一，着力把握机遇和挑战，保障行业健康发展。当前，我国乳制品工业发展的基础、环境和要求都发生了重大变化，乳制品行业迎来了新的发展机遇，也面临着新的挑战。从消费市场看，目前国内人均乳制品消费量不到世界平均水平的 1/3，乳品消费需求增长空间巨大，但国产自主品牌竞争力弱，高端市场有效供给仍显不足；从社会需求看，人民群众由对乳制品的数量需求向安全、

---

* 本文为工业和信息化部党组成员、总工程师朱宏任于 2013 年 9 月 14 日在福州召开的中国乳制品工业协会第十九次年会上的讲话。——编者注

健康和营养的质量需求转变；从生产水平看，我国乳制品行业的技术装备水平已经有了大幅度提升，但科技研发力量和水平与实际先进国家相比仍有较大差距；从技术进步看，质量管理规范不断健全，质量标准体系日趋完善，检测能力建设持续加强，新技术新装备广泛应用，但管理规范的前瞻性和科学性，技术标准的合理性和适用性等仍有待进一步提高；另外，国务院出台了一系列政策与措施来推动乳制品行业健康发展，在加大整治和监管力度的同时，扶持政策覆盖面也在不断扩大。面对新的形势和环境，各地行业主管部门、行业协会和乳制品企业要科学认识和把握当前及未来我国乳制品工业发展面临的诸多机遇和挑战，认真贯彻国务院的系列部署，全面落实乳制品有关政策措施，顺应市场经济的规律准则，努力保持乳制品行业平稳健康发展。

第二，着力增强责任意识，保障产品质量安全。质量是生命，安全是前提，保证乳制品的质量安全是实现乳制品行业持续健康发展的首要任务，也是乳制品生产企业、各级政府和行业组织的共同责任。尤其是婴幼儿配方乳粉的质量安全，事关婴幼儿的身体健康和老百姓的家庭幸福，事关全社会的稳定与和谐，事关祖国和民族的未来。我们要从思想上充分认识做好乳制品尤其是婴幼儿配方乳粉质量安全工作的高度重要性，进一步增强责任感和紧迫感。各地工业和信息化主管部门、有关行业组织和乳制品生产企业要认真贯彻落实党中央、国务院的部署和要求，按照《国务院办公厅转发食品药品监督管理总局等部门关于进一步加强婴幼儿配方乳粉质量安全工作的意见》以及工业和信息化部婴幼儿配方乳粉“双提”行动方案等任务和措施要求，着力提高自有可控奶源比例，加快生产技术装备改造升级，积极推行良好操作规范（GMP），切实提升质量安全水平。要通过真抓实干，生产出让社会大众买得放心、吃得安心的乳制品，用良好的产品赢得社会的信任。

第三，着力夯实发展基础，保障提升整体素质。推动乳制品产业的规模化、集约化和标准化，是提升产业整体素质的必由之路，也是实现乳品质量安全长治久安的重要保障。在已有工作的基础上，一要认真贯彻执行乳制品工业产业政策，抓紧完成对2011年以来新建和改（扩）建的婴幼儿配方乳粉企业（项目）审核清理工作，坚决淘汰不达标的企业（项目），完善婴幼儿配方乳粉行业退出制度。二要围绕改进管理、提高素质，继续完善标准体系建设，推动实施以《食品安全国家标准粉状婴幼儿配方食品良好生产规范》（GMP）为主要内容的企业技术改造，努力加强企业检测能力建设。三要大力发展奶源生产基地，鼓励乳制品企业通过自建、参建规模化奶牛场、奶牛养殖小区，加强自有奶源基地建设，大力提高企业稳定可控奶源的比例，实现奶源基地建设和乳制品加工业协调发展。四要加快推动婴幼儿配方乳粉企业质量安全信息追溯体系建设。在试点基础上尽快实现婴幼儿配方乳粉行业企业100%纳入追溯体系。五要支持企业加强研发和创新投入，开展生产工艺、共性关键技术攻关，实现产品差异化发展。六要支持条件成熟的企业整合品牌资源，创建知名品牌，加快培育有影响力的国产婴幼儿配方乳粉品牌。

第四，着力推动兼并重组，保障优化产业结构。乳制品行业企业特别是婴幼儿配方乳粉行业企业开展兼并重组是推动乳制品行业转变发展方式、优化产业结构和转型升级的重要途径。要以提升行业内在质量为目标，通过严格行业准入条件和实施GMP改造，促进生产要素向重点区域和优势企业集中，加快培育一批具有自主品牌和较强国际竞争力的大型乳制品企业集团。具体来讲，主要将从以下几个方面展开工作：一是坚持以“企业主体、市场机制、政府引导”的方式开展企业兼并重组，依法依规、统筹协调、综合施策、确保稳定；二是结合行业实际，以资产、品牌和奶源为纽带，鼓励大型骨干企业实施强强联合、兼并改造提升中小企业，支持具有品牌、技术、特色资源和管理优势的中小企业开展并购和组建产业联盟，推动有实力的企业和境外上市企业实施“走出去”战略；三是通过完善产业政策、修订准入标准，开展审核清理、规范投资行为，严格许可审核、规范生产秩序，实施达标改造、提升发展潜力，加强奶源建设、夯实安全基础，保护合法权益、促进和谐稳定等措施，创造公平竞争环境、促进行业平稳有序发展；四是通过产业转移来促进东中西部协调发展，加快淘汰落后产能，健全产业退出机制；五是鼓励企业因地制宜，发展适合不同消费者需求的特色乳制品和功能性产品，优化产品价值链，培育群众信任、消费者满意、市场认可的知名品牌，不断满足广大人民群众对乳制品消费多样化的需求。

第五，着力推进诚信建设，保障机制长效运行。生产企业是保障乳制品质量安全的第一责任人。坚持推进企业诚信体系建设，是落实企业主体责任的具体体现，也是构建乳制品质量安全长效机制的重要举措。这方面，近年来我们已经做了大量工作，并取得了明显成效。接下来，一是要继续在乳制品行业大力贯彻实施《食品安全法》及其实施条例，增强企业责任意识，完善企业制度建设，督促企业完善内部质量控制和质量可追溯体系。二是要继续加快指导企业建立和完善诚信管理体系，推动实施新版 HACCP 和 GMP 管理，切实推进规模以上企业全部建立诚信管理体系。要对所有建立诚信管理体系的婴幼儿配方乳粉企业的诚信管理建设工作实施情况再次展开审核评价，确保企业 100%建立并运行诚信管理体系。三是要充分利用现代网络信息技术，进一步加强诚信平台建设，并充分发挥舆论宣传和社会监督的作用，推动建立更有力的协同联动机制，加快形成政府指导推动、协会组织引导、企业积极参与、社会有效监督的诚信体系运行机制。四是要积极配合有关部门研究建立企业“黑名单”制度，实施分类监管、失信曝光和市场退出机制，加大失信惩戒力度。

第六，着力发挥协会作用，保障行业自律自强。行业协会是政府部门实施行业管理的重要支撑和桥梁纽带，在推动和协调行业发展，提高行业整体竞争力方面发挥着不可替代的重要作用。行业协会要积极组织企业开展以质量承诺为主要内容的自律活动，引导企业自觉承诺并履行质量责任，自觉接受社会监督，树立“诚实守信，质量第一，有责必负”的行业新风。要积极开展有关行业发展的前瞻性和战略性研究，主动协助并参与乳品及相关标准的制（修）订工作，充分发挥咨询服务、反映诉求、规范发展、国际交流等方面的作用。要加强和媒体的互动，让消费者和全社会增加对乳制品的科学认识和对乳制品行业的全面了解，为不断发展的中国乳制品行业鼓劲加油。

同志们，朋友们：春华秋实，保障乳制品质量安全、促进乳制品行业发展是惠及广大人民群众福祉的大事，使命光荣，责任重大。让我们以对国家、对人民高度负责的态度，紧紧抓住难得的发展机遇，积极应对面临的各种挑战，齐心协力，持之以恒，为不断提升乳制品质量安全水平，促进我国乳制品行业持续健康发展做出新的贡献！

最后，祝本次会议圆满成功！谢谢大家！

准确把握形势　客观分析机遇和挑战
全力开创奶业发展新局面*

王智才

2013 年 4 月 10 日

同志们：

这次会议的主要任务是，深入贯彻落实中央一号文件精神和全国农业工作会议、全国畜牧兽医工作会议有关奶业发展的要求，分析当前奶业面临的新形势，部署今年奶业生产和生鲜乳质量安全监管工作。

这次会议之所以在陕西开，主要是因为陕西近年来奶业发展较快，政策出台多，扶持力度大，成绩可圈可点。一是标准化、规模化程度高。陕西打造了奶牛养殖“千阳模式”，以规模化养殖为基础，以良种为支撑，以标准化为核心，树立了奶业转型升级的典型，并在全省积极推广，建设了一批标准化奶牛养殖示范县。2012 年，陕西 100 头以上奶牛规模养殖比重达到 58%，比全国平均水平高 23 个百分点。二是奶牛高产核心群不断扩大。陕西是这几年从国外引进奶牛数量最多的省份之一。2010—2012 年共引进奶牛 2.4 万头，省财政对每头奶牛补贴 5 000 元。省里每年还安排 500 万元，对进口奶牛的饲养管理进行培训。目前这些奶牛单产达到 8 吨左右。同时，市县财政对这些奶牛给予性控冻精补贴，良种奶牛扩繁速度加快。三是特色奶业发展势头很好。目前全省奶山羊存栏 180 万头，羊奶产量 47 万吨，羊奶制品市场份额占全国 80%以上，品牌较多。四是质量安全抓得紧。全省共有 1 038 个奶站，346 辆运输车，监管任务繁重。从 2009 年开始，省里每年与各市签订生鲜乳质量安全监管目标责任书，充分调动基层力量，实现了每个奶站都有监管责任人。对生鲜乳抽检实行“省级督查、市级抽查、县级自查”制度，确保所有奶站和运输车都在有效监控下运行。同时，在一些地方还试点建立了第三方检测体系，推进产销公平对接。总之，在陕西召开这次会议，就是让大家多看、多想，有新借鉴、有新收获。

下面，我讲三点意见。

一、准确把握当前我国奶业发展新形势

我国奶业经过几年来的整顿和振兴，已逐步摆脱了 2008 年婴幼儿奶粉事件的严重影响，奶牛标准化规模养殖加快推进，良种覆盖率稳步提高，生鲜乳质量安全得到有效保障，产业素质不断提升，现代奶业基础格局初步形成。

（一）奶业生产持续发展，振兴步伐不断加快。主要表现在：牛奶产量保持增长，标准化规模养殖水平大幅提升。2012 年，全国牛奶产量 3 744 万吨，同比增加 2.3%。全国 100 头以上奶牛规模养殖比重达到 35%，比 2008 年提高 15.5 个百分点。区域布局进一步优化，13 个主产省奶类产量占全国 88%左右，比 2002 年提高 8 个百分点。奶源基地建设步伐加快。据中国奶业协会 3 月份对乳品企业建设奶源基地情况的调研，全国 100 家主要乳品企业共有自建牧场 240 多家，奶牛存栏 43 万头，自有奶源约占全部奶量的 11.2%，比 2008 年增加一倍。奶牛养殖预期效益较为稳定。2012 年全国奶农盈利面达到 77%，饲养一头泌乳牛，奶农年平均收益为 1 600 元左右，规模场可达

* 本文为农业部畜牧业司司长王智才于 2013 年 4 月 10 日在西安召开的全国生鲜乳质量安全监管及奶业处长工作研讨会上的讲话，题目为《中国奶业年鉴》编辑部所加。——编者注

4 000 元以上。乳制品生产和消费增长较快。2012 年，全国乳制品总产量 2 545 万吨，比 2008 年增长 40.6%。全国 36 个大中城市居民人均乳品消费支出 318.7 元，比 2008 年增加 23.2%。

（二）奶站监管持续加强，生鲜乳质量安全明显提高。畜牧部门已连续 4 年开展生鲜乳专项治理，通过重点抽查、省间互查等方式，不断强化奶站监管。2012 年，全国累计出动 2.2 万名检查人员，对全国 1.3 万个奶站进行了检查，限期整改 100 多家，取缔 20 家，查处了一批非法收购营运“黑窝点”。同时，大力推进奶站标准化建设和管理，奶站的设施设备、卫生条件、检测手段等明显改善。连续 4 年实施生鲜乳质量安全监测计划，通过专项监测、飞行抽检、异地抽检等手段，坚决打击各种违法添加行为，已实现全部奶站监管和所有违禁添加物监测两个全覆盖。2012 年累计抽检生鲜乳样品 2.1 万批次，三聚氰胺检测值全部符合国家管理限量值规定，未检出皮革水解蛋白、碱类物质等违禁添加物，生鲜乳质量安全水平比 2008 年以前大幅提高。

（三）奶农培训持续强化，科学养殖水平大幅提高。针对奶农养殖水平低的问题，我司定期组织全国畜牧总站、中国农科院、中国奶协、国家奶牛产业技术体系等单位，通过“金钥匙”技术示范现场会、奶农培训计划、奶牛科技入户工程等项目，举办了大量培训班，重点培训奶牛繁育、日粮配制、卫生防疫、生鲜乳质量控制等实用技术，深受广大奶农欢迎。2008 年以来，累计组织各类培训上千次，发放资料 30 多万份，培训 20 多万人次，奶农科学养殖水平提高，质量安全意识增强。针对规模场场长和高级技术人员缺乏的问题，去年，我司组织国家奶牛产业技术体系定期举办“现代奶牛场高级人才研修班”，把理论课程和牛场实践相结合，主要在牛场实习，每期 3 个月时间，效果不错，为牧场培养了一批高级管理人员和专业人才。

（四）国际交流合作持续扩大，先进经验和技术广泛应用。随着我国奶业快速发展，奶业发达国家与我国交流合作日益增多。我们先后与新西兰、阿根廷等国签订了奶业合作备忘录，在奶牛科学养殖、质量安全监管、生鲜乳检测、遗传物质引进等方面开展合作。与加拿大共同举办了奶牛育种技术培训班和国际研讨会，组织牧场一线养殖人员到瑞典、荷兰等国学习和培训。去年，在北京成功举行了第五届中澳奶业对话会，深化了双边合作。今年 4 月底，还将在新西兰召开第五届中新奶业对话会，交流奶业发展形势、繁殖育种、乳品检测技术等内容。通过加强国际交流合作，奶业发达国家先进经验和技术不断在我国得到广泛应用。

二、客观分析当前我国奶业发展面临的机遇和挑战

通过不断地改革和发展，我国从贫奶国一跃成为世界第三大产奶国，成绩显著。展望未来发展，我国奶业既面临重要的战略机遇，又面临不少困难和挑战。从机遇看，主要有以下方面：

第一，消费需求增长拉动奶业发展。目前，我国人均奶类消费量只有 32.4 千克，不到世界平均水平的 1/3，增长空间很大。乳品是温饱之后小康来临时的健康食品，它的消费量和收入水平、城镇化水平密切相关。近几年，我国城镇居民人均可支配收入和农民人均纯收入年均增长都超过 10%，研究表明，收入每增长 1%，大约带动乳品消费量增加 0.8%。随着我国城镇化加快，每年转移人口约 1 500 万人，农民进城后，消费转型升级，口粮将减少 33%，肉类消费增加 51%，禽蛋增加 80%，动物蛋白增加 50%。再加上我国每年净增人口约 600 万人，对乳品需求刚性增长。预计到 2020 年全国乳品消费市场将扩大近 1 倍，强劲的需求是奶业发展的不竭动力。

第二，畜牧业结构加快调整助推奶业发展。奶业是节粮、经济、高效型畜牧业，发达的奶业是现代畜牧业的重要标志。2002 年以来，我国畜牧业转型升级加快，结构不断优化，奶业占畜牧业的比重大幅提高。奶类产量年均增长 10.7%，明显高于其他农产品的增长速度。奶类产量占肉蛋奶总产量的比重从 14.1%提高到 26.1%，奶类产值占畜牧业产值从 3%提高到 5.5%。今后一段时期，奶业仍然是我国畜牧业中最有活力和最具潜力的产业，国家将重点扶持奶业发展，进一步提高奶业在畜牧业中的地位，这将为奶业发展注入新的活力。

第三，科技进步支撑奶业发展。近几年奶业科技取得了长足进步，科技贡献率大幅提高，目前

已达50%以上，将为奶业发展提供重要支撑。从科研队伍看，已建立一支由国家奶牛产业技术体系、大专院校、科研院所、企业等多方参与的奶业科研队伍。从科研成果看，我国在奶牛遗传与繁殖、营养与饲料、疫病控制、乳品安全、草畜配套技术等方面取得了一批核心技术。其中，中国农科院畜牧所完成的“优质乳生产的奶牛营养调控与规范化饲养关键技术及应用”获得了2012年度国家科技进步二等奖。从技术装备看，奶业生产机械化水平明显提高，全国机械化挤奶率超过87%，据中国农科院信息所对全国180家奶牛场的调研，有88%的规模场装备了TMR搅拌机，有66%的规模场投建了粪污处理设备。

第四，产业政策逐步完善保障奶业发展。2007年，国务院发布《关于促进奶业持续健康发展的意见》，这是我国关于奶业的第一部专门文件。2008年以后，国家相继出台了《乳品质量安全监督管理条例》《奶业整顿和振兴规划纲要》《全国奶业发展规划》《关于进一步加强乳品质量安全工作的通知》《国务院关于加强食品安全工作的决定》等一批重要法规和文件，奶业发展走上了有法可依和规范化管理的轨道。同时，奶业扶持政策也不断完善，国家陆续出台了奶牛良种补贴、标准化规模养殖、生产性能测定、振兴奶业苜蓿发展行动等一系列政策，提高了奶业生产水平，促进了奶业生产方式转变。新一轮国务院机构改革，组建了国家食品药品监督管理总局，乳品生产、加工、流通等环节将全部由一个部门管理，这对进一步加强乳品质量安全监管具有重要作用。

但是，我们也要清醒看到，当前我国奶业正处在不进则退的爬坡阶段，面临不少困难和挑战。

第一，乳品消费信心仍然不足，进口奶粉数量剧增。近年来，国内乳品质量虽有明显提高，但安全事件仍多发频发，去年陆续发生了“黄曲霉毒素”、“高龄奶牛激素奶”等事件，群众消费信心不足。与此同时，进口乳制品特别是进口奶粉快速增加。2012年我国进口奶粉66.9万吨，进口量接近国内奶粉产量的一半。一些游客还到港、澳和国外抢购奶粉，致使一些国家和地区出台奶粉限购或限带政策。我国奶业要持续健康发展，必须充分认识群众对国产乳品信心低迷的挑战，下大力气重振消费信心。

第二，奶牛品种培育滞后，奶农养殖技术缺乏。从公牛看，全国奶牛良种补贴每年需要优秀种公牛800头左右，但目前具有后裔测定的验证优秀公牛仅400多头。从母畜看，主要以荷斯坦奶牛为主，其他乳用品种数量较少，难以适应我国地域广阔、资源多样的国情。从养殖方式看，我国奶牛养殖“小低散”的局面并未根本扭转，散户养殖条件差，环境脏，管理粗放，技术缺乏，经常把奶牛当肉牛养，乳房炎、真胃移位等疾病比较常见。

第三，利益联结不紧密，比较效益偏低。我国奶业发展先天不足，一体化程度不高，奶农、奶站和乳品企业都是独立的利益主体，没有建立合理的利益联结机制，奶牛养殖和乳品加工形成“两张皮”。奶价往往由乳品企业说了算，奶农没有话语权，企业经常找各种借口压级压价，甚至拒收，加上进口奶粉打压，造成奶价长期偏低。随着饲料、水、电、劳动力等养殖成本不断上升，养牛比较效益有所下降，散户退出加快。

第四，优质饲草料资源缺乏，环境约束趋紧。奶牛是草食动物，没有优质的饲草料，很难想象能产出优质的鲜奶。实践证明，奶牛饲喂足量的青贮玉米，单产可达6吨以上；每天饲喂3千克苜蓿，每年能多产1吨奶。近年全国青贮玉米种植面积有所扩大，达到2 100万亩，但仍不能满足奶业发展的需要。同时，我国优质商品苜蓿供给不足，每年产量仅20万吨左右，缺口达80万吨以上，主要依靠进口，2012年共进口苜蓿44.2万吨，同比增加60.5%。我国耕地有限，既要保证粮食安全，又要保证饲草料供应，难度很大。另外，奶牛是粪污排放较多的畜种，一个千头奶牛场，每年约产生8 800吨固体粪便和4 400立方米尿液。即将颁布实施的《畜禽养殖污染防治条例》，对养殖污染防治提出了更高的要求，环境约束将进一步趋紧。

三、全力开创今后奶业发展工作新局面

今年，农业部党组提出了“两个千方百计、两个努力确保、两个持续提高”的新要求，为奶业

工作指明了方向。当前和今后一个时期，要加快建设现代奶业，必须按照“加快规模养殖、推进结构调整、加强科学管理、重振消费信心”的思路，一手抓安全，一手抓生产，坚定不移地推动我国奶业向优质化、规模化、标准化、机械化和合作化方向发展。

（一）加快推进奶牛标准化规模养殖，扩大优质奶源基地。推进奶牛标准化规模养殖是保供给、保安全和增效益的根本途径。去年以来，我司积极协调发改委有关部门，争取增加对奶牛标准化规模养殖的投入，今年项目资金有望从5亿元增加到10亿元。各地要切实做好奶牛标准化规模养殖工作，加强项目建设和管理，优先扶持奶农合作社建设养殖场和小区，支持乳品企业自建、参股和收购规模养殖场和小区，推动奶业一体化发展。各地要结合中央项目，积极争取本地财政资金，探索对存栏50～300头养殖场和小区的支持。要努力提高奶牛标准化规模养殖的质量和内涵，特别是养殖小区要在饲喂、配种、防疫、挤奶等方面加强统一管理，避免“集中化散养”。要总结和推广经济、高效的奶牛粪污综合利用模式，切实解决规模养殖的粪污处理问题。

（二）加快改良奶牛品种，提高奶业生产水平。当前市场牛肉价格较高，为更好地保障牛肉和乳品供给，要因地制宜地发展乳肉兼用型品种，实现既增奶又增肉。兼用型品种与专用品种相比，产奶量约为乳用品种的2/3，犊牛生长速度约为肉用品种的70%～80%，但具有抗逆性强，产奶干物质含量高，淘汰卖肉残值高，综合效益好的优势。德系西门塔尔牛、瑞士褐牛、挪威红牛都是生产性能较好的兼用品种。据挪威红牛与中国荷斯坦的杂交试验，其后代年产奶量超过8吨，牛肉品质好，母牛淘汰出肉率和公牛育肥效率明显高于荷斯坦。因此，适当发展乳肉兼用品种是今后我国奶业发展的一个方向。今年，我司在奶牛良种补贴项目中，增加了5.5万头西门塔尔牛的冻精补贴。各地也要重视这项工作，积极发展适合当地的乳肉兼用型品种。同时，要加强奶牛生产性能测定工作，强化乳蛋白、乳脂肪等9大指标的数据收集、分析，指导牧场“测奶科学养牛”，优化奶牛泌乳持久力、产犊间隔、产奶高峰期和产奶天数等关键性能。

（三）加强奶站监管和实施生鲜乳监测计划，确保生鲜乳质量安全。目前，乳品质量安全隐患依然存在，监管工作只能加强，不能放松。要认真落实农业部《农产品质量安全工作要点》和《关于开展生鲜乳违禁物质专项整治行动的通知》有关要求，重点做好以下工作：一是加强奶站监管，实行标准化管理。加强对奶站和运输车的日常检查、交叉互检和巡查，严厉打击非法收购运输“黑窝点”，使严惩重处成为治理常态。按照《生鲜乳生产收购管理办法》和《生鲜乳收购站标准化管理技术规范》的要求，推进奶站规范化建设和标准化管理。二是实施生鲜乳质量安全监测计划，坚决打击各种违法添加行为。坚持集中治理整顿和严格日常监管相结合，强化监测与执法联动。各地要充分调动基层力量，把监管工作延伸到乡村，形成全方面、立体化的监管网络。三是妥善应对各种突发事件，总结经验，举一反三，做到及时发现，果断处置，该处理的处理，该移交的移交，努力确保不发生重大生鲜乳质量安全事件。

（四）大力实施“振兴奶业苜蓿发展行动”，从源头上提高生鲜乳质量安全水平。“振兴奶业苜蓿发展行动”实施以来，成效明显，深受基层欢迎。全国已建成50万亩高产优质苜蓿生产基地，水浇地和旱地的亩产分别达到800千克和400千克，单产比当地平均水平高10%～30%，粗蛋白含量在18%以上，达到优质苜蓿标准，生产基地已为30万头高产泌乳牛提供了优质苜蓿草。今年6月份，我司将在辽宁召开全国高产优质苜蓿生产现场会，学习观摩苜蓿种植、奶牛养殖、乳品加工一体化模式，交流各地经验，示范带动全国苜蓿产业和奶业发展。各地要认真总结去年工作，不断完善机制，认真抓好高产优质苜蓿生产基地建设。要优化布局，项目向苜蓿生产优势区和奶牛主产区集中，避免“撒胡椒面”。要促进草畜配套，为养而种，以种促养，以养增收。要加强项目管理，把好立项关，严格按照申报要求立项，防止重复申报；把好审批关，严格“两公示”制度，不能降低标准；把好验收关，充分发挥专家组作用，切实保证项目建设质量。

（五）加强技术推广培训和宣传，努力提振消费信心。随着奶牛养殖成本增加，比较效益降低问题凸现，奶农对先进适用、节本增效养殖技术的需求更加迫切。各级农牧部门、农业大学、农科院以及产业技术体系应针对配种、饲料调制、防病、挤奶等关键技术环节，组装配套实用技术，大范围开展务实管用的技术培训，将实用技术落到生产环节，切实提高奶牛生产水平。

科学宣传对现阶段奶业发展至关重要。各地要进一步加大宣传力度，创新形式，充分利用电视、报纸等传统媒体和网络、手机等新兴媒体，重点宣传奶牛科学养殖、奶站清理整顿和标准化建设、奶源基地建设、乳品质量控制等方面取得的成效和好做法，同时，要防止和压制不实炒作。要普及牛奶营养知识，引导科学、健康消费，提振消费信心，共同营造奶业发展良好氛围。

充分肯定成绩 调整推广方式 继续推进学生饮用奶计划工作健康发展*

何子阳

2013 年 10 月 18 日

同志们：

大家上午好！

2013 年 9 月 5 日，由农业部、国家发展和改革委员会、教育部、财政部、国家卫生和计划生育委员会、国家质量监督检验检疫总局、国家食品药品监督管理总局联合发布了《关于调整学生饮用奶计划推广工作方式的通知》，提出要充分利用市场机制和依靠社会力量去推动学生饮用奶计划的开展。为贯彻落实通知精神，做好相关衔接工作，今天，我们在这里召开"学生饮用奶计划"工作衔接交流会，主要内容是全面总结学生饮用奶计划开展以来的情况及经验，衔接做好"学生饮用奶计划"下一步工作。我讲三点意见。

一、充分肯定学生饮用奶计划工作取得的巨大成就

2000 年，为提高青少年营养健康水平，推动我国乳品消费和奶业发展，由农业部、原国家发展计划委员会、教育部、财政部、原卫生部、原国家质量技术监督局和原国家轻工业局等 7 部委局联合启动实施了国家"学生饮用奶计划"。13 年来，通过强化宣传引导、加强监督管理、提升奶源质量安全水平等一系列措施，学生饮用奶计划的稳步健康发展，对改善和提高中小学生营养健康水平、促进我国乳品消费和奶业发展都起到了巨大作用。

13 年来，学生饮用奶计划推广工作经历了跌宕起伏的过程，经受住了多种食品安全事件的严峻考验和挑战。例如 2003 年的辽宁海城市豆奶事件、2003—2004 年阜阳劣质奶粉事件以及 2008 年的三聚氰胺事件，都给学生饮用奶计划的开展带来了不利影响甚至是灭顶之灾。例如辽宁海城市豆奶事件，一度迫使学生饮用奶计划处于停顿状态。但是，我们并没有被困难所吓倒，而是迎难而上，积极采取措施，加大工作力度，变不利因素为有利因素，迅速扭转了学生奶计划停滞不前、学生奶供应份数下降的局面，使得学生饮用奶计划得进一步以稳步推广。现在，我们可以自豪地说，在以下三个方面，学生奶计划成绩巨大，学生饮用奶计划的推广经得起历史的检验。

一是，13 年来，学生饮用奶计划推广工作没有发生因产品质量问题引发的食品安全事件。在目前社会上下高度关注食品安全的大背景下，尤其是针对在校中小学生这一特殊群体推广学生饮用奶，质量安全尤为重要。我们取得这样的成绩，可谓来之不易。

二是，13 年来，学生饮用奶已经成为学校、学生改善营养的一张亮丽名片，其社会影响在逐步扩大，学生饮用奶就是"质优、安全"的代表。尤其是现在国家推广的营养改善计划，不少省市地区都将是否是学生饮用奶生产企业作为招标的一个主要条件。

三是，13 年来，学生饮用奶从无到有、从城市到乡镇，推广范围不断扩大。日供应学生饮用奶数量从开始推广之初的 100 多万份，增加到去年年底的 1 800 万份以上，增加了 17 倍；推广的范围也从一开始试点的京、津、沪、穗、沈五个城市，扩展到目前的在全国 29 个省区市 660 个市（县）共 6 万多所中小学。饮用学生奶的中小学生数量的比重也逐步加大，占到全国中小学生的 10%左

* 本文为农业部农垦局巡视员何子阳于 2013 年 10 月 18 日在成都召开的学生饮用奶计划工作衔接交流会议上的讲话。——编者注

右。在中国这个人口大国里，取得这个成绩实属不易！

这些成绩的取得，是在各级政府、各有关部门、企业、学校以及社会各界的大力支持配合下完成取得的，是我们上上下下发扬踏雪留印、抓铁留痕的精神，开拓创新、攻坚克难、不懈努力取得的。全面总结13年来我们开展的工作，我想主要得益于以下几个方面。

（一）强化多部门协调支持，建立健全工作机构，充分发挥专家指导作用，合力推进学生饮用奶计划顺利实施。实施“学生饮用奶计划”，涉及面广，责任重大。为了工作顺利开展，确保学生饮奶安全，启动之初成立了由农业部、中宣部、国家发改委、教育部、财政部、原卫生部、国家质量技术监督局、原国家轻工业局、国家食物与营养咨询委员会等组成的国家“学生饮用奶计划”部际协调小组，协调小组下设办公室，负责日常管理工作。开展“学生饮用奶计划”的省，也确定了相应主管部门负责组织全省“学生饮用奶计划”的推广实施。为了指导学生饮用奶计划的顺利开展，部际协调小组成员各单位，加强协调，加大支持力度，有力促进了计划的开展。国家发展改革委员会安排专项资金，支持“学生奶奶源基地建设工程”，财政部专门安排了学生饮用奶专项资金支持学生饮用奶计划推广，教育部积极指导协调学生饮用奶入校，印发了《加强学生饮用奶计划管理的意见》，将营养科学知识、牛奶的营养价值和牛奶的好处等相关内容作为健康教育的重要内容纳入《中小学生健康教育指导纲要》，中宣部、卫生部、质检总局等部委也为学生饮用奶计划工作在创造舆论环境、制定规章制度等方面做了大量的指导协调工作。例如在对加强监管、做好学生饮用奶入校、加强学校食品安全等方面，农业部、教育部、卫生部、质检总局等部门多次联合发文，部署做好相关工作。同时，我们还成立了学生饮用奶计划专家委员会、奶源升级计划专家小组，各位专家充分发挥在学生饮用奶计划工作中的技术支持和政策咨询作用，在处理突发事件、编制发展规划、宣传普及知识、解答群众疑问、建设奶源基地等方面，发挥不可替代的作用。尤其是在处理突发事件方面，专家委员会主任蒋建平先生等多位老专家，牺牲节假日休息时间，不计报酬地做好相关方面的检查、咨询、答疑等工作，较好地完成了专家组所承担的各项工作，受到了社会各界的广泛的信任和尊重。

在此，我谨代表原国家学生饮用奶计划部际协调小组办公室，向部际协调小组各成员单位、各位专家学者，为你们对学生饮用奶计划付出的辛劳和做出的贡献表示衷心感谢！

（二）强化质量监督管理，不断完善规章制度，切实保障学生饮用奶推广有序开展。民以食为天，食以安为先。食品质量安全从来都是头等重要的大事！所以，在学生饮用奶计划推广中，我们始终把质量安全放在第一位置，始终把质量安全贯穿推广全过程，始终把质量安全落实到实际工作中。一是完善规章制度、建立健全管理机制。我们先后制定发布了《关于实施国家“学生饮用奶计划”的通知》及实施方案、《国家“学生饮用奶计划”暂行管理办法》、《学生饮用奶定点生产企业申报认定暂行办法》、《中国学生饮用奶标志使用暂行管理办法》等基本文件法规。各省也结合本地实际制定了地方的“学生饮用奶计划”管理办法、定点生产企业审核认定办法和配送操作规范等一系列规章制度，基本做到了管理有章可循、监督有法可依。工作中，针对突发事件和苗头性的情况，及时下发有关做好学生饮用奶质量监督管理工作的通知，严格按照“谁审批，谁负责，谁监管”的原则，指导地方开展质量监管工作。二是创新监管方式、增强应急管理能力。在实施日常监管的同时，通过普及法规知识、落实安全责任制以及配合职能部门加强对擅自以“学生饮用奶”名义入校推广行为进行监督检查等措施，拓展监管工作思路、积极应对突发事件，完善监管工作措施。三是加强质量检测、把握监管工作主动权。委托检测部门对定点企业所有的学生饮用奶产品进行了抽检，各地质检部门加大了对学生饮用奶产品的质量检测力度，形成了学生饮用奶管理部门、质检部门和定点企业共同保障质量安全的良好局面。

在此，我谨代表原国家学生饮用奶计划部际协调小组办公室，向在座的各位，并通过你们向各省学生饮用奶工作机构工作的同志们，为你们对学生饮用奶计划开展付出的努力，表示衷心的感谢！

（三）强化奶源基地建设，提升原料奶质量，从源头上保驾护航学生饮用奶计划。有好牛才有好奶，有好基地才有好产品！为从源头上保障学生饮用奶产品的质量安全，促进“学生饮用奶计划”的持续健康发展，2003年我们开始实施“学生奶奶源升级计划”，到今年正好实施了整整10年。10年来，在各省主管部门、定点生产企业、创建单位以及指导专家的共同努力下，学生奶奶源升级工作稳步开展。工作中，我们注重环节控制和技术推广，把提高原料奶质量作为奶源升级的首要目标。通过大家的努力创建，学生奶奶源示范基地原料奶平均乳脂率达到3.7%以上，平均乳蛋白率达到3.1%以上，平均菌落总数小于14万，嗜冷菌小于1万，平均体细胞数小于33万等，从根本上保证了生产学生饮用奶的原料奶质量安全；我们注重建立健全标准化体系，把提高标准化生产水平作为奶源升级的主要途径。制定了学生奶奶源示范基地升级“指南”和“测评表”，明确了奶源升级的32项关键控制点和60项重点内容。编写出版了《中国学生饮用奶奶源管理技术手册》。研究制定了《学生奶奶源生产技术规范》。拍摄播出了《优质牛奶哪里来》电视系列专题片等。并紧紧围绕这一系列标准化规范，强化贯标强化落实，极大提高了奶源基地标准化水平；我们注重技术培训，把提高牧场技术管理人员素质作为奶源升级的重要手段。针对创建牧场的技术管理人员，每年都要举办若干次研讨、讲座和培训，例如HACCP培训、标准化培训、奶源管理技术培训班，这些培训有短期的，也有长期的，有学生奶办举办的，也有和中国农业大学合作的，为我国奶业发展培养了一大批掌握现代养殖技术的专业化实用型人才。据不完全统计，共举办各类技术培训讲座300余场，累计培养了3 000多名牧场技术骨干。我们注重专家现场指导，把促进牧场整改提升作为奶源升级的关键举措。充分发挥专家的作用，在饲养、繁育、防疫、加工等不同领域加强技术指导，注重创建牧场的整改提升，不光是为了创建而创建。目前，已经完成了六批学生饮用奶奶源示范基地创建工作，共有165家成为“学生饮用奶奶源升级计划奶源示范基地”。现在第七批示范基地创建工作正在开展，预计明年3月份共有200家先后通过创建升级，成为“学生饮用奶奶源升级计划奶源示范基地”。梳理奶源示范基地创建工作，可谓成绩显著，可圈可点。举办了七期学生饮用奶奶源升级计划奶源示范基地培训班，建立了一整套的奶源示范基地创建工作方案，出版了《中国学生饮用奶奶源管理技术手册》《中国学生饮用奶奶源基地建设探索与实践》和《学生饮用奶奶源基地建设巡礼宣传画册》，得到业界一致好评。通过创建示范基地，树立典型，标榜规范，以点带面，积极推动了学生奶奶源基地建设，实现了“培育一批样板牧场，培养一批技术骨干，建立一套技术规范”的目标。这些示范基地的设备设施优良，管理规范合理，饲喂营养科学，牛群良种化程度高，部分牛场原料奶的各项营养指标、卫生指标达到甚至超过了欧盟标准，切实从源头上保障了学生饮用奶产品的质量安全，对推进我国规模化标准化奶牛养殖发挥了重要的示范带动作用。

在此，我谨代表原国家学生饮用奶计划部际协调小组办公室，向各学生饮用奶定点生产企业、奶源示范基地，向长期以来支持中国学生饮用奶计划的利乐公司、北京华思联认证中心等单位表示衷心的感谢！

（四）强化宣传教育，加强国际交流，营造良好推广氛围，树立学生饮用奶“质优、安全”的品牌。“学生饮用奶计划”取得成功离不开宣传。加强学生饮用奶计划的方针政策、学生营养健康和饮奶安全是宣传工作的重点，为此，我们做了大量工作。建立了学生饮用奶计划宣传信息员队伍并开展培训，组织开展了三届“牛奶与健康”全国少儿绘画和作文大赛；开办了《学生饮奶与健康》专刊和《中国学生饮用奶网站》，宣传普及牛奶营养和科学饮奶等有关知识；与教育部体卫艺司共同在《中国教育报》上开辟了“学生营养与健康”专栏，并合作开展了“牛奶加运动 健康伴成长”为主题的学生体质升级健康教育活动，共有黑龙江、四川、云南等12个省市近千所学校组织10余万学生参加此活动，有439所学校参评并向中国教育学会报送136件优质课件。通过宣传推广，扩大了“学生饮用奶计划”的影响，促进了学生饮用奶的推广工作。同时，借鉴国外先进经验，开展国际交流。2001年在上海成功举办了第二届亚太地区学生奶会议，2005年，在云南省昆明市成功举办了第三届国际学生奶大会。两次大会的与会国外代表对中国的“学生饮用奶计划”给予了很高的评价。2006 年，又派员参加了第 27 届 IDF 世界乳业大会，介绍了中国学生饮用奶计划取得的成就，进一步扩大了中国"学生饮用奶计划"在世界上的影响。中国学生饮用奶计划取得的成绩和经验，受到国际社会广泛关注。

在此，我谨代表原国家学生饮用奶计划部际协调小组办公室，向中国乳业杂志社、中国教育报等各大媒体以及中国奶业协会等社会各界支持学生饮用奶工作的同志们表示衷心的感谢！也希望你们一如既往地继续支持学生饮用奶计划的开展。

13 年来，"学生饮用奶计划"工作的积极开展，得到党中央、国务院领导高度重视，使全社会更加广泛重视学生营养改善工作，各级政府对学生饮用奶计划和学生营养改善计划的支持力度也越来越大。《中国儿童发展纲要（2001—2010 年）》、《国务院关于基础教育改革与发展的决定》（国发［2001］21 号）、《国务院关于促进奶业持续健康发展的意见》（国发［2007］31 号）等文件纲要专门将"学生饮用奶计划"列入其中，提出要加大学生饮用奶计划的推广力度。尤其是 2011 年国务院实施了农村义务教育学生营养改善计划，明确将牛奶作为学生营养改善的食品之一。同时，各级地方政府也在政策、资金等方面给予了更多的支持。例如，2007 年新疆维吾尔自治区政府下发了《关于贯彻国务院促进奶业持续健康发展意见的实施意见》，决定每年安排 300 万元专项资金，用于支持培育消费市场、推广学生饮用奶和学生饮用奶质量监控工作。2009—2012 年，又安排财政资金 2.51 亿元，对全区地州所在市和条件具备的县市城镇义务教育阶段在校中小学生饮用学生奶，按每人每天 1 袋，每袋补助 1 元，以促进乳品的消费。再如重庆市、深圳市等许多省市，也都制定了有关支持政策，对学生饮用奶进行一定的财政补贴，为"学生饮用奶计划"的加快实施提供了有力支持。所以说，学生饮用奶计划取得的成就，是我们大家共同努力的结果，更离不开各级政府的大力支持。

13 年的探索和实践，我们积累了丰富的经验，这些经验在一定程度上，对下一步转变方式继续开展好"学生饮用奶计划"工作，也具有一定借鉴意义。一是注重营养改善和推进奶业发展并举。在关注改善青少年的营养状况、增强青少年的体质的同时，积极加强奶源基地的建设，健全行业质量安全体系，拉动奶业和畜牧业等相关产业的发展，成为带动农业产业结构调整的重要突破口和农村经济发展新的增长点。二是注重政府引导和发挥市场机制并举。坚持统一制定政策规章、统一定点企业认定条件、统一使用学生奶标识，鼓励定点生产企业之间、学生饮用奶产品之间在推广学校范围内有序有限竞争。与此同时，坚持市场机制，充分发挥企业生产和供应学生奶的主体作用，坚持企业自愿、学生饮奶自愿，不搞强迫命令，较好地处理了政府主导与企业主体的关系，保证了国家"学生饮用奶计划"沿着规范、健康的轨道发展。三是注重稳步推进和保证质量安全并举。"安全、营养、方便、价廉"是实施国家"学生饮用奶计划"的基本原则，"安全"列在首位。学生奶计划实施之初，坚持先试点、后推广，以点带面、分步实施，条件成熟一个推广一个，以质量安全为先，不断创新监管方式，强化生产、加工、贮藏、配送、消费全程监控，严把产品质量关和饮奶安全关。例如定点生产企业加强生产、配送、进校等环节的监督管理，做到不符合质量要求的产品不出厂、不进校；学校方面则从教育入手，提高孩子对奶品质量的鉴别能力，确保不发生较大的质量安全问题。四是注重创新和鼓励多模式推广并举。积极探索和不断完善适合我国国情的推广模式，构建行政与市场相结合的"双轮驱动"运行模式（例如江苏、新疆开展的学生饮用奶计划模式等），建立双层三级协调组织，实行企业主导、联合有关力量共同推广。这些做法为"学生饮用奶计划"实施发挥了很大作用，取得了良好效果。

二、适应新的形势，转变推广方式，继续推进学生饮用奶计划的开展

当前，我国奶业得到长足发展，学生营养改善工作加快推进，食品安全监管进一步加强，实施"学生饮用奶计划"面临的形势发生了变化。主要变化有以下几个方面：

（一）我国奶业发展取得长足进步，市场环境日趋成熟。实施学生饮用奶计划，一个主要目的

就是拉动乳品消费，推进奶业发展。目前，我国奶业正在从快速增长阶段走向建设现代奶业的新阶段，取得了可喜成绩。奶牛标准化规模养殖加快推进，良种覆盖率稳步提高，单产水平有新上升；检测执法不断强化，奶业法规制度进一步完善，生鲜乳质量安全卫生得到保障，现代奶业基础格局正在形成。2012 年全国牛奶产量达到 3 744 万吨，广大人民群众对牛奶的认识进一步提高，乳品消费持续增长，人均奶类消费量超过 30 千克。

（二）学生营养改善工作已经得到中央、各级政府以及全社会的高度重视和关注。2011 年 10 月，国务院办公厅下发了《关于实施农村义务教育学生营养改善计划的意见》（国办发［2011］54 号），决定启动农村义务教育学生营养改善计划（2013 年，中央进一步加大支持力度，安排 166 亿元，受益学生达到 3 000 万）。供餐内容为完整的午餐，包括蛋、奶、肉、蔬菜、水果等加餐或课间餐，明确将牛奶作为学生营养改善的食品之一。我们所提倡的饮用牛奶目标，在该项计划中得到较好的体现。

（三）我国食品安全保障水平显著提高。近年来，不断加强食品安全监管工作，建立健全各种法律法规，乳制品等食品安全得到有效保障。2008 年 10 月，国务院出台了《乳品质量安全监督管理条例》，对奶畜养殖、生鲜乳收购、乳制品生产和销售等做了详细明确的规定；2009 年 2 月，《中华人民共和国食品安全法》颁布，对食品安全标准、食品生产经营、食品安全事故处置、监督管理、法律责任等方面进行明确规定；2010 年 4 月，《食品生产许可管理办法》出台，对从事食品生产活动的企业实施食品生产许可，规定未取得食品生产许可的企业不得从事食品生产活动；2013 年，又新组建了国家食品药品监督管理总局，对生产、流通、消费环节的食品安全实施统一监督管理，食品安全监管进一步加强。

（四）中央对进一步转变政府职能提出了新要求。去年十八大以后，《国务院机构改革和职能转变方案》，明确了职能转变的方向、原则和重点，提出了政府职能转变的具体措施，指出要“最大限度地减少对生产经营活动和产品物品的许可，最大限度地减少对各类机构及其活动的认定等非许可审批”；要“减少资质资格许可，对不符合行政许可法规定的，一律予以取消；按规定需要对企业事业单位和个人进行水平评价的，改由有关行业协会、学会具体认定”；要“更好发挥社会力量在管理社会事务中的作用”；“各级政府要适应职能转变新要求，把该放的事坚决放开，把该管的事管住管好”，该由市场发挥作用的应交给市场。去年，学生饮用奶生产企业资格认定作为非行政许可项目已经取消，减少了行政干预，意味着学生饮用奶计划必须转变方式方法，利用市场机制，发挥社会力量去推动实施。

针对以上情况，我们就是否继续实施“学生饮用奶计划”及如何实施等问题，分别于去年 11 月 6 日、13 日和今年 1 月 25 日，召开了 3 次由部际协调小组成员单位、部分省市学生饮用奶工作机构和生产企业负责人参加的“学生饮用奶计划”工作座谈会，广泛听取各方意见，研究如何改革下一步学生饮用奶推广工作。对于是否继续实施该计划问题，大家一致认为，国家“学生饮用奶计划”是一项民生工程，10 多年来在改善中小学生营养、拉动奶业发展方面贡献突出，已产生较大的社会影响，形成了品牌，应继续实施该计划。在新形势下，可以充分利用市场机制，依靠中介组织等社会力量去组织实施。考虑到中国奶业协会是为奶业发展提供全产业链服务的非营利性行业组织，业务范围包括宣传和贯彻发展奶业的方针、政策，组织技术培训和科普宣传，配合政府有关部门进行奶产品的质量监督等，有能力承担学生饮用奶的推广工作。为此，我们征求了中国奶业协会的意见，中国奶业协会表示愿意接受“学生饮用奶计划”的推广工作。又考虑到“学生饮用奶计划”交给中国奶业协会后，为了减少行政部门干预，充分发挥协会自主工作的积极性，可以停止部际协调小组及其办公室工作。为此，我们于 5 月 29 日，又邀请部际协调小组成员单位司局级负责人，围绕把“学生饮用奶计划”工作交给中国奶协和停止部际协调小组及其办公室工作以及今后相关工作进行了研究。座谈中，各部委对把这项工作交给中国奶协表示同意，同时认为，作为乳制品的学生饮用奶的生产与质量安全，可以按照国家相关法律法规管理，纳入相关职能部门进行监管，停止学生饮用奶计划部际协调小组及其办公室工作不会造成监管真空和妨碍学生营养改善工作。统筹考虑后，决定将“学生饮用奶计划”推广工作整体移交给中国奶业协会，中国奶业协会按照食品安全、奶业管理等相关法律法规要求，具体制定相关推广和管理办法，继续推进“学生饮用奶计划”的实施。“学生饮用奶计划”工作整体移交给中国奶业协会后，终止学生饮用奶计划部际协调小组及其办公室工作，全部推广工作由中国奶业协会自主开展。鉴于目前有关食品的法律法规日趋健全，特别是食品和乳制品的生产和质量管理均有相关的职能部门负责，将学生饮用奶作为一般乳制品，统一纳入相关职能部门的生产和质量监管。所以才有了目前七部委关于调整学生饮用奶计划推广工作方式正式文件的出台。文件出台后，得到了社会的广泛的正面响应，一致认为学生饮用奶工作的移交符合目前的大趋势，有利于运用市场机制加速学生饮用奶的推广（甚至有的网站上讲，“乳业龙头有望率先获益，伊利股份、光明乳业、三元股份等上市公司值得关注）。

三、关于继续做好学生饮用奶计划工作的几点建议

“学生饮用奶计划”是一项利在当代、功在千秋的重要工作。“学生饮用奶计划”既是一项关乎亿万中小学生身体素质乃至国计民生的社会公共事业，又对奶业的发展有很强拉动作用。殷切希望社会各界继续广泛参与和大力支持“学生饮用奶计划”。也希望通过这次推广方式的转变，使“学生饮用奶计划”有新的发展和突破。对当前和下一步工作提出如下几点建议：

一是继续做好“学生饮用奶计划”的推广工作。这次学生饮用奶计划推广方式调整后，虽然学生饮用奶部际协调小组已撤销，工作转交中国奶业协会，但是，学生饮用奶作为一般乳制品，已经统一纳入相关职能部门的生产和质量监管。还是希望得到各级政府、有关部门和社会各界的关心，继续给予学生饮用奶计划的大力支持，确保这项工作的顺利进行。

二是各地各级“学生饮用奶计划”主管部门，要结合本地实际，认真贯彻落实《通知》精神，制定相关政策，采取适当措施，按照中国奶业协会近期下发的关于做好学生奶工作的通知要求，切实做好“学生饮用奶计划”工作当前调整期间的各项工作，避免对学生营养改善工作和企业生产经营等产生不良影响。

三是要认真完成 2013 年度学生饮用计划财政专项合同的工作内容，并认真做好年终的项目总结，由牵头部门报农垦局。不要因为工作调整，认为原来的项目没人管了，工作要接着做好。如果省里也撤销了学生奶工作厅际协调机构，则牵头厅局和有关部门要抓好落实，严格按照专项资金管理规定，完成好今年的工作任务。例如做好第七批学生奶奶源基地创建及第三批基地的复查工作；做好《学生饮奶与健康》专刊和《中国学生饮用奶网站》工作；做好有关信息报送和宣传，圆满完成好年初制定的各项工作计划。继续加强对学生饮用奶的生产、加工、销售、饮用等关键环节的监督监管，特别是学生饮用奶作为一般乳制品，统一纳入相关职能部门的生产和质量监管，要密切配合相关监管部门的工作，杜绝出现监管真空，确保学生饮用奶产品的质量安全。

四是中国奶业协会应按照食品安全、奶业管理等相关法律法规要求，适应市场机制要求，围绕“中国学生饮用奶”的标识管理，突出学生饮用奶计划的公益性质，尽快制定出台相关推广和管理办法，做好相关衔接工作。重点做好宣传教育推广、加强奶源基地建设、创新流通配送模式，多形式实施“学生饮用奶计划。同时，要充分研究有关扶持政策，充分调动企业和学校的积极性，扩大学生饮用奶推广的覆盖面。我相信，通过社会各界的齐心协力，在中国奶业协会的组织推动下，必将翻开“学生饮用奶计划”持续健康发展的新篇章。

谢谢大家！

稳中求进开新局*

魏克佳

2013 年 10 月 18 日

同志们：

首先，非常感谢农业部农垦局邀请中国奶业协会参加学生饮用奶计划工作衔接交流会议，同大家共同分享实施国家学生饮用奶计划 13 年所取得的成就，与大家共同商讨学生饮用奶计划下一步工作思路。这次召开的学生饮用奶计划工作衔接交流会议，是学生饮用奶计划实施 13 年来的一次重要会议。这次会议既是学生饮用奶计划推广工作的总结会，也是如何继续实施学生饮用奶计划推广工作承前启后的会议，可以说这是一个里程碑的会议。就我个人而言，很高兴参加这次会议，因为我曾担任了学生饮用奶计划部际协调小组办公室首任主任，亲身经历了学生饮用奶计划的酝酿、试点和启动实施。我作为一个亲历者和见证人，感到由衷地欣慰！

国家"学生饮用奶计划"实施 13 年来，一直在平稳、健康、持续推进，学生饮用奶计划部际协调小组办公室作出了重大贡献。学生饮用奶计划通过开展各种形式的活动，在中小学生中大力推广饮奶与健康知识，学生饮用奶从无到有、从城市到乡镇，覆盖范围逐步扩大，目前已在 28 个省 660 多个市县的 6 万多所中小学校推广，日供奶量达到 1 800 多万份。这对改善中小学生膳食状况、提升营养健康水平和身体素质起到了积极作用。同时，很好地培育了乳品消费群体，对于调整农业产业结构、促进农民增收、拉动奶业发展起到了促进作用。

学生饮用奶计划之所以取得这么大的成绩，推广管理工作中确有许多成功的经验值得总结的。一是建立了有效的推广工作管理体系。在国务院领导的重视和支持下，农业部等七部委成立了学生饮用奶计划部际协调小组及办公室，各地方成立了学生饮用奶计划工作机构，从上至下形成了一整套的工作体系，有力地保障了计划的顺利实施。二是制定发布了一系列规章制度和管理办法，各省也制定了相应管理办法，做到了管理有章可循、监督有法可依。三是加强奶源基地建设，实施了以提升奶源质量为主要内容的"学生奶奶源升级计划"，创建了 165 家奶源示范基地，提高了原料奶的质量安全水平。四是严格学生饮用奶生产定点企业的资格准入，审核认定了 54 家乳品加工企业，保证了产品的质量安全。五是取得了中央和地方政府政策上的支持，一些地方政府安排财政资金补贴学生饮用奶，这些措施都有力地促进了学生饮用奶计划的推广。这些经验值得中国奶业协会在今后的推广工作中发扬和传承。

十多年来，中国奶业协会在学生饮用奶计划部际协调小组办公室的大力支持下，配合开展了学生饮用奶计划推广的部分工作。奶协利用社会组织的身份和行业平台，向政府建议，向社会呼吁，发表致全国教师的公开信，编印《饮奶与健康》科普小册子，在《中国食品报》开辟专刊，组织世界学生饮用奶日等多种形式的宣传活动。刘成果同志在担任会长期间，利用其全国政协委员的身份，通过向全国政协提交提案、在政协大会发言，呼吁将饮奶知识"进大纲、入课本、上课堂"；与国家发展和改革委沟通，建议将推广实施学生饮用奶计划写入《国务院关于促进奶业持续健康发展的意见》等。受农垦局委托，组织学生饮用奶企业 HACCP 培训、奶源示范基地培训等，这些工作都取得了积极成果。借此机会，我代表中国奶业协会对农业部农垦局、学生饮用奶计划部际协调

* 本文为中国奶业协会常务副会长魏克佳于 2013 年 10 月 18 日在成都召开的学生饮用奶计划工作衔接交流会议上的讲话。——编者注

小组办公室和各地的学生饮用奶办公室表示衷心感谢！

今年9月5日，农业部等七部门联合发出《关于调整学生饮用奶计划推广工作方式的通知》，决定将国家“学生饮用奶计划”推广工作整体移交给中国奶业协会。农业部等七部门将学生饮用奶计划推广工作移交给中国奶业协会，是党的十八大以后七部门适应全面深化改革形势的整体要求，政府部门转变职能的需要。最近国务院办公厅又下发文件，要把部分公共服务委托交给社会组织，减少行政审批和非行政审批，所以我觉得这项工作不单单是工作方式的转变，它体现了我们的政府部门在转变职能方面又迈进了一大步，这充分体现了七部门对中国奶业协会的信任和重托。七部门将学生饮用奶计划部际协调小组及办公室撤销不等于国家“学生饮用奶计划”的撤销，今后随着国民经济的发展、国民收入的提高，居民饮奶消费必然是增长的趋势，学生饮奶规模也必将扩大，仍然是一项大有可为的事业。我们一定不辜负七部门的信任和重托，在农业部农垦局的领导下，以积极的态度继续推进国家“学生饮用奶计划”的实施。

面对新时期和新的形势，学生饮用奶计划推广工作面临新的任务，今后学生饮用奶计划推广工作初步的总体思路是将按照食品安全、奶业管理等相关法律法规要求，制定适应市场经济体制的相关管理办法及配套规章制度，充分利用市场机制和依靠社会各方面力量，创新和转变工作方式和推广机制，扩大覆盖范围，力争开创新局面。围绕这个思路谈三方面的意见供大家讨论：

第一，要继续完善和建立适应新形势的学生饮用奶计划推广管理体系。

面对新的形势，完善和建立新的推广管理体系是今后搞好学生饮用奶计划工作的基础，一般就体系而言是指若干事物或某些意识互相关联而构成的整体。在我们这个推广体系中的奶牛场、加工企业、消费者、行业若干相关联的管理部门和行业组织等，这是构成体系的事物主体；意识理念关联是指使学生饮用奶推广管理工作构建一个功能及法规制度健全、适应市场经济规律的有机整体。

如何完善和构建新体系，在工作开展上，主要有三点：一是深入调查研究。协会根据七部门的《通知》精神，将召开不同层面的座谈会，到定点生产企业、奶源示范基地和学校进行调研，了解原有管理办法以及规定实施的情况以及目前存在的问题。二是结合我国奶业发展新形势的需要，将学生饮用奶计划纳入到行业发展的总体目标中，按照优质化、规模化、标准化、机械化、合作化、产业化的模式去推进。三是体系的运行是离不开健全的法律法规，所以这项工作还是按照食品安全、奶业管理等有关法律法规以及国家标准的要求，按照“安全、营养、方便、价廉”的基本要求，制定符合推广工作新方式的、适应市场机制的管理办法及配套规章，争取新年前后出台。原来的学生饮用奶计划部际协调小组是由农业部牵头、七个国务院部门参加组成的，采取“政府引导、政策扶持”的方式，通过专项计划、定点生产、企业直供的运行模式。行业协会是社会组织，所以运行机制和办法要转变。一会儿我们要进行座谈，听听大家的意见。之后还要到各地调研，希望大家能够支持。三是新的推广体系要加强信息化和现代化建设，我们计划运用现代信息网络技术，建立学生饮用奶生产企业和奶源示范基地数据库，实现电子信息化管理。中国奶牛数据中心的数据处理平台也是在农垦局的支持下建立的，目前已经运行多年了，世界种公牛的系谱档案已经形成电子信息化管理，具有丰富的经验和工作基础，可以保障信息化的顺利进行。

第二，进一步加强学生饮用奶计划推广宣传工作。

宣传工作是“学生饮用奶计划”推广的主要方式之一。通过科学饮奶科普知识的宣传，可以培养健康的营养膳食理念。协会接手后将充分依靠社会力量，加大宣传力度，改版中国学生饮用奶计划网站，编辑出版科普读物，制作推广宣传视频片，组织世界学生饮用奶日活动，举办学生征文、绘画活动，在有关大众传媒上开辟专栏，组织媒体采风活动，在中国国际奶业展览会设专区展示，在中国奶业大会组织“学生饮用奶计划”推广专场等多种形式的宣传活动，以加强公众对学生饮用奶的认识，扩大学生饮用奶计划的影响面。

第三，实现平稳过渡，做好调整期间工作。

在国家“学生饮用奶计划”推广工作机制调整期间，中国奶业协会就有关问题印发文件，一是定点生产企业要切实履行乳品质量安全第一责任者的职责，做好生产、加工、储藏、配送等关键环节的工作，确保产品质量安全，认真完成供应任务。二是已在原学生饮用奶计划部际协调小组办公室备案的学生饮用奶定点生产企业，备案在有效期内的仍然有效，在 2013 年 1 月 1 日以后备案到期的学生饮用奶定点生产企业，其有效期资质延至 2014 年 3 月 31 日，定点企业可以在有效期间继续使用中国学生饮用奶标志生产供应学生饮用奶。已授牌的学生奶奶源升级计划奶源示范基地在有效期内的仍然有效，第七批学生奶奶源升级计划奶源示范基地创建以及第三批基地的复查工作仍按原计划进行，按照创建要求做好相关工作。为了防止出现乱象，还特别强调没有中国奶业协会的同意，不得以国家“学生饮用奶计划”的名义从事各种相关活动。

地方学生饮用奶计划办公室有的可能也要进行调整，希望无论调整到哪些部门，能继续和中国奶业协会保持紧密联系，以积极姿态继续共同推进国家“学生饮用奶计划”的实施，争取各级政府政策和资金等方面的支持，扩大学生饮用奶覆盖范围，共同实施好中国学生饮用奶计划这件利国利民的德政工程、民心工程。

谢谢大家！

在中国奶业协会六届四次理事会暨 2013 年年会上的工作报告*

谷继承

2013 年 6 月 1 日

各位理事、各位代表、各位来宾：

现在我代表中国奶业协会秘书处向大会作年度工作报告，请审议。

一、2012 年协会工作情况

在农业部、民政部等有关部门的指导和大力支持下，在全体会员的共同努力下，一年来，协会积极发挥“协调、服务、维权、自律”的职能，以服务为宗旨，努力开展工作，取得了明显成效。

（一）奶牛群体遗传改良工作迈出新步伐。

1. 积极实施奶牛生产性能测定项目。截至 2012 年底，全国已建立 23 个奶牛生产性能测定中心，项目参测牛场已达 1 043 个，测定奶牛 52.6 万头；与全国畜牧总站联合举办 12 期培训班，培训奶牛场养殖专业技术人员 2 000 多人次、测定中心技术人员 300 多人次，发放相关科普宣传材料万余份；继续在《中国奶牛》杂志设立《DHI 专栏》进行宣传交流；对 150 个工作开展较好的牛场进行了表彰。

2. 组织开展品种登记工作。全年对 1.86 万头新增中国荷斯坦母牛进行了品种登记，组织对在群的 821 头荷斯坦种公牛进行了 DNA 检测，进一步提高了系谱的真实性、准确性，从而完善了中国荷斯坦牛品种登记数据库。

3. 继续做好全国青年公牛联合后裔测定和种公牛遗传评定工作。组织了第 47 批 129 头青年公牛的联合后裔测定。推荐 827 头有后裔测定成绩的优秀验证种公牛作为国家良种补贴的种用牛。

4. 完善中国荷斯坦牛网络育种平台。不断充实网络平台数据，同时针对不同用户开展了专项培训，实现了符合我国国情的荷斯坦牛育种数据网络化的管理。

5. 组织开展公牛全基因组检测工作。2012 年首次将国际先进生物技术全基因组检测应用于生产实践，共检测公牛 1 086 头。规范了基因组检测流程，完善了基因组检测手续，并制作了基因组证书。

（二）奶农培训与信息宣传工作迈上新台阶。

1. 开展全国奶牛养殖技术专题培训。2012 年，协会在总结以前培训工作的基础上，整合培训资源，按照奶牛育种与遗传改良、奶牛营养与饲料、奶牛繁殖与卫生保健、奶牛场运营管理四个模块，组织开展了全国性专题培训班，共在北京、河北、湖南、山东和山西 5 个奶业主产省（市）举办了 6 期，累计培训人员 1 350 余人次，免费发放资料 5 000 余份。这种专题性培训方式更贴近生产实际，对提高奶牛养殖技术水平和科学管理水平发挥了积极作用，受到了大家的欢迎和好评。

2. 做好行业宣传和信息服务。充分利用协会自有的“一网两刊”，即中国奶业协会信息网、《中国奶牛》杂志、《中国奶业年鉴》，全方位、系统地、及时地做好行业宣传和信息交流服务。2012 年中国奶业协会信息网完成改版，在页面风格、网站内容、服务项目、后台管理、运营模式等方面都有了很大的改进和提升。以网站为平台全年为会员及社会传达信息 11 000 余条，发放《每日要闻》

* 报告者为中国奶业协会副会长兼秘书长。——编者注

200 多期，编制了《中国奶业信息简报》、《奶业贸易》、《国际奶业》、《规模化奶牛场养殖场信息监测》、《规模化乳品加工企业信息监测》等若干专题报告。与农业部奶业管理办公室联合编印了《2012 年中国奶业统计摘要》，为会员及社会提供了全面、系统、翔实的奶业数据资料。《中国奶牛》连续 3 年被科技部评为中国科技核心期刊。2012 年重点加大了国内与国际奶业经济与贸易内容的刊载，被国内知名网站及纸媒转载与下载的数量进一步加大。2012 年起，《中国奶业年鉴》从组编和质量都有很大提升，就组编而言，由协会与农业部奶业管理办公室共同组编；就内容结构而言，经过调整年鉴的结构更加清晰、内容更加宽泛、可参考价值更强。为加强信息队伍建设，2012 年中国奶业协会组建了由全国行业管理、科研院校、相关企业等单位构成的通联员网络，大大增强了中国奶协的信息量，在杂志和网络进行宣传交流，收到了很好的效果。

3. 开展奶业公益宣传和推广活动。2012 年与经济日报社属下的中国经济网合作录制了新农村对话，协会领导参与并组织乳品企业、奶农、专家共同对奶业热点话题进行了对话与解读，以增强消费者信心，深受业界好评。每一季度还对经济日报“中经奶业景气指数”进行详实的解读。2012 年与《中国食品报》合办奶业专刊 24 期，与《中国特产报》合办奶业专刊 96 版，及时报道行业动态，引导奶业持续健康发展。第三届奶业大会期间，为恢复和树立市场消费信心，展示和宣传优质乳制品，协会联合蒙牛、完达山、三元、花花牛 4 家知名乳品企业开展了乳制品市场促销活动。通过乳制品促销活动不断提升了乳制品企业形象和知名度、促进了牛奶消费和乳品市场开拓。

（三）服务行业工作取得新进步。

1. 组织召开第三届中国奶业大会。2012 年 6 月 16～18 日，在郑州成功组织召开了第三届中国奶业大会，大会主题是“依靠科技创新，转变发展方式”，分析了当前我国奶业发展的形势，明确了今后一个时期加强奶业科技创新的重点任务。大会期间举办了高峰论坛，邀请全国知名的经济和市场营销专家进行了讲座，还组织了奶牛育种、奶牛饲料与饲养、奶牛营养与保健、乳品加工与营销、现代化牧场建设、中荷奶业技术交流、国家现代奶牛产业技术体系、参展商新技术新产品交流等 12 个研讨专场 68 个专题报告。研讨专场为业内管理、技术人员搭建了一个互相学习交流的平台。有来自全国各奶业有关行政管理部门、行业协会、奶牛养殖场（户）、奶站、乳品加工企业、奶业机械设备企业、教学科研单位等 2 000 余人参加了会议和专题讲座。奶业大会已成为国内奶业行业最具影响力的盛会。

2. 为保障乳品质量安全发挥应有作用。一是积极参加政府部门组织的有关会议，为不断提高乳制品质量安全水平建言献策。协会应邀参加国务院食品安全委员会办公室建立食品安全联络协作机制会议，作为联络协作机制成员单位参加食品安全有关工作。参加国家食品药品监督管理局关于鲜奶吧问题的研讨会，就鲜奶吧有关情况及存在的问题发表意见和看法，为国家主管部门加强鲜奶吧监管决策提出建议。参加卫生部乳品安全国家标准审查会议纪要公开相关会议，为有关部门决策提供建议；参加了卫生部召开有关乳制品进口税的研讨和某国家向中国出口乳制品是否受理的研讨会，奶协都提出了明确的意见，供政府决策参考。二是积极应对有关乳品质量安全问题的网络言论。针对网络上出现的“高龄奶牛靠激素才能产奶”的不实言论，协会接受了新华网的书面专访和中央广播电台的采访，鲜明地提出了我们的观点，驳斥了不负责任的捕风捉影的言论。对“破皮鞋做明胶加进酸奶”的微博，协会通过新华网向社会及时进行了澄清。此外，国务院食品安全办、农业部奶业管理办公室还多次与协会沟通商讨涉及乳制品安全有关事宜，及时向他们提供信息和协会的看法。通过协会的积极应对，澄清了事实，在保护生产者和消费者合法权益、促进社会和谐等方面发挥了积极作用。

3. 积极发挥协会的促进作用。作为行业协会，积极发挥自身的资源优势，积极促进行业持续健康发展。一是为地方政府奶业发展提供参考意见和建议。2012 年先后参加了宁夏、新疆兵团、黑龙江、内蒙古、山东等省份有关奶业发展论坛，就地区奶业规划、发展提出了协会的意见和建议，引导地方奶业健康持续发展。二是为科研院校有关奶业科研与应用提出意见和建议。2012 年分别参加了中国农业大学、中国农业科学院、国家奶牛产业技术体系、农业部奶牛科技入户工程等组织的技术研究、应用讨论，并提出建设性意见。三是为相关企业提供建议。2012 年，协会参加多个企业技术论坛，针对奶业产业链的不同环节，协会到场进行指导和引导，促进了全产业链的协调、健康发展。

4. 积极发挥桥梁和纽带作用。协会会员单位提出，希望协会出面协调有关部门争取自走式饲料投喂机进口降低关税。协会对此非常重视，多次与海关有关部门沟通，提供统计进口数据和相关证明材料。该类产品已被列入 2013 年涉农类产品目录中，暂定关税由 10%调整为 5%，为先进奶业机械的引进降低了成本。协会还为农业部、财政部、商务部有关部门提供有关奶业发展政策、奶业贸易政策、国内婴幼儿奶粉市场等问题的材料和建议，为政府部门决策提供参考。

5. 搭建行业协会交流平台。为了加强中国奶业协会与各省奶（乳）业行业协会以及省际协会的交流合作、学习借鉴，共同促进中国奶业健康发展，2012 年经奶协提议，各省奶（乳）业行业协会讨论通过，设立了中国奶业协会秘书长委员会，主要职责为交流各省（自治区、直辖市）奶业发展情况，研究行业重点、热点问题，探讨行业自律管理机制，提出促进奶业发展相关建议。

6. 建立奶业专家库。为了充分发挥专家在行业发展中的技术支撑作用，协会建立了中国奶业专家库。专家的业务范围涉及奶畜育种与遗传改良、奶畜营养与饲草料、奶畜繁殖与卫生保健、奶业机械、奶畜养殖场运营管理、乳品加工、乳品检测和奶业经济等奶业相关专业领域。第一批专家库的专家上半年在中国奶业协会信息网上发布。

（四）国际合作与技术交流工作开创新局面。

1. 成功举办第十届中国国际奶业展览会。2012 年，在郑州成功举办了第十届中国国际奶业展览会，展览面积 2.5 万平方米，参展单位 279 家，其中国外品牌企业 94 家，来自十多个国家。展览涵盖奶牛养殖、环境保护、牧草饲料、动物保健品、乳品加工、包装材料、检验检测、奶业机械等奶业产业链的各个环节产品展示。印度、尼泊尔等国外业内人士专门组团及驻华使馆官员前来参观、交易、洽谈。展会的举办为国内外奶业同仁提供了一个交流经验、分享技术、促进合作的大平台。

2. 举办国际奶业研讨会与培训。第三届奶业大会期间，协会与荷兰驻华大使馆联合举办了第三次中荷奶业研讨会，增强了相互了解，促进了中荷两国经济技术交流与合作。此外，协会和加拿大农业和农业食品署、加拿大牲畜协会、加拿大驻华使馆联合主办了 2012 年中加奶牛育种培训班，主要围绕中加两国在基因技术、生产性能测定和体型评估体系三个方面进行了交流，来自全国近 300 人参加了培训。

3. 组团参加国际展会。协会的四而博达公司组织业内人士，赴德国参加了世界西门塔尔牛大会、畜牧业大会，并考察法国、瑞士、奥地利奶业；赴美国参加了世界奶业博览会，组织了育种专题培训；赴德国参加了汉诺威国际畜牧展览会，并考察了法国、瑞士、意大利奶业。

4. 加强与各国使馆及国外奶业组织的联系。协会还积极加强了同驻华使馆间的联络，并受使馆邀请分别参加了丹麦、巴西、阿根廷等组织的奶业研讨会、技术推荐会等。2012 年，包括智利大使、阿根廷农牧渔业部副国务秘书、阿根廷共和国农场负责人等在内，协会先后接待了国外行业组织及乳品企业人员来访 20 余次。

（五）《中国奶业史》编撰工作完成。《中国奶业史》是在协会原理事长、现名誉理事长刘成果主持下，奶协组织编撰的我国第一部奶业史书。2012 年上半年，协会组织人员到 10 个城市的档案局（馆）查阅了大量原始档案，收集了有价值的奶业历史资料，进一步充实了全书内容。下半年，协会成立统稿组，组织召开了 8 次统稿会进行分章审阅并于 2012 年底交付出版社。

《中国奶业史》分为通史卷和专史卷两卷共 156 万字。通史卷主要记叙了中国奶业从原始萌芽到形成现代产业的近万年的历史，通过记叙史实体现奶业历史发展脉络，分析、研究奶业历史，探索奶业历史发展的客观规律。专史卷包括奶牛育种等 9 个专题，涵盖了原料奶生产、乳制品加工、市场消费等整个产业链，记叙该领域所发生的重大历史变迁和技术进步。

从 2007 年启动《中国奶业史》编撰工作开始至脱稿历经 5 年多的时间，在农业部有关部门的大力支持下，共有 17 个单位 85 人参加了编写，还有 50 多人提供了史料。可以说，这是集体智慧的成果，是协会为奶业行业奉献的一份历史纪录。

（六）协会秘书处自身建设进一步加强。

1. 加强党建工作。十八大召开期间，支部积极组织党员集体收看十八大会议直播，学习十八大报告和党章修改的内容，并召开主题会议学习贯彻十八大会议精神。积极发展党员的培养对象，选派业务骨干参加党课学习等活动。

2. 加强人才队伍建设。2012 年协会秘书处新招聘具有学士以上学位的专职人员 6 名。协会内部完善了有关社会保障制度，以吸引优秀人才，稳定了队伍。同时，领导层放手让这些年轻人大胆工作，在实践中增长才干。协会还安排职工参加财务、法务、档案管理、行政管理、民间团体业务等各类培训 20 余人次，为培养较全面的人才创造了条件。

二、2013 年重点工作

2013 年，中国奶业协会将紧紧围绕“推进奶业转型升级，加快现代奶业建设”的发展主题，认真落实高鸿宾会长讲话精神，继续加强服务，做好以下几项工作：

（一）做好奶牛育种基础工作。继续做好奶牛生产性能测定数据的收集、整理和分析工作；积极推进和实施我国种公牛的官方系谱和登记管理工作；推动和组织中国荷斯坦牛体型评定工作；完善良种登记规范，评定优良个体；制定种奶牛进口技术审查工作流程，使技术审查工作规范化，为农业部进口奶牛审核做好前期技术把关服务。

（二）组织奶源基地调研工作。为推进农业部提出的奶业“优质化、规模化、标准化、机械化、合作化”，系统了解奶源基地建设情况，协会组织开展奶源基地调研。这项工作已于今年 3 月结束。调研组分赴内蒙古等 14 个省份，主要了解奶源基地建设情况，扶持政策、做法和经验等。本次大会期间专门设置了奶源基地建设交流会专场，重点就乳品企业奶源基地建设、生鲜乳质量控制的做法与经验进行交流。

（三）筹备第五届中国奶业大会暨第十二届中国国际奶业展览会。第五届中国奶业大会暨第十二届中国国际奶业展览会，现在前期筹备工作已经展开，秘书处将按照工作总体安排，加强与各方合作，办好大会。待时间地点确定后以多种形式通知大家，欢迎各位同仁届时参加。

（四）实施全国奶牛养殖技术专题培训工作。深化培训工作，细化培训内容，力求培训的针对性、实用性和有效性。在现有不同对象、不同层次的培训的基础上，开展国家奶牛体型鉴定员的培训。

（五）加强信息服务和宣传工作。进一步办好《中国奶业年鉴》、《中国奶牛》和中国奶业协会信息网。继续加强与媒体的合作，及时报道奶业产业政策及行业时事，宣传普及科学饮奶知识。

（六）为承担新的任务做好准备。根据新一届政府有关职能转变的精神，将有很多群众性、社会性、公益性、服务性等工作交给社会组织来办，奶协根据政府的统一部署迎接赋予协会的工作。目前学生饮用奶定点生产企业资格审核工作，农业部已初步确定由奶协承担，希望大家支持把这项工作开展好。

（七）推进协会自身建设。协会要进一步完善规章制度、创新工作机制，加强队伍建设。要用制度管人、用制度管事，提高工作效率，使协会工作有新起色，人员有新气象，协会有新发展，更好地为行业服务。目前，农业部制定了《推进社会团体廉洁从业风险防控管理方案》，其主要目的是在社会团体中建立起廉洁从业风险防控网络，保证权力正确行使，促进社会团体各级干部廉洁自律，推动社团反腐工作。奶协正在学习贯彻中，希望广大会员和业内同仁对中国奶协在工作给予监督，使其不犯错误或少犯错误。

三、中国奶业协会成立30年回顾与展望

中国奶业协会的历史可以追溯到1972年和1974年先后成立的中国黑白花奶牛育种科研协作组北方组和南方组。1982年12月，在这两个协作组的基础上成立了中国奶牛协会。这是农业领域的第一个产业协会。老一辈无产阶级革命家王震同志亲自出席大会并讲话，希望奶协为中国奶业的发展发挥积极作用。党和国家领导人万里、习仲勋、王震、胡启立等同志在人民大会堂接见中国奶牛协会成立大会与会全体代表并合影留念。1999年，中国奶牛协会和中国乳业协会整合更名为中国奶业协会。而今，中国奶协已届而立之年。三十年来，在改革开放方针的指引下，在农业部的领导和广大会员的共同努力下，中国奶业协会充分发挥“协调、服务、维权、自律”作用，开展了一系列卓有成效的工作，为我国奶业的发展做出了重要贡献。

（一）积极参与政府主管部门有关奶业政策的制定。奶协多年坚持深入生产一线调查研究，向政府主管部门反映奶业实际情况和行业诉求，呼吁、协调出台有利于奶业发展的政策。通过政协提案，呼吁制定《奶业管理条例》。积极与国家发改委和农业部沟通，促成了《国务院关于促进奶业持续健康发展的意见》的出台；通过向农业部领导汇报、政协提案等途径，促成了国家奶牛生产性能测定立项和奶牛政策性保险的出台；积极建言献策，为《乳品质量监督管理条例》、《奶业整顿与振兴规划纲要》、《奶业发展规划》等法规文件的出台提出了有益的建议。

（二）积极协助政府和企业应对处理奶业突发事件。2008年婴幼儿奶粉事件发生后，中国奶业协会立即发出通知，一方面要求企业积极做好自身质量控制工作、保证生鲜乳及乳制品质量，配合政府部门接受检查；一方面协助协调乳品企业收购生鲜乳，解决奶农无处交奶的“卖奶难”问题，并积极参加有关督查工作。奶协时刻关注行业舆情，媒体出现有关反映奶业的问题报道，奶协第一时间了解情况，接受采访、正面回应，协助政府和企业应对。对一些不实言论和报道予以澄清，维护行业声誉，保护行业健康发展。

（三）积极为行业搭建交流平台。中国奶协通过举办奶业高层论坛、奶牛发展大会、奶业大会、国际奶业展览会和各种形式的研讨会，为国内外奶业企业提供合作、交流、贸易平台。截至目前，已举办各类论坛20多个，举办中国奶牛发展大会3届，中国奶业大会3届，中国奶业国际展览会10届。1983年，奶协创办了《中国奶牛》杂志，2002年创刊《中国奶业年鉴》，2004年，创办中国奶业协会信息网，利用各种宣传载体，多形式、多角度、多层次地向会员及行业宣传贯彻党和国家有关发展奶业的方针政策，为会员和行业提供行业资讯和技术信息服务。

（四）积极推动奶业行业技术创新和技术进步。中国奶协的诞生，就是从奶牛育种科研起步。1983年，奶协开始组织全国青年公牛联合后裔测定工作。1985年，奶协主持、联合全国相关单位培育出中国第一个乳用牛品种——“中国黑白花奶牛”，1988年获得国家科技进步一等奖，成为目前为止畜牧业新品种培育仅有的两个国家科技进步一等奖之一。1992年，“中国黑白花奶牛”更名为“中国荷斯坦牛”，中国荷斯坦牛已成为我国奶牛主体品种。1999年，奶协开展奶牛生产性能测定工作。2000年，奶协主持完成的“中国荷斯坦牛超数排卵和胚胎移植育种体系的建立与实施”获得国家科学技术进步奖二等奖。2005年，奶协建立的中国奶牛数据中心开始运行。奶协先后主持起草了中国荷斯坦牛品种国家标准以及多项行业标准，制定了奶牛群体遗传改良方案并最终上升为农业部颁布实施的《中国奶牛群体遗传改良计划》。除了育种领域外，中国奶协还在繁殖、饲养、保健、加工等领域充分发挥专业委员会的作用，开展技术交流合作，组织专家及技术人员深入奶农和奶牛场进行技术咨询服务，实施中国奶农培训计划，努力提高奶业的科技和生产管理水平。中国奶协还率先在奶牛养殖领域开展奶牛场良好农业规范（GAP）认证工作。

（五）积极开展科学饮奶营养健康宣传。为了向广大消费者普及科学饮奶知识，奶协利用自有的“一网两刊”，并联合《中国食品报》、《中国特产报》开辟了饮奶知识普及专栏；编印科学饮奶知识小册子；向全国中小学教师发出倡议；在全国政协会议上提出“关于在学校普及牛奶知识的提

案”，呼吁牛奶营养知识进大纲、入课本、上课堂，开展生动活泼的宣教活动普及牛奶营养知识，各级教育行政主管部门要积极支持国家“学生饮用奶计划”的实施。每年协会组织国内外乳业龙头企业举办饮奶知识宣传和乳制品市场促销活动，通过市场消费促进了行业发展。

中国奶协积极引导企业加强自律，签署了乳品企业南京自律宣言。中国奶协在做好为行业服务工作的同时，不断加强自身能力建设，建立健全规章制度，成立党支部，引进高学历人才，加强学习培训，使协会工作更加规范化。三十年来，协会积极履行职能，为行业服务，成为促进奶业健康发展的重要社会力量。虽然取得了很大成绩，但仍面临诸多挑战，任重道远。在未来的发展中，中国奶业协会更重要的是思考以后怎么做，怎样做得更好。国务院机构改革和职能转变，对于行业协会提出了“重点培育、优先发展，使其真正成为提供服务、反映诉求、规范行为的主体”的新要求。这对奶协来说是一个重要机遇。中国奶业协会要紧紧抓住机遇，进一步加强自身建设，按照“勤”“智”“诚”的协会精神，不断增强自身的凝聚力、号召力和战斗力，戒骄戒躁、脚踏实地充分发挥行业协会的重要作用，为政府、行业和消费者提供更多、更高质量的服务，为建设现代奶业做出更大的贡献。

各位代表，在过去的 30 年里，各理事、会员单位、地方协会为奶业发展付出了辛勤的劳动，对中国奶业协会的工作给予了有力支持和帮助，农业部有关部门对中国奶业协会的工作给予了大力指导和支持。在此，我代表中国奶业协会表示诚挚地敬意和衷心的感谢！让我们共同祝愿，中国奶协能够继续奋勇前进，永葆活力！

展望未来，我国奶业发展前景广阔，潜力巨大。让我们携起手来，共谋我国奶业发展大计，共创我国奶业的美好明天！

谢谢大家！

发展综述

FAZHAN ZONGSHU

2012 年奶业发展综述

2012 年，全国奶业生产形势总体平稳，奶牛存栏保持稳定，牛奶产量稳步增长，生鲜乳价格稳中略升，亏损面仍处于较低水平。奶源基地建设步伐加快，乳品市场产销两旺，乳制品、良种奶牛、苜蓿草进口数量继续增长，出口形势好转。主要表现为：

奶业生产持续发展，振兴步伐不断加快。牛奶产量保持增长，标准化规模养殖水平大幅提升。2012 年，全国牛奶产量 3 744 万吨，同比增加 2.3%。全国 100 头以上奶牛规模养殖比重达到 37.2%，同比提高 4.3 个百分点，比 2008 年提高 17.7 个百分点。奶牛单产持续提高，荷斯坦奶牛平均单产达到 5.5 吨，同比增加 150 千克左右。区域布局进一步优化，13 个主产省（自治区、直辖市）奶类产量占全国 88%左右。

生鲜乳价格稳定，奶牛养殖预期效益向好。2012 年，生鲜乳价格保持平稳，平均价格 3.29 元/千克，同比上涨 2.8%。养殖亏损面保持在较低水平，据农业部对 250 个奶牛养殖定点村的监测，2012 年全国奶农盈利面达到 77%，饲养一头泌乳牛，奶农年平均收益为 1 600 元左右，同比基本持平。规模牧场效益较好，饲养一头泌乳牛可达 4 000 元以上。

乳制品生产和消费增长较快。2012 年，全国乳制品总产量 2 545 万吨，同比增长 6.6%。中经产业景气指数显示，乳制品产业总体趋于平稳。乳制品消费稳步增长，36 个大中城市居民人均乳制品消费支出 347.5 元，同比增长 9%。

乳制品进口数量增长较快，出口略有增加。2012 年，乳制品进口数量达到 114.6 万吨，同比增长 24.6%。其中进口奶粉 57.3 万吨，同比增长 27.4%，占乳制品进口总量的 50%。乳制品出口形势好转，出口数量为 4.49 万吨，同比增长 3.7%。此外，奶牛进口 12.7 万头，同比增长 28%。苜蓿草进口 44.2 万吨，同比增加 60.5%，平均到岸价格每吨 396 美元，同比基本持平。

2012 年，我国奶业发展呈现出“四个并存”的新特征。一是奶牛标准化规模养殖加快推进和散户退出并存。2012 年 100 头以上奶牛规模化养殖比重达到 37.2%，比 2008 年提高 17.7 个百分点。而受养殖成本快速增加的影响，一些饲养条件差、设施简陋、管理落后的散户开始逐步退出奶牛养殖，选择外出打工或从事比较效益更高的行业。二是国内奶业生产稳定发展和进口奶粉大幅增加并存。2008 年以来，乳品企业纷纷自建牧场，这些牧场的硬件条件、管理水平已达到发达国家水平，成我国奶业持续增长的主力军。与此同时，由于居民对国产奶粉消费信心不足，进口奶粉数量持续增加，来源地更加多元化，品牌日益纷繁复杂。三是国内奶业转型升级加快与世界知名企业加速进军我国奶业并存。我国规模以上奶牛养殖场，着力进行现代牧场建设，奶牛良种化程度不断提高，对优质牧草的需求快速增加，奶业生产机械化水平大幅提高。与此同时，国外乳品企业纷纷看好我国市场，不但以产品形式进入我国，而且在国内建设自有奶源基地。四是乳品质量安全事件频发与乳品质量大幅度上升并存。我国仍然处于乳品质量安全多发期，媒体对乳品质量安全问题越来越关注，报道频率越来越高。同时，奶业监管力度不断加大，制度不断完善，农业部连续 4 年实施生鲜乳质量安全监测计划，累计抽检生鲜乳样品 7.7 万批次，三聚氰胺检测值全部符合国家管理限量值规定，生鲜乳质量安全水平比2008年以前大幅提升。

一、振兴奶业苜蓿发展行动

2010年12月，部分院士、专家给国务院写报告，提出了大力推进苜蓿产业发展的建议，受到国务院高度重视。在财政部和农业部的共同推动下，国家从2012年开始启动实施振兴奶业苜蓿发展行动，中央财政每年安排3亿元，在奶牛主产省和苜蓿主产省建设50万亩高产优质苜蓿生产基地，“十二五”期间共建设200万亩。项目重点支持苜蓿良种、标准化生产、收获和加工等方面。项目旨在促进草畜配套，为奶牛提供优质苜蓿草产品，让奶牛吃好草，产好奶，从根本上提高我国奶牛生产水平和牛奶质量安全水平。

2012年，各地对已有的苜蓿种植地块进行改造升级，对适宜种植苜蓿的低产田和盐碱地进行开发利用，高标准、高质量地完成了50万亩高产优质苜蓿示范基地建设任务。示范基地全部通水、通电、通路，实现良种化、机械化、标准化生产，优质苜蓿播种面积超过80%，自走喷灌设备使用面积超过70%，大型机械化播种、收割面积超过90%。从测产结果看，示范基地平均亩产比当地水平高10%～30%，苜蓿粗蛋白含量在18%以上，达到了国家二级标准。在项目的带动下，全国优质苜蓿种植面积迅速扩大，商品苜蓿草产量大幅增加。据不完全统计，2012年全国12个优势产区苜蓿种植面积达到2 383万亩，比2011年增加了150万亩，增幅为6.7%。全国商品苜蓿草产量达到50多万吨，比上年增加约30万吨。

二、奶牛标准化规模养殖

1. 项目背景。为提高奶牛标准化规模饲养水平，转变奶牛饲养方式，促进奶业持续健康发展，根据《国务院关于促进奶业持续健康发展的意见》（国发［2007］31号）有关开展奶牛标准化规模养殖补贴项目的要求和《奶业整顿与振兴规划纲要》（国办发［2008］122号）有关推进奶牛规模化、标准化养殖的要求。从2008年开始，国家发改委会同农业部开始实施奶牛标准化规模养殖小区（场）改扩建项目。

2. 实施情况。

（1）补贴资金：2008年为2亿元，2009—2012年均为5亿元，补助地区单位（省、区、市、兵团、农垦）数量分别是8个、26个、28个、25个和22个。2012年补助527个养殖场（小区），2008—2012年累计补助3002个奶牛养殖场（小区）。

（2）补贴标准：中央财政主要对存栏300头以上的奶牛养殖场（小区）投资补助。年存栏300～499头的养殖场（小区），中央补助投资80万元；500～999头的养殖场（小区），中央补助投资130万元；1 000头以上的养殖场（小区），中央补助投资170万元。

3. 主要成效。项目实施后，奶牛养殖规模化比重迅速提高。2012年100头以上规模比例为37.2%，较2008年的19.5%增长17.7个百分点。

三、生鲜乳质量安全监管

2012年畜牧部门连续第4年开展生鲜乳专项整治，通过重点抽查、省间互查等方式，不断强化奶站监管。2012年全国累计出动2.2万名检查人员，对全国1.3万个奶站进行了检查，限期整改100多家。同时，大力推进奶站标准化建设和管理，奶站的设施设备、卫生条件、检测手段等明显改善；连续第4年实施生鲜乳质量安全监测计划，通过专项监测、飞行抽检、异地抽检等手段，坚决打击各种违法添加行为，实现全部奶站监管和国家公布的所有违禁添加物监测两个全覆盖。2012年累计抽检生鲜乳样品2.1万批次，三聚氰胺检测值全部符合国家管理限量值规定，未检出皮革水解蛋白等违禁添加物，生鲜乳质量安全水平比2008年以前大幅提高。

农业部奶业管理办公室

【奶源基地建设】

奶源基地建设概述

谷继承

在国家有关促进奶源基地建设政策的引导下，在乳品企业和养殖企业的共同努力下，2012 年我国奶源基地建设进程进一步加快，奶业发展呈现良好态势。

一、奶业发展态势良好

据中国奶业协会调研，内蒙古、河北、黑龙江、新疆、山东、山西、河南、陕西、宁夏、辽宁、北京、天津、上海、安徽 14 个省（自治区、直辖市），2012 年各省奶牛存栏、牛奶产量和乳品加工均继续保持了稳定增长，总体呈现出健康发展的良好态势。主要表现为规模程度普遍提高、生乳质量普遍提升、饲养管理普遍改进和环保意识普遍增强。

（一）规模程度普遍提高。在国家和地方大力推进奶牛标准化规模养殖政策的鼓励引导下、在产业发展的自身需求下，近年来，奶业发展的规模程度普遍提高。2012 年全国存栏 100 头以上奶牛养殖比重达到 35%，比 2008 年提高了 15.5 个百分点。乳品加工企业由原来的 1 000 多家，减少至 649 家，减少了三分之一，但产量突破 2 545 万吨，比 2008 年增加 40.6%，产业集中度进一步增加。规模程度普遍提高的原因主要有以下两点：一是奶牛家庭散养在逐步减少。受多种因素的影响，一些家庭散养户，在主动或被动退出奶牛养殖；在政策的引导下，有些家庭散养户，出户入区，实现了统一或部分统一饲养；有些家庭散养户，融资扩大，升级成了家庭牧场。据中国奶业协会调研，以散养为主的内蒙古、黑龙江、新疆等省区，家庭散养户每年都在减少；原先家庭散养比重较大的河北、山东、河南等省份，家庭散养已基本没有了。二是小区升级改造和牧场建设进程加快。为提高规模养殖比重，各地加大了小区升级改造和牧场建设。据调研，截至 2012 年年底，上海、天津、安徽、山西、新疆五省份奶牛存栏 500 头以上的牧场 592 个，比 2011 年增加了 168 个，增长 39.6%。其中，1 000 头以上的牧场 169 个，增加了 67 个，增长 66%。河北 300 头以上的牧场 478 个、小区 1 436 个，存栏奶牛占总数的 95%。据对 100 家乳品企业调研，2012 年共收购生鲜乳 1 247.32 万吨（占全国总量的 33%），其中 1 018.52 万吨来自规模化牧场（小区），占其总量的 81.7%。

（二）生乳质量普遍提升。近年来，通过认真贯彻《乳品质量安全督管理条例》和加强监管，生鲜乳质量普遍得到提升。在养殖环节，奶牛养殖者普遍加强了营养调控和饲养管理，生鲜乳营养指标有了较大程度的提升。据查看部分规模场生鲜乳检测记录，乳蛋白率在 3.0%以上，乳脂率在 3.5%以上。在收购环节，各地都加强了对生鲜乳收购站的建设和监管。据统计，14 省份共有各类生鲜乳收购站 12 090 个，运输车 6 737 辆，分别占全国总量的 89.5%和 84.4%，全部持有许可证和准运证。同时，各地也都加强了生鲜乳收购站的基础设施和配套制度建设，为强化监管提供必要的手段和方法。在加工环节，乳品企业增添了液相、气相等高规格设备，奶源和乳制品都实现了批批检测，常规检测指标高达几十项。在监管环节，按照农业部要求，各地都开展了奶站质量执法监督，重点围绕生鲜乳收购站许可证，排查设施设备、检测能力、人员素质、质量安全保障制度、记录存档、运输车辆等存在的安全隐患。在生鲜乳全国抽检、例行飞检中，14 省份检测生鲜乳样品近 2 万批次，其三聚氰胺、皮革水解蛋白和碱类物质项目均合格。

（三）饲养管理普遍改进。为增加养殖效益和提升生鲜乳质量安全水平，各地都普遍改进了奶牛饲养管理。主要措施有：一是推进装备先进化。据对 100 家乳品企业调研，奶源覆盖 23 106 个牧场（小区、合作社），全部实现机械化挤奶。全混合日粮（TMR）技术已被牧场主高度认可，走访的 50 多家规模奶牛场全部饲喂全混合日粮。据河北省统计，740 个场（区）应用了全混合日粮，占其场（区）总数的 40%。二是普及先进技术。开展奶牛生产性能测定（DHI）提高了牧场的管理水平，提升了牧场的经营效益。调研获悉，14 省份 939 个牧场参加了奶牛生产性能测定，占全国参测牧场的 88.7%。同时，智能管理、发情监测、GPS 定位等信息化技术也普遍走进奶牛养殖一线，提高了监管水准。另外，一些饲养新技术、新成果被广泛应用，不仅增强了奶牛健康，提高了产量，还改善质量，保障了安全。三是增加优质粗饲料供应。青贮玉米和苜蓿都是公认的奶牛优质粗饲料。近年来，各地都出台各种扶持政策，扩大了青贮玉米和苜蓿的种植。14 省份青贮玉米（包括玉米秸和全株玉米）的普及率高达 70%以上。2012 年，国家实施振兴奶业苜蓿发展行动，调动了种植苜蓿的积极性，由于加大种植和加工设备补贴，苜蓿种植、收割、加工均实现了规模化、机械化作业，并且提高了商品率。山东、山西、内蒙古 3 省份新增苜蓿种植面积约 100 万亩。

（四）环保意识普遍增强。近几年，奶牛养殖粪污无害化处理得到重视，环保意识普遍增强。首先，在新建牧场时，加强了环评。其次，从营养上加强了调控，提高了饲料利用率，减少了粪尿中污染物的排放。再者，对粪污加强了清理、分离和处理。一些新建的现代化牧场都安装了自动清粪系统，提高了清粪效率，减少了粪污对牛舍和奶牛的污染。清理后的粪污通过固液分离系统，进行固液分离，固体部分可加工成有机肥，也可烘干做牛床垫料；液体部分有的直接喷灌（洒）农田，有的发酵产气。沼气可做燃气，可发电用于生产。沼液可作为循环水冲洗牛床，也可喷灌（洒）农田。通过上述综合处理，规模牧场的粪污污染问题得到有效遏制。但最有效、最经济、最环保的粪污处理，是无害化处理后还田。牧场配有农田，不仅消纳了粪污，还种植了饲草料。因此，通过各种方式为牧场流转一定数量的土地以消纳粪污。辉山乳业现有奶牛 12 万头，流转土地 23 万亩种植饲草；秋实草业有限公司流转土地 10 万亩种植苜蓿，为现代牧业蚌埠牧场提供饲草和消纳粪污。

二、奶源基地建设步伐加快

近年来，奶源基地建设步伐加快、成效显著。据调研，100 家主要乳品企业通过自建、参建（控股或参股）而实现奶源可控的比例已接近 20%。总结其好的做法和经验主要有两点：一是政策鼓励引导；二是企业高度重视。

（一）政策鼓励引导。立足当前解困，着眼长远发展。国家出台了《关于促进奶业持续健康发展的意见》、《乳品质量安全监督管理条例》、《奶业整顿和振兴规划纲要》等一系列文件。从制度和政策上，确保了奶业优先发展的地位，加快了奶源基地的建设。中央财政每年拨款 5 亿元（2013 年增至 10 亿元）扶持标准化规模场（养殖小区）建设，2.6 亿元实施奶牛良种补贴，5.25 亿元扶持苜蓿产业发展；并加强了奶业机械、奶牛生产性能测定（DHI）、奶牛保险、青贮等补贴。贯彻落实中央精神，14 省份均出台了本省有关促进奶业发展的文件，制定了相应的生产和管理规范。按照文件、规范和规划的要求，各地高度重视奶业发展，积极落实了各项扶持政策。据调研，自 2008 年以来，14 省份累计投资 50 多亿元，帮助牧场（小区）建设和改造。这些投资主要用于通水、通电、通路、通信，改造或新建棚圈，进行粪污处理、疫病防治和种植饲草料。在扶持力度较大的省份，新建一个牧场，国家和地方的资助大约占全部投资的三分之一。有些省份还出台了进口奶牛购牛补贴。如内蒙古自治区每购一头奶牛区财政补贴 2 000 元，安徽省每头补贴 1 500 元，黑龙江省每头补贴 2 000 元，陕西省每头补贴 5 000 元。

（二）企业高度重视。为确保奶源供给充足和质量安全可控，近年来，乳品企业高度重视奶源基地建设，普遍加快了奶源基地建设的步伐。采取的具体措施主要有：加快基地自建、加强参建（控股或参股）和增强合同服务。

1. 加快基地自建。贯彻落实中央相关政策，依据市场和自身发展需求，近年来，乳品企业都投资兴建一些大规模的、现代化的自有牧场。在调研的 100 家乳品企业中，自有牧场（小区）共 457 个，存栏奶牛 55 万头，年收购生鲜乳 162 万吨，占 100 家乳品企业年收购生鲜乳总量的 12.9%。其中，有 50 家企业自建牧场 243 个，存栏奶牛 43 万头，年产生鲜乳 135 万吨，占 100 家乳品企业年收购生鲜乳总量的 10.8%。另外，近 30 家乳品企业自建小区 214 个，存栏奶牛 12 万头，年产生鲜乳 27 万吨，占 100 家乳品企业年收购生鲜乳总量的 2.1%。这些自建牧场（小区）多数都是 2008 年以后新建的，乳品企业的自有奶源基地取得了由少到多、由小到大、由落后到现代的重大突破，既有量的增加，又有质的提升。

2. 加强基地参建。注资牧场（小区、合作社），与牧场（小区、合作社）建立股份关系，乳品企业和牧场（小区、合作社）间形成利益共享、风险共担的共同体，有助于保障生鲜乳的供给和质量安全。在调研的 100 家乳品企业中，有 35 家乳品企业控股参股牧场（小区、合作社）176 个，奶牛存栏 30 万头，其中成母牛 16 万头，年收购牛奶 77 万吨，占 100 家乳品企业年收购牛奶的 6.2%。调研中了解到乳品企业奶源基地完全自建，在土地供应、资金周转、人才培养等方面都有困难，对已有或新建的牧场（小区、合作社）进行控股或参股，通过股份达到对奶源的控制相对比较容易。目前乳品企业和养殖企业需要进一步交流和研讨，形成公平、公正、互利共赢的股份合作，以破解完全自建有困难，纯粹买卖合同关系的不可控的难题。

3. 增强合同服务。近年来，虽然乳品企业通过加快基地自建和参建，自有奶源的比例有所增加，但长期形成的乳品加工与奶牛养殖脱节的局面并没有根本扭转。据对 100 家乳品企业调研，年收购生鲜乳 1 247 万吨，其中合同收购生鲜乳 1 009 万吨，占总量的 80.9%。合同收购生鲜乳仍是乳品企业奶源供给的主要来源。为加强合同收购生鲜乳奶源基地的可控，乳品企业都增强了对合同奶源基地的配套服务，与 2008 年以前相比，乳品企业对合同收购赋予了许多新的内涵，主要有：**一是进一步规范了合同文本。**按照农业部、财政部合同范本，双方协商确认了交售数量、价格、质量评定等内容，不再单纯是一方的“霸王”条款。**二是增强对合同奶源基地的配套服务。**服务形式多样，有技术服务，乳品企业组建技术团队，为养殖提供配种、饲养、防疫等服务，派驻管理员监督生鲜乳质量，有些还配备了电子监控、GPS定位等设施，有效提高了生产水平和提升了生鲜乳质量安全水平。有资金服务，对资金运营有困难的牧场（小区、合作社），乳品企业借资或投设备给牧场（小区、合作社），帮助其改善设施和提高管理，借资通过奶款逐步扣回。除合作之外，有些乳品企业还尝试了“托管”。即乳品企业派人接手牧场（小区、合作社）部分管理，或对经营不好的直接租赁承包。最终，通过增强服务，保障奶源供给和生乳质量。

三、亟待解决的一些主要问题

从调研情况看，当前奶业发展总体向好，但也发现了一些亟待解决的问题，特别是在奶源基地建设方面，比较突出的有以下四个方面。

（一）乳品企业自建牧场普遍有困难。为提升生鲜乳质量，稳定奶源，乳品企业采取了诸如提供技术服务，帮助奶牛场贷款等手段，但对于乳品企业自建牧场的做法，许多乳品企业表示困难较大。**一是资金不足。**一个规模上千头的牧场需要投入4 000万元左右。而目前由于乳品行业竞争激烈，毛利润只有2%～3%，自身维持和发展尚有困难，因此，没有更多的资金投向养殖环节。**二是缺乏相关人员和技术支持。**养殖环节的技术和管理人员要求专业性较强，而加工企业的相关人员由于专业差异较大，不能胜任奶牛场生产管理要求。同时，奶牛养殖不但需要奶牛引进、牧场建设等“硬件”条件的资金投入，更需要生产性能测定、全混合日粮饲喂、信息化管理技术等“软件”条件的配套，这对乳品企业来说更是难上加难。

（二）乳品企业奶源普遍不足。据调研，目前乳品企业加工产能普遍过剩，加工量仅有设计产量的60%，有的还不到30%。造成产能过剩主要是奶源基地建设滞后，奶源供应不充足。一是规划不科学，乳品企业和奶牛养殖布局不合理，或者是没有按规划设计和布局。二是由于奶牛养殖比较效益偏低，加之奶牛养殖门槛逐步提高，且牛肉价格的持续走高，加速了一些家庭散养户的退出，加大了低产奶牛的淘汰率，奶源生产量有所下降。调研发现，2013年3月与同期相比，生鲜乳供给量有10%～12%的下降，而市场需求稳中有升。未来，散养还将继续退出，若规模化养殖补充滞后，生鲜乳供应将进一步趋紧。

（三）奶源基地技术人员普遍缺乏。通过调研发现，许多地区规模养殖和小区发展很快，但普遍缺乏劳动力，特别是专业技术人才缺乏。究其原因，主要是人才培养和贮备不足，其次是奶牛养殖工作环境艰苦、收入不高，专业技术人员不愿意到奶牛场工作。受此影响，目前许多规模奶牛场都普遍缺乏专业技术人员，如配种员、兽医和牛场场长等，导致各企业间相互竞争人才，流动性较大，影响奶牛生产。

（四）利益联结普遍不紧密。目前，我国奶业乳品加工和奶牛养殖脱节的局面仍没有根本扭转，缺乏有效的利益联结。一体化程度低，缺乏有效的利益联结，就容易因利益不一致而滋生许多问题。一方面，容易导致双方地位不对等，一方强势，一方弱势。就目前来说，乳品加工企业相对集中、规模较大，在竞争中占据强势地位，与之相比，奶牛养殖企业相对处于弱势。另一方面，由于养殖和加工环节缺乏利益联结，各自均以自身利益为最重，容易滋生质量问题和不公平交易。只顾自身利益，最终只能是两败俱伤，阻碍整个行业的持续健康发展。

四、加快奶业转型推进奶源基地建设的建议和措施

国内外发展实践证明，发展奶业提倡饮奶有助于普惠民生、强壮民族。历代领导人都非常关注奶业、关心民众喝奶问题。国家也出台了一系列扶持政策，推动了我国奶业的快速发展。当前，奶业正处于实现“十二五”规划的关键期和加快奶业转型升级的重要机遇期，在以往大力扶持的基础上，建议国家进一步关注奶业，加大扶持力度。

（一）加大奶牛标准化规模养殖的扶持力度。建议一方面加大中央财政支持补助奶牛标准化规模养殖场（小区）建设资金总规模，另一方面支持方向重点体现为“三优先两增加”：即优先支持乳品企业自建牧场，优先支持家庭牧场和奶农合作社办的规模场（小区），优先支持奶牛养殖小区牧场化的升级改造；在现有补助的3个档次上，增加对100～300头规模养殖场（小区）的补助，增加每个养殖场（小区）的补助资金标准。

（二）加大奶源与加工配套发展的引导力度。目前奶源与加工严重不平衡。平均实际加工能力只有设计产能的60%，部分仅有30%，没有达到《乳品工业产业政策》的要求。究其原因，主要是奶源基地建设滞后，其次是乳品企业布局不合理、设计加工能力不合理。建议今后有关部门严格控制乳品加工企业的新建和扩建，并引导乳品企业加快奶源基地建设，鼓励乳品企业通过自建、参建（控股或参股）等方式逐步增加自有奶源基地的比重。同时，建议国家从政策上做些调整，利用政策引导乳品企业产能和奶源基地建设匹配。

（三）加大对奶源基地建设的金融支持力度。近年来，国家财政资金加大了对奶牛养殖的扶持力度，但最高补助标准是170万元，这与奶源基地建设的资金需求相比，可谓杯水车薪，差距很大。据测算，新建一个千头奶牛场，平均投资在4 000万元左右，且投资回收期限超过5年。由于牛场土地公有、奶牛为活畜等都不能

抵押贷款，即使能贷到款，多数是数额较少、周期较短，不符合奶牛生产的规律。因此，在争取国家财政资金提高标准的同时，应为奶源基地建设搭建贷款和融资平台，通过奶业有关机构、有关企业为奶牛养殖者提供必要的担保，向金融银行、投资集团和社会个体贷款或融资，解决奶源基地建设资金匮乏的难题，进一步加快奶源基地建设步伐。

中国奶业协会　谷继承

奶牛高产攻关概述

为持续有效推进农垦奶业发展方式转变，提高奶牛生产水平，保障乳品质量安全，从2008年起，农垦系统率先开展了奶牛高产攻关活动。通过集成、展示、推广先进适用养殖技术，大力推进标准化规模养殖，切实提高奶牛饲养人员技能水平，实行标准化生产和规范化管理，从源头上控制和提高乳品质量，农垦系统奶牛饲养水平得到了进一步提升，牛奶产量不断增加，农垦奶牛高产攻关活动取得了显著成效。2012年，全国农垦系统奶牛存栏量达151.5万头，牛奶产量为435.04万吨，平均单产达到了5 649千克，居国内领先水平。

一、2012年奶牛高产攻关活动开展情况

2012年，农垦系统继续开展奶牛高产攻关活动，组织印发了《农业部办公厅关于印发2012年农垦系统畜牧高产攻关活动方案的通知》（农办垦［2012］22号），按照“扩大范围、示范引领、整体推进”的思路，通过集成、展示、推广先进实用技术，进一步提升科技创新能力，提高先进技术的推广应用水平，推动农垦现代奶业加快发展。方案明确了2012年奶牛高产攻关的目标和任务，共在全国22个垦区创建了82个奶牛高产攻关点，攻关目标定为北京、天津农垦成母牛年产牛奶9 000千克以上，上海农垦8 000千克以上，新疆生产建设兵团、河北、河南、内蒙古、山西、辽宁、黑龙江、江苏、浙江、安徽、陕西、宁夏、新疆畜牧等垦区7 000千克以上，江西、广东、广西、四川、重庆、广州等垦区6 000千克以上。

在攻关活动中，各垦区和攻关单位坚持以科学发展观为指导，以科技创新为核心，以增加单产、提高品质、节本增效为目标，加强对奶牛高产攻关活动的分类指导，扩大攻关范围，深化攻关内容，加大科技创新力度，强化先进技术先行先试，深挖增产潜力。通过树立典型、规范管理、技术培训、示范展示、辐射带动，不断提高奶牛养殖标准化、规模化、机械化和集约化水平。

攻关活动重点围绕以下四项内容开展：一是集成先进适用高产技术。做好高产、优质良种的引进和繁育，加强奶牛良种繁育体系建设，提高牛奶质量和产量；重点推广应用标准化规模养殖、全混合日粮调制饲喂等先进适用技术，大力促进技术服务的物化、简化和社会化，进一步提高标准化规模化养殖水平。二是加强重大疫病和常规病防控。加强重大疫情监测，定期进行疫情调查，及时汇总、分析疫情发展态势，发现问题，排除疫情隐患；重点做好口蹄疫等疫病的强制免疫工作，进一步完善应急预案，提高应急处置能力。三是加强投入品管理。增强牛奶质量安全风险意识，加强兽药、饲料和饲料添加剂的使用与管理，严格按规范要求使用饲料和饲料添加剂，杜绝不按规定使用药品和违禁使用药品的行为，确保牛奶质量安全。四是推进全程机械化生产。推广有利于减轻污染、节约资源、保护环境的先进技术和机械设备，积极使用大中型、多功能、高性能、节能环保型配料、饲喂、除污、防疫等工厂化养殖机械。

二、2012年奶牛高产攻关活动取得的成效

2012年，各垦区严格按照攻关活动方案要求，明确了组织机构，细化了攻关方案，建立健全考核制度，加强培训指导，强化检查验收，做好总结交流，督促指导攻关单位扎实开展攻关工作。各高产攻关单位按照优质、高产、高效的要求，狠抓措施落实，实行良种、良法、良机、良管紧密结合，重点建立健全养殖场生产全过程的技术、管理和岗位工作标准体系，积极推广青贮饲料生产、奶牛全混合日粮（TMR）饲养等先进适用技术，有力促进了奶牛养殖科技创新和技术的应用。2012年，在82个攻关单位中，有78个单位实现了攻关目标，占95.1%。其中天津嘉立荷牧业有限公司第八奶牛场创造了平均每头成母牛年实际产奶12 500千克的成绩，再创历史纪录。

农垦局农业处　单绪南

【奶牛群体遗传改良】

2012年奶牛良种补贴项目概述

根据2012年畜牧良种补贴项目实施方案和工作安排，全国畜牧总站组织有关专家对申请参加2012年畜牧良种补贴项目的种公牛站及种公牛进行了综合评选，共评选出43家种公牛站的1 983头种公牛，现予公布。

冷冻精液细管编号规范参照《关于公布2007年奶牛良种补贴项目的种公牛站、种公牛和冷冻精液细管编号规范的通知》（牧站（牧）［2007］48号文件）和《关于公布参加2009年肉牛良种补贴（试点）项目种公牛站和种公牛的通知》（牧站（奶）［2009］140号文件）执行。入选种公牛系谱详细信息，可通过网站（www. cav. net. cn）查询。

2012年首次采用基因组选择方法评选青年荷斯坦种公牛，每头入选的种公牛冷冻精液使用总量不得超过1万剂。

农业部奶业管理办公室　全国畜牧总站

附件1

2012年畜牧良种补贴项目种公牛站及种公牛入选条件

一、乳用种公牛站和种公牛入选条件

（一）种公牛站持有农业部颁发的《种畜禽生产经营许可证》。

（二）种公牛需符合下列条件：

1. 三代系谱清楚，体型等级为特级或一级，精液品质检测合格。

2. 荷斯坦种公牛的中国奶牛性能指数（CPI）为正值且估计育种值可靠性大于50%，或2006年1月1日以后出生，已经开展后裔测定但尚未出成绩，中国奶牛基因组选择性能指数（GCPI）大于960；不在群的验证公牛，其CPI为正值，估计育种值可靠性大于50%，且库存冻精1万剂以上。

3. 乳肉兼用西门塔尔种公牛，母亲具有至少一个胎次的产奶记录，且年产奶量在5 500千克以上。

二、肉用种公牛站和种公牛入选条件

（一）种公牛站持有农业部颁发的《种畜禽生产经营许可证》，并按照国务院31号文件精神改制为自主经营、自负盈亏的企业。

（二）种公牛需符合下列条件：

1. 三代系谱清楚，精液品质检测合格。

2. 引进品种种公牛体型评定为特级，中国肉牛选择指数（CBI）大于100（存栏总量在10头以内的品种除外）；培育品种种公牛体型评定为特、一级，CBI大于100；地方品种种公牛外貌评定为特、一级。

附件2

2012年荷斯坦种公牛选择方法说明

一、中国奶牛性能指数CPI（China Performance Index）

（一）计算公式

1. CPI1（适用于既有女儿生产性能又有女儿体型鉴定结果的国内后裔测定公牛）

生产性状包括产奶量、乳脂率、乳蛋白率和体细胞评分，体型性状包括体型总分、乳房和肢蹄。估计育种值可靠性大于50%。

计算公式如下：

$$CPI1=20\times\left(30\times\frac{Milk}{459}+15\times\frac{Fatpct}{0.16}+25\times\frac{Propct}{0.08}+5\times\frac{Type}{5}+10\times\frac{MS}{5}+5\times\frac{FL}{5}-10\times\frac{SCS-3}{0.16}\right)$$

2. CPI2（适用于仅有女儿生产性能的国内后裔测定公牛）

生产性状包括产奶量、乳脂率、乳蛋白率和体细胞评分。估计育种值可靠性大于50%。

计算公式如下：

$$CPI2=20\times\left(30\times\frac{Milk}{459}+15\times\frac{Fatpct}{0.16}+25\times\frac{Propct}{0.08}-\right.$$

$$10\times\frac{SCS-3}{0.16}\Big)$$

3. CPI3（适用于国外引进的有后裔测定成绩公牛）

$$CPI3=20\times\Big(30\times\frac{Milk}{800}+10\times\frac{Fatpct}{0.3}+20\times\frac{Propct}{0.12}+5\times\frac{Type}{5}+15\times\frac{MS}{5}+10\times\frac{FL}{5}-10\times\frac{SCS-3}{0.46}\Big)$$

（二）各性状育种值代表符号及标准差

性 状	各性状育种值代表符号	国内后测公牛标准差	国外后测公牛标准差
产奶量	*Milk*	459	800
乳脂率	*Fatpct*	0.16	0.3
乳蛋白率	*Propct*	0.08	0.12
体型总分	*Type*	5	5
泌乳系统	*MS*	5	5
肢 蹄	*FL*	5	5
体细胞评分	*SCS*	0.16	0.46

（三）数据来源

国外引进的验证公牛，计算 CPI3 所用公牛系谱由各公牛站提供，其各项育种值采用国际公牛组织（INTERBULL）2012 年 4 月发布的数据。

（四）数据检索方式

中国荷斯坦牛后测公牛育种值数据可到中国奶牛数据中心网站（www.holstein.org.cn）查询。

二、中国奶牛基因组选择性能指数 GCPI (Genomic China Performance Index)

GCPI 指数包括产奶量、乳脂率、乳蛋白率、体细胞评分等生产性状和体型总分、乳房、肢蹄等体型性状。利用中国农业大学和中国奶业协会遗传评估中心构建的中国荷斯坦牛基因组选择参考群体，根据青年公牛基因组检测的 SNP 基因型信息，用 GBLUP 方法估计公牛的各性状基因组直接育种值，并与其系谱育种植进行加权合并后，计算得到 GCPI。

（一）计算公式

$$GCPI=20\times\Big(30\times\frac{GEBV_{Milk}}{459}+15\times\frac{GEBV_{Fatpct}}{0.16}+25\times\frac{GEBV_{Propct}}{0.08}+5\times\frac{GEBV_{Type}}{5}+10\times\frac{GEBV_{MS}}{5}+5\times\frac{GEBV_{F\&L}}{5}-10\times\frac{GEBV_{SCS}-3}{0.16}\Big)$$

式中，*GEBV* 为各性状基因组直接育种值与系谱育种值根据估计可靠性加权合并后的估计育种值。

（二）GCPI 计算公式中各符号含义

符 号	代表含义
$GEBV_{Milk}$	产奶量估计育种值
$GEBV_{Fatpct}$	乳脂率估计育种值
$GEBV_{Propct}$	乳蛋白率估计育种值
$GEBV_{Type}$	体型总分估计育种值
$GEBV_{MS}$	泌乳系统估计育种值
$GEBV_{F\&L}$	肢蹄估计育种值
$GEBV_{SCS}$	体细胞评分估计育种值

（三）数据来源

计算系谱指数所用公牛系谱由各公牛站提供。公牛父亲和外祖父各项育种值，采用国际公牛组织（INTERBULL）2012 年 4 月发布的数据。

（四）数据检索方式

中国荷斯坦牛基因组选择育种值数据可到中国奶牛数据中心网站（www.holstein.org.cn）查询。

附件 3

2012 年肉用种公牛选择方法说明

根据国内肉用种公牛育种数据的实际情况，选取体型评分、断奶到 18 月龄日增重、18 月龄到 24 月龄日增重 3 个性状进行遗传评估，各性状估计育种值经标准化后，按 20∶40∶40 比例加权，得到中国肉牛选择指数-CBI。

一、遗传评估方法

应用动物模型 BLUP 法，借助于 MTDFREML 软件包进行评估。

二、遗传评估模型

采用单性状动物模型最佳线性无偏估计法估计个体育种值，3 个性状育种值估计模型如下：

$$y_{ijklm}=\mu+herd_i+year_j+source_k+breed_l+a_{ijklm}+e_{ijklm}$$

其中：y_{ijklm} 代表个体生长性能观察值、μ 代表总平均数、$herd_i$ 代表场站固定效应、$year_j$ 代表出生年固定效应、$breed_l$ 代表出生地固定效应、$breed_k$ 代表品种固定应、a_{ijklm} 代表个体随机遗传效应、e_{ijklm} 代表随机残差效应。

三、遗传参数

	体型评分	断奶至 18 月龄 日增重	18 至 24 月龄 日增重
遗传方差	1.45	0.01	0.07
环境方差	3.22	0.01	0.05
表型方差	4.67	0.02	0.12
h^2	0.31	0.53	0.55

奶牛良种工程

奶牛良种工程是畜禽良种工程的重要组成部分。自1998年国家启动畜禽良种工程以来，奶牛良种繁育体系作为其中重点支持领域，经过十多年的建设，逐步趋于完善，基本形成了以原种场为核心，扩繁场和改良站为支撑，质量检测中心为保障的体系框架。

“十一五”以来，奶牛良种工程建设紧紧抓住全局性、公益性、关键性环节，围绕“与现代养殖业相适应、保障良种供应安全”的目标，不断加大投入力度。据统计，2006—2012 年，共实施各类奶牛良种工程项目 137 个，累计安排中央资金 2.43 亿元。其中，2012 年中央投入资金 4 800 万元，安排奶牛良种工程项目 20 个，其中原良种场 18 个、种公牛站 1 个、生产性能测定中心 1 个。建设牛舍及挤奶厅等 7.5 万平方米、运动场 3 万平方米、青贮窖 1.3 万立方米，购置各类仪器设备 306 台（套），引种 9 批。

奶牛良种工程实施以来，奶牛良种繁育体系逐步完善，保障了奶业持续健康发展。一是良种场、原种场、种公牛站、生产性能测定中心的基础设施明显改善，生产水平大幅提升。2012 年，生产性能测定中心对 1 015 个规模牧场进行了生产性能测定，测定奶牛 47.7 万头，比上年增加了 9.4%，生产性能测定能力逐年提高。原种场每年可提供后备种公牛 140 头。二是奶牛良种供应能力进一步增强，良种普及和推广程度进一步提高。2012 年，入选奶牛良种补贴的荷斯坦验证公牛数达到 465 头，同比增加 58 头。全国生产奶牛冻精 2 949.9 万剂，其中，荷斯坦牛冻精 2 745 万剂、乳用西门塔尔牛冻精 285 万剂，水牛冻精 142 万剂，褐牛冻精 62.9 万剂。奶牛良种覆盖率大幅提高，其中荷斯坦牛已达到了 100%。三是奶牛生产性能明显提高，2012 年荷斯坦奶牛平均单产达到 5.5 吨，比上年提高 200 千克左右，奶农收益稳步增加。

农业部计划司

2012 年全国种公牛站生产概述

一、基本情况

截至 2012 年年底，全国共有 43 个种公牛站获得《种畜禽生产经营许可证》，其中完成体制改革工作的种公牛站达 39 个。

（一）人员构成。全国种公牛站从业人员共 1 799 人，其中技术人员 1 091 人，具有大专以上学历的 976 人，占技术人员总数的 89.4%，比 2011 年提高近 3 个百分点。技术人员中有 207 人具有高级职称，304 人具有中级职称，288 人具有初级职称。冻精产品质量检验员 117 人，执业兽医 70 人。

（二）种公牛情况。共存栏种公牛 4 227 头，涉及 30 个品种。

采精种公牛存栏 3 258 头。其中荷斯坦牛 1 404 头，娟姗牛 24 头，乳肉兼用西门塔尔牛 211 头，褐牛 22 头，牦牛 65 头，奶水牛 154 头，三河牛 30 头；肉用西门塔尔牛 768 头，夏洛来牛 186 头，利木赞 90 头，南德温牛 67 头，安格斯牛 77 头，德国黄牛 18 头，其他肉用品种种公牛 142 头。

后备种公牛存栏 969 头。其中荷斯坦牛 403 头，娟姗牛 10 头，乳肉兼用西门塔尔牛 62 头，褐牛 3 头，牦牛 35 头，奶水牛 60 头，三河牛 31 头；肉用西门塔尔牛 209 头，夏洛来牛 33 头，南德温牛 18 头，利木赞牛 10 头，德国黄牛 11 头，其他肉用品种后备种公牛 84 头。

（三）冻精生产与推广。全年生产冻精 5 552.11 万剂，头均生产冻精 1.7 万剂。其中荷斯坦牛生产冻精 2 745 万剂，占冻精生产总量的 49.4%，头均年产冻精 1.96 万剂；肉用西门塔尔牛生产 1 390 万剂，占 25 %；夏洛来牛 327 万剂，占 5.9%；乳用西门塔尔牛生产

285 万剂，占 5.1%；利木赞 136 万剂，占 2.4%；水牛 142 万剂，占 2.6%；褐牛 62.9 万剂，占 1.1%；其他品种牛生产冻精 464.2 万剂，占 8.4%。

推广销售冻精 4 225.44 万剂，占生产总量的 76.1%。其中荷斯坦牛 1 873 万剂，占销售总量的 44.3%，较 2011 年降低近 0.6 个百分点；肉用西门塔尔牛冻精 1 260 万剂，占 29.8%；夏洛来牛 226 万剂，占 5.3%；乳用西门塔尔牛冻精 147 万剂，占 3.5%；水牛 158 万剂，占 3.7%；利木赞牛冻精 112 万剂，占 2.7%；推广销售其他品种牛冻精 449.4 万剂，占 10.6%。

二、取得的成绩

（一）种公牛站规模不断扩大，生产能力不断提高。 2012 年全国种公牛站存栏采精公牛 3 258 头，生产牛冷冻精液 5 552 万剂，推广 4 225 万剂，比 2011 年分别提高 13%、4%和 1.8%，均再创历史最好水平。存栏种公牛超过 100 头的种公牛站达到 15 个，其中超过 200 头的有 5 个。有 22 个站年生产牛冷冻精液超过 100 万剂，其中有 3 个站超过 300 万剂。年推广牛冷冻精液超过 100 万剂的有 16 个站，其中超过 200 万剂的 5 个站，有 1 个站年推广冻精已超 300 万剂。

（二）种公牛质量稳步提升，产品合格率稳中有进。 2012 年畜牧良种补贴荷斯坦种公牛验证牛数量达 465 头，比 2011 年增加 58 头，增幅超过 14%，占入选荷斯坦牛总数的 56.2%。中国肉牛选择指数（CBI）得到进一步完善，增加了 18 月龄日增重的指标，使肉牛种公牛选择更加科学规范，质量进一步提高。在农业部组织的牛冷冻精液产品质量市场抽查中，冻精合格率达 97.5%，为近三年来最高。

（三）生产性能测定继续推进，种公牛自主培育继续深入。 2012 年农业部畜牧业司 140 号文件和农业部办公厅 43 号文件下发后，有力地调动了种公牛站开展性能测定，自主培育种公牛的工作热情。截至 2012 年年底，全国奶牛生产性能测定母牛数量超过 46 万头，比年初计划数多测出 21 余万头。38 个种公牛站已经报送 2 281 头肉用种公牛测定数据 3 万余条，比 2011 年同期增加 258 头，在群肉用种公牛全部参加了测定。

（四）种公牛资源逐步丰富，地方品种保护初见成效。 近年来，各地种公牛站根据国内市场的变化和奶牛肉牛改良实际，不断扩大种公牛的品种。2012 年全国种公牛站存栏的种公牛品种达 30 个，其中引入品种 17 个，培育品种 5 个，地方品种 8 个。丰富的品种资源为开展杂交利用工作，奠定了坚实的基础。在地方品种保护方面，各种公牛站也加大力度。与 2009 年相比，地方品种种公牛已经由 3 个品种，总数不足 20 头的规模，扩大到目前 8 个品种总数近 120 头，对今后开展地方品种保护工作，具有重要意义。

三、工作建议

（一）继续强化种公牛站生产经营管理。 在 2012 年农业部组织的种畜禽质量安全监督检验精液质量抽查中，有 7 个站的 13 头种公牛冷冻精液质量不合格。个别种公牛站存在冷冻精液错装、混装等现象。建议各种公牛站要高度重视生产经营管理工作，从源头上切实把好质量关。

（二）继续加强种公牛饲养管理。 近年来，畸形率偏高是牛冷冻精液质量不合格的主要原因，2012 年 13 头不合格冷冻精液产品中，有 11 头畸形率超标。研究表明，导致精子畸形的原因除了遗传因素外，主要是由于饲养管理所造成的，饲料霉变、疫苗注射等，都会使精子畸形。

（三）继续加大生产性能测定力度。 农业部畜牧业司 140 号文件和农业部办公厅 43 号文件，已经对种公牛站在培育种公牛方面的职责任务做出了明确规定。各种公牛站要认真组织学习，深入研究落实，将奶牛肉牛生产性能测定工作不断推向前进。

全国畜牧总站

中国荷斯坦青年公牛全国联合后裔测定概述

后裔测定，是根据后裔的生产性能和外貌等特征来估测种畜的育种值和遗传组成，以评定其种用价值。奶牛的后裔测定于 20 世纪 60 年代在欧美国家率先应用，是奶业发达国家经过多年育种实践证实的迄今最科学、最可靠的评定种公牛遗传素质的方法之一。

一、中国荷斯坦青年公牛联合后测的组织和实施

为了自主培育中国荷斯坦优秀种公牛，从 1983 年开始，中国奶业协会（时称中国奶牛协会）决定开展中国荷斯坦青年公牛全国联合后裔测定（简称联合后测）。具体工作由协会内设的育种专业委员会负责组织实施，主要负责联合后测工作的顶层设计，并先后制定了技术规范、审核参测公牛系谱、组织检测冻精质量、监督冻精交换、认定参测牛场，收集汇总全国后测数据并进行遗传评定，组织工作交流研讨。各地奶牛育种和推广机构负责提供参测公牛系谱，分发后测公牛冻精，收集测定数据并向中国奶业协会进行数据上报。后测奶牛场负责冻精的使用和向当地奶牛育种和推广机构进行数据的上报。通过近 30 年的努力，目前已逐步构建了中国荷斯坦青年公牛后裔测定技术体系。

二、发展成效

1. 形成技术规范。为了规范开展联合后测工作并力求在技术层面从起步就与世界接轨，育种专业委员会1983年制定了《中国黑白花种公牛后裔测定暂行规范》，对待测青年公牛选择、精液采集与分配、后测试配、女儿基本信息与性能测定记录、公牛育种值估计与遗传评定方法等作了详细规定。通过不断实践逐步积累经验，该规范前后经过5次修订，于2007年修订为《中国荷斯坦青年公牛联合后裔测定规程》。该规程明确提出了参加后裔测定公牛和公牛站的条件，承担后裔测定奶牛场的标准，数据上报的要求及后裔测定奖励计划等。2008年中国奶协与中国农业大学联合申请了《中国荷斯坦青年公牛联合后裔测定技术规程》和《中国荷斯坦牛体型鉴定规程》两项行业标准的起草工作。

2. 组织联合后测。在1983—1993年，每年组织一次联合后测。为了加快后裔测定进程，提高参测青年公牛数量，从1994年开始育种专业委员会每年组织两次联合后测。截至2012年，全国共进行了47批次青年公牛联合后裔测定工作，累计参加测定的青年公牛达到1 621头。参加联合后测的公牛站都持有农业部核发的“种畜禽生产经营许可证”，已有37个公牛站参加联合后测。

3. 认定后测牛场。为确保后裔测定工作的顺利进行，建立稳定的后裔测定体系，育种专业委员会对记录体系规范、认真履行后测义务的规模奶牛场进行后测指定场认定与挂牌，确保后裔测定数据记录能够得到及时、准确的收集；根据制定的后裔测定规程，对后裔测定奶牛场实施表彰和奖励。目前全国共有认定的后裔测定牛场147个，分布在北京、上海、黑龙江、内蒙古、山东、河北、天津、宁夏、河南、山西、新疆、广东12个省、区。

4. 规范数据上报格式。为了进一步规范数据格式，解决系谱格式不统一等问题，中国奶业协会开发了《中国荷斯坦青年公牛联合后裔测定软件》，免费发放到参测种公牛站，统一使用软件上报青年公牛的系谱信息，同时可以使用软件进行公牛女儿的相关数据上报，从根本上规范了数据格式。

5. 建立遗传评估体系。为了有效地利用后裔测定数据，建立我国种牛遗传评估体系，中国奶业协会与中国农业大学合作，于2006年从加拿大引进了奶牛生产性状和体型性状遗传评估软件系统。使用国内后裔测定数据进行种公牛遗传评估，估计了产奶、体型及体细胞数等性状的育种值，并建立了“中国奶牛性能指数”（CPI），为种公牛选择提供技术依据。2007—2012年，中国奶业协会配合国家奶牛良种补贴项目，累计评定推荐了1 436头有后裔测定成绩的优秀种公牛参加全国奶牛优质冻精良种补贴，其中88%的种公牛参加了全国联合后裔测定。

三、存在的主要问题

1. 组织管理有待提高。青年公牛联合后测工作，尽管测定的规模较小，但对建立奶牛群体遗传改良技术体系起到了引领作用。但是这项工作一直未得到财政资助，仅依靠参加单位自筹资金，联合后测工作完全成了民间行为，中国奶业协会作为一个行业组织，在实施过程中无法对各个环节进行有效的监督和制约，没有达到预期效果。

2. 部分单位缺乏认识。后测奶牛场作为冻精的最终使用者，对后测工作认识不到位、积极性不高，同时作为实施单位的奶牛育种和推广机构，有些单位缺乏责任心和积极性，没有按照计划及时将冻精发放到后测奶牛场，影响整体工作进度。

3. 数据量小且收集不及时。后测牛场较少，造成了承担后测的牛群数量小，且分布不均匀，系谱等相关资料不完善。目前国内青年公牛的后测数据主要来源于各地奶牛生产性能测定中心和种公牛站，通过奶牛生产性能测定项目只能得到女儿的产奶量等生产数据，女儿体型外貌鉴定数据通过种公牛站进行采集，数据量较少，配种、产犊等繁殖数据的收集比较困难。

四、建议和思考

近年来，国家对奶牛群体遗传改良工作比较重视，为青年公牛后裔测定工作的开展创造了有利环境，后测公牛数量逐年增加，全国后裔测定体系也在不断完善，陆续诞生了一些区域性的联合组织和公牛站，这些单位自行组织多种后裔测定形式。后裔测定作为一种科学评定种公牛遗传素质的方法，无论采取何种组织形式，都需要做好以下关键的基础工作：

1. 加强宣传和培训，提高奶牛场对后裔测定的整体认识，保证后裔测定工作的顺利开展。

2. 加大生产性能测定项目等政府项目的支持力度，尤其加大对后测奶牛场的补贴，同时其他政府资助项目可侧重倾斜后测奶牛场，提高后测奶牛场的积极性。

3. 完善和提高后裔测定牛场的各项记录管理，有计划地对工作人员开展专业技术培训，提高数据的准确性及有效数据量。

4. 种公牛站按照参测牛规模，扩大后测奶牛场的选择范围，合理地扩大公牛女儿数量和群体数量，提高估计育种值的可靠性。

5. 加强奶牛体型外貌鉴定的组织和培训工作，培训专业鉴定员队伍，实行合理的交叉鉴定制度，扩大数据的采集程度，进一步提高数据质量，以保证这项事业的顺利进行，得到有效真实的测定数据，对种公牛进行科学客观地评估评价，确保我国奶业的持续健康发展。

陈绍祜　闫青霞　曹正　高宏鼎

2012年全国奶牛生产性能测定概述

一、基本情况

为贯彻落实《国务院关于促进奶业持续健康发展的意见》和《奶业整顿和振兴规划纲要》，切实做好良种登记和奶牛生产性能测定等基础性工作，提高奶牛生产水平，2012年中央财政继续实施奶牛生产性能测定补贴项目。根据项目实施方案要求，2012年全国奶牛生产性能测定项目共补贴经费2 000万元，在我国奶牛养殖优势区域，包括北京、天津、河北、山西、内蒙古、辽宁、黑龙江、上海、江苏、山东、河南、湖北、湖南、广东、云南、陕西、宁夏和新疆18个省（区、市）以及黑龙江农垦总局和新疆生产建设兵团，计划测定奶牛24.8万头，全年实际完成测定52.38万头，超额完成了年度计划。项目区外的安徽、福建也自行开展了9个场，1 800多头奶牛的相关测定工作，

二、主要工作

（一）测定数据采集与整理。

1. 收集测定数据。2012年1月～12月中国奶牛数据中心共收集1 043个奶牛场52.6万头母牛的各类数据超过357万条，其中包括1.9万条母牛系谱记录、13.4万条繁殖记录、301万条生产性能测定日记录、1.3万条体型鉴定记录、40万条国外公牛育种值数据，应用《中国奶牛生产性能测定系统软件》为参测奶牛场提供DHI报告30 000份。完成了多项数据的收集、整理和分析工作，完善了中国荷斯坦牛系谱、生产性能测定、体型外貌鉴定、奶牛繁殖记录及公牛育种值等多个专业数据库。

2. 开展遗传评估。2012年中国奶牛数据中心共收集整理的301万条生产性能测定日记录数据，其中用于种公牛遗传评估的数据达到了72.8万条，数据的有效比例达到了24%，较2010年提高了44.6%，其中青年公牛的后测数据达到了41.4万条，占有效数据的56.9%，育种值可靠性得到了一定程度提高。2012配合国家奶牛良种补贴项目，利用收集的数据，筛选了827头优秀种公牛参加项目，为顺利开展全国奶牛良种补贴项目工作提供了有力的技术支撑。

3. 做好品种登记。在开展生产性能测定工作的同时，2012年全国奶牛生产性能测定中心，对新增的1.86万头中国荷斯坦母牛进行了品种登记。中国奶业协会和全国畜牧总站共同组织，对在群的821头荷斯坦种公牛的系谱进行了DNA检测，确保了系谱的真实性，完善了中国荷斯坦牛品种登记数据库。目前数据库中登记奶牛数量达到了60.3万头。对已经登记的奶牛，开展了电子耳标试点工作，实行一头牛终身一个电子耳标，在数据库中保证系谱的唯一性。同时与生产性能测定数据库、体型外貌鉴定数据库和奶牛繁殖记录数据库进行有机结合，为下一步开展良种登记工作奠定基础。

4. 完善育种平台。进一步完善了《中国荷斯坦牛育种数据网络平台》，平台包括品种登记、DHI、选种选配、良种补贴、后裔测定、体型鉴定、遗传评估和信息管理八个模块，完全实现了符合我国特色的荷斯坦牛育种数据的网络管理。并通过不断充实数据，同时针对平台的不同用户开展了专项的使用培训，为国内奶牛育种提供真实有效地数据，加快我国自主培育优秀种公牛的进程。

（二）标准物质制备与发放。委托全国畜牧总站奶牛生产性能测定标准物质制备实验室，制作乳脂肪率和蛋白率、乳糖率测定标准样，对项目区测定中心进行盲样检测和仪器校准。实现了按月份进行抽检和比对检查，并及时公布比对结果。全年开展抽检和比对检查共12次。通过对数据分析，90%以上的测定中心检测数据符合国际DHI标准物质控制参考标准，数据准确性、稳定性、一致性有了明显提高，起到了“同一把标尺”的作用。对个别数值出现异常的测定中心，我们及时进行电话询问或走访，查找和解决其仪器或测定过程有可能出现的问题，保证了后续测定数据的准确性。

（三）系统软件改进与采样试验。

1. 改进奶牛生产性能测定系统软件。结合各项目区测定中心应用中对奶牛生产性能测定系统软件提出的各种具体功能要求，组织各测定中心软件使用技术人员进行研讨，提出修改意见，并委托软件设计单位对系统进行升级、修改。使软件不断适应行业发展需要，同时和中国荷斯坦牛育种数据网络平台进行在线连接，保证数据的准确和及时性。

2. “一次采样”试点。一次采样，即在奶牛测定日，只采集一次奶样。可以极大地解决采样员的劳动强度，降低采样成本。这项技术已经在奶业发达国家广为采用。2012年，我们组织项目区7个测定中心（实验室）联合进行“一次采样”的试点工作，选择12个奶牛场，进行“一次采样”的数据采集工作，全年共采集一次采样数据35万条。通过对采集的数据进行研究，寻找合理的校正系数，推动“一次采样”等奶牛生产性能测定的工作，完善奶牛生产性能测定技术和方法。

（四）生产技术培训与宣传。

1. 广泛开展技术培训。为了提高奶牛场和奶农对奶牛生产性能测定的认识和通过测定科学指导奶牛生产，中国奶业协会和全国畜牧总站按照实施方案要求，2012年DHI项目共举办12期培训班，培训技术人员2 300人次。其中针对奶牛场进行奶牛生产性能测定与奶牛场管理、饲养、疾病、育种关联的配套技术培训，全年共举办8期，培训奶牛养殖场专业技术人员2 000

人次，发放相关科普宣传材料 10 000 余份。同时聘请国内外专家针对奶牛生产性能测定实验室人员，进行数据处理、操作规范、报告解读等培训，提高测定中心人员报告解读能力和技术服务水平。全年共举办测定中心专项技术培训班 4 期，培训测定中心技术人员 300 人次。

2. 继续组织项目宣传。为进一步开展项目期之间的交流和宣传工作，继续与《中国奶牛》杂志联合出版《DHI 专栏》，全年共出版 8 期，发表项目进展报道 12 篇，奶牛生产性能测定相关专业技术论文 10 篇。对项目的情况进行了及时的通报，为项目区进行技术和经验交流提供了良好的平台，调动了项目区的积极性，向奶牛养殖从业人员宣传了项目的作用和好处，扩大了项目的影响。

3. 评选表彰先进。为了进一步提高奶牛场参加测定的积极性，充分发挥先进场的示范作用，中国奶业协会和全国畜牧总站共同联合组织了 2010—2011 年度全国奶牛生产性能测定先进奶牛场的评选工作，在项目区评选出了 150 个参加测定规范及应用效果比较好的奶牛场，作为第二批奶牛生产性能测定项目先进奶牛场进行表彰。

三、取得的成绩

（一）提高奶牛单产，改善生鲜乳质量，经济效益可观。通过对从 2008—2012 年持续参加测定的 560 个参测奶牛场的 49.3 万头奶牛的测定日数据进行分析计算发现，各项指标 2011 年较 2008 年均有不同程度的增加，测定日平均产奶量由 22.14 增加到 24.83 千克，乳蛋白率由 3.26%增加到 3.28%，体细胞数由 66.1 万减低到 42.1 万个/mL。每头牛胎次产量平均达到 7 573.2 千克，较 2008 年的 6 752.7 千克增加了 820 千克，按牛奶价格 2.8 元/千克计算，每头牛可增加直接经济效益达 2 296 元；乳脂率和乳蛋白率明显提高，体细胞有一定程度降低，我国目前乳品加工企业普遍采用按质论价，乳品质量提高平均每千克可增加 0.05 元，每头牛按单产 7 500 千克计算，可增加直接经济收入 375 元。按照 49 万头参测牛计算，直接经济效益增加了 13 亿元。

（二）更新养牛理念，改进养牛技术，社会效益良好。通过实施奶牛生产性能测定，把先进的管理经验和实用配套新技术推广到牛场，极大地提高了奶牛的生产效率，增加了奶农收入，加快了奶农奔小康的步伐，社会效益十分显著；通过奶牛生产性能测定的实施，促进了我国奶牛养殖业逐步由数量扩张型到质量效益型转变，实现减少饲养头数，提高产奶总量，降低环境压力，有利于奶业持续健康发展。

（三）采集测定数据，完善记录资料，夯实育种基础。通过项目的实施，DHI 在奶牛育种和牛群管理中的作用正被越来越多的牛场和奶农所认识，并在提高奶牛业效益中发挥积极作用。项目的有效实施鼓励了牛场参与育种工作的积极性，2012 年收集的可用于种公牛遗传评估的数据质量明显提高，有效数据量达到了 72.8 万条，同比 2010 年增加了 44.6%。目前数据库中可用于种公牛遗传评估的 DHI 测定数据达到了 333.96 万条。通过对测定数据的分析和整理，2012 年筛选出验证荷斯坦种公牛 465 头，为畜牧良种补贴项目做出了突出贡献。同时，为我国开展荷斯坦牛全基因组检测工作，提供了详细完整的基础群信息和各项生产记录，确保了该项工作的顺利进行，加快了我国自主培育优秀种公牛的进程。

四、存在问题

（一）有效数据比例偏低。由于我国开展奶牛生产性能测定工作时间较短，部分新参加测定的养殖场（户）中，有些奶牛没有系谱资料或资料不全，牛只的繁殖信息记录不完整；同时由于部分牛场认识问题，不能保证连续测定，造成可用于育种的有效数据偏低，影响了项目整体效果。

（二）样品采集有待规范。奶牛生产性能测定需每月采集一次样品，测定当日奶牛的产奶量。国际上均使用经国际动物记录组织 ICAR（International Committee for Animal Recording）认证的流量计，准确度高。而国内由于条件有限，部分牛场没有配备或配备非认证的流量计，使结果偏差较大，影响了测定结果的准确性。

（三）测定报告利用率低。由于部分牛场的技术水平限制，目前对 DHI 报告内容还不能完全理解，没有对报告进行充分的解读和利用，用于指导奶牛场的生产管理，短期内无法达到奶牛生产性能测定的预期效果。

五、工作建议

（一）增加测定资金总量。DHI 测定工作在我国刚刚起步，许多方面还有待改进和提高，如奶牛场对 DHI 重要性认识不够、积极性还不高，整体参测规模小、仅占能繁母牛总量的 6.3%，服务体系尚未完善、硬件设施还有待提高。作为一项公益性事业，DHI 测定工作还需要国家在一定时期内在资金额度上给予更大的支持。

（二）加大宣传培训力度。我国奶牛生产性能测定数量少、范围小，远远落后于世界奶业发达国家的平均水平。继续加大奶牛生产性能测定的宣传和推广力度，采取多形式、多渠道地宣传，激发奶牛养殖场参测的积极性。同时，应继续加大培训力度，结合中国荷斯坦牛育种数据网络平台对牛场管理者、技术人员和测定中心服务人员分别进行针对性的专项培训，全面提高奶牛生产性能测定的应用效果。

（三）加强测定能力建设。加强测定中心技术人员培训、仪器设备购置、工作条件保障的支持力度，保证测定工作顺利开展。鼓励我国 DHI 实验室与大学等科研机构联合，根据生产实际需求及日常工作中出现的问题，研发 DHI 技术相关产品及解决 DHI 工作中出现问题的方案。借鉴美加 DHI 运作经验和模式，充分利用中国业协会组织开发的中国荷斯坦牛育种数据网络平台和CNDHI软件，进一步深入开发能有效利用DHI数据的配套奶牛场管理软件、报表等，更好地服务于奶牛场，提高奶牛场管理效率及经济效益。

（四）规范测定工作流程。制定测定工作规范。在试点成功的基础上，推行“一次采样”技术，减少采样劳动强度。对已经进行品种登记的奶牛全部配备终身唯一的电子耳标，保证已登记奶牛系谱的准确性，规范中国荷斯坦牛的登记工作。

（五）强化后裔测定服务。根据农业部畜牧业司《关于明确奶牛遗传改良计划任务分工的意见》精神，DHI测定工作将主要围绕种公牛后裔测定工作展开。建议各地DHI测定中心，将测定工作中心放在符合后裔测定条件要求的奶牛场，积极开展奶牛体型线性评分工作，协助奶牛场整理奶牛系谱档案资料。对DHI测定中心考评，不但要看测定数据总量，更重要的是看有效数据的比例和连续性。

中国奶业协会　全国畜牧总站

【奶牛保健】

2012年我国奶牛疫病防控概述

动物疫病防治工作关系国家食物安全和公共卫生安全，关系社会和谐稳定，是政府社会管理和公共服务的重要职责，是农业农村工作的重要内容。

2012年，农业部和各地畜牧兽医部门坚持以科学发展观为指导，认真贯彻落实党中央、国务院的决策部署，紧紧围绕“两个千方百计、两个努力确保”总目标，进一步加大防控力度，狠抓落实，扎实推进奶牛疫病综合防治工作，有效应对突发疫情，奶牛疫病防控工作取得明显成效。全国未发生奶牛口蹄疫疫情，布病、结核病疫情保持稳定，因两病扑杀奶牛34 776头。

农业部始终高度重视奶牛疫病防控工作。在春秋季重大动物疫病防控工作视频会议上对奶牛疫病防控工作做出全面部署。年初下发国家动物疫病强制免疫计划、国家动物疫病监测计划和全国动物疫病流行病学调查方案，指导各地开展免疫、监测与流行病学调查和督促检查工作，切实做到有计划、有部署、有检查，确保各项措施落到实处。一是做好免疫工作。按照强制免疫计划要求，切实抓好奶牛口蹄疫的免疫工作，加强免疫效果监测评估，做到应免尽免，不留空当，确保免疫质量和效果。二是做好监测和流行病学调查工作。进一步加大对奶牛疫病特别是口蹄疫、布病的监测力度，做好高风险地区监测工作，加强疫情形势研判与预警。三是做好应急处置。各地不断完善应急预案，加强应急培训和演练，充实应急物资储备，加强应急值守，提高应急处置能力，做好应对突发疫情的各项准备工作。做到一旦出现疫情或检出病原学阳性，坚决果断处置，防止疫情扩散蔓延。四是强化流通环节检疫监管。各地严格执行农业部畜牧兽医行政执法“六条禁令”，加强产地检疫和屠宰检疫，充分发挥公路动物卫生监督检查站的执法作用，强化活畜跨省调运检疫监管，坚决防止疫情跨区域传播。五是做好奶牛布病、结核病及其他常见病的防控。坚持开展奶牛布病、结核病监测、扑杀工作，淘汰阳性牛，为食品安全和公共卫生安全提供保障。对奶牛乳房炎等常见病，加强宣传培训，提高养殖户的自主防疫意识，指导养殖场提高生物安全水平，强化综合防疫管理，努力减少疫病损失。

农业部兽医局

【奶牛保险】

财政积极支持奶牛保险发展概述

奶牛保险作为农业保险的重要组成部分，对于支持奶业发展、保障奶农利益等具有积极意义。2007年，财政部贯彻落实党中央、国务院关于支持“三农”发展的精神，按照“政府引导、市场运作、自主自愿、协同推进”的原则，实施了中央财政农业保险保费补贴政策，对投保农户给予一定的保费补贴，引导和支持其参加农业保险，通过引入保险市场机制，支持“三农”发展。2008年，财政部将奶牛保险纳入中央财政农业保险保费补贴范围，在地方自愿开展并给予30%以上保费补贴的基础上，中央财政对中西部地区提供30%的配套补贴，对新疆生产建设兵团、中央直属垦区等补贴60%，同时，鼓励东部地区自主开展奶牛保险。

随着奶牛保险的开展及其支农效应的显现，近年来奶农和地方政府的保险意识逐步提高。为进一步满足奶农保险需求，促进奶业发展，中央财政进一步加大了对奶牛保险的支持力度。2011 年，在地方财政补贴 30%以上的基础上，中央财政将对中西部地区的奶牛保险保费补贴比例由 30%提高至 50%，对新疆生产建设兵团、中央直属垦区等补贴 80%。2012 年，进一步将奶牛保险保费补贴区域扩大至全国，其中，对中西部地区、新疆生产建设兵团、中央直属垦区等补贴政策维持不变；对东部地区，在地方财政补贴 30%以上的基础上，中央财政补贴 40%，有力推动了奶牛保险在全国的开展。

2008—2012 年，中央财政共拨付奶牛保险保费补贴资金 14 亿元，累计带动参保农户 111 万户次，承保奶牛 870 万头，保险业共实现奶牛保险保费 27.68 亿元，提供风险保障约 500 亿元，中央财政资金使用效益放大约 35 倍。通过参加奶牛保险，奶农一般只需要缴纳几十元的保费，即可获得几千元的风险保障，有效弥补了奶牛死亡给奶农造成的风险损失。不仅如此，奶牛保险还在一定程度上促进了现代奶业的发展。如，人保财险与现代牧业（集团）有限公司签订了“保险合作协议”，就不同标的协议确定不同保额，有的优质奶牛保额高达 1.8 万元，通过多样化的奶牛保险服务，为推动奶业的规模化、集约化经营发挥了积极作用。

下一步，财政部将会同有关部门继续认真贯彻落实党中央、国务院有关精神，落实和完善奶牛等农业保险相关政策，积极支持奶业和“三农”发展。

财政部金融司

【奶山羊产业】

奶山羊产业发展概述

我国奶山羊饲养历史悠久，奶山羊养殖始于 19 世纪末，距今已有一百多年的发展历史。2012 年我国奶山羊总数大约 1 300 万只，产奶羊 680 万只左右，山羊奶的总产量约 170 万吨，占全国鲜奶产量的 4.3%。羊奶生产是我国奶业的重要组成部分，陕西省有奶山羊 260 万只左右，羊奶产量 45 万吨，占奶类总产量的 24%，是畜牧业支柱产业之一。山东省的奶山羊生产也呈现出喜人的发展势头，奶山羊数量发展迅速，奶山羊养殖及羊奶加工企业不断涌现，产品开发和市场拓展具有独到之处，特别是依托“奶吧”的羊奶销售形式为奶山羊产业发展注入了新的活力。奶山羊生产投入低、风险小、见效快；奶山羊易饲养、繁殖快、抗病力强；羊奶营养好、保健康、治过敏；奶山羊适应性强，可在我国大部分地区饲养，深受群众喜爱，近年来，主产区奶山羊持续发展，为养殖户创造了可观的经济效益，成为部分地区的支柱产业，且已形成陕西、山东两大传统奶山羊主产区和辽宁、河北、广东、福建、河南、山西、内蒙古、云南等新产区奶山羊快速发展的大格局，全国奶山羊生产呈现良好的发展势头，种羊市场和羊奶产品市场前景看好。

一、奶山羊产业发展现状

1. 建设了一批奶山羊基地县及奶粉厂。20 世纪 80 年代奶山羊在我国改革开放初期畜牧业发展中发挥了重要作用，在刘荫武教授为首的全国奶山羊工作领导小组指导协调下，在全国 28 个省区建成了 3 个纯种西农萨能羊良种场和 64 个奶山羊生产基地县，同时新建羊奶奶粉厂 50 余家，为当时总规模 300 多万只的奶山羊产业发展奠定了基础，为解决城市、农村人口的蛋白质营养问题做出了贡献。当前，现存的种羊场、奶山羊基地县和奶粉厂仍然是奶山羊产业的重要依托和基础，大多数奶粉厂已经改造成现代化乳品加工企业。

2. 初步建立了奶山羊技术推广服务体系。在陕西、山东等传统奶山羊主产区形成了县、乡、村三级技术推广服务体系，统一布局、统一管理、统一育种、统一营销，取得了非常显著的繁育效果，推动了奶山羊发展和种质改良，探索出奶山羊乳品加工企业参与良种繁育体系建设的新模式。通过企业参与，进一步调动了农户养羊的积极性，推动了产业发展，服务体系建设逐年完善。

3. 促进了奶山羊数量和群体规模迅速发展。随着我国对奶山羊生产关注程度的提高，奶山羊存栏数量也在稳步增加，据不完全统计，2007 年以来，奶山羊数量稳步增长，平均年增长率 3%左右，山羊奶总产量虽有波动，但保持了 10%的平均年增长率，品种质量也有所提高。在奶山羊生产基地县，养羊大户、专业户数量增加，群体规模不断增长，例如，2011 年底，全国奶山羊饲养量最多的富平县存栏羊增加至近 35 万只，大部分养羊户的养殖规模为 7～8 只，50 只以上的养羊大户 600 余个，200 只以上的大型羊场 8 个，上千只大型羊场 2 个，规模化养殖方式降低了管理成本，取得了较高的经济效益。

4. 取得了多项实用奶山羊养殖技术成果。在多年的奶山羊生产实践中，大学、科研单位和养殖场等取得了奶山羊良种扩繁技术、综合养殖技术、饲料配合及加工技术、疾病防治技术等实用技术，为奶山羊高效养殖提供了技术支撑。

5. 培养了一支奶山羊技术骨干队伍。狠抓技术培训是多年来我国奶山羊产业发展的宝贵经验，自1980年以来，举办了多期奶山羊技术员培训班和数以千计的奶山羊养殖能手短训班，通过养殖、配种、管理和疾病防治、羊奶质量检测等系统技术培训，养殖户对科学养羊知识的接受能力显著提高，一批农村养羊专家脱颖而出，活跃在生产第一线，为奶山羊科技推广和技术服务做出了巨大贡献，培养的奶山羊技术骨干队伍进一步推动了产业发展。

二、奶山羊产业发展存在的问题

奶山羊产业发展涉及良种繁育体系建设、良种场建设、良种登记注册、繁育技术推广、羊奶质量检测、羊奶产品加工、市场开拓和技术服务等多个方面，其关系错综复杂，由于近年来社会主义市场经济改革的深化和奶山羊生产经营方式的变革，现有的奶山羊产业体系的薄弱环节和矛盾性日趋明显，难以适应现代产业体系建设的需要，主要存在以下问题：

1. 奶山羊良种繁育体系建设的必要性认识不足，技术服务功能不健全。在长期的奶山羊推广过程中，我们注意到，恰恰是奶山羊良种繁育体系建设最大受益者即养羊户对体系建设认识不足，导致有关繁育技术的推广难度增大，另外，羊奶加工企业对产业发展体系建设的认识不到位，投入少，严重制约了良种繁育体系的建设。良种是发展我国奶山羊业的突破口，据调查，在提高畜牧业经济效益的综合因素中，良种占40%、饲料占20%、疫病防治占20%、管理条件占15%、其他占5%，由此可见良种繁育工作的重要性，良种繁育体系应放在奶山羊产业体系建设的首位，政府以及各相关部门应从战略高度提高认识，狠抓良种繁育体系建设工作的落实。在过去计划经济体制下，良种繁育体系建设以各地政府为主，省、地、县、乡各级畜牧兽医站成为可以依托的业务主管部门，人员整齐充足，并且配备了一定的仪器设备，在良种繁育体系建设中发挥了重要作用。但是20世纪90年代前后的农业管理体制改革对不适应市场经济要求的县乡级畜牧兽医站等机构冲击较大，原推广体系和技术服务体系受到影响，推广网络线断人散，因此原有的良种繁育体系技术服务站点人员、设备得不到补充和更新，技术人员培训也受到制约，不能及时掌握先进的繁育技术，缺乏为养殖户提供必要技术的本领。

2. 各层次种羊场缺乏统一规划，优质种羊数量少、良种覆盖率低。我国奶山羊良种繁育体系与其他畜种相比尚有较大的差距，奶山羊原种场、扩繁场、商品场（养殖户）建设没有统一规划，层次结构不明确，职责混淆，生产方向定位不准，尚未建立奶山羊种羊性能测定中心。问题的症结突出表现在种羊生产体系混乱，只要是羊场就想靠销售利润较丰厚的种羊盈利，造成种羊市场不够规范，种羊价格不尽合理，难以保证种羊质量，导致奶山羊群体遗传进展缓慢，损害了奶山羊养殖户和企业利益。

我国的奶山羊存栏数虽多，但平均生产性能差，种羊数量少，良种覆盖率低，泌乳期平均单产仅200千克左右，与居世界领先水平的捷克萨能羊平均产奶量842千克、德国778千克相比尚有很大差距。因此有相当一部分奶山羊急需选育提高或杂交改良，近年来由于县、乡级畜牧推广体系建设投入少，人员不足，奶山羊选育工作有所放松，良种繁育体系未能发挥应有的作用，导致奶山羊品质下降，奶山羊生产基地县良种羊的数量减少，种羊品质亟待提高，因此提高奶山羊良种覆盖率将是今后相当一段时期的主要任务。

3. 奶山羊良种繁育体系缺乏合理的投入机制。良种繁育体系具有明显的公益性质，是涉及多方利益的庞大系统工程，并且耗资大，在畜牧兽医业务部门经费减少的情况下，建设难度增加，各利益方没有适当的投资渠道和资金管理措施，普遍重使用、轻建设，奶山羊良种繁育体系的作用大打折扣，流于形式，政府也难以很好地履行体系监管责任。在良种繁育体系建设中应发挥政府作用，加大公益性项目经费投入，加强基础设施建设，相关利益方也要适当投入资金和设备，共同建设产业体系。

4. 羊奶市场产品单一，新产品开发能力欠缺。目前我国的主要羊奶产品仍以奶粉为主，酸奶、液态奶和奶酪等产品开发比较滞后，但大部分企业开始重视产品的开发工作。陕西的羊奶粉企业较多，上市的羊奶粉品牌更多，企业的贴牌生产造成竞争无序，扰乱了羊奶粉消费市场，在加工羊奶粉过程中，为了降低成本，获取更多的利润而将牛奶掺入羊奶，欺骗消费者，也损害了养殖户和消费者的利益，对产业发展造成不良影响。

5. 羊奶市场拓展能力弱，高水平专业营销人员少。由于种种原因，羊奶产品的消费市场十分有限，很难见到关于羊奶的广告宣传，信誉好、营销能力强的代理商、经销商寥寥无几，消费者无法全面了解羊奶的营养特性和市场情况，营销环节十分薄弱是奶山羊产业发展的瓶颈和重要限制因素。

6. 奶山羊养殖规模小，机器挤奶尚未全面推广。奶山羊规模养殖仍然处于初级阶段，规模小的分散型养殖户占85%以上，机器挤奶虽然取得了很大的发展，但和产业需求相比差距还很大。缺乏机器挤奶也影响了羊奶质量，造成奶源容易受到后期污染而降低质量。

除上述主要问题外，奶山羊良种登记制度不健全、养殖环境卫生状况差、收奶环节有漏洞、养殖户羊奶质量安全意识差等问题也普遍存在，需要引起足够重视。

财政部金融司

【奶业机械购置补贴】

农机购置补贴

农机购置补贴是党的强农惠农富农政策的重要内容。为实施好这项利国利民的好政策，全面实现政策目标，各级农机化主管部门始终把做好农机购置补贴各项工作作为一项义不容辞的政治责任，与财政部门密切配合，齐抓共管，明确责任，精心组织，规范实施，加强监管，完善机制，开展了大量卓有成效的工作，取得了利农利工、利国利民、一举多效的好效果。

一、基本情况

中央财政继续扩大农机购置补贴资金规模，2012年中央财政共安排农机购置补贴资金215亿元，比上年增加40亿元，实施范围继续覆盖全国所有农牧业县（场）。补贴机具种类达12大类46个小类180个品目机具，在此基础上，各地还可以在12大类内自行增加不超过30个品目的其他机具列入中央资金补贴范围。中央财政农机购置补贴资金实行定额补贴，即同一种类、同一档次农业机械在省域内实行统一的补贴标准。单机补贴限额不超过5万元，100马力以上大型拖拉机、高性能青饲料收获机、大型免耕播种机、挤奶机械、大型联合收割机、水稻大型浸种催芽程控设备、烘干机单机补贴限额可提高到12万元，甘蔗收获机、200马力以上拖拉机单机补贴额可提高到20万元，大型棉花采摘机单机补贴额可提高到30万元。

二、主要做法

1. 明确要求，落实责任。为进一步增强各级农机化主管部门的责任意识和大局意识，2012年，农机化司继续与38个省级（含自治区、直辖市、计划单列市、新疆生产建设兵团，黑龙江省农垦总局、广东省农垦总局）农机化主管部门签署落实农机购置补贴政策工作责任书，明确责任义务，细化任务目标，落实奖惩措施。绝大多数省也与市县层层签订责任状，严格落实“主要领导负总责、分管领导负全责、工作人员直接负责”的责任机制，做到了目标到岗、责任到人。

2. 完善制度，规范管理。在认真贯彻落实党中央国务院决策部署和农财两部农机购置补贴资金管理办法及年度农机购置补贴实施指导意见的基础上，围绕加强实施主体监管，不断完善管理制度。2012年农业部对省级农机化主管部门落实农机购置补贴政策情况开展延伸绩效管理，并赴20多个省进行了实地核查。延伸绩效管理考核结果与下年度项目资金安排挂钩，对于评定为优秀档次的省份，还将在全国农业厅局长会议上予以表彰，并通报相关省级人民政府。同时，继续着力推进补贴信息公开、廉政风险防控等制度建设，确保农机购置补贴信息公开管理的规范化、常态化，努力构建覆盖权力运行全过程的农机购置补贴廉政风险防控机制。各地也纷纷制定了补贴经销商管理、投诉处理、信息公开等规章制度。

3. 鼓励创新，推进试点。从实践看，农机购置补贴政策的实施办法和保障措施基本成熟，补贴对象、补贴机具、补贴标准比较科学，有力确保了政策目标顺利实现。但随着农机购置补贴资金规模逐年扩大，省级结算工作量成倍增长。为使省级农机化主管部门有更多的精力和时间去调查研究、加强监管，同时发挥地方政府积极性，农财两部大力鼓励各地在保证资金安全、让农民得实惠、给企业创造公平竞争环境的前提下，就补贴程序开展创新试点。2012年，农业部、财政部批复同意17个省（区、市）开展了试点工作。下半年还利用中央财政资金，在11省份启动农机报废更新补贴试点，推动了老旧和高耗能机具报废更新，有效促进了农机装备结构优化和农机安全生产。总的来看，试点总体运行平稳，基本达到了预期目标。

4. 联合督导，加强监管。建立农机购置补贴实施多部门联动监督检查机制。年初农机化司、财务司、驻部组局联合制定农机购置补贴政策监督检查方案。春秋两季，农业部成立17个联合督导组，分赴23个省开展农机购置补贴专项督导检查，对存在的问题及时指出，督促彻底整改。要求各地必须邀请纪检监察部门全程参与补贴实施，强化内部约束。明确县级财政部门应按照不低于购机农民10%的比例进行抽查核实。各地也加大了监督检查力度，如山西省专门成立了项目监管室，对农机购置补贴等进行专项全程监管；湖南省对补贴机具实行三级审核，乡镇进行初审、县级进行复查、市级进行抽查，确保补贴政策真正落实到位。

5. 开展核查，严惩违规。坚决果断严厉地查处农机购置补贴过程中暴露出的违法违规问题。对举报投诉的问题和线索，坚持一件都不放过，凡报必查，一查到底。重大线索会同有关部门开展实地核查。对查实的案件，严肃处理，绝不姑息。各地也加大了违规处罚力度，全年共取消或暂停26家生产企业的产品补贴资格和46家经销企业补贴产品经销资格，有力地维护了农机购置补贴政策的严肃性，切实维护了广大农民群众和诚信经营企业的合法权益。

三、主要成效

1. 优化了农机装备结构，提高了农业综合生产能力。近年来，在补贴政策的有力推动下，农机装备水平明显提高。2012年全国农机总动力预计达到10.2亿千瓦，同比增长4.94%。农机装备结构和布局不断优化，重点作物关键环节机械大型化、复式化、配套化趋势明显，丘陵山区农机装备发展提速。先进适用的农业机械的广泛应用，促进了农业生产规模化、标准化、集约化和产业化，有效提高了土地产出率、劳动生产率和资源利用率，提升了农业综合生产能力，实现了农业节本增产。

2. 加快了农机化发展进程，促进了农业生产方式转变。在补贴政策的强力促进下，农机作业水平持续提高。2012年农作物耕种收综合机械化水平达57.17%，同比提高2.35个百分点。薄弱环节机械化快速发展，水稻机械种植水平达31.67%，同比提高5.42个百分点；玉米机收水平达42.47%，同比提高8.88个百分点。黄河流域棉区机采棉实现零的突破。农机农艺进一步融合，精量播种、化肥深施、高产栽培、保护性耕作、高效植保等先进农业生产技术得以大面积推广。

3. 培育了新型农业生产经营主体，激活了现代农业建设和新农村发展活力。通过农机购置补贴政策的实施，培育和壮大了农机合作社等一大批新型农业生产经营组织，2012年全国农机合作社数量超过3.4万个。新型农业生产经营组织的蓬勃发展，推进了农业生产经营体制创新，提高了农民组织化程度，推动了农业技术集成应用、农业节本增效和土地规模经营，激发了农村生产要素潜能，激活了现代农业建设和新农村发展活力，为构建集约化、专业化、组织化、社会化相结合的新型农业经营体系，加快农业现代化进程发挥了重要作用。

4. 扩大了农村内需，拉动了农机工业发展。2012年中央财政共安排补贴资金215亿元，带动地方和农民投入568.7亿元，补贴购置各类农机具601万台（套），其中，补贴饲料（草）加工机械设备12.68万台、畜牧饲养机械5.78万台、畜产品采集加工机械设备0.5万台，促进了农机制造业、农机流通业加快发展，农机企业生产规模不断扩大，新产品研发能力显著增强，农机产业集群初步形成，企业集中度不断提高，大型化、专业化、品牌化发展趋势明显。2012年规模以上农机工业总产值达3 382亿元，连续6年保持20%左右的增速，始终在机械行业中处于领先地位，我国已成为全球农机制造第一大国。

总的来讲，农机购置补贴政策的实施推动农业机械化实现了跨越式发展，有效缓解了青壮年劳动力短缺的突出矛盾，有力保障了农业稳定发展，挖掘了粮食增产潜力，引领了耕作制度变革，推动了农业技术集成、节本增效和规模经营，加速了农业现代化进程，为实现粮食生产“九连增”、农民增收“九连快”做出了重要贡献。同时也为农业和农机化主管部门发展粮食生产和建设现代农业争取到有效的调控手段。真正使农民得实惠、农业得发展、企业得效益、政府得民心。

农业部农机化司产发处

【质量安全监管】

2012年牛奶兽药残留监控

一、实施兽药残留检测计划

2012年，检测机构按照国家《2012年动物及动物产品兽药残留监控计划》要求，对3 080批次牛奶样品进行了兽药残留检测，共检测磺胺类、氯霉素、四环素类、β-内酰胺类、氨基糖苷类、林可胺类和大环内酯类、氟喹诺酮类等8种类药物，合格率为100%。

二、实施兽用抗菌药物专项整治

加大查处力度，严厉打击超剂量、超范围、不执行休药期等滥用抗生素的违法行为。加强兽药使用环节监管，积极开展安全用药宣传和指导，监督指导养殖企业和农户建立用药记录制度，完善兽药使用档案，严格执行休药期规定，有效控制兽药残留危害。

农业部兽医局

关于公布婴幼儿配方乳粉产品质量国家监督抽查结果的公告

根据《中华人民共和国产品质量法》和《产品质量监督抽查管理办法》的规定，国家质检总局对国内生产的婴幼儿配方乳粉产品质量进行了国家监督抽查，现将抽查结果予以公布。

本次共抽查了天津、河北、内蒙古、吉林、黑龙江、上海、江苏、浙江、安徽、福建、江西、山东、湖北、湖南、广东、广西、云南、陕西、甘肃、宁夏、新疆等21个省、自治区、直辖市89家企业生产的160种产品。依据《食品安全国家标准　婴儿配方食品》(GB 10765—2010)、《食品安全国家标准　较大婴儿和幼儿配方食品》(GB 10767—2010）等食品安全国家标准，对婴幼儿配方乳粉产品的蛋白质、脂肪、亚油酸、a-亚麻酸、亚油酸与a-亚麻酸比值、终产品脂肪中月桂酸和肉豆蔻酸（十四烷酸）总量、反式脂肪酸、芥酸含量、碳水化合物、乳糖占碳水化合物总量比、维生素A、维生素D、维生素E、维生素K_1、维生素B_1、维生素B_2、维生素B_6、维生素B_{12}、烟酸、叶酸、泛酸、维生素C、生物素、钠、钾、铜、镁、铁、锌、锰、钙、磷、钙磷比值、碘、氯、硒、水分、灰分、杂质度、铅、硝酸盐、亚硝酸盐、黄曲霉毒素M_1、菌落总数、大肠菌群、金黄色葡萄球菌、阪崎肠杆菌、沙门氏菌、三聚氰胺、胆碱、肌醇、牛磺酸、二十二碳六烯酸与总脂肪酸比、二十碳四烯酸与总脂肪酸比、二十二碳六烯酸（22∶6 n-3）与二十碳四烯酸（20∶4 n-6）的比、长链不饱和脂肪酸中二十碳五烯酸（20∶5 n-3）的量与二十二碳六烯酸的量的比等56个项目进行了检验。经检验，本次抽查的160种婴幼儿配方乳粉产品所检项目均符合标准的规定。

2012年2月9日

附表：

婴幼儿配方乳粉产品质量国家监督抽查产品及其企业名单

序号	企业名称	所在地	产品名称	商标	规格型号	生产日期（批号）	抽查结果	承检机构
1	多加多乳业（天津）有限公司	天津市	金装婴儿配方奶粉	可淇	900g/罐	2011－10－07	合格	国家食品质量安全监督检验中心
2	多加多乳业（天津）有限公司	天津市	智 A＋金装婴儿配方羊奶粉	可诺贝儿	800g/罐	2011－11－03/YA168111103	合格	国家食品质量安全监督检验中心
3	黑龙江红星集团天津食品有限公司	天津市	佳娃婴儿配方奶粉	红星	400g/袋	2011－10－19/2A010806101	合格	国家食品质量安全监督检验中心
4	黑龙江红星集团天津食品有限公司	天津市	佳娃婴儿配方奶粉 1	红星	400g/袋	2011－11－01/2A01091B101T	合格	国家食品质量安全监督检验中心
5	天津伊利乳业有限责任公司	天津市	婴儿配方奶粉	伊利	400g/袋	2011－10－19/68196131T	合格	国家食品质量安全监督检验中心
6	天津伊利乳业有限责任公司	天津市	金装婴儿配方奶粉 1	伊利	400g/盒	2011－11－24/68196111T	合格	国家食品质量安全监督检验中心
7	河北三元食品有限公司	河北省	金装婴儿配方奶粉（1）	三元	400g/盒	2011－09－28/0501S2	合格	国家食品质量安全监督检验中心
8	河北三元食品有限公司	河北省	爱力优婴儿配方奶粉	三元	400g/盒	2011－11－01/0101S2	合格	国家食品质量安全监督检验中心
9	内蒙古呼伦贝尔农垦雪花乳业有限公司	内蒙古自治区	婴儿配方奶粉 360°	雪花	400g/袋	2011－09－02	合格	国家食品质量安全监督检验中心
10	内蒙古金海伊利乳业有限责任公司	内蒙古自治区	幼儿配方奶粉 3	伊利	400g/袋	2011－10－22/88188131A	合格	国家食品质量安全监督检验中心
11	内蒙古金海伊利乳业有限责任公司	内蒙古自治区	较大婴儿配方奶粉	伊利	400g/袋	2011－11－26/88188131A	合格	国家食品质量安全监督检验中心
12	内蒙古欧世蒙牛乳制品有限责任公司	内蒙古自治区	白金佳智婴儿配方奶粉 1 阶段	Arla	400g/盒	2011－10－01/31372941	合格	国家食品质量安全监督检验中心
13	内蒙古欧世蒙牛乳制品有限责任公司	内蒙古自治区	优品装婴儿配方奶粉 1 阶段	Arla	400g/盒	2011－11－07	合格	国家食品质量安全监督检验中心
14	敦化美丽健乳业有限公司	吉林省	G02 婴幼儿配方奶粉	—	400g/袋	2011－09－22	合格	国家乳制品质量监督检验中心
15	敦化美丽健乳业有限公司	吉林省	G02Q 婴幼儿配方粉	美丽健	25kg/袋	2011－11－02/0938	合格	国家乳制品质量监督检验中心
16	北安完达山乳品有限公司	黑龙江省	较大婴儿和幼儿配方奶粉 B02	完达山	400g/袋	2011－11－08	合格	国家乳制品质量监督检验中心
17	北安宜品乳业有限公司	黑龙江省	金 A 倍＋幼儿成长配方奶粉	宜品	400g/盒	2011－10－02	合格	国家乳制品质量监督检验中心

（续）

序号	企业名称	所在地	产品名称	商标	规格型号	生产日期（批号）	抽查结果	承检机构
18	北安宜品乳业有限公司	黑龙江省	爱尼可有机初生婴儿配方奶粉	爱尼可	400g/盒	2011-10-03	合格	国家乳制品质量监督检验中心
19	大庆乳品厂有限责任公司	黑龙江省	较大婴儿配方奶粉	爱美乐	400g/袋	2011-10-11	合格	国家乳制品质量监督检验中心
20	大庆乳品厂有限责任公司	黑龙江省	金装婴儿配方奶粉	爱美乐	400g/盒	2011-11-01/121	合格	国家乳制品质量监督检验中心
21	大庆市绿叶乳品有限公司	黑龙江省	较大婴儿和幼儿配方乳粉（B2 段基粉）	—	400g/袋（25kg 分装）	2011-10-15	合格	国家乳制品质量监督检验中心
22	大庆市绿叶乳品有限公司	黑龙江省	较大婴儿和幼儿配方乳粉（B2 段基粉）	鸣翠	400g/袋	2011-11-05	合格	国家乳制品质量监督检验中心
23	杜尔伯特伊利乳业有限责任公司	黑龙江省	婴儿配方奶粉	伊利	400g/袋	2011-10-08/68168131B	合格	国家乳制品质量监督检验中心
24	杜尔伯特伊利乳业有限责任公司	黑龙江省	全优幼儿配方奶粉	伊利	400g/袋	2011-11-16	合格	国家乳制品质量监督检验中心
25	飞鹤（甘南）乳品有限公司	黑龙江省	飞帆较大婴儿配方奶粉	飞鹤	400g/盒	2011-10-19	合格	国家乳制品质量监督检验中心
26	飞鹤（甘南）乳品有限公司	黑龙江省	飞帆婴儿配方奶粉	飞鹤	400g/盒	2011-12-06/QG461	合格	国家乳制品质量监督检验中心
27	哈尔滨惠佳贝食品有限公司	黑龙江省	婴宝有机优护幼儿配方奶粉	惠天力	900g/听	2011-10-14	合格	国家乳制品质量监督检验中心
28	哈尔滨惠佳贝食品有限公司	黑龙江省	金装多元智护婴儿配方奶粉	惠天力	900g/听	2011-10-20	合格	国家乳制品质量监督检验中心
29	哈尔滨乳多宝乳业有限责任公司青冈分公司	黑龙江省	乳多宝乳宝婴儿配方奶粉	乳多宝	400g/盒	2011-10-23	合格	国家乳制品质量监督检验中心
30	哈尔滨森永乳品有限公司	黑龙江省	金装吉利蜜婴儿配方奶粉	森永	900g/听	2011-09-23/C	合格	国家乳制品质量监督检验中心
31	哈尔滨森永乳品有限公司	黑龙江省	吉利蜜较大婴儿和幼儿配方奶粉	森永	900g/听	2011-10-14	合格	国家乳制品质量监督检验中心
32	哈尔滨太子乳品工业有限公司	黑龙江省	金 100 婴儿配方奶粉	太子乐	400g/盒	2011-10-26	合格	国家乳制品质量监督检验中心
33	哈尔滨太子乳品工业有限公司	黑龙江省	婴儿配方奶粉	太子乐	400g/袋	2011-11-10	合格	国家乳制品质量监督检验中心
34	海伦兴安岭乳业有限公司	黑龙江省	全优婴儿配方奶粉	兴安岭	400g/袋	2011-11-01	合格	国家乳制品质量监督检验中心
35	海伦兴安岭乳业有限公司	黑龙江省	婴儿配方奶粉	兴安岭	400g/袋	2011-11-26	合格	国家乳制品质量监督检验中心
36	黑龙江澳乐滋乳业有限公司	黑龙江省	金装较大婴儿配方奶粉	澳乐滋	900g/听	2011-11-01	合格	国家乳制品质量监督检验中心
37	黑龙江贝因美乳业有限公司	黑龙江省	初生婴儿配方奶粉 1 阶段	贝因美	908g/罐	2011-10-08/20111008128H	合格	国家乳制品质量监督检验中心
38	黑龙江贝因美乳业有限公司	黑龙江省	初生婴儿配方奶粉	贝因美	908g/桶	2011-11-02/128H	合格	国家乳制品质量监督检验中心
39	黑龙江辰鹰乳业有限公司	黑龙江省	较大婴儿配方奶粉	工牧	400g/袋	2011-10-24	合格	国家乳制品质量监督检验中心
40	黑龙江辰鹰乳业有限公司	黑龙江省	初生婴儿配方奶粉	工牧	400g/袋	2011-11-03	合格	国家乳制品质量监督检验中心

（续）

序号	企业名称	所在地	产品名称	商标	规格型号	生产日期（批号）	抽查结果	承检机构
41	黑龙江飞鹤乳业有限公司	黑龙江省	飞悦较大婴儿及幼儿配方奶粉	飞鹤	900g/听	2011-10-10/20111010QK332101	合格	国家乳制品质量监督检验中心
42	黑龙江飞鹤乳业有限公司	黑龙江省	飞悦较大婴儿及幼儿配方奶粉	飞鹤	900g/罐	2011-11-07/QK332109	合格	国家乳制品质量监督检验中心
43	黑龙江华丹乳业有限公司	黑龙江省	金装较大婴儿配方奶粉	华丹	400g/盒	2011-11-11	合格	国家乳制品质量监督检验中心
44	黑龙江龙丹乳业科技股份有限公司	黑龙江省	冠怡婴儿配方奶粉	龙丹	400g/袋	2011-10-28	合格	国家乳制品质量监督检验中心
45	黑龙江龙丹乳业科技股份有限公司	黑龙江省	益生宝较大婴儿配方奶粉	龙丹	900g/听	2011-11-17	合格	国家乳制品质量监督检验中心
46	黑龙江明翔乳业有限责任公司	黑龙江省	较大婴儿配方奶粉配方 2 号	明翔	400g/袋（25kg 分装）	2011-10-16	合格	国家乳制品质量监督检验中心
47	黑龙江明翔乳业有限责任公司	黑龙江省	较大婴儿配方奶粉 2 号	明翔	400g/袋	2011-11-18	合格	国家乳制品质量监督检验中心
48	黑龙江农垦多元乳业有限公司	黑龙江省	多原幼儿配方奶粉	北大荒	400g/袋	2011-10-15	合格	国家乳制品质量监督检验中心
49	黑龙江农垦多元乳业有限公司	黑龙江省	多原幼儿配方奶粉	北大荒	400g/袋	2011-11-10	合格	国家乳制品质量监督检验中心
50	黑龙江省光明松鹤乳品有限责任公司	黑龙江省	体智佳婴儿配方奶粉	光明	400g/袋	2011-10-19/H101	合格	国家乳制品质量监督检验中心
51	黑龙江省光明松鹤乳品有限责任公司	黑龙江省	优幼婴儿配方奶粉	光明	400g/盒	2011-11-14/H204081	合格	国家乳制品质量监督检验中心
52	黑龙江省索康营养科技有限公司	黑龙江省	黄金 DHA 婴儿配方奶粉 1 段基粉	索康	400g/袋	2011-10-20	合格	国家乳制品质量监督检验中心
53	黑龙江省索康营养科技有限公司	黑龙江省	婴儿配方乳粉	索康	400g/袋	2011-11-22	合格	国家乳制品质量监督检验中心
54	黑龙江省完达山乳业股份有限公司八五一一分公司	黑龙江省	较大婴儿及幼儿配方奶粉	完达山	25kg/袋	2011-11-16	合格	国家乳制品质量监督检验中心
55	黑龙江省完达山乳业股份有限公司军川分公司	黑龙江省	较大婴儿和幼儿配方奶粉	完达山	400g/袋	2011-10-13/201110135201145F	合格	国家乳制品质量监督检验中心
56	黑龙江省完达山乳业股份有限公司军川分公司	黑龙江省	较大婴儿和幼儿配方奶粉	完达山	400g/袋	2011-11-11	合格	国家乳制品质量监督检验中心
57	黑龙江省完达山乳业股份有限公司双城分公司	黑龙江省	1 段婴儿配方奶粉	完达山	400g/袋	2011-08-20	合格	国家乳制品质量监督检验中心
58	黑龙江省完达山乳业股份有限公司双城分公司	黑龙江省	元乳幼儿配方奶粉	完达山	400g/袋	2011-11-14/0201249	合格	国家乳制品质量监督检验中心

（续）

序号	企业名称	所在地	产品名称	商标	规格型号	生产日期（批号）	抽查结果	承检机构
59	黑龙江雅士利乳业有限公司	黑龙江省	婴儿配方奶粉	—	400g/袋（25kg 分装）	2011-10-17	合格	国家乳制品质量监督检验中心
60	齐齐哈尔英顿乳业有限公司	黑龙江省	幼儿配方奶粉（配方 3 号）	澳丰	400g/袋（25kg 分装）	2011-10-22	合格	国家乳制品质量监督检验中心
61	齐齐哈尔英顿乳业有限公司	黑龙江省	婴儿配方奶粉	澳丰	400g/袋	2011-11-21	合格	国家乳制品质量监督检验中心
62	双城雀巢有限公司	黑龙江省	雀巢力多精 2（较大婴儿及幼儿配方奶粉）	雀巢	400g/盒	2011-11-01	合格	国家乳制品质量监督检验中心
63	双城雀巢有限公司	黑龙江省	雀巢力多精 3（幼儿配方奶粉）	雀巢	400g/袋	2011-11-14	合格	国家乳制品质量监督检验中心
64	肇州县摇篮乳业有限责任公司	黑龙江省	金摇篮（较大婴儿及幼儿配方奶粉）	摇篮	400g/袋	2011-10-27	合格	国家乳制品质量监督检验中心
65	多美滋婴幼儿食品有限公司	上海市	贝乐嘉金装幼儿配方奶粉	多美滋	400g/件	2011-10-27	合格	国家食品质量监督检验中心（上海）
66	多美滋婴幼儿食品有限公司	上海市	金装金盾贝护婴儿配方奶粉（1）	多美滋	400g/件	2011-11-19	合格	国家食品质量监督检验中心（上海）
67	上海晨冠乳业有限公司	上海市	婴儿配方奶粉（1）	聪尔壮	400g/件	2011-10-27	合格	国家食品质量监督检验中心（上海）
68	上海晨冠乳业有限公司	上海市	金装爱博金装婴儿配方奶粉（1）	聪尔壮	900g/件	2011-11-09	合格	国家食品质量监督检验中心（上海）
69	上海花冠营养乳品有限公司	上海市	1 婴儿配方奶粉（尊贵牛初乳）	贝智康	900g/件	2011-10-20	合格	国家食品质量监督检验中心（上海）
70	上海花冠营养乳品有限公司	上海市	聪明金三角婴儿配方奶粉（1）	贝智康	400g/件	2011-11-08	合格	国家食品质量监督检验中心（上海）
71	上海纽贝滋营养乳品有限公司	上海市	婴儿配方奶粉	能健乐	400g/件	2011-10-12	合格	国家食品质量监督检验中心（上海）
72	上海纽贝滋营养乳品有限公司	上海市	能健乐婴儿配方奶粉（1）	能健乐	400g/件	2011-11-03	合格	国家食品质量监督检验中心（上海）
73	惠氏营养品（中国）有限公司	江苏省	金装幼儿乐幼儿配方奶粉	惠氏	400g/件	2011-10-09	合格	国家食品质量监督检验中心（上海）

（续）

序号	企业名称	所在地	产品名称	商标	规格型号	生产日期（批号）	抽查结果	承检机构
74	惠氏营养品（中国）有限公司	江苏省	金装幼儿乐幼儿配方奶粉（3）	惠氏	400g/件	2011－10－28	合格	国家食品质量监督检验中心（上海）
75	杭州贝因美母婴营养品有限公司	浙江省	初生婴儿配方奶粉（1）	贝因美	908g/件	2011－09－26	合格	国家食品质量监督检验中心（上海）
76	杭州贝因美母婴营养品有限公司	浙江省	初生婴儿配方奶粉①	贝因美	908g/件	2011－11－08/B84	合格	国家食品质量监督检验中心（上海）
77	杭州味全生技食品有限公司	浙江省	欧贝儿金装婴儿配方奶粉（1）	欧贝儿	900g/件	2011－09－22	合格	国家食品质量监督检验中心（上海）
78	杭州味全生技食品有限公司	浙江省	味全优＋婴儿配方奶粉①	味全	720g/件	2011－10－22	合格	国家食品质量监督检验中心（上海）
79	浙江贝因美科工贸股份有限公司	浙江省	初生婴儿配方奶粉（1）	贝因美	200g/件	2011－09－16	合格	国家食品质量监督检验中心（上海）
80	浙江贝因美科工贸股份有限公司	浙江省	初生婴儿配方奶粉①	贝因美	500g/件	2011－09－09	合格	国家食品质量监督检验中心（上海）
81	淮南益益营养食品科技有限公司	安徽省	智优益＋初生婴儿奶粉	智优益＋	400g/件	2011－09－26	合格	国家食品质量监督检验中心（上海）
82	淮南益益营养食品科技有限公司	安徽省	活力益益初生婴儿奶粉（1）	益益	400g/件	2011－11－05	合格	国家食品质量监督检验中心（上海）
83	贝登（福建）婴幼儿营养品有限公司	福建省	优＋较大婴儿配方奶粉	贝登	400g/包	2011－10－08	合格	国家加工食品质量监督检验中心（广州）
84	贝登（福建）婴幼儿营养品有限公司	福建省	智＋婴儿配方奶粉（1段）	贝登	400g/盒	2011－11－07	合格	国家加工食品质量监督检验中心（广州）
85	福鼎市晨冠乳业有限公司	福建省	法思宝较大婴儿配方奶粉	—	25kg/包	2011－10－16	合格	国家加工食品质量监督检验中心（广州）
86	福鼎市晨冠乳业有限公司	福建省	婴儿配方奶粉	—	25kg/包	2011－11－08	合格	国家加工食品质量监督检验中心（广州）

（续）

序号	企业名称	所在地	产品名称	商标	规格型号	生产日期（批号）	抽查结果	承检机构
87	明一（福建）婴幼儿营养品有限公司	福建省	婴儿配方奶粉	明一	900g/罐	2011-10-13	合格	国家加工食品质量监督检验中心（广州）
88	明一（福建）婴幼儿营养品有限公司	福建省	英惠婴幼儿配方奶粉（1段）	明一	400g/盒	2011-11-08	合格	国家加工食品质量监督检验中心（广州）
89	江西金薄金生态科技有限公司	江西省	金装较大婴儿配方奶粉	金薄金	400g/罐	2011-10-21	合格	国家加工食品质量监督检验中心（广州）
90	江西金薄金生态科技有限公司	江西省	金装较大婴儿配方奶粉	金薄金	900g/罐	2011-11-07	合格	国家加工食品质量监督检验中心（广州）
91	江西雄鹰乳业有限公司	江西省	婴儿配方奶粉	人之初	400g/盒	2011-10-28	合格	国家加工食品质量监督检验中心（广州）
92	江西雄鹰乳业有限公司	江西省	婴儿配方奶粉	人之初	900g/罐	2011-11-02	合格	国家加工食品质量监督检验中心（广州）
93	江西英雄乳业股份有限公司	江西省	婴儿配方奶粉	英雄	406g/包	2011-10-19	合格	国家加工食品质量监督检验中心（广州）
94	江西英雄乳业股份有限公司	江西省	婴儿配方奶粉	英雄	406g/袋	2011-11-14	合格	国家加工食品质量监督检验中心（广州）
95	迈高乳业（青岛）有限公司	山东省	迈高能速达金装婴儿配方奶粉	迈高	140g/件	2011-10-10	合格	国家食品质量监督检验中心（上海）
96	迈高乳业（青岛）有限公司	山东省	金装较大婴儿配方奶粉	迈高	900g/件	2011-11-08	合格	国家食品质量监督检验中心（上海）
97	青岛索康营养科技有限公司胶州分公司	山东省	爱可丁黄金 DHA 婴幼儿配方奶粉	爱可丁	900g/件	2011-10-16	合格	国家食品质量监督检验中心（上海）
98	青岛索康营养科技有限公司胶州分公司	山东省	婴儿配方奶粉	爱可丁	900g/件	2011-11-03	合格	国家食品质量监督检验中心（上海）
99	圣元营养食品有限公司	山东省	圣元优聪婴儿配方奶粉	圣元	400g/件	2011-10-18	合格	国家食品质量监督检验中心（上海）

（续）

序号	企业名称	所在地	产品名称	商标	规格型号	生产日期（批号）	抽查结果	承检机构
100	圣元营养食品有限公司	山东省	圣元优博婴儿配方奶粉	圣元	900g/件	2011-11-06	合格	国家食品质量监督检验中心（上海）
101	杜尔伯特伊利乳业有限责任公司武汉分公司	湖北省	婴儿配方奶粉1段	伊利	900g/听	2011-10-14/68151211F	合格	国家加工食品质量监督检验中心（广州）
102	杜尔伯特伊利乳业有限责任公司武汉分公司	湖北省	婴儿配方奶粉（1段）	伊利	400g/袋	2011-11-07/68251211F	合格	国家加工食品质量监督检验中心（广州）
103	宜昌贝因美食品科技有限公司	湖北省	初生婴儿配方奶粉1段	贝因美	405g/盒	2011-09-27/B42Y	合格	国家加工食品质量监督检验中心（广州）
104	宜昌贝因美食品科技有限公司	湖北省	初生婴儿配方奶粉（1段）	贝因美	405g/盒	2011-10-31/B42Y	合格	国家加工食品质量监督检验中心（广州）
105	澳优乳业（中国）有限公司	湖南省	金装澳优爱优婴儿配方奶粉1段	澳优	400g/盒	2011-09-26	合格	国家加工食品质量监督检验中心（广州）
106	澳优乳业（中国）有限公司	湖南省	金装澳优爱优婴儿配方奶粉（1段）	澳优	400g/盒	2011-11-05/2011110561	合格	国家加工食品质量监督检验中心（广州）
107	湖南长沙亚华乳业有限公司	湖南省	金装婴儿配方奶粉1段	南山	400g/盒	2011-09-23/03	合格	国家加工食品质量监督检验中心（广州）
108	湖南长沙亚华乳业有限公司	湖南省	倍慧婴儿配方奶粉（1段）	南山	400g/盒	2011-11-02/20111102BC03	合格	国家加工食品质量监督检验中心（广州）
109	湖南南山食品有限公司	湖南省	金牌小贝婴儿配方奶粉1段	南仔	400g/袋	2011-10-10	合格	国家加工食品质量监督检验中心（广州）
110	湖南南山食品有限公司	湖南省	金牌小贝婴儿配方奶粉（1段）	南仔	400g/袋	2011-10-24	合格	国家加工食品质量监督检验中心（广州）
111	湖南亚华乳业控股有限公司	湖南省	婴儿配方奶粉1段	倍慧	700g/袋	2011-10-09/01	合格	国家加工食品质量监督检验中心（广州）
112	湖南亚华乳业控股有限公司	湖南省	倍慧婴儿配方奶粉（1段）	南山	700g/袋	2011-10-09/01	合格	国家加工食品质量监督检验中心（广州）

（续）

序号	企业名称	所在地	产品名称	商标	规格型号	生产日期（批号）	抽查结果	承检机构
113	广东东泰乳业有限公司	广东省	婴儿配方奶粉（1段）	双熊	900g/罐	2011-08-02	合格	国家加工食品质量监督检验中心（广州）
114	广东雅士利集团有限公司	广东省	能慧金装婴儿配方奶粉（1段）	能慧	900g/罐	2011-10-04	合格	国家加工食品质量监督检验中心（广州）
115	广东雅士利集团有限公司	广东省	金装较大婴儿配方奶粉	雅士利	900g/罐	2011-11-22	合格	国家加工食品质量监督检验中心（广州）
116	广东一家人食品有限公司	广东省	幼儿配方奶粉（3段）	一家人	900g/罐	2011-09-19	合格	国家加工食品质量监督检验中心（广州）
117	广东一家人食品有限公司	广东省	较大婴儿配方奶粉（2段）	一家人	900g/罐	2011-11-17	合格	国家加工食品质量监督检验中心（广州）
118	广州市美素力营养品有限公司	广东省	加护金装婴儿配方奶粉（1段）	宝素力	400g/盒	2011-10-04	合格	国家加工食品质量监督检验中心（广州）
119	广州市美素力营养品有限公司	广东省	加护100婴儿配方奶粉（1段）	宝素力	400g/盒	2011-11-04	合格	国家加工食品质量监督检验中心（广州）
120	美赞臣营养品（中国）有限公司	广东省	安婴儿A+婴儿配方奶粉（1段）	美赞臣	900g/罐	2011-09-28/11092812	合格	国家加工食品质量监督检验中心（广州）
121	美赞臣营养品（中国）有限公司	广东省	安婴儿A+婴儿配方奶粉（1段）	美赞臣	900g/罐	2011-10-29/0029866	合格	国家加工食品质量监督检验中心（广州）
122	蕊盛蕊（广州）乳业有限公司	广东省	婴儿配方奶粉1段	蕊盛蕊	900g/罐	2011-09-02/2011090208	合格	国家加工食品质量监督检验中心（广州）
123	施恩（广州）婴幼儿营养品有限公司	广东省	婴儿配方奶粉（1段）	施恩	400g/袋	2011-10-14/20111014（B1D2）	合格	国家加工食品质量监督检验中心（广州）
124	施恩（广州）婴幼儿营养品有限公司	广东省	金装婴儿配方奶粉（1段）	施恩	400g/袋	2011-11-02/20111102（J1D2）	合格	国家加工食品质量监督检验中心（广州）
125	雅贝氏（深圳）乳业有限公司	广东省	较大婴儿配方奶粉（2段）	美育乐	900g/罐	2011-10-12	合格	国家加工食品质量监督检验中心（广州）

（续）

序号	企业名称	所在地	产品名称	商标	规格型号	生产日期（批号）	抽查结果	承检机构
126	雅贝氏（深圳）乳业有限公司	广东省	婴儿配方奶粉（1段）	雅贝氏	900g/罐	2011-11-14	合格	国家加工食品质量监督检验中心（广州）
127	雅培（广州）营养品有限公司	广东省	金装培乐婴儿配方奶粉（1段）	雅培	400g/盒	2011-09-15/09343D6	合格	国家加工食品质量监督检验中心（广州）
128	北海贝因美营养食品有限公司	广西壮族自治区	初生婴儿配方奶粉	贝因美	405g/盒	2011-10-07	合格	国家加工食品质量监督检验中心（广州）
129	北海贝因美营养食品有限公司	广西壮族自治区	宝宝成长配方奶粉	贝因美	405g/盒	2011-10-29	合格	国家加工食品质量监督检验中心（广州）
130	云南新希望邓川蝶泉乳业有限公司	云南省	初生婴儿配方奶粉（1段）	蝶泉聪+	400g/盒	2011-07-23	合格	国家加工食品质量监督检验中心（广州）
131	云南新希望邓川蝶泉乳业有限公司	云南省	初生婴儿配方奶粉（1段）	聪+	900g/罐	2011-11-06	合格	国家加工食品质量监督检验中心（广州）
132	陕西关山乳业有限责任公司	陕西省	婴儿配方奶粉	关山	400g/袋	2011-10-17	合格	国家食品质量安全监督检验中心
133	陕西关山乳业有限责任公司	陕西省	婴儿配方奶粉	关山	400g/袋	2011-11-24	合格	国家食品质量安全监督检验中心
134	陕西关山瑞芙乳业有限公司	陕西省	金装幼儿配方羊奶粉	羚滋	227g/罐	2011-10-22	合格	国家食品质量安全监督检验中心
135	陕西关山瑞芙乳业有限公司	陕西省	金冠较大婴儿配方羊奶粉（2段）	喜康智	900g/罐	2011-11-19	合格	国家食品质量安全监督检验中心
136	陕西和氏乳品有限公司	陕西省	幼儿配方奶粉（3段）	和氏	400g/袋	2011-10-18	合格	国家食品质量安全监督检验中心
137	陕西金牛乳业有限公司	陕西省	婴儿配方羊奶粉	金贝美多	400g/袋	2011-10-10	合格	国家食品质量安全监督检验中心
138	陕西金牛乳业有限公司	陕西省	幼儿配方羊奶粉（3段）	莱可优	400g/盒	2011-11-19	合格	国家食品质量安全监督检验中心
139	陕西美恩乳业股份有限公司	陕西省	较大婴儿配方羊奶粉（2）	欢恩宝	400g/件	2011-08-06	合格	国家食品质量监督检验中心（上海）
140	陕西省定边县乳品实业有限公司	陕西省	较大婴儿配方奶粉2	秦乳	400g/袋	2011-10-31	合格	国家食品质量安全监督检验中心
141	陕西圣唐秦龙乳业有限公司	陕西省	金装幼儿配方羊奶粉	美滋羊	800g/罐	2011-10-10	合格	国家食品质量安全监督检验中心
142	陕西优利士乳业有限责任公司	陕西省	羊羊100较大婴儿配方羊奶粉	瑞氏	800g/罐	2011-10-18	合格	国家食品质量安全监督检验中心
143	陕西优利士乳业有限责任公司	陕西省	羊羊100婴儿配方羊奶粉	瑞氏	800g/罐	2011-11-18	合格	国家食品质量安全监督检验中心

（续）

序号	企业名称	所在地	产品名称	商标	规格型号	生产日期（批号）	抽查结果	承检机构
144	西安贝多营养食品有限公司	陕西省	较大婴儿配方奶粉（2阶段）	阳光宝宝	400g/盒	2011-11-11	合格	国家食品质量安全监督检验中心
145	西安宏兴乳业有限公司	陕西省	金装幼儿配方羊奶粉	名门贵族	450g/罐	2011-10-10	合格	国家食品质量安全监督检验中心
146	西安宏兴乳业有限公司	陕西省	金装婴儿配方羊奶粉（1段）	名门贵族	450g/罐	2011-11-01	合格	国家食品质量安全监督检验中心
147	西安市阎良区百跃乳业有限公司	陕西省	金装婴儿营养配方羊奶粉	御賨	900g/罐	2011-10-05/W02	合格	国家食品质量安全监督检验中心
148	西安市阎良区百跃乳业有限公司	陕西省	幼儿营养配方羊奶粉（3段）	御賨	800g/罐	2011-10-25/E01	合格	国家食品质量安全监督检验中心
149	西安喜洋洋生物科技有限公司	陕西省	较大婴儿配方羊奶粉（金装）	雅慧	108g/罐	2011-09-02	合格	国家食品质量安全监督检验中心
150	西安银桥生物科技有限责任公司	陕西省	婴儿配方奶粉（1阶段）	阳光宝宝	400g/盒	2011-10-11-2	合格	国家食品质量安全监督检验中心
151	甘南藏族自治州燎原乳业有限责任公司	甘肃省	婴儿配方奶粉（1段）	燎原	400g/袋	2011-09-19	合格	国家食品质量安全监督检验中心
152	甘南藏族自治州燎原乳业有限责任公司	甘肃省	婴儿配方奶粉（1段）	燎原	400g/袋	2011-11-15	合格	国家食品质量安全监督检验中心
153	宁夏红果乳业有限公司	宁夏回族自治区	婴儿配方奶粉1阶段	红果	400g/袋	2011-10-04	合格	国家食品质量安全监督检验中心
154	宁夏红果乳业有限公司	宁夏回族自治区	红果婴幼儿配方奶粉	红果	400g/袋	2011-11-01	合格	国家食品质量安全监督检验中心
155	中宁县黄河乳制品有限公司	宁夏回族自治区	婴幼儿配方乳粉（6～12月婴儿食用）	—	25kg/袋	2011-10-15	合格	国家食品质量安全监督检验中心
156	中宁县黄河乳制品有限公司	宁夏回族自治区	幼儿配方乳粉	—	25kg/袋	2011-11-18	合格	国家食品质量安全监督检验中心
157	石河子伊利乳业有限责任公司	新疆维吾尔自治区	金装较大婴儿配方奶粉	伊利	600kg/袋	2011-10-12/3112052	合格	国家食品质量安全监督检验中心
158	石河子伊利乳业有限责任公司	新疆维吾尔自治区	金装幼儿配方奶粉	伊利	600kg/袋	2011-11-13/3112073	合格	国家食品质量安全监督检验中心
159	银桥国际控股（新疆奎屯市）乳业有限公司	新疆维吾尔自治区	幼儿配方奶粉（1～3岁幼儿适用）	澳利亚	25kg/袋	2011-10-09	合格	国家食品质量安全监督检验中心
160	银桥国际控股（新疆奎屯市）乳业有限公司	新疆维吾尔自治区	幼儿配方奶粉（1～3岁幼儿适用）	澳利亚	25kg/袋	2011-11-11	合格	国家食品质量安全监督检验中心

注：按行政区域排序。

饲料质量安全监管

2012年，各级畜牧饲料管理部门以贯彻实施新的《饲料和饲料添加剂管理条例》为重点，着力强化饲料质量安全监管，规范饲料生产经营秩序，继续开展“瘦肉精”专项整治，推动全行业呈现出产量稳定增长、质量稳步提高、素质不断提升的良好态势。

一、制定发布《条例》配套规章，健全完善饲料法规体系

根据管理实际需要，将涉及饲料产品审定、登记和生产许可的部门规章归并为5个，其中《饲料和饲料添加剂生产许可管理办法》、《饲料添加剂和添加剂预混合饲料产品批准文号管理办法》、《新饲料和新饲料添加剂管理办法》已经发布实施。按照《条例》新增制度要求，制定发布了《饲料原料目录》，与《饲料添加剂品种目录》、《药物饲料添加剂使用规范》一道，构成了饲料生产中允许使用的大原料清单。贯彻提高门槛的主旨，制定发布《饲料生产企业许可条件》、《混合型饲料添加剂生产企业许可条件》、《饲料和饲料添加剂生产许可申报材料要求》、《饲料和饲料添加剂生产许可现场审核表》等4个规范性文件，从人员素质、厂房设施、工艺设备、管理制度等方面入手，全面提高企业设立标准。目前，新的饲料法规体系基本健全，《条例》新增制度细化到了操作层面，原有制度中不适应要求的规定得到修正，依法行政的基础更加坚实。

二、全面开展普法宣传培训，推动全行业学习贯彻饲料法规

4月份在厦门召开全国饲料工作会议，高鸿宾副部长对全面贯彻实施新条例进行总动员。6月至11月，先后组织省级和地市级饲料管理人员培训班4个，饲料质检和执法人员专题培训班2个，集中培训骨干人员1 500人次。各地都将饲料法规宣贯作为工作重点，采取“逐级请上来”、“巡回走下去”等多种形式，举办了内容丰富的普法活动，共举办法规培训3 169场次，培训各级饲料管理人员2.5万余人次，企业人员18万余人次，发放宣传材料280万余册。部属有关事业单位结合业务加强普法，如中国饲料工业协会组织知识竞赛、全国饲料评审委员会办公室和中国农科院饲料所分别以饲料安全评价、饲料企业管理为主题举办国际交流会，都发挥了重要作用。在各方面的齐心协力下，全行业形成“学条例、抓落实、保安全”的良好氛围，普法工作做到了下到基层、进到厂区、深入人心。

三、着力推进示范创建等专项工作，为落实饲料法规新要求积累经验

一是开展《饲料质量安全管理规范》示范企业创建，从全国遴选出130家饲料企业，集中培训有关人员，指导企业按照《规范》要求建立运行各项管理制度，在试点示范中收集到大量完善《规范》的建议。二是开展饲料添加剂生产企业跨省检查，从20个省抽取100家饲料添加剂生产企业，现场核查基本条件是否符合要求、内部管理制度是否健全。同时，通过检查实地了解饲料添加剂生产现状，听取企业对《条例》实施的意见和建议，为分类制定饲料添加剂生产许可条件收集基础素材。三是开展饲料经营门市大检查，对经营门市数量进行摸底，对制度要求落实情况进行督促评估。全国共检查饲料经营门店14万余个，查处违规行为3 259件。四是在广泛听取方面意见的基础上，印发《关于贯彻落实饲料行业管理新规推进饲料行政许可工作的通知》，对新旧制度衔接作出妥善安排。

四、深入开展“瘦肉精”专项整治，对各种违禁行为保持高压态势

为进一步强化“瘦肉精”监管，2011年12月农业部印发《关于深入推进“瘦肉精”专项整治工作的意见》，各地采取了很多措施进一步完善工作机制，强化关键环节监管。浙江等地严格实施入境活畜抽检制度，及时向调出地通报发现的问题；福建和江西两地及时追查到外调生猪所含“瘦肉精”的源头；辽宁等省及时查办注射沙丁胺醇辅助注水的案件，充分体现出着力构建的工作机制有力有效，研究新情况、解决新问题的能力明显提高。国家质检中心、上海饲料兽药检测所等质检机构主动配合公安机关办案，无偿提供检测服务，展现了全系统的优良作风。2012年，各地累计出动执法人员266.4万人次，检查各类生产经营主体248.5万个次，抽检各类样品1 040万批次，查处违法案件124起，移送公安机关95起。与2011年相比，做到了日常监管力度不减，关键环节抽检继续加强，案件查处更加有力。

饲料质量安全监管各项工作的深入开展取得了明显成效。饲料质量安全状况继续改善。共抽检各类饲料产品6 616批次，合格6 332批次，饲料产品总体合格率为95.71%。与2011年同比（95.51%）上升0.2个百分点。对6 950批次饲料样品进行了盐酸克仑特罗、苏丹红违禁物质检测，检出率0.03%，继续保持低含量。对1 602批次饲料原料和奶牛饲料样品进行了三聚氰胺检测，检出2批次，检出率0.12%。

农业部畜牧业司饲料处

【乳制品加工概述】

2012年乳制品工业行业管理概述

近几年，我国乳制品工业在党中央、国务院的关心和社会各界的支持下，行业面貌有较大的改变，总体呈现良好发展势头。2012年，乳制品总产量2 545万吨，同比增长8.1%。经过乳品行业整顿规范，行业结构调整取得进展，淘汰了一批奶源没有保障、生产技术落后的加工企业；奶源基地建设更加得到重视，企业自有可控奶源比例提高，质量安全保障能力得到提升。同时，企业的质量责任意识和管理制度建设进一步加强，乳制品质量有明显提高。

为进一步加强和规范乳制品行业管理，去年以来，我们加快推进行业结构调整，促进产业优化升级，提升食品企业质量安全保障能力。一是会同发展改革委发布实施《食品工业“十二五”发展规划》，提出了乳制品加工业“十二五”发展目标和任务，强调确立食品产业发展安全为先的理念。二是促进企业技术改造，连续几年都明确将产品质量检测、质量可追溯体系建设等配套硬件条件的改善作为乳制品企业提升质量保障能力的重点，并给予资金支持。同时，组织两家婴幼儿配方乳粉生产企业开展试点，运用物联网技术建立产品信息可追溯体系。三是严格执行乳制品工业产业政策，规范行业投资行为，严格按照准入条件要求核准新建和改（扩）建项目，会同发展改革委，质检总局就卡机乳制品项目（企业）审核清理工作，淘汰了一批符合国家产业政策的乳制品项目（企业），确保乳制品行业有序、规范和健康发展。四是在乳制品行业全面推动了诚信体系建设。组织编写了乳制品行业诚信管理体系标准实施指南，召开了婴幼儿配方乳粉生产企业诚信管理体系建设启动会，举办了婴幼儿配方乳粉生产企业专题培训班，到2012年年底，所有婴幼儿配方乳粉生产企业全部建立诚信管理体系并通过评价。

工业和信息化部消费品工业司

2012年乳制品加工概述

2012年，乳制品加工行业面貌有较大改变，总体呈现良好发展势头。经过乳品行业整顿规范，行业结构调整取得进展，淘汰了一批奶源没有保障、生产技术落后的加工企业；企业的质量责任意识和管理制度建设进一步加强，乳制品质量有明显提高。2012年乳制品加工行业企业资产总额、工业销售产值、利润总额以及从业人数均有较大幅度的提高，但由于竞争激烈等原因，亏损企业数量有所增加。

一、经济指标

（一）总体情况。根据国家统计局统计，2012年我国规模以上（年主营业务收入2 000万元及以上）乳品企业共有649家，比2011年的644家增加了5家（增长0.8%）；共实现工业销售产值2 469.93亿元，同比增长17.57%；产品销售收入2 465.36亿元，同比增长14.29%；利润总额159.55亿元，同比增长21.7%；销售利润率为6.47%，行业盈利能力基本与2011年持平；649家规模以上乳品企业中，有114家亏损，亏损企业数量有所增加，亏损比例为17.57%，亏损率同比上升1.4个百分点。

（二）地区分布。

1. 销售收入。销售收入超过100亿元的省份共有8个，分别是内蒙古（328.34亿元）、黑龙江（308.84亿元）、山东（264.07亿元）、河北（192.95亿元）、广东（154.31亿元）、上海（151.39亿元）、陕西（125.01亿元）和辽宁（111.77亿元）。8个省销售收入合计1 636.68亿元，占全国总销售收入的66.4%。

28个省份的销售收入是增长的，排在前5位的分别是宁夏（69.16%）、甘肃（53.45%）、江苏（47.55%）、山东（35.99%）和浙江（33.54%），且这些省份的销售收入增长均超过了30%；只有3个省份销售收入是下降的，分别是山西（－3.62%）、内蒙古（－6.01%）和福建（－12.76%）。见表3-1。

2. 利润总额。利润总额超过10亿元的省份共有6个，按排名先后分别是：内蒙古，25.45亿元；黑龙江，22.92亿元；山东，19.01亿元；广东，13.75亿元；上海，13.16亿元；河北，11.78亿元。

31个省份中，有27个省份利润总额增长，涨幅最高的是海南，达到141.9%，这是由于海南省基数较低，仅为0.02亿元。另外，涨幅前10位的省份中，

表 3-1　2012 年各地区液体乳及乳制品业销售收入情况

省份	2012 年（亿元）	2012 年比 2011 年增减（%）	省份	2012 年（亿元）	2012 年比 2011 年增减（%）
北京	83.73	8.46	湖北	48.03	17.77
天津	38.69	29.73	湖南	33.68	3.2
河北	192.95	6.87	广东	154.31	19.65
山西	40.98	−3.62	广西	20.66	16.12
内蒙古	328.34	−6.01	海南	0.37	13
辽宁	111.77	26.28	重庆	26.59	26.28
吉林	25.68	14.46	四川	51.68	9.35
黑龙江	308.84	5.16	贵州	5.59	16.57
上海	151.39	16.29	云南	28.16	28.99
江苏	83.56	47.55	西藏	1.11	32.18
浙江	44.31	33.54	陕西	125.01	20.73
安徽	56.94	14.96	甘肃	16.90	53.45
福建	11.15	−12.76	青海	7.24	17.44
江西	26.74	25.29	宁夏	43.69	69.16
山东	264.07	35.99	新疆	33.65	13.14
河南	99.54	20.42			

没有一个省份利润总额超过 10 亿元，最高的辽宁省利润总额仅为 5.78 亿元。有 4 个省份利润总额减少，降幅最高的是北京市，降幅达到 48.4%。利润总额超过 10 亿元的 6 个省份全部实现增长（表 3-2）。

表 3-2　2012 年各地区液体乳及乳制品制造业利润总额情况

省份	2012 年（千元）	2011 年（千元）	2012 年比 2011 年增减（%）	省份	2012 年（千元）	2011 年（千元）	2012 年比 2011 年增减（%）
北京	4 743.0	9 197.6	−48.4%	湖北	15 987.7	11 868.5	34.7%
天津	4 965.5	−2 002.7	*	湖南	20 599.8	16 825.4	22.4%
河北	121 142.8	116 772.2	3.7%	广东	164 270.5	135 657.5	21.1%
山西	23 764.2	20 190.5	17.7%	广西	20 371.7	17 854.7	14.1%
内蒙	223 510.8	193 226.7	15.7%	海南	525.6	217.3	141.9%
辽宁	77 881.5	57 759.2	34.8%	重庆	4 922.1	3 023.1	62.8%
吉林	7 358.9	10 317.3	−28.7%	四川	29 773.3	22 325.8	33.4%
黑龙江	217 001.9	192 771.9	12.6%	贵州	2 213.2	1 985.7	11.5%
上海	174 023.2	134 031.9	29.8%	云南	15 384.2	10 375.6	48.3%
江苏	29 807.2	56 915.7	−47.6%	西藏	2 119.4	1 198.0	76.9%
浙江	27 179.9	13 775.1	97.3%	陕西	41 320.6	−20 142.7	*
安徽	26 189.7	24 167.6	8.4%	甘肃	9 421.9	5 944.4	58.5%
福建	5 095.7	7 045.7	−27.7%	青海	6 679.3	5 268.5	26.8%
江西	18 790.3	12 926.9	45.4%	宁夏	16 823.8	9 350.1	79.9%
山东	186 921.9	155 974.3	19.8%	新疆	20 662.5	14 501.6	42.5%
河南	76 090.3	71 800.2	6.0%				

注：天津市和陕西省为扭亏为盈

（三）企业情况。2012 年，销售收入超过 300 亿元的乳品企业仍然是两家，即伊利和蒙牛。伊利再次超过蒙牛，位列中国乳品企业销售收入的第一位，达到 419.9 亿元，比 2011 年（374.5 亿元）增长了 12.1%，将与蒙牛的差距拉开到 59.1 亿元，净利润 17.2 亿元，同比下跌 6.3%；蒙牛为 360.8 亿元，比 2011 年（373.9 亿元）下跌了 3.5%，净利润 12.6 亿元，同比下跌 21.4%。伊利和蒙牛两家企业的销售收入合计 780.7 亿元，占 2012 年全国总销售收入的比重超过了 30%，达到 31.7%。

2012 年，销售收入在 100 亿元到 300 亿元的乳品企业只有光明一家，达到了 137.75 亿元，同比增长 16.8%，净利润 3.11 亿元，同比增长 14.8%（表 3-3）。

表 3-3　2012 年部分上市乳品企业销售收入情况

公司名称	上市地点	2012 年			
		销售收入	增长	净利润	增长
伊利股份	上海	419.9	12.1%	17.2	−6.3%
蒙牛乳业	香港	360.8	−3.5%	12.57	−21.4%
光明乳业	上海	137.75	16.8%	3.11	14.8%
三元股份	上海	35.5	15.6%	0.33	−26.6%
贝因美	深圳	53.54	13.3%	5.09	16.2%
雅士利国际	香港	36.55	21.8%	4.69	56.3%
皇氏乳业	香港	7.54	31.8%	0.33	−47.6%

注：数据来自乳品企业年报。

二、乳制品产量

2012 年，全国液态奶、干乳制品产量均呈现出较快的增长势头；干乳制品中的奶粉产量也有较大的增幅。

（一）乳制品总产量。2012 年，全国规模以上乳品企业共生产乳制品（包括液态奶和干乳制品）2 545.1 万吨，同比增长 18.6%。

乳制品总产量前 5 位的省份分别为：内蒙古，325.67 万吨，占全国总产量的 12.8%；山东，320.72 万吨，占全国总产量的 12.6%；河北，272.48 万吨，占全国总产量的 10.7%；黑龙江，185.74 万吨，占全国总产量的 7.3%；河南，175.36 万吨，占全国总产量的 6.9%。前 5 位的省份产量合计 1 279.97 万吨，占全国总产量的 50.3%（图 3-1）。

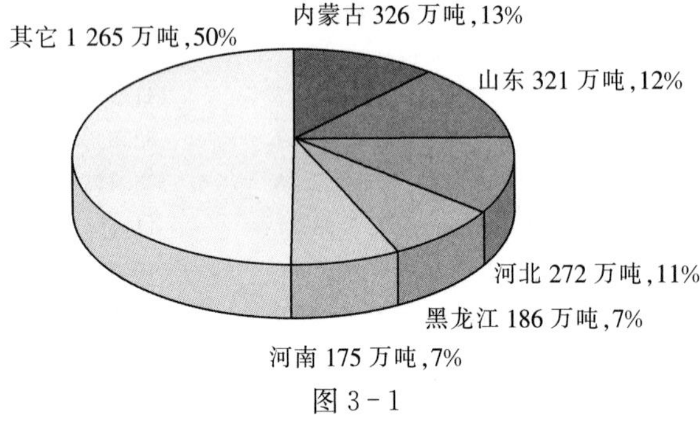

图 3-1

增幅排在前 5 位的省份分别是：宁夏，76.49%；天津，47.05%；甘肃，36.75%；云南，35.54%；青海，29.34%。

（二）液态奶产量。2012 年，全国规模以上乳品企业共生产液态奶 2 146.57 万吨，同比增长 8.12%。

液态奶产量前 5 位的省份分别为：内蒙古，273.39 万吨，占全国总产量的 12.7%；山东，265.67 万吨，占全国总产量的 12.4%；河北，239.58 万吨，占全国总产量的 11.2%；陕西，155.12 万吨，占全国总产量的 7.2%；河南，145.38 万吨，占全国总产量的 6.8%。前 5 位的省份产量合计 1 079.15 万吨，占全国总产量的 50.3%（图 3-2）。

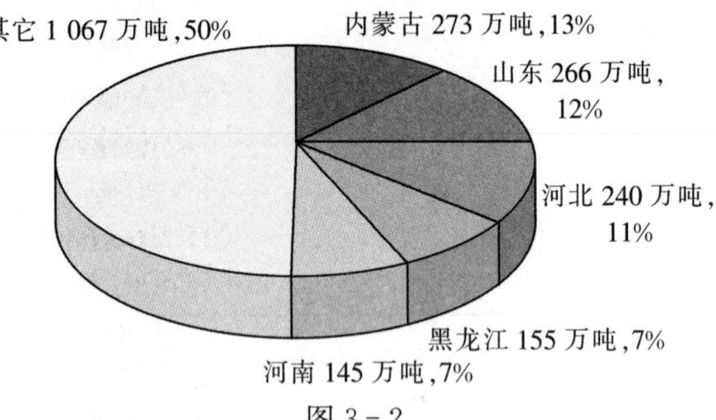

图 3-2

增幅排在前 5 位的省份分别是：宁夏，86.53%；甘肃，37.58%；云南，36.65%；青海，29.56%；山西，26.13%。

（三）干乳制品。2012 年，全国规模以上乳品企业共生产干乳制品 398.6 万吨，同比增长 22.0%，增幅远远高于液态奶。

干乳制品总产量前 5 位的省份分别为：山东，55.0 万吨，占全国总产量的 13.8%；内蒙古，52.3 万吨，占全国总产量的 13.1%；黑龙江，51.7 万吨，占全国总产量的 13.0%；河北，32.9 万吨，占全国总产量的 8.3%；河南，30.0 万吨，占全国总产量的 7.5%。前 5 位的省份产量合计 221.86 万吨，占全国总产量的 55.7%（图 3-3）。

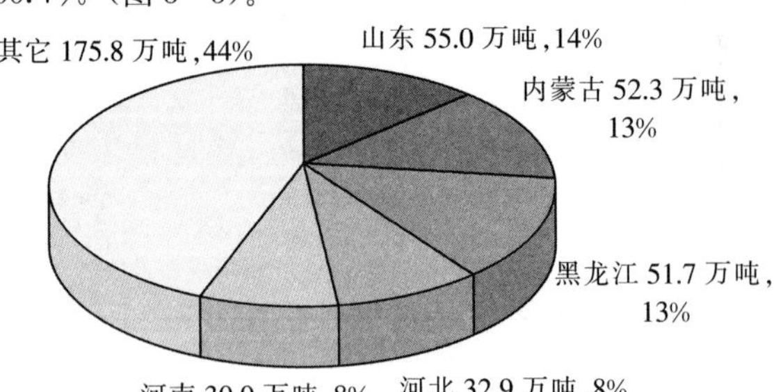

图 3-3

增幅排在前 5 位的省份分别是：河南，1 962.7%；天津，1 327.5%；湖南，316.7%；河北，246.3% 和广东，228.3%。

《中国奶业年鉴》编辑部

【乳制品进出口贸易】

2012 年中国奶业贸易分析报告

一、我国 2012 年奶业贸易概述

2012 年我国奶业贸易保持高速增长的势头。进口方面，全年累计进口苜蓿草 44.2 万吨，同比增长 60.5%；进口种牛 12.8 万头，同比增长 29.1%；按传统统计口径，海关编码 HS0401～HS0406 项下乳制品进口达到了 114.6 万吨，同比增长 26.5%，进口金额 32.1 亿美元，同比增长 22.7%，再创历史新高；如果将小包装婴幼儿配方奶粉、乳糖、酪蛋白和乳白蛋白的进口计算在内，则全部乳制品进口数量达到 134.1 万吨，进口金额 46.8 亿美元。中国已经成为全球乳制品进口最重要的国家之一。

按进口液态奶 1∶1、干乳制品 1∶7 折算，2012 年我国进口乳制品折合 878 万吨原料奶，而 2012 年我国原料奶产量按农业部初步估算为 3 868 万吨，则我国的乳制品进口依存度为 22.7%。

出口方面，按传统统计口径，2012 年我国的乳制品出口无论从出口数量上还是出口金额上看，都呈现出小幅增长的态势，全年乳制品出口数量达到 4.5 万吨，同比增长 3.6%；出口金额达到 8 236.0 万美元，同比增长 3.4%。但出口规模小和出口市场单一的问题仍然非常突出，我国乳制品出口贸易仍然处于很低的水平上。

按传统统计口径，2012 年我国乳制品贸易逆差为 31.3 亿美元。

二、饲草进口

2012 年我国对进口苜蓿草的需求高速增长，除 2012 年 1 月份以外，其余月份苜蓿草进口数量均在三万吨以上，全年累计进口苜蓿草 44.2 万吨，同比增长 60.5%；平均价格为 393 美元/吨，同比增长 8.8%，按 2012 年度汇率 6.31 计算折合人民币 2 480 元/吨；累计进口金额达到 1.74 亿美元，同比增长 74.6%。这一方面说明随着我国奶牛规模养殖的扩大和对进口苜蓿草品质的认可，对进口苜蓿草已经形成了巨大、稳定的需求，另一方面说明我国 2012 年开始实施的“振兴奶业苜蓿发展行动”要达到一定规模和品质、满足国内奶牛养殖的要求还需要一段时日，尤其是在管理、收割和加工工艺上距离国际先进水平还有很大的差距。

2013 年，随着我国奶牛规模养殖的进一步推进，新建、扩建规模牧场的投产运营，以及对苜蓿草在奶牛养殖中重要性认识的进一步加强，苜蓿草的需求将高速增长，在国产苜蓿还无法完全满足国内需求、而进口税率又从 9%降至 7%的利好刺激下，苜蓿草的进口还将保持旺盛的势头（图 3-4）。

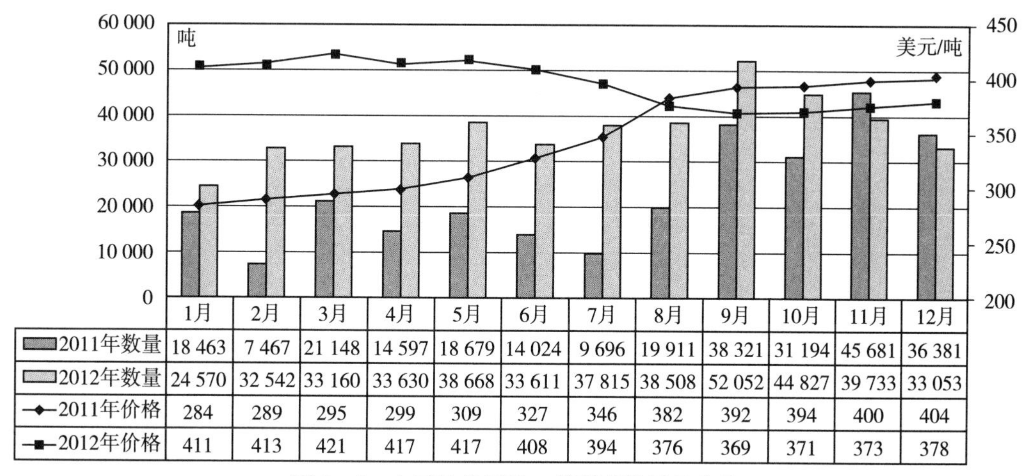

	1月	2月	3月	4月	5月	6月	7月	8月	9月	10月	11月	12月
2011年数量	18 463	7 467	21 148	14 597	18 679	14 024	9 696	19 911	38 321	31 194	45 681	36 381
2012年数量	24 570	32 542	33 160	33 630	38 668	33 611	37 815	38 508	52 052	44 827	39 733	33 053
2011年价格	284	289	295	299	309	327	346	382	392	394	400	404
2012年价格	411	413	421	417	417	408	394	376	369	371	373	378

图 3-4　中国从美国进口苜蓿草数量及价格

另外，我国 2012 年从澳大利亚进口了 17 525 吨燕麦草，同比增长 37.7%；进口额 620.4 万美元，同比增长 57.1%；平均进口到岸价格为 354 美元/吨，同比增长 14.1%，按汇率 6.31 计算折合人民币 2 234 元/吨（图 3-5）。

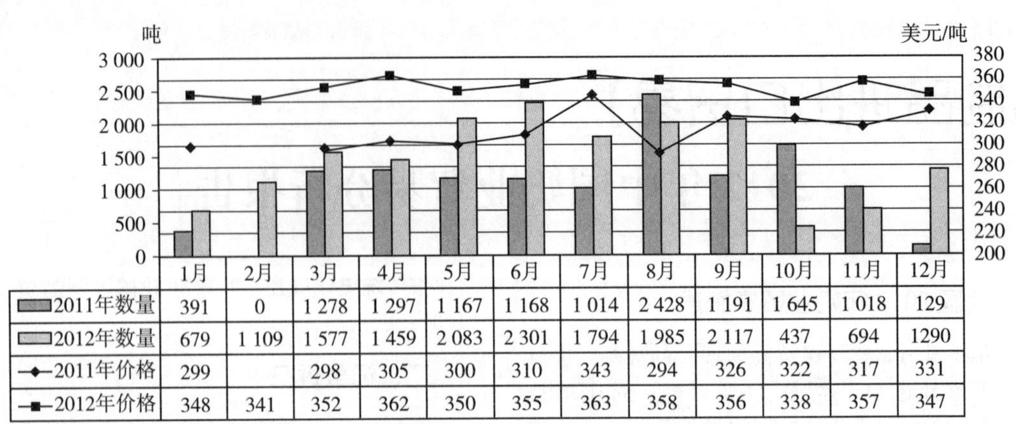

图 3-5　中国从澳大利亚进口燕麦草数量及价格

三、种牛进口

2012 年我国海关对进口种牛进行了税号调整，由原先的一个税号（01021000）“改良种用牛”细化为两个税号，分别为“改良种用家牛”（01022100）和“改良种用其他牛”（01029010），按照海关总署的解释，我国进口的奶牛应该以 01029010“改良种用其他牛”报关。然而在实际操作过程中，估计是由于各地海关对奶牛进口税号的归类并没有统一认识，由此出现了各奶牛进口商以两个不同税号报关的现象。

按照海关总署的解释，2012 年全年进口种牛为 78 109 头，比 2011 年进口的 99 361 头减少了 21 252 头，同比下降 21.4%，显然与我国规模牧场建设的形势不符，而根据中国奶业协会对几家主要奶牛进口代理商的调查，也确实存在按“改良种用家牛”（01022100）报关的现象，因此我们对进口种牛按两个税号进行了合并统计 2012 年我国共进口种牛 128 249 头，同比增长 29.1%，进口金额 37 472 万美元，平均单价 2 922 美元/头，折合人民币 18 437 元/头（表 3-4、表 3-5、图 3-6）。

表 3-4　2009—2012 年我国改良种用牛进口数量、金额及单价

项　目	2009 年	2010 年	2011 年	2012 年
数量（头）	40 599	90 837	99 361	128 249
金额（万美元）	8 177	19 888	26 216	37 472
价格（美元/头）	2 014	2 189	2 638	2 922
价格（元/头）	13 759	14 823	17 054	18 437

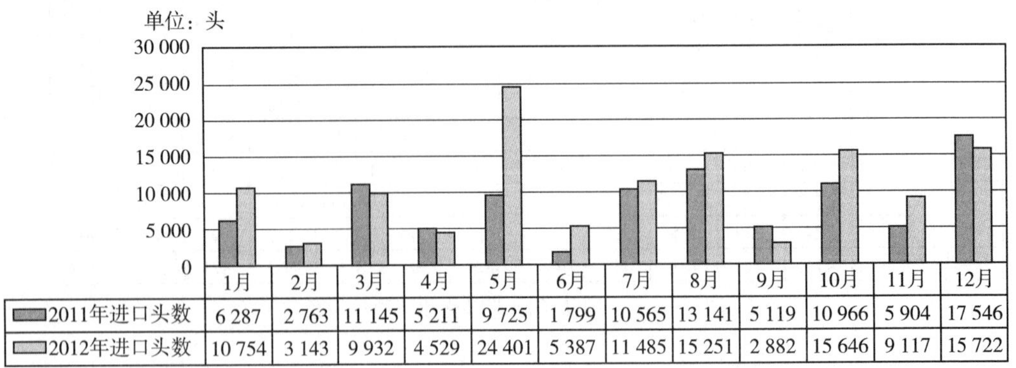

图 3-6　我国改良种用牛月度进口数量（2011.01—2012.12）

表 3－5　我国 2012 年改良种用牛进口来源国及进口地区

单位：头

月份	进口来源国		进口地区	
1	乌拉圭	7 152	辽　宁	4 000
			内蒙古	3 152
	澳大利亚	3 602	山　东	1 744
			宁　夏	480
			广　东	1 378
2	新西兰	3 085	陕　西	3 085
	澳大利亚	58	上　海	58
3	澳大利亚	9 932	北　京	425
			辽　宁	6 805
			上　海	64
			安　徽	2 638
4	新西兰	2 288	河　北	2 288
	澳大利亚	2 241	山　东	1 827
			北　京	414
5	乌拉圭	15 975	辽　宁	8 000
			安　徽	4 400
			宁　夏	3 225
			山　东	350
	澳大利亚	8 426	江　苏	5 880
			安　徽	2 546
6	澳大利亚	3 099	贵　州	3 099
	新 西 兰	2 288	河　北	2 288
7	澳大利亚	2 000	宁　夏	1 000
			吉　林	1 000
	新 西 兰	9 485	辽　宁	4 000
			山　东	3 000
			内　蒙	2 485
8	乌拉圭	4 200	安　徽	4 200
	澳大利亚	6 551	北　京	16
			河　北	14
			河　南	22
			内　蒙	10
			宁　夏	3 604
			山　东	2 776
			新　疆	11
			重　庆	98
	新西兰	4 500	河　北	4 500

（续）

月份	进口来源国		进口地区	
9	澳大利亚	2 882	北　京	189
			甘　肃	893
			云　南	1 500
			浙　江	300
10	澳大利亚	11 678	黑龙江	2 705
			辽　宁	2 958
			江　苏	6 015
	新西兰	3 968	内　蒙	3 968
11	澳大利亚	3 000	山　东	3 000
	新西兰	6 117	北　京	3 936
			内　蒙	2 181
12	澳大利亚	7 634	河　北	3 000
			陕　西	1 450
			北　京	3 184
	乌拉圭	4 176	安　徽	4 176
	新西兰	3 912	黑龙江	913
			宁　夏	2 999

由于我国奶牛进口来源国仅限于澳大利亚、新西兰和乌拉圭三个国家，近年来我国大规模的牧场建设对进口奶牛的需求高速增长，已经造成了这三个进口来源国种牛价格的暴涨以及合格种牛资源的日益减少，而我国规模牧场的建设还在加快推进，因此建议有关部门在生物安全的前提下考虑开放更多的进口来源地。

在三个进口来源国中，澳大利亚占据了将近一半的市场份额，2012 年我国共从澳大利亚进口了 61 103 头种牛，占全部数量的 47.6%，而新西兰和乌拉圭的进口数量和份额分别为 35 643 头（27.8%）和 31 503 头（24.6%）（图 3－7）。

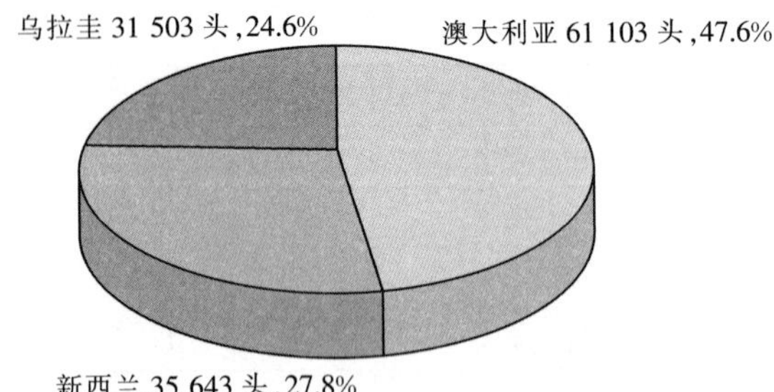

图 3－7　2012 年我国进口种牛数量及比例

四、乳制品进口

（一）液态奶进口。受多次乳制品安全事件的影响，消费者对国产乳制品的消费信心严重不足，加上国外乳制品厂商加大对中国的投资力度，导致在液态奶这一传统上我国乳企占绝对优势的领域当中，国外产品的进口以惊人的速度增长，虽然目前进口的总量还很小，但应当引起我国奶业的高度重视。

2012 年我国进口液态奶（包括鲜奶 HS0401 和酸奶 HS0403）101 681.1 吨，同比增长 136.1%，进口额 14 357.5 万美元，同比增长 106.9%。

1. 鲜奶进口。我国 2012 年鲜奶进口的增长速度远远超出了原先的预计，按照《中新自由贸易协定》，我国 2012 年从新西兰进口鲜奶的数量除了早早达到特保触发水平外，还将 2013 年的进口特保触发水平数量全部占用，根据海关总署 2012 年第 61 号公告，2013 年没有一种自新西兰进口的鲜奶类产品可以享受 6%的优惠税率，而全部适用于 15%的基础税率。

我国除了进口大量的新西兰鲜奶类产品外，市场上也越来越多地出现了德国、澳大利亚、法国、美国等国家的进口鲜奶类产品。

2012 年我国进口鲜奶（HS0401）93 783.5 吨，同比 2011 年增长 131.4%，进口额 11 870.9 万美元，同比增长 96.3%（图 3－8）。

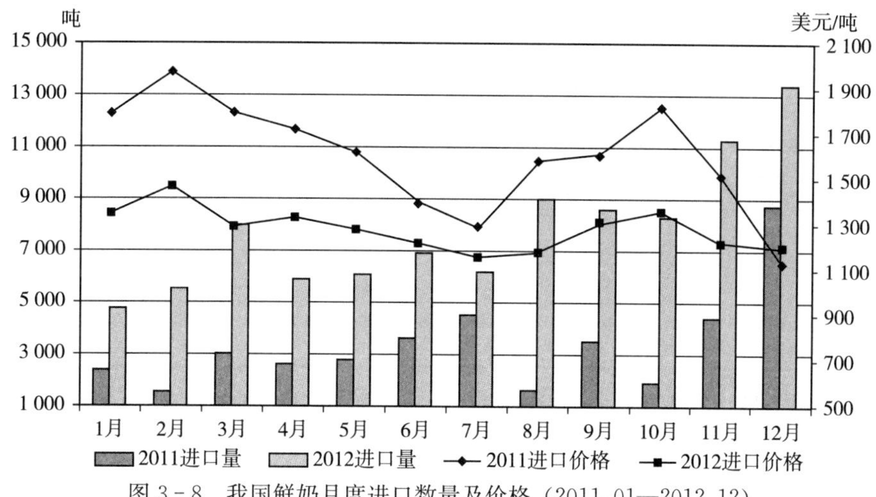

图 3-8 我国鲜奶月度进口数量及价格（2011.01—2012.12）

2. 酸奶进口。2012 年我国酸奶（HS0403）进口的数量增长惊人，全年累计进口 7 897.5 吨，同比增长 210.2%，进口额 2 486.6 万美元，同比增长 178.6%（图 3-9）。

由于受到冷链等条件的限制，尽管酸奶类产品的进口增长速度惊人，但整体进口规模并不大。

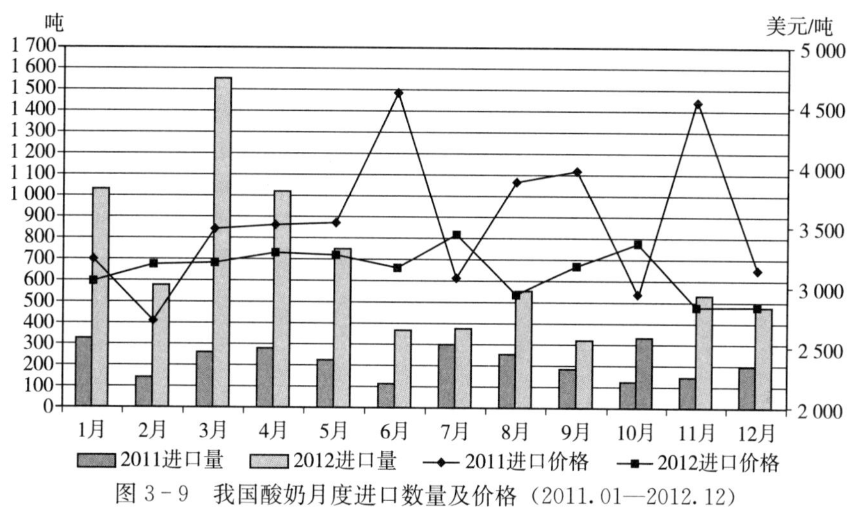

图 3-9 我国酸奶月度进口数量及价格（2011.01—2012.12）

（二）干乳制品进口。2012 年我国的干乳制品进口呈现出三个特点，一是增长幅度大，在主要进口品种——奶粉和乳清进口高速增长的带动下，无论是进口数量还是进口金额的增长幅度都超过了 20%；二是产品集中，在奶粉、炼乳、乳清、黄油和奶酪五个品种中，仅奶粉的进口数量就占据了 55%的份额，再加上乳清的 36%，两个品种的份额就超过了 90%；三是全面开花，尽管五个品种进口的增长幅度高低不同，但同比全部实现增长。

2012 年我国累计进口干乳制品（HS0402、HS0404、HS0405 和 HS0406）1 043 995 吨，比 2011 年的 862 905 吨增加了 181 090 吨，同比增长 21.0%；进口额 307 125 万美元，同比增长 20.4%，全年平均进口价格为 2 942 美元/吨，同比下跌 0.5%，按 2012 年汇率 6.31 计算折合人民币 18 564 元/吨。

其中奶粉进口 57.31 万吨，价值 19.29 亿美元；炼乳 5 514 吨，价值 1 259 万美元；乳清 37.84 万吨，价值 7.48 亿美元；黄油 4.83 万吨，价值 1.96 亿美元；奶酪 3.87 万吨，价值 1.86 亿美元（图 3-10）。

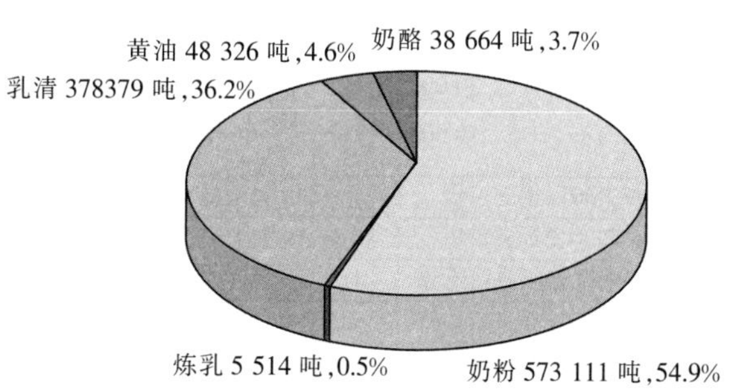

图 3-10 2012 年我国干乳制品进口数量及比例

1. 奶粉进口。2012 年我国进口奶粉数量再创历史新高，尽管国际上对我国奶粉进口数量的预测一再调高，但最终海关总署的统计数据还是超过了所有的预测值，我国全年进口工业大包粉 57.31 万吨，同比 2011

年的 44.95 万吨增长 27.5%，进口额达到 19.3 亿美元，同比增长 17.2%，平均价格为 3 366 美元/吨，同比下跌 8.0%，按 2012 年汇率 6.31 计算折合人民币 21 239 元/吨（表 3-6）。

表 3-6　我国工业奶粉进口数量、金额及价格

单位：万吨、百万美元、美元/吨

	2009	2010	2011	2012	同比
数量	24.7	41.4	45.0	57.3	27.5%
金额	580	1 388	1 645	1 929	17.2%
价格	2 352	3 169	3 660	3 366	−8.0%

中国的奶粉进口需求已经成为支撑国际奶粉市场价格的一个最重要的力量，中国目前已经是全球全脂奶粉的第一大进口国，而根据美国农业部（USDA）的预测，在 2013 年中国也将成为脱脂奶粉的全球第一大进口国，2013 年，中国将进口全脂奶粉 41.0 万吨，进口脱脂奶粉 23.0 万吨，合计进口工业大包粉 64 万吨，在 2012 年进口 57.31 万吨的基础上再增长 11.7%。

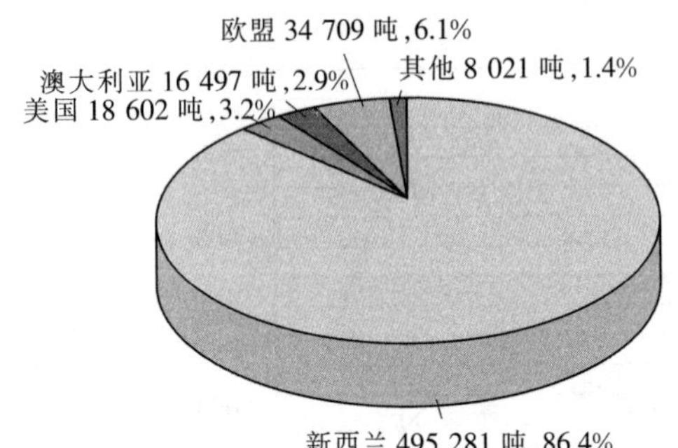

图 3-11　2012 年我国进口奶粉来源国及数量

在我国进口的奶粉当中，新西兰的产品占据了主要的市场份额，2012 年我国累计从新西兰进口奶粉 495 281 吨，占进口总量的 86.4%；其他主要进口来源国（地区）还包括美国 18 602 吨，市场份额 3.2%；澳大利亚 16 497 吨，市场份额 2.9%；欧盟 34 709 吨，市场份额 6.1%，而其他国家（地区）合计为 8 021 吨，市场份额 1.4%。市场集中度很高（图 3-11）。

中国奶粉进口的高速增长一方面是由于中国消费市场的快速增长造成的，进口奶粉弥补了部分市场的缺口，这是有利的一面；但另一方面，也是由于国内外工业奶粉巨大的价格差异、屡次乳制品安全事件造成的国产奶粉声誉不佳，以及部分程度上质量差异造成的，进口奶粉直接冲击了国内工业奶粉市场，造成部分乳企奶粉严重积压，进而影响到奶牛养殖环节，如何解决好这一问题值得全行业去深思和努力（图 3-12）。

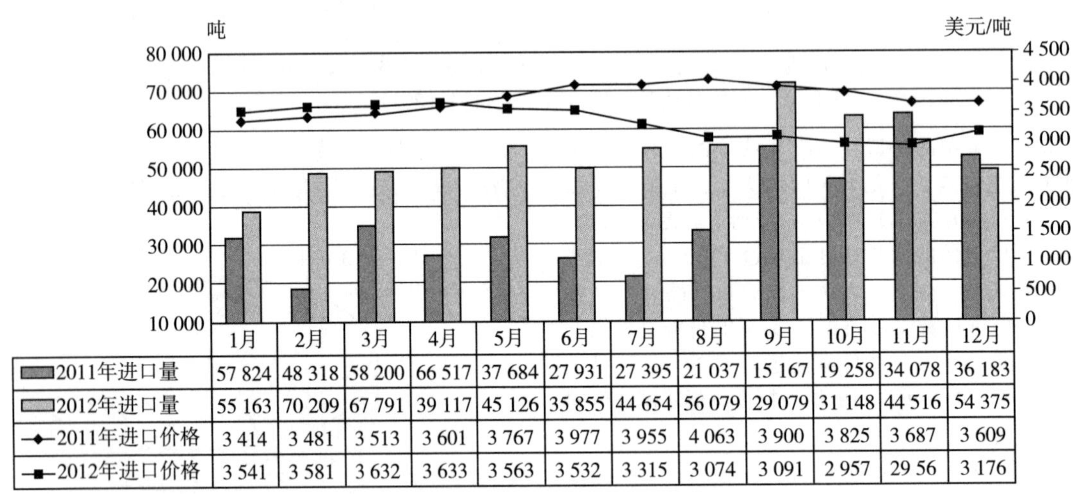

	1月	2月	3月	4月	5月	6月	7月	8月	9月	10月	11月	12月
2011年进口量	57 824	48 318	58 200	66 517	37 684	27 931	27 395	21 037	15 167	19 258	34 078	36 183
2012年进口量	55 163	70 209	67 791	39 117	45 126	35 855	44 654	56 079	29 079	31 148	44 516	54 375
2011年进口价格	3 414	3 481	3 513	3 601	3 767	3 977	3 955	4 063	3 900	3 825	3 687	3 609
2012年进口价格	3 541	3 581	3 632	3 633	3 563	3 532	3 315	3 074	3 091	2 957	29 56	3 176

图 3-12　我国工业奶粉月度进口数量及价格（2011.01—2012.12）

小包装奶粉方面，我国 2012 年共进口小包装奶粉 91 511 吨，比 2011 年的 78 257 吨增加了 13 254 吨，同比增长 16.9%；进口价值 10.49 亿美元，同比增长 21.8%；平均单价为 11 460 美元/吨，同比增长 4.2%，折合人民币 72 310 元/吨，约合 72 元/千克，即使加上销售渠道等费用，也和市场上进口品牌奶粉零售价格 200 元/千克左右有着巨大的利润空间（图 3-13、图 3-14）。

2. 乳清进口。在我国进口的乳制品当中，乳清是除了奶粉之外进口数量最多的一个品种，乳清被广泛应

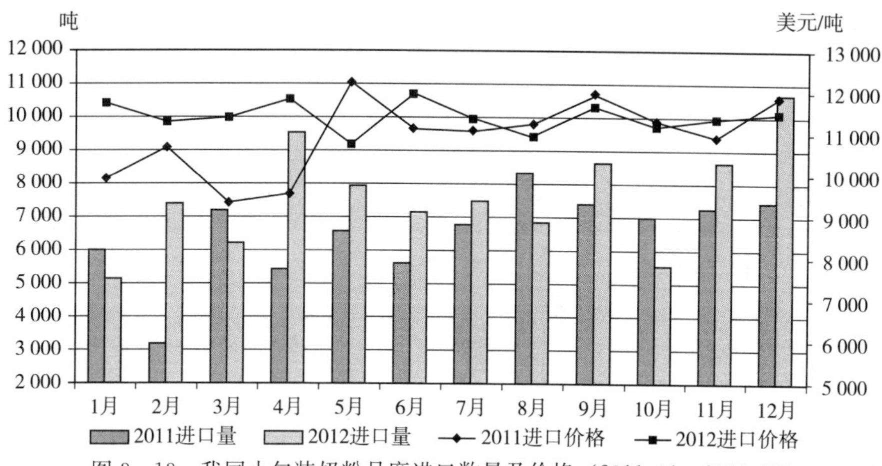

图 3－13　我国小包装奶粉月度进口数量及价格（2011.01—2012.12）

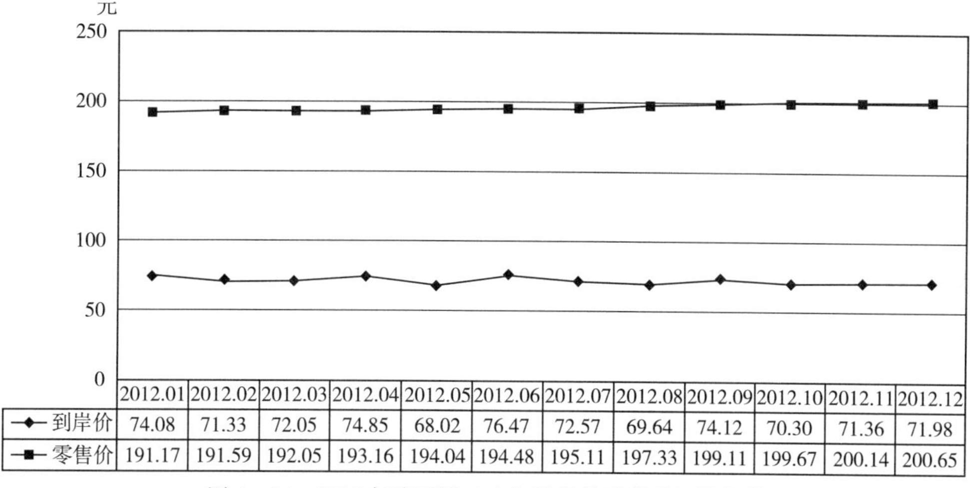

	2012.01	2012.02	2012.03	2012.04	2012.05	2012.06	2012.07	2012.08	2012.09	2012.10	2012.11	2012.12
到岸价	74.08	71.33	72.05	74.85	68.02	76.47	72.57	69.64	74.12	70.30	71.36	71.98
零售价	191.17	191.59	192.05	193.16	194.04	194.48	195.11	197.33	199.11	199.67	200.14	200.65

图 3－14　2012 年我国进口小包装奶粉到岸价与零售价

用于婴幼儿配方奶粉、食品工业以及饲料行业当中。2012 年我国共进口乳清 378 379 吨，比 2011 年的 344 278 吨增加了 34 101 吨，同比增长 9.9%；进口额 74 805 万美元，同比增长 30.9%；全年平均进口价格为 1 977 美元/吨，同比增长 19.1%，按 2012 年汇率 6.31 计算折合人民币 12 475 元/吨（图 3－15）。

乳清是生产奶酪的副产品，而我国奶酪的生产能力很低，因此乳清的生产能力也不足，随着市场对乳清的需求越来越大，我国对进口乳清的需求也随之快速增长，预计 2013 年我国乳清进口仍将保持较高的增长速度。

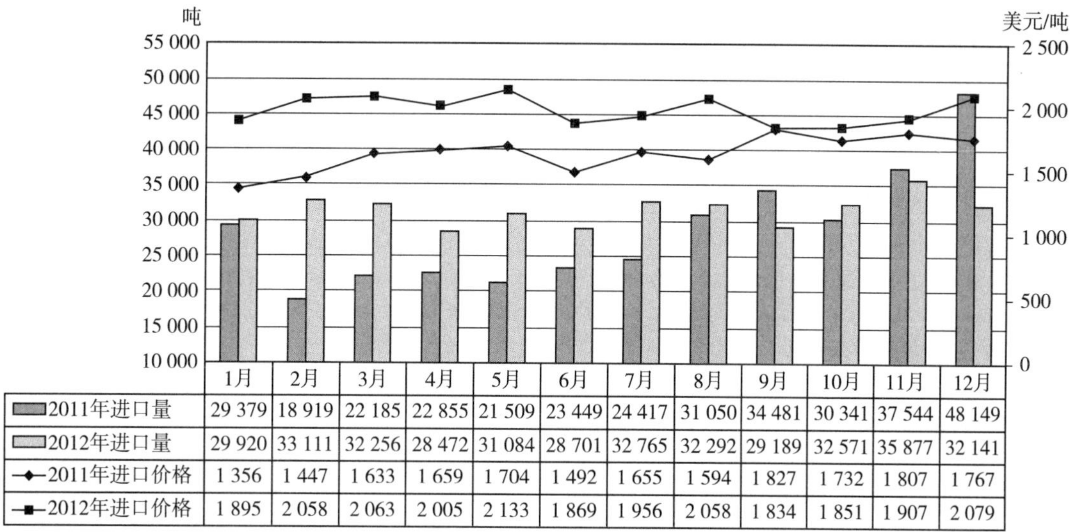

	1月	2月	3月	4月	5月	6月	7月	8月	9月	10月	11月	12月
2011年进口量	29 379	18 919	22 185	22 855	21 509	23 449	24 417	31 050	34 481	30 341	37 544	48 149
2012年进口量	29 920	33 111	32 256	28 472	31 084	28 701	32 765	32 292	29 189	32 571	35 877	32 141
2011年进口价格	1 356	1 447	1 633	1 659	1 704	1 492	1 655	1 594	1 827	1 732	1 807	1 767
2012年进口价格	1 895	2 058	2 063	2 005	2 133	1 869	1 956	2 058	1 834	1 851	1 907	2 079

图 3－15　我国月度乳清进口数量及价格（2011.01—2012.12）

3. 炼乳进口。2012 年我国共进口炼乳 5 514 吨，比 2011 年的 4 813 吨增加了 701 吨，同比增长 14.6%；进口额 1 259 万美元，同比增长 11.3%；全年平均进口价格为 2 283 美元/吨，同比下跌 2.8%，按 2012 年汇率 6.31 计算折合人民币 14 406 元/吨（图 3－16）。

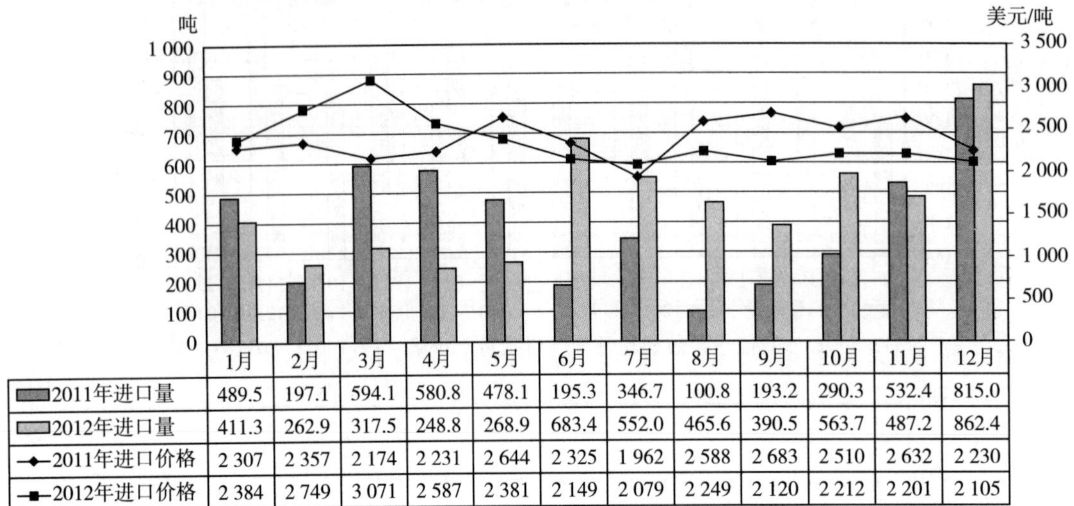

	1月	2月	3月	4月	5月	6月	7月	8月	9月	10月	11月	12月
2011年进口量	489.5	197.1	594.1	580.8	478.1	195.3	346.7	100.8	193.2	290.3	532.4	815.0
2012年进口量	411.3	262.9	317.5	248.8	268.9	683.4	552.0	465.6	390.5	563.7	487.2	862.4
2011年进口价格	2 307	2 357	2 174	2 231	2 644	2 325	1 962	2 588	2 683	2 510	2 632	2 230
2012年进口价格	2 384	2 749	3 071	2 587	2 381	2 149	2 079	2 249	2 120	2 212	2 201	2 105

图 3－16　我国炼乳月度进口数量及价格（2011.01—2012.12）

4. 黄油进口。2012 年我国共进口黄油 48 326 吨，比 2011 年的 35 676 吨增加了 12 650 吨，同比增长 35.5%；进口额 19 567 万美元，同比增长 6.5%；全年平均进口价格为 4 049 美元/吨，同比下跌 21.4%，按 2012 年汇率 6.31 计算折合人民币 25 548 元/吨（图 3－17）。

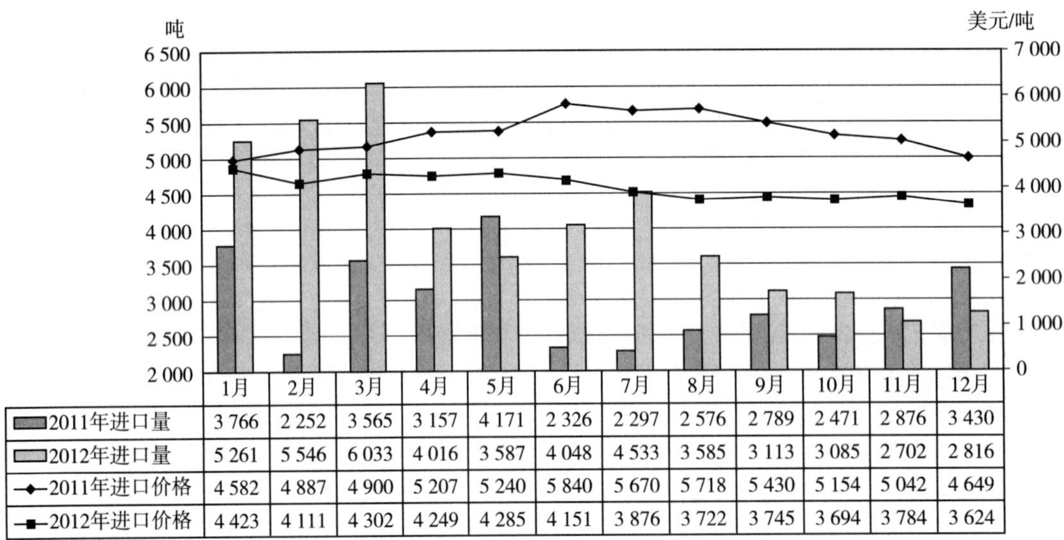

	1月	2月	3月	4月	5月	6月	7月	8月	9月	10月	11月	12月
2011年进口量	3 766	2 252	3 565	3 157	4 171	2 326	2 297	2 576	2 789	2 471	2 876	3 430
2012年进口量	5 261	5 546	6 033	4 016	3 587	4 048	4 533	3 585	3 113	3 085	2 702	2 816
2011年进口价格	4 582	4 887	4 900	5 207	5 240	5 840	5 670	5 718	5 430	5 154	5 042	4 649
2012年进口价格	4 423	4 111	4 302	4 249	4 285	4 151	3 876	3 722	3 745	3 694	3 784	3 624

图 3－17　我国黄油月度进口数量及价格（2011.01—2012.12）

5. 奶酪进口。2012 年我国共进口奶酪 38 664 吨，比 2011 年的 28 546 吨增加了 10 118 吨，同比增长 35.4%；进口额 18 574 万美元，同比增长 33.4%；全年平均进口价格为 4 804 美元/吨，同比下跌 1.5%，按 2012 年汇率 6.31 计算折合人民币 30 313 元/吨（图 3－18）。

（三）其他乳制品进口。我们过去在进行乳制品贸易统计的时候，一般仅按海关的统计分类，考虑 HS0401（鲜奶类）、HS0402（奶粉和炼乳类）、HS0403（酸奶类）、HS0404（乳清类）、HS0405（黄油类）和 HS0406（奶酪类），再加上婴幼儿配方奶粉，但笔者认为如果要进行全面的分析，还需要将乳糖类、酪蛋白类和乳白蛋白类乳制品考虑在内。

2012 年我国共进口乳糖类产品 79 878.0 吨，比 2011 年的 55 141.6 吨增加了 24 736.4 吨，同比增长 44.9%；进口额 15 595.4 万美元，同比增长 124.4%；全年平均进口价格为 1 952.4 美元/吨，同比增长 54.9%，按 2012 年汇率 6.31 计算，折合人民币 12 320 元/吨；2012 年我国共进口酪蛋白类产品 12 759.0 吨，比 2011 年的 10 094.2 吨增加了 2 664.8 吨，同比增长 26.4%；进口额 12 554.8 万美元，同比增长 18.7%；全年平均进口价格为 9 840 美元/吨，同比下跌 6.1%，

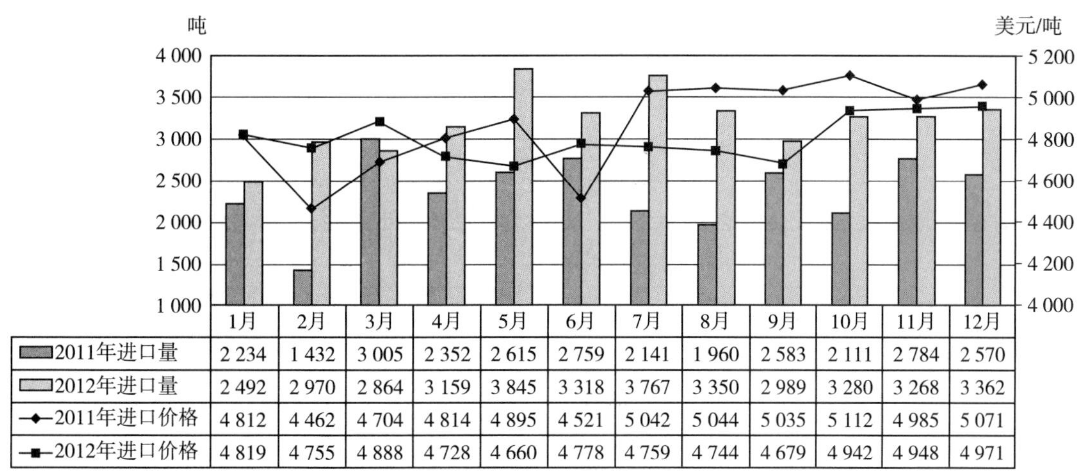

	1月	2月	3月	4月	5月	6月	7月	8月	9月	10月	11月	12月
2011年进口量	2 234	1 432	3 005	2 352	2 615	2 759	2 141	1 960	2 583	2 111	2 784	2 570
2012年进口量	2 492	2 970	2 864	3 159	3 845	3 318	3 767	3 350	2 989	3 280	3 268	3 362
2011年进口价格	4 812	4 462	4 704	4 814	4 895	4 521	5 042	5 044	5 035	5 112	4 985	5 071
2012年进口价格	4 819	4 755	4 888	4 728	4 660	4 778	4 759	4 744	4 679	4 942	4 948	4 971

图 3－18　我国奶酪月度进口数量及价格（2011.01—2012.12）

按 2012 年汇率 6.31 计算，折合人民币 62 090 元/吨；2012 年我国共进口乳白蛋白类产品 11 576.0 吨，比 2011 年的 14 232.6 吨减少了 2 657 吨，同比下跌 18.7%；进口额 13 042.7 万美元，同比下跌 1.0%，全年平均进口价格为 11 267.0 美元/吨，同比增长 21.7%，按 2012 年汇率 6.31 计算，折合人民币 71 095 元/吨。三者合计进口 104 213.0 吨，进口金额 41 192.9 万美元。

五、乳制品出口

2012 年我国的乳制品出口无论从出口数量上还是出口金额上看，都呈现出小幅增长的态势，全年乳制品出口数量达到 44 896.1 吨，同比增长 3.6%；出口金额达到 8 236 万美元，同比增长 3.4%。

但我国乳制品出口的问题仍然非常突出，首先是出口规模非常小，受 2008 年婴幼儿奶粉事件的重创，我国乳制品在国际市场上的声誉不佳，市场份额增长十分缓慢，而同期进口却高速增长，2012 年我国共出口液态奶 27 801 吨，干乳制品 17 095 吨，按液态奶 1∶1、干乳制品 1∶7 折算合计为 147 465 吨原料奶，仅为进口数量的 2.0%；按出口额计算，我国 2012 年乳制品出口的价值为 8 236 万美元，为进口额的 2.6%。

其次，我国乳制品出口市场单一，仍然局限在香港、周边国家和非洲一些国家，而且高度集中，出口到香港的贸易量占到了全部贸易量的一半以上。因此我国乳制品出口贸易仍然处于很低的水平上，要增强我国乳制品在国际上的竞争力，还有很长的路要走。

（一）液态奶出口。2012 年我国的液态奶出口在鲜奶出口增长的带动下，整体上出现了一定幅度的增长，但其中酸奶出口下跌的幅度非常明显，同比减少将近 40%。而且从整体上看，出口规模仍然很小，出口量只有进口量的 27%，并且出口目的地非常单一，香港占了绝大部分的市场份额，还有澳门以及周边一些国家。如果不把香港和澳门计算在内的话，则我国的液态奶出口几乎可以忽略不计了。

2012 年我国共出口液态奶（包括鲜奶 HS0401 和酸奶 HS0403）27 801.3 吨，比 2011 年的 26 020.1 吨增加了 1 781.1 吨，同比增长 6.8%；出口额 2 362.2 万美元，同比增长 10.4%；全年平均出口价格为 850 美元/吨，同比增长 3.3%，按 2012 年汇率 6.31 计算折合人民币 5 361 元/吨（图 3－19）。

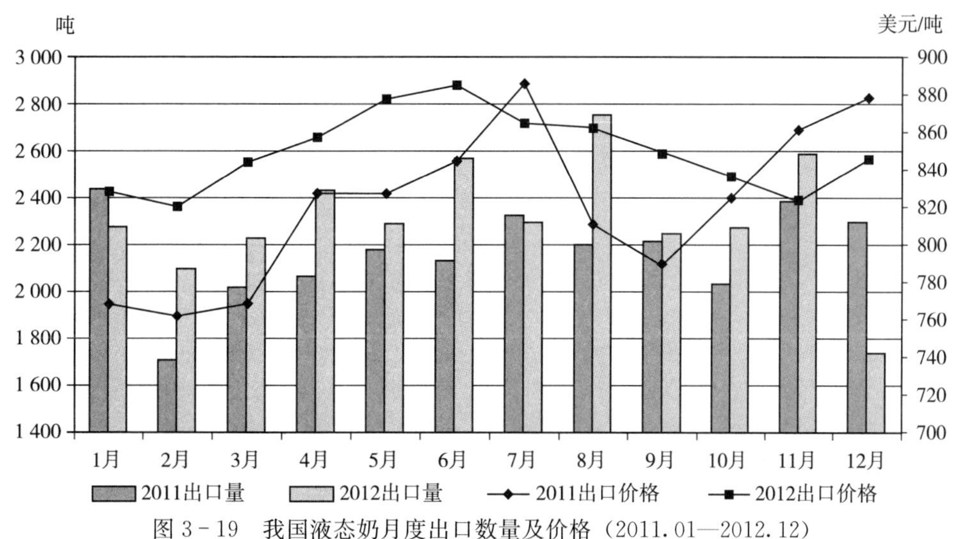

图 3－19　我国液态奶月度出口数量及价格（2011.01—2012.12）

1. 鲜奶出口。2012 年我国共出口鲜奶 27 275.3 吨，比 2011 年的 25 169.4 吨增加了 2 105.9 吨，同比增长 8.4%；出口额 2 312.5 万美元，同比增长 12.2%；全年平均出口价格为 848 美元/吨，同比增长 3.5%，按 2012 年汇率 6.31 计算折合人民币 5 350 元/吨（图 3-20）。

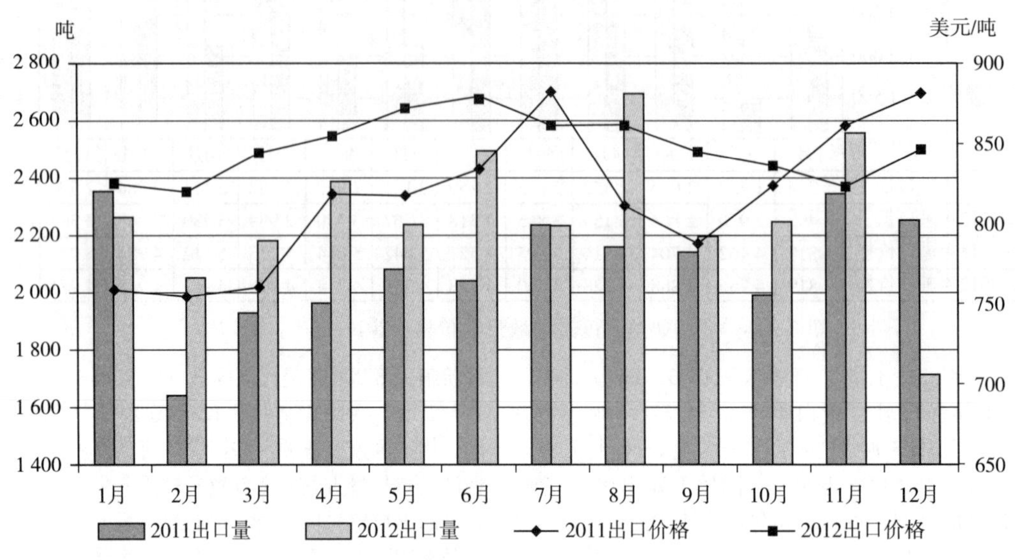

图 3-20 我国鲜奶月度出口数量及价格（2011.01—2012.12）

2. 酸奶出口。2012 年我国共出口酸奶 525.9 吨，比 2011 年的 850.7 吨减少了 324.8 吨，同比减少 38.2%；出口额 49.7 万美元，同比减少 37.2%；全年平均出口价格为 945.0 美元/吨，同比增长 1.6%，按 2012 年汇率 6.31 计算折合人民币 5 963 元/吨（图 3-21）。

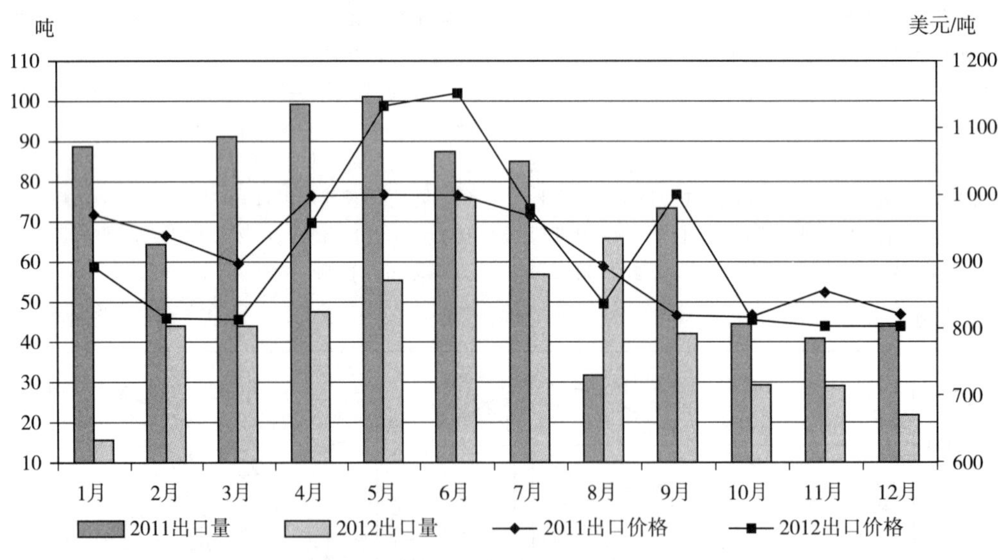

图 3-21 我国酸奶月度出口数量及价格（2011.01—2012.12）

（二）干乳制品出口。2012 年我国共出口干乳制品 17 094.8 吨，比 2011 年的 17 303.1 吨减少了 208.3 吨，同比减少 1.2%；出口额 5 873.8 万美元，同比增长 0.9%；全年平均出口价格为 3 436 美元/吨，同比增长 2.1%，按 2012 年汇率 6.31 计算折合人民币 21 681 元/吨（图 3-22）。

在我国出口的各干乳制品品种中，奶粉以 9 703 吨占据了 57%的市场份额，炼乳和黄油也各有 22%和 15%的市场份额，而乳清和奶酪的份额就非常少了（图 3-23）。

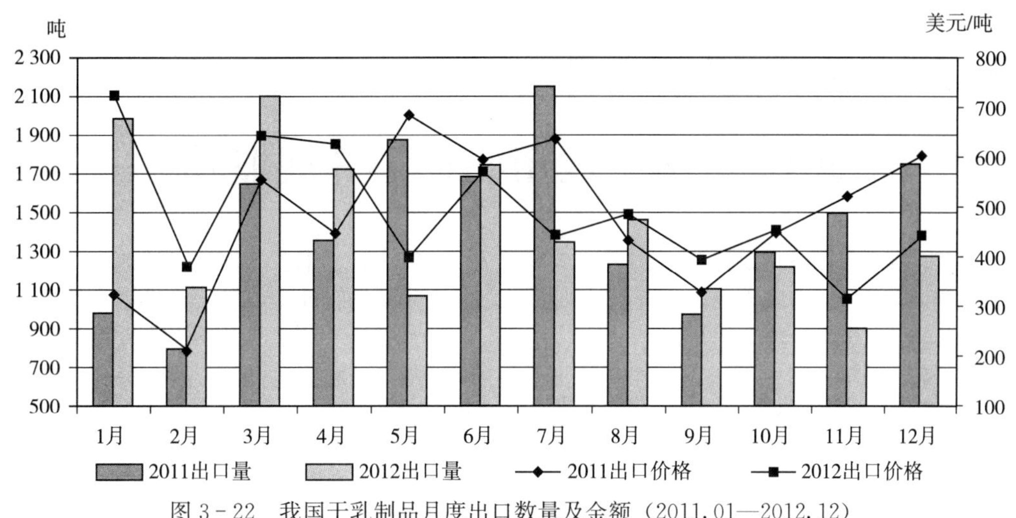

图 3－22　我国干乳制品月度出口数量及金额（2011.01—2012.12）

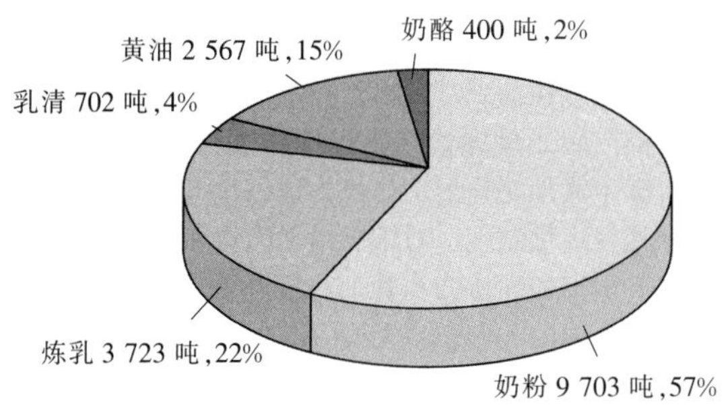

图 3－23　2012 年各干乳制品品种出口份额

1. 奶粉出口。奶粉是我国乳制品出口中的一个主要的品种，2012 年我国奶粉出口数量取得了 4%的增长幅度，但总量仍然未能突破 1 万吨的大关，远没有恢复到 2008 年以前的水平，只相当于进口奶粉 57.31 万吨的 1.7%，而且出口市场仅仅局限在中国香港（约占 50%的市场份额）、周边国家和非洲一些国家。从统计数据上看，我国奶粉的出口价格远远高于进口价格，全年平均价格差达到了 740 美元/吨，而从产品质量上来讲，一般来说国产奶粉与进口产品，比如新西兰的奶粉有一定的差距，因此笔者认为我国奶粉的出口当中包括部分非正常贸易的因素。综上所述，我国奶粉要在国际市场上恢复声誉、增加市场份额仍然是任重道远。

2012 年我国共出口奶粉 9 702.6 吨，比 2011 年的 9 327.2 吨增加了 375.4 吨，同比增长 4.0%；出口额 3 983.6 万美元，同比增长 7.3%；全年平均出口价格为 4 105.7 美元/吨，同比增长 3.2%，按 2012 年汇率 6.31 计算折合人民币 25 907 元/吨（图 3－24）。

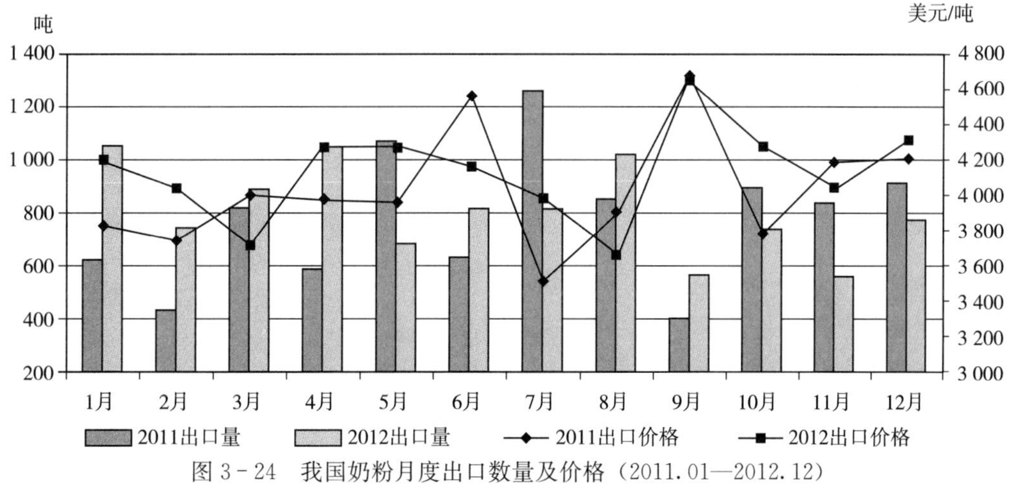

图 3－24　我国奶粉月度出口数量及价格（2011.01—2012.12）

中国奶业协会

【国家学生饮用奶计划】

2012 年学生饮用奶计划开展概述

2012 年，在国家“学生饮用奶计划”部际协调小组成员单位的共同努力下，在地方各级政府、有关部门、学校和定点生产企业以及社会各界的积极参与下，“学生饮用奶计划”工作在宣传教育、奶源基地建设、质量监督管理等方面取得较大成效，学生饮用奶计划推广稳步发展。

一、加大推广，积极谋划转变工作方式方法

2012 年，各地各级学生饮用奶工作机构和各定点生产企业采取有效措施，加强监管力度，创建学生奶奶源示范基地，广泛开展多种形式的宣传教育活动，积极推进“学生饮用奶计划”的稳步发展。截至 2012 年底，在全国 29 个省区市 660 个县（市）共 60 000 多所中小学推广实施了“学生饮用奶计划”，全国日平均供奶量达到 1 800 多万份以上，比上年份 841 万份增加 960 多万份，增长了 114.1 %。9 月 23 日，《国务院关于第六批取消和调整行政审批项目项目的决定》（国发［2012］52 号），停止了省级有关部门的学生饮用奶生产企业资格认定工作。为此，“学生饮用奶计划”部际协调小组办公室切实落实，指导地方学生饮用奶管理部门认真贯彻文件精神，积极解决企业遇到的实际问题，谋划今后推广工作新的方式方法，并结合全国农村义务教育学生营养改善计划稳步推进“学生饮用奶计划”的推广工作。各地政府也进一步加大支持力度，例如：2012 年新疆维吾尔自治区财政补贴学生饮用奶资金 6 508 万元，各地州县市补贴学生饮用奶资金 9 403 万元。河北省张家口市在全市范围内义务教育阶段寄宿制学校实施“蛋奶工程”，为义务教育阶段的寄宿制学生每人每天免费提供一个鸡蛋和一盒 200mL 牛奶。这些，都为“学生饮用奶计划”的加快实施，提供良好的外部环境和有力支持，学生饮用奶覆盖范围和日供奶数量不断扩大。没有发生因产品质量问题引发的食品安全事件。

二、加强监督监管，确保学生饮用奶质量安全

食品质量安全从来都是头等重要的大事，在学生饮用奶计划推广中，始终把质量安全放在第一位置，始终把质量安全贯穿推广全过程。国家学生饮用奶计划办公室通过下发文件、会议部署、技术培训、专家指导、专题调研等，督促、指导各地制定严格的卫生和质量标准，加大对学生奶生产、加工、配送各环节的监管力度，坚决实行“谁审批，谁负责，谁监管”的原则，强化“中国学生饮用奶”标示备案管理，进一步规范企业生产、市场供应和入校推广等工作。

一是做好“中国学生饮用奶”标志标识的备案管理工作。经省级学生饮用奶管理部门认定，并在“学生饮用奶计划部际协调小组办公室”备案的学生饮用奶定点生产企业，允许使用“中国学生饮用奶”标志；进行跨省区供奶的定点生产企业，必须到当地省级学生饮用奶工作机构申请备案并获得批准，所供产品必须是该企业通过审核认定的加工厂生产的学生饮用奶。没有获得学生饮用奶定点企业生产资格，和未到国家学生饮用奶办公室备案的乳品生产企业，其产品不得使用“中国学生饮用奶”标志和标识，不得冒充学生饮用奶进行生产和到学校推广。**二是**完善相关规章制度。各省、自治区、直辖市学生饮用奶计划工作机构进一步完善了学生饮用奶计划相关规章制度，对辖区内学生饮用奶定点生产企业、推广学校加强协调和管理，重点要求对拥有多个加工厂和分公司的大型奶业集团（公司），在生产推广学生饮用奶时，必须将各生产点或加工厂的材料分别向所在地的学生饮用奶工作机构申报，获得当地省级学生饮用奶管理部门的审核认定后，方可生产推广学生饮用奶，确保学生饮用奶计划有序健康实施。**三是**开展学生饮用奶质量检测工作。委托专门检测单位进行产品质量抽检。各省学生饮用奶管理部门也配合当地质检、卫生部门对定点企业的产品进行抽检。例如：新疆维吾尔自治区共组织学生饮用奶质量安全监督检查 6 次，对 32 个学生奶奶源基地和 13 家定点生产企业逐个进行了监督检查，共抽检奶源基地生鲜乳样品 63 个，学生奶产品 56 批次。广东省组织相关质检部门现场对定点企业及学生奶源基地进行生鲜乳随机抽样并检查。抽检样品全部合格。**四是**加强突发事件的应急处理和报告工作。各级学生饮用奶工作机构、定点生产企业和推广学校建立健全安全预警和应急机制，从奶源、加工、储存、运输、配送和饮用等各个环节制订应急预案，加强快速反应能力，提高有效应对和妥善处理突发事件的能力。例如：重庆市的“天友”、“光大”两家定点生产企业制定完善的产品生产及监测标准，建立了完善的储运及配送管理体系和应急机制，对所生产的学生奶产品均进行了产品保险。

三、采取多种方式，广泛开展学生饮用奶计划的宣传工作

积极利用多种媒体，通过多种途径，例如公益广

告、征文活动、信息宣传、专题讲座、印发宣传品、组织新闻单位专题采访等，宣传实施学生饮用奶计划的政策、措施，介绍加强质量监管、确保学生饮用奶产品质量安全的典型经验。丰富学生饮用奶刊物和网站的内容，改善栏目设置，加快信息更新频度，增大信息量，继续办好《中国学生饮用奶网站》，编辑出版《学生饮奶与健康》专刊。在中国教育报编辑刊登“学生营养和健康”专版20期，出版了《学生饮用奶奶源基地建设巡礼宣传画册》；举办了第三届“牛奶与健康”全国少儿绘画和作文大赛，评出绘画特等奖，一、二、三等奖和优秀奖136名；评出作文一、二、三等奖和优秀奖139名；同时还评出组织奖14个。在上海举办了学生饮用奶计划宣传信息员培训班，进一步提高了宣传信息员在方针政策、信息敏感度、综合分析能力、文字表达能力等方面的业务能力，培训宣传信息员110人。为向学生传授营养健康知识，和教育部体育卫生与艺术教育司合作，继续开展以“牛奶加运动，健康伴成长”为主题的学生体质升级健康教育活动。此次活动，共有黑龙江、四川、云南等12个省市近千所学校组织10余万学生参加，有439所学校参评并向中国教育学会报送了136件优质课件，活动得到教育部门和社会各界的广泛好评。各地也开展了内容丰富、形式多样的宣传教育活动。例如江苏、昆明等地学生饮用奶办公室，不定期组织县区教育局、学校领导、教师参观学生奶奶源基地和生产加工厂，宣传学生奶的质量卫生安全；各定点企业也在各类宣传活动中印制了大量有关学生奶的宣传单张、海报及推广手册等发放给老师、学生和家长，并组织形式多样的活动加以宣传。如广东晨光、风行公司组织学生参观奶牛场、生产车间，让学校和学生更直观地了解学生奶的生产流程。上海学生奶办全年进行了近20场集中培训，覆盖了近千所校园，从什么是学生奶到如何进行校园安全管理运作，一一向学校进行展示；制作并分发了数以万计的DVD光盘、校园海报、宣传单页和各种手册。这些活动都起到了较好的宣传教育效果，有效促进了学生饮用奶计划的开展。

四、开展示范创建，推进学生饮用奶奶源基地建设

2012年，学生奶奶源升级，奶源示范基地创建工作稳步开展。在开展了五批学生奶奶源示范基地创建工作的基础上，又开展了第六批学生饮用奶示范基地创建活动，有35家奶源基地成为“学生奶奶源升级计划奶源示范基地”。同时，为确保学生奶奶源示范基地的管理、技术水平能够始终维持在一个较高的水平，符合新的管理、技术要求，持续满足学生奶的质量安全要求，又对第一、二批的学生奶奶源示范基地开展复查工作，有15家示范基地通过复查。共计有165家先后通过创建升级，成为“学生饮用奶奶源升级计划奶源示范基地”。这些示范基地的设备设施优良，管理规范合理，饲喂营养科学，牛群良种化程度高，部分牛场原料奶的各项营养指标、卫生指标达到甚至超过了欧盟标准，切实从源头上保障了学生饮用奶产品的质量安全，对推进我国规模化标准化奶牛养殖发挥了重要的示范带动作用。

2012年内蒙古自治区学生饮用奶计划工作概述

按照国务院31号文件精神，在国家“学生饮用奶计划”部际协调小组办公室和自治区“学生饮用奶计划”领导小组的领导下，在各有关部门的大力支持下，自治区学生奶办公室努力工作，克服困难，圆满完成了各项任务。

一、我区学生饮用奶定点企业的产生

2002年3月开始自治区学生奶办克服种种困难和压力，协调和沟通自治区相关部门，按照国家学生奶办的统一部署，按时向国家申报了我区伊利集团、蒙牛集团和奈伦乳业公司为定点生产企业。经国家学生奶办组织的审核、验收，我区伊利集团、蒙牛集团和奈伦乳业公司被认定为全国第一批24家学生饮用奶定点生产企业之列。2005年，根据国家学生办的授权，自治区学生办对我区通辽市科尔沁乳业公司审核验收，认定为自治区级学生饮用奶定点生产企业。但是，由于各种原因只有伊利集团、蒙牛集团正式生产学饮用奶。内蒙古自治区学生饮用奶计划领导小组办公室于2012年9月，根据国家学生饮用奶计划部际协调小组办公室《关于切实做好学生饮用奶定点生产企业审核认定工作的通知》（学奶（办）［2009］2号）要求，遵照“国家学生饮用奶计划暂行管理办法”的相关规定，制定审定验收方案，组成有领导小组成员单位代表、行业专家、学者组成“内蒙古自治区学生饮用奶生产企业资格审核认定专家组”，对伊利、蒙牛集团进行了现场第二次复审验收。经国家学生奶办审核继续生产学生奶。2011年8月和9月根据蒙牛集团申请，遵照“国家学生饮用奶计划暂行管理办法”的相关规定，制定审定验收方案组成有领导小组成员单位领导、行业专家、学者组成“内蒙古自治区学生饮用奶生产企业资格审核认定专家组”，对蒙牛集团的高科乳业公司、磴口（巴彦高勒）分公司和科尔沁公司进行了现场验收。以上三个公司已通过国家学生奶办审核批复，已经投入生产。

二、学生饮用奶供应情况

我区两大学生奶定点生产企业，严格按照国家相关

学生奶管理要求，利用先进生产设备，规范的质量管理，完善的配送体系，做到了学生奶安全、营养、方便、廉价。今年在全国推广的同时继续在我区呼和浩特市、包头市、鄂尔多斯、呼伦贝尔市、乌兰察布市、阿拉善盟和巴彦淖尔市等7个盟市积极推广。

产品品种：纯牛奶、巧克力、草莓、桃桃、麦香、乳酸、茹茹、美美、核桃、圆圆、哆啦A梦、哈密瓜奶、乳酸奶和甜橙奶等各种味道的学生奶。2012年，蒙牛新增加甜橙口味新品上市与小朋友见面，新装促销活动的加入使我区生产的学生奶增加到14种口味各味特色的学生奶。

伊利、蒙牛两大集团今年日供奶量突破了一千万大关，达到了1 012.7万份，其中，伊利501.3万份，蒙牛511.4万份。

配送情况：内蒙古、广东、广西、山东、河南、福建、天津、新疆、江苏、江西、重庆、湖南、湖北、河北、云南、四川、甘肃、宁夏、陕西、浙江、黑龙江，共21个省市区。其中内蒙古自治区呼和浩特市、包头市、巴彦淖尔市、鄂尔多斯市、呼伦贝尔市、阿拉善和乌兰察布市盟7个盟市的23个旗县区已经有195所学校的学生每天定点饮用17.9万份各种花色和口味的学生奶。

三、学生饮用奶计划的宣传情况

我区伊利、蒙牛两大企业为中小学生提供优质学生饮用奶的同时，还印发了学生奶营养健康课本，通过老师讲解、学生思考、手工、游戏等多种形式将营养健康理念传递给小学生。并通过与各地教育科学研究所等部门的合作，在校园里开展了学生奶营养健康专题课。

（一）伊利推广普及健康知识，不断完善丰富学生奶产品。伊利集团为中小学生提供优质学生饮用奶的同时，还印发了学生奶营养健康课本，通过老师讲解、学生思考、手工、游戏等多种形式将营养健康理念传递给小学生。并通过与呼市教育科学研究所的合作，在校园里开展了学生奶营养健康专题课。与此同时，“伊利杯”营养健康知识系列竞赛也伴随营养健康课一同来到孩子身边。共有23 000名小学生和160名教师参加了本次活动，本次系列活动共六项，其中涉及学生作品的五项，师生作品的一项，分别是学生征文、征图、摄影、DV、学生奶知识问答等活动以及优质课评比活动，共收集到征文：7 100多篇，征图：650多幅次，摄影作品80件次，DV作品30件次，各实验校推出“学生营养与健康综合实践活动”优质课36节次，参与评委涉及27人次。此次活动收到了以下效果：

1. 使参加活动的学校教师、学生、家长更加关注学生营养健康。

2. 让家长和学生更了解学生奶的生产加工、包装、运输、供应、配送、学校获取牛奶的方法、营养成分、学生奶种类、饮用方法、饮用时间等常识。

3. 收集了大量富有童趣、儿童想象力的作品。

4. 其他未开展学生饮奶的学校也开始关注学生奶计划和学生营养健康问题。

5. 改变了家长、学校的一些对学生奶的错误认识。

伊利集团希望通过活动的开展，正确引导孩子掌握科学的健康知识。让家长、教师也一道来参与，分享孩子健康的快乐。

与此同时，借助伊利与奥运、世博携手的契机，我们组织了万余名学生、家长和教师参观伊利工业园，不仅让他们看到了伊利牛奶生产的全过程，而且还创造了与奥运、世博两大盛事面对面的机会，让奥运精神在孩子们的心中发芽、生长，让世博理念深入到每一个孩子心中。我们还根据孩子的兴趣爱好给他们定做了各种促销品。

2011年开始，伊利集团与迪士尼公司签约，将产品包装和宣传材料以及发放给孩子们的小礼品上全部印上了它的卡通形象，让学生们越来越喜欢学生奶产品，我们还通过定期变换学生奶产品口味，满足孩子们求新求变的心理特点，让学生奶始终陪伴在他们的身边。

6. 用爱心来推动学生饮用奶计划

在学生饮用奶计划的推广中，有许多因家庭经济条件较差无法喝到学生奶的学生，我们以各种形式的资助让他们感受到“学生饮用奶计划”带来的温暖。为了帮助社会的弱势群体，自2005年以来，每年六一儿童节，伊利集团都会向呼和浩特、惠州、黄冈、随州等地区的春蕾女童和福利院儿童，以及残疾儿童所在的特教学校赠送价值十余万元的学生奶产品，温暖他们幼小的心灵；同时我公司还通过与各地区教育部门合作，奖励为学生饮用奶工作作出积极贡献的学校、教师……

7. 积极参与国家贫困地区营养改善计划。2012年国家贫困地区营养改善计划在全国各地陆续开展实施。我公司积极响应国家号召，在自身奶源情况十分紧张的情况下，力保学生奶产品的生产产能，最大程度上参与各地的国家贫困地区营养改善计划实施工作，新增供应份数150多万份。

在实施该项计划的同时，我公司不忘安全的大前提，在供应学生奶产品各市、县组织实施了3 000多场针对教育主管部门、学校、专管员老师的学生奶规范化、安全知识培训，累计培训23 000人次，保障了我公司供奶区域的国家贫困地区营养改善计划安全实施运行，去年无质量安全事件发生。

（二）蒙牛学生奶2012年度宣传活动及大型活动。

1. 媒体宣传工作。2012年蒙牛学生奶总计全年共计在近50多家媒体上发布100多篇报道，其中68篇刊登在当地主流报纸版面，平面媒体的报道字数近100 000字，共覆盖全国近40个城市。这些报道有效地宣传了国家学生饮用奶计划，并为开学订奶打下了良好的基础。

2. 主题活动工作。

（1）“家长开放日”活动　扩大品牌影响力，让家长和老师了解校内“规范操作，完善蒙牛学生奶规范操作模式，提升蒙牛学生奶的安全性”。参与活动的家长、老师、领导等共计400余人。活动让学校及家长深入理解了“计划”及“规范操作”意义及必要性。活动对稳固和进一步提高订奶率带来了帮助。

（2）工业考察活动　本次活动全国97个地市教育部门领导和20多个地方媒体记者参加。经工业考察各地教育主管部门的领导和记者，“体验式”营销带来了收获，“一把手”走进生产一线，亲临鉴证，所有来的领导和访者均表示满意，并许诺加大学生奶推广力度。

（3）与地方政府紧密合作　山东省教育装备博览会上与山东省教育厅建立初步合作关系，被列为政府采购目录；与山东省卫生学校协会进一步沟通，维护客情向前来观展的教育部门领导、老师展示学生饮用奶的规范形象。

（4）开展免费送奶公益活动　本次活动共参与93 345人次，通过公益活动提升企业的品牌公益性 增进地方政府客情关系。最终赢得社会各界良好口碑，稳定市场现有格局。

四、学生饮用奶质量监督监管情况

2009年起每月由自治区农牧业厅、教育厅、技术监督局和内蒙古农业大学、内蒙古奶业协会的专家、教授组成的专家组对伊利、蒙牛的生产车间、奶源基地进行严格认真的检查考核。

2012年我们在学生饮用奶生产、配送、入校、饮用等各环节采取了严格的管理措施，在学生饮用奶推广过程中全程进行监督检查，没有出现现质量问题，学生饮用奶推广工作顺利进行。

五、学生饮用奶生产企业奶源基地建设及学生饮用奶奶源升级计划工作的进展情况

国家学生饮用奶计划明确提出：优质奶源、UHT无菌包装生产线、完善的检测体系、配套的配送系统是一个企业有能力并且做好学生奶的必要条件。伊利、蒙牛集团拥有优质的奶源基地，建有大型的现代化牧场园区。本着“一切以纯正品质为中心”的理念，在原奶质量管理上采取GAP质量控制体系、DHI奶牛生产性能测定管理，并采用了利拉阀阿波罗挤奶机组等一系列配套设施，为学生奶的生产提供了优质的原奶质量保证。

2012年申报了24个的学生奶基地，蒙牛12个，伊利12个。但国家学生只批了5家，蒙牛3个，伊利2个。6月份我办派伊利、蒙牛集团的项目认证专员与牧场相关技术人员参加了国家举办的学生奶升级培训，后期一直按照第六批学生奶升级标准执行，国家学生奶办的专家分别于8月份日至和9月份对学生奶基地进行实地考察指导，对于专家提出的整改意见，我们及时的出具了限期整改报告，并且要求企业落实追踪整改措施，并且自治区学生奶专家组成员对基地进行了实地检查和指导，企业重点落实专家提出的整改意见，保证顺利通过验收。计划2012年12月份5个牧场全部接收国家学生奶奶源基地专家的验收通过。

目前，已达到各项指标和要求。在学生奶奶源升级计划专家的指导下，我区的奶牛小区从“五统、一分、一集中”向规模化、集约化、效益化迈进，将提高奶牛单产和牛奶质量、维护奶农利益和保障消费者利益摆在首位，为推进学生奶计划的开展打好基础。

六、2013年学生饮用奶工作计划及目标

（一）学生奶推广。

1. 学生奶日供应量提高到15 000万份，区内争取到18万份，推广盟市由目前的7个增加到9～10个。旗县由目前的23个增加到30个。

2. 2013年起在我区实施定点生产企业实行“月报制”，积极开展经验交流、技术培训和课题研究，进一步扩大学生饮用奶的覆盖范围。

3. 对区内学生奶推广工作进行跟踪监督检查，保证品质和安全。

（二）奶源基地。

1. 计划申报10个学生奶基地，继续发展我区学生奶奶源基地。

2. 邀请专家或组织区内专家进行实地指导。

3. 对通过认证的牧场进行自查与维护。

内蒙古自治区学生饮用奶计划办公室

2013年1月5日

2012年新疆维吾尔自治区学生饮用奶计划推广工作概述

为加快改善我区中小学生营养状况，提高孩子们的身体素质，自治区人民政府于2009年开始实行财政补贴政策，在全疆22个县市试点推广“学生饮用奶计划”，2012年3月，自治区农村义务教育学生营养改善计划试点工作在全疆31个县市启动，两项“计划”的实施体现了自治区党委、自治区人民政府对广大青少年中小学生营养健康问题的高度重视和关心，对改善我区中小学生营养健康状况具有重要意义。通过3年多的实

践证明，我区“学生饮用奶计划”推广工作成绩显著，得到了社会各界、广大师生和学生家长的广泛赞扬，起到了改善中小学生营养状况、拉动奶业发展、提高生鲜乳质量安全水平、促进农牧民增收的作用。是一项功在当代，利在千秋的民心工程。是贯彻执行十八大会议坚持民生建设的具体体现，是推动中华民族伟大复兴的具体行动。

3年多来，在自治区党委和人民政府的大力支持和正确领导下，在自治区学生饮用奶计划协调领导小组和办公室各成员单位的共同努力下，在地方各级政府和有关部门、学校、定点生产企业以及社会各界的积极参与下，自治区的“学生饮用奶计划”推广工作得以平稳快速发展，取得了较好成绩，现将近年来学生饮用奶计划推广工作情况汇报如下：

一、取得的主要成绩

（一）切实改善了青少年营养状况，饮奶学生人数稳定增长。2011年教育厅在2万名饮用学生奶的中小学生中开展营养状况监测与评估的结果显示，“学生饮用奶计划”实施3年多来，青少年营养状况得到切实改善，中小学生身体素质有了明显提高。饮用牛奶的学生从2009年前不足1万人增长到目前的79.66万；农村义务教育学生营养改善计划中享受补贴政策的中小学生86.62万人，其中饮用牛奶的中小学生67.11万人。截至目前，“学生饮用奶计划”和“农村义务教育学生营养改善计划”享受补贴政策饮用牛奶的中小学生146.77万人，占全疆义务教育阶段中小学生的44.82%。

（二）学生饮用奶供应量稳步增长，拉动了奶业的持续发展。2008—2009年上半年，由于“三鹿”事件和国际金融危机的影响，奶粉价格低迷，造成大量积压，生鲜乳收购价格一路下滑。2009年6月1日，自治区“学生饮用奶计划”在全区15个地州22个城市城镇九年义务教育中小学生中正式启动，学生饮用奶的推广，为一批乳品企业注入了生机。今年下半年，进口奶粉价格导致我区奶粉价格下滑，个别地州生鲜乳收购价格与去年同期相比下降0.3～0.5元/千克，但奶业主产区生鲜乳收购价格基本趋于平稳，与去年同期相比下降0.1～0.2元/千克。3年多来通过认定和复审的学生饮用奶定点生产企业13家，奶源基地32个。2012年，学生饮用奶年消费生鲜乳约为5.72万吨，占加工生鲜乳的7.8%，占全疆液态奶市场的18.6%。“学生饮用奶计划”和“学生营养改善计划”的实施，拉动了我区奶业发展、促进了农牧民增收。

（三）促进了质量安全意识的提高。“学生饮用奶计划”推广与实施，进一步提高了各级政府部门、乳品企业、奶源基地的责任意识和质量安全意识，提升了我区奶业整体管理水平。

二、所做的主要工作

（一）各级党委政府高度重视，分工明确，形成了齐抓共管的良好局面。2009年3月，自治区人民政府出台《关于稳定奶业发展的意见》（新政发［2009］27号），全面推进我区学生饮用奶计划工作，为切实落实各项措施，自治区人民政府成立“落实自治区稳定奶业发展意见工作协调领导小组”，并于4月下发《关于印发自治区稳定奶业发展意见任务分解的通知》（新政办发〔2009〕48号），将全面推进学生饮用奶计划具体工作任务分解到各厅、委、办、局等成员单位，在自治区人民政府的高度重视和推动下，各厅委办局为贯彻落实各项任务，开展了大量地富有成效的工作。各地（州）、市对学生饮用奶计划工作也非常重视，相应成立以党政主要领导为组长，各相关部门参加的“学生饮用奶计划”协调领导小组，明确职责任务、落实补贴标准、加强监督管理。自治区财政补资金从2009年的5 810万元增加至2012年的6 508万元，各地财政的补贴资金也增加到了9 403万元（为不增加学生和家长的负担，乌鲁木齐市财政又追加300万元补助资金；喀什市财政对供奶企业给予了50万元的一次性补助）。

（二）推进学生饮用奶计划有章可循、有法可依，有鉴可借。为规范学生饮用奶计划各项工作，自治区制定了《新疆维吾尔自治区“学生饮用奶计划”暂行管理办法》等13个推进学生饮用奶计划配套文件、规范；组建了学生饮用奶奶源基地和申报企业的认定验收专家组，对申报学生饮用奶生产企业和基地严格审核，每两年复审一次，每年必须对所有奶源基地和定点生产企业进行监督检查，发现问题及时纠正，确保学生饮用奶质量安全。为探索学生饮用奶的推广方式和发展方向，积极组织开展学生饮用奶的座谈和调研工作，广泛征求学生、家长、教师以及生产企业代表的意见；2012年自治区结合农村义务教育阶段学生营养改善计划的实施，积极与相关部门协商，由自治区畜牧、教育、食药监管等部门的相关同志组团前往日本考察当地学生奶和学生营养改善计划的具体实施情况，经过3个多月的接洽协商，考察团于2012年6月25日至6月30日前往日本进行了实地考察，通过考察向畜牧厅提交了关于促进我区奶业发展的建议。结合几年来的运行情况，自治区学生饮用奶计划协调办公室还印发了《关于进一步加强学生饮用奶质量安全监管工作的通知》、《学生饮用奶档案管理规范》等相关文件，进一步规范了各级管理机构、奶源基地和定点生产企业质量安全监管行为。

（三）坚持安全第一的原则，因地制宜采取多种配送方式。为顺利实施学生饮用奶计划，自治区在借鉴内地成功推广模式的基础上，采取“政府主导，市场运作，企业、学校和社会各界广泛参与”的运行模式，坚持“保证奶品质量，坚持群众自愿，运用市场机制，决不强求一律”的原则，因地制宜，形成了学生课间饮用、学生领回家饮用、校外网点凭券领取和IC卡刷卡领取四种学生饮用奶配送供应方式，探索出了一条符合新疆实际的推广道路。个别地州还创新工作方法，采取灵活机动的配送方式。比如：昌吉州根据发放奶券领取学生奶存在奶券丢失、漏领和忘领等问题，实行了奶券实名制登记领取的办法，由班主任将学生姓名与奶券编号一一对应，登记造册，督促学生按时领用，月末根据奶券实际回收数量核对领取情况，并反馈学生和家长，此举大大提升了学生用饮用奶实际领取数量；乌鲁木齐市采取划分片区或进校配送，避免了企业之间的内耗。

（四）提高了全区奶牛养殖规模化、标准化水平。一方面积极组织学生饮用奶源基地和规模化奶牛场参加国家学生饮用奶奶源示范基地升级培训，通过培训和国内专家指导和检查，到目前为止全区共有17个牛场通过了国家学生饮用奶奶源示范基地的现场验收，2012年3月自治区又有5个奶源基地完成了升级计划的基础工作，2013年1月将完成农业部奶业专家的检查验收；另一方面，充分利用自治区奶业发展的师资优势，组织各地（州、市）的学生饮用奶计划管理机构、奶源基地和定点生产企业的人员进行相关培训，进一步明确了监管部门的职责，规范了奶源基地和定点生产企业的生产和经营行为，为科学管理和安全生产打下了基础；第三方面，结合国家“加强生鲜乳质量安全监管”、“生鲜乳收购站治理整顿”等工作，在全区大力推进规模化、标准化奶牛场建设，从整体上来看，学生饮用奶计划以及生鲜乳质量安全监管工作的结合，有力地提升了奶业生产水平的提高。

2012年8月在利乐（中国）公司的大力支持和帮助下，新疆维吾尔自治区在乌鲁木齐成功举办了2012年学生饮用奶质量安全技术培训班，畜牧厅党组成员、王俊勋副厅长、中国农业大学教授、中国奶牛体系建设首席专家李胜利亲临培训班开幕式，并作了重要讲话，来自全疆各学生饮用奶计划协调办公室、奶源基地和定点生产企业的主要负责人、相关技术人员共80多人参加了培训。

（五）加大了监督检查力度，增加了抽检频次，确实保证产品质量。自治区始终将学生饮用奶的质量安全作为头等大事，坚持“安全第一、预防为主”的原则，确保学生饮用奶质量安全。新疆维吾尔自治区和各地学生饮用奶管理机构充分发挥监管作用，认真落实学生饮用奶安全监管责任制，加大学生饮用奶监管力度，增加抽检频次，重点对奶源基地两病检疫和定点生产企业产品检验工作进行严格检查。目前，各级学生饮用奶管理机构已对辖区内奶源基地的两病检疫报告和生鲜乳购销合同进行了备案。同时根据相关文件要求，开展了多次学生饮用奶质量安全监督检查，2012年自治区共组织学生饮用奶质量安全监督检查6次，对32个学生奶源基地和13家定点生产企业逐个进行了监督检查，共抽检奶源基地生鲜乳样品63个，学生奶产品56批次；各地州也根据要求分别开展了辖区内学生饮用奶质量安全的监督检查。

（六）大力开展宣传教育活动树立品牌形象。通过广播电视、报刊等新闻媒体，制作播出了学生饮用奶公益广告，利用“世界牛奶日”开展自治区学生饮用奶计划推广三周年庆典，广泛普及科学饮奶知识，在促进“学生饮用奶计划”顺利实施的同时，也树立起了新疆学生饮用奶的良好品牌形象。

（七）认真完成各项工作任务。2012年按照国家学生奶办的要求，积极征集利乐杯绘画与作文大赛的参赛作品，其中征集到绘画作品475幅，作文1 017篇，9月份遴选出绘画和作文作品各100篇幅推荐到国家学生饮用奶计划协调办公室。

三、2013年工作计划

（一）加强组织领导，充分发挥各职能部门的作用。按照“政府负责、部门协同、分级管理、以县为主”的原则，建立各司其职、各负其责、密切配合、齐抓共管的工作机制。

（二）积极协调，促成“学生饮用奶计划”和“学生营养改善计划”的结合。特别是将学生饮用奶作为学生营养餐的重要组成部分长期坚持运行，改善中小学生的膳食结构，同时进一步拉动奶业发展。

（三）做好取消定点生产企业资格认定后的衔接工作。

2013年1月4日

2012年广东省学生饮用奶计划实施概述

今年以来，在国家学生饮用奶计划部际协调小组办公室的指导下，我省继续加强学生饮用奶质量监管，认真组织实施各项工作，确保了我省学生饮用奶计划的顺利实施。

一、2012年学生饮用奶计划实施情况

我省学生饮用奶定点企业为广东燕塘乳业有限公司、广州风行牛奶有限公司和深圳市晨光乳业有限公司，2012年平均供应学生奶491 112包（盒）/天，同比增长43%，其中纯牛奶161 864包（盒），调味奶329 248包（盒）；共供应学校2 952所，同比增长21%，其中小学2 404所，中学548所。

（一）大力宣传，加强组织，促进学生饮用奶推广工作。我局组织编纂、印发了《奶业管理法律法规选编》1 000本（其中专列了国家学生饮用奶计划暂行管理办法、学生饮用奶标志使用规范、奶源示范基地创建

步骤与申报要求和定点生产企业申报认定暂行办法等相关重要文件）发放至市、县行政管理者和收购站、养殖场负责人。组织举办了“生鲜乳质量安全及管理法规培训班”，引导相关协会举办了各种培训班、论坛、研讨会论坛等多种活动，全部学生奶生产企业、学生奶奶源基地及各市生鲜乳行政管理人员，奶牛场负责人等近1 000余人次参加，对更好地做好学生奶质量安全起到了良好的促进作用。

成功举办“世界牛奶日”公益宣传活动，分管厅长到场并讲话，同时组织全省奶业相关企业（包括全部学生奶生产企业、学生奶奶源基地），共同签署了《铸就安全放心广东奶承诺书》，决心自觉接受媒体和社会监督，诚信经营，为社会提供更多的安全、优质的乳制品。

印发了“生鲜乳质量安全须知”宣传单2 000份，派发给市民，并设立了省级生鲜乳质量安全举报电话。

各定点企业也在各类宣传活动中印制了大量有关学生奶的宣传单张、海报及推广手册等发放给老师、学生和家长，并组织形式多样的活动加以宣传。如晨光、风行公司组织学生参观奶牛场、生产车间，让学校和学生更直观地了解学生奶的生产流程。

（二）精选牧场，质量第一，推进学生饮用奶奶源基地建设。为确保学生饮用奶计划顺利推行，我省高度重视学生奶奶源示范基地创建活动，不断通过各种活动加强组织和宣传力度，使各奶牛养殖场树立起将通过学生饮用奶奶源示范基地验收是莫大荣誉的观念。今年我省申报创建学生奶奶源示范基地的养殖场达5家，我局按照《关于开展第六批学生奶奶源示范基地创建工作的通知》要求，认真审核与筛选，择优推荐了最新建的广东红五月良种奶牛场以及长期供港的温氏乳业有限公司的两家奶牛场共三个奶牛场为我省第六批学生奶奶源示范基地创建单位，这三家奶牛场不仅管理技术领先，而且奶源质量也为全省最优，其生鲜乳中蛋白质、乳脂含量等指标高，菌落总数非常低，从源头确保学生奶质量安全。

（三）强化监管，增大检测，保障学生饮用奶产品质量安全。质量安全一直是我省学生饮用奶工作的重中之重，我省认真组织部署监督抽检工作，落实了生鲜乳质量安全专项监测经费，同时建立了奶牛养殖技术规范和生鲜乳收购站标准化管理制度。要求各级畜牧管理部门对生鲜乳收购站、运输车和奶源基地等进行了重点检查，对生鲜乳生产收购记录和进货查验制度落实等涉及生鲜质量安全的重点环节进行细致查阅，同时组织相关质检部门现场对生鲜乳进行随机抽样并检查。行动中，全省共出动执法人员1 028人次，共检查生鲜乳收购站48个（检查率100%）、奶牛养殖场678个，共抽取生鲜乳样品676个，检测1 531个指标（学生奶源基地和乳企100%抽检）。在完成国家要求监测的三聚氰胺、皮革水解蛋白、碱类物质、硫氰酸钠、β-类酰胺酶等指标外，我省针对南方地区可能出现的安全问题，配套增检了生鲜乳中黄曲霉毒素M_1、β-类酰胺类、氨基糖苷类、林可胺和大环内酯类抗生素等指标。抽检样品全部合格。

另外，我局申请10万元经费，首次对生鲜乳中污染物和农药残留进行了专项监测，率先在全国实现对生鲜乳6大类质量安全指标进行全覆盖监督检查，对可能出现的一些安全隐患及时予以纠正，更全面的保障了我省生鲜乳质量安全。

各定点生产企业也始终把学生饮用奶质量安全放在首位，制定实施了管理制度，不断完善内部管理和设备设施建设，建立完善应急机制，对牧场管理、生产检验、销售配送、投诉处理等全过程加以严格控制，确保学生饮用奶质量与安全。

二、我省特点：最优牧场，最佳奶源，最好乳企

为确保学生奶质量安全，我省通过验证以及正在进行验证的全部学生奶奶源基地都是我省最优秀的牧场，而学生奶奶源基地的生鲜乳质量也是全国领先，生鲜乳中蛋白质、乳脂等营养指标均普遍高于国家标准15%以上，而细菌菌落总数则远远低于国家标准的规定量（我省合同要求为2×10^5cfu/mL以下，国家标准为2×10^6cfu/mL以下），大部分规模奶牛场的细菌菌落总数常年控制在以2×10^4cfu/mL以下，部分场部分批次最低达到1 000cfu/mL，让同行惊为“不可能”。而我省的学生奶生产企业也为全省综合评价最好的三家大型骨干乳品企业担纲，基本都是原有大型国有企业转制的大公司，其中包括负责供港生鲜乳几十年，港方按欧盟标准检测从未出过问题的广州风行牛奶有限公司，另外即将要通过学生奶源基地验证的温氏乳业有限公司也是常年供港的优秀企业。

三、2013年工作计划

2013年，我省将继续加强学生饮用奶的推广宣传工作，提高学生奶普及率；加强对学生饮用奶奶源基地的监督检查和对乳品企业的监督管理，扩大对学生饮用奶源基地以及非本省奶源牛奶的检测范围，并努力做到3个100%：对学生奶源基地和生产企业检查率达到100%；对学生奶源基地和生产企业的生鲜乳的抽样率达到100%；生鲜乳中三聚氰胺检测合格率100%，确保学生饮用奶质量与安全。

2012年12月19日

2012年江苏省实施国家“学生饮用奶计划”工作概述

江苏省学生饮用奶计划实施协调小组办公室

2012年，在省学生饮用奶计划实施协调小组成员单位的正确引导和协同监管下，江苏省“学生饮用奶计划”工作稳步推进，各项工作进展顺利，推广量在全国名列前茅，学生饮用奶质量安全保障措施得力，没有发生安全事故。

一、学生饮用奶推广情况

江苏省学生饮用奶定点生产企业维维食品饮料股份有限公司、南京卫岗乳业有限公司、江苏梁丰食品集团有限公司、江苏三元乳业有限公司是报经国家学生饮用奶计划部际协调小组办公室备案的学生饮用奶定点生产企业。

江苏省学生饮用奶日均推广总量183.9万份，其中省内83.8万份，省外100.1万份，覆盖65个大小城市和1 500多个县镇，推广学校6 424所（剔除重叠，约5 000所），其中中学885所，小学4 815所。维维食品饮料股份有限公司、江苏梁丰食品集团有限公司和南京卫岗乳业有限公司、江苏三元乳业有限公司学生饮用奶推广学校达4 000多所，日均供应量105.8万份，其中供应“农村义务教育学生营养餐改善计划”日均推广学生饮用奶100.1万份，占其推广总量的94.6%，主要面向安徽、四川、湖北、湖南等地。

江苏省学生饮用奶定点生产企业的学生饮用奶品种为灭菌乳、调味乳。定点生产企业主要在省内各大、中、小城市推广学生饮用奶，其中南京卫岗乳业有限公司、维维食品饮料股份有限公司、江苏三元乳业有限公司还向省外供应，主要有安徽省、四川省、湖北省、湖南省、山东省等地。

二、开展学生饮用奶计划的宣传教育等活动与成效情况

1. 召开学生饮用奶计划推进工作座谈会。为加强全省学生饮用奶工作的管理，切实加强学生饮用奶质量安全监管，省学生饮用奶计划实施协调小组办公室2012年初在南京召开学生饮用奶计划推进工作座谈会。省农委、省教育厅、省质监局、省经信委、省发改委等学生饮用奶计划实施协调小组成员单位参加会议。

会议对2011年全省学生饮用奶计划推广工作情况进行了通报，重点讨论了学生饮用奶质量安全监管和完善应急机制等问题，讨论通过了2012年工作计划，将制定学生饮用奶质量安全监督管理工作约谈制度和省级学生饮用奶应急预案作为全年工作的重中之重。

2. 召开全省学生饮用奶推广交流研讨会。为稳步推进“国家学生饮用奶计划”的实施，提高江苏省学生饮用奶定点生产企业生产经营管理水平，确保学生饮用奶质量安全，扩大学生饮用奶的社会影响，2月17～18日，组织在兴化市召开全省学生饮用奶推广交流研讨会，省农委王春喜副主任（省学生饮用奶计划实施协调小组组长）出席会议并作重要讲话。会议对学生饮用奶推广十周年先进单位和先进个人进行表彰，解读、组织学习了《江苏省学生饮用奶计划管理办法》和《江苏省学生饮用奶定点生产企业资格认定办法》，并对学生饮用奶推广情况、市场营销做法及经验、学生饮用奶品种调整及其成效、企业发展战略和思路、学生饮用奶质量安全控制进行了广泛交流。人民网、《走进新农村》等媒体对该活动进行了报道。

3. 修订完善并贯彻落实学生饮用奶计划相关管理办法。随着奶业的发展和学生饮用奶计划的深入推进，学生饮用奶品种调整、跨省市推广备案等问题亟待规范，结合近几年新出台的奶业相关政策、乳品国家标准和江苏奶业发展实际，适应学生饮用奶计划健康发展需要，根据《江苏省农业委员会规范性文件制定和备案》（苏农办法〔2009〕16号）精神，修订发布了《江苏省学生饮用奶计划管理办法》和《江苏省学生饮用奶定点生产企业资格认定办法》，并于3月1日起正式施行。文件明确工作职责，要求省、市学生饮用奶计划实施协调小组密切配合，进一步强化管理，规范学生饮用奶品种和包装，加强跨省市推广备案管理，保障产品质量和饮奶安全。

9月19日，在全国率先制定、下发了《关于印发〈江苏省学生饮用奶突发事件应急预案〉的通知》（苏学奶〔2012〕1号）。人民网等媒体对管理办法和应急预案的出台进行了报道。

4. 制定发布《江苏省学生饮用奶质量安全监督管理工作约谈制度》。为进一步强化学生饮用奶质量安全监督管理工作，推进安全生产责任制度的落实，有效防范学生饮奶质量安全事故的发生，促进学生饮用奶计划健康稳定发展，5月14日，制定发布了《江苏省学生饮用奶质量安全监督管理工作约谈制度》。《约谈制度》指出，江苏省内各级学生饮用奶计划工作机构和各有关主管部门应认真落实学生饮用奶安全责任制度。一旦出现约谈情形，应及时进行约谈以纠正违规行为，排除安全隐患。对于整改不到位的企业将责令重新整改，对存在重大安全隐患不及时整改或不能整改到位的定点生产企业，将取消学生饮用奶定点生产资格以确保学生的饮奶安全，促进学生饮用奶计划的健康发展。

5. 积极应对国务院取消学生饮用奶定点生产企业资格认定。《国务院关于第六批取消和调整行政审批项目的决定》（国发〔2012〕52号），明确取消学生饮用奶定点生产企业资格认定，为贯彻《决定》精神，农业部11月13日在北京召开学生饮用奶计划工作座谈会，江苏省特派员参加会议，提出了对取消学生饮用奶定点生产企业资格认定后“学生饮用奶计划”下一步工作的意见和建议。根据部分学生饮用奶定点生产企业的要求，组织在扬州召开座谈会，研讨取消后的监管工作措施，明确监管责任，避免出现监管真空，确保了行政审批项目的取消和调整工作及时落实到位，确保了学生奶定点生产企业良性发展和学生饮用奶计划的健康稳定发展。

6. 积极组织参加第三届“牛奶与健康”全国少儿绘画和作文大赛。为进一步推进学生饮用奶计划的开展，广泛宣传和普及饮奶知识，促进乳制品消费和奶业的发展，增强少年儿童的身体素质，丰富中小学生课余生活，国家学生饮用奶计划部际协调小组办公室举办第三届“牛奶与健康”全国少儿绘画和作文大赛。

省学奶办按通知精神，要求各地学生奶办及有关定点生产企业积极组织有关学校的适龄学生参加活动。江苏省连云港、宿迁、扬州、泰州、南京等地学生饮用奶定点生产企业，积极协助学生奶办开展有关工作，取得了圆满的结果。

本次总共收到文章420多篇，初审选用100篇，绘画作品150多篇，初审选用75篇，并及时报送至国家学奶办。

7. 积极推进企业转型升级，备案使用“中国学生饮用奶”标志标识。组织对江苏三元双宝乳业有限公司进行现场考核，报省农委、教育厅、质监局审核通过，由学生饮用奶计划部际协调小组办公室批准该公司使用“中国学生饮用奶”标志标识。

8. 加强学生饮用奶计划舆论正面宣传。省学奶办在加强正面宣传、报道方面也做了很多尝试，每次活动都尽可能在人民网、中国网、江苏奶业信息网等网站上和《学生饮奶与健康》杂志上进行报道宣传，加上众多媒体转载报道，形成正确的舆论导向，创造良好的舆论氛围。

三、开展学生饮用奶质量的监管情况

1. 加强对学生饮用奶定点生产企业的监督检查。重点检查学生饮用奶定点生产企业原料奶的质量和学生饮用奶的品种、质量、标识是否符合要求，有无以其他品种、质量、包装的乳品代替学生饮用奶向学校配送行为；有无建立严密的学生饮用奶质量安全责任制，形成覆盖学生饮用奶生产、配送、组织饮用和监督管理全过程、全方位、可追溯的责任体系等；着重检查了乳品供给链与学生饮奶安全控制情况。

2. 加强对学生饮用奶定点生产企业的监督管理。各级协调机构继续加大对学生饮用奶生产、加工、配送各环节的监管力度，定期检查定点生产企业质量安全全程控制情况。通过签订学生饮用奶质量安全承诺书，推进乳品企业诚信体系建设，强化食品企业质量安全第一责任意识，建立健全企业产品质量内核内控体系。积极开展学生饮用奶定点生产企业标签标识检查，及时通报、严格整改。开展质量安全控制管理培训，强化危机意识，完善乳品企业电子信息记录系统，充分发挥可追溯体系作用，提高企业安全生产控制和产品质量水平。

要求各企业对照专家现场考核或监督中提出的意见加以整改完善，同时要求各有关企业在今后长期的生产（加工）、检测、配送等工作中予以高度重视，常抓不懈，并对存在于其他企业的不足之处加以重视和防范，使专家提出的好建议真正落到实处，强化学生饮用奶各环节安全保障。

3. 实施学生饮用奶品种备案。为规范学生饮用奶定点生产企业的学生饮用奶品种，根据省学生饮用奶计划实施协调小组“关于调整学生饮用奶品种的通知”（苏学奶［2010］4号）精神，省学奶办认真实施学生饮用奶品种备案工作。

四、加强学生饮用奶奶源基地建设情况

1. 积极开展第六批学生饮用奶奶源示范基地申报创建。为了进一步提高学生饮用奶奶源基地建设水平，保证学生饮用奶质量安全，根据国家学生饮用奶计划部际协调小组办公室通知，江苏省组织开展第六批学生饮用奶奶源示范基地创建工作。

按照国家学生奶办统一部署，配合技术专家专程赴南京卫岗有限公司泗洪牧场、泰州卫岗有限公司奶牛场、南通红梅乳业有限公司如皋袁桥牧场开展奶源基地指导工作，并赴南京奶业集团有限公司第一牧场开展奶源基地复查验收工作，对南京卫岗有限公司泗洪牧场、泰州卫岗有限公司奶牛场、南通红梅乳业有限公司如皋袁桥牧场展开后期验收工作。

2. 开展奶牛生态健康养殖示范创建和标准化养殖示范创建活动。根据农业部办公厅下发的《关于公布2012年畜禽标准化示范场名单的通知》（农办牧［2012］40号），江苏省维维食品饮料股份有限公司维维农牧科技有限公司、常州红梅乳业有限公司、南通红梅乳业有限公司、丹阳市练湖乳品有限公司等四家学生饮用奶企业的奶牛场被农业部列为畜禽标准化示范场。几年来，已有江苏春晖乳业有限公司、南京卫岗乳业有限公司等近30家企业的奶牛场通过生态健康养殖示范创建，且有10多家学生饮用奶定点生产企业的奶牛场通过了农业部开展的畜禽标准化养殖示范创建。

五、2013年学生饮用奶推广工作计划及目标

在新的一年里，江苏省将积极稳步实施学生饮用奶推广计划，扩大宣传，严格监管，多方努力保障学生饮用奶质量安全，确保学生饮用奶工作顺利开展，争取学生饮用奶日供应量比2012年增长10%。

1. 开展学生饮用奶定点生产企业战略发展研讨。

强化学生饮用奶定点生产企业市场营销培训与交流，积极推进“国家学生饮用奶计划”的实施，提高学生饮用奶定点生产企业学生饮用奶推广水平和推广量，扩大学生饮用奶的社会影响。举办学生饮用奶定点生产企业战略发展研讨会，结合学生饮用奶计划推广谈企业发展战略，促进学生饮用奶定点生产企业健康发展和学生饮用奶推广工作有序前进。

2. 强化学生饮用奶标签标识管理。根据国家《食品标识管理规定》，结合质量评比活动，继续加强学生饮用奶标签标识的管理。

3. 召开“学生饮用奶计划”推进工作座谈会。召集省学生饮用奶计划实施协调小组办公室各成员单位、部分专家，召开学生饮用奶计划工作座谈会。对如何加强学生饮用奶质量安全监督管理等进行座谈讨论，一如既往贯彻落实有关规定，确保学生饮用奶质量安全。

4. 继续加强学生饮用奶定点生产企业的监督检查与质量安全培训。通过监督检查，促进定点生产企业进一步抓好质量安全，杜绝质量安全事故的发生。举办学生饮用奶质量安全培训班，进一步强化危机意识，建立健全高效的安全预警和应急机制，确保及时处理可能出现的突发事件。

5. 开展定点生产企业质量评比活动。于2013年底组织进行质量评比打分，评出一、二、三等奖或“学生饮用奶优秀生产企业”。通过评比活动，提升江苏省学生饮用奶定点生产企业生产经营管理水平，确保学生饮用奶质量安全。

6. 继续强化报表上报工作。规范学生饮用奶生产企业的月报工作，及时掌握江苏省“学生饮用奶计划”推广情况，了解各生产企业学生饮用奶的品种与规格、供应价格与数量、推广学校数与饮奶学生人数以及奶源基地与原料奶收购价格等情况。

7. 有计划、有步骤地推进“学生饮用奶计划”实施工作。认真落实《国务院关于促进奶业持续健康发展的意见》（国发〔2007〕31号）文件精神，加强省协调小组成员单位、各级政府有关部门的密切配合，积极争取有关政策支持，有计划、有步骤地推进“学生饮用奶计划”实施工作，完善并认真落实各项规章制度。

8. 加强推广宣传，普及饮奶知识。加强与新闻宣传单位的沟通，大力宣传实施国家“学生饮用奶计划”有关政策文件精神和工作进展情况，普及健康营养知识，优化营养结构，使中小学生家长和社会各界了解实施国家“学生饮用奶计划”的目的意义、方针政策和基本要求，培养中小学生消费牛奶的良好习惯，创造良好的舆论环境和发展氛围，不断扩大学生饮用奶覆盖范围。

9. 强化学生饮用奶品种备案管理。今后学生饮用奶工作的重中之重是加强监管，各定点生产企业应妥善做好品种调整及产品标识标注工作，拟推广供应的学生饮用奶产品应取得地市级以上（含地市级）质量技术监督部门的产品检测合格报告，并要求企业将学生饮用奶品种和产品检测合格报告书报省学奶办备案。

10. 召开学生饮用奶定点生产企业总结交流与表彰会议。总结交流江苏省学生饮用奶推广工作中好的做法和成功经验，积极推进“国家学生饮用奶计划”的顺利实施，确保学生饮用奶质量安全，保障“学生饮用奶计划”健康稳定发展。

11. 开展年度统计与总结工作。年底组织开展学生饮用奶供应情况统计和工作总结，及时上报国家学生饮用奶计划协调小组办公室和省学生饮用奶计划实施协调小组各成员单位。

2012年12月20日

政策法规
ZHENGCE FAGUI

【国务院发布】

国务院关于加强食品安全工作的决定

国发［2012］20号

各省、自治区、直辖市人民政府，国务院各部委、各直属机构：

食品安全是重大的民生问题，关系人民群众身体健康和生命安全，关系社会和谐稳定。党中央、国务院对此高度重视，近年来制定实施了一系列政策措施。各地区、各部门认真抓好贯彻落实，不断加大工作力度，食品安全形势总体上是稳定的。但当前我国食品安全的基础仍然薄弱，违法违规行为时有发生，制约食品安全的深层次问题尚未得到根本解决。随着生活水平的不断提高，人民群众对食品安全更为关注，食以安为先的要求更为迫切，全面提高食品安全保障水平，已成为我国经济社会发展中一项重大而紧迫的任务。为进一步加强食品安全工作，现作出如下决定。

一、明确加强食品安全工作的指导思想、总体要求和工作目标

（一）指导思想。以邓小平理论和“三个代表”重要思想为指导，深入贯彻落实科学发展观，从维护人民群众根本利益出发，进一步加强对食品安全工作的组织领导，完善食品安全监管体制机制，健全政策法规体系，强化监管手段，提高执法能力，落实企业主体责任，提升诚信守法水平，动员社会各界积极参与，促进我国食品安全形势持续稳定好转。

（二）总体要求。坚持统一协调与分工负责相结合，严格落实监管责任，强化协作配合，形成全程监管合力。坚持集中治理整顿与严格日常监管相结合，严厉惩处食品安全违法犯罪行为，规范食品生产经营秩序，强化执法力量和技术支撑，切实提高食品安全监管水平。坚持加强政府监管与落实企业主体责任相结合，强化激励约束，治理道德失范，培育诚信守法环境，提升企业管理水平，夯实食品安全基础。坚持执法监督与社会监督相结合，加强宣传教育培训，积极引导社会力量参与，充分发挥群众监督与舆论监督的作用，营造良好社会氛围。

（三）工作目标。通过不懈努力，用3年左右的时间，使我国食品安全治理整顿工作取得明显成效，违法犯罪行为得到有效遏制，突出问题得到有效解决；用5年左右的时间，使我国食品安全监管体制机制、食品安全法律法规和标准体系、检验检测和风险监测等技术支撑体系更加科学完善，生产经营者的食品安全管理水平和诚信意识普遍增强，社会各方广泛参与的食品安全工作格局基本形成，食品安全总体水平得到较大幅度提高。

二、进一步健全食品安全监管体系

（一）完善食品安全监管体制。进一步健全科学合理、职能清晰、权责一致的食品安全部门监管分工，加强综合协调，完善监管制度，优化监管方式，强化生产经营各环节监管，形成相互衔接、运转高效的食品安全监管格局。按照统筹规划、科学规范的原则，加快完善食品安全标准、风险监测评估、检验检测等的管理体制。县级以上地方政府统一负责本地区食品安全工作，要加快建立健全食品安全综合协调机构，强化食品安全保障措施，完善地方食品安全监管工作体系。结合本地区实际，细化部门职责分工，发挥监管合力，堵塞监管漏洞，着力解决监管空白、边界不清等问题。及时总结实践经验，逐步完善符合我国国情的食品安全监管体制。

（二）健全食品安全工作机制。建立健全跨部门、跨地区食品安全信息通报、联合执法、隐患排查、事故处置等协调联动机制，有效整合各类资源，提高监管效能。加强食品生产经营各环节监管执法的密切协作，发现问题迅速调查处理，及时通知上游环节查明原因、下游环节控制危害。推动食品安全全程追溯、检验检测互认和监管执法等方面的区域合作，强化风险防范和控制的支持配合。健全行政执法与刑事司法衔接机制，依法从严惩治食品安全违法犯罪行为。规范食品安全信息报告和信息公布程序，重视舆情反映，增强分析处置能力，及时回应社会关切。加大对食品安全的督促检查和考核评价力度，完善食品安全工作奖惩约束机制。

（三）强化基层食品安全管理工作体系。推进食品安全工作重心下移、力量配置下移，强化基层食品安全管理责任。乡（镇）政府和街道办事处要将食品安全工作列为重要职责内容，主要负责人要切实负起责任，并明确专门人员具体负责，做好食品安全隐患排查、信息报告、协助执法和宣传教育等工作。乡（镇）政府、街道办事处要与各行政管理派出机构密切协作，形成分区划片、包干负责的食品安全工作责任网。在城市社区和农村建立食品安全信息员、协管员等队伍，充分发挥群众监督作用。基层政府及有关部门要加强对社区和乡村食品安全专、兼职队伍的培训和指导。

三、加大食品安全监管力度

（一）深入开展食品安全治理整顿。深化食用农产品和食品生产经营各环节的整治，重点排查和治理带有行业共性的隐患和"潜规则"问题，坚决查处食品非法添加等各类违法违规行为，防范系统性风险；进一步规范生产经营秩序，清理整顿不符合食品安全条件的生产经营单位。以日常消费的大宗食品和婴幼儿食品、保健食品等为重点，深入开展食品安全综合治理，强化全链条安全保障措施，切实解决人民群众反映强烈的突出问题。加大对食品集中交易市场、城乡结合部、中小学校园及周边等重点区域和场所的整治力度，组织经常性检查，及时发现、坚决取缔制售有毒有害食品的"黑工厂"、"黑作坊"和"黑窝点"，依法查处非法食品经营单位。

（二）严厉打击食品安全违法犯罪行为。各级监管部门要切实履行法定职责，进一步改进执法手段、提高执法效率，大力排查食品安全隐患，依法从严处罚违法违规企业及有关人员。对涉嫌犯罪案件，要及时移送立案，并积极主动配合司法机关调查取证，严禁罚过放行、以罚代刑，确保对犯罪分子的刑事责任追究到位。加强案件查处监督，对食品安全违法犯罪案件未及时查处、重大案件久拖不结的，上级政府和有关部门要组织力量直接查办。各级公安机关要明确机构和人员负责打击食品安全违法犯罪，对隐蔽性强、危害大、涉嫌犯罪的案件，根据需要提前介入，依法采取相应措施。公安机关在案件查处中需要技术鉴定的，监管部门要给予支持。坚持重典治乱，始终保持严厉打击食品安全违法犯罪的高压态势，使严惩重处成为食品安全治理常态。

（三）加强食用农产品监管。完善农产品质量安全监管体系，加快推进乡镇农产品质量安全监管公共服务机构建设，开展农产品质量安全监管示范县创建，着力提高县级农产品质量安全监管执法能力。严格农业投入品生产经营管理，加强对食用农产品种植养殖活动的规范指导，督促农产品标准化生产示范园（区、场）、农民专业合作经济组织、食用农产品生产企业落实投入品使用记录制度。扩大对食用农产品的例行监测、监督抽查范围，严防不合格产品流入市场和生产加工环节。加强对农产品批发商、经纪人的管理，强化农产品运输、仓储等过程的质量安全监管。加大农产品质量安全培训和先进适用技术推广力度，建立健全农产品产地准出、市场准入制度和农产品质量安全追溯体系，强化农产品包装标识管理。健全畜禽疫病防控体系，规范畜禽屠宰管理，完善畜禽产品检验检疫制度和无害化处理补贴政策，严防病死病害畜禽进入屠宰和肉制品加工环节。加强农产品产地环境监管，加大对农产品产地环境污染治理和污染区域种植结构调整的力度。

（四）加强食品生产经营监管。严格实施食品生产经营许可制度，对食品生产经营新业态要依法及时纳入许可管理。不能持续达到食品安全条件、整改后仍不符合要求的生产经营单位，依法撤销其相关许可。强化新资源食品、食品添加剂、食品相关产品新品种的安全性评估审查。加强监督抽检、执法检查和日常巡查，完善现场检查制度，加大对食品生产经营单位的监管力度。建立健全食品退市、召回和销毁管理制度，防止过期食品等不合格食品回流食品生产经营环节。依法查处食品和保健食品虚假宣传以及在商标、包装和标签标识等方面的违法行为。严格进口食品检验检疫准入管理，加强对进出口食品生产企业、进口商、代理商的注册、备案和监管。加强食品认证机构资质管理，严厉查处伪造冒用认证证书和标志等违法行为。加快推进餐饮服务单位量化分级管理和监督检查结果公示制度，建立与餐饮服务业相适应的监督抽检快速检测筛查模式。切实加强对食品生产加工小作坊、食品摊贩、小餐饮单位、小集贸市场及农村食品加工场所等的监管。

四、落实食品生产经营单位的主体责任

（一）强化食品生产经营单位安全管理。食品生产经营单位要依法履行食品安全主体责任，配备专、兼职食品安全管理人员，建立健全并严格落实进货查验、出厂检验、索证验票、购销台账记录等各项管理制度。规模以上生产企业和相应的经营单位要设置食品安全管理机构，明确分管负责人。食品生产经营单位要保证必要的食品安全投入，建立健全质量安全管理体系，不断改善食品安全保障条件。要严格落实食品安全事故报告制度，向社会公布本单位食品安全信息必须真实、准确、及时。进一步健全食品行业从业人员培训制度，食品行业从业人员必须先培训后上岗并由单位组织定期培训，单位负责人、关键岗位人员要统一接受培训。

（二）落实企业负责人的责任。食品生产经营企业法定代表人或主要负责人对食品安全负首要责任，企业质量安全主管人员对食品安全负直接责任。要建立健全从业人员岗位责任制，逐级落实责任，加强全员、全过程的食品安全管理。严格落实食品交易场所开办者、食品展销会等集中交易活动举办者、网络交易平台经营者等的食品安全管理责任。对违法违规企业，依法从严追究其负责人的责任，对被吊销证照企业的有关责任人，依法实行行业禁入。

（三）落实不符合安全标准的食品处置及经济赔偿

责任。食品生产经营者要严格落实不符合食品安全标准的食品召回和下架退市制度，并及时采取补救、无害化处理、销毁等措施，处置情况要及时向监管部门报告。对未执行主动召回、下架退市制度，或未及时采取补救、无害化处理、销毁等措施的，监管部门要责令其限期执行；拒不执行的，要加大处罚力度，直至停产停业整改、吊销证照。食品经营者要建立并执行临近保质期食品的消费提示制度，严禁更换包装和日期再行销售。食品生产经营者因食品安全问题造成他人人身、财产或者其他损害的，必须依法承担赔偿责任。积极开展食品安全责任强制保险制度试点。

（四）加快食品行业诚信体系建设。加大对道德失范、诚信缺失的治理力度，积极开展守法经营宣传教育，完善行业自律机制。食品生产经营单位要牢固树立诚信意识，打造信誉品牌，培育诚信文化。加快建立各类食品生产经营单位食品安全信用档案，完善执法检查记录，根据信用等级实施分类监管。建设食品生产经营者诚信信息数据库和信息公共服务平台，并与金融机构、证券监管等部门实现共享，及时向社会公布食品生产经营者的信用情况，发布违法违规企业和个人“黑名单”，对失信行为予以惩戒，为诚信者创造良好发展环境。

五、加强食品安全监管能力和技术支撑体系建设

（一）加强监管队伍建设。各地区要根据本地实际，合理配备和充实食品安全监管人员，重点强化基层监管执法力量。加强食品安全监管执法队伍的装备建设，重点增加现场快速检测和调查取证等设备的配备，提高监管执法能力。加强监管执法队伍法律法规、业务技能、工作作风等方面的教育培训，规范执法程序，提高执法水平，切实做到公正执法、文明执法。

（二）完善食品安全标准体系。坚持公开透明、科学严谨、广泛参与的原则，进一步完善食品、食品添加剂、食品相关产品安全标准的制修订程序。加强食品安全标准制修订工作，尽快完成现行食用农产品质量安全、食品卫生、食品质量标准和食品行业标准中强制执行标准的清理整合工作，加快重点品种、领域的标准制修订工作，充实完善食品安全国家标准体系。各地区要根据监管需要，及时制定食品安全地方标准。鼓励企业制定严于国家标准的食品安全企业标准。加强对食品安全标准宣传和执行情况的跟踪评价，切实做好标准的执行工作。

（三）健全风险监测评估体系。加强监测资源的统筹利用，进一步增设监测点，扩大监测范围、指标和样本量，提高食品安全监测水平和能力。统一制定实施国家食品安全风险监测计划，规范监测数据报送、分析和通报等工作程序，健全食品安全风险监测体系。加强食用农产品质量安全风险监测和例行监测。建立健全食源性疾病监测网络和报告体系。严格监测质量控制，完善数据报送网络，实现数据共享。加强监测数据分析判断，提高发现食品安全风险隐患的能力。完善风险评估制度，强化食品和食用农产品的风险评估，充分发挥其对食品安全监管的支撑作用。建立健全食品安全风险预警制度，加强风险预警相关基础建设，确保预警渠道畅通，努力提高预警能力，科学开展风险交流和预警。

（四）加强检验检测能力建设。严格食品检验检测机构的资质认定和管理，科学统筹、合理布局新建检验检测机构，加大对检验检测能力薄弱地区和重点环节的支持力度，避免重复建设。支持食品检验检测设备国产化。积极稳妥推进食品检验检测机构改革，促进第三方检验检测机构发展。推进食品检验检测数据共享，逐步实现网络化查询。鼓励地方特别是基层根据实际情况开展食品检验检测资源整合试点，积极推广成功经验，逐步建立统筹协调、资源共享的检验检测体系。

（五）加快食品安全信息化建设。按照统筹规划、分级实施、注重应用、安全可靠的原则，依托现有电子政务系统和业务系统等资源，加快建设功能完善的食品安全信息平台，实现各地区、各部门信息互联互通和资源共享，加强信息汇总、分析整理，定期向社会发布食品安全信息。积极应用现代信息技术，创新监管执法方式，提高食品安全监管的科学化、信息化水平。加快推进食品安全电子追溯系统建设，建立统一的追溯手段和技术平台，提高追溯体系的便捷性和有效性。

（六）提高应急处置能力。健全各级食品安全事故应急预案，加强预案演练，完善应对食品安全事故的快速反应机制和程序。加强食品安全事故应急处置体系建设，提高重大食品安全事故应急指挥决策能力。加强应急队伍建设，强化应急装备和应急物资储备，提高应急风险评估、应急检验检测等技术支撑能力，提升事故响应、现场处置、医疗救治等食品安全事故应急处置水平。制定食品安全事故调查处理办法，进一步规范食品安全事故调查处理工作程序。

六、完善相关保障措施

（一）完善食品安全政策法规。深入贯彻实施食品安全法，完善配套法规规章和规范性文件，形成有效衔接的食品安全法律法规体系。推动完善严惩重处食品安全违法行为的相关法律依据，着力解决违法成本低的问题。各地区要积极推动地方食品安全立法工作，加强食品生产加工小作坊和食品摊贩管理等具体办法的制修订工作。定期组织开展执法情况检查，研究解决法律执行中存在的问题，不断改进和加强执法工作。大力推进种植、畜牧、渔业标准化生产。完善促进食品产业优化升级的政策措施，提高食品产业的集约化、规模化水平。提高食品行业准入门槛，加大对食品企业技术进步和技术改造的支持力度，提高食品安全保障能力。推进食品经营场所规范化、标准化建设，大力发展现代化食品物流配送服务体系。积极推进餐饮服务食品安全示范工程建设。完善支持措施，加快推进餐厨废弃物资源化利用

和无害化处理试点。

（二）加大政府资金投入力度。各级政府要建立健全食品安全资金投入保障机制。中央财政要进一步加大投入力度，国家建设投资要给予食品安全监管能力建设更多支持，资金要注意向中西部地区和基层倾斜。地方各级政府要将食品安全监管人员经费及行政管理、风险监测、监督抽检、科普宣教等各项工作经费纳入财政预算予以保障。切实加强食品安全项目和资金的监督管理，提高资金使用效率。

（三）强化食品安全科技支撑。加强食品安全学科建设和科技人才培养，建设具有自主创新能力的专业化食品安全科研队伍。整合高等院校、科研机构和企业等科研资源，加大食品安全检验检测、风险监测评估、过程控制等方面的技术攻关力度，提高食品安全管理科学化水平。加强科研成果使用前的安全性评估，积极推广应用食品安全科研成果。建立食品安全专家库，为食品安全监管提供技术支持。开展食品安全领域的国际交流与合作，加快先进适用管理制度与技术的引进、消化和吸收。

七、动员全社会广泛参与

（一）大力推行食品安全有奖举报。地方各级政府要加快建立健全食品安全有奖举报制度，畅通投诉举报渠道，细化具体措施，完善工作机制，实现食品安全有奖举报工作的制度化、规范化。切实落实财政专项奖励资金，合理确定奖励条件，规范奖励审定、奖金管理和发放等工作程序，确保奖励资金及时兑现。严格执行举报保密制度，保护举报人合法权益。对借举报之名捏造事实的，依法追究责任。

（二）加强宣传和科普教育。将食品安全纳入公益性宣传范围，列入国民素质教育内容和中小学相关课程，加大宣传教育力度。充分发挥政府、企业、行业组织、社会团体、广大科技工作者和各类媒体的作用，深入开展“食品安全宣传周”等各类宣传科普活动，普及食品安全法律法规及食品安全知识，提高公众食品安全意识和科学素养，努力营造“人人关心食品安全、人人维护食品安全”的良好社会氛围。

（三）构建群防群控工作格局。充分调动人民群众参与食品安全治理的积极性、主动性，组织动员社会各方力量参与食品安全工作，形成强大的社会合力。支持新闻媒体积极开展舆论监督，客观及时、实事求是报道食品安全问题。各级消费者协会要发挥自身优势，提高公众食品安全自我保护能力和维权意识，支持消费者依法维权。充分发挥食品相关行业协会、农民专业合作经济组织的作用，引导和约束食品生产经营者诚信经营。

八、加强食品安全工作的组织领导

（一）加强组织领导。地方各级政府要把食品安全工作摆上重要议事日程，主要负责同志亲自抓，切实加强统一领导和组织协调。要认真分析评估本地区食品安全状况，加强工作指导，及时采取有针对性的措施，解决影响本地区食品安全的重点难点问题和人民群众反映的突出问题。要细化、明确各级各类食品安全监管岗位的监管职责，主动防范、及早介入，使工作真正落实到基层，力争将各类风险隐患消除在萌芽阶段，守住不发生区域性、系统性食品安全风险的底线。国务院各有关部门要认真履行职责，加强对地方的监督检查和指导。对在食品安全工作中取得显著成绩的单位和个人，要给予表彰。

（二）严格责任追究。建立健全食品安全责任制，上级政府要对下级政府进行年度食品安全绩效考核，并将考核结果作为地方领导班子和领导干部综合考核评价的重要内容。发生重大食品安全事故的地方在文明城市、卫生城市等评优创建活动中实行一票否决。完善食品安全责任追究制，加大行政问责力度，加快制定关于食品安全责任追究的具体规定，明确细化责任追究对象、方式、程序等，确保责任追究到位。

国务院

2012 年 6 月 23 日

国家食品安全监管体系“十二五”规划

为进一步加强食品（包括食用农产品）安全监管工作，不断完善国家食品安全监管体系，保障人民群众身体健康和生命安全，促进食品行业健康发展，根据《中华人民共和国食品安全法》、《中华人民共和国农产品质量安全法》、《中华人民共和国国民经济和社会发展第十二个五年规划纲要》和党中央、国务院有关决策部署，制定《国家食品安全监管体系“十二五”规划》（以下简称《规划》）。

一、食品安全监管体系现状

（一）工作成效。近年来，各地区、各有关部门认真贯彻落实党中央、国务院决策部署，不断强化食品安全监管措施，积极完善食品安全监管体制机制，推动健全食品安全法规标准体系，加强检验检测和风险监测评估能力建设，严格实行生产经营许可制度，全面加强进出口食品安全监管，深入开展专项整治和执法检查，严厉打击食品安全违法犯罪行为，食品安全科技支撑能力逐步提高，食品安全水平稳中有升，食品安全形势总体稳定并趋于好转。

1. 食品安全监管体制机制不断完善。在长期管理实践中形成的统一协调与分工负责相结合的食品安全监管体制机制不断发展完善。2010 年 2 月，国务院设立食品安全委员会统筹指导食品安全工作；设立国务院食品安全办作为食品安全委员会的办事机构，加强对全国食品安全工作的综合协调和督查指导。各省（区、市）成立了由政府负责同志牵头的食品安全委员会等议事协调机构。农业、卫生、工商、质检、食品药品监管等部门注重食品安全监督管理内设机构建设，监管力量不断加强。

2. 食品安全法律法规和标准体系初步形成。食品安全法及其实施条例、农产品质量安全法、刑法修正案（八）、乳品质量安全监督管理条例等相关法律法规公布实施，为加强食品安全监管、严厉打击违法犯罪行为提供了有力的法律依据。有关部门系统开展了法规清理和配套规章、规范性文件制修订工作。组建食品安全国家标准审评委员会，制定食品安全标准审查制度，初步建立了食品安全标准体系。我国已有食品、食品添加剂、食品相关产品国家标准近 1 900 项；食品安全法实施后，及时开展标准清理整合工作，新公布食品安全国家标准 185 项，清理农药兽药残留限量指标 2 193 项。积极参与国际标准的制修订工作，在国际食品法典委员会第 29 届会议上，我国当选为国际食品添加剂法典委员会和农药残留法典委员会主持国。

3. 食品安全监督执法成效明显。各地区、各有关监管部门不断加强食品安全日常监督执法，并针对食品生产经营各环节、领域的重点难点问题开展了系统治理整顿，陆续组织开展了严厉打击食品非法添加和滥用食品添加剂、“瘦肉精”、“地沟油”违法犯罪等专项工作和乳制品、食用油、肉类、酒类、保健食品等重点品种综合治理，查处了一批典型案件，严惩了违法犯罪分子，消除了大量食品安全隐患。

4. 食品安全风险监测和评估工作有序开展。建立了国家食品安全风险监测制度。由 1 个国家级、31 个省级、288 个地市级监测技术机构组成的食品污染物和有害因素监测网，1 个国家级、31 个省级、226 个地市级和 50 个县级监测技术机构组成的食源性致病菌监测网，对食品中农药残留、兽药残留、重金属、生物毒素、食品添加剂、非法添加物质、食源性致病生物等方面的 154 项指标开展监测，初步掌握了我国主要食品中化学污染物和食源性致病菌污染的基本状况。依托传染病网络直报系统和 312 个医疗机构建立了食物中毒、食源性疾病监测报告系统。建立了国家农产品质量安全例行监测制度，监测范围覆盖 31 个省（区、市）的 144 个主要大中城市。初步建立了进出口食品、食用农产品及饲料安全风险监控体系。建立了国家食品安全和农产品质量安全风险评估制度，成立了国家食品安全风险评估专家委员会和农产品质量安全风险评估专家委员会，开展了我国主要食品和食用农产品中重金属和农药兽药残留的风险评估，并积极参与国际食品安全风险评估相关工作。

5. 食品安全检验检测能力逐步提高。“十一五”期间，中央财政安排 55.1 亿元专门用于支持农业、质检、粮食、食品药品监管系统的食品安全检验机构建设，强化了检验仪器配备，各系统的检验能力得到提高。截至 2010 年年底，隶属于农业、商务、卫生、工商、质检、粮食、食品药品监管等 7 个部门、具备食品检验能力的检验机构达到 6 300 多家（其中专门食品检验机构近 1 000 家），拥有检验人员 6.4 万名。

6. 食品安全应急管理能力不断加强。各地区、各有关部门高度重视突发食品安全事件应对工作，不断完善应急预案，加强应急队伍建设，组织开展应急演练，建立快速反应机制，及时有效处置了多起食品安全事件，最大限度地减轻了事件造成的影响和损失。同时，密切监测食品安全舆情，迅速组织核查问题线索，及时稳妥发布信息回应社会关切。例如，圆满完成了四川汶川特大地震等抗灾救灾以及北京奥运会等重大活动的食品安全保障任务。

7. 食品行业诚信体系建设逐步推进。研究制定了《食品工业企业诚信体系建设工作指导意见》及实施方案，发布了《食品工业企业诚信管理体系建立及实施通用要求》和《食品工业企业诚信评价准则》，食品行业诚信体系建设工作已拓展到各省（区、市），启动了乳制品、肉类食品、葡萄酒、调味品、罐头、饮料行业诚信建设试点工作。开展了“餐饮服务食品安全百千万示范工程”。实施了食品经营主体信用分级监管。建成了产品质量信用记录发布平台，发布了《信用基本术语》、《企业质量信用等级划分通则》等 9 项国家标准。

8. 宣传教育和社会监督得到加强。深入开展了食品安全普法宣传工作，广泛宣传政府及有关部门加强食品安全工作的重大部署和政策措施，集中宣传食品安全专项治理行动及其成效，及时曝光典型案例及查处进展情况，增强了社会公众消费信心，震慑了违法犯罪分子。建立了食品安全有奖举报制度，公布举报投诉电话，受理并核查了大量食品质量安全问题。

（二）主要问题。当前，在食品安全监管体制机制、法律法规、政策标准、监测评估、检验检测、人才队伍、技术装备等方面，还存在一些亟待解决的问题；食品行业产业化、规模化、集约化程度不高，基础薄弱，产地环境污染问题较为严重；企业主体责任落实不够，质量安全控制投入不足，管理能力不强，行业诚信道德体系建设滞后；危害食品安全的违法犯罪行为屡禁不止，食品安全风险隐患依然较多，食品安全事故时有发生，食品安全监管面临的形势依然复杂严峻。

1. 监管体制机制尚不健全。我国的食品管理体系主要是围绕保障食品供给建立起来的，食品安全监管能力明显滞后。食品安全监管体制以分段监管为主、品种监管为辅，监管环节较多，在实践中还存在监管职能不清、责任不明等问题。综合协调机制仍待完善，一些地方还没有建立综合协调机制、明确办事机构；各监管环节衔接不够紧密，监管力量分散，缺乏信息、资源共享机制，监管效率较低。一些地方政府监管责任制及责任追究制不完善，监管责任落实不到位。

2. 监管能力较为薄弱。各级食品安全监管部门尤其是基层单位，存在人员不足、装备滞后、一线执法快速检测能力较低等问题。食品安全检验检测能力不能满足食品安全监管需要，特别是中西部地区和基层还存在大面积空白，专业技术人员不足，仪器设备配置和实验室环境条件不能适应检测需要，一些检验机构仪器设备利用率不高，信息难以共享，高端检测仪器设备大量依赖进口，难以为保障食品安全提供全方位的技术支撑。此外，食品安全事件应急处置中信息报送、发布不畅，部门间、区域间协调联动不够，应急队伍装备落后，快速反应能力有待进一步提高。

3. 法规和标准体系有待完善。食品安全法配套法规规章还不健全，相关法律法规之间衔接不畅，对食品安全违法犯罪行为的惩处力度仍需加大。地方性法规制定滞后，大部分地区尚未制定针对食品生产加工小作坊、食品摊贩的管理办法。统一的食品安全标准体系尚未完全形成，部分食品卫生标准、质量标准、食用农产品质量安全标准以及行业标准存在缺失、滞后、重复以及相互矛盾的问题，食品安全标准整合及制修订任务繁重，相关投入尚不能满足实际工作需要。

4. 风险监测评估和科技支撑能力仍需提高。我国食品安全风险监测、评估工作起步较晚，风险监测体系有待进一步完善，监测网点数量、监测范围、监测技术机构数量和能力等与实际需要仍有较大差距。食品安全风险评估能力仍然薄弱，专业技术人员缺乏，系统性风险防范能力有待加强。对食品安全规律的系统性研究不够深入，食品安全管理理论与方法、检验检测技术与设备、过程控制技术等领域的研究相对不足，科研成果应用前安全性评估不够，基础数据缺乏，食品安全隐患识别能力不强。

5. 食品安全宣传教育亟待加强。一些食品生产经营单位及其从业人员法制观念不强，责任意识淡薄，主体责任不落实，甚至不讲诚信、见利忘义、违法犯罪，针对食品生产经营单位及其从业人员的食品安全宣传教育仍需加强。食品安全培训体系尚不健全，培训机构和师资较少，培训内容缺乏针对性，对各级监管执法人员的专业培训普遍不足。公众食品安全意识和食品安全基础知识水平仍需提高，食品安全科普宣传力度亟待加大。

二、指导思想、建设原则和建设目标

（一）指导思想。以邓小平理论和“三个代表”重要思想为指导，深入贯彻落实科学发展观，坚持以人为本、预防为主、提升能力、标本兼治，健全体制机制，落实各方责任，加大投入力度，优化整合资源，强化科技支撑，推进诚信体系建设，不断提高依法监管、科学监管、全程监管的能力，推动食品安全水平稳步提高，切实保障人民群众饮食安全，促进食品行业健康发展，为实现全面建成小康社会的宏伟目标作出应有贡献。

（二）建设原则。

1. 统筹规划、合理布局。对全国食品安全监管体系建设进行总体部署，统筹食品产业发展与食品安全监管，统筹不同区域、不同环节、不同层级的食品安全监管能力建设。合理布局食品安全监管资源，重点加强市、县两级监管能力及农村、城乡结合部等薄弱地区监管能力建设，加大对监测、检验等能力建设投入力度。

2. 整合资源、突出重点。有效整合存量资源，挖掘潜力，提高效率，促进食品安全监管队伍、信息、监测、检验、科技、宣教等资源共享，提高食品安全监管整体能力。突出建设重点，科学配置增量资源，坚持节约高效，避免重复建设。

3. 规范建设、科学监管。在广泛调研、深入研究基础上，科学制定相关能力建设标准，健全监督机制，督促各地区、各有关部门依照标准严格执行，保障食品安全监管体系建设与运行的规范化。加大食品安全监管领域科研攻关力度，借鉴国际先进技术和经验，积极推广应用先进适用的技术和方法。

4. 分级负责、分步实施。按照现行事权划分原则，合理确定各级政府及相关部门建设任务。地方各级政府要加强领导，各监管部门各司其职、各负其责，严格按照《规划》总体要求，结合实际制定周密计划，分级分步组织实施，有序推进各项任务的落实。

5. 政府引导、社会参与。发挥政府政策引导作用，调动行业企业、新闻媒体、社会公众等各方面积极性，提高公众食品安全科普知识普及水平，共同参与食品安全监管体系建设。

（三）建设目标。到“十二五”期末，基本建立起适合我国国情，预防为主、全程覆盖、责任明晰、协同高效、保障有力的食品安全监管体系，米、面、油、蔬菜、肉、乳品、蛋、水产品等重点食品质量安全状况持续稳定良好，食品安全水平显著提升，城乡居民饮食安全得到切实保障。具体目标如下：

1. 县级以上地方政府均建立健全食品安全综合协调机制，并明确办事机构。省、市、县三级食品安全监管队伍全面完成装备配备的标准化建设，监管执法水平明显提高。食品安全事故防范处置能力进一步增强，重大食品安全事故得到有效防范和处置。

2. 食品安全标准体系进一步完善。基本完成现行食用农产品质量安全标准、食品卫生标准、食品质量标准和有关食品行业标准中强制执行标准的清理整合工作。

3. 风险管控水平明显提高，基本建立起以风险评估为基础的防御体系。食品污染物和有害因素监测覆盖全部县级行政区域，监测点由 344 个扩大到 2 870 个；监测样本量从 12.4 万个/年扩大到 287 万个/年。食源性疾病监测网络哨点医院由 312 个扩大到 3 120 个，流行病学调查、资料汇总单位由 274 个扩大到 3 236 个。在优势农产品主产区建立食用农产品质量安全风险监测点，蔬菜、水果、茶叶、生鲜乳、蛋、水产品和饲料国家级例行监测和监督抽检数量达到每万吨 3 个样品，出栏畜禽产品达到每万头（只）3 个样品，监测抽检范围扩大到全国所有大中城市和重点产区。

4. 国家级风险评估机构建设成为人才结构合理、技术储备充分、具有较强科学公信力和国际影响力的食品安全权威技术支持机构，能够全面承担食品安全风险监测、评估、预警和交流等方面的技术保障工作。

5. 食品安全检验能力显著提高，满足监管工作需要，以国家级检验机构为龙头，省级检验机构为骨干，市、县级检验机构为基础，布局合理、全面覆盖、协调统一、运转高效的食品安全检验检测体系进一步完善。检验仪器设备自主化水平明显提升，基层检验机构和食品生产企业检验仪器设备自主化比重显著提高，部分自主化高端产品进入省级、国家级检验机构。

6. “三品一标”（指无公害农产品、绿色食品、有机农产品、农产品地理标志，下同）产品产地认定面积占食用农产品产地总面积的比例从 30%提高到 60%。

7. 向我国出口食品的境外食品生产企业均经国家出入境检验检疫部门注册；向我国出口食品的境外出口商和代理商均经国家出入境检验检疫部门备案。

8. 食品生产经营者安全信用档案全面建立，规模以上食品生产企业、所有食品经营者和中型以上餐馆、学校食堂、中央厨房、集体用餐配送单位信用档案实现电子化。

9. 乳品电子追溯系统覆盖所有婴幼儿配方乳粉和原料乳粉生产经营单位。肉类蔬菜电子追溯系统覆盖全国城区人口 100 万以上以及西部城区人口 50 万以上城市。酒类产品电子追溯系统覆盖试点产品生产经营单位。保健食品电子追溯系统覆盖所有保健食品生产经营单位。

10. 食品生产经营者诚信守法意识和质量安全管理水平、公众食品安全意识和认知水平显著提高。各级食品安全监管人员每人每年接受食品安全集中专业培训不少于 40 小时；各类食品生产经营单位负责人、主要从业人员每人每年接受食品安全培训不少于 40 小时；公众食品安全基本知识知晓率达到 80%以上，中小学生食品安全基本知识知晓率达到 85%以上。

三、总体布局与主要任务

“十二五”期间，着力建成较为完善的法规标准、监测评估、检验检测、过程控制、进出口食品安全监管、应急管理、综合协调、科技支撑、食品安全诚信和宣教培训等 10 个体系。

（一）法规标准体系。加强食品安全法律法规体系建设。继续推进法规清理工作，加快食品安全法和农产品质量安全法的配套法规、规章和规范性文件的制修订，促进法律法规有效衔接。完成食品召回、退市食品处置、食品安全可追溯、突发食品安全事件应急处置、食品安全事故调查处理、食品安全风险监测评估、食源性疾病报告、食品从业人员管理、食品安全诚信和新资源食品、保健食品、食品添加剂、酒类、畜禽屠宰、进出口食品、粮食、食品相关产品监管等方面的行政法规和规章制修订。推动食品安全地方立法，加快制定食品生产加工小作坊和食品摊贩管理等地方性法规。加强食品安全行政执法与司法的衔接，完善食品安全刑事侦查和立案标准等相关配套规定，提高刑事责任追究效率。坚持有法必依、执法必严、违法必究，加大打击震慑力度，依法从重惩处食品安全违法犯罪行为。

完善食品安全标准体系。加强食品安全标准制修订工作，尽快完成现行食用农产品质量安全、食品卫生、食品质量标准和食品行业标准中强制执行标准的清理整合工作，加快重点品种、领域的标准制修订工作，充实完善食品安全国家标准体系。各地要根据监管需要，及时制定食品安全地方标准。鼓励企业制定严于国家标准的食品安全企业标准。推进食品安全标准管理机构建设，完善标准管理制度，严格食品安全国家标准审评，加强标准制定中的风险评估工作，提高标准科技水平。加强对食品安全标准的宣传贯彻和跟踪评价，促进标准落实。积极推动标准研究中的国际合作，持续开展与国际食品法典及相关国家、地区食品安全标准的系统对比研究，参与国际食品标准制修订工作。建立保障人民群众健康需要、适应我国国情并与国际接轨的食品安全标准体系。

（二）监测评估体系。完善风险监测体系。依据食品安全法，整合各部门监测资源，建立统一的国家食品安全风险监测体系，对食源性疾病、食品污染以及食品中的有害因素进行统一、有计划的监测。完善卫生部牵头、相关部门密切配合的食品安全风险监测工作机制，统一制定实施国家食品安全风险监测计划，统一监测管理体系和工作程序，统一规范监测数据的报送、归集、分析和发布。依据农产品质量安全法，完善相关制度措施，加强食用农产品质量安全风险监测、例行监测和监督抽检工作。实现食品安全风险监测与食用农产品质量安全风险监测数据共享。完善数据报送网络和报送方式，逐步实现数据电子化实时报送，提高报送时效性，促进数据在各部门间的共享、共用。严格质量控制，保证数据的代表性、连续性、系统性。加强对监测数据的评价分析，重点强化食源性疾病发病趋势及病因分析，提高发现食品安全系统性风险的能力。推动监测与监管的联动衔接，将监督抽检数据纳入监测数据统一分析，实现监测结果向监督执法环节及时反馈，提高监督执法的针对性和时效性。

健全风险评估体系。提高食品和食用农产品风险评估能力，健全风险评估制度和工作机制，强化风险评估人才队伍建设，建立科学有效的评估方法，系统开展总膳食调查和食物消费量调查，逐步提高食品安全危害识别、危害特征描述、暴露评估以及风险特征描述的整体能力，充分发挥风险评估对食品安全监管的支撑作用。

科学开展食品安全风险预警。建立健全食品安全风险预警制度和机制，加强风险预警相关基础建设，完善风险预警渠道。以现有资源为基础构建和完善预警所需信息数据库，逐步提高预警能力。在综合分析研判监管执法、风险监测、风险评估、风险交流等信息基础上，分层次、多渠道地开展科学有效的风险预警。

（三）检验检测体系。完善食品安全检验检测体系。建立有效的食品安全检验检测机制，增强检验技术服务的独立性，使各类检验机构向所有食品安全监管部门提供同等检测服务；科学统筹、合理布局新建检验机构，避免重复建设。结合分类推进事业单位改革，有序推进政府所属食品检验机构社会化。通过政策引导和政府购买服务等多种方式，促进第三方食品检验机构发展。食品生产经营者按有关要求提高自检能力。严格检验机构资质认定和管理，提高检验结果的公信力。推进食品检验信息共享，要求承担政府委托食品检验任务的检验机构逐步连接入网，推动检验报告、数据电子化，实现实时调取、查询。

强化食品安全监督抽检。加大监督抽检经费保障力度，科学制定监督抽检计划，切实保障食品安全监督管理需要。根据风险监测结果、重大食品安全隐患、投诉举报线索等，确定监督抽检重点，加大对专供婴幼儿及其他特定人群食品和原粮、米、面、油、蔬菜、肉、乳品、蛋、水产品等大宗食品的监督抽检力度。加强统筹协调，强化地域间、部门间监督抽检计划的协商、结果通报和信息共享，减少重复抽检。规范食品快检设备和技术认定，明确快检设备生产资质要求，加强基层监管队伍快检设备的配备和应用，提高抽检针对性和效率。

推进检验仪器设备自主化。重点支持检验仪器设备自主化项目，通过集中招标、市场换技术等办法，采取自主创新和引进、吸收消化再创新等方式，力争在高性能检验仪器设备自主化方面有所突破，着力缓解我国中高端检验仪器设备长期依赖进口、价格昂贵、维护成本高等问题。

（四）过程控制体系。加强食品产业链全过程的质量安全控制，提高各环节监管能力。严格市场准入，严把食品生产经营许可关。强化食品安全源头管理，继续推进全国农产品产地安全状况调查和评价，加快食用农产品禁止生产区域划分工作，实施农产品产地环境安全分级管理。强化农业生产过程质量控制，实施良好农业规范，严格控制禁限用农药、兽药等农业投入品的生产、销售和使用，积极发展生态农业；大力推进农业标准化生产，扎实推动农产品质量安全监管示范县和农业标准化生产示范创建工作，使全国优势农产品主产区规模以上生产主体基本实现标准化，大幅度提高无公害农产品生产面积，增加“三品一标”产品总量规模，依法落实农产品质量安全监管责任。严格生猪定点屠宰准入，对定点屠宰企业关键生产环节开展实时监控，促进屠宰企业规范化生产；加强对牛、羊、禽类屠宰的监管。在食品生产加工环节推行良好生产规范、危害分析与关键控制点体系和食品防护计划；完善生产加工环节食品风险监测和排查制度，加强食品生产系统性和区域性质量安全问题的防控和处置。加强现代物流体系建设，强化食品集中交易批发市场的建设和监管，加强产销对接，提高食品储存、运输、流通的质量安全控制。加强餐饮服务环节量化分级管理，积极推行餐饮服务食品安全操作规范，强化加工制作的过程控制要求；在餐饮服务单位全面推行餐厨废弃物规范化处理。制定各环节监督检查操作规范，将进货查验、生产经营记录、出厂检验作为企业落实主体责任和监管部门实施过程监管的主要内容，细化监督检查要求。完善食品退市、召回制度，加强对问题食品处理过程的监督。

鼓励食品生产经营企业获得相关认证，严格认证管理。完善产业政策，推进结构优化，不断提高食品产业现代化、规模化、标准化水平。加强食品质量安全溯源管理，建立健全追溯制度，强化食用农产品种植养殖、食品生产加工、食品流通、餐饮服务、食品进出口等环节生产经营记录，加强各环节衔接，确保食品质量安全可追溯。运用物联网等技术建立食品安全全程追溯管理系统，统筹规划各类食品安全追溯系统建设，统一追溯编码要求，保证追溯链条的完整性和兼容性。逐步建立全国互联互通的食品安全验证验票管理体系，推动建立资质证明、检验报告等电子查询系统。

（五）进出口食品安全监管体系。加强进出口食品安全监管，完善进出口食品风险监测制度，强化进出口食品质量安全监测，保障进出口食品安全。进一步完善基于风险分析、符合国际惯例的进口食品安全监管体系。严格实施准入制度，加强对出口国食品安全体系的检查、评估，有效实施进口食品生产企业注册和境外出口商或代理商备案制度，确保相关企业依照我国食品安全国家标准生产向我国出口的食品。健全国外食品生产企业、进出口商和销售商信誉记录，完善进口食品追溯体系，推进进口预包装食品标签管理系统的应用，有效实施对进口食品的追溯管理。进一步健全源头备案、过程监督和产品抽检的出口食品安全监管体系，加强出口食品质量安全示范区建设。加强与主要贸易国家、地区在进出口食品安全法规标准、监管措施、信息共享等方面的交流合作。

（六）应急管理体系。制定完善应急预案。地方各级人民政府、各食品安全监管部门要尽快制定并不断完善本地区、本部门的食品安全应急预案，严格落实预案规定的日常防控、舆情监测、隐患排查、紧急处置、事故调查、信息发布等制度措施，组织开展食品安全应急演练。

加强应急处置能力建设。建立健全应急指挥决策系统、食品安全事故报告系统、预警信息发布系统，强化应急物资储备，提高应急检验技术水平和应急处置效率。加强应急队伍建设，建设以食品安全监管队伍为基本力量，以各级疾病预防控制和医疗救治队伍为专业力量，以协管员、信息员和志愿者为补充力量的食品安全应急队伍体系。

（七）综合协调体系。逐步完善食品安全监管体制，明晰各相关部门监管职责，消除职责交叉和监管空白；健全食品安全监管综合协调机制，加强综合协调能力建设，提高监管效能。强化中央与地方及部门之间、地区之间的协调联动，推进食品安全信息化建设，健全资源共享、联合执法、信息通报、隐患排查、应急联动、事故处置等机制；建立健全公安机关与食品安全监管部门办案协作机制，推动公安机关建立专门的食品安全案件侦办队伍。选择若干市、县开展综合执法试点，通过相对集中监督执法人员和设备等方式，充分整合各部门食品安全监管执法力量，促进解决基层监管力量薄弱和分散的问题。完善考核评价体系，加强对地方政府和部门食品安全工作的监督检查和考核评价。制定食品安全违法违纪责任追究办法，严格落实监管责任。

强化县级以上地方人民政府对食品安全工作的属地管理责任，加强对食品安全监管工作的领导、组织和协调，将食品安全监管工作纳入本地区经济社会发展规划和政府工作考核目标，制定并组织实施食品安全监管工作年度计划；切实加大投入，加强食品安全监管队伍建设，配备与食品安全监管职责相适应的人员，保障经费和工作条件，提升各级、特别是基层监管队伍装备配备水平。加强对重点食用农产品产区、重点食品生产经营企业及婴幼儿食品、食品添加剂等重点品种的监管；强化对农村、城乡结合部等食品安全薄弱地区的监管，推进市县两级农产品质量安全监管机构能力建设，尽快建立和完善乡镇农产品质量安全监管公共服务机构；加强餐厨废弃物综合治理，推进资源化利用。

（八）科技支撑体系。完善我国食品安全科技支撑体系，加强科技支撑能力建设，提高科研水平，为食品安全科学监管提供理论指导和技术支撑。加大支持力度，加快解决食品安全领域科技难题。推动食品安全学科建设，强化食品安全专业教育，加强科技人才培养，建设具有自主创新能力的专业化食品安全科研队伍。整合行政部门、大专院校、科研院所、行业企业等各方面科技资源，集中力量打造高水平食品安全科技平台。加强食品安全领域科技资源的统筹协调，促进科研仪器设备、科学数据等的开发、共享和高效利用。加强国际交流合作，及时引进、吸收、利用国际先进技术成果；增强食品安全科技研究的自主创新能力，提高自主化水平。建设食品安全科技数据库，收录食品安全基础数据和科研成果，实现食品安全科研信息共享。进一步加强食品安全科技综合示范建设，推动食品安全科研成果的运用，加强科研成果使用前的安全性评估。建立国家食品安全专家库，利用现代信息通信手段，为各级食品安全监管工作提供技术咨询。

（九）食品安全诚信体系。强化食品生产经营者第一责任人意识和诚信意识，督促食品生产经营者细化并落实主体责任。依托组织机构代码实名制和身份证信息，全面建立并动态更新各类食品生产经营者的食品安全信用档案，细化完善档案记录信息，逐步实现信用档案电子化和全国联网。加快食品生产经营行业诚信体系建设，完善信用信息的征集、披露、使用制度，推进信用信息共享，健全奖惩机制。建立实施“黑名单”制度，及时向社会公布生产经营者的食品安全信用信息，对有不良信用记录的生产经营者增加监督检查频次，在融资信贷、用地等方面予以限制；对信用良好的企业，在技改投入、品牌培育等方面予以支持。充分发挥行业协会作用，加强行业管理，规范、引导、督促行业自律，营造食品安全诚信环境，培育食品安全诚信文化。

（十）宣教培训体系。贯彻落实《食品安全宣传教育工作纲要（2011—2015 年）》，建立比较完善的食品安全宣教工作机制。通过多种形式开展经常性科普宣教，普及食品安全知识，提升公众食品安全基本知识知晓率。对各级政府及监管部门负责人、食品安全监管人员加强法律法规、标准、科学知识、监管专业技术、应急处置能力等培训。加强各类食品生产经营单位从业人员培训。加强对各级检验机构、特别是市县级检验机构技术人员的专业技术培训。加强医疗卫生机构有关人员食源性疾病诊疗技术培训。鼓励有专业技术能力的大专院校、科研院所、医疗卫生机构、行业组织等开展食品安全相关培训。建立有效的风险交流机制，畅通交流渠道，强化政府、企业、公众、媒体等之间的交流。加强与世界卫生组织、联合国粮农组织、世界贸易组织、国际食品法典委员会等国际组织和相关国家、地区的食品安全交流与合作。

鼓励和支持社会监督。加强食品安全信息发布和解疑释惑工作，积极引导社会舆论，支持媒体科学、准确、客观地进行相关报道，更好地发挥舆论监督作用。认真核实、查处媒体反映的食品安全问题，对发现重大线索的新闻媒体给予奖励和表彰。充分发挥群众监督作用，设立乡村、社区食品安全协管员、信息员；畅通消费者投诉举报和批评、建议渠道，推行有奖举报制度，逐步建立统一的食品安全举报电话，健全食品安全投诉的快速受理、高效处置机制。

四、重点建设项目

“十二五”期间，针对食品安全监管体系的薄弱环节和突出问题，着力建设 9 个涉及全局、部门和地区难以独立解决的重点项目。

（一）食品安全国家标准建设。加强食品安全标准制修订能力建设，加快清理整合现行食品安全相关标准，统一公布为食品安全国家标准；重点做好食品添加剂标准、食品包装材料标准、食品生产经营规范、餐饮服务环节食品安全控制标准、农药和兽药残留标准、致病微生物标准、食品污染物标准、检验方法标准和重点产品标准等的制修订工作。

（二）监测评估能力建设。逐步增设食品和食用农产品风险监测网点，扩大监测范围、监测指标和样本量，使风险监测逐步从省、市、县延伸到社区、乡村，覆盖从农田到餐桌全过程。建立统一的国家食品安全风险监测数据库，及时、完整收录食品污染物和有害因素、食用农产品质量安全、粮食质量安全、食品生产加工和进出口食品风险、保健食品质量安全、餐饮消费环节食品风险、食源性疾病等监测数据、有毒有害物质及其毒理学数据和总膳食调查数据。改善国家级风险评估机构工作保障条件，通过有效措施吸引优秀专业人才，重点加强食品安全风险监测参比实验室、监测质量控制、风险监测数据采集与分析、评估预警技术研究与应用、信息技术应用、国际交流与合作等领域的能力建设。

（三）检验检测能力建设。统筹考虑地域分布和实际监管工作需要，按照“提高现有能力水平、按责按需、填平补齐、避免重复建设、实现资源共享”的原则，制定并实施各级食品安全检验机构能力和装备配备标准，以提升现有检验机构能力水平为主，统筹、强化各级食品安全检验能力，特别是加快最急需、最薄弱环节以及中西部地区和基层食品安全检验能力建设，重点解决“检不出、检得慢”的问题。总体上，使若干国家级食品安全检验机构达到国际先进水平，具有较强的科研开发和仲裁检验能力；各省（区、市）具备较高的食品安全检验分析能力和一定的研发能力，具备我国食品安全国家标准要求的全项目确证检验能力；各市（地、州）基本具备按食品安全检验方法标准开展检验的能力，具备对当地主要食品种类、重要食品质量安全项目的实验室检验能力及快检能力；各县（市、区）具备对常见食品微生物、重金属、理化指标的实验室检验能力及现场定性速测能力。具体建设任务通过有关部门制定的食品安全检验检测能力专项建设规划落实。

积极稳妥地推进县级检验资源整合，鼓励省、市级检验资源根据实际情况进行整合。选择若干市、县试点探索食品检验资源优化整合的有效模式，实现统一利用人员设备，统一计划安排检验任务，统一归口管理检验经费，共享检验信息。对于在检验资源整合方面取得成效的地区，国家在建设资金上给予优先支持。

（四）监管队伍装备标准化建设。制定实施食品安全监管执法装备配备标准，强化省、市、县三级监管队伍和食品安全事故应急处置专业队伍标准化配备，结合本地实际，按照填平补齐、适用适宜的原则，配备现场快速检测设备、现场执法与调查取证设备、通信设备等，满足各有关部门依法履行监管职责的需要。特别要加强县级监管队伍快检设备配备，为一线执法人员开展日常监管提供技术支撑。

充分依托现有资源，针对食品安全事件的特殊性，加强稀缺检测试剂、急救药品等应急物资储备。加强国家食品安全应急物资紧急生产和配送的能力储备，缓解重要应急物资峰值需求，减轻经常性储备压力；完善应急物资调拨与紧急配送体系，确保应急物资及时供应。

（五）食品安全追溯系统建设。按照循序渐进原则，先行在婴幼儿配方乳粉和原料乳粉、肉类、蔬菜、酒类产品、保健食品等方面实现电子追溯，并逐步拓展到其他重点食品品种。

1. 婴幼儿配方乳粉和原料乳粉电子追溯系统。建设全国联网的婴幼儿配方乳粉和原料乳粉电子追溯系统，实现从奶源、采购、生产、出厂、运输直至销售终端全程实时追踪监控，确保在任何环节都能对产品快速辨别真伪。推进生产流通企业电子信息追溯设施建设。选定统一的追溯手段和技术平台，识别、记录和交换追溯信息，并与执法信息平台衔接，实现重要数据在企业、市场与政府部门间的共享；建设统一的信息查询系统，便于消费者、政府部门等各方面查询。

2. 生鲜农产品质量安全追溯系统。以蔬菜、肉类和淡水鱼等“菜篮子”产品为重点追溯对象，建设国家、省、市、县四级农产品质量安全追溯信息管理平台，实现跨部门、跨地域追溯信息共享，形成互联互通、协调运作的追溯工作网络。在生产环节，积极引导生鲜农产品重点产区及“三品一标”产品和“三园两场”（蔬菜、水果、茶叶标准园，畜禽养殖标准示范场、水产健康养殖场）等标准化示范区建设，在所有生鲜农产品重点产区及标准化示范区全面推行农产品标识准出和生产档案信息化管理。在流通环节，支持有条件的城市从建设肉类蔬菜流通追溯体系入手，强化农产品标识准入管理，推进索证索票、购销台账电子化。以统一追溯技术标准为手段，加强产地准出与市场准入衔接，实现各环节追溯信息互通共享，打造从种植养殖源头到消费终端的全过程追溯体系。

3. 酒类电子追溯系统。按照“企业主导、政府推动、便捷追溯、品牌示范”的原则，应用互联网等技术，建立全国酒类电子追溯系统；选择若干品牌知名度高的酒类商品开展溯源试点工作，并逐步推广。在生产环节初步建立酒品防伪与追溯管理的一体化解决方案，在流通环节健全批发过程信息管理网络，在零售与消费服务环节健全经营者履责和消费者监督的复核机制，为在全程建立信息关联、责任衔接、查证可信的酒类流通物联网打下基础，初步实现酒类商品来源可追溯、去向可查证、责任可追究。

4. 保健食品电子追溯系统。在试点基础上，建成全国统一、全面覆盖的保健食品质量安全电子追溯系统。运用信息化手段，建设国家、省、市、县四级追溯管理平台，实现生产经营各环节信息互联互通，实施产品许可、生产许可、索证索票、购销台账电子化管理，形成从原材料采购、生产、运输直至销售终端的全过程电子追溯链条，实施全过程监控。引导、督促企业落实生产经营各项制度，鼓励生产企业开展电子防伪和质量安全追溯体系建设。建立统一的信息查询和投诉系统，鼓励社会各方面查询与监督。

（六）国家食品安全信息平台建设。加强食品安全监管信息化建设的顶层设计，根据国家重大信息化工程建设规划的统一部署，建立功能完善、标准统一、信息共享、互联互通的国家食品安全信息平台（见下图）。国家食品安全信息平台由一个主系统（设国家、省、市、县四级平台）和各食品安全监管部门的相关子系统共同构成。主系统与各子系统建立横向联系网络。

国家级平台依托国家食品安全风险评估中心建设；

省、市、县三级平台按照国家统一的技术要求设计，由同级食品安全办组织建设。各级科技、工业和信息化、环境保护、农业、商务、卫生、工商、质检、粮食、食品药品监管等部门根据职能分工和主系统功能要求建设子系统。国家食品安全信息平台主系统与各子系统对接，并延伸到信息使用终端。主系统要实现对各子系统数据的实时、全权调用，可实时向各类终端发布预警等信息。各子系统通过主系统实现信息共享。各地区、各有关部门可根据工作需要在该平台基础上扩展功能（图4-1）。

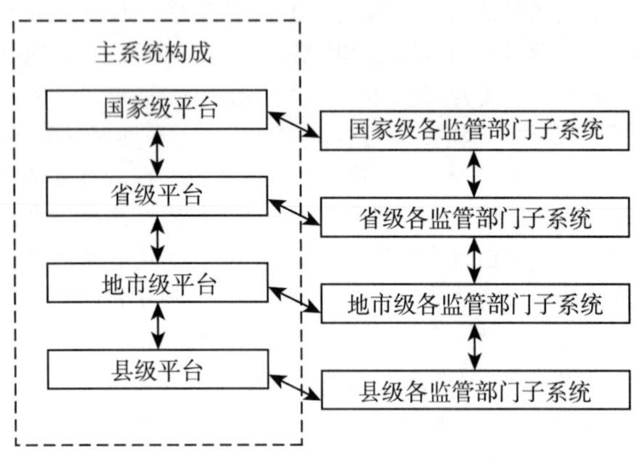

图4-1　国家食品安全信息平台示意图

国家食品安全信息平台建设要按照分步实施、逐步融合的原则，充分利用现有信息资源，采取主系统和子系统共同规划设计、各有关单位分头组织建设的方式进行。“十二五”期间，优先开展监测检验、监管执法、法规标准等方面的信息化建设。

（七）食品安全科技支撑能力建设。通过国家科技计划、基金或专项等渠道，加大食品安全科技研发投入，集中力量重点开展7个方面的科技攻关。一是在食品安全管理理论与方法研究方面，重点研究食品安全战略、监管体制机制、法规制度、标准体系、关键政策等，确立我国食品安全综合评价指标体系。二是在食品安全风险评估研究方面，重点研究风险评估技术，开展新技术、新工艺、新材料的风险评估和高风险污染物暴露评估，建立相关评估模型和数据库，获得我国污染物暴露评估国家参数。三是在食品安全标准研究方面，重点开展重要污染物、真菌毒素、致病微生物等相关基础性研究和食品添加剂技术必要性研究。四是在检验检测技术和装备研发方面，重点研究食品和食用农产品中有毒有害物质及非法添加物检测技术，研发新型快速检测、在线监测控制、食物中毒综合诊断技术和设备。五是在食品安全预警、溯源技术研究方面，重点研发食品安全预警系统、溯源防伪信息数据系统和食源性疾病溯源系统。六是在农业标准化生产和全程质量控制技术方面，重点开展食用农产品产地环境安全评价指标体系、产地环境污染因素修复与净化、大宗食用农产品重金属、霉菌和生物毒素等控制技术研究，开发高效低毒、低残留农药等新型农业投入品。七是在食品生产流通过程控制技术方面，开展具有生物累积效应的食品污染物在食物链中的迁移转化规律及控制技术研究和耐药菌耐药机理研究，研发食品生产加工和流通储存过程中有害物质的风险控制技术和装备。

（八）食品安全培训能力建设。依托各级行政学院、党校或大专院校、科研院所等单位加强食品安全培训，开展对地方各级政府相关负责同志和食品安全监管部门负责同志、业务骨干的食品安全定期轮训。加强培训能力建设，充实师资力量，开展科学研究、决策咨询，编写食品安全培训教材，开设食品安全培训系列课程，增加专业教学设备，配备相关实验仪器和模型，建设必要的食品安全事故应急处置实物与模拟训练系统。

（九）食品安全科普宣传能力建设。加强食品安全科普资源建设，整合科普挂图、科普影视作品、科普展览、科普宣传册等优质科普资源，为开展经常性和应急科普宣传提供充足的科普资源储备。基于互联网搭建食品安全科普资源支撑平台，开设食品安全网络科普宣传栏目，为基层组织开展食品安全科普宣传提供权威、便捷的数字化科普资源共享服务。着力打造一批精品科普栏目、节目、宣传片，充分利用报刊、广播、电影、电视、互联网、手机等各类媒介，加大食品安全科普宣传力度。建立食品安全科普专家库，定期为社会各界提供科学、权威、及时的食品安全科普知识。利用“科学家与媒体面对面”平台，提高媒体科学传播能力，及时解疑释惑。

五、保障措施

（一）加强组织领导。各地区、各有关部门要从落实科学发展观、构建和谐社会的高度，充分认识加强食品安全监管体系建设对于保障和改善民生、加快转变经济发展方式、全面履行政府社会管理和公共服务职能的重要意义，加强组织领导，细化分解《规划》任务，明确建设任务分工和进度安排，按计划、有步骤地抓紧抓好各项工作，确保如期、全面实现各项目标。

（二）保障经费投入。建立与食品安全监管职责相匹配的财政经费投入保障机制，各级政府要加大对食品安全监管体系建设投入力度，发挥政策导向作用，引入市场机制，积极引导社会各方面资金投入。中央投入向中西部地区和基层倾斜。严格监督管理项目建设经费，确保资金高效、合规使用。

（三）完善政策措施。根据食品安全法等法律法规的要求，制定相关的配套政策和实施细则，加强政策之间的衔接协调，保障《规划》顺利实施。制定落实优惠政策，鼓励相关地区、行业和企业积极参与《规划》重点项目的建设。

（四）强化指导衔接。切实发挥《规划》对“十二五”期间食品安全监管体系建设的总体指导作用，加强相关国家专项规划、部门规划和地方规划与《规划》的有效衔接。各地区、各有关部门要结合各自职责，密切配合，确保食品安全监管年度工作计划与《规划》衔接，认真贯彻落实《规划》的各项任务和要求。

（五）严格督查评估。将《规划》任务落实情况作为对部门和地方食品安全工作督查和考核评价的重要内容，建立健全评估和监督机制，定期评估《规划》实施情况，加强督促检查、中期考核和效果评估，确保各项任务落实到位。

国务院关于支持农业产业化龙头企业发展的意见

国发［2012］10号

各省、自治区、直辖市人民政府，国务院各部委、各直属机构：

农业产业化是我国农业经营体制机制的创新，是现代农业发展的方向。农业产业化龙头企业（以下简称龙头企业）集成利用资本、技术、人才等生产要素，带动农户发展专业化、标准化、规模化、集约化生产，是构建现代农业产业体系的重要主体，是推进农业产业化经营的关键。支持龙头企业发展，对于提高农业组织化程度、加快转变农业发展方式、促进现代农业建设和农民就业增收具有十分重要的作用。为加快发展农业产业化经营，做大做强龙头企业，现提出如下意见：

一、总体思路、基本原则和主要目标

（一）总体思路。坚持为农民服务的方向，以加快转变经济发展方式为主线，以科技进步为先导，以市场需求为坐标，加强标准化生产基地建设，大力发展农产品加工，创新流通方式，不断拓展产业链条，推动龙头企业集群集聚，完善扶持政策，强化指导服务，增强龙头企业辐射带动能力，全面提高农业产业化经营水平。

（二）基本原则。坚持家庭承包经营制度，充分尊重农民的土地承包经营权，健全土地承包经营权流转市场，引导发展适度规模经营；坚持遵循市场经济规律，充分发挥市场配置资源的基础性作用，尊重企业与农户的市场主体地位和经营决策权，不搞行政干预；坚持因地制宜，实行分类指导，探索适合不同地区的农业产业化发展途径；坚持机制创新，大力发展龙头企业联结农民专业合作社、带动农户的组织模式，与农户建立紧密型利益联结机制。

（三）主要目标。培育壮大龙头企业，打造一批自主创新能力强、加工水平高、处于行业领先地位的大型龙头企业；引导龙头企业向优势产区集中，形成一批相互配套、功能互补、联系紧密的龙头企业集群；推进农业生产经营专业化、标准化、规模化、集约化，建设一批与龙头企业有效对接的生产基地；强化农产品质量安全管理，培育一批产品竞争力强、市场占有率高、影响范围广的知名品牌；加强产业链建设，构建一批科技水平高、生产加工能力强、上中下游相互承接的优势产业体系；强化龙头企业社会责任，提升辐射带动能力和区域经济发展实力。

二、加强标准化生产基地建设，保障农产品有效供给和质量安全

（一）强化基础设施建设。切实加大资金投入，强化龙头企业原料生产基地基础设施建设。支持符合条件的龙头企业开展中低产田改造、高标准基本农田、土地整治、粮食生产基地、标准化规模养殖基地等项目建设，切实改善生产设施条件。国家用于农业农村的生态环境等建设项目，要对符合条件的龙头企业原料生产基地予以适当支持。

（二）推动规模化集约化发展。支持龙头企业带动农户发展设施农业和规模养殖，开展多种形式的适度规模经营，充分发挥龙头企业示范引领作用。深入实施“一村一品”强村富民工程，支持专业示范村镇建设，为龙头企业提供优质、专用原料。支持符合条件的龙头企业申请“菜篮子”产品生产扶持资金。龙头企业直接用于或者服务于农业生产的设施用地，按农用地管理。鼓励龙头企业使用先进适用的农机具，提升农业机械化水平。

（三）实施标准化生产。龙头企业要大力推进标准化生产，建立健全投入品登记使用管理制度和生产操作规程，完善农产品质量安全全程控制和可追溯制度，提高农产品质量安全水平。鼓励龙头企业开展粮棉油糖示范基地、园艺作物标准园、畜禽养殖标准化示范场、水产健康养殖示范场等标准化生产基地建设。支持龙头企业开展质量管理体系和无公害农产品、绿色食品、有机农产品认证。有关部门要建立健全农产品标准体系，鼓励龙头企业参与相关标准制订，推动行业健康有序发展。

三、大力发展农产品加工，促进产业优化升级

（一）改善加工设施装备条件。鼓励龙头企业引进先进适用的生产加工设备，改造升级贮藏、保鲜、烘干、清选分级、包装等设施装备。对龙头企业符合条件的固定资产，按照法律法规规定，缩短折旧年限或者采取加速折旧的方法折旧。对龙头企业从事国家鼓励发展的农产品加工项目且进口具有国际先进水平的自用设备，在现行规定范围内免征进口关税。对龙头企业购置符合条件的环境保护、节能节水等专用设备，依法享受相关税收优惠政策。对龙头企业带动农户与农民专业合

作社进行产地农产品初加工的设施建设和设备购置给予扶持。

（二）统筹协调发展农产品加工。鼓励龙头企业合理发展农产品精深加工，延长产业链条，提高产品附加值。在确保口粮、饲料用粮和种子用粮的前提下，适度发展粮食深加工。认真落实国家有关农产品初加工企业所得税优惠政策。保障龙头企业开展农产品加工的合理用地需求。

（三）发展农业循环经济。支持龙头企业以农林剩余物为原料的综合利用和开展农林废弃物资源化利用、节能、节水等项目建设，积极发展循环经济。研发和应用餐厨废弃物安全资源化利用技术。加大畜禽粪便集中资源化力度，发挥龙头企业在构建循环经济产业链中的作用。

四、创新流通方式，完善农产品市场体系

（一）强化市场营销。支持大型农产品批发市场改造升级，鼓励和引导龙头企业参与农产品交易公共信息平台、现代物流中心建设，支持龙头企业建立健全农产品营销网络，促进高效畅通安全的现代流通体系建设。大力发展农超对接，积极开展直营直供。支持龙头企业参加各种形式的展示展销活动，促进产销有效对接。规范和降低超市和集贸市场收费，落实鲜活农产品运输“绿色通道”政策，结合实际完善适用品种范围，降低农产品物流成本。铁道、交通运输部门要优先安排龙头企业大宗农产品和种子等农业生产资料运输。

（二）发展新型流通业态。鼓励龙头企业大力发展连锁店、直营店、配送中心和电子商务，研发和应用农产品物联网，推广流通标准化，提高流通效率。支持龙头企业改善农产品贮藏、加工、运输和配送等冷链设施与设备。支持符合条件的国家和省级重点龙头企业承担重要农产品收储业务。探索发展生猪等大宗农产品期货市场。鼓励龙头企业利用农产品期货市场开展套期保值，进行风险管理。

（三）加强品牌建设。鼓励和引导龙头企业创建知名品牌，提高企业竞争力。支持龙头企业申报和推介驰名商标、名牌产品、原产地标记、农产品地理标志，并给予适当奖励。整合同区域、同类产品的不同品牌，加强区域品牌的宣传和保护，严厉打击仿冒伪造品牌行为。

五、推动龙头企业集聚，增强区域经济发展实力

（一）培育壮大龙头企业。龙头企业要完善法人治理结构，建立现代企业制度。落实《国务院关于促进企业兼并重组的意见》（国发〔2010〕27号）的相关优惠政策，支持龙头企业通过兼并、重组、收购、控股等方式，组建大型企业集团。支持符合条件的国家重点龙头企业上市融资、发行债券、在境外发行股票并上市，增强企业发展实力。积极有效利用外资，在符合世贸组织规则前提下加强对外商投资的管理，按照《国务院办公厅关于建立外国投资者并购境内企业安全审查制度的通知》（国办发〔2011〕6号）的规定，对外资并购境内龙头企业做好安全审查。

（二）推动龙头企业集群发展。积极创建农业产业化示范基地，支持农业产业化示范基地开展物流信息、质量检验检测等公共服务平台建设。引导龙头企业向优势产区集中，推动企业集群集聚，培育壮大区域主导产业，增强区域经济发展实力。

六、加快技术创新，增强农业整体竞争力

（一）提高技术创新能力。鼓励龙头企业加大科技投入，建立研发机构，加强与科研院所和大专院校合作，培育一批市场竞争力强的科技型龙头企业。通过国家科技计划和专项等支持龙头企业开展农产品加工关键和共性技术研发。鼓励龙头企业开展新品种新技术新工艺研发，落实自主创新的各项税收优惠政策。鼓励龙头企业引进国外先进技术和设备，消化吸收关键技术和核心工艺，开展集成创新。发挥龙头企业在现代农业产业技术体系、国家农产品加工技术研发体系中的主体作用，承担相应创新和推广项目。

（二）加强技术推广应用。健全农业技术市场，建立多元化的农业科技成果转化机制，为龙头企业搭建技术转让和推广应用平台。农业技术推广机构要积极为龙头企业开展技术服务，引导龙头企业为农民开展技术指导、技术培训等服务。各类农业技术推广项目要将龙头企业作为重要的实施主体。

（三）强化人才培养。落实《国家中长期人才发展规划纲要（2010—2020年）》的要求，培养一大批具有世界眼光、经营管理水平高、熟悉农业产业政策、热心服务“三农”的新型龙头企业家。鼓励龙头企业采取多种形式培养业务骨干，积极引进高层次人才，并享受当地政府人才引进待遇。有关部门要加强对龙头企业经营管理和生产基地服务人员的培训，组织业务骨干到科研院所学习进修。鼓励和引导高校毕业生到龙头企业就业，对符合基层就业条件的，按规定享受学费补偿和国家助学贷款代偿等政策。

七、完善利益联结机制，带动农户增收致富

（一）大力发展订单农业。龙头企业要在平等互利的基础上，与农户、农民专业合作社签订农产品购销合同，协商合理的收购价格，确定合同收购底价，形成稳定的购销关系。规范合同文本，明确双方权责关系。要加强对订单农业的监管与服务，强化企业与农户的诚信意识，切实履行合同约定。鼓励龙头企业采取承贷承还、信贷担保等方式，缓解生产基地农户资金困难。鼓励龙头企业资助订单农户参加农业保险。支持龙头企业与农户建立风险保障机制，对龙头企业提取的风险保障金在实际发生支出时，依法在计算企业所得税前

扣除。

（二）引导龙头企业与合作组织有效对接。引导龙头企业创办或领办各类专业合作组织，支持农民专业合作社和农户入股龙头企业，支持农民专业合作社兴办龙头企业，实现龙头企业与农民专业合作社深度融合。鼓励龙头企业采取股份分红、利润返还等形式，将加工、销售环节的部分收益让利给农户，共享农业产业化发展成果。

（三）开展社会化服务。充分发挥龙头企业在构建新型农业社会化服务体系中的重要作用，支持龙头企业围绕产前、产中、产后各环节，为基地农户积极开展农资供应、农机作业、技术指导、疫病防治、市场信息、产品营销等各类服务。

（四）强化社会责任意识。逐步建立龙头企业社会责任报告制度。龙头企业要依法经营，诚实守信，自觉维护市场秩序，保障农产品供应。强化生产全过程管理，确保产品质量安全。积极稳定农民工就业，大力开展农民工培训，引导企业建立人性化企业文化和营造良好的工作生活环境，保障农民工合法权益。加强节能减排，保护资源环境。积极参与农村教育、文化、卫生、基础设施等公益事业建设。龙头企业用于公益事业的捐赠支出，对符合法律法规规定的，在计算企业所得税前扣除。

八、开拓国际市场，提高农业对外开放水平

（一）扩大农产品出口。积极引导和帮助龙头企业利用普惠制和区域性优惠贸易政策，增强出口农产品的竞争力。加强农产品外贸转型升级示范基地建设，扩大优势农产品出口。在有效控制风险的前提下，鼓励利用出口信用保险为农产品出口提供风险保障。提高通关效率，为农产品出口提供便利。支持龙头企业申请商标国际注册，积极培育出口产品品牌。

（二）开展境外投资合作。引导龙头企业充分利用国际国内两个市场、两种资源，拓宽发展空间。扩大农业对外合作，创新合作方式。完善农产品进出口税收政策，积极对外谈判签署避免双重征税协议。对龙头企业境外投资项目所需的国内生产物资和设备，提供通关便利。

（三）完善国际贸易投资服务。切实做好龙头企业开拓国际市场的指导和服务工作，加强国际农产品贸易投资的法律政策研究，及时发布市场预警信息和投资指南。完善农产品贸易摩擦应诉机制，积极应对各类贸易投资纠纷。进一步完善农产品出口检验检疫制度，继续对出口活畜、活禽、水生动物以及免检农产品全额免收出入境检验检疫费，对其他出口农产品减半收取检验检疫费。

九、狠抓落实，健全农业产业化工作推进机制

（一）强化组织领导。各地区、有关部门要深刻认识新形势下支持龙头企业发展加快推进农业产业化经营的重要意义，牢固树立扶持农业产业化就是扶持农业、扶持龙头企业就是扶持农民的观念，把发展农业产业化作为我国农业农村工作中一件全局性、方向性的大事来抓。各地区、有关部门要按照本意见精神，结合本地区、本部门实际，抓紧研究制定贯彻落实意见。强化各级农业部门的农业产业化工作职能，明确负责农业产业化工作机构，保障工作经费，加强队伍建设。完善农业产业化部门间协商工作机制，强化协作配合，落实责任分工，形成工作合力。

（二）落实政策措施。各级财政要多渠道整合和统筹支农资金，在现有基础上增加扶持农业产业化发展的相关资金，切实加大对农业产业化和龙头企业的支持力度。中小企业发展专项资金要将中小型龙头企业纳入重点支持范围，国家农业综合开发产业化经营项目要向龙头企业倾斜。农业发展银行、进出口银行等政策性金融机构要加强信贷结构调整，在各自业务范围内采取授信等多种形式，加大对龙头企业固定资产投资、农产品收购的支持力度。鼓励农业银行等商业性金融机构根据龙头企业生产经营的特点合理确定贷款期限、利率和偿还方式，扩大有效担保物范围，积极创新金融产品和服务方式，有效满足龙头企业的资金需求。大力发展基于订单农业的信贷、保险产品和服务创新。鼓励融资性担保机构积极为龙头企业提供担保服务，缓解龙头企业融资难问题。中小企业信用担保资金要将中小型龙头企业纳入重点支持范围。全面清理取消涉及龙头企业的不合理收费项目，切实减轻企业负担，优化发展环境。

（三）加强指导服务。健全农业产业化调查分析制度，建立省级以上重点龙头企业经济运行调查体系，加强行业发展跟踪分析。完善重点龙头企业认定监测制度，实行动态管理。建立健全主要农产品生产信息收集和发布平台，无偿为龙头企业的生产经营决策提供所需信息。发挥龙头企业协会的作用，加强行业自律，规范企业行为，服务会员和农户。认真总结龙头企业带动农户增收致富、发展现代农业的好经验好做法，大力宣传农业产业化发展成就，对发展农业产业化成绩突出的单位和个人按照国家有关规定给予表彰奖励，营造全社会关心支持农业产业化和龙头企业发展的良好氛围。

国务院

2012 年 3 月 6 日

全国现代农业发展规划（2011—2015年）

在工业化、城镇化深入发展中同步推进农业现代化，是“十二五”时期的一项重大任务。加快发展现代农业，既是转变经济发展方式、全面建设小康社会的重要内容，也是提高农业综合生产能力、增加农民收入、建设社会主义新农村的必然要求。为贯彻落实《中华人民共和国国民经济和社会发展第十二个五年规划纲要》精神，指导全国“十二五”现代农业建设和发展，编制本规划。

一、发展形势

“十二五”是全面建设小康社会的关键时期，是深化改革开放、加快转变经济发展方式的攻坚时期，是加快发展现代农业的重要机遇期。

（一）发展现代农业的基础更加坚实。党的十六大以来，中央坚持把解决好“三农”问题作为全部工作的重中之重，不断深化农村改革，完善强农惠农富农政策，大幅增加农业投入，有力推动了传统农业向现代农业加速转变。农业综合生产能力明显增强，粮食连续八年增产、产量连续五年稳定在5亿吨以上，棉、油、糖生产稳步发展，“菜篮子”产品供应充足，农产品质量不断提高。农业结构不断优化，优势农产品区域布局初步形成。物质装备条件显著改善，科技支撑能力稳步提高。经营体制机制不断创新，农业产业化经营水平大幅提高。对外开放迈出新步伐，农业“走出去”取得新进展。农民收入大幅提高，连续八年增幅超过6%。经过多年努力，我国农业发展取得了长足进步，农业现代化水平显著提升，为满足国内需求、保持国民经济平稳较快发展作出了突出贡献，为应对各种风险挑战、维护改革发展稳定大局发挥了重要作用。

（二）发展现代农业的条件更加有利。“十二五”时期，加快发展现代农业机遇难得。一是工业化、城镇化的引领推动作用将更加明显。工业化快速发展，信息化水平不断提高，为改造传统农业提供了现代生产要素和管理手段；城镇化加速推进，农村劳动力大量转移，为农业实现规模化生产、集约化经营创造了有利时机；城市人口增加和生活水平不断提高，以及扩大内需战略的实施，为扩大农产品消费需求、拓展农业功能提供了更为广阔的空间。二是政策支持将更加强化。随着我国综合国力和财政实力不断增强，强农惠农富农政策力度将进一步加大，支持现代农业发展的物质基础更加牢固。三是科技支撑将更加有力。科技创新孕育新突破，全球绿色经济、低碳技术正在兴起，生物、信息、新材料、新能源、先进装备制造等高新技术广泛应用于农业领域，现代农业发展的动力更加强劲。四是外部环境将更加优化。全党全社会关心农业、关注农村、关爱农民的氛围更加浓厚，形成合力推进现代农业发展的新局面，广大农民的积极性、创造性将得到进一步激发和释放。

（三）发展现代农业的要求更加迫切。国外经验表明，在工业化、城镇化快速推进时期，农业面临着容易被忽视或削弱的风险，必须倍加重视农业现代化与工业化、城镇化的同步推进和协调发展。当前，我国工业化、城镇化快速发展，但农业现代化明显滞后，面临着一系列严峻挑战。自然灾害多发重发，农业基础设施薄弱，抗灾减灾能力低的问题更加凸显；农业生产成本不断上升，产业化水平低，比较效益偏低的矛盾较为突出；农产品市场需求刚性增长，资源环境约束加剧，保障主要农产品供求平衡难度加大；农业劳动力素质有待提高，科技创新和推广应用能力不强，转变农业发展方式的任务极为艰巨；农户生产经营规模小，农业社会化服务体系不健全，组织化程度较低，小生产与大市场的矛盾依然明显；全球粮食能源化、金融化趋势明显，国际农产品市场投机炒作及传导影响加深，我国现代农业发展面临更多的外部不确定性。

“十二五”时期，必须珍惜、抓住、用好难得的历史机遇，坚持用现代物质条件装备农业，用现代科学技术改造农业，用现代产业体系提升农业，用现代经营方式推进农业，用现代发展理念引领农业，用培养新型农民发展农业，着力突破瓶颈制约，努力探索出一条具有中国特色的农业现代化道路。

二、指导思想、基本原则与发展目标

（一）指导思想。以邓小平理论和“三个代表”重要思想为指导，深入贯彻落实科学发展观，全面贯彻党的十七大和十七届三中、四中、五中、六中全会精神，按照在工业化、城镇化深入发展中同步推进农业现代化的要求，坚持走中国特色农业现代化道路，以转变农业发展方式为主线，以保障主要农产品有效供给和促进农民持续较快增收为主要目标，以提高农业综合生产能力、抗风险能力和市场竞争能力为主攻方向，着力促进农业生产经营专业化、标准化、规模化、集约化，着力强化政策、科技、设施装备、人才和体制支撑，着力完善现代农业产业体系，提高农业现代化水平、农民生活水平和新农村建设水平，为全面建设小康社会和国家现代化建设提供具有决定性意义的基础支撑。

（二）基本原则。

——坚持确保国家粮食安全。坚持立足国内实现粮食基本自给的方针，实行最严格的耕地保护和节约用地制度，加强农业基础设施建设，着力提高粮食综合生产能力，加快构建供给稳定、储备充足、调控有力、运转高效的粮食安全保障体系。

——坚持和完善农村基本经营制度。在保持农村土地承包关系稳定并长久不变的前提下，推进农业经营体制机制创新，坚决防止以发展现代农业为名强迫农民流转土地承包经营权、改变土地农业用途，切实尊重农民意愿，维护农民利益。

——坚持科教兴农和人才强农。加快农业科技自主创新和农业农村人才培养，加快农业科技成果转化与推广应用，提高农业物质技术装备水平，推动农业发展向主要依靠科技进步、劳动者素质提高和管理创新转变。

——坚持政府支持、农民主体、社会参与。强化政府支持作用，加大强农惠农富农力度，充分发挥农民的主体作用和首创精神，引导和鼓励社会资本投入农业，凝聚各方力量，合力推进现代农业发展。

——坚持分类指导、重点突破、梯次推进。进一步优化农业生产力布局，因地制宜地采取有选择、差别化扶持政策，支持主要农产品优势产区建设，鼓励有条件地区率先实现农业现代化，推动其他地区加快发展，全面提高农业现代化水平。

（三）发展目标。到2015年，现代农业建设取得明显进展。粮食等主要农产品供给得到有效保障，农业结构更加合理，物质装备水平明显提高，科技支撑能力显著增强，生产经营方式不断优化，农业产业体系更趋完善，土地产出率、劳动生产率、资源利用率显著提高，东部沿海、大城市郊区和大型垦区等条件较好区域率先基本实现农业现代化。

展望2020年，现代农业建设取得突破性进展，基本形成技术装备先进、组织方式优化、产业体系完善、供给保障有力、综合效益明显的新格局，主要农产品优势区基本实现农业现代化。

表4-1 “十二五”现代农业发展主要指标

类别	指　标	2010年	2015年	年均增长（%）
农产品供给	粮食综合生产能力（亿吨）	>5.0	>5.4	
	粮食播种面积（亿亩）	16.48	>16.0	
	棉花总产量（万吨）	596	>700	>3.27
	油料总产量（万吨）	3 230	3 500	1.62
	糖料总产量（万吨）	12 008	>14 000	>3.12
	肉类总产量（万吨）	7 926	8 500	1.41
	禽蛋总产量（万吨）	2 763	2 900	0.97
	奶类总产量（万吨）	3 748	5 000	5.93
	水产品总产量（万吨）	5 373	>6 000	>2.23
	农产品质量安全例行监测总体合格率（%）	94.8	>96	>[1.2]
农业结构	畜牧业产值占农业总产值比重（%）	30	36	[6]
	渔业产值占农业总产值比重（%）	9.3	10	[0.7]
	农产品加工业产值与农业总产值比	1.7	2.2	[0.5]
农业物质装备	新增农田有效灌溉面积（万亩）			[4 000]
	农业灌溉用水有效利用系数	0.5	0.53	[0.03]
	农机总动力（亿千瓦）	9.2	10	1.68
	耕种收综合机械化水平（%）	52	60	[8]
农业科技	科技进步贡献率（%）	52	>55	>[3]
	农村实用人才总量（万人）	820	1 300	6.8
农业生产经营组织	农业产业化组织带动农户数量（亿户）	1.07	1.3	3.97
	奶牛规模化养殖（年存栏100头以上）比重（%）	28	>38	>[10]
	生猪规模化养殖（年出栏500头以上）比重（%）	35	50	[15]
农业生态环境	适宜农户沼气普及率（%）	33	>50	>[17]
	农作物秸秆综合利用率（%）	70.2	>80	>[9.8]
农业产值与农民收入	农林牧渔业增加值年均增长率（%）			5
	转移农业劳动力（万人）			[4 000]
	农村居民人均纯收入（元）	5 919	>8 310	>7

注：1. [ ] 内为五年累计数；
2. 820万农村实用人才总量为2008年底数；
3. 农村居民人均纯收入绝对数按2010年价格计算，增长速度按可比价格计算。

三、重点任务

从加快转变农业发展方式的关键环节入手，重点加强事关现代农业发展全局、影响长远的八个方面建设。

（一）完善现代农业产业体系。稳定发展粮食和棉油糖生产。稳定粮食播种面积，优化品种结构，提高单产和品质，加强生产能力建设，确保国家粮食安全。实施全国新增千亿斤粮食生产能力规划，将粮食生产核心区和非主产区产粮大县建设成为高产稳产商品粮生产基地。积极推进南方稻区“单改双”，扩大东北优势区粳稻种植面积，稳步推进江淮等粳稻生产适宜区“籼改粳”。稳定小麦面积，发展优质专用品种。稳定增加玉米播种面积，积极恢复和稳定大豆种植面积，着力提高单产水平。积极开发和选育马铃薯优质专用高产品种，提高脱毒种薯供给能力。继续加强优质棉花生产基地建设，稳定发展油糖生产，多油并举稳定食用植物油自给率，基本满足国内棉花消费需求，实现糖料基本自给。

积极发展“菜篮子”产品生产。加强蔬菜水果、肉蛋奶、水产品等产品优势产区建设，扩大大中城市郊区“菜篮子”产品生产基地规模，建设海南冬季瓜菜生产基地等国家南菜北运重点生产基地。推动苹果、柑橘等优势园艺产品生产，稳定发展生猪和蛋禽，加快发展肉禽和奶牛，稳定增加水产品养殖总量，扶持和壮大远洋渔业。

大力发展农产品加工和流通业。加强主要农产品优势产区加工基地建设，引导农产品加工业向种养业优势区域和城市郊区集中。启动实施农产品加工提升工程，推广产后贮藏、保鲜等初加工技术与装备；大力发展精深加工，提高生产流通组织化程度，培育一批产值过百亿元的大型加工和流通企业集团。强化流通基础设施建设和产销信息引导，升级改造农产品批发市场，支持优势产区现代化鲜活农产品批发市场建设，大力发展冷链体系和生鲜农产品配送。发展新型流通业态，推进订单生产和“农超对接”，落实鲜活农产品运输“绿色通道”政策，降低农产品流通成本。规范和完善农产品期货市场。

（二）强化农业科技和人才支撑。增强农业科技自主创新能力。明确农业科技的公共性、基础性、社会性地位，加强基础性、前沿性、公益性重大农业科学技术研究，强化技术集成配套，着力解决一批影响现代农业发展全局的重大科技问题。加快农业技术引进消化吸收再创新步伐，加强农业科技领域国际合作。改善农业科研条件，调整优化农业科研布局，加强农业科研基地和重点实验室建设，完善农业科技创新体系和现代农业产业技术体系，启动实施农业科技创新能力建设工程。组建一批产业技术创新战略联盟和国家农业科技园区。完善农业科技评价机制，激发农业科技创新活力。

大力发展现代农作物种业。整合种业资源，培育一批具有重大应用前景和自主知识产权的突破性优良品种，建设一批标准化、规模化、集约化、机械化的良种繁育和生产基地，打造一批育种能力强、生产加工技术先进、市场营销网络健全、技术服务到位的现代种业集团。构建以产业为主导、企业为主体、基地为依托、产学研相结合、育繁推一体化的现代种业体系，提升种业科技创新能力、企业竞争能力、供种保障能力和市场监管能力。实施好转基因生物新品种培育重大专项，加快发展生物育种战略性新兴产业。

加快农业新品种新技术转化应用。加快优质超级稻、专用小麦、高油大豆、耐密玉米、双低油菜、杂交棉花、高产高糖甘蔗等新品种推广，加强小麦“一喷三防”（喷施叶面肥，防病虫害、防早衰、防干热风）、水稻大棚和工厂化育秧、玉米地膜覆盖、棉花轻简育苗移栽、甘蔗健康种苗、机械化深松整地、膜下滴灌、水肥一体化、测土配方施肥、耕地改良培肥、农作物病虫害专业化统防统治、秸秆综合利用、快速诊断检测等稳产增产和抗灾减灾关键技术的集成应用。推进联合育种，加快畜禽水产遗传改良进程。创新农业技术推广机制，大规模开展高产创建，在有条件地区实行整乡整县（场）推进，力争实现优势产区和主要品种全覆盖。大力推动精准作业、智能控制、远程诊断、遥感监测、灾害预警、地理信息服务及物联网等现代信息技术在农业农村的应用。

壮大农业农村人才队伍。以实施现代农业人才支撑计划为抓手，大力培养农业科研领军人才、农业技术推广骨干人才、农村实用人才带头人和农村生产型、经营型、技能服务型人才。围绕农业生产服务、农村社会管理和涉农企业用工等需求，加大农村劳动力培训阳光工程实施力度。大力发展农业职业教育，加快技能型人才培养，培育一批种养业能手、农机作业能手、科技带头人等新型农民。支持高校毕业生和各类优秀人才投身现代农业建设，鼓励外出务工农民带技术、带资金回乡创业。

（三）改善农业基础设施和装备条件。大规模开展高标准农田建设。按照统筹规划、分工协作、集中投入、连片推进的思路，拓宽资金渠道，加大投入力度，大规模改造中低产田，建设旱涝保收高标准农田。加快大中型灌区、排灌泵站配套改造，新建一批灌区，大力开展小型农田水利建设，增加农田有效灌溉面积。加强新增千亿斤粮食生产能力规划的田间工程建设，开展农田整治，完善机耕道、农田防护林等设施，推广土壤有机质提升、测土配方施肥等培肥地力技术。完善高标准农田建后管护支持政策和制度，延长各类设施使用年限，确保农田综合生产能力长期持续稳定提升。

改善养殖业生产条件。加速培育一大批设施完备、技术先进、质量安全、环境友好的现代化养殖场。加快实施畜禽良种工程，支持畜禽规模化养殖场（小区）开展标准化改造和建设。加大内蒙古、青海、甘肃、新疆、西藏和川西北等牧区草原畜牧业生产建设投入，加快草原围栏、棚圈和牧区水利建设，配套发展节水高效灌溉饲草基地。健全水产原良种体系，开展池塘标准化改造，建设水产健康养殖示范场。加强渔港和渔政执法能力建设。

加快农业机械化。全面落实农机具购置补贴各项管理制度和规定，加强先进适用、安全可靠、节能减排、生产急需的农业机械研发推广，优化农机装备结构。加快推进水稻栽插收获和玉米收获机械化，重点突破棉花、油菜、甘蔗收获机械化瓶颈，大力发展高效植保机械，积极推进养殖业、园艺业、农产品初加工机械化，发展农用航空。加快实施保护性耕作工程。大力发展设施农业。支持农用工业发展，提高大型农机具和农药、化肥、农膜等农资生产水平。

加强农业防灾减灾能力建设。加快构建监测预警、应变防灾、灾后恢复等防灾减灾体系。建设一批规模合理、标准适度的防洪和抗旱应急水源工程，提高防汛抗旱减灾能力。开展应对与适应气候变化、气候资源高效利用等重大技术研发应用，强化气象灾害、草原火灾监测预警预报和信息发布系统建设，加快国家人工影响天气综合基地和重点地区人工增雨抗旱防雹工程建设。加强种子、饲草料等应急救灾物资储备调运条件建设，推广相应的生产技术和防灾减灾措施，提高应对自然灾害和重大突发事件能力。

（四）增强农产品质量安全保障能力。大力推进农业标准化。以农兽药残留标准为重点，加快健全农业标准体系。以园艺产品、畜产品、水产品等为重点，推行统一的标准、操作规程和技术规范。集中创建一批园艺作物标准园、畜禽养殖标准化示范场和水产健康养殖示范场，加强国家级农业标准化整建制推进示范县（场）建设。加快发展无公害农产品、绿色食品、有机农产品和地理标志农产品。

加强农产品质量安全监管。健全国家、省、市（地）、县（场）四级投入品和农产品质量安全监管体系。完善投入品登记、生产、经营、使用和市场监督等管理制度，完善农产品质量安全风险评估、产地准出、市场准入、质量追溯、退市销毁等监管制度，健全检验检测体系。建立协调配合、检打联动、联防联控、应急处置机制。实行农产品产地安全分级管理。推动农产品生产、加工和流通企业建立诚信制度。

（五）提高农业产业化和规模化经营水平。推进农业产业化经营跨越式发展。制定扶持农业产业化龙头企业发展的综合性政策，启动实施农业产业化经营跨越发展行动。按照扶优、扶大、扶强的原则，选择一批经营水平高、经济效益高、辐射带动能力强的龙头企业予以重点扶持。依托农产品加工、物流等各类农业园区，选建一批农业产业化示范基地，推进龙头企业集群发展。引导龙头企业采取兼并、重组、参股、收购等方式，组建大型企业集团，支持龙头企业跨区域经营，提升产品研发、精深加工技术水平和装备能力。鼓励龙头企业采取参股、合作等方式，与农户建立紧密型利益联结关系。

强化农民专业合作社组织带动能力。广泛开展示范社建设行动，加强规范化管理，开展标准化生产，实施品牌化经营。加大合作社经营管理人员培训培养力度，加强合作社辅导员队伍建设。支持农民专业合作社参加农产品展示展销活动，与批发市场、大型连锁超市以及学校、酒店、大企业等直接对接，建立稳定的产销关系。鼓励农民专业合作社开展信用合作，在自愿基础上组建联合社，提高生产经营和市场开拓能力。扶持合作社建设农产品仓储、冷藏、初加工等设施。

发展多种形式的适度规模经营。在依法自愿有偿和加强服务基础上，完善土地承包经营权流转市场，发展多种形式的规模化、专业化生产经营。引导土地承包经营权向生产和经营能手集中，大力培育和发展种养大户、家庭农（牧）场。严格规范管理，支持农民专业合作社及农业产业化龙头企业建立规模化生产基地。实施“一村一品”强村富民工程。

（六）大力发展农业社会化服务。增强农业公益性服务能力。加快基层农技推广体系改革和建设，改善工作条件，保障工作经费，创新运行机制，健全公益性农业技术推广服务体系。加强农业有害生物监测预警和防控能力建设，大力推行专业化统防统治，力争在粮食主产区、农作物病虫害重灾区和源头区实现全覆盖。加强动物防疫体系建设，完善国家动物疫病防控网络和应急处理机制，强化执法能力建设，切实控制重大动物疫情，努力减轻人畜共患病危害。

大力发展农业经营性服务。培育壮大专业服务公司、专业技术协会、农民经纪人、龙头企业等各类社会化服务主体，提升农机作业、技术培训、农资配送、产品营销等专业化服务能力。加强农业社会化服务市场管理，规范服务行为，维护服务组织和农户的合法权益。

（七）加强农业资源和生态环境保护。加强农业资源保护。继续实行最严格的耕地保护制度，加强耕地质量建设，确保耕地保有量保持在18.18亿亩，基本农田不低于15.6亿亩。科学保护和合理利用水资源，大力发展节水增效农业，继续建设国家级旱作农业示范区。坚持基本草原保护制度，推行禁牧、休牧和划区轮牧，实施草原保护重大工程。加大水生生物资源养护力度，扩大增殖放流规模，强化水生生态修复和建设。加强畜禽遗传资源和农业野生植物资源保护。

加强农业生态环境治理。鼓励使用生物农药、高效低毒低残留农药和有机肥料，回收再利用农膜和农药包装物，加快规模养殖场粪污处理利用，治理和控制农业面源污染。加快开发以农作物秸秆等为主要原料的肥料、饲料、工业原料和生物质燃料，培育门类丰富、层次齐全的综合利用产业，建立秸秆禁烧和综合利用的长效机制。继续实施农村沼气工程，大力推进农村清洁工程建设，清洁水源、田园和家园。

大力推进农业节能减排。树立绿色、低碳发展理念，积极发展资源节约型和环境友好型农业，大力推广节地、节水、节种、节肥、节药、节能和循环农业技术，淘汰报废高耗能老旧农业机械，加快老旧渔船更新改造，推进形成“资源—产品—废弃物—再生资源”的循环农业方式，不断增强农业可持续发展能力。

（八）创建国家现代农业示范区。加大示范区建设力度。高标准、高起点、高水平创建300个左右国家现代农业示范区。以粮棉油糖、畜禽、水产、蔬菜等大宗农产品及部分地区特色农产品生产为重点，加大示范项目建设投入力度，着力培育主导产业，创新经营体制机制，强化物质装备，培养新型农民，推广良种良法，加快农机农艺融合，大力促进农业生产经营专业化、标准化、规模化和集约化，努力打造现代农业发展的典型和样板。

发挥示范区引领作用。积极探索具有区域特色、顺应现代农业发展规律的建设模式。通过产业拉动、技术辐射和人员培训等，带动周边地区现代农业加快发展。引导各地借鉴示范区发展现代农业的好做法和好经验，推动创建不同层次、特色鲜明的现代农业示范区，扩大示范带动范围，形成各级各类示范区互为借鉴、互相补充、竞相发展的良好格局。

四、重点区域

综合考虑各地自然资源条件、经济社会发展水平和农业发展基础等因素，按照分类指导、突出重点、梯次推进的思路，以“七区二十三带”农业战略格局为核心，着力建设重点推进、率先实现和稳步发展三类区域，引领全国现代农业加快发展。

（一）重点推进区域。包括东北平原、黄淮海平原、长江流域、汾渭平原、河套灌区、华南、甘肃新疆等“七区二十三带”的主要区域。该区域地势平坦，水土资源匹配，农业生产技术较为成熟，农业生产条件具有良好基础，是我国粮食生产核心区和棉油糖、畜禽、水产、蔬菜、水果、蚕茧等其他农产品主产区，承担着主要农产品供给保障的主体功能。加快推进该区域现代农业建设，事关全国农业现代化进程和国家粮食安全大局。

——粮食生产核心区。主要指《全国新增1 000亿斤粮食生产能力规划（2009—2020年）》确定的24个省（区、市）800个粮食生产大县（市、区、场）。“十二五”期间，继续发挥该区域粮食安全基础保障作用，调动各方发展粮食生产积极性，以建设小麦、玉米、水稻、大豆优势产业带为重点，深入开展粮食稳定增产行动，加强农田水利和高标准农田建设，提高农机装备和作业水平，大力开展高产创建和科技指导服务，推广防灾减灾增产关键技术，加快选育应用优良品种，大幅度提升粮食综合生产能力和现代化生产水平。大力发展粮食精深加工及仓储物流业，完善粮食仓储运输设施，引导龙头企业向优势产区集聚，促进就地加工转化，提高粮食生产综合效益。

——其他主要农产品优势区。主要指《全国优势农产品区域布局规划（2008—2015年）》确定的棉花、油菜、甘蔗、天然橡胶、苹果、柑橘、马铃薯、生猪、奶牛、肉牛、肉羊、出口水产品等12种农产品优势区，以及蔬菜、蚕茧等农产品生产的主体区域。“十二五”期间，以建设区域内各类农产品优势产业带为重点，推动规模化种养、标准化生产、产业化经营、品牌化销售，强化质量安全监管，提高资源利用率和加工转化率。继续巩固棉油糖、水果和蔬菜等产品供给保障地位，着力强化技术装备支撑，突破瓶颈制约，提高现代化生产水平。继续巩固生猪、牛奶等大宗畜产品供给保障区的主体地位，强化出口水产品生产基地功能，加快现代养殖业发展。

（二）率先实现区域。包括环渤海、长江三角洲、珠江三角洲地区和海峡西岸经济区等发达地区，以及沿海地区以外的直辖市、省会城市等大城市郊区和大型集团化垦区。该区域交通、区位、市场和人力资源优势明显，资本、技术等现代化生产要素集约化程度高，是我国集约化农业、规模化农业和多功能农业发展较好地区。加快该区域现代农业建设，对于引领全国现代农业加快发展具有重要意义。

——东部沿海先导农业区。主要指环渤海、长江三角洲、珠江三角洲地区和海峡西岸经济区等发达地区。“十二五”期间，大力发展资本、技术密集型农业，保持耕地面积不减少，稳定发展粮食生产，加快发展以园艺产品、畜产品、水产品为重点的高效农业、精品农业、外向型农业和生态休闲农业，探索企业化、集团化发展模式，大力推进标准化生产和集约化经营，提高信息化、优质化和品牌化水平，提升产品的科技含量和附加值。

——大城市郊区多功能农业区。主要指沿海地区以外的直辖市、省会城市等大城市郊区。“十二五”期间，统筹推进新一轮“菜篮子”工程建设，合理确定大城市郊区“菜篮子”产品生产用地保有数量，大力发展蔬菜、水果、花卉等高效园艺产业和畜禽水产业，提高大城市“菜篮子”产品的自给率。在稳定城市副食品供应保障能力的基础上，进一步挖掘农业的生态涵养、观光休闲和文化传承等多种功能，提高农业效益，增加农民收入。

——农垦规模化农业区。主要指新疆生产建设兵团和黑龙江农垦、广东农垦等19个大型集团化垦区。“十二五”期间，继续发挥规模优势，全面推进机械化、标准化、品牌化、产业化发展，加快农田基础设施和现代农业装备建设，着力建设国家商品粮供给重点保障区，建设天然橡胶、棉花、糖料、牛奶、种子等大型农产品商品生产基地，提升垦区现代农业发展水平，示范带动周边地区发展，并在农业“走出去”方面发挥重要作用。

（三）稳步发展区域。主要指草原生态经济区，包括北方干旱半干旱草原地区和青藏高原草原地区，涉及内蒙古、四川、西藏、甘肃、青海、新疆等13个省（区）。加快该区域现代农业建设，对于保障全国生态安全具有不可替代的战略作用。“十二五”期间，牢固树立生产生态有机结合、生态优先的基本方针，加强草原生态环境保护和建设，稳步推进退牧还草和游牧民定居工程，加强以节水灌溉饲草地为重点的牧区水利建设，建立草原增加碳汇和生态补偿机制。转变畜牧业发展方式，优化生产布局和畜群结构，提高科学饲养和经营水平，加强农牧互补、牧养结合，促进草畜平衡，发展生态畜牧业。

五、重大工程

围绕重点建设任务，以最急需、最关键、最薄弱的环节和领域为重点，组织实施一批重大工程，全面夯实现代农业发展的物质基础。

（一）旱涝保收高标准农田建设工程。完善田间灌排沟渠及机井、节水、小型集雨蓄水、积肥设施、机耕道路及桥涵、农田林网等方面的基础设施。开展土地平整，落实土壤改良、地力培肥等措施，加快先进适用耕作技术推广应用，新建旱涝保收高标准农田4亿亩。

（二）新增千亿斤粮食生产能力建设工程。在全国800个产粮大县（市、区、场）统筹实施水源和渠系工程、田间工程、良种繁育、防灾减灾、仓储物流和粮食加工等工程，逐步建设成为田间设施齐备、服务体系健全、仓储条件配套、区域化、规模化、集中连片的国家级商品粮生产基地。

（三）棉油糖生产基地建设工程。加强新疆、黄淮海地区、长江流域棉花生产基地建设，强化长江流域“双低油菜”和黄淮海地区花生生产基地建设，支持南方甘蔗和北方甜菜生产基地建设，着力改善田间基础设施、良种科研繁育设施等生产条件。

（四）新一轮“菜篮子”建设工程。加强园艺作物标准园建设，扩大畜禽标准化规模养殖场（小区）和水产健康养殖示范场规模，强化质量安全措施。建设一批国家级重点大型批发市场和区域性产地批发市场，引导建设优质农产品物流配送中心，发展农产品电子商务。

（五）现代种业工程。健全农作物种质资源和畜禽遗传资源保存体系，建设动植物基因信息库，研发生物育种技术，建立转基因生物安全保障体系。建设国家级农作物育制种基地，完善农作物品种试验和种子检测设施条件。支持畜禽育种场、原良种场、种公畜站、新品种培育场建设。建设水产遗传育种中心和原良种场。

（六）渔政渔港建设工程。改扩建或新建一批沿海中心渔港、一级渔港、二级渔港、避风锚地和内陆重点渔港，建设一批大型渔政船，加强渔政基地和管理信息系统建设，提高渔政执法能力。

（七）动植物保护工程。健全六级动物疫病防控体系，健全兽药质量安全监管和动物防疫技术支撑体系。建设四级农作物病虫疫情监测防控体系，完善监测、防控、监管等设施设备。

（八）农产品质量安全检验检测能力建设工程。改扩建检验检测实验室，建设部级水产品质量安全研究中心，补充建设一批部级专业质检中心，全方位建设市（地）级综合质检中心和县（场）级综合质检站，构建全国农产品质量安全监测信息预警平台。

（九）乡镇农业公共服务能力建设工程。在健全乡镇或区域性农业技术推广、动植物疫病防控和农产品质量安全监管等公共服务机构基础上，按照整合资源、注重实效、填平补齐、因地制宜、标准适当原则，改善农业技术推广、病虫害防控、农产品检验检测、农民培训等设施设备条件。

（十）农业机械化推进工程。重点支持农民、农民专业合作社购置大型复式和高性能农机具，加大对秸秆机械化还田和收集打捆机具配套的支持力度，改善农机化技术推广、农机安全监理、农机试验鉴定等公共服务机构条件，完善农业、气象等方面的航空站和作业起降点基础设施，扶持农机服务组织发展。

（十一）农业信息化建设工程。建设一批农业生产经营信息化示范基地和农业综合信息服务平台，建立共享化农业信息综合数据库和网络化信息服务支持系统，开展农业物联网应用示范。

（十二）农村沼气工程。加快户用沼气、养殖小区和联户沼气、大中型沼气工程建设，完善沼气服务和科技支撑体系。

（十三）草原保护与建设工程。加大天然草原退牧还草工程实施力度，加强京津风沙源区草地治理，继续加强三江源等地区草原生态建设，开展草原自然保护区建设和南方草地综合治理，加快实施游牧民定居工程。改良草原3亿亩，人工种草1.5亿亩。

（十四）新型农村人才培养工程。改善农业广播电视学校、农业职业院校、农业技术推广机构、农村实用人才培训基地、农业职业技能鉴定机构的设施条件，提高培训服务能力。加强对农民专业合作社、农业龙头企业、农产品加工企业中的经营和管理骨干、农民经纪人、农产品营销大户的经营管理培训，加强对种养能手、农机手、农民信息员和涉农企业从业人员的技术培训。

六、保障措施

在工业化、城镇化深入发展中同步推进农业现代化任务十分艰巨，必须从我国国情和农业发展实际出发，突出重点，加大投入，强化措施，综合施策，建立健全以工促农、以城带乡的长效机制，为现代农业建设取得明显进展提供有力保障。

（一）建立农业投入稳定增长机制。继续加大投入力度。按照总量持续增加、比例稳步提高的要求，不断增加“三农”投入。中央和县级以上地方财政每年对农业的总投入增长幅度应当高于其财政经常性收入增长幅度。预算内固定资产投资要向重大农业农村建设项目倾斜。耕地占用税税率提高后，新增收入全部用于农业。严格按照有关规定计提和使用用于农业土地开发的土地出让收入，严格执行新增建设用地土地有偿使用费全部用于耕地开发和土地整理的规定。积极推动土地出让收益用于高标准农田建设。继续增加现代农业生产发展资金和农业综合开发资金规模，充分发挥中国农业产业发展基金的引导作用。

改善农村金融服务。加快农村金融组织、产品和服务创新，推动发展村镇银行等农村中小金融机构。进一步完善县域内法人银行业金融机构新吸收存款主要用于当地发放贷款政策，落实和完善涉农贷款税收优惠、农村金融机构定向费用补贴和县域金融机构涉农贷款增量奖励等政策。引导金融机构发放农业中长期贷款，加强考核评价。完善农民专业合作社管理办法，支持其开展信用合作，落实农民专业合作社和农村金融有关税收优惠政策。扶持农业信贷担保组织发展，扩大农村担保品范围。加快发展农业保险，完善农业保险保费补贴政策。健全农业再保险体系，探索完善财政支持下的农业大灾风险分散机制。

引导社会资本投入农业。各部门要主动服务"三农"，在制定规划、安排项目、增加资金时切实向农业农村倾斜。积极推动建立城乡要素平等交换关系，鼓励和促进工业与城市资源要素向农业农村配置。进一步加大村级公益事业建设"一事一议"财政奖补力度，调动农民参与农业农村基础设施建设的积极性。通过组织动员和政策引导等多种途径，鼓励各种社会力量与乡村结对帮扶，参与农村产业发展和公共设施建设，努力形成多元化投入新格局。

（二）加大农业支持保护力度。坚持和完善农业补贴政策。强化农业补贴对调动农民积极性、稳定农业生产的导向作用，建立农业补贴政策后评估机制，完善补贴办法，增强补贴实效。继续实施种粮直补。落实农资综合补贴动态调整机制。研究逐步扩大良种补贴品种和范围，扩大马铃薯原种和花生良种繁育补贴规模；扩大生猪、奶牛、肉牛、牦牛、绵羊、山羊等良种补贴规模。扩大农机具购置补贴规模，加大农机化薄弱环节生产机械补贴力度。加大动物强制免疫补贴力度，研究将布鲁氏菌病、狂犬病和包虫病等人畜共患病纳入免疫补助范围。逐步完善农业生产关键技术应用与服务支持政策，大幅度增加农业防灾减灾稳产增产关键技术良法补助。坚持和完善渔用柴油补贴政策。继续实施农业种子种苗种畜种禽免税进口优惠政策。

建立完善农业生产奖补制度。完善主产区利益补偿机制，提高中央财政对粮食、油料生产大县转移支付水平，继续加大对产粮大县、生猪调出大县的奖励力度，规范粮食主产县涉农投资项目地方资金配套，全面取消主产区粮食风险基金地方资金配套。稳步提高粮食主产区县级人均财力水平。全面实施和完善草原生态保护补助奖励政策。扩大草原生态保护、面源污染防控生态奖补范围和规模，探索实施生物农药、低毒农药使用补助政策。研究建立高耗能老旧农业机械报废回收制度，探索实施报废更新补助。

加大对农业科研和技术推广的支持力度。完善现代农业产业技术体系，继续实施转基因生物新品种培育重大专项、公益性行业科研专项等农业重大科研项目；建立种业发展基金；加大国家重点基础研究发展计划、国家高技术研究发展计划、国家科技支撑计划等在农业领域实施力度，选择部分农业科研院所予以稳定支持。将乡镇或区域性农业技术推广、动植物疫病防控、农产品质量监管等公共服务机构履行职责所需经费纳入地方财政预算，按照种养规模和服务绩效安排工作经费，实现在岗人员工资收入与基层事业单位人员工资收入平均水平相衔接，将基层农业技术推广体系改革与建设示范县项目基本覆盖农业县（市、区、场）、农业技术推广机构条件建设项目覆盖全部乡镇；启动基层农业技术推广特设岗位计划。加大动物疫病防控经费投入，完善病死动物无害化处理补贴制度。建立和完善农作物病虫害专业化统防统治补助政策。扩大粮棉油糖高产创建、园艺作物和畜牧水产养殖产品标准化创建以及农业标准化示范县项目规模。继续向农民免费提供测土配方施肥服务，扩大土壤有机质提升项目实施范围和规模。继续加大农业农村人才培养力度，对大学生涉农创业按规定给予相关政策扶持。

完善农产品市场调控机制。稳步提高稻谷、小麦最低收购价，完善玉米、大豆、油菜籽、棉花等农产品临时收储政策。完善主要农产品吞吐和调节机制，健全重要农产品储备制度，发挥骨干企业稳定市场的作用。继续加强生猪、蔬菜等主要"菜篮子"产品市场监测预警体系建设，完善生猪、棉花、食糖、边销茶等调控预案，制定鲜活农产品调控办法。探索建立以目标价格为核心的反周期补贴制度。

（三）提高农业对外开放水平。促进农业对外合作。提高农业"引进来"质量和水平。借助多双边和区域合作机制，加强农业科技交流合作，加大引资引智力度，提高农业利用外资水平。继续用好国外优惠贷款和赠款，加大先进适用技术、装备的引进、消化和吸收力度。充分利用政府间合作交流平台，拓宽农业"走出去"渠道。

加强农产品国际贸易。强化多双边和区域农业磋商谈判和贸易促进，做好涉农国际贸易规则制定工作。进一步强化贸易促进公共服务能力，积极推动优势农产品出口。建立符合世界贸易组织规则的外商经营农产品和农业生产资料准入制度。积极应对国际贸易摩擦，支持行业协会为企业维护合法权益。进一步完善农业产业损害监测预警机制。运用符合世界贸易组织规则的相关措施，灵活有效调控农产品进出口。

（四）深化农业农村改革。积极推动种业、农垦等方面改革。加强对国家现代农业示范区、新形势下农村改革试验区工作指导和支持，发挥先行先试作用。统筹城乡产业发展，发展农村服务业和乡镇企业，制定农村二、三产业加快发展的鼓励政策，落实和完善有关税收政策。统筹城乡基础设施建设和公共服务，逐步建立城乡统一的公共服务制度。统筹城乡劳动就业，健全城乡平等的就业制度和覆盖城乡的公共就业服务体系，引导农村富余劳动力平稳有序外出务工就业、就地就近转移就业。统筹城乡社会管理，积极稳妥推进户籍制度改革。推进省直接管理县（市）财政体制改革，优先将农业大县纳入改革范围。

（五）强化农业法制保障。完善以农业法为基础的农业法律法规体系，研究起草农业投入等方面的法律法规。加快农业行政执法体制改革，全面推进农业综合执法。深入开展农业普法宣传教育。

（六）加强组织领导。坚持“米袋子”省长负责制和“菜篮子”市长负责制。完善体现科学发展观和正确政绩观要求的干部政绩考核评价体系，把粮食生产、农民增收、耕地保护作为考核地方特别是县（市）领导班子绩效的重要内容，全面落实耕地和基本农田保护领导干部离任审计制度。各有关部门和地方各级人民政府要围绕规划目标任务，明确职责分工，强化协调配合，完善工作机制，研究落实各项强农惠农富农政策，统筹协调推动重大工程的实施，确保规划落到实处，努力开创我国农业现代化发展新局面。

【农业部发布】

2012年畜禽养殖标准化示范创建活动工作方案

为加快转变畜牧业生产方式，不断提升畜禽养殖标准化生产水平，我部决定在2010年、2011年工作基础上，继续开展畜禽养殖标准化示范创建活动。为确保创建工作规范有序开展，我部制定了本方案。

一、创建目标

继续在全国生猪、奶牛、蛋鸡、肉鸡、肉牛和肉羊优势区域开展畜禽养殖标准化示范创建，通过集中培训、专家指导、现场考核，2012年再创建1 000个畜禽标准化示范场。

二、创建内容

（一）基本要求。参与创建的规模养殖场生产经营活动必须遵守畜牧法、动物防疫法等相关法律法规，具备养殖场备案登记手续和《动物防疫条件合格证》，养殖档案完整，两年内无重大动物疫病和质量安全事件发生。

1. 生猪。能繁母猪存栏300头以上，且年出栏肥猪5 000头以上。

2. 奶牛。存栏奶牛300头以上。

3. 蛋鸡。产蛋鸡养殖规模（笼位）在1万只以上。

4. 肉鸡。单栋饲养量5 000只以上，年出栏量10万只以上。

5. 肉牛。年出栏育肥牛500头以上，或存栏能繁母牛50头以上。

6. 肉羊。农区存栏能繁母羊250只以上，或年出栏肉羊500只以上的养殖场；牧区存栏能繁母羊400只以上，或年出栏肉羊1 000只以上的养殖场。

（二）示范创建内容。畜禽养殖场标准化创建的主要内容有：

1. 畜禽良种化。因地制宜，选用高产优质高效畜禽良种，品种来源清楚、检疫合格。

2. 养殖设施化。养殖场选址布局科学合理，畜禽圈舍、饲养和环境控制等生产设施设备满足标准化生产需要。

3. 生产规范化。制定并实施科学规范的畜禽饲养管理规程，配备与饲养规模相适应的畜牧兽医技术人员，严格遵守饲料、饲料添加剂和兽药使用有关规定，生产过程实行信息化动态管理。

4. 防疫制度化。防疫设施完善，防疫制度健全，科学实施畜禽疫病综合防控措施，对病死畜禽实行无害化处理。

5. 粪污无害化。畜禽粪污处理方法得当，设施齐全且运转正常，实现粪污资源化利用或达到相关排放标准。

三、重点工作

（一）开展宣传动员。各省（区、市）具体负责本区域的示范创建工作，要按照要求细化工作方案，明确工作内容和时间表（示范场验收评分标准仍按2011年标准执行，其中奶牛存栏改为300头以上，标准电子版从农业部网站信息公开栏下载）；县级畜牧兽医主管部门要组织宣传发动工作，确保养殖场户知晓创建内容和要求，调动养殖场户的积极性，营造示范创建的良好氛围。

（二）加强技术支撑。各省区要结合创建活动需要，建立健全创建技术专家组考核制度，完善专家队伍，切实做到专家组人员固定、技术过硬、工作负责、公平公正，要加强检查考核，对于不能发挥技术服务的，及时予以调整。

（三）确定创建单位。农业部根据各地畜牧业发展现状，核定不同省区标准化示范场创建总数量。分畜种创建数量由各省结合实际确定。县级畜牧兽医主管部门将自愿参与创建的养殖场户报省级畜牧兽医主管部门，省（地、市）属农场报省农垦主管部门，由省农垦部门报省畜牧兽医主管部门，省级畜牧兽医主管部门审核同意后报农业部畜牧业司备案。参与创建的养殖场户数量不得超过核定创建数量的20%。本方案以外其它畜种的示范创建，由各省区结合实际，自行制定标准创建验收，并纳入省级示范场。

（四）强化创建培训。全国畜牧总站分期对各省区负责创建的部门和技术专家组进行培训，各省区负责对本省区创建单位进行集中培训与技术指导，各创建单位根据要求对基础设施进行改造、管理措施进行规范。

（五）实施验收挂牌。农业部制定示范创建验收评分标准，省级畜牧兽医主管部门可结合实际，制定本省区验收评分标准，但相关指标不得低于我部发布的验收标准。各地要按照验收评分标准和既定程序，组织专家评审验收，并将验收合格的标准化养殖场在当地媒体上公示，公示无异议后报农业部畜牧业司。各地务必要从严考核，宁缺毋滥。我部将根据上报结果组织抽查复核，统一对外发布，并颁发标牌。

（六）发挥示范效应。在组织好新一轮示范创建工作的同时，要注重挂牌示范场辐射带动效应的发挥，进一步创新工作思路，积极探索行之有效的示范带动方式，切实使示范场标准化生产技术看得懂、学得会、有实效，带动更多的养殖场户在发展标准化生产中受益。

（七）加强监督管理。畜牧业司会同全国畜牧总站组织专家开展督导调研，指导各地开展示范创建活动。省级畜牧兽医部门应设立监督举报电话，接受社会监督，确保活动开展公开、公平、公正。要建立健全创建活动考核机制，按照《农业部畜禽标准化示范场管理办法》的要求，加强对本省区已挂牌的示范场的日常监管，对于确实起不到示范带动作用的示范场要及时上报，我部审核后取消其示范场资格。

（八）推进产业化经营。各地要通过多种形式积极推进畜禽标准化示范场的产业化经营，鼓励支持标准化示范场打造自主品牌，与畜产品加工龙头企业、大中型批发市场和超市等进行合作，促进产销衔接。

四、保障措施

（一）强化组织领导。农业部成立畜禽养殖标准化示范创建工作领导小组，具体工作由畜牧业司牵头，部内有关司局和直属单位参加。

（二）加大政策支持。农业部将整合有关项目，支持畜禽养殖标准化示范创建工作。地方畜牧兽医主管部门要积极争取政府和有关部门的支持，加大项目资金和技术培训投入力度，提高活动的实施效果。

（三）加强宣传报道。在媒体上公开畜禽养殖标准化示范创建活动的主要内容，引导广大养殖场户积极参与。在报刊上开辟专栏，报道各地在开展示范创建活动过程中取得的成功经验，引导各地因地制宜，加快推进畜禽养殖标准化生产。

附表：

奶牛标准化示范场验收评分标准

申请验收单位：　　　　　　　　　　　　　　　　验收时间：　年　月　日

必备条件（任一项不符合不得验收）	1. 场址不得位于《中华人民共和国畜牧法》明令禁止区域，并符合相关法律法规及区域内土地使用规划。	可以验收□ 不予验收□
	2. 具备县级以上畜牧兽医部门颁发的《动物防疫条件合格证》，两年内无重大疫病和产品质量安全事件发生。	
	3. 具有县级以上畜牧兽医行政主管部门备案登记证明；按照农业部《畜禽标识和养殖档案管理办法》要求，建立养殖档案。	
	4. 奶牛存栏300头以上，生鲜乳生产、收购、贮存、运输和销售符合《乳品质量安全监督管理条例》、《生鲜乳生产收购管理办法》的有关规定。执行《奶牛场卫生规范》（GB 16568—2006）。设有生鲜乳收购站的，有《生鲜乳收购许可证》，生鲜乳运输车有《生鲜乳准运证明》。	

验收项目	考核内容	考核具体内容及评分标准	满分	得分	扣分原因
一、选址与建设（21分）	（一）选址（4分）	距离生活饮用水源地、居民区和主要交通干线、其他畜禽养殖场及畜禽屠宰加工、交易场所500米以上，得1分。	1		
		地势高燥，得1分；通风良好，得1分。	2		
		场址远离噪音，得1分。	1		

（续）

验收项目	考核内容	考核具体内容及评分标准	满分	得分	扣分原因
一、选址与建设（21分）	（二）基础设施（6分）	提供水质检测报告，并且符合《生活饮用水卫生标准》的规定，得1分；水源稳定，得1分。	2		
		电力供应充足有保障（备有发电机组），得1分。	1		
		交通便利，有硬化路面直通到场，得1分。	1		
		具备全混合日粮（TMR）饲喂设备，并能够在日常饲养管理中有效实施，得1分；具备TMR混合均匀度与含水量测定仪器和日常记录，得1分。	2		
	（三）场区布局（6分）	在场区入口处设有人员消毒室、车辆消毒池等防疫设施，并能够有效实施，得1分。	1		
		场区有防疫隔离带，得1分；场区内生活管理区、生产区、辅助生产区、病畜隔离区、粪污处理区明确划分，得2分；部分分开，得1分。	3		
		犊牛舍、育成（青年）牛舍、泌乳牛舍、干奶牛舍、隔离牛舍布局合理，得2分。	2		
	（四）场区卫生（5分）	场区环境整洁，得1分；场区内设有净道和污道，得1分；净道和污道严格分开，得2分，没有严格分开的，扣1分；场区内空闲地面进行了硬化或者绿化，得1分。	5		
二、设施与设备（18分）	（一）牛舍（8分）	牛舍有固定、有效的降温（夏）防寒（冬）设施，得2分。	2		
		1月龄内犊牛采用单栏饲养，得1分；1月龄后不同阶段采用分群饲养管理，得1分。	2		
		采用自由散栏式饲养的牛舍建筑面积（成母牛）10m²/头以上，每头牛一个栏位，得1分；而且垫料干净、平整、干燥，得1分。	2		
		运动场面积（成母牛）每头不低于25m²（自由散栏牛舍除外），得1分；有遮阳棚、饮水槽，得1分。	2		
	（二）功能区（5分）	生活管理区与生产区严格分开，位于生产区的上风向；隔离区位于生产区的下风向，与生产区保持50m以上的卫生间距，得1分。	1		
		饲草区、饲料区和青贮区设置在相邻的位置，便于TMR搅拌车工作，得1分。	1		
		草料库、青贮窖和饲料加工车间有防火设施，得2分。	2		
		粪污处理区和病牛隔离区与生产区在空间上隔离，单独通道，得1分。	1		
	（三）挤奶厅（5分）	有与奶牛存栏量相配套的挤奶机械，得1分。	1		
		挤奶厅有机房、牛奶制冷间、热水供应系统和办公室，得1分。	1		
		挤奶厅有待挤区，能容纳一次挤奶头数2倍的奶牛，得1分。	1		
		储奶厅有储奶罐和冷却设备，挤奶2h内冷却到4°C以下，且不能低于冰点，得1分。	1		
		输奶管存放良好无存水、收奶区排水良好，地面硬化处理，墙壁防水处理，便于冲刷，得1分，不足之处，酌情扣分。	1		

（续）

验收项目	考核内容	考核具体内容及评分标准	满分	得分	扣分原因
三、管理制度与记录（39分）	（一）饲养与繁殖技术（14分）	参加生产性能测定，得3分；有连续生产性能测定记录，得1分；记录规范、并做技术分析，得1分。	5		
		系谱记录规范，有电子档案或纸质档案，按照国家统一编号规则编号，得1分；有年度繁殖计划、技术指标、实施记录与技术统计，得1分，缺项不得分。	2		
		有完整的饲料原料采购计划和饲料供应计划，得1分；使用优质苜蓿，得2分；有日粮组成、配方记录，得1分。	4		
		有常用饲料常规性营养成分分析检测记录，得1分；无使用国家禁止的饲料、添加剂和兽药记录，得1分。	2		
		有根据奶牛不同生长和泌乳阶段制定的饲养规范和实施记录，得1分，缺项不得分。	1		
	（二）疫病控制（12分）	有奶牛结核病、布氏杆菌的检疫记录和处理记录，得2分。	2		
		有口蹄疫等国家规定疫病的免疫接种计划和实施记录，得2分，缺项不得分。	2		
		有定期修蹄和肢蹄保健设施，并有相关记录，得1分。	1		
		有传染病发生应急预案，隔离和控制措施，责任人明确，得1分。	1		
		有预防、治疗奶牛常见疾病规程，得1分。	1		
		有兽药使用记录，包括使用对象、使用时间和用量记录，记录完整，得2分，不完整适当扣分。	2		
		抗生素使用符合《奶牛场卫生规范》的要求，有奶牛使用抗生素隔离及解除制度和记录，得2分，记录不完整适当扣分。	2		
		有乳房炎处理计划，包括治疗与干奶处理方案，得1分。	1		
	（三）挤奶管理（10分）	有挤奶卫生操作制度，并张贴上墙，得1分。	1		
		挤奶工工作服干净，挤奶过程挤奶工手和胳膊保持干净，得1分，不完整适当扣分。	1		
		完全使用机器挤奶，输奶管道化，得1分。	1		
		挤奶前后两次药浴，一头牛用一块毛巾（或一张纸巾）擦干乳房与乳头，得2分，不完整适当扣分。	2		
		将前三把奶挤到带有网状栅栏的容器中，观察牛奶的颜色和形状，得1分。	1		
		有将生产非正常生鲜乳（包括初乳、含抗生素乳等）奶牛安排到最后挤奶的记录与牛奶处理记录，得1分。	1		
		输奶管、计量罐、奶杯和其他管状物清洁并正常维护，有挤奶器内衬等橡胶件的更新记录，得1分；大奶罐保持经常性关闭，得1分。	2		
		按检修规程检修挤奶机，有检修记录，得1分。	1		
	（四）从业人员管理（3分）	从业人员每年进行身体检查，有身体健康证明，得2分。	2		
		有1名以上经过畜牧兽医专业知识培训的技术人员，持证上岗，得1分。	1		

（续）

验收项目	考核内容	考核具体内容及评分标准	满分	得分	扣分原因
四、环保要求（12分）	（一）粪污处理（10分）	有固定的牛粪储存、堆放场所和设施，储存场所有防雨、防止粪液渗漏、溢流措施，满分为2分，不足之处适当扣分；采用农牧结合粪污腐熟还田，满分为2分，有不足之处适当扣分；有固液分离、有机肥或沼气设施进行粪污处理，得3分。	7		
		有污水处理设施，得1分，污水处理设施运转正常，得1分，建贮液池，得1分；粪污未经处理直接排放，不得分。	3		
	（二）病死牛无害化处理（2分）	病死牛均采取深埋或焚烧等方式进行无害化处理，得1分。	1		
		有病死牛无害化处理记录，得1分。	1		
五、生产水平和质量安全（10分）	（一）生产水平（4分）	泌乳牛年均单产大于6 000千克，得2分；大于7 000千克，得3分；大于8 000千克，得4分，此记录以DHI测定记录为依据。	4		
	（二）生乳质量安全（6分）	乳蛋白率大于2.95%，乳脂率大于3.40%，得1分；乳蛋白率大于3.05%，乳脂率大于3.60%，得2分。	2		
		体细胞数小于75万/mL，得1分；小于50万/mL，得2分。	2		
		菌落总数小于50万/mL，得1分；小于20万/mL，得2分。	2		
总分			100		

验收专家签字：

2012年国家动物疫病强制免疫计划

一、法律依据

为全面落实强制免疫工作，防止重大动物疫病发生和流行，根据《中华人民共和国动物防疫法》第十三条规定，制定2012年国家动物疫病强制免疫计划。

二、总体要求

对高致病性禽流感、高致病性猪蓝耳病、口蹄疫、猪瘟等4种动物疫病实行强制免疫，总体要求是，群体免疫密度常年维持在90%以上，其中应免畜禽免疫密度要达到100%，免疫抗体合格率全年保持在70%以上。

西藏、新疆、新疆生产建设兵团等地区对羊实施小反刍兽疫免疫，总体要求是，群体免疫密度常年维持在90%以上，其中应免羊免疫密度要达到100%。

三、职责分工

地方各级人民政府对辖区内动物防疫工作负总责，组织有关部门按照职责分工，落实强制免疫计划，保证免疫密度。

各级兽医部门具体组织实施强制免疫计划，负责强制免疫动物疫病疫苗的采购、保存、使用监管，制定并执行强制免疫计划实施方案。

各级财政部门负责落实强制免疫计划执行所需经费，包括疫苗、耗材、人工、免疫效果评价、免疫副反应处置等经费，负责疫苗等相关经费的监管。

其他有关部门依法配合做好强制免疫计划的实施工作。

各级动物疫病预防控制机构、国家相关兽医参考实验室负责评价使用环节强制免疫疫苗免疫效果；国家相关兽医参考实验室和相关动物疫病专业实验室负责疫病的科学研究，跟踪病毒变异情况，按规定开展流行病学调查，保证诊断试剂供应。

饲养动物的单位和个人应当依法履行强制免疫义务，按照兽医主管部门的要求做好免疫工作。

定点疫苗生产企业加强疫苗生产管理，保证疫苗质量，做好售后服务。

四、组织实施

（一）制订实施方案。各地要按照国家动物疫病强制免疫计划要求，结合本地实际，及时制定本省（自治区、直辖市）强制免疫计划实施方案。继续坚持规模养殖场按程序进行免疫，散养畜禽实行春秋两季集中免疫、每月及时补免。

（二）组织免疫技术培训。中国动物疫病预防控制中心在春秋两季集中免疫工作开展前组织免疫技术师资培训，各地要组织好乡镇及村级防疫员免疫技术培训。免疫时要规范操作，按要求更换注射针头，做好各项消毒工作，防止在免疫操作中人为传播疫病。同时，要加强疫苗的运输和保存管理，保证疫苗质量。

（三）建立免疫档案。对养殖户畜禽存栏、出栏及免疫等情况要有详细记录。特别要做好疫苗种类、生产厂家、生产批号等记录。做到乡镇畜牧兽医站、基层防疫员、养殖场（户）有免疫记录，做到免疫记录与畜禽标识相符。

（四）实施免疫信息报告。对疫苗采购和免疫情况实行月报制度，在春秋两季集中免疫期间，对免疫进展实行周报告制度，突发重大动物疫情对紧急免疫情况实行日报告制度。各地要明确专人负责免疫信息收集统计工作，及时报告中国动物疫病预防控制中心。同时，要及时反馈免疫过程中发现的问题。

五、疫苗监管

农业部根据疫苗生产情况进行监督抽检，对不合格疫苗产品信息进行通报。中国兽医药品监察所具体实施疫苗质量监管工作，对疫苗质量进行监督检验，对生产企业实行飞行检查，必要时实行驻厂监督。省级兽医主管部门负责辖区内疫苗生产企业监督管理，对疫苗的保存、运输、使用等环节冷链体系运行情况进行监管。

疫苗招标采购应以疫苗质量、售后服务和价格等综合指标为评判标准，不得单纯采用询价方式采购。

省级兽医主管部门要切实加强对各定点疫苗生产企业参与疫苗招标采购的监督管理，各企业不得采取恶意方式竞标，不得以低于成本的价格参与竞标，各企业不得超出使用范围宣传，干扰强制免疫计划。

严禁任何单位和个人倒买倒卖强制免疫疫苗。

六、经费支持

（一）疫苗经费分摊方式。国家动物疫病强制免疫疫苗经费由中央财政和省级财政共同按比例分担，分摊比例按财政部、农业部联合下发的有关文件执行。因采购疫苗不同，不足部分由省级财政负担。

（二）疫苗中央财政补助标准。疫苗经费按照疫苗实际使用量进行结算，实行年度清算制，结转资金转入下一年度继续使用。补助标准按财政部下发的有关经费补助文件执行。

（三）各级财政部门保障动物疫病防控各项经费落实到位。

（四）动物疫病防控经费专款专用，不得挤占、挪用，对虚报冒领、挤占挪用的，要严肃处理。

七、监督检查

（一）切实落实免疫责任制。针对免疫工作，逐个环节研究细化责任，层层落实到人。对因免疫不到位引发动物疫情的，要严肃追究相关人员责任。对不履行强制免疫职责的单位和个人，要依法追究其责任。

（二）地方财政部门要加强疫苗经费监管，主动了解疫苗招标采购和使用情况。

（三）各级兽医部门要加强免疫效果监测，定期组织免疫效果监测与评价工作，对被抽检的场（厂）、乡（镇）或村存栏家畜（禽）群体抗体合格率未达到规定要求的，尽快进行补免。农业部将根据不同时期的免疫情况组织随机抽检，并通报抽检结果。

（四）加强对调运动物免疫监管。动物卫生监督机构出具检疫证明时，应严格核查调运畜禽的免疫情况，对调出县境的种畜禽或其他非屠宰畜禽，在调运前 2 周进行一次加强免疫，对调运的种蛋和未达首免日龄的仔畜、雏禽，应标明其供体的免疫情况，未加强免疫或免疫情况不明的禁止调运。

（五）加大督促检查力度。农业部重大动物疫病防控定点联系工作组要及时掌握所联系区域的免疫工作进展，定期进行督促检查。各地也要加大督查指导力度，确保免疫工作落实到位。

（六）省级兽医主管部门对辖区内的动物疫病免疫副反应发生情况、免疫抗体水平不达标情况和免疫失败情况要及时进行调查处理。

八、其他

各省、自治区、直辖市人民政府兽医主管部门根据本行政区域内动物疫病流行情况增加实施强制免疫的动物疫病病种和区域，报本级人民政府批准后执行，并报农业部备案。

各地在做好国家动物疫病强制免疫工作的同时，要统筹做好新城疫、狂犬病、炭疽、猪流行性乙型脑炎、布鲁氏菌病和包虫病等其他动物疫病的免疫工作。其免疫方案另行下发。

农业部根据动物疫病发生与发展状况，必要时会同财政部调整本计划。

附件：

口蹄疫免疫计划

一、要求

对所有猪进行O型口蹄疫强制免疫；对所有牛、羊、骆驼、鹿进行O型和亚洲I型口蹄疫强制免疫；对所有奶牛和种公牛进行A型口蹄疫强制免疫；对广西、云南、西藏、新疆和新疆生产建设兵团边境地区的牛、羊进行A型口蹄疫强制免疫。

二、免疫程序

规模养殖场按下述推荐免疫程序进行免疫，散养家畜在春秋两季各实施一次集中免疫，对新补栏的家畜要及时免疫。

（一）规模养殖家畜和种畜免疫。

仔猪、羔羊：28～35日龄时进行初免。

犊牛：90日龄左右进行初免。

所有新生家畜初免后，间隔1个月后进行一次加强免疫，以后每隔4～6个月免疫一次。

（二）散养家畜免疫。春、秋两季对所有易感家畜进行一次集中免疫，每月定期补免。有条件的地方可参照规模养殖家畜和种畜的免疫程序进行免疫。

三、紧急免疫

发生疫情时，对疫区、受威胁区域的全部易感家畜进行一次加强免疫。边境地区受到境外疫情威胁时，要对距边境线30公里以内的所有易感家畜进行一次加强免疫。最近1个月内已免疫的家畜可以不进行加强免疫。

四、使用疫苗种类

牛、羊、骆驼和鹿：口蹄疫O型—亚洲I型二价灭活疫苗、口蹄疫O型-A型二价灭活疫苗和口蹄疫A型灭活疫苗。

猪：口蹄疫O型灭活类疫苗，口蹄疫O型合成肽疫苗（双抗原）。

空衣壳复合型疫苗在批准范围内使用。

五、免疫方法

各种疫苗免疫接种方法及剂量按相关产品说明书规定操作。

六、免疫效果监测

猪免疫28天后，其他畜21天后，进行免疫效果监测。

（一）检测方法。

亚洲I型口蹄疫：液相阻断ELISA。

O型口蹄疫：灭活类疫苗采用正向间接血凝试验、液相阻断ELISA，合成肽疫苗采用VP1结构蛋白ELISA。

A型口蹄疫：液相阻断ELISA。

（二）免疫效果判定。

亚洲I型口蹄疫：液相阻断ELISA的抗体效价$\geq 2^6$判定为合格。

O型口蹄疫：灭活类疫苗抗体正向间接血凝试验的抗体效价$\geq 2^5$判定为合格，液相阻断ELISA的抗体效价$\geq 2^6$判定为合格，合成肽疫苗VP1结构蛋白抗体ELISA的抗体效价$\geq 2^5$判定为合格。

A型口蹄疫：液相阻断ELISA的抗体效价$\geq 2^6$判定为合格。

存栏家畜免疫抗体合格率≥70%判定为合格。

农业部　国家质量监督检验检疫总局
公告第1712号

为防止动植物疫病及有害生物传入，保护我国农林牧渔业生产和公共卫生安全，根据《中华人民共和国进出境动植物检疫法》、《中华人民共和国动物防疫法》和《中华人民共和国种子法》规定，农业部和国家质量监督检验检疫总局组织修订了《中华人民共和国禁止携带、邮寄进境的动植物及其产品名录》，现予以发布。该名录自发布之日起生效，原发布的《中华人民共和国禁止携带、邮寄进境的动物、动物产品和其他检疫物名录》［（1992）农（检疫）字第12号］同时废止。

附件：中华人民共和国禁止携带、邮寄进境的动植物及其产品名录

附件：

中华人民共和国禁止携带、邮寄进境的动植物及其产品名录

一、动物及动物产品类

（一）活动物（犬、猫除外[2]），包括所有的哺乳动物、鸟类、鱼类、两栖类、爬行类、昆虫类和其他无脊椎动物，动物遗传物质。

（二）（生或熟）肉类（含脏器类）及其制品；水生动物产品。

（三）动物源性奶及奶制品，包括生奶、鲜奶、酸奶，动物源性的奶油、黄油、奶酪等奶类产品。

（四）蛋及其制品，包括鲜蛋、皮蛋、咸蛋、蛋液、蛋壳、蛋黄酱等蛋源产品。

（五）燕窝（罐头装燕窝除外）。

（六）油脂类，皮张、毛类，蹄、骨、角类及其制品。

（七）动物源性饲料（含肉粉、骨粉、鱼粉、乳清粉、血粉等单一饲料）、动物源性中药材、动物源性肥料。

二、植物及植物产品类

（八）新鲜水果、蔬菜。

（九）烟叶（不含烟丝）。

（十）种子（苗）、苗木及其他具有繁殖能力的植物材料。

（十一）有机栽培介质。

三、其他检疫物类

（十二）菌种、毒种等动植物病原体，害虫及其他有害生物，细胞、器官组织、血液及其制品等生物材料。

（十三）动物尸体、动物标本、动物源性废弃物。

（十四）土壤。

（十五）转基因生物材料。

（十六）国家禁止进境的其他动植物、动植物产品和其他检疫物。

注：1. 通过携带或邮寄方式进境的动植物及其产品和其他检疫物，经国家有关行政主管部门审批许可，并具有输出国家或地区官方机构出具的检疫证书，不受此名录的限制。

2. 具有输出国家或地区官方机构出具的动物检疫证书和疫苗接种证书的犬、猫等宠物，每人仅限一只。

2012年畜牧业工作要点

2012年，要认真贯彻落实中央农村工作会议和全国农业工作会议的部署，以加快畜牧业科技进步为重点，以加快畜牧业发展方式转变为主线，全面推进现代畜牧业建设，完善政策、狠抓落实、强化科技、力促“三保”（保供给、保安全、保生态），着力推进畜禽标准化规模养殖，着力强化监测预警调控，着力加强饲料和生鲜乳质量安全监管，着力加强草原生态保护建设，促进畜牧业持续健康发展，为农业农村经济发展作出新贡献。重点抓好以下工作：

一、稳定发展畜牧业生产

（一）稳定生猪生产。落实中央稳定生猪生产发展的各项政策，完善调控预案，推动标准化规模养殖和生猪调出大县奖励等扶持政策的落实；进一步加强技术指导和服务，指导养殖场户搞好饲养管理。

（二）扶持牛羊肉生产。深入研究牛羊肉生产的限制因素，加大协调力度，争取牛羊生产的扶持政策措施。充分发挥农牧区和南方草地的优势，着力保护基础生产能力，推进规模养殖和加强技术服务，促进牛羊生产加快恢复发展。

（三）提升奶业生产水平。加大政策扶持力度，加快推进奶牛品种改良，鼓励企业建设稳定可控的奶源基地，转变奶业生产方式；加快青年公牛后裔测定步伐，提高奶牛生产性能测定水平；扶持奶农专业合作社发展，提高奶农组织化程度。启动实施“振兴奶业苜蓿发展行动”，支持建设50万亩高产优质苜蓿基地，加大苜蓿生产加工机械购置补贴支持力度，落实苜蓿良种补贴政策，推进草畜配套，提升奶业整体素质。

（四）继续抓好生产监测和预警。继续强化生猪等主要畜禽生产和市场监测预警，适时提出启动生猪调控响应机制建议，稳定生产，防止价格出现大的波动；在100个养羊大县开展生产监测，密切跟踪生产发展动态，指导生产加快恢复。

（五）加强生产形势分析和信息服务。分别召开半年和年度全国畜牧业生产形势分析会，召开全国饲料行业形势分析会，定期做好牧情快报报送和监测信息发布，试行定期开展畜牧业经济运行分析并发布有关报告。

（六）继续强化畜牧业防灾减灾工作。完善突发自然灾害应急预案，健全工作机制，完善灾情调度系统，协调做好受灾地区的灾害救助工作。

二、推进转变畜牧业发展方式

（一）大力推进标准化规模养殖。深入实施畜禽养殖标准化示范创建活动，组织好集中培训和现场指导，继续遴选1 000个国家级示范场；强化已挂牌示范场监管，完善示范场生产信息数据库，落实地方责任，淘汰不合格示范场；加强标准化示范场的宣传，总结推广各地推进适度规模养殖的有效模式，突出畜禽粪污无害化处理和资源化利用；组织召开畜禽标准化规模养殖现场会；组织实施"菜篮子"产品生产项目。

（二）大力推进建设现代草原畜牧业。支持适宜地区大力开展人工种草，推广根瘤菌拌种技术，继续开展草原保护建设科技综合示范区建设，印发《转变草原畜牧业生产方式和科学饲养技术手册》，提高草原畜牧业的经营管理水平；组织编制并推动实施内蒙古及其周边牧区草原畜牧业提质增效示范工程、新疆牧区草原畜牧业转型示范工程、青藏高原牧区特色畜牧业发展示范工程及京津风沙源治理二期工程等规划。

三、建立现代畜禽种业

（一）组织实施遗传改良计划。继续实施生猪和奶牛遗传改良计划，指导核心育种场规范开展生产性能测定工作，推进遗传物质交流；抓紧制定并实施肉牛遗传改良计划实施方案，组织制订蛋鸡遗传改良计划，组织起草肉羊遗传改良计划。

（二）实施畜牧良种补贴项目。召开项目启动会，部署项目实施工作；开展生猪、肉牛良种补贴项目实施效果评估，制作羊和牦牛良种补项目工作管理光盘，组织开展项目督导检查。

（三）加大畜禽种质资源保护力度。加强对种畜禽场监管，完善种畜禽管理平台，开展种畜禽质量安全监督检验。加大畜禽资源保护力度，完善国家级场区库保种机制。

四、加快建设现代饲料生产体系

（一）做好新修订的《饲料和饲料添加剂管理条例》实施工作。修订并公布实施新饲料和新饲料添加剂审定、进口饲料和饲料添加剂登记、饲料和饲料添加剂生产许可等配套规章，推进与新条例同步实施；组织召开全国饲料工作会议，部署《饲料和饲料添加剂管理条例》各项制度的组织实施工作。

（二）加强饲料行政许可培训与检查。按新的准入条件严把饲料生产准入关。组织开展获证饲料生产企业大检查行动，做好现有持证企业集中换证工作；扩大《饲料质量安全管理规范》试点范围，推行生产全过程质量安全管理制度；组织开展饲料经营门店大检查，重点清查拆包分装行为，督促建立完善购销台账制度；加强秸秆养畜项目管理，提高秸秆饲料化利用水平。

五、加强畜产品质量安全监管

（一）强化饲料质量安全监测和执法。继续组织实施饲料质量安全监测计划，开展饲料中未知风险物质排查和质量安全风险评价；制定公布《饲料原料目录》，修订《饲料添加剂品种目录》，打击饲料生产中滥用非饲用物质的行为；组织各地深入开展各种形式的宣传培训工作，使法律观念深入每一个企业和养殖场户。

（二）强化生鲜乳质量安全监管。巩固奶业整顿和振兴成果，完善生鲜乳质量安全监测计划，加大生鲜乳收购、运输环节的抽检力度，扩大抽检范围，增加抽检频次；实施生鲜乳违禁物质专项整治，严厉打击违禁添加行为；进一步加强生鲜乳收购站监管，推进生鲜乳收购站标准化建设与管理；对分布偏远、设施落后、管理松散、水平较低的生鲜乳收购站，重点加强日常监管；积极应对和妥善处理各种突发事件，保障生鲜乳质量安全。

（三）坚决打击违法添加"瘦肉精"行为。继续深入开展"瘦肉精"专项整治，组织实施养殖环节"瘦肉精"监测计划，做好"瘦肉精"和含"瘦肉精"饲料清缴工作；进一步强化工作措施，饲料环节重点加强对销售网点的监督检查，养殖环节重点督促完善养殖档案、推行质量安全承诺制度和活畜出栏抽检制度，收购贩运环节重点推行证明材料查验制度和收购贩运信息记录制度，探索建立经纪人管理制度；进一步创新工作机制，着力完善跨省案件协查机制、涉嫌犯罪移送机制和信息通报发布机制，建立健全监督举报制度和责任追究制度。

六、加强草原保护建设

（一）全面建立草原生态保护补奖机制。认真总结2011年主要草原牧区省份实施草原补奖政策的经验，指导地方制定补奖机制年度实施方案，完善管理信息系统，实行规范动态管理；积极协调，争取将国家确定的牧区半牧区县全部纳入草原补奖机制实施范围。

（二）加大推进草原承包工作力度。按照地块、面积、合同、证书"四到户"的要求，进一步规范草原承包管理工作；深入开展调查研究，起草进一步推进草原承包的指导性意见，分区、分类深化草原承包工作，争取将牧区半牧区县可利用草原全部承包到户。

（三）组织实施草原生态保护建设工程。继续实施退牧还草和游牧民定居工程，推动启动草原自然保护区建设和南方草原保护建设工程；加强草原防灾减灾能力建设，推动启动牧区草原防灾减灾工程，加强草原火灾防控和草原鼠虫害、毒害草治理，提高防灾减灾能力。

（四）加大草原管护力度。加强农牧民和基层草原管护员培训，强化草原监理机构执法条件和能力建设，依法严厉查处非法征占用、乱开滥挖等破坏草原、损害牧民合法利益的行为，加大对草原禁牧休牧和草畜平衡的监督检查力度。

七、大力推进畜牧业科技进步

(一) 加快建设现代畜牧业产业技术体系。加强体系建设的指导和监督，组织召开现代畜牧业产业技术体系建设工作现场会，组织做好11个首席科学家的年度考核工作，组织开展体系综合试验站调研，推动畜牧业产业技术体系与技术推广对接；加强对基层技术人员和养殖户的培训，为提升产业发展技术水平奠定基础。

(二) 推进畜牧业科技攻关和成果应用。组织实施好24个公益性行业（农业）科研专项和2个科技支撑计划项目，加强项目指导管理，组织开展“青藏高原社区畜牧业科技”等项目调研，促进项目顺利实施；结合全国农业科技促进年活动的开展，组织开展畜牧业科技促进年活动；依托畜牧业科技推广机构，强化畜牧业适用技术推广，重点示范推广应用畜禽标准化生产、母畜繁殖障碍诊断和调控、畜禽养殖粪污发酵处理综合利用等技术，着力破解当前制约畜牧业发展的技术难题。

(三) 加强畜牧业标准制定推广。组织召开标准审定会，审定报批国家和行业标准50项；组织开展标准制定培训班，提高标准制定水平；组织编制畜牧业标准汇编，加快标准应用推广。

八、加强畜牧业基础性工作

(一) 开展行业发展重大问题调研。组织开展畜牧业融资担保调研，推动解决规模养殖发展贷款难问题；组织开展畜禽养殖废弃物综合利用研究，积极争取扶持政策；组织开展饲料资源开发利用及散装饲料与规模养殖场对接调研，推动缓解饲料资源不足，节本增效，保证饲料质量安全；组织开展牛羊等草食畜产品供给形势和畜牧业科技进步贡献情况等战略研究。

(二) 强化计划和财务监督管理。组织举办主要省份畜牧兽医系统计划财务管理人员培训班，开展项目和资金管理相关内容培训；组织开展基本建设和财政资金项目督查，以畜禽良种工程和“菜篮子”产品生产扶持项目为重点，强化过程监管，跟踪评估项目实施效果，促进项目顺利实施和资金安全使用；组织开展中央投资项目进度季报工作，加快中央投资项目执行进度；做好畜牧业财政项目年终总结工作，促进财政资金高效安全使用。

(三) 推进畜牧兽医综合执法。切实履行畜牧饲料生鲜乳管理的法定职责，全面加强基层畜牧兽医综合执法能力建设，扎实推进执法工作；继续实施畜牧法省间交叉执法检查，总结交流好的经验和做法；强化饲料违法违规案件查处力度，坚决打击添加违禁物质的违法行为。

九、加强畜牧系统自身建设

(一) 做好宣传和信息报送工作。着力宣传党和国家促进畜牧业发展的方针政策和法律法规，充分报道畜牧业发展的新进展、新成效和新亮点，努力营造促进畜牧业又好又快发展的舆论环境；做好信息收集整理工作，及时报送有价值的信息。

(二) 加强作风建设。深入开展学习型党组织建设活动，加强政策理论和业务知识学习，不断提高依法执政能力和水平；推行绩效管理，努力提高工作效能。大兴调查研究之风，深入基层，深入实际，开展调查研究。在畜牧系统全面开展深入基层为民服务创先争优活动，引导党组织和党员干部切实履行工作职责，有效解决实际问题；坚持“管行业必须管行风”的原则，按照为民、务实、清廉、高效的要求，推进畜牧行业政风行风建设；坚决落实好党风廉政各项规定，确保党风廉政建设和反腐败工作落到实处。

2012年畜牧良种补贴项目实施指导意见

为贯彻落实中央农村工作会议精神和国家扶持牧区畜牧业发展的政策要求，2012年，中央财政继续安排资金，进一步推进畜牧品种改良。为加强畜牧良种补贴项目管理，按照《奶业整顿和振兴规划纲要》《生猪良种补贴资金管理暂行办法》和《奶牛良种补贴资金管理暂行办法》等要求，特制定如下实施指导意见。

一、补贴范围及数量

(一) 能繁母猪1 640万头。按照大稳定小调整的原则，各项目省可自行调整项目县数量。可适当新增项目县，增加幅度不超过2011年本省项目县数的20%；对2011年暂停安排任务的67个项目县，可选择部分重新列入补贴实施范围（不计入20%范围）；对2011年任务完成不足40%的22个项目县应不安排或少安排2012年补贴任务，继续完成2011年剩余任务。

(二) 奶用能繁母牛896万头。继续对全国756.5万头荷斯坦牛（含娟姗牛），安徽、福建、河南、湖北、广东、广西、海南、贵州、云南等9省（区）51.5万头奶水牛，内蒙古、吉林、安徽、四川、江西、青海、西藏、新疆及新疆生产建设兵团等9个项目区46万头乳用西门塔尔牛，新疆和新疆生产建设兵团32万头褐牛，青海省5万头牦牛，以及内蒙古5万头三河牛实施良种冻精补贴。

(三) 肉用能繁母牛500万头。扩大补贴范围，将河北、山西、黑龙江、安徽、江西、湖北、湖南、广西、重庆、贵州、陕西等省纳入补贴实施范围。根据2011年任务完成情况，适当核减部分项目省2012年任务量；西藏和青海继续完成2011年项目任务，2012年暂不安排补贴任务。

（四）种公羊24.7万只。根据2011年任务完成情况和种公羊生产供应情况，适当增减部分项目省2012年任务量。扩大补贴范围，将辽宁、安徽、山东、河南、湖北、湖南、广西、贵州等省纳入补贴实施范围。

（五）牦牛种公牛1.82万头。继续在四川、西藏、甘肃、青海、新疆5个牧区省份实施，其中新疆含褐牛。适当增加西藏和青海2012年补贴任务。

二、补贴对象

（一）项目区内使用良种精液开展人工授精的母猪、奶牛、肉牛养殖场（小区、户）。

（二）项目县内存栏能繁母羊30只、牦牛能繁母牛25头以上的养殖户。

三、补贴标准

（一）生猪良种补贴。按照每头能繁母猪每年使用4份精液，每份精液补贴10元。

（二）奶牛良种补贴。按照每头能繁母牛每年补贴30元或20元。除奶水牛外，每头能繁母牛每年使用2剂冻精，荷斯坦牛、娟姗牛每剂冻精补贴15元，其他奶牛品种每剂冻精补贴10元。奶水牛每头能繁母牛每年使用3剂冻精，每剂冻精补贴10元。

（三）肉牛良种补贴。按照每头能繁母牛每年使用2剂冻精，每剂补贴5元。

（四）绵羊、山羊良种补贴。绵羊、山羊种公羊一次性补贴800元/只。

（五）牦牛良种补贴。牦牛种公牛一次性补贴2 000元/头。

四、补贴品种

（一）生猪补贴品种包括杜洛克猪、长白猪、大约克夏猪等国家批准的引进品种，以及培育品种（配套系）和地方品种。

（二）奶牛补贴品种包括荷斯坦牛、娟姗牛、奶水牛、乳用西门塔尔牛、褐牛、牦牛和三河牛等品种。

（三）国家批准引进和自主培育的肉牛、绵羊、山羊、牦牛品种，以及优良地方品种。

五、补贴程序

（一）生猪良种补贴。由各项目县确定供精单位，供精单位按照补贴后的优惠价格向养殖者提供精液。项目县财政部门根据畜牧部门核定的配种情况及供精单位提供的有关凭证，与供精单位结算补贴资金。

（二）奶牛和肉牛良种补贴。由农业部组织专家对种公牛进行评选，确定冻精生产单位，公布入选种公牛编号和生产性能等技术指标。省级畜牧、财政部门按照本意见要求，组织项目县进行集中招标选购，采购合同报农业部备案。省级财政部门根据县级畜牧部门提供的采购合同、销售发票和冻精出入库凭据与种公牛站进行结算。供精单位按照补贴后的优惠价格向养殖者提供精液。

（三）绵羊、山羊和牦牛良种补贴。省级畜牧部门负责组织专家对种畜场进行评定，对种公畜进行鉴定，公布入选的种畜场名单，并会同财政部门组织项目县统一采购种公畜，签订合同。省级财政部门根据采购合同、销售发票与供种单位结算补贴资金。供种单位按照补贴后的优惠价格向养殖者提供种公畜。

各地项目资金和牛冷冻精液如有结余，结转下年继续使用。

六、项目县选择标准

（一）生猪。新增项目县选择能繁母猪存栏在2万头以上、生猪人工授精覆盖率在50%以上的县（区、市）实施。

（二）奶牛。荷斯坦（含娟珊牛）良种补贴在全国范围开展。奶水牛良种补贴选择项目基础条件较好、能繁母牛存栏在3 000头以上的县（市）整县推进。乳用西门塔尔牛、褐牛和三河牛良种补贴选择能繁母牛存栏在5 000头以上的县（市）整县推进。

（三）肉牛。选择存栏能繁母牛5 000头以上的县（市）实施。

（四）绵羊、山羊。选择存栏能繁母羊2万只以上的县（市）实施。

（五）牦牛。由项目区省级畜牧兽医主管部门结合本地实际确定项目县标准。

七、供精（种）单位入选条件

（一）良种猪精液供应单位（包括种公猪站、种猪场等生产良种猪精液的单位和组织）应取得《种畜禽生产经营许可证》；种公猪存栏具有一定规模。优先选择管理规范，系谱档案齐全，有必备的精液生产、检测、保存设施，有一定技术力量的单位作为项目供精单位。

（二）奶牛冻精供应单位必须取得农业部颁发的《种畜禽生产经营许可证》。按照农业部要求已完成改制工作的种公牛站，可作为冻精采购优先选择对象。入选供精的种公牛必须是2012年农业部评选公布的优秀种公牛。

（三）肉牛良种补贴选择的种公牛站应是自主经营、自负盈亏的企业，取得农业部颁发的《种畜禽生产经营许可证》，入选种公牛必须为2012年农业部评选公布的种公牛。

（四）供种的种羊、种牦牛场应取得《种畜禽生产经营许可证》，基础设施完善，饲养管理规范，防疫措施健全；种公羊必须1岁以上，达到特级或一级，系谱清楚，佩戴耳标，具有种畜合格证明和检疫合格证明。种公牦牛必须2岁以上，达到特级或一级，佩戴耳标，具有种畜合格证明和检疫合格证明。

八、有关工作要求

各级畜牧、财政部门要加强协调配合，积极采取有效措施，强化政策宣传，加强指导服务，严格资金监管，确保政策落到实处。

（一）严格管理程序。省级畜牧部门会同财政部门，将农、财两部确定的各项目省（区、市）补贴牲畜数量和中央财政补贴资金规模（详见附表）分解到县，并负责编制本辖区的畜牧良种补贴项目实施方案，于2012年5月31日前以正式文件联合上报农业部、财政部备案。地方各级财政部门要根据畜牧良种补贴工作需要，安排必要的工作经费，严禁挤占、挪用补贴资金。

（二）严格技术规范。为防止近亲繁殖，在精液集中采购中，原则上每个项目县采购同一头种公牛的冷冻精液不得超过5 000剂，采购本省种公牛站的荷斯坦公牛精液不得高于项目任务的50%、肉牛良种精液不得高于项目任务的80%；同时，要逐步建立养殖场（户）种公羊调换使用制度。

选择生猪、肉牛、绵羊和山羊良种补贴项目区时，要注重对地方畜禽遗传资源的保护，防止盲目杂交改良导致珍稀地方品种资源的流失。

（三）严格项目实施。项目供种、供精单位必须建立资金使用专用台账，切实加强良补种公羊（牦牛）、精液购销管理。畜牧良种补贴项目供精单位和供种单位要在场区显要位置公示国家补贴标准、补贴金额、养殖户承担金额和配种服务费等内容，并在记录台账、收费单据上明确标识。

县级畜牧兽医部门要组织相关部门或单位在项目村张榜公示该村享受畜牧良种补贴政策的详细信息，包括受益养殖户姓名、享受补贴畜种及数量、财政补贴标准及金额等，公示时间不少于7天，接受社会和群众监督。县级畜牧、财政部门组织力量进行验收和抽检，抽检比例不低于10%。

通过公示予以校验，对弄虚作假的，要采取有效措施及时予以处理，并将出现问题的项目供种、供精单位列入黑名单，取消其今后参与政策落实的资格。

（四）严格监督管理。各项目省和项目县畜牧、财政部门要及时组织招标采购，加强项目检查，及时掌握项目进展情况和资金使用情况。项目区财政部门要加快资金结算进度；畜牧部门要在保证项目效果的前提下，加快实施进度，不能按进度要求实施的项目县下一年度调减任务或取消资格。项目省要以简报的形式，定期向农业部、财政部上报项目执行情况，并于2012年12月底前，将2012年本省（区、市）畜牧良种补贴项目实施情况总结报告，报送农业部，抄报全国畜牧总站。

全国畜禽遗传资源保护和利用“十二五”规划

畜禽遗传资源是保护生物多样性、培育新品种、实现畜牧业可持续发展战略的重要生物资源。为深入贯彻实施《中华人民共和国畜牧法》（以下简称《畜牧法》），全面加强我国畜禽遗传资源保护和利用，实现有效保护、科学利用，促进畜牧业可持续发展，制定本规划。

一、畜禽遗传资源保护工作取得积极成效

我国幅员辽阔，地理、生态、气候条件多样，民族文化和生活习惯迥异，孕育了丰富多彩的畜禽遗传资源，是世界上畜禽资源较为丰富的国家之一。据农业部2004—2008年全国畜禽遗传资源调查，我国有畜禽品种、配套系901个，其中地方品种554个。这些地方品种普遍具有繁殖力高、肉质鲜美、适应性强、耐粗饲等优良特性，有的还具有药用、竞技等价值，是培育新品种不可缺少的原始素材，是我国畜牧业可持续发展的宝贵资源。国家历来重视畜禽遗传资源的保护与利用，坚持把健全法律法规、加强体系建设、推进开发利用、参与国际合作等作为推进畜禽遗传资源保护工作的重要举措，取得了积极成效。

（一）建立健全了畜禽遗传资源保护的法律体系。“十一五”期间，国家颁布实施了《畜牧法》，出台了《畜禽遗传资源进出境和对外合作研究利用审批办法》《畜禽遗传资源保种场保护区和基因库管理办法》等10个配套法规。《畜牧法》及其配套法规的颁布实施，是畜禽遗传资源保护法制建设的重要里程碑。《畜牧法》明确提出了国家建立畜禽遗传资源保护制度，畜禽遗传资源保护经费列入财政预算，为全面加强畜禽遗传资源保护和管理提供了坚实的法律保障。建立了包括畜禽资源在内的生物物种资源保护部际联席会议制度。2007年成立了国家畜禽遗传资源委员会，负责畜禽遗传资源的鉴定、评估和畜禽新品种、配套系的审定、畜禽遗传资源保护和利用规划论证等。安徽、辽宁等省份还成立了专门从事畜禽遗传资源保护利用的管理科研机构。

（二）完成了第二次全国畜禽遗传资源调查。我国上一次开展全国性的畜禽遗传资源调查是在20世纪70年代、80年代。为摸清资源最新状况，农业部在“十一五”期间组织完成了第二次全国畜禽遗传资源调查。据不完全统计，各地共组织6 900多人，投入4 500余万元，调查了1 200余个畜禽品种（类型），历时5年完成了资源调查和数据分析，掌握了大量第一手资料，摸清了现阶段我国畜禽遗传资源状况。通过调查，发现了槟榔江水牛等86个新资源，对“同名异种”等问题进行了科学界定，品种数量增加300多个。调查中有15个地方畜禽品种资源未发现，超过一半以上的地方品种的群体数量呈下降趋势。在资源调查的基础上，历时两年，编纂完成了《中国畜禽遗传资源志》，志书共分7卷，其中《蜜蜂志》和《特种畜禽志》为国内首次出版。志书系统论述了畜种的起源、演变，品种形成的历

史，详细介绍了每个品种的产地分布、外貌特征、生产性能、保护利用状况及展望等，对于产业发展、科学研究、人才培养具有重要的参考价值。

（三）初步建立了以保种场为主、保护区和基因库为辅的畜禽遗传资源保种体系。按照“分级管理、重点保护”的原则，农业部修订并公布了《国家级畜禽遗传资源保护名录》，对138个珍贵、稀有、濒危的畜禽品种实施重点保护。各省（区、市）也相继公布了省级畜禽遗传资源保护名录。“十一五”以来，农业部组织实施了畜禽良种工程、种质资源保护项目等，先后投入3亿多元资金，建设了一批重点畜禽保种场、保护区和基因库。自2006年以来，农业部分两批公布了国家级畜禽保种场109个、保护区22个和基因库6个，江苏、福建等省（区、市）建立了省级畜禽保种场、保护区和基因库，初步建立了以保种场保护区保护为主、基因库保存为辅的畜禽遗传资源保种体系，抢救了一批濒危的畜禽品种，保存了大量珍贵的育种素材。目前，基因库的战略储备作用开始显现，已将延边牛、鲁西牛、新疆黑蜂等品种（类型）的遗传物质返还原产地，特定类型得到了复壮，血统得到了丰富。

（四）畜禽遗传资源的开发利用成效进一步显现。通过对畜禽遗传资源的开发，许多地方品种生产性能有了显著提高，如山麻鸭、绍兴鸭、豁眼鹅等品种的产蛋量世界领先，经选育的辽宁绒山羊产绒量提高近1倍。运用现代育种技术，以地方品种为基本素材，培育了京海黄鸡、夏南牛、巴美肉羊等90个畜禽新品种（配套系）。黄羽肉鸡成功利用矮小基因（dw）育种，实现父母代种鸡节粮15%～20%，黄羽肉鸡出栏占肉鸡出栏总量近50%，长毛兔新品种的产毛性能居国际领先水平，并实现了自我供种。猪、牛和羊地方品种的专门化选育和开发利用已经起步，在一定程度上降低了对国外引进品种的依赖程度，满足了人们对畜产品多样化、优质化、特色化的需求。

（五）国际交流与合作积极开展。作为畜禽资源大国，我国是最早签署和加入《生物多样性公约》的国家之一，是联合国粮农组织畜禽遗传资源管理委员会政府间技术工作组26个成员国之一，全面参与制定了《动物遗传资源保护与管理全球行动计划》、《因特拉肯宣言》等，参与了《世界动物遗传资源状况》的编写工作和《动物遗传资源调查技术手册》的起草工作，积极履行我国承担的责任和任务，提交了《中国畜禽遗传资源状况》（国别报告），主持了亚洲地区区域磋商，承办了亚洲地区动物遗传资源技术研讨会等，得到了国际社会的高度评价。

二、发展机遇和面临的挑战

畜禽遗传资源是生物多样性的重要组成部分，是国家重要战略性资源，具有不可再生性。畜禽遗传资源的拥有量和研发利用能力已成为衡量一个国家畜牧业综合实力和可持续发展能力的重要指标之一。当前，我国畜禽遗传资源面临难得的发展机遇：

（一）法律政策环境进一步改善。加强畜禽遗传资源保护，功在当代、利在千秋，畜禽遗传资源保护作为一项公益性事业，全行业公益性保种理念日益深化。近几年来，从中央到地方，均把畜禽遗传资源保护作为现代畜禽种业发展的一项重要内容，政策支持力度不断加大，资金投入明显增加。国家从种业创新、良种工程、科技攻关、产业化开发等方面均将畜禽遗传资源的挖掘、评估、保存和开发利用纳入支持范围。

（二）市场需求呈现多样化、优质化。随着我国社会经济快速发展和人们生活水平的提高，物质和精神消费需求多样化，对畜产品品质的要求越来越高。我国地方畜禽品种肉质鲜美、风味独特，通过本品种选育和开发，涌现出了许多区域性的“土猪肉”、“柴鸡蛋”等地方特色畜禽品牌，深受消费者的喜爱，需求量越来越大。一些具有保健功能和药膳作用的地方畜禽产品，越来越受青睐。一些观赏、竞技类畜禽品种被作为宠物饲养，丰富了人们的精神生活。社会多元化的需求，对做好畜禽遗传资源保护工作营造了良好的氛围，同时也对做好保护工作提出了新的更高的要求。

（三）多元化保护开发格局正在形成。管理和保护机制不断创新，企业、个人从事畜禽遗传资源保护工作的积极性有了很大提高，一些地方畜禽品种的保种育种协作组或专业合作社相继成立，原先以国有企事业单位为主体逐步转变为以政府为主导、多种形式并存的保护格局。一些社会资本积极参与畜禽遗传资源保护与开发利用，拓宽了投融资渠道，促进了资源保护、产品开发、加工销售和市场开拓的有机结合，开辟了资源保护与利用的新途径。

尽管我国的畜禽遗传资源保护与管理工作取得了一定成绩，但我们也应清醒地认识到，长期以来，由于单纯追求畜产品数量增长，普遍存在“重引进、轻培育”的现象，畜禽遗传资源保护投入不足，设施与手段落后，造成品种混杂、资源流失严重。一是部分畜禽遗传资源生存环境发生改变。“十二五”时期是我国工业化、城镇化深入发展中同步推进农业现代化的重要时期，农村就业机会增多，剩余劳动力大量转移，农村千家万户饲养畜禽的传统发生改变，纷纷退出养殖业，而散养户饲养的畜禽相当一部分是地方品种，散养户的加快退出势必导致部分地方遗传资源数量减少，甚至灭绝。二是保种体系不健全。虽然国家已经建立了137个国家级畜禽保种场、保护区和基因库，但国家级保护名录中还有37个品种没有国家级保种场、保护区。多数保种单位的基础设施等保障条件建设滞后，影响着保种效果。三是科技创新滞后。畜禽保种理论和保种方法有待进一步完善，水禽、蜜蜂等畜种缺少科学有效的保种方法。对畜禽种质特征特性的挖掘不够，缺少全面客观的评价。这些问题的存在一定程度上影响着我国畜牧业的持续健康发展。

三、指导思想、基本原则和规划目标

（一）指导思想。深入贯彻落实科学发展观，以有效保护畜禽种质资源为基础，以维护生物资源多样性、培育畜牧业核心竞争力为目标，完善国家投入为主的公益性保护机制，完善监测手段，健全保种体系，推进种质评价，创新运行机制，加快优良畜禽品种选育和产业化开发，夯实现代畜禽种业发展基础，为实现畜牧业持续健康发展提供有力支撑。

（二）基本原则。

——保护优先，开发推进。贯彻落实《畜牧法》，以加强畜禽遗传资源保护为基础，形成保护与开发相互促进的良性循环。

——突出重点，健全体系。坚持以保种场保护区为主，基因库保存为辅，重点保护国家级畜禽保护品种，适当兼顾省级畜禽保护品种和新发现资源。健全国家和地方上下联动、分级负责、各有侧重、结构合理的畜禽遗传资源保护体系，依法加强对畜禽遗传资源保护的监管。

——科技推动，创新机制。依靠科技创新，全面提高畜禽遗传资源保护和利用的科技水平，实现有效保护、科学利用。创新管理机制，充分调动企业和个人的积极性，发挥市场机制在资源保护和利用中的作用。

——政府主导，多元参与。畜禽遗传资源保护以国家为主，鼓励和支持有条件的企业和个人参与保护、开发和利用，形成多元化保护与开发的格局。

（三）规划目标。

——建立国家级畜禽遗传资源动态监测与评估中心、20个省级分中心和200个监测点，进一步提高预警能力。

——根据资源状况，修订《国家畜禽遗传资源保护名录》，对列入保护名录的珍贵、稀有、濒危的畜禽遗传资源实施重点保护，确保受保护的品种不丢失、主要经济性状不降低，保种能力进一步增强。

——形成一套完整的畜禽保种理论和方法，开展种质评价，挖掘优良特性，科技支撑能力进一步提升。

——培育畜禽新品种（配套系）50个以上，产业化开发的地方品种比例达30%以上，培育壮大一批畜禽育种企业，优质畜产品生产能力和畜禽种业竞争力进一步提高。

四、畜禽遗传资源保护思路和主要任务

（一）猪。

1. 资源状况。我国猪品种有125个，其中地方品种88个，85%左右的地方猪群体数量呈下降趋势，31个品种处于濒危状态和濒临灭绝。“十一五”期间，各地建设了79个保种场，划定了37个保护区，其中国家级保种场39个、保护区5个。

2. 基本思路。改造提升保种场，加快建设保护区，配套扶持基因库，进一步完善以保种场保护区保种为主、基因库保种为辅的保护体系，以活体保护为主、冷冻技术保存为辅，有效开展地方猪种的保种工作。重点保护繁殖性能高、肉质鲜美、耐粗饲、适应性强、耐近交等优良种质特征特性。加强本品种选育，鼓励有计划地进行地方品种的杂交利用并参与配套系培育，推进优质猪肉生产。

3. 主要任务。加强50个保种场和3个保护区建设。以列入国家级畜禽遗传资源保护名录中的猪品种为主，重点保护38个品种。

（二）牛。

1. 资源状况。在我国境内，分布有普通牛、水牛、牦牛和大额牛。我国牛品种有120个，其中地方品种94个（黄牛54个，水牛27个，牦牛12个，大额牛品种1个），有38个品种的种群数量下降，10个品种处于濒危状态和濒临灭绝。“十一五”期间，各地建设了44个保种场、保护区和基因库，其中国家级保种场11个，保护区2个，基因库1个。目前还有8个国家级保护品种，尚未建立国家级保种场或保护区。

2. 基本思路。加强保种场和保护区建设，完善基因库建设，以活体保护为主、冷冻精液和胚胎等遗传物质保存为辅，有效开展牛遗传资源的保护工作。加强本品种选育和开发利用。重点保护具有重要经济价值、肉质好、适应性强等的特征特性。

3. 主要任务。加强27个保种场和5个保护区建设，完善国家级家畜基因库。以国家级保护品种为主，重点保护21个品种。

（三）羊。

1. 资源状况。我国羊品种有146个，其中地方品种101个（绵羊42个、山羊59个），有5个品种处于危险状态，5个品种处于脆弱状态，5个品种处于濒危状态。“十一五”期间，各地建设了73个保种场、保护区和基因库，其中国家级保种场13个，保护区4个，基因库1个。

2. 基本思路。加强保种场和保护区建设，完善基因库建设，以活体保护为主，冷冻精液、冷冻胚胎等遗传物质保存为辅，有效开展羊遗传资源的保护工作。重点保护繁殖力高、绒毛性能好、肉质鲜美、绒毛皮质量好、适应性强等特征特性。

3. 主要任务。加强30个保种场和3个保护区建设，完善国家级家畜基因库。以国家级保护品种为主，重点保护26个品种。

（四）家禽。

1. 资源状况。家禽包括鸡、鸭、鹅、火鸡、鸽等。我国家禽品种有291个，其中地方品种175个（鸡品种109个，鸭品种33个，鹅品种30个，火鸡品种1个，鸽品种2个），广泛分布于30个省（区、市），华南、西南和华东为主要原产地，东北和西北地区资源数量较少。据统计，有11个品种处于危险和脆弱状态，13个品种处于濒危状态或濒临灭绝。“十一五”期间，共建设了125个家禽保种场和基因库，其中国家级保种场25

个，国家级地方鸡种基因库 2 个，国家级水禽基因库 2 个。

2. 基本思路。加强保种场建设，完善基因库，采用活体保护手段，开展家禽地方品种的保种工作。重点保护产蛋性能高、肉质优良以及药用、观赏等优良特征特性。加大地方特色黄羽肉鸡品种保护、选育和推广，不断提升黄羽肉鸡种鸡的供种质量和能力。挖掘地方蛋鸡品种生产潜力，开发优质鸡蛋产品，丰富市场供应。

3. 主要任务。加强 32 个鸡保种场和 23 个水禽保种场建设，完善 4 个国家级家禽基因库。以国家级保护品种为主，重点保护 55 个品种。

（五）其他畜禽。

1. 资源状况。包括马、驴、驼、鹿、犬、兔、蜜蜂等。我国其他畜禽品种有 219 个，其中马品种 57 个，驴品种 25 个，驼品种 6 个，鹿品种 14 个，犬品种 32 个，兔品种 29 个，蜜蜂品种 28 个，毛皮动物品种 15 个，特禽品种 13 个。

2. 基本思路。马、驴、驼、鹿、犬、兔等：加强保种场和保护区建设，以活体保护为主、冷冻精液等遗传物质保存为辅，有效开展保种工作。重点保护适应性强、繁殖能力强、产品品质好、竞技、药用等优良特征特性。

蜜蜂：加强保护区和保种场建设，完善基因库，以活体保护为主要手段，开展蜜蜂保种工作。重点保护高产、抗寒、耐热、抗病力强、产品品质好等优良特征特性，加强高效率授粉蜂种的研发和培育。

3. 主要任务。加强 30 个保种场和 8 个保护区建设，完善国家级蜜蜂基因库。以国家级保护品种为主，重点保护 15 个马、驴、骆驼品种，5 个蜜蜂品种，3 个兔品种，2 个鹿品种，2 个犬品种。

五、重点工作

（一）畜禽遗传资源监测。建立国家级畜禽遗传资源动态监测评估中心，承担全国畜禽遗传资源动态监测和评价工作，审核、发布、预警最新资源信息；在畜禽遗传资源大省建立 20 个省级分中心，承担本省区的畜禽遗传资源动态监测工作，分析、审核和上报本省区畜禽遗传资源信息；在重点畜禽遗传资源原产地建立 200 个基层监测点，承担该区域畜禽遗传资源的数量、分布、性能变化等基础信息采集、录入、上报等工作。通过开发国家畜禽遗传资源数据库系统，建设信息共享平台，配置服务器、数据存储和上传等设施设备，开展数据采集、分析和录入等，逐步构建畜禽遗传资源动态监测预警体系。加强对地方品种种群规模、种质变化、濒危状况、保种效果、开发利用等常态监测，便于及时掌握资源动态变化，科学预测近期和中长期发展趋势。

（二）畜禽保种场保护区和基因库建设。加强畜禽遗传资源保护基础能力建设，在畜禽原产地建设 190 个国家级保种场、21 个国家级保护区，支持 6 个国家级畜禽基因库建设。保种场负责收集地方品种优秀个体，增加公畜血统，稳定本品种母畜数量，保护区负责保存公畜血统，稳定区内母畜饲养量，禁止非规划品种畜禽或其精液进入保护区，基因库负责制作和保存珍贵、稀有、濒危畜禽遗传资源的活体及精液、胚胎等遗传材料，并开展质量检测。对列入《国家畜禽遗传资源保护名录》的畜禽品种实施有效保护。逐步建立畜禽保种场、保护区和基因库之间的遗传物质交换机制，提高保种效率和安全水平。加强对畜禽保种场、保护区和基因库的技术指导，制定并实施国家级畜禽保护品种的保种方案，建立保种场、保护区、基因库的保种技术规范，建立专家联系指导制度，提高保种工作的技术水平。完善畜禽遗传资源保种场、保护区和基因库的管理办法，建立运行有效的监管和评估机制，切实提高管理水平。

（三）畜禽遗传资源保护利用科技创新。依托有关科研院校和技术推广部门，深入开展畜禽遗传资源基础科学研究，完善畜禽保种理论，积极探索经济、有效、科学的保种方法，研究并推广综合配套技术，为科学保护和利用畜禽遗传资源提供技术支撑。深入开展种质评价和遗传分析，挖掘优良特性和优异基因，对畜禽遗传资源进行科学评估、鉴定。制定国家畜禽遗传资源分类分级标准、编目体系以及数据要求和质量管理规范。加快制（修）订畜禽遗传资源保护评价、濒危登记、鉴定评估等国家（行业）标准，完善国家畜禽遗传资源评估评价体系。研究并提出我国畜禽遗传资源利益分享机制。

（四）畜禽遗传资源产业化开发利用。以市场需求为导向，以企业创新为主体，选择具有开发利用潜力的优良地方品种，支持开展本品种选育，提高生产性能。支持培育 50 个畜禽新品种（配套系），形成以自我开发为主的育种体系，逐步建立以保护为基础、开发促保护的良性机制。以特色品种为依托，开发系列优质产品，实施产业化开发，满足多样化的市场需求。

六、保障措施

（一）加强组织与领导。畜禽遗传资源保护和利用是一项系统工程，具有长期性、连续性和公益性。各级畜牧兽医部门要高度重视，切实把畜禽遗传资源保护利用工作纳入重要议程。要加强畜禽遗传资源保护机构和队伍建设，做好资源保护和利用规划的制定及实施工作。要正确把握畜牧业发展与资源保护，资源保护与开发利用，在资源保护与利用中政府、企业、个人的关系。坚持保护利用和引进改良并举，眼前利益和长远利益相结合，改变以往畜禽品种改良就是“改洋”，就是引进外来“洋种”、淘汰地方“劣种”的片面观念，坚持走可持续发展道路。

（二）深入贯彻落实畜牧法。各地要认真贯彻落实《畜牧法》，严格执行保护制度，健全配套法规，落实专项经费，采取有效措施，切实解决畜禽资源保护、选种选育和开发利用面临的矛盾与问题，实现依法保护和有序管理。严格执行畜禽遗传资源处理审批制和责任追究制度，未经农业部批准，国家级保种单位不得擅自处理受保护的畜禽遗传资源。加强对畜禽遗传资源进出境和对外合作研究的管理，涉及畜禽遗传资源的对外合作项目，要签订有关协议书，明确双方的权利、责任和义务，切实维护国家利益。

（三）大力推进科技创新。充分依托大型种畜禽生产企业，集成高等院校、科研院所和技术推广部门等力量，增强技术创新能力。制定科研计划，加强畜禽遗传资源基础理论、保种技术和开发利用研究，为有效保护和科学利用提供技术支撑。利用现代育种技术，推进种质创新工程，加快培育适应市场需求、生产水平较高、抗病性较强、适合我国国情的畜禽新品种。加强人才培养和队伍建设，创造条件，创新机制，选拔、引进和留住技术人才。鼓励相关院校开设畜禽遗传资源保护和利用方面的课程，加强对骨干人才的培养。通过技术培训等形式，加大人才培养力度，全面提高从业人员的研究水平和管理水平。

（四）加大资金投入力度。建立中央和地方稳定的财政投入机制，形成以国家为主的畜禽遗传资源保护局面，逐步建立健全国家和地方分级负责、重点突出的畜禽遗传资源保护体系。中央财政加大资金投入力度，重点保护国家级畜禽保护品种；地方人民政府将畜禽遗传资源保护列入财政预算，不断加大资金投入，切实强化省级畜禽保护品种的保护。发挥公共财政资金的引导作用，鼓励和支持企业、个人参与保种，积极探索建立市场化、多元化的投入机制，积极引导工商资本、民间资金参与畜禽遗传资源的保护和开发利用。

（五）加强宣传和培训。利用报刊、电视、互联网等媒体，大力宣传国家法律法规，广泛宣传畜禽遗传资源保护工作的重要性和迫切性，增强法制意识，切实提高参与畜禽遗传资源保护的主动性和自觉性。组织开展技术培训，加大技术指导与服务力度，提高从业人员的业务素质。建立国家畜禽遗传资源网站，促进信息交流和共享。以出版《中国畜禽遗传资源志》为契机，加强舆论引导，鼓励社会公众、专家学者、从业人员参与畜禽遗传资源科普宣传教育，营造有利于畜禽遗传资源保护与利用的社会氛围。

农业部办公厅关于加强2012年奶牛良种补贴项目管理的通知

各省、自治区、直辖市及计划单列市畜牧兽医（农业、农牧）厅（局、委、办），新疆生产建设兵团畜牧兽医局，黑龙江省农垦总局，广东省农垦总局，各种公牛站：

奶牛良种补贴项目对于加快我国奶牛品种改良步伐，提升奶业生产水平，促进奶业持续健康发展具有重要意义。为切实保障中央强农惠农政策落到实处，进一步加强2012年奶牛良种补贴项目管理，保障项目资金安全和更好地发挥作用，现就有关事项通知如下：

一、加强项目资金使用管理

奶牛良种补贴项目涉及奶农切身利益，社会关注度高。各地务必严格执行《奶牛良种补贴资金管理暂行办法》（财农［2007］164号）的规定，切实加强项目资金的监督管理，认真规范操作。要建立冻精使用登记册，附具养殖户签名，做好生产记录。要完善补贴资金结算手续，根据采购合同、销售发票和冻精出入库凭据进行结算，坚决杜绝在未接收补贴冻精的情况下，将补贴资金拨付供精单位。对套取、截留、挤占、滞留、挪用补贴资金，以及违规收取冻精管理费、截留使用冻精差价款的单位，一经查实，取消参加当年良种补贴项目的资格，严肃追究相关单位及人员的违规责任。

二、加快项目招投标，严格项目招标采购程序

各地要严格遵守国家招投标法律法规和农财两部项目年度实施指导意见，尽快部署，尽早完成项目招投标，加快项目实施进度，确保补贴政策落实不缩水、不走样。对于实施进度缓慢的省份，我部将削减或暂停补贴任务。各地要进一步规范奶牛冻精招投标工作，不得规避招标、虚假招标、限制或者排斥省外种公牛站投标，对于评标标准和中标结果，要向社会公开，接受相关部门和社会公众的监督，做到“公开、公平、公正”。对于不按照招投标法律法规要求违规操作的行为，一经查实，我部将会同有关部门严肃处理，绝不姑息。

三、严格执行项目实施方案的有关规定

为防止奶牛近亲繁殖，各省集中采购的奶牛冻精中，本省所有种公牛站荷斯坦公牛精液比例不得高于项目总量的50%。特别是省内有多个种公牛站的项目省要严格执行此规定，确保本省种公牛站的中标总量符合限定比例。对于违规操作的，除立即纠正重新招标外，我部还将在全国范围内予以通报批评，情节严重的，取消参加当年良种补贴项目的资格。

各地要严把补贴冻精产品质量关，严禁以次充好、以劣充优、谋取不正当利益的行为，不得因实施补贴

政策而变相提高冻精价格。严禁以举办技术推广会等名义向种公牛站收取各种费用，加重种公牛站负担。要加强奶牛配种改良站点建设，积极开展技术培训，提高配种员的配种水平和技术服务水平，保障项目的顺利实施。

2012 年 5 月 14 日

2012 年高产优质苜蓿示范建设项目实施指导意见

为提高我国奶业生产和质量安全水平，2012 年农业部和财政部启动实施“振兴奶业苜蓿发展行动”。为配合行动开展，提升优质苜蓿生产能力，推进饲草产业发展，中央财政安排一定的补助资金，开展高产优质苜蓿示范建设，在苜蓿优势产区和奶牛主产区建设高产优质苜蓿示范片区，通过组织苜蓿标准化生产加工，强化科技支撑、突出产品质量、转变传统饲草生产加工方式，实现苜蓿增产提质，逐步建立健全我国新型的苜蓿饲草产业体系，为奶业生产提供优质牧草，为现代奶业建设和奶业又好又快发展提供保障。为指导各地实施好高产优质苜蓿示范建设项目，特制定实施指导意见如下：

一、项目目标

重点扶持建设一批有一定规模、生产基础好、在增加苜蓿产量和提高苜蓿产品质量方面有示范带动作用的生产基地，为奶业发展提供优质苜蓿草产品，从根本上提高我国奶牛综合生产能力和牛奶质量安全水平。项目建成以后，示范片区苜蓿单产水平明显提高，旱作条件下年亩产达到 400 千克以上，灌溉条件下年亩产达到 800 千克以上。苜蓿草产品品质量明显提高，达到国家标准 2 级以上，粗蛋白含量达到 18%以上，相对饲用价值达到 125%以上。奶牛饲喂示范片区苜蓿产品后，生鲜乳质量明显提高，乳蛋白含量达到 3.0%以上，乳脂肪达到 3.5%以上。

二、基本原则

——草畜结合，协调发展。鼓励在苜蓿优势产区和奶牛主产区建设高产优质苜蓿示范片区，鼓励农民饲草专业生产合作社、苜蓿生产企业与奶牛养殖企业（场）建立长期的合作关系，促进苜蓿生产与奶牛养殖有机结合，提高奶牛科学养殖水平。

——突出优势，合理布局。在适宜苜蓿种植的区域，对土地资源、水资源和产业基础等方面优势突出的地区，重点支持开展高产优质苜蓿示范片区建设，提高苜蓿优势产区的综合生产能力。

——专业生产，示范带动。按专业化、标准化、规模化和集约化生产的要求，充分发挥合作社和企业的潜力，加强关键技术应用，促进饲草生产加工方式的转变。同时，充分发挥示范片区的带动作用，提高苜蓿产业整体水平和素质。

——政策引导，多元投入。按照“谁投资、谁经营、谁受益”的原则，通过政策引导和市场调节，充分调动农民专业生产合作社、饲草生产加工企业和奶牛养殖企业（场）三类主体的积极性，鼓励配套整合资金，吸引民间资本，形成国家、集体、个人多元化的投入格局。

——权责到省，公开透明。各省（区、市）要加强组织领导，认真组织实施，确保政策和项目落实。建立公示制度，接受社会监督，确保项目公开、公正、公平、透明。

三、实施内容

（一）实施范围。项目实施区域选择在苜蓿优势产区和奶牛主产区，重点在东北、华北、西北 3 大区域。2012 年，在河北、天津、内蒙古、辽宁、吉林、黑龙江、陕西、甘肃、宁夏、新疆等 10 个省（区、市）扶持建设 50 万亩高产优质苜蓿示范片区。

（二）补助内容。一是推行苜蓿良种化。适应不同区域和不同种植条件，更新品种，推广使用高产、优质、抗逆性强的苜蓿优良品种。二是实行标准化生产。推广应用苜蓿种子丸化包衣、根瘤菌接种、地膜精量穴播、病虫草害综合防治等高产集成技术。重点推广应用刈割收获、压扁、田间快速脱水、茎叶同步干燥、收割机械组装配套、田间快速打包、高密度草捆加工等关键设备和技术。完善苜蓿生产技术规程，组织开展标准化生产培训。三是改善生产条件。改造中低产田，改良土地、修建排碱渠和灌溉设施，完善田间基础设施和灌溉条件；修建仓储设施，配置和扩容储草棚、堆储场、青贮窖、农机库等。四是提升质量水平。配备检测设备，对苜蓿粗蛋白含量、酸性洗涤纤维、中性洗涤纤维等关键指标进行检测，保证苜蓿草产品质量。

项目承担单位可根据自身实际情况，在上述内容中各有侧重。

（三）补助标准。对集中连片 3 000 亩以上的苜蓿种植按照每亩 600 元的标准给予补助。

（四）补助方式。项目立项后，财政及时先期安排 50%的补助资金；项目验收合格，公示期满无异议，确定补助示范片区后，财政再安排剩余 50%的补助资金；对于验收不合格的，由财政会同农业部门负责追回预先安排的 50%补助资金，或限期整改后安排剩余 50%的补助资金。

四、申报要求

（一）申报对象。农民饲草专业生产合作社、饲草生产加工企业和奶牛养殖企业（场），优先扶持农民饲草专业生产合作社。

（二）申报条件。

1. 集中连片。申报单位具有适宜苜蓿标准化种植的土地，集中连片，面积3 000亩以上；需提供土地使用权证明文件或土地租赁合同（租赁年限在7年以上）；优先考虑具备水源、配套电力等种植灌溉基本条件的单位。

2. 严格资质。申报单位应具有独立法人资格，资产结构及经营状况良好。

（1）农民饲草专业生产合作社：成立1年以上，且有规范的章程、完善的管理制度，有独立的银行账户和会计账簿，建立了成员账户，实行独立的会计核算，财务管理和收益分配制度健全；

（2）饲草生产加工企业：具有A级（含）以上资信等级（未申请过银行贷款的企业除外）；具有苜蓿生产加工经验，注册资本200万元（含）以上，优先考虑与大型奶牛养殖企业（场）有苜蓿草产品供求关系的企业；

（3）奶牛养殖企业（场）：奶牛存栏300头以上的标准化规模养殖企业（场）。

3. 编制方案。各申请单位要按要求编制实施方案（详见附件），同时要出具土地面积证明材料。

五、实施方式

（一）严格立项。由各省（区、市）畜牧（奶业）主管部门成立专家组，制定立项单位审核标准，对申报单位进行评审筛选，确定项目承担单位并公示，并在公示中明确建设内容，公示时间不得少于7天。当满足条件的申请单位较多时，优先安排规模较小的单位。

各省（区、市）畜牧（奶业）主管部门根据本实施指导意见，抓紧组织项目申报，并制定省级实施方案，实施方案中需标明拟组织验收时间，并于7月10日前上报农业部、财政部备案。

（二）严格验收。验收工作由省级农业部门会同财政部门具体负责组织实施，具体验收时间根据各地实施情况确定，各省以高产优质苜蓿示范片区验收评分标准为基础，组织专家进行现场评审验收，具体包括资料审查、现场检查、考评认定等环节，特别是要严格按照项目单位提交的项目实施方案对照建设内容实施。验收结束后，根据验收得分顺序，并将验收结果进行公示，公示时间不得少于7天，无异议后，最终确定补助的示范片区。农业部将会同财政部选择部分项目进行验收抽查。

（三）严格绩效。各地要加强对项目的检查，发现问题及时整改，确保示范片区建设质量。农业部会同财政部对各省（区、市）项目建设工作进行监督检查，对考核优秀的省（区、市）给予通报表扬并适当增加下一年度建设任务，对考核成绩差的给予通报批评并核减下一年度建设任务。

各省（区、市）也要强化绩效管理，开展考评工作，考评工作可结合项目验收开展，并于2012年12月底前，将自评估报告随项目总结上报农业部、财政部。

（四）严格档案。建立完善的监测和档案管理制度，对示范片区苜蓿草产品产量和质量、饲喂奶牛效果、生鲜乳品质等进行跟踪监测，建立工作信息档案。

六、工作要求

（一）加强组织领导。农业部与财政部联合成立项目实施领导小组，具体工作由农业部奶业管理办公室承担，有关单位参与。各省（区、市）要高度重视，成立省级项目领导小组，协调相关单位和人员组织开展建设工作。要认真做好调查摸底、方案制定、动员部署、培训指导，组织成立专家组，综合考虑种植条件、技术力量、产业基础、管理能力等因素，科学合理筛选确定项目片区。

（二）强化监督检查。各省（区、市）要对示范片区进行专项管理，保证各项措施到位，确保高质量完成示范片区建设任务。各地要加强项目资金管理，严禁资金违规使用和套取补贴资金。强化项目检查和指导，认真总结项目实施过程中的成效和经验，改进工作，不断完善示范片区项目建设工作机制。

（三）加强技术服务。各省（区、市）要成立项目专家组，建立专家包片挂钩指导服务制度，充分发挥科研教学单位、技术推广、产业技术体系和行业协会的人才优势，将专家与项目创建任务挂钩。专家组应进行全程技术跟踪服务，开展技术指导，加强协作攻关，解决关键技术问题，组织学习培训与技术交流，提高技术支撑水平。

（四）广泛宣传报道。充分调动各方积极性，宣传项目建设对推动苜蓿产业发展和提升奶业生产水平的重要作用和战略意义。充分利用媒体资源，宣传报道项目建设的成效和经验，树立典型，表彰先进，扩大影响，引导社会各方关注我国苜蓿产业和奶业的健康发展，为奶业振兴营造良好氛围。

附件1：

高产优质苜蓿示范片区考核标准（试行）

一、土地集中连片

具有适宜苜蓿标准化种植的土地，示范片区面积应在3 000亩以上。

二、单产水平提高

在苜蓿种植的第2年，示范片区苜蓿单产应比当地平均单产水平提高10%以上，旱作条件下亩产应达到

400千克以上，灌溉条件下亩产应达到800千克以上。苜蓿鲜干草折算比例为4∶1。

三、苜蓿质量水平提高

示范片区苜蓿草产品质量应达到国家标准2级以上，其中，粗蛋白质（CP）含量高于18%，酸性洗涤纤维（ADF）低于35%，中性洗涤纤维（NDF）低于45%，相对饲用价值（RFV）高于125%。示范片区项目单位应提供由有资质的检测部门出具的苜蓿草产品质量检测报告。

四、草畜结合紧密

示范片区项目单位和奶牛养殖场、养殖小区签订供销合同，每头奶牛按每年1吨的标准饲喂量计算，每个单元示范片区为1 500头以上奶牛提供优质饲草。

五、示范带动作用明显

示范带动周边农民提高苜蓿种植水平，当地苜蓿生产专业化、标准化、规模化、集约化水平提高。当地农民饲草专业生产合作社发展壮大，带动农民增收致富。

六、生鲜乳质量水平提高

奶牛饲喂示范片区生产的优质苜蓿以后，产出的生鲜乳质量应有明显提高，在标准饲养条件下，一般乳蛋白含量应在3.0%以上，乳脂肪在3.5%以上。

七、档案管理完善

示范片区应建立一套完整的工作档案，包括有关文件、实施方案、生产记录、测产结果、项目总结等。应树立一块标牌，注明示范片区域范围、面积规模、产量目标、种植品种、实施单位、责任人等。应有一张标识图，注明示范片区位置、涉及乡镇村组、田间设施、田块编号等。应编印一套技术手册，开展相关培训，提高苜蓿种植水平。

附件2：

高产优质苜蓿示范片区验收评分表（试行）

申请验收单位： 验收时间： 年 月 日

必备条件（任一项不符合不得验收）	条件	结论
	1. 项目单位具有适宜苜蓿标准化种植的土地，集中连片，面积3 000亩以上，有土地使用权证明文件或土地租赁合同（租赁年限在7年以上）。	可以验收□ 不予验收□
	2. 申报单位应出具承诺函，保证7年内苜蓿示范区种植面积不减少、用途不改变。	
	3. 项目单位是农民饲草专业生产合作社、饲草生产加工企业、奶牛规模养殖企业（场）等3类主体，符合《2012年高产优质苜蓿示范片区建设项目实施指导意见》规定的条件。	

验收项目	考核内容	考核具体内容及评分标准	满分	得分	扣分原因
一、选址与建设（15分）	（一）土地选择（9分）	土地集中连片，面积3 000亩以上，得5分。	5		
		土地平整，适合机械化作业，得1分。	1		
		土质酸碱度偏中性，得1分。	1		
		河海滩涂盐碱地区，地下水位在4米以下，得1分。	1		
		示范区是传统的苜蓿种植地区，得1分。	1		
	（二）基础设施建设（6分）	有良好的灌溉条件，得1分；有节水灌溉工程设施与配套设备，得1分；有输水管道、水罐车等基本灌溉设施，得1分。	3		
		电力供应有保障，得1分；井电配套、配有发电机，得1分。	2		
		有储草棚、堆储场、青贮窖、农机库等，得1分。	1		

（续）

验收项目	考核内容	考核具体内容及评分标准	满分	得分	扣分原因
二、田间管理（15分）	（一）示范区标示（4分）	有示范标示，注明种植品种、示范片区域范围、面积规模、产量、实施单位、责任人以及包片专家，得2分；有标识图，注明示范片区位置、涉及乡镇村组、田间设施、田块编号等，得2分。	4		
	（二）品种选择（3分）	栽培品种适合当地气候和土地特点，得3分。	3		
	（三）施肥（2分）	根据牧草生长情况，适时施用氮、磷、钾和有机肥，得2分。	2		
	（四）农药（2分）	有预防苜蓿病虫害的防控技术措施，得2分。	2		
	（五）新型技术应用（4分）	使用测土配方施肥技术，得1分；种子包衣技术，得1分；根瘤菌接种技术，得1分；土壤整改技术，得1分。	4		
三、设施与设备（10分）	设施与设备（10分）	有苜蓿种植机械，得1分；有苜蓿刈割机械并带有压扁部件，得2分；有苜蓿搂草、翻条、并条机械，得2分；有苜蓿干草条捡拾打扫机械、青草条捡拾卷捆及缠膜机械，得2分；有苜蓿种子收获及清选机械，得1分；有二次高密度加压机，得2分。	10		
四、收获与加工（20分）	（一）收获（12分）	在苜蓿的孕蕾末期或初花期进行收割，百株开花率1%以下，得3分。	3		
		刈割时土壤0.63厘米的表层已经干燥，得1分。	1		
		留茬高度为7.6～10厘米，得3分。	3		
		上层草含水量30%左右时翻晒和并垄，得1分。	1		
		打捆时苜蓿草的含水量22%以下且在早晨或晚间空气湿度较高时进行，得2分。	2		
		草捆打好运到仓库后进行田间灌水，得1分；在灌水之前清理干净干草，避免遗草在田间腐烂发霉，得1分。	2		
	（二）加工（8分）	码堆时草捆之间留有通风口，得2分；避免水浸，底层草捆未与地面直接接触，得2分。	4		
		二次高密度打捆在草捆贮存20天后含水量低于12%时进行，得3分。	3		
		高密度草捆打完后进行封塑包装，得1分。	1		
五、生产水平和质量（20分）	（一）生产质量（11分）	旱作条件亩产超过500kg，灌溉条件亩产超过1 000kg，得2分；示范片区苜蓿单产比当地平均水平提高10%以上，得2分；在苜蓿种植第3～5年，单产稳定在以上水平，得1分；苜蓿鲜干草折算比例为4∶1，得1分。	6		
		有检测部门出具的苜蓿草产品质量检测报告，得1分；苜蓿草产品质量达到国家标准2级以上，粗蛋白质（CP）含量18%以上，酸性洗涤纤维（ADF）低于35%，中性洗涤纤维（NDF）低于45%，相对饲用价值（RFV）大于125%以上，得4分。	5		
	（二）草畜配套建设（3分）	示范片区和奶牛养殖场（小区）签订供销合同，每个单元示范片区为1 500头以上奶牛提供优质饲草。得3分。	3		

（续）

验收项目	考核内容	考核具体内容及评分标准	满分	得分	扣分原因
五、生产水平和质量（20分）	（三）示范带动作用（3分）	带动周边农民提高苜蓿种植水平，当地苜蓿生产专业化、标准化、规模化、集约化水平提高，得2分；当地农民饲草专业生产合作社发展壮大，带动农民增收致富，得1分；	3		
	（四）生鲜乳质量（3分）	奶牛饲喂示范片区生产的优质苜蓿以后，生鲜乳质量有明显提高，乳蛋白含量3.0%以上，乳脂肪3.5%以上，得3分。	3		
六、苜蓿标准化生产科技推广和培训（10分）	（一）培训（5分）	有生产技术规程，得2分；有组织培训记录，得3分。	5		
	（二）科技推广（5分）	有集成配套技术推广，得2分；租赁和购置取样器，得1分；租赁和购置便携检测仪，得1分；有其他技术推广设备或资料，得1分。	5		
七、档案管理（10分）	档案管理（10分）	工作档案完整，有相关批示文件以及资质文件，得2分；有实施方案，得2分；有生产记录，得2分；有产品物理形状描述和常规营养成分分析，得3分；有项目总结，得1分。	10		
总分			100		

验收专家签字：

附件3：

2012年________省（区、市）

高产优质苜蓿示范建设实施方案

（编写格式）

项目承担单位（盖章）：________________

联系人/电话：________________

通讯地址/邮编：________________

电子邮件地址：________________

项目主管部门（盖章）：________________

联系人/电话：________________

通讯地址/邮编：________________

填报日期：________________

中华人民共和国农业部制

二〇一二年三月

一、项目实施背景

高产优质苜蓿示范建设的重要性、可行性分析。

目前的项目工作基础，主要包括苜蓿种植面积，农民饲草专业生产合作社、饲草生产加工企业和奶牛养殖企业（场）三类申报对象的种植情况，分布区域（经纬度），单产，质量，饲喂奶牛效果等。

二、项目实施目标与建设标准

项目实施的总体目标、年度目标及预期收益。

根据农业部、财政部发布的项目考核标准，结合本省（区、市）实际制定本省（区、市）的项目建设标准，细化相关指标。

三、项目实施内容

项目主要开展的工作和项目建设的内容，主要包括苜蓿种植品种，种植面积，收贮和加工比例；苜蓿病虫草害防控、测土配方施肥等高产集成技术推广和应用；节水灌溉工程设施、田间灌溉排供体系建设数量及规模；培训班组织方式及人员培训数量等。

四、项目单位与任务分工

项目参加单位，承担任务量，经费分配等，并详细说明项目承担单位情况（附表）。

五、项目组织和保障措施

项目组织单位和组织方式，包括项目申报方式、管理方式、审查方式、验收方式和监督检查方式等。

项目实施的保障措施，主要包括组织领导、扶持政策、技术支持、宣传发动、资金投入、考核奖励等措施。

六、项目单位意见

七、项目主管部门审核意见

八、有关附表

附件 4：

项目承担单位情况

项目单位名称	项目所在地	承担项目任务（亩）	资金安排（万元）	项目单位类型			成立时间	已有种植面积（亩）	灌溉方式			机井（套）	贮草棚（平方米）	已有技术装备			有无不良记录
				合作社人员数量（个）	饲草生产加工企业注册资本（万元）	奶牛养殖企业奶牛存栏（头）			滴灌	喷灌	旱作			设备	数量（台）	价值（万元）	
														1. 拖拉机			
														2. 播种机			
														3. 叉车			
														4. 压扁割草机			
														5. 搂草摊晒机			
														6. 拾捡打捆机			
														7. 二次高密度加压机			
														8. 苜蓿草块加工机			
														9. 苜蓿颗粒加工机			
														10. 其他			

注：1. 项目所在地需明确市、县（区）、乡镇，并标明经纬度；2. 不良记录是指政府相关部门的处罚、媒体曝光等。

附件 5：

2012 年高产优质苜蓿示范建设任务分配表

省份	任务指标（万亩）
河　北	7
天　津	2
内蒙古	10
辽　宁	2
吉　林	2
黑龙江	5
陕　西	2
甘　肃	9
宁　夏	7
新　疆	3
黑龙江农垦	1
合　计	50

农业部办公厅关于开展 2012 年种畜禽质量安全监督检验工作的通知（节选）

为加强我国畜禽质量监管，提高种畜禽质量安全水平，促进畜牧业持续发展，根据《中华人民共和国畜牧法》的相关规定，2012 年，我部将继续组织开展种畜禽质量安全监督检验工作。现将有关要求通知如下，请认真组织实施。

一、年度目标

通过开展种畜禽质量安全监督检验工作，完成 400 头种猪、6 家企业的海兰褐父母代和商品代蛋鸡、4 家企业的爱拔益加商品代肉鸡的生产性能测定以及 400 头种猪和 500 头种牛的精液质量检测，逐步建立全面、准确的种畜禽质量安全监督系统，提高种畜禽质量水平，发布种畜禽质量监测信息，科学引导养殖户使用畜禽良种，履行畜牧法赋予畜牧兽医管理部门的种畜禽质量监管职责。

二、主要内容

在全国选择部分种畜禽企业开展种猪、蛋种鸡、肉种鸡生产性能测定，对种牛、种猪精液进行质量检测，并公布结果。

三、种牛冷冻精液

（一）检测品种。荷斯坦牛、西门塔尔牛、奶水牛、褐牛、牦牛、三河牛、安格斯牛、利木赞牛等。

（二）检测指标。种牛冷冻精液外观、剂量、活力、前进运动精子数、畸形率、细菌数等。

（三）检测承担单位和抽检区域。见附表。

（四）检测程序。检测承担单位到国家牛良种补贴项目县的冻精销售站（点）随机抽样，每头种公牛抽检一次，每头种公牛抽取 25 支冷冻精液样品。检测承担单位按照牛冷冻精液标准（GB 4143—2008）检测，并统计分析检测结果。各种公牛站依据检测承担单位抽样单，为冻精销售站（点）补足冻精样品。

四、组织管理

种畜禽质量安全监督检验工作涉及畜禽品种较多，被抽检企业面广，检测任务重。各级畜牧兽医部门和相关单位要加强对种畜禽质量监督检验工作的组织领导，落实责任制，密切配合，确保工作的顺利开展。

（一）农业部畜牧业司负责组织制定工作方案，组织开展工作、发布检测结果等。

（二）全国畜牧总站负责具体组织实施，做好检测验收、技术培训、汇总分析检测结果等相关工作。

（三）各省级畜牧兽医部门负责配合好本区域内被测单位与检测承担单位的衔接工作。

（四）各被测单位要规范种畜禽生产，严把种畜禽质量，配合检测承担单位做好抽样工作，对抽检质量不合格的种畜禽（精液）要立即停止销售和使用。

（五）各检测任务承担单位负责检测样品的抽样、质量检测、出具检测报告和检测结果反馈等工作。要严格按照相关标准开展检测工作，按时完成检测任务，及时将检测报告上报农业部畜牧业司和全国畜牧总站。此外，要在2012年11月底前上报年度工作总结。

附表：2012年种畜禽质量安全监督检验工作任务安排

附表：

2012年种畜禽质量安全监督检验工作任务安排（节选）

序号	承担单位名称	承检项目	受检省份	品种名称	受检单位名称	样品数量
7	农业部种畜品质监督检验测试中心	种牛冷冻精液	北京、天津、河北、山西、内蒙古、辽宁、大连、吉林、黑龙江、上海、江苏、安徽、山东、青岛、河南、陕西、甘肃、宁夏、黑龙江农垦	荷斯坦牛、西门塔尔牛、奶水牛、褐牛、牦牛、三河牛、安格斯牛、利木赞牛等	国家牛良种补贴项目冻精使用区域	250头
8	农业部牛冷冻精液质量监督检验测试中心（南京）	种牛冷冻精液	浙江、宁波、福建、江西、湖北、湖南、广东、广西、海南、重庆、四川、贵州、云南、西藏、青海、新疆、新疆生产建设兵团、广东农垦	荷斯坦牛、西门塔尔牛、奶水牛、褐牛、牦牛、三河牛、安格斯牛、利木赞牛等	国家牛良种补贴项目冻精使用区域	250头

农业部公告第1731号

蜀宣花牛等4个畜禽新品种、配套系和麻城绿壳蛋鸡1个畜禽遗传资源，业经国家畜禽遗传资源委员会审定、鉴定通过，且公示期满无异议。根据《畜禽新品种配套系审定和畜禽遗传资源鉴定办法》的规定，由国家畜禽遗传资源委员会颁发畜禽新品种、配套系证书。

特此公告。

2012年3月2日

附表：

蜀宣花牛畜禽新品种配套系证书颁发目录

证书编号	畜禽名称	培育单位	参加培育单位
农02新品种证字第6号	蜀宣花牛	四川省畜牧科学研究院、四川省宣汉县畜牧食品局	四川省宣汉县云蒙山合作示范牧场、成都汇丰动物育种有限公司、四川省天友西塔乳业有限公司、四川省畜牧总站

【海关总署发布】

海关总署公告2012年第9号

根据《中华人民共和国政府和新西兰政府自由贸易协定》（以下简称《协定》），中国对原产于新西兰的11个税号的农产品实施特殊保障措施。2月14日，海关总署在对外网站（www. customs. gov. cn）公布了实施特保措施管理的脂肪含量大于1%未浓缩的乳及奶油（税则号列04012000、04014000、04015000）进口数量接近今年触发水平数量的情况。至今年2月17日，上述农产品进口申报数量已达到2 059.04吨，超过今年1 580吨的特保措施触发标准，因此，自2月18日起，对《协定》项下进口的原产于新西兰的上述农产品按最惠国税率征收进口关税。对于在途农产品的税率适用和其他有关事宜，按照海关总署2008年第91号公告的规定执行。

特此公告。

2012年2月17日

海关总署公告2012年第10号

根据《中华人民共和国政府和新西兰政府自由贸易协定》（以下简称《协定》），中国对原产于新西兰的11个税号的农产品实施特殊保障措施。2月21日，海关总署在互联网站上（www. customs. gov. cn）公布了实施特保措施管理的固状和浓缩非固状乳及奶油（税则号列04021000、04022100、04022900和04029100）进口数量接近今年触发标准的情况。至今年2月29日，上述农产品进口申报数量已达到116 748.7吨，超过今年115 473吨的特保措施触发标准。因此，自今年3月1日起，对《协定》项下进口的原产于新西兰的上述农产品按最惠国税率征收进口关税。对于在途农产品的税率适用和其他有关事宜，按照海关总署公告2008年第91号的规定执行。

特此公告。

2012年2月22日

海关总署公告2012年第11号

根据《中华人民共和国政府和新西兰政府自由贸易协定》，中国对原产于新西兰的11个税则号列的农产品实施特殊保障措施。3月5日，海关总署在对外网站（www. customs. gov. cn）公布了实施特殊保障措施管理的黄油和其它从乳中提取的脂和油（税则号列04051000、04059000）进口数量接近今年触发水平数量的情况。至今年3月14日，上述农产品进口申报数量已达到11 550.58吨，超过今年11 426吨的特殊保障措施触发标准。因此，自3月15日起，对《中华人民共和国政府和新西兰政府自由贸易协定》项下进口的原产于新西兰的上述农产品按最惠国税率征收进口关税。对于在途的上述农产品的税率适用和其他有关事宜，按照海关总署公告2008年第91号的规定执行。

特此公告。

2012年3月7日

海关总署公告2012年第21号

根据《中华人民共和国政府和新西兰政府自由贸易协定》，中国对原产于新西兰的11个税则号列的农产品实施特殊保障措施。2012年4月19日，海关总署在对外网站（www. customs. gov. cn）上公布了实施特保措施管理的乳酪（税则号列04061000、04063000和04069000）进口数量接近2012年触发水平的情况。至4月23日，上述农产品进口申报数量已达到4 535.23吨，超过2012年4 376吨的特保措施触发水平。因此，自2012年4月24日起，对《中华人民共和国政府和新西兰政府自由贸易协定》项下进口的原产于新西兰的上述农产品按最惠国税率征收进口关税。对于在途的上述农产品的税率适用和其他有关事宜，按照海关总署公告2008年第91号的规定执行。

特此公告。

2012年4月20日

【其他部门发布】

食品安全国家标准
食品营养强化剂使用标准

前　　言

本标准代替 GB 14880—1994《食品营养强化剂使用卫生标准》。

本标准与 GB 14880—1994 相比，主要变化如下：

——标准名称改为《食品安全国家标准 食品营养强化剂使用标准》；

——增加了卫生部 1997—2012 年 1 号公告及 GB 2760—1996 附录 B 中营养强化剂的相关规定；

——增加了术语和定义；

——增加了营养强化的主要目的、使用营养强化剂的要求和可强化食品类别的选择要求；

——在风险评估的基础上，结合本标准的食品类别（名称），调整、合并了部分营养强化剂的使用品种、使用范围和使用量，删除了部分不适宜强化的食品类别；

——列出了允许使用的营养强化剂化合物来源名单；

——增加了可用于特殊膳食用食品的营养强化剂化合物来源名单和部分营养成分的使用范围和使用量；

——增加了食品类别（名称）说明；

——删除了原标准中附录 A“食品营养强化剂使用卫生标准实施细则”；

——保健食品中营养强化剂的使用和食用盐中碘的使用，按相关国家标准或法规管理。

1　范围

本标准规定了食品营养强化的主要目的、使用营养强化剂的要求、可强化食品类别的选择要求以及营养强化剂的使用规定。

本标准适用于食品中营养强化剂的使用。国家法律、法规和（或）标准另有规定的除外。

2　术语和定义

2.1　营养强化剂

为了增加食品的营养成分（价值）而加入到食品中的天然或人工合成的营养素和其他营养成分。

2.2　营养素

食物中具有特定生理作用，能维持机体生长、发育、活动、繁殖以及正常代谢所需的物质，包括蛋白质、脂肪、碳水化合物、矿物质、维生素等。

2.3　其他营养成分

除营养素以外的具有营养和（或）生理功能的其他食物成分。

2.4　特殊膳食用食品

为满足特殊的身体或生理状况和（或）满足疾病、紊乱等状态下的特殊膳食需求，专门加工或配方的食品。这类食品的营养素和（或）其他营养成分的含量与可类比的普通食品有显著不同。

3　营养强化的主要目的

3.1　弥补食品在正常加工、储存时造成的营养素损失。

3.2　在一定的地域范围内，有相当规模的人群出现某些营养素摄入水平低或缺乏，通过强化可以改善其摄入水平低或缺乏导致的健康影响。

3.3　某些人群由于饮食习惯和（或）其他原因可能出现某些营养素摄入量水平低或缺乏，通过强化可以改善其摄入水平低或缺乏导致的健康影响。

3.4　补充和调整特殊膳食用食品中营养素和（或）其他营养成分的含量。

4　使用营养强化剂的要求

4.1　营养强化剂的使用不应导致人群食用后营养素及其他营养成分摄入过量或不均衡，不应导致任何营养素及其他营养成分的代谢异常。

4.2　营养强化剂的使用不应鼓励和引导与国家营养政策相悖的食品消费模式。

4.3　添加到食品中的营养强化剂应能在特定的储存、运输和食用条件下保持质量的稳定。

4.4　添加到食品中的营养强化剂不应导致食品一般特性如色泽、滋味、气味、烹调特性等发生明显不良改变。

4.5　不应通过使用营养强化剂夸大食品中某一营养成分的含量或作用误导和欺骗消费者。

5　可强化食品类别的选择要求

5.1　应选择目标人群普遍消费且容易获得的食品进行强化。

5.2　作为强化载体的食品消费量应相对比较稳定。

5.3　我国居民膳食指南中提倡减少食用的食品不宜作为强化的载体。

6 营养强化剂的使用规定

6.1 营养强化剂在食品中的使用范围、使用量应符合附录 A 的要求，允许使用的化合物来源应符合附录 B 的规定。

6.2 特殊膳食用食品中营养素及其他营养成分的含量按相应的食品安全国家标准执行，允许使用的营养强化剂及化合物来源应符合本标准附录 C 和（或）相应产品标准的要求。

7 食品类别（名称）说明

食品类别（名称）说明用于界定营养强化剂的使用范围，只适用于本标准，见附录 D。如允许某一营养强化剂应用于某一食品类别（名称）时，则允许其应用于该类别下的所有类别食品，另有规定的除外。

8 营养强化剂质量标准

按照本标准使用的营养强化剂化合物来源应符合相应的质量规格要求。

附 录 A
食品营养强化剂使用规定

食品营养强化剂使用规定见表 A.1。

表 A.1 营养强化剂的允许使用品种、使用范围[a] 及使用量

营养强化剂	食品分类号	食品类别（名称）	使 用 量
维生素类			
维生素 A	01.01.03	调制乳	600μg/kg～1 000μg/kg
	01.03.02	调制乳粉（儿童用乳粉和孕产妇用乳粉除外）	3 000μg/kg～9 000μg/kg
		调制乳粉（仅限儿童用乳粉）	1 200μg/kg～7 000μg/kg
		调制乳粉（仅限孕产妇用乳粉）	2 000μg/kg～10 000μg/kg
	02.01.01.01	植物油	4 000μg/kg～8 000μg/kg
	02.02.01.02	人造黄油及其类似制品	4 000μg/kg～8 000μg/kg
	03.01	冰淇淋类、雪糕类	600μg/kg～1 200μg/kg
	04.04.01.07	豆粉、豆浆粉	3 000μg/kg～7 000μg/kg
	04.04.01.08	豆浆	600μg/kg～1 400μg/kg
	06.02.01	大米	600μg/kg～1 200μg/kg
	06.03.01	小麦粉	600μg/kg～1 200μg/kg
	06.06	即食谷物，包括辗轧燕麦（片）	2 000μg/kg～6 000μg/kg
	07.02.02	西式糕点	2 330μg/kg～4 000μg/kg
	07.03	饼干	2 330μg/kg～4 000μg/kg
	14.03.01	含乳饮料	300μg/kg～1 000μg/kg
	14.06	固体饮料类	4 000μg/kg～17 000μg/kg
	16.01	果冻	600μg/kg～1 000μg/kg
	16.06	膨化食品	600μg/kg～1 500μg/kg
β-胡萝卜素	14.06	固体饮料类	3mg/kg～6mg/kg
维生素 D	01.01.03	调制乳	10μg/kg～40μg/kg
	01.03.02	调制乳粉（儿童用乳粉和孕产妇用乳粉除外）	63μg/kg～125μg/kg
		调制乳粉（仅限儿童用乳粉）	20μg/kg～112μg/kg
		调制乳粉（仅限孕产妇用乳粉）	23μg/kg～112μg/kg
	02.02.01.02	人造黄油及其类似制品	125μg/kg～156μg/kg
	03.01	冰淇淋类、雪糕类	10μg/kg～20μg/kg
	04.04.01.07	豆粉、豆浆粉	15μg/kg～60μg/kg
	04.04.01.08	豆浆	3μg/kg～15μg/kg
	06.05.02.03	藕粉	50μg/kg～100μg/kg
	06.06	即食谷物，包括辗轧燕麦（片）	12.5μg/kg～37.5μg/kg
	07.03	饼干	16.7μg/kg～33.3μg/kg
	07.05	其他焙烤食品	10μg/kg～70μg/kg
	14.02.03	果蔬汁（肉）饮料（包括发酵型产品等）	2μg/kg～10μg/kg
	14.03.01	含乳饮料	10μg/kg～40μg/kg
	14.04.02.02	风味饮料	2μg/kg～10μg/kg
	14.06	固体饮料类	10μg/kg～20μg/kg
	16.01	果冻	10μg/kg～40μg/kg
	16.06	膨化食品	10μg/kg～60μg/kg

（续）

营养强化剂	食品分类号	食品类别（名称）	使用量
维生素 E	01.01.03	调制乳	12mg/kg～50mg/kg
	01.03.02	调制乳粉（儿童用乳粉和孕产妇用乳粉除外）	100mg/kg～310mg/kg
		调制乳粉（仅限儿童用乳粉）	10mg/kg～60mg/kg
		调制乳粉（仅限孕产妇用乳粉）	32mg/kg～156mg/kg
	02.01.01.01	植物油	100mg/kg～180mg/kg
	02.02.01.02	人造黄油及其类似制品	100mg/kg～180mg/kg
	04.04.01.07	豆粉、豆浆粉	30mg/kg～70mg/kg
	04.04.01.08	豆浆	5mg/kg～15mg/kg
	05.02.01	胶基糖果	1 050mg/kg～1 450mg/kg
	06.06	即食谷物，包括辗轧燕麦（片）	50mg/kg～125mg/kg
	14.0	饮料类（14.01，14.06 涉及品种除外）	10mg/kg～40mg/kg
	14.06	固体饮料	76mg/kg～180mg/kg
	16.01	果冻	10mg/kg～70mg/kg
维生素 K	01.03.02	调制乳粉（仅限儿童用乳粉）	420μg/kg～750μg/kg
		调制乳粉（仅限孕产妇用乳粉）	340μg/kg～680μg/kg
维生素 B_1	01.03.02	调制乳粉（仅限儿童用乳粉）	1.5mg/kg～14mg/kg
		调制乳粉（仅限孕产妇用乳粉）	3mg/kg～17mg/kg
	04.04.01.07	豆粉、豆浆粉	6mg/kg～15mg/kg
	04.04.01.08	豆浆	1mg/kg～3mg/kg
	05.02.01	胶基糖果	16mg/kg～33mg/kg
	06.02	大米及其制品	3mg/kg～5mg/kg
	06.03	小麦粉及其制品	3mg/kg～5mg/kg
	06.04	杂粮粉及其制品	3mg/kg～5mg/kg
	06.06	即食谷物，包括辗轧燕麦（片）	7.5mg/kg～17.5mg/kg
	07.01	面包	3mg/kg～5mg/kg
	07.02.02	西式糕点	3mg/kg～6mg/kg
	07.03	饼干	3mg/kg～6mg/kg
	14.03.01	含乳饮料	1mg/kg～2mg/kg
	14.04.02.02	风味饮料	2mg/kg～3mg/kg
	14.06	固体饮料类	9mg/kg～22mg/kg
	16.01	果冻	1mg/kg～7mg/kg
维生素 B_2	01.03.02	调制乳粉（仅限儿童用乳粉）	8mg/kg～14mg/kg
		调制乳粉（仅限孕产妇用乳粉）	4mg/kg～22mg/kg
	04.04.01.07	豆粉、豆浆粉	6mg/kg～15mg/kg
	04.04.01.08	豆浆	1mg/kg～3mg/kg
	05.02.01	胶基糖果	16mg/kg～33mg/kg
	06.02	大米及其制品	3mg/kg～5mg/kg
	06.03	小麦粉及其制品	3mg/kg～5mg/kg
	06.04	杂粮粉及其制品	3mg/kg～5mg/kg
	06.06	即食谷物，包括辗轧燕麦（片）	7.5mg/kg～17.5mg/kg

（续）

营养强化剂	食品分类号	食品类别（名称）	使 用 量
维生素 B_2	07.01	面包	3mg/kg～5mg/kg
	07.02.02	西式糕点	3.3mg/kg～7.0mg/kg
	07.03	饼干	3.3mg/kg～7.0mg/kg
	14.03.01	含乳饮料	1mg/kg～2mg/kg
	14.06	固体饮料类	9mg/kg～22mg/kg
	16.01	果冻	1mg/kg～7mg/kg
维生素 B_6	01.03.02	调制乳粉（儿童用乳粉和孕产妇用乳粉除外）	8mg/kg～16mg/kg
		调制乳粉（仅限儿童用乳粉）	1mg/kg～7mg/kg
		调制乳粉（仅限孕产妇用乳粉）	4mg/kg～22mg/kg
	06.06	即食谷物，包括辗轧燕麦（片）	10mg/kg～25mg/kg
	07.03	饼干	2mg/kg～5mg/kg
	07.05	其他焙烤食品	3mg/kg～15mg/kg
	14.0	饮料类（14.01、14.06 涉及品种除外）	0.4mg/kg～1.6mg/kg
	14.06	固体饮料类	7mg/kg～22mg/kg
	16.01	果冻	1mg/kg～7mg/kg
维生素 B_{12}	01.03.02	调制乳粉（仅限儿童用乳粉）	10μg/kg～30μg/kg
		调制乳粉（仅限孕产妇用乳粉）	10μg/kg～66μg/kg
	06.06	即食谷物，包括辗轧燕麦（片）	5μg/kg～10μg/kg
	07.05	其他焙烤食品	10μg/kg～70μg/kg
	14.0	饮料类（14.01、14.06 涉及品种除外）	0.6μg/kg～1.8μg/kg
	14.06	固体饮料类	10μg/kg～66μg/kg
	16.01	果冻	2μg/kg～6μg/kg
维生素 C	01.02.02	风味发酵乳	120mg/kg～240mg/kg
	01.03.02	调制乳粉（儿童用乳粉和孕产妇用乳粉除外）	300mg/kg～1 000mg/kg
		调制乳粉（仅限儿童用乳粉）	140mg/kg～800mg/kg
		调制乳粉（仅限孕产妇用乳粉）	1 000mg/kg～1 600mg/kg
	04.01.02.01	水果罐头	200mg/kg～400mg/kg
	04.01.02.02	果泥	50mg/kg～100mg/kg
	04.04.01.07	豆粉、豆浆粉	400mg/kg～700mg/kg
	05.02.01	胶基糖果	630mg/kg～13 000mg/kg
	05.02.02	除胶基糖果以外的其他糖果	1 000mg/kg～6 000mg/kg
	06.06	即食谷物，包括辗轧燕麦（片）	300mg/kg～750mg/kg
	14.02.03	果蔬汁（肉）饮料（包括发酵型产品等）	250mg/kg～500mg/kg
	14.03.01	含乳饮料	120mg/kg～240mg/kg
	14.04	水基调味饮料类	250mg/kg～500mg/kg
	14.06	固体饮料类	1 000mg/kg～2 250mg/kg
	16.01	果冻	120mg/kg～240mg/kg
烟酸（尼克酸）	01.03.02	调制乳粉（仅限儿童用乳粉）	23mg/kg～47mg/kg
		调制乳粉（仅限孕产妇用乳粉）	42mg/kg～100mg/kg
	04.04.01.07	豆粉、豆浆粉	60mg/kg～120mg/kg

（续）

营养强化剂	食品分类号	食品类别（名称）	使用量
烟酸（尼克酸）	04.04.01.08	豆浆	10mg/kg～30mg/kg
	06.02	大米及其制品	40mg/kg～50mg/kg
	06.03	小麦粉及其制品	40mg/kg～50mg/kg
	06.04	杂粮粉及其制品	40mg/kg～50mg/kg
	06.06	即食谷物，包括辗轧燕麦（片）	75mg/kg～218mg/kg
	07.01	面包	40mg/kg～50mg/kg
	07.03	饼干	30mg/kg～60mg/kg
	14.0	饮料类（14.01、14.06 涉及品种除外）	3mg/kg～18mg/kg
	14.06	固体饮料类	110mg/kg～330mg/kg
叶酸	01.01.03	调制乳（仅限孕产妇用调制乳）	400μg/kg～1 200μg/kg
	01.03.02	调制乳粉（儿童用乳粉和孕产妇用乳粉除外）	2 000μg/kg～5 000μg/kg
		调制乳粉（仅限儿童用乳粉）	420μg/kg～3 000μg/kg
		调制乳粉（仅限孕产妇用乳粉）	2 000μg/kg～8 200μg/kg
	06.02.01	大米（仅限免淘洗大米）	1 000μg/kg～3 000μg/kg
	06.03.01	小麦粉	1 000μg/kg～3 000μg/kg
	06.06	即食谷物，包括辗轧燕麦（片）	1 000μg/kg～2 500μg/kg
	07.03	饼干	390μg/kg～780μg/kg
	07.05	其他焙烤食品	2 000μg/kg～7 000μg/kg
	14.02.03	果蔬汁（肉）饮料（包括发酵型产品等）	157μg/kg～313μg/kg
	14.06	固体饮料类	600μg/kg～6 000μg/kg
	16.01	果冻	50μg/kg～100μg/kg
泛酸	01.03.02	调制乳粉（仅限儿童用乳粉）	6mg/kg～60mg/kg
		调制乳粉（仅限孕产妇用乳粉）	20mg/kg～80mg/kg
	06.06	即食谷物，包括辗轧燕麦（片）	30mg/kg～50mg/kg
	14.04.01	碳酸饮料	1.1mg/kg～2.2mg/kg
	14.04.02.02	风味饮料	1.1mg/kg～2.2mg/kg
	14.05.01	茶饮料类	1.1mg/kg～2.2mg/kg
	14.06	固体饮料类	22mg/kg～80mg/kg
	16.01	果冻	2mg/kg～5mg/kg
生物素	01.03.02	调制乳粉（仅限儿童用乳粉）	38μg/kg～76μg/kg
胆碱	01.03.02	调制乳粉（仅限儿童用乳粉）	800mg/kg～1 500mg/kg
		调制乳粉（仅限孕产妇用乳粉）	1 600mg/kg～3 400mg/kg
	16.01	果冻	50mg/kg～100mg/kg
肌醇	01.03.02	调制乳粉（仅限儿童用乳粉）	210mg/kg～250mg/kg
	14.02.03	果蔬汁（肉）饮料（包括发酵型产品等）	60mg/kg～120mg/kg
	14.04.02.02	风味饮料	60mg/kg～120mg/kg
矿物质类			
铁	01.01.03	调制乳	10mg/kg～20mg/kg
	01.03.02	调制乳粉（儿童用乳粉和孕产妇用乳粉除外）	60mg/kg～200mg/kg
		调制乳粉（仅限儿童用乳粉）	25mg/kg～135mg/kg
		调制乳粉（仅限孕产妇用乳粉）	50mg/kg～280mg/kg

（续）

营养强化剂	食品分类号	食品类别（名称）	使用量
铁	04.04.01.07	豆粉、豆浆粉	46mg/kg～80mg/kg
	05.02.02	除胶基糖果以外的其他糖果	600mg/kg～1 200mg/kg
	06.02	大米及其制品	14mg/kg～26mg/kg
	06.03	小麦粉及其制品	14mg/kg～26mg/kg
	06.04	杂粮粉及其制品	14mg/kg～26mg/kg
	06.06	即食谷物，包括辗轧燕麦（片）	35mg/kg～80mg/kg
	07.01	面包	14mg/kg～26mg/kg
	07.02.02	西式糕点	40mg/kg～60mg/kg
	07.03	饼干	40mg/kg～80mg/kg
	07.05	其他焙烤食品	50mg/kg～200mg/kg
	12.04	酱油	180mg/kg～260mg/kg
	14.0	饮料类（14.01 及 14.06 涉及品种除外）	10mg/kg～20mg/kg
	14.06	固体饮料类	95mg/kg～220mg/kg
	16.01	果冻	10mg/kg～20mg/kg
钙	01.01.03	调制乳	250mg/kg～1 000mg/kg
	01.03.02	调制乳粉（儿童用乳粉除外）	3 000mg/kg～7 200mg/kg
		调制乳粉（仅限儿童用乳粉）	3 000mg/kg～6 000mg/kg
	01.06	干酪和再制干酪	2 500mg/kg～10 000mg/kg
	03.01	冰淇淋类、雪糕类	2 400mg/kg～3 000mg/kg
	04.04.01.07	豆粉、豆浆粉	1 600mg/kg～8 000mg/kg
	06.02	大米及其制品	1 600mg/kg～3 200mg/kg
	06.03	小麦粉及其制品	1 600mg/kg～3 200mg/kg
	06.04	杂粮粉及其制品	1 600mg/kg～3 200mg/kg
	06.05.02.03	藕粉	2 400mg/kg～3 200mg/kg
	06.06	即食谷物，包括辗轧燕麦（片）	2 000mg/kg～7 000mg/kg
	07.01	面包	1 600mg/kg～3 200mg/kg
	07.02.02	西式糕点	2 670mg/kg～5 330mg/kg
	07.03	饼干	2 670mg/kg～5 330mg/kg
	07.05	其他焙烤食品	3 000mg/kg～15 000mg/kg
	08.03.05	肉灌肠类	850mg/kg～1 700mg/kg
	08.03.07.01	肉松类	2 500mg/kg～5 000mg/kg
	08.03.07.02	肉干类	1 700mg/kg～2 550mg/kg
	10.03.01	脱水蛋制品	190mg/kg～650mg/kg
	12.03	醋	6 000mg/kg～8 000mg/kg
	14.0	饮料类（14.01、14.02 及 14.06 涉及品种除外）	160mg/kg～1 350mg/kg
	14.02.03	果蔬汁（肉）饮料（包括发酵型产品等）	1 000mg/kg～1 800mg/kg
	14.06	固体饮料类	2 500mg/kg～10 000mg/kg
	16.01	果冻	390mg/kg～800mg/kg

（续）

营养强化剂	食品分类号	食品类别（名称）	使 用 量
锌	01.01.03	调制乳	5mg/kg～10mg/kg
	01.03.02	调制乳粉（儿童用乳粉和孕产妇用乳粉除外）	30mg/kg～60mg/kg
		调制乳粉（仅限儿童用乳粉）	50mg/kg～175mg/kg
		调制乳粉（仅限孕产妇用乳粉）	30mg/kg～140mg/kg
	04.04.01.07	豆粉、豆浆粉	29mg/kg～55.5mg/kg
	06.02	大米及其制品	10mg/kg～40mg/kg
	06.03	小麦粉及其制品	10mg/kg～40mg/kg
	06.04	杂粮粉及其制品	10mg/kg～40mg/kg
	06.06	即食谷物，包括辗轧燕麦（片）	37.5mg/kg～112.5mg/kg
	07.01	面包	10mg/kg～40mg/kg
	07.02.02	西式糕点	45mg/kg～80mg/kg
	07.03	饼干	45mg/kg～80mg/kg
	14.0	饮料类（14.01 及 14.06 涉及品种除外）	3mg/kg～20mg/kg
	14.06	固体饮料类	60mg/kg～180mg/kg
	16.01	果冻	10mg/kg～20mg/kg
硒	01.03.02	调制乳粉（儿童用乳粉除外）	140μg/kg～280μg/kg
		调制乳粉（仅限儿童用乳粉）	60μg/kg～130μg/kg
	06.02	大米及其制品	140μg/kg～280μg/kg
	06.03	小麦粉及其制品	140μg/kg～280μg/kg
	06.04	杂粮粉及其制品	140μg/kg～280μg/kg
	07.01	面包	140μg/kg～280μg/kg
	07.03	饼干	30μg/kg～110μg/kg
	14.03.01	含乳饮料	50μg/kg～200μg/kg
镁	01.03.02	调制乳粉（儿童用乳粉和孕产妇用乳粉除外）	300mg/kg～1 100mg/kg
	01.03.02	调制乳粉（仅限儿童用乳粉）	300mg/kg～2 800mg/kg
		调制乳粉（仅限孕产妇用乳粉）	300mg/kg～2 300mg/kg
	14.0	饮料类（14.01 及 14.06 涉及品种除外）	30mg/kg～60mg/kg
	14.06	固体饮料类	1 300mg/kg～2 100mg/kg
铜	01.03.02	调制乳粉（儿童用乳粉和孕产妇用乳粉除外）	3mg/kg～7.5mg/kg
		调制乳粉（仅限儿童用乳粉）	2mg/kg～12mg/kg
		调制乳粉（仅限孕产妇用乳粉）	4mg/kg～23mg/kg
锰	01.03.02	调制乳粉（儿童用乳粉和孕产妇用乳粉除外）	0.3mg/kg～4.3mg/kg
		调制乳粉（仅限儿童用乳粉）	7mg/kg～15mg/kg
		调制乳粉（仅限孕产妇用乳粉）	11mg/kg～26mg/kg
钾	01.03.02	调制乳粉（仅限孕产妇用乳粉）	7 000mg/kg～14 100mg/kg
磷	04.04.01.07	豆粉、豆浆粉	1 600mg/kg～3 700mg/kg
	14.06	固体饮料类	1 960mg/kg～7 040mg/kg
		其　他	
L-赖氨酸	06.02	大米及其制品	1g/kg～2g/kg
	06.03	小麦粉及其制品	1g/kg～2g/kg
	06.04	杂粮粉及其制品	1g/kg～2g/kg
	07.01	面包	1g/kg～2g/kg

（续）

营养强化剂	食品分类号	食品类别（名称）	使用量
牛磺酸	01.03.02	调制乳粉	0.3g/kg～0.5g/kg
	04.04.01.07	豆粉、豆浆粉	0.3g/kg～0.5g/kg
	04.04.01.08	豆浆	0.06g/kg～0.1g/kg
	14.03.01	含乳饮料	0.1g/kg～0.5g/kg
	14.04.02.01	特殊用途饮料	0.1g/kg～0.5g/kg
	14.04.02.02	风味饮料	0.4g/kg～0.6g/kg
	14.06	固体饮料类	1.1g/kg～1.4g/kg
	16.01	果冻	0.3g/kg～0.5g/kg
左旋肉碱（L-肉碱）	01.03.02	调制乳粉（儿童用乳粉除外）	300mg/kg～400mg/kg
		调制乳粉（仅限儿童用乳粉）	50mg/kg～150mg/kg
	14.02.03	果蔬汁（肉）饮料（包括发酵型产品等）	600mg/kg～3 000mg/kg
	14.03.01	含乳饮料	600mg/kg～3 000mg/kg
	14.04.02.01	特殊用途饮料（仅限运动饮料）	100mg/kg～1 000mg/kg
	14.04.02.02	风味饮料	600mg/kg～3 000mg/kg
	14.06	固体饮料类	6 000mg/kg～30 000mg/kg
γ-亚麻酸	01.03.02	调制乳粉	20g/kg～50g/kg
	02.01.01.01	植物油	20g/kg～50g/kg
	14.0	饮料类（14.01，14.06 涉及品种除外）	20g/kg～50g/kg
叶黄素	01.03.02	调制乳粉（仅限儿童用乳粉，液体按稀释倍数折算）	1 620μg/kg～2 700μg/kg
低聚果糖	01.03.02	调制乳粉（仅限儿童用乳粉和孕产妇用乳粉）	≤64.5g/kg
1，3-二油酸 2-棕榈酸甘油三酯	01.03.02	调制乳粉（仅限儿童用乳粉，液体按稀释倍数折算）	24g/kg～96g/kg
花生四烯酸（AA或ARA）	01.03.02	调制乳粉（仅限儿童用乳粉）	≤1%（占总脂肪酸的百分比）
二十二碳六烯酸（DHA）	01.03.02	调制乳粉（仅限儿童用乳粉）	≤0.5%（占总脂肪酸的百分比）
		调制乳粉（仅限孕产妇用乳粉）	300mg/kg～1 000mg/kg
乳铁蛋白	01.01.03	调制乳	≤1.0g/kg
	01.02.02	风味发酵乳	≤1.0g/kg
	14.03.01	含乳饮料	≤1.0g/kg
酪蛋白钙肽	06.0	粮食和粮食制品，包括大米、面粉、杂粮、淀粉等（06.01 及 07.0 涉及品种除外）	≤1.6g/kg
	14.0	饮料类（14.01 涉及品种除外）	≤1.6g/kg（固体饮料按冲调倍数增加使用量）
酪蛋白磷酸肽	01.01.03	调制乳	≤1.6g/kg
	01.02.02	风味发酵乳	≤1.6g/kg
	06.0	粮食和粮食制品，包括大米、面粉、杂粮、淀粉等（06.01 及 07.0 涉及品种除外）	≤1.6g/kg
	14.0	饮料类（14.01 涉及品种除外）	≤1.6g/kg（固体饮料按冲调倍数增加使用量）

[a] 在表 A.1 中使用范围以食品分类号和食品类别（名称）表示。

附　录　B
允许使用的营养强化剂化合物来源名单

允许使用的营养强化剂化合物来源名单见表 B. 1。

表 B. 1　允许使用的营养强化剂化合物来源名单

营养强化剂	化合物来源
维生素 A	醋酸视黄酯（醋酸维生素 A） 棕榈酸视黄酯（棕榈酸维生素 A） 全反式视黄醇 β-胡萝卜素
β-胡萝卜素	β-胡萝卜素
维生素 D	麦角钙化醇（维生素 D_2） 胆钙化醇（维生素 D_3）
维生素 E	d-α-生育酚 dl-α-生育酚 d-α-醋酸生育酚 dl-α-醋酸生育酚 混合生育酚浓缩物 维生素 E 琥珀酸钙 d-α-琥珀酸生育酚 dl-α-琥珀酸生育酚
维生素 K	植物甲萘醌
维生素 B_1	盐酸硫胺素 硝酸硫胺素
维生素 B_2	核黄素 核黄素-5′-磷酸钠
维生素 B_6	盐酸吡哆醇 5′-磷酸吡哆醛
维生素 B_{12}	氰钴胺 盐酸氰钴胺 羟钴胺
维生素 C	L-抗坏血酸 L-抗坏血酸钙 维生素 C 磷酸酯镁 L-抗坏血酸钠 L-抗坏血酸钾 L-抗坏血酸-6-棕榈酸盐（抗坏血酸棕榈酸酯）
烟酸（尼克酸）	烟酸 烟酰胺
叶酸	叶酸（蝶酰谷氨酸）
泛酸	D-泛酸钙 D-泛酸钠
生物素	D-生物素

（续）

营养强化剂	化合物来源
胆碱	氯化胆碱 酒石酸氢胆碱
肌醇	肌醇（环己六醇）
铁	硫酸亚铁 葡萄糖酸亚铁 柠檬酸铁铵 富马酸亚铁 柠檬酸铁 乳酸亚铁 氯化高铁血红素 焦磷酸铁 铁卟啉 甘氨酸亚铁 还原铁 乙二胺四乙酸铁钠 羰基铁粉 碳酸亚铁 柠檬酸亚铁 延胡索酸亚铁 琥珀酸亚铁 血红素铁 电解铁
钙	碳酸钙 葡萄糖酸钙 柠檬酸钙 乳酸钙 L-乳酸钙 磷酸氢钙 L-苏糖酸钙 甘氨酸钙 天门冬氨酸钙 柠檬酸苹果酸钙 醋酸钙（乙酸钙） 氯化钙 磷酸三钙（磷酸钙） 维生素E琥珀酸钙 甘油磷酸钙 氧化钙 硫酸钙 骨粉（超细鲜骨粉）
锌	硫酸锌 葡萄糖酸锌 甘氨酸锌 氧化锌 乳酸锌 柠檬酸锌 氯化锌 乙酸锌 碳酸锌

（续）

营养强化剂	化合物来源
硒	亚硒酸钠 硒酸钠 硒蛋白 富硒食用菌粉 L-硒-甲基硒代半胱氨酸 硒化卡拉胶（仅限用于 14.03.01 含乳饮料） 富硒酵母（仅限用于 14.03.01 含乳饮料）
镁	硫酸镁 氯化镁 氧化镁 碳酸镁 磷酸氢镁 葡萄糖酸镁
铜	硫酸铜 葡萄糖酸铜 柠檬酸铜 碳酸铜
锰	硫酸锰 氯化锰 碳酸锰 柠檬酸锰 葡萄糖酸锰
钾	葡萄糖酸钾 柠檬酸钾 磷酸二氢钾 磷酸氢二钾 氯化钾
磷	磷酸三钙（磷酸钙） 磷酸氢钙
L-赖氨酸	L-盐酸赖氨酸 L-赖氨酸天门冬氨酸盐
牛磺酸	牛磺酸（氨基乙基磺酸）
左旋肉碱（L-肉碱）	左旋肉碱（L-肉碱） 左旋肉碱酒石酸盐（L-肉碱酒石酸盐）
γ-亚麻酸	γ-亚麻酸
叶黄素	叶黄素（万寿菊来源）
低聚果糖	低聚果糖（菊苣来源）
1，3-二油酸 2-棕榈酸甘油三酯	1，3-二油酸 2-棕榈酸甘油三酯
花生四烯酸（AA 或 ARA）	花生四烯酸油脂，来源：高山被孢霉（*Mortierella alpina*）
二十二碳六烯酸（DHA）	二十二碳六烯酸油脂，来源：裂壶藻（*Schizochytrium* sp.）、吾肯氏壶藻（*Ulkenia amoeboida*）、寇氏隐甲藻（*Crypthecodinium cohnii*）；金枪鱼油（Tuna oil）
乳铁蛋白	乳铁蛋白
酪蛋白钙肽	酪蛋白钙肽
酪蛋白磷酸肽	酪蛋白磷酸肽

附　录　C

允许用于特殊膳食用食品的营养强化剂及化合物来源

C.1 表 C.1 规定了允许用于特殊膳食用食品的营养强化剂及化合物来源。

C.2 表 C.2 规定了仅允许用于部分特殊膳食用食品的其他营养成分及使用量。

表 C.1　允许用于特殊膳食用食品的营养强化剂及化合物来源

营养强化剂	化合物来源
维生素 A	醋酸视黄酯（醋酸维生素 A） 棕榈酸视黄酯（棕榈酸维生素 A） β-胡萝卜素 全反式视黄醇
维生素 D	麦角钙化醇（维生素 D_2） 胆钙化醇（维生素 D_3）
维生素 E	d-α-生育酚 dl-α-生育酚 d-α-醋酸生育酚 dl-α-醋酸生育酚 混合生育酚浓缩物 d-α-琥珀酸生育酚 dl-α-琥珀酸生育酚
维生素 K	植物甲萘醌
维生素 B_1	盐酸硫胺素 硝酸硫胺素
维生素 B_2	核黄素 核黄素-5′-磷酸钠
维生素 B_6	盐酸吡哆醇 5′-磷酸吡哆醛
维生素 B_{12}	氰钴胺 盐酸氰钴胺 羟钴胺
维生素 C	L-抗坏血酸 L-抗坏血酸钠 L-抗坏血酸钙 L-抗坏血酸钾 抗坏血酸-6-棕榈酸盐（抗坏血酸棕榈酸酯）
烟酸（尼克酸）	烟酸 烟酰胺
叶酸	叶酸（蝶酰谷氨酸）
泛酸	D-泛酸钙 D-泛酸钠
生物素	D-生物素
胆碱	氯化胆碱 酒石酸氢胆碱
肌醇	肌醇（环己六醇）

（续）

营养强化剂	化合物来源
钠	碳酸氢钠 磷酸二氢钠 柠檬酸钠 氯化钠 磷酸氢二钠
钾	葡萄糖酸钾 柠檬酸钾 磷酸二氢钾 磷酸氢二钾 氯化钾
铜	硫酸铜 葡萄糖酸铜 柠檬酸铜 碳酸铜
镁	硫酸镁 氯化镁 氧化镁 碳酸镁 磷酸氢镁 葡萄糖酸镁
铁	硫酸亚铁 葡萄糖酸亚铁 柠檬酸铁铵 富马酸亚铁 柠檬酸铁 焦磷酸铁 乙二胺四乙酸铁钠（仅限用于辅食营养补充品）
锌	硫酸锌 葡萄糖酸锌 氧化锌 乳酸锌 柠檬酸锌 氯化锌 乙酸锌
锰	硫酸锰 氯化锰 碳酸锰 柠檬酸锰 葡萄糖酸锰
钙	碳酸钙 葡萄糖酸钙 柠檬酸钙 L-乳酸钙 磷酸氢钙 氯化钙 磷酸三钙（磷酸钙） 甘油磷酸钙 氧化钙 硫酸钙

（续）

营养强化剂	化合物来源
磷	磷酸三钙（磷酸钙） 磷酸氢钙
碘	碘酸钾 碘化钾 碘化钠
硒	硒酸钠 亚硒酸钠
铬	硫酸铬 氯化铬
钼	钼酸钠 钼酸铵
牛磺酸	牛磺酸（氨基乙基磺酸）
L-蛋氨酸（L-甲硫氨酸）	非动物源性
L-酪氨酸	非动物源性
L-色氨酸	非动物源性
左旋肉碱（L-肉碱）	左旋肉碱（L-肉碱） 左旋肉碱酒石酸盐（L-肉碱酒石酸盐）
二十二碳六烯酸（DHA）	二十二碳六烯酸油脂，来源：裂壶藻（*Schizochytrium* sp）、吾肯氏壶藻（*Ulkenia amoeboida*）、寇氏隐甲藻（*Crypthecodinium cohnii*）；金枪鱼油（Tuna oil）
花生四烯酸（AA 或 ARA）	花生四烯酸油脂，来源：高山被孢霉（*Mortierella alpina*）

表 C.2 仅允许用于部分特殊膳食用食品的其他营养成分及使用量

营养强化剂	食品分类号	食品类别（名称）	使　用　量[a]
低聚半乳糖（乳糖来源）	13.01 13.02.01	婴幼儿配方食品 婴幼儿谷类辅助食品	单独或混合使用，该类物质总量不超过 64.5g/kg
低聚果糖（菊苣来源）			
多聚果糖（菊苣来源）			
棉子糖（甜菜来源）			
聚葡萄糖	13.01	婴幼儿配方食品	15.6g/kg～31.25g/kg
1，3-二油酸 2-棕榈酸甘油三酯	13.01.01	婴儿配方食品	32g/kg～96g/kg
	13.01.02	较大婴儿和幼儿配方食品	24g/kg～96g/kg
	13.01.03	特殊医学用途婴儿配方食品	32g/kg～96g/kg
叶黄素（万寿菊来源）	13.01.01	婴儿配方食品	300μg/kg～2 000μg/kg
	13.01.02	较大婴儿和幼儿配方食品	1 620μg/kg～4 230μg/kg
	13.01.03	特殊医学用途婴儿配方食品	300μg/kg～2 000μg/kg
二十二碳六烯酸（DHA）	13.02.01	婴幼儿谷类辅助食品	≤1 150mg/kg
花生四烯酸（AA 或 ARA）	13.02.01	婴幼儿谷类辅助食品	≤2 300mg/kg

（续）

营养强化剂	食品分类号	食品类别（名称）	使　用　量[a]
核苷酸 来源包括以下化合物： 5′-单磷酸胞苷（5′- CMP）、5′-单磷酸尿苷（5′- UMP）、5′-单磷酸腺苷（5′- AMP）、5′-肌苷酸二钠、5′-鸟苷酸二钠、5′-尿苷酸二钠、5′-胞苷酸二钠	13.01	婴幼儿配方食品	0.12g/kg～0.58g/kg（以核苷酸总量计）
乳铁蛋白	13.01	婴幼儿配方食品	≤1.0g/kg
酪蛋白钙肽	13.01	婴幼儿配方食品	≤3.0g/kg
	13.02	婴幼儿辅助食品	≤3.0g/kg
酪蛋白磷酸肽	13.01	婴幼儿配方食品	≤3.0g/kg
	13.02	婴幼儿辅助食品	≤3.0g/kg

[a] 使用量仅限于粉状产品，在液态产品中使用需按相应的稀释倍数折算。

附　录　D
食品类别（名称）说明

食品类别（名称）说明见表 D.1。

表 D.1　食品类别（名称）说明

食品分类号	食品类别（名称）
01.0	乳及乳制品（13.0 特殊膳食用食品涉及品种除外）
01.01	巴氏杀菌乳、灭菌乳和调制乳
01.01.01	巴氏杀菌乳
01.01.02	灭菌乳
01.01.03	调制乳
01.02	发酵乳和风味发酵乳
01.02.01	发酵乳
01.02.02	风味发酵乳
01.03	乳粉其调制产品
01.03.01	乳粉
01.03.02	调制乳粉
01.04	炼乳及其调制产品
01.04.01	淡炼乳
01.04.02	调制炼乳
01.05	稀奶油（淡奶油）及其类似品
01.06	干酪和再制干酪
01.07	以乳为主要配料的即食风味甜点或其预制产品（不包括冰淇淋和调味酸奶）
01.08	其他乳制品（如乳清粉、酪蛋白粉等）
02.0	脂肪，油和乳化脂肪制品
02.01	基本不含水的脂肪和油

食品分类号	食品类别（名称）
02.01.01	植物油脂
02.01.01.01	植物油
02.01.01.02	氢化植物油
02.01.02	动物油脂（包括猪油、牛油、鱼油和其他动物脂肪等）
02.01.03	无水黄油，无水乳脂
02.02	水油状脂肪乳化制品
02.02.01	脂肪含量 80%以上的乳化制品
02.02.01.01	黄油和浓缩黄油
02.02.01.02	人造黄油及其类似制品（如黄油和人造黄油混合品）
02.02.02	脂肪含量 80%以下的乳化制品
02.03	02.02 类以外的脂肪乳化制品，包括混合的和（或）调味的脂肪乳化制品
02.04	脂肪类甜品
02.05	其他油脂或油脂制品
03.0	冷冻饮品
03.01	冰淇淋类、雪糕类
03.02	—
03.03	风味冰、冰棍类
03.04	食用冰
03.05	其他冷冻饮品
04.0	水果、蔬菜（包括块根类）、豆类、食用菌、藻类、坚果以及籽类等
04.01	水果
04.01.01	新鲜水果
04.01.02	加工水果
04.01.02.01	水果罐头
04.01.02.02	果泥
04.02	蔬菜
04.02.01	新鲜蔬菜
04.02.02	加工蔬菜
04.03	食用菌和藻类
04.03.01	新鲜食用菌和藻类
04.03.02	加工食用菌和藻类
04.04	豆类制品
04.04.01	非发酵豆制品
04.04.01.01	豆腐类
04.04.01.02	豆干类
04.04.01.03	豆干再制品
04.04.01.04	腐竹类（包括腐竹、油皮等）
04.04.01.05	新型豆制品（大豆蛋白膨化食品、大豆素肉等）
04.04.01.06	熟制豆类

（续）

食品分类号	食品类别（名称）
04.04.01.07	豆粉、豆浆粉
04.04.01.08	豆浆
04.04.02	发酵豆制品
04.04.02.01	腐乳类
04.04.02.02	豆豉及其制品（包括纳豆）
04.04.03	其他豆制品
04.05	坚果和籽类
04.05.01	新鲜坚果与籽类
04.05.02	加工坚果与籽类
05.0	可可制品、巧克力和巧克力制品（包括代可可脂巧克力及制品）以及糖果
05.01	可可制品、巧克力和巧克力制品，包括代可可脂巧克力及制品
05.01.01	可可制品（包括以可可为主要原料的脂、粉、浆、酱、馅等）
05.01.02	巧克力和巧克力制品（05.01.01 涉及品种除外）
05.01.03	代可可脂巧克力及使用可可代用品的巧克力类似产品
05.02	糖果
05.02.01	胶基糖果
05.02.02	除胶基糖果以外的其他糖果
05.03	糖果和巧克力制品包衣
05.04	装饰糖果（如，工艺造型，或用于蛋糕装饰）、顶饰（非水果材料）和甜汁
06.0	粮食和粮食制品，包括大米、面粉、杂粮、淀粉等（07.0 焙烤食品涉及品种除外）
06.01	原粮
06.02	大米及其制品
06.02.01	大米
06.02.02	大米制品
06.02.03	米粉（包括汤圆粉等）
06.02.04	米粉制品
06.03	小麦粉及其制品
06.03.01	小麦粉
06.03.02	小麦粉制品
06.04	杂粮粉及其制品
06.04.01	杂粮粉
06.04.02	杂粮制品
06.04.02.01	八宝粥罐头
06.04.02.02	其他杂粮制品
06.05	淀粉及淀粉类制品
06.05.01	食用淀粉
06.05.02	淀粉制品
06.05.02.01	粉丝、粉条
06.05.02.02	虾味片

（续）

食品分类号	食品类别（名称）
06.05.02.03	藕粉
06.05.02.04	粉圆
06.06	即食谷物，包括碾轧燕麦（片）
06.07	方便米面制品
06.08	冷冻米面制品
06.09	谷类和淀粉类甜品（如米布丁、木薯布丁）
06.10	粮食制品馅料
07.0	焙烤食品
07.01	面包
07.02	糕点
07.02.01	中式糕点（月饼除外）
07.02.02	西式糕点
07.02.03	月饼
07.02.04	糕点上彩装
07.03	饼干
07.03.01	夹心及装饰类饼干
07.03.02	威化饼干
07.03.03	蛋卷
07.03.04	其他饼干
07.04	焙烤食品馅料及表面用挂浆
07.05	其他焙烤食品
08.0	肉及肉制品
08.01	生、鲜肉
08.02	预制肉制品
08.03	熟肉制品
08.03.01	酱卤肉制品类
08.03.02	熏、烧、烤肉类
08.03.03	油炸肉类
08.03.04	西式火腿（熏烤、烟熏、蒸煮火腿）类
08.03.05	肉灌肠类
08.03.06	发酵肉制品类
08.03.07	熟肉干制品
08.03.07.01	肉松类
08.03.07.02	肉干类
08.03.07.03	肉脯类
08.03.08	肉罐头类
08.03.09	可食用动物肠衣类
08.03.10	其他肉及肉制品

（续）

食品分类号	食品类别（名称）
09.0	水产及其制品（包括鱼类、甲壳类、贝类、软体类、棘皮类等水产及其加工制品等）
09.01	鲜水产
09.02	冷冻水产品及其制品
09.03	预制水产品（半成品）
09.04	熟制水产品（可直接食用）
09.05	水产品罐头
09.06	其他水产品及其制品
10.0	蛋及蛋制品
10.01	鲜蛋
10.02	再制蛋（不改变物理性状）
10.03	蛋制品（改变其物理性状）
10.03.01	脱水蛋制品（如蛋白粉、蛋黄粉、蛋白片）
10.03.02	热凝固蛋制品（如蛋黄酪、松花蛋肠）
10.03.03	冷冻蛋制品（如冰蛋）
10.03.04	液体蛋
10.04	其他蛋制品
11.0	甜味料，包括蜂蜜
11.01	食糖
11.01.01	白糖及白糖制品（如白砂糖、绵白糖、冰糖、方糖等）
11.01.02	其他糖和糖浆（如红糖、赤砂糖、槭树糖浆）
11.02	淀粉糖（果糖、葡萄糖、饴糖、部分转化糖等）
11.03	蜂蜜及花粉
11.04	餐桌甜味料
11.05	调味糖浆
11.06	其他甜味料
12.0	调味品
12.01	盐及代盐制品
12.02	鲜味剂和助鲜剂
12.03	醋
12.04	酱油
12.05	酱及酱制品
12.06	—
12.07	料酒及制品
12.08	—
12.09	香辛料类
12.10	复合调味料
12.10.01	固体复合调味料
12.10.02	半固体复合调味料
12.10.03	液体复合调味料（12.03，12.04 中涉及品种除外）
12.11	其他调味料

（续）

食品分类号	食品类别（名称）
13.0	特殊膳食用食品
13.01	婴幼儿配方食品
13.01.01	婴儿配方食品
13.01.02	较大婴儿和幼儿配方食品
13.01.03	特殊医学用途婴儿配方食品
13.02	婴幼儿辅助食品
13.02.01	婴幼儿谷类辅助食品
13.02.02	婴幼儿罐装辅助食品
13.03	特殊医学用途配方食品（13.01 中涉及品种除外）
13.04	低能量配方食品
13.05	除 13.01～13.04 外的其他特殊膳食用食品
14.0	饮料类
14.01	包装饮用水类
14.02	果蔬汁类
14.02.01	果蔬汁（浆）
14.02.02	浓缩果蔬汁（浆）
14.02.03	果蔬汁（肉）饮料（包括发酵型产品等）
14.03	蛋白饮料类
14.03.01	含乳饮料
14.03.02	植物蛋白饮料
14.03.03	复合蛋白饮料
14.04	水基调味饮料类
14.04.01	碳酸饮料
14.04.02	非碳酸饮料
14.04.02.01	特殊用途饮料（包括运动饮料、营养素饮料等）
14.04.02.02	风味饮料（包括果味、乳味、茶味、咖啡味及其他味饮料等）
14.05	茶、咖啡、植物饮料类
14.05.01	茶饮料类
14.05.02	咖啡饮料类
14.05.03	植物饮料类（包括可可饮料、谷物饮料等）
14.06	固体饮料类
14.06.01	果香型固体饮料
14.06.02	蛋白型固体饮料
14.06.03	速溶咖啡
14.06.04	其他固体饮料
14.07	—
14.08	其他饮料类
15.0	酒类
15.01	蒸馏酒

（续）

食品分类号	食品类别（名称）
15.02	配制酒
15.03	发酵酒
16.0	其他类（01.0～15.0 中涉及品种除外）
16.01	果冻
16.02	茶叶、咖啡
16.03	胶原蛋白肠衣
16.04	酵母及酵母类制品
16.05	—
16.06	膨化食品
16.07	其他

2012 年食品工业企业诚信体系建设工作实施方案

为落实国务院和国务院食品安全委员会 2012 年工作部署，根据《食品工业企业诚信体系建设工作实施方案（2010—2012 年）》（工信部消费［2010］549 号）要求，着力推进企业诚信体系建设，提高企业诚信保障能力和食品质量安全管理水平，促进食品工业健康发展，特制定《2012 年食品工业企业诚信体系建设工作实施方案》。

一、工作目标

（一）总体目标。在诚信试点工作基础上，加快推进其他食品行业诚信体系建设，推动规模以上食品企业逐步建立诚信管理体系，在婴幼儿配方乳粉生产企业率先全部建立诚信管理体系；进一步发挥部门协调机制作用，建立部、省级诚信工作联动机制；加大诚信标准宣贯力度，指导企业建立诚信管理体系；规范完善食品企业诚信管理体系评价工作，积极开展诚信师资人员培训；加快地方、行业诚信信息平台建设；完善诚信体系建设工作制度文本体系，研究制定失信惩戒和诚信激励机制；开展诚信建设专题宣传，营造食品行业良好诚信氛围。

（二）具体目标。举办 2 期较大规模的地方师资培训班，完成对 5 000 人次的培训；指导 4 000 家食品企业建立并运行诚信管理体系，其中，婴幼儿配方乳粉企业要 100%建立诚信管理体系；对 400 家基础较好的企业开展诚信管理体系评价工作；组织编写其他食品重点行业诚信管理体系实施指南，制作 1 万套光盘培训教材；实施《食品工业企业诚信管理体系评价工作规则（试行）》，确立第二批 10～15 家诚信管理体系评价机构；会同相关部门研究制订食品违法企业“黑名单”制度，完善守信激励、失信惩戒措施；支持地方诚信信息平台建设，逐步实现部门、地方间诚信信息资源共享。

二、主要任务

（一）完善诚信建设协调工作机制。一是完善部门协调工作机制。召开部门联席会议，通报年度诚信建设工作开展情况，研究并协调解决食品工业企业诚信体系建设推动过程中的重点和难点问题。二是扩大食品工业企业诚信体系建设专家队伍。充分发挥专家在开展标准宣贯、体系评价等方面的作用，形成诚信咨询和管理服务机制，为各地开展诚信建设工作提供技术支撑。三是完善部与省、行业组织间的联系机制。进一步明确各省、行业组织在食品企业诚信体系建设中的职责任务，落实地方政府负总责，行业组织加强自律的责任。四是建立食品企业诚信建设工作监督及信息报送制度。检查食品工业企业诚信体系建设开展情况，建立定期报告制度。

（二）完善诚信制度和标准体系。一是编制重点行业实施指南。按照《食品工业企业诚信管理体系（CMS）建立及实施通用要求》，继续加强对乳制品、肉类、调味品、饮料、罐头、葡萄酒行业实施指南宣传贯彻，在此基础上再组织编写方便面、植物油、发酵制品等重点行业实施指南；制作 1 万套教学光盘供各地相关部门及企业培训使用。二是按照《食品工业企业诚信评价准则》，研究制定乳制品、肉类加工等行业诚信评价实施细则。三是制订诚信建设相关工作制度。会同相关部门研究制订食品违法企业“黑名单”制度以及诚信激励奖惩措施；制订食品工业企业诚信信息公共服务平台互联互通工作方案。四是完善诚信评价机构管理办法。规范诚信服务、诚信评价机构工作行为，培育诚信服务市场。

（三）加快建立企业诚信管理体系。一是开展培训。继续开展诚信管理体系建设师资队伍的培训；在全国普遍开展诚信标准、制度培训，开展企业管理层、关键岗位人员培训，重点培训企业诚信管理及食品安全管理岗位人员。二是加强指导。每省选择一批建立体系较好的企业作为示范，培训企业内部诚信管理人员。三是开展交流。采取积极有效方式，开展地区、行业间学习交流活动，加快推动食品企业诚信体系建设。

（四）建立诚信信息征集和披露体系。一是完善国家食品工业企业诚信信息公共服务平台管理工作。促进部门间、部省间诚信信息资源共建共享，及时向社会公布企业诚信体系建设信息。二是继续支持地方、行业、企业诚信信息平台建设，促进两化融合。三是严格执行管理制度，做到依法采集及披露企业诚信信息。

（五）建立并完善企业诚信评价体系。一是组织已建立体系企业开展对标达标活动，及时帮助企业纠正体系运行、自查自评中发现的问题。二是规范食品企业诚信管理体系评价工作。按照《食品工业企业诚信管理体系评价工作规则（试行）》要求，确定10～15家机构作为第二批委托评价机构。依照企业自愿申请的原则，由委托评价机构开展诚信管理体系评价。三是研究推动诚信等级试评价。研究制定相关行业诚信评价细则，开展企业诚信等级试评价。

（六）加强行业自律机制建设。行业协会要制定和完善行规行约，在行业内开展诚信宣言、公约、自查或互查等自律活动，把抵制食品安全瞒报“潜规则”作为重要内容，提高全行业思想认识。同时，选择重点行业建立企业失信公示制度，通过行业信息平台等手段，充分发挥社会监督作用。企业要开展重合同、守信誉、依法生产经营的活动，倡导文明诚信经商，提高企业和员工的诚信意识和诚信水平，形成有效的企业自律机制。

（七）加强诚信宣传与诚信文化建设。一是制定年度宣传计划。结合年度工作重点确定宣传主题，明确宣传形式和宣传范围。二是宣传诚信建设情况。组织交流会、参观企业等形式，对试点地区、行业及企业的好做法和取得的成效进行宣传。三是开展专题宣传活动。组织有关媒体开展专题宣传，参与举办第四届食品安全高层论坛、3·15诚信宣传和诚信兴商宣传月等活动。四是组织开展诚信和食品安全培训、企业诚信文化交流等活动，探索交流国际诚信管理经验。

（八）加强诚信奖惩机制建设。研究诚信激励惩戒措施，积极争取政策及资金渠道，支持各级诚信信息服务平台建设、企业诚信管理体系建设、诚信标准修订升级等工作；在国家食品储备、政府采购、招投标管理、公共服务、项目核准、技术改造、融资授信、有关资金政策、信用担保、社会宣传等方面参考使用企业诚信信息及评价结果，对诚信企业给予重点支持和优先安排。同时，以法律法规为依据，通过失信曝光、分类监管和市场退出机制等手段加大对失信企业惩戒力度，促进行业健康发展。

三、工作要求

（一）明确工作目标。各地工业和信息化主管部门要结合实际，制订工作推进方案，明确工作任务，落实各项措施，动员和依靠各方面力量，推动食品生产企业全面建立诚信管理体系。

（二）加强工作协调。各地工业和信息化主管部门要结合实际，建立地方部门协调工作机制，发挥行业协会和第三方机构作用，研究建立地方诚信建设工作配套制度，形成全方位、多层面合力推动工作局面。

（三）落实主体责任。各地要加大诚信标准宣贯力度，指导企业建立和完善诚信管理制度，加强企业管理，落实企业责任，保障食品安全。

（四）总结试点经验。认真梳理和总结试点企业中好的做法和经验，加快推广和应用，全面推进食品企业诚信体系建设。

（五）加大诚信宣传。按照《食品安全宣传教育工作纲要（2011—2015年）》要求，结合食品安全专项工作，利用多种宣传形式，加强诚信专题宣传，营造诚信氛围。

卫生部办公厅关于牛初乳产品适用标准问题的复函

（卫办监督函［2012］335号）

质检总局办公厅：

你厅《关于进口牛初乳类产品适用标准问题的函》（质检办食函［2011］1247号）收悉。经研究，现答复如下：

一、牛初乳是健康奶牛产犊后七日内的乳。用牛初乳为原料生产乳制品的，应当严格遵守相关法律法规规定，其产品应当符合相应的国家标准、行业标准、地方标准和企业标准。对牛初乳粉的检验，可参照现行《牛初乳粉》规范（RHB602—2005）中理化和卫生指标执行。

二、在普通食品中添加牛初乳为原料的乳制品，应当按照相关食品标准执行。

三、婴幼儿配方食品中不得添加牛初乳以及用牛初乳为原料生产的乳制品。

以上要求自2012年9月1日起执行，此前按照相关规定生产或进口的产品可在保质期内继续销售。

专此函复。

2012年4月16日

中华人民共和国商务部关于终止对原产于美国的进口干玉米酒糟反倾销调查的决定

根据《中华人民共和国反倾销条例》的规定，商务部（以下称调查机关）于2010年12月28日发布2010年第99号公告，决定对原产于美国的进口干玉米酒糟（以下称被调查产品）进行反倾销立案调查。该被调查产品归在《中华人民共和国进出口税则》税则号：23033000。

商务部对被调查产品是否存在倾销和倾销幅度、被调查产品是否对国内产业造成损害及损害程度进行了调查。现就有关事项公布如下：

一、调查程序

（一）公告立案。2010年11月16日，调查机关收到安徽丰原生物化学股份有限公司、吉林燃料乙醇有限责任公司、梅河口市阜康酒精有限责任公司、吉林省新天龙酒业有限公司代表国内干玉米酒糟产业提交的反倾销调查申请，申请人请求对原产于美国的进口干玉米酒糟产品进行反倾销调查。

调查机关审查了申请材料后，认为申请人符合《反倾销条例》第十一条及第十三条和第十七条有关中国国内产业提出反倾销调查申请的规定。同时，申请书中包含了《反倾销条例》第十四条、第十五条规定的反倾销调查立案所要求的内容及有关的证据。

根据上述审查结果及《反倾销条例》第十六条的规定，调查机关于2010年12月28日发布立案公告，决定对原产于美国的进口干玉米酒糟进行反倾销立案调查。倾销调查期为2009年7月1日至2010年6月30日，产业损害调查期为2007年1月1日至2010年6月30日。

（二）倾销调查。

1. 立案通知。根据《反倾销条例》第十六条规定，在决定立案调查前，调查机关就收到中国干玉米酒糟产业反倾销调查申请书一事书面通知了美国驻华使馆。

2010年12月28日，调查机关发布立案公告，并向美国驻华使馆正式提供了立案公告和申请书的公开版本，请其通知美国国内的相关出口商和生产商。同日，调查机关将本案立案情况通知了本案申请人，将立案公告、申请书公开版本和登记应诉表格等材料通过特快专递发送给申请书中列明的美国企业，并将立案材料送至商务部贸易救济措施公开信息查阅室供利害关系方查阅。

2. 登记应诉。在立案公告规定的登记应诉期内，大河资源有限责任公司等公司向调查机关登记倾销应诉。另外，美国谷物协会、北美谷物出口协会和美国谷物与饲料协会也向调查机关登记应诉。

3. 应诉企业抽样。鉴于本案应诉企业较多，根据《反倾销条例》第二十条、商务部《反倾销问卷调查暂行规则》第九条和商务部《反倾销调查抽样暂行规则》的规定，调查机关决定对应诉企业进行抽样。

2011年1月19日，调查机关向各应诉公司发放抽样问卷和抽样方案。2011年1月26日，调查机关收到大河资源有限责任公司等美国生产商的有效抽样答卷。同时，本案申请人、美国谷物协会、邦基集团和路易达孚集团向调查机关提交了关于抽样方法的评论意见。

2011年1月28日，经现场抽样，调查机关确定大河资源有限责任公司、金谷能源有限责任公司和美国威斯康星州谷物有限责任公司作为本案的抽样答卷公司。

4. 发放问卷和收取答卷。除向抽样答卷公司发放调查问卷外，调查机关于2011年1月28日将调查问卷登载在商务部网站上，利害关系方可在商务部网站上查阅本案调查问卷。

在调查问卷中，调查机关要求各答卷公司在37天内按要求提交准确、完整的答卷。在问卷规定的期限内，大河资源有限责任公司和美国威斯康星州谷物有限责任公司向调查机关申请延期递交答卷并陈述了相关理由。至答卷递交截止之日，调查机关收到该两家抽样答卷公司递交的答卷。同时，与两家抽样答卷公司被调查产品国内销售或出口销售有关的营销商和贸易商也向调查机关提交了答卷。

针对各提交答卷的公司答卷中存在的问题，调查机关于2011年3月23日、3月24日和6月3日分别向各提交答卷的公司发出补充问卷，并在规定时间内收到了答卷。

5. 申请企业更名。2011年6月13日，调查机关收到申请人代理律师递交的《关于干玉米酒糟反倾销案申请人之一原安徽丰原生物化学股份有限公司名称变更的说明》。该公司已更名为中粮生物化学（安徽）股份有限公司，继续支持和配合调查机关的调查工作。

（三）损害调查。

1. 应诉登记。2010年12月28日，调查机关发出《关于参加干玉米酒糟反倾销案产业损害调查活动登记的通知》（商调查函［2010］316号）。在规定的时间内，调查机关共收到国外生产者ADM公司、国外生产者/出口商博伊特、国外出口商邦基北美有限公司、国内进口商山东中慧国际贸易有限公司、国外生产者协会美国谷物协会等单位有效登记材料20份。经审查，调查机关接受了上述利害关系方的登记。

2. 成立产业损害调查组。2011 年 2 月 15 日，调查机关成立了干玉米酒糟反倾销案产业损害调查组，并于当日发出《关于成立干玉米酒糟反倾销案产业损害调查组的通知》（商调查函［2011］27 号），通知利害关系方。

3. 发放和收回调查问卷。根据《反倾销条例》第二十条和《反倾销产业损害调查规定》第二十四条、第二十五条的相关规定，调查机关于 2011 年 1 月 24 日发出《关于发放〈干玉米酒糟反倾销案产业损害调查问卷（国内生产者调查问卷）〉的通知》（商调查函［2011］12 号）、《关于发放〈干玉米酒糟反倾销案产业损害调查问卷（国外〈地区〉生产者/出口商调查问卷）〉的通知》（商调查函［2011］13 号）和《关于发放〈干玉米酒糟反倾销案产业损害调查问卷（国内进口商调查问卷）〉的通知》（商调查函［2011］14 号），向已知的国内生产者和参加产业损害调查活动登记的各利害关系方发放了调查问卷。同时，调查机关将上述问卷送交商务部贸易救济措施公开信息查阅室。

2011 年 2 月 18 日，本案申请人提交了《关于干玉米酒糟反倾销案国内相关生产企业延期提交〈国内生产者调查问卷〉答卷的请求》。2011 年 2 月 18 日，美国谷物协会及其部分会员企业提交《关于对干玉米酒糟反倾销案产业损害调查问卷答复的延期申请》。2011 年 2 月 21 日，美国邦基集团提交《关于延期提交干玉米酒糟产品反倾销案损害调查答卷的申请》。2011 年 2 月 22 日，美国 ADM 公司提交《关于延期提交原产于美国的进口干玉米酒糟反倾销损害调查答卷的申请》。经审查，调查机关同意延期。

在调查问卷规定的时间或经批准延期递交的时间内，调查机关共收回国外生产者/出口商答卷 47 份。在经批准延期递交的时间内，调查机关收回国内生产者调查问卷答卷 8 份和国内生产者未能提交答卷的说明 2 份（松原吉安生化有限公司《关于我公司干玉米酒糟的停产情况说明》和辉县市酒精有限责任公司《辉县市酒精有限责任公司生产统计》）。调查机关未收到国内进口商调查问卷答卷。

4. 听取利害关系方意见陈述。2011 年 3 月 4 日，调查机关收到本案申请人提交的《干玉米酒糟反倾销案关于召开国内产业意见陈述会的申请》。根据《反倾销条例》第二十条和《反倾销产业损害调查规定》第十七条的规定，调查机关于 2011 年 3 月 10 日发出《关于召开干玉米酒糟反倾销案国内产业意见陈述会的通知》（商调查函［2011］65 号）。2011 年 3 月 21 日，调查机关召开了干玉米酒糟反倾销案件国内产业意见陈述会，听取了国内产业就本案的相关背景情况、提起申请的主要理由和与产业损害调查相关问题的陈述，同时申请人向调查机关提交了《干玉米酒糟反倾销案国内产业意见陈述会汇报材料》。

应利害关系方申请，2011 年 5 月 5 日，调查机关听取了中国饲料工业协会以及山东六和集团有限公司、广东海大集团股份有限公司等 7 家国内饲料生产企业对于本案的意见。

本案实地核查期间，调查机关还走访了本案主要下游饲料行业企业新希望集团有限公司和通威股份有限公司，了解下游产业情况，听取企业对本案的意见。

5. 接收利害关系方书面评论意见。在立案公告规定的时间内，调查机关未收到各利害关系方对立案提交的书面评论意见。

2011 年 3 月 28 日，中国饲料工业协会向调查机关提交了《关于建议暂停对美国产 DDGS 进行反倾销调查的函》，就同类产品和公共利益的相关问题发表了评论意见。

2011 年 5 月 5 日，中国酿酒工业协会向调查机关提交了《关于支持我国开展干玉米酒糟反倾销调查的函》，希望调查机关加快调查并做出裁决，对美国进口产品的不公平竞争行为加以制止，维护国内产业的利益。

2011 年 5 月 12 日，申请人代理律师代表申请人提交了《干玉米酒糟反倾销案申请人关于同类产品和公共利益的评论意见》。主要对本案相关利害关系方有关同类产品和公共利益问题的评论意见进行了评论，并提交了下游企业关于干玉米酒糟的使用报告等相关证据材料。

2011 年 5 月 30 日，美国谷物协会的代理律师提交了《关于干玉米酒糟反倾销案的无损害抗辩意见》，提出美国干玉米酒糟的进口没有对中国国内产业造成损害或损害威胁。据此，美国谷物协会希望调查机关在初裁时做出否定性损害裁决。

2011 年 6 月 3 日，美国 ADM 公司的代理律师向调查机关提交了《关于干玉米酒糟反倾销案件损害调查的评论意见》，认为调查期内国内产业未遭受实质损害，即使存在损害，也非进口产品所致，并提出了公共利益方面的意见，请求调查机关做出无损害裁定，立即终止对进口干玉米酒糟产品的反倾销调查，或者基于公共利益考虑做出不予征收反倾销税的决定。

6. 申请企业更名。2011 年 6 月 13 日，调查机关收到申请人代理律师递交的《关于干玉米酒糟反倾销案申请人之一原安徽丰原生物化学股份有限公司名称变更的说明》，该公司现已更名为中粮生物化学（安徽）股份有限公司（以下简称丰原生化），继续支持和配合调查机关的调查工作。

7. 实地核查。根据《反倾销条例》第二十条和《反倾销产业损害调查规定》第二十七条的规定，2011 年 3 月 28 日，调查机关发出《关于干玉米酒糟反倾销案初裁前实地核查的通知》（商调查函［2011］85 号）。2011 年 4～5 月调查机关分别赴吉林燃料乙醇、丰原生化和中粮肇东等公司进行初裁前实地核查。实地核查期间，调查机关实地考察了上述公司的生产现场，对上述公司的调查问卷答卷中提供的信息和公司财务数据等进行了核实，并收集了相关证据材料。核查后，上述公司分别向调查机关提交了有关证据补充材料。

8. 召开产业损害调查听证会。2011 年 5 月 30 日，调查机关收到美国谷物协会及其部分会员企业代表委托代理律师提交的《关于提请于干玉米酒糟反倾销案件初裁前召开产业损害听证会的申请函》。根据《反倾销条例》第二十条、《反倾销产业损害调查规定》第二十四条、第三十条和《产业损害调查听证规则》第五条的规定，调查机关决定召开干玉米酒糟反倾销案产业损害调查听证会，就本案产业损害及因果关系进行听证。6月3日和6月21日，调查机关分别发出了《关于召开干玉米酒糟反倾销案产业损害调查听证会的通知》（商调查函［2011］158号）和《关于召开干玉米酒糟反倾销案产业损害调查听证会的补充通知》（商调查函［2011］181号）。在规定时限内，调查机关收到参加本次听证会的登记申请56份，申请参加人数110人。经审查，上述人员的参会资格符合法定要求，调查机关同意56家单位共110人参加听证会。

6月27日，调查机关召开了干玉米酒糟反倾销案产业损害调查听证会，美国谷物协会及其部分会员企业代表和代理律师，国外生产者大河资源有限公司、美国威斯康星州谷物有限责任公司、金谷能源有限责任公司及其代理律师，国内生产者及其代理律师，国内进口商山东中慧国际贸易有限公司，国内下游用户代表中国饲料工业协会，广东恒兴饲料实业股份有限公司，山东六和集团有限公司等利害关系方围绕国内产业是否受到损害、倾销和损害的因果关系等问题分别陈述了各自的意见，提供了相应的材料。会后在规定的时限内，在听证会上发言的利害关系方均向调查机关提交了发言的书面材料。

2011年8月4日，美国谷物协会代理律师向调查机关提交《美国谷物协会对〈干玉米酒糟反倾销案产业损害听证会国内产业听证会后书面意见〉的评论意见》，对申请人提交的国内产业听证会后书面意见进行了评论。

9. 公开信息。根据《产业损害调查信息查阅与信息披露规定》第八条、第十四条的规定，本案所有公开材料均已及时送交商务部贸易救济措施公开信息查阅室。各利害关系方可以查找、阅览、摘抄、复印公开信息。

调查机关对申请书及所附证据材料、调查问卷答卷及所附证据材料、实地核查结果、利害关系方提交的评论意见以及听证会上的发言材料进行了认真分析，对各利害关系方的意见依法给予了充分考虑。

（四）延期公告。2011年12月28日，商务部发布2011年第86号公告，将本案调查期限延长至2012年6月28日。

二、终止调查

2012年5月10日，调查机关收到本案申请人中粮生物化学（安徽）股份有限公司、吉林燃料乙醇有限责任公司、梅河口市阜康酒精有限责任公司和吉林省新天龙酒业有限公司的《申请人关于撤销干玉米酒糟反倾销调查申请 依法终止干玉米酒糟反倾销调查的请求》，提出撤销干玉米酒糟反倾销调查申请，并请求调查机关终止对原产于美国的进口干玉米酒糟的反倾销调查。

经审查，调查机关决定接受该申请。根据《中华人民共和国反倾销条例》第二十七条的规定，商务部决定自本公告发布之日起终止对原产于美国的进口干玉米酒糟的反倾销调查。

财政部关于进一步加大支持力度做好农业保险保费补贴工作的通知

（财金［2012］2号）

农业部，各省、自治区、直辖市财政厅（局），新疆生产建设兵团财务局，中国储备粮管理总公司、中国农业发展集团总公司：

2007年以来，财政部根据党中央、国务院有关精神，按照“政府引导、市场运作、自主自愿、协同推进”的原则，实施了中央财政农业保险保费补贴政策，与各级财政共同支持农业保险取得了快速发展。为更好地贯彻落实党中央、国务院有关精神，进一步发挥农业保险强农惠农作用，财政部将继续加大支持力度，完善农业保险保费补贴政策。现就有关事项通知如下：

一、进一步加大中央财政农业保险保费补贴支持力度

自2012年起，在现行政策基础上，财政部将进一步加大对农业保险的支持力度，增加保费补贴品种、扩大保费补贴区域、支持提高保障水平。

（一）增加保费补贴品种。中央财政将继续做好关系国计民生和粮食安全的大宗农畜产品保险保费补贴工作。在现有的水稻、玉米、小麦、油料作物、棉花、马铃薯、青稞、天然橡胶、森林、能繁母猪、奶牛、育肥猪、牦牛、藏系羊14个中央财政补贴险种的基础上，将糖料作物纳入中央财政农业保险保费补贴范围。同时，地方可结合实际自行开展特色农业保险。

（二）扩大保费补贴区域。将现有中央财政农业保险保费补贴险种的补贴区域扩大至全国。各地可本着自主自愿的原则开展，在符合中央财政农业保险保费补贴工作相关规定的基础上，中央财政将按规定给予保费补贴支持。

（三）支持提高保障水平。根据现行规定，补贴险种的保险金额原则上应覆盖直接物化成本。随着经济社会发展和物价水平提高，目前部分地方农业保险保障水平与直接物化成本之间存在一定差距，全国平均差额为35%左右。为切实保障广大农户利益，促进及时恢复农业再生产，充分发挥农业保险强农惠农作用，中央财政支持各地结合实际，按照相关规定，提高农业保险保障水平，覆盖农业生产直接物化成本（以发展改革委等国家权威部门数据为标准），并按市场化规律与保险公司商定保额、保费等保险条款。对于因为覆盖直接物化成本而增加的保费，中央财政将根据现行规定给予保费补贴。对于高于直接物化成本的保障部分，可由地方提供一定比例的保费补贴。

（四）关于补贴比例。一是糖料作物保险。按照现行的中央财政种植业保险保费补贴政策执行。在省级财政至少补贴 25%的基础上，中央财政对东部地区补贴35%、对中西部地区补贴 40%。中央财政对新疆生产建设兵团、中央直属垦区等补贴比例为 65%。二是养殖业保险。其中，东部地区的能繁母猪和奶牛保险，在地方财政至少补贴 30%的基础上，中央财政补贴 40%；育肥猪保险，在地方财政至少补贴 10%的基础上，中央财政补贴 10%。其他中央财政补贴险种按照现行政策执行。

二、扎实做好下一步农业保险保费补贴工作

（一）及时研究上报农业保险工作方案。请各地根据中央财政农业保险保费补贴工作规定，结合中央精神、当地实际、财力状况、农户需要等因素，2012 年 2 月 20 日前，于按照财金［2010］54 号等规定研究上报相关材料。主要包括：2011 年度农业保险工作总结、当地直接物化成本数据；2012 年度农业保险及保费补贴工作方案、资金测算表和资金承诺函等。保险金额原则上应覆盖直接物化成本。已上报相关材料的地方，请根据本通知要求，相应完善相关方案。

（二）扎实做好农业保险保费补贴相关工作。

1. 对于各地根据相关规定已开展的中央财政补贴险种，财政部将继续按规定给予保费补贴，各地要及时组织落实。

2. 对于各地拟新开展的中央财政补贴险种，且符合中央财政农业保险保费补贴规定的，财政部将按规定给予保费补贴，并发文确认。各地应提前做好准备，确保农业保险顺利开展。

3. 各地要按规定做好数据统计、研究分析等基础工作，加强农业保险基层服务体系建设，进一步夯实和加强农业保险发展基础，并将有关情况及时报我部。

三、扩大农业保险保费补贴绩效评价试点

（一）试点地区。根据《财政部关于印发〈财政支出绩效评价管理暂行办法〉的通知》（财预［2011］285 号）等有关规定，为加强保费补贴资金管理，提高财政资金使用效益，2012 年选择四川、内蒙古、安徽、江苏 4 省（区）开展农业保险保费补贴绩效评价试点工作。其他省（区、市）可结合本地实际，开展绩效评价工作。

（二）工作要求。农业保险保费补贴绩效评价试点工作应结合农业保险工作实际。通过成本效益分析法、比较法、因素分析法、公众评判法等方法，综合评价农业保险工作的经济效益和社会效益等综合效益，并统筹考虑科学性、有效性和可操作性。绩效评价指标既要包括财政资金绩效评价的共性指标，也要包括符合农业保险工作实际的个性指标。请试点省（区）于 2012 年 5 月 31 日之前，制定绩效评价方案报我部，并及时组织落实。

请各地按照“政府引导、市场运作、自主自愿、协同推进”的原则，根据本通知要求，认真落实做好农业保险相关工作，加强组织部署，密切协同配合，结合当地实际，加大引导和支持力度，并加强监督检查，进一步推动农业保险持续健康发展。

财政部

2012 年 1 月 20 日

进出口食品安全管理办法

第一章　总　　则

第一条　为保证进出口食品安全，保护人类、动植物生命和健康，根据《中华人民共和国食品安全法》（以下简称食品安全法）及其实施条例、《中华人民共和国进出口商品检验法》及其实施条例、《中华人民共和国进出境动植物检疫法》及其实施条例和《国务院关于加强食品等产品安全监督管理的特别规定》等法律法规的规定，制定本办法。

第二条　本办法适用于进出口食品的检验检疫及监督管理。

进出口食品添加剂、食品相关产品、水果、食用活动物的安全管理依照有关规定执行。

第三条　国家质量监督检验检疫总局（以下简称国家质检总局）主管全国进出口食品安全监督管理工作。

国家质检总局设在各地的出入境检验检疫机构（以下简称检验检疫机构）在国家质检总局的统一领导下，依法做好进出口食品安全监督管理工作。

第四条　国家质检总局对进口食品境外生产企业实施注册管理，对向中国境内出口食品的出口商或者代理

商实施备案管理，对进口食品实施检验，对出口食品生产企业实施备案管理，对出口食品原料种植、养殖场实施备案管理，对出口食品实施监督、抽检，对进出口食品实施分类管理、对进出口食品生产经营者实施诚信管理。

第五条 进出口食品生产经营者应当依法从事生产经营活动，对社会和公众负责，保证食品安全，诚实守信，接受社会监督，承担社会责任。

第六条 检验检疫机构从事进出口食品安全监督管理的人员（以下简称检验检疫人员）应当具有相关的专业知识，尽职尽责。

第二章　食品进口

第七条 国家质检总局依据中国法律法规规定对向中国出口食品的国家或者地区的食品安全管理体系和食品安全状况进行评估，并根据进口食品安全监督管理需要进行回顾性审查。

国家质检总局依据中国法律法规规定、食品安全国家标准要求、国内外疫情疫病和有毒有害物质风险分析结果，结合前款规定的评估和审查结果，确定相应的检验检疫要求。

第八条 进口食品应当符合中国食品安全国家标准和相关检验检疫要求。食品安全国家标准公布前，按照现行食用农产品质量安全标准、食品卫生标准、食品质量标准和有关食品的行业标准中强制执行的标准实施检验。

首次进口尚无食品安全国家标准的食品，进口商应当向检验检疫机构提交国务院卫生行政部门出具的许可证明文件，检验检疫机构应当按照国务院卫生行政部门的要求进行检验。

第九条 国家质检总局对向中国境内出口食品的境外食品生产企业实施注册制度，注册工作按照国家质检总局相关规定执行。

向中国境内出口食品的出口商或者代理商应当向国家质检总局备案。申请备案的出口商或者代理商应当按照备案要求提供企业备案信息，并对信息的真实性负责。

注册和备案名单应当在总局网站公布。

第十条 进口食品需要办理进境动植物检疫审批手续的，应当取得《中华人民共和国进境动植物检疫许可证》后方可进口。

第十一条 对进口可能存在动植物疫情疫病或者有毒有害物质的高风险食品实行指定口岸入境。指定口岸条件及名录由国家质检总局制定并公布。

第十二条 进口食品的进口商或者其代理人应当按照规定，持下列材料向海关报关地的检验检疫机构报检：

（一）合同、发票、装箱单、提单等必要的凭证；

（二）相关批准文件；

（三）法律法规、双边协定、议定书以及其他规定要求提交的输出国家（地区）官方检疫（卫生）证书；

（四）首次进口预包装食品，应当提供进口食品标签样张和翻译件；

（五）首次进口尚无食品安全国家标准的食品，应当提供本办法第八条规定的许可证明文件；

（六）进口食品应当随附的其他证书或者证明文件。

报检时，进口商或者其代理人应当将所进口的食品按照品名、品牌、原产国（地区）、规格、数/重量、总值、生产日期（批号）及国家质检总局规定的其他内容逐一申报。

第十三条 检验检疫机构对进口商或者其代理人提交的报检材料进行审核，符合要求的，受理报检。

第十四条 进口食品的包装和运输工具应当符合安全卫生要求。

第十五条 进口预包装食品的中文标签、中文说明书应当符合中国法律法规的规定和食品安全国家标准的要求。

第十六条 检验检疫机构应当对标签内容是否符合法律法规和食品安全国家标准要求以及与质量有关内容的真实性、准确性进行检验，包括格式版面检验和标签标注内容的符合性检测。

进口食品标签、说明书中强调获奖、获证、产区及其他内容的，或者强调含有特殊成分的，应当提供相应证明材料。

第十七条 进口食品在取得检验检疫合格证明之前，应当存放在检验检疫机构指定或者认可的监管场所，未经检验检疫机构许可，任何单位和个人不得动用。

第十八条 进口食品经检验检疫合格的，由检验检疫机构出具合格证明，准予销售、使用。检验检疫机构出具的合格证明应当逐一列明货物品名、品牌、原产国（地区）、规格、数/重量、生产日期（批号），没有品牌、规格的，应当标明“无”。

进口食品经检验检疫不合格的，由检验检疫机构出具不合格证明。涉及安全、健康、环境保护项目不合格的，由检验检疫机构责令当事人销毁，或者出具退货处理通知单，由进口商办理退运手续。其它项目不合格的，可以在检验检疫机构的监督下进行技术处理，经重新检验合格后，方可销售、使用。

第十九条 检验检疫机构对进口食品的进口商实施备案管理。进口商应当事先向所在地检验检疫机构申请备案，并提供以下材料：

（一）填制准确完备的进口商备案申请表；

（二）工商营业执照、组织机构代码证书、法定代表人身份证明、对外贸易经营者备案登记表等的复印件并交验正本；

（三）企业质量安全管理制度；

（四）与食品安全相关的组织机构设置、部门职能和岗位职责；

（五）拟经营的食品种类、存放地点；

（六）2年内曾从事食品进口、加工和销售的，应当提供相关说明（食品品种、数量）；

（七）自理报检的，应当提供自理报检单位备案登记证明书复印件并交验正本。

检验检疫机构核实企业提供的信息后，准予备案。

第二十条 进口食品的进口商应当建立食品进口和销售记录制度，如实记录进口食品的卫生证书编号、品名、规格、数量、生产日期（批号）、保质期、出口商和购货者名称及联系方式、交货日期等内容。记录应当真实，保存期限不得少于2年。

检验检疫机构应当对本辖区内进口商的进口和销售记录进行检查。

第二十一条 国家质检总局对进口食品安全实行风险监测制度，组织制定和实施年度进口食品安全风险监测计划。

检验检疫机构根据国家质检总局进口食品安全风险监测计划，组织对进口食品进行风险监测，上报结果。

检验检疫机构应当根据进口食品安全风险监测结果，在风险分析的基础上调整对相关进口食品的检验检疫和监管措施。

第二十二条 进口食品原料全部用于加工后复出口的，检验检疫机构按照出口食品目的国（地区）技术规范的强制性要求或者贸易合同要求进行检验。

第二十三条 检验检疫机构发现不符合法定要求的进口食品时，可以将不符合法定要求的进口食品境外生产企业和出口商、国内进口商、报检人、代理人列入不良记录名单；对有违法行为并受到行政处罚的，可以将其列入违法企业名单并对外公布。

第三章 食品出口

第二十四条 出口食品生产经营者应当保证其出口食品符合进口国家（地区）的标准或者合同要求。

进口国家（地区）无相关标准且合同未有要求的，应当保证出口食品符合中国食品安全国家标准。

第二十五条 出口食品生产企业应当建立完善的质量安全管理体系。

出口食品生产企业应当建立原料、辅料、食品添加剂、包装材料容器等进货查验记录制度。

出口食品生产企业应当建立生产记录档案，如实记录食品生产过程的安全管理情况。

出口食品生产企业应当建立出厂检验记录制度，依照本办法规定的要求对其出口食品进行检验，检验合格后方可报检。

上述记录应当真实，保存期限不得少于2年。

第二十六条 国家质检总局对出口食品生产企业实施备案制度，备案工作按照国家质检总局相关规定执行。

第二十七条 检验检疫机构负责对辖区内出口食品生产企业质量安全管理体系运行情况进行监督管理。

第二十八条 国家质检总局对出口食品原料种植、养殖场实施备案管理。出口食品原料种植、养殖场应当向所在地检验检疫机构办理备案手续。

实施备案管理的原料品种目录（以下称目录）和备案条件由国家质检总局另行制定。出口食品的原料列入目录的，应当来自备案的种植、养殖场。

国家质检总局统一公布备案的原料种植、养殖场名单。

第二十九条 备案种植、养殖场所在地检验检疫机构对备案种植、养殖场实施监督、检查，对达不到备案要求的，及时向所在地政府相关主管部门、出口食品生产企业所在地检验检疫机构通报。

生产企业所在地检验检疫机构应当及时向备案种植、养殖场所在地检验检疫机构通报种植、养殖场提供原料的质量安全和卫生情况。

第三十条 种植、养殖场应当建立原料的生产记录制度，生产记录应当真实，记录保存期限不得少于2年。备案种植、养殖场应当依照进口国家（地区）食品安全标准和中国有关规定使用农业化学投入品，并建立疫情疫病监测制度。备案种植、养殖场应当为其生产的每一批原料出具出口食品加工原料供货证明文件。

第三十一条 国家质检总局对出口食品安全实施风险监测制度，组织制定和实施年度出口食品安全风险监测计划。

检验检疫机构根据国家质检总局出口食品安全风险监测计划，组织对本辖区内出口食品实施监测，上报结果。

检验检疫机构应当根据出口食品安全风险监测结果，在风险分析基础上调整对相关出口食品的检验检疫和监管措施。

第三十二条 出口食品的出口商或者其代理人应当按照规定，持合同、发票、装箱单、出厂合格证明、出口食品加工原料供货证明文件等必要的凭证和相关批准文件向出口食品生产企业所在地检验检疫机构报检。报检时，应当将所出口的食品按照品名、规格、数/重量、生产日期逐一申报。

第三十三条 直属检验检疫局根据出口食品分类管理要求、本地出口食品品种、以往出口情况、安全记录和进口国家（地区）要求等相关信息，通过风险分析制定本辖区出口食品抽检方案。

检验检疫机构按照抽检方案和相应的工作规范、规程以及有关要求对出口食品实施抽检。

有双边协定的，按照其要求对出口食品实施抽检。

第三十四条 出口食品符合出口要求的，由检验检疫机构按照规定出具通关证明，并根据需要出具证书。出口食品进口国家（地区）对证书形式和内容有新要求的，经国家质检总局批准后，检验检疫机构方可对证书进行变更。

出口食品经检验检疫不合格的，由检验检疫机构出具不合格证明。依法可以进行技术处理的，应当在检验检疫机构的监督下进行技术处理，合格后方准出口；依法不能进行技术处理或者经技术处理后仍不合格的，不准出口。

第三十五条 出口食品的包装和运输方式应当符合安全卫生要求，并经检验检疫合格。

第三十六条 对装运出口易腐烂变质食品、冷冻食品的集装箱、船舱、飞机、车辆等运载工具，承运人、装箱单位或者其代理人应当在装运前向检验检疫机构申请清洁、卫生、冷藏、密固等适载检验；未经检验或者经检验不合格的，不准装运。

第三十七条 出口食品生产企业应当在运输包装上注明生产企业名称、备案号、产品品名、生产批号和生产日期。检验检疫机构应当在出具的证单中注明上述信息。进口国家（地区）或者合同有特殊要求的，在保证产品可追溯的前提下，经直属检验检疫局同意，标注内容可以适当调整。

需要加施检验检疫标志的，按照国家质检总局规定加施。

第三十八条 出口食品经产地检验检疫机构检验检疫符合出口要求运往口岸的，产地检验检疫机构可以采取监视装载、加施封识或者其他方式实施监督管理。

第三十九条 出口食品经产地检验检疫机构检验检疫符合出口要求的，口岸检验检疫机构按照规定实施抽查，口岸抽查不合格的，不得出口。

口岸检验检疫机构应当将有关信息及时通报产地检验检疫机构，并按照规定上报。产地检验检疫机构应当根据不合格原因采取相应监管措施。

第四十条 检验检疫机构发现不符合法定要求的出口食品时，可以将其生产经营者列入不良记录名单；对有违法行为并受到行政处罚的，可以将其列入违法企业名单并对外公布。

第四章 风险预警及相关措施

第四十一条 国家质检总局对进出口食品实施风险预警制度。

进出口食品中发现严重食品安全问题或者疫情的，以及境内外发生食品安全事件或者疫情可能影响到进出口食品安全的，国家质检总局和检验检疫机构应当及时采取风险预警及控制措施。

第四十二条 国家质检总局和检验检疫机构应当建立进出口食品安全信息收集网络，收集和整理食品安全信息，主要包括：

（一）检验检疫机构对进出口食品实施检验检疫发现的食品安全信息；

（二）行业协会、消费者反映的进口食品安全信息；

（三）国际组织、境外政府机构发布的食品安全信息、风险预警信息，以及境外行业协会等组织、消费者反映的食品安全信息；

（四）其他食品安全信息。

第四十三条 检验检疫机构对经核准、整理的食品安全信息，按照规定的要求和程序向国家质检总局报告并向地方政府、有关部门通报。

第四十四条 国家质检总局和直属检验检疫局按照相关规定对收集到的食品安全信息进行风险分析研判，确定风险信息级别。

第四十五条 国家质检总局和直属检验检疫局应当根据食品安全风险信息的级别发布风险预警通报。国家质检总局视情况可以发布风险预警通告，并决定采取以下控制措施：

（一）有条件地限制进出口，包括严密监控、加严检验、责令召回等；

（二）禁止进出口，就地销毁或者作退运处理；

（三）启动进出口食品安全应急处置预案。

检验检疫机构负责组织实施风险预警及控制措施。

第四十六条 国家质检总局可以参照国际通行做法，对不确定的风险直接发布风险预警通报或者风险预警通告，并采取本办法第四十五条规定的控制措施。同时及时收集和补充有关信息和资料，进行风险分析。

第四十七条 进出口食品安全风险已不存在或者已降低到可接受的程度时，应当及时解除风险预警通报和风险预警通告及控制措施。

第四十八条 进口食品存在安全问题，已经或者可能对人体健康和生命安全造成损害的，进口食品进口商应当主动召回并向所在地检验检疫机构报告。进口食品进口商应当向社会公布有关信息，通知销售者停止销售，告知消费者停止使用，做好召回食品情况记录。

检验检疫机构接到报告后应当组织核查，根据产品影响范围按照规定上报。

进口食品进口商不主动实施召回的，由直属检验检疫局向其发出责令召回通知书并报告国家质检总局。必要时，国家质检总局可以责令其召回。国家质检总局可以发布风险预警通报或者风险预警通告，并采取本办法第四十五条规定的措施以及其他避免危害发生的措施。

第四十九条 发现出口的食品存在安全问题，已经或者可能对人体健康和生命安全造成损害的，出口食品生产经营者应当采取措施，避免和减少损害的发生，并立即向所在地检验检疫机构报告。

第五十条 检验检疫机构在依法履行进出口食品检验检疫监督管理职责时有权采取下列措施：

（一）进入生产经营场所实施现场检查；

（二）查阅、复制、查封、扣押有关合同、票据、账簿以及其他有关资料；

（三）查封、扣押不符合法定要求的产品，违法使用的原料、辅料、添加剂、农业投入品以及用于违法生产的工具、设备；

（四）查封存在危害人体健康和生命安全重大隐患的生产经营场所。

第五十一条 检验检疫机构应当按照有关规定将采取的控制措施向国家质检总局报告并向地方政府、有关部门通报。

国家质检总局按照有关规定将相关食品安全信息及

采取的控制措施向有关部门通报。

第五章　法律责任

第五十二条　违反本办法第十七条指定场所监管相关规定，没有违法所得的，由检验检疫机构责令改正，处1万元以下罚款。

第五十三条　销售、使用经检验不符合食品安全国家标准的进口食品，由检验检疫机构按照食品安全法第八十九条、第八十五条的规定给予处罚。

第五十四条　进口商有下列情形之一的，由检验检疫机构按照食品安全法第八十九条、八十七条的规定给予处罚：

（一）未建立食品进口和销售记录制度的；

（二）建立的食品进口和销售记录没有如实记录进口食品的卫生证书编号、品名、规格、数量、生产日期（批号）、保质期、出口商和购货者名称及联系方式、交货日期等内容的；

（三）建立的食品进口和销售记录保存期限少于2年的。

第五十五条　出口食品原料种植、养殖场有下列情形之一的，由检验检疫机构责令改正，有违法所得的，处违法所得3倍以下罚款，最高不超过3万元；没有违法所得的，处1万元以下罚款：

（一）出口食品原料种植、养殖过程中违规使用农业化学投入品的；

（二）相关记录不真实或者保存期限少于2年的。

出口食品生产企业生产出口食品使用的原料未按照规定来自备案基地的，按照前款规定给予处罚。

第五十六条　有下列情形之一的，由检验检疫机构按照食品安全法第八十九条、第八十五条的规定给予处罚：

（一）未报检或者未经监督、抽检合格擅自出口的；

（二）擅自调换经检验检疫机构监督、抽检并已出具检验检疫证明的出口食品的。

第五十七条　进出口食品生产经营者、检验检疫机构及检验检疫人员有其他违法行为的，按照相关法律法规的规定处理。

第六章　附　　则

第五十八条　进出口食品生产经营者包括进出口食品的生产企业、进出口商和代理商。

第五十九条　进出海关特殊监管区域的食品以及边境小额和互市贸易进出口食品的检验检疫监督管理，按照国家质检总局有关规定办理。

第六十条　以快件、邮寄和旅客携带方式进出口食品的，应当符合国家质检总局相关规定。

第六十一条　进出口用作样品、礼品、赠品、展示品等非贸易性的食品，进口用作免税经营的、使领馆自用的食品，出口用作使领馆、中国企业驻外人员等自用的食品，按照国家有关规定办理。

第六十二条　供香港、澳门特别行政区、台湾地区的食品，国家有另行规定的，从其规定。

第六十三条　本办法由国家质检总局负责解释。

第六十四条　本办法自2012年3月1日起施行。

食品安全国家标准“十二五”规划

根据《食品安全法》及其实施条例和国家食品安全监管相关规划，为做好食品安全国家标准工作，完善食品安全国家标准体系，制定本规划。

一、食品安全标准现状

（一）建设成效。食品安全国家标准属于强制性国家标准，是保护公众身体健康、保障食品安全的重要措施，是实现食品安全科学管理、强化各环节监管的重要基础，也是规范食品生产经营、促进食品行业健康发展的技术保障。各部门、各地高度重视食品安全标准制定、修订工作。近年来，我国食品安全标准工作取得明显成效。《食品安全法》公布施行前，我国已有食品、食品添加剂、食品相关产品国家标准2 000余项，行业标准2 900余项，地方标准1 200余项，基本建立了以国家标准为核心，行业标准、地方标准和企业标准为补充的食品标准体系。

《食品安全法》公布施行后，食品安全标准工作力度逐步加大，又取得了新进展，主要有：一是完善食品安全标准管理制度。公布实施食品安全国家标准、地方标准管理办法和企业标准备案办法，明确标准制定、修订程序和管理制度。组建食品安全国家标准审评委员会，建立健全食品安全国家标准审评制度。二是加快食品标准清理整合。重点对粮食、植物油、肉制品、乳与乳制品、酒类、调味品、饮料等食品标准进行清理整合，废止和调整了一批标准和指标，初步稳妥处理现行食品标准间交叉、重复、矛盾的问题。三是制定公布新的食品安全国家标准。已制定公布269项食品安全国家标准，包括乳品安全国家标准、食品添加剂使用、复配食品添加剂、真菌毒素限量、预包装食品标签和营养标签、农药残留限量以及部分食品添加剂产品标准，补充完善食品包装材料标准，提高了标准的科学性和实用性。四是推进食品安全国家标准顺利实施。积极开展食品安全国家标准宣传培训，组织开展标准跟踪评价，指导食品行业严格执行新的标准。五是深入参与国际食品法典事务。担任国际食品添加剂和农药残留法典委员会主持国，当选国际食品法典委员会亚洲区域执行委员，主办国际食品添加剂法典会议、农药残留法典会议，充分借鉴国际食品标准制定和管理的经验。

（二）存在问题和制约因素。受食品产业发展水平、风险评估能力等因素制约，现行食品安全标准还存在一些突出问题，主要表现在：一是标准体系有待进一步完善。《食品安全法》公布前，各部门依职责分别制定农产品质量安全、食品卫生、食品质量等国家标准、行业标准，标准总体数量多，但标准间既有交叉重复、又有脱节，标准间的衔接协调程度不高。二是个别重要标准或者重要指标缺失，尚不能满足食品安全监管需求，例如部分配套检测方法、食品包装材料等标准缺失。三是标准科学性和合理性有待提高。目前标准总体上标龄较长，食品产品安全标准通用性不强，部分标准指标欠缺风险评估依据，不能适应食品安全监管和行业发展需要，影响了相关标准的科学性和合理性。四是标准宣传培训和贯彻执行有待加强。食品安全标准指标多、技术性强、强制执行要求高，社会高度关注，需要进一步完善标准管理制度和工作程序，改进征求意见的方式方法，做好标准的宣传解读和解疑释惑等工作。

食品安全国家标准工作的制约因素有：一是食品安全国家标准的基础研究滞后，风险评估工作尚处于起步阶段，食品安全暴露评估等数据储备不足，监测评估技术水平有待提高。二是保障机制有待建立完善，目前专门的食品安全国家标准技术管理机构缺乏，人员力量严重不足，标准工作经费严重不足，与当前标准制定、修订工作不相适应，在一定程度上影响了标准工作的质量。三是标准专业人才队伍建设有待加强。我国食品安全标准研制基础薄弱，专业人才不足且较分散，研制标准的能力和水平不能适应当前的工作需要。

二、指导思想、基本原则和目标

（一）指导思想。以邓小平理论和“三个代表”重要思想为指导，深入实践科学发展观，认真贯彻实施《食品安全法》及其实施条例，坚持“预防为主、科学管理”的原则，以保障公众身体健康为宗旨，以食品安全风险评估为基础，积极借鉴国际经验，加快我国食品标准清理整合，制定科学合理、安全可靠的食品安全国家标准，基本构建保障人民群众健康需要、符合我国国情的食品安全国家标准体系。

（二）基本原则。

1. 坚持依法制定食品安全国家标准的原则。食品安全国家标准要体现《食品安全法》立法宗旨，以保护公众健康为出发点和落脚点，落实食品安全法律法规要求，涵盖与人体健康密切相关的食品安全要求。

2. 坚持以风险评估为基础的科学性原则。食品安全国家标准要以食品安全风险评估结果为依据，以对人体健康可能造成食品安全风险的因素为重点，科学合理设置标准内容，提高标准的科学性和实用性。

3. 坚持立足国情与借鉴国际标准相结合的原则。制定食品安全国家标准应当符合我国国情和食品产业发展实际，兼顾行业现实和监管实际需要，适应人民生活水平不断提高的需要，同时要积极借鉴相关国际标准和管理经验，注重标准的操作性。

4. 坚持公开透明的原则。完善标准管理制度，注重在标准制定、修订过程中广泛听取各方意见，拓宽征求意见的范围和方式，鼓励公民、法人和其他组织积极参与食品安全国家标准制定、修订工作，保障公众的知情权和监督权。

（三）主要目标。

——清理整合现行食品标准。到2015年基本完成食用农产品质量安全标准、食品卫生标准、食品质量标准以及行业标准中强制执行内容的清理整合工作，基本解决现行标准交叉、重复、矛盾的问题，形成较为完善的食品安全国家标准体系。

——加快制定、修订食品安全国家标准。进一步提高食品安全国家标准的通用性、科学性和实用性，建立基本符合我国国情的、与产业发展和食品安全监管工作相适应的食品安全国家标准体系。

——完善食品安全国家标准管理机制。建立程序规范、公开透明、政府主导、部门配合、全社会共同参与的食品安全国家标准管理体制和工作机制，提高食品安全国家标准审评工作的科学性和公正性。

——强化标准宣传贯彻和实施工作。大力开展食品安全国家标准的宣传培训，促进各部门、各单位学习贯彻食品安全国家标准，督促食品生产经营单位认真实施食品安全国家标准，进一步改善食品安全状况。

三、主要任务

（一）全面清理整合现行食品标准。对现行食用农产品质量安全标准、食品卫生标准、食品质量标准以及行业标准中强制执行内容进行清理，解决标准间交叉、重复、矛盾等问题。

对涉及食品安全的指标和强制执行的质量指标进行比较分析，确定标准清理的原则和方法并开展清理工作。到2013年年底，基本完成对现行2 000余项食品国家标准和2 900余项食品行业标准中强制执行内容的清理，提出现行相关标准或技术指标继续有效、整合和废止的清理意见。2015年年底前基本完成相关标准的整合和废止工作。

（二）加快制定、修订食品安全基础标准。按照“边清理、边完善”的工作原则，在对现行食品标准开展清理的同时，积极借鉴国际组织和国外食品安全标准，加快制定、修订食品安全国家标准，完善我国食品安全国家标准体系，解决食品安全重要标准不足和标准不配套等问题，提高标准的科学性。

重点做好食品中污染物、真菌毒素、致病性微生物等危害人体健康物质限量，农药和兽药残留限量，食品添加剂使用、食品营养强化剂使用，预包装食品标签和营养标签，食品包装材料及其添加剂等食品安全基础标准制定、修订工作。2015年年底前，修订食品污染物、真菌毒素、农药和兽药残留等限量标准和食品添加剂使用、食品营养强化剂使用标准，制定食品中致病性微生物限量标准、食品生产经营过程的指示性微生物控制要求、即食食品微生物控制指南，科学设置食品产品中的微生物指标、限量和控制要求，完善食品容器、包装、加工设备材料标准和食品容器、包装材料用添加剂使用等食品相关产品标准。

（三）完善食品生产经营过程的卫生要求标准。按照加强食品生产经营过程安全控制的要求，做好食品生产经营规范标准制定、修订工作，强化原料、生产过程、运输和贮存、卫生管理等要求，规范食品生产经营过程，预防和控制食品安全风险。

2015年年底前，制定公布食品、食品添加剂生产企业卫生规范、经营企业卫生规范、保健食品良好生产规范等20余项食品安全国家标准，基本形成食品生产经营全过程的食品安全控制标准体系。按照食品类别、生产经营方式等特点，进一步细化食品生产经营过程中控制食品污染的要求和规定。

（四）合理设置食品产品安全标准。根据食品不同特性和可能存在的风险因素，以风险评估为依据，将肉类、酒类、植物油、调味品、婴幼儿食品、乳品、保健食品等主要大类食品以及食品添加剂产品标准作为食品产品安全标准工作的优先领域，制定食品安全基础标准不能涵盖的危害因素限量要求和食品安全相关的强制性质量指标，标准制定中将侧重通用性和覆盖面，避免标准间的重复和交叉。

2015年年底前，制定、修订肉类、酒类、植物油、调味品、婴幼儿食品、乳品、食品添加剂、保健食品、水产品、粮食、豆类制品、饮料等主要大类食品产品安全标准，制定已有国际标准或已有进口贸易但我国尚缺失相关标准的食品产品安全标准。

（五）建立健全配套食品检验方法标准。以食品安全国家标准规定的限量指标配套检测方法为重点，建立完整配套的食品检验方法与规程标准体系。

2015年年底前，重点制定、修订食品中各类污染物、真菌毒素、致病性微生物、农药和兽药残留以及食品添加剂和食品相关产品等分析检测方法标准，进一步完善食品毒理学安全性评价程序和检验方法等标准。

（六）完善食品安全国家标准管理制度。按照食品安全国家标准要科学合理、安全可靠的要求，进一步完善食品安全国家标准管理制度和工作程序。健全食品安全国家标准广泛征求意见的机制，保障反馈意见渠道畅通。

2012年年底前，公布食品安全国家标准跟踪评价规范等相关制度。2013年年底前，完善食品安全国家标准立项、制定、修订、征求意见、标准审评、审评委员会委员管理、标准公布以及标准申报、咨询和解释等管理制度和工作程序，加强标准制定、修订过程中的风险沟通与交流，使标准制定、修订工作更加公开、透明。

（七）加强食品安全国家标准的宣传和贯彻实施。加大食品安全国家标准公布实施后的宣传、培训、咨询和跟踪评价等工作力度，促进食品安全国家标准的贯彻实施。重点做好食品安全国家标准宣传和标准相关科普知识的宣传，特别是技术性强、公众普遍关注标准的宣传和解读，及时解答各方关注的标准问题，督促行业、企业主动执行食品安全国家标准，监管部门依法、依标准做好食品安全监管，开展食品安全国家标准跟踪评价，掌握标准执行情况和存在的问题，适时修订完善食品安全国家标准。

（八）开展食品安全国家标准的相关研究。根据食品安全标准制定、修订工作需要，系统开展食品安全国家标准相关基础研究工作，增强食品安全国家标准的科学性和实用性。

2015年年底前，基本完成食品安全风险评估原则在食品安全国家标准制定中的应用研究、国际食品安全标准追踪比较研究、食品中微生物指标体系设置研究、主要功能类别食品添加剂使用原则等基础研究，并在标准工作中积极转化和应用研究成果。

（九）提高参与国际食品法典事务的能力。根据食品安全国家标准体系建设需要，积极参与国际食品法典委员会工作，学习和借鉴国际食品标准管理经验，同时参与国际食品法典标准制定、修订工作，维护我国食品贸易利益。

到2015年，实现全面参与国际食品法典委员会各项活动，动态跟踪食品法典标准工作，全面了解世界贸易组织（WTO）主要贸易成员食品安全标准体系，跟踪其食品安全法规、标准工作进展，做好WTO/SPS通报及评议工作，参与或牵头与我国食品贸易利益密切相关的国际食品标准制定、修订和相关技术交流，不断完善国际食品添加剂法典委员会和农药残留法典委员会主持国、亚洲地区执行委员工作。

四、保障措施

（一）建立食品安全国家标准协调配合工作机制。由卫生部、发展改革委、科技部、工业和信息化部、财政部、农业部、商务部、工商总局、质检总局、粮食局、食品药品监管局、国家标准委、国家认监委、国务院食品安全办等部门建立食品安全国家标准会商机制，加强协调配合，共同研究食品安全国家标准体系建设重大问题，协商落实食品安全国家标准规划各项工作，细化分解本规划确定的任务，明确具体工作的目标，确保各项工作有序开展。卫生部牵头本规划的组织实施，会同各相关部门开展标准清理和制定、修订工作。食品各相关监管部门要积极配合，参与食品国家、行业标准的清理，提供日常监测和监督检查数据，敦促行业和企业按照食品安全国家标准组织生产经营，及时收集、汇总食品安全国家标准在执行过程中存在的问题，并及时通报卫生部门。行业部门要主动参与和配合标准体系建设，配合做好标准制定、修订和标准宣传、行业引导等工作。

（二）加大对食品安全国家标准建设的投入。国家财政要继续加大对食品安全国家标准制定、修订工作经费的支持力度，重点支持开展本规划确定的重点标准制定、修订工作，保障经费投入，同时严格监管标准工作经费使用，确保经费使用高效、合规。充分利用现有食品标准研制机构和行业组织，设立各类标准的技术性平台，参与标准制定和修订、宣传和技术咨询等工作。

（三）加强食品安全标准的人才队伍建设。加强国家食品安全风险评估中心和食品安全国家标准审评委员会秘书处建设，引进优秀领军人才，增加标准研制和管理工作人员配备，充实食品安全标准技术力量。加强对重点科研院校、技术机构专业人才的标准化培训，加快培养一支数量足、水平高的从事标准研制的专家队伍，做好食品安全标准制定、修订工作。

（四）督促落实各项工作任务。根据食品安全监管和标准管理要求，卫生部会同有关部门及时、科学、动态调整规划，制定年度实施计划，认真组织落实好规划。同时，及时组织对本规划工作任务进行检查，加强督促检查和效果评估，确保每项任务落实到位。

各地奶业 GEDI NAIYE

北 京 市

【奶类生产】 北京市2012年奶牛存栏151 477头，其中，成母牛98 721头。饲养品种主要以荷斯坦牛为主，其他品种奶牛有少量存栏。北京市奶牛养殖在13个区县均有分布，主要集中于城市发展新区和生态涵养保护区，形成了以大兴、通州、顺义、房山为主的京南奶牛产业带和以密云、延庆、怀柔为主的京北奶牛产业带（表5-1）。

表5-1 北京市奶牛存栏情况

地 区	奶牛存栏量（头）	成乳牛存栏量（头）
北京市	151 477	98 721
大兴区	31 026	20 146
通州区	22 067	12 931
密云县	22 053	16 257
延庆县	18 391	13 900
顺义区	18 000	12 133
昌平区	11 091	6 528
房山区	10 473	5 880
怀柔区	10 202	6 961
朝阳区	3 520	1 560
海淀区	2 680	1 431
平谷区	1 160	689
丰台区	735	246
门头沟区	79	59

2012年全市牛奶产量650 522.2吨，比2011年增长1.7%。其中，城市发展新区增长3.5%，增幅最大；而生态涵养发展区下降1.8%。随着奶牛标准化、规模化养殖水平稳步提升，规模化养殖比重达90%以上，成母牛平均单产达到6.6吨，奶牛养殖场100%实现了机械化挤奶（表5-2）。

表5-2 2012年北京市牛奶产量

区 县	牛奶产量（吨）		
	2012	2011	增长速度（%）
全市	650 522.2	639 754.5	1.7
城市功能拓展区	34 904.1	34 043.1	2.5
朝阳区	16 946.2	16 559.4	2.3
丰台区	2 976.7	3 030.8	−1.8
海淀区	14 981.2	14 452.9	3.7
城市发展新区	405 883.1	392 163.8	3.5
房山区	34 563.3	34 653.3	−0.3
通州区	103 799.3	100 972.8	2.8
顺义区	60 137.7	51 606.2	16.5
昌平区	56 033.9	54 908.2	2.1
大兴区	151 348.9	150 023.3	0.9
生态涵养发展区	209 735	213 547.6	−1.8
门头沟区	565.6	899	−37.1
怀柔区	45 245.7	46 121.5	−1.9
平谷区	3 382.5	3 725	−9.2
密云县	81 573	80 751.7	1.0
延庆县	78 968.2	82 050.4	−3.8

【乳品加工】 北京市具有乳制品生产许可证的企业有27家，分布于朝阳、海淀、通州、丰台、门头沟、房山、顺义、昌平、大兴、平谷、怀柔、密云和延庆等区（县）（表5-3）。

随着北京市高端消费市场需求的不断增加、乳品加工技术发展和装备水平的提高，北京市乳品企业的整体加工水平接近国际先进水平，产品涵盖了几乎所有的乳制品种类，但在产品形式上主要以酸奶、UHT奶、巴氏杀菌乳等液态奶为主，高附加值产品相对较少。2012年全市乳制品产量56.58万吨，其中液态奶产量52.23万吨。2012年北京市液体乳及乳制品销售产值为49.10亿元，利润0.47亿元。

表5-3 北京市乳制品生产企业及主要产品

序号	企业名称	主要产品名称	所属区县
1	北京健生饮料有限公司	乳制品［液体乳（发酵乳）］	朝阳
2	北京三元食品股份有限公司乳品一厂	乳制品［液体乳（巴氏杀菌乳、调制乳、灭菌乳、发酵乳）］	朝阳
3	北京三元食品股份有限公司	乳制品［液体乳（巴氏杀菌乳、调制乳、灭菌乳、发酵乳）、其他乳制品（奶油、干酪）］	海淀
4	北京建勋食品有限公司	乳制品［液体乳（发酵乳）］	丰台
5	北京圣祥乳制品厂	乳制品［液体乳（发酵乳）］	丰台
6	北京龙泉乳品公司	乳制品［液体乳（发酵乳）］	门头沟
7	北京天顺华乳品有限公司	乳制品［液体乳（发酵乳）］	房山
8	奥德华乳品（北京）有限公司	乳制品［液体乳（巴氏杀菌乳、发酵乳）、其他乳制品（奶油］	房山
9	蒙牛乳业（北京）有限责任公司	乳制品［液体乳（巴氏杀菌乳、灭菌乳、调制乳、发酵乳）］	通州
10	北京三元食品股份有限公司乳品八厂	乳制品［液体乳（巴氏杀菌乳、调制乳、发酵乳）］	通州
11	北京科尔沁乳业有限公司	乳制品［液体乳（发酵乳、灭菌乳）］	通州
12	北京鑫华星乳业有限责任公司	乳制品［液体乳（发酵乳）］	通州
13	北京天辰乳业有限公司	乳制品［液体乳（巴氏杀菌乳、灭菌乳、发酵乳、调制乳）］	顺义
14	北京光明健能乳业有限公司	乳制品［液体乳（巴氏杀菌乳、发酵乳、灭菌乳）］	顺义
15	北京艾莱发喜食品有限公司	乳制品［液体乳（灭菌乳）、其他乳制品（奶油）］	顺义
16	北京军顺乳业有限公司	乳制品［液体乳（巴氏杀菌乳、发酵乳）］	顺义
17	北京超凡食品有限公司	乳制品［液体乳（发酵乳）、其他乳制品（干酪、奶油）］	顺义
18	北京富邦食品厂	乳制品［液体乳（发酵乳）］	昌平
19	北京吉康食品有限公司	乳制品［其他乳制品（干酪）］	昌平
20	北京恒兴食品中心	乳制品［液体乳（发酵乳）］	昌平
21	北京三元食品股份有限公司乳品四厂	乳制品［乳粉（全脂乳粉、脱脂乳粉、调制乳粉）、其他乳制品（奶油、干酪）］	昌平
22	北京和润乳制品厂	乳制品［液体乳（巴氏杀菌乳、发酵乳）、其他乳制品（奶油、干酪）］	大兴
23	北京乳旺食品有限公司	乳制品［液体乳（调制乳）］	平谷
24	北京鸿达乳品有限公司	乳制品［液体乳（发酵乳）、其他乳制品（奶油、干酪）］	怀柔
25	达能乳业（北京）有限公司	乳制品［液体乳（发酵乳）］	怀柔
26	内蒙古伊利实业集团股份有限公司北京乳品厂	乳制品［液体乳（发酵乳、巴氏杀菌乳）、乳粉（全脂乳粉）、其他乳制品（干酪）］	密云
27	北京归原生态农业发展有限公司	乳制品［液体乳（巴氏杀菌乳、发酵乳）］	延庆

【市场消费】随着食用乳品的习惯渐渐形成及对乳品的品质要求在不断加强，北京市城市居民对乳品的种

类需求呈现多样化趋势，但仍习惯于购买液态奶而非固态乳品。乳品支出呈增长趋势。乳品质量仍是影响乳品消费的重要因素。

2012 年北京市城市居民人均奶制品购买量为 29.37 千克，其中鲜乳品购买量 21.01 千克/人，酸奶购买量 7.86 千克/人，奶粉购买量 0.50 千克/人。

2012 年城市居民人均奶制品消费支出额为 421.05 元/人，其中鲜乳品消费支出 195.64 元/人，奶粉消费支出 76.38 元/人，酸奶消费支出 95.53 元/人。

【奶源基地】

（一）奶源基地建设。

1. 北京市以规模养殖基地建设提升工程为着力点，加快畜牧业发展方式转变，推进奶牛规模化和标准化饲养。在散养奶牛入场入区工程顺利完成的基础上，通过畜牧业"菜篮子"系统工程、奶牛规模养殖场（小区）标准化升级改造和改扩建项目，奶牛标准化、规模化养殖水平稳步提升，全市登记备案的标准化规模养殖场 256 家，规模化养殖比重达 90% 以上，规模养殖场 100%实现了机械化挤奶；在奶牛的标准化生产体系建设的推动下，全市 25 家奶牛养殖场荣膺"国家级畜禽养殖标准化示范场"称号，其中全国百例典型示范场 2 家，成为保障市场有效供给的中坚力量。

2. 北京市以畜禽良种体系强化提升工程为着力点，大力推进畜禽良种产业发展。通过国家奶牛良种补贴、奶牛生产性能测定和国家良种工程项目，完善奶牛良种繁育体系，加快奶牛良种化进程，推动良种产业发展，提高市场竞争力，进一步提高优质牛奶生产能力和良种供种能力，为北京市奶牛育种和奶牛品种改良提供遗传资源保障。

2012 年共对 55 家奶牛场的 36 328 头奶牛开展了 DHI 工作，乳脂率保持在 3.77%；乳蛋白率为 3.23%；乳糖率 4.95%；干物质含量在 12.65%；305 天产奶量为 9 485 千克；体细胞数为 29.57 万/mL；脂蛋比在 1.12～1.19。

2012 年北京奶牛中心入选畜牧良种补贴项目种公牛数量为 131 头，其中荷斯坦公牛 97 头，娟姗牛 2 头，乳用西门塔尔牛 11 头。全年生产冻精 350 万剂。

（二）牧草生产情况。北京全市牧草种植面积 37 万亩，涵盖 8 个区县，总产量 41.26 万吨。其中：一年生牧草 34 万亩，产量 40 万吨，以青饲玉米和小黑麦为主；多年生牧草 3 万亩，产量 1.26 万吨，以紫花苜蓿为主。本市牧草生产经营呈现以下趋势：一是种植结构发生变化，以青饲玉米为主的一年生牧草种植面积不断增加，比 2009 年增加 26 万亩，多年生牧草种植面积逐渐减少，比 2009 年减少 6 万亩；二是商品率大幅提高，商品草生产量从 2009 年的 2.41 万吨增加到 28.57 万吨，商品率由 10.97%提高到 69.26%。

（三）疫病防控情况。制定并发布《2012 年北京市奶牛布病和结核病监测实施方案》，按期完成奶牛布鲁氏菌病和结核病的监测任务，为两病净化顺利完成奠定了坚实的技术基础，有效保障奶源基地建设，对促进奶业健康持续发展具有重要作用。

（四）生鲜乳收购价格。2012 年北京生鲜乳收购价格波动幅度较大，全年价格走势两头高中间低，呈 v 型趋势，全年平均价格约为 3.41 元/千克。本地区未实施保护价措施，牛奶价格主要靠市场决定（表 5－4、表 5－5）。

表 5－4　2012 年北京市规模化奶牛养殖分布情况

区（县）	500 头以下	500～999 头	1 000～1 999 头	2 000 头以上	合计
大兴区	32	8	5	4	49
延庆县	40	17	2	0	59
密云县	7	9	8	4	28
怀柔区	5	20	7	0	32
通州区	7	7	8	3	25
朝阳区	0	2	2	0	4
房山区	3	5	5	1	14
顺义区	4	9	6	3	22
平谷区	3	1	0	0	4
丰台区	2	0	0	0	2
海淀区	0	1	1	1	3
昌平区	9	1	3	1	14
合计	112	80	47	17	256

备注：数据来自 2012 年北京市畜禽养殖场（小区）登记备案统计数据

表 5－5　2012 年北京市主要规模养殖场名录

序号	名　称	养殖规模（头）	品种
1	北京李各庄奶牛养殖专业合作社	5 000	荷斯坦
2	北京市沧达农工商公司	3 700	荷斯坦
3	北京市北务广峰养殖场	3 200	荷斯坦
4	北京海华云都生态农业股份有限公司	3 000	荷斯坦

（续）

序号	名　　称	养殖规模（头）	品种
5	北京中地畜牧科技有限公司	3 000	荷斯坦
6	北京秦丰雄特奶牛发展有限公司	3 000	荷斯坦
7	北京市三元绿荷奶牛养殖中心金银岛牧场	2 500	荷斯坦
8	北京圣兴达养殖有限公司	2 500	荷斯坦
9	三元绿荷第一牧场	2 300	荷斯坦
10	北京三元绿荷养殖中心金星牛场	2 200	荷斯坦
11	南口二牛场	2 003	荷斯坦
12	北京安怡牧业有限公司	2 000	荷斯坦
13	北京建军振兴养殖场	2 000	荷斯坦
14	北京利元兴养殖专业合作社	2 000	荷斯坦
15	北京市通县永乐店区渠头牛场	2 000	荷斯坦
16	国营北京市永乐店农场奶牛场（中以示范牛场）	2 000	荷斯坦
17	北京三元绿荷奶牛养殖中心三分部北郊一牛场	1 889	荷斯坦
18	北京欧润奶牛专业合作社	1 600	荷斯坦
19	北京义鹏养殖场	1 568	荷斯坦
20	北京瑞普奶牛养殖基地	1 500	荷斯坦
21	北京益大牧业有限公司	1 500	荷斯坦
22	北京科利达养殖场	1 500	荷斯坦
23	北京海华云都生态农业股份有限公司	1 500	荷斯坦
24	北京飞鹏万里养殖专业合作社	1 500	荷斯坦
25	北京牛瑞祥奶牛养殖有限公司	1 500	荷斯坦
26	北京华忠奶牛专业合作社	1 500	荷斯坦
27	三元绿荷北郊三牛场	1 500	荷斯坦
28	北京安定棚枫养殖场	1 400	荷斯坦
29	北京天辰乳业有限公司	1 270	荷斯坦
30	北京大兴康乃兴养殖场	1 231	荷斯坦
31	国营北京市永乐店农场三堡奶牛场	1 200	荷斯坦
32	国营北京市永乐店农场小务奶牛场	1 200	荷斯坦
33	国营北京市永乐店农场半截河奶牛场	1 200	荷斯坦
34	国营北京市永乐店农场草厂奶牛场	1 200	荷斯坦
35	北京三元绿荷奶牛养殖中心长阳分部（三场）	1 200	荷斯坦
36	北京中地种畜科技有限公司	1 200	荷斯坦
37	南口三牛场	1 177	荷斯坦
38	北京三元绿荷奶牛养殖中心朝阳分部（北牛场）	1 172	荷斯坦
39	北京三元绿荷德茂奶牛场	1 150	荷斯坦
40	北京奶牛中心良种场	1 150	荷斯坦
41	北京三元绿荷奶牛养殖中心三分部（二场）	1 150	荷斯坦
42	北京市三元绿荷奶牛养殖中心鹿圈牛场	1 120	荷斯坦
43	北京三元绿荷奶牛养殖中心长阳分部（四场）	1 070	荷斯坦
44	北京三元绿荷奶牛养殖中心朝阳分部	1 045	荷斯坦
45	北京延照富民奶牛养殖中心	1 000	荷斯坦
46	北京红运正通养殖场	1 000	荷斯坦
47	北京浅山牧业有限责任公司	1 000	荷斯坦
48	北京久兴养殖场	1 000	荷斯坦

（续）

序号	名　　称	养殖规模（头）	品种
49	北京心连心奶牛养殖专业合作社	1 000	荷斯坦
50	北京万家兴业种养殖专业合作社	1 000	荷斯坦
51	北京茂兴奶牛养殖有限公司	1 000	荷斯坦
52	北京市绿荷隆茂奶牛养殖有限公司	1 000	荷斯坦
53	北京市潮县昌华养殖场	1 000	荷斯坦
54	北京市福乐奶牛场	1 000	荷斯坦
55	北京永乐治达养殖场	1 000	荷斯坦
56	北京绿源宇鑫奶牛养殖专业合作社	1 000	荷斯坦
57	北京三力源牧业发展有限公司	1 000	荷斯坦
58	北京三元绿荷奶牛养殖中心长阳分部（二场）	1 000	荷斯坦
59	北京市牧豪养殖有限公司	1 000	荷斯坦
60	北京三农嘉华农牧业科技有限公司	1 000	荷斯坦
61	北京梦渌通养殖有限公司	1 000	荷斯坦
62	北京顺义区良山畜牧场奶牛合作社	1 000	荷斯坦
63	北京大唐牧业有限公司	1 000	荷斯坦
64	北京三元绿荷奶牛养殖中心三分部（一场）	980	荷斯坦
65	北京中加永宏科技有限公司（赵营牛场）	830	荷斯坦
66	北京康祝养殖中心	815	荷斯坦
67	北京伟博萌养殖合作社	800	荷斯坦
68	富香民奶牛养殖专业合作社	800	荷斯坦
69	北庄南山奶牛养殖场	800	荷斯坦
70	北京万众兴利奶牛养殖专业合作社	800	荷斯坦
71	北京海峰奶牛养殖场	800	荷斯坦
72	北京张各庄奶牛专业合作社	800	荷斯坦
73	北京星宝奶牛场	800	荷斯坦
74	北京市东町绪忠奶牛场	800	荷斯坦
75	北京三元绿荷养殖中心太和牛场	700	荷斯坦
76	北京茂茂盛奶牛养殖场	700	荷斯坦
77	北京里二泗奶牛养殖场	700	荷斯坦
78	北京市昭阳牧场	700	荷斯坦
79	北京小段奶牛合作社	700	荷斯坦

备注：数据来自2012年北京市畜禽养殖场（小区）登记备案统计数据

【奶农组织】

（一）技术服务体系。2012年北京市继续完善技术服务体系，加强生产技术支撑力量。在市、区县、乡镇、村“四级”奶牛技术服务体系基础上，成立奶牛产业技术体系北京市创新团队，并以此为重点，结合其他奶业组织机构，有效整合全市的科技、人才资源，创立多种形式的产学研合作模式，从繁育、营养与饲养、疫病防治、健康养殖、乳品加工、生鲜乳安全和产业经济等领域全方位服务于奶牛产业发展。投入资金1 340万元，建立示范点63个，推广技术43项，推广牛群规模56 123头；组织各类观摩培训、农民活动日187期（次），培训4 328人次，培训农民学员1 234人。

（二）奶业组织机构。2012年北京市登记备案的奶业组织机构共有15家，分布于全市8个区（县），在协助政府进行行业管理，服务行业，维护奶农和行业的合法权益，促进北京奶业产业的健康发展等方面具有重要作用（表5-6）。

表 5-6 北京市奶业组织机构

序号	名　称	业务主管单位	序号	名　称	业务主管单位
1	北京市奶业协会	北京市农村工作委员会	9	北京市怀柔区杨宋镇奶业协会	北京市怀柔区农业委员会
2	平谷区刘家店镇奶牛养殖协会	北京市平谷区刘家店镇人民政府	10	北京市怀柔区奶业协会	北京市怀柔区农业委员会
3	北京市延庆县永宁镇奶牛联合会	延庆县永宁镇人民政府	11	北京市怀柔区怀柔镇日兴奶业协会	北京市怀柔区农业委员会
4	北京市延庆县延庆镇奶牛养殖协会	延庆县延庆镇人民政府	12	北京市怀柔区怀北镇奶业协会	北京市怀柔区农业委员会
5	北京市延庆县奶牛联合会	延庆县农业委员会	13	北京市大兴区奶业协会	北京市大兴区畜牧水产服务中心
6	北京市顺义区奶业协会	北京市顺义区动物卫生监督管理局	14	北京市大兴区采育镇奶业产销协会	大兴区采育镇人民政府
7	北京市密云县小母牛项目服务中心	密云县农业委员会	15	北京市大兴区采育镇奶牛养殖协会	北京市大兴区畜牧水产服务中心
8	北京市门头沟区奶牛协会	北京市门头沟区农业发展服务中心			

（三）奶农专业合作社。北京市在营业的奶农专业合作社 56 家，在全市 9 个区（县）均有分布，主要集中于延庆县、密云县、怀柔区和大兴区（表 5-7、表 5-8）。

表 5-7 北京市各区（县）在营业的奶农专业合作社分布情况

区县	昌平区	大兴区	房山区	怀柔区	密云县	平谷区	顺义区	通州区	延庆县
数量	2	6	2	10	12	1	3	3	17

表 5-8 北京市在营业的奶农专业合作社名单

序号	农民专业合作组织名称	所属区县	登记注册号
1	北京京昌宏达奶牛专业合作社	昌平区	110114010689463
2	北京龙虎台奶牛专业合作社	昌平区	110114011272202
3	北京兴牧富民奶牛专业合作社	大兴区	110115010565382
4	北京兴成华典奶牛专业合作社	大兴区	110115011891264
5	北京鹏宇奶牛专业合作社	大兴区	110115010543002
6	北京天天亿佰奶牛专业合作社	大兴区	110115010954174
7	北京亿牧银丰奶牛专业合作社	大兴区	110115012632616
8	北京兴宇奶牛专业合作社	大兴区	110115010580702
9	北京兴双萍奶牛养殖专业合作社	房山区	110111010645742
10	北京玉虎奶牛养殖专业合作社	房山区	110111011199097
11	北京市庙城家逵奶牛专业合作社	怀柔区	110116010540969
12	北京多多奶牛专业合作社	怀柔区	110116010444071
13	北京万家兴业种养殖专业合作社	怀柔区	110116010453775
14	北京胜茂泽源种养殖专业合作社	怀柔区	110116010732106
15	北京勃毅奶牛养殖专业合作社	怀柔区	110116689286728
16	北京飞鹏万里养殖专业合作社	怀柔区	110116682866388

（续）

序号	农民专业合作组织名称	所属区县	登记注册号
17	北京红兴富贵养殖专业合作社	怀柔区	110116010637078
18	北京兴日奶牛养殖专业合作社	怀柔区	110116011306027
19	北京青草源奶牛养殖专业合作社	怀柔区	110116010478038
20	北京裕丰兴养殖专业合作社	怀柔区	110116011449803
21	北京东联盛业奶牛养殖专业合作社	密云县	110228011483850
22	北京李各庄奶牛养殖专业合作社	密云县	110228010633684
23	北京仁昌奶牛专业合作社	密云县	110228011944015
24	北京正阳奶牛专业合作社	密云县	110228013074081
25	北京乡元奶牛养殖专业合作社	密云县	110228010549328
26	北京心连心奶牛养殖专业合作社	密云县	110228010975052
27	北京兴龙顺奶牛养殖专业合作社	密云县	110228012118529
28	北京苇子峪养殖专业合作社	密云县	110228012317411
29	北京北庄虹祥养殖专业合作社	密云县	110228014451262
30	北京市海润奶牛养殖专业合作社	密云县	110228010623186
31	北京森淼奶牛养殖专业合作社	密云县	110228010589770
32	北京瑞蓝同鑫养殖专业合作社	密云县	110228011451899
33	北京峡谷盛隆奶牛养殖专业合作社	平谷区	110117012521061
34	牛栏山镇北京龙北奶牛专业合作社	顺义区	110113010769741
35	北小营镇 北京民禾诚奶牛专业合作社	顺义区	110113011888204
36	马坡镇 北京市石家营养殖专业合作社	顺义区	110113010581388
37	北京福聚兴旺奶牛养殖专业合作社	通州区	110112009578809
38	北京西集洪福养殖专业合作社	通州区	110112010660550
39	北京绿源宇鑫奶牛养殖专业合作社	通州区	110112011883062
40	北京阔利达养殖专业合作社	延庆县	110229010474587
41	北京大地群生养殖专业合作社	延庆县	110229010467602
42	北京百姓乐奶牛养殖专业合作社	延庆县	110229010538089
43	北京健宇养殖专业合作社	延庆县	110229010425829
44	北京延柏瑞华养殖专业合作社	延庆县	110229010435695
45	北京市富岭奶牛专业合作社	延庆县	110229010591463
46	北京富香民奶牛养殖专业合作社	延庆县	110229003767732
47	北京香新诚心养殖合作社	延庆县	110229010753593
48	北京东五里营奶牛专业合作社	延庆县	110229010724548
49	北京庆合奶牛养殖专业合作社	延庆县	110229010611080
50	北京聚旺源养殖专业合作社	延庆县	110229010456899
51	北京井庄武爱民养牛专业合作社	延庆县	110229010591498
52	北京屈家窑奶牛养殖专业合作社	延庆县	110229012272904
53	北京奔鑫园奶牛专业合作社	延庆县	110229012100200
54	北京运昌奶牛养殖专业合作社	延庆县	110229014601734
55	北京源茂鑫旺养殖专业合作社	延庆县	110229014950307
56	北京富凯旋奶牛养殖专业合作社	延庆县	110229010511290

【政策法规】

(一) 奶业发展规划。北京市奶业发展以科学发展观为统领，以建设世界城市为方向，以实现“人文北京、科技北京、绿色北京”为目标，综合人口、资源、环境等因素，调整优化产业结构和空间布局，转变生产方式发展标准化规模养殖，打造奶业产品质量安全品牌，提升综合效益，增强奶业综合生产能力和产品市场控制能力，构建结构合理、品质优良、效益明显、环境友好的都市型现代奶业产业体系。

根据环境资源承载能力，结合北京市奶业生产实际和市场需求，按照《北京市畜牧业发展规划（2010—2015）》要求，通过城市发展新区的京南奶牛产业带和生态涵养保护区的京北奶牛产业带的建设，及以北京市龙头企业和养殖企业为主体的奶制品产销网络建设，提升产业核心竞争和服务能力、畜禽产品自给率和市场控制力。到2015年，奶牛规模化养殖比重达到95%，单产提高到7.5吨以上，生鲜乳产量75万吨，自给率68%以上(外埠基地的纳入本市计算)，市场控制率达到80%。

(二) 扶持政策。

1. 奶牛良种补贴。国家奶牛良种补贴资金300万元，通过公开招标方式采购良种公牛精液20万剂，用于荷斯坦牛人工授精。

2. 奶牛生产性能测定。落实中央扶持资金143.5万元，完成奶牛生产性能测定2.04万头，指导养殖场户科学管理，开展品种登记和后裔测定，加快我市奶牛良种化进程。

3. 组织实施国家良种工程建设项目，推动畜禽养殖标准化示范工程，完成良种奶牛科技园建设和开展奶牛中心改扩建项目。

4. 奶牛标准化规模场改扩建。通过北京市畜牧业“菜篮子”系统工程、奶牛标准化规模场改扩建项目，开展规模化、标准化奶牛养殖场改造提升工程。累计政府投资2 260万元。

(三) 地方标准。截至2012年年底，北京市制定与奶牛产业相关的地方标准共计9项，对推动本地区奶牛产业规范、健康、有序发展起到积极作用（表5-9)。

表5-9 北京市奶牛产业地方标准

标准号	标准中文名称	实施日期
DB11/ 454—2007	口蹄疫疫情判定及处置	2007-06-01
DB11/T 150.1—2002	奶牛饲养管理技术规范第1部分：育种	2002-04-01
DB11/T 150.2—2002	奶牛饲养管理技术规范第2部分：繁殖	2002-04-01
DB11/T 150.3—2002	奶牛饲养管理技术规范第3部分：饲养与饲料	2002-04-01
DB11/T 150.4—2002	奶牛饲养管理技术规范第4部分：卫生保健	2002-04-01
DB11/T 150.5—2007	奶牛饲养管理技术规范第5部分：卫生防疫	2007-12-01
DB11/T 425—2007	种奶牛场舍区、场区、缓冲区环境质量	2007-03-15
DB11/T 426—2007	奶牛场舍区、场区、缓冲区环境质量	2007-03-15
DB11/T 631—2009	有机生鲜乳生产技术规范	2009-05-01

【质量监管】为进一步加强生鲜乳质量安全监管，提高生鲜乳质量安全水平，促进奶业发展，北京市以科学发展观为指导，深入贯彻《乳品质量安全监督管理条例》、《奶业整顿和振兴规划纲要》，围绕生鲜乳生产、收购和运输三个关键环节，继续保持高压态势，严厉打击非法收购行为，规范生鲜乳收购秩序，加强生鲜乳质量安全监督监测，强化监测与执法联动，开展法规培训和技术服务，推进基层畜牧部门加强生鲜乳质量安全日常执法监管，增强生产经营者的质量安全意识，全面巩固提高生鲜乳质量安全水平。全年未发生重大生鲜乳质量安全事件。

1. 强化行政管理，规范行业秩序。

(1) 北京市农业局下发《关于进一步加强生鲜乳监管工作的通知》，进一步强化了属地管理责任，形成了各级互动的监管合力，确保生鲜乳监管工作有人抓，事情有人管，为各项工作的推进提供了强有力的组织保障。

(2) 进一步优化生鲜乳收购站结构。根据我市奶牛养殖优势区域分布及奶业发展需求，遵循重点地区重点发展、集中设置、高水平的布局原则，进一步优化生鲜乳收购站结构，完成“建设一批、提高一批、淘汰一批”的目标。

2. 强化执法监督，严查违法行为。依法规范生鲜乳生产、收购和运输行为。本着“谁许可、谁监督、谁负责”的原则，切实加强许可管理，进一步强化主体职责，按照《生鲜乳生产收购管理办法》和《生鲜乳收购站标准化管理技术规范》要求，以生鲜乳生产、收购和运输为重点环节，以全市生鲜乳收购站清理整顿、“两证一单”制度、进货查验制等为主要抓手，按照“风险分级、量化监督、档案管理”的监管模式，进一步强化生鲜乳日常监管。

3. 加强监测检测，确保质量安全。加大对生鲜乳质量安全的监测检测力度，在配合农业部做好生鲜乳质量安全异地抽检的基础上，制订了北京市生鲜乳专项检测计划，保障监测工作覆盖全市所有奶牛养殖场、生鲜乳收购站、生鲜乳运输车辆。

4. 完善质量安全检测体系，提高安全保障水平。 完善企业自检、辖区抽检和市级检测的生鲜乳检测体系，保障乳品质量稳步提升。

5. 加大生鲜乳质量安全生产制度检查和培训，提高安全意识。 采取自查、互查、督查等形式，对奶畜养殖与生鲜乳生产收购环节 5 项制度执行情况开展检查，推动建立生鲜乳质量安全监管长效机制。组织开展培训工作，加强生鲜乳质量安全知识宣传和检测技术推广，提高从业者质量意识和安全生产能力。

6. 完善技术服务体系，加强生产技术支撑力量。 形成了市、区县、乡镇、村“四级”奶牛技术服务体系，有效地整合了全市的科技、人才资源，创立了多种形式的产学研合作模式，为北京奶业的健康发展提供了政策、科技与人才的支撑。

7. 深入开展诚信责任体系建设，提高法律责任意识。 组织全市生鲜乳生产、收购、运输单位签订质量安全承诺书和责任书，进一步明确企业是质量安全第一责任人意识，积极构建生鲜乳行业的“讲诚信、责任化”的良好环境。

（1）抽检结果　2012 年全市生鲜乳年度质量监测工作，共抽检北京市生鲜乳收购站 216 家次、生鲜乳运输车 153 辆次、奶牛养殖场 37 家、生鲜乳样品 406 批次，涉及顺义、大兴、密云、延庆、平谷、通州、昌平、怀柔、密云、房山等 11 个区县，所有样品未检出违禁添加成分。

（2）奶站数量　为了规范生鲜乳生产经营秩序，增强从业者质量安全意识，北京市遵循重点地区重点发展、集中设置高水平奶站的布局原则，根据我市奶牛养殖优势区域分布及奶业发展需求，通过集中生鲜乳收购站清理整顿工作，进一步优化生鲜乳收购站结构。目前，奶站数量调整为 49 个，其中乳品企业性质 13 个、奶农专业合作社性质 28 个、奶畜养殖场性质 8 个，重点集中在怀柔、大兴、延庆、密云、顺义等区县。

【奶业大事记】

1. 2012 年 3 月 28 日，北京市农业局正式组建奶牛产业技术体系北京市创新团队。技术研发中心建设依托单位为北京市畜牧兽医总站，首席专家为路永强。包括 5 个功能研究室，14 个岗位专家和 14 个合作专家，8 个综合试验站站长，18 个农民田间学校工作站站长。每年投入资金 1 340 万元，从繁育、营养与饲养、疫病防治、健康养殖、乳品加工、生鲜乳安全和产业经济等领域全方位服务于奶牛产业发展。

2. 2012 年 6 月 7 日，“中韩奶牛低碳养殖技术交流会”在北京市畜牧兽医总站举办。

3. 2012 年 7 月 21 日，北京市发生暴雨灾害，部分区县奶牛养殖场损失严重。灾后奶牛产业技术体系北京市创新团队及时制定并下发了《关于北京市暴雨灾后奶牛养殖环节应急技术措施指导意见》和《奶牛养殖环节紧急应对暴雨灾害技术措施》。

4. 2012 年 10 月 29 日，北京市委书记郭金龙、代市长王安顺、市委副书记吉林、市领导赵凤桐、傅政华一行深入首农集团、北京三元食品股份有限公司，进行党的十八大安全服务保障工作检查。郭金龙、王安顺十分满意，并勉励进一步精心做好各项工作，确保十八大服务滴水不漏，万无一失。

5. 2012 年 11 月 3 日，北京北部地区发生暴雪灾害，重灾区牛舍损坏严重，灾后奶牛产业技术体系北京市创新团队制定《雨雪气象条件下奶牛饲养技术要点》，发放到试验站及相关养殖企业，从技术角度，为灾区生产自救提供服务。

6. 2012 年 12 月 16 日～17 日，由国家奶牛产业技术体系、农业部奶业管理办公室、中国奶业协会主办，中国农业大学、奶业技术服务联盟承办的“第一届国际奶牛产业技术论坛暨国家奶牛产业技术体系 2012 年总结会”在北京温都水城湖湾西区宾馆召开。

北京市畜牧总站　任　康

天　津　市

【奶类生产】 2012 年年底，天津市奶牛存栏 15.58 万头（主要是荷斯坦奶牛，有娟姗牛 200 头），其中成母牛存栏 9.36 万头，同比分别下降 1.33%和 0.95%。主要分布在武清、北辰、静海、宁河、宝坻、蓟县、大港、西青、东丽、汉沽等区（县）。2012 年全市生鲜乳总产量 67.87 万吨，奶牛单产为 7 252 千克；2012 年全市奶业实现总产值 24.92 亿元，占畜牧业总产值的 23.73%。

较 2011 年，2012 年奶牛存栏数呈现小幅下降，但奶牛单产水平明显提升，养牛效益持续好转。奶牛存栏数小幅下降的主要原因是，天津作为沿海大城市，近几年，着力推进都市型畜牧业发展，加大了奶牛产业调整，全面推进奶牛养殖规模化、标准化、设施化发展，部分小、散、乱的奶牛小区被淘汰；同时，畜牧管理部门加强做好奶牛养殖新技术的培训，积极引导奶农转变发展理念，向质量要效益，很多奶农合理调整牛群结构，加大劣质奶牛淘汰力度，使存栏数小幅下降。

【乳品加工】 天津有乳品加工企业 10 个，日处理鲜奶能力达到 1 935 吨，其中本地企业 4 个（天津海河乳业、津河乳业、中芬乳业、子母乳业）。2012 年乳制品总产量 31.50 万吨，乳品企业销售总额为 22.93 亿元。

产品主要是巴氏杀菌乳、UHT 奶、奶粉、酸奶和乳饮料。2012 年年产量分别为 1.56 万吨、19.08 万吨、7.3 万吨和 17.51 万吨。

天津地产龙头企业海河乳业，依托现代化国有大型牧场的奶源优势、专送渠道和低温杀菌工艺，加大了巴氏杀菌乳的推广力度。巴氏杀菌乳以其营养、健康和“鲜、纯”产品特点在天津区域快速发展，年末销量已达日均 8.5 万瓶，增长速度创下了国内同类产品之最。海河巴氏杀菌乳在天津巴氏杀菌乳市场占据了绝对的优势地位。

【市场消费】

1. 市场消费。据城调队资料，天津市 2012 年城镇居民奶制品消费量：鲜奶 20.80 千克/人、酸奶 2.68 千克/人、奶粉 0.42 千克/人；农村居民人均鲜奶购买量 7.44 千克/人；2012 年乳制品人均消费支出 241.20 元。

2. 主要乳制品品牌和价格。2012 年天津乳品市场国产乳制品占绝对主导地位，主要有伊利、蒙牛、光明、完达山、娃哈哈、海河、三元、君乐宝等品牌。超高温灭菌乳 250mL 规格的超市零售价在 2.3 元/瓶（盒）左右；酸奶 180 克益生菌零售价 2.3 元/瓶（盒）、260 克大果粒 6.5 元/瓶（盒）。海河巴氏杀菌乳 200mL 售价 2.21 元/瓶（盒）。

天津市乳品消费市场正在稳步上升，尤其是农村乳制品消费量在加大。天津市乳品市场品种消费占主体的仍然是 UHT 奶，其次是含乳饮料、酸奶和巴氏杀菌乳等。

【奶源基地】

1. 奶源基地建设。2012 年年底，全市存栏 300 头以上的奶牛养殖小区（场）共 147 个（养殖小区模式 77 个、规模化牧场 61 个、牧场化改造小区 9 个），其中：存栏规模 300～500 头的奶牛养殖小区（场）32 个，存栏规模 500～1 000 头的奶牛养殖小区（场）70 个，存栏规模 1 000 头以上的奶牛养殖小区（场）45 个。天津市奶牛养殖小区（场）机械化挤奶率达 100%，全市共有机械化挤奶设备 166 台套，66 个养殖场安装使用信息化管理系统软件，68 个养殖场配备了 TMR 自动饲喂机，33 个养殖场配备了保温水槽，参加 DHI 测定奶牛头数达到 2 万头。

2. 良种补贴情况。2012 年共使用奶牛良种补贴项目精液 13.29 万支，配种母牛数量 7.52 万头，妊娠牛数量 6.41 万头，产母犊数 2.68 万头。

3. 农业机械购置补贴情况。2012 年天津市利用国家农业机械购置补贴等优惠政策，对养殖企业的挤奶机械、饲草饲料加工机械等进行更新，提升全市奶牛养殖机械化和自动化水平。2012 年购置奶牛机械 17 台，补贴资金共 67.4 万元。

4. 规模养殖场改扩建情况。2012 年实施国家奶牛养殖小区、标准化规模养殖场改造项目 10 个，落实国家补贴资金 1580 万元。2012 年畜牧业设施提升工程奶牛项目 2 个，落实市级补贴资金 800 万元。

5. 饲草种植情况。2012 年种植苜蓿 1.2 万亩，单产 1 吨，总产量 1.2 万吨；全株青贮玉米 10.8 万亩，单产 3.5 吨，总产量 37.8 万吨。

6. 疫病防控情况。坚持按程序实施强制免疫，年内累计免疫 O-亚Ⅰ型口蹄疫 25 万头次，免疫 A 型口蹄疫 23.46 万头次，免疫抗体合格率分别为：O 型 96.14%、A 型 86.03%、亚洲Ⅰ型 90.89%。继续落实奶牛结核病三年防控计划，按规定开展结核病检疫净化。年内累计检疫奶牛 19.33 万头次，扑杀阳性奶牛 4 头，受检奶牛阳性率约 0.002%，阳性率较 2011 年大幅下降。2012 年底天津市津南、塘沽、东丽、北辰、西青、大港 6 个区县通过净化标准验收。

7. 粪污处理方式。天津奶牛场（区）粪污处理方式主要有干清粪直接还田、干湿分离、沼气发电、三级沉降等方式。

8. 生鲜乳收购年均价格。2012 年生鲜乳收购价格总体呈现稳中有升趋势。2012 年年初“两节”期间价格上涨，随后小幅下降，从第三季度到年底一直保持上升趋势。

2012 年生鲜乳平均收购价格 3.56 元/千克，同比上升 2.59%。本市加工企业生鲜乳年平均收购价格是 3.51 元/千克，同比上升 2.03%，市外企业年平均收购价格为 3.61 元/千克，同比上升 1.69%。规模化牧场最高价格已达 4.00 元/千克，创历史新高，农户交奶平均价格也达 3.10 元/千克，同比上升 3.33%。奶牛平均养殖收益 3115 元/头。

【奶农组织】天津市有奶农合作社 16 个，奶牛总存栏数 4.8 万头。其中具规模合作社是天津武清区武原奶业合作社。到 2012 年年底，武原奶牛合作社已吸收 42 个奶牛养殖场和小区加入合作社，存栏奶牛 3.7 万头，占奶农合作社奶牛总存栏数 77%左右。合作社具有与乳品加工企业沟通顺畅、有效协调生鲜乳价格和质量、饲草饲料统一采购、技术服务培训，统一结算等积极作用。

【技术培训】围绕生鲜乳收购站标准化管理技术规范、乳品质量安全监督管理条例、高产奶牛饲喂技术、DHI 报告解读技巧等内容，对养殖户、奶站负责人及从业人员开展培训，先后组织召开了《生鲜乳质量安全监管暨培训工作会议》《生鲜乳收购站化验员培训班》《DDGS 和青贮玉米青贮研讨会》《2012 年天津市奶牛生产性能测定技术培训班》4 期培训班；成立奶牛科技服务小分队，聘请专家进村入户，为奶户进行现场讲解指导。2012 年发放技术材料 1 000 余份，开展咨询服务 400 人次，培训养殖人员 800 人次。通过培训，提高奶农整体素质。

【法规和政策】2012 年继续实施的国家补贴政策：奶牛良种补贴政策、奶牛标准化规模养殖场改造补贴政策、奶牛生产性能测定补贴政策等。

市级扶持政策：2012 年畜牧业设施提升工程扶持政策等。

区县级补贴政策：天津市武清区在奶牛良种补贴方面实行了“双补政策”，即国家补贴和区县补贴同时进行等。

【质量监管】生鲜乳质量安全监管实现了常态化管理。一是年初制定《天津市生鲜乳质量安全监督管理方案》，全面部署工作；二是加大监督检查力度：采取领导带队督查、市级检查组深入生鲜乳收购站每季度全覆盖检查、区县畜牧兽医主管部门每月一次拉网式检查。三是强化监测：重点加大了生鲜乳生产、运输环节的抽检力度和抽检频次及监测项目范围，并安排专人负责，严格了采样、抽样程序，对全市所有生鲜乳收购站每月开展一次生鲜乳质量安全监督监测工作，并做到每季度全覆盖监测。四是创新监管模式：2012 年在天津奶业信息平台基础上，开发建立了“天津乳品质量安全监管信息系统”和“天津市生鲜乳质量安全监管及可追溯系统建设”。奶业信息化系统的不断完善，将生鲜乳生产、收购、运输等关键环节纳入系统管理，构建了天津市生鲜乳收购站信息管理系统。信息管理系统对全市生鲜乳收购进行实时监控和管理、确保生鲜乳质量安全、增强乳品市场竞争能力、提高生鲜乳质量安全风险的防范能力、促进奶业持续稳定发展和奶农增收及为政府制定奶业政策提供依据等都具有突出的意义。

天津市有生鲜乳收购站154家，其中养殖场主体开办123家、乳品加工企业自建16家、合作社主体开办15家。2012年由市奶业发展服务中心组织当地畜牧兽医管理部门开展生鲜乳收购许可证发证“回头看”工作，严格按照《生鲜乳收购许可证发放管理办法》对有效期到期的收购站、车进行了现场检查和材料的审核，统一换发新证。确保全市154个站及所属运输车全部持有效证件运营。

2012年由市局领导带队监督检查2次，市级督查12次，区县级监督检查300次，共监督检查生鲜乳收购站1 887站次，运输车2 069车次；全年共完成3 168批次的抽样检测。监测样品三聚氰胺、皮革水解蛋白、硫氰酸钠、碱类物质、解抗剂（β-内酰胺酶）等项检测合格率均达到100%。

【奶业大事记】

1. 3月24～25日，2012年全国生鲜乳质量安全暨奶业处长工作研讨会在天津召开。

2. 2012年天津启动“放心奶”工程建设。天津市将“放心奶”工程建设列入20项民心工程，提出到2012年年底，天津80%的乳制品企业将符合“放心奶”工程建设要求，示范乳制品厂保证出厂的乳制品实物质量合格率达到100%，不合格产品坚决不予出厂销售。

天津市奶业发展服务中心　罗杰

河　北　省

【奶类生产】截至2012年年底，河北省奶牛存栏196万头，牛奶总产量达479万吨，泌乳牛平均单产达到5.4吨。石家庄、唐山、张家口、保定四大奶牛主产区奶牛存栏占全省的79.8%、产奶量占全省的82.4%。黑龙港流域发展潜力巨大，是重点发展的新优势区。

生鲜乳价格（奶农结算价）全年平均维持在每千克2.95元到3.10元，养殖奶牛处于微利保本状态。

【乳品加工】河北省现有乳品加工企业40家，日处理生鲜乳能力13 000余吨，其中液态乳11 000余吨，乳粉2 000余吨。

从企业布局上看，石家庄10家乳制品企业产能占全省的16.6%、张家口10家乳制品企业产能占全省的33.68%、保定6家乳制品企业产能占全省的16.41%、唐山5家企业产能占全省17.68%。

从所属集团来看，外埠企业27家，产能占全省的85.51%，产量占全省的93.2%。本土企业13家，产能占全省的14.49%，产量仅占全省的6.8%。

主要产品为UHT奶、发酵乳和乳粉。

2012年河北省乳制品产量达272.48万吨，同比增长3.08%，其中液态乳239.58万吨，同比下降6.14%，乳粉2.72万吨，同比增长12.84%；主营业务收入192.95亿元，同比增长6.87%；利润12.11亿元，同比增长3.74%；利税17.03亿元，同比增长0.43%。

【市场消费】

河北省乳制品市场主要销售的品牌：

全国品牌：三元、光明、蒙牛、伊利、完达山等

地方品牌：君乐宝、长城、乡谣、天香、缘天然等

主要乳制品品牌价格，见表5-10。

表5-10

主要乳制品	品牌牛奶/规格	价格（元）
巴氏奶入户	康诺/瓶 220mL	2.3
	三元/瓶 220mL	2.5
	长城/瓶 220mL	1.5
商超UHT纯奶	蒙牛/利乐枕 240mL	2.20
	伊利/利乐枕 240mL	2.10
	君乐宝/利乐枕 240mL	2.00
	三元/利乐枕 240mL	2.10
	缘天然/有机奶 250mL	6.50
酸奶（原味）	君乐宝/100mL	1.50
	三元/100mL	1.60
	蒙牛/100mL	1.55
	伊利/100mL	1.50
	长城/180mL	2.00

【奶源基地】河北省全省范围内彻底取消了奶牛散养模式，存栏奶牛 50 头以上的规模养殖率达到 100%；存栏奶牛 300 头以上（规模养殖场 457 个、奶牛小区 1 446个）的规模养殖率达到了 96%。2012 年全省生鲜乳收购站 1 844 个，减少 70 个，全部达到“五有一符合”标准。《生鲜乳收购许可证》和《生鲜乳准运证明》持证率为 100%。所有奶站均与乳制品加工企业签订了《生鲜乳购销合同》（示范文本），并在当地（县级）畜牧主管部门进行了备案。奶站网络化视频监控系统建设起步良好，稳步推进。

2012 年河北省积极引导乳品企业加强奶源基地建设，推进 500 家奶牛场（区）实施奶牛托管、股份制改造；751 家奶牛养殖小区开展了“四统二分”，即统一饲料（TMR）、统一配种、统一防疫、统一消毒，分户饲养、分户核算，管理模式的改进；完成奶牛生产性能测定 6.5 万头，创建高产奶牛核心群 30 个，存栏奶牛 2.4 万头，奶牛平均单产 7.45 吨；协调约谈乳品企业，对生鲜乳价格进行协调，维护奶源市场的正常秩序；奶站建设方面，在整顿淘汰不合格生鲜乳收购站（以下或简称“奶站”）、整合提升保留奶站的基础上，全省实行奶站（挤奶厅）与奶牛规模养殖场（养殖小区）一体化建设，并全部安装管道式机械化挤奶设备，彻底解决了奶牛养殖与生鲜乳收购相分离的问题，有效地消除了挤奶和收购环节的质量安全隐患。截至 2012 年年底，全省共有生鲜乳收购站 1 844 个，其中乳品企业自建 38 个、占总数的 2.1%，规模养殖场建设 1 052 个、占总数的 57.0%。

2012 年河北省争取到国家 7 万亩的高产优质苜蓿示范建设项目，资金总额 4 200 万元，确定项目承担单位 21 个，带动苜蓿种植 42 万亩，实现了苜蓿种植与奶业发展有机结合。

根据河北省奶牛养殖发展现状来看，已经出现了小区饲养模式向牧场农场方向发展趋势，在奶牛规模养殖场大力推广 TMR 饲料喂养技术；在奶牛养殖小区大力推广“四统二分”管理模式。

【奶农组织】河北省有奶农专业合作社 899 个、占总数的 45%。加强农民专业合作经济组织建设，积极推进产业化经营。按照“民办、民管、民受益”的原则，引导和组织农民发展养殖大户、家庭牧场和农民专业合作社等农业新型主体，来共同面对市场，提高竞争力，增强话语权。这些奶农专业合作社一定程度上提高了奶业组织化专业化程度，在奶牛的规模养殖、科学管理、统一的技术指导与服务，以及生鲜乳的集中收购、贮运和销售等方面都发挥了积极作用。

河北省奶业协会紧紧围绕奶业发展的重点、难点、热点等问题，认真贯彻“服务、自律、维权、协调”的基本职能，积极落实“服务行业、服务会员、服务奶农、服务政府”的根本宗旨，为河北省奶业健康持续发展积极贡献力量。

各市都成立了奶业协会，积极发挥协调服务作用。各市奶业协会和当地物价、奶站、奶农和乳品企业代表组成生鲜乳价格协调委员会，启动生鲜乳价格协调机制，召开价格协调会，根据生产成本和季节变化及时调整和公布生鲜乳交易参考价格。各乳品企业要参照这一价格，再根据生鲜乳质量测算结果确定合理收购价格，同时各乳品企业及时结算奶款，并对奶站奶款发放进行监督，提高奶款结算的透明度，限制了生鲜乳收购中的不公正行为。

【质量监管】一是继续加大力度，强力推进奶站规范化管理。严格按照《乳品质量监督管理条例》的要求，遵循宁缺毋滥的原则，加强发证管理；在已发证的奶站中，大力推行规范化管理。从硬件完善到设备配置，从人员配备到操作规范，从制度建设到档案记录，从生鲜乳装车运输到销售交接手续等方面均严格管理、堵塞漏洞、一丝不苟。

二是大力推进奶站视频监管系统建设。在石家庄全部实现网络视频监管的基础上，唐山实现网络监管部分联网，保定、衡水、秦皇岛等市积极推进，全省实施网络化视频监管的奶站达到 519 家，占全省奶站总数的 28%；奶站及生鲜乳监管进一步加强，连续四年保持生鲜乳中三聚氰胺零检出率。

三是大力开展奶站专项整治和生鲜乳违禁物质专项整治行动。根据全省生鲜乳专项监测计划，2012 年加大了生鲜乳抽样检测的密度和频率，按照“省级每年对辖区内的奶站至少抽检 1 次，市级对辖区内的奶站每年至少抽检 2 次（每半年一次），县级对辖区内的奶站每年至少抽检 4 次（每季度一次）”的要求认真开展工作。为顺利完成全年生鲜乳专项监测工作，全省举办了 189 期生鲜乳专项监测培训班，共计培训 5 843 人次，其中省级培训 2 次。2012 年全省共计安排生鲜乳专项监测资金 585 万元，其中省级安排资金 106 万元。共完成生鲜乳抽检 16 391 批次，其中省级完成 4 319 批，覆盖了全省全部生鲜乳收购站一次以上。检验项目为三聚氰胺、皮革水解蛋白、β-内酰胺酶、硫氰酸钠、碱类物质，检测合格率 100%。

四是乳品企业建立实施诚信体系为乳品安全提供保障。全省 40 家乳制品企业建立了食品工业企业诚信管理体系，以提升乳品安全保障能力，展现诚信形象，促进河北省乳业健康发展。目前君乐宝乳业、河北三元、察哈尔乳业、唐山三元已经通过第三方评价取得证书，张家口长城、丰宁缘天然、河北新希望天香乳业、张家口恒天铄等十余家企业进行了诚信体系前期辅导工作，已着手向第三方评价机构申请评价。

【奶业大事记】

1. 2012 年 3 月 14 日，河北省畜牧兽医局发布《关于加快建设全省奶站网络化视频家监控系统的通知》，要求在全省推广石家庄成功经验，建立覆盖全省的奶站网络化视频监控系统。

2. 2012 年 4 月 23 日，中共中央政治局委员、国务院副总理回良玉考察唐山蒙牛和恒天然第一牧场。

3. 2012年4月27日，石家庄君乐宝乳业并购太行乳业签约仪式在行唐县举行，标志着君乐宝乳业以低温酸奶为主体、以常温奶和奶粉为两翼的“一体两翼”战略迈出了重要一步。

4. 2012年6月12日，河北省畜牧兽医局、河北省奶业协会共同策划的“燕赵奶业行”系列采访活动在石家庄市拉开帷幕。

5. 2012年6月14日，河北省工业和信息化厅在石家庄召开食品工业企业诚信体系建设试点经验交流会，发布《河北省2012年食品工业企业诚信体系建设工作实施方案》，会议明确要求全省乳品企业建立实施诚信体系。

6. 2012年6月22日，河北省畜牧兽医局在石家庄举行“奶业发展工作座谈会”。

7. 2012年8月22日，蒙牛乳业位于河北保定望都县及衡水武强两座总投资超过24亿元的新工厂同时开业。

8. 2012年12月21日，河北省奶业协会五届四次理事会暨振兴奶业苜蓿发展行动工作会议在石家庄市召开。

河北省畜牧兽医局　李进恒
河北省奶业协会　李贺峰

石家庄市

【奶类生产】2012年石家庄市奶牛（含杂种牛）存栏42万头，全部是荷斯坦牛。主要分布在行唐、正定、藁城、栾城、元氏、灵寿、鹿泉等18个县、市（区），其产奶牛存栏数占总存栏数的40%以上。与2011年相比，2012年奶牛存栏呈现回升势头，主要是近年来石家庄市畜牧局启动的“十大重点建设项目”行动，各地充分利用奶牛产业大县建设项目，扶持标准化规模奶牛场建设，新建了十几个标准化规模奶牛场，奶牛存栏逐步回升，质量显著改善，低产杂种牛比例下降，奶牛平均单产稳步提高。2012年奶类总产量120.8万吨，比上年增长2万吨，增长了1.5%。

【规模养殖】2012年石家庄全市奶牛养殖场共380家。其中：50头奶牛以上的规模场33家，存栏36 549头；300头以上的31家，300头以下的2家；奶牛养殖小区共计347家，300头以上的336家，存栏363 455头，300头以下的11家，存栏1 729头。奶牛年存栏数100～199头的场（户）163个，年存栏数25 503头，产奶量77 340吨；200～499头的场（户）85个，年存栏数35 889头，产奶量94 680.8吨；500～999头的场（户）240个，年存栏数205 551头，产奶量606 238.2吨；年存栏数1 000头以上的场（户）89个，年存栏数154 722头，产奶量439 761吨。

【奶站管理】石家庄市重点围绕奶农扶持、奶站整治、小区建设、长效监管机制建设等方面出台了一系列政策措施，乳品行业每一个监管人员和每一个从业人员，始终保持高度警惕，不断地强化生鲜乳质量安全监管，石家庄市在全省率先实现了“散养入区、挤奶进厅、站企挂钩、全程监管”，奶牛全部进入规模养殖场（小区）饲养、奶站全部实现了管道式机械化挤奶、全部取得了生鲜乳收购许可证，全部实现了合同化管理、全部安装了视频监控系统，从源头保障乳品质量安全。一是强化奶站和奶牛养殖小区一体化建设，全力推进养殖方式的根本性转变。市政府出台了《关于扶持奶农的八条政策措施》、《关于进一步加强生鲜乳生产收购监管工作实施意见的通知》，采取政策引导、技术支持、行政推动等综合措施，疏堵结合，大力推行奶牛养殖小区和奶站一体化建设，加快散养奶牛入区进度。二是建立健全生鲜乳质量安全监管监测体系，强力推进奶站的制度化和标准化建设。强化奶站整治，提高奶站经营准入条件，制定出台了《生鲜乳收购许可证发放管理办法》，进一步明确了《生鲜乳收购许可证》的发放对象、发证条件、发放程序、内部管理规定和《生鲜乳准运证明》的发放程序和条件，解决了各县（市）区畜牧部门在执行过程中掌握标准和尺度不一的问题，推进了奶站整治。2012年，全市380家奶站全部取得了《生鲜乳收购许可证》，发证率达到100%。三是建立健全了奶站和奶牛小区管理的“八项要求、十项管理制度和一项技术操作规程”。四是创新监管手段，大力推行奶站视频监控联网系统建设工作。依靠先进信息技术，通过科技手段，实现奶站、乳品企业、市、县畜牧部门之间的互联互通和实时监控各自管理权限内站点，2012年，全市380家奶站全部实现了视频监控联网，堵塞了监管漏洞。

【生鲜奶价格】2012年生鲜奶价格基本平稳。1～3月价格保持上升，从4月份开始奶源市场出现供过于求的现象，鲜奶价格略有下降，中秋、十一双节期间鲜奶价格出现小幅回升，到元旦奶价达到3.4元/千克，奶农价格达到3元/千克。2012年奶站年平均价3.3元/kg，奶农2.9元/千克。与2011年相比，价格稳中略有上升。

【乳品加工】2012年在我市收购生鲜奶的乳品企业共有7个（其中3家在我市建有工厂，君乐宝乳业有限公司、河北三元食品有限公司和明旺乳业有限公司），日处理生鲜奶的能力总计达到2 000吨。君乐宝乳业产品主要以酸奶为主，系列产品达到70%，其他产品（主要是液态奶）达到30%。

【技术培训】2012年3月27日在行唐县举办了“奶牛良种繁育技术培训交流会”。来自蒙古赛科星繁育生物技术股份公司两位专家分别就育种工作的主要内容、方法及育种工作的重要性和性控精液生产方法及在应用中与普通冻精的不同点两个专题进行了深入浅出的讲解，50余名技术人员、配种员参加了培训。5月28日，市奶业协会协助市畜牧技术推广站、市畜牧兽医学会和上海奶牛育种中心有限公司在藁城市联合举办了石家庄市奶牛育种及养殖技术培训会，来自上海奶牛育种中心胚胎移植部主任高级兽医师吕俊、畜牧师张晓峰针对奶牛繁殖疾病防治、奶牛的人工授精配种技术及不同阶段奶牛饲养管理技术等作了专题讲座，各县（市）区主管奶牛良种补贴项目的副局长、畜牧技术推广站站长、家畜改良站站长、奶牛场（小区）负责人、技术人员、配种员150人参加培训。奶协还积极利用“科技下乡”这个活动平台，组织协会专家和科技人员进入县、乡、村及奶牛养殖场（区）向广大养殖场（户）宣讲奶牛养殖技术和疫病防治知识，2012年协会组织并参加两次科技下乡活动，现场发放宣传资料万余份，科技书籍500册，受益奶农上千人次 。

【疫病防治】省、市、县三级畜牧兽医部门精心组织进行了常规的防疫和检疫，开展了结核和布病的防检疫工作，绝大部分牧场都能定时严格常规防疫和程序性的消毒。2012年没有疑似疫病和疫病的发生。规模化牛场的常规疾病仍以乳房炎、消化不良、酸中毒和肢蹄病等常见病为主。总体上看大中型牧场都能做到“以防为主、防重于治”的原则，对常见多发病能做到“早发现，早治疗”，养殖方式和养殖理念都要随之改变和提高。

石家庄市奶源管理办公室　董　毅

唐　山　市

【奶类生产】唐山市自然地理条件优越，气候温和，四季分明，日照充足，雨量丰沛，是著名的玉米种植带，饲草饲料及作物秸秆资源丰富，为发展奶牛养殖提供了有利条件。同时，交通便捷，毗邻京津、背靠三北的区位优势十分明显，发展奶业市场条件得天独厚。因此，唐山市在加快建设现代畜牧业发展的同时，提出了打造全国最大的绿色、安全牛奶生产基地的发展思路，全力推动奶业发展，主要生产指标连续多年保持快速增长，并形成了汇集蒙牛、伊利、三元等国内多家知名品牌的乳品加工企业集群。2006年唐山市被中国奶协授予“奶业生产强市”称号，多年来唐山市奶产量一直居全国地级市第二位（内蒙古呼和浩特市第一），唐山市是全国农区养奶牛最多的区域。

到2012年年底，唐山市奶牛存栏47.38万头，生鲜奶产量184.39万吨，成年母牛平均产奶量6吨以上。唐山市奶业已形成以丰润、滦南、滦县、丰南、迁安、开平、汉沽、乐亭等县区为重点的优势产业带，在这个区域内，奶牛养殖量、生鲜奶产量均占全市总量的80%以上，其中芦台天成奶牛场是河北省奶牛平均单产最高的奶牛养殖场，该场全群平均单产可达11吨以上（此数据是经省奶牛生产性能测定中心测定后评定的）；同时近几年涌现了首农新绿洲牧场、恒天然汉沽牧场、恒天然玉田牧场等一批优质高产牧场。

【规模养殖】2012年唐山全市共有奶牛养殖场（区）433个，全部实现了规模养殖，100%实现机械化挤奶。有283个养殖场（区）采用“四统二分”模式，102个养殖场（区）采用TMR饲喂技术，267个养殖场（区）安装视频监控系统，25个养殖场（区）参与DHI工作。其中：奶牛年存栏数100～299头的场（户）11个，年存栏数1 798头；300～499头的场（户）79个，年存栏数37 363头；500～999头的场（户）195个，年存栏数162 539头；年存栏数1 000头以上的场（户）148个，年存栏数272 187头。

发展建议：一是加大对良种奶牛养殖补贴力度，加大对规模养殖的扶持力度，对积极向牧场制转型的奶牛养殖小区给予技术和资金支持，引导鼓励“集中散养”式的养殖小区向真正的牧场化、现代化管理转变，不断提升单产水平。二是鼓励乳品企业出台相关引导扶持政策、为奶农贷款担保政策，帮扶养殖小区做大做强，借机推动奶牛养殖小区向奶牛牧场转变，强化乳企与奶源环节的利益链接，加快企业经营管理奶站工作进程。三是视情况给予财政补贴或原料奶收购贴息等政策，以适度提高生乳收购价格，抵御进口乳品的冲击，保护奶农利益。

【质量监管】质量安全监控检测体系是乳制品质量安全的重要保障。一是在养殖环节加大新技术引进力度，特别加强奶牛疫病监测、饲养环境监控、奶牛品质检测、饲草饲料等投入品的监测，确保原料奶质量安全。二是由市畜牧水产品质量监测中心对有争议的原料奶出具质量检测报告，强化对原料奶生产流通环节的监控。重点监管“奶吧”和企业拒收的“问题奶”，防止出现食品安全事件。三是在乳品加工环节加强原料奶进厂检测和出厂质量检验，严把产品出厂关，决不允许问题产品流向市场。四是加大乳制品流通环节质量监管力度，严格监督乳制品经营者，切实履行索票索证和进货合账制度，严厉打击经销假冒伪劣乳制品的违法行为，切实维护乳制品市场消费安全。

【乳品加工】唐山市辖区内有乳品加工企业五家，日处理鲜奶2 970吨，主要生产灭菌奶、调制乳和乳饮料。具体为唐山（丰润）蒙牛有限公司，日处理能力为720吨；伊利集团滦县有限公司，日处理能力为720吨；滦南蒙牛有限公司，日处理能力为940吨；迁安三元乳品有限公司，日处理能力为360吨；汉沽康尼乳业公司（汉沽三元），日处理能力为230吨。

【奶站管理】唐山市严格按照省政府相关文件要求，全力抓好“奶牛规模养殖、奶站整治和乳品加工企业经营奶站”三项重点工作，成效显著。2012年底唐山市共有奶站406个，全部发放了《生鲜乳收购许可证》和《生鲜乳准运证明》。全部奶站六项制度齐全、各项记录完备、挤奶、冷却、储藏、运输设施符合规定要求，且全部采用了封闭式管道挤奶方式，生鲜奶运输执行“两证一单”制度。

【生鲜奶价格】2012年唐山生鲜奶价格基本平稳。4月份奶源市场供过于求，生鲜奶价格略有下降，中秋、十一双节期间生鲜奶价格出现小幅回升，到元旦奶价达到3.5元/kg，奶农价格达到3.05元/kg。2012年奶站年平均价 3.4 元/kg，奶农 3 元/kg。

【技术培训】2012 年 4 月 18～20 日，由河北省畜牧兽医学会、国家奶牛产业技术体系保定试验站、石家庄综合试验站、唐山市奶业协会联合主办的科学养牛系列培训—唐山班在唐山市举办。此次培训共邀请了国内 21 名行业专家就“TMR 技术在奶牛饲养管理方面的应用”、“奶牛常见疾病预防与管理”、“奶牛饲养管理的关键技术”等专题进行了讲解，同时，专家还深入滦县军英牧场、滦南蓝天牧场等场（区）进行现场答疑解难，深受广大养殖户的好评。参加此次培训的共有规模化奶牛养殖场（区）负责人、技术员及广大奶农 260 余人次。2012 年唐山市局共组织四次下乡进村活动，发放各类宣传资料两万余份，科技实用书籍 1 000 余册，受益奶农 2 000 余人次。

【疫病防治】唐山市、县奶业主管部门坚持“加强领导、密切配合、依靠科学、依法防控”的方针，进一步健全重大疫情预警、预报网络，加强集中监测、动态监测和疫情应急监测工作，重大动物疫病防控取得明显成效。奶牛养殖场（区）认真落实防疫措施，有效预防和控制了动物疫病的流行或蔓延。

【奶农组织】奶业涉及原奶生产、乳品加工、乳品销售和进出口等乳业链条各环节，生产过程中随机因素多，所以，除了加强政府及其主管部门的协调机制外，还必须以行业组织的自律、监督、协调等手段辅之。唐山市及各县区奶业协会自主地开展有益于加强行业管理的各类活动，发挥行业协会协调、服务、维权、自律的功能，强化行业管理、规范行业秩序、提供社会化服务，对唐山的乳业发展起到了辅助推动作用。但是由于唐山市奶业协会及部分县奶业协会挂靠农牧局，应有作用还未充分发挥出来，随着协会组织的不断健全，其辅助于党委、政府，受益于企业、奶农的桥梁纽带作用会更加明显。

唐山市农牧局畜牧处　杨建兴

附表 1：

奶牛养殖场（小区）名录

序号	名　　称	养殖场	小区	全群存栏（头）	成母牛存栏（头）	奶畜品种	成母牛单产（吨/年）	年总产（吨）	是否参加DHI	是否应用TMR
1	张家口塞北现代牧场有限公司	√		289 770	168 023	荷斯坦	8.6	120 000		√
2	衡水赛科星澳源良种繁育有限责任公司	√		8 126	2 100	荷斯坦、娟珊	8.1	2 591	√	√
3	恒天然牧场	√		12 000	6 000	荷斯坦牛	8.5	51 000	√	√
4	华夏畜牧（三河）有限公司	√		8 630	2 776	荷斯坦牛	10.9	30 397	√	√
5	华夏畜牧（三河）有限公司鸿星分场	√		3 226	1 160	荷斯坦牛	11.6	13 549	√	√
6	华夏畜牧（三河）有限公司百辰分场	√		616	616	荷斯坦牛	10.0	6 533	√	√
7	滦县新绿洲生态农业发展有限公司	√		5 500	3 800	荷斯坦、娟珊	9.0	33 000	√	√
8	保定宏达牧业有限公司		√	1 160	700	荷斯坦牛	5.0	3 500	√	√
9	深泽金玉良种奶牛繁育中心		√	1 050	600	荷斯坦牛	6.0	3 600	√	√
10	河北绿奥乳业有限公司		√	1 200	500	荷斯坦牛	7.0	3 300	√	√
11	保定双丰牧业有限公司		√	809	500	荷斯坦牛	6.0	3 000	√	√
12	丰宁思源农业有限公司	√		2 500	1 500	荷斯坦	7.5	11 250	√	√
13	京北缘天然农牧有限责任公司	√		2 000	1 200	荷斯坦	7.5	9 000	√	√
14	正定宏发良种奶牛场	√		680	400	荷斯坦牛	8.0	3 000	√	√

（续）

序号	名　　称	养殖场	小区	全群存栏（头）	成母牛存栏（头）	奶畜品种	成母牛单产（吨/年）	年总产（吨）	是否参加DHI	是否应用TMR
15	晋州市周家庄农牧业有限公司		√	1 000	500	荷斯坦牛	6.0	3 000	√	√
16	辛集润翔乳业有限公司	√		620	300	娟珊牛	7.0	2 100	√	√
17	石家庄恒达牧业有限公司	√		500	280	荷斯坦牛	6.0	1 600	√	√
18	藁城聚源养殖服务专业合作社		√	962	460	荷斯坦牛	5.0	2 300		
19	平山国富金鑫奶业有限公司		√	620	300	荷斯坦牛	5.0	1 500		
20	张北桦岭牧业生态养殖场		√	551	320	荷斯坦牛	5.5	1 760		
21	沽源盛丰奶牛养殖合作社		√	600	400	荷斯坦牛	6.0	2 400		
22	抚宁互利养牛专业合作社		√	530	300	荷斯坦牛	7.0	2 100	√	√
23	秦皇岛际牧牛业研繁基地有限公司	√		1 200	600	荷斯坦牛	7.0	4 200	√	√
24	芦台新华奶牛场		√	1 080	500	荷斯坦牛	8.0	4 000	√	√
25	滦县军英牧场		√	1 200	580	荷斯坦牛	6.0	3 500	√	√
26	新华奶牛场		√	570	300	荷斯坦牛	7.0	2 100	√	√
27	遵化美富奶牛小区		√	620	280	荷斯坦牛	5.0	1 500		
28	磁县伊康牧业有限公司	√		500	300	荷斯坦牛	6.0	730	√	√
29	肥乡县牧旺奶牛养殖专业合作社		√	500	300	荷斯坦牛	7.0	730	√	√
30	邯郸县河沙镇鑫泉奶牛场		√	500	320	荷斯坦牛	6.0	456	√	√
31	武安市奔发奶牛养殖场	√		700	400	荷斯坦牛	4.0	730	√	√
32	磁县文东养殖专业合作社		√	500	280	荷斯坦牛	5.0	456	√	√
33	肥乡县乳旺奶牛养殖专业合作社		√	1 000	600	荷斯坦牛	5.0	2 555	√	√
34	张家口长城乳业有限公司左卫奶牛养殖基地	√		522	217	中国荷斯坦	7.0	1 519	√	√
35	张家口长城乳业有限公司左卫奶牛养殖小区		√	550	270	中国荷斯坦	5.5	1 485		

备注：请在养殖场或小区列中选择打勾；如参加 DHI 或应用 TMR，请在相应表格中打勾。

附表 2：

乳制品生产企业名录

序号	名　称	许可证号码	年收购原奶量（吨）	平均支付价格（元/千克）	其中：自有奶源量（吨）	年乳制品产量（吨）	其中：巴氏杀菌乳（吨）	UHT奶（吨）	酸奶（吨）	奶粉（吨）	奶油（吨）	奶酪（吨）	乳饮料（吨）	整体设计加工能力（吨/年）	产品销售区域	年销售收入（万元）	利润（万元）
1	察北乳业有限责任公司	QS130705010304	10 000	3	0	787				787				50 000	本地	2 203.6	100
2	张家口恒天烁乳业有限公司	QS130705010011	1 200	2.55	0	1 900				1 900				116 800	本地	5 500	200
3	张家口塞北现代牧场有限公司	QS130705011357	1 279 540	3.25	1 279 540	1 152.19	921.48	/	230.71	/	/	/	/	6 716.17	北京、包头、太原、呼市、石家庄	1 630.59	−1 161.55
4	张家口长城乳业有限公司	QS130705010344	8 000	3.2	3 000	6 000	3 300	1 327	1 373					300	张家口市、区、县	3 732.7	0.86
5	丰宁缘天然乳业有限公司	QS130805010003	7 151	4.4	7 151	13 355	0	4 050	0	0	0	0	9 305	70 000	全国	20 301	3 682
6	保定君乐宝乳业有限公司	QS130005010181	20 048			21 778	0	18 630					3 148	40 150	华北	11 600	569
7	河北三元食品有限公司	QS130105010001	70 902	3.4	19 690	69 966	0	65 858	815	3 290	0	0	3 950	123 000	全国	59 796	−3 566
8	河北佳利乳业有限公司	QS130005010914	47 450	3.4		1 500				1 500				128 800	本地	4 100	220
9	石家庄天缘乳业有限公司	QS130005010020	12 144			29 858			13 166				16 692	35 000	全国	12 886	548
10	石家庄君乐宝乐时乳业有限公司	QS130005010019	45 432			69 577			50 124				19 453	108 000	全国	30 906	982
11	石家庄君乐宝乳业有限公司	QS130005010155	267 000	3.62		326 390		55 399	200 392				70 600	650 000	华北	219 800	11 000
12	石家庄永盛乳业有限公司	QS130105010009	73 633			92 199			92 199					216 000		50 292	15
13	邯郸市康诺食品有限公司	QS130405010021	5 900	3.33		6 368	2 458		3 862				48	18 000	邯郸、安阳、邢台、武安	4 491	91

山 西 省

【奶类生产】2012 年，全省奶牛存栏 42.11 万头，同比增长 1.25%，全部为荷斯坦牛。主要分布于朔州、大同、忻州、晋中、太原 5 市，其奶牛存栏 37.62 万头，占总存栏数的 89.36%。奶牛存栏 3 000 头以上的县（市、区）30 个，其中，山阴县、应县、朔州市朔城区、大同市南郊区、忻州市忻府区、祁县、阳高县、怀仁县、晋中市榆次区、平遥县、定襄县、太原市小店区、广灵县、翼城县、洪洞县、右玉县、汾阳市、太谷县和晋源区的奶牛存栏数占总存栏数的 92%。

2012 年，全省奶山羊存栏 16.7 万只，同 2011 年相比基本持平。主要品种为洪洞奶山羊，是莎能公羊及少部分吐根堡公羊与当地山羊杂交育成的地方品种。奶山羊主要分布于临汾、运城、晋中、大同 4 市，其存栏数占总存栏数的 70%。奶山羊存栏 2 000 只以上的县（市、区）有洪洞县、平遥县、临汾市尧都区、万荣县、广灵县、霍州市、古县、河津县、浮山县、昔阳县、永济市和祁县 12 个县（市、区）。

2012 年，全省奶类总产量达到 119.33 万吨，比 2011 年增长 5.78%。其中牛奶产量 117.27 万吨，同比增长 5.56%；羊奶 2.06 万吨，同比增长 11.59%。

牛奶产量增加的主要原因：一是奶牛养殖仍是部分农村地区农民增加收入的重要渠道之一，在饲料价格较高、生鲜乳价格偏低的情况下，奶农以淘汰低产牛、少养后备牛、减少支出、保留良种的方式进行过渡饲养，因而出现了奶牛存栏略降而牛奶产量略增的现象。二是各级政府在奶牛良种、饲草种植、青贮窖建设、奶牛保险、贷款支持等方面给予较大的政策扶持，支持奶农夯实发展奶业的基础，促进奶业平稳发展。三是奶牛养殖科学技术逐步在基层得以推广运用。近几年，通过畜牧技术推广机构、协会组织、生鲜乳收购企业等部门举办的技术培训，奶牛养殖场（户）的科技应用程度有所提高，如全株玉米青贮、TMR 全混日粮的推广应用等。

全省生鲜乳平均收购价为 2.84 元/千克，平均交售价格为 3.21 元/千克，分别比 2011 年增加 0.05 元/千克和 0.08/元千克，增长 1.79%和 2.55%。其中，规模牛场收购站生鲜乳的交售价格为 3.8 元/千克左右，效益较高。

【乳品加工】2012 年，全省经过省经信委和省质监部门重新核查许可生产的乳制品生产企业分别为山西古城乳业集团、山西古城乳业八分厂、蒙牛乳业（集团）山西乳业、蒙牛乳业（太原）、朔州伊利乳业、山西雁门乳业、山西雅士利乳业、山西维尔生物乳制品、阳曲县瑞美乳业、长治市九牛寨乳业、长治市牧村乳业、晋城市晋大农牧产业、大同夏进乳业、阳泉田园乳业 14 家乳品加工企业。其中前 7 家为大型乳制品生产企业，其产量占全省总产量的 98%以上，其余 5 家为小型乳制品企业。

全省乳制品种类包括巴氏杀菌乳、UHT 奶、奶粉和酸奶，由于乳制品销售市场逐渐好转，巴氏杀菌乳、酸奶的产量有所增长；中小型乳制品加工企业主要生产巴氏杀菌乳，部分企业还生产酸奶和乳酸饮料。

【市场消费】本地区 2012 年城镇居民人均奶制品（折合成原料奶）消费量 26.32 千克，其中鲜乳品 17.55 千克，奶粉 0.28 千克，酸奶 4.22 千克。本地区 2012 年农村居民鲜奶购买量 3.55 千克，奶及奶制品消费量 6.35 千克。

【奶源基地】省外乳品企业在晋组建的公司没有开展奶源基地建设，本省的多数乳品企业自建有部分奶源基地，如古城乳业集团、阳曲县瑞美乳业、长治市牧村乳业、长治市九牛寨乳业等，山西维尔生物乳制品公司有参股奶牛养殖基地。

2012 年年底，饲养 100 头以上奶牛的规模养殖（场）户存栏奶牛 16.03 万头，规模养殖率 38%。全省不同规模奶牛养殖场户、奶牛存栏、牛奶产量情况分别为：存栏 1～19 头的有 5.81 万户，存栏 22.29 万头，产奶 55.57 万吨；存栏 20～49 头的有 796 个场户，存栏量 2.27 万头，产奶 8.23 万吨；存栏 50～99 头的有 218 个场户，存栏量 1.52 万头，产奶 4.56 万吨；存栏 100～199 头的有 76 个场户，存栏量 1.03 万头，产奶 3.31 万吨；存栏 200～499 头的有 201 个场户，存栏量 6.66 万头，产奶 20.04 万吨；存栏 500～999 头的有 83 个场户，存栏量 5.34 万头，产奶 15.62 万吨；存栏 1 000 头以上的有 23 个场户，存栏量 3.00 万头，产奶 9.94 万吨。全省千头以上奶牛养殖户和存栏量分别比 2011 年提高 64.28%和 57.95%。

按规模养殖与挤奶方式分类，全省分为奶牛养殖场、奶牛养殖小区、奶牛散养集中机械挤奶和奶牛分散饲养没有机械挤奶四种情况。全省机械挤奶率达到 70%，其中奶牛场和养殖小区实行机械挤奶的奶牛占 60%，散养奶牛集中进站机械挤奶的奶牛占 10%。

【政策支持】2012 年，中央财政在我省安排奶牛良种补贴资金 540 万元用于奶牛良种补贴（补贴 18 万头奶牛，用冻精 36 万剂，其中 18 万剂对外招标），省财政投入 200 万元，发放冻精 40 万剂。全年共改良奶牛 18 万头，平均每头奶牛年增产 300 千克，增产直接经济效益 0.9 亿元。山西作为国家奶牛良种补贴第一批试点省，经过七八年的项目实施，通过各级畜牧部门的不断努力，目前，已经建立了以省畜牧遗传育种中心为龙头，山西农大动科院、山西农科院畜牧研究所为技术支撑，市、县畜牧部门为组织保障，乡镇畜牧兽医配种改良站（点）为网络的相对完善的奶牛改良服务体系。与此同时，与财政部门紧密配合，逐步规范了冻精招标、检测、发放、技术服务、资金使用等各个环节的管理，建立了一系列科学有效的项目管理制度，取得了良好效果。

【质量管理】一是强化了生鲜乳质量安全“属地管理、责任到人、监管到位”的工作机制。在省与市、市与县畜牧部门层层签订“生鲜乳质量安全监管责任状”的基础上，将全省每一个生鲜乳收购站、运输车、奶牛养殖场（户）的监管责任落实到当地辖区的企业（车辆）负责人、乡（镇）责任人、县包乡（镇）责任人和市包县责任人，确保监管责任落实无缝隙、全覆盖。二是强化了生鲜乳监测。全省检测面覆盖到所有的收购站和运输车，各个批次抽检的生鲜乳样品监测结果均符合国家相关规定。三是强化了生鲜乳质量安全专项整治，召开专门会议对生鲜乳质量安全专项整治进行了全面部署。要求以《生鲜乳收购站标准化管理现场检查内容和判定标准》《生鲜乳运输车现场检查内容和判定标准》和奶畜防疫检疫及用药、休药等有关规定为依据，严查生鲜乳生产收购运输市场，促进规范生产经营。四是强化了制度建设，完善了《饲料和生鲜乳质量安全定期巡查制度》《饲料和生鲜乳质量安全监管责任包干制度》《生鲜乳质量安全突发事件应急处置预案》，防止生鲜乳质量安全事件的发生。五是强化了组织领导和部门协作，省政府明确将生鲜乳质量安全作为年度考核任务内容。各级食安委、公安、工商、质检等部门密切配合，互通有无，制定了目标考核细化指标和落实措施，共同开展了一系列联动执法检查活动，强化了监督管理，确保了生鲜乳质量安全。

山西省奶业协会　王印魁　荆　彪

太　原　市

【奶类生产】2012 年奶牛存栏 2.15 万头，其中能繁母牛 1.22 万头，存栏量比 2011 年减少 0.07 万头。奶牛品种为荷斯坦牛，主要分布于阳曲县、清徐县、小店区和晋源区，其存栏量占全市存栏总量的 95%。2012 年全市奶类总产量 10.25 万吨，与 2011 年基本持平。

2012 年全年生鲜乳收购均价为 3.6 元/千克，比上年有所提高，春夏秋冬四季的生鲜乳价格分别为 3.4 元/千克、3.5 元/千克、3.6 元/千克和 3.7 元/千克。

【乳品加工】2012 年全市共有乳品加工企业 3 个，分别为山西维尔生物乳制品有限公司、阳曲瑞美乳业有限公司、蒙牛乳业（太原）有限公司。全市日处理生鲜奶能力 320 吨，乳品企业销售总额 5 800 万元，年利税 455 万元。

【市场消费】2012 年全市城镇居民人均消费乳制品（折合成原料奶）38.2 千克，其中：鲜奶 21.7 千克，奶粉 0.5 千克，奶粉消费量与去年持平，酸奶 16 千克。

【奶源基地】2012 年全市有奶牛养殖场（小区）43 个，其中 100 头以上规模养殖小区和养殖场 35 个，500 头以上的规模养殖场 5 个，1 000 头以上规模养殖场 4 个，全市 95%的泌乳牛进入奶厅挤奶。

2012 年全市有生鲜乳收购站 36 个，比去年减少 6 个，主要是不符合收购标准，已取缔。有持证生鲜乳运输车辆 28 辆。我市还对奶牛养殖户逐一登记，建立养殖奶牛档案，完善养殖信息，确保监管工作不留空白。

【质量监管】加强对鲜奶吧奶源基地的日常管理工作，在摸清鲜奶吧的基础上，对鲜奶吧奶源基地进行一次拉网式大检查和生鲜乳收购站拉网式排查及专项整治。登记造册，确认责任主体、监管单位、监管区域、监管责任人，明晰监管内容，做到生鲜乳质量安全监管全覆盖，并制定检测计划，制定《生鲜乳质量安全突发事件应急处置预案》，继续与各县（市、区）畜牧部门签订《生鲜乳质量安全监管责任状》，健全完善《生鲜乳质量安全定期巡查制度》，及时消除各类质量安全隐患。全市 36 个生鲜乳收购站和 28 个运输车辆全部持证经营，建立了质量安全等相关规章制度和投入品登记、生鲜乳生产、收购等记录档案。全年生鲜乳抽检分四个季度进行，共抽检 400 批次，合格率 100%。

【饲草饲料】2012 年全市人工牧草种植面积 3 700 公顷，其中：苜蓿面积 960 公顷，专用青贮玉米面积 2 740公顷。

奶牛配合饲料生产企业 22 个，年产奶牛配合饲料 23 500 吨。其中：山西易大饲料厂年生产能力 10 吨/时，年产奶牛配合饲料 6 000 吨，山西汇福科技有限公司生产能力 30 吨/时，年产奶牛配合饲料 4 700 吨；山西时创公司 10 吨/时，年产奶牛配合饲料 85 吨；山西晋龙公司生产能力 10 吨/时，年产奶牛配合饲料 8 000吨。

【政策法规】除享受国家奶牛良种补贴政策外，2012 年市政府拨款 10 万元，用于引进优质奶牛冷冻精液。

【奶农组织】2012 年全市有奶农协会 3 个，奶农合作社 10 个。

太原市乳品监察管理站　陈新慧　芦俊彦

朔　州　市

【奶类生产】本地区 2012 年底奶牛存栏 17.8 万头，全部为荷斯坦牛，主要分布于山阴县、应县和朔城区，其奶牛存栏数占总存栏数的 88%。奶牛存栏数量与 2011 年相比增加 1.3 万头，增长 6.5%。2012 年全年生鲜奶总产量 48 万吨，同比增长 6.7%。

本地区 2012 年乳品企业收购生鲜奶的平均价格为 3.4 元/千克，同比增加 6.25%，春夏秋冬季奶价分别是 3.5 元/千克、3.2 元/千克、3.2 元/千克、3.5 元/千克，比 2011 年同期每千克增加 0.2 元左右，农户交售每千克生鲜奶的价格平均为 3 元左右。

【乳品加工】2012 年本地共有运营的乳品加工企业 4 个，包括伊利、蒙牛、雅士利和地方企业古城乳业，总设计生产能力奶粉 7.2 万吨、液态奶 24.5 万吨、乳饮料 13.6 万吨，其中蒙牛、伊利收购的生鲜奶主要调往总部进行加工，当地生产较少，4 家乳品企业实际生产奶粉 56 000 吨、液态奶 88 499 吨、乳饮料 14 407 万吨。

【市场消费】全市2012年城镇居民人均奶制品（折合成原料奶）消费量31千克，各种乳制品消费量：鲜奶18千克，奶粉2千克，酸奶11千克。

【奶源基地】2012年年底，全市共建成奶牛养殖小区237个，入区奶牛数量为8.4万头，其中100～199头的有30个场（户），存栏奶牛5 059头；200～499头的有118个场（户），存栏奶牛32 080头；500～999头的有52个场（户），存栏奶牛31 248头；1 000头以上12个场（户），存栏奶牛15 277头。尚有9.4万头奶牛处于散养状态，基本上为犊牛和育成牛。

从2008年开始，省市两级积极推进机械化挤奶，对新建奶站省级补贴资金10万元，市级补贴资金5万元，至2010年底全市共有标准化奶站512个。经过两年多的整顿和整合，2012年共有运行奶站247个，机械化挤奶率达到100%。

2012年人工牧草种植面积32万亩，其中苜蓿草10万亩，专用青贮玉米种植面积20万亩，有青贮窖6 000个，共90万立方米。

为了减少养殖污染，2012年全市开始进行环保小区的建设与改造，共完成环保小区33个，实现了雨污分离、粪污干湿分离和粪污无害化处理。

【质量管理】为加强监管，严格落实监管责任，2012年对全市的所有奶站实现网络化监管，完善市、县、乡三级监管体系，建立定期巡查制度，对奶站和运输车辆安装电子监控设施，同时加大抽检力度，2012年对全市生鲜乳收购站和生鲜乳运输车辆进行随机检查，共抽检生鲜乳样品584份，检测合格率达100%。

朔州市牧草饲料工作站　叶占胜

附表：

山西省奶牛养殖场（小区）名录

序号	名　称	养殖场	小区	全群存栏（头）	成母牛存栏（头）	奶畜品种	成母牛单产（吨/年）	年总产（吨）	是否参加DHI	是否应用TMR
1	山西旺达农牧科技有限公司	√		826	430	荷斯坦	3.49	1 500	√	√
2	太原市小店区康立奶牛场	√		519	379	荷斯坦	2.99	1 132		√
3	山西崇康奶牛养殖有限公司	√		1 230	703	荷斯坦	4.2	3 000	√	√
4	太原市小店区四季旺奶牛养殖专业合作社		√	560	343	荷斯坦	3.5	1 200	√	√
5	太原市小店区顺心奶牛专业合作社		√	502	304	荷斯坦	3.16	960		
6	太原市小店区勤和奶牛养殖专业合作社		√	703	408	荷斯坦	3.41	1 693		√
7	太原市和诚奶牛养殖专业合作社		√	707	396	荷斯坦	2.78	1 100		√
8	太原市天翼聚养殖有限公司		√	561	392	荷斯坦	2.45	960		√
9	太原市小店区荣华奶牛场		√	597	396	荷斯坦	2.73	1 080	√	
10	太原众和奶牛养殖有限公司	√		500	320	荷斯坦	5.25	1 680	√	√
11	山西九牛农业开发有限公司	√		2 848	1 948	新西兰	7.00	13 636	√	√
12	阳曲县四海原种奶牛有限公司	√		1 390	850	荷斯坦	10.00	5 000	√	√
13	清徐县万良牧业有限公司	√		510	291	黑白花	5.80	1 687.8		
14	大同市新荣区海天牧业有限责任公司	√		556	462	奶牛	5.00	1 440		
15	天镇县天阳		√	540	142	奶牛	6.08	864		
16	天镇县兴发奶牛繁育有限公司	√		712	416	奶牛	4.32	1 800		√
17	天镇县桃园奶牛养殖专业合作社		√	536	420	奶牛	1.82	768		
18	广灵县好源青牧业发展有限公司	√		620	400	奶牛	6.00	2 400		√
19	南郊区平易远丰养殖场	√		689	406	奶牛	5.00	2 052		√
20	新世纪奶牛养殖有限责任公司	√		1 360	804	奶牛	6.00	3 588	√	√
21	云星奶牛养殖有限责任公司		√	652	382	奶牛	6.00	1 920		
22	大同市良种奶牛有限责任公司	√		600	120	奶牛	6.00	0		√
23	金凤牧业发展有限责任公司	√		1 270	743	奶牛	6.50	3 936	√	√
24	苏庄成顺奶牛养殖场专业合作社	√		1 328	786	奶牛	6.50	4 680	√	√

（续）

序号	名　　称	养殖场	小区	全群存栏（头）	成母牛存栏（头）	奶畜品种	成母牛单产（吨/年）	年总产（吨）	是否参加 DHI	是否应用 TMR
25	南郊区生泉奶农专业生产合作社	√		663	308	奶牛	6.00	1 476		
26	大同市南郊区永兴奶牛养殖场奶站		√	772	316	奶牛	6.00	1 775		
27	南村奶牛养殖专业合作社	√		782	386	奶牛	6.00	1 920	√	√
28	南郊区三鑫奶牛养殖专业合作社	√		870	330	奶牛	6.00	1 752	√	√
29	口泉乡墙框堡村奶牛养殖专业合作社		√	887	320	奶牛	6.00	1 932		
30	通顺奶农专业生产合作社		√	693	392	奶牛	6.00	1 800		
31	大同市南郊区祥和奶农专业合作社奶站		√	781	460	奶牛	6.00	2 196		
32	大同市南郊区西韩岭乡要庄村犇犇奶牛养殖专业合作社奶站	√		685	210	奶牛	5.50	840		
33	大同市南郊区四方高科农牧有限责任公司	√		2 234	968	奶牛	7.00	9 360	√	√
34	大同县永丰牧场	√		500	300	奶牛	3.00	900		
35	大同县永发养殖园区	√		500	350	奶牛	3.00	1 050		
36	大同县椿林牧业有限公司	√		600	450	奶牛	3.00	1 350	√	
37	应县海军奶牛养殖专业合作社		√	1 225	630	荷斯坦	5.50	3 700		√
38	应县兴望奶牛养殖专业合作社		√	520	240	荷斯坦	5.50	2 200		
39	应县欣德奶牛养殖专业合作社		√	560	320	荷斯坦	5.50	2 400		√
40	应县源富农牧专业合作社		√	513	328	荷斯坦	5.50	2 400		
41	应县喜凤奶牛养殖专业合作社		√	520	318	荷斯坦	5.50	2 400		
42	应县泉源奶牛养殖专业合作社		√	530	380	荷斯坦	5.50	2 500		
43	应县星火农牧有限公司	√		670	340	荷斯坦	8.00	3 700		√
44	应县富川农牧专业合作社		√	820	510	荷斯坦	5.50	2 800		
45	应县平山奶牛专业合作社		√	880	350	荷斯坦	5.50	2 200		
46	应县东升奶牛养殖专业合作社		√	523	320	荷斯坦	5.50	2 100		√
47	应县曹胜奶牛养殖专业合作社		√	710	420	荷斯坦	5.50	2 600		
48	应县牧发养殖专业合作社		√	510	350	荷斯坦	5.50	2 300		√
49	应县辉煌养殖有限公司	√		950	470	荷斯坦	5.50	3 400		
50	朔州市玉收农牧有限公司	√		1 720	1 030	荷斯坦	8.00	9 200		√
51	应县营大奶牛养殖专业合作社		√	610	308	荷斯坦	5.50	2 100		√
52	应县仁河富民养殖专业合作社		√	720	480	荷斯坦	5.50	2 800		√
53	右玉县三源奶牛养殖公司	√		1 286	700	荷斯坦	7.30	3 285		√
54	朔州市兴平农牧有限公司	√		1 480	880	荷斯坦	5.50	4 000	√	√
55	怀仁县恒升乳业有限责任公司	√		1 024	618	荷斯坦	8.20	3 564		√
56	怀仁县鑫浩奶牛养殖场	√		1 080	680	荷斯坦	8.20	2 640		√
57	怀仁县下湿庄奶牛养殖场	√		546	302	荷斯坦	9.00	2 664	√	√
58	怀仁县犇康牧场	√		669	379	荷斯坦	7.80	2 796	√	√
59	怀仁县启亮农牧场	√		640	200	荷斯坦	6.10	720		√
60	怀仁县天顺牧业有限责任公司	√		508	291	荷斯坦	7.60	1 584	√	√

（续）

序号	名　称	养殖场	小区	全群存栏（头）	成母牛存栏（头）	奶畜品种	成母牛单产（吨/年）	年总产（吨）	是否参加 DHI	是否应用 TMR
61	朔州市通乐奶牛养殖专业合作社		√	600	310	荷斯坦	6.00	1 758		√
62	朔州市恒兴农牧渔开发有限公司	√		660	300	荷斯坦	6.00	1 789	√	√
63	朔城区富营奶牛养殖专业合作社		√	860	580	荷斯坦	5.00	2 987		√
64	朔州市玉收农牧有限公司第一分公司	√		812	390	荷斯坦	6.10	1 830		√
65	山阴县美荣奶牛专业合作社		√	663	320	荷斯坦	6.00	1 800		√
66	山阴县春旺奶牛养殖专业合作社		√	622	301	荷斯坦	5.80	1 740		√
67	山阴县华盛养殖专业合作社		√	533	265	荷斯坦	6.00	1 800		
68	山阴县侯安维畜牧专业合作社		√	520	252	荷斯坦	5.70	1 710		√
69	山阴县和平养殖专业合作社		√	510	245	荷斯坦	5.90	1 770		√
70	山阴县宏利奶牛养殖专业合作社		√	508	245	荷斯坦	6.20	1 860		√
71	山阴县兴隆奶牛养殖专业合作社		√	502	244	荷斯坦	6.00	1 800		√
72	山阴县玉英养殖专业合作社		√	511	251	荷斯坦	5.60	1 680		
73	山阴县顺友奶牛养殖专业合作社		√	503	243	荷斯坦	5.80	1 740		√
74	山阴县驿泽奶牛专业合作社		√	1 050	510	荷斯坦	8.80	2 640		√
75	山阴县泰和牧业专业合作社		√	560	270	荷斯坦	5.70	1 710		√
76	山阴县恒康养殖专业合作社		√	533	260	荷斯坦	6.00	1 800		√
77	山阴县正和奶牛专业合作社		√	526	261	荷斯坦	6.10	1 830		
78	山阴县玉盛奶牛专业合社		√	519	255	荷斯坦	5.90	1 770		
79	山西省山阴农牧场三分场		√	501	242	荷斯坦	5.80	1 740		
80	山阴县益丰奶牛养殖专业合作社		√	503	245	荷斯坦	6.30	1 890		√
81	山阴县华宇馨奶牛养殖专业合作社		√	508	253	荷斯坦	6.10	1 830		
82	山阴县修江奶牛专业合作社		√	502	246	荷斯坦	6.00	1 800		
83	山阴县康兴养殖场	√		500	251	荷斯坦	5.60	1 680		√
84	山阴县慧丰奶牛养殖专业合作社		√	505	256	荷斯坦	5.70	1 710		√
85	山阴县鑫海奶牛养殖专业合作社		√	506	253	荷斯坦	5.90	1 770		
86	山阴县德旺养殖专业合作社		√	512	251	荷斯坦	6.00	1 800		
87	山阴县阳普奶牛专业合作社		√	509	256	荷斯坦	6.02	1 806		√
88	山阴县贵山奶牛专业合作社		√	504	254	荷斯坦	6.20	1 860		
89	山阴县万斤生态养殖专业合作社		√	501	246	荷斯坦	5.70	1 710		√
90	山西古城农牧有限公司	√		1 800	870	荷斯坦	7.50	2 250	√	√
91	薛圐圙古城北站（园区）		√	556	271	荷斯坦	6.00	1 800		
92	山阴县万雄养殖专业合作社		√	508	253	荷斯坦	5.90	1 770		√
93	山阴县国栋奶牛专业合作社		√	505	251	荷斯坦	5.80	1 740		√
94	山阴县佳联农业发展有限责任公司奶业分公司	√		501	246	荷斯坦	5.60	1 680		√
95	繁峙县辉煌实业有限公司		√	613	320	荷斯坦	8.24	2 635.2	√	√
96	繁峙县银河畜牧发展有限公司		√	1 276	840	荷斯坦	8.69	7 301		√
97	繁峙县杏园盛生态养牛专业合作社		√	550	310	荷斯坦	7.63	2 364		

（续）

序号	名　称	养殖场	小区	全群存栏（头）	成母牛存栏（头）	奶畜品种	成母牛单产（吨/年）	年总产（吨）	是否参加 DHI	是否应用 TMR
98	山西欣业农牧有限责任公司	√		851	423	荷斯坦	6.50	2 450	√	√
99	山西河滩奶牛育种有限公司	√		1 442	688	荷斯坦	6.60	3 900	√	√
100	银山湖奶牛养殖有限公司	√		1 600	660	荷斯坦	8.00	4 680	√	√
101	伟业奶牛养殖有限公司	√		716	390	荷斯坦	8.20	2 920	√	√
102	旺荣奶业专业合作社		√	1 060	540	荷斯坦	6.60	3 200		√
103	玉水养殖专业合作社		√	660	310	荷斯坦	6.00	2 300		√
104	乳源专业合作社		√	650	305	荷斯坦	6.00	2 240		√
105	伟达牧业专业合作社		√	510	260	荷斯坦	6.00	1 600		√
106	民强奶业专业合作社		√	524	250	荷斯坦	6.00	1 500		√
107	临县朝阳农牧有限公司	√		681	343	荷斯坦	6.50	24 000	√	√
108	祁县汇鸿乳业有限责任公司	√		553	245	中国荷斯坦	6.20	1 519		√
109	祁县鑫盛科技养殖有限公司	√		532	236	中国荷斯坦	5.90	1 392.4		√
110	太谷县石象昌晟小区		√	582	298	中国荷斯坦	5.80	1 728.4		
111	大寨绿草湾牧业有限公司	√		824	430	中国荷斯坦	7.10	3 053	√	√
112	晋中市晋阳奶牛养殖专业合作社		√	1 440	1132	中国荷斯坦	5.70	6 452.4		
113	晋中市榆次区锦宏奶牛养殖专业合作社		√	600	325	中国荷斯坦	5.75	1 868.75		√
114	山西省榆次博瑞乳品有限公司		√	882	453	中国荷斯坦	6.50	2 944.5	√	√
115	晋中威锴奶牛养殖专业合作社		√	519	351	中国荷斯坦	5.90	2 070.9		√
116	晋中市义源养殖专业合作社		√	501	306	中国荷斯坦	5.70	1 744.2		
117	神农畜牧科技园养殖有限公司			520	343	荷斯坦	5.00	1 500		√
118	翼城县富华养殖有限公司	√		1 120	630	黑白花	5.50	3 465	√	√
119	翼城县长峰农工商实业有限公司	√		980	602	黑白花	6.00	3 612	√	√
120	翼城县宏康乳业有限公司	√		630	345	黑白花	4.50	2 835	√	√
121	尧都区尧蒙奶牛养殖有限公司	√		524	218	黑白花	5.60	1 200		√
122	尧都区三农奶牛养殖有限公司	√		723	378	黑白花	6.00	2 200		√
123	尧都区傲康发展有限公司	√		628	235	黑白花	5.80	1 360		√
124	永济市超人奶业有限责任公司	√		1 225	675	荷斯坦	7.10	4 645	√	√
125	永济市金旺奶牛场有限公司	√		501	169	荷斯坦	7.00	316	√	√
126	新绛县泰茂园牧业有限公司	√		620	550	荷斯坦	7.00	3 850	√	
127	芮城县良种奶牛场	√		739	435	荷斯坦西门塔尔	6.00	2 148		√
128	平陆县老城养殖有限公司	√		506	360	中国荷斯坦	7.50	2 700		√
129	平陆县华康奶牛专业合作社		√	510	380	中国荷斯坦	6.00	2 280		√

备注：请在养殖场或小区列中选择打勾；如参加 DHI 或应用 TMR，请在相应表格中打勾。

内蒙古自治区

【奶类生产】2012 年，内蒙古自治区奶牛存栏 334.8 万头，其中荷斯坦牛存栏 232 万头，占奶牛总存栏的 69.2%。全区奶类总产量 930.7 万吨，其中牛奶产量 910.1 万吨。奶业形成了以嫩江、西辽河、黄河三大流域和呼伦贝尔、锡林郭勒两大草原五大牛奶生产区域。荷斯坦牛存栏万头以上旗县区达 44 个，存栏合计 213.6 万头，约占全区荷斯坦牛存栏总量的 92%。牛奶产量 10 万吨以上旗县区 26 个，牛奶产量占全区牛奶总产量的 77%。

【乳品加工】2012年内蒙古自治区共有乳制品加工企业65家，比2011年减少6家，产业集中度进一步提高。全区乳制品产量325.6万吨，约占全国总产量的12.7%。其中液态奶产量273万吨、干乳制品产量52.28万吨，分别占全国总产量的12.7%和13.12%。乳制品行业工业销售产值335.68亿元，实现利润总额22.35亿元，总资产达到389.85亿元。伊利、蒙牛两大乳企年生产总产值分别达到409.99亿元和354.99亿元，其中内蒙古地区产值分别为125.35亿元和102.77亿元，分别占企业总产值的30.57%和28.95%；年销售收入分别达到421亿元和385亿元，实现利润16.67亿元和17.33亿元，继续保持行业领先地位。加工产品类型以UHT奶、酸奶和奶粉为主，具有保质期较长、运输保存成本低等特点，价格和品质在消费者中认可度较高。奶酪、奶皮等地区特色乳制品加工历史悠久、文化底蕴深厚、产品风味独特、营养价值高，市场消费潜力巨大。

【市场消费】据全国36个大中城市居民人均奶及奶制品消费统计，2012年内蒙古呼和浩特市乳制品人均消费27.4千克，比2011年增加1.99千克，提高7.8%；乳制品人均消费额362.73元，比2011年增加36.79元，提高11.2%。其中，鲜乳制品人均消费23.44千克，同比提高13.6%；酸奶人均消费3.58千克，同比下降18.4%；奶粉人均购买量0.38千克，同比下降5%。

【奶源基地】2012年，全区存栏50头以上的奶牛规模化养殖比率为63.7%，与2008年相比提高49.5个百分点。100头以上荷斯坦牛规模养殖占存栏比重的37.3%，实现了国务院《奶业整顿和振兴规划纲要》确定的30%的目标。国家奶牛良补政策和自治区百万奶牛、百万肉牛、千万肉羊“双百千万”高产创建工程实施以来，荷斯坦牛良种覆盖率已达到100%。全区荷斯坦泌乳牛平均单产5吨以上，规模养殖场荷斯坦牛年平均单产达到7吨以上。

一批现代化的奶牛规模养殖企业初具规模，以奶联科技公司为代表的养殖企业已经发展到8家，旗下牧场发展到82个，存栏奶牛25万头。企业自建牧场奶牛存栏约占全区荷斯坦牛存栏总量的8.2%。通过政策带动和引导，养殖场户逐步改变了以往使用“秸秆+精料”的饲喂方式，在青贮玉米基础上加入优质苜蓿已成为一个发展趋势，牛奶产量和质量明显提高，奶牛瘤胃酸中毒等代谢病发生率明显下降，奶牛遗传潜力得到充分发挥。奶牛生产性能测定得到进一步推广应用，全区DHI参测牧场奶牛存栏达到28 379头。据良补奶牛生产性能调查和数据分析，2012年规模养殖场荷斯坦牛良种补贴后代女儿牛305天平均产奶量7 091千克，乳脂率3.69%，乳蛋白率3.34%，分别比2008年提高713千克、0.36个百分点和0.22个百分点。据行业监测，2012年内蒙古生鲜乳价格情况为：散户平均价格2.8元/千克，小区平均价3元/千克，牧场平均价3.5～3.8元/千克。养殖户养一头奶牛年净效益约2 000元，规模养殖场一头泌乳牛年净效益约1 500～1 700元。

【质量监管】截至2012年12月，全区共有生鲜乳收购站2 193个。其中乳制品企业开办的218个，占10%；奶牛养殖场开办的472个，占22%；奶农合作社开办的1503个，占68%。所有生鲜乳收购站全部持证经营，纳入监管范围。全年抽检生鲜乳样品2 809批次，检测结果全部合格，生鲜乳质量安全状况继续保持良好。自治区借助盟市现有饲料检测机构和旗县农牧业综合执法大队，加强监管体系建设，开展联合执法，较好地解决了执法力量薄弱、取证难、执法难、执行难等问题。奶牛主产旗县区全部由农牧业综合执法大队承担生鲜乳收购、运输执法检查任务，行政许可、执法检查、质量检测三位一体的质量监管体系逐步建立健全。市场监管方面，内蒙古根据奶源分布和加工企业布局，按照方便奶牛养殖者、促进规模化养殖的原则，对生鲜乳收购站和运输车辆进行科学规划，对新建的收购站严格审核，严格控制无奶源或奶源不足的生鲜乳收购站建设，争抢奶源等扰乱市场秩序的行为得到有效遏制。内蒙古农牧业厅印发了《关于加强对乳制品生产企业拒收生鲜乳管理的通知》，加强对不合格生鲜乳无害化处置、报告、通报、登记等环节的管理，堵塞了监管漏洞，避免了不合格生鲜乳回流等问题的发生。

【法规政策】截至2012年，国家对内蒙古自治区奶牛标准化规模养殖场建设已累计投入资金3.46亿元，扶持改扩建奶牛规模养殖场572个，其中2012年改扩建87个，改善了棚圈、粪污处理、防疫及饲草料基地等配套设施。配合国家推进规模养殖政策，当地政府在发挥好国家奶牛标准化规模养殖场建设中央投资补助资金的政策效应同时，2013年起自治区本级每年安排预算内奶牛标准化规模养殖场建设专项资金6 000万元，同时配套安排预算内奶牛粪污处理环保设施建设专项资金2 000万元，两项资金捆绑使用，集中用于中小规模养殖户和散养户通过新改扩建达到100头以上存栏规模，加快推进标准化规模养殖进程。结合国家奶牛良种补贴政策，内蒙古全面实施“百万奶牛高产创建工程”，加大种公牛站、人工授精站点建设，配备必要的液氮运输车、液氮罐、输精及精液质量检测设备，加强配种站点建设。全区荷斯坦牛良种覆盖率达到100%，已具备年产奶牛冷冻精液600万支的生产能力，除满足自身需求外还能向外省提供冷冻精液450万支。据生产性能测定数据显示，奶牛良种补贴实施以来，规模养殖场奶牛平均单产提高500多千克。在承担国家“高产优质苜蓿示范建设项目”任务的基础上，自2012年起，内蒙古每年安排1亿元资金作为“振兴奶业苜蓿发展行动”专项配套，并纳入财政年度预算。赤峰市协调农村信用合作社，采取信用贷款方式，对农牧民建设苜蓿示范基地给予低息贷款，每建设一亩苜蓿发放贷款300元，贷款利率降低4个百分点。根据奶牛养殖优势区域，乳制品加工龙头企业布局等实际情况，重点支持嫩江、西辽河、黄河三大流域和呼伦贝尔、锡林郭勒两大草原五大牛奶生产区域，突出奶牛存栏超万头的旗县区。优先扶持奶农专业合作社、奶牛养殖场自产自用，减少了苜蓿外购，降低了养殖成本。在“振兴奶业苜蓿发展行动”带动下，全区吸引近10亿元社会资本发展苜蓿生产，奶牛存栏超万头的44个旗县区泌乳牛头均苜蓿面积达到0.92亩。

自治区农牧厅　巴特尔

附表：

奶牛养殖场小区名目

序号	名　称	养殖场（√）	小区（√）	全群存栏（头）	成母牛存栏（头）	奶畜品种	成母牛单产（吨/年）	年总产（吨）	是否参加DHI	是否应用TMR
1	和林格尔县现代牧业有限公司	√		10 262	6 157	荷斯坦	8.0	49 258		√
2	现代牧业（通辽）有限公司	√		9 330	5 860	荷斯坦	6.4	47 000	√	√
3	内蒙古犇腾牧业有限公司忽通兔牧场	√		8 130	6 504	荷斯坦	7.0	45 528		√
4	伊利那什图牧场	√		7 000	7 000	荷斯坦	6.0	48 650		√
5	内蒙古犇腾牧业有限公司双号牧场	√		5 849	4 679	荷斯坦	7.0	32 754		√
6	内蒙古圣牧高科牧业有限公司苏卜盖牧场	√		5 842	5 842	荷斯坦	7.0	33 646		√
7	伊利畜牧发展有限公司托克托分公司	√		5 260	4 208	荷斯坦	7.5	31 560		√
8	内蒙古内大内蒙古圣牧高科牧业有限公司牧场	√		4 653	5 842	荷斯坦	7.0	31 923		√
9	伊利土左旗第一示范牧场	√		4 068	3 254	荷斯坦	7.5	24 408	√	√
10	锡尼河试验村奶业协会		√	4 000	2 400	荷斯坦	6.0	14 400		
11	蒙牛富源牧业羊盖板牧场	√		3 818	2 291	荷斯坦	7.0	16 036		√
12	骑士乳业公司奶站	√		3 800	2 000	荷斯坦	6.2	12 400		√
13	北疆三和牧场	√		3 740	1 233	荷斯坦	6.1	7 520		√
14	三八奶牛协会		√	3 600	2 400	荷斯坦	4.5	10 800		
15	巴彦淖尔市圣牧高科第六牧场	√		3 500	1 880	荷斯坦	8.0	13 000		√
16	蒙牛富源牧业云洋牧场	√		3 473	2 084	荷斯坦	7.0	14 587		√
17	巴彦淖尔市圣牧套海牧业有限公司	√		3 000	1 652	荷斯坦	8.0	12 390		√
18	巴彦淖尔市圣牧高科牧业有限公司第五牧场	√		3 000	1 875	荷斯坦	8.0	14 063		√
19	内蒙古圣牧高科牧业有限公司北什轴第二牧场	√		2 963	2 370	荷斯坦	7.5	17 778	√	√
20	伊利大阳牧场	√		2 841	2 273	荷斯坦	8.5	19 319	√	√
21	赤峰华康农牧业有限公司	√		2 650	1 728	荷斯坦	6.0	9 000		√
22	巴彦淖尔市圣牧高科牧业有限公司第一牧场	√		2 600	1 430	荷斯坦	8.0	10 725		√
23	内蒙古圣牧高科牧业有限公司只几梁第十二牧场	√		2 569	2 055	荷斯坦	7.5	15 414	√	√
24	元宝山区绿源奶牛专业合作社		√	2 560	1 650	荷斯坦	6.5	9 000		√
25	内蒙古圣牧高科牧业有限公司恼木汗第六场	√		2 500	2 000	荷斯坦	7.5	15 000	√	√
26	元宝山区嘉峰奶牛养殖专业合作社		√	2 485	1 450	荷斯坦	5.5	7 200		√

（续）

序号	名　称	养殖场（√）	小区（√）	全群存栏（头）	成母牛存栏（头）	奶畜品种	成母牛单产（吨/年）	年总产（吨）	是否参加 DHI	是否应用 TMR
27	伊利第六牧场	√		2 482	1 986	荷斯坦	7.5	14 892		√
28	巴彦淖尔市圣牧盘古牧业有限责任公司	√		2 450	1 385	荷斯坦	8.0	10 388		√
29	元宝山区锦绣山奶牛养殖专业合作社一区		√	2 410	1 580	荷斯坦	5.8	8 500		√
30	内蒙古圣牧高科有限公司第十牧场	√		2 382	1 906	荷斯坦	7.5	14 292	√	√
31	内蒙古圣牧高科牧业有限公司董家营村第十牧场	√		2 357	1 886	荷斯坦	7.5	14 142	√	√
32	伊利二十家牧场	√		2 309	1 847	荷斯坦	7.5	13 854		√
33	云海秋林畜牧有限责任公司乌兰图克A区	√		2 300	1 200	荷斯坦	8.0	9 600		√
34	达旗宝丰生态有限公司	√		2 300	600	荷斯坦	5.6	3 360		
35	内蒙古圣牧高科牧业有限公司董家营村第十一牧场	√		2 290	1 832	荷斯坦	7.5	13 740	√	√
36	鄂托克旗圣牧欣泰牧业有限公司	√		2 260	1 900	荷斯坦	8.5	13 870		√
37	内蒙古圣牧高科牧业有限公司那什图第五牧场	√		2 216	1 773	荷斯坦	7.5	13 296	√	√
38	内蒙古云海秋林畜牧有限责任公司乌兰布和牧场	√		2 200	1 230	荷斯坦	8.0	9 840		√
39	伊利黑沙图牧场	√		2 170	1 194	荷斯坦	8.0	9 552		√
40	内蒙古圣牧高科牧业有限公司北什轴第三牧场	√		2 102	1 682	荷斯坦	7.5	12 612	√	√
41	宁城县中京奶业合作社	√		2 100	1 890	荷斯坦	5.5	10 395		√
42	云海秋林畜牧有限责任公司乌兰图克B区	√		2 100	1 060	荷斯坦	8.0	8 480		√
43	元宝山区锦绣山奶牛养殖专业合作社二区		√	2 030	1 260	荷斯坦	5.5	6 230		
44	伊利二十号牧场	√		2 007	1 606	荷斯坦	7.5	12 042		√

包　头　市

【奶类生产】2012 年，包头市奶牛存栏 29.3 万头，全部为荷斯坦牛。其中土右旗 14.6 万头、九原区 4.5 万头、达茂旗 2.2 万头。奶牛存栏超万头的旗县区有 5 个，占存栏总数的 87%。产业发展总体呈现规模养殖不断扩大、散户养殖比例逐步缩小的趋势。全市存栏 200 头以上规模化养殖场（小区）达到 172 个，其中千头以上奶牛养殖场 11 个。养殖场注重综合饲养技术和设施设备的推广应用，泌乳牛平均单产达到 6.8 吨，管理水平较高的养殖场泌乳牛平均单产达 10 吨以上。2012 年全市牛奶总产量 157.5 万吨，同比增长 1.0%，单产提高是奶类总产量增加的主要因素。

【规模养殖】2012 年，包头市奶牛养殖场户共计 3 592个。其中：存栏 50 头以下的 1 557 个，约占总户数的 43%；存栏 50～99 头的 1307 个，约占总户数的 37%；100～199 头的 556 个，约占总户数的 15%；200～499 头的 133 个，约占总户数的 3.7%；500～1 000头的 28 个，约占总户数的 0.9%；1 000 头以上的 11 个，约占总户数的 0.4%。从规模养殖情况看，饲养户数逐年趋减，户均养殖规模逐步扩大，呈现出规模化牛场趋增和散户小规模趋减的态势。存栏 50 头以上奶牛规模化养殖比例占总存栏的 85%以上。百头以上规模养殖场户约占总户数的20%，饲养奶牛16.2万头，约占奶牛存栏总数的55%，牛奶总产量110.5万吨，占全市牛奶总产量的70%。奶业生产方式、组织形式和产品结构加快转变，综合生产能力进一步增强。总体看，包头市奶牛标准化规模养殖起点较高、发展较快，但与国内奶牛养殖发达地区相比，奶牛标准化规模养殖还有较大提升空间。养殖场基础设施老化、先进适用技术与设备应用比例较低、饲养管理人员业务素质不高等问题较为突出，松散型的“小区+农户”养殖模式比例较大，生产管理粗放，奶牛遗传潜力得不到充分发挥，发情配种不及时，奶牛繁殖效率不高。

【质量监管】2012年，包头市继续加大生鲜乳质量安全监管力度，全市共有生鲜乳运输车68辆，生鲜乳收购站由2008年的416个减少到160个。针对奶站监管工作中存在的经营者依法经营意识弱、监督人员少、技术手段缺乏等问题，监管部门重点从抽样检测、完善队伍、健全制度、创新机制上下功夫，定期开展生鲜乳质量安全检查，加大隐患排查力度。旗县区每周检查不少于2次。包头市九原区将全区48个奶站分成4片，由乡级防疫员具体负责，采取村级防疫员驻站监督等方式，不仅充分发挥了基层防疫部门人员力量优势，同时由于乡村防疫员是本地居民，减少了被监管对象的抵触情绪。土右旗通过乡干部驻地监管和收购企业平行监管相结合，克服了奶站点多面广、管理人员少等困难。

【生鲜奶价格】2012年，包头市生鲜乳价格稳中有升，按照生鲜奶质量不同和养殖模式的区别，“奶站+散户”平均收购价为2.75元/千克，小区平均价基本为3.30元/千克，牧场平均价为3.85元/千克。

【乳品加工】2012年，包头市共有乳品加工企业6家，主要分布在城区和土右旗等主要奶牛养殖区，年整体设计加工能力144.92万吨，企业年销售收入22.2亿元，实现利润1.06亿元。主要产品包括液态奶、巴氏杀菌奶、奶粉、酸奶和其他乳制品。年收购原奶134万吨，其中来自企业自有奶源108.7万吨。年乳制品产量91万吨，其中巴氏杀菌乳12.5吨、UHT奶44.5万吨、酸奶6 875吨、奶粉2 100吨、乳饮料32万吨。

【技术培训】2012年，包头市举办各类培训班8期，培训技术人员352人次。服务对象包括源升农牧业有限公司、宏丰公司、绿蒙公司、漠南养殖合作社、茂盛公司和久元牧业等奶牛养殖场。重点推广性控精液应用技术、胚胎移植技术、生产性能测定技术、标准化饲养技术、全混合日粮技术等生产实用技术。

【繁殖改良】2012年，包头市共完成奶牛配种9.6万头，主要通过人工授精技术进行冷配。冻精主要来源于北京奶牛中心、天津市奶牛发展中心、内蒙古荷斯坦牧业有限公司、秦皇岛全农精牛繁育有限公司、亚达艾格威（唐山）畜牧有限公司、山东奥克斯生物科技有限公司，部分大型奶牛养殖场使用国外进口性控冻精。

【饲草料生产】2012年，包头市人工种草保留面积143万亩，其中紫花苜蓿保留面积达20万亩，能满足将近30%的奶牛养殖优质饲草需求。规模牧场的粗饲料绝大多数使用青贮和苜蓿青干草，并且引用TMR机械饲喂。少部分牧场和散户仍以玉米秸秆和其他农作物秸秆为主，苜蓿干草和全株玉米青贮应用较少，饲养管理粗放。“奶业振兴苜蓿发展行动”启动以来，包头市完成高产优质苜蓿示范片区建设面积2.5万亩。

【疫病防治】2012年，包头市开展了三次口蹄疫免疫，对六月龄以上犊牛进行了两次布病免疫。制定了《奶牛疫病综合性防治技术规范》和《规模化奶牛养殖场防疫卫生规划》。实施了奶牛乳房性疾病、寄生虫病、代谢性疾病和中毒病的预防和治疗。在全市范围内开展奶牛布病和结核病的监测和净化工作，奶牛健康水平得到大幅提升。

【奶农组织】2012年，包头市共有奶牛养殖专业合作社115个，饲养荷斯坦牛17.3万头。包头市农牧业局按照农业部等11部门《关于开展农民专业合作社示范社建设行动的意见》，确定了示范社建设目标和主要内容，结合示范社建设经验，制定了《农民专业合作社示范社创建标准（试行）》。

包头市农牧业局　尉建峰

呼伦贝尔市

【奶类生产】2012年，呼伦贝尔市奶牛存栏74.47万头，同比下降0.44%。其中荷斯坦牛45.93万头。奶牛养殖主要分布在扎兰屯市、牙克石市、陈巴尔虎旗、额尔古纳市、阿荣旗、海拉尔区、鄂温克旗、新巴尔虎左旗和莫力达瓦达斡尔族自治旗等9个旗市区，主产旗市区奶牛存栏均超过5万头。

2012年，呼伦贝尔市奶类总产量134.93万吨，比上年增加2.24万吨，增长1.69%。其中牛奶总产量134.37万吨，比上年增加1.9万吨，增长1.49%。牛奶产量超过20万吨的旗市区包括海拉尔区、陈巴尔虎旗和扎兰屯市；牛奶产量超过10万吨的旗市区有阿荣旗、鄂温克旗、牙克石市和额尔古纳市等4个旗市。

【规模养殖】2012年，呼伦贝尔市奶牛养殖户共计78 982个。其中：50头以下规模的养殖场（户）73 739个，约占总场（户）数的93.36%；50～99头规模4 923个，约占总场（户）数的6.23%；100～199头规模207个，约占总场（户）数的0.26%；200～499头规模96个，约占总场（户）数的0.12%；500～1 000头规模11个，约占总场（户）数的0.01%；1 000头以上规模养殖场6个。奶牛养殖总体呈现规模化牛场趋增、小规模散户趋减态势。50头以上规模养殖户数量比上年增长51.14%，达到了5243个，约占奶农总数的6.64%，饲养奶牛42.5万头，约占奶牛存栏总数的60.21%。与国内奶牛养殖发达地区相比，呼伦贝尔市奶牛养殖标准化、集约化水平仍然较低，散养居多，50头以下饲养规模的奶农约占奶农总数的93.36%，生产管理水平有待提高。

【质量监管】2012 年，呼伦贝尔市取得生鲜乳收购许可证并且正常运营的生鲜乳收购站有 364 个。包括乳品加工企业开办的 191 家、奶牛养殖场（户）开办的 14 家、奶农合作社开办的 159 家，日生鲜乳收购量 1 195 吨左右。

【生鲜奶价格】2012 年，呼伦贝尔市生鲜乳价格波动较大，总体偏低。自 4 月份开始生鲜乳收购价格连续 5 个月持续下降，累计降幅 15%；进入 9 月份之后，生鲜乳价格逐渐上涨。2012 年奶站年平均收购价 2.50 元/千克，平均交售价 2.70 元/千克，与 2011 年相比下降 9%。

【乳品加工】2012 年，呼伦贝尔市共有乳品加工企业 27 家，其中婴幼儿配方乳粉生产企业 4 家。乳制品加工企业年整体设计加工能力 152.4 万吨，年销售收入 44.1 亿元，利润总额 1 534 万元。生鲜奶日处理能力 4 000吨，产品以奶粉为主。规模以上乳品生产企业主要包括呼伦贝尔雀巢有限公司、呼伦贝尔海乳乳业有限责任公司、呼伦贝尔光明乳品有限公司、呼伦贝尔三元乳业有限责任公司、呼伦贝尔亚华乳业有限责任公司等 10 余家企业。

【技术培训】2012 年，呼伦贝尔市举办奶牛 DHI 方法、奶牛线性评定技术培训班 2 期，TMR 分阶段饲养及相关奶牛饲养管理技术培训班 3 期，奶牛常见疾病预防培训班 13 期，饲料管理技术培训班 1 期，胚胎移植与人工授精技术培训班 1 期。师资培训 427 人次，培训农牧民 3 800 人次。

【繁殖改良】2012 年，呼伦贝尔市继续以国家奶牛良种补贴项目为契机，加大奶牛改良力度，使用补贴资金 660 万元，发放奶牛良种冻精 44 万支，补贴范围实现了成母牛全覆盖。

【饲料生产】2012 年，呼伦贝尔市大力推进苜蓿生产，在“奶业振兴苜蓿发展行动”带动下，全市新增人工苜蓿种植面积 1.2 万亩，包括高产优质苜蓿示范片区 9 000 亩、种子田 3 000 亩，各旗市苜蓿种植面积均有不同程度增加。

【奶农组织】2012 年，呼伦贝尔市奶农专业合作社 253 个。呼伦贝尔市农牧业局按照国家《关于开展农民专业合作社示范社建设行动的意见》及自治区农牧业厅等十二厅委办转发文件精神，制定了《实施方案》。利用阳光工程、雨露工程、新型农牧民培训和推广体系改革示范县建设及国际合作等项目，开展了农牧民专业合作社负责人和有关人员的培训。

呼伦贝尔市农牧业局　王景顺

辽　宁　省

【奶类生产】2012 年辽宁省奶牛存栏 35.2 万头，牛奶产量 124.7 万吨，同比分别增长 6.3%、0.2%，奶牛生产增速居各畜种之首。奶牛平均单产 6.5 吨，居全国第 5 位。主要养殖区域分布在沈阳市的沈北新区、新民市、苏家屯区、于洪区、东陵区，大连市的金州区、旅顺口区，锦州市的凌海市、义县、太和区，阜新市的阜新蒙古族自治县、彰武县，铁岭市的铁岭县、银州区，盘锦市的盘山县，葫芦岛市的连山区等 16 个县（市、区）。2012 年全省牛奶平均价格为 3.29 元/千克。其中，12 月份价格最高，达到 3.38 元/千克；1 月份价格最低，为 3.16 元/千克。

2012 年由于奶牛生产成本提高 12%以上，而奶价同比增幅 7.0%～8.5%，产奶牛头均效益同比减少 1 000元左右，效益下降到合理水平下限的 2 000 元。在效益下降、部分省（区）奶牛减少的情况下，我省奶牛生产保持较快发展，主要得益于：一是生产方式转变效果凸显，标准化规模养殖产能得到进一步释放。全省累计建成配套设施完善、存栏 200 头以上的奶牛标准化养殖场（小区）1 373 个，比其他省早 3 年形成了比较稳定的产能。二是龙头企业拉动。近 3 年来，沈阳辉山乳业集团自建了 46 个存栏 3 000 头的规模牧场，2011 年下半年以来已从国外引进奶牛 3.7 万头，对全省奶业持续发展起到了良好的拉动作用。

【乳品加工】2012 年辽宁省乳制品加工企业 34 家，年产值 70.9 亿元，年加工生鲜奶 115 万吨，初级加工乳制品 13.7 万吨，精深加工产品 101.3 万吨。2012 年辽宁乳品出口额为 50.56 亿美元，同比增长 122.73%。

【市场消费】2012 年辽宁省人均消费额约 21 090 元。城镇居民家庭人均乳制品消费支出额 215.35 元，人均乳及乳制品消费量 19.32 千克；农村居民家庭人均乳及乳制品消费量 4.26 千克。

【奶源基地】辽宁省奶牛以荷斯坦牛为主。据业务统计，2012 年末全省存栏 1～4 头奶牛养殖户 17 405 户，奶牛存栏 25 809 头，存栏量占全省的 7.33%；存栏 5～9 头奶牛养殖户 7 471 户，奶牛存栏 33 853 头，存栏量占全省的 9.62%；存栏 10～19 头奶牛养殖户 5 214户，奶牛存栏 47 452 头，存栏量占全省的 13.48%；存栏 20～49 头奶牛养殖户 2 636 户，奶牛存栏 55 076 头，存栏量占全省的 15.65%；存栏 50～99 头奶牛养殖户 597 户，奶牛存栏 26 757 头，存栏量占全省的 7.6%；存栏 100～199 头奶牛养殖户 212 户，奶牛存栏 20 496 头，存栏量占全省的 5.82%；存栏 200～499 头奶牛养殖户 143 户，奶牛存栏 29 806 头，存栏量占全省的 8.47%；存栏 500～999 头奶牛养殖户 35 户，奶牛存栏 14 986 头，存栏量占全省的 4.26%；存栏 1 000头以上奶牛养殖户 62 户，奶牛存栏 97 763 头，存栏量占全省的 27.77%。

【良种补贴情况】2012 年国家安排辽宁省奶牛良种补贴资金 621 万元，补贴奶牛 20.7 万头，奶牛补贴项目县 80 个。截至 2012 年 12 月 13 日，已累计向 80 个奶牛项目县发放冻精 39.2 万剂，已使用奶牛冻精 30.3 万剂，完成输配奶牛 15.4 万头，完成全年任务的 74.4%，奶牛补贴任务已在 2013 年 1 月末完成。

通过奶牛良种补贴项目的实施，加速了辽宁省奶牛良种繁育进程，提高了牛只生产水平，降低了成本支出，增加了养殖户收入，促进了奶牛养殖业健康发展。据不完全统计，辽宁省奶牛平均单产水平提高0.5吨以上。

【饲草饲料情况】全省天然草原干草总产量514.64万吨，比2011年增加2.63%，比近5年平均值增加3.50%；干草平均产量为每公顷1 888.83千克，合理载畜量为每公顷3.03个羊单位，全省323.93万公顷草原可承载981.51万羊单位。2012年，全省人工种草累计保存面积11.02万公顷，全年建设人工草地面积2.35万公顷，现存改良草地面积51.38万公顷。全省苜蓿草存草面积约4万公顷，其中新增苜蓿草种植面积约0.67万公顷。全省牧草产业化建设得到有效推进。

2012年，辽宁省各级畜牧主管部门继续加强秸秆资源饲料化开发利用工作，秸秆饲料化利用工作已进入常态化，奶牛养殖场户利用全株玉米制作青贮的积极性不断提高。全省秸秆饲料化利用率达到50.60%，比上年提高2.40个百分点。全省有6个县实施国家秸秆养畜示范项目。

辽宁省有牧草种子经营企业9家，牧草种子生产企业2家。草种生产经营品种以紫花苜蓿、草木樨、沙打旺、小叶锦鸡儿、柠条、荆条、披碱草等为主。全年产品总量0.33万吨，全年销售额8 485万元，净利润549.8万元。

辽宁省有牧草加工企业5家。牧草加工产品以草捆、草粉为主。全年产品总量9.22万吨，其中辽宁辉山集团生产草捆9万吨，全部用作自营牛场饲料。

【疫病防控】2012年，辽宁省人民政府继续将重大动物疫病防控工作纳入对各市政府绩效考核内容。辽宁省畜牧兽医局坚持春秋两季集中发动，月月开展免疫的常年免疫工作模式。各地普遍加强对免疫操作人员的培训，减轻免疫副反应，提高免疫质量。及时下拨免疫副反应准备金，最大限度减轻免疫副反应对强制免疫工作的影响。为提高免疫效果，调整和优化规模场免疫程序，实行散养畜口蹄疫等重点病首免后强化免疫制度，应免疫奶牛免疫率达到100%，免疫抗体合格率超过国家规定水平。2012年，经全国动物卫生风险评估专家委员会组织评估，辽宁省免疫无口蹄疫区已正式建成，达到国家免疫无口蹄疫区标准。

【质量监管】2012年辽宁省畜牧兽医局印发了《2012年生鲜乳质量安全专项整治方案》，加强生鲜乳质量安全监测与监督执法，规范生鲜乳生产收购秩序，逐步落实农业部“黑名单”制度，推进生鲜乳收购站标准化管理，生鲜乳质量安全水平稳步提升。2012年5月，评选出55家奶站为“2011年度生鲜乳收购站标准化管理示范单位”。2012年，全省共监测生鲜乳样品4 158批次，合格率为100%。其中监测三聚氰胺972批次、碱类物质447批次、革皮水解物462批次、硫氰酸钠346批次、β-内酰胺酶1 500批次；监测抗生素中氟喹诺酮类79批次，磺胺类193批次，四环素类99批次，β-内酰胺类60批次。2012年全年共出动执法人员2 836人次，检查生鲜乳收购站1 316家次，查处生鲜乳案件3起，销毁不合格生鲜乳1.5吨，罚款0.6万元。案件发生率较2011年下降62.5%。

【奶牛生产性能测定】2012年国家安排辽宁省奶牛生产性能测定资金61.6万元，测定奶牛8 800头，项目实施单位分别为辽宁省畜牧业经济管理站和沈阳乳业有限责任公司。截至2012年12月底，辽宁省畜牧业经济管理站共检测规模奶牛场41家，每月实际测定样品数达6 000个以上，涉及参加DHI项目奶牛头数达8 470头，累计上报中国奶协3.6万余条数据，其中参加连续测定（7次以上）的奶牛场25家，奶牛4 937头；沈阳乳业有限责任公司参测奶牛场16家，测定奶牛12 484头，上报测定记录87 189条。

【政策法规】“十五”、“十一五”期间，省以上财政部门对畜牧业投入达39.20亿元。各级政府积极落实项目建设配套资金，争取项目建设经费和工作经费。同时加强项目资金管理，对国家和地方投入的专项资金，进行专户储存、专款专用、专人管理，按国家要求组织统一招标采购了主要仪器设备。2003—2007年，全省实施了辽宁省畜牧业倍增计划；2008年又开始实施了现代畜牧业推进计划。省政府相继出台了《辽宁省人民政府关于加快畜牧业发展的决定》、《关于促进全省畜牧业持续健康发展的实施意见》等扶持畜牧业发展的政策文件，省财政投入不断加大，带动形成了民营、个体经济等社会资金投入发展畜牧业的热潮，2003年以来全省用于畜牧业发展的社会资金投入达600多亿元。进一步推进了畜牧业生产方式转变，逐步实现了畜牧业生产的规范化、标准化、专业化，创造了有利于养殖业发展的良好条件。

辽宁省畜牧业经济管理站　何永涛　杨广林
张丽君　林广宇
李丽萍　王玲玲

附表1：

辽宁省乳品加工企业明细表

企业名称	年加工能力（吨）	实际加工量（吨）	产值（万元）
辽宁伊利乳业有限责任公司	200 000	80 000	51 133
蒙牛乳业（沈阳）有限责任公司	201 600	179 767	110 829.37

（续）

企业名称	年加工能力（吨）	实际加工量（吨）	产值（万元）
沈阳乳业有限责任公司	320 000	300 000	146 000
大连三寰乳业有限公司	100 000	27 200	10 220
大连心乐乳业	30 000	40 000	8 000
辽宁优格生物科技股份有限公司	35 000	65 000	40 000
完达山鞍山乳品有限公司	100 000	50 000	36 223
鞍钢实业集团乳业有限公司	20 000	9 967	5 171
抚顺市恒享乳业有限公司	50 000	22 000	5 000
本溪木兰花乳业有限公司	30 000	11 373	5 622
本溪市阳光乳业有限公司	10 000	10 000	9 000
丹东市派波乳业	30 000	15 000	7 000
丹东市港龙乳业	10 000	5 000	2 000
东港市升泰乳业有限公司	30 000	21 000	8 500
锦州双八乳业有限公司	30 000	18 000	7 000
锦州益多乐乳业有限公司	30 000	10 000	6 000
锦州康乐乳业有限公司	60 000	55 000	9 000
辽宁省想不老食品有限公司	1 800	1 800	25 000
蒙牛阜新中转奶台	21 900	15 250	2 268
伊利乳业有限公司	200 000	50 000	28 000
阜新绿山羊奶乳业有限公司	1 200	300	240
辽阳市奔月食品有限公司	7 300	2 555	700
新依露乳业	20 000	3 000	4 000
铁岭市大牛乳品有限公司	100 000	20 000	20 000
振海乳制品厂	50 000	20 000	8 000
建平县蒙特乳制品有限公司	4 000	110	300
辽宁澳珍乳业有限公司	36 000	7 500	570
龙港区中牛牧业有限公司	20 000	15 000	7 500

附表 2：

辽宁省主要规模养殖场名录

养殖场名称	养殖规模（头）	养殖品种
沈阳市沈北新区隆顺奶牛场	712	荷斯坦
国望养殖场	130	荷斯坦
关沟奶牛养殖场	105	荷斯坦
苏家屯拉他泡奶牛合作社	250	荷斯坦
沈阳佩良牧场	110	荷斯坦
苏家屯区亿众牧场	260	荷斯坦
沈阳市圣达园牧场	60	荷斯坦
王玉昌养牛场	350	荷斯坦
王伟奶牛场	120	荷斯坦

（续）

养殖场名称	养殖规模（头）	养殖品种
馨秋实牧业	103	荷斯坦
鑫佰亿奶牛养殖场	400	荷斯坦
海江奶牛养殖小区	500	荷斯坦
晟楠养殖场	400	荷斯坦
东岭奶牛场	238	荷斯坦
贵才奶牛养殖场	380	荷斯坦
辽中县永波奶牛场	500	荷斯坦
金源养殖牧场	530	荷斯坦
辽宁优格乳奶源基地	460	荷斯坦
佳鑫牧业	600	荷斯坦
宝丰肉牛繁育中心	400	荷斯坦
辽宁佳和牧业有限公司	800	荷斯坦
卧龙奶牛场	1 000	荷斯坦
四方牧业	220	荷斯坦
爱民奶牛场	600	荷斯坦
木兰花养牛场	1 000	荷斯坦
朝阳生态养殖场	120	荷斯坦
和顺奶牛场	132	荷斯坦
北方牧业有限公司	300	荷斯坦
宽甸良种奶牛发展有限公司	500	荷斯坦
丹东市振安区鑫虹养殖场	143	荷斯坦
黑山县鑫源养殖场	300	荷斯坦
黑山县白金奶牛养殖场	500	荷斯坦
康乐乳业公司奶牛小区	620	荷斯坦
双赢奶牛养殖场	300	荷斯坦
阳光牧业奶牛养殖小区	700	荷斯坦
高家奶牛养殖专业合作社	600	荷斯坦
北山种畜场奶牛小区	420	荷斯坦
田源牧业	600	荷斯坦
黑山县东盛奶牛场	300	荷斯坦
刘恩召奶牛养殖场	100	荷斯坦
大石桥市群升养殖场	150	荷斯坦
东六官山牧场	243	荷斯坦
奶旺奶牛养殖小区	286	荷斯坦
二郎山牧场	260	荷斯坦
阜新市东昊牧业有限公司	227	荷斯坦
阜新隆源牧业养殖场	250	荷斯坦
阜新市高新区会明奶牛养殖场	116	荷斯坦
阜新牧源良种奶牛繁育有限公司	539	荷斯坦
宇华奶牛专业合作社	450	荷斯坦
彰武梓馨奶牛养殖场	306	荷斯坦
力辉奶牛养殖小区	208	荷斯坦

（续）

养殖场名称	养殖规模（头）	养殖品种
新邱新蒙畜禽养殖专业合作社	350	荷斯坦
阜新市海州区润天奶牛养殖场	218	荷斯坦
彰武县后新秋旺园奶牛养殖场	150	荷斯坦
沙拉镇金河牧佳养殖场	400	荷斯坦
阜蒙县庭泽奶牛养殖专业合作社	160	荷斯坦
碱锅村奶牛养殖小区	109	荷斯坦
阜蒙县亚美奶牛养殖专业合作社	409	荷斯坦
阜蒙县翔丰养殖场	644	荷斯坦
海纹奶牛养殖专业合作社	216	荷斯坦
彰武县兴隆山乡长青牧场	240	荷斯坦
阜蒙县宗华奶牛牧场	204	荷斯坦
阜蒙县于寺镇建军奶牛养殖小区	516	荷斯坦
阜蒙县丽梅奶牛养殖场	150	荷斯坦
阜蒙县沙拉镇朝代村奶牛小区	409	荷斯坦
彰武县三合牧业有限公司	204	荷斯坦
伊吗图牛旺旺生态牧场	200	荷斯坦
阜蒙县世兴奶牛养殖场	101	荷斯坦
阜新镇西扣膜村奶牛小区	208	荷斯坦
阜蒙县国强肉牛养殖专业合作社	128	荷斯坦
阜蒙县王府镇兴隆奶牛养殖场	203	荷斯坦
阜新艾友旺源奶牛生态牧场	240	荷斯坦
阜新意达牧业发展有限公司	640	荷斯坦
阜蒙县利晟源牧业有限公司	302	荷斯坦
阜蒙县十家子镇海山岱村张本志奶牛小区	224	荷斯坦
吉鑫奶牛生态牧场	102	荷斯坦
辽阳双牛奶牛养殖专业合作社	658	荷斯坦
马家昌盛奶牛养殖场	410	荷斯坦
铁岭市大牛公司生态奶牛场二期	635	荷斯坦
铁岭县鑫荣养殖场	500	荷斯坦
老四平镇徐家村绿野奶牛合作社	520	荷斯坦
铁岭县中大牧业养殖基地二期	200	荷斯坦
天源奶牛场	400	荷斯坦
清河区兴盛牧场	500	荷斯坦
铁岭县蔡牛镇圣禾牧场	200	荷斯坦
昌图县三江口李国富奶牛小区	300	荷斯坦
超凡养殖场	150	荷斯坦
铁岭县新台子镇广旭牛场	200	荷斯坦
清河区张相镇尹家奶牛小区	120	荷斯坦
铁岭县新台子井权养殖场	100	荷斯坦
三家乡祝繁奶牛小区	400	荷斯坦
北票市华丰牧业养殖有限公司	800	荷斯坦
建平沙海安兴牧业有限公司	600	荷斯坦

（续）

养殖场名称	养殖规模（头）	养殖品种
福源奶牛小区	100	荷斯坦
张振礼奶牛小区	100	荷斯坦
盘锦乳泉奶牛养殖有限公司	108	荷斯坦
大洼县曦然奶牛养殖专业合作社（三、四区）	200	荷斯坦
小铎奶牛养殖小区	300	荷斯坦
抚顺四方牧业科技发展有限公司	512	荷斯坦
新庄崔丽奶牛小区	259	荷斯坦
新庄东斌奶牛小区	150	荷斯坦
沈阳市路红奶牛养殖场	135	荷斯坦
山友奶牛专业合作社	260	荷斯坦
光辉宏忱奶牛场	480	荷斯坦
沈北新区尹家乡奶牛养殖有限公司	890	荷斯坦
沈阳市武顺牧业有限公司	864	荷斯坦
沈阳千源牧业有限公司	880	荷斯坦
福顺养牛场	600	荷斯坦
新民市大柳屯镇奶牛养殖合作社	1 100	荷斯坦
富佳奶牛场	500	荷斯坦
东关奶牛小区	121	荷斯坦
东方牧场	416	荷斯坦
沈阳大兴牧业养殖场	478	荷斯坦
新城堡奶牛养殖小区	113	荷斯坦
沈阳市圣达园牧场	130	荷斯坦
大连奶牛场石坎奶牛畜牧小区	700	荷斯坦
卧龙奶牛场	630	荷斯坦
贺国军牛场	100	荷斯坦

吉 林 省

【奶类生产】2012 年，吉林省奶牛存栏 21.5 万头，主要品种为荷斯坦牛和乳用西门塔尔牛，其中成母牛 13.5 万头（包括乳用西门塔尔牛 1.5 万头），奶类总产量 49.1 万吨，其中牛奶产量 47.5 万吨，奶牛主要分布在吉林省中西部地区，长春、吉林、四平、白城、松原 5 个地区奶牛存栏占全省总数的 90%左右。近年来，由于城市建设及环境压力加大，城市周边的奶牛养殖场（户）逐渐减少。奶牛养殖散户逐步退出，规模养殖比重不断加大。2012 年奶牛养殖业产值 16.1 亿元，占全省畜牧养殖业总产值的 1.42%。吉林省中西部作为奶牛养殖集中区域，集中趋势更加突出。

【乳品加工】2012 年，吉林省有乳制品生产企业 9 个，总体设计年加工能力 73 万吨，乳制品总产量 11.6 万吨。其中：巴氏杀菌乳 1.8 万吨，超高温灭菌（UHT）奶 1 万吨；酸奶 2.7 万吨，乳饮料 5 万吨；奶粉约 1 万吨。生产婴幼儿配方乳粉的企业有 3 个，全部采用湿法工艺生产，2012 年产量 0.6 万吨，产品销往全国。生产巴氏消毒奶的乳制品企业有 3 个，分布在长春、吉林、白城市。

【市场消费】2012 年，吉林省人均奶类占有量 17.85 千克，乳制品消费量人均 10 千克左右，消费支出约 80 元。在商场和超市内销售的乳制品主要品牌有伊利、蒙牛、飞鹤、辉山、龙丹、完达山、雀巢和光明等，还有本省广泽、春光、新高等乳企生产的产品。销售的主要产品有 UHT 奶、酸奶、巴氏杀菌乳、奶粉等。入户销售的产品主要是巴氏杀菌乳。近年来人们对巴氏杀菌奶的消费需求不断增长，与 2011 年相比，长春、吉林两市消费量增加了 32.3%。

【奶源基地】2012 年，吉林省存栏规模 100 头以上的奶牛数量占比 33%。全省生鲜乳收购站全部拥有集中机械挤奶厅，机械挤奶比例 100%。全混合日粮

(TMR) 技术正逐步推广，全省应用 TMR 技术的大型养殖场已近 30 个，参加生产性能测定（DHI）的奶牛场有 3 个。2012 年国家奶牛良种补贴资金 390 万元，补贴的奶牛冻精包括荷斯坦牛和乳用西门塔尔牛 2 个品种。奶牛标准化规模养殖场（小区）建设项目中央投资 2 170 万元。全省青贮玉米种植面积 254.5 万亩，总产量 616 万吨，平均亩产量 2.4 吨。苜蓿种植面积约 10 万亩，旱作条件下平均亩产不足 400 千克，总产 3.75 万吨。吉林省各级动物防疫机构比较健全，将奶牛免疫工作列入动物疫病防控延伸绩效管理的重要一项，单独进行考核。所有奶牛做到应免尽免，免疫抗体合格率大大高于国家标准。同时推行了奶牛健康证制度，加强扑杀净化，严格流通环节监管措施。奶牛粪污处理方式以堆积发酵为主，少数养殖场（小区）建设了生物有机肥、燃料块和沼气等无害化处理设施。2012 年乳企收购生鲜乳价格平均为 3.16 元/千克，养殖户饲养一头泌乳牛年净收入 2 000 元左右。

【奶农组织】2012 年，吉林省有奶农合作社 270 个，各级协会组织 8 个。吉林省畜牧业管理局在全省范围内组织开展了奶牛养殖技术培训。2012 年 5～7 月，共举办 6 期培训，近 700 名奶农和技术推广机构的技术人员参加了培训。培训的突出特点是实用性和先进性，培训的主要内容有奶牛选种选配、奶牛饲养管理、饲料调配、常见病防治等，授课专家均具有多年实践经验，理论和实践相结合，集中授课及答疑互动相结合，奶农参加培训积极性高、效果好。

【法规和政策】吉林省出台了多项促进奶业持续健康发展的政策。按照《吉林省人民政府关于实行奶业补助加快恢复奶业健康发展的意见》，2009—2012 年连续 4 年，对符合相关要求，达到标准的新建生鲜乳收购站给予补助。针对新建（改扩建）奶牛标准化规模养殖场（小区）制定了以奖代补政策，从 2009 年开始，对达到标准的每个养殖场（小区），省财政给予补助，长春市、四平市、延边朝鲜族自治州敦化市等市（区）、县级财政视财力情况亦予以补助，在养殖场（小区）建设用地、用电等方面给予优惠。

【质量监管】一是开展生鲜乳质量安全监测工作。制定下发了《2012 年生鲜乳违禁添加物专项监测计划》，加强对生鲜乳质量的安全监测。全年计划抽检 520 批次，实际完成抽检 546 批次，超额完成 5%，检测结果均合格。组织开展了生鲜乳收购站标准化管理现场检查和生鲜乳运输车现场检查。对检查中发现的不达标项，提出整改意见，限期整改。结合“两证”换发、日常巡查等工作，查找生鲜乳质量安全隐患，杜绝违法添加行为。二是开展生鲜乳违禁物质专项整治行动。制定下发了《2012 年全省生鲜乳违禁物质专项整治方案》，以奶牛主产区和奶牛养殖大县为重点区域，对生鲜乳收购站和运输车进行整治，并实施了生鲜乳收购站质量安全“黑名单”制度。三是召开生鲜乳质量安全监管工作会议。于 2012 年 6 月中旬召开了全省生鲜乳质量安全监管工作会议，对生鲜乳质量安全监管工作进行了总结和交流，开展了生鲜乳质量安全监管相关法律法规的培训。四是对新建生鲜乳收购站实行备案管理。

2012 年年末，吉林省有生鲜乳收购站 359 个，其中乳品企业开办 9 个，养殖场开办 80 个，奶农专业合作社开办 270 个。生鲜乳收购站全部持证收购，管理制度健全。

吉林省畜牧业管理局　迟桂凤

附表 1：

奶牛养殖场（小区）名录

序号	名　　称	养殖场	小区	全群存栏（头）	成母牛存栏（头）	奶畜品种	成母牛单产（吨/年）	年总产（吨）	是否参加DHI	是否应用TMR
1	镇赉瑞信达牧业有限公司	√		11 500	7 500	荷斯坦	8.7	29 580	√	√
2	营城万头奶牛生态园区	√		6 313	2 800	荷斯坦	6.0	15 000		√
3	吉林新源牧业有限公司奶牛养殖一场	√		2 800	1 500	荷斯坦	7.5	11 250	√	√
4	吉林新源牧业有限公司奶牛养殖二场	√		1 200	620	荷斯坦	7.0	4 340	√	√
5	团山奶牛养殖场	√		1 020	500	荷斯坦	4.5	2 100		
6	大安市吉尧奶畜牧场	√		1 261	560	荷斯坦	5.5	1 204		√
7	科园奶牛养殖小区		√	1 299	716	荷斯坦	6.1	4 367.6		
8	万宝镇奶牛养殖小区		√	1 025	546	荷斯坦	6.1	3 330.6		

附表 2：

乳制品生产企业名录

序号	名称	许可证号码	年收购原奶量（吨）	平均支付价格（元/千克）	其中：自有奶源量（吨）	年乳制品产量（吨）	其中：巴氏杀菌乳（吨）	UHT 奶（吨）	酸奶（吨）	奶粉（吨）	奶油（吨）	奶酪（吨）	乳饮料（吨）	整体设计加工能力（吨/年）	产品销售区域	年销售收入（万元）	利润（万元）
1	广泽乳业有限公司	QS220006010057	60 000	4	15 000	90 000	10 000	10 000	20 000	0	0	0	50 000	200 000	东北三省、内蒙古	50 000	2 000
2	长春新高食品有限公司	QS220005011298	5 400	3.8		6 000			6 000					45 000	东北三省	3 600	540
3	吉林市春光乳业有限公司	QS220205010731 QS220206013413	9 000	4	7 763	9 000	7 200		1 350				450	18 000	吉林省内	6 300	945
4	吉林市娃哈哈启力乳品有限公司	QS220205012002	9 756.53	2.56		1 161.7				1 161.7				72 000	全国	2 751.42	−322.28
5	吉林新源牧业有限公司	QS220705012005	0			0								72 000			
6	敦化美丽健乳业有限公司	QS222405020001 QS222405012003	17 258	3.5	13 288	4 467	—	—	—	4 467	—	—	—	40 000	全国	15 000	500
7	白城龙丹乳业科技有限公司	QS220805012004 QS220805020002	4 522.31	3.13	1 020	1 240				1 240				180 000	全国	2 900	−1 354
8	白城市阿宝乳制品有限公司	QS220805010330	600	3.5	600	600	500		100					3 000	白城市区	350	50
9	吉林艾倍特乳业有限公司	QS220805012001 QS220805020003	7 096	3.479 6		3 500				3 500				100 000	全国	10 000	856

备注：自有奶源指来自自建和参建（控股、参股）牧场（小区）的原奶

附表3：

主要乳制品企业2012年度生产情况摸底调查表

序号	名称	许可证号码	年收购原奶量（吨）	平均支付价格（元/千克）	其中：自有奶源量（吨）	年乳制品产量（吨）	其中							整体设计加工能力（吨/年）	产品销售区域	年销售收入（万元）	利润（万元）
							巴氏杀菌乳（吨）	UHT奶（吨）	酸奶（吨）	奶粉（吨）	奶油（吨）	奶酪（吨）	乳饮料（吨）				
1	山西维尔生物乳制品有限公司		6 000	3.55	4 200	5 600	2 600		3 000					50 000	太原、榆次、	4 200	180
2	阳曲县瑞美乳业有限公司	78854952－4	1 117	3.6	1 117	1 117	670		447					92 000	太原、忻州、榆次	948	111
3	山西雅士利乳业有限公司	QS140005020124				40 547				40 547					广东	109 993	9 869
4	山西田仁乳业有限责任公司	QS140605010005	1 500	1.6	1 500	8 560				560			8 000	28 800吨乳饮料、4 000吨奶粉	山西、四川、重庆、湖南、湖北、甘肃、河南	2 800	600
5	山西古城乳业集团有限公司	QS140005010021、QS140005020111、QS140006010040	93 593.4	3.45	10 673.26	85 907.1	6 869.3	53 428.18	3 029.5	4 489.5	0	0	18 090.6	220 000	省内各地及河南、浙江、福建、湖北、江西、安徽、湖南、重庆、上海等省市	64 391.26	3 606.9
6	内蒙古蒙牛乳业（集团）山西乳业有限公司	QS140605010404	72 425	3.8	72 425	8 639	8 639	0	0	0	0	0	0	44 895	晋蒙西	45 030.06	664.52
7	朔州伊利乳业有限责任公司	QS140605010427	31 713.5	3.52	0	35 905.6	0	28 208.27	0	0	0	0	7 697.35	67 496.256	山西	16 023.41	－904.9
8	山西古城乳业集团有限公司八分厂	QS140705011508	12 454	3.41		12 646	152.42		2 104.9					50 000	山西地区	5 857.75	－431.57
9	长治市九牛寨乳业有限公司	QS140405011367 QS140406010039	10 000	3.2	0	16 000	2 000	2 200	2 800				9 000	36 000	长治市区域	14 086	200
10	长治市牧村乳业有限公司	QS140405010001 QS140406016011	350	2.8	60	490	130	90	70				200	15万吨/年	长治市区及周边县区、晋中、陵川、石楼等地	150	34
11	晋城市晋大农牧产业有限公司	QS140505010760	3 560	3.1	2 190	10 120	2 555	0	365	0	0	0	7 200	39 600	晋城周边长治、临汾、运城	5 012	447

长 春 市

【奶类生产】长春市的奶畜主要是奶牛，品种主要是中国荷斯坦牛，极少数是乳用西门塔尔牛。2012年全市共存栏中国荷斯坦牛5.1万头，其中成年母牛2.6万头，主要分布在榆树市及九台市。2012年全市奶类总产量10.4万吨，生产水平处于中等，每头中国荷斯坦牛年平均产量在4242千克；奶类产值2亿元，占畜牧业总产值的0.78%；奶业农民人均收入约为80元，占农村人口收入的3.3%；生鲜乳收购价格为3.20～3.60元/千克。

目前，由于城市的建设发展，市区周边的部分中国荷斯坦牛场已因占地征用而拆除，同时由于养殖成本提高，牛奶价格偏低，直接造成养殖效益的下滑，中国荷斯坦牛养殖有逐年递减的趋势。

【乳品加工】长春市共有2家乳制品加工企业，分别为吉林省乳业集团广泽有限公司及长春新高食品有限公司。

吉林省乳业集团广泽有限公司年加工能力20万吨，实际产量6万吨，销售收入50 000万元，利润2 000万元。产品类别包括五大系列：巴氏杀菌乳、酸奶、乳饮料、奶粉、奶酪。长春新高食品有限公司年加工能力4.5万吨，实际产量0.54万吨，销售收入3 600万元，利润540万元。产品类别包括袋奶和酸奶。

目前，长春市乳品加工企业由于奶源短缺、市场疲软等原因，生产形势一般，远未达到设计的生产能力。

【市场消费】2012年，长春市鲜奶人均占有量为15千克，人均消费平均在10千克左右，人均消费支出80元左右。我市乳制品销售市场品牌及种类繁多，蒙牛、伊利、辉山、雀巢、光明、完达山等国内知名品牌以及本地的广泽、新高的产品在超市、市场均有销售，产品类型主要以UHT奶、酸奶、各种乳饮料为主，价格约为10元/千克，国内外各大品牌的多种成人及婴幼儿配方奶粉在我市也均有销售。另外，广泽、辉山等距离市内较近的企业还在市区内入户配送新鲜的巴氏杀菌乳，价格约为12元/千克。

从我市奶类市场的巴氏杀菌乳、UHT奶、酸奶、奶粉等产品的消费看，UHT奶消费量位居首位，奶粉销量排在第二位、第三位是酸奶，最后一位是巴氏杀菌乳。UHT奶消费比重占牛奶销量的一半左右。就目前看，今后可能仍然会保持目前的消费态势。

【奶源基地】2012年，全市存栏50头以上的规模养殖场27户，规模养殖比例达到31%。其中存栏100头以上的22户，存栏15 405头，占全市总存栏量的30.2%；存栏300头以上的17户，存栏14 425头，占全市总存栏量的28.3%；存栏500头以上的9户，存栏11 463头，占全市总存栏量的22.5%；存栏超千头的大型养殖场2户，存栏7 333头，占全市总存栏量的14.4%。目前，长春市的中国荷斯坦牛场均未应用生产性能测定（DHI）。九台市包括广泽乳业营城万头奶牛生态园区在内的几户养殖场使用了全混合日粮（TMR）技术。中国荷斯坦牛养殖粗饲料主要以干玉米秸和青黄贮玉米秸为主，青干草少量。精料主要以配合奶牛精饲料为主。中国荷斯坦牛配种全部采用人工冷配。2012年全市共申请国家良种补贴的中国荷斯坦牛冻精38 150剂进行品种改良。奶牛疫病防控主要是由各乡镇畜牧兽医站和各县（市、区）动物疫病预防控制中心共同完成；乡镇畜牧兽医站主要负责奶牛免疫，主要采用统一下发的O型亚1二价联苗、A型口蹄疫苗、O型缅甸98苗进行口蹄疫的防治。动物疫病预防控制中心负责布病、结核病疫病检测等健康检查，发现阳性病畜及时上报并扑杀，到目前为止尚未发现阳性奶牛。奶牛粪便处理基本上是堆积发酵。养殖户每头奶牛净收入4 000元左右，养殖场每头奶牛净收入1 200元左右。

【奶农组织】2012年，全市共有奶农专业合作社12户，其中长春市乳飘香奶农专业合作社多次组织行业专家为奶农开展技术培训，并组成专家团队深入各奶牛场，在现场提供技术支持并开展多项免费服务。长春市对广大奶牛养殖户的培训工作历来非常重视，分别于2012年4月和6月举办了两期奶牛养殖技术培训班。主要对奶牛良种繁育、品种改良技术、奶牛养殖中的饲养管理、原料奶生产和质量控制、全混合日粮（TMR）配置、青贮饲料调制、疫病防控、养殖环境污染防控等多个方面进行了培训。授课时理论性与实践性兼顾，并与学员们现场沟通交流，解答大家的咨询提问，收到了理想的学习效果。参加培训人员包括各县（市、区）畜牧技术推广机构的技术人员、规模奶牛养殖场（小区）和重点饲养户的管理、饲养和技术人员以及奶牛配种员，共计100余人，其中能回去办班讲课人员40人。

【法规和政策】长春市为了促进奶牛养殖业发展，专门制订了全市奶业发展规划，出台了相关的扶持政策，在用地、审批上均给予了大力倾斜，九台市营城万头奶牛场更是零地价提供。在奶牛养殖场（小区）建设上也给予相应的补贴，在省局标准化建设项目补贴资金10万元的基础上，对每个新（扩建）的奶牛养殖场（小区）配套补贴资金5万元。

【质量监管】2012年，长春市共有生鲜乳收购站30家，全部采用集中式机械化挤奶。30家生鲜乳收购站中，由奶畜养殖场开办的16家，由奶农专业生产合作社开办的11家，由乳制品加工企业开办的3家。全市目前共有生鲜乳运输车辆16辆，全部办理了生鲜乳准运证。生鲜乳基本上由蒙牛、伊利、雀巢、完达山以及本地的广泽、新高企业收购。

2012年4月，长春市畜牧业管理局专门召开了全市各县（市、区）分管局长、科长以及各生鲜乳收购站负责人、技术人员参加的“2012年长春市生鲜乳收购站监管工作会议”，对生鲜乳收购站监管工作做了总结和部署，并与各县（市、区）局、各生鲜乳收购站共同签订了生鲜乳收购站监管工作责任书，进一步明确了生鲜乳收购站监管工作的责任和义务。同时，监管人员还多次深入到生鲜乳收购站，对收购站的主体资格、建设布局、功能区域、相关制度、设备状况、档案建立、环境卫生以及运输生鲜乳车辆等方面进行了全面检查。通过检查发现，我市生鲜乳收购站能够按照规定的要求安全生产，未发现质量安全问题。

2012 年，对生鲜乳收购站及运输车辆进行了现场抽样检测，共抽取样品 66 批次，主要检测三聚氰胺、皮革水解物和碱类等物质，抽样检测全部达标和合格。

长春市畜牧业管理局

附表 1：

奶牛养殖场（小区）名录

序号	名　　称	养殖场	小区	全群存栏（头）	成母牛存栏（头）	奶畜品种	成母牛单产（吨/年）	年总产（吨）	是否参加DHI	是否应用TMR
1	龙丽养殖专业合作社		√	510	380	荷斯坦	4.0	1 200		
2	鼎润养殖专业合作社		√	816	510	荷斯坦	4.0	1 440		
3	榆树市绿鑫源养殖合作社	√		503	300	荷斯坦	4.2	1 400		
4	鑫宇奶牛养殖合作社		√	520	410	荷斯坦	4.1	1 210		
5	团山奶牛养殖场	√		1 020	500	荷斯坦	4.5	2 100		
6	营城万头奶牛生态园区	√		6 313	2 800	荷斯坦	6.0	15 000		√
7	九台市通慧养殖业农民专业合作社		√	516	384	荷斯坦	4.0	1 536		√
8	九台市广源牧业有限公司		√	730	570	荷斯坦	4.5	2 565		√
9	长春市圣泽养殖有限公司奶牛养殖场	√		535	350	荷斯坦	6.8	2 204		

备注：请在养殖场或小区列中选择打勾；如参加 DHI 或应用 TMR，请在相应表格中打勾。

附表 2：

乳制品生产企业名录

序号	名　　称	许可证号码	年收购原奶量（吨）	平均支付价格（元/千克）	其中：自有奶源量（吨）	年乳制品产量（吨）	其中：巴氏杀菌乳（吨）	UHT奶（吨）
1	广泽乳业有限公司	QS220006010057	60 000	4	15 000	90 000	10 000	10 000
2	长春新高食品有限公司	QS220005011298	5 400	3.8		6 000		

序号	名　　称	许可证号码	酸奶（吨）	奶粉（吨）	奶油（吨）	奶酪（吨）	乳饮料（吨）	整体设计加工能力（吨/年）	产品销售区域	年销售收入（万元）	利润（万元）
1	广泽乳业有限公司	QS220006010057	20 000	0	0	0	50 000	200 000	东北三省、内蒙古	50 000	2 000
2	长春新高食品有限公司	QS220005011298	6 000					45 000	东三省	3 600	540

备注：自有奶源指来自自建和参建（控股、参股）牧场（小区）的原奶。

四 平 市

【奶类生产】2012年，四平市奶牛存栏3.47万头，存栏50头以上奶牛养殖场（小区）33个，存栏奶牛0.97万头，规模养殖比例为27.9%。我市奶牛的年单产水平基本在5.1吨以上，细菌总数在100万个/mL以下，乳蛋白率平均为3.1%，两大指标均高于国家标准。奶牛养殖密集区和规模养殖小区（场）主要分布在铁西区的平西乡、辽河农垦管理区的双辽种羊场和以种羊场为中心的双辽市玻璃山镇与茂林镇，这两个地区的特点是养殖密度高、数量大。

另外，公主岭市奶牛养殖数量在我市也占很大比例，但养殖区域比较分散，主要分布在二十家子镇、永发乡、刘房子镇、杨大城子镇、苇子沟街道等近十个乡镇和街道。组织形式以奶农专业生产合作为主，奶畜养殖场为辅，目前还没有乳企自建的奶牛养殖小区（场）。全市奶山羊存栏16 375只，年产奶量约4 200吨。按品种划分，本地山羊存栏15 579只，波尔山羊796只。

生鲜乳收购平均价格在3.2元/千克左右，企业收购价格3.5元/千克左右。奶类产值达到5.07亿元，占畜牧业产值的1.95%。

由于饲料价格的增长幅度远大于生鲜乳收购价格的增长幅度，持续加剧了奶牛养殖场（户）的养殖压力，从产奶量、奶价特别是饲养成本等情况综合分析看，四平市目前饲养一头奶牛平均年获利不足两千元，奶牛养殖业处于微利时段，利润空间不可观，奶农养殖热情不高。

【乳品加工】四平市原有吉林大力乳业有限公司一家乳品加工企业，现已经停止生产5年。近两年正在进行设备改造，目前还没有正式投产。

【市场消费】2012年四平市人均奶类占有量43.76千克。规模养殖场（小区）所产生鲜奶全部销售到外地的乳制品加工企业。随着人们生活水平的提高，城乡居民对乳品的消费大幅增长。目前在四平市的市场上主要销售UHT奶、酸奶、奶粉等产品，品牌以蒙牛、伊利、广泽、辉山等国内和省内知名品牌为主，UHT奶市场销售价格基本为4.5元/千克，高端巴氏杀菌乳价格在10～11元/千克。

【奶源基地】2012年，全市不同规模养殖场（小区）、户数量达到1 672户，年存栏奶牛3.47万头，全年牛奶产量91 267.24吨。大多数奶牛场（小区）和绝大部分散养户饲养方式比较传统，以玉米秸加精料的方法饲养。只有少数几个养殖场，如公主岭市的犇鑫牧业和万犇乳业、双辽市的吉妹牧场、辽河农垦管理区的义和养殖合作社等以玉米秸青贮、羊草加精料方法饲养，犇鑫牧业和万犇乳业采用了全混合日粮（TMR）技术，饲养管理更为先进。在品种改良上，认真按照奶牛良种补贴项目要求进行改良工作，定期培训配种人员，冻精出入库交接凭据、冻精使用记录和配种记录齐全。在防疫上每年进行2次口蹄疫疫苗注射。布病、结核病每年进行2次检测，检测合格后发放奶牛健康合格证。

【法规和政策】为了切实加快畜禽标准化规模养殖场（小区）建设，各县（市）区相继出台了一系列扶持标准化、规模化、产业化促进畜牧业生产的优惠政策和措施。涉及土地、环保、银信、交通、电力、水利、林业、农业等方面，不仅在用地、通水、通电、通路上明确了各项优惠政策，而且对新建、扩建的规模养殖场（小区）实行奖补。如公主岭市、双辽市、伊通满族自治县连续三年每年都拿出资金对牧业小区进行奖补。其他县、区也制定了建设牧业小区的各项优惠政策，认真落实国家、省有关牧业小区建设、奶牛良种补贴、奶牛标准化项目、新建奶站补贴等政策，促进了全市的奶业发展。

未来几年，四平市将依托区域优势、资源优势、品种优势，结合“一核三带”富民优先发展战略的实施和本地牧业发展现状，着重围绕四平市城郊、双辽市西北部打造两大奶牛优势集聚区。其中：四平市城郊主要以铁西区平西乡为中心，向北辐射梨树县大房身乡和梨树镇部分村屯；双辽市西北部以双辽种羊场为中心，带动双辽市的玻璃山和茂林两个乡镇。

到2015年，区域内奶牛存栏5万头，300头以上养殖小区（场）达30个，奶牛规模化养殖达到60%以上。重点发展标准化奶牛养殖小区（场），扩大养殖规模；加快良种奶牛推广改良步伐，坚持引进与培育相结合，适当引进国外优良种牛遗传物质，提高高产核心群奶牛质量；在规模养殖小区（场）全面推行TMR（全混合日粮）饲喂技术，提高奶牛产奶量和牛奶质量，降低奶牛疾病发病率；以大力乳品公司重新启动为依托，通过引进战略投资者，加快企业规模扩张，提高产品科技含量，培育名牌产品，提升产业层次，实现我市奶业经济跨越式发展。

【质量监管】全市现有34家生鲜乳收购站，生鲜乳运输车11辆。按照省局的要求，开展了生鲜乳收购站基本情况统计、生鲜乳收购站统计监测及运输车辆的数据统计月报以及奶畜产业化发展情况调查工作，加强了对生鲜乳收购站的日常监管，规范生鲜乳收购、运输许可证的发放，全面实行“两证一单”及生鲜乳质量安全管理制度，规范各项记录。

一是成立生鲜乳质量安全监管工作领导小组。制定《四平市2012年生鲜乳违禁物质专项整治方案》，全面贯彻落实《乳品质量安全监督管理条例》，市局与各县（市、区）、各县（市、区）与本辖区内的生鲜乳收购站、奶畜养殖场（小区）逐级签定了生鲜乳收购站监管工作责任书、奶畜养殖场（小区）质量安全责任书。确立了层层把关，层层建立责任制的监管制度。

二是加强了生鲜乳收购站的监管。根据有关要求和部署，紧紧围绕生鲜乳生产、收购和运输三个环节开展监管。组织开展了生鲜乳违禁物质治理等专项整治行动，对不规范的奶站进行整顿。对生鲜乳收购站存在的问题进行现场指导和纠正，对管理不规范的收购站提出了限期整改意见，要求限期改进。未发现在生鲜乳收购环节中违法添加禁用物质现象。

三是认真组织实施生鲜乳质量安全监测计划。开展生鲜乳违禁添加物抽样检测和现场检查工作，经检测没有发现添加三聚氰胺等违禁添加物的违法行为。

四是开展食品安全宣传月活动。组织奶站参加市食安委主办的以“共建诚信家园，同铸食品安全”为主题的集中宣传活动，制作展板、条幅，布置宣传咨询台，组织有关人员进行现场咨询、发放宣传资料、解答群众问题。

五是加强生鲜乳收购站标准化管理与建设。统一制作了各项管理制度和各项运营记录样本，督促经营企业按照〈条例〉的要求，依法经营。对新建奶站实行备案管理。

四平市畜牧业管理局　周志岩

附表 1：

奶牛养殖场（小区）名录

序号	名　称	养殖场	小区	全群存栏（头）	成母牛存栏（头）	奶畜品种	成母牛单产（吨/年）	年总产（吨）	是否参加DHI	是否应用TMR
1	双辽市长兴奶牛合作社		√	550	210	荷斯坦	5.2	906		
2	义和养殖农民专业合作社		√	659	576	荷斯坦	5.3	2 534		
3	清林奶牛农民专业合作社		√	568	392	荷斯坦	5.1	1 659		
4	巨丰牧业集团有限公司		√	600	550	荷斯坦	5.2	2 373		
5	洪升奶牛专业合作社		√	520	490	荷斯坦	5.1	2 074		
6	龙鹏牧业农民专业合作社		√	510	408	荷斯坦	5.3	1 795		

备注：请在养殖场或小区列中选择打勾；如参加 DHI 或应用 TMR，请在相应表格中打勾。

黑 龙 江 省

黑龙江省位于世界公认的黄金“玉米带”和“奶牛带”，利用得天独厚的资源优势，在政府引导和政策扶持下，奶业得到了快速的发展，目前已成为国内最重要的优质奶源基地和最大的奶粉生产基地，优质荷斯坦牛存栏总量和乳制品加工产能均居全国第一。奶业已成为黑龙江省各主产市（县）农村经济和县域经济发展的主导产业，为农村劳动力转移和农民持续增收，为社会主义新农村和现代农业建设，为黑龙江省由资源大省和农业大省向畜牧业大省和食品加工大省转变做出了巨大贡献。

【奶类生产】截至 2012 年年末，黑龙江省奶牛存栏达 269.6 万头，生鲜牛乳产量 857 万吨，平均单产 5.5 吨，奶牛养殖业总体规模居全国第二位，优质荷斯坦牛存栏总量居全国之首。主要分布的市（地级市）是齐齐哈尔市、大庆市、绥化市和哈尔滨市，其奶牛存栏数占总存栏数的 77%，奶牛存栏 1 万头以上生产大县发展到 37 个，其奶牛存栏及生鲜奶产量占全省总量超过 80%。全省原料奶生产实现产值 240 亿元，奶农纯收入达 48 亿元，农民人均纯收入增加 282 元；奶牛养殖业转化粮食 26.9 亿千克，实现过腹增值效益 15 亿元；就地转移农村富余劳动力近 40 万人。奶牛养殖业有效促进了农民持续增收，实现了粮食及副产品的过腹转化增值，加快了城乡经济社会一体化进程，已发展成为促进农业和农村经济发展的主导产业。

【乳品加工】黑龙江省规模乳品加工企业、产能、生产水平、奶粉产量和婴幼儿奶粉产量均居全国第一。全省有规模以上乳品加工企业 64 家，占全国 644 家的 1/10，年加工生鲜奶能力达到 1 004 万吨。全国排名前十位的乳品企业在黑龙江省投资建厂的有 7 家，世界排名第一的著名乳品企业雀巢公司经过六次扩建，日处理生鲜奶能力已达 1 500 吨。2012 年，全省乳粉产量达 47.5 万吨，居全国各省之首；液态奶产量达 134 万吨，乳品加工业实现产值 350 亿元，占食品工业比重达 15.1%，上缴税金 16 亿元。双城、安达、杜蒙、克东等一批乳业大县财政收入的 50%～70%来自于乳品加工业。乳品加工业进一步壮大了县域经济实力，稳步推进了城乡经济社会一体化，有力地支撑了食品工业发展，已成为黑龙江省绿色食品产业的支柱产业。

【市场消费】据国家统计局黑龙江城调队资料，本地区 2012 年城镇居民人均奶制品（折合成原料奶）消费量 26.5 千克。其中：生鲜奶 18 千克，奶粉 0.47 千克，酸奶 3.45 千克；2012 年农村居民人均奶制品（折合成原料奶）消费 3.05 千克，居民未养成饮奶的习惯。目前在黑龙江省主要销售的液态奶品牌有蒙牛、伊利、光明、完达山、龙丹、万家宝等。乳制品消费习惯主要以家庭中女性为决策者，大多选择品牌乳制品，且消费以老人和孩子比例较高。消费产品种类以酸奶和常温奶为主，低温奶和其他乳制品消费较少。

【奶源基地】规模化程度：截至 2012 年年末，全省存栏 300 头以上奶牛规模养殖小区（场）达 1 086 个，存栏奶牛 64 万头，占存栏总量的 23.7%；存栏 100～299 头专业合作社及大场大户 1 099 个，存栏奶牛 16.1 万头，占存栏总量的 6.0%；存栏 50～99 头专业户 3 893个，存栏奶牛 29.4 万头，占存栏总量的 10.9%。专业化养殖小区、现代化牧场、专业合作社已成为黑龙江省奶牛养殖业的发展方向。全省乳品企业自建存栏 300 头以上牧场（小区）320 个，存栏奶牛 16.2 万头，占全省 300 头以上规模牧场（小区）存栏总量的 25.3%，占全省存栏总量的 6.0%；与乳品企业签订购销合同，存栏 300 头以上牧场（小区）766 个，存栏奶牛 47.8 万头（含合作社主体 247 个，存栏奶牛 21.9 万头），占全省 300 头以上规模牧场（小区）存栏总量的 74.7%。飞鹤乳业、完达山乳业和双城雀巢公司自建奶源基地工作较为突出，飞鹤乳业自建的奶源基地原料奶供应占企业原料奶用量的 50%以上。

社会化服务体系：全省共建成奶牛配种站点 4 000 多个，服务网络覆盖了所有行政村、自然屯，奶牛人工授精率达到 100%；生产性能测定（DHI）深入实施，参测牛场达 153 家，参测奶牛 12 万头，位居全国首位；TMR 设备和青贮机械推广力度加大，TMR 搅拌机达 444 台，占全国总量的 1/4，青贮机械收获能力达 150 万亩；生鲜乳收购站集中机械挤奶比重达到 90%，先进机械的应用提升了标准化水平。

饲草饲料情况：2012 年，全省粮食产量突破 600 亿千克，作物秸秆 8 000 多万吨；拥有草原 6 500 万亩，年产饲草 800 多万吨；紫花苜蓿人工草地 102 万亩，年产优质苜蓿干草 30 万吨；全省青贮玉米种植面积达 450 万亩，产量 1 800 万吨，储量达 1 500 万吨。

疫病防治情况：近年来，黑龙江省采取一系列行之有效的综合性防控措施，持续保持了重大动物疫情稳定，取得了重大动物疫病防控工作的阶段性胜利。一是加强机构和队伍建设。完善了省、市、县、乡、村五级动物防疫体系，提高了防控能力。二是加强基础设施建设。近年来，争取中央财政投资 2.13 亿元，在省、市、县（区）、乡实施了动物防疫体系项目。三是强化疫病防控。对重大动物疫病防控工作实行了“双轨责任制”和常态化、规范化、制度化管理，层层签订动物防疫责任状，强化目标管理责任制和责任追究制。

【奶农组织】在乳品加工企业发展壮大的同时，黑龙江省奶业组织化程度和社会化服务能力也进一步提高。2012 年，全省拥有市、县、镇、村和农场等各级奶业（奶牛）协会 72 家，各类奶业专业合作社发展到 1 100多个，增强了市场经济条件下奶农的话语权，奶农的主体作用得到充分发挥，推动了农企“风险共担、利益均沾”经营机制的形成。同时黑龙江省政府、协会和其他企事业单位积极组织开展奶业技术培训，年培训总期数超过 30 期，培训人数达 2 800 人次。

【法规和政策】实施生鲜乳“参考价”和“政府指导价”双轨制：针对生鲜乳定价方式不合理的状况，为切实维护奶农利益，规范生鲜乳交易行为，2010 年 7 月，省政府制定出台了《关于进一步完善生鲜乳购销价格管理的意见》，确定在全省生鲜乳收购上实行交易参考价和政府指导价相结合的定价机制，当生鲜乳收购交易参考价失灵时，对生鲜乳实行政府指导价管理。在新的生鲜乳购销定价政策的约束下，各县（市）生鲜乳价格协调委员会按季度详细测算了生鲜乳生产成本，在省生鲜乳价格协调委员会的监督指导下统一发布生鲜乳收购价格，既保护了奶农的养牛积极性，同时也为乳品加工企业提供了充足的原料供应，实现了奶业发展的良性循环。

实施原料奶第三方检测体系建设：在实现生鲜乳定价公平合理后，为了确保公平公正交易，黑龙江省自 2011 年 6 月又正式启动生鲜乳第三方检测。即在乳制品生产企业全面建立独立于乳企、奶农的第三方检测机构，把好生鲜乳进厂前的最后一道质量监测关口，解决生产企业和奶农在生鲜乳购销交易过程中出现的质量争议。截至 2012 年年底，全省 64 家乳品加工企业全部开展了生鲜乳第三方检测工作；第三方检测站平均每月检测奶样 5 000 多批次，辐射奶农 12.5 万户，解决乳企和奶农纠纷 18 起，受到了农企双方的欢迎，第三方检测工作走在全国的前列。通过开展第三方检测，进一步完善了生鲜乳收购按质论价的交易体系，强化了对奶畜饲养以及生鲜乳生产、收购环节的监督检查，为及时发现和预警生鲜乳生产重大问题和安全隐患，全面提升生鲜乳质量安全水平发挥了重要作用。

【质量监管】2009—2012 年四年间，黑龙江省共组织开展了 21 164 批次生鲜乳质量安全及理化指标专项监测，其中国家级 11 273 批次，省级 9 891 批次。检测结果表明，三聚氰胺、黄曲霉毒素 M_1、皮革水解蛋白、硫氰酸钠、铅等项指标合格率均为 100%，碱类物质合格率为 99.9%、β-内酰胺酶合格率为 99.6%，全省生鲜乳质量安全总体状况良好。

【奶业大事记】

1. 1月 11 日，双城市人民政府与雀巢公司签署合作备忘录并召开新闻发布会，计划未来 5 年投资 25 亿元人民币，建立一个奶牛饲养管理培训中心和 3 个示范生产基地，帮助所有小奶户和个体奶户向专业管理的奶牛小区或规范化牧场过渡。在备忘录签署前，雀巢公司和双城政府已经共同出资 1 000 万元采购了 1 000 台挤奶设备，免费提供给奶农，从而使双城市实现 100%机械化挤奶。

2. 5 月 17 日，哈尔滨杏林牧业发展有限公司与以色列阿菲金公司在黑龙江省畜牧兽医局签订合作协议，阿菲金公司提供硬件设施和养殖技术服务，使哈尔滨杏林牧业发展有限公司的牧场成为东北地区单产最高、效益最好的奶牛养殖场，力争到 2016 年将奶牛场打造成母牛平均单产 11 吨以上的示范牧场。

3. 6 月 18 日上午，以色列 LR 公司与双城市政府合作的“米特利”长产奶牛场举行了竣工典礼，该场投资额 1.5 亿元，占地 20 万平方米，建筑面积 6.74 万平方米，可饲养奶牛 3 000 头，已有 1 658 头奶牛进场饲养。米特利农业发展有限公司还计划在双城建设 4 个示范奶牛场，并规划建设 50 个奶牛牧场，饲养规模达到 5 万头，奶牛年平均单产可达 10 吨。

4. 黑河中兴牧业是集奶牛养殖、牧草种植、饲料加工及乳品加工为一体的产业化重点项目。截至 2012 年 12 月月底，黑河市中兴牧业奶牛养殖及乳制品深加工项目已累计完成投资 4.7 亿元，建设 6 栋牛舍，第一批 6 000 头澳大利亚优质奶牛已全部入舍。

黑龙江省畜牧兽医局

齐齐哈尔市

齐齐哈尔市位于黑龙江省西部，地处世界三大黑土带之一的松嫩平原腹地，草原和土地面积大，饲草饲料充足，生态环境良好，是世界最佳奶牛产业带，特殊的地理位置和丰富的自然资源，为奶牛业发展提供了得天独厚的产业优势和客观条件。在市委、市政府的重视和支持下，目前乳品产业已成为齐齐哈尔市绿色食品的支柱产业，为农业增效、农民增收、财政增税和新农村建设作出了重要贡献。

【奶类生产】截至 2012 年年末，齐齐哈尔市奶牛存栏达 68.2 万头，生鲜牛乳产量 162.2 万吨，平均单产 5.6 吨，奶牛养殖业总体规模居全省第一位。主要分布的县（市）为富裕县、龙江县、甘南县、克东县、梅里斯区和昂昂溪区，其奶牛存栏及生鲜奶产量占全市总量 80%以上。全市原料奶生产实现产值 48.6 亿元，奶农纯收入达 9.7 亿元，重点县区养奶牛收入占农民人均纯收入 50%以上；奶牛业也使农村大量粮食、秸秆和农副产品实现过腹增值，2012 年奶牛生产转化粮食近 100 万吨；就地转移农村富余劳动力近 12 万人。

【乳品加工】齐齐哈尔市拥有大中型乳品加工企业 16 家，占全省 64 家的 1/4，鲜奶加工能力已达 210 万吨。国内知名乳品企业伊利、蒙牛、光明、雅士利、明一及地方知名乳品企业飞鹤都坐落在齐齐哈尔市。自主培育的国内婴幼儿配方奶粉十强之一的飞鹤乳业现日处理生鲜奶能力已达 2 500 吨。2012 年全市加工生鲜乳总量 130 万吨，生鲜乳加工转化率达 80%，原料乳 45%用于原料大包粉加工、25%用于普通液态奶加工、15%用于加工高端液奶制品、15%用于加工婴幼儿配方奶粉。乳品加工产值达 136.5 亿元，实现利税 7.2 亿元。克东、甘南、昂昂溪区等乳业大县（区），财政收入的一半来自于乳品加工业。

【市场消费】据调查，齐齐哈尔地区 2012 年城镇居民人均奶制品（折合成原料奶）消费量 20.5 千克；农村居民人均奶制品（折合成原料奶）消费 2.6 千克。目前在齐齐哈尔市主要销售的液态奶品牌有蒙牛、伊利、光明、完达山等。乳制品消费以老人和孩子比例较高。消费产品种类以酸奶和液态奶为主。

【奶源基地】规模化程度：齐齐哈尔市全面推进养殖用地向奶牛合作社园区集中，农牧民向合作社集中，奶牛向合作社、牧场集中，奶牛规模化养殖进程显著加快，现代化牧场、专业合作社、规模养殖场（小区）已成为齐齐哈尔市奶牛养殖业的发展方向。截至 2012 年年末，全市奶牛专业合作社 421 个，其中有 32 个奶牛示范社；规模养殖场 599 个，其中全省备案管理的 350 个；养殖大户 1 569 个。存栏 50～99 头的养殖场户 614 个，存栏奶牛 4.4 万头，占存栏总量 6.5%；存栏100～499 头养殖场户 147 个，存栏奶牛 3.3 万头，占存栏总量的 5%；存栏 500～999 头专业合作社及规模场 17 个，存栏奶牛 3.2 万头，占存栏总量的 4%；存栏 1 000 头以上的规模养殖场 3 个，存栏奶牛 1.3 万头，占存栏总量的 2%。飞鹤自建现代化生态万头奶牛养殖场 3 个，自控鹤鸣、鹤祥等示范奶牛合作社 14 个，自建自控的奶源基地原料奶供应占企业原料奶用量的 50%以上。

社会化服务体系：全市有乡镇畜牧综合服务站 126 个；全市 774 个生鲜乳收购站全部实行机械榨乳；建设奶牛繁育站点 1 250 处，奶牛良种冻配率达 100%；饲料加工企业 73 家；全市有 TMR 配送机械 38 台；奶业数字监管平台对全市奶站、奶车监管全覆盖。

饲草饲料情况：2012 年全市粮食总产 125 亿千克，占全省粮食产量的四分之一；拥有草原 826 万亩，年产优质牧草 50 余万吨；紫花苜蓿种植面积 31 万亩，年产优质苜蓿干草 12 万吨；青贮玉米种植面积达 37.8 万亩，产量 151 万吨。

疫病防治情况：每年市政府与县（市）区签订责任状，并及时组织疫苗，适时开展免疫注射，奶牛标识加戴率达 90%以上，建档率达 60%，疫病检疫覆盖率达 100%。

【奶农组织】截至 2012 年，全市拥有市、县奶业（奶牛）协会 17 个，各类奶业专业合作社发展到 421 个。齐齐哈尔市畜牧兽医局开展畜牧专业合作社建设知识大宣传、大培训活动，培养 900 个懂技术、会经营、善合作的牧场管理者。

【法规和政策】齐齐哈尔市始终把大力发展奶牛业作为推进区域经济发展战略的重要组成部分，2010 年研究出台了《关于加快发展奶牛业的实施意见》和《关于推进奶牛业发展的考核办法》，组建了集龙江银行、保险公司、乳品企业、生鲜乳收购站、养殖场户于一体的奶牛业融资平台。在增加信贷资金投入、加大财政支持力度、建立奶牛风险基金和多元投入机制、保障土地供给等优惠政策的推动下，奶牛业已成为齐齐哈尔市农村最具生命力的经济增长点、富民强市的支柱产业。

【质量监管】一是电子化监管。2011 年，齐齐哈尔市畜牧兽医局与中国电信公司合作在全国率先建立了奶业数字监管平台，对生鲜乳生产、收购、运输和加工前贮存等环节进行实时监控，工作效率和监管水平显著提高。二是常态抽检监测。深入落实国家、省组织开展的生鲜乳质量安全专项检测工作，几年来各类理化指标检测结果合格率均为 100%，全市生鲜乳质量安全总体状况良好。三是执法监督。执法人员不定期对奶站、运奶车辆进行执法检查，严厉打击各种违法违规行为。

【奶业大事记】

1. 3月22日，齐齐哈尔市畜牧兽医局下发《畜牧“阳光净化”执法行动方案》，对全市774家奶站卫生条件、制度建设等进行全面检查。

2. 6月28日，吕维峰副省长在《黑龙江省办公厅专送信息》第334期刊发的“齐齐哈尔市奶业信息平台建设试点情况”上签署“望省畜牧兽医局认真研究此事，能否在更大范围推广拿个意见”。

3. 8月6日，齐齐哈尔市第二届奶业博览会开幕，全国各地乳品生产经营、畜牧机械生产经营等186家企业在博览会上设置了展台，全市200余家养殖户技术人员聆听了分会场奶业论坛的专家讲座，博览会上签署意向合作项目协议5项。

齐晓彤副局长被中国奶业协会授予2012年度全国优秀奶业工作者称号。

齐齐哈尔市畜牧兽医局　张文丽

附表1:

奶牛养殖场（小区）名录

序号	名　称	养殖场	小区	全群存栏（头）	成母牛存栏（头）	奶畜品种	成母牛单产（吨/年）	年总产（吨）	是否参加DHI	是否应用TMR
1	哈尔滨杏林牧业发展有限公司	√		1 289	652	荷斯坦	8.0	4 960	√	√
2	八五七朝阳奶牛场	√		836	450	荷斯坦	7.5	3 100	√	√
3	汤原县天元牧业有限公司		√	645	300	荷斯坦	5.0	2 725		√
4	富锦市头兴牧业	√		710	310	荷斯坦	7.0	2 177	√	√
5	松花江奶牛场	√		1 800	950	荷斯坦	7.0	6 000	√	√
6	齐梅良种乳牛繁育科研基地	√		780	375	荷斯坦	6.7	2 512	√	√
7	八五一一农场完达山良种奶牛场	√		1 200	610	荷斯坦	10.0	5 800	√	√
8	富锦市天野牧业有限责任公司	√		900	516	荷斯坦	6.5	3 200	√	√
9	富裕县鸿顺奶牛养殖基地		√	560	340	荷斯坦	5.0	1 650		√
10	哈尔滨良种奶牛繁育中心	√		520	243	荷斯坦	6.5	1 570	√	√
11	哈尔滨市道里区三合盛畜牧场	√		475	370	荷斯坦	6.0	2 000		√
12	双城市嵘森牧业有限公司	√		1 200	510	荷斯坦	7.0	3 200	√	√
13	安达市友谊养牛专业合作社		√	1 508	640	荷斯坦	5.8	3 000		√
14	黑龙江省澳佳牧业有限公司	√		230	230	荷斯坦	5.8	1 200		√
15	双城市联兴乡俊丰奶牛养殖场	√		500	415	荷斯坦	6.2	2 000		√
16	哈尔滨市绿洲畜牧有限责任公司		√	800	610	荷斯坦	5.5	2 500		√
17	双城市幸福乡德荣奶牛养殖场		√	600	340	荷斯坦	5.0	1 600		√
18	肇东市海城乡岚旭奶牛养殖专业合作社	√		315	160	荷斯坦	5.5	800		√
19	肇东市东跃畜牧有限公司	√		560	350	荷斯坦	5.5	1 760		√
20	肇东市杨林奶牛养殖场	√		270	200	荷斯坦	5.5	1 000		
21	齐齐哈尔市铁锋区震兴奶牛养殖场	√		300	200	荷斯坦	5.5	1 100		
22	杜蒙旺源牧业有限公司	√		324	187	荷斯坦	6.0	1 100		
23	杜蒙县广宇牧业有限公司	√		300	180	荷斯坦	6.8	1 200		
24	双城克奥牧业有限公司	√		500	306	荷斯坦	6.0	1 600		√
25	文臣养殖场	√		430	280	荷斯坦	6.0	1 580	√	√

备注：请在养殖场或小区列中选择打勾；如参加DHI或应用TMR，请在相应表格中打勾。

附表 2：

乳制品生产企业名录

序号	名称	许可证号码	年收购原奶量（吨）	平均支付价格（元/千克）	其中：自有奶源量（吨）	年乳制品产量（吨）	其中：巴氏杀菌乳（吨）	UHT奶（吨）	酸奶（吨）	奶粉（吨）	奶油（吨）	奶酪（吨）	乳饮料（吨）	整体设计加工能力（吨/年）	产品销售区域	年销售收入（万元）	利润（万元）
1	双城雀巢公司		358 000	3.10		69 000				69 000				695 000	全国	430 000	
2	黑龙江贝因美乳业有限公司		100 000	3.41		51 700				51 700				500 000	关联企业	185 800	
3	大庆乳品厂		47 500	2.80		10 310				10 310				370 000		43 000	
4	黑龙江省飞鹤乳业有限公司		300 000	3.64		43 700		175 200		41 500				700 000		325 000	
5	虎林娃哈哈乳品有限公司		21 000	3.15		2 600				2 600				70 000		60 000	
6	黑龙江省光明松鹤乳品有限责任公司		112 000	3.50		96 000		60 000		8 300			1 000	300 000		79 000	
7	黑龙江省完达山乳业股份有限公司		600 000	3.30		300 000		151 100		304 000			63 800	720 000	全国	510 000	
8	内蒙古伊利实业股份有限公司		667 000	3.58		673 600		566 400		35 600			478 800	716 000	全国	461 700	
9	蒙牛乳业有限公司		126 000	3.73		129 100		129 100						180 000	黑龙江省、江苏、福州、广州	7.93	

备注：自有奶源指来自自建和参建（控股、参股）牧场（小区）的原奶。

上 海 市

【奶类生产】奶畜存栏：奶牛存栏情况，上海市2012年奶牛存栏7.26万头，同比增长2.96%，其中成乳牛存栏3.85万头，同比增长1.44%。上海市拥有奶牛场108家，其中：郊区78家，光明乳业30家。光明乳业30家奶牛场奶牛总头数40 443头，占全市55.69%，累计总产19.14万吨，占全市总产量59.86%，累计单产9 057千克。

奶类产量：本地区2012年1～12月生鲜奶累计产量31.97万吨，比去年同期增长4.72 %，累计上市量30.85万吨，同比增长4.57%。成乳牛全年累计单产8 376千克，同比增长2.80%，创历史最高水平。

【乳品加工】乳品加工企业情况：2012年上海本地共有乳品加工企业11个，日处理生鲜奶能力总计达905吨，其中外资2个、合资企业6个、地方自建企业3个。

本地2012年奶制品有：巴氏杀菌乳、UHT奶、奶粉、酸奶、奶酪。

【市场消费】居民消费：本地区2012年城镇居民人均奶制品（折合成原料奶）消费量37.5千克，各种乳制品消费量：生鲜奶27千克，奶粉0.8千克，酸奶9千克，奶酪0.7千克。

据农调队资料，本地区2012年农村居民人均奶制品（折合成原料奶）消费36.5千克，各种乳制品消费量：生鲜奶26.5千克，奶粉1千克，酸奶9千克。

2012年，在上海市府、市农委和市教委的领导支持下，在光明乳业股份有限公司精心组织和员工的积极努力下，上海市学生饮用奶全年销售预计突破1.6亿元，同比销售收入翻了一番，目前覆盖20多个省市自治区，日均供应学生奶近60万盒，最高日供应份数达100万盒。

【奶源基地】规模化情况：2012年，上海市奶牛存栏数7.26万头。郊区全部实现奶牛规模化生产，全市现有规模化奶牛场108家，其中300～500头的奶牛场20家，500～1 000头的17家，1 000头以上的21家。奶牛场全部实施机械化管道挤奶，机械化挤奶率100%（表5－11）。

表5－11　2012年上海市原料奶按质论价体系（1－12月）

基准价价格计算

按物价局成本测算＋7%，2012年1月1日起至6月30日每千克收购价3.86元

计算方法：脂肪含量×脂肪单价＋蛋白含量×蛋白单价＝每千克生奶价格

1%脂肪单价（元）	1%蛋白单价（元）	标准价（元）	脂肪比例	蛋白比例
0.603	0.654	3.86	50%	50%

基准价价格计算

按物价局成本测算＋7%，2012年7月1日起至12月30日每千克收购价4.00元

计算方法：脂肪含量×脂肪单价＋蛋白含量×蛋白单价＝每千克生奶价格

1%脂肪单价（元）	1%蛋白单价（元）	标准价（元）	脂肪比例	蛋白比例
0.625	0.678	4.00	45%	55%

细菌数计价标准

细菌数范围	每千克奖（元）	每千克扣（元）
＜10万/ml	奖0.04	
10～40万/ml	不奖不扣	
40～200万/ml		＞40万扣0.04；＞100万扣0.08

体细胞数计价标准（2012年7月1日起）

体细胞数范围	每千克奖（元）	每千克扣（元）
≤25万/ml	奖0.10	
≤50万/ml	奖0.05	
50～75万/ml	不奖不扣	
＞75万/ml		扣0.05
＞100万/ml		扣0.10

（续）

冰　　点	
－0.500 至－0.504	扣 0.04
－0.505 至－0.507	扣 0.02
－0.508 至－0.549	不奖不扣
＞－0.549	可以拒收
≤－0.500	可以拒收

其他指标：

• 牛奶抗生素残留量检测为阴性的判为“合格奶”；若为阳性，判为“不合格奶”。

• 牛奶黄曲霉素 M_1 残留量≥0.5mg/kg 的，判为“不合格奶”。

• 牛奶亚硝酸盐含量＞0.2mg/kg 的，判为“不合格奶”。

• 重金属，农药残留超标，拒收。

【奶农组织】 3 月 28～29 日，第五届长三角奶业论坛在上海召开，论坛主题为“高产、优质、安全、生态”。中国奶协秘书长谷继承，市农委分管副主任邵林初和市畜牧兽医办李建颖主任参加会议并讲话，会议还邀请了国内外奶牛专家五人分别就奶牛饲养管理、牛奶质量安全与控制、奶牛热应激预防、奶牛疾病预防与控制、奶牛饲料管理及国际奶业新进展等方面进行专题讲座，长三角地区奶农和厂商 300 多人参加了论坛。

奶协生产和专家委员会分别于 4 月 1 日、5 月 9 日、8 月 24 日、9 月 7—28 日先后就奶牛的健康养殖与牛奶营养安全、奶牛营养与饲养管理新技术、奶牛繁殖管理新技术和挤奶工操作举办了多次专题培训。培训人次达 450 多人。

奶协育种繁殖专业委员会今年在本市牧场就牧场基础资料工作、DHI 数据解读与运用，奶牛选种选配及繁殖障碍防治等专题培训 6 次，培训人次达 360 多人。

自 2011 年元旦起，上海奶业行业协会承担了《上海乳品工业企业质量安全诚信体系建设》项目，在 11 家乳品加工企业的共同努力下，诚信体系建设取得明显成效，年底已有 6 家企业通过评估、公示，并获得证书，其余 5 家也全面展开、积极推进。对诚信体系建设，协会在思想上高度重视，组织上专人负责，工作上扎实推进，成效上巩固提高。年初在中国乳品工业协会作了介绍，受到中国乳品工业协会领导的肯定；2012 年 12 月 27 日，协会在上海市食品工业企业诚信体系建设工作动员暨培训会议上就上海奶协开展诚信体系建设情况作了介绍，也受到与会领导和专家的好评。

【品种改良】 2012 年共改良牛群 3.7 万头（估计数），使用冷冻精液 11.2 万剂（估计数），胚胎移植 133 枚（上海奶牛育种中心实际数）；上海奶牛育种中心共生产胚胎 0 枚、冷冻精液 260 万剂；胚胎 133 枚、冷冻精液 3 万剂。

【饲草饲料】 2012 年上海市人工牧草种植面积4 000 公顷，其中苜蓿草 10 公顷；专用青贮玉米种植面积 3 500公顷，有青贮窖 300 个，共 17.142 8 万立方米。

奶牛配合饲料的生产企业 15 个，年产奶牛配合饲料 16 万吨，其中主要生产企业生产情况：上海鼎牛饲料有限公司 10 万吨，上海光明荷斯坦牧业有限公司 4 万吨，上海延华生物科技有限公司 2 万吨。

上海奶农合作社共 6 家。

【质量管理】 上海市乳品质量监督检验站负责对全市奶牛场的每个批次生鲜乳进行抽样检测，检测结果与收购价格挂钩，实行优质优价。上海市执行的生鲜乳按质论价，共涉及脂肪、蛋白质等八项指标，多于或高于国家标准，如脂肪含量基准价 3.25%，蛋白质含量基准价 2.95%等。

2012 年经检测部门市场抽查，合格率达到 100%。

上海市由光明食品集团下属的五家乳品厂申请开办生鲜乳收购站（其中光明乳业 4 家，上海市牛奶集团 1 家），以市属奶牛场实行凭证收购生鲜乳。

按照“种养结合、适度规模、规范养殖、生态平衡”的指导思想，开展奶牛养殖场标准化建设，已建和在建的标准化奶牛场 40 多家，从根本上保障奶牛生产的健康稳定和生鲜乳的质量安全。同时，根据《农业部办公厅关于印发〈畜禽养殖标准化示范创建活动工作方案〉的通知》要求，开展规模化奶牛场标准化示范创建活动，提高其软硬件建设水平。奶牛场标准化建设工作的开展，从根本上保障了奶牛生产的健康稳定和生鲜乳的质量安全。

【奶业大事记】

1. 2012 年 2 月 16 日，下午在吴中路光明乳业股份有限公司总部召开上海奶协第六届第二次理事会，讨论决定通过奶协 2011 年工作总结和 2012 年工作打算、吸纳上海奶牛育种中心等 18 家企业为协会会员、增补唯绿包装等 9 家单位为协会理事单位、增补上海光明荷斯坦牧业有限公司、上海花冠营养乳品有限公司等 5 家企业为协会副会长单位。

2. 2012 年 2 月 27 日，2012 年学生饮用奶计划宣传信息员培训班在崇明开班，来自全国各省市、自治区 120 多名学生饮用奶计划宣传员进行为期 2 天的培训，朱从余秘书长出席并致辞。

3. 2012 年 3 月 9 日，上海奶协专家委员会、生产委员会、上海市奶牛研究所共同在崇明种奶牛场召开“高产奶牛如何持续高产”研讨会。

4. 2012 年 3 月 28～29 日，第五届“长三角”奶业论坛暨相关产品展示会在上海华纳时尚酒店隆重举行。

5. 2012 年 4 月 1 日，由奶业行业协会专家委员会和生产委员会、上海畜牧兽医学会养牛分会、上海市奶牛研究所共同主办，英联贸易（上海）有限公司、北京东方联鸣科技发展有限公司、上海鼎牛饲料有限公司在上海牛奶集团会议中心共同举办“奶牛的健康养殖与牛奶营养安全”技术论坛。

6. 2012 年 4 月 6 日，奶协生产委员会冯庆凤和奶牛技术服务平台盛文明与上海农业信息有限公司及上海农业废弃物利用行业协会崇明县农委对崇明的裕安、崇明健康、新垦、鳌山、春晖、星乐、达彬和建三八个奶牛场考察稻草利用情况。

7. 2012 年 4 月 10 日，协会副秘书长曹明是、协会杂志负责人及部分委员参加上海博华国际展览有限公司“第十三届 中国清洁博览会—中国清洁行业发展高峰论坛”。

8. 2012 年 4 月 16 日，历经三个多月协调、磋商达成新的生奶收购价为 3.86 元/千克。

9. 2012 年 4 月 20 日，由奶业行业协会育种繁殖专业委员会、奶牛生产委员会、上海畜牧兽医学会养牛分会主办，加拿大太平洋遗传育种中心协办，在光明荷斯坦二楼会议室举办“奶牛育种体系与基因组测定技术研讨会”。

10. 2012 年 5 月 7 日，奶协完成对本市各区县奶牛养殖企业的农作物秸秆综合利用扶持政策落实情况问卷调查。

11. 2012 年 5 月 7 日，经秘书长办公会议研究决定阙文磊等四人的任聘，组建新的牧场工程专业委员会。

12. 2012 年 5 月 8～9 日，上海奶协与延华公司联合在浙江九华山技术巡回演讲之际召开上海各区县奶管站站长会议。

13. 2012 年 5 月 18 日，上海奶业行业协会 SDA 标识注册。

14. 2012 年 6 月 11 日，协会参加市食安办举办的“食品安全周活动”，朱从余秘书长在会上作了“加强三化建设，确保上海市民喝上放心奶”的演讲。

15. 2012 年 6 月 14～17 日，国家学生奶办在河南郑州召开学生奶奶源基地建设经验交流会，总结交流第五批示范基地创建工作经验，部署第六批示范基地创建工作。上海奶协季爱华同志出席，并呈报上海金山种奶牛场为第六批学生奶奶源基地。

16. 2012 年 6 月 14 日，上海奶协顾问陈新在上海市长宁区天山街道做科学饮奶科普讲座，并发放了科普小册子。

17. 2012 年 7 月 2 日，在市农机所召开了奶协牧场工程专业委员会全体委员大会，委员单位参会代表分别介绍了各自的企业情况及对委员会的工作意见。

18. 2012 年 8 月，上海乳品工业企业单位 6 家通过审核、公示和颁证。分别是：多美滋、晨冠乳业、花冠乳业、纽贝滋、恩波露、乳品一厂分厂。

19. 2012 年 8 月 24 日，市奶协协助上海市畜牧兽医学会养牛学组、先马士（上海）有限公司联合举办《奶牛营养与饲养管理新技术研讨会》。

20. 2012 年 8～10 月，为落实农业部办公厅、财政部办公厅“关于印发《2012 年农村劳动力培训阳光工程项目实施指导意见》的通知”（农办、财【2012】72 号）精神，由上海奶业行业协会、上海市乳品质量监督检验站、上海市奶牛研究所共同实施对上海市奶牛养殖场集中开展“奶牛挤奶操作工职业技能培训”。

21. 2012 年 9 月 25 日，协会朱从余秘书长、专家委员会王永康、王光文、顾佳升、冯庆凤、潘鸿飞和宋宝治等到海丰奶牛场调研，牛奶集团副总经理唐新仁陪同调研。

22. 2012 年 10 月 22～24 日，协会副会长单位上海牛奶（集团）有限公司在江苏盐城市成功举办第三届南方奶业论坛。

23. 2012 年 11 月 27 日，协会派员参加全市的食品添加剂、强化剂、预包装新标准的学习培训。

24. 2012 年 11 月 28 日，组织全市乳品生产企业相关人员的学习培训。

25. 2012 年 12 月 15 日，上海奶业行业协会生产委员会、上海市奶牛研究所和先马士（上海）有限公司在上海牛奶集团技术中心举办奶牛繁殖管理新技术研讨会。

26. 2012 年 12 月 16 日，上海奶业行业协会配合市发改委价格监测监督处和市农委畜牧兽医办牵头主持“2012 年下半年和 2013 年生鲜乳收购价格协调会”，并通过各方努力，通过协商达成共识，取得成功，进一步完善上海奶价协商机制。

上海奶业行业协会　朱从余

江　苏　省

【奶类生产】据《江苏统计年鉴》，2012 年年末，全省奶牛存栏 20.9 万头，同比减少 0.6 万头，降幅为 2.79%；牛奶总产量 61.3 万吨，同比增加 2.1 万吨，增幅为 3.54%。据对全省 102 家奶牛规模养殖企业（场、小区）调查统计，2012 年年末存栏成母牛 55 626 头，牛奶产量 343 418 吨，成母牛平均单产 6 174 千克，同比增长 0.7%。奶牛规模养殖企业（场、小区）中，奶牛单产达到 7 000 千克以上的高产奶牛场为 24 个，占 23.1%；奶牛单产在 6 000～7 000 千克的奶牛场为 31 个，占 29.8%；奶牛单产在 5 000～5 999 千克的奶牛场为 24 个，占 23.1%；奶牛单产在 5 000 千克以下的奶牛场 25 个，占 24%。

2012 年全省生鲜乳收购价格总体呈现小幅上升势头，全年平均收购价为 3.56 元/千克，比上年上涨 0.22 元/千克，涨幅为 6.6%。从季节来看，春、夏、秋季平均奶价分别为 3.47 元/千克、3.55 元/千克、3.65 元/

千克，比去年同期增加 0.13 元/千克、0.28 元/千克、0.26 元/千克。从地区来看，苏南地区为 3.63 元/千克，苏中地区为 3.42 元/千克，苏北地区为 3.57 元/千克。

【乳品加工】2012 年，全省共有乳品加工企业 48 家，日加工能力 7 271 吨，同比增加 8.7%（其中日加工能力 100 吨以上 16 家、500 吨以上 4 家、1 000 吨以上 2 家）。拥有南京卫岗、维维乳业、梁丰集团 3 家国家级产业化龙头企业，徐州绿健、江苏君乐宝、常州红梅、江苏春晖、创元双喜、淮安快鹿、扬大康源、镇江长江、江苏太子 9 家省级产业化龙头企业。2012 年全省乳制品总产量达 119.81 万吨（不含乳饮料），比 2011 年上升 7.63%；乳品加工总产值为 147.48 亿元，同比增长 9.95%；乳品销售额 141.79 亿元，同比增长 9.07%；税额 8.92 亿元，同比增长 7.63%；利润 14.14 亿元，同比增长 4.5%。在各类乳制品中，酸奶产量为 41.42 万吨，巴氏杀菌乳产量为 37.97 万吨，UHT 奶产量为 35.36 万吨，强化营养奶产量为 3.24 万吨，果味奶产量为 1.3 万吨，奶粉产量为 0. 13 万吨，其他乳品产量为 0.39 万吨。酸奶、巴氏杀菌乳、UHT 奶产量位居前三位，分别占乳制品总产量的 34.57%、31.69%、29.51%，合计占全省乳制品总产量的 95.78%。

【市场消费】2012 年，全省人均奶类占有量 7.74 千克，城镇居民家庭人均乳及乳制品购买量为 20.97 千克，其中鲜乳品购买量 17.46 千克、酸奶购买量 2.93 千克、奶粉购买量 0.58 千克，人均乳及乳制品消费支出 303.81 元。

【奶源基地】据全省畜牧业务统计，2012 年年末，全省奶牛存栏 21.75 万头，同比增加 0.13 万头，增幅为 0.6%，增幅较 2011 年明显放缓，年奶产量 83.11 万吨，同比增加 2.11 万吨，增幅为 2.6%。其中存栏 20 头以上的规模奶牛场 821 个，存栏奶牛 20.78 万头，占全省总量的 95.6%，牛奶产量为 79.57 万吨，占全省牛奶总产的 95.75%。存栏 100 头以上的大中型规模奶牛场 305 个，存栏奶牛 18.8 万头，占全省总量的 86.4%，同比提升 3 个百分点，牛奶产量 71.64 万吨，占全省牛奶总产的 86.2%（表 5－12）。

表 5－12　2012 年全省奶牛规模养殖情况

规模（头）	场（户）数		年存栏量		牛奶产量	
	数量（个）	所占比重（%）	数量（头）	所占比重（%）	数量（吨）	所占比重（%）
1～4	314	16.14	1 085	0.5	5 063	0.61
5～19	811	41.68	8 559	3.94	30 268	3.64
20～99	516	26.52	19 844	9.13	79 347	9.55
100～199	84	4.32	12 242	5.63	46 836	5.64
200～499	120	6.17	38 164	17.55	144 521	17.39
500～999	59	3.03	39 960	18.38	165 388	19.90
1 000 以上	42	2.16	97 599	44.88	359 656	43.28

根据土地资源现状和环境保护的新形势，全省奶业生产逐步形成徐宿淮、江南、沿海、扬泰四个奶业经济带，2012 年年末，奶牛存栏量分别占全省总量的 51.6%、29%、13.3%和 6.1%，徐州奶牛存栏超 7 万头，继续保持全省奶牛养殖第一大市的地位，宿迁奶牛存栏超 3 万头，比 2011 年增加 2 676 头，增量位居全省第一，南京、苏州两个奶牛养殖传统大市存栏虽有下降，但继续保持在 2 万头以上。全省奶牛存栏超过 2 000头的县（市、区）有 27 个，奶牛存栏 18.29 万头，占全省总量的 84.09%，其中奶牛存栏超过 5 000 头的县（市、区）有 11 个，存栏奶牛 12.81 万头，占全省总量的 58.9%（表 5－13、表 5－14）。

表 5－13　2012 年全省各市奶牛存栏情况

市别	奶牛存栏（头）	同比增加（头）	增幅（%）	市别	奶牛存栏（头）	同比增加（头）	增幅（%）
南　京	21 052	－1 854	－8.09	淮　安	7 112	120	1.72
无　锡	7 807	－424	－5.15	盐　城	12 875	－127	－0.98
徐　州	72 316	849	1.19	扬　州	3 737	122	3.37
常　州	5 264	－193	－3.54	镇　江	6 115	－76	－1.23
苏　州	22 916	－447	－1.91	泰　州	9 474	778	8.95
南　通	7 043	106	1.53	宿　迁	32 808	2 676	8.88
连云港	8 934	－54	－0.6	全省合计	217 453	1 296	0.6

表 5-14　2012 年全省存栏奶牛 2 000 头以上的县（市、区）

序号	县别	奶牛存栏（头）
1	徐州市铜山区	43 800
2	泗洪县	12 000
3	睢宁县	11 000
4	南京市江宁区	10 600
5	泗阳县	10 080
6	大丰市	9 954
7	宿迁市宿城区	7 900
8	江阴市	6 720
9	淮安市淮阴区	5 870
10	徐州市云龙区	5 200
11	南京市六合区	5 003
12	太仓市	4 970
13	苏州市相城区	4 843
14	张家港市	4 258
15	常熟市	4 181
16	南京市浦口区	4 024
17	泰兴市	3 909
18	连云港市徐圩新区	3 700
19	丰县	3 311
20	新沂市	3 262
21	常州市武进区	3 113
22	沭阳县	2 815
23	昆山市	2 725
24	徐州市贾汪区	2 660
25	句容市	2 605
26	泰州市姜堰区	2 242
27	镇江市丹徒区	2 196

【品种改良】全省奶牛良种化率 100%，主要是中国荷斯坦牛，少量娟姗牛。全年推广使用良种奶牛冻精 24.85 万份，配种奶牛 13.82 万头，受孕奶牛 8.42 万头，受惠养殖户 2 456 户。

【疫病防控】2012 年，全省加强奶牛疫病防控，完善防疫设施，落实防疫措施，重点加强对结核病、布氏杆菌等传染病的监测与疫牛的强制扑杀工作，全省累计检测奶牛布病和结核病 131 587 头次和 12 1941 头次，无害化处理布病奶牛 148 头、结核病奶牛 910 头。

【政策法规】江苏积极贯彻落实国家有关扶持政策，并结合省里实际出台了一系列扶持政策，并得到了较好落实。一是奶牛标准化规模场建设项目补贴。组织全省 14 个奶牛规模场实施 2012 年国家奶牛标准化规模场建设项目，中央投资 2 010 万元。二是奶牛良种补贴。争取中央财政补贴资金 360 万元，对全省 12 万头奶牛实施奶牛良种补贴项目。三是挤奶机械补贴。2012 年，全省共补贴购买各类挤奶机 22 套（台），补贴资金 136.4 万元。四是各类省级项目补贴。在省级高效农业项目中安排 1 270 万元资金用于支持 12 个奶牛养殖场的基础建设补助，在农业三新工程项目中安排资金 225 万元支持 7 个单位开展奶牛新技术、新品种和新模式推广。五是奶牛政策性保险。每头保费 240 元，农户承担 40%，其余由各级财政负担，其中省级财政对苏南、苏中、苏北承担比例分别为 20%、30%、50%，2012 年，全省共投保奶牛 4.33 万头，保费总额 1 040 万元，保险公司共赔付保费 1 178 万元。

【质量监管】2012 年年末，全省共有发证生鲜乳收购站 96 家，其中合作社建设的 16 家，乳品企业自建的 43 家，养殖场建设的 37 家，日平均收奶量 370 吨左右。全省机械化挤奶比例达 98%以上。2012 年，全省共开展生鲜乳省级例行监测 1 613 批次，其中从奶站抽样 638 批次，从奶罐抽样 113 批次，从养殖场抽样 862 批次；完成部级生鲜乳质量监测 120 批；开展生鲜乳省级风险预警监测 291 批次，其中从奶站抽样 119 批次，从养殖场抽样 172 批次，各类监测均未发现“三聚氰胺”等违禁物质，合格率达 100%。

江苏省农业委员会畜牧兽医局　史波良

附表 1：

2012 年江苏省部分千头奶牛场名单

序号	奶牛场名称	奶牛存栏量（头）
1	南京卫岗乳业淳化牧场	1 749
2	南京伊利牧业有限公司金磁牧场	2 465
3	维维农牧有限公司	27 300
4	徐州绿健乳牛场	2 900
5	徐州丰县君乐宝养殖基地	1 820
6	徐州成丰畜牧有限公司	1 600

（续）

序号	奶牛场名称	奶牛存栏量（头）
7	徐州卫岗乳品有限公司	1 225
8	徐州市绿色源泉奶牛场	1 200
9	睢宁县永浩奶牛	1 000
10	常州市武进区双庙奶牛养殖小区	1 820
11	常州红梅乳业有限公司西林牧场	1 318
12	张家港梁丰集团机械化奶牛场	2 694
13	南通市向阳乳业	2 279
14	南通红梅乳业	1 042
15	江苏三元双宝乳业有限公司	2 019
16	连云港益多牧业有限公司	1 100
17	淮安快鹿七牧场	1 034
18	光明集团奶业有限公司海丰农场	9 874
19	扬大康源乳业有限公司	1 238
20	镇江市长江乳业有限公司	1 225
21	沭阳县鸿光奶业有限公司	1 450
22	泗洪县青阳奶牛合作社	1 200
23	泗洪县甘露奶牛场	2 400
24	宿迁金娥金鑫奶牛场	1 769
25	泗洪县兴旺奶牛场	1 600
26	泗洪县金旺奶牛场	1 620
27	泗阳县锡原牧业	2 900
28	泗阳县嘉欣牧业	2 000
29	泗阳县恒达牧业	1 160
30	泗阳县锡诚奶业	1 220
31	宿迁市宿城区长安牧场	1 305
32	宿迁市宿城区鸿山奶业	3 890
33	宿迁市宿城区锡玉奶牛场	1 395
34	宿迁市宿城区鸿兴奶牛场	1 310

附表 2：

2012 年江苏省符合《食品生产许可证》
重新核查获证乳制品及婴幼儿乳粉企业汇总表

序号	企业名称	证号编号	证书有效期
1	惠氏营养品（中国）有限公司	QS3200 0502 0002 QS3200 0501 0001	2014－2－28 2014－9－12
2	江苏梁丰食品集团有限公司	QS3200 0501 1696	2014－3－13
3	淮安旺旺食品有限公司	QS3208 0501 0001	2014－3－17
4	南京卫岗乳业有限公司	QS3200 0501 0043	2014－3－23
5	南京川田乳品有限公司	QS3200 0501 0042	2014－3－23
6	南京金阳光乳品有限公司	QS3200 0501 0336	2014－3－23
7	南京光明乳品有限公司	QS3200 0501 0041	2014－3－23
8	南京大旺食品有限公司	QS3201 0501 0229	2014－3－23

（续）

序号	企业名称	证号编号	证书有效期
9	江阴市美天奶业有限公司	QS3202 0501 0506	2014-3-23
10	无锡奔牛生物科技有限公司	QS3202 0501 1279	2014-3-23
11	无锡市马山牛奶有限公司	QS3202 0501 0375	2014-3-23
12	无锡市天资乳品饮料厂	QS3202 0501 0321	2014-3-23
13	徐州绿健乳业有限责任公司乳品厂	QS3203 0501 0585	2014-3-27
14	维维乳业有限公司	QS3200 0501 0038	2014-3-27
15	江苏君乐宝乳业有限公司	QS3203 0501 0586	2014-3-27
16	徐州卫岗乳品有限公司	QS3203 0501 0587	2014-3-27
17	常州红梅乳业有限公司	QS3200 0501 0158	2014-3-27
18	常州优蕾营养乳品有限公司	QS3204 0501 1777	2014-3-27
19	江苏春晖乳业有限公司	QS3204 0501 0319	2014-3-27
20	张家港云之兰奶业有限公司	QS3205 0501 0002	2014-3-27
21	双喜乳业（苏州）有限公司	QS3200 0501 0767	2014-3-22
22	伊利苏州乳业有限责任公司	QS3205 0501 1499	2014-3-30
23	南通红梅乳业有限公司	QS3200 0501 0507	2014-3-27
24	南通中江生物科技有限公司	QS3206 0501 1699	2014-3-27
25	连云港益乐盟特乳品厂	QS3207 0501 1149	2014-3-27
26	江苏三元双宝乳业有限公司	QS3207 0501 0458	2014-3-27
27	灌云县东农乳业有限公司	QS3207 0501 0992	2014-3-27
28	连云港市新希望乳业有限公司	QS3207 0501 1301	2014-3-27
29	淮安快鹿牛奶有限公司	QS3200 0501 0159	2014-3-23
30	淮安市兴立乳业有限公司	QS3208 0501 1255	2014-3-23
31	江苏翔宇乳业有限公司	QS3208 0501 1758	2014-3-23
32	盐城市健桥乳业有限公司	QS3209 0501 0658	2014-3-23
33	盐城市泰来神奶业有限公司	QS3209 0501 0735	2014-3-23
34	东台市宇航奶业有限公司	QS3200 0501 0046	2014-3-23
35	扬州市扬大康源乳业有限公司	QS3200 0501 0040	2014-3-27
36	扬州市邗江润扬奶牛场	QS3210 0501 0733	2014-3-27
37	扬州市华兴乳业有限公司	QS3210 0501 0334	2014-3-27
38	镇江市长江乳业有限公司	QS3211 0501 0228	2014-3-27
39	丹阳市练湖乳品有限公司	QS3211 0501 0324	2014-3-27
40	丹阳市康力乳制品有限公司	QS3211 0501 0232	2014-3-27
41	靖江市马洲乳业有限公司	QS3212 0501 0237	2014-3-27
42	泰州市金力乳品有限公司	QS3212 0501 0236	2014-3-27
43	江苏太子乳业有限公司	QS3212 0501 1256	2014-3-27
44	泰州卫岗乳品有限公司	QS3200 0501 0044	2014-3-27
45	宿迁市可璐清实业有限公司	QS3213 0501 1117	2014-3-27
46	宿迁市霸王乳业有限公司	QSS3213 0501 0991	2014-09-29
47	徐州市凯舜乳业有限公司	QS3203 0501 0006	2014-11-7
48	蒙牛乳业宿迁有限公司	QS3213 0501 0002	2015-1-10

南　京　市

【奶类生产】南京市2012年奶牛存栏2.11万头，其中能繁母牛1.27万头，全部为中国荷斯坦牛。本地区2012年奶类总产量10.43万吨，比上年同期增长19.87%，全部为牛奶。

南京市2012年生鲜乳平均收购价为3.48元/千克，同比增加6.7%。

【乳品加工】2012年南京市共有乳品加工企业3个，日处理生鲜奶能力总计达到1 260吨。

乳品企业总销售额为20.29亿元，其中，卫岗乳业集团销售额17.69亿元，利税4 823万元。

本地区2012年巴氏杀菌乳、超高温灭菌奶、酸奶的产量分别为11.33万吨、7.15万吨、7.8万吨。

【市场与消费】本地区2012年城镇居民人均奶制品消费量35.88千克，其中生鲜奶27.28千克，奶粉0.61千克，酸奶7.99千克。

【奶源基地建设】2012年本地区有奶牛存栏20头以上的场（户）158户，其中20～100头的有123场（户）、101～200头的有13场（户）、201～500头的有12场（户）、500头以上的有10场（户）。奶牛规模化养殖比重达到98.1%。

2012年本地区机械化挤奶达到88.2%。

2012年全市共有奶站13家，其中合作社建设3家，养殖场10家，全部持证经营。奶站平均日收奶55吨。

【良种补贴】2012年共使用冷冻精液2.54万剂。由于DHI和奶牛冻精良种计划的推行，奶源基地生产水平有了明显提升，2012年平均奶牛单产超过7吨，其中有6个牧场奶牛单产超过8吨。2012年，向奶牛养殖户发放冻精21 948支，进行科学配种，实际使用冻精19 090支，共配种奶牛9 545头，妊娠奶牛6 939头，受孕率为72.7%。

【奶业政策】继续实行奶牛保险，全市奶牛参保总数为3 381头，占奶牛存栏总数的16.06%。全市继续鼓励推进奶牛标准化养殖场建设，支持完善雨污分流建设和奶牛粪便综合利用。

【质量管理】加强生鲜乳质量安全监测与监督执法。制定《关于开展生鲜乳违禁物质问题专项整治行动的通知》和《南京市生鲜乳违禁物质问题专项整治行动方案》，严格执行质量安全公告和信用档案机制，开展生鲜乳违禁添加物专项监测、生鲜乳质量安全异地抽检，加大监督抽检和检查力度，监测覆盖所有生鲜乳收购站。积极开展生鲜乳质量安全隐患排查，掌握质量安全新动向，及时发现和消除隐患。同时，下发致奶农公开信，倡导规范管理、行业自律的生鲜乳生产经营氛围。

强化生鲜乳收购站和运输车监管。按照《生鲜乳生产收购管理办法》和《生鲜乳收购站标准化管理技术规范》要求，严把许可准入关，严格审核资质条件，生鲜乳收购站和运输车全部持证经营。开展生鲜乳收购站、运输车现场检查和达标评判，加强生鲜乳收购站标准化建设与管理，收购站标准化管理水平进一步提高。

加大生鲜乳质量安全制度检查和培训。对奶畜养殖与生鲜乳生产收购环节5项制度执行情况开展检查，强化和完善体制建设，推动建立生鲜乳质量安全监管长效机制。做好相关培训工作，切实提高奶业从业人员的生产技能和质量安全意识。

2012年全市生鲜乳收购站检查率达到100%，生鲜乳质量安全违规单位查处率达到100%，生鲜乳中三聚氰胺检测合格率达到100%。

南京市农业委员会畜牧处　王冰心

浙　江　省

【奶类生产】2012年浙江省奶牛存栏数6.78万头（统计局数据为6.47万头），同比下降2.8%，其中成母牛3.67万头。主要分布在金华、杭州 、宁波、温州四大城市的城区及附近郊县，其中金华市为我省奶牛生产最集中的地区。2012年本地区奶类总产量21.8万吨，比上年同期下降1.4%，其中牛奶产量21.7万吨（统计局数据为19.27万吨），同比下降1.3%。2012年奶业总产值8.45亿元，约占畜牧业产值的1.5%。浙江是奶业小省，地处南方，由于受土地、环保等大环境的制约，以及青粗饲料资源短缺和劳动力成本高等因素影响，奶牛数量这两年没有大的发展，但从奶业发展质量方面看，浙江省通过规模化、标准化的不断推进，养牛设施普遍提高，大量采用优良品种、优质饲料和先进的饲养方式，生产水平得到不断提高。部分奶牛场牛奶年产量达到8吨左右，金华、温州等以散养为主的地区散养基本消失，奶业整体水平显著提高。

【乳品加工】2012年浙江省有获得生产许可证的乳制品及婴幼儿配方乳粉生产企业19家，其中婴幼儿乳粉企业3家。乳制品以巴氏杀菌乳、UHT奶和酸奶为主。总体来看，我省乳品加工厂小而散，省内几家主要乳品厂加工能力都不大，且很大一部分是贴牌加工，自有品牌市场占有率低，未真正起到龙头拉动作用。

【市场消费】2012年浙江省人均奶类占有量在4千克左右，市场主要销售的品牌除蒙牛、伊利、光明外，还有一鸣、李子园、美丽健、新希望双峰等本地品牌。

【奶源基地】2012年浙江奶牛规模养殖比例为95.35%，比2011年下降0.66个百分点。存栏49头以下的有2 368个场（户）、存栏奶牛18 698头、年产奶54 344吨；50～99头的有120个场（户）、存栏奶牛7 568头、年产奶23 082吨；100～499头的有88个场（户）、存栏奶牛16 839头、年产奶54 373吨；500～999头的有16个场（户）、存栏奶牛10 686头、年产奶34 933吨；1 000头以上的有9个场（户）、存栏奶牛

13 967头、年产奶50 826吨。

浙江省95%以上的规模化奶牛养殖场、养殖小区均已实现机械化挤奶，大规模养殖场安装了管道挤奶机，小规模场（户）也购买了手推式挤奶机，基本结束了手工挤奶时代。奶源质量得到有效保障。

2012年全省奶牛布病年检测量达6万多头（份），出色完成全省布病普查可疑阳性血清的复核检验工作，全年共检测牛血清188份，阳性167份。第一时间通知当地动物防疫部门及时扑杀阳性牛并对布病阳性场（户）每年进行3次以上的连续监测，防止向人传播，保障了公共卫生安全。

浙江省农牧结合的生态化奶牛养殖模式已基本形成。奶牛养殖场（小区）建设按照粪污排泄量与外部消纳量相适应的原则，按照土地的拥有量和有效承载能力，发展种草养牛。奶牛场种植青贮玉米、黑麦草等青饲料，以奶牛场产生的粪尿做肥料，生产的牧草供奶牛生产优质牛奶，实现了畜牧业循环经济。

浙江省乳制品企业根据生鲜乳乳蛋白、乳脂含量以及体细胞和细菌数来制定相应的收购价格，2012年主要乳制品企业平均生鲜乳收购价格为4.32元/千克。养殖效益保持中等偏下水平，每头牛平均盈利1 000～2 000元，产奶牛比例超过60%的养殖场平均盈利1 500～3 000元。

【奶农组织】奶农协会共6个，包含农户480人，存栏奶牛5 700头；奶农合作社3个，包含农户65个，存栏奶牛1 560头。

温州奶业协会积极开展新型畜牧产业体系建设工作，参与制作新型畜牧产业体系建设的宣传片，组织浙江一鸣食品股份有限公司和乐清、龙湾、瑞安、平阳、苍南等地的18户奶农联合成立了温州市一鸣荷斯坦奶牛专业合作社，运行一年，效果显著，合作社对饲料、兽药、生产技术等实行统一管理，每一批饲料都由供应商提供检测报告，采购人员现场验收，通过大量采购的优势，降低采购成本，解决奶农饲料来源之忧，奶农只要一个电话，就可以提供全程服务。为了推动奶牛场的建设与发展，还为农户提供了融资服务平台，2012年通过温州兴农融资担保公司为11位农户贷款830万元。

举办奶牛饲养管理技术杭州培训班。邀请光明荷斯坦袁耀明经理、正兴牧业叶宏伟经理、曹志军教授等著名专家分别讲授国内外奶牛产业发展趋势及标准化养殖相关技术、规模奶牛场环境控制与粪污无害化处理及资源化利用、奶牛生殖保健、科学养殖、信息化管理、养殖档案规范，奶牛日粮营养平衡配合技术、粗饲料资源开发与饲料储存及品质保证技术等内容进行培训。此外，组织企业、养殖场代表参加在河南郑州召开的全国奶业大会。通过多渠道专业知识的更新与技术交流，积极促进奶业生产者先进管理技术和理念的发展。在宁波、湖州、金华召开规模奶牛场专题培训，详细讲解荷斯坦奶牛体型外貌线性评定、数据采集、信息录入、品种登记等技术。

【法规和政策】起草了《浙江省奶牛良种补贴项目实施方案》，安排奶牛良种补贴总经费223万元，其中中央财政安排120万元；按《浙江省后备母牛补贴资金管理办法》组织完成了2012年后备母牛补贴的申报，863个奶牛养殖场（户）的2.64万头后备奶牛享受了补贴；完成了奶牛冻精的招标，招标冻精14万枚，并组织奶牛冻精具体采购计划的编制，确定采购的具体品种与数量。

为了稳定杭州市奶业生产，杭州市政府出台了许多优惠政策，如成母牛补贴、生鲜奶收购补贴，2012年市区（县）二级财政共补贴奶牛养殖企业的成母牛达230余万元，在杭的新希望双峰乳品厂和杭江乳品厂因收购本地生鲜奶而获得政府补贴达87万元。

【质量监管】截至2012年年底，浙江省有奶站94家，其中乳品企业自建26家，养殖场建设34家，合作社建设34家，全部持证经营。有生鲜乳运输车99辆，全部核发准运证。全省没有无证经营的奶站和运输车。生鲜乳质量安全监管上：一是落实监管责任。按照《浙江省生鲜牛奶质量安全监管责任行政问责暂行规定》的要求，以县（市、区）为单位，重新对每一个奶牛养殖场（户）和生鲜乳收购站落实监管责任单位和责任人，监管责任人每月不少于2次进行现场检查，检查奶牛养殖场标准化生产、养殖档案记录、投入品使用、奶站“两证一单”和检测记录等。二是开展奶站的清理整顿。按每个生鲜乳收购站日常运转和监管情况，鼓励通过并购重组等方式推动生鲜乳收购站的标准化建设，对小而散的奶站采用疏导、劝退等方式引导业主主动放弃。2012年全省奶站从106家减少到94家，关停或合并了12家。三是强化生鲜乳收购站日常监管。按照《生鲜乳收购站日常监管评分规则》，监管责任人每月一次对生鲜乳收购站进行评分，在许可证一个有效周期内累计扣分超过20分的，可由发证机关依法注销该生鲜乳收购站的许可证。四是加强对生鲜乳质量的检测。2012年省部对全省共检测生鲜乳361批次，其中生鲜乳收购站300批次，运输车61批次。其中农业部生鲜乳中违禁添加物专项监测121批次，三聚氰胺、β-内酰胺酶、革皮水解蛋白、碱类物质、硫氰酸钠5类物质检验，结果均为合格；农业部生鲜乳质量安全异地抽检40批次，三聚氰胺、β-内酰胺酶、革皮水解蛋白、碱类物质、硫氰酸钠5类物质，检验结果均为合格；农业部生鲜乳国标指标监测4期100批次，冰点、黄曲霉毒素M_1、铅和铬合格率为100%。

浙江奶牛业协会　杨金勇

附表1：

1 000头以上奶牛养殖场（小区）名录

序号	名　称	养殖场	小区	全群存栏（头）	成母牛存栏（头）	奶畜品种	成母牛单产（吨/年）	年总产（吨）	是否参加DHI	是否应用TMR
1	杭州正兴牧业有限公司	√		1 060	547	荷斯坦	7.2	3 900	√	√
2	杭州双峰牧业有限公司	√		1 275	657	荷斯坦	7.15	4 698		√
3	杭州萧山牛奶有限公司	√		1 120	560	荷斯坦	7.1	3 970		
4	杭州萧山富伦奶牛场	√		937	512	荷斯坦	7.8	3 990	√	√
5	杭江奶牛场	√		2 574	1 340	荷斯坦	7.0	10 000	√	√
6	浙江凤山奶牛养殖有限公司	√		1 030	690	荷斯坦	6.5	3 000	√	√
7	宁波牛奶集团十八牧场	√		2 087	883	荷斯坦	7.5	6 622	√	√
8	金华市一康农业发展有限公司	√		1 945	865	荷斯坦	8.0	6 920	√	√
9	金华市兴盛奶牛专业合作社		√	1 193	700	荷斯坦	5.5	3 832		
10	浙江荷斯坦牧业有限公司	√		1 172	468	荷斯坦	9.0	4 212	√	√
11	金华市金东区李子园孝顺杨卜山牧场		√	1 345	675	荷斯坦	6.0	4 050		
12	金华市金东区佳佳牧场		√	1 179	591	荷斯坦	6.0	3 546		

备注：请在养殖场或小区列中选择打勾；如参加DHI或应用TMR，请在相应表格中打勾。

附表 2:

重点乳制品生产企业名录

序号	名　称	许可证号码	年收购原奶量（吨）	平均支付价格（元/千克）	其中：自有奶源量（吨）	年乳制品产量（吨）	其中：巴氏杀菌乳（吨）	UHT奶（吨）	酸奶（吨）	奶粉（吨）	奶油（吨）	奶酪（吨）	乳饮料（吨）	整体设计加工能力（吨/年）	产品销售区域	年销售收入（万元）	利润（万元）
1	杭州新希望双峰乳业有限公司	浙 001008（2009）002	1 2000	4.15	4 800	24 356.65	6 864.51	7 030.91	5 619.94				4 841.29	30 000	浙江	16 458.51	257.94
2	浙江省杭江牛奶公司乳品厂	QS330005010050 QS330006010121	29 800	4.12	13 364	29 600	11 620	5 140	12 450				390	60 000	浙江	18 000	500
3	浙江美丽健乳业有限公司	浙 005004［2011］002	13 000	4.60	6 000	15 000	6 500	0	2 500	0	0	0	700	70 000	浙江、安徽	11 000	100
4	宁波市牛奶集团有限公司	330005010049	25 550	4.1	12 775	35 000	22 400	3 500	5 600				3 500	100 000	浙江省内	56 410	5 789.17
5	浙江一鸣食品股份有限公司	QS330005010674	23 725	4.5	7 498	45 000	12 600	0	10 800	0	0	0	21 600	54 000	江、浙、闽三省	40 271	733
6	绍兴市一景乳业有限公司	QS330605011129	6 682	4.45	6 682	6 798.7	4 448.7	0	2 350	0	0	0	0	36 000	绍兴地区及周边	9 800	350
7	浙江金华市佳乐乳业有限公司	QS3300 0501 0047	26 270	3.75	10 000	31 929	885	16 316	4 971	/	/	/	9 757	100 000	浙江省及周边省市	26 174	219

备注：自有奶源指来自自建和参建（控股、参股）牧场（小区）的原奶。

安 徽 省

【奶类生产】2012年全省奶牛存栏10.92万头，同比增长4%，生鲜奶产量24.09万吨，同比增长7%。奶牛养殖主要分布在合肥、蚌埠、马鞍山、淮南、六安、滁州、阜阳、宿州、淮北、亳州、芜湖等地，生鲜奶收购价格3.2～4.4元/千克。

【乳品加工】2012年全省共有乳品加工企业13个，主要有蒙牛、伊利、卫岗、贝因美、新希望等外来品牌乳品加工企业及淮南益益乳业、淮北羲强乳业、蚌埠和平乳业、现代牧业、安徽达诺乳业、滁州市奶业、安徽华园乳业等地方乳品企业组成，年奶制品加工能力达到130万吨。产品主要分为冰淇淋、乳酸饮料、奶茶、巴氏杀菌乳、酸奶、奶粉等。

【市场消费】牛奶的消费从地域看主要以城市为主，尤其是巴氏杀菌乳、酸奶等主要以大中城市消费为主要区域；乡村消费群体主要以奶粉及储存时间较长的UHT奶为主。从消费的群体看主要是青少年和婴幼儿及老人为主流消费群体，城市收入水平较为稳定的群体消费量正在不断增长。消费偏好不明显，主要受加工、储存和销售方式影响。2012年人均鲜乳及乳制品消费量约为20千克，人均乳制品支出约为120元。

【奶源基地】2012年全省存栏奶牛10.92万头中，存栏300头以上规模奶牛场57个，存栏奶牛数为9.34万头，占全省奶牛存栏总数的85.5%，规模化饲养比重逐步提高。主要奶牛养殖场、规模、品种见表5-15。

表5-15 安徽省2011年300头以上规模奶牛养殖场

养殖企业	养殖规模（头）	品 种
现代牧业（肥东）有限公司	18 000	澳大利亚、新西兰荷斯坦
合肥伊利牧业有限责任公司陈刘牧场	2 920	澳大利亚荷斯坦
合肥伊利牧业有限责任公司宋岗牧场	2 864	澳大利亚荷斯坦
长丰县宏立奶牛场	1 380	中国荷斯坦
安徽九牛牧业有限公司牧场	680	中国荷斯坦
长丰县阳光牧业有限公司	310	中国荷斯坦
安徽白帝乳业有限公司四牧场	1 530	中国荷斯坦
合肥玉高牧业有限公司	331	中国荷斯坦
长丰县兴皖奶牛养殖合作社	327	中国荷斯坦
合肥鑫华养殖有限公司	500	中国荷斯坦
合肥桂和农牧渔发展有限公司	500	中国荷斯坦
肥东汇丰奶牛养殖有限公司	1 000	中国荷斯坦
肥东新邦奶牛养殖有限公司	500	中国荷斯坦
安徽省保健奶牛场	484	中国荷斯坦
合肥市天河牧场	330	中国荷斯坦
合肥新桥宏康奶牛养殖有限公司	305	中国荷斯坦
合肥鑫华养殖有限公司	500	中国荷斯坦
合肥桂和农牧渔发展有限公司	500	中国荷斯坦
现代牧业蚌埠有限公司	25 000	澳大利亚、新西兰、乌拉圭荷斯坦
怀远县龙腾奶牛养殖有限公司	560	中国荷斯坦
怀远县荒白山奶牛场	350	中国荷斯坦
怀远县中山奶牛养殖场	353	中国荷斯坦
固镇县百旺奶牛养殖有限公司	300	中国荷斯坦
蚌埠市和平乳业有限公司	4 200	中国荷斯坦
安徽华园乳业有限责任公司	900	中国荷斯坦
六安市亿牛乳业有限公司	750	中国荷斯坦
六安市天润乳业有限公司	460	中国荷斯坦

（续）

养殖企业	养殖规模（头）	品　种
安徽省大地奶牛养殖有限公司	430	中国荷斯坦
六安市润牛养殖有限公司	470	中国荷斯坦
亳州市谯城区智纯乳肉黄牛繁育场	460	中国荷斯坦
谯城区广发养殖专业合作社	450	中国荷斯坦
亳州市谯城区三福奶牛养殖有限公司	510	中国荷斯坦
利辛县安徽正源牧业有限公司	2 400	中国荷斯坦
歙县上海牛奶练江生鲜奶有限公司	1 150	中国荷斯坦
安徽达诺乳业有限公司	310	中国荷斯坦
安徽万牛园牧业有限公司	760	中国荷斯坦
滁州市奶业公司第一牧场	800	中国荷斯坦
定远县绿康乳业有限公司	430	中国荷斯坦
安徽富源牧业科技有限公司	560	中国荷斯坦
阜南县民族犇鑫生态养殖有限公司	480	中国荷斯坦
安徽曦强乳业集团黄里奶牛场	800	中国荷斯坦
淮北嘉隆奶牛养殖有限公司	300	中国荷斯坦
淮北市杜集区华润牛业有限公司	445	中国荷斯坦
宿州市华夏乳业有限公司	380	中国荷斯坦
宿州市圣邦牧业有限公司	460	中国荷斯坦
安徽省高沟乳业集团有限公司	548	中国荷斯坦
芜湖市卫岗乳品有限公司奶牛场	820	中国荷斯坦
现代牧业（集团）有限公司马鞍山牧场	8 059	中国荷斯坦
安徽益益乳业有限公司奶牛一场	752	中国荷斯坦
安徽益益乳业有限公司奶牛二场	714	中国荷斯坦
安徽益益乳业有限公司奶牛三场	766	中国荷斯坦
安徽益益乳业有限公司奶牛四场	1 809	中国荷斯坦
安徽益益乳业有限公司奶牛五场	554	中国荷斯坦
安徽益益乳业有限公司奶牛示范场	401	中国荷斯坦
淮南市梅玲牧业有限公司	609	中国荷斯坦
淮南市犇鑫牧场	512	中国荷斯坦
安徽强农牧业有限公司	475	中国荷斯坦

【奶站管理】2012 年全省发证奶站 32 个，运输车辆 61 辆。经抽样检测，未发现生鲜乳中添加违禁物品，未发生生鲜乳质量安全事故。

【良种补贴】2012 年，安徽省级财政安排 100 万元专项经费，经政府招标采购高产奶牛性控冻精 8 000 支，在全省规模奶牛场的青年初配奶牛中进行推广应用，提高高产奶牛的数量和质量。积极开展奶牛生产性能测定（DHI）工作，2012 年共测定奶牛 3 000 头。全省奶牛良种率达到 80%以上，实施奶牛保险财政补贴政策，奶牛参保率达到 65%以上。启动了 2012 年全省奶牛良种繁育体系建设工作。发布了《2012 年全省奶牛良种繁育体系建设工作方案》，在全省存栏 500 头以上的规模奶牛养殖场组建和选育核心群奶牛 10 000 头。推广应用性控冻精，受配核心奶牛群奶牛 2 000 头，母牛产母犊率达到 90%以上。要求高产核心母牛群全部纳入奶牛生产性能测定（DHI），开展测定报告应用研究与推广，核心母牛群年均单产达到 9 吨以上。在规模奶牛场推广应用管理信息化，创建全省高产核心母牛群管理信息平台，开展畜牧业物联网试点。

【饲草饲料】本地区奶牛青贮饲料专用玉米品种主

要为耀青1号、白顶1号，在蜡熟期刈割、粉碎青贮。全省规模奶牛场均建有青贮饲料种植基地，每年仅种植青贮玉米就有20多万亩，同时奶牛养殖企业还收购利用当地农作物秸秆饲养奶牛。现代牧业公司在五河县已流转土地10万亩，全部种植紫花苜蓿，完成收割、半干青贮、高水分青贮等过程，成功破解了南方地区种植紫花苜蓿难题。全省推广TMR饲喂技术，存栏300头以上的规模奶牛场中43家已经应用这项技术。

【疫病防治】本地区加强对奶牛疫病的检测与防控，定期对牛群进行检测、注射“布病、结核、口蹄疫”等疫苗。加强防治奶牛乳房炎、肢蹄病等普通病。

【扶持政策】2012年继续贯彻落实安徽省人民政府办公厅《关于加快奶牛业发展的意见》(皖政办［2007］42号）文件精神，扶持奶牛业发展。凡从省外购进或迁入安徽饲养、符合标准的奶牛，集中饲养100头以上的，省级给予每头1 000元补贴；凡从国外引进的高产奶牛，集中饲养达到100头以上的，省级给予每头1 500元补贴；凡新建存栏能力150头以上，实际存栏奶牛100头以上的奶牛场，省级给予10万元补贴；凡新建存栏能力300头以上，实际存栏奶牛100头以上的标准化饲养小区、托牛所，省级给予15万元补贴；凡新建（扩建）存栏能力500头以上，实际存栏奶牛100头以上的标准化饲养小区、饲养场（所），除享受补贴外，可优先申报沼气工程；在集中饲养区域建设的中心奶站给予适当补贴；凡购置秸秆加工、牧草收割（切割、打捆)、TMR机械、挤奶设备、储奶设备等，享受农机补贴政策；省级安排专项资金用于省养奶牛贷款贴息；金融机构开展奶牛抵押贷款。农村合作金融机构按抵押成母牛价值60%左右规模放贷，并在小额贷款额度上给予上限支持，在贷款时限上给予放宽；饲养奶牛用地及相应建设的牛舍及附属设施等按农业用地管理；村（组）自办或与其他企业联办乳品加工、生鲜奶贮存等使用本村（组）集体经济组织土地，可依法办理农村集体建设用地手续；在省下达的土地利用计划指标内，乳品加工企业用地优先安排，并在国有土地出让收入中提取一定比例用于支持奶牛业发展；因出让乳品加工用地而获得的国有土地出让收益，优先用于奶牛业发展；奶牛饲养环节用电执行农业用电价格；整车运送生鲜奶和活牛的皖籍车辆，通过开放式收费站点免征通行费，通过国家“五纵两横”绿色通道网络中我省境内的高速公路，减免30%通行费。同时部分市积极出台配套政策支持当地奶牛业的发展，如合肥、淮南、阜阳三市政府出台配套补贴政策，对引进奶牛在省级补贴基础上再给予1 000～1 500元的补贴，对新建扩建的奶牛场在省级补贴的基础上再给予10万～20万元的补贴。2012年安徽省引进奶牛25 369头，其中进口奶牛20 922头，省外引进4 447头，新建扩建规模奶牛场7个，省级拨付奶牛业补贴资金2 000万元。

【安全监管】2012年安徽省各级畜牧兽医主管部门依法加强对生鲜乳生产、收购、销售环节质量监管，建立乳品质量安全检测长效机制。在农业部和省级历次专项检测和随机抽查中，全省生鲜乳安全监测合格率100%。同时，对生鲜乳收购站的收购、检测、销售记录进行检查，对运输等关键环节进行不定期的检查和抽查，督促生鲜乳收购站加强自身管理和质量控制，建立产品质量可追溯制度，加强对奶牛养殖小区（场）的监督管理，建立饲料、兽药供应、生鲜乳收购、销售等台帐制度，从源头上防止使用违禁药物和非法添加物。

安徽省畜牧技术推广总站　方国跃

合 肥 市

随着现代农业的发展，奶牛业已越来越受到重视，并成为现代农业的支柱产业之一。近年来，由于奶牛业扶持政策的出台，合肥市奶牛业发展迅速。

【奶类生产】全市奶牛存栏约3.8万头，主要分布在肥东县、长丰县。品种主要为荷斯坦，从国外引进奶牛超过1万头，占全市奶牛存栏近四分之一。生鲜乳收购价为3.8～4.5元/千克（规模养殖企业奶价约4.5元/千克)。在农业部和省多次抽检中，未发现三聚氰胺等违禁物，生鲜乳质量总体良好。

【乳品加工】我市现有伊利、新希望和现代牧业3家乳制品加工企业，产值近20亿元，利润近亿元，年加工能力40万吨，产品主要为乳饮料、UHT奶、酸奶、冰激凌等。

【奶源基地】

表5-16　合肥2012年300头以上规模奶牛养殖场

养殖企业	养殖规模（头）	品　种
合肥伊利牧业有限责任公司陈刘牧场	2 920	澳大利亚荷斯坦
合肥伊利牧业有限责任公司宋岗牧场	2 864	澳大利亚荷斯坦
长丰县宏立奶牛场	1 380	中国荷斯坦
安徽九牛牧业有限公司牧场	680	中国荷斯坦
长丰县阳光牧业有限公司	310	中国荷斯坦
安徽白帝乳业有限公司四牧场	1 530	中国荷斯坦
合肥玉高牧业有限公司	331	中国荷斯坦
长丰县兴皖奶牛养殖合作社	227	中国荷斯坦

（续）

养殖企业	养殖规模（头）	品　种
合肥伊利牧业有限责任公司陈刘牧场	2 920	澳大利亚荷斯坦
现代牧业（肥东）有限公司	18 000	澳大利亚、新西兰荷斯坦
合肥鑫华养殖有限公司	500	中国荷斯坦
合肥桂和农牧渔发展有限公司	500	中国荷斯坦
肥东汇丰奶牛养殖有限公司	1 000	中国荷斯坦
肥东新邦奶牛养殖有限公司	500	中国荷斯坦
安徽省保健奶牛场	484	中国荷斯坦
合肥市天河牧场	330	中国荷斯坦
合肥新桥宏康奶牛养殖有限公司	305	中国荷斯坦

【奶业发展】

合肥市奶牛业保持着强劲的增长态势，主要表现在以下几个方面：

1. 存栏奶牛数量快速增长。

2. 规模化、集约化生产成奶牛养殖的主流，规模化水平不断提高，奶牛规模养殖比重达到95%（存栏100以上）。

3. 硬件设施不断完善，奶牛养殖环境不断提高，生鲜乳质量得到有效提高。

4. 养殖技术水平不断提高，TMR饲喂技术开始在几家大型牧场应用。

5. 奶牛单产不断提高。

6. 高产优质奶牛的比例不断提高，国外引进优质奶牛占全市奶牛存栏的近四分之一。

合肥市畜牧水产局　于　乐

蚌　埠　市

【奶类生产】2012年全市奶牛存栏3.1万头，较2011年奶牛存栏6 103头，同比增长410%，生鲜奶产量2万吨，同比增长9%（奶牛增加，奶量未增的原因是现代牧业25 000头奶牛均为青年牛）。奶牛养殖主要分布在龙子湖区、五河、固镇、怀远，生鲜奶收购价格3.2元/千克。

【加工情况】2012年全市共有乳品加工企业3个，年奶制品加工能力达到21.9万吨。产品主要为冰淇淋、乳酸饮料、鲜纯牛奶、酸奶、奶粉等。

奶牛养殖企业9家，主要有蚌埠和平乳业、现代牧业、福淋乳业、固镇百旺奶牛养殖场、怀远龙腾奶牛养殖公司、荒白山奶牛养殖场、中山奶牛养殖场等。

【市场消费】牛奶的消费从地域看主要以城市为主，尤其是巴氏杀菌乳、酸奶等主要以大中城市消费为主要区域；乡村消费群体主要以奶粉及储存时间较长的盒装UHT奶为主。从消费群体看主要是青少年和婴幼儿及老人为主流消费群体，城市收入水平较为稳定的群体消费量正在不断增长。消费偏好不明显，主要受加工、储存和销售方式影响。2012年人均鲜乳及乳制品消费量约为20千克，人均乳制品支出约为120元。

【奶源基地】2012年全市存栏奶牛3.1万头，其中存栏200头以上的规模奶牛场4个，存栏奶牛数815头，占全市奶牛存栏总数的2.7%；300头以上规模奶牛场3个，存栏奶牛数为1 003头，占全市奶牛存栏总数的3%。存栏1 000头以上规模奶牛场1个，存栏奶牛4 200头，占全市奶牛存栏总数的14%。存栏万头以上规模奶牛场1个，存栏奶牛25 000头，占全市奶牛存栏总数的80.6%。规模化饲养比重逐步提高。主要奶牛品种为中国荷斯坦牛，现代牧业集团和蚂蚁山奶牛养殖场从澳大利亚、新西兰引进澳洲荷斯坦和新西兰荷斯坦奶牛品种。2012年现代牧业集团在五河县投资兴建的4万头奶牛场建设顺利，日处理600吨生鲜乳的加工厂正在建设中，占地3 700亩牧场的基础设施建设基本完成，25 000头进口奶牛已入园养殖。

【奶站整治】2012年蚌埠市发证奶站9个，运输车辆16辆。经农业部和省质监部门多次抽样检测，未发现生鲜乳中添加违禁物品，未发生生鲜乳质量安全事故。

【良种补贴】安徽实施奶业财政补贴政策以来，我市8家奶牛规模养殖场先后享受到财政补贴，共获得财政补贴资金366.2万元，其中引进奶牛3 936头（2008年下半年—2012年年底），获财政补贴资金393.6万元；新、扩建奶牛场（小区）12个，获财政补贴资金170万元。补贴资金足额落实到场户，主要用于养殖设施改善和疫病防控，有效提高了奶牛养殖者积极性。

全市奶牛良种率达到90%以上。实施奶牛保险财政补贴政策，奶牛参保率达到89%以上。

【饲草饲料】安徽省奶牛青贮饲料专用玉米品种主要为耀青1号、白顶1号，在蜡熟期刈割、粉碎青贮。蚌埠市3家规模奶牛场均建有青贮饲料种植基地，每年种植青贮玉米3 800多亩，同时奶牛养殖企业还收购当地农作物秸秆用于饲养奶牛。现代牧业公司在五河县已流转土地10万亩，其中，已种植紫花苜蓿10万亩，完成收割、半干青贮、高水分青贮等制作过程，成功破解了南方地区种植紫花苜蓿难题，解决优质粗饲料问题。蚌埠市推广 TMR 饲喂技术，5 家规模奶牛场已经应用这项技术。

【疫病防治】蚌埠市加强对奶牛疫病的检测与防控，每年定期对牛群进行检测、注射“布病、结核、口蹄疫”等疫苗。加强防治奶牛乳房炎、肢蹄病等普通病。2012 年无重大疫情和疾病的发生。

【扶持政策】2012 年，蚌埠市严格按照安徽省农委和省财政厅《关于印发安徽省加快奶牛业发展工作实施方案的通知》的要求，继续支持奶牛业发展。

【安全监管】蚌埠市畜牧兽医主管部门依法加强对生鲜乳生产、收购、销售环节质量监管，建立乳品质量安全检测长效机制。对生鲜乳收购站的收购、检测、销售记录进行检查，对运输等关键环节进行不定期的检查和抽查，督促生鲜乳收购站加强自身管理和质量控制，对不合格生鲜乳及时进行无害化处理。建立产品质量可追溯制度，加强对奶牛养殖小区（场）的监督管理，建立饲料、兽药供应、生鲜乳收购、销售等台帐制度，从源头上防止使用违禁药物和非法添加物。2012 年，蚌埠市早计划、早部署，快行动，采取有力措施确保监测工作顺利开展。一是按照安徽省生鲜乳质量安全检测工作方案的要求，明确检测内容、判定依据、工作要求，分解检测抽样任务，分工明确，程序清楚、责任到人。二是与饲料检测同步，实行综合检测。在对每个奶站抽取生鲜乳样品的同时，还有针对性地抽检奶畜饲料，同步开展奶畜饲料中的三聚氰胺检测，确保检测结果更加真实、可靠。三是努力提高抽检频次和扩大范围，实行突击抽检。在完成每年 2 次抽检计划的基础上，对条件一般，生鲜乳来源相对复杂的奶站，进行突击抽检。四是大力推行快速检测方法，提高检测效率。2012 年蚌埠市生鲜乳安全监测、检测结果均符合国家卫生标准。

【节能减排】随着奶牛养殖规模的增加，节能减排、环境保护的压力也在加大。为实现节能减排目标，蚌埠市积极争取环保项目，加大投入，努力提高规模奶牛养殖场（小区）污染治理能力。目前，我市现代牧业投资 8 000 万元的沼气设施已投入使用，建有 80 000 立方的沼气罐、90 000 立方的沼液池，沼液用于苜蓿种植；和平乳业蚂蚁山奶牛场、固镇百旺奶牛场、怀远龙腾奶牛场均实施了环保沼气项目，总投资 1 140 万元。和平乳业、蚂蚁山奶牛场有机肥加工厂年产有机肥 30 000 吨。

蚌埠市畜牧兽医技术推广站　潘　磊

福　建　省

【奶类生产】2012 年全省奶牛存栏 5.11 万头，主要分布在延平区、建瓯市、建阳市、莆田市辖区、南安市、福清市、涵江区、长乐市、顺昌县、浦城县、闽侯县、邵武市、仙游县、漳州市辖区 14 个县（市、区）。南平市奶牛存栏量占全省奶牛存栏量的一半。全省 2012 年奶水牛存栏 0.94 万头，主要分布在芗城区、龙文区、长泰县、华安县、龙海市、南靖县、晋江市、漳浦县、平和县 9 个县（市、区）。奶山羊存栏 0.3 万只，主要分布在涵江区、长泰县、漳浦县、南靖县、石狮市、丰泽区、永定县、长汀县、上杭县、永安县、同安县等 11 个县（市、区）。2012 年全省奶类总产量 15.39 万吨，其中牛奶 15.04 万吨，羊奶 0.35 万吨。

【乳品加工】福建省乳品加工仍将以发展巴氏鲜奶为主导，完善冷链新鲜牛奶销售网络及物流配送系统。同时继续以发展奶牛规模养殖为基础，以建立优质奶源基地为依托，从原料奶生产入手，坚定不移地加强乳品质量安全控制体系建设，进一步提高生鲜乳质量安全水平。

我省巴氏杀菌乳具有区域优势，而巴氏杀菌乳要求有优质奶源基地；只有通过加强乳品质量安全控制体系建设，才能为乳品产业持续、健康发展提供强有力的支撑。

福建长富乳品有限公司年加工能力为 20 万吨，2012 年产量 19.65 万吨（其中自营产品 5.17 万吨，代加工产品 14.48 万吨），销售收入 4.86 亿元。主要产品有巴氏杀菌乳、UHT 纯奶、花色奶和酸奶。

【市场消费】2012 年福建省奶类总产量 15.39 万吨，人均奶类占有量 4.1 千克。

表 5－17　福州市场主要销售的奶制品品牌和价格

品牌	规格	价格	规格	价格
伊利	250mL 纯牛奶	2.70 元	1 500g 酸奶	19.80 元
长富	221mL 巴氏鲜奶	3.00 元	1 000mL 鲜奶	13.50 元
澳牛	250mL 纯牛奶	3.00 元	250mL 酸奶	1.80 元
蒙牛	6 000mL 纯牛奶	52.80 元	6 000mL 酸奶	42.20 元
美赞臣	400g 幼儿奶粉	68.00 元		
雅培	900g 幼儿奶粉	208.00 元		
雀巢	900g 中老年奶粉	104.10 元		
伊利	400g 全脂奶粉	34.40 元		

备注：福州永辉超市调查

表 5－18　长富乳品有限公司主要产品和价格

类　型	出厂价格（元/吨、元）	超市零售价（元）
巴氏鲜奶	6 805	
花色奶	7 285	
酸奶	9 918	
UHT 纯奶	5 767	
利乐包花色奶	4 514	
其中：221mL 鲜奶（袋奶）	1.45	2.6
500mL 屋顶盒鲜奶	3.65	6.0
475mL 致鲜屋顶盒	5.34	8.3
250mL 利乐盒纯牛奶	1.66	58.0

【奶源基地】全省规模养殖场奶牛存栏占全省奶牛存栏的76.1%，规模养殖场生鲜乳产量占总产量的79.5%。全省机械化挤奶率达98%，其中南平市99.5%的生鲜乳来自机械化挤奶。全混合日粮（TMR）技术在规模场普及使用，其中部分规模场还自行开展了奶牛生产性能测定（DHI）工作，生鲜乳收购平均价格4.0元/千克。

表5-19　2012年奶牛规模养殖情况

指标名称	场（户）数	年存栏数（头）	牛奶产量（吨）
年存栏数10～19头	172	2 351	7 072
年存栏数20～49头	29	812	3 002
年存栏数50～99头	5	341	1 231
年存栏数100～199头	7	874	2 880
年存栏数200～499头	3	1 162	3 210
年存栏数500～999头	12	9 089	37 318
年存栏数1 000头以上	13	16 701	61 145

良种补贴情况：2012年国家继续在我省补贴荷斯坦牛3.6万头。通过项目的实施，对奶牛群体进行遗传改良，提高了我省奶牛良种化水平，减少了奶牛疫病传播，奶牛产奶量明显提高。据统计，全省成乳牛年平均单产达5吨左右，主产区南平市达6.5吨，单产和增产幅度都超过全国平均水平。

购机补贴情况：2012年列入奶业购机补贴的设施设备有：挤奶机、贮奶罐、冷藏罐、饲料粉碎机、饲料混合机、颗粒饲料压制机、清粪机、药浴机、消毒机、网围栏、水帘降温设备、畜禽舍雾化设备。

疫病防控情况：2012年，地方各级政府全面落实"五个一"防控保障，即由政府"发一份文件、开一次会议、落实一笔经费、签一份责任状、组织一次督查"。各相关部门通力协作，做到信息沟通及时，责任落实到位。各级兽医主管部门狠抓强制免疫、监测净化、省际防堵等综合防控措施落实，全省奶牛疫情形势继续保持平稳向好态势，没有发生区域性重大疫情。奶牛"两病"防控坚持"监测＋扑杀"策略，全省奶牛结核病、布病保持清净区状态，走在全国前列。

【奶农组织】福建省奶业协会于2012年8月在福州隆重举办"2012海峡两岸巴氏鲜奶发展论坛"，论坛主题是"发展巴氏鲜奶，引领消费潮流"，台湾乳品协会大力支持并专门组团参加，论坛取得了较好的社会效果。

福建省奶业协会建立信息平台，为及时掌握产业动态资讯，宣传会员企业品牌产品，协会于2012年7月注册建立了网站（http：//www.fjsnyxh.com），开辟窗口，宣传推介会员企业品牌产品，收集发布行业资讯。

福建省奶业协会组织专题调研，通过走访会员企业、专题调研等形式，多渠道听取会员企业的意见，收集会员企业反映的问题，并形成省政协《给奶牛发补贴、促进奶业发展》的提案，提请省政府切实重视福建奶业发展，争取落实和出台相关扶持政策。

【政策法规】为加速福建省奶牛品种改良，改善牛群质量、提高奶牛养殖效益，实施奶牛良种补贴。对全省荷斯坦牛改良3.6万头，补贴资金108万元，奶水牛改良1万头，补贴资金30万元，合计补贴资金138万元。通过项目的实施，对奶牛群体进行遗传改良，提高了我省奶牛良种化水平，减少了奶牛疫病传播，奶牛产奶量明显提高。据统计，几年来，福建省奶牛年单产提高1 000多千克，全省成乳牛年平均单产达5吨左右，主产区南平市达6.5吨，最高超过8 000千克。单产和增产幅度都超过全国平均水平。

【质量监管】2012年根据农业部的统一安排，全省建立28个生鲜乳收购站，全部依法持证，加强了生鲜乳专项整治行动，部署开展了一系列生鲜乳质量安全监管工作。全省各地采取切实有效措施，在继续保持对奶站和运输车常态化监管的同时，以奶农专业合作社和奶畜养殖场开办的奶站为重点，强化日常检查和不定时巡查，2012年全省共出动监督执法人员971人次，检查奶牛养殖场、生鲜乳收购站182场（站、次），抽检了157个生鲜乳样品，检测项目为三聚氰胺、皮革水解物和β－内酰胺酶、黄曲霉毒素M_1和抗生素（青霉素类）药残，检测结果全部合格。在开展生鲜乳专项监测的同时，我省把生鲜乳监测抽样工作和监督执法紧密结合起来，抽样工作由生鲜乳执法机构承担，在抽样的同时对生鲜乳收购站和奶牛养殖场进行检查，对检查中发现的违法违规行为立即进行查处，对检测不合格产品及时进行查处。

【奶业大事记】

1. 2012年5月，举办全省奶牛良种补贴项目管理培训班。

2. 2012年8月，福建省奶业协会在福州隆重举办"2012海峡两岸巴氏鲜奶发展论坛"，论坛主题为"发展巴氏鲜奶，引领消费潮流"，台湾乳品协会大力支持并专门组团参加，论坛取得了较好的社会效果。

福建省农业厅　姚宝珍　刁　倩

厦　门　市

【奶类生产】2012年全市奶牛（中国荷斯坦牛）存栏247头，分布在岛外的同安区和岛内的湖里区。与2011年相比，2012年奶牛存栏大幅下降50%以上，这主要是随着本市城市化进程的加快，农用地逐年减少，岛外各区逐步扩大禁养、限养区范围，因此有些乳制品生产企业逐步把养殖基地迁出本市，在周边地市安营扎寨。

2012年奶类总产量981吨，比2011年下降40%，其中牛奶产量691吨，同比下降34%；2012年奶山羊存栏400头，分布于岛外的同安区和集美区，主要以小规模和散养为主。

2008年、2009年、2010年、2011年、2012年成年奶牛年平均单产分别为3 427千克、3 468千克、2 838千克、2 565千克，4 163千克，其中2012年单产为近五年来最高。

【规模养殖】2012年全市奶牛养殖户共32个，比2011年减少2个。其中：1～4头规模13个，占总农户的40.6%；5～9头规模11个，占总农户的34.4%；10～19头规模7个，占总农户的21.9%；50～99头规模1个，占总农户的3.1%。从奶牛规模养殖情况看，饲养户数和养殖规模在逐年趋减。

【奶站管理】2012年全市继续开展生鲜乳专项整治，提升日常管理水平。认真贯彻落实《乳品质量安全监督管理条例》，及时制定《生鲜乳违禁物质专项整治方案》，加强生鲜乳质量安全监管，开展生鲜乳质量安全监督监测和质量安全抽检行动，加强生鲜乳收购站日常监管与标准化管理，严把生鲜乳收购站的市场准入关和资质审核，提高了生鲜乳质量安全水平。同时，为进一步加强规范生鲜乳收购站标准化管理，准确掌握我市生鲜乳收购动态，按照省农业厅要求，组织开展生鲜乳收购站摸底调查，强化生鲜乳收购站标准化建设监管，确保生鲜乳质量安全。

2012年生鲜乳收购站家数没有变化，2家生鲜乳收购站年收购原奶量共1 710吨，其中自有奶源量1 510吨。

【生鲜奶价格】2012年生鲜奶价格稳中有升，上半年价格略有上升，下半年基本稳定，全年平均收购价5.25元/千克，与2011年相比，价格稳中略有上升。

【乳品加工】2012年全市共有乳品加工企业2个，日处理生鲜奶能力总计达到150吨，乳品企业总销售额2451万元。产品主要是巴氏杀菌乳和酸奶。其中位于本市集美区的厦门久牧乳业有限公司年收购原奶量710吨，其中：自有奶源量710吨，年乳制品产量710吨，其中：巴氏杀菌乳650吨，羊奶约60吨，产品主要销往厦门、漳州、泉州，年销售收入951万元，利润90万元，其荷斯坦奶牛养殖基地在外地市，年底存栏367头。另一家是位于同安区的台农（厦门）农牧有限公司，年收购原奶量1 000吨，其中：自有奶源量800吨，年乳制品产量1 000吨，其中：巴氏杀菌乳900吨，酸奶100吨，产品主要销往厦门、福州，年销售收入1 500万元，利润100万元，其奶牛养殖基地在本市的存栏约60头，在外地市的约100多头，收购的奶主要来自本省南平市。

【疫病防治】市、区、镇三级畜牧兽医部门精心组织进行了常规的防疫、消毒和检疫，开展了结核病和布病的防检疫工作。2012年没有疑似疫病和疫病的发生，奶牛常规疾病仍以乳房炎、消化不良、焦虫病和肢蹄病等常见病为主。总体上看养殖户都能做到“以防为主、防重于治”的原则，对常见多发病能做到“早发现，早治疗”。而奶牛重大动物疫病强制免疫规模场按免疫程序进行，散养户主要集中在春秋季进行，2012年，本市奶牛强制免疫应免密度达到100%，群体免疫密度常年维持在90%以上，免疫合格率在70%以上。

厦门市农业局畜牧兽医处　梁赐传

附表1：

奶牛养殖场（小区）名录

序号	名　　称	养殖场	小区	全群存栏（头）	成母牛存栏（头）	奶畜品种	成母牛单产（吨/年）	年总产（吨）	是否参加DHI	是否应用TMR
1	南平市禾原牧业有限公司	√		1 561	1 015	荷斯坦	7.7	7 818.1		
2	南平市荣发牧业有限公司	√		949	617	荷斯坦	6.1	3 739.1		
3	南平市福延牧业有限公司	√		1 063	691	荷斯坦	5.3	3 680.2		
4	南平市三田牧业有限公司	√		1 072	697	荷斯坦	7.8	5 436.0		
5	福建大乘乳业股份有限公司常坑分场	√		642	417	荷斯坦	5.2	2 160.0		
6	南平市绿盛牧业有限公司	√		1 073	697	荷斯坦	7.2	4 999.8		
7	南平市富益牧业有限公司	√		1 301	846	荷斯坦	6.6	5 545.7		
8	福建新曙光农业发展有限公司	√		893	580	荷斯坦	5.2	3 012.9		

（续）

序号	名　称	养殖场	小区	全群存栏（头）	成母牛存栏（头）	奶畜品种	成母牛单产（吨/年）	年总产（吨）	是否参加 DHI	是否应用 TMR
9	南平市南山生态园有限公司	√		1 011	657	荷斯坦	8.1	5 293.2		
10	南平市长源牧业有限公司	√		1 418	922	荷斯坦	7.4	6 781.0		
11	南平市富洋牧业有限公司	√		1 131	735	荷斯坦	7.6	5 582.9		
12	南平丰旺畜牧养殖有限公司	√		626	407	荷斯坦	8.1	3 276.0		
13	福建大乘乳业股份有限公司大横分场	√		637	414	荷斯坦	5.2	2 160.0		
14	建阳市嘉远生态农业科技有限公司	√		1 500	975	荷斯坦	6.6	6 480.0		
15	建阳市吉翔牧业有限公司	√		1 500	975	荷斯坦	7.4	7 200.0		
16	建阳市锦山牧业有限公司	√		1 100	715	荷斯坦	5.0	3 600.0		
17	浦城县坑沿第一牧场	√		809	526	荷斯坦	5.5	2 880.0		
18	浦城县坑沿第二牧场	√		295	192	荷斯坦	5.6	1 080.0		
19	顺昌县富泉农业发展有限公司	√		1 500	975	荷斯坦	5.2	5 040.0		
20	政和县兴和乳业有限公司收购站	√		429	279	荷斯坦	5.2	1 440.0		
21	邵武长盛奶牛养殖有限公司	√		1 000	650	荷斯坦	5.5	3 600.0		
22	建瓯市富雅饲草饲料有限公司	√		980	637	荷斯坦	6.8	4 320.0		
23	建瓯市小雅牧业有限公司	√		1000	650	荷斯坦	5.5	3 600.0		
24	建瓯市东源生态牧业有限公司	√		710	462	荷斯坦	5.5	2 520.0		
25	福建宏宝乳业公司	一牧		1 200	800	荷斯坦	6.6	5 278		
26	福建宏宝乳业公司	三牧		450	305	荷斯坦	6.45	1 970		
27	福州康利达奶牛场			110	78	荷斯坦	5.3	413.4		
28	长乐营前奶牛场			115	80	荷斯坦	5.3	424		
29	长乐文岭奶牛场			107	74	荷斯坦	5.3	392		
30	仓山王金先牛场			100	68	荷斯坦	5.3	360		

备注：统计奶牛存栏 20 头以上；请在养殖场或小区列中选择打勾；如参加 DHI 或应用 TMR，请在相应表格中打勾。

附表 2：

乳制品生产企业名录

序号	名　称	许可证号码	年收购原奶量（吨）	平均支付价格（元/千克）	其中：自有奶源量（吨）	年乳制品产量（吨）	其中：巴氏杀菌乳（吨）	UHT 奶（吨）	酸奶（吨）	奶粉（吨）	奶油（吨）	奶酪（吨）	乳饮料（吨）	整体设计加工能力（吨/年）	产品销售区域	年销售收入（万元）	利润（万元）
1	福建澳牛乳业有限公司	350722（2013）001	10 226	4.25	2 890	11 239		9 748					1 491	12 000	福建	8 275.9	202
2	福建长富乳品有限公司	350705（010）058	57 426	4.34	56 741	51 319	40 053	11 263					109 344	200 000	福建 江西 广东 浙江	48 624	4 019
3	福建大乘乳业股份有限公司	QS350706010303	6 000	4.2	3 200	7 500	3 500	4 500	3 000					8 000	福建	5 729	
4	福建宏宝露乳业公司	350 180	4 000	4.7	4 000	4 000	500	2 000	900				600	50 000	福州	1 334	2

备注：自有奶源指来自自建和参建（控股、参股）牧场（小区）的原奶。

江　西　省

【奶类生产】2012年，江西省奶牛存栏3.57万头，同比下降0.76%，生鲜奶产量12.76万吨，同比增长0.71%，奶业生产基本平稳。全省存栏奶牛100～500头的规模养殖场（小区）38个，存栏500～1 000头的规模养殖场（小区）12个，存栏1 000头以上的规模养殖场（小区）5个。奶业发展区域化更加明显，奶牛生产基地主要集中在新建县、英雄开发区、青云谱区、南昌县、东乡县、进贤县、吉州区、于都县、芦溪县、奉新县10个县（区），奶牛存栏占全省的90%以上。奶牛良种补贴政策惠及所有奶牛养殖户，2012年全省共补贴荷斯坦牛2.7万头，乳肉兼用西门塔尔牛1万头，通过良种冻精的推广，奶牛单产水平提高了5%，达到5 400千克。

【市场消费】2012年，江西省牛奶人均占有量为2.8千克，生产加工乳品企业数9家，销售额26.74亿元，其中，液态奶产量是24.99万吨，干乳制品是3.53万吨，奶粉产量是3.36万吨。城镇居民平均每人全年乳制品消费支出217.66元，其中生鲜奶为12.53千克（109.87元），奶粉为0.65千克（60.08元），酸奶为1.8千克（14.32元），其他奶制品支出为33.39元（附表1）。

【乳品加工】江西省乳制品加工企业规模不大，数量不多，但近些年取得了较快发展。全省获得乳制品生产许可证的企业有江西阳光乳业集团有限公司、江西英雄乳业股份有限公司、江西牛牛乳业有限责任公司等9家。目前仍在生产的乳制品加工企业有8家。2012年12月，江西省首批通过国家食品工业企业诚信管理体系评价，其中有4家企业被授予证书，分别是江西美庐乳业有限公司、江西雄鹰乳业有限公司、江西金薄金生态科技有限公司和江西英雄乳业股份有限公司。

【奶站管理】通过开展生鲜乳收购站清理整顿，不符合建设主体和要求的生鲜乳收购站（点）被取缔，设施设备和管理制度达不到标准化建设规范的，通过采取整改措施，奶站建设条件得到完善，基本达到标准化建设的要求。全省现有8个奶站，全部分布在奶牛重点产区，其中5个属于乳品企业自建，2个属于养殖场兴建，1个属于奶农专业合作社兴建。8个奶站日收奶量100吨左右，全部核发生鲜乳收购许可证，共有10辆生鲜乳运输车，全部核发了准运证明。

【质量监管】根据国家《2012年生鲜乳质量安全监测计划》，结合该省实际，制定了全省生鲜乳质量安全监测计划，对全省生鲜乳收购站、运输车辆和奶牛养殖场户全面进行监测。市、县（区）明确了专人负责生鲜乳质量安全监管工作，奶站与生鲜乳销售企业以及奶农都签定了责任书，层层把关，层层落实责任。严密监控全省生鲜乳收购情况，防止不具备收购资格的收奶点和不具备兴建条件的个体私营收购站开展生鲜乳收购活动。对于取得生鲜乳收购许可证的奶站，加大监督检查，重点检查奶站设施设备、管理制度、卫生防疫条件完善情况，及时提出整改措施，加快推进收购站的标准化建设步伐。据统计，全年全省各级畜牧主管部门共出动执法人员200人次，累计检查生鲜乳收购站32个次，检查生鲜乳运输车30辆次。

【疫病防治】进行了常规的防疫和检疫，开展了结核和布病的防检疫工作，绝大部分牧场能定时严格常规防疫和程序性的消毒灭源。绝大多数奶牛接种了A型、O型、亚洲Ⅰ型口蹄疫疫苗。有些规模牛场还对本场周边疫病和引进地的疫病情况，有针对性地接种了其它疫苗。奶牛的主要疾病为乳房炎、子宫内膜炎、肢蹄病、消化道疾病等，在防治上采取免疫接种（如口蹄疫）、消毒及加强饲养管理等，常用的消毒剂主要是碘制剂、氯制剂、醛类、石灰水、烧碱等，常用的药物主要有青链霉素、磺胺类、病毒一号、氨基比林、安痛定等。

【奶源基地】2012年，江西省奶牛户数为1 135户（场），占全国比例为0.1%；奶牛存栏3.57万头，占全国比例0.2%；平均每户（场）规模为31.5头。其中，1～4头的207户（场），存栏奶牛653头；5～19头的572户（场），存栏奶牛5 616头；20～99头的314户（场），存栏奶牛13 928头；100～199头的17户（场），存栏奶牛2 577头；200～499头的8户（场），存栏奶牛2 312头；500～999头的3户（场），存栏奶牛1 983头；1 000头以上的3户（场），存栏奶牛8 641头（附表2）。2012年，江西省有标准化示范奶牛场1个，为江西阳光乳业公司长山牧场。据2012年底调查，江西省生鲜奶收购价格3.5～3.6元/千克，处于较低价位，而生产成本不断上涨，奶牛配合饲料3.4～3.5元/千克，人工成本一对夫妻5 800元/月，当前保本线在4.1～4.2元/千克（奶料比1.2：1），奶牛养殖处于亏损状态。奶牛养殖积极性下降，奶牛饲养量呈下降趋势。如南昌县水岚奶牛合作社，去年奶牛养殖户和生产规模明显缩减，养殖户由2011年的23户减少到现在的14户，存栏规模由760头缩减到400多头。

【品种改良】奶牛品种改良主要是采用细管冻精及人工授精技术。冻精主要来源于国家良补精液，供应单位为江西省天添畜禽良种有限公司、上海奶牛育种中心、山东奥克斯生物技术公司、河南鼎元种牛育种公司、秦皇岛全农精牛繁育公司、成都汇丰动物育种公司。奶牛良种改良主要靠引进国内外良种高产奶牛和冻精。国家奶牛良种补贴统一采购的冻精，全部通过市县畜牧兽医组织、规模化牛场推广下去，效果很好。乳用西门塔尔牛在国家良补项目的支持下，快速推进，深受农户欢迎。

【清洁生产】为进一步巩固行动成果，江西省业务主管部门成立了畜禽清洁生产行动领导小组，制定了《2012年江西省畜禽清洁生产工作方案》，在总结前两年工作的基础上，健全机制，创新思路，紧密结合畜禽标准化示范创建，以点带面，点面结合，整体推进。《方案》采取经济和行政手段，强化措施，提高畜禽养殖场粪污处理和利用水平，使全省畜禽清洁生产工作迈向新台阶。

【技术培训】组织专家和技术人员，深入生鲜乳收购站和奶牛养殖场户，开展技术服务，指导生鲜乳收购站规范生鲜乳收购、检测、销售记录，运输环节严格执行生鲜乳交接单制度，按照生鲜乳收购站标准化建设规范，完善基础设施和消毒防疫等各项管理制度，指导养殖场建立养殖档案。多次组织奶站负责人和奶业主产市县畜牧主管部门，通过召开会议或举办培训班和讲座的形式，及时传达农业部的有关奶业发展精神，学习《乳品质量安全监督管理条例》和农业部《生鲜乳收购管理办法》等条例法规。全年全省共举办培训班 20 次，培训人员 500 人次，发放宣传材料 2 500 份。

【企业名录】现有乳制品生产经营许可的乳品企业 9 家，分别是江西美庐乳业有限公司、江西阳光乳业股份有限公司、江西省大富乳业集团有限公司、江西牛牛乳业有限公司、江西维雀乳业有限公司、江西英雄乳业股份有限公司、于都高山青草奶业有限公司、江西金薄金生态科技有限公司和江西雄鹰乳业有限公司。其中，获得婴幼儿配方奶粉生产经营许可的乳品企业有 4 家，分别是江西美庐乳业有限公司、江西英雄乳业股份有限公司、江西金薄金生态科技有限公司和江西雄鹰乳业有限公司。

江西省奶业协会

附表 1:

城镇居民乳品消费

	2011 年		2012 年	
	数量（kg）	金额（元/人）	数量（kg）	金额（元/人）
生鲜奶	12.90	105.56	12.53	109.87
奶粉	0.69	54.78	0.65	60.08
酸奶	1.90	15.63	1.80	14.32
其他乳制品		29.85		33.39

附表 2:

养殖规模	户（场）数	年存栏数（头）	牛奶产量（吨）
1～4 头	207	653	2 416
5～19 头	572	5 616	20 340
20～99 头	314	13 928	50 419
100～199 头	17	2 577	9 009
200～499 头	8	2 312	7 918
500～999 头	3	1 983	7 337
1 000 头以上	3	8 641	30 174

附表 3:

2012 年生鲜乳质量安全监管工作统计表

一、基本信息

1. 奶站				2. 生鲜乳运输车				
奶站总数量（个）	乳企奶站（个）	养殖场奶站（个）	合作社奶站（个）	运输车辆数量（辆）	生鲜乳收购站自有（辆）	乳制品企业自有（辆）	租用（辆）	其他（辆）
8	5	2	1	10	4	5	1	0

二、执法情况

1. 检查			2. 生鲜乳质量安全监测			3. 查处					
检查奶站（站次）	检查运输车（车次）	出动执法人员（人次）	抽检总批次	省市县安排监测资金（万元）	省市县抽检批次	生鲜乳收购站（个）			生鲜乳运输车（辆）		
						整改	取缔	吊销	整改	取缔	吊销
32	30	200	184	15	144	0	1	0	0	7	0

三、指导培训

举办培训班（期）	培训人数（人次）	发放宣传资料（份）
20	500	2 500

山 东 省

山东省地处东部沿海，经济发达，具有发展奶牛业的区位优势、资源优势、经济优势和市场优势，有条件成为奶业强省，并应将建设奶业强省作为未来二十年奶业发展的目标。随着人口的增长，人民生活水平的提高和饮食习惯的改善，必使奶业需求在未来呈快速增长。2000年以来全省奶业发展出现新的跨越发展，大力实施现代奶业生产，积极推行奶牛规模化标准化养殖，加大奶牛良种补贴，完善技术装备、信息化监管等扶持力度，生产水平得到较大提升，使全省奶业健康有序发展，生鲜乳质量安全得到保障。

【奶类生产】据行业统计，2012年全省奶牛存栏148.8万头，成母牛89万头，其中娟姗牛0.09万头，其他为荷斯坦牛。主要分布在济南、青岛、泰安、烟台、潍坊、淄博、威海、东营等地区，以44个县为重点（奶牛重点县布局图），建设沿高速公路两侧和大中城市周边的奶牛健康养殖区，大力发展奶牛健康养殖，用现代信息技术、生物技术武装现代奶牛业，不断提高奶牛饲养管理和单产水平。2012年全省牛奶产量497.1万吨，平均单产5.6吨，奶类产量占肉蛋奶总产近25%，产值比重16.3%。全省奶山羊存栏101万只，主要品种崂山奶山羊、文登奶山羊，主要分布在青岛、威海、烟台、潍坊等地。2012年全省生鲜乳收购平均价3.5元/千克，冬季稍高，年均提高约1.5个百分点；奶农养殖效益基本稳定，年产6吨的奶牛，年平均盈利3 000元/头。

【规模养殖】2012年全省奶牛存栏1～4头的有30 635个场（户），奶牛存栏94 201头，占总存栏的5%；5～9头的有8 178个场（户），奶牛存栏60 742头，占总存栏的4.5%；10～19头的有6 223个场（户），奶牛存栏94 961头，占总存栏的7.7%；20～49头的有3 881个场（户），奶牛存栏134 166头，占总存栏的11%；50～99头的有1 910个场（户），奶牛存栏132 741头，占总存栏的9.4%；100～199头的有882个场，奶牛存栏127 435头，占总存栏的10.5%；200～499头的有524个场，奶牛存栏178 869头，占总存栏的13.3%；500～999头的有307个场，奶牛存栏213 873头，占总存栏的15.9%；1 000头以上133个场，奶牛存栏305 974头，占总存栏的22.7%。

【奶源基地】一是基地建设组成模式。20世纪90年代为发展奶牛产业，养殖户或个体企业投入到奶牛生产当中，为了稳定奶源乳制品加工企业同养殖场户签订购销合同，比例约30%左右。近几年全省一部分外资和内资投入到奶牛产业发展当中，乳品加工企业为保障奶源供应和质量自建基地，比例约20%左右；控股参股或租赁比例约40%左右，其他10%。

二是发展基地的措施。当地政府为发展奶牛产业协调土地规划奶牛养殖区，配套饲料地，鼓励农户养殖奶牛，如莱西市奶牛养殖场户建设牛舍引进良种，乳品企业负责装挤奶设备、储奶设备、制冷设备、运奶设备等，如亚奥特乳品有限公司现有奶源基地78处。畜牧主管部门加强技术指导和培训工作，配套服务发展。

三是加强基地的管理。为加强奶源基地的规范管理，山东省出台了《山东省畜禽养殖管理办法》，规定畜禽养殖场户建立登记备案制度，规范了基地生产行为。

【奶站管理】按照《生鲜乳收购站管理办法》，结合山东省实际，对数量最多的个体私营奶站，主要通过两个渠道转换：通过兴办合作社实现转换，由个体奶站收购或引导散养奶牛进入小区，组建奶农专业合作社开办经营奶站；通过乳品加工企业兼并、租赁、托管实现转换。全省生鲜乳收购站完成经营主体转换，合法经营。各地按照奶业发展规划布局，对达到规定条件的奶站，提出申请，经现场核查通过，由县级畜牧兽医主管部门颁发《生鲜乳收购许可证》；同时对运输生鲜乳的车辆，也实行申请、验收、许可，持《生鲜乳准运证》运输。全省731个生鲜乳收购站和403辆运输车全部实现持证经营。较去年核减了34个、65个。奶站标准化生产水平得到有效提升。

【乳品加工】全省有佳宝、得益、伊利、蒙牛、雀巢等79家知名乳品加工企业，主要产品为液态奶、冰淇淋、奶粉、奶酪、奶油、乳清制品以及其他干乳制品。企业资产总额143.74亿元，从业人员23 915人。2012年，全省乳制品产量320.72万吨。其中液态奶产量265.67万吨，占82.8%，干乳制品产量55.05万吨，占17.2%，产值280.91亿元，利润总额18.69亿元。

【奶业消费】全省2012年乳制品总生产量320.72万吨，消费量247.45万吨，城镇居民年人均消费液体乳制品25.55千克，其中鲜奶20.93千克，酸奶4.3千克，奶粉0.31千克。城镇居民人均乳品消费年支出263.62元，人均乳品消费年支出占食品支出5.06%。全省商场、超市出售的巴氏杀菌奶平均价格6.06元/斤，超高温灭菌奶平均价格6.62元/斤，酸奶平均价格6.33元/斤，婴幼儿奶粉平均价格121元/斤，其他奶粉平均价格70.55元/斤；入户巴氏杀菌奶平均价格4.98元/斤，超高温灭菌奶平均价格6.16元/斤。

【良种繁育】奶牛生产性能提高主要靠良种繁育、引进良种、加快实施改良，促进全省奶牛良种化程度的提高。2012年继续实施国家奶牛良种补贴项目，补贴成母牛5.3万头，精液10.6万支，实现奶牛良种全覆盖，为保障精液质量，严格招标程序，提高种公牛性能指数，中标供精单位共8家，较上一年减少3家；肉牛良种补贴项目，补贴成母牛11万头，精液22万支，中标供精单位共3家，在齐河、商河、高唐、乐陵、阳信5个肉牛集中县实施；山东省乳肉兼用牛项目在招远、莱阳等15个县实施，补贴成母牛8万头，精液16万支。为实施好全省牛良种改良，结合畜禽生产实际需要，加强了畜禽良种繁育、推广使用和质量执法三大体系建设，全省建设人工授精点1 800个，县级改良中心70多个，乡镇冷配点1200个，为良种繁育提供服务保障。为严把质量关，每年除国家外，山东省畜牧兽医局加大对供精单位配送精液的随机抽检频次，开展质量监测，2012年抽检结果合格。

【饲草饲料】2012年，全省牧草年末保留种植面积268万亩，其中人工种草146万亩，改良种草117万亩，飞播牧草5.2万亩。苜蓿是我省的当家牧草，年末保留种植面积110万亩，新增苜蓿种植22万亩，其中，连片种植3 000亩以上的达14万亩。草种生产企业4家，经营企业20家；草产品加工企业10家；完成秸秆青贮2 850万吨（鲜重），其中带穗玉米青贮达920万吨，占青贮总量的32%。在不断加快传统饲料工业发展的同时，积极研制、开发，生产安全高效、环保低成本的饲料和饲料添加剂。大力开发各类饲料资源，扩大饲用玉米等专用饲料作物种植，建立优质饲料原料基地。积极开发紫花苜蓿草粉、饼粕类等蛋白饲料资源，加快秸秆饲料等非粮食饲料的综合利用步伐，降低畜牧业对资源的消耗，为牛羊产业发展提供饲草饲料。

【疫病防治】2012年，全省各级政府密切配合、通力协作，扎实开展了常规的防疫和检疫工作，不断加强疫情监测预警，重点强化病原学检测，全省检测各类牛样品免疫抗体合格率均在85%以上，均未监测到病原学阳性样品，为全省实施科学防控提供了可靠依据。全省无重大动物疫情发生。牛场常见疾病乳房炎、消化不良、酸中毒和肢蹄病等，仍困扰养殖户。规模牧场养殖方式不断转变，养殖理念得到提高，对常见多发病能做到“早发现，早治疗”，确保牛群健康，减少损失。

【政策法规】近几年，山东省确立现代奶业发展目标后，省、市、县各级政府出台政策，不断支持奶业生产，加快推进现代农业奶牛产业的发展。

一是奶牛产业项目，2012年有历城区、长清区等17个奶牛生产主产县实施现代奶牛产业项目，总投入资金3.6亿元，其中省以上财政资金1.1亿元、市县财政资金0.94亿元、社会投入资金1.56亿元，对117个牧场进行现代化生产水平提升改造。总投入资金0.616 2亿元，实施了奶牛规模化养殖改扩建项目，其中国家投入资金0.302 0亿元，社会投入资金0.314 2亿元，支持28个存栏奶牛300头以上的规模奶牛场实施奶牛生产区圈舍、青贮池等改扩建，粪污无害化处理、防疫基础设施和数字信息化系统等硬件设施建设，生产建设水平得到提高，示范带动作用较好。

二是国家秸秆养畜项目11个，中央资金1 100万元，省、市、县配套资金550万元；育草基金项目1个，中央资金300万元，省、市、县配套资金150万元；草场防火项目1个，中央资金150万元，地方配套15万元。

三是实施了DHI（奶牛生产性能测定）项目，山东省奶牛生产性能测定中心和山东省农业科学院奶牛生产性能测定中心开展了测定技术的推广，年测定奶牛2万头，对部分牛场进行了个体遗传评定、良种登记、后裔测定等工作，建立起全省的奶牛联合育种技术体系。四是畜牧业政策性保险，建立完善保险运行机制，发挥保险的经济补偿、资金融通功能。增强畜牧业抵御市场风险、疫病风险和自然灾害的能力。

【技术支撑】为贯彻落实中央“一号文件”和中央农村工作会议精神，扎实推进畜牧科技促进年活动，加快推进畜牧科技快速进场入区，加速畜牧科技成果转化，在广泛征集畜牧业主导品种和主推技术的基础上，经专家论证，确定了2012年畜牧业主导品种15个、主推技术14项，其中奶牛生产有5项。1. 奶牛高效生态养殖技术，主要技术内容：奶牛分阶段测料配方技术、DHI饲养管理应用技术、选种选配技术、发情辅助诊断技术、固液分离、废液还田技术。2. 畜牧业数字化生产管理技术，主要技术内容：奶牛发情信息化监测技术、畜禽精准饲喂技术、数字化育种技术、畜禽电子无针注射技术、生产档案数字化管理技术、畜产品可追溯信息化管理技术、畜禽环境自动调控技术、生鲜乳质量安全信息化管理技术。3. 优质饲草生产与加工利用关键技术示范推广，主要技术内容：优质苜蓿生产利用及质量控制技术、推广饲草为主、精料为辅的“苜蓿种植—奶牛养殖”的健康养殖模式、全株青贮玉米高产栽培及加工利用技术、推广粮用型玉米适期收获制作全株玉米青贮饲料技术、优质饲草均衡供应技术、粮草轮作、间作和套种技术、林草共生技术，示范林下畜禽生态养殖。4. 牛羊结核病和布病监测及净化技术推广，主要技术内容：牛羊结核病流行病学调查技术、布鲁氏菌病流行病学调查技术、结核病和布鲁氏菌病规范化采样技术、结核病和布鲁氏菌病规范化监测技术、病畜及阳性畜无害化处理技术、牛场和羊场规范化消毒技术、牛场和羊场结核病和布鲁氏菌病净化技术、结核病和布鲁氏菌病科学防控技术。5. 畜产品质量安全监控技术推广，主要技术内容：科学用药技术、兽药残留控制技术、猪牛羊肉及尿中克伦特罗、莱克多巴胺、沙丁胺醇等非法添加物的快速检测技术、生鲜乳中三聚氰胺等非法添加物的快速检测技术推广应用、畜产品实验室标准化检测技术、畜产品风险评估及预警体系构建。

【质量监管】按照《乳品质量安全监督管理条例》要求，加强了生鲜乳收购站的规范管理，明确主体，依照许可条件严格审核，颁发《生鲜乳收购许可证》，使全省生鲜乳收购站依法经营。同时做好生鲜乳质量安全日常监管工作，全省建立实施生鲜乳收购站信用档案及“黑名单”公告和通报制度、奶畜养殖和生鲜乳收购运输环节生产经营记录和进货查验制度、生鲜乳质量安全异地抽检制度5项制度，开展了专项执法检查，未出现违禁投入品添加事件，完成农业部下达山东省生鲜乳违禁物监测任务，所检测样品合格率均为100%，有效保障了全省奶业健康发展。

【奶业大事记】

1. 2012年2月13～14日，农业部副部长高鸿宾到山东调研畜产品安全监管工作和牛羊产业发展情况，实地考察了东营市仙河澳亚、利津循环牧业和盐窝镇鲍王庄肉羊养殖小区。

2. 2012年8月28日，山东省人民政府办公厅、山东省公安厅、山东省监察厅、山东省工商行政管理局、山东省质量技术监督局、山东省畜牧兽医局、山东省食品药品监督管理局，根据山东省畜牧协会奶业分会的建议，联合下达“关于清理整顿和规范鲜奶吧工作的通知”（鲁食安办法［2012］15号），对山东鲜奶吧健康有序发展起到积极作用。

3. 2012年11月8～9日，山东省畜牧协会奶业分会在济南召开“第二届山东现代奶业大会”，中国奶业协会秘书长谷继承，国家奶牛产业技术体系首席科学家李胜利，中国社科院研究员刘玉满，山东省畜牧兽医局副巡视员张洪本出席了大会。会议代表共500多人，有10多个省、市、自治区的代表参加了大会。山东省畜牧协会奶业分会会长王桂月作了“创新思路，转变方式，实现奶业可持续发展”的报告。秘书长张志民主持了大会。

4. 山东省乳品加工业发展迅速，成为我国乳制品加工大省。据农业部奶业管理办公室、中国奶业协会共同编辑的“2013中国奶业统计摘要”数据表明，2012年全省乳制品总产量321.17万吨，其中液态奶产量265.67万吨，干乳制品产量55.50吨，三项指标分别位居全国第二位、第一位和第二位。而奶牛存栏量，牛奶产量位于全国第二位。乳制品总产量只低于内蒙古自治区4.5万吨，液态奶产量只低于内蒙古自治区7.72万吨。

山东省畜牧总站　柴士名

附表1：

山东部分规模奶牛养殖场（小区）名录

序号	名　　称	养殖场	小区	全群存栏（头）	成母牛存栏（头）	奶畜品种	成母牛单产（吨/年）	年总产（吨）	是否参加DHI	是否应用TMR
1	东辰牧业有限公司	√		730	590	荷斯坦	7.0	4 130		
2	日照市惠农牧业有限公司	√		1 300	1 000	荷斯坦	5.0	5 000		
3	莒县金养奶牛专业合作社	√		650	500	荷斯坦	5.0	2 500		√
4	阎庄益民奶牛场	√		700	350	荷斯坦	4.0	1 600	√	√
5	莒县奥林奶牛场	√		650	420	荷斯坦	6.0	2 520		
6	莒县润达牧业公司	√		780	620	荷斯坦	5.0	3 100		√
7	江汇奶牛场	√		612	385	荷斯坦	7.0	2 380		√
8	日照宜生牧业有限公司	√		560	352	荷斯坦	7.6	1 200	√	√
9	山东安山牧业有限公司		√	1 200	600	荷斯坦	8.0	4 800	√	√
10	梁山县富民奶牛养殖有限公司		√	740	450	荷斯坦	6.5	2 925		√

（续）

序号	名　　称	养殖场	小区	全群存栏（头）	成母牛存栏（头）	奶畜品种	成母牛单产（吨/年）	年总产（吨）	是否参加DHI	是否应用TMR
11	山东中汇奶牛养殖有限公司		√	2 600	1 800	荷斯坦	7.0	12 600		√
12	梁山县康宁畜牧养殖有限公司	√		600	500	荷斯坦	8.5	4 250	√	√
13	梁山县绿健奶牛养殖有限公司	√		530	330	荷斯坦	8.0	2 640		√
14	魏楼奶牛合作社		√	780	500	荷斯坦	6.5	3 250		
15	泗水县红山奶牛养殖有限公司	√		560	350	荷斯坦	7.0	2 450		
16	汇源奶牛场	√		610	280	荷斯坦	6.5	1 820	√	√
17	王回庄奶牛养殖小区		√	786	368	荷斯坦	5.6	2 134		√
18	汶上现代牧场有限公司	√		7 500	4 198	荷斯坦	7.8	32 744	√	√
19	汶上汇鑫牧业有限公司	√		612	316	荷斯坦	6.8	2 149		
20	济宁方兴工贸有限公司	√		589	234	荷斯坦	6.7	1 568		√
21	邹城市裕恒牧业有限公司	√		504	300	荷斯坦	6.8	2 040		
22	山东荷斯坦牛繁育中心	√		2 105	1 470	荷斯坦	7.4	10 878	√	√
23	烟台市牟平区亿达奶牛饲养小区		√	580	427	荷斯坦	6.0	2 562		
24	烟台乳旺畜牧专业合作社		√	1 150	980	荷斯坦	6.0	5 880		
25	盛景奶牛场（海阳市磊磊奶牛养殖场）	√		580	260	荷斯坦	6.0	1 500	√	√
26	山东朝日绿源农业高新技术有限公司	√		1 650	980	荷斯坦	8.0	7 800	√	√
27	谭格庄惠农奶牛养殖小区		√	1 100	650	荷斯坦	6.5	4 200		√
28	烟台荷牧园牧业有限公司	√		560	360	荷斯坦	7.0	2 500		√
29	团旺宏德奶牛养殖场		√	590	350	荷斯坦	6.5	2 200		√
30	古柳博源奶牛养殖小区		√	510	300	荷斯坦	6.5	1 900		
31	旺生奶牛场	√		695	254	荷斯坦	6.5	1 300		
32	大疃恒大奶牛场	√		4 000	1 990	荷斯坦	7.6	13 500	√	√
33	崖头前密文奶牛场	√		1 000	500	荷斯坦	7.6	3 200	√	√
34	山东德正乳业有限公司大德奶牛场	√		517	465	荷斯坦	6.5	3 006		√
35	威海金森畜牧有限公司	√		565	390	荷斯坦	6.4	2 496		√
36	菏泽市华英奶牛养殖专业合作社		√	1 400	1 100	荷斯坦	7.0	7 700		
37	菏泽市牡丹区华利奶牛场		√	510	260	荷斯坦	5.5	1 430		
38	山东银香伟业集团有限公司第一牧场	√		1 300	790	荷斯坦	6.7	4 234	√	√
39	山东银香伟业集团有限公司第二牧场	√		2 300	1 400	荷斯坦	6.5	7 056	√	√
40	山东银香伟业集团有限公司第三牧场	√		3 200	1 950	荷斯坦	6.7	7 018	√	√
41	山东银香伟业集团有限公司第四牧场	√		1 600	980	荷斯坦	6.6	5 174	√	√
42	山东银香伟业集团有限公司第五牧场	√		2 000	1 260	荷斯坦	7.0	7 176	√	√
43	山东银香伟业集团有限公司第六牧场	√		2 100	1 290	荷斯坦	6.8	7 017	√	√
44	山东银香伟业集团有限公司第七牧场	√		1 690	1 100	荷斯坦	6.8	4 224	√	√

（续）

序号	名　　称	养殖场	小区	全群存栏（头）	成母牛存栏（头）	奶畜品种	成母牛单产（吨/年）	年总产（吨）	是否参加 DHI	是否应用 TMR
45	山东银香伟业集团有限公司第八牧场	√		2 150	1 300	荷斯坦	6.9	5 720	√	√
46	山东银香伟业集团有限公司第九牧场	√		1 600	970	荷斯坦	6.8	5 276	√	√
47	山东银香伟业集团有限公司第十牧场	√		1 380	800	荷斯坦	6.6	3 840	√	√
48	山东银香伟业集团有限公司第十一牧场	√		1 820	1 100	荷斯坦	6.5	1 960	√	√
49	山东银香伟业集团有限公司第十二牧场	√		1 760	1 050	荷斯坦	6.6	1 920	√	√
50	曹县康泰养殖专业合作社	√		1 200	800	荷斯坦	6.0	3 800		
51	曹县旺旺养殖专业合作社	√		624	400	荷斯坦	6.0	2 000		
52	曹县同庆养殖专业合作社	√		1 100	820	荷斯坦	5.0	4 200		
53	曹县郑庄班庄殖专业合作社	√		500	420	荷斯坦	6.0	2 520		
54	山东莱河乳业有限公司		√	720	375	荷斯坦	6.0	2 438		√
55	晨新奶牛场	√		550	500	荷斯坦	5.0	2 500		
56	东明广春牧业有限公司	√		628	560	荷斯坦	8.0	4 500		
57	兰山区利乐奶牛养殖农民专业合作社		√	1 200	600	荷斯坦	6.0	3 600		
58	兰山区澳蒙奶牛养殖农民专业合作社		√	1 210	500	荷斯坦	6.8	3 400	√	
59	兰山区彦春奶牛养殖农民专业合作社		√	3 158	1 595	荷斯坦	5.0	7 975		
60	临沂禄福良种奶牛发展有限公司	√		1 074	550	荷斯坦	6.5	3 386	√	√
61	临沂高都奶牛养殖基地	√		1 126	916	荷斯坦	5.9	3 570	√	√
62	罗庄区花卜圈村西奶牛养殖小区		√	875	583	荷斯坦	5.1	2 637		
63	费县恒发奶牛场		√	699	536	荷斯坦	7.0	2 700		
64	沂水县盛宴奶牛专业合作社		√	584	584	荷斯坦	6.0	2 620		
65	沂南县蒙山奶牛养殖有限公司	√		945	689	荷斯坦	7.3	5 029		√
66	沂南县彩蒙奶牛养殖场	√		1 320	963	荷斯坦	7.1	6 837		√
67	沂南县东虹奶牛养殖场	√		980	715	荷斯坦	7.1	5 076		√
68	沂南县天合奶牛养殖专业合作社		√	994	725	荷斯坦	6.9	5 002		√
69	沂南县瑞沣奶牛养殖专业合作社		√	1 550	1 131	荷斯坦	6.8	7 691		√
70	沂南县双泉奶牛养殖专业合作社		√	2 380	1 737	荷斯坦	6.9	11 985		√
71	临沂市高产奶牛合作社		√	970	572	荷斯坦	7.5	4 290		√
72	临沭县金湖奶牛场		√	700	500	荷斯坦	5.0	2 500		
73	临沂农丰畜牧发展有限公司	√		1 850	1 200	荷斯坦	7.5	9 000	√	√
74	佳艺奶牛养殖专业合作社		√	2 000	750	荷斯坦	5.0	3 750	√	√
75	金亿奶牛养殖专业合作社		√	4 000	2 300	荷斯坦	5.0	11 500	√	√
76	新世纪奶牛养殖专业合作社		√	2 200	1 100	荷斯坦	6.0	6 600		
77	乐农奶牛养殖专业合作社		√	2 400	760	荷斯坦	5.0	3 800	√	
78	阳光奶牛场	√		2 200	1 100	荷斯坦	6.0	6 600	√	
79	亿陆发奶牛专业合作社		√	3 408	1 704	荷斯坦	6.4	10 900	√	
80	息森奶牛养殖专业合作社		√	2 697	1 331	荷斯坦	6.3	8 380		

（续）

序号	名　　称	养殖场	小区	全群存栏（头）	成母牛存栏（头）	奶畜品种	成母牛单产（吨/年）	年总产（吨）	是否参加 DHI	是否应用 TMR
81	蒲润奶牛养殖专业合作社	√		1 056	510	荷斯坦	5.3	2 700		
82	王子付奶牛养殖专业合作社		√	4 245	2 195	荷斯坦	6.4	14 040		√
83	富勇奶牛场	√		2 935	1 512	荷斯坦	6.3	9 520		
84	佳禾奶牛场		√	1 105	570	荷斯坦	6.0	3 420		
85	篦子杨奶牛小区		√	1 335	674	荷斯坦	5.7	3 840		
86	农场奶牛场		√	1 305	646	荷斯坦	6.0	3 870		
87	郅辛奶牛小区		√	1 506	756	荷斯坦	5.5	4 150		
88	瓜张奶牛场		√	1 565	745	荷斯坦	6.0	4 470		
89	崔庄奶牛小区		√	1 005	510	荷斯坦	5.7	2 900		
90	曲庄奶牛小区		√	1 155	591	荷斯坦	5.8	3 430		
91	平原县旺源奶牛合作社		√	1 524	1 125	荷斯坦	5.2	6 321	√	
92	武城县富民奶牛养殖专业合作社		√	2 800	1 650	荷斯坦	5.5	9 075		√
93	武城县锦兰奶牛养殖专业合作社		√	1 200	750	荷斯坦	5.5	4 125		√
94	齐河县旺达奶牛专业合作社		√	1 100	530	荷斯坦	6.1	3 230	√	
95	陵县晨阳农业科技开发有限公司	√		1 982	1 120	荷斯坦	7.5	3 400	√	√
96	陵县众鑫奶牛养殖示范场	√		1 235	706	荷斯坦	7.2	1 600	√	
97	陵县德牛奶牛养殖小区		√	588	320	荷斯坦	7.1	800	√	
98	宁津县溢源奶牛养殖专业合作社		√	1 100	450	荷斯坦	4.5	2 025		
99	宁津县佳宁奶牛养殖专业合作社		√	1 000	350	荷斯坦	4.5	1 575		
100	山东龙泰农牧生态园	√		1 200	700	荷斯坦	7.5	5 250	√	√
101	鼎盛奶牛养殖专业合作社		√	518	265	荷斯坦	4.0	1 060		
102	振华奶牛场	√		510	332	荷斯坦	6.7	2 214		√
103	仁马牧场	√		500	325	荷斯坦	6.7	2 174	√	√
104	薛家奶牛小区		√	1 010	598	荷斯坦	6.1	3 648		
105	顺驰奶牛小区		√	980	545	荷斯坦	6.2	3 379		√
106	恒源奶牛场	√		680	357	荷斯坦	6.4	2 285		√
107	国风乳业有限公司	√		2 900	1 800	荷斯坦	7.5	11 801		√
108	家豪奶牛养殖有限公司	√		730	450	荷斯坦	7.0	2 100	√	√
109	沾化县薛家奶牛养殖场	√		608	396	荷斯坦	4.0	1 500		
110	梅烽奶牛养殖专业合作社		√	1 000	510	荷斯坦	6.3	2 100		√
111	泰山区东苑奶牛养殖中心		√	650	300	荷斯坦	6.8	1 900	√	√
112	泰安市东孙奶牛养殖小区		√	600	300	荷斯坦	6.6	1 900		√
113	泰山区北沟头奶牛养殖小区		√	520	240	荷斯坦	6.6	1 500		√
114	泰安市乔继岩奶牛养殖专业合作社养殖小区		√	1 060	592	荷斯坦	6.3	3 730	√	√
115	山东泰山安康生态乳业有限公司	√		1 520	880	荷斯坦	6.3	5 544	√	√

（续）

序号	名　　称	养殖场	小区	全群存栏（头）	成母牛存栏（头）	奶畜品种	成母牛单产（吨/年）	年总产（吨）	是否参加DHI	是否应用TMR
116	泰安市绿源奶牛合作社养殖小区		√	610	358	荷斯坦	6.2	2 220	√	√
117	泰安市众鑫日月养殖合作社养殖小区		√	1 028	560	荷斯坦	6.8	3 808	√	√
118	泰安市其闯养殖有限公司	√		860	426	荷斯坦	6.2	2 600		√
119	泰安市汇丰奶牛养殖场	√		1 828	820	荷斯坦	6.5	5 330	√	√
120	泰安市银马奶牛养殖专业合作社养殖小区		√	1 010	580	荷斯坦	6.0	3 480	√	√
121	泰安市岱岳区范镇鑫兴奶牛专业合作社养殖小区		√	1 241	820	荷斯坦	6.0	4 920		
122	泰安市岱岳区粥店中鹏奶牛养殖专业合作社养殖小区		√	820	560	荷斯坦	6.0	3 360		
123	泰安金兰奶牛养殖有限公司	√		2 980	1 700	荷斯坦	7.0	11 900	√	√
124	泰安市岱岳区国胜奶牛养殖专业合作社养殖小区		√	980	500	荷斯坦	6.6	3 300	√	√
125	山东亚奥特乳业有限公司鱼东养殖小区		√	760	340	荷斯坦	6.1	2 074		√
126	泰安市金泉奶牛场			680	400	荷斯坦	6.2	2 480		√
127	泰安市岱岳区同和奶牛养殖专业合作社养殖小区		√	780	422	荷斯坦	6.5	2 743	√	√
128	泰安市岱岳区范镇鑫源养殖场	√		838	340	荷斯坦	6.3	2 142	√	√
129	泰安市岱岳区乳鑫奶牛养殖专业合作社养殖小区		√	850	420	荷斯坦	6.2	2 604		
130	泰安市岱岳区祝阳镇玉廷奶牛养殖场养殖小区		√	686	584	荷斯坦	6.0	3 504		
131	泰安市岱岳区范镇鑫泉奶牛养殖场	√		980	392	荷斯坦	6.0	2 352		
132	泰安市岱岳区范镇鹏飞奶牛养殖场	√		950	398	荷斯坦	6.0	2 388	√	
133	泰安市岱岳区通达奶牛养殖场	√		1 780	1 019	荷斯坦	6.6	6 730		√
134	泰安市金凤岭生态农业发展有限公司	√		760	520	荷斯坦	6.5	3 380		√
135	泰安市岱岳区金马奶牛养殖场	√		580	318	荷斯坦	6.0	1 908		
136	泰安市居田奶牛养殖专业合作社养殖小区		√	680	452	荷斯坦	6.2	2 800		
137	泰安市三和顺牧业有限公司	√		800	428	荷斯坦	6.2	2 660		√
138	山东清大乳业有限公司	√		3 100	1 830	荷斯坦	6.8	12 444	√	√
139	新泉生态观光园		√	1 713	1 093	荷斯坦	6.6	7 181	√	√
140	佳和奶牛场	√		1 546	1 016	荷斯坦	6.8	6 908	√	√
141	银燕奶牛场	√		1 700	1 032	荷斯坦	7.4	7 585	√	√
142	南鲍村奶牛场		√	2 935	1 980	荷斯坦	6.5	12 731	×	×
143	肥城牧和养殖有限公司	√		3 800	2 200	荷斯坦	6.3	13 860		√
144	肥城忠利奶牛养殖专业合作社	√		600	410	荷斯坦	6.0	2 460		

（续）

序号	名　　称	养殖场	小区	全群存栏（头）	成母牛存栏（头）	奶畜品种	成母牛单产（吨/年）	年总产（吨）	是否参加DHI	是否应用TMR
145	肥城市安庄冯楼奶牛场	√		1 000	610	荷斯坦	6.2	3 782		√
146	泰安澳亚现代牧场有限公司	√		12 000	6 200	荷斯坦	8.5	52 700		√
147	肥城市新百利奶牛养殖合作社	√		2 000	1 200	荷斯坦	6.2	7 440		
148	肥城市鲁龙奶牛场	√		1 020	600	荷斯坦	6.3	3 780		√
149	金太阳奶牛养殖合作社		√	3 340	1 580	荷斯坦	6.8	10 744	√	√
150	溢源奶牛养殖专业合作社		√	3 250	1 675	荷斯坦	6.8	11 390	√	√
151	宁阳县顺康牧业有限公司	√		3 210	1 600	荷斯坦	6.8	10 928	√	
152	宁阳县鑫阳奶牛养殖专业合作社		√	2 190	1 760	荷斯坦	6.8	12 038	√	√
153	宁阳莉源奶牛场	√		2 100	1 200	荷斯坦	6.8	8 184		√
154	宁阳曹家牧业有限公司	√		1 900	802	荷斯坦	6.8	5 476		√
155	明达奶牛场	√		2 053	1 080	荷斯坦	6.8	7 387		√
156	宁阳永森奶牛养殖场		√	1 300	700	荷斯坦	6.8	4 774	√	
157	宁阳县南山奶牛养殖专业合作社		√	2 134	1 100	荷斯坦	6.8	7 513	√	√
158	宁阳县金阳山奶牛场	√		1 054	580	荷斯坦	6.8	3 944	√	
159	宁阳县芝峰奶牛合作社		√	1 003	591	荷斯坦	6.6	3 900		
160	华元奶牛场	√		1 690	860	荷斯坦	6.8	5 848	√	√
161	华鑫奶牛场	√		1 420	742	荷斯坦	6.8	5 053	√	
162	宝源奶业合作社		√	1 945	740	荷斯坦	6.8	5 032		
163	宁阳岳庄奶牛场		√	1 500	780	荷斯坦	6.6	5 148		
164	宁阳古城奶牛场		√	1 670	890	荷斯坦	6.7	5 963		
165	宁阳县小胡奶牛养殖合作社		√	2 650	1 670	荷斯坦	6.8	11 356		
166	宁阳县恒新奶牛场	√		2 300	1 260	荷斯坦	6.7	8 440		√
167	东平县蓝天奶牛场		√	1 150	880	荷斯坦	6.5	5 700		√
168	东平县兴达奶牛场		√	850	670	荷斯坦	6.5	4 300		√
169	东平县传伟奶牛场		√	1 200	950	荷斯坦	6.5	6 100		√
170	东平县溢隆奶牛场		√	700	530	荷斯坦	6.5	3 400		√
171	中国石化集团胜利石油管理局胜大水产奶牛场	√		2 612	702	荷斯坦	8.0	5 616	√	√
172	东营市阳光庄园牧业有限责任公司	√		2 484	500	荷斯坦	7.9	4 010	√	√
173	东营仙河澳亚现代牧场有限公司	√		13 000	13 000	荷斯坦	10.0	40 000		√
174	东营市柏拉蒙奶牛场	√		1 200	520	荷斯坦	7.0	3 540	√	√
175	澳亚现代牧场	√		8 000	5 600	荷斯坦	9.0	50 400	√	√
176	山东大地乳业有限公司	√		6 800	3 500	荷斯坦、娟姗牛	8.7	30 450	√	√

附表 2：

山东省主要乳制品企业 2012 年度生产情况表

序号	名称	许可证号	年收购原奶量（吨）	平均支付价格（元/千克）	其中：自有奶源量（吨）	年乳制品产量（吨）	其中 巴氏杀菌奶（吨）	UHT 奶（吨）	酸奶（吨）	奶粉（吨）	奶油（吨）	奶酪（吨）	乳饮料（吨）	整体设计加工能力（吨/年）	产品销售区域	年销售收入（万元）	利润（万元）
1	山东百慧乳业有限公司	QS371105010689	12 000	3.5	4 300	25 800	0	5 800	0	0	0	0	20 000	82 000	国内	10 300	966
2	烟台益生源乳业有限公司	QS370605010002	4 000	4.7	4 000	36 000	32 400	0	3 600	0	0	0	0	36 000	烟台市五区	3 000	160
3	山东德正乳业有限公司	QS3710 0501 0071	13 286	3.2	4 816	1 460	0	0	0	1 460	0	0	0	3 000	全国各地	3 330	−9
4	山东鹏程食品股份有限公司	QS371005010069	1800	3.2	1 168	1 962	840	790	252	0	0	0	80	18 000	烟威地区	3 000	100
5	蒙牛乳业泰安有限责任公司	QS370905010535	110 595	4.252 8	0	244 492.9	0	115 850	34 025	0	0	0	94 578	438 000	山东，河北等地	154 954.8	5 731
6	山东华英食品有限公司	QS371705010175	6 570	3.5	6 570	7 224	1 806	1 806	1 806	0	0	0	1 806	7 665	冀鲁豫皖苏京津黑	4 927.5	328.5
7	山东银香大地乳业有限公司	QS371705010176	75 000	3.2	75 000	70 000	7 000	3 500	2 000	0	0	0	57 500	150 000	鲁苏豫皖	22 995	2 706
8	山东莱河乳业有限公司	QS371705010401	2 500	3.45	2 438	3 626.7	1 118.9	0	998.8	0	0	0	1 509	5 000	单县及周边区域	2 016	141.1
9	东君乳业（禹城）有限公司	QS371406011662	3 000	3.5	0	80 000	0	0	0	0	0	0	80 000	100 000	全国	19 543	3 401
10	潍坊伊利乳业有限责任公司	QS370705010012	124 100	4.15	0	196 707	181 521	63 261	0	662	0	0	0	299 300	山东周边省市	118 842	3 487
11	山东阳春羊奶乳业有限公司	QS5370705011362	3 679	3.83	1 288	3 540	0	2 795	0	0	0	0	745	13 440	山东周边省市	3 116	24
12	山东三元乳业有限公司	QS370706010547	36 500	4	0	45 000	750	0	5 000	0	0	0	10 000	100 000	华东地区	23 000	−1 000
13	潍坊紫鸢乳业发展有限公司	QS370706011374	13 000	3.9	13 000	17 800	10 000	0	5 675	0	0	0	2 125	100 000	山东周边省市	12 500	1 680
14	临朐乾福乳业有限公司	QS370705010011	0	0	0	0	0	0	0	0	0	0	0	29 200	山东周边省市	350	180
15	山东万宝乳业有限公司	QS370705011498	0	0	0	0	0	0	0	0	0	0	0	98 550	山东周边省市	4 000	−70
16	山东亚奥特乳业有限公司	QS370905010068	29 000	4	15 000	32 000	10 000	0	16 000	0	0	0	6 000	100 000	山东省内	22 000	1 300
17	山东清大奶站	QS370905011713	730	3.35	730	1260	890	370	890	0	0	0	0	730	泰安地区	850	25
18	山东恩泽乳制品有限公司	QS370505011202	30 000	2.3	30 000	3 660				3 660				3 660	山东	36 000	13 000

备注：自有奶源指来自自建和参建（控股、参股）牧场（小区）的原奶。

东 营 市

【奶类生产】近年来，东营市奶业得到了迅猛发展，奶业产业化已经构筑，成为农村经济新的增长点和农民增收的新亮点。2012 年，全市奶牛存栏 7.26 万头，其中成母牛 3.3 万头，奶类产量 20.03 万吨，奶业产值占畜牧业产值比重达 13%。东营市奶业养殖主要分布在东营区的胜利街道、文汇街道、龙居镇；河口区的仙河镇、孤岛镇；广饶县的丁庄镇、大王镇、陈官乡、稻庄镇和垦利县的黄河口镇、永安镇、垦利街道办、兴隆街道办、胜坨镇一带。

规模化程度高。全市有规模奶牛场 47 家，300 头以上规模 36 家，其中千头以上规模 11 家、万头以上规模 3 家。国家级示范场 4 家、省级示范场 6 家、市级示范场 4 家。

科技装备强。全市有 3 个万头牧场装备了大型牧场智能化管理系统，5 个牧场安装了“阿菲金”奶牛数字化管埋系统，12 个牧场安装了奶牛发情自动监测系统，14 个牧场使用了 TMR 饲喂系统，机械化挤奶厅实现全覆盖。

牛群结构优化。先后从澳大利亚、新西兰引进高产奶牛 2.1 万头，并大力推广高产奶牛冻精及奶牛性控冻精，高产奶牛覆盖率达到 98%，奶牛年单产水平达到 9 吨以上的奶牛养殖场 4 家，奶牛年单产水平达到 7.5 吨的奶牛养殖场 15 家。

奶源质量好。全市奶牛场均与乳品企业签订了购销合同，成为重要的优质奶源基地。生鲜奶收购价平均在 4 元/千克以上，每千克高出全省平均价 0.4 元。全市获无公害认证企业 25 家，获有机奶认证企业 1 家。

【乳品加工】2011 年 8 月 24 日东营市第一家乳品加工生产企业山东恩泽乳制品有限公司注册成立，2012 年 9 月正式投产。公司以生产奶粉为主，年生产奶粉 3 660吨，初期产品主要在省内各地市销售。今年，公司将启动日加工量为 500 吨生鲜奶的乳品加工项目，走高端奶发展的路子。

【市场消费】东营市人均奶类占有量 97.47 千克，乳制品消费量人均 86 千克/年，人均乳制品年消费支出 246 元。巴氏杀菌奶主要品牌为蒙牛、伊利、得益、大地、胜大生鲜奶，价格为 5～8 元/斤；酸奶主要品牌为蒙牛、伊利、得益，价格为 6.5～8 元/斤；婴幼儿奶粉品牌有圣元优博幼儿奶粉 229 元（规格 900 克）、味全幼儿奶粉 258 元（规格 900 克）、飞鹤较大婴儿奶粉（规格为 400 克）79 元、美赞臣幼儿奶粉（规格为 1 200 克）210 元；中老年奶粉品牌有荷兰乳牛中老年奶粉（900 克）123 元。

随着消费观念的转变，人们越来越重视营养和健康，乳制品消费量越来越大，对质量要求越来越高。

【奶源基地】全市 100 头以上规模奶牛养殖场存栏量占全市总存栏量的 95%。一是奶业科技装备建设加快推进。机械挤奶比例达 100%，应用全混合日粮（TMR）技术的有 14 家，开展生产性能测定（DHI）的有 12 家。二是政策扶持力度加大。奶牛良种补贴，每使用一支细管，奖励饲养场户 15 元。2012 年，引进推广优质奶牛冻精 5.2 万只，奶牛产奶性能提高 14%。三是草畜配套加快发展。全市种植苜蓿 10.8 万亩，亩产量 0.7～0.8 吨，年产量 8 万吨左右，成为全省集中连片面积最大的优质苜蓿生产基地。种植青贮玉米 55 万亩，实现青贮产量 70.7 万吨。四是疫病防控工作落实到位。奶牛场每年开展三次疫苗接种，接种疫苗既有政府免费提供的 A 型灭活疫苗和 O-亚Ⅰ型 2 价灭活疫苗，也有各养殖场根据自身需要自行采购的疫苗。制定消毒工作方案，购入大量消毒物资，定时开展消毒灭源工作，保证养殖场区清净无疫。密切监控布病和结核病等威胁奶牛产业的重大疾病，建立全市统一格式的养殖档案，规范了养殖。五是粪污处理规范。全市有 1 家奶牛场配套建设了 2 万吨规模有机肥生产车间，4 家奶牛场建有大型沼气池，其余均采用沉淀、粪便发酵还田方式。

全市生鲜乳收购价为 3.5～4.6 元/千克，每头产奶牛年纯收入在 4 600～7 000 元不等。

【奶农组织】全市有奶牛养殖合作社 9 家，2012 年举办奶业培训班 30 期，受训人员 1 300 余人。

【法规和政策】一是加强奶业发展规划的实施。2010 年，制定并实施了《东营市高效生态畜牧业发展规划》（2010—2020 年），规划在广饶县的东北部，东营区的东部、垦利县的东部和济军生产基地、黄河农场、广北农场等沿海奶牛优势区域建设沿海奶牛产业带，大力推广“公司＋基地”经营模式，不断扩大乳品企业自属基地份额，鼓励在接近奶源地的部分城区，适度发展牧场奶直销等生鲜奶产品，培育 2～3 个上规模、上档次、上水平的乳品生产加工龙头企业。二是加强政策引导。自 2002 年以来，连年出台扶持政策，加快推进全市奶业生产发展。2012 年，用于奶业发展的扶持资金 737 万元左右，新增奶牛存栏 8 600 头。三是加快推进现代奶业项目建设。广饶县 2011 年承担了现代奶牛产业项目，该项目实施周期 3 年，每年省财政补贴资金 600 万元。目前，项目已完成计划任务的 95%，新建牛舍 12 栋 18 926m^2，配备“阿菲金”系统 1 套，挤奶设备等 13 台套。

【质量监管】2012 年，全市共有生鲜乳收购站 43 家，奶畜养殖场奶站 41 家，占奶站总数的 95.3%，奶农专业生产合作社奶站 2 家，占奶站总数的 4.7%。生鲜乳专用运输车 19 辆。我市奶站全部与乳品企业建立购销关系，“三表一单”及“三证”持证率 100%。

一是实行专人监管。由一名官方兽医对奶牛场进行专人监管，包场到人，监管方式为定期巡查和不定期巡查相结合，对奶牛场的进出栏、防疫、消毒、投入品、用药、诊疗等情况进行监管。二是签订责任书。监管单位分别与奶牛场签订了动物免疫责任书、畜产品质量安全保证书等，落实监管责任。三是加强生鲜乳收购、运输等事项的审批。对符合条件的生鲜乳收购企业和生鲜乳运输车辆核发生鲜乳收购许可证和生鲜乳运输许可证。四是建立健全收购、检测、销售记录和生鲜乳交接单。对奶站“三表一单”使用和存档情况定期进行监督检查。五是加强监测，全市无违法违规情况。制定印发了《2012年全市畜产品质量安全专项整治方案》、《2012年东营市畜产品质量安全监测工作方案》和《2012年东营市生鲜乳质量安全监测计划》，实现了生鲜乳生产、运输、收购各环节的全程监督，建立了市级监测与县区监测、常规检测与应急监测相结合、日常监管监测与检疫检测相结合及畜产品质量安全事件评估监测与集中整治行动相结合的“四结合”安全监测机制，对全市规模奶牛场、奶农专业合作社、生鲜乳收购站、生鲜乳运输车进行全面监测，全市共监测奶牛场180批次、生鲜乳收购站96批次、生鲜乳运输车60批次、生鲜奶吧150批次，化验指标正常，无违法添加违禁物质情况。

【奶业大事记】

1. 2012年2月13～14日，农业部副部长高鸿宾来我市调研畜产品安全监管工作和牛羊产业发展情况，实地考察了仙河澳亚、利津循环牧业和盐窝镇鲍王庄肉羊养殖小区。市委书记姜杰，市委副书记、市长申长友，市委常委、副市长吕雪萍陪同调研。

2. 2012年2月24日，组织召开了全市动物卫生监督工作暨重大动物疫病防控工作会议，安排部署2012年全市动物卫生监督和重大动物疫病防控工作。

3. 2012年4月18日，农业部奶业管理办公室副主任邓荣臻一行来我市调研现代奶业发展情况，对我市奶业发展水平、现代化装备应用以及奶业产业体系构建给予了高度评价。

4. 2012年5月19～20日，省生鲜乳违禁物质添加专项整治检查督导组实地察看了广饶县、垦利县奶站、专用运输车，对我市生鲜乳违禁物质添加专项整治工作给予充分肯定。

5. 2012年5月21日，省现代奶业项目考评工作组来我市考评现代奶业建设项目。

6. 2012年6月9日，农业部生鲜乳违禁物质专项整治和奶站管理督导组来我市督查工作，实地察看了奶站、生鲜奶吧，对我市工作给予了充分肯定。

7. 2012年7月21～22日，国家奶牛产业体系首席专家李胜利来我市考察现代奶业。

8. 2012年9月11～12日，全省秸秆青贮及苜蓿生产现场观摩会在我市召开，与会代表先后参观了山东大地万头牧场、万亩苜蓿生产基地、孤岛苜蓿种植区、东营仙河澳亚万头牧场四个牧场，与会人员对我市饲草饲料产业发展情况给予了高度评价。

9. 2012年11月2日，新加坡澳亚集团在我市第二个万头奶牛牧场项目签约仪式在东营宾馆举行。副市长杨同柱，市政府副秘书长刘清滨，河口区委书记、区人大常委会主任、东营港经济开发区党工委副书记聂建军，河口区委副书记、区长、东营港经济开发区管委会主任苟增杰，澳亚集团中国区副总裁、牧场总经理杨库，澳亚集团中国区副总裁、人力总监孙发庆等出席签约仪式。

10. 2012年11月8日，2012华东畜牧业博览会暨第27届山东畜牧业博览会召开。大地乳业获得全省唯一入选的生态畜产品宣传推介冠名权，其“生鲜牛乳”获博览会金奖。

【奶业发展政策项目】

1. 2011年12月，山东省发展和改革委员会下达《关于东营市2012年奶牛标准化规模养殖小区（场）建设项目科研报告的批复》（鲁发改农经［2011］1706号），下达中央财政预算内资金290万元，支持东营区龙居奶牛养殖场、河口区鑫犇奶牛养殖场和垦利县丰和农牧业有限公司标准化规模养殖场建设。

2. 2012年7月，《2012年东营市高效生态畜牧业发展奖励办法》（东牧发［2012］18号）印发，对2012年建成并投产，实现存栏成年奶牛1 000头以上的奶牛标准化养殖园，经验收合格，每处奖励20万元；存栏成年奶牛5 000头以上的奶牛标准化养殖园，经验收合格，每处奖励50万元；存栏成年奶牛10 000头以上的奶牛标准化养殖园，经验收合格，每处奖励100万元。

3. 2012年8月，山东省畜牧兽医局、省财政厅下发《关于下达2012年山东省畜牧良种补贴项目实施方案的通知》（鲁牧计财发［2012］75号），东营市补贴奶牛冻精细管5.4万支，补贴资金81万元。

4. 2012年10月，省畜牧兽医局、省财政厅下发关于对2012年现代农业生产发展资金奶牛产业项目实施方案，下达省财政资金600万元，支持广饶县东营澳亚、民和牧业、广饶厚远、广饶盛通、东营柏拉蒙广饶阳光奶牛场等6家奶牛场实施牛舍及配套设施建设，实施现代奶业生产技术应用与管理。

5. 2013年4月，东营市畜牧局联合东营市金融办公室、东营市保险行业协会出台《东营市奶牛质押贷款管理办法》，为大型畜牧养殖场融资找到新出路，创出新模式，实现银行、保险和养殖企业的多赢。

东营市畜牧局　石雪梅

泰　安　市

【奶类生产】 2012年全市奶牛存栏24.4万头，成年母牛9.8万头，奶类总产量55.1万吨，主要分布在泰山区、岱岳区、新泰市、肥城市、宁阳县、东平县、高新区，其中有5个县（市、区）存栏超过3万头。奶业总产值占畜牧业产值的12%。泰安奶业发展主要呈现以下特点：一是领导重视，创新发展思路。2003年，市政府研究制定了《关于实施奶业富民工程，促进奶业快速发展的意见》，制订了贷款、土地、考核、奖励等一系列政策和措施，明确了各部门职责，形成发展合力，促进奶业快速发展。二是明确区域规划，建立优质奶源基地。根据资源优势和基础条件，在泰山区、岱岳区、市高新区、新泰市西部、肥城市东部、宁阳县北部和东平县建立奶源基地。通过实施奶牛规模饲养“十百千万”工程，以养殖小区、养殖场为主的规模化养殖呈现快速发展趋势。特别是2008年“婴幼儿奶粉”事件以后，随着退户入区和标准化挤奶大厅建设推进，规模化水平显著提升。三是大力招商引牛，实现规模扩张。为加快奶业发展步伐，市政府鼓励各级大力开展招商引牛，用发展工业项目的理念引导奶牛业发展，吸引了河北省、内蒙古自治区、黑龙江省、天津市、山西省及中国台湾、韩国等地的客商来泰安发展养殖业。四是推广先进科技，提高标准化饲养水平。主推的奶牛性别控制技术、数字化养殖技术得到了农业部和省局领导的肯定，并在全省、全国推广，实现了奶业高效快速发展。各县市区也纷纷出台政策和措施，加快标准化奶牛场建设。五是抓龙头带基地，完善奶业产业链条。扶持壮大蒙牛、亚奥特等奶业龙头企业，带动基地建设，完善奶业产业链条，使整个奶业上水平、提档次。

【乳品加工】全市有影响力的乳制品加工企业主要有蒙牛乳业泰安公司、亚奥特乳业、安康乳业、清大乳业4家，乳制品总产量27.8万吨，其中巴氏杀菌乳11 620吨，UHT奶116 220吨，酸奶50 915吨，乳饮料100 578吨。年销售收入分别为15.5亿元、2.2亿元、1 600万元、850万元；年利润分别为5 731.04万元、1 300万元、48万元、25万元。

各龙头企业生产方向各有侧重。亚奥特侧重于巴氏杀菌乳、酸奶等产品，蒙牛侧重于UHT、乳饮料生产。安康、清大乳业等本地小型企业侧重巴氏杀菌乳的生产。

【市场消费】人均奶类占有量为99千克。超市主要销售UHT奶为伊利品牌利乐装250mL，2.7元/盒；酸奶为亚奥特品牌袋装200克，2.0元；婴幼儿奶粉为惠氏金装爱儿乐品牌桶装900克，248元。家庭用户主要以巴氏杀菌乳为主，主要有生力源品牌袋装200克，2.0元。随着人民消费水平的提高和消费观念转变，市场对乳制品消费日趋理性。鲜奶吧建设加快，巴氏杀菌乳比重逐步上升，安康生态乳业有限公司的巴氏杀菌乳销量同比增长15%，质量效益显著。夏季酸奶消费快速增长。奶类消费习惯逐步形成，奶类消费量逐年增长，生鲜乳需求进一步增大。

【奶源基地】50头以下散养比重占12%，规模养殖占比88%。规模养殖中，50～99头占14%，100～199头20%，200～499头占15%，500～1 000头占13%，1 000头以上占25%。规模养殖场全部实现机械挤奶，参加DHI项目的规模场比例达到41%，使用全混合日粮技术的规模场比例达到59%。2012年共改良母牛9.7万头，使用冷冻精液19.4万剂。2012年，3家规模场享受奶牛标准化规模场改扩建项目，获得中央扶持资金290万元。全市种植苜蓿25 700亩，种植青贮玉米30.88万吨。开展布病、结核检测，发现阳性牛及时淘汰，定期开展口蹄疫防疫，确保牛群健康。

粪污处理情况：粪污处理主要以堆肥为主，大型规模场如澳亚采用干湿分离方式，干粪晒干后垫运动场。金兰、郑庄奶牛场采用沼气发电设备，部分中型规模养殖场建有沼气池，完善了粪污处理设施。

生鲜乳收购价格：生鲜乳收购价格近期有所上涨，规模场大约每千克3.6元，奶牛养殖户每头奶牛收入在3 000元，奶牛场2 500元。

【奶农组织】奶农合作社发展到30家，包含农户500余户。结合新型职业农民培训活动，举办了标准化养殖、高效精准养殖等培训班，培训奶农1 308余人次。

【法规和政策】2012年全市结合自身实际加大对上级争取扶持的力度，也出台了许多政策措施，极大促进了奶业规模化发展。试点了奶牛良种补贴项目、标准化奶牛场改扩建项目、现代奶业项目等多项中央计划投资项目，极大激发了发展奶业的热情。泰山区、岱岳区、新泰市、肥城市、宁阳县五个县市区列入现代农业奶业发展项目县，获得扶持资金3 000万元。获得奶牛规模场标准化改扩建资金290万元。

【质量监管】全市共有93个奶站、31辆生鲜乳运输车。按照《全省生鲜乳违禁物质专项整治》要求，制定了《全市生鲜乳违禁物质专项整治方案》，进一步规范生鲜乳生产、收购和运输行为。在整治中，已完成对90个奶站、30辆运输车的监测，共监测130个样品，全部合格。加强奶站和运输车监管，以奶农合作社和奶畜养殖场开办的奶站为重点，组织各县市区生鲜乳收购站开展拉网式检查，严厉打击非法收购运输“黑窝点”，特别是无证和无交接单收购运输，以及在跨泰安市运输、中转站转运、拼车装运、长途贩运过程中的违法违规行为，维护生鲜乳生产收购和运输秩序。

泰安市畜牧兽医局　侯　磊

河　南　省

【奶类生产】河南是畜牧大省，也是奶业大省，奶业发展势头良好。2012年，全省奶牛存栏100.6万头，比2011年增长1.5%；奶产量330.4万吨，比2011年增长2.9%；奶业产值111.7亿元，占畜牧业产值的4.95%。

河南省的奶业发展具有以下特点：一是奶牛存栏和奶产量稳步增长。全省现有奶牛存栏100.6万头，比2002年增加5.9倍，由全国的第13位递增到目前的第5位（前四位分别是内蒙古293万头、黑龙江239万头、河北180万头和山东129万头）。奶产量330.4万吨，比2002年增长8.2倍，由全国的第11位递增到目前的第4位（前三位分别为内蒙古903万吨、黑龙江528万吨和河北451万吨）；二是规模养殖发展较快。全省奶牛存栏200头以上的养殖场620个，1 000头以上的93

个，已建和在建的万头奶牛场4个，规模养殖比重达到87%。已形成了郑州、洛阳、新乡、商丘等黄河滩区奶业生产优势区，万头奶牛大县达到21个，其中3万头以上大县7个。三是乳品加工业不断壮大。伊利、蒙牛、三元、光明等国内知名品牌落户河南投资建厂。花花牛、科迪、巨尔和三色鸽等地方品牌企业不断扩大加工规模，目前全省有乳品加工企业32家，加工能力达到385万吨，2012年全省新增加工能力80万吨。加工企业的不断壮大，有力带动了奶业发展。四是奶牛生产水平持续提高。近年来，全省开展了奶牛单产提升行动，大力推广优质牧草、全混合日粮、性控冻精和生产性能测定等一系列新技术。2012年，全省奶牛平均单产提高260千克，达到了5.7吨，养殖企业的效益和竞争力日益增强。

【乳品加工】2012年全省乳制品总产量308万吨，其中：巴氏杀菌乳12万吨，UHT纯奶48万吨，酸奶60万吨，花色奶68万吨，奶饮料120万吨。年带动农民奶牛饲养量20万头，年增加农民养牛收入6 000万元。河南省人均牛奶占有量达到31.3千克。

河南省乳品加工企业的产品种类主要有：纯奶、酸奶、花色奶、学生奶、奶饮料及冰淇淋等；包装形式主要为百利包、利乐包、康美包、爱克包及复合包装膜。

【市场消费】目前的牛奶消费以液态奶产品为主流。青年人以UHT常温奶及长保质期产品为主，中老年人、婴幼儿以巴氏杀菌乳和酸奶等短保质期产品为主。今后和相当长的一段时间，液态奶消费优于奶粉，液态奶依然会保持一个持续稳定增长的势头，短保质期的巴氏杀菌乳和酸奶消费将快速增长，市场消费份额将不断提高。市场消费需求多元化，有机奶、高档酸奶、奶酪、功能性牛奶的消费需求呈上升趋势，随着农民收入的不断扩大，消费潜力不断释放，农村市场消费份额将逐渐增加。

【奶源基地】河南省重视奶源基地建设，狠抓标准化规模奶牛场建设，整合各类政策扶持资金，重点支持乳品龙头企业自建或参建奶源基地、小区向牧场转型、中牟、偃师等21个万头奶牛养殖大县、200头以上新建或扩建规模奶牛场项目，不断扩大奶牛群体规模，提高标准化规模水平。河南省机械化挤奶普及率达100%。

一是开展奶牛场标准化建设。借助国家发改委和农业部奶牛标准化养殖小区建设改造项目和我省千万吨奶业跨越工程等项目资金，加强规模奶牛养殖场和生鲜乳收购站标准化建设。投资150万元对郑州、南阳和平顶山的15个生鲜乳收购站进行了标准化改造；投资150万元，在郑州市进行信息化平台建设试点。全年新建扩建标准化规模奶牛场96个，资金扶持规模达到10 180万元。其中，利用现代农业奶业大县资金3 000万元，扶持6个奶牛大县；利用农业结构调整专项资金1 120万元，扶持11个奶牛养殖场区进行标准化改造；利用千万吨奶业跨越工程专项资金2 000万元，扶持38个奶牛养殖场区进行标准化改造；利用国家发改委、农业部资金4 060万元，扶持47个奶牛养殖场区进行标准化改造。二是积极开展养殖小区向牧场转型。联合蒙牛、伊利等乳品加工企业，普瑞纳等投入品企业以及全省120个奶牛养殖小区，举办了全省奶牛养殖小区向牧场化转型交流会，统一思想，探讨方法，明确目标，加快推进。三是开展高产示范场和核心群育种场创建。下达了《关于创建高产奶牛标准化示范场的通知》和《关于创建奶牛核心育种场的通知》。完成了创建23个省级高产奶牛标准化示范场和9个奶牛核心育种场创建。四是实施奶牛单产提升行动，奶牛生产水平持续提高。通过大力推广优质牧草、全混合日粮、性控冻精和生产性能测定等一系列新技术，养殖企业的效益和竞争力日益增强。积极推广高产奶牛性控冻精和良种冻精、生产性能测定、紫花苜蓿种植等先进技术。利用国家良补资金推广荷斯坦冻精66万剂；开展奶牛生产性能测定3.9万头，覆盖139个场；推广高产奶牛性控冻精2万剂；对10个3 000亩规模的紫花苜蓿种植基地进行补贴；全省新增紫花苜蓿种植面积24.5万亩，种植全株青贮玉米80万亩。全省奶牛场TMR使用率达到38%，紫花苜蓿使用率36%，全株青贮玉米使用率73%。全省平均单产超7吨的奶牛头数占总量的43%。

河南省生鲜乳价格稳中有升，全年生鲜乳收购均价为2.95～3.6元/千克。其中，小区价格为2.95～3.3元/千克，奶牛场价格为3.3～3.6元/千克。养殖户奶牛养殖净收入为1 500～2 500元/头，奶牛场为2 500～3 500元/头。

【奶农组织】河南省奶业协会第二次会员代表大会于2012年12月8日在河南省郑州市隆重召开。中国奶业协会副会长兼秘书长谷继承出席并讲话。河南省畜牧局副局长杨文明、河南省畜牧局奶业管理办公室主任高永革、河南省畜牧总站站长李鹏飞、河南省农业大学教授高腾云、郑州牧业工程高等专科学校教授刘太宇等领导、专家以及河南省奶业协会会员近300人参会。此次大会选举了第二届理事会和领导机构，杨文明任名誉会长，高永革任会长，茹宝瑞为秘书长。省奶业协会换届工作完成后，充实了力量，增添了活力，完善了服务功能。协会秘书处人员积极开展日常工作，全心全意为会员服务。郑州、洛阳、新乡、焦作、南阳等奶业主产区省辖市均已成立了奶业协会，奶牛大县奶业协会也相继成立，逐步建立了上下对接、有效服务的工作机制。

【奶农培训】2012年共举办技术培训100多次，受培训人员达4 000多人次，河南省奶业专家服务团现场诊断奶牛场80个，提出诊断建议报告和整体技术解决方案100个。在培训工作中，采取了先现场诊断奶牛场再进行技术培训的方式，理论与实践相结合，取得了很好的培训效果。一是受培训人员范围广泛，主要来自全省奶牛业主产区，既有全省奶业监管人员和技术推广人员，又有来自生产一线的奶牛场场长、技术员。通过培训，使奶业从业技术人员知识得以充实和更新，同时使其受到了新知识、新理念的启发，对今后解决技术问题的能力有了新的提升。二是加强分类指导。专家服务团根据所负责的区域，开展了对不同单产水平的奶牛养殖场户进行分级分类（5 吨以下，5～6 吨，6～7 吨和 7 吨以上），有针对性地现场诊断、科学指导，确保全省所有奶牛养殖场户得到全覆盖技术培训、技术服务和技术指导，确保单产提升行动取得实效。三是积极参与和开展科技承包、科技托管，为奶牛养殖场户进行方式灵活、形式多样的科技服务，积极参加河南省奶业人才孵化中心讲课培训，加快奶业实用人才培养。四是培训内容实用，紧密联系生产实际，受到了基层的欢迎和好评。先后开展了“奶牛全混合日粮的制作与饲喂技术”“奶牛生态营养技术奶牛营养与日粮配合”“成年奶牛的饲养管理与低成本饲料配制”“奶牛单产提升关键技术概要”“奶牛热应激控制技术”“牛场生鲜乳质量管理”“奶牛场信息管理系统应用”“奶牛围产期饲养与保健”“高产奶牛饲养管理技术”“奶牛重大疫病防控与净化技术”“干奶处理与奶牛乳房炎”“奶牛蹄病治疗与护理技术”“犊牛饲养管理与疾病控制”“奶牛繁殖障碍治疗与防控”“奶牛繁殖管理与牧场效益”“DHI 与选种选配技术”“DHI 报告解读与应用”“性控冻精使用技术”“夏季奶牛饲养管理及日粮调制技术”“如何降低夏季热应激技术”“标准化牧场建设与管理”“奶牛良种登记与遗传评定技术”“牛场技术人员如何更好地运用 DHI 报告指导生产”等 30 多个专题培训，解决了生产中面临的实际难题。

河南省奶业人才孵化中心自 6 月份成立以来，在组织建设、培训教学、社会影响力等方面都取得了显著的成绩，先后培训了一批全能班学员（26 名），2 个特长班（青贮制作班和疾病防控班）（78 人）和基层畜牧业技术推广人员（分 5 批进行，合计 210 人）。一是本着务实、勤俭节约的原则，积极筹措资金，使中心在短短三个月的时间内完成了教室、食堂、宿舍等基础硬件设施的建设任务；建成了配有空调的学员宿舍 16 间，学员活动室 1 间，学员图书室 1 间，学员食堂 1 间，多功能培训教室 4 个，安装了投影仪、教学影像记录等设备，保障了学员学习生活需要。二是坚持以“服务奶业发展、培养后备人才”为理念，确立“实践教学、专家指导”的教学方针，按照“实践—理论—再实践”的人才培养模式，以提高学员的专业技能为目标，以培养学员的实际可操作能力为重点，努力打造“实践能力强、综合素质高、勇于创新”的应用型专业人才。中心聘请省奶业体系专家组、专家服务团教授为学员授课。紧密结合生产实践，使中心的培训课程内容十分丰富，得到学员的一致好评。三是利用国家奶业产业体系金钥匙工程培训和第三届中国奶业大会的有利时机，联系相关部门，有计划地组织学员听取报告，增加培训学员接触新技术和新理念的机会，取得了较好的学习效果。鉴于受培训学员主要是来自生产一线的养殖从业者，为了解决学员时间安排的问题，中心积极创新，采用学分制管理，使学员能够自主灵活掌握工作学习时间，很大程度上解决了学员的实际困难。

【法规政策】为了推动规模养殖的发展，省政府设立了 2 000 万元奶业发展专项资金，重点扶持规模养殖场扩大生产能力。

2 000 万元专项资金主要用于实施河南省千万吨奶业跨越工程，充分发挥资源和区位优势，积极发展奶牛标准化规模养殖，不断完善奶牛良种繁育体系，大力开展技术推广与培训，努力提高奶牛单产水平和生鲜乳质量安全水平；以市场为导向，以加工带动发展，以消费促进发展；加快构建规模化、标准化、生态化、产业化的现代奶业产业体系，实现奶业跨越式发展。

项目支持内容：取以奖代补的方式支持新（扩）建 200 头以上的高产优质奶牛示范场建设；对高产奶牛紫花苜蓿配套种植进行种子补贴；对推广应用奶牛性控精液给予补助；支持开展奶牛生产性能测定；支持开展奶牛单产提升活动。

对新建改扩建标准化奶牛规模养殖场（区）建设项目奖补标准：新增奶牛养殖畜位为 200～499 头的奶牛规模养殖场（区）奖补 30 万元；500～999 头的奶牛规模养殖场（区）奖补 50 万元；1 000 头以上的奶牛规模养殖场（区）奖补 80 万元。对高产奶牛配套种植紫花苜蓿种子补贴项目奖补标准：对种植紫花苜蓿 3 000 亩以上的奶牛规模养殖场（区或牧草专业公司）补贴 20 万元。

推广应用奶牛性控精液项目，2012 年计划推广应用奶牛性控精液 2 万支，每支补助 100 元。项目所需奶牛性控精液按照公开招标采购管理办法，由省畜牧局统一组织采购。

奶牛单产提升培训项目：全省计划分 3 个区域采取集中培训、现场诊断和专家会诊等方式，对全省 817 个存栏 100 头以上奶牛规模养殖场（区）、488 个奶站、58 个存栏 5 000 头以上的奶牛大县实施全覆盖培训，开展奶业人才孵化活动，编写培训教材、规程、标准，组织奶牛规模养殖场（区）前往北京、上海、天津等省外高产奶牛场现场学习培训。

【质量监管】实施“放心奶工程”。2012 年，河南省政府出台了《实施四大放心工程的意见》，提出了实施全产业链放心奶工程。根据监管职责，制定了《河南省放心奶工程实施方案》和《河南省放心奶工程达标创优实施方案》，对放心奶工程进行全面动员和部署。省市县对照工程实施要求，对奶牛养殖场区、生鲜乳收购站进行了动员、培训和指导，对青贮池、粪污处理、化验设施等进行重点改造，对饲料兽药等投入品重点查验。通过建立合作组织，对养殖小区实行“统一投入品供应、统一生产标准、统一防疫、统一挤奶”的管理方式，开展达标创优活动，2012 年全省创建了一批放心奶工程示范奶牛场、示范生鲜乳收购站。目前，奶牛养殖场区、生鲜乳收购站全部达到放心奶工程的要求，从源头上提高了生鲜乳质量安全水平。

全面开展生鲜乳违禁物质专项整治。全省生鲜乳收购站488个，其中乳品加工企业自建或参建的占8%，奶牛场开办的占38%，奶农专业合作社开办的占54%。制定了《生鲜乳违禁物质专项整治方案》，印制了《2012年生鲜乳违禁物质专项整治重大活动安排表》，对照日程抓好落实；3月6～10日和8月29日—9月5日，先后组织开展了2次生鲜乳质量安全拉网式检查，对生鲜乳收购站25项内容、奶牛养殖场10项内容、生鲜乳运输车辆7项内容进行现场检查，对发现的问题提出了明确的整改意见并下发整改通知书。结合拉网式检查、异地检查、飞行检查等现场检查活动，先后开展了2次全覆盖质量安全抽检。3月6日，下发了《关于开展2012年生鲜乳质量安全检测工作的通知》，3月6～13日，安排了第一次生鲜乳质量安全抽检，抽取生鲜乳样品631批次，检测了三聚氰胺、硫氰酸钠、碱类物质各631批次，检测合格率100%；8月29日，安排部署了第二次生鲜乳质量安全抽检，抽取生鲜乳样品579批次，除继续加强3项违禁物质检测外，增加了生乳国家标准黄曲霉素M_1、重金属铅和铬检测项目51批次，检测合格率100%。配合农业部南昌饲料监察所开展生鲜乳质量安全异地抽检，共抽取生鲜乳样品94个，其中奶站样品25个，运输车辆样品69个，检测合格率100%。

建立健全长效监管机制。组建了省市县乡三级四层畜牧兽医综合执法队伍。建立健全了生鲜乳监管的各项规章制度，严格落实“备案、许可、准运和交接单”“告知书和承诺书”“有奖举报和黑名单”“定期巡查和不定期检查”等制度，规范了养殖场12项养殖档案和生鲜乳收购站7项生产记录，对重点区域、重点对象和重点环节实施了重点监管。依靠制度的落实，增强畜牧行政执法人员的责任心和执行力，进一步强化了企业主体责任意识，规范企业的生产经营行为，提高了企业质量自控能力，进一步构筑了生鲜乳质量安全多方监管、全程监管、日常监管的长效机制。

【奶业大事记】第三届中国奶业大会暨第十届中国奶业国际展览会于2012年6月16～18日在河南郑州隆重举行。

1. 中国奶业大会暨第十届中国国际奶业展览会活动有关情况。中国奶业大会暨第十届中国国际奶业展览会由中国奶业协会主办，河南省畜牧局、郑州市人民政府、河南省奶业协会协办。农业部高鸿宾副部长、农业部原常务副部长刘成果、国务院参事室、农业部等国务院相关部委领导出席大会。外国驻华使馆及相关国际组织负责人，国内外知名奶业专家学者，中国奶业协会领导，各省、自治区、直辖市奶业管理及协会负责人，全国知名奶业生产经营企业代表，全省奶业管理部门负责人等5 000多人参加了此次奶业盛会。

2. 河南省组织开展中国奶业大会配套活动。为配合中国奶业大会胜利召开，同时利用奶业大会这个平台，充分展示近年来河南奶业发展的新风貌、新举措、新成效，河南省组织了一系列配套活动。

①设立河南奶业综合展厅。在中国奶业大会上设立河南省奶业综合展厅，总面积达513平方米，主要包括河南奶业综合、奶业主产市、乳品加工、奶牛养殖和服务企业5个展区，37家奶业生产和加工企业、郑州等7个奶业主产市集中参展，重点展示河南奶业发展成就，展望河南奶业发展前景等。

②召开信息发布和项目签约仪式。6月16日在郑州国际会展中心举办了河南省奶业招商引资信息发布会及项目签约仪式。濮阳市发布了该地区奶业发展的资源优势、合作项目及招商优惠政策；河南花花牛集团公司和南阳三色鸽乳业公司发布了发展规划、重点项目及合作项目信息；美国和法国三家公司发布了项目合作意向。随后举行了13个奶业项目签约仪式，总投资达52.47亿元。

③开展奶业大会宣传。河南省畜牧局还重点安排了以下宣传内容：一是按照河南省领导要求，在河南日报、河南电视台进行宣传，重点宣传河南奶业发展情况、中国奶业大会有关信息，扩大大会影响力。二是安排媒体对知名专家学者进行人物专访。通过人物专访，深入宣传中国奶业大会活动情况、奶业发展形势与乳品消费趋势、河南奶企的创新与发展、河南千万吨奶业跨越工程及奶牛单产提升行动等相关内容。三是大会召开期间，邀请媒体到会议现场采访，重点宣传报道开幕式、高峰论坛、河南奶业招商引资项目推介及签约仪式等活动。

④举行河南省奶业人才孵化中心揭牌仪式。为进一步提升全省奶牛单产水平，为河南省千万吨奶业跨越工程提供技术支撑，6月11日河南省畜牧局在河南省奶业人才孵化中心隆重举行了揭牌仪式，并招收第一批学员入院。

⑤组织三次国外代表团考察洽谈活动。分别是：美国威斯康星州政府代表团在郑州的业务考察洽谈活动、荷兰政府代表团在郑州的业务考察洽谈活动、澳大利亚燕麦草考察团在洛阳的业务考察洽谈活动。

河南省奶业协会　宋洛文

郑　州　市

【奶类生产】2012年郑州市奶牛存栏9.3万头，其中成母牛6.3万头；奶山羊存栏6.72万头，奶类总产量51.88万吨，其中牛奶产量48.69万吨，畜牧业总产值104.19亿元。郑州市奶牛养殖主要集中在中牟县、荥阳市、惠济区等县（市）区，奶业生产呈现以下特点：

1. 奶牛存栏有下降趋势。2010年，郑州市出台《郑州市畜禽禁养区和限养区划定方案》（郑政［2010］19号），划定畜禽禁养区和限养区，使养殖场用地受到限制，2012 年全市奶牛存栏 9.3 万头，比 2011 年的 9.33 万头减少 0.32%。

2. 规模化养殖水平逐年提高。2012 年，全市 100 头以上规模奶牛场（区）达到 77 个，入区奶牛 6.059 万头，占全市奶牛存栏的 65%。全市有生鲜乳收购站 75 家，小区奶牛机械化挤奶率达到 100%。

3. 奶牛单产水平有较大提升。2012 年，全市成母牛平均单产达到 6 183 千克，比 2005 年的 4 500 千克，提高 37.4%。全市单产 7 吨以上的奶牛小区（场）达到 15 家。

【乳品加工】2012 年全市有乳品加工企业 5 家，年设计加工能力 34.38 万吨，实际年加工生鲜奶 10.87 万吨，其中奶粉产量 1 600 吨，液态奶 10.71 万吨。其产品主要有奶粉、酸牛奶、百利包、学生奶（花色奶）、百利包纯奶、利乐包纯奶、利乐包酸酸乳、利乐包酷酸乳、百利包红枣饮料、百利包高钙饮品等。

【市场消费】2012 年全市人均占有牛奶量达到 60.4 千克。

通过对大商超等乳制品销售情况进行调查，其销售乳制品种类及价格如下：

1. 纯牛奶、酸牛奶类。市场上销售的纯牛奶和酸牛奶主要来自河南花花牛乳业公司、蒙牛公司、伊利公司及郑州光明山盟公司。

花花牛纯牛奶，每袋 200mL，售价 1.4 元；花花牛利乐酸酸乳每袋 250mL，售价 1.8 元；花花牛早餐奶每袋 200mL，售价 1.5 元。

伊利纯牛奶每盒 250mL，售价 3 元；伊利原味酸奶每瓶 450 克，售价 11.9 元；伊利纯牛奶利乐包 24×250mL，售价 62 元。

蒙牛纯牛奶：无菌砖，规格 20×250mL，售价 52 元；无菌枕，规格 16×240mL，售价 40 元；百利包，规格 16×220mL，售价 30 元；袋装酸牛奶 160 克，售价 2.0 元。

光明酸牛奶袋装 180 克，售价 2 元；光明健能原味酸奶 100 克×6 盒，售价 12.9 元；山盟袋装酸奶 180 克，售价 1.8 元。

2. 婴幼儿奶粉类。销售的产品主要有：雅士利、圣元优博、完达山、雀巢及多美滋等品牌。

雅士利 α 金装幼儿奶粉 900 克，售价 235 元；雅士利婴儿配方奶粉 900 克，售价 336 元；雅士利安贝慧奶粉 800 克，售价 298 元。

圣元优博一段奶粉 900 克，售价 198 元；圣元优博二段奶粉 900 克，售价 188 元。

完达山公司生产的主要产品：完达山贝贝金装一段、二段、三段奶粉 900 克，均售价 238 元；完达山世纪贝贝奶粉 400 克，售价 98 元。

雀巢公司生产主要产品：雀巢力多精金装奶粉一段 900 克，售价 198 元，二段售价 191 元；雀巢超级能恩一段 900 克，售价 380 元，二段售价 360 元，三段售价 320 元；雀巢特别能恩 400 克，售价 155 元。

多美滋优衡 900 克，售价 208 元；多美滋优阶 900 克，售价 258 元。

【奶源基地】全市 100 头以上规模奶牛场（区）达到 77 个，入区奶牛 6.05 万头，占全市奶牛存栏的 65%。77 个规模场中，存栏 1 000 头以上场（区）23 个，存栏奶牛 33 518 头，占规模奶牛场奶牛存栏的 55.3%；500～999 头场（区）25 个，存栏奶牛 17 938 头，占规模奶牛场奶牛存栏的 29.6%；300～499 头场（区）17 个，存栏奶牛 6 774 头，占规模奶牛场奶牛存栏的 11.2%；200～299 头场（区）7 个，存栏奶牛 1 545头，占规模奶牛场奶牛存栏的 2.5 %；100～199 头场（区）5 个，存栏奶牛 819 头，占规模奶牛场奶牛存栏的 1.3%。规模场区机械化挤奶比例达到 100%。

2012 年接受省局分配国家奶牛良补细管 8 万支，每支细管国家给种公牛站补贴 15 元。全市人工种草面积 4.2 万亩，年青贮量达到 120 万吨，青贮技术在奶牛场（区）得到普及。从 2005 年起，我市开始总结推广新郑佳利奶牛场奶牛全混合日粮饲喂的经验，全市已推广 TMR 机 30 余台。

2012 年全市有 2 个奶牛场实施国家标准化奶牛场创建项目，争取到国家创建资金 160 万元，同时有 3 个场实施省千万吨奶业工程改扩建项目，争取到省级改扩建资金 140 万元，争取到国家、省改扩建补助资金合计 300 万元。

根据对 2012 年全市生鲜乳收购站交售给乳品加工企业奶价进行统计，蒙牛（焦作）公司收购价 3.4 元/千克，平顶山（伊利）公司收购价 3.37 元/千克，三元（新乡）乳业公司收购价 3.42 元/千克，河南花花牛乳业公司收购价 3.33 元/千克。

通过对规模奶牛场养殖效益进行调查，每头泌乳牛按年产生鲜奶平均 6.0 吨计算，每千克生鲜奶的综合生产成本（包括人工、饲料、治疗等费用）为 3.45 元，除产牛犊外，按生鲜奶销售平均价格 3.75 元/千克计，每头产奶牛年出售牛奶净收入为：（3.75－3.45）×6 000＝1 800 元。

【奶农组织】2003 年 11 月成立郑州市奶业协会，现有会员单位 73 个，会员 120 人，协会每年举办二期培训班，培训人员达 250 人次。

【政策法规】2012 年郑州市人民政府出台奶业发展意见，即郑州市人民政府办公厅《关于贯彻落实豫政办［2011］110 号文件精神实施千万吨奶业跨越工程的意见》（郑政办［2012］84 号）。

【质量监管】全市有生鲜乳收购站 75 个，其中奶牛养殖场开办的奶站 28 个，奶牛养殖合作社开办的奶站 46 个，乳品加工企业开办的奶站 1 个。

对生鲜乳收购站的管理主要采取以下几项措施：一是对所有生鲜乳收购站实行行政许可，由县级畜牧部门核发《生鲜乳收购许可证》，严禁无证收购。二是实行生鲜乳收购站监管责任制，每个生鲜乳收购站都明确了监管责任人和领导责任人，并将监管责任人在生鲜乳收购站进行公示，接受群众监督。三是落实生鲜乳收购站管理制度，强化日常管理，做好七项生产记录。四是加强定期巡查和不定期检查，省、市坚持每年开展2次拉网式检查和抽检。要求监管人员每月至少到生鲜乳收购站检查一次，发现问题，下发整改通知书限期整改。

2012年郑州市畜产品质量中心抽检奶样234批次，检测项目有三聚氰胺、庆大霉素和链霉素，检测结果全部合格。

【奶业大事记】河南花花牛生物科技有限公司年产40万吨乳制品项目。项目拟投资12亿元，分期建设。一期工程设计日加工生鲜奶600吨，主要生产高端酸奶、配方奶粉，部分产品将填补河南省乳品行业空白，建设周期为2012年10月—2013年10月；二期工程设计日加工生鲜奶600吨，主要生产奶酪、功能性乳品以及生物技术食品，建设周期为2014年3月—2016年3月。

郑州市奶业协会　马淑玲

洛　阳　市

【奶类生产】2012年洛阳市奶牛存栏12.7万头，位居全省首位，其中成母牛6.48万头；奶山羊存栏2.18万只，奶类总产量43.1万吨，其中牛奶产量39.8万吨，奶业产值18万元，占畜牧业总产值111.389亿元的16%；奶业已成为发展速度最快、产业化程度最高的畜牧产业。洛阳市奶牛养殖主要集中在偃师市、孟津县、洛龙区等县（市）区，奶业生产呈现以下特点：

1. 奶牛存栏稳步上升。2012年全市奶牛存栏12.7万头，比2011年的12万头增加5.8%。

2. 规模化养殖水平逐年提高。2012年，存栏奶牛200头以上的规模养殖场65个，奶牛规模养殖比重达90%，高于全省平均水平；全市有生鲜乳收购站68家，小区奶牛机械化挤奶率达到100%。

3. 奶牛单产水平有较大提升。2012年，全市成母牛平均单产达到5 720千克，比2011年提高227千克。全市单产7吨以上的奶牛小区（场）达到11家。

4. 新技术不断得到推广应用。针对奶牛单产较低、效益不高的现状，我市主要做了以下几项工作。一是积极落实奶牛良种补贴政策，2012年洛阳市发放高产奶牛冻精10.98万剂。二是加大性控冻精的推广力度，引进优质性控冻精8 000剂，加速品种改良。三是推广优质牧草和全株玉米。2012年苜蓿饲喂量超过往年，种植苜蓿的积极性空前高涨，全市苜蓿种植面积达2万多亩，300头以上规模场全部饲喂全株玉米青贮，43个规模场使用TMR机。四是积极进行奶牛生产性能测定，全市参加测定奶牛超过2 000头，全年测定20 000多头份。五是加强技术培训，提高奶牛养殖者生产管理水平。

【乳品加工】2012年全市有乳品加工企业3家，年设计加工能力36万吨，实际年加工生鲜奶19万吨，其产品主要有巴氏杀菌乳、酸牛奶、学生奶等，年销售收入12亿元。

【市场消费】2012年全市人均占有牛奶量达到81.2千克。

通过对大商超市等乳制品销售情况进行调查，其销售乳制品种类及价格如下：

纯牛奶、酸牛奶类。市场上销售的纯牛奶和酸牛奶主要来自蒙牛公司、伊利公司及洛阳巨尔乳业有限公司和洛阳生生乳业有限公司。本地加工企业的早餐低温奶、学生奶和发酵型酸奶销量每年都在逐步增加，常温保存的牛奶销量增幅较小。

巨尔纯牛奶，每袋200mL，售价1.5元；巨尔白马寺牌酸奶每袋200mL，售价1.6元，瓶装酸奶每瓶2.1元；巨尔早餐奶每袋200mL，售价1.8元。学生奶200mL，每盒1.75～1.9元。

伊利纯牛奶每盒250mL，售价3元；伊利原味酸奶每瓶450 g，售价12元；伊利纯牛奶利乐包24×250mL，售价64元。

蒙牛纯牛奶：无菌砖，规格20×250mL，售价55元；无菌枕，规格16×240mL，售价38元；百利包，规格16×220mL，售价32元；酸牛奶，160克/袋，售价1.6元。

奶粉销售的主要产品有：雅士利、圣元优博、完达山、雀巢及多美滋等品牌。

雅士利α金装幼儿奶粉900克，售价245元；雅士利婴儿配方奶粉900克，售价336元；雅士利安贝慧奶粉800克，售价298元；

圣元优博一段奶粉900克，售价196元；圣元优博二段奶粉900克，售价186元。

完达山公司生产的主要产品：完达山贝贝金装一段、二段、三段奶粉900克，均售价238元；完达山世纪贝贝奶粉400克，售价98元。

雀巢公司生产主要产品：雀巢力多精金装奶粉一段900克，售价198元，二段售价191元；雀巢超级能恩一段900克，售价380元，二段售价360元，三段售价320元；雀巢特别能恩400克，售价155元。

多美滋优衡900克，售价208元；多美滋优阶900克，售价258元。

【奶源基地】全市50头以上规模奶牛场（区）达到208个，入区奶牛5.54万头，占全市奶牛存栏的44.5%。存栏1 000头以上规模场（区）11个，存栏奶牛18 774头；500～999头场（区）20个，存栏奶牛14 166头；200～499头场（区）37个，存栏奶牛13 650头；100～199头场（区）5个，存栏奶牛654头；50～99头场（区）135个，存栏奶牛8 157头。规模场（区）机械化挤奶比例达到100%。

2012年接受省局分配国家奶牛良补细管10.98万支，每支细管国家给种公牛站补贴15元，推广使用优质性控冻精 8 000 剂，加速品种改良。全市人工种草面积 2.8 万亩，年青贮量达到 160 万吨，青贮技术在奶牛场（区）得到普及。从 2005 年起，开始总结推广奶牛场奶牛全混合日粮饲喂技术。

2012 年全市有 3 个奶牛场实施国家标准化奶牛场创建项目，争取到国家创建资金 290 万元，同时有 2 个场实施省千万吨奶业工程改扩建项目，争取到省级改扩建资金 80 万元，争取到国家、省改扩建补助资金合计 370 万元。

通过对 2012 年全市生鲜乳收购站交售给乳品加工企业奶价进行统计，蒙牛（焦作）公司收购价 3.5 元/千克，平顶山（伊利）公司收购价 3.5 元/千克，洛阳巨尔乳业公司收购价 3.40 元/千克。

经过对规模奶牛场养殖效益进行调查，每头泌乳牛按年产生鲜奶平均 6.0 吨计算，每千克生鲜奶的综合生产成本（包括人工、饲料、治疗等费用）为 3.4 元，除产牛犊外，按生鲜奶销售平均价格 3.8 元/千克计，每头产奶牛年出售牛奶净收入为 2 400 元。

从生产发展情况看，奶牛单产提升行动初见成效。据调查，今年新购 TMR 机 12 台，全市有 80%的规模奶牛场使用全混合日粮技术，同时规模奶牛场使用进口苜蓿、优质羊草、全株青贮数量增加，据调查，产奶牛每天饲喂苜蓿 4 千克、羊草 1.5 千克、全株青贮 25 千克，饲养效果明显，头均日产奶量提高 1.2 千克。通过购买奶牛自动饮水器、增加卧床等设备提高奶牛福利；增加 TMR 搅拌机、增加苜蓿、羊草等提高奶牛饲料质量；狠抓饲养管理，提高生产水平。从养殖效益情况看，随着奶牛单产的不断提升，奶牛养殖效益持续增加，社会各界投资奶牛和扩大养殖规模的信心进一步增强，奶业发展态势良好。粪污处理初见成效，组织人员多次参观学习牛粪加工处理技术，并考察牛粪处理机械。大部分奶牛场（区）采取牛粪堆积发酵后直接还田，5 个奶牛场利用牛粪干湿分离技术加工处理牛粪。2012 年市财政投资购买 2 台小型粪污干湿分离加工机械，每小时处理 2 吨，含水量 30%左右，电费 5 元，效果比较理想，这种机械适用 500 头规模的奶牛场。同时，市财政投资 70 万元建设有机肥加工厂，对处理后的牛粪统一集中回收加工，用于耕地、蔬菜、花卉和水果等方面。洛阳春雨奶牛养殖合作社形成了奶牛养殖—双孢菇种植—蚯蚓养殖这一完整的产业链，最大限度进行废物利用，每年增加收入 800 多万元，实现农业增产、农民增收，达到零污染零排放的目标。部省领导经过实地调研后，对这种生产模式给予了充分肯定和高度赞扬。

【奶农组织】2003 年 9 月成立市奶业协会，现有会员单位 36 个，会员 90 人，协会每年举办 4 期培训班，培训人员达 160 人次。

【政策法规】2005 年，洛阳市人民政府出台《关于强力推进奶业产业化经营的意见》（洛政〔2005〕34 号）；明确了诸多优惠政策和措施。市财政每年拿出不少于 600 万元资金扶持奶业发展，其中 400 万元用于规模场（区）建设补贴，100 万元用于良种繁育体系建设，100 万元用于龙头企业贷款贴息。并规定每建成一个标准化奶牛养殖场（区），市财政给予 20 万元资金补贴。同时要求扶贫资金、以工代赈资金、农业结构调整资金、农业综合开发资金都要向奶业产业化倾斜。2010 年，市政府又研究出台了《农作物秸秆综合利用实施意见》，对奶牛场开展玉米秸秆青贮每吨给予 5 元补贴，对购买青贮机械，除享受国家农机补贴外，市县财政再给予 10%补贴，对连片种植饲料玉米、优质牧草 500 亩以上的，每亩奖励 100 元。此外，市财政每年还拿出 60 万元专项资金，用于优秀种公牛引进更新，拿出 50 万元资金用于奶牛性控技术推广。偃师、孟津、嵩县和洛龙区也先后出台了扶持奶牛养殖的一系列优惠政策。洛龙区对新增奶牛，每头给予 600 元奖励，新建一个标准化奶牛养殖场（区），区财政补贴 10 万元，乡财政补贴 5 万元。嵩县政府对新建标准化奶牛场给予 50 万元奖励。

【质量监管】全市有生鲜乳收购站 66 个，其中奶牛养殖场开办的奶站 39 个，奶牛养殖合作社开办的奶站 17 个，乳品加工企业开办的奶站 10 个。生鲜乳运输车辆 24 台，生鲜乳收购许可证和车辆准运证持证率 100%，实现了牛奶 100%来自规模化养殖场（区）和 100%机械化挤奶，形成了从挤奶、储存到运输加工全过程封闭运行。

对生鲜乳收购站的管理主要采取以下几项措施：一是对所有生鲜乳收购站实行行政许可，由县级畜牧部门核发《生鲜乳收购许可证》，严禁无证收购。二是实行生鲜乳收购站监管责任制，每个生鲜乳收购站都明确了监管责任人和领导责任人，并将监管责任人在生鲜乳收购站进行公示，接受群众监督。三是落实生鲜乳收购站管理制度，强化日常管理，做好七项生产记录。四是建成畜产品质量检测中心和畜牧兽医行政执法大队，建立抓质量检验、抓规范建设、抓日常监管的联动机制，确保生鲜乳质量安全。加强定期巡查和不定期检查，全市坚持每年开展 2 次拉网式检查和抽检。要求监管人员每月至少到生鲜乳收购站检查一次，发现问题，下发整改通知书限期整改。

2012 年市、县两级质量中心抽检奶样 326 批次，检测项目：三聚氰胺、β—内酰胺酶、碱性物质等项目，检测结果全部合格。

洛阳市奶业协会　雷海伟

附表 1：

奶牛养殖场（小区）名录

序号	名　称	养殖场	小区	全群存栏（头）	成母牛存栏（头）	奶畜品种	成母牛单产（吨/年）	年总产（吨）	是否参加DHI	是否应用TMR
1	原阳县福源奶牛有限公司	√		1 100	610	澳牛改良、荷斯坦	4.7	2 800	√	√
2	河南省黄河岸边乳业有限公司		√	1 300	700	荷斯坦	4.5	3 100	√	√
3	卫辉市牧丰奶牛养殖有限公司		√	1 200	600	荷斯坦	5.8	3 400		√
4	卫辉市永利奶牛养殖有限公司		√	1 180	580	荷斯坦	5.6	3 250		
5	新乡市康源奶牛有限公司		√	1 860	850	中国荷斯坦奶牛	5	4 670		√
6	卫滨区水鲜园奶牛养殖场	√		1 052	710	荷斯坦奶牛	4	2 800	√	√
7	新乡市津都奶业有限公司	√		2 700	1 300	荷斯坦	10	1 3000		√
8	汤阴县中升农牧科技有限公司奶牛养殖场	√		1 200	600	荷斯坦	7	4 200	√	√
9	开封县范村乡百永发奶牛养殖场	√		1 300	900	荷斯坦	7.5	4 500	√	√
10	开封市禹王乳业有限公司	√		1 100	720	荷斯坦	7.3	4 300	√	√
11	周口金丝猴食品有限公司奶牛养殖南小区		√	1 621	1 005	奶牛	6.2	6 100	√	√
12	周口金丝猴食品有限公司奶牛养殖北小区		√	2 008	1 342	奶牛	6.1	8 000	√	√
13	周口金丝猴食品有限公司奶牛养殖东小区		√	1 262	672	奶牛	6.3	4 200	√	√
14	河南源源乳业集团思源养殖有限公司	√		4 730	2 120	荷斯坦奶牛	7	14 800	√	√
15	济源市克井虎尾河奶牛养殖场	√		1 100	700	澳牛黑白花	6.9	3 000	√	√
16	焦作多尔克司示范乳业有限公司	√		12 970	6 200	荷斯坦奶牛	8	33 000	√	√
17	河南裕泰生物技术有限公司	√		1 200	700	荷斯坦奶牛	7.3	5100	√	√
18	中牟县众和奶牛养殖专业合作社		√	1 550	1 085	荷斯坦	6.3	6 835		√
19	中牟县雁鸣湖乡朱固奶牛场		√	1 045	732	荷斯坦	6.7	4 900		√
20	河南绿源富民畜禽有限公司		√	1 600	1 120	荷斯坦	6.2	6 946		
21	中牟县富源牧业有限公司	√		1 500	1 095	荷斯坦	7	7 665	√	√
22	郑州市红孩儿奶牛养殖有限公司	√		1 030	721	荷斯坦	6.9	5 020	√	√
23	中牟县科牧奶牛养殖有限公司		√	1 100	770	荷斯坦	6.3	4 851		
24	郑州市绿牧养殖有限公司		√	1 100	780	荷斯坦	6.2	4 836		

（续）

序号	名　　称	养殖场	小区	全群存栏（头）	成母牛存栏（头）	奶畜品种	成母牛单产（吨/年）	年总产（吨）	是否参加DHI	是否应用TMR
25	中牟县万胜牧业有限公司		√	1 100	770	荷斯坦	6.5	5 005		
26	河南瑞亚牧业有限公司	√		2 000	732	荷斯坦		0		√
27	中牟县万滩标准化高产奶牛养殖示范园		√	1 200	840	荷斯坦	7	5 880	√	√
28	郑州天润畜禽养殖有限公司		√	1 800	1 260	荷斯坦	7	8 820		√
29	河南汇康源牧业有限公司		√	1 500	1 050	荷斯坦	6.9	7 245		
30	中牟县惠达牧业有限公司		√	1 900	1 360	荷斯坦	7	9 520	√	
31	中牟县绿源奶牛养殖有限公司		√	1 300	910	荷斯坦	6.8	6 188	√	
32	郑州欣欣牧业发展有限公司		√	1 260	920	荷斯坦	6.3	5 796		
33	郑州绿麒麟奶牛养殖有限公司	√		1 050	550	荷斯坦	6.4	3 520	√	√
34	郑州昌源乳业有限公司	√		1 800	500	荷斯坦	7.1	3 550		√
35	河南花花牛集团牧业有限公司	√		1 031	512	荷斯坦	6.88	3 602	√	√
36	郑州市惠济区薛岗奶牛养殖者专业合作社		√	1 800	1 100	荷斯坦	5.3	4 080		√
37	郑州市惠济区东长奶牛养殖者合作社		√	1 200	700	荷斯坦	5.5	3102		
38	郑州市龙涵奶牛养殖有限公司		√	1 200	750	荷斯坦	5.9	2 737		√
39	郑州万滩锦华牧业有限公司		√	2 600	1 820	荷斯坦	6.5	11 830		
40	中牟县九龙镇奶牛养殖示范场		√	1 852	1 297	荷斯坦	6.9	8 949		
41	河南科迪生物工程有限公司	√		14 860	6 810	荷斯坦	6	40 800		√
42	河南佳源养殖有限公司	√		1 800	910	荷斯坦	7	6 370	√	√
43	河南三剑客奶业有限责任公司奶牛养殖基地		√	1 080	600头	奶牛	7	4 200	√	√
44	程宇奶牛养殖有限公司		√	1 365	1 085	黑白花	6.3	6 800	√	√
45	宏源农牧责任有限公司	√		2 320	1 000	黑白花	5.3	5 300		
47	郏县发展牧业有限公司	√		1 600	643	荷斯坦	7	4 500	√	√
48	郏县乳源牧业有限公司	√		2 500	1 600	荷斯坦	6.5	10 400	√	√
49	河南源源乳业集团有限公司	√		1 550	930	荷斯坦	7.5	7 000	√	√
50	河南源源乳业集团合源养殖有限公司	√		1 380	828	荷斯坦	7.6	6 300	√	√
51	平顶山市汝源奶业有限公司	√		1 620	1 300	荷斯坦	7.5	9 750	√	√
52	河南伊源乳业有限公司	√		1 800	980	荷斯坦	5.5	5 400	√	√
53	新蔡富宇牧业有限公司		√	1 086	780	荷斯坦	6.5	1 800		
54	恒天然农牧业有限公司	√		1 000	810	荷斯坦	7	3 500	√	√
55	洛阳生生乳业有限公司第一牧场	√		1 660	1 060	荷斯坦	7.8	8 268	√	√
56	偃师市兴民奶牛养殖有限公司	√		4 481	2 385	荷斯坦	6.5	15 502.5		√
57	洛阳市慧泉乳业有限公司	√		2 542	1 428	荷斯坦	7	9 996		√
	合　　计			115 045	64 232		6.33	396 983.5		

附表 2：

乳制品生产企业名录

序号	名　称	许可证号码	年收购原奶量（吨）	平均支付价格（元/千克）	自有奶源量（吨）	年乳制品产量（吨）	巴氏杀菌乳（吨）	UHT奶（吨）	酸奶（吨）	奶粉（吨）	奶油（吨）	奶酪（吨）	乳饮料（吨）	整体设计加工能力（吨/年）	产品销售区域	年销售收入（万元）	利润（万元）
1	新乡市三元食品有限公司	QS410705011751	20 000	4.3	0	52 000		21 000					31 000	125 000	河南、安徽	16 759.2	488.79
2	开封市禹王乳业有限公司	410205010938	0	0	4 300	1 000	350	0	650	0	0	0	0	63 000	开封市	600	60
3	河南宝乐奶业有限公司	QS411605010678	15 000	4	8 000	35 000			1 000				34 000	35 000	广东省、江苏省、重庆市、沈阳市等	5 000	500
4	蒙牛乳业（焦作）有限公司	QS410805010385	147 601.43	3.559	0	273 200	0	225 876	12 452.01	0	0	0	0	326 500	河南、河北、山西、陕西	192 438.02	9 335
5	焦作市博农乳业有限责任公司	QS410805010382 QS410806010835	15 000	4	11 000	17 000	4 200	1 500	9 800				1 500	30 000	豫北、晋南	7 500	800
6	河南花花牛乳业股份有限公司	乳制品： QS4100 0501 1561	18 893	3.98	18 893	18 716		30 153					11 437	60 000	河南	15 000	100
7	郑州妙可奶业有限公司	QS410105010627	14 500	2.9		1 600				1 600				12 000	全国	5 700	120
8	河南科迪生物工程有限公司	QS4114252012001	72 000	2.8	40 320	93 500	2 500	29 500	2 500				59 000	100 000	河南、山东等	43 387	1 832
9	河南佳源乳业股份有限公司	QS410006010266	7 200	3.9	6 300			5 700	2 300					100 000	河南	18 000	5 000
10	河南三剑客奶业有限责任公司	QS411105010386	6 000	3.8	4 200	7 500	1 500	2 000	4 000	35	0	0	45 000	90 000	全国	20 000	500
11	漯河市永利食品有限公司	QS411105011786	2 600	3.8		2 600 吨		2 600 吨					24 000	109 500	河南、山东、四川、江苏、安徽、云南、贵州、福州、山西。	19 780	1 720
12	西峡县新太阳乳业有限责任公司	QS4113232013001	0	0	1 000	1 200	400	0	800	0	0	0	0	6 000	南阳市	700	50
13	南阳农校绿白乳制品厂	QS411305010774	720	3.8	720	720	400		320					2 000	南阳市	700	25
14	河南三色鸽乳业有限公司	QS411306015762	25 000	3.9	20 000	40 000	5 000	9 000	15 000	20			11 000	150 000	郑州市、南阳市及周边地市	26 000	1 300
15	河南伊利乳业有限公司	QS410405011562	24 105.55	3.67					29 130.56				217.06	100 000	河南、湖南、湖北、江西、陕西	46 153.56	215.07
17	洛阳巨尔乳业有限公司	QS4100 0501 0256	21 000	3.9	11 800	23 850	1 820	14 800	7 550				4 200	260 000	洛阳	16 067	320
18	洛阳生生乳业有限公司	QS4103 0501 0222	9 680	3.2	8 268	10 842	2 880	1 080	3 850	0	0	112	2 920	120 000	洛阳及周边市区	6 400	215
19	洛阳阿新奶业有限公司	QS4100 0501 0257	3 500	3.6	3 500	3 700	800	200	2 700	0	0	0	0	15 000	河南	3 000	100
	合计		418 159.95		138 301	580 108	19 850	340 809	110 470.2	1 655		112	224 579.54	1 814 000		469 892.86	22 775.03

备注：自有奶源指来自自建和参建（控股、参股）牧场（小区）的原奶。

湖 北 省

【奶类生产】2012年湖北省奶牛存栏10.8万头，其中荷斯坦牛7.01万头（产奶牛4.3万头）；改良奶水牛3.8万头。牛奶总产量15.530 8万吨，其中荷斯坦牛奶总产量15.34万吨；奶水牛奶总产量1 908吨。2012年荷斯坦牛比2011年存栏数（6.05万头）、奶类总产量（14.20万吨），分别增长了12%、7.9%。湖北省荷斯坦牛主要分布在武汉、黄冈、宜昌、咸宁、襄樊等10市。奶水牛主要分布在襄樊、荆门、随州、孝感等地，其中最大的奶水牛养殖企业湖北劲牛牧业有限公司，2012年存栏奶水牛1 250头（产奶牛500头），牛奶总产量202吨。2012年全省牛奶深加工产值达95.10亿元，约占畜牧业总产值（1 334亿元）的7%。

【乳品加工】随着奶业标准化、规模化水平不断提升，湖北省乳品加工企业也得到了迅速发展。蒙牛集团、伊利集团、光明公司等国内知名乳制品加工企业相继落户湖北，本省九州乳业、襄阳丽波乳业、咸宁市向阳湖牛奶有限公司、湖北俏牛儿牧业有限公司、宜昌喜旺等企业也在快速扩张。全省共有乳品加工企业20余家，2012年，湖北省牛奶深加工能力进一步增强，加工设计总规模达137.29万吨，实际年加工量达123.06万吨，年产值达95.10亿元，固定资产达33.85亿元，年销售收入90.20亿元，年利润达6.63亿元。湖北省乳品加工企业主要集中在武汉、黄冈和宜昌地区。加工企业主要产品：武汉九州乳业主要生产巴氏杀菌乳、酸奶、牛奶布丁；湖北友芝友（蒙牛）主要生产屋顶奶、杯奶、低温袋奶、瓶奶、百利包；蒙牛乳业（当阳）有限责任公司主要产品为冰淇淋；黄冈伊利主要包括常温奶、乳酸饮料、冰淇淋；武汉维维香满楼均为常温产品；武汉光明主要生产纯牛奶、酸牛奶等；宜昌喜旺、均瑶、娃哈哈等主要生产巴氏杀菌乳、酸奶、奶粉、乳酸饮料、含乳饮料等；襄阳丽波乳业主要生产巴氏奶、酸奶、乳饮料；湖北俏牛儿目前以生鲜奶吧为主。湖北劲牛牧业兴建了一条水牛奶加工生产线，开发出科研中试产品“八福来”牌巴氏杀菌水牛生鲜奶，该产品乳蛋白率高于3.8%，营养成分含量高。

【生鲜奶价格】2012年生鲜奶价格稳中有升，1～9月价格略微保持上升，10～11月微弱回落，12月又回升到上半年水平。2012年奶站年平均收购价3.95元/千克，平均交售价4.09元/千克。与2011年相比，生鲜奶价格稳中有上升，但上升幅度不大。横向看湖北省平均奶价要高于全国平均价格12%，这充分显示了近年来加强生鲜乳监管，突出生鲜乳购销合同的管理的成绩。

【奶源基地】2012年全省共存栏荷斯坦牛70 105头，养殖场（户）67家，其中规模1万头以上1家，存栏奶牛11 000万头，占总数16%；5 000～9 999头2家，存栏奶牛6 900头，占总数9.9%；1 000～4 999头14家，存栏奶牛30 449头，占总数44%；500～999头23家，存栏奶牛17 356头，占总数24%；200～499头8家，存栏奶牛2 294头，占总数3.2%；100～199头9家，存栏奶牛1 398头，占总数1.9%；50～99头9家，存栏奶牛674头，占总数0.9%；49头以下1家，存栏奶牛34头，占总数0.05%。机械挤奶率100%。DHI工作：2012年湖北省加强了奶牛生产性能测定（DHI）工作，参测奶牛规模场达17家，全年参测奶牛79 317头次。千头以上规模养殖场100%参测；湖北奶牛生产性能测定中心实验室软件和硬件水平不断更新增强，新的DHI检测实验室建成并投入运行，检测能力达到200个样品/小时。在对奶牛生产性能测定数据收集处理的同时，扩大收集样品的信息种类，包括奶牛体型外貌鉴定、品种登记、后裔测定等。经过3年多的努力，奶牛单产水平约增长了13%，乳蛋白率、乳脂率有所提高，体细胞数降低30%，真正改善了奶牛场的管理水平，增加了奶牛场的经济效益。良种补贴：2012年湖北省36个县市实施奶牛良种补贴项目，其中荷斯坦牛良补22个县市，奶水牛良补14个县市。通过公开招标发放冻精21万支，其中荷斯坦牛冻精6万支、奶水牛15万支，改良荷斯坦牛3万头、奶水牛5万头，项目总投资140万元。饲草饲料：2012年湖北省饲草料资源，草地改良年末保留面积140万亩，“三化”草地治理保留面积82.5万亩。2012年全省人工种草保留面积达到232万亩，其中农闲田种草面积达到150万亩；全省利用农作物秸秆约720万吨，农作物秸秆饲料化利用率达到30%。疫病防治：2012年湖北省奶牛疫病防治工作注重季节、地方病的防治，坚持疫病防治的经常化、制度化。产房、病牛舍每天清扫后消毒，牛舍、运动场每季度一次大消毒，场区每半年一次大消毒，每年春季对奶牛进行驱虫，每年春、夏、秋进行大范围灭蚊蝇，每次隔离牛舍结束后，进行清扫、消毒；对疑似传染病的病牛，进入牛场隔离牛舍饲养。所有死亡牛只需根据《国家动物防疫法》在当地政府指定地点进行无害化处理。外购牛只必须持有法定单位的健康检疫证明，并隔离观察检疫，确认无传染病时方可并群。

【奶农组织】2012年湖北省奶牛养殖户（小区）67家，其中奶农养殖合作社开办7个。技术培训：2012年湖北省畜牧兽医局联合全国畜牧总站、国家现代奶业技术体系、国家现代肉牛产业技术体系、中国国际人才交流协会、以色列外交部国际合作中心、湖北省外国专家局、华中农业大学和湖北省DHI中心先后在举办了“全国水牛奶质量安全技术培训会”“第4届全国牛病防制及产业发展大会”“国家奶牛产业技术体系‘金钥匙工程’培训班”“湖北—以色列MASHAV奶牛高效养殖培训班”“中国—美国—加拿大三边反刍动物环境生理与健康研讨会”“2012年湖北奶牛生产性能测定技术培训班”、“2012年全省奶牛生产性能测定座谈会”5次国内培训会议（班）和2次国际培训会议（班），培训省内奶业主管部门工作人员、科研院所技术人员和奶业企业技术骨干和管理人员500多人次。

【政策法规】2012年，省畜牧主管部门制定了《湖北省奶业跨越式发展规划（2012—2016年）》。为确保乳品质量安全，按照《农业部关于印发〈2012年农产品质量安全专项整治方案〉的通知》（农质发［2012］4号）的要求，湖北省农业厅向各市、州、县（区）农业（畜牧兽医、水产）局（委）和厅直属有关单位印发了2012年湖北省农产品质量安全专项整治方案的通知（鄂农函［2012］94号），省畜牧兽医局也制定了《2012年生鲜乳质量安全监测方案》并负责组织对重点地区、重点对象开展生鲜乳违禁物质专项整治工作。2012年12月24日，宜昌市畜牧兽医局为加强生鲜奶吧生鲜乳直供牧场（以下简称直供牧场）的监督管理，确保生鲜乳质量安全，制定下发了《宜昌市生鲜奶吧生鲜乳直供牧场审查管理规范》。

【质量监管】按照《乳品质量安全监督管理条例》的要求，湖北省制定了《湖北省乳品质量安全监督管理办法》，成立以湖北省畜牧兽医局分管局长为组长，草业管理处（省奶业管理办公室）、畜产品安全监督处、省兽药监察所负责同志为组员的专门班子，明确了职责和分工，生鲜乳监测工作采取定期与不定期相结合的方式进行。2012年生鲜乳监测工作采取定期与不定期相结合的方式，共进行了不同规范、不同形式的5次现场检查，其中拉网式检查2次，190批次的抽样监测（农业部食品质量监督检验测试中心（上海）15批次、农业部异地抽检30批次，省级监测中心二次共抽检145批次），其中生鲜乳收购站92批次，生鲜乳运输车辆60批次，奶牛规模养殖场抽检38批次。样品检测了三聚氰胺、皮革水解物和β-内酰胺酶，检测结果均合格，合格率为100%。奶站管理：2012年湖北省登记在册的生鲜乳收购站（点）共50个，其中奶农养殖合作社开办7个，奶畜养殖场开办32个，乳制品生产企业开办11个。通过对50个奶站开办主体和生鲜乳收购许可证原件进行查验，合作社全部有工商部门登记，奶畜养殖场具有动物防疫合格证，各生鲜乳站收购许可证全部有效。全省共有生鲜乳运输车58台，其中乳制品企业自有15台，租有43台。通过对58台运输车生鲜乳准运证、生鲜奶运输罐等进行了查验，均随车携带有效生鲜乳准运证原件，运输车生鲜奶运输罐隔热、保温、防腐蚀、密封、罐内分区隔离，符合生鲜乳运输要求。

【奶业大事记】

1. 2011年11月24日，上海牛奶集团和武汉开隆高新农业签约合资在武汉市黄陂区建立万头奶牛养殖基地，项目计划投资1.34亿元，3年完成投资建设，按照设计、规划、建造、经营、管理“十化”的要求建设现代奶业基地。

2. 2012年年初，投资2亿多元的武穴伊利现代牧业科技示范园区在黄冈武穴市建成投产。该牧场奶牛存栏数5 000头。

3. 2012年1月4日，光明乳业“武汉生态示范奶牛场项目签约暨启动仪式”在武汉举行，该项目位于东西湖区辛安渡办事处，规划占地3 000亩，设计规模3 000头，项目总投资达1亿3千万元，投产后的牧场年产生鲜乳近15 000吨。

4. 2012年7月，咸安区向阳湖兴兴奶业有限公司竣工，该公司是咸安区龙头乳制品加工企业，占地面积135亩，总投资1.2亿元，已投资8 000万元，建有厂房面积10 000多平方米，机械设备投资3 000余万元，年生产加工各类乳制品36 000吨，年产值可达2亿元。

5. 2012年9月底，湖北省畜禽育种中心从澳大利亚引进了45头原种地中海奶水牛母牛。这是我国首次引进地中海奶水牛活体，该批母牛的成功引进解决了国内高产奶水牛种源不足的问题，将加快我国现有奶水牛品种的改良进度，推进我国奶水牛种质资源创新和奶水牛产业发展。

6. 2012年12月，新时代牧业（赤壁）有限公司成立，规划养殖10 000头奶牛，总投资2亿元，分三期完成。现一期已投资近4 000万元，完成了土地平整、厂房建设及大部分的基础建设。订购了TMR机，32位的并列式挤奶机，及相关的大部分配套设备。订购了首批400头良种奶牛，计划在2013年9～10月引进。

湖北省畜牧兽医局　洪齐　王健

附表1：

2012年奶牛养殖场（小区）名录

序号	名　　称	养殖场	小区	全群存栏（头）	成母牛存栏（头）	奶畜品种	成母牛单产（吨/年）	年总产（吨）	是否参加DHI
1	黄冈市梅家墩牧业有限公司	√		918	706	荷斯坦	5.2	3670	√
2	黄冈市扬子江牧业有限公司	√		2 752	1 660	荷斯坦	7	11 220	√
3	黄州区陶财农庄奶牛养殖有限公司	√		955	715	荷斯坦	5	3 570	
4	黄州区华窑奶牛场	√		937	712	荷斯坦	6.3	3 700	

（续）

序号	名　称	养殖场	小区	全群存栏（头）	成母牛存栏（头）	奶畜品种	成母牛单产（吨/年）	年总产（吨）	是否参加DHI
5	黄州区北斗奶牛场	√		936	689	荷斯坦	4.5	2 202	
6	黄州区常青乳业奶牛场	√		688	423	荷斯坦	4.8	1 613	
7	团风祥林奶牛养殖公司	√		1 459	620	荷斯坦	5.6	3 600	
8	团风长宏奶牛养殖公司	√		555	200	荷斯坦	6	1 200	
9	团风荣源乳业有限公司	√		986	510	荷斯坦	5.8	2 950	
10	红安县鸿鑫源奶牛养殖有限公司	√		1 140	670	荷斯坦	6	3 400	√
11	红安盛源牧业养殖有限公司	√		650	280	荷斯坦	5	810	
12	红安县山西冲奶牛场	√		670	360	荷斯坦	6	1 800	
13	红安县百家宝奶牛场	√		785	387	荷斯坦	6	1900	
14	麻城伊利畜牧发展有限责任公司	√		6 900	4 100	荷斯坦	8	32 000	√
15	麻城鑫旺畜牧科技发展有限公司	√		1 352	800	荷斯坦	6.5	4 900	√
16	湖北罗田长宏实业有限公司	√		1 080	817	荷斯坦	5	3 123	
17	罗田金贝牧业有限公司奶牛场	√		715	506	荷斯坦	5	2 156	
18	英山县绿茵奶牛场	√		680	480	荷斯坦	4.6	1 840	
19	浠水柏杨山奶牛场	√		1 340	720	荷斯坦	5	3 100	
20	浠水田园牧业公司	√		1 000	450	荷斯坦	5	2 300	
21	蕲春县恒利牧业有限公司	√		1 050	552	荷斯坦	5.3	2 500	√
22	蕲春县华隆科技有限责任公司	√		1 107	776	荷斯坦	6	3 600	√
23	蕲春县华隆牧业有限公司	√		896	460	荷斯坦	5.2	2 360	
24	武穴浔龙祥牧业有限公司	√		1 164	683	荷斯坦	5	2 500	
25	黄冈伊利武穴牧场	√		4 973	3 400	荷斯坦	8	27 200	√
26	湖北现代乳业有限公司	√		3 800	2 259	荷斯坦	6	8 300	√
27	龙感湖金湖奶牛场	√		760	410	荷斯坦	5	1 700	
28	向阳湖奶牛场	√		3 500	2 780	荷斯坦	4.8	14 661	
29	花口奶牛场		√	70	15	荷斯坦	3	102	
30	现代牧业（通山）有限公司	√		11 000	4 900	荷斯坦	7.3	29 980	√
31	盛祥奶牛场	√		168	110	荷斯坦	3.2	160	
32	武汉市蔡甸区中旺奶业专业合作社		√	930	500	荷斯坦	4.2	2 840	
33	武汉金旭畜牧科技发展有限公司	√		178	90	荷斯坦	5	380	
34	武汉市东振畜牧养殖有限公司	√		530	410	荷斯坦	4.1	1015	
35	武汉惠尔康扬子江乳业有限公司畜牧分公司	√		2 000	1 000	荷斯坦	5.1	7 500	
36	武汉市黄陂江乐奶业专业合作社		√	420	300	荷斯坦	4	1220	
37	武汉开隆高新农业发展有限公司	√		1 200	600	荷斯坦	5.3	2 500	√
38	武汉市黄陂区华元奶业专业合作社		√	800	276	荷斯坦	4	1 800	
39	光明红星奶牛场	√		338	220	荷斯坦	3.2	1 200	
40	大桥奶牛养殖场	√		140	30	荷斯坦	4.1	150	
41	王平奶牛养殖场	√		52	50	荷斯坦	4	260	
42	杨水得奶牛养殖场	√		72	68	荷斯坦	4.6	360	
43	汪阳波奶牛养殖场	√		80	76	荷斯坦	4.5	400	

（续）

序号	名　称	养殖场	小区	全群存栏（头）	成母牛存栏（头）	奶畜品种	成母牛单产（吨/年）	年总产（吨）	是否参加DHI
44	孝南区雄达奶牛养殖专业合作社	√		850	800	荷斯坦	4.0	4 800.0	√
45	孝南区朋兴乡奶牛养殖专业合作社	√		450	410	荷斯坦	3.5	1800.0	
46	金牛奶制品有限公司	√		108	52	荷斯坦	5.0	182.0	
47	襄阳市丽波乳业		√	1 532	1 514	荷斯坦	5.2	7 188.0	√
48	李同成奶牛养殖场		√	257	254	荷斯坦	4.8	1 060.0	
49	李加勇奶牛养殖场	√		96	95	荷斯坦	4.6	412.0	
50	刘勇军奶牛养殖场	√		76	75	荷斯坦	4.6	340.0	
51	胡坤华奶牛养殖场		√	110	75	荷斯坦	5.0	199.0	
52	向忠清奶牛养殖场	√		34	25	荷斯坦	4.4	57.0	
53	夷陵区湖北京都农业发展有限公司	√		745	658	荷斯坦	5.0	3 421.6	
54	夷陵区爱华奶牛场	√		592	495	荷斯坦	5.1	2 574.0	
55	夷陵区共益奶牛场	√		165	173	荷斯坦	5.6	899.6	
56	谭永龙奶牛场	√		186	128	荷斯坦	5.0	665.6	
57	黄昌全奶牛场	√		500	378	荷斯坦	4.9	1 965.6	
58	蔡邵鸿奶牛场	√		185	189	荷斯坦	4.8	982.8	
59	夷陵区土门奶牛场	√		585	450	荷斯坦	5.0	2 340.0	
60	严军奶牛场	√		241	154	荷斯坦	5.1	800.8	
61	汪家华奶牛场	√		65	48	荷斯坦	4.6	249.6	
62	陈华奶牛场	√		85	69	荷斯坦	4.0	358.8	
63	向大鹏奶牛场	√		78	72	荷斯坦	5.0	374.4	
64	田圣全奶牛场	√		158	128	荷斯坦	5.2	665.6	
65	亚龙乳业	√		843	760	荷斯坦	5.0	7 587.0	√
66	宜昌市银河乳业有限公司	√		238	580	荷斯坦	5.2	580.0	
67	鄂州市 沙窝乡走马奶牛场	√		51	22	荷斯坦	3.0	110.2	
68	鄂州市杨叶白沙奶牛场	√		62	25	荷斯坦	3.1	76.1	

附表2：

2012年乳制品生产企业名录

序号	名　称	许可证号码	年收购原奶量（吨）	平均支付价格（元/千克）	自有奶源量（吨）	年乳制品产量（吨）	巴氏杀菌乳（吨）	UHT奶（吨）
1	湖北黄冈伊利乳业有限责任公司	鄂421100（2013）001	139 000	4.5	59 200	307 607	/	/

序号	名　称	许可证号码	酸奶（吨）	奶粉（吨）	奶油（吨）	奶酪（吨）	乳饮料（吨）	整体设计加工能力（吨/年）	产品销售区域	年销售收入（万元）	利润（万元）
1	湖北黄冈伊利乳业有限责任公司	鄂421100（2013）001	/	/	/	/	307 607	438 000	湖南、湖北、江西、河南	210 000	4 440

备注：自有奶源指来自自建和参建（控股、参股）牧场（小区）的原奶。

武 汉 市

【奶类生产】奶牛/其他主要奶畜存栏数（全群、成母牛），奶类总产量，其中牛奶产量，养殖分布区域及主要产区，奶业产值占畜牧业产值比重，特点、成效及其发展趋势。

2012年全市荷斯坦牛存栏11 411头，其中成母牛存栏8 631头，全年生鲜牛乳产量51 786吨。全市奶牛养殖集中在黄陂区、江夏区、蔡甸区、东西湖区。奶业产值约占畜牧业产值比重的2%。其中，黄陂区奶牛存栏9 367头，奶产量55 952吨，奶业产值占畜牧业产值的5.6%，奶牛养殖品种主要是荷斯坦牛，以规模养殖为主，养殖区域主要分布在黄陂区南部的武湖街和西部的罗汉街。江夏区共有2个奶牛场，存栏奶牛680头，分别位于金口街和郑店街。日产原奶6.2吨，奶业产值约占畜牧业产值比重5%。蔡甸区奶牛主要集中在蔡甸区奓山街。奶牛品种为荷斯坦，共存栏900头，成年奶牛约510头，年产奶1 500～1 800吨，占畜牧产业值的3%左右。根据蔡甸区的区位发展规划，奶牛业的发展趋势将进一步向绿色环保及生物安全方面发展或转型。东西湖区荷斯坦奶牛栏478头，其中成母牛存栏311头，奶年产量1705吨，奶牛养殖集中在辛安渡办事处，奶业产值约占畜牧业产值比重5%。

【乳品加工】生产企业数量，乳制品总产量及分品种（液态奶、干乳制品）产量，乳品加工特点、成效及发展趋势。

武汉市共有乳品生产企业4家，分别为湖北友芝友乳业有限责任公司、武汉光明乳品有限公司、武汉九州乳业有限公司、武汉维维。湖北友芝友乳业有限责任公司：一期位于海口工业园，共35条生产线，日加工鲜奶能力400吨。二期工程位于东流港工业园区，占地235亩，为蒙牛全球样板工厂模式，共31条生产线，日加工鲜奶能力700吨。公司产品完全以鲜奶为原料，以生产鲜奶及各式酸（奶）乳饮料为主，目前有屋顶奶、杯奶、低温袋奶、瓶奶、百利包、利乐枕、三角包、高速枕等系列，共100多个品种。目标销售区域以武汉为中心辐射方圆500千米区域。武汉光明乳品有限公司：经过共三期的扩产，日生产能力可达360吨，同时配套设施齐全，确保了生产及产品的冷藏，改造完毕后工厂硬件设施处同行业领先水平。现生产的主要产品有光明盒装、单杯装、四连杯装、玻璃瓶装酸奶，盒装、玻璃装、袋装鲜奶及各种花色牛奶，百利包纯奶及各种花色奶等几十个品种，产品质量稳定、口味多样，适合于各年龄阶层不同消费者的口味。2012年武汉光明完成产品产量6.76万吨，完成销售收入4.15亿元，上缴税金5 000万元。为了保证武汉光明奶源供应，光明乳业股份有限公司全资投资了武汉光明生态示范奶牛场有限公司，拟在辛安渡农场建设存栏3 000头的奶牛基地。武汉九州乳业有限公司：总投资3亿元，分二期建设，其中一期工程投资1.3亿元，建成日生产能力50吨生产线，生产巴氏杀菌乳、发酵乳、牛奶布丁、含乳饮料四大类40余个系列高端品种，当前一期工程已全部建成，产品已全面在市场销售，得到了广大消费者的好评，月销售额接近500万元以上，预计今年销售收入实现60%以上的高速增长。项目的建成不仅填补了武汉高端乳制品的空白，更使乳产业链建设得到了最好的诠释。企业不仅仅做的是良心产品，同时也下大力气加强文化建设。不仅要做武汉乃至华中地区最好的乳制品，更要切实做好全国科普教育基地的培训示范作用，力争在乳文化、牛文化、旅游文化的建设发展等各方面为武汉涂抹亮色。武汉维维：公司建始初期，率先引进了国际最先进的乳品生产设备、UHT灭菌工艺及技术管理，产品质量一直稳中有升。现已被市政府列为"重点食品饮料企业""食品卫生先进单位""湖北省农业产业化重点龙头企业"、连续两届被评为"武汉市农业产业化经营重点龙头企业"。公司一次性通过了ISO9001—2000质量管理体系认证、并连续两年监审合格；并通过了食品安全管理体系和HACCP食品安全管理体系认证；属第一批通过湖北省乳制品生产许可证重新审核企业。目前公司的产品涵盖灭菌乳、调制乳、饮料三大系列，达20多个品种，产品远销湖南、河南、江西、广西等地区及湖北周边中小学校，年销售额达6 000多万元。

【奶源基地】散养比重，规模养殖（不同规模所占比重），机械挤奶比例，全混合日粮（TMR）技术应用，生产性能测定（DHI），奶牛良种补贴，奶业机械购置补贴，规模养殖场改扩建补助，苜蓿和青贮玉米种植面积、单产和总产，疫病防控情况，粪污处理方式，生鲜乳收购年均价格（主要乳企收购价格和企业收购标准），养殖户奶业养殖年净收入（元/头）和奶牛场净收入。

全市奶牛规模养殖100%，无散养，机械挤奶比例100%。黄陂区奶牛养殖100头以下养殖户23户，存栏奶牛1 162头，占全区奶牛养殖量的12.4%；养殖100～499头的养殖户3户，存栏奶牛355头，占全区奶牛养殖量的3.8%；养殖500～999头的养殖场2户，存栏奶牛1 420头，占全区奶牛养殖量15.2%；存栏1 000头以上养殖场2户，存栏奶牛6 430头，占全区奶牛养殖量的68.6 %，机械挤奶比例100%。开隆公司和惠尔康乳业应用全混合日粮（TMR）技术应用，进行了生产性能测定（DHI）。冻精采购数量8 000剂，补贴冻精已全部利用，配种奶牛4 000头，受孕奶牛2 180头。规模养殖场改扩建补助：2010年下达我区江乐奶业专业合作社50万元和开隆高新农业开发有限公司100万元改扩建项目，中央投资资金150万元。各养殖场（小区）完善了免疫、监测、消毒以及无害化处理等防疫制度，做好奶牛口蹄疫的免疫、监测工作，同时加强了奶牛布病、结核病的监测和净化，加强了奶牛饲养过程中的用药监管。按照《种畜禽调运检疫技术规范》等规定，严格奶牛产地检疫和运输监管。生鲜乳收购平均价格为3.8元/千克。江夏区、武汉金旭畜牧科技发展有限公司牧场存栏奶牛180头，其中成年母牛103头，其他牛77头；公司牧场奶牛实行全散养，开放式牛舍，配有舒适的沙料卧床、防暑降温风扇喷淋降温设施、排水通畅的运动场。牧场还配备有青贮取料机、TMR日粮混饲机、音乐式机械化挤奶厅、保健浴蹄池、标准化奶站、光触媒人员消毒通道、车辆喷淋消毒通道、实时监控系统及沼气系统和污水处理系统。武汉新东杨畜牧养殖专业合作社存栏奶牛500头，其中成年母牛300头，其他牛200头。该养殖专业合作社由11个养殖业主组成，奶农实行统一管理，分栏饲养，集中供货，定期培训，机械化挤奶，统一收购的方式，进行精细化运作，目前合作社运行良好，奶农及合作社略有盈余。蔡甸区：该区奶业合作社所养奶牛系规模养殖，全机械挤奶，因规模不大，还未参与DHI，也未运用TMR技术。奶牛良种补贴以冻精补贴形式为主，补贴冻精1 800颗，全体养殖户受惠，普及率达100%，根据市场情况及合作社的需求，2013年将进一步给予良种补贴。由于蔡甸区及周边均以玉米种植为主，所以在青贮上资源丰富。

在疫病防控方面，主要以口蹄疫和结核为主。每年定期进行防疫接种，并进行抗体监测，确保不发生疫情。

【奶农组织】奶农合作社和协会等组织建设，奶农培训等。

【法规和政策】地方奶业法规，奶业发展规划，扶持政策，地方标准。

【质量监管】生鲜乳和乳制品监管制度、措施和抽检结果，奶站数量（总数量和分主体数量）和整治情况。

一是建立健全生鲜乳收购站巡查制度。每月对两个收购站进行一次巡查，以《生鲜乳收购站检查记录》为具体内容，每月一次三聚氰胺快速检测，驻站监督员每周一次检测，并做好检测记录，检测结果由企业负责人签字认可，同时与各收购站签订《生鲜乳收购站质量安全监管责任书》。二是加强了监管日志制度。指导奶站建立并完善了奶站的每日检测记录、消毒记录、清洗记录、车辆运输记录、销售台帐以及各项管理制度和卫生制度。三是检查奶牛卫生防疫状况。对饲养的全部奶牛进行了疫病监测情况清理及全面防疫。规范奶牛养殖户生鲜乳装运工具，使奶农存运生鲜乳的设备符合国家标准。四是严格落实食品安全主体责任制。明确企业法人为第一责任人，督促企业建立健全生鲜乳收购环节的各项指标安全检测制度。全市生鲜乳收购站8个。2012年完成生鲜乳收购、运输环节抽样检测245批次，合格率100%。黄陂区辖区内有4个生鲜乳收购站。江夏区辖区内有2个生鲜乳收购站。蔡甸区辖区内有1个生鲜乳收购站。东西湖区辖区内有1个生鲜乳收购站。

【奶业大事记】重要法规、文件发布，重大会议、活动，重大项目建设，企业兼并重组，企业上市，国家领导人视察，其他大事要事。

2012年1月4日，光明乳业“武汉生态示范奶牛场项目签约暨启动仪式”在武汉明珠豪生大酒店隆重举行。市委常委、武汉市副市长张学忙，市政府副秘书长郑先平，东西湖区区委书记张平，区长刘子清及相关各部门的领导，光明乳业总裁郭本恒博士出席本次签约仪式。

光明乳业武汉生态示范奶牛场项目位于东西湖区辛安渡办事处，规划占地3 000亩，设计规模3 000头，项目总投资达1亿3千万元，计划2012年年底完工并投入使用，投产后的牧场年产生鲜乳近15 000吨，能够极大程度缓解武汉光明奶源紧张的问题。示范牧场内的奶牛采用国内外最优秀的良种资源，整个牧场将全部采用电脑智能化管理，引进转盘式挤奶台、TMR饲喂技术、生鲜乳快速制冷等世界最先进设备和技术，并将投入1 000多万元对粪污进行无害化处理，做到零排放、无污染，合理实现规模化、标准化、集约化和生态化养殖。

湖北省武汉市奶业管理办公室　张东升

附表1：

奶牛养殖场（小区）名录

序号	名　称	养殖场	小区	全群存栏（头）	成母牛存栏（头）	奶畜品种	成母牛单产（吨/年）	年总产（吨）	是否参加DHI	是否应用TMR
1	现代牧业（通山）有限公司		√	9 932	4 800	黑白花	0.025	9.125	√	√
2	当阳市亚龙乳业有限责任公司		√	352	119	黑白花	0.022	8.03	√	√
3	宜昌统舜农业科技开发有限公司		√	171	70	黑白花	0.022	8.03	√	
4	淮阳县蒙源养殖专业合作社		√	1 030	417	黑白花	0.021	7.665	√	

（续）

序号	名　　称	养殖场	小区	全群存栏（头）	成母牛存栏（头）	奶畜品种	成母牛单产（吨/年）	年总产（吨）	是否参加 DHI	是否应用 TMR
5	淮阳县银港奶牛养殖专业合作社		√	384	130	黑白花	0.022	8.03	√	
6	太康县圆源养殖专业合作社		√	179	91	黑白花	0.022	8.03	√	
7	川汇区广得养殖专业合作社		√	558	247	黑白花	0.022	8.03	√	
8	新蔡县金宏牧场		√	218	65	黑白花	0.021	7.665	√	
9	息县天淦农牧业有限责任公司		√	239	108	黑白花	0.021	7.665	√	
10	福建新曙光农业发展有限公司		√	896	430	黑白花	0.021 5	8.03	√	
11	邵武市长盛奶牛养殖有限公司		√	985	457	黑白花	0.023	8.395	√	
12	南平市三田牧业有限公司		√	1 164	615	黑白花	0.023	8.395	√	√
13	商水县许寨牧业发展有限公司		√	261	147	黑白花	0.02	7.3	√	
14	汉川市腾达奶牛养殖专业合作社		√	375	178	黑白花	0.018	6.57	√	
15	武汉新东杨畜牧养殖专业合作社		√	491	226	黑白花	0.018	6.57	√	
16	武汉金旭畜牧科技发展有限公司		√	165	82	黑白花	0.025	9.125	√	√
17	武汉惠尔康扬子江乳业有限公司畜牧分公司		√	1 750	890	黑白花	0.025	9.125	√	√
18	孝感市孝南区中旺奶牛养殖农民专业合作社		√	350	290	荷斯坦	5	1 900		
19	武汉市蔡甸区中旺奶业专业合作社		√	400	301	荷斯坦	5	1900		
20	孝感市孝南区雄达奶牛养殖农民专业合作社		√	500	517	荷斯坦	6.5	3 600	√	
21	武汉市黄陂区华元奶业专业合作社		√	800	606	荷斯坦	5	3 600		
22	武汉光明乳品有限公司奶源部		√	250	161	荷斯坦	4.5	750		
23	宜昌爱华奶业生产专业合作社		√	600	500	荷斯坦	5.5	2 500	√	√
24	邯郸富民奶业专业合作社		√	6 000	4 000	荷斯坦	4.5	12 000		
25	漯河市合兴养殖有限公司（已取消）		√	2 000	1 475	荷斯坦	4.5	5 500		
26	河北荷斯坦牧业有限公司栾城生鲜乳收购站		√	5 500	3 000	荷斯坦	4.5	10 000		

备注：请在养殖场或小区列中选择打勾；如参加 DHI 或应用 TMR，请在相应表格中打勾。

附表 2：

乳制品生产企业名录

序号	名称	许可证号码	年收购原奶量（吨）	平均支付价格（元/千克）	自有奶源量（吨）	年乳制品产量（吨）	巴氏杀菌乳（吨）	UHT奶（吨）	酸奶（吨）	奶粉（吨）	奶油（吨）	奶酪（吨）	乳饮料（吨）	整体设计加工能力（吨/年）	产品销售区域	年销售收入（万元）	利润（万元）
1	蒙牛武汉	420112000033801	83 950	4.47	0	220 000	8 500	40 000	30 500	0	0	0	141 000	373 030	湖北、湖南、江西、广西、广东、江苏、安徽、河南、福建	47 000	1 755
2	武汉维维乳业有限公司	QS420105010074	7 845	3.42	7 845	10 000		9 000					1 000	20 000		5 700	−100
3	武汉九州乳业有限公司	QS420105011766	1 933.345	3 866.16	1 933.345	2110.133	185	0	1 270	0	0	0	296	18 000	湖北及省外一些城市	2 906.7	−230
4	武汉光明乳品有限公司	乳制品 QS420105010223	40 150 吨	4 000/元	550 吨	75 800	7 300	5 000	54 750	/	/	/		102 200 吨/年	湖北、湖南、江西、河南	52 000	9 000
5	武汉光明乳品有限公司	含乳饮料 QS420106010518											8 750				

备注：自有奶源指来自自建和参建（控股、参股）牧场（小区）的原奶

黄 冈 市

【奶类生产】2012 年，黄冈市奶牛存栏 4.02 万头，全部为荷斯坦牛，其中，成年母牛存栏 2.43 万头。全市奶牛单产和生鲜奶产总量较上年有较大幅度的增长。2012 年，成母牛年均单产 5.7 吨，全年生鲜奶总产量达到 13.9 万吨，产值 6.26 亿元，占畜牧业总产值比重 3.62%。全市原奶收购统一执行生乳国家标准（GB19301—2010），实行优质优价制度，乳品企业收购均价达到 4.5 元/千克。

【乳品加工】黄冈伊利乳业有限责任公司乳制品加工园区占地面积 20 公顷，累计投资 13.57 亿元，总建筑面积 7.98 万平方米。建成了日产 1 200 吨超高温奶、日产 280 吨冷饮和日产 300 吨 PET 无菌瓶装饮料等共计 29 条生产线，整体设计加工能力达到 43.8 万吨/年。主要产品有：雪糕、冰棒、冰淇淋以及原味儿童乳饮料、水果味伊利优酸乳、原味果之优等 60 余种产品。2012 年，黄冈伊利乳业有限责任公司加工奶类产品 30.76 万吨，实现加工产值 21 亿元。

【奶源基地】2012 年，黄冈市千头以上规模的奶牛牧场有 27 家。饲养方式以散栏饲养为主，栓系式为辅，规模化养殖占比 100%。在 27 家奶牛牧场中，5 000头规模以上的牧场 3 个，存栏奶牛 15 673 头，占总存栏数 38.9%；1 000～3 000 头规模的牧场 24 个，存栏奶牛 24 575 头，占总存栏数 61%；由黄冈伊利乳业有限责任公司自建的奶牛牧场 2 个，存栏奶牛 11 873头，全部为澳洲新西兰引进的荷斯坦牛。黄冈市奶牛牧场生产的生鲜奶，全部供应给黄冈伊利乳业有限责任公司。全市 2012 年应用全混合日粮（TMR）技术的奶牛牧场有 12 家，开展生产性能测定（DHI）的奶牛牧场有 9 家。

【奶牛改良】黄冈市奶牛品种主要是荷斯坦牛，全部采用国家良种补贴冻精配种。2012 年，全市使用上海和北京奶牛中心优质奶牛冻精 28 000 支，牧场自行采购的优质奶牛冻精约 8 000 支，奶牛良种冻精覆盖率 100%。部分奶牛牧场引进娟珊牛冻精，开展了奶牛杂交改良试验。2012 年，全市利用娟珊牛冻精配种的荷斯坦牛达到 300 头。

【饲草饲料】黄冈市奶牛青粗饲料主要为青贮玉米、青贮小麦、东北羊草和进口苜蓿。2012 年，全市配套种植专用青贮玉米 2 816 公顷，一年内种植两茬。奶牛场一般少量种植青粗饲料，主要是依托周边农民专业合作组织，采取订单合同形式，通过土地流转连片种植，与奶牛牧场建立青贮玉米产销对接模式。季节性青饲料主要是红薯藤、花生禾、包菜、萝卜、南瓜等，这些农副产品均被用作奶牛青饲料。

【奶站监管】黄冈市 27 个奶牛场均有自建的现代化挤奶大厅，形成了特有的“一场一厅（站）”监管模式，全市机械化挤奶率实现了 100%。生鲜乳直接进入冷链贮藏，由伊利物流公司专用冷藏运奶车直接运送到加工园区。市级动物卫生监督机构负责奶牛牧场生产环节质量监管，严格实行生鲜乳收购许可证和生鲜乳运输车辆管理制度，运奶车与奶牛牧场关系相对固定，并与牧场业主签订了重大动物疫病防控和生鲜乳质量安全承诺书，规范填写收购记录、检测记录、销售记录和生鲜乳交接单，建立了产品可追溯机制。2012 年，共抽检产地生鲜乳样品 180 个和运输车辆生鲜乳样品 50 个，经省畜禽产品检测中心检测全部合格。

【示范牧场】黄冈市按照农业部开展畜禽养殖标准化示范场创建的部署，组织全市奶牛牧场，继续深入开展了以“畜禽良种化、养殖设施化、生产规范化、防疫制度化、粪污无害化”为内容的示范牧场创建活动。截至 2012 年年底，全市通过验收达标的部级奶牛标准化示范场 4 家，省级奶牛标准化示范场 5 家。2012 年，伊利集团在黄冈投资建设的两个自营牧场均进入生产高峰期，成为全市高产示范牧场，奶牛平均年单产达到 8 吨以上。其中，麻城伊利牧场占地 67 公顷，总投资 3 亿元，存栏优质奶牛 6 900 头；武穴伊利牧场占地 54 公顷，总投资 2.5 亿元，存栏优质奶牛 4 973 头。

【政策法规】2012 年，黄冈市政府制定了《黄冈市奶业发展规划（2012—2020 年）》，提出到 2015 年全市奶牛存栏达到 6 万头，奶业产值达到 50 亿元，龙头企业实现税收 2 亿元；到 2020 年全市奶牛存栏达到 10 万头，奶业产值达到 100 亿元，龙头企业及配套产业实现税收 5.5 亿元。同时，出台了黄冈市人民政府《关于大力推进奶业发展的决定》（黄政发［2012］46 号），明确了继续扶持奶业发展的四项政策措施：一是扩大奶牛奖补规模，对新建千头以上规模奶牛场，按实际存栏成年奶牛，市政府每头奖补 1 000 元，各县（市、区）配套奖补 1 000 元；二是加大项目扶持力度，各职能部门围绕奶牛产业筹划项目，积极争取项目支持，将符合条件的奶牛场和加工企业纳入大别山产业发展基金支持范围；三是实施贷款贴息政策，科技、扶贫、财政等部门积极向上争取贷款贴息政策和项目，用于支持奶业发展；四是实施青贮饲料补贴，对黄冈境内种植奶牛青贮饲料的企业、村及农户，按每年每亩补贴 50 元，其资金在国家良种补贴资金中列支。

湖北省黄冈市畜牧局　金本华

附表1：

2012年奶牛养殖场（小区）名录

序号	名　　称	养殖场	小区	全群存栏（头）	成母牛存栏（头）	奶畜品种	成母牛单产（吨/年）	年总产（吨）	是否参加DHI	是否应用TMR
1	黄冈市梅家墩牧业有限公司	√		918	706	荷斯坦	5.2	3 670	√	√
2	黄冈市扬子江牧业有限公司	√		2 752	1 660	荷斯坦	7	11 220	√	√
3	黄州区陶财农庄奶牛养殖有限公司	√		955	715	荷斯坦	5	3570		
4	黄州区华窑奶牛场	√		937	712	荷斯坦	6.3	3 700		
5	黄州区北斗奶牛场	√		936	689	荷斯坦	4.5	2 202		
6	黄州区常青乳业奶牛场	√		688	423	荷斯坦	4.8	1 613		
7	团风祥林奶牛养殖公司	√		1 459	620	荷斯坦	5.6	3 600		
8	团风长宏奶牛养殖公司	√		555	200	荷斯坦	6	1 200		
9	团风荣源乳业有限公司	√		986	510	荷斯坦	5.8	2 950		
10	红安县鸿鑫源奶牛养殖有限公司	√		1 140	670	荷斯坦	6	3 400	√	√
11	红安盛源牧业养殖有限公司	√		650	280	荷斯坦	5	810		
12	红安县山西冲奶牛场	√		670	360	荷斯坦	6	1 800		√
13	红安县百家宝奶牛场	√		785	387	荷斯坦	6	1 900		√
14	麻城伊利畜牧发展有限责任公司	√		6 900	4 100	荷斯坦	8	32 000	√	√
15	麻城鑫旺畜牧科技发展有限公司	√		1 352	800	荷斯坦	6.5	4 900	√	√
16	湖北罗田长宏实业有限公司	√		1 080	817	荷斯坦	5	3 123		
17	罗田金贝牧业有限公司奶牛场	√		715	506	荷斯坦	5	2 156		√
18	英山县绿茵奶牛场	√		680	480	荷斯坦	4.6	1840		
19	浠水柏杨山奶牛场	√		1 340	720	荷斯坦	5	3 100		
20	浠水田园牧业公司	√		1 000	450	荷斯坦	5	2 300		
21	蕲春县恒利牧业有限公司	√		1 050	552	荷斯坦	5.3	2 500	√	√
22	蕲春县华隆科技有限责任公司	√		1 107	776	荷斯坦	6	3 600	√	√
23	蕲春县华隆牧业有限公司	√		896	460	荷斯坦	5.2	2 360		
24	武穴浔龙祥牧业有限公司	√		1 164	683	荷斯坦	5	2 500		
25	黄冈伊利武穴牧场	√		4 973	3 400	荷斯坦	8	27 200	√	√
26	湖北现代乳业有限公司	√		3 800	2 259	荷斯坦	6	8 300	√	√
27	龙感湖金湖奶牛场	√		760	410	荷斯坦	5	1 700		

备注：请在养殖场或小区列中选择打勾；如参加DHI或应用TMR，请在相应表格中打勾。

附表2：

2012年乳制品生产企业名录

序号	名　　称	许可证号码	年收购原奶量（吨）	平均支付价格（元/千克）	自有奶源量（吨）	年乳制品产量（吨）	巴氏杀菌乳（吨）	UHT奶（吨）
1	湖北黄冈伊利乳业有限责任公司	鄂421100（2013）001	139 000	4.5	59 200	307 607	/	/

序号	名　　称	许可证号码	酸奶（吨）	奶粉（吨）	奶油（吨）	奶酪（吨）	乳饮料（吨）	整体设计加工能力（吨/年）	产品销售区域	年销售收入（万元）	利润（万元）
1	湖北黄冈伊利乳业有限责任公司	鄂421100（2013）001	/	/	/	/	307 607	438 000	湖南、湖北、江西	210 000	4 440

湖 南 省

【奶类生产】2012 年，湖南省奶畜总存栏 29 979 头，奶类总产量 80 421 吨；其中奶牛存栏 27 879 头，成母牛 18 127 头，品种均为荷斯坦牛，原料奶总产量为 8 万吨，平均单产 4413 千克。奶牛存栏数与 2011 年基本持平，但成母牛数增加了 3 157 头，增幅为 21%；原料奶产量减少 916 吨。奶山羊存栏 2 100 只，其中成年奶山羊 1 680 只，羊奶总产 421 吨，平均单产 251 千克。奶类生产涉及全省 6 个地级市 23 个县（区）；主要奶源基地分布在邵阳市城步县、常德市和长沙市，奶牛存栏数分别为 11 280 头、6 572 头、2 336 头，占全省奶牛存栏数的比例分别为 40.46%、23.57%、8.40%。奶山羊分布在娄底市的冷水江市。全省共有生鲜奶收购站 8 个，同比减少 2 个，年度收购生鲜奶 37 865 吨。本年度奶牛业总产值为 3.39 亿元，约占全省畜牧业的比重为 0.48%；整体发展趋势平稳，主要表现为奶牛存栏数基本维持，奶类产量略有下降；特点为规模化养殖场（小区）所占比重有所增长。

【乳品加工】2012 年，湖南省有乳品加工企业共 16 家，乳制品总产量 377 326.26 吨（折合为原料奶），其中生产奶粉 25 600 吨、液态奶 173 384.26 吨。与 2011 年度比较，乳品总产量增加了 28 605.26 吨，增幅为 8.2%；奶粉产量基本持平；液态奶产量增加 27 207 吨，增幅为 18.6%。全省乳品销售收入 41.76 亿元，利税总额 6.85 亿元。加工处理生鲜奶 10.6 万吨，年末从事乳品加工业人数为 3 500 人左右。2012 年度全省乳制品加工业的主要特点是液态奶的生产和销售呈现良好的增长势头，带动其增长的主要因素是学生奶市场的快速发展，全年学生奶市场增速达 70%；但全省乳品加工行业的利税出现了下降趋势。

【市场消费】经部分市州调查队抽样统计结果，2012 年湖南省城镇居民人均奶制品（折合成原料奶）消费量 19.2 千克左右，农村居民人均奶制品（折合成原料奶）消费 7.4 千克左右。城镇和农村人均奶类消费支出分别为 345.6 元/年和 133.2 元/年。市场消费的主要奶粉品牌有“雀巢”“多美滋”“贝因美”“雅培”“惠氏”“澳优”“美赞臣”“伊利”“飞鹤”“南山”“倍慧”“南仔”等，液态奶品牌有“光明”“伊利”“蒙牛”“宾家乐”“派派”“金健”“优蜜”等。乳品市场的消费趋势是奶粉市场基本稳定，并以婴幼儿奶粉为主；液态奶消费量逐渐上升。

【奶源基地】2012 年湖南省奶牛存栏规模 49 头以下的有 628 个场（户），存栏数为 16 921 头，占全省存栏总数的 60.7%；存栏奶牛 50～99 头的有 36 个场（户），存栏总数为 2 160 头，所占比重为 7.7%；存栏数在 100～499 头的场（小区）11 个，存栏数为 2 725 头，所占比重为 9.8%；存栏数为 500～999 头的规模场 1 个，存栏数为 501 头；1 000 头以上的规模养殖场 4 个，存栏总数为 5 572 头，占全省的比重为 20%。生鲜乳收购站达 8 个，其中政府、企业合建的 7 个，合作社建设 1 个。全省有生鲜乳运输车辆 9 台，机械化挤奶率达到 100%，尚未有牧场使用 TMR 技术饲养奶牛，参与奶牛生产性能（DHI）测定的规模化牧场为 6 家。2012 年全省集中招标采购奶牛冻精 3.6 万支，并分发到位，能繁育母牛全部享受良种补贴。湖南省奶牛养殖饲草以干稻草、青贮玉米秸秆、天然草场资源和人工牧草为主，省内城步县南山牧场有天然草山草坡 23 万余亩，主要用于奶牛放牧采食青草；另外，全省有人工种植牧草和青贮玉米面积约6 000亩，青贮玉米单季亩产为3 000千克，规模化牛场采购部分羊草、国内外的苜蓿草和燕麦草。疫病防控方面，全省各级动物疫病防检部门全力抓好奶牛疫病防控工作，100%的奶牛养殖场（户）开展了奶牛“两病”检疫工作；按要求定期注射疫苗；无重大疫病发生。在粪污处理上，散养户主要采用粪污直接还田（地），规模化养殖场采用粪便生产有机肥和简单处理后种植牧草。2012 年全省生鲜乳平均收购价格为 3.52 元/千克，其中规模场奶价平均达 3.80 元/千克，散养户奶价平均为 3.20 元/千克，主要乳制品企业收购奶源的价格和标准见表 5－20；泌乳牛年均效益为 2 000～3 000 元/头；牛奶价格及养殖效益相对比较稳定。

【奶农组织】全省成立了一个省级奶业行业协会和一个县级行业协会、两个奶牛养殖合作社。目前，参与协会和合作社的成员和会员共 146 名。2012 年组织相关的培训班和学习班共 4 次，培训奶牛养殖户和相关技术人员 285 人。

表 5－20　主要乳制品企业奶源收购标准和价格

养殖模式	收购标准	对应价格
规模化场（采用挤奶台或管道挤奶）	蛋白质：≥2.95% 脂肪：≥3.1% 微生物≤50 万	基础价格 3.6 元/千克；蛋白、脂肪每增加 0.1%加 0.03 元/千克；微生物每减少 10 万增加 0.02 元/千克。
养殖小区	蛋白质：≥2.95% 脂肪：≥3.1% 微生物≤50 万	基础价格 3.5 元/千克；蛋白、脂肪每增加 0.1%加 0.03 元/千克；微生物每减少 10 万增加 0.02 元/千克。
散养户	蛋白质：≥2.95% 脂肪：≥3.1% 微生物≤50 万	基础价格 3.1 元/千克；蛋白、脂肪每增加 0.1%加 0.03 元/千克；微生物每减少 10 万增加 0.02 元/千克。

【政策和法规】为促进全省奶业行业健康、持续发展，2012 年共出台了相关的政策、法规等文件共 3

项，分别为《湖南省2012年生鲜乳违禁物质专项整治方案》《湖南省畜牧水产局办公室关于开展生鲜乳违禁物质专项整治行动的通知》和《湖南省畜牧水产局关于开展2012年生鲜乳质量安全监测工作的通知》；制订并颁布奶业地方标准《湖南省奶牛饲养场建设规范》1项。

【质量监管】为深入开展乳品质量监管工作，2012年湖南省畜牧水产局下发了相关文件，明确了指导思想、工作目标、整治重点和主要措施，落实了各级生鲜质量安全监管责任。省、市、县三级畜牧主管部门分别成立了生鲜乳违禁物质专项整治工作领导小组，召开了专题工作会议，对生鲜乳质量安全专项整治行动进行了全面地部署安排，明确了工作任务和工作责任，签定了责任状，奶牛大县畜牧主管部门与生鲜乳收购站签订了生鲜乳收购安全监管责任状，逐级落实了生鲜乳质量安全监管责任。将生鲜乳质量安全监管工作实行三结合，即行政监管与乳品加工企业自管相结合，日常监管与突出检查相结合，项目实施与执法监管相结合。对全省所有生鲜乳收购站派驻了专业人员，实施生鲜乳质量监管，做到站站有人管，监管任务到人，监管责任到人，坚决依法管好生鲜乳质量安全。湖南省畜禽水产品质量安全检验检测中心按照省局的要求，抽调技术人员组成检查抽样小组，严格按照《农业部生鲜乳质量安全监测工作规范》对生鲜乳收购站和运输车进行抽样，现场检查。抽样监测生鲜乳样品82批次，其中农业部监测35批次，省监测47批次，奶牛饲料样品抽检87批次，分上半年和下半年2次进行。农业部监测35批次中，生鲜乳收购站18批次，运输车17批次。检测指标为碱类物质、β-内酰胺酶、三聚氰胺、皮革水解物、硫氰酸钠五个指标，省监测47批次，检测项目为黄曲霉素M_1、甲砜霉素和铅三个指标，经检测，生鲜乳所检指标合格率100%。牛饲料样品87个，所检样品黄曲霉素指标全部合格。

【奶业大事记】

1. 湖南湘密乳业有限公司成立。公司于2012年8月1日登记注册，注册资本2 068万元，坐落于隆回县城南工业园，占地38亩，建筑面积16 500平方米，拥有全自动灌装生产线4条。该公司于2012年8月通过国家液态奶加工认证审查，9月正式投产，2012年度生产销售液态奶3 000吨，实现销售收入3 000多万元。

2. 加比力（湖南）食品有限公司全资收购湖南南山食品有限公司。加比力（湖南）食品有限公司是一家专业从事婴童食品用品研发、生产、销售和服务的湖南省十大农业产业化龙头企业，公司成立于2008年9月，注册资本4 000万元，拥有总资产近3亿元。加比力公司于2012年成功将湖南南山食品有限公司品牌、厂房、设备、技术、土地及生产销售团队收购、整合，并完成婴幼儿配方乳粉生产许可证主体名称变更。收购后的公司拥有国际一流的奶粉自动生产线3条，年生产奶粉能力可达到3万吨，市场价值达20个亿。

湖南省奶业协会　刘海林

广　东　省

【奶类生产】截至2012年年底，广东省存栏荷斯坦牛5.75万头，成母牛3.47万头，牛奶总产量17.1万吨，成母牛平均单产4.93吨/头；奶水牛0.51万头，成母牛0.23万头，水牛奶总产量0.53万吨，平均单产2.30吨/头。奶牛主要分布在珠江三角洲地区，其中：广州市1.68万头，惠州市1.05万头，清远市0.87万头，肇庆市0.57万头，深圳市0.55万头。

【乳品加工】根据《工业和信息化部 国家发展和改革委员会 国家质量监督检验检疫总局关于在乳品行业开展项目（企业）审核清理工作的通知》（工信部联消费［2010］598号），广东省工业与信息化委员会于2010—2011年对全省的乳品加工企业进行重新审核清理，乳品加工企业由审核清理前的53家减少到审核后的38家，其中液体乳生产企业28家，奶粉（婴幼儿配方奶粉）生产企业10家（其中外资企业3家，合资企业4家，内资企业3家）。

【市场消费】2012年广东城镇居民乳制品消费量：鲜奶7.33千克/人，消费金额86.24元，奶粉0.60千克/人，消费金额97.06元，酸奶1.77千克/人，消费金额23.04元，其他乳制品消费39.71元。城镇居民家庭平均每人全年乳制品消费支出246.05元。随着经济的不断发展和人民生活水平的不断提高，奶类产品的消费量呈现上升趋势。

【奶源基地】广东省奶牛规模化养殖水平高，其中奶牛存栏1 000头以上的养殖比重达55.8%；500～999头的占12.9%；200～499头的占13.3%；100～199头的占8.9%；20～99头的占9.0%；20头以上不足0.1%。

奶牛规模化养殖水平高，极大地促进了机械化和标准化发展，百分百实现机械挤奶，生鲜奶的质量和卫生指标均高于国家标准的要求：蛋白质含量均在2.95%以上（绝大部分在3.0%～3.3%），细菌卫生指标全部在20万以下（绝大部分在5万以下，有的甚至只有几千）；生鲜奶购销全部实行订单生产：即于每年11～12月，广东省奶业协会主持召开几次生鲜奶购销沟通协调会（包括奶农之间、乳品企业之间、奶农与乳品企业之间），并于12月底前在行业内发布生鲜奶购销参考价，同时组织奶农与乳品加工企业共同签订2013度的生鲜奶购销合同，明确规定生鲜奶供应的时间、数量、质量、价格、检测方法与奖罚条款等。这样在2013年，奶农就可以专心地养健康牛、出优质奶，不用担心市场销路；而乳品加工企业也可以全力做好乳品加工与市场开发，不用担心奶源问题。生鲜奶实行优质优价，2012年生鲜奶价格在4 850～5 400元/吨不等，平均价5 000多元。生鲜奶除每天供港50多吨外，全部用于生产液体奶（包括巴氏杀菌乳即鲜奶、纯牛奶和酸奶等），没有用于奶粉加工。

2012年广东省扶持奶牛养殖业发展的主要措施：

1. 奶牛良种补贴。2012年共实施奶牛良种补贴36 810头，每头能繁母牛补贴两支（奶水牛有3支）冷冻精液共30元，补贴资金110.43万元，全部由中央财政支付。

2. 优质后备母牛饲养补贴。对享受奶牛良种补贴改良后的优质后备母牛给予饲养补贴，每头一次性补贴500元。2012年共实施优质后备母牛饲养补贴11 112头，补贴资金555.6万元。省级财政对东西两翼和粤北地区以及江门开平市的优质后备母牛饲养补贴给予补助（其中江门开平市补助70%），省与各级地方财政分别负担补贴资金的60%和40%；珠三角地区所需资金全部由各级地方财政自行解决。

3. 奶牛场标准化建设。2012年对奶牛存栏量在300头以上的养殖场实施标准化改扩建项目6个，分成三个档次：300～499头的1个，建设补助资金80万元/个；500～999头的1个，建设补助资金130万元/个；1 000头以上的4个，建设补助资金170万元/个。补助资金共890万元，全部由中央财政支付。

4. 奶牛生产性能测定项目。2012年继续实施奶牛生产性能测定项目2 500头，每头补助测定经费70元，补助资金共17.5万元，全部由中央财政负责。

【奶农组织】广东省于1987年9月16日成立广东省奶业协会，2012年11月9日在广州市天虹宾馆召开广东省奶业协会第六届会员大会，广东省畜牧技术推广总站副站长陈三有研究员当选为会长，广州市奶牛研究所有限公司副总经理汪翔高级畜牧师当选为秘书长。晚上举行了广东省奶业协会成立25周年纪念活动，中国奶业协会秘书长谷继承，广东省农业厅党组成员、副厅长郑惠典，广东省农业厅党组成员、纪检书记王力伟，广东省畜牧兽医局副局长罗展光，广州市农业局总畜牧兽医师王奕青，原广东省畜牧局副局长、广东省奶业协会第一届副会长黄绍荣，美国驻广州总领事馆农业领事桑河（Jorge Sanchez），广西壮族自治区奶业协会秘书长李仕坚，福建省奶业协会秘书长吴大新，湖南省奶业协会秘书长刘海林，广东省各有关协会、学会的领导和广东省奶业协会新老领导及会员代表共300余人汇聚一堂，回顾历史，展望未来，共同庆祝广东省奶业协会成立25周年。协会常年办有《南方奶业网》网站和《广东奶业》期刊。

2012年广东省奶业协会的主要工作：

1. 组织召开广东省奶业协会第六届会员大会。选举产生了新一届理事会及专业委员会，聘任了名誉会长和顾问等，成立了广东省奶业协会专家库。

2. 认真开展技术培训。3月8日，组织有关乳品企业负责人参观第十九届中国国际包装工业展览会；3月19日，在广州市举行“奶牛防疫管理和提升免疫力技术培训班”；4月17日，在清远市举行“2012南方奶牛营养科技与繁殖论坛”；7月9日，在广州市举办“奶牛保健100天技术研讨会”；8月16～22日，组团赴内蒙古和山东考察有关种公牛站及性控冷冻精液的使用；11月9日，举行广东省奶业协会成立25周年纪念活动，11月10日组织召开广东省草业和奶业论坛。

3. 开展“世界牛奶日”公益宣传。联合广州市奶业管理办公室和广东省畜牧推广总站，在2012年世界牛奶日期间，举办以“喝放心奶，强健全家人”为主题的公益宣传活动，组织全省有关企业共同郑重签署《〈开展“三打两建”行动，铸就安全放心广东奶〉承诺书》。免费派发乳品消费指南宣传册，组织多名乳品和营养学专家现场为参观市民解答科学饮奶疑问，举行了多轮形式多样的科学饮奶知识问答抽奖活动等。

4. 认真做好奶业生产统计工作。认真做好生鲜乳收购站统计监测、广东省奶业生产统计和《中国奶业年鉴》中广东奶业情况的编纂工作。

【质量监管】截至2012年年底，共建立生鲜奶收购站49个，其中广州市16个，惠州市9个，清远市6个，深圳和珠海市各4个，佛山和韶关市各2个，汕头、梅州、湛江、茂名、江门和肇庆市各1个，全部实行持证经营。

为保障奶制品安全，广东省以实施农业部2012年生鲜乳质量安全监测计划为契机，组织农业部饲料质量监督检验测试中心（广州），对全省奶业主产区进行细致检查和抽样，全年共抽样70批次，其中生鲜乳收购站环节抽样62批次，运输车环节抽样8批次，对70份样品均检测三聚氰胺，合格率为100%；对其中的35份样品检测皮革水解物、β-内酰胺酶和氰酸钠，合格率为100%。

此外，还专门拨付资金，对广州、惠州、珠海等8个市的奶牛养殖场、生鲜乳收购站等环节进行采样检测，共抽取样品80批次，全部进行三聚氰胺、β-内酰胺酶、黄曲霉毒素M_1、青霉素类抗生素以及氨基糖苷类抗生素5个项目的检测，合格率为100%。

【企业名录】广东省部分奶牛养殖场和乳制品加工厂名录见附表1和附表2。

广东省畜牧技术推广总站　陈三有

附表 1：

广东省部分奶牛养殖场（小区）名录

序号	名　称	养殖场	小区	全群存栏（头）	成母牛存栏（头）	奶畜品种	成母牛单产（吨/年）	年总产（吨）	是否参加DHI	是否应用TMR
1	广州珠江牛奶有限公司	√		1 700	1 000	荷斯坦	8.2	8 200	√	√
2	广州市华美牛奶公司（含增城分场）	√		4 286	2 037	荷斯坦	6.9	14 023	√	√
3	肇庆市鼎湖温氏乳业有限公司鱼湾奶牛场	√		4 200	2 100	荷斯坦	6.8	14 300		√
4	肇庆市鼎湖温氏畜牧有限公司	√		5 000	3 000	荷斯坦/娟姗	6.1	18 350		√
5	晨光牛奶分公司新陂头牛场	√		1 800	980	荷斯坦	6.1	5 800	√	√
6	英德市九龙镇安兴奶牛场	√		2 100	1 150	荷斯坦	6.0	6 900		√
7	英德市横石水镇蒙牛第二十牧场	√		1 378	1 021	荷斯坦	5.9	5 600		√
8	晨光牛奶分公司柏塘奶牛场	√		1 900	1 200	荷斯坦	5.8	7 000	√	√
9	广州市燕海奶牛科技研究有限公司	√		1 303	784	荷斯坦	5.7	4 500		√
10	广州市奶牛研究所有限公司	√		1 687	869	荷斯坦/娟姗	5.4	4 669	√	√
11	晨光牛奶分公司圳美牛场	√		1 500	870	荷斯坦	5.2	4 500	√	√
12	惠州健源奶牛发展有限公司		√	1 485	850	荷斯坦/娟姗	5.0	4 250		
13	广东燕塘乳业股份有限公司红五月良种奶牛场分公司	√		1 512	667	荷斯坦	4.8	3 200	√	√
14	晨光牛奶分公司凤凰牛场	√		1 200	750	荷斯坦	4.7	3 500	√	√

附表 2：

广东省部分乳制品生产企业名录

序号	名　称	许可证号码	年收购原奶量（吨）	平均支付价格（元/千克）	自有奶源量（吨）	年乳制品产量（吨）	巴氏杀菌乳（吨）	UHT奶（吨）	酸奶（吨）	奶粉（吨）	奶油（吨）	奶酪（吨）	乳饮料（吨）	整体设计加工能力（吨/年）	产品销售区域	年销售收入（万元）	利润（万元）
1	广州光明乳品有限公司	QS440105011639；QS440106010408	0	5.05	17 506	35 841	1 619	—	34 222	—	—	3 254	40 000	广东、广西、海南	34 531	758	
2	广东燕塘乳业股份有限公司	QS440106010355；QS440105010164	33 737	5.05	3 200	32 602	14 452	12 899	5 251	—	—	65 303	100 000	广东省	77 399	8 147	
3	深圳市晨光乳业有限公司	QS440305010260	13 518	4.90	22 300	28 793	15 358	9 189	4 246	—	—	57 002	120 000	广东省	8 5022	3 481	
4	广州风行牛奶有限公司	QS44010510086	14 749	4.37	7 382	17 749	6 936	5 324	2 445	—	—	22 540	48 000	广东省	33 849	2 807	
5	绿雪生物工程（深圳）有限公司	QS440305010844；QS440306013124	15 000	5.23	—	16 104	—	—	8 419	—	—	7 685	50 400	广东、湖南、海南、湖北、福建、广西	32 435	5 818	
6	广美香满楼畜牧有限公司	QS440105010745	12 000	5.40	3 600	8 600	6 000	—	11 000	—	—	1 500	40 000	广东省	20 000	300	
7	广东南昆山乳业有限公司	QS441308011048；QS441308011048	—	—	3 375	4 650	2 905	1 745	—	—	—	1 100	10 000	广东省、湖南省	4 504	190	
8	广州华农大食品科技有限公司	QS440105011304	1 300	5.4	—	2 600	300	—	2 300	—	—	—	22 000	珠三角（广州为主）	2 000	140	
9	广州市强强兴乳品有限公司	QS440105010515	—	5.35	1 200	2 200	40	—	1 500	—	—	1 000	36 000	广东省	2 000	160	
10	汕头经济特区澳士兰牧场有限公司乳品加工厂	QS440505010691；QS440506013247	—	5.0	1 400	2 150	750	—	200	—	—	1 200	10 800	粤东	1 446	563	

广西壮族自治区

【奶类生产】广西奶业生产快速增长。2012 年广西奶牛年末存栏 8.77 万头，增长 13.11%，其中能繁母牛存栏 5.16 万头，增长 3.98%。荷斯坦牛存栏 1.87 万头，其中能繁母牛 1.25 万头，分别增长 5.65%和持平。奶水牛存栏 6.90 万头，其中能繁母牛 3.91 万头，分别增长 15.38% 和 5.39%。奶产量 10.008 万吨，增长 5.37%。荷斯坦牛奶产量 6.78 万吨，水牛奶产量 3.30 万吨，分别比 2011 年增加 2 600 吨、9 400 吨，增长 3.99%、39.83%。

优势区域和规模养殖不断发展。广西奶业发展逐步形成两大优势区域。荷斯坦奶牛已形成以南宁、柳州、来宾、贵港、防城港五市为中心的产区，2012 年有荷斯坦奶牛存栏 1.60 万头，占广西荷斯坦奶牛总数的 85.56%；奶水牛已向规模场或小区养殖方向发展，形成了以钦州、北海、玉林、南宁、来宾五市为主体的奶水牛产区，2012 年这个产区奶水牛存栏 6.61 万头，占广西存栏总数的 95.80%，养殖奶水牛的农户达 16 652 户，占广西养殖总数 17 817 户的 93.46%，存栏 50 头以上的规模养殖场（小区）53 个，存栏奶牛 23 383 头，占广西存栏总数的 33.89%。

2012 年广西奶类产值为 4.35 亿元（其中水牛奶 2.64 亿元）。

生鲜乳价格稳中有升。2012 年牛奶收购价格：荷斯坦牛奶 3.8 元/千克，上涨 5.56%；水牛奶 8.0 元/千克，上涨 5.26%。饲养年产 1.6 吨的奶水牛年可获利 3 000元左右。

广西奶业发展趋势。广西奶业的特色是奶水牛。奶水牛养殖业已成为当下广西农村经济的一个新的增长点，奶农养殖一头奶水牛平均每年可获利 3 000 元左右。广西各级政府也把这项工作纳入重要议事日程，出台有关政策，加大发展力度。根据广西奶水牛业发展现状，从总体上讲，今后水牛乳生产规模的扩大，主要靠科技进步、提高奶水牛单产水平而得以实现。

【乳品加工】2012 年广西获得食品生产许可证的乳制品企业 18 家，其中婴幼儿配方乳粉企业 1 家。2012 年全区乳制品产量为 94 871 吨（其中奶水牛奶乳制品 33718 吨），其中液态乳 90 685 吨，占 95.59%；乳粉产量（含婴幼儿配方乳粉）4 186 吨，占 4.41%。2012 年全区乳制品企业的产值总量约 117 463.3 万元（其中奶水牛奶乳制品产值 30 346 万元）。

主要产品为液态奶（巴氏杀菌乳、灭菌乳、调制乳和发酵乳）、乳饮料。18 家乳制品企业是：广西皇氏甲天下乳业股份有限公司、广西石埠乳业有限公司、南宁童乐乳业有限公司、广西大学农大食品厂、广西壮牛乳业有限公司、广西畜牧研究所乳品厂、广西灵山百强水牛奶乳业有限公司、广西柳州三元天爱乳业有限公司、柳州市康小乐牛奶有限公司、广西皇氏甲天下乳业股份有限公司来宾分公司、北海贝因美食品营养有限公司、合浦南国乳品厂、广西玉林市桂牛水牛奶业有限公司、崇左市天添乳品厂、广西普生三凤乳业有限公司、广西农垦西江乳业有限公司、广西百色壮牛牧业有限公司、广西明旺食品有限公司。

其中加工奶水牛乳制品的企业主要有广西皇氏甲天下乳业股份有限公司、广西壮牛乳业有限公司、广西灵山百强水牛奶乳业有限公司和广西百色壮牛牧业有限公司，2012 年实际加工水牛奶产品 4.5 万吨，主要有巴氏杀菌乳、酸奶、UHT 奶、乳饮料等系列 20 多个品种，包装有瓶装、杯装、袋装、听装和利乐包装等，部分产品和奶酪远销香港、北京、上海等地。

【市场消费】2012 年广西总人口 4 712 万人，奶产量 10.008 万吨，人均奶类占有量 2.12 千克。广西乳制品消费以巴氏杀菌乳和超高温灭菌乳为主，各占市场的 50%，市场销售价在 8 000～10 000 元/吨，有荷斯坦牛奶和水牛奶两大类，荷斯坦牛奶占 80%、水牛奶占 20%，高端乳制品有摩拉菲尔水牛奶系列产品，市场销售价为 15 000 元/吨，占市场的 10%。随着社会进步和经济发展，人民生活水平不断提高，广西奶类产品的消费量呈上升趋势。

【奶源基地】2012 年年底，广西存栏奶牛 100 头规模以上的奶牛养殖小区（场）共 76 个，存栏奶牛 38 012 头，奶牛品种主要有荷斯坦牛、奶水牛和娟姗牛。其中钦州市 29 个、南宁市 28 个、来宾市 4 个、玉林市 2 个、柳州市 6 个、贵港市 2 个、百色市 2 个、北海市 1 个、防城港市 1 个、桂林市 1 个。存栏规模 100～300 头的小区（场）25 个，300～500 头规模 25 个，500～1 000头规模 20 个，1 000 头规模以上 6 个；属于奶企自建的奶牛养殖小区（场）共 23 个，私营公司办的为 13 个，个体 40 个。见表 5－21 和表 5－22。

表 5－21　2012 年奶牛饲养情况

规模（头）	场（户）数	年存栏数（头）	占总奶牛存栏比例（%）	机械购置补贴	规模养殖场改扩建补助	备　注
1～5	17 148	36 353	41.44			
6～20	700	11 566	13.18	无	无	
21～100	39	1 803	2.06	无	无	

（续）

规模（头）	场（户）数	年存栏数（头）	占总奶牛存栏比例（%）	机械购置补贴	规模养殖场改扩建补助	备　注
101～300	25	4 647	5.30	无	无	
301～500	25	10 251	11.68	无	无	
501～1 000	20	14 057	16.02	无	无	
1 000 头以上	6	9 057	10.32	无	无	
合计	17 963	87 734				

表 5－22　奶业产业化水平

	单位	2012 年
奶农户总数	万户	1.714 8
平均规模	头/户	2.12
养殖小区和规模场	个	815
规模化养殖比例	%	58.56
机械化挤奶比例	%	52.87

2012 年广西认真抓好奶牛良种补贴工作。主要把好两关：一是建立健全奶牛（荷斯坦牛和奶水牛）系谱档案和耳标制度，核查核准补贴牛数；二是开展种公牛（主要是奶水牛）的遗传评估工作，加快种公牛后裔测定的进程，核查核准补贴种公牛数和冷冻精液补贴数。逐渐做到凡不经过遗传评估的种公牛不再纳入补贴范围，凡不建立系谱档案和耳标制度的也不纳入补贴范围。2012 年共补贴荷斯坦牛 15 000 头，计 45 万元（每头补贴 30 元，即 2 支冻精），奶水牛 280 000 头，计 500 万元（每头补贴 30 元，即 3 支冻精）。

广西有草山草坡 9 700 万亩，适宜各种牧草和植物生长，还有 1 700 多万亩可轮种牧草的冬闲田，800 多万亩可套种牧草的果园，每年种植业可出产 4 000 多万吨的农作物副产品，其中甘蔗叶、尾梢生产季节与枯草期同季，互补性很强。2012 年广西从五个方面抓好粗饲料开发工作。一是大力发展高产优质专用牧草料基地，逐步建成三元种植业结构；二是发展冬闲田种植一年生黑麦草，确保饲草的季节平衡；三是大力发展果园间套种豆科牧草，优化饲草供给结构，防止水土流失；四是科学利用玉米秆、甘蔗叶、菠萝渣、酒糟等优质副产品，提高资源利用水平和农业效率；五是调进部分北方地区优质干草。全年推广单一高产牧草 11 万亩，实施林果间套种牧草 8 万亩、冬闲田种草 10 万亩；科学利用秸秆饲料 690 万吨，同比增长 1.85%。

2012 年广西认真抓好奶牛疫病防控工作。主要是健全和完善自治区、市、县、乡四级动物防疫监督机构；加强动物防控体系的基础设施建设，重点是自治区级的动物疫情收集分析、汇总、预警、预报的计算机系统和疫情信息库、动物疫病（主要是口蹄疫、结核病、布氏菌病）诊断、检测系统、生物安全实验室；加强省际公路动物防疫监督检查；大力开展牛病的防治工作，大力宣传、普及牛病的防治技术，加强牛病的监测，定期开展牛病免疫、消毒工作，加强区外、境外牲畜及其运输车辆进入我区的管理，严防疫情传入。由于措施到位，2012 年广西奶牛养殖业无重大疫情发生。

【奶农组织】广西奶农合作社和协会的建设属于起步阶段，没有新的进展。

2012 年，广西各级畜牧部门针对奶农对政策法规、生产管理技术等不够了解的实际情况，组织开展一系列有关培训，效果显著。据统计，2012 年举办了政策普法培训班 30 期，培训人员达 3 000 多人次。举办奶牛人工授精、科学饲养技术和水牛性控冻精技术培训班 51 期，累计培训学员 2 275 人次。建立了水牛人工授精技术平台和技术网络，加快了广西水牛人工授精技术的普及。举办生鲜乳监督管理培训班 19 期，培训人数 556 人次，发放宣传资料 3 800 多份。

【法规和政策】广西水产畜牧兽医局办公室于 2012 年 1 月 31 日印发了《广西奶水牛产业发展“十二五”规划（2011—2015 年）》。该规划提出广西奶水牛产业发展目标为：

2015 年，杂交母水牛存栏量达到 40 万头，其中产奶杂交母水牛达到 20 万头，平均单产达到 1.5 吨，水牛奶总产量力争达到 30 万吨。

2015 年奶水牛产业总产值力争达到 100 亿元，比 2010 年奶水牛产业总产值 7.56 亿元增加 92.44 亿元。

建设重大项目为：

1. 第一产业重大项目。

（1）良种繁育及杂交改良工程。加强种公牛站、高产奶水牛育种场（基地）、改良配种站点的建设，开展奶水牛胚胎移植、种公牛的后裔测定，有条件的开展良种母牛生产性能测定，全面提升奶水牛核心群和种公牛质量。

①种公牛站建设。扩建自治区畜禽品种改良站，新增种公牛 100 头，总规模达到 200 头；建设 3 个省种公牛站分站，每个站采精公牛分别达到 60～70 头。全区年产冻精 200 万支。

②育种核心群建设。建设 1 个饲养 1 000 头河流型母牛育种基地，1 个 500 头规模的胚胎移植受体基地。

③水牛胚胎生产基地建设。建设年产 40 000 枚良种水牛胚胎生产基地。

④水牛种公牛后裔测定。开展水牛种公牛后裔测定，良种登记，建立生产性能记录制度与评价系统，强化品种选育工作。

⑤水牛品改基地建设。在目前牛品种改良体系的基础上，强化品种改良队伍的稳定和技术提高，改善工作条件，推广来宾、贵港等地水牛品种改良市场化运作的成功经验。

(2) 奶源基地建设。建设一批杂交牛和挤奶水牛养殖场（小区），推进标准化规模饲养，配套推进集中挤奶、统一服务的生产模式，建设与水牛奶业发展相适应的奶站。

①杂交牛和挤奶水牛养殖小区。建设 1 000 个饲养 200 头左右的奶水牛养殖（场）小区，规模化、标准化养殖达到 50%。

②培育专业养殖户。在奶水牛重点县或乡镇，培育一批养殖规模 5 头以上的养殖专业户。

③奶站建设。建设 100 个日处理原料奶 10 吨左右的收奶站。

④奶水牛合作社建设。在养殖奶水牛达到 200 头以上的村、屯，建立一个奶水牛养殖协会或合作社；乡镇一级建立合作联社。

(3) 饲料基地建设。扶持、建设一批饲草饲料集聚加工配送企业，推进建设人工草地、农副产品收集利用，提高奶水牛产业发展的饲草料供给保障能力。

2. 第二产业重大项目。选择支持开发高端水牛奶制品意向明确的乳品加工企业，引进先进加工设备和加工工艺，建立与企业生产能力相适应的储运系统，扩大生产规模，提高产品质量，带动奶源基地的发展。

3. 监督和服务能力建设项目。

(1) 乳品质量安全监管项目。建立相关机构，配备必要设施设备，建立制度体系，全面提高自治区、市、县和第三方乳品质量安全监管能力。

(2) 核心技术能力提升项目。重点是生物技术攻关和应用，加快良种水牛活体采卵，提高胚胎生产效率和质量、胚胎移植的受胎率以及性别控制等关键技术的攻关与应用。

政策措施为：建立科学的政绩观和绩效考核机制；建立以财政激励为基础、各方投入为主导的资金投入支持体系；实行优惠的税收政策；鼓励企业研发高端产品和品牌创造；放宽用地用电政策；建立奶水牛业"绿色通道"；探索建立奶水牛保险财政补贴制度。

【质量监管】至 2012 年年底，全区持有生鲜乳收购许可证的生鲜乳收购站共 36 个，其中乳制品企业奶站 27 个，养殖场奶站 7 个，合作社奶站 2 个；分布于：南宁市 18 个、钦州市 6 个、来宾市 2 个、柳州市 3 个、桂林市 1 个、北海市 1 个、防城港市 1 个、崇左市 1 个、玉林市 1 个、贵港市 1 个、百色市 1 个；已核发生鲜乳运输许可证的运输车辆共 27 辆，其中乳制品企业自有 22 辆，其他 5 辆。

2012 年广西各级畜牧部门把打击在生鲜乳中添加违禁物质的违法行为作为工作重点，严格按照中央和自治区有关文件精神与要求抓好生鲜乳收购站监督检查工作。从各地抽检情况看，所有抽检生鲜奶样品和奶牛场（户）自配饲料样品中都未发现三聚氰胺等有害物质，生鲜乳中三聚氰胺检测合格率 100%，奶牛场（户）自配饲料中三聚氰胺检测合格率 100%。

2012 年广西在生鲜乳质量监管方面主要把好四关。

一是加强领导，进一步落实生鲜乳质量安全责任。

广西水产畜牧兽医局高度重视生鲜乳质量安全监管工作，列为 2012 年部门绩效考核重点工作之一，制定并印发了《2012 年广西生鲜乳质量安全监测计划》（桂渔牧发［2012］10 号）、《关于 2012 年进一步加强水产畜牧产品质量安全监管工作的意见》（桂渔牧发［2012］39 号）、《关于印发 2012 年广西水产畜牧产品质量安全例行监测方案的通知》（桂渔牧发 13 号），在下发《生鲜乳收购站质量安全"黑名单"制度（试行）》（农牧发［2012］11 号）通知的同时着手制定印发《广西水产畜牧产品质量安全"黑名单"管理制度》，要求各级畜牧兽医部门在当地政府的统一领导下，认真履行生鲜乳质量安全监管职责，落实监管措施，加大监管力度，严厉打击违法违规行为。各市、县（区）制定相应监测计划的实施方案，建立健全相关工作机制，组织专门力量，明确分工，责任落实到具体单位、具体环节和个人。监测机构严格遵守相关工作规范，确保抽样、送样、异议处理等程序合法。同时，要求各地进一步规范生鲜乳生产、收购和运输行为，加大生鲜乳和奶畜饲料抽检覆盖面和频次，依法严厉打击奶畜养殖、生鲜乳收购和运输环节违法添加三聚氰胺等违禁添加物的行为。

二是严格生鲜乳收购运输许可管理，建立信息动态管理和月度跟踪制度。

各地畜牧兽医主管部门本着"谁许可、谁监督、谁负责"的原则，严格审核生鲜乳收购站资质条件，确保只对取得工商登记的乳制品生产企业、奶畜养殖场、奶农专业生产合作社发放生鲜乳收购许可证，确保获证收购站达到《乳品质量安全监督管理条例》"五有一符合"的规定。对生鲜乳运输车辆按照《生鲜乳生产收购管理办法》（农业部令 2008 年第 15 号）的规定，从贮奶罐材料材质、设计制造、清洗消毒状况、运输人员条件、交接单执行情况等方面逐条审核，确保只对符合条件的车辆发证。

2011 年我区生鲜乳收购站在拉网式检查整改基础上，广西水产畜牧兽医局于 2012 年 4 月中旬及 8 月底至 10 月初，两次组织开展全区生鲜乳收购站、生鲜乳运输车全覆盖式拉网检查，对已发证的全部生鲜乳收购站和运输车辆重新进行审核，不符合条件的限期整改，整改不合格的要坚决取缔，如 2012 年 10 月检查广西玉林市桂牛水牛乳业有限公司收奶站存在生鲜乳收购许可证过期问题，经过限期整改达到要求后重新予与发证。

同时，各市畜牧兽医部门安排专人做好生鲜乳收购站和运输车辆的统计工作，建立生鲜乳收购站和运输车辆信息动态管理和月度跟踪制度，并将本市《生鲜乳收购站基本情况统计表》和《生鲜乳运输车辆基本情况统计表》于每月15日前上报广西水产畜牧兽医局畜牧与饲料处。

三是加强例行监测，提高安全意识。

到目前为止有关市、县共安排监测资金36.92万元，对生鲜乳收购站、运输车进行例行检查，共出动执法人员823人次，检查奶站、养殖场349次，检查运输车234车次，抽检722批次，结果均符合规定。同时，各市县有针对性地开展相关培训，已举办培训班19期，培训人数556人次，发放宣传资料3 800多份，通过技术培训和不定期取样监测，使奶牛养殖者、奶站经营者知晓法律规章和国家标准规定，进一步提高了生产者、经营者的质量安全意识，使其自觉依法规范生产和经营。

四是加强奶牛养殖场检查，从源头确保生鲜乳安全生产。

各相关市、县（区）畜牧兽医部门在2011年对规模奶牛养殖场（小区）检查的基础上，2012年进一步加大对奶牛养殖场的检查和监测，重点检查在生产过程中有无违法添加兽药、饲料和饲料添加剂等投入品，使用投入品记录是否规范，指导养殖户完善养殖档案。同时，加大了奶牛场备案登记。

生鲜乳质量监管取得的成效：

两次拉网式检查共现场检查生鲜乳收购站66站次，生鲜乳运输车辆55车次，检查覆盖面达到100%。2012年自治区级现场检查共抽取生鲜乳样品96批次，检测三聚氰胺96批次、皮革水解蛋白和β-内酰胺酶44批次、黄曲霉毒素$M_1$14批次，检测碱类物质和硫氰酸钠28批次，检测结果除硫氰酸钠按文件要求未作判定外，其余项目结果均符合规定。从现场检查和监测结果看，广西生鲜乳收购站、生鲜乳运输车未发现非法添加违禁物质的行为，未发生生鲜乳质量安全事故，生鲜乳质量安全总体上是有保障的。

与2011年相比，我区生鲜乳生产、收购、运输环节有较大改善。一是生鲜乳收购站标准化程度有所提高，大多生鲜乳收购站按照检查标准进行了改造和完善；二是建立健全了相关质量安全制度，记录规范完整；三是部分收奶站配备了乳成分快速检测仪，质量检测有保障；四是人员素质、操作规范以及质量安全意识等方面都得到提高。

【奶业大事记】2012年9月14日，自治区副主席陈章良主持召开了广西水牛奶业发展座谈会，会后形成了《广西水牛奶业发展座谈会纪要》；自治区水产畜牧兽医局年底形成《关于做大做强广西水牛奶业发展的若干意见（送审稿）》报自治区党委、自治区人民政府审定。

广西壮族自治区水产畜牧兽医局　畜牧与饲料处

海　南　省

【奶牛养殖】2012年，海南省奶牛存栏0.9万头，与2011年基本持平。牛奶产量0.2万吨，比上年增长5.3%。

【乳品加工】2012年，海南省乳品加工量0.42万吨，比上年增长5.0%。

【乳品消费】2012年，海口市人均购买鲜乳品数量为3.77千克，购买金额38.53元；人均购买酸奶数量为1.01千克，购买金额8.36元；人均购买奶粉数量为0.68千克，购买金额94.52元。

中国奶业协会秘书处　周振峰整理

重　庆　市

【奶类生产】2012年，重庆市奶牛养殖因受近郊限养、动物疫病、地区气候环境不利、饲料粮价格居高不下、草料缺乏等不利因素影响，奶牛存栏数量有所减少。截至2012年12月，全市存栏奶牛18 285头，同比减少10.6%，其中成年母牛存栏12 469头，牛奶产量67 855吨。全市畜牧业总产值453.4亿元，奶牛养殖业总产值3.12万元，占畜牧业产值的0.7%。奶牛养殖主要分布在江北区、渝北区、长寿区、万州区、永川区、南川区、荣昌县、垫江县、开县、巫溪县等区县。

受两江新区建设、创建模范卫生城市和污染治理等政策影响，近郊奶牛向远郊转移。远郊快速发展，近郊迅速萎缩，同时散养户减少，规模养殖增加。奶牛养殖场户从2010年的3 200余个减少到2012年的1 436个；其中20头以上规模养殖比例占存栏量的70.34%；50头以上规模比例占59.19%；100头以上规模比例占52.48%。

【乳品加工】全市有3家乳制品加工企业，年处理鲜奶能力65万吨。产品品种多达50余个，包括巴氏杀菌乳、超高温灭菌奶、酸牛奶、乳饮料、乳酸饮料等。2012年全年生产乳制品25.88万吨，其中巴氏消毒乳22 035吨、酸牛奶49 980吨、超高温灭菌奶62 290吨、乳饮料及乳酸饮料124 450吨。

乳制品加工企业不断发展壮大，加工能力和实际加工量增长，本地市场份额增加。大型乳品加工企业重庆天友乳业股份有限公司已经发展成一家大型乳业集团公司，正做上市前期准备。乳品加工企业面临加工奶源紧缺、原料奶涨价、生产成本压力增加，为了获得更多的原料奶，在本地养牛环境不利、发展缓慢的情况下，加工企业放缓了本地原料奶基地建设，在市外宁夏回族自治区、四川省建立奶源基地。

【市场消费】消费现状：重庆是一个人口众多的大城市，常住人口多，流动人口也多，乳制品消费力强。随着城市人口的增加和市民生活的改善，乳制品消费呈上升趋势，特别是液态奶的消费成为不同年龄段成年人群消费的主要品种。2012年全市人均消费乳制品24.66千克，其中城镇人均消费乳制品40.2千克，较2011年增长9.7%；农村居民乳制品消费量4.08千克，较2011年增长12.6%。

消费特点：从市场消费特点看，绝大多数消费者仍以购买方便、贮藏简单的超高温灭菌奶为主，选择以巴氏杀菌乳和酸牛奶为主的鲜奶消费人群逐渐增加。从消费情况看，各国对中国公民奶粉的限购再次引发国人对本国乳制品质量问题的担忧，选择什么品牌的乳制品显得无所适从，更加关注乳制品质量和了解乳制品知识。但消费者对乳制品知识仍然知之甚少，本地鲜奶消费市场蕴藏巨大潜力。网络上不时出现诋毁乳制品营养价值的文章，让一些消费者对乳制品营养价值产生怀疑，少数消费者从而放弃饮用乳制品改为饮用豆制品。

表5-23　乳制品市场价格

品种	规格	250mL	500mL	1 000mL	高端产品
超市价格	巴氏杀菌乳	3.4	6.5	10.5	19.9/1 000mL
	超高温灭菌奶	2.5	5.0	10.0	18.0/1 000mL
	原味酸牛奶	4.0			4.5/160g
	果粒酸牛奶	8.5			4.5/160g
	乳饮料	4.0			
订户价	巴氏杀菌乳	3.75			
	瓶装酸牛奶	3.75			

【奶源基地】规模养殖：随着规模养殖的发展和奶牛向远郊转移，散养户逐步减少，规模养殖比例明显提高。全市有奶源基地17个，主要分布在“两翼”地区。50～99头规模场20个，养殖比例占6.71%；100～199头规模场11个，养殖比例占7.41%；200～499头规模场8个，养殖比例占11.61%；500～999头规模场7个，养殖比例占25.97%；1 000头以上规模场2个，养殖比例占21.9%。按50头为规模计算，规模养殖比例达59.19%，散养比例40.81%，养殖场（户）由2010年的3 200余个减少到1 436个。

机械化挤奶：随着规模养殖比例的提高和养牛技术的提高以及乳品企业对原料奶卫生指标的控制要求，同时挤奶机享受国家农机补贴，奶牛养殖已经全部告别手工挤奶，散养户也全部使用手推车挤奶。机械化挤奶率达到100%。

性能测定：重庆市于2010年建立了奶牛生产性能测试站。全市参与测试的奶牛4 650头，每月测试一次，根据测试数据进行解读分析，指导牛场生产管理。

良种补贴：2012年是重庆市实施奶牛良种改良计划的第五年。在实施国家良种补贴项目的同时，市财政追加拨付农业发展资金用于品种改良。2012年农业部奶牛良补项目资金45万元、市财政农业发展资金30万元，购买优质奶牛冻精和性控冻精31 500剂，改良能繁母牛1.2万头，提高了良种覆盖率。

规模场补贴：为推进奶牛标准化养殖进程，市级农发资金安排150万元对3个标准化示范场进行补贴，对牛场道路、圈舍和设施按照奶牛标准化场要求进行改扩建。另外对1个奶牛场进行标准化建设，作为国家“菜篮子产品”项目进行扶持，补贴资金80万元。

疫病防控：一是区县兽医防疫部门在春防中，加强防疫知识宣传，开展了全面的动物防疫技术培训，对一线动物防疫技术人员进行免疫操作、消毒、疫情普查和驱虫等技术培训和动物防疫法律法规的宣传。对所有饲养场（户）的防疫知识及法律法规宣传，覆盖面达100%。二是抓春秋两季强制免疫，在常年免疫和防疫监管工作基础上，按照规模饲养场（养殖小区）、中小规模场和散养户分类实施的原则，集中开展口蹄疫强制免疫工作，免疫密度达到100%，免疫抗体合格率达70%以上。三是加强疫病检疫和普查，对饲养场（户）口蹄疫、结核、布病及常见病进行普查和检疫，进行分类造册登记，掌握各辖区内的饲养状况，普查面达到100%、检疫面达到100%。对检疫阳性的传染病牛进行及时扑杀。四是常年保持消毒，做好消毒灭源工作，督促养殖场（户）圈舍消毒和驱虫，消毒面100%，驱虫指导面100%。

粪污处理：奶牛养殖场（户）畜禽粪污处理实行无害化处理、资源化利用，达到相关排放标准要求。规模牛场对粪污处理都实行了干湿分离，干粪或堆储发酵再还田利用或生产有机肥，粪水进入沼气池发酵再还田。规模养殖场在粪污处理方面做得较完善，但仍有少数养殖户粪水排放不按规定执行，有将未达标的粪水排放到小溪沟的现象存在。

生鲜乳收购价格：受乳品企业对原料乳需求增加、本地原料乳产量减少以及养殖成本增加的影响，乳品企业提高了原料乳收购价，但增加幅度不大。鼓励规模化养殖，规模场原料乳收购价平均高于散养户0.68元/千克。

表 5-24 生鲜乳收购标准及价格

项目		标准及价格
质量要求		蛋白质：≥2.95% 脂肪：≥3.1% 密度：(20℃/4℃) ≥1.027 酸度：≤0.162% 体细胞数：≤100 万个/mL 蛋白质低于 2.8%，乳脂低于 3.1%的低质牛奶拒收 细菌总数低于 100 万每千克加 0.1 元
收购价格	散户	2.99+ [1.1 (Pr−2.95) +0.4 (Fa−3.1)] ×0.6
	100～199 头规模场	3.55+ [1.1 (Pr−2.95) +0.4 (Fa−3.1)] ×0.6
	200～300 头规模场	3.60+ [1.1 (Pr−2.95) +0.4 (Fa−3.1)] ×0.6
	300～500 头规模场	3.75+ [1.1 (Pr−2.95) +0.4 (Fa−3.1)] ×0.6
	600 头以上规模场	3.80+ [1.1 (Pr−2.95) |0.4 (Fa 3.1)] ×0.6

养牛收益：奶牛饲料价格一直居高不下，劳动力等养殖成本逐年上升，奶牛养殖一直处于微利状态。2012 年乳品厂提高原料奶收购价，全年每千克平均奶价较 2011 年高 0.2 元。据对散养农户和规模养殖场生产成本和效益调查，散养农户平均每头成母牛盈利 2 500 元左右，规模牛场平均 3 000 元左右。

【奶农组织】重庆有奶牛合作组织 10 个，其中市级奶业协会 1 个，区县级奶牛协会 2 个，奶牛合作社 7 个。随着奶牛基地的减少，奶牛合作社实际能发挥作用的由过去的 15 个减少到 10 个。奶牛合作社主要依托于奶牛养殖小区，散养奶农和小区的养殖户将原料奶交售给合作社，合作社与乳品企业签订收缴奶协议。合作社为奶农提供一些医、配、喂免费技术服务或低价有偿服务。有的合作社还负责统一或协调联系奶牛饲料供应、技术培训、协调奶农与奶企之间的矛盾等事宜。奶牛合作社对松散的奶农起到了一定的组织联合作用。

【法规和政策】奶业发展规划：2012 年，重庆市农业委员会编制并印发了《重庆市农业农村经济发展第十二个五年规划畜牧业发展专项规划（2011—2015 年）》，把奶业发展纳入了规划之中。按照高产、优质、高效、生态、安全、循环的要求，以市场为导向，科技为动力，企业为主体，进一步调整优化区域布局和产品结构，创新现代经营管理机制，突出养防并重理念，走品牌化发展、名牌化引领、产业化经营道路。加快畜牧业养殖方式和经济增长方式转变，加快建立和完善畜禽良种繁育、饲草饲料生产、动物疫病防控、产业化经营、乳制品质量安全监管、科技创新推广、信息化服务七大体系建设。保障有效供给，确保饲料和畜产品质量安全，保护和改善生态环境，保障和促进农民增加收入。规划到 2015 年末，奶牛存栏达到 5 万头，奶产量达到 18 万吨，重点布局在巴南、渝北、荣昌、长寿、合川、万州、垫江、黔江 8 个区县。

扶持政策：2012 年重庆市政府调整了产业发展重点，将肉牛产业和山羊产业纳入草食牲畜发展重点，对奶业的扶持有所减弱。市政府和地方政府在奶牛养殖生产用地方面继续执行简化手续，优先审批；在贷款方面由市级农业担保公司和区县级农业担保公司对奶牛养殖贷款进行担保或提供低息贷款；在税收方面继续执行奶牛养殖免税、乳品加工享受西部地区优惠税收政策，企业所得税减半。在资金方面享受中央和地方奶牛项目资金 420 万元用于奶牛标准化场建设和示范创建、奶牛良种补贴、生鲜乳质量控制等。200 万元的市级财政资金用于奶牛保险补贴。除此之外，市政府没有出台新的扶持政策支持奶业发展。

【质量监管】2012 年，生鲜乳质量监管单位对重庆市 10 个区县的 15 个生鲜乳收购站、23 辆运输车辆的 110 批次生鲜乳样品进行了监督检验。所检样品检测结果全部合格，未检出三聚氰胺和皮革水解蛋白。

在全市范围内开展了全国生鲜乳中违禁添加物专项监测，检测三聚氰胺，合格率为 100%；其中增加了 10 批次检测皮革水解蛋白和碱类物质，合格率为 100%；开展了生鲜乳质量安全监测，检测了三聚氰胺、皮革水解蛋白和碱类物质，未发现添加三聚氰胺等违禁药品的违法行为，检测合格率达 100%。全面完成了 2012 年农业部下达的检测任务。同时开展生鲜乳收购站 15 个、运输车 46 车次、奶牛场 76 个的现场联合执法检查，出动执法检查人员 268 人次，实现了"检查合格率 100%，检查覆盖率 100%，三聚氰胺等检测合格率 100%"的监管目标，确保了生鲜乳质量安全。

【奶业大事记】重点项目建设进展：

1. 奶牛标准化场建设和示范创建。中央财政资金 80 万元，市财政资金 150 万元，改扩建 4 个 300 头以上规模养殖场。

2. 奶牛良种冻精补贴项目。中央财政资金 45 万元，市级财政资金 30 万元，购买良种奶牛冻精和性控冻精。

3. 乳品加工改扩建和新建项目。乳品加工生产线技术改造、自动化升级改造、生产扩容和质量控制提升等项目，总投资 1 430 万元 。

4. 生鲜乳质量安全监管。中央资金 45 万元、市级农发资金 70 万元。

重庆市畜牧技术推广总站

四 川 省

【奶类生产】四川省2012年年末存栏荷斯坦及改良牛22.60万头，娟姗牛0.03万头，杂交奶牛（娟荷/西荷）0.11万头；西门塔尔及改良奶牛46.00万头，其中乳用西门塔尔牛2.0万头；摩拉/尼里改良水牛6.00万头，其中奶水牛0.08万头；三州牧区牦牛挤奶110万头，奶山羊1.2万只。全省规模奶牛养殖小区和奶牛场249个，46个存栏奶牛200～1 000头标准化规模养殖小区（场）得到规模标准化改扩建，其中中央财政投资改造28个，地方投资改造18个；7个规模场通过GAP评定，14个奶牛场被评为标准示范场，无公害畜牧产品场12个。荷斯坦牛20头以上的规模养殖所占比重上升5.3个百分点，达到48%；机械化挤奶比例达到46.5%。

2012年全省奶类产量78.00万吨，其中牛奶产量77.00万吨，与上年同比增长3.7%。在牛奶产量中高原牧区牦牛奶产量21.00万吨。牧区牦牛奶商品生鲜奶量低。全省可用于加工的商品生鲜牛奶57.00万吨，平均日供原料鲜奶1 560吨。每天从省外的陕西、宁夏等省运入的生鲜奶180吨用于加工奶制品。牦牛奶生产主要分布在阿坝、甘孜两州。奶牛养殖和牛奶产量主要分布在眉山、成都、绵阳、南充、达州、凉山、雅安、资阳、自贡9市州，其中眉山市为四川省政府确定的四川省丘区三市现代畜牧业试点中唯一以奶业为主导产业的城市，奶牛存栏8.20万头，占全省比例近40%，奶产量23.00万吨。20头以上规模饲养占56%。奶牛养殖5头以下的散养农户逐步退出奶牛养殖，小规模分散养殖向适度规模养殖集中。

【原料奶价格】生鲜乳收购价格（主要乳企收购价格和企业收购标准）：主要企业生鲜乳的收购价奶站为3.20～3.80元/千克。企业收购标准采用GB 19301—2010食品安全国家标准《生乳》。但标准收购价中的蛋白质为2.95%，酒精实验75（++）阴性的要求提高了检验标准。标准收购价根据生鲜乳质量浮动范围5%；规模牧场的收购价为4.10～4.80元/千克，收购标准使用GB19301—2010生乳，但菌落总数含量要求10万个/mL，体细胞要求40万/mL以下，根据蛋白质、脂肪含量分等级定价格。

【乳品加工】四川省2011年1月重新备案审查，31家企业具备奶制品生产条件核准。新希望、菊乐、雪宝、伊利、蒙牛等20家企业已通过审核换发奶制品生产许可证。四川乳制品加工企业主要分布在成都市特大城市经济圈，城郊型性质明显，全省乳制品加工企业日处理牛奶能力达到5 500吨，年加工能力195万吨。获准乳制品加工企业的产品主要为UHT奶，年产量65万吨。酸奶年产量3.5万吨；乳粉加工为调剂生产，年产量1.2万吨。巴氏杀菌乳产量有较大发展。另外存在大批量含乳制品生产。婴幼儿奶粉在四川奶加工企业无生产产品上市。四川新希望、四川蒙牛、四川菊乐、成都伊利、四川雪宝、四川杨森、凉山三牧7家过亿元企业产值合计达40.47亿元。液态奶产销量达56万吨。7家企业液态奶的产量占全省乳制品企业产销量的80%。其中年产值超过10亿元的1家；产值5亿元以上的3家；产值1亿元以上的3家。

【市场消费】四川省年人均本地奶类占有量9.2千克。人均奶类消费量28千克，其中成都市人均奶类消费量49千克，人均奶类食品消费支出达到343.2元，占食品消费支出的6.1%。奶类食品消费的主要产品，在城镇居民主要为液态奶，农村居民为固体奶制品。婴儿奶粉消费主要被国外和合资品牌占领。

国产乳制品品牌主要为新希望、菊乐、雪宝、蒙牛、伊利、天友、完达山、光明、银桥、三元等。液态奶中超高温灭菌奶占据市场90%。单价6 000～7 600元/吨；工厂生产巴氏杀菌奶500mL装单价8.60～9.60元/盒，950mL、980mL、1000mL装单价14.90～19.80元/盒 。发酵酸奶180mL、200mL装单价2.60～5.00元/杯（瓶）。城市鲜奶屋牧场直销巴氏杀菌乳杯装单价16.00元/500mL。

【奶源基地】奶源基地一年来发展形势较好，新希望、四川普州、四川省雪宝、四川省杨森乳业开工建设自有奶源基地1 000～5 000头的规模奶牛场。几家矿产、房地产公司、投资公司开始投资奶牛养殖业。全省青粗饲料主要有青贮玉米、黑麦草、牛鞭草、作物秸秆，全省青贮玉米2012年种植面积达到4.6万亩，TMR主要在19家规模化奶牛养殖场运用。

表5-25　2012年四川省奶牛（荷斯坦）规模养殖基本情况表

存栏数	1～4	5～19	20～99	100～199	200～499	500～9 999	合计
总头数	89 120	30 660	32 580	21 700	23 060	24 880	222 000
场（户）数	21 224	3 561	687	155	62	32	25 717

注：以下数据不含西门塔尔及改良牛、改良水牛及挤奶牦牛。

【奶站管理】奶站经过整顿，2012年有99家收奶站持证经营，其中乳品企业开办61家，奶畜养殖场开办8家，奶农合作社开办30家。生鲜奶运输车113辆。奶站实现了持证经营，规范管理。

【奶农组织】四川省奶业协会建立较早，当年归四川省农牧厅农场局管理，四川省机构改革分设四川省农业厅和四川省畜牧食品局后，奶业协会未划归畜牧局，仍由农业厅管理，造成奶牛技术推广未能将畜牧体系与四川省奶协体系有效结合，四川奶业技术体系工作出现了很多脱节现象。四川省3个市成立了奶业协会，1个市（眉山市）成立有奶农协会。奶农合作社46个。四川省奶牛优势生产区域的成都、眉山、绵阳、德阳、南充、雅安、达州、凉山、资阳9个主产市每年畜牧系统都组织奶牛技术培训。奶牛良种补贴实施之后，中标单位举办了多次技术培训。

【法规和政策】四川省为发展畜牧产业专门编制了“四川省眉山、资阳、遂宁丘区三市畜牧业发展规划”，规划中将眉山市作为奶业发展重点市。四川省畜牧业发展规划中对奶业发展提出了发展计划，眉山、成都、绵阳、泸州、南充、凉山、资阳（简阳）等市州分别提出了奶业发展规划，出台了相应扶持政策。中央对促进奶业健康持续发展的优惠政策得到全面落实：

1. 奶牛良种补贴在四川省全面实行冻精普惠制，奶牛良种冻精补贴全部由省统一招标采购，各市分发到奶牛养殖场户。冻精来源管理更加规范，存栏奶牛的性能得到改良提高。

2. 将牧业机械和挤奶机械购置纳入财政农机具购置补贴范围。

3. 完善奶牛重大疫病防治和扑杀政策。将患布氏杆菌病、结核病而强制扑杀的奶牛列入畜禽疫病扑杀补贴范围。

4. 建立奶牛政策性保险制度，政府对参保奶农给予60%的保费补贴。

5. 支持奶牛标准化规模养殖，对年存栏200头以上的奶牛场（小区），中央补助50～170万元。省市地方给以相应基础投资补贴。

6. 推行奶牛贷款担保风险财政补助，支持金融、担保机构加强对奶业发展的信贷支持。

为促进奶业标准化发展，四川省行业主管部门编制了《奶牛场建设》《收奶站管理规范》《奶牛养殖小区建设规范》《四川省学生饮用奶奶源基地奶牛饲养规范》等12个奶业标准与规范。

【质量监管】为加强畜产品的质量监管，四川省畜牧食品局设立了畜产品质量安全监管处，一年抽取收奶站生鲜乳快速检测三聚氰胺2 856批次，黄曲霉素M_1 1 185批次，结果均未检出。4月对62个奶站、18辆奶运车规范运营和管理监督检查。结果均符合要求。

奶牛饲料全部纳入省饲料总站监管，全年奶牛饲料市场平稳，未测出违规添加物。

疫病防治全部纳入各地畜牧兽医部门管理，口蹄疫和结核、布病情况稳定，做到了定期防疫。

【奶业大事记】2012年9月应四川省资阳市政府香港招商邀请，香港商人周坚、李方同等投资5亿元到资阳市安岳县建设10 000头奶牛基地，从事奶业开发。一期投资5 000万元的乳品加工厂建设进入设备安装阶段；从新西兰引进1 000头奶牛合同已签订，进口奶牛2013年下半年到位。

四川省畜牧总站　李自成

附表1：

四川省乳加工企业情况

序号	中文名称	企业性质	产品品牌	处理能力（吨/日）	联系电话	地　址	公司主要产品
1	四川菊乐食品有限公司	股份	菊乐	1 100	02885071821	成都菊乐路	液态奶、酸奶、奶粉
2	四川新希望华西乳业有限公司	民营	华西	1 200		锦江工业区	液态奶、酸奶、奶粉
3	西部牦牛产业集团公司贡布东州	股份	红原	800	028－87730315	成都高新西区	液态奶、酸奶、奶粉
4	四川绵阳雪宝乳业有限公司	股份	雪宝	600		绵阳市	液态奶、酸奶、奶粉
5	四川新希望阳平乳业有限公司	股份	阳平	400		洪雅沿江路	液态\饮料\奶粉
6	四川西塔乳业有限公司	股份	西塔	100	0818－5822074	宣汉胡家镇	液态\奶粉
7	四川南充天太乳业公司	民营	天太	100	0817－2701741	南充市文峰街	市乳品公司
8	四川成都沙河乳品有限公司	股份	宝龄	120	028－84792593	成都沙河	液态\饮料
9	自贡市一对山乳业有限公司	股份	一对山	100	0813－8100210	自300贡市汇东路135	液态\奶粉
10	四川奶奇乐乳业有限公司	股份	奶奇乐	100	028－87846208	高新区银河西路	液态\低温
11	四川雅安熊猫乳业有限公司	股份	熊猫	60	0835－2622451	雅安康藏路95号	液态\饮料\酸奶
12	德阳市乳品公司	国有	同心	60	0838－2500212	德阳凯江东路	液态\饮料\酸奶
13	四川西充李子园乳业	民营	李子园	150		西充县城	液态/饮料
14	泸州维维	股份	维维	300		泸州龙马潭	奶粉\豆奶粉

（续）

序号	中文名称	企业性质	产品品牌	处理能力（吨/日）	联系电话	地　址	公司主要产品
15	成都金蒙公司	股份	蒙牛	150		成都金堂	饮料
16	成都光明	股份	光明	300		龙潭寺	液态
17	成都伊利	股份	伊利	500		邛崃市工业区	液态
18	乐山市乳品厂	股份		30	0833－2274208	乐山市肖坝	饮料\巴氏
19	西昌三牧乳业	股份		100	0838－2430603	西昌市长安北路	液态、饮料
20	攀枝花乳业公司				0812－2900348	任和区综合市场	液态、饮料
21	四川省泸州市乳制品厂		五峰		0830－2505502	小市五峰街60号	五峰乳业，奶粉
22	德阳东汽乳品厂				0838－2502344	绵竹汉旺镇	
23	德阳联合乳制品厂					德阳市	
24	绵阳禾田食品饮料厂				0816－2681779	长虹大道40号	
25	江油市乳品公司	股份			0816－3362069	中坝华丰村	
26	江油市亨达乳品公司				0816－3226941	江油市东胜路190号	
27	广元市旅游服务公司乳品厂				08839－3504217	广元市经济开发区	
28	万达乳业公司				0818－2383317	通川区文化巷13号	
29	新世纪乳品厂				0818－7324123	渠县粮食局	
30	天全县二郎山乳品厂				0835－2223401	天全县天老路	
31	简阳杨森乳业公司			120		简阳十里坝工业区	
32	成都海浪食品饮料公司				028－85561611	武侯祠街11号	
33	成都统力食品公司			150	028－85791095	高升桥华达商城	
34	恒生源食品饮料公司				028－83318066	外西土桥工业区	
35	鑫华生乳品厂				028－87542640	西门营门口黄忠村	
36	四川圣联食品有限公司				028－82630185	温江海峡两岸科技园	
37	雨田乳品饮料公司				018－87465872	苏坡乡万家村西路	
38	台湾益华公司				028－87281666	外南簇桥	
39	小金牛乳品厂					外南簇桥	
40	成都星星乳业有限公司			50	028－85328408	成都桂溪双土村九组	液态奶
41	德乐天然饮品有限公司			30		都江堰市外江路	液态
42	诺尔盖奶粉厂				0816－2288416	若尔盖达扎寺镇	固体
43	眉山妙士奶业			50		眉山市科工园	液态
44	温江太子奶业			150		温江海峡工业园	液态
45	成都旺旺食品有限公司			120		成都市高新区	液态、饮料

注：①表中所有指标均为2011年年度数据；②集团及下属企业分别填写，企业名称填写全名；③日处理鲜奶能力：指单班处理鲜奶能力。

附表 2：

四川省乳制品生产许可重新审核合格企业名单（第一批）

序号	企业名称	产品类别	住　所	生产地点	证书编号	有效期至	发证日期	发证单位
1	成都伊利乳业有限责任公司	乳制品［液体乳（巴氏杀菌乳、灭菌乳、发酵乳）、其他乳制品（干酪）］	四川省成都邛崃市工业集中发展区	四川省成都邛崃市工业集中发展区	QS5101 0501 1697	2014 年 2 月 3 日	2011 年 1 月 28 日	四川省质量技术监督局
2	成都明旺乳业有限公司	乳制品［液体乳（调制乳）］	成都高新西区南北大道 1388 号	四川省成都高新西区南北大道 1388 号	QS5101 0501 1732	2014 年 3 月 28 日	2011 年 3 月 29 日	四川省质量技术监督局
3	成都光明乳业有限公司	乳制品［液体乳（巴氏杀菌乳、灭菌乳、发酵乳）］	成都市东三环路二段	四川省成都市成华区东三环路二段	QS5100 0501 0947	2014 年 3 月 28 日	2011 年 3 月 29 日	四川省质量技术监督局
4	成都金蒙乳业有限公司	乳制品［液体乳（发酵乳）］	成都市金堂县三中园区工业新区	四川省成都市金堂县三中园区工业新区	QS5101 0501 0562	2014 年 3 月 28 日	2011 年 3 月 29 日	四川省质量技术监督局
5	四川菊乐食品有限公司温江乳品厂	乳制品［液体乳（巴氏杀菌乳、调制乳、灭菌乳、发酵乳）］	成都市温江区成都海峡两岸科技产业开发园蓉台大道	四川省成都市温江区成都海峡两岸科技开发园蓉台大道	QS5101 0501 0001	2014 年 3 月 28 日	2011 年 3 月 29 日	四川省质量技术监督局
6	四川新希望乳业有限公司华西分公司	乳制品［液体乳（巴氏杀菌乳、调制乳、灭菌乳、发酵乳）］	成都市锦江区工业开发区金石路 316 号	四川省成都市锦江区工业开发区金石路 316 号	QS5100 0501 1227	2014 年 3 月 28 日	2011 年 3 月 29 日	四川省质量技术监督局
7	四川新希望乳业有限公司洪雅阳平分公司	乳制品［液体乳（调制乳、灭菌乳）、乳粉（全脂乳粉、部分脱脂乳粉、调味乳粉）］	洪雅县洪川镇临江路 12 号	四川省眉山市洪雅县洪川镇临江路 12 号	QS5114 0501 0230	2014 年 3 月 28 日	2011 年 3 月 29 日	四川省质量技术监督局
8	蒙牛乳业（眉山）有限公司	乳制品［液体乳（调制乳、灭菌乳、发酵乳）］	眉山市经济开发区	四川省眉山市经济开发区科工园三路中段	QS5114 0501 0002	2014 年 3 月 28 日	2011 年 3 月 29 日	四川省质量技术监督局
9	四川菊乐食品有限公司眉山分公司	乳制品［液体乳（调制乳、灭菌乳、发酵乳）］	眉山市科技工业园	四川省眉山市科技工业园科工园二路	QS5100 0501 1082	2014 年 3 月 28 日	2011 年 3 月 29 日	四川省质量技术监督局
10	四川省南充天太乳业有限公司	乳制品［液体乳（巴氏杀菌乳、发酵乳）］	南充市迎凤路 3 号	四川省南充市迎凤路 3 号	QS5100 0501 0884	2014 年 3 月 28 日	2011 年 3 月 29 日	四川省质量技术监督局
11	四川李子园牛奶食品有限公司	乳制品［液体乳（巴氏杀菌乳、调制乳、灭菌乳、发酵乳）］	西充县晋城镇虹溪路 185 号	四川省南充市西充县晋城镇虹溪路 185 号	QS5113 0501 0793	2014 年 3 月 28 日	2011 年 3 月 29 日	四川省质量技术监督局

（续）

序号	企业名称	产品类别	住　所	生产地点	证书编号	有效期至	发证日期	发证单位
12	四川省天友西塔乳业有限公司	乳制品［液体乳（调制乳、灭菌乳）］	宣汉县胡家镇	四川省达州市宣汉县胡家镇	QS5117 0501 0522	2014年3月28日	2011年3月29日	四川省质量技术监督局
13	四川省杨森乳业有限责任公司乳品厂	乳制品［液体乳（巴氏杀菌乳、调制乳、灭菌乳、发酵乳）］	简阳市简城镇十里坝工业园区	简阳市简城镇十里坝工业园区	QS5100 0501 0816	2014年3月28日	2011年3月29日	四川省质量技术监督局
14	四川菊乐食品有限公司雅安分公司	乳制品［液体乳（调制乳、灭菌乳）］	雅安市农业科技生态园区	四川省雅安市农业科技生态园区	QS5118 0501 0525	2014年3月28日	2011年3月29日	四川省质量技术监督局
15	四川省雅安市羌江食品有限责任公司	乳制品［乳粉（全脂乳粉、调制乳粉）］	雅安市雨城区城后路506号	四川省雅安市雨城区城后路506号	QS5100 0501 0792	2014年3月28日	2011年3月29日	四川省质量技术监督局
16	四川雅安熊猫乳业有限公司	乳制品［液体乳（巴氏杀菌乳、调制乳、发酵乳）］	雅安市康藏路726号	四川省雅安市康藏路726号	QS5100 0501 0788	2014年3月28日	2011年3月29日	四川省质量技术监督局
17	西昌三牧乳业有限公司	乳制品［液体乳（巴氏杀菌乳、调制乳、灭菌乳、发酵乳）］	西昌市安宁镇马坪坝村	四川省西昌市安宁镇马坪坝村	QS5134 0501 0832	2014年3月28日	2011年3月29日	四川省质量技术监督局
18	四川雪宝乳业有限公司	乳制品［液体乳（巴氏杀菌乳、调制乳、灭菌乳、发酵乳）］	绵阳市二环路南段138号	四川省绵阳市二环路南段138号	QS5107 0501 0746	2014年3月28日	2011年3月29日	四川省质量技术监督局
19	成都娃哈哈昌盛饮料有限公司	乳制品［液体乳（发酵乳）］	成都市海峡两岸科技产业开发园	四川省成都市海峡两岸科技产业开发园	QS5101 0501 0003	2014年3月28日	2011年3月29日	四川省质量技术监督局
20	广元娃哈哈广发饮料有限公司	乳制品［液体乳（发酵乳）］	四川省广元市利州开发区河西办事处利州西路	四川省广元市利州开发区河西办事处利州西路	QS5108 0501 0004	2014年3月28日	2011年3月29日	四川省质量技术监督局

贵 州 省

【**奶类生产**】2012年全省奶牛存栏2.14万头，全部为荷斯坦牛，主要分布在贵阳市、遵义市、黔南州，其奶牛存栏数占总存栏数的98.7%。主要分布在清镇、开阳、息峰、修文、乌当、花溪、都匀市、凯里、汇川、红花岗、独山等县（市、区）。

【**规模养殖**】2012年全省奶牛养殖户共317个。其中：1～4头规模218个，占68.77%；5～9头规模54个，占17.03%；10～19头规模17个，占5.36%；20～49头规模6个，占1.89%；50～99头规模无养殖户；100～199头规模4个，占1.26%；200～499头规模7个，占2.21%；500～999头规模1个，占0.32%；1 000头以上规模10个，占3.15%。

全省奶牛规模养殖快速发展，从数量上看，小规模养殖户虽数量多，但存栏奶牛少，占比例不高；从存栏奶牛量来看，规模养殖占比较高，存栏奶牛200头以上的规模养殖户占90.79%，其中存栏1 000头以上的养殖户存栏奶牛1.6万头，占76.89%。

【**奶站管理**】全省共有奶站6个，其中乳制品生产企业开办4个，奶农专业生产合作社开办1个，养殖场建设1个，均已取得《生鲜乳收购许可证》。全省共有生鲜乳收购站运输车辆共计18辆，均办有《生鲜乳运输车辆许可证》，其中乳品企业自有10辆，租用车辆8辆，日运奶量126吨。按照国务院办公厅和农业部办公厅加强乳品质量安全工作的相关精神，深入贯彻落实《乳品质量安全监督管理条例》和《奶业整顿和振兴规划纲要》，强化生鲜乳和奶站运输车辆监测管理工作，层层分解落实监管责任，制定生鲜乳质量安全监测计划，开展生鲜乳收购站及运输车辆检查和生鲜乳抽样检验，全省生鲜乳质量安全水平总体情况良好，抽取样品均不含三聚氰胺，皮革水解蛋白和碱类物质检测合格率均为100%。

【**生鲜奶价格**】2012年生鲜奶价格逐月上升，从年初的3.14元/千克上涨至12月的3.31元/千克，年均价格3.23元/千克，比2011年的均价2.83元/千克上涨0.4元/千克，涨幅达14.13%。

【**乳品加工**】2012年全省主要乳品加工企业有5个，日处理生鲜奶能力1 268吨，全为地方自建企业。乳品企业总销售额为5.98亿元，利润0.23亿元。2012年乳制品产量5.6万吨，其中：巴氏杀菌乳3.43万吨，UHT奶（超高温杀菌奶）0.33万吨，酸奶1.34万吨，乳饮料0.49万吨。

【**技术培训**】为提升全省奶牛饲养管理水平，促进奶业健康快速发展，2012年各乳品企业、养殖场组织奶牛养殖技术培训8次，奶牛养殖场（园区）负责人及技术人员、奶站管理人员及生鲜乳收购站负责人等500余人均参加了培训。专业技术人员就高产奶牛养殖技术、奶牛乳房炎防治、畜产品质量监督管理等内容向参加培训人员做了详细讲解，针对奶牛饲养管理，重点讲授了奶牛犊牛期、青年牛、成年母牛产前、产后、泌乳期等各阶段的饲养管理要点及常见病的防治。

【**繁殖改良**】贵州奶牛品种改良主要方式是采用细管冻精及人工授精技术改良和从国外引进优质荷斯坦牛，2012年实施农业部奶牛良种补贴项目，补贴荷斯坦牛良种1.1万头，补贴资金33万元，主要在贵阳市乌当、修文、清镇、花溪、开阳等县（市、区）实施。同时，奶牛养殖企业还从北京奶牛中心、蒙牛赛克星、上海光明乳业等购进冻精改良本地生产群。为加快改良进度，继贵州好一多乳业有限公司从国外引进奶牛之后，2012年贵阳三联乳业有限公司从澳大利亚引进荷斯坦牛3 000余头。

【**饲料生产**】

2012年，完成草地建设96万亩，完成目标任务的120%；秸秆处理457万吨，完成率130.57%；工业饲料推广利用185.26万吨，为目标任务的108.96%；冬闲田土种草136万亩，为目标任务的113.33%。完成了《南方优质蛋白饲草料基地建设规划》（征求意见稿），规划到2020年，建成1 000万亩紫花苜蓿为主的豆科牧草基地，每年建设1 000万亩以紫花苕子、一年生黑麦草为主的冬闲田土种草，年生产优质鲜草5 000万吨以上，可制作1 000万吨优质蛋白饲草料产品，为奶牛养殖提供丰富的优质饲料。

【**疫病防治**】各级畜牧兽医部门精心组织进行了常规的防疫和检疫，各养殖场（户）按照免疫计划，常年开展炭疽、布氏杆菌病、气肿疽、口蹄疫的免疫和结核检疫工作，抓好春、秋两防和驱虫工作，全年未发生重大动物疫病。

【**奶农组织**】全省共有奶农合作社3个，包含农户190户，存栏奶牛1 418头。

【**政策法规**】2012年实施农业部奶牛良种补贴项目，补贴荷斯坦牛1.1万头，补贴资金33万元，主要在贵阳市实施。

贵州省农业委员会　廖正录　谢劲松

附表 1:

贵州省奶牛养殖场（小区）名录

序号	名　　称	养殖场	小区	全群存栏（头）	成母牛存栏（头）	奶畜品种	成母牛单产（吨/年）	年总产（吨）	是否参加 DHI	是否应用 TMR
1	三联清镇卫城养殖场	√		1 786	352	荷斯坦	5.5	976		√
2	三联开阳龙岗养殖场	√		2 559	76	荷斯坦	7	103		√
3	三联修文小箐养殖基地	√		159	92	荷斯坦	6.5	560		
4	三联息烽青山雨洒基地	√		253	127	荷斯坦	6.5	1 000		
5	三联开阳三合基地	√		141	83	荷斯坦	5	685		
6	三联花溪雷格养殖场	√		266	148	荷斯坦	6	672		√
7	三联花溪典阳养殖场	√		302	90	荷斯坦	5.5	352		
8	三联清镇民联养殖基地	√		836	430	荷斯坦	5	1 992		
9	好一多修文谷堡养殖场	√		3 234	1 563	荷斯坦	5.5	13 726		√
10	好一多修文六桶养殖场	√		2 877	1 531	荷斯坦	5.5	13 652		√
11	银盘坡奶牛养殖小区		√	8	5	荷斯坦	3	15		
12	打利大坡奶牛养殖小区		√	48	26	荷斯坦	4	104		
13	打利奶牛养殖小区一		√	12	7	荷斯坦	4	28		
14	打利奶牛养殖小区二		√	23	7	荷斯坦	4	28		
15	打利奶牛养殖小区三		√	20	11	荷斯坦	5	55		
16	墨寨奶牛养殖小区		√	26	20	荷斯坦	4	80		
17	点寨奶牛养殖小区一		√	54	28	荷斯坦	4	112		
18	点寨奶牛养殖小区二		√	74	32	荷斯坦	4	128		
19	贵州省草地技术试验推广站	√		530	260	荷斯坦	6.92	1 800		
20	遵义市乳品公司集中饲养小区一		√	200	116	荷斯坦	5.5	638		
21	遵义市乳品公司奶牛养殖场	√		48	48	荷斯坦	5.5	264		
22	金鼎山镇程鼎奶牛养殖小区		√	73	46	荷斯坦	5.5	253		
23	黔东南州永丰牛奶场	√		231	167	荷斯坦	3.5	584		

附表 2：

贵州省乳制品生产企业名录

序号	名称	许可证号码	年收购原奶量（吨）	平均支付价格（元/千克）	自有奶源量（吨）	年乳制品产量（吨）	巴氏杀菌乳（吨）	UHT奶（吨）	酸奶（吨）	奶粉（吨）	奶油（吨）	奶酪（吨）	乳饮料（吨）	整体设计加工能力（吨/年）	产品销售区域	年销售收入（万元）	利润（万元）
1	贵阳三联乳业有限公司	QS520105010885	38 711	3.75	5 976	33 283	21 572	911	7 172	0	0	0	3 628	360 000	贵州	33 604	503
2	贵州好一多乳业股份有限公司	QS520105010527	27 384.8	3.25	27 384.84	16 200	8 400	1 800	5 600	0	0	0	400	73 000	贵州	20 076	1 589
3	贵州牧草种籽繁殖场	QS522705010001	2 100	3.4	1 400	2 620	2 450	10	40	0	0	0	120	23 360	贵州、广西	2 200	130
4	黔东南州永丰牛奶场	QS522605010003	584	3.2	584	584	384		200	0	0	0	0	3 600	凯里市	500	12
5	遵义市乳制品有限公司	QX520305010415	2 800	3	930	3 300	1 500	600	400	0	0	0	800	3 000	遵义市	3 400	58
	合　计		71 579.8		36 274.84	55 987	34 306	3 321	13 412	0	0	0	4 948	462 960		59 780	2 292

备注：自有奶源指来自自建和参建（控股、参股）牧场（小区）的原奶。

云 南 省

【奶类生产】2012 年云南省奶畜（奶牛、奶水牛、奶山羊）存栏总数 59.67 万头（只），奶类总产量 71.13 万吨。荷斯坦奶牛存栏 20.68 万头，其中成母牛 13.74 万头，主要分布在昆明市（晋宁县、宜良县、石林县、嵩明县、寻甸县）、大理州（洱源县、大理市、弥渡县、祥云县、剑川县）、红河州（个旧市、弥勒县），牛奶产量 65.06 万吨，分别比去年同期增加 4.3%、2.9%、9.6%。奶水牛存栏 1.09 万头，主要分布在德宏州（芒市、盈江县、陇川县）、保山市（腾冲县）、大理州（大理市、巍山县、鹤庆县、剑川县）、文山壮族苗族自治州（广南县），水牛奶产量 1.01 万吨，分别比去年增加 82.88%、69.88%。奶山羊存栏 37.90 万只，主要分布在昆明市（石林县）、曲靖市（陆良县）、红河州（开远市、弥勒县），山羊奶产量 5.06 万吨，分别比去年增加 1.0%和 11.2%。

云南省奶业产值 41.65 亿元，占畜牧业产值的 5.15%。奶牛养殖规模化程度高，主要采用集中饲养，统一挤奶的模式，使奶业成为当地农民的主要收入来源，占其总收入的 60%。

2012 年云南省奶业生产的总体趋势表现为“稳中有升”。继续推进奶牛的标准化规模养殖，积极推进“农牧结合”的养殖模式，积极探索适合我省的产业化发展模式。

【乳品加工】云南省 2012 年有乳品加工企业 17 家，其中昆明 5 家（包括石林县羊奶加工企业 1 家），大理州 5 家，红河州 4 家（包括弥勒县羊奶加工企业 1 家），德宏州 1 家（水牛奶加工），文山壮族苗族自治州 1 家（水牛奶加工），楚雄州 1 家。

云南省 2012 年乳品加工能力约为 3 500 吨/天。乳制品总产量 40.66 万吨，其中巴氏杀菌乳 3.94 万吨，UHT 奶 15.10 万吨，酸奶 6.59 万吨，含乳饮料 10.62 万吨，奶粉 0.74 万吨。

乳品加工呈现多样化，新建液态奶系列，乳饮料等生产项目，各标准化养殖场纷纷引进国外优质奶牛，建设标准化项目，昆明市“奶吧”的兴起，生态牧场的建设等大大推进奶业的进步与完善。

【市场消费】云南省 2012 年人均奶类占有量约为 16.17 千克/人，人均奶制品（折合成生奶）消费量 15 千克，其中液态奶 12 千克，奶粉 0.35 千克。

本地市场主要的乳制品品牌有省外的蒙牛、伊利、光明，省内的雪兰、欧亚、蝶泉、来思尔、海子、七彩云、云牛、多喝、乍甸、祥祥等，主要销售全脂灭菌乳、巴氏杀菌乳、UHT 奶、酸奶、婴幼儿奶粉及其他奶粉。其中全脂灭菌乳：伊利 2.5 元/250mL、蒙牛 2.2 元/250mL 、新希望雪兰 2.5 元/200mL、蝶泉 2.8 元/250mL、七彩云 2.5 元/200mL。UHT 奶：欧亚 2.5 元/250mL、顶羊 5.9 元/250mL。酸奶：蒙牛（风味酸牛乳 2.3～2.7 元/200 克，风味发酵乳 8.5 元/250 克）、伊利（风味发酵乳 3.0 元/160 克）、光明（风味酸牛奶 4.9 元/190 克）、新希望（原味酸奶 1.7 元/150mL，风味酸奶 2.0 元/139 克）、来思尔（原味酸奶 2.0 元/150 克，风味酸乳 2.8 元/125 克）、欧亚（原味酸奶 1.6 元/150 克，风味酸乳 2.0 元/150 克）、七彩云（风味酸乳 1.4 元/150 克）、蝶泉（风味发酵乳 2.0 元/150 克）。婴幼儿奶粉：主要销售的品牌有贝婴美、爱尔兰、惠氏、多美滋、合生元、雅培菁智、美可高特羊奶粉、雀巢、伊利等。其他奶粉：雅士利高钙高铁多维、荷兰乳牛学生奶粉、中老年配方奶粉、惠氏、伊利、雅培等生产的孕产妇营养配方奶粉等。

消费者偏爱酸奶，其次是 UHT 奶和巴氏杀菌乳，奶粉在婴儿和老年人中销售较好。乳制品遵循大众消费特点，尽量使其多样化，口味与营养俱佳。

【奶源基地】100 头以上的奶牛占全省奶牛存栏的 20.35%（机械化挤奶比例也是此数），20～100 头的占 9%、6～20 头的占 8.6%。全混合日粮（TMR）技术应用占规模牧场的 10%。2012 年已在 32 个牧场完成 3.12 万份奶牛生产性能测定（DHI）数据，录入奶牛分析系统数据 3.02 万个，参测奶牛头数为 4 399 头，超过农业部下达 4 000 头任务。奶牛良种补贴项目：2012 年全省荷斯坦牛完成 12.43 万头（占任务总数的 95.61%）、受胎 10.59 万头、产犊 8.96 万头；奶水牛完成 10.94 万头（占任务总数的 99.45%）、受胎 5.18 万头、产犊 3.68 万头。2012 年规模养殖补助 1 200 万元，补助 11 个场。苜蓿种植面积 25 万亩。

疫病防控主要由动物卫生监督所监督管理，以防为主、防治结合，将强制免疫和疫情监测结合，每年至少进行一次两病检疫及扑杀净化工作，两次疫苗注射，确保 100%的免疫密度，并实施动物标识管理，引种检疫、产地检疫、交通运输检疫等。粪污处理方式：①沼气工程模式：在相关政府部门的引导和支持下，规模奶牛场普遍采用沼气工程技术。②还田模式：奶牛粪便污水还田作肥料为传统而经济有效的处置方法，家庭分散户养牛粪便污水处理均采用该法。③自然处理模式：主要采用氧化塘、土地处理系统或人工湿地等自然处理系统对养殖场粪便污水进行处理。

在生奶标准（GB19301—2010）基础上，云南乳企生奶收购按质论价。荷斯坦牛奶收购标准：脂肪≥3.10%、蛋白质≥2.80%，细菌数≤200CFU/g（mL），酸度＝12～18°T；收购价为：昆明片区 3.30 元/千克，大理片区 2.9～3.0 元/千克。水牛奶生奶收购价为 8～10 元/千克；山羊奶收购价为 4～5 元/千克。

云南省荷斯坦牛养殖户奶牛养殖年净收入 3 000 元/头，奶水牛年净收入 4 000 元/头。就最佳规模效益而言，荷斯坦牛养殖规模 100～199 头的平均利润和平均成本利润率分别为 7 180 元和 3.2%；奶水牛养殖规模 50～99 头的平均利润和平均成本利润率分别为 12 521元和 2.3%。

【奶农组织】奶业协会：组建有云南省奶业协会、昆明市奶业协会，大理州奶业协会以及奶业主产县市的奶牛协会。奶农培训：云南省农业厅、云南省奶业协会组织了3次全省范围的“原料奶质量安全培训”班。昆明市、大理州农业局及其奶业协会组织了6次“奶牛养殖及原料奶质量安全培训”班。

【法规和政策】奶业发展规划：坚持数量与质量并重，建立健全奶牛良种繁殖档案，强化饲料安全监测力度，积极鼓励和引导奶农与企业建立合理的利益关系，实现品质良种化、生产标准化、经营规模化，提升奶业水平、市场竞争能力和综合经济效益，促进奶业持续快速健康发展。建立荷斯坦奶牛、奶水牛、奶肉兼用型西门塔尔牛、牦牛和奶山羊多元化发展的较为完善的奶业生产、加工和销售体系；建成促进农民增收和推动社会主义新农村建设的主要支撑产业；建设成为云南省农业的支柱产业，中国南方的鲜奶供应基地，面向东南亚的重要奶制品出口地。主要通过提高奶畜存栏数和生产水平、原料奶产量和产值、乳品质量安全，全面规范生鲜乳收购站以及合理奶业发展布局来实现。

扶持政策：昆明市创建标准化示范奶牛场项目，2012年通过验收并授牌标准化养殖示范场4个，扶持补助资金1 200万元；中国奶业协会下达云南省DHI任务为4 000头／年；给标准化示范场发放加拿大荷斯坦冻精6 000支；奶牛良种补贴项目得到持续健康发展。

【质量监管】日常监管：质量监管主要由乳品加工企业每批次自检，省、市、县级质检局、动物卫生监督机构抽检监督，全年未发生质量安全事件。奶站监管：云南省奶站共218家，覆盖奶牛89 657头，2012年云南省奶站生产收购情况基本正常，没有出现质量问题，有的奶站自制的生鲜奶收购登记卡内容详实，很受养殖户欢迎。目前乳制品质量由于有稳定优质的奶源做后盾，加之乳品企业生产规范，质检监督有力，乳制品质量稳定，在各相关生产、加工、销售环节没有发现国家违禁物品添加情况，乳制品销售市场供不应求。专项监管：云南质监、农业部门以及奶业协会共同严管乳中黄曲霉毒素，生奶质量得到进一步提高，未发生黄曲霉毒素引起的安全事件。云南10家“老酸奶”生产厂家在云南主流报刊上联合发布质量安全承诺。

【奶业大事记】2012年3月23日，云南省奶业协会第二届会员代表大会在昆明召开，大会选举产生了150名理事、59名常务理事、12名副会长以及会长、秘书长，中国奶业协会、国家奶牛产业技术体系、云南省农业厅主要领导到会指导。云南奶业协会在协会商会评估中荣获3A级称号。云南奶业协会秘书长、云南农业大学黄艾祥教授主持的“乳饼标准化生产关键工艺及设备的研发与推广”成果获云南省2012年度技术发明三等奖。云南第一家“鲜奶吧”在相关部门的指导和监管下于2012年开始营业，标志着创新型乳品生产与消费方式在云南的实施。昆明市4个标准化养殖示范场通过验收并授牌。昆明雪兰牛奶有限责任公司3 000头石林生态奶牛场建设项目竣工、8 000～10 000头陆良生态牧场项目正式启动，新希望云南邓川蝶泉乳业有限公司3 000头生态奶牛场建设项目竣工。昆明雪兰牛奶有限责任公司、云南皇氏来思尔乳业有限公司加工厂二期建设项目竣工投产。

云南省奶业协会　黄艾祥

附表1:

奶牛养殖场（小区）名录

荷斯坦奶牛、澳荷/娟珊奶牛

序号	州市	名　称	养殖场	小区	全群存栏（头）	成母牛存栏（头）	奶畜品种	成母牛单产（吨/年）	年总产（吨）	是否参加DHI	是否应用TMR
1	昆明市普宁县	孙家坝奶牛合作社		√	1 105	773	荷斯坦奶牛	3.7	3 278.5	√	—
2		月表奶牛合作社		√	1 143	792	荷斯坦奶牛	4.2	3 359.1	√	—
3		绿源奶牛合作社		√	713	534	荷斯坦奶牛	4.62	2 264.1	√	—
4		现代奶牛合作社		√	700	544	荷斯坦奶牛	3.85	2 307.3	√	—
5		联盟奶牛合作社			593	415	荷斯坦奶牛	4.6	1 760.1	—	—
6		十里奶牛合作社		√	1 472	1 050	荷斯坦奶牛	3.98	4 453.4	—	—
7		华达奶牛合作社		√	317	224	荷斯坦奶牛	4.8	950.1	√	—
8		兴隆奶牛农民专业合作社		√	2 061	1 546	荷斯坦奶牛	3.95	6 557	√	—
9		宏尚奶牛农民专业合作社			1 006	723	荷斯坦奶牛		3 066.5		

（续）

序号	州市	名　称	养殖场	小区	全群存栏（头）	成母牛存栏（头）	奶畜品种	成母牛单产（吨/年）	年总产（吨）	是否参加DHI	是否应用TMR
10	嵩明县	杨桥龙街林达养殖场		√	580	406	荷斯坦奶牛	4.8	1 867.6	√	—
11		茁源养殖专业合作社		√	560	392	荷斯坦奶牛	3.4	1 803.2	—	—
12		明新奶牛养殖有限公司			1 050	735	荷斯坦奶牛	4.8	3 307.5	—	—
13		奔腾奶牛养殖有限公司			520	364	荷斯坦奶牛		1 674.4		
14		牧兴奶牛养殖专业合作社		√	1 340	938	荷斯坦奶牛	4.2	4 408.6	√	—
15		金国养殖有限公司			1 050	735	荷斯坦奶牛		3 307.5		
16		会新奶牛养殖专业合作社		√	1 770	1 239	荷斯坦奶牛	4.3	5 862.5	—	—
17		兴瑞合奶牛养殖有限公司		√	1 400	980	荷斯坦奶牛	3.7	4 508	√	—
18		小街富达奶牛养殖基地	√		1 210	847	荷斯坦奶牛	4.5	3 811.5	√	√
19		昆明天晨奶牛养殖有限公司			360	252	荷斯坦奶牛		1 134		
20		大家利养殖场		√	280	196	荷斯坦奶牛	4.32	882	—	—
21	石林县	石林映山畜牧有限公司	√		1 092	887	荷斯坦奶牛		1 467		√
22		石林现代生态牧场			1 890	1 323	荷斯坦奶牛		6 120		
23	良县	马应华奶牛养殖场			627	507	荷斯坦奶牛		3 451		
24		绿胜美地奶牛养殖场	√		362	251	荷斯坦奶牛	7.2	1 742	√	√
25		马胜利奶牛合作社		√	263	347	荷斯坦奶牛	6.3	2 219	√	—
26		瓦窑奶牛合作社			251	147	荷斯坦奶牛		843		
27		古城镇新村奶牛合作社		√	184	93	荷斯坦奶牛	5.3	567	√	—
28		古城镇摆依村奶牛合作社			137	78	荷斯坦奶牛		457		
29		九乡阿格里		√	346	139	荷斯坦奶牛	3.8	568	—	—
30	五华区	五华区众维奶牛专业合作社	√		320	193	荷斯坦奶牛	4.6	1 100	√	√
昆明市合计					**24 702**	**17 650**			**79 096.9**		
41	玉溪市通海	云江奶牛基地		√	1 061	825	荷斯坦奶牛		2 662	—	—
42		曲陀关奶牛园区			1 368	586	荷斯坦奶牛		2 300		
43	澄江	双光奶牛养殖专业合作社			523	467	荷斯坦奶牛		560.4		
44		明顺奶牛养殖场	√		217	193	荷斯坦奶牛		260.4		
45		红良养殖专业合作社			207	187	荷斯坦奶牛		248.4		
46	峨山	棚打奶牛场			227	201	荷斯坦奶牛		542.7		
玉溪市合计					**3 603**	**2 459**			**6 573.9**		
47	曲靖市麒麟区	珠江源奶牛养殖小区		√	689	645	荷斯坦奶牛		2 580		
48	陆良县	陆良县中科牧业生物技术有限公司			269	160	荷斯坦奶牛		800		
49		云南新希望雪兰牧业科技有限公司			889	889	荷斯坦奶牛				
曲靖市合计					**1 847**	**1 694**			**3 380**		

（续）

序号	州市	名　　称	养殖场	小区	全群存栏（头）	成母牛存栏（头）	奶畜品种	成母牛单产（吨/年）	年总产（吨）	是否参加DHI	是否应用TMR
50	大理州大理市	大理市感通牛场	√		280	180	澳荷/娟姗	6	305.79	√	
51		大理欧亚风景牧场	√		750	280	澳荷/娟姗	6	3 225	√	√
52		大理市清碧溪奶牛养殖场	√		125	100	澳荷	6	256.02	√	
53		大理金泰奶牛养殖场	√		280	190	澳荷	6	287.41	√	√
54		大理市托牛所			109	76	荷斯坦奶牛		510		
		峰松牧场	√		87	42	澳荷	5	115.35		
55	祥云县	云南欧亚乳业有限公司禾甸标准化奶牛养殖场	√		300	95	荷斯坦奶牛		350		
56		祥云县富邦奶牛场（沙龙镇东邑村）			360	250	荷斯坦奶牛		1 000		
57		欧亚祥云千头养殖场	√		1 000	600	荷斯坦奶牛				
58		祥云县天沐牧业有限公司（乳肉兼用）			300	210	荷斯坦奶牛				
59	弥渡县	弥渡县金润奶牛养殖场	√		420	146	澳荷	6.6	1 067.88	√	
60		大理神野乳业奶牛养殖场	√		360	300	澳荷	5.5	1 001.81	√	√
61		弥渡县信达乳牛养殖合作社			152	138	荷斯坦奶牛		825		
62		小牧童奶牛养殖专业合作社			134	126	荷斯坦奶牛		717		
63	洱源县	新希望邓川蝶泉有机示范牧场	√		446	2	荷斯坦奶牛	6	10		
64		金河奶牛养殖场	√		100	48	荷斯坦奶牛		288	√	
65		洱源县惠农奶牛养殖专业合社			500		荷斯坦奶牛				
66		新型奶牛养殖合作社			300		荷斯坦奶牛				
67	剑川县	大理银河乳业有限责任公司良种奶牛繁育基地			465	200	荷斯坦奶牛	6.1	912	√	
大理州合计					**6 468**	**2 983**			**10 871.26**		
68	楚雄州楚雄市	楚雄州汇东乳业有限公司			316	235	荷斯坦奶牛		971		
楚雄州合计					**316**	**235**			**971**		
69	文山州富宁县	富宁县云奔奶牛专业合作社			14	4	荷斯坦奶牛		6.5		
文山州合计					**14**	**4**			**6.5**		
70	丽江市玉龙县	白沙奶牛养殖小区		√	368	291	荷斯坦奶牛		1 735		
71		拉市奶牛养殖小区		√	191	118	荷斯坦奶牛		697		
72		玉龙县森龙奶牛养殖场	√		197	131	荷斯坦奶牛		269		
73	永胜县	益多乳业公司			62	40	荷斯坦奶牛		170		
丽江市合计					**818**	**580**			**2 871**		

（续）

序号	州市	名　　称	养殖场	小区	全群存栏（头）	成母牛存栏（头）	奶畜品种	成母牛单产（吨/年）	年总产（吨）	是否参加DHI	是否应用TMR
74	红河州弥勒	弥勒葫芦岛基地	√		1 000	800	黑白花奶牛	5	4 000		
75		弥勒东风奶源基地	√		150	300	黑白花奶牛	5	1 500		
76		弥勒新安奶源基地	√		520	500	黑白花奶牛	5	2 500		
77		弥勒龙潭哨奶源基地	√		120	100	黑白花奶牛	5	500		
78		弥勒东红奶源基地	√		115	100	黑白花奶牛	5	500		
79		弥勒者圭奶源基地	√		320	300	黑白花奶牛	5	1 500		
80		弥勒小那奶源基地	√		110	100	黑白花奶牛	5	500		
81		弥勒大那奶源基地	√		120	100	黑白花奶牛	5	500		
82		弥勒金山奶源基地	√		450	400	黑白花奶牛	5	2 000		
83		弥勒菠萝旧奶源基地	√		100	378	黑白花奶牛	5	1 890		
84		弥勒朋普奶源基地	√		120	100	黑白花奶牛	5	500		
85	个旧	个旧乍甸莲锅塘	√		385	360	黑白花奶牛	5	1 800		
86		个旧乍甸散养农户	√		2 000	1 810	黑白花奶牛	5	9 050		
红河州合计					**5 510**	**5 348**		**65**	**26 740**		
总计					**43 278**	**30 953**			**130 510. 56**		

奶　水　牛

序号	州市	名　　称	养殖场	小区	全群存栏（头）	成母牛存栏（头）	奶畜品种	成母牛单产（吨/年）	年总产（吨）	是否参加DHI	是否应用TMR
1	红河州弥勒	东风奶牛养殖小区		√	88	63	奶水牛		0		
红河州合计					**88**	**63**			**0**		
2	大理市大理市	云南省乳用奶水牛原种场			65	45	奶水牛		35	√	
3	巍山县	大仓镇幸福奶水牛标准化规模养殖小区		√	305	280	奶水牛		291	√	
4		大仓镇小河奶水牛标准化规模养殖小区		√	211	120	奶水牛		250	√	
5		大仓镇小河西片奶水牛标准化规模养殖小区			305	175	奶水牛		240	√	
大理州合计					**886**	**620**			**816**		

（续）

序号	州市	名　　称	养殖场	小区	全群存栏（头）	成母牛存栏（头）	奶畜品种	成母牛单产（吨/年）	年总产（吨）	是否参加DHI	是否应用TMR
6	文山州广南县	广南县谷多水牛乳业有限公司			631	580	奶水牛		194.05	√	
7		广南县馥明乳业基地			50	45	奶水牛				
8		广南县奔奔奶水牛养殖有限公司			23	23	奶水牛		14.2		
	文山州合计				**704**	**648**			**208.25**		
9	保山市腾冲县	巴福乐槟榔江水牛良繁公司奶水牛养殖场	√		623	525	奶水牛		950	√	
10		明光麻栎奶水牛标准化规模养殖场	√		550	501	奶水牛		560		
11		云南省禾顺公司养殖场	√		512	417	奶水牛		410		
12		滇滩任安体奶水牛养殖场	√		207	163	奶水牛		60		
13		腾越云山奶水牛标准化规模养殖小区		√	262	208	奶水牛		210		
14		界头新大街奶水牛标准化规模养殖小区		√	250	232	奶水牛		230		
15		界头沙坝奶水牛标准化规模养殖小区		√	220	201	奶水牛		185		
16		曲石秧草塘奶水牛标准化规模养殖小区		√	205	187	奶水牛		160		
17		固东利民奶水牛标准化规模养殖小区		√	236	202	奶水牛		176		
18		荷花乡羡多村奶水牛标准化规模养殖小区		√	234	168	奶水牛		120		
19		曲石箐桥奶水牛标准化规模养殖小区		√	230	206	奶水牛		169		
20		腾越盈水奶水牛标准化规模养殖小区		√	210	162	奶水牛		127		
21		界头大园子奶水牛标准化规模养殖小区		√	206	176	奶水牛		147		
22		马站兴隆奶水牛养殖小区		√	228	180	奶水牛		36		
23		中和奶水牛标准规模养殖小区		√	251	186	奶水牛		98		
24		腾越黄坡奶水牛养殖小区		√	126	97	奶水牛		48		
25		腾冲县界头贡山奶水牛养殖小区		√	146	105	奶水牛		30		
	保山市合计				**4 696**	**3 916**			**3 716**		

（续）

序号	州市	名称	养殖场	小区	全群存栏（头）	成母牛存栏（头）	奶畜品种	成母牛单产（吨/年）	年总产（吨）	是否参加DHI	是否应用TMR
26	德宏州	法帕一社奶水牛养殖小区		√	90	85	摩拉水牛	1.3	30.9	√	√
27		朝阳奶水牛养殖小区（法帕二社）		√	66	51	摩拉水牛	1.2	29.8	√	√
28		赵荅达奶水牛养殖小区		√	80	76	摩拉水牛	1.5	30.1	√	√
29		风平仔旺奶水牛养殖场	√		40	38	摩拉水牛	1.1	28.5	√	√
30		芒岗奶水牛			167	154	摩拉水牛	1.3	50.5	√	√
31		芒丙奶水牛养殖小区		√	95	90	摩拉水牛	1.6	48.7	√	√
32		芒丙散养户			10	9	摩拉水牛	1.2	18.4	√	√
33		芒丙散养户			9	6	摩拉水牛	1.6	19.6	√	√
34		勐稳奶水牛养殖小区		√	66	55	摩拉水牛	1.5	30.5	√	√
35		轩岗拉哏专业合作社	√		140	125	摩拉水牛	1.6	59.7	√	√
36		新村奶水牛养殖小区		√	44	38	摩拉水牛	1.4	36.2		
37		山野开发种畜场	√		109	84	摩拉水牛	1.3	40.8		
38		泰昌养殖小区		√	18	18	摩拉水牛	1.6	18.7		
39		芒杏奶水牛养殖小区		√	43	38	摩拉水牛	1.8	35.8		
40		华宝养殖小区		√	80	52	摩拉水牛	1.5	38.9		
41		香菜塘新村奶水牛养殖小区		√	40	37	摩拉水牛	1.4	40.4	√	√
42		宏发奶水牛养殖专业合作社	√		198	186	摩拉水牛	1.6	70.4	√	√
43		散养户			8	5	摩拉水牛	1.5	10	√	√
44		街坊奶水牛养殖小区		√	50	44	摩拉水牛	1.6	45.9		
45		红成奶水牛养殖小区		√	44	35	摩拉水牛	1.2	39.9	√	√
46		昌洪奶水牛养殖小区		√	55	39	摩拉水牛	1.3	45.3	√	√
47		文明奶水牛养殖小区		√	60	45	摩拉水牛	1.4	50	√	√
48		恩辉奶水牛养殖小区		√	45	30	摩拉水牛	1.5	40	√	√
49		红成奶水牛养殖小区		√	40	38	摩拉水牛	1.2	28.4	√	√
50		昌洪奶水牛养殖小区		√	40	37	摩拉水牛	1.6	40	√	√
51		文明奶水牛养殖小区		√	50	30	摩拉水牛	1.3	41.6	√	√
52		恩辉奶水牛养殖小区		√	48	29	摩拉水牛	1.2	30.9	√	√
53		遮岛吉祥奶水牛养殖小区		√	60	51	摩拉水牛	1.3	40.8	√	√
54		桥发欧盟养殖场	√		17	15	摩拉水牛	104	19.9		
德宏州合计					**1 812**	**1 540**			**1 060.6**		
总计					**6 374**	**5 247**			**4 740.25**		

附表 2：

乳制品生产企业名录

序号	名　　称	许可证号码	年收购原奶量（吨）	平均支付价格（元/千克）	自有奶源量（吨）	年乳制品产量（吨）	巴氏杀菌乳（吨）	UHT奶（吨）	酸奶（吨）	奶粉（吨）	奶油（吨）	奶酪（吨）	乳饮料（吨）	整体设计加工能力（吨/年）	产品销售区域	年销售收入（万元）	利润（万元）
1	昆明雪兰牛奶有限责任公司	QG530005010292	73 000	3.56	9 800	88 208	11 851	62 773	11 784	0	0	0	1 800	109 500	云南省内	59 059.6	3 451.88
2	昆明市海子乳业有限公司	QS530005010417	14 965	3.5	—	18 000	—	8 000	10 000	0	0	0	0	36 500	云南省内	7 500	50
3	七彩云乳业股份有限公司	QS530105011228	13 021	3.3	—	9 223.53	2 892.23	3 081.73	2 687.21				562.36	36 500	云南、四川、贵州	7 899	72
4	昆明龙腾生物乳业有限公司	QS530101011758	11 000	3.65	3 000	1 200	—	—	—	1 200				40 000	东南沿海	5 000	200
5	宜良李子园牛奶食品有限公司	云 530125（2013）005	4 300	2.7	—	13 000	—	—	—	0	0	0	13 000	20 000	云南省内	3 875	40
6	德宏祥祥乳业有限公司	QS533102011156	1 056	7.2（水牛奶）	175.6	1 709	788.25	16	414.21				490.53	6 570	德宏州	1 434.58	148.84
7	红河云牛乳业有限责任公司	QS532505011735	—	3.37	15 890	18 854	1 538	2 228					15 088	7 200	云南、广西、四川等	17 321	4 259
8	云南多喝乳业有限责任公司	QS532505010886	—	3.25	10 850	14 919	7 419	3 208	4 292						云南省内		
9	云南乍甸乳业有限责任公司	5325 0501 1220	9 125	3.1	5 018.75	14 600	4 380	1 460	4 380				4 380	73 000	红河、通海、玉溪、曲靖	12 486	1 872.9
10	云南欧亚乳业有限公司	74527226-2	92 000	3.2	11 750	113 059	496	57 871	15 226	1 123	0	0	38 343	153 300	云、贵、川、两广、福建	61 000	2 800
11	云南新希望邓川蝶泉乳业有限公司	QS530005010142	55 230	3.4	44 257	68 605.98	788.25	—	800.43	4 535.23	150.93	0	26 378.32	120 000	云南省、缅甸、越南、老挝	38 303	958
12	云南皇氏来思尔乳业有限公司	QS5329 0501 0416	37 222	2.89	—	44 052	9 253	12 333	16 299	0	0	2	6 165	50 000	云南、四川、贵州、广西、西藏	25 731	1 852
13	大理金花乳业有限责任公司	QS532905011246	7 700	2.75	—	720	—	—	—	0	0	0	0	5 000	苏州、广州、成都	2 400	−121
14	大理银河乳业有限责任公司	QS532905011100	4 026	2.8	360	500	—	—	—	500	0	0	0	73 000	华东地区	1 280	−327
	总计/平均		322 645	3.095	101 101.35	406 650.51	39 405.73	150 970.73	65 882.85	7 358.23	150.93	0	106 207.21	730 570		243 289.18	15 704.62

昆　明　市

【奶类生产】2013年昆明市奶牛存栏43 094头，主要分布于呈贡县、晋宁县、宜良县、石林县和嵩明县，全部为荷斯坦牛。与2011年年末相比，奶牛存栏数有所增加，主要是昆明市加大对标准化奶牛养殖的扶持力度，对新建的500头规模以上的标准化养殖示范场一次性补助300万元，新增标准化奶牛场4个，特别是石林映山奶牛畜牧有限公司从澳大利亚一次引进了600头优质荷斯坦青年母牛。具体见表5-26。

表5-26　2012年主要养殖县（区）奶牛养殖情况

县（区）名称	奶牛存栏（头）	成乳牛存栏（头）	牛奶产量（吨）	奶牛单产［千克/（头·年）］
五华区	38	23	4	175
西山区	54	32	105	3 241
东川区	56	34	71.5	2 128
呈贡县	678	407	1 708.1	4 199
富民县	4	2	7.2	3 000
晋宁县	11 474	6 884	31 773.2	4 615
宜良县	16 092	9 655	46 056	4 770
石林县	3 405	2 043	8 283	4 054
嵩明县	10 868	6 520	17 670	2 710
安宁市	379	227	2 655.9	11 679
寻甸县	46	28	241.2	8 739

昆明市2012年奶类产量及其生产水平。2012年昆明市奶类生产总量为12.01万吨，其中荷斯坦牛奶10.8万吨，山羊奶1.15万吨。荷斯坦奶牛单产达到4 483千克，山羊单产为150千克。见表5-27。

表5-27

奶类产量（吨）	荷斯坦牛				奶山羊		
	牛奶产量（吨）	奶牛存栏（头）	成乳牛存栏（头）	单产［千克/(头·年)］	山羊奶产量（吨）	山羊存栏（头）	单产［千克/(头·年)］
120 111	108 575	43 094	25 856	4 483	11 536	155 000	150

奶类产值以及占畜牧业的比重：全市畜牧业产值99.7亿，奶类产值2.6亿元，占畜牧比重2.6%。

奶业对当地农民收入的贡献：由于昆明市奶牛养殖规模化程度高，主要是集中饲养，统一挤奶的养殖模式，所以奶业是奶业产区农民的主要收入，占其总收入的85%。

昆明市2012年生鲜乳收购平均价格（主要乳企收购价格和企业收购标准）。

昆明市2012年荷斯坦牛奶收购标准：脂肪3.10%、蛋白质2.90%、无抗奶，细菌数200万个/mL以内，平均收购价3.56元/千克。全年牛奶收购实行按质论价，平均收购价格3.30～3.98元/千克，收购标准：脂肪3.10%～3.80%、蛋白质2.80%～3.00%，无抗奶，细菌数200万个/mL以内（不含挤奶机和制冷剂的折旧费用，不含运费）。

昆明市山羊奶收购价为3.80～4.80元/千克。

【乳品加工】

1. 昆明市2012年乳品加工企业数量、加工能力、实际产量、销售收入和利润。

（1）乳品加工企业数量和加工能力　昆明市2012年乳品加工企业5个，加工能力674吨/日，实际加工量355吨/日。

（2）昆明市2012年实际乳品加工量、销售收入和利润　昆明市2012年乳品加工实际产量12.01万吨，销售收入83 333.6万元，利润3 813.88万元。

昆明雪兰牛奶有限责任公司：销售额59 059.6万元，利税3 451.88万元；

昆明市海子乳业有限公司：销售额7 500万元，利税50万元；

昆明七彩云乳业股份有限公司：销售额7 899万元，利税72万元；

昆明市宜良李子园牛奶食品有限公司：销售额3 875万元，利税40万元；

昆明市龙腾生物乳业有限公司：销售额5 000万元，利税200万元。

2. 昆明市2012年规模以上企业的主要产品类别和产量。

昆明雪兰牛奶有限责任公司：巴氏杀菌乳11 851吨、UHT奶62 773吨、酸奶11 784吨、含乳饮料类1 800吨；昆明市海子乳业有限公司：UHT奶8 000吨、酸奶10 000吨；昆明七彩云乳业股份有限公司：巴氏杀菌乳2 892.23吨、UHT奶3 081.73吨、酸奶2 687.21吨、含乳饮料类562.36吨；昆明市宜良李子园牛奶食品有限公司：含乳饮料类13 000吨；昆明市龙腾生物乳业有限公司：奶粉1 200吨（表5-28）。

表5-28

主要产品种类	巴氏杀菌乳	UHT奶	酸奶	含乳饮料	奶粉
产量（吨）	14 743.23	73 854.73	24 471.21	15 362.36	1 200

3. 昆明市2012年新建或改扩建项目：

（1）2011年昆明市启动了创建国家级奶牛标准化养殖示范场项目，2012年通过验收并授牌标准化养殖示范场4个，分别是嵩明县富达奶牛养殖基地、石林映山畜牧有限公司、五华区众维奶牛养殖专业合作社、晋宁尼摩合奶牛合作社标准化奶牛场。寻甸县稼竜畜牧有限公司申报的标准化建设项目经前期评审合格，已批准立项建设。

（2）昆明第一家创新型乳品消费方式“奶吧”，于2012年6月10日由绿盛美地公司创建并开始营业，“奶吧”《绿梦园》运作正常，产品供不应求，销售势头好。目前日销量在600～700千克，产品价格为7.5元/475mL。

（3）昆明雪兰牛奶有限责任公司加工厂二期建设项目：投资额2 800万元，处理能力600吨/日，主要产品为液态奶系列和乳饮料。

（4）昆明雪兰牛奶有限责任公司石林生态牧场占地面积246亩，是雪兰公司最大的奶源生产基地。项目总投资7 000万元，分二期进行，一期工程于2009年6月16日开工，12月30日竣工。二期工程于2010年10月8日开工、2011年6月完工。二期工程完工后牧场可饲养奶牛3 000头，产值3 000万元，解决就业600人次，是云南省奶牛存栏最大的牧场，也是西南地区最大的示范牧场，并成为综合开发利用自然资源生态节能及循环经济创新的示范基地。牧场饲养的奶牛品种为荷斯坦牛，牧场配置了一套德国进口的转盘式全自动挤奶机和一套以色列进口的并列式挤奶机，实现自动挤奶、自动脱杯、自动计量和电脑控制；配置了一套意大利司达特15立方TMR饲料搅拌车和一套法国库恩12立方TMR饲料搅拌车，实现奶牛全混日粮机械饲喂车（TMR）饲喂，奶牛饲养科学管理水平得到空前提高。

【市场消费】2012年昆明市人均奶类占有量20.3千克，人均支出200元。巴氏杀菌乳、UHT奶，酸奶、奶粉等产品的消费情况、比重以及今后的趋势见表5-29和表5-30。

表5-29

主要产品种类	巴氏杀菌乳	UHT奶（含乳饮料）	酸奶	奶粉	消费趋势
产量（万吨）	1.474 3	7.385 5	2.447 1	0.12	目前，消费者最容易接受UHT奶，其次是巴氏奶和酸奶。但随着消费者对牛奶营养、安全知识的认识及国家对巴氏杀菌乳的宣传，昆明市鲜“奶吧”业态的发展，巴氏奶的消费比例将会有所增加

表5-30　产品价格变化表（元）

产品名称	2012年1～2月	2012年3～11月	2012年12月
500ML利乐枕	3.11	3.35	3.35
150G原味塑杯	1.2125	1.38	1.38
1 000ML大盒	8.5	8.5	8.5
250ML甜牛奶	1.975	1.975	1.975
250ML红枣奶	1.975	1.975	1.975
250ML黑粮奶	1.975	1.975	1.975

【奶源基地】

1. 本地区2012年不同规模养殖场区数量及其生产情况（表5-31）。

表5-31

养殖场规模（头）	数量（个）	生产情况［千克/（头·年）］
100头	1	3 100～7 200
101～500头	25	
501～1 000头	11	
1 001头以上	11	

2012年昆明市规模奶牛场存栏28 002头，平均单产4 528千克/头/年，散养奶牛15 091头，平均单产3 600千克/头/年。散养户主要集中在晋宁县和宜良县。

2. 饲草饲料、品种改良、疫病防控等情况

（1）饲养奶牛的精料部分，绝大多数养牛户主要以玉米面为主，适当添加预混料或浓缩料精、盐、钙和酸碱平衡剂（主要是小苏打）。预混料和浓缩料精主要使用云南农业大学生产的金田园牌，四川生产的普瑞纳牌。青绿饲料，粗饲料，各合作社使用情况不尽相同。养牛户依托蔬菜基地，使用边角废料作青绿饲料（白菜叶、芹菜叶、花菜叶等），粗饲料主要是干稻草。标准化奶牛场饲草饲料按奶牛饲养管理规范执行。

（2）品种改良一直按国家奶牛良种补贴执行，全部奶牛43 094头都享受国家奶牛良种补贴。

（3）疫病防控以防为主、防治结合，将强制免疫和疫情监测工作作为重点，每年至少进行一次结核病、布病检疫及扑杀净化工作，两次疫苗注射，确保100%的免疫密度，并实施动物标识管理，引种检疫、产地检疫、交通运输检疫等。

【政策法规】

1. 昆明市奶业发展规划。

（1）指导思想　坚持以科学发展观为指导，认真贯彻落实党的十七届三中全会精神，以保护奶农利益为根本出发点，以市场为导向，以发展荷斯坦牛为主，以奶水牛、奶山羊为辅，坚持数量与质量并重，建立健全奶牛良种繁殖档案，强化饲料安全监测力度，积极鼓励和引导奶农与企业建立合理的利益关系，实现品质良种化、生产标准化、经营规模化，提升昆明市奶业水平、市场竞争能力和综合经济效益，促进昆明奶业持续快速健康发展。

（2）工作目标

①到2013年，初步构建昆明市规模化、标准化、产业化的现代奶业体系，生产布局进一步优化，生产方式得到较大转变，乳品结构不断优化、加工能力和产品品质明显改善，市场竞争力不断增强，奶业在畜牧业的比重有较大提高。全市奶牛存栏量力争达到5万头以上，年奶产量达到15万吨以上，实现综合产值4.5亿元，分别比2007年增长24%、47%、50%；发展健康型奶牛标准化规模养殖小区35个（其中奶水牛3个）、奶牛专业户150个（其中奶水牛5个），奶牛规模化养殖的比重提高到80%；奶牛良种覆盖率提高到60%，奶牛年平均单产水平提高到4.5吨；发展健康型奶山羊标准化规模养殖小区10个、奶山羊专业户100个。

②到2013年，奶源基地奶类产量占全市95%以上。

③到2013年，实施机械化挤奶的比例达85%以上。

④到2013年，秸秆青贮量达到100万吨。

⑤力争到2013年，60%的奶业养殖场（户）和80%的企业通过国家无公害奶源基地或产品认证。

⑥到2013年，发展55个奶牛（奶水牛、奶山羊）合作社。

2. 出台的扶持政策。

（1）昆明市创建国家级标准化示范奶牛场项目，对改扩建的养殖规模达500头以上的标准化奶牛场一次性补助300万元，补助项目是牛颈夹、TMR饲料混合机、挤奶机及奶牛购买补助等。

（2）优质冻精改良　2012年昆明市动物卫生监督所购买西门达尔乳肉兼用型冻精2 000枚，使用对象是管理条件较好、系谱档案全的牛场或者合作社。

3. 奶业组织建设　奶业组织由昆明市农业局为首的奶业行政主管部门、昆明市奶业协会、宜良县奶业协会和晋宁县奶业协会等构成。

【质量监管】

1. 昆明市2012年奶业生产、加工、市场等方面质量安全状况。昆明市2012年机械化挤奶达到85%，奶牛合作社都是机械挤奶，各乳品厂皆制定了按质论价方案，因此规模场的原料奶基本都达到国标的水平。乳品企业建立了严格的生鲜乳收购管理制度，对每批次收购的牛奶都进行检测，包括营养指标、质量安全指标，对不符合标准的牛奶坚决予以拒收，保障了上市牛奶的质量安全。

昆明市动物卫生监督所对奶牛养殖环节使用的饲料、兽药等投入品进行监管指导，并指导乳品企业和各奶牛养殖基地进行优质奶源生产加工，确保奶制品质量安全。2012年共抽检生乳672批次，检测了黄曲霉素、氯霉素、三聚氰胺等项目，未检出不合格样品，昆明市生乳质量安全状况良好。

2. 奶站管理及其质量监管所采取的主要措施。昆明市建立的主管部门抽检、乳品加工企业普检和奶站自检的三位一体质量安全检测保障体系，切实保障了昆明市牛奶质量安全。目前昆明乳制品质量由于有稳定优质的奶源做后盾，加之乳品企业生产规范，质检监督有力，乳制品质量稳定，在各相关生产、加工、销售环节没有发现国家违禁物品添加情况，乳制品销售市场供不应求。

昆明市奶业协会　谢　红

附表 1：

奶牛养殖场（小区）名录

序号	名　　称	养殖场	小区	全群存栏（头）	成母牛存栏（头）	奶畜品种	成母牛单产（吨/年）	年总产（吨）	是否参加 DHI	是否应用 TMR
1	月表奶牛合作社		小区	1 000	800	荷斯坦奶牛	4.2	3 102.5	√	
2	孙家坝奶牛合作社		小区	600	400	荷斯坦奶牛	3.7	1 277	√	
3	现代奶牛合作社		小区	500	300	荷斯坦奶牛	3.85	1 095	√	
4	兴隆奶牛合作社		小区	2 500	1 500	荷斯坦奶牛	3.95	5 475	√	
5	大西奶牛合作社		小区	500	300	荷斯坦奶牛	4.3	1 460	√	
6	十里奶牛合作社		小区	800	550	荷斯坦奶牛	3.98	2 190		
7	绿源奶牛合作社		小区	350	200	荷斯坦奶牛	4.62	1 095	√	
8	马云华奶牛合作社		小区	1 000	600	荷斯坦奶牛	4.8	3 650	√	
9	马云华牛场	养殖场		200	150	荷斯坦奶牛	4.3	548		
10	三禾奶牛合作社		小区	1 200	600	荷斯坦奶牛	3.45	1 825		
11	三禾中所		小区	600	400	荷斯坦奶牛	3.89	1750		
12	耿家营奶牛合作社		小区	1 200	800	荷斯坦奶牛	3.8	3 285		
13	金华兵奶牛合作社		小区	150	100	荷斯坦奶牛	3.65	365		
14	九乡阿格里合作社		小区	300	150	荷斯坦奶牛	3.8	548		
15	奶初源合作社		小区	500	350	荷斯坦奶牛	4.17	1460		
16	谢忠明合作社		小区	300	200	荷斯坦奶牛	3.65	730		
17	双光合作社		小区	500	350	荷斯坦奶牛	3.65	1277		
18	红良合作社		小区	300	200	荷斯坦奶牛	3.9	600		
19	石屏众利多合作社		小区	300	200	荷斯坦奶牛	4	550		
20	腾冲水牛奶		小区	250	200	槟榔江奶水牛	1.83	365	√	
21	会新合作社		小区	1 500	900	荷斯坦奶牛	4.3	3 285		
22	会新牧场	养殖场		200	200	荷斯坦奶牛	4.5	1 095		
23	兴瑞合合作社		小区	1 500	1 000	荷斯坦奶牛	3.7	3 650	√	
24	富达奶牛养殖场	养殖场		200	150	荷斯坦奶牛	4.5	365	√	√
25	龙街合作社		小区	350	200	荷斯坦奶牛	3.8	730		
26	茁源合作社		小区	400	300	荷斯坦奶牛	3.4	920		
27	西山区团结乡合作社		小区	250	200	荷斯坦奶牛	3.1	365		
28	雪兰石林牧场	养殖场		2 000	1400	荷斯坦奶牛	6.5	6 570	√	√
29	雪兰第六牧场	养殖场		300	200	荷斯坦奶牛	5.5	1 460	√	√
30	雪兰陆良牧场	养殖场		900	0	荷斯坦奶牛				√
31	通海云江奶牛养殖场		小区	1 500	700	荷斯坦奶牛	5	3 500		
32	嵩明明新奶牛合作社		小区	1 500	650	荷斯坦奶牛	4.8	3 120		
33	宜良华达奶牛合作社		小区	600	300	荷斯坦奶牛	4.8	1 440	√	
34	嵩明龙街合作社		小区	150	80	荷斯坦奶牛	4.8	384	√	
35	晋宁联盟奶牛合作社		小区	1 300	580	荷斯坦奶牛	4.6	2668		
36	宜良狗街合作社		小区	1 500	800	荷斯坦奶牛	4.8	3 840		
37	新发奶牛养殖专业合作社		小区	530	205	荷斯坦奶牛	4.6	1 180		
38	宜良县胜利奶牛养殖专业合作社		小区	525	350	荷斯坦奶牛	6.3	1 050	√	
39	嵩明县云之牛奶牛养殖专业合作社		小区	1 169	336	荷斯坦奶牛	5.76	1 620		
40	宜良县古城新村奶牛养殖专业合作社		小区	228	93	荷斯坦奶牛	5.3	350	√	
41	云南绿盛美地农牧发展有限公司	养殖场		302	101	荷斯坦奶牛	7.2	288	√	√
42	宜良县木希奶牛养殖专业合作社		小区	185	113	荷斯坦奶牛	5.9	595		
43	曲靖鸭子奶牛养殖专业合作社		小区	393	136	荷斯坦奶牛	5.76	576		
44	大家利生态奶牛养殖基地		小区	143	89	荷斯坦奶牛	4.32	126		
45	晋宁尼摩合标准化奶牛场	养殖场		320	300	荷斯坦奶牛	4.5	1350	√	√
46	五华区众维奶牛养殖场	养殖场		100	70	荷斯坦奶牛	4.6	322	√	√
47	牧兴奶牛养殖专业合作社		小区	1 000	400	荷斯坦奶牛	4.2	1 680	√	
48	石林映山奶牛畜牧有限公司	养殖场		700	0	荷斯坦奶牛				√

备注：请在养殖场或小区列中选择打勾；如参加 DHI 或应用 TMR，请在相应表格中打勾。

附表 2：

乳制品生产企业名录

序号	名　称	许可证号码	年收购原奶量（吨）	平均支付价格（元/千克）	自有奶源量（吨）	年乳制品产量（吨）	巴氏杀菌乳（吨）	UHT奶（吨）	酸奶（吨）	奶粉（吨）	奶油（吨）	奶酪（吨）	乳饮料（吨）	整体设计加工能力（吨/年）	产品销售区域	年销售收入（万元）	利润（万元）
1	昆明雪兰牛奶有限责任公司	QG530005010292	73 000	3.56	9 800	88 208	11 851	62 773	11 784	0	0	0	1 800	109 500	云南省内	59 059.6	3 451.88
2	昆明市海子乳业有限公司	QS530005010417	14 965	3.5	0	18 000	0	8 000	10 000	0	0	0	0	36 500	云南省	7 500	50
3	七彩云乳业股份有限公司	QS530105011228	13 021	3.3	0	9 223.53	2 892.23	3 081.73	2 687.21				562.36	36 500	云南、四川、贵州	7 899	72
4	昆明龙腾生物乳业有限公司	QS530101011758	11 000	3.65	3 000	1 200	0	0	0	1 200				40 000	东南沿海	5 000	200
5	宜良李子园牛奶食品有限公司	云 530125（2013）005	4 300	2.7	0	13 000	0	0	0	0	0	0	13 000	20 000	云南省	3 875	40
	合计		116 286	16.71	12 800	129 631.53	14 743.23	73 854.73	24 471.21	1 200	0	0	15 362.36	242 500	0	83 333.6	3 813.88

备注：自有奶源指来自自建和参建（控股、参股）牧场（小区）的原奶。

西藏自治区

【奶牛养殖】2012 年，西藏自治区奶牛存栏 36.3 万头，比 2011 年减少 0.8 万头，减少 2.2%。牛奶产量 25.6 万吨，比 2011 年增长 7.6%。

【乳品加工】2012 年，西藏自治区乳制品加工量 0.47 万吨，比 2011 年下降 17.5%；其中，液态奶产量 0.32 万吨，比 2011 年下降 20.0%。

【乳品消费】2012 年，拉萨市人均购买鲜乳品数量为 1.30 千克，购买金额 20.06 元；人均购买酸奶数量为 1.20 千克，购买金额 17.91 元；人均购买奶粉数量为 1.08 千克，购买金额 38.40 元。

中国奶业协会秘书处　周振峰整理

陕　西　省

【奶类生产】2012 年年底，陕西省奶牛存栏 46.9 万头，较 2011 年增加 3.8%，奶山羊存栏 182.2 万头，较 2011 年增加 1.2%，奶类总产量 189.07 万吨，其中牛奶产量 141.76 万吨，分别较 2011 年增长 3.7% 和 0.9%。牛奶产量居全国第六位，羊奶产量居全国首位。奶类总产值 70.86 亿元，占畜牧产值 599 亿元的 11.83%。

陕西省奶牛主要分布在关中地区 5 市 1 区（即西安市、宝鸡市、咸阳市、铜川市、渭南市和杨凌示范区），存栏奶牛占陕西省总存栏的 95.49%。奶牛存栏前 10 名大县依次为泾阳县、临潼区、陇县、武功县、乾县、千阳县、临渭区、合阳县、岐山县和眉县，2012 年年底 10 个县区奶牛存栏、奶类产量分别占陕西省的 62.6% 和 56.1%。

陕西省奶山羊主要分布在关中地区，奶山羊存栏和羊奶产量分别占陕西省的 98.2% 和 98.5%。奶山羊存栏前 10 名大县依次是富平县、泾阳县、三原县、淳化县、临渭区、凤翔县、临潼区、蒲城县、蓝田县、陇县。2012 年年底 10 个县区奶山羊存栏和羊奶产量分别占陕西省的 69.9% 和 72.4%。

【乳品加工】陕西省共有 41 个乳品加工企业，其中 2012 年亏损企业 7 个，从业人员约 1.1 万人。2012 年乳品工业销售总产值 136.29 亿元，利润总额 4.13 亿元。2012 年乳制品总产量 172.1 万吨，其中液态奶 155.12 万吨，干乳制品产量 16.98 万吨。陕西省共有 19 个婴幼儿配方奶粉生产企业，其中 15 个羊乳配方奶粉生产企业，2012 年羊乳奶粉产量约 4 万吨，占全国羊乳奶粉市场的 85% 左右。

【市场消费】2012 年陕西省人均奶类占有量 50.28 千克，其中牛奶人均占有量 37.7 千克；城镇家庭居民人均乳品消费 256.62 元/年，农村家庭居民人均乳品消费 21.66 元/年。陕西省市场销售的乳制品主要有银桥、蒙牛、伊利、光明、多鲜等品牌，利乐包每箱（16 袋）约 33 元。市场消费以常温奶为主，主要是保存时间较长，但酸奶销售量逐年增加，消费人群以年轻人为主。随着人们生活习惯的改变和对乳品的进一步认识，酸奶的销量将会逐年增加。

【奶源基地】根据行业统计数字显示，陕西省存栏 100 头以上养殖场存栏量占陕西省总存栏量的 34.4%，其中存栏 100～199 头占 6.76%，存栏 200～499 头占 14.99%，存栏 500～999 头占 6.24%，存栏 1000 头以上占 6.4%。陕西省奶牛全部实现机械化挤奶，奶山羊机械化挤奶约占 15%，大部分是集中拉羊挤奶（集中拉羊挤奶站必须具有固定场地、固定设施、固定容器，在固定时间由代购员现场监督进行生鲜羊乳收购）。

TMR 技术逐渐被养殖场认可，截至 2012 年年底，陕西省设计存栏千头以上奶牛养殖场拥有 TMR 饲喂机 61 台。

2012 年，陕西省参加 DHI 测定的规模牛场（小区）共 48 个，全年测定牛只 27 904 头，测定样品总计 145 343头次，形成有效系谱记录 8 808 个。从测定结果来看，2012 年整个参加 DHI 测定牛场（小区）平均乳脂率、乳蛋白率、脂蛋比都符合标准要求；体细胞（SCC）37.17 万个/mL，平均泌乳天数 223.94 天（正常 170 天），高峰日 102.55 天（正常在产犊后的 40～60 天），分别比 2011 年有所改进。牛群乳腺炎（隐性和临床型）发病率明显减少，繁殖病有所改进。

2012 年奶牛良种补贴项目补贴冻精细管共 68.4 万剂，主要由北京奶牛中心、上海奶牛育种公司等 14 家国内冻精生产企业提供。2012 年我省从澳大利亚引进 3 500头高产荷斯坦牛，从美国进口 300 枚奶牛胚胎，购买并使用约 2 万支性控精液，加快优质奶牛繁育。

2012 年陕西省将奶牛场所用机械全部纳入农业机械补贴范围，其中主要的有：机械化挤奶机（鱼骨、转盘）每台补贴 0.16～12 万元，贮奶罐每个补贴 1.6～2.8 万元，冷藏罐每个补贴 0.8～4.5 万元，TMR 饲喂机每台补贴 3 万～5 万元，青饲料收获机每台补贴 0.4～12 万元。

2012 年农业部共批复陕西省 15 个奶牛标准化规模养殖场（小区）建设项目，中央预算内投资 1 500 万元。

2012 年农业部批复我省高产优质苜蓿示范建设项目，共计种植苜蓿 2 万亩，中央预算内投资 1 200 万元，已全部完成建设任务，旱地亩产达到 450 千克以上，灌溉地亩产达到 850 千克以上。2012 年我省省级畜牧专项资金安排 300 万元，扶持铜川市、临潼区和合阳县三个奶牛养殖大市（县）发展青贮专用玉米种植，每市（县）种植 5 万亩专用青贮玉米，从产量上看，专用青贮玉米亩产 5 吨以上，较普通玉米增产 1 吨多。

2012 年生鲜乳平均价格 3.35 元/千克，其中最高价 3.44 元/千克，最低价 3.26 元/千克。企业收购标准均参照国标 GB19301—2010。养殖户饲养一头成母牛年收益 2 474 元。

【奶农组织】陕西省共有奶牛合作社328个，奶牛协会19家（表5-32）。

表5-32 2012年陕西省奶牛协会（合作社）分布表

项 目	陕西	西安	铜川	宝鸡	咸阳	渭南	延安	汉中	榆林	安康	商洛	杨凌	韩城
合作社（个）	328	69	1	56	109	71	1	0	12	0	0	8	1
协会（个）	19	2	1	7	4	3	0	0	1	0	0	1	0

陕西省全年共举办奶业培训43场，培训人员2 800人次。

【政策法规】

地方奶业法规：制定了《陕西省奶业整顿和振兴实施意见》，指导陕西奶业发展。

奶业发展规划：《陕西省畜牧业“十二五”规划》明确提出：“以千头奶牛场、标准化奶牛小区为重点，在关中奶牛主产区建设50个千头奶牛示范场，1 000个存栏300头以上的标准化奶牛小区，建成5万头高产奶牛核心群，形成70万头奶牛产业带。”

扶持政策：1. 实施高产奶牛示范创建工程。一是省财政对每头进口奶牛补贴5 000元，2012年从澳大利亚共引进3 500头高产奶牛，省财政共补贴1 750万元；二是扶持500万元建设陇县奶牛标准化示范县；三是扶持1 000万元完善陕西省奶牛中心建设。

2. 省财政扶持300万元实施高产奶牛胚胎移植，共进口性控奶牛胚胎300枚。

3. 省财政扶持100万元，在陕西省第一个县级DHI测试中心——千阳县奶牛生产性能测试中心搞高产奶牛DHI测试。

【质量监管】陕西省共有生鲜乳收购站887个，全部核发了许可证，其中乳品企业开办125个、占奶站总数的14.1%；养殖场开办379个、占奶站总数的42.7%；合作社开办383个、占奶站总数的43.2%，全部实现了机械化挤奶。2012年陕西省共检查生鲜乳收购站1 346个（次）、检查生鲜乳运输车辆420辆（次）、出动执法人员370人次，下发限期整改通知书32份。

根据《农业部关于开展2012年生鲜乳质量安全监测工作的通知》（农牧发［2012］1号），我省全年共抽检1 000批次生鲜乳样品，其中生鲜乳收购站监测750批次，生鲜乳运输车辆监测250批次。监测项目为三聚氰胺、皮革水解蛋白和碱类物质、硫氰酸根离子、β-内酰胺酶等。经过检测，全年均未检出上述五种违禁添加物。

陕西省畜牧兽医局 王鹏飞

附表1：

设计规模千头以上奶牛养殖场（小区）名录

序号	县区	名 称	养殖场	小区	全群存栏（头）	成母牛存栏（头）	成母牛单产（吨/年）	年总产（吨）	是否参加DHI	是否应用TMR
1	眉县	现代牧业（宝鸡）有限公司	√		17 000	6 800	7	47 000	√	√
2	泾阳	陕西省奶牛中心	√		3 060	1 920	7.6	11 160	√	√
3	华阴市	西安草滩牧业有限公司一场	√		2 500	960	9.5	8 664	√	√
4	华阴市	西安草滩牧业有限公司二场	√		2 500	780	9.5	7 040	√	√
5	蒲城县	陕西蒲城犇犇养殖有限公司	√		2 100	623	6	3 000		
6	泾阳	陕西泾阳金园牧场		√	1 780	1 180	5.8	4 955		√
7	泾阳	陕西泾阳鑫园牧场		√	1 560	1 050	5.8	4 340		√
8	泾阳	泾阳星宏畜牧业发展有限公司		√	1 420	880	5.8	3 950		√
9	泾阳	咸阳银华乳业符庄牛场		√	1 400	600	6.0	3 500		√
10	眉县	宝鸡澳华现代牧业有限责任公司	√		1 300	650	6.5	4 800	√	√
11	泾阳	泾阳县鑫海奶牛专业合作社		√	1 280	850	6.4	3 930		
12	合阳县	陕西浩大乳业有限公司			1 200	600	7.2	3 300	√	√
13	临潼区	西安市临潼区阳光牧业有限公司		√	1 175	780	6	3 800		√

（续）

序号	县区	名　　称	养殖场	小区	全群存栏（头）	成母牛存栏（头）	成母牛单产（吨/年）	年总产（吨）	是否参加DHI	是否应用TMR
14	泾阳	泾阳县兴云畜牧业有限公司		√	1 150	750	5.8	3 200		√
15	三原县	三原徐木北鹿奶牛养殖专业合作社	√		1 120	400	6	2 729	√	
16	武功县	神果牛场		√	1 120	570	5.8	3 100		√
17	千阳	新绿千头现代化奶牛场	√		1 107	765	7	4 320	√	√
18	泾阳	陕西泾阳金桥养殖科技示范园		√	1 100	720	5.7	3 100		
19	泾阳	咸阳兴盛园畜牧发展公司		√	1 100	710	5.8	3 060		
20	合阳县	陕西晟杰实业有限公司	√		1 100	420	8.3	4 000	√	√
21	泾阳	德裕农牧发展有限公司	√		1 090	500	6.0	2 890		√
22	凤翔县	得力康凤翔千头奶牛场	√		1 089	560	8.2	4 200	√	√
23	泾阳	泾阳县星宇奶牛养殖专业合作社		√	1 080	710	5.8	3 000		
24	泾阳	陕西建兴奶牛繁育有限公司	√		1 080	710	8.3	4 300	√	√
25	秦都区	西安牧星乳业有限公司华宇奶牛场（咸阳）	√		1 080	580	5.7	3 300		√
26	泾阳	农兴奶牛养殖小区		√	1 060	470	5.7	2 080		√
27	扶风县	扶风新源养殖公司	√		1 050	480	6.8	2 400	√	√
28	泾阳	泾阳县阳光牧业有限公司		√	1 050	700	5.7	2 870		√
29	泾阳	泾阳县隆源奶牛养殖专业合作社		√	1 050	670	5.8	2 920		√
30	渭城区	西安草滩咸阳良种奶牛场	√		1 050	740	6.2	3 200		√
31	杨陵区	杨凌科元公司	√		1 050	310	7	2 060	√	√
32	泾阳	咸阳兴华牧业有限公司		√	1 040	710	5.7	2 840		√
33	泾阳	咸阳佳和乳业有限公司		√	1 040	680	5.8	2 900		√
34	泾阳	雅泰龙德牧场		√	1 030	680	5.7	2 820		√
35	三原县	陕西鑫牧农业发展有限公司	√		1 020	331	7.5	2 345	√	
36	泾阳	泾阳县兴辉奶牛养殖专业合作社		√	1 020	650	5.7	2 790		√
37	泾阳	秦辉奶牛养殖小区		√	1 020	660	5.6	2 740		
38	泾阳	泾阳县祥泰牧业有限公司		√	1 020	680	5.7	2 800		
39	泾阳	泾阳县鑫和奶牛养殖小区		√	1 020	450	5.9	2 040		√
40	泾阳	北仲山牧场		√	1 010	520	5.8	2 260		√
41	陇县	和氏杜阳千头奶牛场	√		893	482	6.41	3 089	√	√
42	千阳	绿源千头现代化奶牛场	√		867	639	6.8	2 520	√	√
43	合阳县	合阳县兴隆牧业有限公司			867	551	7.2	3 650	√	√
44	临潼区	西安昕洋牧业有限责任公司	√		860	510	4.9	2 200	√	√
45	岐山县	宝鸡得力康岐山北营奶牛小区	√		860	470	8.02	3 700	√	√
46	临潼区	西安市临潼区相桥永平养殖场	√		850	490	4.8	2 100	√	√
47	合阳县	合阳县翊东良种奶牛繁育中心			850	420	7	2 960	√	√
48	陇县	和氏曹家湾千头奶牛场	√		821	449	6.22	2 798	√	√
49	岐山县	岐山县源鑫奶牛养殖专业合作社	√		810	560	7.5	4 000		
50	富平县	富平县嘉润农牧产业有限公司		√	800	610	5	1 440		√
51	千阳	八戒千头现代化奶牛场	√		789	613	6.5	2 340	√	√
52	岐山县	宝鸡天和畜牧业有限公司	√		780	470	7	3 000		√

（续）

序号	县区	名　称	养殖场	小区	全群存栏（头）	成母牛存栏（头）	成母牛单产（吨/年）	年总产（吨）	是否参加DHI	是否应用TMR
53	陇县	东南恒泰牧业高庙千头奶牛场	√		760	418	4.27	1 786	√	√
54	未央区	西安现代农业综合开发总公司奶牛一场			690	470	8	2 500	√	√
55	临潼区	西安市临潼区北田镇西渭牧场	√		680	420	7.2	1 400	√	
56	陇县	宝鸡中实曹家湾千头奶牛场	√		634	341	6.1	2 080	√	√
57	临潼区	陕西农得利现代牧业发展有限公司	√		630	360	5	1 600	√	√
58	临渭区	久远奶牛养殖合作社		√	630	420	7.5	1 000		
59	合阳县	陕西世丰科技有限公司			600	370	6.8	1 600	√	√
60	合阳县	陕西腾远农业发展有限公司			600	450	6.5	1 100	√	√
61	临潼区	西安市临潼区亿霖牧场	√		580	400	6	1 800		√
62	岐山县	岐山县绿叶牧业有限公司	√		550	355	7.2	2 300		√
63	临渭区	神牛牧业有限公司		√	530	400	5	1 100		√
64	富平县	富平县青牧农牧产业有限责任公司	√		520	260	4.9	1 260		√
65	未央区	陕西乃德农牧高科技开发有限公司			477	235	7.5	1 800	√	
66	陈仓区	永丰牧业有限公司	√		463	303	6	1 350	√	√
67	临潼区	西安市临潼区任留奶牛养殖示范小区		√	460	200	7	1 200	√	√
68	凤翔县	凤翔县天昇千头奶牛场	√		458	223	6.2	1 360		
69	临潼区	西安市临潼区新市奶牛养殖小区		√	430	250	6.5	1 600	√	√
70	凤翔县	宝鸡新澳特千头奶牛场	√		420	200	7.1	1 300		√
71	合阳县	合阳县顺达奶牛养殖有限公司			420	250	6.5	1 460	√	√
72	临潼区	西安市临潼区金龙奶牛养殖有限责任公司		√	400	180	7	1 000	√	
73	临潼区	西安市临潼区任留三王奶牛养殖场	√		380	200	6.5	1 000	√	√
74	富平县	富平县隆仁奶牛养殖专业合作社		√	360	210	5.2	1 200	√	
75	临潼区	陕西溢盈畜牧养殖有限公司		√	340	260	6	910		
76	阎良区	阎良区海文奶牛养殖场	√		320	245	7.5	1 056	√	√
77	临潼区	西安市临潼区周华奶牛场	√		320	210	6.5	500	√	
78	阎良区	阎良区牧歌奶牛养殖场	√		300	230	6.9	780	√	√
79	阎良区	阎良区兴旺奶牛养殖场	√		300	230	6.3	675		
80	合阳县	合阳县韩源牧业有限公司			300					
81	阎良区	阎良区文强奶牛养殖示范园		√	290	220	6.3	620	√	
82	阎良区	阎良区华源奶牛养殖厂		√	280	210	6.5	684	√	
83	陈仓区	鸿祥奶牛场	√		277	202	6	580	√	
84	陈仓区	瑞凤现代化千头奶牛场	√		256	180	5	350		
85	临潼区	西安市临潼区新市海民奶牛场	√		230	150	7	800	√	√
86	合阳县	合阳县丰钰超生物科技有限公司			200					
87	凤翔县	凤翔县高星千头奶牛场	√		160	68	6	420		
88	千阳	千阳祝尔康2000头奶牛场	正建		0	0	0	0		
89	陇县	温水坪头2000头奶牛场	正建		0	0	0	0		
90	富平县	富平县远企奶牛养殖合作社	场已建好，正在筹备购进奶牛							

备注：1. 只统计设计规模1000头以上的奶牛养殖场（小区）。

2. 请在养殖场或小区列中选择打勾；如参加DHI或应用TMR，请在相应表格中打勾。

附表 2：

2012 年乳制品生产企业情况

序号	县区	名称	许可证号码	年收购鲜奶量（吨）	其中羊奶（吨）	平均支付价格（元/千克）	自有奶源量（吨）	年乳制品产量（吨）	巴氏杀菌奶（吨）	UHT 奶（吨）	酸奶（吨）	奶粉（吨）	奶油（吨）	奶酪（吨）	乳饮料（吨）	整体设计加工能力（吨/年）	产品销售区域	年销售收入（万元）	利润（万元）
1	阎良区	西安百跃乳业有限公司	婴幼儿：QS610005020031 全脂乳粉：QS610005010097	29 451	29 451	3.7	21 000	6 292	/	/	/	6 292	/	/	/	8 000	全国各地	39 602	1 813
2	阎良区	陕西圣唐秦龙乳业有限公司	婴幼儿：QS610005010169 乳制品：QS610005020127	2 738	2 738	4	2 738	940	/	/	/	940	/	/	/	10 000	全国各地	3 210	125
3	阎良区	西安喜洋洋生物科技有限公司	乳粉：QS610005010168 婴幼：QS610105020069	14 365	14 365	3.9	5 400	3 250	/	/	/	3 250	/	/	/	3 000	全国各地	14 922	615
4	阎良区	陕西关山瑞芙乳业有限公司	婴幼儿：QS610105020011 乳制品（全脂乳粉、调制乳粉）：QS610105010794	3 204	3 204	4.6	3 204	3 150	/	/	/	3 150	/	/	/	8 000	全国各地	16 380	1 801
5	临潼区	西安宏兴乳业有限公司	QS6101 0502 0008 QS6101 0501 0633	32 519	32 519	3.8	20 487	5 375	/	/	/	5 375	/	/	/	10 000	国内二十六个省市自治区	40 405	5 057
6	临潼区	西安银桥生物科技有限责任公司	QS6100 0501 0091 QS6100 0502 0006 QS6100 0601 0278	274188	/	3.8	131 610	678 300	6 500	292 500	65 000	28 300	/	/	286 000	650 000	陕西、河南、河北、四川、安徽、山东、湖南、山西、江西、北京、湖北	205 633	2 185
7	临潼区	西安伊利泰普克饮品有限公司	QS6100 0501 0244 QS6100 0601 0740	130 548.7	/	3.84	/	295 917.9	/	295 917.9	/	/	/	/	186 226	430 000	西北地区、西南地区、郑州	303 269.2	2 403.4
8	凤翔县	宝鸡雪儿乳业有限公司	QS610305010474	6 840	0	3	11	200				200				4 500	国内	3 500	100
9	岐山县	宝鸡天和乳业有限公司	QS6100 0501 0105	10 100		3.8	3 700	6 130				1 130			5 000	23 000	陕、甘、宁、川	5 018	320
10	扶风县	宝鸡圣丰乳业有限责任公司	QS610005010096	4 500	0	3	450	2 640	0	0	2 600	40	0	0	0	11 000	宝鸡地区	5 600	115

（续）

序号	县区	名　称	许可证号码	年收购鲜奶量（吨）	其中羊奶（吨）	平均支付价格（元/千克）	自有奶源量（吨）	年乳制品产量（吨）	巴氏杀菌奶（吨）	UHT奶（吨）	酸奶（吨）	奶粉（吨）	奶油（吨）	奶酪（吨）	乳饮料（吨）	整体设计加工能力（吨/年）	产品销售区域	年销售收入（万元）	利润（万元）
11	千阳县	陕西飞天乳业有限公司	1、QS610305010475 2、QS610306012617	3 580	2 250	3.5	1 330	1 686	539.8	22.5	0	968	0	0	155.7	10 000	广东、浙江、陕西、甘肃、西藏等	1 687	29.5
12	陇县	陕西和氏乳品有限公司	QS6103－0601－2327（乳饮料） QS610005020126（婴幼儿） QS610305010531（奶粉）	16 137	7 100	3.95	10 812	11 383	0	3 985	0	4 513	0	0	2 885	10 000	全国24多个省、市、自治区	25 436	1 716
13	陇县	陕西正和乳业公司	QS610305010600（灭菌乳） QS610306012619（蛋白乳）	7 300	0	3.6	8 860	20 000	0	20 000	0	0	0	0	15 000	30 000	县内	5 000	100
14	陇县	陕西关山乳业有限责任公司	QS610005020106（奶粉） QS610005010093（婴幼儿）	7 446	4 565	3.4	2 470	3 628	0	0	0	3 628	0	0	0	4 000	全国30多个省、市、自治区	14 432.76	2 233.67
15	高新区	蒙牛乳业（宝鸡）有限公司	OS610305011374	91 320	0	3.76	24 255.8	170 246	1	170 246	0	0	0	0	101 898	350 400	全国30多个省、市、自治区	86 418.6	2 764.98
16	高新区	宝鸡惠民乳品（集团）有限公司	QS610321100002383	4 588	150	3.1	4 830	1 183	0	0	0	1 123	0	0	0	93	陕西、甘肃	2 831	130
17	高新区	宝鸡惠民奶业有限公司	OS610005010107	4 500	0	3.7	2 700	13 000	0	2 500	0	0	0	0	10 000	20 000	陕西、甘肃、宁夏	4 000	360
18	金台区	宝鸡得力康乳业有限公司	QS610305010529	10 740		3.8	10 740	13 200	2 580	1 890	5 150				3 580	26 200	省内	5 920	111
19	兴平市	凯达乳业	婴幼儿奶粉 QS610005020113	2 150	1 800	3.8	1 100	750	0	0	0	750	0	0	0	5 000	全国	3 200	110

（续）

序号	县区	名　称	许可证号码	年收购鲜奶量（吨）	其中羊奶（吨）	平均支付价格（元/千克）	其自有奶源量（吨）	年乳制品产量（吨）	巴氏杀菌奶（吨）	UHT奶（吨）	酸奶（吨）	奶粉（吨）	奶油（吨）	奶酪（吨）	乳饮料（吨）	整体设计加工能力（吨/年）	产品销售区域	年销售收入（万元）	利润（万元）
20	乾县	陕西优利士乳业有限责任公司	610424100000153	5 600	5 600	4.8	4 300	1 800	5 600	/	/	1 800	/	/	/	30 000	江苏、上海、湖南、等	6 000	169
21	三原县	陕西三原康尔健乳业有限责任公司	陕 610422（2013）009	8 500	1 700	3.7	0	1 600	/	/	/	1 600	/	/	/	2 600	大连、江西、西藏	6 000	240
22	三原县	陕西秦王乳业有限公司	陕 610422（2013）002	1 500	1 000	3.3	0	160	/	/	/	160	/	/	/	2 000	内蒙、广东、西藏	700	140
23	秦都区	陕西美恩乳业股份有限公司	QS6104 0502 0002 QS6104 0501 1784（干法工艺）	/	/	/	/	/	/	/	/	1 200	/	/	/	12 000	全国销售	7 560	708
24	泾阳县	泾阳秦川乳业有限公司	QS610405011122	9 720	6 804	4	5 832	1 215	/	/	/	1 215	/	/	/	3 000	西藏	3 780	14
25	泾阳县	陕西星光乳业有限公司	QS610405011249	8 030	4 380	4.5	3 650	1 071	/	/	/	1 071	/	/	/	7 300	内蒙/西藏/广州	4 819.5	320
26	泾阳县	陕西红旗乳业科技有限公司	610423100004023	6 230	6 230	4	2 800	400	/	/	/	400	/	/	/	3 000	湖南、湖北、广东、广西等十二个省市	2 492	42
27	泾阳县	陕西雅泰乳业有限公司	QS610405011289	19 575	10 575	4.8	15 000	2 300	/	/	/	2 300	/	/	/	6 000	陕西、河南、河北、西藏、内蒙、江西、山东、湖南、湖北、四川、安徽、广东、云南、浙江	7 236	761
28	泾阳县	光明乳业（泾阳）有限公司	QS610406010668/ QS610405010250	11 588	/	3.74	/	29 144	3 357.1	23 896	1 891	/	/	/	19 429.4	30 000	陕西、四川	13 088	152

（续）

序号	县区	名称	许可证号码	年收购鲜奶量（吨）	其中羊奶（吨）	平均支付价格（元/千克）	自有奶源量（吨）	年乳制品产量（吨）	巴氏杀菌奶（吨）	UHT奶（吨）	酸奶（吨）	奶粉（吨）	奶油（吨）	奶酪（吨）	乳饮料（吨）	整体设计加工能力（吨/年）	产品销售区域	年销售收入（万元）	利润（万元）
29	泾阳县	咸阳佳和乳业有限公司	QS610405011334	14 500	/	3.45	1 996	27 382	7 222	/	/	59	/	/	20 101	液奶36 000吨，奶粉2 000吨	陕西	6 718	40
30	武功县	陕西美力源乳业有限公司	陕 610431（2001）004	14 600	11 000	3.8	7 500	1 600	/	/	/	1 600	/	/	/	7 500	全国	3 300.16	186.26
31	富平县	陕西红星乳业有限公司	QS610505010247	17 498	17 498	4.05	2 040	3 800				3 800				52 000	国内，出口马来西亚、泰国、日本等	18 000	965
32	富平县	陕西金牛乳业有限公司	QS610505020003 QS610505010248	17 519	17 519	4	1 600	3 721				3 721				5 000	省内20个市，省外20个省，出口马来西亚日本等国家	7 242	126
33	富平县	富平县美可高特乳业有限公司	QS610505011209	3 782	3 782	3.5	260	431				431				1 000	省内外	2 160	30
34	富平县	陕西样样祥乳业有限公司	QS610505010599	9 000	9 000	3.8	300	1 000				1 000				1 500	内蒙、西藏、上海、北京等地	3 500	50
35	富平县	富平县秦源乳业有限公司	QS610505011514	暂停整顿												6 000			

甘 肃 省

【奶类生产】2012 年全省奶牛（含杂种牛）存栏 18.92 万头，其中荷斯坦牛 14.94 万头，改良牛 3.98 万头。主要分布在兰州、临夏、张掖、酒泉、定西、白银等市（州）的临夏、甘州、临泽、榆中、红古、七里河、会宁、景泰、靖远、肃州、安定、临洮 17 个县（区），其奶牛存栏数占总存栏数的 85%以上。全省牦牛存栏数 134.77 万头，绝大多数为藏系牦牛，其中天祝白牦牛约 6.53 万头。牦牛主要分布在甘南、张掖和武威 3 个市（州）的玛曲、夏河、碌曲、卓尼、天祝和肃南等 10 个县，其牦牛存栏数占总存栏数的 90%以上。与 2011 年相比，2012 年奶牛存栏呈现回升势头，尤其是荷斯坦牛存栏数量显著增加，这主要是近年来省委省政府启动草食畜牧业行动计划，各地充分利用牛羊产业大县建设项目和中央现代农业生产发展资金项目，扶持标准化规模奶牛场建设，新建了十几个标准化规模奶牛场，奶牛存栏逐步回升，质量显著改善，低产杂种牛比例下降，奶牛平均单产稳步提高。

2012 年奶类总产量 53.12 万吨，比上年增加 2.88 万吨，增长 5.66%。其中：牛奶总产量 50.97 万吨，比上年增加 2.8 万吨，增长 5.70%。牛奶主要产自兰州、临夏、张掖、酒泉、白银、定西等市州。牛奶中含牦牛奶 8.3 万吨，主要产自高原牧区的甘南州和张掖市肃南县，成年母牦牛年单产在 270 千克左右。山羊奶 0.3 万吨，主要产自天水市和陇南市。奶类总产量上升的主要因素是个体产奶量的提高，据甘肃省奶业协会调查数据显示：2009 年、2010 年、2011 年、2012 年成年奶牛年平均单产分别为 4 228 千克、4 258 千克、4 424 千克、4 631 千克，其中 2012 年比上年提高了 4.7 个百分点，也是自 2008 年“婴幼儿奶粉”事件以来增速最好的一年。

【规模养殖】2012 年全省奶牛养殖户共 24785 个。其中：1～5 头规模 18 935 个，约占总农户的 76.2%；6～20 头规模 5 069 个，约占总农户的 20.45%；21～100 头规模 646 个，约占总农户的 2.61%；101～200 头规模 70 个，约占总农户的 0.28%；201～500 头规模 29 个，约占总农户的 0.12%；501～1 000 头规模 21 个，约占总农户的 0.08%；1 001～2 000 头规模 13 个，约占总农户的 0.05%；2001 头以上规模 2 个。从奶牛规模养殖情况看，饲养户数在逐年趋减，户均养殖规模在趋增，呈现出规模化牛场趋增和散户小规模趋减的态势。百头以上规模农户比上年增加了 8.5%，达到 135 个，约占奶农总数的 0.61%；饲养奶牛 61 876 头，约占奶牛存栏总数的 33.5%；年牛奶总产 145 424 吨，是全省牛奶产量的 35.6%。奶业生产方式、组织形式和产品结构发生了新的变化，综合生产能力进一步加强。从全省总体发展情况看，奶牛标准化规模养殖虽起步晚，但起点比较高、发展比较快，有效地带动了标准化养殖、规模化经营程度的新提升。与全国奶牛养殖情况比较，甘肃奶牛养殖的标准化、集约化水平还很低，全省 1～5 头规模的奶农约占奶农总数的 76.2%，百头以下规模的奶农占奶农总数的 93.9%。“小、散、低”的局面仍没有得到根本扭转，小规模分散的生产方式，制约着现代实用技术的推广和应用，饲养管理粗放落后，大多数散户仍沿用有啥喂啥的落后方式，奶牛优良生产性能和遗传潜能没有得到充分发挥，经济效益不高，尤其是缺失有效的繁殖育种目标，使用的种源没有保障，发情配种不及时，奶牛繁殖效率不高，遗传改进速度很低。因此，建议全省奶业重点产区的市县，充分利用国家启动实施“振兴奶业苜蓿发展行动”和农业部奶牛良种补贴、农机补贴等项目，开展奶牛优质苜蓿标准化高产创建，装备已有的规模化奶牛场，扶持重组具有规模化发展潜力的奶牛养殖合作社和奶农，改善奶牛饲养管理条件，扩大牛群规模，推广先进技术，创办一些标准化规模养殖的奶牛场，充分释放甘肃作为苜蓿种植大省的优势和能量，推进甘肃奶牛养殖产业的健康稳定可持续发展。

【奶站管理】2012 年全省继续按照《甘肃省奶牛散养户生鲜乳生产收购管理技术规范》，进一步把农户生鲜乳生产管理和流通运输作为重点，对生鲜乳收购站进行了治理整顿，生鲜乳收购站由原来的 135 个减少到目前的 83 个（乳品加工企业开办的 30 家，奶牛养殖场（户）开办的 41 家，奶农合作社开办的 12 家），所有生鲜乳收购站基本达到了“五有一符合”的设站条件。83 家生鲜乳收购站日生鲜奶流量 924.87 吨，其中：收购站日挤奶量 616.44 吨；收购站日收购量 308.43 吨。

【生鲜奶价格】2012 年生鲜奶价格稳中有升，1～9 月价格一直保持上升，10 月、11 月有微弱回落，12 月又开始上扬，但总体基本稳定。2012 年奶站年平均收购价 3.54 元/千克，平均交售价 3.61 元/千克。与 2011 年相比，价格稳中略有上升。横向看甘肃省平均奶价普遍高出全国平均奶价的 8%～10%，这充分凸现了甘肃作为全国苜蓿种植大省，奶牛饲草料条件优厚，营养水平高，奶源优质，优奶优价。

【乳品加工】2012 年全省共有乳品加工企业 25 个（含 2 户婴幼儿配方乳粉生产企业），日处理生鲜奶能力总计达到 2 800 吨，乳品企业总销售额在 124 229 万元以上。产品以本地巴氏杀菌乳、UHT 奶、奶粉、酸奶和干酪素为主。规模企业主要有兰州庄园乳业有限责任公司、兰州伊利乳业有限责任公司、兰州雪顿生物乳业有限公司、甘南藏族自治州燎原乳业有限责任公司、酒泉市乐为尔乳业有限责任公司等十余家。年收购原奶量 246 031 吨，其中：自有奶源量 87 162 吨，年乳制品产量 280 135 吨，其中：巴氏杀菌乳 17 164 吨，UHT 奶 118 474 吨，酸奶 36 766 吨，奶粉 3 965 吨，乳饮料 100 456吨，整体设计加工能力 1 014 910 吨/年，年销售收入 124 229 万元，利润 11 076.5 万元。

【技术培训】随着奶牛养殖规模化的发展，奶牛标准化养殖技术的普及和应用越来越重要，甘肃奶牛规模化养殖起步晚，标准化规模养殖技术应用不普及，为此，国家奶牛产业技术体系兰州综合试验站和甘肃省奶业协会在2012年度组织相关单位主办了规模化奶牛场饲养管理、繁殖育种、疫病防治培训班四次，培训规模化奶牛场管理技术人员达575人次。对提高奶牛标准化规模养殖技术的应用水平和普及发挥了积极作用。

【繁殖改良】奶牛品种改良主要是采用细管冻精及人工授精技术，冻精主要来源于北京奶牛中心和甘肃省家畜繁育中心。奶牛改良主要靠引进国内外良种高产奶牛和冻精，奶牛良种冻精主要来自北京奶牛中心、蒙牛赛克星、加拿大SEMEX（先马士）等服务企业，北京美加农2012年在武威市凉州区繁育美加系的性控冻胚取得了成功，截至目前已成功在本地受体黄牛上生产遗传潜力在10吨/（头・年）的美系奶牛3 000多头（含已出生及在孕）。国家奶牛良种补贴项目主要是经过省级招标统一采购的冻精实施，并通过市县畜牧兽医技术推广体系推广使用，在散户牛群中应用较多，大部分规模化牛场由于担心统一采购的冻精质量，一般不使用或者很少使用，多数规模化牛场通过社会化牛种服务企业，自主采购可信赖的种源冻精配种，效果良好。

【饲料生产】全省人工种草留床面积153.13公顷，其中紫花苜蓿留床面积63.33公顷，草产品加工能力达到160万吨。草产业的稳定发展为奶业提供了优质的饲草料保障。规模化牧场的粗饲料绝大多数使用青贮和苜蓿青干草，并且引用TMR机械饲喂，奶牛福利待遇较好，牛奶质量和安全有保障。少部分牧场和散户以使用玉米秸秆和其他农作物秸秆为主，苜蓿干草和全株青贮玉米很少，饲养管理仍然很粗放，牛奶质量和安全难保证。2012年甘肃省作为全国面积最大的紫花苜蓿草生产基地，以“振兴奶业苜蓿发展行动”为契机，实施国家奶牛优质苜蓿标准化高产创建项目，中央财政安排甘肃5 400万元，为优质苜蓿生产项目区配套田间灌溉设施，推广苜蓿品种良种化，开展标准化种植、机械化收割加工等建设，目前项目建设稳步推进，总体进展良好，这一项目的实施，将为甘肃省和全国奶牛产业的稳步发展提供更多更好的饲草料保障。

【疫病防治】省、市、县三级畜牧兽医部门精心组织进行了常规的防疫和检疫，开展了结核和布病的防检疫工作，绝大部分牧场都能定时严格常规防疫和程序性地消毒。2012年没有疑似疫病和疫病的发生。规模化牛场的常规疾病仍以乳房炎、消化不良、酸中毒和肢蹄病等常见病为主。总体上看大中型牧场都能遵循“以防为主、防重于治”的原则，对常见多发病做到“早发现、早治疗”，养殖方式和养殖理念也要随之改变和提高。但奶牛散养户由于缺乏奶牛饲养管理和疾病防治技术和知识，奶牛常见疾病发生率较高，且得不到科学及时的防治，导致饲养效益不高，甚至亏损赔钱。部分新建规模化牛场在引种过程中，由于缺乏引种技术而可能存在疫病的风险。

【奶农组织】目前奶农合作社有12个，包含农户548个，存栏奶牛9 800多头。而且规模的奶业合作社仅张掖市甘州区的前进奶业合作社和下寨乡奶业合作社两家，均是以融资入股方式成立的。合作社立足新农村小康建设，高起点规划、高标准建设、高技术生产，2012年存栏优良品种荷斯坦牛6 500多头。为了加快农民专业合作社规范健康发展，切实做好农民专业合作社示范社工作，省农牧厅举办了全省农民专业合作社、示范社、理事长专题培训班。并按照农业部等11部门《关于开展农民专业合作社示范社建设行动的意见》确定的示范社建设目标和主要内容，结合各地示范社建设经验，制定了《农民专业合作社示范社创建标准（试行）》。

【政策法规】甘肃省是贫困不发达地区，财政相对困难，省政府和市州政府对奶业发展出台了一些资金扶持政策，主要有：一是以牛羊产业大县建设为主要内容的草食畜牧业行动计划。二是以金融支持“联村联户，为民富民”行动为主要内容的“双联惠农贷款”，即：从2012年起，农行甘肃分行将连续五年每年安排60亿元（其中养殖业30亿元）专项信贷规模，省财政部门采取全额全程贴息的办法，支持农户、农民专业合作组织和企业发展农牧产业，加快脱贫致富步伐。三是中央财政现代农业生产发展资金项目。四是振兴奶业苜蓿发展行动等。这些支持政策的实施有力推动了甘肃省草食畜牧业的稳定健康发展。但奶牛养殖是高投入、高成本、周期长的产业，相对其他产业而言，奶产业扶持的资金犹如杯水车薪，与产业发展的需求相差甚远。金融信贷部门对奶业的贷款额度小、周期短、门槛高、农牧民维持和扩大再生产举步维艰。因此建议省市县各级政府部门，以省委省政府启动的草食畜行动计划为契机，抓住牛羊产业大县项目建设和中央现代农业发展资金这一历史机遇，把资金向奶业发展予以倾斜。金融部门在确保资金安全回收的前提下，也应适当降低贷款门槛，适当放大贷款额度，延长回收周期，扶持奶牛场改善基础设施和高产奶牛良种的更新换代，提升甘肃奶牛业的发展水平。

甘肃省畜牧业产业管理局　沈启云　张永霞

附表 1:

奶牛养殖场（小区）名录

序号	名　称	养殖场	小区	全群存栏（头）	成母牛存栏（头）	奶畜品种	成母牛单产（吨/年）	年总产（吨）	是否参加DHI	是否应用TMR
1	明良奶牛养殖合作社		√	5 952	3 342	荷斯坦	4.2	14 030		√
2	甘肃祁牧乳业有限责任公司	√		4 945	3 011	荷斯坦	7.5	22 580		√
3	甘肃荷斯坦奶牛繁育示范中心	√		3 350	1 840	荷斯坦	7	12 880		√
4	庄园乳业瑞达牧场		√	2 620	1 510	荷斯坦	7	10 570		√
5	临泽县沙河镇富民奶牛养殖合作社		√	2 380	1 200	荷斯坦	6.6	7 920		
6	好牛乳业食品有限责任公司奶站合作社		√	2 331	1 360	荷斯坦	4.3	5 840		
7	甘肃华瑞农业股份有限公司		√	2 300	560	荷斯坦	5.4	3 020		√
8	白银鑫昊工贸公司四龙养殖示范园	√		2 230	1 000	荷斯坦	9.5	9 500		√
9	张掖市甘州区绿洲奶牛繁育农民专业合作社		√	2 040	1 000	荷斯坦	7.5	7 500		√
10	天水嘉信畜牧有限公司	√		1 703	1 055	荷斯坦	7.1	7 490		√
11	乐为尔乳业有限责任公司奶站合作社		√	1 635	1 601	荷斯坦	7.8	12 480		
12	古象奶业有限责任公司		√	1 590	1 572	荷斯坦	4.5	7 070		√
13	临泽县蓼泉镇下庄村奶牛养殖小区		√	1 564	320	荷斯坦	6.6	2 110		
14	临泽县林牧科技示范园奶牛养殖小区		√	1 500	430	荷斯坦	8.4	3 610		
15	酒泉雄鹏乳业有限责任公司		√	1 355	836	荷斯坦	4.3	3 590		
16	张掖市甘州区前进奶牛专业合作社		√	1 350	850	荷斯坦	6	5 100		
17	兰州雪顿乳业晏家坪奶牛养殖合作社		√	1 230	530	荷斯坦	5.3	2 800		
18	白银大富乳业奶牛场	√		1 230	450	荷斯坦	4.9	2 200		√
19	张掖市甘州区汇源奶牛农民专业合作社		√	1 200	750	荷斯坦	5.4	4 050		√
20	临洮县兴达乳业公司	√		1 200	773	荷斯坦	4.4	3 400		
21	临洮县澳牛乳业公司	√		1 142	742	荷斯坦	4.4	3 260		√
22	会宁县康之源养殖有限公司	√		1 130	400	荷斯坦	7	2 800		√
23	临夏泉乳奶牛养殖小区		√	1 120	732	荷斯坦	3.1	2 260		
24	临夏金牛乳业公司奶牛养殖小区		√	1 069	689	荷斯坦	2.7	1 860		√
25	甘肃国鼎农业科技有限公司刘川养殖场		√	1 050	540	荷斯坦	4.6	2 480		√
26	武威市凉州区和平镇生泉奶牛养殖专业合作社		√	1 041	465	荷斯坦	4.6	2 130		
27	甘肃秦王川奶牛场试验场	√		1 016	490	荷斯坦	6.7	3 280		√
28	榆中县宝裕奶牛养殖专业合作社		√	1 000	420	荷斯坦	4.5	1 890		
29	会宁农园养殖有限公司	√		876	510	荷斯坦	5.4	2 750		√
30	武威市凉州区柏树奶牛养殖专业合作社		√	862	510	荷斯坦	4.5	2 290		
31	兰州市七里河区天方乳业奶牛养殖小区		√	820	420	荷斯坦	4.4	1 840		
32	榆中瑞丰牧场有限公司	√		810	520	荷斯坦	4.3	2 230		√
33	甘肃天水清水县宇新牧业有限公司	√		800	430	荷斯坦	5.5	2 365		√
34	靖远县一正农业科技有限公司	√		785	420	荷斯坦	4.5	1 890		
35	定西市安定区兴牧养殖场	√		780	630	荷斯坦	3.8	500		
36	金川集团有限公司服务分公司居佳乳品厂	√		773	457	荷斯坦	5.3	2 420		
37	会宁千胜乳业有限责任公司	√		730	370	荷斯坦	7.4	2 730		
38	临夏市明良奶牛养殖小区		√	624	326	荷斯坦	6.1	1 980		
39	甘肃凯悦科技生物有限公司	√		620	347	荷斯坦	3.6	1 240		√
40	临夏市泉乳乳品有限责任公司奶牛养殖小区		√	615	345	荷斯坦	7.5	2 580		√
41	会宁金铃养殖有限公司奶牛场	√		610	295	荷斯坦	11.2	3 300		√
42	甘肃省天辰牧业有限公司	√		600	320	荷斯坦	6.2	1 984		√
43	甘肃国鼎农业科技有限公司大红沟奶牛场	√		550	300	荷斯坦	4.5	1 350		√
44	兰州博壮良种奶牛养殖专业合作社（红古区）		√	540	236	荷斯坦	6.8	1 600		√
45	景泰县常兴农牧有限公司	√		530	80	荷斯坦	5.6	440		
46	酒泉玉门市华油乳品公司奶牛养殖小区		√	530	290	荷斯坦	4.2	1 210		√
47	景泰县恒丰牧业有限公司奶牛场		√	503	270	荷斯坦	7.2	1 940		
48	定西育强牧业有限公司	√		500	300	荷斯坦	5.1	1 530		√
49	北塬奶牛养殖小区		√	463	272	荷斯坦	3.3	890		√
50	兰州市城关区城关奶牛场	√		458	287	荷斯坦	4.7	1 340		
51	临洮县华加奶牛专业合作社		√	458	291	荷斯坦	4.4	1 280		
52	临洮县和谐奶牛专业合作社		√	428	282	荷斯坦	4.5	1 260		

附表 2：

甘肃省主要乳制品企业 2012 年度生产情况摸底调查表

序号	名称	许可证号码	年收购原奶量（吨）	平均支付价格（元/千克）	其中：自有奶源量（吨）	年乳制品产量（吨）	其中：巴氏杀菌乳（吨）	UHT 奶（吨）	酸奶（吨）	奶粉（吨）	奶油（吨）	奶酪（吨）	乳饮料（吨）	体设计加工能力（吨/年）	产品销售区域	年销售收入（万元）	利润（万元）
1	兰州伊利乳业有限责任公司	QS6200 0501 1753	58 400	4		140 525		56 210					84 315	198 000	甘青藏川新	18 500	820
2	兰州庄园牧场有限责任公司	QS6201 0501 0423	55 000	3.8	36 000	54 021	12 704	25 630	12 516	150			3 021	100 000	甘青宁陕	37 000	4 600
3	甘肃临泽雪莲乳品有限责任公司	QS6207 0501 0299	43 200	3.2	23 200	17 534		8 764	880	90			530	90 000	本地	13 235	1 936
4	临夏市泉乳乳品有限责任公司	QS6229 0501 1158	12 000	3.8	2 000	1 800				1 800				2 500	国内各地	3 627	236
5	白银鑫昊工贸有限公司乳制品分公司	QS6204 0501 1760	9 720	3.8	9 720	2 600			2 600					3 650	兰州．白银	1 872	312
6	酒泉市乐为尔乳业有限责任公司	QS6221 0501 1758	9 050	3.2		12 220	680	10 170	1 370				3 170	54 760	本地	5 500	350
7	甘南州燎原乳业有限责任公司	QS6230 0501 0920	8 100	4.1		9 000			6 300				2 700	67 500	本地	7 875	360
8	合水县古象奶业有限责任公司	QS6228 0501 0202	6 460	3.2	6 460	1 000				1 000				144 000	陕甘宁	5 201	716
9	天水嘉乐乳业有限公司	QS6200 0501 1756	6 150	4.2	6 150	6 850	600	4 800	450				1 000	72 000	天水地区	4 572	328
10	兰州雪顿生物乳业有限公司	QS6200 0501 0201	5 400	3.3		6 000			4 200				1 800	45 000	本地	5 250	240
11	临夏金牛乳业有限责任公司	QS6229 0501 1717	4 500	3.2	550	500				500				2 500	广东、广西	1 300	65
12	甘肃天方食品有限责任公司	QS6201 0501 1058	3 600	3.8		4 000			2 800				1 200	30 000	甘肃	3 500	160
13	甘肃仁和大草原生物乳业有限公司	QS6201 0501 1330	6 885	3.3	480	3 825			2 380	425			1 020	27 625	兰州	4 080	190
14	酒泉市好牛乳业食品有限责任公司	QS6200 0502 0051	3 300	3.2		3 700	270	3 000	230				400	36 500	本地	1 665	100
15	嘉峪关宏丰实业有限责任公司	QS6202 0501 1198	9 900	3.6	0	11 100	810	9 000	690				1 200	109 500	嘉峪关	4 995	300
16	酒泉市雄鹏乳业有限责任公司	QS6221 0501 1124	1 100	3.2	700	1 200	150	900	100				100	18 250	本地	712	35
17	兰炼三联公司景泰农牧分公司	QS6204 0501 1506	1 000	3.5	1 000	1 000	800		200					5 000	本场家属	700	100
18	玉门油田农牧业有限责任公司	QS6221 0501 1593	712	3.2	712	500	420		80					3 500	本地	320	15
19	敦煌市双元乳品饮料厂	QS6221 0501 1162	700	3.2		700	420		280					1 825	本地	315	18
20	青海油田生活服务公司食品加工厂	QS6221 0501 1532	400	3.2		400	310		90					1 900	本地	210	15.5
21	金川集团有限公司服务分公司居佳乳品厂	QS6203 0501 0327	224	3.1		830			800					300		1 900	90
22	临洮县农副产品综合开发公司	QS6224 0501 0419	140	3	100	498			480					300	本地	1 140	54
23	甘肃德鑫源乳业有限责任公司	QS6224 0501 1641	90	3	90	332			320					300	本地	760	36
24	白银益多多乳业有限公司	QS6204 0501 1348															
25	和政县华龙乳制品有限公司	QS6229 0501 1754															
	合计		246 031	3.44	87 162	280 135	17 164	118 474	36 766	3 965			100 456	1 014 910		124 229	11 076.5

备注：自有奶源指来自自建和参建（控股、参股）牧场（小区）的原奶

青 海 省

【奶类生产】 2012 年青海省荷斯坦牛存栏 22.27 万头，比上年增长 2.11%，其中能繁母牛 14.48 万头。主要分布在西宁市、海东地区、海北藏族自治州、黄南藏族自治州、海南藏族自治州、海西藏族自治州，荷斯坦牛存栏分别为 10.94 万头、7.23 万头、1.57 万头、0.56 万头、1.47 万头、0.49 万头。牦牛存栏 409.49 万头，其中能繁母牛 210.21 万头。主要分布在西宁市、海东地区、海北藏族自治州、黄南藏族自治州、海南藏族自治州、海西藏族自治州、果洛藏族自治州、玉树藏族自治州，牦牛存栏分别为 5.06 万头、8.65 万头、46.37 万头、57.62 万头、67.36 万头、10.90 万头、81.33 万头、132.20 万头。

2012 年青海省奶类总产量为 34.11 万吨，比上年增长 6.16%。其中，荷斯坦牛奶产量 19.98 万吨，比上年增长 3.95%；牦牛奶产量 14.14 万吨，比上年增长了 9.53%。荷斯坦牛主产区的奶产量：西宁市 11.20 万吨（其中湟中县 5.90 万吨、大通县 3.18 万吨、湟源县 1.03 万吨）、海东地区 5.34 万吨。牦牛奶主产区海北藏族自治州 1.63 万吨、黄南藏族自治州 2.25 万吨、海南藏族自治州 2.28 万吨、海西藏族自治州 0.68 万吨、果洛藏族自治州 3.98 万吨、玉树藏族自治州 2.87 万吨。全省荷斯坦成乳牛平均单产 1 379.83 千克/（年·头），其中成乳牛存栏量在 100 头以下养殖场（户）的平均单产为 1 219.88 千克/（年·头），成乳牛存栏量在 100 头以上养殖场（户）的平均单产为 3 837.32 千克/（年·头）。

【乳品加工】 2012 年青海省虽然有 20 多家乳品加工企业，但绝大部分企业规模较小，较大规模的乳品加工企业有 7 家，其中国家级龙头企业 1 家、省级龙头企业 4 家。其整体设计加工能力为 287 500 吨/年、年销售收入达 56 419.32 万元、乳制品总产量为 117 721吨/年。其中：巴氏杀菌乳 27 745 吨、UHT 奶 34 607 吨、酸奶35 405吨、奶粉 14 200 吨、乳饮料 7 568.5吨。

【市场消费】 2012 年青海省城镇居民奶及奶制品消费量为 25.24 千克/人，消费支出为 204.82 元/人。市场上主要销售的乳制品品牌为圣湖、小西牛、天露、伊利、蒙牛、光明、庄园等。

【奶源基地】 2012 年不同规模养殖场（户）数量及其生产情况，见表 5－33。

表 5－33

年存栏（头）	场（户）数（个）	年总存栏数（头）	产奶量（吨）	年存栏（头）	场（户）数（个）	年总存栏数（头）	产奶量（吨）
1～9	96 591	192 175	140 000.3	100～199	14	1 910	4 278
10～19	632	9 500	13 430	200～499	17	4 929	11 878.3
20～49	195	5 321	8 398	500～999	3	1 783	6 018
50～99	32	2 111	3 977	1000 以上	3	4 993	11 785

标准化规模养殖场认定：2012 年通过国家认定的奶牛标准化规模养殖场 3 个，省级认定的奶牛标准化规模养殖场（小区）4 个，2010—2012 年通过认定的奶牛标准化规模养殖场（小区）总计 39 个。2012 年生鲜乳收购年均价为 3.2 元/千克。

【良种补贴】 为加快乳业发展，提升荷斯坦牛质量和数量，2012 年青海省首次在东部农区组织实施了“省级支农资金农区奶牛良种补贴”项目，共引进高产优质荷斯坦牛 5 000 头。为确保引进荷斯坦牛质量，省农牧厅专门制定了《青海省农区引进奶牛良种补贴项目管理办法》，对荷斯坦牛引进程序、质量要求、鉴定验收程序、资金补助方式进行了明确规定，

2012 年采购奶牛冻精 26 万剂，完成人工授精 13.12 万头次，奶牛良种补贴项目进展顺利。奶牛良种补贴项目的实施有力推进了我省荷斯坦牛品种改良进程，从根本上解决了荷斯坦牛优质种源不足的问题，有效提高了奶牛生产性能。

【饲草饲料】 2012 年全省种植玉米、苜蓿等饲草料共计 60.64 万亩，其中青贮玉米种植面积为 7.3 万亩、总产量为 45.69 万吨；苜蓿种植面积为 27.49 万亩、总产量为 65.37 万吨。

【疫病防治】 严格执行国家相关法律法规规定，按属地管理原则由动物卫生监督部门责任人和各养殖场签订了防疫工作承包责任书，对养殖场防疫合格证书发放进行严格审批。每年春、夏、秋季进行牛口蹄疫苗免疫接种；定期开展布病和结核病的检测工作及奶牛常见病的防治。养殖场严格按照相关粪污处理的规章制度对产生的粪污进行发酵处理，在保障防疫工作的同时实现了废弃物循环利用的双重目标。

【规模养殖】 2012 年根据青海省财政厅《关于下达 2012 年农区规模养殖场补助资金的通知》（青财农业字［2012］778 号）精神，对我省 12 个奶牛规模养殖场改扩建项目总投资 756.37 万元，其中省级支农资金 430 万元、自筹 326.37 万元。

2012 年全省购置奶业机械数量 80 台，共补贴资金 75.57 万元。

重大项目建设：2012 年根据“省级支农资金农区奶牛良种补贴”项目，对西宁、海东、海南等 11 个县（市）24 个奶牛场引进中国荷斯坦牛 5 000 头，省级财政补助 2 000 元/头，共补贴资金 1 000 万元。

【奶农组织】截至 2012 年年底，我省已有奶业专业合作社 211 个，举办各类培训班 10 期，共培训 2 196 人次。

【政策法规】青海省奶业发展规划（2011—2015 年）

产业布局：奶牛产业区域在湟水和黄河流域重点布局，兼顾柴达木地区部分具有饲草料优势的地区发展。包括湟水流域的城北区、城中区、城西区、城东区、大通县、湟中县、湟源县、民和县、乐都县、平安县、互助县；黄河流域的循化县、化隆县、尖扎县、贵德县；海西地区的格尔木、德令哈市；门源县、共和县、同仁县 20 个县（区）。

发展重点：区域内以奶牛规模养殖场（小区）建设为重点，大力提高规模养殖所占比重，提高产业集中度；以良种、良料、良法推广为基础，加大品种改良力度，推进青贮玉米地建设，加快推进奶牛养殖基础设施建设，对奶牛养殖户、特别是规模养殖户予以倾斜，改变奶农基础设施差的状况，增强养殖能力。

发展目标：理顺良种奶牛繁育体系，扩大村级牛改点改良覆盖面，建立起工作高效、运转灵活的奶牛改良机制，加快奶牛改良进程；以养殖小区建设为依托，促进高产牛向优势区域、规模养殖户集中，提高养殖技术应用水平，实现良种、良法、良料配套，提高奶牛单产；大力引进奶牛性别控制技术，提高高产能繁母牛繁育速度，全面提高商品奶产量。

到 2015 年，规划区新增能繁母牛 6 万头，存栏达到 20 万头以上，牛奶产量达到 25 万吨以上，占全省奶牛奶产量的 95%以上。奶牛单产由现在的 1 890 千克提高到 3 000 千克，规模养殖比重达到 41%以上。

重大工程建设：推进农区标准化畜禽养殖小区建设，重点建设奶牛规模养殖场（小区）150 个、奶牛扩繁场 8 个，在全省全面开展畜种良种补贴工作，推广奶牛细管冻精 28 万支，建设省级生鲜乳质量监测站 1 个、州县生鲜乳质量监测站 18 个。

2012 年青海省农牧厅出台了《青海省农区引进奶牛良种补贴项目管理办法》及《青海省畜牧良种补贴项目细管冻精招标管理办法》，严格规范了奶牛良补项目及细管冻精招标办法的实施。

【质量监管】

1. 认真开展生鲜乳质量安全及违禁添加物专项监督监测工作，保证生鲜乳质量安全。为了保证生鲜乳质量安全，根据《农业部关于下达 2012 年生鲜乳质量安全监测的通知》（农牧发［2012］1 号）和《青海省农牧厅关于开展 2012 年生鲜乳质量安全监测工作的通知》（青农牧［2012］153 号）的要求，制定了《青海省 2012 年生鲜乳质量安全监测工作实施方案》，并组织人员开展了全省生鲜乳质量安全抽检测工作，共抽检生鲜乳样品 172 批，其中：生鲜乳收购站（贮奶罐）抽样 134 批，生鲜乳运输车抽样 38 批，检测三聚氰胺、皮革水解物、β一内酰胺酶、碱类物质、硫酸氰钠五项指标。172 批生鲜乳样品检测结果均为合格，合格率 100%。

为了进一步规范生鲜乳收购站监督管理，提高生鲜乳质量安全，对西宁市、海东地区和海南藏族自治州 8 个县（市）53 家生鲜乳收购站，按照生鲜乳收购站、生鲜乳运输车辆标准化管理检查内容和判定标准的要求进行了检查，对生鲜乳收购站的生鲜乳收购证等 21 项检查内容，生鲜乳运输车的生鲜乳准运证、生鲜乳交接单等 5 项检查内容进行了现场专项检查，检查的 53 家生鲜乳收购站和 17 辆生鲜乳运输车均符合标准化管理检查内容和判定标准，合格率 100%。

2. 奶站管理及其质量监管所采取的主要措施。2012 年青海省农牧厅组织检查组开展了生鲜乳收购站清理整顿专项监测“回头看”活动，坚决取缔了限期整改后仍然不合格的收购站。按照《通知》要求，对照生鲜乳收购站 26 项内容及运输车辆 4 项内容现场检查标准，重点对生鲜乳收购站许可证、收购站的设施条件、质量安全管理制度、生鲜乳收购销售记录、生鲜乳常规检测情况、从业人员情况、运输车辆准运证及运输生鲜乳交接单填写等进行了认真细致的检查。在检查过程中，及时发现问题并有针对性地提出整改意见，同时进行跟踪检查，全面落实整改措施。全省共检查生鲜乳收购站 53 个，生鲜乳运输车 33 辆，奶源基地 2 个，检查面达 100%。

严格审核生鲜乳收购站和运输车资质条件，严把准入门槛确保发证收购站和运输车达到规定要求，及时完善和修订了《生鲜乳收购经营许可行政审批办事指南》和《生鲜乳准运证明行政审批办事指南》，严格审核条件、规范发证程序，切实做到“谁发证、谁负责、谁监管”，对全省 53 个生鲜乳收购站和 33 个运输车的许可证全部进行了换发和网上公示，并逐一建档备案。同时，对已取缔收购站的设备设施采取收回和封存措施，规范了生鲜乳收购秩序。

进一步健全和规范档案管理，对生鲜乳的收购、贮存、运输进行进一步规范，督促生鲜乳收购站建立台帐，积极开展生鲜乳常规项目检测及统计工作，积极完善档案管理及统计监测制度，对全省生鲜乳收购站质量检测、收购渠道、销售去向、价格及涉及的奶农、奶牛开展统计监测和动态管理。同时，省农牧厅统一印制了《青海省生鲜乳收购站生鲜乳收购、检测记录档案》、《青海省生鲜乳收购站生鲜乳销售记录档案》、《青海省生鲜乳收购站消毒记录档案》和《青海省生鲜乳收购站生鲜乳运输交接单》等标准文本，进一步完善了档案管理及生鲜乳质量安全追溯系统。

积极开展生鲜乳质量安全宣传，一是对州（地、市）、县（市、区）级畜牧行政主管部门的管理人员、业务单位的技术人员及各生鲜乳收购站驻站监督员开展专业知识和法律法规的培训，提高监管和执法的责任意识和监管能力。二是对乳品企业、规模养殖小区（场）、现有生鲜乳收购站人员培训，重点增强他们掌握法律法规所规定的各项制度的能力，增强守法自觉性，履行乳品安全第一责任人的责任。三是面向广大群众宣传教育，努力营造乳品法制化管理的良好氛围。共举办培训班2期，培训137人次，发放宣传资料2 800多份。

2012年青海省有生鲜乳收购站53家，其中乳品加工企业开办的34家，奶牛养殖场（户）开办的9家，奶农合作社开办的10家。

【奶业大事记】

1. 省政府办公厅印发《关于加快推进饲草料产业发展的指导意见》（青政办［2012］166号）。

2. 青海省天露乳业有限公司奶牛场和民和马聚垣奶牛养殖专业合作社两家奶源基地通过了国家学生奶奶源示范基地创建指导组专家的现场验收。

青海省畜牧总站　张惠萍

附表1：

奶牛养殖场（小区）名录

序号	名　　称	养殖场	小区	全群存栏（头）	成母牛存栏（头）	奶畜品种	成母牛单产（吨/年）	年总产（吨）	是否参加DHI	是否应用TMR
1	马聚垣奶牛养殖小区		√	580	520	荷斯坦	5.76	2 995		
2	民和忠杰养殖场	√		220	150	荷斯坦	5.3	650		
3	青海雪峰牦牛乳业有限责任公司		√	280	190	荷斯坦	5.4	900.06		√
4	乐都良种奶牛繁育基地	√		2 000	1 300	荷斯坦	6.5	7 800		√
5	贵德天露良种奶牛繁育中心	√		1 000	550	荷斯坦	6.5	3 250		
6	玉盛奶牛养殖场	√		218	100	荷斯坦	5.2	500		
7	湟源县拓鑫奶牛养殖场	√		230	113	荷斯坦	5	530		
8	青海圣源牧场		√	1 200	400	荷斯坦	5.2	1 980		
9	湟源县全林牛羊养殖农民专业合作社	√		220	100	荷斯坦	5	500		
10	湟源县立达奶牛养殖专业合作社	√		60	20	荷斯坦	5	98		
11	湟源县俊家庄奶牛养殖场	√		100	40	荷斯坦	5	200		
12	湟源三江乳源奶牛养殖场	√		90	26	荷斯坦	4.9	206		
13	湟源云祥奶牛养殖场	√		330	120	荷斯坦	5.2	570		
14	新辉奶牛养殖合作社	√		120	70	荷斯坦	5	540		
15	源波奶牛养殖专业合作社（新建）	√		100	65	荷斯坦	4.9	300		
16	有禄奶牛养殖专业合作社（新建）	√		250	142	荷斯坦	5	570		
17	泉兴奶牛养殖场（新建）	√		60	23	荷斯坦	5	110		
18	青海圣亚高原牧场有限公司		√	2 100	1 500	荷斯坦	7.2	7 000		√
19	青海小西牛生物乳业股份有限公司	√		1 600	1 000	荷斯坦	10	7 000		√
20	青海绿草源肉奶牛养殖基地	√		137	112	荷斯坦	2.8	313.6		
21	大通长宁中发牛羊育肥基地	√		181	100	荷斯坦	2.2	220		
22	青海锦绣生态农业发展有限公司	√		365	140	荷斯坦	2.6	364		
23	大通县海园奶牛养殖专业合作社	√		122	67	荷斯坦	2.1	140		
24	青海春源畜牧有限公司	√		810	580	荷斯坦	6	2 167		√
25	青海藏地堂奶牛养殖基地	√		340	310	荷斯坦	5.5	920		
26	青海互邦农业开发有限责任公司奶牛场	√		360	320	荷斯坦	5.6	980		
27	进前牛业公司奶牛场	√		280	240	荷斯坦	6	720		
28	青海牧野农畜产业发展有限公司	√		221	109	荷斯坦	6.6	708		

附表 2：

乳品企业名录

序号	名称	许可证号码	年收购原奶量（吨）	平均支付价格（元/千克）	其中：自有奶源量（吨）	年乳制品产量（吨）	其中 巴氏杀菌乳（吨）	UHT 奶（吨）	酸奶（吨）	奶粉（吨）	奶油（吨）	奶酪（吨）	乳饮料（吨）	体设计加工能力（吨/年）	产品销售区域	年销售收入（万元）	利润（万元）
1	青海天露乳业有限责任公司	QS630105010422	31 270	3.3	9 600	31 270	7 740	14 850	5 400	2 200			1 080	100 000	北京、上海、成都、广州及西宁周边地区	12 733	331
2	青海雪峰牦牛乳业有限责任公司	QS632505010420	12 000	4.2	24 000	11 600	5	10 900	500				2 000	60 000	青海、甘肃等	7 000	352
3	民和县湟乳乳制品有限责任公司	QS632105010901	14 000	3.4	10 000	14 000			2 000	12 000					青海、西藏、甘肃等	3 800	200
4	青海青海湖乳业有限责任公司	QS630005011543	24 000	3.6	24 000	36 000	20 000		12 000				4 000	90 000	全国	9 700	1 020
5	青海小西牛生物乳业股份有限公司	QS630105010857 QS630106014475	18 607.8	3.66	3 650	18 667		8 857	9 321				488.5	30 000	全国	17 102.32	1 239.36
6	湟源县天源乳制品有限公司	QS630005011542	2 084	2.4		2 084			2 084					2 500	青海省	2 084	403
7	青海好朋友乳业有限公司	QS630105010858	4 000	4.3	3 800	4 100			4 100					5 000	青海省	4 000	400

备注：自有奶源指来自自建和参建（控股、参股）牧场（小区）的原奶。

西 宁 市

近年来，我市以奶源基地建设为突破，以规模化、标准化和现代化奶牛养殖场（小区）建设为重点，不断加大奶源基地基础设施建设力度，扎实推动现代化奶业发展进程。

【奶类生产】2012年西宁市中国荷斯坦牛存栏量达10.94万头，产奶量11.2万吨，良种率达到95%。奶类自给率达到69.3%，奶类产量占全省总产量的39.14%。预计到2015年，西宁市奶牛存栏达到15万头，牛奶达到16万吨，自给率达到75%。

2012年通过农业部认定的奶牛标准化规模养殖示范场3个，通过省级认定的奶牛规模养殖场（小区）4个。

【乳品加工】2012年西宁市有青海天露乳业有限责任公司、青海小西牛生物乳业股份有限公司、青海青海湖业有限责任公司、西宁城北好朋友乳品厂、湟源天源奶制品有限责任公司等乳品加工企业均具有一定加工规模和现代化技术工艺，其中天露乳业、青海湖乳业设计生产能力均可达9万吨/年以上，但实际加工量仅为其加工能力的一半。全市共生产酸奶系列、液奶系列、奶粉系列等近30个品种，拥有天露、小西牛、青海老酸奶等乳品品牌达10余个。这些乳品企业的发展有力地带动了西宁市奶牛养殖业的发展。

乳品加工特点、成效及发展趋势。

1. 牛奶消费已经开始从奶粉向以液态奶消费转变和过度，由于市民的购买力提升比较快，居民家庭的冰箱及商场的冷链设施已比较普及和趋向完善，以及加上液态奶具有饮用方便等这些特点，液态奶增长势头更快更猛，加之它的营养性和新鲜度，更能吸引消费者而取得他们的信赖，因此它将更加成为大众型的产品而存有更大的市场前景。

2. 酸牛奶将是在未来相当一个时期内成为液态奶的发展方向和市场的亮点；特别是带有活性益先菌、活性乳酸菌的酸牛奶、发酵型乳饮品产品等甚具市场发展潜力；风味型的调味奶仍将会保持较大的市场份额。

【市场消费】2012年西宁市奶类产量13.35万吨，人均奶类占有量60.1千克，人均乳制品消费量22千克，奶业消费支出年均136元，目前西宁市乳制品销售市场上的省内主要品牌为圣湖、小西牛、天露，省外品牌以伊利、蒙牛、光明、庄园为主。其中成品液态奶规格多为220mL百利包包装或纸盒包装，价格在1.6～2.5元区间不等，酸奶产品因品牌和风味不同，价格差异较大，普通厂家的原味酸奶售价平均为2.8元（180克包装），部分品牌高端产品价格更高。

【奶源基地】近年来，西宁市加大奶源基地扶持力度，健全完善扶持政策，以规模化、标准化和现代化奶牛养殖场（小区）建设为重点，不断加大奶源基地基础设施建设力度，扎实推动现代化奶业发展进程。2012年西宁市共引进荷斯坦奶牛2 550头，省级支农补贴资金510万元，市级补贴资金600万元。

【饲草饲料】2012年种植玉米、苜蓿、黑麦、燕麦等饲草料共计32.11万亩，其中青贮玉米种植面积为0.95万亩、总产量为49 000吨；苜蓿种植面积为1.16万亩、总产量为31 400吨。

【疫病防治】各养殖场高度重视疫病防控，市、县、乡各级动物防疫机构实行技术承包和指导，责任到人，各类疫苗定购列入计划，制定科学的免疫程序，并积极配合省动物防疫部门开展“布病”“结核病”监测等工作。粪污处理方式多采用沼气池或堆积发酵处理。生鲜乳收购年均价格为4 200元/吨。养殖户奶业养殖年净收入5 000元/头左右，奶牛场净收入因受其饲养管理、种群规模等影响不尽相同，平均净收入4 300元/头左右。

【奶农组织】奶农合作社和协会等组织建设，奶农培训工作等。一是按照“抓龙头、建基地、扩市场、创特色”的原则，重点培育扶持辐射带动能力强，特色优势明显的龙头企业。共培育畜牧业龙头企业24家，其中国家级龙头企业1家，省级4家，市级9家，县级10家。二是加快农民专业合作经济组织建设，使其上规模，上档次，不断壮大经纪人队伍，提高养殖业生产的组织化程度，发展奶牛养殖协会6个、畜产品营销协会1个、牛羊营销协会22个。年开展奶农培训班25期，培训奶牛养殖大户、规模养殖场（小区）等1 300人次。

【政策法规】认真贯彻执行《国务院关于促进奶业持续健康发展的意见》、国务院关于促进奶业持续健康发展的意见（国发［2007］31号）、《乳品质量安全监督管理条例》、《国务院发布奶业整顿和振兴规划纲要》、《青海省奶站管理暂行办法》、《饲料添加剂安全使用规范》等法规、政策和规范标准。

【质量监管】西宁市现有35个鲜奶收购站，严格办证审核。根据省厅下达的生鲜乳检测抽样任务，在全市范围内开展生鲜乳抗生素残留及三聚氰胺等专项监测送样工作，在生鲜乳收购站及奶牛养殖场抽取样品，经检验全部合格。在检查过程中，未发现在奶牛养殖过程中使用违禁药物和非法添加物的违法行为。

按照属地化管理的原则，各养殖场户和奶牛养殖大户高度重视食品安全和生鲜乳质量，提高思想意识，积极与辖区畜牧兽医承包技术人员配合，建立完善的运行机制，技术人员对养殖户在养殖生产技术、配合饲料应用、动物疫病防控、养殖档案建立、规范养殖行为等方面给予指导，市县动物卫生监督机构落实工作责任制，加大监督执法力度，突出依法行政和规范执法行为。通过对规模养殖场（户）加强自身的畜产品质量安全日常监管和整治工作，从业人员持健康证上岗，坚决杜绝患有人畜共患病的人从事畜牧业生产。按照标准化生产要求，完善内部管理制度，建立健全食品安全控制、质量管理、场内卫生环境管理等内部质量安全保证体系，规范兽药、饲料、养殖、生鲜乳收购站等生产经营企业的行为。在养殖上真正做到生产规范化和标准化，促进全市畜牧业的健康、快速发展。

西宁市农牧和扶贫开发局　陈仲瑾

海东地区

奶业是农业的重要组成部分，奶业已成为海东地区农业和农村经济发展一个新的增长点，是农业现代化的重要标志，是农民增收的重要渠道。乳品也是重要的“菜篮子”产品，与人民生活息息相关。随着农村经济的不断发展，农业产业结构得到了合理调整，高效养殖业在大农业中占有比例逐年增加，成为农业发展中的主要产业支柱。而科技的创新和发展，对饲草种植和综合利用效率的提高使奶牛养殖业取得了很好的经济效益和社会效益。

【奶类生产】2012年海东地区中国荷斯坦牛存栏量为7.23万头，同比上涨2.7%，中国荷斯坦牛存栏数占总存栏数的45.5%，其中能繁母牛4.76万头。主要分布的地区是化隆县、民和县和乐都县三个县。

2012年奶类总产量为5.34万吨，同比上涨6.6%。

【乳品加工】2012年海东地区主要的乳品加工企业是民和县湟乳乳制品有限责任公司，年收购原产奶量为1.49万吨，平均支付价格为3.4元/千克，其年销售额3 800万元，利润200万元。

产品销售区域主要是青海、甘肃、青海地区。

【市场消费】2012年海东地区城镇居民人均奶制品（折合成原料奶）消费量0.06千克/人，鲜奶均价为7元/千克。本地自产自销的乳制品品牌主要为湟乳乳制品，酸奶均价为2.16元/千克，900克灌装奶粉为65元/桶，300克袋装奶粉为15元/袋。我市乳制品销售市场上主要销售的品牌有蒙牛、伊利、特仑苏，地方品牌有托伦宝、雪顿、天露等，酸奶品牌有青海百年酸奶、青海老酸奶、尕龙碗等，随着品牌优势的发展价格也随着不断上涨，市场消费随着旅游业的发展和人们消费水平的不断提高销量呈逐年上升趋势。

【奶源基地】2012年，通过省级认定的标准化规模养殖场2个。海东地区不同规模养殖场（小区）共有1 884户，年存栏量为1.3万头，其中互助县规模养殖场（小区）有538户，存栏量为0.33万头，化隆县规模养殖场（小区）有496户，存栏量为0.31万头。

【疫病防治】严格执行国家相关法律法规规定，按属地管理原则由动物卫生监督部门责任人和各养殖场签订了防疫工作承包责任书，专门监督所承包养殖场的疾病防控工作，对养殖场防疫合格证书发放进行严格审批，各养殖场严格按照相关粪污处理的规章制度对产生的粪污进行发酵处理，在保障了防疫工作的同时实现了废弃物循环利用的双重目标。

【饲草饲料】饲草种植方面海东地区从实际情况出发，以“为养而种，以草兴牧，以牧促农，共同发展”的思路加强草业建设，以实现种养殖业的同步发展。2012年种植饲草料面积为50.42万亩，其中种植青贮玉米6.35万亩、总产量为40.79万吨；苜蓿18.22万亩、总产量为57.93万吨。

【奶农组织】奶业组织建设方面海东地区加大扶持力度，以扶优扶强的原则，鼓励养殖户通过成立合作社、协会、公司等，推动海东地区奶牛养殖业的规模化发展进程，采取简化养殖业组织的申请和受理程序，组织成立了奶牛养殖专业合作社31个。各级奶业合作组织积极开展工作，发挥桥梁和纽带作用，帮助奶农搞好饲养管理、繁殖育种、防疫灭病等工作，积极开展技术交流和饲养技术培训工作，开展各类培训班15期，共有培训640人次。

主要问题是经费不足，利益联结机制还不完善，协会组织还不够规范等。有些县虽已建立了奶牛养殖专业协会，但在实际运转过程中协会对及时了解国内外市场需求信息、加强专业生产的协作性、紧密与乳制品加工企业利益分配关系等方面未能充分发挥应有作用。

【质量管理】奶业质量监管方面海东地区严格执行国家规定标准，由县动物卫生监督机构外派机构按照属地管理原则对所在管辖区的养殖场和散养户的生乳生产、收购等环节进行全程监督检查，并且按照责任承包制规定以谁承包谁负责的方式，层层落实责任，严抓奶源质量检测至今未出现一起奶业安全事故。

各级政府和乳品企业都加大了对原料奶质量的控制，各部门加强了对奶牛养殖小区和乳品加工企业的检查检测力度，牛奶根据脂肪、蛋白、干物质、微生物等主要指标定级，做到优质优价。

海东市农牧局　詹江雪

宁夏回族自治区

【奶类生产】2012年宁夏回族自治区荷斯坦牛存栏49.8万头（其中成母牛21.8万头），居全国第9位；成母牛年均单产6 700千克，比全国平均水平高1 200千克，居全国第4位；牛奶总产量146.0万吨，占全国牛奶总产量的3.9%，居全国第9位；成母牛年均单产和牛奶总产量分别比上年同期增长7.1%和8.2%。形成了以银川、吴忠市为奶业核心区，中卫、石嘴山市为奶业发展区的产业格局。全区奶牛养殖业实现产值55.7亿元。

【乳品加工】2012年全区共有乳品加工生产企业20家。其中，日加工处理生鲜奶能力200吨以上的企业9家。年加工能力195万吨，实际加工生鲜奶132万吨，形成了高端液态奶、特色乳品和优质奶粉3种类型的加工基地。年生产液态奶58万吨、乳饮料4.6万吨、酸奶2.2万吨、奶粉2.4万吨、干酪素等0.7万吨。

【市场消费】2012年全区居民人均奶类（折合成原料奶）占有量为234千克，居全国第2位。主要乳制品品牌及产品：夏进（纯牛奶、奶粉、酸奶、乳酸菌饮料）、金河（纯牛奶、酸奶、奶酪）、平吉堡（酸奶）、北方（纯牛奶、酸奶）、蒙牛（纯牛奶、酸奶、冰淇淋）、伊利（纯牛奶、酸奶、冰淇淋）、雪泉（纯牛奶、奶粉、酸奶）、红果（奶粉）。巴氏杀菌乳市场价格：夏进 14.00 元/千克，北方 12.00 元/千克。

【奶源基地】2012 全区奶牛养殖场（户）25 323 个，奶牛存栏 1～4 头的场（户）6 273 个，存栏 2.1 万头，产奶量 5.5 万吨；5～9 头的场（户）9 402 个，存栏 5.9 万头，产奶量 15.1 万吨；10～19 头的场（户）7 192个，存栏 12.0 万头，产奶量 31.7 万吨；20～49 头的场（户）1 415 个，存栏 5.4 万头，产奶量 14.9 万吨；50～99 头的场（户）506 个，存栏 4.1 万头，产奶量 11.9 万吨；100～199 头的场（户）191 个，存栏 3.1 万头，产奶量 9.7 万吨；200～499 头的场（户）134 个，存栏 5.0 万头，产奶量 16.1 万吨；500～999 头的场（户）81 个，存栏 5.9 万头，产奶量 19.3 万吨；1 000头以上的场（户）38 个，存栏 6.4 万头，产奶量 21.9 万吨。2012 年，全区继续组织实施国家奶牛良种补贴项目，引进推广优质荷斯坦牛冻精 37.80 万支（每支补贴 15 元），优质冻精应用普及率达到 100%。机械挤奶在 344 个规模奶牛场（小区）应用推广，全混合日粮（TMR）饲喂技术在 120 个规模奶牛场（小区）应用推广，生产性能测定（DHI）技术在 49 个规模奶牛场（小区）应用推广。种植以紫花苜蓿为主的多年生牧草 585 万亩、青贮玉米 38 万亩，重点示范推广了全株玉米青贮、苜蓿半干青贮、饲草包膜青贮等先进技术。2012 年加工全株玉米青贮 120 万吨、苜蓿草捆等 12.5 万吨、苜蓿半干青贮 2.3 万吨。全区规模奶牛养殖场生鲜乳收购价为 3.50～3.90 元/千克，奶牛园区生鲜乳收购价格为 2.80～3.20 元/千克，散户生鲜乳收购价格为 2.60～3.00 元/千克。

【奶农组织】全区现有奶农专业合作社 85 家。通过政策扶持，规范了生产、经营、服务行为。奶农专业合作社在协调农企双方利益，做好奶农生产、技术、资金、信息、销售等服务方面发挥了积极作用，进一步促进了奶农合作组织的发展。同时，“龙头企业＋合作社＋奶农”生产、加工、销售一体化的紧密利益共同体逐步建立。

【法规和政策】2012 年实施中央财政现代农业生产发展资金项目，采取“先建后补、以奖代补”的方式，对企业（个人）或合作组织新建并投入使用，符合《标准化奶牛养殖场（小区）建设规范》（DB64/T 759—2012）的标准化规模养殖场，按照养殖规模（500～799 头、800～999 头、1 000～1 499 头、1 500～1 999 头、2 000 头以上）不同，分别一次性补助 65 万～160 万元。实施高产奶牛核心群选育、生产性能测定、精准化健康养殖综合配套技术推广等项目，支持高产奶牛选育、精细化饲养、信息化管理等新技术示范推广。在全区开展生鲜乳抽检 1 000 样次，每样次补助 600 元。有关市、县（区）通过招商引资，成功引进伊利、蒙牛、重庆天友、中地种畜等一大批国内知名龙头企业投资建设规模化牧场，蒙牛、伊利、夏进等加工企业采取借款、担保贷款等形式支持其奶源基地建设。

【质量监管】全区贯彻落实《乳品质量安全监督管理条例》、《奶业整顿和振兴规划纲要》精神，继续深入开展生鲜质量安全监督管理，492 家奶站、346 辆生鲜乳运输车辆全部纳入日常监管。奶站负责人严格做好奶站监管记录、生鲜奶销售记录、卫生消毒记录、生产投入品记录。大型乳品加工企业对奶源基地实行驻站员管理制度，加强对奶牛养殖投入品使用、饲养管理、规范化挤奶和卫生消毒等生产环节的全程监控，确保生鲜乳质量安全。2012 年全区完成生鲜乳违禁添加物专项监测 1 706 批，农业部生鲜乳监测任务 598 批次，自治区奶产业提质增效生鲜乳监测任务 1 098 样次，合格率达到 100%。

【奶业大事记】2012 年 6 月 16～18 日，宁夏奶业协会组织各市、县（区）奶产业相关部门负责人及技术人员等 50 余人，参加了第三届中国奶业大会。2012 年 7 月，全国畜牧总站、中国奶业协会、宁夏农牧厅、宁夏畜牧工作站、宁夏奶业协会在银川举办“全国奶牛生产性能测定技术（宁夏）培训班”和“宁夏奶牛生产性能测定项目总结会”。各项目县（市、区）畜牧技术推广中心主要负责人、参加 DHI 测定牛场的负责人和技术人员共 200 余人参加技术培训和经验交流。大会对 2011 年度奶牛生产性能测定先进集体、先进个人进行了表彰，对生产性能优秀的牛只进行了奖励。

宁夏畜牧工作站　巫　亮　封　元

附表 1：

奶牛养殖场（小区）名录

序号	名　　称	养殖场	小区	全群存栏（头）	成母牛存栏（头）	奶畜品种	成母牛单产（吨/年）	年总产（吨）	是否参加 DHI	是否应用 TMR
1	夏进奶牛养殖园区		√	2 475	1 485	荷斯坦	7.50	11 138	√	√
2	富农奶牛养殖园区		√	2 200	1 320	荷斯坦	7.50	9 900	√	√
3	五里坡富农牧场	√		2 020	1 212	荷斯坦	8.50	10 302		√
4	新林奶牛养殖园区二、四区		√	1 910	1 146	荷斯坦	7.00	8 022		√

（续）

序号	名　称	养殖场	小区	全群存栏（头）	成母牛存栏（头）	奶畜品种	成母牛单产（吨/年）	年总产（吨）	是否参加 DHI	是否应用 TMR
5	义明养殖场	√		1 876	1 126	荷斯坦	7.50	8 442	√	√
6	五里坡万银牧场	√		1 870	1 122	荷斯坦	9.50	10 659		√
7	金宇浩鑫奶牛生态牧场	√		4 542	2 725	荷斯坦	7.00	19 076		√
8	雪泉牛场	√		1 481	889	荷斯坦	6.80	6 042		√
9	新林奶牛养殖园区一、三区		√	1 219	731	荷斯坦	7.00	5 120		√
10	马莲渠千头奶牛养殖园区		√	1 215	729	荷斯坦	6.80	4 957		√
11	瞿靖镇奶牛养殖园区		√	1 116	670	荷斯坦	7.00	4 687		√
12	金牛牧业奶牛养殖场	√		1 100	660	荷斯坦	7.00	4 620		√
13	永康奶牛养殖场	√		1 100	660	荷斯坦	7.00	4 620		√
14	广武生态移民千头奶牛场	√		1 000	600	荷斯坦	7.00	4 200		√
15	吴忠市牧原奶牛合作社牧场	√		980	588	荷斯坦	6.80	3 998		√
16	玉柱园区		√	926	556	荷斯坦	7.50	4 167		√
17	夏进园区		√	908	545	荷斯坦	6.80	3 705		√
18	建福祥奶牛养殖场	√		886	532	荷斯坦	7.00	3 721		√
19	庄园牧场	√		870	522	荷斯坦	7.50	3 915		√
20	利通区油粮桥 5 队园区		√	825	495	荷斯坦	6.80	3 366		√
21	塞上牧场	√		816	490	荷斯坦	7.50	3 672	√	√
22	庙梁沟奶牛养殖场	√		800	480	荷斯坦	7.00	3 360		√
23	汝鑫奶牛养殖场	√		786	472	荷斯坦	7.00	3 301		√
24	利牛奶牛养殖场			783	470	荷斯坦	7.50	3 524	√	√
25	宁夏澳利优奶牛养殖有限公司	√		2 250	1 100	荷斯坦	7.10	7 000	√	√
26	宁夏翔达牧业科技有限公司	√		3 000	1 300	荷斯坦	7.20	9 200	√	√
27	宁夏塞上阳光牧场	√		1 150	680	荷斯坦	7.63	4 560	√	√
28	维维二场	√		1 020	580	荷斯坦	7.10	4 300	√	√
29	宁夏祥益牧业有限公司	√		1 100	570	荷斯坦	9.00	4 745	√	√
30	银川玖加玖农牧公司	√		1 300	800	荷斯坦	9.00	7 200	√	√
31	宁夏骏华月牙湖养殖公司	√		1 600	1 400	荷斯坦	9.45	13 000	√	√
32	宁夏德广养殖有限公司	√		1 055	600	荷斯坦	9.00	2 000	√	√
33	宁夏上陵牧业有限公司奶牛场	√		2 080	900	荷斯坦	8.70	7 825	√	√
34	贺兰县汇丰源奶牛场	√		1 800	260	荷斯坦	8.50	2 220		√
35	贺兰县欣荣奶牛养殖专业合作社奶牛场	√		1 800	708	荷斯坦	7.90	5 571	√	
36	忠良农业开发公司奶牛场	√		1 802	780	荷斯坦	8.80	6 899	√	√
37	贺兰县合欣奶牛场	√		1 200	380	荷斯坦	8.20	3 120	√	√
38	贺兰青松乳业有限公司奶牛场	√		1 157	530	荷斯坦	8.50	4 526	√	√
39	洪广营农林生态养殖场	√		1 030	510	荷斯坦	7.90	4 044	√	√
40	宁夏四正生物公司奶牛场	√		1 021	380	荷斯坦	8.10	3 070	√	√

备注：请在养殖场或小区列中选择打勾；如参加 DHI 或应用 TMR，请在相应表格中打勾。

附表 2：

乳制品生产企业名录

序号	名称	许可证号码	年收购原奶量（吨）	平均支付价格（元/千克）	其中：自有奶源量（吨）	年乳制品产量（吨）	其中：巴氏杀菌乳（吨）	UHT奶（吨）	酸奶（吨）	奶粉（吨）	奶油（吨）	奶酪（吨）	乳饮料（吨）	整体设计加工能力（吨/年）	产品销售区域	年销售收入（万元）	利润（万元）
1	宁夏伊利乳业有限责任公司		219 300	3.57	219 300	214 800	/	162 800	52 000	/	/	/	/	800	区外、区内	148 157	
2	宁夏夏进乳业集团股份有限公司		109 000	3.55	109 000	141 700	/	141 700	/	/	/	/	/	400	区外、区内	73 982	
3	吴忠市雪泉乳业有限公司		34 000	3	8 580	6 800	7 000	/	4 000	2 600	/	200	/	300	区外、区内	11 000	
4	宁夏红果乳业有限公司		19 000	2.98	19 000	2 000	/	/	/	2 000	/	/	/	150	区外、区内	6 460	
5	吴忠市银湖乳业有限公司		7 000	3	7 000	500	/	/	/	500	/	/	/	100	区外、区内	1 250	
6	宁夏金荣乳业有限公司		1 700	3	1 700	180	/	/	/	180	/	/	/	100	区外、区内	450	
7	银川市金河乳业有限公司		46 280	3.71	6 000	40 168	140	20 000	20 000	/	/	28	/		区外、区内	15 228	
8	宁夏夏进昊尔乳品有限公司		26 118	3.36	17 118	20 000	20 000	/	/	/	/	/	/	24 000	区外、区内	1 499	
9	宁夏熊猫乳品有限公司		16 000	3	16 000	1 360	/	/	/	1 360	/	/	/		区外、区内	3 380	
10	宁夏北方乳业有限公司		80 000	3.7	11730	33 000	15 000	15 000	3 000	/	/	/	/	9 000	区外、区内	6 000	
11	宁夏明旺乳业有限公司		44 054	3.3	38 161	5 300	/	/	/	5 300	/	/	/		区外、区内	16 352	
12	蒙牛乳业（银川）有限公司		220 050	3.6	220 050	158 000	/	158 000	/	/	/	/	/		区外、区内	196 000	
13	宁夏塞尚乳业有限公司		18 100	3.8	18 100	4 000	/	/	/	/	1 000	3 000	/		区外、区内	2 660	
14	中宁县黄河乳制品有限公司		20 000	3.6	20 000	2 500	/	/	/	/	/	2 500	/		区外、区内	10 000	
15	宁夏银川平吉堡乳品厂		1 840	3.2	1 840	1 800	/	/	1 800	/	/	/	/		区外、区内	900	

备注：自有奶源指来自自建和参建（控股、参股）牧场（小区）的原奶。

银　川　市

【奶类生产】2012年全市荷斯坦奶牛存栏15.9万头（其中成母牛6.4万头），牛奶总产量44.5万吨，成母牛年均单产6 700千克。成母牛年均单产9吨以上的奶牛场有8个，10吨以上的有3个。目前，银川市已成为“西部地区重要的优质奶源生产基地和乳品加工基地”。

【乳品加工】2012年全市有乳品加工企业9家，全年生产巴氏杀菌乳4万吨、UHT奶20万吨、奶粉0.8万吨、酸奶3万吨。主要乳品加工企业：蒙牛乳业（银川）有限公司、宁夏明旺乳业有限公司、宁夏北方乳业有限公司、银川市金河乳业有限公司、宁夏银川市平吉堡乳品厂、宁夏熊猫乳品有限公司、宁夏夏进昊尔乳品有限公司。

【市场消费】2012年全市居民人均奶制品（折合成原料奶）占有量218千克。主要乳制品品牌及产品：金河（纯牛奶、酸奶、奶酪）、平吉堡（酸奶）、北方（纯牛奶、酸奶）、蒙牛（纯牛奶、酸奶、冰淇淋）、伊利（纯牛奶、酸奶、冰淇淋）。

【奶源基地】2012年全市奶牛存栏49头以下的场（户）4 500个，50～99头的场（户）240个，100～499头的场（户）99个，500～999头的场（户）45个，1 000头以上的场（户）16个。全市人工种植苜蓿8.0万亩，青贮玉米13.8万亩，秸秆加工调制总量93.3万吨（其中全株玉米青贮49.9万吨）。全株玉米青贮技术在全市广泛应用，全混合日粮饲喂技术逐步推广，规模养殖场实现了机械化挤奶，原料奶各项指标明显提高。规模奶牛养殖场生鲜乳收购价为3.90～4.20元/千克，较散养户收购价高0.40～0.80元/千克。

【奶农组织】2012年有市、县、乡、村四级奶业协会及合作社26个，为奶牛养殖场（户）技术人员提供各类技术咨询，举办技术培训班12次，培训技术人员320人次。

【法规和政策】2012年银川市推行一系列扶持政策，加快奶产业发展。主要内容有：成立奶产业专家服务团队，确立主推技术和主推品种，解决影响产业发展的关键问题；启动实施“振兴奶业苜蓿发展行动”，引导奶牛养殖企业、养殖大户、专业合作社，通过土地流转等形式，建设优质高产苜蓿种植基地和全株青贮玉米基地，配套应用大型青贮收获加工设备，提高优质饲草加工质量，使草产业与奶产业紧密连接，保障奶牛优质粗饲料供给；探索生态移民村奶牛托管新模式，采取政府买牛，迁入移民户均1头奶牛，由养殖企业托管经营，每户每年获得2 800元收益，达到促进产业发展，稳定移民收入的目的；蒙牛、伊利、夏进等重点企业通过借款、担保贷款等形式，支持其奶源基地的规模养殖场建设。

【质量监管】2012年全市共有奶站148家，生鲜乳运输车辆129辆。为加强对生鲜乳收购站的监督管理，保证生鲜乳质量安全，促进奶业健康发展，根据国务院《乳品质量安全监督管理条例》和农业部《生鲜乳生产收购管理办法》等有关法律、法规，结合实际，制定了《银川市生鲜乳收购站管理办法》，对提升银川市奶牛养殖场（小区）标准化、规模化、集约化水平，加强生鲜乳收购站日常监管和标准化管理起到了积极作用。

银川市农牧局　林克川

附表1：

奶牛养殖场（小区）名录

序号	名　称	养殖场	小区	全群存栏（头）	成母牛存栏（头）	奶畜品种	成母牛单产（吨/年）	年总产（吨）	是否参加DHI	是否应用TMR
1	宁夏澳利优奶牛养殖有限公司	√		2 250	1 100	荷斯坦	7.1	7 000	√	√
2	宁夏翔达牧业科技有限公司	√		3 000	1 300	荷斯坦	7.2	9 200	√	√
3	宁夏塞上阳光牧场	√		1 150	680	荷斯坦	7.625	4 560	√	√
4	维维二场	√		1 020	580	荷斯坦	7.1	4 300	√	√
5	宁夏祥益牧业有限公司	√		1 100	570	荷斯坦	9	4 745	√	√
6	银川玖加玖农牧公司	√		1 300	800	荷斯坦	9	7 200	√	√
7	宁夏骏华月牙湖养殖公司	√		1 600	1 400	荷斯坦	9.45	13 000	√	√
8	宁夏德广养殖有限公司	√		1 055	600	荷斯坦	9	2 000	√	√
9	贺兰县中地生态牧场	√		5 000	0	荷斯坦	0	0		√
10	宁夏上陵牧业有限公司奶牛场	√		2 080	900	荷斯坦	8.7	7 825	√	√
11	贺兰县汇丰源奶牛场	√		1 800	260	荷斯坦	8.5	2 220		√
12	贺兰县欣荣奶牛养殖专业合作社奶牛场	√		1 800	708	荷斯坦	7.9	5 571	√	
13	忠良农业开发公司奶牛场	√		1 802	780	荷斯坦	8.8	6 899	√	√
14	贺兰县合欣奶牛场	√		1 200	380	荷斯坦	8.2	3 120	√	√
15	贺兰青松乳业有限公司奶牛场	√		1 157	530	荷斯坦	8.5	4 526	√	√
16	洪广营农林生态养殖场	√		1 030	510	荷斯坦	7.9	4 044	√	√
17	宁夏四正生物公司奶牛场	√		1 021	380	荷斯坦	8.1	3 070	√	√

备注：请在养殖场或小区列中选择打勾；如参加DHI或应用TMR，请在相应表格中打勾。

附表 2：

乳制品生产企业名录

序号	名　　称	许可证号码	年收购原奶量（吨）	平均支付价格（元/千克）	其中：自有奶源量（吨）	年乳制品产量（吨）	其中：巴氏杀菌乳（吨）	UHT奶（吨）	酸奶（吨）	奶粉（吨）	奶油（吨）	奶酪（吨）	乳饮料（吨）	整体设计加工能力（吨/年）	产品销售区域	年销售收入（万元）	利润（万元）
1	银川市金河乳业有限公司		46 280	3.71	6 000	40 168	140	20 000	20 000	/	/	28	/		区外、区内	15 228	
2	宁夏夏进昊尔乳品有限公司		26 118	3.36	17 118	20 000	20 000	/	/	/	/	/	/	24 000	区外、区内	1 499	
3	宁夏熊猫乳品有限公司		16 000	3	16 000	1 360	/	/	/	1 360	/	/	/		区外、区内	3 380	
4	宁夏北方乳业有限公司		80 000	3.7	11 730	33 000	15 000	15 000	3 000	/	/	/	/	9 000	区外、区内	6 000	
5	宁夏明旺乳业有限公司		44 054	3.3	38 161	5 300	/	/	/	5 300	/	/	/		区外、区内	16 352	
6	蒙牛乳业（银川）有限公司		220 050	3.6	220 050	158 000	/	158 000	/	/	/	/	/		区外、区内	196 000	
7	宁夏银川平吉堡乳品厂		1840	3.2	1840	1800	/	/	1800	/	/	/	/		区外、区内	900	

备注：自有奶源指来自自建和参建（控股、参股）牧场（小区）的原奶。

吴 忠 市

【奶类生产】 2012年全市荷斯坦牛存栏15.2万头，牛奶总产量52.1万吨，成年母牛年平均单产6 500千克，生鲜奶销售收入18.2亿元，占畜牧业产值的49.4%。

【乳品加工】 全市现有乳品企业10家（利通区9家、青铜峡市1家），日处理生鲜奶能力2 500吨，实际日处理生鲜奶1 515吨。其中，液态奶生产企业3家，日处理生鲜奶936吨；奶粉生产企业9家，日处理生鲜奶579吨。主要乳品加工企业：宁夏伊利乳业有限责任公司，日处理生鲜奶610吨；宁夏夏进乳业集团股份有限公司，日处理生鲜奶280吨；吴忠恒枫乳业有限公司，日处理生鲜奶200吨；吴忠市雪泉乳业有限公司，日处理生鲜奶86吨；吴忠市红果乳业有限公司，日处理生鲜奶80吨。

【市场消费】 2012年全市居民人均奶制品（折合成原料奶）占有量368千克。主要乳制品品牌及产品：夏进（纯牛奶、酸奶、乳酸菌饮料）、伊利（纯牛奶、酸奶）、雪泉（纯牛奶、奶粉、酸奶）、恒枫（奶粉）、红果（奶粉）。

【奶源基地】 2012年全市100～499头的场（园区）101个，存栏2.71万头，产奶量10.55万吨；500～999头的场（园区）31个，存栏2.12万头，产奶量9.08万吨；1 000头以上的场（园区）14个，存栏2.51万头，产奶量11.18万吨。全株玉米青贮技术在全市广泛应用，全混合日粮饲喂技术逐步开展，规模养殖场实现了机械化挤奶，原料奶各项指标明显提高。规模奶牛养殖场生鲜乳收购价为3.80～4.20元/千克，较散养户收购价高0.40～0.80元/千克。

【奶站管理】 2012全市有324家生鲜奶收购站（利通区254家、青铜峡市67家、盐池县2家、红寺堡开发区1家）。利通区成立了奶业执法大队，负责本辖区的奶站监管。行政主管部门建立健全奶站管理制度，奶站负责人做好奶站监管记录、生鲜奶销售记录、卫生消毒记录、生产投入品记录，大型乳品加工企业对奶源基地实行驻站员管理制度，加强对奶牛养殖投入品使用、饲养管理、规范化挤奶和卫生消毒等生产环节的全程监控，确保生鲜乳质量安全。

【良种补贴】 2012年全市组织实施国家奶牛良种补贴项目，引进国内优质荷斯坦奶牛冻精17.5万支，补贴资金262.5万元；引进性控冻精和国外优质奶牛冻精1万支。

【饲草饲料】 2012年全市人工种草面积136.58万亩（其中苜蓿127.08万亩），青贮玉米种植面积18.05万亩。重点示范推广了全株玉米青贮和饲草包膜青贮等技术，100头以上规模奶牛场全株玉米青贮推广应用率达到100%。

【质量监管】 围绕生鲜乳生产、收购和运输三个关键环节，加强生鲜乳质量安全的监管力度，通过生鲜乳收购站标准化管理和日常监管，确保生鲜乳质量安全。

吴忠市畜牧水产技术推广服务中心　袁国军

附表1：

奶牛养殖场（小区）名录

序号	名　　称	养殖场	小区	全群存栏（头）	成母牛存栏（头）	奶畜品种	成母牛单产（吨/年）	年总产（吨）	是否参加DHI	是否应用TMR
1	夏进奶牛养殖园区		√	2 475	1485	荷斯坦	7.5	11 138	√	√
2	富农奶牛养殖园区		√	2 200	1320	荷斯坦	7.5	9 900	√	√
3	五里坡富农牧场	√		2 020	1212	荷斯坦	8.5	10 302		√
4	新林奶牛养殖园区二、四		√	1 910	1146	荷斯坦	7	8 022		√
5	义明养殖场	√		1 876	1126	荷斯坦	7.5	8 442	√	√
6	五里坡万银牧场	√		1 870	1122	荷斯坦	9.5	10 659		√
7	金宇浩鑫奶牛生态牧场	√		4 542	2725	荷斯坦	7	19 076		√
8	雪泉牛场	√		1 481	889	荷斯坦	6.8	6 042		√
9	新林奶牛养殖园区一、三		√	1 219	731	荷斯坦	7	5 120		√
10	马莲渠千头奶牛养殖园区		√	1 215	729	荷斯坦	6.8	4 957		√
11	瞿靖镇奶牛养殖园区		√	1 116	670	荷斯坦	7	4 687		√
12	金牛牧业奶牛养殖场	√		1 100	660	荷斯坦	7	4 620		√
13	永康奶牛养殖场	√		1 100	660	荷斯坦	7	4 620		√
14	广武生态移民千头奶牛场	√		1 000	600	荷斯坦	7	4 200		√
15	吴忠市牧原奶牛合作社牧场	√		980	588	荷斯坦	6.8	3 998		√
16	玉柱园区		√	926	556	荷斯坦	7.5	4 167		√
17	夏进园区		√	908	545	荷斯坦	6.8	3 705		√
18	建福祥奶牛养殖场	√		886	532	荷斯坦	7	3 721		√
19	庄园牧场	√		870	522	荷斯坦	7.5	3 915		√
20	利通区油粮桥5队园区		√	825	495	荷斯坦	6.8	3 366		√
21	塞上牧场	√		816	490	荷斯坦	7.5	3 672	√	√
22	庙梁沟奶牛养殖场	√		800	480	荷斯坦	7	3 360		√
23	汝鑫奶牛养殖场	√		786	472	荷斯坦	7	3 301		√
24	利牛奶牛养殖场			783	470	荷斯坦	7.5	3 524	√	√

备注：请在养殖场或小区列中选择打勾；如参加DHI或应用TMR，请在相应表格中打勾。

附表 2：

乳制品生产企业名录

序号	名　称	许可证号码	年收购原奶量（吨）	平均支付价格（元/千克）	其中：自有奶源量（吨）	年乳制品产量（吨）	其中：巴氏杀菌乳（吨）	UHT 奶（吨）	酸奶（吨）	奶粉（吨）	奶油（吨）	奶酪（吨）	乳饮料（吨）	整体设计加工能力（吨/年）	产品销售区域	年销售收入（万元）	利润（万元）
1	宁夏伊利乳业有限责任公司		219 300	3.57	219 300	214 800	/	162 800	52 000	/	/	/	/	800	区外、区内	148 157	
2	宁夏夏进乳业集团股份有限公司		109 000	3.55	109 000	141 700	/	141 700	/	/	/	/	/	400	区外、区内	73 982	
3	吴忠市雪泉乳业有限公司		34 000	3	8 580	6 800	7 000	/	4 000	2 600	/	200	/	300	区外、区内	11 000	
4	宁夏红果乳业有限公司		19 000	2.98	19 000	2 000	/	/	/	2 000	/	/	/	150	区外、区内	6 460	
5	吴忠市银湖乳业有限公司		7 000	3	7 000	500	/	/	/	500	/	/	/	100	区外、区内	1 250	
6	宁夏金荣乳业有限公司		1 700	3	1 700	180	/	/	/	180	/	/	/	100	区外、区内	450	

备注：自有奶源指来自自建和参建（控股、参股）牧场（小区）的原奶。

新疆维吾尔自治区

【奶类生产】 2012年末全区奶牛存栏275.4万头，比2011年增长2%；全年奶类总产量321万吨，比2011年增长8.8%，其中牛奶产量302万吨，比2011年增长了8.2%。奶牛主要品种有荷斯坦牛、西门塔尔牛和新疆褐牛，其中荷斯坦牛78.4万头主要分布在天山北坡各城镇郊区；西门塔尔牛46.3万头在南北疆均有分布；新疆褐牛76万头主要分布在塔城、伊犁及阿勒泰地区。形成了以天山北坡、伊犁河谷、塔额盆地、额尔齐斯河谷、焉耆盆地为重点的奶业产业带，其生产的鲜奶及乳制品占全区总产量的80%以上。

【乳品加工】 近几年来，为适应国家产业政策调整和生产加工需要，疆内乳品加工企业结构不断优化整合，部分产能不足的小企业逐步淘汰，西域春、花园、天润、麦趣尔、新农等一批疆内乳企逐步发展壮大；疆外一些知名企业如伊利、蒙牛、光明、娃哈哈、明旺、银桥等纷纷进驻疆内市场。2012年，全区共有乳品加工企业48家，整体设计年加工能力243万吨，实际年加工量约65万吨。主要品种有UHT奶、奶粉、酸奶、巴氏杀菌乳及其他产品等。2012年乳制品产量42.85万吨，其中液态奶32.39万吨（巴氏杀菌乳产量3.63万吨，UHT奶21.3万吨，酸奶7.46万吨），下降3.3%；奶粉产量4.37万吨，下降2.12%；其他乳品产量6.09万吨，增加160%；全年工业销售产值36.57亿元，利润总额2.53亿元，企业资产总额34.4亿元（表5-34）。

表 5-34 主要乳品企业生产销售情况表

序号	名称	许可证号码	年收购原奶量（吨）	平均支付价格（元/千克）	其中：自有奶源量（吨）	年乳制品产量（吨）	其中：巴氏杀菌乳（吨）	UHT奶（吨）	酸奶（吨）	奶粉（吨）	奶油（吨）	奶酪（吨）	乳饮料（吨）	整体设计加工能力（吨/年）	产品销售区域	年销售收入（万元）	利润（万元）
1	新疆西域春乳业有限责任公司	QS650005010394	64 000	3.8	42 000	64 000	8 400	28 200	27 400	0	0	0	0	2 500 000	乌鲁木齐、昌吉	43 095	5 139
2	新疆乳旺乳业有限公司	QS659005011616	84 000	3.6		10 431				10 431				115 200	内地	31 591	1 671
3	昌吉市麦趣尔集团股份有限公司	灭菌乳 QS650005010392/ 乳饮料 QS650006011723	30 619	3.7	6 124	33 461	0	28 746	833	0	0	0	9 776	50 000	全疆	26 118	4 121
4	石河子伊利乳业有限责任公司	QS659005020001（婴幼儿配方奶粉） QS659005010708（全脂奶粉）	22 750	3.6	3 700	9 250				9 250				28 800	内地	28 776	1 100
5	新疆维维天山雪乳业有限公司	QS652305010712	30 000	3.2	7 700	30 000	5 000	13 000	4 188	3 369	0	0	2 000	100 000	乌鲁木齐、昌吉	21 673	1 944
6	石河子花园乳业有限公司	QS659005010709（奶粉、液奶） QS659005013367（乳酸菌饮料）	27 700	3.3	12 000	27 503		11 292	8 605	1 055			2 430	144 000	疆内	17 252	673
7	新疆天润生物科技有限公司	QS650105010003	24 728	3.5	19 048	26 136	5 161	15 224	4 438	281	0	0	1 032	90 000	新疆	14 489	1 164
8	新疆南达乳业有限公司	QS653105011011	21 100	3.2	8 000	17 885	80	13 960	3 500	345	0	0	0	90 000	新疆、广东、浙江	11 615	1 509
9	石河子娃哈哈启力乳业公司	QS659005010005	32 000	3.3	8 000	3 546				3 547				72 000	内地	8 769	76
10	新疆伊源乳业股份有限公司	QS654005011424	18 000	3	7 000	8 000	70	1 800	1 800	4 177		3	150	100 000	伊宁	7 000	50

【市场消费】本地区2012年人均奶类占有量145千克/人，城镇居民人均乳制品（折合成原料奶）消费量34.5千克/人，其中鲜乳品25.4千克/人，奶粉0.23千克/人，酸奶4.9千克/人，其他乳制品2.2千克/人。我区乳制品市场供应日益丰富。疆内品牌40余个160余种产品，约占全疆市场份额的84%；疆外品牌20余个，约占市场份额的16%，乳品消费呈上升趋势。（表5-35）。

表5-35 主要乳制品、品牌、规格、价格

主要乳制品	主要品牌	规格（mL）	价格（元/吨）
巴氏奶	西域春、盖瑞、佳丽	220、243、400、442、488	7 500
UHT	西域春、盖瑞、佳丽、新农、花园、瑞缘	200	7 500
酸奶	西域春、盖瑞、佳丽、新农、花园		15 000
奶粉	海贝尔、安得贝、天山雪、SWT、唐布拉		29 000

【奶源基地】规模养殖：近年来，我区高度重视规模化养殖发展，认真落实国家奶牛标准化规模养殖小区建设，通过建立托牛所、养殖小区、规模养殖场等多种形式，加快推进奶牛规模化养殖进程，引导奶牛养殖从落后地区向发达地区集中，散养向规模化养殖集中，走奶牛养殖标准化、规模化、专业化的发展道路。2010年以来全区共建成奶牛标准化养殖（场）小区128个，建设资金10 110万元，创建国家级示范奶牛场28个，自治区级示范奶牛场15个。自治区和各地也出台了奶牛养殖小区建设扶持政策、奶价补贴、良种牛购进补贴等一系列补贴政策。2012年，全区规模化养殖场（小区）达1 655个，奶牛存栏34.1万头，其中存栏101～200头978个，存栏201～500头522个，存栏500头以上81个，存栏1 000头以上74个；规模养殖占全区奶牛总存栏的27%。2012年全区参加奶牛生产性能测定的牛场46个，共测定奶牛头数15 536头，有效数据达90%以上；与2010年相比参测核心牛群产奶量增长20.3%；对参测牛场补助了价值64万元的设备。（表5-35）。

表5-36 主要规模养殖场规模和品种表

序号	名　　称	养殖场	全群存栏（头）	成母牛存栏（头）	奶畜品种	成母牛单产（吨/年）	年总产（吨）	是否参加DHI	是否应用TMR
1	呼图壁县种牛场畜牧五场	√	3 022	1 600	荷斯坦	8.5	13 600	√	√
2	呼图壁县种牛场畜牧四场	√	3 012	1 900	荷斯坦	8.6	15 200	√	√
3	呼图壁县种牛场畜牧三场	√	2 400	1 180	荷斯坦	8.8	8 260	√	√
4	呼图壁县种牛场畜牧一场	√	2 988	1 620	荷斯坦	9.5	15 000	√	√
5	新疆西部牧业股份有限公司良繁中心牛场	√	2 204	1 285	荷斯坦	6.9	7 000	√	√
6	呼图壁县种牛场畜牧二场	√	2 200	1 100	荷斯坦/西门塔尔	8.5/6.6	8 500	√	√
7	昌吉市新峰奶牛养殖专业合作社	√	1 810	987	荷斯坦	6.5	7 000		√
8	新疆南达乳业有限公司奶牛场	√	1 537	1 115	荷斯坦	6	6 690		
9	新疆维维西部农牧科技有限公司	√	1 210	590	荷斯坦	7.5	2 920		√
10	哈密市长河集团长青牛场	√	1 129	899	荷斯坦	6.6	5 420		

良种补贴：我区通过实施奶牛优质冻精全额补助、良种后备母牛补助等优惠政策，加速品种改良，改善结构，优化品种，奶牛单产和整体效益得到提高。目前，全区已建成区、地、县、乡四级畜禽改良推广机构954个，奶牛良种繁育场11个，开设牛人工配种站（点）3 000余座；年供种冻精218.2万剂；规模养殖场良种覆盖率达到100%。2012年落实国家畜牧良种补贴政策，补贴奶牛冻精183.6万剂，补贴资金2 254万元，受益农牧民50余万户；在全区5个地州，18个县（市），3个重点种牛场发放德国优质乳用牛冻精8 920剂。在全区推广优质奶牛、兼用牛性控冻精近5万剂，补贴资金400余万元。自治区通过大力扶持呼图壁种牛场、乌鲁木齐燕尔窝种牛场、天山畜牧生物有限责任公司等自治区重点奶牛种牛场建设，提高了优质奶牛及种公牛冻精的供种能力。

饲草料情况：新疆有耕地面积约441万公顷，人均占有耕地0.19公顷，另外有可利用牧草地面积4 800万公顷。“十一五”期间，我区粮食生产稳步发展，可转

化利用的作物秸秆和精粗饲料储备充足。每年可产饲料玉米386万吨、作物秸秆黄贮250万吨、青贮玉米500万吨，苜蓿饲草和青贮玉米在新疆大面积推广，成为奶牛业的主要饲草料来源，为新疆奶业的发展创造了有利条件。

规模场改扩建补助及农机补贴：我区规模牛场、养殖小区按规定标准享受了国家或自治区奶牛养殖场（小区）标准化建设补助政策。部分牛场及生鲜乳收购站购置农机均按标准享受了国家农机购置补贴政策。

疫病防治情况：奶牛疫病防控以预防为主，一是每年春秋两季注射牛口蹄疫苗。二是对布病、结核病等人畜共患病以全群检疫净化为主，对规模养殖场（小区）每年开展两次检疫净化，对阳性畜进行无害化处理；散养户做到一年一次两病检疫。三是积极采取重大动物疫病防疫与动态免疫抗体监测。

粪污处理：我区奶牛养殖场（小区）粪污主要采取堆粪场堆放发酵或化粪池存贮发酵，主要用于农田种植。

生鲜乳收购价格：全区2012年生鲜乳平均收购价格为2.2～3.8元/千克，主要乳企收购价格见表5-36。

【奶农组织】2012年，全区奶农专业合作组织321个，自治区奶业协会通过各地协会组织业内人士赴内地参加各类奶业会议及培训，参会人员达60人次。与畜牧科技资料编译室合作，出版发行6期《新疆畜牧业》奶业专刊。全区共举办奶业相关培训34期，2 100余人次，其中，自治区奶办举办学生饮用奶推广、生鲜乳质量安全监管、检测及DHI等各类培训班6期，培训679人次；各地（州、市）举办奶业各类培训班28期，培训1 500余人次。自治区奶办先后翻译印制《自治区奶业条例》3 000册，《新疆维吾尔自治区奶业管理政策及法律法规选编》1 000册，《生鲜乳收购站质量安全“黑名单”制度（试行）》1 500份发放到各地州，通过培训交流，基层人员业务水平有了很大提升，企业、养殖户、管理者之间加强了沟通，为我区奶业发展打下了坚实基础。

【法规和政策】奶业法规：我区于2011年12月1日颁布实施了《新疆维吾尔自治区奶业条例》，乌鲁木齐市人大2012年出台了《农产品质量安全条例》，为规范畜产品市场、保障产业有序发展提供了法律依据。

项目建设：在国家政策推动下，我区争取了国家《生鲜乳第三方检测及质量安全监管体系建设项目》，《标准化奶站管理技术示范项目》、《奶业数字化监管溯源项目》、《生鲜乳质量安全监管项目》、《自治区奶业监管数据服务平台建设》、《奶牛DHI测定中心建设项目》等项目，落实项目资金达1 170万元，自治区配套资金900万元。2012年，国家出台扶持苜蓿产业政策，启动实施“振兴奶业苜蓿发展行动”，新疆被纳入首批高产优质苜蓿建设示范片区，争取项目资金1 800万元。各项目的实施，加快了生鲜乳收购站、奶牛养殖场提升改造，提高了全区奶牛标准化规模化养殖水平。

扶持政策：我区是全国唯一以财政补贴形式推进“学生饮用奶计划”的省份。每年全区财政补贴资金约1.5亿元，其中自治区财政补贴资金6千余万元，2012—2013学年享受学生饮用奶计划优惠政策的学生人数为79.66万人。通过“学生营养改善计划”政策饮用牛奶的中小学生达到63.77万人。两项“计划”享受政府财政补贴饮用牛奶的中小学生143.43万人，占全疆义务教育阶段在校中小学生的44.82%。

【质量监管】奶站情况：2012年底全区生鲜乳收购站共计416个，其中，乳品生产企业开办的生鲜乳收购站197个占总数的47.35%；奶畜养殖场开办的生鲜乳收购站53个占总数的12.75%；奶农合作社开办的生鲜乳收购站166个占总数的39.9%。生鲜乳运输车辆297辆，其中收购站自有107辆，占36%；乳制品企业自有78辆，占26.3%，租用112辆，占37.7%。所有站、车均在网上进行了公示，“两证一单”发放率达到100%。

监管情况：2012年，我区制定了生鲜乳质量安全监测工作计划和实施方案，采取有力措施加强生鲜乳质量安全工作。一是建立监测网络。我区已初步建立区、地、县、乡四级生鲜乳质量安全监管检测网络，建成区、地级畜产品质量检测中心3个，地、县级生鲜乳质量安全监管检测站81个，乡级监管站67个，检测点126个。实现了全区站、车监管全覆盖，国家公布的违禁添加物检测全覆盖。二是加强监管检测力度。奶牛养殖场、生鲜乳收购站、运输车辆各环节日常监管进一步强化，溯源记录逐步建立规范。年内自治区完成了2次全区生鲜乳质量安全监管督导检查，现场检查生鲜乳收购站224个、运输车134辆、抽检奶样185批次，分别完成年初目标的100%、120%和123%；配合完成农业部生鲜乳违禁物质专项检查；配合完成农业部2次生鲜乳质量安全异地抽检工作，抽检160批次，经检测“三聚氰胺、β-内酰胺酶、黄曲霉毒素M_1、皮革水解蛋白、硫氢酸钠”5项指标全部合格。同时，按照农业部省间互查的安排，分别派员参加内蒙古和山东生鲜乳违禁物质专项检查。2012年全区共出动执法人员3 360人次，检查收购站1 444站次、运输车943辆次；查扣生鲜乳运输车辆3辆；关闭生鲜乳收购站18个。抽检生鲜乳2 532批次，违禁添加物检测合格率达100%。三是依托信息平台建设，扩大监管范围。“新疆畜牧业综合管理信息平台——奶业监管子系统”二期试点建设已完成软件开发和设备安装调试，进行了上线测试，并按照落地实施方案试点应用。昌吉回族自治州作为信息平台建设试点地州，州畜牧兽医局依平台建设，对全州的91个生鲜乳收购站和61辆生鲜乳运输车分别安装了视频监控系统和GPS定位系统，使生鲜乳收购、运输环节实现可控、可视监管，扩大了监管范围，提升了监控水平。四是推动制度化建设。我区制定了奶业行政执法巡查规定，规范了奶业行政处罚文书，提升了全区奶业监管水平。

【奶业大事记】

1. 3月12日，自治区生鲜乳质量安全监管工作会议在乌鲁木齐市翼龙宾馆召开，全疆15个地州、11个奶业大县的畜牧兽医局奶业分管领导、奶业办公室负责人、监管站负责人及自治区奶业办公室80余人参加了会议。

2. 4月17～27日，由自治区奶业办公室牵头，自治区兽医饲料监察所、自治区乳品质量监测中心参与，开展上半年全疆生鲜乳质量安全督导检查。重点抽查昌吉回族自治州等10个奶业主产区，其他5个地区按要求开展了自查。

3. 5月16日，自治区奶业办公室与自治区畜牧科学院培训中心联合，在乌鲁木齐市举办《新疆维吾尔自治区奶业条例》培训班，全疆15个地州市畜牧系统的221名管理人员及专业技术人员参加了培训。

4. 5月25日～6月1日，按照农业部采取省间互查的要求，湖北省畜牧兽医局总畜牧师洪齐、奶办主任王健、河南省饲草饲料站副站长牛岩一行3人，在向天江书记和业务科同志陪同下，对昌吉回族自治州、石河子市、伊犁哈萨克自治州的12个生鲜乳收购站、10辆生鲜乳运输车辆及相关的2个乳品加工企业生鲜乳违禁物质问题专项整治工作进行检查和督导。

5. 6月1日，自治区奶业协会、乌鲁木齐市农牧局、乌鲁木齐市教育局、乌鲁木齐市奶业协会联合开展以“关爱健康、共创美好未来”为主题的第十二个世界牛奶日活动。

6. 6月11～12日，全国畜牧总站主办，新疆奶业办公室、新疆乳品质量监测中心、新疆奶业协会协办，在乌鲁木齐市组织了“2012年全国奶牛生产性能测定技术培训班（新疆）”。

7. 6月16～18日，自治区奶业协会组织34人代表团，参加在河南省郑州市召开的第三届中国奶业大会暨第十届中国国际奶业展览会，征集的与会论文中29篇编入论文集。

8. 7月2～9日，配合农业部饲料质量及畜产品安全监督检验测试中心（沈阳）对乌鲁木齐市、昌吉回族自治州、石河子市的19个生鲜乳收购站，运输车辆62辆（次）进行了现场检查，抽取生鲜乳样品81批次。

9. 8月6～9日，由自治区奶业办公室与自治区畜牧厅科教处、伊犁哈萨克自治州畜牧兽医局联合主办，自治区畜牧科技培训中心、新疆现代畜牧业生产力促进中心承办，自治区奶业协会协办的“2012年伊犁哈萨克自治州生鲜乳质量安全监管检测培训班”在伊犁开班，来自伊犁哈萨克自治州直八县一市的163名学员参加了培训。

10. 8月12～30日，组织人员开展新疆奶业发展研究调研，撰写完成新疆奶业发展研究报告。

11. 9月17～22日，配合农业部饲料质量及畜产品安全监督检验测试中心（沈阳），对伊犁哈萨克自治州直、塔城地区、昌吉回族自治州、石河子市的123个生鲜乳收购站，51辆（次）运输车辆进行了现场检查判定。抽取生鲜乳样品80批次。

新疆奶业协会　齐新林

乌鲁木齐市

【奶类生产】2012年全市奶牛存栏2.55万头，其中：成母牛存栏1.81万头。奶山羊存栏0.65万只，其中能繁母羊0.52万只。全市奶类产量65 644吨，其中：牛奶产量64 142吨，羊奶339吨。我市奶牛养殖主要分布在米东区、乌鲁木齐县、天山区、新市区及沙区，其中：米东区奶牛存栏1.67万头，奶产量36 541吨；乌鲁木齐县奶牛存栏0.33万头，牛奶产量8 499吨；新市区奶牛存栏0.18万头，牛奶产量7 383吨；沙区奶牛存栏0.13万头，牛奶产量5 478吨；天山区奶牛存栏0.2万头，牛奶产量4 789吨。

2012年全市农林牧渔产值34.43亿元，其中畜牧业产值17.6亿元。2013年全市奶业产值2.83亿元，约占畜牧业产值的16%。由于乳品质量安全不断受到各级政府重视以及全社会的广泛关注，尤其是国家有关扶持奶业发展的政策措施的力度逐年加大，我市的奶牛养殖业逐步由传统的一家一户分散饲养向规模化、标准化养殖的方向发展，规模养殖场、养殖小区发展迅速。目前，全市共有20个奶牛养殖场（小区），共存栏奶牛5 617头，占全市奶牛存栏的22%。

【乳品加工】2012年全市有乳品加工企业3家，日处理鲜奶能力为738吨，实际日处理能力200吨。3家企业全年总产值3亿元，销售收入2.8亿元，资产总额3.28亿元，利税总额1 043万元。乳制品总产量7.8万吨，其中：UHT纯牛奶产量3.84万吨，占总产量的49.2%；UHT花色奶1.65万吨，占总产量的21%；巴氏杀菌乳0.6万吨，占总产量的7.7%；酸奶0.96万吨，占总产量的12.3%；乳酸饮料0.96万吨，占总产量的9.6%。由于交通等方面因素，新疆的乳制品消费市场主要集中在乌鲁木齐市，疆外市场比较薄弱，因此乳品加工企业实际处理鲜奶能力仅占设计能力的27%。随着人们对乳制品质量要求的不断提高，乳制品的多样化和多层次化将是今后的发展趋势，尤其是乌鲁木齐市是一个多民族聚集地，有着传统的饮奶消费习惯，如何开拓巴氏杀菌乳消费市场，是今后我市乳企如何更多占有散奶消费市场的重要方面。

【市场消费】据不完全统计，全市乳制品人均消费量约40千克，日均消费各类乳制品量达200多吨，年消费各类乳制品量约9.2万吨，城镇居民年乳制品消费支出约180元。

乌市乳制品销售主要以液态奶为主，约占消费总量的50%，液态奶中，主要以UHT奶为主，约占液态奶消费量的60%；其次是酸奶，约占乳制品消费总量的15%，巴氏杀菌乳和散装牛奶约占消费总量的20%，其余为乳酸饮料和奶粉。

【奶源基地】全市共有规模奶牛养殖场、养殖小区

16 个，共存栏奶牛 4 243 头，占全市奶牛存栏的 16.6%。其中：存栏 100 头以下的养殖小区 4 个，存栏奶牛 275 头；100～199 头规模的养殖场（小区）5 个，存栏奶牛 696 头；200～500 头规模的养殖场（小区）7 个，存栏奶牛 1 970 头，500～999 头规模的养殖场 2 个，存栏奶牛 1 870 头；其余为散养。目前，全市实现机械化挤奶的奶牛约占 95%。

目前，我市 200 头以上规模的奶牛养殖场均应用了全混合日粮技术，500 头以上规模的奶牛养殖场开展了奶牛生产性能测定工作，奶牛良种补贴政策实现了规模牛场（养殖小区）以及养殖大户全覆盖。2012 年全市饲草料种植面积为 12.5 亩，其中：青贮玉米种植面积 3.74 万亩，产量 11.32 万吨，单产为 2 935 千克/亩；苜蓿种植面积 3.06 万亩，产量为 1.377 9 万吨，单产为 455 千克/亩。饲养过程中以青贮饲料为主，干草以苜蓿为主，精料以全价料为主；。从 2008 年起，我市奶牛养殖被纳入国家奶牛良种补贴政策范围，品种改良以自治区统一配发的冻精为主，性控冻精为辅；规模养殖场奶牛良种覆盖率达到 100%，奶牛疫病防控以积极的预防为主，采取按免疫程序进行重大动物疫病防疫与动态免疫抗体监测，人畜共患病以全群检疫净化为主，规模场（小区）每年 2 次检疫净化，阳性畜扑杀无害化处理。散养户做到一年一次两病检疫。养殖小区（场）粪污采取堆粪场堆放，化粪池存贮发酵，主要用于农田种植。

以合作社为主题的生鲜乳收购站标准化建设均享受的国家农机购置补贴政策。同时，部分规模牛场、养殖小区享受了国家、自治区以及我市的奶牛养殖场（小区）标准化建设补助政策。

2012 年乌鲁木齐市生鲜乳收购价格为 2.60～3.20 元/千克，平均为 3.0 元/千克。其中：乌鲁木齐市蒙牛盛和乳业生鲜乳收购价格为 3.2～3.8 元/千克，天润乳业收购价格为 2.6～3.0 元/千克，伊利乳业收购价格为 2.6～3.2 元/千克。

2012 年全市农牧民人均出收入为 10 356 元，按照全市农村人口 22.08 万计，奶业对我市农牧民收入的贡献率为 2.6%。

【奶农组织】2012 年全市已成立奶农合作经济组织 22 个，乌鲁木齐市奶业协会已成立多年，协会成员涉及技术推广部门、质量监管部门、乳品企业以及那个各级政府管理部门。全市每年组织奶农合作经济组织的法人、乳品生产企业进行相关法律、法规以及技术标准和要求等方面的培训，市奶业协会也针对内各养殖场、养殖小区以及部分乡镇的实际情况，组织奶牛养殖、疫病防控等方面的技术培训，2012 年共培训 200 人次。

【法规和政策】《新疆维吾尔自治区奶业条例》于 2011 年 12 月 1 日起施行。2010 年我市将奶业发展规划纳入乌鲁木齐市农业和农村经济发展总体规划中。同时，结合国家、自治区有关扶持奶业发展的政策，我市从 2008 年就出台了对奶牛养殖场（小区）标准化建设的补贴政策，每个养殖场（小区）补贴 25 万～60 万元，并对生鲜乳收购站标准化建设实行了补贴，每个生鲜乳收购站补贴 8 万元。2012 年，我市专门启动了托牛所建设补贴政策，每个托牛所补贴 30 万～40 万元。

为了促进奶业健康发展，提高青少年身体素质，我市全面实施推广学生饮用奶计划推广工作。覆盖全市 28.7 万名九年制义务教育阶段中小学生，292 所中小学、儿童福利机构及特教学校，每学年市、区县财政补贴资金近 5 900 万元。

【质量监管】全市奶站主要分布在奶牛养殖集中地区的高新区（新市区）、米东区、天山区和沙区，按照“谁发证，谁管理”的原则，在市农牧局（兽医局）的统一领下，各区县畜牧兽医行政主管部门严格按照《乳品质量安全监督管理条例》、《生鲜乳收购管理办法》、《生鲜乳收购管理技术规范》等法律法规的要求，严格执法，加强宣传和检查督导，清理整顿不符合条件的奶站，截至目前，我市对符合生鲜乳收购站条件的 20 家审核办理了《生鲜乳收购站许可证》，其中，乳品加工企业自办奶站 2 个，养殖场办奶站 5 个，专业合作社办奶站 13 个。办理车辆生鲜乳运输许可证 11 个，其中，乳品企业的 2 个，专业合作社的 9 个。我市奶站日收奶量约 50 吨左右，主要为天润、蒙牛、麦趣尔、昌吉娃哈哈等乳业供应生鲜乳。同时，按照自治区奶业办公室的要求将所有奶站和运输车辆在乌鲁木齐新农网上进行公示，接受社会的监督。

生鲜乳质量安全监管和专项整治工作

1. 制定并下发了《乌鲁木齐市 2012 年生鲜乳专项整治实施方案》、《“3·15”生鲜乳收购站专项检查的活动方案》和《生鲜乳收购站亚欧博览会专项整治行动方案》，要求各相关单位按照文件的要求做好各自职责范围内的工作，确保我市标准化奶站整治工作按期保质保量地完成。

2. 按照《生鲜乳收购站清理整顿方案》的要求，在市农牧局（兽医局）的组织下，加强对各区县开展生鲜乳收购工作进行监督检查。本着“谁许可、谁监督、谁负责”的原则，采取市农牧部门进行督察与区县农牧部门日常监督检查相结合的模式，进一步加强奶站的规范化管理。同时，加强奶站的许可管理，严格审核生鲜乳收购站和运输车辆资质条件，严把准入关，切实做到只对取得工商登记的乳制品生产企业、奶畜养殖场、奶农专业生产合作社发放生鲜乳收购许可证，确保获证收购站达到《条例》“五有一符合”的规定。对生鲜乳运输车辆按照《生鲜乳生产收购管理办法》（农业部令 2008 年第 15 号）的规定，从贮奶罐材料材质、设计制造、清洗消毒状况、运输人员条件、交接单执行情况等方面逐条审核，切实做到只对符合条件的车辆发证。对已发证的生鲜乳收购站和运输车辆我市正在重新进行审核，坚决取缔不合格的收购站点。建立了生鲜乳收购站和运输车辆信息动态管理和月度跟踪制度，对符合条件的到期和新办的 13 个奶站进行了重新审核办证。

3. 加强生鲜乳质量安全检测体系建设。目前市及区县检测机构已配备农（兽）药残留检测流动车 11 辆，全市在奶畜养殖场、生鲜乳收购站设立了质量安全检测（监测）点 21 个，配发抗生素残留检测仪 15 台和“三聚氰胺”、“抗生素”试剂盒，开展生鲜乳质量快速检测工作。我市已建立由市、区县、奶站（养殖场、乳企）三级组成的，布局合理、职能明确、反应快捷、运行高效，能满足我市生鲜奶质量安全需要的监测体系。2012 年市农产品检测中心完成了实验室复评扩项工作，从原有 37 个检测参数的检测能力提高到 160 个全产品和 40 个参数的检测能力。

全年对奶牛场、生鲜乳收购站、生鲜乳运输车开展 6 次生鲜乳质量安全例行监测，重点对生鲜乳收购站、大型奶牛养殖场加大质量抽检频次，确保 100%纳入监测范围，检测项目按自治区 2012 年生鲜乳监测计划要求执行。在重大节日和活动期间，组织开展生鲜乳质量专项监督抽检活动，确保生鲜乳质量安全。2012 年共抽检生鲜乳样品 152 个，区县及各生鲜乳质量检测（监测）点抽检样品 2 个，经检测全部合格。

为保障学生饮用奶奶源安全，我市将学生饮用奶奶源基地监测工作作为重中之重。年初，制定《学生饮用奶奶源基地生鲜乳质量安全监测方案》，要求按农业部例行监测的标准全年抽检不少于 30 批次，检测检验工作督查不少于 15 次，相关工作资料单独装订存档。截至目前，抽检基地生鲜乳 10 批次，督查 4 次，未发现生鲜乳质量安全问题。

乌鲁木齐市农牧局　丁维华

新疆生产建设兵团

【奶类生产】2012 年新疆兵团奶牛存栏 21.8 万头，其中荷斯坦牛 17.5 万头，西门塔尔牛 1.97 万头，新疆褐牛 2.3 万头。现有成年母牛 12.6 万头，牛奶年总产 50.1 万吨。奶牛存栏和牛奶产量分别比 2011 年增长 0.4%和 0.6%。兵团土种牛存栏 20 万头，主要分布在农四师、农五师、农九师、农十师四个师，其土种牛存栏数占兵团土种牛总存栏数的 70%以上。

2012 年兵团奶业总产值 35.1 亿元，占兵团畜牧业产值的 25%。其中原料奶产值 19.5 亿元，占畜牧业产值的 13.9%。原料奶加工企业收购价格 3.0～4.0 元，农一、农四、农六师较低，农七、八师较高，平均收购价格 3.45 元。生鲜乳收购标准主要依据加工企业标准，实行优质优价。

奶牛主要分布在农一师、农七师、农八师、农十二师四个师，2012 年四个师奶牛存栏 12.6 万头，占兵团奶牛总存栏的 58.2%，牛奶总产 36.9 万吨，占兵团的 73.7%。其中，农一师区域奶牛存栏 2.08 万头，牛奶产量 6.57 万吨，分别占兵团总量的 9.5%、13.1%，成母牛平均单产 6.1 吨。农七师区域奶牛存栏 3.79 万头，牛奶产量 10.38 万吨，分别占兵团总量的 17.3%、20.7%，成母牛平均单产 7.4 吨。农八师区域奶牛存栏 5.88 万头，牛奶产量 16.28 万吨，分别占兵团总量的 26.9%、32.5%，成母牛平均单产 7.6 吨。农十二师区域奶牛存栏 0.87 万头，牛奶产量 3.68 万吨，分别占兵团总量的 4%、7.3%，成母牛平均单产 6.4 吨。

婴幼儿奶粉事件后，兵团奶牛业发展速度相对放缓，开始从数量型快速扩张阶段过渡到数量、质量和效益并重的阶段，现代奶牛业生产体系在兵团基本形成。

【乳品加工】2012 年兵团辖区共有乳制品加工企业 14 家（含 1 家婴幼儿配方乳粉生产企业），日加工处理生鲜奶能力总计 2 690 吨，年加工能力达到 90 万吨以上。产品主要包括大包装工业奶粉、巴氏杀菌乳、UHT 奶、酸奶、奶酪等，大包装工业奶粉销往内地，液态奶主要在疆内销售。2012 年实际加工鲜奶 28.7 万吨，生产奶粉 3.6 万吨、UHT 奶 6.2 万吨、巴氏杀菌乳 0.6 万吨、酸奶 2.3 万吨。乳品企业年产值 11 亿元，利润 0.53 亿元。兵团正对内部几家奶业加工龙头企业进行重组、整合，计划打造一个具有较高品牌知名度和新疆市场占有率，集原料奶生产、乳制品加工、市场销售、产品研发等为一体的大型兵团奶业企业集团。

【市场消费】2012 年兵团人均奶类占有量 203 千克，人均奶类消费 37 千克。其中纯牛奶 28 千克，酸奶 8 千克，奶粉 1 千克。人均用于奶类消费支出约为 470 元，牛奶人均消费约占兵团家庭人均纯收入的 4.7%。兵团乳品品牌主要有天润佳丽、新疆盖瑞、花园乳业、新农乳业等。新疆花园乳业和新疆天润乳业市场主要产品销售价格和规格如下：

1. 新疆花园乳业。液态奶主要产品为花园乳业纯牛奶、规格为 200mL/袋，每箱 20 袋，有百利包和利乐枕两种包装，价格为 35 元/箱、40 元/箱。奶粉有 500 克淡奶粉价格为 60 元/盒；400 克甜奶粉价格为40～50 元/袋；400 克淡奶粉价格为 40～50 元/袋；400 克婴幼儿奶粉 1 段价格为 98 元/盒；400 克婴幼儿奶粉 2 段价格为 88 元/盒；400 克婴幼儿奶粉 3 段价格为 78 元/盒。

2. 新疆天润乳业。白金木糖纯牛奶 250mL×12 包，70 元/箱；兵团牧场纯牛奶 250mL×12 包，60 元/箱；奶咖 200mL ×12 包，40 元/箱；植物巢醇纯牛奶 250mL×12 包，98 元/箱；小小盖瑞 200mL×12 包，45 元/箱；香蕉牛奶 250mL×12 包，55 元/箱。

【规模养殖】截至 2012 年年底，建成国家级标准化奶牛示范场 15 个。建成存栏规模 100 头以上荷斯坦牛场（小区）148 个，其中千头以上奶牛场 34 个，500～1 000头奶牛场 31 个，200～500 头奶牛场 62 个。100 头以上奶牛规模养殖场（小区）总存栏量达到 10.7 万头，奶牛规模化养殖总体水平达到 50%以上。从奶牛规模养殖情况看，饲养户数逐年趋减，户均养殖规模在逐年趋增，呈现出规模化牛场趋增和散户趋减的态势。配备 TMR 饲喂机械 98 台套，青贮玉米收割机 99 台，苜蓿收获机械 288 台，清粪机械 97 套，机械化挤奶设备 130 余套。机械化集中挤奶比例达到 80%以上。部分规模化养殖场拥有污粪无害化处理设施。

【奶站管理】兵团2012年新建4个奶站，截至12月底有生鲜乳收购站209家，均为发证奶站。奶站全部机械集中挤奶，其中，开办主体为加工企业的81个，奶畜养殖场的111个，奶农合作社的7个，奶牛养殖小区的10个。生鲜乳收购站主要分布在一师、二师、四师、五师、六师、七师、八师、十师、十二师，其中农八师有奶站147个，占总奶站数量的70.3%，农七师有奶站19个，占比9%，农一师和农十二师各有奶站11个，分别占比5%，其他师则有1～8个不等奶站，合计占比10.7%。现有奶站运输车76辆，均取得准运证。

现有奶站挤（收）奶厅、贮奶间、化验室、设备间等基础设施齐全，更衣室、办公室较全。冷藏、冷却、低温贮运等设备配套。拥有简单的化验、计量、检测仪器设备，乳糖、脂肪、蛋白质、乳比重计等测定仪器拥有率较高。

【质量监管】2012年兵团重点抓生鲜乳收购站标准化管理，生鲜乳运输车质量安全监管，健全原料乳及乳制品质量可追溯体系，生鲜乳质量监测和生鲜乳质量安全集中整治等五项工作。目前兵团生鲜乳收购站标准化达标率达到85%以上，生鲜乳运输车合格率100%，209个奶站全部纳入动态监管范围。完成生鲜乳抽样监测240批次。其中三聚氰胺检测样品210批次，检测结果全部为阴性；检测皮革水解蛋白96批次，全部未检出；检测β—内酰胺酶样品96批次，全部为阴性；检测碱类物质148批次，合格率100%。

【奶牛良种补贴】奶牛品种改良主要通过人工授精技术，2012年实际使用奶牛冻精26.2万剂，使用性控冻精4 500剂，参配母牛12.2万头。当年申请国家奶牛良种补贴资金450万元，统一采购良补冻精30万剂，其中荷斯坦牛24万剂，西门塔尔牛4万剂，新疆褐牛4万剂，肉牛2万剂。良补冻精主要采购厂家包括：北京奶牛中心、上海光明荷斯坦、秦皇岛全农精牛、山东奥克斯、江苏省奶牛中心、天山畜牧、河南省鼎元、天津奶牛中心、山东省种公牛站、内蒙古赛科星10个厂家。

【饲草种植及疫病防治】2012年兵团人工饲草料种植面积186万亩。其中，苜蓿种植面积99万亩，兵团大力推广种植高产紫花苜蓿品种三得利、阿尔刚金、WL232、阿迪娜等，在水肥条件保证情况下，苜蓿干草产量由600～800千克/亩大约可提高到1吨/亩，最高单产1.6吨/亩，收贮苜蓿干草37.6万吨。青贮玉米正复播面积36万亩，农八师、农七师等大力推广种植高产青贮玉米新品种新饲玉10号、11号，在水肥条件保证情况下，青贮玉米平均单产由4吨/亩逐步提高到6吨/亩，最高单产8.5吨/亩，建设青贮窖总容积218万立方米，制作青贮131万吨。完成干草收储320万吨、农副产品收储161万吨。配混合饲料应用量136万吨。

通过落实重大动物疫病防控责任，一年3次集中免疫和月月补免，奶牛重大疫病得到有效控制，奶牛乳房炎、子宫内膜炎等发病率逐年下降。对奶牛布病、结核，实行一年两次两病检测，发现阳性畜进行无害化扑杀处理，净化了奶牛养殖环境。

【政策和发展规划】从2011年起，兵团每年从预算内农业产业化专项扶持资金中安排500万元，用于支持兵团奶牛优势发展区域奶业生产。其中每年补贴优质牧草和高产饲料作物种子费用200万元，补助贷款贴息100万元，补助奶工合作社或奶业协会100万元，补助挤奶厅挤奶设备购置或基本建设100万元。各师和团场在奶牛养殖建设用地、保留饲草地面积、奶牛养殖贷款、新建奶牛养殖小区水、电、路及棚圈基本建设补助、生鲜乳收购等方面也出台了一系列扶持奶业发展优惠政策。

【发展规划】2013年计划实施良种母牛购置补贴工作，计划资金1 500万元，每头补贴0.30万元，补贴头数0.5万头，培育发展一批现代化奶牛养殖示范场。2012年末，十二师与七师乳业集团化整合工作取得积极进展，已达成合作协议，有望在2013年组建兵团奶业集团，组建成功后该集团将拥有11个牛场，1.1万头荷斯坦牛，日处理生鲜奶达600吨。2015年发展目标：兵团奶牛存栏达到30万头，建成存栏300头以上奶牛规模养殖场350个，牛奶总产90万吨，年均增幅15.2%。

新疆兵团畜牧兽医工作总站　苗启华

附表1:

主要规模养殖场情况

养殖场名称	品种	总存栏	成乳牛存栏	后备母牛存栏
		头	头	头
四团奶牛养殖一场	荷斯坦	1 160	768	312
四团奶牛养殖二场	荷斯坦	1 205	610	288
五团奶牛养殖一场	荷斯坦	3 664	1 752	1 142
五团奶牛养殖二场	荷斯坦	2 655	1 267	781
五团奶牛养殖三场	荷斯坦	2 407	1 189	852
十团奶牛养殖场	荷斯坦	1 484	906	508
新农乳业奶牛养殖一场	荷斯坦	1 286	810	342
新农乳业奶牛养殖二场	荷斯坦	1 410	863	351
新农乳业奶牛养殖三场	荷斯坦	1 268	731	384

（续）

养殖场名称	品种	总存栏	成乳牛存栏	后备母牛存栏
		头	头	头
三十团良繁中心奶牛场	荷斯坦	1 326	896	291
三十团职工股份制牛场	荷斯坦	1 000	200	500
西部准噶尔牧业股份有限公司	荷斯坦	1 001	987	4
新疆澳利亚牧业有限公司一牧场	荷斯坦	1 082	603	475
新疆澳利亚牧业有限公司四牧场	荷斯坦	1 316	752	560
新疆澳利亚牧业有限公司五牧场	荷斯坦	1 380	738	642
新疆澳利亚牧业有限公司六牧场	荷斯坦	1 060	579	479
新疆澳利亚牧业有限公司八牧场	荷斯坦	1 028	536	492
124 团四分公司	荷斯坦	1 029	780	110
125 团澳里亚	荷斯坦	12 605	9 560	1010
131 团奶牛场	荷斯坦	3 451	1 856	910
133 团红光牧业	荷斯坦	2 226	937	905
西部牧业 134 牛场	荷斯坦	1 859	1 325	407
西部牧业 141 牛场	荷斯坦	1 689	470	989
147 团二牛场	荷斯坦	1 011	538	228
147 团五牛场	荷斯坦	1 094	622	379
148 团三牛场	荷斯坦	1 356	841	404
娃哈哈 1 场	荷斯坦	1 084	772	171
娃哈哈 2 场	荷斯坦	1 355	860	532
西部牧业中心牛场	荷斯坦	2 204	1 285	669
西部牧业玛纳斯牛场	荷斯坦	1 533		1 533
五一农场千头牛场	荷斯坦	1 015	604	411
五一农场奶牛养殖标准化一场	荷斯坦	1 260	756	504
五一农场奶牛养殖标准化二场	荷斯坦	1 240	744	624
天润公司沙湾牛场	荷斯坦	1 100	558	542

附表 2：

2012 年兵团奶业加工情况统计表

企业名称	日处理鲜奶能力（吨）	实际年处理鲜奶量（吨）	奶粉产量（吨）	UHT 奶产量（吨）	巴氏杀菌乳产量（吨）	酸奶产量（吨）	其他	企业产值（万元）	企业净利润（万元）
兵团合计	2 690	286 960	35 697	62 118	5 484	22 466	1 000	110 309	5 341.8
新农乳业	400	29 991	1 913	14 155		532		9 780	−330
69 团伊犁鸿枫乳业	70	10			230	560			
69 团伊犁永旺乳业	50	40	1 600						
71 团牛牛乳业	10	0.3	0						
伊力特乳业	300	45	1 850						
84 团北疆乳业	10	77		50	54	214			
大草原乳业	50	0.6				125		321	84.7
奎屯银桥乳业	300	46 000	5 411					12 988	0
124 团天天乳业	200	300	360					1 080	43
石河子伊利乳业	80	22 750	9 250					28 776	1 100
石河子乳旺乳业	320	84 000	10 431					32 095	1 671
石河子娃哈哈启力乳业	200	32 046	3 546.99					8 642.66	76.16
石河子花园乳业	400	27 700	1 055	15 413		11 035		16 623	672.92
新疆天润农垦乳业	300	44 000	280	32 500	5 200	10 000	1 000	2.87	2 024

黑龙江省农垦

【奶类生产】2012年黑龙江垦区奶牛存栏44.95万头，其中成母牛25.98万头，全部为荷斯坦牛，牛奶总产量147.95万吨。牛奶产量、养殖分布区和主要产区主要分布在牡丹江管理局、九三管理局、齐齐哈尔管理局、北安管理局、宝泉岭管理局、绥化管理局。以上六个管理局奶牛存栏数占总存栏数的94.01%；牛奶产量占总量的93.97%。垦区奶业产值47.35亿，占畜牧业总产值比重33.85%，垦区畜牧业继续保持稳定发展的良好态势。2012年，黑龙江垦区一直在全垦区实施黑龙江省政府生鲜乳收购指导价定价机制，整体形势比较平稳。奶牛价格相对稳定，但价格维持在低位水平。优质高产奶牛价格由原来每头2万元下降到目前1万元，奶牛价格的缩水给养殖户带来了巨大损失。由于饲养效益下滑以及连年种植业丰收、粮食价格趋高，拉动的“种地热”现象等多重因素影响，养殖户养殖奶牛积极性明显下降。部分养殖户有转产的念头。奶牛养殖效益下降。由于粮食价格上涨，带动饲料价格上涨，使奶牛的饲料成本上升；而养殖户原料奶的销售价格维持在原价，夏季时还有阶段性下调，从而使养殖户养牛效益下滑。

【乳品加工】2012年共有乳品加工企业3个，其中完达山为最主要的品牌。2012年黑龙江垦区企业共加工生鲜奶60.6万吨，生产液态奶28.8万吨、奶粉3.8万吨。

【奶源基地】

表5-36　2012年畜牧业规模经营情况调查表（奶牛）

奶牛饲养户数合计	奶牛头数合计	其中奶牛存栏											
		1～9头		10～14头		15～19头		20～49头		50～99头		100头以上	
		户数	头数	户数	头数	户数	头数	户数	头数	户数	头数	户数	头数
31 180	431 041	18 991	112 592	4 568	56 584	3 875	67 626	3 378	113 130	624	44 151	115	36 958

奶牛小区个数合计	奶牛小区总饲养头数合计	其中奶牛存栏									
		149头以下		150～299头		300～499		500～999头		1000头以上	
		区数	头数	区数	头数	区数	头数	区数	头数	区数	头数
357	246 737	34	7 122	44	9 585	109	45 393	109	94 037	61	95 471

黑龙江省垦区奶牛散养比重18%、机械化挤奶达到100%。2012年黑龙江省垦区以“十项”畜牧实用技术为支撑，大力推进畜牧业科技进步。继续推广奶肉牛优质冻精配种技术，奶牛全混合日粮（TMR）饲养技术，奶牛性控及胚胎移植技术，奶牛生产性能测定（DHI）及应用技术，高能量全株青贮玉米生产应用及玉米湿贮技术，苜蓿草生产应用技术，肉牛品种改良和快速育肥技术，生猪三元杂交与快速育肥技术，粪便无害化处理技术，动物疫病综合防治技术等“十项”畜牧实用技术。重点强化良种应用、全混合日粮（TMR）饲喂和粪污处理等技术的推广应用。苜蓿种植面积88 963亩，单产500千克，总产量4.45万吨；青贮玉米种植面积59.69万亩，单产4.2吨，贮量252万吨。生鲜乳收购年均价格3.2元/千克。养殖户奶业养殖年净收入1 550元/头、养牛场奶业养殖年净收入1 800元/头。

【奶农组织】奶农合作社36个、奶业协会1个，举办培训班75次，培训2 684人次，发放宣传资料13 550份。

【质量监管】2012年黑龙江省农垦总局制定下发了《2012年黑龙江垦区饲料和生鲜乳质量安全监管工作实施方案》，于2012年5月组织两个督查组对九个分局及所属36个农牧场进行督导检查，未发现突出的产品质量安全问题。奶站数量420个、乳企奶站399个、养殖场奶站12个、合作社奶站9个。全年总局进行两次生鲜乳质量安全监测，省市县安排检测资金65万元，完成600个生鲜乳监测样，监测密度达到100%。三聚氰胺总体合格率为100%。整改生鲜乳收购站3个、取缔生鲜乳收购站5个，整改生鲜乳运输车3个、取缔生鲜乳运输车1个。

【企业名录】

1. 黑龙江省完达山乳业股份有限公司
2. 黑龙江省农垦正元乳业有限责任公司
3. 黑龙江省农垦龙王食品有限责任公司

黑龙江省农垦总局畜牧兽医局　周兴民

2013年度现代奶业发展科技工程

2013年国家科技支撑计划“现代奶业发展科技工程”项目针对我国奶业存在的实际生产和技术问题，以奶业转型和提升现代奶业产业化科技水平为目标，通过对现代奶业发展科技工程项目的实施，重点开展奶业规模化健康养殖关键技术研究及其产业化示范，解决制约我国奶业发展的关键技术问题及生产方式，力争在奶牛遗传改良、营养调控、优质粗饲料开发与利用、群发性疾病防治以及原料奶质量控制等领域接近或达到世界先进水平，提升我国奶业科技自主创新能力，构建我国奶业科技创新体系和优质安全的生产模式，促进传统奶业向优质、安全、高效和节能生产方式转变，增强我国奶业整体实力和乳制品国际竞争力。

课题一：奶牛良种繁育体系及高效扩繁关键技术研究

1. 优秀种牛选育关键技术研究及自主培育体系建立。项目顺利启动奶牛基因组选择技术在奶牛育种实践中的应用研究，累计开展青年公牛基因组检测与育种值评定1 124余头，顺利启动种子母牛基因组选择技术的研究与实施。完成了国内1 330头种公牛后裔测定，并对种公牛进行了遗传评定，计算了CPI值，其中目前在群验证公牛有636头。目前，本课题已经完成种公牛遗传评估技术的全面优化，初步建立起以测定日模型为基础的生产性能遗传评定体系，并在以北京为代表的课题示范区印制发布有关遗传评定概要两次。目前，课题覆盖区域内本年度奶牛生产性能测定（DHI）总头次数达到48.9万头次，已完成4700余头次的头胎母牛体型外貌鉴定工作，随秋季体型外貌鉴定工作的开展，相关指标能够顺利完成。在开展种公牛培育的基础上，对种子母牛选择与种子母牛的基因组遗传进行了评定。目前，共评定选配种子母牛270余头，基因组评定进站公犊72头。同时，奶牛产犊难易性状遗传评估的研究已顺利开展，利用北京地区的产犊难易数据进行遗传参数估计的工作，并与国外相关研究报道进行了比对，有关数据在进一步统计之中。

2. 种公牛冷冻精液高效生产技术创新与应用。针对影响种公牛精液产量关键技术的相关领域进一步开展研究，从冷冻精液平衡、新型稀释液的筛选以及抗冻保护剂的研发等方面开展工作，以提高种公牛冷冻精液的生产效率；同时，“长效”牛冷冻精液的研发已经在实验室层面取得阶段性进展，相关试验数据在进一步整理之中。课题组已顺利组织三个梯度的不同前进运动精子含量的冷冻精液人工授精梯度试验，结果初步发掘出提高优秀种公牛冷冻精液产能的可行性方案。目前，课题覆盖区域种公牛冷冻精液产量达到3.8万剂/头·年，公牛的平均使用年限（排除人为淘汰因素）达到96.2月龄，优秀种公牛的冻精产能得到提升。

在奶牛基因组育种技术研究领域，对十三家国内主要种公牛站的近1 000头种公牛的冻精生产和繁殖性状数据进行收集，目前正在对种公牛的冻精活力、密度、总精子数等相关性状的数据进行整理和分析；并采集30头种公牛血样，进行种公牛精液生产性能的繁殖生理生化指标测定，这些工作为开展高产冻精种公牛遗传机制研究积累了基础数据。正在开展种公牛精液产量全基因组关联分析和分子标记筛选的研究；和高产冻精种公牛的全基因组选择技术研究，以期筛选与种公牛精液产量相关的遗传标记或相关候选基因。研发利用GBLUP或Bayes方法进行全基因选择高产冻精种公牛的遗传评估模型，以期提高种公牛冷冻精液的生产效率。

目前，2013年课题参加单位生产并推广常规冷冻精液超过560万剂，预计年底将完成课题任务指标，并对我国奶牛遗传改良工作起到重要作用。

3. 良种奶牛胚胎高效生产技术创新与集成应用。课题组顺利开展有关提高奶牛超数排卵效率的相关研究，采用分子生物学方案研究影响奶牛高超数排卵效果的DNA分子标记；研究抑制素、生殖激素、公牛精液以及季节等对供体母牛超排效果的影响；启动常规胚胎的体外培养技术研究计划，提高体外胚胎生产效率。在供体牛常规超排技术的研究与应用方面，2013年共计超排供体母牛107头次，采卵87头次，获得可用胚胎653枚，头均7.5枚。课题参加单位累计超数排卵处理供体牛67头次，平均连续重复超排处理3.4头次，平均获可用胚胎7.27枚/头次，个体牛年技术生产能力达到项目要求。同时，利用上述供体牛生产体外冷冻胚胎217枚，移植试验表明，体外冷冻胚胎受胎率可达38.2%以上，其余体内胚胎的移植受胎率达54.3%。同时，课题组使用性控冻精生产并推广体内性别控制胚胎246枚。对PCR办法进行胚胎性别鉴定的技术进行了改进，对149枚体内常规胚胎进行PCR性别鉴定，性别鉴定反应率达96%以上。

4. 奶牛性别控制繁育技术研究。重点在性控精液分离关键效率领域开展的技术攻关，并在奶牛性控冻精生产新技术研究的开发和受精生物学基础研究领域取得了进展。已生产奶牛性控冻精新产品43万剂，推广39万剂。奶牛胚胎性别鉴别技术的研究方面，牛牙釉基因在X/Y染色体上存在多处碱基缺失位点，研究设计1对特异性引物扩增牛血液、成纤维细胞和胚胎DNA，建立了一种两温度PCR方法快速鉴别奶牛及其早期胚胎性别的方法。利用PCR方法鉴别体内常规胚胎1 217枚，获得雌性胚胎597枚，鉴别成功率为99.1%。同时，本课题开展了影响奶牛体外性控胚胎生产因素的研究，重点研究和测定了奶牛COCs体外成熟在不同时间段成熟培养液中FSH、LH、E2和P4浓度，并设计了FSH、LH和FSH+LH动态添加方式的3组实验，研究不同促性腺激素添加方式对牛卵母细胞IVM和IVF影响。分离X-精子凋亡对牛IVF的影响，利用流式细胞仪和Annexin/PI、JC-1/PI和TUNEL3种荧光染色方法分析了不同公牛（A，B，C和D）分离精液X-精子的凋亡情况对牛IVF的影响。

5. 犊牛胚胎早期开发技术创新研究。在犊牛早期卵母细胞资源利用方面积极开展相关研究，基本建立了稳定的激素组合以完成犊牛早期超排工作，犊牛卵母细胞发育质量差和囊胚率低的问题得到一定程度的解决。研究跟踪的12头连续重复超排犊牛群体，相关数据在进一步统计之中。

6. 种牛及遗传物质质量安全检测技术研究。深入开展了奶牛隐性有害基因分子检测的研究，建立完善了BS等有害基因的新检测方法。课题组收集了北京地区全部种公牛的血液样品或冻精样品，初步建立北京地区种公牛分子血缘关系基因库，用于亲子鉴定的标记与方法已经筛选完毕，相关建库工作顺利进行。

课题二：奶牛营养调控与粗饲料高效利用关键技术研究

1. 在特定时期奶牛营养代谢参数及配套的精细饲养与调控技术研究方面。

（1）针对热应激奶牛　研究了热应激条件下瘤胃发酵及不饱和脂肪酸的氢化效率，确定了烟酰胺添加剂和柴胡提取物缓解奶牛热应激的效果极其适宜添加量，分别在湖北、四川试验基地启动了热应激条件下奶牛对物理有效中性洗涤纤维、适宜钙、磷需要量和代谢葡萄糖需要量的研究，完成了动物试验和科研样品收集工作。

（2）针对泌乳高峰期奶牛　测定了6种精饲料和三种粗饲料组合情况下的可代谢葡萄糖（MG）值。

（3）针对围产期奶牛　研究证实了过瘤胃胆碱（RPC）和过瘤胃蛋氨酸（RPM）可提高奶牛产后免疫功能，改善机体健康状况；研究确定了不同碳水化合物平衡指数（CBI）与奶牛瘤胃能氮平衡之间的关系；通过奶牛场实地调研，开发了奶牛专用体况评分软件1套，研制了适合中国饲料资源、养殖条件的DNM奶牛饲料配方与营养诊断软件1套；采集442种苜蓿干草样品，采用近红外等技术测定干物质、粗蛋白等13个基本营养成分指标。

（4）针对后备牛营养代谢参数　启动了不同NDF/NFC日粮对3～6月龄犊牛营养物质消化代谢和胃肠道发育，以及日粮不同代谢葡萄糖和peNDF水平对8～10月龄后备奶牛体重、日增重和干物质采食量影响研究，获得了试验数据；完成了华东地区规模奶牛场后备牛饲料磷使用量的调研数据，研究提出了后备牛日粮磷含量的适宜范围。

2. 在奶牛优质饲草品种选育与资源高效利用技术方面。

（1）研究获得高蛋白、低粗纤维的苜蓿新品种一个（甘农7号），并完成该优质苜蓿新品种登记注册，建立原种田50亩，苜蓿种子高产示范田20km^2。

（2）完成了紫花苜蓿抗病转基因植株选育的主要任务，建立了甘农1号杂花苜蓿、甘农3号紫花苜蓿，新疆大叶紫花苜蓿3个品种的植株高效再生体系；构建完成了一个高功效的抗病基因表达载体，建立了优化的苜蓿基因转化体系，获得了导入双元基因（Lyz-GFP）的苜蓿转基因愈伤组织；初步建立了紫花苜蓿P5CS（抗旱）、DHN（耐寒）、SAC-B（耐盐）等基因转化技术体系，共获得苜蓿抗旱、耐寒、耐盐转基因植株55株，其中抗旱转基因植株15株、耐寒转基因植株22株、耐盐转基因植株18株。

（3）以河北省廊坊市试验基地为基础，比较研究了20个苜蓿品种的生态适应性，初步筛选出适宜河北地区适宜栽培种植的优良品种；研究了苜蓿生长期不同水分与肥料梯度对苜蓿生长的影响，获得了在当地的最佳水分、肥料配合使用量及苜蓿生长不同水分条件及不同肥料使用量的增产效果，得到了在我国河北地区种植紫花苜蓿的水肥使用情况对苜蓿生长的影响以及水肥配合方案。

（4）选育出抗旱、耐寒、耐盐苜蓿新材料共4个；筛选出耐旱、耐寒、耐盐优良苜蓿种质资源共31份；在内蒙古、河北、甘肃、黑龙江等地建立苜蓿品种适应性评价基地共10处，筛选出适宜于不同生态条件下种植的优良苜蓿品种（材料）共20个（份）。

3. 在牛奶品质提升的饲料营养调控技术与关键饲养工艺方面。

（1）以玉米秸秆、苜蓿干草和全株玉米青贮为粗饲料来源，以豆粕、膨化大豆及杂粕为蛋白质饲料源研究了奶牛日粮粗饲料及蛋白质来源对奶牛采食行为、生产性能及牛奶品质的影响，提出了改善奶牛生产性能和乳蛋白含量的日粮营养调控技术，与单一秸秆组相比，可使产奶量提高32%，乳蛋白含量达到3.1%。

（2）针对乳脂肪合成，研究阐明了18碳不饱和脂肪酸向牛奶的转化效率及其乳脂18碳脂肪酸合成的限制性次序，明确了中短链脂肪酸与长链脂肪酸对牛奶脂肪酸合成的贡献程度，为通过日粮途径调控乳脂酸组成提供了依据。

（3）探索了近红外光谱分析不同奶畜乳成分的方法，初步获得了水牛、奶牛、牦牛、山羊乳的特征吸收峰。

（4）开发了有效降低奶牛酒精阳性乳发生的功能性添加剂，能有效降低牛奶体细胞数达15.2%。

（5）构建了优质乳生产的奶牛营养调控技术，在北京、天津、哈尔滨和山东等地进行了示范应用。

4. 在奶牛饲养低碳减排营养调控技术方面。

（1）研究了不同粗饲料组合全混合日粮（TMR）对泌乳奶牛瘤胃液微生物蛋白浓度昼夜变化规律，提出了以枯草芽孢杆菌、屎肠球菌、产朊假丝酵母三种菌剂降低甲烷产量的复合菌剂。

（2）研究提出了通过日粮延胡索酸降低奶牛甲烷排放的日粮营养调控技术。

（3）采用双外流持续培养法研究了肉桂油、留兰香油等植物精油和橡胶籽油对瘤胃发酵和甲烷生成的影响，提出了通过日粮添加植物精油降低瘤胃甲烷产生的适宜剂量；采用qPCR方法，定量研究了奶牛不同日粮模式下瘤胃甲烷菌的数量变化，并构建了反映甲烷菌群落多样性的产甲烷菌mcrA文库6个。

课题三：奶牛健康养殖重要疾病防控关键技术研究

1. 奶牛隐性子宫内膜炎、乳房炎、结核病和口蹄疫诊断技术的研究。

（1）制订了奶牛隐性子宫内膜炎的髓过氧化物酶检测法地方标准。建立了检测髓过氧化物酶血清效价间接ELISA方法，构建了单克隆抗体细胞融合方法。

（2）设计出了金黄色葡萄球菌、大肠杆菌、无乳链球菌和停乳链球菌4种细菌的特异性引物可以用于这四种菌的各自临床检测，初步设计出了多重PCR的反应系统和反应条件，并且优化了反应体系及反应条件。

（3）研制了牛结核抗体ELISA试剂盒，制备了三批共60盒（10 800头份）牛结核抗体ELISA试剂盒送检样本，完成试剂盒复核试验和资料的补充，获得了新兽药证书。完善了牛结核IFN-γ检测试剂盒检测方法，完成了牛结核IFN-γ检测方法以及国家标准的送审稿撰写和申报。

（4）进行了口蹄疫病毒非结构蛋白3A的B细胞线性表位研究。表达并鉴定了3 A的抗原性，用3A、3B表位串联肽（3ABF）蛋白为包被抗原建立了一种检测血清的间接ELISA方法。用该方法对不同地区的5个奶牛养殖场的829份血清样本进行检测。

2. 奶牛子宫内膜炎、犊牛腹泻和不发情高效防治药物的研究。完成了治疗奶牛不发情中药制剂“催情助孕液”的临床试验、质量标准制订和中试生产工艺研究；筛选出了治疗奶牛子宫内膜炎的新型中药制剂，完成了生产工艺、药理毒理学试验和临床试验，正在进行质量标准研究。促进奶牛产后子宫复旧中药制剂研究，开展了试验处方的适口性试验和临床试验。研制出2个新兽药并获得新兽药证书。研制出了治疗犊牛虚寒性腹泻中药制剂“苍朴口服液”，计划2013年年底提交新兽药注册证书申报工作。

3. 寄生虫防控技术的研究。通过调查研究、报告资料收集等，明确了我国奶牛寄生虫种群结构即81个种隶属33个科48个属，总结了我国南方和北方奶牛寄生虫病特点，建立了我国奶牛寄生虫数据库，拍摄奶牛寄生虫形态结构、中间宿主、病理等彩色照片284幅；规范了奶牛球虫、蠕虫卵囊定性检查和定量检查的基本操作程序，进行了奶牛寄生虫病流行规律的调查。已经在洪雅、眉山建立子项目20 000头奶牛规模的示范基地。编写第一部有关奶牛寄生虫病及防治的专著《奶牛寄生虫病与防控技术学》。

4. 奶牛乳房炎疫苗的研究。

（1）奶牛乳房炎金黄色葡萄球菌、链球菌蛋白亚单位疫苗研究。分别构建了重组金黄色葡萄球菌蛋白IsdA、IsdB、TRAP、GapC、ClfA、ClfB、FnbPA和三种链球菌（无乳链球菌、乳房链球菌、停乳链球菌）重组共同抗原蛋白GapCL的表达载体，并进行了表达；筛选出具有具有良好免疫保护效果的金黄色葡萄球菌TRAP蛋白、IsdB蛋白和链球菌共同抗原蛋白GapCL；确定了免疫优势片段；构建了融合蛋白表达载体pET-32a-GapC1-IsdB3-TRAP，初步研制出蛋白质亚单位疫苗。

（2）奶牛乳房炎多联疫苗研究，对从6个奶牛场采集的临床型乳房炎病乳46份，进行了细菌分离与鉴定，将分离出的部分菌株进行了冻干保存。制备了二批奶牛乳房炎氢氧化铝灭活多联苗4 000头份（2万mL）。应用电镜技术探明了奶牛乳房炎金黄色葡萄球菌在乳清培养基中培养产生荚膜的最佳条件。对保存的53株金黄色葡萄球菌进行了分型鉴定。完善了制苗生产工艺，制造检验规程及质量标准。与山西隆克尔生物制药有限公司签订了中试生产协议，正在进行疫苗中试生产。撰写了临床试验申报材料。

5. 奶牛呼吸道、消化道传染病检测与免疫防治关键技术研究。

（1）建立了牛传染性鼻气管炎病毒（IBRV）PCR检测方法、牛呼吸道合胞体病毒（BRSV）RT-PCR检测方法和牛副流感病毒3型（BPIV3）RT-PCR检测方法。

（2）初步建立了牛轮状病毒抗原、抗体ELISA检测方法。

（3）研制出了牛溶血性曼氏杆菌灭活苗。

（4）确定了牛传染性鼻气管炎病毒的增殖和灭活的最佳条件。

（5）用已建立的牛轮状病毒多重套式RT-PCR检测方法开展了牛轮状病毒病原学监测。

（6）研制出牛轮状病毒G6/G10型基因重配二价疫苗减毒疫苗（LLR-85和R191株）。

（7）构建和筛选出了大肠杆菌LTB-Stx2B融合蛋

白高效表达的原核表达系统 Rossetta/pCold I－LTB－Stx2B、Rossetta/pCold I－Stx2B。

（8）以原核表达的牛传染性鼻气管炎病毒（IBRV）重组 gD 蛋白作为包被抗原，建立了检测 IBRV 抗体的间接 ELISA 方法。

（9）开展了牛副流感病毒 3 型的纯化和免疫原性分析。

6. 奶牛真菌感染与肢蹄病防治技术研究。

（1）经药敏实验选择出对牛皮肤真菌敏感药物伊曲康唑和酮康唑，分别以这两种药物为主，进行科学组方，研制出两种抗真菌制剂。

（2）在前期通过对奶牛肢蹄病发生情况的流行病学调查基础上，采集了 8 个牛场 300 余份血清，正在进行血清中矿物质、血液中炎性介质和血中酮体的检测。

7. 进行了围产期奶牛酮病、脂肪肝等群发性营养代谢障碍性疾病的早期监测预警和诊断关键技术研究及奶牛群发性瘤胃酸中毒、微量元素缺乏症和乳热症等代谢障碍性疾病的诊断和综合防治新技术研究。

（1）完成了奶牛脂肪肝代谢组学的血浆差异表达标识物的初步筛选，初步筛选了血清中特异性标识物的研究工作，为建立奶牛酮病的 ELISA 诊断方法奠定了基础；利用蛋白质组学技术开展了乳热症（低钙血症）特异性标识物的筛选工作，初步确立了 8～10 种特异标识物，为建立乳热早期新特异性标识物的 ELISA 诊断技术奠定基础。

（2）应用 iTRAQ 技术比较实验组和对照组两组间尿液样品的差异，初步确立了奶牛脂肪肝尿样差异表达蛋白，为建立奶牛脂肪肝 ELISA 诊断方法奠定了基础。鉴定出酮病奶牛肝脏差异表达蛋白质 38 种，其涉及能量代谢、碳水化合物代谢、脂肪酸代谢、氨基酸代谢、抗氧化代谢、结构蛋白和核酸代谢等途径，研制出检测乳汁 BHBA 的试纸条，获得国家发明专利授权。

（3）建立酮病、脂肪肝、真胃变位群体监测体系，确定了妊娠后期、分娩和泌乳初期奶牛血液中能量和矿物元素代谢、激素、细胞因子及急性期反应蛋白等指标的变动范围及规律；开展了酮病奶牛血液代谢参数的评价研究，血液 NEFA、BHBA 和 GLU 浓度是监测酮病的首选指标，RQUICKI、AST、AST/ALT、LDH、DBIL、TBIL 和 CREA 等指标可作为酮病诊断和群体监测的辅助指标，并初步确定了其 cut-point 值。

（4）开展了亚临床低钙血症奶牛血液代谢研究，发现血钙是围产期奶牛亚临床低钙血症监测的首选指标，TRAP 和 GGT 可作为辅助指标，亚临床低钙血症奶牛存在的钙内环境恒定调节机制反应迟钝可能与高血磷、低血镁有关。

（5）围产期奶牛脂肪肝、真胃变位非介入性诊断方法研究。初步确定奶牛肝脏体外超声检查的部位，确定了奶牛肝脏超声检查过程中 B 超仪的参数设置，建立大鼠非酒精性脂肪肝模型，为奶牛脂肪肝超声图像分析奠定基础；初步确定了健康奶牛皱胃超声体位和声像图特征。

（6）研制了防治围产期奶牛能量代谢障碍性疾病的瘤胃微生态制剂，灌服微生态制剂后可显著增加瘤胃中乙酸、丙酸和丁酸浓度，防止乳酸大量蓄积。围产期奶牛灌服微生态制剂后可以稳定血液中葡萄糖和 β－羟丁酸的浓度，初步评价复合微生态制剂对健康奶牛的安全性。

（7）研制预防奶牛乳热症的新型功能性饲料添加剂或舔块研究。完成了牛场临床乳热、亚临床低血钙症的调查工作，完成了某些血液理化指标的检测工作，完成了奶牛蛋白质组学的血浆差异表达标识物的初步筛选工作，为建立 ELISA 诊断方法奠定了基础，初步确立了奶牛乳热症的新型功能性饲料添加剂的组成和配制。

（8）研制预防瘤胃酸中毒新型瘤胃微生态制剂。成功筛选出了促进反刍月形单胞菌、埃氏巨型球菌利用乳酸的最优酵母组合，研究了复合瘤胃微生态制剂亚急性瘤胃酸中毒的肉牛和人工诱导产生的 SARA 羊的防治效果，并评价了瘤胃微生态制剂对健康肉牛和羊的安全性。

（9）开展奶牛主要微量元素和脂溶性维生素缺乏症防治技术研究，进行了过渡期奶牛生产疾病流行病学调查，共收集过渡期奶牛血液样品 300 余份，生产疾病病牛血液、尿液、乳汁样品 60 多份。初步检测表明：亚临床低钙血症增加奶牛产后的能量负平衡，存在血清宏量元素 Ca、Na、K、Mg 代谢异常。

课题四：原料乳质量安全监控关键技术研究

1. 原料乳中蛋白质、脂肪和碳水化合物的风险评估体系的研究。

（1）原料乳中蛋白质险指标体系的研究　本研究主要解决酸沉性外源含氮物质的掺假问题，以酪蛋白作为检测指标，酪蛋白作为牛乳的特征蛋白，而磷蛋白又是酪蛋白的主要组成形式，因此用磷钼蓝法测定乳品中蛋白中的磷的含量，在 SN/T 0446－95 的基础上结合需要加以修改，继而得出酪蛋白的含量，将其与正常含量对比，从而判断乳品掺假与否。

（2）掺假大豆分离蛋白　向全脂淡粉（磷含量 1.755mg/g）中掺入大豆分离蛋白（氮含量 12.5%），将两种物质的含氮量按照 1∶1，1∶2，1∶3 的比例进行混合溶解至 100mL 容量瓶中，取 10mL 进行测定。研究表明，对于掺加三聚氰胺、非乳源蛋白等酸沉含氮物的乳品，其磷含量必定会低于正常乳品，因此，此法可以此判断乳品是否存在蛋白质掺假问题。

（3）原料乳中脂肪风险评估体系的研究　分析研究原料乳中脂肪可能存在的风险物质。分析乳脂中各脂肪酸的分布，依据脂肪酸组成可以判定原料乳在乳脂指标方面是否存在掺假。本试验中重点分析测定原料乳中亚油酸、亚麻酸以及芥酸、反式脂肪酸等指标含量，控制原料乳在脂肪方面的质量安全。

（4）原料乳中脂肪酸含量的分析测定　本研究按照 GB 5413.27—2010《食品安全国家标准婴幼儿食品和乳

品中脂肪酸的测定》方法，对不同来源的原料乳中主要的脂肪酸如亚油酸、亚麻酸等指标含量进行了测定。此工作目前已开展，部分结果见表6-1。

表6-1 原料乳中主要脂肪酸含量的检测结果

脂肪酸名称	质量分数%		
	样品1	样品2	样品3
油酸	18.62	18.57	18.65
亚油酸	1.89	1.90	1.85
亚麻酸	1.55	1.50	1.53
月桂酸	5.39	5.37	5.42
二十碳五烯酸	/	/	/
二十碳四烯酸	/	/	/
二十二碳六烯酸	/	/	/
丁酸	4.10	4.15	4.09
已酸	3.30	3.37	3.20
辛酸	1.99	1.89	1.97
葵酸	4.60	4.65	4.63
反式脂肪酸	/	/	/
芥酸	/	/	/

（5）原料乳中碳水化合物风险指标体系的研究　通过向原料乳和乳粉中添加一定浓度梯度的糊精，应用浊度法进行检测，从而保证市场上原料乳及乳品的质量尤其是婴幼儿配方乳粉的质量具有一定意义。浊度法测定原料乳和乳粉中糊精含量线性关系较好，R2分别为0.998 2和0.998 7。通过回收率实验、重复性实验的验证，其平均回收率分别可达97%、96%，RSD为1.1%。证明该方法具有操作简单，用样量少，实验条件温和，只需用实验室常用化学试剂和常规设备即可完成等优点。

（6）高效液相色谱-示差法分析原料乳中4种糖分掺伪”的研究，建立碳水化合物指标微观体系。

目前正开展建立同时定性和定量分析原料乳及乳制品中果糖、葡萄糖、蔗糖、乳糖的检测及其掺伪检测方法——高效液色谱-示差法，该方法也适用于以乳清粉的形式进行原料乳及乳制品中乳糖掺伪检测。该方法采用氨基柱具有专属性强、前处理简单、准确可靠、灵敏度高、重复性好、方便高效的优点。

2. 原料乳中抗生素风险指标体系的研究。

（1）原料乳中抗生素残留的来源分析　通过对原料乳中抗生素残留的来源分析，主要来源有：滥用、超量使用抗生素、不遵守休药期规定，对泌乳牛用药不当或不注意安全时间，是牛乳中抗生素残留的重要因素，尤其是使用乳房灌注法治疗乳腺炎时，易造成牛乳中抗生素残留；饲料添加剂中增加了高残留的抗生素含量；挤奶时的污染；在高温季节，一些不法交奶户为防止牛奶的酸败，往往向牛奶中掺杂各种抗生素。根据乳制品企业实际情况制定原料乳中抗生素的防控措施，加强抗生素的检测。

（2）原料乳中抗生素残留检测方法分析　乳品中抗生素残留的分析方法主要有TTC法、Snap检测法、发酵法、高效液相色谱法等，TTC法为国家标准方法，Snap法为AOAC官方认可的方法。通过对比分析试验，采用简单易操作的发酵法对奶牛饲养、挤奶过程、贮运、收奶等环节实施抗生素残留进行定性检测，并结合采用Snap法检测，尽量排除“假阳性”影响因素。

3. 原料乳中微生物风险指标体系的研究。

（1）原料乳各环节及环境研究其重要微生物如阪歧肠杆菌等分布和污染规律　从湖南某牧场挤奶桶、奶车、企业收奶后存放的奶缸无菌采集原料乳，每批次每个控制点随机采取大于300 mL样品，共采集31批次。检测方法按照GB 4789.40-2010食品微生物学检验 阪崎肠杆菌检验方法进行。检测了31批次99份样品中的阪崎肠杆菌。在所检测的31批次66份样品中，共13份样品检测结果为阪崎肠杆菌阳性，其中：投产前鲜奶样品13份，巴氏杀菌后0份，所抽取的31批次巴氏杀菌（88～94℃，5min）后样品中未检测出阪崎肠杆菌。说明巴氏杀菌（88～94℃，300s）能完全杀灭牛乳中的阪崎肠杆菌。

（2）研究原料乳中细菌总数的变化和季节、初始含菌量、贮存温度和贮存时间之间的关系　在春季和夏季两个季节，每个季节连续三周取挤奶后的原料乳样品测定细菌总数。结果显示，季节对挤奶后的原料乳中的细菌总数值有显著的影响（$p<0.05$），原料乳中的微生物数量在夏季比在春季高得多。

（3）初始含菌量对原料乳保鲜期的影响　春季和夏季各取原料乳样品三次，并置于设定的温度条件下，每隔两个小时测定一次。以首次检测结果作为初始含菌量，对不同初始含菌量在相同温度条件下随时间的变化情况进行分析，观察细菌初始量对细菌总数随时间变化的影响。研究结果表明，挤奶后的细菌的初始量对原料乳中细菌数量的增加有着显著的影响（$p<0.05$）。

4. 温度对原料乳保鲜期的影响。以时间为横坐标，不同贮存温度条件下6次测定结果的细菌总数的平均值的对数为纵坐标作图，分析温度对原料乳中细菌数量的影响。结果表明，随着贮存温度的增加，原料乳中的细菌总数增加的速度明显加快，在4℃条件下，细菌增长的较为缓慢，但在35℃的情况下，原料乳中的细菌总数几乎以几何级数增加。因此，即使在低温的条件下，原料乳也不能在奶牛场贮存的时间过长，要尽快将原料乳送到乳品企业进行加工，以最大程度的保证原料乳的卫生质量。

5. 原料乳中防腐剂风险指标体系分析。

（1）原料乳中苯甲酸风险指标分析　生乳中含有一定量的苯甲酸。连续十天对不同养殖方式生产的生乳中的苯甲酸的质量分数进行测定。结果得知，不同养殖方式生产的生乳中苯甲酸的质量分数之间存在显著性的差异，散户生产的生乳中苯甲酸的质量分数高于规模化方式生产的生乳。

（2）全脂奶粉中苯甲酸的质量分数检测结果及分析 对不同产地中苯甲酸质量分数进行连续十个批次的检测，结果显示，不同的全脂奶粉中苯甲酸的质量分数不同，质量分数从高到低依次为北方、南方和新西兰。对于北方生产的全脂奶粉中苯甲酸质量分数高于南方生产的全脂奶粉，可能是由于奶牛品种、饲料来源、养殖方式以及饲养管理的不同。

（3）优化原料奶快速冷却技术研究 对几种快速冷却技术了进行对比，结果板式换热器，快速冷却降温系统是个很好的途径。

6. 乳品中常见环境激素的检测。

（1）乳品中雌二醇的检测（酶联免疫吸附法） 应用酶联免疫吸附快检试剂盒定量测定原料奶中雌二醇的含量。研究得出结论，除了初乳阶段有个别检测结果高于检测限，其他泌乳阶段各产地各时间段的检测值都在检测限以内。短时间内大量检测数据表明酶联免疫吸附法具有专一性强、灵敏度高、准确度高等优点，不需要特殊的仪器设备，操作方便，非常适合原料奶的现场快速检测。

（2）乳品中孕酮的检测（高效液相色谱-质谱法） 本方法适用于牛奶和奶粉中醋酸美仑孕酮、醋酸氯地孕酮和醋酸甲地孕酮残留量的测定。待测样品经甲醇溶液提取后，经C18萃取柱净化，经电喷雾离子源高效液相色谱-质谱测定，保留时间和选择离子丰度定性，外标法定量。对蝶泉公司原料奶中的孕酮的检测结果显示，三批次原料奶中均未检出美仑孕酮、氯地孕酮和甲地孕酮，符合不得检出的标准限量规定。对原料奶进行加标测定，回收率好，说明三个批次的原料奶是合格的产品。

7. 乳品中常见违禁添加物的检测。

（1）乳品中三聚氰胺的检测（高效液相色谱法） 通过该方法和快速试剂条检测法同时检测原料奶中的三聚氰胺的含量，结果都显示未检出，说明该方法稳定可靠，且与国标所述方法相比，仪器分析时间缩短了25%以上，流动相节约了79%以上，大大降低了企业的检测成本。

（2）乳品中塑化剂的检测（气相色谱质谱法） 检测的5批次甜奶粉中，该两种塑化剂的含量均未超标，同时检测结果较为稳定，精密度较高，反映出该检测方法的有效性。

（3）乳品中硫氰酸钠的检测（分光光度法） 课题组通过多次试验得出天然牛乳中硫氰酸盐的本底值为2～4 mg/L，在此基础上将原料奶中硫氰酸盐含量的内控标准定为5mg/L，依此标准对进厂原料奶进行严格检验，对不合格原料奶执行拒收制度。分光光度法操作更为简单，检测时间短，且检测结果与离子色谱法差距不大，因此很适合在各乳制品企业推广。

8. 奶牛摄入品对原料奶质量的影响及检测。水、土壤、空气、农药、重金属、霉菌、违禁饲料添加剂和抗生素均会对原料奶质量造成影响。

（1）氯霉素的检测（快速检测试剂条法） 新希望乳业各子公司在一周内对原料奶中的氯霉素进行了多达1 488次的检测，检测合格率（≤0.1ppb）基本都达到了99%以上，这说明快速试剂条检测法操作简单，检测速度快，检测结果稳定可靠，非常适合大批量的快速检测。

（2）黄曲霉毒素 M_1 的检测（免疫层析法） 检测结果表明，原料奶中的黄曲霉毒素 M_1 的检测方法同氯霉素的检测方法近似，都是采用快速试剂条检测法。在大批量的检测任务下，该方法检测结果合格率（≤500ppt）在97%以上，适合原料奶的现场快速检测。

（3）抗生素的检测（胶体金免疫层析法） 胶体金免疫层析检测法凭借最低检出限低、准确性好、灵敏性高、重现性好等特点而成为快速检测抗生素残留的主流技术。因此，均采用胶体金免疫层析快检试纸条对上述抗生素进行检测。

课题五：东北农区奶牛规模化健康养殖生产技术集成与产业化示范

1. 寒区规模化奶牛场精细饲养与后备牛科学培育关键技术的研究与应用。

（1）开展CNCPS营养体系在示范区应用的研究 已建立含45种饲料原料的CNCPS营养数据库一套。在此基础上，利用CPM软件进行泌乳牛日粮配方的调整及日粮结构的优化，试验证明CPM对奶牛日粮的优化效果十分理想（黑龙江农垦北大荒奶牛养殖有限公司一胎牛平均年头单产水平 7 100kg，目前的二胎牛单产水平在 9 000kg 左右），并研发了具有独立著作者的CNCPS营养体系BQWWL-Dairy配方软件。

（2）开展奶牛围产期营养调控剂的研究 在黑龙江农垦北大荒奶牛养殖有限公司开展过瘤胃胆碱对围产期奶牛生产性能、血液指标和代谢激素影响的研究，目前实验已全部完成，目前正在统计数据，撰写论文过程之中。

（3）DHI测定在规模化奶牛生产中的应用 继续对完达山乳业股份有限公司下辖奶源基地绿色草原牧场奶牛良种牧场、8511良种牧场、赵光农场良种牧场、九三分局鹤山农场鹤澳良种牧场进行DHI生产性能测定，同时对测定产生的DHI报告进行科学解读。

（4）寒区后备牛适宜营养水平和饲养方案的研究与应用 在示范区完达山乳业集团奶源基黑龙江农垦北大荒奶牛养殖有限公司开展日粮营养水平对断奶犊牛—6月龄、6月龄—12月龄受孕、受孕—产犊三个阶段育成牛体尺体重、血液指标和激素指标的影响的研究，目前正在统计数据，撰写论文过程之中。

通过不同结构日粮对犊牛生长、胃发育及其消化机能的影响研究，证实适宜低奶量培育犊牛有利于瘤胃重量和瘤胃乳头内黏膜发育。试验证明当犊牛 8 日龄开始采食犊牛料，10 日龄采食青干草，2 月龄断奶，哺乳量为 200～300kg 时，犊牛生长发育较好

（5）规模化奶牛场奶牛精细化饲养技术体系的建立　借鉴飞鹤原生态牧业有限公司所属万头奶牛基地飞鹤（克东）原生态牧业养殖场、8511 牧场（以色列阿菲金技术）和黑龙江农垦北大荒奶牛养殖有限公司的饲养技术体系已初步建立了规模化奶牛场精细化饲养技术体系，现正在实施应用过程之中。

2. 粗饲料高效利用关键技术集成与示范。

（1）优质玉米青贮饲料品种的选育与有效利用技术的研究与示范　初步筛选出适合东部地区种植青贮玉米品种 3 个，即龙辐单 208、垦单 10 号和中原单 32。解决了玉米青贮高产优质良种问题；解决了以玉米青贮与羊草为粗饲料奶牛高效日粮配制，及玉米青贮与羊草的最佳使用比例问题（羊草与玉米青贮适宜比例为 50∶50）；解决了酶制剂和菌制剂处理玉米秸秆，制作优质玉米青贮饲料时的适宜添加量（酶制剂最适宜的添加量为 1g/kg，乳酸菌制剂的最适宜添加量为 0.025%）及其合理饲用问题

（2）高蛋白苜蓿新品种选育　开展了苜蓿种质资源的收集、采集与评价筛选，利用航天搭载诱变和苜蓿愈伤组织诱变技术创制苜蓿新材料，对前期选育的高蛋白苜蓿新品系进行了品比、区域和生产试验，以新品种为核心，将成熟的苜蓿高产栽培技术和良种繁育技术在全省推广应用，建立了苜蓿高产栽培示范基地和苜蓿良种繁育基地等工作。选育出高蛋白苜蓿新品系 1 个，初花期取样经农业部谷物检验测试中心（哈尔滨）检测结果：粗蛋白含量 22.24%，粗纤维含量 25.10%，粗脂肪含量 2.79%；筛选出优质苜蓿种质材料 28 份，创制出优异苜蓿种质材料 5 份；建立苜蓿良种繁育基地 1 000亩，苜蓿高产栽培示范基地 4 000 亩；起草了了省级地方标准紫花苜蓿良种繁育技术规程和苜蓿高产栽培技术规程 2 项。

（3）水稻秸青贮有效利用关键技术的研究与示范　在九三农场示范和推广了水稻秸青贮技术，研究了用堆贮方法制作水稻青贮的可行性。用水稻秸青贮部分替代玉米青贮饲养奶牛的对比试验。用酒精清液发酵秸秆可以部分替代青贮饲料并不会对奶牛的生产性能产生影响。在前期。秸青贮制作机械的性能和配套性，提高了机械化水稻青贮的生产效率，确定了经济适用的青贮方式，从而降低了水稻秸青贮的劳动成本和包装材料成本，

在九三农场示范和推广了水稻秸青贮技术，研究了用堆贮方法制作水稻青贮的可行性。利用酒精废液浸泡秸秆，通过对菌种的筛选和发酵条件的摸索，确保酒精废液处理秸秆的发酵质量和产品的稳定性。通过将青绿稻秸和干稻秸分别与玉米浆进行混合发酵，有效地提高了水稻秸秆发酵饲料的蛋白含量，改善了发酵品质和有氧稳定性。采用氨化（尿素）、碱化（氢氧化钠）及青贮发酵水稻秸秆，显著降低了水稻秸秆的纤维含量，提高其在瘤胃中发酵效果，通过提高水稻秸秆饲料的整体消化率，使甲烷能的损失量下降。

（4）开展了玉米纤维饲料饲喂奶牛的安全性研究　湿玉米纤维饲料添加比例占日粮干物质的 0、5%、10%、15%、25%和 35%。检测指标分两部分：一是血液生化指标；二是瘤胃内环境。血液生化指标测定结果表明：湿玉米纤维饲料添加量占日粮干物质 15%时，奶牛血液生化指标均在正常值范围内；随着饲喂比例的增加，当达到 25%时，对奶牛血液生化指标有不良影响。瘤胃内环境测定结果表明：湿玉米纤维饲料添加量占日粮干物质 15%以下时（包括 15%），对奶牛瘤胃内环境无不良影响。随着饲喂比例的增加，瘤胃 pH 值和乙酸浓度均有所降低。综合血液生化和瘤胃内环境指标，建议玉米纤维饲料在奶牛日粮中的添加比例不超过 15%。

（5）酸化剂对玉米纤维饲料的保鲜效果和瘤胃体外发酵的影响

玉米纤维饲料的含水量约为 60%左右，在贮存、运输过程中极易发生霉变。本研究在玉米纤维饲料中添加不同浓度的双乙酸钠和丙酸钙，分别在不同贮存时间（1、5、10、20、30 和 40 天）测定霉菌总数、pH 值和水分等指标，并进行感官评定；采用人工瘤胃体外发酵法研究不同浓度双乙酸钠与丙酸钙对瘤胃发酵的影响。研究结果表明，0.4%～2.0%的双乙酸钠和丙酸钙对瘤胃 pH 、氨氮浓度及干物质消失率均无显著影响。综合考虑饲料保鲜效果、瘤胃体外发酵效果和饲料成本，在湿玉米纤维饲料中添加 1.2%～1.6%的双乙酸钠或丙酸钙，常温（20～25℃）情况下，至少可以保存 30 天，且对奶牛瘤胃内环境无显著影响。

3. 奶牛常见病综合防控关键技术集成与示范。

（1）传染病　监测口蹄疫感染阳性率及其免疫抗体合格率；建立了布病、传染性鼻气管炎和牛病毒性腹泻病毒的检测方法；建立了轮状病毒、大肠产肠毒素大肠杆菌的检测方法；明确了奶牛真菌病的主要病原和治疗药物组方。

（2）代谢病　在 4 个示范牛场开展主要代谢病的发病情况调查及其血液理化参数检测，确立了奶牛酮病的早期监测指标及其判定标准；乳热和维生素（维生素 A，维生素 D，维生素 E）缺乏的早期监测指标及其判定标准（正在进行）。这些工作将为评估牛群主要代谢病群体健康和建立早期预警体系奠定基础。

明确了奶牛酮病、乳热的发病率和血浆主要理化指标的变化；确立奶牛酮病的某些早期检测指标及其判定标准；筛选出奶牛酮病新的代谢标示物。

（3）乳房炎　奶牛乳房炎流行病学调查及病原分离鉴定：对试验基地规模化牛场奶牛进行加州试验检测和牛乳的体细胞检测，初步确定了示范区牛隐性乳腺炎的发病情况和引起奶牛乳房炎的主要病原种类；防治奶牛乳房炎药物研究与应用；建立了无乳链球菌 PCR 鉴定

方法。

（4）肢蹄病

①奶牛蹄病的流行病学调查　通过对3个规模化牛场奶牛主要肢蹄病的发病率调查，明确了目前奶牛肢蹄病的类型，初步确定了发病情况和发病规律。完成了奶牛血液样品、饲料样品的采集工作，目前正在进行肢蹄病奶牛血清各指标的测定工作。

②奶牛跛行评价标准的确立　建立了奶牛跛行评分体系标准，利用5分的奶牛跛行评价标准，对黑龙江地区三个牛场进行了跛行评价。明确了奶牛肢蹄病发病的主要危险因子。

③奶牛腐蹄病的诊治　针对某规模化牛场爆发蹄病的育成牛群，采集病牛蹄部拭子，利用试剂盒提取基因组后，利用奶牛腐蹄病坏死杆菌特异性引物进行了扩增，结果病牛蹄部拭子样品均为阳性。药敏试验结果显示敏感药物为庆大霉素和恩诺沙星。采用青霉素和安痛定等药物，5%硫酸铜溶液蹄浴治疗，患蹄局部喷消毒药以及每日牛舍消毒2次等措施，约1月左右治愈和平息。

4. 东北寒区奶牛场粪便资源化利用技术集成与示范。

（1）获得了具有明确组成的耐低温快速发酵堆肥菌系　该菌系可在环境温度0℃以下时，快速启动牛粪堆肥发酵，可维持堆体温度50℃以上7天。

（2）获得了牛粪氨去除复合菌系　氨的去除率可达40%以上。通过培养条件单因素试验和正交试验得到最优条件为接种量10%，培养温度30℃，初始pH 7.0～9.0。

（3）获得了一组沼气发酵复合菌系，并分析了其微生物组成多样性。确定了该沼气发酵复合菌系的最佳培养条件。正在开展其应用工艺研究。

（4）获得了牛粪低温快速发酵菌剂和生物除臭菌剂2组　低温条件下起温速度快、能在（－20℃）以下进行高温发酵，冬季堆温保持50℃以上的时间维持10～13天。除臭菌剂除臭效果好，牛粪堆肥在高温发酵过程氨和硫化氢释放量降低了80.96%和65.91%，解决了高温发酵养分损失大、臭气二次污染环境问题。奶牛养殖过程中按照健康养殖、清洁生产的理念，采取干清粪工艺，将粪便及时、单独清出，固态粪便送至堆粪场的贮存场或直接进行堆肥处理。建立的适宜寒区低温季节的好氧物料连续发酵生物热循环工艺，通过生物热提高了堆温，提高发酵车间温度，实现低温条件下高温发酵。

（5）开展了槽式堆肥工艺、露天式条垛堆肥工艺比较分析　该试验正在进行中，数据和结果有待分析。选择确定采用槽式堆肥工艺，槽宽6米，槽长50米，槽深1.5米，配备翻抛机的跨度6米。在尚志市珍珠山乡奶牛养殖小区（近750头奶牛）建立畜禽粪便无害化处理工程，利用生物发酵技术处理畜禽粪便5 000吨，生产优质有机肥1 600吨工程规模。

建设粪便晾晒场、发酵车间、二次腐熟车间、有机肥生产车间、成品库、化验室。购置翻抛机、翻斗车、粉碎机、铲车、有机肥生产设备。有机肥主要用于药材。齐齐哈尔市昂昂溪区奶牛小区年存栏750头，选择确定采用槽式堆肥工艺，槽宽2米，槽长60米，槽深1.5米，配备翻抛机的跨度2米。建设粪便晾晒场、发酵车间、二次腐熟车间、成品库室。购置翻抛机、翻斗车、粉碎机、铲车设备。处理的总释放量较对照降低了80.96%。减少了氨态氮挥发损失，控制臭味的产生，保留更多的氮素养分。硫化氢释放量处理较对照降低65.91%。全氮、全硫含量处理较对照提高35.18%和31.04%。齐齐哈尔市昂昂溪区奶牛小区生产的有机肥用于本区的棚室绿色蔬菜。

（6）研究开发新型的混合式固定床沼气发酵工艺，获得了适宜的工艺参数。对齐齐哈尔依安县丰林村1千头规模化养牛场的牛粪的两相厌氧发酵工艺进行了研究，其沼渣沼液利用方式为发酵为有机肥进行种养结合利用。对两相厌氧发酵体系的微生物组成多样性变化的研究正在进行中。

5. 寒区标准化奶牛舍设计与环境控制关键技术集成与示范。

（1）寒区拴系式奶牛舍生产工艺及环境控制技术研究与示范　根据东北寒区奶牛生产的气候环境特点，研究采用无机玻璃钢保温板作墙体、彩钢保温板作屋顶、双层塑料膜覆盖、设置专用进气管和排气管、舍内设置犊牛岛等措施，建造了一种温室型犊牛舍。经试验研究表明，犊牛舍内温热环境和空气质量良好、且环境各项参数优于传统的犊牛舍，完全能够满足犊牛生长发育的需要。

（2）寒区散栏式牛舍和拴系牛舍环境工程及牛舍设计工艺研究与示范　着重开展了寒冷地区冬季奶牛饮用热水问题的研究工作，设计并研制了太阳能热水工程，同时以电热水槽为对照，通过对奶牛饮用冷水和不同方法提供的热水时生产性能和经济效益的比较，探讨寒区冬季为奶牛提供热水的适宜方式。经试验研究得出：太阳能热水工程可用于寒冷地区的规模化奶牛场，是一种高效、节能、环保的饮用水加热方式，而电热水槽可以保证水槽不结冰，但保证不了奶牛饮用到适宜的热水；在寒冷地区冬季，使用太阳能热水工程可以为奶牛提供14.6℃的饮用水，每头牛每天增加产奶量2.6kg、增加效益9.0元；使用电热水槽可以为奶牛提供7.9℃的饮用水，每头牛每天增加产奶量1.3kg、增加效益3.55元。所得研究结论与数据分析为寒冷地区冬季奶牛饮用热水的方式提供了科学依据。

（3）规模化奶牛场环境监测系统的研究与应用　根据东北寒区奶牛生产环境的调查研究的基础上，并结合本区域奶牛场生产的环境特点，完成了对牛舍内环境因子参数的设置与监测设计图。同时，开展了牛舍内温湿度及有害气体监测系统的研发工作，并取得了阶段性成果，为下一步牛舍环境因子参数的实地监测，开展规模化奶牛场环境监测系统的研究奠定了良好基础。

6. 原料奶质量特征与安全实用检测技术集成与应用。

（1）原料奶质量特征与安全实用检测技术集成与应用

①原料乳基础指标检测技术研究　选取了三个不同地区（寒区）的原料奶进行质量监测，这三个地区以分别以奶站、奶牛小区、奶户三种形式的原料奶进行质量监测。确定了原料奶质量特征指标，进行了原料乳基础指标分析、检测方法的比较、抗生素残留检测方法的比较和筛选、国标法与仪器法对比试验（原料乳现场快速检测仪器的筛选）

②原料乳危害物质检测技术研究　进行了主要化学危害物质检测技术方法确定及分析；建立了牛奶主要掺假物质检测方法；进行了主要生物危害物质检测技术。

（2）完善和加强奶车GPS定位系统管理　2012年年末完达山对所有运输奶车实施GPS系统定位，2013年1月为了保证定位系统有效发挥作用，达到奶源质量可控，管理流程顺畅，信息反馈及时、高效，总部奶源部组织各分、子公司GPS管理人员进行业务培训，并针对前期运行中存在问题进行探讨和交流，确保系统平稳运行。通过此项目的实施，实现鲜奶运输途中的监控、调度管理、轨迹回放与报警管理等四个方面的功能，减少生鲜乳运输途中的质量隐患，保障原料奶质量安全。经过一年的运行，目前该系统已经在各分、子公司平稳、有效运行，奶车管理实现了在线监测和无线信息传输。

（3）研发挤奶存储质量在线监控与无线远程传输装置并进行运行试验　研发出一种可远程控制、快速测定牛奶中营养成分（蛋白质、脂肪、非脂固体物、冰点、密度、温度、电导率）含量的方法和装置；同时开发一种可全程监控温度的装置；结合上述装置，实现远程监控牛奶成分变化和流通温度、成产过程的温度，从而建立起牛奶安全质量控制的技术保障体系。

（4）建立、健全质量管理制度和岗位操作规程，并不断完善、修订　根据国家《乳品质量安全监督管理条例》等法律法规要求，建立、健全并完善《奶户管理规定》《奶站管理规定》《挤奶操作规程》《奶站设备使用及清洗操作规程》《收奶员操作规程》《奶车运输管理规定》等一系列管理制度和操作规程，从各级人员岗位职责、奶户挤奶操作、奶站运行管理、设备使用及维护、奶车运输管理等生产、储存、运输、清洗管理等各环节进行规范和要求。

（5）智能化、信息化管理技术集成与运用

①研发“原料奶食品安全管理体系信息化平台”　通过对原料乳生产的关键控制点进行分析和研究，研究建立食品安全管理体系信息化的系统，进行危害分析和HACCP计划建立，预见性的确定潜在危害，消除可能引起危害的因素。

②集成开发“奶源信息管理系统”及奶源在线监测和无线信息传输定位装置　采集奶户、奶站原料奶质量指标数据，研究原料奶检测、贮运动态信息采集框架及方法，完成对生鲜奶的收购监控、合理调度运输、奶源质量管理、奶源质量分析以及问题奶源追溯等生产环节进行综合管理，建立相应的数据化管理系统。

③开展规模化牧场计算机网络的建设工作　克东瑞信达原生态牧业有限公司引进的利拉法“阿波罗”挤奶系统，可以实现自动赶牛、自动榨乳、自动计量、自动收集、自动制冷、自动清洗、自动隔离的全流程的自动化管理。在公司各大牧场安装AFI牛奶软件管理系统、“电子身份识别系统”，每牧场的各个生产环节和流程进行全方位的管理，整个过程全部采用计算机控制，严格细分各项数据，以保证奶质的各项营养指标。

（6）技术人员培训情况　2013年4月8日，“飞鹤中以示范牧场暨东北农区奶牛规模化健康项目养殖项目”培训班在克东瑞信达原生态牧场举行。通过对技术人员的专业培训，提高规模化牧场饲养管理水平及奶牛的生产性能，提高了技术人员的专业技能，推动规模化牧场的建设，从源头上保证原料奶的质量安全。

课题六：华北农区及北方大城市奶牛健康养殖生产技术集成及产业化示范

1. 奶牛良种繁育关键技术集成与示范。

（1）开展了巴氏消毒初乳在犊牛中的饲喂技术，大大降低犊牛死亡率和发病率，降低了培育成本200～300元/头。

（2）研究制订3～4月龄犊牛日粮结构的实施方案，探索了不同干草对瘤胃发育的影响。

（3）从2013年1月—11月，参加DHI测定奶牛约21.5万头次；与北京奶牛中心开展联合培育自主种公牛合作，2013年已培育后备公犊53头。目前通过国家良好农业规范（GAP）认证的核心牛场10个。

（4）良种繁育数字化管理平台已开发完成DHI数据分析、淘汰牛数据分析及繁殖数据分析软件。

2. 奶牛健康高产高效饲养关键技术研究与示范。

（1）自2013年1—年11月，共采集分析饲料样本254份，测得结果3 538个，进一步完善了中心饲料原料库；并根据实验室检测结果，进一步优化日粮结构，改善日粮的能氮平衡。

（2）研究开展干奶牛低能日粮对奶牛生产和繁殖的影响，并在28个牧场实施。

（3）压片玉米在奶牛日粮中的应用研究。结果表明，压片玉米可以有效提高日粮能量利用率，对生产性能有显著提高。

（4）饲料用微生态制剂菌株的筛选及发酵工艺及粪污处理。分离到6大类乳酸菌共167株，为后续开发出新型益生菌饲料添加剂奠定基础。采集15个牛场不同阶段奶牛的粪便20个，进行总DNA的提取，用琼脂糖凝胶电泳检测，根据序列比对结果对分类明确的优势菌群进行特异培养基的分离筛选，并对其中厌氧菌进行厌氧培养，已明确部分菌株为致病菌。

（5）山西奶牛生产情况的整体调查分析：山西奶牛官方统计数字42万头，对此我们按照奶牛数量按比例对86个奶牛场进行了调查，以整体上对山西奶牛养殖做一个全面了解。奶牛场规模在100～2 000头，共调查奶牛6万多头。

3. 奶牛主要疾病防控技术研究与示范。

（1）开展荧光偏振方法检测奶牛布病技术的研究。每月对布病非免疫场进行大罐奶样IELISA检测，共检测159份奶样，全部为阴性。检测免疫场奶样6份全部为阳性。

（2）加强布病检疫净化，2013年共检测布病75 212头份。

（3）加强结核病检疫净化，对36个牛场，2月龄以上存栏奶牛全部进行结核皮试试验检测，2013年4月和9月检疫牛结核84 636头。

（4）加强口蹄疫防控措施研究，强化奶牛口蹄疫的监测。奶牛于口蹄疫疫苗免疫后20～30天按5%的比例抽检，对口蹄疫免疫情况口进行监测，对检出免疫抗体不到保护水平的场，进行加强免疫。2013年1～9月共检测O型、亚洲Ⅰ型及A型口蹄疫免疫抗体效价各2 261份，O型、亚洲Ⅰ型、A型口蹄疫平均免疫合格率均在95%左右。进行口蹄疫野毒感染监测共监测505头次。

（5）建立两种副结核PCR粪便检测方法，对比副结核ELISA抗体检测方法与PCR粪便检测方法，并对所得结果进行相关性分析。结果表明，ELISA和两种PCR方法的相关性很低。补充敏感性评估提示我们可以使用不同的方法组合来检测副结核病的不同感染阶段。先使用ELISA方法筛选出抗体阳性牛，使用PCR方法二进行确认，可以更加准确地检测出亚临床型的感染牛。而同时使用ELISA和PCR方法可以提高检测的敏感性，更早地检测出感染牛。

（6）牛传染性鼻气管炎流行病学调查，2013年6月～12月，选取北京市26个奶牛养殖小区及奶牛场作为调查对象，采集10～15月龄后备牛血清，检测IBR抗体，结果表明，后备牛IBR血清抗体阳性率为50.52%。从牛场水平看24个中12个牛场有阳性牛检出，场间阳性率达到50%，阳性率达到40%的高风险牛场9个，表明北京地区IBR流行情况较为严重。我们应进一步监测阳性牛场特别是高风险牛场的犊牛肺炎及成母牛流产情况，并采取相应的防控措施。

（7）奶牛亚临床低血钙诊断及防控方法研究。结果表明，华北大城市规模化牛场新产牛亚临床低血钙的发病率为40.74%。奶牛的自身钙调节能力滞后，始终处于亚临床低血钙的状态。经口补液快速、便捷，对产后低血钙有较好的预防作用。目前该方案已在示范区5个牛场推广实施。有关产后牛离子代谢性疾病监控试验正在进行。

（8）华北农区奶牛主要传染病（结核、布病）的病原生态分布、时空传递规律：奶牛结核病检测汇总表（11个地市共采血样1 248份；检测604份，64个牛场；阳性8份，全为大同-南郊和天镇各两个牛场，共四个牛场）。奶牛布病检测结果（11个地市共采血样1 248份；检测480份，48个奶牛场；阳性55份）。

（9）华北农区围产期奶牛乳腺炎、低血钙的研究：对41个典型牛场的乳房炎的发生率进行了检测，结果表明大部分奶牛场隐性乳房炎的发生率都在60%以上；进而对其引起乳房炎发生的主要病原菌，共700多株，进行了生理生化和分子生物学鉴定，实验结果表明引起乳房炎的致病菌共有100多种。对11个地市进行血样采集和毛发采集，共采集围产期奶牛血样和毛发样品120份，现正进行低血钙情况的初步筛查分析。

4. 奶牛场环境控制技术研究示范与规模化奶牛场设计标准制定。

（1）进一步对奶牛抗热应激管理——暑期微环境控制进行了研究，探索不同微环境控制方法的抗热应激效果。已完成实验牛场原料奶在线监测设备安装，正在调试和数据收集中。

（2）采集15个牛场不同阶段奶牛的粪便140个，经过基因序列分析后，以BIOEDIT中的Clustal W对序列进行排列，生成的种系发生树文件，以NjplotWin95程序输出。根据序列比对结果对分类明确的优势菌群进行特异培养基的分离筛选，并对其中厌氧菌进行厌氧培养，已明确部分菌株为致病菌。购买部分工程菌对致病菌进行抑菌功能的研究，明确目标菌株中具有抑菌功能的菌株资源。

5. 乳品质量安全数据库的建立与特色乳制品研究开发。

（1）开展了液态乳质量安全数据库的分析和系统的完善，基本形成了完整的液态乳质量安全数据库平台；在现有膜处理技术的基础上，系统分析原料乳质量影响因素，结合国内外的现有研究成果，对非热加工在液态乳杀菌工艺中的应用效果进行具体研究，明确了影响微生物安全的关键工艺参数和液态乳质量变化情况；正积极开展原料奶非热处理品质优化的系统工作，提出技术研究详细方案。

（2）总体上完成了液态乳质量安全数据采集系统的建立、完成了非热处理液态乳制品关键工艺参数，申请了两项国家发明专利，并积极开展有关非热加工技术研究和产品品质控制等方面的具体工作。

课题七：西北农区奶牛健康养殖生产技术集成及产业化示范

1. 高产奶牛良种繁育技术体系建立与示范。创建了良种奶牛高质量、高活率、性控冻精生产技术体系；完善了性控胚胎体内外生产技术程序；研制了同期发情、超数排卵药物配方；建立了胚胎移植技术体系。通过这些技术的建立和示范应用，共推广性控冻精3.7万支，母犊率达到90%以上。示范企业共推广优质冻精65万支，改良低产奶牛30多万头，改良牛平均单产提高到5 500千克以上，乳脂率3.2%、乳蛋白2.95%以上，总细菌数200万/mL以下，体细胞数50万/mL以下。示范区建立了荷斯坦奶牛良种登记制度，已系统登记良种奶牛2万多头。选育了高产奶牛3 451头，建成核心群，平均产奶量达到8吨/头。优秀示范场，年均每头产奶量达到9吨以上，乳脂率3.3%以上、乳蛋白3.1%以上。

通过胚胎体外生产和早期胚胎性别鉴定技术的应用，母牛情期受胎率提高了5%；犊牛性别控制准确率达95.2%，人工授精时母牛的总妊娠率达到87.5%，体外授精卵裂率达到91.3%，囊胚率达38.9%，鲜胚移植成功率60.9%，冻胚移植成功率50.4%。生产的高产奶牛细管冻精已辐射全国14个省、市、区，累积应用65万支。

2. 奶牛健康养殖关键技术研究集成与示范。在建立的3个大型示范基地、1个示范场、1个生态型核心示范场应用标准化场舍设计，奶牛精细化养殖管理规范，优势苜蓿品种与青贮玉米的高产栽培、收获及加工调制技术，TMR饲喂技术，奶牛DHI测定技术，疾病防治规范和粪污处理技术。奶牛单产平均8 000公斤，奶中乳脂率提高了0.12，乳蛋白提高了0.02，体细胞数下降10万，消化道疾病减少到1%以下。通过示范带动作用技术整合推广到周边示范区，示范区奶牛单产明显提高。研制奶牛日常营养管管理诊断系统软件1套，正在开发与当地饲料资源相匹配的配合饲料新产品。示范区内建立苜蓿示范基地5 000公顷。

3. 在奶牛疾病综合防治技术应用与示范方面。研制开发了网络化的奶牛主要疫病诊断专家系统，用户可与专家进行在线交流。分别对甘肃、宁夏地区主要寄生虫病进行了普查与研究；对宁夏、内蒙古地区进行了奶牛结核病流行病学调查及病原菌分离鉴定。对宁夏各地区患临床乳腺炎奶牛的大肠杆菌毒力因子分子流行病学的研究，建立了4个毒力因子的PCR检测方法。建立了磺胺类、四环素类、氨基糖苷类和β-内酰胺类抗菌药物的19种主要耐药基因PCR检测方法，进而对107株致病性大肠杆菌进行了11种药物耐药性分析。

4. 原料奶及乳制品生产全过程质量安全控制技术研究与示范。筛选了牛奶脱脂方法，优化了凝胶色谱法获得原料奶的指纹图谱技术。通过对100多个鲜奶样品的测定初步建立了陕西农区合格原料牛奶蛋白质的指纹图谱库。进一步研究了近红外及电子鼻技术在原料乳及乳制品掺假及品质评定方面应用。研制了鲜奶中双氧水及碳酸钠快速检测方法。分别以水和牛奶为媒介进行了铵盐、甲醛等七种物质的快速检测方法，以及多种掺假物相互之间的干扰情况。研制了便携式家庭型鲜奶掺假快速检测试剂盒、抗生素检测试剂盒、原料奶新鲜度检测仪、抗生素快速检测ELISA试剂盒。进一步完善“企业—奶站—农户”原料奶三级质量检测体系，建立原料奶采购程序，形成生鲜牛乳验收技术规定1个。

5. 在新型乳制品开发与产业化示范方面。研究开发非特异性复合多糖免疫乳2个。新研发并上市益生菌酸奶产品2个；牛奶饮料产品2个。奶粉产品3个包括：婴儿AD配方奶粉、婴儿配方奶粉、中老年配方奶粉。

课题八：南方大城市奶牛健康养殖生产技术集成及产业化示范

1. 奶牛现代化饲养技术升级。自主开发的奶牛选种选配软件以于2012年12月份获得国家版权局计算机软件著作权登记证书，该软件以奶牛生产性能测定（DHI）数据为基础，可以对公牛育种值数据库及系谱资料进行管理、对泌乳牛及后备牛系谱进行运算，计算选定母牛和公牛的近交系数，进行矩阵式动态标准体系维护。另外优化了适合现代化自动精密喂养系统，解决了牛饲养中存在的挑食现象所带来的经济损失。

2. 奶牛乳房炎关联通路、基因鉴定和“非抗性”疫苗的研究应用。奶牛乳房炎为低遗传力性状，常规的候选基因和全基因组关联分析方法很难鉴定乳房炎相关的基因，开发了低遗传力性状的高效关联分析方法和平台。此外，为增加奶牛全基因组遗传标记的检测密度，并进一步降低成本，开发了用于奶牛全基因组SNP检测的富集测序平台。并与康奈尔大学张志武博士合作开发了开源的GAPIT软件系统。相关测序文库构建方法和试剂盒已申请发明专利（受理号：201210358999.8）。数据分析平台iBLUP已获得软件著作权授权（授权号：2012SR083631）。

3. 特殊保健功能益生菌的分离筛选。课题组筛选出了5株具有不同应用范围的缓解氧化应激乳酸菌。同时筛选出了1株植物乳杆菌，能够对肠侵袭性大肠杆菌（EIEC）的生长具有抑制作用，减轻EIEC对肠道上皮细胞的定制和侵袭力。另外，以氯霉素为单一碳源，分离出5株人体粪便样品中可以利用氯霉素的肠道微生物，并以pH为指标研究了其在不同模拟肠道可获取的营养条件下对其生存环境的影响。

4. 环境工程缓解热应激技术研究。课题组进行了全开放式牛舍缓解热应激的工程设计参数研究，制定了缓解热应激的全开放式牧场分布、结构及绿化设计参数，并在上海光明荷斯坦金山种奶牛场应用，取得了良好的效果。并制定了泌乳牛舍风机—喷淋系统安装合自动控制参数。

5. 酶对于传统干酪风味质构的影响。通过测定脱脂乳凝乳过程中流变特性、酪蛋白巨肽生成量及凝块的理化指标，研究了TG酶的添加方式对脱脂乳凝乳的影响，结果表明：添加TG酶对凝乳的第一和第二阶段都有影响。研究了谷氨酰胺转氨酶对低脂Cheddar干酪品质的影响，结果表明：干酪成熟前期，添加TG酶的低脂干酪的硬度显著低于对照组（$p<0.05$），成熟第1天的硬度为对照组的32%，成熟第15天的硬度为对照组的53%；随着成熟期的延长，TG酶对酪蛋白的交联作用抑制了蛋白的水解，导致干酪硬度增大，熔化性降低。

课题九：牧区及农牧交错带奶牛健康养殖技术集成及产业化示范

1. 农牧交错区规模牧场标准化建设。制定《标准化牧场建设指导手册》和牧场SOP标准化操作规范，示范区奶牛头数达到8.2万头，其中基础母牛头数达4.94万头，培育高产核心牛群达7 961头，并对体况进行了评分，年平均单产超过8 100kg，DHI参测牛头数达到9 215头，奶牛良种登记达到1.2万头，已推动4个牧场进行GAP认证，年底前将再有5个牧场进行GAP认证。

举办全区奶牛生产性能测定技术培训班2期，培训105人次；举办牧场高级技术培训班2次，培训140人次。在青贮工作开展前对牧场相关人员进行培训，制定《畜牧公司青贮玉米生产及使用过程管控质量标准》。

2. 奶牛健康及标准化养殖的研究与集成技术。引种14个国外品种，筛选出适应农牧交错区的高产优质苜蓿中苜2号和WL319HQ2个新品种。进行不同时期的田间管理和性状调查，对引种的苜蓿品种进行生物学特性和生物量评估，指导呼包地区苜蓿种植5 000亩。新疆地区苜蓿种植实现四次刈割，试验田面积达到6.67公顷。

引种青贮玉米新品种16个，重点推广“兴贮1号”和“金创1号”，推广面积达到23 640亩。开发了蕃茄皮单贮和玉米秸秆混贮技术，并已获得自治区质量技术监督局2013年技术规程编制立项。开展甜菜高产栽培技术研究，目前正在进行田间管理工作，甜菜产量有望提高30%以上，建立丰产栽培技术1套。

利用体外厌氧培养实验，研究不同硒源及硒水平对荷斯坦奶牛瘤胃发酵的影响，结果以0.6mg/kg的效果最佳。研究了加拿大双低菜粕对低产和高产奶牛的影响，结果表明对产奶量有增加作用，MUN和BUN含量降低，对CP、NDF、ADF与P的消化率有促进作用。研究了不同日粮磷水平对奶牛生产性能及磷排泄的影响，为减少奶牛养殖业发展过程中的磷污染提供了理论依据。设计抗热应激配方，有效地抑制了奶牛产量的迅速下滑；通过使用过瘤胃蛋氨酸产品，提高了乳脂肪、乳蛋白、乳干物质，且产奶量稍有增加。设计评估了4种霉菌毒素吸附剂的效果，筛选出“百毒清”效果最佳。

参照NRC2001，利用CNCPS配方软件使用体外培养法筛选出与该混合牧草相匹配的精料配方，奶牛经补饲后，恢复体况，增加了奶产量1.34kg，乳脂肪、乳蛋白均有提高。制定了“农牧交错区舍饲和半舍饲泌乳牛饲养管理技术规程”和“青贮评估体系标准化作业指导书”。

3. 奶牛主要疾病防控技术集成与示范。开展奶牛子宫内膜炎的快速诊断技术的研究和前期试验，通过大量样本测定以明确感染阳性与两种酶值变化的相关性。正在建立子宫内膜炎感染模型。开展牛只乳房炎疫苗免疫试验，并进一步考察疫苗的安全性。制定了乳头消毒剂的推广应用方案，并在两个农场的1 500头奶牛上应用。在示范区选择1座牧场，定期滚动式监测乳房炎发病情况，目前已经连续监测2期。

制定了动态免疫方案，优化免疫程序，强化牧场犊牛首免和加强免疫。示范区进行3次口蹄疫100%免疫。在2座示范牧场试点推广IBR、BVD及布病的检疫净化方案，实行疫情日报制度。

4. 奶牛废弃物综合利用技术集成与示范。根据课题计划及设定的阶段目标，在示范区建立了1个示范牧场；制定了1套针对呼市地区牧场的粪污治理新工艺，实现了粪污治理的减量化、无害化和资源化。已通过自治区环保厅组织的环保验收。针对该工艺、设备、运行管理等制定了牛床垫料标准化作业指导书、成熟的技术指导手册和运行管理制度，并建立起废水和垫料的检测体系。呼市地区伊利其他自营牧场粪污处理示范点正在建设中。

5. 原料奶质量与安全控制技术集成与应用。制定并下发《2013年抗生素管控方案》。要求各地区建立兽药档案，通过中国兽药信息网对兽药真伪情况进行验证，保证兽药质量。截至2013年10月，共对各区域131个饲料厂家的评估及饲料抽检，确定112个饲料准入厂家。通过对奶源基地的奶量核定、收购环节质量核定、收奶现场监控系统、运奶车辆GPS管理系统、奶车交奶前随机扫描电子条形编码等，完善了牛奶质量安全控制体系。

截至2013年10月，西北区域与移动公司签订网络合同的50站完成视频网络接通工作。共评估标准化牧场170座，符合129座，符合率76%。三季度标准化奶站合格率为65.61%。于2012年6月已经将体细胞检测结果引入原料奶计价体系，提前完成年度计划。通过对药物残留、毒素类、激素类、农药残留及重金属等风险监测找出质量风险因子，各项风险监测项目依据风险监测数据制定相应的预警线。2013年新增风险检测项目包括大观霉素、林可霉素、卡娜霉素、地塞米松、肠毒素及呋喃类，不断完善原料奶质量风险监测工作。

6. 天然功能性原奶的开发与应用。通过调节饲料配方，在配方中添加阿富硒，维生素E等添加剂，经过牛体转化，生产富含硒的原料奶，饲喂60天后的原料乳中硒含量达到60μg/kg以上，比常规乳中提高了6倍，证明这种生产方式是可行的，以每人每天饮食250g牛奶计算，天然富硒奶可补充人体需要的30%～40%需要量。

课题十：南方农区奶牛健康养殖生产技术集成与产业化示范

1. 进一步开展规模奶牛场牛群改良与选育体系建设。完善并推广良种奶牛的快速扩繁与选育体系。在课题实施的全部奶牛养殖企业，制定科学、严密的选种选配计划，统一引进优良公牛冻精，进行人工授精，改善牛群品质，大力扩繁优秀奶牛。本年度引进国内外优良公牛冻精3.5万份，扩繁优质奶牛1.1万头。

大力推广DHI测定工作。在课题实施的11个牧场，全面开展奶牛DHI测定，DHI测定数量1万头，占整个课题实施区的15%。同时开展良种奶牛的登记工作，登记良种母牛5 200头，优质高产核心群奶牛数量增加5 000头，预计年均单产在9吨以上，乳脂率3.5%以上，乳蛋白率3.2%以上，体细胞数小于30万/mL。

完善奶牛早期妊娠诊断技术，并加以应用。本年度在课题实施区的13个牧场应用B超进行早期妊娠诊断，诊断奶牛3万头次，妊娠鉴定的准确率达到85%，奶牛空怀率下降10.5%。

2. 进一步开展抗热应激奶牛的选育和综合控制工作。通过测定不同奶牛个体在热应激环境下的产奶量、乳脂率、直肠温度、呼吸频率等生产性能指标和生理指标，建立了奶牛耐热性能评估指标体系。研究了热应激对动物生殖、代谢等方面的影响，利用奶牛群体生产性能信息，检测分析了奶牛HSP70、HSF1、ATP1A1、ATP1B2、HSP40等基因多态性与奶牛生产性能的关系，筛选到3个耐热基因。在此基础上，初步建立了600头高产耐热母牛核心群，后备种公牛的选育工作也已经展开。同时，开展了西门塔尔牛与荷斯坦牛的杂交试验。

推广应用抗热应激环境控制技术。为了全面实现对夏季奶牛热应激的有效控制，在培育抗热应激奶牛的同时，开展了奶牛环境控制的研究和应用，通过采取合理的牛舍建筑设计和全开放式牛舍，以及科学的工程设计和通风降温设备和措施（舍内通栏安装风机和风机-喷淋系统），实现对奶牛场小环境的控制。目前已经在17个课题实施牧场进行了应用。

研发了3种新型抗热应激饲料添加剂，推广应用62吨。

继续开展奶牛乳房炎发病机制和防控技术研究。对乳腺炎奶样进行菌群分离鉴定，分离单克隆菌，建立奶牛乳腺炎致病单克隆菌细胞库。对致病性细菌基因表达谱、筛选关键基因，研究基因表达特征及相关炎症信号通路，筛选乳房炎抗性候选基因。在课题实施场全面推广隐性乳房炎检测和临床乳房炎防治技术，使全年牛奶体细胞数量小于30万/mL，临床乳房炎发病率小于8%。

3. 进一步开展了南方优良牧草品种和饲料稻品种筛选、青贮加工技术研究。结合前期研究工作，开展了“江夏”扁穗雀麦选育，通过了国家牧草品种审定委员会的审定。开展“鄂引3号”狗牙根的快速扩繁和推广工作，该品种鲜草产量每公顷达到99 000千克，干草产量达到15 000千克以上，整个生长期无病虫害，一次建植多年利用，已经推广种植700公顷。

进一步开展青贮玉米品种筛选，培育了适合南方地区种植的高产优质青贮玉米品种，推广种植0.8万公顷。

开展稻草饲用品质适宜收获期和青贮品质的研究。通过对南方水稻品种“两优培九”、“南粳44”、“南粳46”、“武育粳3号”、“南粳47”、“南粳5055”、“盐稻830”、“镇稻10号”、“武香粳14”和“天优华占”等10个品种的比较研究，根据稻谷产量和稻草饲用品质及青贮品质，筛选到3个适宜稻饲兼用型品种，在江苏省农科院粮作所试验种植。2012年5月11日播种，目前已全部收获结束，正在进行实验室分析。

4. 研发适于南方地区的饲料添加剂和TMR技术。根据南方饲料资源特点和不同规模奶牛场的管理水平，通过营养分析和饲养试验，研制了5套TMR配方，制定了1套奶牛采食量与生产性能评价的技术方法与标准，在12个课题实施场推广TMR饲喂方式。

通过对包膜甜菜碱、复合酶制剂以及钾镁化合物对奶牛抗热应激能力、生理生化特征的研究，研发了2个奶牛抗热应激饲料添加剂，推广62吨。

5. 继续进行新型家庭牧场经营管理模式的探索研究。初步建立了公司加家庭的生产经营模式，即由家庭（经营者）建立饲养场、总公司提供基础牛群，由家庭经营管理，牛奶由本公司统一按质论价收购，利润按投资股份分成。目前，已经建立了6个该模式的奶牛场，总饲养规模达到3 600头。通过该模式，提高了奶牛养殖效率，也保证了牛奶的质量安全。

标准化奶牛养殖与牛奶质量追踪体系建设。应用现代物流技术，完善原料奶的安全生产体系。全面建立了原料奶安全生产监控和来源溯踪系统，实现了奶牛养殖、挤奶、运输、加工的全程监控。建立了奶牛标准化健康养殖标准5项，创建10个标准化健康养殖示范奶牛场。

6. 建立了牛场废弃物日处理能力为10吨、30吨和50吨的示范基地6个。

项目投入情况（本年度项目预算及执行情况、配套经费落实情况；其他配套措施落实情况；本年度参与研发单位及参加研发全时人数等）：

1. 预算及执行情况。本年度项目预算总经费3 363.87万元，其中专项经费1 753万元，无其他财政拨款，企业自筹经费1 600.6万元。经费全部到位，年度支出2 895.41万元。年度配套经费和措施全部按计划落实到位。

2. 参与单位及研发科研人员情况。本年度参与研发单位42个，其中企业14个，大专院校15个，事业型研究单位7个，其他事业单位4，其他2个。参加研发人数达765人，其中高级职称288人，中级职称208人，初级职称99人，其他人员170人；研发工作量达5 792人/月。

组织管理经验及产学研联合模式与机制（项目及课题管理主要措施与经验；产学研究联合方式等）：

1. 加强领导，统一协调。本课题由依托单位、参加单位领导和专家为成员组成课题领导小组，对课题实行监督、协调和管理工作和指导。

2. 优势集成，协作攻关。采取统一部署、分工合作的办法，协作攻关，充分发挥学科优势和团队优势。

3. 分解任务、落实责任。课题负责人与各子课题负责人签订课题任务书，明确各自的责任和义务，做到人员、经费和组织措施三到位，严格实行课题制和目标责任制。

4. 加强监督，动态管理。对成绩突出的个人或单位，给予表彰和奖励；对工作不认真，方案执行不力或造成失误者，及时调整或撤换。

5. 严格执行财务制度，按照课题预算开支。对于能直接拨款的单位，将课题经费尽快拨付，并要求各课题负责人严格按照课题预算进行开支；对于不能直接拨款的单位，我们制定了经费报账制度和试剂采购制度。

乳业产业技术创新战略联盟2012年工作总结

一、联盟情况介绍

乳业产业技术创新战略联盟成立于2009年11月，是国家科技部首批批准组建36家试点创新联盟之一。联盟以国家乳业工程技术研究中心为首届理事长单位和常设机构秘书处，由国内27家大型乳品企业，13所大学和6家科研院共46家单位组成，经过三年来的发展壮大，盟员单位增至55家，其中企业34家，大学15所，院所6家，凝聚了国内包括伊利、蒙牛、光明、完达山、飞鹤等乳品骨干企业，2011年盟员企业主营业务收入1 956.21亿元，占全行业主营业务收入比70%。

二、组织实施国家科技支撑项目

联盟成立伊始明确联盟目标围绕产业重大科技问题，以项目为依托，重点开展乳品加工共性技术和重大产品的联合研究与产品开发、乳品加工产品标准研究与制/修订、乳业发展战略研究等。

“十二五”期间，根据科技计划改革管理相关要求，科技部选取乳业产业技术创新战略联盟组织实施经费概算1亿的国家科技攻关支撑项目《乳制品综合加工技术与质量安全控制体系》，作为国家科技支撑项目的组织单位更利于联盟将全行业的科技需求有效地、紧密地结合起来，确立了乳业联盟行业学术的领导地位和主导地位。联盟作为责任主体全程参与项目顶层设计、征集入库、组装凝练、可研论证等项目组织工作，日前项目在北京通过科技部组织的专家可行性论证工作，2013年正式启动实施。

在项目前期组织实施的过程中，充分体现联盟技术创新优势，整合行业资源，在策划技术层面的同时，兼顾行业科技力量集中，避免技术交叉。

2012年2月在哈尔滨联盟秘书处组织召开专家会议，在前期多次专家会议讨论通过的产业技术发展方向及盟员单位技术需求项目的基础上，以标志性成果突出为重点形成“十二五”国家科技支撑项目建议报送科技部农村司并予以采纳。4月科技部正式发布2013年备选项目入库征集指南，以联盟推荐的八个方向做为指南研究任务进行入库项目征集。

根据指南要求，组织盟员单位20余家对《乳制品关键危害因素检测与控制技术研究示范》《牛乳功能性组分、分离纯化及工艺研究与示范》等8项研究任务进行申报，以盟员单位研究优势为出发点组织研发团队，并根据科技部项目申报新要求，即定向征集研究任务面向三个推荐渠道，落实盟员单位申报定向课题推荐渠道，使联盟向科技部建议的优势单位全部获得2013年备选项目的申报资格。

在项目申报过程中为更好的体现“引导产业发展、推动技术创新”企业、大学和科研机构在战略层面有效结合的宗旨，以企业为主体的，产学研结合的技术创新体系，联盟全部6个推荐名额中，以盟员单位中企业为主体推荐申报5个。

5月15日适时组织召开联盟专家委员会扩大会议，由秘书处对联盟组织实施的“十二”五国家科技支撑项目《乳制品综合加工技术与质量安全控制体系》前期运行情况进行说明。申报预备项目的各联盟成员单位均到会对申报的课题进行了汇报，由联盟专家委员会对立项意义、技术路线等方面进行把关。秘书处从项目申报流程、具体网络申报程序、推荐上报等方面对盟员申报单位整体进行指导，使盟员单位申报项目全部通过形式审查顺利进入到专家评审环节，并全部通过专家评审，入选项目库。

2012年10月科技部正式启动项目论证工作，根据科技部要求，联盟组织专家对25个相关入库项目进行组装、凝练成12个课题，从技术路线、考核指标到经费预算全部通过专家论证。

通过项目的实施，可在我国乳品品种结构丰富和改善、乳品关键设备与包装材料、乳制品关键危害因素检测和控制、特色乳资源加工技术等方面实现重点突破。在乳品加工设备研发、乳品安全检测技术研发等方面取得一系列标志性成果，填补国内空白，节能减排，打破国外技术壁垒，使我国在乳制品综合加工技术与质量安全控制上实现质的飞跃，提升乳业的科技创新水平，从而推动乳业的健康可持续发展。

项目实施在落实各项国家科技任务类专项规划的同时，以解决当前制约行业发展的关键性技术问题为目标，通过联盟组织使国家科技资源同行业需求有效地结合在一起。联盟作为国家实施重大科技专项的主体，以科研项目为载体提升行业技术创新能力，通过整合、集聚了国内技术创新的优势资源，已形成了中国乳业共性技术创新体系的核心。

三、服务产业

(一) 深入调查研究、掌握技术创新需求。为了全面了解我国乳制品行业发展现状，及时掌握企业需求、准确把握行业发展共性关键问题，促进联盟工作有的放矢的开展，为政府决策提供依据保障。联盟秘书处精心筹划，按企业所在区域，分期、分批，选取了具有代表性的国内大型乳制品生产企业和在华的外资企业，本着“带着问题、凝练问题、解决问题”的原则进行了深入调研。2012年先后前往华东地区的上海光明乳业、上海润赢生物科技；华北地区的伊利乳业、君乐宝乳业；通过座谈会和参观研发中心、实验室、车间，详尽的了解并掌握了国内外产品研发方面的差异及水平，企业生产、销售、研发及质量安全控制方面的成熟技术与不足等信息。

(二) 通过办会和参展，扩大联盟影响力。联盟秘书处定期组织联盟成员召开学术研讨会和行业峰会、参加展会，作为联盟的常规工作之一。通过组织会议，达到把握和引领行业发展方向扩大联盟行业影响力。组织联盟成员单位20余家以乳业产业技术创新战略联盟整体品牌形象参与2012年黑龙江省畜牧产业博览会。博览会主要展示国内外顶级的畜牧机械、最新的畜牧科技以及国内各大乳制品企业、饲料企业的最新产品。作为博览会的协办单位之一，联盟组织黑龙江省内的飞鹤乳业、摇篮乳业、龙丹乳业、大庆乳业、贝因美乳业、康普乳业、大三元乳品机械等企业，以乳业产业技术创新战略联盟的整体品牌形象参加了博览会。联盟充分利用展会契机，积极策划让参展的每家企业在展会上既达到了最佳展示效果，又达到最高的性价比，得到了乳品企业的一致认可，发挥了自身的平台作用，展示了龙江乳业的形象。完达山、飞鹤等乳品企业从企业全生产链展示了国产乳制品的产品质量和安全技术，让国民放心食用国产婴儿配方奶粉，中心专门设立展位为市民答疑、讲解乳制品的相关知识。以联盟为整体参与展会进一步发挥了黑龙江乳业和联盟的品牌效应。

(三) 联盟引领服务产业作用得到行业广泛美誉。2008年婴幼儿奶粉事件后，安全事件频发，行业面临巨大信任危机。有感于危机对行业发展所产生的负面影响在相当程度上会制约行业的健康发展，为此联盟在专家委员会的基础上建立乳品应急事件反应办公室，其职责是一旦发生乳品质量安全应急事件，秘书处根据其性质立即启动应急预案，在第一时间召集相关领域专家研究事件的性质、发生原因、处理措施等，并以联盟的名义向政府有关部门提出书面事件分析报告及处理意见，争取将事件的影响降至最低，切实保护整个乳品行业的形象和利益。

2012年伊利“汞异常”事件发生后，为避免事态进一步恶化，杜绝出现波及整个行业的危机，联盟组织专家为积极为国家部委提供科学依据，正确引导舆论。危机事件的妥善处理，不仅体现了联盟高度的责任心，而且使企业认同联盟有能力协调行业、协调政府，有能力凝聚企业、保护行业，由此进一步提高了行业的认可度。

四、联盟评估

为促进联盟健康发展，根据《关于推动产业技术创新战略联盟构建与发展的实施办法（试行）》，科技部由创新办公室牵头组织，相关主管司局参与，对56个试点联盟组织开展产业技术创新战略联盟评估工作。

根据联盟评估方案，秘书处组织人员以联盟对外承担责任主体单位-黑龙江省乳品工业技术开发中心代表联盟填报《乳业产业技术创新战略联盟自评估报告》，与盟员单位反复沟通协调，收集相关证明材料，使自评估报告内容数据详实、准确。

组织成员单位认真完成科技部随机选取若干成员单位填报的《产业技术创新战略联盟成员单位调查问卷》。

在主管司局农村司产业处召集召开农口联盟评估的工作会议上，12个农口联盟进行的工作汇报中，乳业联盟由于各项工作开展有序，汇报准备充分受到了与会领导及专家的好评，主管司局出具联盟评估意见较好，为最终联盟评估取得较好成绩打下基础。

9月联盟评估工作调研组—中国战略发展院相关人员来到联盟实地考察调研，由联盟副理事长、秘书长刘鹏代表联盟对联盟组建以来的各类创新活动开展、服务产业、运行体制等方面作了详细介绍，受到了调研组高度认可。

在大量评估工作的基础上，联盟评估取得了较好的效果，被科技部选取56家试点联盟中运行较好的15家联盟之一，围绕“支撑和服务产业发展”，重点通过详细描述联盟成立背景、参与主体、机制成效等几个支撑和服务产业发展的事件，将运行过程中的一些经验编写成联盟案例进行推广宣传。

乳业产业技术创新战略联盟

开展试点工作的产业技术创新战略联盟名单（共36个）

1. 钢铁可循环流程技术创新战略联盟
2. 新一代煤（能源）化工产业技术创新战略联盟
3. 煤炭开发利用技术创新战略联盟
4. 农业装备产业技术创新战略联盟
5. TD产业技术创新战略联盟
6. 数控机床高速精密化技术创新战略联盟
7. 汽车轻量化技术创新战略联盟
8. 抗生素产业技术创新战略联盟
9. 维生素产业技术创新战略联盟
10. 半导体照明产业技术创新战略联盟
11. 长风开放标准平台软件联盟

12. 高效节能铝电解技术创新战略联盟
13. 大豆加工产业技术创新战略联盟
14. WAPI产业技术创新战略联盟
15. 闪联产业技术创新战略联盟
16. 光纤接入（FTTx）产业技术创新战略联盟
17. 有色金属钨及硬质合金技术创新战略联盟
18. 化纤产业技术创新战略联盟
19. 存储产业技术创新战略联盟
20. 开源及基础软件通用技术创新战略联盟
21. 多晶硅产业技术创新战略联盟
22. 农药产业技术创新战略联盟
23. 染料产业技术创新战略联盟
24. 新一代纺织设备产业技术创新联盟
25. 太阳能光热产业技术创新战略联盟
26. 商用汽车与工程机械新能源动力系统产业技术创新战略联盟
27. 茶产业技术创新战略联盟
28. 杂交水稻产业技术创新战略联盟
29. 木竹产业技术创新战略联盟
30. 柑橘加工产业技术创新战略联盟
31. 油菜加工产业技术创新战略联盟
32. 缓控释肥产业技术创新战略联盟
33. 畜禽良种产业技术创新战略联盟
34. 饲料产业技术创新战略联盟
35. 肉类加工产业技术创新战略联盟
36. 乳业产业技术创新战略联盟

2012年度国家奶牛产业技术体系建设概述

国家奶牛产业技术体系（以下简称“奶牛体系”）建设依托单位是中国农业大学，李胜利教授为首席科学家。奶牛体系下设26位岗位科学家（112名团队成员）、23个综合试验站（86名团队成员），综合试验站涵盖115个示范县、247个示范辐射牛场、345名技术推广骨干。体系岗位的设置综合考虑了成员研究领域、知识层次、年龄结构以及奶牛场示范辐射效应，基本保证了我国奶业研究的主要大学和科研单位都有岗位科学家，优势产区设有试验站的布局，为构建国家奶牛科研与推广的产业技术体系打下了坚实基础。

2012年，奶牛体系紧紧围绕奶牛饲料资源高效利用与健康养殖关键技术、奶牛场标准化规模饲养关键技术、奶牛场重大疫病防控和净化技术体系三大重点任务及“十二五”规划的主要任务开展工作，并将每项任务都分配给相应的岗位科学家和站长，岗位科学家负责所在区域综合试验站的技术示范，综合试验站为岗位科学家提供科研基地和调研等科研活动的便利条件。

2012年，体系在重大技术突破、技术培训与示范推广、应急事件处理、行业咨询与宣传方面取得重大进展。

一、基本情况

2012年，奶牛体系按照农业部部署，积极推进体系建设，成效显著。其中，取得新技术13项，新产品14项，新装置16项，新标准39项，计算机软件1项，专利72项，论文344篇，其中SCI 85篇，著作15部，进行成果鉴定5项，获得省部级奖励9项，试验站与科学家对接287次，培训441场，培训15 000人次。

二、针对农业生产技术需求开展的科研工作成效

1. 制定中国奶牛基因组性能指数。为全面应用奶牛全基因组选择工作，必须制定统一的中国奶牛基因组选择指数GCPI（Genomic-China Performance Index），以便统一育种方向，合理比较。中国农业大学奶牛全基因组选择项目研究课题组人员在广泛分析美国、加拿大、德国等奶牛育种发达国家近年来在全基因组选择应用的育种实践经验基础上，结合中国奶牛育种的实际现状，在大力开展奶牛生产性能测定，推行后裔测定技术规范和全国奶牛群体遗传改良的计算机网络技术的基础上，进一步明确了奶牛育种目标，结合中国奶牛育种实际，为青年公牛选择制定了包括产奶量性状（$GEBV_{Milk}$）、乳脂率性状（$GEBV_{Fatpct}$）、乳蛋白率性状（$GEBV_{Propct}$）、体细胞评分性状（$GEBV_{SCS}$）；以及体型总分（$GEBV_{Type}$）、乳房性状（$GEBV_{MS}$）、肢蹄性状（$GEBV_{FL}$）的中国奶牛基因组性能指数（GCPI）。2012年共对821头青年公牛进行了基因组检测和遗传评估，从中选出362头优秀青年公牛参加了2012年国家奶牛良种补贴项目，与往年相比，显著提高了青年公牛的遗传质量，在全国奶牛遗传改良中发挥了重要作用。

2. 奶牛杂交提高综合效益的养殖模式初具雏形。经课题组试验群56头兼用杂种一代（德系西门塔尔牛和蒙贝利亚牛与荷斯坦牛杂交）泌乳母牛的DHI测定结果统计，一胎母牛平均日产奶量23.4千克，泌乳曲线平缓，高峰阶段维持时间长达150天以上，平均持续力评分达102，乳脂率4.0%，乳蛋白率3.3%；二胎母牛平均日产奶量29.7千克，泌乳曲线平缓。德系与法系西门塔尔的杂种后代在试验群中一胎产奶性能无显著差异；且与同群体纯种荷斯坦牛同胎次产奶水平相近，乳成分高、稳定。利用兼用型品种牛的生长性状优势，除母牛产奶量高、乳成分高，获得经济效益外，小公犊直接销售、育肥后销售以及淘汰母牛销售残值高可以获利。这一高效生产模式粗略统计：除饲草料成本外，每头兼用型杂种母牛年可获利5 000元左右。如果母犊出

生后留做繁殖，获利更高。

3. 继续完善中国奶牛饲养标准、"测奶配方、测料配方"既是实现奶牛高产的保障，也是节约饲料资源的途径。但我国目前的奶牛饲养标准还不足以完全支撑"测奶配方、测料配方"。由于饲料品种、营养成分和奶牛体重等的差异，我国又不能完全照搬美国奶牛饲养标准（NRC）。因此，体系营养与饲料研究室7位专家在2012年继续联合开展关于奶牛饲料采样和饲料营养成分分析与营养价值评定工作，同时在原有测定指标的基础上增加了营养物质瘤胃降解参数研究。今年共采集样品130余种，基本涵盖了我国不同区域的主要奶牛粗饲料，完成了90多种饲料样品营养成分和瘤胃降解参数测定。这项工作将对促进我国奶牛科学养殖提供大量可以参考的数据，补充完善了2004年国家标准粗饲料NDF，ADF含量以及降解率缺失的不足，对于养牛行业依据实测数据科学合理指定日粮配方提供了重要的基础参数，对于改善饲料利用效率，提高奶牛养殖效益具有重要的参考价值。

4. 奶牛粗饲料二代GI数据库的补充完善。二代GI是在一代GI的基础上发展而来，在一代GI计算参数的基础上又筛选一些新的计算参数，使其科学性更强，主要用于实验研究。其计算公式为GI2008＝（NE_L×DMI×DCP）/［（1－pef）NDF］，由公式可知，GI2008引用可消化粗蛋白（DCP）为蛋白质指标，该体系把饲料的营养组成成分和动物的消化生理结合起来，而且将粗饲料peNDF包括在内对粗饲料品质进行综合评定，较一代GI相比，GI2008在研究领域应用科学性更强，在粗饲料品质评定方面又是一项重要的创新性成果。该项技术的产生和发展对发展和应用粗饲料的品质及日粮优化饲养设计技术都具有重要意义。岗位科学家高民在2011年研究的基础上新增了30种粗饲料的二代GI数据库，到目前共建立78种奶牛粗饲料二代GI数据库，为我国粗饲料的科学利用与品质评价提供了大量基础数据。

5. 奶牛营养和饲料研究取得重要进展，"奶牛饲料资源高效利用与营养调控关键技术研究"获得教育部（推广类）一等奖。围绕奶牛饲料营养价值评定和营养需要量、饲料资源高效利用、营养调控、饲养管理、环境减排等关键技术和产业问题，奶牛营养与饲料研究室和综合试验站进行联合攻关，取得以下几项具有产业价值的研究成果：1）出版了《奶牛营养需要和饲料成分》（2007年）；2）提出了适宜营养需要，泌乳牛的日粮磷需要量为0.32%～0.37%（DM），围产前期奶牛的产奶净能需要量为5.25～5.88 MJ/kg；3）养殖效率显著提高，日粮氮转化为奶氮的效率提高了3～5个百分点，泌乳初期和高峰期奶牛产奶量提高2～3kg/d，乳蛋白率提高0.27个百分点；4）建立了国内第一个有效估测甲烷排放量的模型；通过能氮平衡、过瘤胃保护技术和配方优化技术等进行了氮磷的有效减排；5）扶持了国际领先的奶牛养殖企业，培育了我国第一家有机奶生产企业，创建了"归原"和"缘天然"两个有机奶知名品牌。

6. 羟基蛋氨酸螯合态铜替代50%硫酸铜研究成果被国际知名杂志推选为亮点文章。首席科学家李胜利教授课题组研究了羟基蛋氨酸螯合态的铜不同比例的替代常规无机硫酸盐形式对奶牛生产性能，繁殖性能，血液生化指标和日粮营养物质消化率的影响，研究结果表明有机铜替代奶牛日粮中50%硫酸铜有助于提高奶牛血液中Cu含量，改善日粮中性洗涤纤维消化率和提高产奶量，并对发生这些改变的机制做了进一步探讨。研究成果"Effects of methionine hydroxy copper supplementation on lactation performance, nutrient digestibility, and blood biochemical parameters in lactating cows"公布在Journal of Dairy Science（2012年10月）杂志上，并被主编选为亮点文章（Highlighted Article）。

7. 奶牛场重大疫病防控和净化技术进展。

（1）布鲁氏菌病和口蹄疫防控成效显著　完成了22个奶牛场主要是体系内各奶牛场传染病血清流行病学调查工作，共检测布鲁氏菌病血清4 131份，阳性率从0～55%不等，但大多数牛场无布病或布病抗体阳性率在2%以下，阳性率较高的牛场送检样品很多都是经过虎红平板筛选过的可疑样品。口蹄疫感染抗体共检测血清2 246份，牛病毒性腹泻病检测血清抗体998以及近100份核酸检测样本。进行布鲁氏菌病检疫净化和口蹄疫综合防控，成功地将2个布病防控示范场阳性率从近8%控制到1%以下；4个无布病牧场全年无本病发生；5个口蹄疫综合防控牧场全年无口蹄疫发生，且其中4个牧场的口蹄疫免疫抗体合格率均大于80%。

（2）结核病净化取得重要进展　通过在3个试验站开展结核净化工作，初步取得成效：①比较变态反应和γ-干扰素试验比国产PPD和ELISA具有更高的特异性；②γ-干扰素检测方法对皮试可疑牛进行确诊，仅需几天时间，减少了皮试假阳性造成的误判，缩短了可疑牛第二次皮试的长时间隔离，减少疫病传播，减少经济损失，值得大力推广；③奶牛场采用上述方法能更准确地进行结核病检测，减少疫病损失，保障食品安全，提高经济效益。

（3）深入开展抗FMDV RNAi转基因奶牛培育工作　口蹄疫被国际兽医局（OIE）列为畜牧业"A类烈性传染病"的第一位，通过疫苗免疫的单一手段很难控制和根除FMD，需要采取多种手段综合防控FMD的发生及流行。抗病转基因为抗FMD奶牛的选育提供了技术支撑。我们在获得国内外首例抗FMDV RNAi转基因牛的基础上，利用体外授精技术，选择优秀母牛进行配种，已获得了怀孕母牛，明年将会出生转基因牛后代。另外，我们筛选了新的抗病RNAi，利用转基因体细胞克隆技术，获得了怀孕受体牛。明年将开展转基因奶牛的攻毒实验，检测其实际抗病能力，希望获得不发病的转基因奶牛，为口蹄疫的防控提供新的策略。

（4）在国内外首次利用反向遗传技术获得了BRV

减毒株 牛轮状病毒（BRV）主要感染新生犊牛，可继发细菌性腹泻，进而加重病情，造成犊牛死亡率提高和康复犊牛生产性能下降。通过口服或经肠道免疫BRV减毒疫苗，是阻止BRV对肠道粘膜上皮细胞感染的最有效方法。然而，国内还没有牛轮状病毒减毒疫苗。本团队在国内外率先建立了获得减毒毒株的反向遗传技术平台，通过构建病毒毒力基因毒力位点变异的突变基因的转录质粒，在辅助病毒的帮助下，拯救变异病毒；利用RNAi及蚀斑克隆技术富集并筛选重组突变病毒。乳鼠实验结果表明，本团队在国内外首次利用反向遗传技术获得了毒力减弱的BRV病毒株，为BRV减毒疫苗研究提供了候选病毒株。该平台可在最短的时间内，获得最新流行或者变异病毒的减毒株，属原始创新，拥有自主知识产权，已申报国家发明专利。

三、在农业生产中的培训和示范推广情况

（一）培训。

1. 奶牛场高级人才研修班逐步创建中国奶业的“黄埔军校”。现代奶牛场高级人才研修班着眼于我国奶牛养殖业向规模化、标准化、效益化发展转型中对国内大型企业急需的职业化场长和高级专业技术人才的需求，致力于创建中国奶业的“黄埔军校”。研修班分四个模块：第一模块为基础理论学习模块，邀请国内外顶尖专家，按照奶业产业链的关键技术环节展开系统理论培训。第二模块为现场实训模块，学员在奶牛体系综合试验站跟从岗位主管实习1～3月。第三模块为理论案例教学模块，针对学员在生产中遇到的重点和难点，提出技术应对和处理措施。第四模块为实习论文模块。学员根据自己的岗位，完成论文的设计和写作，进行现场答辩，通过答辩的获得结业资格。

2012年9月18日，第一届现代奶牛场高级人才研修班37名学员完成全部四个模板的学习，顺利结业，目前供职于国内大型奶业集团的重要岗位。

2. 金钥匙培训成为国内奶业科技示范和培训的知名品牌。“金钥匙”培训由奶牛体系与农业主管部门通力打造，重在“宣传政策、传授技术、答疑解惑、现场诊断、操作示范”。“金钥匙”培训作为一个完全的公益性培训，已成为国内奶业科技示范和培训的知名品牌。在总结前三年开展“金钥匙”培训班经验的基础上，结合体系岗位科学家团队已经形成的阶段性技术成果、产业沉淀的成熟技术，紧紧围绕提质增效的核心任务，截至2012年年底，已在我国奶牛产业优势区域和奶业新兴发展地区的16个省（或直辖市）举办了40期《奶牛“金钥匙”技术示范现场会》，围绕饲养管理、疾病治疗及防控，繁殖育种，原料奶质量控制，牛舍设计等内容开展培训，累计完成专题技术报告300多个，走访牛场160多个，培训基层技术人员10 000余人次。

3. 继续开展牛精英计划，培养学生实践动手能力。牛精英计划（Elite Cattlemen Program，ECP）由奶牛体系、肉牛体系、中国农业大学肉牛研究中心和中美奶牛研究中心共同支持创立。ECP的主要目的是建立在读学生与养牛业相关单位的纽带，培养学生实际动手能力，为牛产业培养高级专业人才；主要培养对象为研究生和本科生（大三、大四）。ECP指导教师团队由17位来自中国农业大学和3位来自美国从事奶肉牛教学与科研的教授，以及25位来自国内外奶肉牛产业的企业家组成。2012年开展了多项“走出去、请进来”的活动。邀请美国、德国、瑞典专家以及国内专家来校讲课交流；组织学生前往北京三元绿荷奶牛场现场学习青贮制作、中地种畜顺义牧场驻场实习、法国肉牛养殖模式和屠宰实习；组织学生参加第三届中国奶业大会、第二届中法肉牛产业发展国际论坛、美国农业部新兴市场中美奶牛育种研讨会、美国谷物协会主办的第三届奶牛粗饲料研讨会等学术交流活动；初步建立了学生实践和理论学习平台，为农业部即将推进的优质化、规模化、合作化、机械化的奶源建设储备人才实现“学生成长，企业成功、奶业发展”的双赢局面。

（二）示范、推广。

1. 增产增收效果显著。通过奶牛体系岗位科学家和综合试验站的技术培训和现场指导，各示范基地积极引进并开展DHI测定，TMR技术、全株玉米青贮技术等技术，增产增收成效显著，生产水平大幅提升。

一直以来，北京三元综合试验站辐射示范基地的奶牛生产性能、牛奶质量和生产效益都在全国遥遥领先，属于国内标杆企业。2011年，其平均单产达到10.9吨。2012年在国家奶牛产业技术体系三元综合试验站的统一管理下，各示范基地继续保持良好增长态势，其中创辉牛场（CARS－37－11－09）奶牛单产2010年10 040千克，2011年11 080公斤，截至2012年11月底已达到11 400千克，远远高出周边个体奶牛场的生产水平。南三牛场（CARS－37－11－03）存栏奶牛全部饲喂TMR、采用自动脱杯式挤奶设备，新产牛执行规范的产后保健方案，2012年单产达11 650千克。

2. 积极进行疫病防控，减少生产损失。示范基地依托体系综合试验站，在疾病控制研究室岗位科学家配合下，2012年继续执行严格的疾病预防以及两病净化程序。例如，伊利综合试验站示范区14 620头奶牛，口蹄疫疫苗免疫完成率达100%及抗体合格率达92.3%，其他疫病（如布鲁氏菌病、结核病等）检测工作疫苗免疫完成率达100%、平均抗体合格率达91.6%，不仅降低了示范区奶牛疫病的发病率，而且提升了养殖户的养殖效益，进而带动了地区畜牧业经济的快速发展。

3. 实行环保生态养殖，节能省电。天津武清综合试验站探索出了一条特色环保之路。粪污无害化处理和资源化利用工艺和技术在本场取得巨大成功，已经形成了一整套粪污处理技术体系。这套模式设计的工艺和技术包括以下几个部分：

奶牛粪便自动刮除—固液分离—粪污制沼—沼气发电—粪渣除菌—回填牛床—污水发酵做液体有机肥。奶

牛场实现了循环经济发展，废弃物无害化处理综合利用，达到了节能、节地的目的。通过发酵以后的沼渣是最好的牛床垫料，极大地提高了奶牛的舒适度，彻底解决了奶牛不上床休息和牛床利用率低的问题，隐性乳房炎、瘤胃酸中毒及肢蹄病发病率得到很好控制，隐性乳房炎已经控制在3%以下，奶牛单产不断上升，膘情及健康良好。

4. 冷热联供机组，节能环保。兰州综合试验站示范基地养殖场从2012年起，采用一种专利热泵，将原料奶制冷过程中产生的余（废）热进行有效回收，用来加热生产用水至85℃，作为挤奶设备和管道的清洗使用，实现了真正意义上的节能减排，综合试验站依托单位拟在建设新场时推广使用，这样每年可节约资金6万余元，节煤50吨，减少CO_2的排放量150吨。

5. 发挥地区优势，建立太阳能供热系统。呼图壁站根据循环经济理论，充分利用新疆光、热资源，牛舍建立了太阳能供热系统，保障挤奶厅热水清洗管道和沼气池入料口冬季保暖所需热能；挤奶厅利用太阳能热水清洗挤奶设施，仅此一项一个3 000头牧场节约煤50吨，节省1.5万元。

四、农业生产应急服务和决策咨询情况

（一）应急服务。

1. 积极应对网传“完达山被指低价垄断鲜奶收购奶农无奈杀牛避险”事件。2012年4月8日，网传“完达山被指低价垄断鲜奶收购 奶农无奈杀牛避险”事件，体系了解到此情况后，做出积极应对，并请黑龙江的岗位科学家和三位试验站站长进行深入调研。先后走访了黑龙江省畜牧局奶办、黑龙江省农垦畜牧局、完达山奶源部，同时电话采访了双鸭山畜牧局和个别奶农，对事件的实际情况进行了针对性调查。调研结果显示，今年开始有弃养、卖牛的现象，往年未见，但这种现象多见于散户（几十头养殖规模的），大型牧场几乎见不到。此事件的发生的原因集中于四个方面：一是奶牛养殖的成本升高，二是奶牛疾病问题的困扰，造成奶牛淘汰率增高，三是缺乏具体而切实的鲜奶收购标准，四是政府在奶业领域内的指导性还不完善。

2. 积极应对国内伪学者“爆料称国内高龄奶牛依靠激素产奶”事件。2012年4月19日，针对“中国政法大学法学院副院长何兵微博爆料称，国内许多高龄奶牛，靠激素才能产奶。”的谬论，体系办公室团队从奶牛不到高龄即被淘汰、抗生素治疗期间所产牛奶不用于加工生产、农业部对于激素的使用种类有严格规定、目前乳品质量安全状况总体是好的等四方面进行了澄清和科学的宣传。为行业主管部门和相关协会以及消费者提供了科学的建议和意见。

3. 快速应对台风暴雨袭击，降低暴雨对奶牛养殖造成的损失。2012年8月1日，河北保定地区遭受暴雨袭击，国家奶牛产业技术体系保定综合试验站第一时间赶赴受灾地区并将牛场现场情况反馈给体系办公室，根据与试验站沟通了解受灾情形后，体系办公室及时完成应急报告——《连续降雨对奶牛养殖的影响及应对技术》并向体系全体人员发布，通过试验站的示范辐射作用使指导材料通过网络以及纸质媒介下发到各个示范基地，指导示范基地及时预防以及善后，避免连续降雨对奶牛养殖业的损失。

4. 应对美国大旱，发表青贮实用技术，指导青贮生产。2012年全球气候变化异常。美国的世纪大干旱肆虐了美国本土1/2以上的土地，对农业和畜牧业生产造成了巨大的影响。旱灾带来的直接后果是农产品大幅减产、价格飙升，作为玉米主产国和出口国的美国预计将比2011年减产13%以上（USDA，2012年8月）。为了应对玉米减产对国内奶牛产业的影响，发表文章《全株玉米青贮生产与品质评定关键技术——高成本玉米时代牛场技术与管理策略之一》。在玉米减产的情况下，通过提高玉米青贮质量和利用效率，减少奶牛日粮玉米使用量、合理控制豆粕添加量是降低生产成本的有效措施之一。

（二）决策咨询和宣传。

1. 积极参加奶业行业会议，提供行业发展与技术咨询。2012年奶牛体系积极参加奶业形式分析会，提供国内综合试验站以及所辐射牧场的生产情况、发展趋势以及国际奶业贸易情况。由国家奶牛产业技术体系发行的《工作简报》、《奶业经济月报》和《奶业贸易月报》已经成为农业部和各省市奶业主管部门了解国际和国内奶业动态必不可少的案头资料。这些报告的发布对于我国奶业发展有着重要的指导意义。同时奶牛体系在《中国畜牧杂志》和《荷斯坦》杂志开辟体系专栏，宣传体系科研进展和产业进展。另外，展示体系工作动态的另一个重要窗口是中国奶牛产业网（www.niu305.com）。

经济日报2012年10月9日，第七版三农报道栏目刊登了谷继承、李胜利、邓九强、陈历俊关于“做让消费者放心的国产奶”的采访，首席科学家李胜利教授就中国现代奶业发展阐述了自己的见解。

2. 积极加强与国外奶业的交流与合作。2012年，奶牛体系采取“走出去，请进来”战略，积极加强与国外奶牛产业的交流和合作，先后考察了巴西、阿根廷、西班牙、荷兰、美国、古巴等国家的畜牧业和奶业，并和这些国家畜牧业和奶业方面的政府官员和专家进行了交流和座谈，商讨了在畜牧业和奶业领域开展具体合作的内容和方案，加深了相互了解，增强了与这些国家的交流与合作。2012年6月17日，成功举办第九届中美奶业发展研讨会，会议邀请了美国威斯康星大学在奶业方面的知名专家在奶牛全基因组选择、规模牧场人力资源管理策略、围产期奶牛营养管理和美国奶业现状与发展趋势等方面作了报告，增进了中美奶业之间的技术交流。2012年6月，美国威斯康星大学雷河分校和麦迪逊分校来中国农业大学动科学院进行学术交流并作了报告；2012年9～10月，参加美国奶业博览会，到美国威

斯康星大学雷河分校和麦迪逊分校开展学术交流并签订了“牛精英计划”合作协议。

3. 加强同地方创新团队的对接与合作。奶牛体系在日常工作中积极加强同北京、宁夏、青海、内蒙古、云南、广西、山西等地方创新团队的合作交流，促进共同发展，同时对于国家体系和地方创新团队对接模式进行了积极探索。2012年，奶牛体系举行了第一届国际奶牛产业技术论坛，国内外奶业界专家教授、各地方体系首席科学家以及企业界等奶牛产业精英500余人汇聚一堂，共同分享讨论了奶牛产业技术发展的新技术、新成果、新进展，促进了国外和国内专家、国家体系和地方体系、高校和企业的合作交流。

国家奶牛产业技术体系首席科学家办公室
李胜利　姚　琨　曹志军
黄文明　都　文　毕研亮

2012年度牧草产业技术体系工作概述

在“十二五”的第二年，国家牧草产业技术体系继续围绕技术研发、示范推广、联合创新等方面展开工作，经过体系人员一年的辛苦努力，在育种和种子繁育、栽培与草地管理、病虫害防控、加工利用、机械设备、产业经济六个方面取得阶段性或突破性成果，促使牧草产业不断发展。

一、科技培训

2012年，根据中央1号文件精神和农业部有关“农业科技促进年”的各项工作部署要求，牧草体系全体人员认真落实、精心策划，切实结合牧草生产的特点和产业技术需求，做好科技服务工作，取得了一定成效，具体工作情况如下：

（一）目标明、方式活、惠及广。

1. 牧草体系根据各地实际需要，围绕牧草品种选择与良种繁育、牧草丰产栽培、草地生物灾害监测及防治、牧草病虫鼠害防治技术、牧草青贮加工、收获和贮藏以及种草养畜等一系列牧草生长及后期利用阶段所涉及的关键技术问题，继续扎实深入地开展科技培训服务活动，通过理论授课、专题讲座和座谈会等多种方式，使广大农户、基层技术骨干和地方农技推广人员了解并掌握牧草栽培、加工及调配饲喂等实用技术。据统计，2012年度共组织开展科技服务活动500余次，服务对象超过16万人。

2. 牧草体系通过现场答疑、观摩考察、实践操作等直观的田间指导方式，使参与者亲身参与，从中获得生产知识，掌握正确的操作技能。这种互动式的培训模式，缩近了授课专家与农民的距离，更能充分调动农户的主动性和积极性，有利于提高培训质量和效率。据统计，2012年度体系共开展田间指导173次，服务人数达13 827人。

3. 针对我国畜牧业生产特点，牧草体系组织编写了《现代草原畜牧业生产技术手册》系列丛书，并将此书赠送给了牧区半牧区的农牧民群众、种植养殖大户和基层草原技术人员，合计2 000套，共8 000册。同时在“草堂行”培训过程中为农牧民发放《怎样保护和利用好草原》、《主要优良饲草高产无权过问技术手册》、《青贮玉米栽培管理技术》和《苜蓿栽培管理技术》等手册及口袋书400余册；岗位科学家和试验站站长也通过其他培训途径向学员发放技术资料5 000余份。这些材料的及时发放，为普及和提高广大农牧民朋友、种植养殖大户及基层草原技术人员的生产管理水平提供了宝贵的技术指导，深受人们欢迎。

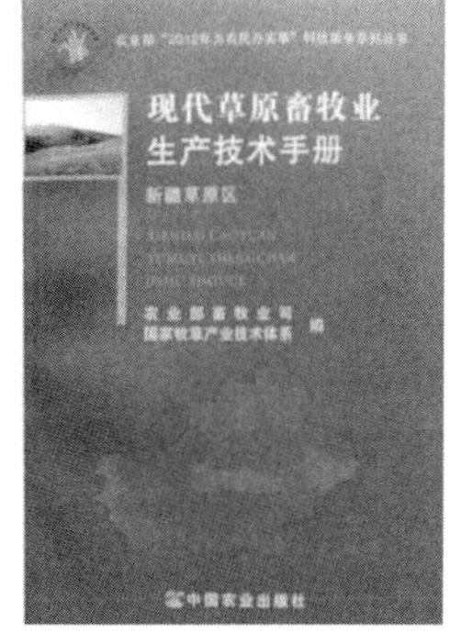

图6-1　《现代草原畜牧业生产技术手册》

（二）机制全、形式新、效果好。

1. 创建固定培训模式——“草堂行”。草堂行”是牧草体系在技术培训方面的一项重要创新，寓意为流动的牧草大课堂，即依据各地对牧草生产技术的需求特点安排不同专家进行集中授课，传授牧草生产技术。2012年先后在宁夏彭阳、新疆昌吉、内蒙古呼伦贝尔和湖北麻城开展了“草堂—盐池行”、“草堂—昌吉行”、“草堂—呼伦贝尔行”和“草堂—恩施行”四场技术培训活动，累计培训400余人次。专家们采用通俗易懂的语言并借用多媒体辅助，讲授了品种筛选、栽培技术、病虫害防治、牧草收获、加工机械等牧草生产的核心知识和适用技术，现场互动问答效果良好。

典型事例： 2012年5月29日，国家牧草产业技术体系“草堂—盐池行”牧草生产技术培训会在宁夏彭阳顺利召开。牧草体系首席科学家张英俊教授、豆科牧草育种岗位专家杨青川研究员、青贮技术岗位专家玉柱教授、中国农业大学孙洪仁副教授以及草产品加工利用岗位团队成员王光辉副教授出席了会议。参加培训会的有彭阳县县委副书记李世明、副县长杨立慧、各示范县畜牧局、牧草种植大户代表等100余人。培训内容包括优质牧草干草加工调制（玉柱）、适宜苜蓿品种选择（杨青川）、牧草（苜蓿）收获机械化技术科学利用（王光辉）和苜蓿栽培与管理（孙洪仁）。专家们采用浅显易懂的语言表达方式向农户传授先进牧草生产技术，并通过多媒体教学和现场互动问答方式进行讲解，气氛非常融洽，得到参会人员的一致好评。29日下午，由牧草体系机械设备研究室和加工利用研究室、宁夏回族自治区农牧厅共同主办，彭阳县人民政府、国家牧草产业技术体系盐池综合试验站承办的全国苜蓿小型机械收获加工现场会在彭阳县新集乡万亩苜蓿示范基地隆重召开。参加会议的有来自农业部、国家牧草产业技术体系和部分省区市的专家、企业代表，自治区、固原市相关部门领导、专家、企业代表，县四大机关分管领导、固原市五县区、海原县、同心县农机站、草原站负责人，彭阳县县直相关部门单位、新集乡群众代表。现场演示会上，机械设备研究室主任王德成教授率领团队人员就该机械的安全性和稳定性等进行一系列技术改进，现场向大家作了详细介绍。大家纷纷表示，通过此次学习，他们对牧草生产理论的掌握进一步深化，对牧草生产的积极性进一步提高（图6-2）。

图6-2 “草堂—盐池行”现场

2. 灵活采取培训形式，开展“跟踪式”培训服务。 根据培训专业、教学内容以及培训对象的不同，采取灵活的培训方式：或把培训教室放到农村，将专业老师请到田间地头，手把手地教农民如何操作，尽快让农民掌握正确的生产技能；或在培训过程中采取互动形式，提高农民对培训的兴趣。同时建立跟踪服务制度，通过跟踪服务，保持一种长期友好的伙伴关系。不定期地进行回访，及时了解农民的实际生产需求，进而对培训方法做进一步的改进，最终达到良性循环的可持续发展。

图6-3 武川培训会现场

典型事例： 通过以往对示范旗县的科技培训发现，目前开展的培训多数是在农闲时节集中培训，农忙时节不培训，而且各地均存在农民对科技培训接受能力差，意识低的问题，采用这种培训的方式，往往在农闲时搞培训参加的人数相对较多，但到了农忙时用到所学知识的时候大部分农牧民都已经忘记了，还是按照老方法老思路行事，培训起不到效果。针对这一点，2012 年 6 月 18 日，牧草体系乌兰察布综合试验站采用跟踪式的培训方式，连同武川县草原站组织农牧民及基层科技人员培训，由试验站团队成员赵和平、张三粉、孙海莲担任主讲，内容涉及武川县适宜栽培的牧草品种介绍、优良品种栽培技术、牧草收获加工技术等内容，分别通过田间技术指导、专家答疑、地头讲座培训，发放各种宣传手册等，为种草农牧户提供全方位服务，力求把新技术和良种送到千家万户，送到田间地头。

3. 行业主管部门与企业（或合作社）**、试验站一道，采取“基地＋企业**（或合作社）**＋农户”培训模式，提升农户技术水平。**联合行业主管部门（如地方畜牧局等）、企业（或合作社）和体系综合试验站力量对种养殖农户开展技术培训，充分利用各自优势，力求将培训成效最大化。首先由合作社（企业）或行业主管部门代表农户提出具体技术需求，合作社（企业）和行业主管部门共同组织农户，以试验示范基地为培训场地，试验站负责提供技术指导和材料准备。充分运用参与式培训方式，调动农户的主动性和积极性，使其从亲身参与中获得知识、技能和正确的行为方式，极大提高了培训质量和效率，解决了传统的专家讲、农民听这种培训方式的弊端。

典型事例：黄骅市羊二庄镇是苜蓿种植大镇，截至 2012 年 11 月，苜蓿种植面积达到 5.5 万亩，合作社 8 个，涉及农户 3 800 户。但由于长期的只追求产量不注重质量、只注重种不注重管的生产观念，苜蓿草产量和品质一直不高，成为限制苜蓿种植效益和种植面积扩大的根本原因。针对这一问题，黄骅市畜牧局于合兴站长、杨二庄镇王友海镇长、黄骅市茂盛园苜草种植专业合作社理事长高立强等与国家牧草产业技术体系沧州综合试验站举行了座谈会，就羊二庄镇苜蓿产业发展问题决定举办一场苜蓿种植管理与收获加工技术培训会，培训会上充分运用参与式培训方法，采取技术讲解与典型案例分析相结合的形式，从水肥管理、杂草防除、虫害防治、收获加工 4 个方面进行了现场讲解和交流互动，参加培训的农民积极性、主动性非常高，互动性非常强。经过系统培训后，根据实际测产和调查，2012 年羊二庄镇苜蓿单产平均较 2011 年提高了 22.5%，苜蓿干草粗蛋白质含量由 15.8%提高到 17.5%，苜蓿亩纯收益较 2011 年提高了 260 元。同时保证了合作社苜蓿草产品的品质，干草捆售价较 2011 年每吨提高了 120 元。

4. 实施牧草产学研联合行动计划，将科技培训带到企业。国家牧草产业技术体系与企业共同了启动“牧草产学研联合行动计划”，强调今后双方将通过多种渠道多种方式，在技术服务、人才培训、试验示范、信息交流等方面展开全方位的合作，共同推动我国牧草产业的健康快速发展。在 2012 年 5 月 26 日于宁夏银川召开的中国牧草生产技术交流研讨会上，首席科学家张英俊教授作指出，牧草体系在这次会议上，采用展板和技术成果手册相结合的形式，将自主研发的技术无偿地共享给大家，希望以此为契机，深入加强科企联系，加快产学研联合行动计划实施。

典型事例：在“牧草产学研联合行动计划”这一背景下，2012 年 3 月 24 日，应北京正道生态科技有限公司邀请，国家牧草产业技术体系委派岗位专家杨青川研究员、玉柱教授、孙洪仁副教授和李志强副教授，为正道公司科技干部进行了为期一天的苜蓿科学技术培训。培训内容包括苜蓿育种与种子生产（杨青川）、苜蓿栽培与管理（孙洪仁）、苜蓿收获与加工贮藏（玉柱）和苜蓿科学利用（李志强）。培训之前，正道公司总经理邵进翚先生面向全体科技干部征集了困惑问题 30 个，并提前发给了四位专家。因此，培训内容不仅较为系统，而且针对性很强，加之精彩的现场答疑，得到了大家的一致好评。正道公司员工纷纷反应这次培训非常重要，为他们及时“充”了一次关于苜蓿生产最新科学技术的“电”。本次正道公司苜蓿科学技术培训的成功举办为“牧草产学研联合行动计划”创造了一个良好的开端，促进我国牧草产业发展迈上一个新的台阶（图 6－4）。

图 6－4　正道培训会现场

5. 多体系之间合作培训，延长产业链条。与其他产业体系合作，共同组织开展培训活动，结合当地牧草产业及养殖业发展实际需求，延长产业链条，全面开展技术培训服务，致力于培育一批新型基层农技骨干，真正做到服务产业。

典型事例：国家牧草产业技术体系赤峰综合试验站以 2012 赤峰·中国北方农业科技成果博览会的召开为契机，在赤峰市农牧科学研究院主办下，进行了中国北方农业科技成果与技术推广新模式高层研讨会暨 2012 年国家谷子糜子、玉米、大豆、高粱、向日葵、牧草、燕麦荞麦产业技术体系赤峰联合培训会。会议邀请中国农科院北京畜牧兽医研究所、牧草体系岗位科学家杨青川研究员做了《赤峰苜蓿种植与病虫害防治》专题讲座，向与会技术人员介绍了苜蓿种植技术、苜蓿品种选择以及苜蓿病虫害防治技术，使参会的各旗县区的农牧业技术骨干受益匪浅。

图 6-5 赤峰联合培训会现场

表 6-2 2012 年度牧草体系科技服务工作统计表

形式		次数	对象	人数
室内培训	理论授课	198	综合试验站辐射带动县（乡）基层干部、农业技术推广人员；企业技术人员、牛羊养殖专业户、牧草种植示范户等	123 135
	专题讲座	31	主管畜牧业和农业科技推广的干部、基层科研人员和技术推广人员	9 810
	座谈讨论会	30	示范市（县）畜牧推广中心、农牧局、草原工作站领导，各县负责人，企业管理者，养殖户、农牧民代表	9 560
	共计	259		142 505
田间指导	现场答疑	127	当地草原站、农牧局等推广部门技术人员、乡村干部，企业技术负责人、牛羊养殖专业户、牧草种植示范户及农牧民代表	11 272
	观摩考察	32	草原工作站技术骨干、基层农技人员、农民企业负责人、农校实习生及牧草种植大户	2 144
	实践操作	14	当地畜牧局技术人员、农牧民及相关企业	411
	共计	173		13 827
业务咨询	发放技术手册	31	主管畜牧业干部、基层技术人员、种草示范户、羊牛养殖户、草业与乳业生产企业技术负责人	5 891
	提供种子及相关技术信息	33	基层技术骨干、农民合作社、企业技术人员	401
	共计	64		6 292
媒介宣传	刊登科普读物	44	赤峰日报蒙文科技版《牧草科学》专栏读者	
	录制农牧业推广节目	2	广播电台听众、电视节目观众	

二、示范带动

2012年，以加快我国牧草科技创新，提高牧草生产技术示范推广为目标，以试验站示范基地建设为抓手，在有关部门及各示范县的大力支持和配合下，示范基地建设工作取得一定进展，示范效果突出，为各地农牧民、牧草生产企业以及牧草需求单位提供了必要的科技支撑。

牧草体系依托22个综合试验站，共建立139个示范基地。2012年示范牧草生产技术55项，示范面积达198.32万亩，平均增产15%以上。其中牧草标准化生产技术中示范了粮草间套作、节水灌溉、杂草防除、干草调制等技术41项，示范面积195.66万亩；草地稳产技术示范5项，示范面积3 188亩；牧草种子生产示范技术9项，示范面积3 438亩。示范内容主要涵盖以下几方面：一是示范推广适合当地种植的牧草品种，如苜蓿、青贮玉米、燕麦、羊草、无芒雀麦、高丹草、饲用小黑麦等；二是示范推广种子生产以及优良牧草新品种选育等技术；三是试验示范牧草丰产栽培技术，像旱作苜蓿优质丰产栽培示范、节水灌溉等技术；四是牧草病虫害以及杂草防控技术；五是推广牧草青贮、干草保存等牧草加工贮存技术；六是在退化草原、荒漠化地区试验退化草地综合改良技术。

通过示范基地示范推广以及辐射带动作用，我国牧草生产不仅种植面积迅速扩大，而且在牧草优良品种培育、牧草丰产栽培模式、牧草病虫鼠害防控以及牧草加工利用等方面形成适合当地的一套成熟模式，为指导当地牧草生产、提高牧草产量、提升牧草质量等方面发挥重要作用。

（一）成果展示或应用情况。牧草体系建立的139个示范基地分布在全国各地，在不同示范基地所示范推广的内容有所区别，主要依据各地的生态气候条件以及当地畜牧业发展需求选择新技术和品种进行示范推广。

1. 2012年，咸阳综合试验站依托示范基地主要开展两项核心技术示范推广，即“草地植被自然修复机理与适度利用技术”和“农区畜牧业生态绿色养殖技术”。

（1）草地植被自然修复机理与适度利用技术。在陕西咸阳永寿县永平乡建立的山地退化草地恢复利用示范基地是西部退耕还林还草的重要区域，多年来大面积的天然草地及退耕地已还林还草，由于建造方法和技术的不合理，优良种群与牧草品种单一，致使现有植物种群适应性差，繁殖更新慢，难以形成群落，整体治理效率低。针对该区草地植被恢复中的这一关键环节和主要问题，咸阳综合试验站在渭北黄土丘陵区通过2年的实施，结合产业技术体系“十一五”以来，天然草地封禁恢复和人工牧草的引进种植，促进了草地的自然修复能力，提高了区域生态、经济、社会效益，经过自然修复的天然草地植被种数由原来的8种/平方米增加到32种/平方米；植被覆盖度由原来的30%～35%提高到90%以上；牧草产量由原来的1 100～1 700kg/hm^{2}提高到7 150～13 000kg/hm^2。推广封禁草地8万公顷，每年增收鲜草4.3亿千克，多载畜28万个羊单位，获经济效益1.4亿元；改良草地4万公顷，每年净增鲜草3.0亿千克，多载畜20万个羊单位，获经济效益1.0亿元。

（2）农区畜牧业生态绿色养殖技术。依托陕西咸阳旬邑万兴奶牛养殖场建立的以紫花苜蓿为主的高效奶牛养殖示范基地，在黄土高原中南部农区退耕还林还草、恢复植被、改善生态环境的基础上，建立分散畜牧养殖为集约化养殖，合理利用荒坡天然植被，是畜牧业的发展走“草食牧业（放牧）与农副牧业”（利用秸秆和农副产品）相结合规模化半舍饲养殖道路，充分利用农区每年生产的大量农作物秸秆。咸阳综合试验站的示范区秸秆生产2008年160.6万千克，2010年发展到211.4万千克，2011年已突破250万千克，2012年已突破300万千克，但由于饲喂方法粗放简单，秸秆开发利用极不合理，利用率仅15%～31%，损失浪费较大，并在村旁、路边、田间地头随意堆放，一是影响环境；二是污染严重；三是影响交通安全。为此，试验站结合牧草体系的工作任务，于2008年开始了秸秆青贮、微贮、氨化或制作草粉、草捆饲料等试验与示范，使秸秆的利用率提高到45%～65%。同时，还根据农村农副产品加工后，形成大量的剩余物（粉渣、夫皮、油渣、玉米渣、豆饼、豆渣等），配制混合饲料和颗粒饲料，对放牧快出栏的羊只提前15～30天增加配合饲料养殖，促进羊只的快速生长，缩短饲养期，提高出栏率。另外，还开展了两种饲草配置：第一是人工牧草（苜蓿）＋天然牧草＋玉米秸秆；第二是人工牧草（苜蓿）＋玉米秸秆的不同配置，进行牛羊舍饲养殖试验，结果是第一种饲草配置处理采食利用率牛为70%～85%、羊为65%～87%；第二种饲草配置处理采食利用率牛为80%～90%、羊为72%～88%，这样出栏的胴体羊，饲养周期短，饲料消耗少，产品率高，羊肉鲜嫩无膻味，市场竞争力强，经济效益高。该项养殖技术不仅缓解了草地压力，促进了退化草地植被的快速恢复与重建，又为畜牧业发展奠定了基础。因此，这一研究技术的提出与实践是将恢复植被、改善生态环境与分散养殖为集约化养殖的有机结合，也是实现草地产业化开发与生态环境协调发展的有效途径。目前，示范基地坚持走“草地牧业与农副牧业”相结合的半舍饲养殖道路，调整和改变单一的农业经营为农牧结合型生态系统，围绕市场经济发展区域特色产业—草畜业，从根本上解决群众的生存与发展，生态环境建设与产业化开发协调发展的关键与核心技术问题，为区域农牧业的战略性调整和农村经济建设探索出一个新的模式，为国家和地方决策部门提供了科学依据。通过示范，该成果在同类型区已建立了示范样板养殖户150户，并取得了成功的经验和配套技术措施，对黄土高原及其我国同类型地区农区畜牧业的发展具有重要的现实意义、实用价值和推广应用前景。

2. 2012年，赤峰综合试验站在辐射旗县建立相关试验示范基地进行相关核心技术应用，具体情况见表6-3。

表6-3 2012年度赤峰综合试验站示范基成果应用情况表

建设地点	示范田类型	应用核心技术
赤峰市阿鲁科尔沁旗绍根镇	优质苜蓿干草生产示范基地	1.25个苜蓿品种筛选展示示范 2. 苜蓿不同播种期及播种方式示范 3. 应用饲用谷子保护播种技术示范 4. 节水灌溉苜蓿优质丰产栽培模式 5. 苜蓿低损耗、加工贮藏与利用技术示范
赤峰市巴林左旗查干哈达苏木	苜蓿标准化生产示范田	节水灌溉苜蓿优质丰产栽培模式示范
赤峰市林西县林西镇	旱作苜蓿优质丰产栽培示范基地	优质、高产、高效相同步的旱作栽培技术模式示范
赤峰市克什克腾旗达里镇	杂花苜蓿优质丰产栽培示范基地	优质杂花苜蓿品种展示及栽培技术模式示范

3. 乌兰察布综合试验站。结合2012年度重点工作任务，在示范基地进行了不同的品种展示及应用技术示范，对品种与技术的推广，以及当地畜牧业的发展起到了积极的推动作用，所涉及的主要品种及应用技术如下：

（1）华北驼绒藜。“乌兰察布型”华北驼绒藜是采集内蒙古四子王旗荒漠草原野生的华北驼绒藜种子，经10余年引种驯化栽培选育而成。“乌兰察布型”华北驼绒藜为藜科驼绒藜属多年生旱生半灌木，植株高大，株高90～150cm，抗旱、耐寒、耐土壤瘠薄，是生态改良、水土保持的优良牧草，利用年限达20年以上。该品种在营养生长和花果期粗蛋白含量在12%～17%，肉羊采食试验表明自由采食率达到78.9%，是羊、牛和骆驼四季喜食牧草。

（2）蒙古冰草。内蒙古冰草为禾本科多年生疏丛型禾草，株高20～80cm，茎叶较柔软，适口性好，营养价值高。花期含粗蛋白9.66%、粗脂肪2.83%、粗纤维43.36%、无氮浸出物26.88%、粗灰分5.65%。返青早，枯黄晚，青绿持续期长，干草产量3 000～5 000 kg/hm^2，种子产量450kg/hm^2。寿命较长，生态适应性广，具有极强的抗旱、耐寒、耐风沙、耐瘠薄等特性，适宜在我国北方年均降水量200～400mm的干旱、半干旱地区种植推广。

（3）四行一带技术。四行一带技术是“四行”华北驼绒藜与“一带”冰草相间种植。“四行”华北驼绒藜采用机械开沟，人工种植幼苗技术，开沟深度为30cm，华北驼绒藜行间距为1.2m，株间距为0.5m；“一带”冰草采用免耕种植技术，播种深度3～4cm，播种量为1.5千克/亩，冰草行间距为35cm，“一带”的宽度为6m。此种植技术不但提高了草地生产力，增加了群落生物多样性，而且还改善了土壤特性。

（4）柠条-豆科牧草间作技术。察哈尔右翼后旗示范县在建植柠条时，通过播前破土、播后覆土地面处理，且在带之间种植多年生豆科牧草沙打旺、草木犀等，形成柠条-豆科牧草间作，在使用这些关键技术后，柠条的发芽率可提高到85%，在提高草产量的同时合理利用了有限的土地资源。

4. 沧州综合试验站。通过示范基地建设，加大对牧草新品种、牧草栽培管理技术及收获加工技术的示范推广作用，主要体现在：

（1）苜蓿优质高产新品种示范。在对试验站55个苜蓿品种的连续多年的观察与监测，从中选定中苜一号、中苜三号、皇后、WL-323为沧州地区适宜品种。2012年9个示范基地新播种苜蓿9 600亩，其中春播面积4 500亩，秋播面积5 100亩，其中85%的面积采用的品种为中苜一号，10%的面积采用品种为WL-323，从春播苜蓿单产（干草）来看，示范品种较其他品种平均增产23.58%，起到了较好的示范效果。

（2）苜蓿专用肥示范。试验站联合河北省肥尔得肥料科技开发有限公司于2009年研发出苜蓿专用肥，并于2010年、2011年连续2年在试验站做了施肥试验，取得了很好的施用效果。2012年在同等施肥制度下，在9个示范基地进行了苜蓿专用肥示范，应用面积5 900亩，示范田较生产田苜蓿单产（干草）平均提高17.5%，亩增效135元。

（3）苜蓿杂草防治技术示范。沧州地区苜蓿田主要杂草为狗尾草、马唐、灰绿藜、马齿苋和反枝苋，主要在第二茬和第三茬苜蓿危害严重。苜蓿杂草防治示范技术分为（春季）播后地表封闭处理和苜蓿生长期茎叶处理2种技术方式。2012年选取示范基地春播苜蓿地4 000亩作为播后地表封闭处理杂草防治技术进行了示范，其中48%氟乐灵乳油2 500mL/hm^2处理杂草防除率达到98.5%，48%氟乐灵乳油1 300mL/hm^2+48%地乐胺乳油1 300mL/hm^2杂草防除率达到96.8%，较对照田杂草防除率分别提高了11.05%和9.13%。在示范区选取3年苜蓿地5 000亩进行了生长期茎叶处理杂草防治技术示范，施药期在杂草三叶期进行，选取的除草剂为2，4—D丁酯和拿捕净，两者同时使用，根据田间调查，示范田杂草总的防除率达到95.5%，较对照田提高9.3%。

（4）苜蓿虫害高效防控技术示范。根据示范基地常年监测，沧州地区苜蓿害虫主要有蚜虫、蓟马、苜蓿夜蛾、盲椿象、金龟甲、棉铃虫、草地螟、红蜘蛛、绿芫菁、潜夜蝇、象甲、小地老虎。其中蓟马、盲椿象、蚜虫、苜蓿夜蛾、棉铃虫危害最为严重。苜蓿害虫种类、危害高峰期以及危害程度见表3。2012年，试验站与河北省农林科学院植保所潘文亮研究员合作，在示范基地开展了苜蓿蓟马、盲椿象、蚜虫、苜蓿夜蛾、棉铃虫的安全防控技术示范，示范田面积6 000亩。所用农药均为生物型农药，防控技术主要包括预测预报、药剂使用两个环节。根据田间调查，采用虫害安全防控技术的苜蓿田5种虫害的防效平均达到92.6%，较对照田提高14.5%。不仅达到了防虫的高效，而且保证了用药的安全性。

表6-4　沧州地区苜蓿田主要害虫发生调查表

害虫种类	危害高峰期	危害程度
蚜虫	6月上、中旬	++
蓟马	5月上旬～9月中旬	+++
苜蓿夜蛾	7月中旬～8月	++
盲椿象	6月中旬、7月下旬～8月上旬	+++
金龟子	5月上旬～6月上、中旬	+
棉铃虫	6月下旬～8月上旬	++
草地螟	6月下旬、7月上旬、9月上旬	+
红蜘蛛	5月上旬～7月上旬	+
绿芫菁	6月中旬～7月上旬	+
潜叶蝇	5月上、中旬	+
叶象甲	5月中、下旬	+
小地老虎	5月中旬～6月上旬	+

注：危害程度分级：+轻度，++中度，+++重度

(5) 苜蓿优质收获加工技术示范。为实现苜蓿高产优质高效，2012年沧州试验站与现代草业公司、孟村红日草业公司合作，在示范基地开展了苜蓿优质收获加工技术示范，示范面积12 000亩，苜蓿刈割期为现蕾末期，机械采用刈割压扁机和田间捡拾打捆机，根据最终测定，苜蓿干草捆粗蛋白质含量达到19.1%，干物质损失率降低到1.2%。苜蓿优质收获加工技术示范的成功，解决了多年来障碍本区域苜蓿高产优质高效的技术瓶颈。

5. 依据示范基地建设要求，资阳综合试验站在所建立的6个牧草示范基地内对牧草科技成果进行展示和应用情况体现在：

(1) 优质牧草标准化生产关键技术集成。一方面在示范基地内开展青贮玉米、多花黑麦草和扁穗牛鞭草丰产栽培技术试验示范，示范区优质牧草产量提高10%以上。另一方面在示范基地内开展青贮玉米、高丹草、黑麦草轮作、间作、草田轮作等栽培模式，田间杂草控制、水肥高效耦合调控技术试验示范，示范区劳动成本降低10%以上。

(2) 优质、高产牧草新品种选育。在资阳试验基地建立牧草种质资源圃，从国内外引进优质牧草种质资源205份，其中包括多年生禾本科牧草38份、豆科牧草62份，其他多年生牧草30份，一年生禾本科牧草75份；在洪雅示范县开展优质牧草新品系试验示范，主要是豆科牧草白三叶、红三叶和箭筈豌豆，从栽培技术、田间管理、病虫害防治等方面进行高产栽培技术示范。

(3) 禾本科牧草提质高产关键技术集成。在示范基地开展了黑麦草丰产栽培技术及栽培模式试验示范，集成了适应不同生态区特点的高产、优质、高效相同步的黑麦草栽培与管理体系。并在富顺、宣汉和雁江区开展林-草及果-草间作、粮草间套轮作模式。

(4) 优质牧草机械化生产技术集成与示范。在简阳市示范基地引进青贮圆捆裹包机，示范区开展秸秆青贮，形成生产、销售于一体的模式，已建立配送中心。该种青贮方法极大地提高了秸秆利用率，降低了劳动成本，每吨青贮料销售价格在470～500元，除去成本，每吨利润在200元左右。

6. 根据示范基地建设要求以及在相关对接岗位专家的指导下，盐池综合试验站在不同示范基地内重点开展了以下成果展示或应用：

(1) 宁夏农垦贺兰山茂盛草业公司核心区示范基地。

①系统开展苜蓿品种的比较试验和展示。2011—2012年先后开展了苜蓿品种比较试验、美国苜蓿品种比较试验、灌溉地苜蓿品种区域试验，试验品种37个，选择本区域大面积种植和审定的8个苜蓿品种进行了大区展示，为本区域苜蓿生产的品种选择和应用提供了重要的技术支撑。

②开展高产优质苜蓿品种的适应性管理技术试验。与栽培岗位专家孙启忠研究员对接开展该项试验，选择了3、4、5、6不同休眠级的8个品种，2011年建植，2012年进行了越冬率、生长性状、草产量及草产品质量的综合调查和分析，以期建立宁夏灌溉地高产优质苜蓿品种及其管理技术。

③开展苜蓿施肥技术试验和成果展示。2011—2012年系统开展了苜蓿平衡施肥技术、根瘤菌剂筛选及与施肥关系、测土配方施肥等技术试验，并根据苜蓿土壤养分测试结果和目标产量，开展了苜蓿测土配方技术成果展示，对2012年茂盛公司2 000亩新种植苜蓿进行了测土配方施肥方案的制订和技术指导。

④进行苜蓿病虫害系统监测和虫害防治技术应用。在示范县茂盛草业公司建立了一个苜蓿病虫害系统监测点，4～9月开展了每期10天的苜蓿病虫害系统监测。根据苜蓿蚜虫和蓟马的发生情况和防治指标，4月28日采用30%吡虫啉微乳剂3 000倍对整个核心试验区苜蓿蚜虫进行了防治，对蓟马发生较重试验地采用2.5%氟氯氰菊酯微乳剂1 500倍进行及时防治，防效均达到90%以上。

⑤配合开展优质苜蓿草低损耗收获加工技术试验应

用。2011—2012年配合加工研究室主任、内蒙古农业大学贾玉山教授在核心试验区主要开展了优质苜蓿适时收获技术试验、苜蓿干草低损耗调制加工技术试验、苜蓿干草打捆及安全贮藏四项技术试验，并对示范基地苜蓿草的收获加工进行了技术指导。

（2）宁夏农垦贺兰山茂盛草业公司灌溉地优质苜蓿标准化生产技术示范基地。

①指导示范基地开展苜蓿新品种及标准化生产综合技术的应用指导企业示范基地茂盛草业公司采用休眠级3～4级、抗寒级1.5～2的优质苜蓿品种“皇冠”、“WL343”，并集成配套优质苜蓿标准化生产综合技术，示范面积2 000亩。

②指导示范基地开展苜蓿草田轮作技术示范。针对企业苜蓿种植土地紧张的现状，通过对引黄灌区作物种植和不同草田轮作模式的调研和比较，制定了“4年苜蓿1茬→青贮玉米→春小麦→夏苜蓿”的草田轮作模式，实现了两年内轮作两茬禾本科作物，并可达到最高经济效益，2011—2012年示范面积700亩。

③进行了苜蓿病虫害防治技术应用。根据苜蓿病虫害系统监测结果，结合防治指标，4月28日指导示范基地进行苜蓿蚜虫和蓟马防治，防治面积5 000亩；6月21指导示范基地采用4.5%高效氯氰菊酯3 000倍液对苜蓿蓟马进行了防治，防治面积2 000亩。

（3）宁夏惠农卉丰草业公司灌溉地优质苜蓿标准化生产示范基地。

①指导企业开展苜蓿新品种应用技术示范，种植品种为皇冠，面积1 000亩。

②根据土壤养分测试结果，分别为公司位于燕子墩乡上宝闸村1 740亩和简泉农场2 715亩的农业部高产优质苜蓿示范基地制定测土配方施肥技术方案，指导企业进行田间合理施肥。

（4）吴忠市盐池县高沙窝镇南梁村退化草原改良技术示范基地。在示范县盐池县高沙窝镇南梁村退化草原改良技术示范区指导开展了退化草原补播改良技术示范。在2011年对现有不同模式草原改良区及示范区植被、土壤等指标系统监测的基础上，开展退化荒漠草原补播改良技术试验，完成了试验区100亩地的浅翻补播试验、深翻补播试验和免耕补播试验，并开展了以沙打旺、草木犀、蒙古冰草、甘草、杨柴、胡枝子等不同草种按不同比例播种的混播模式。以此为示范带动，指导自治区草原站在盐池县开展浅翻补播、深翻补播和免耕补播等模式的示范，指导示范6万亩。

（5）固原市原州区三营镇农科村旱地优质苜蓿标准化生产示范基地。

①开展旱地苜蓿品种比较试验和展示。在杨青川研究员的指导下，并同美国蓝德雷公司合作，开展了14个品种的旱地苜蓿品种比较试验和展示。

②进行苜蓿病虫害系统监测和虫害防治技术示范。在示范县原州区三营农科村建立了一个苜蓿病虫害系统监测点，4～9月开展了每期十天的苜蓿病虫害系统监测。5月6日指导示范基地采用4.5%高效氯氰菊酯3 000倍液对第一茬苜蓿蓟马及时进行了防治，防治面积5 000亩，防治效果达90%以上。6月中旬指导示范基地采用10%吡虫啉乳油防治蚜虫和4.5%高效氯氰菊酯乳油防治苜蓿蓟马，防治面积2 000亩，药后7天和14天的防治效果均高于90%。

（6）固原市彭阳县新集乡马洼村苜蓿低损耗机械加工示范基地。

5月下旬配合机械设备研究室王德成教授团队在示范县彭阳县新集苜蓿示范基地，完成小型刈割压扁机的作业效果和草产品质量的测试工作。5月29日下午在示范基地召开小型刈割压扁机的现场演示，比较了小型自走式苜蓿刈割压扁机与人工背负式割草机、人工刈割三种不同刈割方式的苜蓿草干燥效果以及草产品粗蛋白、水分散失率等指标以及作业效果。其中，小型自走式苜蓿刈割压扁机水分散失率为0.84%/h，减少粗蛋白损失2.4个百分点，生产率40亩/天，作业成本仅13.05元/亩，远远优于其他两种刈割方式。

（二）示范基地建设成效。

1. 增产增收情况。通过示范基地示范推广以及辐射带动作用，我国牧草生产不仅种植面积迅速扩大，而且在牧草优良品种培育、牧草丰产栽培模式、牧草病虫鼠害防控以及牧草加工利用等方面形成适合当地的一套成熟模式，为指导当地牧草生产、提高牧草产量、提升牧草质量等方面发挥重要作用。

典型事例：呼伦贝尔综合试验站在额尔古纳县建立了牧草生产示范基地，目前示范基地建有苜蓿、羊草种植示范基地4 500余亩，其中苜蓿种子生产基地500亩。年初，示范基地架设了喷灌设施。进行了3次喷灌，每次喷灌量15mm左右，共计约50mm。5月初开始喷灌，每20d左右喷灌一次。灌溉对当年牧草的增产效果显著。2010—2012年苜蓿＋羊草＋一年生谷草产量比较如下图所示。灌溉后的干草产量可达500千克/亩，牧草产量明显增加（图6-6）。

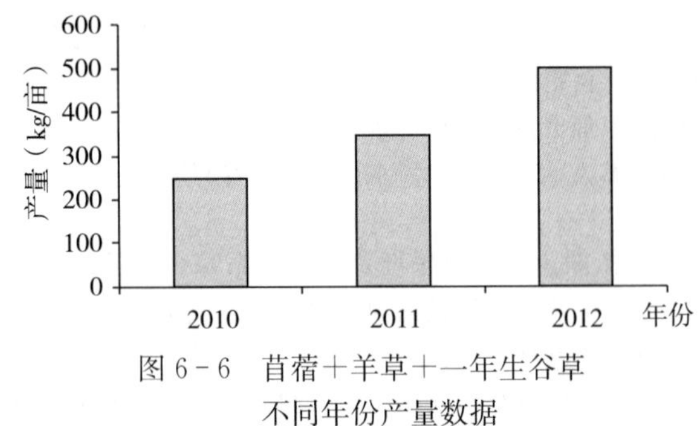

图6-6 苜蓿＋羊草＋一年生谷草不同年份产量数据

2. 防灾减灾及动植物疫病防控情况。牧草体系通过全国各地建立的139个牧草生产示范基地的示范、试验及技术推广等措施，在应对牧草产业自然灾害、病虫鼠害等方面发挥重要作用，主要体现在以下几方面：

（1）应对牧草病虫鼠害危害，示范综合防治措施，减少牧草生产损失，提升牧草质量。

（2）应对降雪灾害，利用边际土地示范牧草种植为冬季提供饲草，保障草原区冷季舍饲畜牧业发展。

（3）应对水土流失，在山地和退化草地示范推广不同牧草栽培技术，完善牧草种植模式，提高植被盖度，有效地防治了水流失并对改善生态环境。

典型事例：2012 年青海综合试验站同德牧草良种繁殖场共发生小地老虎面积达 7.4 万亩，平均虫口密度 184 头/平方米，最高达 420 头/平方米，示范基地成立专项防治小组，通过对小地老防治药物进行筛选并指导药物灭除，本年度防治了小地老虎虫害 7.4 万亩。

3. 区域特色突出。牧草体系各试验示范基地在建设与运行过程中，突出区域特色，不同示范基地依据当地牧草生产实际情况，与地方生产发展重点紧密结合，积极推动新技术、新模式示范推广，在节约土地资源、节省劳力、减少成本投入方面效果显著。

典型事例：河北地区冬春季节大批土地闲置，为科学合理利用大面积的冬闲田，衡水综合试验站依托建立的示范基地，试验示范种植一年生越冬性牧草如饲用黑麦、小黑麦，并形成两种栽培技术模式，饲用黑麦与棉花一年两作复种栽培模式和林草间作（饲用黑麦）栽培模式。既提高了土地资源的利用率，又解决了畜牧业春节饲草短缺的矛盾，经济效益显著。通过对以上两种技术示范的经济效益分析得出，种植饲用黑麦，每亩投入 200 元，包括：播种、种子、肥料、灌溉、刈割的费用，每亩收草 4 000 斤，每斤草 0.1 元，亩纯收入增加 200 元。同时通过饲用黑麦的种植有效的增加了冬春季节的地面覆盖，防止沙尘，也取得了良好的生态效益。

（三）运营管理机制创新。

1. 产学研联合行动计划。牧草体系与国内外苜蓿生产企业组织开展“产学研联合行动计划”并签名。联合项目包括体系的部分研究课题可放在企业开展，企业需要解决的相关技术问题与区域综合试验站联合进行攻关，将体系的重点任务与企业的研发需要有机结合，达到双赢；与企业合作，建立土壤、肥力、草产品质量检测技术体系，并制定相应标准；企业向体系提供土壤与施肥、牧草产量，市场销售、病虫杂草发生情况等有关资料，作为体系诊断企业牧草生产问题的依据。依据产学研联合行动计划，今年各试验站选择试验示范基地过程中，部分实验基地均建在当地牧草龙头企业生产基地内，像盐池综合试验站依托宁夏农垦贺兰山茂盛草业公司建立的灌溉地优质苜蓿标准化生产示范基地、乌兰察布综合试验站依托包头市草原百盈农牧业发展有限公司建立的示范基地、咸阳综合试验站依托陕西咸阳旬邑万兴奶牛养殖场建立的示范基地等。

按照产学研联合计划安排，牧草体系于 2012 年 5 月 25～28 日在宁夏联合承建示范基地的牧草企业、科研单位人员召开“中国牧草生产技术交流会暨产品展示会”（图 6－7）将体系成熟的牧草生产技术集结成册免费发送给示范基地所在企业，促进牧草体系生产技术示范推广。

图 6－7　中国牧草生产技术交流会暨产品展示会会议现场

2. “基地＋企业”示范模式。盐池综合试验站根据自身定位，坚持“科技与产业推广部门、企业紧密结合”的运行机制，将盐池综合试验站、宁夏草原工作站、草业龙头企业（贺兰山茂盛草业公司、石嘴山市卉丰农林牧场、彭阳县荣发农牧有限责任公司、固原荟峰草业公司等）紧密联合起来。仅一年多的时间在试验示范区区开展了一系列的试验研究和技术集成，在体系育种研究室的岗位专家指导下，开展了苜蓿品种比较试验和区域试验、龙牧 801 的繁种等工作；在栽培管理研究室岗位专家的指导下，开展了高产栽培管理和高效施肥技术试验、草田轮作、退化草原改良等工作；与加工利用研究室岗位专家联合开展了优质草产品低损耗收获加工技术试验；在病虫害防控研究室的岗位专家的支持下开展了病虫害生物防治技术试验；和机械研究室联合开展了适合山坡地的小型苜蓿刈割压扁机械的研制和演示工作；产业经济研究室专家则通过对宁夏牧草产业的调研提出了宁夏牧草发展模式。站企合作模式建立不到两年来，已经在牧草产业技术开发、推广应用、农民和企业增收方面取得了显著成效，站企合作和岗站对接机制正在成为牧草产业技术体系发展的有效模式，展现出良好的发展势头。

3. 依托当地草原站等推广体系推进示范。与当地畜牧局、草原站等推广部门紧密结合，展示的牧草品种与其大力推广的高产优质品种保持一致，示范技术也紧密结合该县畜牧生产实际，这样就把基地工作与当地技术部门和该县工作重点有机结合在一起，提高了工作的统一性和融合度。再加上有针对性的技术培训，各示范基地的运行效果均较明显，真正体现了示范基地建设的目的。

太原综合试验站示范基地自启动以来，就与省行业主管部门省农业厅牧草工作站、省生态畜牧产业管理站及相关市牧草站紧密合作，坚持把示范基地建设与省里各项技术培训工作紧密结合起来，坚持一切从实际出发，贴近农村牧草产业及养殖业发展实际，贴近农民思想实际，着力在求实效上下功夫。太原综合试验站积极配合规模养殖企业建设示范推广基地，充分利用省现代农业示范园区和标准化规模养殖场建设的契机，积极参与大同、晋中、运城等3个现代农业示范园区和全省10个现代农业示范县的现代畜牧业示范园区建设，组织开展了形式多样的科技培训、科普宣传、咨询服务等活动，向广大农民群众发放通俗易懂的实用技术小册子，普及种草养畜科技知识，推广实用技术，提高农民的种草养畜知识，积极推广体系取得的新技术和成果，努力为种养企业牵线搭桥，传递市场需求信息，示范效应日益扩大，取得了明显成效，示范基地建设呈现出快速发展的良好态势，为促进当地农业增效、农民增收和农村经济社会全面发展，作出了一定贡献。

4. “基地＋公司＋农户”的示范模式。乌兰察布综合试验站固阳示范基地采取了“基地＋公司＋农户”的运行模式，示范基地依托于包头市草原百盈农牧业发展有限公司建设。公司投资开发的集种植、养殖、屠宰、科研、深加工及销售为一体的综合性农牧业产业化项目，利用示范基地的科研力量，提高种植效益；同时基地和公司联合在周边农牧户推广苜蓿种植，农户负责苜蓿种植，示范基地和公司则组织农户统一购买种子、化肥、农药，为农户提供苜蓿种植技术指导；苜蓿收获时，公司为农户提供有偿机械收获服务；农户收获苜蓿后交给公司，由公司统一加工、利用、销售。“基地＋公司＋农户”的运行模式，示范基地可以有效运作，公司和农户也获得了一定的经济收益。

5. 联户示范模式。乌兰察布综合试验站四子王旗示范基地没有流转土地进行牧草种植示范，是联合当地牧户开展示范工作，牧民朝勒孟等六户承担实施1 500亩的紫花苜蓿示范种植。牧户提供土地、人力，示范基地提供专业技术服务，提高种植效益。示范基地依托于牧户，解决了示范基地建设资金短缺问题，同时也提高了牧户的种植效益，而且有利于在当地推广种植。

三、重大技术

1. 获得早熟苜蓿和抗蓟马苜蓿新品系。

（1）早熟苜蓿新品系是以中苜2号、中苜1号苜蓿品种早熟高产的优异材料为亲本，经过三代混合选择，获得了早熟高产苜蓿新品系。该品系根系发达、叶量多，具有春季开花早、再生快、产草量高等优点。以中苜2号苜蓿品种为对照材料，获得的早熟材料提早开花约15天左右，产草量提高10%左右。适合在华北黄淮海及其类似地区推广种植。

（2）蓟马常造成我国北方苜蓿20%～50%的产量下降和质量损失，通过抗蓟马苜蓿资源的收集，经多代评价筛选，于2012年获得抗蓟马苜蓿新品系。该品系具耐害性高、生长速度快、再生能力强，产量高等特点，比对照主栽品种甘农3号蚜害指数低14.41个百分点，比阿尔冈金低15.34个百分点，比甘农3号和阿尔冈金分别增产20.02%和14.22%。

2. 获得苜蓿杂交不育系材料。在发现并扩繁苜蓿不育系的基础上，在2011年配制苜蓿杂交组合159个基础上，2012年又配制苜蓿杂交组合228个，F_1代产量和其他性状表现明显突出。在对F_1代不育性状的调查中，找到了不育特性保持较好的几个组合，不育株率在80%以上，不育率在95%以上。保持系材料的获得，为苜蓿杂交种选育奠定良好基础，预计在“十二五”末完成苜蓿杂交种“三系”配套工作，并提交杂交种进入国家牧草品种区试网。

3. 获得热带地区优良柱花草株系（TPRC—2001—1）。通过航天育种技术选育高产、抗病、抗逆的柱花草株品系。2012年选育出TPRC—2001—1柱花草株系，其主要特性为：

（1）分枝多、叶量大。

（2）耐铝胁迫，为耐铝基因型。TPRC2001—1具有与水稻耐铝品种XN1相当的超强的耐铝能力，而原始对照柱花草品种对铝敏。

4. 首次发现苔草新种和苜蓿细菌性种传病害。首次在全世界发现牧草新种吊罗山苔草（Carex longipttiolate），该牧草为宽叶型、价值很高的优良饲草。首次在全世界报道了苜蓿种带细菌欧文氏菌（Erwinia persicinus）（Plant Disease，2012）及阴沟肠杆菌（Enterobacter cloacae）（European Journal of Plant Pathology，2012），这两种病害可引发苜蓿芽腐病，导致苜蓿幼苗腐烂、影响建植，苜蓿细菌性种传病害的首次发现和报道，为进一步病虫害防治研究工作提供了支持。

5. 研制出苜蓿杂草防除技术。针对新疆典型区域，开发了一种适用于苜蓿幼苗防除杂草的有效方法，其药剂配方为33%二甲戊灵乳油，用量为1 500mL/hm²、2 250 mL/hm²、3 000 mL/hm²，经200、250、400倍的水稀释后，在积雪融化期，温度为0℃以上，实施机械喷施即可，当积雪与药液充分混合及融化后形成了毒土层，其防除率达到75%以上。在黄淮海和鄂尔多斯地区研究了不同茬次苜蓿刈割后杂草的发生规律，针对苜蓿地中不同种类杂草确定了各等级杂草除草剂配合使用方法，若苜蓿地只有单子叶杂草，可在禾本科杂草3～5叶期，苜蓿2～3片三出复叶期喷药，可选用喷施的禾草除草剂种类有：烯草酮（收乐通），烯禾啶（拿捕净），精稳杀得，精禾草克（精喹禾灵，苜蓿净），高效盖草能乳油等；若苜蓿地里同时有大量的双子叶杂草（阔叶草，莎草科杂草），可在一年生阔草2～4叶期，鸭跖草3叶期，多年生阔草最好在8叶期前喷药，选用的阔草除草剂主要有：苯达松（排草丹、灭草松）水剂。该技术确定了兼防禾本科杂草、阔叶杂草、莎草类杂草的配方，建立了苜蓿田杂草防控技术体系。

6. 设计完成苜蓿施肥决策支持系统。在赤峰、青岛、沧州试验站开展为期两年的紫花苜蓿肥料联合试验支持下，结合2012年对我国主产区紫花苜蓿大田生产情况的调研等，设计完成了苜蓿施肥决策支持系统。苜蓿施肥决策支持系统是由三个模块和一个知识库组成：

①营养诊断模块：通过土壤测试、组织分析和表观诊断确定土壤养分状况和植物营养状态；②养分需要量计算模块：根据目标产量及单位产量营养物质需要量确定施肥量；③配方施肥模块：根据肥料特点、营养物质含量及价格进行配方施肥；④土壤肥料知识库：包括：a 主要营养元素作用以及紫花苜蓿需求特点；b 土壤检测、表观诊断、植物组织分取样方法及注意事项；c 常见肥料有效成分含量，使用注意事项等；d 土壤与肥料术语解释等。苜蓿施肥决策支持系统设计成功，实现了土壤和植物营养状态的土壤测试、组织分析和表观诊断三个方面的综合诊断；实现了不同肥力土壤的推荐施肥模式优化；在集成营养诊断、养分需要量测算以及肥料信息的基础上，实现了苜蓿优化施肥方案。同时配套编制了苜蓿施肥决策支持系统软件。

7. 研制出天然牧草青贮生物添加剂。2012 年，从 35 种天然牧草中分离得到乳酸菌菌株 93 株，经鉴定和筛选获得具有优良发酵性能的乳酸菌菌株 8 株，通过回接试验结果发现，上述 8 株乳酸菌菌株能够改善羊草、针茅以及天然混合牧草青贮饲料的发酵品质和营养价值。针对 2 株乳酸菌菌株株采用冷冻干燥技术将其粉剂化，目前研制出了可便于生产的粉剂化中试产品。

8. 创建不同区域粮草间套作生产技术模式。在四川，集成丘陵区旱坡耕地粮草高效栽培模式及保土种植技术，其农区主要以丘陵为主，大部分为紫色土，土壤结构不稳定，易造成水土流失，为控制紫色丘陵区旱坡耕地水土流失，开展了饲草栽培模式系列研发试验，形成了丘陵区旱坡耕地粮草高效栽培模式及保土种植技术。其中饲草植物篱保土种植技术获国家发明专利，横坡分带间耕节水保肥轻简耕作方法已申请国家发明专利。这项技术目前已在四川省绵阳、南充、宜宾、巴中、资阳、自贡等地区进行了大面积推广和应用，达 2 683.20万亩，新增纯收益 20.20 亿元，社会和生态效益显著。在新疆拜城县和乌什县建立了冬小麦与草木樨套种模式，2012 年套种草木樨面积达 20 万亩，草木樨干草产量 550 千克/亩，亩收益 1 000 元以上；应用冬小麦与苜蓿套种混播，收益 750 元/亩。在渭北高原地区建立了立体配置模式，塬地苹果—三叶草、苹果—红豆草配置模式和山坡地柿子—苜蓿、柿子—红豆草、核桃—苜蓿配置模式。

9. 创建高寒草地免耕改良配套技术模式。以自主研发的“高寒草地免耕改良技术”为核心，根据草地退化程度和成因，因地制宜，突出关键技术，注重系统设计，配套集成，分别对植被稀疏型采取“封育＋补播＋施肥”；鼠虫危害型采取封育＋灭鼠灭虫＋补播＋施肥；毒杂草型采取封育＋除杂＋补播＋施肥，同时制定了相应的后续技术和管理措施，2012 年，该项技术应用于若尔盖县热尔大坝草地退化最严重地带，示范面积达 5 万亩，草原植被盖度由原来的 60%恢复到 90%以上，鲜草产量由原来的 120 千克/亩提高至 400 千克/亩，增产达 3 倍以上，大规模草地改良成效显著，在青藏高原地区尚属首例，为我国在高寒牧区重点生态功能区实施财政转移支付补助项目提供了有效的技术途径和运作模式。

10. 编制牧草捡拾打捆机打结器零件 SOP 标准工作程序。2012 年完成打结器零件 SOP 标准工作程序的编制工作，并在 SOP 的指导下改进的了打结器的加工工装、校正工装，提高了打结器的生产效率和品质，为打结器的批量生产提供了坚实的基础。SOP 标准工作程序编制前，总结了以往加工中的经验和教训，细分了每个零件的工序、工步，从工人、设备、毛坯进行标准作业程序的制定，严格限制了每一道工序所使用的设备、刀具等，既保证了零件加工过程中的质量控制，也能在更换操作工人的情况下保证零件加工的精度。

11. 自走式苜蓿刈割压扁机通过检测鉴定。自走式苜蓿刈割压扁机实现了整机优化，于 2012 年 5 月和 11 月先后通过农业部农业机械试验鉴定总站和河北省农业机械鉴定站的检测鉴定，鉴定结果表明各项性能技术指标均达到国家标准。该机自带动力自走作业，采用倾置圆盘与异形割刀、四杆机构与浮动弹簧、人字形胶辊与力调节装置等结构，整机结构紧凑、运移便捷、操作灵活、随地仿形、割茬高度可调，能够一次完成苜蓿的刈割、压裂茎秆和铺放草条的作业工序，非常适合丘陵山地等小规模种植需求。现该机已投入小批量生产。

四、其他课题

1. 按时完成农业部委托的“2012 年为农民办实事”任务。组织体系专家和其他畜牧有关专家共同编写，历时半年，完成了《现代草原畜牧业生产技术手册》系列丛书的编写工作。该丛书分为蒙甘宁干旱草原区、东北华北湿润半湿润草原区、青藏高寒草原区和新疆草原区 4 个分册，内容围绕各草原区天然草地改良、人工草地建植、饲草料加工贮藏、主要畜种科学饲养技术等编写，各分册充分发挥草地和牧草等相关生产技术在牧区半牧区草食家畜饲养中的重要作用，同时借助具体案例说明其在转变草原畜牧业生产方式和科学饲养技术上的应用，采用图文结合的表现形式，通俗易懂。今年 9 月，赴内蒙古达茂旗参加了农业部畜牧业司主办的“科技入户 兴草兴牧”科技下乡活动，向当地牧民群众、种植养殖大户和基层草原技术人员赠送了该手册，将草原畜牧业生产技术传播到了广大农牧民手中。

2. 协助农业部制定规划。积极协助农业部畜牧业司和奶业管理办公室制定草食家畜发展规划，初步完成了“全国奶业发展规划”和“全国牛羊肉发展规划”编撰任务，为带动畜牧业发展提供建议和措施；全力参与扶持苜蓿产业发展的各项工作，及时向农业部畜牧业司草原处提交了“我国苜蓿草的供给与需求情况”调研报告，为农业部、财政部和国家海关总署联合制定扶持和保护我国苜蓿产业发展规划提供理论依据；向农业部畜牧业司等主管部门提交了“构建我国‘粮＋经＋饲＋草’四元种植结构”“草畜一体化发展模式的思考”等4份研究简报，为加快农业产业结构调整，推进畜牧业转型和升级提供政策参考。

3. 继续执行农业部酒泉基地建设计划。根据去年新建200亩苜蓿标准化生产示范田和资源圃计划，体系高度重视，认真对待，首席科学家亲自上阵，率领岗位科学家师尚礼和杨青川一道，会同总装部军需局主管领导赴酒泉基地现场查看问题症结所在，并联合制定开发计划、种植实施方案。通过体系的技术支持和部队后勤部官兵的努力，逐步解决了部队从苜蓿种植—奶牛养殖—新鲜牛奶供应这一问题，丰富了基地军民菜篮子的同时，也增添了体系技术服务与研究成果。

4. 针对重大病虫灾害的应急处理。2012年，我国多个地区发生大面积虫害。5月中旬至7月上旬，内蒙古各地相继出现沙葱萤叶甲、巨膜长蝽、苜蓿蚜虫及蓟马大爆发；8月上旬在内蒙古通辽和赤峰，河北廊坊、唐山、保定、沧州、秦皇岛、北京、天津、山西晋中等地黏虫三代幼虫相继爆发，其他各省市也相继出现牧草病虫害现象。灾害发生后，虫害与生物防控岗位专家张泽华研究员同薛世明、刘忠宽、张蓉、孙娟、王育青、乌艳红等几位站长前往受灾地区现场展开调查，及时致信全国畜牧总站、农业部相关部门发布虫灾预警、提出应急防控策略，并陪同全国畜牧总站洪军副处长赴现场指导草原虫害的防控工作，为有效控制虫灾漫延、减少灾害损失奠定了基础。

5. 其他灾害处置情况。2012年，全国各省市不同程度地遭遇暴雨，雪灾、台风等恶劣气候，牧草体系专家和站长在第一时间出现在灾情第一线，张新全、辛晓平、刘永志、刘贵波、林超文、杨桂霞、拉巴、周青平等积极配合地方政府调用库存草料、排洪减灾等，并及时提出应急处理方案，力争把危害降到最低，使农牧民顺利渡过难关，降低了经济损失。

6. 推动牧草产业行业标准的制定。为加快实现我国牧草生产的标准化、规范化，牧草体系重点围绕苜蓿、羊草、多花黑麦草、燕麦等主要牧草，从建植栽培、收获储藏、品质测定以及种子生产等方面着手，制定了新的技术规程和质量标准。目前已起草完成行业标准报批稿38项，其中包括羊草种子生产、稻—草轮作生产、苜蓿田间品质预测等技术规程25项，苜蓿青贮、多花黑麦草青贮和燕麦干草捆等质量分级标准7项，近红外光谱法快速测定草产品品质等测定方法6项。目前已向全国畜牧业标准化技术委员会提交送审稿15项。

7. 合力编撰体系重点出版物——《中国栽培草地》。按照年初制定的重点出版任务，确定由栽培与草地管理研究室牵头，联合体系综合试验站共同撰写《中国栽培草地》。今年3月份召开的执行专家组会议上，专门就该书的撰写进度、使用对象等进行了详细研讨，并拟定编写方案，确定由栽培与草地管理研究室主任孙启忠负责起草编写框架。经过专家们反复研究和沟通，目前《中国栽培草地》撰写提纲已经敲定，正式进入编写阶段，预计明年出版。

8. 加强体系技术与文化宣传建设。

（1）体系制作带有产业体系标识的特色徽章、文件袋、工作日历等，广泛用于体系宣传、培训等活动中，如“草堂行”培训会、企业联合会议等，目的在于提升本产业影响力。与农业部牧草工程技术中心联合出版了《牧草技术与市场》杂志，以刊登目前国内外较成熟的牧草生产技术以及市场动态，旨在指导农牧民牧草田间生产技术管理、加强养殖企业合理利用牧草以及协助牧草销售企业维护市场供需平衡等，该杂志获得了美国《Hay&Forage Grower》杂志的支持，将美国一些实用成熟的技术介绍给国内。

（2）动员体系人员尤其是后备人才积极参加“全国农业科技促进年”征文活动，总结在“农业科技促进年”各项活动中开展农业科技创新与服务等方面的好做法、好机制、好典型，凝练为体系文化并加以宣传。按照国办秘书一局关于“加大专家学者和机构言论的搜集报送力度”要求部署和农业部办公厅关于“加强专家学者和机构言论约稿的通知”批示，及时组织体系人员配合做好信息报送工作，向农业部草原处提交了《我国牧草产业发展趋势与技术需求》《牧草产业发展趋势与政策建议》等研究报告4份，加大了牧草产业的宣传效果。

五、交流与合作

1. 继续加强体系之间联合。2012年6月和12月，牧草体系首席科学家分别应肉羊体系和奶牛体系邀请，分别就我国牧草产业发展及其技术进步进行了报告，反响强烈，加强了体系间的交流；同时，2012年夏季国家谷子糜子、玉米、大豆、高粱、向日葵、牧草、燕麦、荞麦产业技术体系在赤峰召开联合培训会，牧草体系委派体系岗位科学家杨青川研究员做了“赤峰苜蓿种植与病虫害防治”专题讲座，向与会技术人员介绍了苜蓿种植技术、苜蓿品种选择以及苜蓿病虫害防治技术，使参会的各旗县区的农牧业技术骨干受益匪浅。

今年9月，国家现代农业产业技术体系在青畜牧业团队共同举办了“2012年工作交流及现场观摩”活动，来自牧草、绒毛用羊、肉牛牦牛、燕麦荞麦、绒毛用羊、肉羊6个体系的岗位科学家、综合试验站站长、团队成员以及示范县技术骨干等共70余人参加了这次活动。海北试验站团队成员及各示范县负责人参加了会议，交流了海北站近几年开展的工作及试验站在青海发挥的作用。

2. 继续增强牧草体系的国际交流与合作。

（1）牧草产业技术研发中心邀请美国知名牧草专家、威斯康星大学教授Dan Undersander一道赴河南、黑龙江、甘肃、宁夏考察和调研当地的苜蓿生产情况及苜蓿产业发展现状，对当地苜蓿的选种、栽培与管理以及收获加工等提出建设性意见，就综合试验站所开展的试验研究工作进行沟通交流，会同各地牧草生产经营企业，就如何改善牧草收获加工技术，提高牧草产品质量交换了意见。

（2）体系专家同来访的美国加州大学 Dan Putam 教授、美国饲草出口协会 John Szczepanski 主任和美国饲草出口委员会中国代表许方进行了牧草生产技术交流研讨，为两国进一步加强牧草产业合作交流奠定良好基础。

（3）2012 年，牧草体系岗位科学家和站长参加中日韩草地大会、美国犹他州举办的牧草和草坪草分子育种大会、世界青贮大会等 10 人次，应邀出访澳大利亚、美国和欧洲等 6 人次，进一步加强了牧草体系与国外牧草科研教学等机构的合作和技术交流。

3. 全力推动新疆地区草原畜牧业发展。根据 2011 年国发 17 号文件精神要求，计划制定“新疆昌吉州草原畜牧业转型示范工程规划”。2012 年度重点对新疆昌吉地区的草畜企业、乳业公司和牧民专业合作社，就当前草原畜牧业转型发展中存在的突出问题、面临的新形势以及如何转型等方面展开深入调研，为制定新疆乃至全国草原畜牧业转型示范规划积累了详实的数据基础。积极配合新疆维吾尔自治区提出的“千万只肉羊行动计划”这一规划的实施，大力倡导“草业先行”，参与并协助行业部门制定相关的县域畜牧业发展规划和肉羊发展规划 50 余份，为基层提供有力的技术支撑。

4. 推动内蒙古牧草产业发展。如何将内蒙古建设成中国最大的有机草食畜产品商品供应基地之一应是国家和内蒙古农牧业发展的战略之举，保障健康、安全和绿色有机畜产品生产的前提条件是如何发展牧草产业。根据内蒙古地理气候特点，综合分析提出内蒙古牧草产业发展布局和优先发展饲草种类。建议内蒙古自治区西部河套地区可规划粮草轮作，将紫花苜蓿与粮食作物进行轮作，不仅可以满足呼市和包头以及北京上海大城市等高产奶牛的生产需要，同时也满足农田土壤改良的需求；呼包二市周边可规划青贮玉米生产，满足城郊奶牛业的高产需求；乌兰察布市和锡林郭勒盟南缘等地可种植燕麦，而在赤峰和通辽以及西部鄂尔多斯地区，在水条件较好情况下可发展紫花苜蓿商品草基地；启动内蒙古天然草原人工管理工程和建立草畜匹配发展模式等方面的建议内容。该报告得到内蒙古农牧业厅等单位的重视。

5. 其他推动地方产业发展的活动。为全面促进新技术的推广与应用，加快牧草产业发展步伐，带动地方畜牧业可持续发展，牧草体系人员不遗余力，除了全力配合牧草产业技术研发中心层面所开展的工作以外，各岗位和综合试验站也积极利用其他途径，如开展区域调研、承担地方特色项目、与地方政府部门协同工作、借助媒介宣传等，以此推动产业继续稳步前进。典型案例如下：

绥化综合试验站特别是在兰西县牵头承担了“黑龙江省现代化大农业示范区”项目，主要示范苜蓿 5 000 亩，支持示范经费 1 000 万元；支持具有法人资格的“农机合作社”一个，经费 1 000 万元，配套了示范所需的全部农机具，为推动当地牧草产业发展奠定了基础。

德宏综合试验站紧紧抓住云南省“积极发展山地牧业”这一机遇，并借助产业体系建设的平台，先后获得了农业部“青藏高原社区生态畜牧业可持续发展”、科技部“草原可持续利用发展”等多项省部级课题，同时试验站开展的工作也被列入当地政府年度工作计划和“十二五”发展规划当中，这对推进云南草业发展具有重要且长远的意义。

青岛综合试验站借助“山东省青贮玉米与苜蓿生产技术现场观摩会”的召开，向新华社山东分社、大众日报等 10 多家新闻媒体详细阐述了牧草产业技术体系的职能和作用。通过中国草原网、大众日报及中国畜牧业信息网等多家媒体对草产业发展的大量报道和转载，广泛提高了山东省种植户对本产业的热情和关注，吸引了众多企业前来咨询苜蓿种植技术，直接带动了 3 万亩（滨州）的苜蓿种植户。另外，孙娟站长还针对山东地区苜蓿干草市场价格紊乱、产品定级依照买方测定的蛋白含量为标准进而确定苜蓿干草价格等不利现象，向山东省畜牧兽医局提出成立“山东省牧草品质监测中心”的建议被采纳，并负责协助该中心的后续建设工作。

国家牧草产业技术体系首席科学家　张英俊

全国奶山羊科技发展概述

2007 年农业部设立了公益性农业科研专项项目“奶山羊良种繁育及产业化技术体系的建立”对我国的奶山羊产业发展起到了重要的支持和推动作用，2011 年，行业专项“奶山羊产业技术研究与试验示范”得以滚动实施，将为我国奶山羊产业发展发挥重要的科技支撑作用。此外，陕西省和山东省立项实施的奶山羊项目也对当地的奶山羊产业发展产生了至关重要的作用。

2007 年项目实施以来，我国奶山羊数量和养殖规模持续增加，产奶羊的数量从 2007 年的 500 万只增加到 2012 年的 680 余万只，规模化奶山羊场和养殖小区增加了大约 50%，羊奶乳品加工厂的生产设备全面升级，研发新产品的能力持续提高，羊奶产品消费市场不断扩大。在项目区形成了奶山羊原种场（1个），繁育中心（4个），奶山羊生产基地（4个），种羊场和示范点（12个）以及若干乳品加工厂为主的全国奶山羊产业网络。通过改良提高萨能羊育种场、奶山羊繁育中心种羊品质，增加奶山羊生产基地良种羊数量，初步建成了由原种场、繁育中心、种羊场和生产基地构成的奶山羊产业体系，奶山羊生产基地的养殖规模达到10万只以上，核心群规模达到1万只以上；研究形成了奶山羊生产中的良种扩繁综合技术、公羔舍饲快速育肥技术、阶段饲养技术等5项新技术标准，并通过培训、建示范场等途径全面推广标准化生产技术，奶山羊生产水平明显提高，使得原种场基础母羊群体平均产奶量750kg以上，其他各级种羊场群体产奶量700kg以上，项目区内奶山羊生产基地基础母羊平均产奶量提高100kg以上，改良低产奶山羊100万只以上，9月龄青年羊平均体重增加5kg，奶山羊平均产羔率达到190%，头均收入增加150元以上；研制开发羊奶新产品4个，建成2条羊奶生产线，已全面投入生产羊奶新产品，消费者评价好。“奶山羊种群扩繁与养殖技术示范推广”获得2009年陕西省农业技术推广成果二等奖；审定登记“文登奶山羊”新品种1个。另外，开展了山羊乳腺脂肪酸代谢的分子机理研究、奶山羊乳房炎发病机理及诊断试剂盒研究、人工授精和胚胎移植技术研究、高原湿热条件下奶山羊饲养工艺的研究。发表论文多篇，申请国家发明专利10项。项目实施过程中先后培养了博士、硕士研究生、本科生200余名，技术骨干近百名。

项目实施后，参加单位科研条件明显改善，推动了奶山羊产业向规模化、现代化、无害化方向转变；提高了奶山羊个体生产水平和企业效益；扩大了奶山羊群体规模；改变了消费者对羊奶产品的传统认识偏见；拓宽了羊奶产品的销售渠道，增加了养羊户收入，推进了奶山羊产业化进程。

近年来，奶山羊的科技发展主要体现在以下几个方面：

一、奶山羊种羊品质和良种覆盖率提高

陕西省杨凌西北农林科技大学萨能羊原种场和陕西省千阳县种羊场饲养奶山羊1200余只，推广种羊2 000多只，为全国各地奶山羊发展提供了优质种源；陕西富平县择优选点配套人工授精器械，建设标准化配种站30个。山东农业大学课题组建立奶山羊繁育中心2个（崂山奶山羊、萨能奶山羊），存栏适繁母羊650只，优化选种方法，年度选配种羊300只；新建奶山羊人工授精点8处，改良低产奶山羊2万多只，推广优良奶山羊240只；培育审定了“文登奶山羊”新品种1个，丰富了我国奶山羊品种资源。

在云南省昆明市建立了萨能奶山羊原种场，目前羊场饲养规模达400只，其中萨能奶山羊基础母羊达150只；核心群平均产奶量达500kg以上，经产母羊的产羔率为194%，繁殖成活率93%，推广种羊209只；在石林、泸西建立了3个奶山羊扩繁场，共提供种公羊601只，应用本交和人工授精配种，共改良奶山羊4万余只，进一步提高了低产羊的质量和产奶量。

在种羊饲养管理中，不断充分完善饲养管理规范，科学饲喂、精心管理，生产水平不断提高，奶山羊育种群基础母羊泌乳期平均产奶量724.8kg，产羔率176%；奶山羊繁育中心基础母羊平均产奶量634kg，产羔率165%。

二、奶山羊生产基地建设成效显著

陕西省在千阳县、富平县建成奶山羊生产基地，养殖规模共计10万只以上，陕西富平县完成了对龙泉、张北、街西三个奶山羊养殖示范小区的配套设施建设工作，其中街西小区建成单列式羊舍8栋，建青贮池1 500 m^3，龙泉小区建成单列式羊舍16栋，张北小区建成双列式羊舍6栋，现三个小区入住养羊示范户35户，羊存栏达1 800只，给小区配备消毒柜3台，消毒机3台，搅拌机3台，青贮机具3台，割草机3台，挤奶器2台，冰箱1个，建流动挤奶点2个，机械挤奶站2个。另在龙泉的李家、华朱的阎村各建存栏600只的奶山羊小区一个，现在圈舍建设已基本完成，其他配套设施正在进行，即将正常运行。

山东省在文登市和临朐县建成奶山羊生产基地2个，在青岛李沧区建成示范点1个，存栏优质基础母羊12 000只。

云南省在石林县、陆良县和泸西县建立了奶山羊规范养殖示范点和改良区。

通过加强奶山羊生产基地建设和先进适用技术规范的示范推广，累计改良全国奶山羊生产项目区中低产羊120万只，只均产奶量提高100kg以上，产羔率提高20个百分点，公羔9月龄青年羊平均体重增加5kg，经济效益显著。

三、健全和完善奶山羊良种繁育体系，制订奶山羊养殖技术规范

陕西杨凌西北农林科技大学萨能羊原种场整理分析了2004年以来的生产繁殖记录资料，并做了各项育种参数计算分析。陕西千阳县对种羊场将近40年的技术资料及管理经验进行了认真的归纳分析与整理，形成了《奶山羊规模养殖场生产经营管理体会》材料，为奶山羊养殖企业和养殖户提供重要参考。陕西省富平县对示范小区及部分奶山羊示范村的优质奶山羊进行拍照、体尺测定、等级评定，对个体产奶量、配种、产羔、饲喂、防疫等情况进行详细调查登记，建立了奶山羊电子档案，目前已建立个体档案5 000余份。

通过生产实践和科学研究形成了奶山羊良种扩繁综

合技术、奶山羊公羔舍饲快速育肥技术、奶山羊同期发情及鲜精人工授精技术、奶山羊阶段饲养技术、舍饲羊疫病综合防治技术等。其中“奶山羊种群扩繁与养殖技术示范推广”获得2009年陕西省农业技术推广成果二等奖。

在陕西省、山东省已经初步形成一套奶山羊标准化养殖技术规范，包括“奶山羊饲养管理技术规范”，“奶山羊公羔快速育肥技术”，“奶山羊全年防疫程序”、“奶山羊乳房炎防治技术”、“奶山羊人工授精技术操作规程”、“青贮饲料制作技术规范”、“奶山羊挤奶小区管理规范”等，这些技术规范的使用，降低了奶山羊的发病率，提高了产奶量，增加了农民收入，对全国奶山羊规范化养殖具有重要的指导作用。

四、完善奶山羊饲养管理和疾病防治体系

对陕西省、山东省项目区奶山羊疾病情况进行了流行病学调查，撰写并出版《奶山羊疾病防治技术手册》专著1部。对项目区奶山羊的传染性疫病、寄生虫病以及乳房炎等疾病进行了调查研究，对主要发生的传染病和寄生虫病制定了相应的防治措施和具体的消毒、免疫、驱虫程序。制订了奶山羊全年防疫规范，通过执行防疫程序，奶山羊发病率得到有效控制，已经初见示范成果；制订了奶山羊同期发情、超排处理和人工授精的基本操作规范，已经在萨能羊种羊场、陕西省奶山羊繁育中心、陕西省三原县奶山羊场和陕西省的3个县级奶山羊场开始推广应用；奶山羊羔羊培育方案操作规范和其他一系列奶山羊标准化养殖技术规范，也在奶山羊生产基地示范推广；完成了奶山羊乳房炎检测试剂盒的实验室研制工作；完成了奶山羊乳房炎病原菌的分离鉴定工作，通过大量的生理生化试验和血清型鉴定工作，明确了陕西奶山羊乳房炎病原菌的种类，为下一步研制奶山羊乳房炎疫苗奠定了基础；开展了中草药防治奶山羊乳房炎技术的研究；成功地建立了奶山羊乳房炎人工模型，为下一步研究奶山羊乳房炎发病机理及防控奠定了基础；在陕西省奶山羊养殖场采集了羊口疮病料，从中获得了羊口疮病毒。目前正在进行羊口疮病毒毒力的人工致弱研究，这些疫苗的研制将解决奶山羊集约化养殖的疾病防治难题。

五、建设奶山羊养殖小区，实行机器挤奶，完善组织管理体系

陕西省杨凌、千阳和辽宁省阜新已经建成了机器挤奶大厅，山东省新上单桶挤奶机2台和挤奶站1处，云南省建成了韦斯伐利亚—瑟基2×8/4中置式电子脉动奶山羊挤奶系统。这些机器挤奶设备的投入使用，保证了羊奶质量，为扩大生产规模、解决挤奶工短缺的问题创造了条件，并将成为奶山羊机器挤奶的示范。在去年建成的机器挤奶小区进一步完善了小区的组织管理体系，使管理更科学、更高效。

六、重视新型乳制品开发研制，三个羊奶新产品全面上市

羊奶新产品开发是奶山羊产业的核心，课题组投入经费支持羊奶新产品的开发和宣传工作。2009年8月，西北农林科技大学、陕西师范大学以及美国兰斯顿大学（Langston University）联合成功举办羊奶奶酪加工技术培训班，由美国山羊研究所曾寿山博士主讲，培训奶山羊加工企业技术和管理人员20余人。编制了《羊奶基础知识》宣传资料，普及羊奶及羊奶产品基础知识。

通过对羊奶热稳定性的研究获得了影响羊奶超高温灭菌的技术参数，主要是羊奶pH、酪蛋白成分以及乳中盐类平衡；采用酸碱平衡、蛋白平衡和离子平衡技术解决了羊奶在超高温灭菌条件下的沉淀问题。另外还研制了羊奶液态奶专用稳定乳化剂，对羊奶液态奶专用稳定乳化剂的配方、组成进行了初步研究，为液态羊奶产品开发提供了技术支持。

陕西富平县华通养殖合作社研发的“华通牌”酸羊奶（产品标准：GB2746—1999；生产许可证号QS610505010246）和青岛鲜和食品有限公司研发的发酵山羊乳（产品标准：GB2746；生产许可证号QS370205010741）及巴氏杀菌乳（产品标准：GB5408.1；生产许可证号QS370205010741）已经全面上市，消费者评价良好。

七、大力开展奶山羊技术培训与宣传工作

于2009年3月22日正式开通“奶羊网”网站。网站开通后点击率高，网站上的原创信息多次被其他网站引用。“奶羊场综合信息管理系统”平台正在建设中，建成后将为奶羊养殖企业提供远程实时信息和现代化的管理手段。

针对奶山羊程序化饲养、机械化挤奶、奶山羊人工授精、秸秆青贮等技术开展技术培训100余期，受训人数6 000余人次，发放奶山羊程序化饲养技术资料8 000余份。撰写完成奶山羊专业书籍《奶山羊健康养殖百问百答》约8万字，含线条图或图片50幅以上。成功举办了“山东省奶山羊产业发展论坛”，主要内容在2010年5月10日的《齐鲁牧业报》刊出，发行量8万份。

山东电视台农科频道《乡村季风》栏目制作播出节目2期，时长50分钟。第一期内容为“奶山羊与商机”，在2009年3月20日播出，播放时长为25分钟；第二期内容为“如何养好奶山羊”，在2009年6月5日播出，时长为25分钟。加上2009年2月15日播出的近30分钟有关青岛全国奶山羊工作会议的内容，累计在山东电视台播出的技术培训与宣传时间近80分钟，效果良好。

西北农林科技大学　罗军
山东农业大学　王建民
陕西省富平县畜牧局　张笑鹏　魏安民

2012 年全国奶牛（草食动物）科技入户示范工程进展

2012 年，在中国奶业协会的领导下，在农业部科技教育司技术推广处和科技部国际合作司美大处的支持下，全国奶牛（草食动物）科技入户示范工程专家组重点在北京市大兴区、黑龙江省双城市、河北省保定市、石家庄市、张家口市和河南省郑州市推广“奶牛场规模化、标准化养殖技术”、“提高饲料转化率的 TMR 规范化饲喂技术”以及“优质乳生产技术”，重点解决当前我国奶牛养殖技术落后、生产效率较低等问题。年度内共开展集中培训 8 次，累计培训技术人员近 1 000 人次，入户指导 30 次以上，发放技术资料 1 000 余份。通过主导品种和主推技术的应用，使养殖场每年每头成母牛产奶效益增加 200～300 元。

一、主要工作成效

（一）建立优势团队　形成技术专家网。奶牛（草食动物）科技入户示范工程实施以来，组建了 300 人的专家队伍，其中部级专家 8 人、省级专家 115 人，县级专家 177 人。培养了县级技术指导员 1 028 人，对口建立了技术依托单位 94 个。形成了一支覆盖奶牛养殖、疫病防治、环境保护、饲草饲料、经济核算等领域的专家团队。

（二）科学养殖深入人心　帮助奶农获得实惠。近年来，我国奶牛养殖场（户）比较效益偏低，表面原因是饲料价格上涨和原料奶收购价格较低，但深层次原因是养殖水平落后、生产效率低下和抗风险能力较差。科技入户以推广奶牛场规模化、标准化养殖技术规范，TMR 技术以及生鲜乳质量提升技术等为工作重点，在提高奶牛生产效率上坚持走科技之路，示范户每年每头成母牛单产水平比普通户有显著提高，产奶效益增加 200～300 元，让奶农尝到了科学技术的甜头，掀起了奶农学科技、用科技的热潮。

（三）技术转化更加直接　先进技术得到应用。奶牛（草食动物）科技入户示范工程实施以来，项目组为使奶牛场规模化、标准化养殖技术，TMR 技术以及生鲜乳质量提升技术等主推技术迅速得到转化应用，重点建设并实施了“专家（部、省、县）-指导员-示范户”的技术快速转化通道，并依靠咨询、培训、入户指导、观摩展示、网络宣传和发放教材等多种方式为有效补充，以项目组联席会议办公室制定的管理制度和方案为考评机制，确保了良种直接到户，良法直接到人，使技术入户直通车更加畅通，先进技术得到较好应用。

（四）举办大型培训班　实行集中技术培训。今年以来，农业部奶牛（草食动物）科技入户示范工程专家组在北京市大兴区、黑龙江省双城市、河北省保定市、石家庄市、张家口市和河南省郑州市等地共组织召开 8 次大型奶牛生产技术培训班，培训会打破常规方式，采取灵活多样的形式：即放映光盘与专家讲解相结合，专家讲解与农民提问相结合，使科技示范户一听就懂、一看就会，受到一致好评。培训内容主要有：奶牛场规模化、标准化养殖技术，提高饲料转化率的 TMR 规范化饲喂技术以及优质乳生产技术，累计培训技术人员近 1 000人次。

（五）应急机制逐步完善　稳定农民生产生活水平。奶牛（草食动物）科技入户示范工程实施以来，建立并逐步完善了应对奶业突发事件的应急机制。在突发事件面前，由农业部科教司统一指挥并启动应急预案，部、省、县三级联动，指导奶农应对突发事件，帮助奶农稳定生产。

二、开展的重点工作

（一）抓好方案制定。2012 年 1 月，在总结奶牛（草食动物）科技入户示范工程前几年工作成效和存在问题的基础上，奶牛（草食动物）科技入户示范工程首席科学家办公室组织专家制定了《全国奶牛（草食动物）科技入户 2012 年技术指导方案》。《方案》明确了 2012 年工作的重点内容和要求，并下发到各示范县，各示范县依据《方案》制定了《示范县科技入户 2012 年实施方案》。

（二）办好技术培训。

1. 组织召开提高规模化奶牛场饲料转化率技术专题培训。2012 年，全国奶牛（草食动物）科技入户示范工程专家组共组织召开了 6 次有关提高规模化奶牛场饲料转化率技术的专题培训。

4 月 21 日，全国奶牛（草食动物）科技入户示范工程专家组在北京成功举办“奶牛饲养新技术小型国际研讨会”。中国农业科学院国际合作局贡锡峰副局长、爱尔兰大使馆政务参赞 Seán O Regan 先生、中国农业科学院国际合作局金轲处长、中国农业科学院北京畜牧兽医研究所刘涛副处长出席研讨会并致辞，来自爱尔兰、中国黑龙江、内蒙古、陕西、河南、辽宁、北京、天津、广西、湖北、安徽、江苏、四川等地的 30 多位科研院所、高校和企事业单位代表参加了会议。中国农业科学院北京畜牧兽医研究所王加启研究员作了“奶业技术推广与回顾”的报告、爱尔兰 Keenan 公司总裁 Gerard Keenan 和中国农业科学院北京畜牧兽医研究所卜登攀博士做了“提高牛场饲料转化率和牛奶质量技术体系”的报告，会议由王加启研究员主持。

为贯彻落实2012年中央1号文件、中央农村工作会议和全国农业工作会议精神，全面推动全国农业科技促进年活动的深入开展，真正做到“科技进村入户，助力增产增收”，全国奶牛（草食动物）科技入户示范工程专家组于5月12日、5月26日、6月30日、7月21日和9月28日分别在黑龙江省双城市、河北省唐山市、河北省张家口市、北京市大兴区和黑龙江省双城市组织召开技术培训班。

2. 组织召开优质乳生产技术专题培训。2012年，全国奶牛（草食动物）科技入户示范工程专家组共组织召开了2次有关优质乳生产技术的专题培训。

在第三届中国奶业大会暨第十届中国国际奶业展览会召开期间，全国奶牛（草食动物）科技入户示范工程专家组于6月17日在河南省郑州国际会展中心主办了“奶牛饲料饲养环境与优质乳生产”专题培训。中国奶业协会常务副会长魏克佳应邀出席了会议，来自国内外奋战在奶业领域的专家、企业家、技术管理人员以及奶农代表230余人参加了会议。中国农业科学院北京畜牧兽医研究所卜登攀博士、美国谷物协会陈楷行博士、上海市奶业协会顾佳升高级工程师、威斯康星大学 Sylvia Kehoe 教授、英国 Richard Keenan & Co Ltd 公司 David Beever 教授、威斯康星大学 David Kammel 教授和美国派格牧场 Gordie Jones 董事长等7位国内外专家围绕如何实现优质乳生产展开培训。培训班吸引了众多前来参加第十届中国国际奶业展览会的代表，会场自始至终座无虚席。本次会议的胜利召开，对我国奶业转变增长方式，提高奶业质量和效益，推动我国奶业持续健康发展起到了积极的作用。

12月1日，全国奶牛（草食动物）科技入户示范工程专家组在北京成功举办优质乳生产技术培训班。中国奶业协会谷继承秘书长、农业部科教司技术推广处王青立处长以及科技部国际合作司美大处项目官员乐佳女士出席会议并讲话。会议由中国农业科学院北京畜牧兽医研究所王加启研究员主持。

美国营养研究委员会 Venture dairy 董事长 Trevor Tomkins 博士，美国奶业科学学会 Alois Francis Kertz 博士，原阿根廷国家农业技术研究院奶牛技术推广专家、现美国加利福尼亚大学 Alejandro Ramon Castillo 博士以及中国中地种畜有限公司北京良种奶牛科技园刘云祥副总经理等4位国内外专家围绕如何实现优质乳生产等一系列关键技术展开培训。培训班共有来自北京市、天津市、上海市、黑龙江省、内蒙古自治区、河北省、湖南省、安徽省、河南省、江西省、陕西省、甘肃省、贵州省等地科研机构人员、推广部门领导、规模化奶牛场场长及技术人员130多人参加。

3. 促成金融与科技联姻，推进奶业生产方式转变。全国奶牛（草食动物）科技入户示范工程专家组在项目实施过程中，充分发挥科技、人才优势，以黑龙江省龙江银行“支持小型科技涉农企业的使命”为结合点，促成当地建立“龙江银行＋科技推广企业＋奶牛养殖户”金融合作模式。科技推广企业提供贷款担保，龙江银行向养殖户发放贷款，打退了奶业生产中的“金融拦路虎”，保障了中国农业科学院北京畜牧兽医研究所在实施奶牛营养升级技术过程中面临的资金短缺问题，为推进奶业生产方式转型探索了新模式。

9月29日，“全国奶牛科技入户与经济金融结合启动会议”在双城召开，农业部奶牛科技入户首席专家王加启研究员主持了会议。来自农业部畜牧业司、农业部奶业管理办公室、全国畜牧总站、国家发改委产业经济与技术经济研究所、爱尔兰驻华使馆、双城市政府以及银行、企业、养殖场的代表共200余人参加会议。启动仪式上，龙江银行现场向张大军等4位奶牛养殖大户共发放了87万元贷款，并将曹瑞牧场命名为“龙江银行惠农链养殖贷款示范小区”。启动会后，与会领导和专家向奶牛养殖户赠送了150套《现代奶牛养殖科学》书籍。

（三）加强宣传报道。2012年，全国奶牛（草食动物）科技入户示范工程专家组继续加强工作的宣传与报道，提高从业者学科技、用科技意识。专家组每月编辑、出版1期《奶牛简报》，定期发送给部、省、县主管部门，并在组织会议、开办培训班期间将各类实用性科学书籍和宣传手册发放到养殖户手中。

三、基本经验

（一）组织健全是科技入户工作正常进行的有力保障。中国农业科学院北京畜牧兽医研究所成立了农业部奶牛科技入户专家组办公室，各示范省、示范县组建了科技入户领导办公室，制定了工作制度，并遴选了专家、技术指导员。健全的工作机构为科技入户工作提供了组织和制度保障。

（二）专家队伍强大是科技入户工作顺利开展的必要前提。科技入户实施中，注重专家、指导员队伍的培养，部级组建专家8人，包括奶牛养殖、疫病防治、环境保护、饲草饲料、经济核算等专业领域；省级专家115人，县级专家177人，县级技术指导员1 028人，为科技推广工作提供了强大的人力资源。

（三）依托单位支撑是科技入户工作有效实施的坚实基础。科技入户实施中遴选了技术力量雄厚的众多科研单位，其中遴选中国农业科学院北京畜牧兽医研究所为奶牛科技入户项目部级承担单位，以全国畜牧总站、中国奶业协会为技术支撑单位，遴选各省农科院、农业大学和畜牧技术服务中心等94家为技术依托单位，同时吸引乳品、饲料和设备厂家参与。各单位技术力量雄厚，科研水平超前，在科技入户主导品种和主推技术形成与推广中起到了不可估量的作用。

四、存在的问题及改进措施

（一）科技入户专项资金投入不足。科技入户工程涉及面广、参与人员多和技术推广深入到户，使得推广的难度随之加大，而入户活动经费较少，不便于项目深入开展；并且养殖业的科技入户与种植业的科技入户有所不同，养殖业需要全年开展科技入户，时间较长，需要资金量较大，因此增加养殖业科技入户资金投入，切实保证科技入户工作发挥示范作用。

（二）奶牛养殖技术落后。与奶业发达国家相比，我国奶业整体发展水平还较落后，区域间发展还很不平衡。主要表现在：①奶牛单产水平较低。据2009年奶业统计资料显示，我国奶牛平均单产4.8吨，约是奶业发达国家的二分之一。②先进技术应用率低。DHI、TMR、电脑程控等先进技术应用率都较低。

针对当前存在的奶牛养殖技术落后等问题，切实加强饲养管理、疫病防治、繁育改良、草料生产等现代养殖技术的推广和普及，分层次对从业人员进行技术培训，提高养殖技能，实行规范化养殖，标准化生产才是解决问题的基本途径。要组织畜牧兽医科技人员深入养殖户（场）和奶牛小区开展技术服务，指导养殖户科学饲养，良种良法，提高生产水平。

（三）奶牛养殖保障机制不完善。奶业长效发展的机制还不健全。生鲜乳定价机制、奶牛保险机制等都还在探索阶段，还有很多问题需要进一步研究和解决。

基于上述问题，奶牛（草食动物）科技入户示范工程引导转变奶牛养殖模式，建立奶农和乳品加工企业之间利润联结机制，建立第三方质量检测机构，建立奶牛保险制度，建立新型的奶牛合作社等，从制度和机制上理顺奶业的发展，确保奶业健康、稳定、持续发展。

五、下一步工作打算

（一）继续做好科技示范户的技术指导和测产验收工作。继续为养殖场（户）、小区和奶站等培训合格的专职岗位技能人才，重点对TMR操作员、奶厅挤奶员、生鲜乳质量检测（监督）员和兽医等生鲜乳生产收购重点环节员工展开技能培训，提升从业者业务水平。同时，加强示范户的能力建设，发挥他们对辐射周边农户的“传、帮、带”作用，使他们最终成为生产生活于农民中间，常驻农村不走的农民技术员。

（二）加大宣传工作力度。要求各示范县科技入户领导办公室设立专职通讯员，并采取办培训班和下发宣传资料等形式，定期对通讯员进行新闻报道相关知识培训，全面提高他们的写作能力。同时，不断加强与上级主管部门和各新闻单位的联系，及时报送信息，不断深化新闻宣传报道内容、拓宽宣传领域、增强宣传实效。

总之，既要把各相关涉农部门、技术指导和示范户对科技入户的思想统一到构建科技推广新机制和农业科技进步长效机制上来，还要尽力引起社会上更多部门的关注，赢得更有力的支持。

（三）不断丰富科技入户工程的推广内容。借鉴国外先进经验，结合我国国情，继续推广切合当前发展需要的先进养殖技术，进一步规范饲料与饲养管理、繁殖育种、疫病防治等关键技术环节，除此之外，还要继续扩大送信息到户、送政策到户，把科技示范户培养成为农业新技术的辐射点，农业工作的联系点，党的方针政策在农村的宣传点，农村经济发展的带动点，以点带面，促进奶业经济的和谐发展。

（四）组织技术指导员开展调查研究。结合科技入户工程建设内容，组织技术指导员开展奶牛生产形势调查研究、及时总结经验，为科技入户工程建设的深入开展打下坚实基础。

王加启　张养东　赵海燕

国际交流与合作
GUOJIJIAOLIU YU HEZUO

【政府】

2012 年农业部国际奶业交流与合作

一、第五届中国—澳大利亚奶业对话会会议召开

2012 年 8 月 28 日，第五届中国—澳大利亚奶业对话会在北京召开，中国农业部畜牧业司司长王智才和澳大利亚农林渔业部畜牧业司司长马修·科瓦尔率领两国代表团出席会议。

本届对话会由“奶业发展回顾与展望”、“奶业法规与质量安全”、“奶业技术专题研讨”等议题组成。对话会上，王智才司长回顾了近年来我国在奶业生产、质量安全监管、乳品供给、奶业贸易四个方面取得的成绩，指出当前我国奶业发展还面临奶牛养殖水平低、单产不高、产业链利益链接机制不合理、粪污处里环境资源压力大、质量安全监管难度高、苜蓿等优质饲草缺乏等困难和挑战。他强调，解决这些困难，要坚定信心，紧紧依靠奶业科技进步，加快转变奶业发展方式，建设现代奶业，促进奶业又好又快发展。最后，他提出要充分发挥中澳奶业对话会平台的作用，进一步加强交流和沟通，深化奶业科技合作，推动两国奶业共同发展。马修·科瓦尔司长介绍了澳大利亚奶业发展的情况，并就政府在奶业监管、标准制定、质量安全、检验检测、乳品贸易等方面的工作做了具体介绍。出席对话的中澳奶业专家，分别就乳品质量安全、牧场管理、奶牛品种改良、养殖生产技术等进行了交流和互动。中澳双方达成了多项共识：一是奶业发展面临着乳品质量安全、气候变化影响、生产成本上升等共同难题。二是在提高奶业科技含量、增强消费信心、节能减排、可持续发展等方面有着共同的发展目标。三是为闹共同高的目标和挑战，两国将进一步加强交流，深化合作，推动双方奶业持续健康发展。

二、中国—丹麦乳品技术合作中心建设

2012 年 6 月 14～16 日，在时任国家主席胡锦涛出访丹麦期间，中丹两国农业部共同签署农业发展协议，决定开启政府间在农业领域的全面深度合作。作为深度合作的重要内容，双方将共同推动成立“中国—丹麦乳品技术合作中心”。世界五百强、中国最大的食品企业中粮集团、中国领先的乳品企业蒙牛乳业以及世界乳业巨头、欧洲最大的乳品企业丹麦 Arla Foods（爱氏晨曦）将携起手来，共同承担这一国家间合作项目的实施工作。

中粮、蒙牛与 Arla Foods 联手承担的这家国家间技术合作中心，将全面借鉴丹麦乳业的发展模式，推动中国乳业整体接轨国际水准。据了解，引入丹麦牧场管理体系，搭建牧场管理、风险管控经验交流平台，以及培养高水平奶业技术和管理人员这三个方面，将成为该中心工作的三大重点。

9 月 5 日，在中国和丹麦两国农业部的见证下，蒙牛乳业与丹麦爱氏晨曦乳业在维比就“中国—丹麦乳品技术合作中心项目”签署实施协议。根据协议，这个投资总额约为 2.2 亿元的项目，将把丹麦乳业从农田到消费者整个产业链条的供应链知识和实践经验引入中国，以促进中国乳制品质量达到欧盟标准。

11 月 26 日，由中国与丹麦两国农业部组建的“中国—丹麦乳品技术合作中心”授牌仪式在京举行。正在中国访问的丹麦王国食品、农业和渔业部大臣梅特·耶尔斯科夫和中国农业部党组成员、驻部纪检组组长朱保成共同出席，对中心前期的筹备工作表示肯定，并向项目实施方中粮集团、蒙牛乳业与爱氏晨曦（Arla Foods）授牌，标志着中丹两国首个乳业国家级合作项目正式运营。

在听取中心的工作汇报后，朱保成组长表示：“‘中国—丹麦乳品技术合作中心’的成立是中丹两国深化农业合作的又一次落地实践和有益尝试。中国奶业应充分利用这一平台，与国际先进水平全面对接，加快奶业科技创新，转变中国奶业发展方式，促进产业升级，实现奶业现代化。中国农业部将与丹方紧密合作推动畜牧业农产品加工及质量安全有机农业等领域的互利共赢合作，为两国经济发展做出积极贡献。”

丹麦王国食品、农业和渔业部大臣梅特·耶尔斯科夫也表示：“丹麦乳业发展历史较长，在实践中积累了丰富的经验，是丹麦的支柱性产业。中国乳业近年来发

展迅猛，已成为全球乳业的生力军。我们非常愿意与中国同行分享乳业发展的技术和经验，帮助中国乳业提升整体水平。”

三、中巴农业科学联合实验室建设

2012年8月8日，由中国农业科学院和巴西农牧业研究院（EMBRAPA）联合组建的“中国—巴西农业科学联合实验室”在EMBRAPA挂牌成立。中国全国政协副主席、中国科技部长万钢与巴西时任农业部长里贝罗、巴西大使李金章、巴西农牧业研究院长佩德罗参加了揭牌仪式。这是我国在国外设立的第一个农业科学联合实验室，也将是我国农业科技实施全球布局的重要一步，具有里程碑的意义。

中巴农业科学联合实验室为中巴奶业技术合作搭建了平台。中巴双方达成共识，通过中巴农业科学联合实验室进一步加强交流和合作研究，争取在奶牛抗应激品种引进、饲料营养调控技术、奶牛健康饲养技术和优质牛奶生产技术方面取得突破。

【民间】

中国奶业协会民间交流

中国奶业协会作为行业民间组织，始终将开展广泛的民间国际合作交流作为一项重点工作来做，坚持“请进来、走出去”的工作方针，与20多个奶业发达国家和地区的奶业协会、养牛团体建立了联系，开展了形式多样的学习、交流和商务考察活动。

一、第十届中国国际奶业展览会

2012年，在郑州成功举办了第十届中国国际奶业展览会，展览面积2.5万平方米，参展单位279家，其中国外品牌企业94家，来自十多个国家。展览涵盖奶牛养殖、环境保护、牧草饲料、动物保健、乳品加工、包装材料、检验检测、奶业机械等奶业产业链的各个环节产品展示。印度、尼泊尔等国外业内人士专门组团及荷兰、澳大利亚等驻华使馆官员前来参观、交易、洽谈。展会的举办为国内外奶业同仁提供了一个交流经验、分享技术、促进合作的大平台。

二、国际奶业研讨会与培训

第三届奶业大会期间，协会与荷兰驻华大使馆联合举办了第三次中荷奶业研讨会，增强了相互了解，促进了中荷两国奶业技术交流与合作。

3月27日，中国奶业协会和加拿大农业和农业食品署（AAFC）、加拿大牲畜协会（CLGA）、加拿大驻华使馆联合主办了2012年中加奶牛育种培训班，中国奶业协会副会长兼秘书长谷继承先生，加拿大驻华大使馆参赞、兽医官范思薇女士，加拿大亚达艾格威公司总裁罗伯特华森先生等国内外十多位权威专家出席了此次培训。培训主要围绕中加两国在基因技术、生产性能测定和体型评估体系三个方面进行了交流，来自全国各地的近300名奶业工作者参加培训。

三、组团参加国际展会和商务活动

9月19～25日，中国奶业协会组织考察团赴德国参加了第19届世界西门塔尔—弗莱维赫牛大会和巴伐利亚州农业畜牧业博览会。考察学习了德国在奶业科技上的新技术和食品质量安全等内容。

10月2～14日，中国奶业协会和美国环球种畜有限公司（WWS）联合组织的“中国奶业培训团”赴美国加利福尼亚州、威斯康星州等进行了为期13天的培训。

11月13～16日，中国奶业协会组织的欧洲奶业考察团一行14人赴德国参加了汉诺威国际畜牧技术与管理展览会（EUROTIER）。此次展会内容丰富，涵盖了畜牧业的各个领域，其中奶业馆中包括奶牛繁育、饲养、挤奶设备和牛舍设备与管理等。参展期间，还进行了企业考察和交流活动。

四、加强与各国使馆及国外奶业组织的联系

4月24日，智利驻华大使Luis Schmidt Montes先生、农业参赞Alvaro Aspee Roa先生、OSORNO市市长Jaime Valenzuela BERTIN先生以及智利企业代表到访中国奶业协会。双方就中智两国奶业发展现状、贸易合作进行了交流与会谈。本次访问促进了中智双方奶业方面的交流，为今后两国在奶业深化合作奠定了基础。

5月24日，阿根廷农牧渔业部副国务秘书阿尔图罗·维德拉再次到访中国奶业协会。本次访问巩固了2011年阿根廷农业部、相关奶业团体与中国奶业协会间的交流成果。双方一致认为，加强两国奶业间的战略合作，可相互补充、相互促进，可有力推动中阿奶业持续健康稳定发展。

10月29日，阿根廷“共和国农场”总裁劳尔·胡安·莫内塔一行到访中国奶业协会，代表团一行同协会领导进行了友好而富有成效地座谈交流。双方主要就建设中阿示范牛场，开展奶牛育种研究与推广进行了深入的探讨。

11月13日，以色列驻华大使馆农业参赞尤博恩和商务参赞贺华夫一行到访中国奶业协会，中国奶业协会副会长兼秘书长谷继承等接待了访问团一行。双方相互

交流了中以奶业发展情况，分享中以奶业合作的成就，探讨了中以两国奶业今后交流与合作的前景。

2012 年全年，中国奶业协会先后接待了包括智利大使、阿根廷农牧渔业部副国务秘书、阿根廷共和国农场负责人等在内的国外行业组织及乳品企业人员来访 20 余次。

2012 年国际奶业形势分析与展望

一、2012 年国际奶业形势分析

1. 全球主要奶业国家产量普遍增长。根据国际乳品联盟（IDF）最新的统计数据，全球原料奶产量为 7.49 亿吨，而国际乳制品市场的贸易量仅相当于全球总产量的 7%左右，因此供给和需求些许的变动对市场价格的影响都比较明显。能够影响全球奶业贸易的主要国家（地区）有新西兰、澳大利亚、欧盟和美国（图 7 - 1）。2012 年，这 4 个主要国家（地区）的原料奶产量都出现了增长，合计增产 484.2 万吨，国际乳制品市场的供给增加（图 7 - 2）。

奶业生产的季节性很强，但由于 4 个主要奶业国家（地区）中，美国和欧盟处于北半球，而新西兰和澳大利亚在南半球，在一定程度上平衡了由于季节性造成的供给波动，因此从全球乳制品市场供应上看，没有出现很强的季节性差异。

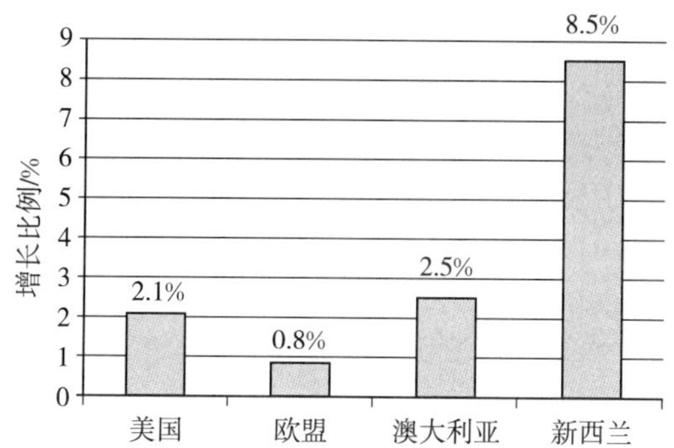

图 7 - 1　2012 年主要奶业国家（地区）牛奶产量增长比例

资料来源：USDA、Eurostat、DairyAustflia、CLAL.

另外，在 2011 年阿根廷的牛奶产量首次突破 1 100 万吨大关，同比增长 12.7%，增速位列主要奶业贸易国家之首，国际上对阿根廷在 2013 年的表现也寄予厚望。但 2012 年阿根廷原料奶产量同比增速逐月回落，到了 8 月份开始出现负增长，而且跌幅一直保持较高水平，到了 12 月更是突破了 10%，使得全年产量基本与 2011 年持平，全年产量零增长。而南美的乌拉圭和智利的原料奶产量虽然实现了一定程度的增长，但总量很小，对国际乳制品市场的影响有限。

2. 奶业发达国家需求饱和新兴国家支撑国际价格。上述 4 个主要奶业贸易国家（地区）2012 年原料奶产量合计增长 484.2 万吨，较 2011 年有所减少，但在各

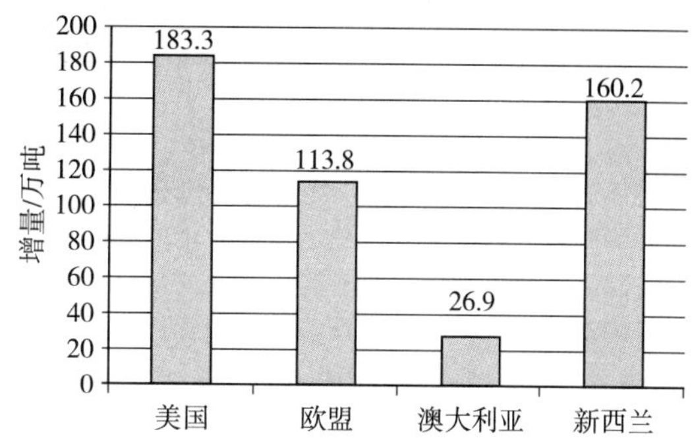

图 7 - 2　2012 年主要奶业国家（地区）牛奶增量

资料来源：USDA、Eurostat、DairyAustrlia、CLAL.

国经济普遍不景气的大环境下，如何消化掉这些新增产量是保持国际乳制品价格稳定的关键因素。2012 年世界金融危机进入第 5 个年头，世界经济复苏的基础依旧脆弱，欧债危机仍然没有找到稳定有效的解决办法，欧元区大部分国家增长动力疲弱，经济增速为－0.4%；美国经济虽有所好转，主要经济发展指标均好于预期，但失业率仍居高不下，继续复苏的动力仍显不足，经济增速也仅为 2.3%。而且欧美国家的人均乳制品消费量已经很高（图 7 - 3），因此消化掉新增乳制品产量、支撑国际乳制品市场价格的重任只能由新兴市场国家来承担。

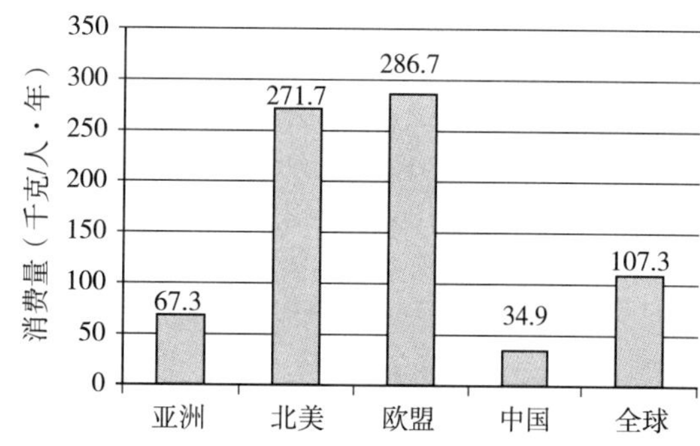

图 7 - 3　全球部分地区及我国人均奶类消费量

资料来源：USDA；IFCN（国际奶业经济学会）；IDF.

2012 年，以中国、东南亚国家以及中东国家为代表的新兴市场确实保持了旺盛的进口需求。以中国为例，按传统统计口径，海关编码 HS0401～0406 项下乳制品进口达到了 114.6 万吨，同比增长 26.5%，进口金额 32.1 亿美元，同比增长 22.7%，再创历史新高；如果将小包装婴幼儿配方奶粉、乳糖、酪蛋白和乳白蛋白

的进口计算在内，则全部乳制品进口数量达到 134.1 万吨，进口金额 46.8 亿美元。中国已经成为全球乳制品进口最重要的国家之一，也是支撑国际乳制品价格、尤其是全脂奶粉价格的最重要力量之一。

3. 国际乳制品价格先降后升。

（1）FAO 乳制品价格指数　2012 年 FAO 乳制品价格指数先降后升，全年波动较大，由于全球供给大幅增长，乳制品价格指数从 1 月份的最高点 206.8 一路下滑到 7 月份的最低点 172.9（图 7－4），后来随着美国严重干旱引发的全球饲料价格大幅度上涨以及国际需求增长，乳制品价格指数开始回升，逐月上涨至 12 月份的 196.8。

整体上看，2012 年 FAO 乳制品价格指数低于前两年，表明全球的奶业生产还处于相对艰难的时期。目前来说乳制品市场供求处于紧平衡状态，预计乳制品价格指数有望继续回升。

（2）IFCN 全球原料奶、饲料价格及奶料比　从 IFCN 公布的 2012 年各个月份国际原料奶价格走势来看，与 FAO 乳制品价格指数走势基本相同，从全年最高点 1 月份的 43.5 美元/100 千克一路下跌至 7 月份的 33.7 美元/100 千克，随后开始一路走高，最后 3 个月价格基本保持平稳。

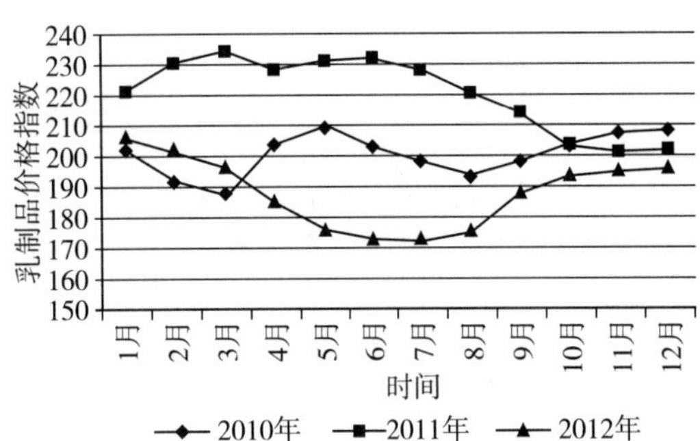

图 7－4　2010—2012 年 FA0 乳制品价格指数

资料来源：FAO.

IFCN 2012 年各个月份国际饲料价格走势则呈现出另外一种形态，全年的最低点出现在 1 月份，为 29.6 美元/100 千克，随后出现缓慢爬升的势头，到了 6 月份达到了 32.6 美元/100 千克，随后因美国发生严重干旱，导致以玉米为主的饲料价格大幅飙升，饲料价格由 32.6 美元/100 千克快速上涨到 8 月份的 40.8 美元/100 千克，2 个月的涨幅就达到了 25.2%，这也成为原料奶价格在 7 月份开始逆转的主要原因，随着干旱引发的效应出现衰退，饲料价格开始逐月下跌，到了 12 月份跌至 36.5 美元/100 千克，但比年初仍高出 23.4%，处于历史高位。

奶料比是反映奶农盈利空间的重要指标之一，年初由于原料奶收购价格高而饲料价格较低，奶料比处于全年最高值的 1.47，但随着原料奶收购价格走低而饲料价格开始上涨，奶料比也出现逐月下滑的趋势，直至 7、8 月份的 0.88，跌幅达到了 40.2%，随后在原料奶价格上涨而饲料价格下跌的共同作用下，奶料比逐月提升至年底的 1.09。但从全年整体上看，奶料比处于历史低位，表明奶农的养殖效益不佳（图 7－5）。

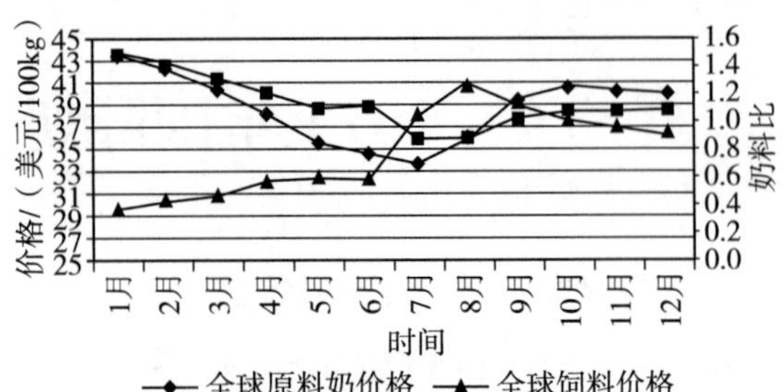

图 7－5　2012 年 IFCN 全球原料奶价格、饲料价格及奶料比

资料来源：IFCN.

（3）国际乳制品市场价格走势基本相同　国际乳制品贸易的主要品种包括全脂奶粉、脱脂奶粉、奶酪和黄油，2012 年上述乳制品国际贸易的价格走势基本相同，且基本保持同步（图 7－6）。全年高位都出现在年初，随后一路下跌，5～8 月份在年度的底部徘徊，随后出现缓慢上涨，年底大体上保持平稳。由于乳制品生产在各个品种之间转换相对比较容易，如果某一个乳制品品种的效益出现下滑，那么乳制品企业很可能会转而生产其他利润较高的品种，因此造成了主要乳制品品种价格走势基本相同。

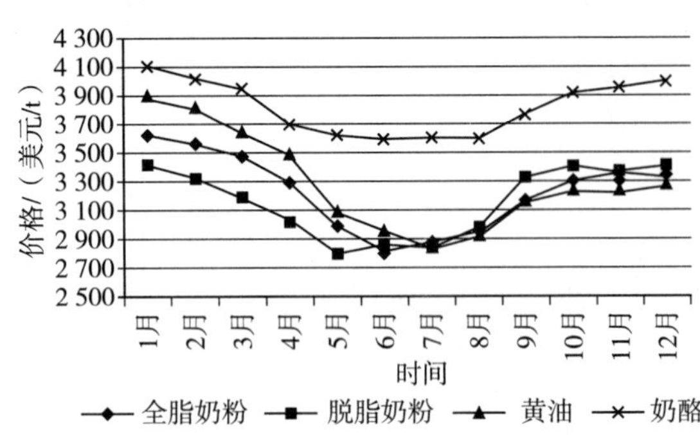

图 7－6　2012 年国际主要乳制品价格走势

资料来源：FAO.

（4）恒天然环球乳制品交易情况　环球乳制品交易网站（Global Dairy Trade）由恒天然集团有限公司全资拥有的子公司——全球乳制品交易股份有限公司运营，于 2008 年 7 月开始为买卖双方提供全球化乳制品交易机会。目前环球乳制品交易网站每月进行 2 次交易，2012 年共进行了 24 次交易，乳制品供货方由最初仅恒天然一家扩展到包括新西兰的恒天然、美国的美国乳业（Dairy America）、丹麦的阿拉乳品和澳大利亚的迈高 4 家乳企，贸易品种囊括了无水奶油、中脂奶粉、黄油、切达干酪、乳糖、牛乳浓缩蛋白、凝乳酶酪蛋白、脱脂奶粉和全脂奶粉，2012 年的交易量达到了 95.9 万吨，因此被誉为全球乳制品贸易的风向标。

在2012年的24次交易中，恒天然环球乳制品交易网（gDT）贸易加权指数呈现W型走势（图7），整体上与FAO的乳制品价格指数走势和IFN的全球原料奶收购价格走势相似，只是在年中供应量较低的时候价格波动较大。在24次交易中，11次上涨，13次下跌，贸易加权指数由年初的1 087点微跌至年底的1 075，跌幅为1.1%。

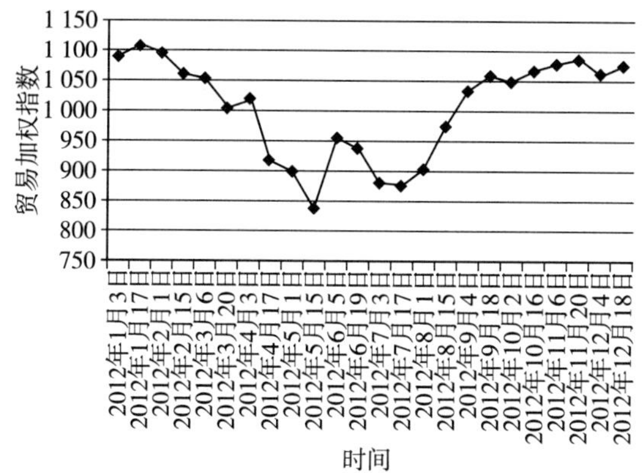

图7－7　2012年恒天然环球乳制品交易网（gDT）贸易加权指数走势

注：以2010年3月份为基期gDT＝1 000

资料来源：环球乳制品交易网

4. 主要奶业国家的生产及贸易情况。

（1）美国

①原料奶生产。美国的牛奶产量从2002年的7 713.9万吨上升到2012年的9 084.9万吨，10年间增长了1 371.0万吨增幅达到了17.8%，年复合增长率达到1.6%。2012年美国的牛奶产量继续保持增长势头，较2011年增长2.06%，连续第四年实现增长。从2012年2月份开始，随着原料奶价格的一路下滑，美国的月度牛奶产量同比增幅逐月减少；8～10月，因玉米价格暴涨，美国月度牛奶产量同比下跌；11～12月，由于玉米价格回落以及原料奶收购价格继续上涨，美国牛奶月度产量重新恢复增长势头。

②原料奶收购价格。2012年，美国平均原料奶收购价格折合人民币为2.58元/千克，较2011年下跌7.99%。从月度价格上看，2012年全面超过了2010年，但大部分月份的价格低于2011年，直到第四季度才超过2011年同期水平。2011年原料奶的收购价格处于历史较高水平，因此刺激奶农扩大生产，原料奶产量增加，市场供大于求，直接造成了2012年价格水平的一路下滑，年中美国的严重干旱引发玉米等饲料价格的暴涨，原料奶收购价格才掉头向上，并在最后一个季度超过了上年同期。

③奶料比。在原料奶收购价格上涨相对乏力和饲养成本、尤其是玉米等饲料价格出现大幅飙升的双重作用下，2012年美国奶农的盈利空间被严重挤压，反应这一指标的奶料比全年都处于历史较低水平，全年平均值为1.52，同比下跌19.1%，是1985年以来的最低值，比全球奶业出现严重危机的2009年还要低0.26，表明美国奶农在2012年的盈利情况很不理想。

④奶牛屠宰。美国2012年的奶牛屠宰数量为310.13万头，比2011年增加了18.76万头（同比增幅6.4%），而2012年美国年度存栏数为923.30万头，淘汰率为33.6%。全年仅12月份屠宰数量同比下降，表明美国奶农2012年的奶牛养殖效益不如2011年，奶农加大了奶牛的淘汰力度。但由于美国泌乳牛单产水平持续提高，2012年同比增长了1.6%，再加上泌乳牛存栏增加了3.90万头，因此全年牛奶产量增了2.06%。

（2）新西兰

①原料奶生产。近5年来，新西兰的原料奶生产一直呈现出增长势头，从2008年的1 558.0万吨上涨到2012年的2 051.7万吨，5年间增加了493.7万吨，增幅为31.7%，2012年较2011年同比增长8.5%。由于新西兰99%的原料奶都用于制作各种乳制品以供出口，旺盛的国际需求和新西兰奶业对南岛的开发有望使新西兰的原料奶产量继续保持增长。

②原料奶收购价格。新西兰的各大乳企（以恒天然为主，控制新西兰90%左右的奶源）每个奶业年度（每年的6月1日至次年5月31日）制定一次原料奶收购价格，中间会做一些调整，因此其价格走势常常表现为阶段性平稳。

2012年，新西兰原料奶收购价格平均值折合人民币为2.35元/千克，比2011年下跌16.5%，比2010年下跌9.5%，仅比奶业陷入严重危机的2009年稍高。从全年走势来看，上半年价格一路下滑，到了7月份跌至全年的最低点，随后4个月基本保持平稳，11～12月有小幅回升。预计未来国际乳制品市场需求依然保持旺盛，供求关系偏紧，2013年新西兰原料奶的收购价格将有一定的上涨空间。

③乳制品出口。新西兰绝大部分的原料奶都被制成多种乳制品用于出口（有统计称这一比例高达99%）。随着国际乳制品市场需求的增长，新西兰原料奶产量不断提高，出口数量也不断刷新记录。

2012年，新西兰乳制品（仅限于海关编码HS0401～0406项下）共出口272.7万吨，比2011年增加了34.3万吨，增幅14.4%。由于地理原因以及乳制品不易长期保存的特点，新西兰出口以干乳制品为主，如果将出口数量简单地折算为原料奶，则出口数量与原料奶的总产量非常接近，也验证了新西兰99%的原料奶被加工成乳制品出口的说法。

由于2012年整体上国际乳制品市场的价格水平低于2011年，因此虽然新西兰的乳制品出口数量有一定增长，但出口金额却降低。2012年新西兰乳制品出口金额达到了114.19亿新西兰元，比2011年减少了2.75亿新西兰元，跌幅为2.4%，占新西兰全部商品出口金额的24.7%，仍稳居各类商品出口的首位，这一比例与2011年基本持平。

(3) 澳大利亚

①原料奶产量。澳大利亚也是国际乳制品市场的重要供给方，2011/2012 奶业年度澳大利亚共出口乳制品 76.5 万吨，折合原料奶 480.6 万吨，约合该奶业年度原料奶产量的 49.4%，因此国际乳制品市场的变动也影响着澳大利亚国内的原料奶生产，2009 年国际乳制品市场遭遇严重危机，澳大利亚原料奶产量也跌至历史低位，仅为 929.9 万吨。随着国际乳制品市场的回暖，澳大利亚原料奶产量逐年提高，2012 年全年产量为 980.3 万吨，比 2011 年增产 26.9 万吨，增幅为 2.8%。

②干乳制品生产。2012 年澳大利亚的干乳制品产量合计为 85.4 万吨，奶酪、脱脂奶粉和全脂奶粉是其最主要的品种，产量分别为 32.7、23.2 万吨和 11.8 万吨，所占比重也分别达到了 38%、27%和 14%，其他乳制品品种，如无水奶油、黄油、中脂奶粉和乳清粉等的产量和比重相对较小。

③液态奶生产。2012 年澳大利亚液态奶产量合计为 24.2 亿升，全脂奶和减脂奶是其最主要的品种，产量分别为 11.6 亿升和 6.8 亿升，所占比重分别达到了 48%和 28%，二者合计达到了 76%，而其他品种，如无脂奶、鲜调味奶和 UHT 奶等的产量和比重相对较小。

④乳制品出口。澳大利亚 2011/2012 奶业年度各种乳制品全年累积出口量为 765 416 吨，同比下跌 0.7%，折合原料奶约为 480.6 万吨，而该奶业年度澳大利亚的原料奶产量为 972.2 万吨，因此澳大利亚的乳制品出口约占其原料奶产量的 49.4%；同期，澳大利亚乳制品出口金额为 27.7 亿澳元，同比增长 1.1%。

⑤奶牛出口。2012 年，澳大利亚共出口奶牛77 092 头，其中 52 406 头出口到中国，占其出口总量的 68.0%。中国是澳大利亚奶牛第一大进口国，其他出口国包括俄罗斯 6 551 头，占总量的 8.5%；巴基斯坦 5 156头，占总量的 6.7%；以色列 3 200 头，占总量的 4.2%；印尼 2 182 头，占总量的 2.8%；斯里兰卡 2 007头，占总量的 2.6%。奶牛出口总价值 17 692.3 万澳元，平均每头奶牛的出口价格（FOB）为 2 295 澳元，折合人民币 15 000 元/头。

(4) 欧盟

①原料奶收购价格。2012 年，欧盟 27 国的原料加权收购平均价格折合人民币为 2.65 元/千克，相比 2011 年下降 4.0%，但相比 2009 年和 2010 年有一定涨幅。

2012 年，欧盟原料奶加权收购价格的走势与国际原料奶收购价格走势相似，且基本也保持同步，都是从年初的高位一路下滑，至年中时在底部保持一段时间的稳定，从 8 月份开始缓慢回升，只是波动程度略小一些。

②原料奶生产。在经过 2009 年全球性的奶业危机后，欧盟 27 国的商品牛奶量出现逐年增长势头，2012 年欧盟 27 国的商品牛奶量为 13 907.1 万吨，比 2011 年增长 0.6%。产量的增长主要来自于东欧的贡献，东欧的产量约占欧盟总产量的 14%，但 2012 年东欧的产量增幅却达到了 4.9%，其中东欧最大的产奶国——波兰产量增长了 5.9%，其他一些东欧国家，如捷克、匈牙利和立陶宛也都实现了一定程度的增长（增幅分别为 3.4%、6.1%和 3.2%）。

从 2015 年 4 月 1 日起，欧盟将废除牛奶生产配额制度，但目前看来欧盟整体出现原料奶大幅增产的可能性不大，欧盟内的奶业大国和奶业具有优势的国家，比如德国、法国、荷兰和爱尔兰等国家可能会出现原料奶产量大幅增长，但一些奶业弱势的国家可能会出现产量下跌的局面。

③乳制品生产。2012 军欧盟的乳制品生产涨跌互现，同比 2011 年，脱脂奶粉增产 3.7 万吨（增幅 3.3%）；黄油增产 4.7 万吨（增幅 2.5%）；炼乳增产 22.6 万吨（增幅 22.3%），增长幅度最为明显；而液态奶基本与 2011 年持平，仅增长了 0.2%；酸奶、奶酪和全脂奶粉的产量同比则出现下跌，跌幅分别为 2.3%、1.1%和 2.1%（表 7-1）。

表 7-1　2012 年欧盟乳制品生产情况

品类	2011 年/万 t	2012 年/万 t	同比/%
液态奶	3 085.3	3 090.1	0.20
酸奶	802.8	784.2	−2.30
奶酪	847.2	837.5	−1.10
黄油	188.9	193.6	2.50
脱脂奶粉	112.2	114.8	3.30
全脂奶粉	58.8	57.6	−2.10
炼乳	101.4	124.0	22.30

(5) 中国。2008 年，对中国的乳制品贸易来说是一个极为特殊的年份，这一年发生的两件大事改变了整个中国乳制品贸易的格局，即“三聚氰胺”事件和《中新自贸协定》的签署。在这之后，中国进口乳制品的规模迅速扩大，而出口在遭受重大打击后，虽然情况有好转迹象，但规模上一直没有突破，而出口目的地也非常局限，2012 年仍延续这一趋势。

①乳制品进口再创新高。继 2011 年中国的乳制品进口首次突破百万吨大关后，2012 年的进口数量继续突飞猛进（图 7-8），按传统统计口径，海关编码 HS0401～HS0406 项下乳制品进口达到了 114.6 万吨（其中干乳制品 104.4 万吨，同比增长 26.5%，进口金额 32.1 亿美元，同比增长 22.7%，再创历史新高；如果将小包装婴幼儿配方奶粉、乳糖、酪蛋白和乳白蛋白的进口计算在内，则全部乳制品进口数量达到 134.1 万吨，进口金额 46.8 亿美元。中国已经成为全球乳制品进口最重要的国家之一。2012 年，我国进口乳制品折合 878 万吨原料奶，我国原料奶产量按农业部估算为 3 868万吨，则我国乳制品进口依存度为 22.7%。

②出口小幅增长，但问题非常突出。2012 年我国的乳制品出口无论从数量上还是金额上看，都呈现出小幅增长态势，全年乳制品出口数量达到 44 896.1 吨，同比增长 3.6%；出口金额达到 8 236.0 万美元，同比

增长3.4%。但我国乳制品出口的问题仍然非常突出，首先是出口规模非常小，受2008年“三聚氰胺”事件的重创，我国乳制品在国际市场上的声誉不佳，市场份额增长十分缓慢，2012年共出口液态奶27 801吨，干乳制品17 095吨，折算147 465吨原料奶，仅为进口数量的2.0%；乳制品出口价值为8 236万美元，为进口额的2.6%。其次，我国乳制品出口市场单一，仍然局限在香港、周边国家和非洲一些国家，而且高度集中，出口到香港的贸易量占全部贸易量的一半以上。因此，我国乳制品出口贸易仍然处于较低水平，要增强我国乳制品在国际上的竞争力还有很长的路要走。

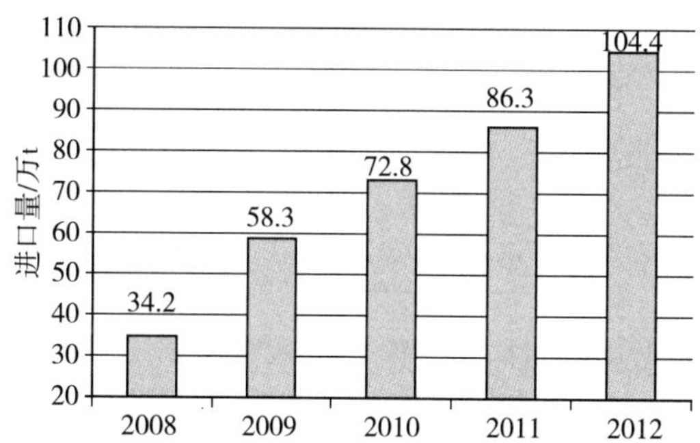

图7－8　2008—2012年我国干乳制品进口量

注：以上数据未包括液态奶、小包装奶粉、乳糖、酪蛋白等

资料来源：海关总署

二、2013年国际奶业形势展望

1. 主要奶业国家产量增长有限。尽管目前国际原料奶的收购价格有所提高，而饲料价格缓慢回落，奶农的盈利空间进一步扩大，奶农的积极性有所提高，但整体上看全球的奶业形势还是处于一个历史较低水平，因此2013年全球原料奶产量的增长并不会很快，尤其是乳制品贸易中主要出口国家（地区）的美国、欧盟、新西兰和澳大利亚的增长有限。根据美国农业部的预测，2013年美国原料奶的同比增幅几乎为0，欧盟为0.5%，新西兰是0.3%，澳大利亚稍微高一些，达到了1.2%，美国农业部对南美洲的阿根廷寄予了很大希望，预测其产量增幅会达到3.5%，但从目前的形势来看，恐怕很难实现，此外，美国农业部预测中国牛奶产量将有5.8%的增幅。

2. 国际乳制品市场紧平衡原料奶收购将继续上涨。由于国际原料奶供给增长的幅度有限，而需求则保持旺盛，以中国、东南亚和中东国家为代表的新兴市场需求大幅增长。同时，美国和欧盟两大经济体的经济前景虽然仍存在很大的不确定性，但最困难的时期已经度过，美国2012年的经济复苏好于预期而欧元区也避免了崩溃，因此预计这两大经济体的增长将带动乳制品的需求。因此，2013年国际乳制品市场将处于一种紧平衡状态，乳制品价格有望继续保持上涨，而原料奶价格也将随之出现一定程度的上升。

3. 中国乳制品进口将再创新高，出口继续恢复。2012年中国奶牛的规模化标准养殖快速推进，而散户则加速退出，全年牛奶产量为3 744万吨，同比增长2.3%，但没有达到根据“十二五”规划分解下来的年度目标。而中国的乳制品消费却在人口增长、城镇化建设、收入增加以及膳食结构转变几大因素的推动下快速增长，国产原料奶无法满足市场的需求，因此2013年中国的乳制品进口将再创新高。美国农业部预测2013年中国全脂奶粉的进口将增长12%，脱脂奶粉增长18%，奶粉合计进口量将达到64万吨，而其他乳制品如奶酪、黄油以及乳清也都会有不同程度的增长，液态奶的进口更是会有惊人的增长。

此外，随着“婴幼儿奶粉”事件的淡化、乳制品质量的提升，乳制品出口将继续恢复，但总量仍不会很大，在增加出口市场方面预计也不会有大的突破。

4. 中国奶业寻求海外资源。随着中国奶牛标准化规模养殖的不断推进，资源短缺和环境制约已经越来越明显，土地、水、饲料、环境保护等因素都在一定程度上制约着我国奶业的快速发展，而且中国目前的原料奶价格已经远远高出国际上几个主要的奶业贸易国家。在这一背景下，已经有越来越多的乳制品企业将目光投向了海外。

继光明乳业并购新西兰新莱特和澳优收购荷兰海普诺凯之后，上海鹏欣集团收购新西兰克拉法16家奶牛场的事件也终于尘埃落定，近期又有传言称娃哈哈要投资澳大利亚奶牛养殖场，以及伊利和雅士利公告要在新西兰建奶粉厂。这些事件都表明已经有越来越多的乳制品企业寻求海外资源，而这一趋势在2013年将表现得更加明显。

中国奶业协会　陈兵　丁芳　杨秀文

2012年全球奶业形势及2013年展望

一、摘要

2012年对于国际奶业来说是个跌宕起伏的一年，由于2011年国际乳制品市场的急剧升温，全球大部分地区在上半年的原料奶产量都出现增长。然而，同样在上半年，全球的经济形势也在不断恶化。谷物和豆粕的价格飞涨，而乳制品价格却开始出现下滑趋势。奶农的效益开始下滑，同时，气候条件在很多地区也开始恶化。最终，2012年以原料奶产量增长2.2%收尾，增幅略低于上一年。上半年的大幅增产导致了价格的下跌，尽管下半年的乳制品价格出现了飞涨，但上半年积累的跌幅并无法完全消除，最终全年的价格小幅低于上一年度。

2012年每一个乳制品品种的产量都出现了增长。奶酪和黄油产量增长幅度与前几个年度相当。而奶粉在经历了2011年的惊人增长后，2012年的产量保持稳定，没有重复2011年的走势。2012年液态奶的产量增幅比前几年更强劲，而发酵乳的产量增幅则保持平稳。炼乳的产量平稳，乳清粉的产量略低于2012年。

当以美元来计算营业额时，很多乳制品企业2012年的成绩都出现了下滑，这是国际乳制品市场价格下滑造成的。对于那些总部位于欧盟或者日本的乳制品企业来说，这种普遍的下跌很大程度上是由于当地货币（欧元，日元）对美元的大幅贬值带来的后果。对国际乳制品需求长期保持强劲的预期刺激了在奶业方面的投资，那些可以卖到新兴国家的干乳制品原料，在多个乳制品出口地区是目前乳制品加工行业发展的重点，比如大洋洲、拉美的南椎体国家以及西欧等等。2012年在兼并方面的主要交易都倾向于强化全球乳制品巨头的国际资产。

根据对全球人口已经达到了71亿人的推断，全球2012年人均奶类占有量为109.1千克，同比增长1%。全球人均奶类消费量在过去的七年中增长了8%，增长量为7.6千克。亚洲是世界上最重要的消费区域，全球41%的奶类消费来自亚洲，随后是欧洲，比重为27%。但亚洲的人均消费为73千克，低于全球其他地区。欧盟的人均奶类消费是最高的。从消费增长来看，亚洲、南美洲和非洲增长迅速。

2012年，全球的乳制品贸易继续增长，达到了6 190万吨（原料奶等同量），同比增长8%。这一增长速度大大超过了2000年以来的年复合增长率4%的水平。这反映了乳制品生产和消费的地区性不平衡在加剧，需要用贸易来填补之间的空缺。所以，全球乳制品贸易占全球原料奶产量的比重在过去的10年中一直保持增长态势，目前已经接近9%。但这也说明了全球绝大多数的乳制品还是在当地消费，不参与国际贸易。在2012年的上半年，原料奶产量的增长给价格带来了压力。虽然来自东南亚、中东和北非的国际买家强劲的需求对国际乳制品价格形成了支撑，但价格还是出现的下滑。价格掉头向上出现在9月份，这是由严重干旱和高企的饲料价格共同作用用的结果。但是2012年第四季度高企的价格并没有将全年的乳制品平均价格拉高，最终2012年全球乳制品价格低于近几年的平均值，而原料奶的价格同样低于2011年的平均水平。

OECD（经济合作与发展组织）和FAO（联合国粮农组织）在过去的十年中联合发布年度的农业展望。对于这种连续性的展望报告进行分析揭示了一个规律，就是对全球原料奶产量的预测在过去几年中基本没有发生什么变化。黄油、奶酪和全脂奶粉的消费趋势也没发生大的改变。然而，在对脱脂奶粉的展望中，对消费预测作出了大幅调整。他们还在过去几年中大幅上调了农产品长视频的价格。联合国粮农组织和经济合作与发展组织进一步大幅改变了他们对乳制品贸易的预测：相比过去几年的展望，本期展望中对乳制品国际贸易的增长作出了大幅上调，尤其是对奶酪和脱脂奶粉。

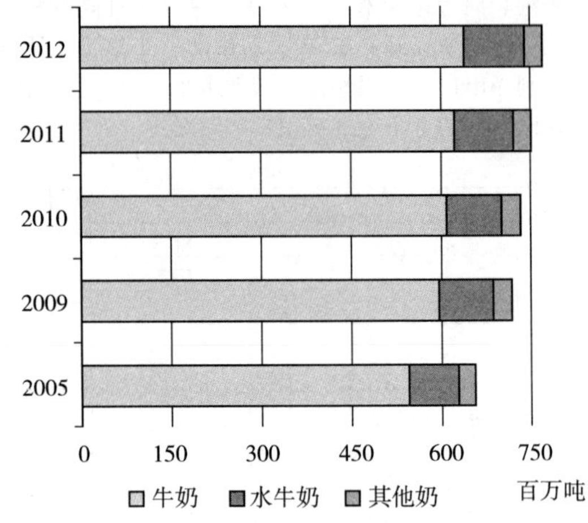

图7-9　2012年全球奶业形势一览图

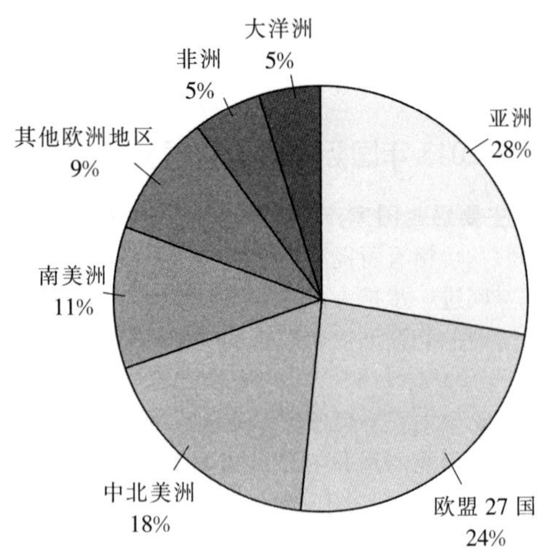

图7-10　全球牛奶产量（各地区份额）

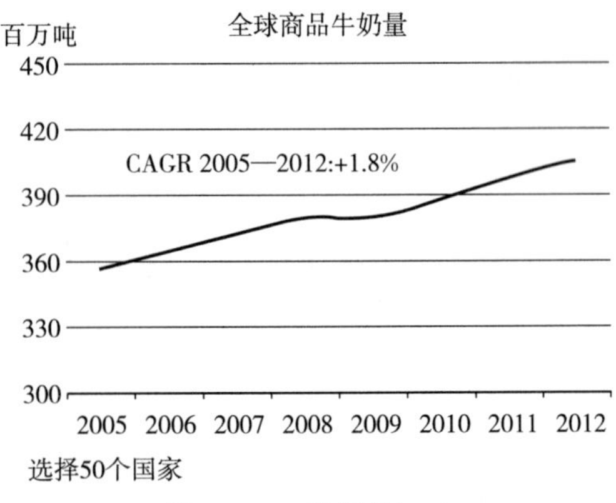

图7-11　乳制品加工

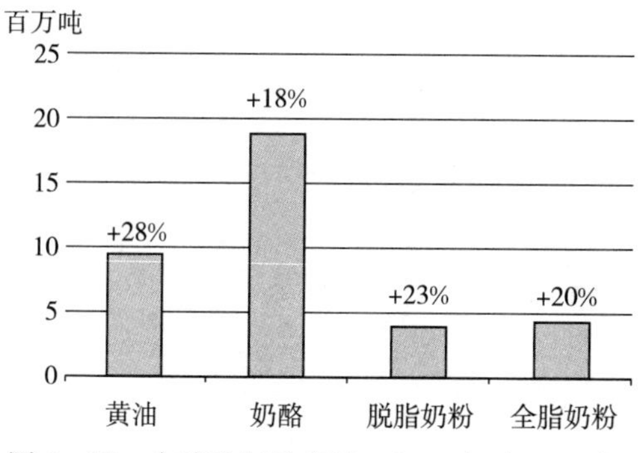

图 7-12　全球乳制品产量　2012 年比 2005 年

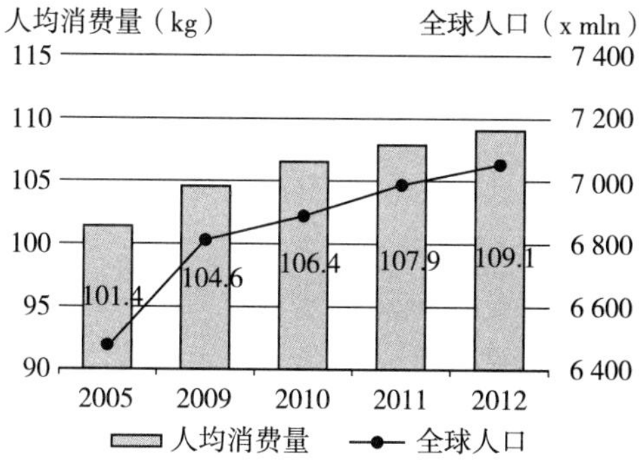

图 7-13　全球人均奶类消费量和人口

地区	2005	2012
亚洲	92%	93%
欧洲	106%	105%
欧盟	109%	108%
非欧盟	101%	98%
北美	102%	104%
南美	102%	100%
非洲	84%	86%
中美洲	75%	81%
大洋洲	245%	311%
全球	100%	100%

图 7-14　全球奶类自给率（按地区）

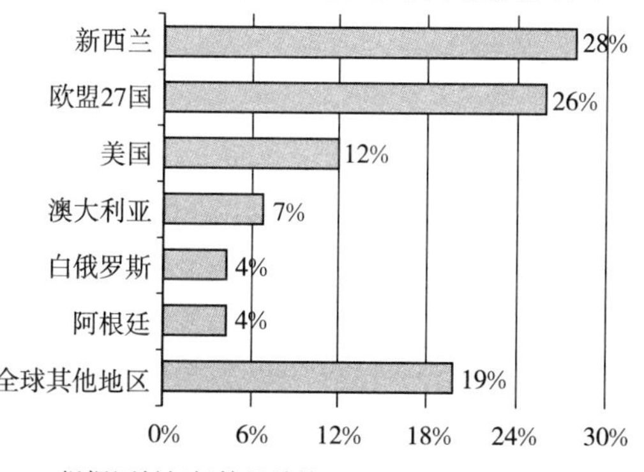

图 7-15　全球乳制品贸易主要出口方市场份额（%）

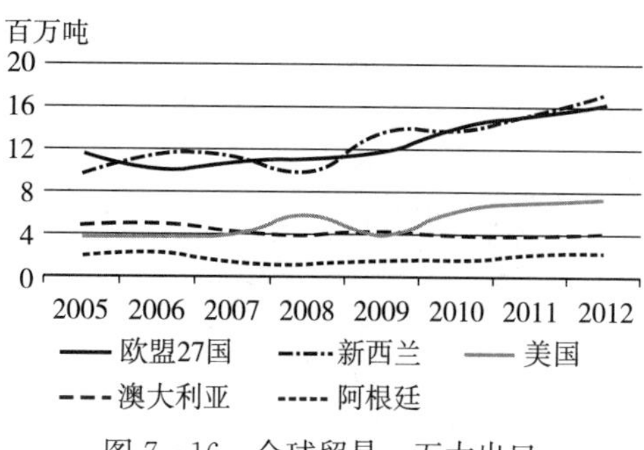

图 7-16　全球贸易：五大出口

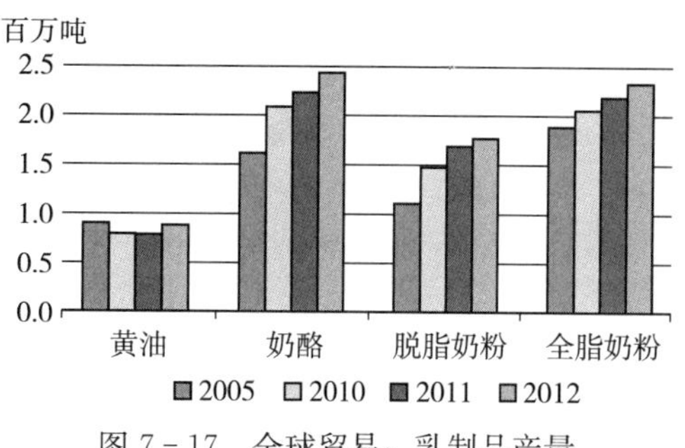

图 7-17　全球贸易：乳制品产量

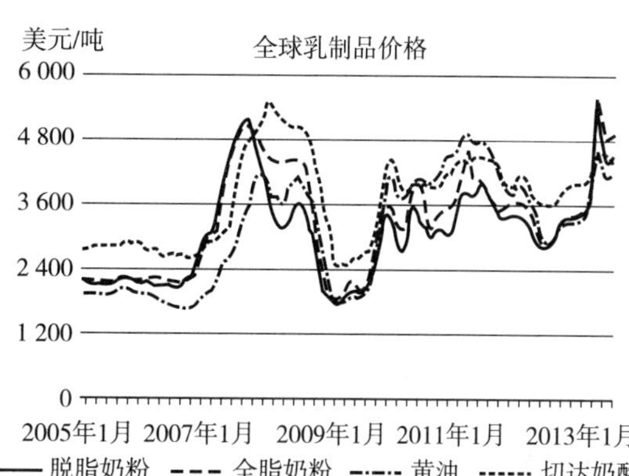

图 7-18　乳制品价格

1. 原料奶产量。

（1）综述　2012 年对于国际奶业来说是个跌宕起伏的一年，由于 2011 年国际乳制品市场的急剧升温，全球大部分地区在上半年的原料奶产量都出现增长。在一些国家，比如土耳其、乌拉圭和新西兰甚至出现了两位数的增长。然而，同样在上半年，全球的经济形势也在不断恶化。谷物和豆粕的价格飞涨，而乳制品价格却开始出现下滑趋势。奶农的效益开始下滑，同时，气候条件在很多地区也开始恶化。俄罗斯、南欧和美国受到了干旱的困扰，而从 7 月份开始的严重潮湿的气候影响了西欧的原料奶生产，从 10 月份开始影响南美国家，比如阿根廷和乌拉圭。

以强劲开端的 2012 年如果没有下半年的反转，是可以带来全球 3%的强劲增长，但最终的增长率与过去数年的平均非常相似—2.2%，大大低于 2011 年的增长率。

然而，也有一些在下半年没有收到恶劣气候影响的国

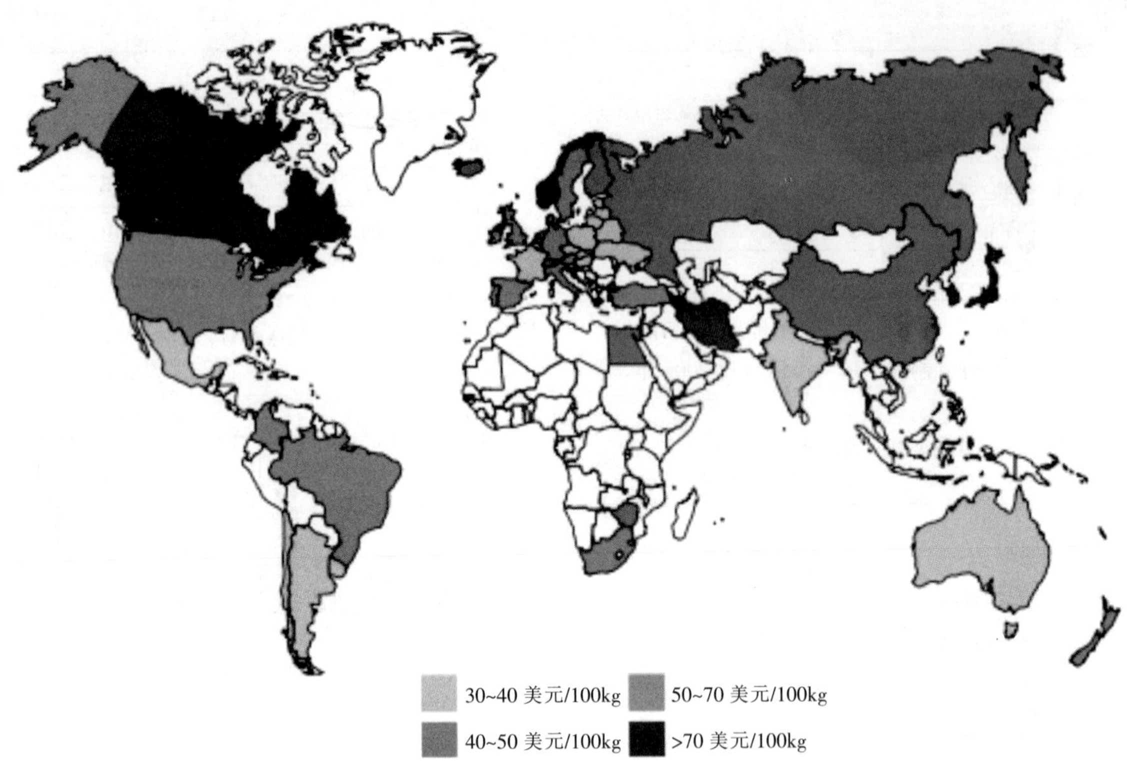

图 7-19　全示原料奶价格

家，在面对紧张的市场行情时，保持了一定的增长，在前面提到的国家中，特别要关注土耳其和新西兰，但乌拉圭没那么幸运，它在 2012 年的最后几个月中也遭遇到了严重潮湿的气候。

印度。印度是目前原料奶产量最大的国家，在其 2012/13 奶业年度（每年 4 月份开始至下一年 3 月底）总产量达到了 1.34 亿吨，占全球约 68%的水牛奶产量和 9%的牛奶产量。

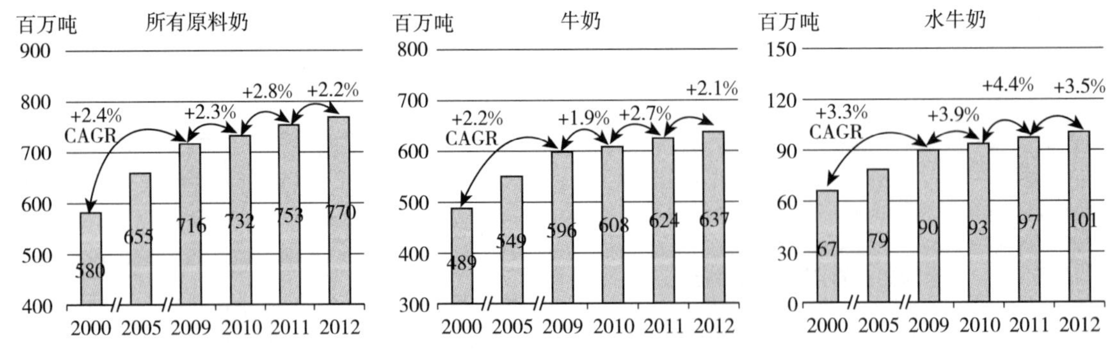

图 7-20　2000 年至 2012 年原料奶产量增长情况

资料来源：CNIEL，PZ，FAO，IDF 国家委员会 .

（2）牛奶。牛奶产量仍然占据着全球原料奶产量的 83%。2012 年的产量增长速度为 2.1%，大大低于 2011 年的 2.7%。通常情况下，亚洲原料奶的增长速度会保持稳定（4.4%），尤其是印度和巴基斯坦。土耳其出现了 16%的大幅增长。韩国在经历过口蹄疫爆发造成的衰退后，2012 年也出现了强劲增长，增幅达到 12%。中北美洲的增长速度超过了以往，达到 2.2%，而南美洲的增速却仅为 0.7%，大大低于上一年的增幅。在非洲也是这种情况，2012 年的增速仅为 1.7%，其中几个国家，比如阿尔及利亚和南非的负增长制约了全球的增长速度。

欧盟整体上表现稳健，但也有部分国家出现衰退，比如法国、英国和爱尔兰，丹麦和大部分东欧国家出现强劲增长，但不包括罗马尼亚和保加利亚。

大洋洲的两个主要国家牛奶产量也出现了分化，新西兰出现了意外增长，增幅达到了 8.5%，而澳大利亚产量却出现了下滑，跌幅为 3.0%。

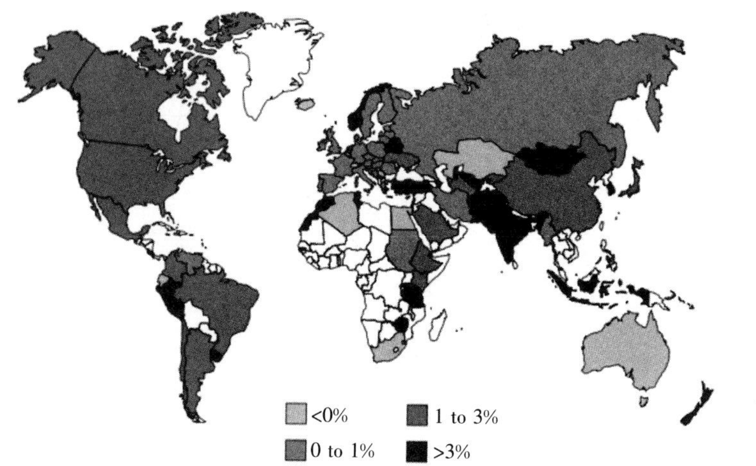

主要产奶国(地区)排名

百万吨	2012	年增长率 11/12(%)
欧盟 27 国	152.0	0.0
美国	90.9	+2.1
印度	60.1	+4.7
中国	37.4	+2.4
巴西	33.7	+2.0
俄罗斯	31.9	+0.9
新西兰	20.6	+8.5
土耳其	16.0	+15.8
巴基斯坦	13.9	+3.8
阿根廷	11.7	+1.2
墨西哥	11.3	+2.1
乌克兰	11.1	+2.6

图 7-21　2012 年全球牛奶产量年增长率

资料来源：CNIEL，PZ，FAO，IDF 国家委员会.

（3）水牛奶　2012 年，水牛奶的产量增幅（3.5%）依然远远超过牛奶产量的增幅（2.1%），当然，2012 年的增速比 2011 年 4.4%的增速还是有所减缓。2012 年全球的水牛奶产量达到 1.01 亿吨，占全球原料奶产量的 13%，而这一比例在 1990 年的时候仅为 8%。水牛奶仅在为数不多的几个国家生产。超过 90%的产量来自印度和巴基斯坦。除了南亚，在埃及、中国、伊朗和意大利也有少量水牛奶。

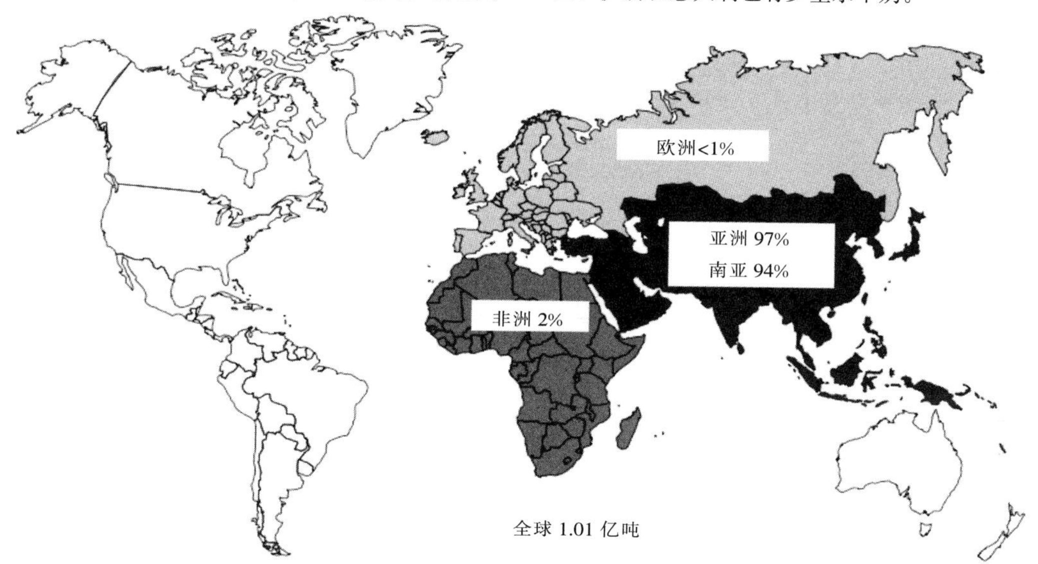

图 7-22　2012 年水牛奶产量地域分布

资料来源：CNIEL，PZ，FAO，IDF 国家委员会.

（4）绵羊奶、山羊奶和其他　山羊奶大概占到全球原料奶产量的 2.4%，绵羊奶占到 1.3%，骆驼奶占 0.4%。

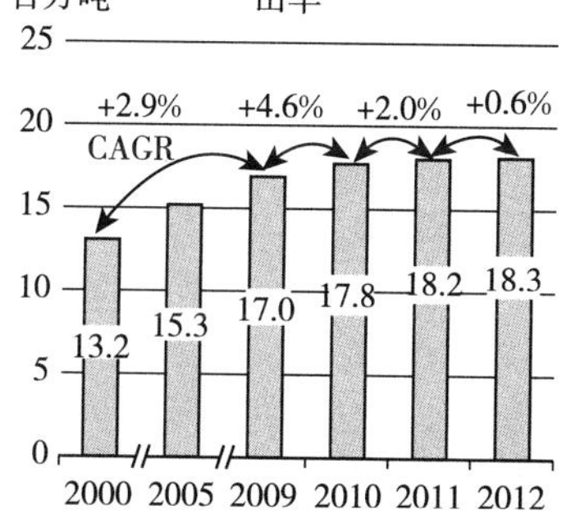

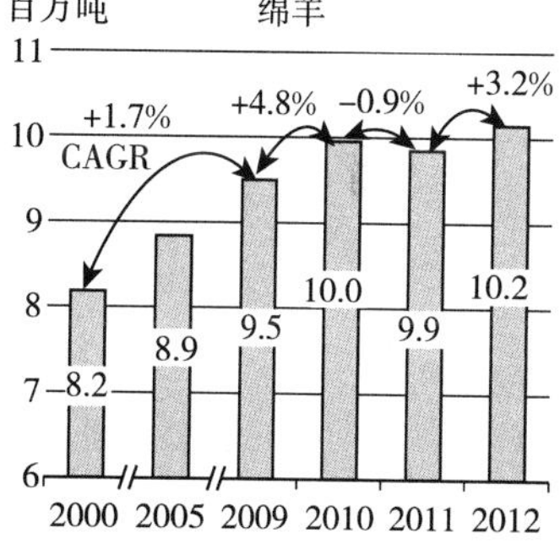

图 7-23　绵羊奶和山羊奶产量的发展趋势

资料来源：CNIEL，PZ，FAO，IDF 国家委员会.

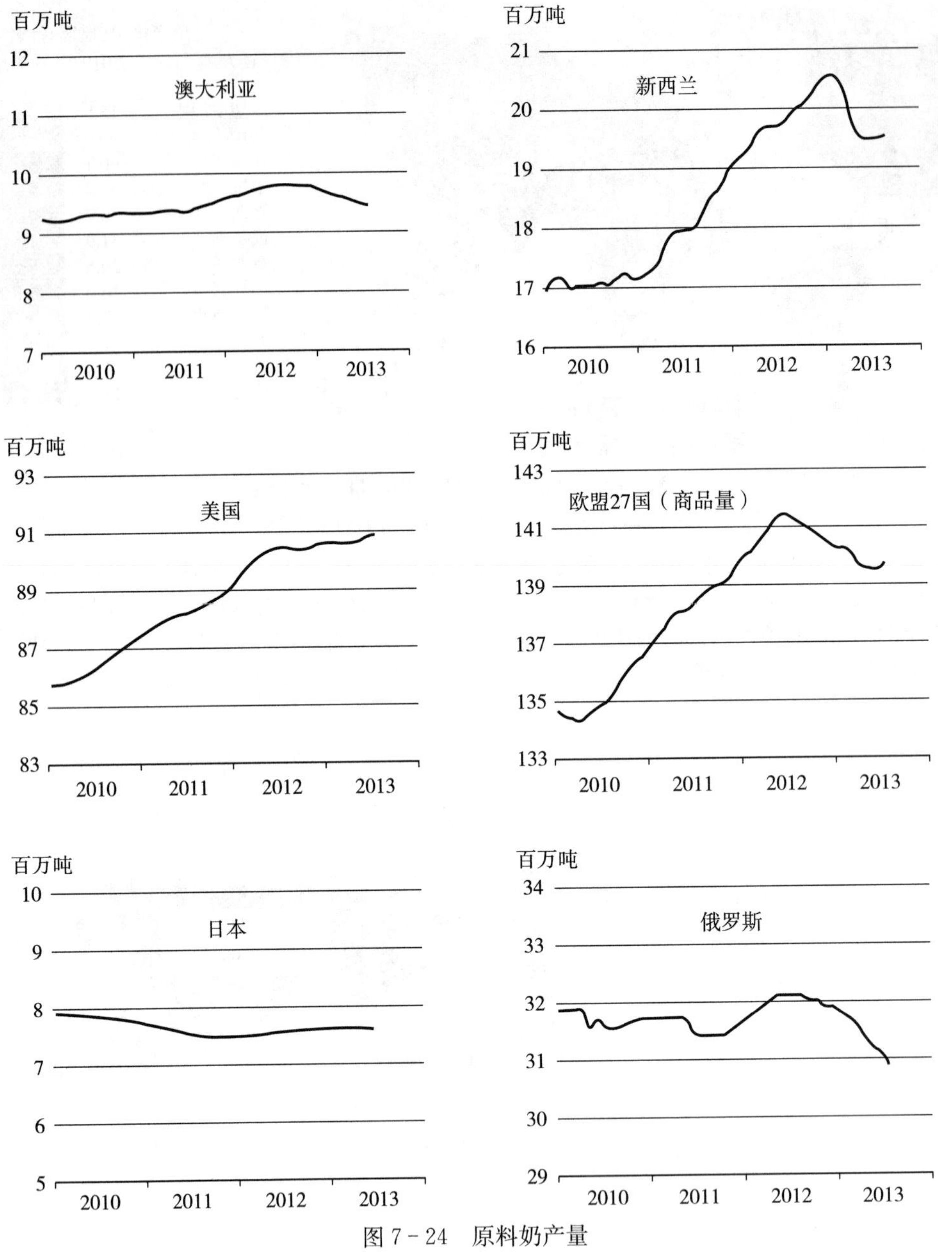

图 7－24　原料奶产量

资料来源：CNIEL，PZ，各国统计局，国际报导．

根据 FAO2011 年的数据，山羊奶主要产自亚洲，占到全球产量的 60%，以及非洲（22%）和欧洲（15%），而绵羊奶主要产自亚洲（46%）和欧洲（32%），骆驼奶则绝大部分产自非洲（91%）。

山羊奶产量在过去几年里一直保持增长势头，但增长速度似乎有减缓迹象。2012 年山羊奶的增速仅为 0.6%。而绵羊奶则保持着稳定的增长，2012 年的产量增幅达到了 3.2%。

（5）2013 年的发展趋势。2013 年的发展似乎是 2012 年的倒影，开局不利但收尾阶段形势很好。经济环境中的两个主要因素在 2012 年和 2013 年分别以相反的形式出现，因此对原料奶产量也带来了不同的影响。

首先，2012 年不利的气候条件集中出现在下半年，而上半年的气候条件相当不错。而 2013 年的上半年则没那么幸运，欧洲的很多国家依然遭受 2012 年不利结尾带来的恶果，在 2013 年的初期，饲喂奶牛的草料质量堪忧。而且，在大多数欧洲国家，奶牛放牧的时候比往常晚了一个月左右，这是因为春季的到来反常地推迟了。在新西兰，2013 年 2 月份开始遭遇到了严重的干旱，上半年与 2012 年同期相比，出现了大规模的杀牛和严重的减产。到目前为止，我们还不能给出一个 2013 年下半年气候条件的综合印象，但从 7 月份到 9 月份的情况来看，比 2012 年要乐观：在美国和俄罗斯没有出现严重干旱，在欧洲、南美和新西兰气候条件也回归正常。

其次，国际市场的乳制品价格在 2013 年前 9 个月持续走高，而在 2012 年的同期，价格处于下跌的通道当中。

①2013年上半年官方统计数据 2012年最后几个月开始出现的颓势在2013年的上半年依然存在，在主要产奶国中，大部分都出现了产量下跌，仅美国（增长0.5%）、墨西哥（增长0.9%）和乌克兰（增长1.1%）是例外。产量下跌尤为明显的是俄罗斯，下跌3.7%，澳大利亚，下跌6.5%和新西兰，下跌9.7%。

表7-2 2013年牛奶产量（或商品量）趋势

国家	产量或商品量	时段	2013 百万吨	增长率2012/13（%）(B)
阿根廷	商品量	1—3月	1.7	−9.6%
澳大利亚	产量	1—7月	4.6	−6.5%
白俄罗斯	产量	1—7月	3.7	−0.4%
巴西	商品量	1—3月	5.9	−0.3%
加拿大	商品量	1—6月	4.0	−1.3%
智利	商品量	1—7月	1.1	−1.0%
欧盟27国	商品量	1—7月	84.4	−0.9%
日本	产量	1—6月	3.9	−0.1%
哈萨克斯坦	产量	1—8月	3.5	+1.3%
墨西哥	商品量	1—7月	6.5	+0.9%
新西兰	产量	1—8月	8.6	−9.7%
俄罗斯	产量	1—7月	18.6	−3.7%
瑞士	商品量	1—7月	2.0	−1.1%
土耳其	商品量	1—7月	4.8	−3.7%
乌克兰	产量	1—8月	8.0	+1.1%
美国	产量	1—7月	54.1	+0.5%
乌拉圭	商品量	1—7月	1.1	−0.8%

(B) 增长率的计算对2012年闰年进行了调整 (C) 20家主要乳制品加工企业的商品牛奶量占全国产量的64%。

数据来源：CNIEL，ZMB，USDA，DCANZ，ALIC.

然而，这种不利的开局显然没有持续到2013年的下半年，下半年的情景比2012年明显要有利于奶业生产，饲料价格降低、原料奶收购价格的上涨以及增长气候条件的回归都会刺激全球大部分地区的奶业生产。

2. 乳制品加工。

(1) 牛奶加工量 根据IDF国家委员会和其他团体收集上来的数据，2012年全球的牛奶加工量增长了1.8%。

这个增长速度低于2011年，但几乎和过去十年的平均值相当。有几个国家遭遇了衰退，尤其是埃及，由于要应对口蹄疫的大规模爆发，牛奶加工量下跌了13.0%。

图7-25 2012年牛奶加工量增长趋势

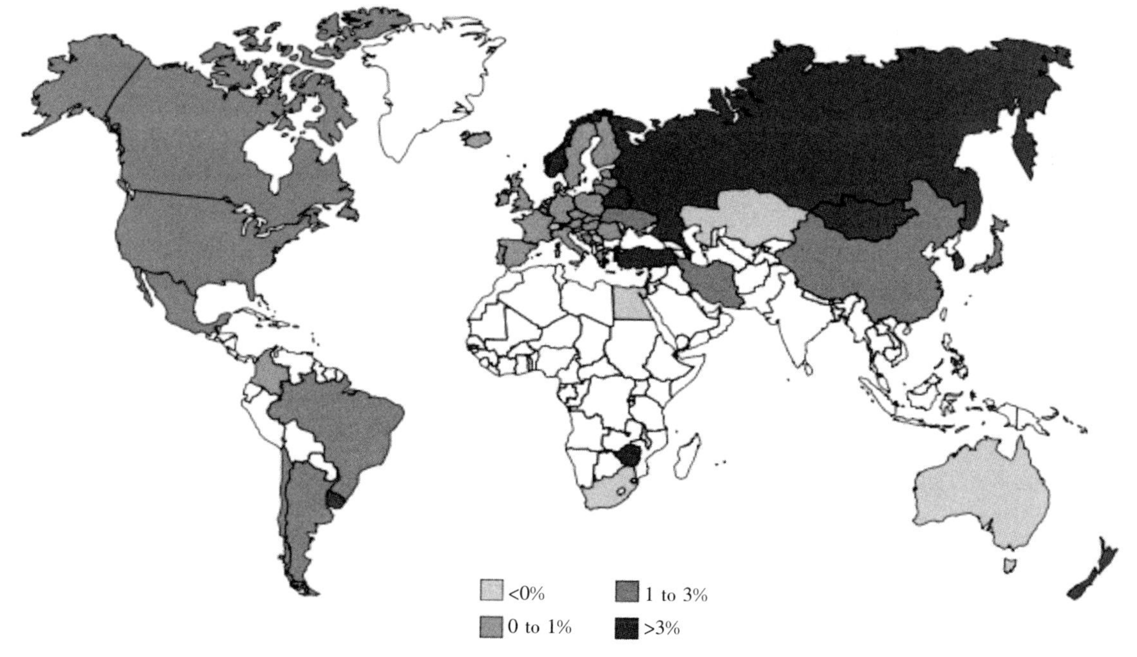

图7-26 主要国家和地区

与牛奶产量的变动趋势相一致，澳大利亚和南非的牛奶加工量也出现下跌，跌幅分别是3.0%和1.8%，而土耳其和韩国则出现了两位数的增长，新西兰的增幅也不小，达到了8.5%。2012年俄罗斯（牛奶加工量大约占全国原料奶产量的59%）的牛奶加工量出现了强劲增长，达到5.9%，远远高于产量0.9%的增幅。

百万吨	2012	年增长 11/12（%）
欧盟 27 国	140.3	＋0.6
美国	90.4	＋2.1
中国	27.9	＋1.8
巴西	23.0	＋2.5
新西兰	20.5	＋8.5
俄罗斯	18.8	＋5.9

印度没有排名

图 7－27　主要国家和地区（B）

资料来源：CNIEL，PZ，FAO，USDA，IDF 国家委员会 .

（2）乳制品生产概述　2012 年全球各种乳制品的产量都出现了增长。奶酪和黄油产量增长幅度与前几个年度相当。而奶粉在经历了 2011 年的惊人增长后，2012 年的产量保持稳定，没有重复 2011 年的走势。目前还没有鲜乳制品完整和深入的统计数据，仅能从各个国家的统计数据中得到全球的发展趋势。然而，根据搜集到的数据，2012 年液态奶的产量增幅比前几年更强劲，而发酵乳的产量增幅则保持平稳。

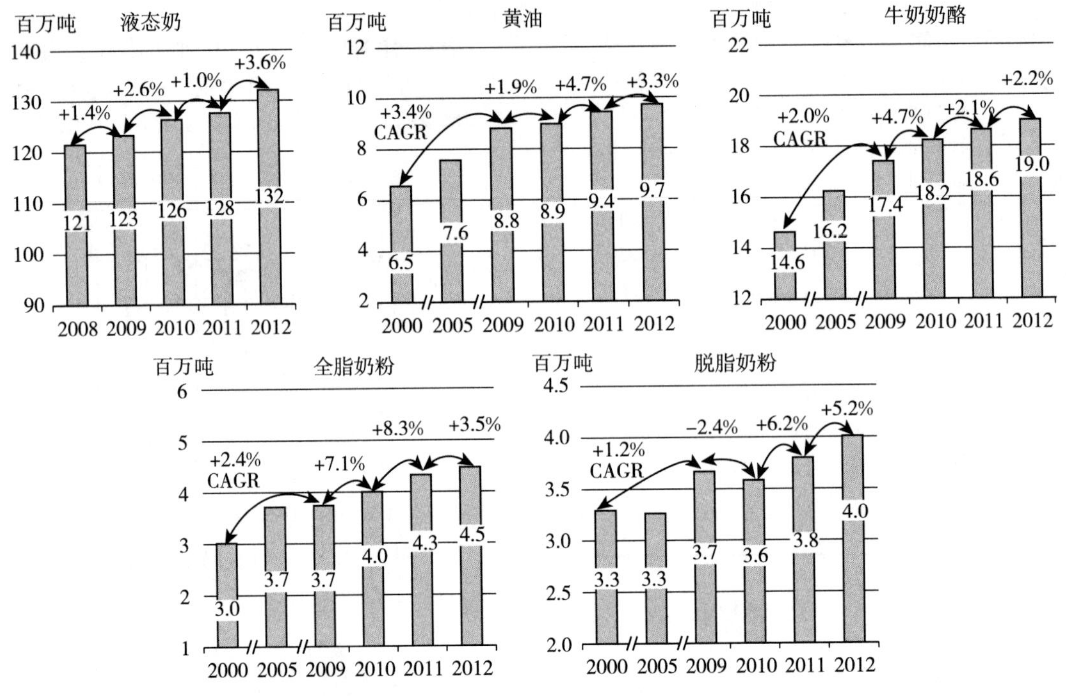

图 7－28　重点监测国家乳制品产量增长趋势

资料来源：CNIEL，PZ，FAO，IDF，国家委员会 USDA.

①液态奶和鲜乳制品

百万吨	2012	年增长 11/12（%）
欧盟 27 国	32.9	－0.4
美国	24.0	－1.7
中国	21.5	＋28.7
巴西	11.7	＋2.5
印度	8.9	＋3.1
墨西哥	3.8	－11.6
日本	3.7	－1.8

（D）无俄罗斯数据

（E）仅限合作社数据

图 7－29　重点监测国家，液态奶和鲜乳制品产量增长趋势液态奶（D）

百万吨	2012	年增长 11/12（%）
欧盟 27 国	9.3	－1.5
中国	4.1	＋3.9
伊朗	2.3	＋12.5
美国	2.0	＋3.4
土耳其	1.6	＋6.5
日本	1.0	＋10.2
墨西哥	0.7	＋18.0

（F）无俄罗斯和印度数据

图 7－30　发酵乳（F）

资料来源：CNIEL，PZ，Eurostat，IDF 国家委员会，ZMB.

根据 IDF 国家委员会和其他团体收集到的数据，2012 年全球液态奶产量增长 3.6%。这一结果代表了大多数国家的平均情况。大多数新兴国家都处于稳定增长的趋势当中，但墨西哥是个例外，中国则取得了惊人的增长，增幅达到 29%。而在许多发达国家中产量出现下滑，比如美国（下跌 1.7%）、欧盟（下跌 0.4%）和日本（下跌 1.8%）。

发酵乳的产量在全球大部分地区都出现了增长，尤其是墨西哥（增长 18.0%）、日本（增长 10.2%）和伊朗（增长 12.5%）。希腊风味酸奶的成功美国产量增长（增长 3.4%）的主要动力，而且这个趋势在 2013 年将得以保持。欧盟则是这种积极增长趋势的少数几个例外之一，2012 年欧盟产量下跌了 1.5%。这种衰退在德国（产量下跌 4.3%）、英国（产量下跌 5.2%）和比利时（产量下跌 6.8%）表现得尤为明显。

②黄油和其他乳脂肪　全球黄油和其他乳脂肪的产量预计在 1 000 万吨左右，根据统计数据，2012 年的产量同比增长达到了 3.3%。印度目前是世界上产量最高的国家，大约占到全球产量的 40%。欧盟的产量在经历了 10 年的下滑后，2012 年是连续第二年出现增长，然而，预计 2013 年欧盟的黄油产量会再次出现下跌。

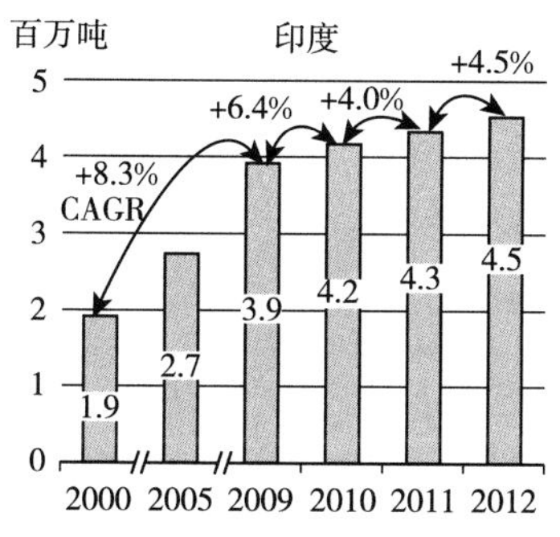

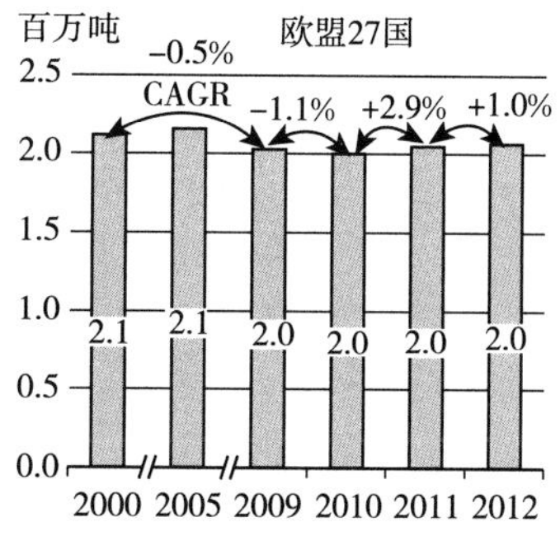

图 7－31　黄油产量增长趋势全球两大主产区增长趋势 2000—2012

百万吨	2012	年增长 11/12（%）
印度	4.5	+4.5
欧盟 27 国	2.0	+1.0
美国	0.8	+2.8
巴基斯坦（G）	0.7	–
新西兰	0.5	+5.7
俄罗斯	0.2	−0.5

（G）估计值

图 7－32　2012 年主产国（地区）增长情况

资料来源：CNIEL，PZ，FAO，USDA，IDF 国家委员会，ZMB.

③工业奶酪　全球天然奶酪（除再制奶酪外的全部奶酪）的产量略高于 2 000 万吨。乳制品加工企业用牛奶制造的奶酪（工业奶酪）占全球天然奶酪产量的 80%以上。

其余的是牧场制作或是家庭制作的产品，但也包括用其他品种的原料奶制作的奶酪，比如绵羊奶奶酪、山羊奶奶酪和水牛奶奶酪。欧洲和北美仍然主导者全球 70%以上的天然奶酪产量。

根据搜集到的数据，牛奶奶酪产量在 2012 年同比增长了 2.2%。除了埃及等个别国家，全球大部分地区的奶酪产量都取得了增长。尽管欧盟的原料奶加工量停滞不前，但奶酪产量依然保持了稳定增长，增速达到 1.4%，这主要归功于强劲的出口需求。

在美国，奶酪产量的增长速度继续高于过去十年的平均水平。出口需求仍然是奶酪产量增长的重要推动因素。

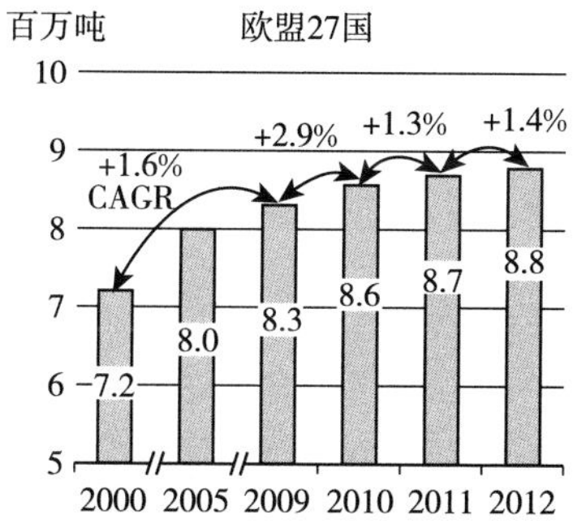

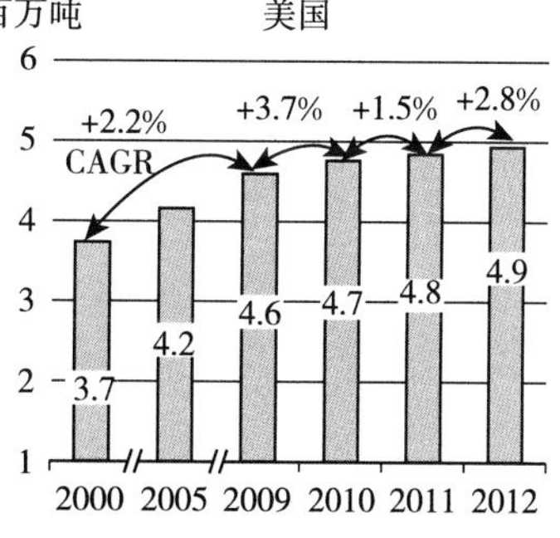

图 7－33　牛奶奶酪产量增长趋势两大主要生产国（地区）产量增长趋势 2000—2012

百万吨	2012	年增长 11/12（%）
欧盟 27 国	8.8	+1.4
美国	4.9	+2.8
巴西	0.7	+3.1
埃及	0.6	−8.2
土耳其	0.6	+8.7
阿根廷	0.5	+3.2
俄罗斯	0.4	+4.8

图 7－34　2012 年主产国（地区）增长情况

资料来源：CNIEL，PZ，IDF 国家委员会，ZMB

④奶粉　全球全脂奶粉产量估计在 450 万吨左右，根据搜集到的数据，2012 年全球全脂奶粉产量的同比增幅为 3.5%。

全球全脂奶粉的两个主要生产国—新西兰和中国都稳定地提高了各自的产量，2012 年的增幅分别达到了 9.6%和 5.2%，而欧盟的产量则是继续下跌了 2.9%。

2012 年全球脱脂奶粉的产量估计在 400 万吨左右。根据搜集到的数据，2012 年全球脱脂奶粉产量的同比增幅为 5.2%。

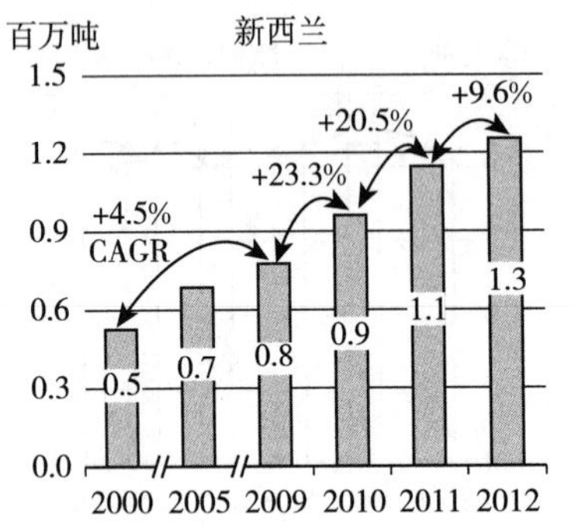

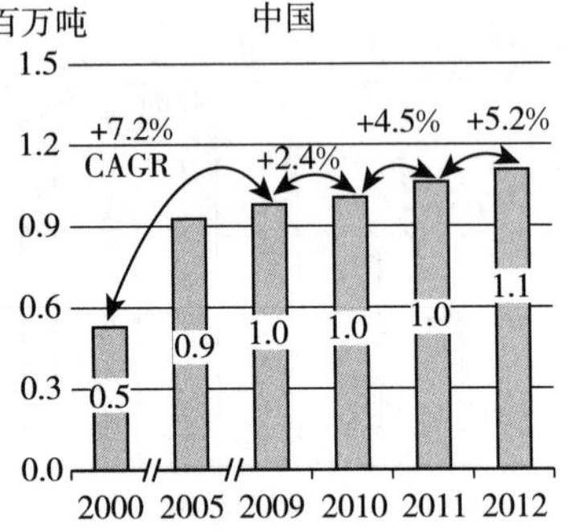

图 7－35　全球全脂和半脱脂奶粉产量增长趋势两大主要生产国产量增长趋势 2000—2012

百万吨	2012	年增长 11/12（%）
新西兰	1.3	+9.6
中国	1.1	+5.2
欧盟 27 国	0.7	−2.9
巴西	0.5	+3.1
阿根廷	0.3	−0.4

图 7－36　2012 年主产国（地区）增长情况

资料来源：CNIEL，PZ，IDF 国家委员会，USDA，ZMB.

由于受到强劲需求的刺激，2012 年全球大部分地区的脱脂奶粉产量出现增长。美国的增长幅度甚至达到了两位数（10.3%），而欧盟的产量保持稳定（−0.1%）。

⑤炼乳　在过去的三十年炼乳生产的地理分布发生了重大改变。在 20 世纪的 80 年代，炼乳的全球产量主

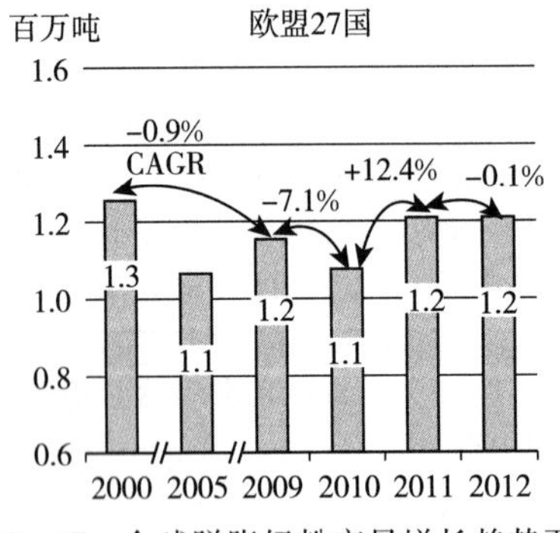

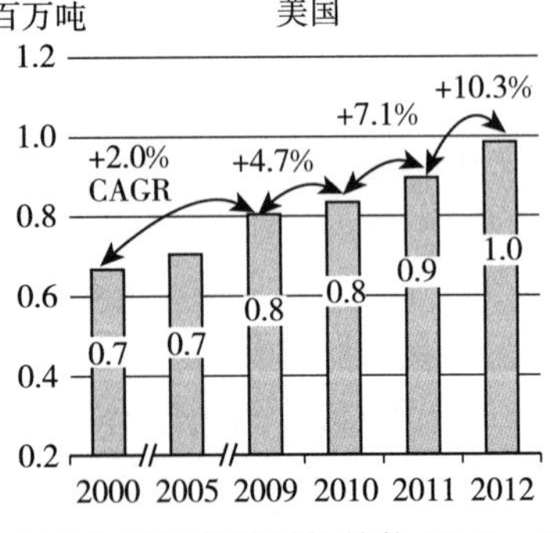

图 7－37　全球脱脂奶粉产量增长趋势两大主要生产国产量增长趋势 2000—2012

百万吨	2012	年增长 11/12（%）
欧盟 27 国	1.2	−0.1
美国	1.0	+10.3
印度	0.5	+4.7
新西兰	0.4	+5.5
澳大利亚	0.3	+8.8
巴西	0.1	+6.8

图 7－38　2012 年主产国（地区）增长情况

资料来源：CNIEL，PZ，USDA，IDF 国家委员会，ZMB.

要分布在欧盟、美国和前苏联地区，但目前主产区则更多的分散在远东地区，比如马来西亚、泰国、新加坡和中国，以及南美地区，比如巴西、秘鲁和智利。根据 FAO 的统计，全球炼乳产量在 2008 到 2011 年之间非常稳定，大致在 490 万吨到 500 万吨之间。欧盟的炼乳产量在经过数年的下跌后，在 2012 年取得了大幅增长，增幅达到了 8.3%，这主要是收到出口需求增长的刺激，尤其是对利比亚的出口大幅增长。秘鲁的继续保持增长势头，产量达到了 44 万吨，几乎是 2000 年产量的两倍。

⑥乳清制品、酪蛋白和其他乳制品原料　根据出口数据，新西兰的酪蛋白产量去年实现了两位数的增长。在欧盟，产量在 15 万吨左右，同比增加了 5 000 吨左右。液态乳清制品主要来自于工业化的奶酪生产，这大约占到全部乳清的 80%以上，其次是酪蛋白的产量。因此，乳清的主要加工地都位于欧洲、北美和大洋洲，这些地区也同样是奶酪的主产区。与 2011 年相比，2012 年美国并没有发生明显的变化，产量非常稳定，其中乳清粉和浓缩乳清 50 万吨，浓缩乳清蛋白 20 万吨以及 3 万吨乳清分离蛋白。欧盟所有乳清粉的产量大致在 210 万吨左右，2012 年同比大幅增长 5.9%。

3. 乳制品企业。

(1) 2012 年全球乳制品巨头的发展　当以美元来计算营业额时，很多乳制品企业 2012 年的成绩都出现了下滑，这是国际乳制品市场价格下滑造成的。对于那些总部位于欧盟或者日本的乳制品企业来说，这种普遍的下跌很大程度上是由于当地货币（欧元，日元）对美元的大幅贬值带来的后果。

表 7-3　全球乳企 25 强（按乳制品营业额）

单位：10 亿美元

	公司	国家	2010	2011	2012	年增长 2011/12
1	拉克塔利斯	法国	12.5	17.5	20.2	+15%
2	雀巢	瑞士	19.6	18.6	19.8	+7%
3	恒天然	新西兰	11.9	15.3	15.8	+4%
4	达能	法国	12.9	15.6	15.0	−4%
5	菲仕兰坎皮纳	荷兰	11.9	13.4	13.2	−1%
6	美国奶农	美国	9.8	13.0	12.1	−7%
7	迪恩食品	美国	12.1	13.1	11.5	−12%
8	阿拉食品	丹麦	8.7	10.3	10.9	+6%
9	明治乳业	日本	7.0	7.4	7.5	+1%
10	森永乳业	日本	6.8	7.4	7.2	−3%
11	萨普托	加拿大	5.8	6.8	7.2	+4%
12	伊利	中国	4.4	5.8	6.7	+15%
13	穆勒	德国	—	—	6.0	
14	拉拉	墨西哥	—	—	6.0	
15	蒙牛	中国	4.5	5.8	5.7	−1%
16	诺德胡马纳	德国	5.3	6.4	5.7	−11%
17	索迪雅	法国	5.3	6.1	5.6	−9%
18	保健然	法国	4.7	5.5	5.2	−5%
19	蓝德雷	美国	3.5	4.3	4.2	−4%
20	哥伦比亚	爱尔兰	3.4	4.4	3.9	−12%
21	卡夫食品	美国	7.0	7.7	3.8	−50%
22	Agropur	加拿大	3.2	3.7	3.7	−1%
23	施雷伯	美国	—	—	3.5	
24	Bel	法国	3.2	3.5	3.4	−3%
25	Tine	挪威	3.1	3.5	3.4	−2%

资料来源：CNIEL，公司报告，国际新闻．

由于特殊情况，两家美国公司面临着营业额持续下降的局面。

首先是卡夫食品分割了其全球业务，包括乳制品的经营，更名为亿滋国际，因此它的乳制品营业额也一分为二。

其次，在 2012 年的财务报表中，迪恩食品没有将其附属的 Morningstar 公司业务经营情况列入，这部分业务在 2013 年的早期已经正式出售给了萨普托公司。与这个主流趋势相反，一些公司在 2012 年取得了稳定的增长。在 2012 年，法国的兰特黎斯首次在一个完整的财政年度中将 2011 年中期收购的意大利帕玛拉特的业务合并计算，因此营业额增长了 15%。中国的伊利集团在 2012 年没有受到食品安全问题的困扰，而它的一些当地竞争者却没有那么幸运。因此，伊利仍然能在 2012 年实现其在过去几年中一直保持的两位数的增长速度。

(2) 2012 年结束的交易　2012 年在兼并方面的主要交易都倾向于强化全球乳制品巨头的国际资产。如果我们把由欢迎私募股权资本完成的交易排除在外的话，2012 年仅有一桩十分重要的国内交易：日本朝日啤酒集团收购日本发酵乳制造商可尔必思。

其他所有国际并购行为，基本都涉及新兴国家的资产。比如，达能并购摩洛哥 Centrale Laitière 乳业集团，并且完成了印度 Wockhardt 集团营养品业务的并购工作。菲仕兰坎皮纳并购菲律宾 Alaska 乳业集团，而可口可乐公司收购了墨西哥圣克拉拉 Mercantil de Pachuca 乳业公司。

最后一桩并购业务，但绝不是最不重要的，就是雀巢有意收购辉瑞的婴幼儿配方乳粉业务，而很明显这桩业务中 85%的营业额发生在新兴国家。

表 7-4 2012 年奶业领域完成的主要收购业务

买　主	收购对象	金额（百万美元）
雀巢（瑞士）	辉瑞全球婴幼儿配方乳粉业务	11 850
朝日（日本）	日本酸奶企业 Calpis	1 480
萨普托（加拿大）	美国	1 450
达能（法国）	摩洛哥乳企（centrale laitière 的股权由 38%上升至 67%）	710
Montagu 私募股权（法国）	法国人造黄油制造商 Saint Hubert	550
菲仕兰坎皮纳（荷兰）	菲律宾乳企 Alaska 的股权由 8%上升至 98%	—450
穆勒（德国）	英国乳企	440
Pacific 股权投资（澳大利亚）	雀巢在澳大利亚的冰激凌业务	310
阿拉食品（丹麦）	中国蒙牛公司，6%股权	290
达能（法国）	印度 Wockhardt 婴幼儿配方奶粉和营养品业务	240
可口可乐（美国）	墨西哥	—200

资料来源：CNIEL，公司报告，国际报道．

阿拉食品在过去一年中的并购业务也非常活跃。它获得了中国乳业巨头蒙牛 6%的股份，并且与另外两家合作社企业合并：德国的 Milch-Union Hocheifel（MUH）和英国的 Milk Link。因此，阿拉食品实际控制的原料奶产量为 135 亿升，在英国位列第一，而在德国为第三。另外一桩重要的合并业务也发生在美国，2012 年 12 月底，威斯康星三家奶农合作社投票通过合并的议案，创办了美国中西部最大的奶农合作社。新的合作社命名为 FarmFirst 奶农合作社，于 2013 年 1 月 1 日起正式营业。

图 7-39

资料来源：CNIEL，公司报导，国际新闻．

(3) 有意向的投资　对国际乳制品需求长期保持强劲的预期刺激了在奶业方面的投资，那些可以卖到新兴国家的干乳制品原料，在多个乳制品出口地区是目前乳制品加工行业发展的重点，比如大洋洲、拉美的南椎体国家以及西欧等。国外的投资者也兴建干燥塔以保障获取原料奶。在新西兰的发生的例子特别明显，中国的乳制品企业雅士利和伊利目前都在那里建造婴幼儿配方乳粉工厂。同样的事情也发生在欧洲，圣元与法国的索迪亚合作，投资 1.3 亿美元在法国兴建乳制品加工厂。

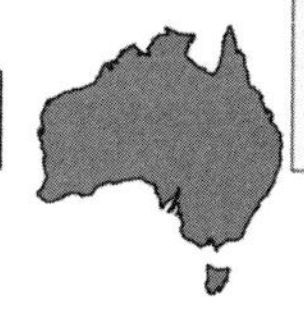

图 7-40　大洋洲已宣布或完成的超一亿美元的投资项目

资料来源：CNIEL，公司报告，国际报道．

在美国，有几家公司，比如 Agropur 和西南奶酪公司专注于干乳制品生产的投资，但是美国国内市场上的几种乳制品，尤其是奶酪和酸奶也非常有吸引力，吸引了大量的投资。比如，2012 年 12 月，Chobani 在爱达荷的 Twin Falls 开办了世界上最大的酸奶工厂。2013 年 6 月，百事可乐公司和德国穆勒公司联合创办了一座投资 2.5 亿美元的酸奶工厂，而希腊的 Fage 公司也打算扩建其在纽约 Johnstown 的工厂。

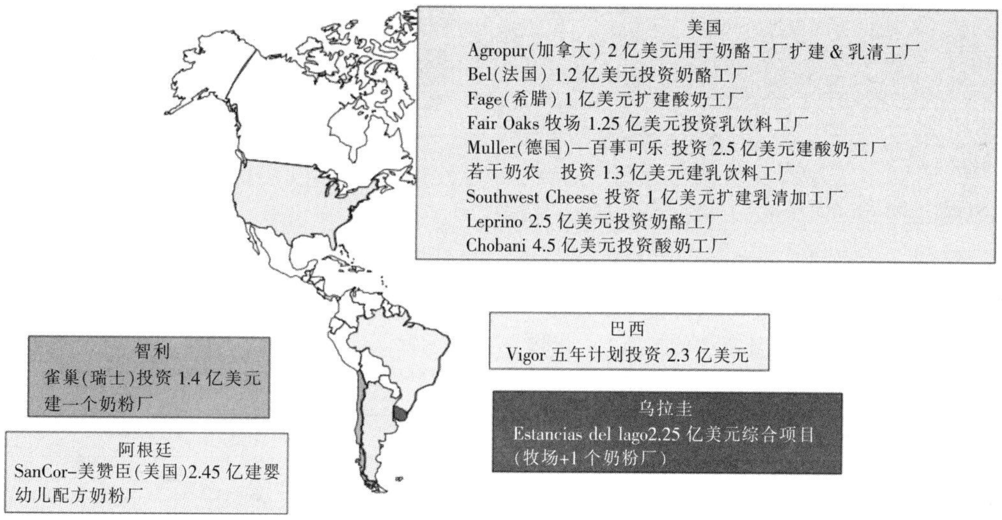

图 7-41　美洲已宣布或完成的超一亿美元的投资项目

资料来源：CNIEL，公司报告，国际报道．

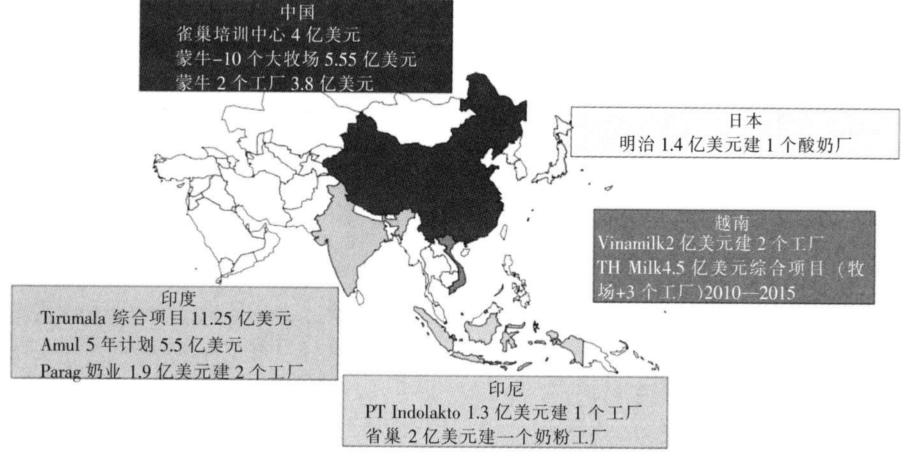

图 7-42　亚洲已宣布或完成的超一亿美元的投资项目

资料来源：CNIEL，公司报告，国际报道．

在亚洲，投资主要集中在适合当地消费的乳制品上，也就是液态奶、乳饮料和酸奶。

亚洲投资的一个主要特征就是养殖与加工业务的整合。一些加工企业，比如在中国，蒙牛、雀巢和恒天然，都深入地介入了养殖业务。而且，一些既包括养殖、也包括加工的一体化项目也在越南和印度实施。

如今在欧洲的投资项目比起几年前而言形式要多样。

以前，投资主要集中在适合国内市场销售的乳制品上面，比如液态奶、酸奶和奶酪，因为和国际市场上主要的竞争对手—新西兰或者阿根廷而言，欧洲的内部的竞争压力要小得多。而现在情况发生了变化。

在欧盟的多个地区，比如爱尔兰、荷兰、丹麦、德国北部和法国西部)，在 2015 年配额制度取消以后都面临着原料奶产量大幅增长的局面

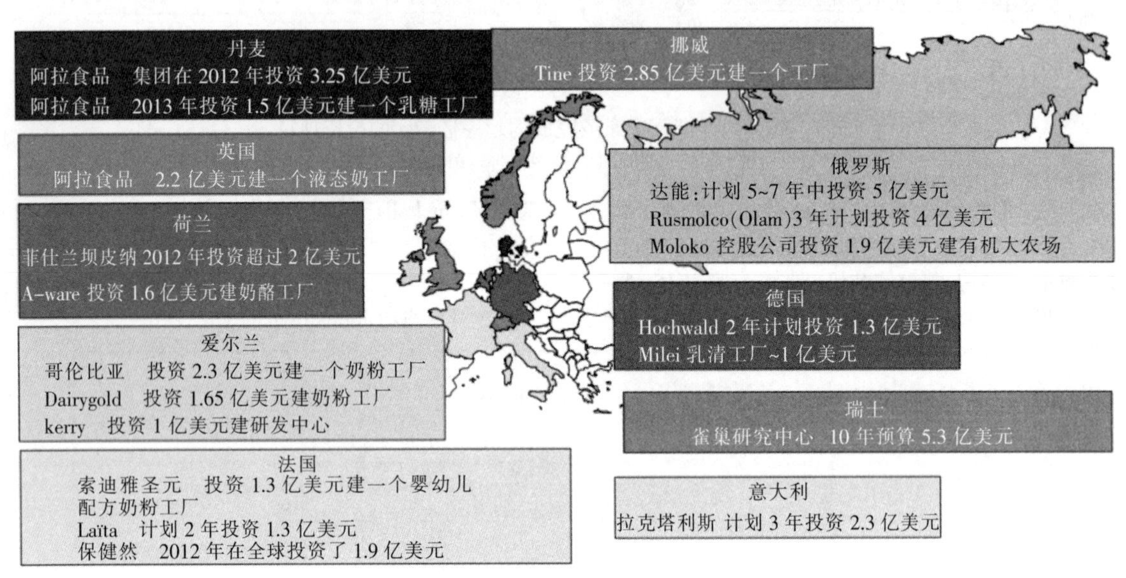

图 7 - 43

资料来源：CNIEL，公司报告，国际报导.

因此，投资会主要集中在加工能力的扩充上，以增强出口为目标，产品为乳清、奶粉、硬质奶酪和马苏里拉奶酪为主。

4. 消费。

(1) 全球乳制品消费　全球乳制品消费是由全球全部原料奶产量减去库存而的出来的。全球原料奶产量在 2012 年增长了 2.2%，总量到达 7.7 亿吨。由于全球范围内的乳制品需求强劲，2012 年全球乳制品库存连续第三个年头出现下跌。因此，有更多的乳制品在市场上销售。估计目前全球总人口已经达到了 71 亿，因此 2012 年人均乳制品占有量为 109.1 千克，同比增长 1%。全球人均乳制品消费量在过去的 7 年中已经增长了 8%，增加量为 7.6 千克。

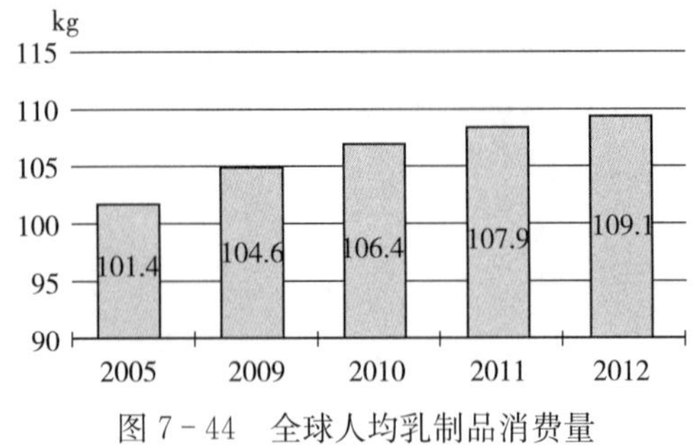

图 7 - 44　全球人均乳制品消费量

百万
7 400
7 200
7 000
6 800
6 600
6 400
2005
2009
2010
2011
2012

图 7 - 45　世界人口的改变

资料来源：根据全球原料奶产量和人口计算而来.

(2) 地区消费　地区乳制品消费是由该地区原料奶产量加上乳制品贸易量计算而来。亚洲是乳制品消费最多的地区，占到全球消费总量的 41%，其次是欧洲，占 27%。然而，亚洲的人均乳制品消费量仅有 73 千克，低于其他地区。欧盟的人均乳制品消费量居全球最高，几乎是亚洲水平的四倍。越是乳业发达的地区，比如欧洲、北美和大洋洲，在他们的饮食当中牛奶和乳制品的比例越高。自给率低于 100% 的地区，不足的部分需要由进口来弥补。亚洲、非洲和中美洲是乳制品净进口量较大的地区，而欧盟和北美相对较大的净出口地区。大洋洲则是全球唯一消费量低于净出口量的地区，其 70% 的乳制品用于出口。

表 7－5　2012 年全球乳制品消费（按地区）

	消费量 2012 百万吨	人均消费量	占全球产量 比重（%）	占全球产量 比重（%）	自给率
亚洲	311.6	73.1	40.6%	37.7%	93%
欧洲	207.5	280.3	27.0%	28.4%	105%
欧盟	144.8	288.5	18.9%	20.4%	108%
非欧盟	62.6	263.1	8.2%	8.0%	98%
北美洲	95.6	274.0	12.5%	12.9%	104%
南美洲	69.6	175.2	9.1%	9.1%	100%
非洲	53.3	49.7	6.9%	6.0%	86%
中美洲	20.4	127.6	2.7%	2.2%	81%
大洋洲	9.4	254.7	1.2%	3.8%	311%
全球	767.4	108.7	100.0%	100.0%	100%

资料来源：根据 2013 年 6 月 FAO 食品展望自行计算而来．

①南美、亚洲和非洲的消费增长　亚洲、南美和非洲地区的乳制品消费呈现出快速增长的趋势。然而，在这三大洲中，国家与国家之间的人均乳制品消费量差异很大。南美近几年的乳制品消费增长强劲，该地区的人均乳制品消费在 2005 至 2012 年之间增长了 27%。巴西、哥伦比亚和委内瑞拉对此的贡献率最大。印度、中国和印尼对亚洲 22%的增长也作出了巨大的贡献。阿尔及利亚、肯尼亚和埃及则是对非洲增长起到了重要作用，非洲同期的增长率也达到了 16%。

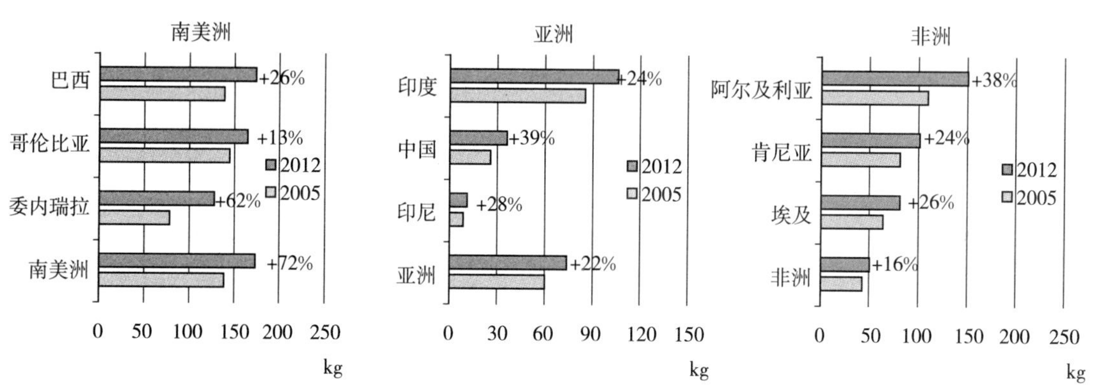

图 7－46　各地区人均乳制品消费增长最快的国家（2012 年与 2005 年比较）

资料来源：根据 FAO 食品展望自行计算而来．

a. 收入增长和城镇化的影响　收入的增长和城镇化是发展中国家促进乳制品消费的两个重要因素。

城镇化促进了基础设施的建设，包括冷链，这对于向乳制品这种易腐败的食品的销售提供了便利。与农村地区相对较少的食品种类来说，城镇居民的饮食结构丰富的多。在现代化的餐饮，比如快餐领域，乳制品的消费量大大提高，从全球范围来看，国家之间的人均乳制品消费差异有缩小的趋势。

b. 南美洲　南美国家的乳制品消费水平处于发达国家和发展中国家之间，其特征是高度的城镇化（大概在 80%左右）。巴西、委内瑞拉和哥伦比亚在过去 10 年尤其是这种情况，随着经济的高速发展，当地的原料奶生产和乳制品的需求迅速增长。由于不断壮大的中产阶级，以及饮食结构和生活方式的转变，人们对于营养、便捷产品的需求一直在增长，这为乳制品企业提供了巨大的商机。国外投资的涌入和技术的提高使得南美的奶业上升到了一个较高的水平。在委内瑞拉，一个明显的增长就是人均乳制品消费量，在 2005 年至 2012 年的 7 年里增长了 62%。委内瑞拉拥有世界上最大的探明的石油储备，在过去的几十年中，委内瑞拉受益于国际石油价格处于历史性的高位，其购买力大大增强。南美大部分国家的原料奶生产成本处于全球最低的水平，这也使得这个地区未来原料奶生产增长的潜力巨大。

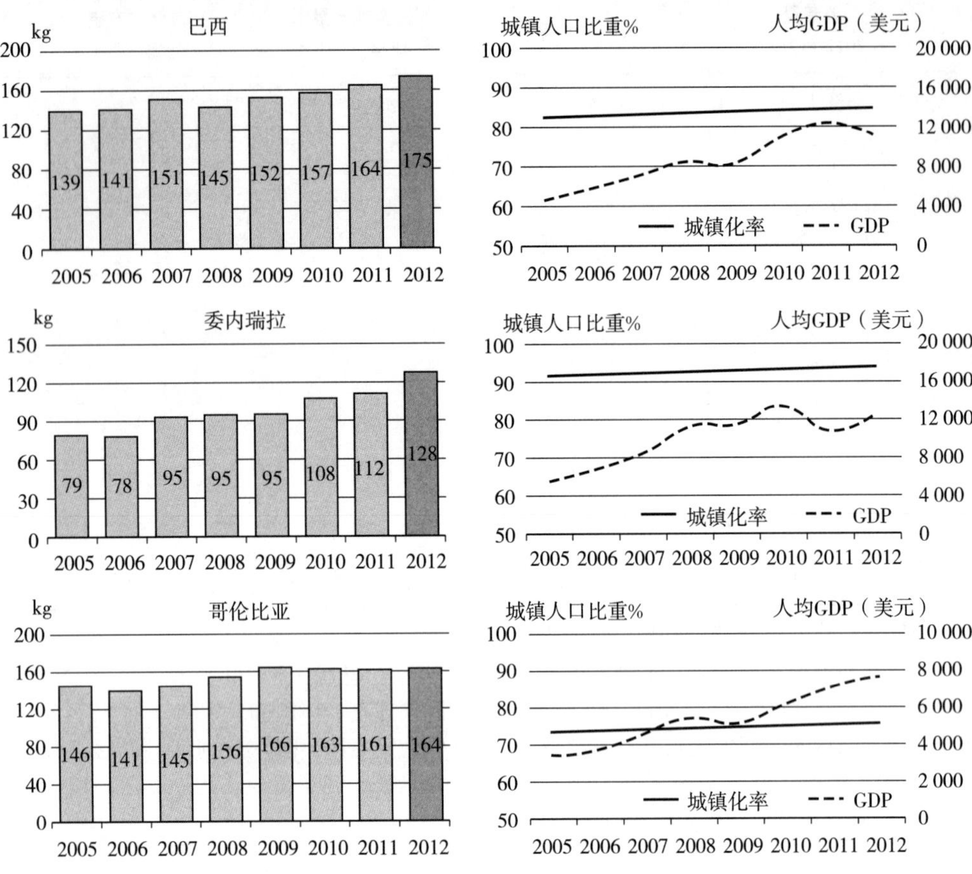

图 7-47　人均乳制品消费量，人均 GDP 和城镇化率（2005—2012）

数据来源：根据 FAO 食品展望、世界银行数据自行计算而来

c. 亚洲　中国、印度和印尼的经济在 2005—2012 年经历的高速增长，平均年 GDP 增长率在 10%～20%。不断的繁荣和中产阶级的快速壮大引领了乳制品消费的大幅增长。饮食习惯正在改变，而且范围越来越大。在由乡村向城镇转变的过程中，生活在城镇中的人们更多的快捷和方便的食品，尤其在中国，越来越明显的迹象表明，目前的食品消费结构越来越向西方的餐饮结构转变。印度的乳制品人均消费在亚洲处于最高水平之中，因为长久以来，乳制品一直是印度人民餐饮中的重要组成部分。在印度的乡村，牛奶的消费量也是很高的。在这些国家中，未来乳制品消费进一步增长的空间依然很大，因为收入水平持续在提高，而目前的人均乳制品消费量还相对较低。

中国的快餐。在最近这些年里，中国人民生活方式发生了巨大的改变，人们从传统的餐馆转向了西方的快餐，而这些快餐店里大量使用奶酪。收入的增长和城镇化提高了人民对快餐的需求。Yum! 公司，肯德基和必胜客连锁店的拥有者在中国已经布下了 5 400 多个肯德基和必胜客的店面。它计划在 2013 年继续新开 700 个新店。而麦当劳也计划在 2013 年增加 300 个新店，从而总数可以达到 2 000 个。

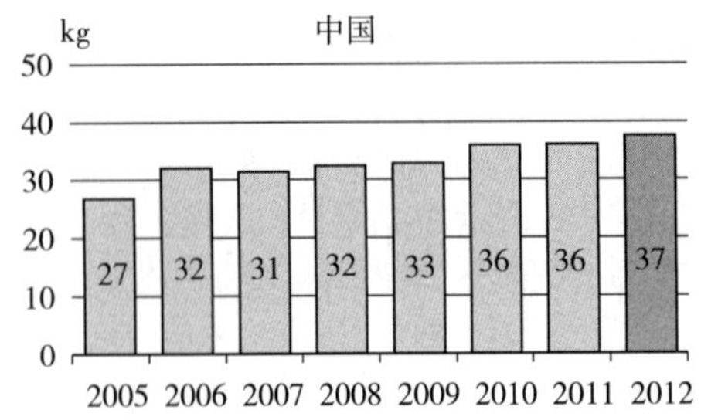

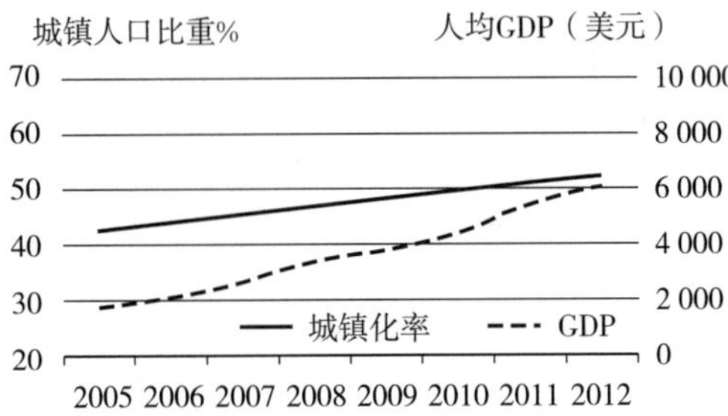

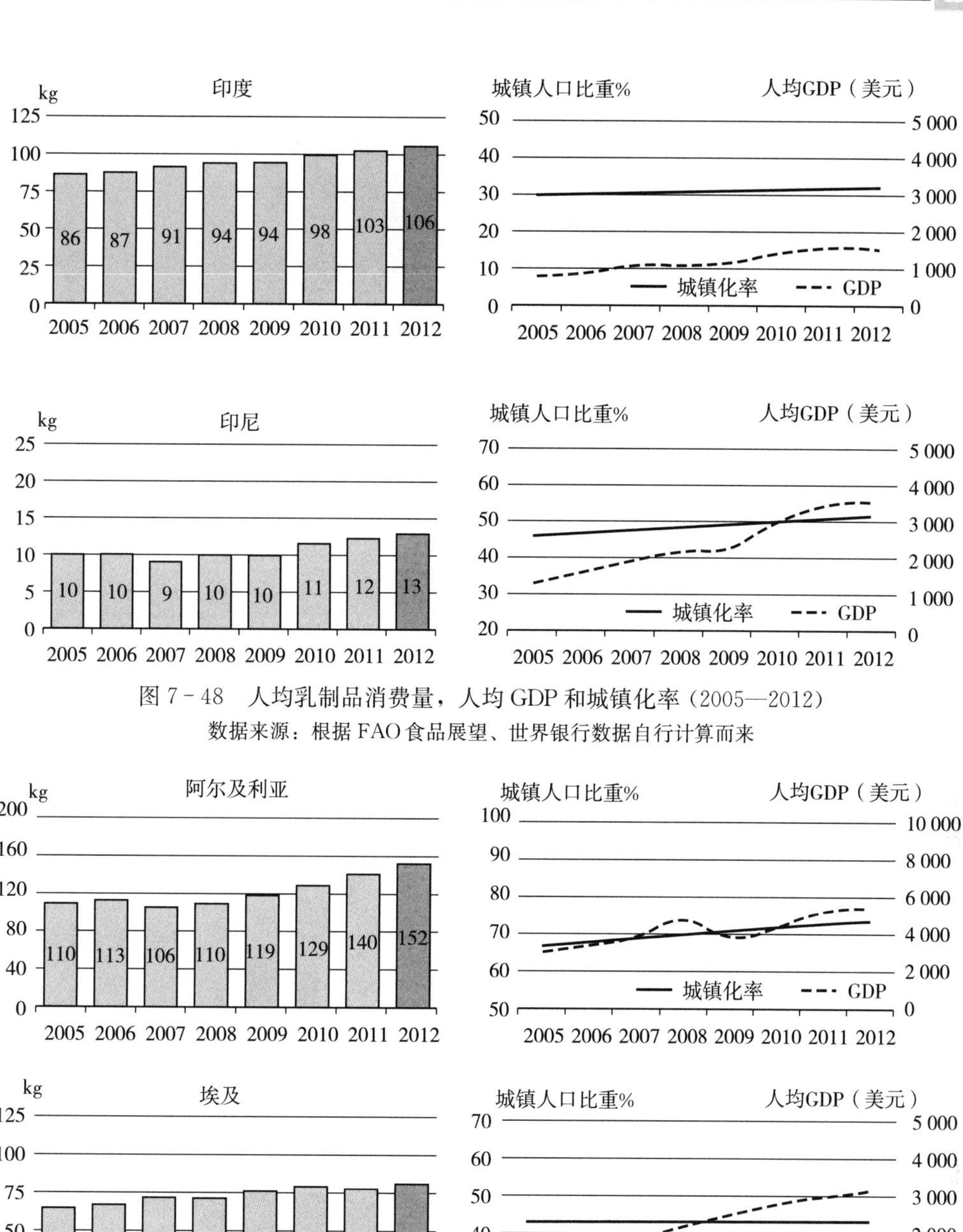

图 7－48　人均乳制品消费量，人均 GDP 和城镇化率（2005—2012）

数据来源：根据 FAO 食品展望、世界银行数据自行计算而来

图 7－49　人均乳制品消费量，人均 GDP 和城镇化率（2005—2012）

数据来源：根据 FAO 食品展望、世界银行数据自行计算而来 .

d. 非洲　非洲的乳制品人均消费量相对较低。非洲的乳制品加工行业仍然面临着挑战，因为交通等基础设施总是滞后，而制冷和电力也是经常匮乏。由于气候的变化，非洲大陆在一年当中也经历了原料奶生产的剧

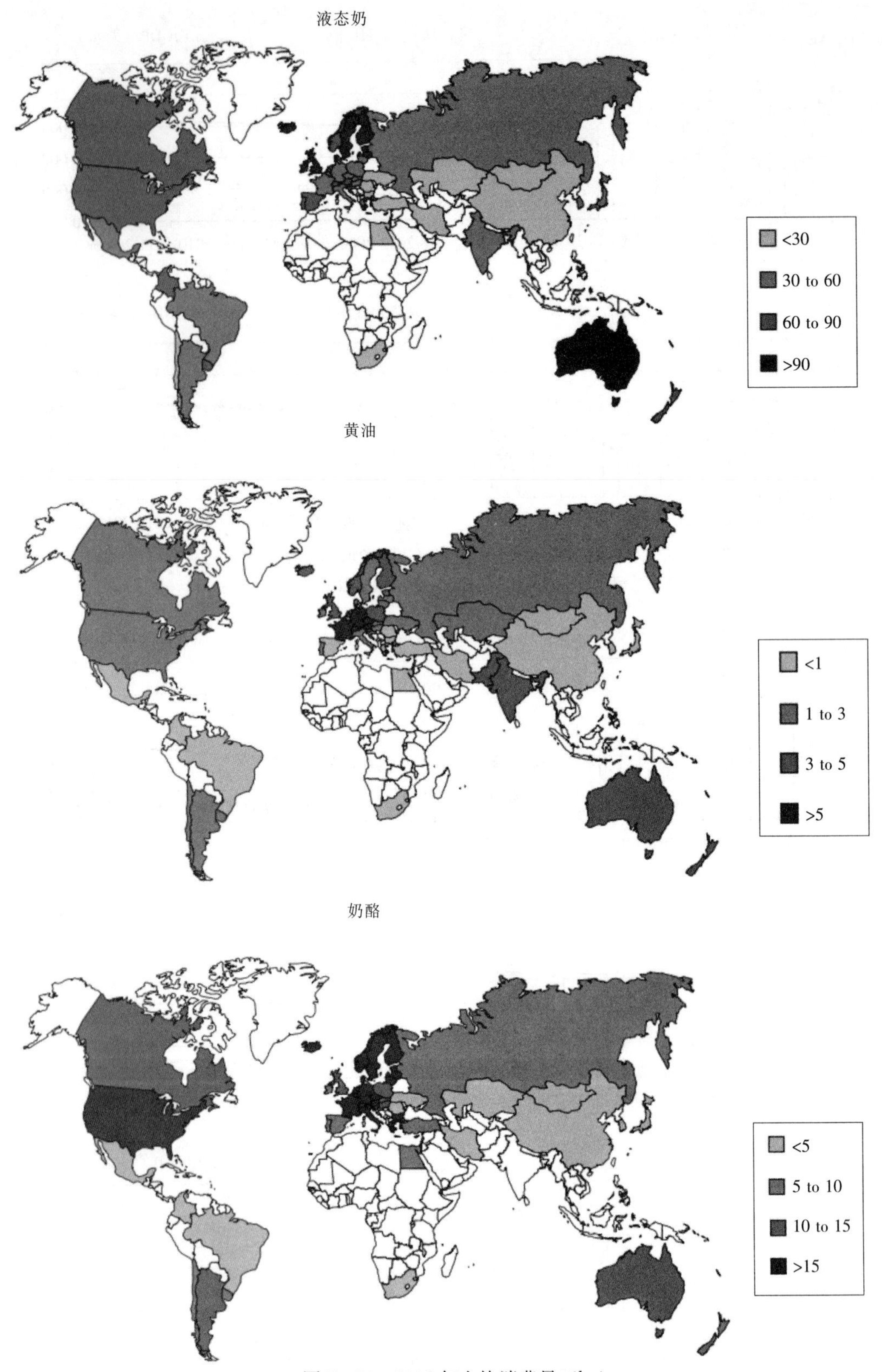

图 7-50　2012 年人均消费量（kg）

资料来源：IDF 国家委员会，USDA，Eurostat.

烈波动。尼亚是个很好的例子，它在最近几十年中面临着原料奶产量的大幅波动。但是得益于投资的增长，非洲的情况正在逐步好转。非洲经济的强劲增长，伴随着一定规模中产阶级的出现，以及非洲城市快速的扩张，都促进的乳制品的需求。尤其是在阿尔及利亚和肯尼亚，城镇人口大幅度增长。阿尔及利亚的乳制品消费与其他非洲国家相比较高，这主要得益于高城镇化率。这个国家也有着较长的乳制品消费传统。

(3) 乳制品各品种消费情况　本报告中的消费数据主要是根据各个国家乳制品表观消费量的平衡表计算而来。需要注意的是由这种计算方式得来的国家数据仅仅是一种指标。乳制品消费多种多样，超出液态奶、黄油和奶酪的国家有很多，比如印度，采取这种方式计算消费情况就会出现低估的现象，乳制品产量的信息并不是总能体现在这些数据当中。

下面的世界地图反映了全球各个国家液态奶、黄油和奶酪的人均消费情况。北欧和澳大利亚的人均液态奶消费水平最高。西欧国家的黄油消费最高。欧洲国家和美国的奶酪消费在世界上处于最高水平。

5. 全球乳制品贸易。

(1) 全球乳制品贸易进一步扩大　2012 年，全球乳制品贸易（不包含欧盟内部贸易）进一步增长，达到了 6 190 万吨原料奶当量，同比增长 8%。这个增长速度远远超过了 2000 年以来的平均年复合增长率（4%）。这反映出全球各地区间的乳制品产量和消费量的不平衡在加剧，需要由贸易来填补这一缺口。因此，全球乳制品贸易占全球原料奶产量的比重在过去的 10 年中一直保持增长态势，目前已经接近 9%。但这也说明了全球绝大多数的乳制品还是在当地消费，不参与国际贸易。

(2) 新西兰是主要的供给方，亚洲和非洲是主要的购买方　这种全球性的乳制品贸易强劲增长势头是由各个主要乳制品品种的贸易增长共同促成的，奶酪、黄油和炼乳都表现出了非常高的增长率。所有的主要乳制品出口国（地区）都享受到了出口增长带来的好处，但是阿根廷除外。新西兰的增长是最快的，大部分的乳制品出口增长率都达到了两位数。因此，新西兰也强化了它作为全球乳制品出口第一大国的地位。欧盟的增长主要集中在奶酪和炼乳上，而奶粉、黄油的出口停滞或出现负增长。白俄罗斯也取得了令人瞩目的出口增长速度，经过几年的萧条以后，白俄罗斯似乎找到了成为俄罗斯和其他一些市场主要乳制品供应商的途径。

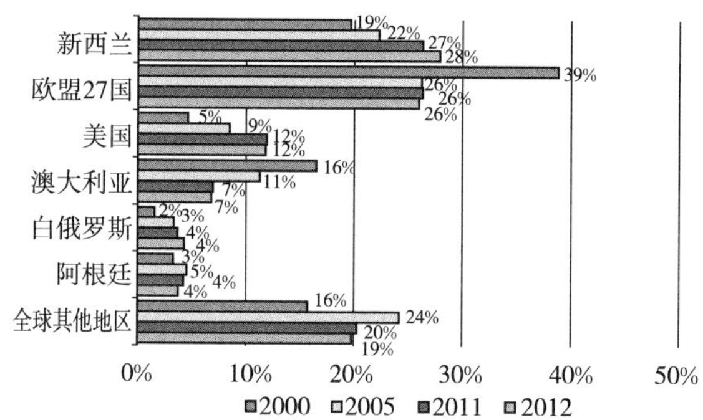

图 7-51　全球乳制品市场主要出口国（地区）市场份额（原料奶当量，2000—2012）

资料来源：PZ，Comtrade.

2012 年的情况再一次证实了这样一个实现，就是全球乳制品仍然是相当集中和脆弱，前 6 位供给方的市场份额合计不低于全球出口总量的 80%。同时，需求方面则更加的分散。乳制品需求市场的增长机会越来越由中国、中东地区、东南亚和北非的发展情况来决定。由于区域间贸易的发展，中南美洲与国际乳制品市场的贸易往来受到限制。

(3) 贸易量的增长情况（分品种）

①奶酪　2012 年，奶酪依然是最受欢迎的乳制品品种之一。全球贸易量稳定上升到 240 多万吨，再一次大幅度高于上一年的水平，同比增长了 10%。全球前三大奶酪出口国（地区）都大幅度提高了贸易量，合计贸易量占到全球总贸易量的一半以上。全球奶酪市场的一大特色就是几个主要的奶酪生产国（地区）和出口国（地区）同时也是全球最大的奶酪进口国（地区），比如欧盟、美国、澳大利亚和瑞士。

表 7-6　全球十大出口国（地区）

(×1 000 吨)	2012	占全球贸易份额（%）	年增长率 11/12（%）
欧盟 27 国	774.4	31.6	+14.2
德国	146.1	6.0	+13.5
荷兰	127.6	5.2	+23.8
法国	99.9	4.1	+3.0
新西兰	300.5	12.3	+22.2
美国	260.0	10.6	+15.9
澳大利亚	162.9	6.7	−2.8
白俄罗斯	143.3	5.9	+17.3
埃及	75.1	3.1	−58.3
乌克兰	67.5	2.8	−15.9
瑞士	62.4	2.5	+4.2
阿根廷	54.1	2.2	−8.1
乌拉圭	47.1	1.9	+1.2
全球贸易	2 448.5	100.0	+9.7

*　不包括内部贸易

②黄油　经过数年的疲软，黄油的全球贸易反弹至近几年来的最高水平。全球最大的出口国—新西兰以及澳大利亚的出口量大幅飙升，出口市场进一步扩大。白俄罗斯大幅增加了对俄罗斯的出口，在这个市场上赶走了一个又一个来自欧盟的竞争对手。同时，全球五大出口国（地区）的市场份额占到了全球贸易量的 86%，表明在这个市场上，有供给越来越集中的趋势。

表 7-7　全球十大出口国（地区）

(×1 000 吨)	2012	占全球贸易比重（%）	年增长率 11/12（%）
新西兰	451.0	51.1	+12.4
欧盟 27 国	122.6	13.9	−0.8
法国	31.0	3.5	+11.6
荷兰	24.1	2.7	−9.7
芬兰	17.8	2.0	+12.4
白俄罗斯	85.2	9.7	+37.8
澳大利亚	53.8	6.1	+29.9
美国	48.7	5.5	−23.6

(续)

(×1 000 吨)	2012	占全球贸易比重(%)	年增长率11/12(%)
乌拉圭	31.0	3.5	+74.5
阿根廷	20.5	2.3	−21.8
瑞士	11.3	1.3	+19.3
印度	6.9	0.8	−33.3
俄罗斯	4.2	0.5	+112.8
全球贸易	882.4	100	+10.3

* 内部贸易不计算在内

③全脂奶粉　2012 年，全球脱脂奶粉稳步增长了 8%，再创历史新高，接近了 240 万吨。这主要归功于新西兰的扩张，进一步巩固了其全球全脂奶粉市场领导者的地位。中国在这其中扮演了关键的角色。中国进口了新西兰出口量的三分之一以上，目前已占到全球贸易总量的 20%左右。另外一个出口显著增长的国家是白俄罗斯，他主要向俄罗斯出口，对委内瑞拉的出口也在稳步增长。

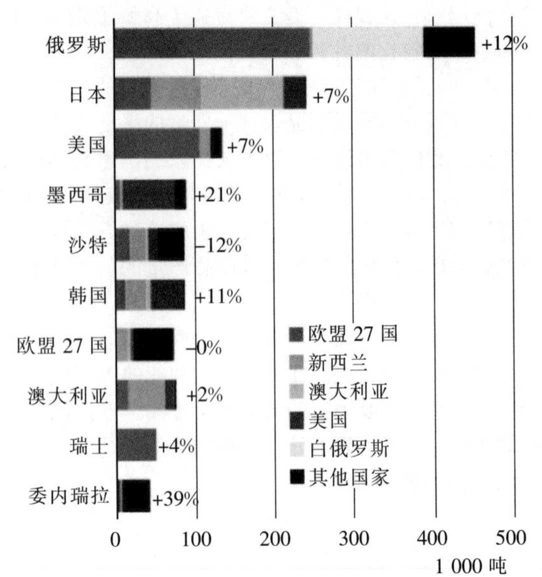

图 7-52　全球十大进口市场
资料来源：PZ，Comtrade.

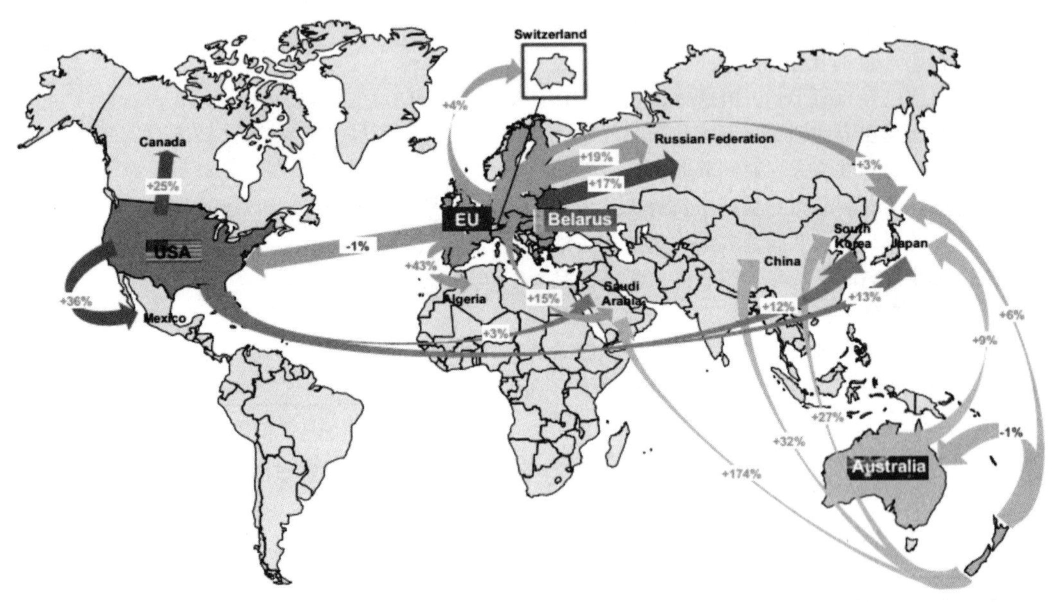

图 7-53　全球贸易：全球五大奶酪出口国（地区）贸易走势图
资料来源：PZ，Comtrade.

表 7-8　全球十大出口国（地区）

(×1 000 吨)	2012	占全球贸易比重(%)	年增长率11/12(%)
新西兰	1 235.4	52.5	+14.3
欧盟 27 国	387.8	16.5	−0.6
荷兰	130.1	5.5	+2.7
丹麦	75.7	3.2	−14.1
比利时	38.1	1.6	−27.6
阿根廷	200.5	8.5	+0.7
澳大利亚	109.3	4.6	−5.9

(续)

(×1 000 吨)	2012	占全球贸易比重(%)	年增长率11/12(%)
乌拉圭	60.0	2.6	+3.1
白俄罗斯	33.9	1.4	+26.8
菲律宾	21.2	0.9	−52.2
美国	20.9	0.9	−3.4
智利	15.0	0.6	+6.5
哥斯达黎加	11.7	0.5	−24.7
全球贸易	2 351.8	100.0	+7.9

* 不包含内部贸易

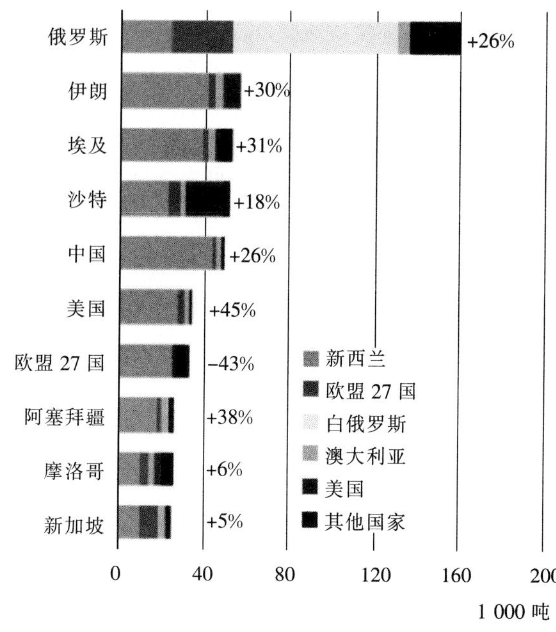

图 7-54　全球十大进口市场
资料来源：PZ，Comtrade.

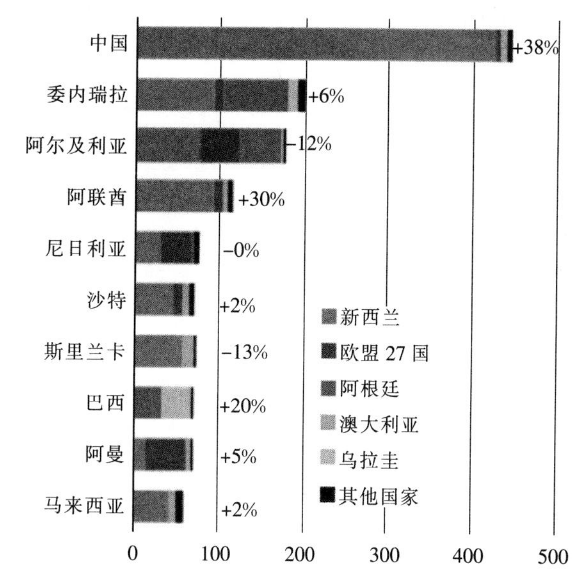

图 7-56　全球十大进口市场
资料来源：PZ，Comtrade.

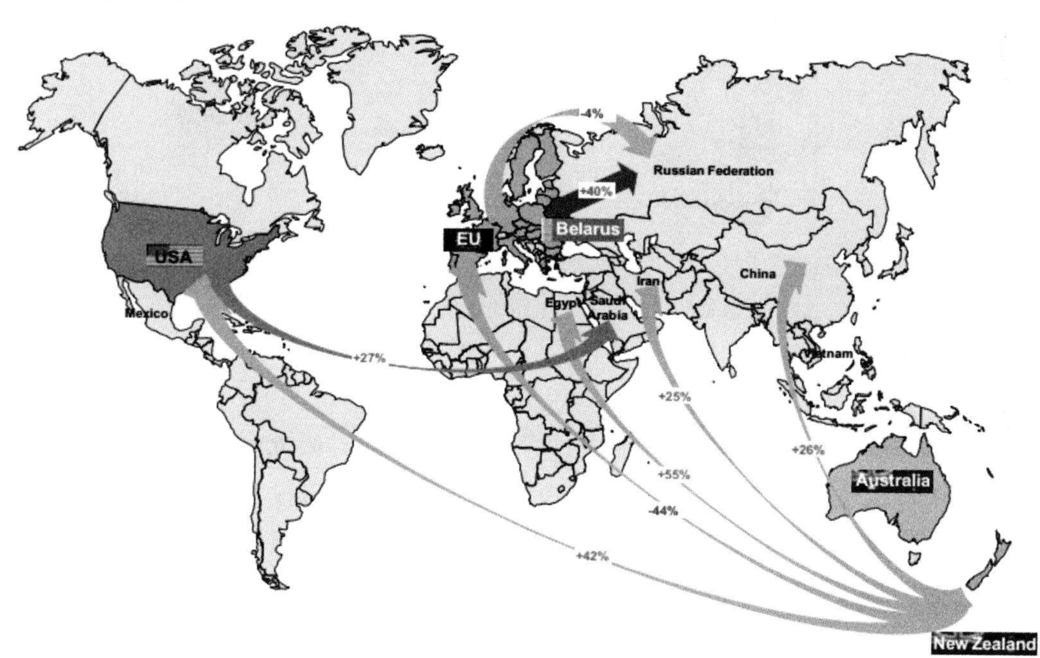

图 7-55　全球贸易：全球五大黄油出口国（地区）贸易走势图
资料来源：PZ，Comtrade.

④脱脂奶粉　脱球脱脂奶粉贸易量进一步扩张至180万吨的水平，尽管2012年的增长率从过去的两位数下降至6%。欧盟和美国的出口合计仍然超过市场总量的一半以上，但2012年的增长速度却降至平均水平以下。快速增长来自于大洋洲和白俄罗斯，他们的出口目的地是亚洲市场、一些非洲国家和俄罗斯。多少有些令人惊讶的是，对出口扩张最大的贡献来自于印度，其出口禁令解除以后，出口大幅度增长。

表 7-9　全球十大出口国（地区）

（×1 000 吨）	2012	占全球贸易比重（%）	年增长率 11/12（%）
欧盟 27 国	523.0	29.1	1.0
比利时	108.9	6.1	−8.2
法国	108.4	6.0	13.0
德国	107.4	6.0	3.4
美国	444.7	24.8	2.1
新西兰	377.8	21.0	8.0

（续）

（×1 000 吨）	2012	占全球贸易比重（%）	年增长率 11/12（%）
澳大利亚	168.6	9.4	20.6
白俄罗斯	75.9	4.2	37.6
印度	34.4	1.9	>1 000
乌拉圭	33.0	1.8	16.4
乌克兰	26.2	1.5	17.5
瑞士	15.7	0.9	9.2
阿根廷	14.1	0.8	−23.1
全球贸易	1 795.4	100%	5.8

* 不包括内部贸易

⑤乳清粉和乳清制品　2012 年的乳清粉和乳清制品的全球贸易继续保持活跃，贸易量上升至 150 万吨的水平，同比增长 6%。出口供应仍然由欧盟和美国主导，他们决定了增长速度并占据了全球贸易量的三分之二。起初，有一波需求拉动来自于中国，随后亚洲其他市场以及亚洲以外的市场也为贸易增长提供了机会。除了美国，白俄罗斯出口增长的最快，主要供应俄罗斯市场。

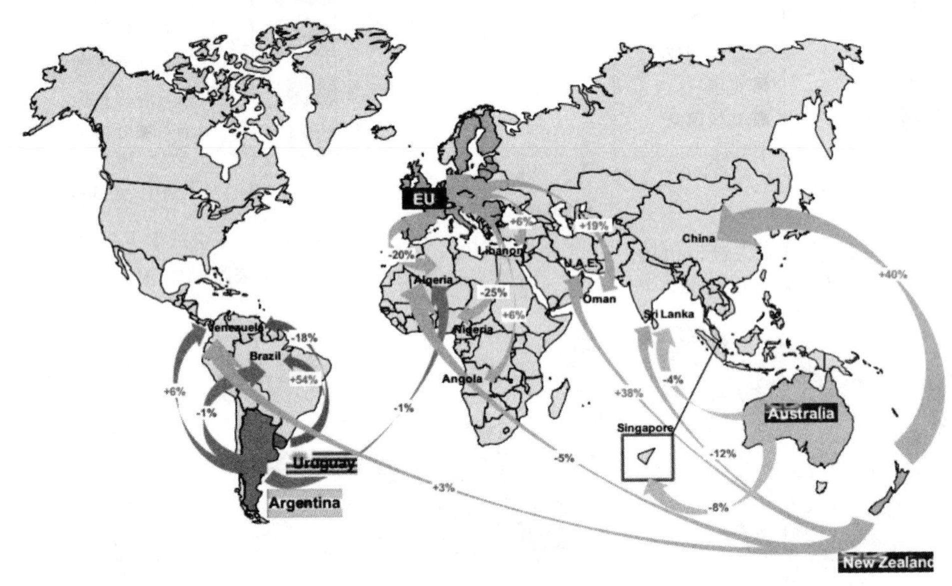

图 7－57　全球贸易：全球五大全脂奶粉出口国（地区）贸易走势图

资料来源：PZ，Comtrade.

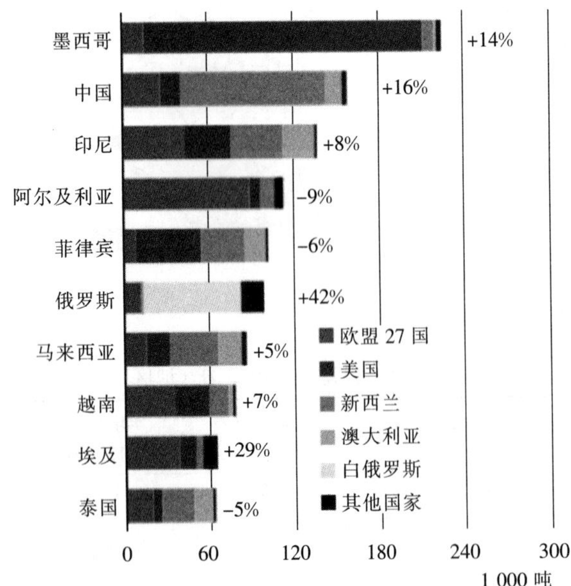

图 7－58　全球十大进口市场

资料来源：PZ，Comtrade.

表 7－10　全球十大出口国（地区）

（×1 000 吨）	2012	占全球贸易比重（%）	年增长率 11/12（%）
欧盟 27 国	545.9	35.2	+3.8
法国	160.5	10.3	+3.5
荷兰	84.5	5.4	−14.7
波兰	73.7	4.8	+9.4
美国	490.1	31.6	+5.7
新西兰	101.9	6.6	+14.4
白俄罗斯	71.2	4.6	+53.2
瑞士	69.2	4.5	+10.2
阿根廷	64.6	4.2	−6.5
澳大利亚	44.6	2.9	+46.0
加拿大	34.5	2.2	−16.9
乌拉圭	28.7	1.8	−3.3
乌克兰	24.5	1.6	−7.3
全球贸易	1 551.0	100.0	+6.3

* 不包括内部贸易

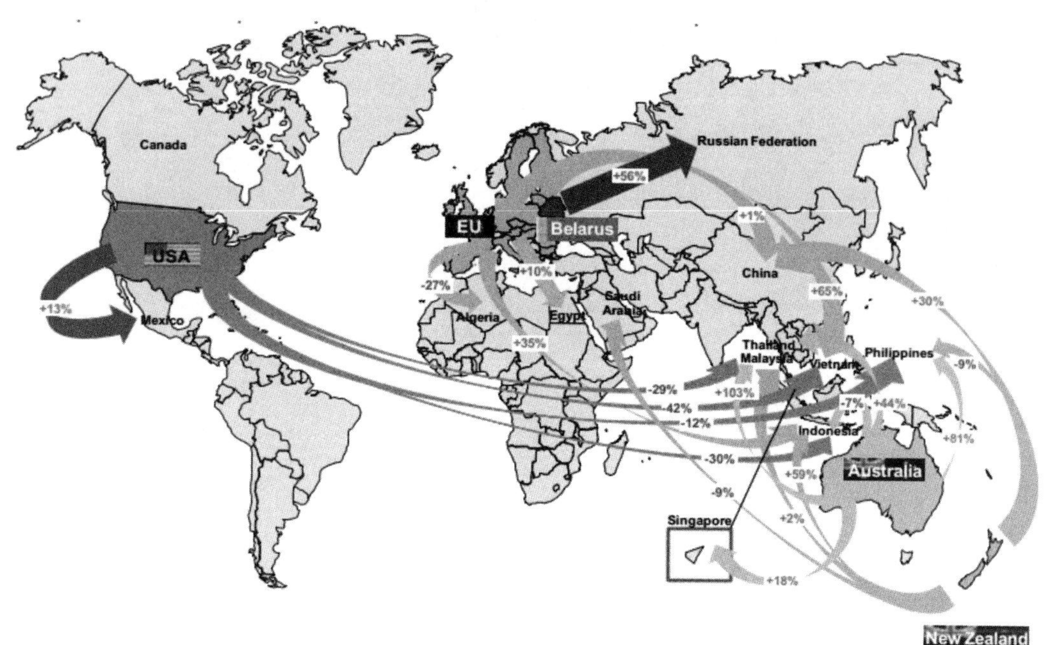

图 7-59　全球贸易：全球五大脱脂奶粉出口国（地区）贸易走势图
资料来源：PZ，Comtrade.

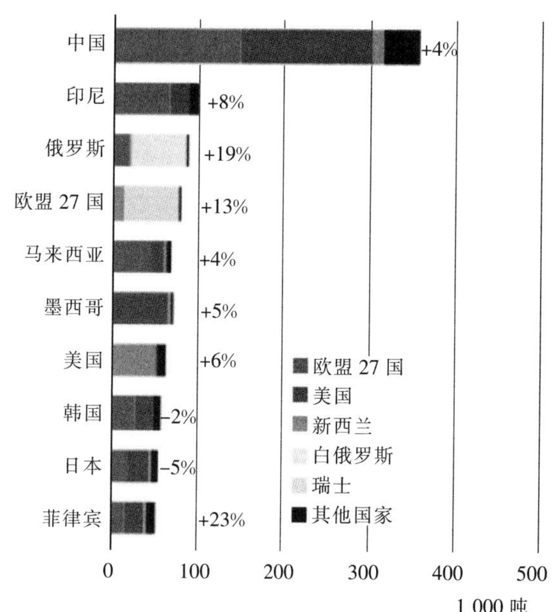

图 7-60　全球十大进口市场
资料来源：PZ，Comtrade.

南美在全球奶业贸易中的地位。南美洲的乳制品出口大国，比如阿根廷、乌拉圭、智利和巴西近几年来的表现不一。这几个国家在过去的十年中，在全球乳制品贸易中的市场份额一直比较有限，大致占 4%到 7%，目前看还没有结构性增长的迹象。

一般来说，尽管过去几年中可供出口数量不断增长，但南美作为一个整体与全球之间的贸易一直有限。究其原因就是该地区乳制品需求的增长由本地区的供给来满足。即使向阿根廷那样在全脂奶粉市场占有重要的地位，并且对阿尔及利亚的出口保持稳定的数量，但是其大部分全脂奶粉产品还是在本地区消费。

南美国家的乳制品出口还是局限在某些乳制品品种和某些固定的出口市场上。

一个明显的例子就是阿根廷和乌拉圭的黄油出口，其中 80%都出口到了俄罗斯。还有，目前阿根廷 60%以上的乳清制品出口到了亚洲和中东（七年以前还仅为 17%）。另外一个例子是炼乳，巴西和秘鲁稳定地向非洲市场出口。

6. 价格。

（1）乳制品市场价格

①2012 年市场概况。2012 年的乳制品市场价格，由 2011 年下半年开始、并且延续到 2012 年第一季度的供给宽松，逐渐转变为供给偏紧。

在 2012 年的上半年，在原料奶收购价格上涨的驱动下，原料奶产量增长，进而逐步转变为可供出口乳制品数量的增长，这就给乳制品的价格带来了压力。

一开始，来自东南亚、中东和北非买家的强劲需求支撑这国际乳制品的价格，但是，需求的增长不足以完全消化掉出口国家不断攀升的供给，多余的原料奶被制成越来越多的黄油和奶粉，库存开始增加，在第二季度给乳制品价格带来了下行压力。

在 2012 年的上半年，黄油价格下跌了 1 000 美元，跌回到 2 970 美元，脱脂奶粉和全脂奶粉分别下跌了 600 美元和 800 美元，跌回到 2 860 美元和 2 800 美元，而奶酪的价格也下跌 500 美元，跌至 3 600 美元的水平。价格别动的趋势也反应在环球乳制品交易网的拍卖价格上。

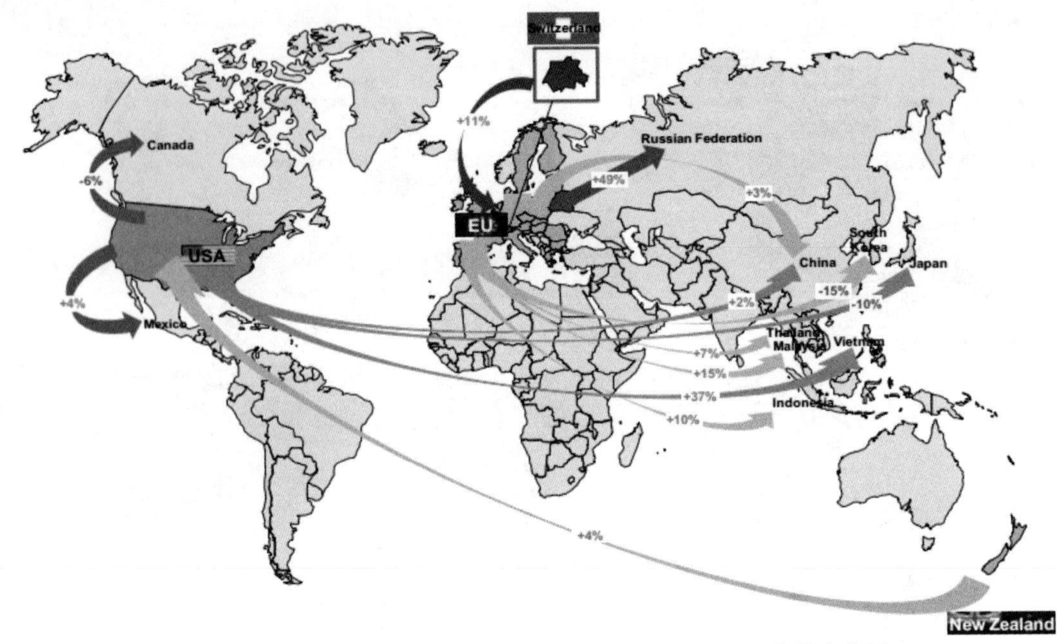

图 7－61　全球贸易：全球五大乳清制品出口国（地区）贸易走势图

资料来源：PZ，Comtrade.

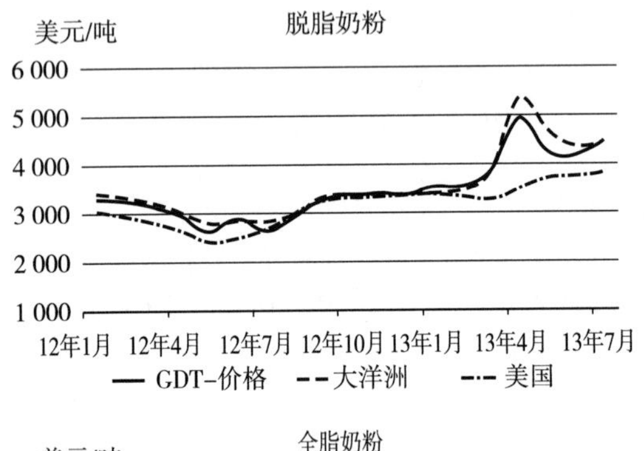

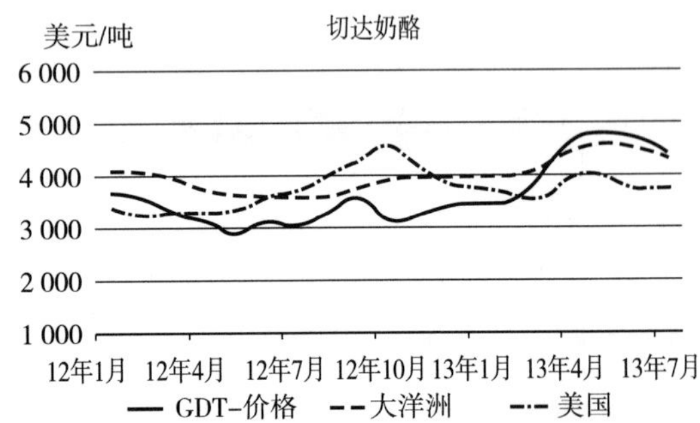

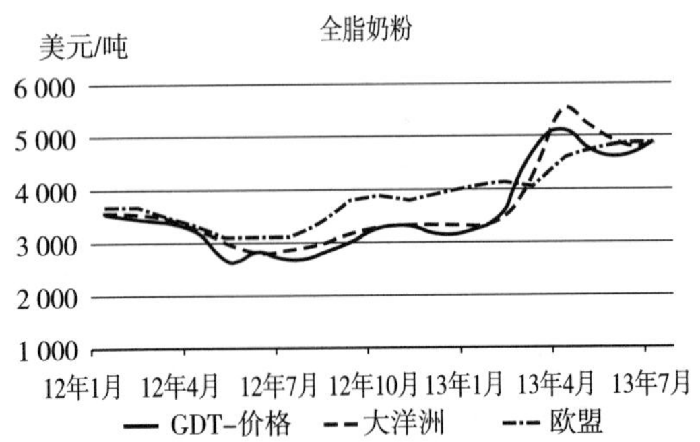

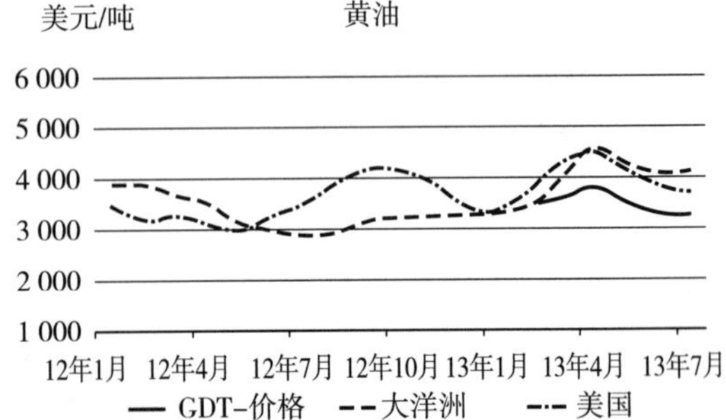

图 7－62　价格发展趋势

资料来源：GDT，USDA.

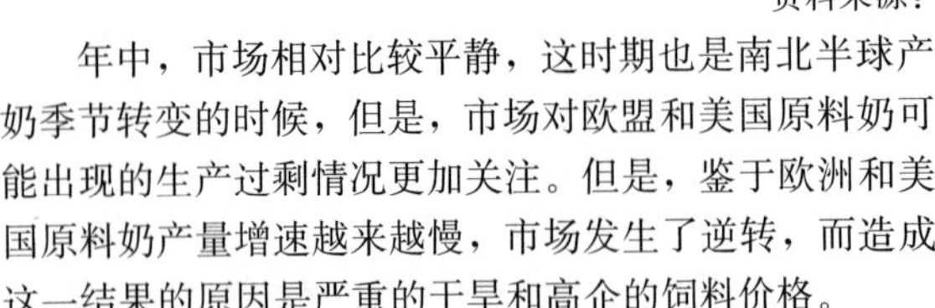

年中，市场相对比较平静，这时期也是南北半球产奶季节转变的时候，但是，市场对欧盟和美国原料奶可能出现的生产过剩情况更加关注。但是，鉴于欧洲和美国原料奶产量增速越来越慢，市场发生了逆转，而造成这一结果的原因是严重的干旱和高企的饲料价格。

转折点发生在 2012 年的 9 月份，美国发生的干旱使得原料奶严重减产。在北半球库存水平也相对较低，因此，对供应减少的缓冲能力降低，产量的下跌能直接反应到价格上。

由于担心供给短缺的发生，拉动了乳制品价格在 9 月份加速上涨，但是随着新西兰新产奶季开局良好，而且大部分买家的需求在近期都可以得到保障，市场价格在 11 月份的时候停滞不前。在某些市场，在高企的价格面前，可以感觉到买家的阻力。在很多市场上，库存足够满足短期需求。对于那些主要从大洋洲寻求奶源的国家而言更是如此。很多国家在第三季度进口了比往年更多的产品，因为新西兰的出口商清理了他们的库存。

基本上看，国际乳制品市场在 2012 年后半部分和

2013 年早期保持平稳，市场供求双方力量平衡，乳制品价格变动很小。尽管在 9/10 月份价格出现了上涨，但到了年底，黄油价格仍然下跌了 13%，降至 3 290 美元，脱脂奶粉和全脂奶粉分别下跌了 1%和 9%，降至 3 400美元和 3 330 美元，奶酪价格相对稳定，保持在 4 000美元左右。2012 年国际乳制品贸易继续扩张，同比 2011 年增长 8%。

(2) 原料奶价格

①2012 年

2012 年大部分国家的原料奶收购价格同比 2011 年都出现了下跌。

表 7-11　原料奶平均价格（美元/100 kg）

国家（地区）	2011	2012	变化率%
巴西	48.19	42.82	−11.1%
印度	42.10	38.46	−8.6%
中国	54.00	57.22	+6.0%
欧盟 27 国	47.31	41.97	−11.3%
美国	44.31	40.79	−7.9%
新西兰	57.82	46.36	−19.8%

资料来源：IDF 国家委员会，欧洲委员会.

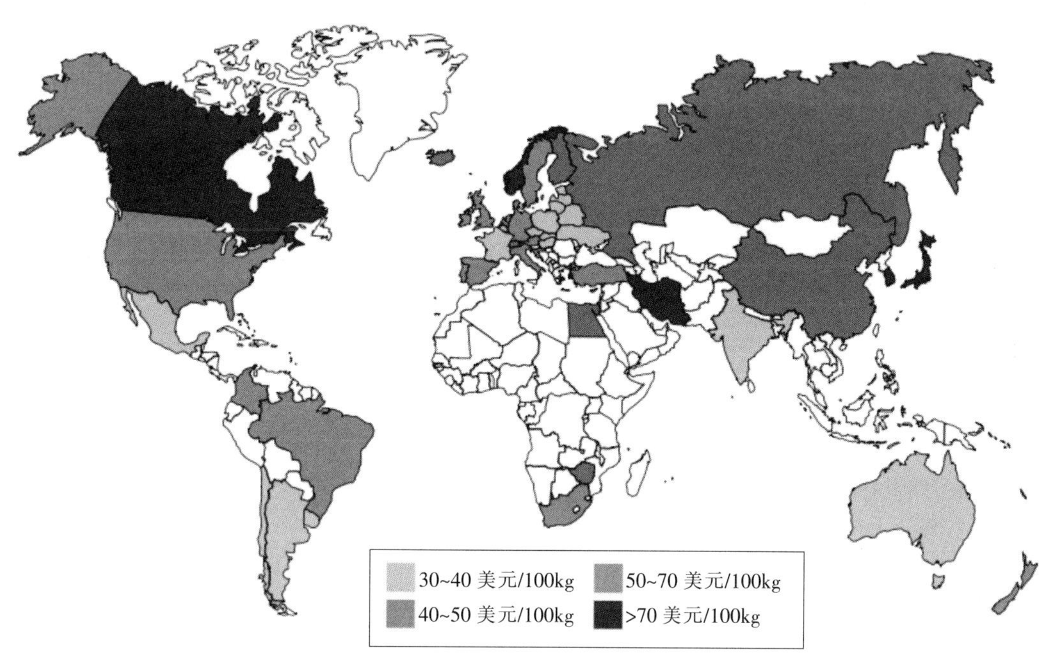

图 7-63　平均原料奶支付价格

资料来源：IDF 国家委员会，欧洲委员会，AMI.

从上图中可以看出来各国原料奶收购价格之间的巨大差异，日本的 88.11 美元/100 千克而乌克兰仅为 33.32 美元/100 千克。

原料奶收购价格在新兴国家（金砖四国，巴西、俄罗斯、印度和中国）的增长速度要高于发达的奶业国家（地区），比如欧盟、美国和新西兰。

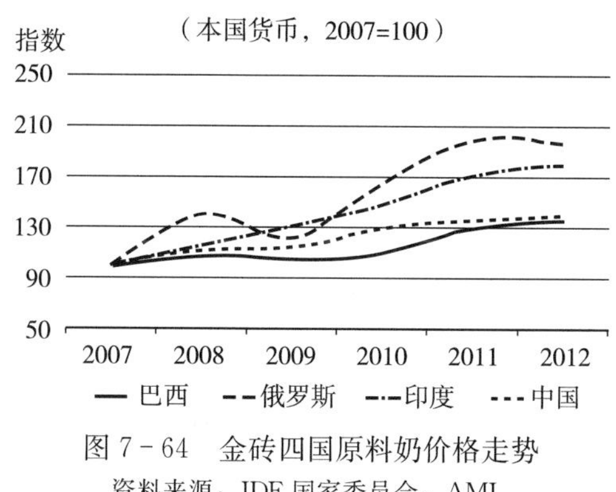

图 7-64　金砖四国原料奶价格走势

资料来源：IDF 国家委员会，AMI.

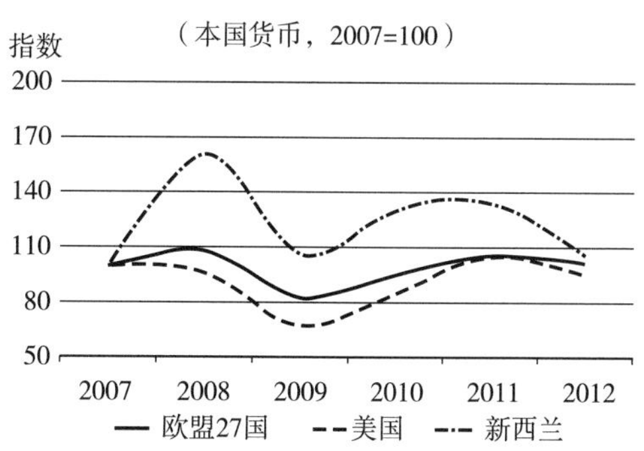

图 7-65　欧盟 27 国、美国及新西兰原料奶价格走势

资料来源：IDF 国家委员会，欧洲委员会.

由于新西兰 90%以上的原料奶用于制作成乳制品供出口，因此新西兰的原料奶收购价格成为国际市场价格一个很好的风向标。而 LTO 国际奶价比较体系中统计了欧洲大型乳企的原料奶支付价格，与恒天然的原料奶价格作出比较。下图中可以看出西欧与新西兰的原料奶价格趋于一致。

LTO 国际奶价比较体系（www.milkprices.nl）对欧洲大型乳企的原料奶收购价格作出了比较。为方便对比，原料奶收购价格被统一为标准成分（4.2%的脂肪和3.4%的蛋白）、统一质量和年交售量500吨的标准奶的价格。

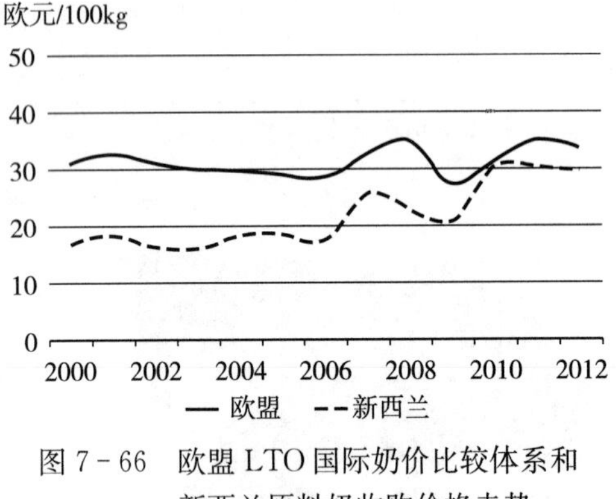

图 7-66 欧盟 LTO 国际奶价比较体系和新西兰原料奶收购价格走势

资料来源：LTO 国际奶价比较体系.

7. 全球奶业展望。经济合作与发展组织（OECD）和联合国粮农组织（FAO）在过去的十年中，每年都要联合发布一个农业展望。这些研究并不是要预测未来，但它提供了一个基于目前经济情况对未来做出的看法。当下的经济形势可以影响这种预测。不用说，处于危机时期（2009 年）和处于黄金发展期（2007 年和 2011 年）所做出来的 10 年发展远景肯定是不一样的。这个展望毫无疑问会受到当下经济形势的影响，但这并不是唯一的因素。还需要考虑缓慢的和常规的结构性变化。本节要通过分析过去数年以来 OECD 和 FAO 联合报告中对未来的展望，在奶业领域排除短期因素的影响，找出长期发展规律。

（1）原料奶产量。FAO 和 OECD 对全球原料奶产量的预测在过去几年中基本没发生什么改变。从 2009 年到 2013 年，他们对全球十年期原料奶产量的增长幅度的预测保持在 1.7%～2.2%。而且，发展中国家的增长速度总是高于发达国家。但是有一些国家在这期间发生了重大变化。目前 FAO 和 OECD 对沙特阿拉伯和乌克兰奶业发展前景的预测比起几年前要乐观的多。相反，对中国、俄罗斯和阿尔及利亚的评估要低于过去的水平。

（2）乳制品消费。从 2007 年到 2013 年，国际乳制品消费中黄油、奶酪和全脂奶粉的格局没有发生大的变化。消费水平有提升但并不明显，各品种的斜率曲线大体上一致。但是脱脂奶粉的消费却出现了明显的变化。2011 年和 2012 年出现的需求增长使得 OECD 和 FAO 对 2013 至 2022 年的年平均消费增长率做出了大幅调高，达到 1.9%，远高于 2011 年对 2011 至 2020 年做出的预测（+1.3%）。

表 7-12 预测原料奶产量年增长率（%）

未来10年预测	2009 2009—2018	2010 2010—2019	2011 2011—2020	2012 2012—2021	2013 2013—2022
全球	1.74	2.18	1.93	1.97	1.78
发达国家	0.92	1.17	1.07	1.18	0.98
澳大利亚	1.84	1.63	1.18	1.20	1.03
欧盟 27 国	0.31	0.35	0.35	0.54	0.34
新西兰	2.15	1.51	2.31	2.41	1.46
俄罗斯	1.67	1.54	1.27	1.59	0.96
乌克兰	0.76	1.32	1.36	1.22	1.79
美国	1.10	1.18	1.40	1.59	1.57
发展中国家	2.56	3.16	2.76	2.71	2.50
阿尔及利亚	4.17	2.50	2.24	2.00	2.34
阿根廷	2.86	3.10	2.88	3.43	2.69
巴西	1.72	2.28	1.66	1.75	1.67
中国	3.60	4.75	3.30	2.46	2.38
埃及	2.87	3.17	2.57	1.47	2.65
印度	2.88	3.06	2.87	3.37	2.85
伊朗	2.19	1.92	2.39	2.23	1.74
墨西哥	0.81	1.15	0.84	0.54	0.58
巴基斯坦	2.08	4.13	3.28	1.95	2.60
沙特	2.11	1.92	2.16	2.35	5.24
土耳其	2.68	2.75	3.06	2.22	2.60

资料来源：FAO，OECD.

除了奶酪以外，目前所有乳制品的消费量都是发展中国家高于发达国家。根据最新的由 OECD 和 FAO 出版的农业展望，发展中国家在全球乳制品消费中的比例在未来几年中将会得到一定程度的提高，而且是所有的品种。从 2013 年到 2022 年，黄油的比例将从 63%攀升至 67%，奶酪从 23%至 25%，脱脂奶粉从 54%至 56%，全脂奶粉从 88%至 89%。这一发展趋势无疑和过去几年中新兴国家在全球财富增长中的领先地位是分不开的。这与这些地区生活水平的提高和中产阶级的快速壮大有关，中产阶级有实力可以购买基本口粮外的食品，比如水果、蔬菜、肉类和乳制品。

新兴国家中产阶级的迅速壮大。全球乳制品消费需求的增长来自于新兴的经济体，尤其是印度和中国。根据 OECD 的统计，到 2030 年，全球中产阶级可能会增加 30 亿人，而且主要来自亚洲。因此，印度和中国也将在消费品需求方面逐步取代美国和欧洲的地位。

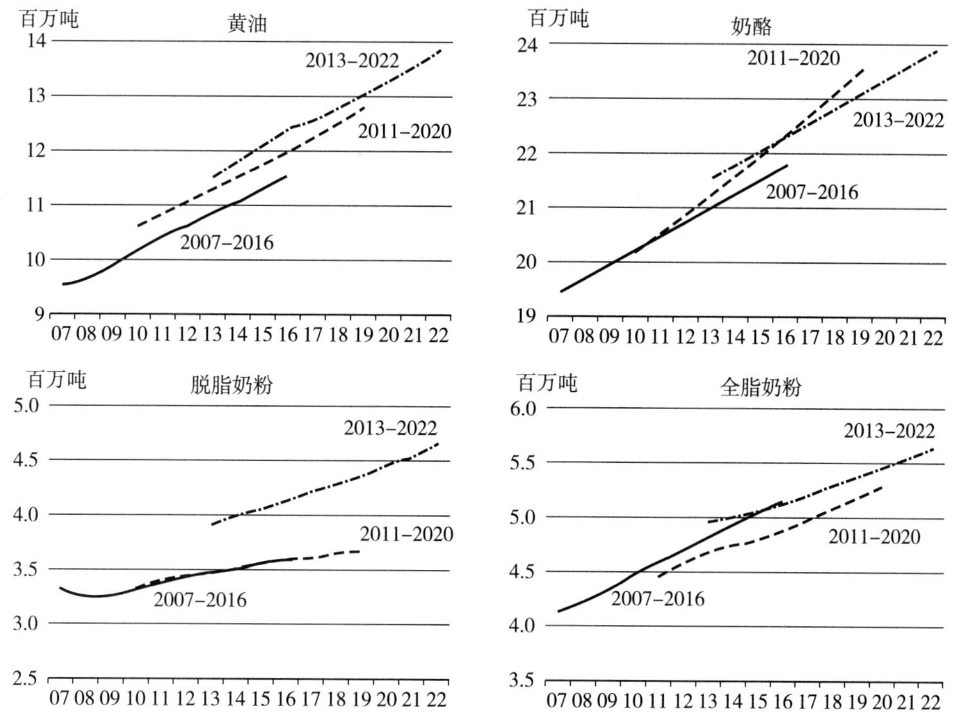

图 7－67　乳制品消费预测 2013—2022

资料来源：FAO，OECD.

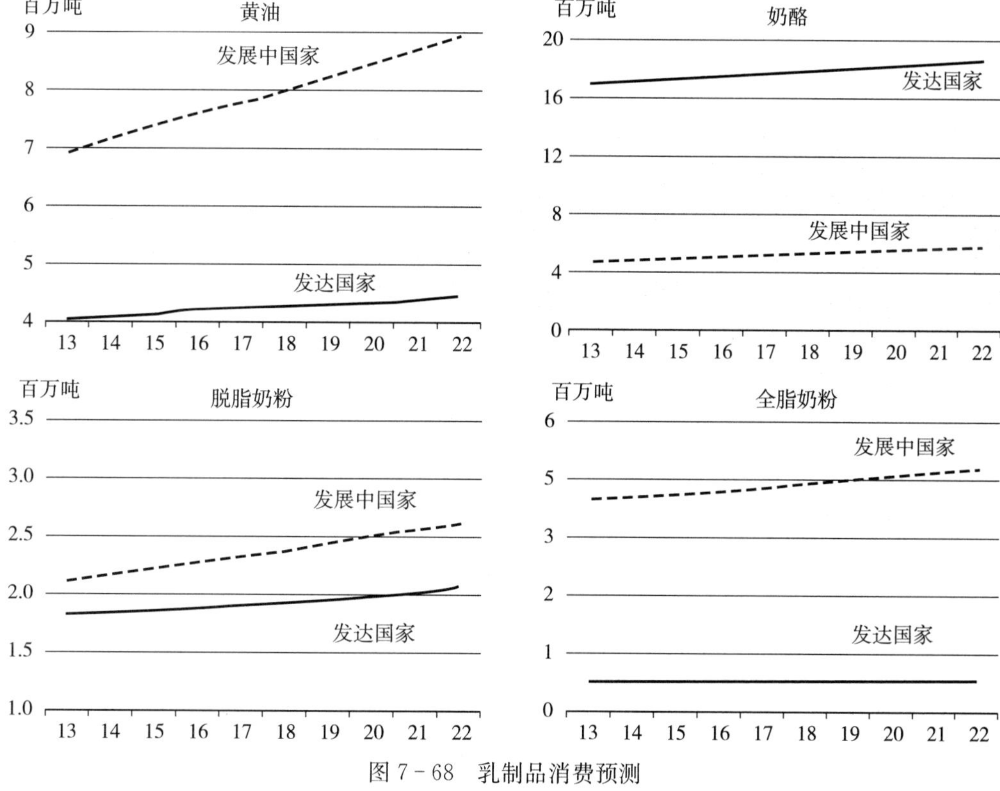

图 7－68　乳制品消费预测

资料来源：FAO，OECD.

（3）乳制品价格。FAO 和 OECD 在过去几年中已经大幅度提高了他们对农产品和食品价格的展望，其中既包括了乳制品，也包括奶牛的饲料（谷物和油籽饼粉）。因此，奶农希望在未来几年中获得更好的收益，但同时也面临着高成本，这给预期的收益带来风险。

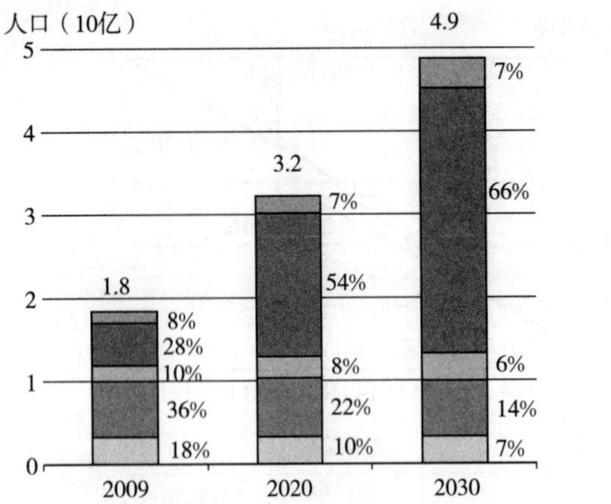

图 7－69　全球中产阶级的规模

资料来源：OECD.

农产品价格的上涨是由两个主要因素推动的，首先，前面已经提到了，除非有疫病或经济危机的发生，世界乳制品需求在未来几年都要持续强劲，因为新兴国家经济在快速发展。

第二，大多数分析家认为全球的食品供应可能跟不上需求的增长，原因包括气候的变化，资源的耗竭（水、化石能源、新的可耕地），都不太可能复制过去几十年生产效率的大幅提升。

（4）乳制品贸易　在最新的年度农业报告中，OECD和FAO大幅提高了对乳制品贸易增长的预测，尤其是奶酪和脱脂奶粉。

乳制品贸易的快速发展是新兴国家快速增长的乳制品需求拉动的，这种需求在超过了本地原料奶的产量和加工能力。因此，发展中国家在未来10年中预计会大幅度提高所有乳制品品种的净进口量。

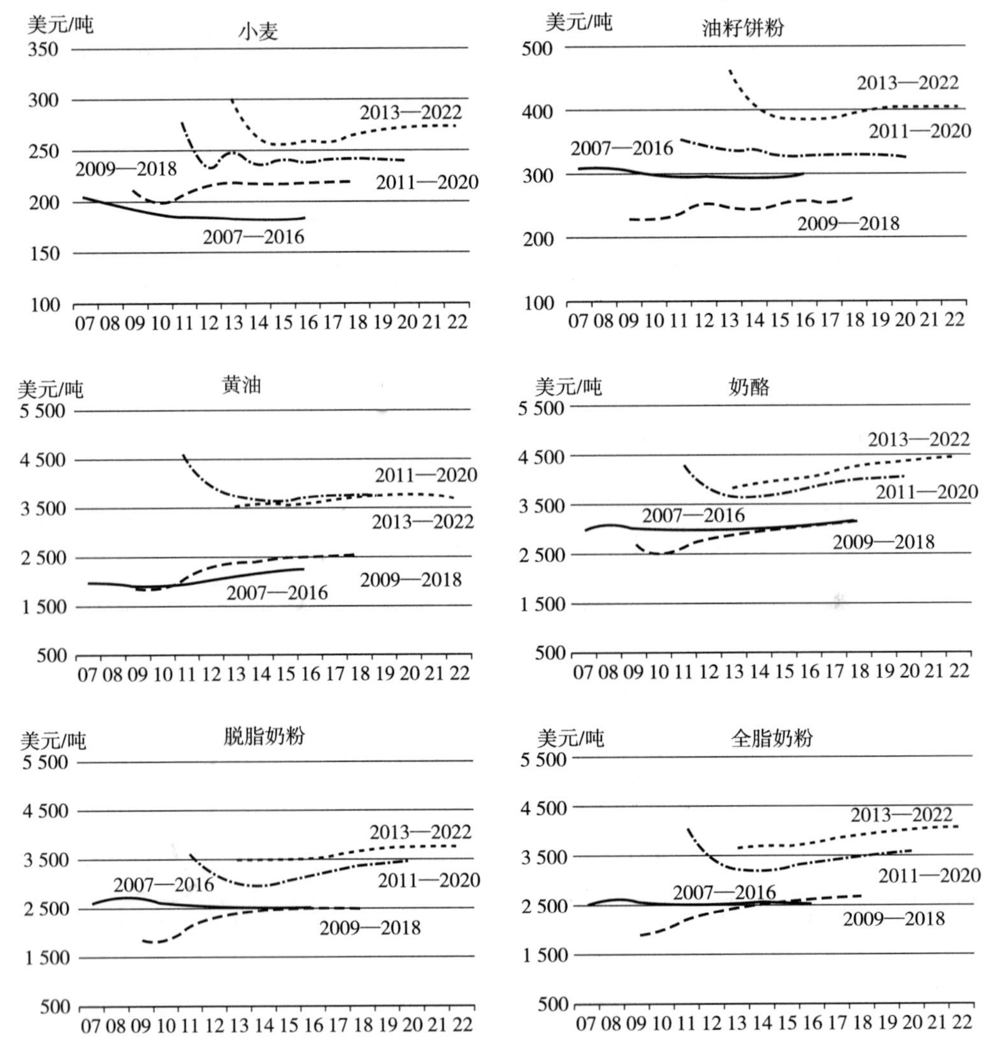

图 7－70　国际市场大宗商品和乳制品价格走势预测

资料来源：FAO，OECD

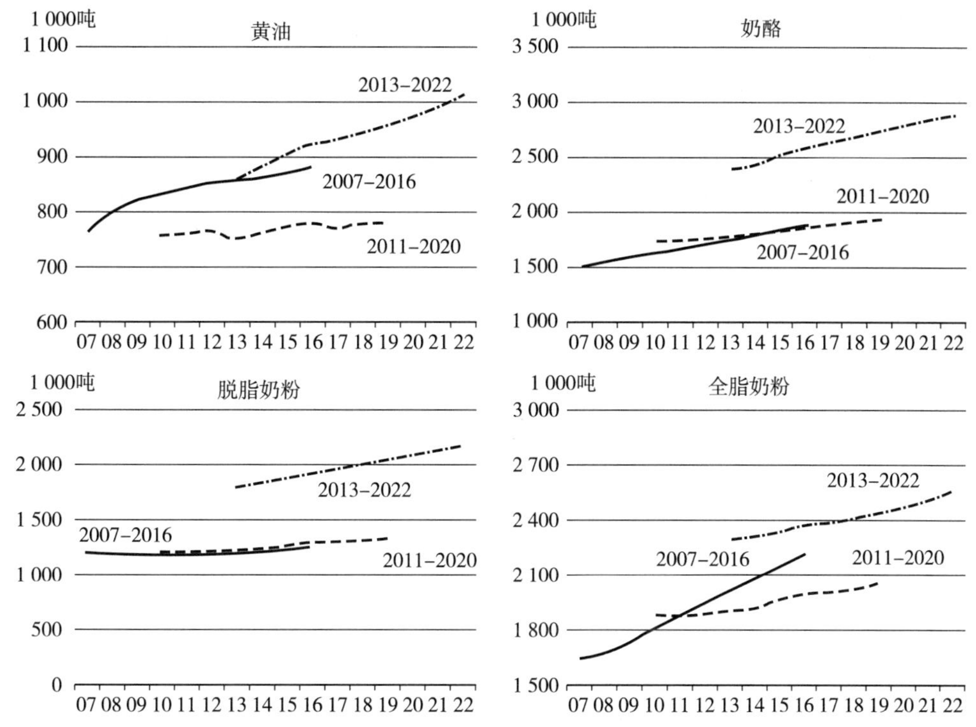

图 7-71　全球奶业贸易预测

资料来源：FAO，OECD.

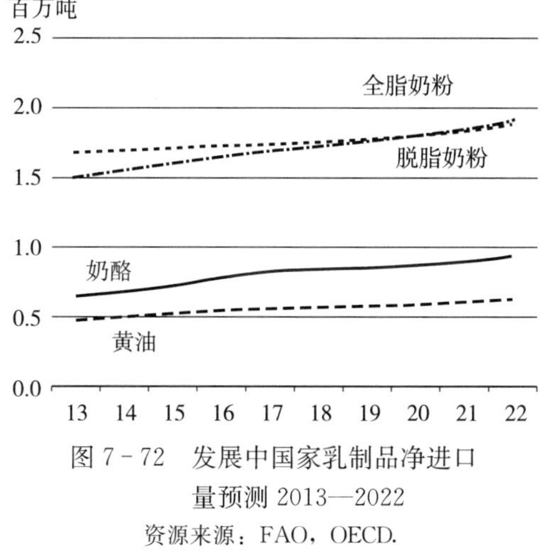

图 7-72　发展中国家乳制品净进口量预测 2013—2022

资源来源：FAO，OECD.

葡萄牙乳制品产业概述

2013 年 5 月，中国国家质检总局正式宣布，完成对葡萄牙乳制品检验认证审核程序，标志着中国对葡乳制品正式打开大门。本文将介绍葡乳制品产业概况，以及在该产业中占重要地位的亚速尔群岛部分乳制品企业情况。

一、葡萄牙乳制品产业概况

加入欧盟以来，在欧盟共同农业政策（CAP）框架内，尤其是在牛奶配额体系（Milk Quota System）影响下，葡萄牙乳制品生产能力和技术水平得到一定程度的提升。但总体来看，葡乳制品产业规模仍较小，以供应内需为主，外向性程度较低。

乳制品行业在葡农业食品领域占比较小。据葡萄牙乳制品工业协会统计，2012 年葡乳制品行业营业收入总额 15.38 亿欧元，占农业食品行业营收总额的 14%。

截至2012年底，葡共有各类乳制品企业430家，雇佣员工6 840人，占农业食品行业员工总数的5%。各类乳制品出口总额2.25亿欧元，出口量35万吨，占农业食品出口总额的11%。

从奶品来源看，葡乳制品绝大部分以牛奶为原料。据葡统计局统计，2012年葡奶类收集总量为189.9万吨，其中牛奶186.2万吨，占98%；其他奶类3.7万吨，占2%。

从产品类别看，葡乳制品以鲜奶类产品为主。2012年，葡生产鲜奶类产品108万吨，其中消费用鲜奶（包括原奶、全脂奶和脱脂奶）85.9万吨，占79.5%；酸奶及其他发酵奶11.2万吨，占10.4%；奶饮料6.8万吨，占6.3%；其他鲜奶产品2.2万吨，占2.1%；奶油1.8万吨，占1.7%。同期，葡生产奶类制成品22.8万吨，其中乳清9.6万吨，占42%；奶酪7.2万吨，占31.6%；黄油2.8万吨，占12.5%；奶粉（包括全脂和脱脂奶粉）1.7万吨，7.3%；其他产品1.5万吨，占6.5%。

从销售市场来看，葡85%乳制品供应国内市场，15%用于出口。2012年出口总额2.88亿欧元，其中对西班牙出口1.31亿欧元，占45.5%；安哥拉0.47亿欧元，占16.3%；法国0.29亿欧元，占10%；荷兰0.17亿欧元，占5.9%；比利时0.1亿欧元，占3.5%。

从出口产品看，2012年葡出口未浓缩未加糖或其他甜性物质的乳和奶油1.17亿欧元，占40.6%；黄油及其他从乳中提取的脂和油0.52亿欧元，占18%；乳酪及凝乳0.42亿欧元，占14.6%；浓缩、加糖或其他甜性物质的乳和奶油0.38亿欧元，占13.2%；酪乳、结块的乳及奶油、发酵或酸化乳和奶油0.26亿欧元，占9%；乳清等0.13亿欧元，占4.5%。

从市场价格来看，葡萄牙牛奶价格低于欧盟平均水平，2013年5月每百千克牛奶价格为31.6欧元，而同期欧盟平均价格为34.3欧元。从出口价格来看，2012年葡未浓缩未加糖或其他甜性物质的乳和奶油出口均价为430欧元/吨，仅为欧盟均价860欧元/吨的一半；黄油出口均价为2904欧元/吨，较欧盟平均出口价格低28%；乳酪出口均价3 920欧元/吨，较欧盟平均出口价格低16%。

总体来看，葡萄牙乳制品企业规模不大，产能和整体竞争力均较为有限。乳制品产业在葡经济中分量较轻，乳制品出口占葡总出口的比例不到1%。葡在欧盟乳制品产业中也较为靠后，奶产量仅为全欧盟的1.3%。欧盟牛奶生产配额体系将于2015年3月31日取消，届时欧盟奶农将根据市场需求和价格等因素自主决定牛奶产量。对于技术较为落后、生产效率较低的奶农和乳制品企业而言，无异于失去保护伞，可能面临被淘汰或兼并的局面。对于葡萄牙而言，能否加快产业技术升级，提高生产效率，是决定其乳制品产业在后配额时期能否实现可持续发展的关键所在。

二、亚速尔群岛乳制品产业概况

亚速尔是葡萄牙所属的位于北大西洋中央的群岛，由九座岛屿组成，总面积两千多平方公里，距葡本土约1 600公里。群岛上气候温和，植被茂密，草场众多，是葡乳制品主要产区之一。虽然从面积上讲，亚速尔群岛仅占葡国土面积的2.5%，但其牛奶收集量却占到葡全国总量的30%以上。此外，群岛上饲养的奶牛可全年吃牧草，所产牛奶以纯天然无污染和营养价值高而著称。

亚速尔乳制品企业多以农业合作社的形式运营，Unileite是亚速尔群岛规模最大的乳制品合作社之一，已与其他三家合作社CALF、Lactopico和Uniqueijo共同组成合作社联盟Lactacores。四家合作社负责乳品的采集和乳制品的生产，联盟负责产品的营销和物流。Unileite位于亚速尔群岛的主岛San Miguel，建立于1954年，现有15个乳品采集站，员工235人，从近700家农场收集乳源，2012年乳品收集量达到15.8万吨，占亚速尔群岛乳品收集总量的28%，当年营业额达6 700万欧元。

Unileite产品主要为液态奶、黄油和奶酪。2012年共生产盒装液态奶5.9万吨，黄油2 373吨，奶酪2 751吨。其产品主要销往葡萄牙本土（总销量的72.8%）、亚速尔群岛本地（20.5%）和葡马德拉群岛（4.25%），另有2.45%的产品销往西班牙（2.06%）、加拿大（0.11%）、德国（0.09%）、法国（0.08%）、美国（0.07%）和东帝汶（0.4%）。虽然目前海外市场在公司业务中占比较小，但随着自身产能的提升和技术的升级，该公司重视对中国市场的拓展，并希望与中国投资者合作进行奶酪、奶粉等产品的合作生产。

Pronicol是位于亚速尔群岛Terceira岛上的一家乳制品公司，也是亚速尔地区最大的乳制品生产企业之一。该公司成立于1992年，现有员工227人，2012年乳品收集量为15.4万吨，营业额6 100万欧元。其主要产品除液态奶（2012年产量3.7万吨）、黄油（3 970吨）和奶酪（5 600吨）之外，还有奶粉（4 970吨）、果汁（560吨）和乳清粉（2 440吨）。

据了解，该公司主要负责乳品的收集和乳制品的生产，销售环节由其控股公司负责，所产奶粉多作为原料销往荷兰等国，由当地厂家对其进行再加工后贴牌出售。

此外，Quinta dos Acores公司是亚速尔群岛Terceira岛上一家小型乳制品和肉类加工企业，主要生产酸奶、冰激凌，该公司建于1997年，现有员工57人，所产乳制品原料均由自由奶牛供应，是集牧场、乳源收集、加工、物流、销售为一体的家族企业，产品主要销往亚速尔群岛和葡萄牙本土，也有部分出口至西班牙、安哥拉和佛得角。

三、中葡乳制品合作前景

扩大我自葡乳制品进口。葡萄牙尤其是亚速尔群岛乳制品具有高营养纯天然的优点，且相比欧洲乳制品价格而言，具有一定的竞争力。扩大我自葡乳制品进口，一方面可以丰富我进口来源，满足我日益增长的乳制品消费需求，另一方面也可以降低我乳制品进口成本，惠及进口企业乃至广大消费者。

我乳制品企业来葡开展投资合作。葡乳企普遍规模不大，投资能力有限，但在欧盟牛奶生产配额体系终止后，面对欧盟主要乳制品大国的激烈竞争，其加大投资、提升自身竞争力的需求日益迫切。我乳制品企业可抓住这一机遇，为来葡开展乳制品生产投资合作谋求更为有利的条件。上述合作可使我企业充分利用葡优良奶源和加工技术，尤其可对葡在奶酪等高附加值乳制品生产中所拥有的独特工艺加以利用，为我国内乳制品行业技术水平提升服务。乳制品生产加工业本身具有机械化程度较高的特点，可抵消葡人工成本相对较高的不足。此外，我乳企也可以利用葡这一平台，将产品更多地销往欧洲及其他葡语国家，为未来我乳制品走向世界预建销售渠道和品牌形象。

乳制品工业协会

丹麦奶业概述

丹麦的乳制品出口占全部农产品出口的比例超过了 20%。

丹麦的乳制品行业包括了国际乳制品巨头—阿拉食品集团以及 30 个规模较小的乳制品企业，在丹麦共有 61 个加工厂，年加工原料奶的能力达到 470 万吨。

阿拉食品集团是由丹麦和瑞典的奶农拥有的合作制企业，也是欧洲最大的乳制品集团。阿拉食品集团加工的原料奶超过丹麦原料奶产量的 90%以及瑞典的三分之二。阿拉也在其他国家有乳制品业务，其中英国业务的规模最大。

丹麦剩下的 30 个乳制品企业中，合作制和私人拥有的企业各占一半。小的乳制品企业通常专注于某种乳制品，比如奶酪、黄油以及液态奶产品。他们产品中的很大一部分由专业的出口公司销往海外。

丹麦年乳制品出口额达到了 18 亿欧元。尽管进口的奶酪和酸奶目前分别占到了 25%和 20%的市场份额，但丹麦国内的乳制品市场在很大程度上还是被国产乳制品所占据，国外乳制品的市场份额被控制在湿度范围之内。

和乳制品加工环节类似，丹麦的原料奶生产也经历了结构性的巨变，原料奶生产越来越向少数的大型牧场集中。2010 年，丹麦有大约 4 100 的奶农，平均拥有 127 头奶牛，原料奶配额是 1 142 吨。这在欧洲都是平均规模最大和最先进的水平，丹麦超过半数的奶牛都是散栏饲养。

丹麦的乳制品出口，尤其是奶酪、发酵乳和黄油，超过了丹麦全部农产品出口的 20%。丹麦主要的乳制品出口市场集中在欧盟的其他成员国。

新西兰奶业概述

奶业是新西兰最大的产业，以质量和创新著称。其优势主要体现在高效的放牧饲养体系、加工规模、产品研发和市场推广方面。新西兰乳制品不仅以其与众不同的天然口味享誉世界，同时新西兰的奶业也以生产安全、卫生的产品而闻名遐迩。

一、总体概况

新西兰有 444 万人口，土地面积为 2 690 万公顷（约为中国的 2.8%，相当于广西的面积），约 42%的土地用于放牧、草料种植或休整备耕。在截至 2012 年 5 月的年度内，新西兰奶农共拥有泌乳牛 502 万头，在牧场放养，液态奶产量达 191 亿升，其中 95%以上的原奶经过加工制成奶粉、黄油、奶酪、干酪素和其他产品用于出口。由于经历了 70 年来最严重的旱情，新西兰大片草场受到影响，2012/2013 年（截至 2013 年 6 月）的年度牛奶产量下降了 1.6%。

近年来，新西兰奶农的生产力得到了很好的提高，这是得益于饲养管理方式的改善和奶牛群的遗传改良。在截至 2013 年 6 月年度的上一个十年间，每头牛的乳固体产量以 2%的年增长率递增。奶牛存栏数继续保持增长，这是得益于在适宜的土地上，特别是在南岛，从事奶业生产比将土地作为它用具有更高的收益。

在截至 2012 年 5 月的年度内，新西兰平均单群奶牛养殖区域占地 139 公顷。发展趋势是不断涌现出更大规模的奶牛场，从而实现更大的规模经济效益。这正通过合并以及其他农场的转型逐步实现。2012 年，新西兰共有 11 798 个奶牛群，每群平均 393 头奶牛。一般泌乳群的乳固体产量约为 14.3 万千克（约 162 万升液态奶，或每头单产 4 100 升）。新西兰 63%的奶牛群分布在北岛，主要集中在怀卡托和塔拉那基地区。南岛奶牛群数量占全国总数的 37%，主要集中在北坎特伯雷和南部地区。

新西兰牛奶产量占全世界总产量的 2.3%，按国家或国家组排列位于世界第八。中国乳制品生产年增长率约14%，比新西兰潜在年增长率高出5倍以上。中国目前在世界牛奶产量排行中以6.1%的份额排名第四。

二、奶牛养殖

新西兰农场均为商业实体，由私人拥有并经营，科技含量高，动态发展，以市场为导向，兼具规模经济和范围经济效应。农场主的生产决策和回报情况依据国内和国际市场状况而定，销售情况则取决于满足客户对于价格和质量的期望值，从而实现了高效、盈利、可持续的农业生产。

新西兰的乳品生产是以对奶牛进行牧草饲养为基础的。主要的牧草种类是高质量的禾草和三叶草。适宜的气候和茂盛的牧草使得畜群能够全年在草场上放牧。截至2012年，除了164万公顷作为奶牛养殖区域的牧场外，还有辅助用地用于放养后备奶牛和干奶牛，种植青贮饲料用的谷物，以及种植牧草用于生产干草和青贮饲料。对于辅助用地实行多种安排方式，从奶牛群所有人对土地拥有所有权和进行租赁，到由种植农、羊和肉牛养殖农进行合同放养和种植。

新西兰绝大部分（估计为97%）的奶牛群为季节性产奶，为加工业提供奶源；其余3%的奶牛群常年产奶，特别是应冬季供奶合同，为国内市场提供液态奶。原奶的生产呈季节性，并取决于农场牧草的长势。原奶采集和加工量猛增到春季的十月份达到高峰，之后在夏季和秋季的数月间呈平稳下降。从五月至接下去的半个冬季期间牧草产量较低，奶牛大多进入干奶期。尽管气候条件对每季实际产奶量有相当大的影响，但奶牛单产水平的提高还是主要依靠遗传增益和饲养管理的完善。

新西兰还建立了一套分成制奶牛养殖模式，分成养殖者按照签订的合同对奶牛群进行养殖并履行一系列的农场工作职责，以获得一定比例的售奶收入。该模式将受过培训、有进取心的人员带入奶牛养殖业，使他们可以不断积累资产，直到最终可获得农场的所有权。然而，由于奶牛场所有者更愿意雇用农场经理和更低层的分成养殖者，这种五五分成养殖的模式（在该模式下分成养殖者拥有奶牛群的所有权）已日益减少。支付价格的猛跌也致使一些奶牛场所有者回归到全职管理工作上。近年来，与外部投资者或者农场经理进行资产合作的方式也越来越多地被采用。

新西兰的奶牛一般每天挤奶两次，这使挤奶成为奶牛场的主要工作之一。挤奶后，原奶被储存在农场内有温度控制的奶罐里，每天由公路冷藏罐车运走。产品质量和安全至关重要：采奶后对原奶立即进行细菌和其他污染物的检测，并将检测结果通知奶农。出现检测结果不合格则意味着将暂停从所涉农场采集原奶，直到问题解决为止。

新西兰以牧草为基础的奶牛养殖模式和季节性生产成就于创新技术的使用。新西兰约75%的奶牛采用来自具有更好遗传品质的牛的新鲜或冷冻精液进行人工授精，几乎100%的后备母牛都是人工授精的产物。通过设计具有众多自动化特性的高效挤奶系统，新西兰奶农可以减少人力投入。对于奶农来说，动物卫生是首要关键，新西兰拥有完善的体系可以检测动物的卫生及福利状况。

新西兰还协助许多其他国家，将其极为成功的奶业技术解决方案因地制宜，运用于当地独特的环境。利用其专业经验对市场需求进行评估，能够将技术转化以适应当地条件，并提供后续支持和建议，以此提供奶业的整体解决方案，在这方面新西兰被公认为做得非常成功。

三、乳制品加工

绝大多数的新西兰奶农都将其生产的原奶提供给他们的合作制乳制品加工企业。这些合作制企业本身也属于这些供应原奶的奶农所有。奶农根据其供应的原奶和在此基础上加工制成的乳制品的预期收益，按月领取相应的供奶报酬。在每个季节性供应产奶年度（截至5月31日）结束后，截至7月31日奶农将得到反应年度实际加工收益的最终支付款。原奶是按照每公斤乳固体（蛋白+脂肪）的标准进行支付的。

政府不对新西兰奶农进行出口补贴或贸易扭曲性国内补贴，也不会参与对奶农支付价的设定。奶农承担从自家奶牛场采集原奶的费用，这反映在其酬劳的合算方式上，即按脂肪和蛋白含量计酬并扣除运输（容积）费用。奶农还要缴付每公斤乳固体0.036新西兰元的税，用于行业受益研究经费。

目前在新西兰经营的合作制乳制品加工企业主要有三家：恒天然合作集团（Fonterra）、Westland合作乳品公司（Westland）和Tatua合作乳品公司（Tatua）。在截至2013年5月的年度中，这几家公司约占有从奶牛场采集的乳固体总量的93%。

依赖于原奶合同供应的新的独立乳品加工企业正在增加。Open Country Cheese乳酪有限公司（OCC）是其中的第一家，该公司成立于2004年。Dairy Trust有限公司成立于2007年年初，继而接管了OCC公司并更名为Open Country Dairy乳业公司。南坎特伯雷的New Zealand Dairies公司在截至2008年5月的年度内已开始运营其奶粉加工业务，位于坎特伯雷中部的Synlait公司也是如此。前者在2012年5月受接管。2011年8月，位于北岛中部的Miraka公司开始生产奶粉。Gardina，位于Otago，主要业务是优质的婴儿营养品，于2012年9月开始整体运营。

《2001奶制品行业重组法案》的鼓励竞争管理办法规定恒天然集团的经营活动必须确保市场的可竞争性，从而保障了新西兰奶制品市场的有效运作。该法案能够保证奶农每季度以公平的价格与恒天然集团进行自由的股份买卖，以及要求恒天然集团每季度以管制价格向独立奶制品加工企业供应多达6亿升原奶，向每个新独立加工企业最多可供应5千万升。

新西兰政府近期已同意为上述管理办法的设立触发机制，一旦办法即将失效，触发机制将被启动，开始对管理办法的实施进行评估，以延续针对恒天然集团的鼓励市场竞争条件。新的触发机制为：在北岛地区恒天然乳固体采集量达到80%，在Westland区域理事会管辖地区外的南岛地区乳固体采集量达到80%。一旦触发北岛或南岛任一上述情况，评估机制将被启动。

四、乳制品出口

新西兰奶农依赖于国际市场价格—新西兰全国总奶产量的约95%的奶产量被用于加工成乳制品出口。由于远离出口市场，新西兰一直以来都侧重于将牛奶尽可能地脱水加工成乳制品出口，以此来减少运输成本。这就是为什么新西兰的乳品加工行业大多以生产全脂和脱脂奶粉、奶酪、干酪素等产品为主。

新西兰是全球用于国际贸易的乳制品的最大生产国。新西兰奶业在出口方面成功的关键在于其高质量的乳品生产体系。新西兰奶业在产品多元化方面颇具成功经验。产品涵盖了从高质量安全的基本产品（如奶粉、黄油和奶酪）到专业食品（如冰淇淋，以及喷雾干奶蛋白、水解牛奶蛋白、干冻生理活性蛋白等高度专业的食品原料）。

在截至2013年6月的年度中，新西兰乳制品出口至156个国家，出口值达到了134亿新西兰元。总出口额达137亿新元，其中奶粉出口量占38%。中国是新西兰乳制品的第一大市场，总金额31.7亿新西兰元，占整个出口市场份额达的23.6%。

五、更多资讯

新西兰初级产业2013年现状及展望

http：//www.mpi.govt.nz/news-resources/publications? title=sopi

2012牧场监测

http：//www.mpi.govt.nz/news-resources/publications? title=farm%20monitoring

2011—2012新西兰奶业统计数据

http：//www.lic.co.nz/pdf/ DAIRY% 20STATISTICS%2010-11WEB.pdf

新西兰初级产业部（奶业）

http：//www.maf.govt.nz/agriculture/pastoral/dairy

新西兰初级产业部

澳大利亚奶业概述

一、行业概况

乳业是澳大利亚重要的农业产业。按照出厂价计算，2012/13年期间澳大利亚乳业产品总价值超过130亿澳元。2012/13年期间，约165万头澳大利亚奶牛共生产920万吨牛奶。去年，主要乳品产区的奶农都受到牛奶/饲料价格比走低的不利影响，加之自种饲料因天气多变而减产，导致牛奶产量下滑了3%。

澳大利亚乳业的主要制成品包括液态奶、干酪、脱脂奶粉/奶油、奶油/酪蛋白、全脂奶粉以及其他消费类产品，如酸奶、沙司、乳品甜食，以及乳清蛋白等特殊原料产品。

按牛奶当量计算，约40%的澳大利亚乳制品作为制成品以国际市场价格出口，总价值为27.6亿澳元。2012年，澳大利亚在国际乳品贸易市场上的份额估计为7%（按牛奶当量计算），而新西兰、欧盟和美国分别为37%、31%和11%。

二、奶牛养殖

澳大利亚东南部地区的气候与自然资源适合饲养奶牛，因此当地奶牛业主要以牧场放养为主，季节气候"正常"的年份，70%～75%的奶牛饲料来自放牧。这种方式造就了高效而优质的牛奶生产。

多数奶牛场位于沿海地区，这些地区的牧草生长通常依靠天然降水。不过，澳大利亚还拥有数个内陆灌溉系统，主要位于维多利亚州北部及新南威尔士州南部。

为对抗过去十年里的干旱天气，使用干草、青贮饲料与谷物等补充饲料饲养奶牛的做法日益普及，但集中饲养模式的奶牛场在澳大利亚仍比较少见。澳大利亚奶农继续通过改进牧草、饲料与牛群管理技术等方法不断提高奶牛场生产率。

澳大利亚大部分牛奶产自维州（上一季的份额为66%），不过所有州都拥有充满活力的高效奶牛场产业，为附近城镇供应鲜奶。此外，澳大利亚多数州都生产酸奶和乳品醮料等一系列优质新鲜乳品以及多种类型的干酪。

在过去三十年中，奶牛场数量已经减少了近三分之二，由1980年的22 000家减少至2013年中期的6 398家。多数澳大利亚牛奶场由家庭所有及运营。集体制牧场是一种重要的经营模式，被18%的奶牛场采用，这种模式在家庭所有制的奶牛场中取得了成功；而公司制牧场仅占奶牛场总数的3%。

在奶牛场总数减少的同时，奶牛场的平均奶牛数量却由1982年的90头增加至目前的约258头。超大型奶牛场甚至出现了超过1 000头的趋势。澳大利亚奶牛场的主要品种是荷斯坦黑白花牛，占所有奶牛数量的65%～70%。其他重要品种包括娟姗牛、荷斯坦/娟姗杂交牛、瑞士褐牛、亚尔夏牛，以及本地品种澳大利亚红牛和伊拉瓦拉短角奶牛。

多数品种通过人工授精繁殖，澳大利亚奶农由此接触到全球部分最出色的基因材料。牛群记录的做法在澳大利亚非常普及，约50%的牛奶场定期记录牛群业绩。澳大利亚奶牛改良服务局（ADHIS）采用最先进的评估系统之一对奶牛进行基因评估。

奶牛基因的改善，加之牧场管理技术和补充饲料体系的改进，促使每头牛的年均产奶量在过去三十年中增加了近一倍，由2 850升提高至约5 525升。

奶牛平均产量的增加，加之平均牛群规模扩大两倍半以上，使每座奶牛场在同段时期内平均年产奶量由260 000升增加至超过1 400 000升。

与许多其他国家不同，澳大利亚并未对加工厂支付给奶农的原奶价格进行立法控制。不同制造商提供的原奶价格各有不同，因为具体公司的收益可能受到产品组合、市场营销战略以及加工效率等因素的影响。多数原奶价格都以鲜奶中的脂肪与非脂肪乳固体含量为基础。食品加工公司还根据牛奶质量、数量与反季供应实施一系列奖励/处罚方法，因此加工厂为具体奶农支付的价格也会稍有不同。

三、乳品加工

与牧场一样，牛奶加工产业也经历了持续整合过程，促进工厂产能提升，大型企业则致力于提高效率与规模经济效益。在过去十年中，由于牛奶产量未出现增长，澳大利亚乳品公司为提升产能而进行持续投资压力有所缓解。事实上，乳品公司面临的挑战已经转化为如何消化过剩产能，以及如何尽可能以高利润的方式利用现有产能。随着干旱年份的到来、季节气候条件有所改善、奶农信心提振及市场需求强劲增长，澳大利亚乳品公司再次着眼于扩大加工产能的投资项目。

澳大利亚乳品制造业具有多元化特点，包括奶农合作社企业、上市企业、私营企业以及跨国公司。

奶农合作社企业不再占据行业主流地位，目前占澳大利亚牛奶产量的约33%，双江MG是其中最大的企业，占全国牛奶产量的30%以上。

其他澳大利亚乳品公司覆盖了多个市场领域与产品类型：有公开上市的瓦伦堡干酪奶油公司，也有例如私人所有的Regal Cream（Bulla Dairy Foods）食品公司、Burra食品公司与Longwarry食品公司，此外还有多家高度专业化的干酪制造商。

大型跨国乳品公司已在澳大利亚运营多年，包括恒天然（新西兰）、麒麟（日本）与拉克塔利斯（法国），后者于2011年中期成功接手意大利帕马拉特公司。

表7-13　澳大利亚主要乳品制造商概况

产品	2012/13年产量（吨）	2011/12年变化率%
酪乳粉	10 506	−2.2
奶油	82 753	＋0.8
无水奶油	15 450	＋0.2
干酪	315 663	−2.9
脱脂奶粉	224 061	−2.7
全脂奶粉	108 838	−22.5
乳清粉	63 440	−1.9

制成品产量趋势反映出，出口公司为充分利用全球市场价格优势而造成的制成品组合变化。

四、澳大利亚乳品消费

饮用奶：据估计，目前澳大利亚人均饮用奶消费量约为107升，相比过去两年出现大幅增长，与许多其他国家相比都处于极高水平—这在很大程度上得益于澳大利亚过去十年间“咖啡文化”的普及。在过去十年中，普通全脂奶消费量与减脂奶等特种奶相比出现了下滑，普通全脂奶目前占总消费量的60%（此前为65%）；UHT奶在牛奶总消费量中的比例则出现小幅上涨。牛奶加工商之间的竞争促成了新型特种奶的问世，这些奶具有不同脂肪含量，或通过添加维生素与矿物质改进其成分。厂商还开发出其他牛奶以满足特殊消费者需要，如不含乳糖的牛奶和用于卡布奇诺咖啡的发泡牛奶。

干酪：澳大利亚人均年消费约13千克干酪，其中一半以上为切达干酪和切达类干酪。不过，非切达类干酪消费量也在稳步增长，反映出澳大利亚人食物构成的多元化和国际化趋势。

奶油：澳大利亚人均年消费奶油近4千克。1970年代至1980年代，由于消费者希望减少饱和脂肪摄入量，澳大利亚出现了奶油消费量长期下滑趋势。不过，近年来以奶油和蔬菜油为基础的乳品混合产品的上市有助于稳定这种下滑趋势，此类混合乳品更易涂敷，且饱和脂肪含量较低。除出色口味和烹饪功能外，消费者还非常关注奶油的“天然性”。

酸奶：酸奶是乳品行业内取得显著增长的产品领域之一。澳大利亚人均酸奶年消费量超过7千克。作为健康而便利的零食，酸奶在消费者中拥有良好形象。低脂及瘦身类酸奶占超市酸奶年销量的一半以上，也反映出酸奶的这种特点。酸奶产品在包装、风味、益生菌培育、饮用酸奶、儿童酸奶零食等方面的创新也推动了酸奶市场的增长。

奶粉：不到20%的澳洲奶粉产量销往国内市场。零售店销售的奶粉只占国内销量的一小部分，用作食材是奶粉的主要本地用途。

冰淇淋：按照国际标准衡量，澳大利亚冰淇淋消费量颇高：人均年消费18升冰淇淋。冰淇淋市场比较稳定，具有明显的季节性。一升或以上的大号冰淇淋仍是超市销售的主角，而冰棍及冲动型消费则是途中购买的主要类型。近一段时间，著名糖果品牌涉足此领域也使得冰淇淋产品成为焦点；而且推出了许多此类产品都属于价格较高的享受型产品系列。

乳品甜食、醮料与稀奶油：乳品甜食与乳品醮料都是拥有可观增长价值的小型乳制品门类。乳品甜食作为零食或招待食品出售，以成人消费者为目标的甜食包括慕斯、焦糖蛋奶冻和白干酪（fromage frais）；以儿童为目标的甜食则包括白干酪和风味沙司，其外包装通常带有流行的卡通人物。

乳品醮料面向居家招待市场出售。

零售与食品服务业的稀奶油消费量保持稳定。普通稀奶油和酸稀奶油通常都用作佐餐食品或食材。

五、乳品出口

澳大利亚牛奶产量仅占全球产量的2%，但澳洲仍是比较重要的乳品出口国。澳大利亚在全球乳品贸易中排名第四，占全球乳品出口总量的约7%。

近年来，一连串干旱季节使澳大利亚牛奶总产量下降，目前澳大利亚约40%的牛奶年产量用于出口，与近十年早期远远超过50%的比例相比有所下滑。

2012/13年间，澳大利亚乳品出口总值超过27.6亿澳元。澳大利亚出口市场以亚洲/东亚为重点，该地区占澳大利亚总出口量的约73%。日本是澳大利亚最重要的出口市场—占澳洲出口额的19%，其次是中国大陆，占出口额的16%。

2012/13年间，按出口值计算，澳大利亚乳品前五大出口市场分别为日本、中国大陆、新加坡、马来西亚和新西兰；按出口量计算则分别为中国大陆、日本、新加坡、马来西亚和印度尼西亚。中国大陆始终是增长最快的澳大利亚出口市场。

表7-14　澳大利亚主要出口产品

产品	2012/13年间出口量（吨）	2012/13年间变化率%
干酪	174 687	8.6
脱脂奶粉	147 244	4.2
混合产品	113 278	8.7
牛奶	106 840	16.5
全脂奶粉	103 372	−11.0

澳大利亚对中国内地的出口量与出口额均占总量的16%，而且还在持续强劲增长。2012/13年间，澳大利亚对中国大陆总出口量为129 320吨，价值4.37亿澳元。

澳大利亚对中国大陆出口的主要产品包括液态奶（37 500吨）、混合产品（28 000吨）、干酪（14 400吨）、全脂奶粉（13 700吨）和脱脂奶粉（10 700吨）。

六、澳大利亚乳品业前景—认清挑战

在过去10年中，澳大利亚乳业局每年都编写一份名为《乳业：现状与前景》（*Dairy: Situation and Outlook*）的综合性报告，2013年报告可浏览乳业局网站www.dairyaustralia.com.au查看。该报告对乳品市场现状以及将在中短期内影响乳业前景的因素进行了广泛分析。

与《乳业：现状与前景》报告联合开展的全国奶农调查（NDFS）在八月初发现，73%的奶农对乳业的未来充满信心。受牛奶农场价格上涨、澳元汇率走低以及有利气候的推动，这个结果与早期开展的NDFS（二月）调查结果（+29%）相比取得了极大改善。

在八月调查中，再次接受采访的近三分之二的奶农比二月时更有信心；29%的奶农与二月时的观点相同，还有7%的奶农信心比此前六个月更为低落。

士气的提振在整个乳品产区都非常明显，但昆士兰州和西澳大利亚州的奶农调查结果与二月份相比变化最小。原奶价格走低是造成这两个州情绪低落的主要原因，特别是对西澳州奶农，投入成本仍是一个令人头疼的主要问题。

多数奶农（57%）都得到了有利气候条件的眷顾。但塔斯马尼亚州是一个重要的例外（80%的奶农经历了比意想中更潮湿的天气），而新南威尔士州和昆士兰州三分之一以上的奶农则面临较为干旱的天气。

尽管外在条件有所改善，但不同的个体奶农扩大产量、取得最高利润率的能力却大相径庭，许多奶农都需要偿还累积的债务，维护产奶牛群状态，然后才能取得增长。

双江MG公司签署了国内市场牛奶供应合同，进一步加剧了新合同谈判项目的竞争压力。新南威尔士州北部供应商的反馈表明，新的竞争形势正在抬高平均农场牛奶价格。

维州最新奶牛场监控预测数据强调了市场与季节变量对维州奶牛场利润率的影响，指出2012/13生产季是多年来最困难的一季，强调了奶牛场业务管理技术对于奶牛场未来成功的重要性。

在季节条件有利的前提下，澳大利亚乳业局目前预测2013/14年间牛奶产量增长率为1%～3%，将达到93亿～95亿升。七月份的产量还是2012/13年的趋势，与去年同期相比下降了3.5%，因为有些奶牛场在当季繁殖牛犊，奶牛尚未恢复产奶。

国际商品价格继续走强，但下行风险仍然存在。新西兰与美国的牛奶供应均有可能影响市场，而经济问题与替代产品带来的风险也有可能减弱新兴市场需求。

七、澳大利亚政府在乳业行业中的角色

澳大利亚乳业是一个完全以市场为主导的产业。1980年代至1990年代的二十年间，澳大利亚乳业经历了逐步取消管制的过程。这个过程的最后一个阶段于2000年7月结束，当时澳大利亚取消了对饮用奶价格的限制；因此，除制定最低食品安全要求和食品标准（标签、广告声明等）法规外，澳大利亚政府已不涉足乳品产业的任何领域。

八、澳大利亚乳业局

澳大利亚乳业局是由奶农所有的服务组织，服务于澳大利亚乳业，通过向所有澳大利亚牛奶征收的法定强制税费筹措资金。此税收由牛奶加工公司收取。

澳大利亚乳业局致力于提高澳大利亚乳业的利润率与竞争力，在对整个行业有利的领域开展工作，包括：

· 投资于研发及扩展项目，以改进牛奶场与制造领域的竞争力；

· 从事贸易政策事务，如贸易自由化与贸易准入，以改善出口市场增长环境；

· 利用乳品的健康与营养优势提高澳大利亚的乳品消费量；

· 解决环境与社区问题；以及

· 促进行业咨询与交流。

澳大利亚乳业局编写的《聚焦澳大利亚乳业》（*Australian Dairy Industry In Focus*）是澳大利亚最综合权威的乳业刊物，其中包含了各类数据及信息。2013年最新信息已于2013年11月底发布。

澳大利亚乳业局为中国乳业公司开设奖学金这个年度技术培训项目，管理多个推广项目—这些项目面向曾在澳大利亚接受过培训的人士，并每年在中国举办技术研讨会与论坛。澳大利亚乳业局还就政策与市场准入事务与中国政府合作。

日本奶业概述

一、奶农户数及奶牛饲养头数

奶牛饲养头数：从1993年以后逐渐减少，到2013年2月降到142.3万头，与上年相比减少了1.8%。

饲养户数：受饲养者人口老龄化及后继者不足、东日本大地震、精饲料价格上涨所导致的收益下降等因素影响，2013年奶牛饲养户数降到1.94万户，比上年减少了700户，减少了3.5%。

因此，2013年户均奶牛饲养头数比上年略有增加，为73.4头，增加了1.8%（如图7-73所示）。

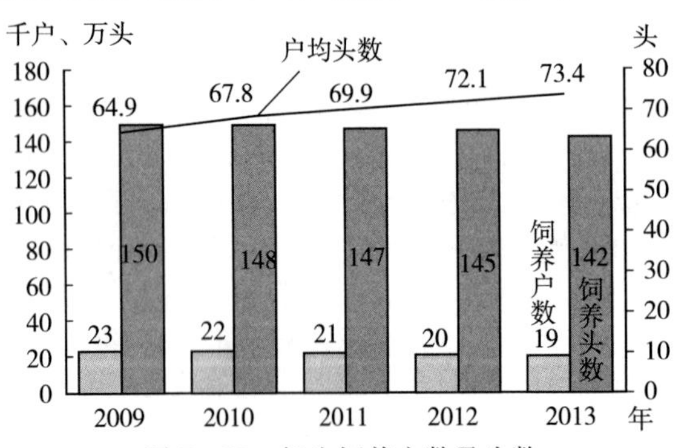

图7-73 奶牛饲养户数及头数

资料来源：农林水产省“畜产统计”.

注：图为各年度2月1日的数据，且2013年的数据为大概值。

二、生鲜乳总产量及奶牛平均单产

1996年生鲜乳总产量约为870万吨，达到峰值，此后由于都府县的生鲜乳产量减少，总产量也逐渐减少。

受2010年的酷暑及东日本大地震等因素的影响，2011年全国生鲜乳总产量减少，2012年回升到760.74万吨，与2011年相比增加了1.0%。2012年的生鲜乳总产量的增加，结束了连续7年间减少的历史。但从过去的变化来看，生鲜乳总产量还是呈现出减少的趋势。

另外，奶牛的单产水平连续2年在减少，但是2012年增加到8 154kg，与上年相比增加了1.5%，稍有好转倾向（如图7-74所示）。

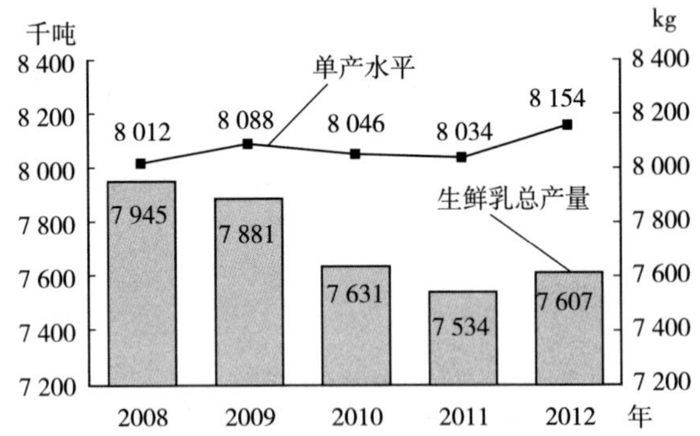

图7-74 生鲜乳总产量及单产水平（全国）

资料来源：农林水产省“畜产统计”，“家畜的饲养动向”及“牛奶乳制品统计”

注：图为2012年度的生鲜乳总产量，单产水平为大概值。

三、用于生产液态奶的生鲜乳数量

用于生产液态奶的生鲜乳数量是随着居民消费倾向变化的。但是，随着生育率的降低、人口老龄化以及其他饮料的竞争，近几年液态奶的消费受到影响，自从1994年度的峰值以来在逐渐减少。

2011年，受东日本大地震电力不足的影响，乳品企业生产特制商品之后，液态奶的产量临时性地得到了增加，而导致花色牛奶等减少。2012年度由于花色牛奶等产量的减少，用于生产液态奶的生鲜乳数量为401.7万吨，2013年的液态奶与上年相比减少了1.8%，呈现连续10年减少的倾向（如图7-75所示）。

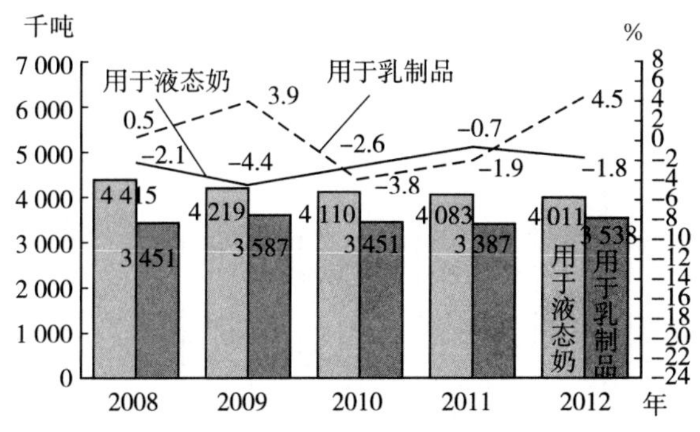

图 7 - 75　按用途分处理量
资料来源：农林水产省"牛奶乳制品统计"
注：2012 年度数据为大概值。

四、用于乳制品的生鲜乳数量

虽然生鲜乳总产量减少，但是用于乳制品的生鲜乳数量从 2007 年到 2009 年的 3 年间一直在增加。然而，2010 年用于乳制品的生鲜乳量又减少到 345.12 万吨，比上年减少了 3.8%，间隔 4 年呈现下降趋势，2011 年度继续减少到 338.73 万吨，比 2010 年减少了 1.9%。但是 2012 年随着生鲜乳总产量的回升增加到 353.81 万吨，与 2011 相比增加了 4.5%。

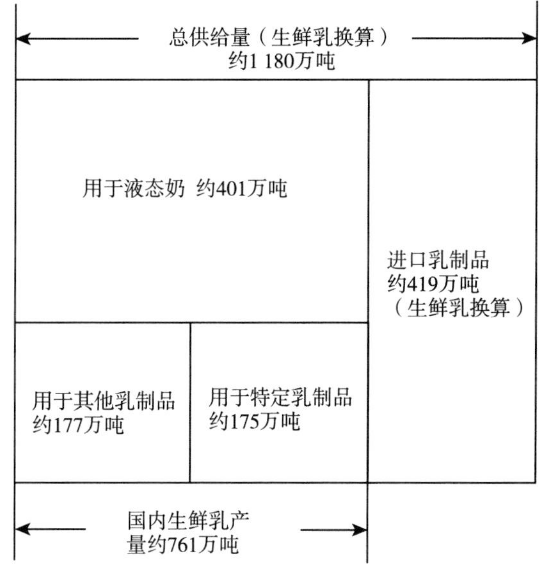

图 7 - 76　生鲜乳供需构造概要（2012 年预测）
资料来源：农林水产省生产局"关于畜产与奶农发展形势"
注：由于四舍五入，与原数据有所不同。

另外，用于奶油的生鲜乳数量的需求比较稳定，2009 年至 2011 年的 3 年连续增加到 127.61 万吨，与 2011 年相比增加了 2.1%。

由此，2012 年用于乳制品的生鲜乳总供给量为：国内生产生鲜乳总产量约 761 万吨，进口乳制品（按生鲜乳换算）约 419 万吨（如图 7 - 76 所示）。另外，国内生鲜乳总产量中用于液态奶等的生鲜乳数量的比例为 52.7%，降到过去的 20 年间的最低值。

五、脱脂奶粉的供需情况

受生鲜乳总产量减少、需求趋向于新鲜脱脂浓缩乳等原因的影响，脱脂奶粉的产量，2010 年和 2011 年连续 2 年与上年相比减少。

2012 年生鲜乳总产量回升到 14.14 万吨，与上年相比增加了 4.8%。扭转了从 2009 年到 2011 年连续 3 年减少的局面（如图 7 - 77 所示）。

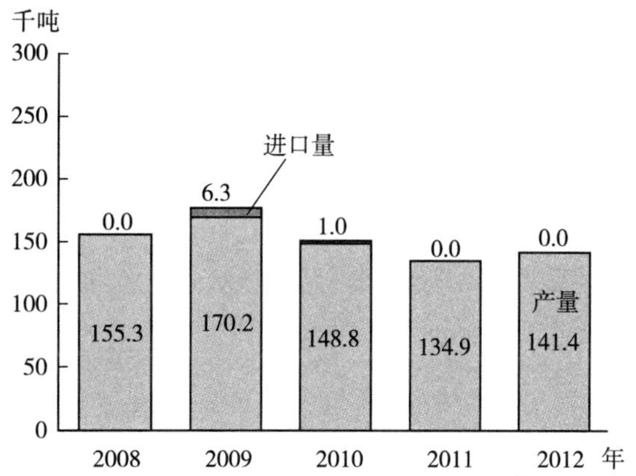

图 7 - 77　脱脂奶粉的产量及进口量
资料来源：农林水产省"牛奶乳制品统计"
注：进口量只有畜产振兴机构的数值，且 2012 年度的数值为大概值

另一方面，2012 年末的期末库存量，受产量增加的影响增加到 4.95 万吨，与上年相比增加了 3.9%，扭转了从 2009 年到 2011 年连续 3 年减少的局面（如图 7 - 78 所示）。

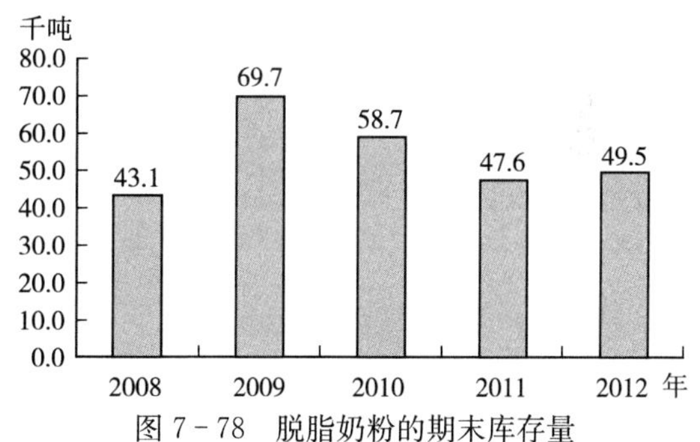

图 7 - 78　脱脂奶粉的期末库存量
资料来源：农林水产省"牛奶乳制品统计"
注：2012 年度的数值为大概值。

2012 年流动量的预测值为 13.96 万吨，受价格的上涨导致的需求减少及脱脂浓缩乳受消费选择的转换等影响，与 2011 年相比减少了 4.4%。且振兴机构没进行生鲜乳定量（每年约进口生鲜乳换算 137 千吨的乳制品）的进口。

由于受乳制品国际供需的影响，2008 年脱脂奶粉的批量需求商的价格有所提升。

2009 年和 2010 年国内的库存量较多，因此价格也临时出现了下降的趋势。但是到 2011 年度有所好转，2012 年度的脱脂奶粉的价格平均每 25kg 为 1.552 6 万元，与 2011 年相比增加了 3.8%（如图 7 - 79 所示）。

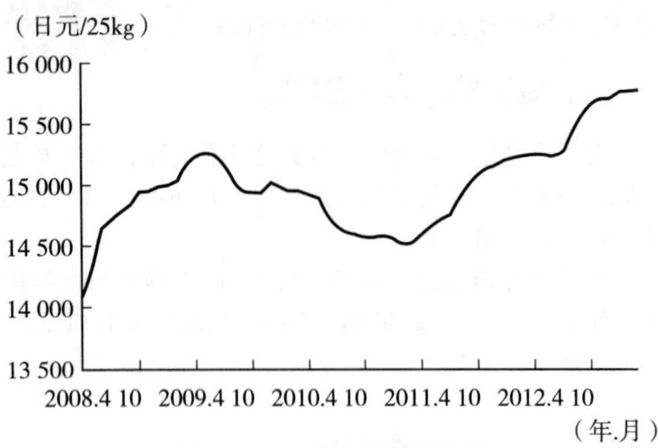

图 7－79 脱脂奶粉批发价

资料来源：农林水产省生产局的调查

注：包括消费税

六、黄油及奶油的供需情况

受酷暑及东日本大地震的影响，2011 年生鲜乳总产量下降，黄油产量也随之下降，减少到 6.31 万吨，与 2010 年相比减少了 10.1%。2012 年生鲜乳总产量开始回升，增加 7.1 万吨，与 2011 年相比增加了 11.2%。

受便利店的糕点等需求扩大的影响，2011 年奶油的产量稳步增加到 11.42 万吨，与 2010 年相比增加了 5.8%。但是，2012 年奶油的产量又减少到 11.29 万吨，与 2011 年相比减少了 1.2%，结束了从 2009 年到 2011 年连续 3 年增加的局面。2012 年奶油产量与上年相比下降（如图 7－80 所示）。

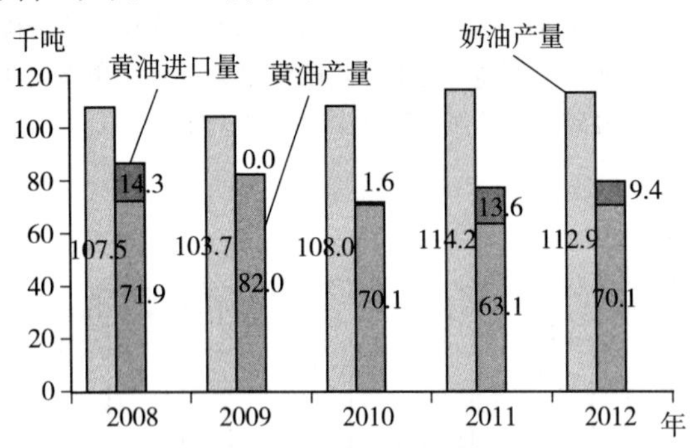

图 7－80 黄油及奶油的产量

资料来源：农林水产省“牛奶乳制品统计”

注：2012 年度的数值为大概值

黄油的 2011 年年末库存量，比上年度下降 1 500 吨，下滑到 1.91 万吨，与 2010 年相比减少了 7.4%。2012 年实施产量的恢复及黄油的进口等措施，库存量增加到 2.35 万吨，与 2011 年相比增加了 23.0%，结束了从 2009 年到 2011 年连续 3 年减少的局面（如图 7－81 所示）。2012 年度的振兴机构的定量进口量为 7 403 吨。另外，由于黄油的批发商有增加的趋势和库存量减少，为了确保稳定年末需要期的供给，2010 年和 2011 年连续 2 年实施了 2 千吨的追加进口。

黄油的批发价，受 2009 年度的产量及库存量的增加，结束了从 2009 年到 2011 年连续 3 年增加的局面，呈现下降趋势。2010 年度持平，但是 2011 年度以后，

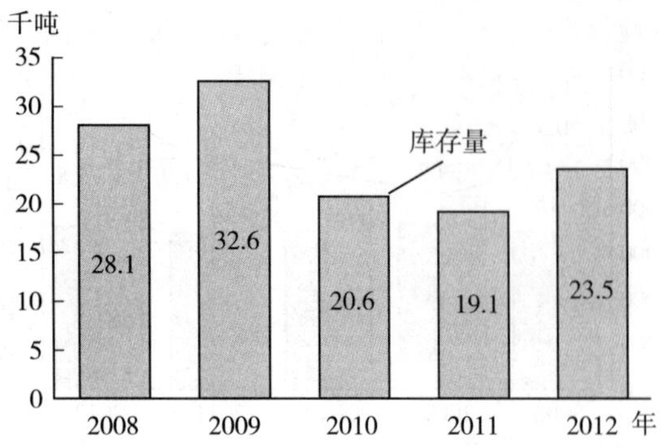

图 7－81 黄油的期末库存量

资料来源：农林水产省“牛奶乳制品统计”

由于库存量的低迷，批发价有所上调，2012 年度平均每公斤 1 207 日元，出现了大幅度的上升与 2011 年相比增加了 8.1%（如图 7－82 所示）。

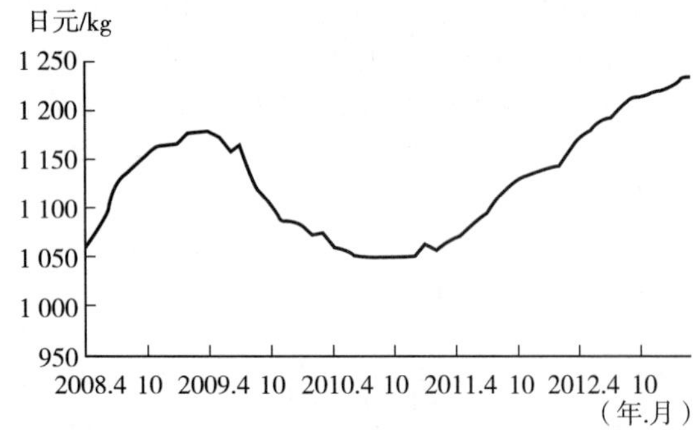

图 7－82 黄油的批发价

资料来源：农林水产省生产局的调查

注：包括消费税

七、奶酪的供给情况

受国际价格的高涨及世界性的经济不景气，家庭户内及户外消费极其消极的影响，2008 年奶酪的总消费一时出现了下滑现象。但是 2009 年度国际价格的下降，加之进口量的增加，产品的价格下调及家庭消费的增进，奶酪的需求得到了恢复，此后也继续增加。

2012 年度，纯天然奶酪消费量达到过去的最高值，为 18.14 万吨，与 2011 年相比增加了 12.8%。加工奶

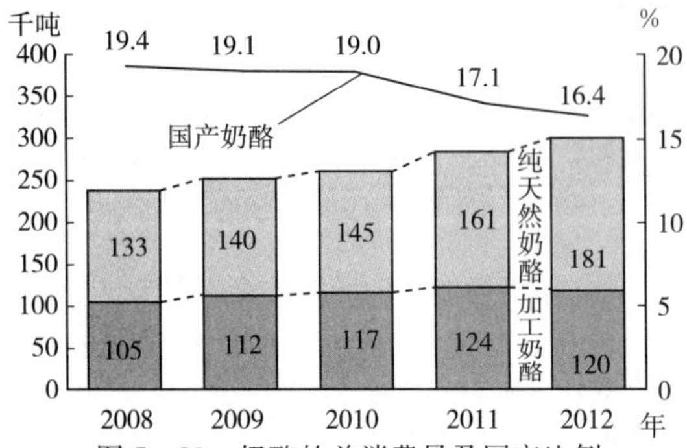

图 7－83 奶酪的总消费量及国产比例

资料来源：农林水产省生产局畜产部牛奶乳制品科“奶酪的供给表”

酪消费量为12.1万吨，减少了2.8%。由此奶酪的供给合计为30.15万吨，增加了6.0%，达到过去的最高水准（如图7-83所示）。

虽然加工奶酪原料量为6.89万吨，减少了3.8%，但是，直接消费量达到了15.99万吨，增加14.1%。因此，2012年度纯天然奶酪的进口量（直接消费量+加工奶酪原料量）增加22.88万吨，增加了8.1%，呈现出连续4年的增加（如图7-84所示）。

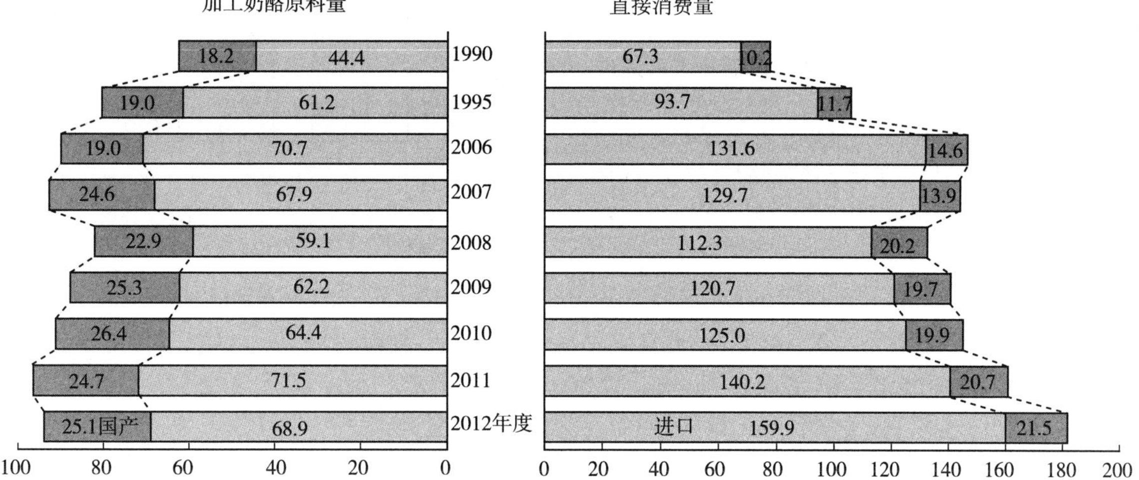

图7-84　纯天然奶酪的产量及进口量

资料来源：农林水产省生产局畜产部牛奶乳制品科“奶酪的供需表”

資料：農林水産省生産局畜産部牛乳乳製品課「チーズの需給表」

由于需求的扩大，从2005年度到2010年度的6年里，国产纯天然奶酪的产量（直接消费量+加工奶酪原料量）连续上升。2011年受生鲜乳供需紧缩的影响奶酪出现了减少。2012年直接消费量增加2.15万吨，与2011年相比增加了3.7%。加工奶酪原料量为2.51万吨，与2011年相比增加了1.3%，因此，奶酪总体增加4.65万吨，与2011年相比增加了2.4%，虽然略有上升，但与2011年相比重新出现了增加趋势。

2012年的奶酪总消费量中，进口量的上升比例要远大于国产奶酪产量的上升比例，国产奶酪比例为16.4%与上年度相比下降了0.7点，加工奶酪原料用的国产比例为26.7%上升了1.0点（如图7-85所示）。

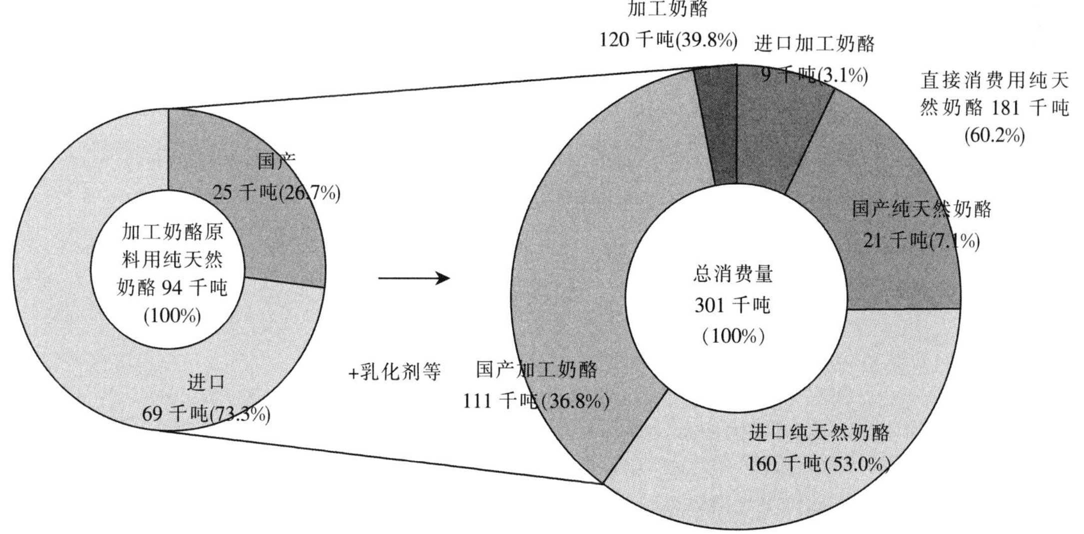

图7-85　2012年度的奶酪总消费量的细项

资料来源：农林水产省生产局畜产部牛奶乳制品科调查

注：所谓的直接消费用纯天然奶酪为，加工奶酪原料用以外的，包括业务用及其他原料用

八、冰淇淋的供需情况

由于近年品种丰富，冰淇淋购买数量不断增加。2012 年度的产量为 13.87 万千升，与 2011 年相比减少了 0.5%，结束了从 2007 年到 2011 年的连续 5 年增长的局面，但仍然保持高水准。

由于进口价格的上升，2005 年度以后冰淇淋进口量呈现了减少的趋势，但是 2011 年度达到 1.7 千克，与 2010 年相比增加了 1.4%，扭转了从 2005 年到 2010 年的连续 7 年减少的局面呈现了增加趋势。2012 年为 1.31 千升，与 2011 年相比大幅度地增加了 22.5%（如图 7－86 所示）。

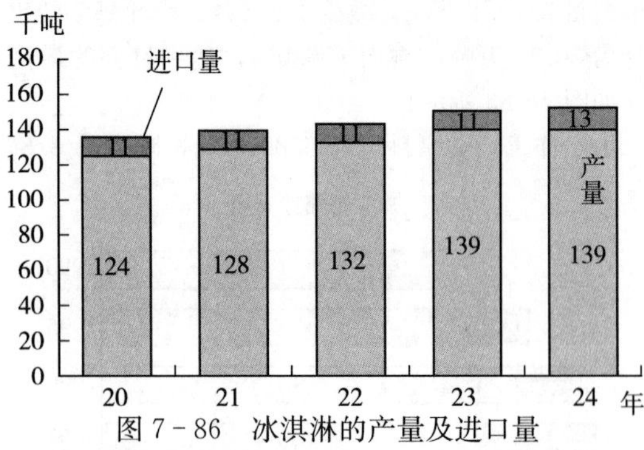

图 7－86　冰淇淋的产量及进口量

资料来源：农林水产省“牛奶乳制品统计”，财务省“贸易统计”

注：进口量为 1t＝1.455kl 换算，且 2012 年度为大概值

独立行政法人
农畜产业振兴机构
畜产需求供给部
中国社会科学院
农村发展研究所　萨日娜　编译

【上市企业】

奶业主要上市企业业绩情况简报

据查阅奶业主要上市企业年报，伊利、蒙牛、三元、光明、雅士利、皇氏、贝因美、现代牧业 8 家企业，2012 年实现主营业务收入 1 073.78 亿元，比上年同期增长 9.84%，总体保持了良好的增长态势。各企业情况具体简述如下：

表 8-1　2012 年度奶业主要上市企业主营业务收入

（单位：亿元，币种人民币，%）

企业名称	主营业务收入	比 2011 年同比增长
伊利	417.36	12.00
蒙牛	360.80	−3.50
光明	137.75	16.80
贝因美	53.47	13.28
雅士利	36.55	23.60
三元	35.50	15.70
现代牧业	24.81	47.90
皇氏甲天下	7.54	31.76
合计	1 073.78	9.84

【伊利乳业】

2012 年度，公司实现主营业务收入 417.36 亿元，较上期增加 44.71 亿元，同比增长 12.00%，主要因销量增长而增加收入 29.31 亿元，因产品结构升级而增加收入 15.4 亿元。具体产品收入变动因素如下：①液体乳产品本期实现主营业务收入 322.71 亿元，较上期增加 53.38 亿元，同比增长 19.82%，主要因销量增长而增加收入 41.92 亿元，因金典奶、每益添等高端产品的销售份额不断提高，由此带来的产品结构升级而增加收入 11.46 亿元。②冷饮产品本期实现主营业务收入 42.94 亿元，较上期增加 0.73 亿元，同比增长 1.72%，主要因巧乐兹、伊利牧场等高端产品不断推陈出新且销售势头良好而带动产品结构升级影响收入增加 2.76 亿元，但天气因素影响冰类产品销量下降则减少收入 2.03 亿元。③奶粉及奶制品本期实现主营业务收入 44.84 亿元，较上期减少 11.58 亿元，同比下降 20.52%，主要因销量下滑影响收入减少 12.76 亿元，但金领冠等高端产品的销售份额持续提升，由此带来的产品结构升级使收入增加 1.18 亿元。④混合饲料本期实现主营业务收入 6.86 亿元，较上期增加 2.18 亿元，同比增长 46.42%，主要是销售区域范围扩大使销量增长所致。

表 8-2　主要财务报表

（单位：元 币种：人民币）

项　　目	本期金额	上期金额
一、营业总收入	41 990 692 102.35	37 451 372 248.72
其中：营业收入	41 990 692 102.35	37 451 372 248.72
利息收入		
已赚保费		
手续费及佣金收入		
二、营业总成本	40 401 557 664.78	35 959 190 702.92
其中：营业成本	29 504 949 211.77	26 485 666 175.08
利息支出		

（续）

项目	本期金额	上期金额
手续费及佣金支出		
退保金		
赔付支出净额		
提取保险合同准备金净额		
保单红利支出		
分保费用		
营业税金及附加	249 479 736.87	232 922 278.65
销售费用	7 777 712 827.63	7 290 955 387.27
管理费用	2 809 685 729.14	1 970 693 655.02
财务费用	49 156 330.88	−49 159 439.17
资产减值损失	10 573 828.49	28 112 646.07
加：公允价值变动收益（损失以“—”号填列）		
投资收益（损失以“—”号填列）	26 524 055.80	253 824 700.61
其中：对联营企业和合营企业的投资收益	5 878 729.70	−1 571 932.16
汇兑收益（损失以“—”号填列）		
三、营业利润（亏损以“—”号填列）	1 615 658 493.37	1 746 006 246.41
加：营业外收入	501 888 015.73	421 321 005.72
减：营业外支出	30 784 747.40	30 911 032.14
其中：非流动资产处置损失	7 957 610.60	23 478 465.20
四、利润总额（亏损总额以“—”号填列）	2 086 761 761.70	2 136 416 219.99
减：所得税费用	350 740 040.34	303 978 871.28
五、净利润（净亏损以“—”号填列）	1 736 021 721.36	1 832 437 348.71
归属于母公司所有者的净利润	1 717 206 343.77	1 809 219 539.77
少数股东损益	18 815 377.59	23 217 808.94
六、每股收益：		
（一）基本每股收益	1.07	1.13
（二）稀释每股收益	1.00	1.06
七、其他综合收益	2 220 646.00	−3 664 538.50
八、综合收益总额	1 738 242 367.36	1 828 772 810.21
归属于母公司所有者的综合收益总额	1 719 426 989.77	1 805 555 001.27
归属于少数股东的综合收益总额	18 815 377.59	23 217 808.94

【蒙牛乳业】

2012年蒙牛乳业营业收入360.804亿元人民币，较2011年的373.878亿元下降3.5%。下降原因主要是由于销量下降影响，而产品结构优化带来的价格上涨，则部分抵消了上述影响。本集团年度毛利润90.546亿元人民币，较2011年的95.922亿元下降5.6%。毛利润下降主要是原料奶成本上涨和加大对产品的检测及设备投入。

表8-3　蒙牛乳业2011—2012年综合业绩表

（单位：元币种：人民币）

	2012人民币千元	2011人民币千元
收入	36 080 353	37 387 844
销售成本	(27 025 786)	(27 795 692)
毛利	9 054 567	9 592 152
其他收入及收益	257 054	296 265
销售及经销费用	(6 425 842)	(6 694 705)
行政费用	(1 195 416)	(1 110 089)
其他费用	(196 046)	(187 162)

（续）

	2012 人民币千元	2011 人民币千元
经营业务利润	1 494 317	1 896 461
利息收入	218 616	173 052
融资成本	(41.754)	(60 942)
所占联营公司利润及亏损	13 855	52 059
税前利润	1 685 034	2 060 630
所得税支出	(245 476)	(276 081)
本年利润	1 439 558	1 784 549

【三元乳业】

2012年，三元乳业实现营业收入35.5亿元，完成年初计划收入36亿元的98.7%，比去年同期增长15.7%，实现归属于母公司所有者利润3 280万元。

分析影响营业收入增长的因素，分两个方面：

一是驱动业务收入变化的因素分析。报告期内，公司不断创新销售模式，持续调整产品结构，加大市场开拓力度。2012年度常低温产品及配方奶粉销售大幅提升，总体销量同比增幅11.4%，主营业务收入同比增幅16.3%；营业总收入同比增幅15.72%。

二是以实物销售为主的公司产品收入影响因素分析。报告期内，公司主营业务收入351 391万元，较去年同期的302 047万元增加49 344万元，同比增幅16.3%。收入增长主要因素：①总体销量同比上升，销售收入增加。②调整产品结构及价格，增加收入及毛利。

表8-4　2012年三元乳业营业收入统计

（单位：元 币种：人民币）

主要会计数据	2012年	2011年		本期比上年同期增减（%）
		调整后	调整前	
营业收入	3 552 963 551.48	3 070 250 356.24	3 070 250 356.24	15.72
归属于上市公司股东的净利润	32 801 766.31	44 950 418.59	48 715 523.64	－27.03
归属于上市公司股东的扣除非经常性损益的净利润	－36 237 955.71	－48 339 113.12	－44 574 008.07	不适用
归属于上市公司股东的净资产	1 804 484 538.28	1 771 550 991.32	1 790 292 445.59	1.86
总资产	3 645 641 161.41	3 456 727 219.68	3 472 121 273.95	5.47

表8-5　三元乳业主营业务分行业、分产品情况

（单位：元 币种：人民币）

主营业务分行业情况						
分行业	营业收入	营业成本	毛利率（%）	营业收入比上年增减（%）	营业成本比上年增减（%）	毛利率比上年增减（%）
乳制品	3 513 906 340.25	2 723 522 635.98	22.49	16.34	14.41	增加1.30个百分点
主营业务分产品情况						
分产品	营业收入	营业成本	毛利率（%）	营业收入比上年增减（%）	营业成本比上年增减（%）	毛利率比上年增减（%）
液态奶	2 871 400 451.12	2 131 703 645.10	25.76	17.24	13.95	增加2.15个百分点
固态奶	642 505 889.13	591 818 990.88	7.89	12.46	16.11	减少2.90个百分点

【光明乳业】

2012年，光明乳业实现营业总收入137.75亿元，比去年同期增长16.8%；实现归属于母公司所有者的净利润3.11亿元，比去年同期增长30.9%。

分析影响营业收入增长的因素，分两个方面：

一是驱动业务收入变化的因素分析。公司以重点产品为核心，通过聚焦“优倍”，抓住鲜奶发展势头，实现鲜奶销售收入快速增长；通过聚焦“莫斯利安”，打造全新品类，推动常温产品的结构升级；通过聚焦“畅优”、“健能”，坚持高端差异化路线，提高酸奶的市场份额。公司重点产品的快速增长驱动公司营业总收入的较快增长。

二是以实物销售为主的公司产品收入影响因素分析。公司营业收入比去年同期增长16.8%，主要原因是：液态奶、奶粉等乳制品的总体销售量同比上升，产品平均单价同比上升，重点产品销售收入较快增长。

表8-6 光明乳业主要业绩表

（单位：元 币种：人民币）

项　　目	金额（元）		增减额	增减比率
本期数		上年同期数		（%）
营业收入	13 775 072 506	11 788 779 319	1 986 293 187	16.85
营业成本	8 937 639 956	7 845 325 896	1 092 314 060	13.92
销售费用	3 819 649 184	3 245 800 807	573 848 377	17.68
管理费用	441 902 612	354 951 037	86 951 575	24.50
财务费用	64 625 544	47 129 710	17 495 834	37.12
资产减值损失	78 855 149	40 865 687	37 989 462	92.96
公允价值变动收益	−9 565 751	3 658 894	−13 224 645	−361.44
营业外收入	107 522 528	54 539 245	52 983 283	97.15
营业外支出	43 714 390	14 246 155	29 468 235	206.85
所得税费用	84 190 709	−30 217 400	114 408 109	不适用

【雅士利】

截至2012年12月31日，雅士利品牌婴幼儿配方奶粉产品实现销售收入人民币24.78亿元（2011年：人民币18.26亿元），较上年增长35.8%，增长主要源自成功的销售策略拉动的整体增长，而施恩品牌婴幼儿配方奶粉产品则实现销售收入人民币6.53亿元（2011年：人民币6.09亿元）相比上年增长7.4%。增长动力主要来源于2012年年中推出市场新产品美儿乐系列。营养食品实现销售收入人民币4.89亿元（2011年：人民币4.73亿元），较上年增长3.4%，增长主要来自于市场需求增加而拉动的麦片以及成人系列奶粉销售收入的增长。其他产品收入由2011年人民币0.50亿元减至人民币0.34亿元，主要由于剩余原材料销售减少。总计营业收入36.55亿元，比上年同期增长23.6%。

表8-7 按品牌及产品类别划分之收入

（单位：元 币种：人民币）

	2012	2011	变动比例
雅士利婴幼儿配方奶粉	2 478 300 000	1 825 500 000	35.8%
施恩婴幼儿配方奶粉	653 400 000	608 600 000	7.4%
营养食品	489 400 000	473 300 000	3.4%
其他	34 000 000	50 400 000	−32.5%
总计	3 655 100 000	2 957 800 000	23.6%

【皇氏甲天下乳业】

公司主营业务为定型包装乳及乳制品生产、加工和销售等，2012年公司实现营业收入75 426.94万元，比上年同期57 243.58万元增长31.76%（其中主营业务收入72 689.04万元，比上年同期56 875.01万元增长27.80%）。实现利润总额4 283.44万元，比上年同期6 660.65万元下降35.69%。实现归属于上市公司股东的净利润3 264.47万元，比上年同期5 893.24万元下降44.61%，期间费用22 776.13万元，比上年同期15 854.79万元增长43.65%。盈利水平下降主要原因：一是由于公司开拓北京、上海、深圳一线城市，市场正处于培育阶段，营销费用投入过高而收入增长低于预期，经营亏损，影响了公司的整体盈利；二是报告期内，原材料价格、劳动力成本、财务费用上涨等综合因素使盈利水平同比有一定程度的下降。

表 8-8 乳业营业收入统计

（单位：元）

	2012 年	2011 年	本年比上年增减（%）	2010 年
营业收入（元）	754 269 419.23	572 435 755.63	31.76%	411 022 605.31
归属于上市公司股东的净利润（元）	32 644 674.95	58 932 382.22	-44.61%	56 929 666.56
归属于上市公司股东的扣除非经常性损益的净利润（元）	18 317 322.99	44 839 843.74	-59.15%	45 138 705.72

【贝因美】

2012 年公司业绩稳中有升，实现营业总收入 535 444.29万元，比上年同期增长 13.28%；归属于母公司的净利润 50 942.45 万元，比上年同期增长 16.59%。

表 8-9 贝因美 2012 年营业收入和营业成本统计

（单位：元）

项　　目	本期发生额	上期发生额
主营业务收入	5 347 068 964.83	4 720 626 781.81
其他业务收入	7 373 949.37	6 165 480.48
营业成本	1 892 962 892.13	1 699 340 610.66

表 8-10 贝因美主营业务（分产品）统计

（单位：元）

产品名称	本期发生额		上期发生额	
	营业收入	营业成本	营业收入	营业成本
奶粉类	4 973 763 971.70	1 692 840 866.70	4 246 574 983.05	1 474 541 388.52
米粉类	179 617 222.31	65 243 469.03	261 863 052.64	107 824 569.64
其他类	193 687 770.82	126 999 950.41	212 188 746.12	114 826 503.50
合计	5 347 068 964.83	1 885 084 286.14	4 720 626 781.81	1 697 192 461.66

【现代牧业】

截至 2013 年 6 月 30 日，现代牧业新建成 2 个牧场，牧场数量达到 22 个。分别是尚志牧场、通辽牧场、赛北牧场（一、二、三期）、察北牧场（一、二、三期）、恒盛牧场、和林牧场、汶上牧场、蚌埠牧场（一、二期）、蚌埠牧场（三、四期）、肥东牧场（一、二期）、马鞍山牧场、通山牧场、宝鸡牧场（一期、二期）、洪雅牧场。截至 2013 年 6 月 30 日止，本集团共有奶牛 177 921 头，比上一年度 159 347 头增长 11.7%；平均每头奶牛年产奶量 8.23 吨，较去年的 8.09 吨增加 1.7%。本年度本集团总营业额达到人民币 24.81 亿元，较去年人民币 16.78 亿元增长约 47.9%。

表 8-11 现代牧业 2013 年度营业额统计表

	2013 人民币千元	2012 人民币千元
计入所产牛奶销售	2 307 227	1 647 562
销售原奶	173 334	29 963
销售加工奶	2 480 561	1 667 615

表 8-12 现代牧业 2013 年度畜群规模统计表

	2013 年 6 月 30 日	2012 年 6 月 30 日
乳牛		
奶牛	86 710	70 793
小乳牛及小牛	91 211	88 554
乳牛总计	177 921	159 347

（中国奶业年鉴编辑部收集整理）

【特约编委、编辑企业】

一切为了消费者的幸福

——蒙牛

【产业发展】 蒙牛集团成立于1999年8月，总部设在内蒙古自治区呼和浩特市和林格尔盛乐经济园区，是国家农业产业化重点龙头企业、乳制品行业龙头企业，被誉为西部大开发以来"最大的造饭碗企业"。2009年以来，蒙牛集团先后引进中国最大的粮油食品企业——中粮集团及全球最大的有机乳品供应商—丹麦 Arla Foods（爱氏晨曦），推动了蒙牛集团"食品安全更趋国际化，战略资源配置更趋全球化，从原料到产品更趋一体化"进程。

【企业经营】 经过十几年的发展，蒙牛集团已在全国18个省区建立29个生产基地50家工厂。截至2012年年底，蒙牛集团总资产已从创立之初的1 000多万元增加至210亿元，年产能达到758万吨，累计创造产值2 273亿元、向国家上缴税金109.39亿元，累计向农牧民收购生鲜奶2 813万吨、发放奶款811.67亿元。其中2012年，蒙牛集团实现销售收入360.8亿元，为国家缴纳税金18.52亿元。自2009年起，蒙牛集团已连续4年入围"全球乳业20强"榜单。

蒙牛产品目前在中国香港、中国澳门、蒙古和新加坡等地区和国家销售。AC尼尔森监测资料显示，2012年蒙牛液态奶产品占全国整体液态奶市场销售份额的27.4%，继续位居市场第一位。

蒙牛集团以做质量最好、最专业、最专注的乳品企业为愿景，以为消费者奉献安全、优质、健康的乳制品及与客户、员工、股东及所有利益相关方共成长为使命，不断开拓创新、锐意进取，为早日进入"世界乳业十强"而努力奋斗。

【产业发展】 为适应现代化生产要求，向消费者提供高品质产品，蒙牛集团在各地政府的大力支持和社会力量的积极参与下，不断加强规模化、集约化、标准化奶源基地建设。截至2012年年底，蒙牛集团规模化牧场奶源比例达到了93%，居于行业领先地位。

作为农业产业化国家重点龙头企业，蒙牛集团在奶源基地综合服务体系建设方面不断发力，各项举措深入实施，在提高奶农养牛积极性的同时，也提升了原奶各项质量指标，对各地农村经济发展和带动农民奔小康方面起到了重要的作用，广大奶农切切实实感受到了蒙牛构建"乳业生态共赢圈"的热情和决心。

为了保证奶款能够准确、及时发放到广大奶户手中，防止供方负责人随意挪用和扣留，集团制定了严格的奶款到户管理制度，通过电话寻访、实地调查，核对月报表、存折登记表、奶站日收奶量表等形式，及时发现解决奶款发放过程中存在的问题，确保奶户利益不受损害。

基于目前国内奶牛养殖模式相对落后、散养比例较大的现状，为了推动养殖模式的转型与升级，帮助供方及奶户实现更大效益，集团每年都投入巨资引进优质冻精、奶牛品种，扶持供方改建、扩建。通过一系列扶持措施，从源头改善奶牛品质，提高养殖水平，加快推进行业向集约化养殖模式转变，使奶农、供方实现效益最大化。

以2012年为例，蒙牛集团共投入11亿元，用于良种繁育、自建牧场，以及扶持牧场、小区、奶站购牛增量；帮助转型扩建、购买设备、储备青贮；解决流动资金困难等。

2012年蒙牛集团有效整合行业、合作厂家、系统资源，组建奶源食品安全专家顾问团，构建原奶食品安全体系，对奶源安全进行前瞻性、预防性管理。将奶源基地内兽医、兽药、饲草、饲料的管控作为前端管理纳入奶源管理体系，通过风险监测和管理，降低风险因素发生概率，保证原奶安全；筛选行业领先的设备、饲料、兽药企业进行战略合作，引入专业的优质产品及服务，组建服务于蒙牛奶源基地的综合性技术服务机构，建立完善的技术培训体系，通过多种方式提高牧场技术团队的专业技能。

【技术进步】 截至2012年，蒙牛集团已拥有蒙牛、酸酸乳、绿色心情3个"中国驰名商标"，共获得授权专利988件，其中发明专利132件。蒙牛集团研发的"消健酸牛奶"获中国食品科学学会产品创新一等奖、"一种生产液态奶制品的方法"专利获得国家知识产权局颁发的"中国专利优秀奖"。

近两年，蒙牛集团有15项成果通过新产品、新技术鉴定，其中6项为国内领先，6项达到世界先进水平；参与和主持10余项国家标准和行业标准的制修订工作，发表科技论文30余篇；参与和主持国家级、省部级和市级科技计划项目10余项，获市级以上科技成果奖励7项。

此外，蒙牛集团先后参与和承担国家"十五"、"十一五"和"十二五"课题7项，其中主承担的《"十一五"国家科技支撑计划（2006—2010）：北方牧区舍饲半舍饲奶业生产技术集成及产业化示范》等2个项目，直接经济效益可达2.1亿元。2012年7月蒙牛集团首次参与国家863计划，并承担子课题“原料乳中生物有害物危害消减与控制技术和发酵乳制品质量安全控制技术”的研究。

【产品创新】按照“立足自主开发，培育核心产品，抢占技术高端”的工作思路，蒙牛集团积极投入研发资金，建成了国际领先的乳制品研发中心，建立了科学、完整、专业、独特的品评系统及国内先进的食品分析研究中心。相继推出“奶爵6特乳”、“特仑苏”等高端纯牛奶，以及突破世界乳业三项技术难题的“真果粒”产品，合作研制出符合国人体质的LABS益生菌群和高档婴幼儿配方奶粉。

为了满足不同消费者的需求，蒙牛集团不断细分目标市场，培育出一代又一代引导市场消费潮流的拳头产品，逐渐形成由5大系列构成的立体化乳制品矩阵。在开发高端牛奶产品特仑苏之后，蒙牛集团相继推出了“特仑苏醇纤牛奶”、“新养道珍养牛奶”、“未来星DHA藻油儿童奶”、“真果粒”以及获得“国食健字号”证书的“冠益乳”等高端系列新品，进一步扩大了高端乳制品的市场份额和领先优势，并多次荣获“最受消费者喜爱商品”“最受信赖食品品牌”等殊荣。

在2007年第27届世界乳业大会上，蒙牛高端产品“特仑苏”获得“产品开发奖”，实现了中国在世界乳业金牌史上“零的突破”；在2010年世界食品品质评鉴大会上，蒙牛“早餐奶”和“未来星儿童牛奶”荣膺大奖，同时，“未来星”还获得法国SIAL国际食品展“创新大奖”；蒙牛“真果粒”历经29个国家的合作媒体及SIAL金奖全球评委的终审评选，代表中国赢得SIAL国别金奖；在素有食品界“奥林匹克”之称的2010年第15届世界食品科技大会上，蒙牛“冠益乳”凭借其高附加值的科技含量以及对社会消费群体的健康贡献，赢得“国际食品工业大奖”；在2011年第28届世界乳业大会上，蒙牛“新养道”荣获“乳品创新奖”；2012年，“特仑苏有机奶”在2012中国国际有机食品博览会上获乳品唯一金奖，未来星儿童牛奶、优益C、益优特、欧世蒙牛婴儿配方奶粉在第13届中国国际食品和饮料展览会（SIAL China 2012）上拿下四项创新大奖，成为本届SIAL创新专区中的亮点。在由香港市民投票的惠康“第13届超市名牌”评选中，蒙牛牛奶从众多国际知名乳业品牌中脱颖而出，荣获“出类拔萃奶类食品大奖”，成为唯一获奖的中国奶类品牌。惠康超市是香港最具规模的超级市场连锁集团之一，“惠康名牌”评选是香港市民对世界各地知名品牌消费偏好的风向标。2013年1月25日，蒙牛与哈根达斯、李锦记等36个品牌一同入选，荣获香港“百佳最爱品牌大奖”，成为唯一一家获此殊荣的液体奶品牌。

蒙牛乳业集团

诚信立企　厚德致远

——完达山

【产业发展】近半个世纪以来，完达山乳业在国家和省有关部门的正确领导和大力支持帮助下，依托优越的地理位置和独特的自然资源，积极发挥企业主体作用，持之以恒地坚持“诚信立企、厚德致远”的理念，视质量为完达山的生命。50年来，经国家权威部门历年、历次抽检，合格率始终百分之百，不仅经受住了一次次奶粉市场风波的考验，以过硬产品质量赢得消费者的信赖，成为中国乳业的诚信坐标，还将在“黑土地、健康牛、诚信人、放心奶”的四轮驱动下，提速快跑，全力打造中国安全乳制品产业化示范区。

【企业经营】完达山乳业股份有限公司系北大荒集团控股公司，现拥有资产总额36.3亿元，下辖24家分、子公司，员工近20 000名。年加工生鲜奶能力100余万吨，可生产奶粉、液态奶、饮料、豆制品、米麦制品及保健食品等11大系列220个品种，销售网络遍及全国，其中原料粉远销东南亚和非洲。

【产品创新】从2000年起，完达山乳业连续多年被国家八部委认定为全国农业产业化重点龙头企业，并多次获得质量、诚信方面的殊荣。2013年，在世界品牌实验室（World Brand Lab）发布的2013年（第十届）《中国500最具价值品牌排行榜》中，“完达山”以品牌价值126.19亿元位列“中国500最具价值品牌排行榜”第145位，成为中国乳业品牌价值榜单中第三品牌。连续两次荣获“亚洲品牌500强”，“亚洲（行业）十大公信力品牌奖”和“中国品牌冠军奖”，成为乳业唯一获得第四届“CCTV中国年度品牌奖”，首届“龙江品牌”单位；2013年5月完达山乳业冠名首届国家信用盛典，6月中国财经峰会完达山乳业荣获“最佳企业品牌形象奖”。董事长王景海入选“亚洲品牌管理杰出人物”，“品牌中国年度十大人物”，“2013行业最具影响力人物”，并当选第十二届全国人大代表。8月在第七届中国品牌节上，完达山乳业荣获“2013品牌中国华谱奖”和“2013品牌中国大奖——最佳质量成就奖”两项大奖。

完达山乳业的奶源基地主要分布在北纬45°，是举世公认的黄金奶源带，同时又处于世界仅存的三大黑土带之一。这个纬度带土质肥沃、草质肥美，气候与干湿度非常适合奶牛的生长和泌乳，在这一黄金奶源带上，有完达山600万亩天然草原牧场，51万头良种奶牛，优良的生态环境成为完达山优质原料奶的自然资源基础。这个纬度带上的国家很多，但黑土带却仅分布在中国东北、乌克兰大平原和美国密西西比河流域。因此，完达山乳业坐拥的是北纬45°和黑土带赐予的双重自然优势，而奶牛不到7岁、平均产犊不到4胎就淘汰的高淘汰率则保证了原料奶的高品质。

完达山乳业在黑龙江省内有5个奶区，辐射垦区64个农场和全省20余个市县区。在黑龙江省农垦总局的大力支持下，完达山乳业不断夯实奶源基础，不断加大奶源基地建设投入，扎扎实实做好基地建设的各项基础性工作。目前，总局和完达山乳业已累计投资约100亿元，用于自有牧场、标准化奶牛小区、机械榨乳站、防检疫体系等建设，实现基地机械化榨乳，低温储存，冷链运输的全程监控系统。通过增加自有奶源比例、推行奶牛规模化养殖、解决奶户交奶、奶牛挤奶、牛奶冷却的问题，改善奶牛饲养环境等，为控制原料奶质量提供了坚实保障。

在奶源管理上，完达山乳业直接与奶农签订牛奶收购合同，而非通过合作式奶站收奶。实行原料奶收购“直通车”，与“小区规范饲养、集中机械榨乳、快速冷链运输”的管理模式从源头上保证了奶源的安全。为此，完达山还不定期对饲料进行普查，推荐使用，定期对饲料厂进行诚信评价。完达山把奶站作为乳品生产的第一车间，从奶源追溯到饲料的管理使每个环节都是可控制的。

完达山得天独厚的自然优势和严格的奶源管理模式为其生产优质乳品提供了强有力的保障。

【技术进步】近年来，完达山乳业始终瞄准世界乳品的前沿技术和智力资源，与国外多家研发机构共同构建国际化虚拟研发体系，与国内10余所高等院校联合组成科研开发实体，形成产品“研发一代，上市一代，储备一代，构思一代”的良性循环。

完达山与美国科研机构强强联合开发出的安力聪配方奶粉就是一款最适合中国婴幼儿、最接近母乳的高科技附加值婴幼儿奶粉新产品。这是完达山继1974年首创大颗粒速溶奶粉新工艺带领中国乳业进入速溶时代后，再次在婴幼儿配方奶粉领域取得新的突破，这一技术领航中国乳业。安力聪系列婴幼儿配方奶粉特有的系统平衡配方，充分考虑了婴幼儿的营养吸收和代谢特点，从预防和解决婴儿便秘、增加钙吸收、酸碱平衡、智力发育和免疫力提升等方面进行了针对性的调整，使其在营养素的含量组成和微分结构上都更加接近母乳，确保婴幼儿的身体、智力全面平衡地发育。该产品上市后深受妈妈们的青睐。

完达山乳业是国家级农业产业化重点龙头企业，2002年承担“十五”国家重大科技专项“东北农区奶业现代化生产技术集成与产业化示范”。2006年承担“十一五”国家重大科技专项“东北农区奶业集约化生产技术集成及产业化示范”，2009年11月，黑龙江省重大科技攻关项目“现代奶业关键技术研究与产业化示范”通过省科技厅成果鉴定验收。由完达山承担的多项国家重点科技项目、省市级重点攻关项目都达到了国内领先、国际先进水平。

在生产管理上，完达山从原料验收到成品出厂有一整套完善的管理制度，制定的质量与食品安全标准多达1 155项100多万字，堪称吉尼斯世界纪录。为了在产品质量管理上与国际接轨，完达山乳业实施并通过了ISO9001质量管理体系认证，HACCP（危害分析及关键控制点—乳制品生产企业要求）食品安全管理体系认证，引进GMP乳制品企业良好生产规范，导入“5S”现场管理等国际先进的管理方法，实行严格的可追溯体系。通过实施食品安全管理体系，保证了产品的营养和安全，能有效预防食品安全危害的发生。全面通过有机产品认证，包括青贮玉米、奶牛、生乳和黄金季系列液态奶产品。在设备上，完达山生产线全部采用中央控制系统，电脑操作，率先组建出的国际第一条不规则软性液体小包装的后段机器人全自动包装生产线，使开箱、称重、筛包、装箱、喷箱、封箱等一系列操作全部实现自动化。机械手码垛及全自动智能仓储系统可自动完成箱码垛及自动出入库，可有效控制产品出入库的时间、数量、品种等。

完达山在设备上实现了自动化加工生产，包括自动配料、自动清洗等，对关键控制点及清洗、杀菌灯等关键参数进行授权管理，对设定的多维参数如供热、时间、物料变量等进行自动化全程监控。对比只能进行一维调整的在线监测，完达山实现了自动化程度在国内最高、在国际处于领先水平的精细化管理。

在检测方面，完达山投资近1.5亿元建立了现代化乳品检测中心和各分、子公司检验室。在产品标准方面，制定了优于国家标准的企业内部标准，原料及产品均实施“三级检测”制度，在加工环节上，采取“原辅料—半成品—成品”检验制度，在加工过程中，每隔半小时就对工序上的产品做一次抽检；在产品发往市场前，采取“分厂—分公司—中心化验室”三级检验制度，不合格的产品绝对不出厂；在成品进入物流库、发往市场前，中心实验室还要对数十项指标等进行周密检测，合格产品才可以进入市场。

完达山产品问世近半个世纪以来，经国家质量技术监督局历年、历次抽检，合格率始终100%。

完达山还建立了完善的记录和标识与电子可追溯程序，成为建立婴幼儿配方奶粉全程质量可追溯系统的四家试点单位之一。完达山乳业对生产过程中的每个工序都进行详细的记录，以预处理工段为例，多达22个电子控制界面为产品的可追溯性提供了保障，每一批产品都可以追溯到所使用的原料奶产地、原材料、使用量、原辅料供应商、生产时间、生产过程工艺参数、生产班次、班上作业人员、成品检验人员、放行人员、每批产品物流存储地点、物流发货去向，从而实现对产品质量与食品安全的全过程监控和全方位追踪问效。

在人才管理方面，完达山乳业十分重视人才的培养、引进与储备工作，“青年，在一线成长；干部，在一线选拔”的用人原则使越来越多的年轻大学生立志扎根一线锤炼自己，也使员工队伍逐步向年轻化、知识化过渡。

在品牌与渠道建设上，完达山加大了媒体宣传，广告覆盖了全国81%的电视观众，建立了覆盖全国完善、快捷的市场销售网络和物流配送系统，通过销售管理系统对终端情况进行精细化管理。积极拓展网店业务，开展网络营销；自建渠道，发展完达山“世纪贝贝”孕婴店加盟业务；推出了专供孕婴渠道的世纪贝贝产品。

诚信是企业发展的基石。在企业文化建设上，完达山人作为垦荒官兵和支边青年的北大荒后代，传承了军旅文化与知青文化打造的“诚信、务实、创新、卓越”的北大荒核心价值观。“诚信立企，厚德致远”的诚信理念引领着完达山乳业砥砺前行。

2008年以来，完达山乳业抓住行业整合的时机，先后投资十几亿元兴建了兴凯日处理生鲜奶300吨配方奶粉项目、双城年产3万吨成品粉包装生产线项目、阳光乳业日产800吨液态奶项目、松北万头现代化示范牧场项目，收购圣元宝泉岭乳业资产把圣元年产2万吨配方粉企业收入麾下，重启了烟台完达山日产300吨液态奶厂，控股原三鹿核心企业河北贝兰德乳业公司及九三完达山日处理生鲜奶600吨奶粉项目，至此，工厂的定位与扩张及奶源基地的配套建设工作使完达山乳业顺利实现了核心工厂挺进中原的战略布局。

目前，完达山乳业已基本完成了奶粉、液体奶在全国的生产布局，为跻身中国乳业第一梯队及下一步的健康、持续发展奠定了坚实基础。创建中国绿色有机乳品第一品牌已成为完达山新的发展目标。

完达山的发展受到党和政府的高度关注，吴邦国、周永康、张德江、吴官正、吴仪等党和国家领导人及黑龙江省委书记王宪魁等都曾亲临企业视察，寄厚望于完达山，希望完达山能扛起振兴民族乳业的大旗，争创世界名牌，为中华民族争光。

完达山乳业股份有限公司

做中国最好的牛奶

——福建长富

【产业发展】 福建长富乳品有限公司成立于1998年，现已发展成为福建省乳品行业规模最大的农业产业化龙头企业，承载着福建奶业的菜篮子工程，产业链就业人员2万余人，鲜奶订户已超60万户，主营产品巴氏杀菌乳销量2012年位居福建市场第一，当前已步入良性较快发展的轨道，发展前景良好。

长富公司拥有一流的生产装备、质量控制体系和年产20万吨乳制品生产能力，80%以上设备为国外进口，乳制品加工全过程采用电脑自动化管理，生产设备、工艺、技术、质量管理在业内处于领先地位。长富公司主营产品巴氏杀菌乳是世界牛奶消费潮流的主导和首选，长富公司拥有完善的冷链新鲜牛奶销售网络及物流配送系统。长富牛奶优质、安全，天天权威检测，赢得了消费者的信赖和良好的市场口碑，2010年荣获“海西经济区十大品牌”。2012年起，长富公司在业内率先构建乳品加工企业电子信息适时在线流程控制管理系统，长富乳品生产全产业链有效监控，产品质量安全可追溯，在管理上又上一新的台阶，成为南平市食品安全管理的典范。如今，“长富模式”价值突显，致力于做专做强的长富公司积累了在南方发展乳业十多年的宝贵经验和持续盈利能力，正处于如何实现跨越发展的关键时期。

【企业经营】 福建长富乳品有限公司年加工能力20万吨，2012年产品生产总量达19.65万吨，比上年增加1.68万吨，增长9%，主要产品有巴氏杀菌乳、UHT奶、花色奶和酸奶，是延平区产值纳税名列前茅的企业。目前长富产品主要在福建本省及周边浙江、江西、广东部分地区销售，现有冷链产品分销商200多家，销售网点及送奶点6 000多个，各网点均配备冷藏柜，保证冷链产品销售环节不脱链，同时在运输上配备厢式制冷车，全程6℃冷藏，确保当天鲜奶及时保鲜送达消费者。

2012年长富奶源基地12个，存栏荷斯坦牛14 582头，全部分布在森林覆盖率达83%，有“绿色金库”之称的武夷山脉。其中700～1 000规模的3个，年存栏数2 685头，占总奶源基地的18%；1 000头以上规模的9个，年存栏数11 897头，占总奶源基地的82%，标准化规模养殖达到100%。原奶年产量达到5.8万吨，比上年增加0.6万吨，增长12%；奶牛平均年单产7吨，比上年增加500千克，增长8%。与上年比，奶牛存栏呈稳定态势，奶牛品种不断改良，奶牛年单产稳步提升。

十多年来，长富公司利用闽北资源优势，围绕奶牛养殖业，积极发展订单牧草，已建成闽北无公害饲草基地，现每年种植牧草6.3万亩，带动农户7 610户，做到玉米青贮、禾本科鲜草完全自给，苜蓿草部分自给，实现草畜结合，促进闽北种植结构调整，使闽北大量闲田得到广泛利用，走出以粮为主的低效困境，实现农业增效，农民增收的重大变革。

【技术进步】着重奶源基地建设的技术创新。多年来，长富公司始终以“做中国最好的牛奶”为宗旨，坚持“设备高起点、产品高标准、人员高素质”的企业精神，积极引进最新的科研成果并应用于生产，借助巨人的肩膀不断创新。首家引进世界先进的全混合日粮（TMR）饲喂设备及目前最高效的全自动转盘挤奶机。通过与国内外奶牛专家技术交流及高校产业协作，不断探索南方高温高湿环境下降低奶牛热应激的综合技术措施，努力提高奶牛舒适度，引进奶牛良种冻精，完善奶牛场管理的标准化、规范化。长富公司在全国首创牛粪固液分离＋厌氧沼气＋好氧排放的三段综合处理的资源化环保技术，为解决规模化奶牛饲养环保问题闯出了新路，奠定了产业可持续发展的基础。长富的奶源基地建设从牛场选址、牧场设备、牛群质量到饲养管理、质量安全、经营管理、环保处理均达到国内领先水平。2012年长富个别牧场年单产突破8吨，充分证明了华东南地区不仅可以饲养奶牛，而且极具优势。历次牛奶事件表明，长富的“公司＋规模牧场”模式价值优势突显。

【产品创新】近年来长富公司整合企业现有资源，加强企业内部管理，2012年起，在业内率先构建乳品加工企业电子信息适时在线流程控制管理系统和产品质量可追溯系统，启动打造安全奶工程，突出强调：从种植到餐桌全过程零污染。从牧草种植、奶牛饲养、畜牧管理、生产加工、包装贮藏、冷链配送等各个环节，都严格按照国家食品标准规范全程管控，所有产品均经过国家权威机构检测，达到产品质量可追溯的层层把关的过程控制，赢得了消费者的信赖和良好的市场口碑，品牌效益明显，市场销售呈现出快速增长的良好势头。

在牧场建设上，借鉴以色列发酵牛粪作为垫料的经验，在长富牧场大胆试行，破除传统的牛床位，以发酵后的牛粪混合干燥的锯糠、木屑等铺设在奶牛活动区，松软干燥的场地既改善了奶牛的肢蹄与舒适度，又能降低牛粪尿污染的治理难度。自主研发自动刮粪系统和翻转屋面，将人工清粪从繁重的体力劳动中解脱出来，大大提高了劳动效率。

【大事记】2012年8月18日，“2012·海峡两岸巴氏鲜奶发展论坛”在福州隆重举行。论坛由福建省奶业协会主办、台湾乳业协会协办，主题是“发展巴氏鲜奶，引领消费潮流”，来自海峡两岸的乳业专家、知名乳品企业代表，一致认为巴氏杀菌乳是国际乳业发展的方向和潮流。并对长富公司现代奶业布局与奶源全程监控、保证乳品安全的模式给予肯定。此次论坛与长富公司一贯实施的长富巴氏杀菌乳品牌销售战略相符合，未来长富公司将更坚定不移地加强“安心品牌”“新鲜战略”的传播和“渠道壁垒”的建设，提升企业核心竞争力，实现“365天的便利服务，让福建数百万家庭享受高品质、更健康的乳品”的企业使命。

2012年长富公司规划了2013—2018年企业增长型战略，将利用高品质奶源、高质量的生产配套设施和质量控制体系、从养牛到分销商管理的全面信息化管理体系、独有的冷链销售网络及物流配送系统、越来越被广大消费者认同的长富品牌等企业优势，为消费者提供优质巴氏杀菌乳，并打造合理的乳业产业链利益分配体系，同步增强企业在产品市场和奶源市场的竞争力，完善产业布局和全产业链资源合理配置，夯实公司在华东南地区的重要战略地位。

福建长富乳品有限公司

跨越发展　领跑行业

——四方力欧

【产业发展】随着现代经济社会分工的不断细化，各产业按照专业分项发展早已成为各行业发展约定俗成的模式，通过合理分工，大大提升了工业生产各环节的整体效率和经济社会发展的综合效益。

中国奶业自经历2008年“婴幼儿奶粉”事件之后，为确保奶源质量与安全，国家对奶牛养殖业进行了全面清理与整顿，分户养殖、分散管理的模式逐步淘汰，而规模化、集约化、标准化、现代化、生态化等养殖理念正在逐步推进和完善。标志着中国奶业由此全面开启新局面。

规模化奶牛养殖发展的需求，助推了中国奶业遵照产业链分工与科学发展的进程，而确保中国牛奶的质量安全，控制好奶源是根本。四方力欧作为中国奶牛养殖业的上游产业，对于建好牧场、养好奶牛这个环节发挥着举足轻重的作用。只有在良好的奶牛养殖环境、先进的奶牛养殖设备、科学的奶牛养殖技术基础上，才有可能产出优质奶，才能为中国奶业有序、良性、健康、可持续地发展发挥作用。

欣慰的是，近几年通过政府的正确引导及业界同仁的积极努力，我们已经看到了中国奶业春天的光芒，中国奶业已步入健康发展的轨道。四方力欧作为中国生态牧场行业健康发展的领跑者，凭借雄厚的企业实力和迅猛的发展速度，正影响并带领着中国生态牧场行业大踏步前行，积极助力着中国奶牛养殖业、特别是畜牧装备制造业的健康发展。

【企业经营】四方力欧成立于2002年，注册资本1亿元人民币，总部位于北京市丰台科技园，为北京市高新技术企业。发展至今，公司通过不断业务拓展和规模扩张，目前已注册成立了北京四方力欧工程设计有限公司、保定四方力欧建筑工程有限公司、定州四方力欧畜牧装备制造有限公司、四方佰福德（河北）专用车生产有限公司、四方塔徒唛（河北）农牧设备有限公司等子公司，并在河北定州建有亚洲最大的畜牧装备基地，为业内唯一拥有牧场设计、牧场建设、畜牧装备制造、牧场管理咨询等专业资质的集团化企业，也是行业唯一一家提供生态牧场全产业链服务与交钥匙工程的专业供应商。

在不断加大产品研发投入和加强国际合作的发展思路引导下，四方力欧能够为客户、为市场提供从奶牛养殖设备、饲喂设备、智能清粪设备、固液分离设备、奶罐车、抛撒车等在内的全系列奶牛场养殖与管理设备，已成为中国畜牧装备机械国家级龙头型企业，整体市场占有率名列行业前列。

凭借优质的产品及业内独有的生态牧场全产业链融投资服务等竞争优势，四方力欧已全面完成了东北、华北、西北、西南、华南、华东、新疆等完善的市场战略布局，多项产品被列入国家农机补贴目录。成立至今，公司先后为蒙牛、伊利、完达山、三元、光明、新希望、现代牧业、君乐宝、皇氏、辉山、黑龙江农垦等客户的300余座牧场提供满意的服务，并与首农集团、新疆建设兵团、河北省奶业协会、甘肃省奶业协会、齐齐哈尔畜牧局、蒙牛富源牧业、重庆天友集团等建立了战略合作关系。

【技术进步与产品创新】成立至今，四方力欧自主研发了50余种新型畜牧设备，获30余项国家专利，其中发明专利近20项。加工制造方面，公司引进了包括日本松下的工业机器人、德国激光切割机、大型数控机床、大型数控钻床、立式与卧式机械加工中心等国内外一流加工生产设备，产品涵盖畜牧饲喂与养殖设备、智能清粪设备、固液筛分设备、挤奶设备等，并从法国、澳大利亚、西班牙、美国等引进、转化了粪肥抛撒车、奶罐车、TMR饲料搅拌车、粪污处理和可持续清洁能源等先进技术。

特别是近年来引进并转化的粪污处理系统与固液筛分系统技术，目前已广泛应用于国内众多牧场，大大提升了中大型牧场粪污处理的效率，改变了传统牧场脏乱的局面，让现代化的牧场变得更环保、更生态、更健康。同时，四方力欧近期还积极引进了西班牙塔徒唛TMR饲喂、澳大利亚佰福德奶罐车、美国可持续清洁能源等欧美先进技术。通过国际合作，不仅大大提升了国内牧场的整体管理效率，还有效降低了畜牧设备及牧场管理的综合成本，全面提升了奶牛养殖的经济效益。

公司通过了ISO9001质量体系与ISO14001环境体系认证，成为国家农业部农机推广总站养殖机械化技术实验示范基地、中国农业工程学会畜牧分会理事单位、中国农业大学教学科研实践基地、信用中国联盟会员单位、黑龙江省奶业协会副理事长单位、河北省奶业协会副理事长单位、国家农业部农垦局“奶业提升 农垦先行”公益培训合作单位、中国奶业协会“生鲜乳生产收购专职岗位技能培训”合作单位，并先后荣膺品牌中国金谱奖、中国著名品牌、农业机械购置补贴质量信得过产品重点推广单位、和谐中国诚信示范单位等称号。

【大事记】

1. 2012年，先后与重庆天友集团、新疆建设兵团131团、齐齐哈尔市畜牧局、河北省奶业协会、甘肃省奶业协会分别签署战略合作协议，建立战略合作关系。

2. 2012年5月，四方力欧全面启用新标识。

3. 2012年5月10日，四方力欧生产经营的回冲机、螺旋挤压机、清粪机、筛分机、输送机、挤奶机、冷藏罐、贮奶机、饲料搅拌机荣获“全国农业机械补贴质量信得过产品”称号，同时，被列为重点推广单位。

4. 2012年6月，企业歌曲《赢未来》问世。

5. 2012年6月16～18日，四方力欧以1 065平方米的参展面积雄踞第十届中国国际奶业展览会，成为行业规模最大参展商。

6. 2012年7月3日，四方力欧荣获“2012年度中国农业产业最具科技创新能力企业”称号。

7. 2012年9月5日，四方力欧企业内刊《赢未来》正式出版。

8. 2012年12月11日，四方力欧定州基地二期奠基仪式。

9. 2012年12月21日，四方力欧获得河北奶业协会副理事长单位。

10. 2013年3月12日，四方力欧党支部升级为党总支。

11. 2013年4月28日，四方力欧成为农业部农机推广总站首家养殖机械化技术试验示范基地。

12. 2013年6月1日，四方力欧以1 071平方米的参展面积亮相第十一届中国国际奶业展览会，成为行业规模最大参展商。

近年来，公司还得到了胡春华、布赫、高鸿宾、刘成果、魏克佳、谷继承等领导的指导和关怀。

站在历史与未来的交汇点，以“引领中国生态牧场行业健康发展”为使命，秉持“以中国奶业提升为己任，做一体化生态牧场领航者”的愿景，四方力欧资本运作进程有序推进，未来必将为客户、为市场、为行业、为中国乳业做出更多更大的贡献。

选择四方力欧，就是选择生态、选择环保、选择成功！

四方力欧畜牧科技股份有限公司

专业、专注——现代化牧场建设奠定乳品质量安全的基石

——中博农

【行业现状】 伴随我国经济的快速发展，中国奶业正处于从数量扩张向整体优化、产业素质全面提高的关键时期。2008年以前，乳制品企业主要通过奶站收购原料奶，由于私人奶站数量众多，良莠不齐，难以形成统一管理和规模运营；“婴幼儿奶粉”事件敲响了乳制品质量安全的警钟，其后的“黄曲霉毒素”、“皮革奶”等事件的发生，对中国奶业来讲更是雪上加霜，乳制品的质量安全问题已引发消费者对乳品行业的信任危机。

国家高度重视乳品行业的发展，相继出台了一系列政策、法规，加大对原料奶产业的扶持和监管力度，大幅度提高乳制品企业的准入门槛。在政府部门的支持与推动下，乳品企业自建规模牧场、社会资本投资的规模牧场也得到了很大的发展，2012年全国存栏100头以上奶牛规模养殖比重达到37%，其中1 000头以上规模达到1 020个，占总存栏的14%。作为一个综合了多种学科的新兴产业，具有“规模化、标准化、集约化”等基本特征的现代牧场建设业在中国大地蓬勃兴起。

现代牧场建设涉及多学科专业知识，而企业自建牧场面临着卫生管理、科学运作、环境协调等各个方面诸多“后遗症”，显然，专业牧场建设公司在牧场建设的设计和建设方面具有更加成熟和先进的技术水平。数据显示，2011年，我国新增1 000头以上规模化奶牛养殖场建设的市场规模预计为67.25亿元，其中由现代牧场建设专业公司建设完成的规模化现代牧场的市场规模约为13.45亿元。

根据测算，我国建设存栏1 000头以上的规模化奶牛养殖场的市场规模，到2015年预计达189.15亿元，2012—2015年的累计市场规模达543.07亿元。其中，由专业牧场建设公司承建的约占20%，企业自建的约占80%，按维持2010年的占比20.56%计算，预计2015年由专业牧场建设公司承建的市场规模为38.89亿元，2012—2015年累计市场规模为111.66亿元。（数据来源：中国奶业协会信息网）

由此，我们认为，在国家政策鼓励，企业重视，优秀的专业牧场建设公司涌现的条件下，未来牧场建设将会呈现出更加专业、集中、优化的局面，同时也为中博农公司的发展提供了新的历史机遇。

【企业经营】 中博农公司是现代牧场建设领域的领先企业，主要市场定位于建设存栏1 000头以上现代牧场的高端客户。主营业务为现代牧场建设一体化服务，包括牧场选址规划、养殖工艺设计、畜牧设备技术集成、粪污处理整体解决方案、配套工程施工、管理咨询、托管运营，以及现代牧场畜牧设备的研发、生产和销售。

主要客户为全国性或区域性乳制品公司投资的牧场或大型牧业公司。这些企业多为在国内外上市公司，资金实力雄厚，信誉良好，对大规模牧场的需求比较迫切。公司能够根据客户需求为客户的牧场建设提供整体解决方案，也能够就牧场建设的某一环节提供具体解决方案并有效实施，并在天津设立自主畜牧设备生产基地，以满足公司现代牧场建设一体化服务对畜牧设备日益增长的需求。

2002年正式运营以来，中博农公司借助品牌、技术等方面的优势，现代牧场建设业务规模迅速扩大。依托研发创新的先进现代牧场建设技术体系，结合全国各地具体情况，在全国20余省市为客户规划设计、建造了100多座现代化、规模化奶牛养殖场，积累了丰富的项目经验，尤其是在万头以上大规模奶牛养殖场建设领域，无论是规模还是数量，都居同行业领先地位。

目前公司服务过的客户包括黑龙江飞鹤原生态牧业股份有限公司、东营澳亚现代牧场有限公司、内蒙古富源牧业有限公司、内蒙古伊利畜牧发展有限责任公司、黑河中兴牧业有限公司、新疆西部准噶尔牧业股份有限公司、双城米特利农业发展有限公司、黑龙江贝因美现代牧业有限公司、天津梦得集团有限公司、江西长山现代有机牧场有限公司等国内外知名乳业或牧业企业，并与之建立了良好的合作关系。

未来，中博农公司将继续以现代牧场建设一体化服务为核心，重点开发中高端客户，年营业收入力争突破10亿元；在现代牧场托管运营方面，力争托管运营5～10个现代牧场，实现“建设—运营—移交”模式零的突破；并逐步拓展肉牛、猪等其他标准化规模养殖场建设一体化服务领域。

【技术进步】 作为中国规模化牧场建设领域发展的全程见证和参与者，中博农深切体会到了科学技术对国内奶牛养殖业带来的日新月异的变化。对国内外牧场建设前沿知识的储备与更新，始终都是中博农公司发展的头等大事。10年来，中博农组织、参与大小规模的出国考察20余次，考察人员200余人/次，足迹遍布德国、以色列、北美、澳大利亚、日本、韩国等农牧业发达地区。

相较于“走出去”，中博农更是不惜重金实施“引进来”战略，聘请具有多年科研和实践经验的国外专家，积极接轨国外先进牧场设计理念，并和国内养殖实

际相结合，打造本土化牧场建设经典案例。中博农先后聘请曾任澳亚示范牧场总设计师 Barney、荷兰 DeBore 公司牧场项目经理 JIMMY、美籍大型牧场建设专家 Jake Martin 等人担任中博农技术顾问，通过示范、教学及设计实战，培养出一批本土技术骨干，现已成为中博农项目建设领域核心成员。

目前，在大规模奶牛养殖场建设领域，中博农设计、建造的十多个大型养殖场已实现安全、高效运营，2009—2012 年间，中博农首次在国内成功研发设计的恒温牛舍和隧道式通风牛舍，填补了国内空白，为我国极端天气地区的牛舍建设指明了方向。

专业化的设计方案，源于国际最前沿的牧场设计理念，更来自于中博农团队在牧场长期工作的亲身实践。这其中，精工品质的配套施工成为牧场顺利运营的保证。

中博农以美国资深牧场建设专家 Jake Martin 为核心，通过学习国外先进技术，打造中博农牧场建设施工团队，摸索出了一套适合我国规模化牧场建设的施工模式，并培训了 5 个专业的施工团队。中博农施工队伍有近 70 个牧场的施工经验，无论从土建、结构、道路、管网、设备等各个方面施工来说，都可以做到精工细作，保证品质。

在配套工程施工方面，中博农引入国内首个牧场建设专用摊铺机，运用地面快速摊铺技术、防滑拉槽技术等专业施工方法，快速高质地完成满足养殖工艺要求的现代化牧场建设，相对传统工艺减少三分之二的用水量、三分之一的施工时间，且施工质量更高。

【产品创新】现代牧场建设需要跨行业的复合型专业管理团队，中博农公司拥有畜牧养殖、环境工程、自动化控制、机械设计、动物营养、疫病防治、农业工程规划设计、工程预决算等方面的专业人才 30 多人。技术人员的专业知识互补且大多具有跨学科的知识与丰富的实践经验，为公司的技术创新、技术研发提供了有力保证。

通过自主研发、原始创新、集成创新、引进消化吸收再创新等方式，中博农掌握了奶牛标准化规模养殖场建设的系列核心技术 30 余项，并拥有多项获得国家专利保护的技术及独立开发的现代化奶牛场系列管理软件。核心技术的达成，为产品创新铺平了道路。

以新型卧床、自锁颈枷为代表的中博农系列养殖设备，对奶牛的坐、卧、躺提供全方位的防护，提升单体奶牛活动空间，保证休息及发育需要。客观上减少了蹄肢病及意外伤害的发生，提高了奶牛福利，提升了奶牛单产。

以新型卷帘、滑拉窗为代表的中博农系列环境控制设备，调风、调温、调节光照，对养殖环境的改善意义重大。此外，环控设备的创新更使得牧场选址规划突破极端气候及土地类型的束缚，大大降低土地占用。

中博农代理国际水准的粪污处理设备，通过集成、组合和安装全自动刮粪板、粪污泵、固液分离机、堆肥翻抛机、厌氧消化装置等一系列粪污处理设备和技术手段，使得牧场成为“资源节约型、环境友好型”的现代绿色牧场，实现了健康养殖、绿色循环。此外，中博农积极推行的种养结合循环经济模式，符合低碳绿色的环境保护政策，对社会效益及生态效益的提升具有双重意义。

【大事记】

首届中国农业科技创业创新大赛获得企业成长组第一名，参赛项目《现代农业——规模化牧场建设》入选“十二五”农村领域科技计划项目库。

2012 年被认定为第二批北京市农业产业化重点龙头企业。

中博农畜牧科技股份有限公司

中华老字号的新发展

——南京奶业集团

【产业发展】南京奶业集团创建 1928 年，前身为国民革命军遗族学校校办奶牛场，宋美龄担任校董，是卫岗品牌奠基人，被授予全国奶业企业唯一“中华老字号”称号。南京奶业集团高度重视奶源基地建设，兴建淳化牧场、泗洪牧场、盱眙牧场等一批无公害示范牧场，自有自控牧场分布在南京、芜湖、泰州、徐州、淮安、沭阳等地，建有自己的饲料厂，牧场的固定投资突破 2 个亿。在奶业生产中 TMR、兽用 B 超仪、定期输精、电子耳标、性控技术等高新技术普遍使用，生奶运输通过与清华同方的技术合作，生奶运输车全部配置了 GPS 定位系统和温控系统，开创了国内采用高科技手段跟踪生鲜奶运输质量的先河。积极探索奶牛排泄物无害化的处理，在政府有关部门和省农科院支持下，牧场采取雨污分离、干湿分离、耗氧厌氧技术、沼气发电、牛粪颗粒肥生产等技术，有效降低了污染。

从 2011 年开始，南京奶农养殖规模化的速度加快，饲养三五头奶牛的散户基本绝迹。奶牛养殖小区、家庭牧场得到较快发展，200 头左右规模的达到 18 家，占全市 85.7%，生奶年产量达到 2 万多吨。2011 新建徐州新沂常温奶工厂，累计投入 2 亿多元，年产量为 12 万吨，销售收入 7 个亿。该工厂建有 8 条高速生产线，目前可生产砖型、苗条型常温奶、乳饮料等系列数十个品种。使卫岗乳业低温和常温均衡发展，产品结构进一步优化。2012 年，企业内部资源管理计划实现信息化，ERP 的全面上线提高了运行的效率和效能。

南京奶业集团坚持多元化发展，由南京奶业集团创建的省级农业生物高新技术创业中心，引进了一批高科技农业企业，共计有 30 多家农业高新技术企业在此创业。二期工程总计 11 万平方米，规划正在设计中。目前，南京奶业集团为江苏规模最大的专业化乳品企业和全国历史最悠久的乳品企业。

【企业经营】2012 年主业完成销售收入 17.1 亿元，同比增长 13.4%。乳品加工量全年 20 万吨，中高档牛奶的比重明显上升。自有牧场 17 家，平均单产突破 8 102千克，最高牧场单产达到 9 420 千克。南京奶业集团市场销售连续 6 年保持较快增长，今年上半年同比增长仍在两位数以上。南京社区订户牛奶销售成为企业特色，最高日上市量在 80 万瓶袋盒以上。

【技术进步】南京奶业集团坚持科技进步，依托“十一五”、“十二五”国家奶业科技专项，不断提高企业的科技含量。企业荣获江苏省科技创新二等奖、市科技创新一等奖等。

2011 年，成功获得国家科技部《基于物联网的液体奶全程质量控制技术应用与示范》项目，为南京奶业实施“十二五”发展规划奠定了良好开端。

【产品创新】南京奶业集团注重产品创新与开发，始终秉持质量是生命线这一理念，在行业内首批拿到 QS 生产许可证，多次通过国家、省市质监部门产品质量检查和飞行、异地质量检测，先后被国家农业部等八部委认定为农业产业化国家重点龙头企业，被评为全国学生奶先进单位等。

南京奶业集团

引进先进技术　助力千万吨奶业跨越工程

——多尔克司

【产业发展】河南省千万吨奶业跨越工程于 2011 年年底正式启动，先后启动了奶牛单产提升行动、标准化奶牛规模养殖场创建、奶牛核心育种场创建、奶牛品种登记、农业部标准化奶牛场验收等工作。河南省奶牛单产提升行动专家服务团分工合作，从牧场建设、奶牛营养与饲料、疫病防控、繁殖障碍病防治、营养代谢病防治等技术环节，对各自负责区域内的奶牛场进行了重点培训和现场指导，在全省范围掀起了一轮以奶牛单产提升为目标的新浪潮。许多奶牛场在政策引导下，以牛群改良和标准化养殖为核心，不断改善奶牛养殖环境和养殖工艺，奶牛生产水平正在悄然发生着良性变化。

【企业经营】焦作多尔克司示范乳业有限公司是河南省农业产业化重点龙头企业、农业部奶牛标准化示范场、省级循环经济试点企业、国家学生饮用奶奶源基地。并且通过了 ISO9001、良好农业规范（GAP＋）认证，是国内屈指可数的生产有机奶的大型牧场。目前，全公司日产原料乳 90 余吨，全部原料乳均由蒙牛乳业（焦作）有限公司收购，收购价在 4.2 元/千克左右。2012 年度，公司创造产值 1.1 亿元。

【技术进步】焦作多尔克司示范乳业有限公司示范园区引进世界最先进的利拉伐集团全自动智能挤奶设备和以色列阿菲金管理系统，引进美国最先进的集中挤奶散栏饲养工艺，采用并列式和快放式挤奶自动脱杯技术、意大利司达特全混合日粮（TMR）机械饲喂技术、全程信息化智能化电脑管理监控技术、粪尿生态化无害化处理技术等国外最先进的技术，形成了牛只采食区、反刍休息区、挤奶区、粗料加工储存区、病牛治疗区、粪尿处理区相对分离的布局，及时记录输入并处理奶牛各项生产性能数据与生理指标的电脑软件管理系统，机器取料、混料、喂料相配套的电脑软件管理系统，并配有可随时观察到牛只采食、休息、运动等情况的多摄像头电视监控系统。

【大事记】

1. 焦作多尔克司沁阳分公司和徐州分公司落成。

2. 2012 年 7 月 9 日，河南省副省长刘满仓视察公司奶牛养殖园区。

3. 2012 年 5 月 16 日，以色列农业部长诺科特会见多尔克司乳业董事长戴士伟。

4. 顺利通过 ISO9001 和 GAP 年审。

5. ISO14001 认证工作全面开展。

6. 2013 年 6 月 12 日，河南省高等职业教育示范性综合实训基地授牌仪式在公司举行。

7. 第二届郑州牧专—多尔克司场中校学员顺利结业。

8. 公司被评为河南省奶牛核心育种场。

9. 多尔克司乳业与赛科星签署战略协议。

10. 公司参加第三届中国奶业大会暨第十届国际奶业展览会。

11. 2X2MW 生物发电工程和年产 5 万吨生物有机肥项目奠基。

12. 《中国青年报》以现代农业绝不能让学生“在黑板上学养牛”为题，报道了郑州牧专—多尔克司场中校的成功案例（2012 年 10 月 22 日 11 版），《焦作日报》以“村企联姻”惠农家为题，报道了公司为改善民生所做的贡献。

焦作多尔克司示范乳业有限公司

【奶业知名企业】

专业的奶牛专家

——光明荷斯坦

上海光明荷斯坦牧业有限公司具有近60年的悠久历史，专业从事奶牛养殖及现代牧业产品研究、开发、生产及销售为一体的综合性服务，是光明乳业股份有限公司全资子公司，注册资金2亿元人民币。多年来，企业秉承“专业、高效、可信赖”的核心理念，以坚持“做中国奶牛业服务的领导者”为目标，聚焦奶牛场服务，产品和技术涵盖牧场规划、建设、管理等领域，提供多种产品和系统解决方案，包括：牧场管理、奶牛冻精和胚胎、奶牛专用饲料、奶牛专用兽药和器械、奶源组织供应等。公司致力于服务全国快速增长的牧业市场，努力推进奶牛业的规模化、标准化、优质化和产业化，全面提升生鲜乳质量、牧场效益和企业竞争力，积极开拓奶业产业链各个环节的相互促进、共同发展之路，为我国奶业的整体素质和效益提高作出贡献。

【产业发展】2013年在全体员工的共同努力下，企业销售收入和利润呈现双增良好局面。公司四大主力业务板块高速发展：牧场管理和奶牛养殖基础夯实，在南方高温高湿地区成乳牛年均单产达9.7吨；饲料销售增长迅速；冻精业务稳步发展并保持在全国前列水平；易耗品销售也齐头并进，市场占有率不断推高，使光明“荷斯坦”品牌在奶牛行业赢得美誉。

1. 提供饲料技术服务。原料粮业务：客户群从单一奶牛养殖户发展到家禽、养猪和饲料加工企业；销售品种上除重点的进口苜蓿草、玉米、羊草等传统奶牛饲草料之外，还拓展了豆粕、棉粕、甜菜粕、大麦、燕麦草、棉籽等产品；区域上则拓展到江、浙、沪、穗、闽、皖、豫等全国各省市和自治区。

配合料业务：目前公司在华东、华北、西北、东北等地积极拓展奶牛专业配合料市场，并已初具规模。上海地区积极发展荷斯坦筒仓料，全面提升奶牛饲料品质，为确保原料奶质量安全提供坚实基础，目前上海地区的筒仓料业务市场占有率已达40%以上。

添加剂、预混料业务：以公司养殖业的管理、技术和产量提升作为产品售前的突破点，取信于客户，促进添加剂、预混料业务全面快速发展；以完善的技术服务作为产品售后的立足点，积极发展新客户，维系好老客户，提高公司产品的含金量；依托国内外先进技术和科研成果来调整现有产品结构与配方，推陈出新，丰富产品线，提高产品在市场中的竞争力。我公司的奶牛各生理阶段常规和功能性预混料、能量添加剂乳美肥PLUS、奶牛专用脱霉剂普乐菲特等产品均得到客户的好评与赞誉。

2. 提供冻精技术服务。在国家良补项目中继续保持全国领先的份额，与国外良种公司合作，提高性控冻精的市场销售份额；目前与美国、法国、荷兰等国建立了合作关系，同时继续引进国外优质胚胎，提升奶牛种质水平。

3. 提供易耗品技术服务。兽药、器械等易耗品是公司重点发展的业务，在未来3年，公司将致力于打造奶牛易耗品一站式服务体系。公司拥有近千种奶牛专用兽药、器械、牧场其他用品等完整牧场系列产品。从严格把控采购源头环节，到有效执行供应商评审机制，以内部牧场为使用基地，确保产品的安全性和有效性。我们提供产品整体方案如：产后护理技术方案、早孕诊断繁殖方案、牧场标准化修蹄护蹄整体方案、乳房炎预防治疗方案、牧场消毒整体方案等。为了更好地服务牧场，我公司中国独家代理丹麦古氏高端器械、法国ARDES耳标、美国BIOTRACKING公司早孕检测诊断、丹麦高端修蹄架等。青贮专用黑白膜、乳头药浴液、管道清洗液、产后汤等产品广受好评。研发新产品、开发新合作伙伴、拓宽销售渠道，服务广大牧场是我们锲而不舍坚持的理念，充分发挥“科技研发，牧场验证，市场推广”一体化实力，所有新产品都经过专业研发队伍与牧场管理部的共同试验验证，如“产后汤”，经2年实践验证才最终推向市场，服务广大牧场，得到牧场充分认可。

4. 提供牧场养殖技术服务。提供牧场养殖技术服务，推进精细化管理策略：全面提高奶牛生产水平，改进传统青贮制作工艺，进一步提高青贮质量，为奶牛提供优质粗饲料；不断改良奶牛日粮配方，降低饲料成本；增强牧场盈利能力，通过千分制评估体系的深入推行，实现牛均盈利最大化，以科技为依托，开拓创新。我们的目标：在未来1～2年内，公司牧场成乳牛年均单产突破10吨。

5. 依托科技和管理，拓展奶源基地。2011年公司在上海和天津收购两个奶牛场，2012年与浙江佳乐乳品有限公司成立浙江荷斯坦牧业有限公司，下辖一个存栏1 500头规模的奶牛场。随着公司在全国奶源基地的建设，牧场规模还在不断的辐射和扩展中。继上海金山种奶牛场外，2013年公司斥资2.6亿元在山东德州和湖北武汉分别建设两个3 000头规模的生态示范奶牛场，建成投产后年产优质生鲜乳将超3.5万吨。2014年，公司又将启动黑龙江富裕和河南郑州高端奶源基地的建设。

【技术进步与产品创新】公司坚持走引进吸收与自主开发并重的技术创新道路。多年来，公司与中国农业科学院、中国农业大学、上海农业科学院、上海交通大学、复旦大学等机构保持着紧密联系，与中国农业科学院、中国农业大学、南京农业大学、上海交通大学等科研院校开展“奶牛全基因组检测”等8个科研项目合作，与吉林大学、南京农业大学、华中农业大学、湖南农业大学等院校联合培养研究生10人，与上海农林职业技术学院定向培养“荷斯坦班”专职技术人才80人，并通过参与加拿大、美国、以色列、荷兰、比利时、瑞典、法国、德国、日本、韩国等国际项目，完成了引进、消化、吸收并进入了国产化阶段，建成了一支高效率、高素质的产品研发队伍，自主开发能力的建设取得了可观的成绩。近年来，由公司自主研发的专利产品有8项，先后承担科技部、农业部和上海市科技攻关项目达50多项。公司加大奶牛养殖科技创新力度，积极推进牧场科技管理水平提升等科研创新都取得了显著成效。2012年，公司在国内外各类学术杂志上发表论文50篇，其中SCI收录1篇，ISTP收录4篇，核心期刊20多篇。公司专家受美国奶业科学学会ADSA邀请出席会议并就上海奶牛养殖情况及育种进展做报告。2012年共申请发明专利2项，获得专利授权1项，获得软件著作权1项。在2013年第四届中国奶业大会上，公司王治国、张春刚等人5篇文章荣获大会“优秀论文”奖；同时，公司积极组织，经过精心评选，选送30篇优秀论文，被评为“优秀撰稿单位”，公司总经理黄黎明荣获“全国优秀奶业工作者”称号。

公司研发部针对上海地区奶牛养殖存在的共性问题，先后开展奶牛围产期专用饲料研究、奶牛产后护理技术、青贮饲料变革、新型环保乳头消毒剂、非常规饲料原料开发等领域进行研究，积极突破瓶颈，取得一定成绩。奶牛全基因组的研究，初步建立了上海奶牛全基因组数据库，占领奶牛育种科研制高点。公司投资280万元完善了实验室硬件设施，实验室的基础设施建设初具规模，初步达到专业检测中心要求。新实验室面积600多平方米，设备30台套，分为13个功能区，检测指标包括饲料、兽药、微生物、疫病、繁殖5大类68项。中心依据中国合格评定国家认可委员会实验室认证（CNAS）要求，建立了实验室质量管理体系，涵盖了15个管理要素、10个技术要素、36个管理及技术程序、8类作业规程，确保检测工作有理有据、可追溯，确保检测准确性。同时，实验室采用“6S管理”（整理、整顿、清扫、清洁、素养、安全）体系实现现场管理。2012年11月，饲料检测中心通过了中国合格评定国家认可委员会（CNAS）认可。

1. 建设国家奶牛产业技术体系上海综合试验站。公司自2007年以来成为国家奶牛产业技术体系上海综合试验站的依托单位。试验站重点解决奶牛生产安全、提高单产和奶牛养殖业效益的技术问题，在基础性研究和重点任务方面，均取得显著成果；积极响应农业部及其他部委的应急性工作，开展了大量的调研，为政府决策提供科学依据；参与农业部、中国奶业协会的“奶农学校”培训计划，积极开展基层奶农培训工作，手把手的传授实用技术，每年培训辐射基地技术人员100多人次。

2. 建设农业部动物遗传育种与繁殖实验室——上海奶牛科学观测实验站。公司成为农业部动物遗传育种与繁殖重点实验室学科群体系中的奶牛科学观测实验站。该重点实验室按照学科领域、产业需求和区域特点进行规划布局，包括综合性重点实验室、专业性重点实验室和农业科学观测实验站三个层次。基本组织思路是以综合性重点实验室为龙头，专业性重点实验室为骨干，科学观测实验站为延伸，建立层次清晰、分工明确、布局合理的“学科群”，逐步形成支撑和引领现代农业发展的重点实验室体系。

3. 加大自主研发投入，开拓新领域。2008年开始研究开发以奶牛生产性能测定（DHI）为基础的奶牛选种选配软件，先后解决了近交系数计算、牧场量化评分等技术难题，先后完成了近交系数运算、矩阵式动态标准体系维护、泌乳牛生产性能量化评分等功能。该软件采用的核心分析方法是国际领先的概率分析法，在牧场智能化管理方面取得突破性进展。自主开发“上海地区奶牛矩阵式动态标准体系建立及牧场智能化管理系统开发”项目，首次提出并建立了矩阵式动态标准体系、中国荷斯坦牛标准泌乳曲线体系、中国原料奶品质标准体系、牧场养殖水平评分方法、我国305天产量预测模型、繁殖保健标准曲线体系。在牧场生产经营中，公司打破传统观念，根据国际先进奶牛业国家的理念，先后研制了围产期奶牛专用饲料。并针对饲料成本不断上涨的趋势，通过实验和推广，应用了双低菜籽粕，年节约饲料成本250万元。

【经营措施与发展经验】

1. 夯实牧场管理基础，持续提升单产水平。公司已在江苏、浙江、上海、天津等地自主拥有14个奶牛场，奶牛存栏量1.4万头，在建武汉、德州2家和拟建黑龙江、河南、天津、广州、成都等6家，总规模将达60 000头。2012年，成乳牛年平均单产达9.43吨，远高于全国平均水平，年上市优质原料奶6.5万吨，平均乳蛋白率3.15%，乳脂肪率3.50%，体细胞数25万个/mL，产品质量达到欧美国家先进水平。其中，金山种奶牛场单产超9.6吨，远近闻名的朱桥奶牛场单产突破11吨。

2. 饲料产品表现出色，产品结构持续改善。饲料产业是光明荷斯坦公司成立之后重点打造的产业，经过近两年的产品结构调整改善，形成了比较完整的奶牛饲料产业链。饲料产品从高价值的奶牛添加剂、预混料到适应大众的配合料再到大宗原粮，产品线丰富并清晰，销售网络遍布全国，饲料业务呈现良好的势头，增长快速。饲料产品发挥技术、质量、管理三大优势，以“专业、高效、可信赖”为宗旨，坚持以高品位的产品、优质的服务和高超的技术为全国的奶牛业服务。

目前，上海光明荷斯坦牧业有限公司是上海唯一一家集奶牛饲料研究、产、供、销于一体的产业单位，在黑龙江、陕西、天津、浙江、上海等地都建有饲料厂。其中上海青东饲料厂拥有精料补充料和预混料两条生产线，能够满足预混合饲料、精料补充料、浓缩饲料、添加剂等4大系统50多个产品的生产任务，年生产、销售饲料20多万吨，其中预混合饲料1万多吨，产品遍及全国各地。

3. 牧业产品齐头并进，科技创新推动发展。易耗品业务：研发新产品、开发新合作伙伴、拓宽销售渠道，服务广大牧场。公司具有雄厚的“科技研发，牧场验证，市场推广”一体化实力，所有新产品都经过专业研发队伍与牧场管理部的共同试验验证。经多年发展，公司与丹麦古氏、法国ARDES等国际公司建立良好的合作关系，与国内多家著名公司建立OEM战略伙伴。公司将继续拓宽合作领域，获得更大的发展。产品营销上积极拓宽策略和渠道：2012年9月建成的国内首家易耗品网上商城—上海光明荷斯坦易耗品网上商城（http：//www. hstmall. cn），运行一年效果良好。商城具有价格低、品质优、配送迅速、服务贴心等优点，使奶农在家便可轻松购买到上千种易耗品，便捷的购物方式受到追捧，成为现代牧场采购的首选。

科技项目：2012年光明荷斯坦及上海奶牛育种中心积极向农业部、上海市等有关部门申报各类科技项目12个，成功立项10个，奶牛育种成为光明荷斯坦最有竞争优势的项目。2012年公司获得农业部农技推广“上海地区奶牛生产性能测定”和“生鲜乳质量安全追溯示范创建”、上海市农委“全基因组选择研究应用”、上海市发改委“上海市饲料质量安全监控平台构建”、上海市财政局“上海市DHI服务发展平台建设”、上海浦东新区科委“企业研发机构建设”等项目，累计获得财政资金1 877万元。

【人力储备与战略规划】公司非常重视员工发展，建立了完整的培养、考核和激励员工综合发展的体系。公司目前拥有博士4名、硕士23名，本科及大专生237名及推广研究员1人，其中具有高级职称4人，中级职称18人，高效率、高素质科研及技术专家队伍有力地推进了企业人才梯队建设，同时公司为所有员工提供了包括专家、技能师、后备专家、后备干部、管理层等在内的多元化发展道路，在培养高级管理人才、专业技术人才的同时，大力加强高技能人才队伍建设。公司制定了一套包括大学生人才库、实习生计划、职工外读培训、人才后备力量建设等人才开发措施。其中，大学生人才库项目——校企合作定向培养大学生是聘用员工的新途径，通过让大学生提早接触公司，参与专业部门的工作，实现招聘工作的“过程了解，双向选择”。

2013年8月18日公司官网（http：//www. china-cow. com）改版上线，新改版的网站分为：关于我们、新闻中心、产品介绍、牧场管理、科技创新及联系我们六大板块，清晰的页面设计，清新的页面风格，清楚的语言描述向来访者展示了荷斯坦的新面貌。上海光明荷斯坦以安全、质量和服务为保证，服务中国奶牛养殖业。公司作为中国奶牛养殖行业的领头企业，正传承和弘扬“专业、高效、可信赖”的企业精神，锲而不舍地向着奶业的可持续发展方向前进，为光明荷斯坦成为中国优秀的牧业专业公司而不断努力。

上海光明荷斯坦牧业有限公司

持续创新　迈向“未来牧场”

——基伊埃

【简介】德国GEA集团（基伊埃集团）始意为“全球工程联盟”（Global Engineering Alliance）。始建于1920年，1989年成为上市公司。现由GEA Group AG控股公司掌控，总部位于德国波鸿。现旗下的250家公司分布于全球50个国家，已成为一个先进的全球性技术集团。

GEA集团是跨国机械制造集团，是德国法兰克福股市指标股之一（G1A，WKN 660200），近几年的年销售额均超过44亿欧元，正式员工超过2万人。旗下拥有世界知名的基伊埃食品科技、牧场科技、热交换技术、机械设备、工程技术、制冷科技等事业部。

总部设在德国伯嫩的基伊埃牧场科技，作为机械挤奶的先驱，凭借高质量和创新能力，自1986年成功地开发出提桶式挤奶机以来，始终是其所经营领域的领跑者，目前在全球50多个国家拥有分支机构和代理商，客户遍布100多个国家，并有12个生产基地。

基伊埃（上海）牧业科技有限公司—前身韦斯伐里亚，成立于2002年12月，注册在上海市外高桥保税区，于2011年11月正式更名为：基伊埃（上海）牧业科技有限公司，隶属于GEA集团牧场科技部。

基伊埃牧场技术作为一个全新的集团品牌，不仅完整地保留了传统的优势项目，为全世界的客户提供顶尖的挤奶设备，还提供粪污处理设备、卫生产品、牛舍设施，并提供牧场技术咨询（牧场整体规划、牧场经营方案、牧场生产技术指导、畜群养殖方案）等增值服务，为客户提供牧场整体解决方案。公司一直致力于发展中国市场、更好地为中国的客户服务，通过整合及加大投入，在苏州建立部分产品组装基地，并成立研发和培训中心，于2011年将办公地点迁往苏州工业园区，进一步打造基伊埃集团亚太地区的产品研发、制造、销售、物流和服务中心。

【“未来牧场”——基伊埃牧业科技的可持续发展的整体解决方案理念】基伊埃牧业科技的整体解决方案理念提供综合的产品解决方案和服务，涉及挤奶、冷藏、卫生、服务以及动物和牛位技术。今后基伊埃牧业科技有限公司的焦点将不仅局限于牛奶生产和高质量乳制品，更会放在一个对自然资源负责的高度上。只有节约能源和维护可再生资源的技术才能使可持续的挤奶生产成为可能性，并带来更多效益。从动物利益角度出发并立足于长远，通往“未来牧场”的旅途已经开始。带着推动动物管理和食品生产不断完善的理念，基伊埃牧业科技有限公司正在向全球客户持续推出创新产品（Systems for Milk Production 牛奶生产系统近5年30项创新，Hygiene 清洗剂产品近5年15项创新）。

Dairy ProQ 挤奶单元——持续将挤奶流程自动化水平最大化

固定的时间内，连续自动挤奶一已经不再是梦想。这是一项开创性的发明，世界上首款自动连续挤奶畜栏模块，适用于数个不同类型的挤奶厅。基伊埃的连续挤奶畜栏模块 GEA DairyProQ 将挤奶的所有步骤完全自动化，从开始乳头药浴准备到挤去前奶；从正式挤奶到挤奶后乳头消毒；最后到移去挤奶杯组。这个自动化的过程还包括了不同批次挤奶之间的奶杯及其附属部件的消毒。连续挤奶畜栏模块的独到之处是用一个综合系统可以实现整个过程的自动化。单个的畜栏解决方案确保了挤奶工和奶牛及其乳房全程无需接触，完全可以高度依赖于系统完成。另外，连续挤奶畜栏模块也可以作为半自动的解决方案实施。

不管挤奶厅是转盘式的，鱼骨式的还是并列式的，GEA DairyProQ 都可以与之匹配。GEA DairyProQ 的高效性能也特别适用于大型牧场。

DairyProView 挤奶流程监控软件——第一台能够综合完整监控挤奶流程的软件

如今，牧场全程挤奶过程的优化变得越来越重要。基伊埃牧场科技发明了一款软件可以将牧场各位置的日常运行可视化，从奶牛畜栏到生牛犊再到挤奶，还有之间的各项活动。该软件保持了各项全面信息的最新，供养牛人做决定，从而优化了牛群管理。

通过与基伊埃牛群管理系统德美窗21和 CowView 的集成，牧场上牛群的各项活动将实时可视化。该软件可提供准确的信息，例如：各区域奶牛的数量等。全程监控有利于更系统地安排牧场各区域的工作分配。

GEA Cowview：不断创新的健康和繁育管理

这个产品创新使得动物定位和单个动物体行为分析被即时跟踪和处理。转发器将每个动物体的位置和活动状态发送到牧场管理人员的个人电脑、平板电脑或者智能手机上。这意味着有史以来第一次牧场工作人员可以获得每个奶牛的位置和行为的完整并持续的分析报告。例如，该软件可以分析出在卧栏中、在走廊中、在饲喂料区域所花的时间和牛走动的距离，从而及时导出每个奶牛的健康状况和发情周期。GEACowView 提供很多便利：通过动物同时定位节省人力，通过可靠的发情监测优化繁殖周期，灵活的工作流程管理，一个早期报警系统来降低健康风险和帮助访问灵活数据。

【基伊埃牧业科技大事记】

1.1926，德国，第一台提桶式挤奶机诞生，揭开了机械化挤奶的序幕。缔造者：Ramesohl & Schmidt——韦斯伐里亚分离机公司的前身。

2.1982，第一套奶量电子计量设备—美德窗挤奶管理系统诞生，以此作为技术基础逐步演变成为综合检测及控制中心系统。

3.1998，收购了位于 Dijon 的法国 Hugonnet 公司，加强巩固了在牛奶冷却领域的地位。

4.1999，兼并了全球第三大挤奶技术制造商北美的 Surge 公司，韦斯伐里亚拓展了北美市场并提升了全世界范围的竞争力。

5.2005，公司新总部正式落户德国伯嫩，建成集生产、物流、研发、质量控制、销售和全球化管理中心。

6.2007，收购北美最大的、享誉市场50余年的粪污处理设备制造商 Houle & Fils 公司，扩充了在牛粪处理领域的领导力。

7.2008，进一步整合资源使用集团统一标识，成立基伊埃牧场科技部，为牧场提供整体解决方案。

8.2011，基伊埃（上海）牧业科技有限公司设立清洗剂工厂和设备装配工厂，并将办公地迁往苏州工业园。加大了中国市场投资，扩展生产和服务领域，致力于为中国客户提供牧场整体解决方案。

9.2012年9月28日，伯嫩，EuroTier 奶业展前夕，GEA 的两项创新产品赢得了德国农业协会颁发的金牌和银牌。GEA DairyProQ—世界上首款自动连续挤奶畜栏模块—赢得了金牌；GEA DairyProView—世界上首款全程监控牧场运营的软件—赢得了银牌。基伊埃牧业科技的 CEO Ulrich Hüllmann 博士表示：“很荣幸我们能赢得奖项，这也展示了我们为满足客户需求和判断牧场未来需求走势的实力。

10.2012年11月14日，伯嫩，一基伊埃牧业科技收购了总部位于新西兰哈密尔顿的 Milfos 国际集团，至此，GEA 成功拓展了其在畜牧业的专长。

基伊埃（上海）牧业科技有限公司

创一流动保企业 做健康生命使者

——东方澳龙

【企业经营】东方澳龙制药有限公司是澳洲高科集团于2001年在华投资的中澳合资现代化高科技企业，融科研、制造、销售于一体，主营业务涵盖猪、禽、奶牛、水产、宠物等五大领域，主要产品囊括动物保健品、饲料添加剂和宠物食品用品等。

成立十余年来，东方澳龙始终注重企业责任，关爱社会、坚持合作共赢，不断回馈社会，致力于为养殖业提供优质、安全、高效、环保的动保产品，推动绿色、健康养殖业的进步与发展，并为提升人类生活质量和健康水平而竭尽全力，争做名副其实的“生命健康使者”！

东方澳龙致力于建立从药品的生产源头至市场销售到终端用户使用的全过程质量监控机制。

2003年7月，公司通过了国家农业部GMP认证，获得了当时全国范围内第26张GMP生产经营牌照，是广东省前3家通过GMP的兽药生产企业。现已拥有十一条GMP生产线，十四种剂型，是全国在设施配备、技术、规模等方面的先进企业。

东方澳龙建立了健全、严格的质量保证体系，品控部配备了十多位专业人员，并拥有高效液相色谱仪、紫外分光光度计、原子吸收光谱等现代化仪器设备。对原料采购、入库储藏、成品入库、销售物流等各项环节均实施严格监控检测，确保产品品质，一如既往地为客户提供安全高效的澳龙产品。

卓越的服务是东方澳龙一直坚守的核心原则，经过十多年的发展，已成功从单纯的“生产商”转变为“生产服务型企业”。公司在市场运营上全面推行事业部体制，在组建猪、禽、奶牛、水产四个事业部基础上，搭建一支具有丰富经验的技术服务团队，提出了具有澳龙特色的服务理念，即“坚持好产品＋优质服务＝好效果＋高效益”。

东方澳龙在内部管理上全面推行6S、ERP、CRM和KPI管理，使企业管理水平规范化、标准化、专业化和国际化。

【技术进步与产品创新】东方澳龙拥有自主知识产权技术体系，在高浓度长效针剂、固体包合分散技术、微囊包被技术、高浓度纳米级液体多维等多个领域形成国际、国内领先的技术优势。

东方澳龙致力于成为具有国际影响、国内一流的创新型企业。通过逐年增加在研究上的投入，由现在占销售收入的3%左右提高到6%以上，进而实现年均获得2个国家新兽药证书和2个国家级发明专利的成果，从而成为拥有核心自主知识产权、知名品牌的具有竞争优势和持续发展能力的企业。

东方澳龙在研发创新战略的驱动下，2004年，公司与中国农大、华南农大、佛科院等开展了实质性的科研合作；同年，公司还被广东省科技厅批准设立省农业科技创新中心。有澳龙特色的“长而宽”的产品链开始形成，并在此基础上提炼出一批技术领先、质量效果确切、市场反响大的拳头产品。有效地支持销售从华南一隅的区域品牌转变为中国动保知名品牌。

2011年，经历长达5年时间的努力，东方澳龙研发的澳富龙子宫注入剂荣获国家农业部颁发的《新兽药注册证书》；2013年，“土霉素子宫注入剂及其制备方法”获得国家发明专利；同年，东方澳龙联合多家业内知名校企共同研发的“复方阿莫西林乳房注入剂”荣获国家农业部颁发的《新兽药注册证书》。

【产业发展】具有澳龙特色的产品链几乎覆盖全方位的优质、高效、安全、环保绿色产品，大大拓展了用户的选择空间。

随着我国居民对乳制品的需求继续增长，奶牛养殖业还将持续发展，全国奶牛存栏量还将继续扩大，预计到2015年全国奶牛存栏量将达到1 594万头，规模化和集约化程度也将日趋加深。但是在奶牛养殖业快速发展的同时，奶牛各类疾病发病率尤其是普通病发病率居高不下，已成为影响奶牛养殖效益和产品质量的瓶颈，严重影响着我国奶牛业的健康发展。

东方澳龙作为业内知名的动保企业，着眼于中国奶牛市场现状，从疾病预防和治疗的环节入手。为广大奶牛养殖户带来一大批效果确切、质量可靠的奶牛动保产品。目前广受市场好评的产品有澳富龙子宫注入剂、澳龙乳炎康系列、酮泰、蹄泰等。2013年东方澳龙还正式向市场推出抗冻成膜型奶牛乳头保护剂“莫冻”，同时新药“复方阿莫西林乳房注入剂”也即将上市。

公司始终坚持以市场为导向，以满足客户需求为中心，以提供优质产品和服务为手段，以追求共同发展为目标，由此多年来赢得了客户的广泛赞誉。东方澳龙一直致力于在中国建立起一个由经销商、大型养殖企业构成的立体销售网络，经过多年的耕耘，目前与一千多家经销商建立了战略合作伙伴关系，并成为正大、温氏、双汇、牧原、中粮、佳禾、正邦、蒙牛、伊利、光明乳业、辉山乳业、现代牧业、飞鹤、凤翔、立华、圣农、参皇、森宝、六和等众多知名养殖集团的合作伙伴，已成为广大客户的研发中心、制造中心、培训中心和服务中心。同时，东方澳龙产品还远销东南亚、非洲等多个国家和地区。

东方澳龙

全球最大的牛精液出口商

——先马士联盟

先马士联盟（Semex Alliance），总部位于加拿大安大略省圭尔夫市，是国际奶牛遗传育种主流公司之一，也是进入中国最早的国外育种公司。早期曾代表加拿大政府执行了1993年开始的“中加奶牛育种综合项目”，将奶牛生产性能测定（DHI）、奶牛体型外貌鉴定、奶牛个体识别及品种登记、遗传评估模型等奶牛育种与管理体系全面引入中国，同时为中国培训了一大批技术与管理骨干，奠定并加速了中国奶牛育种进程，促进了中国奶业的健康发展。据不完全统计，在项目实施期间，累计培训6万多名奶业技术人员，覆盖全国28个省市。同时，有28个团/组的200多人次前往加拿大进行实地学习考察。加方的项目主任朗尼博士（Dr. J. C. Rennie）还被中国政府授予“国际友谊奖”。为了纪念该项目20周年，在2013年6月1日于南昌召开的“第四届中国奶业大会”上，中国奶协等还组织了“中加奶牛育种合作回顾与展望”专场活动。正如农业部畜牧司王俊勋在该纪念会上所说：20年前，中加奶业项目启动，由此打开了一扇窗，一扇让我们看到外面世界之窗，一扇近距离接触现代奶业发展之窗，同时也开启了中国奶业发展不寻常的序幕。

先马士联盟是全球最大的精液出口公司，2012年向世界各地销售冻精超过1 100万支。先马士联盟具有以下特点：

◆ 存栏1 600头种公牛来自全球五大洲

◆ 获得加拿大政府授予的出口奖

◆ 占有加拿大国内85%的市场份额

◆ 拥有奶牛和肉牛的冻精、胚胎完整的产品链

◆ 全球领先的基因组检测技术

◆ 全球有110多家经销商

◆ 1 800名员工工作在世界各地

◆ 在6个国家建立自己的后裔测定项目

◆ 拥有超过50年的牛育种经验，现有6家公牛站：加拿大4家、匈牙利1家、中国1家

◆ 供应并满足全球客户需求近40年

◆ 严格的产品质量标准和控制系统

◆ 先进的冻精分发中心

先马士联盟拥有自己的研发中心实验室，每年投资销售额的3%用于研发。年前发布了与圭尔夫大学联合研究并独家拥有的奶牛健康育种的革命性技术——先马士“免疫大师”公牛（Immunity^{+}）。圭尔夫大学的研究表明，这种免疫反应有25%的遗传力。这一遗传力与生产性能及体型性状的遗传力相似，比长寿性、产犊难易、女儿繁殖率及一些疾病等性状的遗传力都高，为通过遗传选择对这一性状加以改进创造了条件。

含有这一基因的“免疫大师”公牛可使牛群整体免疫力普遍提高，获得更多高免疫反应的女儿，并且女儿可将这些更高免疫反应传递（遗传）给后代。具有这种更高免疫力的奶牛，其疾病发病率低（可减少19%～30%，比如乳腺炎减少27%，子宫炎减少17%，胎衣不下减少32%）；对疫苗的免疫反应更好（有利于牧场疾病的防控）；初乳的质量更高（使犊牛的存活率更有保障）；牛群的生产寿命更长。综合考虑，使用“免疫大师”公牛所获得的女儿，其疾病发病率将减少4%～8%，每头女儿将额外增加80美元（约合人民币500元）的利润。

先马士中国，是先马士联盟在中国成立的子公司，包括先马士商贸（上海）有限公司和先马士育种（山东）有限公司（公牛站，即原山东盛能奶牛胚胎工程有限公司）。

先马士商贸（上海）有限公司，正式成立于2011年8月份。主要从事加拿大先马士联盟公司种公牛冻精的进口与销售管理业务、技术服务工作。公司2012年的冻精销售量已达29.56万支。

公司秉承“平衡育种”及“遗传创造美好生活”的理念，善于发现牧场奶牛存在的需要改良的性状，提供切实可行、兼顾各方的育种方案与选种选配计划，持续改良奶牛基因，为培育高产牛、健康牛、精致牛提供合适的公牛冻精，帮助奶牛养殖者成功、盈利。

先马士育种（山东）有限公司，即原山东盛能奶牛胚胎工程有限公司。是加拿大先马士联盟于2012年底因故终止云南公牛站的运营后，全资收购并于2013年1月1日起正式开始经营管理的。公司坐落于山东临沂市兰山区寨外林场——紧邻沂河的1 400亩森林内，风景优美，防疫条件优越。

目前该公牛站存栏种公牛39头，其中，荷斯坦品种32头，安格斯品种5头（红安格斯3头、黑安格斯2头）以及西门塔尔品种2头。在全国畜牧总站6月底公布的“2013年畜牧良种补贴项目乳/肉用种公牛名单”中，先马士盛能公牛站入围乳用公牛21头、肉用公牛4头，其中荷斯坦公牛“泰伯”（37406003）的CPI3指数1 856，全国排名第一。

先马士联盟

齐 鲁 青 未 了

——齐鲁

齐鲁文化，源远流长。一山一水一圣人，中华文明的千年积淀。

山东济南，群山环抱，百泉争涌。北临的黄河——养育了中华民族的母亲之河，似一条巨龙，奔流汇入一望无际的大海，碧波万顷，水天一色，气势恢宏。象征了中华浩气的五岳之尊，天下第一山——泰山依南而立。大海的浪涌和雄峙的泰山融为一体，海岱交融。

青山连绵不绝，绿水长流不断。

“齐鲁青未了”，寓意齐鲁文化之树长青，事业发展之树长青、和谐生活之树长青、科技创造之树常青。

继承了传统的齐风鲁韵，齐鲁动物保健品有限公司以高度的社会责任感和对公众健康负责的精神，秉承质量至上的发展理念，依法生产，诚信经营。自1958年企业成立至今，历经半个多世纪，“齐鲁兽药，真诚可靠”已深入人心，为实现养殖业的健康、快速发展做出了积极的贡献。

以齐鲁文化自强不息的科技原创力，坚持道德方正、智慧圆融、开拓进取、兼容并蓄的核心理念，专注研发，打造精品，不断为畜牧业提供健康养殖解决方案。

齐鲁动保公司为中国兽用头孢菌素的开创者和领导者，中国最大的兽用头孢菌素原料药和制剂生产企业。头孢类产品在市场的占有率名列前茅。公司为国内第一家获得注射用头孢噻呋钠产品批准文号的生产企业，农业部的注射用头孢噻呋钠标准品即由齐鲁动保公司提供，注射用头孢噻呋钠（替奥福）于2003年获得国家三类新兽药证书。目前杀菌效力最强的第四代头孢菌素硫酸头孢喹肟注射液（惠可宁）于2009年获得国家二类新兽药证书，并于2012年喜获国家重点新产品证书。奶牛产后保健首选良药盐酸头孢噻呋注射液（畜可健）于2009年获得国家三类新兽药证书。

齐鲁动保公司于2009年启动奶牛药品市场，目前已与现代牧业、辉山乳业牧场、伊利牧场、蒙牛集团原奶服务中心及自营富源牧业、圣牧高科、北京三元绿荷牧业、飞鹤乳业等国内大型牧业集团公司开展并保持良好的业务合作。公司推出的奶牛产后保健方案：福欣安＋畜可健＋贝多福；经过市场的实践验证，深得广大奶农的信赖。

公司始终坚持“携手发展、合作共赢”的科学发展理念，“天人合一”、“让人们生活更美好”是公司永恒的理想与追求。在岁月的长河中，齐鲁这个独特而底蕴丰厚的品牌，多年来在业内享有专业和领先的美誉，历经沉淀，不断探寻、生生不息、日臻完善，它承载着越来越多的责任与梦想，焕发出更加深沉而永恒的隽永魅力。

“齐鲁青未了”，天行健，君子以自强不息。Built to last，齐鲁动保基业长青。

齐鲁动物保健品有限公司

立志成为乳品行业技术领先的工程及机械服务商

——牧羊

【产业发展】2011年4月初，配方奶粉新国标启动，对于中国奶粉行业来讲可谓喜忧参半。新国标其严厉的标准导致在资金、技术上处于薄弱的企业退出市场，同时，使符合新国标苛刻要求的国产奶粉迎来新的春天，这些企业不仅向消费者证明自身的实力和其产品的可靠品质，也将为中国乳业赢得喝彩！

由于传统的乳品市场的加工机械大多术是国外技术品牌垄断，国内乳品机械处于中低端市场地位，为振兴民族乳品机械及工程，江苏牧羊食品机械公司应运而生。牧羊食品机械公司依托牧羊雄厚的资金和技术优势，于2010年初开始正式进军奶粉高端市场，计划通过5～10年的努力，立志成为乳品行业技术领先的工程及机械公司服务商。牧羊食品机械公司经过近4年时间的精心研究，全自动干混配料系统已经在乳品行业开花结果，其核心设备——牧羊食品混合机，获得多项国内外专利，并且获得了用户的好评。与我们合作过的奶粉高端品牌有：杭州贝因美乳业、内蒙古伊利乳业、广东雅士利乳业、石家庄三元乳业等国内知名企业。

2011年牧羊食品机械公司荣获“中国食品机械十大知名品牌”。

【技术进步】牧羊食品机械公司凭借近年来为多家知名公司，设计和制造30多条粉类物料自动化配料，自动化包装生产线并全部运行良好，用户评价优秀这一强大基础，请教和聘用各类多年从事乳品装备、生产以及进口设备引进、乳品生产工艺研究等方面的专家，配备相应技术人才，专业承担奶粉从配方奶粉的干混、配仓、自动化包装、灌装直至成品入库等，依据HACCP，关键点遵照GMP要求设计和制造。工艺、制造等水平完全可以取代进口设备。

常见的乳品生产工艺：

鲜奶验收——净乳——降温贮存——配料——均质——冷却、暂存——杀菌、浓缩——喷雾干燥——接粉、贮粉——半成品检验——包装——成品检验——入库——出厂

配方奶粉的加工分为干法和湿法两种：

1. 干法加工与湿法加工在工艺上是完全不同的。干法加工就是以工业奶粉为主要原料，按照配方需求，添加乳清粉、维生素、矿物质等，搅拌均匀以后，进行杀菌消毒，然后进行包装储存。

2. 湿法加工，就是直接用鲜牛奶做原料，经过净乳，分离出奶粉中的有效成分，再根据配方要求，在液态状态下加入维生素、矿物质等成分，充分搅拌均匀以后，最后进行杀菌消毒，干燥浓缩，然后包装。

乳品配料干混系统工艺方案介绍如下：

1. 原料处理。

（1）小料前置放大　充分考虑微量元素添加量偏少这一因素，为缩短干混时间，降低颗粒破碎达到快速充分搅拌均匀之目的，首先将小料进行前置预混放大，放大倍数可以从5～50倍不等。

（2）原料粉的输送

①如采用大袋原料粉（25kg），则可经提升装置将大袋原料粉送到备料间，需要时用手动推车，人工将各种原料按比例运至袋杀菌器进料口，去掉外袋，送入到大袋杀菌器输送皮带，大袋粉有内袋装粉进入杀菌器，经UV灯杀菌。杀菌的同时杀菌器的风机用高压空气吹扫内袋外层，粉尘由杀菌器内的空气滤清器过滤，2～3分钟后（可调）进入放粉间，人工拖至拆包工作台，并拆开内袋将不同的原料分别倒入干混放粉仓，拆开的内袋放入专用的空袋收集器内，并配有除尘系统，防止飞粉外泄。

②小料已在配料间事先预混放大，并倒入小料灌内。

③如果考虑采用吨袋，可在设计时预留吨袋配料孔。

2. 称重计量。 放粉仓底部装有变频控制转速的横置螺杆，横置螺杆的旋转是有计算机来控制的，当计量仓内奶粉清空置零后，计算机控制螺杆动作，向计量粉仓内加料，直至达到预先设置的目标值待用。

放粉仓与计量粉仓有两组或多组容积大小不等的组成，每组内可以分别配不同成分的原料奶粉。如全脂粉、脱脂粉或有各种营养物质小料组成的小料添加剂。将已经预混的添加剂加进计量粉仓上方的小料灌，以便达到全自动化配料的目的。

3. 混合及储存。 多个计量仓自动完成计量配料后，可自动打开底部阀门，将多种原料组成的配方粉放入下面的双层高效食品干混机内，该干混机带有特制的双层高效搅拌桨叶，能使物料在大小直径桨叶附近产生不同方向的移动，使物料始终处于对流循环，大大地缩短了混合时间，提高了生产效率。干混机按照事先设置的程序，对奶粉以及添加的小料进行充分混合搅拌，时间一到，自动放料，清料，进入下一程序。

缓冲仓出料口为自动控制阀门，当操作工将空粉箱推入并按放按钮，系统自动打开放料阀门，阀门口有与粉箱进料口自动连接装置。向粉箱内放料的同时粉箱内空气从吸风口或呼吸口排出，有效地控制了粉尘外泄。

【产品创新】

1. 具有多项专利的牧羊食品混合机，是牧羊技术人员结合国内外各类混合技术，通过多年的精心研究而设计出来的乳品混合设备。 在乳品行业，通常的混合设备在运转过程中，填料会逐渐磨损；传统的轴端密封结构虽然可以防止物料外漏，但是不能杜绝磨损产生的碎屑进入混合区，从而对物料造成污染。我公司新研发轴端密封解决行业内卫生问题，还有漏料问题，让客户用得安心，放心，完全符合食品卫生要求。

针对混合机下料门密封问题，传动密封结构复杂，而且密封效果很差，清理困难，广大奶粉厂家要求本来就高，也是普遍反映的问题，我公司通过多年的潜心研究，开发出一种新型简洁式可拆洗密封装置，将结构简单化，清理及更换更加方便，得到了多家用户的一致好评。

2. 我公司2013年新研发可抽拉式双轴混合机，致力于解决奶粉行业卫生等级高，需定期清理的问题，此混合机可将内转子全部延滑轨部件抽出清理，避免了残留，彻底让厂家放心，在国内生产厂家中，暂无。然后配合新型轴端密封及出料门密封，此种机构在客户使用过程中引起很大关注，客户满意度很高。

食用混合机

·高品质

标配SEW减速电机，稳定性更强；

·高均匀

国际专利双层转子设计，混合均匀度高达97.7%；

·低残留

最佳桨叶与机壳间隙，全敞开出料门，残留率≤0.1%；

·零泄漏

多重密封专利设计，确保轴端及出料门零泄漏；

·人性化

人清理门设计，混合室内部清理更方便；

·多样化

可选配气雾化液体添加装置，满足特殊需求。

表 8－13

型号	有效容积（m³）	充满系数	混合时间	混合均匀度	功率（kW）
MPJH0.2	0.2				3
MPJH0.5	0.5	0.3～1.0	45s（可根据不同物料适当延长）	变异系数CV≤5%可达2%～3%	7.5
MPJH1.0	1.0				15
MPJH2.0	2.0				22

【大事记】

1.2005 年 6 月，“牧羊”商标被工商总局认定为“中国驰名商标”。

2.2006 年 9 月，牧羊产品被评为“中国名牌产品”。

3.2008 年 6 月 15 日，全国饲料机械标准化技术委员会（SAC/TC384）”在牧羊成立，秘书处设在牧羊。

4. 牧羊三次获得“国家科技进步二等奖”。

5. 2013 年 5 月，牧羊获批建设国家饲料加工装备工程技术研究中心，成为饲料机械行业内唯一国家级工程技术研究中心的企业。

牧羊食品机械公司

舔砖与反刍动物保健

——天津全药

社会使命：不断丰富动物给人类带来的恩惠，不断增加动物对人类的价值，为人类社会幸福做贡献。

共有价值：企业家精神、感谢和真心、治生产业顺正法、追求高专业化团队、追求高品质产品、尊重多彩个性。

天津全药动物保健品有限公司是日本全药工业株式会社于 2001 年 2 月在天津经济技术开发区设立的独资企业。该企业全套引进日本全药工业株式会社的牛用舔砖自动化生产线和日本 GMP 标准的生产和质量管理体系，以天津全药动物保健品公司为其供应世界市场的生产基地，将产品销往世界各地。年生产量达 16 000 吨，生产 20 个以上品种，95%的产品出口供应国外市场。是亚洲最大的牛用舔砖专业生产基地，也是现今世界上唯一既可以生产牛用食盐舔砖，又可以生产牛用小苏打和牛用糖蜜舔砖的专业企业。全部产品均有其自主技术和知识产权。其食盐舔砖以配方独特、功能性强、品种齐全、质量可靠被日本、韩国市场垂爱，该产品已占据日本同类产品的 80%以上市场份额，其优良的品质和显著的功效在日本得到了日本农林水产省的动物用药品生产和销售许可。天津全药还是迄今世界上唯一生产牛用小苏打舔砖的企业，给反刍动物以舔砖方式饲喂小苏打，利用效率高、减少浪费，效果显著。特别是对奶牛夏季热应激、偏食、瘤胃酸症和牛蹄保健等效果好、见效快。天津全药生产的高营养浓缩舔砖，是利用可溶性糖的固化技术，生产的具有抗热、抗潮和最大限度保存维生素和微量元素活性的高营养舔砖，是奶牛应激期名副其实的反刍动物用高能量产品，在国外被誉为“牛、羊巧克力”，能促进断奶犊牛的瘤胃和瘤胃绒毛发育、增加高产奶牛临产期和产后的能量补充、缓和奶牛热应激等效果。该产品曾被日本政府和联合国指定为援外救灾物资，用于援助冬季寒冷国家地区的暴风雪（白灾）等对牛、羊家畜灾害期的紧急救援物资，享誉世界。

天津全药动物保健品有限公司立志为 21 世纪的中国畜牧业特别是养牛业的发展做出贡献。天津全药公司 2002 年建成投产，2005 年在北京设立北京销售公司以来，一直致力于以中国奶牛业发展为核心展开活动。有鉴于中国奶牛业起步晚，发展快，形式多样，水平高低不齐等特点，公司制定了普及奶牛饲养知识和技能，培育奶牛饲养理念为核心策略，协助奶牛养殖户、提高牧场生产和经营能力为目的活动计划。与全国几十家相关研究机构合作，研究探讨适合于中国发展的方式方法。每年几十次下乡进村，到小区和牧场直接开展奶牛养殖技术讲座。普及养牛就是养瘤胃，健康的奶牛才能生产高品质牛奶，推广牛性化养牛理念，介绍奶牛舒适度决定牧场盈利状况、积极介绍和推广集约标准化奶牛养殖牧场的奶牛个体护理与保健的舔砖技术等内容。公司有信心与广大奶牛业同仁一道努力，为提高中国奶牛业又好又快发展作出我们的贡献。

天津全药动物保健品有限公司北京分公司

可持续发展奶业的引领者

——利拉伐

【产业发展】 2012年初，利拉伐在全球发布了公司新的愿景：使可持续的食品生产成为现实，将公司定位成行业的解决方案供应商，为专业食品生产商提高牧场效益提供大力支持。奶牛场是乳品加工的第一车间，是名副其实的食品生产者。利拉伐不仅帮助奶牛场减少对环境的不利影响，而且还致力于改进牛奶生产、提高经济效益和改善工作人员与动物福利。利拉伐供应各个牛奶生产阶段的产品、系统和服务，并着力从六大领域贯彻可持续发展的方针，包括提高饲喂效率、改善动物健康、改进粪便和污水的管理、减少用于清洗的新鲜水消耗量、繁重任务自动化和降低冷却、挤奶和清洗的能耗。

【产品创新】 近年来，利拉伐重点推进牧场管理系统，这是使可持续食品生产成为可能的一大关键。无论是完美结合了奶牛场各个不同领域的信息和技术的管理工具，还是已荣膺本年度北欧最大农业展览会 Agromek 的最高荣誉奖项的乳头喷淋机器人；从大型的自动化挤奶设备到细小的零配件，利拉伐都在履行"可持续发展"的承诺。

在全球最大的农业贸易展会——2012德国国际畜牧技术与管理展览会（EuroTier 2012）上，利拉伐牛舍系统控制器 BSC™荣获 EuroTier 授予的创新银奖。BSC 是一种集成控制系统，可在一个装置中处理所有的牛舍应用程序。例如通风板、幕帘、循环风扇、照明、奶牛降温、粪道清粪、粪沟清粪、干湿分离和粪便输送等，均采用简单、一体化的方式进行操作，有利于提高效率、减少对环境的影响，并提高奶牛福利。BSC 是市场上现有的应用于奶牛舍的唯一综合性解决方案，与单独安装用于各项功能的系统相比，使用利拉伐牛舍系统控制器 BSC 可降低高达70%的投资成本。

针对未来的中国市场，利拉伐积极推动建设机器人全智能化牧场，它为中国市场解决了两个核心问题：第一，机器人牧场以高度的自动化应对行业知识的匮乏，解决了行业专业人才的不足。第二，机器人牧场为提高中国奶业的生产质量提供了一个简单的解决办法。机器人牧场清洗环节完全自动化，按时进行清洗；机器人智能化牛舍能够识别每头牛产奶量高低，通过饲喂站配料饲喂，大幅度提高了饲料效益；机器人还能自动取样，及时发现奶牛潜在的危机。

【技术进步】 时间的积累与不断创新是利拉伐最大的优势。从1878年第一台革命性的奶油分离器开始到20世纪30年代的挤奶转盘（美国国际），到1998年的高级机器人挤奶机，直到尖端的牛群导航仪管理系统，拥有百年历史的利拉伐公司始终走在科技的最前端，并不断与行业分享其经验。

2012年初，利拉伐在国内第一次出版了一本完整的行业工具书——《奶牛养殖手册》。2013年初，出版了《生物安全性指南》，全面讲述如何做到牧场生物安全，是一本在全世界为数不多的对整个生物安全性的指南手册。2013年8月利拉伐召开延长奶牛寿命研讨会，邀请百名行业专家共商如何延长奶牛终生产奶量，并计划将研讨会的成果在全球推广。百年的发展也使公司清楚认识到承诺和合作关系的重要性。

利拉伐全能服务 InService™正是利拉伐对合作伙伴承诺的体现。全能服务 InService™意味着：全球超过3 000名经过专业培训的技术服务人员；提供标准化服务，即服务行为标准化、服务工具标准化、服务技能标准化、服务时间标准化；提供质量有保障的原装零配件；提供适合于客户需要的定制服务；打造可持续发展经营的合作伙伴关系；确保牧场得到全天候支持；获得优质牛奶、更卓越的挤奶性能及可靠性——真正做到一切都在掌控之中。

2013年年初，利拉伐牧场管理服务团队成立，他们将深入牧场通过技术培训和咨询服务，为大型牧场培养优秀的专业人才；为公司的合作伙伴量身定制技术、管理解决方案，助推整个奶牛养殖水平的提升。在牛奶质量服务方面，利拉伐牛奶质量专家通过提供牛舍和牛群评估、挤奶设备卫生评估以及技术课程等手段，帮助企业在各个环节做好奶牛质量的控制工作。在牧场管理服务方面，牧场管理专家组会帮助牧场利用现代化牧场管理技术和自动化管理系统进行牧场管理，主要涉及数据管理、挤奶及牛奶质量、营养、繁殖、牛群健康和犊牛饲养等方面；通过定期培训或长期的驻场管理，使牧场实现高产并获得丰厚利润。

作为食品和农业的重要组成，奶业是一个国家农业发展水平的代表，在全世界各个国家都是标志性产业。奶业在整个大农业里所占比例虽小，所受关注度却非常高。近年来，经过全面整顿和努力振兴，中国奶业努力克服多种严峻挑战，正在逐步走出食品安全的阴影，从快速增长阶段走向建设现代奶业新阶段。中国奶业从过去10年的以家庭散养为主体的模式，到现在大牧场建设，再到未来的机器人智能化牧场的发展，利拉伐看到了中国奶业的现代化发展将有非常好的前景。

为了我们的子孙后代，为了我们自己，可持续发展是任何一家企业未来发展的方向。秉承百年经验及不断创新之精神，利拉伐确保每一环节都符合可持续发展原则，达到对动物福利、环境保护、社会责任、客户经济效益这四点的平衡和统一。这是极有战略远见的重大决策。让我们携手共进，为创造一个更高产、更盈利并可持续发展的中国奶业而努力！

利拉伐

“铸民族品牌，惠天下奶农”

——北京奶牛中心

北京奶牛中心（Beijing Dairy Cattle Center，BDCC）隶属于北京首都农业集团三元种业科技股份有限公司，是我国建立最早、规模最大、综合实力最强的奶牛良种繁育及供种基地。目前，中心现饲养优秀荷斯坦种子母牛1 500头，优秀种公牛210头，冻精产销量连续多年位居全国第一，为加速我国牛群遗传改良做出了巨大贡献。

作为国内历史悠久的奶牛育种龙头企业，北京奶牛中心“以科技为支撑，以市场为导向”，围绕“基础做牢、科研做实、品牌作响、市场做大、企业做强”的经营理念，充分发挥良种优势、科技优势和人才优势，将国际先进的现代奶牛育种新技术与我国传统繁育体系相结合，建立并不断完善科学、高效、可靠的我国奶牛良种自主培育体系。在种公牛培育方面，北京奶牛中心按照“自主培育为主，国外引进为辅”的原则，依托北京地区良种奶牛资源群体，通过核心群选配、进口种用胚胎移植、完善并规范后裔测定体系等措施加大优秀种公牛培育力度。同时，与中国农业大学等科研机构开展紧密合作，建立了目前我国唯一一个奶牛基因组测定参考群体及遗传评估平台，大大提高了后备种公牛选择准确性和育种效率。2013年中心共有118头优秀种公牛入选农业部良种补贴项目，其中荷斯坦种公牛入选89头，占全国入选荷斯坦牛总数的11.6%，继续蝉联全国首位。

在市场营销方面，北京奶牛中心始终坚持“以产品品质为立业之本，以服务奶农为营销宗旨”的销售理念。中心密切关注产业发展动态，不断调整和丰富产品结构，探索社会化服务体系，以满足客户发展实际需求。中心在常规冻精基础上开发了性控冻精产品；在以牛冷冻精液为主打产品的基础上，开发了高弹性牛床垫、犊牛岛、牛体刷等畜牧服务系列产品；在做好产品推广的同时，着力开发社会化技术服务体系，开展了冻精包配、牧场托管、牧场战略合作等多种形式的技术服务合作新模式。通过市场营销创新，2012年中心总资产达到2.1亿元，中心实现收入1亿元，实现利润3 000万元，较2011年增长10.1%。

在科研创新方面，中心依托“国家奶牛胚胎工程技术研究中心”、“国家引进国外智力成果示范推广基地”、全国奶牛育种行业首家“博士后科研工作站”和“农业部奶牛遗传育种与繁殖专业重点实验室”等科研平台，引进、吸收国内外先进技术和人才智力，占领我国奶牛繁育领域制高点，引领行业发展。特别是在奶牛基因组育种技术、种牛有害基因检测技术、高效繁殖、性别控制等相关技术领域取得突破，获北京市科学技术一等奖2项，二、三等奖各1项，北京市农业科技成果推广一等奖2项、二等奖和三等奖各3项，专利3项。这些成果的取得为优秀种公牛自主培育体系的建立与完善提供了强有力的科技支撑。

面向未来，北京奶牛中心将紧密结合产业发展实际需求，充分依托一流的良种资源、一流的科研平台、一流的服务水平，不断完善我国优秀种公牛自主培育体系，全面提升“中国奶牛育种第一品牌“核心竞争力，并与全国奶业同仁一起为我国奶业发展贡献力量！

北京奶牛中心

2012 年奶业大事记

1 月

10 日　农业部印发《2012 年国家动物疫病强制免疫计划》（农医发〔2012〕1 号），要求对所有奶牛和种公牛进行 A 型口蹄疫强制免疫。

13 日　农业部、国家质量监督检验总局联合修订公告第 1712 号，发布《中华人民共和国禁止携带、邮寄进境的动植物及其产品和其他检疫物名录》，其中涉及动物源性奶及奶制品，包括生奶、鲜奶、酸奶、奶油、黄油、奶酪等。自发布之日起生效，原发布的《中华人民共和国禁止携带、邮寄进境的动物、动物产品和其他检疫物名录》（［1992］农（检疫）字第 12 号）同时废止。

20 日　财政部印发《关于进一步加大支持力度做好农业保险保费补贴工作的通知》（财金〔2012〕2 号），在奶牛保险方面，在地方财政至少补贴 30%的基础上，中央财政补贴 40%。

29 日　农业部办公厅印发关于《2012 年畜牧业工作要点》的通知（农办牧〔2012〕6 号）。强调提升奶业生产水平以及强化生鲜乳质量安全监管。

31 日　农业部办公厅发布《关于 2011 年全年全国饲料质量安全监测结果的通报》。

2 月

6 日　农业部办公厅印发《关于做好农垦农业产业化国家重点龙头企业监测工作的通知》（农办垦［2012］13 号）。

7 日　农业部办公厅印发《关于 2012 年畜禽养殖标准化示范方案的通知》（农办牧〔2012〕11 号）。

9 日　国家质量监督检验检疫总局发布公告 2012 年第 20 号《关于公布婴幼儿配方乳粉产品质量国家监督抽查结果的公告》。经检验，本次抽查的 160 种婴幼儿配方乳粉产品所检项目均符合标准的规定。

16 日　农业部部长韩长赋与美国农业部部长维尔萨克签署了中美 2012－2017 年战略合作框架。该框架确定了食品保障、食品安全、农业可持续发展、农业科学、农业市场和农业贸易作为未来双方合作的重要领域。其中奶业被确定为重点合作的组成部分之一。

17 日　海关总署发布公告 2012 年第 9 号，由于脂肪含量大于 1% 未浓缩的乳及奶油（税则号列 04012000、04014000、04015000）进口数量接近 2012 年触发水平的情况，自 2 月 18 日起，对《中华人民共和国政府和新西兰政府自由贸易协定》项下进口的原产于新西兰的上述农产品按最惠国税率征收进口关税。

19 日 国家副主席习近平参观爱尔兰奶牛场时表示，想通过实地考察了解并探讨加强中爱农牧业合作的有效途径和方式，同时希望加强中国与爱尔兰两国在乳制品产业领域的合作。

20 日　国务院正式批复同意由国家发展改革委员会组织编制的《西部大开发“十二五”规划》。其中重点支持内蒙古、新疆、宁夏形成千万吨鲜奶生产加工能力。

22 日　海关总署发布公告 2012 年第 10 号，由于固状和浓缩非固状乳及奶油（税则号列 04021000、04022100、04022900 和 04029100）进口数量接近 2012 年触发水平的情况，自 3 月 1 日起，对《中华人民共和国政府和新西兰政府自由贸易协定》项下进口的原产于新西兰的上述农产品按最惠国税率征收进口关税。

24 日　农业部办公厅印发《关于 2012 年农垦系统畜牧高产攻关活动方案的通知》（农办垦［2012］22 号），确定畜牧高产攻关单位 138 个，其中奶牛 82 个。

3 月

1 日　国家质量监督检验检疫总局、海关总署联合发布《关于调整〈出入境检验检疫机构实施检验检疫的进出境商品目录（2012 年）〉的公告》，将涉及禁止用于食品添加的三聚氰胺、硅酸钠（水玻璃）等 9 个海关商品编号的监管条件由空白调整为 A。企业在进口上述海关商品编号项下商品时，外包装上须加印“严禁用于食品加工”警示标识。

2 日　中华人民共和国农业部发布公告第 1731 号，蜀宣花牛等 4 个畜禽新品种，业经国家畜禽遗传资源委员会审定、鉴定通过，且公示期满无异议。根据《畜禽新品种配套系审定和畜禽遗传资源鉴定办法》的规定，由国家畜禽遗传资源委员会颁发畜禽新品种、配套系证书。

5～6日　由中美两国农业部主办，北京环球种畜承办的美国农业部EMP项目论坛暨环球（中国）奶业管理培训中心剪彩典礼在北京举办。美国驻华大使馆公使衔农业参赞辛思凯、中国农业部畜牧业司巡视员陈伟生、中国奶业协会副会长兼秘书长谷继承等参加论坛并致辞，来自农业部、中国农业大学、中国农业科学院和奶业主产区的领导、专家和奶农近150余人参加。

5～9日　世界动物卫生组织（OIE）东南亚-中国口蹄疫控制行动委员会第18次会议在云南省丽江市召开。农业部副部长高鸿宾、OIE总干事瓦拉特出席会议并讲话。会上高鸿宾强调，中国政府针对重大动物疫病，确定了“预防为主”和“加强领导、密切配合，依靠科学、依法防治，群防群控、果断处置”的防控方针。云南省副省长孔垂柱、国家首席兽医师于康震、委员会主席莫瑞出席了会议开幕式。来自OIE总部、亚太地区、东南亚次区域代表处负责人，中国、柬埔寨、印尼、老挝、马来西亚、缅甸、菲律宾、泰国、越南、新加坡等成员代表，美国、韩国、日本、澳大利亚及有关国际组织和中国台湾、香港等观察员代表约100人参加了会议。

13日　工业和信息化部印发关于《2012年食品工业企业诚信体系建设工作实施方案》的通知（工信部消费［2012］110号），提出要加强推进诚信体系建设，在婴幼儿配方乳粉生产企业率先全部建立诚信管理体系。

工业和信息化部发布《2012年食品安全重点工作实施方案》（工信部消费［2012］111号）。《方案》要求，各地应继续严格执行乳制品工业产业政策，巩固审核清理工作成果，防止盲目投资和重复建设，杜绝违规投资，不得核准不符合准入条件的项目。

15日　卫生部公告2012年第4号发布《关于〈食品营养强化剂使用标准〉（GB14880—2012）和〈复配食品添加剂通则〉（GB26687—2011）第1号修改单的公告》。

17日　海关总署发布公告2012年第11号，由于黄油和其它从乳中提取的脂和油（税则号列04051000、04059000）进口数量接近2012年触发水平的情况，自3月15日起，对《中华人民共和国政府和新西兰政府自由贸易协定》项下进口的原产于新西兰的上述农产品按最惠国税率征收进口关税。

19～20日　由中国奶业协会、全国畜牧总站主办，农业部奶业管理办公室指导的全国奶牛生产性能测定（DHI）培训班在北京举办。中国奶业协会副会长兼秘书长谷继承等出席培训班并讲话。

22日　由农业部奶业管理办公室和国家奶牛产业技术体系主办，北京三元试验站、延庆试验站、天津北辰综合试验站、武清试验站承办的现代奶牛产业发展论坛在北京举办。来自三元、嘉立荷、光明荷斯坦、现代牧业、飞鹤牧业、完达山等规模牧场的场长和技术员、以及行业领导、科学家、企业家和综合试验站等100多位代表参加此次论坛。

24～25日　农业部奶业管理办公室在天津市召开全国生鲜乳质量安全暨奶业处长工作会议，会议分析了生鲜乳质量安全形势，部署加强生鲜乳质量安全监管和促进奶业生产发展的重点任务。会议指出，2012年奶业发展将按照“保安全、保供给、转方式、促发展”的要求，重点做好三项工作：一是进一步加强生鲜乳收购站和运输车监管；二是加快奶业生产方式转变；三是实施“振兴奶业苜蓿发展行动”。各省、自治区、直辖市及黑龙江省农垦总局、新疆生产建设兵团奶业主管部门负责人和质检机构负责人等120多人参加会议。

26日 海关总署发布公告2012年第15号，公布修订后的《中华人民共和国进境物品归类表》和《中华人民共和国进境物品完税价格表》，将乳制品归于食品、饮料类。将奶粉的完税价格定为200元/千克，税率为10%。

27日　中国奶业协会、加拿大农业和农业食品部、加拿大牲畜协会和加拿大驻华使馆在河北省唐山市联合举办2012年中加奶牛育种培训班。中国奶业协会副会长兼秘书长谷继承，加拿大驻华大使馆参赞、兽医官员范思薇女士，中国奶业协会副会长张沅，唐山市农牧局副局长张玉安，加拿大亚达艾格威公司总裁罗伯特华森先生出席并致辞。来自全国各地的近300名奶业工作者参加培训。

28日　农业部发布《2012年国家支持粮食增产农民增收的政策措施》，在畜牧良种补贴政策中提到，奶牛良种补贴标准为荷斯坦牛、娟姗牛、奶水牛每头能繁母牛30元，其他品种每头能繁母牛20元。

28～29日　2012年奶业机械部级推广鉴定研讨会暨中国奶业协会养殖工程与机械专业委员会二届三次会议在成都市召开。农业部农业机械试验鉴定总站站长刘敏、中国奶业协会常务副会长魏克佳、四川省农业厅副厅长傅志康等领导出席会议并讲话。

4月

5～6日　中国奶业协会、全国畜牧总站主办，河北省畜牧兽医局、河北省种畜禽质量监测站承办的全国奶牛生产性能测定（河北）培训班暨河北省奶牛生产性能测定工作表彰会在河北省石家庄市召开，来自河北省11个市的畜牧科（站）长、17个奶牛养殖重点县畜牧科（站）长，以及全省奶牛标准化示范场和规模牧场的场长和技术人员近400人参加培训。

12日　蒙牛乳业发布人事调整信息：杨文俊辞去公司总裁职务，中粮地产原副总经理孙伊萍接任。

14日　中国奶业协会组织的第47次全国青年公牛联合后裔测定冷冻精液交换在山东省农业科学院奶牛研究中心完成，参测公牛129头。

15～20日　爱尔兰农业部部长Simon Coveney率领

由47家公司127人组成的农业代表团访华。期间，与奶业相关的小组访问了北京、呼和浩特、上海，并于4月20日在上海召开食品加工技术研讨会。本次爱尔兰农业代表团访华期间，中爱两国畜牧业相关企业签署了若干合作协议，其中奶业涉及设备、奶牛营养和技术培训推广等方面。

16日　卫生部办公厅《关于牛初乳产品适用标准问题的复函》（卫办监督函〔2012〕335号）中规定：婴幼儿配方食品中不得添加牛初乳以及用牛初乳为原料生产的乳制品。该规定于9月1日起执行，此前按照相关规定生产或进口的产品可在保质期内继续销售。

17～18日　中国奶业协会在郑州市召开全国奶业（乳业）协会秘书长联席会。中国奶业协会秘书长委员会宣布成立，中国奶业协会副会长兼秘书长谷继承兼任主任委员、农业部奶业管理办公室副主任邓荣臻出席会议并介绍了奶业形势。来自全国23省（自治区、直辖市）的奶业协会秘书长参加会议。

由农业部农垦局主办、中国农垦经济发展中心承办的"奶业提升 农垦先行"农垦奶牛场现代化管理培训班在银川市举办。来自宁夏、内蒙、甘肃省区的农垦（农场）畜牧主管领导、奶牛场（小区）厂长、管理和技术人员等近100人参加了培训。

18日　全国政协主席贾庆林在新西兰克赖斯特彻奇市参观克劳伊牧场和中新合资的新西兰最大乳制品合资企业信联乳业公司，并与当地奶农亲切交流牧场经营及中新农牧业合作情况。

18日　农业部办公厅印发《关于开展2012年种畜禽质量安全监督检验工作的通知》（农［2012］20号）。种牛冷冻精液检测品种包括荷斯坦牛、西门塔尔牛、奶水牛等。

20日　海关总署发布公告2012年第21号，由于乳酪（税则号列04061000、04063000和04069000）进口数量接近2012年触发水平数量，自2012年4月24日起，对《中华人民共和国政府和新西兰政府自由贸易协定》项下进口的原产于新西兰的乳酪产品按最惠国税率征收进口关税。

23日　国务院副总理回良玉视察蒙牛唐山乳业有限责任公司和恒天然第一牧场时指出，奶制品等食品安全问题事关千家万户的切身利益和人民群众的身体健康，必须引起高度重视。奶源品质是确保奶制品安全的第一道关，一定要继续推进原奶的标准化生产，充分发挥龙头企业在促进农业标准化进程中的带动作用。他强调，一定要树立标准意识，努力使生产经营的各个领域、各个环节都有标准可依，依靠标准化生产确保农畜产品质量安全。

农业部印发《关于2012年畜牧业质量安全监管项目专项资金的通知》，其中用于生鲜乳质量安全检测的专项资金为3 500万元，占专项资金总额的53%。

农业部印发《关于2012年动物疫情监测与防治项目经费的通知》，主要用于开展重大动物疫病、重要人畜共患病和外来动物疫病监测、流行病学调查、防控和应急等方面，其中包括疯牛病、布鲁氏杆菌病等，资金总额12 200万元。

农业部印发《关于2012年畜牧业资源监测统计经费的通知》，主要用于奶牛生鲜乳等畜禽产品信息监测数据核查、应急调研，草原资源与生态监测，草原灾害监测预警和草原工程效益监测等方面，资金总额4 800万元。

24日　农业部印发《关于2012年奶牛生产性能测定项目资金的通知》，主要用于奶牛生产性能测定项目实施、督导、培训及检查，资金总额2 000万元。

由中国奶业协会、全国畜牧总站主办，农业部奶业管理办公室指导的全国奶牛生产性能测定（DHI）培训班在北京市举办。中国奶业协会副会长兼秘书长谷继承、全国畜牧总站副站长郑友民、中国农业大学教授张沅等出席培训班并致辞。来自全国23个DHI测定中心的有关技术人员参加培训班。

24日　智利驻华大使Luis Schmidt Montes先生、农业参赞Alvaro Aspee Roa先生、OSORNO市市长Jaime Valenzuela BERTIN先生以及智利企业代表拜访中国奶业协会，与中国奶业协会副会长兼秘书长谷继承、副秘书长杨秀文以及相关人员进行会谈。

5月

2日　中华人民共和国农业部令2012年第3号，发布《饲料和饲料添加剂生产许可管理办法》，自2012年7月1日起施行。

中华人民共和国农业部令2012年第4号，发布《新饲料和新饲料添加剂管理办法》，自2012年7月1日起施行。

中华人民共和国农业部令2012年第5号，发布《饲料添加剂和添加剂预混合饲料产品批准文号管理办法》，自2012年7月1日起施行。

3日　农业部办公厅、财政部办公厅联合印发关于《2012年畜牧良种补贴项目实施指导意见》的通知（农办财〔2012〕64）。共补贴奶用能繁母牛896万头。按照每头能繁母牛每年补贴30元或20元。除奶水牛外，每头能繁母牛每年使用2剂冻精，荷斯坦牛、娟姗牛每剂冻精补贴15元，其他奶牛品种每剂冻精补贴10元。奶水牛每头能繁母牛每年使用3剂冻精，每剂冻精补贴10元。

8日　由中国奶业协会、全国畜牧总站主办，农业部奶业管理办公室指导，湖南省奶业协会、湖南省畜牧兽医研究所承办的全国奶牛生产性能测定（DHI）培训班在长沙市举办。中国奶业协会副会长兼秘书长谷继承、湖南省畜牧水产局局长袁延文、湖南省奶业协会会长徐新明等出席培训班并致辞。来自湖南、湖北、江西奶牛养殖场场长、技术人员及相关从业人员100余人参加培训班。

14日　农业部办公厅印发《关于加强2012年奶牛良种补贴项目管理的通知》（农办牧〔2012〕23号）。通知提出三点要求，一是加强项目资金使用管理，二是加快项目招投标、严格项目招标采购程序，三是严格执行项目实施方案的有关规定。

农业部印发《全国兽医事业发展“十二五”规划》（2011—2015年）（农医发〔2012〕13号）。

20日　国务院办公厅印发《关于国家中长期动物疫病防治规划（2012—2020年）》（国办发〔2012〕31号）。

24日　阿根廷农牧渔业部副国务秘书阿尔图罗·维德拉拜访中国奶业协会，座谈交流中阿两国奶业合作事宜。中国奶业协会常务副会长魏克佳、副秘书长刘琳等出席座谈。

31日　农业部办公厅印发《农业部2012年度加强重大动物疫病防控延伸绩效管理工作实施方案》（农办医〔2012〕25号）。

31日～6月1日　农业部在四川成都市召开2012年全国畜牧良种补贴工作会议。2012年中央财政共安排12亿元畜牧良种补贴资金，其中奶牛良种冻精补贴2.6亿元。

6月

1日　农业部发布公告第1773号，发布《饲料原料目录》，于2013年1月1日起施行。

9日　内蒙古农业大学生命科学院生物制造重点实验室培育的世界首例转乳糖分解酶基因奶牛诞生，此成果为培育“低乳糖奶牛”新品种提供了技术基础。

11日　卫生部等8部门联合印发《食品安全国家标准“十二五”规划》（卫监督发〔2012〕40号）。重点对乳与乳制品等食品标准进行清理整合，并制定公布新的食品安全国家标准。

14日　农业部办公厅、财政部办公厅印发《2012年高产优质苜蓿示范建设项目实施指导意见》（农办财〔2012〕80号）。项目目标是，示范片区苜蓿单产水平明显提高，旱作条件下年亩产达到400公斤以上，灌溉条件下年亩产达到800公斤以上。苜蓿草产品质量明显提高，达到国家标准2级以上，粗蛋白含量达到18%以上，相对饲用价值达到125%以上。奶牛饲喂示范片区苜蓿产品后，生鲜乳质量明显提高，乳蛋白含量达到3.0%以上，乳脂肪达到3.5%以上。

15日　在国务院副总理王岐山、国家发展和改革委员会主任张平、商务部部长陈德铭以及丹麦王储腓特烈、副首相玛格丽特·威斯塔格、贸易部长皮娅·奥尔森·迪尔等两国政府领导人的共同见证下，蒙牛乳业与丹麦乳业公司Arla Foods在丹麦首都哥本哈根签署了战略合作协议。

15～16日　由国家学生饮用奶计划部际协调小组办公室主办的学生奶奶源升级计划培训班暨学生奶奶源示范基地建设经验交流会在河南省郑州市举办，农业部农垦局巡视员何子阳、中国奶业协会常务副会长魏克佳等出席会议并致辞。各省、自治区、直辖市学生饮用奶工作机构负责人、第一至第四批学生奶奶源升级计划奶源示范基地负责人共计200余人参加会议。

16日　中国丹麦两国农业部共同签署农业发展协议，将共同推动成立“中国—丹麦乳品技术合作中心”。蒙牛乳业集团以及丹麦乳品企业Arla Foods（爱氏晨曦）将承担这一国家间合作项目的实施工作。

16～18日　中国奶业协会在郑州市召开第三届中国奶业大会。大会主题为“依靠科技创新，转变发展方式”。农业部副部长、中国奶业协会会长高鸿宾出席开幕式并作题为“依靠科技创新，转变发展方式”的主旨报告，河南省副省长刘满仓出席开幕式并致辞，中国奶业协会名誉会长刘成果出席开幕式。同期召开中国奶业协会六届三次理事会，副会长兼秘书长谷继承作工作报告。常务副会长魏克佳主持大会。来自全国各奶业有关行政管理部门、行业协会、奶牛养殖场（户）、奶站、乳品加工企业、奶业机械设备企业、教学科研单位等2 000余人参加大会。

第十届中国国际奶业展览会和乳制品促销活动与第三届中国奶业大会同期同地举办。农业部副部长、中国奶业协会会长高鸿宾，河南省副省长刘满仓，中国奶业协会名誉会长刘成果出席开幕式并剪彩、巡展。本届展会室内外展览面积共2万平方米，共有来自19个国家的279家公司参展，展览涵盖奶业产业链的各个环节。

23日　国务院办公厅印发《国务院关于加强食品安全工作的决定》（国发〔2012〕20号）。

26日　为进一步加强生鲜乳质量安全监管工作，提高全国生鲜乳质检机构检测能力，受农业部奶业管理办公室委托，中国农业科学院北京畜牧兽医研究所牛奶质检中心举办“2012年生鲜乳质量安全监测能力验证比对考核培训班”。农业部奶业管理办公室副主任马莹出席会议并致辞。来自全国30个省（自治区、直辖市）38家生鲜乳质量安全监测任务单位的80余位一线工作人员参加了此次培训。

27日　农业部副部长高鸿宾、畜牧业司副司长杨振海、青海省农牧厅副厅长田惠源等视察青海现代草业发展有限公司基地。高鸿宾强调，保护草原生态环境，关键是发展现代草产业，最终实现生态畜牧业的可持续发展。

28日　国务院办公厅印发《国家食品安全监管体系“十二五”规划》（国办发〔2012〕36号）。启动了乳制品等食品行业诚信建设试点工作。

7月

4日　联合国负责制定食品安全标准的国际食品法

典委员会为牛奶中三聚氰胺含量设定了新标准，规定每千克液态牛奶中三聚氰胺含量不得超过 0.15 毫克。

7 日　第二届中国草业大会在北京召开，农业部副部长高鸿宾、中国畜牧业协会会长张宝文、中国奶业协会名誉会长刘成果以及农业部畜牧业司有关领导参加会议，会议围绕中国草业发展形势以及启动实施振兴奶业苜蓿发展行动计划的重要意义展开讨论，来自全国草业政府、科研、教学、企业、金融等机构的 500 多名代表参加会议。

12～13 日　由全国畜牧总站、中国奶业协会和宁夏农牧厅共同主办，宁夏畜牧工作站承办的“全国奶牛生产性能测定技术（宁夏）培训班”在银川市举行。中国奶业协会副会长兼秘书长谷继承、宁夏农牧厅副厅长周东宁等领导和专家出席培训班。自治区 5 市 14 县（市、区）畜牧技术推广中心、DHI 测定牛场的主要负责人及相关技术人员等 200 余人参加培训。

12～15 日　中共中央政治局常委、中央纪委书记贺国强在呼和浩特市考察蒙牛乳业（集团）股份有限公司乳品研发中心和现代牧业（集团）有限公司，他希望企业进一步把确保产品质量和安全放在首位，通过大力发展奶牛养殖合作社等途径，切实保证奶源质量，带动更多的农牧民增收致富。

16 日　荷兰合作银行发布全球乳业二十强企业排名报告，雀巢集团、达能集团分别位于第一位和第二位，内蒙古伊利实业集团股份有限公司和内蒙古蒙牛乳业（集团）股份有限公司分别位于第十五位和第十六位。该报告由荷兰合作银行的食品和农业研究咨询小组撰写。

18～20 日　中国奶业协会主办、内蒙古家畜改良工作站协办的全国奶牛生产性能测定报告研讨班在内蒙古呼伦贝尔鄂温克旗举办。中国奶业协会副会长兼秘书长谷继承出席开幕式并讲话，全国各奶牛生产性能测定中心的负责人 40 余人参加研讨班。

20 日　国家质量监督检验检疫总局发布《禁止从动物疫病流行国家地区输入的动物及其产品一览表》。其中，有口蹄疫、牛海绵状脑病、小反刍兽疫、绵羊痘和山羊痘、痒病、牛肺疫、蓝舌病、施马伦贝格病等疫病地区的偶蹄动物及其产品被禁止输入，整个欧盟国家的动物源性饲料被禁止输入。

25～27 日　农业部农垦局主办、中国农垦经济发展中心承办的“奶业提升 农垦先行”农垦奶牛场现代化管理培训班在西安举行。来自陕西、河南、山西三省农垦管理局，陕西草滩牧业集团的畜牧生产部门负责人，奶牛养殖相关农场畜牧主管领导，奶牛场及养殖小区的场长和管理、技术人员等近百人参加培训。

8 月

4～5 日　中国奶业协会在内蒙古自治区满洲里市召开奶牛生产性能测定工作会议。全国畜牧总站同期举办全国种公牛站生产管理与技术培训班，中国奶业协会副会长兼秘书长谷继承、全国畜牧总站副站长郑友民、内蒙古农牧厅副厅长布仁出席开幕式。来自全国各地区的测定中心负责人参加会议，种公牛站负责人参加培训。

18 日　福建省奶业协会主办、台湾乳业协会协办的“2012·海峡两岸巴氏鲜奶发展论坛”在福州市召开，论坛主题为“发展巴氏鲜奶，引领消费潮流”。中国奶业协会副会长兼秘书长谷继承，福建奶业协会会长王钧泽、福建省政协副主席李祖可，以及省农业厅、省宣传部、福州市政府等单位的领导出席会议并致辞。台湾乳业协会理事长施宗雄率团出席会议并作主题演讲。来自海峡两岸专家、学者、企业及媒体代表等近 200 人参加。

21～23 日　农业部农垦局主办、中国农垦经济发展中心承办的“奶业提升 农垦先行”农垦奶牛场现代化管理培训班在齐齐哈尔市举办。来自黑龙江省农垦总局齐齐哈尔分局、北安分局畜牧生产部门负责人，奶牛养殖相关农场畜牧主管领导，奶牛规模化及养殖小区的场长以及相关管理技术人员等近 160 人参加培训班。

24～26 日　中国乳制品工业协会在杭州市召开第十八次年会暨第十二次乳品技术精品展示会。工业和信息化部总工程师朱宏任、浙江省副省长郑继伟等出席开幕式并讲话。荷兰王国驻华大使馆大使贾高博、美国驻华大使馆公使衔农业参赞辛思凯、新西兰驻华使馆农业参赞康宁、澳大利亚乳业局董事局主席麦克斯·罗伯茨先生应邀出席开幕式并致辞，国际乳品联合会技术总监乔治先生出席开幕式。来自国内外乳业专家、企业家、供应商以及媒体等相关人员共 3 000 余名代表参加会议。

28 日　第五届中国—澳大利亚奶业对话会在北京举行。农业部畜牧业司司长王智才率团参加并致辞，澳大利亚农林渔业部畜牧业司马修·科瓦尔司长代表澳方致辞。本届对话会由“奶业发展回顾与展望”、“奶业法规与质量安全”、“奶业技术专题研讨”等议题组成。国家奶牛产业技术体系、中国农业科学院北京畜牧兽医研究所、北京奶牛中心等单位专家出席。中澳双方代表共 30 人参加。

29～30 日　中国奶业协会在西安召开《中国奶业年鉴》编纂工作会议。常务副会长魏克佳主持会议，名誉会长刘成果、副会长兼秘书长谷继承、陕西省畜牧兽医局局长杨黎旭参加会议并讲话。来自全国各省（自治区、直辖市）的《中国奶业年鉴》编委、特邀编辑 50 余人参加会议。会议部署了 2012 年《中国奶业年鉴》编纂工作，通报了《中国奶业年鉴》编辑委员会、特约编辑和编辑部的调整情况。

9月

5日　中国国际贸易委员会农业行业分会在北京举行“农业会展品牌建设工作交流会与信息发布会”，中国奶业协会主办的“中国国际奶业展览会及高层论坛”被认定为专业展4A级展会项目。

6日　卫生部印发《卫生部贯彻落实国务院关于加强食品安全工作的决定的通知》（卫监督发〔2012〕57号）。

内蒙古蒙牛乳业（集团）股份有限公司和丹麦Arla Foods（爱氏晨曦）乳业共同签署关于“中国—丹麦乳品技术合作中心”的协议。

12～13日　国家质量监督检验检疫总局在江苏省南京市召开全国质监系统食品生产监管工作现场会。会议提出，从9月开始先在乳制品生产企业中试行企业主动报告制度。

14～15日　中国奶业协会和全国畜牧总站联合在济南举办奶牛生产性能测定（山东）培训班。中国奶业协会副会长兼秘书长谷继承、全国畜牧总站奶业与畜产品加工处处长刘海良出席并致辞。

15日　农业部奶及奶制品质量监督检验测试中心（北京）受农业部奶业管理办公室委托，在浙江省杭州市举办“2012年下半年全国生鲜乳质量安全检测技术培训会”。农业部畜禽产品质量监督检验测试中心等来自全国38家生鲜乳质量安全监测任务单位的100余位检测技术人员参加培训。

18日　国家奶牛产业技术体系在中国农业大学举办“现代奶牛场高级人才研修班”，中国奶业协会副会长兼秘书长谷继承、新疆维吾尔自治区畜牧厅副厅长王俊勋、农业部奶业管理办公室副主任马莹和中国农业大学副校长王涛出席开班仪式并致辞。来自全国奶业主产区的学员42人参加培训。

19日～10月1日　中国奶业协会组织的中国奶业考察团赴德国、奥地利、瑞士、法国进行为期12天的奶业培训和考察，副会长兼秘书长谷继承任团长。来自地方政府部门、协会、科研单位、牧场、加工企业等21名团员参加了第19届世界西门塔尔—弗莱维赫牛大会，进行学术交流、技术培训和乳肉兼用牛考察。

23日　国务院印发《关于第六批取消和调整行政审批项目的决定》（国发〔2012〕52号），取消“学生饮用奶定点生产企业资格认定”许可审批项目。

10月

2～14日　中国奶业协会与美国环球种畜有限公司（WWS）合作组织“中国奶业培训团”赴美国加利福尼亚州、威斯康星州进行培训。

9日　农业部部长韩长赋主持召开农业部常务会议。会议指出，中国奶业发展基础仍然薄弱，面临许多亟待解决的问题和多方面严峻挑战。会议强调，加快发展现代奶业意义十分重大，任务十分紧迫。当前要按照优质化、规模化、标准化、机械化、合作化的发展方向，理清发展思路，加大政策扶持力度，促进奶业持续健康发展。

10～12日　中国食品土畜进出口商会在北京市举办“2012中国（北京）国际乳制品博览会暨健康与营养食品展览会”。商务部副部长钟山等领导出席开幕式并参观展会，来自世界各地的100多家乳品企业参展。

11～12日　中国奶业协会主办的奶牛生产性能测定（天津）培训班在天津举行。中国奶业协会副会长兼秘书长谷继承、全国畜牧总站总畜牧师石有龙出席开班仪式。天津各奶牛养殖场的主要负责人及相关技术人员等160余人参加培训。

12日　新西兰恒天然中国区总裁魏柯文拜访中国奶业协会，中国奶业协会副会长兼秘书长谷继承会见并座谈。

20～21日　国家肉牛/牦牛产业技术体系疾病控制研究室主办、华中农业大学承办的“第4届全国牛病防制及产业发展大会”在武汉召开。会议主题为“健康养殖，科学防病，推进牛业产业化”，国家肉牛/牦牛产业技术体系的有关专家、科研生产人员以及相关企业代表参加会议。

22日　农业部公告第1849号，发布《饲料生产企业许可条件》和《混合型饲料添加剂生产企业许可条件》，自2012年10月22日起施行。

25日　由中国奶业协会主办的“2011—2012年全国重点奶业企业（乳品加工企业及奶牛养殖场）信息监测工作会议”在贵州省贵阳市召开，共有56家监测企业近百人参加会议。

25～26日　美国农业部主办、北京环球种畜有限责任公司协办的美国农业部新兴市场（EMP）项目奶业技术论坛在北京举行。美国农业部驻华大使馆农贸处主任龙峰、中国奶业协会副秘书长刘琳、美国环球副总裁麦克·瑞克斯出席并讲话。来自美国高校、科研机构、牧场等单位的专家，以及来自国内各地牧场管理与技术人员100多人参加论坛。

28～30日　农业部奶业管理办公室、全国畜牧总站、中国奶业协会、山西省畜牧兽医局主办，山西省饲料奶站管理办公室、山西省生态畜牧产业管理站、山西省畜牧遗传育种中心、山西省奶牛生产性能测定管理站承办的全国奶牛生产性能测定（山西）培训班暨奶牛良补工作会议在山西太原举行。来自山西省各市县畜牧部门领导、技术人员、牛场场长、牛场一线工作人员等共计300余人参加会议和培训。

29日　丹麦王国驻华大使馆举办的丹麦海外农场主协会访华代表团研讨会在北京召开。中国奶业协会副秘书长杨秀文受邀参加。代表团中涉及奶业产业链的奶牛养殖农场主、设备供应商、乳制品加工企业、贸易商等30余位代表参加研讨会。

29日　阿根廷“共和国农场”总裁劳尔·胡安·莫内塔、执行长圣地亚哥·塔皮亚、总裁劳尔·克鲁斯·莫内塔、总裁奥斯卡·克鲁西安提一行拜访中国奶业协会。中国奶业协会常务副会长魏克佳、副会长兼秘书长谷继承与阿根廷“共和国农场”代表团一行进行了友好的会谈。

30日 农业部办公厅印发《关于公布2012年畜禽标准化示范场名单的通知》（农办牧〔2012〕40号）。其中奶牛场133个。

31日 农业部发布公告第1845号，将质量不可控、毒副作用大、制剂产品生产无原料药合法来源、长期未生产、兽医临床使用量小且已有替代产品、国家重点保护动物药材及可归属饲料添加剂管理的109个品种列入《废止兽药质量标准目录》，自2012年10月31日起施行。

11月

12～24日 中国奶业协会组织的中国奶业考察团前往德国汉诺威参加两年一度的EuroTier国际畜牧业展览会并对欧洲奶业进行考察。

29日 农业部发布公告第1867号，发布《饲料添加剂生产许可申报材料要求》、《混合型饲料添加剂生产许可申报材料要求》、《添加剂预混合饲料生产许可申报材料要求》、《浓缩饲料、配合饲料、精料补充料生产许可申报材料要求》和《单一饲料生产许可申报材料要求》，自2012年11月29日起施行。原农业部2006年2月28日发布的《饲料添加剂和添加剂预混合饲料生产许可证申报材料要求》同时废止。

12月

16～17日 国家奶业产业技术体系、农业部畜牧业司和奶业管理办公室、中国奶业协会联合主办的第一届国际奶业产业技术体系论坛暨国家奶牛产业技术体系总结会在北京召开。论坛开幕式由体系首席科学家李胜利主持，中国奶业协会名誉会长刘成果出席开幕式并讲话。来自全国的奶业专家、地方奶业协会领导、大型牧场代表、农业院校代表等近500人参会。

19日 国家质量监督检验检疫总局、农业部发布联合公告2012年第210号，发布《关于防止巴西疯牛病传入我国的公告》，禁止引入巴西牛及其附属产品，并召回2012年12月7日至2012年12月19日期间进口的巴西牛肉及其产品。

25日 海关总署发布公告2012年第61号，根据《中华人民共和国政府和新西兰政府自由贸易协定》和海关总署公告2008年第91号，对自新西兰进口的四大类12个税号不同脂肪含量的乳及奶油实施特殊保障管理措施。

31日 商务部、海关总署联合公告2012年第97号，发布《关于出口许可证管理货物目录》，对于活牛实行出口许可证管理。

中国奶业协会秘书处 毕鉴琨

【奶业经济走势图】

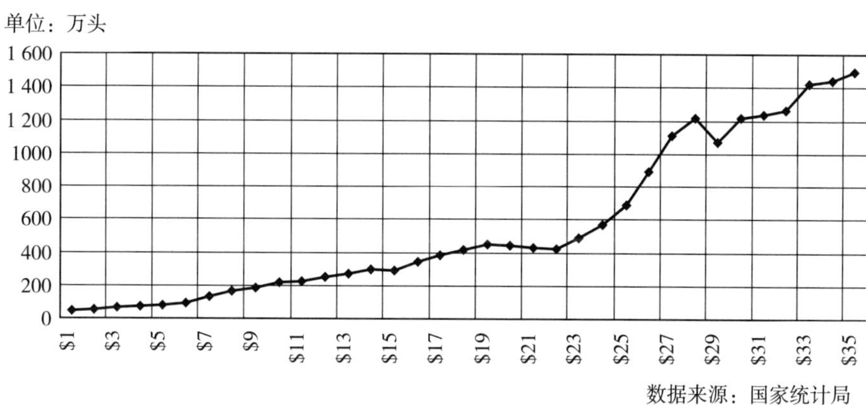

1978—2012 年全国奶牛存栏走势图

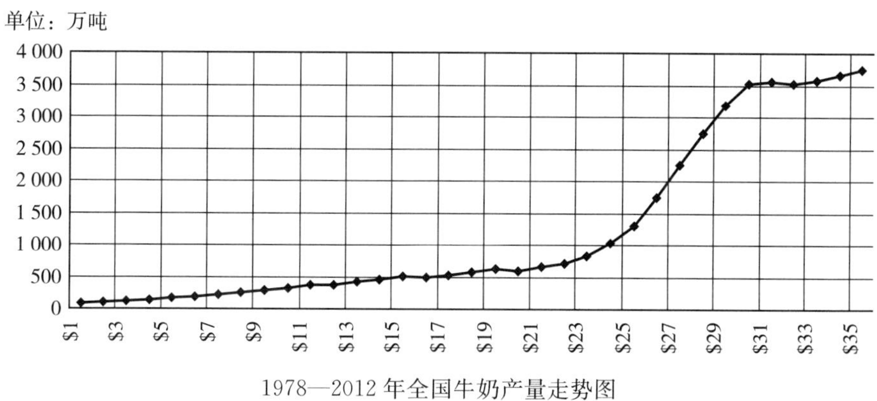

1978—2012 年全国牛奶产量走势图

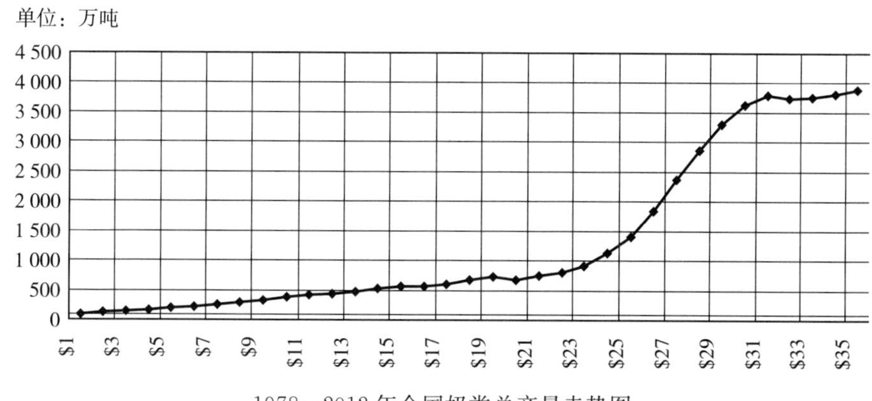

1978—2012 年全国奶类总产量走势图

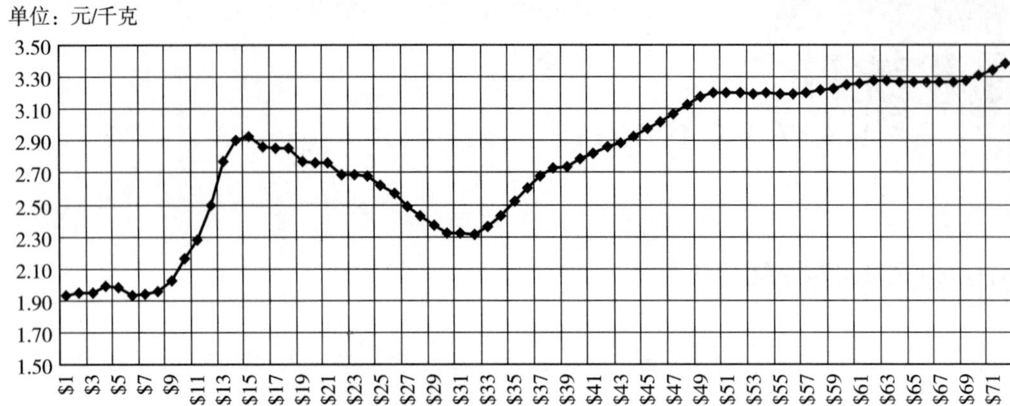

2007—2012 年全国主产省生鲜乳价格变动情况图

资料来源：农业部

注：生鲜乳主产省统计范围是：河北、山区、内蒙古、辽宁、黑龙江、山东、河南、陕西、宁夏、新疆。2012 年 10 省（区）生鲜乳产量占全国的 83.4%。

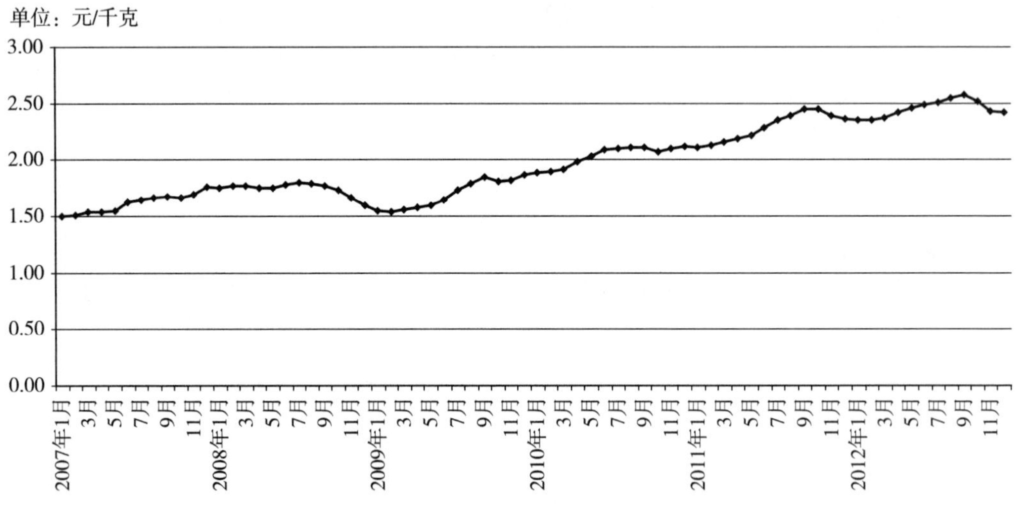

2007—2012 年全国玉米价格变动情况图

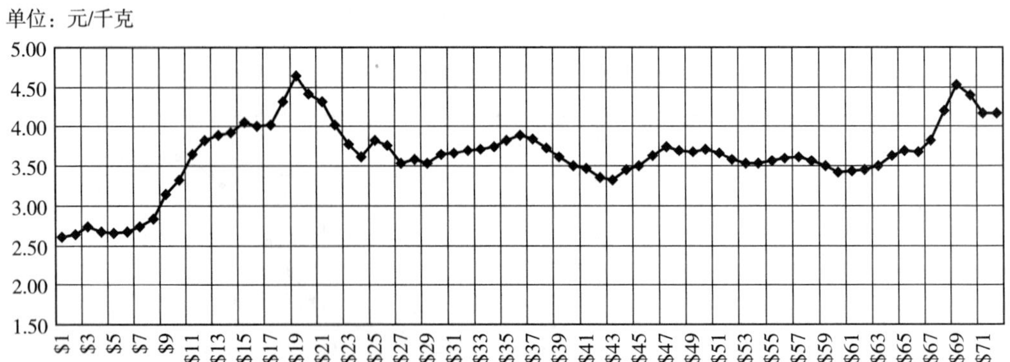

2007—2012 年全国豆粕价格变动情况图

数据来源：农业部

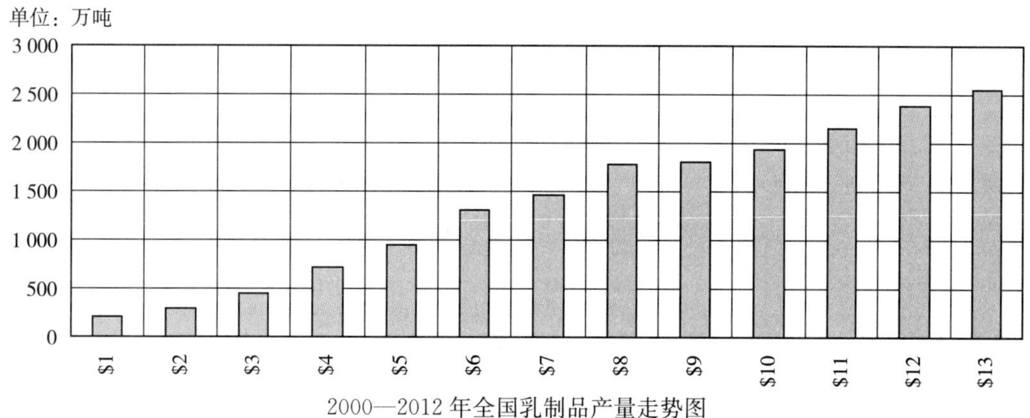

2000—2012 年全国乳制品产量走势图

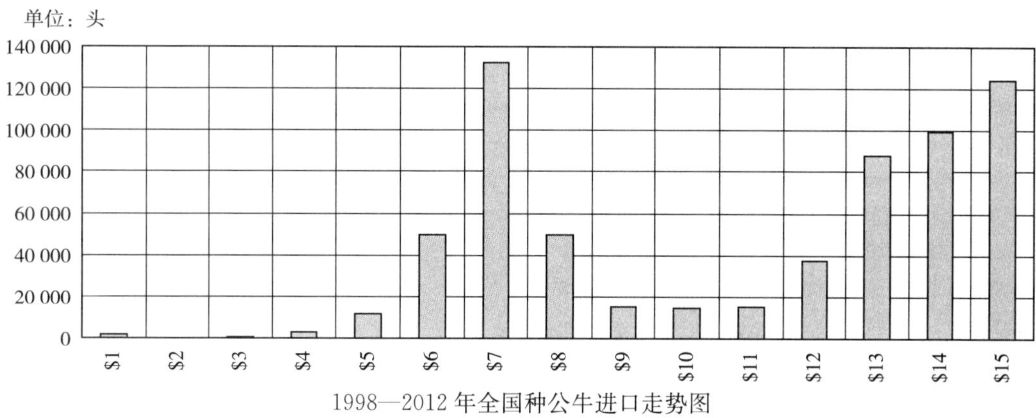

1998—2012 年全国种公牛进口走势图

数据来源：海关总署

1998—2012 年全国乳制品进口走势图

数据来源：海关总署

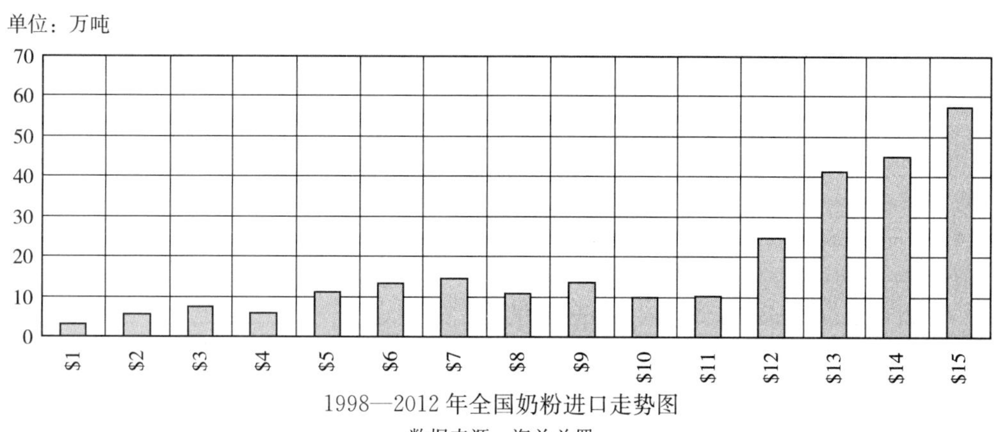

1998—2012 年全国奶粉进口走势图

数据来源：海关总署

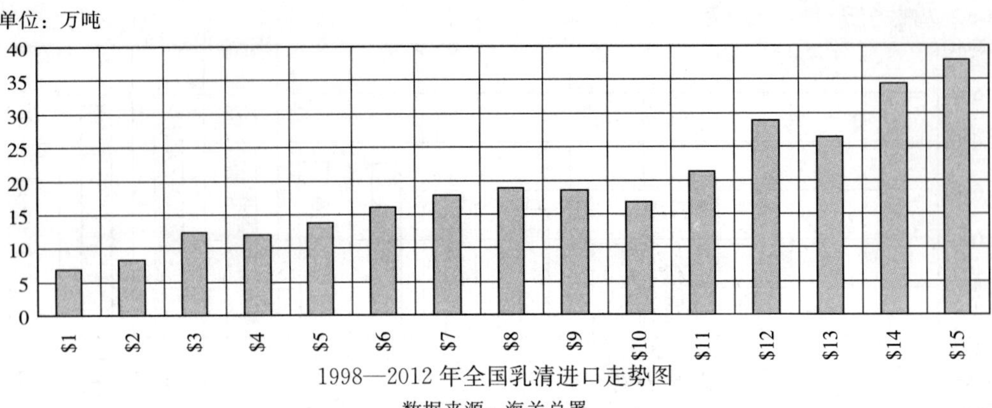

1998—2012 年全国乳清进口走势图

数据来源：海关总署

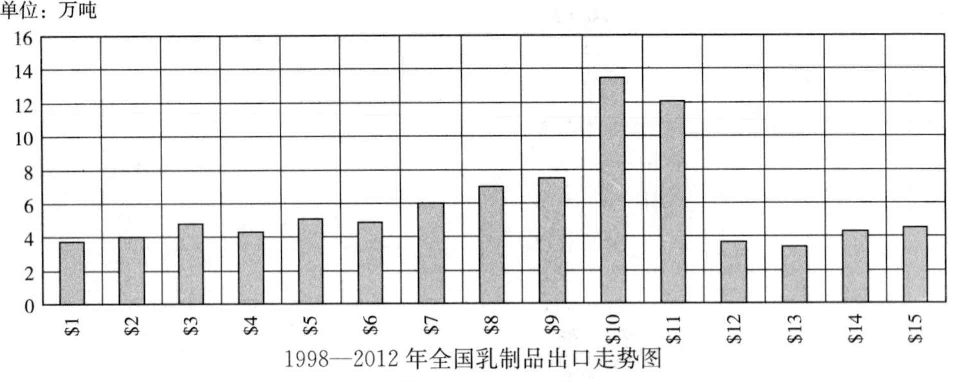

1998—2012 年全国乳制品出口走势图

数据来源：海关总署

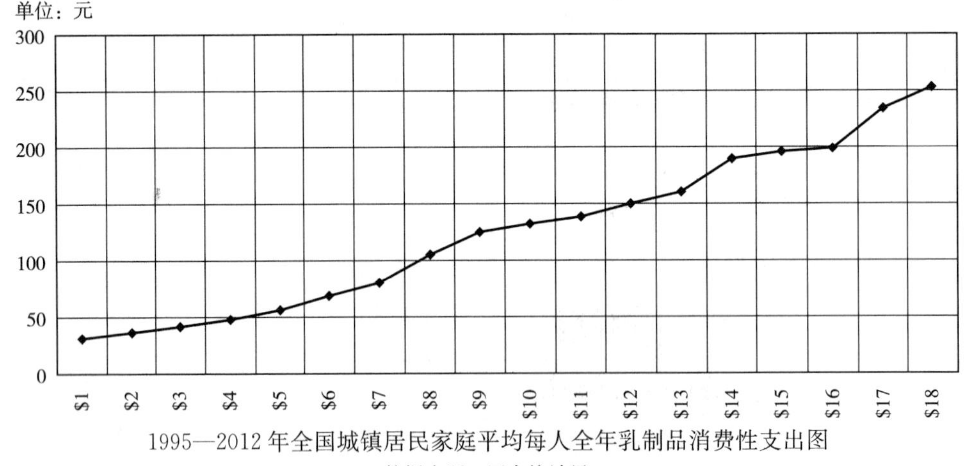

1995—2012 年全国城镇居民家庭平均每人全年乳制品消费性支出图

数据来源：国家统计局

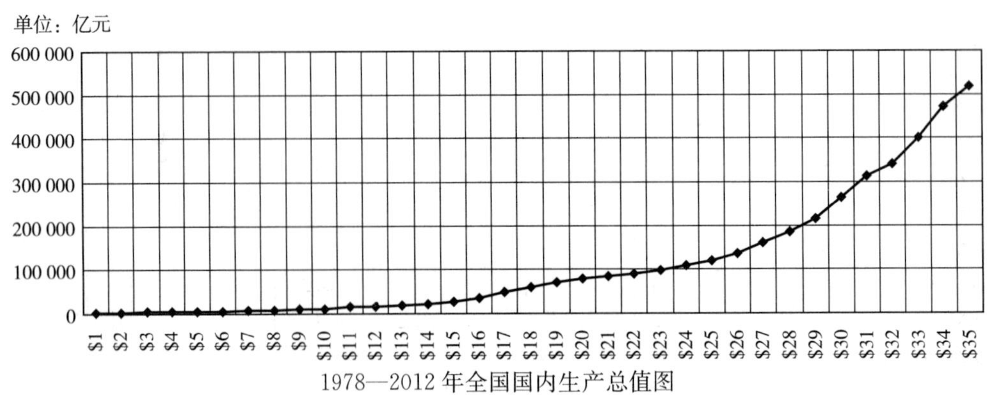

1978—2012 年全国国内生产总值图

数据来源：国家统计局

【综合情况】

全国奶业基本情况

项　　目	单位	2008 年	2009 年	2010 年	2011 年	2012 年
奶畜资源						
奶牛存栏数	万头	1 233.5	1 260.3	1 420.1	1 440.2	1 493.9
原料奶产量						
奶类总产量	万吨	3 781.50	3 734.60	3 748.00	3 810.7	3 875.40
牛奶产量	万吨	3 555.80	3 520.90	3 575.60	3 657.80	3 743.60
乳制品加工						
液态奶产量	万吨	1 525.23	1 641.65	1 845.80	2 060.80	2 146.50
干乳制品产量	万吨	285.33	293.47	313.80	326.70	398.60
居民乳制品消费						
城镇居民						
人均年乳制品消费支出	元/人	189.84	196.14	198.47	234.01	253.57
人均年鲜奶购买量	千克/人	15.19	14.91	13.98	13.70	13.95
人均年酸奶购买量	千克/人	3.54	3.88	3.67	3.67	3.46
人均年奶粉购买量	千克/人	0.57	0.48	0.45	0.53	0.50
农村居民						
人均年乳制品消费量	千克/人	3.43	3.6	3.55	5.16	5.29
乳制品进出口						
其中进口						
鲜奶	吨	7 535.00	12 779.41	15 889.94	40 539.83	93 781.28
酸奶	吨	784.96	1 525.84	1 229.15	2 546.06	7 897.10
奶粉	吨	100 930.09	246 787.44	414 039.80	449 541.86	572 875.19
乳清	吨	213 506.40	288 753.81	264 499.03	344 244.02	378 378.65
炼乳	吨	853.09	1 732.28	3 266.03	4 913.49	5 514.50
奶油	吨	13 553.40	28 443.69	23 448.93	35 675.52	48 325.96
干酪	吨	13 904.35	16 976.78	22 920.66	28 602.74	38 805.57
其中出口						
鲜奶	吨	38 427.89	20 030.12	22 492.16	25 169.39	27 275.33
酸奶	吨	1 103.82	843.61	1 174.73	850.73	525.94
奶粉	吨	63 771.29	9 737.53	2 969.70	9 327.20	9702.58
乳清	吨	4 309.97	316.09	445.54	1 149.59	701.79
炼乳	吨	8 054.15	3 691.95	3 443.52	3 130.18	3 723.25
奶油	吨	4 966.56	2 045.65	3 038.76	3 358.96	2 567.02
干酪	吨		114.73	196.40	338.87	400.18
种牛进出口						
种牛进口	头	15 075	37 453	87 990	99 348	128 294
种牛出口	头	696	52	198	218	100

2008—2012 年全国各地区奶业概况

2008—2012 年全国各地区奶业概况——北京

项　　目	单位	2008 年	2009 年	2010 年	2011 年	2012 年
地区概况						
人口总数	万人	1 695.00	1 755.00	1 961.24	2 018.60	2 069.30
其中：城镇常住人口数	万人	1 439.06	1 491.75	1 685.87	1 740.03	1 783.74
农村常住人口数	万人	255.95	263.25	275.37	278.57	285.56
社会消费品零售总额	亿元	4 645.50	5 309.9	6 229.3	6 900.3	7 702.8
地区生产总值	亿元	11 115.00	12 153.03	14 113.58	16 251.93	17 879.40
行业资源						
乳品企业数	个	13	14	15	9	8
其中：亏损企业数	个	7	7	8	5	4
从业人数	万人	0.48	0.51	0.51	0.49	0.84
工业销售产值	亿元	34.22	38.40	40.09	45.96	49.10
利润总额	亿元	0.07	−0.05	1.35	0.73	0.47
奶畜资源						
奶牛存栏数	万头	16.9	15.8	14.9	15.1	15.1
原料奶产量						
奶类产量	万吨	66.54	67.40	64.10	63.98	65.05
牛奶产量	万吨	66.38	67.39	64.1	64.0	65.05
乳制品加工						
乳制品产量	万吨	46.01	52.20	52.30	58.65	56.58
其中：液态奶产量	万吨	43.70	49.84	49.95	54.87	52.23
居民乳制品消费						
城镇居民						
人均年乳制品消费支出	元/人	332.13	341.88	371.04	384.52	421.05
农村居民						
人均年乳制品消费量	千克/人	9.4	10.5	9.9	11.9	
乳制品进出口						
液态奶	吨	449.52	1 492.09	2 313.76	4 030.56	10 111.75
干乳制品	吨	25 772.23	35 789.09	48 214.74	66 318.76	71 697.25
其中：奶粉	吨	2 977.35	6 457.07	16 213.09	10 247.18	19 124.06
乳清	吨	18 979.30	22 867.73	24 616.29	46 226.98	38 513.08
奶畜进口						
改良种用牛	头	122	897	2 583	2 272	8 164

2008—2012 年全国各地区奶业概况——天津

项　　目	单位	2008 年	2009 年	2010 年	2011 年	2012 年
地区概况						
人口总数	万人	1 176.00	1 228.16	1 293.87	1 355.01	1 413.15
其中：城镇常住人口数	万人	908.22	958.09	1 027.79	1 090.78	1 152.42
农村常住人口数	万人	267.78	270.07	266.08	264.23	260.73
社会消费品零售总额	亿元	2 078.70	2 430.8	2 902.6	3 395.1	3 921.4
地区生产总值	亿元	6 719.01	7 521.85	9 224.46	11 307.28	12 893.88
行业资源						
乳品企业数	个	14	15	15	14	14
其中：亏损企业数	个	6	8	5	6	5
从业人数	万人	0.28	0.51	0.45	0.50	0.41
工业销售产值	亿元	14.64	40.09	23.87	37.61	36.20
利润总额	亿元	−0.14	1.35	0.50	0.16	0.50
奶畜资源						
奶牛存栏数	万头	15.0	15.8	15.7	15.8	15.6
原料奶产量						
奶类产量	万吨	70.12	68.69	69.34	69.39	68.17
牛奶产量	万吨	69.75	68.29	69.0	69.1	67.87
乳制品加工						
乳制品产量	万吨	33.07	33.34	26.58	22.87	43.98
其中：液态奶产量	万吨	30.43	28.89	18.75	21.18	19.82
居民乳制品消费						
城镇居民						
人均年乳制品消费支出	元/人	211.11	205.93	236.06	252.24	325.39
农村居民						
人均年乳制品消费量	千克/人	4.6	5.7	4.9	7.3	
乳制品进出口						
液态奶	吨	146.70	157.44	158.13	739.45	2 231.30
干乳制品	吨	89 546.73	139 894.26	196 688.11	217 780.08	255 925.32
其中：奶粉	吨	25 537.95	58 077.50	129 515.80	115 180.91	149 507.16
乳清	吨	61 365.06	77 842.47	61 259.35	91 667.35	95 728.53
奶畜进口						
改良种用牛	头	7 303	16			

2008—2012 年全国各地区奶业概况——河北

项　　目	单位	2008 年	2009 年	2010 年	2011 年	2012 年
地区概况						
人口总数	万人	6 988.82	7 033.79	7 185.42	7 240.84	7 287.51
其中：城镇常住人口数	万人	2 928.32	3 024.79	3 157.53	3 302.00	3 410.55
农村常住人口数	万人	4 060.50	4 009.00	4 027.89	3 938.84	3 876.96
社会消费品零售总额	亿元	4 991.10	5 764.90	6 821.80	8 035.50	9 254.03
地区生产总值	亿元	16 011.97	17 235.48	20 394.26	24 515.76	26 575.01
行业资源						
乳品企业数	个	64	52	39	32	34
其中：亏损企业数	个	35	19	13	5	7
从业人数	万人	1.71	1.68	1.77	1.58	1.65
工业销售产值	亿元	104.57	111.12	132.36	165.33	191.09
利润总额	亿元	−0.55	6.49	6.34	11.78	12.11
奶畜资源						
奶牛存栏数	万头	143.2	167.4	180.8	188.7	196.3
原料奶产量						
奶类产量	万吨	515.33	461.03	449.08	466.94	478.96
牛奶产量	万吨	504.51	451.50	439.80	458.90	470.37
乳制品加工						
乳制品产量	万吨	236.45	196.63	255.44	269.00	272.48
其中：液态奶产量	万吨	208.51	179.84	229.40	259.50	239.58
居民乳制品消费						
城镇居民						
人均年乳制品消费支出	元/人	169.14	166.38	148.19	179.01	
农村居民						
人均年乳制品消费量	千克/人	3.6	3.2	3.5	5.5	
乳制品进出口						
液态奶	吨		0.50		42.73	80.06
干乳制品	吨	3 016.90	3 011.23	6 981.52	10 687.00	8 791.94
其中：奶粉	吨	1 993.90	719.65	2 288.93	6 161.10	7 254.19
乳清	吨	1 023.00	2 291.58	4 565.18	4 417.75	1 494.45
奶畜进口						
改良种用牛	头			3 748	13 595	12 090

2008—2012 年全国各地区奶业概况——山西

项　　目	单位	2008 年	2009 年	2010 年	2011 年	2012 年
地区概况						
人口总数	万人	3 410.61	3 427.36	3 593.00	3 593.00	3 610.83
其中：城镇常住人口数	万人	1 538.53	1 576.24	1 785.00	1 785.00	1 850.91
农村常住人口数	万人	1 872.08	1 851.12	1 808.00	1 808.00	1 759.92
社会消费品零售总额	亿元	2 421.10	2 809.00	3 903.40	3 903.40	4 506.81
地区生产总值	亿元	7 315.40	7 358.31	11 237.55	11 237.55	12 112.83
行业资源						
乳品企业数	个	24	24	20	18	17
其中：亏损企业数	个	3	1	2	2	3
从业人数	万人	0.54	0.48	0.54	0.43	0.40
工业销售产值	亿元	29.35	30.58	38.31	43.79	41.14
利润总额	亿元	1.62	1.13	3.31	2.09	2.38
奶畜资源						
奶牛存栏数	万头	31.4	27.4	28.8	28.0	30.6
原料奶产量						
奶类产量	万吨	70.02	74.08	74.94	75.88	80.99
牛奶产量	万吨	68.18	72.50	73.20	74.60	79.97
乳制品加工						
乳制品产量	万吨	47.78	48.14	50.03	52.46	65.18
其中：液态奶产量	万吨	39.54	43.43	43.66	47.87	60.36
居民乳制品消费						
城镇居民						
人均年乳制品消费支出	元/人	205.47	210.64	161.23	201.17	
农村居民						
人均年乳制品消费量	千克/人	5.6	5.4	6.1	7.5	
乳制品进出口						
液态奶	吨					
干乳制品	吨	75.00	1 881.53	428.53		252.00
其中：奶粉	吨		1 881.53	428.53		252.00
乳清	吨	75.00				
奶畜进口						
改良种用牛	头			10	1 445	

2008—2012年全国各地区奶业概况——内蒙古

项　　目	单位	2008年	2009年	2010年	2011年	2012年
地区概况						
人口总数	万人	2 413.73	2 422.07	2 470.63	2 481.71	2 489.85
其中：城镇常住人口数	万人	1 248.14	1 293.39	1 372.02	1 405.14	1 437.64
农村常住人口数	万人	1 165.59	1 128.68	1 098.61	1 076.57	1 052.21
社会消费品零售总额	亿元	2 463.00	2 855.30	3 384.00	3 991.70	4 572.55
地区生产总值	亿元	8 496.20	9 740.25	11 672.00	14 359.88	15 880.58
行业资源						
乳品企业数	个	70	77	80	71	65
其中：亏损企业数	个	22	13	8	11	14
从业人数	万人	2.64	2.86	3.02	3.18	2.94
工业销售产值	亿元	280.04	314.94	335.76	386.94	335.68
利润总额	亿元	−10.18	17.92	47.32	25.45	22.35
奶畜资源						
奶牛存栏数	万头	245.6	227.3	292.5	275.1	263.2
原料奶产量						
奶类产量	万吨	921.23	934.05	945.68	931.44	930.65
牛奶产量	万吨	912.23	903.10	905.20	908.20	910.20
乳制品加工						
乳制品产量	万吨	355.94	379.55	345.36	383.21	325.67
其中：液态奶产量	万吨	325.71	348.49	308.92	309.71	273.39
居民乳制品消费						
城镇居民						
人均年乳制品消费支出	元/人	159.80	175.51	173.47	205.68	
农村居民						
人均年乳制品消费量	千克/人	7.0	6.5	7.0	6.5	
乳制品进出口						
液态奶	吨		14.03			
干乳制品	吨	1 062.33	2 320.16	20 010.38	27 941.08	33 826.84
其中：奶粉	吨	420.51	1 889.68	19 533.75	27 014.08	30 728.38
乳清	吨	560.11	290.95	200.20	804.80	2 769.44
奶畜进口						
改良种用牛	头		395	2 278	16 656	11 796

2008—2012 年全国各地区奶业概况——辽宁

项　　目	单位	2008 年	2009 年	2010 年	2011 年	2012 年
地区概况						
人口总数	万人	4 314.70	4 319.00	4 374.63	4 383.00	4 389.00
其中：城镇常住人口数	万人	2 590.98	2 606.52	2 718.80	2 807.31	2 881.38
农村常住人口数	万人	1 723.72	1 712.48	1 655.84	1 575.69	1 507.62
社会消费品零售总额	亿元	5 032.40	5 812.60	6 887.60	8 095.30	9 346.57
地区生产总值	亿元	13 668.58	15 212.49	18 457.27	22 226.70	24 846.43
行业资源						
乳品企业数	个	29	28	23	16	16
其中：亏损企业数	个	7	4	3	2	3
从业人数	万人	0.84	0.88	0.93	0.79	0.66
工业销售产值	亿元	65.45	83.84	97.88	118.20	110.88
利润总额	亿元	2.14	3.87	12.37	7.29	7.79
奶畜资源						
奶牛存栏数	万头	29.3	28.9	32.1	33.1	32.2
原料奶产量						
奶类产量	万吨	107.26	115.64	126.65	131.98	130.20
牛奶产量	万吨	101.20	110.00	121.20	124.50	124.75
乳制品加工						
乳制品产量	万吨	96.06	95.93	101.55	102.88	106.04
其中：液态奶产量	万吨	93.98	51.45	99.58	94.83	105.62
居民乳制品消费						
城镇居民						
人均年乳制品消费支出	元/人	213.15	218.57	188.03	213.82	
农村居民						
人均年乳制品消费量	千克/人	3.1	3.2	2.8	3.7	
乳制品进出口						
液态奶	吨	66.98	125.99	172.46	262.20	1 081.18
干乳制品	吨	11 405.06	28 409.92	23 304.52	25 882.39	39 883.71
其中：奶粉	吨	17.72	2 018.19	1 904.44	584.05	2 181.21
乳清	吨	10 960.38	25 743.86	20 430.34	23 868.30	35 790.41
奶畜进口						
改良种用牛	头		5 847	22 142	20 474	21 760

2008—2012 年全国各地区奶业概况——吉林

项　　目	单位	2008 年	2009 年	2010 年	2011 年	2012 年
地区概况						
人口总数	万人	2 734.00	3 826.00	2 745.28	2 749.41	2 750.40
其中：城镇常住人口数	万人	1 454.76	2 123.43	1 464.82	1 468.18	1 476.96
农村常住人口数	万人	1 279.24	1 702.57	1 280.46	1 281.23	1 273.44
社会消费品零售总额	亿元	2 549.20	3 401.80	3 504.90	4 119.80	4 772.94
地区生产总值	亿元	6 426.10	8 587.00	8 667.58	10 568.83	11 939.24
行业资源						
乳品企业数	个	7	10	14	14	13
其中：亏损企业数	个	1	1	2	3	1
从业人数	万人	0.18	0.18	0.23	0.30	0.28
工业销售产值	亿元	5.69	7.94	13.35	22.78	27.16
利润总额	亿元	0.30	—0.03	0.14	1.12	0.74
奶畜资源						
奶牛存栏数	万头	15.2	19.3	19.5	18.0	24.0
原料奶产量						
奶类产量	万吨	39.74	44.50	44.63	46.03	49.80
牛奶产量	万吨	39.74	44.50	43.50	45.24	49.10
乳制品加工						
乳制品产量	万吨	7.94	5.95	6.96	6.88	16.67
其中：液态奶产量	万吨	2.17	5.71	5.99	5.84	15.00
居民乳制品消费						
城镇居民						
人均年乳制品消费支出	元/人	126.55	146.29	109.85	141.82	
农村居民						
人均年乳制品消费量	千克/人	2.2	2.5	2.3	3.6	
乳制品进出口						
液态奶	吨	0.67				
干乳制品	吨	20.00	0.60	0.45	4.75	255.95
其中：奶粉	吨				4.75	255.95
乳清	吨	20.00	0.00			
奶畜进口						
改良种用牛	头		2 950			1 000

2008—2012 年全国各地区奶业概况——黑龙江

项　目	单位	2008 年	2009 年	2010 年	2011 年	2012 年
地区概况						
人口总数	万人	3 825.39	3 826.00	3 831.40	3 834.00	3 834.00
其中：城镇常住人口数	万人	2 119.27	2 123.43	2 132.37	2 166.21	2 181.55
农村常住人口数	万人	1 706.12	1 702.57	1 699.03	1 667.79	1 652.45
社会消费品零售总额	亿元	2 928.30	3 401.80	4 039.20	4 750.10	5 491.02
地区生产总值	亿元	8 314.37	8 587.00	10 368.60	12 582.00	13 691.58
行业资源						
乳品企业数	个	80	77	74	64	65
其中：亏损企业数	个	15	14	11	14	15
从业人数	万人	2.51	3.45	3.22	3.13	2.54
工业销售产值	亿元	213.43	267.09	318.48	370.58	321.22
利润总额	亿元	14.76	20.55	31.08	22.92	21.70
奶畜资源						
奶牛存栏数	万头	140.1	197.0	205.4	192.7	202.2
原料奶产量						
奶类产量	万吨	512.84	534.69	558.78	550.36	564.99
牛奶产量	万吨	508.36	528.70	552.50	543.10	559.94
乳制品加工						
乳制品产量	万吨	168.53	176.81	183.90	178.28	185.74
其中：液态奶产量	万吨	114.33	111.52	116.93	103.57	134.09
居民乳制品消费						
城镇居民						
人均年乳制品消费支出	元/人	129.59	135.19	137.02	151.50	
农村居民						
人均年乳制品消费量	千克/人	2.9	2.9	3.2	4.3	
乳制品进出口						
液态奶	吨					
干乳制品	吨	11 118.82	18 657.50	18 093.35	13 186.31	11 456.37
其中：奶粉	吨	1 165.34	6 202.65	5 299.00	2 907.83	1 889.28
乳清	吨	9 953.49	12 051.65	12 643.14	10 228.08	9 527.90
奶畜进口						
改良种用牛	头	1 659	11 841	16 955	5 757	3 618

2008—2012 年全国各地区奶业概况——上海

项　　目	单位	2008 年	2009 年	2010 年	2011 年	2012 年
地区概况						
人口总数	万人	1 888.46	1 921.00	2 301.92	2 347.46	2 380.43
其中：城镇常住人口数	万人	1 673.18	1 702.01	2 055.51	2 096.28	2 125.72
农村常住人口数	万人	215.28	218.99	246.41	251.18	254.71
社会消费品零售总额	亿元	4 577.20	5 173.20	6 070.50	6 814.80	7 412.32
地区生产总值	亿元	14 069.86	15 046.45	17 165.98	19 195.69	20 181.72
行业资源						
乳品企业数	个	12	9	10	8	8
其中：亏损企业数	个	3	3	5	1	0
从业人数	万人	0.46	0.48	0.54	0.49	0.87
工业销售产值	亿元	68.12	77.20	92.54	100.09	108.10
利润总额	亿元	8.70	10.04	13.60	13.16	17.40
奶畜资源						
奶牛存栏数	万头	6.0	3.0	6.7	6.9	6.9
原料奶产量						
奶类产量	万吨	23.29	21.25	24.71	29.08	30.18
牛奶产量	万吨	23.29	23.29	24.70	29.08	30.18
乳制品加工						
乳制品产量	万吨	38.14	40.18	42.30	45.75	58.17
其中：液态奶产量	万吨	34.37	35.89	38.10	40.86	53.07
居民乳制品消费						
城镇居民						
人均年乳制品消费支出	元/人	341.69	361.73	410.27	462.70	
农村居民						
人均年乳制品消费量	千克/人	7.1	7.0	7.0	8.1	
乳制品进出口						
液态奶	吨	5 451.99	8 549.76	11 858.34	29 119.65	72 073.55
干乳制品	吨	57 037.24	89 709.41	110 753.44	132 897.79	158 208.02
其中：奶粉	吨	11 800.25	26 251.60	47 928.07	60 123.29	71 526.96
乳清	吨	34 166.47	41 552.56	41 814.83	48 454.23	52 386.79
奶畜进口						
改良种用牛	头					122

2008—2012 年全国各地区奶业概况——江苏

项　　目	单位	2008 年	2009 年	2010 年	2011 年	2012 年
地区概况						
人口总数	万人	7 677.30	7 725.00	7 866.09	7 899.36	7 919.98
其中：城镇常住人口数	万人	4 168.77	4 295.10	4 737.15	4 889.36	4 989.59
农村常住人口数	万人	3 508.53	3 429.90	3 128.95	3 010.00	2 930.39
社会消费品零售总额	亿元	9 905.10	11 484.10	13 606.80	15 988.40	18 331.33
地区生产总值	亿元	30 981.98	34 457.30	41 425.48	49 110.27	54 058.22
行业资源						
乳品企业数	个	36	36	33	25	27
其中：亏损企业数	个	6	3	7	5	6
从业人数	万人	0.77	0.76	0.75	0.72	1.54
工业销售产值	亿元	28.65	33.49	40.43	47.18	84.66
利润总额	亿元	1.08	1.26	1.71	2.93	2.98
奶畜资源						
奶牛存栏数	万头	16.8	18.9	22.1	21.5	20.9
原料奶产量						
奶类产量	万吨	61.05	55.40	57.28	59.17	61.30
牛奶产量	万吨	61.05	55.40	57.30	59.17	61.30
乳制品加工						
乳制品产量	万吨	80.90	95.20	100.19	100.25	128.32
其中：液态奶产量	万吨	70.31	93.58	96.35	94.04	109.19
居民乳制品消费						
城镇居民						
人均年乳制品消费支出	元/人	216.44	216.79	234.10	279.66	
农村居民						
人均年乳制品消费量	千克/人	6.0	5.9	6.1	7.4	
乳制品进出口						
液态奶	吨			70.31	491 219.00	358.69
干乳制品	吨	4 617.02	7 454.35	16 525.25	30 705.41	29 277.03
其中：奶粉	吨	1 915.04	3 784.38	9 434.45	20 966.47	20 962.44
乳清	吨	2 548.96	1 537.47	6 141.91	8 603.27	7 338.34
奶畜进口						
改良种用牛	头	1 854	2 875	5 956	9 869	11 895

2008—2012 年全国各地区奶业概况——浙江

项　　目	单位	2008 年	2009 年	2010 年	2011 年	2012 年
地区概况						
人口总数	万人	5 120.00	5 180.00	5 442.69	5 463.00	5 477.00
其中：城镇常住人口数	万人	2 949.12	2 999.22	3 355.02	3 403.45	3 461.46
农村常住人口数	万人	2 170.88	2 180.78	2 087.67	2 059.55	2 015.54
社会消费品零售总额	亿元	7 533.30	8 622.30	10 245.40	12 028.00	13 588.34
地区生产总值	亿元	21 462.69	22 990.35	27 722.31	32 318.85	34 665.33
行业资源						
乳品企业数	个	30	26	25	18	17
其中：亏损企业数	个	10	6	6	2	1
从业人数	万人	0.52	0.55	0.55	0.53	0.53
工业销售产值	亿元	18.50	23.78	24.20	33.26	46.29
利润总额	亿元	0.62	0.88	1.57	1.38	2.72
奶畜资源						
奶牛存栏数	万头	6.5	6.1	6.1	6.1	5.7
原料奶产量						
奶类产量	万吨	22.51	19.93	20.27	19.91	19.27
牛奶产量	万吨	22.51	19.93	20.30	19.91	19.27
乳制品加工						
乳制品产量	万吨	30.52	34.26	30.76	35.68	42.12
其中：液态奶产量	万吨	18.29	28.96	22.30	26.20	30.17
居民乳制品消费						
城镇居民						
人均年乳制品消费支出	元/人	210.20	206.77	219.84	274.03	
农村居民						
人均年乳制品消费量	千克/人	5.2	5.6	5.6	5.9	
乳制品进出口						
液态奶	吨		225.58	485.00	540.98	1 068.19
干乳制品	吨	41 464.42	58 919.09	86 456.05	102 879.38	132 708.36
其中：奶粉	吨	23 368.02	39 663.98	74 540.28	81 658.23	107 722.71
乳清	吨	17 424.05	17 950.68	10 401.26	19 084.00	22 233.37
奶畜进口						
改良种用牛	头				434	300

2008—2012 年全国各地区奶业概况——安徽

项　　目	单位	2008 年	2009 年	2010 年	2011 年	2012 年
地区概况						
人口总数	万人	6 135.00	6 131.00	5 950.05	5 968.00	5 988.00
其中：城镇常住人口数	万人	2 484.68	2 581.15	2 557.71	2 673.66	2 784.42
农村常住人口数	万人	3 650.33	3 549.85	3 392.34	3 294.34	3 203.58
社会消费品零售总额	亿元	3 045.20	3 527.80	4 197.70	4 955.10	5 736.56
地区生产总值	亿元	8 851.66	10 062.82	12 359.33	15 300.65	17 212.05
行业资源						
乳品企业数	个	14	15	16	11	12
其中：亏损企业数	个	3	1	2	3	2
从业人数	万人	0.62	0.74	0.73	0.69	0.76
工业销售产值	亿元	32.52	34.84	29.08	56.13	63.39
利润总额	亿元	0.73	2.54	5.68	2.42	2.62
奶畜资源						
奶牛存栏数	万头	6.2	6.8	9.8	10.3	10.8
原料奶产量						
奶类产量	万吨	18.10	20.10	20.48	22.52	24.09
牛奶产量	万吨	18.09	20.10	20.50	22.51	24.09
乳制品加工						
乳制品产量	万吨	39.98	44.52	66.48	79.02	75.23
其中：液态奶产量	万吨	37.10	41.98	60.38	67.15	70.98
居民乳制品消费						
城镇居民						
人均年乳制品消费支出	元/人	238.78	229.03	241.78	305.14	
农村居民						
人均年乳制品消费量	千克/人	1.2	1.4	2.0	3.0	
乳制品进出口						
液态奶	吨					
干乳制品	吨	1 129.62	3 721.51	3 895.25	5 795.79	14 606.03
其中：奶粉	吨	0.01	108.00		3 152.88	6 862.15
乳清	吨	1 129.62	3 613.47	3 895.25	2 642.91	7 644.01
奶畜进口						
改良种用牛	头	28	3 866	7 941	5 731	17 960

2008—2012 年全国各地区奶业概况——福建

项　目	单位	2008 年	2009 年	2010 年	2011 年	2012 年
地区概况						
人口总数	万人	3 604.00	3 627.00	3 689.42	3 720.00	3 748.00
其中：城镇常住人口数	万人	1 798.40	1 864.28	2 106.19	2 161.32	2 233.81
农村常住人口数	万人	1 805.60	1 762.72	1 583.23	1 558.68	1 514.19
社会消费品零售总额	亿元	3 866.70	4 481.00	5 310.00	6 276.20	7 256.54
地区生产总值	亿元	10 823.01	12 236.53	14 737.12	17 560.18	19 701.78
行业资源						
乳品企业数	个	11	13	12	8	9
其中：亏损企业数	个	4	1	2	1	2
从业人数	万人	0.17	0.18	0.18	0.19	0.14
工业销售产值	亿元	11.60	12.96	13.60	12.11	11.97
利润总额	亿元	0.42	0.37	0.41	0.66	0.51
奶畜资源						
奶牛存栏数	万头	4.7	5.0	5.0	5.2	5.1
原料奶产量						
奶类产量	万吨	14.87	15.56	15.71	15.79	15.39
牛奶产量	万吨	14.49	15.20	15.40	15.47	15.04
乳制品加工						
乳制品产量	万吨	11.33	15.87	16.74	19.41	22.45
其中：液态奶产量	万吨	6.68	11.63	12.30	16.93	17.34
居民乳制品消费						
城镇居民						
人均年乳制品消费支出	元/人	201.42	192.71	203.15	254.99	
农村居民						
人均年乳制品消费量	千克/人	3.7	4.4	4.1	5.2	
乳制品进出口						
液态奶	吨	47.61	66.66	70.02	3 511.58	1 296.02
干乳制品	吨	12 521.37	22 502.73	24 412.57	31 586.87	29 964.68
其中：奶粉	吨	225.43	1 826.99	2 393.00	3 342.88	3 554.15
乳清	吨	10 698.00	19 495.10	20 606.99	25 404.81	23 382.58
奶畜进口						
改良种用牛	头					

2008—2012 年全国各地区奶业概况——江西

项　　目	单位	2008 年	2009 年	2010 年	2011 年	2012 年
地区概况						
人口总数	万人	4 400.00	4 432.16	4 456.78	4 488.44	4 503.93
其中：城镇常住人口数	万人	1 819.84	1 913.81	1 950.00	2 051.22	2 139.82
农村常住人口数	万人	2 580.16	2 518.35	2 506.78	2 437.22	2 364.11
社会消费品零售总额	亿元	2 142.00	2 484.40	2 956.20	3 485.10	4 027.25
地区生产总值	亿元	6 971.05	7 655.18	9 451.26	11 702.82	12 948.88
行业资源						
乳品企业数	个	8	8	8	8	8
其中：亏损企业数	个	2	1	1	1	1
从业人数	万人	0.66	0.71	0.73	0.69	0.72
工业销售产值	亿元	17.75	17.66	19.71	21.40	26.67
利润总额	亿元	0.64	1.91	1.12	1.37	1.88
奶畜资源						
奶牛存栏数	万头	4.3	4.0	6.7	7.2	7.6
原料奶产量						
奶类产量	万吨	11.19	11.20	11.85	12.25	12.60
牛奶产量	万吨	11.19	11.20	11.40	11.80	12.60
乳制品加工						
乳制品产量	万吨	15.98	18.71	28.17	28.91	28.51
其中：液态奶产量	万吨	13.21	16.50	25.83	26.27	24.99
居民乳制品消费						
城镇居民						
人均年乳制品消费支出	元/人	169.30	180.77	171.04	205.83	
农村居民						
人均年乳制品消费量	千克/人	2.1	6.6	3.2	3.8	
乳制品进出口						
液态奶	吨					
干乳制品	吨			147.25	372.30	141.20
其中：奶粉	吨			41.00	372.30	141.20
乳清	吨			106.25		
奶畜进口						
改良种用牛	头					

2008—2012 年全国各地区奶业概况——山东

项　　目	单位	2008 年	2009 年	2010 年	2011 年	2012 年
地区概况						
人口总数	万人	9 417.23	9 470.30	9 579.27	9 637.00	9 684.97
其中：城镇常住人口数	万人	4 482.60	4 576.05	4 762.07	4 910.05	5 077.83
农村常住人口数	万人	4 934.63	4 894.25	4 817.20	4 726.95	4 607.14
社会消费品零售总额	亿元	10 658.80	12 363.00	14 620.30	17 155.50	19 651.94
地区生产总值	亿元	30 933.28	33 896.65	39 169.92	45 361.85	50 013.24
行业资源						
乳品企业数	个	95	101	97	83	79
其中：亏损企业数	个	7	8	8	2	6
从业人数	万人	2.08	1.95	2.33	2.24	2.39
工业销售产值	亿元	133.60	152.76	191.93	234.02	280.91
利润总额	亿元	5.59	11.19	15.80	19.01	18.69
奶畜资源						
奶牛存栏数	万头	81.2	83.8	93.3	125.7	129.8
原料奶产量						
奶类产量	万吨	254.92	258.15	271.56	278.95	294.09
牛奶产量	万吨	230.51	236.28	253.10	268.87	283.92
乳制品加工						
乳制品产量	万吨	152.38	202.94	249.64	311.67	320.72
其中：液态奶产量	万吨	126.35	189.24	220.09	286.35	265.67
居民乳制品消费						
城镇居民						
人均年乳制品消费支出	元/人	215.95	217.93	225.43	251.31	
农村居民						
人均年乳制品消费量	千克/人	6.7	6.1	6.3	7.7	
乳制品进出口						
液态奶	吨	217.94	1 194.40	83.14	262.53	2 399.55
干乳制品	吨	32 645.34	59 393.00	43 424.13	45 251.74	54 186.67
其中：奶粉	吨	8 042.42	34 067.04	25 074.66	28 162.23	25 510.35
乳清	吨	22 982.47	24 320.72	17 266.60	14 611.98	24 356.74
奶畜进口						
改良种用牛	头		2 919	10 242	13 592	12 697

2008—2012 年全国各地区奶业概况——河南

项　　目	单位	2008 年	2009 年	2010 年	2011 年	2012 年
地区概况						
人口总数	万人	9 429.00	9 487.00	9 402.99	9 388.00	9 406.00
其中：城镇常住人口数	万人	3 397.27	3 577.00	3 621.98	3 808.71	3 990.97
农村常住人口数	万人	6 031.73	5 910.00	5 781.02	5 579.29	5 415.03
社会消费品零售总额	亿元	5 815.40	6 746.40	8 004.20	9 453.60	10 915.62
地区生产总值	亿元	18 018.53	19 480.46	23 092.36	26 931.03	29 599.31
行业资源						
乳品企业数	个	53	51	49	45	44
其中：亏损企业数	个	5	4	1	1	2
从业人数	万人	0.68	0.78	0.86	1.07	1.06
工业销售产值	亿元	39.15	44.38	55.25	83.77	100.73
利润总额	亿元	3.40	3.84	5.37	7.42	7.61
奶畜资源						
奶牛存栏数	万头	57.8	50.5	98.5	96.1	100.6
原料奶产量						
奶类产量	万吨	298.62	301.28	307.89	321.14	330.43
牛奶产量	万吨	279.10	281.89	290.90	306.60	316.10
乳制品加工						
乳制品产量	万吨	82.50	108.48	132.69	158.70	175.36
其中：液态奶产量	万吨	61.03	88.26	106.45	157.25	145.38
居民乳制品消费						
城镇居民						
人均年乳制品消费支出	元/人	140.81	148.30	170.31	207.20	
农村居民						
人均年乳制品消费量	千克/人	2.2	2.2	2.4	2.7	
乳制品进出口						
液态奶	吨					
干乳制品	吨	472.56	72.60	75.00	263.39	220.16
其中：奶粉	吨				128.00	193.51
乳清	吨	404.00			96.00	
奶畜进口						
改良种用牛	头		13	45		22

2008—2012 年全国各地区奶业概况——湖北

项　　目	单位	2008 年	2009 年	2010 年	2011 年	2012 年
地区概况						
人口总数	万人	5 711.00	5 720.00	5 723.77	5 758.11	5 779.00
其中：城镇常住人口数	万人	2 581.37	2 631.20	2 844.51	2 984.11	3 091.77
农村常住人口数	万人	3 129.63	3 088.80	2 879.26	2 774.00	2 687.24
社会消费品零售总额	亿元	5 109.70	5 928.40	7 013.90	8 275.20	9 562.50
地区生产总值	亿元	11 328.89	12 961.10	15 967.61	19 632.26	22 250.45
行业资源						
乳品企业数	个	16	17	16	11	10
其中：亏损企业数	个	5	3	4	2	0
从业人数	万人	0.62	0.71	0.62	0.63	0.64
工业销售产值	亿元	24.62	28.03	33.62	46.26	58.86
利润总额	亿元	0.15	1.64	3.44	1.26	1.60
奶畜资源						
奶牛存栏数	万头	5.2	5.4	6.2	6.2	6.3
原料奶产量						
奶类产量	万吨	33.18	28.30	30.41	34.78	15.74
牛奶产量	万吨	15.51	15.51	14.00	14.22	15.34
乳制品加工						
乳制品产量	万吨	41.55	51.90	57.72	49.07	60.52
其中：液态奶产量	万吨	36.67	47.50	53.10	48.97	60.43
居民乳制品消费						
城镇居民						
人均年乳制品消费支出	元/人	148.87	149.54	146.55	205.33	
农村居民						
人均年乳制品消费量	千克/人	0.8	1.1	1.2	1.6	
乳制品进出口						
液态奶	吨					
干乳制品	吨		2 523.80	662.85	1 656.43	2 414.26
其中：奶粉	吨		1 259.58	622.65	628.35	1 814.26
乳清	吨		1 264.23	23.40	860.08	600.00
奶畜进口						
改良种用牛	头			2 492	7 632	45

2008—2012 年全国各地区奶业概况——湖南

项　　目	单位	2008 年	2009 年	2010 年	2011 年	2012 年
地区概况						
人口总数	万人	6 380.00	6 406.00	6 570.08	6 595.60	6 638.93
其中：城镇常住人口数	万人	2 689.17	2 767.39	2 845.31	2 974.62	3 097.06
农村常住人口数	万人	3 690.83	3 638.61	3 724.77	3 620.98	3 541.87
社会消费品零售总额	亿元	4 222.60	4 913.70	5 839.50	6 884.70	7 921.89
地区生产总值	亿元	11 555.00	13 059.69	16 037.96	19 669.56	22 154.23
行业资源						
乳品企业数	个	15	16	18	16	16
其中：亏损企业数	个	3	2	1	3	3
从业人数	万人	0.42	0.47	0.41	0.35	0.37
工业销售产值	亿元	42.34	44.67	38.66	47.17	40.12
利润总额	亿元	0.68	4.87	3.37	2.29	2.06
奶畜资源						
奶牛存栏数	万头	2.5	2.6	13.1	13.2	14.0
原料奶产量						
奶类产量	万吨	15.21	7.67	7.80	8.10	8.50
牛奶产量	万吨	7.67	7.67	7.80	8.10	8.50
乳制品加工						
乳制品产量	万吨	25.92	18.24	18.26	26.98	37.73
其中：液态奶产量	万吨	19.65	13.66	14.59	22.09	17.34
居民乳制品消费						
城镇居民						
人均年乳制品消费支出	元/人	134.95	131.35	128.30	156.98	
农村居民						
人均年乳制品消费量	千克/人	0.7	0.8	1.0	1.3	
乳制品进出口						
液态奶	吨					
干乳制品	吨	2 865.95	8 085.23	7 998.30	5 062.83	4 213.96
其中：奶粉	吨	2 737.10	5 191.33	7 133.15	5 062.83	4 213.96
乳清	吨	128.85	2 893.90	865.15		
奶畜进口						
改良种用牛	头					

2008—2012 年全国各地区奶业概况——广东

项　　目	单位	2008 年	2009 年	2010 年	2011 年	2012 年
地区概况						
人口总数	万人	9 544.00	9 638.00	10 432.05	10 504.84	10 594.00
其中：城镇常住人口数	万人	6 048.03	6 110.49	6 903.03	6 985.72	7 140.36
农村常住人口数	万人	3 495.97	3 527.51	3 529.02	3 519.12	3 453.64
社会消费品零售总额	亿元	12 986.60	14 891.80	17 458.40	20 297.50	22 677.11
地区生产总值	亿元	36 796.71	39 482.56	46 013.06	53 210.28	57 067.92
行业资源						
乳品企业数	个	26	27	28	23	28
其中：亏损企业数	个	7	6	3	5	6
从业人数	万人	1.09	0.99	1.18	1.28	1.46
工业销售产值	亿元	82.96	87.14	111.80	136.24	160.43
利润总额	亿元	8.25	7.59	13.21	13.75	16.43
奶畜资源						
奶牛存栏数	万头	5.5	5.6	5.4	5.7	5.7
原料奶产量						
奶类产量	万吨	13.28	14.37	14.49	14.51	13.93
牛奶产量	万吨	12.96	14.03	14.20	14.23	13.64
乳制品加工						
乳制品产量	万吨	34.94	41.14	58.12	61.22	56.80
其中：液态奶产量	万吨	26.89	34.37	50.16	52.43	27.97
居民乳制品消费						
城镇居民						
人均年乳制品消费支出	元/人	207.50	220.52	211.35	228.97	
农村居民						
人均年乳制品消费量	千克/人	0.6	0.5	0.8	1.1	
乳制品进出口						
液态奶	吨	1 857.68	2 466.63	1 907.90	3 688.09	10 866.74
干乳制品	吨	42 273.04	92 846.85	107 159.72	132 000.73	184 210.32
其中：奶粉	吨	20 353.06	57 180.21	71 279.13	82 952.48	118 500.70
乳清	吨	15 877.88	27 871.41	27 180.72	35 526.00	45 692.70
奶畜进口						
改良种用牛	头		5	710		1 378

2008—2012年全国各地区奶业概况——广西

项　　目	单位	2008年	2009年	2010年	2011年	2012年
地区概况						
人口总数	万人	4 816.00	4 856.00	4 602.38	4 645.00	4 682.00
其中：城镇常住人口数	万人	1 837.79	1 903.55	1 841.78	1 941.61	2 038.07
农村常住人口数	万人	2 978.21	2 952.45	2 760.59	2 703.39	2 643.93
社会消费品零售总额	亿元	2 395.80	2 790.70	3 312.00	3 908.20	4 516.59
地区生产总值	亿元	7 021.00	7 759.16	9 569.85	11 720.87	13 035.10
行业资源						
乳品企业数	个	10	13	13	12	14
其中：亏损企业数	个	1	2	2	1	1
从业人数	万人	0.27	0.28	0.32	0.30	0.37
工业销售产值	亿元	5.43	7.40	14.54	18.42	21.86
利润总额	亿元	0.54	0.75	1.41	1.74	2.04
奶畜资源						
奶牛存栏数	万头	5.1	2.3	4.4	4.4	4.7
原料奶产量						
奶类产量	万吨	7.50	8.07	8.21	8.88	9.36
牛奶产量	万吨	7.50	8.07	8.20	8.88	9.36
乳制品加工						
乳制品产量	万吨	32.24	8.58	11.17	14.33	15.73
其中：液态奶产量	万吨	31.98	7.43	9.50	11.85	13.20
居民乳制品消费						
城镇居民						
人均年乳制品消费支出	元/人	139.58	145.27	152.45	179.19	
农村居民						
人均年乳制品消费量	千克/人	0.2	0.3	0.3	0.8	
乳制品进出口						
液态奶	吨				396.89	42.76
干乳制品	吨	13.50	13.69	0.11	26.71	55.42
其中：奶粉	吨	13.50	13.50		26.70	55.35
乳清	吨					
奶畜进口						
改良种用牛	头					

2008—2012 年全国各地区奶业概况——海南

项　　目	单位	2008 年	2009 年	2010 年	2011 年	2012 年
地区概况						
人口总数	万人	854.00	863.55	867.15	877.34	886.55
其中：城镇常住人口数	万人	409.92	424.00	430.85	443.06	457.46
农村常住人口数	万人	444.08	439.55	436.30	434.28	429.09
社会消费品零售总额	亿元	463.20	537.50	639.30	759.50	870.84
地区生产总值	亿元	1 503.06	1 654.21	2 064.50	2 522.66	2 855.54
行业资源						
乳品企业数	个	4	3	3	0	0
其中：亏损企业数	个	2	0	2	0	0
从业人数	万人	0.02	0.02	0.02	0.01	0.01
工业销售产值	亿元	0.60	0.47	0.46	0.33	0.37
利润总额	亿元	0.02	0.03	0.01	0.02	0.05
奶畜资源						
奶牛存栏数	万头	0.2	0.1	0.2	0.9	0.9
原料奶产量						
奶类产量	万吨	0.47	0.36	0.19	0.19	0.23
牛奶产量	万吨	0.24	0.18	0.20	0.19	0.23
乳制品加工						
乳制品产量	万吨	0.27	0.42	0.46	0.40	0.42
其中：液态奶产量	万吨	0.27	0.42	0.46	0.40	0.42
居民乳制品消费						
城镇居民						
人均年乳制品消费支出	元/人	113.17	144.38	160.75	137.22	
农村居民						
人均年乳制品消费量	千克/人	0.2	0.2	0.3	0.5	
乳制品进出口						
液态奶	吨					
干乳制品	吨	197.57	207.46	127.85	36.65	25.22
其中：奶粉	吨	117.08	96.47	104.18	16.78	25.22
乳清	吨		13.60			
奶畜进口						
改良种用牛	头	8	8			

2008—2012 年全国各地区奶业概况——重庆

项　　目	单位	2008 年	2009 年	2010 年	2011 年	2012 年
地区概况						
人口总数	万人	2 839.00	2 859.00	2 919.00	2 919.00	2 945.00
其中：城镇常住人口数	万人	1 419.22	1 474.96	1 606.03	1 606.03	1 678.06
农村常住人口数	万人	1 419.78	1 384.04	1 312.97	1 312.97	1 266.94
社会消费品零售总额	亿元	2 147.10	2 479.00	3 487.81	3 487.81	4 033.69
地区生产总值	亿元	5 793.66	6 530.01	10 011.37	10 011.37	11 409.60
行业资源						
乳品企业数	个	7	5	5	1	4
其中：亏损企业数	个	5	3	2	1	1
从业人数	万人	0.32	0.31	0.28	0.22	0.30
工业销售产值	亿元	10.70	9.02	10.59	12.75	16.47
利润总额	亿元	0.38	0.59	0.54	0.30	0.49
奶畜资源						
奶牛存栏数	万头	1.9	1.7	2.7	2.9	2.3
原料奶产量						
奶类产量	万吨	7.78	7.94	7.98	8.00	7.73
牛奶产量	万吨	7.78	7.94	8.00	8.00	7.73
乳制品加工						
乳制品产量	万吨	9.29	11.32	12.58	12.85	11.24
其中：液态奶产量	万吨	9.13	10.61	12.56	12.85	11.21
居民乳制品消费						
城镇居民						
人均年乳制品消费支出	元/人	204.16	214.01	234.68	268.29	
农村居民						
人均年乳制品消费量	千克/人	1.2	1.2	1.7	3.6	
乳制品进出口						
液态奶	吨		0.36			68.02
干乳制品	吨	650.21				
其中：奶粉	吨					
乳清	吨	650.00				
奶畜进口						
改良种用牛	头				133	98

2008—2012 年全国各地区奶业概况——四川

项目	单位	2008 年	2009 年	2010 年	2011 年	2012 年
地区概况						
人口总数	万人	8 138.00	8 185.01	8 041.75	8 050.01	8 076.20
其中：城镇常住人口数	万人	3 043.61	3 167.60	3 234.44	3 367.32	3 515.57
农村常住人口数	万人	5 094.39	5 017.41	4 807.31	4 682.69	4 560.63
社会消费品零售总额	亿元	4 944.80	5 758.70	6 810.10	8 044.60	9 268.61
地区生产总值	亿元	12 601.23	14 151.28	17 185.48	21 026.68	23 872.80
行业资源						
乳品企业数	个	26	21	21	17	16
其中：亏损企业数	个	8	7	7	0	1
从业人数	万人	0.69	0.53	0.59	0.64	0.67
工业销售产值	亿元	27.42	23.41	37.08	51.52	50.18
利润总额	亿元	0.33	0.63	2.21	2.12	2.98
奶畜资源						
奶牛存栏数	万头	18.8	19.7	19.7	20.0	19.5
原料奶产量						
奶类产量	万吨	66.61	68.66	70.31	71.72	72.23
牛奶产量	万吨	66.08	68.17	69.80	71.20	71.71
乳制品加工						
乳制品产量	万吨	35.08	47.06	58.00	78.01	77.22
其中：液态奶产量	万吨	30.67	38.60	45.92	63.33	66.12
居民乳制品消费						
城镇居民						
人均年乳制品消费支出	元/人	190.15	211.75	203.04	238.86	
农村居民						
人均年乳制品消费量	千克/人	1.6	2.7	2.3	4.1	
乳制品进出口						
液态奶	吨					0.56
干乳制品	吨	1 497.45	1 514.43	1 451.20	2 627.95	3 629.65
其中：奶粉	吨	3.65	98.01	305.70	848.38	552.00
乳清	吨	1 493.80	1 416.15	1 145.50	1 779.58	3 077.65
奶畜进口						
改良种用牛	头	1 478		3 000	1 633	

2008—2012 年全国各地区奶业概况——贵州

项　　目	单位	2008 年	2009 年	2010 年	2011 年	2012 年
地区概况						
人口总数	万人	3 792.73	3 798.00	3 474.86	3 468.72	3 484.07
其中：城镇常住人口数	万人	1 104.06	1 135.22	1 173.75	1 212.66	1 268.55
农村常住人口数	万人	2 688.67	2 662.78	2 301.10	2 256.06	2 215.52
社会消费品零售总额	亿元	1 075.20	1 247.30	1 482.70	1 751.60	2 027.65
地区生产总值	亿元	3 561.56	3 912.68	4 602.16	5 701.84	6 852.20
行业资源						
乳品企业数	个	5	4	4	0	0
其中：亏损企业数	个	2	0	0	0	0
从业人数	万人	0.18	0.21	0.22	0.16	0.18
工业销售产值	亿元	4.52	6.72	8.65	4.70	6.09
利润总额	亿元	0.35	0.79	0.88	0.20	0.22
奶畜资源						
奶牛存栏数	万头	10.7	9.7	2.2	4.2	3.8
原料奶产量						
奶类产量	万吨	4.27	4.49	4.59	4.85	5.10
牛奶产量	万吨	4.27	4.49	4.60	4.85	5.10
乳制品加工						
乳制品产量	万吨	3.56	4.07	4.40	5.51	5.88
其中：液态奶产量	万吨	3.48	4.05	4.38	5.50	5.88
居民乳制品消费						
城镇居民						
人均年乳制品消费支出	元/人	118.35	133.15	154.78	157.23	
农村居民						
人均年乳制品消费量	千克/人	0.3	0.4	0.5	0.8	
乳制品进出口						
液态奶	吨					
干乳制品	吨				0.20	
其中：奶粉	吨				0.20	
乳清	吨					
奶畜进口						
改良种用牛	头			3 883		3 099

2008—2012年全国各地区奶业概况——云南

项　　目	单位	2008年	2009年	2010年	2011年	2012年
地区概况						
人口总数	万人	4 543.00	4 571.00	4 596.68	4 630.80	4 659.00
其中：城镇常住人口数	万人	1 499.19	1 554.14	1 595.91	1 704.13	1 831.45
农村常住人口数	万人	3 043.81	3 016.86	3 000.77	2 926.67	2 827.55
社会消费品零售总额	亿元	1 764.70	2 051.10	2 500.10	3 000.10	3 511.65
地区生产总值	亿元	5 692.12	6 169.75	7 224.18	8 893.12	10 309.47
行业资源						
乳品企业数	个	10	11	11	12	14
其中：亏损企业数	个	6	6	3	5	4
从业人数	万人	0.31	0.32	0.34	0.36	0.37
工业销售产值	亿元	10.59	12.24	14.70	18.17	28.16
利润总额	亿元	0.29	1.01	1.04	0.70	1.54
奶畜资源						
奶牛存栏数	万头	19.9	14.1	14.7	14.8	14.8
原料奶产量						
奶类产量	万吨	97.32	105.93	54.15	56.62	58.00
牛奶产量	万吨	44.67	48.38	50.40	52.39	53.70
乳制品加工						
乳制品产量	万吨	24.85	28.78	31.00	34.62	47.03
其中：液态奶产量	万吨	23.49	27.77	30.35	33.69	46.04
居民乳制品消费						
城镇居民						
人均年乳制品消费支出	元/人	65.48	83.85	89.80	187.40	
农村居民						
人均年乳制品消费量	千克/人	0.3	0.4	0.4	0.9	
乳制品进出口						
液态奶	吨					
干乳制品	吨	3 257.72	4 989.95	11 336.68	9 702.92	7 792.70
其中：奶粉	吨	231.75				
乳清	吨	3 025.97	4 989.95	11 336.68	9 702.92	7 792.70
奶畜进口						
改良种用牛	头				47	1 500

2008—2012 年全国各地区奶业概况——西藏

项　　目	单位	2008 年	2009 年	2010 年	2011 年	2012 年
地区概况						
人口总数	万人	287.00	290.03	300.22	303.30	307.62
其中：城镇常住人口数	万人	64.89	69.03	68.06	68.88	69.98
农村常住人口数	万人	222.11	221.00	232.16	234.42	237.64
社会消费品零售总额	亿元	130.00	156.60	185.30	219.00	254.64
地区生产总值	亿元	394.85	441.36	507.46	605.83	701.03
行业资源						
乳品企业数	个	0	0	0	0	0
其中：亏损企业数	个	0	0	0	0	0
从业人数	万人	0.02	0.02	0.02	0.02	0.02
工业销售产值	亿元	0.54	0.62	0.69	0.79	1.11
利润总额	亿元	0.07	0.07	0.07	0.12	0.21
奶畜资源						
奶牛存栏数	万头	36.1	39.0	36.8	37.1	36.3
原料奶产量						
奶类产量	万吨	52.44	28.72	29.38	29.82	31.60
牛奶产量	万吨	22.98	22.98	23.30	23.80	25.56
乳制品加工						
乳制品产量	万吨	0.55	0.63	0.70	0.57	0.47
其中：液态奶产量	万吨		0.44	0.48	0.40	0.32
居民乳制品消费						
城镇居民						
人均年乳制品消费支出	元/人	311.74	283.24	310.55	410.33	
农村居民						
人均年乳制品消费量	千克/人	35.4	30.7	33.9	38.3	
乳制品进出口						
液态奶	吨					
干乳制品	吨					
其中：奶粉	吨					
乳清	吨					
奶畜进口						
改良种用牛	头					

2008—2012年全国各地区奶业概况——陕西

项　　目	单位	2008年	2009年	2010年	2011年	2012年
地区概况						
人口总数	万人	3 762.00	3 772.00	3 732.74	3 743.25	3 753.09
其中：城镇常住人口数	万人	1 583.80	1 640.82	1 705.93	1 770.25	1 877.32
农村常住人口数	万人	2 178.20	2 131.18	2 026.80	1 973.00	1 875.77
社会消费品零售总额	亿元	2 317.10	2 699.70	3 195.70	3 790.00	4 383.75
地区生产总值	亿元	7 314.58	8 169.80	10 123.48	12 512.30	14 453.68
行业资源						
乳品企业数	个	49	53	53	39	41
其中：亏损企业数	个	13	10	14	7	7
从业人数	万人	1.21	1.03	1.05	1.05	1.08
工业销售产值	亿元	60.85	69.33	85.24	110.36	136.29
利润总额	亿元	−0.60	2.87	0.94	3.43	4.13
奶畜资源						
奶牛存栏数	万头	40.7	43.5	41.3	45.2	46.9
原料奶产量						
奶类产量	万吨	182.30	185.83	177.58	182.37	189.08
牛奶产量	万吨	149.02	149.20	137.50	140.50	141.76
乳制品加工						
乳制品产量	万吨	110.88	117.15	147.97	160.20	172.10
其中：液态奶产量	万吨	79.50	85.68	112.16	126.89	155.12
居民乳制品消费						
城镇居民						
人均年乳制品消费支出	元/人	197.88	222.41	224.00	256.62	
农村居民						
人均年乳制品消费量	千克/人	3.4	3.9	4.1	5.7	
乳制品进出口						
液态奶	吨					
干乳制品	吨	36.65	775.63	27.23	310.19	156.80
其中：奶粉	吨		0.10			48.00
乳清	吨		746.35		265.00	49.98
奶畜进口						
改良种用牛	头		5 821	6 000		4 535

2008—2012 年全国各地区奶业概况——甘肃

项　目	单位	2008 年	2009 年	2010 年	2011 年	2012 年
地区概况						
人口总数	万人	2 628.12	2 635.46	2 557.53	2 563.60	2 577.55
其中：城镇常住人口数	万人	844.94	860.48	919.12	952.60	998.80
农村常住人口数	万人	1 783.18	1 774.98	1 638.41	1 611.00	1 578.75
社会消费品零售总额	亿元	1 023.60	1 183.00	1 394.50	1 648.00	1 906.54
地区生产总值	亿元	3 166.82	3 387.56	4 120.75	5 020.37	5 650.20
行业资源						
乳品企业数	个	20	18	18	12	13
其中：亏损企业数	个	10	7	6	2	4
从业人数	万人	0.21	0.19	0.25	0.17	0.19
工业销售产值	亿元	8.12	6.46	9.60	11.48	17.31
利润总额	亿元	—0.24	—0.06	0.18	0.50	0.94
奶畜资源						
奶牛存栏数	万头	12.7	14.0	30.8	29.3	29.1
原料奶产量						
奶类产量	万吨	34.69	37.66	36.28	37.69	38.59
牛奶产量	万吨	34.69	37.66	36.30	37.01	37.97
乳制品加工						
乳制品产量	万吨	7.73	10.58	14.34	16.73	23.99
其中：液态奶产量	万吨	6.38	9.66	13.25	15.69	22.70
居民乳制品消费						
城镇居民						
人均年乳制品消费支出	元/人	140.37	149.56	168.11	200.05	
农村居民						
人均年乳制品消费量	千克/人	2.4	2.2	2.7	4.7	
乳制品进出口						
液态奶	吨					
干乳制品	吨					
其中：奶粉	吨					
乳清	吨					
奶畜进口						
改良种用牛	头	2 623				893

2008—2012 年全国各地区奶业概况——青海

项　　目	单位	2008 年	2009 年	2010 年	2011 年	2012 年
地区概况						
人口总数	万人	554.30	556.79	562.67	567.61	573.17
其中：城镇常住人口数	万人	227.00	233.00	251.63	262.61	271.91
农村常住人口数	万人	327.30	323.79	311.05	305.00	301.26
社会消费品零售总额	亿元	259.70	300.50	350.80	410.50	476.04
地区生产总值	亿元	1 018.62	1 081.27	1 350.43	1 670.44	1 893.54
行业资源						
乳品企业数	个	7	7	8	4	5
其中：亏损企业数	个	1	0	0	0	0
从业人数	万人	0.07	0.09	0.09	0.10	0.11
工业销售产值	亿元	2.44	3.70	7.97	6.86	10.57
利润总额	亿元	0.03	0.15	0.56	0.64	0.67
奶畜资源						
奶牛存栏数	万头	21.8	28.2	29.7	30.3	28.8
原料奶产量						
奶类产量	万吨	27.23	25.35	26.26	28.45	29.35
牛奶产量	万吨	25.28	25.31	26.20	26.96	27.55
乳制品加工						
乳制品产量	万吨	6.43	6.08	11.90	12.18	15.75
其中：液态奶产量	万吨	6.19	5.35	9.16	12.01	15.56
居民乳制品消费						
城镇居民						
人均年乳制品消费支出	元/人	140.87	175.18	187.53	193.65	
农村居民						
人均年乳制品消费量	千克/人	21.9	19.0	14.2	12.8	
乳制品进出口						
液态奶	吨					
干乳制品	吨					
其中：奶粉	吨					
乳清	吨					
奶畜进口						
改良种用牛	头					

2008—2012 年全国各地区奶业概况——宁夏

项　　目	单位	2008 年	2009 年	2010 年	2011 年	2012 年
地区概况						
人口总数	万人	617.69	625.00	630.14	638.88	647.19
其中：城镇常住人口数	万人	278.00	288.00	302.20	318.00	327.93
农村常住人口数	万人	340.00	337.00	327.93	320.88	319.26
社会消费品零售总额	亿元	295.40	339.30	403.60	477.60	548.83
地区生产总值	亿元	1 203.92	1 353.31	1 689.65	2 102.21	2 341.29
行业资源						
乳品企业数	个	21	20	16	16	19
其中：亏损企业数	个	8	12	8	6	8
从业人数	万人	0.27	0.23	0.24	0.31	0.37
工业销售产值	亿元	12.32	13.15	14.30	21.32	50.36
利润总额	亿元	0.34	0.58	0.27	0.58	1.68
奶畜资源						
奶牛存栏数	万头	27.1	27.2	26.9	29.8	32.9
原料奶产量						
奶类产量	万吨	89.22	81.14	84.55	96.00	103.49
牛奶产量	万吨	89.22	81.14	84.50	96.00	103.49
乳制品加工						
乳制品产量	万吨	13.11	13.57	13.41	25.20	56.56
其中：液态奶产量	万吨	9.43	9.50	10.74	13.11	53.65
居民乳制品消费						
城镇居民						
人均年乳制品消费支出	元/人	199.40	179.24	176.87	218.14	
农村居民						
人均年乳制品消费量	千克/人	6.5	5.0	4.5	6.2	
乳制品进出口						
液态奶	吨					
干乳制品	吨	40.00				
其中：奶粉	吨					
乳清	吨	40.00				
奶畜进口						
改良种用牛	头			5		11 308

2008—2012 年全国各地区奶业概况——新疆

项　　目	单位	2008 年	2009 年	2010 年	2011 年	2012 年
地区概况						
人口总数	万人	2 130.80	2 158.63	2 208.71	2208.71	2 232.78
其中：城镇常住人口数	万人	844.65	860.21	961.67	961.67	981.98
农村常住人口数	万人	1 286.15	1 299.00	1 247.04	1 247.04	1 250.80
社会消费品零售总额	亿元	1 041.50	1 177.50	1 616.30	1 616.30	1 858.59
地区生产总值	亿元	4 183.21	4 277.05	5 437.5	6 610.05	7 505.31
行业资源						
乳品企业数	个	38	34	39	30	28
其中：亏损企业数	个	16	12	11	8	7
从业人数	万人	0.38	0.36	0.45	0.43	0.47
工业销售产值	亿元	20.76	19.38	27.30	28.65	36.57
利润总额	亿元	0.55	0.97	1.21	1.41	2.07
奶畜资源						
奶牛存栏数	万头	204.9	170.4	148.2	150.7	181.5
原料奶产量						
奶类产量	万吨	142.32	125.15	132.83	133.91	136.32
牛奶产量	万吨	137.36	120.88	128.6	130.5	132.21
乳制品加工						
乳制品产量	万吨	20.65	26.89	30.30	35.99	40.52
其中：液态奶产量	万吨	15.79	21.40	23.81	29.15	33.73
居民乳制品消费						
城镇居民						
人均年乳制品消费支出	元/人	148.52	151.64	164.52	197.70	
农村居民						
人均年乳制品消费量	千克/人	6.3	6.1	5.3	5.1	
乳制品进口						
液态奶	吨					
干乳制品	吨	10.60				
其中：奶粉	吨	10.01				
乳清	吨					
奶畜进口						
改良种用牛	头				78	11

【奶牛养殖】

产 量 存 栏

1978—2012 年全国奶牛存栏、牛奶产量、奶类总产量

年份	奶牛存栏（万头）	牛奶产量（万吨）	奶类总产量（万吨）
1978 年	47.5	88.3	97.1
1979 年	55.7	106.5	130.2
1980 年	64.1	114.1	136.7
1981 年	69.8	129.1	154.9
1982 年	81.7	161.8	195.9
1983 年	95.1	184.5	221.9
1984 年	133.6	218.6	259.6
1985 年	162.7	249.9	289.4
1986 年	184.6	289.9	332.9
1987 年	216.4	330.1	378.8
1988 年	222.2	366	418.9
1989 年	252.6	381.3	435.8
1990 年	269.1	415.7	475.1
1991 年	294.6	464.6	524.3
1992 年	294.2	503.1	563.9
1993 年	345.1	498.6	563.7
1994 年	384.3	528.8	608.9
1995 年	417.3	576.4	672.8
1996 年	447	629.4	735.9
1997 年	442	601.1	681.1
1998 年	426.5	662.9	745.4
1999 年	424.1	717.6	806.7
2000 年	489	827.4	918.9
2001 年	566.2	1 025.5	1 122.6
2002 年	687.5	1 299.8	1 400.4
2003 年	893.2	1 746.3	1 848.6
2004 年	1 108	2 260.6	2 368.4
2005 年	1 216.1	2 753.4	2 864.8
2006 年	1 068.9	3 193.4	3 302.5
2007 年	1 218.9	3 525.2	3 633.4
2008 年	1 233.5	3 555.8	3 781.5
2009 年	1 260.3	3 520.9	3 734.6
2010 年	1 420.1	3 575.6	3 748
2011 年	1 440.2	3 657.8	3 810.7
2012 年	1 493.9	3 743.6	3 875.4

2008—2012 年全国各地区奶牛存栏数

单位：万头

地　区	2008 年	2009 年	2010 年	2011 年	2012 年
全　国	**1 233.5**	**1 260.3**	**1 420.1**	**1 440.2**	**1 493.9**
北京	16.9	15.8	14.9	15.1	15.1
天　津	14.4	13.8	13.4	14.0	15.6
河　北	193.4	172.4	177.5	204.0	196.3
山　西	39.7	40.0	38.9	41.6	30.6
内蒙古	287.1	286.6	280.0	278.5	263.2
辽　宁	35.9	41.5	43.0	47.7	32.2
吉　林	31.7	40.6	48.1	54.8	24.0
黑龙江	218.8	246.1	267.6	285.2	202.2
上　海	6.0	6.4	6.7	7.1	6.9
江　苏	18.8	19.5	20.3	21.6	20.9
浙　江	7.2	6.9	7.1	7.0	5.7
安　徽	7.1	7.9	9.5	9.5	10.8
福　建	4.7	4.3	4.2	3.9	5.1
江　西	3.3	3.5	3.6	3.7	7.6
山　东	115.4	120.2	128.8	141.5	129.8
河　南	72.0	82.7	84.8	89.5	100.6
湖　北	6.3	6.2	6.5	7.8	6.3
湖　南	4.1	3.4	3.3	3.1	14.0
广　东	5.6	5.5	5.2	5.5	5.7
广　西	2.0	2.0	2.3	2.3	4.7
海　南	0.1	0.1	0.1	0.1	0.9
重　庆	2.3	2.4	2.5	2.0	2.3
四　川	21.1	16.6	17.9	19.0	19.5
贵　州	1.5	1.4	2.2	2.1	3.8
云　南	18.6	18.6	20.3	20.3	14.8
西　藏	22.3		13.6	20.8	36.3
陕　西	57.2	63.3	70.0	73.2	46.9
甘　肃	20.9	19.5	20.6	21.3	29.1
青　海	23.6	22.4	21.2	21.8	28.8
宁　夏	39.4	32.3	34.4	36.3	32.9
新　疆	245.2	267.0	270.1	285.3	181.5

2008—2012 年全国各地区奶类产量

单位：吨

地 区	2008 年	2009 年	2010 年	2011 年	2012 年
全 国（万吨）	**3 781.5**	**3 734.6**	**3 748.0**	**3 810.7**	**3 875.4**
北京	665 551.0	673 979.2	641 120.6	639 759.0	650 500.2
天 津	626 485.6	552 478.0	613 702.3	579 495.8	681 680.0
河 北	5 417 601.0	5 516 626.0	5 986 711.3	6 485 862.4	4 789 630.9
山 西	946 022.0	981 969.0	1 024 898.1	1 128 042.0	809 892.1
内蒙古	9 088 837.0	9 288 237.8	9 239 621.6	9 561 684.2	9 306 508.0
辽 宁	1 248 138.9	1 578 311.7	1 571 131.4	1 810 889.8	1 302 032.0
吉 林	747 967.0	1 050 533.2	1 192 732.1	1 316 703.0	498 000.0
黑龙江	5 621 456.6	6 308 858.0	6 997 688.2	7 620 641.0	5 649 895.4
上 海	232 860.0	212 473.0	247 051.4	305 269.0	301 800.0
江 苏	736 702.8	684 376.0	742 179.3	811 253.8	612 980.0
浙 江	229 814.0	213 139.0	217 935.4	219 959.2	192 733.0
安 徽	194 506.0	240 817.0	274 304.0	296 359.0	240 867.7
福 建	161 898.4	150 156.0	151 658.3	147 870.3	153 878.0
江 西	235 709.8	118 888.0	122 477.7	126 710.0	126 000.0
山 东	3 951 181.1	4 025 324.0	4 374 004.3	4 865 773.0	2 940 907.6
河 南	2 744 659.3	3 321 566.0	3 433 935.0	3 591 265.0	3 304 314.0
湖 北	232 913.0	198 777.0	256 755.0	300 833.0	157 392.9
湖 南	87 076.5	82 263.0	79 623.2	76 904.9	85 000.0
广 东	159 925.3	150 169.0	158 365.7	171 360.6	139 286.0
广 西	72 105.0	78 270.0	85 016.0	92 044.0	93 565.3
海 南	1 326.0	1 283.0	1 487.0	950.0	2 262.9
重 庆	75 548.0	80 235.0	86 059.2	72 750.4	77 303.0
四 川	705 448.5	719 559.5	755 524.0	767 852.0	722 255.1
贵 州	41 786.0	48 238.0	49 371.0	68 786.1	51 000.0
云 南	526 156.6	572 617.0	627 916.5	659 851.3	579 962.5
西 藏	221 273.3		302 800.0	391 144.7	316 000.0
陕 西	1 921 682.0	2 116 190.0	2 295 298.5	2 441 154.0	1 890 751.0
甘 肃	409 264.0	388 994.3	414 616.6	430 492.1	385 878.6
青 海	281 141.0	315 365.0	301 174.6	321 260.6	293 543.2
宁 夏	1 167 215.1	982 610.0	1 037 611.4	1 111 908.2	1 034 880.0
新 疆	2 158 743.0	2 414 573.0	2 675 353.5	2 946 033.6	1 363 181.0

2008——2012 年全国各地区牛奶产量

单位：吨

地　区	2008 年	2009 年	2010 年	2011 年	2012 年
全　国（万吨）	**3 555.8**	**3 520.9**	**3 575.6**	**3 657.8**	**3 743.6**
北　京	665 551.0	673 979.2	641 120.6	639 759.0	650 500.0
天　津	626 418.6	552 477.0	613 701.3	579 420.8	678 700.0
河　北	5 342 449.0	5 464 274.0	5 919 599.0	6 419 036.0	4 703 677.9
山　西	921 361.0	968 226.0	1 010 236.0	1 109 628.0	799 712.0
内蒙古	9 053 725.0	9 248 916.0	9 090 488.2	9 482 914.3	9 102 020.0
辽　宁	1 191 418.5	1 542 845.0	1 544 048.0	1 769 813.8	1 247 490.0
吉　林	739 509.0	1 032 651.2	1 184 563.3	1 303 057.1	491 000.0
黑龙江	5 568 939.0	6 287 500.0	6 971 401.2	7 587 882.5	5 599 386.4
上　海	232 860.0	212 473.0	247 051.4	305 269.0	301 800.0
江　苏	735 682.8	683 158.0	740 958.3	810 043.8	612 980.0
浙　江	229 809.0	213 126.0	217 835.4	219 759.2	192 700.0
安　徽	194 506.0	240 817.0	274 304.0	296 359.0	240 867.7
福　建	157 721.0	145 915.0	147 827.3	143 839.5	150 357.0
江　西	235 709.8	118 888.0	122 477.7	126 710.0	126 000.0
山　东	3 632 158.0	3 726 815.0	4 084 631.0	4 585 810.0	2 839 234.3
河　南	2 594 691.2	3 153 918.0	3 262 214.0	3 422 809.0	3 161 046.0
湖　北	232 913.0	198 777.0	253 724.0	300 803.0	153 433.8
湖　南	86 776.5	82 017.0	79 125.2	76 406.9	85 000.0
广　东	154 428.9	143 506.0	151 370.5	163 677.1	136 370.0
广　西	72 019.0	78 173.0	84 944.0	92 000.0	93 565.3
海　南	1 326.0	1 283.0	1 487.0	950.0	2 262.9
重　庆	75 548.0	80 235.0	86 059.2	72 750.4	77 300.0
四　川	699 928.4	714 471.6	750 772.0	763 304.0	717 081.1
贵　州	41 786.0	48 238.0	49 371.0	68 786.1	51 000.0
云　南	501 364.5	552 037.0	591 518.1	618 277.6	536 997.5
西　藏	171 802.7		242 240.0	313 803.7	255 612.0
陕　西	1 533 963.0	1 748 858.0	1 933 947.0	2 010 546.0	1 417 645.0
甘　肃	398 303.0	384 111.3	408 893.5	424 015.3	379 722.6
青　海	278 702.0	315 365.0	301 174.6	321 260.6	275 531.2
宁　夏	1 167 214.1	982 600.0	1 037 601.1	1 111 850.7	1 034 880.0
新　疆	2 084 851.0	2 341 388.0	2 596 205.0	2 879 412.1	1 322 100.0

2002—2012 年奶牛规模养殖情况表

单位：%

养殖规模	2002	2003	2004	2005	2006	2007	2008	2009	2010	2011	2012
年存栏 1～4 头	44.79	46.68	47.05	45.64	42.76	39.73	32.42	28.11	26.42	23.99	22.54
年存栏 5 头以上	55.21	53.32	52.95	54.36	57.24	60.27	67.58	71.89	73.58	76.01	77.46
年存栏 20 头以上	25.89	27.37	25.24	27.73	28.84	26.09	36.05	42.58	46.49	51.12	55.68
年存栏 100 头以上	11.90	12.49	11.22	11.16	13.13	16.35	19.54	26.82	30.63	32.87	37.25
年存栏 200 头以上	8.32	8.82	7.74	7.91	9.33	12.11	15.51	22.86	26.52	28.38	32.27
年存栏 500 头以上	5.47	5.55	4.90	4.76	5.60	7.45	10.05	16.04	19.43	20.79	25.02
年存栏 1 000 头以上	2.92	2.73	2.72	2.34	3.04	3.92	5.54	8.31	10.45	12.06	15.39

2008 年以前以存栏 5 头以上作为奶牛规模化标准，现已调整为存栏 20 头以上，下一步拟调整为年存栏 100 头以上。

奶 牛 育 种

2008 年全国各地区生产性能测定奶牛场性能概况

地　区	牛场数（个）	奶牛头数（头）	平均产奶量（kg）	平均乳脂肪率（%）	平均蛋白率（%）	平均体细胞数（千个/mL）
合　计	**592**	**244 855**	**22.14**	**3.64**	**3.28**	**610.10**
北　京	56	28 299	28.92	3.98	3.20	328.39
天　津	23	16 785	24.64	3.78	3.20	612.00
河　北	69	27 568	21.29	3.76	3.74	535.85
山　西	18	2 406	20.26	3.25	3.16	1 014.76
内蒙古	69	25 331	23.19	3.55	3.34	437.13
辽　宁	7	14 313	22.02	3.61	3.28	369.71
黑龙江	75	23 476	19.11	3.79	3.31	540.71
上　海	76	29 765	24.33	3.55	3.28	625.57
江　苏	23	9 069	23.91	3.86	3.29	614.84
浙　江	6	3 377	20.95	3.91	3.32	749.85
安　徽	8	2 245	20.36	3.50	3.21	853.95
福　建	3	1 377	16.02	3.28	3.25	502.74
山　东	36	13 340	18.61	3.69	3.35	603.24
河　南	55	12 556	19.65	3.74	3.33	489.58
广　东	3	3 346	17.50	4.08	3.41	552.52
广　西	1	369	24.29	3.33	3.06	744.69
陕　西	6	2 414	25.34	3.43	2.90	497.12
甘　肃	1	1 162	17.14	3.31	3.47	793.11
宁　夏	45	24 468	23.04	3.28	3.46	964.41
新　疆	12	3 189	23.71	3.91	3.34	437.79

2009 年全国各地区生产性能测定奶牛场性能概况

地　区	牛场数（个）	奶牛头数（头）	平均产奶量（kg）	平均乳脂肪率（%）	平均蛋白率（%）	平均体细胞数（千个/mL）
合　计	**905**	**351 787**	**22.60**	**3.70**	**3.25**	**604.40**
北　京	78	40 774	30.15	3.94	3.20	312.90
天　津	31	20 134	25.66	3.72	3.19	501.52
河　北	66	28 595	23.08	3.78	3.35	658.92
山　西	51	10 582	19.27	3.77	3.31	921.24
内蒙古	83	24 796	24.54	3.68	3.37	288.21
辽　宁	10	10 831	20.58	3.93	3.17	477.62
吉　林	2	1 296	20.70	3.88	3.21	409.86
黑龙江	97	51 923	20.09	3.64	3.26	601.73
上　海	73	27 959	22.42	3.58	3.26	898.79
江　苏	38	14 947	22.95	3.79	3.26	598.94
浙　江	8	5 520	20.79	3.76	3.29	866.19
安　徽	8	2 841	20.25	3.63	3.20	977.23
山　东	79	28 646	18.92	3.82	3.22	612.42
河　南	75	20 668	20.81	3.65	3.21	478.92
广　东	4	3 935	17.77	3.79	3.39	599.11
广　西	1	491	23.05	3.36	3.01	784.37
贵　州	1	207	14.08	3.49	3.22	707.69
云　南	31	6 942	14.44	3.76	3.26	1240.34
重　庆	4	1 429	17.83	3.53	3.13	583.82
陕　西	92	17 617	22.10	3.68	3.22	913.61
甘　肃	1	1 213	17.38	3.34	3.30	486.49
宁　夏	44	19 272	24.50	3.26	3.32	930.06
新　疆	16	6 069	28.44	3.69	3.17	617.82
湖　北	2	871	20.72	4.12	3.07	370.17
湖　南	5	1 485	15.30	3.56	3.22	287.81

2010 年全国各地区生产性能测定奶牛场性能概况

地　区	牛场数（个）	奶牛头数（头）	平均产奶量（kg）	平均乳脂肪率（%）	平均蛋白率（%）	平均体细胞数（千个/mL）
合　计	**1 034**	**414 056**	**22.97**	**3.68**	**3.25**	**467.23**
北　京	79	40 094	31.47	3.77	3.19	327.18
天　津	31	21 097	27.27	3.77	3.23	373.12
河　北	87	32 728	24.07	3.79	3.33	464.48
山　西	55	16 480	17.53	3.60	3.22	522.60
内蒙	42	29 661	24.51	3.34	3.35	384.16
辽　宁	16	14 565	20.89	4.01	3.26	394.30
吉　林	1	367	17.69	3.99	3.24	409.55
黑龙江	113	59 646	19.79	3.61	3.25	485.04
上　海	116	40 610	25.26	3.59	3.20	445.89
江　苏	41	17 030	23.99	3.75	3.28	419.93
浙　江	8	5 337	22.06	3.95	3.25	683.47
安　徽	8	2 958	21.99	3.62	3.21	549.89
山　东	102	28 780	18.73	3.82	3.30	469.48
河　南	94	23 427	19.91	3.57	3.22	458.01
湖　北	11	5 897	17.75	3.74	3.23	570.38
湖　南	6	2 044	15.66	3.77	3.22	313.33
广　东	3	3 710	20.88	3.51	3.31	384.19
广　西	3	1 061	20.88	3.55	3.11	622.14
贵　州	2	324	14.66	3.75	3.29	480.91
云　南	37	10 252	15.42	3.67	3.22	822.61
重　庆	4	1 684	18.76	3.63	3.31	487.54
陕　西	82	14 632	21.69	3.66	3.22	623.59
宁　夏	50	19 860	25.80	3.79	3.37	568.10
新　疆	36	18 700	25.04	3.79	3.21	581.73
福　建	7	3 112	20.59	3.78	3.29	771.10

2011年全国各地区生产性能测定奶牛场性能概况

地　区	牛场数（个）	奶牛头数（头）	测定日平均产奶量（kg）	测定日平均乳脂肪率（%）	测定日平均蛋白率（%）	测定日平均体细胞数（千个/mL）
合　计	**1 059**	**461 668**	**24.05**	**3.66**	**3.28**	**435.33**
北　京	48	32 185	32.56	3.66	3.20	278.67
天　津	33	20 741	28.31	3.77	3.26	322.80
河　北	114	53 155	24.59	3.72	3.32	429.65
山　西	52	14 399	19.90	3.55	3.25	535.52
内　蒙	32	21 665	29.21	3.39	3.38	341.14
辽　宁	20	20 680	21.64	3.98	3.28	366.39
吉　林	1	473	19.16	3.86	3.33	437.63
黑龙江	115	71 832	20.29	3.56	3.26	441.70
上　海	110	42 640	26.78	3.67	3.32	439.18
江　苏	37	15 230	25.32	3.68	3.31	458.15
浙　江	5	2 636	23.16	3.92	3.32	555.48
安　徽	8	3 157	24.06	3.57	3.27	510.12
山　东	135	38 850	19.72	3.68	3.34	523.01
河　南	105	26 015	21.53	3.43	3.23	390.08
湖　北	17	6 572	16.88	3.88	3.29	791.62
湖　南	6	2 271	17.41	3.83	3.27	211.70
广　东	3	4 012	22.05	3.61	3.38	254.98
广　西	4	1 646	21.63	3.44	3.20	530.75
贵　州	2	498	13.58	3.71	3.37	469.98
云　南	35	10 945	16.67	3.55	3.23	691.72
重　庆	4	1 408	21.39	3.62	3.44	515.83
陕　西	68	20 935	22.28	3.81	3.20	483.01
宁　夏	52	22 669	27.72	3.81	3.30	528.10
新　疆	47	24 989	24.94	3.79	3.19	490.43
福　建	6	2 065	18.89	3.72	3.35	629.42

2012 年全国各地区生产性能测定奶牛场性能概况

地　区	牛场数（个）	奶牛头数（头）	测定日平均产奶量（kg）	测定日平均乳脂肪率（%）	测定日平均蛋白率（%）	测定日平均体细胞数（千个/mL）
合　计	**1 043**	**525 714**	**24.54**	**3.71**	**3.26**	**397**
北　京	55	36 714	31.67	3.72	3.22	260.1
天　津	35	21 934	30.18	3.78	3.23	295.73
河　北	116	68 121	26.17	3.79	3.31	379.55
山　西	41	14 106	21.36	3.42	3.17	481.64
内蒙古	36	43 596	26.82	3.68	3.37	365.04
辽　宁	57	31 990	21.61	3.74	3.22	357.7
吉　林	1	421	15.24	3.92	3.2	349.89
黑龙江	90	61 621	19.57	3.63	3.33	325.07
上　海	119	54 388	27.04	3.77	3.28	450.54
江　苏	14	7 267	25.03	3.58	3.27	512.4
浙　江	2	2 300	22.17	4.1	3.54	589.58
安　徽	4	706	22.72	3.91	3.3	540.41
山　东	136	37 567	20.93	3.69	3.21	487.7
河　南	114	30 812	20.92	3.53	3.18	429.27
湖　北	17	14 397	22.32	3.63	3.26	532.88
湖　南	6	2 070	19.29	3.76	3.25	249.59
广　东	4	5 339	22.33	3.83	3.37	292.42
广　西	5	1 693	19.26	3.72	3.17	533.75
贵　州	1	269	14.56	3.65	3.32	604.34
云　南	34	8 795	18.18	3.52	3.15	683.29
重　庆	5	2 767	22.67	3.56	3.28	426.31
陕　西	48	26 551	22.55	3.91	3.16	334.36
宁　夏	52	24 834	27.76	3.66	3.16	493.94
新　疆	46	26 309	24.91	3.81	3.19	482.84
福　建	5	1 147	20.13	3.65	3.20	547.67

2008 年全国各地区不同规模生产性能测定奶牛场性能概况

规　模（奶牛存栏）	牛场数（个）	平均产奶量（kg）	平均乳脂肪率（%）	平均蛋白率（%）	平均体细胞数（千个/mL）
＜50	44	19.14	3.51	3.80	709.50
50～100	76	20.47	3.51	3.21	808.17
100～200	142	20.72	3.68	3.41	789.27
200～500	174	21.47	3.69	3.33	603.80
500～1 000	117	24.39	3.75	3.28	522.38
≥1 000	39	23.71	3.71	3.29	508.91

2009 年全国各地区不同规模生产性能测定奶牛场性能概况

规　模（奶牛存栏）	牛场数（个）	平均产奶量（kg）	平均乳脂肪率（%）	平均蛋白率（%）	平均体细胞数（千个/mL）
<50	58	18.12	3.86	3.28	512.86
50～100	127	20.57	3.62	3.24	776.28
100～200	214	19.67	3.65	3.24	787.19
200～500	263	21.96	3.7	3.25	635.35
500～1 000	181	23.06	3.74	3.26	584.53
≥1 000	62	23.06	3.67	3.24	591.96

2010 年全国各地区不同规模生产性能测定奶牛场性能概况

规　模（奶牛存栏）	牛场数（个）	平均产奶量（kg）	平均乳脂肪率（%）	平均蛋白率（%）	平均体细胞数（千个/mL）
<50	52	20.58	3.73	3.19	587.6
50～100	122	19.27	3.67	3.26	626.37
100～200	240	20.24	3.61	3.23	531.46
200～500	345	21.37	3.69	3.25	514.76
500～1 000	187	23.35	3.72	3.24	464.07
≥1 000	88	24.48	3.66	3.26	415.82

2011 年全国各地区不同规模生产性能测定奶牛场性能概况

规　模（奶牛存栏）	牛场数（个）	测定日平均产奶量（kg）	测定日平均乳脂肪率（%）	测定日平均蛋白率（%）	测定日平均体细胞数（千个/mL）
<50	33	21.01	3.59	3.34	584.09
50～100	94	19.66	3.52	3.26	529.70
100～200	249	21.06	3.52	3.28	517.43
200～500	391	22.60	3.62	3.27	506.14
500～1 000	196	24.10	3.67	3.26	435.92
≥1 000	96	25.53	3.70	3.30	374.68

2012 年全国各地区不同规模生产性能测定奶牛场性能概况

规　模（奶牛存栏）	牛场数（个）	测定日平均产奶量（kg）	测定日平均乳脂肪率（%）	测定日平均蛋白率（%）	测定日平均体细胞数（千个/mL）
<50	30	18.98	3.46	3.38	468.24
50～100	79.00	19.68	3.54	3.23	524.69
100～200	206.00	21.32	3.61	3.24	464.01
200～500	415.00	22.90	3.66	3.23	464.68
500～1 000	197.00	24.95	3.68	3.23	401.59
≥1 000	116	25.70	3.77	3.30	344.94

2008 年奶牛良种补贴项目种公牛站及种公牛汇总表

编号	单位名称	荷斯坦牛		奶水牛	褐牛	牦牛	西门塔尔牛	小计
		CPI	TPPI					
	合　计	100	714	104	45	15	18	996
111	北京奶牛中心	41	36		4			81
121	天津市奶牛发展中心	14	44					58
122	XY 种畜（天津）有限公司		23					23
131	河北省畜牧良种工作站	6	42					48
132	秦皇岛全农精牛繁育有限公司	1	70					71
141	山西省家畜冷冻精液中心		33					33
151	内蒙古天和荷斯坦牧业有限公司		25					25
152	通辽京缘种牛繁育有限责任公司		2					2
153	海拉尔市农牧场管理局家畜繁育指导站		5					5
211	辽宁省种牛繁育中心		16				2	18
231	黑龙江省家畜繁育指导站		41					41
232	大庆市银螺乳业有限公司种公牛站		36					36
311	上海奶牛育种中心有限公司	21	84					105
321	徐州市家畜良种站		1					1
322	江苏省奶牛育种中心		16					16
341	安徽省畜禽遗传资源保护中心		5					5
343	安徽精英种畜有限公司		18					18
361	江西省种公牛站	1	11					12
373	山东奥克斯生物技术有限公司	4	44					48
374	山东盛能奶牛胚胎工程有限公司		15					15
411	河南省鼎元种牛育种有限公司	3	19					22
412	许昌市畜牧技术推广站		3					3
414	河南省洛阳市白马寺种公牛站		8					8
441	广州市奶牛研究所有限公司		9					9
451	广西壮族自治区畜禽品种改良站			59				59
511	四川省种牛繁育中心		8					8
521	贵州省家畜冷冻精液站			13				13
531	云南省家畜冷冻精液站		4	10				14
532	大理白族自治州家畜繁育指导站		8	22				30
551	重庆市种公牛站		1					1
611	陕西省家畜改良站	1	8					9
621	甘肃省家畜繁育中心		5					5
631	青海省家畜改良中心		3			15		18
641	宁夏回族自治区家畜繁育中心	1	21					22
651	新疆维吾尔族自治区畜禽繁育改良总站	2	6		37		9	54
652	天山畜牧昌吉生物工程有限责任公司	5	44		4		7	60

2009年奶牛良种补贴项目种公牛站及种公牛汇总表

编号	单位名称	荷斯坦牛		娟珊牛	奶水牛	乳用西牛	褐牛	牦牛	三河牛	小计
		CPI	TPPI							
	合　计	**100**	**714**	**104**		**45**	**15**		**18**	**996**
111	北京奶牛中心	70	24	4			5			103
121	天津市奶牛发展中心	23	22							45
122	XY种畜（天津）有限公司		7							7
131	河北省畜牧良种工作站	18	38							56
132	秦皇岛全农精牛繁育有限公司	10	43							53
133	亚达艾格威（唐山）畜牧有限公司		27							27
141	山西省家畜冷冻精液中心	4	20							24
151	内蒙古天和荷斯坦牧业有限公司	6	22							28
152	通辽京缘种牛繁育有限责任公司					12				12
153	海拉尔市农牧场管理局家畜繁育指导站		8						13	21
154	赤峰赛奥牧业技术服务有限公司									0
211	辽宁省牧经种牛繁育中心有限公司	1	18			3				22
221	长春新牧科技有限公司									0
223	延边家畜繁育改良工作站									0
224	四平市种牛冷冻精液站									0
231	黑龙江省博瑞遗传有限公司	10	50							60
232	大庆市银螺乳业有限公司种公牛站	1	50							51
311	上海奶牛育种中心有限公司	35	63							98
312	上海金晖家畜遗传开发有限公司									0
321	徐州市家畜良种站		1							1
322	江苏省奶牛育种中心（南京利农奶牛育种有限公司）	2	16							18
343	安徽精英种畜有限公司		33							33
361	江西省种公牛站	2	2							4
371	山东省种公牛站有限责任公司					15				15
373	山东奥克斯生物技术有限公司	13	37							50
374	山东盛能奶牛胚胎工程有限公司		13							13
411	河南省鼎元种牛育种有限公司	10	31							41
412	许昌市夏昌种畜禽有限公司		2			2				4
413	南阳昌盛牛业有限公司		4							4
414	河南省洛阳市白马寺种公牛站		6			4				10
421	武汉兴牧生物科技有限公司				6					6
431	湖南省良种牛繁育中心种公牛站				5					5
441	广州市奶牛研究所有限公司	7	5	6						18
451	广西壮族自治区畜禽品种改良站				57					57
511	成都汇丰动物育种有限公司（四川省家畜冷冻精液中心站）		6	7		14				27
521	贵州省畜牧技术推广站				14	3				17
531	云南省家畜冷冻精液站	1	1		20					22
532	大理白族自治州家畜繁育指导站	3	8		19					30
611	陕西秦申金牛育种有限公司（陕西省家畜改良站）	1	12							13
621	甘肃省家畜繁育中心		3			7				10
631	青海省家畜改良中心		6			2		20		28
641	宁夏四正生物工程技术研究中心	6	14							20
651	新疆维吾尔自治区畜禽繁育改良总站	2	5			19	46			72
652	天山畜牧昌吉生物工程有限责任公司	7	39			9	25			80

2010 年奶牛良种补贴项目种公牛站及种公牛汇总表

编号	单位名称	荷斯坦牛			娟姗牛	奶水牛	褐牛	牦牛	三河牛	夏洛来牛	其他	小 计
		CPI1	CPI2	TPPI								
	合 计	274	36	569	11	130	79	22	18	119	534	1 792
111	北京奶牛中心	32	19	25	4		5			6	15	106
121	天津市奶牛发展中心	18		40							0	58
131	河北省畜牧良种工作站	37		36						14	11	98
132	秦皇岛全农精牛繁育有限公司	28		9							3	40
133	亚达艾格威（唐山）畜牧有限公司			21							0	21
141	山西省家畜冷冻精液中心	6		8						4	5	23
151	内蒙古天和荷斯坦牧业有限公司	10		15							0	25
152	通辽京缘种牛繁育有限责任公司									1	27	28
153	海拉尔市农牧场管理局家畜繁育指导站			5					18		0	23
154	赤峰赛奥牧业技术服务有限公司									7	26	33
211	辽宁省牧经种牛繁育中心有限公司		1	20						5	0	26
221	长春新牧科技有限公司									3	46	49
223	延边畜牧开发总公司延边种公牛站									4	26	30
224	四平市兴牛牧业服务有限公司									3	28	31
231	黑龙江省博瑞遗传有限公司	15	4	69						8	30	126
232	大庆市银螺乳业有限公司种公牛站	1		24							0	25
311	上海奶牛育种中心有限公司	33		79							0	112
312	上海市肉牛育种中心有限公司										46	46
322	南京利农奶牛育种有限公司	2	4	16							0	22
343	安徽精英种畜有限公司			30							0	30
361	江西天添畜禽育种有限公司	1		1						1	2	5
371	山东省种公牛站有限责任公司									9	30	39
373	山东奥克斯生物技术有限公司	36	4	42							0	82
374	山东盛能奶牛胚胎工程有限公司			17							0	17
411	河南省鼎元种牛育种有限公司	8	4	25						20	51	108
413	南阳昌盛牛业有限公司			2						4	19	25
414	洛阳市洛瑞牧业有限公司			5						25	29	59
421	武汉兴牧生物科技有限公司					11				2	11	24
431	湖南光大牧业科技有限公司					6					12	18
451	广西壮族自治区畜禽品种改良站					54					0	54
511	成都汇丰动物育种公司			3	7						31	41
521	贵州省家畜冷冻精液站					11					0	11
531	云南恒翔家畜良种科技有限公司	1				20					11	32
532	大理白族自治州家畜繁育指导站	3		10		28					0	41
611	陕西秦申金牛育种有限公司	7		2							11	20
621	甘肃省家畜繁育中心										3	3
631	青海省家畜改良中心			6				22			2	30
641	宁夏四正生物工程技术研究中心	11		32							18	61
651	新疆天山畜牧生物工程股份有限公司	25		27			74			3	41	170

2011年奶牛良种补贴项目种公牛站及种公牛汇总表

编号	单位名称	荷斯坦牛				娟姗牛	奶水牛	褐牛	牦牛	三河牛	夏洛来牛	其他	小 计
		CPI1	CPI2	CPI3	TPPI								
	合　计	**136**	**186**	**85**	**354**								
111	北京奶牛中心	41	15	15	28								
121	天津市奶牛发展中心	9	14		14								
131	河北省畜牧良种工作站	2	19		31								
132	秦皇岛全农精牛繁育有限公司	2	20										
133	亚达艾格威（唐山）畜牧有限公司				16								
141	山西省家畜冷冻精液中心		16	8	4								
151	内蒙古天和荷斯坦牧业有限公司	16	7		13								
152	通辽京缘种牛繁育有限责任公司												
153	海拉尔市农牧场管理局家畜繁育指导站												
154	赤峰赛奥牧业技术服务有限公司												
155	内蒙古赛科星繁育生物技术股份有限公司			43									
211	辽宁省牧经种牛繁育中心有限公司			1	3								
221	长春新牧科技有限公司												
223	延边畜牧开发总公司延边种公牛站												
224	四平市兴牛牧业服务有限公司												
231	黑龙江省博瑞遗传有限公司	16	1	3	47								
232	大庆市银螺乳业有限公司种公牛站		1		9								
311	上海奶牛育种中心有限公司	31	8		28								
312	上海市肉牛育种中心有限公司												
322	南京利农奶牛育种有限公司		5	4	4								
343	安徽精英种畜有限公司		2		22								
361	江西天添畜禽育种有限公司	1											
371	山东省种公牛站有限责任公司												
373	山东奥克斯生物技术有限公司	3	27		24								
374	山东盛能奶牛胚胎工程有限公司		2		8								
411	河南省鼎元种牛育种有限公司		17	2	29								
413	南阳昌盛牛业有限公司				3								
414	洛阳市洛瑞牧业有限公司			7	7								
421	武汉兴牧生物科技有限公司												
431	湖南光大牧业科技有限公司		1										
441	广州市奶牛研究所有限公司	1	4		3								
451	广西壮族自治区畜禽品种改良站												
511	成都汇丰动物育种公司				4								
521	贵州省家畜冷冻精液站												
531	云南恒翔家畜良种科技有限公司		1		2								
532	大理白族自治州家畜繁育指导站		1		1								
611	陕西秦申金牛育种有限公司	5	2										
621	甘肃省家畜繁育中心												
631	青海省家畜改良中心		1		4								
641	宁夏四正生物工程技术研究中心		5	2	20								
651	新疆天山畜牧生物工程股份有限公司	9	17		30								

生 产 价 格

2008—2012 年全国奶类生产价格指数

上年=100

季 度	2008 年	2009 年	2010 年	2011 年	2012 年
第一季度	136.76	87.87	112.48	112.50	103.69
第二季度	131.66	86.70	116.80	108.64	102.90
第三季度	124.73	91.80	116.40	106.90	103.66
第四季度	108.66	99.50	115.30	105.10	105.30

2006—2012 年全国生鲜乳收购价格

单位：元/千克

年份	1 月	2 月	3 月	4 月	5 月	6 月	7 月	8 月	9 月	10 月	11 月	12 月
2006 年					1.91	1.93	1.91	1.90	1.90	1.89	1.93	1.92
2007 年	1.93	1.95	1.95	1.99	1.98	1.93	1.94	1.96	2.02	2.16	2.28	2.50
2008 年	2.77	2.90	2.93	2.86	2.85	2.85	2.77	2.76	2.76	2.69	2.69	2.68
2009 年	2.62	2.57	2.49	2.43	2.37	2.32	2.32	2.31	2.36	2.43	2.52	2.60
2010 年	2.68	2.73	2.74	2.79	2.82	2.86	2.89	2.93	2.98	3.02	3.07	3.13
2011 年	3.18	3.20	3.20	3.20	3.19	3.20	3.19	3.19	3.20	3.22	3.23	3.25
2012 年	3.26	3.28	3.28	3.27	3.27	3.27	3.27	3.27	3.28	3.31	3.34	3.38

成 本 收 益

2012 年各地区散养奶牛成本收益情况

项　　目	单位	平均	山西	内蒙古	吉林	山东	河南	湖南	广西	贵州	陕西	新疆
每头												
主产品产量	公斤	5 232.80	5 819.89	5 866.67	5 150.00	5 478.22	4 778.83	4 767.81	5 305.75	4 385.00	5 098.56	5 677.23
产值合计	元	19 740.37	27 954.19	18 825.00	17 160.00	18 865.83	17 573.72	16 105.40	24 013.18	19 386.17	18 548.88	18 971.36
主产品产值	元	18 109.76	26 458.45	17600.00	15 633.33	17486.88	15 963.66	14 160.40	21 884.68	17 978.50	16 491.44	17 440.25
副产品产值	元	1 630.61	1 495.74	1 225.00	1 526.67	1 378.95	1 610.06	1 945.00	2 128.50	1 407.67	2 057.44	1 531.11
总成本	元	14 382.18	14 361.77	10 443.33	12 188.02	13 711.29	15 126.51	13 578.93	20 117.43	17 374.59	14 959.67	11 960.44
生产成本	元	14 349.99	14 361.77	10 443.33	12 188.02	13 685.73	15 126.51	13 547.33	19 852.68	17 374.59	14 959.67	11 960.44
物质与服务费用	元	11 519.66	11 578.81	7 048.66	9 061.54	11 091.91	11 507.96	11 503.33	16 884.68	15 281.87	11 743.59	9 494.56
人工成本	元	2 830.33	2 782.96	3 394.67	3 126.48	2 593.82	3 618.55	2 044.00	2 968.00	2 092.72	3 216.08	2 465.88
家庭用工折价	元	2 737.73	2 488.81	3 248.00	3 126.48	2 300.48	3 618.55	2 044.00	2 968.00	2 092.72	3 216.08	2 274.05
雇工费用	元	92.60	294.15	146.67		293.34		/				191.83
土地成本	元	32.19		/		25.56		31.60	264.75			
净利润	元	5 358.19	13 592.42	8 381.67	4 971.98	5 154.54	2 447.21	2 526.47	3 895.75	2 011.58	3 589.21	7 010.92
成本利润率	%	37.26	94.64	80.26	40.79	37.59	16.18	18.61	19.37	11.58	23.99	58.62
每 50 公斤主产品												
平均出售价格	元	173.04	227.31	150.00	151.78	159.60	167.02	148.50	206.24	205.00	161.73	153.60
总成本	元	126.07	116.78	83.21	107.80	115.99	143.76	125.20	172.78	183.73	130.44	96.84
生产成本	元	125.79	116.78	83.21	107.80	115.78	143.76	124.91	170.51	183.73	130.44	96.84
净利润	元	46.97	110.53	66.79	43.98	43.61	23.26	23.30	33.46	21.27	31.29	56.76
附：												
每核算单位用工数量	日	50.01	48.11	59.47	55.83	44.75	64.62	36.50	53.00	37.37	57.43	43.04
平均饲养天数	日	365.00	365.00	365.00	365.00	365.00	365.00	365.00	365.00	365.00	365.00	365.00

2012 年各地区散养奶牛费用和用工情况

项　　目	单位	平均	山西	内蒙古	吉林	山东	河南	湖南	广西	贵州	陕西	新疆
一、每头物质与服务费用	元	11 519.66	11 578.81	7 048.66	9 061.54	11 091.91	11 507.96	11 503.33	16 884.68	15 281.87	11 743.59	9 494.56
（一）直接费用	元	10 000.58	10 211.22	5 874.66	7 843.87	9 565.15	9 848.20	10 132.23	14 445.43	14 142.20	9 570.37	8 372.74
1. 仔畜费	元											
2. 精饲料费	元	7 658.68	7 882.44	4 978.33	6 614.67	7 911.68	6 978.43	7 896.67	10 729.13	10 116.87	7 233.67	6 244.91
3. 青粗饲料费	元	1 806.31	1 712.26	507.50	969.00	1 099.17	2 271.14	1 800.00	2 765.50	3 524.00	1 730.67	1 683.89
4. 饲料加工费	元	38.71	76.30	17.33	20.50	77.14	48.57				53.00	94.26
5. 水费	元	28.20	31.94	20.00	18.57	14.69	40.47	36.67	63.00		29.22	27.44
6. 燃料动力费	元	101.26	121.42	12.83	21.76	54.13	148.77	70.28	103.75	283.33	157.44	38.98
电费	元	59.34	45.22	12.83	13.43	44.22	83.97	38.50	79.00	213.33	40.33	22.60
煤费	元	41.86	76.20	/	8.33	9.91	64.80	31.78	24.75	70.00	117.11	15.75
其他燃料动力费	元	0.06										0.63
7. 医疗防疫费	元	127.18	85.46	39.67	29.50	193.60	172.08	65.67	351.75	100.00	156.00	78.11
8. 死亡损失费	元	65.66	82.33	15.00	10.50	63.50	12.87	129.05	176.30	50.00	45.00	72.01
9. 技术服务费	元	16.26	/	19.67	11.00			70.50	21.75		15.61	24.10
10. 工具材料费	元	35.03	52.53	13.00	10.70	20.22	27.95	22.67	117.00	33.33	25.53	27.40
11. 修理维护费	元	24.12	30.95	11.33	8.00	14.35	31.08	24.22	46.75	34.67	22.23	17.66
12. 其他直接费用	元	99.17	135.59	240.00	129.67	116.67	116.84	16.50	70.50		102.00	63.98
（二）间接费用	元	1 519.08	1 367.59	1 174.00	1 217.67	1 526.76	1 659.76	1 371.10	2 439.25	1 139.67	2 173.22	1 121.82
1. 固定资产折旧	元	1 419.32	1 354.07	1074.00	1 217.67	1 341.59	1 576.11	1 070.00	2 229.25	1 070.67	2 173.22	1 086.62
2. 保险费	元	13.00		100.00				30.00				
3. 管理费	元	8.35					33.93		49.50			0.05
4. 财务费	元	0.83										8.32

（续）

项　目	单位	平均	山西	内蒙古	吉林	山东	河南	湖南	广西	贵州	陕西	新疆
5. 销售费	元	77.58	13.52		/	185.17	49.72	271.10	160.50	69.00		26.83
二、每头人工成本	元	2 830.33	2 782.96	3 394.67	3 126.48	2 593.82	3 618.55	2 044.00	2 968.00	2 092.72	3 216.08	2 465.88
1. 家庭用工折价	元	2 737.73	2 488.81	3 248.00	3 126.48	2 300.48	3 618.55	2 044.00	2 968.00	2 092.72	3 216.08	2 274.05
家庭用工天数	日	48.89	44.44	58.00	55.83	41.08	64.62	36.50	53.00	37.37	57.43	40.61
劳动日工价	元	56.00	56.00	56.00	56.00	56.00	56.00	56.00	56.00	56.00	56.00	56.00
2. 雇工费用	元	92.60	294.15	146.67		293.34						191.83
雇工天数	日	1.12	3.67	1.47		3.67						2.44
雇工工价	元	82.38	80.22	99.78	50.00	80.04	56.00	70.00	80.00	70.00	60.00	78.78
三、附												
1. 仔畜重量	千克											
2. 精饲料数量	千克	2 812.91	2 952.20	2 375.00	2 570.00	2 952.58	2 460.56	2 746.67	3 123.88	3 386.10	2 656.11	2 905.95
3. 耗粮数量	千克	1 992.33	2 076.56	1 662.50	1 799.00	2 273.67	1 738.51	1 922.67	2 186.71	2 370.27	1 859.28	2 034.16

2012 年各地区小规模奶牛成本收益情况

项　　目	单位	平均	河北	山西	内蒙古	辽宁	吉林	黑龙江	福建	山东	河南	湖南	广西	贵州	云南	宁夏
每头																
主产品产量	公斤	5 211.03	5 609.64	5 287.50	4 779.43	6 179.53	5 079.83	5 402.06	5 219.20	5 387.60	4 972.95	5 165.65	5 478.67	4 058.00	4 926.09	5 408.28
产值合计	元	18 811.18	19 593.87	20 692.50	17 017.48	21 496.71	17 021.44	17 415.56	22 449.74	17 521.59	16 622.86	17 592.43	25 316.00	14 837.30	15 620.27	20 158.80
主产品产值	元	17 142.58	17 432.31	19542.50	15 388.29	19 526.47	15 631.44	16 229.18	20 564.04	16 162.80	14 884.23	16 115.31	23 212.00	13 187.30	13 776.02	18 344.23
副产品产值	元	1 668.60	2 161.56	1 150.00	1 629.19	1 970.24	1 390.00	1 186.38	1 885.70	1 358.79	1 738.63	1 477.12	2 104.00	1 650.00	1 844.25	1 814.57
总成本	元	14 664.46	13 639.23	13 189.00	13 918.36	16 888.60	11 361.14	13 280.95	18 669.72	11 648.97	13 953.40	15 006.87	20 320.15	18 801.15	11 190.53	13 434.51
生产成本	元	14 620.20	13 612.20	13 172.50	13 918.36	16 888.60	11 357.59	13 274.85	18 632.12	11 639.22	13 918.19	14 970.00	20 077.15	18 734.65	11 067.58	13 419.86
物质与服务费用	元	12 311.83	12 206.21	10 555.50	11 871.28	13 965.26	9 490.83	11 370.99	13 744.12	9 830.42	11 552.52	12 910.11	17 202.67	17 029.25	9 415.15	11 221.13
人工成本	元	2 308.37	1 405.99	2 617.00	2 047.08	2 923.34	1 866.76	1 903.86	4 888.00	1 808.80	2 365.67	2 059.89	2 874.48	1 705.40	1 652.43	2 198.73
家庭用工折价	元	1 641.81	1 289.46	1 442.00	2 047.08	2 026.36	1 866.76	1 634.36	196.00	1 808.80	2 277.63	1 587.60	2 874.48	330.40	1 566.88	2 037.84
雇工费用	元	666.56	116.53	1 175.00		896.98		269.50	4 692.00		88.04		472.29	1 375.00	85.55	160.89
土地成本	元	44.26	27.03	16.50			3.55	6.10	37.60	9.75	35.21	36.87	243.00	66.50	122.95	14.65
净利润	元	4 146.72	5 954.64	7 503.50	3 099.12	4 608.11	5 660.30	4 134.61	3 780.02	5 872.62	2 669.46	2 585.56	4 995.85	−3 963.85	4 429.74	6 724.29
成本利润率	%	28.28	43.66	56.89	22.27	27.29	49.82	31.13	20.25	50.41	19.13	17.23	24.59	−21.08	39.58	50.05
每 50 公斤主产品																
平均出售价格	元	164.48	155.38	184.80	160.98	157.99	153.86	150.21	197.00	150.00	149.65	155.99	211.84	162.49	139.83	169.59
总成本	元	128.22	108.16	117.79	131.66	124.12	102.70	114.55	163.83	99.73	125.62	133.06	170.04	205.90	100.18	113.02
生产成本	元	127.84	107.95	117.64	131.66	124.12	102.66	114.50	163.50	99.64	125.30	132.74	168.00	205.17	99.08	112.90
净利润	元	36.26	47.22	67.01	29.32	33.87	51.16	35.66	33.17	50.27	24.03	22.93	41.80	−43.41	39.65	56.57
附：																
每核算单位用工数量	日	37.95	24.44	40.75	36.56	47.08	33.34	32.73	55.50	32.30	42.15	33.45	51.33	33.40	29.88	38.40
平均饲养天数	日	365.00	365.00	365.00	365.00	365.00	365.00	365.00	365.00	365.00	365.00	365.00	365.00	365.00	365.00	365.00

2012 年各地区小规模奶牛费用和用工情况

项　　目	单位	平均	河北	山西	内蒙古	辽宁	吉林	黑龙江	福建	山东	河南	湖南	广西	贵州	云南	宁夏
一、每头物质与服务费用	元	12 311.83	12206.21	10 555.50	11 871.28	13 965.26	9490.83	11 370.99	13 744.12	9 830.42	11 552.52	12 910.11	17 202.67	17 029.25	9 415.15	11 221.13
（一）直接费用	元	10 694.10	10 132.94	9376.00	10 361.67	12 393.65	8 182.16	9 993.57	11 032.82	8 577.64	9 987.58	11 110.16	14 902.00	15 720.25	7 966.07	9 980.80
1. 仔畜费	元															
2. 精饲料费	元	7 794.68	8 351.33	7 146.00	7 923.71	8 636.03	6 649.33	6 826.37	7 453.42	6 535.12	7 191.15	8 876.54	10 950.33	11 563.50	3 872.15	7 150.54
3. 青粗饲料费	元	2 317.66	1 463.06	1 753.75	1 859.22	2 793.81	1 156.16	2 734.58	2 823.50	1 532.83	2 132.20	1 673.09	3 082.00	3 501.50	3 497.40	2 444.12
4. 饲料加工费	元	28.46		40.75	14.19	151.29	15.66	35.23		21.85	36.37			25.00		58.15
5. 水费	元	39.81	17.35	41.25	24.31	48.35	30.50	11.68	160.80	18.79	35.55	13.97	79.33	34.25	21.58	19.61
6. 燃料动力费	元	120.39	49.99	120.00	108.12	261.91	91.33	37.53	145.60	136.60	136.29	127.16	104.34	311.50	24.92	30.13
电费	元	81.40	49.99	56.25	36.81	130.88	34.50	30.77	145.60	94.35	75.27	50.79	79.67	311.50	24.92	18.25
煤费	元	35.84		63.75	71.31	131.03	56.83	6.76		42.25	61.02	32.27	24.67			11.88
其他燃料动力费	元	3.15														44.10
7. 医疗防疫费	元	151.10	127.39	68.75	183.85	89.40	47.17	120.86	175.80	129.75	217.23	83.23	315.00	155.50	220.30	181.16
8. 死亡损失费	元	82.35	5.82	57.50	70.81	217.67	14.34	75.82	68.50	52.19	44.38	68.61	171.00	82.50	206.41	17.36
9. 技术服务费	元	6.94	0.71	8.50		11.72	4.50	7.24			5.71	32.41	24.33		2.00	
10. 工具材料费	元	30.10	17.95	47.00	29.39	44.76	12.34	12.55	32.50	29.78	33.91	24.15	75.67	20.00	23.79	17.62
11. 修理维护费	元	24.01	10.50	50.00	30.57	27.47	17.50	15.95	2.70	23.95	27.03	52.75	35.33	26.50	6.67	9.23
12. 其他直接费用	元	98.60	88.84	42.50	117.50	111.24	143.33	115.76	170.00	96.78	127.76	158.25	64.67		90.85	52.88
（二）间接费用	元	1 617.73	2 073.27	1 179.50	1 509.61	1 571.61	1 308.67	1 377.42	2 711.30	1 252.78	1 564.94	1 799.95	2 300.67	1 309.00	1 449.08	1 240.33
1. 固定资产折旧	元	1 482.02	2 060.96	1 125.00	1 509.61	1 553.51	1 255.84	1 338.99	2 085.70	1 210.00	1 504.30	1 278.42	2 079.67	1 188.50	1 350.95	1 206.86
2. 保险费	元	9.79						8.00				15.00			97.33	16.67
3. 管理费	元	33.23	11.78	45.00		3.42	1.00	13.73			25.30	34.31	276.34	54.33		
4. 财务费	元	0.13					1.00									0.80

（续）

项　目	单位	平均	河北	山西	内蒙古	辽宁	吉林	黑龙江	福建	山东	河南	湖南	广西	贵州	云南	宁夏
5. 销售费	元	92.56	0.53	9.50		14.68	50.83	16.70	600.30	42.78	26.33	230.19	166.67	120.50		16.80
二、每头人工成本	元	2 308.37	1 405.99	2 617.00	2 047.08	2 923.34	1 866.76	1 903.86	4 888.00	1 808.80	2 365.67	2 059.89	2 874.48	1 705.40	1 652.43	2 198.73
1. 家庭用工折价	元	1 641.81	1 289.46	1442.00	2 047.08	2 026.36	1 866.76	1 634.36	196.00	1 808.80	2 277.63	1 587.60	2 874.48	330.40	1 566.88	2 037.84
家庭用工天数	日	29.32	23.03	25.75	36.56	36.19	33.34	29.19	3.50	32.30	40.67	28.35	51.33	5.90	27.98	36.39
劳动日工价	元	56.00	56.00	56.00	56.00	56.00	56.00	56.00	56.00	56.00	56.00	56.00	56.00	56.00	56.00	56.00
160.89 雇工费用	元	666.56	116.53	1175.00		896.98		269.50	4 692.00			88.04	472.29		1 375.00	85.55
雇工天数	日	8.63	1.42	15.00		10.89		3.55	52.00		1.48	5.10		27.50	1.90	2.01
雇工工价	元	77.23	82.18	78.33	82.50	82.35	69.50	76.02	90.23	60.00	59.69	92.61	80.00	50.00	45.02	80.05
三、附																
1. 仔畜重量	千克															
2. 精饲料数量	千克	2 763.42	3 048.78	2 660.00	3 115.98	3 124.68	2 508.08	2 402.39	2 635.70	2 466.10	2 562.53	3 285.48	3 143.67	3 502.50	1 420.99	2 811.03
3. 耗粮数量	千克	1 942.26	2 135.74	1 862.00	2 181.19	2 172.96	1 818.65	1 722.22	1 844.99	1 800.25	1 842.42	2 299.84	2 200.57	2276.63	1 066.52	1 967.72

2012 年各地区中规模

项　目	单位	平均	北京	天津	山西	内蒙古	辽宁	吉林	黑龙江	上海
每头										
主产品产量	公斤	5 743.17	5 511.50	7 024.74	5 665.00	5 050.00	6 041.53	5 792.50	5 585.96	7 614.83
产值合计	元	22 671.85	19 199.00	25 912.88	22 938.67	19 790.69	23 657.01	22 968.25	18 493.90	34 312.46
主产品产值	元	20 817.38	17 361.50	23 969.55	21 527.00	18 180.00	21 112.38	21 540.00	17 177.11	32 331.93
副产品产值	元	1 854.47	1 837.50	1 943.33	1 411.67	1 610.69	2 544.63	1 428.25	1 316.79	1 980.53
总成本	元	18 007.16	16 777.24	18 270.47	14 451.10	18 048.45	19 314.06	14 098.97	14 597.89	30 926.72
生产成本	元	17 944.23	16 727.24	18 242.31	14 429.27	18 010.69	19 211.94	14 065.65	14 584.54	30 759.79
物质与服务费用	元	15 536.01	15 612.84	16 920.03	12 426.25	16 061.25	16 141.95	12 347.65	12 369.20	27 245.55
人工成本	元	2 408.22	1 114.40	1 322.28	2 003.02	1 949.44	3 069.99	1 718.00	2 215.34	3 514.24
家庭用工折价	元	221.03	204.40	779.86	821.35	69.44	68.49	112.00	483.17	
雇工费用	元	2 187.19	910.00	542.42	1 181.67	1 880.00	3 001.50	1 606.00	1 732.17	3 514.24
土地成本	元	62.93	50.00	28.16	21.83	37.76	102.12	33.32	13.35	166.93
净利润	元	4 664.69	2 421.76	7 642.41	8 487.57	1 742.24	4 342.95	8 869.28	3 896.01	3 385.74
成本利润率	%	25.90	14.43	41.83	58.73	9.65	22.49	62.91	26.69	10.95
每 50 公斤主产品										
平均出售价格	元	181.24	157.50	170.61	190.00	180.00	174.73	185.93	153.75	212.30
总成本	元	143.95	137.63	120.29	119.70	164.15	142.65	114.13	121.36	191.35
生产成本	元	143.45	137.22	120.11	119.52	163.81	141.90	113.86	121.25	190.32
净利润	元	37.29	19.87	50.32	70.30	15.85	32.08	71.80	32.39	20.95
附：										
每核算单位用工数量	日	33.87	16.15	21.34	32.25	35.87	41.74	24.70	31.25	36.37
平均饲养天数	日	365.00	365.00	365.00	365.00	365.00	365.00	365.00	365.00	365.00

奶牛成本收益情况

江苏	安徽	福建	河南	湖南	重庆	四川	贵州	陕西	甘肃	宁夏	新疆
5 202.00	6 162.57	5 305.00	5 481.23	4 623.33	4 405.64	6 156.00	5 400.00	6 093.50	6 967.20	5 930.91	4 850.00
19 064.20	26 017.89	22 580.05	18 809.45	16 980.83	18 129.73	26 982.72	24 050.00	22 868.00	28 314.76	23 189.06	19 177.50
17 533.60	24 157.27	20 874.60	17 068.77	15 025.83	16 564.73	25 362.72	22 680.00	20 778.00	26 475.36	21 349.81	15 277.50
1 530.60	1 860.62	1 705.45	1 740.68	1 955.00	1 565.00	1 620.00	1 370.00	2 090.00	1 839.40	1 839.25	3 900.00
17 881.33	21 291.77	18 131.21	15 164.66	13 472.17	17 423.35	18 150.45	17 676.50	18 936.00	24 123.01	15 922.68	15 485.50
17 817.21	21 172.84	18 087.21	15 123.10	13 427.17	17 377.35	18 008.45	17 459.50	18 903.00	24 123.01	15 869.12	15 485.50
16 344.41	19 308.34	13 111.21	12 604.77	12 115.89	11 864.79	15 083.45	15 254.50	16 078.00	22 473.01	13 401.21	13 956.00
1 472.80	1 864.50	4 976.00	2 518.33	1 311.28	5 512.56	2 925.00	2 205.00	2 825.00	1 650.00	2 467.91	1 529.50
		224.00	164.53	511.28						870.24	112.00
1 472.80	1 864.50	4 752.00	2 353.80	800.00	5 512.56	2 925.00	2 205.00	2 825.00	1 650.00	1 597.67	1 417.50
64.12	118.93	44.00	41.56	45.00	46.00	142.00	217.00	33.00		53.56	
1 182.87	4 726.12	4 448.84	3 644.79	3 508.66	706.38	8 832.27	6 373.50	3 932.00	4 191.75	7 266.38	3 692.00
6.62	22.20	24.54	24.03	26.04	4.05	48.66	36.06	20.76	17.38	45.64	23.84
168.53	196.00	196.74	155.70	162.50	187.99	206.00	210.00	170.49	190.00	179.99	157.50
158.07	160.40	157.98	125.53	128.92	180.67	138.57	154.35	141.18	161.87	123.59	127.18
157.51	159.50	157.59	125.19	128.49	180.19	137.49	152.45	140.93	161.87	123.17	127.18
10.46	35.60	38.76	30.17	33.58	7.32	67.43	55.65	29.31	28.13	56.40	30.32
34.92	24.86	56.80	41.58	21.30	67.55	39.00	31.50	41.00	25.00	36.25	18.00
365.00	365.00	365.00	365.00	365.00	365.00	365.00	365.00	365.00	365.00	365.00	365.00

2012 年各地区中规模

项　目	单位	平均	北京	天津	山西	内蒙古	辽宁	吉林	黑龙江	上海
一、每头物质与服务费用	元	15 536.01	15 612.84	16 920.03	12 426.25	16 061.25	16 141.95	12 347.65	12 369.20	27 245.55
(一) 直接费用	元	13 001.76	12 183.34	14 855.87	10 824.59	13 220.68	14 139.34	10 654.75	10 792.48	23 836.85
1. 仔畜费	元									
2. 精饲料费	元	8 499.89	8 075.00	10 735.11	8 100.42	8 445.00	9 334.36	7 910.50	7 199.02	10 851.59
3. 青粗饲料费	元	3 620.72	3 162.50	3 554.03	2 133.17	3 947.50	3 446.67	2 006.50	3 126.92	10 722.99
4. 饲料加工费	元	38.60		16.70	43.64		212.12	16.00	36.94	
5. 水费	元	57.75		48.30	33.10	41.56	60.45	88.75	12.91	202.03
6. 燃料动力费	元	257.66	381.00	201.84	146.25	232.80	357.00	233.50	55.58	673.33
电费	元	185.49	257.50	153.10	71.33	131.30	217.09	80.75	50.27	673.33
煤费	元	53.36	52.50	48.74	74.92	101.50	130.82	115.75	5.31	
其他燃料动力费	元	18.81	71.00				9.09	37.00		
7. 医疗防疫费	元	171.23	150.50	122.94	87.50	100.00	193.44	76.25	133.89	445.31
8. 死亡损失费	元	98.47	41.00	47.83	79.17	128.00	202.67	60.75	69.98	232.69
9. 技术服务费	元	32.19	29.17		20.00	15.57	79.82	22.50	10.98	26.12
10. 工具材料费	元	52.58	62.50	30.19	44.50	2.78	46.36	32.25	10.35	173.22
11. 修理维护费	元	62.88	94.17	23.04	59.17	157.47	39.42	40.25	16.18	287.90
12. 其他直接费用	元	109.79	187.50	75.89	77.67	150.00	167.03	167.50	119.73	221.67
(二) 间接费用	元	2 534.25	3 429.50	2 064.16	1 601.66	2 840.57	2 002.61	1 692.90	1 576.72	3 408.70
1. 固定资产折旧	元	1 960.73	3 039.50	1 870.40	1 495.00	1 626.00	1 786.42	1 587.75	1 524.14	2 175.92
2. 保险费	元	115.98	47.00		23.33	380.00			8.89	96.88
3. 管理费	元	244.11	95.50	46.54	45.83	59.00	118.64	62.75	13.36	925.01
4. 财务费	元	119.19	225.00	27.59		627.07	57.55	19.45	1.72	210.89
5. 销售费	元	94.24	22.50	119.63	37.50	148.50	40.00	22.95	28.61	
二、每头人工成本	元	2 408.22	1 114.40	1 322.28	2 003.02	1 949.44	3 069.99	1 718.00	2 215.34	3 514.24
1. 家庭用工折价	元	221.03	204.40	779.86	821.35	69.44	68.49	112.00	483.17	
家庭用工天数	日	3.95	3.65	13.93	14.67	1.24	1.22	2.00	8.63	
劳动日工价	元	56.00	56.00	56.00	56.00	56.00	56.00	56.00	56.00	56.00
2. 雇工费用	元	2 187.19	910.00	542.42	1 181.67	1 880.00	3 001.50	1 606.00	1 732.17	3 514.24
雇工天数	日	29.92	12.50	7.41	17.58	34.63	40.52	22.70	22.62	36.37
雇工工价	元	73.09	72.80	73.19	67.21	54.29	74.08	70.75	76.57	96.62
三、附										
1. 仔畜重量	公斤									
2. 精饲料数量	公斤	3 009.93	2 932.00	3 999.26	2 887.50	2 915.00	3 198.26	2 983.25	2 561.49	3 636.73
3. 耗粮数量	公斤	2 139.25	2 052.40	2 799.48	2 064.79	2 040.50	2 238.78	2 137.78	1 836.28	2 545.71

奶牛费用和用工情况

江苏	安徽	福建	河南	湖南	重庆	四川	贵州	陕西	甘肃	宁夏	新疆
16 344.41	19 308.34	13 111.21	12 604.77	12 115.89	11 864.79	15 083.45	15 254.50	16 078.00	22 473.01	13 401.21	13 956.00
13 824.63	14 401.44	10 506.40	10 930.30	10 744.79	9 784.52	13 105.80	12 572.50	13 555.00	19 365.57	11 273.47	9 463.00
8 068.05	9 144.48	7 277.35	7 861.29	8 447.47	6 491.43	8 349.80	8 869.50	10 341.50	11 489.19	8 186.71	4 820.00
5 118.64	3 874.04	2 471.40	2 314.88	1 898.00	2 571.75	4 045.00	2 190.00	2 420.50	7 105.94	2 510.93	3 793.00
28.63			46.58		5.15		290.00	52.00		24.34	
24.26	24.55	155.30	55.28	30.15	48.59	48.00	60.00	63.00	88.56	36.16	34.00
169.48	578.75	159.25	162.09	74.50	218.46	116.00	480.00	233.50	214.99	155.99	309.00
120.41	415.26	159.25	98.11	44.50	170.43	78.00	480.00	161.00	186.47	71.76	90.00
49.07			63.98	30.00	48.03	38.00		72.50	28.52	61.65	146.00
	163.49									22.58	73.00
101.72	337.08	163.85	211.90	118.18	90.59	169.00	365.00	190.50	117.33	194.62	55.00
74.43	103.12	65.30	49.23	88.89	112.50	109.00	60.00	52.00	122.81		270.00
128.42			18.10	32.00	48.85	47.00	72.00			33.33	60.00
30.24	154.00	40.55	29.90	24.75	62.25	85.00	60.00	49.50	84.93	26.35	2.00
50.76	50.82	3.40	31.59	14.35	50.75	37.00	126.00	67.00	56.62	21.71	30.00
30.00	134.60	170.00	149.46	16.50	84.20	100.00		85.50	85.20	83.33	90.00
2 519.78	4 906.90	2 604.81	1 674.47	1 371.10	2 080.27	1 977.65	2 682.00	2 523.00	3 107.44	2 127.74	4 493.00
2 409.64	4 039.27	2 037.61	1 602.25	1 152.00	1 480.00	1 706.00	1 650.00	2 067.50	1 614.35	1 900.87	2 450.00
	360.00			30.00	86.39	60.00	100.00	77.50	44.59	45.00	960.00
28.58	507.63	31.85	43.22		492.13	86.45	452.00	337.50	1 165.40	25.87	345.00
40.00					21.75	53.20	200.00	40.50	0.59	120.42	738.00
41.56		535.35	29.00	189.10		72.00	280.00		282.51	35.58	
1 472.80	1 864.50	4 976.00	2 518.33	1 311.28	5 512.56	2 925.00	2 205.00	2 825.00	1 650.00	2 467.91	1 529.50
		224.00	164.53	511.28						870.24	112.00
		4.00	2.94	9.13						15.54	2.00
56.00	56.00	56.00	56.00	56.00	56.00	56.00	56.00	56.00	56.00	56.00	56.00
1 472.80	1 864.50	4 752.00	2 353.80	800.00	5 512.56	2 925.00	2 205.00	2 825.00	1 650.00	1 597.67	1 417.50
34.92	24.86	52.80	38.64	12.17	67.55	39.00	31.50	41.00	25.00	20.71	16.00
42.18	75.00	90.00	60.92	65.74	81.61	75.00	70.00	68.90	66.00	77.16	88.59
2 961.00	3 061.19	2 595.50	2 804.89	2 938.25	2 433.31	3 452.00	3 285.00	3 707.50	3 245.53	2 984.01	1 617.00
2 072.70	2 295.89	1 816.85	2 078.54	2 056.78	1 814.99	2 416.40	2 299.50	2 595.25	2 401.69	2 088.81	1 131.90

2012 年各地区大规模

项　目	单位	平均	北京	山西	内蒙古	辽宁	黑龙江	上海	江苏
每头									
主产品产量	公斤	6 445.41	7 619.91	5 619.78	6 070.00	6 034.50	6 467.75	8 786.49	7 409.79
产值合计	元	26 430.11	28 586.03	21 510.67	23 644.20	23 062.00	22 443.24	41 077.58	28 540.32
主产品产值	元	24 499.17	26 260.84	20 275.11	21 852.00	20 976.50	21 091.84	38 866.75	27 145.27
副产品产值	元	1 930.94	2 325.19	1 235.56	1 792.20	2 085.50	1 351.40	2 210.83	1 395.05
总成本	元	21 635.23	23 679.05	14 135.80	19 543.12	18 950.05	16 997.22	35 321.57	28 745.04
生产成本	元	21 571.65	23 666.55	14 118.89	19 505.12	18 901.05	16 977.77	35 093.20	28 563.75
物质与服务费用	元	19 345.02	22 266.20	11 555.72	17 097.72	16 021.05	14 628.27	31 386.76	25 828.42
人工成本	元	2 226.63	1 400.35	2 563.17	2 407.40	2 880.00	2 349.50	3 706.44	2 735.33
家庭用工折价	元	42.73	73.36	364.00	67.20				
雇工费用	元	2 183.90	1 326.99	2 199.17	2 340.20	2 880.00	2 349.50	3 706.44	2 735.33
土地成本	元	63.58	12.50	16.91	38.00	49.00	19.45	228.37	181.29
净利润	元	4 794.88	4 906.98	7 374.87	4 101.08	4 111.95	5 446.02	5 756.01	−204.72
成本利润率	%	22.16	20.72	52.17	20.98	21.70	32.04	16.30	−0.71
每 50 公斤主产品									
平均出售价格	元	190.05	172.32	180.39	180.00	173.80	163.05	221.17	183.17
总成本	元	155.57	142.74	118.54	148.78	142.81	123.48	190.18	184.48
生产成本	元	155.11	142.66	118.40	148.49	142.44	123.34	188.95	183.32
净利润	元	34.48	29.58	61.85	31.22	30.99	39.57	30.99	−1.31
附：									
每核算单位用工数量	日	30.15	14.89	33.28	44.70	36.00	28.83	36.17	47.83
平均饲养天数	日	365.00	365.00	365.00	365.00	365.00	365.00	365.00	365.00

奶牛成本收益情况

浙江	安徽	福建	山东	河南	湖北	广东	四川	贵州	云南	甘肃	青海	新疆
6 219.42	6 144.96	6 461.75	6 829.10	5 713.49	6 975.00	5 108.00	6 193.00	5 493.17	4 801.00	7 776.60	5 694.00	7 490.54
31 107.64	25 942.14	29 530.00	23 924.28	20 784.42	30 685.00	28 456.60	27 487.20	23 723.15	18 768.50	30 112.88	22 401.30	26 815.18
26 774.95	23 700.21	28 408.50	20 692.17	18 816.52	29 295.00	26 561.60	25 960.20	22 528.65	16 803.50	28 659.14	20 213.70	25 101.00
4 332.69	2 241.93	1 121.50	3 232.11	1 967.90	1 390.00	1 895.00	1 527.00	1 194.50	1 965.00	1 453.74	2 187.60	1 714.18
26 866.51	22 471.35	20 981.90	23 631.75	16 243.53	26 115.80	20 322.37	18 672.96	22 345.46	15 073.25	22 641.00	21 896.82	18 070.20
26 822.93	22 285.36	20 974.90	23 561.69	16 192.02	25 994.30	20 297.37	18 564.96	22 314.90	15 022.25	22 641.00	21 865.00	18 070.20
23 788.93	20 683.14	19 639.90	22 215.29	13 611.12	24 504.10	17 229.37	15 804.96	20 453.48	13 289.75	21 223.88	19 590.89	16 081.74
3 034.00	1 602.22	1 335.00	1 346.40	2 580.90	1 490.20	3 068.00	2 760.00	1 861.42	1 732.50	1 417.12	2 274.11	1 988.46
												350.00
3 034.00	1 602.22	1 335.00	1 346.40	2 580.90	1 490.20	3 068.00	2 760.00	1 861.42	1 732.50	1 417.12	2 274.11	1 638.46
43.58	185.99	7.00	70.06	51.51	121.50	25.00	108.00	30.56	51.00		31.82	
4 241.13	3 470.79	8 548.10	292.53	4 540.89	4 569.20	8 134.23	8 814.24	1 377.69	3 695.25	7 471.88	504.48	8 744.98
15.79	15.45	40.74	1.24	27.96	17.50	40.03	47.20	6.17	24.52	33.00	2.30	48.39
215.25	192.84	219.82	151.50	164.67	210.00	260.00	209.59	205.06	175.00	184.27	177.50	167.55
185.90	167.04	156.19	149.65	128.69	178.73	185.68	142.38	193.15	140.54	138.55	173.50	112.91
185.60	165.66	156.14	149.20	128.29	177.90	185.45	141.56	192.89	140.07	138.55	173.25	112.91
29.35	25.80	63.63	1.85	35.98	31.27	74.32	67.21	11.91	34.46	45.72	4.00	54.64
35.50	24.26	18.70	19.80	41.89	20.00	40.00	37.30	18.92	31.50	22.20	25.29	25.99
365.00	365.00	365.00	365.00	365.00	365.00	365.00	365.00	365.00	365.00	365.00	365.00	365.00

2012 年各地区大规模

项　目	单位	平均	北京	山西	内蒙古	辽宁	黑龙江	上海	江苏
一、每头物质与服务费用	元	19 345.02	22 266.20	11 555.72	17 097.72	16 021.05	14 628.27	31 386.76	25 828.42
（一）直接费用	元	16 270.97	18 361.21	9 820.89	14 374.72	13 466.05	12 602.57	26 297.00	22 148.72
1. 仔畜费	元								
2. 精饲料费	元	9 542.22	10 919.88	7 473.22	10 300.00	8 013.75	7 965.13	12 460.02	11 212.17
3. 青粗饲料费	元	5 307.71	5 661.40	1 763.92	3 040.00	4 360.00	3 984.66	11 240.98	8 674.47
4. 饲料加工费	元	53.52		34.22		285.00	8.66		84.60
5. 水费	元	72.41	6.13	56.56	59.20	71.50	21.15	131.37	211.07
6. 燃料动力费	元	358.75	506.26	136.54	320.40	158.00	74.75	846.90	611.50
电费	元	285.29	283.59	65.83	197.00	99.00	69.42	846.90	469.54
煤费	元	41.75	99.84	70.71	123.40	59.00	5.33		122.01
其他燃料动力费	元	31.71	122.83						19.95
7. 医疗防疫费	元	277.35	356.27	68.33	150.00	97.00	154.18	451.46	471.03
8. 死亡损失费	元	177.52	102.93	103.89	128.00	246.50	84.36	176.43	126.58
9. 技术服务费	元	18.35	9.67	35.00	23.20	54.00	14.71	32.28	
10. 工具材料费	元	150.29	96.17	43.94	2.92	51.55	48.90	262.72	507.07
11. 修理维护费	元	136.69	201.95	47.44	201.00	38.75	45.07	429.65	115.28
12. 其他直接费用	元	176.16	500.55	57.83	150.00	90.00	201.00	265.19	134.95
（二）间接费用	元	3 074.05	3 904.99	1 734.83	2 723.00	2 555.00	2 025.70	5 089.76	3 679.70
1. 固定资产折旧	元	2 348.64	3 103.37	1 601.89	1 722.00	2 289.00	1 762.32	3 184.27	3 336.98
2. 保险费	元	64.28	35.00	40.00	230.00		33.00	122.77	
3. 管理费	元	351.46	410.57	58.61	59.20	140.00	227.88	1 332.87	342.72
4. 财务费	元	214.82	336.72	13.33	561.80	36.00	0.83	449.85	
5. 销售费	元	94.85	19.33	21.00	150.00	90.00	1.67		
二、每头人工成本	元	2 226.63	1 400.35	2 563.17	2 407.40	2 880.00	2 349.50	3 706.44	2 735.33
1. 家庭用工折价	元	42.73	73.36	364.00	67.20				
家庭用工天数	日	0.76	1.31	6.50	1.20				
劳动日工价	元	56.00	56.00	56.00	56.00	56.00	56.00	56.00	56.00
2. 雇工费用	元	2 183.90	1 326.99	2 199.17	2 340.20	2 880.00	2 349.50	3 706.44	2 735.33
雇工天数	日	29.39	13.58	26.78	43.50	36.00	28.83	36.17	47.83
雇工工价	元	74.31	97.74	82.13	53.80	80.00	81.51	102.48	57.19
三、附									
1. 仔畜重量	公斤								
2. 精饲料数量	公斤	3 404.16	3 997.06	2 951.22	3 480.00	3 207.50	2 787.87	4 116.79	3 847.20
3. 耗粮数量	公斤	2 434.39	2 797.94	2 065.86	2 436.00	2 245.25	2 016.53	2 881.75	2 693.04

奶牛费用和用工情况

浙江	安徽	福建	山东	河南	湖北	广东	四川	贵州	云南	甘肃	青海	新疆
23 788.93	20 683.14	19 639.90	22 215.29	13 611.12	24 504.10	17 229.37	15 804.96	20 453.48	13 289.75	21 223.88	19 590.89	16 081.74
20 952.34	14 360.88	16 759.26	18 904.34	11 656.67	20 927.60	15 460.67	13 679.26	16 504.57	11 389.75	18 038.32	16 698.05	13 016.64
11 320.04	8 685.46	9 516.62	10 249.98	8 199.06	10 950.00	9 531.75	9 000.96	9 902.63	7 962.75	9 252.96	9 616.89	8 311.21
7 812.83	4 203.15	5 663.90	6 534.29	2 609.47	6 770.80	3 845.80	3 941.00	5 487.16	2 920.00	7 854.94	6 081.74	3 703.61
79.25		125.00		45.45	349.20	59.00						
198.15	24.28	54.00	32.00	50.02	64.70	89.50	52.30	24.83	58.00	72.07	86.35	85.05
363.00	351.28	493.49	681.44	193.21	486.50	513.64	111.00	496.43	58.00	180.07	355.39	237.29
363.00	274.16	362.49	672.50	120.34	480.00	488.64	75.00	438.91	58.00	124.61	110.25	106.64
	70.01		8.94	72.87	6.50		36.00			55.46		105.00
	7.11	131.00				25.00		57.52			245.14	25.65
377.00	402.16	479.89	225.34	262.96	421.00	572.00	116.00	166.90	160.00	142.10	143.04	330.30
170.99	203.52	69.00	280.50	55.65	975.70	355.50	122.00	68.15	82.00	67.37	70.38	60.85
	13.64	81.51		18.01		10.00	51.00	24.00				
224.25	161.31	151.70	390.63	33.16	421.00	88.48	77.00	44.40	25.00	198.10	99.12	78.45
105.58	160.55	73.10	275.60	35.30	267.20	315.00	43.00	209.24	48.00	55.87		66.25
301.25	155.53	51.05	234.56	154.38	221.50	80.00	165.00	80.83	76.00	214.84	245.14	143.63
2 836.59	6 322.26	2 880.64	3 310.95	1 954.45	3 576.50	1 768.70	2 125.70	3 948.91	1 900.00	3 185.56	2 892.84	3 065.10
2 060.50	4 778.46	1 134.00	3 068.20	1 808.15	2 840.30	1 488.70	1 864.00	2 785.08	1 720.00	1 783.48	2 299.86	2 342.15
180.00	254.87				64.80		60.00		150.00	80.21		35.00
495.62	527.84	627.07	227.27	59.29	50.20	255.00	78.00	327.33		1 056.10	335.49	418.20
45.25	725.70	1 109.57		50.20	46.10	15.00	48.70	464.50	30.00		257.49	105.45
55.22	35.39	10.00	15.48	36.81	575.10	10.00	75.00	372.00		265.77		164.30
3 034.00	1 602.22	1 335.00	1 346.40	2 580.90	1 490.20	3 068.00	2 760.00	1 861.42	1 732.50	1 417.12	2 274.11	1 988.46
												350.00
												6.25
56.00	56.00	56.00	56.00	56.00	56.00	56.00	56.00	56.00	56.00	56.00	56.00	56.00
3 034.00	1 602.22	1 335.00	1 346.40	2 580.90	1 490.20	3 068.00	2 760.00	1 861.42	1 732.50	1 417.12	2 274.11	1 638.46
35.50	24.26	18.70	19.80	41.89	20.00	40.00	37.30	18.92	31.50	22.20	25.29	19.74
85.47	66.04	71.39	68.00	61.61	74.51	76.70	74.00	98.40	55.00	63.83	89.92	83.02
4 264.75	3 265.30	3 253.62	3 947.50	2 942.21	3 650.00	2 685.00	3 586.00	3 102.05	3 318.00	3 390.40	2 890.59	3 400.13
2 985.32	2 285.71	2 277.54	2 842.20	2 180.44	2 920.00	2 013.75	2 510.20	2 171.44	2 588.04	2 373.28	2 023.41	2 380.09

【饲料工业】

行　业　情　况

2008—2012 年全国饲料加工业基本经营情况

分　项	单位	2008 年	2009 年	2010 年	2011 年	2012 年
企业数量	个	3 293	3 508	3 696	3 116	3 353.00
亏损企业数	个	344	293	271	159	225.00
从业人数	人	340 050	383 775	428 805	426 955	482 122
工业销售产值	亿元	3 684.57	4 398.93	5 556.49	7 377.99	8 447.72
利润总额	亿元	187.67	234.06	370.25	375.08	435.86
资产总额	亿元	1 251.21	1 600.86	2 055.75	2 318.70	2 684.12
负债总额	亿元	631.13	836.12	1 049.14	1 192.95	1 304.54

2008—2012 年全国饲料加工业基本经营情况——不同规模

分　项	单位	2008 年	2009 年	2010 年	2011 年	2012 年
大型企业						
企业数量	个	4	3	6	5	20
亏损企业数	个	0	0	0	0	1
从业人数	人	16 942	17 232	21 183	11 661	47 582
工业销售产值	亿元	100.64	108.93	248.39	276.59	641.78
利润总额	亿元	6.06	2.81	18.54	7.17	15.77
资产总额	亿元	41.82	51.23	81.74	82.21	219.84
负债总额	亿元	18.05	22.14	41.85	49.09	123.24
中型企业						
企业数量	个	119	145	176	180	221
亏损企业数	个	8	6	4	7	5
从业人数	人	63 588	89 284	104 856	92 971	98 520
工业销售产值	亿元	688.01	916.03	1 129.65	1 630.43	1 537.07
利润总额	亿元	34.79	51.08	86.96	81.64	90.24
资产总额	亿元	272.90	397.04	490.35	607.44	647.28
负债总额	亿元	144.97	213.65	258.44	303.53	331.55
小型企业						
企业数量	个	3 170	3 360	3 514	2 931	3 112
亏损企业数	个	336	287	267	152	219
从业人数	人	259 520	277 259	302 766	322 323	336 020
工业销售产值	亿元	2 895.91	3 373.96	4 178.46	5 470.97	6 268.87
利润总额	亿元	146.82	180.17	264.74	286.28	329.85
资产总额	亿元	936.49	1 152.58	1 483.67	1 629.04	1 817.00
负债总额	亿元	468.11	600.33	748.86	840.33	849.75

2008—2012 年全国饲料加工业基本经营情况——不同经济类型

分　项	单位	2008 年	2009 年	2010 年	2011 年	2012 年
国有企业						
企业数量	个	33	32	29	23	22
亏损企业数	个	9	5	4	2	2
从业人数	人	2 613	2 395	2 149	2 147	2 520
工业销售产值	亿元	32.81	31.65	20.83	26.64	27.60
利润总额	亿元	1.65	1.57	0.57	1.11	0.54
资产总额	亿元	7.84	7.37	7.80	7.59	10.06
负债总额	亿元	5.51	4.38	3.67	5.01	5.50
集体企业						
企业数量	个	23	21	18	8	8
亏损企业数	个	3	3	3	1	1
从业人数	人	2 198	2 755	2 532	552	617
工业销售产值	亿元	20.27	24.94	17.90	5.34	3.74
利润总额	亿元	1.00	1.28	0.81	0.24	0.14
资产总额	亿元	7.82	9.41	9.64	5.46	3.80
负债总额	亿元	6.27	5.31	3.08	0.75	0.65
股份合作企业						
企业数量	个	22	25	22	20	21
亏损企业数	个	0	2	0	0	1
从业人数	人	2 819	6 352	6 586	6 058	6 038
工业销售产值	亿元	17.73	40.11	63.34	103.19	81.62
利润总额	亿元	0.90	3.01	3.30	4.48	3.07
资产总额	亿元	3.98	8.74	8.39	13.84	17.74
负债总额	亿元	1.88	2.89	3.51	4.81	6.66
股份制企业						
企业数量	个	151	142	148	142	133
亏损企业数	个	22	13	12	9	16
从业人数	人	21 935	24 220	30 351	28 258	27 770
工业销售产值	亿元	282.94	325.23	370.41	438.56	490.15
利润总额	亿元	16.58	19.85	28.14	24.28	28.82
资产总额	亿元	129.68	137.89	208.44	215.93	248.48
负债总额	亿元	67.16	77.94	112.93	101.27	118.96

（续）

分　项	单位	2008 年	2009 年	2010 年	2011 年	2012 年
私营企业						
企业数量	个	1 992	2 137	2 303	1 877	1 936
亏损企业数	个	150	142	125	62	87
从业人数	人	167 988	189 829	223 260	228 107	241 914
工业销售产值	亿元	1 614.81	1 961.94	2 639.25	3 577.66	4 060.54
利润总额	亿元	92.04	106.62	177.83	206.76	233.70
资产总额	亿元	531.33	638.14	831.12	995.18	1 144.14
负债总额	亿元	246.03	299.20	363.93	451.41	490.60
外商和港、澳、台投资企业						
企业数量	个	370	374	372	342	346.00
亏损企业数	个	73	54	52	40	46
从业人数	人	67 236	75 509	80 030	73 433	79 988
工业销售产值	亿元	884.94	984.96	1 246.61	1 614.16	1 603.18
利润总额	亿元	37.27	48.54	78.34	63.33	74.61
资产总额	亿元	322.00	442.13	540.19	580.37	616.39
负债总额	亿元	174.50	243.64	310.46	332.49	321.62
其　他						
企业数量	个	702	777	804	704	887
亏损企业数	个	87	74	75	45	72
从业人数	人	75 261	82 715	83 897	88 400	123 275
工业销售产值	亿元	831.08	1 030.08	1 198.15	1 612.44	2 180.89
利润总额	亿元	38.23	53.19	81.25	74.89	94.27
资产总额	亿元	248.56	357.17	450.17	500.32	643.51
负债总额	亿元	129.77	202.74	251.57	297.21	321.62

2008—2012 年全国各地区饲料加工业基本经营情况——企业数

单位：个

地区	2008 年		2009 年		2010 年		2011 年		2012 年	
	总数	亏损数	总数	亏损数	总数	亏损数	总数	亏损数	总数	亏损数
全国	**3 293**	**344**	**3 508**	**293**	**3 696**	**271**	**3 116**	**159**	**3 353**	**225**
北京	88	28	82	16	77	18	46	5	49	7
天津	42	9	41	4	42	7	30	3	37	3
河北	98	8	103	8	110	8	104	5	117	8
山西	27	6	30	5	31	7	26	2	25	4
内蒙古	56	4	66	5	70	5	67	3	69	3
辽宁	372	24	436	29	456	18	356	7	377	16
吉林	100	8	128	7	139	2	111	5	113	3
黑龙江	61	6	58	6	60	6	51	3	54	7
上海	45	8	45	3	48	10	34	4	32	1
江苏	181	14	185	12	194	12	159	10	175	15
浙江	142	17	145	15	148	12	109	4	119	3
安徽	91	13	101	15	114	18	104	8	124	14
福建	118	15	136	6	147	2	115	5	125	7
江西	89	7	87	3	89	5	70	5	81	6
山东	380	23	422	18	439	11	401	9	444	21
河南	236	12	232	9	250	9	253	5	262	3
湖北	117	14	140	16	168	17	128	12	146	12
湖南	163	14	175	9	188	5	183	8	192	11
广东	255	35	258	34	259	30	223	17	239	21
广西	114	15	118	18	126	9	113	7	118	14
海南	12	2	13	1	14	0	12	3	12	4
重庆	76	6	73	2	75	5	55	2	56	3
四川	231	16	213	20	218	15	195	8	210	13
贵州	24	9	27	6	27	5	19	2	18	4
云南	57	16	61	9	63	12	47	4	49	6
陕西	48	7	60	8	63	13	50	5	48	7
甘肃	26	5	29	3	29	3	17	3	22	5
青海	0	0	0	0	3	0	0	0	0	0
宁夏	13	1	13	4	15	2	10	0	10	0
新疆	28	2	29	2	34	5	27	5	29	4

2008—2012 年全国各地区饲料加工业基本经营情况——从业人员数

单位：人

地　区	2008 年	2009 年	2010 年	2011 年	2012 年
全　国	**340 050**	**383 775**	**428 805**	**426 955**	**482 122**
北　京	6 198	6 151	6 231	5 688	6 295
天　津	3 228	3 720	3 850	4 056	5 251
河　北	10 281	10 242	11 736	12 931	16 535
山　西	3 338	3 841	5 543	6 283	6 021
内蒙古	5 572	5 891	7 177	7 793	8 388
辽　宁	34 127	43 236	44 576	43 386	49 699
吉　林	10 372	12 861	14 421	13 706	14 299
黑龙江	5 575	3 872	4 479	4 915	5 107
上　海	3 069	2 929	3 566	3 402	3 194
江　苏	17 966	15 909	18 325	18 551	21 755
浙　江	12 404	12 010	13 746	11 544	12 719
安　徽	7 090	8 026	10 362	10 215	13 919
福　建	9 973	10 303	12 007	10 124	14 448
江　西	14 121	16 775	18 168	15 835	18 677
山　东	45 477	55 855	56 704	56 988	70 373
河　南	24 002	28 636	30 895	36 867	40 736
湖　北	9 638	13 106	18 123	17 809	21 083
湖　南	21 669	23 812	28 563	30 959	34 669
广　东	30 088	31 533	35 700	33 594	37 081
广　西	12 260	16 126	20 519	15 063	17 481
海　南	1 557	2 388	1 888	1 850	1 868
重　庆	8 240	7 365	6 932	8 082	8 403
四　川	27 209	29 501	35 189	38 880	35 725
贵　州	1 578	1 843	1 950	1 645	1 628
云　南	4 445	4 938	4 977	4 864	4 487
陕　西	4 437	5 450	6 105	5 681	6 026
甘　肃	2 483	3 530	2 764	2 326	1 972
青　海	182	160	172	168	175
宁　夏	919	906	1 037	896	1 012
新　疆	2 552	2 860	3 100	2 854	3 096

2008—2012 年全国各地区饲料加工业基本经营情况——工业销售产值

单位：亿元

地 区	2008 年	2009 年	2010 年	2011 年	2012 年
全 国	**3 684.57**	**4 398.93**	**5 556.49**	**7 377.99**	**8 447.72**
北 京	59.14	58.21	58.40	62.90	69.52
天 津	38.31	42.63	40.18	51.03	68.68
河 北	167.71	182.67	221.00	294.23	340.55
山 西	24.30	29.25	43.23	57.55	71.70
内蒙古	68.79	100.12	123.56	131.75	131.74
辽 宁	323.32	433.80	592.91	778.79	970.13
吉 林	92.10	128.24	179.47	253.73	285.91
黑龙江	40.85	39.08	46.36	82.21	75.47
上 海	34.47	35.13	42.88	52.93	55.38
江 苏	171.82	210.99	218.93	297.45	379.52
浙 江	103.39	110.39	136.98	164.88	205.58
安 徽	78.53	102.57	135.02	195.64	250.50
福 建	112.82	163.48	198.24	241.97	305.04
江 西	145.00	175.15	236.97	323.16	455.35
山 东	468.18	556.22	717.30	940.65	1 087.70
河 南	248.81	270.07	340.92	488.41	560.99
湖 北	86.13	112.27	162.73	282.61	383.54
湖 南	246.49	316.37	408.35	554.12	568.35
广 东	486.78	529.16	705.42	905.40	848.34
广 西	172.98	208.16	253.00	354.70	409.95
海 南	27.89	33.20	43.06	47.59	53.45
重 庆	80.56	81.21	70.46	91.23	98.99
四 川	257.90	302.52	376.60	478.98	457.03
贵 州	16.26	20.24	20.35	28.30	28.09
云 南	51.54	52.03	53.41	57.99	76.38
陕 西	38.06	47.74	62.37	82.24	111.57
甘 肃	11.49	20.34	24.89	28.43	38.74
青 海	0.70	0.55	0.75	1.47	0.65
宁 夏	6.36	6.67	8.53	10.25	11.54
新 疆	23.87	30.45	34.22	37.40	47.31

2008—2012 年全国各地区饲料加工业基本经营情况——利润总额

单位：亿元

地　区	2008 年	2009 年	2010 年	2011 年	2012 年
全　国	**187.67**	**234.06**	**370.25**	**375.08**	**435.86**
北　京	2.15	3.91	4.12	5.36	6.15
天　津	1.16	2.87	3.13	2.84	4.18
河　北	9.76	11.77	11.45	14.44	18.38
山　西	0.49	0.84	1.46	2.17	0.42
内蒙古	6.72	8.87	16.54	9.52	10.45
辽　宁	17.32	26.53	45.17	49.64	60.82
吉　林	2.94	5.82	9.26	10.17	10.04
黑龙江	1.55	1.90	2.27	3.45	3.64
上　海	2.87	3.83	4.73	5.45	10.00
江　苏	12.50	9.36	10.16	15.65	20.80
浙　江	4.20	3.98	6.44	6.17	7.97
安　徽	3.17	5.54	9.35	8.24	10.12
福　建	5.46	6.86	10.18	5.57	12.83
江　西	8.77	7.14	11.61	10.39	18.54
山　东	24.02	25.44	45.14	44.95	57.53
河　南	20.86	24.36	34.51	47.82	50.18
湖　北	5.10	7.53	11.51	11.66	15.04
湖　南	9.79	13.24	29.40	18.61	20.19
广　东	17.78	25.71	42.55	37.94	34.65
广　西	5.90	6.54	22.39	19.27	12.32
海　南	1.05	1.76	3.28	0.76	1.39
重　庆	1.55	1.77	2.25	4.09	4.01
四　川	15.14	18.19	22.17	28.17	30.20
贵　州	0.37	0.73	0.54	0.54	0.85
云　南	1.99	3.04	2.72	2.52	3.32
陕　西	2.85	3.97	4.41	5.60	6.47
甘　肃	0.97	0.77	0.94	0.70	1.05
青　海	0.04	0.08	0.06	0.04	0.04
宁　夏	0.25	0.38	0.36	0.47	0.44
新　疆	0.94	1.34	2.14	2.86	3.83

2008—2012 年全国各地区饲料加工业基本经营情况——资产总额

单位：亿元

地 区	2008 年	2009 年	2010 年	2011 年	2012 年
全 国	**1 251.21**	**1 600.86**	**2 055.75**	**2 318.70**	**2 684.12**
北 京	28.45	32.03	52.23	51.66	57.32
天 津	15.60	18.05	20.08	20.92	24.87
河 北	29.64	40.57	49.12	66.69	74.52
山 西	10.30	12.79	16.60	21.55	23.14
内蒙古	22.55	32.08	44.31	38.93	39.83
辽 宁	110.13	180.58	175.48	231.55	277.16
吉 林	45.56	60.41	73.19	84.36	99.90
黑龙江	14.35	15.41	19.33	21.46	27.49
上 海	32.60	30.71	46.78	51.08	60.86
江 苏	64.36	67.67	78.71	90.87	107.60
浙 江	48.32	56.28	71.52	79.23	91.74
安 徽	21.47	30.05	45.08	49.21	62.27
福 建	48.28	65.29	93.42	98.04	130.04
江 西	50.64	49.27	63.04	76.54	139.19
山 东	116.22	153.41	209.32	241.17	285.67
河 南	68.71	76.68	103.83	135.60	182.90
湖 北	32.55	40.94	67.14	76.07	99.17
湖 南	83.75	84.29	112.73	152.27	168.09
广 东	159.82	208.46	345.04	369.17	308.55
广 西	56.77	81.89	88.24	76.66	97.69
海 南	8.43	13.41	16.20	13.75	12.90
重 庆	26.76	32.68	17.87	21.42	25.41
四 川	86.07	122.51	133.28	145.66	169.43
贵 州	3.23	4.47	5.10	4.89	6.86
云 南	24.04	27.99	34.33	30.72	30.86
陕 西	15.24	18.65	22.38	23.13	26.04
甘 肃	7.20	15.58	15.98	6.53	9.43
青 海	1.22	1.49	1.39	1.81	1.95
宁 夏	2.77	3.22	4.25	4.10	4.92
新 疆	16.19	23.99	29.76	33.66	38.32

2008—2012 年全国各地区饲料加工业基本经营情况——负债总额

单位：亿元

地 区	2008 年	2009 年	2010 年	2011 年	2012 年
全 国	**631.13**	**836.12**	**1 049.14**	**1 192.95**	**1 304.54**
北 京	15.53	16.81	14.81	13.93	15.65
天 津	9.64	10.27	11.35	10.95	13.79
河 北	13.36	19.23	26.39	29.78	31.04
山 西	4.37	6.06	7.09	10.08	12.39
内蒙古	12.07	15.66	21.02	17.66	17.76
辽 宁	40.61	59.39	50.54	67.06	72.56
吉 林	20.12	21.94	28.77	31.80	36.45
黑龙江	9.16	9.48	11.96	11.92	14.24
上 海	15.60	15.86	24.33	24.85	23.82
江 苏	32.66	39.66	40.26	48.88	57.38
浙 江	28.95	33.74	43.10	47.52	56.17
安 徽	10.36	16.23	23.48	23.69	31.27
福 建	28.67	36.87	60.67	65.98	89.36
江 西	24.80	24.58	33.11	41.20	89.90
山 东	51.62	74.32	92.27	119.35	133.42
河 南	27.60	31.41	38.06	51.26	58.38
湖 北	16.82	20.08	32.44	38.03	59.31
湖 南	39.62	44.44	53.37	77.25	69.22
广 东	97.50	137.25	239.04	263.37	194.19
广 西	31.81	48.11	47.36	42.02	52.56
海 南	6.01	9.24	10.90	10.98	10.36
重 庆	16.72	23.77	7.10	8.52	10.13
四 川	41.46	71.72	72.31	82.92	94.35
贵 州	1.78	2.91	3.14	3.11	3.99
云 南	15.14	17.86	19.97	17.10	18.61
陕 西	7.66	8.17	10.31	11.00	11.62
甘 肃	3.48	4.86	8.30	2.98	4.65
青 海	0.77	1.01	0.77	1.24	1.34
宁 夏	1.24	1.64	2.16	1.78	2.17
新 疆	5.99	13.55	14.72	16.72	18.44

饲 料 生 产

2008—2012 年全国各地区配混饲料产量

单位：万吨

地 区	2008 年	2009 年	2010 年	2011 年	2012 年
全 国	**11 142.06**	**11 080.63**	**13 059.94**	**15 304.19**	**17 957.69**
北 京	156.66	174.11	167.46	169.80	165.68
天 津	81.96	66.65	80.34	171.56	117.33
河 北	561.85	616.69	697.98	946.43	926.33
山 西	81.47	102.27	137.89	180.64	203.30
内蒙古	348.87	511.15	587.54	463.39	419.15
辽 宁	831.82	1 092.70	1 191.92	1 387.10	1 573.35
吉 林	374.50	404.84	505.68	622.51	637.28
黑龙江	126.54	47.16	62.78	118.37	196.91
上 海	25.59	97.42	80.04	92.14	98.74
江 苏	383.55	271.05	290.86	317.83	872.95
浙 江	299.29	264.83	296.03	362.24	423.70
安 徽	337.17	251.73	355.47	350.03	395.62
福 建	333.93	365.97	483.02	549.23	602.96
江 西	437.51	418.13	587.70	865.40	1 053.95
山 东	1 406.69	1 375.27	1 623.49	1 689.11	2 488.62
河 南	1 101.47	704.80	873.94	1 168.72	1 186.94
湖 北	280.64	301.05	369.45	438.39	730.23
湖 南	652.93	839.47	940.44	1 179.03	1 202.29
广 东	1 419.70	1 293.96	1 440.23	1 425.10	1 457.80
广 西	549.52	590.71	775.97	943.25	1 143.54
海 南	92.33	110.30	131.31	139.45	158.98
重 庆	129.75	108.42	133.12	157.22	196.33
四 川	708.00	616.64	701.16	937.28	921.54
贵 州	43.22	48.76	51.81	82.76	69.56
云 南	133.18	137.23	148.46	146.28	201.43
西 藏					
陕 西	85.91	98.93	132.20	162.95	210.83
甘 肃	34.65	41.83	65.33	86.92	115.38
青 海	0.14	0.20	0.50	0.40	3.11
宁 夏	19.22	18.97	25.15	29.35	31.60
新 疆	103.99	109.37	122.69	121.30	152.25

2008 年全国饲料生产量（月度）

月　份	当期值（万吨）	累计值（万吨）	同比增长（%）	累计增长（%）
01 月	668.89	668.89	23.63	23.63
02 月	625.07	1 293.96	22.90	23.30
03 月	801.50	2 104.13	27.40	24.50
04 月	831.57	2 945.88	26.90	25.10
05 月	957.63	3 950.11	32.30	27.20
06 月	1 121.25	5 065.11	27.30	27.70
07 月	984.16	6 062.76	16.60	25.40
08 月	1 005.71	7 077.35	12.70	23.80
09 月	1 097.95	8 192.28	19.30	23.10
10 月	967.37	9 167.86	10.10	22.00
11 月	968.23	10 164.83	6.50	20.60
12 月	940.28	11 142.05	8.40	19.60

2009 年全国饲料生产量（月度）

月　份	当期值（万吨）	累计值（万吨）	同比增长（%）	累计增长（%）
01 月	695.11	695.11	23.18	23.18
02 月	744.17	1 439.31	28.50	25.90
03 月	1 003.77	2 578.79	25.90	25.70
04 月	1 052.60	3 639.29	26.90	27.10
05 月	1 058.06	4 591.82	15.50	22.30
06 月	1 313.90	5 918.45	27.30	23.40
07 月	1 168.62	7 074.23	25.00	22.90
08 月	1 204.80	8 287.29	26.90	24.00
09 月	1 287.78	9 561.26	25.40	24.20
10 月	1 229.80	10 794.12	25.80	22.00
11 月	1 325.02	12 181.26	32.40	24.80
12 月	1 319.49	13 529.74	39.10	26.60

2010 年全国饲料生产量（月度）

月　份	当期值（万吨）	累计值（万吨）	同比增长（%）	累计增长（%）
01 月	995.10	995.10	33.21	33.21
02 月	899.50	1 894.60	16.70	24.80
03 月	1 301.70	3 383.00	35.80	35.60
04 月	1 235.80	4 571.20	21.00	29.60
05 月	1 503.50	6 077.30	38.10	31.70
06 月	1 547.30	7 601.30	16.50	27.50
07 月	1 449.60	9 052.40	20.20	26.40
08 月	1 538.40	10 621.70	22.70	26.30
09 月	1 629.20	12 286.50	22.20	26.10
10 月	1 615.20	13 917.30	28.90	26.50
11 月	1 693.30	15 640.00	31.20	27.20
12 月	1 679.80	17 444.30	25.80	27.00

2011 年全国饲料生产量（月度）

月　份	当期值（万吨）	累计值（万吨）	同比增长（%）	累计增长（%）
01 月	1 145.20	1 145.20	20.90	20.90
02 月	1 048.10	2 193.30	21.00	21.00
03 月	1 345.20	3 531.20	10.10	12.60
04 月	1 370.30	4 875.40	16.00	13.50
05 月	1 536.40	6 413.80	5.70	10.70
06 月	1 773.20	8 134.30	17.70	11.50
07 月	1 688.10	9 813.20	21.50	13.10
08 月	1 739.00	11 597.70	16.80	13.90
09 月	1 800.90	13 405.40	15.00	14.00
10 月	1 840.50	15 198.10	17.90	14.10
11 月	1 879.40	17 112.80	25.80	24.50
12 月	1 893.90	19 079.70	27.30	24.80

2012年全国饲料生产量（月度）

月　份	当期值（万吨）	累计值（万吨）	同比增长（%）	累计增长（%）
01月	1 388.00	1 388.00	19.60	19.60
02月	1 460.30	2 848.30	40.90	29.60
03月	1 720.00	4 593.00	22.90	26.90
04月	1 634.20	6 216.40	14.50	23.00
05月	1 763.30	7 954.60	12.70	22.20
06月	1 968.50	9 899.20	13.50	21.60
07月	1 881.00	11 754.50	16.60	21.10
08月	1 947.40	13 712.70	17.20	21.20
09月	1 961.60	15 647.70	12.60	19.50
10月	2 017.90	17 588.60	13.20	18.50
11月	1 987.80	19 558.10	8.70	17.40
12月	2 048.80	21 676.80	13.10	17.40

2009年全国配合饲料生产量（月度）

月　份	当期值（万吨）	累计值（万吨）	同比增长（%）	累计增长（%）
01月	290.09	290.09	16.92	16.92
02月	314.44	604.53	23.00	20.00
03月	458.64	1 169.28	26.50	23.90
04月	516.07	1 762.82	23.70	24.50
05月	530.16	2 303.95	14.00	21.40
06月	652.55	2 988.60	27.48	22.76
07月	630.30	3 679.52	29.85	24.73
08月	640.65	4 368.40	26.30	26.40
09月	677.42	5 054.48	30.68	26.45
10月	660.85	5 721.68	30.20	25.70
11月	667.80	6 404.79	29.40	24.40
12月	670.63	7 155.62	33.60	26.20

2010 年全国配合饲料生产量（月度）

月　份	当期值（万吨）	累计值（万吨）	同比增长（%）	累计增长（%）
01 月	492.20	492.20	37.11	37.11
02 月	442.40	934.60	18.26	27.44
03 月	622.90	1 658.40	25.30	27.50
04 月	651.60	2 264.80	21.30	23.10
05 月	682.15	2 950.94	21.66	22.79
06 月	758.00	3 709.50	11.00	19.80
07 月	706.00	4 385.10	7.40	17.20
08 月	757.80	5 163.60	13.40	17.20
09 月	794.40	5 985.10	11.60	16.60
10 月	784.93	6 794.49	15.15	16.08
11 月	802.70	7 544.60	22.50	16.80
12 月	820.30	8 486.00	21.20	17.50

2011 年全国配合饲料生产量（月度）

月　份	当期值（万吨）	累计值（万吨）	同比增长（%）	累计增长（%）
01 月	560.00	560.00	20.15	20.15
02 月	531.00	1 091.00	24.70	22.30
03 月	707.40	1 826.50	21.70	21.40
04 月	725.30	2 564.20	18.50	22.00
05 月	795.90	3 365.30	22.70	22.10
06 月	930.50	4 239.80	27.90	21.20
07 月	899.30	5 179.40	32.60	22.60
08 月	931.40	6 118.40	28.10	23.50
09 月	976.70	7 106.50	28.20	24.20
10 月	988.40	8 083.60	29.00	24.40
11 月	1 028.90	9 143.30	30.40	25.60
12 月	1 029.30	10 134.60	29.30	25.60

2012 年全国配合饲料生产量（月度）

月　份	当期值（万吨）	累计值（万吨）	同比增长（%）	累计增长（%）
01 月	638.87	638.87	16.07	16.07
02 月	695.10	1 333.97	33.27	24.44
03 月	901.37	2 417.96	21.84	25.57
04 月	884.72	3 312.49	13.29	20.72
05 月	952.87	4 262.69	12.83	19.61
06 月	1 059.68	5 316.97	11.77	20.80
07 月	1 034.35	6 345.38	15.83	20.67
08 月	1 067.34	7 391.56	13.78	20.23
09 月	1 118.42	8 733.42	12.89	19.05
10 月	1 127.77	9 790.79	10.61	17.89
11 月	1 130.06	10 864.10	9.04	16.10
12 月	1 179.33	12 108.10	15.04	16.35

2009 年全国混合饲料生产量（月度）

月　份	当期值（万吨）	累计值（万吨）	同比增长（%）	累计增长（%）
01 月	184.73	184.73	25.75	25.75
02 月	191.53	376.26	28.40	27.00
03 月	274.97	728.66	23.20	23.60
04 月	277.48	1 008.84	19.50	21.80
05 月	286.39	1 256.03	16.40	20.10
06 月	351.01	1 619.28	22.01	20.66
07 月	307.92	1 913.47	15.81	18.11
08 月	328.33	2 271.30	31.30	20.40
09 月	355.32	2 629.29	20.03	20.91
10 月	346.77	2 964.95	24.60	20.80
11 月	386.62	3 364.51	22.70	21.00
12 月	421.02	3 925.04	55.80	26.40

2010 年全国混合饲料生产量（月度）

月　份	当期值（万吨）	累计值（万吨）	同比增长（%）	累计增长（%）
01 月	277.88	277.88	38.11	38.11
02 月	253.30	531.18	27.51	32.88
03 月	339.40	876.60	29.10	30.00
04 月	351.40	1 235.30	29.80	28.40
05 月	374.41	1 610.69	18.65	25.26
06 月	390.40	1 982.00	12.60	21.10
07 月	363.20	2 356.90	14.20	20.40
08 月	384.30	2 768.30	16.20	20.70
09 月	426.70	3 221.20	12.70	21.10
10 月	420.22	3 656.45	22.84	21.58
11 月	437.40	4 094.20	10.90	20.20
12 月	451.20	4 574.30	7.00	19.50

2011 年全国混合饲料生产量（月度）

月　份	当期值（万吨）	累计值（万吨）	同比增长（%）	累计增长（%）
01 月	313.10	313.10	22.64	22.64
02 月	280.50	593.60	19.60	21.20
03 月	360.60	956.30	19.00	20.80
04 月	382.90	1 313.30	14.60	16.80
05 月	427.80	1 739.10	25.00	17.10
06 月	485.70	2 250.70	34.50	22.50
07 月	472.90	2 726.40	40.50	25.10
08 月	468.10	3 195.90	33.40	26.00
09 月	468.10	3 668.10	21.80	24.90
10 月	502.90	4 169.00	31.10	25.40
11 月	495.00	4 673.30	24.70	26.60
12 月	492.00	5 169.60	19.10	25.50

2012年全国混合饲料生产量（月度）

月 份	当期值（万吨）	累计值（万吨）	同比增长（%）	累计增长（%）
01月	383.98	383.98	23.11	23.11
02月	371.13	755.11	32.47	27.54
03月	485.25	1 272.42	18.34	25.67
04月	441.87	1 702.08	14.96	22.74
05月	460.46	2 154.90	8.54	24.12
06月	527.68	2 738.78	11.15	20.73
07月	482.63	3 203.74	11.42	21.42
08月	512.73	3 727.23	24.29	21.63
09月	526.25	4 260.55	15.83	20.71
10月	575.39	4 802.40	24.37	20.44
11月	513.76	5 251.73	7.15	19.30
12月	524.65	5 849.59	9.09	18.97

饲 料 价 格

2008—2012 年全国玉米、豆粕收购价格（月度）

单位：元/千克

月 份	2008 年		2009 年		2010 年		2011 年		2012 年	
	玉米	豆粕	玉米	豆粕	玉米	豆粕	玉米	豆粕	玉米	豆粕
01 月	1.75	3.89	1.55	3.82	1.89	3.85	2.11	3.68	2.35	3.43
02 月	1.77	3.92	1.54	3.77	1.90	3.73	2.13	3.71	2.35	3.46
03 月	1.77	4.06	1.56	3.54	1.92	3.61	2.16	3.66	2.37	3.51
04 月	1.75	4.00	1.58	3.58	1.98	3.51	2.19	3.59	2.42	3.63
05 月	1.75	4.03	1.60	3.54	2.03	3.47	2.22	3.53	2.46	3.69
06 月	1.78	4.31	1.65	3.65	2.09	3.35	2.28	3.53	2.49	3.68
07 月	1.80	4.64	1.73	3.66	2.10	3.32	2.35	3.57	2.51	3.83
08 月	1.79	4.42	1.79	3.69	2.11	3.45	2.39	3.60	2.55	4.20
09 月	1.77	4.32	1.85	3.72	2.11	3.50	2.45	3.62	2.57	4.52
10 月	1.73	4.02	1.81	3.75	2.07	3.64	2.45	3.57	2.51	4.39
11 月	1.66	3.78	1.82	3.82	2.10	3.75	2.39	3.51	2.43	4.17
12 月	1.60	3.61	1.87	3.90	2.12	3.69	2.36	3.42	2.42	4.17

【乳品加工】

行 业 情 况

2008—2012年全国液体乳及乳制品制造业基本经营情况

分 项	单位	2008年	2009年	2010年	2011年	2012年
企业数量	个	815	803	784	644	649
亏损企业数	个	223	160	147	104	114
从业人数	人	212 378	222 878	234 195	230 713	243 409
工业销售产值	亿元	1 411.48	1 599.67	1 882.00	2 294.17	2 469.93
利润总额	亿元	40.31	104.56	176.99	148.93	159.55
资产总额	亿元	942.46	1 154.02	1 383.55	1 543.15	1 744.14
负债总额	亿元	533.04	619.24	767.35	879.27	958.18

2008—2012 年全国液体乳及乳制品制造业基本经营情况——不同规模

分　项	单位	2008 年	2009 年	2010 年	2011 年	2012 年
大型企业						
企业数量	个	9	13	13	15	37
亏损企业数	个	2	1	1	1	3
从业人数	人	38 946	53 749	56 635	58 246	93 207
工业销售产值	亿元	273.11	327.58	327.20	409.68	858.49
利润总额	亿元	−3.96	15.85	44.26	28.07	65.97
资产总额	亿元	260.34	358.43	444.76	511.17	764.57
负债总额	亿元	158.72	201.61	267.33	317.13	420.14
中型企业						
企业数量	个	137	144	154	145	153
亏损企业数	个	48	22	23	20	25
从业人数	人	97 696.00	95 261	105 784	97 019	76 628
工业销售产值	亿元	712.50	812.31	1 005.13	1 174.14	859.12
利润总额	亿元	23.01	62.45	95.98	76.50	47.45
资产总额	亿元	375.65	461.34	581.50	598.95	506.93
负债总额	亿元	204.22	242.37	302.17	327.67	282.19
小型企业						
企业数量	个	669	646	617	484	459
亏损企业数	个	173	137	123	83	86
从业人数	人	75 736	73 868	71 776	75 448	73 574.00
工业销售产值	亿元	425.87	459.79	549.67	710.35	752.33
利润总额	亿元	21.26	26.26	36.75	44.36	46.13
资产总额	亿元	306.47	334.25	357.29	433.03	472.637 53
负债总额	亿元	170.10	175.26	197.85	234.47	255.84

2008—2012年全国液体乳及乳制品制造业基本经营情况——不同经济类型

分　项	单位	2008年	2009年	2010年	2011年	2012年
国有企业						
企业数量	个	25	23	25	19	19
亏损企业数	个	10	4	7	2	2
从业人数	人	7 074	7 446	8 000	7 682	7 453
工业销售产值	亿元	29.92	37.61	45.93	48.17	49.24
利润总额	亿元	0.12	1.85	2.43	4.04	2.33
资产总额	亿元	22.51	36.55	32.93	38.10	26.53
负债总额	亿元	13.83	23.58	23.98	26.15	17.21
集体企业						
企业数量	个	11	7	3	0	—
亏损企业数	个	4	0	0	0	—
从业人数	人	1 719	1 082	138	270	331
工业销售产值	亿元	7.40	4.71	0.47	2.12	2.33
利润总额	亿元	0.33	0.20	0.01	0.19	0.24
资产总额	亿元	4.45	3.69	0.30	0.98	0.91
负债总额	亿元	2.92	2.55	0.13	0.08	0.08
股份合作企业						
企业数量	个	12	13	10	6	4
亏损企业数	个	3	3	1	0	0
从业人数	人	3 358	3 600	1 195	754	861
工业销售产值	亿元	18.56	19.93	9.46	11.51	20.07
利润总额	亿元	0.53	1.14	0.72	0.49	1.05
资产总额	亿元	7.54	8.65	3.30	3.36	6.00
负债总额	亿元	3.97	3.23	1.38	0.86	3.62
股份制企业						
企业数量	个	61	51	51	50	46
亏损企业数	个	24	11	8	8	7
从业人数	人	27 785	31 116	28 988	45 347	40 593
工业销售产值	亿元	228.85	241.72	289.66	367.24	313.87
利润总额	亿元	−0.93	15.29	27.56	17.44	28.39
资产总额	亿元	152.69	203.31	291.70	354.13	395.45
负债总额	亿元	99.97	133.35	184.36	224.16	198.11

（续）

分　项	单位	2008 年	2009 年	2010 年	2011 年	2012 年
私营企业						
企业数量	个	348	350	324	267	245
亏损企业数	个	66	54	49	31	32
从业人数	人	54 808	53 398	56 822	59 384	53 705
工业销售产值	亿元	231.87	280.02	316.70	465.14	415.99
利润总额	亿元	9.99	14.27	21.47	30.51	24.72
资产总额	亿元	148.00	176.96	199.27	259.75	259.23
负债总额	亿元	79.04	91.40	103.69	133.43	122.80
外商和港、澳、台投资企业						
企业数量	个	117	111	116	96	98
亏损企业数	个	36	24	26	25	24
从业人数	人	64 714	67 414	69 914	52 695	66 669
工业销售产值	亿元	585.14	643.21	711.85	827.44	945.37
利润总额	亿元	22.04	47.73	86.33	65.68	66.81
资产总额	亿元	406.18	479.75	562.34	577.10	676.54
负债总额	亿元	217.18	229.61	284.40	307.49	388.23
其　他						
企业数量	个	241	248	255	204	—
亏损企业数	个	80	64	56	38	2
从业人数	人	52 920	58 822	69 138	64 581	580
工业销售产值	亿元	309.74	372.47	507.94	572.55	4.72
利润总额	亿元	8.23	24.08	38.47	30.58	−0.32
资产总额	亿元	201.11	245.10	293.71	309.72	24.45
负债总额	亿元	116.13	135.53	169.41	187.10	22.92

2008—2012 年全国各地区液体乳及乳制品制造业基本经营情况——企业数

单位：个

地区	2008 年		2009 年		2010 年		2011 年		2012 年	
	总数	亏损数	总数	亏损数	总数	亏损数	总数	亏损数	总数	亏损数
全国	815	223	803	160	784	147	644	104	649	114
北京	13	7	14	7	15	8	9	5	8	4
天津	14	6	12	4	15	5	14	6	14	5
河北	64	35	52	19	39	13	32	5	34	7
山西	24	3	24	1	20	2	18	2	17	3
内蒙古	70	22	77	13	80	8	71	11	65	14
辽宁	29	7	28	4	23	3	16	2	16	3
吉林	7	1	10	1	14	2	14	3	13	1
黑龙江	80	15	77	14	74	11	64	14	65	15
上海	12	3	9	3	10	5	8	1	8	0
江苏	36	6	36	3	33	7	25	5	27	6
浙江	30	10	26	6	25	6	18	2	17	1
安徽	14	3	15	1	16	2	11	3	12	2
福建	11	4	13	1	12	2	8	1	9	2
江西	8	2	8	1	8	1	8	1	8	1
山东	95	7	101	8	97	8	83	2	79	6
河南	53	5	51	4	49	1	45	1	44	2
湖北	16	5	17	3	16	4	11	2	10	0
湖南	15	3	16	2	18	1	16	3	16	3
广东	26	7	27	6	28	3	23	5	28	6
广西	10	1	13	2	13	2	12	1	14	1
海南	4	2	3	0	3	2	0	0	0	0
重庆	7	5	5	3	5	2	0	1	4	1
四川	26	8	21	7	21	7	17	0	16	1
贵州	5	2	4	0	4	0	0	0	0	0
云南	10	6	11	6	11	3	12	5	14	4
西藏	0	0	0	0	0	0	0	0	0	0
陕西	49	13	53	10	53	14	39	7	41	7
甘肃	20	10	18	7	18	6	12	2	13	4
青海	7	1	7	0	8	0	4	0	5	0
宁夏	21	8	20	12	16	8	16	6	19	8
新疆	38	16	34	12	39	11	30	8	28	7

2008—2012 年全国各地区液体乳及乳制品制造业基本经营情况——从业人员数

单位：人

地　区	2008 年	2009 年	2010 年	2011 年	2012 年
全　国	**212 378**	**222 878**	**234 195**	**230 713**	**243 409**
北　京	4 844	5 092	5 134	4 882	8 361
天　津	2 807	3 007	4 482	5 006	4 074
河　北	17 061	16 838	17 729	15 847	16 452
山　西	5 404	4 836	5 396	4 307	4 024
内蒙古	26 359	28 628	30 181	31 779	29 392
辽　宁	8 420	8 831	9 305	7 910	6 550
吉　林	1 803	1 843	2 334	3 028	2 810
黑龙江	25 121	34 540	32 191	31 284	25 376
上　海	4 620	4 829	5 413	4 862	8 734
江　苏	7 728	7 566	7 507	7 234	15 435
浙　江	5 179	5 531	5 507	5 319	5 253
安　徽	6 162	7 355	7 264	6 875	7 634
福　建	1 738	1 836	1 755	1 921	1 403
江　西	6 621	7 105	7 303	6 934	7 222
山　东	20 766	19 465	23 326	22 399	23 915
河　南	6 839	7 780	8 557	10 675	10 605
湖　北	6 236	7 093	6 152	6 299	6 386
湖　南	4 222	4 740	4 137	3 518	3 739
广　东	10 876	9 903	11 778	12 830	14 603
广　西	2 689	2 819	3 219	2 988	3 673
海　南	243	184	176	102	116
重　庆	3 151	3 122	2 825	2 223	2 978
四　川	6 903	5 308	5 943	6 358	6 720
贵　州	1 791	2 089	2 224	1 646	1 791
云　南	3 115	3 205	3 390	3 563	3 711
西　藏	215	215	215	215	218
陕　西	12 125	10 280	10 516	10 537	10 844
甘　肃	2 114	1 945	2 455	1 709	1 930
青　海	684	944	949	1 006	1 108
宁　夏	2 734	2 331	2 380	3 149	3 680
新　疆	3 808	3 618	4 452	4 308	4 672

2008—2012 年全国各地区液体乳及乳制品制造业基本经营情况——工业销售产值

单位：亿元

地　区	2008 年	2009 年	2010 年	2011 年	2012 年
全　国	**1 411.48**	**1 599.67**	**1 882.00**	**2 294.17**	**2 469.93**
北　京	34.22	38.40	40.09	45.96	49.10
天　津	14.64	16.96	23.87	37.61	36.20
河　北	104.57	111.12	132.36	165.33	191.09
山　西	29.35	30.58	38.31	43.79	41.14
内蒙古	280.04	314.94	335.76	386.94	335.68
辽　宁	65.45	83.84	97.88	118.20	110.88
吉　林	5.69	7.94	13.35	22.78	27.16
黑龙江	213.43	267.09	318.48	370.58	321.22
上　海	68.12	77.20	92.54	100.09	108.10
江　苏	28.65	33.49	40.43	47.18	84.66
浙　江	18.50	23.78	24.20	33.26	46.29
安　徽	32.52	34.84	29.08	56.13	63.39
福　建	11.60	12.96	13.60	12.11	11.97
江　西	17.75	17.66	19.71	21.40	26.67
山　东	133.60	152.76	191.93	234.02	280.91
河　南	39.15	44.38	55.25	83.77	100.73
湖　北	24.62	28.03	33.62	46.26	58.86
湖　南	42.34	44.67	38.66	47.17	40.12
广　东	82.96	87.14	111.80	136.24	160.43
广　西	5.43	7.40	14.54	18.42	21.86
海　南	0.60	0.47	0.46	0.33	0.37
重　庆	10.70	9.02	10.59	12.75	16.47
四　川	27.42	23.41	37.08	51.52	50.18
贵　州	4.52	6.72	8.65	4.70	6.09
云　南	10.59	12.24	14.70	18.17	28.16
西　藏	0.54	0.62	0.69	0.79	1.11
陕　西	60.85	69.33	85.24	110.36	136.29
甘　肃	8.12	6.46	9.60	11.48	17.31
青　海	2.44	3.70	7.97	6.86	10.57
宁　夏	12.32	13.15	14.30	21.32	50.36
新　疆	20.76	19.38	27.30	28.65	36.57

2008—2012 年全国各地区液体乳及乳制品制造业基本经营情况——利润总额

单位：亿元

地　区	2008 年	2009 年	2010 年	2011 年	2012 年
全　国	**40.31**	**104.56**	**176.99**	**148.93**	**159.55**
北　京	0.07	—0.05	1.35	0.73	0.47
天　津	—0.14	0.18	0.50	0.16	0.50
河　北	—0.55	6.49	6.34	11.78	12.11
山　西	1.62	1.13	3.31	2.09	2.38
内蒙古	—10.18	17.92	47.32	25.45	22.35
辽　宁	2.14	3.87	12.37	7.29	7.79
吉　林	0.30	—0.03	0.14	1.12	0.74
黑龙江	14.76	20.55	31.08	22.92	21.70
上　海	8.70	10.04	13.60	13.16	17.40
江　苏	1.08	1.26	1.71	2.93	2.98
浙　江	0.62	0.88	1.57	1.38	2.72
安　徽	0.73	2.54	5.68	2.42	2.62
福　建	0.42	0.37	0.41	0.66	0.51
江　西	0.64	1.91	1.12	1.37	1.88
山　东	5.59	11.19	15.80	19.01	18.69
河　南	3.40	3.84	5.37	7.42	7.61
湖　北	0.15	1.64	3.44	1.26	1.60
湖　南	0.68	4.87	3.37	2.29	2.06
广　东	8.25	7.59	13.21	13.75	16.43
广　西	0.54	0.75	1.41	1.74	2.04
海　南	0.02	0.03	0.01	0.02	0.05
重　庆	0.38	0.59	0.54	0.30	0.49
四　川	0.33	0.63	2.21	2.12	2.98
贵　州	0.35	0.79	0.88	0.20	0.22
云　南	0.29	1.01	1.04	0.70	1.54
西　藏	0.07	0.07	0.07	0.12	0.21
陕　西	—0.60	2.87	0.94	3.43	4.13
甘　肃	—0.24	—0.06	0.18	0.50	0.94
青　海	0.03	0.15	0.56	0.64	0.67
宁　夏	0.34	0.58	0.27	0.58	1.68
新　疆	0.55	0.97	1.21	1.41	2.07

2008—2012 年全国各地区液体乳及乳制品制造业基本经营情况——资产总额

单位：亿元

地　区	2008 年	2009 年	2010 年	2011 年	2012 年
全　国	**942.46**	**1 154.02**	**1 383.55**	**1 543.15**	**1 744.14**
北　京	43.96	60.01	64.68	71.61	72.61
天　津	11.15	11.04	21.92	24.73	29.51
河　北	50.31	62.12	61.69	70.16	85.63
山　西	26.89	28.25	27.35	26.92	25.70
内蒙古	194.20	273.99	349.49	388.75	389.85
辽　宁	41.14	51.96	54.74	64.08	97.25
吉　林	7.31	10.27	12.23	15.44	15.00
黑龙江	112.68	144.89	165.65	191.11	194.19
上　海	62.18	67.42	75.37	79.93	100.95
江　苏	22.46	23.54	29.46	32.38	66.74
浙　江	18.82	18.27	21.26	24.18	25.97
安　徽	19.25	20.47	24.59	25.00	28.37
福　建	5.58	8.19	6.83	10.85	7.69
江　西	8.19	10.44	14.73	16.42	16.94
山　东	68.84	76.47	127.61	123.02	143.74
河　南	17.84	19.52	25.82	32.84	40.80
湖　北	20.98	29.91	21.91	25.55	22.73
湖　南	27.75	22.01	28.53	29.26	35.71
广　东	50.98	60.51	72.71	92.49	107.70
广　西	4.91	16.39	15.73	24.57	29.07
海　南	0.41	0.35	0.36	0.26	0.28
重　庆	11.01	8.93	12.73	13.66	13.55
四　川	20.53	17.68	25.42	28.58	29.92
贵　州	6.70	10.10	14.26	7.63	8.72
云　南	8.44	8.93	8.66	12.94	18.32
西　藏	1.62	1.42	1.48	1.40	2.75
陕　西	30.31	36.27	39.74	41.00	44.51
甘　肃	7.78	8.28	10.00	12.99	17.08
青　海	2.84	11.48	7.20	5.50	10.09
宁　夏	13.50	12.52	15.26	21.19	28.36
新　疆	23.91	22.41	26.16	28.74	34.40

2008—2012 年全国各地区液体乳及乳制品制造业基本经营情况——负债总额

单位：亿元

地　区	2008 年	2009 年	2010 年	2011 年	2012 年
全　国	**533.04**	**619.24**	**767.35**	**879.27**	**958.18**
北　京	29.48	32.76	37.08	40.61	46.56
天　津	8.31	7.84	14.01	17.31	24.28
河　北	28.66	29.15	29.80	29.93	41.85
山　西	10.86	13.84	13.37	14.98	13.77
内蒙古	123.14	180.06	232.27	251.99	234.11
辽　宁	21.58	11.64	10.15	26.07	38.43
吉　林	4.39	5.78	6.83	7.89	8.36
黑龙江	57.19	83.36	92.48	108.41	110.17
上　海	28.19	30.53	40.10	46.32	48.94
江　苏	14.92	14.18	18.25	19.67	42.13
浙　江	11.29	11.13	13.55	15.95	16.17
安　徽	8.55	9.96	12.87	12.53	14.88
福　建	2.79	3.22	3.49	5.36	3.45
江　西	3.68	3.35	6.71	7.93	8.54
山　东	35.38	40.86	59.07	59.41	71.91
河　南	7.61	7.21	10.00	12.18	13.06
湖　北	14.86	16.31	13.15	18.17	15.31
湖　南	17.04	13.66	14.30	15.94	17.37
广　东	31.93	27.23	34.46	52.16	57.40
广　西	2.53	5.34	6.23	16.80	15.18
海　南	0.33	0.23	0.23	0.12	0.10
重　庆	7.18	5.95	8.51	9.49	8.76
四　川	12.35	11.24	18.73	21.15	20.44
贵　州	3.87	7.20	11.18	5.64	6.31
云　南	5.80	4.88	4.35	6.13	8.48
西　藏	0.47	0.51	0.51	0.52	0.59
陕　西	15.25	17.62	20.22	20.79	22.38
甘　肃	5.40	5.69	6.70	6.86	9.73
青　海	1.14	1.59	3.90	1.19	5.60
宁　夏	7.98	6.89	9.61	11.28	16.02
新　疆	10.87	10.04	15.25	16.49	17.90

乳制品产量

2000—2012 年全国乳制品产量

年份	乳制品产量（万吨）	其中：干乳制品产量（万吨）	其中：液态奶产量（万吨）	其中：奶粉产量（万吨）
2000 年	207.49	82.92	124.57	
2001 年	295.41	105.43	189.98	
2002 年	447.04	93.34	353.70	
2003 年	723.49	140.59	582.90	
2004 年	949.19	142.46	806.73	
2005 年	1 310.42	164.62	1 145.80	
2006 年	1 459.58	215.54	1 244.04	
2007 年	1 787.44	346.42	1 441.02	
2008 年	1 810.56	285.33	1 525.23	
2009 年	1 935.12	293.47	1 641.65	111.70
2010 年	2 159.60	313.80	1 845.80	140.00
2011 年	2 387.50	326.70	2 060.80	138.50
2012 年	2 545.19	398.62	2 146.57	136.50

2007—2012 年全国乳制品产量

单位：万吨，%

年份	乳制品		其中			
			液态奶		干乳制品	
	产量	同比	产量	同比	产量	同比
2007 年	1 787.44	21.79	1 441.02	17.83	346.42	60.72
2008 年	1 810.56	−0.50	1 525.23	−3.63	285.33	−17.63
2009 年	1 935.12	4.55	1 641.65	3.79	293.47	2.85
2010 年	2 159.60	11.20	1 845.80	11.10	313.80	6.93
2011 年	2 387.50	14.00	2 060.80	13.50	326.70	4.11
2012 年	2 545.10	18.60	2 146.50	20.30	398.60	22.01

2008—2012 年全国各地区乳制品产量

单位：万吨，%

地　区	2008 年	2009 年	2010 年	2011 年	2012 年
全　国	**1 810.56**	**1 935.12**	**2 159.60**	**2 387.49**	**2 545.19**
北　京	46.01	52.20	52.30	58.65	56.58
天　津	33.07	33.34	26.58	22.87	43.98
河　北	236.45	196.63	255.44	269.00	272.48
山　西	47.78	48.14	50.03	52.46	65.18
内蒙古	355.94	379.55	345.36	383.21	325.67
辽　宁	96.06	95.93	101.55	102.88	106.04
吉　林	7.94	5.95	6.96	6.88	16.67
黑龙江	168.53	176.81	183.90	178.28	185.74
上　海	38.14	40.18	42.30	45.75	58.17
江　苏	80.90	95.20	100.19	100.25	128.32
浙　江	30.52	34.26	30.76	35.68	42.12
安　徽	39.98	44.52	66.48	79.02	75.23
福　建	11.33	15.87	16.74	19.41	22.45
江　西	15.98	18.71	28.17	28.91	28.51
山　东	152.38	202.94	249.64	311.67	320.72
河　南	82.50	108.48	132.69	158.70	175.36
湖　北	41.55	51.90	57.72	49.07	60.52
湖　南	25.92	18.24	18.26	26.98	37.73
广　东	34.94	41.14	58.12	61.22	56.80
广　西	32.24	8.58	11.17	14.33	15.73
海　南	0.27	0.42	0.46	0.40	0.42
重　庆	9.29	11.32	12.58	12.85	11.24
四　川	35.08	47.06	58.00	78.01	77.22
贵　州	3.56	4.07	4.40	5.51	5.88
云　南	24.85	28.78	31.00	34.62	47.03
西　藏	0.55	0.63	0.70	0.57	0.47
陕　西	110.88	117.15	147.97	160.20	172.10
甘　肃	7.73	10.58	14.34	16.73	23.99
青　海	6.43	6.08	11.90	12.18	15.75
宁　夏	13.11	13.57	13.41	25.20	56.56
新　疆	20.65	26.89	30.30	35.99	40.52

2008—2012 年全国各地区干乳制品产量

单位：万吨

地 区	2008 年	2009 年	2010 年	2011 年	2012 年
全 国	**285.33**	**293.47**	**313.80**	**326.70**	**398.62**
北 京	2.31	2.36	2.35	3.78	4.35
天 津	2.64	4.45	7.83	1.69	24.16
河 北	27.94	16.79	26.04	9.50	32.90
山 西	8.24	4.71	6.37	4.59	4.82
内蒙古	30.23	31.06	36.44	73.50	52.28
辽 宁	2.08	44.48	1.97	8.05	0.42
吉 林	5.77	0.24	0.97	1.04	1.67
黑龙江	54.20	65.29	66.97	74.71	51.65
上 海	3.77	4.29	4.20	4.88	5.10
江 苏	10.59	1.62	3.84	6.21	19.13
浙 江	12.23	5.30	8.46	9.48	11.96
安 徽	2.88	2.54	6.10	11.87	4.25
福 建	4.65	4.24	4.44	2.49	5.11
江 西	2.77	2.21	2.34	2.64	3.53
山 东	26.03	13.70	29.55	25.33	55.05
河 南	21.47	20.22	26.24	1.45	29.98
湖 北	4.88	4.40	4.62	0.10	0.09
湖 南	6.27	4.58	3.67	4.89	20.39
广 东	8.05	6.77	7.96	8.78	28.84
广 西	0.26	1.15	1.67	2.48	2.53
海 南	0.00	0.00	0.00	0.00	0.00
重 庆	0.16	0.71	0.02	0.00	0.03
四 川	4.41	8.46	12.08	14.67	11.10
贵 州	0.08	0.02	0.02	0.02	0.00
云 南	1.36	1.01	0.65	0.93	0.99
西 藏		0.19	0.22	0.16	0.14
陕 西	31.38	31.47	35.81	33.30	16.98
甘 肃	1.35	0.92	1.09	1.04	1.29
青 海	0.24	0.73	2.74	0.17	0.19
宁 夏	3.68	4.07	2.67	12.09	2.91
新 疆	4.86	5.49	6.49	6.85	6.79

2008—2012 年全国各地区液态奶产量

单位：万吨

地 区	2008 年	2009 年	2010 年	2011 年	2012 年
全 国	**1 525.23**	**1 641.65**	**1 845.80**	**2 060.79**	**2 146.57**
北 京	43.70	49.84	49.95	54.87	52.23
天 津	30.43	28.89	18.75	21.18	19.82
河 北	208.51	179.84	229.40	259.50	239.58
山 西	39.54	43.43	43.66	47.87	60.36
内蒙古	325.71	348.49	308.92	309.71	273.39
辽 宁	93.98	51.45	99.58	94.83	105.62
吉 林	2.17	5.71	5.99	5.84	15.00
黑龙江	114.33	111.52	116.93	103.57	134.09
上 海	34.37	35.89	38.10	40.86	53.07
江 苏	70.31	93.58	96.35	94.04	109.19
浙 江	18.29	28.96	22.30	26.20	30.17
安 徽	37.10	41.98	60.38	67.15	70.98
福 建	6.68	11.63	12.30	16.93	17.34
江 西	13.21	16.50	25.83	26.27	24.99
山 东	126.35	189.24	220.09	286.35	265.67
河 南	61.03	88.26	106.45	157.25	145.38
湖 北	36.67	47.50	53.10	48.97	60.43
湖 南	19.65	13.66	14.59	22.09	17.34
广 东	26.89	34.37	50.16	52.43	27.97
广 西	31.98	7.43	9.50	11.85	13.20
海 南	0.27	0.42	0.46	0.40	0.42
重 庆	9.13	10.61	12.56	12.85	11.21
四 川	30.67	38.60	45.92	63.33	66.12
贵 州	3.48	4.05	4.38	5.50	5.88
云 南	23.49	27.77	30.35	33.69	46.04
西 藏	—	0.44	0.48	0.40	0.32
陕 西	79.50	85.68	112.16	126.89	155.12
甘 肃	6.38	9.66	13.25	15.69	22.70
青 海	6.19	5.35	9.16	12.01	15.56
宁 夏	9.43	9.50	10.74	13.11	53.65
新 疆	15.79	21.40	23.81	29.15	33.73

2008—2012 年全国乳制品生产量（月度）

单位：万吨

月　份	2008 年	2009 年	2010 年	2011 年	2012 年
01 月	144.51	139.76	153.45	165.80	176.32
02 月	137.43	145.11	149.74	153.40	171.05
03 月	149.51	149.75	168.00	178.40	196.40
04 月	148.29	154.35	175.40	183.90	190.82
05 月	157.25	164.03	174.46	185.40	199.15
06 月	187.95	169.52	179.50	209.50	215.16
07 月	168.01	160.39	179.70	223.10	209.33
08 月	170.52	172.76	193.10	211.60	213.04
09 月	134.01	173.61	192.20	214.30	247.39
10 月	120.05	170.02	195.10	208.60	225.86
11 月	131.16	165.47	189.20	214.80	245.81
12 月	146.93	173.03	199.80	234.10	260.81

数据来源：国家统计局。

2008—2012 年全国液态奶生产量（月度）

单位：万吨

月　份	2008 年	2009 年	2010 年	2011 年	2012 年
01 月	118.85	118.01	127.22	141.00	148.42
02 月	111.14	122.70	127.87	128.60	142.32
03 月	112.58	126.28	142.00	149.50	163.87
04 月	118.36	122.20	150.80	152.40	158.95
05 月	127.50	140.58	148.27	155.30	167.50
06 月	147.20	142.23	151.20	178.40	180.91
07 月	138.89	135.31	153.20	199.10	178.93
08 月	143.22	145.09	165.90	184.10	182.05
09 月	109.05	146.69	163.60	186.80	212.53
10 月	100.92	143.03	167.99	180.10	193.38
11 月	108.98	140.92	162.70	183.00	200.98
12 月	122.36	144.02	170.50	200.10	220.69

数据来源：国家统计局。

2009—2012 年全国奶粉生产量（月度）

单位：万吨

月　份	2009 年	2010 年	2011 年	2012 年
01 月	5.41	8.80	10.00	10.10
02 月	5.78	7.70	8.40	10.30
03 月	7.67	9.30	10.40	12.20
04 月	7.12	8.30	10.50	10.40
05 月	8.08	9.40	10.10	11.50
06 月	9.84	10.90	12.80	13.40
07 月	10.05	11.20	10.20	10.90
08 月	9.92	12.30	11.10	10.50
09 月	11.17	13.60	13.00	11.10
10 月	10.20	12.80	12.40	12.60
11 月	9.32	12.50	13.30	13.30
12 月	13.58	14.60	14.30	14.00

数据来源：国家统计局。

【奶业国际贸易】

种畜国际贸易

1998—2012年全国牛、胚胎及冻精进口量值

年　份	改良种用牛			胚　胎			牛冷冻精液		
	进口量（头）	进口额（万美元）	平均单价（美元/头）	进口量（千克）	进口额（万美元）	平均单价（美元/千克）	进口量（千克）	进口额（万美元）	平均单价（美元/千克）
1998年	1 654	195.73	1 183	24	18.04	7 517	95	11.75	1 237
1999年	101	59.46	5 887	215	71.39	3 320	16	3.95	2 469
2000年	581	222.47	3 829	246	139.34	5 664	64	10.08	1 575
2001年	2 775	599.24	2 159	338	75.83	2 243	167	17.16	1 028
2002年	11 429	2 199.45	1 924	630	290.36	4 609	366	70.13	1 916
2003年	50 007	7 182.92	1 436	4 046	257.7	637	337	69.33	2 057
2004年	132 438	19 062.39	1 439	411	193.85	4 717			
2005年	49 586	7 429.63	1 498	159	141.33	8 889	323	95.8	2 966
2006年	15 067	2 430.18	1 613	185	108.35	5 857	1 857	237.15	1 277
2007年	14 744	2 898.12	1 966	92	161.65	17 571	1 189	444.01	3 734
2008年	15 075	3 420.47	2 269	74	134.10	18 121	1 811	278.90	1 540
2009年	37 453	7 523.38	2 009	92	101.53	11 035	2 106	445.23	2 114
2010年	87 990	19 301.74	2 194	8 312	170.95	206	4 405	1 231.80	2 796
2011年	99 348	26 209.99	2 638	10 197	373.54	366	5 620	1 339.93	2 384
2012年	128 294	37 540.32	2 932	99	325.83	32 912	7 102	1 758.51	2 476

1998—2012 年全国牛、胚胎及冻精出口量值

年 份	改良种用牛			胚 胎		
	出口量（头）	出口额（万美元）	平均单价（美元/头）	出口量（千克）	出口额（万美元）	平均单价（美元/千克）
1998 年	239	2.39	100			
1999 年	101	1.82	180			
2000 年				2 090	1.32	6
2001 年						
2002 年	134	3.33	249			
2003 年	10	0.03	30			
2004 年	354	5.46	154			
2005 年	60	0.55	92			
2006 年	161	2.32	144	10	0	
2007 年	1 061	56.17	529	0.00	0.08	
2008 年	696	98.19	1 411	0.00	0.00	
2009 年	52	2.47	474	5.00	0.10	200.00
2010 年	198	10.84	547			
2011 年	218	21.42	983	0.00	0.00	
2012 年	100	7.90	790	1.00	0.05	530.00

数据来源：海关总署。其中：2012 年出口牛中不包括调拨香港、澳门的（01029090）26 032 头和 2 303 头。

2008—2012 年全国改良用牛进口量值（来源地）

单位：头、万美元

来源地	2008 年		2009 年		2010 年		2011 年		2012 年	
	进口量	进口额	进口量	进口额	进口量	进口额	进口量	进口额	进口量	进口额
国家合计	**15 075**	**3 420.47**	**37 453**	**7 523.38**	**87 990**	**19 301.74**	**99 348**	**26 209.99**	**124 291**	**36 440.32**
澳大利亚	12 416	2 642.09	23 476	4 943.17	64 221	14 255.76	54 299	14 687.72	61 145	18 153.62
新 西 兰	2 651	750.29	9 999	1 678.72	15 521	3 121.74	28 272	7 176.99	35 643	10 508.06
乌 拉 圭			3 970	873.40	8 248	1 924.25	16 777	4 345.27	27 503	7 778.63
南 非	8	28.08	8	28.08						

数据来源：海关总署。其中：2012 年改良种用牛包括 01022100（改良种用家牛，50 185 头）、01029010（改良种用其他牛，78 009 头）和 01023100（改良种用水牛，100 头）。

2008—2012 年全国改良用牛进口量值（进口地区）

单位：头

进口地区	2008 年	2009 年	2010 年	2011 年	2012 年
全国合计	**15 075**	**37 453**	**87 990**	**99 348**	**124 291**
辽　宁		5 847	22 142	20 474	21 760
内蒙古		395	2 278	16 656	11 796
河　北			3 748	13 595	12 090
山　东		2 919	10 242	13 592	12 697
江　苏	1 854	2 875	5 956	9 869	11 895
湖　北			2 492	7 632	45
黑龙江	1 659	11 841	16 955	5 757	3 618
安　徽	28	3 866	7 941	5 731	17 960
北　京	122	897	2 583	2 272	8 164
四　川	1 478		3 000	1 633	
山　西			10	1 445	
浙　江				434	300
上　海					122
重　庆				133	98
新　疆				78	11
云　南				47	1 500
陕　西		5 821	6 000		4 535
贵　州			3 883		3 099
广　东		5	710		1 378
河　南		13	45		22
宁　夏			5		11 308
吉　林		2 950			1 000
天　津	7 303	16			
海　南	8	8			
甘　肃	2 623				893

数据来源：海关总署。其中：2012 年改良种用牛包括 01022100（改良种用家牛，50 185 头）、01029010（改良种用其他牛，78 009 头）和 01023100（改良种用水牛，100 头）。

2008—2012 年全国胚胎进口量值（来源地）

单位：千克、万美元

来源地	2008 年		2009 年		2010 年		2011 年		2012 年	
	进口量	进口额	进口量	进口额	进口量	进口额	进口量	进口额	进口量	进口额
国家合计	**74**	**134.10**	**92**	**101.53**	**8 312**	**170.95**	**10 197**	**373.54**	**99**	**325.83**
泰国					6 549	5.03	9 901	7.94		
澳大利亚			13	17.15	22	47.94	116	160.33	8	74.92
美国	17	64.72	71	70.69	124	87.94	89	135.41	29	201.22
加拿大	57	69.38	6	13.65	19	29.56	76	69.28	62	49.53
英国							15	0.40		0.14
法国			2	0.02				0.16		0.01
芬兰								0.02		
意大利										
俄罗斯联邦					1 598	0.48				
德国			0.00	0.02						

数据来源：海关总署。

2008—2012 年全国胚胎进口量值（进口地区）

单位：千克、万美元

进口地区	2008 年		2009 年		2010 年		2011 年		2012 年	
	进口量	进口额	进口量	进口额	进口量	进口额	进口量	进口额	进口量	进口额
全国合计	**74**	**134.10**	**92**	**101.53**	**8 312**	**170.95**	**10 197**	**373.54**	**99**	**325.83**
浙江					6 549	5.03	9 901	7.94		
北京	67	54.68	64	83.11	138	105.76	222	339.80	76	211.08
新疆					1	0.18	30	0.54		
内蒙古							20	5.55		69.39
江苏	2	71.49					15	0.92		0.15
河北					5	11.60	6	14.75		
海南					2	3.25	2	3.85		
广东							1	0.14		0.01
上海			2	0.02				0.04	4	16.40
山东	5	1.50	26	12.00	1 608	12.75			4	26.40
黑龙江					6	18.16				
河南					3	10.20				
云南					0.00	4.01				
辽宁									15	2.40
安徽										
天津		6.43		6.39						

数据来源：海关总署。

2008—2012 年全国牛冷冻精液进口量值（来源地）

单位：千克、万美元

来源地	2008 年		2009 年		2010 年		2011 年		2012 年	
	进口量	进口额	进口量	进口额	进口量	进口额	进口量	进口额	进口量	进口额
国家合计	**1 811**	**278.90**	**2 106**	**445.23**	**4 405**	**1 231.80**	**5 620**	**1 339.93**	**7 102**	**0.00**
美　国	587	69.52	1 092	276.22	1 784	410.94	2 326	640.07	1 898	0.00
加拿大	561	65.60	541	88.09	1 191	571.64	1 860	442.41	3 776	0.00
荷　兰	280	15.42	450	41.91	712	102.71	1 110	75.14	1 260	0.00
德　国	203	103.68	8	19.58	550	133.68	189	117.35	55	0.00
法　国	90	10.07	2	10.70	163	11.72	65	14.57	10	0.00
意大利	63	7.91	10	5.45	5	0.01	43	24.98	30	0.00
瑞　典							25	12.53	25	0.00
新西兰	27	6.71					2	10.58	16	0.00
挪　威			2	2.25	0.00	1.10	0	2.31		
丹　麦									10	0.00
奥地利									3	0.00
澳大利亚			1	1.04					19	0.00

数据来源：海关总署。

2008—2012 年全国牛冷冻精液进口量值（进口地区）

单位：千克、万美元

进口地区	2008 年		2009 年		2010 年		2011 年		2012 年	
	进口量	进口额	进口量	进口额	进口量	进口额	进口量	进口额	进口量	进口额
全国合计	**1 811**	**278.90**	**2 106**	**445.23**	**4 405**	**1 231.80**	**5 620**	**1 339.93**	**7 102**	**1 758.51**
北　京	1 556	180.50	1 962	272.68	4 121	637.75	5 205	1 061.05	5 885	1 300.22
内蒙古	1	5.20	124	161.27	99	148.73	350	208.27	40	244.02
上　海	80	9.43					30	13.01	1 177	214.26
山　东	52	1.69	20	11.29	70	315.16	14	21.53		
广　西							11	18.65		
河　北	32	30.98					10	17.43		
黑龙江	21	25.67			107	129.63				
河　南					8	0.54				
湖　北	60	4.41								
天　津	7	4.48								
江　苏	2	16.53								
云　南										
新　疆										

数据来源：海关总署。

2008—2012 年全国改良用牛出口量值（目的地）

单位：头、万美元

目的地	2008 年		2009 年		2010 年		2011 年		2012 年	
	出口量	出口额	出口量	出口额	出口量	出口额	出口量	出口额	出口量	出口额
国家合计	**696**	**98.19**	**52**	**2.47**	**198**	**10.84**	**218**	**21.42**	**100**	**7.90**
蒙　古	301	17.59	50	2.27	178	9.08	218	21.42		
朝　鲜			2	0.20	20	1.76			100	7.90
乌兹别克斯坦	299	78.00								
老　挝	96	2.60								

数据来源：海关总署。

2008—2012 年全国改良用牛出口量值（出口地区）

单位：头、万美元

出口地区	2008 年		2009 年		2010 年		2011 年		2012 年	
	出口量	出口额	出口量	出口额	出口量	出口额	出口量	出口额	出口量	出口额
全国合计	**696**	**98.19**	**52**	**2.47**	**198**	**10.84**	**218**	**21.42**	**100**	**7.90**
内蒙古	301	17.59	50	2.27	178	9.08	218	21.42		
吉　林					20	1.76			100	7.90
辽　宁			2	0.20						
新　疆	299	78.00								
云　南	96	2.60								
广　东										
云　南										

数据来源：海关总署。

2008—2012 年全国胚胎出口量值（目的地）

单位：千克、万美元

目的地	2008 年		2009 年		2010 年		2011 年		2012 年	
	出口量	出口额	出口量	出口额	出口量	出口额	出口量	出口额	出口量	出口额
国家合计	**0.00**	**0.00**	**5.00**	**0.10**			**0.00**	**0.00**	**1.00**	**0.05**
美　国			5.00	0.10			0.00	0.00		0.04
立陶宛	0.00	0.00								
韩　国									1	0.01
德　国										

数据来源：海关总署。

2008—2012 年全国胚胎出口量值（出口地区）

单位：千克、万美元

出口地区	2008 年		2009 年		2010 年		2011 年		2012 年	
	出口量	出口额	出口量	出口额	出口量	出口额	出口量	出口额	出口量	出口额
全国合计	**0.00**	**0.00**	**5.00**	**0.10**			**0.00**	**0.00**	**1.00**	**0.05**
北　京			5.00	0.10			0.00	0.00		0.04
广　西									1.00	0.01
上　海	0.00	0.00								

数据来源：海关总署。

2008—2012 年全国改良种用牛进口量值（月度）

单位：头、万美元

月 份	2008 年		2009 年		2010 年		2011 年		2012 年	
	进口量	进口额	进口量	进口额	进口量	进口额	进口量	进口额	进口量	进口额
合 计	**15 075**	**3 420.47**	**87 990**	**19 301.74**	**87 990**	**19 301.74**	**99 348**	**26 209.99**	**128 294**	**37 540.32**
01 月	2 386	391.37	11 655	2 276.57	11 655	2 276.57	6 287	1 546.02	10 754	2 955.55
02 月			3 918	667.32	3 918	667.32	2 763	614.77	3 143	1 000.91
03 月	2 072	497.61	13 565	2 928.20	13 565	2 928.20	11 145	2 717.76	9 932	2 834.92
04 月			2 956	679.92	2 956	679.92	5 211	1 295.46	4 529	1 289.71
05 月	122	88.61	3 948	892.25	3 948	892.25	9 725	2 449.60	24 401	6 995.57
06 月			11 709	2 580.09	11 709	2 580.09	1 799	483.74	5 387	1 491.20
07 月	2 873	579.25	3 000	616.85	3 000	616.85	10 565	2 638.16	11 485	3 334.77
08 月			1 590	393.58	1 590	393.58			15 296	4 902.95
09 月			11 549	2 562.89	11 549	2 562.89	5 119	1 536.70	2 882	881.49
10 月	4 282	1 049.56	8 880	2 079.54	8 880	2 079.54	10 966	3 035.29	15 646	4 588.90
11 月			13 578	3 144.74	13 578	3 144.74	5 094	1 544.00	9 117	2 689.34
12 月	3 340	814.07	4 489	1 066.29	4 489	1 066.29	17 546	5 052.61	15 722	4 575.00

数据来源：海关总署。

2008—2012 年全国动物胚胎进口量值（月度）

单位：千克、万美元

月 份	2008 年		2009 年		2010 年		2011 年		2012 年	
	进口量	进口额	进口量	进口额	进口量	进口额	进口量	进口额	进口量	进口额
合 计	**74**	**134.10**	**92**	**101.53**	**8 312**	**170.95**	**10 197**	**373.54**	**99**	**325.83**
01 月	2	76.85	56	27.00	1 703	56.50	65	46.97	50	25.63
02 月							2	3.98	0	0.00
03 月							15	0.44	3	23.81
04 月	1	4.00	5	3.96	0	4.01	1 185	32.35	10	15.52
05 月			5	3.57	16	4.69	1 571	1.26	0	25.32
06 月	0.00	1.06	1	4.80	12	21.93	2 533	9.94	2	11.90
07 月	64	33.49	17	37.32	1 328	0.84	2 196	2.03	3	16.33
08 月			0.00	0.02	3 351	29.68	1 789	23.68	2	43.36
09 月					1 681	1.53	0	0.00	4	60.47
10 月	5	1.50	1	2.71	202	16.79	33	115.08	4	26.41
11 月	1	13.44					20	5.55	2	15.23
12 月	1	3.75	7	22.15	19	34.98	53	131.67	19	61.84

数据来源：海关总署。

2008—2012 年全国牛冷冻精液进口量值（月度）

单位：千克、万美元

月份	2008 年		2009 年		2010 年		2011 年		2012 年	
	进口量	进口额	进口量	进口额	进口量	进口额	进口量	进口额	进口量	进口额
合　计	**1 811**	**278.90**	**2 106**	**445.23**	**4 405**	**1 231.80**	**5 620**	**1 339.93**	**7 102**	**1 758.51**
01 月	20	27.28	7	24.08	248	155.00	483	143.21	291	52.58
02 月	37	5.98	5	0.65	60	10.98	326	27.28	497	54.83
03 月	112	8.28	425	51.90	498	27.86	202	26.13	844	110.67
04 月	52	1.69	159	14.27	475	125.31	465	71.98	51	57.93
05 月	135	11.67	10	71.52	551	57.06	580	120.19	1 848	249.72
06 月	400	28.71	23	13.52	595	156.84	50	10.46	703	254.88
07 月	251	56.89	138	15.62	298	352.20	340	36.81	1 000	141.13
08 月	284	22.92	180	38.45	263	33.20			320	83.67
09 月	3	3.50	165	92.91	418	65.80	197	126.74	353	241.80
10 月	125	12.81	49	8.03	175	39.47	1 076	167.14	10	23.12
11 月	176	28.16	250	36.46	255	36.85	664	249.96	488	153.16
12 月	216	71.00	695	77.83	569	174.91	743	303.51	697	335.02

数据来源：海关总署。

牧草饲料国际贸易

2008—2012 年我国苜蓿进出口量值

单位：吨、万美元、美元/吨

年　份	进口			出口		
	进口量	进口额	进口单价	出口量	出口额	出口单价
2008 年	19 600	566	289	26 904	488	181
2009 年	76 616	2 043	267	11 106	156	140
2010 年	227 175	6 148	271	8 817	151	171
2011 年	288 469	10 361	359	4 406	67	153
2012 年	442 170	17 510	396	3 004	81	271

数据来源：海关总署。

乳制品国际贸易

2008—2012 年全国乳制品进口情况

单位：吨，万美元，美元/吨

品　种	2008 年			2009 年			2010 年			2011 年			2012 年		
	进口量	进口额	平均单价	进口量	进口额	平均单价	进口量	进口额	平均单价	进口量	进口额	平均单价	进口量	进口额	平均单价
乳制品	**351 067.29**	**86 264.26**	**2 457.20**	**596 999.25**	**102 799.22**	**1 721.93**	**745 293.54**	**196 952.44**	**2 642.62**	**906 063.52**	**262 019.46**	**2 891.84**	**1 145 578.25**	**321 306.27**	**2 804.75**
其中：液态奶	8 319.96	1 572.95	1 890.57	14 305.25	2 406.28	1 682.10	17 119.09	3 238.27	1 891.61	43 085.89	6 941.51	1 611.09	101 678.38	14 363.19	1 412.61
鲜奶	7 535.00	1 285.91	1 706.58	12 779.41	1 970.20	1 541.70	15 889.94	2 818.93	1 774.04	40 539.83	6 049.02	1 492.12	93 781.28	11 874.92	1 266.24
酸奶	784.96	287.04	3 656.77	1 525.84	436.08	2 857.96	1 229.15	419.34	3 411.59	2 546.06	892.49	3 505.37	7 897.10	2 488.26	3 150.85
其中：干乳制品	342 747.33	84 691.32	2 470.95	582 694.00	100 392.94	1 722.91	728 174.45	193 714.17	2 660.27	862 977.63	255 077.95	2 955.79	1 043 899.87	306 943.09	2 940.35
奶油	13 553.40	5 904.39	4 356.39	28 443.69	6 566.50	2 308.60	23 448.93	9 140.62	3 898.10	35 675.52	18 368.42	5 148.75	48 325.96	19 566.16	4 048.79
干酪	13 904.35	7 382.71	5 309.64	16 976.78	6 966.00	4 103.25	22 920.66	10 543.37	4 599.94	28 602.74	13 907.45	4 862.28	38 805.57	18 655.11	4 807.33
奶粉	100 930.09	39 787.89	3 942.12	246 787.44	58 040.89	2 351.86	414 039.80	138 810.02	3 352.58	449 541.86	164 544.50	3 660.27	572 875.19	192 738.56	3 364.41
炼乳	853.09	313.07	3 669.77	1 732.28	397.51	2 294.71	3 266.03	739.17	2 263.20	4 913.49	1 155.41	2 351.50	5 514.50	1 259.59	2 284.14
乳清	213 506.40	31 303.26	1 466.15	288 753.81	28 422.04	984.30	264 499.03	34 480.99	1 303.63	344 244.02	57 102.19	1 658.77	378 378.65	74 723.67	1 974.84

数据来源：海关总署。

2008—2012 年全国乳制品出口情况

单位：吨，万美元，美元/吨

品　种	2008 年			2009 年			2010 年			2011 年			2012 年		
	出口量	出口额	平均单价	出口量	出口额	平均单价	出口量	出口额	平均单价	出口量	出口额	平均单价	出口量	出口额	平均单价
乳制品	**120 633.68**	**30 234.91**	**2 506.34**	**36 779.68**	**5 688.98**	**1 546.77**	**33 760.80**	**4 394.21**	**1 301.57**	**43 324.93**	**7 966.23**	**1 838.72**	**44 896.09**	**8 235.84**	**1 834.42**
其中：液态奶	39 531.71	3 188.21	806.49	20 873.73	1 449.27	694.30	23 666.90	1 714.04	724.24	26 020.12	2 140.17	822.50	27 801.27	2 362.20	849.67
鲜奶	38 427.89	3 011.85	783.77	20 030.12	1 334.25	666.12	22 492.16	1 599.63	711.20	25 169.39	2 061.00	818.85	27 275.33	2 312.49	847.83
酸奶	1 103.82	176.36	1 597.76	843.61	115.02	1 363.42	1 174.73	114.41	973.90	850.73	79.17	930.57	525.94	49.70	945.02
其中：干乳制品	81 101.97	27 046.69	3 334.90	15 905.95	4 239.71	2 665.48	10 093.91	2 680.17	2 655.23	17 304.80	5 826.06	3 366.73	17 094.82	5 873.65	3 435.92
奶油	4 966.56	1 715.17	3 453.44	2 045.65	501.01	2 449.13	3 038.76	972.28	3 199.59	3 358.96	1 192.87	3 551.31	2 567.02	801.01	3 120.40
干酪				114.73	47.73	4 160.72	196.40	94.67	4 820.20	338.87	177.01	5 223.52	400.18	225.80	5 642.58
奶粉	63 771.29	23 669.34	3 711.60	9 737.53	3 085.97	3 169.15	2 969.70	942.89	3 175.05	9 327.20	3 710.94	3 978.62	9 702.58	3 983.63	4 105.74
炼乳	8 054.15	1 171.06	1 453.99	3 691.95	571.11	1 546.91	3 443.52	590.28	1 714.17	3 130.18	599.33	1 914.67	3 723.25	720.08	1 934.01
乳清	4 309.97	491.11	1 139.48	316.09	33.88	1 071.92	445.54	80.06	1 796.81	1 149.59	145.92	1 269.30	701.79	143.12	2 039.40

数据来源：海关总署。

2008—2012 年全国鲜奶进口量值（来源地）

单位：吨、万美元

来源地	2008 年		2009 年		2010 年		2011 年		2012 年	
	进口量	进口额	进口量	进口额	进口量	进口额	进口量	进口额	进口量	进口额
国家或地区合计	**7 535.00**	**1 285.91**	**12 779.41**	**1 970.20**	**15 889.94**	**2 818.93**	**40 539.83**	**6 049.02**	**93 781.28**	**11 874.92**
新西兰	3 567.43	724.23	5 576.18	1 049.09	7 419.96	1 580.98	17 235.77	3 320.75	24 650.08	4 542.32
德国	429.38	69.71	1 677.61	152.09	3 076.91	309.74	13 360.26	1 134.20	37 700.32	3 022.60
澳大利亚	1 718.72	168.59	1 630.65	146.55	1 423.03	138.09	4 549.23	496.48	12 980.66	1 462.02
法国	1 319.94	232.99	2 128.40	364.83	3 421.20	669.92	4 266.34	914.54	10 256.97	1 725.49
美国	12.31	3.74	35.64	8.05	45.17	4.79	322.19	37.20	2 746.90	358.22
英国	4.37	1.20	192.86	37.04	231.05	52.21	282.07	79.29	593.90	117.74
韩国	178.14	21.03	1 196.30	145.07	36.56	5.09	136.97	15.62	1 923.73	353.35
中国台湾	18.19	1.80	39.32	4.23	17.41	1.37	75.64	5.98	56.67	9.91
智利					0.04	0.04	65.32	6.95	200.31	20.17
西班牙	1.61	0.20	0.74	0.04	56.48	13.74	56.66	9.80	35.99	3.68
奥地利	40.01	10.89	36.00	9.02	54.76	14.08	53.81	15.42	142.06	33.08
比利时	3.26	1.33	1.64	0.66	1.63	0.76	39.29	3.82	262.37	21.79
意大利	20.51	2.15	26.77	2.30	14.41	1.25	38.43	3.62	319.16	31.72
瑞士	10.88	2.24					36.28	3.86	433.77	48.42
荷兰	134.08	31.48	90.72	21.66			18.72	1.22	200.96	16.58
泰国							2.70	0.22	120.20	12.87
丹麦			0.32	0.08	29.15	8.73	0.15	0.06	0.03	0.01
日本	76.17	14.32	107.22	23.52	62.17	18.14				
阿根廷			25.00	4.76						
俄罗斯联邦			14.03	1.20						
马来西亚			0.01	0.01						
新加坡										
波兰									279.09	29.51
加拿大									49.86	5.14
乌拉圭									817.60	57.55
爱尔兰									10.66	2.77

数据来源：海关总署。

2008—2012 年全国鲜奶进口量值（进口地区）

单位：吨、万美元

进口地区	2008 年		2009 年		2010 年		2011 年		2012 年	
	进口量	进口额	进口量	进口额	进口量	进口额	进口量	进口额	进口量	进口额
全国合计	**7 535.00**	**1 285.91**	**12 779.41**	**1 970.20**	**15 889.94**	**2 818.93**	**40 539.83**	**6 049.02**	**93 781.28**	**11 874.92**
上　海	4 891.32	857.87	7 823.36	1 139.54	10 910.25	1 708.68	27 509.87	3 578.45	69 518.05	7 805.76
北　京	392.99	79.98	1 398.70	277.95	2 158.17	532.36	3 804.79	907.42	9 091.29	1 441.60
福　建	21.51	3.21	66.66	9.67	61.30	14.64	3 466.59	374.14	1 296.02	201.46
广　东	1 848.22	256.90	1 870.69	302.06	1 884.61	379.18	3 447.59	693.82	7 676.36	1 330.65
江　苏					70.28	4.79	491.22	72.45	339.42	53.45
浙　江			150.85	38.68	438.43	93.92	475.23	141.98	903.33	197.15
天　津	146.47	49.36	157.44	34.64	153.90	27.09	448.36	123.20	1 417.47	298.55
广　西							396.89	61.60	42.76	2.80
辽　宁	66.98	17.84	125.99	33.64	172.46	47.79	259.72	70.51	1 079.94	148.18
山　东	166.83	20.61	1 170.85	132.62	40.54	10.48	197.54	20.56	2 267.99	378.00
河　北			0.50	0.03			42.02	4.88	80.06	10.73
内蒙古			14.03	1.20						
重　庆			0.36	0.17					68.02	6.53
四　川									0.56	0.08
吉　林	0.67	0.13								

数据来源：海关总署。

2008—2012年全国酸奶进口量值（来源地）

单位：吨、万美元

来源地	2008年		2009年		2010年		2011年		2012年	
	进口量	进口额	进口量	进口额	进口量	进口额	进口量	进口额	进口量	进口额
国家或地区合计	**784.96**	**287.04**	**1 525.84**	**436.08**	**1 229.15**	**419.34**	**2 546.06**	**892.49**	**7 897.10**	**2 488.26**
新西兰	13.15	4.96	605.48	104.94	49.47	21.43	602.95	218.25	4 304.09	1 454.89
法国	82.94	33.49	79.83	35.46	133.52	54.29	461.24	159.86	484.71	159.47
德国	35.91	15.62	79.80	23.05	131.64	24.48	356.67	69.40	1 213.16	272.96
中国台湾	38.55	6.09	70.27	12.74	187.26	41.65	305.11	69.61	439.32	105.53
澳大利亚	136.89	64.43	145.54	68.95	220.68	99.34	259.41	142.33	252.67	145.96
瑞士	62.48	23.37	129.92	49.59	185.40	74.06	229.83	106.54	315.68	130.78
西班牙	115.46	25.03	148.46	31.36	112.22	25.05	134.63	31.42	462.17	97.26
美国	13.71	5.83	17.91	9.30	28.66	12.43	52.57	29.48	73.91	18.64
芬兰							50.00	15.00		
英国									0.07	0.05
荷兰	31.00	20.92	73.05	37.29	32.00	15.86	40.00	22.79	51.93	25.25
泰国			9.99	7.36	11.40	0.62	27.19	3.58	204.99	28.39
希腊	0.98	0.57	3.05	2.07	10.07	7.91	18.04	16.34	30.30	29.03
意大利	0.55	0.51	1.01	0.55	2.21	1.72	7.27	7.21	2.04	1.46
加拿大			0.28	0.10			0.44	0.41		
塞浦路斯					0.20	0.05	0.43	0.11		
韩国	0.02	0.04	7.61	2.85	0.47	0.16	0.16	0.04	59.91	17.13
丹麦							0.12	0.09		
圣文森特和格林纳丁斯					0.01	0.03	0.01	0.03		
爱尔兰					75.00	22.69				
比利时	38.03	27.91			25.03	7.62			2.13	1.36
日本	203.15	57.29	105.55	43.21	22.65	9.40				
中国香港	0.11	0.02	0.02	0.01	0.61	0.18				
智利					0.60	0.35				
英国	0.04	0.08	0.07	0.04	0.05	0.02				
马来西亚	0.15	0.19			0.01	0.00			0.05	0.11
瑞典			48.00	7.20						
俄罗斯联邦										
奥地利										
菲律宾										
蒙古	11.80	0.66								
波兰	0.06	0.06								
新加坡										

数据来源：海关总署。

2008—2012 年全国酸奶进口量值（进口地区）

单位：吨、万美元

进口地区	2008 年		2009 年		2010 年		2011 年		2012 年	
	进口量	进口额	进口量	进口额	进口量	进口额	进口量	进口额	进口量	进口额
全国合计	**773.16**	**286.38**	**1 525.84**	**436.08**	**1 229.15**	**419.34**	**2 546.06**	**892.49**	**7 897.10**	**2 488.26**
上　海	560.67	177.64	726.39	234.34	948.09	310.70	1 609.78	510.09	2 555.50	733.17
天　津	0.22	0.09			4.23	2.33	291.09	94.12	813.83	251.06
广　东	9.46	8.77	595.94	106.11	23.30	13.71	240.50	92.75	3 190.38	997.96
北　京	56.52	29.26	93.39	40.07	155.59	56.48	225.77	108.57	1 020.46	330.97
浙　江	69.03	48.82	74.73	37.37	46.58	16.71	65.75	47.82	164.87	133.59
山　东	51.11	18.95	23.56	10.22	42.59	18.15	64.99	23.53	131.56	34.61
福　建	26.10	2.85	0.00	0.00	8.72	1.20	44.99	13.26		
辽　宁							2.49	1.05	1.24	2.05
河　北							0.71	1.30		
江　苏	0.05	0.01	3.52	0.69	0.03	0.06			19.27	4.85
吉　林					0.02	0.01				
广　西			8.31	7.29	0.01	0.00				
内蒙古	11.80	0.66								

数据来源：海关总署。

2008—2012 年全国奶油进口量值（来源地）

单位：吨、万美元

来源地	2008 年		2009 年		2010 年		2011 年		2012 年	
	进口量	进口额	进口量	进口额	进口量	进口额	进口量	进口额	进口量	进口额
国家或地区合计	**13 537.10**	**5 893.40**	**28 443.69**	**6 566.50**	**23 448.93**	**9 140.62**	**35 675.52**	**18 368.42**	**48 325.94**	**19 566.14**
新西兰	10 917.88	4 641.22	24 398.18	5 319.90	19 500.49	7 349.64	31 282.04	15 970.02	43 155.45	16 982.72
澳大利亚	1 023.81	392.75	2 135.37	496.12	1 779.38	728.31	1 827.35	822.84	2 265.14	901.92
法国	529.91	312.95	563.01	269.01	797.24	445.47	912.72	592.34	882.30	561.97
比利时	371.41	208.60	336.41	130.18	319.75	159.49	498.80	352.16	653.12	395.53
阿根廷	90.00	31.68	77.00	14.48	402.62	134.45	369.00	161.29	437.50	171.62
丹麦	99.01	69.70	144.89	83.68	192.71	120.52	227.15	171.22	293.99	238.10
美国	165.24	69.44	112.47	40.32	202.33	91.83	212.41	113.30	151.62	80.76
荷兰	202.05	96.09	229.20	77.48	135.50	53.04	132.45	68.29	154.83	70.26
爱尔兰	18.17	9.66	32.61	15.97	56.24	25.57	72.69	42.77	78.07	48.44
乌拉圭			22.47	5.19			65.00	30.23	75.00	25.93
德国	23.96	15.48	42.56	18.80	53.52	28.60	43.17	27.90	150.00	75.55
智利					0.01	0.01	25.00	12.08		
新加坡			11.34	2.31	8.00	3.27	7.70	3.93	25.08	11.29
意大利	7.21	2.62	0.21	0.14	0.05	0.05	0.03	0.06	0.51	0.24
菲律宾							0.00	0.00		
中国台湾	0.01	0.01	0.04	0.05	1.00	0.29			3.03	1.60
日本	0.21	0.20	63.73	28.68	0.07	0.07				
西班牙	0.13	0.24			0.01	0.01				
芬兰	82.44	38.52	273.88	64.06						
泰国	0.37	0.60	0.19	0.10					0.01	0.09
韩国			0.14	0.03					0.30	0.12
英国	5.13	3.59								
马来西亚	0.16	0.06								
柬埔寨										
南非	0.00	0.00								
尼泊尔联邦民主共和国	0.00	0.00								
印度尼西亚										
巴基斯坦										

数据来源：海关总署。

2008—2012 年全国奶油进口量值（进口地区）

单位：吨、万美元

进口地区	2008 年		2009 年		2010 年		2011 年		2012 年	
	进口量	进口额	进口量	进口额	进口量	进口额	进口量	进口额	进口量	进口额
全国合计	**13 553.40**	**5 904.39**	**28 443.69**	**6 566.50**	**23 448.93**	**9 140.62**	**35 675.52**	**18 368.42**	**48 325.94**	**19 566.14**
上　海	5 165.45	2 184.05	13 086.58	3 052.94	9 849.17	3 739.20	12 486.88	6 226.51	17 621.69	7 323.14
天　津	1 639.71	763.94	2 889.66	620.16	3 322.61	1 211.40	7 344.17	4 009.82	7 286.86	2 997.13
广　东	3 562.44	1 509.29	5 135.55	1 180.93	4 176.72	1 649.28	6 247.48	3 127.56	10 350.38	4 145.46
北　京	1 200.85	541.50	2 746.34	623.07	2 952.33	1 226.05	3 613.11	1 904.24	4 949.17	2 097.66
山　东	1 095.73	498.47	657.53	251.76	727.60	362.57	2 331.07	1 312.18	3 994.90	1 463.25
浙　江	660.00	314.23	1 035.44	259.19	1 198.45	519.62	1 840.57	1 001.74	2 283.68	847.29
江　苏	50.58	22.26	2 038.71	388.78	528.82	156.30	770.43	273.38	488.63	182.75
福　建			268.38	51.56	196.19	76.91	468.64	221.15	855.17	316.13
辽　宁	106.41	40.70	112.00	22.26	151.22	55.16	226.75	101.29	328.79	123.06
湖　北							168.00	93.67		
河　北					127.42	63.06	108.15	61.13	43.30	23.82
黑龙江			403.20	86.84	151.20	46.57	50.40	26.44		
海　南	72.23	29.95	69.98	28.86			19.88	9.32		
内蒙古					67.20	34.51			23.48	14.18
广　西			0.19	0.10					0.04	0.11
安　徽									99.88	32.16
江　西									0.002	0.03
吉　林			0.14	0.03						

数据来源：海关总署。

2008—2012 年全国干酪进口量值（来源地）

单位：吨、万美元

来源地	2008 年		2009 年		2010 年		2011 年		2012 年	
	进口量	进口额	进口量	进口额	进口量	进口额	进口量	进口额	进口量	进口额
国家或地区合计	**13 904.35**	**7 382.71**	**16 976.78**	**6 966.00**	**22 920.66**	**10 543.37**	**28 602.74**	**13 907.45**	**38 805.57**	**18 655.11**
新西兰	6 232.89	2 906.35	8 734.60	3 134.38	11 863.30	5 069.52	13 141.82	5 815.99	17 004.71	7 617.62
美国	1 998.16	1 118.70	1 691.00	769.64	2 703.57	1 276.57	6 287.25	2 843.18	8 953.70	3 880.82
澳大利亚	3 431.77	1 647.23	4 488.92	1 621.79	5 169.62	2 132.25	6 030.34	2 852.74	8 058.52	3 907.06
法国	445.01	470.75	362.12	381.71	538.31	502.38	565.96	605.12	877.46	774.18
意大利	215.71	229.03	242.26	226.60	363.82	315.07	535.37	479.40	722.48	598.75
荷兰	119.39	77.36	345.45	174.64	267.64	138.97	405.10	239.87	603.10	351.79
丹麦	165.56	159.04	139.06	136.09	325.18	285.98	340.02	330.87	496.91	456.60
乌拉圭	175.00	86.16	50.01	14.24	215.01	74.23	324.00	141.86	339.99	143.47
德国	401.25	244.75	167.59	94.88	239.28	129.74	258.70	158.71	562.06	253.87
阿根廷	175.03	85.13	247.43	68.66	568.27	221.89	232.87	102.99	594.41	248.51
奥地利	118.11	56.56	96.37	41.97	139.28	60.59	149.42	69.26	224.32	102.12
新加坡	59.70	35.25	76.23	41.87	92.97	54.35	78.43	56.20	99.03	75.85
波兰	9.36	9.41	16.28	12.84	122.78	58.96	72.65	39.27	31.69	33.08
瑞士	40.01	48.31	52.04	58.88	61.12	68.23	56.81	73.59	60.01	74.12
爱尔兰	35.12	22.61	40.13	29.51	38.25	26.03	41.84	28.83	90.10	66.04
英国	0.42	0.59	6.64	5.91	43.87	16.65	31.24	17.84	3.91	4.85
瑞典	12.42	12.03	12.68	13.73	22.01	22.19	13.74	14.59	0.01	0.01
韩国	5.33	2.46	46.97	13.92	0.51	0.27	11.88	4.71	0.18	0.55
希腊	6.69	5.95	2.99	4.95	8.16	10.37	10.84	15.96	16.79	18.28
西班牙	1.41	2.40	1.24	2.32	7.48	10.05	4.50	8.41	9.07	14.33
斯洛伐克	2.64	2.66	4.93	4.57	3.70	3.32	3.94	3.94		
中国台湾	0.27	0.34	0.98	0.49	5.98	3.31	3.33	2.93	38.15	22.62
日本	56.51	51.78	50.51	56.07	8.67	12.13	0.96	0.42		
比利时					2.58	1.80	0.86	0.55	1.02	1.17
塞浦路斯	0.29	0.47	0.25	0.16	0.41	0.21	0.85	0.21		

（续）

来源地	2008 年		2009 年		2010 年		2011 年		2012 年	
	进口量	进口额	进口量	进口额	进口量	进口额	进口量	进口额	进口量	进口额
文莱							0.01	0.01		
印度尼西亚			43.59	25.02	49.44	27.28				
智利					35.98	14.35				
芬兰	4.73	4.80			13.31	2.63				
立陶宛			1.00	0.26	10.00	3.98			9.99	5.18
中国香港	0.21	0.06	0.16	0.30	0.09	0.04				
卡塔尔					0.08	0.03				
卢森堡					0.02	0.02				
格林纳达					0.00	0.00				
马来西亚	190.24	101.64	48.45	26.75						
土耳其	0.16	0.21	6.84	3.69						
斯洛文尼亚			0.04	0.08						
爱沙尼亚	0.36	0.40	0.03	0.03						
泰国			0.01	0.02						
乌兹别克斯坦	0.59	0.21								
挪威	0.05	0.08								
拉脱维亚									7.98	4.27

数据来源：海关总署。

2008—2012 年全国干酪进口量值（进口地区）

单位：吨、万美元

进口地区	2008 年		2009 年		2010 年		2011 年		2012 年	
	进口量	进口额	进口量	进口额	进口量	进口额	进口量	进口额	进口量	进口额
全国合计	**13 904.35**	**7 382.71**	**16 976.78**	**6 966.00**	**22 920.66**	**10 543.37**	**28 602.74**	**13 907.45**	**38 805.57**	**18 655.11**
上　海	5 685.36	3 264.38	7 979.03	3 418.71	9 778.49	4 589.01	10 496.16	5 436.76	15 081.83	7 471.78
北　京	2 465.72	1 278.89	3 361.83	1 314.40	3 873.83	1 784.18	5 160.44	2 468.54	7 951.69	3 760.94
广　东	2 369.152	1 213.519 6	2 253.45	995.43	3 304.01	1 590.19	4 970.40	2 427.97	6 947.80	3 425.08
天　津	743.39	393.00	1 027.03	353.38	2 547.67	1 026.01	3 583.67	1 571.09	3 400.99	1 450.28
福　建	1 597.94	706.93	912.26	301.31	1 213.99	501.63	2 227.89	934.49	2 164.27	964.54
辽　宁	320.55	151.94	535.70	184.90	798.12	327.76	1 200.89	513.94	1 583.31	704.75
江　苏	18.41	15.38	60.13	52.00	414.79	261.93	313.72	219.17	453.87	294.97
浙　江	3.65	4.82	268.99	93.09	315.17	135.82	296.31	141.67	468.59	220.48
山　东	511.79	238.10	331.75	117.31	352.72	157.12	146.47	68.99	323.00	150.24
内蒙古	81.71	43.69	139.53	67.35	209.23	93.20	122.20	58.19	305.55	128.00
陕　西	36.65	31.95	29.181	24.203 8	27.232	23.420 3	45.19	39.40	58.83	50.09
河　南	68.56	39.36	72.60	38.96	75.00	42.53	39.39	27.24	26.65	19.66
广　西							0.01	0.01		
海　南	0.68	0.494 8	4.535	4.346 4	9.98	10.43				
吉　林			0.46	0.13	0.43	0.13				
黑龙江					0.02	0.02			39.20	14.31
四　川			0.26	0.43						
安　徽			0.04	0.04						
重　庆	0.21	0.056 5								
新　疆	0.593	0.207 6								

数据来源：海关总署。

2008—2012 年全国奶粉进口量值（来源地）

单位：吨、万美元

来源地	2008 年		2009 年		2010 年		2011 年		2012 年	
	进口量	进口额	进口量	进口额	进口量	进口额	进口量	进口额	进口量	进口额
国家合计	**100 930.09**	**39 787.89**	**246 787.44**	**58 040.89**	**414 039.80**	**138 810.02**	**449 541.86**	**164 544.50**	**572 875.19**	**192 738.56**
新西兰	50 593.56	21 530.62	203 910.44	47 786.76	336 489.02	113 582.31	367 040.75	135 688.37	495 280.93	166 805.38
美国	16 486.73	5 827.66	6 062.99	1 369.14	14 487.11	4 215.90	21 427.68	7 199.94	18 602.10	5 778.21
澳大利亚	24 429.83	8 896.94	18 052.05	4 015.60	24 760.62	8 634.39	21 368.86	7 544.58	16 497.25	5 659.94
德国	68.44	19.83	2 086.93	459.56	3 302.03	1 044.33	8 116.31	2 899.87	11 910.22	3 977.23
法国	3 351.45	1 408.97	6 974.46	2 239.62	5 171.81	1 631.19	7 342.28	2 687.64	11 139.39	3 773.72
丹麦	4.01	2.82	2 426.43	517.55	8 547.28	2 981.13	6 625.93	2 351.51	4 285.03	1 456.43
新加坡	147.86	51.00	10.49	8.15	2 551.22	776.77	2 770.90	947.56	2 706.08	845.49
爱尔兰	808.09	306.25	424.08	123.62	2 634.93	881.91	2 633.70	920.02	1 558.88	531.38
智利	25.00	13.56			1 550.00	518.43	2 500.00	902.65	1 504.48	539.25
阿根廷	15.88	11.91	3.00	1.77	2 007.70	647.92	2 108.50	698.25	600.04	219.18
英国	3.37	2.58	27.28	9.70	1 098.22	377.73	1 746.00	577.85	0.05	0.02
瑞士	4.19	1.98	718.28	150.84	822.12	253.82	1 548.37	526.23	850.01	263.99
波兰	50.00	21.25	700.00	144.13	730.55	204.09	1 100.98	367.54	384.00	111.61
荷兰	199.25	71.01	2 403.09	534.26	2 630.56	766.10	622.48	214.90	327.74	115.74
比利时	611.87	208.57	567.84	139.11	3 269.53	1 137.63	599.95	184.81	922.78	305.37
乌拉圭			0.06	0.12	1 775.00	556.40	510.00	178.23	521.00	200.37
马来西亚	7.26	2.84	0.00	0.00	21.47	33.76	506.64	269.91	954.04	522.92
芬兰	14.00	6.98	427.00	83.38	717.20	188.62	387.50	139.51	1 215.00	390.33
捷克					50.00	16.80	200.03	67.37	550.00	182.40
瑞典	0.01	0.06	300.55	77.47			173.25	59.78	2 396.25	688.19
菲律宾	0.06	0.11			4.88	2.39	122.63	72.27	224.15	116.85
中国	9.45	3.26	50.00	20.06	17.09	7.41	56.29	19.92	78.21	26.64
泰国							18.77	2.54	26.56	2.89
韩国	20.17	19.02	3.66	2.26			5.48	15.92		
中国台湾	0.87	0.58	0.01	0.01	1.68	1.44	4.56	3.91	320.62	209.97

（续）

来源地	2008年		2009年		2010年		2011年		2012年	
	进口量	进口额	进口量	进口额	进口量	进口额	进口量	进口额	进口量	进口额
西班牙	0.26	0.36			99.00	37.49	3.00	1.38	20.14	14.84
埃及					0.09	0.02	0.86	0.24	0.23	0.24
匈牙利			0.01	0.07			0.17	1.80		
中国香港							0.02	0.00		
缅甸									0.03	0.01
加拿大	1 277.85	383.57	1 049.88	207.58	649.98	164.49				
白俄罗斯			525.00	112.47	550.00	124.37				
乌克兰	100.00	32.35	49.98	11.03	100.00	22.57				
日本	9.68	14.49	12.66	25.41	0.67	0.46				
墨西哥					0.06	0.14				
土耳其	10.01	0.52	0.01	0.00						
意大利	4.02	0.90	1.27	1.22						
印度	2 676.90	947.86								
南非	0.01	0.03								

数据来源：海关总署。

2008—2012 年全国奶粉进口量值（进口地区）

单位：吨、万美元

进口地区	2008 年		2009 年		2010 年		2011 年		2012 年	
	进口量	进口额	进口量	进口额	进口量	进口额	进口量	进口额	进口量	进口额
全国合计	**100 930.09**	**39 787.89**	**246 787.44**	**58 040.89**	**414 039.80**	**138 810.02**	**449 541.86**	**164 544.50**	**572 875.19**	**192 738.56**
天　津	25 537.95	8 913.70	58 077.50	12 465.77	129 515.80	41 900.18	115 180.91	40 416.11	149 507.16	50 110.87
广　东	20 353.06	9 238.08	57 180.21	13 601.39	71 279.13	25 070.11	82 952.48	32 101.99	118 500.70	40 660.27
浙　江	23 368.02	9 562.24	39 663.98	9 355.86	74 540.28	24 554.81	81 658.23	30 016.47	107 722.71	36 092.82
上　海	11 800.25	4 664.15	26 251.60	6 088.68	47 928.07	15 859.52	60 123.29	21 890.50	71 526.96	23 412.09
山　东	8 042.42	2 826.88	34 067.04	9 018.64	25 074.66	8 654.17	28 162.23	10 563.82	25 510.35	9 042.01
内蒙古	420.51	151.56	1 889.68	425.55	19 533.75	7 577.31	27 014.08	9 694.37	30 728.38	9 873.24
江　苏	1 915.04	743.47	3 784.38	834.35	9 434.45	2 969.82	20 966.47	7 594.92	20 962.44	7 288.64
北　京	2 977.35	1 146.47	6 457.07	1 487.01	16 213.09	5 470.54	10 247.18	3 815.84	19 124.06	6 513.96
河　北	1 993.90	797.69	719.65	245.56	2 288.93	713.99	6 161.10	2 335.17	7 254.19	2 613.98
湖　南	2 737.10	1 048.37	5 191.33	1 674.01	7 133.15	2 336.29	5 062.83	1 846.96	4 213.96	1 511.19
福　建	225.43	85.97	1 826.99	379.38	2 393.00	716.31	3 342.88	1 127.54	3 554.15	1 044.60
安　徽	0.01	0.02	108.00	21.49			3 152.88	1 081.26	6 862.15	2 213.07
黑龙江	1 165.34	374.07	6 202.65	1 298.00	5 299.00	1 742.96	2 907.83	988.55	1 889.28	612.70
四　川	3.65	6.11	98.01	23.57	305.70	91.74	848.38	292.54	552.00	173.16
湖　北			1 259.58	224.20	622.65	212.31	628.35	228.49	1 814.26	523.63
辽　宁	17.72	34.47	2 018.19	441.96	1 904.44	628.48	584.05	292.34	2 181.21	703.43
江　西					41.00	15.72	372.30	127.31	141.20	45.00
河　南							128.00	44.46	193.51	59.84
广　西	13.50	7.15	13.50	2.97			26.70	9.85	55.35	18.87
海　南	117.08	109.33	96.47	78.19	104.18	125.01	16.78	69.30	25.22	29.46
吉　林							4.75	6.34	255.95	88.77
贵　州							0.20	0.35		
山　西			1 881.53	373.29	428.53	170.78			252.00	71.31
陕　西			0.10	0.99					48.00	35.65
云　南	231.75	77.65								
新　疆	10.01	0.52								

数据来源：海关总署。

2008—2012 年全国炼乳进口量值（来源地）

单位：吨、万美元

来源地	2008 年		2009 年		2010 年		2011 年		2012 年	
	进口量	进口额	进口量	进口额	进口量	进口额	进口量	进口额	进口量	进口额
国家或地区合计	**853.09**	**313.07**	**1 732.28**	**397.51**	**3 266.03**	**739.17**	**4 913.49**	**1 155.41**	**5 514.50**	**1 259.59**
荷兰	54.49	11.08	239.34	45.11	1 173.13	208.48	2 209.93	399.71	2 917.23	524.63
德国	233.55	69.47	503.33	105.86	752.84	187.09	1 035.50	303.37	1 325.26	389.59
澳大利亚	128.28	37.88	179.46	56.85	299.51	92.87	628.60	182.04	235.48	83.14
法国	24.36	11.36	22.11	10.38	107.29	36.17	242.20	82.58	435.36	133.29
泰国			92.01	9.79	45.14	8.12	227.44	30.94	213.38	28.88
美国	4.94	4.08	147.69	31.27	366.69	78.09	193.91	57.95	134.65	33.63
智利					72.01	16.17	178.41	42.46	48.97	12.64
中国			2.26	1.63	78.73	15.53	128.55	23.86	117.12	21.55
新西兰	361.87	157.89	409.37	91.65	287.35	69.11	51.41	23.22	53.34	19.42
丹麦			6.16	2.44	7.78	3.51	6.10	3.20	15.26	8.18
比利时	0.01	0.00	71.05	20.30	35.22	10.21	5.54	4.54	4.66	2.03
科威特	0.90	0.28	5.04	0.99	14.10	2.66	5.40	0.99		
中国台湾					2.41	0.26	0.28	0.02	3.84	0.70
韩国	1.02	0.21	0.13	0.04	0.10	0.04	0.12	0.05	1.85	0.30
英国			0.01	0.01			0.10	0.15	0.07	0.12
沙特阿拉伯							0.00	0.32		
希腊							0.00	0.00		
新加坡	6.86	0.83	8.29	1.00	10.48	1.34			7.90	1.43
日本	35.87	19.78	24.84	15.19	7.10	8.35				
马来西亚	0.73	0.07	17.19	3.37	4.12	0.42			0.03	0.01
瑞士			3.53	1.41	1.21	0.48				
意大利	0.23	0.14	0.49	0.24	0.73	0.12			0.10	0.04
老挝					0.08	0.01				
加拿大					0.02	0.15				
印度尼西亚										

数据来源：海关总署。

2008—2012 年全国炼乳进口量值（进口地区）

单位：吨、万美元

进口地区	2008 年		2009 年		2010 年		2011 年		2012 年	
	进口量	进口额	进口量	进口额	进口量	进口额	进口量	进口额	进口量	进口额
全国合计	**853.09**	**313.07**	**1 732.28**	**397.51**	**3 266.03**	**739.17**	**4 913.49**	**1 155.41**	**5 514.50**	**1 259.59**
广　东	110.52	35.89	406.24	71.33	1 219.14	234.26	2 304.38	432.62	2 718.74	509.03
上　海	219.70	51.54	839.66	195.06	1 382.89	320.71	1 337.23	373.40	1 590.74	393.97
北　京	149.01	45.61	356.12	82.26	559.20	143.71	1 071.05	297.70	1 159.25	339.45
福　建					2.40	0.24	142.64	24.42	8.51	2.72
江　苏	84.03	39.65	33.66	16.44	5.27	4.65	51.52	23.28	33.77	13.85
天　津	260.62	124.41	57.60	16.89	42.68	13.40	3.98	1.92	1.78	0.33
辽　宁			0.16	0.33	20.40	5.53	2.40	2.06		
浙　江	8.70	6.60	0.01	0.02	0.89	0.10	0.28	0.02		
湖　北					16.80	8.72				
海　南	7.59	0.90	22.88	3.03	13.68	1.64				
山　东	12.93	8.47	15.96	12.16	2.55	6.03			1.68	0.22
广　西					0.11	0.03			0.03	0.01
吉　林					0.02	0.15				
安　徽										

数据来源：海关总署。

2008—2012 年全国乳清进口量值（来源地）

单位：吨、万美元

来源地	2008 年		2009 年		2010 年		2011 年		2012 年	
	进口量	进口额	进口量	进口额	进口量	进口额	进口量	进口额	进口量	进口额
国家合计	**213 506.40**	**31 303.26**	**288 753.81**	**28 422.04**	**264 499.03**	**34 480.99**	**344 244.02**	**57 102.19**	**378 378.65**	**74 723.67**
美国	90 478.33	8 113.36	140 019.49	8 011.83	141 482.16	12 176.75	162 923.62	18 929.59	173 614.93	21 132.78
法国	50 672.26	9 335.02	49 758.10	7 040.22	35 633.50	6 168.37	47 656.06	9 043.44	54 873.35	13 185.97
荷兰	13 659.64	3 223.05	14 902.75	2 604.98	11 789.20	2 657.64	23 592.87	5 743.56	25 325.48	6 445.22
德国	9 746.60	1 480.47	15 106.66	1 915.96	16 399.38	2 928.96	20 635.29	4 460.26	23 048.67	6 308.52
爱尔兰	8 630.05	1 625.60	13 069.61	2 043.88	9 270.01	1 528.24	18 010.51	3 533.66	14 851.26	3 939.33
阿根廷	2 817.48	605.13	5 767.10	851.04	4 804.60	1 060.58	16 802.53	2 907.52	23 555.63	5 696.09
芬兰	9 935.50	1 773.12	14 147.50	2 069.81	13 635.25	2 284.81	14 362.50	3 138.20	15 320.00	4 768.78
波兰	1 807.00	143.20	5 778.00	361.88	7 950.50	886.73	13 515.78	1 795.82	11 124.45	1 564.50
澳大利亚	8 609.59	1 370.75	8 932.47	810.38	6 390.49	948.26	5 535.97	1 367.45	6 191.80	1 704.74
新西兰	6 752.63	2 072.70	3 728.44	963.30	5 140.42	2 073.20	4 900.65	3 174.84	5 741.13	4 527.77
乌拉圭			250.00	14.59	3 050.00	282.60	4 725.00	590.46	4 275.00	629.07
乌克兰	1 875.00	144.20	3 174.93	173.41	3 075.00	285.69	3 050.00	355.37	550.00	71.59
捷克	48.00	15.26			50.05	7.91	2 550.00	423.91	4 800.00	1 029.29
比利时	440.54	77.92	527.50	83.97	170.00	68.40	2 125.00	462.75	3 748.00	963.00
英国			75.75	4.91	425.20	78.94	1 449.23	379.22	467.93	104.68
加拿大	4 087.86	389.31	7 609.50	552.77	2 009.00	237.85	877.00	142.15	2 285.88	646.52
丹麦	168.87	134.31	310.56	173.27	342.48	248.28	612.49	450.68	434.85	334.90
意大利	445.40	75.21	645.98	76.24	305.65	66.21	400.00	81.01	505.12	66.88
印度	2 258.00	547.29	384.00	53.59	624.00	139.83	227.95	63.11		
奥地利	305.55	61.31	2 166.35	349.23	1 194.56	249.09	100.00	12.50	2 697.78	859.85
白俄罗斯							100.00	14.50	1 120.00	167.61
智利							50.01	6.90	575.00	79.11
西班牙	96.00	7.50	1 392.00	113.88	360.00	37.07	30.90	20.48	3 171.76	468.06
中国台湾	5.00	3.50			4.52	0.55	9.68	2.71	61.05	10.42
瑞士							1.00	2.10		
南非	0.01	0.03	325.00	20.53	300.00	26.55				
挪威	0.05	0.06			40.26	26.17				
日本	306.06	61.69	392.00	115.25	36.02	10.96				
蒙古			10.15	0.81	16.80	1.34				
立陶宛	100.00	8.30	250.00	14.17						
中国香港			20.00	1.05						
韩国			9.98	1.09						
葡萄牙									0.001	0.001
希腊									39.60	19.01
墨西哥	120.00	22.28								
土耳其	116.00	9.34								
新加坡	25.00	3.38								
伊朗										
也门										
瑞典										

数据来源：海关总署。

2008—2012 年全国乳清进口量值（进口地区）

单位：吨、万美元

进口地区	2008 年		2009 年		2010 年		2011 年		2012 年	
	进口量	进口额	进口量	进口额	进口量	进口额	进口量	进口额	进口量	进口额
全国合计	**213 506.40**	**31 303.26**	**288 753.81**	**28 422.04**	**264 499.03**	**34 480.99**	**344 244.02**	**57 102.19**	**378 378.65**	**74 723.67**
天　津	61 365.06	10 452.76	77 842.47	8 980.87	61 259.35	9 983.31	91 667.35	18 513.95	95 728.53	21 888.34
上　海	34 166.47	4 416.50	41 552.56	3 627.19	41 814.83	4 902.27	48 454.23	7 213.39	52 386.79	9 096.78
北　京	18 979.30	2 080.65	22 867.73	1 707.95	24 616.29	2 324.23	46 226.98	5 490.46	38 513.08	5 112.75
广　东	15 877.88	1 814.52	27 871.41	2 301.21	27 180.72	3 352.56	35 526.00	5 351.15	45 692.70	7 741.91
福　建	10 698.00	608.02	19 495.10	904.65	20 606.99	1 588.09	25 404.81	2 645.00	23 382.58	2 534.83
辽　宁	10 960.38	1 491.42	25 743.86	2 894.23	20 430.34	2 646.15	23 868.30	4 020.76	35 790.41	8 212.22
浙　江	17 424.05	2 794.80	17 950.68	1 804.76	10 401.26	2 205.57	19 084.00	5 534.78	22 233.37	7 301.29
山　东	22 982.47	4 520.34	24 320.72	3 198.40	17 266.60	2 778.27	14 611.98	2 518.57	24 356.74	5 570.68
黑龙江	9 953.49	1 898.00	12 051.65	1 919.79	12 643.14	2 193.53	10 228.08	2 272.51	9 527.90	2 502.93
云　南	3 025.97	364.92	4 989.95	278.77	11 336.68	693.36	9 702.92	854.41	7 792.70	830.33
江　苏	2 548.96	204.57	1 537.47	73.95	6 141.91	700.09	8 603.27	1 295.84	7 338.34	1 563.72
河　北	1 023.00	194.96	2 291.58	141.86	4 565.18	613.39	4 417.75	566.83	1 494.45	236.80
安　徽	1 129.62	97.59	3 613.47	188.61	3 895.25	294.42	2 642.91	265.66	7 644.01	876.35
四　川	1 493.80	83.05	1 416.15	63.01	1 145.50	91.17	1 779.58	182.60	3 077.65	336.84
湖　北			1 264.23	75.31	23.40	5.97	860.08	93.23	600.00	68.50
内蒙古	560.11	176.18	290.95	44.52	200.20	39.45	804.80	214.69	2 769.44	831.31
陕　西			746.35	40.22			265.00	58.28	49.98	18.09
河　南	404.00	26.90					96.00	10.08		
湖　南	128.85	5.82	2 893.90	166.12	865.15	61.90				
江　西					106.25	7.23				
吉　林	20.00	1.80			0.00	0.05				
海　南			13.60	10.61						
重　庆	650.00	47.38								
山　西	75.00	19.50								
宁　夏	40.00	3.60								

数据来源：海关总署。

2012 年全国乳制品进口量（月度）

单位：吨

月　度	乳制品	液态奶			干乳制品						婴幼儿奶粉
		合计	鲜奶	酸奶	合计	奶粉	炼乳	乳清	奶油	干酪	
合　计	**1 145 817.09**	**101 681.05**	**93 783.51**	**7 897.54**	**1 044 136.04**	**573 110.18**	**5 514.45**	**378 379.75**	**48 325.96**	**38 805.71**	**91 511.19**
01 月	99 039.52	5 796.85	4 760.96	1 035.89	93 242.67	55 163.26	411.31	29 920.40	5 260.72	2 486.99	5 202.37
02 月	118 180.65	6 082.03	5 504.79	577.24	112 098.62	70 208.57	262.92	33 111.07	5 546.38	2 969.68	7 384.14
03 月	118 726.83	9 465.48	7 911.04	1 554.44	109 261.35	67 790.81	317.51	32 256.22	6 032.58	2 864.23	6 229.80
04 月	81 906.58	6 893.89	5 874.51	1 019.38	75 012.70	39 116.55	248.83	28 472.37	4 015.66	3 159.29	9 537.43
05 月	90 718.86	6 808.58	6 057.39	751.19	83 910.28	45 125.64	268.94	31 083.81	3 586.70	3 845.19	7 943.05
06 月	79 912.51	7 307.23	6 940.36	366.87	72 605.28	35 854.84	683.42	28 700.76	4 048.46	3 317.79	7 177.44
07 月	92 781.49	6 509.57	6 135.11	374.45	86 271.93	44 654.33	552.04	32 765.29	4 533.14	3 767.13	7 540.14
08 月	105 340.62	9 568.45	9 013.03	555.42	95 772.16	56 078.94	465.64	32 292.35	3 585.31	3 349.93	6 914.67
09 月	73 822.24	8 915.28	8 595.82	319.46	64 906.96	29 078.72	390.49	29 188.53	3 113.42	3 135.82	8 674.34
10 月	79 286.27	8 638.85	8 308.81	330.04	70 647.42	31 147.72	563.71	32 570.79	3 085.31	3 279.89	5 521.34
11 月	98 662.84	11 812.82	11 277.65	535.16	86 850.03	44 515.77	487.24	35 876.86	2 702.04	3 268.12	8 657.82
12 月	107 438.68	13 882.02	13 404.04	477.98	93 556.66	54 375.04	862.41	32 141.30	2 816.25	3 361.65	10 728.65

数据来源：海关总署。

2012 年全国乳制品进口额（月度）

单位：万美元

月　度	乳制品	液态奶			干乳制品						婴幼儿奶粉
		合计	鲜奶	酸奶	合计	奶粉	炼乳	乳清	奶油	干酪	
合　计	**321 576.12**	**14 357.53**	**11 870.89**	**2 486.64**	**307 218.59**	**192 918.75**	**1 258.92**	**74 806.29**	**19 566.16**	**18 668.48**	**104 867.46**
01 月	29 782.98	956.20	641.06	315.14	28 826.78	19 534.86	98.06	5 668.75	2 327.07	1 198.03	6 102.77
02 月	36 716.21	993.99	810.18	183.81	35 722.22	25 142.57	72.27	6 815.49	2 279.84	1 412.04	8 359.65
03 月	36 884.93	1 519.72	1 021.56	498.16	35 365.21	24 619.42	97.50	6 653.14	2 595.15	1 400.01	7 112.31
04 月	24 301.68	1 117.79	782.33	335.46	23 183.90	14 210.55	64.37	5 708.98	1 706.42	1 493.57	11 324.96
05 月	27 118.96	1 017.34	771.68	245.65	26 101.62	16 077.28	64.04	6 631.48	1 536.78	1 792.04	8 552.94
06 月	22 402.54	962.32	846.37	115.94	21 440.22	12 662.74	146.88	5 365.11	1 680.34	1 585.16	8 621.94
07 月	25 714.20	835.55	706.71	128.85	24 878.64	14 804.18	114.75	6 409.59	1 757.24	1 792.89	8 585.72
08 月	28 132.31	1 220.39	1 057.42	162.98	26 911.92	17 238.44	104.72	6 644.83	1 334.63	1 589.30	7 568.98
09 月	18 314.65	1 227.75	1 125.51	102.24	17 086.90	8 988.07	82.79	5 353.87	1 165.83	1 496.34	10 165.85
10 月	19 364.89	1 240.75	1 130.09	110.66	18 124.13	9 209.03	124.72	6 029.79	1 139.62	1 620.97	6 186.19
11 月	24 281.29	1 531.42	1 379.87	151.55	22 749.87	13 161.01	107.24	6 842.11	1 022.56	1 616.95	9 901.40
12 月	28 561.49	1 734.31	1 598.11	136.20	26 827.18	17 270.58	181.58	6 683.16	1 020.67	1 671.19	12 384.77

数据来源：海关总署。

2012 年全国乳制品出口量（月度）

单位：吨

月　度	乳制品	液态奶			干乳制品						婴幼儿奶粉
		合计	鲜奶	酸奶	合计	奶粉	炼乳	乳清	奶油	干酪	
合　计	**44 896.09**	**27 801.27**	**27 275.33**	**525.94**	**17 094.82**	**9 702.58**	**3 723.25**	**701.79**	**2 567.02**	**400.18**	**387.65**
01 月	4 267.82	2 280.77	2 265.38	15.39	1 987.05	1 049.27	427.76	19.66	468.88	21.48	13.73
02 月	3 220.06	2 096.74	2 052.82	43.92	1 123.32	742.92	263.71	24.84	74.60	17.25	23.20
03 月	4 326.59	2 228.82	2 184.88	43.95	2 097.77	889.63	331.50	186.73	678.12	11.79	58.15
04 月	4 162.42	2 437.67	2 389.90	47.77	1 724.75	1 041.64	229.98	30.75	401.64	20.74	133.48
05 月	3 370.98	2 293.42	2 238.07	55.35	1 077.57	687.05	232.39	20.74	83.35	54.04	24.31
06 月	4 319.06	2 567.04	2 491.81	75.22	1 752.02	814.14	371.49	141.64	370.27	54.48	1.19
07 月	3 649.00	2 292.99	2 236.20	56.79	1 356.01	816.02	409.60	60.66	23.02	46.71	20.64
08 月	4 218.56	2 758.86	2 693.22	65.64	1 459.70	1 023.65	270.75	5.75	94.58	64.96	27.17
09 月	3 346.97	2 241.90	2 199.60	42.30	1 105.06	564.10	358.79	100.24	37.60	44.33	21.99
10 月	3 502.98	2 274.90	2 245.76	29.14	1 228.08	737.55	211.31	50.79	191.93	36.51	14.55
11 月	3 490.97	2 589.50	2 560.65	28.84	901.48	557.55	251.06	0.00	76.64	16.22	23.32
12 月	3 020.68	1 738.67	1 717.04	21.63	1 282.01	779.05	364.92	60.00	66.38	11.66	25.91

数据来源：海关总署。

2012 年全国乳制品出口额（月度）

单位：万美元

月　度	乳制品	液态奶			干乳制品						婴幼儿奶粉
		合计	鲜奶	酸奶	合计	奶粉	炼乳	乳清	奶油	干酪	
合　计	**8 235.96**	**2 362.20**	**2 312.49**	**49.70**	**5 873.76**	**3 983.63**	**720.08**	**143.12**	**801.01**	**225.92**	**361.05**
01 月	913.91	188.71	187.35	1.37	725.19	439.18	97.40	2.35	173.45	12.82	6.51
02 月	550.92	171.97	168.40	3.57	378.94	299.41	49.14	3.02	16.14	11.23	7.79
03 月	832.29	188.02	184.44	3.58	644.26	330.43	68.73	24.05	213.40	7.65	56.83
04 月	835.23	208.76	204.18	4.58	626.47	445.23	44.35	5.80	118.53	12.56	173.15
05 月	597.43	201.22	194.95	6.27	396.21	293.71	40.72	4.22	28.34	29.21	33.10
06 月	799.17	227.21	218.56	8.65	571.97	338.16	72.41	30.03	102.67	28.71	0.93
07 月	642.22	198.35	192.78	5.56	443.87	324.54	73.98	14.81	4.59	25.95	11.75
08 月	723.11	237.61	232.14	5.47	485.50	374.03	49.91	1.77	23.64	36.15	14.87
09 月	583.27	190.22	185.99	4.23	393.04	262.83	69.74	26.20	11.22	23.05	12.11
10 月	644.37	190.05	187.70	2.36	454.32	314.64	39.31	16.60	63.92	19.86	6.70
11 月	524.82	213.03	210.72	2.31	311.79	225.47	46.73	0.00	28.88	10.71	12.15
12 月	589.23	147.03	145.30	1.73	442.19	336.01	67.65	14.28	16.24	8.02	25.16

数据来源：海关总署。

2008—2012 年全国奶粉进口量值表

单位：吨、万美元、美元/吨

年 份	奶粉			其中：全脂淡奶粉			其中：全脂甜奶粉			其中：脱脂奶粉		
	数量	金额	单价	数量	金额	单价	数量	金额	单价	数量	金额	单价
2008 年	100 930.09	39 787.89	3 942.12	43 839.18	17 452.30	3 980.98	2 125.89	835.22	3 928.78	54 965.02	21 500.38	3 911.65
2009 年	246 787.44	58 040.89	2 351.86	174 969.38	41 953.17	2 397.74	1 375.24	486.48	3 537.41	70 442.82	15 601.24	2 214.74
2010 年	414 039.80	138 810.02	3 352.58	324 707.81	110 430.86	3 400.93	788.08	976.38	12 389.30	88 543.91	27 402.79	3 094.83
2011 年	449 541.86	164 544.50	3 660.27	318 049.39	117 848.40	3 705.35	1 687.00	1 131.97	6 709.93	129 805.47	45 564.13	3 510.19
2012 年	572 875.19	192 738.56	3 364.41	402 386.70	135 489.71	3 367.15	2 895.80	1 852.16	6 396.01	167 592.68	55 396.69	3 305.44

数据来源：海关总署。

2008—2012 年全国奶粉出口量值表

单位：吨、万美元、美元/吨

年 份	奶粉			其中：全脂淡奶粉			其中：全脂甜奶粉			其中：脱脂奶粉		
	数量	金额	单价	数量	金额	单价	数量	金额	单价	数量	金额	单价
2008 年	63 771.29	23 669.34	3 711.60	59 295.12	22 044.74	3 717.80	3 091.75	1 027.10	3 322.08	1 384.42	597.50	4 315.88
2009 年	9 737.53	3 085.97	3 169.15	8 050.70	2 561.05	3 181.15	1 686.58	524.84	3 111.86	0.25	0.08	3 372.00
2010 年	2 969.70	942.89	3 175.05	605.95	198.38	3 273.86	2 174.54	675.47	3 106.28	189.20	69.04	3 648.86
2011 年	9 327.20	3 710.94	397.86	6 561.67	2 360.20	359.69	2 566.24	1 259.68	4 908.67	199.28	91.06	4 569.25
2012 年	9 702.58	3 983.63	4 105.74	5 998.52	2 075.86	4 105.74	3 358.92	1 741.56	5 184.88	345.14	166.21	4 815.87

数据来源：海关总署。

【乳制品消费】

居民收入与支出

1992—2012 年全国城镇居民平均每人全年可支配收入、现金消费支出、食品消费支出和乳制品消费支出

单位：元、%

年份	可支配收入	现金消费支出	食品消费支出	乳制品消费支出	乳制品消费支出占食品消费支出的比重
1992 年	2 026.6	1 671.73	884.82		
1993 年	2 577.4	2 110.81	1 058.20		
1994 年	3 496.2	2 851.34	1 422.49		
1995 年	4 283.0	3 537.57	1 771.99	31.43	1.77
1996 年	4 838.9	3 919.47	1 904.71	36.59	1.92
1997 年	5 160.3	4 186.00	1 942.59	41.41	2.13
1998 年	5 425.1	4 331.61	1 926.90	48.05	2.49
1999 年	5 854.0	4 615.91	1 932.10	56.15	2.91
2000 年	6 280.0	4 998.00	1 971.32	68.57	3.48
2001 年	6 859.6	5 309.01	2 014.02	80.06	3.98
2002 年	7 702.8	6 029.88	2 271.84	104.76	4.61
2003 年	8 472.2	6 510.94	2 416.92	124.70	5.16
2004 年	9 421.6	7 182.00	2 709.60	132.37	4.89
2005 年	10 493.0	7 942.88	2 914.39	138.62	4.76
2006 年	11 759.5	8 696.55	3 111.92	150.23	4.83
2007 年	13 785.8	9 997.47	3 628.03	160.72	4.43
2008 年	15 780.8	11 242.85	4 259.81	189.84	4.46
2009 年	17 174.7	12 264.55	4 478.54	196.14	4.38
2010 年	19 109.4	13 471.45	4 804.71	198.47	4.13
2011 年	21 809.8	15 160.89	5 506.33	234.01	4.25
2012 年	24 564.7	16 674.32	6 040.85	253.57	4.20

2008—2012 年各地城镇居民平均每人全年可支配收入、

地区	2008 年					2009 年					2010 年	
	可支配收入	现金消费支出	食品消费支出	乳制品消费支出	乳制品消费支出占食品消费支出的比重	可支配收入	现金消费支出	食品消费支出	乳制品消费支出	乳制品消费支出占食品消费支出的比重	可支配收入	现金消费支出
全国	**15 780.76**	**11 242.85**	**4 259.81**	**189.84**	**4.46**	**17 174.65**	**12 264.55**	**4 478.54**	**196.14**	**4.38**	**19 109.44**	**13 471.45**
北京	24 724.89	16 460.26	5 561.54	332.13	5.97	26 738.48	17 893.30	5 936.11	341.88	5.76	29 072.93	19 934.48
天津	19 422.53	13 422.47	5 005.09	211.11	4.22	21 402.01	14 801.35	5 404.53	205.93	3.81	24 292.60	16 561.77
河北	13 441.09	9 086.73	3 155.40	169.14	5.36	14 718.25	9 678.75	3 250.77	166.38	5.12	16 263.43	10 318.32
山西	13 119.05	8 806.55	2 974.76	205.47	6.91	13 996.55	9 355.10	3 071.93	210.64	6.86	15 647.66	9 792.65
内蒙古	14 432.55	10 828.62	3 553.48	159.80	4.50	15 849.19	12 369.87	3 772.63	175.51	4.65	17 698.15	13 994.62
辽宁	14 392.69	11 231.48	4 378.14	213.15	4.87	15 761.38	12 324.58	4 680.85	218.57	4.67	17 712.58	13 280.04
吉林	12 829.45	9 729.05	3 307.14	126.55	3.83	14 006.27	10 914.44	3 637.32	146.29	4.02	15 411.47	11 679.04
黑龙江	11 581.28	8 622.97	3 128.10	129.59	4.14	12 565.98	9 629.60	3 397.41	135.19	3.98	13 856.51	10 683.92
上海	26 674.90	19 397.89	7 108.62	341.69	4.81	28 837.78	20 992.35	7 344.83	361.73	4.92	31 838.08	23 200.40
江苏	18 679.52	11 977.55	4 544.64	216.44	4.76	20 551.72	13 153.00	4 773.67	216.79	4.54	22 944.26	14 357.49
浙江	22 726.66	15 158.30	5 522.56	210.20	3.81	24 610.81	16 683.48	5 604.72	206.77	3.69	27 359.02	17 858.20
安徽	12 990.35	9 524.04	3 905.05	238.78	6.11	14 085.74	10 233.98	4 051.40	229.03	5.65	15 788.17	11 512.55
福建	17 961.45	12 501.12	5 078.85	201.42	3.97	19 576.83	13 450.57	5 336.36	192.71	3.61	21 781.31	14 750.01
江西	12 866.44	8 717.37	3 633.05	169.30	4.66	14 021.54	9 739.99	3 881.56	180.77	4.66	15 481.12	10 618.69
山东	16 305.41	11 006.61	3 699.42	215.95	5.84	17 811.04	12 012.73	3 954.34	217.93	5.51	19 945.83	13 118.24
河南	13 231.11	8 837.46	3 079.82	140.81	4.57	14 371.56	9 566.99	3 272.75	148.30	4.53	15 930.26	10 838.49
湖北	13 152.86	9 477.51	3 996.27	148.87	3.73	14 367.48	10 294.07	4 160.51	149.54	3.59	16 058.37	11 450.97
湖南	13 821.16	9 945.52	3 970.42	134.95	3.40	15 084.31	10 828.23	4 174.55	131.35	3.15	16 565.70	11 825.33
广东	19 732.86	15 527.97	5 866.91	207.50	3.54	21 574.72	16 857.50	6 225.22	220.52	3.54	23 897.80	18 489.53
广西	14 146.04	9 627.40	4 082.99	139.58	3.42	15 451.48	10 352.38	4 129.55	145.27	3.52	17 063.89	11 490.08
海南	12 607.84	9 408.48	4 226.90	113.17	2.68	13 750.85	10 086.65	4 507.81	144.38	3.20	15 581.05	10 926.71
重庆	14 367.55	11 146.80	4 418.34	204.16	4.62	15 748.67	12 144.06	4 576.23	214.01	4.68	17 532.43	13 335.02
四川	12 633.38	9 679.14	4 255.48	190.15	4.47	13 839.40	10 860.20	4 391.73	211.75	4.82	15 461.16	12 105.09
贵州	11 758.76	8 349.21	3 597.94	118.35	3.29	12 862.53	9 048.29	3 755.61	133.15	3.55	14 142.74	10 058.29
云南	13 250.22	9 076.61	4 272.29	65.48	1.53	14 423.93	10 201.81	4 460.58	83.85	1.88	16 064.54	11 074.08
西藏	12 481.51	8 323.54	4 262.77	311.74	7.31	13 544.41	9 034.31	4 581.60	283.24	6.18	14 980.47	9 685.54
陕西	12 857.89	9 772.07	3 586.13	197.88	5.52	14 128.76	10 705.67	3 988.57	222.41	5.58	15 695.21	11 821.88
甘肃	10 969.41	8 308.62	3 183.79	140.37	4.41	11 929.78	8 890.79	3 359.30	149.56	4.45	13 188.55	9 895.35
青海	11 640.43	8 192.56	3 315.94	140.87	4.25	12 691.85	8 786.52	3 548.85	175.18	4.94	13 854.99	9 613.79
宁夏	12 931.53	9 558.29	3 352.83	199.40	5.95	14 024.70	10 280.00	3 432.23	179.24	5.22	15 344.49	11 334.43
新疆	11 432.10	8 669.36	3 235.77	148.52	4.59	12 257.52	9 327.55	3 386.33	151.64	4.48	13 643.77	10 197.09

现金消费支出、食品消费支出和乳制品消费支出

单位：元、%

			2011 年					2012 年				
食品消费支出	乳制品消费支出	乳制品消费支出占食品消费支出的比重	可支配收入	现金消费支出	食品消费支出	乳制品消费支出	乳制品消费支出占食品消费支出的比重	可支配收入	现金消费支出	食品消费支出	乳制品消费支出	乳制品消费支出占食品消费支出的比重
4 804.71	**198.47**	**4.13**	**21 809.78**	**15 160.89**	**5 506.33**	**234.01**	**4.25**	**24 564.72**	**16 674.32**	**6 040.85**	**253.57**	**4.20**
6 392.90	371.04	5.80	32 903.03	21 984.37	6 905.51	384.52	5.57	36 468.75	24 045.86	7 535.29	421.05	5.59
5 940.44	236.06	3.97	26 920.86	18 424.09	6 663.31	252.24	3.79	29 626.41	20 024.24	7 343.64	325.39	4.43
3 335.23	148.19	4.44	18 292.23	11 609.29	3 927.26	179.01	4.56	20 543.44	12 531.12	4 211.16	203.69	4.84
3 052.57	161.23	5.28	18 123.87	11 354.30	3 558.04	201.17	5.65	20 411.71	12 211.53	3 855.56	209.63	5.44
4 211.48	173.47	4.12	20 407.57	15 878.07	4 962.40	205.68	4.14	23 150.26	17 717.10	5 463.18	237.35	4.34
4 658.00	188.03	4.04	20 466.84	14 789.61	5 254.96	213.82	4.07	23 222.67	16 593.60	5 809.39	244.07	4.20
3 767.85	109.85	2.92	17 796.57	13 010.63	4 252.85	141.82	3.33	20 208.04	14 613.53	4 635.27	159.41	3.44
3 784.72	137.02	3.62	15 696.18	12 054.19	4 348.45	151.50	3.48	17 759.75	12 983.55	4 687.23	179.71	3.83
7 776.98	410.27	5.28	36 230.48	25 102.14	8 905.95	462.70	5.20	40 188.34	26 253.47	9 655.60	494.26	5.12
5 243.14	234.10	4.46	26 340.73	16 781.74	6 060.91	279.66	4.61	29 676.97	18 825.28	6 658.37	303.81	4.56
6 118.46	219.84	3.59	30 970.68	20 437.45	7 066.22	274.03	3.88	34 550.30	21 545.18	7 552.02	283.59	3.76
4 369.63	241.78	5.53	18 606.13	13 181.46	5 246.76	305.14	5.82	21 024.21	15 011.66	5 814.92	323.75	5.57
5 790.72	203.15	3.51	24 907.40	16 661.05	6 534.94	254.99	3.90	28 055.24	18 593.21	7 317.42	264.37	3.61
4 195.38	171.04	4.08	17 494.87	11 747.21	4 675.16	205.83	4.40	19 860.36	12 775.65	5 071.61	217.66	4.29
4 205.88	225.43	5.36	22 791.84	14 560.67	4 827.61	251.31	5.21	25 755.19	15 778.24	5 201.32	263.62	5.07
3 575.75	170.31	4.76	18 194.80	12 336.47	4 212.76	207.20	4.92	20 442.62	13 732.96	4 607.47	214.23	4.65
4 429.30	146.55	3.31	18 373.87	13 163.77	5 363.68	205.33	3.83	20 839.59	14 495.97	5 837.93	218.63	3.74
4 322.09	128.30	2.97	18 844.05	13 402.87	4 943.89	156.98	3.18	21 318.76	14 608.95	5 441.63	147.40	2.71
6 746.62	211.35	3.13	26 897.48	20 251.82	7 471.88	228.97	3.06	30 226.71	22 396.35	8 258.44	246.06	2.98
4 372.75	152.45	3.49	18 854.06	12 848.37	5 074.49	179.19	3.53	21 242.80	14 243.98	5 552.56	189.55	3.41
4 895.96	160.75	3.28	18 368.95	12 642.75	5 673.65	137.22	2.42	20 917.71	14 456.55	6 556.10	144.75	2.21
5 012.56	234.68	4.68	20 249.70	14 974.49	5 847.90	268.29	4.59	22 968.14	16 573.14	6 870.23	317.50	4.62
4 779.60	203.04	4.25	17 899.12	13 696.30	5 571.69	238.86	4.29	20 306.99	15 049.54	6 073.86	269.99	4.45
4 013.67	154.78	3.86	16 495.01	11 352.88	4 565.85	157.23	3.44	18 700.51	12 585.70	4 992.85	169.88	3.40
4 593.49	89.80	1.95	18 575.62	12 248.03	4 802.26	187.40	3.90	21 074.50	13 883.93	5 468.17	216.00	3.95
4 847.58	310.55	6.41	16 195.56	10 398.91	5 184.18	410.33	7.92	18 028.32	11 184.33	5 517.69	398.54	7.22
4 381.40	224.00	5.11	18 245.23	13 782.75	5 040.47	256.62	5.09	20 733.88	15 332.84	5 550.71	273.33	4.92
3 702.18	168.11	4.54	14 988.68	11 188.57	4 182.47	200.05	4.78	17 156.89	12 847.05	4 602.33	221.40	4.81
3 784.81	187.53	4.95	15 603.31	10 955.46	4 260.27	193.65	4.55	17 566.28	12 346.29	4 667.34	204.82	4.39
3 768.09	176.87	4.69	17 578.92	12 896.04	4 483.44	218.14	4.87	19 831.41	14 067.15	4 768.91	243.08	5.10
3 694.81	164.52	4.45	15 513.62	11 839.40	4 537.46	197.70	4.36	17 920.68	13 891.72	5 238.89	237.05	4.52

1992—2012 年全国农村居民平均每人全年纯收入、消费支出

单位：元

年份	纯收入	消费支出
1992 年	784.00	659.79
1993 年	921.60	769.65
1994 年	1 221.00	1 016.81
1995 年	1 577.74	1 310.36
1996 年	1 926.10	1 572.08
1997 年	2 090.10	1 617.00
1998 年	2 162.00	1 590.33
1999 年	2 210.30	1 577.42
2000 年	2 253.42	1 670.13
2001 年	2 366.40	1 741.09
2002 年	2 475.60	1 834.31
2003 年	2 622.20	1 943.30
2004 年	2 936.40	2 185.00
2005 年	3 254.93	2 555.40
2006 年	3 587.00	2 829.02
2007 年	4 140.40	3 223.85
2008 年	4 760.62	3 660.68
2009 年	5 153.17	3 993.45
2010 年	5 919.01	4 381.82
2011 年	6 977.29	5 221.13
2012 年	7 916.58	5 908.02

2008—2012年各地农村居民平均每人全年纯收入、消费支出

单位：元

地区	2008年		2009年		2010年		2011年		2012年	
	纯收入	消费支出	纯收入	消费支出	纯收入	消费支出	纯收入	消费支出	纯收入	消费支出
全国	**4 760.62**	**3 660.68**	**5 153.17**	**3 993.45**	**5 919.01**	**4 381.82**	**6 977.29**	**5 221.13**	**7 916.58**	**5 908.02**
北京	10 661.92	7 284.65	11 668.59	8 897.59	13 262.29	9 254.77	14 735.68	11 077.66	16 475.74	11 878.92
天津	7 910.78	3 825.43	8 687.56	4 273.15	10 074.86	4 936.73	12 321.22	6 725.42	14 025.54	8 336.55
河北	4 795.46	3 125.55	5 149.67	3 349.74	5 957.98	3 844.92	7 119.69	4 711.16	8 081.39	5 364.14
山西	4 097.24	3 097.54	4 244.10	3 304.76	4 736.25	3 663.86	5 601.40	4 586.98	6 356.63	5 566.19
内蒙古	4 656.18	3 618.11	4 937.80	3 968.42	5 529.59	4 460.83	6 641.56	5 507.72	7 611.31	6 381.97
辽宁	5 576.48	3 814.03	5 958.00	4 254.03	6 907.93	4 489.50	8 296.54	5 406.41	9 383.72	5 998.39
吉林	4 932.74	3 443.24	5 265.91	3 902.90	6 237.44	4 147.36	7 509.95	5 305.75	8 598.17	6 186.17
黑龙江	4 855.59	3 844.73	5 206.76	4 241.27	6 210.72	4 391.17	7 590.68	5 333.61	8 603.85	5 718.05
上海	11 440.26	9 119.67	12 482.94	9 804.37	13 977.96	10 210.46	16 053.79	11 049.32	17 803.68	11 971.50
江苏	7 356.47	5 328.37	8 003.54	5 804.45	9 118.24	6 542.87	10 804.95	8 094.57	12 201.95	9 138.18
浙江	9 257.93	7 534.09	10 007.31	7 731.70	11 302.55	8 928.89	13 070.69	9 965.08	14 551.92	10 652.73
安徽	4 202.49	3 284.11	4 504.32	3 655.02	5 285.17	4 013.31	6 232.21	4 957.29	7 160.46	5 555.99
福建	6 196.07	4 661.94	6 680.18	5 015.72	7 426.86	5 498.33	8 778.55	6 540.85	9 967.17	7 401.92
江西	4 697.19	3 309.21	5 075.01	3 532.66	5 788.56	3 911.61	6 891.63	4 659.87	7 829.43	5 129.47
山东	5 641.43	4 077.05	6 118.77	4 417.18	6 990.28	4 807.18	8 342.13	5 900.57	9 446.54	6 775.95
河南	4 454.24	3 044.21	4 806.95	3 388.47	5 523.73	3 682.21	6 604.03	4 319.95	7 524.94	5 032.14
湖北	4 656.38	3 652.57	5 035.26	3 725.24	5 832.27	4 090.78	6 897.92	5 010.74	7 851.71	5 726.73
湖南	4 512.46	3 804.97	4 909.04	4 020.87	5 621.96	4 310.37	6 567.06	5 179.36	7 440.17	5 870.12
广东	6 399.79	4 872.46	6 906.93	5 019.81	7 890.25	5 515.58	9 371.73	6 725.55	10 542.84	7 458.56
广西	3 690.34	2 985.03	3 980.44	3 231.14	4 543.41	3 455.29	5 231.33	4 210.89	6 007.55	4 933.58
海南	4 389.97	2 883.10	4 744.36	3 088.56	5 275.37	3 446.24	6 446.01	4 166.13	7 408.00	4 776.30
重庆	4 126.21	2 884.92	4 478.35	3 142.14	5 276.66	3 624.62	6 480.41	4 502.06	7 383.27	5 018.64
四川	4 121.21	3 127.94	4 462.05	4 141.40	5 086.89	3 897.53	6 128.55	4 675.47	7 001.43	5 366.71
贵州	2 796.93	2 165.70	3 005.41	2 421.95	3 471.93	2 852.48	4 145.35	3 455.78	4 753.00	3 901.71
云南	3 102.60	2 990.61	3 369.34	2 924.85	3 952.03	3 398.33	4 721.99	3 999.87	5 416.54	4 561.33
西藏	3 175.82	2 199.59	3 531.72	2 399.47	4 138.71	2 666.92	4 904.28	2 741.60	5 719.38	2 967.56
陕西	3 136.46	2 979.37	3 437.55	3 349.23	4 104.98	3 793.80	5 027.87	4 491.71	5 762.52	5 114.68
甘肃	2 723.79	2 400.95	2 980.10	2 766.45	3 424.65	2 941.99	3 909.37	3 664.91	4 506.66	4 146.24
青海	3 061.24	2 896.62	3 346.15	3 209.41	3 862.68	3 774.50	4 608.46	4 536.81	5 364.38	5 338.91
宁夏	3 681.42	3 094.86	4 048.33	3 347.94	4 674.89	4 013.17	5 409.95	4 726.64	6 180.32	5 351.36
新疆	3 502.90	2 691.79	3 883.10	2 950.63	4 642.67	3 457.88	5 442.15	4 397.82	6 393.68	5 301.25

城镇居民乳品消费数量

1992—2012年全国城镇居民家庭平均每人全年鲜奶购买量

单位：千克

年份	全国	最低收入（10%）	其中：困难户（5%）	低收入户（10%）	中等偏下户（20%）	中等收入户（20%）	中等偏上户（20%）	高收入户（10%）	最高收入户（10%）
1992年	5.52	3.21	2.83	3.49	4.55	5.27	6.66	7.81	9.39
1993年	5.38	2.91	2.64	3.98	4.48	5.26	6.50	7.43	8.25
1994年	5.25	2.94	2.59	3.27	4.64	5.13	5.78	7.66	8.80
1995年	4.62	2.56	2.26	3.24	3.93	4.71	5.13	6.27	7.57
1996年	4.83	2.52	2.27	3.45	3.93	4.84	5.62	6.59	7.91
1997年	5.07	2.62	2.54	3.49	4.10	4.97	6.18	6.38	9.02
1998年	6.18	2.87	2.17	3.72	4.95	6.17	7.48	9.03	10.66
1999年	7.88	3.34	2.89	5.14	6.52	7.62	9.69	11.00	13.78
2000年	9.94	4.59	3.95	6.04	8.27	9.83	11.95	14.07	17.52
2001年	11.90	5.61	4.96	7.73	9.69	11.78	14.79	16.80	19.60
2002年	15.72	4.83	3.59	8.39	11.78	15.79	19.99	23.63	26.46
2003年	18.62	6.71	5.23	10.85	15.51	18.94	23.43	26.82	28.29
2004年	18.83	7.79	6.34	12.70	16.49	18.93	23.18	26.18	28.30
2005年	17.92	7.80	6.41	11.70	15.30	18.69	22.56	25.74	26.05
2006年	18.32	8.80	7.32	12.91	16.26	19.16	22.29	24.52	25.91
2007年	17.75	9.57	8.13	12.53	15.35	19.16	21.02	23.23	24.89
2008年	15.19	7.56	6.66	10.30	13.17	15.84	18.81	20.80	22.37
2009年	14.91	8.01	6.98	10.47	12.80	15.98	18.20	20.08	21.35
2010年	13.98	7.39	6.46	9.76	11.96	14.98	17.02	19.13	20.19
2011年	13.70	7.56	6.79	9.71	11.71	14.60	16.73	18.84	18.98
2012年	13.95	7.77	7.14	9.84	12.02	14.99	16.94	18.64	19.86

1992—2012 年全国城镇居民家庭平均每人全年奶粉购买量

单位：千克

年份	全国	最低收入（10%）	其中：困难户（5%）	低收入户（10%）	中等偏下户（20%）	中等收入户（20%）	中等偏上户（20%）	高收入户（10%）	最高收入户（10%）
1992 年	0.43	0.26	0.23	0.34	0.40	0.44	0.50	0.50	0.57
1993 年	0.42	0.22	0.19	0.31	0.36	0.49	0.48	0.54	0.62
1994 年	0.42	0.26	0.25	0.30	0.37	0.42	0.49	0.54	0.62
1995 年	0.35	0.19	0.16	0.23	0.33	0.39	0.41	0.42	0.50
1996 年	0.41	0.22	0.20	0.31	0.37	0.42	0.47	0.54	0.59
1997 年	0.41	0.23	0.20	0.34	0.37	0.40	0.46	0.52	0.61
1998 年	0.43	0.24	0.22	0.32	0.40	0.43	0.50	0.59	0.60
1999 年	0.44	0.25	0.21	0.32	0.40	0.47	0.52	0.56	0.62
2000 年	0.49	0.26	0.24	0.36	0.43	0.52	0.56	0.67	0.70
2001 年	0.50	0.29	0.27	0.34	0.46	0.52	0.56	0.62	0.74
2002 年	0.60	0.34	0.25	0.42	0.57	0.58	0.59	0.68	0.65
2003 年	0.56	0.31	0.30	0.46	0.57	0.61	0.62	0.62	0.63
2004 年	0.51	0.26	0.20	0.41	0.50	0.58	0.57	0.60	0.62
2005 年	0.52	0.28	0.24	0.42	0.51	0.54	0.59	0.63	0.71
2006 年	0.50	0.28	0.21	0.39	0.47	0.55	0.56	0.62	0.64
2007 年	0.45	0.28	0.24	0.43	0.44	0.48	0.51	0.51	0.52
2008 年	0.57	0.37	0.32	0.45	0.52	0.61	0.65	0.68	0.71
2009 年	0.48	0.25	0.24	0.38	0.41	0.51	0.58	0.60	0.74
2010 年	0.45	0.25	0.22	0.36	0.39	0.45	0.53	0.62	0.67
2011 年	0.53	0.33	0.26	0.35	0.50	0.54	0.63	0.67	0.74
2012 年	0.50	0.28	0.25	0.38	0.44	0.51	0.61	0.67	0.71

1992—2012 年全国城镇居民家庭平均每人全年酸奶购买量

单位：千克

年份	全国	最低收入（10%）	其中：困难户（5%）	低收入户（10%）	中等偏下户（20%）	中等收入户（20%）	中等偏上户（20%）	高收入户（10%）	最高收入户（10%）
1992 年	0.37	0.14	0.13	0.23	0.32	0.36	0.50	0.54	0.58
1993 年	0.32	0.12	0.11	0.20	0.28	0.33	0.43	0.43	0.48
1994 年	1.04	0.14	0.13	0.17	3.95	0.29	0.33	0.53	0.53
1995 年	0.26	0.09	0.07	0.18	0.23	0.26	0.31	0.36	0.41
1996 年	0.32	0.11	0.09	0.37	0.23	0.33	0.34	0.39	0.56
1997 年	0.44	0.15	0.12	0.27	0.34	0.44	0.58	0.61	0.78
1998 年	0.64	0.28	0.19	0.34	0.48	0.57	0.80	1.11	1.16
1999 年	0.87	0.39	0.34	0.52	0.65	0.80	1.14	1.32	1.47
2000 年	1.12	0.51	0.41	0.62	0.88	1.09	1.42	1.52	2.06
2001 年	1.36	0.55	0.46	0.78	1.10	1.30	1.69	2.17	2.27
2002 年	1.80	0.51	0.34	0.98	1.35	1.76	2.30	2.74	3.31
2003 年	2.53	0.68	0.46	1.35	2.01	2.57	3.11	3.92	4.33
2004 年	2.85	1.05	0.75	1.60	2.36	2.96	3.56	3.96	4.82
2005 年	3.23	1.00	0.72	2.09	2.55	3.51	3.97	4.71	5.62
2006 年	3.72	1.39	1.02	2.27	3.13	3.87	4.58	5.22	6.31
2007 年	3.97	1.85	1.56	2.83	3.41	4.22	4.61	5.51	5.94
2008 年	3.54	1.60	1.36	2.43	2.98	3.74	4.32	5.04	5.49
2009 年	3.88	1.89	1.58	2.75	3.38	4.20	4.68	5.23	5.73
2010 年	3.67	1.81	1.53	2.61	3.11	3.83	4.59	4.95	5.57
2011 年	3.67	1.84	1.58	2.50	3.15	3.79	4.53	5.14	5.52
2012 年	3.46	1.77	1.47	2.29	3.10	3.64	4.21	4.65	5.12

袋装鲜奶平均价格

2008 年全国各地区售袋装鲜奶平均价格（月度）

单位：元/500 克

地　区	01 月	02 月	03 月	04 月	05 月	06 月	07 月	08 月	09 月	10 月	11 月	12 月
北　京	2.60	3.00	3.00	3.00	3.00	3.00	3.00	3.00	3.00	3.00	2.96	2.96
天　津	2.50	2.40	2.35	2.47	2.49	2.43	2.47	2.47	2.47	2.09	2.02	2.04
河　北	2.25	2.45	2.47	2.56	2.57	2.57	2.57	2.57	2.72	2.71	2.71	2.71
山　西	2.24	2.49	2.53	2.95	2.83	2.81	2.76	2.76	2.77	3.13	3.10	3.12
内蒙古	2.92	3.40	3.33	3.50	3.25	3.25	2.68	2.68	2.75	2.75	2.70	2.65
辽　宁	2.61	2.82	2.82	2.82	2.82	2.83	2.80	2.80	2.80	2.97	2.77	2.87
吉　林	3.16	3.30	3.40	3.55	3.53	3.53	3.51	3.54	3.52	3.34	3.34	3.34
黑龙江	2.47	2.63	2.60	2.63	2.74	2.74	2.72	2.72	2.72	2.69	2.68	2.66
上　海	—	—	—	—	—	—	—	—	—	—	—	—
江　苏	2.37	3.25	3.46	3.70	3.73	3.73	3.73	3.73	3.73	3.71	3.75	3.85
浙　江	3.78	3.92	3.88	4.27	4.36	4.35	4.37	4.37	4.32	4.32	4.30	4.31
安　徽	5.05	3.56	3.71	3.70	3.74	3.75	3.77	3.77	3.80	3.80	3.73	3.73
福　建	3.44	3.95	4.26	4.28	4.29	4.33	4.35	4.35	4.31	4.32	4.32	4.32
江　西	2.90	2.71	2.81	2.86	2.86	2.86	2.86	2.91	2.86	3.28	3.28	3.28
山　东	2.27	2.47	2.62	2.67	2.67	2.67	2.72	2.72	2.72	2.56	2.63	2.63
河　南	2.46	2.45	2.58	2.53	2.58	2.51	2.29	2.41	2.51	2.51	2.51	2.53
湖　北	3.08	3.47	3.47	3.50	3.67	3.73	3.73	3.73	3.67	3.67	3.67	3.73
湖　南	3.47	3.55	3.75	4.10	4.11	4.08	4.06	4.06	4.06	4.07	3.97	3.98
广　东	2.97	4.60	4.73	5.04	5.13	4.98	5.04	5.02	5.02	4.98	4.94	4.96
广　西	3.73	4.06	4.18	4.30	4.31	4.47	4.47	4.47	4.33	4.17	4.63	4.63
海　南	3.82	4.13	4.58	4.58	4.58	4.58	4.58	4.58	4.58	4.58	4.58	4.58
重　庆	3.10	3.10	3.41	3.41	3.41	3.41	3.41	3.41	3.41	3.41	3.41	3.41
四　川	2.45	2.83	2.88	2.93	2.93	2.95	2.96	2.97	3.02	3.05	3.05	2.97
贵　州	2.97	3.03	3.01	3.11	3.11	3.11	3.11	3.13	3.14	3.14	3.14	3.26
云　南	2.50	2.66	2.71	2.71	2.76	2.76	2.76	2.76	2.74	2.74	2.80	2.69
西　藏	2.50	2.50	3.00	3.00	3.00	3.00	3.00	3.00	3.00	3.00	3.00	3.00
陕　西	2.40	1.89	1.94	1.98	1.98	1.97	2.01	2.01	1.99	2.02	2.06	2.23
甘　肃	3.13	2.17	2.25	2.22	2.16	2.15	2.11	2.09	2.13	2.15	2.12	2.15
青　海	3.38	2.82	2.82	2.72	3.88	2.80	2.82	2.72	2.65	2.65	2.67	2.67
宁　夏	2.60	2.77	2.87	2.89	2.89	2.85	2.85	2.85	2.85	2.85	2.85	2.85
新　疆	2.13	1.47	1.97	1.97	1.90	1.90	1.90	1.90	1.90	2.11	2.03	2.03

2009 年全国各地区售袋装鲜奶平均价格（月度）

单位：元/500 克

地　区	01 月	02 月	03 月	04 月	05 月	06 月	07 月	08 月	09 月	10 月	11 月	12 月
北　京	2.96	2.96	2.96	2.96	2.96	2.96	2.96	2.96	2.96	2.96	2.96	2.96
天　津	2.11	2.17	2.18	2.14	2.29	2.36	2.44	2.48	2.49	2.47	2.49	2.53
河　北	2.70	2.72	2.80	2.80	2.78	2.80	2.80	2.80	2.80	2.80	2.80	2.80
山　西	2.90	2.97	2.99	2.99	2.98	2.98	2.97	2.99	3.03	3.00	3.01	2.97
内蒙古	2.71	2.72	2.73	2.65	2.73	2.63	2.63	2.63	2.63	2.63	2.63	2.64
辽　宁	3.00	3.08	3.07	3.07	3.04	3.08	3.08	3.07	3.09	3.09	3.10	3.09
吉　林	3.33	3.33	3.33	3.33	3.35	3.33	3.33	3.33	3.33	3.33	3.33	3.36
黑龙江	2.59	2.61	2.61	2.59	2.56	2.58	2.59	2.59	2.62	2.62	2.61	2.62
上　海	—	—	—	—	—	—	—	—	—	—	—	—
江　苏	3.80	3.80	3.80	3.82	3.75	3.79	3.79	3.74	3.73	3.75	3.75	3.75
浙　江	4.25	4.52	4.53	3.28	3.40	4.37	4.37	4.37	4.51	4.51	4.51	4.51
安　徽	3.73	3.73	3.73	3.75	3.69	3.73	3.60	3.75	3.75	3.76	3.76	3.76
福　建	4.31	4.30	4.26	4.28	4.29	4.32	4.32	4.32	4.30	4.30	4.33	4.35
江　西	3.27	3.27	3.08	2.81	2.78	2.65	2.73	2.73	2.73	2.70	2.73	2.73
山　东	2.55	2.55	2.50	2.56	2.65	2.57	2.59	2.59	2.63	2.68	2.67	2.66
河　南	2.59	2.59	2.39	2.58	2.62	2.42	2.50	2.46	2.62	2.38	2.42	2.33
湖　北	3.72	3.72	3.71	3.71	3.65	3.70	3.70	3.68	3.63	3.63	3.63	3.63
湖　南	3.99	4.26	4.22	4.21	4.14	4.19	4.19	4.18	4.23	4.19	4.18	4.18
广　东	4.95	4.91	4.86	4.88	4.91	4.87	4.87	4.82	4.78	4.76	4.78	4.81
广　西	4.62	4.64	4.65	4.65	4.71	4.65	4.63	4.58	4.58	4.56	4.49	4.55
海　南	4.47	4.47	4.53	4.47	4.66	4.47	4.47	4.47	4.47	4.47	4.47	4.24
重　庆	3.41	3.40	3.40	3.40	4.35	3.40	3.40	3.40	3.40	3.40	3.40	3.40
四　川	2.96	2.96	2.96	3.01	3.01	3.07	3.07	3.05	3.05	3.00	2.93	2.93
贵　州	3.27	3.27	3.27	3.28	3.36	3.30	3.30	3.30	3.35	3.35	3.39	3.40
云　南	2.73	2.70	2.69	2.74	2.72	2.68	2.68	2.68	2.69	2.69	2.69	2.69
西　藏	3.00	3.00	3.00	3.00	3.00	3.00	3.00	3.00	3.00	3.00	3.00	3.00
陕　西	2.65	2.72	2.94	3.04	3.07	3.00	2.95	2.90	2.90	2.90	2.91	2.95
甘　肃	2.17	2.24	2.22	2.19	2.36	2.18	2.10	2.13	2.14	2.21	2.12	2.16
青　海	2.62	2.55	2.60	2.59	2.79	2.60	2.60	2.91	2.60	2.60	2.61	2.56
宁　夏	2.88	2.88	2.88	2.94	2.89	2.94	2.94	2.94	2.94	2.94	2.94	2.94
新　疆	1.96	1.85	1.89	2.01	2.05	1.90	1.90	1.90	1.90	1.90	1.90	1.93

2010 年全国各地区售袋装鲜奶平均价格（月度）

单位：元/500 克

地区	01 月	02 月	03 月	04 月	05 月	06 月	07 月	08 月	09 月	10 月	11 月	12 月
北京	2.96	2.96	3.00	3.05	3.05	3.05	3.05	3.05	3.05	3.05	3.05	3.00
天津	2.58	2.53	2.55	2.55	2.55	2.54	3.55	3.43	3.43	3.43	3.43	3.50
河北	2.82	2.82	2.82	2.82	2.82	2.82	2.82	2.82	2.82	2.82	2.82	2.82
山西	3.01	3.02	3.01	3.04	3.05	3.02	2.88	2.93	2.93	3.06	2.99	3.06
内蒙古	2.66	2.66	2.66	2.66	2.69	2.69	2.69	2.64	2.81	2.80	2.85	2.89
辽宁	3.13	3.18	3.19	3.19	3.18	3.21	3.20	3.22	3.22	3.22	3.24	3.29
吉林	3.42	3.42	3.42	3.42	3.43	3.43	3.43	3.43	3.43	3.43	3.51	3.51
黑龙江	2.73	2.73	2.76	2.76	2.78	2.78	2.78	2.78	2.78	2.78	2.78	2.97
上海	—	—	—	—	—	—	—	—	—	—	—	—
江苏	3.84	3.81	3.82	3.84	3.84	3.81	3.83	3.89	3.89	3.89	3.89	4.00
浙江	4.56	4.60	4.62	4.56	4.58	4.55	4.54	4.54	4.56	4.58	4.58	4.65
安徽	3.78	3.78	3.78	3.27	3.19	3.19	3.19	3.19	3.28	3.35	3.51	3.52
福建	4.40	4.39	4.39	4.37	4.36	4.45	4.48	4.48	4.48	4.46	4.50	4.55
江西	2.75	2.75	2.75	2.72	2.75	2.75	2.75	2.90	2.90	2.90	2.90	2.90
山东	2.67	2.95	2.98	2.98	3.11	3.19	3.20	3.20	3.25	3.25	3.25	3.35
河南	2.38	2.38	2.36	2.36	2.38	2.49	2.58	2.58	2.58	2.58	2.65	2.27
湖北	3.69	3.69	3.69	3.77	3.77	3.77	3.77	3.77	3.77	3.77	3.98	3.98
湖南	4.17	4.17	4.16	4.18	4.18	4.21	4.26	4.25	4.25	4.28	4.33	4.30
广东	4.82	4.92	4.95	5.05	5.12	5.12	5.04	5.08	5.13	5.08	5.12	5.09
广西	4.35	4.33	4.38	4.38	4.38	4.38	4.35	4.38	4.38	4.38	4.40	4.40
海南	4.02	4.02	4.02	3.92	3.87	3.84	3.74	3.78	3.78	3.78	3.70	3.70
重庆	3.41	3.41	3.41	3.41	3.41	3.41	3.41	3.41	3.41	3.41	3.86	3.86
四川	2.96	2.97	2.97	3.00	2.99	3.01	3.05	3.05	3.05	3.04	3.06	3.15
贵州	3.38	3.38	3.38	3.43	3.43	3.43	3.43	3.43	3.43	3.43	3.26	3.10
云南	2.76	2.79	2.88	3.06	3.06	3.06	3.09	3.09	3.09	3.09	3.08	3.31
西藏	3.00	3.00	3.00	3.00	3.00	3.00	3.00	3.00	3.00	3.00	3.00	3.00
陕西	2.95	2.95	2.95	2.97	2.95	2.99	2.99	2.91	2.91	2.91	2.91	3.29
甘肃	2.37	2.23	2.23	2.23	2.23	2.23	2.23	2.20	2.31	2.34	2.35	2.37
青海	2.63	2.65	2.63	2.65	2.65	2.65	2.65	2.65	2.65	2.65	2.59	2.49
宁夏	2.92	2.92	2.92	2.92	2.92	2.92	2.92	2.92	2.92	2.92	3.05	3.09
新疆	2.14	2.14	2.33	2.57	2.47	2.47	2.47	2.48	2.65	2.65	2.75	2.93

2011年全国各地区售袋装鲜奶平均价格（月度）

单位：元/500克

地　区	01月	02月	03月	04月	05月	06月	07月	08月	09月	10月	11月	12月
北　京	4.10	4.15	4.20	4.20	4.20	4.15	4.15	4.15	4.15	4.15	4.15	4.15
天　津	3.60	3.60	3.60	3.60	3.80	3.80	3.80	3.80	3.80	3.70	3.70	3.70
河　北	2.82	2.82	2.82	2.86	2.86	2.86	2.86	2.86	2.86	2.86	2.86	2.86
山　西	3.08	3.21	3.18	3.28	3.26	3.16	3.16	3.18	3.18	3.17	3.17	3.17
内蒙古	2.89	3.00	3.02	3.02	2.93	2.94	2.95	2.95	2.97	2.97	2.97	2.97
辽　宁	3.29	3.29	3.10	3.18	3.15	3.21	3.36	3.41	3.41	3.41	3.37	3.37
吉　林	3.51	3.51	3.56	3.56	3.56	3.56	3.56	3.56	3.56	3.56	3.56	3.68
黑龙江	2.80	2.98	2.92	2.90	2.80	2.90	2.90	2.90	2.90	2.90	2.90	2.90
上　海	—	—	—	—	—	—	—	—	—	—	—	—
江　苏	4.07	4.07	4.08	4.22	4.25	4.25	4.25	4.25	4.25	4.22	4.22	4.14
浙　江	4.74	4.75	4.85	4.85	4.85	4.85	4.84	4.84	4.88	4.88	4.88	4.88
安　徽	3.61	3.61	3.68	3.68	3.68	3.72	3.71	3.71	3.71	3.71	3.80	3.80
福　建	4.59	4.60	4.66	4.70	4.69	4.94	4.94	4.89	5.01	5.15	5.19	5.19
江　西	2.90	2.90	2.90	2.90	2.90	3.00	2.99	2.99	2.99	2.99	2.99	2.99
山　东	3.38	3.41	3.40	3.41	3.41	3.41	3.42	3.45	3.46	3.51	3.55	3.55
河　南	2.27	2.28	2.28	2.28	2.14	2.16	2.16	2.16	2.16	2.18	2.18	2.18
湖　北	4.01	4.01	3.95	3.95	3.95	3.95	3.95	4.02	4.02	4.02	4.02	3.97
湖　南	4.35	4.31	4.34	4.32	4.30	4.30	4.31	4.31	4.32	4.31	4.31	4.31
广　东	5.15	5.23	5.30	5.26	5.25	5.30	5.28	5.32	5.35	5.32	5.31	5.41
广　西	4.40	4.40	4.38	4.38	4.35	4.33	4.38	4.40	4.34	4.70	4.60	4.44
海　南	3.78	3.78	3.78	3.78	3.78	3.78	3.78	3.78	3.73	3.73	3.73	3.68
重　庆	3.86	3.86	3.86	3.86	3.86	4.25	5.00	5.00	5.00	5.00	5.00	5.00
四　川	3.18	3.18	3.36	3.40	3.40	3.38	3.41	3.45	3.45	3.55	3.53	3.54
贵　州	3.21	3.21	3.21	3.21	3.21	3.21	3.07	3.07	3.29	3.29	3.41	3.41
云　南	2.90	2.90	2.95	2.95	3.26	3.30	3.30	3.38	3.40	3.40	3.40	3.40
西　藏	3.00	3.00	3.00	3.00	3.00	3.00	3.00	3.00	3.00	3.00	3.00	3.00
陕　西	3.29	3.33	3.37	3.37	3.30	3.35	3.35	3.22	3.25	3.24	3.28	3.23
甘　肃	2.39	2.40	2.43	2.48	2.52	2.55	2.51	2.37	2.36	2.36	2.77	2.74
青　海	2.47	2.34	2.47	2.47	2.59	2.59	2.59	2.59	2.59	2.59	2.53	2.59
宁　夏	3.09	3.09	3.09	3.17	3.17	3.17	3.17	3.17	3.17	3.17	3.18	3.18
新　疆	2.93	2.93	2.99	2.99	3.19	3.19	3.19	3.19	3.31	3.31	3.34	3.40

2012年全国各地区售袋装鲜奶平均价格（纯牛奶　利乐枕240mL　月度）

单位：元

地　区	01月	02月	03月	04月	05月	06月	07月	08月	09月	10月	11月	12月
北　京	2.18	2.15	2.15	2.15	2.20	2.22	2.22	2.22	2.22	2.18	2.18	2.48
天　津	2.20	2.20	2.20	2.20	2.20	2.20	2.20	2.20	2.17	2.10	1.98	2.10
河　北	2.05	2.04	2.05	2.04	2.04	2.04	2.04	2.07	2.08	2.08	2.08	2.08
山　西	2.11	2.11	2.12	2.10	2.10	2.08	2.05	2.08	2.12	2.16	2.17	2.18
内蒙古	2.32	2.37	2.34	2.34	2.34	2.32	2.32	2.32	2.34	2.37	2.39	2.40
辽　宁	2.03	2.03	2.03	2.03	2.02	2.00	2.00	1.99	1.99	2.02	2.04	2.02
吉　林	2.10	2.10	2.10	2.10	2.10	2.10	2.10	2.10	2.10	2.10	2.10	2.10
黑龙江	2.02	2.01	2.00	2.00	1.99	1.95	1.91	1.91	1.92	1.94	1.94	1.94
上　海	2.55	2.57	2.56	2.58	2.57	2.54	2.54	2.56	2.55	2.55	2.51	2.62
江　苏	2.16	2.15	2.17	2.16	2.16	2.16	2.17	2.19	2.21	2.21	2.22	2.22
浙　江	2.13	2.06	2.05	2.06	2.14	2.16	2.15	2.14	2.13	2.14	2.11	2.12
安　徽	2.18	2.19	2.19	2.21	2.23	2.22	2.22	2.22	2.22	2.22	2.21	2.19
福　建												
江　西	1.80	1.80	1.80	1.80	1.80	1.80	1.80	1.80	1.80	1.80	1.80	1.80
山　东	2.17	2.18	2.18	2.18	2.18	2.20	2.20	2.20	2.20	2.20	2.20	2.20
河　南	1.80	1.80	1.92	1.95	2.00	1.90	1.95	1.95	1.95	1.95	1.95	2.05
湖　北	2.58	2.59	2.60	2.59	2.57	2.58	2.59	2.59	2.61	2.61	2.61	2.60
湖　南	2.13	2.17	2.17	2.17	2.17	2.18	2.17	2.18	2.18	2.18	2.18	2.18
广　东	2.35	2.30	2.30	2.30	2.28	2.25	2.23	2.20	2.35	2.42	2.45	2.45
广　西	2.36	2.34	2.36	2.38	2.37	2.37	2.35	2.37	2.38	2.39	2.37	2.39
海　南	2.31	2.36	2.35	2.34	2.34	2.36	2.31	2.30	2.30	2.38	2.39	2.44
重　庆	2.26	2.26	2.26	2.26	2.26	2.26	2.26	2.26	2.26	2.26	2.26	2.26
四　川	2.06	2.07	2.07	2.01	2.01	2.01	2.01	2.02	2.03	2.04	2.05	2.06
贵　州	2.43	2.48	2.51	2.50	2.52	2.52	2.52	2.52	2.61	2.03	2.03	2.02
云　南	2.49	2.47	2.47	2.48	2.45	2.44	2.44	2.45	2.45	2.45	2.45	2.46
西　藏												
陕　西	2.11	2.09	2.11	2.12	2.12	2.11	2.11	2.10	2.10	2.10	2.13	2.10
甘　肃	2.07	2.09	2.10	2.09	2.09	2.08	2.07	2.10	2.14	2.15	2.15	2.15
青　海	1.73	1.73	1.73	1.73	1.73	1.73	1.70	1.65	1.67	1.68	1.73	1.75
宁　夏	1.98	2.06	2.09	2.09	1.89	1.97	2.00	2.00	1.98	2.00	2.00	1.96
新　疆	1.70	1.67	1.68	1.74	1.74	1.74	1.73	1.73	1.73	1.73	1.73	1.73

2012年全国各地区售鲜奶平均价格（纯牛奶　盒装250mL　月度）

单位：元

地　区	01月	02月	03月	04月	05月	06月	07月	08月	09月	10月	11月	12月
北　京	2.60	2.62	2.66	2.62	2.61	2.64	2.63	2.61	2.61	2.54	2.54	2.54
天　津	2.90	2.90	2.90	2.90	2.90	2.90	2.90	2.90	2.77	2.50	2.48	2.50
河　北	2.53	2.57	2.57	2.57	2.57	2.57	2.57	2.56	2.56	2.56	2.57	2.57
山　西	2.59	2.56	2.57	2.58	2.58	2.56	2.52	2.51	2.54	2.55	2.55	2.55
内蒙古	4.09	4.04	4.01	4.00	4.00	4.00	4.00	4.00	4.00	4.00	4.00	4.00
辽　宁	2.60	2.60	2.60	2.58	2.57	2.55	2.54	2.53	2.53	2.55	2.55	2.55
吉　林	2.54	2.53	2.53	2.53	2.53	2.53	2.53	2.53	2.53	2.53	2.53	2.53
黑龙江	2.68	2.68	2.65	2.66	2.68	2.65	2.63	2.66	2.67	2.67	2.67	2.68
上　海	2.67	2.68	2.68	2.68	2.67	2.66	2.69	2.65	2.69	2.70	2.66	2.67
江　苏	3.09	3.13	3.22	3.28	3.15	3.13	3.16	3.23	3.22	3.25	3.25	3.27
浙　江	2.69	2.65	2.65	2.65	2.60	2.64	2.61	2.62	2.62	2.62	2.60	2.60
安　徽	2.75	2.76	2.76	2.76	2.75	2.73	2.72	2.72	2.72	2.74	2.75	2.75
福　建	2.47	2.47	2.49	2.51	2.51	2.50	2.49	2.51	2.48	2.49	2.51	2.57
江　西	2.50	2.50	2.50	2.50	2.50	2.50	2.50	2.50	2.50	2.50	2.50	2.50
山　东	2.70	2.70	2.70	2.67	2.68	2.68	2.68	2.68	2.68	2.68	2.68	2.68
河　南	2.50	2.50	2.47	2.43	2.43	2.40	2.40	2.40	2.40	2.40	2.40	2.50
湖　北	2.59	2.58	2.56	2.55	2.51	2.49	2.50	2.54	2.57	2.55	2.58	2.59
湖　南	2.49	2.49	2.49	2.50	2.49	2.50	2.51	2.51	2.50	2.51	2.51	2.51
广　东	2.36	2.28	2.30	2.30	2.26	2.29	2.33	2.32	2.31	2.32	2.36	2.36
广　西	2.42	2.43	2.42	2.41	2.41	2.42	2.41	2.43	2.44	2.45	2.43	2.45
海　南	2.58	2.73	2.55	2.51	2.41	2.45	2.42	2.29	2.42	2.36	2.49	2.49
重　庆	3.05	3.05	3.05	3.05	3.05	3.05	3.05	3.05	3.05	3.05	3.05	3.05
四　川	2.50	2.46	2.45	2.48	2.47	2.46	2.46	2.53	2.50	2.48	2.49	2.50
贵　州	2.94	2.93	2.89	3.02	2.98	2.98	2.98	2.98	2.98	2.30	2.36	2.33
云　南	2.87	2.87	2.87	2.88	2.90	2.93	2.96	2.96	2.96	2.96	2.96	2.96
西　藏	2.50	2.50	2.50	2.50	2.50	2.50	2.50	2.50	2.50	2.50	2.50	2.50
陕　西	2.52	2.51	2.53	2.55	2.55	2.52	2.48	2.50	2.48	2.48	2.48	2.47
甘　肃	2.84	2.85	2.77	2.64	2.65	2.65	2.89	3.04	3.18	3.08	3.09	3.19
青　海	2.78	2.78	2.78	2.78	2.78	2.78	2.78	2.78	2.76	2.78	2.78	2.78
宁　夏	2.26	2.27	2.30	2.29	2.27	2.26	2.25	2.27	2.28	2.33	2.35	2.39
新　疆	2.29	2.29	2.28	2.33	2.36	2.36	2.36	2.36	2.36	2.36	2.36	2.35

2012 年全国各地区售盒装婴幼儿配方乳粉平均价格（国产三段　400g　月度）

单位：元

地　区	01 月	02 月	03 月	04 月	05 月	06 月	07 月	08 月	09 月	10 月	11 月	12 月
北　京	49.00	49.00	49.00	49.00	49.00	52.50	60.00	61.00	61.00	61.00	61.00	61.00
天　津	69.00	69.00	69.00	69.00	69.00	69.00	69.00	69.00	69.00	69.00	69.00	69.00
河　北	60.75	60.75	60.75	60.75	60.75	60.75	60.75	60.75	60.75	60.75	60.75	60.75
山　西	68.50	68.61	68.61	68.61	68.61	68.61	68.61	68.61	68.61	68.61	68.61	68.61
内蒙古	50.71	54.62	54.77	54.63	54.63	54.63	54.63	54.63	54.63	54.63	54.63	54.63
辽　宁	58.38	58.27	58.40	58.92	60.05	60.52	60.52	60.52	59.78	60.22	59.99	60.20
吉　林	58.56	59.78	60.17	60.17	60.17	60.17	60.17	59.45	59.45	59.45	60.59	61.17
黑龙江	66.13	65.52	73.50	71.07	67.56	67.56	67.77	67.87	67.87	67.87	67.66	67.50
上　海	42.50	43.17	43.50	43.50	43.50	43.50	43.50	43.50	43.50	43.50	43.50	43.50
江　苏	53.01	53.12	56.86	59.24	59.60	59.99	58.40	59.35	59.78	59.04	58.94	58.93
浙　江	54.58	58.36	59.05	59.02	58.97	58.76	58.89	59.64	60.50	60.75	59.72	56.89
安　徽	56.67	56.69	56.69	56.71	56.05	56.12	56.16	54.94	54.94	54.94	54.97	55.05
福　建	45.07	44.56	44.47	44.91	46.38	46.69	46.76	46.88	46.92	46.87	46.87	46.56
江　西	57.53	57.88	59.40	59.40	59.40	59.51	59.57	59.57	59.57	59.57	59.57	59.57
山　东	55.18	55.18	56.42	58.39	59.52	59.52	59.52	59.52	59.52	59.52	59.46	59.20
河　南	72.50	72.50	56.33	73.00	73.00	73.00	73.00	73.00	73.00	73.00	73.00	72.75
湖　北	54.43	55.15	55.71	56.58	57.24	57.68	57.64	57.26	57.31	57.39	57.41	57.41
湖　南	52.81	52.81	52.81	53.19	53.15	53.15	53.15	53.46	53.61	53.54	53.51	53.80
广　东	56.33	56.33	55.08	58.72	59.17	58.59	60.15	61.02	60.83	60.83	58.36	55.08
广　西	61.87	62.78	61.25	61.81	61.89	61.57	60.87	60.87	60.87	60.89	60.95	60.95
海　南	67.91	69.82	67.95	64.68	64.45	63.86	64.46	64.39	67.26	68.69	68.69	69.09
重　庆	64.04	64.04	64.04	64.04	64.04	64.04	64.04	64.04	64.04	64.04	64.04	64.04
四　川	59.06	57.90	58.88	58.66	58.13	58.30	58.06	57.96	57.96	58.13	58.32	58.44
贵　州	81.58	81.07	81.07	81.52	81.75	80.00	67.26	61.33	72.38	70.27	76.54	76.63
云　南	62.04	62.04	62.04	62.04	63.03	63.05	63.05	62.94	62.94	62.94	62.94	62.94
西　藏	73.20	73.20	73.20	73.20	75.15	75.15	75.15	75.15	75.15	75.15	75.15	75.15
陕　西	69.39	69.39	69.43	70.44	70.76	70.60	70.48	70.73	70.94	70.82	70.82	71.25
甘　肃	61.98	63.48	62.93	59.91	55.98	55.98	56.14	58.35	69.51	71.40	71.07	71.07
青　海	49.48	49.48	49.48	49.48	49.48	49.48	49.48	49.16	49.00	49.00	49.00	49.00
宁　夏	69.88	67.95	65.84	65.50	64.84	64.84	64.84	77.79	95.45	95.06	80.97	75.19
新　疆	55.11	55.64	55.74	54.85	54.85	54.85	55.18	55.85	55.85	55.12	55.85	55.85

2012 年全国各地区售盒装婴幼儿配方乳粉平均价格（进口三段　400g　月度）

单位：元

地　区	01 月	02 月	03 月	04 月	05 月	06 月	07 月	08 月	09 月	10 月	11 月	12 月
北　京	74.50	76.33	79.17	78.75	78.75	78.75	78.75	78.75	78.75	78.75	78.75	78.75
天　津	69.60	69.90	69.90	67.83	72.67	80.00	80.00	80.00	80.00	74.67	72.00	72.00
河　北	79.40	79.40	79.40	79.40	79.40	79.40	79.40	79.40	79.40	79.40	79.40	79.40
山　西	74.75	75.75	76.42	76.46	76.38	76.38	76.38	78.64	78.90	79.02	78.42	79.19
内蒙古	92.07	98.88	102.53	101.53	101.53	101.53	101.53	101.53	101.53	101.53	101.53	101.16
辽　宁	70.43	70.37	70.75	71.67	74.08	74.80	74.70	74.65	74.65	74.65	74.77	74.83
吉　林	72.70	72.70	72.64	72.70	72.59	73.70	71.81	70.53	70.53	70.53	71.14	72.62
黑龙江	96.90	96.89	100.35	106.11	106.11	106.11	106.11	106.11	106.52	106.52	104.19	103.02
上　海	75.67	75.67	75.50	74.50	73.17	79.00	79.00	76.98	74.10	73.33	73.53	72.67
江　苏	71.04	71.00	70.63	71.69	71.33	71.73	71.87	73.14	71.49	72.15	71.64	70.61
浙　江	75.35	84.57	91.35	92.48	92.33	94.56	93.99	94.95	94.30	93.85	94.03	89.16
安　徽	80.56	80.56	80.56	80.97	79.60	78.50	77.95	76.85	76.85	76.80	77.32	78.59
福　建	70.89	70.62	70.78	70.67	71.31	72.94	77.17	77.25	77.16	76.43	76.63	74.10
江　西	68.50	68.91	69.79	70.99	71.47	71.47	71.47	71.47	71.47	71.47	71.47	71.47
山　东	82.44	82.44	81.73	75.57	74.84	74.84	74.84	74.84	74.84	74.84	74.95	75.40
河　南	72.95	72.95	72.95	73.62	73.28	72.95	72.95	72.95	72.95	72.95	72.95	73.13
湖　北	75.39	76.86	77.65	77.88	79.11	78.75	79.29	79.45	79.08	79.32	79.06	79.19
湖　南	89.93	89.98	89.97	90.02	90.01	90.01	89.86	90.01	90.01	89.36	89.99	89.99
广　东	74.70	71.81	72.04	72.17	71.14	72.53	73.13	74.88	73.58	72.75	73.32	73.42
广　西	74.42	74.42	74.42	74.58	74.86	74.58	74.58	74.58	74.58	75.53	77.42	77.42
海　南	77.09	80.18	78.35	74.68	74.60	74.10	74.10	74.10	72.47	72.23	73.23	73.23
重　庆	79.83	79.81	80.64	82.34	82.06	81.50	81.78	82.61	83.45	83.17	83.45	83.17
四　川	71.03	70.45	71.15	72.73	73.95	74.24	74.49	74.42	74.03	73.33	73.25	73.21
贵　州	114.67	110.83	110.58	107.38	96.63	101.00	101.00	101.31	104.05	109.50	107.75	104.42
云　南	82.19	82.19	82.19	82.19	81.91	81.31	81.29	81.79	82.04	82.04	82.04	82.04
西　藏	179.00	179.00	179.00	179.00	182.50	182.50	182.50	182.50	182.50	182.50	182.50	153.33
陕　西	105.02	105.02	105.02	100.98	99.08	99.33	99.33	100.28	99.67	99.67	99.67	99.67
甘　肃	110.38	108.24	107.13	89.38	75.69	75.69	75.82	78.89	100.30	75.98	75.69	75.69
青　海	79.50	79.50	79.50	79.50	79.50	79.50	79.50	79.50	79.50	79.50	77.83	77.00
宁　夏	78.33	83.09	87.14	87.30	87.62	87.62	87.62	96.89	107.28	105.75	104.85	104.69
新　疆	74.75	84.13	94.48	97.44	97.44	97.44	97.44	97.44	97.44	97.44	97.44	97.31

乳品消费价格指数

2008—2012 年全国液体乳及乳制品消费价格指数（月度）

上一年 PPI=100

月份	液体乳及乳制品 PPI					液体乳 PPI					固体乳制品 PPI	
	2008 年	2009 年	2010 年	2011 年	2012 年	2008 年	2009 年	2010 年	2011 年	2012 年	2011 年	2012 年
01 月	112.12	106.94	101.68	108.94	103.39	107.99	106.80	103.96	108.82	104.04	109.27	101.69
02 月	114.48	104.54	102.41	108.59	102.68	111.10	106.88	104.38	108.67	103.33	108.37	100.98
03 月	115.56	102.16	103.49	108.28	101.91	113.33	103.42	103.45	108.47	102.38	107.77	100.67
04 月	116.97	99.73	104.39	108.18	102.48	115.33	101.41	104.32	108.49	102.89	107.36	101.41
05 月	117.14	99.85	105.32	107.76	102.84	115.75	101.61	104.43	108.14	103.05	106.76	102.29
06 月	116.71	99.60	105.42	107.35	102.36	116.32	100.54	104.74	107.71	102.72	106.41	101.40
07 月	116.36	99.75	106.32	106.92	102.51	116.24	100.38	106.11	107.35	102.84	105.80	101.62
08 月	115.86	99.63	106.84	106.94	102.24	116.71	100.28	105.54	107.41	102.54	105.69	101.44
09 月	115.94	99.31	106.45	107.58	101.95	116.33	99.97	105.18	107.23	102.24	103.80	101.18
10 月	113.63	100.10	106.33	105.92	102.15	115.63	101.08	105.24	106.66	102.32	103.99	101.70
11 月	112.28	100.25	106.16	105.20	101.95	113.20	102.43	106.25	106.19	101.97	102.63	101.91
12 月	109.36	100.83	106.44	105.20	101.92	110.99	102.90	107.24	104.82	101.82	102.43	102.16

数据来源：国家统计局。

【含乳饮料和植物蛋白饮料制造业经济指标】

2008—2012 年全国含乳饮料和植物蛋白饮料制造业基本经营情况

分　项	单　位	2008 年	2009 年	2010 年	2011 年	2012 年
企业数量	个	220	231	236	184	202
亏损企业数	个	22	12	12	10	15
从业人数	人	48 282	54 680	64 781	66 590	72 119
工业销售产值	亿元	322.89	384.66	513.50	646.48	733.85
利润总额	亿元	38.64	58.98	67.97	66.78	100.73
资产总额	亿元	226.55	242.29	331.07	335.57	439.42
负债总额	亿元	110.52	110.15	150.81	154.66	177.18

资料来源：国家统计局。

2008—2012 年全国含乳饮料和植物蛋白饮料制造业基本经营情况——不同规模

分 项	单 位	2008 年	2009 年	2010 年	2011 年	2012 年
大型企业						
企业数量	个			4	4	11
亏损企业数	个					0
从业人数	人	4 668	7 442	17 827	21 627	32 447
工业销售产值	亿元	26.37	35.09	100.07	157.53	249.08
利润总额	亿元	1.52	2.87	10.12	13.31	25.78
资产总额	亿元	14.30	20.87	51.86	60.83	133.23
负债总额	亿元	8.39	12.39	35.93	42.19	62.29
中型企业						
企业数量	个	28	36	39	34	30
亏损企业数	个	5	3	3	3	2
从业人数	人	20 555	23 009	23 497	22 561	17 691
工业销售产值	亿元	153.96	183.89	233.16	265.00	215.54
利润总额	亿元	17.44	34.17	34.27	30.29	38.30
资产总额	亿元	110.78	123.41	160.47	158.69	119.10
负债总额	亿元	60.03	59.66	70.49	70.92	45.48
小型企业						
企业数量	个	191	194	193	146	161
亏损企业数	个	17	9	9	7	13
从业人数	人	23 059	24 229	23 457	22 402	21 981
工业销售产值	亿元	142.55	165.68	180.27	223.95	269.24
利润总额	亿元	19.68	21.95	23.59	23.17	36.64
资产总额	亿元	101.47	98.01	118.74	116.05	187.08
负债总额	亿元	42.10	38.09	44.39	41.55	69.42

资料来源：国家统计局。

2008—2012 年全国含乳饮料和植物蛋白饮料制造业基本经营情况——不同经济类型

分 项	单 位	2008 年	2009 年	2010 年	2011 年	2012 年
国有企业						
企业数量	个		4			
亏损企业数	个		0			
从业人数	人	702	1 800	75		
工业销售产值	亿元	4.13	7.33	0.32		
利润总额	亿元	0.17	1.26	0.01		
资产总额	亿元	2.75	4.77	1.95		
负债总额	亿元	1.86	3.67	1.71		
集体企业						
企业数量	个		3			
亏损企业数	个	0	1	0		0
从业人数	人	286	101	50	60	101
工业销售产值	亿元	1.70	0.16	0.08	0.31	0.92
利润总额	亿元	0.09	0.00	0.00	0.00	0.04
资产总额	亿元	1.57	1.17	0.04	0.15	0.21
负债总额	亿元	0.52	0.39	0.03	0.05	0.07
股份合作企业						
企业数量	个					
亏损企业数	个			1		
从业人数	人			300		
工业销售产值	亿元			1.13		
利润总额	亿元			0.00		
资产总额	亿元			0.56		
负债总额	亿元			0.64		
股份制企业						
企业数量	个	7	8	8	9	12
亏损企业数	个	1	1	0	0	0
从业人数	人	2 709	3 465	3 988	4 773	5 334
工业销售产值	亿元	28.69	38.03	50.71	70.74	85.26
利润总额	亿元	2.45	4.27	6.23	8.66	15.09
资产总额	亿元	16.28	24.46	32.13	40.16	61.20
负债总额	亿元	7.63	11.95	16.49	20.72	25.29

（续）

分　项	单　位	2008 年	2009 年	2010 年	2011 年	2012 年
私营企业						
企业数量	个	108	115	117	79	84
亏损企业数	个	4	3	2	3	6
从业人数	人	12 491	13 659	18 577	17 359	17 826
工业销售产值	亿元	58.19	70.80	101.74	131.46	147.88
利润总额	亿元	6.08	6.47	10.91	15.36	14.17
资产总额	亿元	24.70	31.25	44.70	49.17	70.80
负债总额	亿元	10.99	12.61	16.40	20.16	22.49
外商和港、澳、台投资企业						
企业数量	个	59	56	63	58	59
亏损企业数	个	11	4	7	4	4
从业人数	人	22 845	25 280	30 442	33 278	33 865
工业销售产值	亿元	177.45	195.44	287.11	363.95	379.24
利润总额	亿元	25.31	39.68	46.31	38.35	61.24
资产总额	亿元	147.26	138.54	210.44	205.27	238.51
负债总额	亿元	71.11	57.32	91.58	90.73	88.81
其　他						
企业数量	个	40	45	43	37	45
亏损企业数	个	6	3	2	3	5
从业人数	人	9 249	10 375	11 349	11 120	14 993
工业销售产值	亿元	52.72	72.89	72.41	80.02	120.56
利润总额	亿元	4.53	7.30	4.51	4.40	10.19
资产总额	亿元	33.99	42.10	41.25	40.83	68.70
负债总额	亿元	18.41	24.20	23.97	23.00	40.54

资料来源：国家统计局。

2008—2012 年全国各地区含乳饮料和植物蛋白饮料制造业——企业总数、亏损企业数和企业人数

单位：个，人

地区	2008 年			2009 年			2010 年			2011 年			2012 年		
	企业总数	亏损企业数	企业人数	企业总数	亏损企业数	企业人数	企业总数	亏损企业数	企业人数	企业总数	亏损企业数	企业人数	企业总数	亏损企业数	企业人数
全　国	**220**	**22**	**48 282**	**231**	**12**	**54 680**	**236**	**12**	**59 137**	**184**	**10**	**66 590**	**202**	**15**	**72 119**
北　京	6	3	2 158	4	0	945	3	0	624		0	430		0	407
天　津		2	94			115		0	108		0	46		1	28
河　北	21	2	5 497	23	1	4 910	22	0	5 119	23	1	5 534	23	1	6 820
山　西	5	2	482	5	1	560	6	1	508	4	0	432	4	0	574
内蒙古			298	4	1	618	4	0	571	4	2	685	6	1	795
辽　宁	9	0	1 031	9	0	1 001	8	0	1 105	4	0	913	5	0	1 276
吉　林	5	0	920	9	0	1 337	9	0	1 324	7	0	952	6	1	393
黑龙江			101			164		0	143		0	155		0	155
上　海	5	3	739	5	2	830	4	3	1 187	4	2	1 213	4	2	854
江　苏	8	2	1 707	9	1	2 103	10	0	1 809	7	1	1 555	8	1	1 495
浙　江	10	1	2 657	11	0	2 768	12	4	2 907	8	0	3 170	11	1	2 814
安　徽		1	408	3	1	500	5	1	593		0	631		1	833
福　建	4	0	5 370	5	0	8 120	4	0	9 341	4	0	11 923	5	0	12 051
江　西	4	0	464	3	0	472	3	0	487		0	583	6	0	1 200
山　东	30	0	4 285	28	1	5 101	27	0	6 195	20	0	9 688	23	2	10 701
河　南	32	2	4 973	35	2	5 370	36	2	5 272	27	0	5 455	28	0	5 840
湖　北	10	0	2 854	11	0	3 510	14	0	2 846	10	1	4 134	12	0	6 554

（续）

地区	2008 年			2009 年			2010 年			2011 年			2012 年		
	企业总数	亏损企业数	企业人数	企业总数	亏损企业数	企业人数	企业总数	亏损企业数	企业人数	企业总数	亏损企业数	企业人数	企业总数	亏损企业数	企业人数
湖　南	13	0	1 245	15	0	2 102	17	0	1 918	13	0	2 214	14	0	2 705
广　东	19	2	8 097	19	1	8 341	16	1	8 043	15	1	7 246	14	2	6 119
广　西			150		1	80			54						
海　南			150						81		0	88		0	87
重　庆	7	1	1 217	6	0	1 185	10	0	1 514	6	0	1 395	7	0	1 346
四　川	8	1	2 092	9	0	3 033	10	0	5 740	9	1	6 879	9	1	7 861
贵　州															
云　南			460	4	0	474	4	0	227		0	386		0	201
西　藏															
陕　西	5	0	343	3	0	304	3	0	307		0	345		0	385
甘　肃			332	3	0	322	3	0	356		1	340		1	342
青　海									370						
宁　夏															
新　疆			158	3	0	415		0	388		0	198		0	283

数据来源：国家统计局。

2008—2012年全国各地区含乳饮料和植物蛋白饮料制造业——工业销售产值

单位：亿元

地区	2008年	2009年	2010年	2011年	2012年
全国	**322.89**	**384.66**	**513.50**	**646.48**	**733.85**
北京	5.32	2.38	5.28	7.75	9.20
天津	0.41	1.69	0.52	0.34	0.49
河北	48.05	49.11	64.27	87.40	99.09
山西	0.37	2.48	3.96	5.56	7.22
内蒙古	1.14	1.66	3.02	3.13	8.55
辽宁	4.82	5.96	5.37	4.93	15.36
吉林	4.46	9.04	11.75	11.84	7.72
黑龙江	0.99	1.60	2.95	3.20	2.71
上海	3.33	3.41	4.37	6.38	6.30
江苏	16.87	22.13	22.31	27.66	30.54
浙江	40.73	42.38	49.27	45.74	56.77
安徽	7.77	7.98	8.61	8.63	10.14
福建	30.30	37.48	56.61	95.06	65.09
江西	2.52	4.15	5.07	5.82	16.77
山东	21.31	29.45	52.15	65.36	81.10
河南	19.46	26.70	44.22	52.26	67.70
湖北	23.21	24.59	38.77	58.29	74.07
湖南	9.14	19.83	25.93	24.29	25.80
广东	41.07	44.76	40.34	58.60	66.37
广西					
海南	0.06	0.26	0.28	0.31	0.32
重庆	9.70	11.74	13.01	13.75	12.62
四川	20.79	25.71	39.50	39.81	
贵州					47.64
云南	4.65	4.28	4.02	4.39	
西藏					2.53
陕西	0.70	0.20	4.90	7.55	9.73
甘肃	1.01	1.05	1.17	1.41	1.68
青海					
宁夏					
新疆	0.48	4.62	5.79	7.05	8.35

2008—2012 年全国各地区含乳饮料和植物蛋白饮料制造业——利润总额

单位：亿元

地　区	2008 年	2009 年	2010 年	2011 年	2012 年
全　国	**38.64**	**58.98**	**67.97**	**66.78**	**100.73**
北　京	−0.71	0.37	0.75	1.02	2.31
天　津	−0.15	0.07	0.01	0.02	−0.02
河　北	4.46	5.78	8.35	11.84	16.06
山　西	−0.01	0.43	0.47	0.54	0.75
内蒙古	0.09	0.06	0.08	0.07	1.79
辽　宁	0.76	0.52	0.88	0.64	1.48
吉　林	0.49	0.56	0.89	0.63	0.44
黑龙江	0.23	0.65	0.70	0.46	0.46
上　海	−0.08	0.18	0.18	0.28	0.31
江　苏	2.02	6.92	3.38	3.32	5.48
浙　江	12.76	11.94	10.31	5.43	16.76
安　徽	1.55	2.71	1.82	0.94	1.18
福　建	2.04	3.23	6.73	8.70	6.92
江　西	0.39	0.57	0.45	0.62	2.01
山　东	1.84	3.05	5.95	5.45	7.42
河　南	1.84	2.46	5.85	8.50	9.77
湖　北	2.31	4.05	3.70	4.79	6.35
湖　南	1.22	3.93	5.46	1.79	2.49
广　东	1.77	5.08	4.84	5.08	9.32
广　西					
海　南	0.86	0.00	0.03	0.02	0.01
重　庆	1.76	2.63	1.21	0.98	0.85
四　川	1.98	1.45	3.06	2.09	
贵　州					4.66
云　南	1.05	1.71	0.80	0.58	
西　藏					0.55
陕　西	0.12	0.01	0.90	1.66	1.69
甘　肃	0.02	0.05	0.02	−0.04	−0.04
青　海					
宁　夏					
新　疆	0.04	0.59	1.16	1.35	1.71

2008—2012年全国各地区含乳饮料和植物蛋白饮料制造业——资产总额

单位：亿元

地　区	2008年	2009年	2010年	2011年	2012年
全　国	**226.55**	**242.29**	**331.07**	**335.57**	**439.42**
北　京	9.63	6.23	4.27	4.47	6.45
天　津	0.66	2.97	0.18	0.14	0.10
河　北	26.32	33.35	39.68	50.07	70.30
山　西	3.62	3.65	4.43	4.92	5.87
内蒙古	1.02	1.29	1.20	1.52	4.63
辽　宁	3.91	2.62	3.61	2.40	16.76
吉　林	2.24	6.32	7.49	7.29	7.69
黑龙江	0.56	1.34	1.24	1.27	1.14
上　海	6.18	6.66	8.60	8.82	9.22
江　苏	13.85	14.22	15.53	16.34	21.40
浙　江	36.19	35.27	44.67	31.62	42.43
安　徽	3.24	5.07	10.74	3.37	12.65
福　建	17.22	22.91	35.82	37.17	38.74
江　西	0.97	0.95	2.02	2.05	6.70
山　东	7.91	16.47	22.75	27.24	33.85
河　南	8.96	9.58	16.03	18.76	30.00
湖　北	22.22	12.62	35.77	31.99	36.29
湖　南	7.95	11.16	14.03	10.84	15.27
广　东	22.86	17.91	22.76	29.29	36.85
广　西	1.60	0.13	0.04		
海　南	0.07		0.15	0.12	0.19
重　庆	7.26	9.94	9.27	9.56	8.51
四　川	13.96	12.01	20.80	27.14	
贵　州					25.73
云　南	3.10	3.56	3.69	4.08	
西　藏					2.77
陕　西	2.78	2.39	3.12	1.48	1.93
甘　肃	1.53	0.90	1.24	1.74	1.90
青　海					
宁　夏					
新　疆	0.73	2.75	1.96	1.87	2.04

2008—2012 年全国各地区含乳饮料和植物蛋白饮料制造业——负债总额

单位：亿元

地　区	2008 年	2009 年	2010 年	2011 年	2012 年
全　国	**110.52**	**110.15**	**150.81**	**154.66**	**177.18**
北　京	8.24	5.23	1.12	0.66	1.71
天　津	0.17	1.16	0.10	0.05	0.03
河　北	14.96	19.19	23.05	28.25	32.41
山　西	2.12	2.07	2.62	2.77	3.04
内蒙古	0.67	0.63	0.57	0.68	2.61
辽　宁	1.97	1.03	0.54	0.46	10.31
吉　林	1.32	2.30	2.29	2.11	2.59
黑龙江	0.25	0.89	0.72	0.71	0.59
上　海	3.38	2.96	3.45	3.39	3.27
江　苏	7.55	5.43	4.88	4.34	5.04
浙　江	8.92	9.41	9.21	5.68	10.65
安　徽	1.04	3.39	3.79	1.77	1.85
福　建	8.81	13.08	20.80	23.81	17.74
江　西	0.14	0.14	0.34	0.36	2.71
山　东	3.00	9.40	10.96	10.93	10.07
河　南	4.55	4.32	7.42	7.49	12.10
湖　北	12.52	5.09	19.29	19.23	19.14
湖　南	2.40	2.84	3.80	3.24	2.40
广　东	16.37	6.56	14.91	17.60	18.53
广　西	0.46	0.05			
海　南	0.05		0.03	0.04	0.10
重　庆	1.29	4.60	0.09	3.87	1.91
四　川	6.60	5.83	3.52	12.97	14.53
贵　州					
云　南	0.85	1.06	11.77	1.58	1.05
西　藏					
陕　西	1.88	1.64	1.36	0.55	0.55
甘　肃	0.62	0.47	2.21	0.80	0.95
青　海					
宁　夏					
新　疆	0.39	1.40	0.59	1.32	1.30

【社会经济综合指标】

1978—2012 年全国国内生产总值

单位：亿元

年份	国民总收入	国内生产总值	按产业分			
			第一产业	第二产业	第三产业	人均国内生产总值（元）
1978年	3 645.22	3 645.22	1 027.53	1 745.20	872.48	381.23
1979年	4 062.58	4 062.58	1 270.19	1 913.50	878.89	419.25
1980年	4 545.62	4 545.62	1 371.59	2 192.00	982.03	463.25
1981年	4 889.46	4 891.56	1 559.46	2 255.50	1 076.60	492.16
1982年	5 330.45	5 323.35	1 777.40	2 383.00	1 162.95	527.78
1983年	5 985.55	5 962.65	1 978.39	2 646.20	1 338.06	582.68
1984年	7 243.75	7 208.05	2 316.09	3 105.70	1 786.26	695.20
1985年	9 040.74	9 016.04	2 564.40	3 866.60	2 585.04	857.82
1986年	10 274.38	10 275.18	2 788.69	4 492.70	2 993.79	963.19
1987年	12 050.62	12 058.62	3 233.04	5 251.60	3 573.97	1 112.38
1988年	15 036.82	15 042.82	3 865.36	6 587.20	4 590.26	1 365.51
1989年	17 000.92	16 992.32	4 265.92	7 278.00	5 448.40	1 519.00
1990年	18 718.32	18 667.82	5 062.00	7 717.40	5 888.42	1 644.00
1991年	21 826.20	21 781.50	5 342.20	9 102.20	7 337.10	1 892.76
1992年	26 937.28	26 923.48	5 866.60	11 699.50	9 357.38	2 311.09
1993年	35 260.02	35 333.92	6 963.76	16 454.43	11 915.73	2 998.36
1994年	48 108.46	48 197.86	9 572.69	22 445.40	16 179.76	4 044.00
1995年	59 810.53	60 793.73	12 135.81	28 679.46	19 978.46	5 045.73
1996年	70 142.49	71 176.59	14 015.39	33 834.96	23 326.24	5 845.89
1997年	78 060.85	78 973.03	14 441.89	37 543.00	26 988.15	6 420.18
1998年	83 024.28	84 402.28	14 817.63	39 004.19	30 580.47	6 796.03
1999年	88 479.15	89 677.05	14 770.03	41 033.58	33 873.44	7 158.50
2000年	98 000.45	99 214.55	14 944.72	45 555.88	38 713.95	7 857.68
2001年	108 068.22	109 655.17	15 781.27	49 512.29	44 361.61	8 621.71
2002年	119 095.69	120 332.69	16 537.02	53 896.77	49 898.90	9 398.05
2003年	134 976.97	135 822.76	17 381.72	62 436.31	56 004.73	10 541.97
2004年	159 453.60	159 878.34	21 412.73	73 904.31	64 561.29	12 335.58
2005年	183 617.37	184 937.37	22 420.00	87 598.09	74 919.28	14 185.36
2006年	215 904.41	216 314.43	24 040.00	103 719.54	88 554.88	16 499.70
2007年	266 422.00	265 810.31	28 627.00	125 831.36	111 351.95	20 169.46
2008年	316 030.34	314 045.43	33 702.00	149 003.44	131 339.99	23 707.71
2009年	340 319.95	340 902.81	35 226.00	157 638.78	148 038.04	25 607.53
2010年	399 759.54	401 512.80	40 533.60	187 383.21	173 595.98	30 015.05
2011年	468 562.38	473 104.05	47 486.21	220 412.81	205 205.02	35 197.79
2012年	516 282.06	518 942.11	52 373.63	235 161.99	231 406.49	38 420.38

1978—2012 年全国农林牧渔业总产值

单位：亿元

年　份	农林牧渔业总产值	其中			
		农业	林业	牧业	渔业
1978 年	1 397.00	1 117.50	48.10	209.30	22.10
1979 年	1 697.60	1 325.30	60.70	285.60	26.00
1980 年	1 922.60	1 454.10	81.40	354.20	32.90
1981 年	2 080.62	1 635.87	98.89	302.17	43.69
1982 年	2 483.26	1 865.30	110.04	456.70	51.22
1983 年	2 750.00	2 074.47	127.20	485.11	63.22
1984 年	3 214.13	2 380.15	161.61	587.32	85.05
1985 年	3 619.50	2 506.40	188.70	798.30	126.10
1986 年	4 013.01	2 771.75	201.19	875.71	164.36
1987 年	4 675.70	3 160.49	221.98	1 068.37	224.86
1988 年	5 865.27	3 666.89	275.30	1 600.61	322.47
1989 年	6 534.73	4 100.58	284.92	1 800.38	348.80
1990 年	7 662.10	4 954.30	330.30	1 967.00	410.60
1991 年	8 157.00	5 146.40	367.90	2 159.20	483.50
1992 年	9 084.70	5 588.00	422.60	2 460.50	613.50
1993 年	10 995.50	6 605.10	494.00	3 014.40	882.00
1994 年	15 750.50	9 169.20	611.10	4 672.00	1 298.20
1995 年	20 340.90	11 884.60	709.90	6 045.00	1 701.30
1996 年	22 353.70	13 539.75	778.01	6 015.54	2 020.43
1997 年	23 788.40	13 852.50	817.80	6 835.40	2 282.70
1998 年	24 541.86	14 241.88	851.26	7 025.84	2 422.88
1999 年	24 519.06	14 106.22	886.30	6 997.58	2 529.04
2000 年	24 915.80	13 873.60	936.50	7 393.10	2 712.60
2001 年	26 179.60	14 462.80	938.80	7 963.10	2 815.00
2002 年	27 390.75	14 931.54	1 033.50	8 454.64	2 971.07
2003 年	29 691.80	14 870.10	1 239.90	9 538.80	3 137.60
2004 年	36 238.99	18 138.36	1 327.12	12 173.80	3 605.60
2005 年	39 450.89	19 613.37	1 425.54	13 310.78	4 016.12
2006 年	40 810.83	21 522.28	1 610.81	12 083.86	3 970.52
2007 年	48 892.96	24 658.10	1 861.64	16 124.90	4 457.52
2008 年	58 002.15	28 044.15	2 152.90	20 583.56	5 203.38
2009 年	60 361.01	30 777.50	2 193.00	19 468.36	5 626.44
2010 年	69 319.76	36 941.11	2 595.47	20 825.73	6 422.37
2011 年	81 303.92	41 988.64	3 120.68	25 770.69	7 567.95
2012 年	89 453.05	46 940.46	3 447.08	27 189.39	8 706.01

2008—2012年全国各地区国内生产总值

单位：亿元

地　区	2008年	2009年	2010年	2011年	2012年
全国总计	**314 045.43**	**340 902.81**	**401 512.8**	**473 104.05**	**518 942.11**
北京	11 115.00	12 153.03	14 113.58	16 251.93	17 879.40
天津	6 719.01	7 521.85	9 224.46	11 307.28	12 893.88
河北	16 011.97	17 235.48	20 394.26	24 515.76	26 575.01
山西	7 315.40	7 358.31	9 200.86	11 237.55	12 112.83
内蒙古	8 496.20	9 740.25	11 672.00	14 359.88	15 880.58
辽宁	13 668.58	15 212.49	18 457.27	22 226.70	24 846.43
吉林	6 426.10	7 278.75	8 667.58	10 568.83	11 939.24
黑龙江	8 314.37	8 587.00	10 368.60	12 582.00	13 691.58
上海	14 069.86	15 046.45	17 165.98	19 195.69	20 181.72
江苏	30 981.98	34 457.30	41 425.48	49 110.27	54 058.22
浙江	21 462.69	22 990.35	27 722.31	32 318.85	34 665.33
安徽	8 851.66	10 062.82	12 359.33	15 300.65	17 212.05
福建	10 823.01	12 236.53	14 737.12	17 560.18	19 701.78
江西	6 971.05	7 655.18	9 451.26	11 702.82	12 948.88
山东	30 933.28	33 896.65	39 169.92	45 361.85	50 013.24
河南	18 018.53	19 480.46	23 092.36	26 931.03	29 599.31
湖北	11 328.89	12 961.10	15 967.61	19 632.26	22 250.45
湖南	11 555.00	13 059.69	16 037.96	19 669.56	22 154.23
广东	36 796.71	39 482.56	46 013.06	53 210.28	57 067.92
广西	7 021.00	7 759.16	9 569.85	11 720.87	13 035.10
海南	1 503.06	1 654.21	2 064.50	2 522.66	2 855.54
重庆	5 793.66	6 530.01	7 925.58	10 011.37	11 409.60
四川	12 601.23	14 151.28	17 185.48	21 026.68	23 872.80
贵州	3 561.56	3 912.68	4 602.16	5 701.84	6 852.20
云南	5 692.12	6 169.75	7 224.18	8 893.12	10 309.47
西藏	394.85	441.36	507.46	605.83	701.03
陕西	7 314.58	8 169.80	10 123.48	12 512.30	14 453.68
甘肃	3 166.82	3 387.56	4 120.75	5 020.37	5 650.20
青海	1 018.62	1 081.27	1 350.43	1 670.44	1 893.54
宁夏	1 203.92	1 353.31	1 689.65	2 102.21	2 341.29
新疆	4 183.21	4 277.05	5 437.47	6 610.05	7 505.31

2008—2012 年全国各地区农林牧渔业总产值

单位：亿元

地　区	2008 年	2009 年	2010 年	2011 年	2012 年
全国总计	**58 002.15**	**60 361.01**	**69 319.76**	**81 303.92**	**89 453.05**
北京	303.90	314.95	328.00	363.14	395.71
天津	268.11	281.65	317.30	349.48	375.62
河北	3 505.23	3 640.93	4 309.40	4 895.88	5 340.11
山西	595.92	908.74	1 047.80	1 207.57	1 304.26
内蒙古	1 525.74	1 570.58	1 843.60	2 204.51	2 449.34
辽宁	2 476.95	2 704.58	3 106.50	3 633.63	4 062.43
吉林	1 614.80	1 734.26	1 850.30	2 275.15	2 502.02
黑龙江	2 123.43	2 251.10	2 536.30	3 223.51	3 952.31
上海	280.35	283.15	287.00	314.58	321.73
江苏	3 590.64	3 816.02	4 297.10	5 237.45	5 808.81
浙江	1 780.01	1 873.40	2 172.90	2 534.90	2 658.66
安徽	2 446.51	2 569.46	2 955.40	3 459.66	3 728.30
福建	1 965.02	2 001.24	2 307.10	2 730.94	3 007.40
江西	1 680.50	1 733.82	1 900.60	2 207.27	2 399.26
山东	5 612.96	6 003.09	6 650.90	7 409.75	7 945.76
河南	4 669.54	4 871.51	5 734.20	6 218.64	6 679.04
湖北	2 940.47	2 985.19	3 502.00	4 252.90	4 732.12
湖南	3 324.51	3 207.88	3 787.50	4 508.20	4 904.10
广东	3 298.01	3 337.59	3 754.90	4 384.44	4 656.85
广西	2 389.79	2 377.20	2 721.00	3 323.37	3 490.72
海南	664.98	705.04	821.30	1 002.35	1 082.15
重庆	871.39	913.11	1 021.10	1 265.33	1 402.03
四川	3 903.40	3 689.81	4 081.80	4 932.73	5 433.12
贵州	843.80	875.20	997.80	1 165.46	1 436.61
云南	1 594.51	1 706.19	1 810.50	2 306.49	2 680.22
西藏	88.45	93.38	100.80	109.37	118.33
陕西	1 277.86	1 337.22	1 666.10	2 058.60	2 303.20
甘肃	808.10	876.28	1 057.00	1 187.76	1 358.16
青海	153.40	157.30	201.30	230.82	263.86
宁夏	227.20	243.50	305.90	354.68	385.15
新疆	1 176.69	1 297.61	1 846.20	1 955.39	2 275.67

2008—2012 年全国各地区牧业总产值

单位：亿元

地　区	2008 年	2009 年	2010 年	2011 年	2012 年
全国总计	**20 583.6**	**19 468.4**	**20 825.7**	**25 770.7**	**27 189.4**
北京	140.5	136.1	139.6	162.7	154.2
天津	86.0	83.6	87.5	98.5	105.0
河北	1 410.8	1 350.1	1 443.8	1 674.0	1 747.7
山西	185.4	230.9	250.8	295.7	298.8
内蒙古	699.6	721.4	822.4	998.3	1 118.9
辽宁	1 052.5	1 171.4	1 270.6	1 521.1	1 621.2
吉林	770.2	825.5	831.5	1 074.5	1 130.4
黑龙江	813.1	870.2	965.8	1 189.9	1 350.7
上海	68.4	64.6	62.9	77.4	72.6
江苏	916.5	874.0	923.3	1 190.5	1 226.2
浙江	418.9	404.9	448.4	546.3	549.0
安徽	806.9	795.8	865.0	1 083.5	1 119.7
福建	425.7	366.9	380.3	479.2	481.3
江西	556.0	541.5	584.1	734.3	752.7
山东	1 704.9	1 683.8	1 774.5	2 171.9	2 285.9
河南	1 761.2	1 654.3	1 805.9	2 198.4	2 255.6
湖北	1 008.7	881.8	925.0	1 205.8	1 334.0
湖南	1 463.4	1 100.4	1 118.2	1 425.6	1 488.6
广东	967.9	917.1	947.2	1 146.4	1 134.1
广西	871.7	812.5	870.7	1 096.6	1 072.8
海南	140.4	142.8	158.6	207.2	214.1
重庆	344.2	319.4	326.6	425.3	453.9
四川	2 036.3	1 596.7	1 705.2	2 127.2	2 269.9
贵州	291.7	281.5	304.2	382.0	421.5
云南	570.0	557.8	588.8	808.2	913.0
西藏	39.0	44.3	48.9	54.1	59.0
陕西	385.3	387.9	435.0	553.4	598.7
甘肃	168.3	171.9	181.8	210.6	231.7
青海	89.2	90.1	101.5	119.3	137.1
宁夏	73.1	70.7	82.1	97.6	105.7
新疆	318.2	318.4	375.8	415.0	485.4

1978—2012 年全国社会消费品零售总额

单位：亿元

年 份	社会消费品零售总额	市	县	县以下
1978 年	1 558.6	505.2	380.4	673.0
1979 年	1 800.0	584.7	347.5	867.8
1980 年	2 140.0	733.6	399.4	1 007.0
1981 年	2 350.0	843.3	431.9	1 074.8
1982 年	2 570.0	920.5	471.3	1 178.2
1983 年	2 849.4	1 057.3	520.8	1 271.2
1984 年	3 376.4	1 348.7	586.4	1 441.3
1985 年	4 305.0	1 874.5	737.2	1 693.3
1986 年	4 950.0	2 018.0	902.0	2 030.0
1987 年	5 820.0	2 427.0	1 030.0	2 363.0
1988 年	7 440.0	3 260.8	1 264.3	2 914.9
1989 年	8 101.4	3 666.8	1 329.5	3 105.1
1990 年	8 300.1	3 888.6	1 337.4	3 074.1
1991 年	9 415.6	4 529.8	1 491.2	3 394.6
1992 年	10 993.7	5 470.3	1 689.8	3 833.6
1993 年	14 270.4	7 138.1	2 090.1	5 042.2
1994 年	18 622.9	9 387.8	2 558.7	6 676.4
1995 年	23 613.8	12 979.4	3 366.3	7 268.1
1996 年	28 360.2	16 199.2	3 759.7	8 401.3
1997 年	31 252.9	18 499.5	4 011.6	8 741.8
1998 年	33 378.1	20 294.1	4 220.2	8 863.8
1999 年	35 647.9	22 201.8	4 460.8	8 985.3
2000 年	39 105.7	24 555.2	4 831.1	9 719.4
2001 年	43 055.4	27 379.1	5 251.4	10 424.9
2002 年	48 135.9	31 376.5	5 566.5	11 192.9
2003 年	52 516.3	34 608.3	6 011.8	11 896.2
2004 年	59 501.0	39 695.7	6 636.0	13 169.3
2005 年	67 176.6	45 094.3	7 485.4	14 596.9
2006 年	76 410.0	51 542.6	8 477.9	16 389.5
2007 年	89 210.0	60 410.7	9 943.8	18 855.5
2008 年	114 830.1	73 734.9	12 212.8	22 540.0
2009 年	132 678.4	85 133.0	/	/
2010 年	156 998.4	/	/	/
2011 年	183 918.6	/	/	/
2012 年	210 307.0	/	/	/

2008—2012 年全国各地区社会消费品零售总额

单位：亿元

地 区	2008 年	2009 年	2010 年	2011 年	2012 年
全国	**114 830.1**	**132 678.4**	**156 998.4**	**183 918.6**	**210 307.0**
北京	4 645.5	5 309.9	6 229.3	6 900.3	7 702.8
天津	2 078.7	2 430.8	2 902.6	3 395.1	3 921.4
河北	4 991.1	5 764.9	6 821.8	8 035.5	9 254.0
山西	2 421.1	2 809.0	3 318.2	3 903.4	4 506.8
内蒙古	2 463.0	2 855.3	3 384.0	3 991.7	4 572.5
辽宁	5 032.4	5 812.6	6 887.6	8 095.3	9 346.6
吉林	2 549.2	2 957.3	3 504.9	4 119.8	4 772.9
黑龙江	2 928.3	3 401.8	4 039.2	4 750.1	5 491.0
上海	4 577.2	5 173.2	6 070.5	6 814.8	7 412.3
江苏	9 905.1	11 484.1	13 606.8	15 988.4	18 331.3
浙江	7 533.3	8 622.3	10 245.4	12 028.0	13 588.3
安徽	3 045.2	3 527.8	4 197.7	4 955.1	5 736.6
福建	3 866.7	4 481.0	5 310.0	6 276.2	7 256.5
江西	2 142.0	2 484.4	2 956.2	3 485.1	4 027.2
山东	10 658.8	12 363.0	14 620.3	17 155.5	19 651.9
河南	5 815.4	6 746.4	8 004.2	9 453.6	10 915.6
湖北	5 109.7	5 928.4	7 013.9	8 275.2	9 562.5
湖南	4 222.6	4 913.7	5 839.5	6 884.7	7 921.9
广东	12 986.6	14 891.8	17 458.4	20 297.5	22 677.1
广西	2 395.8	2 790.7	3 312.0	3 908.2	4 516.6
海南	463.2	537.5	639.3	759.5	870.8
重庆	2 147.1	2 479.0	2 938.6	3 487.8	4 033.7
四川	4 944.8	5 758.7	6 810.1	8 044.6	9 268.6
贵州	1 075.2	1 247.3	1 482.7	1 751.6	2 027.6
云南	1 764.7	2 051.1	2 500.1	3 000.1	3 511.6
西藏	130.0	156.6	185.3	219.0	254.6
陕西	2 317.1	2 699.7	3 195.7	3 790.0	4 383.8
甘肃	1 023.6	1 183.0	1 394.5	1 648.0	1 906.5
青海	259.7	300.5	350.8	410.5	476.0
宁夏	295.4	339.3	403.6	477.6	548.8
新疆	1 041.5	1 177.5	1 375.1	1 616.3	1 858.6

1978—2012 年全国城乡人口数

单位：万人

年　份	年末人口数	城镇人口数	比重	乡村人口数	比重
1978 年	96 259	17 245	17.92	79 014	82.08
1979 年	97 542	18 495	18.96	79 047	81.04
1980 年	98 705	19 140	19.39	79 565	80.61
1981 年	100 072	20 171	20.16	79 901	79.84
1982 年	101 654	21 480	21.13	80 174	78.87
1983 年	103 008	22 274	21.62	80 734	78.38
1984 年	104 357	24 017	23.01	80 340	76.99
1985 年	105 851	25 094	23.71	80 757	76.29
1986 年	107 507	26 366	24.52	81 141	75.48
1987 年	109 300	27 674	25.32	81 626	74.68
1988 年	111 026	28 661	25.81	82 365	74.19
1989 年	112 704	29 540	26.21	83 164	73.79
1990 年	114 333	30 195	26.41	84 138	73.59
1991 年	115 823	31 203	26.94	84 620	73.06
1992 年	117 171	32 175	27.46	84 996	72.54
1993 年	118 517	33 173	27.99	85 344	72.01
1994 年	119 850	34 169	28.51	85 681	71.49
1995 年	121 121	35 174	29.04	85 947	70.96
1996 年	122 389	37 304	30.48	85 085	69.52
1997 年	123 626	39 449	31.91	84 177	68.09
1998 年	124 761	41 608	33.35	83 153	66.65
1999 年	125 786	43 748	34.78	82 038	65.22
2000 年	126 743	45 906	36.22	80 837	63.78
2001 年	127 627	48 064	37.66	79 563	62.34
2002 年	128 453	50 212	39.09	78 241	60.91
2003 年	129 227	52 376	40.53	76 851	59.47
2004 年	129 988	54 283	41.76	75 705	58.24
2005 年	130 756	56 212	42.99	74 544	57.01
2006 年	131 448	58 288	44.34	73 160	55.66
2007 年	132 129	60 633	45.89	71 496	54.11
2008 年	132 802	62 403	46.99	70 399	53.01
2009 年	133 450	64 512	48.34	68 938	51.66
2010 年	134 091	66 978	49.95	67 113	50.05
2011 年	134 735	69 079	51.27	65 656	48.73
2012 年	135 404	71 182	52.57	64 222	47.43

2008—2012 年全国各地区人口的城乡构成

单位：万人

地区	2008 年		2009 年		2010 年		2011 年		2012 年	
	城镇	乡村	城镇	乡村	城镇	乡村	城镇	乡村	城镇	乡村
全国总计	**62 403**	**70 399**	**64 512**	**68 938**	**67 001**	**66 281**	**69 079**	**65 656**	**71 182**	**64 222**
北京	1 439.06	255.95	1 491.75	263.25	1 685.87	275.37	1 740.03	278.57	1 783.74	285.56
天津	908.22	267.78	958.09	270.07	1 027.79	266.08	1 090.78	264.23	1 152.42	260.73
河北	2 928.32	4 060.50	3 024.79	4 009.00	3 157.53	4 027.89	3 302.00	3 938.84	3 410.55	3 876.96
山西	1 538.53	1 872.08	1 576.24	1 851.12	1 716.05	1 855.16	1 785.00	1 808.00	1 850.91	1 759.92
内蒙古	1 248.14	1 165.59	1 293.39	1 128.68	1 372.02	1 098.61	1 405.14	1 076.57	1 437.64	1 052.21
辽宁	2 590.98	1 723.72	2 606.52	1 712.48	2 718.80	1 655.84	2 807.31	1 575.69	2 881.38	1 507.62
吉林	1 454.76	1 279.24	1 460.73	1 278.82	1 464.82	1 280.46	1 468.18	1 281.23	1 476.96	1 273.44
黑龙江	2 119.27	1 706.12	2 123.43	1 702.57	2 132.37	1 699.03	2 166.21	1 667.79	2 181.55	1 652.45
上海	1 673.18	215.28	1 702.01	218.99	2 055.51	246.41	2 096.28	251.18	2 125.72	254.71
江苏	4 168.77	3 508.53	4 295.10	3 429.90	4 737.15	3 128.95	4 889.36	3 010.00	4 989.59	2 930.39
浙江	2 949.12	2 170.88	2 999.22	2 180.78	3 355.02	2 087.67	3 403.45	2 059.55	3 461.46	2 015.54
安徽	2 484.68	3 650.33	2 581.15	3 549.85	2 557.71	3 392.34	2 673.66	3 294.34	2 784.42	3 203.58
福建	1 798.40	1 805.60	1 864.28	1 762.72	2 106.19	1 583.23	2 161.32	1 558.68	2 233.81	1 514.19
江西	1 819.84	2 580.16	1 913.81	2 518.35	1 950.00	2 506.78	2 051.22	2 437.22	2 139.82	2 364.11
山东	4 482.60	4 934.63	4 576.05	4 894.25	4 762.07	4 817.20	4 910.05	4 726.95	5 077.83	4 607.14
河南	3 397.27	6 031.73	3 577.00	5 910.00	3 621.98	5 781.02	3 808.71	5 579.29	3 990.97	5 415.03
湖北	2 581.37	3 129.63	2 631.20	3 088.80	2 844.51	2 879.26	2 984.11	2 774.00	3 091.77	2 687.24
湖南	2 689.17	3 690.83	2 767.39	3 638.61	2 845.31	3 724.77	2 974.62	3 620.98	3 097.06	3 541.87
广东	6 048.03	3 495.97	6 110.49	3 527.51	6 903.03	3 529.02	6 985.72	3 519.12	7 140.36	3 453.64
广西	1 837.79	2 978.21	1 903.55	2 952.45	1 841.78	2 760.59	1 941.61	2 703.39	2 038.07	2 643.93
海南	409.92	444.08	424.00	439.55	430.85	436.30	443.06	434.28	457.46	429.09
重庆	1 419.22	1 419.78	1 474.96	1 384.04	1 529.58	1 355.04	1 606.03	1 312.97	1 678.06	1 266.94
四川	3 043.61	5 094.39	3 167.60	5 017.41	3 234.44	4 807.31	3 367.32	4 682.69	3 515.57	4 560.63
贵州	1 104.06	2 688.67	1 135.22	2 662.78	1 173.75	2 301.10	1 212.66	2 256.06	1 268.55	2 215.52
云南	1 499.19	3 043.81	1 554.14	3 016.86	1 595.91	3 000.77	1 704.13	2 926.67	1 831.45	2 827.55
西藏	64.89	222.11	69.03	221.00	68.06	232.16	68.88	234.42	69.98	237.64
陕西	1 583.80	2 178.20	1 640.82	2 131.18	1 705.93	2 026.80	1 770.25	1 973.00	1 877.32	1 875.77
甘肃	844.94	1 783.18	860.48	1 774.98	919.12	1 638.41	952.60	1 611.00	998.80	1 578.75
青海	227.00	327.30	233.00	323.79	251.63	311.05	262.61	305.00	271.91	301.26
宁夏	278.00	340.00	288.00	337.00	302.20	327.93	318.00	320.88	327.93	319.26
新疆	844.65	1 286.15	860.21	1 299.00	933.58	1 248.01	961.67	1 247.04	981.98	1 250.80

【世界奶业】

2000—2012 年全球原料奶产量

单位：万吨

原料奶种类	2000 年	2005 年	2010 年	2011 年	2012 年	2012 年增长率（%）	2000—2012 年复合年均增长率（%）
牛奶	48 928.4	54 937.0	60 800.1	62 416.5	63 728.8	2.10	2.20
水牛奶	6 710.6	7 945.1	9 328.2	9 738.0	10 074.7	3.50	3.40
山羊奶	1 320.8	1 531.6	1 780.3	1 816.2	1 827.1	0.60	2.70
绵羊奶	817.1	886.2	997.7	988.2	1 019.8	3.20	1.90
其他	218.0	237.8	286.6	300.2	302.0	0.60	2.80
全球总产量	57 994.8	65 537.7	73 192.7	75 259.2	76 952.5	2.20	2.40

2000—2012 年全球各地区牛奶产量

单位：万吨

	2000 年	2005 年	2010 年	2011 年	2012 年	2012 年增长率（%）	2000—2012 年复合年均增长率（%）
亚洲	9 503.0	13 135.0	16 534.6	16 958.8	17 704.7	4.40	5.30
欧盟 27 国	14 946.4	14 965.7	14 902.6	15 191.0	15 195.6	0.00	0.10
北美和中美(1)	9 796.3	10 300.5	11 211.5	11 379.6	11 625.7	2.20	1.40
南美洲	4 428.2	5 333.3	6 375.6	6 737.9	6 784.6	0.70	3.60
其他欧洲国家	5 901.2	6 116.8	6 017.5	5 973.3	6 055.1	1.40	0.20
非洲	1 927.2	2 523.5	3 097.0	3 295.7	3 351.0	1.70	4.70
大洋洲	2 426.0	2 562.1	2 661.2	2 880.2	3 012.0	4.60	1.80
全　球	48 928.4	54 937.0	60 800.1	62 416.5	63 728.8	2.10	2.20

备注：(1) 包括加勒比地区

2000—2012 年世界主要国家奶牛存栏量

单位：万头

国　家	2000 年	2005 年	2010 年	2011 年	2012 年	2012 年增长率（%）	2000—2012 年复合年均增长率（%）
印度	3 288.3	3 658.6	4 275.5	4 371.7	4 500.0	2.9	2.60
中国	523.8	1 216.1	1 420.1	1 440.2	1 440.0	0.0	8.80
日本	115.0	105.5	96.4	93.3	94.3	1.0	−1.60
韩国	25.5	27.1	24.1	22.9	24.9	8.7	−0.20
巴西	1 788.5	2 082.0	2 299.9	2 351.3	2 373.0	0.9	2.40
阿根廷	200.4	188.5	174.9	188.4	174.8	−7.2	−1.10
欧盟（27 国）	2 740.5	2 491.0	2 289.0	2 271.7	2 266.2	−0.2	−1.60
德国	456.4	416.4	418.2	419.0	419.0	0.0	−0.70
法国	415.3	395.8	371.2	366.0	364.0	−0.6	−1.10
波兰	304.7	279.5	252.9	244.6	234.6	−4.1	−2.20
英国	233.9	200.7	184.7	180.0	180.2	0.1	−2.20
意大利	217.2	184.2	174.6	175.5	185.7	5.8	−1.30
荷兰	150.4	143.3	147.9	147.0	148.4	1.0	−0.10
西班牙	114.1	111.3	84.5	83.7	83.6	−0.1	−2.60
爱尔兰	115.3	112.2	100.7	103.6	106.0	2.4	−0.70
美国	920.6	904.3	911.9	919.4	923.3	0.4	0.00
墨西哥	207.5	219.7	234.4	237.4	238.2	0.3	1.20
加拿大	110.3	104.1	96.6	96.6	96.0	−0.6	−1.20
俄罗斯	1 310.0	964.7	884.4	894.8	889.5	−0.6	−3.20
乌克兰	519.5	378.1	277.2	266.3	263.2	−1.2	−5.50
新西兰	348.5	410.0	440.0	455.0	465.0	2.2	2.40
澳大利亚	217.1	201.0	159.0	163.0	161.0	−1.2	−2.50
全球	21 571.2	23 801.8	25 842.0	26 436.7	26 682.0	0.9	1.80

2000—2012 年世界主要国家牛奶产量

单位：万吨

国　家	2000 年	2005 年	2010 年	2011 年	2012 年	2012 年增长率（%）	2000—2012 年复合年均增长率（%）
印度[1]	3 296.7	3 975.9	5 490.3	5 738.7	6 010.0	4.70	5.10
中国	842.0	2 753.4	3 575.6	3 656.0	3 744.0	2.40	13.20
日本	849.7	828.5	772.1	747.4	763.0	2.10	−0.90
韩国	225.3	223.0	207.3	188.9	211.1	11.80	−0.50
巴西	2 036.0	2 535.9	3 163.7	3 305.4	3 370.5	2.00	4.30
阿根廷	1 011.1	977.8	1 061.7	1 154.2	1 167.9	1.20	1.20
欧盟（27 国）	14 946.4	14 965.7	14 902.6	15 191.0	15 195.6	0.00	0.10
德国	2 833.1	2 845.3	2 963.0	3 033.6	3 050.6	0.60	0.60
法国	2 497.5	2 488.5	2 401.0	2 507.0	2 468.2	−1.50	−0.10
波兰	1 190.0	1 190.1	1 227.9	1 240.5	1 266.0	2.10	0.50
英国	1 448.9	1 447.0	1 385.2	1 407.1	1 384.9	−1.60	−0.40
意大利	1 087.7	1 089.7	1 100.5	1 109.3	1 115.0	0.50	0.20
荷兰	1 112.5	1 083.6	1 182.9	1 184.6	1 188.1	0.30	0.50
西班牙	590.0	655.3	635.7	648.8	650.2	0.20	0.80
爱尔兰	526.0	516.3	543.5	565.0	549.0	−2.80	0.40
美国	7 600.4	8 025.4	8 747.4	8 897.8	9 086.5	2.10	1.50
墨西哥	959.1	1 016.4	1 099.7	1 104.6	1 127.4	2.10	1.40
加拿大	816.3	824.1	843.4	854.6	877.0	2.60	0.60
俄罗斯	3 193.8	3 144.0	3 184.7	3 164.6	3 191.7	0.90	0.00
乌克兰	1 243.6	1 342.4	1 097.7	1 080.4	1 108.2	2.60	−1.00
新西兰[2]	1 333.3	1 516.3	1 716.9	1 896.6	2 057.2	8.50	3.70
澳大利亚[3]	1 086.2	1 039.2	937.3	976.5	947.6	−3.00	−1.10
全球	48 928.4	54 937.0	60 800.1	62 416.5	63 728.8	2.10	2.20

备注：(1) 奶业年度为 4 月 1 日至次年 3 月 31 日，2011/12 奶业年度为估计数。

(2) 2000 及 2005 年数据为 2000/01 及 2005/06 奶业年度（6 月 1 日至次年 5 月 31 日）数据。

(3) 奶业年度为 7 月 1 日至次年 6 月 30 日。

附　录

全国乳制品生产企业汇总

地　区	乳制品生产企业（个数）	液体乳生产企业（个数）					乳粉生产企业（个数）	其他乳制品生产企业（个数）			
			巴氏杀菌乳	调制乳	发酵乳	灭菌乳			奶油	干酪	其他
全国	**793**	**528**	**300**	**305**	**399**	**305**	**283**	**99**	**42**	**44**	**27**
北京市	26	24	10	5	22	6	2	9	7	7	0
天津市	19	12	6	9	7	9	5	5	0	2	3
河北省	39	31	6	19	11	22	10	4	2	1	2
山西省	14	13	7	5	8	12	2	0	0	0	0
内蒙古自治区	63	27	7	13	15	18	36	14	12	4	0
辽宁省	27	24	17	12	21	15	5	4	0	1	1
吉林省	11	5	4	4	4	2	7	1	0	1	0
黑龙江省	84	24	7	14	14	18	65	10	9	1	0
上海市	14	8	3	4	6	2	4	5	2	4	0
江苏省	47	44	36	36	37	15	2	2	0	1	1
浙江省	24	17	10	15	14	7	5	4	1	2	4
安徽省	16	15	10	14	12	9	4	1	0	0	1
福建省	12	8	6	6	6	4	4	1	0	1	0
江西省	10	7	6	6	7	5	4	0	0	0	0
山东省	55	35	21	26	21	27	9	4	2	2	2
河南省	34	32	23	11	28	16	3	0	0	0	0
湖北省	13	11	6	9	7	5	3	1	0	0	1
湖南省	13	8	3	7	5	4	4	2	0	0	2
广东省	37	26	23	8	22	7	10	3	0	1	2
广西壮族自治区	17	16	15	13	15	6	1	0	0	0	0
海南省	2	2	2	0	2	0	0	0	0	0	0
重庆市	4	4	3	4	3	3	0	0	0	0	0
四川省	23	21	10	15	17	15	5	1	0	1	0
贵州省	6	6	5	4	6	4	0	0	0	0	0
云南省	18	14	11	7	12	11	6	3	0	3	1
西藏自治区	1	1	0	0	1	1	0	0	0	0	0
陕西省	53	23	10	12	10	19	38	5	3	0	0
甘肃省	34	23	13	9	23	15	10	6	0	1	5
青海省	18	16	6	0	16	6	2	2	0	1	1
宁夏回族自治区	20	9	4	5	6	6	13	3	2	1	1
新疆维吾尔自治区	39	22	10	13	21	16	24	9	2	9	0

全国婴幼儿奶粉生产企业汇总

地区	婴幼儿奶粉生产企业（个数）	婴幼儿奶粉生产企业（个数）		
		干法工艺	湿法工艺	干湿法复合工艺
全国	**128**	**51**	**76**	**13**
北京市	0	0	0	0
天津市	4	4	0	0
河北省	2	1	2	0
山西省	2	0	2	0
内蒙古自治区	7	2	6	0
辽宁省	1	2	2	0
吉林省	3	0	3	0
黑龙江省	40	5	39	0
上海市	4	4	1	0
江苏省	1	1	0	0
浙江省	3	3	0	0
安徽省	1	0	1	0
福建省	4	3	0	0
江西省	4	3	1	0
山东省	3	2	0	0
河南省	1	0	2	0
湖北省	3	3	1	0
湖南省	3	3	0	0
广东省	10	10	0	0
广西壮族自治区	1	1	0	0
海南省	0	0	0	0
重庆市	0	0	0	0
四川省	1	0	1	0
贵州省	0	0	0	0
云南省	1	0	1	0
西藏自治区	0	0	0	0
陕西省	19	3	4	13
甘肃省	3	1	3	0
青海省	0	0	0	0
宁夏回族自治区	4	0	4	0
新疆维吾尔自治区	3	0	3	0

乳制品生产企业名单

	企业名称	产品名称	住　所	生产地点	检验方式	证书编号	有效期至	发证日期	发证单位
				北京市（26）					
1	北京超凡食品有限公司	乳制品［液体乳（发酵乳）、其他乳制品（干酪、奶油）］	北京市顺义区高丽营镇金马工业区北路96号	北京市顺义区高丽营镇金马工业区北路96号	部分自行检验、部分委托检验	QS1100 0501 1417	2014-2-20	2011-2-21	北京市质量技术监督局
2	北京恒兴食品中心	乳制品［液体乳（发酵乳）］	北京市昌平区沙河镇农机试验站	北京市昌平区沙河镇农机试验站	部分自行检验、部分委托检验	QS1100 0501 0963	2014-2-20	2011-2-21	北京市质量技术监督局
3	北京健生饮料有限公司	乳制品［液体乳（发酵乳）］	北京市朝阳区金盏乡黎各庄村	北京市朝阳区金盏乡黎各庄村	部分自行检验、部分委托检验	QS1100 0501 1229	2014-2-20	2011-2-21	北京市质量技术监督局
4	北京科尔沁乳业有限公司	乳制品［液体乳（发酵乳、灭菌乳）］	北京市通州区宋庄镇平家疃工业大院西侧	北京市通州区宋庄镇平家疃工业大院西侧	部分自行检验、部分委托检验	QS1100 0501 0302	2014-2-20	2011-2-21	北京市质量技术监督局
5	北京龙泉乳品公司	乳制品［液体乳（发酵乳）］	北京市门头沟区三家店南宫	北京市门头沟区三家店南宫	部分自行检验、部分委托检验	QS1100 0501 0261	2014-2-20	2011-2-21	北京市质量技术监督局
6	北京乳旺食品有限公司	乳制品［液体乳（调制乳）］	北京市平谷区北京兴谷工业开发区8号区	北京市平谷区北京兴谷工业开发区8号区	自行检验	QS1100 0501 1251	2014-2-20	2011-2-21	北京市质量技术监督局
7	北京三元食品股份有限公司乳品八厂	乳制品［液体乳（巴氏杀菌乳、调制乳、发酵乳）］	北京市通州区永乐店镇柴厂屯村	北京市通州区永乐店镇柴厂屯村	自行检验	QS1100 0501 0008	2014-2-20	2011-2-21	北京市质量技术监督局
8	北京三元食品股份有限公司乳品四厂	乳制品［乳粉（全脂乳粉、脱脂乳粉、调制乳粉）、其他乳制品（奶油、干酪）］	北京市昌平区南口镇南阳公路东侧	北京市昌平区南口镇南阳公路东侧	自行检验	QS1100 0501 0006	2014-2-20	2011-2-21	北京市质量技术监督局
9	北京圣祥乳制品厂	乳制品［液体乳（发酵乳）］	北京市丰台区辛庄南坡366号	北京市丰台区辛庄南坡366号	自行检验	QS1100 0501 1231	2014-2-20	2011-2-21	北京市质量技术监督局

（续）

	企业名称	产品名称	住　　所	生产地点	检验方式	证书编号	有效期至	发证日期	发证单位
10	北京鑫华星乳业有限责任公司	乳制品［液体乳（发酵乳）］	北京市通州区中关村科技园区通州园金桥科技产业基地环科中路15号	北京市通州区中关村科技园区通州园金桥科技产业基地环科中路15号	自行检验	QS1100 0501 0835	2014－2－20	2011－2－21	北京市质量技术监督局
11	达能乳业（北京）有限公司	乳制品［液体乳（发酵乳）］	北京市怀柔区雁栖经济开发区雁栖北一街6号	北京市怀柔区雁栖经济开发区雁栖北一街6号	部分自行检验、部分委托检验	QS1127 0501 0010	2014－2－20	2011－2－21	北京市质量技术监督局
12	内蒙古伊利实业集团股份有限公司北京乳品厂	乳制品［液体乳（发酵乳、巴氏杀菌乳）、乳粉（全脂乳粉）、其他乳制品（干酪）］	北京市密云县工业开发区清源路1号	北京市密云县工业开发区清源路1号	部分自行检验、部分委托检验	QS1100 0501 0002	2014－2－20	2011－2－21	北京市质量技术监督局
13	北京光明健能乳业有限公司	乳制品［液体乳（巴氏杀菌乳、发酵乳、灭菌乳）］	北京市顺义区林河工业开发区内	北京市顺义区林河工业开发区内	自行检验	QS1100 0501 0001	2014－2－20	2012－2－13	北京市质量技术监督局
14	北京天辰乳业有限公司	乳制品［液体乳（巴氏杀菌乳、灭菌乳、发酵乳、调制乳）］	北京市顺义区杨镇小店村东（66055部队副食品生产基地）	北京市顺义区杨镇小店村东（66055部队副食品生产基地）	自行检验	QS1100 0501 0749	2014－2－20	2012－5－15	北京市质量技术监督局
15	蒙牛乳业（北京）有限责任公司	乳制品［液体乳（巴氏杀菌乳、灭菌乳、调制乳、发酵乳）］	北京市通州区食品工业园区一区1号	北京市通州区食品工业园区一区1号	自行检验	QS1100 0501 0354	2014－3－2	2011－3－3	北京市质量技术监督局
16	奥德华乳品（北京）有限公司	乳制品［液体乳（巴氏杀菌乳、发酵乳）、其他乳制品（奶油）］	北京市房山区长沟镇新世纪工业园中轴路8号	北京市房山区长沟镇新世纪工业园中轴路8号	部分自行检验、部分委托检验	QS1111 0501 0011	2014－3－8	2011－3－9	北京市质量技术监督局
17	北京归原生态农业发展有限公司	乳制品［液体乳（巴氏杀菌乳、发酵乳）］	北京市延庆县康庄镇大营村南500米	北京市延庆县康庄镇大营村南500米	部分自行检验、部分委托检验	QS1100 0501 1393	2014－3－10	2011－3－11	北京市质量技术监督局

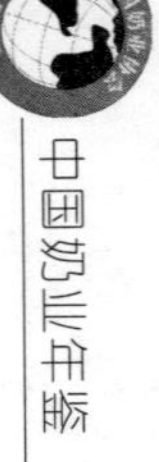

（续）

	企业名称	产品名称	住　所	生产地点	检验方式	证书编号	有效期至	发证日期	发证单位
18	北京和润乳制品厂	乳制品［液体乳（巴氏杀菌乳、发酵乳）、其他乳制品（奶油、干酪）］	北京市大兴区瀛海镇西一村村委会西 20 米	北京市大兴区瀛海镇西一村村委会西 20 米	部分自行检验、部分委托检验	QS1100 0501 0750	2014-3-10	2011-3-11	北京市质量技术监督局
19	北京建勋食品有限公司	乳制品［液体乳（发酵乳）］	北京市丰台区南苑北马路 6 号	北京市丰台区南苑北马路 6 号	自行检验	QS1100 0501 0860	2014-3-10	2011-3-11	北京市质量技术监督局
20	北京艾莱发喜食品有限公司	乳制品［液体乳（灭菌乳）、其他乳制品（奶油）］	北京市顺义区金马工业区	北京市顺义区金马工业区	部分自行检验、部分委托检验	QS1100 0501 0964	2014-3-13	2011-3-14	北京市质量技术监督局
21	北京鸿达乳品有限公司	乳制品［液体乳（发酵乳）、其他乳制品（奶油、干酪）］	北京市怀柔区桥梓镇西茶坞村北	北京市怀柔区桥梓镇西茶坞村北	部分自行检验、部分委托检验	QS1100 0501 1037	2014-3-13	2011-3-14	北京市质量技术监督局
22	北京吉康食品有限公司	乳制品［其他乳制品（干酪）］	北京市昌平区崔村镇西辛峰村（承租厂房）8 区 B6 号	北京市昌平区崔村镇西辛峰村（承租厂房）8 区 B6 号	部分自行检验、部分委托检验	QS1100 0501 1375	2014-3-13	2011-3-14	北京市质量技术监督局
23	北京军顺乳业有限公司	乳制品［液体乳（巴氏杀菌乳、发酵乳）］	北京市顺义区赵全营镇前桑园村园西路 119 号	北京市顺义区赵全营镇前桑园村园西路 119 号	部分自行检验、部分委托检验	QS1100 0501 1654	2014-3-13	2011-3-14	北京市质量技术监督局
24	北京三元食品股份有限公司	乳制品［液体乳（巴氏杀菌乳、调制乳、灭菌乳、发酵乳）、其他乳制品（奶油、干酪）］	北京市大兴区瀛海瀛昌街 8 号	北京市大兴区瀛海瀛昌街 8 号	自行检验	QS1100 0501 0003	2014-3-30	2011-12-7	北京市质量技术监督局
25	北京富邦食品厂	乳制品［液体乳（发酵乳）］	北京市昌平区东小口镇小辛庄村	北京市昌平区东小口镇小辛庄村	部分自行检验、部分委托检验	QS1121 0501 0014	2014-7-27	2011-7-28	北京市质量技术监督局
26	北京天顺华乳品有限公司	乳制品［液体乳（发酵乳）］	北京市房山区韩村河真东南章村 7 号	北京市房山区韩村河真东南章村 7 号	部分委托检验	QS1111 0501 0015	2014-12-22	2011-12-23	北京市质量技术监督局

（续）

	企业名称	产品名称	住　所	生产地点	检验方式	证书编号	有效期至	发证日期	发证单位
天津市（19）									
27	邦士（天津）食品有限公司	乳制品［其他乳制品（干酪）］	天津经济技术开发区睦宁路72号	天津经济技术开发区睦宁路72号	自行检验	QS1216 0501 1618	2014-3-30	2011-3-31	天津市质量技术监督局
28	多加多乳业（天津）有限公司	乳制品［乳粉（调制乳粉）］	天津市津南经济开发区	天津市津南区经济开发区中宏道3号	自行检验	QS1212 0501 0013	2014-3-30	2011-3-31	天津市质量技术监督局
29	美可高特（中国）羊乳有限公司	乳制品［乳粉（调味乳粉、特殊配方乳粉），其他乳制品（羊奶片）］	天津新技术产业园区华苑产业区鑫茂科技园D1座四层C单元	天津市西青区中北工业园星光路9号	自行检验	QS1201 0501 1202	2014-3-30	2011-3-31	天津市质量技术监督局
30	天津光明梦得乳品有限公司	乳制品［液体乳（巴氏杀菌乳、调制乳、灭菌乳、发酵乳）］	北辰区开发区	天津市北辰区风电产业园永信道16号	自行检验	QS1213 0501 0397	2014-3-30	2011-3-31	天津市质量技术监督局
31	天津海河乳业有限公司	乳制品［液体乳（巴氏杀菌乳、调制乳、灭菌乳、发酵乳）］	北辰区新宜白大道科技园区内	天津市北辰区新宜白大道科技园区内	自行检验	QS1209 0501 0012	2014-3-30	2011-3-31	天津市质量技术监督局
32	天津华明乳业有限公司	乳制品［液体乳（巴氏杀菌乳、发酵乳）］	武清区徐官屯工贸大街150号	天津市武清区徐官屯工贸大街150号	自行检验	QS1214 0501 0909	2014-3-30	2011-3-31	天津市质量技术监督局
33	天津津河乳业有限公司	乳制品［液体乳（灭菌乳、调制乳）］	天津市宝坻区九园公路35公里处	天津市宝坻	自行检验	QS1215 0501 0017	2014-3-30	2011-3-31	天津市质量技术监督局
34	天津三元乳业有限公司	乳制品［液体乳（灭菌乳、调制乳）］	静海县双塘镇东双塘村	静海县双塘镇东双塘村	自行检验	QS1223 0501 0254	2014-3-30	2011-3-31	天津市质量技术监督局
35	天津天狮生物发展有限公司	乳制品［乳粉（调制乳粉）］	天津新技术产业园区武清开发区	武清开发区新源道16号	自行检验	QS1214 0501 1700	2014-3-30	2011-3-31	天津市质量技术监督局

（续）

	企业名称	产品名称	住　　所	生产地点	检验方式	证书编号	有效期至	发证日期	发证单位
36	天津娃哈哈乳品有限公司	乳制品［液体乳（灭菌乳、调制乳）］	武清开发区泉州北路西侧	武清开发区泉州北路西侧	自行检验	QS1214 0501 0015	2014－3－30	2011－3－31	天津市质量技术监督局
37	天津完达山乳品有限公司	乳制品［液体乳（巴氏杀菌乳、灭菌乳、调制乳、发酵乳）］	天津市武清开发区泉发路28号	天津市武清区开发区泉发路28号	自行检验	QS1214 0501 0016	2014－3－30	2011－3－31	天津市质量技术监督局
38	天津中芬乳业有限公司	乳制品［液体乳（灭菌乳、调制乳、酸牛乳）］	宁河县经济开发区	天津市宁河县经济开发区	自行检验	QS1221 0501 0018	2014－3－30	2011－3－31	天津市质量技术监督局
39	天津子母乳品有限公司	乳制品［液体乳（灭菌乳、调制乳）］	天津市河西区洞庭路南	天津市河西区洞庭路南	自行检验	QS1203 0501 0010	2014－3－30	2011－3－31	天津市质量技术监督局
40	天津伊利乳业有限责任公司	乳制品［乳粉（调制乳粉）、其他乳制品（奶片）］增加儿童成长奶片（DHA加强型、高钙型）	天津空港经济区西十五道5号	天津空港经济区西十五道5号	自行检验	QS1217 0501 0002	2014－3－30	2011－9－27	天津市质量技术监督局
41	天津伊利乳品有限责任公司	乳制品［液体乳（巴氏杀菌乳、发酵乳）、其他乳制品（干酪）］	天津新技术产业园区武清开发区泉达路16号	天津新技术产业园区武清开发区泉达路16号	自行检验	QS1214 0501 0004	2014－11－28	2011－11－29	天津市质量技术监督局
42	蒙牛乳业（天津）有限公司	乳制品［液体乳（巴氏杀菌乳、发酵乳）］	天津市武清区京滨工业园	天津市武清区京滨工业园大王古庄镇古旺路与纬五路交叉口西北处	自行检验	QS1214 0501 0005	2014－12－30	2011－12－31	天津市质量技术监督局
43	黑龙江红星集团天津食品有限公司	乳制品［乳粉（调制乳粉）］增加品种：强化营养素调制奶粉	天津市武清区大良镇旗良公路东侧	天津市武清开发区禄财道3号	自行检验	QS1214 0501 0006	2015－1－10	2012－1－11	天津市质量技术监督局
44	天津娃哈哈乳品有限公司	乳制品［液体乳（灭菌乳、调制乳）］				QS1214 0501 0003			

（续）

	企业名称	产品名称	住　　所	生产地点	检验方式	证书编号	有效期至	发证日期	发证单位
45	天津双江乳业有限公司	乳制品［其他乳制品（乳清粉）（干法工艺）］				QS1205 0501 0007			
河北省（39）									
46	滦县伊利乳业有限责任公司	乳制品［液体乳（灭菌乳）、乳粉（全脂乳粉）］	滦县新城台商工业园日月潭路 2 号	滦县新城台商工业园日月潭路 2 号	自行检验	QS1302 0501 0006	2014－1－25	2011－1－26	河北省质量技术监督局
47	蒙牛乳业（保定）有限公司	乳制品［液体乳（灭菌乳）］	河北省保定市望都县中韩庄乡高速公路引线南侧望都工业园内	河北省保定市望都县中韩庄乡高速公路引线南侧望都工业园内	自行检验	QS1306 0501 1655	2014－2－13	2012－8－28	河北省质量技术监督局
48	河北完达山贝兰德乳业有限公司	乳制品［液体乳（灭菌乳、调制乳、发酵乳）］	宁晋县西城管理区	宁晋县西城管理区（河北省邢台市宁晋县西城管理区晶龙街 287 号）	自行检验	QS1305 0501 0425	2014－2－25	2011－2－24	河北省质量技术监督局
49	张家口察哈尔乳业有限公司	乳制品［乳粉（全脂乳粉、调制乳粉）］	张家口察北管理区	张家口察北管理区	自行检验	QS1307 0501 0306	2014－3－7	2011－3－8	河北省质量技术监督局
50	定州伊利乳业有限责任公司	乳制品［液体乳（灭菌乳、调制乳）、其他乳制品（奶油）］	河北省保定市定州伊利工业园区	河北省保定市定州伊利工业园区	自行检验	QS1306 0501 1474	2014－3－7	2012－8－2	河北省质量技术监督局
51	石家庄永盛乳业有限公司	乳制品［液体乳（发酵乳）、其他乳制品（干酪）］	河北省石家庄鹿泉市铜冶镇（鹿泉市石铜路 36 号）	河北省石家庄鹿泉市铜冶镇（鹿泉市石铜路 36 号）	自行检验	QS1301 0501 0009	2014－3－14	2011－3－15	河北省质量技术监督局
52	石家庄君乐宝乐时乳业有限公司	乳制品［液体乳（发酵乳）］	石家庄市鹿泉市高新区云开路 49 号	石家庄市鹿泉市高新区云开路 49 号	自行检验	QS1300 0501 0019	2014－3－14	2011－3－29	河北省质量技术监督局
53	河北冠维乳业有限公司	乳制品［其他乳制品（奶油）］	鹿泉市南铜冶	河北省石家庄市鹿泉市铜冶镇南铜冶村	自行检验	QS1300 0501 0144	2014－3－14	2012－9－21	河北省质量技术监督局

（续）

	企业名称	产品名称	住　所	生产地点	检验方式	证书编号	有效期至	发证日期	发证单位
54	廊坊伊利乳品有限公司	乳制品［液体乳（调制乳、灭菌乳）］	廊坊经济技术开发区全兴路祥云道12号	廊坊经济技术开发区全兴路祥云道12号	自行检验	QS1300 0501 0187	2014-3-20	2011-3-21	河北省质量技术监督局
55	蒙牛塞北乳业有限公司	乳制品［液体乳（调制乳、灭菌乳）］	张家口市察北管理区黄山管理处	张家口市察北管理区黄山管理处	自行检验	QS1307 0501 1729	2014-3-20	2011-3-21	河北省质量技术监督局
56	张家口察北草原乳业有限公司	乳制品［液体乳（灭菌乳）］	张家口市察北管理区黄山管理处	张家口市察北管理区黄山管理处	自行检验	QS1307 0501 0305	2014-3-20	2011-3-21	河北省质量技术监督局
57	蒙牛乳业（察北）有限公司	乳制品［液体乳（调制乳、灭菌乳）］	张家口市察北管理区黄山管理处	张家口市察北管理区黄山管理处	自行检验	QS1307 0501 1327	2014-3-20	2011-11-11	河北省质量技术监督局
58	蒙牛乳业（唐山）有限责任公司	乳制品［液体乳（调制乳、灭菌乳）］	河北省唐山市丰润区外环路南侧	河北省唐山市丰润区外环路南侧	自行检验	QS1300 0501 0636	2014-3-21	2012-3-19	河北省质量技术监督局
59	蒙牛乳业（滦南）有限责任公司	乳制品液体乳（调制乳、灭菌乳）	河北省唐山市滦南县城南唐港高速公路出口	河北省唐山市滦南县城南唐港高速公路出口	自行检验	QS1300 0501 0637	2014-3-21	2012-7-3	河北省质量技术监督局
60	察北乳业有限责任公司	乳制品［乳粉（全脂乳粉、调制乳粉）］	河北省张家口市察北管理区黄山管理处	河北省张家口市察北管理区黄山管理处	自行检验	QS1307 0501 0304	2014-3-27	2011-3-28	河北省质量技术监督局
61	唐山市三元食品有限公司	乳制品［液体乳（调制乳、灭菌乳）、乳粉（全脂乳粉）］	河北省唐山市汉沽管理区平安东路6号	河北省唐山市汉沽管理区平安东路6号	自行检验	QS1300 0501 0150	2014-3-27	2011-3-28	河北省质量技术监督局
62	迁安三元食品有限公司	乳制品［液体乳（调制乳、灭菌乳）］	河北省迁安市迁安镇张庄北	河北省迁安市迁安镇张庄北	自行检验	QS1302 0501 1394	2014-3-27	2012-8-2	河北省质量技术监督局
63	保定宝贝乳业有限公司	乳制品［乳粉（全脂乳粉、调制乳粉）］	河北省保定市北市区东二环1189号	河北省保定市北市区东二环1189号	自行检验	QS1306 0501 0398	2014-3-28	2011-3-29	河北省质量技术监督局
64	保定君乐宝乳业有限公司	乳制品［液体乳（调制乳、灭菌乳）］	保定市七一东路（高新区东区）2192号	保定市七一东路（高新区东区）2192号	自行检验	QS1300 0501 0181	2014-3-28	2011-3-29	河北省质量技术监督局
65	保定完达山乳品有限公司	乳制品［液体乳（发酵乳）］	河北省保定市高阳县高保路东河路口	河北省保定市高阳县高保路东河路口	自行检验	QS1300 0501 0754	2014-3-28	2011-3-29	河北省质量技术监督局

（续）

	企业名称	产品名称	住　所	生产地点	检验方式	证书编号	有效期至	发证日期	发证单位
66	承德市畜牧场	乳制品［液体乳（巴氏杀菌乳、灭菌乳、发酵乳）］	河北省承德市双滦区小松树沟	河北省承德市双滦区小松树沟	自行检验	QS1308 0501 0669	2014-3-28	2011-3-29	河北省质量技术监督局
67	丰宁缘天然乳业有限公司	乳制品［液体乳（灭菌乳、调制乳）］	河北省承德市丰宁满族自治县大阁镇西区路78号	河北省承德市丰宁满族自治县大阁镇西区路78号	自行检验	QS1308 0501 0003	2014-3-28	2011-3-29	河北省质量技术监督局
68	河北佳利乳业有限公司	乳制品［乳粉（全脂乳粉、调制乳粉）］	河北省石家庄市赵县308国道615公里处	河北省石家庄市赵县308国道615公里处	自行检验	QS1300 0501 0914	2014-3-28	2011-3-29	河北省质量技术监督局
69	河北三元食品有限公司	乳制品［液体乳（灭菌乳、调制乳、发酵乳、巴氏杀菌乳）；乳粉（全脂乳粉，调制乳粉）］	河北省石家庄市新华区警安路69号	河北省石家庄市新华区警安路59号；河北省石家庄市新华区西三庄街19号	自行检验	QS1301 0501 0001	2014-3-28	2011-3-29	河北省质量技术监督局
70	河北天天乳业集团有限公司	乳制品［液体乳（灭菌乳、调制乳、发酵乳）］	河北省石家庄市正定县107国道272公里处天天乳业工业园	河北省石家庄市正定县107国道272公里处天天乳业工业园	自行检验	QS1301 0501 0303	2014-3-28	2011-3-29	河北省质量技术监督局
71	河北乡遥食品有限公司	乳制品［液体乳、乳粉］	河北省沧州临港经济技术开发区	河北省沧州临港经济技术开发区	自行检验	QS1309 0501 0426	2014-3-28	2011-3-29	河北省质量技术监督局
72	河北新希望天香乳业有限公司	乳制品［液体乳（巴氏杀菌乳、灭菌乳、调制乳、发酵乳）］	河北省保定市东风东路539号	河北省保定市东风东路539号	自行检验	QS1300 0501 0154	2014-3-28	2011-3-29	河北省质量技术监督局
73	石家庄明旺乳业有限公司	乳制品［液体乳（调制乳）、其他乳制品（炼乳）］	河北省石家庄市行唐县食品工业区北区1号	河北省石家庄市行唐县食品工业区北区1号	自行检验	QS1301 0501 0002	2014-3-28	2011-3-29	河北省质量技术监督局
74	石家庄天缘乳业有限公司	乳制品［液体乳（发酵乳）］	河北省石家庄市五七路（河北省石家庄市学府路238号）	河北省石家庄市学府路238号	自行检验	QS1300 0501 0020	2014-3-28	2011-3-29	河北省质量技术监督局

（续）

	企业名称	产品名称	住　　所	生产地点	检验方式	证书编号	有效期至	发证日期	发证单位
75	张北县宏冠乳业有限责任公司	乳制品［乳粉（全脂乳粉、调制乳粉）］	河北省张家口市张北县二台镇工业园区	河北省张家口市张北县二台镇工业园区	自行检验	QS1307 0501 1475	2014-3-28	2011-3-29	河北省质量技术监督局
76	张家口恒天铄乳业有限公司	乳制品［乳粉（全脂乳粉）］	河北省张家口市塞北管理区榆树沟	河北省张家口市塞北管理区榆树沟	自行检验	QS1307 0501 0011	2014-3-28	2011-3-29	河北省质量技术监督局
77	张家口塞北现代牧场有限公司	乳制品［液体乳（巴氏杀菌乳）］	张家口市塞北管理区	河北省张家口市塞北管理区	自行检验	QS1307 0501 1357	2014-3-28	2011-3-29	河北省质量技术监督局
78	石家庄君乐宝乳业有限公司	乳制品［液体乳（灭菌乳、调制乳）］	河北省石家庄市石铜路68号	河北省石家庄市石铜路68号	自行检验	QS1300 0501 0155	2014-3-28	2012-5-10	河北省质量技术监督局
79	邯郸市康诺食品有限公司	乳制品［液体乳（巴氏杀菌乳、调制乳、发酵乳）］	邯郸市永年县农产品加工园区明珠大街6号	邯郸市永年县农产品加工园区明珠大街6号	自行检验	QS1304 0501 0021	2014-8-16	2011-8-17	河北省质量技术监督局
80	邯郸滏阳乳业有限责任公司	乳制品［液体乳（巴氏杀菌乳、调制乳、发酵乳、灭菌乳）］	河北省邯郸市邯大路126号	河北省邯郸市邯大路126号	自行检验	QS1304 0501 0867	2014-8-16	2011-8-17	河北省质量技术监督局
81	河北福成五丰食品股份有限公司燕郊乳制品分公司	乳制品［液体乳（灭菌乳）］	河北省三河市燕郊经济技术开发区科技大街南侧	河北省三河市燕郊经济技术开发区科技大街南侧	自行检验	QS1310 0501 1528	2014-8-16	2011-8-17	河北省质量技术监督局
82	张北伊利乳业有限责任公司	乳制品（液体乳）	河北省张北县张北镇新村东、桦皮岭大街西侧	河北省张家口市张北县张北镇新村东、桦皮岭大街西侧	自行检验	QS1307 0501 5555	2015-5-30	2012-5-31	河北省质量技术监督局
83	蒙牛乳业（衡水）有限公司	乳制品［液体乳（灭菌乳、调制乳）］	河北省武强县农牧产业园	河北省衡水市武强县农牧产业园	自行检验	QS1311 0501 5556	2015-8-27	2012-8-28	河北省质量技术监督局
84	河北东康乳业有限公司	乳制品［其他乳制品（乳清粉）］				QS1301 0501 5557			

（续）

	企业名称	产品名称	住　所	生产地点	检验方式	证书编号	有效期至	发证日期	发证单位
山西省（14）									
85	长治市九牛寨乳业有限公司	乳制品［液体乳（巴氏杀菌乳、灭菌乳、发酵乳）］	壶关县城南	山西省长治市壶关县城南	自行检验	QS1404 0501 1367	2014-3-30	2011-3-31	山西省质量技术监督局
86	大同夏进乳业有限责任公司	乳制品［液体乳（灭菌乳、调制乳）］	大同市新平旺新胜街甲1号	山西省大同市新平旺新胜街甲1号	自行检验	QS1402 0501 0849	2014-3-30	2011-3-31	山西省质量技术监督局
87	晋城市晋大农牧产业有限公司	乳制品［液体乳（巴氏杀菌乳、灭菌乳、发酵乳、调制乳）］	泽州县川底乡焦河村	山西省晋城市泽州县川底乡焦河村	自行检验	QS1405 0501 0760	2014-3-30	2011-3-31	山西省质量技术监督局
88	蒙牛乳业（太原）有限公司	乳制品［液体乳（调制乳、灭菌乳）］	太原市经济开发区	山西省太原市经济开发区	自行检验	QS1401 0501 1595	2014-3-30	2011-3-31	山西省质量技术监督局
89	内蒙古蒙牛乳业（集团）山西乳业有限公司	乳制品［液体乳（灭菌乳）］	山阴县同太北路3号	山西省朔州市山阴县同太北路3号	自行检验	QS1406 0501 0404	2014-3-30	2011-3-31	山西省质量技术监督局
90	山西古城乳业集团有限公司	乳制品［液体乳（灭菌乳、调制乳、发酵乳）、乳粉（全脂乳粉、调制乳粉）］	山阴县古城镇	山西省朔州市山阴县古城镇	自行检验	QS1400 0501 0021	2014-3-30	2011-3-31	山西省质量技术监督局
91	山西维尔生物乳制品有限公司	乳制品［液体乳（巴氏杀菌乳、发酵乳）］	太原市小店区平阳路398号	山西省太原市小店区平阳路398号	自行检验	QS1401 0501 0681	2014-3-30	2011-3-31	山西省质量技术监督局
92	山西雅士利乳业有限公司	乳制品［乳粉（调制乳粉）］	朔州应县四环东路雅士利工业园	山西省朔州市应县四环东路雅士利工业园	自行检验	QS1406 0501 1765	2014-3-30	2011-3-31	山西省质量技术监督局
93	山西雁门乳业有限责任公司	乳制品［液体乳（灭菌乳）］	朔州怀仁县云东经济园区126号	山西省朔州市怀仁县云东经济园区126号	自行检验	QS1406 0501 0537	2014-3-30	2011-3-31	山西省质量技术监督局

（续）

	企业名称	产品名称	住　　所	生产地点	检验方式	证书编号	有效期至	发证日期	发证单位
94	朔州伊利乳业有限责任公司	乳制品［液体乳（灭菌乳、调制乳）］	山西省山阴县应山路	山西省朔州市山阴县应山路	自行检验	QS1406 0501 0427	2014-3-30	2011-3-31	山西省质量技术监督局
95	阳曲县瑞美乳业有限公司	乳制品［液体乳（巴氏杀菌乳、灭菌乳、发酵乳）］	山西省太原市阳曲县北阁大街6号	山西省太原市阳曲县北阁大街6号	自行检验	QS1401 0501 1444	2014-3-30	2011-3-31	山西省质量技术监督局
96	山西古城乳业集团有限公司八分厂	乳制品［液体乳（巴氏杀菌乳、灭菌乳、发酵乳）］	晋中市开发区医药工业区A区	山西省晋中市开发区医药工业区A区	自行检验	QS1407 0501 1508	2014-3-30	2011-8-23	山西省质量技术监督局
97	长治市牧村乳业有限公司	乳制品［液体乳（巴氏杀菌乳、灭菌乳、发酵乳）］	长治市城东南路32号	山西省长治市潞城市生态经济园区南区一号	自行检验	QS1404 0501 0001	2014-10-25	2011-10-26	山西省质量技术监督局
98	阳泉田园乳业有限公司	乳制品［液体乳（巴氏杀菌乳、灭菌乳、发酵乳）］	阳泉郊区辛兴桥北	山西省阳泉市郊区辛兴桥北	自行检验	QS1403 0501 0002	2014-10-25	2012-9-12	山西省质量技术监督局
				内蒙古自治区（63）					
99	陈巴尔虎旗金利乳业有限公司	乳制品［乳粉（全脂乳粉、调制乳粉）］	呼伦贝尔市陈巴尔虎旗完工镇	呼伦贝尔市陈巴尔虎旗完工镇	自行检验	QS1507 0501 1370	2014-2-27	2011-2-28	内蒙古自治区质量技术监督局
100	呼伦贝尔哈达乳业有限公司	乳制品［乳粉（全脂乳粉、脱脂乳粉、调制乳粉）］	呼伦贝尔市陈巴尔虎旗哈达图牧场	呼伦贝尔市陈巴尔虎旗哈达图牧场	自行检验	QS1507 0501 0456	2014-2-27	2011-2-28	内蒙古自治区质量技术监督局
101	呼伦贝尔海乳乳业有限公司	乳制品［乳粉（全脂乳粉、脱脂乳粉、调制乳粉）、其他乳制品（奶油）］	呼伦贝尔海拉尔区301国道南侧（呼伦贝尔经济开发区）	呼伦贝尔市海拉尔区301国道南侧（经济开发区）	自行检验	QS1507 0501 1343	2014-2-27	2011-2-28	内蒙古自治区质量技术监督局
102	呼伦贝尔雀巢有限公司	乳制品［乳粉（全脂乳粉、调制乳粉）］	呼伦贝尔额尔古纳市拉布大林海三路899号	呼伦贝尔额尔古纳市拉布大林海三路899号	自行检验	QS1507 0501 0612	2014-2-27	2011-2-28	内蒙古自治区质量技术监督局
103	呼伦贝尔三元乳业有限责任公司	乳制品［乳粉（全脂乳粉、脱脂乳粉）、液体乳（灭菌乳、发酵乳）、其他乳制品（奶油）］	呼伦贝尔市海拉尔区加格达奇路	呼伦贝尔市海拉尔区加格达奇路	自行检验	QS1507 0501 0312	2014-2-27	2011-2-28	内蒙古自治区质量技术监督局

（续）

	企业名称	产品名称	住　所	生产地点	检验方式	证书编号	有效期至	发证日期	发证单位
104	呼伦贝尔市大雁乳品有限责任公司	乳制品［乳粉（全脂乳粉）］	呼伦贝尔市鄂温克族自治旗巴雁镇	呼伦贝尔市鄂温克族自治旗巴雁镇雁中区新华街34号	自行检验	QS1507 0501 0725	2014－2－27	2011－2－28	内蒙古自治区质量技术监督局
105	呼伦贝尔市海拉尔区北雪乳业有限公司	乳制品［乳粉（全脂乳粉、脱脂乳粉、调制乳粉）］	呼伦贝尔市海拉尔区谢尔塔拉北雪乳品厂院内	呼伦贝尔市海拉尔区谢尔塔拉种牛场	自行检验	QS1507 0501 1018	2014－2－27	2011－2－28	内蒙古自治区质量技术监督局
106	呼伦贝尔市海乳冷饮有限公司	乳制品［液体乳（巴氏杀菌乳、发酵乳、灭菌乳）］	呼伦贝尔市海拉尔区加格达奇路	呼伦贝尔市海拉尔区加格达奇路76号	自行检验	QS1507 0501 1456	2014－2－27	2011－2－28	内蒙古自治区质量技术监督局
107	呼伦贝尔市康益药业有限公司	乳制品［其他乳制品（奶油）］	呼伦贝尔市海拉尔区加格达奇路67号	呼伦贝尔市海拉尔区加格达奇路67号	自行检验	QS1507 0501 0004	2014－2－27	2011－2－28	内蒙古自治区质量技术监督局
108	呼伦贝尔天苒乳业有限责任公司	乳制品［乳粉（全脂乳粉、调制乳粉）］	呼伦贝尔市鄂温克旗巴彦差岗苏木莫和尔图嘎查学校东	呼伦贝尔市鄂温克旗巴彦差岗苏木	自行检验	QS1507 0501 0655	2014－2－27	2011－2－28	内蒙古自治区质量技术监督局
109	呼伦贝尔唯久海乳乳业有限责任公司	乳制品［乳粉（全脂乳粉、调制乳粉）］	呼伦贝尔经济开发区乳业加工区	呼伦贝尔经济开发区乳业加工区	自行检验	QS1507 0501 0010	2014－2－27	2011－2－28	内蒙古自治区质量技术监督局
110	呼伦贝尔亚华乳业有限责任公司	乳制品［乳粉（全脂乳粉、调制乳粉）］	呼伦贝尔市陈巴尔虎旗特尼河苏木	呼伦贝尔市陈巴尔虎旗特尼河苏木	自行检验	QS1507 0501 0762	2014－2－27	2011－2－28	内蒙古自治区质量技术监督局
111	呼伦贝尔阳光乳业有限公司	乳制品［乳粉（全脂乳粉、调制乳粉）］	呼伦贝尔市鄂温克自治旗伊敏苏木	呼伦贝尔市鄂温克自治旗伊敏苏木	自行检验	QS1507 0501 1709	2014－2－27	2011－2－28	内蒙古自治区质量技术监督局
112	呼伦贝尔友谊乳业（集团）有限责任公司	乳制品［乳粉（全脂乳粉、脱脂乳粉、调脂乳粉）、液体乳（灭菌乳、发酵乳）、其他乳制品（奶油）］	呼伦贝尔市牙克石市友谊东街100号	呼伦贝尔市牙克石市友谊东街100号	自行检验	QS1507 0501 1350	2014－2－27	2011－2－28	内蒙古自治区质量技术监督局

（续）

	企业名称	产品名称	住　　所	生产地点	检验方式	证书编号	有效期至	发证日期	发证单位
113	内蒙古呼伦贝尔农垦雪花乳业有限公司	乳制品［乳粉（全脂乳粉、脱脂乳粉、部分脱脂乳粉、调制乳粉）］	呼伦贝尔市阿荣旗那吉镇振兴街	呼伦贝尔市阿荣旗那吉镇振兴街	自行检验	QS1507 0501 0431	2014-2-27	2011-2-28	内蒙古自治区质量技术监督局
114	内蒙古金川伊利乳业有限责任公司	乳制品［液体乳（灭菌乳、调制乳）］	呼和浩特市金川开发区汇金道1号	呼和浩特市金川开发区汇金道1号	自行检验	QS1501 0501 1427	2014-2-27	2011-2-28	内蒙古自治区质量技术监督局
115	内蒙古金海伊利乳业有限责任公司	乳制品［乳粉（全脂乳粉、脱脂乳粉、部分脱脂乳粉、调制乳粉、其他乳制品（奶油）］	呼和浩特市金山开发区金山大道北五一路	呼和浩特市金山开发区金山大道北五一路	自行检验	QS1501 0501 0002	2014-2-27	2011-2-28	内蒙古自治区质量技术监督局
116	内蒙古金山乳业有限责任公司	乳制品［乳粉（全脂乳粉、调制乳粉）、液体乳（巴氏杀菌乳、发酵乳）、其他乳制品（干酪）］	呼和浩特市金山开发区金山大道8号	呼和浩特市金山开发区金山大道8号	自行检验	QS1501 0501 1433	2014-2-27	2011-2-28	内蒙古自治区质量技术监督局
117	内蒙古久鼎食品有限公司	乳制品［其他乳制品（奶油）］	呼和浩特市盛乐经济园区成长大道北（内蒙古铁骑纺织有限责任公司对面）	呼和浩特市盛乐经济园区成长大道北（内蒙古铁骑纺织有限责任公司对面）	自行检验	QS1501 0501 1771	2014-2-27	2011-2-28	内蒙古自治区质量技术监督局
118	内蒙古蒙牛高科乳业有限公司	乳制品［液体乳（调制乳、灭菌乳）］	呼和浩特市盛乐经济园区209国道东	呼和浩特市盛乐经济园区209国道东	自行检验	QS1501 0501 1546	2014-2-27	2011-2-28	内蒙古自治区质量技术监督局
119	内蒙古蒙牛乳业（集团）股份有限公司	乳制品［乳粉（全脂乳粉、脱脂乳粉、部分脱脂乳粉、调制乳粉）、液体乳（调制乳、灭菌乳、发酵乳）、其他乳制品（奶油、干酪）］	呼和浩特市和林格尔盛尔经济园区	呼和浩特市和林格尔盛尔经济园区	自行检验	QS1501 0501 0294	2014-2-27	2011-2-28	内蒙古自治区质量技术监督局

（续）

	企业名称	产品名称	住　所	生产地点	检验方式	证书编号	有效期至	发证日期	发证单位
120	内蒙古奈伦天然乳品有限公司	乳制品［液体乳（巴氏杀菌乳、灭菌乳、发酵乳）］	呼和浩特市玉泉区呼托公路 4.5 公里处	呼和浩特市玉泉区呼托公路 4.5 公里处	自行检验	QS1501 0501 0450	2014-2-27	2011-2-28	内蒙古自治区质量技术监督局
121	内蒙古欧世蒙牛乳制品有限责任公司	乳制品［乳粉（全脂乳粉、脱脂乳粉、调制乳粉）］	呼和浩特市和林格尔盛乐经济园区	呼和浩特市和林格尔盛乐经济园区	自行检验	QS1501 0501 0003	2014-2-27	2011-2-28	内蒙古自治区质量技术监督局
122	内蒙古伊利实业集团股份有限公司奶粉事业部	乳制品［乳粉（全脂乳粉、脱脂乳粉、调制乳粉）］	呼和浩特市金山开发区金山大道 1 号	呼和浩特市金川开发区金四道 2 号	自行检验	QS1501 0501 0265	2014-2-27	2011-2-28	内蒙古自治区质量技术监督局
123	内蒙古伊利实业集团股份有限公司液态奶事业部	乳制品［液体乳（灭菌乳、调制乳）］	呼和浩特市金山开发区金山大道 1 号	呼和浩特市金川开发区金三道 2 号	自行检验	QS1501 0501 0264	2014-2-27	2011-2-28	内蒙古自治区质量技术监督局
124	新巴尔虎左旗呼和哈达乳业有限责任公司	乳制品［乳粉（全脂乳粉）］	呼伦贝尔市新巴尔虎左旗嵯岗牧场	呼伦贝尔市新巴尔虎左旗嵯岗镇东北	自行检验	QS1507 0501 1042	2014-2-27	2011-2-28	内蒙古自治区质量技术监督局
125	扎兰屯伊利乳业有限责任公司	乳制品［乳粉（全脂乳粉、调制乳粉）］	呼伦贝尔市扎兰屯市雅鲁西街 10 号	呼伦贝尔市扎兰屯市雅鲁西街 10 号	自行检验	QS1507 0501 0311	2014-2-27	2011-2-28	内蒙古自治区质量技术监督局
126	阿拉善左旗赛亨乳业有限责任公司	乳制品［液体乳（发酵乳）］	阿拉善盟阿拉善左旗巴镇巴彦柯岱嘎查（春发号）	阿拉善盟阿拉善左旗巴镇巴彦柯岱嘎查（春发号）	自行检验	QS1529 0501 1112	2014-3-29	2011-3-30	内蒙古自治区质量技术监督局
127	巴彦淖尔伊利乳业有限责任公司	乳制品［液体乳（灭菌乳、调制乳）］	巴彦淖尔市杭锦后旗陕远坝镇建设街 39 号	巴彦淖尔市杭锦后旗陕坝镇建设街 39 号	自行检验	QS1528 0501 0457	2014-3-29	2011-3-30	内蒙古自治区质量技术监督局
128	包头骑士乳业有限责任公司	乳制品［液体乳（发酵乳、巴氏杀菌乳）］	包头市东河区机场开发区	包头市东河区机场开发区	自行检验	QS1502 0501 0606	2014-3-29	2011-3-30	内蒙古自治区质量技术监督局

（续）

	企业名称	产品名称	住　所	生产地点	检验方式	证书编号	有效期至	发证日期	发证单位
129	包头萨拉齐明旺乳业有限公司	乳制品［乳粉（全脂乳粉）］	包头市土右旗支柱产业园区	包头市土右旗支柱产业园区	自行检验	QS1502 0501 1450	2014-3-29	2011-3-30	内蒙古自治区质量技术监督局
130	包头伊利乳业有限责任公司	乳制品［液体乳（灭菌乳、调制乳）］	包头稀土高新区新建区黄河路31号	包头稀土高新区新建区黄河路31号	自行检验	QS1502 0501 0308	2014-3-29	2011-3-30	内蒙古自治区质量技术监督局
131	赤峰伊利乳业有限责任公司	乳制品［液体乳（灭菌乳、调制乳）］	赤峰市经济技术开发区元宝山工业园区平庄项目区	赤峰市元宝山区平庄项目开发区	自行检验	QS1504 0501 0454	2014-3-29	2011-3-30	内蒙古自治区质量技术监督局
132	多伦县伊利乳业有限责任公司	乳制品［乳粉（全脂乳粉、调制乳粉）］	锡林郭勒盟多伦县淖尔镇京伦大道两公里处	锡林郭勒盟多伦县淖尔镇京伦大道两公里处	自行检验	QS1525 0501 1677	2014-3-29	2011-3-30	内蒙古自治区质量技术监督局
133	鄂尔多斯市蒙纯乳业有限责任公司	乳制品［液体乳（发酵乳）］	鄂尔多斯市东胜区布日都梁工业园区	鄂尔多斯市东胜区布日都梁工业园区	自行检验	QS1506 0501 1346	2014-3-29	2011-3-30	内蒙古自治区质量技术监督局
134	鄂尔多斯市蒙众乳业有限责任公司	乳制品［液体乳（发酵乳）］	鄂尔多斯市伊金霍洛旗霍洛苏木龙虎渠村	鄂尔多斯市伊金霍洛旗霍洛苏木龙虎渠村	自行检验	QS1506 0501 1177	2014-3-29	2011-3-30	内蒙古自治区质量技术监督局
135	鄂尔多斯市伊香食品有限公司	乳制品［液体乳（发酵乳、巴氏杀菌乳）］	鄂尔多斯市东胜区罕台镇	鄂尔多斯市东胜区罕台镇	自行检验	QS1506 0501 1349	2014-3-29	2011-3-30	内蒙古自治区质量技术监督局
136	呼和浩特市金汇食品有限公司	乳制品［其他乳制品（奶油）］	呼和浩特市玉泉区鄂尔多斯西街奈伦奶粉厂院内	呼和浩特市玉泉区鄂尔多斯西街奈伦奶粉厂院内	自行检验	QS1501 0501 0016	2014-3-29	2011-3-30	内蒙古自治区质量技术监督局
137	呼和浩特市天美华乳食品有限责任公司	乳制品［其他乳制品（奶油）］	呼和浩特市金桥开发区金河镇新营子村	呼和浩特市金桥开发区金河镇新营子村	自行检验	QS1501 0501 1673	2014-3-29	2011-3-30	内蒙古自治区质量技术监督局
138	呼伦贝尔福泉乳业有限责任公司	乳制品［乳粉（全脂乳粉）］	呼伦贝尔市牙克石市乌尔其汉镇西五旗	呼伦贝尔市牙克石市乌尔其汉镇西五旗	自行检验	QS1507 0501 1051	2014-3-29	2011-3-30	内蒙古自治区质量技术监督局

（续）

	企业名称	产品名称	住　　所	生产地点	检验方式	证书编号	有效期至	发证日期	发证单位
139	呼伦贝尔光明乳品有限公司	乳制品［乳粉（全脂乳粉、脱脂乳粉）］	呼伦贝尔市鄂温克旗巴彦托海镇	呼伦贝尔市鄂温克旗巴彦托海镇	自行检验	QS1507 0501 0455	2014-3-29	2011-3-30	内蒙古自治区质量技术监督局
140	呼伦贝尔海拉尔双娃乳业有限公司	乳制品［乳粉（全脂乳粉）］	呼伦贝尔市海拉尔区哈克镇扎罗木得村	呼伦贝尔市海拉尔区哈克镇扎罗木得村	自行检验	QS1507 0501 1021	2014-3-29	2011-3-30	内蒙古自治区质量技术监督局
141	呼伦贝尔市草原春乳业有限责任公司	乳制品［乳粉（全脂乳粉、脱脂乳粉）］	呼伦贝尔市海拉尔区海东工业开发园区	呼伦贝尔市海拉尔区海东工业开发园区	自行检验	QS1507 0501 1020	2014-3-29	2011-3-30	内蒙古自治区质量技术监督局
142	呼伦贝尔双娃乳业有限公司	乳制品［乳粉（全脂乳粉、脱脂乳粉、调制乳粉）、其他乳制品（奶油）］	呼伦贝尔市阿荣旗那吉屯农场一分场二队	呼伦贝尔市阿荣旗那吉屯农场一分场二队	自行检验	QS1507 0501 1038	2014-3-29	2011-3-30	内蒙古自治区质量技术监督局
143	呼伦贝尔新巴尔虎左旗双娃乳业有限责任公司	乳制品［乳粉（全脂乳粉）］	呼伦贝尔市新巴尔虎左旗嵯岗镇	呼伦贝尔市新巴尔虎左旗嵯岗镇十二道街	自行检验	QS1507 0501 1022	2014-3-29	2011-3-30	内蒙古自治区质量技术监督局
144	蒙牛乳业（乌兰浩特）有限责任公司	乳制品［液体乳（调制乳、灭菌乳）］	兴安盟乌兰浩特市科尔沁经济技术开发区一区	兴安盟乌兰浩特市科尔沁经济技术开发区一区	自行检验	QS1522 0501 0295	2014-3-29	2011-3-30	内蒙古自治区质量技术监督局
145	蒙牛乳业（磴口巴彦高勒）有限责任公司	乳制品［液体乳（灭菌乳、调制乳）］	巴彦淖尔市磴口县蒙牛工业园区	巴彦淖尔市磴口县蒙牛工业园区	自行检验	QS1528 0501 0573	2014-3-29	2011-3-30	内蒙古自治区质量技术监督局
146	内蒙古保牛乳业有限公司	乳制品［其他乳制品（奶油）］	巴彦淖尔市临河区城关镇治安七社（保牛乳业奶牛养殖园区）	巴彦淖尔市临河区城关镇治安七社（保牛乳业奶牛养殖园区）	自行检验	QS1528 0501 1643	2014-3-29	2011-3-30	内蒙古自治区质量技术监督局

（续）

	企业名称	产品名称	住　　所	生产地点	检验方式	证书编号	有效期至	发证日期	发证单位
147	内蒙古红城乳业有限公司	乳制品［液体乳（巴氏杀菌乳、发酵乳）、乳粉（全脂乳粉、调制乳粉）］	兴安盟乌兰浩特市经济技术开发区	兴安盟乌兰浩特市经济技术开发区	自行检验	QS1522 0501 0714	2014－3－29	2011－3－30	内蒙古自治区质量技术监督局
148	内蒙古汇力多食品有限公司	乳制品［其他乳制品（干酪）］	锡林郭勒盟正蓝旗	锡林郭勒盟正蓝旗	自行检验	QS1525 0501 1772	2014－3－29	2011－3－30	内蒙古自治区质量技术监督局
149	内蒙古金河套乳业有限公司	乳制品［液体乳（灭菌乳）、乳粉（全脂乳粉、调制乳粉）］	巴彦淖尔市临河区干召庙镇	巴彦淖尔市临河区干召庙镇	自行检验	QS1528 0501 0724	2014－3－29	2011－3－30	内蒙古自治区质量技术监督局
150	内蒙古蒙牛乳业包头有限责任公司	乳制品［液体乳（灭菌乳、调制乳）］	包头市青山区民主路45号	包头市青山区民主路45号	自行检验	QS1502 0501 0296	2014－3－29	2011－3－30	内蒙古自治区质量技术监督局
151	内蒙古蒙牛乳业科尔沁有限责任公司	乳制品［液体乳（灭菌乳、调制乳、发酵乳）］	通辽经济技术开发区工业区	通辽经济技术开发区工业区	自行检验	QS1505 0501 0574	2014－3－29	2011－3－30	内蒙古自治区质量技术监督局
152	内蒙古蒙原食品有限责任公司	乳制品［乳粉（全脂乳粉）］	乌兰察布市丰镇市新区（丽苑小区后面）	乌兰察布市丰镇市新区（丽苑小区后面）	自行检验	QS1526 0501 1727	2014－3－29	2011－3－30	内蒙古自治区质量技术监督局
153	内蒙古骑士乳业股份有限公司	乳制品［乳粉（全脂乳粉、调制乳粉、其他乳制品（干酪）］	包头市东河区机场路	包头市东河区机场路	自行检验	QS1502 0501 1039	2014－3－29	2011－3－30	内蒙古自治区质量技术监督局
154	内蒙古曲迷奶业食品有限公司	乳制品［液体乳（巴氏杀菌乳、发酵乳）］	包头市九原区麻池镇新胜村	包头市九原区麻池镇新胜村	自行检验	QS1502 0501 0870	2014－3－29	2011－3－30	内蒙古自治区质量技术监督局
155	内蒙古乌兰察布市草原心乐乳业有限责任公司	乳制品［液体乳（发酵乳）］	乌兰察布市集宁区平地泉路南（老马清真东）	乌兰察布市集宁区平地泉路南（老马清真东）	自行检验	QS1526 0501 0452	2014－3－29	2011－3－30	内蒙古自治区质量技术监督局

（续）

	企业名称	产品名称	住　所	生产地点	检验方式	证书编号	有效期至	发证日期	发证单位
156	内蒙古伊利实业集团股份有限公司乌兰察布乳品厂	乳制品［液体乳（灭菌乳、调制乳）］	乌兰察布市察右前旗察哈尔生态工业园区	乌兰察布市察右前旗察哈尔生态工业园区	自行检验	QS1526 0501 1368	2014－3－29	2011－3－30	内蒙古自治区质量技术监督局
157	通辽市鑫牛源乳业有限责任公司	乳制品［乳粉（全脂乳粉）］	通辽市科左后旗甘旗卡镇甘旗卡街西段	通辽市科左后旗甘旗卡镇甘旗卡街西段	自行检验	QS1505 0501 0015	2014－3－29	2011－3－30	内蒙古自治区质量技术监督局
158	锡林浩特伊利乳品有限责任公司	乳制品［液体乳（灭菌乳、调制乳）］	锡林郭勒盟锡林浩特市锡林郭勒经济技术开发区	锡林郭勒盟锡林浩特市锡林郭勒经济技术开发区	自行检验	QS1525 0501 0453	2014－3－29	2011－3－30	内蒙古自治区质量技术监督局
159	扎兰屯市成吉思汗金丝猴乳业有限公司	乳制品［乳粉（全脂乳粉、脱脂乳粉）、其他乳制品（奶油）］	呼伦贝尔市扎兰屯市成吉思汗镇扎碾公路旁	呼伦贝尔市扎兰屯市成吉思汗镇扎碾公路旁	自行检验	QS1507 0501 1511	2014－3－29	2011－3－30	内蒙古自治区质量技术监督局
160	内蒙古蒙鑫乳业有限公司	乳制品［乳粉（全脂乳粉）］	呼和浩特市和林格尔县呼清路西183号	呼和浩特市和林格尔县呼清路西183号	自行检验	QS1501 0501 0017	2014－4－28	2011－4－29	内蒙古自治区质量技术监督局
161	牙克石市博克图青松乳业有限公司	乳制品［乳粉（全脂乳粉、调制乳粉）］	呼伦贝尔市牙克石市博克图镇兴隆街	呼伦贝尔市牙克石市博克图镇兴隆街	自行检验	QS1507 0501 0021	2015－1－17	2012－1－18	内蒙古自治区质量技术监督局
				辽宁省（27）					
162	辽宁伊利乳业有限责任公司	乳制品［液体乳（巴氏杀菌乳、调制乳、灭菌乳、发酵乳）、其他乳制品（干酪）］	沈阳辉山农业高新技术开发区宏业街73号	沈阳辉山农业高新技术开发区宏业街73号	自行检验	QS2101 0501 1483	2014－3－13	2011－3－14	辽宁省质量技术监督局
163	蒙牛乳业（沈阳）有限责任公司	乳制品［液体乳（灭菌乳、调制乳、发酵乳）］	辽宁省沈阳市沈北新区沈北路121号	辽宁省沈阳市沈北新区沈北路121号	自行检验	QS2101 0501 0682	2014－3－13	2012－8－28	辽宁省质量技术监督局

（续）

	企业名称	产品名称	住　　所	生产地点	检验方式	证书编号	有效期至	发证日期	发证单位
164	鞍钢实业集团乳业有限公司	乳制品［液体乳（巴氏杀菌乳、调制乳、发酵乳）］	辽宁省鞍山市千山区东路455号	辽宁省鞍山市千山区千山东路455号	自行检验	QS2103 0501 0580	2014-3-29	2011-3-30	辽宁省质量技术监督局
165	本溪木兰花乳业有限责任公司	乳制品［液体乳（巴氏杀菌乳、灭菌乳、调制乳、发酵乳）］	本溪市明山区新明街	本溪市明山区新明街	自行检验	QS2105 0501 0027	2014-3-29	2011-3-30	辽宁省质量技术监督局
166	阜新伊利乳业有限责任公司	乳制品［液体乳（灭菌乳）］	阜新市国家农业科技园区华东街91号	阜新市国家农业科技园区华东街91号	自行检验	QS2109 0501 0727	2014-3-29	2011-3-30	辽宁省质量技术监督局
167	锦州双八乳业有限公司	乳制品［液体乳（酸乳）］	锦州市太和区凌南西里790-1号	锦州市太和区凌南西里790号	自行检验	QS2107 0501 0615	2014-3-29	2011-3-30	辽宁省质量技术监督局
168	铁岭市大牛乳品有限公司	乳制品［液体乳（巴氏杀菌乳、调制乳、灭菌乳、发酵乳）、乳粉（全脂乳粉、调制乳粉）］	铁岭经济开发区	铁岭经济开发区	自行检验	QS2112 0501 0028	2014-3-29	2011-3-30	辽宁省质量技术监督局
169	完达山鞍山乳品有限公司	乳制品［液体乳（巴氏杀菌乳、灭菌乳、调制乳、发酵乳）］	鞍山高新技术产业开发区（西区）二区协作路6号	鞍山高新技术产业开发区（西区）二区协作路6号	自行检验	QS2103 0501 0726	2014-3-29	2011-3-30	辽宁省质量技术监督局
170	大连和大奶牛饲养有限公司	乳制品［液体乳（巴氏杀菌乳、发酵乳）］	大连市金州新区杏树街道姚家村	大连市金州新区杏树街道姚家村	自行检验	QS2102 0501 0001	2014-4-7	2011-4-8	辽宁省质量技术监督局
171	大连三寰乳业有限公司	乳制品［液体乳（巴氏杀菌乳、灭菌乳、发酵乳）］	大连市沙河口区西南路487号	大连市沙河口区西南路487号	自行检验	QS2102 0501 0026	2014-4-7	2011-4-8	辽宁省质量技术监督局
172	大连心乐乳业有限公司	乳制品［液体乳（巴氏杀菌乳、灭菌乳、发酵乳、调制乳）］	大连普湾新区三十里堡街道北乐村	大连普湾新区三十里堡街道北乐村	自行检验	QS2102 0501 0728	2014-4-7	2011-4-8	辽宁省质量技术监督局

（续）

	企业名称	产品名称	住　　所	生产地点	检验方式	证书编号	有效期至	发证日期	发证单位
173	丹东派波乳业有限公司	乳制品［液体乳（巴氏杀菌乳、灭菌乳、调制乳、发酵乳）］	丹东市元宝区蛤蟆塘镇古城路 270 号	丹东市元宝区蛤蟆塘镇古城路 270 号	自行检验	QS2106 0501 0581	2014－4－7	2011－4－8	辽宁省质量技术监督局
174	丹东升泰乳业有限公司	乳制品［液体乳（巴氏杀菌乳、灭菌乳、调制乳、发酵乳）］	东港市前阳经济开发区艺苑路五号	东港市前阳经济开发区艺苑路五号	自行检验	QS2106 0501 0579	2014－4－7	2011－4－8	辽宁省质量技术监督局
175	锦州益多乐乳业有限公司	乳制品［液体乳（巴氏杀菌乳、发酵乳）］	锦州市太和区三屯工业区	锦州市太和区三屯工业区	自行检验	QS2107 0501 0852	2014－4－7	2011－4－8	辽宁省质量技术监督局
176	朝阳市双塔区振海乳制品厂	乳制品［液体乳（发酵乳）］	朝阳市朝阳大街北段孟克村 5 组	朝阳市朝阳大街北段孟克村 5 组	自行检验	QS2113 0501 1310	2014－4－14	2011－4－15	辽宁省质量技术监督局
177	大连九羊乳业股份有限公司	乳制品［液体乳（巴氏杀菌乳、灭菌乳、发酵乳）］	普兰店市夹河镇巴家村 170 号	普兰店市夹河镇巴家村 170 号	自行检验	QS2102 0501 0434	2014－4－14	2011－4－15	辽宁省质量技术监督局
178	辽宁澳珍乳业有限公司	乳制品［液体乳（巴氏杀菌乳、灭菌乳、发酵乳）］	朝阳市龙城区食品工业园	朝阳市龙城区食品工业园	自行检验	QS2113 0501 1611	2014－4－14	2011－4－15	辽宁省质量技术监督局
179	辽阳市奔月食品有限公司	乳制品［液体乳（巴氏杀菌乳、发酵乳）］	辽阳市宏伟区石场峪村	辽阳市宏伟区石场峪村	自行检验	QS2110 0501 1762	2014－4－14	2011－4－15	辽宁省质量技术监督局
180	阜新得利来乳业有限责任公司	乳制品［液体乳（巴氏杀菌乳、发酵乳）］	阜蒙县阜新镇皂力营子村哈朋桥头	阜蒙县阜新镇皂力营子村哈朋桥头	自行检验	QS2109 0501 1359	2014－5－25	2011－5－26	辽宁省质量技术监督局
181	阜新绿山羊奶乳业有限公司	乳制品［液体乳（巴氏杀菌乳、发酵乳）］	辽宁阜新国家农业科技园八家子村	辽宁阜新国家农业科技园八家子村	自行检验	QS2109 0501 1411	2014－5－25	2011－5－26	辽宁省质量技术监督局
182	辽宁辉山乳业集团（抚顺）有限公司	乳制品（乳粉、其他乳制品）	抚顺县救兵乡王木村	抚顺市抚顺县救兵乡王木村	自行检验	QS2104 0501 0004	2015－9－28	2012－9－29	辽宁省质量技术监督局

（续）

	企业名称	产品名称	住　　所	生产地点	检验方式	证书编号	有效期至	发证日期	发证单位
183	阜新伊利乳品有限责任公司	乳制品［液体乳（灭菌乳、调制乳）］	辽宁省阜新市阜蒙县园区路2号	辽宁省阜新市阜蒙县园区路2号	自行检验	QS2109 0501 0005	2015－11－27	2012－11－28	辽宁省质量技术监督局
184	辽宁辉山乳业集团（锦州）有限公司	乳制品［液体乳（灭菌乳、发酵乳、调制乳）、乳粉（全脂乳粉、脱脂乳粉、部分脱脂乳粉、调制乳粉）］				QS2107 0501 0002			
185	辽宁辉山乳业集团（沈阳）有限公司	乳制品［液体乳（巴氏杀菌乳、调制乳、灭菌乳、发酵乳）、其他乳制品（风味调制乳糕）］				QS2101 0501 0008			
186	辽宁辉山乳业集团（秀水）有限公司	乳制品（乳粉、其他乳制品）				QS2101 0501 0003			
187	盘锦源源乳业有限公司	乳制品［乳粉（全脂乳粉）］				QS2111 0501 0007			
188	沈阳娃哈哈乳品有限公司	乳制品（液体乳）				QS2101 0501 0006			
				吉林省（11）					
189	白城龙丹乳业科技有限公司	乳制品［乳粉（全脂乳粉、调制乳粉）］	白城工业园区淮河路南渤海街东	吉林省白城市白城工业园区淮河路南渤海街东	自行检验	QS2208 0501 2004	2014－3－27	2011－3－28	吉林省质量技术监督局
190	长春新高食品有限公司	乳制品［液体乳（巴氏杀菌乳、调制乳、灭菌乳、发酵乳）］	高新开发区超凡大街357号	吉林省长春市高新开发区超凡大街357号	自行检验	QS2200 0501 1298	2014－3－27	2011－3－28	吉林省质量技术监督局

（续）

	企业名称	产品名称	住　所	生产地点	检验方式	证书编号	有效期至	发证日期	发证单位
191	敦化美丽健乳业有限公司	乳制品［乳粉（全脂乳粉）］	吉林省敦化经济开发区工业园区	吉林省敦化市敦化经济开发区工业园区	自行检验	QS2224 0501 2003	2014-3-27	2011-3-28	吉林省质量技术监督局
192	吉林艾倍特乳业有限公司	乳制品［乳粉（全脂乳粉、调制乳粉）］	吉林省镇赉县幸福东路433号	吉林省白城市镇赉县镇赉镇幸福东路433号	自行检验	QS2208 0501 2001	2014-3-27	2011-3-28	吉林省质量技术监督局
193	吉林市娃哈哈启力乳品有限公司	乳制品［乳粉（全脂乳粉）］	吉林市吉林经济技术开发区三号道	吉林省吉林市吉林经济技术开发区三号道	自行检验	QS2202 0501 2002	2014-3-27	2011-3-28	吉林省质量技术监督局
194	广泽乳业有限公司	乳制品［液体乳（巴氏杀菌乳、调制乳、灭菌乳、发酵乳）、其他乳制品（干酪）、乳粉（全脂乳粉）］	长春市高新开发区长德路2333号	吉林省长春市高新开发区长德路2333号	自行检验	QS2200 0501 0029	2014-3-27	2011-11-18	吉林省质量技术监督局
195	白城市阿宝乳制品有限公司	乳制品［液体乳（巴氏杀菌乳、发酵乳）］	白城市洮北区平台镇侯家村西侧	吉林省白城市洮北区平台镇侯家村西侧	自行检验	QS2208 0501 0330	2014-8-22	2011-8-23	吉林省质量技术监督局
196	吉林新源牧业有限公司	乳制品［乳粉（全脂乳粉）］	前郭尔罗斯工业集中区	吉林省松原市前郭县前郭尔罗斯工业集中区	自行检验	QS2207 0501 2005	2014-8-22	2011-8-23	吉林省质量技术监督局
197	吉林市春光乳业有限责任公司	乳制品［液体乳（巴氏杀菌乳、调制乳、发酵乳）］	沙河子乡春光村	吉林省吉林市沙河子乡春光村	自行检验	QS2202 0501 0731	2015-1-18	2012-1-19	吉林省质量技术监督局
198	吉林大力乳业有限公司	乳制品［乳粉（全脂乳粉、调制乳粉）］				QS2203 0501 2006			
199	吉林娃哈哈启力饮料有限公司	乳制品［液体乳（调制乳）］				QS2202 0501 2007			
	黑龙江省（84）								
200	飞鹤（甘南）乳品有限公司	乳制品［乳粉（全脂乳粉、脱脂乳粉、调制乳粉）］	黑龙江省齐齐哈尔市甘南县生态工业新区	黑龙江省齐齐哈尔市甘南县生态工业新区	自行检验	QS2302 0501 1763	2014-3-1	2011-3-2	黑龙江省质量技术监督局

（续）

	企业名称	产品名称	住　所	生产地点	检验方式	证书编号	有效期至	发证日期	发证单位
201	黑龙江贝因美乳业有限公司	乳制品［乳粉（全脂乳粉、脱脂乳粉、调制乳粉）、其他乳制品（奶油）］	安达市大庆路6号	安达市开发区安发大道6号、安达市大庆路6号	自行检验	QS2312 0501 0673	2014-3-1	2011-3-2	黑龙江省质量技术监督局
202	黑龙江飞鹤乳业有限公司	乳制品［乳粉（全脂乳粉、脱脂乳粉、调制乳粉）、液态乳（灭菌乳、调制乳）、其他乳制品（奶油）］	齐齐哈尔市克东县克东镇庆祥街	齐齐哈尔市克东县克东镇庆祥街、齐齐哈尔市昂昂溪区榆树屯乳品街278号	自行检验	QS2302 0501 0136	2014-3-1	2012-3-23	黑龙江省质量技术监督局
203	黑龙江省农垦龙王食品有限责任公司	乳制品［乳粉（全脂乳粉、调制乳粉）］	黑龙江省绥化市北林区中直北路696号	黑龙江省绥化市北林区中直北路696号	自行检验	QS2300 0501 0130	2014-3-8	2011-3-9	黑龙江省质量技术监督局
204	北安宜品乳业有限公司	乳制品［乳粉（全脂乳粉、调制乳粉）］	黑龙江省黑河市北安市铁西工业园区	黑龙江省黑河市北安市铁西工业园区	自行检验	QS2311 0501 0437	2014-3-8	2011-10-10	黑龙江省质量技术监督局
205	黑龙江省索康营养科技有限公司	乳制品［乳粉（全脂乳粉、调制乳粉）］	黑龙江省绥化市经济开发区	黑龙江省绥化市经济开发区	自行检验	QS2312 0501 0642	2014-3-15	2011-3-16	黑龙江省质量技术监督局
206	蒙牛乳业（齐齐哈尔）有限公司	乳制品［液体乳（灭菌乳、调制乳）］	齐齐哈尔市建华区北苑开发区	齐齐哈尔市建华区北苑开发区	自行检验	QS2302 0501 2010	2014-3-15	2011-3-16	黑龙江省质量技术监督局
207	蒙牛乳业（尚志）有限责任公司	乳制品［液体乳（灭菌乳、调制乳）］	哈尔滨市尚志市经济技术开发区	哈尔滨市尚志市经济技术开发区	自行检验	QS2301 0501 1271	2014-3-15	2011-3-16	黑龙江省质量技术监督局
208	黑龙江省光明松鹤乳品有限责任公司	乳制品［液体乳（灭菌乳、调制乳）、乳粉（全脂乳粉、脱脂乳粉、部分脱脂乳粉、调制乳粉）、其他乳制品（奶油）］	齐齐哈尔市富裕县新华南路	齐齐哈尔市富裕县新华南路	自行检验	QS2302 0501 0182	2014-3-15	2011-8-10	黑龙江省质量技术监督局

（续）

	企业名称	产品名称	住　所	生产地点	检验方式	证书编号	有效期至	发证日期	发证单位
209	海伦兴安岭乳业有限公司	乳制品［乳粉（全脂乳粉）］	黑龙江省绥化市海伦市海伦镇北环路东安街3委	黑龙江省绥化市海伦市海伦镇北环路东安街3委	自行检验	QS2300 0501 2014	2014-3-22	2011-3-23	黑龙江省质量技术监督局
210	黑龙江明翔乳业有限责任公司	乳制品［乳粉（全脂乳粉、调制乳粉）］	富裕县富裕镇五街工业园区	富裕县富裕镇五街工业园区	自行检验	QS2302 0501 1495	2014-3-22	2011-3-23	黑龙江省质量技术监督局
211	黑龙江省完达山乳业股份有限公司双城分公司	乳制品［乳粉（调制乳粉）］（干法工艺）	哈尔滨双城市经济技术开发区	哈尔滨双城市经济技术开发区	自行检验	QS2300 0501 2012	2014-3-22	2011-3-23	黑龙江省质量技术监督局
212	黑龙江完达山哈尔滨乳品有限公司	乳制品［液体乳（巴氏杀菌乳、灭菌乳、调制乳、发酵乳）］	哈尔滨市道里区迎宾路集中区太湖北街1号	哈尔滨开发区迎宾路集中区太湖北街1号	自行检验	QS2300 0501 0184	2014-3-22	2011-3-23	黑龙江省质量技术监督局
213	双城雀巢有限公司	乳制品［乳粉（全脂乳粉、脱脂乳粉、调制乳粉）、其他乳制品（奶油）］	黑龙江省双城市友谊路	黑龙江省双城市友谊路	自行检验	QS2300 0501 0109	2014-3-22	2011-3-23	黑龙江省质量技术监督局
214	黑龙江完达山阳光乳业有限公司	乳制品［液体乳（巴氏杀菌乳、灭菌乳、调制乳）、其他乳制品（奶油）］	哈尔滨市道里区机场路3公里处2栋	哈尔滨开发区迎宾路集中区太湖南街与崂山路西南侧	自行检验	QS2300 0501 2013	2014-3-22	2011-7-4	黑龙江省质量技术监督局
215	齐齐哈尔英顿乳业有限公司	乳制品［乳粉（全脂乳粉、调制乳粉）］	齐齐哈尔市碾子山区工业园区	齐齐哈尔市碾子山区工业园区	自行检验	QS2302 0501 1552	2014-3-22	2011-9-5	黑龙江省质量技术监督局
216	肇州县摇篮乳业有限责任公司	乳制品［乳粉（全脂乳粉、调制乳粉）］	大庆市肇州摇篮工业科技园区摇篮大道01号	大庆市肇州摇篮工业科技园区摇篮大道01号	自行检验	QS2300 0501 0110	2014-3-22	2011-10-10	黑龙江省质量技术监督局
217	大庆乳品厂有限责任公司	乳制品［乳粉（全脂乳粉、调制乳粉）］	大庆市高新区安萨路18公里处	大庆市高新技术产业开发区	自行检验	QS2306 0501 0137	2014-3-24	2011-3-25	黑龙江省质量技术监督局

（续）

	企业名称	产品名称	住　　所	生产地点	检验方式	证书编号	有效期至	发证日期	发证单位
218	黑龙江常庆乳业有限责任公司	乳制品［乳粉（全脂乳粉、调制乳粉）］	五常市牛家工业园区	五常市牛家工业园区	自行检验	QS2300 0501 2015	2014-3-24	2011-3-25	黑龙江省质量技术监督局
219	哈尔滨太子乳品工业有限公司	乳制品［乳粉（调制乳粉）］（湿法工艺、干法工艺）	哈尔滨利民经济技术开发区广州路6号	哈尔滨利民经济技术开发区广州路6号	自行检验	QS2300 0501 0315	2014-3-25	2011-3-26	黑龙江省质量技术监督局
220	黑龙江华丹乳业有限公司	乳制品［乳粉（全脂乳粉）］	黑龙江省绥化市安达市牛街469号	黑龙江省绥化地区安达市澳佳牧业科技园区	自行检验	QS2312 0501 1590	2014-3-25	2011-3-26	黑龙江省质量技术监督局
221	黑龙江惠尔康庆新乳业有限公司	乳制品［液体乳（灭菌乳、调制乳）］	大庆市让胡路区庆新村	大庆市让胡路区庆新村	自行检验	QS2306 0501 0139	2014-3-25	2011-3-26	黑龙江省质量技术监督局
222	黑龙江完达山哈尔滨乳品有限公司密山分公司	乳制品［液体乳（灭菌乳、发酵乳）］	黑龙江省密山市8511农场	黑龙江省密山市兴凯镇	自行检验	QS2300 0501 1670	2014-3-25	2011-3-26	黑龙江省质量技术监督局
223	黑龙江雅士利乳业有限公司	乳制品［乳粉（全脂乳粉、调制乳粉）］	齐齐哈尔市泰来县汤池镇政府所在地	齐齐哈尔市泰来县汤池镇政府所在地	自行检验	QS2302 0501 1603	2014-3-25	2011-3-26	黑龙江省质量技术监督局
224	大庆市绿叶乳品有限公司	乳制品［乳粉（全脂乳粉、调制乳粉）］	黑龙江省大庆市红岗区杏六路	大庆市红岗区杏六路	自行检验	QS2306 0501 0837	2014-3-25	2011-8-10	黑龙江省质量技术监督局
225	依安县摇篮乳业有限责任公司	乳制品［乳粉（全脂乳粉、调制乳粉）］	黑龙江省齐齐哈尔市依安县依安镇摇篮工业科技园区摇篮大道01号	黑龙江省齐齐哈尔市依安县依安镇摇篮工业科技园区摇篮大道01号	自行检验	QS2300 0501 0111	2014-3-25	2011-11-17	黑龙江省质量技术监督局
226	黑龙江欧贝嘉营养食品有限公司	乳制品［乳粉（全脂乳粉、调制乳粉）］	铁力市西河生态工业园区	黑龙江省铁力市西河生态工业园区	自行检验	QS2307 0501 1738	2014-3-25	2012-6-29	黑龙江省质量技术监督局
227	北安完达山乳品有限公司	乳制品［乳粉（全脂乳粉、脱脂乳粉、调制乳粉）、其他乳制品（奶油）］	黑龙江省黑河市北安市铁西区五委	北安市铁西区五委	自行检验	QS2300 0501 1372	2014-3-27	2011-3-28	黑龙江省质量技术监督局

（续）

	企业名称	产品名称	住　　所	生产地点	检验方式	证书编号	有效期至	发证日期	发证单位
228	杜尔伯特伊利乳业有限责任公司	乳制品［乳粉（全脂乳粉、脱脂乳粉、部分脱脂乳粉、调制乳粉）］（湿法工艺、干法工艺）	大庆市杜尔伯特蒙古族自治县泰康镇东街	大庆市杜尔伯特蒙古族自治县德力戈尔工业园区	自行检验	QS2306 0501 0209	2014-3-27	2011-3-28	黑龙江省质量技术监督局
229	黑龙江辰鹰乳业有限公司	乳制品［乳粉（全脂乳粉、调制乳粉）］	黑龙江省黑河市嫩江县嫩兴路262号	黑龙江省黑河市嫩江县嫩兴路262号	自行检验	QS2311 0501 0214	2014-3-27	2011-3-28	黑龙江省质量技术监督局
230	黑龙江宏达北方乳品科技有限公司鹤山分公司	乳制品［乳粉（全脂乳粉）］	黑河市嫩江县鹤山农场社区B区2委293号	黑龙江省嫩江县鹤山农场场直	自行检验	QS2300 0501 0549	2014-3-27	2011-3-28	黑龙江省质量技术监督局
231	黑龙江农垦多元乳业有限公司	乳制品［乳粉（全脂乳粉、调制乳粉）］	齐齐哈尔市富裕县富裕牧场场直二区	齐齐哈尔市富裕县富裕牧场场直二区	自行检验	QS2300 0501 0357	2014-3-27	2011-3-28	黑龙江省质量技术监督局
232	黑龙江省富裕明星食品有限公司	乳制品［乳粉（全脂乳粉、调制乳粉）］	齐齐哈尔市富裕县富裕镇通南路1号	齐齐哈尔市富裕县富裕镇通南路1号	自行检验	QS2302 0501 0183	2014-3-27	2011-3-28	黑龙江省质量技术监督局
233	黑龙江省完达山乳业股份有限公司八五一一分公司	乳制品［乳粉（全脂乳粉、调制乳粉）］	黑龙江省鸡西市密山市八五一一农场场部	黑龙江省密山市八五一一农场场部	自行检验	QS2300 0501 0984	2014-3-27	2011-3-28	黑龙江省质量技术监督局
234	黑龙江省完达山乳业股份有限公司军川分公司	乳制品［乳粉（全脂乳粉、调制乳粉）］	鹤岗市宝泉岭垦区军川乳品厂三号楼	黑龙江省萝北县军川农场场部	自行检验	QS2300 0501 0217	2014-3-27	2011-3-28	黑龙江省质量技术监督局
235	安达伊利乳业有限责任公司	乳制品［液体乳（灭菌乳、调制乳）］	安达市铁西北街	安达市铁西北街	自行检验	QS2312 0501 0367	2014-3-28	2011-3-29	黑龙江省质量技术监督局
236	大庆市银螺乳业有限公司	乳制品［液体乳（巴氏杀菌乳、灭菌乳、发酵乳）］	大庆市高新区农场	大庆高新区建设路243号	自行检验	QS2306 0501 2001	2014-3-28	2011-3-29	黑龙江省质量技术监督局

（续）

	企业名称	产品名称	住　所	生产地点	检验方式	证书编号	有效期至	发证日期	发证单位
237	黑龙江澳乐滋乳业有限公司	乳制品［乳粉（全脂乳粉）］	哈尔滨市南岗区红旗满族乡	哈尔滨市南岗区红旗满族乡	自行检验	QS2300 0501 0358	2014-3-28	2011-3-29	黑龙江省质量技术监督局
238	黑龙江飞鹤乳业有限公司齐齐哈尔分公司	乳制品［乳粉（全脂乳粉、脱脂乳粉、调制乳粉）、其他乳制品（奶油）］	齐齐哈尔市昂昂溪区榆树屯乳品街278号	齐齐哈尔市昂昂溪区榆树屯乳品街278号	自行检验	QS2302 0501 1485	2014-3-28	2011-3-29	黑龙江省质量技术监督局
239	黑龙江龙兴乳品有限责任公司	乳制品［液体乳（巴氏杀菌乳、灭菌乳、发酵乳）、乳粉（全脂乳粉、脱脂乳粉）］	安达市大庆路8号	安达市大庆路8号	自行检验	QS2312 0501 0370	2014-3-28	2011-3-29	黑龙江省质量技术监督局
240	黑龙江省格球山乳品有限责任公司	乳制品［液体乳（发酵乳）、乳粉（全脂乳粉、调制乳粉）］	五大连池市格球山农场	五大连池市格球山农场	自行检验	QS2300 0501 0127	2014-3-28	2011-3-29	黑龙江省质量技术监督局
241	林甸伊利乳业有限责任公司	乳制品［液体乳（灭菌乳、调制乳）］	大庆市林甸县林甸镇G015国道西侧	大庆市林甸县林甸镇G015国道西侧	自行检验	QS2306 0501 0407	2014-3-28	2011-3-29	黑龙江省质量技术监督局
242	齐齐哈尔伊利乳业有限责任公司	乳制品［液体乳（灭菌乳）］	齐齐哈尔市梅里斯达斡尔族区城镇	齐齐哈尔市梅里斯达斡尔族区城镇	自行检验	QS2302 0501 0372	2014-3-28	2011-3-29	黑龙江省质量技术监督局
243	黑龙江农垦摇篮乳业有限责任公司	乳制品［乳粉（全脂乳粉、调制乳粉）］	黑龙江省鹤岗市绥滨县二九0农场摇篮工业科技园区摇篮大道01号	黑龙江省鹤岗市绥滨县二九0农场摇篮工业科技园区摇篮大道01号	自行检验	QS2300 0501 0112	2014-3-28	2011-9-5	黑龙江省质量技术监督局
244	黑龙江农垦正元乳业有限责任公司	乳制品［乳粉（全脂乳粉、调制乳粉）］	黑龙江省鹤岗市萝北县共青农场摇篮工业科技园区摇篮大道01号	黑龙江省鹤岗市萝北县共青农场摇篮工业科技园区摇篮大道01号	自行检验	QS2300 0501 0113	2014-3-28	2011-9-5	黑龙江省质量技术监督局
245	安达市伊康生物工程有限责任公司	乳制品［乳粉（调制乳粉（干法生产）、牛初乳粉］	安达市高速公路出口	安达市经济开发区	自行检验	QS2312 0501 1598	2014-3-29	2011-3-30	黑龙江省质量技术监督局

（续）

	企业名称	产品名称	住　所	生产地点	检验方式	证书编号	有效期至	发证日期	发证单位
246	杜尔伯特金山乳品有限责任公司	乳制品［乳粉（脱脂乳粉、调制乳粉）、其他乳制品（奶油）］	大庆市杜尔伯特蒙古族自治县德力戈尔工业园区	大庆市杜尔伯特蒙古族自治县德力戈尔工业园区	自行检验	QS2300 0501 2016	2014－3－29	2011－3－30	黑龙江省质量技术监督局
247	飞鹤（甘南）乳品有限公司龙江分公司	乳制品［乳粉（全脂乳粉）］	齐齐哈尔市龙江县龙江镇龙景路29号	齐齐哈尔市龙江县龙江镇龙景路29号	自行检验	QS2302 0501 0135	2014－3－29	2011－3－30	黑龙江省质量技术监督局
248	哈尔滨森永乳品有限公司	乳制品［乳粉（调制乳粉）、其他乳制品（炼乳、奶油）］	哈尔滨市道里区机场路8号	哈尔滨市道里区机场路8号	自行检验	QS2300 0501 0359	2014－3－29	2011－3－30	黑龙江省质量技术监督局
249	黑龙江福康生物科技有限公司	乳制品［乳粉（牛初乳粉）］	黑龙江省密山市兴凯	黑龙江省密山市兴凯镇八五一一	自行检验	QS2300 0501 1632	2014－3－29	2011－3－30	黑龙江省质量技术监督局
250	黑龙江齐梅生物科技股份有限公司	乳制品［乳粉（全脂乳粉、调制乳粉）］	齐齐哈尔市梅里斯达翰尔族区雅尔塞镇	齐齐哈尔市梅里斯达翰尔族区雅尔塞镇	自行检验	QS2302 0501 2009	2014－3－29	2011－3－30	黑龙江省质量技术监督局
251	佳木斯硕业乳业有限公司	乳制品［液体乳（发酵乳）］	佳木斯市汤原县鹤立镇	佳木斯市汤原县鹤立镇	自行检验	QS2308 0501 0282	2014－3－29	2011－3－30	黑龙江省质量技术监督局
252	牡丹江三道乳业有限公司	乳制品［液体乳（巴氏杀菌乳、发酵乳）］	牡丹江市阳明区铁岭三道	牡丹江市阳明区铁岭三道	自行检验	QS2310 0501 0281	2014－3－29	2011－3－30	黑龙江省质量技术监督局
253	牡丹江硕业乳业有限公司	乳制品［液体乳（发酵乳）］	牡丹江市阳明区磨刀石镇工业园区	牡丹江市阳明区磨刀石镇工业园区	自行检验	QS2310 0501 0408	2014－3－29	2011－3－30	黑龙江省质量技术监督局
254	肇东市伊利乳业有限责任公司	乳制品［液体乳（灭菌乳、调制乳、发酵乳）、其他乳制品（干酪）］	黑龙江省肇东市城区经济开发区	肇东市经济开发区肇昌路11公里处	自行检验	QS2312 0501 0369	2014－3－29	2011－3－30	黑龙江省质量技术监督局

（续）

	企业名称	产品名称	住　　所	生产地点	检验方式	证书编号	有效期至	发证日期	发证单位
255	牡丹江隆瑞食品有限公司杜尔伯特分公司	乳制品［液体乳（巴氏杀菌乳、发酵乳）］	杜尔伯特蒙古族自治县德力戈尔工业园区	杜尔伯特蒙古族自治县德力戈尔工业园区	自行检验	QS2306 0501 2004	2014-3-29	2011-12-21	黑龙江省质量技术监督局
256	哈尔滨惠佳贝食品有限公司	乳制品［乳粉（调制乳粉）（干法工艺）］	黑龙江省尚志市一面坡镇民主街18号	黑龙江省尚志市一面坡镇民主街18号	自行检验	QS2301 0501 0809	2014-3-30	2011-3-31	黑龙江省质量技术监督局
257	哈尔滨龙丹利民乳业有限公司	乳制品［液体乳（灭菌乳、调制乳）］	哈尔滨利民经济技术开发区（珠海路1号）	哈尔滨利民经济技术开发区（珠海路1号）	自行检验	QS2300 0501 0811	2014-3-30	2011-3-31	黑龙江省质量技术监督局
258	黑龙江鹤美生物工程有限公司	乳制品［乳粉（全脂乳粉、牛初乳粉）］	黑龙江省富裕县工业新区	黑龙江省富裕县工业新区	自行检验	QS2302 0501 1737	2014-3-30	2011-3-31	黑龙江省质量技术监督局
259	黑龙江龙丹乳业科技股份有限公司	乳制品［液体乳（灭菌乳、调制乳、发酵乳）、乳粉（全脂乳粉、调制乳粉）］	哈尔滨市南岗区红旗大街时代广场B幢	哈尔滨市南岗区学府路337号	自行检验	QS2300 0501 0225	2014-3-30	2011-3-31	黑龙江省质量技术监督局
260	黑龙江龙兴乳业有限公司	乳制品［乳粉（全脂乳粉、调制乳粉）］	绥化市海伦市海伦农场	绥化市海伦市海伦农场场直	自行检验	QS2300 0501 0765	2014-3-30	2011-3-31	黑龙江省质量技术监督局
261	黑龙江妙乃坊生物科技有限公司	乳制品［乳粉（牛初乳粉）］	哈尔滨市双城市双城镇工农街一委	哈尔滨市双城市双城镇工农街一委	自行检验	QS2301 0501 2003	2014-3-30	2011-3-31	黑龙江省质量技术监督局
262	黑龙江省北安农垦绿宝乳业有限责任公司	乳制品［乳粉（全脂乳粉）］	北安市长水河农场	北安市长水河农场	自行检验	QS2300 0501 0132	2014-3-30	2011-3-31	黑龙江省质量技术监督局
263	黑龙江省汇昌乳业有限公司	乳制品［乳粉（全脂乳粉、调制乳粉）］	克山县克山镇北大街三段路西33号	克山县克山镇北大街三段路西33号	自行检验	QS2300 0501 2017	2014-3-30	2011-3-31	黑龙江省质量技术监督局
264	黑龙江省康平生物工程有限责任公司	乳制品［乳粉（牛初乳粉）］	双城市102国道1248公里处	双城市102国道1248公里处	自行检验	QS2301 0501 1691	2014-3-30	2011-3-31	黑龙江省质量技术监督局

（续）

	企业名称	产品名称	住　所	生产地点	检验方式	证书编号	有效期至	发证日期	发证单位
265	黑龙江省可新食品有限公司	乳制品［液体乳（灭菌乳）］	牡丹江市海林市斗银路103号	牡丹江市海林市斗银路103号	自行检验	QS2310 0501 1767	2014-3-30	2011-3-31	黑龙江省质量技术监督局
266	黑龙江鑫龙翔生物科技有限公司	乳制品［乳粉（牛初乳粉）］	大庆市杜尔伯特蒙古族自治县德力戈尔工业园区	大庆市杜尔伯特蒙古族自治县德力戈尔工业园区	自行检验	QS2306 0501 2002	2014-3-30	2011-3-31	黑龙江省质量技术监督局
267	虎林市娃哈哈乳品有限公司	乳制品［乳粉（全脂乳粉）］	鸡西市虎林市公安南街276号	鸡西市虎林市公安南街276号	自行检验	QS2303 0501 1496	2014-3-30	2011-3-31	黑龙江省质量技术监督局
268	绥化市东兴乳业食品有限责任公司	乳制品［乳粉（全脂乳粉、调制乳粉）］	绥化市北林区东兴办事处红旗管理区六委	绥化市北林区东兴办事处红旗管理区六委	自行检验	QS2312 0501 0360	2014-3-30	2011-3-31	黑龙江省质量技术监督局
269	伊春惠佳贝乳业有限公司	乳制品［液体乳（发酵乳）、乳粉（全脂乳粉、调制乳粉）］	黑龙江省伊春市新青区永进委甲1号	黑龙江省伊春市新青区永进委甲1号	自行检验	QS2307 0501 1686	2014-3-30	2011-3-31	黑龙江省质量技术监督局
270	黑龙江美庐乳业有限公司	乳制品［乳粉（全脂乳粉、调制乳粉）］	讷河市通江路西段路南	讷河市通江路西段路南	自行检验	QS2302 0501 2000	2014-3-30	2011-7-4	黑龙江省质量技术监督局
271	黑龙江农垦英博华威乳业有限公司	乳制品［乳粉（全脂乳粉、调制乳粉）］	黑龙江省伊春市铁力市铁力农场	黑龙江省铁力农场场直二八九大街9号	自行检验	QS2300 0501 0543	2014-3-30	2012-1-16	黑龙江省质量技术监督局
272	黑龙江摇篮乳业股份有限公司	乳制品［乳粉（全脂乳粉、调制乳粉）］	黑龙江省哈尔滨市香坊区衡山路18号远东大厦A区	大庆市肇州摇篮工业科技园区摇篮大道01号、黑龙江省鹤岗市萝北县共青农场摇篮工业科技园区摇篮大道01号、黑龙江省鹤岗市绥滨县二九O农场摇篮工业科技园区摇篮大道01号、黑龙江省齐齐哈尔市依安县依安镇摇篮工业科技园区摇篮大道01号	自行检验	QS2300 0501 0641	2014-5-24	2011-5-25	黑龙江省质量技术监督局

（续）

	企业名称	产品名称	住　　所	生产地点	检验方式	证书编号	有效期至	发证日期	发证单位
273	黑龙江清大乳业有限公司	乳制品［乳粉（全脂乳粉、调制乳粉）］	黑龙江省绥化市安达市哈大齐工业走廊安达综合开发区	黑龙江省绥化市安达市哈大齐工业走廊安达综合开发区	自行检验	QS2300 0501 2018	2014－6－12	2011－11－17	黑龙江省质量技术监督局
274	黑龙江康普生物科技有限公司	乳制品［乳粉（牛初乳粉）］	哈尔滨市利民开发区管委会楼	哈尔滨市呼兰区利民开发区沈阳大街东	自行检验	QS2300 0501 2019	2014－7－3	2011－7－4	黑龙江省质量技术监督局
275	齐齐哈尔鹤山乳业有限责任公司	乳制品［乳粉（全脂乳粉）］	齐齐哈尔市龙江县景星镇	齐齐哈尔市龙江县景星镇	自行检验	QS2302 0501 0215	2014－8－9	2011－8－10	黑龙江省质量技术监督局
276	传喜（黑龙江）乳业工程科技发展有限公司	乳制品［液体乳（调制乳、灭菌乳、发酵乳）］	哈尔滨市双城市工农街九委	哈尔滨市双城市工农街九委	自行检验	QS2300 0501 2020	2015－1－15	2012－1－16	黑龙江省质量技术监督局
277	黑龙江省万家宝鲜牛奶投资有限公司	乳制品［液体乳（巴氏杀菌乳、调制乳、发酵乳）］	哈尔滨市开发区南岗集中区昆仑商城赣水路49号	哈尔滨经开区哈平路集中区常州路1－1号	自行检验	QS2301 0501 2021	2015－1－18	2012－1－19	黑龙江省质量技术监督局
278	林甸博奥生物科技有限公司	乳制品［乳粉（牛初乳粉）］	黑龙江省大庆市林甸县红旗镇政府所在地	黑龙江省大庆市林甸县红旗镇政府所在地	自行检验	QS2300 0501 2022	2015－5－29	2012－5－30	黑龙江省质量技术监督局
279	齐齐哈尔市碾子山乳品有限责任公司	乳制品［乳粉（全脂乳粉、调制乳粉）］	黑龙江省齐齐哈尔市碾子山区华兴街4－5号	黑龙江省齐齐哈尔市碾子山区华兴街4－5号	自行检验	QS2300 0501 2023	2015－8－14	2012－8－15	黑龙江省质量技术监督局
280	大庆仕合源乳业有限公司	乳制品［乳粉（全脂乳粉）］				QS2306 0501 1360			
281	黑龙江鹤康生物工程有限公司	乳制品［乳粉（牛初乳粉）］				QS2300 0501 2026			

（续）

	企业名称	产品名称	住　所	生产地点	检验方式	证书编号	有效期至	发证日期	发证单位
282	黑龙江省博源生物工程有限公司	乳制品［乳粉（牛初乳粉）］				QS2302 0501 2025			
283	黑龙江伊利乳业有限责任公司	乳制品［乳粉（调制乳粉）］				QS2300 0501 2024			
				上海市（14）					
284	达能乳业（上海）有限公司	乳制品［液体乳（发酵乳）］	上海市奉贤区金汇镇工业路 899 号	上海市奉贤区金汇镇工业路 899 号	自行检验	QS3120 0501 0001	2014－3－3	2011－3－4	上海市质量技术监督局
285	上海晨冠乳业有限公司	乳制品［乳粉（调制乳粉）］	上海市奉贤区现代农业园区望园路 2166 号	上海市奉贤区现代农业园区望园路 2166 号	自行检验	QS3120 0501 0986	2014－3－13	2011－3－14	上海市质量技术监督局
286	多美滋婴幼儿食品有限公司	乳制品［乳粉（调制乳粉）］；婴幼儿配方乳粉（湿法工艺、干法工艺）	上海市浦东新区金桥出口加工区宁桥路 188 号	上海市浦东新区金桥出口加工区宁桥路 188 号	自行检验	QS3100 0502 0003	2014－3－20	2011－3－21	上海市质量技术监督局
287	光明乳业股份有限公司乳品八厂	乳制品［液体乳（发酵乳）、其他乳制品（干酪）］	上海市浦东新区成山路 777 号	上海市浦东新区成山路 777 号	自行检验	QS3115 0501 0035	2014－3－20	2011－3－21	上海市质量技术监督局
288	光明乳业股份有限公司乳品二厂	乳制品［液体乳（巴氏杀菌乳、调制乳、灭菌乳）］	上海市闵行区吴中路 580 号	上海市闵行区吴中路 580 号	自行检验	QS3112 0501 0034	2014－3－20	2011－3－21	上海市质量技术监督局
289	上海恩波露食品有限公司	乳制品［液体乳（发酵乳）、其他乳制品（奶油、干酪）］	上海市松江区新飞路 1500 弄 22 号厂房	上海市松江区新飞路 1500 弄 22 号厂房	自行检验	QS3117 0501 1757	2014－3－20	2011－3－21	上海市质量技术监督局
290	上海光明奶酪黄油有限公司梵古易乳制品分公司	乳制品［其他乳制品（干酪）］	上海市奉贤区海湾镇燎原农场兴华路 86 号	上海市奉贤区燎原农场兴华路 86 号南厂房	自行检验	QS3120 0501 1461	2014－3－20	2011－3－21	上海市质量技术监督局

（续）

	企业名称	产品名称	住　所	生产地点	检验方式	证书编号	有效期至	发证日期	发证单位
291	上海花冠营养乳品有限公司	乳制品［乳粉（调制乳粉）］	上海市松江区民益路299号	上海市松江区民益路299号	自行检验	QS3117 0501 1607	2014-3-20	2011-3-21	上海市质量技术监督局
292	上海纽贝滋营养乳品有限公司	乳制品［乳粉（调制乳粉）］	上海市松江区新浜工业园区环区北路502号	上海市松江区新浜工业园区环区北路502号	自行检验	QS3117 0501 0616	2014-3-20	2011-3-21	上海市质量技术监督局
293	上海乳品一厂分厂	乳制品［液体乳（巴氏杀菌乳、调制乳、发酵乳）］	上海市嘉定区戬浜镇大治路东首	上海市嘉定区戬浜镇大治路东首	自行检验	QS3114 0501 0284	2014-3-20	2011-3-21	上海市质量技术监督局
294	上海乳品四厂有限公司	乳制品［液体乳（巴氏杀菌乳、调制乳、发酵乳）、其他乳制品（奶油）］	上海市奉贤区海湾镇海兴路1750号	上海市奉贤区海湾镇海兴路1750号	自行检验	QS3120 0501 0036	2014-3-20	2012-3-1	上海市质量技术监督局
295	上海阿尔比食品有限公司	乳制品［其他乳制品（干酪）］	上海市嘉定区嘉定工业区马陆园区希望路461号	上海市嘉定区嘉定工业区马陆园区希望路461号	自行检验	QS3114 0501 0839	2014-7-31	2010-7-27	上海市质量技术监督局
296	上海永安乳品有限公司	乳制品［液体乳（调制乳、灭菌乳）］	上海市奉贤区海湾镇永华路1号	上海市奉贤区海湾镇永华路1号	自行检验	QS3120 0501 0002	2014-8-30	2011-8-31	上海市质量技术监督局
297	光明乳业股份有限公司华东中心工厂	乳制品［液体乳（发酵乳）］				QS3112 0501 0003			
				江苏省（47）					
298	维维乳业有限公司	乳制品［液体乳（巴氏杀菌乳、调制乳、灭菌乳、发酵乳）］	徐州市铜山县张集镇工业区	徐州市铜山县张集镇工业区	自行检验	QS3200 0501 0038	2014-3-2	2011-3-28	江苏省质量技术监督局
299	江苏梁丰食品集团有限公司	乳制品［液体乳（巴氏杀菌乳、调制乳、灭菌乳、发酵乳）］	张家港经济开发区振兴路9号	张家港经济开发区振兴路9号	自行检验	QS3200 0501 1696	2014-3-13	2011-3-14	江苏省质量技术监督局

（续）

	企业名称	产品名称	住　所	生产地点	检验方式	证书编号	有效期至	发证日期	发证单位
300	淮安旺旺食品有限公司	乳制品［液体乳（调制乳）］	淮安市清河新区旺旺路21号	江苏省淮安市清河新区旺旺路21号	自行检验	QS3208 0501 0001	2014-3-17	2011-3-18	江苏省质量技术监督局
301	南京川田乳品有限公司	乳制品［液体乳（巴氏杀菌乳、调制乳、发酵乳）］	南京市江宁经济技术开发区静淮路129号	江苏省南京市江宁经济技术开发区静淮路129号	自行检验	QS3200 0501 0042	2014-3-22	2011-3-23	江苏省质量技术监督局
302	南京光明乳品有限公司	乳制品［液体乳（巴氏杀菌乳、调制乳、灭菌乳、发酵乳）］	南京市江宁区禄口开发区来凤路2号	南京市江宁区禄口开发区来凤路2号	自行检验	QS3200 0501 0041	2014-3-22	2011-3-23	江苏省质量技术监督局
303	双喜乳业（苏州）有限公司	乳制品［液体乳（巴氏杀菌乳、调制乳、灭菌乳、发酵乳）］	苏州市高新区鹿山路49号	苏州市高新区鹿山路49号	自行检验	QS3200 0501 0767	2014-3-22	2011-3-23	江苏省质量技术监督局
304	江阴市美天奶业有限公司	乳制品［液体乳（巴氏杀菌乳、调制乳、灭菌乳、发酵乳）］	江阴市澄江镇红光村	江苏省江阴市澄江镇红光村	自行检验	QS3202 0501 0506	2014-3-23	2011-3-24	江苏省质量技术监督局
305	南京市金阳光乳品有限公司	乳制品［液体乳（巴氏杀菌乳、调制乳、灭菌乳、发酵乳）］	南京江宁科学园科建路28号	江宁科学园科建路28号	自行检验	QS3200 0501 0336	2014-3-23	2011-3-24	江苏省质量技术监督局
306	无锡奔牛生物科技有限公司	乳制品（其他乳制品）	锡山区东北塘镇黄信桥南堍	无锡市锡山区东北塘镇黄信桥南堍	自行检验	QS3202 0501 1279	2014-3-23	2011-3-24	江苏省质量技术监督局
307	无锡市马山牛奶有限公司	乳制品［液体乳（巴氏杀菌乳、调制乳、发酵乳）］	无锡市滨湖区马山鱼花路29号	江苏省无锡市滨湖区马山鱼花路29号	自行检验	QS3202 0501 0375	2014-3-23	2011-3-24	江苏省质量技术监督局
308	无锡市天资乳品饮料厂	乳制品［液体乳（巴氏杀菌乳、调制乳、发酵乳）］	无锡市黄巷锡龙路百子桥堍	江苏省无锡市黄巷锡龙路百子桥堍	自行检验	QS3202 0501 0321	2014-3-23	2011-3-24	江苏省质量技术监督局

（续）

	企业名称	产品名称	住　所	生产地点	检验方式	证书编号	有效期至	发证日期	发证单位
309	南京卫岗乳业有限公司	乳制品［液体乳（巴氏杀菌乳、调制乳、灭菌乳、发酵乳）］	南京市江宁经济技术开发区将军大道139号	南京市江宁经济技术开发区将军大道139号	自行检验	QS3200 0501 0043	2014-3-24	2011-3-25	江苏省质量技术监督局
310	丹阳市康力乳制品有限公司	乳制品［液体乳（巴氏杀菌乳、调制乳、发酵乳）］	丹阳市练湖工业园（十二分场居安村）	丹阳市练湖工业园（十二分场居安村）	自行检验	QS3211 0501 0232	2014-3-27	2011-3-28	江苏省质量技术监督局
311	丹阳市练湖乳品有限公司	乳制品［液体乳（巴氏杀菌乳、发酵乳）］	丹阳市练湖工业园	丹阳市练湖工业园	自行检验	QS3211 0501 0324	2014-3-27	2011-3-28	江苏省质量技术监督局
312	东台市宇航奶业有限公司	乳制品［液体乳（巴氏杀菌乳、调制乳、发酵乳）］	东台市台城新东东路64号	东台市台城新东东路64号	自行检验	QS3200 0501 0046	2014-3-27	2011-3-28	江苏省质量技术监督局
313	淮安快鹿牛奶有限公司	乳制品［液体乳（巴氏杀菌乳、调制乳）］	淮安市淮海西路282号	淮安市淮海西路282号	自行检验	QS3200 0501 0159	2014-3-27	2011-3-28	江苏省质量技术监督局
314	淮安市兴立乳业有限公司	乳制品［液体乳（巴氏杀菌乳、发酵乳）］	淮安市淮泗路88号	江苏省淮安市淮泗路88号	自行检验	QS3208 0501 1255	2014-3-27	2011-3-28	江苏省质量技术监督局
315	江苏三元双宝乳业有限公司	乳制品［液体乳（巴氏杀菌乳、调制乳、灭菌乳、发酵乳）］	江苏连云港东辛农场	江苏连云港东辛农场	自行检验	QS3207 0501 0458	2014-3-27	2011-3-28	江苏省质量技术监督局
316	江苏太子乳业有限公司	乳制品［液体乳（巴氏杀菌乳、调制乳、发酵乳）］	兴化经济开发区城南路北经一路西侧	兴化经济开发区城南路北经一路西侧	自行检验	QS3212 0501 1256	2014-3-27	2011-3-28	江苏省质量技术监督局
317	江苏翔宇乳业有限公司	乳制品［液体乳（巴氏杀菌乳、调制乳、发酵乳）］	淮安市楚州经济开发区纬五路北经十六路西	淮安市楚州经济开发区纬五路北经十六路西	自行检验	QS3208 0501 1758	2014-3-27	2011-3-28	江苏省质量技术监督局
318	靖江市马洲乳业有限公司	乳制品［液体乳（巴氏杀菌乳、调制乳、发酵乳）］	靖江市马桥镇骥昌路1号	靖江市马桥镇骥昌路1号	自行检验	QS3212 0501 0237	2014-3-27	2011-3-28	江苏省质量技术监督局
319	连云港东农乳业有限公司	乳制品［（液体乳）巴氏杀菌乳、调制乳、发酵乳］	江苏连云港东辛农场	江苏连云港东辛农场	自行检验	QS3207 0501 0992	2014-3-27	2011-3-28	江苏省质量技术监督局

（续）

	企业名称	产品名称	住　所	生产地点	检验方式	证书编号	有效期至	发证日期	发证单位
320	连云港新希望乳业有限公司	乳制品［液体乳（巴氏杀菌乳、发酵乳）］	连云港市海州区宁海乡武圩村	连云港市海州区宁海乡武圩村	自行检验	QS3207 0501 1301	2014-3-27	2011-3-28	江苏省质量技术监督局
321	连云港益乐盟特乳品厂	乳制品［液体乳（巴氏杀菌乳、发酵乳）］	东海县石湖生态园	东海县石湖生态园	自行检验	QS3207 0501 1149	2014-3-27	2011-3-28	江苏省质量技术监督局
322	南通红梅乳业有限公司	乳制品［液体乳（巴氏杀菌乳、调制乳、灭菌乳、发酵乳）］	南通港闸经济开发区黄海路99号	南通港闸经济开发区黄海路99号	自行检验	QS3200 0501 0507	2014-3-27	2011-3-28	江苏省质量技术监督局
323	南通中江生物科技有限公司	乳制品（其他乳制品）：炼乳	江苏省如东经济开发区新区嘉陵江路	江苏省如东经济开发区新区嘉陵江路	自行检验	QS3206 0501 1699	2014-3-27	2011-3-28	江苏省质量技术监督局
324	宿迁市可璐清实业有限公司	乳制品［液体乳（发酵乳）］	泗阳县经济开发区（西区）	泗阳县经济开发区（西区）	自行检验	QS3213 0501 1117	2014-3-27	2011-3-28	江苏省质量技术监督局
325	泰州市金力乳品有限公司	乳制品［液体乳（巴氏杀菌乳、调制乳、发酵乳）］	姜堰市俞垛镇宫伦村	姜堰市俞垛镇宫伦村	自行检验	QS3212 0501 0236	2014-3-27	2011-3-28	江苏省质量技术监督局
326	泰州卫岗乳品有限公司	乳制品［液体乳（巴氏杀菌乳、调制乳、发酵乳）］	泰州市海陵区凤凰东路40号	泰州市海陵区凤凰东路40号	自行检验	QS3200 0501 0044	2014-3-27	2011-3-28	江苏省质量技术监督局
327	盐城市健桥乳业有限公司	乳制品［液体乳（巴氏杀菌乳、调制乳、发酵乳）］	射阳县合德镇解放路4-3号	射阳县合德镇解放路4-3号	自行检验	QS3209 0501 0658	2014-3-27	2011-3-28	江苏省质量技术监督局
328	盐城市泰来神奶业有限公司	乳制品［液体乳（巴氏杀菌乳、发酵乳）］	江苏省盐城市亭湖区南洋镇华泰路16号	江苏省盐城市亭湖区南洋镇华泰路16号	自行检验	QS3209 0501 0735	2014-3-27	2011-3-28	江苏省质量技术监督局
329	扬州市华兴乳业有限公司	乳制品（液体乳）1. 巴氏杀菌乳（原味奶）2. 调制乳（香草味牛奶、菠萝味牛奶、蓝莓味牛奶、草莓味牛奶、青苹果味牛奶）	高邮市甘垛镇甘泉村	高邮市甘垛镇甘泉村	自行检验	QS3210 0501 0334	2014-3-27	2011-3-28	江苏省质量技术监督局

（续）

	企业名称	产品名称	住　　所	生产地点	检验方式	证书编号	有效期至	发证日期	发证单位
330	扬州市扬大康源乳业有限公司	乳制品［液体乳（巴氏杀菌乳、调制乳）］	扬州市食品工业园鼎兴路88号	扬州市食品工业园鼎兴路88号	自行检验	QS3200 0501 0040	2014-3-27	2011-3-28	江苏省质量技术监督局
331	张家港云之兰奶业有限公司	乳制品［液体乳（巴氏杀菌乳、调制乳、发酵乳）］	张家港市苏虞张公路凤凰镇路段8号	张家港市苏虞张公路凤凰镇路段8号	自行检验	QS3205 0501 0002	2014-3-27	2011-3-28	江苏省质量技术监督局
332	镇江市长江乳业有限公司	乳制品［液体乳（巴氏杀菌乳、调制乳、发酵乳）］	镇江市四摆渡	镇江市四摆渡	自行检验	QS3211 0501 0228	2014-3-27	2011-3-28	江苏省质量技术监督局
333	江苏君乐宝乳业有限公司	乳制品［液体乳（调制乳、灭菌乳、发酵乳）］	江苏省丰县顺河工业园区	江苏省丰县顺河工业园区	自行检验	QS3203 0501 0586	2014-3-28	2011-3-29	江苏省质量技术监督局
334	徐州绿健乳业有限责任公司乳品厂	乳制品［液体乳（巴氏杀菌乳、调制乳、发酵乳）］	徐州市北区马场湖	江苏省徐州市北区马场湖	自行检验	QS3203 0501 0585	2014-3-28	2011-3-29	江苏省质量技术监督局
335	徐州卫岗乳品有限公司	乳制品［液体乳（巴氏杀菌乳、调制乳、灭菌乳、发酵乳）］	新沂市无锡-新沂工业园大桥东路218号	新沂市无锡-新沂工业园大桥东路218号	自行检验	QS3203 0501 0587	2014-3-28	2011-3-29	江苏省质量技术监督局
336	常州红梅乳业有限公司	乳制品［液体乳（巴氏杀菌乳、调制乳、灭菌乳、发酵乳）乳粉（牛初乳粉）］	常州市钟楼经济开发区梧桐路56号	常州市钟楼经济开发区梧桐路56号	自行检验	QS3200 0501 0158	2014-3-29	2011-3-30	江苏省质量技术监督局
337	常州优蕾营养乳品有限公司	乳制品（液体乳、发酵乳）	常州市钟楼经济开发区梧桐路56号	常州市钟楼经济开发区梧桐路56号	自行检验	QS3204 0501 1777	2014-3-29	2011-3-30	江苏省质量技术监督局
338	江苏春晖乳业有限公司	乳制品［液体乳（调制乳、灭菌乳、发酵乳）］	江苏武进经济开发区	江苏武进经济开发区	自行检验	QS3204 0501 0319	2014-3-29	2011-3-30	江苏省质量技术监督局
339	南京大旺食品有限公司	乳制品［液体乳（调制乳）］	南京江宁经济技术开发区董村路112号	南京江宁经济技术开发区（董村路112号）	自行检验	QS3201 0501 0229	2014-3-29	2011-3-30	江苏省质量技术监督局
340	伊利苏州乳业有限责任公司	乳制品［液体乳（巴氏杀菌乳、发酵乳）］［其他乳制品（干酪）］	苏州工业园区星龙街459号	苏州工业园区星龙街459号	自行检验	QS3205 0501 1499	2014-3-30	2011-3-31	江苏省质量技术监督局

（续）

	企业名称	产品名称	住　所	生产地点	检验方式	证书编号	有效期至	发证日期	发证单位
341	徐州市凯舜乳业有限公司	乳制品［乳粉（全脂乳粉、调制乳粉）］	徐州市铜山区房村镇鹿台村	江苏省徐州市铜山区房村镇鹿台村	自行检验	QS3203 0501 0006	2014-11-7	2011-11-8	江苏省质量技术监督局
342	蒙牛乳业宿迁有限公司	乳制品［液体乳（灭菌乳、调制乳）］	宿迁经济开发区发展大道西侧	江苏省宿迁市宿迁经济开发区发展大道西侧	自行检验	QS3213 0501 0002	2015-1-10	2012-1-11	江苏省质量技术监督局
343	徐州君乐宝国润乳业有限公司	乳制品（液体乳）1. 灭菌乳（君乐宝纯牛奶）2. 调制乳（五色谷黑米黑豆黑芝麻牛奶、五色谷红枣红豆枸杞牛奶、五色谷花生薏米芡实牛奶）	丰县经济开发区	江苏省徐州市丰县经济开发区丰沛路与经三路交叉处	自行检验	QS3203 0501 0007	2015-2-19	2012-2-20	江苏省质量技术监督局
344	扬州市润扬乳业有限公司	乳制品［液体乳（巴氏杀菌乳）、调制乳（香浓高钙奶、麦香调制乳、红枣调制乳）、发酵乳］风味酸乳（复原乳）、风味酸乳（复原乳）				QS3210 0501 0733			
浙江省（24）									
345	杭州娃哈哈饮料有限公司	乳制品［液体乳（灭菌乳、调制乳、发酵乳）］	杭州经济技术开发区 M-10-1-3 地块	杭州经济技术开发区 M-10-1-3 地块	自行检验	QS3301 0501 1130	2014-2-13	2011-2-14	浙江省质量技术监督局
346	杭州贝因美母婴营养品有限公司	乳制品［乳粉（调制乳粉）］	杭州钱江经济开发区顺风路 512 号	杭州钱江经济开发区顺风路 512 号	自行检验	QS3301 0501 0001	2014-2-27	2011-2-28	浙江省质量技术监督局
347	杭州味全生技食品有限公司	乳制品［乳粉（调制乳粉）］	杭州经济技术开发区十号大街 502 号	杭州经济技术开发区十号大街 502 号	自行检验	QS3301 0501 1623	2014-2-27	2011-2-28	浙江省质量技术监督局

（续）

	企业名称	产品名称	住　所	生产地点	检验方式	证书编号	有效期至	发证日期	发证单位
348	瑞安市百好乳业有限公司	乳制品［其他乳制品（炼乳）］	瑞安市锦湖街道沿江西路163号	瑞安市锦湖街道沿江西路163号	自行检验	QS3303 0501 0737	2014-2-27	2011-2-28	浙江省质量技术监督局
349	浙江贝因美科工贸股份有限公司	乳制品［乳粉（调制乳粉）］	杭州市天目山路160号国际花园B17层	杭州余杭区良渚镇安溪杜成村	自行检验	QS3301 0501 0002	2014-2-27	2011-2-28	浙江省质量技术监督局
350	浙江省杭江牛奶公司乳品厂	乳制品［液体乳（巴氏杀菌乳、灭菌乳、调制乳、发酵乳）］	杭州经济技术开发区光明路8号	杭州经济技术开发区光明路8号	自行检验	QS3300 0501 0050	2014-2-27	2011-2-28	浙江省质量技术监督局
351	浙江熊猫乳品有限公司	乳制品［其他乳制品（炼乳、奶油、干酪）］	温州市苍南县灵溪镇建兴东路650-668号	温州市苍南县灵溪镇建兴东路650-668号	自行检验	QS3300 0501 0337	2014-2-27	2011-9-29	浙江省质量技术监督局
352	杭州味全食品有限公司	乳制品［液体乳（巴氏杀菌乳、发酵乳）］	杭州经济技术开发区四号大街27号西北角	杭州经济技术开发区四号大街27号西北角；杭州经济技术开发区白杨街道银海街468号	自行检验	QS3300 0501 0219	2014-2-27	2012-8-13	浙江省质量技术监督局
353	金华市海华乳业有限公司	乳制品［液体乳（巴氏杀菌乳、灭菌乳、调制乳、发酵乳）、其他乳制品（干酪）］	金华市工业园区熟溪路99号	金华市工业园区熟溪路99号	自行检验	QS3300 0501 0048	2014-3-3	2011-3-4	浙江省质量技术监督局
354	金华市好源乳业有限公司	乳制品［其他乳制品（炼乳）］	金华市金东区多湖街道东湄工业区	金华市金东区多湖街道东湄工业区	自行检验	QS3307 0501 0643	2014-3-3	2011-3-4	浙江省质量技术监督局
355	金华银河生物科技有限公司	乳制品［乳粉（牛初乳粉）］	金华市罗店镇工业区	金华市罗店镇工业区	自行检验	QS3307 0501 1584	2014-3-3	2011-3-4	浙江省质量技术监督局
356	宁波市牛奶集团有限公司	乳制品［液体乳（巴氏杀菌乳、灭菌乳、调制乳、发酵乳）］	宁波市江北区洪盛路6号	宁波市江北区洪盛路6号	自行检验	QS3300 0501 0049	2014-3-3	2011-3-4	浙江省质量技术监督局

（续）

	企业名称	产品名称	住　　所	生产地点	检验方式	证书编号	有效期至	发证日期	发证单位
357	绍兴市一景乳业有限公司	乳制品［液体乳（巴氏杀菌乳、调制乳、发酵乳）］	嵊州市经济开发区	嵊州市经济开发区城东区	自行检验	QS3306 0501 1129	2014－3－3	2011－3－4	浙江省质量技术监督局
358	温州乳品厂	乳制品［液体乳（巴氏杀菌乳、调制乳、发酵乳）、乳粉（全脂乳粉、调制乳粉）、其他乳制品（炼乳）］	温州市樱花路21号	温州市樱花路21号	自行检验	QS3303 0501 1151	2014－3－3	2011－3－4	浙江省质量技术监督局
359	浙江金华市佳乐乳业有限公司	乳制品［液体乳（巴氏杀菌乳、灭菌乳、调制乳、发酵乳）］	金华市工业园区熟溪路99号	金华市工业园区熟溪路99号	自行检验	QS3300 0501 0047	2014－3－3	2011－3－4	浙江省质量技术监督局
360	浙江明旺乳业有限公司	乳制品［液体乳（调制乳）］	浙江省衢州经济开发区东港工业园区东港三路9号	浙江省衢州经济开发区东港工业园区东港三路9号	自行检验	QS3308 0501 1438	2014－3－3	2012－9－17	浙江省质量技术监督局
361	杭州新希望双峰乳业有限公司	乳制品［液体乳（巴氏杀菌乳、灭菌乳、调制乳、发酵乳）］	杭州余杭区余杭经济开发区新洲路836号	杭州市余杭区余杭经济开发区新洲路836号	自行检验	QS3300 0501 0051	2014－3－16	2011－3－17	浙江省质量技术监督局
362	浙江李子园牛奶食品有限公司	乳制品［液体乳（灭菌乳、调制乳、发酵乳）］	金华市金东区曹宅镇李子园工业园	金华市金东区曹宅镇李子园工业园	自行检验	QS3300 0501 0140	2014－3－16	2011－3－17	浙江省质量技术监督局
363	浙江一鸣食品股份有限公司	乳制品［液体乳（巴氏杀菌乳、调制乳、发酵乳）］	浙江省温州市平阳县一鸣工业园	浙江省温州市平阳县一鸣工业园	自行检验	QS3300 0501 0674	2014－3－16	2011－3－17	浙江省质量技术监督局
364	浙江娃哈哈昌盛方便食品有限公司	乳制品［液体乳（发酵乳）］	海宁市农业对外综合开发区春澜西路	浙江省海宁市农业对外综合开发区春澜西路	自行检验	QS3301 0501 0003	2014－4－6	2011－4－7	浙江省质量技术监督局
365	浙江娃哈哈昌盛罐头食品有限公司	乳制品［液体乳（调制乳）］	嘉兴市海宁农业对外综合开发区春澜西路	嘉兴市海宁农业对外综合开发区春澜西路	自行检验	QS3304 0501 0004	2014－6－30	2011－7－1	浙江省质量技术监督局

（续）

	企业名称	产品名称	住　　所	生产地点	检验方式	证书编号	有效期至	发证日期	发证单位
366	浙江美丽健乳业有限公司	乳制品［液体乳（巴氏杀菌乳、调制乳、发酵乳）］	德清县武康镇逸仙路西侧	浙江省湖州市德清县武康镇逸仙路西侧	自行检验	QS3305 0501 0005	2014－9－20	2011－11－18	浙江省质量技术监督局
367	浙江娃哈哈昌盛方便食品有限公司	乳制品［液体乳（发酵乳、调制乳）］				QS3304 0501 0003			
368	浙江娃哈哈昌盛饮料集团有限公司	乳制品［液体乳（调制乳）］				QS3304 0501 0006			
				安徽省（16）					
369	安徽新希望白帝乳业有限公司	乳制品［液体乳（巴氏杀菌乳、灭菌乳、调制乳、发酵乳）］	合肥长丰双凤经济开发区	安徽省合肥市长丰双凤经济开发区金蓉路33号	自行检验	QS3400 0501 0008	2013－12－5	2010－12－6	安徽省质量技术监督局
370	安徽达诺乳业有限公司	乳制品［乳粉（全脂乳粉、调味乳粉）、其他乳制品（炼乳）］	全椒县城东综合经济开发区内	安徽省滁州市全椒县城东综合经济开发区内	自行检验	QS3411 0501 0660	2014－3－22	2011－3－23	安徽省质量技术监督局
371	安徽华园乳业有限责任公司	乳制品［乳粉（调制乳粉），液体乳（巴氏杀菌乳、灭菌乳、调制乳、发酵乳）］	六安市佛子岭路61号	安徽省六安市佛子岭路61号	自行检验	QS3415 0501 0872	2014－3－22	2011－3－23	安徽省质量技术监督局
372	蚌埠市福淋乳业有限公司	乳制品［液体乳（巴氏杀菌乳、发酵乳）］	蚌埠市燕山路东段南侧	安徽省蚌埠市燕山路东段南侧	自行检验	QS3403 0501 0438	2014－3－22	2011－3－23	安徽省质量技术监督局
373	蚌埠市和平乳业有限责任公司	乳制品［乳粉（全脂乳粉、调制乳粉）、液体乳（巴氏杀菌乳、灭菌乳、调制乳、发酵乳）］	蚌埠市朝阳路670号	安徽省蚌埠市朝阳路670号	自行检验	QS3403 0501 0895	2014－3－22	2011－3－23	安徽省质量技术监督局

（续）

	企业名称	产品名称	住　所	生产地点	检验方式	证书编号	有效期至	发证日期	发证单位
374	滁州市奶业有限责任公司	乳制品［液体乳（巴氏杀菌乳、调制乳、灭菌乳、发酵乳）］	滁州市环山路 8 号	安徽省滁州市环山路 8 号	自行检验	QS3411 0501 0480	2014－3－22	2011－3－23	安徽省质量技术监督局
375	蒙牛乳业（马鞍山）有限公司	乳制品［液体乳（巴氏杀菌乳、调制乳、灭菌乳、发酵乳）］	马鞍山市经济技术开发区	安徽省马鞍山市经济技术开发区红旗南路 123 号	自行检验	QS3405 0501 1190	2014－3－22	2011－3－23	安徽省质量技术监督局
376	上海乳品七厂有限公司	乳制品［液体乳（巴氏杀菌乳、调制乳、发酵乳）］	歙县上海市练江牧场	安徽省黄山市歙县上海市练江牧场	自行检验	QS3400 0501 0163	2014－3－22	2011－3－23	安徽省质量技术监督局
377	芜湖卫岗乳业有限公司	乳制品［液体乳（巴氏杀菌乳、调制乳、发酵乳）］	芜湖市经济技术开发区武夷山路	安徽省芜湖市经济技术开发区武夷山路	自行检验	QS3400 0501 0056	2014－3－22	2011－3－23	安徽省质量技术监督局
378	合肥伊利乳业有限责任公司	乳制品［液体乳（灭菌乳、调制乳）］	合肥市双凤工业园区双凤大道 169 号	安徽省合肥市双凤工业园区双凤大道 169 号	自行检验	QS3401 0501 1323	2014－3－27	2011－3－28	安徽省质量技术监督局
379	淮南益益营养食品科技有限公司	乳制品［液体乳（巴氏杀菌乳、调制乳、灭菌乳、发酵乳）、乳粉（全脂乳粉、调制乳粉）］	淮南市经济技术开发区	安徽省淮南市淮南市经济技术开发区朝阳东路 32 号	自行检验	QS3404 0501 1445	2014－3－27	2011－3－28	安徽省质量技术监督局
380	安徽曦强乳业集团有限公司	乳制品［液体乳（巴氏杀菌乳、灭菌乳、调制乳、发酵乳）］	淮北凤凰山经济开发区凤翔路 1 号	安徽省淮北市凤凰山经济开发区凤翔路 1 号	自行检验	QS3406 0501 0661	2014－3－30	2011－3－31	安徽省质量技术监督局
381	合肥娃哈哈饮料有限公司	乳制品［液体乳（调制乳、发酵乳）］	合肥市高新区信息产业园综合服务中心 333 室	安徽省合肥市长江西路 2221 号	自行检验	QS3400 0501 0003	2014－7－24	2011－7－25	安徽省质量技术监督局
382	安庆旺旺食品有限公司	乳制品［液体乳（调制乳）］	安徽省安庆长江大桥综合经济开发区	安徽省安庆长江大桥综合经济开发区	自行检验	QS3400 0501 0006	2015－7－5	2012－7－6	安徽省质量技术监督局

（续）

	企业名称	产品名称	住　所	生产地点	检验方式	证书编号	有效期至	发证日期	发证单位
383	巢湖娃哈哈昌盛饮料有限公司	乳制品［液体乳（调制乳、发酵乳）］				QS3400 0501 0009			
384	现代牧业（肥东）有限公司	乳制品［液体乳（调制乳、灭菌乳）］				QS3400 0501 0005			
				福建省（12）					
385	福建澳牛乳业有限公司	乳制品［液体乳（调制乳、灭菌乳）］	浦城县南浦生态工业园区三元1号	浦城县南浦生态工业园区三元1号	自行检验	QS3507 0501 0270	2013-9-19	2011-2-24	福建省质量技术监督局
386	福建宏宝露乳业股份有限公司	乳制品［液体乳（巴氏杀菌乳、灭菌乳、酸乳）］	福清市宏路镇东坪88号	福清市宏路镇东坪88号	自行检验	QS3501 0501 0350	2013-10-28	2010-10-29	福建省质量技术监督局
387	台农（厦门）农牧有限公司	乳制品［液体乳（巴氏杀菌乳、调制乳、发酵乳）］	厦门市同安区五显镇溪西村	厦门市同安区五显镇溪西村	自行检验	QS3502 0501 0459	2014-2-20	2012-9-29	福建省质量技术监督局
388	明一国际营养品集团有限公司	乳制品［乳粉（调制乳粉）］	福州空港工业集中区大鹤段	福建福州空港工业集中区大鹤段、福州航空港工业集中区仙昙路3号	自行检验	QS3500 0501 1770	2014-2-23	2012-7-27	福建省质量技术监督局
389	福鼎市晨冠乳业有限公司	乳制品［乳粉（全脂乳粉）］	福鼎市星火工业园区2-8号	福鼎市星火工业园区2-8号	自行检验	QS3500 0501 1579	2014-3-17	2011-3-18	福建省质量技术监督局
390	福建大乘乳业股份有限公司	乳制品［液体乳（巴氏杀菌乳、灭菌乳、发酵乳、调制乳）］	福建南平市大横镇常坑口	南平市建溪路81号	自行检验	QS3507 0501 0141	2014-3-17	2012-3-27	福建省质量技术监督局
391	福建长富乳品有限公司	乳制品［液体乳（巴氏杀菌乳、灭菌乳、调制乳、发酵乳）、乳粉（牛初乳粉）］	南平市延平区长富路168号	南平市延平区长富路168号	自行检验	QS3507 0501 0058	2014-3-17	2012-7-2	福建省质量技术监督局

（续）

	企业名称	产品名称	住　　所	生产地点	检验方式	证书编号	有效期至	发证日期	发证单位
392	福建省闽牛乳业有限公司	乳制品［液体乳（巴氏杀菌乳、发酵乳、调制乳）］	三明市梅列区碧湖工业园区	三明市梅列区碧湖工业园区	自行检验	QS3504 0501 0662	2014-3-17	2012-7-27	福建省质量技术监督局
393	厦门久牧乳业有限公司	乳制品［液体乳（巴氏杀菌乳、调制乳）］	厦门市集美区后溪镇岩内村内湖打石山	福建省厦门市集美区后溪镇岩内村内湖打石山	自行检验	QS3500 0501 1769	2014-3-27	2012-2-8	福建省质量技术监督局
394	界面蛋白质技术（福建）有限公司	乳制品［其他乳制品（干酪）］	龙海市九湖工业区木棉工业园1号	漳州市龙海九湖工业区木棉工业园1号	自行检验	QS3500 0501 1774	2014-12-8	2011-12-9	福建省质量技术监督局
395	福建省三明市多丰食品有限公司	乳制品［液体乳（发酵乳）］	福建省三明市三元区荆东溪滨路8号	福建省三明市三元区荆东溪滨路8号	自行检验	QS3500 0501 1775	2015-1-17	2012-5-25	福建省质量技术监督局
396	恒信乐健（厦门）生物技术有限公司	乳制品［乳粉（调制乳粉）］				QS3500 0501 1776			
				江西省（10）					
397	江西金薄金生态科技有限公司	乳制品［乳粉（调制乳粉）］	江西省宜春市高安市八景工业园	江西省宜春市高安市八景工业园	自行检验	QS3600 0501 0918	2014-3-29	2011-3-30	江西省质量技术监督局
398	江西美庐乳业集团有限公司	乳制品［乳粉（调制乳粉）］	江西省九江市庐山区生态工业城	江西省九江市庐山区生态工业城	自行检验	QS3600 0501 0686	2014-3-29	2011-3-30	江西省质量技术监督局
399	江西省大富乳业集团有限公司	乳制品［液体乳（巴氏杀菌乳、调制乳、发酵乳）］	江西省萍乡市芦溪县银河	江西省萍乡市芦溪县银河	自行检验	QS3600 0501 0647	2014-3-29	2011-3-30	江西省质量技术监督局
400	江西维雀乳业有限公司	乳制品［液体乳（巴氏杀菌乳、调制乳、灭菌乳、发酵乳）］	江西省南昌市高新技术开发区艾溪湖一路569号	江西省南昌市高新技术开发区艾溪湖一路569号	自行检验	QS3600 0501 0511	2014-3-29	2011-3-30	江西省质量技术监督局

（续）

	企业名称	产品名称	住　所	生产地点	检验方式	证书编号	有效期至	发证日期	发证单位
401	江西雄鹰乳业有限公司	乳制品［乳粉（调制乳粉）］	江西省南昌市小蓝经济开发区金沙三路富山二路969号	江西省南昌市小蓝经济开发区金沙三路富山二路969号	自行检验	QS3600 0501 1429	2014-3-29	2011-3-30	江西省质量技术监督局
402	江西阳光乳业股份有限公司	乳制品［液体乳（巴氏杀菌乳、调制乳、灭菌乳、发酵乳）］	江西省南昌市青云谱区岱山东路1号	江西省南昌市青云谱区岱山东路1号	自行检验	QS3600 0501 0059	2014-3-29	2011-3-30	江西省质量技术监督局
403	江西英雄乳业股份有限公司	乳制品［液体乳（巴氏杀菌乳、调制乳、灭菌乳、发酵乳）、乳粉（全脂乳粉、调制乳粉）］	江西省南昌市蛟桥镇	江西省南昌市蛟桥镇	自行检验	QS3600 0501 0513	2014-3-29	2011-3-30	江西省质量技术监督局
404	于都高山青草奶业有限公司	乳制品［液体乳（巴氏杀菌乳、灭菌乳、调制乳、发酵乳）］	江西省赣州市于都县靖石乡黄沙村	江西省赣州市于都县靖石乡黄沙村	自行检验	QS3600 0501 0748	2014-3-29	2011-3-30	江西省质量技术监督局
405	江西牛牛乳业有限责任公司	乳制品［液体乳（巴氏杀菌乳、调制乳、灭菌乳、发酵乳）］	吉安市吉州区中山西路11号内	江西省吉安市国家井冈山经济技术开发区建设大道329号	自行检验	QS3600 0501 0481	2014-3-29	2012-7-6	江西省质量技术监督局
406	南昌娃哈哈食品有限公司	乳制品［液体乳（发酵乳）］	南昌市民营科技园内	江西省南昌市民营科技园内	自行检验	QS3600 0501 0001	2014-9-28	2011-9-29	江西省质量技术监督局
				山东省（55）					
407	山东得益乳业有限公司	乳制品［其他乳制品（干酪）、液体乳（巴氏杀菌乳、灭菌乳、调制乳、发酵乳）］	淄博开发区裕民路135号	淄博高新技术产业开发区裕民路135号	自行检验	QS3703 0501 0064	2014-3-1	2011-3-2	山东省质量技术监督局

（续）

	企业名称	产品名称	住　　所	生产地点	检验方式	证书编号	有效期至	发证日期	发证单位
408	蒙牛乳业泰安有限责任公司	乳制品［液体乳（调制乳、灭菌乳、发酵乳）］	泰安高新技术开发区中天门大街	泰安高新技术开发区中天门大街	自行检验	QS3709 0501 0535	2014-3-6	2011-3-7	山东省质量技术监督局
409	青岛雀巢有限公司	乳制品［其他乳制品（炼乳、奶油）、液体乳（调制乳）］	青岛莱西市威海西路	青岛莱西市威海西路	自行检验	QS3702 0501 0063	2014-3-13	2011-3-14	山东省质量技术监督局
410	山东三元乳业有限公司	乳制品（液体乳）	山东省潍坊市坊子区崇文街66号	山东省潍坊市坊子区崇文街66号	自行检验	QS3707 0501 1580	2014-3-13	2011-3-14	山东省质量技术监督局
411	圣元营养食品有限公司	乳制品［乳粉（调制乳粉）］	青岛胶南市圣元路777号	青岛胶南市圣元路777号	自行检验	QS3702 0501 1613	2014-3-15	2012-4-23	山东省质量技术监督局
412	青岛开开加食品有限公司	乳制品［液体乳（巴氏杀菌乳、调制乳、灭菌乳、发酵乳）］	青岛高科技工业园（高新区）惠特工业城A区	青岛高科技工业园（高新区）惠特工业城A区	自行检验	QS3702 0501 0482	2014-3-16	2011-3-17	山东省质量技术监督局
413	光明乳业（德州）有限公司	乳制品［液体乳（灭菌乳、调制乳、发酵乳）］	德州市经济开发区	山东省德州市经济开发区晶华路北首	自行检验	QS3714 0501 0192	2014-3-17	2011-3-18	山东省质量技术监督局
414	临沂盛能乳业有限责任公司	乳制品［液体乳（巴氏杀菌乳、调制乳、灭菌乳、发酵乳）］	临沂市罗庄区湖北路东段	临沂市罗庄区湖北路东段	自行检验	QS3713 0501 0238	2014-3-20	2011-3-21	山东省质量技术监督局
415	山东兴牛乳业有限公司	乳制品［液体乳（巴氏杀菌乳、调制乳、灭菌乳、发酵乳）］	济南市历城区桑园路10号	济南市历城区桑园路10号	自行检验	QS3701 0501 1581	2014-3-20	2011-3-21	山东省质量技术监督局
416	山东阳春羊奶乳业有限公司	乳制品［液体乳（调制乳、灭菌乳）］	潍坊市坊子区潍安路169号	潍坊市坊子区潍安路169号	自行检验	QS3707 0501 1362	2014-3-22	2011-3-23	山东省质量技术监督局

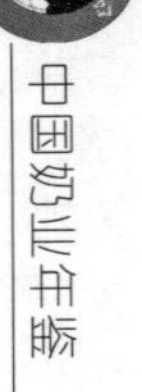

（续）

	企业名称	产品名称	住　　所	生产地点	检验方式	证书编号	有效期至	发证日期	发证单位
417	山东银香大地乳业有限公司	乳制品［液体乳（巴氏杀菌乳、调制乳、灭菌乳、发酵乳）］	山东曹县五里墩	山东曹县五里墩	自行检验	QS3717 0501 0176	2014－3－23	2011－3－24	山东省质量技术监督局
418	迈高乳业（青岛）有限公司	乳制品［乳粉（调制乳粉）］	青岛市城阳区惜福镇街道后金社区	山东省青岛市城阳区惜福镇街道后金社区	自行检验	QS3702 0501 1517	2014－3－24	2011－3－25	山东省质量技术监督局
419	青岛新希望琴牌乳业有限公司	乳制品［液体乳（巴氏杀菌乳、灭菌乳、调制乳、发酵乳）］	青岛市胶州市经济技术开发区太湖路6号	青岛市胶州市经济技术开发区太湖路6号	自行检验	QS3702 0501 1624	2014－3－25	2011－3－26	山东省质量技术监督局
420	山东朝日绿源乳业有限公司	乳制品［液体乳（灭菌乳）］	莱阳市沐浴店镇朝日绿源农业园	烟台市莱阳市龙大工业园	自行检验	QS3706 0501 1781	2014－3－25	2011－3－26	山东省质量技术监督局
421	山东凤祥乳业有限公司	乳制品［液体乳（巴氏杀菌乳、灭菌乳、调制乳、发酵乳）］	阳谷县安乐镇刘庙村	阳谷县安乐镇刘庙村	自行检验	QS3715 0501 0343	2014－3－25	2011－3－26	山东省质量技术监督局
422	山东清大乳业有限公司	乳制品［液体乳（巴氏杀菌乳、灭菌乳、调制乳、发酵乳）］	新泰市楼德镇前柴城村东临	新泰市楼德镇前柴城村东临	自行检验	QS3709 0501 1713	2014－3－25	2011－3－26	山东省质量技术监督局
423	山东亚奥特乳业有限公司	乳制品［乳粉（全脂乳粉）、液体乳（巴氏杀菌乳、调制乳、发酵乳）］	泰安市省庄开发区	泰安市省庄开发区	自行检验	QS3709 0501 0068	2014－3－25	2011－3－26	山东省质量技术监督局
424	泰安伊特乳业有限责任公司	乳制品［液体乳（灭菌乳、调制乳）］	泰安市省庄开发区	泰安市省庄开发区	自行检验	QS3709 0501 0379	2014－3－25	2011－3－26	山东省质量技术监督局
425	烟台完达山工业园投资开发有限责任公司	乳制品［液体乳（巴氏杀菌乳、调制乳、灭菌乳、发酵乳）］	牟平经济技术开发区	烟台市牟平经济技术开发区武五路518号	自行检验	QS3706 0501 0008	2014－3－25	2011－3－26	山东省质量技术监督局

（续）

	企业名称	产品名称	住　　所	生产地点	检验方式	证书编号	有效期至	发证日期	发证单位
426	烟台益生源乳业有限公司	乳制品［液体乳（巴氏杀菌乳、发酵乳）］	烟台市福山区回里工业园	烟台市福山区回里工业园	自行检验	QS3706 0501 0002	2014－3－25	2011－10－25	山东省质量技术监督局
427	威海和惠乳业有限公司	乳制品［乳粉（全脂乳粉、调制乳粉）］	威海市温泉镇前亭子村	威海市温泉镇前亭子村	自行检验	QS3710 0501 0380	2014－3－26	2011－3－27	山东省质量技术监督局
428	威海嘉盛乳业有限公司	乳制品［液体乳（巴氏杀菌乳、灭菌乳、调制乳、发酵乳）、乳粉（全脂乳粉、脱脂乳粉、调制乳粉）］	荣成市成山大道	荣成市成山大道119号	自行检验	QS3710 0501 0073	2014－3－26	2011－3－27	山东省质量技术监督局
429	济南佳宝乳业有限公司	乳制品［液体乳（巴氏杀菌乳、灭菌乳、调制乳、发酵乳）］	济南市长清区明发路1999号	济南市长清区明发路1999号	自行检验	QS3701 0501 0060	2014－3－27	2011－3－28	山东省质量技术监督局
430	山东德正乳业有限公司	乳制品［乳粉（全脂乳粉、调制乳粉）］	文登市秀山西路9－1号	文登市秀山西路9号	自行检验	QS3710 0501 0071	2014－3－27	2011－3－28	山东省质量技术监督局
431	威海金宝乳业有限公司	乳制品［液体乳（巴氏杀菌乳、灭菌乳、调制乳）、乳粉（全脂乳粉）］	文登市文登营镇天福山金洋路88号	文登市文登营镇天福山金洋路88号	自行检验	QS3710 0501 1464	2014－3－27	2011－3－28	山东省质量技术监督局
432	山东新明食品饮料有限公司	乳制品［液体乳（灭菌乳）］		山东省淄博市沂源县东里镇驻地	自行检验	QS3703 0501 0065	2014－3－27	2012－4－23	山东省质量技术监督局
433	山东百慧乳业有限公司	乳制品［液体乳（灭菌乳、调制乳）］	莒县城区工业园百慧路北侧	莒县城区工业园百慧路北侧	自行检验	QS3711 0501 0689	2014－3－28	2011－3－29	山东省质量技术监督局
434	山东万宝乳业有限公司	乳制品［乳粉（全脂乳粉、调制乳粉）］	临朐县辛寨镇政府驻地	临朐县辛寨镇政府驻地万宝路6号	自行检验	QS3707 0501 1498	2014－3－28	2011－3－29	山东省质量技术监督局
435	潍坊维维乳业有限公司	乳制品［液体乳（调制乳、灭菌乳）］	临朐卧龙工业园	临朐县辛寨镇卧龙工业园冶伦路南侧73号	自行检验	QS3707 0501 0193	2014－3－28	2011－3－29	山东省质量技术监督局

（续）

	企业名称	产品名称	住　所	生产地点	检验方式	证书编号	有效期至	发证日期	发证单位
436	山东合生源食品有限公司	乳制品［液体乳（巴氏杀菌乳、灭菌乳）］	泰安市泰山区泰前街道办事处下峪村	泰安市泰山区泰前街道办事处下峪村	自行检验	QS3709 0501 1515	2014-3-29	2011-3-30	山东省质量技术监督局
437	山东泰山安康生态乳业有限公司	乳制品［液体乳（巴氏杀菌乳）］	泰安市岱岳区徂徕镇北望村	泰安市岱岳区徂徕镇北望村	自行检验	QS3709 0501 1024	2014-3-29	2011-3-30	山东省质量技术监督局
438	山东伊怡乳业有限公司	乳制品［液体乳（灭菌乳）］	邹平县九户镇	邹平县九户镇	自行检验	QS3716 0501 0220	2014-3-29	2011-3-30	山东省质量技术监督局
439	济南维维乳业有限公司	乳制品［液体乳（灭菌乳、调制乳）］	济南市历城区遥墙镇商业街东首8号	济南市历城区遥墙镇商业街东首8号	自行检验	QS3701 0501 0061	2014-3-30	2011-3-31	山东省质量技术监督局
440	济南伊利乳业有限责任公司	乳制品［液体乳（巴氏杀菌乳、灭菌乳、调制乳、发酵乳）、其他乳制品（干酪、奶油）］	平阴县济西工业园区	济南市平阴县济西工业园区	自行检验	QS3701 0501 1352	2014-3-30	2011-3-31	山东省质量技术监督局
441	济宁维维乳业有限公司	乳制品［液体乳（巴氏杀菌乳、调制乳、灭菌乳、发酵乳）］	邹城市太平里能工业园	邹城市太平里能工业园	自行检验	QS3708 0501 0487	2014-3-30	2011-3-31	山东省质量技术监督局
442	青岛索康食品有限公司	乳制品	青岛胶州市张应镇大朱戈工业园招商镇	青岛胶州市张应镇大朱戈工业园招商镇	自行检验	QS3702 0501 1614	2014-3-30	2011-3-31	山东省质量技术监督局
443	山东高速生物工程有限公司	乳制品［液体乳（巴氏杀菌乳、发酵乳）］	济阳县新市镇（山东高速现代牧业有限公司院内）	山东省济南市济阳县新市镇（山东高速现代牧业有限公司院内）	自行检验	QS3701 0501 1744	2014-3-30	2011-3-31	山东省质量技术监督局
444	威海喜盈门乳品有限公司	乳制品［液体乳（发酵乳）］	威海市东部工业新城桥兴路129号	威海市东部工业新城桥兴路129号	自行检验	QS3710 0501 0486	2014-3-30	2011-3-31	山东省质量技术监督局
445	山东旺旺食品有限公司	乳制品［液体乳（调制乳）、其他乳制品（炼乳）］	济南市济阳县济北经济开发区	济南市济阳县济北经济开发区	自行检验	QS3701 0501 0062	2014-3-30	2012-1-7	山东省质量技术监督局

（续）

	企业名称	产品名称	住　　所	生产地点	检验方式	证书编号	有效期至	发证日期	发证单位
446	烟台长生乳品有限公司	乳制品	芝罘区卧龙经济园区荆山路2号	芝罘区卧龙经济园区荆山路2号	部分项目委托检验	QS3706 0501 1056	2014-4-1	2011-4-2	山东省质量技术监督局
447	济宁三强乳业有限公司	乳制品	济宁市常青路32号	济宁市常青路32号	自行检验	QS3708 0501 0342	2014-4-11	2011-4-12	山东省质量技术监督局
448	潍坊紫鸢乳业发展有限公司	乳制品	潍坊高新区樱前街3537号	潍坊高新区樱前街3537号	自行检验	QS3707 0501 0009	2014-4-11	2011-4-12	山东省质量技术监督局
449	山东华英食品有限公司	乳制品	菏泽开发区黄河东路1717号	菏泽开发区黄河东路1717号	自行检验	QS3717 0501 0175	2014-4-12	2011-4-13	山东省质量技术监督局
450	山东鹏程食品股份有限公司	乳制品	威海工业新区苘山镇山马邹村	威海工业新区苘山镇山马邹村	自行检验	QS3710 0501 0069	2014-4-18	2011-4-19	山东省质量技术监督局
451	沂水县御膳香乳业有限公司	乳制品	山东省沂水县裕丰开发区	山东省沂水县裕丰开发区	自行检验	QS3713 0501 1420	2014-4-18	2011-4-19	山东省质量技术监督局
452	东君乳业（禹城）有限公司	乳制品	禹城市高新技术开发区	禹城市高新技术开发区	自行检验	QS3714 0501 0010	2014-4-21	2011-4-22	山东省质量技术监督局
453	聊城市团团乳业有限公司	乳制品	聊城市东昌府区侯营工业园	聊城市东昌府区侯营工业园	自行检验	QS3715 0501 1353	2014-4-21	2011-4-22	山东省质量技术监督局
454	临朐乾福乳业有限公司	乳制品	临朐上林镇东周家庄村	临朐县龙岗镇王家寨子村	自行检验	QS3707 0501 0011	2014-5-15	2011-5-16	山东省质量技术监督局
455	潍坊伊利乳业有限责任公司	乳制品	临朐县城关街道西环路西侧朐山路南侧	临朐县城关街道西环路西侧朐山路南侧	自行检验	QS3707 0501 0012	2014-5-18	2011-5-19	山东省质量技术监督局
456	烟台凯芙食品有限公司	乳制品	牟平区新区大街656号	烟台市牟平区新区大街656号	部分委托检验	QS3706 0501 0897	2014-8-21	2011-7-13	山东省质量技术监督局

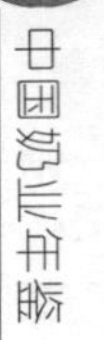

（续）

	企业名称	产品名称	住　所	生产地点	检验方式	证书编号	有效期至	发证日期	发证单位
457	山东莱河乳业有限公司	乳制品	菏泽市单县莱河镇	菏泽市单县莱河镇	自行检验	QS3717 0501 0401	2014-9-20	2011-9-21	山东省质量技术监督局
458	东营安和乳业有限公司	乳制品	乳制品	广饶县经济技术开发区广达路48号	自行检验	QS3705 0501 1091	2014-12-4	2011-7-6	山东省质量技术监督局
459	青岛迎春乐食品有限公司	乳制品［液体乳（巴氏杀菌乳、灭菌乳、发酵乳、调制乳）］	青岛市城阳区礼阳路8号	青岛市城阳区礼阳路8号	自行检验	QS3702 0501 0174	2015-4-5	2012-4-6	山东省质量技术监督局
460	临沂格瑞食品有限公司	乳制品［液体乳（巴氏杀菌乳、调制乳、灭菌乳、发酵乳）］	临沂市高新区罗六路与双月园路交汇处西北	临沂市高新区罗六路与双月园路交汇处西北	自行检验	QS3713 0501 1200	2015-6-28	2012-6-29	山东省质量技术监督局
461	青岛金大洋乳业有限公司	乳制品（乳粉）	青岛胶南市王台镇驻地	青岛胶南市王台镇驻地	自行检验	QS3702 0501 1201	2015-7-4	2012-7-5	山东省质量技术监督局
				河南省（34）					
462	河南花花牛乳业股份有限公司	乳制品［液体乳（调制乳、灭菌乳）］	郑州市新郑港区豫港大道西侧	郑州市新郑港区豫港大道西侧	自行检验	QS4100 0501 1561	2014-3-24	2011-3-25	河南省质量技术监督局
463	河南花花牛乳业有限公司	乳制品［液体乳（巴氏杀菌乳、调制乳、灭菌乳、发酵乳）］，乳制品［乳粉（全脂乳粉）］	郑州市晨旭路68号	郑州市晨旭路68号	自行检验	QS4100 0501 0258	2014-3-24	2011-3-25	河南省质量技术监督局
464	河南佳源乳业股份有限公司	乳制品［液体乳（巴氏杀菌乳、调制乳、灭菌乳、发酵乳）］	河南舞阳县佳源路1号	河南舞阳县佳源路1号	自行检验	QS4100 0501 1568	2014-3-24	2011-3-25	河南省质量技术监督局

（续）

	企业名称	产品名称	住　　所	生产地点	检验方式	证书编号	有效期至	发证日期	发证单位
465	河南金利尔奶业有限公司	乳制品［液体乳（巴氏杀菌乳、发酵乳）］	开发区化工路东段23号街坊	开发区化工路东段23号街坊	自行检验	QS4107 0501 0804	2014-3-24	2011-3-25	河南省质量技术监督局
466	河南科迪乳业股份有限公司	乳制品［液体乳（巴氏杀菌乳、调制乳、灭菌乳、发酵乳）］	河南省虞城县利民乡工业园区虞单路北侧18号	河南省虞城县产业集聚区工业大道18号	自行检验	QS4100 0501 0664	2014-3-24	2011-3-25	河南省质量技术监督局
467	河南三剑客奶业有限责任公司	乳制品［液体乳（巴氏杀菌乳、灭菌乳、发酵乳）］	漯河市长江路39号	漯河市长江路39号	自行检验	QS4111 0501 0386	2014-3-24	2011-3-25	河南省质量技术监督局
468	河南伊利乳业有限公司	乳制品［液体乳（巴氏杀菌乳、发酵乳）］	平顶山市宝丰县郏宝路66号	平顶山市宝丰县郏宝路66号	自行检验	QS4104 0501 1562	2014-3-24	2011-3-25	河南省质量技术监督局
469	焦作市博农乳业有限责任公司	乳制品［液体乳（巴氏杀菌乳、灭菌乳、发酵乳）］	焦作市博爱县磨头镇	焦作市博爱县磨头镇	自行检验	QS4108 0501 0382	2014-3-24	2011-3-25	河南省质量技术监督局
470	开封市禹王乳业有限公司	乳制品［液体乳（巴氏杀菌乳、发酵乳）］	开封市禹王台区南郊乡豆腐营村	开封市禹王台区南郊乡豆腐营村	自行检验	QS4102 0501 0938	2014-3-24	2011-3-25	河南省质量技术监督局
471	洛阳阿新奶业有限公司	乳制品［液体乳（巴氏杀菌乳、灭菌乳、发酵乳）］	洛阳空港产业集聚区（孟津县麻屯镇董村）	洛阳空港产业集聚区（孟津县麻屯镇董村）	自行检验	QS4100 0501 0257	2014-3-24	2011-3-25	河南省质量技术监督局
472	洛阳生生乳业有限公司	乳制品［液体乳（巴氏杀菌乳、调制乳、灭菌乳、发酵乳）］	孟津县平乐镇翟泉村	孟津县平乐镇翟泉村	自行检验	QS4103 0501 0222	2014-3-24	2011-3-25	河南省质量技术监督局
473	蒙牛乳业（焦作）有限公司	乳制品［液体乳（调制乳、灭菌乳、发酵乳）］	焦作高新区神州路	焦作市高新区神州路3188号	自行检验	QS4108 0501 0385	2014-3-24	2011-3-25	河南省质量技术监督局
474	漯河市永利食品有限公司	乳制品［液体乳（灭菌乳）］	漯河经济开发区南环东路26号	漯河经济开发区南环东路26号	自行检验	QS4111 0501 1786	2014-3-24	2011-3-25	河南省质量技术监督局
475	河南宝乐奶业有限公司	乳制品［液体乳（巴氏杀菌乳、发酵乳）］	扶沟县韭园经济开发区	扶沟县韭园经济开发区	自行检验	QS4116 0501 0678	2014-3-25	2011-3-25	河南省质量技术监督局

（续）

	企业名称	产品名称	住　　所	生产地点	检验方式	证书编号	有效期至	发证日期	发证单位
476	河南三色鸽乳业有限公司	乳制品［液体乳（巴氏杀菌乳、调制乳、灭菌乳、发酵乳）］	南阳市张衡东路	1. 南阳市张衡东路 2. 南阳市伏牛路与纬三路交叉口东南角	自行检验	QS4113 0501 0491	2014-3-29	2011-3-30	河南省质量技术监督局
477	河南邑源乳业有限公司	乳制品［液体乳（发酵乳）］	长葛市老城镇北街	长葛市老城镇北街路西中段	自行检验	QS4110 0501 0489	2014-3-29	2011-3-30	河南省质量技术监督局
478	洛阳巨尔乳业有限公司	乳制品［液体乳（巴氏杀菌乳、调制乳、灭菌乳、发酵乳）］	洛阳市高新技术产业开发区辛店工业园区1号	洛阳市高新技术产业开发区辛店工业园区1号	自行检验	QS4100 0501 0256	2014-3-29	2011-3-30	河南省质量技术监督局
479	南阳农校绿白乳制品厂	乳制品［液体乳（巴氏杀菌乳、发酵乳）］	南阳市卧龙路89号	南阳市卧龙路89号	自行检验	QS4113 0501 0774	2014-3-29	2011-3-30	河南省质量技术监督局
480	西峡县新太阳乳业有限责任公司	乳制品［液体乳（巴氏杀菌乳、发酵乳）］	西峡县县城电厂路西段	西峡县县城电厂路西段	自行检验	QS4113 0501 1638	2014-3-29	2011-3-30	河南省质量技术监督局
481	新乡市三元食品有限公司	乳制品［液体乳（调制乳、灭菌乳）］	新乡市原阳县原阳工业区南二环路1号	新乡市原阳县原阳工业区南二环路1号	自行检验	QS4107 0501 1751	2014-3-29	2011-3-30	河南省质量技术监督局
482	郑州光明山盟乳业有限公司	乳制品［液体乳（灭菌乳、酸乳）］	郑州市中原区电厂路7号	郑州市中原区电厂路7号	自行检验	QS4101 0501 0675	2014-3-29	2011-3-30	河南省质量技术监督局
483	郑州妙可奶业有限公司	乳制品［乳粉（全脂乳粉、全脂加糖乳粉、调味乳粉）］	郑州马寨开发区工业苑区	郑州马寨开发区工业苑区	自行检验	QS4101 0501 0627	2014-3-29	2011-3-30	河南省质量技术监督局
484	濮阳市皇哺牛奶有限公司	乳制品［液体乳（巴氏杀菌乳、发酵乳）］	市黄河路西段	濮阳市黄河路西段	自行检验	QS4109 0501 0001	2014-3-29	2011-3-30	河南省质量技术监督局
485	河南农业大学畜牧兽医科技公司	乳制品［液体乳（巴氏杀菌乳、发酵乳）］	郑州市金水区东风路2号附109号	郑州市金水区东风路2号附109号	自行检验	QS4101 0501 1134	2014-4-7	2011-4-8	河南省质量技术监督局

（续）

	企业名称	产品名称	住　　所	生产地点	检验方式	证书编号	有效期至	发证日期	发证单位
486	郑州市金水乳制品厂	乳制品［液体乳（发酵乳）］	郑州市惠济区新城办常庄村	郑州市惠济区新城办常庄村	自行检验	QS4101 0501 0803	2014-4-7	2011-4-8	河南省质量技术监督局
487	河南金元乳业有限公司	乳制品［乳粉（全脂乳粉、调味乳粉）］	驻马店市驿城区水屯工业园	驻马店市驿城区水屯工业园	自行检验	QS4117 0501 1734	2014-4-20	2011-4-21	河南省质量技术监督局
488	灵宝阿姆斯饮品有限责任公司	乳制品［液体乳（巴氏杀菌乳、发酵乳）］	河南省灵宝市长安路62号	河南省灵宝市长安路62号	自行检验	QS4112 0501 0466	2014-5-5	2011-5-6	河南省质量技术监督局
489	安钢集团附属企业有限责任公司三博乳业分公司	乳制品［液体乳（巴氏杀菌乳、发酵乳）］	淇县北阳镇高云路中段	淇县北阳镇高云路中段	自行检验	QS4106 0501 0002	2014-5-18	2011-5-19	河南省质量技术监督局
490	中国水电十一局有限公司三隆分公司	乳制品［液体乳（巴氏杀菌乳、发酵乳）］	三门峡市六峰北路（十一局物资总公司院内）	三门峡市湖滨区六峰北路	自行检验	QS4112 0501 0001	2014-5-18	2011-5-19	河南省质量技术监督局
491	南阳市乐乐牛乳业有限责任公司	乳制品［液体乳（巴氏杀菌乳、调制乳、灭菌乳、发酵乳）］	南阳市龙升工业园区2号路	南阳市龙升工业园区2号路	自行检验	QS4113 0501 0492	2014-6-19	2011-6-20	河南省质量技术监督局
492	新乡市康元乳业有限公司	乳制品［液体乳（巴氏杀菌乳、发酵乳）］	卫辉市庞寨乡东柳位村	卫辉市庞寨乡东柳位村	自行检验	QS4107 0501 0001	2014-8-29	2011-8-30	河南省质量技术监督局
493	新乡市田园乳业有限公司	乳制品［液体乳（巴氏杀菌乳、发酵乳）］	辉县市东环路南段路西	辉县市东环路南段路西	自行检验	QS4107 0501 0002	2014-9-7	2011-9-8	河南省质量技术监督局
494	新乡娃哈哈昌盛饮料有限公司	乳制品［液体乳（发酵乳）］	新乡市开发区道清路208号	新乡市开发区道清路208号	自行检验	QS4100 0501 0001	2015-8-26	2012-8-27	河南省质量技术监督局

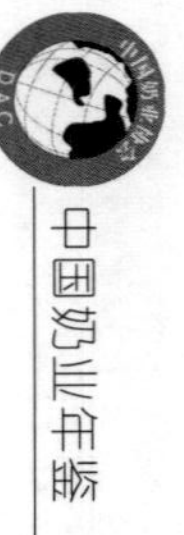

（续）

	企业名称	产品名称	住　　所	生产地点	检验方式	证书编号	有效期至	发证日期	发证单位
495	济源伊利乳业有限责任公司	乳制品［液体乳（调制乳、灭菌乳）］				QS4118 0501 0001			
湖北省（13）									
496	武汉维维乳业有限公司	乳制品［液体乳（调制乳、发酵乳）］	武汉市经济技术开发区车城南街55号	湖北省武汉市经济技术开发区车城南街55号	自行检验	QS4201 0501 0074	2012-12-29	2009-11-9	湖北省质量技术监督局
497	杜尔伯特伊利乳业有限责任公司武汉分公司	乳制品［乳粉（调制乳粉）］	武汉市经济技术开发区莲湖路35号	湖北省武汉市经济技术开发区莲湖路35号	自行检验	QS4200 0501 1503	2013-3-11	2012-5-2	湖北省质量技术监督局
498	武汉统一企业食品有限公司	乳制品［液体乳（调制乳）］	武汉市东西湖区吴家山街东西湖大道6007号	湖北省武汉市东西湖区吴家山街东西湖大道6007号	自行检验	QS4201 0501 1765	2013-3-25	2010-3-26	湖北省质量技术监督局
499	十堰市星海乳业有限公司	乳制品［液体乳（巴氏杀菌乳、发酵乳）］	十堰市人民北路14号（港晖花园富丽阁）	湖北省十堰市大岭路58号	自行检验	QS4203 0501 0198	2013-6-25	2010-7-8	湖北省质量技术监督局
500	武汉光明乳品有限公司	乳制品［液体乳（巴氏杀菌乳、调制乳、灭菌乳、发酵乳）］	武汉市东西湖区张柏路1号	武汉市东西湖区张柏路1号	自行检验	QS4201 0501 0223	2013-7-13	2010-6-23	湖北省质量技术监督局
501	武汉九州乳业有限公司	乳制品［液体乳（巴氏杀菌乳、发酵乳）、其他乳制品（牛奶布丁）］	武汉市黄陂区武湖农场生态农业园中心路2号	湖北省武汉市黄陂区武湖农场生态农业园中心路2号	自行检验	QS4201 0501 1766	2013-9-11	2010-9-12	湖北省质量技术监督局
502	宜昌贝因美食品科技有限公司	乳制品［乳粉（调制乳粉）］	湖北省宜昌市东山开发区大连路28号	湖北省宜昌市东山开发区大连路28号	自行检验	QS4205 0501 1764	2014-2-27	2011-2-28	湖北省质量技术监督局

（续）

	企业名称	产品名称	住　所	生产地点	检验方式	证书编号	有效期至	发证日期	发证单位
503	湖北黄冈伊利乳业有限责任公司	乳制品［液体乳（灭菌乳、调制乳）］	湖北省黄冈市西湖工业园区新港路1号	湖北省黄冈市西湖工业园区新港路1号	自行检验	QS4200 0501 1714	2014-3-29	2011-3-30	湖北省质量技术监督局
504	宜昌娃哈哈启力饮料有限公司	乳制品［液体乳（发酵乳、调制乳）］	宜昌市夷陵区夷兴大道（小溪塔街道黄金卡）	湖北省宜昌市夷陵区夷兴大道（小溪塔街道黄金卡）	自行检验	QS4200 0501 1767	2014-8-11	2011-8-12	湖北省质量技术监督局
505	武汉惠尔康扬子江乳业有限公司	乳制品［液体乳（巴氏杀菌乳、调制乳、发酵乳）］	黄陂区巨龙大道特1号	湖北省武汉市黄陂区巨龙大道特1号	自行检验	QS4201 0501 0075	2015-12-29	2012-9-7	湖北省质量技术监督局
506	湖北友芝友乳业有限责任公司	乳制品［液体乳（巴氏杀菌乳、调制乳、灭菌乳、发酵乳）］	武汉市东西湖区金山大道1355号海口工业园	湖北省武汉市东西湖区金山大道1355号海口工业园、湖北省武汉市东西湖区东流港工业园	自行检验	QS4201 0501 0076	2015-12-29	2012-11-27	湖北省质量技术监督局
507	湖北康派克冰淇淋生产有限公司	乳制品［液体乳（灭菌乳、调制乳）］				QS4200 0501 1768			
508	湖北咸宁向阳湖兴兴奶业有限公司	乳制品［液体乳（巴氏杀菌乳、灭菌乳、调制乳）、乳粉（全脂乳粉、调制乳粉）］				QS4200 0501 1769			
湖南省（13）									
509	澳优乳业（中国）有限公司	乳制品［乳粉（调制乳粉）］	长沙市河西旺旺东路2号	长沙市河西旺旺东路2号	自行检验	QS4301 0501 1609	2013-11-11	2011-8-16	湖南省质量技术监督局
510	湖南长沙亚华乳业有限公司	乳制品［乳粉（调制乳粉）］	湖南长沙市望城区雷锋大道108号（湖南亚华乳品科技园）	湖南长沙市望城区雷锋大道108号（湖南亚华乳品科技园）	自行检验	QS4301 0501 0629	2014-3-14	2012-6-21	湖南省质量技术监督局

（续）

	企业名称	产品名称	住　所	生产地点	检验方式	证书编号	有效期至	发证日期	发证单位
511	湖南亚华乳业有限公司望城分公司	乳制品［液体乳（巴氏杀菌乳、调制乳、灭菌乳、发酵乳）、其他乳制品（牛奶布丁）］	湖南长沙市望城区雷锋大道108号（湖南亚华乳品科技园）	湖南长沙市望城区雷锋大道108号（湖南亚华乳品科技园）	自行检验	QS4301 0501 0414	2014-3-14	2012-6-21	湖南省质量技术监督局
512	加比力（湖南）食品有限公司	乳制品［乳粉（调制乳粉）］	长沙市开福区捞刀河镇	长沙市开福区捞刀河镇高源村	自行检验	QS4301 0501 0081	2014-3-14	2011-3-15	湖南省质量技术监督局
513	长沙明旺炼乳有限公司	乳制品［其他乳制品（炼乳）］	湖南省长沙市望城县旺旺中路18号	湖南省长沙市望城县旺旺中路18号	自行检验	QS4301 0501 1465	2014-3-29	2011-3-30	湖南省质量技术监督局
514	长沙旺旺食品有限公司	乳制品［液体乳（调制乳）］	湖南省长沙市望城县旺旺路18号	湖南省长沙市望城县旺旺路18号	自行检验	QS4301 0501 0083	2014-3-29	2011-3-30	湖南省质量技术监督局
515	湖南大旺食品有限公司	乳制品［液体乳（调制乳）］	湖南省长沙市望城县旺旺路18号	湖南省长沙市望城县旺旺路18号	自行检验	QS4301 0501 0082	2014-3-29	2011-3-30	湖南省质量技术监督局
516	湖南阳光乳业股份有限公司	乳制品［液体乳（巴氏杀菌乳、调制乳、灭菌乳、发酵乳）］	常德市德山开发区桃林东路	常德市德山开发区桃林东路	自行检验	QS4307 0501 0224	2014-3-29	2011-3-30	湖南省质量技术监督局
517	湖南优蜜食品科技有限公司	乳制品［液体乳（巴氏杀菌乳、调制乳、灭菌乳、发酵乳）］	长沙市芙蓉区长椰路8号（省畜牧研究所内）	长沙市芙蓉区长椰路8号（省畜牧研究所内）	自行检验	QS4301 0501 0783	2014-3-29	2012-9-11	湖南省质量技术监督局
518	湖南光明乳品有限公司	乳制品［液体乳（发酵乳）］	长沙市望城县省高科技食品工业基地	湖南省长沙市望城县高塘岭镇望城大道69号	自行检验	QS4301 0501 0298	2014-3-30	2011-3-31	湖南省质量技术监督局
519	湖南牛百岁食品有限公司	乳制品［液体乳（调制乳、发酵乳）］	通道侗族自治县双江镇寨上路	通道县下乡工业园	自行检验	QS4312 0501 1473	2014-3-30	2011-3-31	湖南省质量技术监督局

（续）

	企业名称	产品名称	住　　所	生产地点	检验方式	证书编号	有效期至	发证日期	发证单位
520	湖南亚华乳业控股有限公司	乳制品［乳粉（全脂乳粉、调制乳粉）］	城步苗族自治县儒林镇城北开发区	湖南省邵阳市城步苗族自治县城北开发区	自行检验	QS4305 0501 0084	2014-3-30	2011-3-31	湖南省质量技术监督局
521	湖南湘蜜乳业有限公司	乳制品［液体乳（调制乳、灭菌乳）］	湖南省隆回县桃洪镇青丰村（城南工业园）	湖南省隆回县桃洪镇青丰村（城南工业园）	自行检验	QS4305 0501 0098	2015-8-1	2012-8-2	湖南省质量技术监督局
				广东省（37）					
522	美赞臣营养品（中国）有限公司	乳制品［乳粉（特殊配方乳粉）］	广州经济技术开发区东基工业区夏园路2号	广州经济技术开发区东基工业区夏园路2号	自行检验	QS4401 0501 1783	2013-11-28	2010-11-29	广东省质量技术监督局
523	蒙牛乳业（清远）有限公司	乳制品［液体乳（巴氏杀菌乳、灭菌乳、发酵乳）］	广东省清远市高新技术产业开发区	清远经济开发区百嘉工业园13号小区	自行检验	QS4418 0501 1783	2014-2-23	2011-2-24	广东省质量技术监督局
524	雅士利国际集团有限公司	乳制品［乳粉（调制乳粉）］	广东潮州市潮安大道雅士利工业城	广东潮州市潮安大道雅士利工业城	自行检验	QS4451 0501 0325	2014-3-28	2011-3-29	广东省质量技术监督局
525	美赞臣营养品（中国）有限公司	乳制品［乳粉（调制乳粉）］	广州经济技术开发区东基工业园夏园路2号	广州经济技术开发区东基工业园夏园路2号	自行检验	QS4401 0501 1635	2014-3-28	2011-3-29	广东省质量技术监督局
526	施恩（广州）婴幼儿营养品有限公司	乳制品［乳粉（调制乳粉）］	广州经济技术开发区东区宏远路8号施恩工业园	广州经济技术开发区东区宏远路8号施恩工业园	自行检验	QS4401 0501 1587	2014-3-28	2011-3-29	广东省质量技术监督局
527	雅培（广州）营养品有限公司	乳制品［乳粉（调制乳粉）］	广州经济技术开发区东区骏功路5号	广东省广州市经济技术开发区东区骏功路5号	自行检验	QS4401 0501 1779	2014-3-28	2011-3-29	广东省质量技术监督局
528	佛山市南海区水牛奶研究开发有限公司	乳制品［液体乳（巴氏杀菌乳、发酵乳）］	佛山市南海区平洲夏教农科所内	佛山市南海区桂城平洲夏教农科所内	自行检验	QS4406 0501 0087	2014-3-29	2011-3-30	广东省质量技术监督局

（续）

	企业名称	产品名称	住　　所	生产地点	检验方式	证书编号	有效期至	发证日期	发证单位
529	佛山伊利乳业有限责任公司	乳制品［液体乳（巴氏杀菌乳、发酵乳）、其他乳制品（干酪）］	佛山市三水区迳口华侨经济区	佛山市三水区迳口华侨经济区	自行检验	QS4406 0501 1288	2014-3-29	2011-3-30	广东省质量技术监督局
530	广东一家人食品有限公司	乳制品［乳粉（调制乳粉）］	汕头市金平区荣升科技园内C2、G2之三号	汕头市金平区荣升科技园内C2、G2之三号	自行检验	QS4405 0501 1468	2014-3-29	2011-3-30	广东省质量技术监督局
531	广美香满楼畜牧有限公司	乳制品［液体乳（巴氏杀菌乳、发酵乳）］	广州市天河区东圃镇新塘村	广州市天河区东圃镇新塘村	自行检验	QS4401 0501 0745	2014-3-29	2011-3-30	广东省质量技术监督局
532	广州柏赛罗药业有限公司	乳制品［乳粉（调制乳粉）］	广州市花都区新华镇东秀一横路9号	广州市花都区新华镇东秀一横路9号	自行检验	QS4401 0501 1782	2014-3-29	2011-3-30	广东省质量技术监督局
533	广州风行牛奶有限公司	乳制品［液体乳（巴氏杀菌乳、调制乳、灭菌乳、发酵乳）、其他乳制品（炼乳）］	广州市天河区沙太路南路342号	广州市天河区沙太路南路342号	自行检验	QS4401 0501 0086	2014-3-29	2011-3-30	广东省质量技术监督局
534	广州光明乳品有限公司	乳制品［液体乳（巴氏杀菌乳、发酵乳）］	广州经济技术开发区永和经济区新庄二路38号	广州经济技术开发区永和经济区新庄二路38号	自行检验	QS4401 0501 1639	2014-3-29	2011-3-30	广东省质量技术监督局
535	广州华农大食品科技有限公司	乳制品［液体乳（巴氏杀菌乳、发酵乳）］	广州市天河区华南农业大学校内（农场四区21栋）	广州市天河五山华农大校内	自行检验	QS4401 0501 1304	2014-3-29	2011-3-30	广东省质量技术监督局
536	广州九龙维记牛奶有限公司	乳制品［液体乳（巴氏杀菌乳、发酵乳）］	广州经济技术开发区永和经济区田园路38号	广州市经济开发区永和经济区田园路	自行检验	QS4401 0501 1774	2014-3-29	2011-3-30	广东省质量技术监督局
537	广州明旺乳业有限公司	乳制品［液体乳（调制乳）］	广州经济技术开发区永和经济区新元路5号	广州经济技术开发区永和经济区新元路5号	自行检验	QS4401 0501 1154	2014-3-29	2011-3-30	广东省质量技术监督局
538	广州祥旺食品有限公司	乳制品［液体乳（调制乳）］	广州经济技术开发区永和经济区新元路5号	广州经济技术开发区永和经济区新元路5号	自行检验	QS4401 0501 1781	2014-3-29	2011-3-30	广东省质量技术监督局

（续）

	企业名称	产品名称	住　　所	生产地点	检验方式	证书编号	有效期至	发证日期	发证单位
539	梅州市客乡乳业有限公司	乳制品［液体乳（巴氏杀菌乳、灭菌乳、发酵乳）］	梅州市梅县华侨城微干路13号	梅县南口镇瑶燕村	自行检验	QS4414 0501 0744	2014－3－29	2011－3－30	广东省质量技术监督局
540	汕头市燕塘乳业有限公司	乳制品［液体乳（巴氏杀菌乳、发酵乳）］	汕头市龙湖区珠业南街	汕头市龙湖区庐山路珠业南街	自行检验	QS4405 0501 1777	2014－3－29	2011－3－30	广东省质量技术监督局
541	韶关市康泉生态农庄有限公司	乳制品［液体乳（巴氏杀菌乳、调制乳）］	翁源县龙仙镇桂竹村	韶关市翁源县龙仙镇桂竹村	自行检验	QS4402 0501 1354	2014－3－29	2011－3－30	广东省质量技术监督局
542	韶关市乳香元乳业有限公司	乳制品［液体乳（巴氏杀菌乳、发酵乳）］	韶关市浈江区蒋屋村灶背坑	韶关市浈江区新韶镇石山村蒋屋	自行检验	QS4402 0501 1305	2014－3－29	2011－3－30	广东省质量技术监督局
543	深圳市晨光乳业有限公司	乳制品［液体乳（巴氏杀菌乳、调制乳、灭菌乳、发酵乳）］	深圳市光明新区光明办事处南区	深圳市光明新区光明办事处南区	自行检验	QS4403 0501 0260	2014－3－29	2011－3－30	广东省质量技术监督局
544	顺恩（江门）食品有限公司	乳制品［液体乳（巴氏杀菌乳、发酵乳）］	江门市高新技术产业开发区40号地	广东省江门市高新技术产业开发区40号地	自行检验	QS4407 0501 0695	2014－3－29	2011－3－30	广东省质量技术监督局
545	雅贝氏（深圳）乳业有限公司	乳制品［乳粉（调制乳粉）］	深圳市南山区留仙大道红花岭工业区第3栋7楼	深圳市南山区留仙大道红花岭工业区第3栋7楼	自行检验	QS4403 0501 0845	2014－3－29	2011－3－30	广东省质量技术监督局
546	湛江燕塘乳业有限公司	乳制品［液体乳（巴氏杀菌乳、灭菌乳、发酵乳）］	湛江市麻章经济开发试验区金园路西侧	湛江市麻章经济开发试验区金园路西侧	自行检验	QS4408 0501 1524	2014－3－29	2011－3－30	广东省质量技术监督局
547	肇庆市鼎湖温氏乳业有限公司	乳制品［液体乳（巴氏杀菌乳、发酵乳）］	肇庆市鼎湖区莲花镇大布村蛇岗布	肇庆市鼎湖区莲花镇大布村蛇岗布	自行检验	QS4412 0501 0516	2014－3－29	2011－3－30	广东省质量技术监督局
548	珠海维维大亨乳业有限公司	乳制品［液体乳（巴氏杀菌乳、灭菌乳、发酵乳）］	珠海市前山镇东坑牛奶公司	前山东坑奶牛场乳品生产基地	自行检验	QS4404 0501 0388	2014－3－29	2011－3－30	广东省质量技术监督局
549	广东东泰乳业有限公司	乳制品［其他乳制品（炼乳）］	揭东试验区3号路南侧	揭东试验区3号路南侧	自行检验	QS4452 0501 0289	2014－3－30	2011－3－31	广东省质量技术监督局

（续）

	企业名称	产品名称	住　　所	生产地点	检验方式	证书编号	有效期至	发证日期	发证单位
550	广东燕塘乳业股份有限公司	乳制品［液体乳（巴氏杀菌乳、调制乳、灭菌乳、发酵乳）］	广州市天河区沙河燕塘	广州市天河区沙河燕塘8号	自行检验	QS4401 0501 0164	2014-3-30	2011-3-31	广东省质量技术监督局
551	广州市美素力营养品有限公司	乳制品［乳粉（调制乳粉）］	广州市花都区新华工业区穗香路	广州市花都新华工业区穗香路	自行检验	QS4401 0501 1780	2014-3-30	2011-3-31	广东省质量技术监督局
552	广州市强强兴乳品有限公司	乳制品［液体乳（巴氏杀菌乳、发酵乳）］	广州市天河区广汕路柯木塱村高塘工业区侧	广州市天河区广汕路柯木塱村高塘工业区侧	自行检验	QS4401 0501 0515	2014-3-30	2011-3-31	广东省质量技术监督局
553	惠州市多牧多乳业有限公司	乳制品［液体乳（巴氏杀菌乳、调制乳、发酵乳）］	博罗县龙溪镇慧民大道	博罗县龙溪镇慧明大道	自行检验	QS4413 0501 1778	2014-3-30	2011-3-31	广东省质量技术监督局
554	龙门县南昆山乳业有限公司	乳制品［液体乳（巴氏杀菌乳、发酵乳）］	龙门县蓝田瑶族乡小洞原蓝田部队营区	龙门县蓝田瑶族乡小洞原蓝田部队营区	自行检验	QS4413 0501 0387	2014-3-30	2011-3-31	广东省质量技术监督局
555	蕊盛蕊（广州）乳业有限公司	乳制品［乳粉（调制乳粉）］	广州市增城区增江街东区高科技工业基地	广州市增城区增江街东区高科技工业基地	自行检验	QS4401 0501 1678	2014-3-30	2011-3-31	广东省质量技术监督局
556	汕头经济特区澳士兰牧场有限公司乳品加工厂	乳制品［液体乳（巴氏杀菌乳、调制乳）］	汕头市大学路305号	汕头市大学路305号	自行检验	QS4405 0501 0691	2014-3-30	2011-3-31	广东省质量技术监督局
557	深圳市时代奶品饮料有限公司	乳制品［液体乳（发酵乳）］	深圳市龙岗区坪地镇六联发方村富临路	深圳市龙岗区坪地街道六联发方村富临路	自行检验	QS4403 0501 0679	2014-3-30	2011-3-31	广东省质量技术监督局
558	珠海市龙业牛奶有限公司	乳制品［液体乳（巴氏杀菌乳、发酵乳）］	珠海市斗门区富山工业区珠海天能食品有限公司B4厂房	珠海市斗门区富山工业区珠海天能食品有限公司B4厂房	自行检验	QS4404 0501 1347	2014-3-30	2011-3-31	广东省质量技术监督局
				广西壮族自治区（17）					
559	北海贝因美营养食品有限公司	乳制品［乳粉（调制乳粉）］	北海市北海大道工业园区11号	北海市北海大道工业园区11号	自行检验	QS4500 0501 0002	2014-2-24	2011-2-25	广西壮族自治区质量技术监督局

（续）

	企业名称	产品名称	住　所	生产地点	检验方式	证书编号	有效期至	发证日期	发证单位
560	广西大学农大食品厂	乳制品［液体乳（巴氏杀菌乳、调制乳、发酵乳）］	南宁市高新技术开发区高新二路1号	南宁市高新技术开发区高新二路1号	自行检验	QS4501 0501 0560	2014-3-29	2011-3-30	广西壮族自治区质量技术监督局
561	广西皇氏甲天下乳业股份有限公司	乳制品［液体乳（巴氏杀菌乳、灭菌乳、调制乳、发酵乳）］	南宁市科园大道66号	南宁市科园大道66号；南宁市江南区经济技术开发区通源路8号（发酵乳）	自行检验	QS4500 0501 0290	2014-3-29	2011-3-30	广西壮族自治区质量技术监督局
562	广西皇氏甲天下乳业股份有限公司来宾乳品分公司	乳制品［液体乳（巴氏杀菌乳、发酵乳、调制乳）］	来宾市华侨投资区星城路1号	广西来宾市华侨投资区星城路1号	自行检验	QS4500 0501 0001	2014-3-29	2011-3-30	广西壮族自治区质量技术监督局
563	广西灵山百强水牛奶乳业有限公司	乳制品［液体乳（巴氏杀菌乳、灭菌乳、调制乳）］	灵山县十里工业园	广西灵山县十里工业园	自行检验	QS4507 0501 0445	2014-3-29	2011-3-30	广西壮族自治区质量技术监督局
564	广西石埠乳业有限责任公司	乳制品［液体乳（巴氏杀菌乳、灭菌乳、发酵乳、调制乳）］	南宁市良庆区建业二里3号	南宁市良庆区建业二里3号	自行检验	QS4501 0501 0390	2014-3-29	2011-3-30	广西壮族自治区质量技术监督局
565	广西玉林市桂牛水牛乳业有限公司	乳制品［液体乳（巴氏杀菌乳、灭菌乳、发酵乳、调制乳）］	广西玉林博白城东工业园	广西玉林市博白县城东工业园	自行检验	QS4500 0501 0003	2014-3-29	2011-3-30	广西壮族自治区质量技术监督局
566	广西壮牛水牛乳业有限责任公司	乳制品［液体乳（巴氏杀菌乳、发酵乳、调制乳）］	南宁市邕武路24-1号	南宁市兴宁区邕武路24-1号	自行检验	QS4501 0501 1096	2014-3-29	2011-3-30	广西壮族自治区质量技术监督局
567	广西壮族自治区畜牧研究所南宁牛奶场	乳制品［液体乳（巴氏杀菌乳、发酵乳）］	邕武路24号	邕武路24号	自行检验	QS4501 0501 1028	2014-3-29	2011-3-30	广西壮族自治区质量技术监督局

（续）

	企业名称	产品名称	住　所	生产地点	检验方式	证书编号	有效期至	发证日期	发证单位
568	合浦南国乳品厂	乳制品［液体乳（巴氏杀菌乳、调制乳、发酵乳）］	广西合浦工业园区中站项目集中区2区7号	广西合浦工业园区中站项目集中区2区7号	自行检验	QS4505 0501 1200	2014-3-29	2011-3-30	广西壮族自治区质量技术监督局
569	柳州三元天爱乳业有限公司	乳制品［液体乳（巴氏杀菌乳、发酵乳、调制乳）］	柳州市柳北区鹧鸪江路103号	柳州市柳北区鹧鸪江路103号	自行检验	QS4502 0501 0517	2014-3-29	2011-3-30	广西壮族自治区质量技术监督局
570	柳州市康小乐牛奶有限公司	乳制品［液体乳（巴氏杀菌乳、发酵乳、调制乳）］	柳州市石烂路西段北侧	柳州市石烂路西段北侧	自行检验	QS4502 0501 0519	2014-3-29	2011-3-30	广西壮族自治区质量技术监督局
571	南宁童乐乳业有限责任公司	乳制品［液体乳（巴氏杀菌乳、调制乳、发酵乳）］	南宁市衡阳西路6号	南宁市衡阳西路6号	自行检验	QS4501 0501 0815	2014-3-29	2011-3-30	广西壮族自治区质量技术监督局
572	崇左市天添乳品厂	乳制品［液体乳（巴氏杀菌乳、发酵乳）］	新民路（江州区救助管理出租屋）	崇左市新民路（救助站出租屋）	自行检验	QS4521 0501 1261	2014-3-30	2011-3-31	广西壮族自治区质量技术监督局
573	广西普生三凤乳业有限公司	乳制品［液体乳（灭菌乳、巴氏杀菌乳、调制乳、发酵乳）］	南宁市明阳工业区B区B-1-2南面	南宁市明阳工业区B区B-1-2南面	自行检验	QS4500 0501 0005	2014-8-4	2011-8-5	广西壮族自治区质量技术监督局
574	广西百色壮牛牧业有限公司	乳制品［液体乳（巴氏杀菌乳、调制乳、发酵乳、灭菌乳）］	百育镇国家农业科技园区实验楼	田阳县城东工业园东莞园	自行检验	QS4500 0501 0006	2015-7-25	2012-7-26	广西壮族自治区质量技术监督局
575	广西皇氏甲天下食品有限公司	乳制品［液体乳（发酵乳）］				QS4500 0501 0007			
				海南省（2）					
576	海南艾森乳业有限公司	乳制品［液体乳（巴氏杀菌乳、酸乳）］	海南省海口市白水塘路海南省扶贫工业开发区	海南省海口市白水塘路海南省扶贫工业开发区	自行检验	QS4600 0501 0291	2013-10-17	2011-3-29	海南省质量技术监督局
577	海南新海乳制品有限公司	乳制品［液体乳（巴氏杀菌乳、酸乳）］	海口市罗牛山农业发区	海南省三亚市吉阳镇	自行检验	QS4601 0501 0786	2014-6-29	2011-3-29	海南省质量技术监督局

（续）

	企业名称	产品名称	住 所	生产地点	检验方式	证书编号	有效期至	发证日期	发证单位
				重庆市（4）					
578	重庆市天友乳品二厂有限公司	乳制品［液体乳（灭菌乳、调制乳）］	重庆经济技术开发区大石支路6号		自行检验	QS5000 0501 0177	2014-3-30	2011-8-5	重庆市质量技术监督局
579	重庆市天友乳业股份有限公司乳品一厂	乳制品［液体乳（巴氏杀菌乳、发酵乳、调制乳）］	重庆市渝北区金石大道99号；重庆市渝北区金石大道97号		自行检验	QS5006 0501 0199	2014-3-30	2012-2-20	重庆市质量技术监督局
580	重庆市万州区乳峰乳业有限公司	乳制品［液体乳（巴氏杀菌乳、调制乳、灭菌乳、发酵乳）］	重庆市万州区钟鼓楼街道百步居委会5～7组		自行检验	QS5001 0501 0561	2014-4-11	2012-11-12	重庆市质量技术监督局
581	重庆光大（集团）有限公司	乳制品［液体乳（巴氏杀菌乳、调制乳、灭菌乳、发酵乳）］	重庆市江北区鱼嘴镇双溪村九社		自行检验	QS5005 0501 1585	2015-7-31	2012-8-1	重庆市质量技术监督局
				四川省（23）					
582	四川新希望乳业有限公司	乳制品［液体乳（巴氏杀菌乳、灭菌乳、酸乳）、乳粉（全脂乳粉、脱脂乳粉、全脂加糖乳粉、调味乳粉、特殊配方乳粉）］	洪雅县洪川镇临江路12号	洪雅县洪川镇临江路12号；成都市锦江工业开发区	自行检验	QS5101 0501 0326	2013-11-17	2010-8-4	四川省质量技术监督局
583	成都伊利乳业有限责任公司	乳制品［液体乳（巴氏杀菌乳、灭菌乳、发酵乳）、其他乳制品（干酪）］	四川省成都邛崃市工业集中发展区	四川省成都邛崃市工业集中发展区	自行检验	QS5101 0501 1697	2014-2-3	2011-1-28	四川省质量技术监督局

（续）

	企业名称	产品名称	住　所	生产地点	检验方式	证书编号	有效期至	发证日期	发证单位
584	成都光明乳业有限公司	乳制品［液体乳（巴氏杀菌乳、灭菌乳、发酵乳）］	成都市东三环路二段	四川省成都市成华区东三环路二段	自行检验	QS5100 0501 0947	2014－3－28	2011－3－29	四川省质量技术监督局
585	成都金蒙乳业有限公司	乳制品［液体乳（发酵乳）］	成都市金堂县三中园区工业新区	四川省成都市金堂县三中园区工业新区	自行检验	QS5101 0501 0562	2014－3－28	2011－3－29	四川省质量技术监督局
586	成都明旺乳业有限公司	乳制品［液体乳（调制乳）］	成都市高新西区南北大道1388号	四川省成都高新西区南北大道1388号	自行检验	QS5101 0501 1732	2014－3－28	2011－3－29	四川省质量技术监督局
587	成都娃哈哈昌盛饮料有限公司	乳制品［液体乳（发酵乳、调制乳）］	成都市海峡两岸科技产业开发园	四川省成都市海峡两岸科技产业开发园	自行检验	QS5101 0501 0003	2014－3－28	2011－3－29	四川省质量技术监督局
588	广元娃哈哈广发饮料有限公司	乳制品［液体乳（发酵乳）］	四川省广元市利州开发区河西办事处利州西路	四川省广元市利州开发区河西办事处利州西路	自行检验	QS5108 0501 0004	2014－3－28	2011－3－29	四川省质量技术监督局
589	蒙牛乳业（眉山）有限公司	乳制品［液体乳（调制乳、灭菌乳、发酵乳）］	眉山市经济开发区	四川省眉山市经济开发区科工园三路中段	自行检验	QS5114 0501 0002	2014－3－28	2011－3－29	四川省质量技术监督局
590	四川菊乐食品有限公司眉山分公司	乳制品［液体乳（调制乳、灭菌乳、发酵乳）］	眉山市科技工业园	四川省眉山市科技工业园科工园二路	自行检验	QS5100 0501 1082	2014－3－28	2011－3－29	四川省质量技术监督局
591	四川菊乐食品有限公司温江乳品厂	乳制品［液体乳（巴氏杀菌乳、调制乳、灭菌乳、发酵乳）］	成都市温江区成都海峡两岸科技产业开发园蓉台大道	四川省成都市温江区成都海峡两岸科技开发园蓉台大道	自行检验	QS5101 0501 0001	2014－3－28	2011－3－29	四川省质量技术监督局
592	四川菊乐食品有限公司雅安分公司	乳制品［液体乳（调制乳、灭菌乳）］	雅安市农业科技生态园区	四川省雅安市农业科技生态园区	自行检验	QS5118 0501 0525	2014－3－28	2011－3－29	四川省质量技术监督局
593	四川李子园牛奶食品有限公司	乳制品［液体乳（巴氏杀菌乳、调制乳、灭菌乳、发酵乳）］	西充县晋城镇虹溪路185号	四川省南充市西充县晋城镇虹溪路185号	自行检验	QS5113 0501 0793	2014－3－28	2011－3－29	四川省质量技术监督局

（续）

	企业名称	产品名称	住　　所	生产地点	检验方式	证书编号	有效期至	发证日期	发证单位
594	四川省天友西塔乳业有限公司	乳制品［液体乳（调制乳、灭菌乳）］	宣汉县胡家镇	四川省达州市宣汉县胡家镇	自行检验	QS5117 0501 0522	2014-3-28	2011-3-29	四川省质量技术监督局
595	四川省雅安市羌江食品有限责任公司	乳制品［乳粉（全脂乳粉、调制乳粉）］	雅安市雨城区城后路506号	四川省雅安市雨城区城后路506号	自行检验	QS5100 0501 0792	2014-3-28	2011-3-29	四川省质量技术监督局
596	四川省杨森乳业有限责任公司乳品厂	乳制品［液体乳（巴氏杀菌乳、调制乳、灭菌乳、发酵乳）］	简阳市简城镇十里坝工业园区	简阳市简城镇十里坝工业园区	自行检验	QS5100 0501 0816	2014-3-28	2011-3-29	四川省质量技术监督局
597	四川新希望乳业有限公司洪雅阳平分公司	乳制品［液体乳（调制乳、灭菌乳）、乳粉（全脂乳粉、部分脱脂乳粉、调味乳粉）］	洪雅县洪川镇临江路12号	四川省眉山市洪雅县洪川镇临江路12号	自行检验	QS5114 0501 0230	2014-3-28	2011-3-29	四川省质量技术监督局
598	四川新希望乳业有限公司华西分公司	乳制品［液体乳（巴氏杀菌乳、调制乳、灭菌乳、发酵乳）］	成都市锦江区工业开发区金石路316号	四川省成都市锦江区工业开发区金石路316号	自行检验	QS5100 0501 1227	2014-3-28	2011-3-29	四川省质量技术监督局
599	四川雪宝乳业有限公司	乳制品［液体乳（巴氏杀菌乳、调制乳、灭菌乳、发酵乳）］	绵阳市二环路南段138号	四川省绵阳市二环路南段138号	自行检验	QS5107 0501 0746	2014-3-28	2011-3-29	四川省质量技术监督局
600	四川雅安熊猫乳业有限公司	乳制品［液体乳（巴氏杀菌乳、调制乳、发酵乳）］	雅安市康藏路726号	四川省雅安市康藏路726号	自行检验	QS5100 0501 0788	2014-3-28	2011-3-29	四川省质量技术监督局
601	西昌三牧乳业有限公司	乳制品［液体乳（巴氏杀菌乳、调制乳、灭菌乳、发酵乳）］	西昌市安宁镇马坪坝村	四川省西昌市安宁镇马坪坝村	自行检验	QS5134 0501 0832	2014-3-28	2011-3-29	四川省质量技术监督局

（续）

	企业名称	产品名称	住　所	生产地点	检验方式	证书编号	有效期至	发证日期	发证单位
602	红原牦牛乳业有限责任公司	乳制品［液体乳（灭菌乳）、乳粉（全脂乳粉、脱脂乳粉、全脂加糖乳粉）］	红原县邛溪镇瑞庆西路37号	四川省红原县邛溪镇瑞庆西路37号	自行检验	QS5132 0501 0649	2014-6-30	2011-6-30	四川省质量技术监督局
603	若尔盖高原之宝牦牛乳业有限责任公司	乳制品［液体乳（发酵乳）乳粉（全脂乳粉、调制乳粉）］	若尔盖县达扎寺镇红光路3号	四川省阿坝州若尔盖县达扎寺镇红光路3号	自行检验	QS5132 0501 0005	2014-8-17	2012-4-21	四川省质量技术监督局
604	广元娃哈哈启力食品有限公司	乳制品（调制乳、发酵乳）	广元经济开发区下西坝办事处王家营工业园区	四川省广元经济开发区下西坝办事处王家营工业园区	自行检验	QS5108 0501 0006	2015-8-7	2012-8-8	四川省质量技术监督局
贵州省（6）									
605	遵义市乳制品有限公司	乳制品［液体乳（巴氏杀菌乳、灭菌乳、调制乳、发酵乳）］	遵义市海龙镇	遵义市红花岗区海龙镇	自行检验	QS5203 0501 0415	2014-1-11	2011-3-30	贵州省质量技术监督局
606	贵州好一多乳业股份有限公司	乳制品［液体乳（巴氏杀菌乳、灭菌乳、调制乳、发酵乳）］	贵阳市修文县扎佐镇好一多路1号	扎佐镇和平村	自行检验	QS5201 0501 0527	2014-3-24	2011-3-30	贵州省质量技术监督局
607	贵州牧草种籽繁殖场	乳制品［液体乳（巴氏杀菌乳、灭菌乳、发酵乳）］	贵州省独山县上司筹洞	贵州省独山县上司镇筹洞	自行检验	QS5227 0501 0001	2014-6-22	2011-6-23	贵州省质量技术监督局
608	贵阳哇哈哈昌盛饮料有限公司	乳制品［液体乳（调制乳、发酵乳）］	贵阳市白云区景宏工业园	贵阳市白云区景宏工业园	自行检验	QS5201 0501 0002	2014-7-5	2011-7-6	贵州省质量技术监督局
609	贵阳三联乳业有限公司	乳制品［液体乳（巴氏杀菌乳、灭菌乳、调制乳、发酵乳）］	贵阳市乌当奶牛场	贵阳市乌当奶牛场	自行检验	QS5201 0501 0885	2014-8-14	2011-3-30	贵州省质量技术监督局

（续）

	企业名称	产品名称	住　　所	生产地点	检验方式	证书编号	有效期至	发证日期	发证单位
610	贵州省黔东南州永丰牛奶场	乳制品［液体乳（巴氏杀菌乳、发酵乳）］	凯里市三棵树格冲村	凯里市三棵树镇格冲村	自行检验	QS5226 0501 0003	2014-12-29	2011-12-30	贵州省质量技术监督局
云南（18）									
611	昆明龙腾生物乳业有限公司	乳制品［乳粉（全脂加糖乳粉）］	昆明市晋宁县宝峰工业园区	昆明市晋宁县宝峰工业园区	自行检验	QS5300 0501 1758	2013-8-30	2010-8-31	云南省质量技术监督局
612	云南尼里拉菲奶制品有限公司	乳制品［液体乳（巴氏杀菌乳）］	昆明市寻甸县仁德镇畜牧兽医服务中心	云南省昆明市寻甸回族彝族自治县仁德镇	自行检验	QS5300 0501 1759	2013-11-11	2010-11-12	云南省质量技术监督局
613	昆明滇虹生物制品有限公司	乳制品［液体乳（酸乳）］	昆明市黄土坡昆沙路165号	昆明市黄土坡昆沙路165号（现普吉路125号）	自行检验	QS5300 0501 1760	2013-11-29	2010-11-30	云南省质量技术监督局
614	大理金花乳业有限责任公司	乳制品［乳粉（全脂乳粉、全脂加糖乳粉）］	大理市喜洲镇周城村	大理市喜洲镇周城村	自行检验	QS5329 0501 1246	2014-3-30	2011-3-31	云南省质量技术监督局
615	大理银河乳业有限责任公司	乳制品［乳粉（全脂乳粉、调制乳粉）、其他乳制品（干酪）］	剑川县剑阳镇永丰村	剑川县剑阳镇永丰村	自行检验	QS5329 0501 1100	2014-3-30	2011-3-31	云南省质量技术监督局
616	德宏祥祥乳业有限公司	乳制品［液体乳（巴氏杀菌乳、灭菌乳、调制乳、发酵乳）］	潞西市风平镇法帕村南面	潞西市风平镇法帕村南面	自行检验	QS5331 0501 1156	2014-3-30	2011-3-31	云南省质量技术监督局
617	红河云牛乳业有限责任公司	乳制品［液体乳（灭菌乳、调制乳）］	弥勒县工业园区（弥阳镇徐家寨）	弥勒县工业园区（弥阳镇徐家寨）	自行检验	QS5325 0501 1735	2014-3-30	2011-3-31	云南省质量技术监督局
618	昆明市海子乳业有限公司	乳制品［液体乳（巴氏杀菌乳、灭菌乳、酸乳）、乳粉（全脂乳粉）］	昆明市官渡区阿拉乡海子村委会旁	昆明市官渡区阿拉乡海子村委会新农村	自行检验	QS5300 0501 0417	2014-3-30	2011-3-31	云南省质量技术监督局

（续）

	企业名称	产品名称	住　所	生产地点	检验方式	证书编号	有效期至	发证日期	发证单位
619	昆明雪兰牛奶有限责任公司	乳制品［液体乳（巴氏杀菌乳、灭菌乳、调制乳、发酵乳）］	昆明经济技术开发区云大西路66号	昆明市经济开发区云大西路66号	自行检验	QS5300 0501 0292	2014-3-30	2011-3-31	云南省质量技术监督局
620	七彩云乳业有限公司	乳制品［液体乳（巴氏杀菌乳、调制乳、灭菌乳、发酵乳）］	昆明市呈贡工业园区大哨片区	昆明市呈贡工业园区大哨片区	自行检验	QS5301 0501 1228	2014-3-30	2011-3-31	云南省质量技术监督局
621	云南楚雄汇东乳业有限公司	乳制品［液体乳（巴氏杀菌乳、灭菌乳、酸牛乳）］	楚雄市开发区桃园村	楚雄市开发区桃园村	自行检验	QS5323 0501 0908	2014-3-30	2011-3-31	云南省质量技术监督局
622	云南多喝乳业有限责任公司	乳制品［液体乳（巴氏杀菌乳、灭菌乳、酸牛乳）］	个旧市鸡街镇乍甸片区	个旧市鸡街镇乍甸片区	自行检验	QS5325 0501 0886	2014-3-30	2011-3-31	云南省质量技术监督局
623	云南欧亚乳业有限公司	乳制品［液体乳（巴氏杀菌乳、灭菌乳、调制乳、发酵乳）、乳粉（全脂乳粉、调制乳粉）］	大理经济开发区高新技术产业开发区	大理高新技术开发区绿色食品园	自行检验	QS5329 0501 0667	2014-3-30	2011-3-31	云南省质量技术监督局
624	云南新希望邓川蝶泉乳业有限公司	乳制品［液体乳（巴氏杀菌乳、灭菌乳、酸牛乳）、乳粉（全脂乳粉、脱脂乳粉、全脂加糖乳粉、特殊配方乳粉）］	大理洱源县邓川新州街88号	大理洱源县邓川新州街88号	自行检验	QS5300 0501 0142	2014-3-30	2011-3-31	云南省质量技术监督局
625	云南乍甸乳业有限责任公司	乳制品［液体乳（巴氏杀菌乳、灭菌乳、灭菌调制乳、调制乳、发酵乳）］	云南省个旧市乍甸镇	云南省个旧市乍甸镇	自行检验	QS5325 0501 1220	2014-3-30	2011-3-31	云南省质量技术监督局
626	云南皇氏来思尔乳业有限公司	乳制品［液体乳（巴氏杀菌乳、灭菌乳、调制乳、发酵乳）、其他乳制品（干酪、乳饼）］	大理市大理镇食品工业园区	大理市大理镇食品工业园区	自行检验	QS5329 0501 0416	2014-3-30	2011-7-19	云南省质量技术监督局

（续）

	企业名称	产品名称	住　所	生产地点	检验方式	证书编号	有效期至	发证日期	发证单位
627	昆明娃哈哈启力饮料有限公司	乳制品［液体乳（发酵乳）］	昆明国家高新区新城（马金铺）高新技术产业基地	昆明国家高新区新城（马金铺）高新技术产业基地	自行检验	QS5300 0501 1761	2014-8-14	2011-8-15	云南省质量技术监督局
628	腾冲县艾爱摩拉牛乳业有限责任公司盈水分司	乳制品［其他乳制品（干酪）］	腾冲县腾越镇盈水村	腾冲县腾越镇盈水村	自行检验	QS5300 0501 1762	2015-4-24	2012-4-25	云南省质量技术监督局
西藏自治区（1）									
629	西藏林芝地区贡布乳业有限公司	乳制品［液体乳（灭菌乳、发酵乳）］	西藏林芝地区生物科技产业园	西藏林芝地区生物科技产业园	自行检验	QS5426 0501 0002	2015-7-30	2012-7-31	西藏自治区质量技术监督局
陕西省（53）									
630	陕西渭桥乳业有限责任公司	乳制品［乳粉（全脂乳粉、全脂加糖乳粉、调味乳粉）］	渭南市下吉镇	下吉镇北七村	自行检验	QS6105 0501 0251	2013-8-22	2010-7-21	陕西省质量技术监督局
631	陕西宝塔乳业有限责任公司	乳制品［乳粉（全脂乳粉、全脂加糖乳粉）］	富平县杜村镇望湖路55号	富平县杜村镇望湖路55号	自行检验	QS6105 0501 0243	2013-8-22	2010-9-10	陕西省质量技术监督局
632	陕西红星乳业有限公司	乳制品［乳粉（全脂乳粉、全脂加糖乳粉、特殊配方乳粉］	陕西省富平县淡村镇北街1号	陕西省富平县淡村镇北街1号	自行检验	QS6105 0501 0247	2013-8-22	2010-10-21	陕西省质量技术监督局
633	陕西蒲城康泰乳品有限责任公司	乳制品［乳粉（全脂乳粉、全脂加糖乳粉、调味乳粉）］	蒲城县三合乡杨庄	蒲城县三合乡杨庄	自行检验	QS6105 0501 0241	2013-8-22	2010-11-8	陕西省质量技术监督局
634	陕西富华乳业有限公司	乳制品［液体乳（巴氏杀菌乳、酸乳）］	陕西省富平县富华路8#	陕西省富平县富华路8#	自行检验	QS6105 0501 0246	2013-8-22	2010-11-15	陕西省质量技术监督局
635	陕西同乐乳业有限公司	乳制品［乳粉（全脂乳粉、全脂加糖乳粉）］	泾阳县永乐镇	永乐镇火车站南500米	自行检验	QS6104 0501 1591	2013-9-29	2010-8-23	陕西省质量技术监督局

（续）

	企业名称	产品名称	住　所	生产地点	检验方式	证书编号	有效期至	发证日期	发证单位
636	宝鸡柳林乳品厂	乳制品［乳粉（全脂乳粉、全脂加糖乳粉、调味乳粉、特殊配方乳粉）］	眉县青化乡	眉县青化乡	自行检验	QS6103 0501 0473	2014-2-20	2010-8-23	陕西省质量技术监督局
637	杨凌圣妃乳业有限公司	乳制品［乳粉（全脂乳粉、调制乳粉）、液体乳（巴氏杀菌乳、灭菌乳、调制乳）］	陕西省杨凌示范区火炬创业园C区	陕西省杨凌示范区火炬创业园C区	自行检验	QS6104 0501 0008	2014-3-21	2011-8-3	陕西省质量技术监督局
638	宝鸡雪儿乳业有限公司	乳制品［乳粉（全脂乳粉）］	宝鸡市凤翔县郭店镇上郭店村	宝鸡市凤翔县郭店镇上郭店村	自行检验	QS6103 0501 0474	2014-3-22	2011-3-23	陕西省质量技术监督局
639	蒙牛乳业（宝鸡）有限公司	乳制品［液体乳（灭菌乳、调制乳）］	宝鸡市高新开发区蒙牛工业园	宝鸡市高新开发区蒙牛工业园	自行检验	QS6103 0501 1374	2014-3-22	2011-3-23	陕西省质量技术监督局
640	陕西美恩乳业股份有限公司	乳制品［乳粉（调制乳粉）］	咸阳市秦都区宝泉路以北高新区创业园一号	咸阳市秦都区宝泉路以北高新区创业园一号	自行检验	QS6104 0501 1784	2014-3-22	2011-3-23	陕西省质量技术监督局
641	西安伊利泰普克饮品有限公司	乳制品［液体乳（灭菌乳、调制乳）］	西安临潼新丰镇新丰街道	西安临潼新丰镇新丰街道	自行检验	QS6100 0501 0244	2014-3-22	2011-3-23	陕西省质量技术监督局
642	西安宏兴乳业有限公司	乳制品［乳粉（全脂乳粉、脱脂乳粉、调制乳粉）、其他乳制品（奶油）］	西安市临潼区栎阳街中段	西安市临潼区栎阳街中段	自行检验	QS6101 0501 0633	2014-3-22	2011-6-14	陕西省质量技术监督局
643	宝鸡得力康乳业有限公司	乳制品［液体乳（巴氏杀菌乳、灭菌乳、调制乳、发酵乳）］	陕西省宝鸡市高家坪	陕西省宝鸡市高家坪	自行检验	QS6103 0501 0529	2014-3-24	2011-3-25	陕西省质量技术监督局
644	宝鸡惠民奶业有限公司	乳制品［液体乳（灭菌乳）］	陈仓区惠民工业园	陈仓区惠民工业园	自行检验	QS6100 0501 0107	2014-3-24	2011-3-25	陕西省质量技术监督局

（续）

	企业名称	产品名称	住　所	生产地点	检验方式	证书编号	有效期至	发证日期	发证单位
645	宝鸡天和乳业有限公司	乳制品［液体乳（灭菌乳）、乳粉（全脂乳粉、调制乳粉）］	岐山县蒲村镇双桥村	岐山县蒲村镇双桥村	自行检验	QS6100 0501 0105	2014-3-24	2011-3-25	陕西省质量技术监督局
646	陕西关山乳业有限责任公司	乳制品［乳粉（全脂乳粉、调制乳粉）、其他乳制品（固态成型产品）］	陕西陇县北关路6号	陕西陇县北关路6号	自行检验	QS6100 0501 0093	2014-3-24	2011-3-25	陕西省质量技术监督局
647	陕西和氏乳品有限公司	乳制品［液体乳（灭菌乳）、乳粉（全脂乳粉、调制乳粉）、其他乳制品（固态成型产品）］	陕西陇县陇马路48号	陕西陇县陇马路48号	自行检验	QS6103 0501 0531	2014-3-24	2011-3-25	陕西省质量技术监督局
648	陕西金牛乳业有限公司	乳制品［乳粉（全脂乳粉、调制乳粉）］	富平县小惠乡仁合什字	富平县小惠乡仁合什字	自行检验	QS6105 0501 0248	2014-3-24	2011-3-25	陕西省质量技术监督局
649	陕西省定边县乳品实业有限公司	乳制品［乳粉（全脂乳粉、调制乳粉）、液体乳（发酵乳）］	定边县定边镇西环路（工业园区）	定边县定边镇西环路（工业园区）	自行检验	QS6108 0501 0596	2014-3-24	2011-3-25	陕西省质量技术监督局
650	陕西乡迪生物科技有限公司	乳制品［液体乳（灭菌乳）］	宝鸡市陈仓区工业园区	宝鸡市陈仓区工业园区	自行检验	QS6103 0501 1452	2014-3-24	2011-3-25	陕西省质量技术监督局
651	铜川旺旺食品有限公司	乳制品［液体乳（灭菌乳）］	铜川市新区南环路工业园区	铜川市新区南环路工业园区	自行检验	QS6102 0501 0007	2014-3-24	2011-3-25	陕西省质量技术监督局
652	西安贝多营养食品有限公司	乳制品［乳粉（调制乳粉）］	西安市高新区锦业二路61号	西安市高新区锦业二路61号	自行检验	QS6101 0501 0009	2014-3-24	2011-3-25	陕西省质量技术监督局
653	陕西飞天乳业有限公司	乳制品［液体乳（巴氏杀菌乳、发酵乳）、乳粉（全脂乳粉、调制乳粉）］	陕西省千阳县冯坊河口	陕西省千阳县冯坊河口	自行检验	QS6103 0501 0475	2014-3-24	2011-7-4	陕西省质量技术监督局

（续）

	企业名称	产品名称	住　　所	生产地点	检验方式	证书编号	有效期至	发证日期	发证单位
654	西安喜洋洋生物科技有限公司	乳制品［乳粉（全脂乳粉、调制乳粉）］	阎良区阎关路中段	阎良区阎关路中段	自行检验	QS6100 0501 0168	2014-3-24	2011-7-11	陕西省质量技术监督局
655	陕西关山瑞芙乳业有限公司	乳制品［乳粉（全脂乳粉、调制乳粉）、其他乳制品（奶油）］	西安市阎良区新兴街	西安市阎良区新兴街	自行检验	QS6101 0501 0794	2014-3-24	2011-8-22	陕西省质量技术监督局
656	宝鸡圣丰乳业有限责任公司	乳制品［乳粉（全脂乳粉、调制乳粉）、液体乳（灭菌乳、调制乳）］	扶风县绛帐火车站北环路中段	扶风县绛帐火车站北环路中段	自行检验	QS6100 0501 0096	2014-3-24	2011-10-24	陕西省质量技术监督局
657	西安百跃乳业有限公司	乳制品［乳粉（全脂乳粉、调制乳粉）］	阎良区武屯街西环路北段	阎良区武屯街西环路北段	自行检验	QS6100 0501 0097	2014-3-24	2012-5-7	陕西省质量技术监督局
658	陕西红旗乳业科技有限公司	乳制品［乳粉（全脂乳粉、调制乳粉）］	泾阳县永乐镇泾永路中段	泾阳县永乐镇泾永路中段	自行检验	QS6100 0501 0143	2014-3-27	2011-3-25	陕西省质量技术监督局
659	宝鸡惠民乳品（集团）有限公司	乳制品［乳粉（全脂乳粉、调制乳粉）］	陈仓区惠民工业园	陈仓区惠民工业园	自行检验	QS6100 0501 0094	2014-3-27	2011-3-28	陕西省质量技术监督局
660	富平县秦源乳业有限公司	乳制品［乳粉（全脂乳粉、调制乳粉）、液态乳（发酵乳）］	富平县宫里镇齐村村	富平县宫里镇齐村村	自行检验	QS6105 0501 1514	2014-3-27	2011-3-28	陕西省质量技术监督局
661	陕西三原康尔健乳业有限责任公司	乳制品［乳粉（全脂乳粉、调制乳粉）］	三原县东三路北段	三原县东三路北段	自行检验	QS6104 0501 0701	2014-3-27	2011-3-28	陕西省质量技术监督局
662	陕西圣唐秦龙乳业有限公司	乳制品［乳粉（全脂乳粉、调制乳粉）］	陕西省西安市阎良区关山镇	西安市阎良区关山镇、西安市阎良区关山镇北冯村	自行检验	QS6100 0501 0169	2014-3-27	2011-3-28	陕西省质量技术监督局

（续）

	企业名称	产品名称	住　　所	生产地点	检验方式	证书编号	有效期至	发证日期	发证单位
663	陕西雅泰乳业有限公司	乳制品［乳粉（全脂乳粉、调制乳粉）］	泾阳县王桥镇	泾阳县王桥镇	自行检验	QS6104 0501 1289	2014－3－27	2011－3－28	陕西省质量技术监督局
664	陕西样样祥乳业有限公司	乳制品［乳粉（全脂乳粉、调制乳粉）］	富平县王寮镇军寨工业区	富平县王寮镇军寨工业区	自行检验	QS6105 0501 0599	2014－3－27	2011－3－28	陕西省质量技术监督局
665	陕西优利士乳业有限责任公司	乳制品［乳粉（全脂乳粉、调制乳粉）］	陕西乾县大杨乡	陕西乾县大杨乡	自行检验	QS6104 0501 0972	2014－3－27	2011－3－28	陕西省质量技术监督局
666	铜川市齐天乳业有限责任公司	乳制品［液体乳（灭菌乳）］	铜川市王益区黄堡镇李家沟	铜川市王益区黄堡镇李家沟	自行检验	QS6102 0501 0795	2014－3－27	2011－3－28	陕西省质量技术监督局
667	西安银桥生物科技有限责任公司	乳制品［乳粉（全脂乳粉、调制乳粉）、液体乳（巴氏杀菌乳、灭菌乳、调制乳、发酵乳）］	西安市高新区高科广场A幢9层01号	西安临潼经济开发区银桥大道99号、临潼区相桥街办北侧	自行检验	QS6100 0501 0091	2014－3－27	2011－3－28	陕西省质量技术监督局
668	泾阳秦川乳业有限公司	乳制品［液体乳（巴氏杀菌乳、发酵乳）、乳粉（全脂乳粉、调制乳粉）］	泾阳县云阳镇	泾阳县云阳镇	自行检验	QS6104 0501 1122	2014－3－27	2011－3－28	陕西省质量技术监督局
669	富平县美可高特乳业有限公司	乳制品［乳粉（全脂乳粉、调制乳粉）］	富平县庄里镇永安村	富平县庄里镇永安村	自行检验	QS6105 0501 1209	2014－3－27	2011－5－6	陕西省质量技术监督局
670	光明乳业（泾阳）有限公司	乳制品［液体乳（巴氏杀菌乳、灭菌乳、调制乳、发酵乳）］	陕西省泾阳县泾干大街西段2号	陕西省泾阳县泾干大街西段2号	自行检验	QS6104 0501 0250	2014－3－27	2011－8－3	陕西省质量技术监督局
671	陕西星光乳业有限公司	乳制品［乳粉（全脂乳粉、调制乳粉）］	泾阳县桥底镇十字东	泾阳县桥底镇十字东	自行检验	QS6104 0501 1249	2014－3－27	2011－11－14	陕西省质量技术监督局
672	咸阳佳和乳业有限公司	乳制品［液体乳（灭菌乳、调制乳）、乳粉（全脂乳粉、调制乳粉）］	陕西省咸阳市泾阳县兴隆镇	咸阳市泾阳县兴隆镇	自行检验	QS6104 0501 1334	2014－3－27	2012－3－6	陕西省质量技术监督局

（续）

	企业名称	产品名称	住　　所	生产地点	检验方式	证书编号	有效期至	发证日期	发证单位
673	陕西凯达股份有限公司	乳制品［乳粉（全脂乳粉、调制乳粉）］	兴平市店张镇	兴平市店张镇	自行检验	QS6100 0501 0100	2014-3-28	2011-3-29	陕西省质量技术监督局
674	陕西神果股份有限公司	乳制品［乳粉（全脂乳粉、调制乳粉）］	陕西省武功县苏坊西街	陕西省武功县苏坊西街	自行检验	QS6100 0501 0092	2014-3-28	2011-3-29	陕西省质量技术监督局
675	陕西正和乳业有限公司	乳制品［液体乳（灭菌乳、调制乳）］	陕西省宝鸡市陇县陇马路48号	陕西省宝鸡市陇县陇马路48号	自行检验	QS6103 0501 0600	2014-3-28	2011-3-29	陕西省质量技术监督局
676	陕西秦王乳业有限公司	乳制品［乳粉（全脂乳粉、调制乳粉、脱脂乳粉）、其他乳制品（奶油）］	三原县大程镇西张村	三原县大程镇西张村	自行检验	QS6104 0501 0950	2014-3-29	2012-8-8	陕西省质量技术监督局
677	汉中市乳业总场	乳制品［液体乳（巴氏杀菌乳、灭菌乳、调制乳、酸牛乳）］	汉中市汉台区西环南路	汉中市汉台区宗营镇	自行检验	QS6107 0501 0566	2014-7-19	2011-7-20	陕西省质量技术监督局
678	西安天惠乳业有限公司	乳制品［液态乳（灭菌乳、调制乳）］	西安市临潼区相桥街办	西安市临潼区相桥街办	自行检验	QS6101 0501 0005	2014-8-21	2011-8-22	陕西省质量技术监督局
679	延安市种畜场	乳制品［液体乳（巴氏杀菌乳）］	延安市宝塔区枣园镇裴庄	延安市宝塔区枣园镇裴庄	自行检验	QS6106 0501 0597	2014-10-9	2011-10-10	陕西省质量技术监督局
680	陕西美力源乳业有限公司	乳制品［乳粉（全脂乳粉、调制乳粉）］	武功县台资工业园	武功县台资工业园	自行检验	QS6104 0501 0010	2014-12-13	2011-12-14	陕西省质量技术监督局
681	西安东方乳业有限公司	乳制品［液体乳（巴氏杀菌乳、灭菌乳、调制乳、发酵乳）］	西安市灞桥区新合街1号	西安市灞桥区新合街1号	自行检验	QS6101 0501 0240	2015-3-27	2012-10-8	陕西省质量技术监督局
682	合阳兴隆乳业有限责任公司	乳制品［液体乳（灭菌乳）］				QS6105 0501 0242			

（续）

	企业名称	产品名称	住　所	生产地点	检验方式	证书编号	有效期至	发证日期	发证单位
				甘肃省（34）					
683	白银益多多乳业有限公司	乳制品［液体乳（灭菌乳、调制乳、发酵乳）］	白银高新技术产业园区内	白银高新技术产业园区内	自行检验	QS6204 0501 1348	2014-3-9	2011-3-10	甘肃省质量技术监督局
684	白银鑫昊工贸有限公司乳制品分公司	乳制品［液体乳（发酵乳）］	白银市白银区四龙镇金山村 99 号	白银市白银区四龙镇金山村 99 号	自行检验	QS6204 0501 1760	2014-3-30	2011-3-31	甘肃省质量技术监督局
685	敦煌市双元乳品饮料厂	乳制品［液体乳（发酵乳）］	敦煌市烟草局南侧	敦煌市烟草局南侧	自行检验	QS6221 0501 1162	2014-3-30	2011-3-31	甘肃省质量技术监督局
686	甘南州燎原乳业有限责任公司	乳制品［液体乳（发酵乳）、乳粉（全脂乳粉、脱脂乳粉、全脂加糖乳粉）］	合作市人 民街 47 号	甘肃省合作市人 民街 47 号	自行检验	QS6230 0501 0920	2014-3-30	2011-3-31	甘肃省质量技术监督局
687	甘肃德鑫源乳业有限责任公司	乳制品［乳粉（全脂乳粉、调制乳粉）］	临洮县太石镇上咀村	临洮县太石镇上咀村	自行检验	QS6224 0501 1641	2014-3-30	2011-3-31	甘肃省质量技术监督局
688	甘肃仁和大草原生物乳业有限公司	乳制品［液体乳（发酵乳）］	兰州市安宁区桃林路 185 号	兰州市安宁区桃林路 185 号	自行检验	QS6201 0501 1330	2014-3-30	2011-3-31	甘肃省质量技术监督局
689	甘肃天方食品有限责任公司	乳制品［液体乳（巴氏杀菌乳、灭菌乳、发酵乳）、其他乳制品（干酪）］	兰州市七里河区彭家坪路 24-1 号	兰州市七里河区彭家坪路 24-1 号	自行检验	QS6201 0501 1058	2014-3-30	2011-3-31	甘肃省质量技术监督局
690	和政县华龙乳制品有限公司	乳制品［液体乳（发酵乳）］	甘肃省和政县三合镇石虎家村 7 社	甘肃省和政县三合镇石虎家村 7 社	自行检验	QS6229 0501 1754	2014-3-30	2011-3-31	甘肃省质量技术监督局
691	合水县古象奶业有限责任公司	乳制品［乳粉（全脂乳粉、调制乳粉、特殊配方乳粉）］	甘肃省庆阳市合水县解放东路 137 号	甘肃省庆阳市合水县解放东路 137 号	自行检验	QS6228 0501 0202	2014-3-30	2011-3-31	甘肃省质量技术监督局

（续）

	企业名称	产品名称	住　　所	生产地点	检验方式	证书编号	有效期至	发证日期	发证单位
692	嘉峪关宏丰实业有限责任公司	乳制品［液体乳（巴氏杀菌乳、发酵乳）］	嘉峪关市胜利南路1029号	嘉峪关市兰新东路39号	自行检验	QS6202 0501 1198	2014-3-30	2011-3-31	甘肃省质量技术监督局
693	金川集团有限公司服务分公司居佳乳品厂	乳制品［液体乳（巴氏杀菌乳、灭菌乳、发酵乳）］	金昌市金川区金汇巷11号	金昌市金川区金汇巷11号	自行检验	QS6203 0501 0327	2014-3-30	2011-3-31	甘肃省质量技术监督局
694	酒泉市乐为尔乳业有限责任公司	乳制品［液体乳（灭菌乳、巴氏杀菌乳、调制乳、发酵乳）］	酒泉市肃州区果园乡开发区	酒泉市肃州区果园乡开发区	自行检验	QS6221 0501 1758	2014-3-30	2011-3-31	甘肃省质量技术监督局
695	酒泉市雄鹏乳业有限责任公司	乳制品［液体乳（巴氏杀菌乳、灭菌乳、调制乳、发酵乳）］	酒泉市雄关路193号	酒泉市肃州区雄关路193号（酒泉高新示范养殖区）	自行检验	QS6221 0501 1124	2014-3-30	2011-3-31	甘肃省质量技术监督局
696	兰炼三联公司景泰农牧分公司	乳制品［液体乳（巴氏杀菌乳、发酵乳）］	兰炼农场	兰炼农场	自行检验	QS6204 0501 1506	2014-3-30	2011-3-31	甘肃省质量技术监督局
697	兰州雪顿生物乳业有限公司	乳制品［液体乳（巴氏杀菌乳、调制乳、灭菌乳、发酵乳）］	兰州市七里河区彭家坪路16号	兰州市七里河区彭家坪路16号	自行检验	QS6200 0501 0201	2014-3-30	2011-3-31	甘肃省质量技术监督局
698	临夏金牛乳业有限责任公司	乳制品［乳粉（全脂乳粉、调制乳粉）］	临夏县北塬乡朱潘村潘东社	临夏县北塬乡朱潘村潘东社	自行检验	QS6229 0501 1717	2014-3-30	2011-3-31	甘肃省质量技术监督局
699	临夏市泉乳乳品有限责任公司	乳制品［乳粉（全脂乳粉、调制乳粉）］	临夏市折桥镇折桥村	临夏市刘临路3号	自行检验	QS6229 0501 1158	2014-3-30	2011-3-31	甘肃省质量技术监督局
700	临洮县农副产品综合开发公司	乳制品［液体乳（灭菌乳、发酵乳）、乳粉（全脂乳粉）］	临洮县西桥头2号	临洮县西桥头2号	自行检验	QS6224 0501 0419	2014-3-30	2011-3-31	甘肃省质量技术监督局

（续）

	企业名称	产品名称	住　　所	生产地点	检验方式	证书编号	有效期至	发证日期	发证单位
701	天水嘉乐乳业有限公司	乳制品［液体乳（巴氏杀菌乳、灭菌乳、发酵乳）］	天水市麦积区中滩镇农业高新科技园	天水市麦积区中滩镇农业高新科技园	自行检验	QS6200 0501 1756	2014-3-30	2011-3-31	甘肃省质量技术监督局
702	玉门油田农牧业有限责任公司	乳制品［液体乳（巴氏杀菌乳、灭菌乳、发酵乳）］	玉门市老市区三台炼油路	玉门市老市区三台炼油路	自行检验	QS6221 0501 1593	2014-3-30	2011-3-31	甘肃省质量技术监督局
703	酒泉市好牛乳业食品有限公司	乳制品［液体乳（巴氏杀菌乳、灭菌乳、调制乳、发酵乳）、乳粉（全脂乳粉）］	酒泉市酒火公路6公里处（高新技术开发区）	酒泉市酒火公路6公里处（高新技术开发区）	自行检验	QS6221 0501 0476	2014-3-30	2012-8-28	甘肃省质量技术监督局
704	甘肃临泽雪莲乳品有限责任公司	乳制品［液体乳（灭菌乳、发酵乳）、乳粉（全脂乳粉、调味乳粉）］	临泽县工业开发园区	临泽县工业开发园区	自行检验	QS6207 0501 0299	2014-3-31	2011-4-1	甘肃省质量技术监督局
705	兰州伊利乳业有限责任公司	乳制品［液体乳（灭菌乳、调制乳）］	兰州市红古区花庄镇工农路17-24号	兰州市红古区花庄镇工农路17-24号	自行检验	QS6200 0501 1753	2014-3-31	2011-4-1	甘肃省质量技术监督局
706	兰州庄园牧场股份有限公司	乳制品［液体乳（巴氏杀菌乳、调制乳、灭菌乳、发酵乳）、乳粉（全脂乳粉、调制乳粉）］	榆中县三角城乡三角城村	榆中县三角城乡三角城村	自行检验	QS6201 0501 0423	2014-3-31	2011-8-15	甘肃省质量技术监督局
707	甘南雪域牦珍乳业有限责任公司	乳制品［液态乳（发酵乳）］	甘肃省甘南州夏河县桑科乡	甘肃省甘南州夏河县桑科乡	自行检验	QS6200 0501 1761	2014-9-8	2011-9-9	甘肃省质量技术监督局
708	甘肃化羚酪蛋白股份有限公司	乳制品［其他乳制品（干酪素）］	合作市环西路32号	合作市环西路32号	自行检验	QS6200 0501 1760	2014-9-8	2011-9-9	甘肃省质量技术监督局
709	临夏州华安生物制品有限责任公司	乳制品［其他乳制品（干酪素）］	临夏市滨河东路26号	临夏市滨河东路26号	自行检验	QS6200 0501 1762	2015-1-8	2012-1-9	甘肃省质量技术监督局

（续）

	企业名称	产品名称	住　　所	生产地点	检验方式	证书编号	有效期至	发证日期	发证单位
710	甘南州科瑞乳品开发有限公司	乳制品［其他乳制品（干酪素）］	合作市人民东街13号	合作市人民东街13号	自行检验	QS6200 0501 1763	2015-7-19	2012-7-20	甘肃省质量技术监督局
711	庆阳市嘉仕乳业有限公司	乳制品［液体乳（巴氏杀菌乳、灭菌乳、调制乳、发酵乳）］	庆阳市镇原县孟坝镇北街	镇原县孟坝镇西街	自行检验	QS6200 0501 1764	2015-9-27	2012-9-28	甘肃省质量技术监督局
712	甘肃普罗生物科技有限公司	乳制品［其他乳制品（干酪素）］				QS6200 0501 1769			
713	甘肃伊朊生物制品有限公司	乳制品［其他乳制品（干酪素）］				QS6200 0501 1765			
714	临洮康源乳品有限责任公司	乳制品［液体乳（发酵乳）］				QS6200 0501 1766			
715	临夏州燎原乳业有限公司	乳制品［乳粉（全脂乳粉、调制乳粉）］				QS6200 0501 1768			
716	庆阳陇牛乳业有限公司	乳制品［液体乳（巴氏杀菌乳、灭菌乳、调制乳、发酵乳）］				QS6200 0501 1767			
				青海省（18）					
717	格尔木市郭乡联农乳业有限公司	乳制品［液体乳（巴氏杀菌乳、酸乳）］	格尔木市郭乡政府南侧	格尔木市郭乡政府南侧	自行检验	QS6328 0501 0006	2013-7-18	2010-7-19	青海省质量技术监督局
718	青海启龙商贸有限公司河南县启龙牧场	乳制品［液体乳（灭菌乳、发酵乳）］	河南县优干宁镇西侧优达公路南西侧	河南县优干宁镇西侧优达公路南西侧	自行检验	QS6323 0501 0003	2014-3-30	2011-3-31	青海省质量技术监督局
719	青海青海湖乳业有限责任公司	乳制品［液体乳（巴氏杀菌乳、灭菌乳、发酵乳）］	西宁市经济技术开发区东新路16号	西宁市经济技术开发区东新路16号	自行检验	QS6300 0501 1543	2014-3-30	2011-3-31	青海省质量技术监督局

（续）

	企业名称	产品名称	住　　所	生产地点	检验方式	证书编号	有效期至	发证日期	发证单位
720	青海小西牛生物乳业股份有限公司	乳制品［液体乳（巴氏杀菌乳、灭菌乳、发酵乳）］	青海生物科技产业园	青海生物科技产业园	自行检验	QS6301 0501 0857	2014-3-30	2011-3-31	青海省质量技术监督局
721	青海雪峰牦牛乳业有限责任公司	乳制品［液体乳（灭菌乳、发酵乳）］	共和县恰卜恰镇绿洲南路267号	共和县恰卜恰镇绿洲南路267号	自行检验	QS6325 0501 0420	2014-3-30	2011-3-31	青海省质量技术监督局
722	西宁城北好朋友乳品厂	乳制品［液体乳（发酵乳）］	城北区朝阳西路71-3-5号	城北区朝阳西路71-3-5号	自行检验	QS6301 0501 0858	2014-3-30	2011-3-31	青海省质量技术监督局
723	湟源天源奶制品有限责任公司	乳制品［液体乳（发酵乳）］	青海省湟源县青藏路10-2号	青海省湟源县青藏路10-2号	自行检验	QS6300 0501 1542	2014-3-30	2011-3-31	青海省质量技术监督局
724	青海天露乳业有限责任公司	乳制品［液体乳（巴氏杀菌乳、灭菌乳、发酵乳）、乳制品（乳粉（全脂乳粉、调制乳粉）］	青海生物科技产业园经四路16号	青海生物科技产业园经四路16号	自行检验	QS6301 0501 0422	2014-3-30	2011-12-5	青海省质量技术监督局
725	民和湟乳乳制品有限责任公司	乳制品［液体乳（发酵乳）、乳粉（全脂乳粉）］	民和县川口镇旧城	民和县现代农业科技示范园	自行检验	QS6321 0501 0901	2014-5-15	2011-10-24	青海省质量技术监督局
726	青海小牦牛乳业有限公司	乳制品［液体乳（发酵乳）］	青海省西宁市韵家口镇祝家庄路36号	青海省西宁市韵家口镇祝家庄路36号	自行检验	QS6301 0501 0007	2014-7-14	2011-7-15	青海省质量技术监督局
727	称多县巴颜喀拉牦牛乳业有限公司	乳制品［液体乳（发酵乳）］	称多县珍秦镇	称多县珍秦镇	自行检验	QS6327 0501 0005	2014-8-18	2011-8-19	青海省质量技术监督局
728	青海省果洛州雪域珍宝有限责任公司	乳制品［其他乳制品（干酪）］	青海省果洛州玛沁县拉加镇	青海省果洛州玛沁县拉加镇	自行检验	QS6300 0501 1649	2015-5-8	2012-5-9	青海省质量技术监督局
729	青海金祁连乳业有限责任公司	乳制品［液体乳（巴氏杀菌乳、灭菌乳、发酵乳）］	祁连县冰沟工业园区	祁连县冰沟工业园区	自行检验	QS6322 0501 0008	2015-7-8	2012-7-9	青海省质量技术监督局

（续）

	企业名称	产品名称	住　　所	生产地点	检验方式	证书编号	有效期至	发证日期	发证单位
730	青海高速乳业有限公司	乳制品［其他乳制品（干酪素）］	西宁市经济技术开发区东新路28号	西宁市经济技术开发区东新路28号	自行检验	QS6301 0501 0009	2015-10-25	2012-10-26	青海省质量技术监督局
731	甘德县岗龙生态畜牧业专业合作社	乳制品［液体乳（巴氏杀菌乳、发酵乳）］				QS6326 0501 0012			
732	玛沁县玛尔洛乳食品有限公司	乳制品［液体乳（发酵乳）］				QS6326 0501 0010			
733	玛沁县雪域格桑花土特产有限责任公司	乳制品［液体乳（发酵乳）］				QS6326 0501 0011			
734	同德县雪域高原高青王者牦牛乳业有限公司	乳制品［液体乳（发酵乳）］				QS6325 0501 0013			
				宁夏回族自治区（20）					
735	银川市金河乳业有限公司	乳制品［液体乳（巴氏杀菌乳、发酵乳）、其他乳制品（干酪）］	宁夏银川市兴庆区燕庆路	宁夏银川市兴庆区燕庆路	自行检验	QS6400 0501 0204	2013-4-1	2012-2-7	
736	宁夏夏进乳业集团股份有限公司	乳制品［液体乳（巴氏杀菌乳、调制乳、灭菌乳、发酵乳）、乳粉（全脂乳粉、调制乳粉）］	宁夏吴忠市金积工业园区	宁夏吴忠市金积镇东大街	自行检验	QS6400 0501 0170	2013-4-2	2011-3-31	
737	宁夏夏进昊尔乳品有限公司	乳制品［液体乳（灭菌乳、调制乳）］	宁夏银川市西夏区平吉堡	宁夏银川市西夏区平吉堡	自行检验	QS6400 0501 0203	2013-6-25	2011-3-31	

（续）

	企业名称	产品名称	住　所	生产地点	检验方式	证书编号	有效期至	发证日期	发证单位
738	宁夏银川平吉堡乳品厂	乳制品［液体乳（发酵乳）］	宁夏银川市西夏区平吉堡奶牛场	宁夏银川市西夏区平吉堡奶牛场	自行检验	QS6401 0501 0207	2013－6－25	2011－3－31	
739	宁夏北方乳业有限责任公司	乳制品［液体乳（巴氏灭菌乳、调制乳、灭菌乳、发酵乳）］	宁夏银川市永宁县望远经济区	宁夏银川市永宁县望远经济区	自行检验	QS6400 0501 0300	2013－11－2	2011－3－31	
740	宁夏熊猫乳品有限公司	乳制品［乳粉（全脂奶粉）］	宁夏银川市灵武市南门	宁夏银川市灵武市南门	自行检验	QS6401 0501 0447	2014－1－30	2011－3－31	
741	宁夏明旺乳业有限公司	乳制品［乳粉（全脂乳粉）］	宁夏银川市贺兰县德胜工业园区丰庆西路9号	宁夏银川市贺兰县德胜工业园区丰庆西路9号	自行检验	QS6401 0501 0003	2014－3－30	2011－3－31	
742	青铜峡市众乐乳业有限公司	乳制品［乳粉（全脂乳粉）］	宁夏吴忠市青铜峡市瞿靖镇南街	宁夏吴忠市青铜峡市瞿靖镇南街	自行检验	QS6403 0501 1164	2014－3－30	2011－3－31	
743	吴忠恒枫乳业有限公司	乳制品［乳粉（全脂乳粉）］	宁夏吴忠市利通区金积工业园区	宁夏吴忠市利通区金积工业园区	自行检验	QS6403 0501 0004	2014－3－30	2011－3－31	
744	宁夏金荣乳业有限公司	乳制品［乳粉（全脂乳粉）］	宁夏吴忠市金银滩镇杨马湖村	宁夏吴忠市金银滩镇杨马湖村	自行检验	QS6403 0501 0008	2014－5－12	2011－5－13	
745	吴忠市银湖清真乳品有限公司	乳制品［乳粉（全脂乳粉）］	宁夏吴忠市利通区金积镇马家湖乡	宁夏吴忠市利通区金积镇马家湖乡	自行检验	QS6403 0501 0007	2014－5－12	2011－5－13	
746	宁夏红果乳业有限公司	乳制品［乳粉（全脂乳粉、全脂加糖乳粉、调制乳粉）］	宁夏吴忠市利通区金银滩镇	宁夏吴忠市利通区金银滩镇	自行检验	QS6403 0501 0635	2014－5－19	2011－3－31	
747	中宁县黄河乳制品有限公司	乳制品［乳粉（全脂乳粉）］	宁夏中卫市中宁县新堡镇	宁夏中卫市中宁县新堡镇	自行检验	QS6403 0501 0652	2014－5－28	2011－3－31	
748	蒙牛乳业（银川）有限公司	乳制品［液体乳（灭菌乳、调制乳、巴氏杀菌乳、发酵乳）］	宁夏银川市经济开发区宝湖西路436号	宁夏银川市经济开发区宝湖西路436号	自行检验	QS6401 0501 0006	2014－6－2	2011－6－3	

（续）

	企业名称	产品名称	住　所	生产地点	检验方式	证书编号	有效期至	发证日期	发证单位
749	宁夏伊友乳业有限公司	乳制品［乳粉（全脂乳粉、调制乳粉）］	宁夏吴忠市利通区高闸镇郭桥村	宁夏吴忠市利通区高闸镇郭桥村	自行检验	QS6403 0501 0680	2014-6-9	2011-3-31	
750	宁夏雪泉乳业有限公司	乳制品［液体乳（灭菌乳、发酵乳）、乳粉（全脂乳粉、调制乳粉）］	宁夏吴忠市利通区马莲渠	宁夏吴忠市利通区马莲渠	自行检验	QS6403 0501 0707	2014-6-15	2011-3-31	
751	宁夏伊利乳业有限责任公司	乳制品［液体乳（灭菌乳、调制乳）］	宁夏吴忠市金积工业园区	宁夏吴忠市金积工业园区	自行检验	QS6403 0501 0005	2014-6-16	2011-6-17	
752	宁夏亿美生物科技有限公司	乳制品［乳粉（全脂乳粉、脱脂乳粉）、其他乳制品（奶油）］	宁夏银川市灵武市羊绒工业园区	宁夏银川市灵武市羊绒工业园区	自行检验	QS6401 0501 0001	2014-11-5	2011-3-31	
753	宁夏蓝天乳业有限公司	乳制品［乳粉（全脂乳粉）］	宁夏吴忠市利通区郭家桥乡	宁夏吴忠市利通区郭家桥乡	自行检验	QS6403 0501 0002	2014-11-20	2011-3-31	
754	宁夏塞尚乳业有限公司	乳制品［液体乳、其他乳制品（稀奶油、奶油、酪乳液、乳清蛋白粉、浓缩乳蛋白粉、浓缩乳蛋白液、乳糖液）］	宁夏银川德胜工业园区伊园路5号	宁夏银川德胜工业园区伊园路5号	自行检验	QS6401 0501 0009	2015-7-16	2012-7-17	
新疆维吾尔自治区（39）									
755	新疆玉昆仑天然食品工程有限公司	乳制品［乳粉（全脂乳粉）］	岳普湖县岳普湖乡8村2组	岳普湖县岳普湖乡8村2组	自行检验	QS6531 0501 0011	2013-11-17	2010-11-18	新疆自治区质量技术监督局
756	新疆旺源驼奶实业有限公司	乳制品［乳粉（全脂驼乳粉、全脂发酵驼奶粉）液体乳（液态驼奶）］	福海县环城东路	福海县环城东路	自行检验	QS6543 0501 0012	2014-1-19	2011-1-20	新疆自治区质量技术监督局

（续）

	企业名称	产品名称	住　　所	生产地点	检验方式	证书编号	有效期至	发证日期	发证单位
757	新疆伊犁佳和乳业有限公司	乳制品［乳粉（全脂乳粉、脱脂乳粉、部分脱脂乳粉、调制乳粉）］	巩留县城北工业区	巩留县城北工业区	自行检验	QS6540 0501 1009	2014-3-23	2011-3-24	新疆自治区质量技术监督局
758	阿克苏盖瑞乳制品有限责任公司	乳制品［液体乳（灭菌乳、调制乳、酸牛乳）］	阿克苏市东工业园区富达路	阿克苏市东工业园区富达路	自行检验	QS6529 0501 0014	2014-3-28	2011-3-29	新疆自治区质量技术监督局
759	阿克苏新农乳业有限责任公司	乳制品［乳粉（全脂乳粉、调制乳粉）、液体乳（巴氏杀菌乳、灭菌乳、调制乳、发酵乳）］	温宿县沙河镇五团开发区	温宿县沙河镇五团开发区	自行检验	QS6529 0501 0800	2014-3-28	2011-3-29	新疆自治区质量技术监督局
760	阿勒泰冰花食品有限责任公司	乳制品［其他乳制品（干酪）］	北屯镇西北路（火电厂冷库旁）	北屯镇西北路（火电厂冷库旁）	自行检验	QS6543 0501 1651	2014-3-28	2011-3-29	新疆自治区质量技术监督局
761	阜康市尤贝奶制品有限公司	乳制品［其他乳制品（奶油、干酪）］	阜康市九运街镇黄土梁村	阜康市九运街镇黄土梁村	自行检验	QS6523 0501 0013	2014-3-28	2011-3-29	新疆自治区质量技术监督局
762	哈密盈瑞食品有限公司	乳制品［乳粉（全脂乳粉、脱脂乳粉），液态乳（巴氏杀菌乳、灭菌乳、酸乳），其他乳制品（干酪）］	哈密市广东工业园区（02-01-08）	哈密市广东工业园区（02-01-08）	自行检验	QS6522 0501 1533	2014-3-28	2011-3-29	新疆自治区质量技术监督局
763	克拉玛依绿成农业开发有限责任公司乳品厂	乳制品［液体乳（巴氏杀菌乳、灭菌乳、发酵乳）］	克拉玛依胜利路6号	克拉玛依胜利路6号	自行检验	QS6502 0501 0710	2014-3-28	2011-3-29	新疆自治区质量技术监督局
764	麦趣尔集团股份有限公司	乳制品［液体乳（灭菌乳、调制乳、发酵乳）］	新疆昌吉高新技术产业开发区麦趣尔大道	新疆昌吉高新技术产业开发区麦趣尔大道	自行检验	QS6500 0501 0392	2014-3-28	2011-3-29	新疆自治区质量技术监督局
765	尼勒克县美特尔乳业有限公司	乳制品［乳粉（全脂乳粉、脱脂乳粉、部分脱脂乳粉、调制乳粉）］	尼勒克县阿克图别克	尼勒克县阿克图别克	自行检验	QS6540 0501 1293	2014-3-28	2011-3-29	新疆自治区质量技术监督局

（续）

	企业名称	产品名称	住　　所	生产地点	检验方式	证书编号	有效期至	发证日期	发证单位
766	沙湾盖瑞乳业有限责任公司	乳制品［液体乳（灭菌乳、调制乳、酸牛乳）］	沙湾县乌鲁木齐东路工业园区	沙湾县乌鲁木齐东路工业园区	自行检验	QS6542 0501 0711	2014-3-28	2011-3-29	新疆自治区质量技术监督局
767	塔城海川乳业有限公司	乳制品［乳粉（全脂乳粉）、液体乳（巴氏杀菌乳、发酵乳）］	塔城市文化南路（原地区种牛场奶粉厂内）	塔城市文化南路（原地区种牛场奶粉厂内）	自行检验	QS6542 0501 1490	2014-3-28	2011-3-29	新疆自治区质量技术监督局
768	温宿县海川乳业有限公司	乳制品［乳粉（全脂乳粉、调制乳粉）］	温宿县水稻农场六连路北处	温宿县水稻农场六连路北处	自行检验	QS6529 0501 1339	2014-3-28	2011-3-29	新疆自治区质量技术监督局
769	乌鲁木齐伊利食品有限责任公司	乳制品［液体乳（灭菌乳、调制乳）］	乌鲁木齐市经济技术开发区洪湖路 88 号	乌鲁木齐市经济技术开发区洪湖路 88 号	自行检验	QS6501 0501 1653	2014-3-28	2011-3-29	新疆自治区质量技术监督局
770	乌苏高泉天天乳业有限责任公司	乳制品［乳粉（全脂乳粉）］	农七师一二四团部	农七师一二四团部	自行检验	QS6542 0501 1455	2014-3-28	2011-3-29	新疆自治区质量技术监督局
771	乌苏市海川乳业有限责任公司	乳制品［乳粉（全脂乳粉、调制乳粉）、液体乳（灭菌乳、调制乳、发酵乳）］	乌苏市哈图布呼镇北京东路 102 号	乌苏市哈图布呼镇北京东路 102 号	自行检验	QS6542 0501 1010	2014-3-28	2011-3-29	新疆自治区质量技术监督局
772	新疆阿勒泰光明乳业有限公司	乳制品［乳粉（全脂乳粉、脱脂乳粉）］	阿勒泰市红墩路 16 号	阿勒泰市红墩路 16 号	自行检验	QS6543 0501 1747	2014-3-28	2011-3-29	新疆自治区质量技术监督局
773	新疆昌吉娃哈哈乳业有限公司	乳制品［乳粉（全脂乳粉）］	新疆昌吉市 54 区昌吉高新技术工业园区内	新疆昌吉市 54 区昌吉高新技术工业园区内	自行检验	QS6523 0501 0004	2014-3-28	2011-3-29	新疆自治区质量技术监督局
774	新疆乳旺乳业有限公司	乳制品［乳粉（全脂乳粉）］	新疆石河子经济技术开发区 65 号小区北三东路 26-2 号	新疆石河子经济技术开发区 65 号小区北三东路 26-2 号	自行检验	QS6590 0501 1616	2014-3-28	2011-3-29	新疆自治区质量技术监督局
775	新疆瑞源乳业有限公司	乳制品［液体乳（巴氏杀菌乳、灭菌乳、发酵乳）、其他乳制品（干酪）］	库尔勒市兰干乡工业园	库尔勒市兰干乡工业园	自行检验	QS6528 0501 0799	2014-3-28	2011-3-29	新疆自治区质量技术监督局

（续）

	企业名称	产品名称	住　所	生产地点	检验方式	证书编号	有效期至	发证日期	发证单位
776	新疆盛和乳业有限公司	乳制品［液体乳（灭菌乳、调制乳、酸牛乳）］	新疆乌鲁木齐市头屯河区工业区	新疆乌鲁木齐市头屯河区工业区	自行检验	QS6501 0501 0797	2014-3-28	2011-3-29	新疆自治区质量技术监督局
777	新疆石河子花园乳业有限公司	乳制品［乳粉（全脂乳粉、调制乳粉）、液体乳（巴氏杀菌乳、灭菌乳、调制乳、发酵乳）］	新疆石河子西郊花园镇	新疆石河子西郊花园镇	自行检验	QS6590 0501 0709	2014-3-28	2011-3-29	新疆自治区质量技术监督局
778	新疆天润生物科技股份有限公司	乳制品［（乳粉（全脂乳粉）、液体乳（巴氏杀菌乳、灭菌乳、调制乳、发酵乳）、干酪］	乌鲁木齐市乌昌公路2702号	乌鲁木齐市乌昌公路2702号	自行检验	QS6501 0501 0003	2014-3-28	2011-3-29	新疆自治区质量技术监督局
779	新疆维维天山雪农牧科技有限公司	乳制品［乳粉（全脂乳粉）、液体乳（灭菌乳、调制乳、发酵乳）］	库尔勒市新城辖区库尉公路7幢	库尔勒市新城辖区库尉公路7幢	自行检验	QS6528 0501 0747	2014-3-28	2011-3-29	新疆自治区质量技术监督局
780	新疆维维天山雪乳业有限公司	乳制品［乳粉（全脂乳粉）、液体乳（巴氏杀菌乳、灭菌乳、调制乳、发酵乳）］	呼图壁县天山雪大道99号	呼图壁县天山雪大道99号	自行检验	QS6523 0501 0712	2014-3-28	2011-3-29	新疆自治区质量技术监督局
781	新疆焉耆三宇实业有限责任公司	乳制品［乳粉（全脂乳粉、调制乳粉）、液体乳（巴氏杀菌乳、灭菌乳、调制乳、发酵乳）］	焉耆县包尔海乡	焉耆县包尔海乡	自行检验	QS6528 0501 0798	2014-3-28	2011-3-29	新疆自治区质量技术监督局
782	新疆伊源乳业股份有限公司	乳制品［乳粉（全脂乳粉、调制乳粉），液体乳（巴氏杀菌乳、灭菌乳、调制乳、发酵乳）、其他乳制品（奶油、干酪）］	伊宁市边境经济合作区深圳路	伊宁市边境经济合作区深圳路	自行检验	QS6540 0501 1424	2014-3-28	2011-3-29	新疆自治区质量技术监督局

（续）

	企业名称	产品名称	住　所	生产地点	检验方式	证书编号	有效期至	发证日期	发证单位
783	伊犁思味特乳业有限责任公司	乳制品［乳粉（全脂乳粉、脱脂乳粉、部分脱脂乳粉）］	尼勒克县乌拉斯台	尼勒克县乌拉斯台	自行检验	QS6540 0501 0001	2014-3-28	2011-3-29	新疆自治区质量技术监督局
784	伊犁伊力特乳业有限公司	乳制品［乳粉（全脂乳粉、脱脂乳粉、部分脱脂乳粉、调制乳粉］	尼勒克县寨口	尼勒克县寨口	自行检验	QS6540 0501 0806	2014-3-28	2011-3-29	新疆自治区质量技术监督局
785	布尔津县阿尔曼清真食品有限公司	乳制品［乳粉（全脂乳粉、脱脂乳粉、部分脱脂乳粉、调制乳粉）］	布尔津县神湖西路10号	布尔津县神湖西路10号	自行检验	QS6543 0501 1583	2014-12-6	2011-12-7	新疆自治区质量技术监督局
786	银桥乳业阿勒泰有限公司	乳制品［乳粉（全脂乳粉、调制乳粉）、其他乳制品（干酪）］	新疆北屯阿福路工业园区8号	新疆北屯阿福路工业园区8号	自行检验	QS6543 0501 1703	2015-1-17	2012-1-18	新疆自治区质量技术监督局
787	察布查尔锡伯自治县阳光乳品厂	乳制品［液体乳（酸乳）］	察布查尔县扎库齐牛录乡开发地	察布查尔县扎库齐牛录乡开发地	自行检验	QS6540 0501 0010	2015-6-8	2012-6-8	新疆自治区质量技术监督局
788	伊宁市阿纳迪雅尔酸奶厂	乳制品［液体乳（发酵乳）］	伊宁市新华西路14巷新居民点	伊宁市新华西路14巷新居民点	自行检验	QS6540 0501 0015	2015-8-2	2012-8-3	新疆自治区质量技术监督局
789	新源县闻羡乳品厂	乳制品［液体乳（发酵乳）、其他乳制品（干酪）］	新源县则新北路6号	新源县则新北路6号	自行检验	QS6540 0501 1453	2015-10-19	2012-10-20	新疆自治区质量技术监督局
790	布尔津县诺干乳业有限公司	乳制品［其他乳制品（干酪）］				QS6543 0501 0016			
791	乌鲁木齐市阿派尔食品有限公司	乳制品［液体乳（发酵乳）］				QS6501 0501 0018			
792	新疆北疆乳业有限责任公司	乳制品［液体乳（发酵乳）］				QS6527 0501 0013			
793	昭苏县天雪乳品厂	乳制品［乳粉（全脂乳粉）］				QS6540 0501 0019			

婴幼儿配方乳粉生产企业名单

	企业名称	产品名称	住　所	生产地点	检验方式	证书编号	有效期至	发证日期	发证单位
	天津市（4）								
1	多加多乳业（天津）有限公司	婴幼儿配方乳粉（干法工艺）	天津市津南经济开发区	天津市津南区经济开发区中宏道 3 号	自行检验	QS1200 0502 0085	2014 - 3 - 30	2011 - 3 - 31	天津市质量技术监督局
2	美可高特（中国）羊乳有限公司	婴幼儿配方乳粉（干法工艺）	天津新技术产业园区华苑产业区鑫茂科技园 D1 座四层 C 单元	天津市西青区中北工业园星光路 9 号	自行检验	QS1211 0502 0023	2014 - 3 - 30	2011 - 3 - 31	天津市质量技术监督局
3	天津伊利乳业有限责任公司	婴幼儿配方乳粉（干法工艺）	天津空港物流加工区西十五道 5 号	天津空港经济区中心大道西十五道 5 号	自行检验	QS1217 0502 0002	2014 - 3 - 30	2011 - 3 - 31	天津市质量技术监督局
4	黑龙江红星集团天津食品有限公司	婴幼儿配方乳粉（干法工艺）增加品种：3 个企标	天津市武清区大良镇旗良公路东侧	武清开发区禄财道	自行检验	QS1214 0502 0003	2014 - 6 - 23	2011 - 6 - 24	天津市质量技术监督局
	河北省（2）								
5	张家口察哈尔乳业有限公司	婴幼儿配方乳粉（湿法工艺）	张家口察北管理区	张家口察北管理区	自行检验	QS1300 0502 0045	2014 - 3 - 7	2011 - 3 - 8	河北省质量技术监督局
6	河北三元食品有限公司	婴幼儿配方乳粉（湿法工艺、干法工艺）	河北省石家庄市新华区警安路 69 号	河北省石家庄市新华区警安路 59 号；河北省石家庄市新华区西三庄街 19 号	自行检验	QS1301 0502 0002	2014 - 3 - 28	2011 - 3 - 29	河北省质量技术监督局
	山西省（2）								
7	山西古城乳业集团有限公司	婴幼儿配方乳粉（湿法工艺）	山阴县古城镇	山西省朔州市山阴县古城镇	自行检验	QS1400 0502 0111	2014 - 3 - 30	2011 - 3 - 31	山西省质量技术监督局
8	山西雅士利乳业有限公司	婴幼儿配方乳粉（湿法工艺）	朔州应县四环东路雅士利工业园	山西省朔州市应县四环东路雅士利工业园	自行检验	QS1400 0502 0124	2014 - 3 - 30	2011 - 3 - 31	山西省质量技术监督局

（续）

	企业名称	产品名称	住　所	生产地点	检验方式	证书编号	有效期至	发证日期	发证单位
				内蒙古自治区（7）					
9	呼伦贝尔亚华乳业有限责任公司	婴幼儿配方乳粉（湿法工艺）	呼伦贝尔市陈巴尔虎旗特尼河苏木	呼伦贝尔市陈巴尔虎旗特尼河苏木	自行检验	QS1507 0502 0005	2014-2-27	2011-2-28	内蒙古自治区质量技术监督局
10	呼伦贝尔阳光乳业有限公司	婴幼儿配方乳粉（湿法工艺）	呼伦贝尔市鄂温克自治旗伊敏苏木	呼伦贝尔市鄂温克自治旗伊敏苏木	自行检验	QS1507 0502 0004	2014-2-27	2011-2-28	内蒙古自治区质量技术监督局
11	呼伦贝尔友谊乳业（集团）有限责任公司	婴幼儿配方乳粉（湿法工艺）	呼伦贝尔市牙克石市友谊东街100号	呼伦贝尔市牙克石市友谊东街100号	自行检验	QS1500 0502 0112	2014-2-27	2011-2-28	内蒙古自治区质量技术监督局
12	内蒙古呼伦贝尔农垦雪花乳业有限公司	婴幼儿配方乳粉（湿法工艺）	呼伦贝尔市阿荣旗那吉镇振兴街	呼伦贝尔市阿荣旗那吉镇振兴街	自行检验	QS1500 0502 0087	2014-2-27	2011-2-28	内蒙古自治区质量技术监督局
13	内蒙古金海伊利乳业有限责任公司	婴幼儿配方乳粉（干法工艺、湿法工艺）	呼和浩特市金山开发区金山大道北五一路	呼和浩特市金山开发区金山大道北五一路	自行检验	QS1501 0502 0001	2014-2-27	2011-2-28	内蒙古自治区质量技术监督局
14	内蒙古欧世蒙牛乳制品有限责任公司	婴幼儿配方乳粉（干法工艺、湿法工艺）	呼和浩特市和林格尔盛乐经济园区	呼和浩特市和林格尔盛乐经济园区	自行检验	QS1501 0502 0003	2014-2-27	2011-2-28	内蒙古自治区质量技术监督局
15	内蒙古伊利实业集团股份有限公司	婴幼儿配方乳粉		内蒙古呼和浩特市金川开发区金四路8号		QS1500 0502 0013	2014-3-31	2011-4-1	
				辽宁省（1）					
16	英雄辉山（沈阳）营养品有限公司	婴幼儿配方乳粉		辽宁省沈阳市法库县秀水辉山经济开发区		QS2101 0502 0001	2015-5-13	2012-9-17	
				吉林省（3）					
17	白城龙丹乳业科技有限公司	婴幼儿配方乳粉（湿法工艺）	白城工业园区淮河路南渤海街东	吉林省白城市白城工业园区淮河路南渤海街东	自行检验	QS2208 0502 0002	2014-3-27	2011-3-28	吉林省质量技术监督局
18	敦化美丽健乳业有限公司	婴幼儿配方乳粉（湿法工艺）	吉林省敦化经济开发区工业园区	吉林省敦化市敦化经济开发区工业园区	自行检验	QS2224 0502 0001	2014-3-27	2011-3-28	吉林省质量技术监督局

（续）

	企业名称	产品名称	住　所	生产地点	检验方式	证书编号	有效期至	发证日期	发证单位
19	吉林艾倍特乳业有限公司	婴幼儿配方乳粉（湿法工艺）	吉林省镇赉县幸福东路433号	吉林省白城市镇赉县镇赉镇幸福东路433号	自行检验	QS2208 0502 0003	2014-3-27	2011-3-28	吉林省质量技术监督局
	黑龙江省（40）								
20	黑龙江飞鹤乳业有限公司	婴幼儿配方乳粉（湿法工艺）	黑龙江省齐齐哈尔市克东县克东镇庆祥街	黑龙江省克东县庆祥街	自行检验	QS2300 0502 0009	2014-3-1	2011-3-2	黑龙江省质量技术监督局
21	飞鹤（甘南）乳品有限公司	婴幼儿配方乳粉（湿法工艺、干法工艺）	黑龙江省齐齐哈尔市甘南县生态工业新区	黑龙江省齐齐哈尔市甘南县生态工业新区	自行检验	QS2300 0502 0056	2014-3-1	2012-3-2	黑龙江省质量技术监督局
22	黑龙江贝因美乳业有限公司	婴幼儿配方乳粉（湿法工艺）	黑龙江省绥化市安达市大庆路6号	黑龙江省绥化市安达市大庆路6号、安达市开发区安发大道6号	自行检验	QS2300 0502 0117	2014-3-1	2012-8-15	黑龙江省质量技术监督局
23	北安宜品乳业有限公司	婴幼儿配方乳粉（湿法工艺）	黑龙江省黑河市北安市健民路112号	黑龙江省黑河市北安市铁西区工业园区	自行检验	QS2300 0502 0108	2014-3-8	2011-3-9	黑龙江省质量技术监督局
24	黑龙江省农垦龙王食品有限责任公司	婴幼儿配方乳粉（湿法工艺）	黑龙江省绥化市北林区中直北路696号	黑龙江省绥化市北林区中直北路696号	自行检验	QS2300 0502 0118	2014-3-8	2011-3-9	黑龙江省质量技术监督局
25	黑龙江省光明松鹤乳品有限责任公司	婴幼儿配方乳粉（湿法工艺）	齐齐哈尔市富裕县新华南路	齐齐哈尔市富裕县新华南路	自行检验	QS2300 0502 0125	2014-3-15	2011-3-16	黑龙江省质量技术监督局
26	海伦兴安岭乳业有限公司	婴幼儿配方乳粉（湿法工艺）	黑龙江省绥化市海伦市海伦镇北环路东安街3委	黑龙江省绥化市海伦市海伦镇北环路东安街3委	自行检验	QS2300 0502 0211	2014-3-22	2011-3-23	黑龙江省质量技术监督局
27	黑龙江明翔乳业有限责任公司	婴幼儿配方乳粉（湿法工艺）	富裕县富裕镇五街工业园区	富裕县富裕镇五街工业园区	自行检验	QS2300 0502 0081	2014-3-22	2011-3-23	黑龙江省质量技术监督局
28	黑龙江省索康营养科技有限公司	婴幼儿配方乳粉（湿法工艺）	黑龙江省绥化市经济开发区	黑龙江省绥化市经济开发区	自行检验	QS2300 0502 0208	2014-3-22	2011-3-23	黑龙江省质量技术监督局

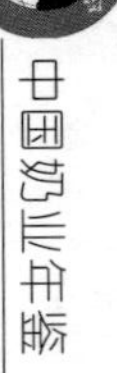

（续）

	企业名称	产品名称	住　　所	生产地点	检验方式	证书编号	有效期至	发证日期	发证单位
29	黑龙江省完达山乳业股份有限公司双城分公司	婴幼儿配方乳粉（干法工艺）	哈尔滨双城市经济技术开发区	哈尔滨双城市经济技术开发区	自行检验	QS2300 0502 0210	2014-3-22	2011-3-23	黑龙江省质量技术监督局
30	双城雀巢有限公司	婴幼儿配方乳粉（湿法工艺）	黑龙江省双城市友谊路	黑龙江省双城市友谊路	自行检验	QS2300 0502 0005	2014-3-22	2011-3-23	黑龙江省质量技术监督局
31	齐齐哈尔英顿乳业有限公司	婴幼儿配方乳粉（湿法工艺）	齐齐哈尔市碾子山区工业园区	齐齐哈尔市碾子山区工业园区	自行检验	QS2300 0502 0070	2014-3-22	2011-8-10	黑龙江省质量技术监督局
32	肇州县摇篮乳业有限责任公司	婴幼儿配方乳粉（湿法工艺）	大庆市肇州摇篮工业科技园区摇篮大道01号	大庆市肇州摇篮工业科技园区摇篮大道01号	自行检验	QS2300 0502 0080	2014-3-22	2011-10-10	黑龙江省质量技术监督局
33	大庆乳品厂有限责任公司	婴幼儿配方乳粉（湿法工艺）	大庆市高新区安萨路18公里处	大庆市高新技术产业开发区	自行检验	QS2300 0502 0093	2014-3-24	2011-3-25	黑龙江省质量技术监督局
34	黑龙江常庆乳业有限责任公司	婴幼儿配方乳粉（湿法工艺）	五常市牛家工业园区	五常市牛家工业园区	自行检验	QS2300 0502 0212	2014-3-24	2011-3-25	黑龙江省质量技术监督局
35	大庆市绿叶乳品有限公司	婴幼儿配方乳粉（湿法工艺）	黑龙江省大庆市红岗区杏六路	大庆市红岗区杏六路	自行检验	QS2300 0502 0103	2014-3-25	2011-3-26	黑龙江省质量技术监督局
36	哈尔滨太子乳品工业有限公司	婴幼儿配方乳粉（湿法工艺、干法工艺）	哈尔滨利民经济技术开发区广州路6号	哈尔滨利民经济技术开发区广州路6号	自行检验	QS2300 0502 0021	2014-3-25	2011-3-26	黑龙江省质量技术监督局
37	黑龙江华丹乳业有限公司	婴幼儿配方乳粉（湿法工艺）	黑龙江省绥化市安达市牛街469号	黑龙江省绥化地区安达市澳佳牧业科技园区	自行检验	QS2300 0502 0207	2014-3-25	2011-3-26	黑龙江省质量技术监督局
38	黑龙江雅士利乳业有限公司	婴幼儿配方乳粉（湿法工艺）	齐齐哈尔市泰来县汤池镇政府所在地	齐齐哈尔市泰来县汤池镇政府所在地	自行检验	QS2300 0502 0065	2014-3-25	2011-3-26	黑龙江省质量技术监督局
39	依安县摇篮乳业有限责任公司	婴幼儿配方乳粉（湿法工艺）	黑龙江省齐齐哈尔市依安县依安镇摇篮工业科技园区摇篮大道01号	黑龙江省齐齐哈尔市依安县依安镇摇篮工业科技园区摇篮大道01号	自行检验	QS2300 0502 0068	2014-3-25	2011-11-17	黑龙江省质量技术监督局

（续）

	企业名称	产品名称	住　　所	生产地点	检验方式	证书编号	有效期至	发证日期	发证单位
40	黑龙江欧贝嘉营养食品有限公司	婴幼儿配方乳粉（湿法工艺）	铁力市西河生态工业园区	黑龙江省铁力市西河生态工业园区	自行检验	QS2300 0502 0206	2014-3-25	2012-6-29	黑龙江省质量技术监督局
41	北安完达山乳品有限公司	婴幼儿配方乳粉（湿法工艺）	黑龙江省黑河市北安市铁西区五委	北安市铁西区五委	自行检验	QS2300 0502 0076	2014-3-27	2011-3-28	黑龙江省质量技术监督局
42	杜尔伯特伊利乳业有限责任公司	婴幼儿配方乳粉（湿法工艺、干法工艺）	大庆市杜尔伯特蒙古族自治县泰康镇东街	大庆市杜尔伯特蒙古族自治县德力戈尔工业园区	自行检验	QS2300 0502 0092	2014-3-27	2011-3-28	黑龙江省质量技术监督局
43	黑龙江辰鹰乳业有限公司	婴幼儿配方乳粉（湿法工艺）	黑龙江省黑河市嫩江县嫩兴路262号	黑龙江省黑河市嫩江县嫩兴路262号	自行检验	QS2300 0502 0062	2014-3-27	2011-3-28	黑龙江省质量技术监督局
44	黑龙江农垦多元乳业有限公司	婴幼儿配方乳粉（湿法工艺）	齐齐哈尔市富裕县富裕牧场场直二区	齐齐哈尔市富裕县富裕牧场场直二区	自行检验	QS2300 0502 0128	2014-3-27	2011-3-28	黑龙江省质量技术监督局
45	黑龙江省富裕明星食品有限公司	婴幼儿配方乳粉（湿法工艺）	齐齐哈尔市富裕县富裕镇通南路1号	齐齐哈尔市富裕县富裕镇通南路1号	自行检验	QS2300 0502 0025	2014-3-27	2011-3-28	黑龙江省质量技术监督局
46	黑龙江省完达山乳业股份有限公司八五一一分公司	婴幼儿配方乳粉（湿法工艺）	黑龙江省鸡西市密山市八五一一农场场部	黑龙江省密山市八五一一农场场部	自行检验	QS2300 0502 0077	2014-3-27	2011-3-28	黑龙江省质量技术监督局
47	黑龙江省完达山乳业股份有限公司军川分公司	婴幼儿配方乳粉（湿法工艺）	鹤岗市宝泉岭垦区军川乳品厂三号楼	黑龙江省萝北县军川农场场部	自行检验	QS2300 0502 0067	2014-3-27	2011-3-28	黑龙江省质量技术监督局
48	黑龙江澳乐滋乳业有限公司	婴幼儿配方乳粉（湿法工艺）	哈尔滨市南岗区红旗满族乡	哈尔滨市南岗区红旗满族乡	自行检验	QS2300 0502 0203	2014-3-28	2011-3-29	黑龙江省质量技术监督局
49	黑龙江农垦摇篮乳业有限责任公司	婴幼儿配方乳粉（湿法工艺）	黑龙江省鹤岗市绥滨县二九0农场摇篮工业科技园区摇篮大道01号	黑龙江省鹤岗市绥滨县二九0农场摇篮工业科技园区摇篮大道01号	自行检验	QS2300 0502 0202	2014-3-28	2011-9-5	黑龙江省质量技术监督局

（续）

	企业名称	产品名称	住　所	生产地点	检验方式	证书编号	有效期至	发证日期	发证单位
50	黑龙江农垦正元乳业有限责任公司	婴幼儿配方乳粉（湿法工艺）	黑龙江省鹤岗市萝北县共青农场摇篮工业科技园区摇篮大道01号	黑龙江省鹤岗市萝北县共青农场摇篮工业科技园区摇篮大道01号	自行检验	QS2300 0502 0201	2014-3-28	2011-9-5	黑龙江省质量技术监督局
51	杜尔伯特金山乳品有限责任公司	婴幼儿配方乳粉（湿法工艺）	大庆市杜尔伯特蒙古族自治县德力戈尔工业园区	大庆市杜尔伯特蒙古族自治县德力戈尔工业园区	自行检验	QS2300 0502 0213	2014-3-29	2011-3-30	黑龙江省质量技术监督局
52	黑龙江红星集团股份有限公司	婴幼儿配方乳粉（湿法工艺）	黑龙江省安达市铁西区	黑龙江省安达市铁西区	自行检验	QS2300 0502 0084	2014-3-29	2011-3-30	黑龙江省质量技术监督局
53	黑龙江美庐乳业有限公司	婴幼儿配方乳粉（湿法工艺）	讷河市通江路西段路南	讷河市通江路西段路南	自行检验	QS2300 0502 0205	2014-3-29	2011-3-30	黑龙江省质量技术监督局
54	哈尔滨惠佳贝食品有限公司	婴幼儿配方乳粉（干法工艺）	黑龙江省尚志市一面坡镇民主街18号	黑龙江省尚志市一面坡镇民主街18号	自行检验	QS2300 0502 0119	2014-3-30	2011-3-31	黑龙江省质量技术监督局
55	黑龙江龙丹乳业科技股份有限公司	婴幼儿配方乳粉（湿法工艺）	黑龙江省哈尔滨市南岗区红旗大街时代广场B幢	哈尔滨市南岗区学府路337号	自行检验	QS2300 0502 0010	2014-3-30	2011-3-31	黑龙江省质量技术监督局
56	伊春惠佳贝乳业有限公司	婴幼儿配方乳粉（湿法工艺）	黑龙江省伊春市新青区永进委甲1号	黑龙江省伊春市新青区永进委甲1号	自行检验	QS2300 0502 0131	2014-3-30	2011-3-31	黑龙江省质量技术监督局
57	黑龙江农垦英博华威乳业有限公司	婴幼儿配方乳粉（湿法工艺）	黑龙江省伊春市铁力市铁力农场	黑龙江省铁力农场场直二八九大街9号	自行检验	QS2300 0502 0116	2014-3-30	2012-1-16	黑龙江省质量技术监督局
58	黑龙江伊利乳业有限责任公司	婴幼儿配方乳粉（湿法工艺）		黑龙江省大庆市杜尔伯特蒙古族自治县德力戈尔工业园区		QS2300 0502 0216	2016-1-8	2013-1-9	
59	哈尔滨乳多宝有限责任公司青冈分公司			黑龙江省绥化市青冈县中和镇		QS2300 0502 0064	2014-3-8	2011-3-9	

（续）

	企业名称	产品名称	住　所	生产地点	检验方式	证书编号	有效期至	发证日期	发证单位
				上海市（4）					
60	上海晨冠乳业有限公司	婴幼儿配方乳粉（干法工艺）	上海市奉贤区现代农业园区望园路 2166 号	上海市奉贤区现代农业园区望园路 2166 号	自行检验	QS3100 0502 0037	2014-3-13	2011-3-14	上海市质量技术监督局
61	多美滋婴幼儿食品有限公司	乳制品［乳粉（调制乳粉）］；婴幼儿配方乳粉（湿法工艺、干法工艺）	上海市浦东新区金桥出口加工区宁桥路 188 号	上海市浦东新区金桥出口加工区宁桥路 188 号	自行检验	QS3100 0502 0003	2014-3-20	2011-3-21	上海市质量技术监督局
62	上海花冠营养乳品有限公司	婴幼儿配方乳粉（干法工艺）	上海市松江区民益路 299 号	上海市松江区民益路 299 号	自行检验	QS3100 0502 0041	2014-3-20	2011-3-21	上海市质量技术监督局
63	上海纽贝滋营养乳品有限公司	婴幼儿配方乳粉（干法工艺）	上海市松江区新浜工业园区环区北路 502 号	上海市松江区新浜工业园区环区北路 502 号	自行检验	QS3100 0502 0069	2014-3-20	2011-3-21	上海市质量技术监督局
				江苏省（1）					
64	惠氏营养品（中国）有限公司	婴幼儿配方乳粉（干法工艺）	苏州工业园方洲路 199 号	苏州工业园方洲路 199 号	自行检验	QS3200 0502 0002	2014-2-24	2011-3-1	江苏省质量技术监督局
				浙江省（3）					
65	杭州贝因美母婴营养品有限公司	婴幼儿配方乳粉（干法工艺）	杭州钱江经济开发区顺风路 512 号	杭州钱江经济开发区顺风路 512 号	自行检验	QS3301 0502 0001	2014-2-27	2011-2-28	浙江省质量技术监督局
66	杭州味全生技食品有限公司	婴幼儿配方乳粉（干法工艺）	杭州经济技术开发区十号大街 502 号	杭州经济技术开发区十号大街 502 号	自行检验	QS3300 0502 0032	2014-2-27	2011-2-28	浙江省质量技术监督局
67	浙江贝因美科工贸股份有限公司	婴幼儿配方乳粉（干法工艺）	杭州市天目山路 160 号国际花园 B18 层	杭州余杭区良渚镇安溪杜成村	自行检验	QS3300 0502 0007	2014-2-27	2011-2-28	浙江省质量技术监督局
				安徽省（1）					
68	淮南益益营养食品科技有限公司	婴幼儿配方乳粉（湿法工艺）	淮南市经济技术开发区	安徽省淮南市淮南市经济技术开发区朝阳东路 32 号	自行检验	QS3404 0502 0052	2014-3-27	2011-3-28	安徽省质量技术监督局

（续）

	企业名称	产品名称	住　所	生产地点	检验方式	证书编号	有效期至	发证日期	发证单位
福建省（4）									
69	明一国际营养品集团有限公司	婴幼儿配方乳粉（干法工艺）	福州空港工业集中区大鹤段	福建福州空港工业集中区大鹤段、福州航空港工业集中区仙昙路3号	自行检验	QS3500 0502 1771	2014-2-23	2012-7-27	福建省质量技术监督局
70	贝登（福建）婴幼儿营养品有限公司	婴幼儿配方乳粉（干法工艺）	莆田市涵江区江口镇华正路	莆田市涵江区江口镇华正路	自行检验	QS3500 0502 0096	2014-2-26	2011-4-26	福建省质量技术监督局
71	恒信乐健（厦门）生物技术有限公司	婴幼儿配方乳粉（干法工艺）		福建省厦门市同安区轻工食品园美禾七路165号1号厂房第四、五层		QS3500 0502 0075	2016-3-17	2013-3-18	
72	福鼎市晨冠乳业有限公司			福建省福鼎市星火工业园区2-8号		QS3500 0502 0074	2014-3-17	2011-3-18	
江西省（4）									
73	江西金薄金生态科技有限公司	婴幼儿配方乳粉（干法工艺）	江西省宜春市高安市八景工业园	江西省宜春市高安市八景工业园	自行检验	QS3600 0502 0120	2014-3-29	2011-3-30	江西省质量技术监督局
74	江西美庐乳业有限公司	婴幼儿配方乳粉（干法工艺）	江西省九江市庐山区生态工业城	江西省九江市庐山区生态工业城	自行检验	QS3600 0502 0057	41727	40917	江西省质量技术监督局
75	江西雄鹰乳业有限公司	婴幼儿配方乳粉（干法工艺）	江西省南昌市小蓝经济开发区金沙三路富山二路969号	江西省南昌市小蓝经济开发区金沙三路富山二路969号	自行检验	QS3600 0502 0059	2014-3-29	2011-3-30	江西省质量技术监督局
76	江西英雄乳业股份有限公司	婴幼儿配方乳粉（湿法工艺）	江西省南昌市蛟桥镇	江西省南昌市蛟桥镇	自行检验	QS3600 0502 0099	2014-3-29	2011-3-30	江西省质量技术监督局
山东省（3）									
77	圣元营养食品有限公司	婴幼儿配方乳粉（干法工艺）	青岛胶南市圣元路777号	青岛胶南市圣元路777号	自行检验	QS3700 0502 0047	2014-1-25	2012-5-17	山东省质量技术监督局

（续）

	企业名称	产品名称	住 所	生产地点	检验方式	证书编号	有效期至	发证日期	发证单位
78	迈高乳业（青岛）有限公司	婴幼儿配方乳粉（干法工艺）	青岛市城阳区惜福镇街道后金社区	山东省青岛市城阳区惜福镇街道后金社区	自行检验	QS3700 0502 0029	2014-3-24	2011-3-25	山东省质量技术监督局
79	青岛索康食品有限公司	婴幼儿配方乳粉	青岛胶州市张应镇大朱戈工业园招商镇	青岛胶州市张应镇大朱戈工业园招商镇	自行检验	QS3700 0502 0026	2014-3-30	2011-3-31	山东省质量技术监督局
				河南省（1）					
80	河南金元乳业有限公司	婴幼儿配方乳粉（湿法工艺）	驻马店市驿城区水屯工业园	驻马店市驿城区水屯工业园	自行检验	QS4100 0502 0075	2014-4-15	2011-4-16	河南省质量技术监督局
				湖北省（3）					
81	宜昌贝因美食品科技有限公司	婴幼儿配方乳粉（干法工艺）	湖北省宜昌市东山开发区大连路28号	湖北省宜昌市东山开发区大连路28号	自行检验	QS4205 0502 0099	2014-2-27	2011-2-28	湖北省质量技术监督局
82	杜尔伯特伊利乳业有限责任公司武汉分公司	婴幼儿配方乳粉（干法工艺）	武汉市经济技术开发区莲湖路35号	湖北省武汉市经济技术开发区莲湖路35号	自行检验	QS4200 0502 0097	2014-3-30	2012-5-2	湖北省质量技术监督局
83	湖北咸宁向阳湖兴兴奶业有限公司	婴幼儿配方乳粉〔湿法工艺、干法工艺〕		湖北省咸宁市咸安区向阳湖镇祝家垴村五组		QS4200 0502 0100	2016-7-21	2013-7-22	
				湖南省（3）					
84	澳优乳业（中国）有限公司	婴幼儿配方乳粉（干法工艺）	长沙市河西旺旺东路2号	长沙市河西旺旺东路2号	自行检验	QS4300 0502 0101	2014-3-14	2011-3-15	湖南省质量技术监督局
85	加比力（湖南）食品有限公司	婴幼儿配方乳粉（干法工艺）	长沙市开福区捞刀河镇	长沙市开福区捞刀河镇高源村	自行检验	QS4300 0502 0100	2014-3-14	2011-3-15	湖南省质量技术监督局
86	湖南长沙亚华乳业有限公司	婴幼儿配方乳粉（干法工艺）	湖南长沙市望城区雷锋大道108号（湖南亚华乳品科技园）	湖南长沙市望城区雷锋大道108号（湖南亚华乳品科技园）	自行检验	QS4300 0502 0102	2014-3-14	2012-6-21	湖南省质量技术监督局

（续）

	企业名称	产品名称	住　　所	生产地点	检验方式	证书编号	有效期至	发证日期	发证单位
广东省（10）									
87	雅士利国际集团有限公司	婴幼儿配方乳粉（干法工艺）	广东潮州市潮安大道雅士利工业城	广东潮州市潮安大道雅士利工业城	自行检验	QS4400 0502 0004	2014-3-28	2011-3-29	广东省质量技术监督局
88	美赞臣营养品（中国）有限公司	婴幼儿配方乳粉（干法工艺）	广州经济技术开发区东基工业园夏园路2号	广州经济技术开发区东基工业园夏园路2号	自行检验	QS4400 0502 0012	2014-3-28	2011-3-29	广东省质量技术监督局
89	施恩（广州）婴幼儿营养品有限公司	婴幼儿配方乳粉（干法工艺）	广州经济技术开发区东区宏远路8号施恩工业园	广州经济技术开发区东区宏远路8号施恩工业园	自行检验	QS4400 0502 0034	2014-3-28	2011-3-29	广东省质量技术监督局
90	雅培（广州）营养品有限公司	婴幼儿配方乳粉（干法工艺）	广州经济技术开发区东区骏功路5号	广东省广州市经济技术开发区东区骏功路5号	自行检验	QS4400 0502 0054	2014-3-28	2011-3-29	广东省质量技术监督局
91	广东一家人食品有限公司	婴幼儿配方乳粉（干法工艺）	汕头市金平区荣升科技园内C2、G2之三号	汕头市金平区荣升科技园内C2、G2之三号	自行检验	QS4400 0502 0133	2014-3-29	2011-3-30	广东省质量技术监督局
92	广州柏赛罗药业有限公司	婴幼儿配方乳粉（干法工艺）	广州市花都区新华镇东秀一横路9号	广州市花都区新华镇东秀一横路9号	自行检验	QS4401 0502 0138	2014-3-29	2011-3-30	广东省质量技术监督局
93	雅贝氏（深圳）乳业有限公司	婴幼儿配方乳粉（干法工艺）	深圳市南山区留仙大道红花岭工业区第3栋7楼	深圳市南山区留仙大道红花岭工业区第3栋7楼	自行检验	QS4400 0502 0135	2014-3-29	2011-3-30	广东省质量技术监督局
94	广东东泰乳业有限公司	婴幼儿配方乳粉（干法工艺）	揭东试验区3号路南侧	揭东试验区3号路南侧	自行检验	QS4400 0502 0053	2014-3-30	2011-3-31	广东省质量技术监督局
95	广州市美素力营养品有限公司	婴幼儿配方乳粉（干法工艺）	广州市花都区新华工业区穗香路	广州市花都新华工业区穗香路	自行检验	QS4400 0502 0060	2014-3-30	2011-3-31	广东省质量技术监督局
96	高培（广州）乳业有限公司	婴幼儿配方乳粉（干法工艺）	广州市增城区增江街东区高科技工业基地	增城区增江街东区高科技工业基地	自行检验	QS4400 0502 0035	2014-3-30	2012-3-11	广东省质量技术监督局
广西壮族自治区（1）									
97	北海贝因美营养食品有限公司	婴幼儿配方乳粉（干法工艺）	北海市北海大道工业园区11号	北海市北海大道工业园区11号	自行检验	QS4500 0502 0001	2014-2-24	2011-2-25	广西壮族自治区质量技术监督局

（续）

	企业名称	产品名称	住　所	生产地点	检验方式	证书编号	有效期至	发证日期	发证单位
				四川省（1）					
98	若尔盖高原之宝牦牛乳业有限责任公司	婴幼儿配方乳粉（湿法工艺）		四川省阿坝州若尔盖县达扎寺镇红光路3号		QS5132 0502 0001	2016－3－14	2013－3－15	
				云南（1）					
99	云南新希望邓川蝶泉乳业有限公司	婴幼儿配方乳粉（湿法工艺）	大理洱源县邓川新州街88号	大理洱源县邓川新州街88号	自行检验	QS5300 0502 0082	2014－3－30	2011－3－31	云南省质量技术监督局
				陕西省（19）					
100	陕西美恩乳业股份有限公司	婴幼儿配方乳粉（干法工艺）	咸阳市秦都区宝泉路以北高新区创业园一号	咸阳市秦都区宝泉路以北高新区创业园一号	自行检验	QS6104 0502 0002	2014－3－21	2011－3－22	陕西省质量技术监督局
101	陕西省定边县乳品实业有限公司	婴幼儿配方乳粉（湿法工艺）	定边县定边镇西环路（工业园区）	定边县定边镇西环路（工业园区）	自行检验	QS6108 0502 0001	2014－3－21	2011－3－22	陕西省质量技术监督局
102	西安银桥生物科技有限责任公司	婴幼儿配方乳粉（湿法生产）	西安市高新区高科广场A幢9层01号	西安临潼经济开发区银桥大道99号	自行检验	QS6100 0502 0006	2014－3－21	2011－3－22	陕西省质量技术监督局
103	陕西金牛乳业有限公司	婴幼儿配方乳粉（干湿法复合工艺）	富平县小惠乡仁合什字	富平县小惠乡仁合什字	自行检验	QS6105 0502 0003	2014－3－22	2011－3－23	陕西省质量技术监督局
104	西安贝多营养食品有限公司	婴幼儿配方乳粉（干法工艺）	西安市高新区锦业二路61号	西安市高新区锦业二路61号	自行检验	QS6100 0502 0036	2014－3－22	2011－3－23	陕西省质量技术监督局
105	陕西关山乳业有限责任公司	婴幼儿配方乳粉（干湿法复合工艺）	陕西陇县北关路6号	陕西陇县北关路6号	自行检验	QS6100 0502 0106	2014－3－24	2011－3－25	陕西省质量技术监督局
106	陕西关山瑞芙乳业有限公司	婴幼儿配方乳粉（干湿法复合工艺）	西安阎良区新兴街	西安阎良区新兴街	自行检验	QS6101 0502 0011	2014－3－24	2011－3－25	陕西省质量技术监督局
107	陕西和氏乳品有限公司	婴幼儿配方乳粉（湿法工艺、干法工艺）	陕西陇县陇马路48号	陕西陇县陇马路48号	自行检验	QS6100 0502 0126	2014－3－24	2011－3－25	陕西省质量技术监督局

（续）

	企业名称	产品名称	住　所	生产地点	检验方式	证书编号	有效期至	发证日期	发证单位
108	陕西红旗乳业科技有限公司	婴幼儿配方乳粉（湿法工艺）	泾阳县永乐镇泾永路中段	泾阳县永乐镇泾永路中段	自行检验	QS6104 0502 0005	2014-3-27	2011-3-28	陕西省质量技术监督局
109	陕西圣唐秦龙乳业有限公司	婴幼儿配方乳粉（干湿法复合工艺）	陕西省西安市阎良区关山镇	陕西省西安市阎良区关山镇	自行检验	QS6100 0502 0127	2014-3-27	2011-3-28	陕西省质量技术监督局
110	陕西优利士乳业有限责任公司	婴幼儿配方乳粉（干湿法复合工艺）	陕西乾县大杨乡	陕西乾县大杨乡	自行检验	QS6104 0502 0004	2014-3-27	2011-3-28	陕西省质量技术监督局
111	西安宏兴乳业有限公司	婴幼儿配方乳粉（干湿法复合工艺）	西安市临潼区栎阳街中段	西安市临潼区栎阳街中段	自行检验	QS6101 0502 0008	2014-3-22	2011-6-14	陕西省质量技术监督局
112	西安喜洋洋生物科技有限公司	婴幼儿配方乳粉（干湿法复合工艺）	阎良区阎关路中段	阎良区阎关路中段	自行检验	QS6101 0502 0009	2014-3-24	2011-7-11	陕西省质量技术监督局
113	陕西凯达乳业有限公司	婴幼儿配方乳粉（干湿法复合工艺）	兴平市店张镇	兴平市店张镇	自行检验	QS6100 0502 0113	2014-8-2	2011-8-3	陕西省质量技术监督局
114	陕西雅泰乳业有限公司	婴幼儿配方乳粉（干湿法复合工艺）	泾阳县王桥镇	泾阳县王桥镇	自行检验	QS6104 0502 0012	2014-10-9	2011-10-10	陕西省质量技术监督局
115	杨凌圣妃乳业有限公司	婴幼儿配方乳粉（干湿法复合工艺）	陕西省杨凌示范区火炬创业园C区	陕西省杨凌示范区火炬创业园C区	自行检验	QS6104 0502 0010	2014-10-9	2011-10-10	陕西省质量技术监督局
116	陕西红星乳业有限公司	婴幼儿配方乳粉（干湿法复合工艺）	陕西省富平县城关镇望湖路52号	陕西省富平县城关镇望湖路52号	自行检验	QS6105 0502 0013	2014-11-13	2011-11-14	陕西省质量技术监督局
117	陕西美力源乳业有限公司	婴幼儿配方乳粉（干湿法复合工艺）	武功县台资工业园	武功县台资工业园	自行检验	QS6104 0502 0015	2014-12-13	2011-12-14	陕西省质量技术监督局
118	西安百跃乳业有限公司	婴幼儿配方乳粉（干湿法复合工艺）	阎良区武屯街西环路北段	阎良区武屯街西环路北段	自行检验	QS6100 0502 0031	2014-3-22	2012-5-7	陕西省质量技术监督局

（续）

	企业名称	产品名称	住　所	生产地点	检验方式	证书编号	有效期至	发证日期	发证单位
				甘肃省（3）					
119	甘南州燎原乳业有限责任公司	婴幼儿配方乳粉（湿法工艺）	合作市人民街47号	甘肃省合作市人 民街47号	自行检验	QS6200 0502 0050	2014-3-30	2011-3-31	甘肃省质量技术监督局
120	合水县古象奶业有限责任公司	婴幼儿配方乳粉（干法工艺）	甘肃省庆阳市合水县解放东路137号	甘肃省庆阳市合水县解放东路137号	自行检验	QS6200 0502 0052	2014-3-30	2011-3-31	甘肃省质量技术监督局
121	酒泉市好牛乳业食品有限公司	婴幼儿配方乳粉（湿法工艺）	酒泉市酒火公路6KM处（高新技术开发区）	酒泉市酒火公路6公里处	自行检验	QS6200 0502 0051	2014-3-30	2011-3-31	甘肃省质量技术监督局
				宁夏回族自治区（4）					
122	宁夏红果乳业有限公司	婴幼儿配方乳粉（湿法工艺）	宁夏吴忠市利通区金银滩镇	宁夏吴忠市利通区金银滩镇	自行检验	QS6400 0502 0123	2013-9-4	2011-3-31	宁夏自治区质量技术监督局
123	宁夏雪泉乳业有限公司	婴幼儿配方乳粉（湿法工艺）	宁夏吴忠市利通区马莲渠	宁夏吴忠市利通区马莲渠	自行检验	QS6400 0502 0001	2014-3-30	2011-3-31	宁夏自治区质量技术监督局
124	中宁县黄河乳制品有限公司	婴幼儿配方乳粉（湿法工艺）	宁夏中卫市中宁县新堡镇	宁夏中卫市中宁县新堡镇	自行检验	QS6400 0502 0002	2014-3-30	2011-3-31	宁夏自治区质量技术监督局
125	银川维维北塔乳业股份有限公司	婴幼儿配方乳粉（湿法工艺）	宁夏银川市解放东街518号	宁夏银川市解放东街518号	自行检验	QS6401 0502 0003	2015-4-27	2012-4-28	宁夏自治区质量技术监督局
				新疆维吾尔自治区（3）					
126	石河子伊利乳业有限责任公司	婴幼儿配方乳粉（湿法工艺）	石河子市经济技术开发区北三路64小区	石河子市经济技术开发区北三路64小区	自行检验	QS6590 0502 0001	2014-3-23	2011-3-24	新疆自治区质量技术监督局
127	银桥国际控股（新疆奎屯市）乳业有限公司	婴幼儿配方乳粉（湿法工艺）	新疆奎屯市天西路72号	新疆奎屯市天西路72号	自行检验	QS6540 0502 0002	2014-3-23	2011-3-24	新疆自治区质量技术监督局
128	新疆石河子花园乳业有限公司	婴幼儿配方乳粉（湿法工艺）		新疆维吾尔自治区石河子市西郊花园镇		QS6590 0502 0003	2016-5-9	2013-5-10	

获得食品工业企业诚信管理体系评价证书的乳制品企业名单

省　份	单位名称	证书编号	发证机构	有效期
北京	北京三元食品股份有限公司	01-CCAI（京）13-0001	国家认监委认证认可技术研究所	2013年1月9日—2016年1月8日
北京	内蒙古伊利实业集团股份有限公司北京乳品厂	01-CCAI（京）13-0002	国家认监委认证认可技术研究所	2013年1月9日—2016年1月8日
北京	北京乳旺食品有限公司	01-CCAI（京）13-0008	国家认监委认证认可技术研究所	2013年2月8日—2016年2月7日
北京	达能乳业（北京）有限公司	005-CDIA（京）2012-0010	中国乳制品工业协会	2012年10月12日—2015年10月11日
天津	天津伊利乳业有限责任公司	01-CCAI（津）12-0001	国家认监委认证认可技术研究所	2012年5月19日—2015年5月18日
天津	天津津河乳业有限公司	01-CCAI（津）12-0002	国家认监委认证认可技术研究所	2012年12月8日—2015年12月7日
天津	美可高特（中国）羊乳有限公司	01-CCAI（津）12-0003	国家认监委认证认可技术研究所	2012年12月23日—2015年12月22日
天津	天津海河乳业有限公司	01-CCAI（津）13-0001	国家认监委认证认可技术研究所	2013年3月10日—2016年3月9日
天津	多加多乳业（天津）有限公司	005-CDIA（津）2013-0016	中国乳制品工业协会	2013年1月4日—2016年1月3日
天津	天津三元乳业有限公司	005-CDIA（津）2013-0022	中国乳制品工业协会	2013年3月18日—2016年3月17日
河北	河北三元食品有限公司	005-CDIA（冀）2012-0001	中国乳制品工业协会	2012年4月6日—2015年4月5日
河北	石家庄君乐宝乳业有限公司	005-CDIA（冀）2012-0002	中国乳制品工业协会	2012年4月18日—2015年4月17日
河北	张家口察哈尔乳业有限公司	005-CDIA（冀）2012-0008	中国乳制品工业协会	2012年10月12日—2015年10月11日
山西	山西雅士利乳业有限公司	01-CCAI（晋）12-0001	国家认监委认证认可技术研究所	2012年5月19日—2015年5月18日
山西	山西古城乳业集团有限公司	01-CCAI（晋）12-0002	国家认监委认证认可技术研究所	2012年9月3日—2015年9月2日
内蒙古	内蒙古欧世蒙牛乳制品有限责任公司	01-CCAI（蒙）12-0001	国家认监委认证认可技术研究所	2012年2月21日—2015年2月20日
内蒙古	内蒙古金海伊利乳业有限责任公司	01-CCAI（蒙）12-0002	国家认监委认证认可技术研究所	2012年11月1日—2015年10月31日
内蒙古	呼伦贝尔友谊乳业（集团）有限责任公司	01-CCAI（蒙）12-0003	国家认监委认证认可技术研究所	2012年11月25日—2015年11月24日
内蒙古	呼伦贝尔亚华乳业有限责任公司	01-CCAI（蒙）12-0004	国家认监委认证认可技术研究所	2012年11月25日—2015年11月24日
内蒙古	呼伦贝尔阳光乳业有限公司	01-CCAI（蒙）12-0005	国家认监委认证认可技术研究所	2012年11月25日—2015年11月24日

（续）

省　份	单位名称	证书编号	发证机构	有效期
内蒙古	呼伦贝尔雀巢有限公司	01-CCAI（蒙）13-0001	国家认监委认证认可技术研究所	2013年1月19日—2016年1月18日
内蒙古	呼伦贝尔唯久海乳乳业有限责任公司	01-CCAI（蒙）13-0002	国家认监委认证认可技术研究所	2013年1月19日—2016年1月18日
内蒙古	牙克石市牧人乳业有限公司	01-CCAI（蒙）13-0003	国家认监委认证认可技术研究所	2013年1月19日—2016年1月18日
内蒙古	呼伦贝尔哈达乳业有限公司	01-CCAI（蒙）13-0004	国家认监委认证认可技术研究所	2013年1月26日—2016年1月25日
内蒙古	呼伦贝尔海乳乳业有限责任公司	01-CCAI（蒙）13-0005	国家认监委认证认可技术研究所	2013年2月8日—2016年2月7日
内蒙古	呼伦贝尔光明乳业有限公司	01-CCAI（蒙）13-0006	国家认监委认证认可技术研究所	2013年2月8日—2016年2月7日
辽宁	英雄辉山（沈阳）营养品有限公司	01-CCAI（辽）12-0001	国家认监委认证认可技术研究所	2012年12月14日—2015年12月13日
吉林	广泽乳业有限公司	01-CCAI（吉）12-0004	国家认监委认证认可技术研究所	2012年3月31日—2015年3月30日
吉林	长春新高食品有限公司	01-CCAI（吉）12-0005	国家认监委认证认可技术研究所	2012年3月31日—2015年3月30日
吉林	敦化美丽健乳业有限公司	01-CCAI（吉）12-0006	国家认监委认证认可技术研究所	2012年3月31日—2015年3月30日
吉林	吉林艾倍特乳业有限公司	01-CCAI（吉）12-0007	国家认监委认证认可技术研究所	2012年3月31日—2015年3月30日
吉林	白城龙丹乳业科技有限公司	01-CCAI（吉）13-0001	国家认监委认证认可技术研究所	2013年3月29日—2016年3月28日
黑龙江	哈尔滨完达山乳品有限公司	01-CCAI（黑）11-0001	国家认监委认证认可技术研究所	2011年10月16日—2014年10月15日
黑龙江	黑龙江龙丹乳业科技股份有限公司	01-CCAI（黑）11-0002	国家认监委认证认可技术研究所	2011年10月16日—2014年10月15日
黑龙江	黑龙江飞鹤乳业有限公司	01-CCAI（黑）11-0003	国家认监委认证认可技术研究所	2011年10月16日—2014年10月15日
黑龙江	肇州县摇篮乳业有限责任公司	01-CCAI（黑）11-0004	国家认监委认证认可技术研究所	2011年10月16日—2014年10月15日
黑龙江	北安完达山乳品有限公司	01-CCAI（黑）11-0005	国家认监委认证认可技术研究所	2011年10月16日—2014年10月15日
黑龙江	哈尔滨森永乳品有限公司	01-CCAI（黑）11-0006	国家认监委认证认可技术研究所	2011年10月16日—2014年10月15日
黑龙江	黑龙江完达山阳光乳业有限公司	01-CCAI（黑）11-0007	国家认监委认证认可技术研究所	2011年10月16日—2014年10月15日
黑龙江	哈尔滨龙丹利民乳业有限公司	01-CCAI（黑）11-0008	国家认监委认证认可技术研究所	2011年10月16日—2014年10月15日
黑龙江	黑龙江明翔乳业有限责任公司	01-CCAI（黑）11-0009	国家认监委认证认可技术研究所	2011年10月16日—2014年10月15日

（续）

省　份	单位名称	证书编号	发证机构	有效期
黑龙江	哈尔滨惠佳贝食品有限公司	01 - CCAI（黑）12 - 0001	国家认监委认证认可技术研究所	2012 年 3 月 7 日—2015 年 3 月 6 日
黑龙江	北安宜品乳业有限公司	01 - CCAI（黑）12 - 0002	国家认监委认证认可技术研究所	2012 年 3 月 7 日—2015 年 3 月 6 日
黑龙江	黑龙江省光明松鹤乳品有限责任公司	01 - CCAI（黑）12 - 0003	国家认监委认证认可技术研究所	2012 年 3 月 26 日—2015 年 3 月 25 日
黑龙江	飞鹤（甘南）乳品有限公司	01 - CCAI（黑）12 - 0004	国家认监委认证认可技术研究所	2012 年 3 月 31 日—2015 年 3 月 30 日
黑龙江	黑龙江雅士利乳业有限公司	01 - CCAI（黑）12 - 0005	国家认监委认证认可技术研究所	2012 年 5 月 19 日—2015 年 5 月 18 日
黑龙江	黑龙江省富裕明星食品有限公司	01 - CCAI（黑）12 - 0006	国家认监委认证认可技术研究所	2012 年 7 月 4 日—2015 年 7 月 3 日
黑龙江	黑龙江贝因美乳业有限公司	01 - CCAI（黑）12 - 0007	国家认监委认证认可技术研究所	2012 年 9 月 3 日—2015 年 9 月 2 日
黑龙江	杜尔伯特伊利乳业有限责任公司	01 - CCAI（黑）12 - 0008	国家认监委认证认可技术研究所	2012 年 10 月 19 日—2015 年 10 月 18 日
黑龙江	杜尔伯特金山乳品有限责任公司	01 - CCAI（黑）12 - 0009	国家认监委认证认可技术研究所	2012 年 10 月 19 日—2015 年 10 月 18 日
黑龙江	黑龙江红星集团股份有限公司	01 - CCAI（黑）12 - 0010	国家认监委认证认可技术研究所	2012 年 12 月 23 日—2015 年 12 月 22 日
黑龙江	黑龙江美庐乳业有限公司	01 - CCAI（黑）12 - 0011	国家认监委认证认可技术研究所	2012 年 12 月 23 日—2015 年 12 月 22 日
黑龙江	双城雀巢有限公司	01 - CCAI（黑）12 - 0012	国家认监委认证认可技术研究所	2012 年 12 月 23 日—2015 年 12 月 22 日
黑龙江	黑龙江农垦多元乳业有限公司	01 - CCAI（黑）12 - 0013	国家认监委认证认可技术研究所	2012 年 12 月 23 日—2015 年 12 月 22 日
黑龙江	黑龙江澳乐滋乳业有限公司	01 - CCAI（黑）13 - 0001	国家认监委认证认可技术研究所	2013 年 1 月 19 日—2016 年 1 月 18 日
黑龙江	黑龙江华丹乳业有限公司	01 - CCAI（黑）13 - 0002	国家认监委认证认可技术研究所	2013 年 1 月 19 日—2016 年 1 月 18 日
黑龙江	大庆乳品厂有限责任公司	01 - CCAI（黑）13 - 0003	国家认监委认证认可技术研究所	2013 年 1 月 19 日—2016 年 1 月 18 日
黑龙江	黑龙江省完达山乳业股份有限公司八五一一分公司	01 - CCAI（黑）13 - 0004	国家认监委认证认可技术研究所	2013 年 2 月 19 日—2016 年 2 月 18 日
黑龙江	黑龙江省完达山乳业股份有限公司军川分公司	01 - CCAI（黑）13 - 0005	国家认监委认证认可技术研究所	2013 年 2 月 19 日—2016 年 2 月 18 日
黑龙江	黑龙江省完达山乳业股份有限公司双城分公司	01 - CCAI（黑）13 - 0006	国家认监委认证认可技术研究所	2013 年 2 月 19 日—2016 年 2 月 18 日
黑龙江	齐齐哈尔英顿乳业有限公司	005 - CDIA（黑）2012 - 0014	中国乳制品工业协会	2012 年 12 月 25 日—2015 年 12 月 24 日
黑龙江	黑龙江省农垦龙王食品有限责任公司	005 - CDIA（黑）2012 - 0015	中国乳制品工业协会	2012 年 12 月 25 日—2015 年 12 月 24 日

（续）

省　份	单位名称	证书编号	发证机构	有效期
黑龙江	海伦兴安岭乳业有限公司	005-CDIA（黑）2013-0021	中国乳制品工业协会	2013年1月15日—2016年1月14日
黑龙江	黑龙江常庆乳业有限责任公司	005-CDIA（黑）2013-0046	中国乳制品工业协会	2013年10月8日—2016年10月7日
上海	多美滋婴幼儿食品有限公司	01-CCAI（沪）11-0001	国家认监委认证认可技术研究所	2011年11月09日—2014年11月08日
上海	上海晨冠乳业有限公司	01-CCAI（沪）12-0001	国家认监委认证认可技术研究所	2012年2月10日—2015年2月9日
上海	上海花冠营养乳品有限公司	01-CCAI（沪）12-0002	国家认监委认证认可技术研究所	2012年2月21日—2015年2月20日
上海	上海纽贝滋营养乳品有限公司	01-CCAI（沪）12-0003	国家认监委认证认可技术研究所	2012年3月7日—2015年3月6日
上海	光明乳业股份有限公司	01-CCAI（沪）12-0004	国家认监委认证认可技术研究所	2012年5月19日—2015年5月18日
上海	上海乳品一厂分厂	01-CCAI（沪）12-0005	国家认监委认证认可技术研究所	2012年10月19日—2015年10月18日
江苏	惠氏营养品（中国）有限公司	01-CCAI（苏）12-0001	国家认监委认证认可技术研究所	2012年3月7日—2015年3月6日
江苏	江阴市美天奶业有限公司	01-CCAI（苏）12-0002	国家认监委认证认可技术研究所	2012年12月29日—2015年12月28日
江苏	南京卫岗乳业有限公司	01-CCAI（苏）12-0003	国家认监委认证认可技术研究所	2012年12月29日—2015年12月28日
江苏	江苏君乐宝乳业有限公司	01-CCAI（苏）13-0001	国家认监委认证认可技术研究所	2013年2月8日—2016年2月7日
江苏	泰州卫岗乳品有限公司	01-CCAI（苏）13-0002	国家认监委认证认可技术研究所	2013年2月8日—2016年2月7日
江苏	江苏三元双宝乳业有限公司	01-CCAI（苏）13-0004	国家认监委认证认可技术研究所	2013年2月8日—2016年2月7日
江苏	南通红梅乳业有限公司	01-CCAI（苏）13-0006	国家认监委认证认可技术研究所	2013年3月21日—2016年3月20日
江苏	丹阳市康力乳制品有限公司	01-CCAI（苏）13-0007	国家认监委认证认可技术研究所	2013年3月21日—2016年3月20日
江苏	扬州市扬大康源乳业有限公司	01-CCAI（苏）13-0008	国家认监委认证认可技术研究所	2013年3月21日—2016年3月20日
江苏	江苏春晖乳业有限公司	01-CCAI（苏）13-0009	国家认监委认证认可技术研究所	2013年3月21日—2016年3月20日
江苏	双喜乳业（苏州）有限公司	01-CCAI（苏）13-0012	国家认监委认证认可技术研究所	2013年3月21日—2016年3月20日
江苏	无锡市马山牛奶有限公司	01-CCAI（苏）13-0013	国家认监委认证认可技术研究所	2013年4月19日—2016年4月18日
江苏	常州红梅乳业有限公司	01-CCAI（苏）13-0015	国家认监委认证认可技术研究所	2013年4月19日—2016年4月18日

（续）

省　份	单位名称	证书编号	发证机构	有效期
江苏	淮安旺旺食品有限公司	01-CCAI（苏）13-0016	国家认监委认证认可技术研究所	2013年4月19日—2016年4月18日
浙江	杭州味全生技食品有限公司	01-CCAI（浙）12-0002	国家认监委认证认可技术研究所	2012年2月10日—2015年2月9日
浙江	杭州味全食品有限公司	01-CCAI（浙）12-0003	国家认监委认证认可技术研究所	2012年2月10日—2015年2月9日
浙江	浙江贝因美科工贸股份有限公司	01-CCAI（浙）12-0004	国家认监委认证认可技术研究所	2012年2月21日—2015年2月20日
浙江	杭州贝因美母婴营养品有限公司	01-CCAI（浙）12-0005	国家认监委认证认可技术研究所	2012年2月21日—2015年2月20日
浙江	杭州娃哈哈饮料有限公司	01-CCAI（浙）12-0006	国家认监委认证认可技术研究所	2012年2月21日—2015年2月20日
浙江	浙江省杭江牛奶公司乳品厂	01-CCAI（浙）12-0016	国家认监委认证认可技术研究所	2012年12月29日—2015年12月28日
浙江	浙江省瑞安市百好乳业有限公司	005-CDIA（浙）2013-0044	中国乳制品工业协会	2013年5月22日—2016年5月21日
安徽	淮南益益营养食品科技有限公司	01-CCAI（皖）13-0001	国家认监委认证认可技术研究所	2013年1月19日—2016年1月18日
福建	福鼎市晨冠乳业有限公司	01-CCAI（闽）12-0001	国家认监委认证认可技术研究所	2012年7月4日—2015年7月3日
福建	贝登（福建）婴幼儿营养品有限公司	01-CCAI（闽）12-0002	国家认监委认证认可技术研究所	2012年12月8日—2015年12月7日
福建	明一（福建）婴幼儿营养品有限公司	005-CDIA（闽）2012-0012	中国乳制品工业协会	2012年12月25日—2015年12月24日
江西	江西美庐乳业有限公司	01-CCAI（赣）12-0001	国家认监委认证认可技术研究所	2012年12月14日—2015年12月13日
江西	江西雄鹰乳业有限公司	01-CCAI（赣）12-0002	国家认监委认证认可技术研究所	2012年12月14日—2015年12月13日
江西	江西金薄金生态科技有限公司	01-CCAI（赣）12-0003	国家认监委认证认可技术研究所	2012年12月14日—2015年12月13日
江西	江西英雄乳业股份有限公司	01-CCAI（赣）12-0004	国家认监委认证认可技术研究所	2012年12月14日—2015年12月13日
山东	迈高乳业（青岛）有限公司	01-CCAI（鲁）12-0001	国家认监委认证认可技术研究所	2012年2月10日—2015年2月9日
山东	圣元营养食品有限公司	005-CDIA（鲁）2012-0003	中国乳制品工业协会	2012年5月29日—2015年5月28日
山东	山东得益乳业股份有限公司	005-CDIA（鲁）2012-0007	中国乳制品工业协会	2012年9月22日—2015年9月21日
河南	河南金元乳业有限公司	01-CCAI（豫）13-0001	国家认监委认证认可技术研究所	2013年1月19日—2016年1月18日
河南	洛阳巨尔乳业有限公司	005-CDIA（豫）2012-0011	中国乳制品工业协会	2012年12月25日—2015年12月24日

（续）

省 份	单位名称	证书编号	发证机构	有效期
湖北	宜昌贝因美食品科技有限公司	01－CCAI（鄂）12－0001	国家认监委认证认可技术研究所	2012年3月31日—2015年3月30日
湖北	杜尔伯特伊利乳业有限责任公司武汉分公司	01－CCAI（鄂）12－0002	国家认监委认证认可技术研究所	2012年12月23日—2015年12月22日
湖南	澳优乳业（中国）有限公司	01－CCAI（湘）12－0001	国家认监委认证认可技术研究所	2012年11月1日—2015年10月31日
湖南	湖南南山食品有限公司改名为加比力（湖南）食品有限公司	01－CCAI（湘）12－0002	国家认监委认证认可技术研究所	2012年12月23日—2015年12月22日
广东	广东雅士利集团有限公司	01－CCAI（粤）11－0001	国家认监委认证认可技术研究所	2011年11月25日—2014年11月24日
广东	施恩（广州）婴幼儿营养品有限公司	01－CCAI（粤）12－0001	国家认监委认证认可技术研究所	2012年1月18日—2015年1月17日
广东	雅培（广州）营养品有限公司	01－CCAI（粤）12－0002	国家认监委认证认可技术研究所	2012年2月10日—2015年2月9日
广东	高培（广州）乳业有限公司	01－CCAI（粤）12－0003	国家认监委认证认可技术研究所	2012年3月7日—2015年3月6日
广东	美赞臣营养品（中国）有限公司	01－CCAI（粤）12－0005	国家认监委认讧认可技术研究所	2012年12月14日—2015年12月13日
广东	广州市美素力营养品有限公司	01－CCAI（粤）12－0006	国家认监委认证认可技术研究所	2012年12年23日—2015年12月22日
广东	雅贝氏（深圳）乳业有限公司	01－CCAI（粤）12－0007	国家认监委认证认可技术研究所	2012年12年29日—2015年12月28日
广东	广东东泰乳业有限公司	005－CDIA（粤）2013－0017	中国乳制品工业协会	2013年1月4日—2016年1月3日
广西	北海贝因美营养食品有限公司	01－CCAI（桂）12－0001	国家认监委认证认可技术研究所	2012年3月26日—2015年3月25日
广西	广西皇氏甲天下乳业股份有限公司	01－CCAI（桂）13－0001	国家认监委认证认可技术研究所	2013年1月19日—2016年1月18日
广西	广西壮牛水牛乳业有限责任公司	01－CCAI（桂）13－0002	国家认监委认证认可技术研究所	2013年1月19日—2016年1月18日
四川	四川杨森乳业有限公司	01－CCAI（川）13－0006	国家认监委认证认可技术研究所	2013年1月9日—2016年1月8日
四川	若尔盖高原之宝牦牛乳业有限责任公司	005－CDIA（川）2013－0045	中国乳制品工业协会	2013年5月21日—2016年5月20日
云南	云南新希望邓川蝶泉乳业有限公司	01－CCAI（滇）13－0001	国家认监委认证认可技术研究所	2013年1月19日—2016年1月18日
云南	昆明雪兰牛奶有限责任公司	01－CCAI（滇）13－0002	国家认监委认证认可技术研究所	2013年1月9日—2016年1月8日
云南	云南皇氏来思尔乳业有限公司	01－CCAI（滇）13－0004	国家认监委认证认可技术研究所	2013年1月19日—2016年1月18日

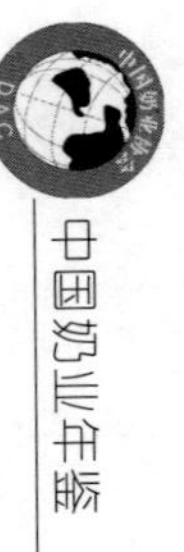

（续）

省　份	单位名称	证书编号	发证机构	有效期
云南	云南欧亚乳业有限公司	01 - CCAI（滇）13 - 0005	国家认监委认证认可技术研究所	2013 年 2 月 8 日—2016 年 2 月 7 日
西藏	西藏高原之宝牦牛乳业股份有限公司	01 - CCAI（藏）12 - 0004	国家认监委认证认可技术研究所	2012 年 12 月 23 日—2015 年 12 月 22 日
西藏	西藏林芝地区贡布乳业有限公司	01 - CCAI（藏）12 - 0005	国家认监委认证认可技术研究所	2012 年 12 月 23 日—2015 年 12 月 22 日
陕西	陕西美恩乳业股份有限公司	01 - CCAI（陕）12 - 0001	国家认监委认证认可技术研究所	2012 年 3 月 7 日—2015 年 3 月 6 日
陕西	陕西圣唐秦龙乳业有限公司	01 - CCAI（陕）12 - 0002	国家认监委认证认可技术研究所	2012 年 3 月 26 日—2015 年 3 月 25 日
陕西	杨凌圣妃乳业有限公司	01 - CCAI（陕）12 - 0003	国家认监委认证认可技术研究所	2012 年 3 月 26 日—2015 年 3 月 25 日
陕西	西安宏兴乳业有限公司	01 - CCAI（陕）12 - 0004	国家认监委认证认可技术研究所	2012 年 4 月 18 日—2015 年 4 月 17 日
陕西	西安银桥生物科技有限责任公司	01 - CCAI（陕）12 - 0005	国家认监委认证认可技术研究所	2012 年 4 月 18 日—2015 年 4 月 17 日
陕西	陕西雅泰乳业有限公司	01 - CCAI（陕）12 - 0006	国家认监委认证认可技术研究所	2012 年 4 月 18 日—2015 年 4 月 17 日
陕西	西安贝多营养食品有限公司	01 - CCAI（陕）12 - 0007	国家认监委认证认可技术研究所	2012 年 4 月 18 日—2015 年 4 月 17 日
陕西	西安市百跃乳业有限公司	01 - CCAI（陕）12 - 0008	国家认监委认证认可技术研究所	2012 年 6 月 13 日—2015 年 6 月 12 日
陕西	陕西金牛乳业有限公司	01 - CCAI（陕）12 - 0009	国家认监委认证认可技术研究所	2012 年 6 月 13 日—2015 年 6 月 12 日
陕西	陕西关山乳业有限责任公司	01 - CCAI（陕）12 - 0010	国家认监委认证认可技术研究所	2012 年 6 月 13 日—2015 年 6 月 12 日
陕西	西安喜洋洋生物科技有限公司	01 - CCAI（陕）12 - 0011	国家认监委认证认可技术研究所	2012 年 6 月 13 日—2015 年 6 月 12 日
陕西	陕西关山瑞芙乳业有限公司	01 - CCAI（陕）12 - 0012	国家认监委认证认可技术研究所	2012 年 6 月 13 日—2015 年 6 月 12 日
陕西	陕西和氏乳品有限公司	01 - CCAI（陕）12 - 0013	国家认监委认证认可技术研究所	2012 年 6 月 13 日—2015 年 6 月 12 日
陕西	陕西凯达乳业有限公司	01 - CCAI（陕）12 - 0014	国家认监委认证认可技术研究所	2012 年 6 月 13 日—2015 年 6 月 12 日
陕西	陕西省定边县乳品实业有限公司	01 - CCAI（陕）12 - 0015	国家认监委认证认可技术研究所	2012 年 6 月 13 日—2015 年 6 月 12 日
陕西	陕西优利士乳业有限责任公司	01 - CCAI（陕）12 - 0016	国家认监委认证认可技术研究所	2012 年 9 月 3 日—2015 年 9 月 2 日
陕西	陕西红星乳业有限公司	01 - CCAI（陕）12 - 0017	国家认监委认证认可技术研究所	2012 年 9 月 3 日—2015 年 9 月 2 日
陕西	陕西红旗乳业科技有限公司	01 - CCAI（陕）12 - 0018	国家认监委认证认可技术研究所	2012 年 12 月 8 日—2015 年 12 月 7 日

（续）

省　份	单位名称	证书编号	发证机构	有效期
陕西	陕西美力源乳业有限公司	005 - CDIA（陕）2013 - 0020	中国乳制品工业协会	2013 年 1 月 13 日—2016 年 1 月 12 日
陕西	西安伊利泰普克饮品有限公司	005 - CDIA（陕）2013 - 0023	中国乳制品工业协会	2013 年 3 月 18 日—2016 年 3 月 17 日
陕西	西安天惠乳业有限公司	005 - CDIA（陕）2013 - 0024	中国乳制品工业协会	2013 年 3 月 18 日—2016 年 3 月 17 日
陕西	西安东方乳业有限公司	005 - CDIA（陕）2013 - 0025	中国乳制品工业协会	2013 年 3 月 18 日—2016 年 3 月 17 日
陕西	汉中市乳业总场	005 - CDIA（陕）2013 - 0026	中国乳制品工业协会	2013 年 3 月 18 日—2016 年 3 月 17 日
陕西	宝鸡惠民乳品（集团）有限公司	005 - CDIA（陕）2013 - 0027	中国乳制品工业协会	2013 年 3 月 18 日—2016 年 3 月 17 日
陕西	宝鸡惠民奶业有限公司	005 - CDIA（陕）2013 - 0028	中国乳制品工业协会	2013 年 3 月 18 日—2016 年 3 月 17 日
陕西	陕西飞天乳业有限公司	005 - CDIA（陕）2013 - 0029	中国乳制品工业协会	2013 年 3 月 18 日—2016 年 3 月 17 日
陕西	陕西乡迪生物科技有限公司	005 - CDIA（陕）2013 - 0030	中国乳制品工业协会	2013 年 3 月 18 日—2016 年 3 月 17 日
陕西	宝鸡雪儿乳业有限公司	005 - CDIA（陕）2013 - 0031	中国乳制品工业协会	2013 年 3 月 18 日—2016 年 3 月 17 日
陕西	陕西正和乳业有限公司	005 - CDIA（陕）2013 - 0032	中国乳制品工业协会	2013 年 3 月 18 日—2016 年 3 月 17 日
陕西	宝鸡得力康乳业有限公司	005 - CDIA（陕）2013 - 0033	中国乳制品工业协会	2013 年 3 月 18 日—2016 年 3 月 17 日
陕西	铜川旺旺食品有限公司	005 - CDIA（陕）2013 - 0034	中国乳制品工业协会	2013 年 3 月 18 日—2016 年 3 月 17 日
陕西	陕西星光乳业有限公司	005 - CDIA（陕）2013 - 0035	中国乳制品工业协会	2013 年 3 月 18 日—2016 年 3 月 17 日
陕西	光明乳业（泾阳）有限公司	005 - CDIA（陕）2013 - 0036	中国乳制品工业协会	2013 年 3 月 18 日—2016 年 3 月 17 日
陕西	宝鸡圣丰乳业有限责任公司	005 - CDIA（陕）2013 - 0037	中国乳制品工业协会	2013 年 3 月 30 日—2016 年 3 月 29 日
陕西	宝鸡天和乳业有限公司	005 - CDIA（陕）2013 - 0038	中国乳制品工业协会	2013 年 3 月 30 日—2016 年 3 月 29 日
陕西	咸阳佳和乳业有限公司	005 - CDIA（陕）2013 - 0039	中国乳制品工业协会	2013 年 3 月 30 日—2016 年 3 月 29 日
陕西	陕西三原康尔健乳业有限责任公司	005 - CDIA（陕）2013 - 0040	中国乳制品工业协会	2013 年 3 月 30 日—2016 年 3 月 29 日
陕西	陕西秦王乳业有限公司	005 - CDIA（陕）2013 - 0041	中国乳制品工业协会	2013 年 3 月 30 日—2016 年 3 月 29 日
陕西	富平县美可高特乳业有限公司	005 - CDIA（陕）2013 - 0042	中国乳制品工业协会	2013 年 3 月 30 日—2016 年 3 月 29 日

（续）

省 份	单位名称	证书编号	发证机构	有效期
陕西	陕西样样祥乳业有限公司	005－CDIA（陕）2013－0043	中国乳制品工业协会	2013年3月30日—2016年3月29日
甘肃	甘南藏族自治州燎原乳业有限责任公司	01－CCAI（甘）12－0001	国家认监委认证认可技术研究所	2012年3月26日—2015年3月25日
甘肃	酒泉市好牛乳业食品有限公司	01－CCAI（甘）13－0001	国家认监委认证认可技术研究所	2013年2月19日—2016年2月18日
甘肃	兰州庄园牧场股份有限公司	01－CCAI（甘）13－0002	国家认监委认证认可技术研究所	2013年2月8日—2016年2月7日
甘肃	合水县古象奶业有限责任公司	005－CDIA（甘）2012－0013	中国乳制品工业协会	2012年12月25日—2015年12月24日
青海	青海启龙商贸有限公司河南县启龙牧场	01－CCAI（青）12－0001	国家认监委认证认可技术研究所	2012年12月14日—2015年12月13日
青海	青海天露乳业有限责任公司	01－CCAI（青）12－0003	国家认监委认证认可技术研究所	2012年12月26日—2015年12月25日
青海	湟源天源奶制品有限责任公司	01－CCAI（青）12－0007	国家认监委认证认可技术研究所	2012年12月26日—2015年12月25日
青海	青海青海湖乳业有限责任公司	01－CCAI（青）13－0002	国家认监委认证认可技术研究所	2013年1月26日—2016年1月26日
青海	青海雪峰牦牛乳业有限责任公司	01－CCAI（青）13－0003	国家认监委认证认可技术研究所	2013年1月26日—2016年1月27日
青海	青海小牦牛乳业有限公司	01－CCAI（青）13－0005	国家认监委认证认可技术研究所	2013年1月26日—2016年1月29日
青海	青海小西牛生物乳业股份有限公司	01－CCAI（青）13－0006	国家认监委认证认可技术研究所	2013年2月8日—2016年2月7日
宁夏	宁夏红果乳业有限公司	005－CDIA（宁）2012－0004	中国乳制品工业协会	2012年5月31日—2015年5月30日
宁夏	中宁县黄河乳制品有限公司	005－CDIA（宁）2012－0005	中国乳制品工业协会	2012年8月15日—2015年8月14日
宁夏	银川维维北塔乳业股份有限公司	005－CDIA（宁）2012－0006	中国乳制品工业协会	2012年8月15日—2015年8月14日
宁夏	宁夏夏进乳业集团股份有限公司	005－CDIA（宁）2012－0009	中国乳制品工业协会	2012年10月12日—2015年10月11日
宁夏	宁夏银川平吉堡乳品厂	005－CDIA（宁）2013－0018	中国乳制品工业协会	2013年1月13日—2016年1月12日
宁夏	宁夏雪泉乳业有限公司	005－CDIA（宁）2013－0019	中国乳制品工业协会	2013年1月13日—2016年1月12日
新疆	石河子伊利乳业有限责任公司	01－CCAI（新）12－0001	国家认监委认证认可技术研究所	2012年2月21日—2015年2月20日
新疆	银桥国际控股（新疆奎屯市）乳业有限公司	01－CCAI（新）12－0002	国家认监委认证认可技术研究所	2012年11月1日—2015年10月31日

获得农业产业化国家重点龙头企业名单

——奶业企业名单

1. 中地种业（集团）有限公司
2. 北京三元食品股份有限公司
3. 北京首都农业集团有限公司
4. 天津海河乳业有限公司
5. 天津梦得集团有限公司
6. 天津津河乳业有限公司
7. 河北福成五丰食品股份有限公司
8. 小洋人生物乳业集团有限公司
9. 山西古城乳业集团有限公司
10. 内蒙古伊利实业集团股份有限公司
11. 内蒙古蒙牛乳业（集团）股份有限公司
12. 沈阳乳业有限责任公司
13. 广泽乳业有限公司
14. 黑龙江飞鹤乳业有限公司
15. 黑龙江省完达山乳业股份有限公司
16. 黑龙江乳业集团有限责任公司
17. 黑龙江摇篮乳业股份有限公司
18. 光明乳业股份有限公司
19. 南京奶业（集团）有限公司
20. 维维食品饮料股份有限公司
21. 浙江李子园牛奶食品有限公司
22. 安徽益益乳业有限公司
23. 江西阳光乳业集团有限公司
24. 济南佳宝乳业有限公司
25. 山东得益乳业股份有限公司
26. 科迪食品集团股份有限公司
27. 河南花花牛实业总公司
28. 湖南亚华乳业有限公司
29. 湖南太子奶集团生物科技有限责任公司
30. 广东燕塘乳业股份有限公司
31. 深圳市光明集团有限公司
32. 广西皇氏甲天下乳业股份有限公司
33. 重庆市天友乳业股份有限公司
34. 四川菊乐食品有限公司
35. 新希望集团有限公司
36. 贵州好一多乳业股份有限公司
37. 贵阳三联乳业有限公司
38. 昆明雪兰牛奶有限责任公司
39. 云南新希望邓川蝶泉乳业有限公司
40. 云南欧亚乳业有限公司
41. 西藏高原之宝牦牛乳业股份有限公司
42. 西安银桥生物科技有限责任公司
43. 陕西和氏乳品有限公司
44. 甘肃华羚酪蛋白股份有限公司

45. 兰州庄园牧场股份有限公司
46. 青海天露乳业有限责任公司
47. 宁夏夏进乳业集团股份有限公司
48. 新疆麦趣尔集团有限责任公司
49. *新疆南达乳业有限公司
50. 北京中地种畜有限公司
51. 石家庄君乐宝乳业有限公司
52. 上海牛奶（集团）有限公司
53. 浙江一鸣食品股份有限公司
54. 现代牧业（集团）有限公司
55. 河南源源乳业集团有限公司
56. 银川市金河乳业有限公司
57. 新疆瑞源乳业有限公司
58. 新疆西部牧业股份有限公司

注：标注“*”的为更名企业。

奶业产业技术体系成员名单

（一）国家奶牛产业技术研发中心

建设依托单位：中国农业大学

首席科学家：李胜利

1. 育种与繁殖研究室

建设依托单位：中国农业大学

研究室主任：张胜利

岗位及聘用人员：

育种规划与核心群建立：王雅春（中国农业大学）

育种技术：孟庆勇（中国农业大学）

遗传资源保存与评价：史远刚（宁夏大学）

胚胎工程：朱化彬（中国农业科学院北京畜牧兽医研究所）

种公牛种质选育：仲跻峰（山东省农业科学院）

后裔测定与遗传评估：张胜利（中国农业大学）

繁殖技术：杨利国（华中农业大学）

2. 疾病控制研究室

建设依托单位：中国农业科学院兰州畜牧与兽药研究所

研究室主任：杨志强

岗位及聘用人员：

普通病防控：杨志强（中国农业科学院兰州畜牧与兽药研究所）

传染病防控：王君伟（东北农业大学）

细菌病防控与安全用药：王志亮（中国动物卫生与流行病学中心）

寄生虫病与肢蹄病防控：汪明（中国农业大学）

繁殖病防控：何洪彬（山东省农业科学院）

3. 营养与饲料研究室

建设依托单位：浙江大学

研究室主任：刘建新

岗位及聘用人员：

营养需求与饲养标准：李建国（河北农业大学）

标准化养殖技术集成：李胜利（中国农业大学）

泌乳生理与调控：刘建新（浙江大学）

饲料资源开发：高民（内蒙古自治区农牧业科学院）

饲料营养价值评定：张永根（东北农业大学）

饲料生产与安全监测：王中华（山东农业大学）
营养与环境：高腾云（河南农业大学）
4. 环境控制研究室
建设依托单位：中国农业科学院北京畜牧兽医研究所
研究室主任：王加启
岗位及聘用人员：
牛舍设计：施正香（中国农业大学）
环境控制：余雄（新疆农业大学）
生鲜乳质量控制与安全检测：王加启（中国农业科学院北京畜牧兽医研究所）
5. 加工研究室
建设依托单位：内蒙古农业大学
研究室主任：张和平
岗位及聘用人员：
乳酸菌及发酵乳加工：张和平（内蒙古农业大学）
液态奶加工：张列兵（中国农业大学）
干酪加工：杨贞耐（吉林省农业科学院）
6. 产业经济研究室
建设依托单位：中国社会科学院农村发展研究所
研究室主任：刘玉满
产业经济：刘玉满（中国社会科学院农村发展研究所）

（二）国家奶牛产业技术综合试验站

1. 三元综合试验站
建设依托单位：北京市三元绿荷奶牛养殖中心；站长：张振新
2. 延庆综合试验站
建设依托单位：北京市归原生态农业发展有限公司；站长：任师喜
3. 武清综合试验站
建设依托单位：天津市武清区海林养殖场；站长：贾春涛
4. 北辰综合试验站
建设依托单位：天津市梦得牧业发展有限公司；站长：于静
5. 保定综合试验站
建设依托单位：河北省畜牧兽医研究所；站长：孙凤莉
6. 石家庄综合试验站
建设依托单位：河北省农林科学院；站长：张新同
7. 雁门关综合试验站
建设依托单位：山西省生态畜牧产业管理站；站长：白元生
8. 大同综合试验站
建设依托单位：山西省大同市良种奶牛有限责任公司；站长：张宝石
9. 奶联社综合试验站
建设依托单位：内蒙古自治区奶联科技有限公司；站长：李兆林
10. 伊利综合试验站
建设依托单位：内蒙古自治区伊利第六牧场；站长：孙爱民
11. 沈阳综合试验站
建设依托单位：辽宁省沈阳乳业有限责任公司；站长：牟海日
12. 鞍山综合试验站
建设依托单位：辽宁省鞍山恒利奶牛场；站长：谢振全
13. 哈尔滨农垦综合试验站
建设依托单位：黑龙江省农垦科学院；站长：甘文平
14. 哈尔滨综合试验站
建设依托单位：黑龙江省奶业协会；站长：吴和平
15. 齐齐哈尔综合试验站

建设依托单位：黑龙江省飞鹤原生态牧业股份有限公司；站长：徐晶辉
16. 上海综合试验站
建设依托单位：上海市光明荷斯坦牧业有限公司；站长：袁耀明
17. 济南综合试验站
建设依托单位：山东省济南佳宝乳业有限公司；站长：赵鲲
18. 郑州综合试验站
建设依托单位：河南省鼎元种牛育种有限公司；站长：耿繁军
19. 西安综合试验站
建设依托单位：陕西省西安现代农业综合开发总公司；站长：宋爱龙
20. 兰州综合试验站
建设依托单位：甘肃省秦王川奶牛试验场；站长：颉勇刚
21. 银川综合试验站
建设依托单位：宁夏回族自治区正鑫牧业科技发展有限公司；站长：何举
22. 呼图壁综合试验站
建设依托单位：新疆维吾尔自治区呼图壁种牛场；站长：马光辉
23. 克拉玛依综合试验站
建设依托单位：新疆维吾尔自治区绿成农业开发有限责任公司；站长：李军

牧草产业技术体系成员名单

（一）国家牧草产业技术研发中心
建设依托单位：中国农业大学
首席科学家：张英俊
1. 育种与种子研究室
建设依托单位：吉林省农业科学院
研究室主任：徐安凯
岗位及聘用人员：
种质资源评价：高洪文（中国农业科学院北京畜牧兽医研究所）
抗逆育种：徐安凯（吉林省农业科学院）
热带牧草育种：刘国道（中国热带农业科学院热带作物品种资源研究所）
豆科牧草育种：杨青川（中国农业科学院北京畜牧兽医研究所）
禾本科牧草育种：张新全（四川农业大学）
种子扩繁：毛培胜（中国农业大学）
2. 病虫害防控研究室
建设依托单位：兰州大学
研究室主任：南志标
岗位及聘用人员：
虫害与生物防控：张泽华（中国农业科学院植物保护研究所）
病害防控：南志标（兰州大学）
3. 栽培与草地管理研究室
建设依托单位：中国农业科学院草原研究所
研究室主任：孙启忠
岗位及聘用人员：
旱作栽培：孙启忠（中国农业科学院草原研究所）
高产栽培：朱进忠（新疆农业大学）
草地管理：辛晓平（中国农业科学院农业资源与农业区划研究所）
土壤肥料与施肥：李向林（中国农业科学院北京畜牧兽医研究所）
草畜平衡：张英俊（中国农业大学）
草地生产力监测：杨劼（内蒙古大学）
草田轮作与耕作制度：师尚礼（甘肃农业大学）

草地改良：泽柏（四川省草原科学研究院）
4. 机械设备研究室
建设依托单位：中国农业大学
研究室主任：王德成
岗位及聘用人员：
青贮设施与机械：王德成（中国农业大学）
干草设施与机械：布库（中国农业科学院草原研究所）
5. 加工利用研究室
建设依托单位：内蒙古农业大学
研究室主任：贾玉山
岗位及聘用人员：
干草贮藏与加工：贾玉山（内蒙古农业大学）
草产品加工利用：王成章（河南农业大学）
青贮技术：玉柱（中国农业大学）
6. 产业经济研究室
建设依托单位：中国农业科学院农业经济与发展研究所
研究室主任：王明利
产业经济：王明利（中国农业科学院农业经济与发展研究所）

（二）国家牧草产业技术综合试验站

1. 沧州综合试验站
建设依托单位：河北省农林科学院；站长：刘忠宽
2. 衡水综合试验站
建设依托单位：河北省农林科学院；站长：刘贵波
3. 太原综合试验站
建设依托单位：山西省农业科学院；站长：石永红
4. 赤峰综合试验站
建设依托单位：内蒙古自治区赤峰市农牧科学研究院；站长：乌艳红
5. 乌兰察布综合试验站
建设依托单位：内蒙古自治区农牧业科学院；站长：刘永志
6. 呼伦贝尔综合试验站
建设依托单位：内蒙古自治区呼伦贝尔市草甸草原研究中心；站长：杨桂霞
7. 鄂尔多斯综合试验站
建设依托单位：中国农业科学院草原研究所；站长：王育青
8. 绥化综合试验站
建设依托单位：黑龙江省农业科学院；站长：张月学
9. 盐城综合试验站
建设依托单位：江苏省农业科学院；站长：顾洪如
10. 东营综合试验站
建设依托单位：山东省农业科学院；站长：盛亦兵
11. 青岛综合试验站
建设依托单位：青岛农业大学；站长：孙娟
12. 恩施综合试验站
建设依托单位：湖北省农业科学院；站长：刘洋
13. 阿坝综合试验站
建设依托单位：四川省草原科学研究院；站长：白史且
14. 资阳综合试验站
建设依托单位：四川省农业科学院；站长：林超文
15. 黔南综合试验站
建设依托单位：贵州省农业科学院；站长：莫本田
16. 德宏综合试验站

建设依托单位：云南省草地动物科学研究院；站长：薛世明

17. 西藏综合试验站

建设依托单位：西藏自治区农牧科学院；站长：拉巴

18. 咸阳综合试验站

建设依托单位：西北农林科技大学；站长：程积民

19. 海北综合试验站

建设依托单位：青海省畜牧兽医科学院；站长：周青平

20. 盐池综合试验站

建设依托单位：宁夏农林科学院；站长：张蓉

21. 昌吉综合试验站

建设依托单位：新疆维吾尔自治区畜牧科学院；站长：李学森

22. 塔里木综合试验站

建设依托单位：塔里木大学；站长：马春晖

乳业产业技术创新战略联盟理事会成员名单

理事长单位：	黑龙江省乳品工业技术开发中心（国家乳业工程技术研究中心）
副理事长单位：	广东雅士利集团股份有限公司
	光明乳业股份有限公司
	黑龙江飞鹤乳业有限公司
	黑龙江乳业集团
	黑龙江省完达山乳业股份有限公司
	黑龙江摇篮乳业股份有限公司
	济南佳宝乳业有限公司
	西安银桥生物科技有限责任公司
	内蒙古蒙牛乳业（集团）股份有限公司
	内蒙古伊利实业集团股份有限公司
	圣元营养食品有限公司
	湖南亚华乳业有限公司
	浙江贝因美科工贸股份有限公司
	江南大学
	东北农业大学
	中国农业大学
	内蒙古农业大学
	天津科技大学
	浙江大学
理事单位：	北京中轻机乳品设备有限责任公司
	大庆乳品厂有限责任公司
	河北三元食品有限公司
	河北奇特包装有限责任公司
	黑龙江大三源乳品机械有限公司
	黑龙江天宏工程设计有限公司
	黑龙江兴安岭乳业有限公司
	黑龙江省万家宝鲜牛奶投资有限公司
	哈尔滨上洋包装制品有限公司
	哈尔滨康普乳品有限公司
	甘肃华羚干酪素有限公司
	杭州中亚机械有限公司
	杭州娃哈哈集团有限公司
	南京卫岗乳业有限公司

石家庄君乐宝乳业有限公司
山东泉林包装有限公司
新希望乳业控股有限公司
铁岭市大牛乳品有限公司
三达膜科技（厦门）有限公司
维维食品饮料股份有限公司
银川市金河乳业有限公司
甘肃农业大学
扬州大学
南京工业大学
大连工业大学
沈阳农业大学
哈尔滨工业大学
黑龙江八一农垦大学
吉林大学
吉林农业大学
中国检验检疫科学研究院
黑龙江省农垦科学院
中国农业科学院农产品加工研究所
中国农业科学院北京畜牧兽医研究所
吉林省农业科学院

注：名单按照企业、大学、科研院所并以单位名称汉语拼音顺序排列。

第十一届中国国际奶业展览会参展商名单

英联副产品及添加剂
ABCA

ACX PACIFIC NORTHWEST，INC.

法国农业国际技术交流与发展协会
ADEPTA

美国阿德万斯机械设备股份有限公司
ADVANCED MACHINERY EQUIPMENT INC.

阿菲金农业合作社有限公司
AFIMILK AGRICULTURAL COOPERATIVE LTD.

荷兰王国驻华大使馆农业部
AGRICULTURE BUREAU
OF THE EMBASSY OF THE KINGDOM OF THE NETHERLANDS

上海浦牧畜牧科技有限公司
AGRIPROM THE NETHERLANDS

阿克苏诺贝尔
AKZO NOBEL

亚达艾格威（唐山）畜牧有限公司

ALTA－AGRICORP（TANGSHAN）ANIMAL HUSBANDRY CO.，LTD.

安徽安凯金达机械制造有限公司
ANHUI ANKAI JINDA MACHINERY MANUFACTURING CO.，LTD.

安徽省大明农牧机械有限公司
ANHUI DAMING FARMING MACHINERY CO.，LTD.

银川奥特软件有限公司
AOTOSO YINCHUAN CO.，LTD.

意大利亚士可化工大药厂
ASCOR CHIMICI SRL

中博农畜牧科技股份有限公司
ASIA DAIRY FAB. LTD.

澳大利亚农牧业出口有限公司（AUSTREX）
AUSTRALIAN RURAL EXPORTS PTY LTD.

澳大利亚驻上海总领事馆商务处/澳大利亚贸易委员会
AUSTRALIAN TRADE COMMISSION

AVITA

岸弘（上海）国际贸易有限公司
AVON DAIRY SOLUTIONS（SHANGHAI）INTERNATIONAL CO.，LTD.

美国贝利牧草
BAILEY FARMS INTERNATIONAL

保定瑞尔农业机械制造有限公司
BAODING RUIER AGRICULTURAL MACHINERY MANUFACTURING CO.，LTD.

北京安洁康生物科技有限公司
BEIJING ANNCORE BIOTECHNOLOGY CO.，LTD.

北京比威克生物技术有限责任公司
BEIJING BEVIC BIOTECH CO.，LTD.

北京克劳沃草业技术开发中心
BEIJING CLOVER SEED & TURF CO.

北京德康佳美科技有限责任公司
BEIJING DEKA－KAME TECHNOLOGY CO.，LTD.

北京东方联鸣科技发展有限公司
BEIJING EASTERNBELL TECHNOLOGY GROUP

北京国科诚泰农牧设备有限公司

BEIJING GOKE AGRICULTURE MACHINERY CO.，LTD.

北京金娜尔生物技术有限公司
BEIJING GOLD NAIL BIOLOGICAL TECHNOLOGY CO.，LTD.

北京国农基业畜牧科技有限公司
BEIJING GOLONG ANIMAL TECHNOLOGY CO.，LTD.

北京富力众诚科技发展有限公司
BEIJING GREENPOWER TECHNOLOGY DEVELOPMENT CO.，LTD.

北京厚德瑞商贸有限公司
BEIJING H. D. R. TRADING CO.，LTD.

北京恒盛发农业科技有限公司
BEIJING HEALTH FARM AGRICULTURE TECHNOLOGY CO.，LTD.

北京奥耐尔营养科技有限公司
BEIJING HONNEUR NUTRITION TECHNOLOGY CO.，LTD.

北京华辰兴业科技（集团）有限公司
BEIJING HUACHIN HI－TECH（GROUP），INC.

北京汇佳源牧业技术有限公司
BEIJING HUIJIAYUAN ANIMAL HUSBANDRY TECH. CO.，LTD.

北京工信节联国际技术有限公司
BEIJING INFORMATION INDUSTRY UNION
INTERNATIONAL TECHNOLOGY CO.，LTD.

北京京鹏环宇畜牧科技股份有限公司
BEIJING KINGPENG GLOBALHUSBANDRY TECHNOLOGY CO.，LTD.

北京勤邦生物技术有限公司
BEIJING KWINBON BIOTECH CO.，LTD.

北京立时达药业有限公司
BEIJING LISHIDA PHARMACY CO.，LTD.

北京绿荷牛业有限责任公司
BEIJING LVHE CATTLE CO.，LTD.

北京东方艾格农业咨询有限公司
BEIJING ORIENT AGRIBUSINESS CONSULTANT CO.，LTD.

北京东方天合生物技术有限责任公司
BEIJING ORIENTAL KINGHERD BIOTECHNOLOGY CO.，LTD.

北京正道生态科技有限公司
BEIJING RYTWAY ECOTECHNOLOGY CO.，LTD.

北京三元食品股份有限公司
BEIJING SANYUAN FOODS CO., LTD.

北京森淼三峰机电设备有限公司
BEIJING SENMIAOSANFENG ELECTROMECHANICAL CO., LTD.

北京世汇通源科技有限公司
BEIJING SHIHUITONGYUAN TECHNOLOGY CO., LTD.

北京四而博达广告有限公司
BEIJING SIERBODAADVERTISING CO., LTD.

北京天山凯风畜牧科技有限公司
BEIJING TS-COFINE STOCKBREEDING SCI & TECH CO., LTD.

北京优尼赛斯科技有限公司
BEIJING UNI-SCIENCE TECHNOLOGY CO., LTD.

北京祥龙环宇生物技术有限公司
BEIJING XIANGLONG HUANYU BIOTECHNOLOGY CO., LTD.

北京修刚畜牧科技有限公司
BEIJING XIUGANG LIVESTOCK TECHNOLOGY CO., LTD.

北京怡成生物电子技术有限公司
BEIJING YICHENG BIOELECTRONICS TECHNOLOGY CO., LTD.

BELGIUM & NETHERLANDS DAIRY REPRESENTATION

百斯凯牧业发展（上海）有限公司
BEST CARE FARM DEVELOPMENT SHANGHAI CO., LTD.

滨州佳厨机械设备制造有限公司
BINZHOU JIACHU MACHINERY EQUIPMENT MANUFACTURING CO., LTD.

百奥明饲料添加剂（上海）有限公司
BIOMIN FEED ADDITIVE (SHANGHAI) CO., LTD.

贝尔尼奇生物技术（北京）有限公司
BIONICHE ANIMAL HEALTH INC.

勃林格殷格翰国际贸易（上海）有限公司
BOEHRINGER INGELHEIM INT'L TRADING CO., LTD.

美国边境河谷草业有限公司
BORDER VALLEY TRADING

美国博美特有限公司
BOUMATIC LLC.

CALAWAY TRADING, INC.

长春博瑞饲料集团有限公司
CHANGCHUN BORUI FEED GROUP CO., LTD.

成都大业国际投资股份有限公司
CHENGDU DAYE INTERNATIONAL INVESTMENT CO., LTD.

成都鑫道成农牧机械有限公司
CHENGDU SENDASUN AGRICULTURAL MACHINERY CO., LTD.

中国牧工商（集团）总公司
CHINAANIMAL HUSBANDRY GROUP (CAHG)

成都华川高新农业科技有限公司
CHINA CHENGDU GAOXIN
AGRICULTURE TECHNOLOGY CORPORATION LIMITED

《中国乳业》杂志社
CHINA DAIRYMAGAZINE OFFICE

科乐收农业机械贸易（北京）有限责任公司
CLAAS AGRICULTURAL MACHINERY TRADING (BEIJING) CO., LTD.

德国CLAAS公司北京代表处
CLAAS KGAA MBH BEIJING REPRESENTATIVE OFFICE

COOPERATIVE RESOURCES INTERNATIONAL (CRI)

荷兰CRV育种公司
CRV

《奶牛》杂志编辑部
DAIRY COW MAGAZINE

乳业时报
DAIRY TIMES

泰华施——清洁用品供应商
DIVERSEY TRADING (SHANGHAI) CO., LTD.

DVO, INC.

北京东石北美牧场科技有限公司
EAST ROCK FARM TECHNOLOGIES CO., LTD.

艺康（中国）投资有限公司
ECOLAB (CHINA) INVESTMENT CO., LTD.

八星牧草

EIGHT STAR COMMODITIES

梵帝风机（常州）有限公司
FANZIC (CHANGZHOU) CO.，LTD.

丰禾草业
FENGHECAOYE

《灌装与配套》商务专刊
FILLING AND MATCHING

富仕兰康必奶食品配料（北京）有限公司
FRIESLANDCAMPINA INGREDIENTS (BEIJING) CO.，LTD.

基伊埃（上海）牧业科技有限公司
GEA (SHANGHAI) FARM TECHNOLOGIES CO.，LTD.

挪威基诺育种与 A. I. 协会
GENO BREEDING AND A. I. ASSOCIATION

德国农业协会（DLG）
GERMAN AGRICULTURAL SOCIETY（DLG）

广州市冠宜贸易有限公司
GUANGZHOU GUANYI TRADING CO.，LTD.

广州市铭慧包装机械有限公司
GUANGZHOU LEIWEST PAK CO.，LTD.

广州锋牧原生物科技有限公司
GUANGZHOU PRAIRIE PIONEERFEED BIOTECH CO.，LTD.

杭州浙大优创科技有限公司
HANGZHOU ULTRASUN TECHNOLOGIES CO.，LTD.

杭州永创智能设备股份有限公司
HANGZHOU YOUNGSUN INTELLIGENT EQUIPMENT CO.，LTD.

韩泰风机（临沂）有限公司

AUTOBONA 哈尔滨博纳科技有限公司
HARBIN BONATECHNOLOGY CO.，LTD.

哈尔滨爱特科畜牧机械有限公司/(株）信一畜产
HARBIN HITEK LIVESTOCK MACHINERY CO.，LTD. - CHINA
SHIN - ILMACHINERY CO.，LTD. - KOREA

青岛爱姆森商贸有限公司
HAYDAY FARMS，INC.

德国苏维安永牧公司
HEBEI SUEVIAYOMO CO.，LTD.

黑龙江省完达山乳业股份有限公司
HEILONGJIANG WONDERSUN DAIRY CO.，LTD.

黑龙江远方农业股份有限公司
HEILONGJIANG YUANFANG AGRICULTURE CO.，LTD.

《荷斯坦》奶农俱乐部 WWW. HESITAN. COM
HOLSTEIN FARMER

北京华安麦科生物技术有限公司
HUAAN MAGNECH BIO－TECH CO.，LTD.

华秦源（北京）动物药业有限公司
HUAQINYUAN（BEIJING）ANIMAL PHARMACEUTICAL CO.，LTD.

内蒙古大地工控科技有限公司
INNER MONGOLIA DADI INDUSTRY AUTOMATION TECHNOLOGY COMPANY

内蒙古大丰源轻工机械有限公司
INNER MONGOLIA DAFENGYUAN LIGHTMACHINERY CO.，LTD.

内蒙古华农机械有限公司
INNER MONGOLIA HUANONG EQUIPMENT CO.，LTD.

内蒙古蒙牛乳业（集团）股份有限公司
INNER MONGOLIA MENGNIU DAIRY（GROUP）CO.，LTD.

内蒙古赛科星繁育生物技术股份有限公司
INNER MONGOLIA SAIKEXING REPRODUCTIVE BIOTECHNOLOGY CO.，LTD.

江苏省泰兴市蒙拓玻璃仪器厂
JIANGSU TAIXING MENG TUO GLASS INSTRUMENT FACTORY

江苏正恒轻工机械有限公司
JIANGSU ZHENGHENG LIGHT INDUSTRIAL MACHINERY CO.，LTD.

江西英雄乳业股份有限公司
JIANGXI HERO DAIRY CO.，LTD.

江西卖奶宝科技有限公司
JIANGXI SELLMILK TREASURE TECHNOLOGY CO.，LTD.

江西阳光乳业股份有限公司
JIANGXI SUNSHINE DAIRY CO.，LTD.

济南泉华包装制品有限公司
JINANQUANHUA PACKING PRODUCTS CO.，LTD.

晋中炬威厨房设备制造有限公司
JINZHONG JU WEI KITCHEN EQUIPMENT MANUFACTURING CO.，LTD.

南昌江铃集团协和传动技术有限公司
JMCG CONCORD TRANSMISSION TECHNIC CO.，LTD.

法国库恩公司北京代表处
KUHN S. A. BEIJING REPRESENTATIVE OFFICE

KURTSAN TARIM END. MAK. SAN. VE TIC. LTD. STI.

拉比特（天津）农牧设备有限公司
LA BUVETTE (TIANJIN) FARM EQUIPMENT CO.，LTD.

LABORATORIO WEIZUR ARGENTINA S. A.

兰州阿泊罗电子设备有限责任公司
LANZHOU ABOLUO ELECTRONIC EQUIPMENT CO.，LTD.

佛山力淳乳业机械有限公司
LEGEND CO.，LTD.

鑫瑞森贸易（大连）有限公司
LEGEND TRADE (DALIAN) CO.，LTD.

辽宁汉德科技有限公司
LIAONING HANDE TECHNOLOGY CO.，LTD.

临沂千源多品种盐有限公司
LINYI QIANYUAN MULTI-VARIETY SALTS CO.，LTD.

新西兰家畜改良公司
LIVESTOCK IMPROVEMENT CORPORATION LIMITED

马鞍山争锋利机械刀具厂
MA'ANSHAN ZHENG FENGLI MECHANICAL BLADE FACTORY

德国诺丁林种畜基因产品公司北京代表处
MASTERRIND GMBH BEIJING REPRESENTATIVE OFFICE

中机美诺科技股份有限公司
MENOBLE CO.，LTD.

MOLOKO INGREDIENTS

南京丰顿科技有限公司
NANJING FOIDN TECHNOLOGY CO.，LTD.

NEDAP AGRI

纽勤生物科技（上海）有限公司
NEOGEN BIO - SCIENTIFIC TECHNOLOGY (SHANGHAI) CO., LTD.

宁波第二激素厂
NINGBO NO. 2 HORMONE FACTORY

宁波市三生药业有限公司
NINGBO SANSHENG PHARMACEUTICAL CO., LTD.

宁夏紫花威斯可农业有限公司
NINGXIA ZH - WESCO AGRICULTURE CO., LTD.

日富（上海）贸易有限公司
NIPPON PAPER - PAK TRADING SHANGHAI CO., LTD.

诺华赛分离技术（上海）有限公司
NOVASEP ASIA

法国欧密斯集团
OLMIX

派克伊诺斯机电设备（上海）有限公司
PACKO INOX ELECTRONIC EQUIPMENT (SHANGHAI) CO., LTD.

倍爱斯（天津）灌溉设备有限公司
PIERCE (TIANJIN) IRRIGATION EQUIPMENT CO., LTD.

好达琳概念公司
PRODALIM CONCEPT

齐鲁动物保健品有限公司
QILU ANIMAL HEALTH PRODUCTS CO., LTD.

青岛绿曼生物工程有限公司
QINGDAO LVMAN BIOLOGICAL ENGINEERING CO., LTD.

青岛郁金香机械有限公司
QINGDAO TULIPMACHINERY CO., LTD.

青州海润环境控制装置有限公司
QINGZHOU HAIRUN ENVIRONMENTAL CONTROL DEVICES CO., LTD.

青州三和机械有限公司
QINGZHOU SANHE MACHINERY CO., LTD.

青州裕润通风设备有限公司
QINGZHOU YURUN VENTILATION EQUIPMENT CO., LTD.

拜发分析系统销售（北京）有限公司
R - BIOPHARM ANALYSIS SYSTEMS TRADING (BEIJING) CO., LTD.

内蒙古瑞普大地生物药业有限责任公司
RINGPUDADI BIO-PHARMACY CO., LTD.

奥地利保尔灌溉及泵工程公司
RÖHREN-UND PUMPENWERK BAUER GESELLSCHAFTM. B. H.

世亚农牧设备有限公司
SCR ENGINEERS LTD.

先马士中国
SEMEX CHINA

斯拉克
SERAC ASIA SDN BHD

法国塞西亚育种公司
SERSIA

陕西环玉卫生消毒用品有限公司
SHAANXI HUANYU SANITATION AND DISINFECTION CO., LTD.

山东宝来利来生物工程股份有限公司
SHANDONG BAOLAI-LEELAI BIOTECHNOLOGY CO., LTD.

山东成城物联网科技有限公司
SHANDONG CHENGCHENG INTERNET OF THINGS CO., LTD.

山东光明机器制造有限公司
SHANDONG GUANGMING MACHINERY COMPANY LTD.

山东奥克斯生物技术有限公司
SHANDONG OX BIOTECHNOLOGY CO., LTD.

山东庆丰牧业科技有限公司
SHANDONG QINGFENG ANIMAL HUSBANDARY TECHNOLOGY CO., LTD.

山东泰兴机械制造有限公司/泰安意美特机械有限公司
SHANDONG TAIXING MACHINERY CO., LTD./TAIAN YIMEITE MACHINERY CO., LTD.

山东淄博高新区鲁信乳品机械研究所
SHANDONG ZIBO LUXIN DAIRY PRODUCT MACHINERY RESEARCH INSTITUTE

上海光明荷斯坦牧业有限公司
SHANGHAI BRIGHT HOLSTAN CO., LTD.

上海正宏农牧机械设备有限公司
SHANGHAI CHEUNGHUNG HUSBANDRY MECHANICAL EQUIOMENT CO., LTD.

上海神鹰康星化工有限公司
SHANGHAI COMSTAR GE CO., LTD.

上海科湃腾信息科技有限公司
SHANGHAI COPARTNER INFO－TECHNOLOGY CO.，LTD.

上海牛奶（集团）有限公司
SHANGHAI DAIRY（GROUP）CO.，LTD.

上海乳品机械厂有限公司
SHANGHAI DAIRY MACHINERY FACTORY CO.，LTD.

上海鼎牛饲料有限公司
SHANGHAI DINGNIU FEED CO.，LTD.

上海益农信息技术有限公司
SHANGHAI EFEEDLINK INFORMATION TECHNOLOGY LTD.

上海伍德福传动配件有限公司
SHANGHAI EXCEEDING ENTERPRISES CO.，LTD.

上海格利斯畜牧科技有限公司
SHANGHAI GALAXY CO.，LTD.

上海高丰医疗电器有限公司
SHANGHAI GAO FENG MEDICAL& ELECTRIC EQUIPMENT CO.，LTD.

上海市奶牛研究所
SHANGHAI INSTITUTE OF DAIRY SCIENCE

上海市计划生育科学研究所
SHANGHAI INSTITUTE OF PLANNED PARENTHOOD RESEARCH

上海爱励农机械制造有限公司
SHANGHAI I－ORION MACHINERY CO.，LTD.

上海久伟市政建筑工程有限公司
SHANGHAI J. WEIMUNICIPAL CONSTRUCTION ENGINEERING CO.，LTD.

上海嘉定泰和玻璃厂
SHANGHAI JIADING TAIHE GLASS FACTORY

上海金牛牧业有限公司

上海江南三森生物工程设备有限公司
SHANGHAI JN&SM BIO－ENGINEERING EQUIPMENT CO.，LTD.

上海牛奶棚食品有限公司
SHANGHAI MILK－SHED FOOD CO.，LTD.

上海普丽盛包装股份有限公司
SHANGHAI PRECISE PACKAGING CO.，LTD.

上海雪森林制冷设备有限公司
SHANGHAI SNOW FOREST REFRIGERATION EQUIPMENT CO., LTD.

上海特瑞机械设备有限公司
SHANGHAI TERRUI MECHANICAL EQUIPMENT CO., LTD.

上海兴牧伟业企业管理咨询有限公司
SHANGHAI XINGMUWEIYE (XMWY)
ENTERPRISES MANAGEMENT CONSULTING CO., LTD.

上海雄川制冷设备有限公司
SHANGHAI XIONG CHUAN REFRIGERATION EQUIPMENT CO., LTD.

上海延华生物科技有限公司
SHANGHAI YANHUA BIO-TECH CO., LTD.

上海永济牧业设备有限公司
SHANGHAI YONGJI DAIRY EQUIPMENT CO., LTD.

汕头市超声仪器研究所有限公司
SHANTOU INSTITUTE OF ULTRASONIC INSTRUMENTS CO., LTD. (SIUI)

汕头经济特区建新塑胶有限公司
SHANTOU S. E. Z. JIAN XING PLASTICS CO., LTD.

深圳市富瑞祥贸易有限公司
SHENZHEN FREEDOM TRADE COMPANY

深圳市协联基因工程有限公司

石家庄美迪机械有限公司
SHIJIAZHUANG MEIDI MACHINERY COMPANY LIMITED

四方力欧畜牧科技股份有限公司
SIFANG LEO LIVESTOCK SCIENCE AND TECHNOLOGY CO., LTD.

华诚睿光（中国）生物科技有限公司
SINO-SUN BIO-TECH CO., LTD.

立皓管道配件（上海）有限公司
SODIME ASIA PACIFIC

法国国际畜牧业峰会
SOMMET DE L'ELEVAGE

索易克（中国）科技有限公司
SOYKE (CHINA) SCIENCE & TECHNOLOGY CO., LTD.

SSP PVT LIMITED

美国史丹利有限公司
STANDLEE TRADING COMPANY LLC

司达特（北京）畜牧设备有限公司
STORTI（BEIJING）CATTLE FEEDING MACHINES CO.，LTD.

芯来旺生物科技（南京）有限公司
SYNLAC BIOTECHNOLOGY（NANJING）CO.，LTD.

泰高中国
TAIGAO CHINA

台湾亚芯生物科技有限公司
TAIWAN YAXIN BIOTECHNOLOGY DEVELOPMENT CO.，LTD.

上海牛奶集团技术中心
THE TECHNOLOGY CENTER OF SDG

天津瑞晟泰机械制造有限公司
TIANJIN RUI SHENG TAI MACHINERY MANUFACTURING CO.，LTD.

天津上一电机有限公司

天津天利航空机电有限公司
TIANJIN TIANLI AVIATION ELECTRO－MECHANICAL CO.，LTD.

天津全药动物保健品有限公司
TIANJIN ZENYAKU ANIMAL HEALTH CO.，LTD.

萃欧立家畜饲喂设备（北京）有限公司
TRIOLIET LIVESTOCK FEEDING EQUIPMENT（BEIJING）CO.，LTD.

威斯康辛大学河瀑分校
UNIVERSITY OF WISCONSIN－RIVER FALLS

维塔谷高等教育学院
VETAGRO SUP

VIRGINIA DEPARTMENT OF AGRICULTURE

威埃姆输送机械（上海）有限公司
WAM BULK HANDLING MACHINERY（SHANGHAI）CO.，LTD.

广州市万日乳业机械有限公司
WANRI MILKING SYSTEM CO.，LTD.

潍坊佳谊食品有限公司
WEIFANG JIAYI FOOD CO.，LTD.

潍坊益和电器有限公司

WEIFANG YIHE ELECTRICAL APPLIANCE CO.，LTD.

温州沸廷斯阀门管件有限公司
WENZHOU FITTINGS VALVE FITTING CO.，LTD.

温州市高博泵业有限公司
WENZHOU GAOBO PUMP CO.，LTD.

温州市双王轻工机械有限公司
WENZHOU SHUANGWANG LIGHT INDUSTRY MACHINERY CO.，LTD.

温州天马轻工机械厂
WENZHOU TIANMA LIGHT INDUSTRIAL MACHINERY CO.，LTD.

温州市正华牧业机械有限公司
WENZHOU ZHENGHUA ANIMAL HUSBANDRY MACHINERY CO.，LTD.

美国威斯康辛州农业、贸易与消费者权益保护厅
WISCONSIN DEPARTMENT OF AGRICULTURE,
TRADE AND CONSUMER PROTECTION，USA

北京环球种畜有限责任公司
WORLD WIDE SIRES CO.，LTD.

天津郎世国际贸易有限公司
WORLDLANG INTERNATIONAL TRADING CO.，LTD.

武汉爱维信生物科技有限公司
WUHAN ALLVICTORS BIOTECHNOLOGY CO.，LTD.

中国奶业信息网
WWW. CHINADAIRYINDUSTRY. ORG. CN

食品伙伴网
WWW. FOODMATE. NET

西安汉隆化工科技有限公司
XI′AN HAN LONG CHEMICAL TECHNOLOGY CO.，LTD.

西安麦得法药业有限公司
XI′AN MEDPHARM，INC.
西安麦得法国际贸易有限公司
XI′AN MEDPH INTERNATIONAL TRADE CO.，LTD.

新乡市力欧机械有限公司
XINXIANG LEO MACHINERY CO.，LTD.

新乡市新东轻工机械有限公司
XINXIANG XINDONG LIGHT INDUSTRY MACHINERY CO.，LTD.

烟台森源饲料有限公司
YANTAI SENYUAN FEED CO.，LTD.

余姚市宇海塑料制品有限公司
YUYAO YUHAI PLASTIC PRODUCTS CO.，LTD.

浙江明江环保科技有限公司
ZHEJIANG MINGJIANG
ENVIRONMENTAL PROTECTION TECHNOLOGY CO.，LTD.

诸城市美川机械有限公司
ZHUCHENG MEICHUAN MACHINERY CO.，LTD.

珠海市康耐利机械设备有限公司
ZHUHAI KNL MACHINE EQUIPMENT CO.，LTD.
淄博创富机械有限公司
ZIBO CHUANGFU MACHINERY CO.，LTD.

淄博金沃乳品设备有限公司
ZIBO JINWO DAIRY EQUIPMENT CO.，LTD.

淄博鲁金机械厂
ZIBO LUJIN MACHINERY FACTORY

淄博盛誉乳品机械有限公司
ZIBO SHENGYU DAIRY MACHINERY CO.，LTD.

淄博怀卡托商贸有限公司
ZIBO WAIKATO COMMERCIAL AND TRADING CO.，LTD.

淄博岳江机械有限公司
ZIBO YUE JIANG MACHINERY COMPANY LIMITED

安琪酵母股份有限公司
ANGELYEAST CO.，LTD.

澳大利亚莫里斯乳业
AUSTRALIA MEREDITH DAIRY

北京奶牛中心
BEIJING DAIRY CATTLE CENTER

北京雄特牧业有限公司
BEIJING XIONGTE ANIMAL HUSBANDRY CO.，LTD.

中国乳品工业杂志社
CHINA DAIRY INDUSTRY

定州市陈氏兽药有限责任公司

欧陆分析技术服务（苏州）有限公司
EUROFINS TECHNOLOGY SERVICE (SUZHOU) CO., LTD.

广东粤东机械实业有限公司
GUANGDONG YUEDONG MECHANICAL INDUSTRY CO., LTD.

合肥雅莱生物工程有限公司
HEFEI YALAI BIO-ENGINEERING CO., LTD.

HUNTERWOOD TECHNOLOGIES LTD.
《新奶农》杂志
JOURNAL OF NEWDAIRY FARMER

美最时贸易（北京）有限公司
MELCHERS TRADING (BEIJING) LTD.

青岛科奈尔饲料有限公司
QINGDAO CTC FEED CORP.

SAGE HILL NORTHWEST INC.

美国十方国际公司
TEN SQUARE INTERNATIONAL, INC.

澳大利亚联球企业有限公司
UNITED WORLD ENTERPRISES PTY LTD AUSTRALIA

VES ENVIRONMENTAL SOLUTIONS

厦门欧达科仪发展有限公司

郑州华丰草业科技有限公司
ZHENGZHOU HUAFENG GRASSINDUSTRY SCIENCE CO., LTD.

获得农业部进口饲料和饲料添加剂产品登记证企业及产品目录信息——奶牛

登记证号	通用名称	商品名称	产品类别	使用范围	生产厂家	有效期限
（2005）外饲准字 002 号		美加力保护型脂肪 Megalac Protected Fat	精料补充料 Concentrate Supplement		马来西亚 Volac 原料私人有限公司 Volac Ingredients Sdn. Bhd.，Malaysia	2005.01 - 2010.01
（2005）外饲准字 048 号		营大哥 Nutracor	精料补充料 Concentrate Supplement		万山宝有限公司 WaWaSan Tebrau SDN BHD（418204 - M），Malaysia.	2005.03 - 2010.03
（2005）外饲准字 055 号		维力强 ENERFLO	能量饲料 Energy Feed		马来西亚南方食油（马）公司 Southern Edible Oil Industries（M）Sdn. Berhad，Malaysia	2005.03 - 2010.03
（2007）外饲准字 108 号	棕榈脂肪粉 Palm Fatty Powder	乳美肥 RumiFat R100	能量饲料 Energy Feed	乳牛 Dairy Cow	马来西亚艾可有限公司 Ecolex Sdn. Bhd.，Malaysia	2007.04 - 2012.04
（2008）外饲准字 080 号	棕榈油粉 Palm Oil Powder	百事美乳牛用脂肪粉 Bergafat T 300（Ruminant）	能量饲料 Energy Feed	奶牛 Dairy Cow	马来西亚 Premier Oil Industries Sdn Bhd 公司 Premier Oil Industries Sdn. Bhd.，Malaysia	2008.05 - 2013.05
（2009）外饲准字 012 号	维生素和棕榈油粉 Vitamins and Palm Oil Powder	繁奶康 Bergaplus D	饲料添加剂 Feed Additive	奶牛和肉牛 Dairy Cow and Beef Cattle	马来西亚 Premier Oil Industries Sdn Bhd 公司 Premier Oil Industries Sdn. Bhd.，Malaysia	2009.02 - 2014.02
（2009）外饲准字 151 号	脂肪包被蛋氨酸 Fat - Encapsulated Methionine	百佳美 Bergamet	饲料级氨基酸 Amino Acid Feed Grade	牛和羊 Cattle and Sheep	马来西亚 Premier Oil Industries Sdn Bhd 公司 Premier Oil Industries Sdn. Bhd.，Malaysia	2009.10 - 2014.1

（续）

登记证号	通用名称	商品名称	产品类别	使用范围	生产厂家	有效期限
（2009）外饲准字 153 号	棕榈核油、大豆浓缩蛋白和大豆磷脂	速能	能量饲料	养殖动物	马来西亚 Premier Oil Industries Sdn Bhd 公司	2009.10－
	Palm Kernel Oil, Soy Protein Concentrate and Soy Lecithin	Bergaprime	Energy Feed	All species or categories of animals	Premier Oil Industries Sdn. Bhd., Malaysia	2014.1
（2010）外饲准字 116 号	长链脂肪酸钙皂（棕榈油）	营大哥	能量饲料	反刍动物	马来西亚万山宝有限公司	2010.05
	Calcium Salt Of Long Chain Fatty Acids (Palm Oil)	Nutracor	Energy Feed	Ruminant	Wawasan Tebrau SDN. BHD., Malaysia	2015.05
（2010）外饲准字 152 号	植物油	维力强	能量饲料	泌乳牛	马来西亚南方食油（马）公司	2010.05
	Vegetable Oil	Enerflo	Energy feed	Lactating cow	Southern Edible Oil Industries (M) SDN. Berhad	2015.05
（2010）外饲准字 116 号	长链脂肪酸钙皂（棕榈油）	营大哥	能量饲料	反刍动物	马来西亚万山宝有限公司	2010.05
	Calcium Salt Of Long Chain Fatty Acids (Palm Oil)	Nutracor	Energy Feed	Ruminant	Wawasan Tebrau SDN. BHD., Malaysia	2015.05
（2010）外饲准字 182 号	植物油	能乳发	能量饲料	反刍动物	马来西亚 Natural Wax SDN. BHD 公司	2010.06
	Vegetable Fat	Energy Booster	Energy Feed	Ruminant	Natural Wax SDN BHD, Malaysia	2015.06
（2010）外饲准字 183 号	植物油	能乳发 100	能量饲料	反刍动物	马来西亚 Natural Wax SDN. BHD 公司	2010.06
	Vegetable Fat	Energy Booster 100	Energy Feed	Ruminant	Natural Wax SDN. BHD Malaysia	2015.06

（续）

登记证号	通用名称	商品名称	产品类别	使用范围	生产厂家	有效期限
（2010）外饲准字 349 号	棕榈油粉	百事美 F－100 脂肪粉	能量饲料	猪、鸡、奶牛和肉牛	百事美（马来西亚）有限公司	2010. 12
	Palm Oil Powder	Bergafat F－100 Classic	Energy Feed	Swine Chink Milk Cow and Beef Cow	Premier Oil Industries SDN BHD，Malaysia	2015. 12
（2011）外饲准字 128 号	棕榈油脂肪酸钙	乳美肥 PLUS	能量饲料	奶牛，奶山羊和绵羊，幼畜	马来西亚 Ecolex Sdn. Bhd 公司	2011. 05－2016. 05
	Calcium Soap of Palm Fatty Acid	Rumifat Plus	Energy Feed	Dairy cows，Dairy goats and sheep，Young animals	Ecolex Sdn Bhd Co.，Malaysia	
（2011）外饲准字 334 号	棕榈油脂肪粉	宝美肥	能量饲料	奶牛	马来西亚 Ecolex Sdn. Bhd 公司	2011. 10－2016. 10
	Palm Fatty Powder	PALMIFAT	Energy Feed	Cow	Ecolex Sdn. Bhd.，Malaysia	
（2012）外饲准字 201 号	棕榈酸	爱能佳－RP10	能量饲料	奶牛、母羊和山羊	IFFCO（马来西亚）有限公司	2012. 05－2017. 05
	Palmitic Acid	Energizer－RP10	Energy Feed	Cow，Ewe and Goat	IFFCO（Malaysian）Sdn Bhd.，Malaysia	
（2012）外饲准字 291 号	棕榈油脂肪粉	乳美肥	能量饲料	乳牛	马来西亚 Ecolex SDN. BHD. 公司	2012. 08－2017. 08
	Palm Fatty Powder	Rumifat R100	Energy Feed	Cow	Ecolex SDN. BHD.，Malaysia	
（2012）外饲准字 292 号	反刍动物用棕榈脂肪粉	帕美克乳牛棕榈	能量饲料	乳牛	马来西亚泛世纪油脂化学有限公司	2012. 08－2017. 08
	By－pass Fat Powder	脂肪粉	Energy Feed	Cow	Pan Century Oleochemicals	
		Palmac80－16			SDN BHD，Malaysia	
（2013）外饲准字 211 号	棕榈油脂肪酸钙	乳加多	饲料原料	奶牛 Dairy Cows	马来西亚 Ecolex Sdn. Bhd. 公司	2013. 06－2018. 06
	Calcium Soap of Palm Fatty Acid	PALMIFAT PLUS	Feed Material	奶山羊和绵羊 Dairy Goats and Sheep	Ecolex Sdn. Bhd.，Malaysia	
				幼畜 Young Animals		

（续）

登记证号	通用名称	商品名称	产品类别	使用范围	生产厂家	有效期限
（2013）外饲准字 224 号	棕榈油粉 Palm Oil Powder	百事美乳牛用脂肪粉 Bergafat T 300（Ruminant）	饲料原料 Feed Material	乳牛 Cattle	百事美（马来西亚）有限公司 Permier Oil Industries Sdn Bhd，Malaysia	2013.06－2018.06
（2005）外饲准字 006 号		DHA PROTEIN SELCO 轮虫强化剂 DHA PROTEIN SELCO	饲料添加剂 Feed Additive		泰国英伟公司 INVE（Thailand）Ltd.	2005.01－ 2010.01
（2005）外饲准字 007 号		CULTURE SELCO 3000 轮虫强化剂 CULTURE SELCO 3000	饲料添加剂 Feed Additive		泰国英伟公司 INVE（Thailand）Ltd.	2005.01－ 2010.01
（2005）外饲准字 008 号		DC DHA SELCO 卤虫强化剂 DC DHA SELCO	饲料添加剂 Feed Additive		泰国英伟公司 INVE（Thailand）Ltd.	2005.01－ 2010.01
（2005）外饲准字 009 号		A1 DHA SELCO 卤虫强化剂 A1 DHA SELCO	饲料添加剂 Feed Additive		泰国英伟公司 INVE（Thailand）Ltd.	2005.01－ 2010.01
（2005）外饲准字 010 号		DC SUPER 卤虫强化剂 DC SUPER SELCO	饲料添加剂 Feed Additive		泰国英伟公司 INVE（Thailand）Ltd.	2005.01－ 2010.01
（2005）外饲准字 011 号		PROLON 卤虫强化剂 PROLON	饲料添加剂 Feed Additive		泰国英伟公司 INVE（Thailand）Ltd.	2005.01－ 2010.01
（2005）外饲准字 012 号		Sanocare HC 卤虫强化剂 Sanocare HC	饲料添加剂 Feed Additive		泰国英伟公司 INVE（Thailand）Ltd.	2005.01－ 2010.01

（续）

登记证号	通用名称	商品名称	产品类别	使用范围	生产厂家	有效期限
（2005）外饲准字 068 号		猫粮	配合饲料		泰国 I. S. A. Value 有限公司	2005. 03 -
		Cat Food	Compound Feed		I. S. A. Value Co.，Ltd，Thailand	2010. 03
（2007）外饲准字 158 号	植物乳杆菌和酿酒酵母	活佳素（液体）	微生物	家畜和家禽	泰国龙亿生化股份有限公司	2007. 08 -
	Lactobacillus plantarum and *Saccharomyces cerevisiae*	Huo Jia Su（Liquid phases）	饲料添加剂 Microbial Biotic Feed Additive	Fowl and cattle	Long Year Biochem Co.，Ltd.，Thailand	2012. 08
（2008）外饲准字 013 号	L-赖氨酸盐酸盐	饲料级 98. 5%	饲料级氨基酸	所有动物	味之素（泰国）有限公司	2008. 02 -
	L - Lysine Monohydrochloride	L-赖氨酸盐酸盐 L - Lysine Monohydrochloride 98. 5% Feed Grade	Amino Acid Feed Grade	All Animal	Ajinomoto Co.，（Thailand）Ltd.	2013. 02
（2008）外饲准字 152 号	植物乳杆菌和酿酒酵母	活佳素（固体）	微生物饲料添加剂	猪、牛和禽	泰国龙亿生化股份有限公司	2008. 12 -
	Lactobacillus plantarum and *Saccharomyces cerevisiae*	HUO JIA SU（Powder）	Microbial Biotic Feed Additive	Pig，Cattle and Poultry	Long Year Biochem Co.，Ltd.，Thailand	2013. 12
（2011）外饲准字 093 号	红鱼粉	红鱼粉（二级）	蛋白质饲料	畜禽和水产动物	东南亚罐头包装有限公司	2011. 04 -
	Red Fishmeal	Red Fishmeal（Ⅱ）	Protein Feed	Livestock and Aquaculture	Southeast Asian Packaging and Canning Limited，Thailand	2016. 04

（续）

登记证号	通用名称	商品名称	产品类别	使用范围	生产厂家	有效期限
（2011）外饲准字 134 号	鱼粉	红鱼粉（二级）	蛋白质饲料	畜禽和水产动物	泰国 TRF 鱼粉有限公司	2011.05－2016.05
	Fishmeal	Red Fishmeal（Ⅱ）	Protein Feed	Poultry，Livestock and Aquaculture	TRF Fishmeal Co.，Ltd，Thailand	
（2012）外饲准字 074 号	红鱼粉	红鱼粉（二级）	蛋白质饲料	畜禽和水产动物	泰国 Krungdhepmahakij 有限公司	2012.03－2017.03
	Red Fishmeal	Red Fishmeal（Ⅱ）	Protein Feed	Livestock，Poultry and Aquaculture	Krungdhepmahakij Co.，Ltd.，Thailand	
（2012）外饲准字 239 号	红鱼粉	红鱼粉（二级）	蛋白质饲料	畜禽和水产动物	泰诚信鱼粉厂有限公司	2012.06－2017.06
	Red Fishmeal	Red Fishmeal（Ⅱ）	Protein Feed	Livestock，Poultry and Aquaculture	Teppama Fishmeal Co.，Ltd.，Thailand	
（2012）外饲准字 240 号	红鱼粉	红鱼粉（二级）	蛋白质饲料	畜禽和水产动物	泰国开发鱼粉企业有限公司	2012.06－2017.06
	Red Fishmeal	Red Fishmeal（Ⅱ）	Protein Feed	Livestock，Poultry and Aquaculture	Fishmeal Marketing Development Co.，Ltd.，Thailand	
（2012）外饲准字 440 号	98.5％L－赖氨酸盐酸盐	饲料级 98.5％L－赖氨酸盐酸盐	饲料级氨基酸	养殖动物	味之素（泰国）有限公司	2012.11－2017.11
	L－Lysine Monohydrochloride 98.5％	L－Lysine Monohydrochloride 98.5％ Feed Grade	Amino Acid Feed Grade	All species or categories of animals	Ajinomoto Co.，（Thailand）Ltd.	
（2013）外饲准字 065 号	乳酸	普拉克 LAFEED80	饲料酸化剂	养殖动物	普拉克（泰国）有限公司	2013.02－2018.02
	Lactic Acid	PURAC LAFEED80	Feed Acidifier	All species or categories of animals	PURAC（Thailand）Ltd.，Thailand	
（2013）外饲准字 078 号	红鱼粉	红鱼粉（三级）	饲料原料	畜禽和水产	泰国班邦鱼粉有限公司	2013.02－2018.02
	Red Fishmeal	Red Fishmeal（Ⅲ）	Feed Material	Livestock and Poultry，Aquaculture	Banbung Fishmeal Company Limited，Thailand	

（续）

登记证号	通用名称	商品名称	产品类别	使用范围	生产厂家	有效期限
（2005）外饲准字 013 号		乌贼肝脏粉 Squid Liver Powder	蛋白质饲料 Protein Feed		日本 Kaikoh 株式会社 Kaikoh Co.，Ltd.，Japan	2005.01－ 2010.01
（2005）外饲准字 014 号		鱼溶汁 Fish Soluble Liquid	蛋白质饲料 Protein Feed		日本 Kaikoh 株式会社 Kaikoh Co.，Ltd.，Japan	2005.01－ 2010.01
（2005）外饲准字 049 号		乌贼油 Squid Oil	能量饲料 Energy Feed		日本 Kaikon 有限公司 Kaikon Co.，Ltd.，Japan	2005.03－ 2010.03
（2005）外饲准字 063 号		住友®蛋氨酸羟基类似物 SUMITOMO® Methionine Hydroxy Analog	饲料级氨基酸 Amino Acid Feed Additive		日本住友化学株氏会社 SUMITOMO Chemical Co.，Ltd.，Japan	2005.03－ 2010.03
（2006）外饲准字 111 号	DL－蛋氨酸 DL－Methionine	饲料级 DL－蛋氨酸 DL－Methionine Feed Grade	饲料级氨基酸 Amino Acid Feed Grade	所有动物 All animal	日本曹达株式会社 Nippon SODA Co.，Ltd.，Japan	2006.08－ 2011.08
（2007）外饲准字 178 号	枯草芽孢杆菌、淀粉酶和蛋白酶（产自枯草芽孢杆菌） *Bacillus subtilis*，*Amylase* and *Protease*（*by Bacillus subtilis*）	洛东 A－90 Super Rakuto A－90	饲料添加剂 Feed Additive	猪、禽和牛 Pig，poultry and cattle	日本洛东化成工业株式会社 Rakuto Kasei Industrial Co.，Ltd.，Japan	2007.09－ 2012.09
（2008）外饲准字 015 号	D－泛酸钙 D－Calcium Pantothenate	右旋泛酸钙 D－Calcium Pantothenate	饲料级维生素 Vitamin Feed Grade	所有动物 All Animal	日本第一精密化学株式会社本社工厂 Daiichi Fine Chemical Co.，Ltd. Japan	2008.02－ 2013.02
（2008）外饲准字 095 号	水合硅铝酸钠钙 Hydrated Sodium Calcium Aluminosilicate	耐尔菲 Nasfeed	饲料添加剂 Feed Additive	所有动物 All Animal	日本新水株式会社 Sinsui Inc. Japan	2008.07－ 2013.07

（续）

登记证号	通用名称	商品名称	产品类别	使用范围	生产厂家	有效期限
（2009）外饲准字 047 号	嗜酸乳杆菌和枯草芽孢杆菌	三利宝	微生物饲料添加剂	养殖动物	日本新水株式会社	2009.06－
	Lactobacillus acidophilus and *Bacillus subtilis*	Live Three	Microbial Biotic Feed Additive	All Species or Categories of Animals	Sinsui Inc. Japan	2014.06
（2009）外饲准字 123 号	蛋白酶、脂肪酶、果胶酶（产自黑曲酶）、淀粉酶（产自枯草芽孢杆菌）和纤维素酶（产自长柄木霉）	新乐酶	饲料级酶制剂	养殖动物	日本新水株式会社	2009.09－
	Protease，Lipase，Pectinase（by *Aspergillus niger*），Amylase（by *Bacillus subtilis*）and Cellulase（by *Trichoderma Longibrachiatum*）	Sinfeed	Enzyme Feed Grade	All species or categories of animals	Sinsui Inc.，Japan	2014.09
（2009）外饲准字 124 号	蛋白酶、脂肪酶、果胶酶（产自黑曲酶）、淀粉酶（产自枯草芽孢杆菌）和纤维素酶（产自长柄木霉）	饲乐酶 CF	饲料级酶制剂	养殖动物	日本新水株式会社	2009.09－
	Protease，Lipase，Pectinase（by *Aspergillus niger*），Amylase（by *Bacillus subtilis*）and Cellulase（by *Trichoderma Longibrachiatum*）	Selfeed CF	Enzyme Feed Grade	All species or categories of animals	Sinsui Inc.，Japan	2014.09

（续）

登记证号	通用名称	商品名称	产品类别	使用范围	生产厂家	有效期限
(2010) 外饲准字 047 号	蛋氨酸羟基类似物	速牧美-L	饲料级氨基酸	猪、鸡、牛	住友化学株式会社	2010.03 - 2010.06
	枯草芽孢杆菌	可速必宁	微生物饲料添加剂	养殖动物	日本 Calpis 株式会社	
(2010) 外饲准字 165 号	Bacillus Subtilis	CALSPORIN	Microbial Feed Additive	All species or categories of animals	Calpis Co., Ltd., Japan	2015.06
	DL-蛋氨酸，长链脂肪酸、月桂酸	日曹美宝	饲料添加剂	奶牛	日本 Nisso Jushi 公司	2011.01 -
(2011) 外饲准字 009 号	DL - Methionine, Long Chain Fatty Acid, Lauric Acid	Met-Plus	Feed Additive	Cattle	Nisso Jushi Co., Ltd	2016.01
	鱼溶浆	鱼溶汁	蛋白质饲料	畜禽和水产动物	日本枕崎水产加工合作社	2011.05 - 2016.05
(2011) 外饲准字 135 号	Fish Soluble Liquid	Fish Soluble Liquid	Protein Feed	Poultry, Livestock and Aquaculture	Makurazaki Marine Products Processing Industries Cooperative, Japan	
	枯草芽孢杆菌	绿宝华	微生物饲料添加剂	畜禽和水产动物	日本 Emeral 株式会社	2012.01 - 2017.01
	Bacillus subtilis	BLCS Multi	Microbial Feed Additive	Livestock, Poultry and Aquaculture	Emeral Japan Co. Ltd., Japan	
(2012) 外饲准字 014 号	嗜酸乳杆菌 *Lactobacillus acidophilus* 产朊假丝酵母 *Candida utilis*					
	嗜酸乳杆菌 *Lactobacillus acidophilus*	菌乐多	微生物饲料添加剂	家畜	日本新水株式会社	2012.06 - 2017.06
(2012) 外饲准字 235 号	枯草芽孢杆菌 *Bacillus subtilis*	Litrefeed	Microbial Feed Additive	Livestock	Sinsui Inc., Japan	

（续）

登记证号	通用名称	商品名称	产品类别	使用范围	生产厂家	有效期限
（2013）外饲准字 020 号	果寡糖 *Fructo Oligo Saccharide*	奥利康明治 Oligo SI	饲料添加剂 Feed Additive	猪、家禽和牛 Pig，Poultry and Cattle	日本 Nichiku 药品工业株式会社 Nichiku Yakuhin Kogyo Corporation，Japan	2013.01－2018.01
（2006）外饲准字 091 号	L－赖氨酸盐酸盐 L－Lysine Mono－hydrochloride	饲料级 L－赖氨酸盐酸盐 L－Lysine Monohydrochloride Feed Grade	饲料级氨基酸 Amino Acid Feed Grade	所有动物 All animal	印度尼西亚 PT. Cheil Jedang 公司 PT. Cheil Jedang，Indonesia	2006.07－2011.07
（2006）外饲准字 182 号	L－苏氨酸 L－Threonine	饲料级 L－苏氨酸 L－Threonine Feed Grade	饲料级氨基酸 Amino Acid Feed Grade	所有动物 All animal	印度尼西亚 PT. Cheil Jedang 公司 PT. Cheil Jedang，Indonesia	2006.11－2011.11
（2011）外饲准字 412 号	L－赖氨酸盐酸盐 L－Lysine Monohydrochloride	L－赖氨酸盐酸盐 L－Lysine Monohydrochloride	饲料级氨基酸 Amino Acid Feed Grade	养殖动物 All Species or Categories of Animals	印度尼西亚 PT. Cheil Jedang 公司 PT. Cheil Jedang，Indonesia	2011.12－2016.12
（2012）外饲准字 147 号	L－苏氨酸 L－Threonine	饲料级 L－苏氨酸 L－Threonine Feed Grade	饲料级氨基酸 Amino Acid Feed Grade	养殖动物 All species or categories of animals	印度尼西亚 PT. Cheil Jedang 公司 PT. Cheil Jedang.，Indonesia	2012.03－2017.03
（2013）外饲准字 161 号	红鱼粉	蒸汽烘干红鱼粉（三级）	饲料原料	畜禽 Livestock and Poultry	印度罗杰鱼粉 & 鱼油公司	2013.05－2018.05
（2013）外饲准字 162 号	红鱼粉	红鱼粉 55%（三级）	饲料原料	畜禽 Livestock and Poultry	印度 Janatha Fishmeal & Oil Products 公司	2013.05－2018.05
（2013）外饲准字 163 号	红鱼粉	红鱼粉 65%（三级）	饲料原料	畜禽 Livestock and Poultry	印度 Janatha Fishmeal & Oil Products 公司	2013.05－2018.05

（续）

登记证号	通用名称	商品名称	产品类别	使用范围	生产厂家	有效期限
（2010）外饲准字 105 号	烟酸	饲料级烟酸	饲料级维生素	养殖动物	印度吉友联有机合成化学有限公司	2010.04
	Nicotinic Acid	Feed Grade Nicotinic Acid	Vitamin Feed Grade	All species or categories of animals	Jubilant life sciences Ltd.，India	2015.04
（2010）外饲准字 106 号	烟酰胺	饲料级烟酰胺	饲料级维生素	养殖动物	印度吉友联有机合成化学有限公司	2010.04
	Niacinamide	Feed grade Niacinamide	Vitamin Feed Grade	All species or categories of animals	Jubilant life sciences Ltd.，India	2015.04
（2011）外饲准字 208 号	乙酸、丙酸、大蒜	脱毒克预混剂	饲料添加剂	养殖动物	印度艾绿维有限公司	2011.07－2016.07
	Acetic Acid，Propionic Acid and Allium Sativum	TOXIROAK TM-PREMIX	Feed Additive	All Species or Categories of Animals	Ayurvet Limited，India	
（2012）外饲准字 248 号	木聚糖酶	赛毕菲木聚糖酶	饲料级酶制剂	家禽、猪、火鸡、牛	印度先进酶制剂技术有限公司	2012.07－2017.07
	（产自长柄木酶）	Sebfeed Xylanase	Enzyme Feed Grade	Poultry，Swine，Turkey，Cattle	Advanced Enzyme Technologies Ltd.，India	
	Xylanase（by Trichoderma longibrachiatum）					
（2012）外饲准字 351 号	烟酰胺	饲料级烟酰胺	饲料级维生素	养殖动物	吉友联有机合成化学有限公司	2012.10－2017.10
	Niacinamide	Feed Grade Niacinamide	Vitamin Feed Grade	All species or categories of animals	Jubilant Life Sciences Limited，India	
（2013）外饲准字 079 号	红鱼粉	红鱼粉（三级）	饲料原料	畜禽和水产	印度 M/S MUkka Sea Food Industries Pvt. Ltd 公司	2013.02－2018.02
	Red Fishmeal	Red Fishmeal（Ⅲ）	Feed Material	Livestock and Poultry，Aquaculture	M/S MUkka Sea Food Industries Pvt. Ltd，India	
（2005）外饲准字 052 号		红鱼粉	蛋白质饲料		巴基斯坦 Abideen And 公司	2005.03－
		Brown Fishmeal	Protein Feed		Abideen And Company，Pakistan	2010.03

（续）

登记证号	通用名称	商品名称	产品类别	使用范围	生产厂家	有效期限
（2012）外饲准字 075 号	红鱼粉 Red Fishmeal	红鱼粉（三级） Red Fishmeal（Ⅲ）	蛋白质饲料 Protein Feed	畜禽和水产动物 Livestock，Poultry and Aquaculture	巴基斯坦 Cordial 贸易有限公司 M/s Cordial Trading Corporation，Pakistan	2012.03－2017.03
（2005）外饲准字 061 号		百唯它 BIOVITA™	维生素类 饲料添加剂 Vitamin Feed Additive		韩国 Choong Ang 生物技术有限公司 Choong Ang Biotech Co.，Ltd.，Korea	2005.03－ 2010.03
（2005）外饲准字 092 号	乙氧基喹啉 Ethoxyquin	东善 E－66 Dongsun E－66	饲料抗氧化剂 Feed Antioxidant		韩国东善产业株式会社 Dongsun Ind. Co.，Ltd.，Korea	2005.07－ 2010.07
（2005）外饲准字 093 号	植物乳杆菌、粪肠球菌 Lactobacillus Plantarum & Enterococcus Faecalis	爱昵乐 ANY－LAC	微生物饲料添加剂 Microbial Biotic Feed Additive		韩国微生物工学研究所 Organic Bio Tech Co.，Ltd.，Korea	2005.07－ 2010.07
（2005）外饲准字 100 号	丙酸、醋酸、苯甲酸和山梨酸 Propionic Acid，Acetic Acid，Benzoic Acid & Sorbic Acid	抗霉宝 Mold Killer	饲料防霉剂 Feed Mould Inhibitor		韩国中央生物科技株式会社 Choong Ang Biotech Co.，Ltd.，Korea	2005.07－ 2010.07
（2005）外饲准字 101 号	啤酒酵母 Live Yeast Cell（*Saccharomyces Cerevisiae*）	活菌酶－100 CYC－100	微生物饲料添加剂 Microbial Biotic Feed Additive		韩国中央生物科技株式会社 Choong Ang Biotech Co.，Ltd.，Korea	2005.07－ 2010.07
（2005）外饲准字 102 号	复合维生素 Complex Vitamin	维宝－500 Permasol－500	维生素类饲料 添加剂 Vitamin Feed Additive		韩国中央生物科技株式会社 Choong Ang Biotech Co.，Ltd.，Korea	2005.07－ 2010.07

（续）

登记证号	通用名称	商品名称	产品类别	使用范围	生产厂家	有效期限
（2007）外饲准字 002 号	L-赖氨酸	世元饲料级液体赖氨酸 50%	饲料级氨基酸	所有动物	韩国巴斯夫有限公司 Kunsan 工厂	2007.01-
	L-Lysine	Sewon L-Lysine Liquid 50% Feed	Amino Acid Feed Grade	All animal	BASF Company Ltd., Kunsan Factory, Korea	2012.01
（2007）外饲准字 021 号	啤酒酵母	赛克灵	微生物	所有动物	韩国第一化学株式会社	2007.02-
	Saccharomyces cerevisiae	Saccharo Culture	饲料添加剂	All animal	Cheil Bio Co., Ltd., Korea	2012.02
			Microbial Biotic Feed Additive			
			Microbial Biotic Feed Additive			
（2007）外饲准字 150 号	枯草芽孢杆菌和	强力益生菌	微生物	所有动物	韩国 B&B 株式会社	2007.07-
	酿酒酵母	Power-Zyme	饲料添加剂	All animal	B & B Korea Co., Ltd.	2012.07
	Bacillus subtilis and *Saccharomyces cerevisiae*		Microbial Biotic Feed Additive			
（2007）外饲准字 151 号	嗜酸乳杆菌	SDN 活菌剂	微生物	牛、母猪和禽	韩国 B&B 株式会社	2007.07-
	Lactobacillus Acidophilum	SDN Probiotics	饲料添加剂	cattle, sow and poultry	B & B Korea Co., Ltd.	2012.07
			Microbial Biotic Feed Additive			
（2008）外饲准字 068 号	L-赖氨酸盐酸盐	Sewon 牌饲料级 99% L-赖氨酸盐酸盐	饲料级氨基酸	所有动物	韩国 Paik Kwang 产业株式会社	2008.05-
	L-Lysine HCl	Sewon L-Lysine HCl 99% Feed Grade	Amino Acid Feed Additive	All Animal	Paik Kwang Industrial Co., Ltd., Korea	2013.05

（续）

登记证号	通用名称	商品名称	产品类别	使用范围	生产厂家	有效期限
（2008）外饲准字 125 号	嗜酸乳杆菌和啤酒酵母	生物-绿色-A	微生物饲料添加剂	猪、禽、牛和鱼	韩国绿色全球株式会社	2008.10-
	Laetobacillus acidophilus and *Saccharomyces cerevisiae*	Bio-Green-A	Microbial Biotic Feed Additive	Pig，Poultry，Cattle and Fish	Green Global in Korea Co.，Ltd.	2013.1
（2009）外饲准字 033 号	枯草芽胞杆菌和酿酒酵母	牧哥益佰	微生物饲料添加剂	猪、禽、牛和鱼	韩国 Eunjin 国际生物技术株式会社	2009.05-
	Bacillus subtilis and *Saccharomyces cervisiae*	Digesta-10	Microbial Biotic Feed Additive	Pig，Poultry，Cattle and Fish	Eunjin International Biotechnology Co.，Ltd.，Korea	2014.05
（2009）外饲准字 138 号	氧化锌	保锌旺	矿物质饲料添加剂	猪、家禽、牛	韩国西梯茜公司	2009.10-
	Zinc Oxide	Shield Zinc	Mineral Feed Supplement	Swine，Poultry and Bovine	CTCBIO Inc.，Korea	2014.1
（2009）外饲准字 183 号	核黄素（维生素 B_2）	露他维 B_2 80	饲料级维生素	养殖动物	韩国巴斯夫公司	2009.11-
	Riboflavin（Vitamin B_2）	Lutavit B_2 SG 80	Vitamins Feed Grade	All Species or Categories of Animals	BASF Company Ltd.，Korea	2014.11
（2009）外饲准字 195 号	蛋白酶（产自枯草芽孢杆菌）	康畜宝 70	饲料级酶制剂	牛、猪、家禽和水产动物	韩国英赛特生物技术有限公司	2009.12-
	Protease（by *Bacillus Subtilis*）	One-Q®kangxubao	Enzyme Feed Grade	Cow，Swine，Poultry and Aquaculture	Insect Biotech Co.，Ltd，Korea	2014.12
（2009）外饲准字 196 号	嗜酸乳杆菌、屎肠球菌和酿酒酵母	优比-他	微生物饲料添加剂	猪、牛、家禽、马	韩国（株）柳生物科技有限公司	2009.12-
	Lactobacillus. acidophilus，*Enterococcus faecium* and *Saccharomyces cerevisiae*	UB-Ta	Microbial Biotic Additive	Swine，Cattle，Poultry and Horse	UNI Biotech Co.，Ltd，Korea	2014.12

（续）

登记证号	通用名称	商品名称	产品类别	使用范围	生产厂家	有效期限
（2009）外饲准字 226 号	多种维生素和氨基酸 Multi - Vitamins and Amino Acids	大星超劲维他 Vita Gold Super	添加剂预混合饲料 Additive Premix	养殖动物 All species or categories of animals	韩国大星微生物研究所株式会社 Dae Sung Microbiological Labs.，Korea	2009. 12 - 2014. 12
（2010）外饲准字 022 号	枯草芽孢杆菌 *Bacillus subtilis*	爱家畜 Anygest	微生物饲料添加剂 Microbial Biotic Additive	养殖动物 All species or categories of animals	韩国净土环保有限公司 Cleanland Co.，Ltd.，Korea	2010. 01 - 2015. 01
（2010）外饲准字 025 号	干酪乳杆菌 *Lactobacillus casei*	好加七 Plus - 7	微生物饲料添加剂 Microbial Biotic Additive	猪、鸡、牛 Swine，Chicken，Cow	韩国 Entech - Bio Co. Ltd. 始兴工厂 Entech - Bio Co. Ltd.，Korea Siheing Factory	2010. 02 - 2015. 02
（2010）外饲准字 327 号	枯草芽孢杆菌 *Bacillus Subtilis*	超级赛克灵 ECO B. S.	微生物饲料添加剂 Microbial Feed Additive	家禽、牛和猪 Poultry，Cow and Swine	韩国第一化学株式会社 Cheil Bio Co.，Ltd.，Korea	2010. 12 2015. 12
（2011）外饲准字 095 号	红鱼粉 Red Fishmeal	红鱼粉（三级） Red Fishmeal（Ⅲ）	蛋白质饲料 Protein Feed	畜禽和水产动物 Livestock and Aquaculture	韩国宇南水产公司 Woonam Fishmeal Co.，Korea	2011. 04 - 2016. 04
（2011）外饲准字 267 号	多种维生素 Muti - Vitamins	维宝 500 Permasol 500	维生素类饲料添加剂 Vitamin Feed Grade	养殖动物 All Species or Categories of Animals	韩国中央生物科技株式会社 Choong Ang Biotech Co.，Ltd.，Korea	2011. 08 - 2016. 08
（2011）外饲准字 282 号	啤酒酵母 Saccharomyces cerevisea	AG 活酵素 AG—CYC	微生物饲料添加剂 Microbial Feed Additive	养殖动物 All Species or Categories of Animals	韩国真力生物科技有限公司 Genebiotech Co.，Ltd，Korea	2011. 08 - 2016. 08
（2011）外饲准字 212 号	全脂大豆 Full Fat Soybean	膨化全脂大豆 Soyplus	蛋白质饲料 Protein Feed	仔猪、雏鸡和奶牛 Piglet，Broiler and Dairy Cow	未来资源 ML 株式会社 Milae Resources ML Co.，Ltd.，Korea	2011. 07 - 2016. 07

（续）

登记证号	通用名称	商品名称	产品类别	使用范围	生产厂家	有效期限
（2011）外饲准字 282 号	啤酒酵母	AG 活酵素	微生物饲料添加剂	牛、猪、家禽和水产动物	韩国真力生物科技有限公司	2011.09－2016.09
	Saccharomyces cerevisae	AG－CYC	Microbial Feed Additive	Cow, Swine, Poultry and Aquaculture	Genebiotech Co., Ltd, Korea	
（2011）外饲准字 326 号	多种维生素和氨基酸	强力百唯它	添加剂预混料	鸡、猪和牛	韩国柯碧恩派公司	2011.10－2016.10
	Vitamins and Amino Acids	Biovita－Plus	Additive Premix	Chicken, Swine and Cow	KBNP, Inc., Korea	
（2011）外饲准字 329 号	植物性乳杆菌	依润－200	微生物饲料	畜禽	韩国 Biotopia 株式会社	2011.10－2016.10
	Lactobacillus Plantarum	MORI－MAX	添加剂	Livestock and Poultry	Biotopia Co., Ltd., Korea	
	枯草芽孢杆菌		Microbial Feed Additive			
	Bacillus Subtillis					
（2012）外饲准字 015 号	多种维生素和矿物质	粒克溶	添加剂预混合饲料	养殖动物	韩国第一化学株式会社	2012.01－2017.01
	Multi Vitamins and Minerals	MutilSol－G	Additive Premix	All species or categories of animals	Cheil Bio Co., Ltd., Korea	
（2012）外饲准字 048 号	酿酒酵母培养物	赛克灵	微生物饲料添加剂	养殖动物	韩国第一化学株式会社	2012.01－2017.01
	Yeast Culture	Saccharo Culture	Microbial Feed Additive	All species or categories of animals	Cheil Bio Co., Ltd., Korea	
（2012）外饲准字 233 号	嗜酸乳杆菌 *Lactobacillus acidophilus*	后秘	微生物饲料添加剂	畜禽	韩国农协饲料公司 NHbio	2012.06－2017.06
	枯草芽孢杆菌 *Bacillus subtilis*	Q－Lac	Microbial Feed Additive	Livestock and Poultry	Nonghyup Feed Inc., NHbio, Korea	
	粪肠球菌 *Enteroccus faecium*					
（2012）外饲准字 247 号	枯草芽孢杆菌	畜禽黄金	微生物饲料添加剂	猪、家禽、牛、鱼、狗 Swine, Poultry, Cattle,	韩国 AD 生物科技有限公司	2012.07－2017.07

（续）

登记证号	通用名称	商品名称	产品类别	使用范围	生产厂家	有效期限
（2012）外饲准字 252 号	蒙脱石 Montmorillonite	伊莱特 Ilite	饲料添加剂 Feed Additive	猪、牛、鸡、鱼 Swine，Cattle，Chicken，Fish 反刍动物 Ruminant	韩国龙宫伊莱特株式会社 South Korea Yong Koong Illite Co.，Ltd	2012.07－2017.07
（2012）外饲准字 286 号	乳酸片球菌 *Pediococcus acidilactici* 枯草芽孢杆菌 *Bacillus subtilis*	依润-300 PLA	微生物饲料添加剂 Microbial Feed Additive	畜禽 Livestock and Poultry	韩国 Biotopia 株式会社 Korea Biotopia Co.，Ltd.，Korea	2012.08－2017.08
（2012）外饲准字 287 号	乳酸片球菌 *Pediococcus acidilactici* 酿酒酵母 *Saccharomyces cerevisiae*	依润-100 TAM－100	微生物饲料添加剂 Microbial Feed Additive	反刍动物 Ruminant	韩国 Biotopia 株式会社 Korea Biotopia Co.，Ltd.，Korea	2012.08－2017.08
（2012）外饲准字 415 号	发酵豆粕 Fermentation of Defatted Soybean meal	速益泰 Soytide	蛋白质饲料 Protein Feed	猪、家禽、水产、反刍动物 Swine，Poultry，Aquaculture Ruminant	希杰第一制糖 仁川 2 工厂 CJ Cheiljedang Corporation，Incheon 2 Plant，Korea	2012.11－2017.11
（2013）外饲准字 006 号	枯草芽孢杆菌和乳酸杆菌 *Bacillus subtilis* and *Lactobacillus acidophilus*	莫克菲德 Mucofeed	微生物饲料添加剂 Microbial Feed Additive	猪、家禽、牛 Swine，Poultry，Cattle	韩国 Genobio 有限公司 Genobio Co.，Ltd，Korea	2013.01－2018.01
（2013）外饲准字 096 号	植物乳杆菌 L. *plantarum* 屎肠球菌 E. *faecium*	百亿塔 Vital Feed	微生物饲料添加剂 Microbial Feed Additive	牛、猪和家禽 Cattle，Swine and Poultry	韩国 CHEBIGEN 公司 CHEBIGEN Inc.，Korea	2013.03－2018.03

（续）

登记证号	通用名称	商品名称	产品类别	使用范围	生产厂家	有效期限
（2013）外饲准字098号	多种有机酸	优酸	饲料酸化剂	养殖动物	韩国DAEHO株式会社	2013.03－2018.03
	Multi－Organic Acid	BioAcid	Feed Acidifier	All species or categories of animals	DAEHO Co.，Ltd.，Korea	
（2013）外饲准字101号	非活性酿酒酵母	清毒康	饲料添加剂	养殖动物	韩国DAEHO株式会社	2013.03－2018.03
	Inactivated Yeast	ToxicZero	Feed Additive	All species or categories of animals	DAEHO Co.，Ltd，Korea	
	硅酸盐					
	Silicate					
（2013）外饲准字141号	L－赖氨酸盐酸盐	Sewon牌饲料级99% L－赖氨酸盐酸盐 L－Lysine HCL 99% Feed Grade	饲料级氨基酸	养殖动物	韩国Paik Kwang产业株式会社	2013.03－2018.03
	L－Lysine HCL		Amino Acid Feed Grade	All species or categories of animals	Paik Kwang Industrial Co.，Ltd.，Korea	
（2005）外饲准字104号	膨化淀粉	α－淀粉	饲料添加剂		朝日化学（新加坡）有限公司	2005.07－
	Pregelatinized Starch	ALPHA STARCH	Feed Additive		Asahi Chemical (Singapore) Pte Ltd	2010.07
（2006）外饲准字001号	淀粉酶（产自米曲霉）和蛋白酶（产自枯草芽孢杆菌）	钻石强力酵素	饲料酶制剂	猪、鸡、鱼虾和牛	新加坡大祥资源有限公司	2006.01－
	Amylase (by *Aspergillus Oryzae*) and protease (by *Bacillus Subtilis*)	Nopcozyme Ⅱ	Feed Enzyme	Pig, chicken, fish, shrimp and cattle	Diasham Resources Pte. Ltd.，Singapore	2011.01

（续）

登记证号	通用名称	商品名称	产品类别	使用范围	生产厂家	有效期限
（2007）外饲准字 053 号	β-木聚糖酶和β-葡聚糖酶（产自长柄木霉）	钻石强力酶 BX+BG	饲料级酶制剂	所有动物	新加坡大祥资源有限公司	2007.02 -
	β-Xylanase and β-Glucanase（by *Trichoderma longibrachiatum*）	Nopcozyme II BX+BG	Feed Enzyme	All Animal	Diasham Resources Pte. Ltd., Singapore	2012.02
（2007）外饲准字 203 号	水合硅铝酸钠钙	百霉净	饲料添加剂	所有动物	新加坡威发药业有限公司	2007.11 -
	Hydrated Sodium Calcium Aluminosilicate	Elisorb	Feed Additive	All animal	Vetpharm Laboratories（S）Pte. Ltd., Singapore	2012.11
（2009）外饲准字 194 号	蛋白酶（产自米曲霉）、淀粉酶和木聚糖酶（产自枯草芽孢杆菌）	钻石强力酵素特配	饲料级酶制剂	养殖动物	新加坡大祥资源有限公司	2009.12 -
	Protease（by *Aspergillus Oryzae*）, Amylase and Xylanase（by *Bacillus Subtilis*）	Nopcozyme X Plus	Enzyme Feed Grade	All species or categories of animals	Diasham Resources Pte. Ltd., Singapore	2014.12
（2010）外饲准字 307 号	海藻酸钠、酿酒酵母、硅藻土和斑脱土	百霉清	饲料添加剂	养殖动物	新加坡 Biomin Singapore Pte. 公司	2010.11
	Sodium Alginate, *Saccharomyces Cerevisiae*, Acepis Earth and Bentonite	MycofixR Plus	Feed Additive	All species or categories of animals	Biomin Singapore Pte. Ltd, Singapore	2015.11

（续）

登记证号	通用名称	商品名称	产品类别	使用范围	生产厂家	有效期限
（2010）外饲准字 308 号	海藻酸钠、酿酒酵母、硅藻土和斑脱土	百霉克	饲料添加剂	养殖动物	新加坡 Biomin Singapore Pte. Ltd	2010.11
	Sodium Alginate, *Saccharomyces Cerevisiae*, Acepis Earth and Bentonite	MycofixR Select	Feed Additive	All species or categories of animals	Biomin Singapore Pte. Ltd, Singapore	2015.11
（2011）外饲准字 339 号	硅藻土	百安明	饲料添加剂	养殖动物	百奥明新加坡私人有限公司	2011.10－2016.10
	Diatomaceous Earth	Mycofix®	Feed Additive	All Species or Categories of Animals	Biomin Singapore Pte. Ltd.，Singapore	
	高岭土 Caolinite					
（2011）外饲准字 340 号	海藻酸钠	百霉克	饲料添加剂	养殖动物	百奥明新加坡私人有限公司	2011.10－2016.10
	Sodium Alginate	Mycofix Select	Feed Additive	All Species or Categories of Animals	Biomin Singapore Pte. Ltd.，Singapore	
	非活性酵母 Inactivated Yeast					
	硅藻土 Diatomaceous Earth					
	斑脱土 Bentonite					
（2011）外饲准字 341 号	海藻酸钠	百霉清	饲料添加剂	养殖动物	百奥明新加坡私人有限公司	2011.10－2016.10
	Sodium Alginate	Mycofix Plus	Feed Additive	All Species or Categories of Animals	Biomin Singapore Pte. Ltd.	
	非活性酵母 Inactivated Yeast					
	硅藻土 Diatomaceous Earth					
	斑脱土 Bentonite					

（续）

登记证号	通用名称	商品名称	产品类别	使用范围	生产厂家	有效期限
	β-木聚糖酶和β-葡聚糖酶（源自长柄木霉）	钻石强力酶	饲料级酶制剂	养殖动物	新加坡大祥资源有限公司	2012.04-2017.04
（2012）外饲准字183号	β-Xylanase and β-Glucanase (by *Trichoderma longibrachiatum*)	BX+BG	Enzyme Feed Grade	All species or categories of animals	Diasham Resources Pte Ltd., Singapore	
		Nopcozyme Ⅱ				
		BX+BG				
	水合硅铝酸钠钙	百霉净	饲料添加剂	养殖动物	新加坡威发药业有限公司	2012.06-2017.06
（2012）外饲准字245号	Hydrated Sodium Calcium Aluminosilicate	Elisorb®	Feed Additive	All species or categories of animals	Vetpharm Laboratories (S) Pte. Ltd., Singapore	
	丙酸	霉敌霸®Aw液剂	饲料防霉剂	养殖动物	建明工业（亚洲）私人有限公司	2012.09-2017.09
（2012）外饲准字319号	Propinonic Acid	Myco CURB™ Aw Liquid	Feed Mould Inhibitor	All species or categories of animals	Kemin Industries (Asia) Pte Ltd, Singapore	
	马骨粉	马骨粉	饲料原料	畜禽 Livestock and Poultry	蒙古克劳利德有限公司	2013.07-2018.07
（2013）外饲准字253号	Horse Bone Meal	Horse Bone Meal	Feed Material	水产动物 Aquaculture	Crown Leader International Trading Co., Ltd, Mongolia	
	鱼粉	越南红鱼粉	蛋白质饲料	所有动物	越南海产品进出口贸易公司	2010.12
（2009）外饲准字190号	Fishmeal	Vietnam Red Fishmeal	Protein Feed	All animal	Seaproduct Import - Export Trading Company, Vietnam	2015.12
	浓缩糖蜜发酵液	浓缩糖蜜发酵液	精料补充料	乳牛和肉牛	味丹（越南）企业股份有限公司	2011.01-
（2005）外饲准字151号	Condensed Molasses Fermentation Soluble	Condensed Molasses Fermentation Soluble	Concentration Supplement	Milk Cow and Beef Cow	Vedan (Vietnam) Enterprise Corporation Limited	2016.01

（续）

登记证号	通用名称	商品名称	产品类别	使用范围	生产厂家	有效期限
（2011）外饲准字 013 号	红鱼粉	红鱼粉（二级）	蛋白质饲料	畜禽和水产动物	永环一水产饲料股份公司	2010. 05
	Red Fishmeal	Red Fishmeal（Ⅱ）	Protein Feed	Livestock and Aquaculture	Vinh Hoan 1 Feed Joint Stock Company，Vietnam	2015. 05
（2011）外饲准字 390 号	红鱼粉	红鱼粉（三级）	蛋白质饲料	畜禽和水产动物	越南光明水产有限公司	2011. 12－2016. 12
	Red Fishmeal	Red Fishmeal（Ⅲ）	Protein Feed	Livestock，Poultry and Aquaculture	Quang Minh Seafood Co.，Ltd，Vietnam	
（2012）外饲准字 365 号	浓缩糖蜜发酵物	味丹蜜	精料补充料	乳牛、肉牛	味丹（越南）企业股份有限公司	2012. 10－2017. 10
	Condensed Molasses Fermentation Solubles	Vedafeed	Concentrate Supplement	Milk Cow and Beef Cow	Vedan（Vietnam）Enterprise Corporation Limited	
	Dry Dog Food	Pet One Dogibeef	Compound Feed	Adult Dog	Pet One Inc.，Philippines	2011. 04
（2010）外饲准字 135 号	鱼粉	红鱼粉（三级）	蛋白质饲料	所有动物	菲律宾普罗优尼公司	2006. 07－
	Fishmeal	Red Fishmeal（Ⅲ）	Protein Feed	All animal	PROVET UNIBIO（PHILS.），INC.，Philippines	2011. 07
（2005）外饲准字 064 号		德特利	饲料酶制剂		台湾孟德尔生物科技股份有限公司	2005. 05－
		Biomaterial	Feed Enzyme		Taiwan Mendel Biotech Co.，Ltd.	2010. 05
（2005）外饲准字 072 号	硫酸亚铁	乳铁素	矿物质添加剂		中国派斯德股份有限公司	2005. 07－
	Ferrous Sulfate	Top ＃ 98	Feed Mineral Supplement		China Bester Laboratories Ltd.	2010. 07
（2005）外饲准字 097 号	甘氨酸铁络合物	爱铁旺－100	矿物质添加剂		中国派斯德股份有限公司	2005. 07－
	Ferrous Glycine Chelate	IRONG－100	Feed Mineral Supplement		China Bester Laboratories Ltd.	2010. 07

（续）

登记证号	通用名称	商品名称	产品类别	使用范围	生产厂家	有效期限
（2005）外饲准字 123 号	植物乳杆菌和乳酸肠球菌	富畜美	微生物添加剂	所有动物	Lactozyme Enterprise Co., Ltd.	2010. 12
	Lactobacillus Plantarum and Enterococcus Lactis	Ferozyme	Microbial Biotic Additive	All animal	酪多精企业有限公司	
	植物乳杆菌和乳酸肠球菌	育佳	微生物添加剂	所有动物	Lactozyme Enterprise Co., Ltd.	
	Lactobacillus Plantarum and Enterococcus Lactis	YOCA	Microbial Biotic Additive	All animal	酪多精企业有限公司	
（2006）外饲准字 063 号	植物乳杆菌和乳酸肠球菌	酪多精	微生物添加剂	所有动物	Lactozyme Enterprise Co., Ltd.	
	Lactobacillus Plantarum and Enterococcus Lactis	Lactozyme	Microbial Biotic Additive	All animal	酪多精企业有限公司	
（2007）外饲准字 140 号	糖蜜发酵液	浓缩糖蜜发酵液	饲料添加剂	牛	味丹企业股份有限公司	2007. 11 -
	Molasses Fermentation Solubles	Condensed Molasses Fermentation Solubles	Feed Additive	Cattle	Vedan Enterprise Corporation	2012. 11
（2007）外饲准字 195 号		康富好利得	维生素类		台湾合台生化股份有限公司	2010. 04
		ADHEALTH	饲料添加剂			2015. 04
			Vitamin Feed Additive			2010. 05
（2008）外饲准字 124 号	膨化豆粕	普罗蛋白	蛋白质饲料	猪、牛和水产	达邦蛋白股份有限公司	2008. 12 -
	Extruded Soybean Meal	GroStim	Protein Feed	Pig, Cattle and Aquaculture	DaBomb Protein Corp.	2013. 12
（2009）外饲准字 036 号	膨化豆粕	优力蛋白	蛋白质饲料	养殖动物	达邦蛋白股份有限公司	2009. 07 -
	Extruded Soybean Meal	Diamond - P	Protein Feed	All species or categories of animals	DaBomb Protein Corp.	2014. 07
（2009）外饲准字 074 号	硫酸锌和蛋氨酸	锌旺	矿物质饲料添加剂	猪、鸡、水产动物和牛	贸立实业股份有限公司	2009. 10 -
	Zinc Sulfate and Methionine	Zinenostress	Mineral Feed Supplement	Pig, Poultry, Aquaculture and Cattle	More - standing Enterprise Co., Ltd	2014. 1

（续）

登记证号	通用名称	商品名称	产品类别	使用范围	生产厂家	有效期限
（2009）外饲准字 139 号	硫酸亚铁和蛋氨酸	铁旺	矿物质饲料添加剂	猪、鸡、水产动物和牛	贸立实业股份有限公司	2009.10－
	Ferrous Sulfate and Methionine	Feroplus	Mineral Feed Supplement	Pig，Poultry，Aquaculture and Cattle	More－standing Enterprise Co.，Ltd	2014.1
	枯草芽孢杆菌	枯草芽孢杆菌 PB6 粉剂	微生物饲料添加剂	畜禽、水产动物和反刍动物	金颖生物科技股份有限公司	2010.01－
	Bacillus subtilis	PB6 Dry	Microbial Biotic Additive	Livestock，Poultry，Aquaculture and Ruminant	GeneFerm Biotechnology Co.，Ltd.	2015.01
（2009）外饲准字 220 号	大豆粕（膨化）	优可 P－E	蛋白质饲料	畜禽和水产动物	凯迈化学制药股份有限公司	2010.06
	Extruded Soybean Meal	Yoko－E	Protein Feed	Poultry And Livestock，Aquaculture	Kaimight Chemical & Pharmaceutic Co.，Ltd.	2015.06
（2010）外饲准字 058 号	尼克酸	烟酸	饲料级维生素	养殖动物	长春石油化学股份有限公司苗栗二厂	2010.06 2015.06
	Nicotinic Acid	Niacin	Vitamin Feed Grade	All species or categories of animals	Chang Chun Petrochemical Co.，Ltd. Miaoli Factory Work No. 2，Taiwan	2010.08
（2010）外饲准字 115 号	嗜酸乳杆菌、植物乳杆菌、屎肠球菌和枯草芽孢杆菌	芯来旺家畜饲用益生菌	微生物饲料添加剂	养殖动物	生合生物科技股份公司	2015.09
	Lactobacillus Acidophilus，Lactobacillus Plantarum，Enterococcus Faecium and Bacillus Subtilis	SYN LAC FP－POR	Microbial Feed Additive	All species or categories of animals	Taiwan Synbio Tech Inc.	2010.09
（2010）外饲准字 166 号	酿酒酵母	威灵赐康	微生物饲料添加剂	养殖动物	艾立生物股份有限公司	2015.09
	Saccharomyces Cerevisiae	VIRUCIDEINE	Microbial feed additive	All species or categories of animals	ANIBIO Co. Ltd.，Taiwan	2010.09

（续）

登记证号	通用名称	商品名称	产品类别	使用范围	生产厂家	有效期限
（2010）外饲准字 295 号	干酪乳杆菌、植物乳杆菌、屎肠球菌	芯来旺 I 青贮饲料添加剂	微生物饲料添加剂	反刍动物	生合生物科技股份有限公司	2011.09－2016.09
	L. casei，*L. plantarum*，*enterococcus faecium*	SYN LAC DRY	Microbial Feed Additive	Ruminant	Synbio Tech Inc.，Taiwan	2011.09－2016.09
（2010）外饲准字 329 号	膨化豆粕	优肽 F100	蛋白质饲料	猪、牛、鸡、水产动物	全能营养技术股份有限公司	
	Extruded Soybean	Protigen F100	Protein Feed	Swine，Cattle，Chicken，Aquaculture	Total Nutrition Technologies Co. Ltd.，Taiwan	2011.09－2016.09
（2011）外饲准字 177 号	乳酸肠球菌 Enterococcus faecium	东药乳酸菌原末 Lactobacillus Powder	微生物饲料添加剂 Microbial Feed Additive	养殖动物 All Species or Categories of Animals	台湾东菱药品工业有限公司 Tolin Pharmaceutical Industries Co.，Ltd	
（2011）外饲准字 281 号	乳酸肠球菌	东药乳酸菌原末	微生物饲料添加剂	养殖动物	台湾东菱药品工业有限公司	
（2011）外饲准字 316 号	Enterococcus faecium	Lactobacillus Powder	Microbial Feed Additive	All Species or Categories of Animals	Tolin Pharmaceutical Industries Co.，Ltd.	
（2011）外饲准字 316 号	乳清粉 Whey Powder 维生素 Multi－Vitamins 矿物质 Minerals					2011.10－2016.10 2011.12－2016.12
（2011）外饲准字 342 号	蛋白酶（源自黑曲霉）	咕咕宝	饲料级酶制剂	养殖动物	台湾生百兴业有限公司	
	Protease（by *Aspergillus niger*）	Cody－nutro®	Enzyme Feed Grade	All Species or Categories of Animals	Life Rainbow Biotech Co.，Ltd	
（2011）外饲准字 375 号	熟化的玉米	欧美佳－3	蛋白质饲料	家畜和水产动物	吉升饲料有限公司	2012.01－2017.01
	Cured Corn	Omega－3	Protein Feed	Livestock and Aquaculture	Chi－Sheng Forage Co，Ltd.，Taiwan	
	大豆和亚麻籽 Soybean and Flaxseed					2012.01－2017.01

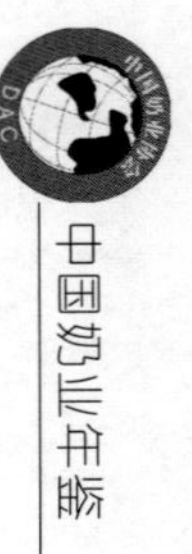

（续）

登记证号	通用名称	商品名称	产品类别	使用范围	生产厂家	有效期限
（2012）外饲准字016号	嗜酸乳杆菌、植物乳杆菌、屎肠球菌	芯来旺Ⅲ饲用益生素	微生物饲料添加剂	畜禽	台湾生合生物科技股份有限公司	2012.03－2017.03
	Lactobacillus acidophilus, *Lactobacillus plantarum* and *Enterococcus faecium*	SYN LAC FP	Microbial Feed Additive	Livestock and Poultry	Synbio Tech Inc.	
（2012）外饲准字045号	植物乳杆菌 *Lactobacillus acidophilus*	酪多精	微生物饲料添加剂	养殖动物	台湾酪多精生物科技股份有限公司	
	乳酸肠球菌 *Streptococcus faecalis*	Lactozyme	Microbial Feed Additive	All species or categories of animals	Lactozyme Biotechnology Co., Ltd.	2012.07－2017.07
（2012）外饲准字046号	植物乳杆菌 *Lactobacillus acidophilus*	富畜美	微生物饲料添加剂	养殖动物	台湾酪多精生物科技股份有限公司	2012.07－2017.07
	乳酸肠球菌 *Streptococcus faecalis*	Ferozyme	Microbial Feed Additive	All species or categories of animals	Lactozyme Biotechnology Co., Ltd.	
（2012）外饲准字047号	植物乳杆菌 *Lactobacillus acidophilus*	育佳	微生物饲料添加剂	养殖动物	台湾酪多精生物科技股份有限公司	2012.07－2017.07
	乳酸肠球菌 *Streptococcus faecalis*	YOCA	Microbial Feed Additive	All species or categories of animals	Lactozyme Biotechnology Co., Ltd.	
（2012）外饲准字454号	蛋白酶（源自米曲霉）	六畜安®（粉末）	饲料酶制剂	畜禽	台湾生百兴业有限公司	
	Protease (by *Aspergillusniger oryzae*)	Toxi－end®（Powder）	Feed Enzymes	Livestock and Poultry	Life Rainbow Biotech Co., Ltd	
（2013）外饲准字007号	枯草芽孢杆菌	益菌素	微生物饲料添加剂	畜禽	台湾信逢股份有限公司	2005.08－
	Bacillus subtillis	Soyamix	Microbial Feed Additive	Livestock and Poultry	New Well Power Co., Ltd.	2010.08

（续）

登记证号	通用名称	商品名称	产品类别	使用范围	生产厂家	有效期限
（2013）外饲准字 086 号	浓缩糖蜜发酵液	浓缩糖蜜发酵液	饲料添加剂	牛	台湾味丹企业股份有限公司	2013.02－2018.02
	Condensed Molasses Fermentation Solubles	CMS	Feed Additive	Cattle	Vedan Enterprise Corporation	
				牛 Cattle		
（2013）外饲准字 249 号	枯草芽孢杆菌	酵益密码（液体）	微生物饲料添加剂	养殖动物	台湾歌美时企业股份有限公司	2013.07－2018.07
	Bacillus subtills	Ferment Cryptogram（Liquid）	Microbial Feed Additive	All species or categories of animals	Commex Biotechnology Co.，Ltd.	
（2013）外饲准字 250 号	枯草芽孢杆菌	酵益密码（粉末）	微生物饲料添加剂	养殖动物	台湾歌美时企业股份有限公司	2013.07－2018.07
	Bacillus subtills	Ferment Cryptogram（Powder）	Microbial Feed Additive	All species or categories of animals	Commex Biotechnology Co.，Ltd.	
（2013）外饲准字 095 号	甲萘醌亚硫酸氢钠	OXYVIT 牌饲料级维生素 K_3	饲料级维生素	养殖动物	土耳其 Oxyvit Kimya San 公司	2013.03－2018.03
	MENADIONE SODIUM BISULEFITE	OXYVITRMSB Feed Grade	Vitamin Feed Grade	All species or categories of animals	Oxyvit Kimya San，VE Tic. A.S.，Turkey	
（2013）外饲准字 182 号	水合硅铝酸盐	罗达明	饲料添加剂	养殖动物	土耳其 Rota Madencilik Tarim Hayvancilik Pazarlama Ve Nakliyat Dis Ticaret A.S. 公司	2013.06－2018.06
	Aluminosilicate	Rotamin	Feed Additive	All species or categories of animals	Rota Madencilik Tarim Hayvancilik Pazarlama Ve Nakliyat Dis Ticaret A.S.，Turkey	

（续）

登记证号	通用名称	商品名称	产品类别	使用范围	生产厂家	有效期限
（2011）外饲准字 414 号	红鱼粉	红鱼粉（一级）	蛋白质饲料	畜禽和水产动物	摩洛哥 KB 渔业股份公司	2011.12－2016.12
	Red Fishmeal	Red Fishmeal（Ⅰ）	Protein Feed	Livestock，Poultry and Aquaculture	KB FISH sa，Morocco	
（2012）外饲准字 310 号	红鱼粉	红鱼粉（二级）	蛋白质饲料	畜禽、水产动物	摩洛哥 Sepomer Sahara 有限公司	2012.08－2017.08
	Red Fishmeal	Red Fishmeal（Ⅱ）	Protein Feed	Livestock and Poultry，Aquaculture	Sepomer Sahara S. A.，Morocca	
（2012）外饲准字 311 号	红鱼粉	红鱼粉（二级）	蛋白质饲料	畜禽、水产动物	摩洛哥 Sovapec 有限公司	2012.08－2017.08
	Red Fishmeal	Red Fishmeal（Ⅱ）	Protein Feed	Livestock and Poultry，Aquaculture	Sovapec S. A. R. L.，Morocca	
（2011）外饲准字 392 号	红鱼粉	红鱼粉（二级）	蛋白质饲料	畜禽和水产动物	纳米比亚 Etosha 捕鱼有限公司	2011.12－2016.12
	Red Fishmeal	Red Fishmeal（Ⅱ）	Protein Feed	Livestock，Poultry and Aquaculture	Etosha Fishing Corporation（Pty）Ltd.，Namibia	
（2011）外饲准字 049 号	红鱼粉	金枪鱼鱼粉（三级）	蛋白质饲料	畜禽和水产动物	大众海产总汇（肯尼亚）有限公司	2011.03－2016.03
	Red Fishmeal	Tuna Fishmeal（Ⅲ）	Protein Feed	Livestock and Aquaculture	Wanainchi Marine Products（Kenya）Limited	
（2012）外饲准字 034 号	红鱼粉	红鱼粉（一级）	蛋白质饲料	畜禽和水产动物	毛里塔尼亚 Beveri Shipping Company Limited 公司（工船加工，船名：Nordic）	2012.01－2017.01
	Red Fishmeal	Red Fishmeal（Ⅰ）	Protein Feed	Livestock，Poultry and Aquaculture	Beveri Shipping Company Limited，Cyprus（Produced at Sea，F/V：Nordic）	
（2012）外饲准字 196 号	红鱼粉	红鱼粉（二级）	蛋白质饲料	畜禽和水产动物	毛里塔尼亚 OMAURCI 有限公司	2012.05－2017.05
	Red Fishmeal	Red Fishmeal（Ⅱ）	Protein Feed	Livestock，Poultry and Aquaculture	OMAURCI S. A.，Mauritania	
（2011）外饲准字 389 号	红鱼粉	金枪鱼红鱼粉（三级）	蛋白质饲料	畜禽和水产动物	毛利求斯 Marine Biotechnology Products Ltd. 公司	2011.12－2016.12
	Red Fishmeal	Tuna Red Fishmeal（Ⅲ）	Protein Feed	Livestock，Poultry and Aquaculture	Marine Biotechnology Products Ltd.，Mauritius	

（续）

登记证号	通用名称	商品名称	产品类别	使用范围	生产厂家	有效期限
（2005）外饲准字 053 号		克拉帝	蛋白质饲料		美国凡立得工业公司	2005.03－
		Kulactic	Protein Feed		Varied Industries Corporation，USA	2010.03
（2005）外饲准字 070 号		白鱼粉	蛋白质饲料		美国大洋蛋白有限公司	2005.05－
		White Fishmeal	Protein Feed		Ocean Protein，LLC，USA	2010.05
（2005）外饲准字 071 号		喷雾干燥鸡肝香料 21	饲料调味剂		美国脱水食品有限公司	2005.05－
		Spray Dried Chicken Flavor 21	Feed Flavor Enhancement		American Dehydrated Foods Inc.，USA	2010.05
（2005）外饲准字 106 号	蛋氨酸锌络合物	锌宝	矿物质添加剂		美国金宝动物营养公司	2005.07－
	Zinc Methionine Chelate	ZINPRO	Feed Mineral Supplement		Zinpro Animal Nutrition Corporation，USA	2010.07
（2005）外饲准字 107 号	蛋氨酸铁络合物	铁宝	矿物质添加剂		美国金宝动物营养公司	2005.07－
	Iron Methionine Chelate	METH－IRON	Feed Mineral Supplement		Zinpro Animal Nutrition Corporation，USA	2010.07
（2005）外饲准字 108 号	氨基酸铁复合物	氨维乐-铁 60	矿物质添加剂		美国金宝动物营养公司	2005.07－
	Iron Amino Acid Complex	AVAILA－Fe 60	Feed Mineral Supplement		Zinpro Animal Nutrition Corporation，USA	2010.07
（2005）外饲准字 109 号	氨基酸锌复合物	氨维乐-锌 100	矿物质添加剂		美国金宝动物营养公司	2005.07－
	Zinc Amino Acid Complex	AVAILA－Zn 100	Feed Mineral Supplement		Zinpro Animal Nutrition Corporation，USA	2010.07
（2005）外饲准字 110 号	氨基酸铜复合物	氨维乐-铜 100	矿物质添加剂		美国金宝动物营养公司	2005.07－
	Copper Amino Acid Complex	AVAILA－Cu 100	Feed Mineral Supplement		Zinpro Animal Nutrition Corporation，USA	2010.07

（续）

登记证号	通用名称	商品名称	产品类别	使用范围	生产厂家	有效期限
（2005）外饲准字 111 号	氨基酸锰复合物 Manganese Amino Acid Complex	氨维乐-锰 80 AVAILA－Mn 80	矿物质添加剂 Feed Mineral Supplement		美国金宝动物营养公司 Zinpro Animal Nutrition Corporation，USA	2005. 07－ 2010. 07
（2005）外饲准字 127 号		大成犊牛浓缩料 Maxi Care Base for Great Wall	浓缩饲料 Concentrated Feed	犊牛 Calf	美国蓝雷公司 Land O'Laked，Inc.，USA	2005. 08－ 2010. 08
（2005）外饲准字 135 号	水合硅铝酸盐 Hydrated Sodium Calcium Aluminosilicate	脱霉素 NovaSil	饲料添加剂 Feed Additive	所有动物 Animals	美国创实营养有限公司 Trouw Nutrition USA，LLC	2005. 09－ 2010. 09
（2005）外饲准字 153 号	鱼粉 Fishmeal	大海牌金枪鱼鱼粉 Dha Brand Tuna Fishmeal	蛋白质饲料 Protein Feed	所有动物 All animal	美属太平洋 Samoa American Samoa	2005. 10－ 2010. 1
（2005）外饲准字 154 号	酵母及维生素 B 族补充物 Yeast and Vitamin B Supplement	奥奶净 OmniGen－AF®	饲料添加剂 Feed Additive	猪、禽和反刍动物 Swine，poultry & ruminant animal	美国 Prince 农产品有限公司 Prince Agri Products，Inc.，USA	2005. 10－ 2010. 1
（2005）外饲准字 175 号	米曲霉发酵产物 *Aspergillus Oryzae* Fermentation	艾美福 AMAFERM	饲料添加剂 Feed Additive	猪、鸡、牛和羊 Swine，chicken，cattle &sheep	美国 BioZyme 公司 BioZyme Incorporated，USA	2005. 11－ 2010. 11
（2005）外饲准字 176 号	水合硅铝酸钠钙 Calcium and Sodium Aluminum Silicate	霉帮素 AGRABOND	饲料添加剂 Feed Additive	所有动物 All animal	美国 AGRANCO 公司 AGRANCO Corp，USA	2005. 11－ 2010. 11

（续）

登记证号	通用名称	商品名称	产品类别	使用范围	生产厂家	有效期限
（2006）外饲准字006号	DL－羟基蛋氨酸，乳酸和磷酸	艾菌清US	饲料酸化剂	所有动物	美国诺伟司公司	2006.01－
	DL－Methionine Hydroxyanalogue，Lactic Acid and Phosphoric Acid	Activate^{TM} US WD Max Nutritional Feed Acid	Feed Acidifier	All animal	Novus International，Inc，USA	2011.01
（2006）外饲准字018号	啤酒酵母培养物	万饲特活性酵母	饲料添加剂	所有动物	美国西方酵母股份有限公司	2006.02－
	Yeast Culture	Western Yeast Culture 2X－2－2－5 Plus	Feed Additive	All animal	Western Yeast Company，USA	2011.02
（2006）外饲准字023号	油	饲料级混合油	能量饲料	所有动物	美国贝克公司	2006.02－
	Oil	Feed Mixed Grease Residue	Energy Feed	All animal	Baker Commodities Inc.，USA	2011.02
（2006）外饲准字028号	锌蛋白盐	奥普锌	矿物质	所有动物	美国创实营养公司	2006.04－
	Zinc Proteinate	Optimin Zinc	饲料添加剂 Mineral Feed Supplement	All animal	Trouw Nutrition USA LLC.	2011.04
（2006）外饲准字034号	丙酸、氢氧化铵/钠和氯化镁/钙	达美鲜	饲料防霉剂	所有动物	美国Delst公司	2006.04－
	Propionic Acid，Ammonium & Sodium Hydroxide and Magnesium & Calcium Chloride	DXM－7	Mould Inhibitor	All animal	Delst，Inc.，USA	2011.04
（2006）外饲准字041号	巧克力和牛奶	巧饲粉	能量饲料	猪和犊牛	美国国际原料公司	2006.04－
	Chocolate and Milk	Milk Chocolate	Energy Feed	Pig and calf	International Ingredient Corporation，USA	2011.04

（续）

登记证号	通用名称	商品名称	产品类别	使用范围	生产厂家	有效期限
（2006）外饲准字 046 号	乳清粉 Whey Powder	Agri－Mark 乳清粉 Agri－Mark Whey Permeate	能量饲料 Energy Feed	乳猪 Piglet	美国 Agri－Mark 公司 Agri－Mark Inc.，USA	2006.04－ 2011.04
（2006）外饲准字 048 号	丙酸、苯甲酸和乙酸 Propionic Acid，Benzoic Acid and Acetic Acid	抑霉清 MI－2500	饲料防霉剂 Mold Inhibitor	所有动物 All animal	美国 ACG 产品有限公司 ACG Products Ltd.，USA	2006.05－ 2011.05
（2006）外饲准字 050 号	水合硅铝酸钠钙 Hydrated Sodium Calcium Aluminosilicate	饲料宝 Feed Bond	饲料抗结块剂 Anti－caking Agent	所有动物 All animal	美国 ACG 产品有限公司 ACG Products Ltd.，USA	2006.05－ 2011.05
（2006）外饲准字 054 号	酒糟 Distillers Dried Grain	富牧达 Fermulti Fac	蛋白质饲料 Protein Feed	所有动物 All animal	美国华达生化科技有限公司 Vitech Bio－Chem Corporation，USA	2006.05－ 2011.05
（2006）外饲准字 074 号	蛋白酶（产自黑曲霉和米曲霉）、淀粉酶（产自枯草芽孢杆菌）、β－葡聚糖酶和纤维素酶（产自长柄木霉） Protease (by *Aspergillus niger* and *Adpergillus oryzae*)，Amylase (by *Bacillus subtilis*)，β－Glucanase and Cellulase (by *Trichoderma longibrachiatum*)	特威宝 PS（浓缩物） Allzyme PS Concentrate	饲料酶制剂 Feed Enzyme	所有动物 All animal	美国奥特奇公司 Alltech Inc.，USA	2006.07－ 2011.07

（续）

登记证号	通用名称	商品名称	产品类别	使用范围	生产厂家	有效期限
（2006）外饲准字 075 号	蛋白酶（产自黑曲霉）和纤维素酶（产自长柄木霉） Protease (by *Aspergillus niger*) and Cellulase (by *Trichoderma longibrachiatum*)	特威宝 V（浓缩物） Allzyme V Concentrate	饲料酶制剂 Feed Enzyme	所有动物 All animal	美国奥特奇公司 Alltech Inc.，USA	2006.07－ 2011.07
（2006）外饲准字 080 号	丙酸锌 Zinc Propionate	建锌™ 2000 KemZIN™ 2000	矿物质 饲料添加剂 Mineral Supplement	猪牛和家禽 Swine，cattle and poultry	美国建明工业有限公司 Kemin Industries，Inc.，USA	2006.07－ 2011.07
（2006）外饲准字 085 号	L-色氨酸 L－Tryptophan	饲料级 L-色氨酸 L－Tryptophan Feed Grade	饲料级氨基酸 Amino Acid Feed Grade	所有动物 All animal	美国 Biokyowa 公司 Biokyowa，Inc.，USA	2006.07－ 2011.07
（2006）外饲准字 099 号	酵母培养物 Yeast Culture	益康"XP" XP Yeast Culture	饲料添加剂 Feed Additive	水产动物除外 Animal except aquatic	美国达农威公司 Diamond V Mills，Inc.，USA	2006.07－ 2011.07
（2006）外饲准字 100 号	酿酒酵母 *Saccharomyces cerevisiae*	益生酵母（浓缩物） Yea Sacc Concentrate	微生物 饲料添加剂 Microbial Biotic Feed Additive	所有动物 All animal	美国奥特奇公司 Alltech Inc.，USA	2006.08－ 2011.08
（2006）外饲准字 141 号	L-赖氨酸盐酸盐 L－Lysine Monohydrochloride	饲料级 L-赖氨酸盐酸盐 L－Lysine Monohydrochloride Feed Grade	饲料级氨基酸 Amino Acid Feed Grade	所有动物 All animal	味之素（美国）哈特兰德公司 Ajinomoto Heartland LLC.，USA	2006.08－ 2011.08

（续）

登记证号	通用名称	商品名称	产品类别	使用范围	生产厂家	有效期限
（2006）外饲准字 195 号	枯草芽孢杆菌和啤酒酵母 *Bacillus subtilis* and *Saccharomyces cerevisiae*	生沛素 BIOTURE	饲料添加剂 Feed Additive	所有动物 All animal	美国新科生物科技有限公司 Scifeed Company，USA	2006. 11 - 2011. 11
（2006）外饲准字 215 号	乳清粉 Whey Pouduct	乳宝 80 Dairylac® 80	能量饲料 Energy Feed	所有动物 All animal	美国国际原料公司 International Ingredient Corp.，USA	2006. 12 - 2011. 12
（2007）外饲准字 011 号	氯化镁、硫酸铵、硫酸钙、甘蔗糖蜜和玉米酒糟 Magnesium Chloride，Ammonium Sodium，Calcium Sodium，Cane Molasses and DDGS	爱力宝 Animate®	饲料添加剂 Feed Additive	奶牛 Dairy cow	美国兰科矿物质公司 Granco Minerals Inc.，USA	2007. 01 - 2012. 01
（2007）外饲准字 023 号	蛋氨酸羟基类似物 DL - Methionine Hydroxyl Analogue	艾丽美-羟基蛋氨酸 Alimet®	饲料级氨基酸 Amino Acid Feed Grade	所有动物 All animal	美国诺伟思国际有限公司 Novus International，Inc，USA	2007. 02 - 2012. 02
（2007）外饲准字 058 号	枯草芽孢杆菌、酿酒酵母和淀粉酶（产自枯草芽孢杆菌和黑曲霉） *Bacillus subtilis*，*Saccharomyces cerevisiae* and Amylase（*by Bacillus subtilis* and *Aspergillus niger*）	超益 Super Dairy	饲料添加剂 Feed Additive	猪、禽和牛 Pig，poultry and cattle	美国生物系统有限公司 American Biosystems，Inc.，USA	2007. 02 - 2012. 02

（续）

登记证号	通用名称	商品名称	产品类别	使用范围	生产厂家	有效期限
(2007) 外饲准字 059 号	蛋白酶（产自枯草芽孢杆菌）和淀粉酶（产自解淀粉芽孢杆菌）	纽森特酶	饲料级酶制剂	所有动物	美国生物系统有限公司	2007.02 -
	Protease (by *Bacillus subtilis*) and Amylase (by *Bacillus amyloliquefaciens*)	NuScent	Feed Enzyme	All animal	American Biosystems, Inc., USA	2012.02
(2007) 外饲准字 060 号	蛋白酶（产自枯草芽孢杆菌）和淀粉酶（产自解淀粉芽孢杆菌）	杰威酶	饲料级酶制剂	猪、禽和牛	美国生物系统有限公司	2007.02 -
	Protease (by *Bacillus subtilis*) and Amylase (by *Bacillus amyloliquefaciens*)	LLPAC - HE 1600L	Feed Enzyme	Pig, poultry and cattle	American Biosystems, Inc., USA	2012.02
(2007) 外饲准字 087 号	奶粉	营养金全奶粉	蛋白质饲料	家畜、水产和宠物	美国国际原料公司	2007.03 -
	Dried Milk Powder	Nutri - Gold® Dried Milk	Protein Feed	Livestock, aquaculture and pet	International Ingredient Corp., USA	2012.03
(2007) 外饲准字 088 号	蛋白酶（产自枯草芽孢杆菌）和淀粉酶（产自解淀粉芽孢杆菌）	得益	饲料级酶制剂	所有动物	美国生物系统有限公司	2007.03 -
	Protease (by *Bacillus subtilis*) and Amylase (by *Bacillus amyloliquefaciens*)	LLPAC1B 5000	Feed Enzyme	All animal	American Biosystems, Inc., USA	2012.03

（续）

登记证号	通用名称	商品名称	产品类别	使用范围	生产厂家	有效期限
（2007）外饲准字 089 号	铁蛋白盐 Iron Proteinate	奥普铁 Optimin® Iron	矿物质 饲料添加剂 Mineral Feed Supplement	所有动物 All animal	美国创实营养公司 Trouw Nutrition USA, LLC., USA	2007.03－ 2012.03
（2007）外饲准字 103 号	L－苏氨酸 L－Threonine	饲料级 L－苏氨酸 L－Threonine Feed Grade	饲料级氨基酸 Amino Acid Feed Grade	所有动物 All animal	味之素（美国）哈特兰德公司 Ajinomoto Heartland LLC., USA	2007.04－ 2012.04
（2007）外饲准字 137 号	水合硅铝酸钠钙 Hydrated Sodium Calcium Aluminosilicate	霉可脱－AZ MYCO AD A－Z	饲料添加剂 Feed Additive	所有动物 All animal	美国南方矿产品公司 Southern Clay Products, Inc., USA	2007.06－ 2012.06
（2007）外饲准字 152 号	氯化胆碱 Choline Chloride	瑞信氯化胆碱 Reashure® Choline	维生素类 饲料添加剂 Vitamin Feed Additive	奶牛 Dairy cow	美国博思培原料有限公司 BCP Ingredients, Inc., USA	2007.07－ 2012.07
（2007）外饲准字 184 号	酿酒酵母、枯草芽孢杆菌、β－葡聚糖酶（产自黑曲霉）和木聚糖酶（产自米曲霉） *Saccharomyces cerevisiae*, *Bacillus subtilis*, β－Glucanase (by *Aspergillus niger*) and *Xylanase* (by *Bacillus subtilis*)	先多棒 Piobond	饲料添加剂 Feed Additive	所有动物 All animal	美国先拓生物科技公司 PioTech Company, USA	2007.10－ 2012.1

（续）

登记证号	通用名称	商品名称	产品类别	使用范围	生产厂家	有效期限
（2007）外饲准字 185 号	酿酒酵母、枯草芽孢杆菌、β-葡聚糖酶（产自黑曲霉）和木聚糖酶（产自米曲霉）	先牧素	饲料添加剂	所有动物	美国先拓生物科技公司	2007.10-
	Saccharomyces cerevisiae, *Bacillus subtilis*, β-Glucanase (by *Aspergillus niger*) and Xylanase (by *Bacillus subtilis*)	PioMos	Feed Additive	All animal	PioTech Company, USA	2012.1
（2007）外饲准字 202 号	水合硅铝酸钠钙	霉可脱-DF	饲料添加剂	猪、鸡和奶牛	美国南方矿产品公司	2007.11-
	Hydrated Sodium Calcium Aluminosilicate	MYCO-AD DF	Feed Additive	Pig, poultry and cow	Southern Clay Products, Inc., USA	2012.11
（2007）外饲准字 206 号	乳清粉	低蛋白乳清粉	能量饲料	仔猪和犊牛	美国奶品特殊品公司（专为美国国际生物营养有限公司生产）	2007.11-
	Whey Powder	Deproteinized Dairy Whey	Energy Feed	Piglets and calf	Milk Specialties Company, USA (Produce for Bio-Nutrition International, Inc., USA)	2012.11
（2008）外饲准字 045 号	硫酸镁和硫酸钾	得乃美	矿物质	所有动物	美国 Mosaic Potash Carlsbad 公司	2008.02-
	Magnesium Sulfate and Potassium Sulfate	DYNAMATE®	饲料添加剂 Mineral Feed Supplement	All Animal	Mosaic Potash Carlsbad Inc., USA	2013.02

（续）

登记证号	通用名称	商品名称	产品类别	使用范围	生产厂家	有效期限
（2008）外饲准字 059 号	酵母提取物和酵母培养物	益宁易	饲料添加剂	奶牛、猪和家禽	美国凡立得工业股份有限公司	2008.04 -
	Yeast Extract and Yeast Culture	Celmanax - NC	Feed Additives	Dairy Cow, Swine and Poultry	Varied Industries Corporation, USA	2013.04
（2008）外饲准字 062 号	木聚糖酶（产自长柄木霉）	特威宝 PT 浓缩物	饲料级酶制剂	所有动物	美国奥特奇公司	2008.05 -
	Xylanase (by *Trichoderma longibrachiatum*)	Allzyme PT Concentrate	Enzyme Feed Grade	All Animal	Alltech Inc., USA	2013.05
（2008）外饲准字 096 号	硫酸镁和硫酸钾	美明	矿物质饲料	牛	美国赛尼公司	2008.07 -
	Magnesium Sulfate and Potassium Sulfate	Multi - Min	添加剂 Mineral Feed Supplement	Cattle	Cerne Sales Company, USA	2013.07
（2008）外饲准字 097 号	干啤酒酵母、谷物和糖	百泰 R	能量饲料	牛	美国国际原料公司	2008.07 -
	Dried Yeast, Cereal Fines and Sugar	RumenBiotic	Energy Feed	Cattle	International Ingredient Corporation, USA	2013.07
（2008）外饲准字 099 号	天然类固醇萨洒皂角苷（源自丝兰）	利可 40	饲料添加剂	猪、牛和禽	美国 Desert King 国际有限公司	2008.07 -
	YUCCA (Yucca Schigigera Extract)	DK Sarsaponin 40	Feed Additive	Pig, Cattle and Poultry	Desert King International Inc., USA	2013.07
（2008）外饲准字 105 号	蛋白酶和脂肪酶（产自黑曲霉）	特威宝 FD（浓缩物）	饲料级酶制剂	所有动物	美国奥特奇公司	2008.08 -
	Protease and Lipase (by *Aspergillus niger*)	Allzyme FD Concentrate	Enzyme Feed Grade	All Animal	Alltech Inc., USA	2013.08

（续）

登记证号	通用名称	商品名称	产品类别	使用范围	生产厂家	有效期限
（2008）外饲准字108号	酵母培养物	麦可食 超浓缩型	饲料添加剂	猪、牛和禽	美国凡立得工业股份有限公司	2008.08－
	Yeast Culture	A－Max Yeast Culture XTRA	Feed Additive	Pig, Cattle, and Poultry	Varied Industries Corporation, USA	2013.08
（2008）外饲准字113号	乳清粉	饲料级邦嘉乳清粉	能量饲料	所有动物	美国邦嘉乳品公司	2008.08－
	Whey Powder	Bongard Dried Whey Solubles Feed Grade	Energy Feed	All Animal	Bongards Creameries, USA	2013.08
（2008）外饲准字115号	烟酰胺	饲料级烟酰胺	饲料级维生素	所有动物	美国凡特鲁斯农业及营养特种产品有限责任公司	2008.08－
	Nicotinamide	Nicotinamide Feed Grade	Vitamin Feed Grade	All Animal	Vertellus Agriculture & Nutrition Specialties LLC, USA	2013.08
（2008）外饲准字110号	浓缩大豆蛋白	安芬克42	蛋白质饲料	所有动物	美国奔马有限公司	2008.08－
	Condensed Soybean Protein	MBH Prima 42	Protein Feed	All Animal	MBH Prima Supplies Inc., USA	2013.08
（2008）外饲准字139号	水合硅铝酸钠钙及酵母培养物	必驱霉	饲料添加剂	猪、禽和奶牛	美国凡立得工业股份有限公司	2008.12－
	Hydrated Sodium Calcium Aluminosilicate and Yeast Culture	Bg－Max	Feed Additive	Pig, Poultry and Dairy Cow	Varied Industries Corporation, USA	2013.12
（2008）外饲准字153号	饲料级尿素	奥优金Ⅱ	非蛋白氮饲料添加剂	牛	美国奥特奇公司	2008.12－
	Urea Feed Grade	Optigen Ⅱ	Non－Protein Nitrogen Feed Supplement	Cattle	Alltech Inc., USA	2013.12
（2008）外饲准字155号	酵母培养物	麦可食酵母培养浓缩物	饲料添加剂	家畜和家禽	美国凡立得工业股份有限公司	2008.12－
	Yeast Culture	A－Max Yeast Culture Concentrate	Feed Additive	Livestock and Poultry	Varied Industries Corporation, USA	2013.12

（续）

登记证号	通用名称	商品名称	产品类别	使用范围	生产厂家	有效期限
	乳清粉和有机酸	乳泌宝	能量饲料		美国牛奶产品营养公司（MSC）艾德利工厂	2008.12－
（2008）外饲准字158号	Dried Whey and Organic Acid	Advance RuMin8	Energy Feed	泌乳奶牛 Lactating Dairy Cow	Milk Specialties Company (MSC), Adell Plant, USA	2013.12
	酵母培养物	益生酵母1026	饲料添加剂	养殖动物	美国奥特奇公司	2009.05－
（2009）外饲准字030号	Yeast Culture	YEA－SACC1026	Feed Additive	All Species or Categories of Animals	Alltech Inc., USA	2014.05
	蛋白铜	企利蛋白铜	矿物质饲料添加剂	猪、禽和奶牛	美国企利矿物质公司	2009.06－
（2009）外饲准字053号	Copper Proteinate	Keylated Copper Proteinate	Mineral Feed Supplement	Pig, Poultry and Dairy Cow	Chelated Minerals Corp., USA	2014.06
	蛋白铁	企利蛋白铁	矿物质饲料添加剂	猪、禽和奶牛	美国企利矿物质公司	2009.09－
（2009）外饲准字125号	Iron Proteinate	Keylated Iron Proteinate	Mineral Feed Supplement	Pig, Poultry and Dairy Cow	Chelated Minerals Corp., USA	2014.09
	蛋白锌	企利蛋白锌	矿物质饲料添加剂	猪、禽和奶牛	美国企利矿物质公司	2009.09－
（2009）外饲准字126号	Zinc Proteinate	Keylated Zinc Proteinate	Mineral Feed Supplement	Pig, Poultry and Dairy Cow	Chelated Minerals Corp., USA	2014.09
	酵母硒	赛乐硒	矿物质饲料添加剂	猪、牛、马和禽	美国奥特奇公司	2009.10－
（2009）外饲准字137号	Selenium Yeast	Sel－Plex 2000	Mineral Feed Supplement	Swine, Cattle, Horse and Poultry	Alltech Inc., USA.	2014.1

（续）

登记证号	通用名称	商品名称	产品类别	使用范围	生产厂家	有效期限
（2009）外饲准字 166 号	L-赖氨酸盐酸盐	L-赖氨酸盐酸盐	饲料级氨基酸	养殖动物	美国 ADM 公司	2009.11
	L-Lysine Monohydrochloride	98.5%（饲料级）	Amino Acid Feed Additive	All species or categories of animals	Archer Daniels Midland Company, USA	2014.11
		L-lysine Monohydrochloride				
		98.5% Feed Grade				
（2009）外饲准字 167 号	L-苏氨酸	L-苏氨酸 98.5%	饲料级氨基酸	养殖动物	美国 ADM 公司	2009.11
	L-Threonine	（饲料级）	Amino Acid Feed Additive	All species or categories of animals	Archer Daniels Midland Company, USA	2014.11
		L-Threonine 98.5% Feed Grade				
（2009）外饲准字 173 号	奶粉与奶酪	金乳	蛋白质饲料	乳仔猪和犊牛	美国国际原料公司	2009.11
	Dried Milk and Dried Cheese	Gold Star Milk	Protein Feed	Piglet and Calf Animal	International Ingredient Corp., USA	2014.11
（2009）外饲准字 178 号	酵母硒	阿富硒 2000	矿物质饲料添加剂	养殖动物	美国达农威公司	2009.11-
	Selenium Yeast	Selenosource AF™ 2000	Mineral Feed Supplement	All Species or Categories of Animals	Diamond V Mills, Inc., USA	2014.11
（2009）外饲准字 180 号	嗜酸乳杆菌和屎肠球菌	利生素（浓缩物）	微生物饲料添加剂	养殖动物	美国奥特奇公司	2009.11-
	Lactobacillus Acidophilus and *Enterococcus Faecium*	LACTO-SACC CONCENTRATE	Microbial Biotic Feed Additive	All Species or Categories of Animals	Alltech Inc., USA	2014.11

（续）

登记证号	通用名称	商品名称	产品类别	使用范围	生产厂家	有效期限
（2009）外饲准字 181 号	天然类固醇萨洒皂角苷（源自丝兰）	除臭灵	饲料添加剂	猪、马、家禽和反刍动物	美国奥特奇公司	2009. 11 -
	YUCCA（Yucca Schidigera Extract）	De - Odorase	Feed Additive	Pig, Horse, Poultry and Ruminant	Alltech Inc., USA	2014. 11
（2009）外饲准字 193 号	蛋白酶（产自黑曲霉）和纤维素酶（产自长柄木霉）	特威宝 V（浓缩物）	饲料级酶制剂	养殖动物	美国奥特奇公司	2009. 12 -
	Protease（by *Aspergillus niger*）and Cellulase（by *Trichoderma longibrachiatum*）	ALLZYME VEGPRO CONCENTRATE	Enzyme Feed Grade	All species or categories of animals	Alltech Inc., USA	2014. 12
（2010）外饲准字 006 号	水合硅铝酸钠钙	加强霉卫宝	饲料添加剂	养殖动物	美国密尔白有限公司	2010. 01 -
	Hydrated Sodium Calcium Aluminosilicate	Improved Milbond - TX	Feed additive	All species or categories of animals	Milwhite, Inc., USA	2015. 01
（2010）外饲准字 029 号	碱式氯化铜	麦乐铜	矿物质饲料添加剂	养殖动物	美国微营养公司	2010. 02 -
	Dicopper Chloride Trihydroxide	Micronutrients TBCC	Mineral Feed Supplement	All species or categories of animals	Micronutrients Inc., USA	2015. 02
（2010）外饲准字 052 号	丙酸和丁酸	妙粒	饲料防霉剂	养殖动物	美国安尼妥司公司	2010. 04
	Propionic Acid and Butyric Acid	Maxi - mil HP	Feed Mold Inhibitor	All species or categories of animals	Anitox Corporation, USA	2015. 04
（2010）外饲准字 055 号	啤酒酵母及其发酵培养物	新益素	饲料添加剂	养殖动物	美国 Cenzone Tech 有限公司	2010. 04
	Saccharomyces Cerevisias and Its Fermentation Culture	Yesture	Feed Additive	All species or categories of animals	Cenzone Tech Inc., USA	2015. 04

（续）

登记证号	通用名称	商品名称	产品类别	使用范围	生产厂家	有效期限
（2010）外饲准字 056 号	啤酒酵母及酵母发酵培养和提取物	密可棒	饲料添加剂	养殖动物	美国 Cenzone Tech 有限公司	2010. 04
	Saccharomyces Cerevisias and Yeast Culture and Extract	Microbond	Feed Additive	All species or categories of animals	Cenzone Tech Inc.，USA	2015. 04
（2010）外饲准字 057 号	啤酒酵母及酵母发酵培养和可溶物	先泌素	饲料添加剂	养殖动物	美国先拓生物科技公司	2010. 04
	Saccharomyces Cerevisias and Yeast Culture and Solubles	Lacture	Feed Additive	All species or categories of animals	Piotech Company，USA	2015. 04
（2010）外饲准字 107 号	植酸酶（产自黑曲霉）	特威宝 SSF（浓缩物）	饲料酶制剂	养殖动物	美国奥特奇公司	2010. 05
	Phytase（Source：Aspergillus Niger）	ALLZYME SSF CONCENTRATE	Feed Enzyme	All species or categories of animals	Alltech Inc.，USA	2015. 05
（2010）外饲准字 112 号	酵母培养物	达农威 XPC	饲料添加剂	牛、羊、猪和家禽	美国达农威公司	2010. 05
	Yeast Culture	Diamond XPC	Feed Additive	Cow，Sheep，Swine And Poultry	Diamond V Mill，Inc.，USA	2015. 05
（2010）外饲准字 149 号	植物乳杆菌和戊糖片球菌	白奥美®青贮体	饲料添加剂	养殖动物	美国科汉森有限公司	2010. 05
	Lactobacillus plamtarum and *pediococcus pentosaceus*	Bio - Sile WS	Feed Additive	All species or categories of animals	Chr. Hansen Inc.，USA	2015. 05

（续）

登记证号	通用名称	商品名称	产品类别	使用范围	生产厂家	有效期限
（2010）外饲准字150号	枯草芽孢杆菌和地衣芽孢杆菌	白奥美-强力宝	饲料添加剂	养殖动物	美国科汉森有限公司	2010.05
	Bacillus licheniformis and *bacillus subtilis*	Biopuls 2B	Feed Additive	All species or categories of animals	Chr. Hansen Inc., USA	2015.05
（2010）外饲准字107号	植酸酶（产自黑曲霉）	特威宝 SSF（浓缩物）	饲料酶制剂	养殖动物	美国奥特奇公司	2010.05
	Phytase (Source: Aspergillus Niger)	ALLZYME SSF CONCENTRATE	Feed Enzyme	All species or categories of animals	Alltech Inc., USA	2015.05
（2010）外饲准字157号	25-羟基维生素 D_3	罗维素 Hy·D_1.25%	饲料级维生素	养殖动物	帝斯曼营养产品有限公司	2010.06
	25 - Hydroxy Vitamin D_3	Rovimix Hy·D_1.25%	Vitamin Feed Grade	All Species or Categories of Animals	DSM Nutritional Products, Inc., USA	2015.06
（2010）外饲准字159号	酿酒酵母菌及其发酵可溶物	化霉精	饲料添加剂	养殖动物	美国新绿公司	2010.06
	Saccharomyces cerevisiae and its fermentation solubles	NUBOND	Feed Additive	All species or categories of animals	Nugreen Company, USA	2015.06
（2010）外饲准字160号	酿酒酵母菌及其发酵可溶物	新品素	饲料添加剂	养殖动物	美国新绿公司	2010.06
	Saccharomyces cerevisiae and its fermentation solubles	NUSURE	Feed Additive	All species or categories of animals	Nugreen Company, USA	2015.06
（2010）外饲准字161号	酿酒酵母和酵母细胞壁	奥奇素	饲料添加剂	养殖动物	美国奥特奇公司	2010.06
	Saccharomyces Cerevisiae and Yeast Cell Wall	BIO-MOS	Feed Additive	All species or categories of animals	Alltech Inc., USA	2015.06

（续）

登记证号	通用名称	商品名称	产品类别	使用范围	生产厂家	有效期限
（2010）外饲准字162号	酿酒酵母和酵母细胞壁	霉可吸	饲料添加剂	畜禽	美国奥特奇公司	2010.06
	Saccharomyces Cerevisiae and Yeast Cell Wall	MYCOSORB	Feed Additive	Livestock and Poultry	Alltech Inc.，USA	2015.06
（2010）外饲准字163号	酿酒酵母和酵母细胞壁	奇力素	饲料添加剂	畜禽和宠物	美国奥特奇公司	2010.06
	Saccharomyces Cerevisiae and Yeast Cell Wall	ACTIGEN	Feed Additive	Livestock and Poultry, Pet	Alltech Inc.，USA	2015.06
（2010）外饲准字189号	α-淀粉酶（产自米曲霉）	艾美福	饲料级酶制剂	养殖动物	美国Biozyme公司	2010.06
	α-Amylase（by *Aspergillus Oryzae*）	AMAFERM	Enzyme Feed grade	All species or categories of animals	Biozyme Incorporated, USA	2015.06
（2010）外饲准字199号	天然类固醇萨洒皂角苷（源自丝兰）	富兰宝	饲料添加剂	畜禽、宠物及虾	美国DPI配送加工有限公司	2010.08
	YUCCA（Yucca Schidigera Extract）	Micro-Aid	Feed Additive	Livestock and Poultry，pet and Shrimp	Distributors Processing Inc.，USA	2015.08
（2010）外饲准字218号	氨基酸铁络合物	氨维乐-铁120	矿物质饲料添加剂	畜禽	美国金宝动物营养（国际）有限公司	2010.08
	Fe Amino Acid Complex	Availa-Fe120	Feed Mineral Additive	Livestock and Poultry	Zinpro Animal Nutrition（International）Inc.，USA	2015.08
（2010）外饲准字223号	动植物油脂	动物饲料混合油渣	能量饲料	畜禽	美国达尔令国际公司	2010.08
	Animal & Vegetable Fat	Feed Mixed Grease Residue	Energy feed	Livestock and Poultry	Daring international Inc.，USA	2015.08
（2010）外饲准字258号	酵母硒、干酿酒酵母、维生素C、DHA和蛋白酶	特优E	添加剂预混料	畜禽	美国奥特奇公司	2010.09
	Seleniumyeast, *saccharomyces cerevisiae* Vitamin C, DHA, Protease（by *Aspergillus niger*）	EconomasE	Additive Premix	Livestock and Poultry	Alltech Inc.，USA	2015.09

（续）

登记证号	通用名称	商品名称	产品类别	使用范围	生产厂家	有效期限
（2010）外饲准字288号	氨基酸铜络合物	氨维乐-铜100	矿物质饲料添加剂	畜禽	美国金宝动物营养（国际）有限公司	2010.09
	Copper Amino Acid Complex	Availa－Cu100	Feed Mineral Additive	Livestock and Poultry	Zinpro Animal Nutrition（International）Inc.，USA	2015.09
（2010）外饲准字297号	赖氨酸硫酸盐及其发酵副产物	赖氨酸硫酸盐及其发酵副产物	饲料级氨基酸	养殖动物	美国德固赛公司	2010.09
	L－Lysine Sulfate with Fermentation Product	Biolys	Feed Grade Amino Acid	All species or categories of animals	Evonik Degussa Corporation	2015.09
（2010）外饲准字298号	酵母硒	赛乐硒2700	饲料添加剂	畜禽	美国奥特奇公司	2010.11
	Selenium Yeast	Sel－Plex 2700	Feed Additive	Livestock and Poultry	Alltech Inc.，USA	2015.11
（2010）外饲准字300号	酵母提取物	新普乐	饲料添加剂	畜禽、鱼和虾	美国奥特奇公司	2010.11
	Saccharomyces cerevisiae Yeast Extract	NUPRO	Feed Additive	Livestock and Poultry，Fish，Shrimp	Alltech Inc.，USA	2015.11
（2010）外饲准字321号	蛋氨酸锌络合物	锌宝	矿物质饲料添加剂	畜禽	美国金宝动物营养（国际）有限公司	2010.11
	Zinc Methionine Chelate	ZINPRO	Feed Mineral Additive	Livestock and Poultry	Zinpro Animal Nutrition（International）Inc.，USA	2015.11
（2010）外饲准字323号	氨基酸铁络合物	氨维乐-铁60	矿物质饲料添加剂	畜禽	美国金宝动物营养（国际）有限公司	2010.11
	Iron Amino Acid Complex	Availa－Fe 60	Feed Mineral Additive	Livestock and Poultry	Zinpro Animal Nutrition（International）Inc.，USA	2015.11
（2011）外饲准字001号	酵母培养物	益生酵母TS	饲料添加剂	畜禽	美国奥特奇公司	2011.01－
	Yeast Culture	YEA－SACC TS	Feed Additive	Livestock and Poultry	Alltech Inc.，USA	2016.01
（2011）外饲准字008号	钙质-蒙脱土	加利百灵-A	饲料添加剂	家畜	美国安然国际公司	2011.01－
	Calcium－Montmorillonite Clay	Calibrin－A	Feed Additive	Livestock	Amlan International	2016.01

（续）

登记证号	通用名称	商品名称	产品类别	使用范围	生产厂家	有效期限
（2011）外饲准字 011 号	浓缩鱼溶浆、豆粕	维他快	蛋白质饲料	畜禽和水产动物	美国华达生化科技有限公司	2011.01 -
	Condensed Fish Soluble and Soybean Meal	Vita - M Fac 2000	Protein Feed	Livestock and Aquaculture	Bio - Chem Corporation, USA	2016.01
（2011）外饲准字 024 号	水合硅铝酸钠钙	霉帮素	饲料添加剂	猪和家禽	美国 Agranco 有限公司	2011.01 -
	Calcium and sodium aluminum silicate	agrabond	Feed Additive	Swine and Poultry	Agranco Corp., USA	2016.01
（2011）外饲准字 090 号	白鱼粉	白鱼粉（一级）	蛋白质饲料	畜禽和水产动物	美国北极风暴有限公司（工船加工，编号：2943）	2011.04 -
	White Fishmeal	White Fishmeal (Ⅰ)	Protein Feed	Livestock and Aquaculture	Arctic Storm, Inc., USA (Produced on Board, No. 2943)	2016.04
（2011）外饲准字 091 号	白鱼粉	北太平洋白鱼粉（一级）	蛋白质饲料	畜禽和水产动物	美国 Premier 太平洋海鲜公司（工船加工，船名：Excellence，编号：4111）	2011.04 -
	White Fishmeal	North Pacific White Fishmeal (Ⅰ)	Protein Feed	Livestock and Aquaculture	Premier Pacific Seafoods Inc., USA (Produced on Board, Excellence No. 4111)	2016.04
（2011）外饲准字 092 号	红鱼粉	红鱼粉（一级）	蛋白质饲料	畜禽和水产动物	美国 Peter Pan Seafoods, Inc. 公司 King Cove 工厂	2011.04 -
	Red Fishmeal	Red Fishmeal (Ⅰ)	Protein Feed	Livestock and Aquaculture	Peter Pan Seafoods, Inc., Plant King Cove, USA	2016.04
（2011）外饲准字 143 号	酵母培养物	万饲特活性酵母培养物	饲料添加剂	养殖动物	美国西方酵母股份有限公司	2011.05 - 2016.05
	Yeast Culture	Western Yeast Culture 2x - 2 - 2 - 5 Plus	Feed Additive	All species or categories of animals	Western yeast company, USA	
（2011）外饲准字 136 号	猪肠粘膜蛋白	福美泰	蛋白质饲料	畜禽和水产动物	美国蛋白资源有限公司	2011.05 - 2016.05
	Dried Porcine Digest	Ferm - O - Tide	Protein Feed	Poultry, Livestock and Aquaculture	Protein Resource, Inc., U. S. A.	

（续）

登记证号	通用名称	商品名称	产品类别	使用范围	生产厂家	有效期限
（2011）外饲准字 137 号	酿酒酵母提取物，酿酒酵母，二十二碳六烯酸	安快大 JR.	蛋白质饲料	养殖动物	美国奥特奇公司	2011.05－2016.05
	Saccharomyces cerevisiae Yeast Extract, *Saccharomyces cerevisiae*, DHA	AQUATE JR.	Protein Feed	All species or categories of animals	Alltech Inc., U. S. A.	
（2011）外饲准字 132 号	巧克力糖和巧克力牛奶	巧饲粉	能量饲料	猪和犊牛	美国国际原料公司	2011.05－2016.05
	Chocolate Candy & Dried Chocolate Milk	Milk Chocolate Product	Energy Feed	Swine and Calf	International Ingredient Corp., U. S. A.	
（2011）外饲准字 109 号	甲酸，丙酸，甲酸铵和丙酸铵	诺酸宝 AFL	饲料酸化剂	养殖动物	诺伟司德国公司	2011.05－2016.05
	Formic Acid, Propionic Acid, Ammonium Formate and Ammonium Propionate	Acidomi® AFL	Feed Acidifier	All species or categories of animals	Novus Deutschland GmbH, Germany	
（2011）外饲准字 117 号	水合硅铝酸钙	索霉清	饲料添加剂	养殖动物	诺伟司国际公司	2011.05－2016.05
	Hydrated Sodium Calcium Aluminosilicate	Solis®	Feed Additive	All species or categories of animals	Novus International, Inc., USA	
（2011）外饲准字 198 号	水合硅铝酸钠钙	饲料宝	饲料添加剂	养殖动物	美国 ACG 产品有限公司	2011.06－2016.06
	Hydrated Sodium Calcium Aluminosilicate	Feed Bond	Feed Additive	All Species or Categories of Animals	ACG Products Ltd., USA	
（2011）外饲准字 257 号	酵母提取物和和酵母培养物	益宁易 SCP NC	饲料添加剂	牛、猪和家禽	美国伟克公司	2011.08－2016.08
	Yeast Extract and Yeast Culture	Celmanax SCP NC	Feed Additive	Cattle, Swine and Poultry	Varied Industries Corporation, USA	

（续）

登记证号	通用名称	商品名称	产品类别	使用范围	生产厂家	有效期限
（2011）外饲准字 263 号	酿酒酵母和酵母细胞壁 Saccharomyces cerevisiae and Yeast cell wall	霉可吸 MYCOSORB	饲料添加剂 Feed Additive	养殖动物 All Species or Categories of Animals	美国奥特奇公司 Alltech Inc.，USA	2011.08－2016.08
（2011）外饲准字 284 号	氯化钾 Potassium Chloride 氯化钠 Sodium Chloride 山梨酸 Sorbic Acid	四合爱喜宝 Acid－Pak 4－Way Water Soluble Concentrate	饲料添加剂 Feed Additive	养殖动物 All Species or Categories of Animals	美国奥特奇公司 Alltech Inc.，USA	2011.09－2016.09
（2011）外饲准字 294 号	矿物质 Minerals	美快克 ASAP	饲料添加剂 Feed Additive	牛、猪、马、羊 Cow，Swine，Horse，Sheep	美国牛奶产品营养公司 Milk Specialties Company，USA	2011.09－2016.09
（2011）外饲准字 312 号	干奶酪粉 Dried Cheese Powder	金乃酪 Golden CP	蛋白质饲料 Protein feed	养殖动物 All Species or Categories of Animals	美国华达生化科技有限公司 Vitech Bio－Chem Corporation，USA	2011.09－2016.09
（2011）外饲准字 319 号	蛋氨酸羟基类似物 DL － Methionine Hydroxyl Analogue	艾丽美 Alimet	饲料添加剂 Feed Additive	养殖动物 All Species or Categories of Animals	诺伟司国际公司 Novus International，Inc.，USA	2011.09－2016.09
（2011）外饲准字 228 号	丙酸锌 Zinc Propionate	微生康锌 2000 KemZin^{R}2000	矿物质饲料添加剂 Mineral Feed Additive	奶牛、猪、家禽和肉牛 Dairy Cattle，Swine，Poultry，Beef Cattle	美国建明工业有限公司 Kemin Industries，Inc.，USA	2011.07－2016.07
（2011）外饲准字 284 号	α－淀粉、氯化钾、氯化钠、山梨酸、糖精钠和乙基香兰素 α － Starch，Potassium Chloride，Sodium Chloride，Sorbic Acid，Sodium Saccharin and Ethyl Vanillin	四合爱喜宝（水溶性浓缩物） Acid－Pak 4－Way（Water Soluble Concentrate）	饲料添加剂 Feed Additive	养殖动物 All Species or Categories of Animals	美国奥特奇公司 Alltech Inc.，USA	2011.09－2016.09

（续）

登记证号	通用名称	商品名称	产品类别	使用范围	生产厂家	有效期限
(2011) 外饲准字 294 号	矿物质	美快克	饲料添加剂	牛、猪、马、羊	美国牛奶产品营养公司	2011.09-2016.09
	Minerals	ASAP	Feed Additive	Cow, Swine, Horse, Sheep	Milk Specialties Company (MSC), USA	
(2011) 外饲准字 312 号	干奶酪粉	金乃酪	蛋白质饲料	养殖动物	美国华达生化科技有限公司	2011.09-2016.09
	Dried Cheese Powder	Golden CP	Protein feed	All Species or Categories of Animals	Vitech Bio-Chem Corporation, USA	
(2011) 外饲准字 317 号	乳清粉	美乳代	能量饲料	幼畜	美国牛奶产品营养公司	2011.09-2016.09
	Dried Whey Powder	Milk Replacer Blend	Energy Feed	Young Livestock	Milk Specialties Company, USA	
(2011) 外饲准字 319 号	蛋氨酸羟基类似物	艾丽美	饲料添加剂	养殖动物	诺伟司国际公司	2011.09-2016.09
	DL-Methionine Hydroxyl Analogue	Alimet	Feed Additive	All Species or Categories of Animals	Novus International Inc., USA	
(2011) 外饲准字 347 号	酵母培养物	百奥奇	蛋白质饲料	养殖动物	美国国际生物营养有限公司	2011.10-2016.10
	Yeast Culture	Bio-Yeasture	Protein Feed	All Species or Categories of Animals	Bio-Nutrition International, Inc., USA	
(2011) 外饲准字 360 号	白鱼粉	海之骄子牌美国白鱼粉（一级）	蛋白质饲料	畜禽和水产动物	美国海鲜公司（工船加工"Ocean Rover", 552100）	2011.10-2016.10
	White Fishmeal	Pride of the Sea Brand American White Fishmeal (Ⅰ)	Protein Feed	Livestock, Poultry and Aquaculture	American Seafoods Company, USA (Produced on Board at Vessel "Ocean Rover", 552100)	
(2011) 外饲准字 361 号	白鱼粉	海之骄子牌美国白鱼粉（一级）	蛋白质饲料	畜禽和水产动物	美国海鲜公司（工船加工"Northern Jaeger", 521069）	2011.10-2016.10
	White Fishmeal	Pride of the Sea Brand American White Fishmeal (Ⅰ)	Protein Feed	Livestock, Poultry and Aquaculture	American Seafoods Company, USA (Produced on Board at Vessel "Northern Jaeger", 521069)	

（续）

登记证号	通用名称	商品名称	产品类别	使用范围	生产厂家	有效期限
（2012）外饲准字 019 号	氨基酸铁络合物	氨维乐-铁 90	矿物质饲料添加剂	养殖动物	美国金宝动物营养国际有限公司	2012.01－2017.01
	Iron Amino Acid Complex	Availa－Fe 90	Mineral Feed Additive	All species or categories of animals	Zinpro Animal Nutrition (International) Inc.，USA	
（2012）外饲准字 020 号	氨基酸锌络合物	氨维乐-锌 120	矿物质饲料添加剂	养殖动物	美国金宝动物营养国际有限公司	2012.01－2017.01
	Zinc Amino Acid Complex	Availa－Zn 120	Mineral Feed Additive	All species or categories of animals	Zinpro Animal Nutrition (International) Inc.，USA	
（2012）外饲准字 028 号	钙质—蒙脱土	加利百灵－Z	饲料添加剂	养殖动物	美国安然国际公司	2012.01－2017.01
	Calcium－Montmorillonite Clay	Calibrin－Z	Feed Additive	All species or categories of animals	Amlan Internation，USA	
（2012）外饲准字 038 号	白鱼粉	白鱼粉（一级）	蛋白质饲料	畜禽和水产动物	美国海岸乡村鳕鱼公司（工船加工，工船名 F/T Northern Hawk，工船号 4063）	2012.01－2017.01
	White Fishmeal	White Fishmeal（Ⅰ）	Protein Feed	Livestock，Poultry and Aquaculture	Coastal Villages Pollock LLC.，Produced on Board at Vessel "F/T Northern Hawk"（Fisheries Permit No. 4063），USA	
（2012）外饲准字 051 号	白鱼粉	G. L. S. 牌阿拉斯加低温白鱼粉（一级）	蛋白质饲料	畜禽和水产动物	美国 UniSea 有限公司 Dutch Harbor 工厂	2012.01－2017.01
	White Fishmeal	G. L. S. Brand Alaskan L/T White Fishmeal（Ⅰ）	Protein Feed	Livestock，Poultry and Aquaculture	UniSea，Inc.，Dutch Harbor Plant，USA	
（2012）外饲准字 054 号	白鱼粉	北太平洋白鱼粉（三级）	蛋白质饲料	畜禽和水产动物	美国 Westward Seafoods，Inc 公司 Dutch Harbor 工厂	2012.01－2017.01
	White Fishmeal	North Pacific White Fishmeal（Ⅲ）	Protein Feed	Livestock，Poultry and Aquaculture	Westward Seafoods Inc.，Dutch Harbor Plant，USA	

（续）

登记证号	通用名称	商品名称	产品类别	使用范围	生产厂家	有效期限
（2012）外饲准字 058 号	干酿酒酵母	普乐微	饲料添加剂	反刍动物	美国奥特奇公司	2012.02－2017.02
	Saccharomyces cerevisiae	DEMP	Feed Additive	Ruminants	Alltech Inc.，USA	
（2012）外饲准字 066 号	红鱼粉	Special Select™ 牌鲱鱼红鱼粉（一级）	蛋白质饲料	畜禽和水产动物	美国欧米茄蛋白质公司	2012.03－2017.03
	Red Fishmeal	Special Select™ Brand Menhaden Red Fishmeal（Ⅰ）	Protein Feed	Livestock，Poultry and Aquaculture	Omega Protein，Inc.，USA	
（2012）外饲准字 130 号	水合硅铝酸盐	脱霉素	饲料添加剂	养殖动物	美国巴斯夫有限公司	2012.03－2017.03
	Hydrated Sodium Calcium Aluminosilicate	NovaSil Plus	Feed Additive	All species or categories of animals	BASF Corporation，USA	
（2012）外饲准字 137 号	鸡肉粉	鸡肉粉	蛋白质饲料	畜禽和水产动物	美国蛋白公司	2012.03－2017.03
	Poultry By－product Meal	Poultry By－product Meal	Protein Feed	Livestock，Poultry and Aquaculture	American Proteins Inc.，USA	
（2012）外饲准字 151 号	白鱼粉	白鱼粉（三级）	蛋白质饲料	畜禽和水产动物	美国 Premier 太平洋海鲜公司（工船加工，工船名：S. S. Ocean Phoenix，许可编号：3703）	2012.03－2017.03
	White Fishmeal	White Fishmeal（Ⅲ）	Protein Feed	Livestock，Poultry and Aquaculture	Premier Pacific Seafoods Inc.，USA（Product on Board at Vessel S. S. Ocean Phoenix，Official No. 3703）	
（2012）外饲准字 152 号	白鱼粉	北太平洋白鱼粉（三级）	蛋白质饲料	畜禽和水产动物	美国 Alyeska 海鲜公司	2012.03－2017.03
	White Fishmeal	North Pacific White Fishmeal（Ⅲ）	Protein Feed	Livestock，Poultry and Aquaculture	Alyeska Seafoods Inc.，USA	

（续）

登记证号	通用名称	商品名称	产品类别	使用范围	生产厂家	有效期限
（2012）外饲准字153号	白鱼粉	阿拉斯加低温白鱼粉（一级）	蛋白质饲料	畜禽和水产动物	美国彼得潘海鲜公司King Cove工厂	2012.03－2017.03
	White Fishmeal	Alaska L/T White Fishmeal（Ⅰ）	Protein Feed	Livestock, Poultry and Aquaculture	Peter Pan Seafoods Inc., Plant King Cover, USA	
（2012）外饲准字157号	红鱼粉	金枪鱼鱼粉（三级）	蛋白质饲料	畜禽和水产动物	美国萨摩亚斯塔基斯特公司	2012.03－2017.03
	Red Fishmeal	Tuna Fishmeal（Ⅲ）	Protein Feed	Livestock, Poultry and Aquaculture	StarKist Samoa, Inc., USA	
（2012）外饲准字158号	羟基蛋氨酸类似物螯合锰	明微矿®锰	饲料添加剂	奶牛和肉牛 Dairy and Beef Cattle	美国诺伟司国际公司	2012.04－2017.04
	Manganese Methionine Hydroxy Analogue Chelate	Mintrex® Mn	Feed Additive	家禽 Poultry	Novus International Inc., USA	
				猪 Swine		
				水产 Aquaculture		
（2012）外饲准字159号	羟基蛋氨酸类似物螯合铜	明微矿®铜	饲料添加剂	奶牛和肉牛 Dairy and Beef Cattle	美国诺伟司国际公司	2012.04－2017.04
	Copper Methionine Hydroxy Analogue Chelate	Mintrex® Cu	Feed Additive	家禽 Poultry	Novus International Inc., USA	
				猪 Swine		
				水产 Aquaculture		
（2012）外饲准字160号	羟基蛋氨酸类似物螯合锌	明微矿®锌	饲料添加剂	奶牛和肉牛 Dairy and Beef Cattle	美国诺伟司国际公司	2012.04－2017.04
	Zinc Methionine Hydroxy Analogue Chelate	Mintrex® Zn	Feed Additive	家禽 Poultry	Novus International Inc., USA	
				猪 Swine		
				水产 Aquaculture		

（续）

登记证号	通用名称	商品名称	产品类别	使用范围	生产厂家	有效期限
(2012) 外饲准字 187 号	DL-羟基蛋氨酸类似物 DL - Methionine Hydroxyl Analogue	艾维酸 US WD Max Activate® US WD Max	饲料添加剂 Feed Additive	养殖动物 All species or categories of animals	诺伟司国际有限公司 Novus International Inc., USA	2012.05-2017.05
(2012) 外饲准字 191 号	蒙脱土 Montmorillonite Clay	艾佐福 Azo-Feed	饲料添加剂 Feed Additive	养殖动物 All species or categories of animals	美国艾佐迈矿产公司 Azomite Mineral Products, Inc., USA	2012.05-2017.05
(2012) 外饲准字 226 号	水合硅铝酸钠钙 Hydrated Sodium Calcium Aluminosilicate	霉可脱-AZ MYCO-AD A-Z	饲料添加剂 Feed Additive	猪 Swine 鸡 Chicken 奶牛 Cow	美国南方矿产品公司 Southern Clay Products, Inc., USA	2012.05-2017.05
(2012) 外饲准字 227 号	L-赖氨酸盐酸盐 L - Lysine Monohydrochloride	饲料级 L-赖氨酸盐酸盐 L - Lysine Monohydrochloride Feed Grade	饲料级氨基酸 Amino Acid Feed Additive	养殖动物 All species or categories of animals	味之素（美国）哈特兰德公司 Ajinomoto Heartland Inc., USA	2012.05-2017.05
(2012) 外饲准字 242 号	奶粉 Dried Milk Powder	营养金奶粉 Nutri-Gold® Dried Milk	能量饲料 Energy Feed	水产动物 Aquaculture 宠物 Pet 家畜 Livestock	美国国际原料公司 International Ingredient Corp., USA	2012.06-2017.06
(2012) 外饲准字 244 号	氯化胆碱 Choline	瑞信氯化胆碱 Reashure® Choline	饲料级维生素 Vitamin Feed Grade	奶牛 Cow	美国博思培原料有限公司 BCP Ingredients, Inc., USA	2012.06-2017.06
(2012) 外饲准字 283 号	水合硅铝酸钠钙 Hydrated Sodium Calcium Aluminosilicate	益饲宝 Myxin-Bond	饲料抗结块剂 Feed Anticaking Agent	猪、家禽、牛、鱼、狗 Swine, Poultry, Cattle, Fish, Dog	美国国际生物营养公司 Bio-Nutrition International, Inc, USA	2012.08-2017.08

（续）

登记证号	通用名称	商品名称	产品类别	使用范围	生产厂家	有效期限
（2012）外饲准字 285 号	酵母提取物 Yeast Extract	益宁易 NC	饲料添加剂	畜禽和水产动物	美国伟克公司	2012.08－2017.08
	酵母培养物 Yeast Culture	Celmanax NC	Feed Additive	Poultry，Livestock，Aquaculture	Varied Industries Corporation，USA	
（2012）外饲准字 293 号	含可溶物干玉米酒糟	爱国者 DDGS	蛋白质饲料	畜禽	美国爱国者可再生燃料有限公司	2012.08－2017.08
	DDGS	Patriot DDGS	Protein Feed	Livestock and Poultry	Patriot Renewable Fuels，LLC.，USA	
（2012）外饲准字 306 号	喷雾干燥鸡蛋粉	老哈默牌乳畜宝	蛋白质饲料	幼小养殖动物	美国 Rose Acre Farm Inc. 公司	2012.08－2017.08
	Spray Dried Egg Powder	Wise Harmon Baby Animal Love	Protein Feed	Yong Animals	Rose Acre Farm Inc.，USA	
（2012）外饲准字 309 号	红鱼粉	海鱼素牌红鱼粉（三级）	蛋白质饲料	畜禽、水产动物	美国华达生化科技有限公司	2012.08－2017.08
	Red Fishmeal	OFE Red Fishmeal（Ⅲ）	Protein Feed	Livestock and Poultry，Aquaculture	Vitech Bio－Chem Corporation，USA	
（2012）外饲准字 320 号	硫酸钾和硫酸镁	速畅	矿物质饲料添加剂	猪、牛和家禽	美国国际矿物质公司	2012.09－2017.09
	Potassium Sulfate and Magnesium Sulfate	SOW－GRO	Mineral Feed Additive	Swine，Cattle and Poultry	International Mineral Sales LLC，USA	
（2012）外饲准字 349 号	氨基酸铁络合物	氨维乐-铁 150	矿物质饲料添加剂	猪、家禽、牛、羊、马	美国金宝动物营养国际有限公司	2012.10－2017.10
	Iron Amino Acid Complex	Availa－Fe 150	Mineral Feed Additive	Swine，Poultry，Cattle，Sheep，Horse	Zinpro Animal Nutrition Internation Inc.，USA	
（2012）外饲准字 350 号	氨基酸锌络合物	氨维乐-锌 170	矿物质饲料添加剂	猪、家禽、牛、羊、马	美国金宝动物营养国际有限公司	2012.10－2017.10
	ZincAmino Acid Complex	Availa－Zn 170	Mineral Feed Additive	Swine，Poultry，Cattle，Sheep，Horse	Zinpro Animal Nutrition Internation Inc.，USA	

（续）

登记证号	通用名称	商品名称	产品类别	使用范围	生产厂家	有效期限
（2012）外饲准字 404 号	酿酒酵母、枯草芽孢杆菌、β-葡聚糖酶（源自黑曲霉）和木聚糖酶（源自米曲霉）	先多棒	饲料添加剂	养殖动物	美国先拓生物科技有限公司	2012.10-2017.10
	Saccharomyces Cereviisiae	Piobond	Feed Additive	All species or categories of animals	PioTech Company, USA	
	Yeast, Bacillus Subtilis, β-Glucanase (by *Aspergillus niger*), Xylanase (by *Aspergillus oryzae*)					
（2012）外饲准字 451 号	乳清粉	饲料级乳清粉	能量饲料	家畜、仔猪和犊牛	美国国际生物营养有限公司	2012.11-2017.11
	Whey Permeate Powder	Feed Grade Whey Permeate Powder	Energy Feed	Livestock, Piglet and Cattle	Bio - Nutrirtiong International, Inc., USA	
（2013）外饲准字 004 号	酿酒酵母	明新灵	微生物饲料添加剂	畜禽	美国若斯生物科技公司	2013.01-2018.01
	Saccharomyces Cerevisias	Mingfix	Microbial Feed Additive	Livestock and Poultry	Biofeed Ras, USA	
（2013）外饲准字 005 号	酿酒酵母	新生素	微生物饲料添加剂	畜禽	美国若斯生物科技公司	2013.01-2018.01
	Saccharomyces Cerevisias	Livebios	Microbial Feed Additive	Livestock and Poultry	Biofeed Ras, USA	
（2013）外饲准字 023 号	酿酒酵母	百奥宝	饲料添加剂	猪、鸡、牛	美国国际生物营养有限公司	2013.01-2018.01
	Saccharomyces Cerevisiae	Bio-Bond	Feed Additive	Swine, Chicken, Cattle	Bio-Nutrition International, Inc, USA	
（2013）外饲准字 033 号	含可溶物玉米酒糟	蛋白 DP50	饲料原料	猪、鸡、牛	美国国际生物营养有限公司	2013.01-2018.01
	DDGS	Bio-YP50	Feed Material	Swine, Chicken, Cattle	Bio-Nutrition International, Inc, USA	
（2013）外饲准字 062 号	水合硅铝酸钠钙	阻霉灵	饲料添加剂	牛、猪、家禽、水产动物	美国 LD 佳技术有限公司	2013.02-2018.02
	Hydrated Sodium Calcium Aluminosilicate	Zeomfeed	Feed Additive	Cattle, Swine, Poultry, Aquaculture	LD Techplus LLC, USA	

（续）

登记证号	通用名称	商品名称	产品类别	使用范围	生产厂家	有效期限
（2013）外饲准字 069 号	裂壶藻粉	裂壶藻粉	饲料原料	养殖动物	美国奥特奇公司	2013.02－2018.02
	Schizochytrium Powder	Schizochytrium Powder	Feed Material	All species or categories of animals	Alltech Inc.，USA	
（2013）外饲准字 105 号	氨基酸铜络合物	氨维乐-铜 170	矿物质饲料添加剂	养殖动物	美国金宝动物营养国际有限公司	2013.03－2018.03
	Copper Amino Acid Complex	Availa－Cu 170	Minerals Feed Additive	All species or categories of animals	Zinpro Animal Nutrition International Inc，USA	
（2013）外饲准字 106 号	氨基酸锰络合物	氨维乐-锰 150	矿物质饲料添加剂	养殖动物	美国金宝动物营养国际有限公司	2013.03－2018.03
	Manganese Amino Acid Complex	Availa－Mn 150	Minerals Feed Additive	All species or categories of animals	Zinpro Animal Nutrition International Inc，USA	
（2013）外饲准字 142 号	酵母培养物	麦可食超浓缩型	饲料添加剂	猪、家禽和牛	美国伟克公司	2013.03－2018.03
	Yeast Culture	A－Max Yeast Culture XTRA	Feed Additive	Swine，Poultry，Cattle	Varied Industries Corporation，USA	
（2013）外饲准字 152 号	酿酒酵母	西方酵母菌	微生物饲料添加剂	养殖动物	美国西方酵母公司	2013.05－2018.05
	Saccharomyces cerevisiae	Cel－Con 5	Microbial Feed Additive	All species or categories of animals	Western Yeast Company，USA	
（2013）外饲准字 158 号	裂壶藻粉 Schizochytrium Powder	奥奇健	饲料添加剂	牛、猪、马、家禽、宠物、水产动物	美国奥特奇公司	2013.05－2018.05
	啤酒酵母粉 Brewers Dried Yeast	Alltech Spi	Feed Additive	Cattle，Swine，Horse，Poultry，Pet，Aquaculture	Alltech Inc.，USA	
（2013）外饲准字 164 号	含可溶物玉米干酒糟	鹰眼金质亚瑟 DDGS	饲料原料	家禽 Poultry	铂金乙醇有限公司	2013.05－2018.05
	DDGS	Hawkeye Gold Arthur DDGS	Feed Material	牛 Cattle	Platinum Ethanol LLC.，USA	
				猪 Swine		
				水产动物 Aquaculture		

（续）

登记证号	通用名称	商品名称	产品类别	使用范围	生产厂家	有效期限
（2013）外饲准字 165 号	含可溶物玉米干酒糟	鹰眼金质内华达 DDGS	饲料原料	家禽 Poultry	美国林肯大道能源有限公司	2013. 05 - 2018. 05
	DDGS	Hawkeye Gold Nevada DDGS	Feed Material	牛 Cattle	Lincolnway Energy LLC, USA	
				猪 Swine		
				水产动物 Aquaculture		
（2013）外饲准字 166 号	含可溶物玉米干酒糟	玛吉斯威斯康星 DDGS	饲料原料	家禽 Poultry	玛吉斯能源-威斯康星有限公司	2013. 05 - 2018. 05
	DDGS	Marquis Energy - Wisconsin DDGS	Feed Material	牛 Cattle	Marquis Energy - Wisconsin LLC., USA	
				猪 Swine		
				水产动物 Aquaculture		
（2013）外饲准字 179 号	啤酒酵母粉	霉可吸	饲料添加剂	养殖动物	美国奥特奇公司	2013. 05 - 2018. 05
	Brewers Dried Yeast	Mycosorb	Feed Additive	All species or categories of animals	Alltech Inc., USA	
	轻质碳酸钙					
	Calcium carbonate					
	酵母细胞壁					
	Yeast Cell Wall					
	水合硅铝酸钠钙 Hydrated Sodium Calcium Aluminosilicate					
（2013）外饲准字 180 号	酵母硒 Selenium Yeast	赛乐硒 2000	饲料添加剂	牛、猪、马、家禽、宠物、水产动物	美国奥特奇公司	2013. 05 - 2018. 05
	啤酒酵母粉 Brewers Dried Yeast	Sel - Plex 2000	Feed Additive	Cattle, Swine, Horse, Poultry, Pet, Aquaculture	Alltech Inc., USA	

（续）

登记证号	通用名称	商品名称	产品类别	使用范围	生产厂家	有效期限
（2013）外饲准字 181 号	酵母提取物	新普乐	饲料添加剂	畜禽、马、宠物、水产动物	美国奥特奇公司	2013.05－2018.05
	Yeast Extract	NUPRO	Feed Additive	Livestock, Horse, Pet, Aquaculture	Alltech Inc., USA	
（2013）外饲准字 212 号	含可溶物干玉米酒糟	路易达孚诺福克公司 DDGS	饲料原料	猪 Swine	美国路易达孚诺福克有限公司	2013.06－2018.06
	DDGS	Louis Dreyfus Norfolk, LLC. DDGS	Feed Material	牛 Cattle	Louis Dreyfus Norfolk, LLC., USA	
				家禽 Poultry		
（2013）外饲准字 213 号	含可溶物干玉米酒糟	大河资源格瓦 DDGS	饲料原料	猪 Swine	美国大河资源格瓦有限公司	2013.06－2018.06
	DDGS	Big River Resources Galva GGDS	Feed Material	牛 Cattle	Big River Resources Galva, LLC, USA	
				家禽 Poultry		
（2013）外饲准字 221 号	硫酸镁 Magnesium Sulfate	得乃美	矿物质饲料添加剂	养殖动物	美国 Mosaic Potash Carlsbad 公司	2013.06－2018.06
	硫酸钾 Potassium Sulfate	DYNAMATE	Mineral Feed Additive	All species or categories of animals	Mosaic Potash Carlsbad Inc., USA	
（2013）外饲准字 245 号	蛋氨酸羟基类似物钙盐	美瑞特	饲料级氨基酸	养殖动物	诺伟司国际公司	2013.07－2018.07
	Methionine Hydroxy Analogue Calcium	MERA™MET Ca	Amino Acid Feed Grade	All species or categories of animals	Novus International Inc., USA	
（2013）外饲准字 258 号	含可溶物干玉米酒糟	瓦莱罗林登 DDGS	饲料原料	畜禽	瓦莱罗可再生能源有限公司	2013.07－2018.07
	DDGS	Valero Linden DDGS	Feed Material	Livestock and Poultry	Valero Renewable Fuels Company, LLC－Linden	
（2013）外饲准字 259 号	含可溶物干玉米酒糟	瓦莱罗韦尔科姆 DDGS	饲料原料	畜禽	瓦莱罗可再生能源有限公司	2013.07－2018.07
	DDGS	Valero Welcome DDGS	Feed Material	Livestock and Poultry	Valero Renewable Fuels Company, LLC－Welcome	

（续）

登记证号	通用名称	商品名称	产品类别	使用范围	生产厂家	有效期限
（2013）外饲准字 260 号	含可溶物干玉米酒糟 DDGS	瓦莱罗道奇堡 DDGS Valero Fort Dodge DDGS	饲料原料 Feed Material	畜禽 Livestock and Poultry	瓦莱罗可再生能源有限公司 Valero Renewable Fuels Company，LLC - Fort Dodge	2013.07－2018.07
（2013）外饲准字 261 号	含可溶物干玉米酒糟 DDGS	瓦莱罗布卢明堡 DDGS Valero Bloomingburg DDGS	饲料原料 Feed Material	畜禽 Livestock and Poultry	瓦莱罗可再生能源有限公司 Valero Renewable Fuels Company，LLC - Bloomingburg	2013.07－2018.07
（2013）外饲准字 262 号	含可溶物干玉米酒糟 DDGS	瓦莱罗艾伯特市 DDGS Valero Albert City DDGS	饲料原料 Feed Material	畜禽 Livestock and Poultry	瓦莱罗可再生能源有限公司 Valero Renewable Fuels Company，LLC - Albert City	2013.07－2018.07
（2013）外饲准字 263 号	含可溶物干玉米酒糟 DDGS	瓦莱罗阿尔比恩 DDGS Valero Albion DDGS	饲料原料 Feed Material	畜禽 Livestock and Poultry	瓦莱罗可再生能源有限公司 Valero Renewable Fuels Company，LLC - Valero Albion	2013.07－2018.07
（2013）外饲准字 264 号	含可溶物干玉米酒糟 DDGS	瓦莱罗查尔斯市 DDGS Valero Charles City DDGS	饲料原料 Feed Material	畜禽 Livestock and Poultry	瓦莱罗可再生能源有限公司 Valero Renewable Fuels Company，LLC - Charles City	2013.07－2018.07
（2013）外饲准字 265 号	含可溶物干玉米酒糟 DDGS	瓦莱罗哈特利 DDGS Valero Hartley DDGS	饲料原料 Feed Material	畜禽 Livestock and Poultry	瓦莱罗可再生能源有限公司 Valero Renewable Fuels Company，LLC - Hartley	2013.07－2018.07
（2013）外饲准字 266 号	含可溶物干玉米酒糟 DDGS	瓦莱奥罗拉 DDGS Valero Aurora DDGS	饲料原料 Feed Material	畜禽 Livestock and Poultry	瓦莱罗可再生能源有限公司 Valero Renewable Fuels Company，LLC - Aurora	2013.07－2018.07
（2006）外饲准字 022 号	L-赖氨酸盐酸盐 L-Lysine HCl	饲料级 99%L-赖氨酸盐酸盐 L-Lysine HCl 99% Feed Grade	饲料级氨基酸 Amino Acid Feed Additive	所有动物 All animal	味之素（巴西）工商有限公司 Ajinomoto Biolatina Indústria E Comércio Ltda.，Brazil	2006.02－2011.02

（续）

登记证号	通用名称	商品名称	产品类别	使用范围	生产厂家	有效期限
（2008）外饲准字 106 号	酵母细胞壁和干酿酒酵母	奥奇素	饲料添加剂	所有动物	巴西奥特奇公司	2008.08－
	Yeast Cell Wall and Dried Yeast	Bio－Mos	Feed Additive	All Animal	Alltech do Brazil Agro Industrial Ltda.	2013.08
（2008）外饲准字 151 号	酵母硒	赛乐硒	矿物质饲料添加剂	猪、牛、马和禽	巴西奥特奇公司	2008.12－
	Selenium Yeast	Sel－Plex 2000	Mineral Feed Supplement	Swine, Cattle, Horse and Poultry	Alltech do Brazil Agro Industrial Ltda.	2013.12
（2009）外饲准字 018 号	酿酒酵母、酵母细胞壁及水合硅铝酸钠钙	霉可吸	饲料添加剂	养殖动物	巴西奥特奇公司	2009.03－
	Saccharomyces cerevisiae，Yeast Cell Wall and Hydrated Sodium Calcium Aluminosilicate	Mycosorb	Feed Additive	All Species or Categories of Animals	Alltech do Brazil Agro Industrial Ltda.	2014.03
（2010）外饲准字 164 号	酿酒酵母和酵母细胞壁	奇力素	饲料添加剂	畜禽和宠物	巴西奥特奇公司	2010.06
	Saccharomyces Cerevisiae and Yeast Cell Wall	ACTIGEN	Feed Additive	Livestock and Poultry, Pet	Alltech Do Brasil Agroindustrial Ltda.，Brazil	2015.06
（2010）外饲准字 299 号	酵母硒	赛乐硒 2700	饲料添加剂	畜禽	巴西奥特奇公司	2010.11
	Selenium Yeast	Sel－Plex 2700	Feed Additive	Livestock and Poultry	Alltech do Brasil Agroindustrial Ltda.，Brazil	2015.11
（2011）外饲准字 042 号	酵母硒	赛乐硒 2700	饲料添加剂	养殖动物	巴西奥特奇公司（São Pedro Do Ivaí 工厂）	2011.03－
	Selenium Yeast	SEL－PLEX 2700	Feed Additive	All species or categories of animals	Alltech Do Brasil Agroindustrial Ltda.，Brasil	2016.03
	酵母硒	赛乐硒 2000	饲料添加剂	养殖动物	巴西奥特奇公司（São Pedro Do Ivaí 工厂）	2011.03－

（续）

登记证号	通用名称	商品名称	产品类别	使用范围	生产厂家	有效期限
	Selenium Yeast	SEL－PLEX 2000	Feed Additive	All species or categories of animals	Alltech Do Brasil Agroindustrial Ltda.，Brasil	2016.03
（2011）外饲准字 043 号	酵母硒、干酿酒酵母、维生素 C、DHA、蛋白酶	特优 E	饲料添加剂预混料	养殖动物	巴西奥特奇公司（Araucária 工厂）	2011.03－
	Selenium Yeast，Saccharomyces cerevisiae yeast，Vitamin C，DHA，Protease	EconomasE	Additive Premix	All species or categories of animals	Alltech Do Brasil Agroindustrial Ltda.，Brasil	2016.03
	L－赖氨酸盐酸盐	希杰赖氨酸	饲料级氨基酸	养殖动物	希杰巴西公司	2011.05－2016.05
（2011）外饲准字 112 号	L－Lysine Monohydrochloride	CJ Lysine	Amino Acid Feed Grade	All species or categories of animals	CJ do Brasil Industria e Comercido de Produtos Alimenticios Ltda，Brasil	
	酿酒酵母，酵母细胞壁	霉可吸	饲料添加剂	养殖动物	巴西奥特奇公司（São Pedro do Ivaí 工厂）	2011.05－2016.05
（2011）外饲准字 115 号	*Saccharomyces cerevisiae*，Yeast Cell Wall	Mycosorb	Feed Additive	All species or categories of animals	Alltech do Brasil Agroindustrial Ltda.，Plant São Pedro do Ivaí，Brasil	
	酿酒酵母（干酿酒酵母），酵母细胞壁	奥奇素	饲料添加剂	畜禽	巴西奥特奇公司（São Pedro do Ivaí 工厂）	2011.05－2016.05
（2011）外饲准字 116 号	Saccharomyces cerevisiae（Brewers Dried Yeast），Yeast Cell Wall	BIO－MOS	Feed Additive	Livestock and Poultry	Alltech do Brasil Agroindustrial Ltda.，Plant São Pedro do Ivaí，Brasil	
	酵母硒，干酿酒酵母，L－抗坏血酸（维生素 C），二十二碳六烯酸，蛋白酶（产自黑曲霉）	特优 E	添加剂预混料	畜禽	巴西奥特奇公司（Sao Pedro do Ivai 工厂）	2011.05－2016.05
（2011）外饲准字 139 号	Selenium yeast，*Saccharomyces cerevisiae*（Brewers dried yeast），Vitamin C，DHA，Protease（from *Aspergillus niger*）	Economas E	Additive Premix	Poultry and Livestock	Alltech do Brasil Agroindustrial Ltda.，Plant São Pedro do Ivaí，Brasil	

（续）

登记证号	通用名称	商品名称	产品类别	使用范围	生产厂家	有效期限
（2011）外饲准字 112 号	L-赖氨酸盐酸盐 L－Lysine Monohydrochloride	希杰赖氨酸 CJ Lysine	饲料级氨基酸 Amino Acid Feed Grade	养殖动物 All species or categories of animals	希杰巴西公司 CJ do Brasil Industria e Comercido de Produtos Alimenticios Ltda，Brasil	2011.05－2016.05
（2011）外饲准字 196 号	L-赖氨酸盐酸盐 L－Lysine	饲料级 99%L-赖氨酸盐酸盐 L－Lysine HCL 99% Feed Grade	饲料级氨基酸 Amino Acid Feed Grade	养殖动物 All Species or Categories of Animals	味之素巴西有限公司 Ajinomoto do Brasil Indústria e Comércio de Alimentos Ltda，Brazil	2011.06－2016.06
（2011）外饲准字 209 号	酿酒酵母和酵母细胞壁 *Saccharomyces cerevisiae* and Yeast cell wall	霉可吸 MYCOSORB	饲料添加剂 Feed Additive	养殖动物 All Species or Categories of Animals	巴西奥特奇公司 （Araucária 工厂） Alltech do Brasil Agroindustrial Ltda.，Brazil	2011.07－2016.07
（2012）外饲准字 059 号	干酿酒酵母 Saccharomyces cerevisiae	普乐微 DEMP	饲料添加剂 Feed Additive	反刍动物 Ruminants	巴西奥特奇公司（Sao Pedro do Ivai 工厂） Alltech do Brasil Agroindustrial Ltda.，Plant Sao Pedro do Ivai，Parana	2012.02－2017.02
（2012）外饲准字 358 号	灭活干酵母 Inacitivated Dry Yeast	百泰达 Biotide	饲料添加剂 Feed Additive	养殖动物 All species or categories of animals	巴西库塔糖业公司（Quata 工厂） Acucareira Quata S. A. plant Quata，Brazil	2012.10－2017.10
（2012）外饲准字 359 号	灭活干酵母 Inacitivated Dry Yeast	百泰达 Biotide	饲料添加剂 Feed Additive	养殖动物 All species or categories of animals	巴西库塔糖业公司（Macatuba 工厂） Acucareira Quata S. A. Plant Macatuba，Brazil	2012.10－2017.10

（续）

登记证号	通用名称	商品名称	产品类别	使用范围	生产厂家	有效期限
（2012）外饲准字 360 号	灭活干酵母	优科酵母	饲料添加剂	养殖动物	巴西库塔糖业公司（Quata 工厂）	2012.10－2017.10
	Inacitivated Dry Yeast	Nutricell Yeast	Feed Additive	All species or categories of animals	Acucareira Quata S.A. Plant Quata, Brazil	
（2012）外饲准字 361 号	灭活干酵母	优科酵母	饲料添加剂	养殖动物	巴西库塔糖业公司（Macatuba 工厂）	2012.10－2017.10
	Inacitivated Dry Yeast	Nutricell Yeast	Feed Additive	All species or categories of animals	Acucareira Quata S.A. Plant Macatuba, Brazil	
（2012）外饲准字 362 号	灭活干酵母（自溶）	恒赛尔	饲料添加剂	养殖动物	巴西库塔糖业公司（Quata 工厂）	2012.10－2017.10
	Inacitivated Dry Yeast (Autolysis)	Hicell	Feed Additive	All species or categories of animals	Acucareira Quata S.A. Plant Quata, Brazil	
（2012）外饲准字 363 号	灭活干酵母（自溶）	恒赛尔	饲料添加剂	养殖动物	巴西库塔糖业公司（Macatuba 工厂）	2012.10－2017.10
	Inacitivated Dry Yeast (Autolysis)	Hicell	Feed Additive	All species or categories of animals	Acucareira Quata S.A. Plant Macatuba, Brazil	
（2013）外饲准字 017 号	啤酒酵母细胞壁	普壮素	饲料添加剂	养殖动物	巴西 Alcoeste Destilaria Fernandópolis S/A 公司	2013.01－2018.01
	Saccharomyces cerevisiae Yeast Cell Wall	Immunowall	Feed Additive	All species or categories of animals	Alcoeste Destilaria Fernandópolis S/A, Brazil	
（2013）外饲准字 018 号	灭活啤酒酵母自溶物	核力素	饲料添加剂	养殖动物	巴西 Usina Sao Luiz S/A 公司	2013.01－2018.01
	Inactive *Saccharomyces cerevisiae* yeast autolysate	Hilyses	Feed Additive	All species or categories of animals	Usina Sao Luiz S/A, Brazil	
（2013）外饲准字 068 号	灭活啤酒酵母粉	博赛	饲料原料	养殖动物	巴西库塔糖业公司	2013.02－2018.02
	Inactive Brewers' Yeast Powder	Brewcell	Feed Material	All species or categories of animals	Acucareira Quata S.A., Brazil	

（续）

登记证号	通用名称	商品名称	产品类别	使用范围	生产厂家	有效期限
（2013）外饲准字269号	酵母提取物	新普乐	饲料添加剂	养殖动物	巴西奥特奇公司（São Pedro do Ivaí 工厂）	2013.07－2018.07
	Yeast Extract	Nupro	Feed Additive	All Species or Categories of Animals	Alltech do Brasil Agroindustrial Ltda.，Brazil	
（2013）外饲准字270号	酿酒酵母粉 *Saccharomyces cerevisiae* 酵母细胞壁	霉可吸	饲料添加剂	养殖动物	巴西奥特奇公司	2013.07－2018.07
	Yeast Cell Wall	Mycosorb	Feed Additive	All Species or Categories of Animals	（São Pedro do Ivaí 工厂）	
	水合硅铝酸钠钙				Alltech do Brasil Agroindustrial Ltda.，Brazil	
	Hydrated Sodium Calcium Aluminosilicate					
（2013）外饲准字271号	酵母硒 Selenium Yeast	赛乐硒2000	饲料添加剂	养殖动物	巴西奥特奇公司（São Pedro do Ivaí 工厂）	2013.07－2018.07
	啤酒酵母粉 Brewers Dried Yeast	Sel－Plex 2000	Feed Additive	All Species or Categories of Animals	Alltech do Brasil Agroindustrial Ltda.，Brazil	
（2012）外饲准字318号	白鱼粉	阿根廷白鱼粉（一级）	蛋白质饲料	畜禽、水产动物	阿根廷 Marplatense 工业合作有限公司 Nr－4044 工厂	2012.08－2017.08
	White Fishmeal	Argentina White Fishmeal（Ⅰ）	Protein Feed	Livestock and Poultry，Aquaculture	Cooperativa Marplatense de Pesca e Industrializacion Limitada，Plant Nr－4044，Argentine	
（2005）外饲准字051号		秘鲁红鱼粉	蛋白质饲料		秘鲁	2005.03－
		Peruvian Red Fishmeal	Protein Feed		Peru	2010.03
（2006）外饲准字002号	鱼粉	红鱼粉	蛋白质饲料	所有动物	秘鲁 Sindicato 集团公司	2006.01－
	Fishmeal	Red Fishmeal	Protein Feed	All animal	Grupo Sindicato Pesquero Del Peru S.A.，Peru	2011.01

（续）

登记证号	通用名称	商品名称	产品类别	使用范围	生产厂家	有效期限
（2006）外饲准字 021 号	鱼粉	红鱼粉	蛋白质饲料	所有动物	秘鲁海督公司	2006.02－
	Fishmeal	Red Fishmeal	Protein Feed	All animal	Pesquera Hayduk S. A.，Peru	2011.02
（2006）外饲准字 030 号	鱼粉	红鱼粉（一级）	蛋白质饲料	所有动物	秘鲁 Pesquera Alejandria 公司	2006.04－
	Fishmeal	Red Fishmeal（Ⅰ）	Protein Feed	All animal	Pesquera Alejandria S. A. C.，Peru	2011.04
（2011）外饲准字 019 号	鱼油	鱼油（饲料级）	能量饲料	畜禽和水产动物	秘鲁 Pesquera Diamante S. A. 公司 Samanco 工厂	2011.01－
	Fish Oil	Fish Oil（Feed Grade）	Energy feed	Livestock and Aquaculture	Pesquera Diamante S. A.，Samanco plant，Peru	2016.01
（2011）外饲准字 020 号	鱼油	鱼油（饲料级）	能量饲料	畜禽和水产动物	秘鲁 Pesquera Diamante S. A. 公司 Callao 工厂	2011.01－
	Fish Oil	Fish Oil（Feed Grade）	Energy feed	Livestock and Aquaculture	Pesquera Diamante S. A.，Callao plant，Peru	2016.01
（2011）外饲准字 021 号	鱼油	鱼油（饲料级）	能量饲料	畜禽和水产动物	秘鲁 Conservera De Las Americas S. A. 公司 Paita 工厂	2011.01－
	Fish Oil	Fish Oil（Feed Grade）	Energy feed	Livestock and Aquaculture	Conservera De Las Americas S. A.，Paita plant，Peru	2016.01
（2011）外饲准字 022 号	鱼油	鱼油（饲料级）	能量饲料	畜禽和水产动物	秘鲁 Austral Group S. A. A. 公司 Pisco 工厂	2011.01－
	Fish Oil	Fish Oil（Feed Grade）	Energy feed	Livestock and Aquaculture	Austral Group S. A. A.，Pisco plant，Peru	2016.01
（2011）外饲准字 047 号	红鱼粉	秘鲁红鱼粉（三级）	蛋白质饲料	畜禽和水产动物	秘鲁 Pesquera Hayduk S. A. 公司 Tambo De Mora 工厂	2011.03－
	Red Fishmeal	Peruvian Red Fishmeal（Ⅲ）	Protein Feed	Livestock and Aquaculture	Pesquera Hayduk S. A. Plant Tambo De Mora，Peru	2016.03

（续）

登记证号	通用名称	商品名称	产品类别	使用范围	生产厂家	有效期限
（2011）外饲准字 048 号	红鱼粉 Red Fishmeal	秘鲁红鱼粉（三级） Peruvian Red Fishmeal（Ⅲ）	蛋白质饲料 Protein Feed	畜禽和水产动物 Livestock and Aquaculture	秘鲁 Pesquera Hayduk S. A. 公司 Coishco 工厂 Pesquera Hayduk S. A. Plant Coishco, Peru	2011.03－2016.03
（2011）外饲准字 051 号	红鱼粉 Red Fishmeal	红鱼粉（一级） Red Fishmeal（Ⅰ）	蛋白质饲料 Protein Feed	畜禽和水产动物 Livestock and Aquaculture	秘鲁 Estacion Naval De Paita 公司 Estacion Naval De Paita, Peru	2011.03－2016.03
（2011）外饲准字 101 号	红鱼粉 Red Fishmeal	红鱼粉（一级） Red Fishmeal（Ⅰ）	蛋白质饲料 Protein Feed	畜禽和水产动物 Livestock and Aquaculture	秘鲁 Negociacion Pesquera Del Sur S. A. 公司 Supe 工厂 Negociacion Pesquera Del Sur S. A. Plant Supe, Peru	2011.04－2016.04
（2011）外饲准字 102 号	红鱼粉 Red Fishmeal	红鱼粉（一级） Red Fishmeal（Ⅰ）	蛋白质饲料 Protein Feed	畜禽和水产动物 Livestock and Aquaculture	秘鲁 Pesquera Alejandria S. A. C. 公司 Tambo De Mora 工厂 Pesquera Alejandria S. A. C. Plant Tambo De Mora, Peru	2011.04－2016.04
（2011）外饲准字 193 号	红鱼粉 Red Fishmeal	秘鲁红鱼粉（一级） Peruvian Red Fishmeal	蛋白质饲料 Protein Feed	畜禽和水产动物 Livestock and Poultry, Aquaculture	秘鲁 Corporacion Pesquera Inca S. A. C. 公司 Bayovar 工厂 Corporacion Pesquera Inca S. A. C., Plant Bayovar, Peru	2011.06－2016.06
（2011）外饲准字 194 号	红鱼粉 Red Fishmeal	秘鲁红鱼粉（一级） Peruvian Red Fishmeal	蛋白质饲料 Protein Feed	畜禽和水产动物 Livestock and Poultry, Aquaculture	秘鲁 Corporacion Pesquera Inca S. A. C. 公司 Razuri 工厂 Corporacion Pesquera Inca S. A. C., Plant Razuri, Peru	2011.06－2016.06

（续）

登记证号	通用名称	商品名称	产品类别	使用范围	生产厂家	有效期限
（2011）外饲准字 195 号	红鱼粉 Red Fishmeal	秘鲁红鱼粉（一级） Peruvian Red Fishmeal	蛋白质饲料 Protein Feed	畜禽和水产动物 Livestock and Poultry, Aquaculture	秘鲁 Pesquera Centinela S. A. C. 公司 Chancay 工厂 Pesquera Centinela S. A. C., Plant Chancay, Peru Austral Group S. A. A., Plant Huarmey, Peru	2011.06－2016.06
（2011）外饲准字 304 号	红鱼粉 Red Fishmeal	秘鲁红鱼粉（一级） Peruvian Red Fishmeal (Ⅰ)	蛋白质饲料 Protein Feed	水产动物和畜禽 Aquaculture, Livestock and Poultry	秘鲁 Austral Group S. A. A. 公司（Chancay 工厂） Austral Group S. A. A., Plant Chancay, Peru	2011.09－2016.09
（2011）外饲准字 305 号	红鱼粉 Red Fishmeal	秘鲁红鱼粉（一级） Peruvian Red Fishmeal (Ⅰ)	蛋白质饲料 Protein Feed	水产动物和畜禽 Aquaculture, Livestock and Poultry	秘鲁 CFG investment S. A. C. 公司（Razuri 工厂） CFG Investment S. A. C., Plant Razuri, Peru	2011.09－2016.09
（2011）外饲准字 306 号	红鱼粉 Red Fishmeal	秘鲁红鱼粉（一级） Peruvian Red Fishmeal (Ⅰ)	蛋白质饲料 Protein Feed	水产动物和畜禽 Aquaculture, Livestock and Poultry	秘鲁 CFG investment S. A. C. 公司（La Planchada 工厂） CFG Investment S. A. C., Plant La Planchada, Peru	2011.09－2016.09
（2011）外饲准字 352 号	红鱼粉 Red Fishmeal	秘鲁红鱼粉（一级） Peruvian Red Fishmeal (Ⅰ)	蛋白质饲料 Protein Feed	畜禽和水产动物 Livestock, Poultry and Aquaculture	秘鲁 Pesquera Caral S. A. 公司 Chancay 工厂 Pesquera Caral S. A., Plant Chancay, Peru	2011.10－2016.10
（2011）外饲准字 353 号	红鱼粉 Red Fishmeal	秘鲁红鱼粉（一级） Peruvian Red Fishmeal (Ⅰ)	蛋白质饲料 Protein Feed	畜禽和水产动物 Livestock, Poultry and Aquaculture	秘鲁 Tecnologica de Alimentos S. A. 公司 Vegueta 工厂 Tecnologica de Alimentos, Plant Vegueta, Peru	2011.10－2016.10

（续）

登记证号	通用名称	商品名称	产品类别	使用范围	生产厂家	有效期限
（2011）外饲准字 354 号	红鱼粉	秘鲁红鱼粉（一级）	蛋白质饲料	畜禽和水产动物	秘鲁 Pesquera Hayduk S. A. 公司 Vegueta 工厂	2011.10－2016.10
	Red Fishmeal	Peruvian Red Fishmeal (Ⅰ)	Protein Feed	Livestock, Poultry and Aquaculture	Pesquera Hayduk S. A., Plant Vegueta, Peru	
（2011）外饲准字 355 号	红鱼粉	秘鲁红鱼粉（一级）	蛋白质饲料	畜禽和水产动物	秘鲁 Pesquera Hayduk S. A. 公司 Paita 工厂	2011.10－2016.10
	Red Fishmeal	Peruvian Red Fishmeal (Ⅰ)	Protein Feed	Livestock, Poultry and Aquaculture	Pesquera Hayduk S. A., Plant Paita, Peru	
（2011）外饲准字 356 号	红鱼粉	秘鲁红鱼粉（一级）	蛋白质饲料	畜禽和水产动物	秘鲁 Pesquera Hayduk S. A. 公司 Ilo 工厂	2011.10－2016.10
	Red Fishmeal	Peruvian Red Fishmeal (Ⅰ)	Protein Feed	Livestock, Poultry and Aquaculture	Pesquera Hayduk S. A., Plant Ilo, Peru	
（2011）外饲准字 357 号	红鱼粉	秘鲁红鱼粉（一级）	蛋白质饲料	畜禽和水产动物	秘鲁 Pesquera Hayduk S. A. 公司 Razuri 工厂	2011.10－2016.10
	Red Fishmeal	Peruvian Red Fishmeal (Ⅰ)	Protein Feed	Livestock, Poultry and Aquaculture	Pesquera Hayduk S. A., Plant Razuri, Peru	
（2011）外饲准字 362 号	红鱼粉	秘鲁红鱼粉（一级）	蛋白质饲料	畜禽和水产动物	秘鲁 Centinela 有限公司 Mora Tambo 工厂	2011.10－2016.10
	Red Fishmeal	Peruvian Red Fishmeal	Protein Feed	Livestock, Poultry and Aquaculture	Centinela S. A. C., Plant Mora Tambo, Peru	
（2011）外饲准字 362 号	红鱼粉	秘鲁红鱼粉（一级）	蛋白质饲料	畜禽和水产动物	秘鲁 Centinela 有限公司 Mora Tambo 工厂	2011.10－2016.10
	Red Fishmeal	Peruvian Red Fishmeal	Protein Feed	Livestock, Poultry and Aquaculture	Centinela S. A. C., Plant Mora Tambo, Peru	

（续）

登记证号	通用名称	商品名称	产品类别	使用范围	生产厂家	有效期限
（2011）外饲准字 385 号	红鱼粉	秘鲁红鱼粉（一级）	蛋白质饲料	畜禽和水产动物	秘鲁 Pesquera Exalmar S. A. A. 公司 Razuri 工厂	2011. 12 – 2016. 12
	Red Fishmeal	Peruvian Red Fishmeal（Ⅰ）	Protein Feed	Livestock, Poultry and Aquaculture	Pesquera Exalmar S. A., Plant Razuri, Peru	
（2011）外饲准字 386 号	红鱼粉	秘鲁红鱼粉（一级）	蛋白质饲料	畜禽和水产动物	秘鲁 Pesquera Exalmar S. A. A. 公司 Carquin 工厂	2011. 12 – 2016. 12
	Red Fishmeal	Peruvian Red Fishmeal（Ⅰ）	Protein Feed	Livestock, Poultry and Aquaculture	Pesquera Exalmar S. A., Plant Carquin, Peru	
（2011）外饲准字 387 号	红鱼粉	秘鲁红鱼粉（一级）	蛋白质饲料	畜禽和水产动物	秘鲁 Pesquera Exalmar S. A. A. 公司 Chimbote 工厂	2011. 12 – 2016. 12
	Red Fishmeal	Peruvian Red Fishmeal（Ⅰ）	Protein Feed	Livestock, Poultry and Aquaculture	Pesquera Exalmar S. A., Plant Chimbote, Peru	
（2011）外饲准字 393 号	鱼油	秘鲁鱼油（饲料级）	能量饲料	畜禽和水产动物	秘鲁 CFG Investment S. A. C. 公司 Chimbote 工厂	2011. 12 – 2016. 12
	Fish Oil	Peruvian Fish Oil（Feed Grade）	Energy Feed	Livestock, Poultry and Aquaculture	CFG Investment S. A. C., Plant Chimbote, Peru	
（2011）外饲准字 394 号	鱼油	秘鲁鱼油（饲料级）	能量饲料	畜禽和水产动物	秘鲁 CFG Investment S. A. C. 公司 Razuri 工厂	2011. 12 – 2016. 12
	Fish Oil	Peruvian Fish Oil（Feed Grade）	Energy Feed	Livestock, Poultry and Aquaculture	CFG Investment S. A. C., Plant Razuri, Peru	
（2011）外饲准字 395 号	鱼油	秘鲁鱼油（饲料级）	能量饲料	畜禽和水产动物	秘鲁 CFG Investment S. A. C. 公司 Tambo de Mora 工厂	2011. 12 – 2016. 12
	Fish Oil	Peruvian Fish Oil（Feed Grade）	Energy Feed	Livestock, Poultry and Aquaculture	CFG Investment S. A. C., Plant Tambo de Mora, Peru	

（续）

登记证号	通用名称	商品名称	产品类别	使用范围	生产厂家	有效期限
（2011）外饲准字 396 号	鱼油	秘鲁鱼油（饲料级）	能量饲料	畜禽和水产动物	秘鲁 CFG Investment S. A. C. 公司 La Planchada 工厂	2011. 12－2016. 12
	Fish Oil	Peruvian Fish Oil（Feed Grade）	Energy Feed	Livestock, Poultry and Aquaculture	CFG Investment S. A. C., Plant La Planchada, Peru	
（2011）外饲准字 397 号	鱼油	秘鲁鱼油（饲料级）	能量饲料	畜禽和水产动物	秘鲁 CFG Investment S. A. C. 公司 Chancay 工厂	2011. 12－2016. 12
	Fish Oil	Peruvian Fish Oil（Feed Grade）	Energy Feed	Livestock, Poultry and Aquaculture	CFG Investment S. A. C., Plant Chancay, Peru	
（2011）外饲准字 398 号	鱼油	秘鲁鱼油（饲料级）	能量饲料	畜禽和水产动物	秘鲁 Pesquera Hayduk S. A. 公司 Coishco 工厂	2011. 12－2016. 12
	Fish Oil	Peruvian Fish Oil（Feed Grade）	Energy Feed	Livestock, Poultry and Aquaculture	Pesquera Hayduk S. A., Plant Coishco, Peru	
（2011）外饲准字 399 号	鱼油	秘鲁鱼油（饲料级）	能量饲料	畜禽和水产动物	秘鲁 Epesca Pisco S. A. C. 公司 Pisco 工厂	2011. 12－2016. 12
	Fish Oil	Peruvian Fish Oil（Feed Grade）	Energy Feed	Livestock, Poultry and Aquaculture	Epesca Pisco S. A. C., Plant Pisco, Peru	
（2012）外饲准字 035 号	红鱼粉	秘鲁红鱼粉（一级）	蛋白质饲料	畜禽和水产动物	秘鲁 Pesquera Capricornio S. A. 公司 Callao 工厂	2012. 01－2017. 01
	Red Fishmeal	Peruvian Red Fishmeal（Ⅰ）	Protein Feed	Livestock, Poultry and Aquaculture	Pesquera Capricornio S. A., Plant Callao, Peru	
（2012）外饲准字 036 号	红鱼粉	秘鲁红鱼粉（一级）	蛋白质饲料	畜禽和水产动物	秘鲁 Epesca Pisco S. A. C. 公司 Paracas 工厂	2012. 01－2017. 01
	Red Fishmeal	Peruvian Red Fishmeal（Ⅰ）	Protein Feed	Livestock, Poultry and Aquaculture	Epesca Pisco S. A. C., Plant Paracas, Peru	

（续）

登记证号	通用名称	商品名称	产品类别	使用范围	生产厂家	有效期限
（2012）外饲准字 037 号	红鱼粉	秘鲁红鱼粉（一级）	蛋白质饲料	畜禽和水产动物	秘鲁 CFG Investment S. A. C. 公司 Tambo de Mora 工厂	2012.01－2017.01
	Red Fishmeal	Peruvian Red Fishmeal (Ⅰ)	Protein Feed	Livestock, Poultry and Aquaculture	CFG Investment S. A. C., Plant Tambo de Mora, Peru	
（2012）外饲准字 052 号	红鱼粉	秘鲁红鱼粉（一级）	蛋白质饲料	畜禽和水产动物	秘鲁 Tecnologica De Alimentos S. A. 公司 Callao 工厂	2012.01－2017.01
	Red Fishmeal	Peruvian Red Fishmeal (Ⅰ)	Protein Feed	Livestock, Poultry and Aquaculture	Tecnologica De Alimentos S. A., Plant Callao, Peru	
（2012）外饲准字 053 号	红鱼粉	秘鲁红鱼粉（一级）	蛋白质饲料	畜禽和水产动物	秘鲁 Tecnologica De Alimentos S. A. 公司 Paita 工厂	2012.01－2017.01
	Red Fishmeal	Peruvian Red Fishmeal (Ⅰ)	Protein Feed	Livestock, Poultry and Aquaculture	Tecnologica De Alimentos S. A., Plant Paita, Peru	
（2012）外饲准字 154 号	红鱼粉	秘鲁红鱼粉（一级）	蛋白质饲料	畜禽和水产动物	秘鲁 Compañia Pesquera Del Pacifico Centro S. A. 公司 Tambo De Mora 工厂	2012.03－2017.03
	Red Fishmeal	Peruvian Red Fishmeal (Ⅰ)	Protein Feed	Livestock, Poultry and Aquaculture	Compañia Pesquera Del Pacifico Centro S. A., Plant Tambo De Mora, Peru	
（2012）外饲准字 155 号	红鱼粉	秘鲁红鱼粉（一级）	蛋白质饲料	畜禽和水产动物	秘鲁 Compañia Pesquera Del Pacifico Centro S. A. 公司 Razuri 工厂	2012.03－2017.03
	Red Fishmeal	Peruvian Red Fishmeal (Ⅰ)	Protein Feed	Livestock, Poultry and Aquaculture	Compañia Pesquera Del Pacifico Centro S. A., Plant Razuri, Peru	
（2012）外饲准字 156 号	红鱼粉	秘鲁红鱼粉（一级）	蛋白质饲料	畜禽和水产动物	秘鲁 Pesquera Exalmar S. A. A. 公司 Callao 工厂	2012.03－2017.03
	Red Fishmeal	Peruvian Red Fishmeal (Ⅰ)	Protein Feed	Livestock, Poultry and Aquaculture	Pesquera Exalmar S. A. A., Plant Callao, Peru	

（续）

登记证号	通用名称	商品名称	产品类别	使用范围	生产厂家	有效期限
（2012）外饲准字 067 号	红鱼粉	秘鲁红鱼粉（一级）	蛋白质饲料	畜禽和水产动物	秘鲁 Compañia Pesquera Del Pacifico Centro S. A. 公司 Chimbote 工厂	2012. 03 - 2017. 03
	Red Fishmeal	Peruvian Red Fishmeal (Ⅰ)	Protein Feed	Livestock, Poultry and Aquaculture	Compañia Pesquera Del Pacifico Centro S. A., Chimbote Plant, Peru	
（2012）外饲准字 068 号	红鱼粉	秘鲁红鱼粉（一级）	蛋白质饲料	畜禽和水产动物	秘鲁 Compañia Pesquera Del Pacifico Centro S. A. 公司 Supe 工厂	2012. 03 - 2017. 03
	Red Fishmeal	Peruvian Red Fishmeal (Ⅰ)	Protein Feed	Livestock, Poultry and Aquaculture	Compañia Pesquera Del Pacifico Centro S. A., Plant Supe, Peru	
（2012）外饲准字 069 号	红鱼粉	秘鲁红鱼粉（三级）	蛋白质饲料	畜禽和水产动物	秘鲁 Austral Group S. A. A. 公司 ILO 工厂	2012. 03 - 2017. 03
	Red Fishmeal	Peruvian Red Fishmeal (Ⅲ)	Protein Feed	Livestock, Poultry and Aquaculture	Austral Group S. A. A., Plant ILO, Peru	
（2012）外饲准字 070 号	红鱼粉	秘鲁红鱼粉（一级）	蛋白质饲料	畜禽和水产动物	秘鲁 Triarc S. A. 公司 Quilca 工厂	2012. 03 - 2017. 03
	Red Fishmeal	Peruvian Red Fishmeal (Ⅰ)	Protein Feed	Livestock, Poultry and Aquaculture	Triarc S. A., Plant Quilca, Peru	
（2012）外饲准字 071 号	红鱼粉	红鱼粉（二级）	蛋白质饲料	畜禽和水产动物	秘鲁 Corporacion Pfg Centinela S. A. C. 公司 Chimbote 工厂	2012. 03 - 2017. 03
	Red Fishmeal	Red Fishmeal (Ⅱ)	Protein Feed	Livestock, Poultry and Aquaculture	Corporacion Pfg Centinela S. A. C., Plant Chimbote, Peru	
（2012）外饲准字 072 号	红鱼粉	红鱼粉（二级）	蛋白质饲料	畜禽和水产动物	秘鲁纳塔莉亚渔业公司 OCOÑA 工厂	2012. 03 - 2017. 03
	Red Fishmeal	Red Fishmeal (Ⅱ)	Protein Feed	Livestock, Poultry and Aquaculture	Pesquera Natalia S. A. C., Plant OCOÑA, Peru	

（续）

登记证号	通用名称	商品名称	产品类别	使用范围	生产厂家	有效期限
（2012）外饲准字 194 号	红鱼粉	红鱼粉（二级）	蛋白质饲料	畜禽和水产动物	秘鲁渔业捕鱼 1313 公司	2012. 05 - 2017. 05
	Red Fishmeal	Red Fishmeal（Ⅱ）	Protein Feed	Livestock, Poultry and Aquaculture	Corporacion Pesquera 1313 S. A. , Peru	
（2012）外饲准字 195 号	红鱼粉	红鱼粉（三级）	蛋白质饲料	畜禽和水产动物	秘鲁鱼粉商业贸易公司	2012. 05 - 2017. 05
	Red Fishmeal	Red Fishmeal（Ⅲ）	Protein Feed	Livestock, Poultry and Aquaculture	Trading Fishmeal Corporation S. A. C. , Peru	
（2012）外饲准字 238 号	红鱼粉	秘鲁红鱼粉（一级）	蛋白质饲料	畜禽和水产动物	秘鲁 Pesquera 2020 S. A. C. 公司 Supe 工厂	2012. 06 - 2017. 06
	Red Fishmeal	Peruvian Red Fishmeal（Ⅰ）	Protein Feed	Livestock, Poultry and Aquaculture	Pesquera 2020 S. A. C. , Plant Supe, Peru	
（2012）外饲准字 241 号	红鱼粉	红鱼粉（二级）	蛋白质饲料	畜禽和水产动物	秘鲁 Inversiones Farallon S. A. C. 公司	2012. 06 - 2017. 06
	Red Fishmeal	Red Fishmeal（Ⅱ）	Protein Feed	Livestock, Poultry and Aquaculture	Inversiones Farallon S. A. C. , Peru	
（2012）外饲准字 308 号	红鱼粉	秘鲁红鱼粉（三级）	蛋白质饲料	畜禽、水产动物	秘鲁 Procesadora de Productos Marinos S. A. 公司 ILO 工厂	2012. 08 - 2017. 08
	Red Fishmeal	Peruvian Red Fishmeal	Protein Feed	Livestock and Poultry, Aquaculture	Procesadora de Productos Marinos S. A. , Plant ILO, Peru	
（2012）外饲准字 401 号	红鱼粉	红鱼粉（一级）	蛋白质饲料	畜禽、水产动物	秘鲁 Nemesis 公司	2012. 10 - 2017. 10
	Red Fishmeal	Red Fishmeal（Ⅰ）	Protein Feed	Livestock and Poultry, Aquaculture	Pesquera Nemesis S. A. C. , Peru	
（2013）外饲准字 215 号	鱼粉	红鱼粉（三级）	饲料原料	畜禽 Livestock and Poultry	秘鲁太平洋深蔷薇公司	2013. 06 - 2018. 06
	Fishmeal	Red Fishmeal（Ⅲ）	Feed Material	水产动物 Aquaculture	Pacific Deep Frozen S. A. , Peru	

（续）

登记证号	通用名称	商品名称	产品类别	使用范围	生产厂家	有效期限
（2013）外饲准字 220 号	鱼油	鱼油（饲料级）	饲料原料	畜禽 Livestock and Poultry	秘鲁 CFG Investment S. A. C. 公司 PISCO 工厂	2013. 06 – 2018. 06
	Fish Oil	Fish Oil（Feed Grade）	Feed Material	水产动物 Aquaculture	CFG Investment S. A. C. , Plant in PISCO, Peru	
（2013）外饲准字 255 号	鱼粉	红鱼粉（三级）	饲料原料	畜禽 Livestock and Poultry	秘鲁农渔业出入口公司	2013. 07 – 2018. 07
	Fishmeal	Red Fishmeal（Ⅲ）	Feed Material	水产动物 Aquaculture	Import Export Pesca Y Agricultura S. R. L. , Peru	
（2013）外饲准字 257 号	鱼油	秘鲁鱼油（饲料级）	饲料原料	家畜 Livestock	秘鲁 Pesquera Hayduk S. A. 公司 Tambo de Mora 工厂	2013. 07 – 2018. 07
	Fish oil	Peruvian Fish Oil（Feed Grade）	Feed Material	水产动物 Aquaculture	Pesquera Hayduk S. A. , Plant Tambo de Mora, Peru	
（2010）外饲准字 360 号	红鱼粉	红鱼粉（一级）	蛋白质饲料	畜禽和水产动物	智利 Pesquera Itata S. A. 公司	2011. 03 –
	Red Fishmeal	Red Fishmeal（Ⅰ）	Protein Feed	Livestock and Aquaculture	Pesquera Itata S. A. , Chile	2016. 03
（2011）外饲准字 050 号	红鱼粉	Enapesca 牌智利红鱼粉（特级）	蛋白质饲料	畜禽和水产动物	智利 Perquera Bahia Coronel S. A. 公司	2011. 04 –
	Red Fishmeal	Enapesca Red Fishme（Surperfine）	Protein Feed	Livestock and Aquaculture	Perquera Bahia Coronel S. A. , Chile	2016. 04
（2011）外饲准字 103 号	红鱼粉	红鱼粉（一级）	蛋白质饲料	畜禽和水产动物	智利 Pesquera ITATA S. A. 公司	2011. 04 –
	Red Fishmeal	Red Fishmeal（Ⅰ）	Protein Feed	Livestock and Aquaculture	Pesquera ITATA S. A. , Chile	2016. 04
（2011）外饲准字 104 号	红鱼粉 Red Fishmeal	秘鲁红鱼粉（一级） Peruvian Red Fishmeal	蛋白质饲料 Protein Feed	畜禽和水产动物 Livestock and Poultry, Aquaculture	智利 Pesquera El Golfo S. A. 公司 Pesquera El Golfo S. A. , Chile	2011. 08 – 2016. 08

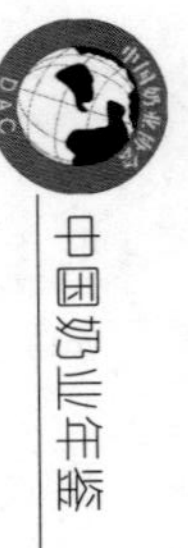

（续）

登记证号	通用名称	商品名称	产品类别	使用范围	生产厂家	有效期限
（2011）外饲准字 358 号	红鱼粉	红鱼粉（二级）	蛋白质饲料	畜禽和水产动物	智利 La Portada S. A. 渔业公司	2011. 10－2016. 10
	Red Fishmeal	Red Fishmeal（Ⅱ）	Protein Feed	Livestock, Poultry and Aquaculture	Pesquera La Portada S. A., Chile	
（2011）外饲准字 391 号	红鱼粉	红鱼粉（二级）	蛋白质饲料	畜禽和水产动物	智利 Isla Quihua S. A. 渔业工业公司	2011. 12－2016. 12
	Red Fishmeal	Red Fishmeal（Ⅱ）	Protein Feed	Livestock, Poultry and Aquaculture	Industrias Isla Quihua S. A., Chile	
（2011）外饲准字 400 号	鱼油	鱼油（饲料级）	能量饲料	畜禽和水产动物	智利 Isla Quihua S. A. 渔业工业公司	2011. 12－2016. 12
	Fish Oil	Fish Oil（Feed Grade）	Energy Feed	Livestock, Poultry and Aquaculture	Industrias Isla Quihua S. A., Chile	
（2011）外饲准字 401 号	鱼油	鱼油（饲料级）	能量饲料	畜禽和水产动物	智利 Pesquera Itata S. A. 渔业有限公司	2011. 12－2016. 12
	Fish Oil	Fish Oil（Feed Grade）	Energy Feed	Livestock, Poultry and Aquaculture	Pesquera Itata S. A., Chile	
（2011）外饲准字 402 号	鱼油	鱼油（饲料级）	能量饲料	畜禽和水产动物	智利 LANDES 渔业股份有限公司	2011. 12－2016. 12
	Fish Oil	Fish Oil（Feed Grade）	Energy Feed	Livestock, Poultry and Aquaculture	Sociedad Pesquera Landes S. A., Chile	
（2011）外饲准字 413 号	红鱼粉	红鱼粉（一级）	蛋白质饲料	畜禽和水产动物	智利 Pesquera Bahia Caldera 公司	2011. 12－2016. 12
	Red Fishmeal	Red Fishmeal（Ⅰ）	Protein Feed	Livestock, Poultry and Aquaculture	Pesquera Bahia Caldera, Chile	
（2012）外饲准字 039 号	乌贼粉	乌贼粉	蛋白质饲料	畜禽和水产动物	智利 Landes 渔业股份有限公司	2012. 01－2017. 01
	Squid Meal	Squid Meal	Protein Feed	Livestock, Poultry and Aquaculture	Sociedad Pesquera Landes S. A., Chile	

（续）

登记证号	通用名称	商品名称	产品类别	使用范围	生产厂家	有效期限
（2012）外饲准字 049 号	乌贼粉	乌贼粉	蛋白质饲料	畜禽和水产动物	智利 Lota Protein 股份有限公司	2012.01－2017.01
	Squid Meal	Squid Meal	Protein Feed	Livestock, Poultry and Aquaculture	Lota Protein S. A., Chile	
（2012）外饲准字 056 号	红鱼粉	智利红鱼粉（一级）	蛋白质饲料	畜禽和水产动物	智利 Foodcorp 公司	2012.01－2017.01
	Red Fishmeal	Chile Red Fishmeal（Ⅰ）	Protein Feed	Livestock, Poultry and Aquaculture	Foodcorp Chile S. A., Chile	
（2012）外饲准字 231 号	红鱼粉	智利红鱼粉（特级）	蛋白质饲料	畜禽和水产动物	智利 Landes 渔业公司	2012.05－2017.05
	Red Fishmeal	Chilean Red Fishmeal (Superfine)	Protein Feed	Livestock, Poultry and Aquaculture	Sociedad Pesquera Landes S. A., Chile	
（2012）外饲准字 345 号	红鱼粉	红鱼粉（特级）	蛋白质饲料	畜禽、水产动物	智利 LOTA 蛋白质有限公司	2012.09－2017.09
	Red Fishmeal	Red Fishmeal (Super)	Protein Feed	Livestock and Poultry, Aquaculture	LOTA Protein S. A., Chile	
（2013）外饲准字 216 号	鱼粉	红鱼粉（三级）	饲料原料	畜禽 Livestock and Poultry	智利 Blumar S. A. 公司（工厂位于 Corral）	2013.06－2018.06
	Fishmeal	Red Fishmeal（Ⅲ）	Feed Material	水产动物 Aquaculture	Blumar S. A. (Plant in Corral), Chile	
（2013）外饲准字 219 号	鱼油	鱼油（饲料级）	饲料原料	畜禽 Livestock and Poultry	智利三文鱼油公司（工厂位于 Calbuco）	2013.06－2018.06
	Fish Oil	Fish Oil (Feed Grade)	Feed Material	水产动物 Aquaculture	Salmonoil S. A. (Plant in Calbuco), Chile	
（2013）外饲准字 256 号	鱼粉	红鱼粉（三级）	饲料原料	畜禽 Livestock and Poultry	智利三文鱼油公司（Calbuco 工厂）	2013.07－2018.07
	Fishmeal	Red Fishmeal（Ⅲ）	Feed Material	水产动物 Aquaculture	Salmonoil S. A., Plant in Calbuco Chile	

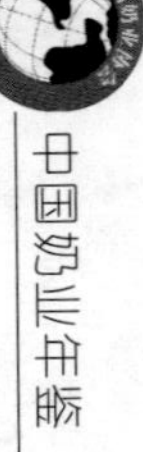

（续）

登记证号	通用名称	商品名称	产品类别	使用范围	生产厂家	有效期限
（2011）外饲准字 234 号	红鱼粉		蛋白质饲料		厄瓜多尔	2005.01－
	Red Fishmeal		Protein Feed		香港宏源有限公司代理	2010.01
（2005）外饲准字 005 号	鱼粉	厄瓜多尔红鱼粉	蛋白质饲料	所有动物	厄瓜多尔 Procesadora y Pesquera del Sur 公司	2006.02－
	Fishmeal	Ecuador Red Fishmeal	Protein Feed	All animal	Procesadora y Pesquera del Sur C. A.，Ecuador	2011.02
（2011）外饲准字 388 号	红鱼粉	红鱼粉（二级）	蛋白质饲料	畜禽和水产动物	厄瓜多尔 Herco Cia. Ltda. 公司	2011.12－2016.12
	Red Fishmeal	Red Fishmeal（Ⅱ）	Protein Feed	Livestock，Poultry and Aquaculture	Herco Cia. Ltda.，Ecuador	
（2012）外饲准字 073 号	红鱼粉	红鱼粉（二级）	蛋白质饲料	畜禽和水产动物	厄瓜多尔 Pescasur 公司	2012.03－2017.03
	Red Fishmeal	Red Fishmeal（Ⅱ）	Protein Feed	Livestock，Poultry and Aquaculture	Procesadora Y Pesquera Del Sur C. A.（Pescasur），Ecuador	
（2012）外饲准字 329 号	红鱼粉	红鱼粉（二级）	蛋白质饲料	畜禽、水产动物	厄瓜多尔 Productos Pesqueros S. A. 公司	2012.09－2017.09
	Red Fishmeal	Red Fishmeal（Ⅱ）	Protein Feed	Livestock and Poultry，Aquaculture	Productos Pesqueros S. A.，Ecuador	
（2006）外饲准字 061 号	鱼粉	乌拉圭红鱼粉	蛋白质饲料	所有动物	乌拉圭 IBRAMAR 公司	2005.11－
	Fishmeal	Uruguay Red Fishmeal	Protein Feed	All animal	IBRAMAR S. A.，Uruguay	2010.11
（2005）外饲准字 178 号	维生素 K_3	MSB 94	饲料级维生素	所有动物	乌拉圭 Dirox 公司	2006.11－
	Vitamin K_3	MSB 94（Menadione Sodium Bisulfite）	Vitamin Feed Grade	All animal	Dirox S. A.，Uruguay	2011.11
（2006）外饲准字 190 号	维生素 K_3（亚硫酸烟酰胺甲萘醌）	MNB 96（饲料级维生素 K_3）	饲料级维生素	所有动物	乌拉圭 Dirox 公司	2007.01－
	Vitamin K_3（Menadione Nicotinamide Bisulfite）	MNB 96（Vitamin K_3 Feed Grade）	Vitamin Feed Grade	All animal	Dirox S. A.，Uruguay	2012.01

（续）

登记证号	通用名称	商品名称	产品类别	使用范围	生产厂家	有效期限
（2012）外饲准字 222 号	亚硫酸氢钠甲奈醌 Menadione Sodium Bisulfite	MSB99（饲料级维生素 K_3）	饲料级维生素	单胃动物和牛	乌拉圭帝沃斯公司	2012.05－2017.05
		MSB99（Vitamin K_3 Feed Grade）	Vitamin Feed Grade	Monogastric Animals and Calves	Dirox S. A.，Uruguay	
（2012）外饲准字 223 号	亚硫酸氢烟酰胺甲奈醌	MNB96（饲料级维生素 K_3）	饲料级维生素	单胃动物和牛	乌拉圭帝沃斯公司	2012.05－2017.05
	Menadione Nicotinamide Bisulfite	MNB96（Vitamin K_3 Feed Grade）	Vitamin Feed Grade	Monogastric Animals and Calves	Dirox S. A.，Uruguay	
（2013）外饲准字 066 号	甲萘醌亚硫酸氢钠	维生素 K_3－MSB50	饲料级维生素	养殖动物	乌拉圭帝沃斯公司	2013.02－2018.02
	Menadione Sodium Bisulfite	Vitamin K_3 － MSB50（Menadione Sodium Bisulfite 50）Feed Grade	Vitamin Feed Grade	All species or categories of animals	Dirox S. A.，Uruguay	
（2008）外饲准字 140 号	酵母硒	拉曼硒	矿物质饲料添加剂	家畜	加拿大拉曼公司	2008.12－
	Selenium Yeast	Alkosel	Mineral Feed Supplement	Livestock	Lallemand Inc.，Canada	2013.12
（2010）外饲准字 046 号	氧化锌	奥格锌	矿物质饲料添加剂	养殖动物	加拿大 Zochem Inc. 公司	2010.11
	Zinc Oxide	Agrazinc 75	Feed Mineral Additive	All species or categories of animals	Zochem Inc.，Canada	2015.11

（续）

登记证号	通用名称	商品名称	产品类别	使用范围	生产厂家	有效期限
（2012）外饲准字 168 号	多种维生素 Vitamins	维可脱	添加剂预混合饲料	猪 Swine	加拿大奥斯珀有限公司	2012.04－2017.04
	酿酒酵母 *Saccharomyces cerevisiae*	OSP 20200 － WEST － PAK	Feed Additive Premix	奶牛 Cow	Oshawa Specialty Products Ltd., Canada	
（2010）外饲准字 088 号	YUCCA（Yucca	丝兰宝	饲料添加剂	所有动物	墨西哥农工公司	2007.10－
	Schigigera Extract）	Biopowder	Feed Additive	All animal	Agroindustrias EL Alamo S. A. de C. V., Mexico	2012.1
（2012）外饲准字 076 号	红鱼粉	红鱼粉（二级）	蛋白质饲料	畜禽和水产动物	墨西哥 Guaymas Protein Company, S. A. de C. V.	2012.03－2017.03
	Red Fishmeal	Red Fishmeal（Ⅱ）	Protein Feed	Livestock, Poultry and Aquaculture	Guaymas Protein Company, S. A. de C. V., Mexico	
（2012）外饲准字 410 号	天然类固醇萨洒皂角苷（源自丝兰）	丝兰宝	饲料添加剂	家禽、猪、牛和宠物	墨西哥 BAJA Agro International, S. A. de C. V. 公司	2012.11－2017.11
	YUCCA（Yucca Schidigera Exact）	Biopowder	Feed Additive	Poultry, Pig, Cattle and Pet	BAJA Agro International, S. A. de C. V., Mexico	
（2012）外饲准字 414 号	鱼油	鱼油（饲料级）	能量饲料	养殖动物	墨西哥 Maz Industrial S. A. de C. V. 公司	2012.11－2017.11
	Fish Oil	Fish Oil（Feed Grade）	Energy Feed	All species or categories of animals	Maz Industrial S. A. de C. V., Mexico	

（续）

登记证号	通用名称	商品名称	产品类别	使用范围	生产厂家	有效期限
（2012）外饲准字 312 号	白鱼粉	白鱼粉（一级）	蛋白质饲料	畜禽、水产动物	新西兰 Sanford 有限公司（海上生产，工船编号：PH464）	2012.08— 2017.08
	White Fishmeal	White Fishmeal（Ⅰ）	Protein Feed	Livestock and Poultry, Aquaculture	Sanford Limited, New Zealand（Product on Vessel, No. PH464）	
（2012）外饲准字 313 号	白鱼粉	白鱼粉（一级）	蛋白质饲料	畜禽、水产动物	新西兰 Sanford 有限公司（海上生产，工船编号：PH512）	2012.08— 2017.08
	White Fishmeal	White Fishmeal（Ⅰ）	Protein Feed	Livestock and Poultry, Aquaculture	Sanford Limited, New Zealand（Product on Vessel, No. PH512）	
（2012）外饲准字 369 号	肉骨粉	PVL 肉骨粉	蛋白质饲料	反刍动物	新西兰 PVL 蛋白有限公司	2012.10— 2017.10
	Meat and Bone Meal	PVL Meat and Bone Meal	Protein Feed	Ruminant	PVL Protein Limited, New Zealand	
（2012）外饲准字 388 号	白鱼粉	Lucky 88 牌	蛋白质饲料	畜禽、水产动物	新西兰 Sealord 集团有限公司（海上生产，工船编号 L62858）	2012.10— 2017.10
	White Fishmeal	白鱼粉（三级） White Fishmeal（Ⅲ）	Protein Feed	Livestock and Poultry, Aquaculture	Sealord Group Limited, New Zealand（Product in the Vessel, No. L62858）	
（2012）外饲准字 389 号	白鱼粉	Lucky 88 牌	蛋白质饲料	畜禽、水产动物	新西兰 Sealord 集团有限公司（海上生产，工船编号 PD429）	2012.10— 2017.10
	White Fishmeal	白鱼粉（三级） White Fishmeal（Ⅲ）	Protein Feed	Livestock and Poultry, Aquaculture	Sealord Group Limited, New Zealand（Product in the Vessel, No. PD429）	
（2012）外饲准字 390 号	白鱼粉	Lucky 88 牌	蛋白质饲料	畜禽、水产动物	新西兰 Sealord 集团有限公司（海上生产，工船编号 L63635）	2012.10— 2017.10
	White Fishmeal	白鱼粉（三级） White Fishmeal（Ⅲ）	Protein Feed	Livestock and Poultry, Aquaculture	Sealord Group Limited, New Zealand（Product in the Vessel, No. L63635）	

（续）

登记证号	通用名称	商品名称	产品类别	使用范围	生产厂家	有效期限
（2012）外饲准字391号	白鱼粉	Lucky 88牌	蛋白质饲料	畜禽、水产动物	新西兰Sealord集团有限公司（海上生产，工船编号L62713）	2012.10—2017.10
	White Fishmeal	白鱼粉（三级）	Protein Feed	Livestock and Poultry,	Sealord Group Limited, New Zealand (Product in the Vessel, No. L62713)	
		White Fishmeal（Ⅲ）		Aquaculture		
（2012）外饲准字392号	白鱼粉	Lucky 88牌	蛋白质饲料	畜禽、水产动物	新西兰Sealord集团有限公司（海上生产，工船编号L64051）	2012.10—2017.10
	White Fishmeal	白鱼粉（三级）	Protein Feed	Livestock and Poultry,	Sealord Group Limited, New Zealand (Product in the Vessel, No. L64051)	
		White Fishmeal（Ⅲ）		Aquaculture		
（2012）外饲准字393号	白鱼粉	Lucky 88牌	蛋白质饲料	畜禽、水产动物	新西兰Sealord集团有限公司（工厂PH12）	2012.10—2017.10
	White Fishmeal	白鱼粉（三级）	Protein Feed	Livestock and Poultry,	Sealord Group Limited, New Zealand (Plant PH12)	
		White Fishmeal（Ⅲ）		Aquaculture		
（2012）外饲准字394号	白鱼粉	Lucky 88牌	蛋白质饲料	畜禽、水产动物	新西兰Sealord集团有限公司（海上生产，工船编号PH472）	2012.10—2017.10
	White Fishmeal	白鱼粉（三级）	Protein Feed	Livestock and Poultry,	Sealord Group Limited, New Zealand (Product in the Vessel, No. PH472)	
		White Fishmeal（Ⅲ）		Aquaculture		
（2012）外饲准字395号	白鱼粉	Lucky 88牌	蛋白质饲料	畜禽、水产动物	新西兰Sealord集团有限公司（海上生产，工船编号OD64）	2012.10—2017.10
	White Fishmeal	白鱼粉（三级）	Protein Feed	Livestock and Poultry,	Sealord Group Limited, New Zealand (Product in the Vessel, No. OD64))	
		White Fishmeal（Ⅲ）		Aquaculture		
（2005）外饲准字179号	肉骨粉	鸡肉骨粉	蛋白质饲料	所有动物	澳大利亚亿路资源有限公司	2005.11—

（续）

登记证号	通用名称	商品名称	产品类别	使用范围	生产厂家	有效期限
	Meat and Bone Meal	Poultry Meat and Bone Meal	Protein Feed	All animal	I loura Resources Pty Ltd, Australia	2010.11
（2005）外饲准字 001 号		乐达香（鱼腥香）1474ZD	饲料调味剂		西班牙乐达有限公司	2005.01 -
		Luctarom Sucklers 1474ZD	Feed Enhancement		Lucta S. A., Spain	2010.01
（2005）外饲准字 054 号		乐达宝 35999Z	饲料调味剂		西班牙乐达公司	2005.03 -
		Luctaplus 35999Z	Feed Enhancement		Lucta S. A., Spain	2010.03
（2005）外饲准字 059 号		蛋氨酸锌 10%	矿物质添加剂		西班牙 NOREL 有限公司	2005.03 -
		BIOMET ZN 10%	Mineral Supplement		NOREL S. A., Spain	2010.03
（2005）外饲准字 065 号		健氨维他	添加剂预混料		西班牙 INVESA 动物药品工业有限公司	2005.03 -
		GANAMINOVIT	Additive Premix		Industrial Veterinaria S. A. —INVESA, Spain	2010.03
（2005）外饲准字 066 号		健精维他	添加剂预混料		西班牙 INVESA 动物药品工业有限公司	2005.03 -
		GANASUPERVIT	Additive Premix		Industrial Veterinaria S. A. —INVESA, Spain	2010.03
（2005）外饲准字 187 号	脂肪酸钙盐	万力补	饲料添加剂	反刍动物	西班牙 NOREL 公司	2005.11 -
	Calcium Salt of Fatty Acid	MAGNAPAC	Feed Additive	Ruminant animal	NOREL S. A., Spain	2010.11
（2006）外饲准字 060 号	卡罗布豆角树粉	可利美 105	能量饲料	仔猪和犊牛	西班牙 G. A. Torres 公司	2006.05 -
	Ceratonia Siliqua. L	Caromic 105	Energy Feed	Sucking pig and calf	G. A. Torres S. A., Spain	2011.05
（2006）外饲准字 174 号	水合硅铝酸钠钙、丙酸钙和丙酸钠	克菌宝	饲料防霉剂	所有动物	西班牙 Lipidos Toledo 有限公司	2006.11 -

（续）

登记证号	通用名称	商品名称	产品类别	使用范围	生产厂家	有效期限
	Hydrated Sodium－Calcium Aluminosilicate, Calcium and Sodium Propionate	FINTOX MOLD	Feed Mold Inhibitor	All animal	Lipidos Toledo, S. A., Spain	2011. 11
（2006）外饲准字 175 号	水合硅铝酸钠钙	克毒宝	饲料防霉剂	所有动物	西班牙 Lipidos Toledo 有限公司	2006. 11－
	Hydrated Sodium Calcium Aluminosilicate	FINTOX	Feed Mold Inhibitor	All animal	Lipidos Toledo, S. A., Spain	2011. 11
（2007）外饲准字 123 号	丙酸、丙酸铵、斑脱土和海泡石	宜可富迈可	饲料防霉剂	所有动物	西班牙宜可富化学及药品开发有限公司	2007. 04－
	Propionic Acid, Ammonium Propionate, Bentonite－Montmorillonite and Sepiolite	IQF MICOBAN® Premix	Feed Mould Inhibitor	All animal	Investigacions Quimicas Y Farmaceuticas, S. A., Spain	2012. 04
（2007）外饲准字 147 号	丙酸铵，斑脱土和海泡石	毒去完	饲料添加剂	所有动物	西班牙宜可富化学及药品开发有限公司	2007. 07－
	Ammonium Propionate, Bentonite－Montmorillonite and Sepiolite	TOXIBAN	Feed Additive	All animal	Investigacions Quimicas Y Farmaceuticas, S. A., Spain	2012. 07
（2007）外饲准字 201 号	蛋氨酸羟基类似物	罗迪美™ AT88	饲料级氨基酸	所有动物	安迪苏西班牙公司	2007. 11－
	DL－Methionine Hydroxy Analogue	Rhodimet™ AT88	Amino Acid Feed Grade	All animal	Adisseo Spain S. A., Spain	2012. 11
（2009）外饲准字 122 号	多种有机酸	酸化剂核心料 42439Z	饲料酸化剂	养殖动物	西班牙乐达公司	2009. 09－

（续）

登记证号	通用名称	商品名称	产品类别	使用范围	生产厂家	有效期限
	Multi - Organic Acid	Nucleo Acidificante 42439Z	Feed Acidifier	All species or categories of animals	Lucta S. A., Spain	2014.09
（2009）外饲准字142号	维生素和氨基酸	艾可肥维他	添加剂预混合饲料	养殖动物	西班百卫公司	2009.10 -
	Multi - Vitamins and Amino Acids	Alquerfeed Vitamin Aminoacidos L	Additive Premix	All species or categories of animals	Biovet, S. A., Spain	2014.1
（2009）外饲准字170号	丙酸和丙酸铵	克霉 N CH	饲料防霉剂	养殖动物	西班牙埃特亚公司	2009.11
	Propionic acid and Ammonium Propionate	Fungicap N CH	Feed Mold Inhibitor	All species or categories of animals	Industrial Tecnica Pecuaria, S. A., Spain	2014.11
（2009）外饲准字222号	乙氧基喹啉和二丁基羟基甲苯	克氧 E_2	饲料抗氧化剂	养殖动物	西班牙埃特亚公司	2009.12 -
	Bthoxyquin and BHT	Oxicap E_2	Feed Antioxidant	All species or categories of animals	Industrial Tecnica Pecuaria, S. A., Spain	2014.12
（2009）外饲准字225号	食用香料	乐达香 1474Z B	饲料调味剂	养殖动物	西班牙乐达公司	2009.12 -
	Edible Spices	LUCTAROM SUCKLERS 1474Z B	Feed Flavour	All species or categories of animals	Lucta S. A., Spain	2014.12
（2009）外饲准字224号	丙酸铵和丙酸	乐达克霉灵液体	饲料防霉剂	养殖动物	西班牙乐达公司	2009.12 -
	Ammonium Propionate and Propionic Acid	NUCLEUS LUCTAMOLD 51045Z	Feed Mold Inhibitor	All species or categories of animals	Lucta S. A., Spain	2014.12
（2010）外饲准字190号	食用香料	乐达香 1474Z C	饲料调味剂	养殖动物	西班牙乐达公司	2010.06
	Edible Spices	LUCTAROM SUCKLERS 1474Z C	Feed Flavor Enhancement	All species or categories of animals	Lucta S. A., Spain	2015.06

（续）

登记证号	通用名称	商品名称	产品类别	使用范围	生产厂家	有效期限
(2010) 外饲准字 191 号	食用香料	乐达香（鱼腥香）1474Z D	饲料调味剂	养殖动物	西班牙乐达公司	2010.06
	Edible Spices	LUCTAROM SUCKLERS 1474Z D	Feed Flavor Enhancement	All species or categories of animals	Lucta S. A., Spain	2015.06
(2010) 外饲准字 222 号	多种维生素和氨基酸	健氨维他	添加剂预混料	养殖动物	西班牙伊维莎大药厂	2010.08
	Multi - Vitamins and Amino Acids	Ganaminovit	Feed Additive Premix	All species or categories of animals	Industrial Veterinaria, S. A. C., Spain	2015.08
(2010) 外饲准字 256 号	沸石粉和酿酒酵母	艾可肥去霉益生素	饲料添加剂	家禽、猪和牛	西班牙百卫公司	2010.09
	Zeolite and *saccharomyces cerevisiae*	Alquerfeed Antitox Plus	Feed Additive	Poultry, Swine and Cattle	Biovet, S. A., Spain	2015.09
(2010) 外饲准字 257 号	斑脱土和海泡石	阿到克	饲料添加剂	畜禽	西班牙埃特亚公司	2010.09
	Bentonite and Sepiolite	ATOX	Feed Additive	Livestock and Poultry	Industrial Tecnica Pecuaria, S. A., Spain	2015.09
(2010) 外饲准字 309 号	多种维生素和氨基酸	海博莱新胺基维他	添加剂预混料	畜禽	西班牙海博莱生物大药厂	2010.11
	Premix Solution of Vitamins and Amino Acids	HIPRACHOCK - A	Additive Premix	Livestock and Poultry	LABORATORIOS HIPRA, S. A., Spain	2015.11
(2011) 外饲准字 038 号	丁酸钠	益福来	饲料添加剂	猪、家禽、反刍动物	西班牙诺威迅 2002 公司	2011.03 -
	Sodium Butyrate	C4 VFA	Feed Additive	Swine, Poultry Ruminant	Novation 2002 S. A., Spain	2016.03
(2011) 外饲准字 286 号	沸石粉	艾可肥去霉素	饲料添加剂	养殖动物	西班牙百卫公司	2011.09 - 2016.09
	Zeolite	ALQUERFEED ANTITOX	Feed Additive	All Species or Categories of Animals	Biovet, S. A., Spain	

（续）

登记证号	通用名称	商品名称	产品类别	使用范围	生产厂家	有效期限
(2011) 外饲准字 204 号	百里香酚和香芹酚	恩益 150	饲料调味剂	家禽、猪、牛	西班牙科泰色素有限公司	2011.07－2016.07
(2012) 外饲准字 021 号	大蒜油和维生素 C	艾可特康预水剂	饲料添加剂	养殖动物	西班牙百卫公司	2012.01－2017.01
	Garlic Oleoresin and Vitamin C	Alquernat Immuplus L	Feed Additive	All species or categories of animals	Biovet, S. A., Spain	
(2012) 外饲准字 022 号	罗勒油和柠檬酸	艾可美天然粉剂	饲料添加剂	养殖动物	西班牙百卫公司	2012.01－2017.01
	Basil Oil and Citric Acid	Alquernat Natural	Feed Additive	All species or categories of animals	Biovet, S. A., Spain	
(2012) 外饲准字 025 号	肉桂醛和大蒜油	恩益 300	饲料添加剂	牛、羊、鱼、虾	西班牙科泰色素有限公司	2012.01－2017.01
	Cinnamic Aldehyde Garlic Oil	IQF Next Enhance 300	Feed Additive	Cattle, Ship, Fish, Shrimp	Carotenoid Technologies, S. A., Spain	
(2012) 外饲准字 243 号	长链脂肪酸钙皂（棕榈油）	万力补	饲料添加剂	反刍动物	西班牙 Norel 公司	2012.06－2017.06
	Calcium Salt of Long Chain Fatty Acids (Palm Oil)	Magnapac	Feed Additive	Ruminates	Norel S. A., Spain	
(2012) 外饲准字 281 号	斑脱土-高岭石 Bentonite－Montm－orillonite	毒去完	饲料添加剂	养殖动物	西班牙宜可富化学及药品开发有限公司	2012.07－2017.07
	丙酸 Ammonium propionate	Toxiban	Feed Additive	All species or categories of animals	Investigaciones Quimicas Y Farmaceuticas, S. A., Spain	
	卵磷脂 Lecithin					
	海泡石 Sepiolite					
(2012) 外饲准字 347 号	蛋氨酸羟基类似物	罗迪美® AT88	饲料级氨基酸	养殖动物	安迪苏西班牙公司	2012.09－2017.09

（续）

登记证号	通用名称	商品名称	产品类别	使用范围	生产厂家	有效期限
	Hydroxy Analogue of Methionine	Rhodimet® AT88	Amino Acid Feed Additive	All species or categories of animals	Adisseo Espana S. A., Spain	
（2012）外饲准字 397 号	卡罗布豆角树粉	可利美 105	能量饲料	猪和犊牛	西班牙 G. A. Torres 公司	2012.10－2017.10
	Ceratonia Siliqua. L	Caromic 105	Energy Feed	Swine and Calf	G. A. Torres S. L., Spain	
（2012）外饲准字 398 号	水合硅铝酸钠钙	克菌宝	饲料防霉剂	养殖动物	西班牙 Lipidos Toledo 有限公司	2012.10－2017.10
	丙酸钙和丙酸钠	Fintox Mold	Feed Mould Inhibiter	All species or categories of animals	Lipidos Toledo S. A., Spain	
	Hydrated Sodium－Calcium Aluminosilicate，Calcium and Sodium Propionate					
（2012）外饲准字 444 号	水合硅铝酸钠钙	克毒宝	饲料添加剂	养殖动物	西班牙 Lipidos Toledo 有限公司	2012.11－2017.11
	Hydrated Sodium－Calcium Aluminosilicate	Fintox	Feed Additive	All species or categories of animals	Lipidos Toledo S. A. C., Spain	
（2013）外饲准字 015 号	多种酸化剂	沥普汀	饲料酸化剂	养殖动物	西班牙艾迪维特公司	2013.01－2018.01
	Multi－acidifiers	Re－Hydra Pro®	Feed Acidifier	All species or categories of animals	Adiveter SL，Spain	
（2013）外饲准字 021 号	苹果酸、L－抗坏血酸和氨基酸	百舒泰（液体）	饲料添加剂	畜禽、水产	西班牙 Catalysis 有限公司	2013.01－2018.01
	Malic Acid，L－ascorbic Acid，Amino Acid	Viusid Vet（Liquid）	Feed Additive	Livestock and Poultry Aquaculture	Catalysis，S. L., Spain	
（2013）外饲准字 022 号	苹果酸、L－抗坏血酸和氨基酸	百舒泰（粉剂）	饲料添加剂	畜禽、水产	西班牙 Catalysis 有限公司	2013.01－2018.01

（续）

登记证号	通用名称	商品名称	产品类别	使用范围	生产厂家	有效期限
	Malic Acid, L－ascorbic Acid, Amino Acid	Viusid Vet (Powder)	Feed Additive	Livestock and Poultry Aquaculture	Catalysis, S. L., Spain	
（2013）外饲准字 102 号	植物脂肪包被丁酸钠 Sodium Butyrate Coated With Vegetable Fat	谷饲妥 70	饲料添加剂	养殖动物	西班牙 Norel S. A. 公司	2013.03－2018.03
		Gustor BP 70	Feed Additive	All species or categories of animals	Norel S. A., Spain	
（2013）外饲准字 157 号	多种酸化剂	利增宝	饲料酸化剂	养殖动物	西班牙 Lipidos Toledo 有限公司	2013.05－2018.05
	Multi－Acidifier	Liptosa Hygen Pro	Feed Acidifier	All species or categories of animals	Lipidos Toledo S. A., Spain	
（2013）外饲准字 252 号	多种维生素	博力特	添加剂预混合料	养殖动物	西班牙 Calier 实验室有限公司	2013.07－2018.07
	Multi－Vitamin	Promoter L	Additive Premix	All Species or Categories of Animals	Laboratorios Calier S. A., Spain	
（2005）外饲准字 004 号	酵母培养物 Yeast Culture	百健宝 1000 Biomin® P. E. P. 1000	饲料添加剂 Feed Additive		奥地利百奥明 GTI 公司 Biomin GTI GmbH, Austria	2005.01－ 2010.01
（2006）外饲准字 044 号	硅藻土、沸石和大豆磷脂	百安明	饲料添加剂	所有动物	奥地利百奥明公司	2006.04－
	Diatomaceous Earth, Caolinite and Soybean Lecithin	Mycofix®	Feed Additive	All animal	Biomin Gesunde Tierernährung International GmbH, Austria	2011.04

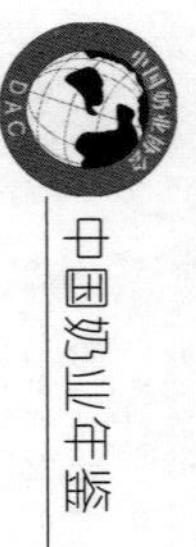

（续）

登记证号	通用名称	商品名称	产品类别	使用范围	生产厂家	有效期限
（2009）外饲准字 095 号	香芹油和柠檬油	肥速达	饲料添加剂	猪、犊牛、羊、兔和马	奥地利 DELACON 生物技术公司	2009. 08 -
	Caraway Oil and Lemon Oil	FRESTA® *F Conc*.	Feed Additive	Swine, Calf, Sheep/lamb Rabbit and Horse	Delacon Biotechnik GmbH, Austria	2014. 08
（2010）外饲准字 198 号	酿酒酵母	瘤胃康-铁达 10 号	微生物饲料添加剂	反刍动物	拉曼公司	2010. 08
	Saccharomyces Cerevisiae	Levucell SC 10 ME Titan	Microbial Feed Additive	Ruminant	Lallemand GmbH, Austria	2015. 08
（2010）外饲准字 305 号	海藻酸钠、酿酒酵母、硅藻土和斑脱土	百霉清	饲料添加剂	养殖动物	奥地利百奥明工业公司	2010. 11
	Sodium Alginate, *Saccharomyces Cerevisiae*,	MycofixR Plus	Feed Additive	All species or categories of animals	Biomin GmbH, Austria	2015. 11
	Acepis Earth and Bentonite					
（2010）外饲准字 306 号	海藻酸钠、酿酒酵母、硅藻土和斑脱土	百霉克	饲料添加剂	养殖动物	奥地利百奥明工业公司	2010. 11
	Sodium Alginate, *Saccharomyces Cerevisiae*,	MycofixR Select	Feed Additive	All species or categories of animals	Biomin GmbH, Austria	2015. 11
	Acepis Earth and Bentonite					
（2011）外饲准字 338 号	硅藻土	百安明	饲料添加剂	养殖动物	奥地利百奥明工业公司	2011. 10 - 2016. 10
	Diatomaceous Earth	Mycofix®	Feed Additive	All Species or Categories of Animals	Biomin GmbH, Austria.	
	高岭土 Caolinite					
（2012）外饲准字 411 号	木质纤维素	万利纤	饲料添加剂	猪、鸡、兔子、小牛和宠物	奥地利艾吉美公司	2012. 11 - 2017. 11

（续）

登记证号	通用名称	商品名称	产品类别	使用范围	生产厂家	有效期限
	Lignocelluloses	Opticell	Feed Additive	Pig，Chicken ，Rεbbit，Calf and Pet	Agromed Austria GmbH	
（2005）外饲准字 021 号		罗维素 B_2 80 - SD	饲料级维生素		德国帝斯曼营养产品有限公司	2005.01 -
		ROVIMIX® B_2 80 - SD	Vitamin Feed Grade		DSM Nutritional Products GmbH，Germany	2010.01
（2005）外饲准字 040 号		露他维 A/D_3 500/100 Plus	饲料级维生素		德国巴斯夫公司	2005.01 -
		Lutavit® A/D_3 500/100 Plus	Vitamin Feed Grade		BASF Aktiengesellschaft，Germany	2010.01
（2005）外饲准字 041 号		露保细盐	饲料防霉剂		德国巴斯夫公司	2005.01 -
		Luprosil® Salt	Mould Inhibitor		BASF Aktiengesellschaft，Germany	2010.01
（2005）外饲准字 089 号	二甲酸钾	富美	饲料添加剂		德国巴斯夫公司	2005.07 -
	Potassium Diformate	FORMI	Feed Additive		BASF Aktiengesellschaft，Germany	2010.07
（2005）外饲准字 079 号		德彩鱼饲料	配合饲料		德国德彩股份有限责任公司	2005.05 -
		Tetra Fish Feed	Compound Feed		Tetra GmbH，Germany	2010.05
（2005）外饲准字 112 号	维生素 A 醋酸酯	维生素 A 醋酸酯油剂	维生素类饲料	猪、家禽、牛马、宠物和鱼	德国巴斯夫公司	2005.08 -
	Vitamin A Acetate	Vitamin A Acetate Oily	添加剂	Pig，poultry，cattle，horse，pet and fish	BASF Aktiengesellschaft，Germany	2010.08
			Vitamin Feed Additive			
（2006）外饲准字 079 号	维生素 A 乙酸酯	露他维 A 1000 plus	维生素类	所有动物	德国巴斯夫公司	2006.07 -
	Vitamin A Acetate	Lutavit® A 1000 plus	饲料添加剂	All animal	BASF Aktiengesellschaft，Germany	2011.07

（续）

登记证号	通用名称	商品名称	产品类别	使用范围	生产厂家	有效期限
			Vitamin Feed Additive			
（2006）外饲准字145号	β-胡萝卜素	露佳定10	饲料添加剂	种猪马牛兔和水产动物	德国巴斯夫公司	2006.09－
	β－Carotene	Lucarotin 10% Feed	Feed Additive	Breeding cow，mare sow & rabbit and aquiculture	BASF Aktiengesellschaft，Germany	2011.09
（2006）外饲准字160号	丙酸和丙酸铵	露保康®	饲料防霉剂	所有动物	德国巴斯夫公司	2006.09－
	Propionic Acid and Ammonium Propionate	Lupro－Grain®	Feed Mould Inhibitor	All animal	BASF Aktiengesellschaft，Germany	2011.09
（2007）外饲准字051号	维生素 B_{12}	露他维® B_{12} 1%	饲料级维生素	所有动物	德国巴斯夫公司	2007.02－
	Vitamin B_{12}	Lutavit® B_{12} 1%	Vitamin Feed Grade	All Animal	BASF Aktiengesellschaft，Germany	2012.02
（2007）外饲准字159号	灭活酿酒酵母	莱克素	饲料添加剂	所有动物	德国莱博有限公司	2007.08－
	Saccharomyces cerevisiae Inactivated	Biolex®－MB 40	Feed Additive	All animal	Leiber GmbH，Germany	2012.08
（2007）外饲准字190号	维生素A乙酸酯	露他维® A 500S	饲料级维生素	所有动物	德国巴斯夫公司	2007.11－
	Vitamin A Acetate	Lutavit® A 500S	Vitamin Feed Grade	All animal	BASF Aktiengesellschaft，Germany	2012.11
（2007）外饲准字191号	维生素E乙酸酯	露他维® E 50S	饲料级维生素	所有动物	德国巴斯夫公司	2007.11－
	Vitamin E Acetate	Lutavit® E 50S	Vitamin Feed Grade	All animal	BASF Aktiengesellschaft，Germany	2012.11
（2008）外饲准字044号	维生素A	露他维® A 500 plus	饲料级维生素	所有动物	德国巴斯夫公司	2008.02－
	Vitamin A	Lutavit® A 500 plus	Vitamin Feed Grade	All Animal	BASF Aktiengesellschaft，Germany	2013.02
（2008）外饲准字060号	丙酸钠和苯甲酸钠	KOFASIL®玉米青贮剂	饲料添加剂	反刍动物	德国ADDCON爱德康生产有限公司	2008.04－
	Sodium Propionate and Sodium Benzoate	Mais KOFASIL® Liquid	Feed Additives	Ruminant	ADDCON Produktionsgesellschaft m. b. H.，Germany	2013.04

（续）

登记证号	通用名称	商品名称	产品类别	使用范围	生产厂家	有效期限
（2008）外饲准字 073 号	维生素 B_6	罗维素 B_6	饲料级维生素	所有动物	德国帝斯曼营养产品有限公司	2008.05 -
	Vitamin B_6	ROVIMIX® B_6	Vitamin Feed Grade	All Animal	DSM Nutritional Products GmbH, Germany	2013.05
（2008）外饲准字 136 号	水合硅铝酸钠钙	抗毒 007	饲料添加剂	所有动物	德国麦尔威股份有限公司	2008.12 -
	Hydrated Sodium Calcium Aluminosilicate	Mia - Bond	Feed Additive	All Animal	Miavit GmbH, Germany	2013.12
（2008）外饲准字 137 号	维生素 A 醋酸酯	维生素 A 醋酸酯 210 万单位/克	饲料级维生素	所有动物	德国巴斯夫欧洲公司	2008.12 -
	Vitamin A Acetate	Vitamin A Acetate 2.1 Mio IU/G Feed	Vitamin Feed Grade	All Animal	BASF SE, Germany	2013.12
（2009）外饲准字 006 号	乳清粉和精炼椰子油	佳能	能量饲料	仔猪、犊牛和家禽	德国 Eurolat 股份有限公司	2009.01 -
	Whey Powder and Refined Coconut Oil	Energylac 50	Energy Feed	Piglets, Calves and poultry	Eurolat GmbH, Germany	2014.01
（2009）外饲准字 020 号	乳清粉	Wheyco 低蛋白乳清粉	能量饲料	犊牛和乳猪	德国 Wheyco 有限公司	2009.03 -
	Whey Permeate	Wheyco Permeate	Energy Feed	Calf and Piglet	Wheyco GmbH, Germany	2014.03
（2009）外饲准字 029 号	碳酸钙和硅藻土	麦尔 007	饲料添加剂	养殖动物	德国麦尔威股份有限公司	2009.05 -
	Calcium Carbonate and Kieselgur	Mia - Toxibond	Feed Additive	All Species or Categories of Animals	Miavit GmbH, Germany	2014.05

（续）

登记证号	通用名称	商品名称	产品类别	使用范围	生产厂家	有效期限
（2009）外饲准字 088 号	α-生育酚乙酸酯	维生素 E 醋酸酯油剂	饲料级维生素	养殖动物	德国巴斯夫欧洲公司	2009.08 -
	alpha - Tocopherol Acetate	Vitamin E Acetate Oily	Vitamin Feed Grade	All species or categories of animals	BASF SE, Germany	2014.08
（2009）外饲准字 143 号	维生素和矿物元素	产得乐	添加剂预混合饲料	奶牛	德国威廉绍曼爱尔斯雷本有限责任公司	2009.10 -
	Multi - Vitamins and Minerals	Rindavital Energietrunk	Additive Premix	Dairy Cow	H. Wilhelm Schaumann Eilsleben GmbH, Germany	2014.1
（2009）外饲准字 175 号	α-生育酚乙酸酯	露他维 E_{50}	饲料级维生素	养殖动物	德国巴斯夫欧洲公司	2009.11 -
	Alpha - Tocopherol Acetate	Lutavit® E_{50}	Vitamins Feed Grade	All Species or Categories of Animals	BASF SE, Germany	2014.11
（2009）外饲准字 176 号	D-泛酸钙	露他维 泛酸钙	饲料级维生素	养殖动物	德国巴斯夫欧洲公司	2009.11 -
	D - Calcium Pantothenate	Lutavit® Calpan	Vitamins Feed Grade	All Species or Categories of Animals	BASF SE, Germany	2014.11
（2009）外饲准字 186 号	丙酸、苯甲酸钠和丙酸钠	康富鲜谷物防腐剂 - pH 5 -	饲料防腐剂	养殖动物	德国爱德康欧洲有限公司	2009.11 -
	Propionic Acid, Sodium Benzoate and Sodium Propionate	KOFA® GRAIN - pH 5 -	Feed Preservatives	All Species or Categories of Animals	ADDCON Europe GmbH, Germany	2014.11
（2009）外饲准字 197 号	丙酸、丙酸钠、山梨酸	康富鲜全混日粮防腐剂	饲料防腐剂	养殖动物	德国爱德康欧洲有限公司	2009.12 -

（续）

登记证号	通用名称	商品名称	产品类别	使用范围	生产厂家	有效期限
	Propionic Acid，Sodium Propionate and Sorbic Acid	KOFA®TMR	Feed Preservatives	All species or categories of animals	ADDCON Europe GmbH，Germany	2014.12
（2009）外饲准字 221 号	盐酸硫胺素	盐酸硫胺素	饲料级维生素	养殖动物	德国帝斯曼营养产品有限公司	2009.12－
	Thiamine Hydrochloride	Thiamine Hydrochloride	Vitamin Feed Grade	All species or categories of animals	DSM Nutritional Products GmbH，Germany	2014.12
（2010）外饲准字 102 号	硝酸硫胺	罗维素®B_1	饲料级维生素	养殖动物	德国帝斯曼营养产品有限公司	2010.04
	Thiamin Mononitrate	Rovimix®B_1	Vitamin Feed Grade	All species or categories of animals	DSM Nutritional Products GmbH，Germany	2015.04
（2010）外饲准字 147 号	维生素	维生素 A 醋酸酯油剂	饲料级维生素	养殖动物	巴斯夫欧洲公司	2010.05
	Vitamin	Vitamin Acetate Oily	Vitamin Feed Grade	All species or categories of animals	BASF SE，Germany	2015.05
（2010）外饲准字 202 号	木质纤维素	维特素	饲料添加剂	乳猪和奶牛	德国瑞登梅尔父子公司	2010.08
	Cellulose	Vitacel	Feed Additive	Porket and Cow	J. Rettenmaier & Soehne GmbH & Co. KG，Germany	2015.08
（2010）外饲准字 219 号	植酸酶（源自黑曲霉）	酶他富 10000G	饲料级酶制剂	畜禽	巴斯夫欧洲公司	2010.08
	Phytase（by *Aspergillus niger*）	Natuphos^{R}10000G	Feed grade Enzyme	Livestock And Poultry	BASF SE，Germany	2015.08

（续）

登记证号	通用名称	商品名称	产品类别	使用范围	生产厂家	有效期限
（2011）外饲准字109号	甲酸，丙酸，甲酸铵和丙酸铵	诺酸宝 AFL	饲料酸化剂	养殖动物	诺伟司德国公司	2011.05－2016.05
	Formic Acid，Propionic Acid，Ammonium Formate and Ammonium Propionate	Acidomi® AFL	Feed Acidifier	All species or categories of animals	Novus Deutschland GmbH，Germany	
（2011）外饲准字144号	维生素A乙酸酯	露他维 A 1000 plus	饲料级维生素	猪、家禽、牛、马、宠物和鱼	巴斯夫欧洲公司	2011.05－2016.05
	Vitamin A Acetate	Lutavit® A 1000 plus	Vitamin Feed Grade	Swine，Poultry，Ruminant，HorsePet，Fish	BASF SE，Germany	
（2011）外饲准字197	β-胡萝卜素	露佳定10	饲料级维生素	种猪、牛、马、种兔和水产动物	巴斯夫欧洲公司	2011.06－2016.06
	β－Carotene	lucarotin® 10%	Vitamin Feed Grade	Swine，cow，horse，Rabbit，Aquaculture	BASF SE，Germany	
（2012）外饲准字162号	维生素A醋酸酯油剂 Vitamin A Acetate Oil	维生素A醋酸酯油剂 Vitamin A Acetate Oil	饲料级维生素 Vitamin Feed Grade	养殖动物 All species or categories of animals	巴斯夫欧洲公司 BASF SE，Germany	2012.04－2017.04
（2012）外饲准字163号	丙酸 Propionic Acid	露保康®	饲料防腐剂	养殖动物	巴斯夫欧洲公司	2012.04－2017.04
	丙酸铵 Ammonium Propionate	Lupro－Grain®	Feed Preservative	All species or categories of animals	BASF SE，Germany	

（续）

登记证号	通用名称	商品名称	产品类别	使用范围	生产厂家	有效期限
（2012）外饲准字 188 号	班脱土-蒙脱石	抗毒 008	饲料添加剂	养殖动物	德国麦尔威股份有限公司	2012.05－2017.05
	Bentonite － Montmorillonite	Mia－Bond® Trophy	Feed Additive	All species or categories of animals	Miavit GmbH，Germany	
（2012）外饲准字 322 号	酿酒酵母	瘤胃康-铁达 10 号	微生物饲料添加剂	牛、羊和马	F. X. Wieninger 有限责任公司	2012.09－2017.09
	Saccharomyces cerevisiae	Levucell SC 10ME Titan	Microbial Feed Additive	Cattle，Sheep and Horse	F. X. Wieninger GmbH，Germany	
（2012）外饲准字 438 号	维生素 A 乙酸酯	露他维 A500S	饲料级维生素	养殖动物	巴斯夫欧洲公司	2012.11－2017.11
	Vitamin A Acetate	Lutavit A500S	Vitamin Feed Grade	All species or categories of animals	BASF SE，Germany	
（2012）外饲准字 439 号	维生素 E 乙酸酯	露他维 E50S	饲料级维生素	养殖动物	巴斯夫欧洲公司	2012.11－2017.11
	Vitamin A Acetate	Lutavit E50S	Vitamin Feed Grade	All species or categories of animals	BASF SE，Germany	
（2012）外饲准字 443 号	灭活酿酒酵母	莱克素	饲料添加剂	养殖动物	德国莱博有限公司	2012.11－2017.11
	Inactivated Saccharomyces cerevisiae	Biolex®MB40	Feed Additive	All species or categories of animals	Leiber GmbH，Germany	
（2013）外饲准字 048 号	维生素 B_6	罗维素® B_6	饲料级维生素	养殖动物	德国帝斯曼营养产品有限公司	2013.01－2018.01
	Vitamin B_6	Rovimix® B_6	Feed Additive Vitamin	All species or categories of animals	DSM Nutritional Products GmbH，Germany	
（2013）外饲准字 100 号	干酵母 Dried Yeast	维福 D2	饲料添加剂	奶牛 Dairy Cows	Veyx－pharma 股份有限公司	2013.03－2018.03
	丙酸钠 Sodium Propionate	VeyFo Veyxapron	Feed Additive	母羊 Ewes	Veyx－pharma GmbH，Germany	
	小麦粉 Wheat Semolina Bran					

（续）

登记证号	通用名称	商品名称	产品类别	使用范围	生产厂家	有效期限
(2013) 外饲准字 104 号	磷酸二氢钠	维福 D8	饲料添加剂预混料	养殖动物	Veyx - Pharma 股份有限公司	2013.03 - 2018.03
	Sodium phosphate	VeyFo Veyxol B - Phos	Feed Additive Premix		Veyx - Pharma GmbH, Germany	
	氯化钠 Sodium Chloride					
	葡萄糖 Glucose					
(2013) 外饲准字 178 号	饲料级 L-色氨酸	饲料级 L-色氨酸	饲料级氨基酸	养殖动物	赢创斐尔玛斯公司	2013.05 - 2018.05
	L - Tryptophan Feed Grade	L - Tryptophan Feed Grade (TrypAMINO)	Amino Acid Feed Grade	All species or categories of animals	EVONIK Fermas S. R. O., Germany	
(2013) 外饲准字 248 号	苯甲酸钠 Sodium Benzoate	康富青玉米青贮剂	饲料添加剂	反刍动物	德国爱德康欧洲有限公司	2013.07 - 2018.07
	丙酸钠 Sodium Propionate	Maize Kofasil Liquid	Feed Additive	Ruminant	Addcon Europe GmbH, Germany	
(2005) 外饲准字 044 号		999LT 特级鱼粉	蛋白质饲料		丹麦 TripleNine 鱼蛋白质有限公司	2005.03 -
		999LT Fish Meal	Protein Feed		TripleNine Fish Protein a. m. b. a., Denmark	2010.03
(2005) 外饲准字 045 号		999 高级鱼粉	蛋白质饲料		丹麦 TripleNine 鱼蛋白质有限公司	2005.03 -
		999 Prime Quality Fish Meal	Protein Feed		TripleNine Fish Protein a. m. b. a., Denmark	2010.03
(2005) 外饲准字 074 号		鱼油	能量饲料		丹麦 TripleNine 鱼蛋白质有限公司	2005.05 -
		Fish Oil	Energy Feed		TripleNine Fish Protein a. m. b. a., Denmark	2010.05
(2005) 外饲准字 091 号	鱼粉	白鱼粉	蛋白质饲料		丹麦 FF 公司	2005.07 -
	Fishmeal	White Fishmeal	Protein Feed		FF of Denmark	2010.07

（续）

登记证号	通用名称	商品名称	产品类别	使用范围	生产厂家	有效期限
（2009）外饲准字 045 号	酿酒酵母	瘤胃康	微生物饲料添加剂	牛和羊	丹麦 De Danske Gærfabrikker A/S 公司	2009.06 -
	Saccharomyces cerevisiae	LEVUCELL SC 20	Microbial Biotic Feed Additive	Cattle，Goat and Ewe	De Danske Gærfabrikker A/S，Denmark	2014.06
（2009）外饲准字 094 号	硫酸钙和氯化钙	博威钙	矿物质饲料添加剂	母牛	勃林格殷格翰（丹麦）公司	2009.08 -
	Calcium Sulfate and Calcium Chloride	Bovikalc®	Mineral Feed Supplement	Cow	Boehringer Ingelheim Danmark A/S	2014.08
（2009）外饲准字 128 号	多种电解质、大豆磷脂、酿酒酵母	达可	添加剂预混合饲料	犊牛、羔羊、仔猪和马驹	勃林格殷格翰（丹麦）公司	2009.09 -
	Multi - Electrolytes，Soybean Lecithin and *Saccharomyces cerevisiae*	Diakur®Plus	Additive Premix	Calf，Lamb，Piglet and Foal	Boehringer Ingelheim Danmark A/S	2014.09
（2010）外饲准字 188 号	鱼油	鱼油	能量饲料	反刍动物	丹麦 Triple Nine 鱼蛋白质有限公司	2010.06
	Fish Oil	Fish Oil	Energy Feed	Ruminant	Triplenine Fish Protein A. M. B.，Denmark	2015.06
（2010）外饲准字 290 号	α—淀粉酶和 β—葡聚糖酶（源自解淀粉芽孢杆菌）	乐多仙 A（包被颗粒）	饲料级酶制剂	养殖动物	丹麦诺维信公司	2010.09
	α - amylase & β - glucanase（by *Bacillus amyloliquefaciens*）	RonozymeRA（CT）	Feed Grade Enzyme	All species or categories of animals	Novozymes A/S，Denmark	2015.09
（2010）外饲准字 348 号	乳清粉	Perlac 850 乳清粉	能量饲料	仔猪和犊牛	丹麦阿拉食品原料有限公司南美分公司	2010.12
	Whey Powder	Perlac 850	Energy Feed	Piglet and Calves	Arla Foods Ingredients S. A.，Argentina	2015.12

（续）

登记证号	通用名称	商品名称	产品类别	使用范围	生产厂家	有效期限
（2010）外饲准字 367 号	内-1，4-β-木聚糖酶	乐多仙 WX（包被颗粒）	饲料级酶制剂	养殖动物	丹麦诺维信公司	2010.12
	（产自米曲霉）	Ronozyme WX（CT）	Enzyme Feed Grade	All species or categories of animals	Novozymes A/S，Denmark	2015.12
	Endo-1，4-β-Xylanase，Produced by *Aspergillus*					
（2011）外饲准字 026 号	内-1，4-β-木聚糖酶	乐多仙^{R}WX（液态型）	饲料级酶制剂	养殖动物	丹麦诺维信公司	2011.01-
	（产自米曲霉）	Ronozyme^{R}WX（L）	Enzyme Feed Grade	All species or categories of animals	Novozymes A/S，Denmark	2016.01
	Endo-1，4-β-Xylanase，Produced by *Aspergillus*					
（2011）外饲准字 089 号	白鱼粉	白鱼粉（一级）	蛋白质饲料	畜禽和水产动物	丹麦 FF Skagen 有限公司	2011.04-
	White Fishmeal	White Fishmeal（Ⅰ）	Protein Feed	Livestock and Aquaculture	FF Skagen Amba，Denmark	2016.04
（2005）外饲准字 090 号	木聚糖酶（产自长柄木霉）	好特美®X 双浓度木聚糖酶颗粒制剂	饲料酶制剂		荷兰波斯曼有限公司	2005.07-
	Xylanase（Source：Trichoderma Longibrachiatum）	Hostazym® X Double Concentration Xylanase Granulated Preparation	Feed Enzyme		Buisman B. V.，The Netherlands	2010.07
（2005）外饲准字 075 号		卡普乐 MD	饲料防霉剂		荷兰维大特公司	2005.05-
		Calprona MD	Feed Mould Inhibitor		Verdugt B. V.，The Netherlands	2010.05

（续）

登记证号	通用名称	商品名称	产品类别	使用范围	生产厂家	有效期限
（2005）外饲准字 076 号		古博士®吸霉灵	饲料添加剂		荷兰马斯特贸易公司	2005.05 -
		COOPER® Bind	Feed Additive		Master Trade, The Netherlands	2010.05
（2005）外饲准字 047 号		代乳宝	蛋白质饲料		荷兰希尔斯公司	2005.03 -
		Superspray S2435	Protein Feed		Schils B. V., The Netherlands	2010.03
（2005）外饲准字 073 号		维乳康	蛋白质饲料		荷兰 DV 营养有限公司	2005.05 -
		Lactofeed 70	Protein Feed		DV Nutrition UA, The Netherlands	2010.05
（2005）外饲准字 115 号		优乳代	蛋白质饲料	新生犊牛	荷兰 Schils 公司	2005.08 -
		Eurolac Red	Protein Feed	New born calf up to age of 3 - 4 weeks	Schils B. V., the Netherland	2010.08
（2005）外饲准字 116 号		蛋白莱	蛋白质饲料	仔猪、犊牛和幼禽	荷兰 Schils 公司	2005.08 -
		Protilac	Protein Feed	Sucking pig, calf and poultry	Schils B. V., the Netherland	2010.08
（2005）外饲准字 190 号	代乳粉	普乐乳蛋白	蛋白质饲料	猪、牛和羊	荷兰普乐维美控股有限公司	2005.12 -
	Milk powder replacer	Suoperlacta	Protein Feed	piglet, cattle and sheep	Provimi Holding B. V., The Netherlands	2010.12
（2006）外饲准字 056 号	聚乙二醇甘油蓖麻酸酯	爱维康	饲料添加剂	所有动物	荷兰纽维得公司	2006.05 -
	Glyceryl Polyethylenglycol Ricinoleate	Avilac	Feed Additive	All animal	Nutrifeed - Veghel, The Netherland	2011.05
（2006）外饲准字 065 号	乙氧基喹啉、BHT 和磷酸	普乐抗氧化剂	饲料抗氧化剂	所有动物	荷兰普乐维美控股有限公司	2006.05 -
	Ethoxiquin, BHT and Phosphoric Acid	BoNox Dry	Feed Antioxidant	All animal	Provimi Holding B. V., The Netherlands	2011.05

（续）

登记证号	通用名称	商品名称	产品类别	使用范围	生产厂家	有效期限
（2007）外饲准字 145 号	丙酸，甲酸，乙酸和丙酸铵	菲乐斯（液体）	饲料防霉剂	所有动物	荷兰赛尔可公司	2007.07 -
	Propionic Acid, Formic Acid, Acetic Acid and Ammonium Propionate	Fylax - Liquid	Feed acidifier	All animal	Selko BV, The Netherlands	2012.07
（2008）外饲准字 071 号	精炼椰子油、棕榈油、浓缩乳清粉、大豆浓缩蛋白和维生素 A	喜利康	精料补充料	犊牛	荷兰纽维德公司	2008.05 -
	Refined Coconut Oil, Palm Oil, Whey Concentrate, Soya - Protein concentrate and Vitamin A	Isilac	Concentrate Supplement	Calf	Nutrifeed, The Netherlands	2013.05
（2009）外饲准字 052 号	丙酸钙	凯米拉霉菌控制剂 SP1	饲料防霉剂	猪、禽和牛	荷兰凯米拉化学技术有限公司	2009.06 -
	Calcium Propionate	Kemira Mould Control SP1	Feed Mould Inhibitor	Pig, Poultry and Cattle	Kemira Chem. Solutions B. V., The Netherlands	2014.06
（2009）外饲准字 070 号	牛舔砖	KNZ 传统盐舔块	精料补充料	牛	荷兰阿克苏诺贝尔制盐公司	2009.07 -
	Lick for Cattle	KNZ Tradition	Concentrate Supplement	Cattle	Akzo Nobel Salt B. V., The Netherlands	2014.07
（2009）外饲准字 071 号	牛舔砖	KNZ 生物素盐舔块	精料补充料	牛	荷兰阿克苏诺贝尔制盐公司	2009.07 -
	Lick for Cattle	KNZ Lick with Biotin	Concentrate Supplement	Cattle	Akzo Nobel Salt B. V., The Netherlands	2014.07
（2009）外饲准字 072 号	牛羊舔砖	KNZ 牛羊盐舔块	精料补充料	牛和羊	荷兰阿克苏诺贝尔制盐公司	2009.07 -

（续）

登记证号	通用名称	商品名称	产品类别	使用范围	生产厂家	有效期限
	Lick for Cattle and Sheep	KNZ Multi	Concentrate Supplement	Cattle and Sheep	Akzo Nobel Salt B. V. , The Netherlands	2014.07
(2010) 外饲准字 016 号	乳清粉、大豆粉及植物油	普瑞福 09 号	蛋白质饲料	犊牛	荷兰斯珞腾公司	2010.01 -
	Whey Powder, Soybean Flour and Vegetable Oil	Sprayfo Orange	Protein Feed	Calf	Sloten B. V. , The Netherlands	2015.01
(2010) 外饲准字 066 号	乳清粉、小麦蛋白粉、大豆粉及植物油	普瑞福二号	蛋白质饲料	犊牛	荷兰斯珞腾公司	2010.04
	Whey Powder, Wheat Protein Flour, Soybean Flour and Vegetable Oil	Sprayfo Red	Protein Feed	Calf	Sloten B. V. , The Netherlands	2015.04
(2010) 外饲准字 067 号	乳清粉、小麦蛋白粉、大豆粉及植物油	普瑞福一号	蛋白质饲料	犊牛	荷兰斯珞腾公司	2010.04
	Whey Powder, Wheat Protein Flour, Soybean Flour and Vegetable Oil	Sprayfo Green	Protein Feed	Calf	Sloten B. V. , The Netherlands	2015.04
(2010) 外饲准字 070 号	乳糖、碳酸钠、碳酸氢钠、氯化钾和柠檬酸	快补	精料补充料	犊牛和仔猪	荷兰纽维德公司	2010.04
	Lactose, Sodium Carbonate, Sodium Bicarbonate, Potassium Choride, Citric Acid	Nutrifizz	Feed Supplementary	Calf and Piglet	Nutrifeed, The Netherlands	2015.04
(2010) 外饲准字 151 号	乳清粉 大豆蛋白浓缩物和植物油	代乳宝	蛋白质饲料	猪、牛和家禽	荷兰希尔斯公司	2010.05
		Supersprays2435	Protein Feed	Pig, Cattle And Poultry	Schils B. V. , The Nethrlands	2015.05

（续）

登记证号	通用名称	商品名称	产品类别	使用范围	生产厂家	有效期限
	Whey Powder, Soya Protein Concentrate and Vegetable Oil					
（2010）外饲准字 203 号	斑脱土/蒙脱石和酵母细胞壁	脱素	饲料添加剂	养殖动物	荷兰赛尔可公司	2010.08
	Bentonite/Montmorillonite and yeast cell walls	TOX－O	Feed Additive	All species or categories of animals	Selko bv, The Netherlands	2015.08
（2010）外饲准字 209 号	代乳粉	维他乳	蛋白质饲料	犊牛	荷兰凯斯特伦市泛太有限公司	2010.08
	Milk Replacer	Vitamilk	Protein Feed	Calf	P. C. Van Tuijl Kesteren B. V., the Netherlands	2015.08
（2010）外饲准字 253 号	犊牛代乳粉	神泽前期代乳粉	蛋白质饲料	犊牛	荷兰希尔斯公司	2010.08
	Calves Milkreplacer	Shine'slac start	Protein Feed	Calves	Schils B. V., The Netherlands	2015.08
（2010）外饲准字 254 号	犊牛代乳粉	神泽后期代乳粉	蛋白质饲料	犊牛	荷兰希尔斯公司	2010.08
	Calves Milkreplacer	Shine'slac finish	Protein Feed	Calves	Schils B. V., The Netherlands	2015.08
（2010）外饲准字 286 号	代乳粉	优乳代	蛋白质饲料	犊牛	荷兰希尔斯公司	2010.09
	Milkreplacer for Calves	Eurolac Red	Protein Feed	Calves	Schils B. V., The Netherlands	2015.09
（2010）外饲准字 287 号	代乳粉	蛋白莱	蛋白质饲料	犊牛、仔猪、幼禽	荷兰希尔斯公司	2010.09
	Milkreplacer for Calves	Protilac	Protein Feed	Calves, Piglet, Young Poultry	Schils B. V., The Netherlands	2015.09
（2010）外饲准字 296 号	蒙脱土和酵母细胞壁	古博士吸霉灵 TM	饲料添加剂	养殖动物	荷兰马斯特贸易公司	2010.09
	Montmorillonite and Yeast Cell Walls	Cooperbind	Feed Additive	All species or categories of animals	Master Trade, The Netherlands	2015.09

（续）

登记证号	通用名称	商品名称	产品类别	使用范围	生产厂家	有效期限
（2011）外饲准字 004 号	苯甲酸	胃肠益生剂 SB5	饲料酸化剂	养殖动物	凯米拉化学品有限公司	2011.01 -
	Benzoic Acid	Kemira Pro Git SB5	Feed Acidifier	All species or categories of animals	Kemira Chemsolutions Bv., The Netherlands	2016.01
（2011）外饲准字 005 号	甲酸	胃肠益生剂 SF2	饲料酸化剂	养殖动物	凯米拉化学品有限公司	2011.01 -
	Formic Acid	Kemira Pro Git SF2	Feed Acidifier	All species or categories of animals	Kemira Chemsolutions Bv., The Netherlands	2016.01
（2011）外饲准字 006 号	甲酸	细菌控制剂 SF1	饲料酸化剂	养殖动物	凯米拉化学品有限公司	2011.01 -
	Formic Acid	Kemira Bacteria Control SF1	Feed Acidifier	All species or categories of animals	Kemira Chemsolutions Bv., The Netherlands	2016.01
	Whey Powder, Wheat Protein, Plant Oil and VA	Porcolac Booster	Compound Feed	Piglet	Nutrifeed, The Netherlands	
（2011）外饲准字 330 号	甲酸 Formic Acid	吉克沙	饲料防霉剂	养殖动物	荷兰塞尔可公司	2011.10 - 2016.10
	甲酸铵	KSAL - LIQUID	Feed Mould Inhibitor	All species or categories of animals	Selko B. V., the Netherlands	
	Ammonium Formate					
	乙酸 Acetic Acid					
	丙酸 Propionic Acid					
	苯甲酸 Benzoic Acid					
（2012）外饲准字 435 号	丙酸、甲酸、乙酸和丙酸铵	菲乐斯（液体）	饲料防霉剂	养殖动物	荷兰赛尔可公司	2012.11 - 2017.11
	Propionic Acid, Formic Acid, Acetic Acid and Ammonium Propionate	FYLAX®- Liquid	Feed Mould Inhibitor	All species or categories of animals	Selko B. V., the Netherlands	

（续）

登记证号	通用名称	商品名称	产品类别	使用范围	生产厂家	有效期限
（2012）外饲准字 436 号	丙酸、甲酸、乙酸和甲酸铵	肥酸宝	饲料酸化剂	养殖动物	荷兰赛尔可公司	2012.11－2017.11
	Propionic Acid, Formic Acid, Acetic Acid and Ammonium Formate	Selacid®－Dry	Feed Acidifier	All species or categories of animals	Selko B. V., the Netherlands	
（2013）外饲准字 032 号	维生素 E、多种矿物质	KNZ 繁殖型盐添砖	精料补充料	奶牛	阿克苏诺贝尔功能化学品公司	2013.01－2018.01
	Vitamin E, Multi－Minerals	KNZ Tradition Fertility	Concentrate Supplement	Dairy Cow	Akzo Nobel Functional Chemicals B. V., the Netherlands	
（2013）外饲准字 091 号	乳清粉，植物油，维生素 A，大豆浓缩蛋白	喜利康	精料补充料	牛	荷兰纽维德公司	2013.02－2018.02
	Whey Concentration, Plant Oil, VA, Soya Protein Concentrate	Isilac	Concentrate Supplement	Cattle	Nutrifeed, the Netherlands	
（2005）外饲准字 058 号		水得宝	微生物		意大利拓大公司	2005.03－
		AQUALASE	饲料添加剂		DOX－AL Italia S. p. A	2010.03
			Microbial Biotic Feed Additive			
（2005）外饲准字 105 号	甲基吡啶铬	铬精	饲料添加剂		意大利威尼达公司	2005.07－
	Chromiun Tripicolinate	CHROMIUM PICOLINATE	Feed Additive		VANETTA SPA, Italy	2010.07
（2006）外饲准字 114 号	乙酸乙酯、乙酸戊酯、苯甲醛、丁酸乙酯和香兰素	泰香 08488	饲料调味剂	猪和牛	意大利泰克尼森有限公司	2006.08－

（续）

登记证号	通用名称	商品名称	产品类别	使用范围	生产厂家	有效期限
	Ethyl Acetate, Amyl Acetate, Benzoic Aldehyde, Ethyl Butyrate and Vanillin	TECNAROMA ZTA NOTE PLUS 4W/08488 Powder	Feed Flavor Enhancement	Swine and cattle	TECNESSENZE s. r. l. , Italy	2011. 08
(2006) 外饲准字 116 号	肉桂醛、茴香脑、百里香油和茴芹油	泰香 08333	饲料调味剂	猪牛和家禽	意大利泰克尼森有限公司	2006. 08 -
	Cinnamic Aldehyde, Anethol, Thyme Oil and Anise Oil	TECNAROMA ZTA HERBAL MIX 4W/08333 Powder	Feed Flavor Enhancement	Swine, cattle and poultry	TECNESSENZE s. r. l. , Italy	2011. 08
(2006) 外饲准字 117 号	香兰素和丁酸	泰香 04118	饲料调味剂	猪和奶牛	意大利泰克尼森有限公司	2006. 08 -
	Vanillin and Butyric Acid	TECNAROMA ZTA MILK NOTE 4W/04118 Powder	Feed Flavor Enhancement	Swine and dairy	TECNESSENZE s. r. l. , Italy	2011. 08
(2006) 外饲准字 118 号	茴香脑、茴香醛、肉桂醛和茴芹油	泰香 02739	饲料调味剂	反刍动物	意大利泰克尼森有限公司	2006. 08 -
	Anethol, Anisaldehyde, Cinnamic Aldehyde and Anise Oil	TECNAROMA ZTA GREEN FRESH NOTE 4W/02739 Powder	Feed Flavor Enhancement	Ruminant	TECNESSENZE s. r. l. , Italy	2011. 08
(2006) 外饲准字 078 号	柠檬酸、乳酸、苹果酸和富马酸	威力酸	饲料酸化剂	猪牛和家禽	意大利亚士可化工大药厂	2006. 07 -
	Citric Acid, Lactic Acid, Malic Acid and Fumaric Acid	Lactiplus Coated	Feed Acidifier	Swine, cattle and poultry	ASCOR Chimici Srl, Italy	2011. 07
(2006) 外饲准字 138 号	维生素 K_3	kavist® MNB	饲料级维生素	所有动物	意大利威尼达公司	2006. 08 -

（续）

登记证号	通用名称	商品名称	产品类别	使用范围	生产厂家	有效期限
	Vitamin K_3	kavist® MNB（Menadione Nicotinamide Bisulfite）	Vitamin Feed Grade	All animal	Vanetta S. p. A.，Italy	2011.08
（2006）外饲准字139号	维生素 K_3	kavist plus® MNB－50	饲料级维生素	所有动物	意大利威尼达公司	2006.08－
	Vitamin K_3	kavist plus® MNB－50（Menadione Nicotinamide Bisulfite 50%）	Vitamin Feed Grade	All animal	Vanetta S. p. A.，Italy	2011.08
（2006）外饲准字140号	维生素 K_3	MSB	饲料级维生素	所有动物	意大利威尼达公司	2006.08－
	Vitamin K_3	MSB（Menadione Sodium Bisulfite）	Vitamin Feed Grade	All animal	Vanetta S. p. A.，Italy	2011.08
（2008）外饲准字019号	维生素、氨基酸和大豆蛋白	爱胺补	添加剂	牛、猪和家禽	意大利阿卡公司	2008.02－
	Multi－Vitamins，Amino Acids，Soya Protein	Arcavit Amino	预混合饲料	Cattle，Swine and Poultry	Prodotti Arca S. r. l，Italy	2013.02
			Additive Premix			
（2008）外饲准字021号	维生素、氨基酸和矿物元素	爱金维	添加剂	牛、猪和家禽	意大利阿卡公司	2008.02－
	Multi－Vitamins，Amino Acids and Minerals	Arcavit L Forte	预混合饲料	Cattle，Swine and Poultry	Prodotti Arca S. r. l，Italy	2013.02
			Additive Premix			

（续）

登记证号	通用名称	商品名称	产品类别	使用范围	生产厂家	有效期限
（2008）外饲准字 098 号	灭活酿酒酵母	宝利肥	饲料添加剂	猪、牛、禽和水产	意大利拓大公司	2008.07－
	Inactived *Saccharomyces cervisiae*	Thepax	Feed Additive	Pig, Cattle, Poultry and Aquaculture	DOX－AL Italia S. P. A	2013.07
（2010）外饲准字 071 号	多种维生素和微量元素预混液	易普威	添加剂预混料	养殖动物	意大利亚士可化工大药厂	2010.04
	Multivitamin and Trace Elements Premix	Eservit	Premix Additive	All species or categories of animals	Ascor Chimici SRL, Italy	2015.04
（2010）外饲准字 072 号	多种维生素和葡萄糖酸钙预混液	科能优	添加剂预混料	养殖动物	意大利亚士可化工大药厂	2010.04
	Multivitamin and Calcium Gluconate Premix	Di. E. Ci. Calcium	Premix Additive	All species or categories of animals	Ascor Chimici SRL, Italy	2015.04
（2010）外饲准字 073 号	多种维生素和氨基酸预混液	艾佳力	添加剂预混料	养殖动物	意大利亚士可化工大药厂	2010.04
	Multivitamin and Amino Acid Premix	Hepavit	Premix Additive	All species or categories of animals	Ascor Chimici SRL, Italy	2015.04
		美可关^{TM}硒 1% BMP	饲料添加剂	意大利 Istituto Delle Vitamine 公司	（2005）外饲准字 018 号	2005.01－
		MICROGRAN^{TM} Se 1% BMP	Feed Additive	Istituto Delle Vitamine S. P. A. Italy		2010.01
		美可关^{TM}碘 10% BMP	饲料添加剂	意大利 Istituto Delle Vitamine 公司	（2005）外饲准字 019 号	2005.01－

（续）

登记证号	通用名称	商品名称	产品类别	使用范围	生产厂家	有效期限
	MICROGRAN™ I 10% BMP	Feed Additive	Istituto Delle Vitamine S. P. A. Italy			2010.01
(2011) 外饲准字 010 号	维生素和氨基酸	阿梅诺	添加剂预混合饲料	家畜和家禽	意大利亚士可化工大药厂	2008.09 -
	DL-蛋氨酸	美百瑞™蛋氨酸粉剂	饲料级氨基酸	反刍动物	意大利 Eurhema S. R. L. 公司	2011.01 -
	DL - Methionine	Metipearl™ Dry Methionine	Amino acid feed grade	Ruminant	Eurhema S. R. L.，Italy	2016.01
(2011) 外饲准字 058 号	L-赖氨酸盐酸盐	乐百瑞™蛋氨酸粉剂	饲料级氨基酸	奶牛	意大利 Eurhema S. R. L. 公司	2011.03 -
	L - lysine hydrochloride	Lysipearl™ Dry Amino Acid	Amino Acid Feed Grade	Dairy Cows	Eurhema S. R. L.，Italy	2016.03
(2011) 外饲准字 114 号	丁酸甘油酯、甘油、乳酸和二氧化硅	斯福	饲料添加剂	养殖动物	意大利 SILO 公司	2011.05 - 2016.05
	Butyric Acid Glycerides, Glycerol, Lactic Acid and Silicon Dioxide	Lacto - Butyrin	Feed Additive	All species or categories of animals	SILO S. R. L.，Italy	
(2011) 外饲准字 268 号	富马酸、乳酸、柠檬酸和苹果酸	立必安	饲料酸化剂	猪、兔、家禽和牛	意大利亚士可化工大药厂	2011.08 - 2016.08
	Fumaric acid, Lactic acid, Citric acid and Malic acid	Lactiplus Coated	Feed Acidifier	Swine, Rabbit, Poultry and Cattle	Ascor Chimici S. R. L.，Italy	
(2011) 外饲准字 296 号	氯化胆碱预混剂	斯多利	添加剂预混合饲料	奶牛	意大利佰高化工大药厂	2011.09 - 2016.09

（续）

登记证号	通用名称	商品名称	产品类别	使用范围	生产厂家	有效期限
	Choline Chloride Premix	STA－CHOL	Additive Premix	Cow	Bioscreen Technologies SRL，Italy	
（2011）外饲准字 268 号	富马酸、乳酸、柠檬酸和苹果酸	立必安	饲料酸化剂	猪、兔、家禽和牛	意大利亚士可化工大药厂	2011.08－2016.08
	Fumaric acid，Lactic acid，Citric acid and Malic acid	Lactiplus Coated	Feed Acidifier	Swine，Rabbit，Poultry and Cattle	Ascor Chimici S. R. L.，Italy	
（2011）外饲准字 283 号	丁酸钠	西尔包被丁酸钠	饲料添加剂	养殖动物	意大利西拉公司	2011.09－2016.09
	Sodium Butyrate	－0.3	Feed Additive	All species or categories of animals	SILA srl，Italy	
		SIL Butyrate 30 Coated				
（2011）外饲准字 296 号	氯化胆碱预混剂	斯多利	添加剂预混合饲料	奶牛	意大利佰高化工大药厂	2011.09－2016.09
	Choline Chloride Premix	STA－CHOL	Premix Additive	Cow	Bioscreen Technologies srl，Italy	
（2012）外饲准字 026 号	多种维生素	爱力佳	添加剂预混合饲料	养殖动物	意大利阿卡公司	2012.01－2017.01
	和微量元素	Arcavit P Forte	Feed Additive Premix	All species or categories of animals	Prodotti Arca S. R. L.，Italy	
	Multi－Vitamin and Microelement					
（2012）外饲准字 445 号	多种维生素、氨基酸、大豆蛋白	爱胺补	添加剂预混合饲料	畜禽	意大利阿卡公司	2012.11－2017.11

（续）

登记证号	通用名称	商品名称	产品类别	使用范围	生产厂家	有效期限
	Multi Vitamin, Amino Acid, Soybean Protein	Arcavit Amino	Feed Additive Premix	Livestock and Poultry	Prodotti Arca S. R. L. , Italia	
（2013）外饲准字 059 号	灭活酿酒酵母粉	宝利肥	饲料添加剂	畜禽	意大利拓大公司	2013. 02 - 2018. 02
	Inactivated *Saccharomyces cervisiae*	Thepax	Feed Additive	Livestock and Poultry	DOX - AL Italia SPA, Italy	
（2013）外饲准字 155 号	食品用香料	泰瑞宝-液体	饲料调味剂	养殖动物	意大利 A. W. P. s. r. l. 公司	2013. 05 - 2018. 05
	Food Flavor Enhancement	Mix - oil Liquid	Feed Flavor	All species or categories of animals	A. W. P. S. R. L. , Italy	
（2013）外饲准字 156 号	食品用香料	泰瑞宝-粉剂	饲料调味剂	养殖动物	意大利 A. W. P. s. r. l. 公司	2013. 05 - 2018. 05
	Food Flavor Enhancement	Mix - oil Powder	Feed Flavor	All species or categories of animals	A. W. P. S. R. L. , Italy	
（2013）外饲准字 160 号	多种微量元素	艾依	饲料添加剂预混料	猪	意大利 Vetoquinol 公司	2013. 05 - 2018. 05
	Multi - Trace Elements	Iron Pig Plus	Feed Additive Premix	Pig	Vetoquinol Italia S. R. L. , Italy	
（2013）外饲准字 243 号	L -赖氨酸盐酸盐	乳美特	饲料级氨基酸	反刍动物	意大利 Bioscreen Technologies 公司	2013. 07 - 2018. 07
	L - Lysine HCL	Rumaster	Amino Acid Feed Grade	Ruminant	Bioscreen Technologies, Italy	

（续）

登记证号	通用名称	商品名称	产品类别	使用范围	生产厂家	有效期限
（2013）外饲准字 244 号	DL-蛋氨酸	普美特	饲料级氨基酸	反刍动物	意大利 Bioscreen Technologies 公司	2013. 07－2018. 07
	DL－Methionine	Pro－Met	Amino Acid Feed Grade	Ruminant	Bioscreen Technologies，Italy	
（2013）外饲准字 247 号	干灭活酿酒酵母 Dried Inactived Saccharomyces cerevisiae	福尔邦	饲料添加剂	反刍动物	意大利 Bioscreen Technologies 公司	2013. 07－2018. 07
	干灭活米曲霉/黑曲霉发酵培养物	Fibrase	Feed Additive	Ruminant	Bioscreen Technologies，Italy	
	Dried Inactived Aspergillus oryzae/Aspergillus Niger Fermentation Product					
（2013）外饲准字 251 号	多种氨基酸/维生素/微量元素	蜜迪诗	添加剂预混合饲料	奶牛	意大利 Bioscreen Technologies 公司	2013. 07－2018. 07
	Multi－Amino acid，Vitamin，Mineral	Multi－Pass	Additive Premix	Cow	Bioscreen Technologies Srl，Italy	
（2013）外饲准字 267 号	多种氨基酸和维生素	阿梅诺	添加剂预混合饲料	养殖动物	威龙（意大利）大药厂	2013. 07－2018. 07
	Multi－Amino Acids and Vitamins	Aminovitamin	Additive Premix	All Species or Categories of Animals	Vétoquinol Italia S. R. L.，Italy	
（2013）外饲准字 268 号	多种氨基酸和维生素	雅士勇	添加剂预混合饲料	养殖动物	威龙（意大利）大药厂	2013. 07－2018. 07
	Multi－Amino Acids and Vitamins	Ascorequil	Additive Premix	All Species or Categories of Animals	Vétoquinol Italia S. R. L.，Italy	

（续）

登记证号	通用名称	商品名称	产品类别	使用范围	生产厂家	有效期限
（2005）外饲准字 060 号		欧帝酶制剂	饲料酶制剂		英国 Optivite 国际有限公司	2005.03－
		OPTIZYME T2	Feed Enzyme		Optivite International Co., Ltd., England	2010.03
（2005）外饲准字 067 号		青宝Ⅰ号	饲料添加剂		英国 Microferm 有限公司	2005.03－
		Cool Sile	Feed Additive		Microferm Co., Ltd., England	2010.03
（2005）外饲准字 096 号	植物乳杆菌、乳酸片球菌、乳酸乳杆菌和纤维素酶	青宝Ⅱ号	青贮饲料添加剂		英国 Microferm 有限公司	2005.07－
	Lactobacillus Plantarum, Pediococcus Acidilactici Lactococcus Lactis & Cellulase	Fast Sile	Silage Feed Additive		Microferm Co., Ltd., England	2010.07
（2007）外饲准字 095 号	牛舔砖	牛宝利	精料补充料	牛	英国凯迪克有限公司	2007.03－
	Lick for Cattle	Calflyx Easy Breather	Concentrate Supplement	Cattle	Caltech Ltd., England	2012.03
（2007）外饲准字 096 号	牛舔砖	牛高镁	精料补充料	牛	英国凯迪克有限公司	2007.03－
	Lick for Cattle	Crystalyx® Cattle High Mag	Concentrate Supplement	Cattle	Caltech Ltd., England	2012.03

（续）

登记证号	通用名称	商品名称	产品类别	使用范围	生产厂家	有效期限
(2007) 外饲准字 097 号	牛舔砖	牛特补	精料补充料	牛	英国凯迪克有限公司	2007.03-
	Lick for Cattle	Crystalyx® Cattle Booster	Concentrate Supplement	Cattle	Caltech Ltd., England	2012.03
(2009) 外饲准字 144 号	牛羊舔砖	黄洛奇	精料补充料	牛和羊	英国泰邦公司	2009.10-
	Lick for Cattle and Sheep	Yellow Rockies	Concentrate Supplement	Cattle and Sheep	Tithebarn Limited, England	2014.1
(2009) 外饲准字 145 号	牛舔砖	红洛奇	精料补充料	牛	英国泰邦公司	2009.10-
	Lick for Cattle	Red Rockies	Concentrate Supplement	Cattle	Tithebarn Limited, England	2014.1
(2009) 外饲准字 168 号	牛羊舔砖	富磷洛奇	精料补充料	牛和羊	英国泰邦公司	2009.11
	Lick for Cattle and Sheep	Phos Rich Rockies	Supplement Concentrate	Cattle and Sheep	Tithebarn Limited, England	2014.11
(2009) 外饲准字 169 号	牛羊舔砖	富磷洛奇 (5%)	精料补充料	牛和羊	英国泰邦公司	2009.11
	Lick for Cattle and Sheep	5% Phos Rich Pockies	Supplement Concentrate	Cattle and sheep	Tithebarn Limited, England	2014.11
(2010) 外饲准字 005 号	水合硅铝酸钠钙	好力盾	饲料添加剂	养殖动物	英国美力盾动物健康有限公司	2010.01-

（续）

登记证号	通用名称	商品名称	产品类别	使用范围	生产厂家	有效期限
	Hydrated Sodium Calcium Aluminosilicate	Meri - Bond Xtra	Feed additive	All species or categories of animals	Meriden Animal Health Ltd.，UK	2015.01
（2010）外饲准字 111 号	高岭土（复合水合硅铝酸盐）	吸霉多	饲料添加剂	养殖动物	英国 kiotechagil 公司	2010.05
	Kaolinite （Complexed Hydrated Aluminium Silicate）	Sorbatox	Feed Additive	All species or categories of animals	Kiotechagil，England	2015.05
（2010）外饲准字 138 号	甜菜碱	芬莱碱 S4	饲料级氨基酸	养殖动物	丹尼斯克（英国）有限公司	2010.05
	Betaine	Betafin S4	Amino Acid Feed Grade	All Species or Categories of Animals	Danisco（UK）Limited.，UK	2015.05
（2010）外饲准字 139 号	甜菜碱	芬莱碱 S1	饲料级氨基酸	养殖动物	丹尼斯克（英国）有限公司	2010.05
	Betaine	Betafin S1	Amino Acid Feed Grade	All Species or Categories of Animals	Danisco（UK）Limited.，UK	2015.05
		罗维素泛酸钙	维生素类饲料添加剂	帝斯曼营养产品（英国）有限公司	（2005）外饲准字 020 号	2005.01 -
		ROVIMIX® Calpan	Vitamin Feed Grade	DSM Nutritional Products（UK）Ltd.		2010.01
（2010）外饲准字 111 号	高龄土（复合水合硅铝酸盐）	吸霉多	饲料添加剂	养殖动物	英国 Kiotechagil 公司	2010.05
	Kaolinite （Complexed Hydrated Aluminium Silicate）	Sorbatox	Feed Additive	All species or categories of animals	Kiotechagil，England	2015.05

（续）

登记证号	通用名称	商品名称	产品类别	使用范围	生产厂家	有效期限
（2011）外饲准字 007 号	甲酸、丙酸和丁酸	普肥特	饲料酸化剂	养殖动物	英国 KIOTECHAGIL 公司	2011. 01 -
	Formic Acid, Propionic Acid and Methyl Propionic Acid	Prefect	Feed Acidifier	All species or categories of animals	KIOTECHAGIL, England	2016. 01
（2012）外饲准字 024 号	高岭石、硅藻土、干酵母和丙酸钙	新霉净	饲料添加剂	养殖动物	英国 Kiotechagil 公司	2012. 01 - 2017. 01
	Kaolinitic Clay, Kieselgur, Dried Yeast and Calcium Propionate	Neutox	Feed Additive	All species or categories of animals	Kiotechagil, England	
（2012）外饲准字 192 号	酵母细胞壁和水合硅铝酸盐	克毒素	饲料添加剂	养殖动物	英国 Optivite 有限公司	2012. 05 - 2017. 05
	Yeast cell wall and Complexed Hydrated Aluminium Silicate	OPTIMOS	Feed Additive	All species or categories of animals	Optivite Ltd, UK	
（2012）外饲准字 406 号	屎肠球菌	普乐康	微生物饲料添加剂	家禽、猪、牛和羊	英国普碧欧堤丝国际有限公司	2012. 11 - 2017. 11
	Enterococcus Faecium	Protexin Concentrate	Microbial Feed Additive	Poultry, Pig, Cattle and Sheep	Probiotics International Ltd, UK	
（2005）外饲准字 077 号		艾克拿斯 L	饲料酶制剂		芬兰罗尔公司	2005. 05 -
		ECONASE Wheat L Plus	Feed Enzyme		Roal OY, Finland	2010. 05
（2006）外饲准字 090 号	屎肠球菌	赐美健 ME - 10	微生物饲料添加剂	所有动物	瑞士百福微生物公司	2006. 07 -
	Enterococcus faecium	LBC ME - 10	Microbial Biotic Feed Additive	All animal	Cerbios - Pharma SA, Bioferment Division, Switzerland	2011. 07

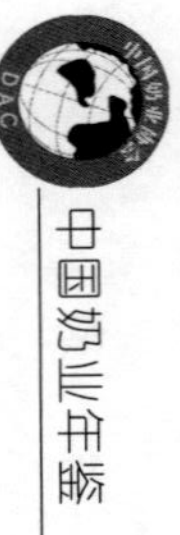

（续）

登记证号	通用名称	商品名称	产品类别	使用范围	生产厂家	有效期限
(2005) 外饲准字 083 号		瑞香宝 081	饲料调味剂		瑞士潘可士玛有限公司	2005.05 -
		PAN MILK 081	Feed Flavor Enhancement		Pancosma S. A. , Switzerland	2010.05
(2007) 外饲准字 022 号	屎肠球菌	赐美健-G35	微生物	所有动物	瑞士百福微生物公司	2007.02 -
	Enterococcus faecium	LBC - G35	饲料添加剂	All animal	Cerbios - Pharma SA, Bioferment Division, Switzerland	2012.02
			Microbial Biotic Feed Additive			
(2008) 外饲准字 011 号	水合硅铝酸钠钙	净霉灵	饲料添加剂	所有动物	瑞士优博特公司	2008.01 -
	Hydrated Sodium Calcium Aluminosilicate	Klinofeed	Feed Additive	All Animal	Unipoint Ltd. , Swizerland	2013.01
(2009) 外饲准字 009 号	烟酸	饲料级烟酸	饲料级维生素	所有动物	瑞士龙沙有限公司	2009.02 -
	Niacin	Niacin Feed Grade	Vitamin Feed Grade	All Animal	Lonza Ltd. , Switzerland	2014.02
(2009) 外饲准字 092 号	α-生育酚乙酸酯	生育酚乙酸酯	饲料级维生素	养殖动物	瑞士帝斯曼营养产品有限公司	2009.08 -
	alpha - Tocopherol Acetate	Tocopherol Acetate Technical Grade	Vitamin Feed Grade	All species or categories of animals	DSM Nutritional Products Ltd. , Switzerland	2014.08

（续）

登记证号	通用名称	商品名称	产品类别	使用范围	生产厂家	有效期限
（2010）外饲准字 068 号	维生素 A 醋酸酯	维生素 A 醋酸酯 2.1m.i.u./g（EMQ）	饲料级维生素	养殖动物	瑞士帝斯曼营养产品有限公司	2010.04
	Vitamin A Acetate	Vitamin A Acetate 2.1m.i.u./g（EMQ）	Vitamin Feed Grade	All species or categories of animals	DSM Nutritional Products GmbH, Switzerland	2015.04
（2005）外饲准字 023 号		dl－α－生育酚醋酸酯	维生素类饲料添加剂		瑞士帝斯曼营养产品股份公司	2005.01－
		dl－α－Tocopheryl Acetate	Vitamin Feed Additive		DSM Nutritional Products AG, Switzerland	2010.01
（2005）外饲准字 024 号		叶酸	维生素类饲料添加剂		瑞士帝斯曼营养产品股份公司	2005.01－
		Folic Acid	Vitamin Feed Additive		DSM Nutritional Products AG, Switzerland	2010.01
（2005）外饲准字 025 号		罗维素烟酸	维生素类饲料添加剂		瑞士帝斯曼营养产品股份公司	2005.01－
		ROVIMIX® Niacin	Vitamin Feed Additive		DSM Nutritional Products AG, Switzerland	2010.01
（2005）外饲准字 026 号		罗维素 AD_3 500/100	饲料级维生素		瑞士帝斯曼营养产品股份公司	2005.01－
		ROVIMIX® AD_3 500/100	Vitamin Feed Grade		DSM Nutritional Products AG, Switzerland	2010.01
（2005）外饲准字 027 号		罗维素 A1000	饲料级维生素		瑞士帝斯曼营养产品股份公司	2005.01－

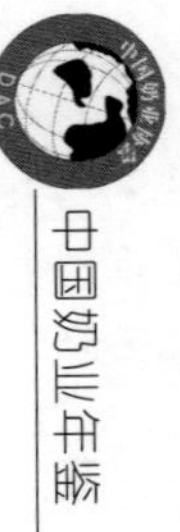

（续）

登记证号	通用名称	商品名称	产品类别	使用范围	生产厂家	有效期限
		ROVIMIX® A1000	Vitamin Feed Grade		DSM Nutritional Products AG, Switzerland	2010.01
（2005）外饲准字 028 号		罗维素 AD_3 1000/200	饲料级维生素		瑞士帝斯曼营养产品股份公司	2005.01 -
		ROVIMIX® AD_3 1000/200	Vitamin Feed Grade		DSM Nutritional Products AG, Switzerland	2010.01
（2005）外饲准字 029 号		罗沙酶 G2 G	饲料级酶制剂		瑞士帝斯曼营养产品股份公司	2005.01 -
		ROXAZYME G2 G	Feed Enzyme		DSM Nutritional Products AG, Switzerland	2010.01
（2010）外饲准字 193 号	维生素	罗维素 A 1000	饲料级维生素	养殖动物	帝斯曼营养产品（瑞士）有限公司	2010.08
	Vitamin	Rovimix A 1000	Vitamin Feed Grade	All species or categories of animals	DSM Nutritional Products AG, Switzerland	2015.08
（2010）外饲准字 194 号	维生素	罗维素 AD_3 1000/200	饲料级维生素	养殖动物	帝斯曼营养产品（瑞士）有限公司	2010.08
	Vitamin	Rovimix AD_3 1000/200	Vitamin Feed Grade	All species or categories of animals	DSM Nutritional Products AG, Switzerland	2015.08
（2011）外饲准字 037 号	木聚糖酶、β-葡聚糖酶、纤维素酶（都源自长柄木霉）	罗沙酶 G2G	饲料级酶制剂	养殖动物	帝斯曼营养产品有限公司	2011.03 -
	Xylanase, Beta - Glucanase, Cellulose (From *Trichoderna Longibrachiatum*)	Roxazyme G2G	Enzyme Feed Grade	All species or categories of animals	DSM Nutritional Products AG, Switzerland	2016.03
（2011）外饲准字 259 号	维生素 A 醋酸脂	罗维素® A1000	饲料添加剂	养殖动物	瑞士帝斯曼营养产品有限公司	2011.08 - 2016.08

（续）

登记证号	通用名称	商品名称	产品类别	使用范围	生产厂家	有效期限
	Vitamin A Acetate	ROVIMIX® A 1000	Feed Additive	All Species or Categories of Animals	DSM Nutritional Products AG, Switzerland	
（2011）外饲准字 260 号	维生素 A 醋酸脂和维生素 D_3	罗维素 AD_3 1000/200	饲料添加剂	养殖动物	瑞士帝斯曼营养产品有限公司	2011.08－2016.08
	Vitamin A Acetate and Vitamin D_3	ROVIMIX AD_3 1000/200	Feed Additive	All Species or Categories of Animals	DSM Nutritional Products AG, Switzerland	
（2011）外饲准字 320 号	屎肠球菌 SF68	赐美健 ME10	微生物饲料添加剂	养殖动物	百福微生物有限公司	2011.09－2016.09
	Enterococcus Faecium SF68	LBC ME10	Microbial Feed Additive	All Species or Categories of Animals	Cerbios Pharma S. A. , Switzerland	
（2011）外饲准字 206 号	柠檬提取物，美国栗树叶提取物	黄金水果	饲料调味剂	养殖动物	瑞士 Haefliger 公司	2011.07－2016.07
	Lemon Extract and Chestnut Leaves Extract	Golden Fruits Vit	Feed Flavor Enhancement	All Species or Categories of Animals	Haefliger AG, Switzerland	
（2011）外饲准字 259 号	维生素 A 醋酸脂	罗维素® A1000	饲料添加剂	养殖动物	瑞士帝斯曼营养产品有限公司	2011.08－2016.08
	Vitamin A Acetate	ROVIMIX® A 1000	Feed Additive	All Species or Categories of Animals	DSM Nutritional Products AG, Switzerland	
（2011）外饲准字 260 号	维生素 A 醋酸脂和维生素 D_3	罗维素 AD_3 1000/200	饲料添加剂	养殖动物	瑞士帝斯曼营养产品有限公司	2011.08－2016.08
	Vitamin A Acetate and Vitamin D_3	ROVIMIX AD_3 1000/200	Feed Additive	All Species or Categories of Animals	DSM Nutritional Products AG, Switzerland	

（续）

登记证号	通用名称	商品名称	产品类别	使用范围	生产厂家	有效期限
（2011）外饲准字 320 号	屎肠球菌 SF68	赐美健 ME10	微生物饲料添加剂	养殖动物	百福微生物有限公司	2011.09－2016.09
	Enterococcus Faecium SF68	LBC ME10	Microbial Feed Additive	All Species or Categories of Animals	Cerbios Pharma S. A.，Switzerland	
（2011）外饲准字 335 号	甘氨酸铁螯合物	晶标铁	矿物质饲料添加剂	畜禽和宠物	瑞士潘可士玛公司	2011.10－2016.10
	Ferric Glycine Chelate	B－TRAXIM® 2C Fe－220	Mineral Feed Additive	Livestock，Poultry and Pet	Pancosma S. A.，Switzerland	
（2011）外饲准字 336 号	甘氨酸铜螯合物	晶标铜	矿物质饲料添加剂	畜禽和宠物	瑞士潘可士玛公司	
	Cupric Glycine Chelate	B－TRAXIM® 2C Cu－240		Livestock，Poultry and Pet	Pancosma S. A.，Switzerland	
（2012）外饲准字 126 号	屎肠球菌 NCIMB10415	财来成 LBC ME20 PLUS	微生物饲料添加剂	养殖动物	瑞士百福公司	2012.03－2017.03
	Enterococcus faecium NCIMB 10415	Cylactin LBC ME20 PLUS	Microbial Feed Additive	All species or categories of animals	Cerbios－Pharma S. A.，Switzerland	
（2012）外饲准字 355 号	丁香酚、乙酸香叶酯和芫荽籽油	亚各灵（反刍）	饲料香味剂	牛	瑞士 Agolin 股份有限公司	2012.10－2017.10
	Eugnol，Geranyl acetate and Coriander Oil	Agolin Ruminant	Feed Flavouring Enhancement	Cattle	Agolin SA，Switzerland	

（续）

登记证号	通用名称	商品名称	产品类别	使用范围	生产厂家	有效期限
（2005）外饲准字 085 号		凡赛尔金丹	维生素类饲料 添加剂		比利时凡赛尔公司	2005.05 -
		CARNI - TABS	Vitamin Feed Additive		Versele - Laga N. V.，Belgium	2010.05
（2005）外饲准字 086 号		宝矿粉	复合预混料		比利时凡赛尔公司	2005.05 -
		Colombine Mineral Mixture	Compound Premix		Versele - Laga N. V.，Belgium	2010.05
（2005）外饲准字 087 号		维他精力粉	维生素类饲料 添加剂		比利时凡赛尔公司	2005.05 -
		CELOVIT B	Vitamin Feed Additive		Versele - Laga N. V.，Belgium	2010.05
（2005）外饲准字 088 号		超级固元素	复合预混料		比利时凡赛尔公司	2005.05 -
		Supervit	Compound Premix		Versele - Laga N. V.，Belgium	2010.05
（2005）外饲准字 094 号		英威 02 CS	饲料酶制剂		比利时艾威有限公司	2005.07 -
		AveMix 02 CSpremix	Feed Enzyme		AVEVE N. V.，Belgium	2010.07
（2005）外饲准字 095 号		英威 XG 10	饲料酶制剂		比利时艾威有限公司	2005.07 -
		AveMix XG 10premix	Feed Enzyme		AVEVE N. V.，Belgium	2010.07
（2005）外饲准字 099 号		应排霉	饲料防霉剂		比利时 Impextraco 有限公司	2005.07 -
		PROPIMPEX CA	Feed Mould Inhibitor		Impextraco N. V.，Belgium	2010.07
（2005）外饲准字 103 号		唯乐美	饲料添加剂		比利时纽卡米有限公司	2005.07 -
		VOLAMEL EXTRA	Feed Additive		NUKAMEL B. V.，Belgium	2010.07
（2006）外饲准字 083 号	柠檬酸、磷酸、乳酸和甲酸	纽埃特霉敌抗	饲料防霉剂	所有动物	比利时 NUTRI - AD 国际有限公司	2006.07 -
	Citric Acid，Phosphoric Acid，Lactic Acid and Formic Acid	TOXY - NIL Plus Liquid	Feed Mold Inhibitor	All animal	NUTRI - AD International N. V.，Belgium	2011.07

（续）

登记证号	通用名称	商品名称	产品类别	使用范围	生产厂家	有效期限
（2006）外饲准字 084 号	乳酸、甲酸、乙酸、丙酸和柠檬酸	纽埃特威乐酸	饲料酸化剂	所有动物	比利时 NUTRI－AD 国际有限公司	2006.07－
	Lactic Acid, Formic Acid, Acetic Acid, Propionic Acid and Citric Acid	ULTRACID™ WT Liquid	Feed Acidifier	All animal	NUTRI－AD International N.V., Belgium	2011.07
（2006）外饲准字 161 号	DL－蛋氨酸	饲料级 DL－蛋氨酸	饲料级氨基酸	所有动物	比利时德固赛安特卫普公司	2006.09－
	DL－Methionine	DL－Methionine Feed Grade	Amino Acid Feed Grade	All animal	Degussa Antwerpen NV, Belgium	2011.09
（2007）外饲准字 148 号	二丁基羟基甲苯，丁基羟基茴香醚和乙氧基喹啉	纽埃特鲜威宝	饲料抗氧化剂	所有动物	比利时英伟-纽埃特国际营养公司	2007.07－
	BHT, BHA and Ethoxyquin	OXY－NIL Liquid	Feed Antioxidant	All animal	NUTRI－AD International NV, Belgium	2012.07
（2008）外饲准字 046 号	丙酸和丙酸铵	纽埃特立霉克	饲料防霉剂	所有动物	比利时英伟-纽埃特国际营养公司	2008.02－
	Propionic Acid and Ammonium Propionate	MOLD－NIL Liquid	Feed Mould Inhibitor	All Animal	NUTRI－AD International NV, Belgium	2013.02
（2008）外饲准字 055 号	乳酸和甲酸	纽埃特酸合剂	饲料酸化剂	所有动物	比利时英伟-纽埃特国际营养公司	2008.03－
	Lactic Acid and Formic Acid	ULTRACID Lac Dry	Feed Acidifier	All Animal	NUTRI－AD International NV, Belgium	2013.03
（2008）外饲准字 061 号	丙酸钙、山梨酸和水合硅铝酸钠钙	纽埃特霉净剂	饲料防霉剂	所有动物	比利时英伟-纽埃特国际营养公司	2008.04－

（续）

登记证号	通用名称	商品名称	产品类别	使用范围	生产厂家	有效期限
	Calcium Propionate, Sorbic Acid and Hydrated Sodium Calcium Aluminosilicate	Toxy－Nil® Dry	Feed Mould Inhibitor	All animal	NUTRI－AD International NV, Belgium	2013.04
（2008）外饲准字122号	烟酰胺	饲料级烟酰胺	饲料级维生素	所有动物	比利时 Vertellus Specialties 公司	2008.10－
	Nicotinamide	Nicotinamide Feed Grade	Vitamin Feed Grade	All Animal	Vertellus Specialties Belgium N. V.	2013.1
（2009）外饲准字069号	丁基羟基茴香醚、二丁基羟基甲苯和没食子酸丙酯	纽埃特PG抗氧化剂	饲料抗氧化剂	养殖动物	比利时英伟-纽埃特国际营养公司	2009.07－
	Butylated Hydroxyanisole（BHA）, Butylated Hydroxytoluene（BHT）and Propyl Gallate	OXY－NIL® PG Dry	Feed Antioxidant	All species or categories of animals	Nutri－AD International N. V., Belgium	2014.07
（2009）外饲准字129号	代乳粉	乳康美E	配合饲料	犊牛	比利时纽卡米公司	2009.09－
	Milk Replacer	Nukamel Extra	Compound Feed	Calf	Nukamel N. V., Belgium	2014.09
（2009）外饲准字223号	椰子油及棕榈油脂肪酸	抑菌宝	饲料防霉剂	养殖动物	比利时维他麦公司	2009.12－
	Fatty Acid of Cocos and Palm	Aromabiotic	Feed Mold Inhibitor	All species or categories of animals	Vitamex N. V. Belgium	2014.12
（2010）外饲准字021号	氯化胆碱	75%氯化胆碱	饲料级维生素	养殖动物	比利时特胺有限公司	2010.01－
	Choline Chloride	Choline Chloride 75%	Feed Grade Vitamin	All species or categories of animals	Taminco N. V., Belgium	2015.01
（2010）外饲准字103号	丙酸和丙酸铵	霉菌净	饲料防腐剂	养殖动物	比利时英派克斯国际有限公司	2010.04

（续）

登记证号	通用名称	商品名称	产品类别	使用范围	生产厂家	有效期限
	Propionic Acid and Ammonium Propionate	Moldstop® SD Plus	Feed Preservatives	All species or categories of animals	Impextraco N. V. , Belgium	2015. 04
（2010）外饲准字 325 号	山梨醇酐脂肪酸脂、大豆浓酸蛋白、乳清粉和植物油	唯乐美	饲料添加剂	家畜	比利时纽卡米公司	2010. 11
	Glyceryl Polyethyleneglycol, Soya Protein Concentrate, Whey Powder, Vegetable Oil	Volamel Extra	Feed Additive	Livestock	Nukamel N. V. , Belgium	2015. 11
（2011）外饲准字 025 号	BHA、乙氧基喹啉、有机酸	抗氧灵	饲料抗氧化剂	养殖动物	比利时英派克斯国际有限公司	2011. 01 -
	BHA/Ethoxyquin/organic acid	Feedox^{R}Dry	Feed Antioxidan	All species or categories of animals	Impextraco N. V. , Belgium	2016. 01
（2011）外饲准字 039 号	甲酸、正磷酸、乳酸、富马酸	幼畜宝® Dry	饲料酸化剂	猪、家禽、反刍动物	比利时英派克斯有限公司	2011. 03 -
	Formic Acid, Ortho - Phosphoric Acid, Lactic Acid, Fumaric Acid	Acidal® Dry	Feed Acidifier	Swine, Poultry , Ruminant	Impextraco NV, Belgium	2016. 03
（2011）外饲准字 106 号	木聚糖酶和 β-葡聚糖酶（产自长柄木霉）、α-淀粉酶（产自枯草芽胞杆菌）	八宝威® Plus 核心原料粉剂	饲料级酶制剂	养殖动物	建明工业（欧洲）有限公司（比利时）	2011. 05 - 2016. 05

（续）

登记证号	通用名称	商品名称	产品类别	使用范围	生产厂家	有效期限
	Xylanase and Beta - glucanase (by *Trichoderma longibrachiatum*), & Alpha - amylase (by *Bacillus subtilis*)	KEMZYME™ Plus Base Dry	Enzyme Feed Grade	All species or categories of animals	Kemin Europa N. V., Belgium	
(2011) 外饲准字 175 号	灭活酵母、海泡石和膨润土	英添迪 安生顺	饲料添加剂	养殖动物	PMF 制造公司	
	Inactivated Yeast, Sepiolite and Bentonite	INNOVAD ESCENT® S	Feed Additive	All Species or Categories of Animals	PMF Productions NV., Belgium	2011.06 - 2016.06
(2011) 外饲准字 176 号	磷酸、柠檬酸和乳酸	英添迪 安生力	饲料酸化剂	养殖动物	PMF 制造公司	2011.06 - 2016.06
	Phosphoric Acid, Citric Acid, Lactic Acid	INNOVAD ESCENT® L	Feed Acidifier	All Species or Categories of Animals	PMF Productions NV., Belgium	
(2011) 外饲准字 266 号	饲料级 DL-蛋氨酸	饲料级 DL-蛋氨酸	饲料级氨基酸	养殖动物	赢创德固赛公司	2011.08 - 2016.08
	DL - Methionine Feed Grade	DL - Methionine Feed Grade	Amino Acid Feed Grade	All species or categories of animals	Evonik Degussa GmbH, Belgium	
(2011) 外饲准字 202 号	乙氧基喹啉和 BHT	英添迪 威氧灵	饲料抗氧化剂	养殖动物	PMF 制造公司	2011.07 - 2016.07
	Ethoxyquin and BHT	Innovad Novinox[R]	Feed Antioxidant	All Species or Categories of Animals	PMF Productions NV., Belgium	
(2011) 外饲准字 266 号	饲料级 DL-蛋氨酸	饲料级 DL-蛋氨酸	饲料级氨基酸	养殖动物	赢创德固赛公司	2011.08 - 2016.08
	DL - Methionine Feed Grade	DL - Methionine Feed Grade	Amino Acid Feed Grade	All Species or Categories of Animals	Evonik Degussa GmbH, Belgium	
(2012) 外饲准字 043 号	多种有机酸	纽埃特霉敌抗	饲料防霉剂	养殖动物	比利时 NUTRI - AD 国际有限公司	2012.01 - 2017.01

（续）

登记证号	通用名称	商品名称	产品类别	使用范围	生产厂家	有效期限
	Multi Organic Acid	TOXY - NIL® Plus Liquid	Feed Mold Inhibitor	All species or categories of animals	NUTRI - AD International N. V. , Belgium	
（2012）外饲准字 253 号	氯化胆碱	晶体型饲料级	饲料添加剂	猪、家禽、牛、鱼、狗 Swine，Poultry，Cattle，	比利时特胺有限公司	2012. 07 - 2017. 07
	Chorine Chloride	氯化胆碱	Feed Additive	Fish，Dog	Taminco N. V. , Belgium	
		Taminizer C				
（2013）外饲准字 144 号	多种有机酸	纽埃特霉净剂	饲料酸化剂	养殖动物	比利时纽埃特国际营养公司	2013. 03 - 2018. 03
	Multi - Organic Acid	TOXY - NILRDry	Feed Acidifier	All species or categories of animals	Nutri - AD International NV，Belgium	
（2013）外饲准字 145 号	多种有机酸	纽埃特立霉克	饲料防霉剂	养殖动物	比利时纽埃特国际营养公司	2013. 03 - 2018. 03
	Multi - Organic Acid	MOLD - NILRLiquid	Feed Mold Inhibitor	All species or categories of animals	Nutri - AD International NV，Belgium	
（2013）外饲准字 146 号	多种有机酸	纽埃特酸化剂	饲料酸化剂	养殖动物	比利时纽埃特国际营养公司	2013. 03 - 2018. 03
	Multi - Organic Acid	Ultracid LacRDry	Feed Acidifier	All species or categories of animals	Nutri - AD International NV，Belgium	
（2013）外饲准字 159 号	班脱土 - 蒙脱石 Bentomite - Montmorilonite	纽埃特强霉净剂	饲料添加剂	养殖动物	比利时纽埃特国际营养公司	2013. 05 - 2018. 05
	海泡石 Sepiolite	TOXY - NIL® PLUS Dry	Feed Additive	All species or categories of animals	Nutri - AD International NV，Belgium	
	灭活酿酒酵母 Inactivated Yeast					

（续）

登记证号	通用名称	商品名称	产品类别	使用范围	生产厂家	有效期限
(2005) 外饲准字 165 号	L-色氨酸	饲料级 98%L-色氨酸	饲料级氨基酸	所有动物	味之素（法国）有限公司	2005.10-
	L-Tryptophan	L - Tryptophan 98% Feed Grade	Amino Acid Feed Additive	All animal	Ajinomoto Eurolysine S. A. S, France	2010.1
(2006) 外饲准字 031 号	维生素 A、维生素 E、大蒜素和谷氨酸钠	补乐健	添加剂	猪，禽和牛	法国阿缇蒙公司	2006.04-
	Vitamin A Palmitate, Vitamin E, Garlic Oil and Sodium Glutamate	Promotor	预混合饲料	Pig, poultry and cattle	Artimon, France	2011.04
			Additive Premix			
(2007) 外饲准字 157 号	酸化乳清	酸化乳清粉	能量饲料	犊牛和仔猪	法国 VITALAC 公司	2007.07-
	Acid Whey	Acid Dry Whey	Energy Feed	Calf and piglet	VITALAC S. A., France	2012.07
(2007) 外饲准字 196 号	维生素 A 乙酸酯	麦可维™ A 水分散型 500	饲料级维生素	所有动物	安迪苏法国有限公司	2007.11-
	Vitamin A Acetate	Microvit™ A Prosol 500	Vitamin Feed Grade	All animal	Adisseo France S. A. S., France	2012.11
(2007) 外饲准字 197 号	维生素 A 乙酸酯	麦可维™ A 超性能型 1000	饲料级维生素	所有动物	安迪苏法国有限公司	2007.11-
	Vitamin A Acetate	Microvit™ A Supra 1000	Vitamin Feed Grade	All animal	Adisseo France S. A. S., France	2012.11

（续）

登记证号	通用名称	商品名称	产品类别	使用范围	生产厂家	有效期限
(2007) 外饲准字 198 号	维生素 E 乙酸酯	麦可维™ E 混合型 50	饲料级维生素	所有动物	安迪苏法国有限公司	2007.11 -
	Vitamin E Acetate	Microvit™ E Promix 50	Vitamin Feed Grade	All animal	Adisseo France S. A. S., France	2012.11
(2007) 外饲准字 200 号	DL-蛋氨酸	罗迪美™ NP99	饲料级氨基酸	所有动物	安迪苏法国有限公司	2007.11 -
	DL - Methionine	Rhodimet™ NP99	Amino Acid Feed Grade	All animal	Adisseo France S. A. S., France	2012.11
(2008) 外饲准字 003 号	蛋氨酸羟基类似物	粉状美斯特™	饲料添加剂	奶牛	安迪苏法国公司	2008.01 -
	Methionine Hydroxy Analogue	Metasmart Dry	Feed Additive	Dairy Cow	Adisseo France S. A. S., France	2013.01
(2008) 外饲准字 001 号	维生素 D_3	罗维素® D_3 - 500	饲料级维生素	所有动物	帝斯曼营养产品法国有限公司	2008.01 -
	Vitamin D_3	ROVIMIX® D_3 - 500	Vitamin Feed Grade	All animal	DSM Nutritional Products France SAS, France	2013.01
(2009) 外饲准字 090 号	乳清粉和棕榈油	高脂甜乳清	能量饲料	犊牛、羔羊和仔猪	法国宝莱蛋白质公司	2009.08 -
	Whey Powder and Palm Oil	Pictalac 50 PA. S	Energy Feed	Calf, Lamb/goat Kids and Piglet	Bonilait Proteines, France	2014.08
(2009) 外饲准字 091 号	代乳粉	速溶仔猪代乳粉	蛋白质饲料	仔猪	法国宝莱蛋白质公司	2009.08 -

（续）

登记证号	通用名称	商品名称	产品类别	使用范围	生产厂家	有效期限
	Skimmed Milk Powder Replacer	Rosalac Instant	Protein Feed	Piglet	Bonilait Proteines，France	2014.08
（2010）外饲准字 004 号	食用香料	奥利欧 LX221 P2	饲料调味剂	家禽、兔子和反刍动物	法国馥蒂公司	2010.01－
	Edible Spices	Oleobiotec® LX 221 P2	Feed Flavor Enhancement	Poultry，Rabbit and Ruminant	Phode S. A.，France	2015.01
（2010）外饲准字 024 号	蒙脱土、活性蒙脱土、硅藻土和酵母细胞壁	霉脱斯＋	饲料添加剂	猪、牛、家禽和水产动物	法国欧密斯有限公司	2010.02－
	Genuine Montmorillonite，Genuine Activated Montmorillonite，Diatomaceous and Yeast Cell Wall	MT. X Plus	Feed additive	Swine，Cow，Poultry and Aquaculture	OLMIX Company S. A.，France	2015.02
（2010）外饲准字 100 号	L-赖氨酸	饲料级 99%L-赖氨酸盐酸盐	饲料级氨基酸	养殖动物	味之素（法国）公司	2010.04
	L-Lysine Monohydrochloride	L-Lysine Monohydrochloride 99% Feed Grade	Feed Grade Amino Acids	All species or categories of animals	Ajinomoto Eurolysine S. A. S.，France	2015.04
（2010）外饲准字 101 号	L-苏氨酸	饲料级 98.5%L-苏氨酸	饲料级氨基酸	养殖动物	味之素（法国）公司	2010.04
	L-Threonine	L-Threonine 98.5% Feed Grade	Feed Grade Amino Acids	All species or categories of animals	Ajinomoto Eurolysine S. A. S.，France	2015.04

（续）

登记证号	通用名称	商品名称	产品类别	使用范围	生产厂家	有效期限
（2005）外饲准字 030 号		罗维素 A 500 WS	饲料级维生素		帝斯曼营养产品法国有限公司	2005. 01－
		ROVIMIX® A 500 WS	Vitamin Feed Grade		DSM Nutritional Products France SAS	2010. 01
（2005）外饲准字 031 号		罗维素 A500 W	饲料级维生素		帝斯曼营养产品法国有限公司	2005. 01－
		ROVIMIX® A500 W	Vitamin Feed Grade		DSM Nutritional Products France SAS	2010. 01
（2005）外饲准字 032 号		罗维素 B_2 80 SD	饲料级维生素		帝斯曼营养产品法国有限公司	2005. 01－
		ROVIMIX® B_2 80 SD	Vitamin Feed Grade		DSM Nutritional Products France SAS	2010. 01
（2005）外饲准字 033 号		饲料级维生素 B_{12} 1%	饲料级维生素		帝斯曼营养产品法国有限公司	2005. 01－
		ROVIMIX® B_{12} 1% Feed Grade	Vitamin Feed Grade		DSM Nutritional Products France SAS	2010. 01
（2005）外饲准字 034 号		罗维素 D_3－500	饲料级维生素		帝斯曼营养产品法国有限公司	2005. 01－
		ROVIMIX® D_3－500	Vitamin Feed Grade		DSM Nutritional Products France SAS	2010. 01
（2005）外饲准字 035 号		罗维素 E－50 喷干型	饲料级维生素		帝斯曼营养产品法国有限公司	2005. 01－
		ROVIMIX® E－50 SD	Vitamin Feed Grade		DSM Nutritional Products France SAS	2010. 01
（2005）外饲准字 036 号		罗维素 安定－C35	饲料级维生素		帝斯曼营养产品法国有限公司	2005. 01－
		ROVIMIX® Stay－C35	Vitamin Feed Grade		DSM Nutritional Products France SAS	2010. 01
（2005）外饲准字 037 号		加丽素黄	饲料着色剂		帝斯曼营养产品法国有限公司	2005. 01－
		Carophyll Yellow	Feed Pigment		DSM Nutritional Products France SAS	2010. 01
（2005）外饲准字 038 号		加丽素红	饲料着色剂		帝斯曼营养产品法国有限公司	2005. 01－
		Carophyll Red	Feed Pigment		DSM Nutritional Products France SAS	2010. 01
（2005）外饲准字 039 号		加丽素粉红	饲料着色剂		帝斯曼营养产品法国有限公司	2005. 01－
		Carophyll Pink	Feed Pigment		DSM Nutritional Products France SAS	2010. 01
（2005）外饲准字 046 号		加丽素®粉红 10% CWS	饲料着色剂		帝斯曼营养产品法国有限公司	2005. 03－

（续）

登记证号	通用名称	商品名称	产品类别	使用范围	生产厂家	有效期限
		CAROPHYLL® Pink 10% CWS	Feed Pigment		DSM Nutritional Products France SAS	2010.03
（2005）外饲准字 069 号		罗维素® E 50 SD	维生素类饲料		法国帝斯曼营养产品有限公司	2005.05－
		ROVIMIX® E 50 SD	添加剂		DSM Nutritional Products France SAS	2010.05
（2005）外饲准字 080 号		狗干粮	配合饲料		法国皇家宠物食品公司	2005.05－
		Dogs Dry Food	Compound Feed		Royal Canin S. A.，France	2010.05
（2005）外饲准字 081 号		猫干粮	配合饲料		法国皇家宠物食品公司	2005.05－
		Cats Dry Food	Compound Feed		Royal Canin S. A.，France	2010.05
（2006）外饲准字 059 号	维生素和氨基酸	补乐壮	添加剂	所有动物	法国阿缇蒙公司	2006.05－
	Vitamin and Amino Acid	Quatro Liquid	预混合饲料	All animal	Artimon，France	2011.05
			Additive Premix			
（2006）外饲准字 159 号	酿酒酵母	百福菌	微生物	所有动物	法国乐斯福工业公司	2006.09－
	Saccharomyces cerevisiae	BIOSAF® Sc 47	饲料添加剂	All animal	Socieere Industrielle Lesaffre，France	2011.09
			Microbial Biotic Feed Additive			
（2006）外饲准字 192 号	维生素和氨基酸	超保维	维生素类添加剂预混合饲料	所有动物	法国新奥兰动物营养有限公司	2006.11－
	Vitamin and Amino Acid	Turbovit Powder	Vitamin Premix	All animal	NEOLAIT SAS，France	2011.11
（2006）外饲准字 193 号	维生素	保力寿	维生素类添加剂预混合饲料	所有动物	法国新奥兰动物营养有限公司	2006.11－
	Vitamin	Polychoc B+	Vitamin Premix	All animal	NEOLAIT SAS，France	2011.11
（2008）外饲准字 104 号	D-生物素	罗维素生物素 HP	饲料级维生素	所有动物	帝斯曼营养产品法国有限公司	2008.08－

（续）

登记证号	通用名称	商品名称	产品类别	使用范围	生产厂家	有效期限
	D-Biotin	ROVIMIX® Biotin HP	Vitamin Feed Grade	All Animal	DSM Nutritional Products France SAS	2013.08
（2008）外饲准字 104 号	D-生物素	罗维素生物素 HP	饲料级维生素	所有动物	帝斯曼营养产品法国有限公司	2008.08-
	D-Biotin	ROVIMIX® Biotin HP	Vitamin Feed Grade	All Animal	DSM Nutritional Products France SAS	2013.08
（2009）外饲准字 044 号	β-胡萝卜素	罗维素 β-胡萝卜素 10%	维生素类饲料添加剂	养殖动物	帝斯曼营养产品法国有限公司	2009.06-
	beta-Carotene	ROVIMIX® β-Carotene 10%	Vitamin Feed Additive	All Species or Categories of Animals	DSM Nutritional Products France SAS, France	2014.06
（2010）外饲准字 140 号	维生素	罗维素安定®-C®35	饲料级维生素	养殖动物	帝斯曼营养产品（法国）有限公司	2010.05
	Vitamin	Rovimix®Stay-C®35	Vitamin Feed Grade	All Species or Categories of Animals	DSM Nutritional Products France SAS., France	2015.05
（2010）外饲准字 141 号	维生素	罗维素® B_2 80-SD	饲料级维生素	养殖动物	帝斯曼营养产品（法国）有限公司	2010.05
	Vitamin	Rovimix® B_2-SD	Vitamin Feed Grade	All species or categories of animals	DSM Nutritional Products France SAS., France	2015.05
（2010）外饲准字 142 号	维生素	罗维素®A 500 WS	饲料级维生素	养殖动物	帝斯曼营养产品（法国）有限公司	2010.05
	Vitamin	Rovimix®A 500 WS	Vitamin Feed Grade	All species or categories of animals	DSM Nutritional Products France SAS., France	2015.05
（2010）外饲准字 143 号	维生素	罗维素®E 50 SD	饲料级维生素	养殖动物	帝斯曼营养产品（法国）有限公司	2010.05
	Vitamin	Rovimix® E 50 SD	Vitamin Feed Grade	All species or categories of animals	DSM Nutritional Products France SAS., France	2015.05
（2010）外饲准字 144 号	维生素	罗维素®叶酸 80 SD	饲料级维生素	养殖动物	帝斯曼营养产品（法国）有限公司	2010.05
	Vitamin	Rovimix®Folic 80 SD	Vitamin Feed Grade	All species or categories of animals	DSM Nutritional Products France SAS., France	2015.05
（2010）外饲准字 145 号	维生素	罗维素®C-EC	饲料级维生素	养殖动物	帝斯曼营养产品（英国）有限公司	2010.05

（续）

登记证号	通用名称	商品名称	产品类别	使用范围	生产厂家	有效期限
	Vitamin	Rovimix®C－EC	Vitamin Feed Grade	All species or categories of animals	DSM Nutritional Products (UK) Limited., United Kingdom	2015.05
（2010）外饲准字 146 号	维生素	罗维素®泛酸钙	饲料级维生素	养殖动物	帝斯曼营养产品（英国）有限公司	2010.05
	Vitamin	Rovimix®Calpan	Vitamin Feed Grade	All species or categories of animals	DSM Nutritional Products (UK) Limited., United Kingdom	2015.05
（2010）外饲准字 148 号	L-色氨酸	饲料级 98%L-色氨酸	饲料级氨基酸	养殖动物	味之素（法国）公司	2010.05
	L－Tryptophan 98% Feed Grade	L－Tryptophan 98% Feed Grade	Feed Grade Amino Acids	All species or categories of animals	Ajinomoto Eurolysine S. A. S., France	2015.05
（2010）外饲准字 181 号	低蛋白乳清粉	低蛋白乳清粉	能量饲料	反刍动物	H. C. I. 奶酪公司	2010.06
	whey permeate powder	Free Flowing Whey Permeate	Energy Feed	Ruminant	Herbignac Cheese Ingredients, France	2015.06
（2010）外饲准字 285 号	代乳粉	获得易	蛋白质饲料	犊牛	法国宝莱蛋白公司	2010.09
	Milkreplacer for Calves	Vodor One	Protein Feed	Calves	Bonilait Proteins, France	2015.09
（2011）外饲准字 003 号	乳清粉、乳清蛋白和棕榈油	美可思代乳粉 21/11	配合饲料	小牛	法国 MG2MIX 公司	2011.01－
	Whey Powder, Whey Protein Concentrate, Palm Oil	MIXCALF 21/11	Compound Feed	Calf	MG2MIX, France	2016.01
（2011）外饲准字 287 号	膨润土-蒙脱石	速霉清	饲料添加剂	养殖动物	法国 S&B Industrial Minerals S. A. R. L 公司	2011.09－2016.09
	Bentonite－Montmorillonite	Captura™ Smectagri	Feed Additive	All Species or Categories of Animals	S&B Industrial Minerals S. A. R. L., France	
（2011）外饲准字 287 号	膨润土-蒙脱石	速霉清	饲料添加剂	养殖动物	法国 S&B Industrial Minerals S. A. R. L 公司	2011.09－2016.09

（续）

登记证号	通用名称	商品名称	产品类别	使用范围	生产厂家	有效期限
	Bentonite - Montmorillonite	Captura™ Smectagri	Feed Additive	All Species or Categories of Animals	S&B Industrial Minerals S. A. R. L., France	
（2012）外饲准字 063 号	酿酒酵母	百福菌	微生物饲料添加剂	养殖动物	法国乐施福工业公司	2012.02－2017.02
	Saccharomyces cerevisiae	Actisaf® Sc47	Microbial Feed Additive	All species or categories of animals	Societe Industrielle Lesaffre，France	
（2012）外饲准字 190 号	甘露寡糖	赛福寡糖	饲料添加剂	养殖动物	法国乐斯福集团 Biospringer 生物技术公司	2012.05－2017.05
	Manno－oligosaccharides	SAFMANNAN	Feed Additive	All species or categories of animals	Biospringer，France－Lesaffre Group	
（2012）外饲准字 246 号	植物乳杆菌 Lactobacillus plantarum	鲜得利®CL	微生物饲料添加剂	牧草青贮	法国拉曼股份公司	2012.07－2017.07
	乳酸片球菌 Pediococcus acidilactici	LALSIL®CL	Microbial Feed Additive	Forage Preservation	Lallemand S. A. S.，France	
（2012）外饲准字 261 号	犊牛代乳粉	嘉康利	配合饲料	犊牛	法国雷提耶-弗洛米乳业公司	2012.07－2017.07
	Calf Milk Replacer	Elevage Extra	Compound Feed	Calf	Societe Laitiere de Retiers，France	
（2012）外饲准字 262 号	犊牛代乳粉	优加	配合饲料	犊牛	法国雷提耶-弗洛米乳业公司	2012.07－2017.07
	Calf Milk Replacer	Calfilac	Compound Feed	Calf	Societe Laitiere de Retiers，France	
（2012）外饲准字 326 号	DL－蛋氨酸	罗迪美®NP99	饲料级氨基酸	养殖动物	安迪苏法国公司 ROR 工厂	2012.09－2017.09
	DL－Methionine	Rhodimet® NP99	Amino Acid Feed Additive	All species or categories of animals	Adisseo France S. A. S.，Plant ROR，France	
（2012）外饲准字 327 号	维生素 A 醋酸酯	麦可维®A 水分散型 500	饲料级维生素	养殖动物	安迪苏法国公司	2012.09－2017.09
	Vitamin A Acetate	Microvi®A Prosol 500	Vitamin Feed Grade	All species or categories of animals	Adisseo France S. A. S.，France	

（续）

登记证号	通用名称	商品名称	产品类别	使用范围	生产厂家	有效期限
（2012）外饲准字 328 号	维生素 A 醋酸酯	麦可维®A 超性能 1000	饲料级维生素	养殖动物	安迪苏法国公司	2012. 09 - 2017. 09
	Vitamin A Acetate	Microvi®A Supra 1000	Vitamin Feed Grade	All species or categories of animals	Adisseo France S. A. S. , France	
（2012）外饲准字 348 号	DL-蛋氨酸	罗迪美® NP99	饲料级氨基酸	养殖动物	安迪苏法国公司 Commentry 工厂	2012. 09 - 2017. 09
	DL - Methionine	Rhodimet® NP99	Amino Acid Feed Additive	All species or categories of animals	Adisseo France S. A. S. , Plant Commentry, France	
（2012）外饲准字 353 号	d-柠檬烯和香芹酚	奥利欧（反刍专用）常规型 LX 185 P4	饲料香味剂	反刍动物	法国馥蒂公司	2012. 10 - 2017. 10
	D - Limonene, Carvacrol	Oleobiotec® Ruminant LX 185 P4	Feed Flavouring Enhancement	Ruminant	Laboratoires Phode S. A. S. , France	
（2012）外饲准字 354 号	d-柠檬烯，大茴香脑和香芹酚	奥利欧（反刍专用）ns LX 185 P12	饲料香味剂	反刍动物	法国馥蒂公司	2012. 10 - 2017. 10
	D - Limonene, Trans - anethole Carvacrol	Oleobiotec® Ruminant ns LX 185 P12	Feed Flavouring Enhancement	Ruminant	Laboratoires Phode S. A. S. , France	
（2012）外饲准字 402 号	维生素 A、维生素 E，大蒜素和谷氨酸钠	补乐健	添加剂预混合饲料	猪、家禽和牛	法国阿缇蒙公司	2012. 10 - 2017. 10
	VA, VE, Garlic Oil and Sodium Glutamate	Promotor	Additive Premix	Swine Poultry and Cattle	Artimomn, France	
（2012）外饲准字 405 号	羟基蛋氨酸钙	罗迪美®钙盐 A	矿物质饲料添加剂	养殖动物	法国 Innocaps 公司	2012. 11 - 2017. 11
	Methionine Hydroxy Calcium	Rhodimet®A - Dry	Mineral Feed Additive	All species or categories of animals	Innocaps Company Limited, France	

（续）

登记证号	通用名称	商品名称	产品类别	使用范围	生产厂家	有效期限
（2012）外饲准字 437 号	维生素 D_3	罗维素® D_3 500	饲料级维生素	养殖动物	帝斯曼营养产品法国有限公司	2012.11－2017.11
	VD_3	Rovimix® D_3 500	Vitamin Feed Grade	All species or categories of animals	DSM Nutritional Products France SAS, France	
（2012）外饲准字 441 号	维生素 E	维生素 E®混合型 50	饲料级维生素	养殖动物	安迪苏法国公司	2012.11－2017.11
	Vitamin E	Microvit® E Promix	Vitamin Feed Grade	All species or categories of animals	Rue Marcel Lingot，France	
（2012）外饲准字 442 号	蛋氨酸羟基类似物	粉状美斯特®蛋氨酸羟基类似物	饲料级氨基酸	奶牛	安迪苏法国公司	2012.11－2017.11
	Methionine Hydroxy Analogue	MetaSmart®	Amino Acid Feed Grade	Cow	Rue Marcel Lingot，France	
（2013）外饲准字 008 号	苯甲醇，异戊酸甲酯	饮乐宝 S80 P2 Sa	饲料调味剂	养殖动物	法国馥蒂公司	2013.01－2018.01
	Benzyl Alcohol，Methy Isovalerate	Cristal Mask Amertumews S 80 P2 Sa	Feed Flavoring Agent	All species or categories of animals	Laboratoires Phode S. A. S.，France	
（2013）外饲准字 016 号	维生素 B_{12}	维生素 B_{12}	饲料级维生素	养殖动物	法国赛诺菲公司	2013.01－2018.01
	Vitamin B_{12}	1%饲料级 Vitamin B_{12} 1% Feed Grade	Vitamin Feed Grade	All species or categories of animals	Sanofi Chimie，France	
（2013）外饲准字 024 号	碳酸钴和烟酰胺	可力可利颗粒	添加剂预混合饲料	牛和绵羊	法国 Vitalac 公司	2013.01－2018.01
	Cobalt carbonate and Nicotinamid	Glyco－line－pellet	Additive Premix	Cattle and Sheep	Vitalac，France	
（2013）外饲准字 025 号	硫酸钴和烟酰胺	可力可利液体	添加剂预混合饲料	奶牛	法国 Vitalac 公司	2013.01－2018.01

（续）

登记证号	通用名称	商品名称	产品类别	使用范围	生产厂家	有效期限
	Cobalt sulphate and Nicotinamid	Liquid Glyco－line	Additive Premix	Milk Cattle	Vitalac, France	
（2013）外饲准字 147 号	生物素	罗维素 R 生物素 HP	饲料级维生素	养殖动物	帝斯曼营养产品法国有限公司	2013.03－2018.03
	Biotin	RovimixR Biotin HP	Vitamin Feed Grade	All species or categories of animals	DSM Nutritional Products France SAS, France	
（2013）外饲准字 237 号	食品用香料	莫兰甜（代号－C61－2025）	饲料香味剂	养殖动物	潘可士玛法国公司	2013.07－2018.07
	Food Flavoring Agent	Molasweet Code C61－2025	Feed Flavoring Enhancement	All Species or Categories of Animals	Pancosma France S. A. S., France	
（2012）外饲准字 249 号	木质素磺酸钙盐	木质素磺酸钙盐	饲料粘结剂	畜禽	挪威鲍利葛工业有限公司	2012.07－2017.07
	Calcium Lignosulphonate	PellTech	Feed Binder	Livestock, Poultry	Borregaard Ligno Tech Ltd, Norway	
（2010）外饲准字 104 号	蛋氨酸	蛋氨酸（饲料级）	饲料级氨基酸	家禽和家畜	俄罗斯沃尔斯基有机合成股份公司	2010.04
	Methionine	Methionine (Feed Grade)	Feed Grade Amino Acids	Poultry and livestock	Volzhsky Orgsynthese J.－S.－C., Russia	2015.04
（2011）外饲准字 084 号	白鱼粉	白鱼粉（一级）	蛋白质饲料	畜禽和水产动物	俄罗斯 Kronverk Co., Ltd 公司（工船加工 F/V " Mikhail Kvasnikov " CH－091）	2011.04－
	White Fishmeal	White Fishmeal (Ⅰ)	Protein Feed	Livestock and Aquaculture	Kronverk Co., Ltd, Russia (Produced on Board, CH－091)	2016.04

（续）

登记证号	通用名称	商品名称	产品类别	使用范围	生产厂家	有效期限
(2011) 外饲准字 085 号	白鱼粉	白鱼粉（一级）	蛋白质饲料	畜禽和水产动物	俄罗斯 Joint Stock Company " Sakhalin Leasing Flot " 公司（工船加工 f/v " Kapitan Bolsunovskiv " CH-68H)	2011.04-
	White Fishmeal	White Fishmeal（Ⅰ）	Protein Feed	Livestock and Aquaculture	Joint Stock Company " Sakhalin Leasing Flot ", Russia (Produced on Board, CH-68H)	2016.04
(2011) 外饲准字 086 号	白鱼粉	白鱼粉（一级）	蛋白质饲料	畜禽和水产动物	俄罗斯 Joint Stock Company " Sakhalin Leasing Flot " 公司（工船加工 f/v " Seawind-1 " CH-67H)	2011.04-
	White Fishmeal	White Fishmeal（Ⅰ）	Protein Feed	Livestock and Aquaculture	Joint Stock Company " Sakhalin Leasing Flot ", Russia (Produced on Board, CH-67H)	2016.04
(2011) 外饲准字 087 号	白鱼粉	白鱼粉（一级）	蛋白质饲料	畜禽和水产动物	俄罗斯 Joint Stock Company " Sakhalin Leasing Flot " 公司（工船加工 F/V " Dersu Uzala " CH-06H)	2011.04-
	White Fishmeal	White Fishmeal（Ⅰ）	Protein Feed	Livestock and Aquaculture	Joint Stock Company " Sakhalin Leasing Flot ", Russia (Produced on Board, CH-06H)	2016.04
(2011) 外饲准字 088 号	白鱼粉	白鱼粉（一级）	蛋白质饲料	畜禽和水产动物	俄罗斯 Dalwest Co., Ltd 公司（工船加工 F/V " GERMES " CH-073）	2011.04-
	White Fishmeal	White Fishmeal（Ⅰ）	Protein Feed	Livestock and Aquaculture	Dalwest Co., Ltd, Russia (Produced on Board, CH-073)	2016.04

（续）

登记证号	通用名称	商品名称	产品类别	使用范围	生产厂家	有效期限
（2011）外饲准字 181 号	白鱼粉	白鱼粉（一级）	蛋白质饲料	畜禽和水产动物	俄罗斯 Pelagial Co. Ltd. 公司（工船加工 f/t Komandor，CH－79K）	2011.06－2016.06
	White Fishmeal	White Fishmeal（Ⅰ）	Protein Feed	Livestock and Poultry，Aquaculture	Pelagial Co.，Ltd.，Russia（Produced on Board，CH－79K）	
（2011）外饲准字 182 号	白鱼粉	白鱼粉（一级）	蛋白质饲料	畜禽和水产动物	俄罗斯 Vostokrybprom Co.，Ltd.（工船加工 f/v Geroi Shironintsy CH－071）	2011.06－2016.06
	White Fishmeal	White Fishmeal（Ⅰ）	Protein Feed	Livestock and Poultry，Aquaculture	Vostokrybprom Co.，Ltd.，Russia（Produced on Board，CH－071）	
（2011）外饲准字 183 号	白鱼粉	白鱼粉（一级）	蛋白质饲料	畜禽和水产动物	俄罗斯 JSC TURNIF 公司（工船加工 f/v Kapitan Oleynichuk CH－88A）	2011.06－2016.06
	White Fishmeal	White Fishmeal（Ⅰ）	Protein Feed	Livestock and Poultry，Aquaculture	JSC TURNIF，Russia（Produced on Board，CH－88A）	
（2011）外饲准字 184 号	白鱼粉	白鱼粉（一级）	蛋白质饲料	畜禽和水产动物	俄罗斯 Sovgavanryba LLC 公司（工船加工 f/v Ivan Kalinin CH－62L）	2011.06－2016.06
	White Fishmeal	White Fishmeal（Ⅰ）	Protein Feed	Livestock and Poultry，Aquaculture	Sovgavanryba LLC，Russia（Produced on Board，CH－62L）	
（2011）外饲准字 185 号	白鱼粉	白鱼粉（一级）	蛋白质饲料	畜禽和水产动物	俄罗斯 Vostokrybprom Co.，Ltd. 公司（工船加工 f/v Novouralsk CH－45K）	2011.06－2016.06
	White Fishmeal	White Fishmeal（Ⅰ）	Protein Feed	Livestock and Poultry，Aquaculture	Vostokrybprom Co.，Ltd.，Russia（Produced on Board，CH－45K）	
（2011）外饲准字 186 号	白鱼粉	白鱼粉（一级）	蛋白质饲料	畜禽和水产动物	俄罗斯 Imlan Co.，Ltd. 公司（工船加工 f/t Pavel Panin，CH－27G）	2011.06－2016.06

（续）

登记证号	通用名称	商品名称	产品类别	使用范围	生产厂家	有效期限
	White Fishmeal	White Fishmeal（Ⅰ）	Protein Feed	Livestock and Poultry, Aquaculture	Imlan Co., Ltd., Russia (Produced on Board, CH－27G)	
(2011) 外饲准字 187 号	白鱼粉	白鱼粉（一级）	蛋白质饲料	畜禽和水产动物	俄罗斯 JSC TURNIF 公司（工船加工 f/v Vladivostok CH－07K）	2011.06－2016.06
	White Fishmeal	White Fishmeal（Ⅰ）	Protein Feed	Livestock and Poultry, Aquaculture	JSC TURNIF, Russia (Produced on Board, CH－07K)	
(2011) 外饲准字 188 号	白鱼粉	白鱼粉（一级）	蛋白质饲料	畜禽和水产动物	俄罗斯 JSC Tralflot Co. Ltd. 公司（工船加工 f/t Vasilyevskiy Ostrov CH－011）	2011.06－2016.06
	White Fishmeal	White Fishmeal（Ⅰ）	Protein Feed	Livestock and Poultry, Aquaculture	JSC Tralflot Co. Ltd., Russia (Produced on Board, CH－011)	
(2011) 外饲准字 189 号	白鱼粉	白鱼粉（一级）	蛋白质饲料	畜禽和水产动物	俄罗斯 JSC TURNIF 公司（工船加工 f/v Pioner Nikolavea CH－35H）	2011.06－2016.06
	White Fishmeal	White Fishmeal（Ⅰ）	Protein Feed	Livestock and Poultry, Aquaculture	JSC Intraros, Russia (Produced on Board, CH－35H)	
(2011) 外饲准字 190 号	白鱼粉	白鱼粉（一级）	蛋白质饲料	畜禽和水产动物	俄罗斯 JSC Intraros 公司（工船加工 f/v Berezina CH－47B）	2011.06－2016.06
	White Fishmeal	White Fishmeal（Ⅰ）	Protein Feed	Livestock and Poultry, Aquaculture	JSC Intraros, Russia (Produced on Board, CH－47B)	
(2011) 外饲准字 191 号	白鱼粉	白鱼粉（一级）	蛋白质饲料	畜禽和水产动物	俄罗斯 Vostokrybprom Co., Ltd. 公司（工船加工 f/v Bazhenovsk CH－50K）	2011.06－2016.06
	White Fishmeal	White Fishmeal（Ⅰ）	Protein Feed	Livestock and Poultry, Aquaculture	Vostokrybprom Co., Ltd., Russia (Produced on Board, CH－50K)	

（续）

登记证号	通用名称	商品名称	产品类别	使用范围	生产厂家	有效期限
（2011）外饲准字 192 号	白鱼粉	白鱼粉（一级）	蛋白质饲料	畜禽和水产动物	俄罗斯 Joint Stock Company Intraros 公司（工船加工 f/v Borodino CH 85A）	2011.06－2016.06
	White Fishmeal	White Fishmeal（Ⅰ）	Protein Feed	Livestock and Poultry, Aquaculture	Joint Stock Company Intraros, Russia (Produced on Board, CH－85A)	
（2011）外饲准字 348 号	白鱼粉	白鱼粉（一级）	蛋白质饲料	畜禽和水产动物	俄罗斯 JSC FEU "DALINTORG" 公司（工船加工 F/V EGLAINE, CH－154）	2011.10－2016.10
	White Fishmeal	White Fishmeal（Ⅰ）	Protein Feed	Livestock, Poultry and Aquaculture	JSC FEU "DALINTORG", Produced on Board at Vessel "F/V EGLAINE" (Official No. CH－154)	
（2011）外饲准字 349 号	白鱼粉	白鱼粉（一级）	蛋白质饲料	畜禽和水产动物	俄罗斯 Fishery Kolkhoz "OGNI VOSTOKA" 公司（工船加工 F/V BUTOVSK, CH－281）	2011.10－2016.10
	White Fishmeal	White Fishmeal（Ⅰ）	Protein Feed	Livestock, Poultry and Aquaculture	Fishery Kolkhoz "OGNI VOSTOKA", Produced on Board at Vessel "F/V BUTOVSK" (Official No. CH－281)	
（2011）外饲准字 350 号	白鱼粉	白鱼粉（一级）	蛋白质饲料	畜禽和水产动物	俄罗斯 JSC TURNIF 公司（工船加工 F/V "Aleksandr"）	2011.10－2016.10
	White Fishmeal	White Fishmeal（Ⅰ）	Protein Feed	Livestock, Poultry and Aquaculture	JSC TURNIF, Produced on Board at Vessel "Aleksandr"	
（2011）外饲准字 351 号	白鱼粉	白鱼粉（一级）	蛋白质饲料	畜禽和水产动物	俄罗斯 JSC "Intraros" 公司（工船加工 f/v Georgiy Moskovskiy, CH－302）	2011.10－2016.10
	White Fishmeal	White Fishmeal（Ⅰ）	Protein Feed	Livestock, Poultry and Aquaculture	JSC "Intraros", Produced on	

（续）

登记证号	通用名称	商品名称	产品类别	使用范围	生产厂家	有效期限
					Board at Vessel “Georgiy Moskovskiy” (Official No. CH－302), Russia	
（2012）外饲准字 001 号	白鱼粉	白鱼粉（一级）	蛋白质饲料	畜禽和水产动物	俄罗斯 OJSC “NBAMR” 公司（工船加工 f/v Nikolay Chepik, CH 39K）	2012.01－
	White Fishmeal	White Fishmeal（Ⅰ）	Protein Feed	Livestock, Poultry and Aquaculture	OJSC " NBAMR" f/v Nikolay Chepik, CH 39K	2017.01
（2012）外饲准字 002 号	白鱼粉	白鱼粉（一级）	蛋白质饲料	畜禽和水产动物	俄罗斯 OJSC “NBAMR” 公司（工船加工 f/v Alxander Belyakov, CH－57K）	2012.01－
	White Fishmeal	White Fishmeal（Ⅰ）	Protein Feed	Livestock, Poultry and Aquaculture	OJSC " NBAMR" f/v Alxander Belyakov, CH－57K	2017.01
（2012）外饲准字 003 号	白鱼粉	白鱼粉（一级）	蛋白质饲料	畜禽和水产动物	俄罗斯 OJSC “NBAMR” 公司（工船加工 f/v Aeronavt, CH－80A）	2012.01－
	White Fishmeal	White Fishmeal（Ⅰ）	Protein Feed	Livestock, Poultry and Aquaculture	OJSC " NBAMR" f/v Aeronavt, CH－80A	2017.01
（2012）外饲准字 004 号	白鱼粉	白鱼粉（一级）	蛋白质饲料	畜禽和水产动物	俄罗斯 OJSC “NBAMR” 公司（工船加工 f/v Ilya Konovalov, CH－65K）	2012.01－
	White Fishmeal	White Fishmeal（Ⅰ）	Protein Feed	Livestock, Poultry and Aquaculture	OJSC " NBAMR" f/v Ilya Konovalov, CH－65K	2017.01
（2012）外饲准字 005 号	白鱼粉	白鱼粉（一级）	蛋白质饲料	畜禽和水产动物	俄罗斯 OJSC “NBAMR” 公司（工船加工 f/v Pelagial, CH－82A）	2012.01－
	White Fishmeal	White Fishmeal（Ⅰ）	Protein Feed	Livestock, Poultry and Aquaculture	OJSC " NBAMR" f/v Pelagial, CH－82A	2017.01

（续）

登记证号	通用名称	商品名称	产品类别	使用范围	生产厂家	有效期限
(2012) 外饲准字 006 号	白鱼粉	白鱼粉（一级）	蛋白质饲料	畜禽和水产动物	俄罗斯 OJSC “NBAMR” 公司（工船加工 f/v Kremen，CH－37L）	2012.01－
	White Fishmeal	White Fishmeal（Ⅰ）	Protein Feed	Livestock，Poultry and Aquaculture	OJSC " NBAMR" f/v Kremen，CH－37L	2017.01
(2012) 外饲准字 007 号	白鱼粉	白鱼粉（一级）	蛋白质饲料	畜禽和水产动物	俄罗斯 OJSC “NBAMR” 公司（工船加工 f/v Klimovo，CH－24K）	2012.01－
	White Fishmeal	White Fishmeal（Ⅰ）	Protein Feed	Livestock，Poultry and Aquaculture	OJSC " NBAMR" f/v Klimovo，CH－24K	2017.01
(2012) 外饲准字 008 号	白鱼粉	白鱼粉（一级）	蛋白质饲料	畜禽和水产动物	俄罗斯 OJSC “NBAMR” 公司（工船加工 f/v Kapitan Maslovets，CH－26K）	2012.01－
	White Fishmeal	White Fishmeal（Ⅰ）	Protein Feed	Livestock，Poultry and Aquaculture	OJSC " NBAMR" f/v Kapitan Maslovets，CH－26K	2017.01
(2012) 外饲准字 009 号	白鱼粉	白鱼粉（一级）	蛋白质饲料	畜禽和水产动物	俄罗斯 OJSC “NBAMR” 公司（工船加工 f/v Kapitan Faleev，CH－58K）	2012.01－
	White Fishmeal	White Fishmeal（Ⅰ）	Protein Feed	Livestock，Poultry and Aquaculture	OJSC " NBAMR" f/v Kapitan Faleev，CH－58K	2017.01
(2012) 外饲准字 010 号	白鱼粉	白鱼粉（一级）	蛋白质饲料	畜禽和水产动物	俄罗斯 OJSC “NBAMR” 公司（工船加工 f/v Mekhanik Bryzgalin，CH－77A）	2012.01－
	White Fishmeal	White Fishmeal（Ⅰ）	Protein Feed	Livestock，Poultry and Aquaculture	OJSC " NBAMR" f/v Mekhanik Bryzgalin，CH－77A	2017.01
(2012) 外饲准字 011 号	白鱼粉	白鱼粉（一级）	蛋白质饲料	畜禽和水产动物	俄罗斯 OJSC “NBAMR” 公司（工船加工 f/v Astronom，CH－81A）	2012.01－

（续）

登记证号	通用名称	商品名称	产品类别	使用范围	生产厂家	有效期限
	White Fishmeal	White Fishmeal（Ⅰ）	Protein Feed	Livestock，Poultry and Aquaculture	OJSC " NBAMR" f/v Astronom，CH－81A	2017.01
（2012）外饲准字 077 号	白鱼粉	白鱼粉（一级）	蛋白质饲料	畜禽、水产动物	俄罗斯 Pilenga 有限公司（工船加工，工船名：Pilenga－2，工船号：CH－16H）	2012.03－2017.03
	White Fishmeal	White Fishmeal（Ⅰ）	Protein Feed	Livestock，Poultry and Aquaculture	Pilenga Closed Joint－stock Company，Produced on Board at Vessel "Pilenga－2，CH－16H"	
（2012）外饲准字 078 号	白鱼粉	白鱼粉（一级）	蛋白质饲料	畜禽、水产动物	俄罗斯 Pilenga 有限公司（工船加工，工船名：Pilenga，工船号：CH－01H）	2012.03－2017.03
	White Fishmeal	White Fishmeal（Ⅰ）	Protein Feed	Livestock，Poultry and Aquaculture	Pilenga Closed Joint－stock Company，Produced on Board at Vessel "Pilenga，CH－01H"	
（2012）外饲准字 314 号	白鱼粉	白鱼粉（一级）	蛋白质饲料	畜禽、水产动物	俄罗斯 BMTR 公司（海上生产，"布赫塔·普列奥布拉热尼"工船，编号：CH－63G）	2012.08－2017.08
	White Fishmeal	White Fishmeal（Ⅰ）	Protein Feed	Livestock and Poultry，Aquaculture	BMTR，Buhta Preobrazheniya，CH－63G）	
（2012）外饲准字 315 号	白鱼粉	白鱼粉（一级）	蛋白质饲料	畜禽、水产动物	俄罗斯 RKTS 公司（海上生产，"杰米鸠科船长"工船，编号：CH－219）	2012.08－2017.08
	White Fishmeal	White Fishmeal（Ⅰ）	Protein Feed	Livestock and Poultry，Aquaculture	BMTR，Capitan Demidyuk，CH－219）	
（2012）外饲准字 316 号	白鱼粉	白鱼粉（一级）	蛋白质饲料	畜禽、水产动物	俄罗斯 RKTS 公司（海上生产，"克列斯尼科夫船长"工船，编号：CH－220）	2012.08－2017.08

（续）

登记证号	通用名称	商品名称	产品类别	使用范围	生产厂家	有效期限
	White Fishmeal	White Fishmeal（Ⅰ）	Protein Feed	Livestock and Poultry, Aquaculture	BMTR, Kapitan Kolesnikov, CH－220）	
（2012）外饲准字 317 号	白鱼粉	白鱼粉（一级）	蛋白质饲料	畜禽、水产动物	俄罗斯 BMTR 公司（海上生产，"科卡恩德"工船，编号：CH－094）	2012.08－2017.08
	White Fishmeal	White Fishmeal（Ⅰ）	Protein Feed	Livestock and Foultry, Aquaculture	BMTR, Kokand, CH－094）	
（2012）外饲准字 386 号	白鱼粉	白鱼粉（一级）	蛋白质饲料	畜禽、水产动物	俄罗斯《Okeanrybflot》Ojsc 公司（海上生产，工船名称 F/V "Irtyshsk"，编号 CH－77G）	2012.10－2017.10
	White Fishmeal	White Fishmeal（Ⅰ）	Protein Feed	Livestock and Foultry, Aquaculture	《Okeanrybflot》Ojsc, F/V "Irtyshsk" CH－77G	
（2013）外饲准字 218 号	鱼粉	白鱼粉（三级）	饲料原料	畜禽 Livestock and Poultry	俄罗斯 Limited Liability Company "ROLIZ" 公司（简称 LLC "ROLIZ"）	2013.06－2018.06
	Fishmeal	White Fishmeal（Ⅲ）	Feed Material	水产动物 Aquaculture	Limited Liability Company "ROLIZ", Russia	
（2011）外饲准字 205 号	L-苏氨酸	饲料级 L-苏氨酸	饲料级氨基酸	养殖动物	匈牙利 Evonik Agroferm Zrt. 公司	2011.07－2016.07
	L－Threonine	L － Threonine Feed Grade	Amino Acid Feed Grade	All Species or Categories of Animals	Evonik Agroferm Zrt., Hungary	
（2006）外饲准字 194 号	L-苏氨酸	饲料级 L-苏氨酸	饲料级氨基酸	所有动物	斯洛伐克斐尔玛斯公司	2006.11－
	L－Threonine	L － Threonine Feed Grade	Amino Acid Feed Grade	All animal	Fermas, spol. s. r. o., Slovakia	2011.11
（2008）外饲准字 052 号	L-色氨酸	饲料级 L-色氨酸	饲料级氨基酸	所有动物	斯洛伐克斐尔玛斯公司	2008.03－
	L－Tryptophan	L － Tryptophan Feed Grade	Amino Acid Feed Grade	All animal	Fermas, spol. s. r. o., Slovakia	2013.03
（2012）外饲准字 324 号	希腊牛至油粉	保比粉 5%	饲料香味剂	猪、牛和家禽	希腊-依可发公司	2012.09－2017.09

（续）

登记证号	通用名称	商品名称	产品类别	使用范围	生产厂家	有效期限
	Greek Essential Origanum Oil Powder	Ecodiar Powder 5%	Feed Flavouring Enhancement	Swine, Cattle and Poultry	Ecopharm Hellas S. A., Greece	
（2012）外饲准字 325 号	希腊牛至油液	保比液 5%	饲料香味剂	猪、牛和家禽	希腊-依可发公司	2012.09－2017.09
	Greek Essential Origanum Oil	Ecodiar Liquid 5%	Feed Flavouring Enhancement	Swine, Cattle and Poultry	Ecopharm Hellas S. A., Greece	
（2012）外饲准字 453 号	美国栗树叶提取物	福美酚	饲料香味剂	养殖动物	斯洛文尼亚天菱有限公司	2012.11－2017.11
	Chestnut Leaves Extract	Farmatan LE	Feed Flavoring Enhancement	All species or categories of animals	Tanin Sevnica D. D., Slovenija	
（2013）外饲准字 183 号	聚乙二醇甘油蓖麻酸脂	布利多 683	饲料添加剂	猪 Swine	瑞典阿克苏诺贝尔表面化学	2013.06－2018.06
	Glyceryl Polyethylenglycol Ricinoleate	Bredol 683	Feed Additive	乳牛 Calf	有限公司	
				羔羊 Lamb	Akzo Nobel Surface Chemistry AB, Sweden	
（2013）外饲准字 184 号	聚乙二醇甘油蓖麻酸脂	布利多 693	饲料添加剂	猪 Swine	瑞典阿克苏诺贝尔表面化学	2013.06－2018.06
	Glyceryl Polyethylenglycol Ricinoleate	Bredol 693	Feed Additive	乳牛 Calf	有限公司	
				羔羊 Lamb	Akzo Nobel Surface Chemistry AB, Sweden	
（2013）外饲准字 185 号	聚乙二醇甘油蓖麻酸脂	布利多 694	饲料添加剂	猪 Swine	瑞典阿克苏诺贝尔表面化学	2013.06－2018.06
	Glyceryl Polyethylenglycol Ricinoleate	Bredol 694	Feed Additive	乳牛 Calf	有限公司	
				羔羊 Lamb	Akzo Nobel Surface Chemistry AB, Sweden	

2012年畜牧良种补贴项目入选种公牛站及种公牛数量汇总表

编号	种公牛站	荷斯坦牛				娟姗牛	乳肉兼用西门塔尔	奶水牛	褐牛	牦牛	三河牛	肉用西门塔尔	夏洛来	南德温牛	利木赞	德国黄牛	安格斯	和牛	皮埃蒙特牛	金黄阿奎登	短角牛	婆罗门牛	延黄牛	辽育白牛	夏南牛	秦川牛	南阳牛	鲁西牛	延边牛	小计
		CPI1	CPI2	CPI3	GCPI																									
111	北京奶牛中心	42	14	7	34	2	11		4			6	5		1															126
121	天津市奶牛发展中心	7	9	4	9							1																		30
131	河北品元畜禽育种有限公司	17	5		26							20	4		5															77
132	秦皇岛全农精牛繁育有限公司	1	28	5	5							2																		41
133	亚达艾格威（唐山）畜牧有限公司			7	18																									25
141	山西鑫源良种繁育有限公司		19	4	7							6	2																	38
151	内蒙古天和荷斯坦牧业有限公司	16	13	4	14							10					4	2												63
152	通辽京缘种牛繁育有限责任公司						19					53	2																	74
153	海拉尔农牧场管理局家畜繁育指导站										30																			30
154	赤峰赛奥牧业技术服务有限公司											26	2																	28
155	内蒙古赛科星繁育生物技术股份有限公司			36		1						1					4													42
211	辽宁省牧经种牛繁育中心有限公司			5	3		1					6	9		1									9						34
221	长春新牧科技有限公司											42	2		2															46
222	白城市翔牧肉奶牛中心				2							16	1																	19
223	延边畜牧开发集团有限公司														6	1	2						8						27	44
224	四平市兴牛牧业服务有限公司											27	1																	28
231	黑龙江省博瑞遗传有限公司	17	4	1	32		3					33	7		1															98
232	大庆市银螺乳业有限公司种公牛站		1		7																									8
311	上海奶牛育种中心有限公司	39	13		49																									101
312	上海市肉牛育种中心有限公司													32																32
321	徐州恒泰牧业发展有限公司											4	6		3															13
322	南京利农奶牛育种有限公司	2	5	3	6																									16
341	安徽天达畜牧科技有限责任公司	1					6	2				4					8													21

（续）

编号	种公牛站	荷斯坦牛				娟姗牛	乳肉兼用西门塔尔	奶水牛	褐牛	牦牛	三河牛	肉用西门塔尔	夏洛莱	南德温牛	利木赞	德国黄牛	安格斯	和牛	皮埃蒙特牛	金黄阿奎登	短角牛	婆罗门牛	延黄牛	辽育白牛	夏南牛	秦川牛	南阳牛	鲁西牛	延边牛	小计
		CPI1	CPI2	CPI3	GCPI																									
361	江西省天添畜禽育种有限公司	1	2				10	6				4																		23
371	山东省种公牛站有限责任公司						28					33			2													4		67
373	山东奥克斯生物技术有限公司	18	18		33																									69
374	山东盛能奶牛胚胎工程有限公司		2		5																									7
411	河南省鼎元种牛育种有限公司		21	5	18		31					23	19		16	5	5		1	1					1					146
412	许昌市夏昌种畜禽有限公司												2																	2
413	南阳昌盛牛业有限公司				2							3	4		3	11			1								5			29
414	洛阳市洛瑞牧业有限公司			3	4		14					29	14		6		1													71
421	武汉兴牧生物科技有限公司					5		22				1	3		1															32
431	湖南光大牧业科技有限公司							4				2					4													10
441	广州市奶牛研究所有限公司	2	3		2	10		1																						18
451	广西壮族自治区畜禽品种改良站							73																						73
511	成都汇丰动物育种有限公司			4	3	5	5					17																		34
531	云南恒翔家畜良种科技有限公司		1		4			35				8									5	2								55
532	大理五福畜禽良种有限责任公司		2		11			15				10																		38
611	陕西秦申金牛育种有限公司	8	6									1														7				22
621	甘肃省家畜繁育中心						9																							9
631	青海省家畜改良中心	2			7		6			32																				47
641	宁夏四正生物工程技术研究中心	2	6	2	26							11	2		8															57
651	新疆天山畜牧生物工程股份有限公司	17	11		35		26		27			9	8		1		6													140
	合计	192	183	90	362	23	169	158	31	32	30	408	93	32	56	17	34	2	2	1	5	2	8	9	1	7	5	4	27	1983

2013年农业部畜禽标准化示范场名单

北京

北京海华云都生态农业股份有限公司

天津

天津市凯润淡水养殖有限公司奶牛养殖场

河北

滦县新绿洲生态农业发展有限公司

石家庄三元佳奇农牧有限公司

武强县衡水赛科星澳源牧业有限公司

清苑县魏村镇诚信自然园奶牛养殖场

山西

银河畜牧发展有限公司

内蒙古

托克托县永和惠农牧场

土左旗犇腾牧业双号牧场

包头市久元牧业有限公司

黑龙江

黑河中兴牧业有限公司

齐齐哈尔市天圣牧场

北安市赵光镇宝成奶业专业合作社

双城市曹瑞畜牧发展有限公司

上海

上海申烨奶牛专业合作社

安徽

六安亿牛乳业有限公司

山东

山东佳源农牧科技发展有限公司

潍坊恒祥养殖有限公司

泰安市银燕乳业有限公司

东营市阳光庄园牧业有限责任公司

河南

济源市克井虎尾河奶牛养殖场

河南省达昌农牧业发展有限公司

湖北

黄冈伊利畜牧发展有限责任公司武穴分公司

现代牧业（通山）有限公司

湖北三满园乳业有限公司

广东

汕头经济特区澳士兰牧场有限公司

广西

广西皇氏甲天下乳业股份有限公司来宾分公司奶水牛场

广西壮族自治区畜牧研究所奶牛场

四川

西昌三牧乳业有限公司现代牧场

四川省阳平种牛场

宁夏

宁夏贺兰山奶业公司奶牛二分场

中宁县天宁牧业有限公司

贺兰中地种畜万头奶牛生态牧场
中卫市沐沙奶牛养殖场

新疆

呼图壁县兴丑奶牛养殖农民专业合作社
乌鲁木齐芦草瑾瑜畜牧农民专业合作社
新疆生产建设兵团
新疆兵团西部准噶尔牧业有限责任公司奶牛场
新疆兵团十二师 104 团畜牧连奶牛场
新疆兵团第一师五团奶牛三场
黑龙江省农垦
黑龙江省牡丹江农垦金沙奶牛养殖专业合作社
格球山农场现代奶牛养殖示范中心

2012年畜牧良种补贴项目乳用种公牛名单

（一）荷斯坦种公牛名单（CPI1）

序号	种公牛站	个体号	CPI1	外貌等级	冻精质量
1	北京奶牛中心	11106002	2012	特级	合格
2	北京奶牛中心	11106003	1993	特级	合格
3	北京奶牛中心	11105011	1826	特级	合格
4	北京奶牛中心	11101916	1657	特级	合格
5	北京奶牛中心	11102687	1467	特级	合格
6	北京奶牛中心	11102008	1397	特级	合格
7	北京奶牛中心	11195020**	1360	特级	合格
8	北京奶牛中心	11101929	1249	特级	合格
9	北京奶牛中心	11101246	1248	特级	合格
10	北京奶牛中心	11101906	1242	特级	合格
11	北京奶牛中心	11102910**	1219	特级	合格
12	北京奶牛中心	11101902	1119	特级	合格
13	北京奶牛中心	11105007	1097	特级	合格
14	北京奶牛中心	11106001	1063	特级	合格
15	北京奶牛中心	11101917	1043	特级	合格
16	北京奶牛中心	11104701	1008	特级	合格
17	北京奶牛中心	11102921**	981	特级	合格
18	北京奶牛中心	11104070	854	特级	合格
19	北京奶牛中心	11101922	785	特级	合格
20	北京奶牛中心	11104903	704	特级	合格
21	北京奶牛中心	11104123	662	特级	合格
22	北京奶牛中心	11102017**	594	特级	合格
23	北京奶牛中心	11104710	511	特级	合格
24	北京奶牛中心	11104985**	471	特级	合格
25	北京奶牛中心	11199000**	434	特级	合格
26	北京奶牛中心	11104925	324	特级	合格
27	北京奶牛中心	11101680	276	特级	合格
28	北京奶牛中心	11103561**	225	特级	合格
29	北京奶牛中心	11105013	208	特级	合格
30	北京奶牛中心	11102390	197	特级	合格
31	北京奶牛中心	11101682**	181	特级	合格
32	北京奶牛中心	11100260	164	特级	合格

（续）

序号	种公牛站	个体号	CPI1	外貌等级	冻精质量
33	北京奶牛中心	11197314**	150	一级	合格
34	北京奶牛中心	11104113	140	特级	合格
35	北京奶牛中心	11102019	134	特级	合格
36	北京奶牛中心	11104114	133	特级	合格
37	北京奶牛中心	11103543	128	特级	合格
38	北京奶牛中心	11198381**	127	特级	合格
39	北京奶牛中心	11102129	122	特级	合格
40	北京奶牛中心	11102396	57	特级	合格
41	北京奶牛中心	11100829	24	特级	合格
42	北京奶牛中心	11103828	12	特级	合格
43	天津市奶牛发展中心	12100554	1515	特级	合格
44	天津市奶牛发展中心	12104189	919	特级	合格
45	天津市奶牛发展中心	12101148**	623	特级	合格
46	天津市奶牛发展中心	12101131	405	特级	合格
47	天津市奶牛发展中心	12104188	191	特级	合格
48	天津市奶牛发展中心	12104196	133	特级	合格
49	天津市奶牛发展中心	12104190**	59	特级	合格
50	河北品元畜禽育种有限公司	13103122	1350	特级	合格
51	河北品元畜禽育种有限公司	13101432	1102	一级	合格
52	河北品元畜禽育种有限公司	13102602	1068	一级	合格
53	河北品元畜禽育种有限公司	13103522	869	特级	合格
54	河北品元畜禽育种有限公司	13105159	858	特级	合格
55	河北品元畜禽育种有限公司	13103610	840	特级	合格
56	河北品元畜禽育种有限公司	13103605	572	特级	合格
57	河北品元畜禽育种有限公司	13104077	492	特级	合格
58	河北品元畜禽育种有限公司	13106185	476	特级	合格
59	河北品元畜禽育种有限公司	13105671	437	特级	合格
60	河北品元畜禽育种有限公司	13103030	426	一级	合格
61	河北品元畜禽育种有限公司	13104151	375	特级	合格
62	河北品元畜禽育种有限公司	13104526	265	特级	合格
63	河北品元畜禽育种有限公司	13106623	254	特级	合格
64	河北品元畜禽育种有限公司	13104143	115	特级	合格
65	河北品元畜禽育种有限公司	13104149	73	特级	合格
66	河北品元畜禽育种有限公司	13103025	39	特级	合格

（续）

序号	种公牛站	个体号	CPI1	外貌等级	冻精质量
67	秦皇岛全农精牛繁育有限公司	13203023**	118	一级	合格
68	内蒙古天和荷斯坦牧业有限公司	15104184	1735	特级	合格
69	内蒙古天和荷斯坦牧业有限公司	15104448	1626	特级	合格
70	内蒙古天和荷斯坦牧业有限公司	15104176	1187	一级	合格
71	内蒙古天和荷斯坦牧业有限公司	15104429	1059	一级	合格
72	内蒙古天和荷斯坦牧业有限公司	15104188**	741	特级	合格
73	内蒙古天和荷斯坦牧业有限公司	15104426	708	一级	合格
74	内蒙古天和荷斯坦牧业有限公司	15197549**	629	特级	合格
75	内蒙古天和荷斯坦牧业有限公司	15104432	612	一级	合格
76	内蒙古天和荷斯坦牧业有限公司	15104150	519	特级	合格
77	内蒙古天和荷斯坦牧业有限公司	15104157	509	一级	合格
78	内蒙古天和荷斯坦牧业有限公司	15104472	482	特级	合格
79	内蒙古天和荷斯坦牧业有限公司	15104458	392	一级	合格
80	内蒙古天和荷斯坦牧业有限公司	15104466	374	特级	合格
81	内蒙古天和荷斯坦牧业有限公司	15103416	330	特级	合格
82	内蒙古天和荷斯坦牧业有限公司	15105144	239	特级	合格
83	内蒙古天和荷斯坦牧业有限公司	15103197	17	特级	合格
84	黑龙江省博瑞遗传有限公司	23103247	2004	特级	合格
85	黑龙江省博瑞遗传有限公司	23103238	1952	特级	合格
86	黑龙江省博瑞遗传有限公司	23103229	1847	特级	合格
87	黑龙江省博瑞遗传有限公司	23105297	1822	特级	合格
88	黑龙江省博瑞遗传有限公司	23104271	1473	特级	合格
89	黑龙江省博瑞遗传有限公司	23105292	1421	特级	合格
90	黑龙江省博瑞遗传有限公司	23103239	1413	特级	合格
91	黑龙江省博瑞遗传有限公司	23104263	1396	特级	合格
92	黑龙江省博瑞遗传有限公司	23103227	1383	一级	合格
93	黑龙江省博瑞遗传有限公司	23103228	1371	一级	合格
94	黑龙江省博瑞遗传有限公司	23106001	1200	特级	合格
95	黑龙江省博瑞遗传有限公司	23103232	482	一级	合格
96	黑龙江省博瑞遗传有限公司	23105295	327	特级	合格
97	黑龙江省博瑞遗传有限公司	23105296	321	一级	合格
98	黑龙江省博瑞遗传有限公司	23103250	239	一级	合格
99	黑龙江省博瑞遗传有限公司	23104272	37	特级	合格
100	黑龙江省博瑞遗传有限公司	23103236	10	特级	合格

（续）

序号	种公牛站	个体号	CPI1	外貌等级	冻精质量
101	上海奶牛育种中心有限公司	31104482	1971	一级	合格
102	上海奶牛育种中心有限公司	31104443	1764	特级	合格
103	上海奶牛育种中心有限公司	31104444	1688	特级	合格
104	上海奶牛育种中心有限公司	31104163	1534	特级	合格
105	上海奶牛育种中心有限公司	31103406	1513	一级	合格
106	上海奶牛育种中心有限公司	31104483	1423	特级	合格
107	上海奶牛育种中心有限公司	31104493	1402	特级	合格
108	上海奶牛育种中心有限公司	31102004**	1311	特级	合格
109	上海奶牛育种中心有限公司	31104488	1300	特级	合格
110	上海奶牛育种中心有限公司	31104464	1114	特级	合格
111	上海奶牛育种中心有限公司	31104485	1046	特级	合格
112	上海奶牛育种中心有限公司	31104708	1046	特级	合格
113	上海奶牛育种中心有限公司	31102005	1010	特级	合格
114	上海奶牛育种中心有限公司	31104169	1007	特级	合格
115	上海奶牛育种中心有限公司	31104433	967	特级	合格
116	上海奶牛育种中心有限公司	31104446	952	特级	合格
117	上海奶牛育种中心有限公司	31104164**	915	特级	合格
118	上海奶牛育种中心有限公司	31104161	817	特级	合格
119	上海奶牛育种中心有限公司	31101005**	774	一级	合格
120	上海奶牛育种中心有限公司	31103404	735	特级	合格
121	上海奶牛育种中心有限公司	31102198**	696	一级	合格
122	上海奶牛育种中心有限公司	31101012**	624	特级	合格
123	上海奶牛育种中心有限公司	31104165	602	一级	合格
124	上海奶牛育种中心有限公司	31103418**	456	特级	合格
125	上海奶牛育种中心有限公司	31104180	381	特级	合格
126	上海奶牛育种中心有限公司	31101008**	367	特级	合格
127	上海奶牛育种中心有限公司	31104706**	294	一级	合格
128	上海奶牛育种中心有限公司	31104479	288	特级	合格
129	上海奶牛育种中心有限公司	31104704**	205	特级	合格
130	上海奶牛育种中心有限公司	31101002	200	特级	合格
131	上海奶牛育种中心有限公司	31104187	133	特级	合格

（续）

序号	种公牛站	个体号	CPI1	外貌等级	冻精质量
132	上海奶牛育种中心有限公司	31103196	126	特级	合格
133	上海奶牛育种中心有限公司	31104705**	106	特级	合格
134	上海奶牛育种中心有限公司	31104160**	97	特级	合格
135	上海奶牛育种中心有限公司	31104447	94	特级	合格
136	上海奶牛育种中心有限公司	31104171	85	特级	合格
137	上海奶牛育种中心有限公司	31104459	73	特级	合格
138	上海奶牛育种中心有限公司	31104702	45	特级	合格
139	上海奶牛育种中心有限公司	31103419**	32	一级	合格
140	南京利农奶牛育种有限公司	32204487**	1884	特级	合格
141	南京利农奶牛育种有限公司	32204863**	279	特级	合格
142	安徽天达畜牧科技有限责任公司	34104829	503	特级	合格
143	江西省天添畜禽育种有限公司	36100452**	1776	一级	合格
144	山东奥克斯生物技术有限公司	37304004	2267	特级	合格
145	山东奥克斯生物技术有限公司	37306001	2157	特级	合格
146	山东奥克斯生物技术有限公司	37304014	2013	特级	合格
147	山东奥克斯生物技术有限公司	37306002**	1743	特级	合格
148	山东奥克斯生物技术有限公司	37304018	1642	特级	合格
149	山东奥克斯生物技术有限公司	37303027	1477	特级	合格
150	山东奥克斯生物技术有限公司	37304010**	1404	一级	合格
151	山东奥克斯生物技术有限公司	37398001	1329	特级	合格
152	山东奥克斯生物技术有限公司	37304019	1019	一级	合格
153	山东奥克斯生物技术有限公司	37303032	986	特级	合格
154	山东奥克斯生物技术有限公司	37304003	957	特级	合格
155	山东奥克斯生物技术有限公司	37304013	928	特级	合格
156	山东奥克斯生物技术有限公司	37304017	911	一级	合格
157	山东奥克斯生物技术有限公司	37306003	780	一级	合格
158	山东奥克斯生物技术有限公司	37303028	763	特级	合格
159	山东奥克斯生物技术有限公司	37306004	685	特级	合格
160	山东奥克斯生物技术有限公司	37304005	610	特级	合格
161	山东奥克斯生物技术有限公司	37304008	113	特级	合格
162	广州市奶牛研究所有限公司	44102027**	1294	特级	合格

（续）

序号	种公牛站	个体号	CPI1	外貌等级	冻精质量
163	广州市奶牛研究所有限公司	44102031**	423	一级	合格
164	陕西秦申金牛育种有限公司	61104487	1609	特级	合格
165	陕西秦申金牛育种有限公司	61104441**	1495	一级	合格
166	陕西秦申金牛育种有限公司	61104152	1181	特级	合格
167	陕西秦申金牛育种有限公司	61104430	1163	特级	合格
168	陕西秦申金牛育种有限公司	61104154	822	特级	合格
169	陕西秦申金牛育种有限公司	61104449	813	特级	合格
170	陕西秦申金牛育种有限公司	61104153	280	特级	合格
171	陕西秦申金牛育种有限公司	61104445	137	一级	合格
172	青海省家畜改良中心	63105012	1547	特级	合格
173	青海省家畜改良中心	63105008	1173	特级	合格
174	宁夏四正生物工程技术研究中心（有限公司）	64102313**	544	特级	合格
175	宁夏四正生物工程技术研究中心（有限公司）	64102305	173	一级	合格
176	新疆天山畜牧生物工程股份有限公司	65106035	2153	特级	合格
177	新疆天山畜牧生物工程股份有限公司	65106009	2109	一级	合格
178	新疆天山畜牧生物工程股份有限公司	65106033	2101	特级	合格
179	新疆天山畜牧生物工程股份有限公司	65106010	2101	特级	合格
180	新疆天山畜牧生物工程股份有限公司	65106008	1716	特级	合格
181	新疆天山畜牧生物工程股份有限公司	65106034	1579	特级	合格
182	新疆天山畜牧生物工程股份有限公司	65104063	1516	特级	合格
183	新疆天山畜牧生物工程股份有限公司	65105006	1436	特级	合格
184	新疆天山畜牧生物工程股份有限公司	65106032	1407	特级	合格
185	新疆天山畜牧生物工程股份有限公司	65104049**	1063	特级	合格
186	新疆天山畜牧生物工程股份有限公司	65105002	902	特级	合格
187	新疆天山畜牧生物工程股份有限公司	65104067**	807	特级	合格
188	新疆天山畜牧生物工程股份有限公司	65104071	651	特级	合格
189	新疆天山畜牧生物工程股份有限公司	65105003	452	特级	合格
190	新疆天山畜牧生物工程股份有限公司	65105004	389	特级	合格
191	新疆天山畜牧生物工程股份有限公司	65104145**	139	特级	合格
192	新疆天山畜牧生物工程股份有限公司	65102967	123	特级	合格

注：标“**”的，为不在群验证牛

（二）荷斯坦种公牛名单（CPI2）

序号	种公牛站	个体号	CPI2	外貌等级	冻精质量
1	北京奶牛中心	11104737	2411	特级	合格
2	北京奶牛中心	11103474	1736	特级	合格
3	北京奶牛中心	11102691	1209	特级	合格
4	北京奶牛中心	11104103	889	特级	合格
5	北京奶牛中心	11104137	819	特级	合格
6	北京奶牛中心	11102716	818	特级	合格
7	北京奶牛中心	11104296	787	特级	合格
8	北京奶牛中心	11106005**	737	特级	合格
9	北京奶牛中心	11104849	486	特级	合格
10	北京奶牛中心	11104943	467	一级	合格
11	北京奶牛中心	11103838	427	特级	合格
12	北京奶牛中心	11104738	375	特级	合格
13	北京奶牛中心	11102430	270	特级	合格
14	北京奶牛中心	11197024**	110	特级	合格
15	天津市奶牛发展中心	12105215	878	特级	合格
16	天津市奶牛发展中心	12104220**	835	一级	合格
17	天津市奶牛发展中心	12100124**	818	一级	合格
18	天津市奶牛发展中心	12103162**	386	一级	合格
19	天津市奶牛发展中心	12102136**	369	特级	合格
20	天津市奶牛发展中心	12105210	331	特级	合格
21	天津市奶牛发展中心	12102150**	94	特级	合格
22	天津市奶牛发展中心	12100125	60	特级	合格
23	天津市奶牛发展中心	12101132**	5	特级	合格
24	河北品元畜禽育种有限公司	13101476	693	特级	合格
25	河北品元畜禽育种有限公司	13103607	595	特级	合格
26	河北品元畜禽育种有限公司	13104527	544	一级	合格
27	河北品元畜禽育种有限公司	13101430	319	特级	合格
28	河北品元畜禽育种有限公司	13104139	34	特级	合格
29	秦皇岛全农精牛繁育有限公司	13203038	2127	一级	合格
30	秦皇岛全农精牛繁育有限公司	13203021	1943	特级	合格
31	秦皇岛全农精牛繁育有限公司	13203017	1721	特级	合格
32	秦皇岛全农精牛繁育有限公司	13205130	1653	特级	合格
33	秦皇岛全农精牛繁育有限公司	13205120	1633	特级	合格
34	秦皇岛全农精牛繁育有限公司	13205128	1327	特级	合格
35	秦皇岛全农精牛繁育有限公司	13204106	1262	特级	合格

（续）

序号	种公牛站	个体号	CPI2	外貌等级	冻精质量
36	秦皇岛全农精牛繁育有限公司	13203057**	1191	一级	合格
37	秦皇岛全农精牛繁育有限公司	13203034**	1179	特级	合格
38	秦皇岛全农精牛繁育有限公司	13205112**	929	一级	合格
39	秦皇岛全农精牛繁育有限公司	13203055**	850	特级	合格
40	秦皇岛全农精牛繁育有限公司	13202010	723	特级	合格
41	秦皇岛全农精牛繁育有限公司	13204108**	633	一级	合格
42	秦皇岛全农精牛繁育有限公司	13204109**	588	一级	合格
43	秦皇岛全农精牛繁育有限公司	13204084	568	特级	合格
44	秦皇岛全农精牛繁育有限公司	13203041**	523	一级	合格
45	秦皇岛全农精牛繁育有限公司	13202011	517	特级	合格
46	秦皇岛全农精牛繁育有限公司	13203050	472	特级	合格
47	秦皇岛全农精牛繁育有限公司	13203042**	403	一级	合格
48	秦皇岛全农精牛繁育有限公司	13204105	395	一级	合格
49	秦皇岛全农精牛繁育有限公司	13205119	335	特级	合格
50	秦皇岛全农精牛繁育有限公司	13203039	238	特级	合格
51	秦皇岛全农精牛繁育有限公司	13205121	174	一级	合格
52	秦皇岛全农精牛繁育有限公司	13204107**	149	特级	合格
53	秦皇岛全农精牛繁育有限公司	13204063	94	特级	合格
54	秦皇岛全农精牛繁育有限公司	13203054	45	特级	合格
55	秦皇岛全农精牛繁育有限公司	13203037	37	特级	合格
56	秦皇岛全农精牛繁育有限公司	13204104**	5	特级	合格
57	山西鑫源良种繁育有限公司	14103065**	1714	特级	合格
58	山西鑫源良种繁育有限公司	14104406	1397	特级	合格
59	山西鑫源良种繁育有限公司	14104041**	1207	特级	合格
60	山西鑫源良种繁育有限公司	14101415**	1084	特级	合格
61	山西鑫源良种繁育有限公司	14104103	1016	特级	合格
62	山西鑫源良种繁育有限公司	14104083	873	特级	合格
63	山西鑫源良种繁育有限公司	14102253**	697	特级	合格
64	山西鑫源良种繁育有限公司	14104023	592	一级	合格
65	山西鑫源良种繁育有限公司	14103125**	502	特级	合格

（续）

序号	种公牛站	个体号	CPI2	外貌等级	冻精质量
66	山西鑫源良种繁育有限公司	14100129**	493	特级	合格
67	山西鑫源良种繁育有限公司	14101441**	433	特级	合格
68	山西鑫源良种繁育有限公司	14101477**	361	特级	合格
69	山西鑫源良种繁育有限公司	14104153	307	特级	合格
70	山西鑫源良种繁育有限公司	14104141**	203	特级	合格
71	山西鑫源良种繁育有限公司	14104133	173	特级	合格
72	山西鑫源良种繁育有限公司	14104047	105	特级	合格
73	山西鑫源良种繁育有限公司	14104129	11	特级	合格
74	山西鑫源良种繁育有限公司	14101244	5	特级	合格
75	山西鑫源良种繁育有限公司	14104159	5	级	合格
76	内蒙古天和荷斯坦牧业有限公司	15104470	1045	特级	合格
77	内蒙古天和荷斯坦牧业有限公司	15106017	777	特级	合格
78	内蒙古天和荷斯坦牧业有限公司	15106028	765	特级	合格
79	内蒙古天和荷斯坦牧业有限公司	15106026	411	特级	合格
80	内蒙古天和荷斯坦牧业有限公司	15105497	309	特级	合格
81	内蒙古天和荷斯坦牧业有限公司	15104474	301	一级	合格
82	内蒙古天和荷斯坦牧业有限公司	15105710**	214	特级	合格
83	内蒙古天和荷斯坦牧业有限公司	15104167	202	特级	合格
84	内蒙古天和荷斯坦牧业有限公司	15106030	158	特级	合格
85	内蒙古天和荷斯坦牧业有限公司	15105711	151	特级	合格
86	内蒙古天和荷斯坦牧业有限公司	15105709**	151	特级	合格
87	内蒙古天和荷斯坦牧业有限公司	15104427	81	一级	合格
88	内蒙古天和荷斯坦牧业有限公司	15106127	63	特级	合格
89	黑龙江省博瑞遗传有限公司	23105291	804	特级	合格
90	黑龙江省博瑞遗传有限公司	23104299	670	特级	合格
91	黑龙江省博瑞遗传有限公司	23103256	598	特级	合格
92	黑龙江省博瑞遗传有限公司	23106002	185	一级	合格
93	大庆市银螺乳业有限公司种公牛站	23206067	411	特级	合格
94	上海奶牛育种中心有限公司	31104460	1921	特级	合格
95	上海奶牛育种中心有限公司	31106143**	1910	特级	合格

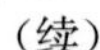
（续）

序号	种公牛站	个体号	CPI2	外貌等级	冻精质量
96	上海奶牛育种中心有限公司	31104158	1548	特级	合格
97	上海奶牛育种中心有限公司	31105146**	738	一级	合格
98	上海奶牛育种中心有限公司	31106140	631	特级	合格
99	上海奶牛育种中心有限公司	31106141**	529	一级	合格
100	上海奶牛育种中心有限公司	31105713	310	特级	合格
101	上海奶牛育种中心有限公司	31106500	279	特级	合格
102	上海奶牛育种中心有限公司	31106507**	190	一级	合格
103	上海奶牛育种中心有限公司	31104473	121	特级	合格
104	上海奶牛育种中心有限公司	31106134	90	特级	合格
105	上海奶牛育种中心有限公司	31106505	50	特级	合格
106	上海奶牛育种中心有限公司	31106131	36	特级	合格
107	南京利农奶牛育种有限公司	32204060	1375	特级	合格
108	南京利农奶牛育种有限公司	32204003	1138	特级	合格
109	南京利农奶牛育种有限公司	32203482	808	特级	合格
110	南京利农奶牛育种有限公司	32204002**	531	特级	合格
111	南京利农奶牛育种有限公司	32204004	84	一级	合格
112	江西省天添畜禽育种有限公司	36105817	107	特级	合格
113	江西省天添畜禽育种有限公司	36100112**	91	一级	合格
114	山东奥克斯生物技术有限公司	37304002	1859	一级	合格
115	山东奥克斯生物技术有限公司	37302006**	1837	一级	合格
116	山东奥克斯生物技术有限公司	37303017	1062	特级	合格
117	山东奥克斯生物技术有限公司	37303007	1054	特级	合格
118	山东奥克斯生物技术有限公司	37302010	1040	特级	合格
119	山东奥克斯生物技术有限公司	37303022**	896	一级	合格
120	山东奥克斯生物技术有限公司	37303008	579	一级	合格
121	山东奥克斯生物技术有限公司	37303005	564	特级	合格
122	山东奥克斯生物技术有限公司	37302004	532	特级	合格
123	山东奥克斯生物技术有限公司	37303011	530	特级	合格
124	山东奥克斯生物技术有限公司	37304006	522	特级	合格
125	山东奥克斯生物技术有限公司	37303002**	322	一级	合格

（续）

序号	种公牛站	个体号	CPI2	外貌等级	冻精质量
126	山东奥克斯生物技术有限公司	37303010	310	特级	合格
127	山东奥克斯生物技术有限公司	37302002**	293	特级	合格
128	山东奥克斯生物技术有限公司	37303013**	280	特级	合格
129	山东奥克斯生物技术有限公司	37303014	236	一级	合格
130	山东奥克斯生物技术有限公司	37303023	28	特级	合格
131	山东奥克斯生物技术有限公司	37303026	5	特级	合格
132	山东盛能奶牛胚胎工程有限公司	37405037	715	特级	合格
133	山东盛能奶牛胚胎工程有限公司	37405053	120	一级	合格
134	河南省鼎元种牛育种有限公司	41105126**	2033	一级	合格
135	河南省鼎元种牛育种有限公司	41100803	2032	特级	合格
136	河南省鼎元种牛育种有限公司	41105826	1621	特级	合格
137	河南省鼎元种牛育种有限公司	41104803**	1553	特级	合格
138	河南省鼎元种牛育种有限公司	41104807	1503	特级	合格
139	河南省鼎元种牛育种有限公司	41105807	1429	特级	合格
140	河南省鼎元种牛育种有限公司	41104835	1415	特级	合格
141	河南省鼎元种牛育种有限公司	41103875**	1357	一级	合格
142	河南省鼎元种牛育种有限公司	41105132	1301	特级	合格
143	河南省鼎元种牛育种有限公司	41100802**	1251	特级	合格
144	河南省鼎元种牛育种有限公司	41104836	1057	特级	合格
145	河南省鼎元种牛育种有限公司	41105813	943	特级	合格
146	河南省鼎元种牛育种有限公司	41100801**	910	特级	合格
147	河南省鼎元种牛育种有限公司	41102004**	893	一级	合格
148	河南省鼎元种牛育种有限公司	41103817	701	一级	合格
149	河南省鼎元种牛育种有限公司	41102809	684	特级	合格
150	河南省鼎元种牛育种有限公司	41104805	509	特级	合格
151	河南省鼎元种牛育种有限公司	41105859	400	特级	合格
152	河南省鼎元种牛育种有限公司	41104841	196	一级	合格
153	河南省鼎元种牛育种有限公司	41103828**	26	特级	合格
154	河南省鼎元种牛育种有限公司	41104842**	17	一级	合格
155	广州市奶牛研究所有限公司	44102032**	2141	特级	合格

（续）

序号	种公牛站	个体号	CPI2	外貌等级	冻精质量
156	广州市奶牛研究所有限公司	44102026	876	特级	合格
157	广州市奶牛研究所有限公司	44102028	281	特级	合格
158	云南恒翔家畜良种科技有限责任公司	53100136	2021	特级	合格
159	大理五福畜禽良种有限责任公司	53201031	1601	特级	合格
160	大理五福畜禽良种有限责任公司	53205063	481	特级	合格
161	陕西秦申金牛育种有限公司	61104170	1854	一级	合格
162	陕西秦申金牛育种有限公司	61106126	1829	特级	合格
163	陕西秦申金牛育种有限公司	61106128	1812	一级	合格
164	陕西秦申金牛育种有限公司	61106135	846	特级	合格
165	陕西秦申金牛育种有限公司	61106125**	594	特级	合格
166	陕西秦申金牛育种有限公司	61103050	59	特级	合格
167	宁夏四正生物工程技术研究中心（有限公司）	64104145**	1228	特级	合格
168	宁夏四正生物工程技术研究中心（有限公司）	64101301**	1043	特级	合格
169	宁夏四正生物工程技术研究中心（有限公司）	64104125	475	特级	合格
170	宁夏四正生物工程技术研究中心（有限公司）	64104131**	315	特级	合格
171	宁夏四正生物工程技术研究中心（有限公司）	64101303**	175	特级	合格
172	宁夏四正生物工程技术研究中心（有限公司）	64104117**	25	特级	合格
173	新疆天山畜牧生物工程股份有限公司	65104139**	836	特级	合格
174	新疆天山畜牧生物工程股份有限公司	65104089	697	特级	合格
175	新疆天山畜牧生物工程股份有限公司	65104045	617	特级	合格
176	新疆天山畜牧生物工程股份有限公司	65101037**	391	特级	合格
177	新疆天山畜牧生物工程股份有限公司	65104043**	163	特级	合格
178	新疆天山畜牧生物工程股份有限公司	65103041	49	特级	合格
179	新疆天山畜牧生物工程股份有限公司	65104042**	30	特级	合格
180	新疆天山畜牧生物工程股份有限公司	65102811	13	一级	合格
181	新疆天山畜牧生物工程股份有限公司	65103039**	11	特级	合格
182	新疆天山畜牧生物工程股份有限公司	65102805	10	特级	合格
183	新疆天山畜牧生物工程股份有限公司	65103040	2	一级	合格

注：标“**”的，为不在群验证牛

(三）荷斯坦种公牛名单（CPI3）

序号	种公牛站	个体号	CPI3	外貌等级	冻精质量
1	北京奶牛中心	11105467	1211	特级	合格
2	北京奶牛中心	11199796	744	特级	合格
3	北京奶牛中心	11104676	460	特级	合格
4	北京奶牛中心	11103035	280	特级	合格
5	北京奶牛中心	11102949	186	特级	合格
6	北京奶牛中心	11104826	140	特级	合格
7	北京奶牛中心	11104299	52	特级	合格
8	天津市奶牛发展中心	12105281	981	特级	合格
9	天津市奶牛发展中心	12106282	785	特级	合格
10	天津市奶牛发展中心	12105280	742	特级	合格
11	天津市奶牛发展中心	12105279	547	特级	合格
12	秦皇岛全农精牛繁育有限公司	13205140	744	特级	合格
13	秦皇岛全农精牛繁育有限公司	13202412	704	特级	合格
14	秦皇岛全农精牛繁育有限公司	13202409	354	特级	合格
15	秦皇岛全农精牛繁育有限公司	13204137	190	特级	合格
16	秦皇岛全农精牛繁育有限公司	13203090	90	特级	合格
17	亚达艾格威（唐山）畜牧有限公司	13307952	1467	特级	合格
18	亚达艾格威（唐山）畜牧有限公司	13306971	1338	特级	合格
19	亚达艾格威（唐山）畜牧有限公司	13306964	1102	特级	合格
20	亚达艾格威（唐山）畜牧有限公司	13305950	1040	特级	合格
21	亚达艾格威（唐山）畜牧有限公司	13307966	864	特级	合格
22	亚达艾格威（唐山）畜牧有限公司	13306948	809	特级	合格
23	亚达艾格威（唐山）畜牧有限公司	13307951	359	特级	合格
24	山西鑫源良种繁育有限公司	14105022	1037	特级	合格
25	山西鑫源良种繁育有限公司	14104705	358	特级	合格
26	山西鑫源良种繁育有限公司	14103016	201	特级	合格
27	山西鑫源良种繁育有限公司	14104716	123	特级	合格
28	内蒙古天和荷斯坦牧业有限公司	15104165	417	特级	合格
29	内蒙古天和荷斯坦牧业有限公司	15106081	49	特级	合格
30	内蒙古天和荷斯坦牧业有限公司	15105844	25	特级	合格
31	内蒙古天和荷斯坦牧业有限公司	15105797	1	特级	合格
32	内蒙古赛科星繁育生物技术股份有限公司	15505930	1427	特级	合格
33	内蒙古赛科星繁育生物技术股份有限公司	15504217	1394	特级	合格
34	内蒙古赛科星繁育生物技术股份有限公司	15504278	1191	特级	合格

序号	种公牛站	个体号	CPI3	外貌等级	冻精质量
35	内蒙古赛科星繁育生物技术股份有限公司	15506022	1166	特级	合格
36	内蒙古赛科星繁育生物技术股份有限公司	15504941**	1133	特级	合格
37	内蒙古赛科星繁育生物技术股份有限公司	15506044	1115	特级	合格
38	内蒙古赛科星繁育生物技术股份有限公司	15505607	996	特级	合格
39	内蒙古赛科星繁育生物技术股份有限公司	15505520	913	特级	合格
40	内蒙古赛科星繁育生物技术股份有限公司	15505940	838	特级	合格
41	内蒙古赛科星繁育生物技术股份有限公司	15504055	810	特级	合格
42	内蒙古赛科星繁育生物技术股份有限公司	15501730	734	一级	合格
43	内蒙古赛科星繁育生物技术股份有限公司	15504883	720	特级	合格
44	内蒙古赛科星繁育生物技术股份有限公司	15504369	705	特级	合格
45	内蒙古赛科星繁育生物技术股份有限公司	15503411	678	一级	合格
46	内蒙古赛科星繁育生物技术股份有限公司	15504269	589	特级	合格
47	内蒙古赛科星繁育生物技术股份有限公司	15503863	537	特级	合格
48	内蒙古赛科星繁育生物技术股份有限公司	15505190	522	一级	合格
49	内蒙古赛科星繁育生物技术股份有限公司	15504884	511	特级	合格
50	内蒙古赛科星繁育生物技术股份有限公司	15503763	489	特级	合格
51	内蒙古赛科星繁育生物技术股份有限公司	15503679	445	特级	合格
52	内蒙古赛科星繁育生物技术股份有限公司	15503832	390	一级	合格
53	内蒙古赛科星繁育生物技术股份有限公司	15505604	355	特级	合格
54	内蒙古赛科星繁育生物技术股份有限公司	15502409**	354	一级	合格
55	内蒙古赛科星繁育生物技术股份有限公司	15505197	334	特级	合格
56	内蒙古赛科星繁育生物技术股份有限公司	15504748	314	特级	合格
57	内蒙古赛科星繁育生物技术股份有限公司	15504523	191	特级	合格
58	内蒙古赛科星繁育生物技术股份有限公司	15504377	171	特级	合格
59	内蒙古赛科星繁育生物技术股份有限公司	15504380	157	特级	合格
60	内蒙古赛科星繁育生物技术股份有限公司	15505570	105	特级	合格
61	内蒙古赛科星繁育生物技术股份有限公司	15504080	81	特级	合格
62	内蒙古赛科星繁育生物技术股份有限公司	15505562	61	特级	合格
63	内蒙古赛科星繁育生物技术股份有限公司	15505587	44	特级	合格
64	内蒙古赛科星繁育生物技术股份有限公司	15504634	39	特级	合格

（续）

序号	种公牛站	个体号	CPI3	外貌等级	冻精质量
65	内蒙古赛科星繁育生物技术股份有限公司	15503330	28	特级	合格
66	内蒙古赛科星繁育生物技术股份有限公司	15503896	20	特级	合格
67	内蒙古赛科星繁育生物技术股份有限公司	15504234	12	一级	合格
68	辽宁省牧经种牛繁育中心有限公司	21106397	555	特级	合格
69	辽宁省牧经种牛繁育中心有限公司	21100232**	453	一级	合格
70	辽宁省牧经种牛繁育中心有限公司	21104391	356	特级	合格
71	辽宁省牧经种牛繁育中心有限公司	21105396	174	特级	合格
72	辽宁省牧经种牛繁育中心有限公司	21105394	13	特级	合格
73	黑龙江省博瑞遗传有限公司	23104130	611	一级	合格
74	南京利农奶牛育种有限公司	32204028	801	特级	合格
75	南京利农奶牛育种有限公司	32204058	401	特级	合格
76	南京利农奶牛育种有限公司	32204099	315	特级	合格
77	河南省鼎元种牛育种有限公司	41106861	752	特级	合格
78	河南省鼎元种牛育种有限公司	41105860	711	特级	合格
79	河南省鼎元种牛育种有限公司	41104860	623	特级	合格
80	河南省鼎元种牛育种有限公司	41103810	492	特级	合格
81	河南省鼎元种牛育种有限公司	41105861	97	特级	合格
82	洛阳市洛瑞牧业有限公司	41403501	721	特级	合格
83	洛阳市洛瑞牧业有限公司	41405508	250	特级	合格
84	洛阳市洛瑞牧业有限公司	41404506	46	特级	合格
85	成都汇丰动物育种有限公司	51105302	1251	特级	合格
86	成都汇丰动物育种有限公司	51106304	549	特级	合格
87	成都汇丰动物育种有限公司	51105300	446	一级	合格
88	成都汇丰动物育种有限公司	51106303	356	特级	合格
89	宁夏四正生物工程技术研究中心（有限公司）	64105011	377	特级	合格
90	宁夏四正生物工程技术研究中心（有限公司）	64104015	296	特级	合格

注：标“**”的，为不在群验证牛

（四）荷斯坦种公牛名单（GCPI）

序号	种公牛站	个体号	GCPI	外貌等级	冻精质量
1	北京奶牛中心	11109804	1676	特级	合格
2	北京奶牛中心	11109665	1635	特级	合格
3	北京奶牛中心	11109510	1584	特级	合格
4	北京奶牛中心	11109802	1569	特级	合格
5	北京奶牛中心	11109751	1543	特级	合格
6	北京奶牛中心	11109567	1507	特级	合格
7	北京奶牛中心	11109813	1505	特级	合格
8	北京奶牛中心	11110650	1479	一级	合格
9	北京奶牛中心	11109745	1470	特级	合格
10	北京奶牛中心	11109708	1405	一级	合格
11	北京奶牛中心	11109699	1388	特级	合格
12	北京奶牛中心	11110528	1388	特级	合格
13	北京奶牛中心	11109518	1317	特级	合格
14	北京奶牛中心	11110524	1312	特级	合格
15	北京奶牛中心	11110533	1282	特级	合格
16	北京奶牛中心	11109693	1261	特级	合格
17	北京奶牛中心	11109722	1236	特级	合格
18	北京奶牛中心	11110646	1227	一级	合格
19	北京奶牛中心	11109576	1212	一级	合格
20	北京奶牛中心	11110525	1165	特级	合格
21	北京奶牛中心	11108793	1117	特级	合格
22	北京奶牛中心	11109589	1095	特级	合格
23	北京奶牛中心	11109586	1082	特级	合格
24	北京奶牛中心	11109655	1068	特级	合格
25	北京奶牛中心	11110545	1054	一级	合格
26	北京奶牛中心	11109012	1054	特级	合格
27	北京奶牛中心	11110724	1031	一级	合格
28	北京奶牛中心	11110579	1027	特级	合格
29	北京奶牛中心	11109571	1016	特级	合格
30	北京奶牛中心	11108280	1000	特级	合格
31	北京奶牛中心	11108549	999	特级	合格
32	北京奶牛中心	11109658	993	特级	合格
33	北京奶牛中心	11109703	991	特级	合格
34	北京奶牛中心	11109648	980	特级	合格

（续）

序号	种公牛站	个体号	GCPI	外貌等级	冻精质量
35	天津市奶牛发展中心	12108232	1527	特级	合格
36	天津市奶牛发展中心	12109261	1415	特级	合格
37	天津市奶牛发展中心	12109260	1342	特级	合格
38	天津市奶牛发展中心	12109255	1328	一级	合格
39	天津市奶牛发展中心	12109253	1321	特级	合格
40	天津市奶牛发展中心	12109267	1320	特级	合格
41	天津市奶牛发展中心	12109256	1299	特级	合格
42	天津市奶牛发展中心	12108240	1082	特级	合格
43	天津市奶牛发展中心	12108235	978	特级	合格
44	河北品元畜禽育种有限公司	13108003	1570	特级	合格
45	河北品元畜禽育种有限公司	13110159	1561	特级	合格
46	河北品元畜禽育种有限公司	13108009	1535	特级	合格
47	河北品元畜禽育种有限公司	13110225	1434	特级	合格
48	河北品元畜禽育种有限公司	13110157	1338	特级	合格
49	河北品元畜禽育种有限公司	13110197	1338	特级	合格
50	河北品元畜禽育种有限公司	13110129	1325	一级	合格
51	河北品元畜禽育种有限公司	13110150	1306	特级	合格
52	河北品元畜禽育种有限公司	13110209	1294	特级	合格
53	河北品元畜禽育种有限公司	13110173	1290	特级	合格
54	河北品元畜禽育种有限公司	13110179	1277	特级	合格
55	河北品元畜禽育种有限公司	13107035	1180	特级	合格
56	河北品元畜禽育种有限公司	13107033	1177	特级	合格
57	河北品元畜禽育种有限公司	13110195	1159	特级	合格
58	河北品元畜禽育种有限公司	13107025	1106	特级	合格
59	河北品元畜禽育种有限公司	13110175	1100	特级	合格
60	河北品元畜禽育种有限公司	13108007	1091	特级	合格
61	河北品元畜禽育种有限公司	13110203	1076	一级	合格
62	河北品元畜禽育种有限公司	13108931	1026	特级	合格
63	河北品元畜禽育种有限公司	13107263	1017	特级	合格
64	河北品元畜禽育种有限公司	13110161	1011	特级	合格
65	河北品元畜禽育种有限公司	13109915	993	一级	合格
66	河北品元畜禽育种有限公司	13110147	988	一级	合格
67	河北品元畜禽育种有限公司	13110205	981	特级	合格

（续）

序号	种公牛站	个体号	GCPI	外貌等级	冻精质量
68	河北品元畜禽育种有限公司	13109913	975	一级	合格
69	河北品元畜禽育种有限公司	13108967	971	特级	合格
70	秦皇岛全农精牛繁育有限公司	13210144	1964	一级	合格
71	秦皇岛全农精牛繁育有限公司	13210147	1918	一级	合格
72	秦皇岛全农精牛繁育有限公司	13210146	1534	特级	合格
73	秦皇岛全农精牛繁育有限公司	13210143	1498	一级	合格
74	秦皇岛全农精牛繁育有限公司	13207135	1084	特级	合格
75	亚达艾格威（唐山）畜牧有限公司	13310047	1552	特级	合格
76	亚达艾格威（唐山）畜牧有限公司	13309039	1510	一级	合格
77	亚达艾格威（唐山）畜牧有限公司	13309041	1493	特级	合格
78	亚达艾格威（唐山）畜牧有限公司	13309042	1474	特级	合格
79	亚达艾格威（唐山）畜牧有限公司	13307021	1401	特级	合格
80	亚达艾格威（唐山）畜牧有限公司	13309045	1392	特级	合格
81	亚达艾格威（唐山）畜牧有限公司	13309036	1370	特级	合格
82	亚达艾格威（唐山）畜牧有限公司	13309038	1368	特级	合格
83	亚达艾格威（唐山）畜牧有限公司	13307968	1349	特级	合格
84	亚达艾格威（唐山）畜牧有限公司	13309046	1333	特级	合格
85	亚达艾格威（唐山）畜牧有限公司	13310053	1331	特级	合格
86	亚达艾格威（唐山）畜牧有限公司	13306004	1319	特级	合格
87	亚达艾格威（唐山）畜牧有限公司	13309043	1300	特级	合格
88	亚达艾格威（唐山）畜牧有限公司	13310058	1222	特级	合格
89	亚达艾格威（唐山）畜牧有限公司	13310057	1184	特级	合格
90	亚达艾格威（唐山）畜牧有限公司	13309037	1056	特级	合格
91	亚达艾格威（唐山）畜牧有限公司	13310054	1006	特级	合格
92	亚达艾格威（唐山）畜牧有限公司	13309040	965	特级	合格
93	山西鑫源良种繁育有限公司	14108276	1568	特级	合格
94	山西鑫源良种繁育有限公司	14109116	1429	一级	合格
95	山西鑫源良种繁育有限公司	14107278	1162	特级	合格
96	山西鑫源良种繁育有限公司	14110018	1113	一级	合格
97	山西鑫源良种繁育有限公司	14109002	1099	特级	合格
98	山西鑫源良种繁育有限公司	14109527	1091	特级	合格
99	山西鑫源良种繁育有限公司	14110009	1082	特级	合格
100	内蒙古天和荷斯坦牧业有限公司	15109004	1531	特级	合格

（续）

序号	种公牛站	个体号	GCPI	外貌等级	冻精质量
101	内蒙古天和荷斯坦牧业有限公司	15109002	1389	特级	合格
102	内蒙古天和荷斯坦牧业有限公司	15109529	1373	特级	合格
103	内蒙古天和荷斯坦牧业有限公司	15107040	1352	特级	合格
104	内蒙古天和荷斯坦牧业有限公司	15107111	1266	特级	合格
105	内蒙古天和荷斯坦牧业有限公司	15108524	1174	特级	合格
106	内蒙古天和荷斯坦牧业有限公司	15107046	1157	特级	合格
107	内蒙古天和荷斯坦牧业有限公司	15109003	1101	特级	合格
108	内蒙古天和荷斯坦牧业有限公司	15108514	1085	特级	合格
109	内蒙古天和荷斯坦牧业有限公司	15107045	1050	特级	合格
110	内蒙古天和荷斯坦牧业有限公司	15109527	1048	一级	合格
111	内蒙古天和荷斯坦牧业有限公司	15106121	1001	特级	合格
112	内蒙古天和荷斯坦牧业有限公司	15109001	967	特级	合格
113	内蒙古天和荷斯坦牧业有限公司	15109296	961	特级	合格
114	辽宁省牧经种牛繁育中心有限公司	21107311	1391	特级	合格
115	辽宁省牧经种牛繁育中心有限公司	21107312	1275	特级	合格
116	辽宁省牧经种牛繁育中心有限公司	21107303	1091	一级	合格
117	白城市翔牧肉奶牛中心	22207125	1493	特级	合格
118	白城市翔牧肉奶牛中心	22206285	1266	特级	合格
119	黑龙江省博瑞遗传有限公司	23106022	1786	特级	合格
120	黑龙江省博瑞遗传有限公司	23110150	1645	一级	合格
121	黑龙江省博瑞遗传有限公司	23110141	1633	特级	合格
122	黑龙江省博瑞遗传有限公司	23109097	1480	特级	合格
123	黑龙江省博瑞遗传有限公司	23107028	1429	特级	合格
124	黑龙江省博瑞遗传有限公司	23109095	1419	特级	合格
125	黑龙江省博瑞遗传有限公司	23108086	1363	特级	合格
126	黑龙江省博瑞遗传有限公司	23110147	1356	一级	合格
127	黑龙江省博瑞遗传有限公司	23108056	1307	特级	合格
128	黑龙江省博瑞遗传有限公司	23110142	1300	特级	合格
129	黑龙江省博瑞遗传有限公司	23108089	1252	特级	合格
130	黑龙江省博瑞遗传有限公司	23109111	1235	特级	合格
131	黑龙江省博瑞遗传有限公司	23110149	1232	一级	合格
132	黑龙江省博瑞遗传有限公司	23109123	1225	特级	合格
133	黑龙江省博瑞遗传有限公司	23110144	1215	一级	合格

（续）

序号	种公牛站	个体号	GCPI	外貌等级	冻精质量
134	黑龙江省博瑞遗传有限公司	23110145	1188	一级	合格
135	黑龙江省博瑞遗传有限公司	23109125	1186	特级	合格
136	黑龙江省博瑞遗传有限公司	23108090	1131	特级	合格
137	黑龙江省博瑞遗传有限公司	23109103	1131	特级	合格
138	黑龙江省博瑞遗传有限公司	23107040	1115	特级	合格
139	黑龙江省博瑞遗传有限公司	23109110	1103	一级	合格
140	黑龙江省博瑞遗传有限公司	23109117	1102	特级	合格
141	黑龙江省博瑞遗传有限公司	23107080	1093	特级	合格
142	黑龙江省博瑞遗传有限公司	23109113	1080	特级	合格
143	黑龙江省博瑞遗传有限公司	23108053	1080	特级	合格
144	黑龙江省博瑞遗传有限公司	23109116	1068	特级	合格
145	黑龙江省博瑞遗传有限公司	23109122	1032	特级	合格
146	黑龙江省博瑞遗传有限公司	23110146	1025	一级	合格
147	黑龙江省博瑞遗传有限公司	23107042	1020	一级	合格
148	黑龙江省博瑞遗传有限公司	23109120	1012	特级	合格
149	黑龙江省博瑞遗传有限公司	23109107	999	一级	合格
150	黑龙江省博瑞遗传有限公司	23109124	988	特级	合格
151	大庆市银螺乳业有限公司种公牛站	23209006	1469	一级	合格
152	大庆市银螺乳业有限公司种公牛站	23207020	1395	特级	合格
153	大庆市银螺乳业有限公司种公牛站	23207008	1096	特级	合格
154	大庆市银螺乳业有限公司种公牛站	23207021	1073	特级	合格
155	大庆市银螺乳业有限公司种公牛站	23206089	1022	特级	合格
156	大庆市银螺乳业有限公司种公牛站	23206058	1013	特级	合格
157	大庆市银螺乳业有限公司种公牛站	23208007	995	一级	合格
158	上海奶牛育种中心有限公司	31110263	1789	一级	合格
159	上海奶牛育种中心有限公司	31109542	1766	特级	合格
160	上海奶牛育种中心有限公司	31110555	1683	一级	合格
161	上海奶牛育种中心有限公司	31110553	1682	一级	合格
162	上海奶牛育种中心有限公司	31109546	1680	特级	合格
163	上海奶牛育种中心有限公司	31110552	1672	特级	合格
164	上海奶牛育种中心有限公司	31108101	1658	特级	合格
165	上海奶牛育种中心有限公司	31108102	1632	特级	合格
166	上海奶牛育种中心有限公司	31109293	1602	特级	合格

（续）

序号	种公牛站	个体号	GCPI	外貌等级	冻精质量
167	上海奶牛育种中心有限公司	31109292	1550	特级	合格
168	上海奶牛育种中心有限公司	31109289	1513	特级	合格
169	上海奶牛育种中心有限公司	31110560	1504	特级	合格
170	上海奶牛育种中心有限公司	31110262	1469	一级	合格
171	上海奶牛育种中心有限公司	31110561	1463	一级	合格
172	上海奶牛育种中心有限公司	31110562	1460	特级	合格
173	上海奶牛育种中心有限公司	31109543	1457	特级	合格
174	上海奶牛育种中心有限公司	31109547	1427	特级	合格
175	上海奶牛育种中心有限公司	31109290	1381	特级	合格
176	上海奶牛育种中心有限公司	31108299	1371	特级	合格
177	上海奶牛育种中心有限公司	31110282	1350	一级	合格
178	上海奶牛育种中心有限公司	31108100	1341	特级	合格
179	上海奶牛育种中心有限公司	31109545	1306	特级	合格
180	上海奶牛育种中心有限公司	31109541	1297	一级	合格
181	上海奶牛育种中心有限公司	31110278	1223	特级	合格
182	上海奶牛育种中心有限公司	31110280	1218	一级	合格
183	上海奶牛育种中心有限公司	31110279	1214	一级	合格
184	上海奶牛育种中心有限公司	31109530	1200	特级	合格
185	上海奶牛育种中心有限公司	31107110	1161	特级	合格
186	上海奶牛育种中心有限公司	31108520	1142	特级	合格
187	上海奶牛育种中心有限公司	31110285	1130	特级	合格
188	上海奶牛育种中心有限公司	31110549	1109	特级	合格
189	上海奶牛育种中心有限公司	31110576	1108	一级	合格
190	上海奶牛育种中心有限公司	31110567	1067	一级	合格
191	上海奶牛育种中心有限公司	31109548	1057	一级	合格
192	上海奶牛育种中心有限公司	31110569	1039	一级	合格
193	上海奶牛育种中心有限公司	31110270	1031	一级	合格
194	上海奶牛育种中心有限公司	31110276	1022	一级	合格
195	上海奶牛育种中心有限公司	31109531	1014	特级	合格
196	上海奶牛育种中心有限公司	31110271	1004	特级	合格
197	上海奶牛育种中心有限公司	31110568	1001	一级	合格
198	上海奶牛育种中心有限公司	31110564	1000	特级	合格
199	上海奶牛育种中心有限公司	31106508	997	特级	合格

（续）

序号	种公牛站	个体号	GCPI	外貌等级	冻精质量
200	上海奶牛育种中心有限公司	31108297	995	特级	合格
201	上海奶牛育种中心有限公司	31108523	988	特级	合格
202	上海奶牛育种中心有限公司	31110267	983	一级	合格
203	上海奶牛育种中心有限公司	31110283	975	一级	合格
204	上海奶牛育种中心有限公司	31110572	973	一级	合格
205	上海奶牛育种中心有限公司	31106509	971	特级	合格
206	上海奶牛育种中心有限公司	31109295	966	特级	合格
207	南京利农奶牛育种有限公司	32209027	1489	特级	合格
208	南京利农奶牛育种有限公司	32207042	1481	特级	合格
209	南京利农奶牛育种有限公司	32207078	1327	一级	合格
210	南京利农奶牛育种有限公司	32209045	1293	特级	合格
211	南京利农奶牛育种有限公司	32207021	1019	特级	合格
212	南京利农奶牛育种有限公司	32207065	965	特级	合格
213	山东奥克斯生物技术有限公司	37310028	1686	特级	合格
214	山东奥克斯生物技术有限公司	37310040	1586	一级	合格
215	山东奥克斯生物技术有限公司	37310022	1572	特级	合格
216	山东奥克斯生物技术有限公司	37309010	1562	特级	合格
217	山东奥克斯生物技术有限公司	37310027	1497	特级	合格
218	山东奥克斯生物技术有限公司	37308038	1479	特级	合格
219	山东奥克斯生物技术有限公司	37308037	1449	特级	合格
220	山东奥克斯生物技术有限公司	37308042	1431	特级	合格
221	山东奥克斯生物技术有限公司	37308035	1387	特级	合格
222	山东奥克斯生物技术有限公司	37309009	1343	特级	合格
223	山东奥克斯生物技术有限公司	37310021	1337	特级	合格
224	山东奥克斯生物技术有限公司	37310036	1331	一级	合格
225	山东奥克斯生物技术有限公司	37308027	1313	特级	合格
226	山东奥克斯生物技术有限公司	37309015	1292	特级	合格
227	山东奥克斯生物技术有限公司	37310013	1277	特级	合格
228	山东奥克斯生物技术有限公司	37310030	1277	特级	合格
229	山东奥克斯生物技术有限公司	37308045	1245	特级	合格
230	山东奥克斯生物技术有限公司	37310026	1236	特级	合格
231	山东奥克斯生物技术有限公司	37310037	1211	特级	合格
232	山东奥克斯生物技术有限公司	37309005	1211	特级	合格

（续）

序号	种公牛站	个体号	GCPI	外貌等级	冻精质量
233	山东奥克斯生物技术有限公司	37308046	1190	一级	合格
234	山东奥克斯生物技术有限公司	37310039	1181	一级	合格
235	山东奥克斯生物技术有限公司	37308056	1175	特级	合格
236	山东奥克斯生物技术有限公司	37308058	1166	一级	合格
237	山东奥克斯生物技术有限公司	37310038	1163	特级	合格
238	山东奥克斯生物技术有限公司	37310004	1142	特级	合格
239	山东奥克斯生物技术有限公司	37308009	1057	特级	合格
240	山东奥克斯生物技术有限公司	37309017	1043	一级	合格
241	山东奥克斯生物技术有限公司	37308054	1032	一级	合格
242	山东奥克斯生物技术有限公司	37309019	1009	特级	合格
243	山东奥克斯生物技术有限公司	37310001	1005	特级	合格
244	山东奥克斯生物技术有限公司	37308055	1001	特级	合格
245	山东奥克斯生物技术有限公司	37310034	988	特级	合格
246	山东盛能奶牛胚胎工程有限公司	37408114	1406	一级	合格
247	山东盛能奶牛胚胎工程有限公司	37408120	1382	特级	合格
248	山东盛能奶牛胚胎工程有限公司	37408100	1257	一级	合格
249	山东盛能奶牛胚胎工程有限公司	37408104	1205	一级	合格
250	山东盛能奶牛胚胎工程有限公司	37408106	1171	一级	合格
251	河南省鼎元种牛育种有限公司	41109811	1703	特级	合格
252	河南省鼎元种牛育种有限公司	41110808	1666	一级	合格
253	河南省鼎元种牛育种有限公司	41110807	1625	一级	合格
254	河南省鼎元种牛育种有限公司	41110803	1494	特级	合格
255	河南省鼎元种牛育种有限公司	41110805	1477	特级	合格
256	河南省鼎元种牛育种有限公司	41110814	1437	特级	合格
257	河南省鼎元种牛育种有限公司	41110809	1364	一级	合格
258	河南省鼎元种牛育种有限公司	41110817	1309	一级	合格
259	河南省鼎元种牛育种有限公司	41110804	1240	特级	合格
260	河南省鼎元种牛育种有限公司	41109813	1219	特级	合格
261	河南省鼎元种牛育种有限公司	41110821	1206	特级	合格
262	河南省鼎元种牛育种有限公司	41110813	1163	一级	合格
263	河南省鼎元种牛育种有限公司	41110822	1148	一级	合格
264	河南省鼎元种牛育种有限公司	41109812	1120	特级	合格
265	河南省鼎元种牛育种有限公司	41109816	1081	特级	合格

（续）

序号	种公牛站	个体号	GCPI	外貌等级	冻精质量
266	河南省鼎元种牛育种有限公司	41110818	1041	一级	合格
267	河南省鼎元种牛育种有限公司	41109817	1025	特级	合格
268	河南省鼎元种牛育种有限公司	41110811	1014	一级	合格
269	南阳昌盛牛业有限公司	41309585	1246	特级	合格
270	南阳昌盛牛业有限公司	41309593	1020	特级	合格
271	洛阳市洛瑞牧业有限公司	41409515	1684	一级	合格
272	洛阳市洛瑞牧业有限公司	41409511	1400	特级	合格
273	洛阳市洛瑞牧业有限公司	41409513	1281	特级	合格
274	洛阳市洛瑞牧业有限公司	41409516	1133	一级	合格
275	广州市奶牛研究所有限公司	44108054	1171	特级	合格
276	广州市奶牛研究所有限公司	44107051	1167	一级	合格
277	成都汇丰动物育种有限公司	51109735	1479	特级	合格
278	成都汇丰动物育种有限公司	51109726	1449	特级	合格
279	成都汇丰动物育种有限公司	51108011	1012	特级	合格
280	云南恒翔家畜良种科技有限责任公司	53110258	1170	一级	合格
281	云南恒翔家畜良种科技有限责任公司	53110257	1139	一级	合格
282	云南恒翔家畜良种科技有限责任公司	53111260	1067	一级	合格
283	云南恒翔家畜良种科技有限责任公司	53111262	973	一级	合格
284	大理五福畜禽良种有限责任公司	53210105	1413	一级	合格
285	大理五福畜禽良种有限责任公司	53210106	1358	一级	合格
286	大理五福畜禽良种有限责任公司	53210107	1272	一级	合格
287	大理五福畜禽良种有限责任公司	53207079	1220	特级	合格
288	大理五福畜禽良种有限责任公司	53210111	1117	一级	合格
289	大理五福畜禽良种有限责任公司	53210112	1082	一级	合格
290	大理五福畜禽良种有限责任公司	53210110	1055	一级	合格
291	大理五福畜禽良种有限责任公司	53210108	1040	一级	合格
292	大理五福畜禽良种有限责任公司	53207077	1006	特级	合格
293	大理五福畜禽良种有限责任公司	53206068	1002	特级	合格
294	大理五福畜禽良种有限责任公司	53209099	985	特级	合格
295	青海省家畜改良中心	63107065	1263	特级	合格
296	青海省家畜改良中心	63109687	1258	特级	合格
297	青海省家畜改良中心	63108519	1241	特级	合格
298	青海省家畜改良中心	63108522	1197	特级	合格

（续）

序号	种公牛站	个体号	GCPI	外貌等级	冻精质量
299	青海省家畜改良中心	63109532	1162	特级	合格
300	青海省家畜改良中心	63107059	1136	特级	合格
301	青海省家畜改良中心	63109528	1037	一级	合格
302	宁夏四正生物工程技术研究中心（有限公司）	64108072	1576	特级	合格
303	宁夏四正生物工程技术研究中心（有限公司）	64110010	1510	一级	合格
304	宁夏四正生物工程技术研究中心（有限公司）	64109012	1455	特级	合格
305	宁夏四正生物工程技术研究中心（有限公司）	64108081	1455	特级	合格
306	宁夏四正生物工程技术研究中心（有限公司）	64108067	1450	特级	合格
307	宁夏四正生物工程技术研究中心（有限公司）	64108074	1436	特级	合格
308	宁夏四正生物工程技术研究中心（有限公司）	64108089	1433	特级	合格
309	宁夏四正生物工程技术研究中心（有限公司）	64108093	1424	特级	合格
310	宁夏四正生物工程技术研究中心（有限公司）	64108064	1424	特级	合格
311	宁夏四正生物工程技术研究中心（有限公司）	64110006	1368	一级	合格
312	宁夏四正生物工程技术研究中心（有限公司）	64108071	1350	特级	合格
313	宁夏四正生物工程技术研究中心（有限公司）	64110008	1310	特级	合格
314	宁夏四正生物工程技术研究中心（有限公司）	64106422	1307	特级	合格
315	宁夏四正生物工程技术研究中心（有限公司）	64109009	1302	一级	合格
316	宁夏四正生物工程技术研究中心（有限公司）	64108092	1284	特级	合格
317	宁夏四正生物工程技术研究中心（有限公司）	64108094	1283	特级	合格
318	宁夏四正生物工程技术研究中心（有限公司）	64108078	1209	特级	合格
319	宁夏四正生物工程技术研究中心（有限公司）	64109011	1188	特级	合格
320	宁夏四正生物工程技术研究中心（有限公司）	64106303	1184	特级	合格
321	宁夏四正生物工程技术研究中心（有限公司）	64108096	1180	特级	合格
322	宁夏四正生物工程技术研究中心（有限公司）	64108066	1071	特级	合格
323	宁夏四正生物工程技术研究中心（有限公司）	64108227	1056	特级	合格
324	宁夏四正生物工程技术研究中心（有限公司）	64108077	1040	特级	合格
325	宁夏四正生物工程技术研究中心（有限公司）	64109016	1021	特级	合格
326	宁夏四正生物工程技术研究中心（有限公司）	64107301	1017	特级	合格
327	宁夏四正生物工程技术研究中心（有限公司）	64108086	984	特级	合格
328	新疆天山畜牧生物工程股份有限公司	65110069	1842	特级	合格
329	新疆天山畜牧生物工程股份有限公司	65109054	1716	特级	合格
330	新疆天山畜牧生物工程股份有限公司	65110070	1556	一级	合格
331	新疆天山畜牧生物工程股份有限公司	65110075	1547	特级	合格

（续）

序号	种公牛站	个体号	GCPI	外貌等级	冻精质量
332	新疆天山畜牧生物工程股份有限公司	65110073	1518	一级	合格
333	新疆天山畜牧生物工程股份有限公司	65109041	1490	特级	合格
334	新疆天山畜牧生物工程股份有限公司	65109049	1402	特级	合格
335	新疆天山畜牧生物工程股份有限公司	65109028	1393	特级	合格
336	新疆天山畜牧生物工程股份有限公司	65110071	1362	一级	合格
337	新疆天山畜牧生物工程股份有限公司	65110076	1359	特级	合格
338	新疆天山畜牧生物工程股份有限公司	65109057	1357	特级	合格
339	新疆天山畜牧生物工程股份有限公司	65110080	1355	特级	合格
340	新疆天山畜牧生物工程股份有限公司	65109033	1335	特级	合格
341	新疆天山畜牧生物工程股份有限公司	65110077	1327	一级	合格
342	新疆天山畜牧生物工程股份有限公司	65109052	1315	特级	合格
343	新疆天山畜牧生物工程股份有限公司	65109048	1300	特级	合格
344	新疆天山畜牧生物工程股份有限公司	65109053	1267	特级	合格
345	新疆天山畜牧生物工程股份有限公司	65109045	1247	特级	合格
346	新疆天山畜牧生物工程股份有限公司	65107018	1219	特级	合格
347	新疆天山畜牧生物工程股份有限公司	65109055	1193	特级	合格
348	新疆天山畜牧生物工程股份有限公司	65110078	1163	一级	合格
349	新疆天山畜牧生物工程股份有限公司	65110059	1150	特级	合格
350	新疆天山畜牧生物工程股份有限公司	65110060	1137	特级	合格
351	新疆天山畜牧生物工程股份有限公司	65110082	1127	一级	合格
352	新疆天山畜牧生物工程股份有限公司	65110081	1117	一级	合格
353	新疆天山畜牧生物工程股份有限公司	65109032	1108	特级	合格
354	新疆天山畜牧生物工程股份有限公司	65109046	1078	特级	合格
355	新疆天山畜牧生物工程股份有限公司	65110066	1046	一级	合格
356	新疆天山畜牧生物工程股份有限公司	65107036	1028	特级	合格
357	新疆天山畜牧生物工程股份有限公司	65108021	1024	特级	合格
358	新疆天山畜牧生物工程股份有限公司	65109042	1006	特级	合格
359	新疆天山畜牧生物工程股份有限公司	65110068	1001	特级	合格
360	新疆天山畜牧生物工程股份有限公司	65109056	989	特级	合格
361	新疆天山畜牧生物工程股份有限公司	65110079	979	一级	合格
362	新疆天山畜牧生物工程股份有限公司	65110062	962	特级	合格

（五）其他乳用品种种公牛名单

序号	种公牛站	品 种	个体号	外貌等级	冻精质量
1	北京奶牛中心	褐牛	11101934	特级	合格
2	北京奶牛中心	褐牛	11103626	特级	合格
3	北京奶牛中心	褐牛	11103630	特级	合格
4	北京奶牛中心	褐牛	11107710	特级	合格
5	北京奶牛中心	娟姗牛	11102935	特级	合格
6	北京奶牛中心	娟姗牛	11103458	一级	合格
7	北京奶牛中心	西门塔尔	11108677	特级	合格
8	北京奶牛中心	西门塔尔	11108685	特级	合格
9	北京奶牛中心	西门塔尔	11108688	特级	合格
10	北京奶牛中心	西门塔尔	11108691	特级	合格
11	北京奶牛中心	西门塔尔	11108702	特级	合格
12	北京奶牛中心	西门塔尔	11108711	特级	合格
13	北京奶牛中心	西门塔尔	11108712	特级	合格
14	北京奶牛中心	西门塔尔	11108721	特级	合格
15	北京奶牛中心	西门塔尔	11108729	特级	合格
16	北京奶牛中心	西门塔尔	11110687	一级	合格
17	北京奶牛中心	西门塔尔	11110711	一级	合格
18	通辽京缘种牛繁育有限责任公司	西门塔尔	15203077	特级	合格
19	通辽京缘种牛繁育有限责任公司	西门塔尔	15203811	特级	合格
20	通辽京缘种牛繁育有限责任公司	西门塔尔	15204129	特级	合格
21	通辽京缘种牛繁育有限责任公司	西门塔尔	15205023	特级	合格
22	通辽京缘种牛繁育有限责任公司	西门塔尔	15205073	特级	合格
23	通辽京缘种牛繁育有限责任公司	西门塔尔	15205143	特级	合格
24	通辽京缘种牛繁育有限责任公司	西门塔尔	15205151	特级	合格
25	通辽京缘种牛繁育有限责任公司	西门塔尔	15206001	特级	合格
26	通辽京缘种牛繁育有限责任公司	西门塔尔	15206002	一级	合格
27	通辽京缘种牛繁育有限责任公司	西门塔尔	15206003	特级	合格
28	通辽京缘种牛繁育有限责任公司	西门塔尔	15206005	特级	合格
29	通辽京缘种牛繁育有限责任公司	西门塔尔	15206006	特级	合格
30	通辽京缘种牛繁育有限责任公司	西门塔尔	15208031	特级	合格
31	通辽京缘种牛繁育有限责任公司	西门塔尔	15208051	特级	合格
32	通辽京缘种牛繁育有限责任公司	西门塔尔	15208053	特级	合格
33	通辽京缘种牛繁育有限责任公司	西门塔尔	15208055	特级	合格
34	通辽京缘种牛繁育有限责任公司	西门塔尔	15208203	特级	合格

（续）

序号	种公牛站	品　种	个体号	外貌等级	冻精质量
35	通辽京缘种牛繁育有限责任公司	西门塔尔	15208205	特级	合格
36	通辽京缘种牛繁育有限责任公司	西门塔尔	15208603	特级	合格
37	海拉尔农牧场管理局家畜繁育指导站	三河牛	15305207	特级	合格
38	海拉尔农牧场管理局家畜繁育指导站	三河牛	15305211	特级	合格
39	海拉尔农牧场管理局家畜繁育指导站	三河牛	15306417	特级	合格
40	海拉尔农牧场管理局家畜繁育指导站	三河牛	15307021	特级	合格
41	海拉尔农牧场管理局家畜繁育指导站	三河牛	15307073	一级	合格
42	海拉尔农牧场管理局家畜繁育指导站	三河牛	15307147	特级	合格
43	海拉尔农牧场管理局家畜繁育指导站	三河牛	15308029	特级	合格
44	海拉尔农牧场管理局家畜繁育指导站	三河牛	15308035	一级	合格
45	海拉尔农牧场管理局家畜繁育指导站	三河牛	15308113	一级	合格
46	海拉尔农牧场管理局家畜繁育指导站	三河牛	15308121	一级	合格
47	海拉尔农牧场管理局家畜繁育指导站	三河牛	15308139	一级	合格
48	海拉尔农牧场管理局家畜繁育指导站	三河牛	15308181	特级	合格
49	海拉尔农牧场管理局家畜繁育指导站	三河牛	15308540	特级	合格
50	海拉尔农牧场管理局家畜繁育指导站	三河牛	15308542	一级	合格
51	海拉尔农牧场管理局家畜繁育指导站	三河牛	15308733	特级	合格
52	海拉尔农牧场管理局家畜繁育指导站	三河牛	15308735	特级	合格
53	海拉尔农牧场管理局家畜繁育指导站	三河牛	15308741	特级	合格
54	海拉尔农牧场管理局家畜繁育指导站	三河牛	15309003	特级	合格
55	海拉尔农牧场管理局家畜繁育指导站	三河牛	15309007	一级	合格
56	海拉尔农牧场管理局家畜繁育指导站	三河牛	15309009	特级	合格
57	海拉尔农牧场管理局家畜繁育指导站	三河牛	15309017	特级	合格
58	海拉尔农牧场管理局家畜繁育指导站	三河牛	15309019	一级	合格
59	海拉尔农牧场管理局家畜繁育指导站	三河牛	15309021	一级	合格
60	海拉尔农牧场管理局家畜繁育指导站	三河牛	15309027	特级	合格
61	海拉尔农牧场管理局家畜繁育指导站	三河牛	15309029	特级	合格
62	海拉尔农牧场管理局家畜繁育指导站	三河牛	15309035	特级	合格
63	海拉尔农牧场管理局家畜繁育指导站	三河牛	15309051	特级	合格
64	海拉尔农牧场管理局家畜繁育指导站	三河牛	15309091	一级	合格
65	海拉尔农牧场管理局家畜繁育指导站	三河牛	15309095	一级	合格
66	海拉尔农牧场管理局家畜繁育指导站	三河牛	15309901	特级	合格
67	内蒙古赛科星繁育生物技术股份有限公司	娟姗牛	15503889	特级	合格
68	辽宁省牧经种牛繁育中心有限公司	西门塔尔	21103015	一级	合格

（续）

序号	种公牛站	品 种	个体号	外貌等级	冻精质量
69	黑龙江省博瑞遗传有限公司	西门塔尔	23109S26	特级	合格
70	黑龙江省博瑞遗传有限公司	西门塔尔	23109S27	特级	合格
71	黑龙江省博瑞遗传有限公司	西门塔尔	23109S38	特级	合格
72	安徽天达畜牧科技有限责任公司	摩拉水牛	34107060	特级	合格
73	安徽天达畜牧科技有限责任公司	摩拉水牛	34107063	特级	合格
74	安徽天达畜牧科技有限责任公司	西门塔尔	34110001	特级	合格
75	安徽天达畜牧科技有限责任公司	西门塔尔	34110045	一级	合格
76	安徽天达畜牧科技有限责任公司	西门塔尔	34110079	特级	合格
77	安徽天达畜牧科技有限责任公司	西门塔尔	34110081	一级	合格
78	安徽天达畜牧科技有限责任公司	西门塔尔	34110083	一级	合格
79	安徽天达畜牧科技有限责任公司	西门塔尔	34110087	一级	合格
80	江西省天添畜禽育种有限公司	摩拉水牛	36107105	特级	合格
81	江西省天添畜禽育种有限公司	摩拉水牛	36108123	一级	合格
82	江西省天添畜禽育种有限公司	摩拉水牛	36108137	特级	合格
83	江西省天添畜禽育种有限公司	摩拉水牛	36108169	特级	合格
84	江西省天添畜禽育种有限公司	尼里/拉菲水牛	36107736	特级	合格
85	江西省天添畜禽育种有限公司	尼里/拉菲水牛	36108766	特级	合格
86	江西省天添畜禽育种有限公司	西门塔尔	36108781	特级	合格
87	江西省天添畜禽育种有限公司	西门塔尔	36108798	特级	合格
88	江西省天添畜禽育种有限公司	西门塔尔	36108890	一级	合格
89	江西省天添畜禽育种有限公司	西门塔尔	36108900	特级	合格
90	江西省天添畜禽育种有限公司	西门塔尔	36109829	特级	合格
91	江西省天添畜禽育种有限公司	西门塔尔	36110720	一级	合格
92	江西省天添畜禽育种有限公司	西门塔尔	36110808	一级	合格
93	江西省天添畜禽育种有限公司	西门塔尔	36110817	一级	合格
94	江西省天添畜禽育种有限公司	西门塔尔	36111119	一级	合格
95	江西省天添畜禽育种有限公司	西门塔尔	36111212	一级	合格
96	山东省种公牛站有限责任公司	西门塔尔	37107601	特级	合格
97	山东省种公牛站有限责任公司	西门塔尔	37107605	特级	合格
98	山东省种公牛站有限责任公司	西门塔尔	37107606	特级	合格
99	山东省种公牛站有限责任公司	西门塔尔	37107608	一级	合格
100	山东省种公牛站有限责任公司	西门塔尔	37107614	特级	合格
101	山东省种公牛站有限责任公司	西门塔尔	37107618	特级	合格
102	山东省种公牛站有限责任公司	西门塔尔	37107619	特级	合格

（续）

序号	种公牛站	品　种	个体号	外貌等级	冻精质量
103	山东省种公牛站有限责任公司	西门塔尔	37107620	特级	合格
104	山东省种公牛站有限责任公司	西门塔尔	37107621	特级	合格
105	山东省种公牛站有限责任公司	西门塔尔	37107623	特级	合格
106	山东省种公牛站有限责任公司	西门塔尔	37107624	特级	合格
107	山东省种公牛站有限责任公司	西门塔尔	37107625	特级	合格
108	山东省种公牛站有限责任公司	西门塔尔	37107628	特级	合格
109	山东省种公牛站有限责任公司	西门塔尔	37108402	特级	合格
110	山东省种公牛站有限责任公司	西门塔尔	37108403	特级	合格
111	山东省种公牛站有限责任公司	西门塔尔	37108404	一级	合格
112	山东省种公牛站有限责任公司	西门塔尔	37108405	特级	合格
113	山东省种公牛站有限责任公司	西门塔尔	37108406	特级	合格
114	山东省种公牛站有限责任公司	西门塔尔	37108407	一级	合格
115	山东省种公牛站有限责任公司	西门塔尔	37108408	特级	合格
116	山东省种公牛站有限责任公司	西门塔尔	37108409	特级	合格
117	山东省种公牛站有限责任公司	西门塔尔	37108410	特级	合格
118	山东省种公牛站有限责任公司	西门塔尔	37108411	特级	合格
119	山东省种公牛站有限责任公司	西门塔尔	37110047	一级	合格
120	山东省种公牛站有限责任公司	西门塔尔	37110634	一级	合格
121	山东省种公牛站有限责任公司	西门塔尔	37110642	一级	合格
122	山东省种公牛站有限责任公司	西门塔尔	37110646	一级	合格
123	山东省种公牛站有限责任公司	西门塔尔	37110649	一级	合格
124	河南省鼎元种牛育种有限公司	西门塔尔	41107245	特级	合格
125	河南省鼎元种牛育种有限公司	西门塔尔	41108206	特级	合格
126	河南省鼎元种牛育种有限公司	西门塔尔	41108209	特级	合格
127	河南省鼎元种牛育种有限公司	西门塔尔	41108226	特级	合格
128	河南省鼎元种牛育种有限公司	西门塔尔	41108248	特级	合格
129	河南省鼎元种牛育种有限公司	西门塔尔	41108252	特级	合格
130	河南省鼎元种牛育种有限公司	西门塔尔	41108253	特级	合格
131	河南省鼎元种牛育种有限公司	西门塔尔	41108255	特级	合格
132	河南省鼎元种牛育种有限公司	西门塔尔	41109208	特级	合格
133	河南省鼎元种牛育种有限公司	西门塔尔	41109210	特级	合格
134	河南省鼎元种牛育种有限公司	西门塔尔	41109218	特级	合格
135	河南省鼎元种牛育种有限公司	西门塔尔	41109222	特级	合格
136	河南省鼎元种牛育种有限公司	西门塔尔	41109234	特级	合格

（续）

序号	种公牛站	品　种	个体号	外貌等级	冻精质量
137	河南省鼎元种牛育种有限公司	西门塔尔	41109236	特级	合格
138	河南省鼎元种牛育种有限公司	西门塔尔	41109238	特级	合格
139	河南省鼎元种牛育种有限公司	西门塔尔	41109240	特级	合格
140	河南省鼎元种牛育种有限公司	西门塔尔	41109246	特级	合格
141	河南省鼎元种牛育种有限公司	西门塔尔	41109248	特级	合格
142	河南省鼎元种牛育种有限公司	西门塔尔	41109250	特级	合格
143	河南省鼎元种牛育种有限公司	西门塔尔	41109256	特级	合格
144	河南省鼎元种牛育种有限公司	西门塔尔	41109258	特级	合格
145	河南省鼎元种牛育种有限公司	西门塔尔	41110260	特级	合格
146	河南省鼎元种牛育种有限公司	西门塔尔	41110262	特级	合格
147	河南省鼎元种牛育种有限公司	西门塔尔	41110272	特级	合格
148	河南省鼎元种牛育种有限公司	西门塔尔	41110274	特级	合格
149	河南省鼎元种牛育种有限公司	西门塔尔	41110276	特级	合格
150	河南省鼎元种牛育种有限公司	西门塔尔	41110902	特级	合格
151	河南省鼎元种牛育种有限公司	西门塔尔	41110904	特级	合格
152	河南省鼎元种牛育种有限公司	西门塔尔	41110906	特级	合格
153	河南省鼎元种牛育种有限公司	西门塔尔	41110910	特级	合格
154	河南省鼎元种牛育种有限公司	西门塔尔	41110912	一级	合格
155	洛阳市洛瑞牧业有限公司	西门塔尔	41401121	特级	合格
156	洛阳市洛瑞牧业有限公司	西门塔尔	41403116	特级	合格
157	洛阳市洛瑞牧业有限公司	西门塔尔	41403122	特级	合格
158	洛阳市洛瑞牧业有限公司	西门塔尔	41404102	特级	合格
159	洛阳市洛瑞牧业有限公司	西门塔尔	41408160	一级	合格
160	洛阳市洛瑞牧业有限公司	西门塔尔	41409135	一级	合格
161	洛阳市洛瑞牧业有限公司	西门塔尔	41409192	特级	合格
162	洛阳市洛瑞牧业有限公司	西门塔尔	41410112	特级	合格
163	洛阳市洛瑞牧业有限公司	西门塔尔	41410113	特级	合格
164	洛阳市洛瑞牧业有限公司	西门塔尔	41410115	特级	合格
165	洛阳市洛瑞牧业有限公司	西门塔尔	41410118	一级	合格
166	洛阳市洛瑞牧业有限公司	西门塔尔	41410119	特级	合格
167	洛阳市洛瑞牧业有限公司	西门塔尔	41410123	特级	合格
168	洛阳市洛瑞牧业有限公司	西门塔尔	41410130	特级	合格
169	武汉兴牧生物科技有限公司	槟榔江水牛	42104089	特级	合格
170	武汉兴牧生物科技有限公司	槟榔江水牛	42104095	特级	合格

（续）

序号	种公牛站	品　种	个体号	外貌等级	冻精质量
171	武汉兴牧生物科技有限公司	槟榔江水牛	42105097	特级	合格
172	武汉兴牧生物科技有限公司	槟榔江水牛	42105101	特级	合格
173	武汉兴牧生物科技有限公司	槟榔江水牛	42105228	特级	合格
174	武汉兴牧生物科技有限公司	槟榔江水牛	42105250	特级	合格
175	武汉兴牧生物科技有限公司	槟榔江水牛	42106071	特级	合格
176	武汉兴牧生物科技有限公司	槟榔江水牛	42106078	一级	合格
177	武汉兴牧生物科技有限公司	槟榔江水牛	42106090	特级	合格
178	武汉兴牧生物科技有限公司	槟榔江水牛	42106124	特级	合格
179	武汉兴牧生物科技有限公司	槟榔江水牛	42106255	特级	合格
180	武汉兴牧生物科技有限公司	槟榔江水牛	42106487	特级	合格
181	武汉兴牧生物科技有限公司	槟榔江水牛	42106491	特级	合格
182	武汉兴牧生物科技有限公司	槟榔江水牛	42106557	特级	合格
183	武汉兴牧生物科技有限公司	槟榔江水牛	42106617	特级	合格
184	武汉兴牧生物科技有限公司	槟榔江水牛	42107177	特级	合格
185	武汉兴牧生物科技有限公司	娟姗牛	42110020	特级	合格
186	武汉兴牧生物科技有限公司	娟姗牛	42110023	特级	合格
187	武汉兴牧生物科技有限公司	娟姗牛	42110024	特级	合格
188	武汉兴牧生物科技有限公司	娟姗牛	42110027	一级	合格
189	武汉兴牧生物科技有限公司	娟姗牛	42110037	一级	合格
190	武汉兴牧生物科技有限公司	摩拉水牛	42106189	特级	合格
191	武汉兴牧生物科技有限公司	摩拉水牛	42107103	特级	合格
192	武汉兴牧生物科技有限公司	摩拉水牛	42108127	特级	合格
193	武汉兴牧生物科技有限公司	尼里/拉菲水牛	42106684	特级	合格
194	武汉兴牧生物科技有限公司	尼里/拉菲水牛	42107714	特级	合格
195	武汉兴牧生物科技有限公司	尼里/拉菲水牛	42108939	特级	合格
196	湖南光大牧业科技有限公司	摩拉水牛	43101033	特级	合格
197	湖南光大牧业科技有限公司	摩拉水牛	43101035	特级	合格
198	湖南光大牧业科技有限公司	摩拉水牛	43101036	特级	合格
199	湖南光大牧业科技有限公司	摩拉水牛	43195004	特级	合格
200	广州市奶牛研究所有限公司	娟姗牛	44102011	特级	合格
201	广州市奶牛研究所有限公司	娟姗牛	44108017	一级	合格
202	广州市奶牛研究所有限公司	娟姗牛	44109016	一级	合格
203	广州市奶牛研究所有限公司	娟姗牛	44109018	一级	合格
204	广州市奶牛研究所有限公司	娟姗牛	44110019	特级	合格

（续）

序号	种公牛站	品　种	个体号	外貌等级	冻精质量
205	广州市奶牛研究所有限公司	娟姗牛	44110020	一级	合格
206	广州市奶牛研究所有限公司	娟姗牛	44110021	一级	合格
207	广州市奶牛研究所有限公司	娟姗牛	44110022	一级	合格
208	广州市奶牛研究所有限公司	娟姗牛	44110023	一级	合格
209	广州市奶牛研究所有限公司	娟姗牛	44110025	一级	合格
210	广州市奶牛研究所有限公司	尼里/拉菲水牛	44104001	一级	合格
211	广西壮族自治区畜禽品种改良站	摩拉水牛	45100791	特级	合格
212	广西壮族自治区畜禽品种改良站	摩拉水牛	45100795	特级	合格
213	广西壮族自治区畜禽品种改良站	摩拉水牛	45100799	特级	合格
214	广西壮族自治区畜禽品种改良站	摩拉水牛	45101823	特级	合格
215	广西壮族自治区畜禽品种改良站	摩拉水牛	45102857	特级	合格
216	广西壮族自治区畜禽品种改良站	摩拉水牛	45102861	特级	合格
217	广西壮族自治区畜禽品种改良站	摩拉水牛	45102879	特级	合格
218	广西壮族自治区畜禽品种改良站	摩拉水牛	45102889	特级	合格
219	广西壮族自治区畜禽品种改良站	摩拉水牛	45103917	特级	合格
220	广西壮族自治区畜禽品种改良站	摩拉水牛	45103937	特级	合格
221	广西壮族自治区畜禽品种改良站	摩拉水牛	45103943	特级	合格
222	广西壮族自治区畜禽品种改良站	摩拉水牛	45103945	特级	合格
223	广西壮族自治区畜禽品种改良站	摩拉水牛	45103947	特级	合格
224	广西壮族自治区畜禽品种改良站	摩拉水牛	45103951	特级	合格
225	广西壮族自治区畜禽品种改良站	摩拉水牛	45104959	特级	合格
226	广西壮族自治区畜禽品种改良站	摩拉水牛	45104967	特级	合格
227	广西壮族自治区畜禽品种改良站	摩拉水牛	45104975	特级	合格
228	广西壮族自治区畜禽品种改良站	摩拉水牛	45104977	特级	合格
229	广西壮族自治区畜禽品种改良站	摩拉水牛	45105005	特级	合格
230	广西壮族自治区畜禽品种改良站	摩拉水牛	45106091	特级	合格
231	广西壮族自治区畜禽品种改良站	摩拉水牛	45106859	特级	合格
232	广西壮族自治区畜禽品种改良站	摩拉水牛	45106863	特级	合格
233	广西壮族自治区畜禽品种改良站	摩拉水牛	45107888	特级	合格
234	广西壮族自治区畜禽品种改良站	摩拉水牛	45108131	特级	合格
235	广西壮族自治区畜禽品种改良站	摩拉水牛	45108929	特级	合格
236	广西壮族自治区畜禽品种改良站	摩拉水牛	45109139	特级	合格
237	广西壮族自治区畜禽品种改良站	摩拉水牛	45109143	特级	合格
238	广西壮族自治区畜禽品种改良站	摩拉水牛	45109151	特级	合格

（续）

序号	种公牛站	品　种	个体号	外貌等级	冻精质量
239	广西壮族自治区畜禽品种改良站	摩拉水牛	45109977	特级	合格
240	广西壮族自治区畜禽品种改良站	摩拉水牛	45197687	一级	合格
241	广西壮族自治区畜禽品种改良站	摩拉水牛	45197691	特级	合格
242	广西壮族自治区畜禽品种改良站	摩拉水牛	45198731	特级	合格
243	广西壮族自治区畜禽品种改良站	摩拉水牛	45198735	特级	合格
244	广西壮族自治区畜禽品种改良站	摩拉水牛	45198745	特级	合格
245	广西壮族自治区畜禽品种改良站	尼里/拉菲水牛	45100440	特级	合格
246	广西壮族自治区畜禽品种改良站	尼里/拉菲水牛	45100454	特级	合格
247	广西壮族自治区畜禽品种改良站	尼里/拉菲水牛	45100456	特级	合格
248	广西壮族自治区畜禽品种改良站	尼里/拉菲水牛	45101472	特级	合格
249	广西壮族自治区畜禽品种改良站	尼里/拉菲水牛	45101486	特级	合格
250	广西壮族自治区畜禽品种改良站	尼里/拉菲水牛	45101490	特级	合格
251	广西壮族自治区畜禽品种改良站	尼里/拉菲水牛	45101500	特级	合格
252	广西壮族自治区畜禽品种改良站	尼里/拉菲水牛	45102520	特级	合格
253	广西壮族自治区畜禽品种改良站	尼里/拉菲水牛	45103556	特级	合格
254	广西壮族自治区畜禽品种改良站	尼里/拉菲水牛	45103558	一级	合格
255	广西壮族自治区畜禽品种改良站	尼里/拉菲水牛	45103566	特级	合格
256	广西壮族自治区畜禽品种改良站	尼里/拉菲水牛	45103568	特级	合格
257	广西壮族自治区畜禽品种改良站	尼里/拉菲水牛	45103570	特级	合格
258	广西壮族自治区畜禽品种改良站	尼里/拉菲水牛	45103572	特级	合格
259	广西壮族自治区畜禽品种改良站	尼里/拉菲水牛	45103574	特级	合格
260	广西壮族自治区畜禽品种改良站	尼里/拉菲水牛	45103576	特级	合格
261	广西壮族自治区畜禽品种改良站	尼里/拉菲水牛	45103584	特级	合格
262	广西壮族自治区畜禽品种改良站	尼里/拉菲水牛	45103588	特级	合格
263	广西壮族自治区畜禽品种改良站	尼里/拉菲水牛	45103619	特级	合格
264	广西壮族自治区畜禽品种改良站	尼里/拉菲水牛	45104593	特级	合格
265	广西壮族自治区畜禽品种改良站	尼里/拉菲水牛	45104624	特级	合格
266	广西壮族自治区畜禽品种改良站	尼里/拉菲水牛	45107694	特级	合格
267	广西壮族自治区畜禽品种改良站	尼里/拉菲水牛	45107696	特级	合格
268	广西壮族自治区畜禽品种改良站	尼里/拉菲水牛	45107698	特级	合格
269	广西壮族自治区畜禽品种改良站	尼里/拉菲水牛	45107702	一级	合格
270	广西壮族自治区畜禽品种改良站	尼里/拉菲水牛	45107740	特级	合格
271	广西壮族自治区畜禽品种改良站	尼里/拉菲水牛	45108744	特级	合格
272	广西壮族自治区畜禽品种改良站	尼里/拉菲水牛	45108756	特级	合格

（续）

序号	种公牛站	品 种	个体号	外貌等级	冻精质量
273	广西壮族自治区畜禽品种改良站	尼里/拉菲水牛	45108758	特级	合格
274	广西壮族自治区畜禽品种改良站	尼里/拉菲水牛	45108782	特级	合格
275	广西壮族自治区畜禽品种改良站	尼里/拉菲水牛	45108786	特级	合格
276	广西壮族自治区畜禽品种改良站	尼里/拉菲水牛	45108927	特级	合格
277	广西壮族自治区畜禽品种改良站	尼里/拉菲水牛	45108935	特级	合格
278	广西壮族自治区畜禽品种改良站	尼里/拉菲水牛	45109792	特级	合格
279	广西壮族自治区畜禽品种改良站	尼里/拉菲水牛	45198386	特级	合格
280	广西壮族自治区畜禽品种改良站	尼里/拉菲水牛	45198388	特级	合格
281	广西壮族自治区畜禽品种改良站	尼里/拉菲水牛	45198394	特级	合格
282	广西壮族自治区畜禽品种改良站	尼里/拉菲水牛	45199400	特级	合格
283	广西壮族自治区畜禽品种改良站	尼里/拉菲水牛	45199402	特级	合格
284	成都汇丰动物育种有限公司	娟姗牛	51105814	特级	合格
285	成都汇丰动物育种有限公司	娟姗牛	51108825	特级	合格
286	成都汇丰动物育种有限公司	娟姗牛	51108830	特级	合格
287	成都汇丰动物育种有限公司	娟姗牛	51110842	特级	合格
288	成都汇丰动物育种有限公司	娟姗牛	51110843	特级	合格
289	成都汇丰动物育种有限公司	西门塔尔	51106080	特级	合格
290	成都汇丰动物育种有限公司	西门塔尔	51106084	特级	合格
291	成都汇丰动物育种有限公司	西门塔尔	51106085	特级	合格
292	成都汇丰动物育种有限公司	西门塔尔	51106086	特级	合格
293	成都汇丰动物育种有限公司	西门塔尔	51106087	特级	合格
294	云南恒翔家畜良种科技有限责任公司	槟榔江水牛	53107188	特级	合格
295	云南恒翔家畜良种科技有限责任公司	槟榔江水牛	53107189	特级	合格
296	云南恒翔家畜良种科技有限责任公司	摩拉水牛	53101130	特级	合格
297	云南恒翔家畜良种科技有限责任公司	摩拉水牛	53101131	特级	合格
298	云南恒翔家畜良种科技有限责任公司	摩拉水牛	53101132	特级	合格
299	云南恒翔家畜良种科技有限责任公司	摩拉水牛	53101133	特级	合格
300	云南恒翔家畜良种科技有限责任公司	摩拉水牛	53105165	特级	合格
301	云南恒翔家畜良种科技有限责任公司	摩拉水牛	53105166	特级	合格
302	云南恒翔家畜良种科技有限责任公司	摩拉水牛	53106168	特级	合格
303	云南恒翔家畜良种科技有限责任公司	摩拉水牛	53106169	特级	合格
304	云南恒翔家畜良种科技有限责任公司	摩拉水牛	53106170	特级	合格
305	云南恒翔家畜良种科技有限责任公司	摩拉水牛	53106171	特级	合格
306	云南恒翔家畜良种科技有限责任公司	摩拉水牛	53106172	特级	合格

（续）

序号	种公牛站	品　种	个体号	外貌等级	冻精质量
307	云南恒翔家畜良种科技有限责任公司	摩拉水牛	53108226	特级	合格
308	云南恒翔家畜良种科技有限责任公司	摩拉水牛	53109227	特级	合格
309	云南恒翔家畜良种科技有限责任公司	摩拉水牛	53109228	特级	合格
310	云南恒翔家畜良种科技有限责任公司	摩拉水牛	53109229	特级	合格
311	云南恒翔家畜良种科技有限责任公司	摩拉水牛	53109230	特级	合格
312	云南恒翔家畜良种科技有限责任公司	摩拉水牛	53109231	一级	合格
313	云南恒翔家畜良种科技有限责任公司	摩拉水牛	53109232	特级	合格
314	云南恒翔家畜良种科技有限责任公司	摩拉水牛	53109233	一级	合格
315	云南恒翔家畜良种科技有限责任公司	摩拉水牛	53110234	特级	合格
316	云南恒翔家畜良种科技有限责任公司	摩拉水牛	53110235	特级	合格
317	云南恒翔家畜良种科技有限责任公司	摩拉水牛	53196108	特级	合格
318	云南恒翔家畜良种科技有限责任公司	尼里/拉菲水牛	53104173	特级	合格
319	云南恒翔家畜良种科技有限责任公司	尼里/拉菲水牛	53105175	一级	合格
320	云南恒翔家畜良种科技有限责任公司	尼里/拉菲水牛	53105176	特级	合格
321	云南恒翔家畜良种科技有限责任公司	尼里/拉菲水牛	53106177	特级	合格
322	云南恒翔家畜良种科技有限责任公司	尼里/拉菲水牛	53106178	特级	合格
323	云南恒翔家畜良种科技有限责任公司	尼里/拉菲水牛	53106179	特级	合格
324	云南恒翔家畜良种科技有限责任公司	尼里/拉菲水牛	53108239	特级	合格
325	云南恒翔家畜良种科技有限责任公司	尼里/拉菲水牛	53109240	特级	合格
326	云南恒翔家畜良种科技有限责任公司	尼里/拉菲水牛	53109241	特级	合格
327	云南恒翔家畜良种科技有限责任公司	尼里/拉菲水牛	53109242	特级	合格
328	云南恒翔家畜良种科技有限责任公司	尼里/拉菲水牛	53110243	一级	合格
329	大理五福畜禽良种有限责任公司	摩拉水牛	53204050	特级	合格
330	大理五福畜禽良种有限责任公司	摩拉水牛	53204051	特级	合格
331	大理五福畜禽良种有限责任公司	摩拉水牛	53204053	特级	合格
332	大理五福畜禽良种有限责任公司	摩拉水牛	53204055	特级	合格
333	大理五福畜禽良种有限责任公司	摩拉水牛	53206061	特级	合格
334	大理五福畜禽良种有限责任公司	摩拉水牛	53207086	特级	合格
335	大理五福畜禽良种有限责任公司	摩拉水牛	53207087	特级	合格
336	大理五福畜禽良种有限责任公司	摩拉水牛	53207088	特级	合格
337	大理五福畜禽良种有限责任公司	尼里/拉菲水牛	53205056	特级	合格
338	大理五福畜禽良种有限责任公司	尼里/拉菲水牛	53206060	特级	合格
339	大理五福畜禽良种有限责任公司	尼里/拉菲水牛	53206062	特级	合格
340	大理五福畜禽良种有限责任公司	尼里/拉菲水牛	53206080	特级	合格

（续）

序号	种公牛站	品　种	个体号	外貌等级	冻精质量
341	大理五福畜禽良种有限责任公司	尼里/拉菲水牛	53207082	特级	合格
342	大理五福畜禽良种有限责任公司	尼里/拉菲水牛	53207083	特级	合格
343	大理五福畜禽良种有限责任公司	尼里/拉菲水牛	53207085	特级	合格
344	甘肃省家畜繁育中心	西门塔尔	62106706	特级	合格
345	甘肃省家畜繁育中心	西门塔尔	62106708	特级	合格
346	甘肃省家畜繁育中心	西门塔尔	62106821	一级	合格
347	甘肃省家畜繁育中心	西门塔尔	62108027	特级	合格
348	甘肃省家畜繁育中心	西门塔尔	62108029	特级	合格
349	甘肃省家畜繁育中心	西门塔尔	62108031	一级	合格
350	甘肃省家畜繁育中心	西门塔尔	62108033	特级	合格
351	甘肃省家畜繁育中心	西门塔尔	62108037	特级	合格
352	甘肃省家畜繁育中心	西门塔尔	62108039	特级	合格
353	青海省家畜改良中心	西门塔尔	63106061	一级	合格
354	青海省家畜改良中心	西门塔尔	63106073	特级	合格
355	青海省家畜改良中心	西门塔尔	63109241	特级	合格
356	青海省家畜改良中心	西门塔尔	63109267	特级	合格
357	青海省家畜改良中心	西门塔尔	63109273	特级	合格
358	青海省家畜改良中心	西门塔尔	63109285	特级	合格
359	青海省家畜改良中心	大通牦牛	63101013	一级	合格
360	青海省家畜改良中心	大通牦牛	63102038	一级	合格
361	青海省家畜改良中心	大通牦牛	63104001	一级	合格
362	青海省家畜改良中心	大通牦牛	63104004	特级	合格
363	青海省家畜改良中心	大通牦牛	63104006	特级	合格
364	青海省家畜改良中心	大通牦牛	63104018	特级	合格
365	青海省家畜改良中心	大通牦牛	63104022	特级	合格
366	青海省家畜改良中心	大通牦牛	63104027	一级	合格
367	青海省家畜改良中心	大通牦牛	63104042	一级	合格
368	青海省家畜改良中心	大通牦牛	63105013	特级	合格
369	青海省家畜改良中心	大通牦牛	63105019	特级	合格
370	青海省家畜改良中心	大通牦牛	63105024	特级	合格
371	青海省家畜改良中心	大通牦牛	63105042	特级	合格
372	青海省家畜改良中心	大通牦牛	63106066	特级	合格
373	青海省家畜改良中心	大通牦牛	63196014	一级	合格
374	青海省家畜改良中心	大通牦牛	63197002	一级	合格

（续）

序号	种公牛站	品　种	个体号	外貌等级	冻精质量
375	青海省家畜改良中心	大通牦牛	63197009	一级	合格
376	青海省家畜改良中心	大通牦牛	63197015	特级	合格
377	青海省家畜改良中心	大通牦牛	63197016	一级	合格
378	青海省家畜改良中心	大通牦牛	63197025	特级	合格
379	青海省家畜改良中心	大通牦牛	63197026	一级	合格
380	青海省家畜改良中心	大通牦牛	63197027	特级	合格
381	青海省家畜改良中心	大通牦牛	63199017	特级	合格
382	青海省家畜改良中心	大通牦牛	63199018	特级	合格
383	青海省家畜改良中心	大通牦牛	63199023	特级	合格
384	青海省家畜改良中心	大通牦牛	63199028	特级	合格
385	青海省家畜改良中心	大通牦牛	63108017	特级	合格
386	青海省家畜改良中心	大通牦牛	63108019	特级	合格
387	青海省家畜改良中心	大通牦牛	63108039	特级	合格
388	青海省家畜改良中心	大通牦牛	63108055	特级	合格
389	青海省家畜改良中心	大通牦牛	63109001	特级	合格
390	青海省家畜改良中心	大通牦牛	63109003	特级	合格
391	新疆天山畜牧生物工程股份有限公司	褐牛	65102834	特级	合格
392	新疆天山畜牧生物工程股份有限公司	褐牛	65106854	特级	合格
393	新疆天山畜牧生物工程股份有限公司	褐牛	65107859	特级	合格
394	新疆天山畜牧生物工程股份有限公司	褐牛	65107862	特级	合格
395	新疆天山畜牧生物工程股份有限公司	褐牛	65107866	特级	合格
396	新疆天山畜牧生物工程股份有限公司	褐牛	65107870	特级	合格
397	新疆天山畜牧生物工程股份有限公司	褐牛	65107872	一级	合格
398	新疆天山畜牧生物工程股份有限公司	褐牛	65108819	特级	合格
399	新疆天山畜牧生物工程股份有限公司	褐牛	65108824	特级	合格
400	新疆天山畜牧生物工程股份有限公司	褐牛	65108826	特级	合格
401	新疆天山畜牧生物工程股份有限公司	褐牛	65108827	特级	合格
402	新疆天山畜牧生物工程股份有限公司	褐牛	65108831	特级	合格
403	新疆天山畜牧生物工程股份有限公司	褐牛	65108877	特级	合格
404	新疆天山畜牧生物工程股份有限公司	褐牛	65108879	一级	合格
405	新疆天山畜牧生物工程股份有限公司	褐牛	65108883	特级	合格
406	新疆天山畜牧生物工程股份有限公司	褐牛	65108884	特级	合格
407	新疆天山畜牧生物工程股份有限公司	褐牛	65109804	特级	合格
408	新疆天山畜牧生物工程股份有限公司	褐牛	65109810	特级	合格

（续）

序号	种公牛站	品 种	个体号	外貌等级	冻精质量
409	新疆天山畜牧生物工程股份有限公司	褐牛	65109812	特级	合格
410	新疆天山畜牧生物工程股份有限公司	褐牛	65109813	特级	合格
411	新疆天山畜牧生物工程股份有限公司	褐牛	65109885	特级	合格
412	新疆天山畜牧生物工程股份有限公司	褐牛	65109886	特级	合格
413	新疆天山畜牧生物工程股份有限公司	褐牛	65109892	特级	合格
414	新疆天山畜牧生物工程股份有限公司	褐牛	65110893	特级	合格
415	新疆天山畜牧生物工程股份有限公司	褐牛	65110894	特级	合格
416	新疆天山畜牧生物工程股份有限公司	褐牛	65110895	特级	合格
417	新疆天山畜牧生物工程股份有限公司	褐牛	65110897	特级	合格
418	新疆天山畜牧生物工程股份有限公司	西门塔尔	65102043	特级	合格
419	新疆天山畜牧生物工程股份有限公司	西门塔尔	65102047	特级	合格
420	新疆天山畜牧生物工程股份有限公司	西门塔尔	65103510	特级	合格
421	新疆天山畜牧生物工程股份有限公司	西门塔尔	65104501	特级	合格
422	新疆天山畜牧生物工程股份有限公司	西门塔尔	65104511	特级	合格
423	新疆天山畜牧生物工程股份有限公司	西门塔尔	65104512	一级	合格
424	新疆天山畜牧生物工程股份有限公司	西门塔尔	65104515	特级	合格
425	新疆天山畜牧生物工程股份有限公司	西门塔尔	65104517	特级	合格
426	新疆天山畜牧生物工程股份有限公司	西门塔尔	65104518	特级	合格
427	新疆天山畜牧生物工程股份有限公司	西门塔尔	65104519	特级	合格
428	新疆天山畜牧生物工程股份有限公司	西门塔尔	65105503	特级	合格
429	新疆天山畜牧生物工程股份有限公司	西门塔尔	65106524	特级	合格
430	新疆天山畜牧生物工程股份有限公司	西门塔尔	65106527	特级	合格
431	新疆天山畜牧生物工程股份有限公司	西门塔尔	65107532	特级	合格
432	新疆天山畜牧生物工程股份有限公司	西门塔尔	65108533	特级	合格
433	新疆天山畜牧生物工程股份有限公司	西门塔尔	65108535	特级	合格
434	新疆天山畜牧生物工程股份有限公司	西门塔尔	65108536	特级	合格
435	新疆天山畜牧生物工程股份有限公司	西门塔尔	65108537	特级	合格
436	新疆天山畜牧生物工程股份有限公司	西门塔尔	65108538	特级	合格
437	新疆天山畜牧生物工程股份有限公司	西门塔尔	65109539	特级	合格
438	新疆天山畜牧生物工程股份有限公司	西门塔尔	65109540	特级	合格
439	新疆天山畜牧生物工程股份有限公司	西门塔尔	65109541	特级	合格
440	新疆天山畜牧生物工程股份有限公司	西门塔尔	65109542	特级	合格
441	新疆天山畜牧生物工程股份有限公司	西门塔尔	65109543	特级	合格
442	新疆天山畜牧生物工程股份有限公司	西门塔尔	65109544	特级	合格
443	新疆天山畜牧生物工程股份有限公司	西门塔尔	65110546	特级	合格

2013年全国优秀奶业工作者名单

北京

曹福存	北京奶牛中心
吕淑芹	北京三元食品股份有限公司
王新宇	北京绿荷牛业有限责任公司
杨建功	北京绿荷牛业有限责任公司
安艳松	北京市房山区农业局
张元柱	北京市延庆县农业局

天津

李德林	天津嘉立荷牧业有限公司
刘　壮	农业部乳品质量监督检验测试中心
刘戈群	天津市武清区奶业管理办公室
李俊凤	天津市北辰区养殖业发展服务中心

河北

刘洪峰	河北三元食品有限公司
王士伟	石家庄君乐宝乳业有限公司
孙玺珉	丰宁缘天然乳业有限公司
杨建兴	唐山市农牧局
李进恒	河北省畜牧兽医局

山西

侯乐鸥	太原市乳品管理站（太原市奶牛协会）
杨效民	山西省农业科学院畜牧兽医研究所
杨继业	山西省畜牧遗传育种中心
刘宝哲	朔州市三源集团绿缘奶牛养殖公司

内蒙古

呼格吉勒图	内蒙古自治区家畜改良工作站
张剑秋	内蒙古伊利实业集团股份有限公司
白　瑛	内蒙古蒙牛乳业（集团）股份有限公司
范挨计	呼和浩特市农牧业局
贾保中	包头市家畜改良工作站
王景顺	呼伦贝尔市农牧业局

辽宁

何永涛	辽宁省畜牧业经济管理站（辽宁省牛育种中心）
张建勋	辽宁省畜牧兽医局
徐广义	辽宁辉山乳业集团有限公司
刘兴玖	辽宁省奶业协会
韩晓光	本溪木兰花乳业有限责任公司

吉林

王　英	吉林省畜牧业管理局
张立国	吉林省白城市洮北区奶业协会
迟桂凤	吉林省畜牧业管理局

黑龙江

孙双斌	黑龙江省肇东市奶业协会
齐晓彤	齐齐哈尔市奶业管理办公室
郭彦友	黑龙江省安达市畜牧兽医局
杨亚智	汤原县畜牧兽医局
张永根	东北农业大学动物科技学院
贾效德	黑龙江省摇篮乳业股份有限公司

上海

冯庆凤　上海奶业行业协会奶牛生产专业委员会
沈伟平　上海牛奶（集团）有限公司
郁　谦　上海鼎牛饲料有限公司
姜建中　上海市奉贤区奶牛管理服务站
黄黎明　上海光明荷斯坦牧业有限公司

江苏

张　军　扬州市扬大康源乳业有限公司
孙宏进　江苏省农业委员会畜牧兽医局

浙江

徐　斌　浙江一景生态牧业有限公司
阮国宏　宁波市牛奶集团有限公司

安徽

李杨民　蚌埠市和平乳业有限责任公司
陈锡萍　六安亿牛乳业有限公司

福建

叶松景　福建澳牛乳业有限公司
吴大新　福建省动物卫生监督所 科长
池松炎　明一（福建）婴幼儿营养品有限公司

江西

宁　财　江西省畜牧技术推广站

山东

秦贞福　临朐县奶牛协会
亓温斌　山东省亚奥特乳业有限公司
王殿栋　山东高速现代牧业有限公司
李大江　潍坊谊佳食品有限公司
孙启国　淄博盛誉乳品机械有限公司

河南

李鹏飞　河南省畜禽改良站
张　震　河南省奶牛生产性能测定中心
龙福庆　河南省安阳市畜禽改良站
马平安　焦作市畜牧工作站
高永革　河南省畜牧局奶业管理办公室

湖南

皮　辉　湖南阳光乳业股份有限公司第二牧场
肖松义　湖南优密乳业有限公司

广东

汪　翔　广州市奶牛研究所有限公司
冯汉其　深圳市晨光乳业有限公司牛奶分公司

广西

孙　宁　广西皇氏甲天下乳业股份有限公司
杨炳壮　广西水牛研究所

重庆

杨　轲　重庆市天友乳业股份有限公司
吴一奕　重庆光大（集团）有限公司
刘德君　重庆奶业协会

四川

黄学云　四川西昌攀西乳业有限责任公司
王之盛　四川农业大学

贵州

王天齐　贵阳三联乳业有限公司龙岗第一奶牛场

云南

和跃生　云南绿盛美地（集团）科技实业有限公司
王鹏武　云南省大理白族自治州家畜繁育指导站

陕西

秦海鹏　西安草滩牧业有限公司
金建潮　合阳县畜牧兽医局
逄国梁　陕西省畜牧技术推广总站
张　眉　陕西省畜牧技术推广总站
罗　蔚　西安市畜牧技术推广中心

甘肃

苏风积　白银鑫昊奶牛养殖公司、甘肃省奶业协会
沈启云　甘肃省奶业协会
刘琪平　兰州牧工商有限责任公司

青海

郭继军　青海省畜牧总站
李大业　青海省湟源县畜牧兽医站

宁夏

孙文华　吴忠市利通区畜牧水产技术推广服务中心
李晓梅　宁夏畜牧站
张凌青　宁夏畜牧工作站
温　万　宁夏畜牧工作站

新疆

苗启华　新疆兵团农业局
余　雄　新疆农业大学
温希斌　昌吉州畜牧兽医局
丁维华　乌鲁木齐市农牧局（兽医局）
梁维群　新疆西域春乳业有限责任公司

2002—2012 年奶牛规模养殖情况表

养殖规模	2002	2003	2004	2005	2006	2007	2008	2009	2010	2011	2012
年存栏 1～4 头	44.79%	46.68%	47.05%	45.64%	42.76%	39.73%	32.42%	28.11%	26.42%	23.99%	22.54%
年存栏 5 头以上	55.21%	53.32%	52.95%	54.36%	57.24%	60.27%	67.58%	71.89%	73.58%	76.01%	77.46%
年存栏 20 头以上	25.89%	27.37%	25.24%	27.73%	28.84%	26.09%	36.05%	42.58%	46.49%	51.12%	55.68%
年存栏 100 头以上	11.90%	12.49%	11.22%	11.16%	13.13%	16.35%	19.54%	26.82%	30.63%	32.87%	37.25%
年存栏 200 头以上	8.32%	8.82%	7.74%	7.91%	9.33%	12.11%	15.51%	22.86%	26.52%	28.38%	32.27%
年存栏 500 头以上	5.47%	5.55%	4.90%	4.76%	5.60%	7.45%	10.05%	16.04%	19.43%	20.79%	25.02%
年存栏 1000 头以上	2.92%	2.73%	2.72%	2.34%	3.04%	3.92%	5.54%	8.31%	10.45%	12.06%	15.39%

2008 年以前以存栏 5 头以上作为奶牛规模化标准，现已调整为存栏 20 头以上，下一步拟调整为年存栏 100 头以上。

图书在版编目（CIP）数据

中国奶业年鉴．2013 / 中国奶业年鉴编辑委员会编．—北京：中国农业出版社，2014.5
ISBN 978-7-109-19053-5

Ⅰ.①中… Ⅱ.①中… Ⅲ.①乳品工业-中国-2013-年鉴 Ⅳ.①F426.82-54

中国版本图书馆 CIP 数据核字（2014）第 066785 号

中国农业出版社出版
（北京市朝阳区农展馆北路 2 号）
（邮政编码 100125）
责任编辑 刘博浩 程 燕

中国农业出版社印刷厂印刷 新华书店北京发行所发行
2014 年 5 月第 1 版 2014 年 5 月北京第 1 次印刷

开本：889mm×1194mm 1/16 印张：60 插页：20
字数：1925 千字
定价：480.00 元

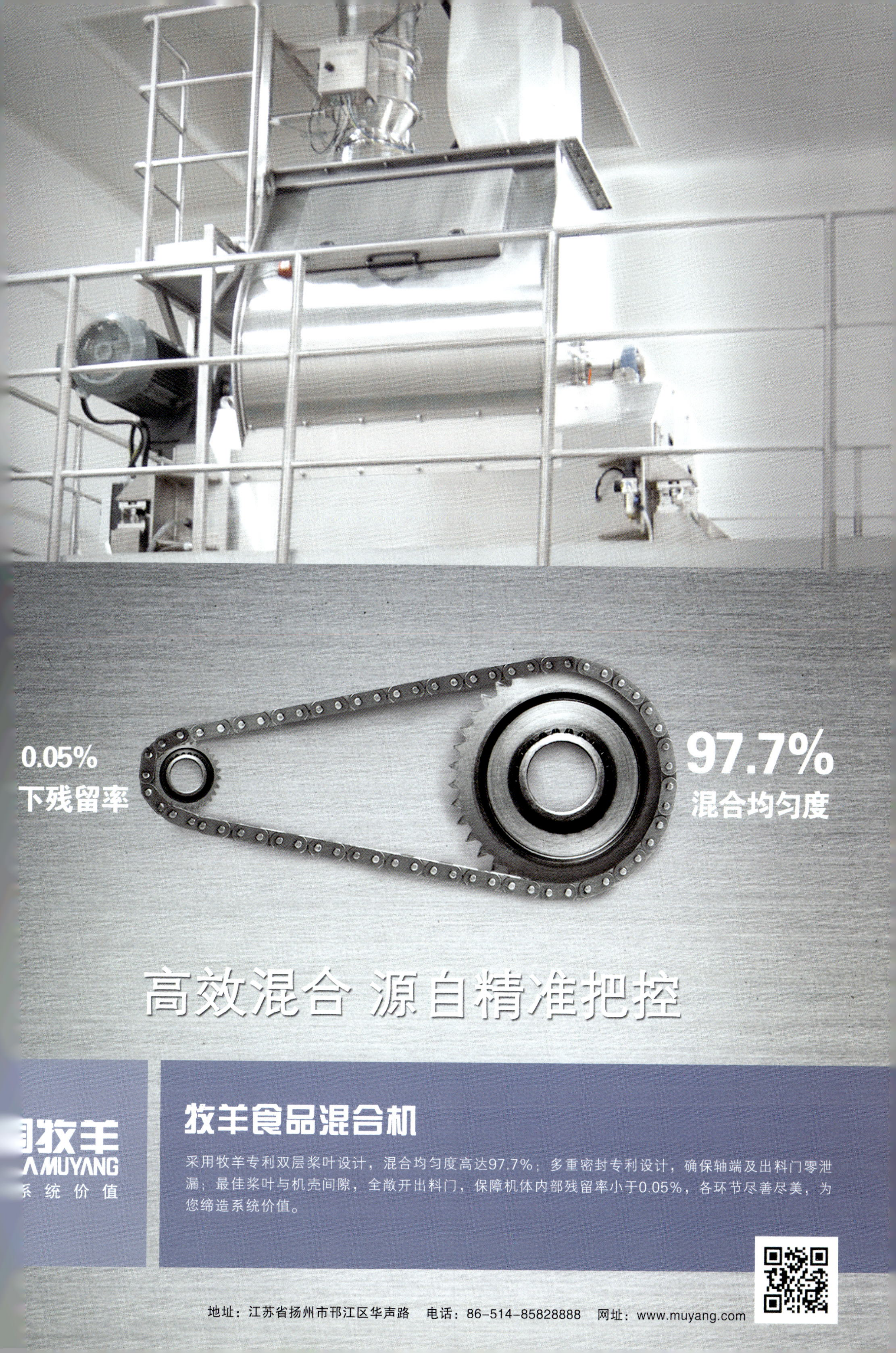

0.05%
下残留率
97.7%
混合均匀度
高效混合 源自精准把控
牧羊
MUYANG
统 价 值
牧羊食品混合机
采用牧羊专利双层桨叶设计，混合均匀度高达97.7%；多重密封专利设计，确保轴端及出料门零泄漏；最佳桨叶与机壳间隙，全敞开出料门，保障机体内部残留率小于0.05%，各环节尽善尽美，为您缔造系统价值。
地址：江苏省扬州市邗江区华声路 电话：86-514-85828888 网址：www.muyang.com

引领中国生态牧场行业健康发展

Lead The Healthy Development Of China’s Dairy Farm

——牧场整体解决方案

GEA Farm Technologies

DeLaval
DeLaval

优秀种牛推荐

11110533

11111520

11108019

11103467

11103630

11106002

11104849

11108549

11109004
11108711

全药舔砖在日本自从1958年开始投放市场以来，已经成为畜牧业中不可缺少的产品。同时在这半个世纪里，结合饲养技术和营养科学的发展，不断地开发和引进先进的技术和经验，进行了产品更新和技术换代。并且，我们一直坚持着为消费者提供通过系统质量管理和品质检验合格的产品，这是我们ZENOAQ的精神宗旨，永远不会改变。

全药 舔砖系列饲喂流程图

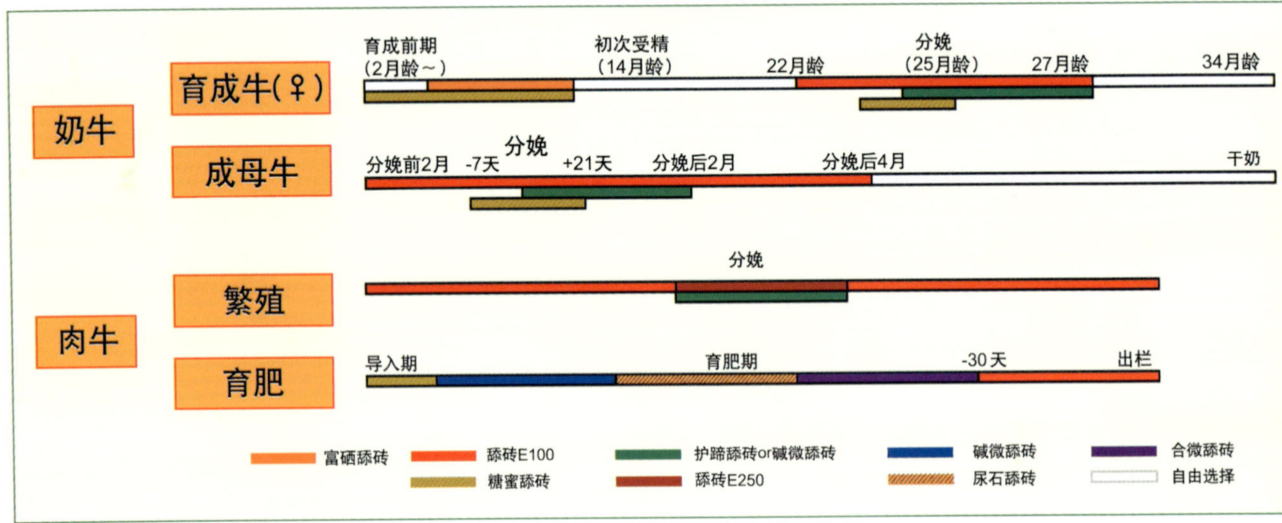

全药舔砖系列产品

富硒舔砖 SELENIX

含有丰富硒元素的复合微量矿物质舔砖

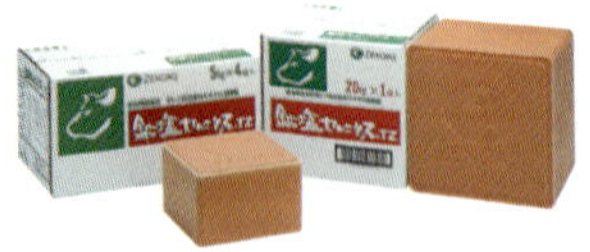

碱微舔砖 ALUKALIX-P

加配了机体内利用率高的多肽矿物质

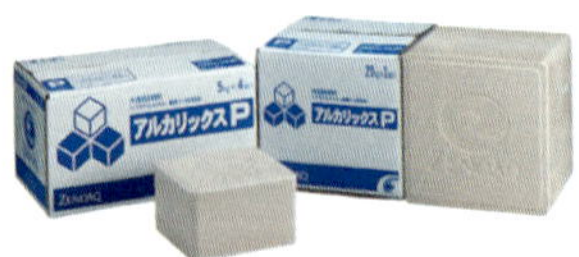

E100舔砖

同时补给维生素E和硒

护蹄舔砖 FOOTBIO-P

配入有机肽锌加强吸收和口感

糖蜜舔砖 MOLALIX

能量是生命之源

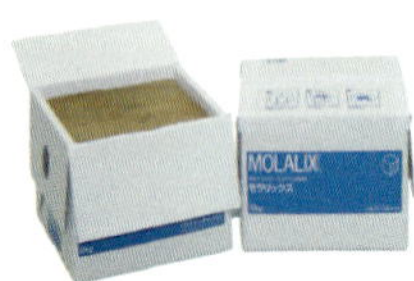

ZENOAQ 专用舔砖盒

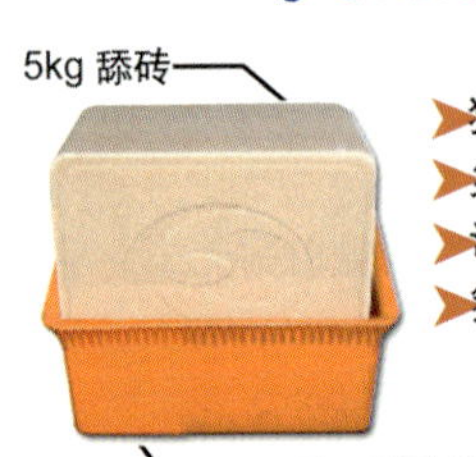

尿石舔砖 COWSTONE

有效预防尿结石 降低尿液碱性

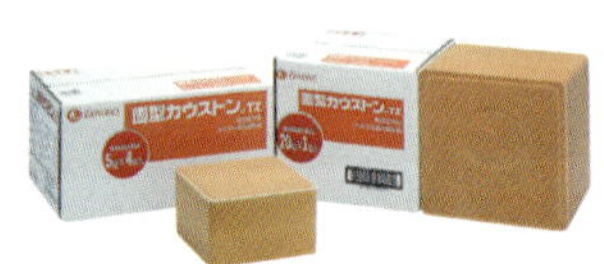

合微舔砖 BOVILIX-P

加配了微量元素的升级产品

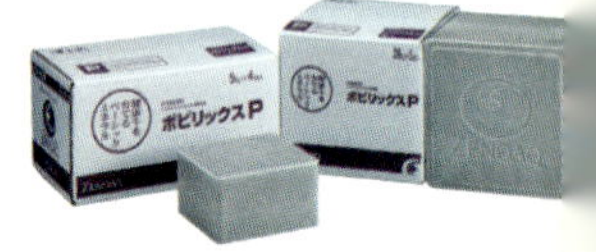

afimilk®
不仅挤好奶 更能养好
Vital know-how in every drop
0000
售后服务热线：4006121900
阿菲金公司北京办事处：北京市朝阳区朝阳北路103号金泰国益大厦5
电话：010-85868812 传真：010-85868815

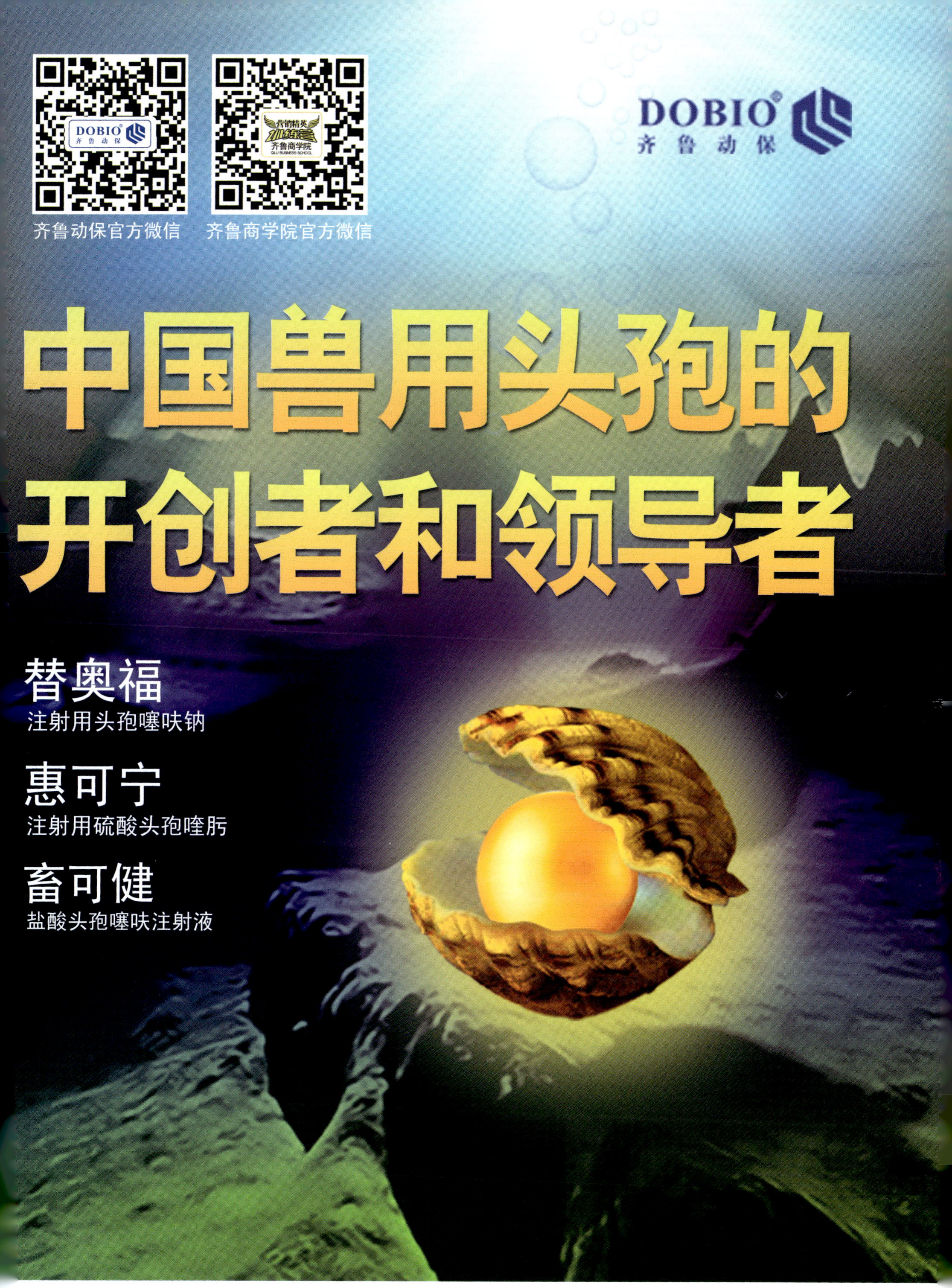

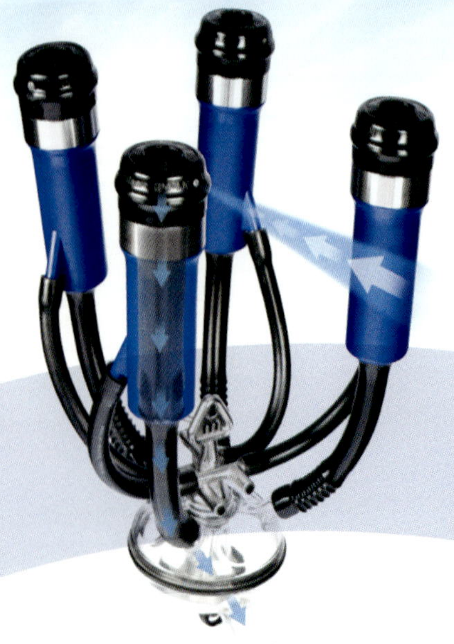

milkrite（优乳）革新挤奶科技
——三角导流奶衬

Ultraliner（优萃）圆形系列

非一般的感受就在 milkrite（优乳）

标准橡胶奶管系列

- milkrite（优乳）产品系列型号齐全，满足牧场不同需求
- milkrite（优乳）助您提高挤奶效率，改善乳头健康状况
- milkrite（优乳）国际标准食品级材质，质量值得信赖
- milkrite（优乳）延伸服务专业、高效、覆盖面广
- milkrite（优乳）合作伙伴和代理商遍布全球，供货及时稳定

Ultraclean（优净）乳化内胆奶

英国·岸弘（上海）国际贸易有限公司
上海浦东外高桥保税区泰谷路207号D12工业园区44号厂房B1座 200131
电话：+86 21 2206 0366 传真：+86 21 2206 0369
网站：www.milkrite.com www.avon-rubber.com

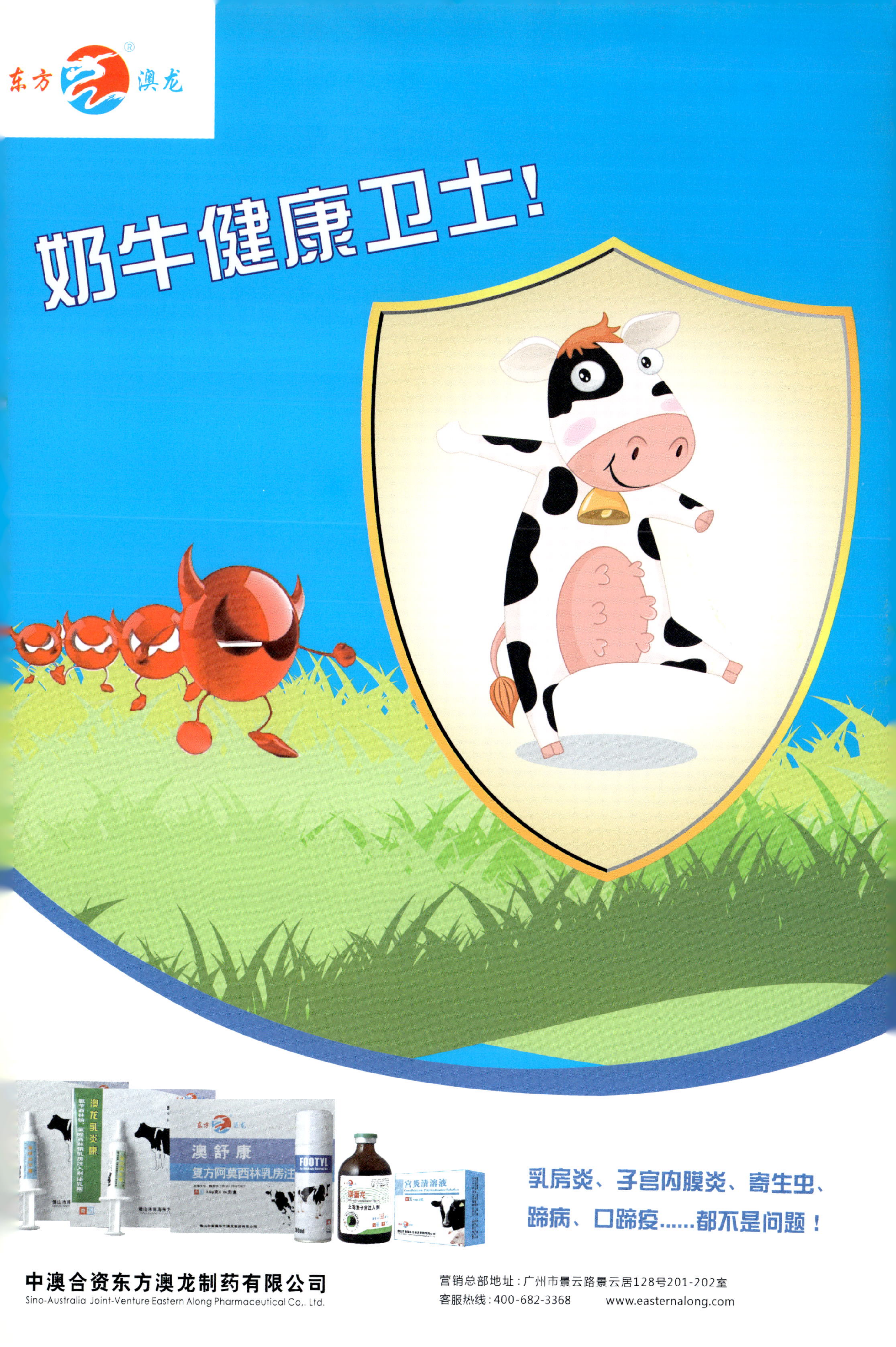
东方澳龙
奶牛健康卫士!
澳龙乳炎康
澳舒康
复方阿莫西林乳房注
FOOTYL
宫爽清溶液
乳房炎、子宫内膜炎、寄生虫、
蹄病、口蹄疫……都不是问题!
中澳合资东方澳龙制药有限公司
Sino-Australia Joint-Venture Eastern Along Pharmaceutical Co,. Ltd.
营销总部地址:广州市景云路景云居128号201-202室
客服热线:400-682-3368
www.easternalong.com

雀巢 Nestle
雀巢 Nestle

2013 2013 201